GUIDE MICHELIN

RESTAURANTS & HÉBERGEMENTS

FRANCE 2025

ANS

LES PRIX SPÉCIAUX DU GUIDE MICHELIN

***P**our valoriser les savoir-faire et les talents qui, au-delà de la qualité culinaire, contribuent à faire d'une sortie au restaurant un moment inoubliable, le Guide MICHELIN s'engage en attribuant une série de Prix Spéciaux. Une manière positive de mettre en lumière des filières d'excellence... et d'orienter les gourmets vers des maisons qui s'illustrent sur tous les fronts !*

PRIX MICHELIN
DU SERVICE

Attribué à une directrice ou un directeur de salle et son équipe, le Prix MICHELIN du Service célèbre des professionnels qui se démarquent par le soin et le souci qu'ils mettent à accueillir, guider et accompagner les clients tout au long du repas, faisant d'un moment de table, une expérience mémorable. De grande tradition ou plus décontracté, théâtral ou discret, l'art du service reflète l'identité et l'âme d'une maison et est un pont essentiel entre les équipes de cuisine et les convives.

PRIX MICHELIN
DE LA SOMMELLERIE

Qu'il s'agisse d'imaginer des accords qui soulignent les saveurs d'un plat, d'orienter les convives vers des boissons qui correspondent à leurs goûts et leurs envies, ou de faire découvrir des nectars parfois insolites ou méconnus, l'art de la sommellerie nécessite un haut niveau de connaissance ainsi qu'une bonne dose d'intuition. Le Prix MICHELIN de la Sommellerie distingue une ou un professionnel(le) qui, par ses recommandations, réhausse encore le raffinement et l'excellence culinaires d'une maison.

ET AUSSI...

Le Prix MICHELIN du Jeune Chef, pour mettre en lumière une ou un jeune cuisinier dont le talent prometteur et la signature culinaire déjà bien affirmés ont impressionné nos inspectrices et inspecteurs... ainsi que le **Prix MICHELIN du Chef Mentor,** pour récompenser un professionnel de renom, particulièrement engagé dans la transmission de son savoir et dans l'accompagnement et la formation de la future génération.

PASSION DESSERT

Amoureuses, amoureux de pâtisserie, le Guide MICHELIN signale, dans sa Promotion Passion Dessert, les établissements qui placent les arts sucrés au plus haut niveau !

Réalisée par les inspectrices et inspecteurs du Guide MICHELIN, la Promotion Passion Dessert est mise à jour chaque année... et contient donc, elle aussi, son lot de nouveautés. Le tout à découvrir sur notre site internet. Alors, à vos cuillères !

LA CLEF DU GUIDE MICHELIN

UNE SÉLECTION
D'HÉBERGEMENTS

La sélection rassemble aujourd'hui plus de 6 000 établissements de caractère, répartis à travers le monde et dénichés par les équipes de sélection du Guide MICHELIN.

Autant d'établissements, à la personnalité et au niveau de service uniques, que le Guide MICHELIN est ravi de promouvoir et de rendre réservables sur ses plateformes numériques.

Et si depuis près d'un siècle, le Guide MICHELIN s'attache, avec ses célèbres Étoiles, à mettre en avant les restaurants offrant les plus belles expériences culinaires, il a récemment franchi une nouvelle étape en créant une distinction similaire pour les hôtels et les hébergements : la Clef MICHELIN.

À découvrir sur le site internet et les applications mobiles du Guide MICHELIN, les Clefs désignent les expériences de séjour les plus remarquables parmi toutes celles recommandées.

LA SÉLECTION DU GUIDE MICHELIN
LES DISTINCTIONS HÔTELIÈRES

TROIS CLEFS MICHELIN
UN SÉJOUR EXTRAORDINAIRE

Ici, tout n'est qu'émerveillement - c'est le summum du confort et du service, du style et de l'élégance. C'est l'un des hébergements les plus remarquables et les plus extraordinaires du monde, une destination à part entière qui mérite un voyage en soi. Tous les éléments témoignant d'une hospitalité exceptionnelle sont réunis pour que chaque séjour reste gravé non seulement dans les esprits mais aussi dans les cœurs des voyageurs.

DEUX CLEFS MICHELIN
UN SÉJOUR EXCEPTIONNEL

Un lieu exceptionnel à tous points de vue, qui garantit une expérience mémorable à chaque séjour. Un hébergement de caractère, qui allie charme et personnalité, et est tenu avec un soin considérable. Un design attrayant ou une signature architecturale notable, alliés à un fort ancrage local, font de cet établissement un lieu de séjour exceptionnel.

UNE CLEF MICHELIN
UN SÉJOUR SINGULIER

L'établissement est un véritable joyau avec son caractère et sa propre personnalité. Il peut sortir des sentiers battus, offrir une expérience différente ou simplement être l'un des meilleurs de sa catégorie. Le service est toujours à la hauteur et l'hébergement se distingue des établissements proposant des tarifs similaires.

SOMMAIRE
CONTENTS

Introduction
▶ **Éditorial**   4
- Les faits marquants 2025   6

Le Palmarès 2025   10
▶ Les 3 Étoiles de l'année ✸✸✸   12
▶ La Carte des Étoiles 2025   14

Le Guide MICHELIN
▶ **Les Engagements**   19
▶ **La Sélection**
Les distinctions de qualité de cuisine   21
▶ **Les Symboles**
- Restaurants   23
- Hébergements   25
▶ **Légende des plans**   27

🇬🇧 The MICHELIN Guide
▶ **Editorial**   30
- Hightlights 2025   32
▶ **Commitments**   36
▶ **Selection**
Cuisine quality awards   38
▶ **Symbols**
- Restaurants   40
- Accommodation   42
▶ **Town plan key**   44

Index thématiques — 46
- ▶ Restaurants étoilés ✽ — 48
- ▶ Bib Gourmand 😊 — 66

Les cartes départementales — 78

La Sélection 2025 — 144
- ▶ Lyon — 650
- ▶ Paris — 814

Le Magazine — 516
- Portrait d'un grand chef — 518
- Cuisine responsable & durable — 520
- L'actualité des produits — 526
- Société & environnement — 544
- L'art de recevoir — 558
- La sommellerie & ses tendances — 564
- La pâtisserie et ses créateurs — 574

Index généraux — 1234
- ▶ Localités par départements — 1236
- ▶ Hébergements — 1306

ÉDITORIAL

Chère lectrice, cher lecteur,

Nous sommes heureux de vous présenter l'édition 2025 du Guide MICHELIN France.

Comme à leur habitude, les inspectrices et inspecteurs ont réuni dans cet ouvrage les meilleures tables du pays – celles qu'ils ont pris plaisir à dénicher, à tester ou à revisiter pour vous – ainsi qu'une sélection d'hébergements remarquables.

Ce millésime 2025 occupe une place particulière dans notre cœur puisqu'il célèbre les 125 ans du Guide MICHELIN.

125 ans de passion, de découvertes et d'émotions.

125 ans à explorer et sillonner la France – et aujourd'hui plus de 50 destinations internationales – à la recherche de ces maisons de qualité, petites et grandes, qui font briller nos territoires, mettent en lumière les artisans du goût et célèbrent les saveurs et savoir-faire d'une mosaïque de terroirs unique au monde.

125 ans à repérer ces talents, grands maîtres cuisiniers et jeunes pousses prodiges, qui sont tout à la fois les ambassadeurs d'un certain art de vivre et les créateurs de nos moments parmi les plus intenses.

125 ans, enfin, à être les témoins directs des mutations de la scène culinaire française, à déguster ses plus belles inventions et à promouvoir ses transitions aussi vertueuses qu'audacieuses.

Nos inspectrices et inspecteurs le disent volontiers : réaliser une telle sélection pour vous est une grande responsabilité. Mais mettre leur quête des bonnes tables au service des gourmets avertis que vous êtes, en recommandant la passion professionnelle d'autrui, est aussi le privilège d'une vie.

Nous souhaitons que cette édition 2025 – qui rend compte d'un paysage gastronomique bouillonnant, porté par un souci constant d'authenticité – vous soit la plus utile possible. Qu'elle vous encourage à votre tour à (re)découvrir l'Hexagone dans sa plus grande diversité. Qu'elle vous donne envie de sortir des itinéraires convenus pour aller à la rencontre de ces restauratrices et restaurateurs qui proposent une cuisine du cœur, fière de ses racines tout en étant le reflet sincère des préoccupations de notre époque.

Bonne lecture !

L'équipe du Guide MICHELIN ■

SÉLECTION MICHELIN **2025**
LES FAITS MARQUANTS

***O**n n'ose l'écrire au risque de lasser : les temps sont difficiles. Pourtant, s'il y a bien un lieu sur cette Terre malmenée où la joie de vivre perdure envers et contre tout, c'est bien une table de restaurant. La scène gastronomique française d'aujourd'hui reflète cette énergie toujours... renouvelable ! En 2025, plus que jamais, la cuisine française est créative et solidement ancrée dans son terroir et son réseau de petits producteurs.*

De la Nouvelle-Aquitaine au grand Sud-Est

Cette année encore, l'héliotropisme des régions touristiques a frappé. De La Rochelle (où Christopher Coutanceau est à nouveau couronné de trois étoiles) jusqu'aux confins des Pyrénées, en passant par Bordeaux, Montpellier ou Marseille, en traversant tout l'arrière-pays méditerranéen, le Guide MICHELIN a fait le plein de nouvelles adresses.

Aux quatre coins de l'Hexagone

Il n'y a pas de département où les inspecteurs n'aient déniché une bonne table. De Langres en Haute-Marne (*Bulle d'Osier*) à Rouvres-en-Xaintois dans les Vosges (*Burnel*), en passant par une colline perdue du Gers (*La Maison Despouès*) ou la Corse (*Finestra by Italo Bassi*, *Le Charlie*) : aucun pouce de terrain n'a échappé au labourage méthodique de nos inspectrices et inspecteurs, fourchette à la main.

Ouverture de nouvelles tables : un ciel semé d'étoiles

Preuve du niveau incomparable des chefs et des cheffes français(es), plus d'une vingtaine d'établissements sont directement auréolés d'une étoile. Ces chefs et cheffes, souvent formé(e)s dans de belles maisons en France et dans le monde, ont

FRANÇAIS

la plupart déjà vécu une première vie professionnelle dans une table étoilée. Aujourd'hui, ils volent de leurs propres ailes avec tous les risques que comporte cette aventure entrepreneuriale.

Leurs restaurants s'appellent notamment *Monique*, du chef Julien Caligo (Calvisson), *Amâlia* du couple Eugenio Anfuso et Cecilia Spurio (Paris), *Fario* de Kevin de Porre (Céret), *Ombelulle* du couple Tabata et Ludovic Mey (Lyon), *Ineffable* de Nicolas Thomas (Barbentane), ou encore *JU - Maison de Cuisine* de Julien Allano (Bonnieux)...

Ce projet personnel, mené seul ou en couple, mais toujours en toute indépendance, prend parfois aussi la forme d'un retour au pays natal, à l'image de *Fario* à Céret ou de *Monique* à Calvisson, pays de la grand-mère du chef.

À deux, c'est mieux

L'indépendance et l'aventure sont aussi l'une des empreintes fortes des nouveaux restaurants deux étoiles du millésime 2025. *Maison Nouvelle* de Philippe Etchebest (Bordeaux), *L'Auberge de Saint-Rémy – Fanny Rey & Jonathan Wahid* (Saint-Rémy-de-Provence), *Ekaitza* de Guillaume Roget (Ciboure), *Rozó* de Diego Delbecq et Camille Pailleau (Marc-en-Barœul) gravissent une marche supplémentaire à la force du talent et de la passion, en affirmant toujours plus leur identité culinaire, leur personnalité dans l'assiette et leur indépendance d'esprit.

Étoiles Vertes : "small is beautiful!"

Si le talent n'attend pas le nombre des années, la gastronomie durable n'attend pas non plus les grandes révolutions ou les lendemains qui chantent. Fidèle à la philosophie du colibri, cette démarche débute par de petits gestes qui transforment le monde. En témoigne la dizaine d'Étoiles Vertes attribuées cette année, qui couronnent notamment des établissements aux moyens modestes.

De *Hiély-Lucullus* (Avignon) à *L'Auberge des Ruines* (Jumièges), en passant par *Méson Chalut* (Saint-Malo), ces tables font feu de tout bois. Il y a néanmoins des invariants, comme disent les ethnologues : une fine connaissance de leur terroir, de leur géographie, de leur climat et de leurs producteurs ; des poissons de petite pêche dont les stocks ne sont pas menacés ; des animaux élevés respectueusement et une cuisine plus parcimonieuse en apport de protéines animales ; une prépondérance des fruits, des légumes et des herbes, certaines produites par les restaurants eux-mêmes ; un goût pour le "Do it yourself", depuis la restauration d'une vieille grange de famille (*Palégrié Chez l'Henri* à Autrans-Méaudre en Vercors) jusqu'aux arts de la table, œuvres d'artisans locaux (*Osma* à Sargé-sur-Braye).

Le Bib Gourmand, un succès jamais démenti

Proposer aujourd'hui un repas complet à prix contenu peut sembler une gageure, un pari fou aux conséquences funestes, un tic de toqués. Il n'en est rien : cette distinction conviviale – emblème du plaisir sans casser sa tirelire – affiche une santé insolente si l'on en juge par le nombre remarquable de tables distinguées cette année. Ce sont des adresses où la joie est omniprésente, à l'image de *Mirabelle* (Langres) et de son millefeuille irréprochable, de *Lo Fieu* (Saint-Alban-de-Roche) qui fait vivre la cuisine dauphinoise de tradition, du *Tire-Bouchon Rodier* (Paris) et de ses intitulés alléchants, du *Jarapea* (Irouléguy), de *Roze* (Mathieu), aubaine gourmande au cœur du Calvados... ■

TheFork

**Découvrez
et réservez les
meilleurs restaurants
autour de vous**

Réservez sur TheFork des milliers
de tables du **Guide MICHELIN**

Téléchargez l'appli ou rendez-vous sur thefork.fr

LE PALMARÈS
2025
LES 3 ÉTOILES ✹✹✹

N : une étoile de plus cette année !

Annecy (74)	Le Clos des Sens
Les Baux-de-Provence (13)	L'Oustau de Baumanière
Cassis (13)	La Villa Madie
Le Castellet (83)	La Table du Castellet
Chagny (71)	Maison Lameloise
Courchevel (73)	Le 1947 à Cheval Blanc
Eugénie-les-Bains (40)	Les Prés d'Eugénie - Michel Guérard
Fontjoncouse (11)	Auberge du Vieux Puits
Île de Noirmoutier / L'Herbaudière (85)	La Marine
Marseille (13)	AM par Alexandre Mazzia
Marseille (13)	Le Petit Nice
Megève (74)	Flocons de Sel
Menton (06)	Mirazur

Gins Wang/Getty Images Plus

Monaco	Le Louis XV - Alain Ducasse à l'Hôtel de Paris
Ouches (42)	Troisgros - Le Bois sans Feuilles
Paris (1er)	Kei
Paris (1er)	Plénitude - Cheval Blanc Paris
Paris (4e)	L'Ambroisie
Paris (7e)	Arpège
Paris (8e)	Alléno Paris au Pavillon Ledoyen
Paris (8e)	Le Cinq
Paris (8e)	Épicure
Paris (8e)	Le Gabriel - La Réserve Paris
Paris (8e)	Pierre Gagnaire
Paris (16e)	Le Pré Catelan
Reims (51)	Assiette Champenoise
La Rochelle (17)	Christopher Coutanceau N
Saint-Bonnet-le-Froid (43)	Restaurant Marcon
Saint-Méloir-des-Ondes (35)	Le Coquillage N
Saint-Tropez (83)	La Vague d'Or - Cheval Blanc St-Tropez
Valence (26)	Pic

2025 : SCINTILLEMENT D'ÉTOILES À L'OUEST !

Christopher Coutanceau
La Rochelle (17)

Trois étoiles viennent à nouveau couronner le chef rochelais Christopher Coutanceau dans le Guide MICHELIN 2025 : ce « cuisinier-pêcheur » émérite et grand amoureux des produits marins a atteint la plénitude de son art. La passion de la pêche et de la mer anime la famille depuis longtemps – le grand-père, puis Richard, le père, avaient ouvert la voie avant lui. Christopher va encore plus loin : il milite en faveur de la pêche durable et contre le gaspillage. Sa cuisine marine est le prolongement de cet engagement sincère, un vrai bouquet de senteurs iodées, une ode à l'océan vivante et percutante. Dans cette cuisine identitaire, la personnalité du chef est perceptible dans chaque assiette, à l'image de ce pithiviers de Saint-Jacques qui a laissé un souvenir indélébile à nos inspectrices et inspecteurs. Cette circumnavigation gourmande enchante jusqu'au travail remarquable du chef pâtissier Benoît Godillon, qui signe avec sa composition « poire, miel et criste marine » l'un des meilleurs desserts de l'année. Enfin, cette réussite doit aussi beaucoup à Nicolas Brossard, l'associé et le complice de toujours, dont les talents de maître de maison valent bien ceux de nos plus grands navigateurs ■

Portraits

Hugo Roellinger

Le Coquillage, Saint-Méloir-des-Ondes (35)

Après deux Étoiles reçues en 2019, Hugo Roellinger est parti avec succès à l'abordage de la distinction suprême. Table familiale atypique et attachante, Le Coquillage est une perle rare. Le chef y sublime la mer et la provende de son potager dans le respect absolu des espèces et des saisons. Les intitulés rêveurs et poétiques (« Regarde le soleil », « Bois de cassis »...) dévoilent une réelle diversité d'inspirations et de conceptions qui ne laisse pas de surprendre. Son « Histoires de homard » ou son « Chemin des douaniers » – un travail autour de l'araignée de mer, jaune d'œuf cuit au vinaigre de cidre, sauce au corail et herbes de saison – sont d'une fulgurance qui a subjugué les inspectrices et inspecteurs. En digne fils de son père, mais aussi en tant qu'ex-officier de la marine marchande, Hugo épouse la route des épices avec une maestria rare. Sa cuisine de corsaire joue sur toute la gamme des saveurs et des intensités avec un sens de l'équilibre jamais pris en défaut. Toujours émouvante mais jamais intimidante, cette cuisine rivalise avec la vue spectaculaire sur le Mont-Saint-Michel, dont on profite depuis les bow-windows de ce manoir malouin des années 1920 ■

Philippe Vaurès/Christopher Coutanceau (gauche)
Romain Bassenne/Le Coquillage (droite)

Les tables étoilées 2025

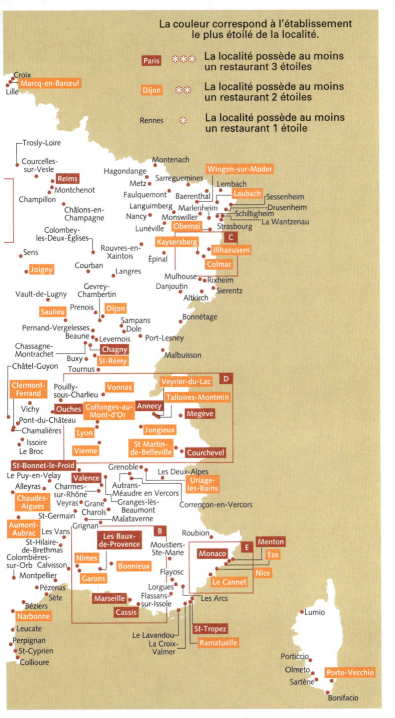

Les tables étoilées 2025

La couleur correspond à l'établissement le plus étoilé de la localité.

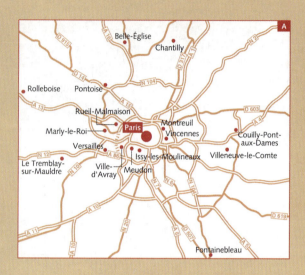

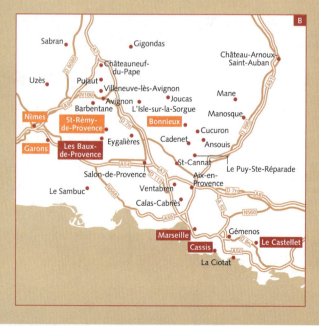

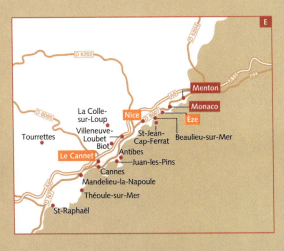

17

FRANÇAIS

*L'expérience
au service de la qualité !*

LES ENGAGEMENTS DU GUIDE MICHELIN

Qu'ils soient au Japon, aux Etats-Unis, en Chine ou en Europe, les inspectrices et inspecteurs du Guide MICHELIN respectent exactement les mêmes critères pour évaluer la qualité d'une table. Car si le guide peut se prévaloir d'une notoriété mondiale, c'est notamment grâce à la constance de son engagement vis-à-vis de ses lecteurs. Un engagement dont nous voulons réaffirmer ici les principes :

Première règle d'or, inspectrices et les inspecteurs testent les tables **de façon anonyme et régulière**, afin d'apprécier pleinement le niveau des prestations offertes à tout client, et ils s'acquittent toujours de leurs additions. Les avis de nos lecteurs nous fournissent, par ailleurs, de précieux témoignages, autant d'informations qui sont prises en compte lors de l'élaboration de nos itinéraires gastronomiques.

Pour garder un point de vue parfaitement objectif – dans le seul intérêt du lecteur –, la sélection des restaurants s'effectue **en toute indépendance**, et leur inscription dans le Guide est totalement gratuite. Les décisions sont discutées collégialement par nos équipes, et les plus hautes distinctions font l'objet d'un débat au niveau européen.

Loin de l'annuaire d'adresses, le Guide se concentre sur une **sélection** des meilleurs établissements, dans toutes les catégories de standing et de prix. Un choix qui résulte de l'application rigoureuse d'une **même méthode** par l'ensemble de nos équipes.

Si les distinctions sont revues chaque année par nos inspectrices et inspecteurs, les informations pratiques sont quant à elles **mises à jour** en temps réel sur nos plateformes numériques afin d'offrir l'information la plus fiable à nos lecteurs.

Les critères de classification sont identiques pour tous les pays couverts par le Guide MICHELIN. À chaque culture sa cuisine, mais la **qualité** se doit de rester un **principe universel...**

FRANÇAIS

*De Tokyo à San Francisco, de Paris à Copenhague,
la vocation du Guide MICHELIN est toujours la même :
dénicher les meilleures tables du monde.*

*Diversité des cuisines et des savoir-faire, créativité
débridée ou grande tradition, quel que soit le lieu ou
le style, les inspectrices et inspecteurs du Guide n'ont
qu'une quête : le goût et la qualité.*

*... Et l'émotion. Car un repas dans l'un de ces restaurants
est d'abord un moment de plaisir : c'est l'art des plus
grands chefs que de métamorphoser une bouchée
éphémère en souvenir inoubliable.*

*Aussi, parmi toutes les tables sélectionnées dans le Guide,
les plus remarquables se voient décerner une distinction :
ce sont les étoiles – jusqu'à trois pour les tables qui vous
transportent au sommet de la gastronomie.*

*C'est également le Bib Gourmand, qui conjugue
astucieusement prix et qualité.*

*Autant d'expériences gustatives à vivre et tenter :
la sélection du Guide MICHELIN, c'est tout cela –
et plus encore !*

LA SÉLECTION DU GUIDE MICHELIN

LES DISTINCTIONS DE QUALITÉ DE CUISINE

LES ÉTOILES

Les restaurants sont classés par qualité de cuisine. Nos étoiles – une ✿, deux ✿✿ ou trois ✿✿✿ – distinguent les cuisines les plus remarquables, quel que soit leur style. Le choix des produits, la maîtrise des techniques culinaires et des cuissons, l'harmonie et l'équilibre des saveurs, la personnalité de la cuisine et la constance de la prestation.

✿✿✿   Une cuisine unique. Vaut le voyage !
✿✿   Une cuisine d'exception. Vaut le détour !
✿   Une cuisine d'une grande finesse. Vaut l'étape !

BIB GOURMAND

De bons produits bien mis en valeur, une addition mesurée : une cuisine d'un excellent rapport qualité-prix.

L'ÉTOILE VERTE
GASTRONOMIE & DURABILITÉ

Repérez l'Étoile Verte MICHELIN dans notre sélection de restaurants : elle identifie les établissements particulièrement engagés pour une gastronomie durable. Une courte citation du chef explique la démarche de ces établissements modèles.

FRANÇAIS

LES SYMBOLES
RESTAURANTS

N   Nouvel établissement dans le guide

N   Établissement recevant une nouvelle distinction cette année

Équipements & services

   Carte des vins particulièrement intéressante

   Belle vue

   Parc ou jardin

   Accès pour personnes à mobilité réduite

   Air conditionné

   Repas servi au jardin ou en terrasse

   Salons pour repas privés

   Service de voiturier

   Parking - Garage

   Cartes de paiement non acceptées

Gamme de prix

€   moins de 35 €

€€   de 35 à 60 €

€€€   de 60 à 100 €

€€€€   plus de 100 €

Mots-clés

Deux mots-clés pour identifier en un coup d'œil le type de cuisine et le style de décor de l'établissement.

CUISINE CRÉATIVE • DESIGN

FRANÇAIS

LES SYMBOLES
HÉBERGEMENTS

Plus   Avantages «Programme Plus»

Équipements & services

♿   Accès pour personnes à mobilité réduite

Voiturier

P   Parking

Borne de recharge pour véhicule électrique

Animaux autorisés/ non autorisés

A/C   Air conditionné

Belle vue

Parc ou jardin

Plage privée

Piscine découverte/couverte

Rooftop

Spa

Sauna, hammam, bain turc

Activités thermales

Fitness

Location ou prêt de bicyclettes

Cour de tennis

Activités pour les enfants

Salle de conférences

Service de restauration dans l'hôtel

Mots-clés

Deux mots-clés pour identifier en un coup d'œil le style de décor de l'établissement et son atmosphère :

CLASSIQUE • CHALEUREUX

Prix

Consultez le prix de chaque chambre et suite de notre sélection d'hébergements sur notre site Internet :
www.guide.michelin.com/fr/fr/hotels

FRANÇAIS

LÉGENDE DES PLANS

• Restaurants

Curiosités

              Bâtiment intéressant
 Édifice religieux intéressant

Voirie

Autoroute • Double chaussée de type autoroutier
Echangeurs numérotés: complet, partiels
Grande voie de circulation
Rue piétonne
Parking
Tunnel
Gare et voie ferrée
Funiculaire
Téléphérique

Signes divers

Office de tourisme
Édifice religieux
Tour • Ruines • Moulin à vent
Jardin, parc, bois • Cimetière
Stade • Golf • Hippodrome
Piscine de plein air, couverte
Vue • Panorama
Monument • Fontaine
Port de plaisance
Phare
Aéroport
Station de métro
Gare routière
Tramway
Transport par bateau :
 passagers et voitures, passagers seulement
Bureau principal de poste restante
Hôtel de ville

27

Prenez le risque de l'excellence avec des couvertures pures origines* uniques, aux cacaos rares cultivés au coeur de petites plantations. Nous avons découvert et façonné ces pépites aux goûts singuliers et inattendus, à l'issue de rencontres d'hommes et de femmes, de coups de coeur de nos sourceurs, pour des terroirs inédits et prometteurs : Jamaïque, Vanuatu, Sao Tomé... **Avec les Cuvées du sourceur, faites voyager vos clients à travers un chocolat au goût d'exception.**

Une exclusivité Cercle V

Entreprise
Certifiée

POUR DÉCOUVRIR LES CUVÉES DU SOURCEUR, RENDEZ-VOUS SUR
VALRHONA.COM OU CONTACTEZ-NOUS AU +33 (00)4 75 09 26 38

PASSION DESSERT, POUR FAIRE BRILLER LA GASTRONOMIE SUCRÉE

Artisan couverturier depuis plus de 100 ans, la Maison Valrhona propose aux chefs et artisans du monde entier la plus belle des matières premières : un chocolat d'exception. De la fève de cacao à la fève de chocolat, des savoir-faire uniques et singuliers se perpétuent de génération en génération : 80 mains d'hommes et de femmes passionnés réalisent avec soin les 37 étapes nécessaires à la culture du cacao et à la fabrication du chocolat Valrhona. La construction de relations de long terme avec les producteurs de cacao fin, la recherche de la prochaine révolution chocolat et le partage des savoir-faire nous animent au quotidien. C'est en repoussant sans cesse les limites de la créativité que la Maison accompagne les chefs dans leur quête de singularité, pour bâtir ensemble la gastronomie de demain.

En créant et soutenant Passion Dessert avec le Guide MICHELIN pour la septième année consécutive, nous sommes fiers de mettre à l'honneur la gastronomie sucrée et de faire briller les métiers de la pâtisserie.

ENGLISH

EDITORIAL

Dear Reader,

We are thrilled to present the 2023 edition of the MICHELIN Guide. The culmination of an inspiring year of work in the field by our inspectors, the restaurant selection in this Guide is flying the flag for a gastronomic France that is proving its mettle, shining bright and going from strength to strength. The Guide in your hands promises all the more memorable moments in that it also reveals new hotels and unique accommodation tips for gourmets on the go.

Fuelled by myriad young talents who are emerging all across the country, France's culinary scene is authentic, eclectic and invested. Committed to promoting their terroirs, as well as championing an ever more sustainable gastronomy, many from this demographic are making their restaurants regional destinations in their own right.

Whether with market gardeners or cutlers, potters, fishermen or local farmers, more and more restaurant owners are forging economic, human and cultural ties. And, while the youth are putting the sheen on France's food service industry, let us also celebrate all those long-standing professionals and traditional establishments

that have made France's reputation for gastronomy what it is today and will no doubt continue to be its pride and joy.

Notwithstanding this glowing report, the year 2023 does not look entirely straightforward: the rising costs of raw materials, shortages of personnel and the repayment of loans guaranteed by the State mean that France's restaurant owners and hoteliers are being confronted with complicated equations. This is why, now more than ever, by dining at their tables, by reserving one of their guestrooms, keep in mind that beyond your own enjoyment, you are also engaging in a true act of solidarity.

This Guide has been designed for you, our readers. As a companion on the road, on your journey and on your travels, it is for you to make your own. Feel free to share your feedback, your experiences or your disappointments with us: thanks to the digital interfaces that complement this book, the MICHELIN Guide is dynamic, responsive and ready to listen ■

The MICHELIN Guide Team

MICHELIN SELECTION 2025
HIGHLIGHTS

At the risk of bringing the mood down: these are hard times. But if there is one place on this troubled Earth where people's joie de vivre refuses to not be dampened, it's surely at a restaurant table. The dynamic culinary scene in France today reflects this constantly replenished vitality, this renewable energy. In 2025, more than ever, French cuisine is creative, is rooted in its terroir and is connected to its networks of small-scale producers.

From the Atlantic to the Alps

This year again, France's tourist regions have scored big, garnering more than their fair share of stars. From the coastal town of La Rochelle (where Christopher Coutanceau's restaurant has recovered its three MICHELIN stars) to the farthest reaches of the Pyrenees… in the cities of Bordeaux, Montpellier and Marseille, and all across the Mediterranean hinterland, the MICHELIN Guide has added a wealth of new entries.

In the four corners of France

There is not a single département in which the inspectors have failed to track down a notable restaurant. From the east of the country — Langres in the Haute-Marne (*Bulle d'Osier*) and Rouvres-en-Xaintois in the Vosges (*Burnel*) — to a remote southwestern hillside in Gers (*La Maison Despouès*) and the island of Corsica (*Finestra by Italo Bassi*, *Le Charlie*): not an inch of land has not been scoured by the roving eye of our inspectors.

ENGLISH

Newly opened restaurants and a star-studded sky

In a testament to the exceptional talent of French chefs, over 20 establishments have been awarded a star off the bat. Of the chefs in question, often trained in top establishments in France and around the world, many already have that first professional experience in a MICHELIN-starred restaurant under their belts. Today, braving all the risks that such an entrepreneurial adventure entails, they are going it alone.

These restaurants include Julien Caligo's *Monique* (in Calvisson), Youssef Marzouk's Aldéhyde, Cecilia Spurio and Eugenio Anfuso's *Amâlia* (in Paris), Kevin de Porre's *Fario* (Céret), Tabata and Ludovic Mey's *Ombelulle* (Lyon), *Ineffable* by Nicolas Thomas (Barbentane), and *JU — Maison de Cuisine* by Julien Allano (Bonnieux).

Personal projects — whether run by an individual or a couple, all are operated completely independently — and sometimes also signal a return to one's roots, as in the case of *Fario* in Céret, or *Monique* in Calvisson, with the chef going back to the home of his grandmother.

Two by two

Autonomy and a spirit of adventure are the hallmarks of 2025's crop of new two-star restaurants, too. Philippe Etchebest's *Maison Nouvelle* (Bordeaux), Fanny Rey and Jonathan Wahid's *L'Auberge de Saint-Rémy* (Saint-Rémy-de-Provence), Guillaume Roget's *Ekaitza* (Ciboure), and Diego Delbecq and Camille Pailleau's *Rozó* (Marc-en-Barœul) are all taking it to the next level, through the strength of their talent and passion, further asserting their culinary identity, the personality of their cuisine and their independent-mindedness.

ENGLISH

Green Stars: small is beautiful

Sustainable gastronomy isn't waiting in the wings for major revolutions or for the advent of a rosy future. Taking a leaf out of the hummingbird's book, this approach starts with small steps that have the potential to transform the world. The ten or so Green Stars handed out this year to restaurants of modest means are proof of this.

From Hiély-Lucullus (in Avignon) to L'Auberge des Ruines (Jumièges) or Méson Chalut (Saint-Malo), these restaurants come in all shapes and sizes. Nevertheless, they share some commonalities: a thorough knowledge of the land, geography, climate and producers; small-scale fishing of fish whose stocks are not endangered; animals reared more respectfully and cooking that uses animal protein sparingly; a preponderance of fruit, vegetables and herbs, including some grown by the restaurants themselves; a taste for "doing it yourself", from restoring an old family barn (Palégrié Chez l'Henri in Autrans-Méaudre en Vercors) to styling the tables with pieces by local craftsmen (Osma in Sargé-sur-Braye).

The Bib Gourmand, a resounding success

Nowadays, proposing a three-course meal at a reasonable price may seem like an ill-starred endeavour, a gamble with unfavourable odds, a fool's errand. Think again! The Bib Gourmand award – emblematic of convivial dining out without breaking the bank — is in rude health, judging by the impressive number of restaurants commended this year. These are restaurants that are bursting with joy, for example Mirabelle (Langres) with its impeccable millefeuille, Lo Fieu (Saint-Alban-de-Roche), which breathes life into cuisine dauphinoise — the area's traditional food, Tire-Bouchon Rodier (Paris) and its delectable dishes, Jarapea (Irouléguy), Roze (Mathieu), a gourmet gem in the heart of Calvados…

THE MICHELIN GUIDE'S COMMITMENTS

Whether they are in Japan, the USA, China or Europe, our inspectors apply the same criteria to judge the quality of each and every restaurant that they visit. The MICHELIN Guide commands a **worldwide reputation** thanks to the commitments we make to our readers – and we reiterate these below:

Our inspectors make regular and **anonymous visits** to restaurants to gauge the quality of products and services offered to an ordinary customer. They settle their own bill and may then introduce themselves and ask for more information about the establishment.

To remain totally objective for our readers, the selection is made with complete **independence**. Entry into the guide is free. All decisions are discussed with the Editor and our highest awards are considered at an international level.

The guide offers a **selection** of the best restaurants in every category of comfort and price. This is only possible because all the inspectors rigorously apply the same methods.

All the practical information, classifications and awards are revised and updated every year to give the most **reliable information** possible.

In order to guarantee the **consistency** of our selection, our classification criteria are the same in every country covered by the MICHELIN Guide. Each culture may have its own unique cuisine but **quality** remains the **universal principle** behind our selection.

ENGLISH 🇬🇧

Experienced in quality!

THE MICHELIN GUIDE'S SELECTION

CUISINE QUALITY AWARDS

STARS

Our famous One ✤, Two ✤✤ and Three ✤✤✤ Stars identify establishments serving the highest quality cuisine – taking into account the quality of ingredients, the mastery of techniques and flavours, the levels of creativity and, of course, consistency.

✤✤✤	Exceptional cuisine, worth a special journey!
✤✤	Excellent cuisine, worth a detour!
✤	High quality cooking, worth a stop!

BIB GOURMAND

Good quality, good value cooking. 'Bibs' are awarded for simple yet skilful cooking.

THE MICHELIN GREEN STAR

GASTRONOMY AND SUSTAINABILITY

The MICHELIN Green Star highlights role-model establishments actively committed to sustainable gastronomy. A short quote from the chef outlines the vision of these trail-blazing restaurants. Look out for the MICHELIN Green Star in our selection!

ENGLISH

From Tokyo to San Francisco, Paris to Copenhagen, the mission of the MICHELIN Guide has always been the same: to uncover the best restaurants in the world.

Cuisine of every type; prepared using grand traditions or unbridled creativity; whatever the place, whatever the style, the MICHELIN Guide Inspectors have a quest to discover great quality, know-how and flavours.

And let's not forget emotion.... because a meal in one of these restaurants is, first and foremost, a moment of pleasure: it is experiencing the artistry of great chefs, who can transform a fleeting bite into an unforgettable memory.

From all of the restaurants selected for the Guide, the most remarkable are awarded a distinction: these are the Stars, with up to Three awarded for those which transport you to the top of the gastronomic world.

Then there is the Bib Gourmand, which combines quality with particularly good value.

And finally, another Star, not red but green, which shines the spotlight on establishments that are committed to producing sustainable cuisine.

There are so many culinary experiences to enjoy: the MICHELIN Guide brings you all these and more!

SYMBOLS
RESTAURANTS

Ⓝ New establishment in the guide
N Establishment getting a new distinction this year

Facilities & services

- Particularly interesting wine list
- Great view
- Park or garden
- Wheelchair access
- Air conditioning
- Outside dining available
- Private dining room
- Valet parking
- Car park - Garage
- Credit cards not accepted

Price range

€	under 35 €
€€	35 - 60 €
€€€	60 - 100 €
€€€€	over 100 €

Key words

Two keywords help you make your choice more quickly:
orange for the type of cuisine, gold for the atmosphere.

CUISINE CRÉATIVE · DESIGN

ENGLISH

SYMBOLS
ACCOMMODATION

Plus   "Programme Plus" advantages

Facilities & services

&#x267F;	Wheelchair access
	Valet parking
P	Car park
	Electric vehicle charging station
	Pet friendly - Not pet friendly
A/C	Air conditioning
	Great view
	Garden or park
	Private beach
	Outdoor pool - Indoor pool
	Rooftop
	Spa
	Sauna, hammam, Turkish bath
	Hydrotherapy
	Fitness
	Rent or loan bicycles
	Tennis court
	Children's activities
	Conference rooms
	Catering service in the hotel

Key words

Two keywords helps you choose more quickly the decorative style and atmosphere of the accommodation:

CLASSICAL • COSY

Prices

Please consult the price of each room and suite in our selection of hotels on our website: www.guide.michelin.com/fr/fr/hotels

ENGLISH

TOWN PLAN KEY

 Restaurants

Sights

Place of interest
Interesting place of worship

Road

Motorway, dual carriageway
Junction: complete, limited

 Main traffic artery
 Pedestrian street
 Car park
 Tunnel
 Station and railway
 Funicular
Cable car, cable way

Various signs

Tourist Information Centre
Place of worship
 Tower or mast • Ruins • Windmill
 Garden, park, wood • Cemetery
 Stadium • Golf course • Racecourse
 Outdoor or indoor swimming pool
 View • Panorama
 Monument • Fountain
 Pleasure boat harbour
 Lighthouse
 Airport
 Underground station
 Coach station
 Tramway
 Ferry services:
passengers and cars, passengers only
Main post office with poste restante
 Town Hall

ENGLISH

#origine

ici, commence
LE FAIT MAISON

RCS Nanterre 309 315 613

Jérôme Galis
Fournisseur des halles METRO
depuis 2018

Truffes noires - Uchaux

METRO.fr

les
halles
METRO

INDEX DES RESTAURANTS ÉTOILÉS

STARRED RESTAURANTS

N **Nouvelle distinction cette année !**
New awarded distinction this year!

✿✿✿

Localité (Dépt./arr.)	Restaurant	Page
Les Baux-de-Provence (13)	L'Oustau de Baumanière ✿	228
Cassis (13)	La Villa Madie	338
Le Castellet (83)	La Table du Castellet	340
Chagny (71)	Maison Lameloise	348
Courchevel (73)	Le 1947 à Cheval Blanc	424
Eugénie-les-Bains (40)	Les Prés d'Eugénie - Michel Guérard	464
Fontjoncouse (11)	Auberge du Vieux Puits	480
L'Herbaudière (85)	La Marine ✿	594
Marseille (13)	AM par Alexandre Mazzia	691
Marseille (13)	Le Petit Nice	694
Megève (74)	Flocons de Sel	707
Menton (06)	Mirazur ✿	713
Monaco (98)	Le Louis XV - Alain Ducasse à l'Hôtel de Paris	726
Ouches (42)	Troisgros - Le Bois sans Feuilles ✿	807
Paris (8ᵉ)	Alléno Paris au Pavillon Ledoyen	878
Paris (4ᵉ)	L'Ambroisie	851
Paris (7ᵉ)	Arpège ✿	867
Paris (8ᵉ)	Le Cinq	878
Paris (8ᵉ)	Épicure	878
Paris (8ᵉ)	Le Gabriel - La Réserve Paris	879
Paris (1ᵉʳ)	Kei	830
Paris (8ᵉ)	Pierre Gagnaire	879
Paris (1ᵉʳ)	Plénitude - Cheval Blanc Paris	830
Paris (16ᵉ)	Le Pré Catelan	928
Reims (51)	Assiette Champenoise	1000
La Rochelle (17)	Christopher Coutanceau ✿ **N**	1022
Saint-Bonnet-le-Froid (43)	Restaurant Marcon ✿	1045
Saint-Méloir-des-Ondes (35)	Le Coquillage ✿ **N**	1084
Saint-Tropez (83)	La Vague d'Or - Cheval Blanc St-Tropez	1100
Valence (26)	Pic	1193
Annecy (74)	Le Clos des Sens ✿	172

Boris Yatsenko/Getty Images Plus

Localité (Dépt./arr.)	Restaurant	Page
Annecy (74)	Maison Benoît Vidal	173
Aumont-Aubrac (48)	Cyril Attrazic 🍀	199
Blois (41)	Christophe Hay - Fleur de Loire 🍀	266
Bommes (33)	Lalique	269
Bonnieux (84)	La Table des Amis	271
Bordeaux (33)	Maison Nouvelle **N**	273
Bordeaux (33)	L'Observatoire du Gabriel **N**	273
Bordeaux (33)	Le Pressoir d'Argent - Gordon Ramsay	276
Busnes (62)	Château de Beaulieu - Christophe Dufossé 🍀	307
Le Cannet (06)	La Villa Archange	328
Carcassonne (11)	La Table de Franck Putelat	601
Chaudes-Aigues (15)	Serge Vieira 🍀	370
Ciboure (64)	Ekaitza **N**	377
Clermont-Ferrand (63)	Le Pré - Xavier Beaudiment	380
Collonges-au-Mont-d'Or (69)	Paul Bocuse	393
Colmar (68)	JY'S	394
Courchevel (73)	Baumanière 1850 **N**	424
Courchevel (73)	Le Chabichou by Stéphane Buron	425
Courchevel (73)	Le Sarkara	425
Courchevel (73)	Sylvestre Wahid - Les Grandes Alpes	425
Dijon (21)	William Frachot	445
Èze (06)	La Chèvre d'Or	469
Garons (30)	Michel Kayser - Restaurant Alexandre	487
Illhaeusern (68)	Auberge de l'Ill	601
Joigny (89)	La Côte Saint-Jacques 🍀	608
Jongieux (73)	Les Morainières	608
Kaysersberg (68)	La Table d'Olivier Nasti	612
Laguiole (12)	Bras	617
Laubach (67)	La Merise	622
Lyon (1er)	Mère Brazier	660
Lyon (6e)	Le Neuvième Art	667
Lyon (6e)	Takao Takano	667
La Madelaine-sous-Montreuil (62)	La Grenouillère 🍀	680
Magescq (40)	Relais de la Poste	680
Marcq-en-Barœul (59)	Rozó **N**	687
Martillac (33)	La Grand'Vigne - Les Sources de Caudalie	702
Monaco (98)	L'Abysse Monte-Carlo **N**	727
Monaco (98)	Les Ambassadeurs by Christophe Cussac	727
Monaco (98)	Blue Bay Marcel Ravin	727
Narbonne (11)	La Table Lionel Giraud	776
Nice (06)	Flaveur	782
Nîmes (30)	Duende	793
Obernai (67)	La Fourchette des Ducs	799

Localité	Restaurant	Page
Paris (8ᵉ)	L'Abysse au Pavillon Ledoyen	879
Paris (16ᵉ)	Blanc N	929
Paris (8ᵉ)	Le Clarence	879
Paris (7ᵉ)	David Toutain	868
Paris (8ᵉ)	Le Grand Restaurant - Jean-François Piège	880
Paris (6ᵉ)	Guy Savoy	860
Paris (7ᵉ)	Le Jules Verne	868
Paris (17ᵉ)	Maison Rostang	937
Paris (6ᵉ)	Marsan par Hélène Darroze	860
Paris (16ᵉ)	L'Oiseau Blanc	929
Paris (8ᵉ)	L'Orangerie	880
Paris (1ᵉʳ)	Palais Royal Restaurant	830
Paris (1ᵉʳ)	Restaurant Le Meurice Alain Ducasse	831
Paris (8ᵉ)	La Scène	880
Paris (2ᵉ)	Sushi Yoshinaga N	840
Paris (12ᵉ)	Table - Bruno Verjus	917
Paris (8ᵉ)	Le Taillevent	881
La Plaine-sur-Mer (44)	Anne de Bretagne	966
Plomodiern (29)	L'Auberge des Glazicks	970
Porto-Vecchio (2A)	Casadelmar	414
Pyla-sur-Mer (33)	Le Skiff Club	225
Ramatuelle (83)	La Voile - La Réserve Ramatuelle	996
Reims (51)	Le Parc Les Crayères	1000
Reims (51)	Racine	1001
Saint-Émilion (33)	La Table de Pavie	1052
Saint-Grégoire (35)	Maison Ronan Kervarrec	1062
Saint-Martin-de-Belleville (73)	René et Maxime Meilleur	1081
Saint-Rémy (71)	Cédric Burtin	1094
Saint-Rémy-de-Provence (13)	L'Auberge de Saint-Rémy - Fanny Rey & Jonathan Wahid N	1095
Saulieu (21)	La Côte d'Or	1119
Talloires-Montmin (74)	L'Auberge de Montmin	1147
Talloires-Montmin (74)	Jean Sulpice	1147
Toulouse (31)	Py-r	1156
Uriage-les-Bains (38)	Maison Aribert	1182
Veyrier-du-Lac (74)	La Table de Yoann Conte	1214
Vienne (38)	La Pyramide - Maison Henriroux	1216
Vonnas (01)	Georges Blanc	1228
Wingen-sur-Moder (67)	Villa René Lalique	1231

AUVERGNE-RHÔNE-ALPES

Localité (Dépt./arr.)	Restaurant	Page
Alleyras (43)	Le Haut-Allier	160
Ambronay (01)	Auberge de l'Abbaye	164
Annecy (74)	L'Esquisse	173

LES ÉTOILES

Annecy (74)	La Rotonde des Trésoms	173
Annecy (74)	Vincent Favre Félix	174
Autrans-Méaudre en Vercors (38)	Palégrié Chez l'Henri ✿ N	202
Le Bourget-du-Lac (73)	Atmosphères ✿	293
Le Bourget-du-Lac (73)	Lamartine	294
Le Broc (63)	Origines	305
Chamalières (63)	Radio	351
Chamonix-Mont-Blanc (74)	Albert 1er	354
Charmes-sur-Rhône (07)	Le Carré d'Alethius	361
Charols (26)	Lavandin - Château Les Oliviers de Salettes N	362
Chasselay (69)	Guy Lassausaie	364
Châtel-Guyon (63)	L'Impulsif	369
Chazelles-sur-Lyon (42)	Château Blanchard	371
Chonas-l'Amballan (38)	La Table de Philippe Girardon	376
Clermont-Ferrand (63)	Apicius	380
Clermont-Ferrand (63)	Jean-Claude Leclerc	381
Clermont-Ferrand (63)	L'Ostal ✿	381
La Clusaz (74)	Le Cin5 - Au Cœur du Village	388
Corrençon-en-Vercors (38)	Asterales N	405
Courchevel (73)	Alpage	427
Courchevel (73)	Le Farçon	427
Les Deux-Alpes (38)	Le P'tit Polyte	443
Douvaine (74)	Ô Flaveurs	456
Écully (69)	Saisons	459
Évian-les-Bains (74)	Les Fresques - Hôtel Royal	465
Fleurie (69)	Auberge du Cep	476
Grane (26)	Le Kléber - La Maison Bonnet	499
Granges-les-Beaumont (26)	Les Cèdres	499
Grenoble (38)	Le Fantin Latour - Stéphane Froidevaux	501
Grignan (26)	Le Clair de la Plume ✿	503
Hauteluce (73)	Mont Blanc Restaurant & Goûter	512
Issoire (63)	L'Atelier Yssoirien	605
Lucinges (74)	L'Auberge de Lucinges	647
Lyon (1er)	L'Atelier des Augustins	660
Lyon (5e)	Au 14 Février	674
Lyon (2e)	Burgundy by Matthieu	660
Lyon (6e)	Le Gourmet de Sèze	668
Lyon (6e)	Miraflores	668
Lyon (6e)	Ombellule N	668
Lyon (2e)	Prairial ✿	660
Lyon (2e)	Rustique	661
Lyon (5e)	La Sommelière	674
Lyon (5e)	Les Terrasses de Lyon	675
Lyon (5e)	Têtedoie ✿	675
Machilly (74)	Le Refuge des Gourmets	678
Malataverne (26)	Domaine du Colombier	682
Marcolès (15)	Auberge de la Tour	686
Margencel (74)	Sechex-Nous N	689

Megève (74)	La Table de l'Alpaga	708
Megève (74)	Vous **N**	709
Méribel (73)	L'Ekrin by Laurent Azoulay	714
Montluçon (03)	La Chapelle - Château Saint-Jean	744
Ouches (42)	Château d'Origny	808
Poncin (01)	AinTimiste	975
Pont-de-Vaux (01)	Le Raisin	977
Pont-du-Château (63)	Auberge du Pont	977
Pouilly-sous-Charlieu (42)	Restaurant de la Loire ✿	984
Le Puy-en-Velay (43)	Le Chamarlenc	989
Replonges (01)	La Huchette	1011
Saint-Alban-de-Roche (38)	L'Émulsion	1041
Saint-Didier-de-la-Tour (38)	Ambroisie	1051
Saint-Galmier (42)	La Source	1057
Saint-Germain (07)	Auberge de Montfleury	1058
Saint-Martin-sur-la-Chambre (73)	Le Clocher des Pères	1083
Seytroux (74)	Kern **N**	1131
Tignes (73)	Ursus ✿	1152
Tresserve (73)	La Table de L'Incomparable	1177
Vailly (74)	Frédéric Molina au Moulin de Léré ✿	1187
Val-d'Isère (73)	La Table de l'Ours	1189
Val-Thorens (73)	Les Explorateurs - Hôtel Pashmina	1191
Valence (26)	La Cachette	1194
Valence (26)	Épithèque	1194
Les Vans (07)	Likoké ✿	1202
Vaux-en-Beaujolais (69)	Auberge de Clochemerle **N**	1205
Veyras (07)	La Bòria ✿ **N**	1213
Vichy (03)	Maison Decoret	1215

BOURGOGNE-FRANCHE-COMTÉ

Localité (Dépt./arr.)	Restaurant	Page
Beaune (21)	Le Carmin	236
Beaune (21)	Clos du Cèdre	237
Bonnétage (25)	L'Étang du Moulin ✿	270
Buxy (71)	L'Empreinte	308
Chaintré (71)	La Table de Chaintré	349
Charolles (71)	Frédéric Doucet	361
Chassagne-Montrachet (21)	Ed.Em	363
Courban (21)	Château de Courban **N**	422
Danjoutin (90)	Le Pot d'Étain	440
Dijon (21)	L'Aspérule	446
Dijon (21)	CIBO	447
Dijon (21)	Loiseau des Ducs	447
Dijon (21)	Origine	447
Dole (39)	La Chaumière	454
Fuissé (71)	L'O des Vignes	483
Gevrey-Chambertin (21)	La Table d'Hôtes - La Rôtisserie du Chambertin ✿	492
Levernois (21)	Table de Levernois	628

Mâcon (71)	Pierre	679
Malbuisson (25)	Le Bon Accueil	682
Montbellet (71)	La Marande	738
Pernand-Vergelesses (21)	Le Charlemagne	959
Port-Lesney (39)	Maison Rosella par Francesco Di Marzio	982
Prenois (21)	Auberge de la Charme	986
Sampans (39)	Château du Mont Joly	1115
Sens (89)	La Madeleine	1127
Tournus (71)	Aux Terrasses 🍀	1168
Tournus (71)	L'Écrin de Yohann Chapuis	1168
Vault-de-Lugny (89)	Le Valucien - Château de Vault-de-Lugny	1204

BRETAGNE

Localité (Dépt./arr.)	Restaurant	Page
Baden (56)	Le Gavrinis	213
Binic (22)	La Table d'Asten	263
Brest (29)	L'Embrun	300
Cancale (35)	La Table Breizh Café	321
Carantec (29)	Nicolas Carro - Hôtel de Carantec	329
Carnac (56)	Côté Cuisine	334
Combrit (29)	Les Trois Rochers	401
Dinard (35)	Le Pourquoi Pas	452
Guer (56)	Maison Tiegezh 🍀	507
Kervignac (56)	L'Inattendu - Domaine de Locguénolé N	613
Lannion (22)	L'Anthocyane	619
Lorient (56)	Louise	643
Mûr-de-Bretagne (22)	Auberge Grand'Maison	762
Névez (29)	Ar Men Du 🍀	781
Noyal-sur-Vilaine (35)	Auberge du Pont d'Acigné	798
Piré-Chancé (35)	La Table des Pères - Domaine du Château des Pères	966
Plérin (22)	La Vieille Tour	968
Plomeur (29)	Nuance N	969
Plougonvelin (29)	Hostellerie de la Pointe Saint-Mathieu	971
Plouider (29)	La Table de La Butte 🍀	972
Pont-Aven (29)	Rosmadec Le Moulin	976
Port-Louis (56)	Avel Vor	982
Quimper (29)	Allium	994
Rennes (35)	Holen 🍀	1006
Rennes (35)	Ima 🍀	1006
Rennes (35)	Racines	1007
Roscoff (29)	Le Brittany	1029
Saint-Avé (56)	Le Pressoir	1044
Saint-Brieuc (22)	Aux Pesked	1046
Saint-Malo (35)	Le Saint Placide	1075

Saint-Pol-de-Léon (29)	La Pomme d'Api	1092
Trébeurden (22)	Manoir de Lan-Kerellec	1175
Vannes (56)	La Tête en l'air	1199

CENTRE-VAL DE LOIRE

Localité (Dépt./arr.)	Restaurant	Page
Amboise (37)	Château de Pray	163
Ardon (45)	La Table - Christophe Hay et Loïs Bée	187
Azay-le-Rideau (37)	Auberge Pom'Poire	212
Blois (41)	Assa ❀	266
Boismorand (45)	Auberge des Templiers	268
Boulleret (18)	Maison Medard	289
Cellettes (41)	La Vieille Tour	345
Chartres (28)	Le Georges	362
Cheverny (41)	Le Favori - Les Sources de Cheverny	373
Fondettes (37)	L'Opidom	477
Gien (45)	Côté Jardin	493
Loches (37)	Arbore & Sens	639
Montbazon (37)	L'Évidence	738
Montlivault (41)	Ezia	744
Orléans (45)	Le Lièvre Gourmand	803
Le Petit-Pressigny (37)	La Promenade	963
Romorantin-Lanthenay (41)	Grand Hôtel du Lion d'Or	1027
Saché (37)	Auberge du XIIème Siècle	1039
Saint-Valentin (36)	Au 14 Février	1105
Sancerre (18)	La Pomme d'Or **N**	1115

CORSE

Localité (Dépt./arr.)	Restaurant	Page
Bonifacio (2A)	Finestra by Italo Bassi **N**	408
Lumio (2B)	A Casa di Mà	411
Olmeto (2A)	La Verrière	413
Porticcio (2A)	Le Charlie **N**	414
Sartène (2A)	La Table de la Ferme	418

GRAND EST
ALSACE - CHAMPAGNE-ARDENNE - LORRAINE

Localité (Dépt./arr.)	Restaurant	Page
Altkirch (68)	L'Orchidée	162
Ammerschwihr (68)	Restaurant Julien Binz	166
Baerenthal (57)	L'Arnsbourg	213
Barr (67)	Enfin	220
Châlons-en-Champagne (51)	Jérôme Feck	350
Champillon (51)	Le Royal	358
Colmar (68)	L'Atelier du Peintre	395
Colmar (68)	Restaurant Girardin	395

LES ÉTOILES

Colombey-les-Deux-Églises (52)	Hostellerie la Montagne	399
Colroy-la-Roche (67)	La Cheneaudière -	
	Le Feuillage **N**	400
Drusenheim (67)	Au Gourmet	457
Épinal (88)	Les Ducs de Lorraine	460
Faulquemont (57)	Toya ✿	470
Hagondange (57)	Quai des Saveurs	510
Kaysersberg (68)	Alchémille ✿	612
Langres (52)	Bulle d'Osier **N**	618
Languimberg (57)	Chez Michèle	619
Lembach (67)	Auberge du Cheval Blanc	625
Lunéville (54)	Château d'Adoménil	648
Marlenheim (67)	Le Cerf	689
Metz (57)	Yozora **N**	718
Monswiller (67)	Kasbür	733
Montchenot (51)	Le Grand Cerf	740
Montenach (57)	Le K	741
Mulhouse (68)	Il Cortile	761
Nancy (54)	La Maison dans le Parc	764
Obernai (67)	Thierry Schwartz - Le Restaurant ✿	799
Reims (51)	Arbane **N**	1001
Reims (51)	Le Millénaire **N**	1001
Rhinau (67)	Au Vieux Couvent ✿	1013
Riquewihr (68)	La Table du Gourmet ✿	1016
Rixheim (68)	Le 7ème Continent	1018
Rouvres-en-Xaintois (88)	Burnel **N**	1034
Sarreguemines (57)	Auberge Saint-Walfrid	1118
Schiltigheim (67)	Guillaume Scheer -	
	Les Plaisirs Gourmands	1124
Sessenheim (67)	Auberge au Bœuf	1129
Sierentz (68)	Auberge Saint-Laurent	1131
Steige (67)	Auberge Chez Guth **N**	1135
Strasbourg (67)	1741	1137
Strasbourg (67)	Au Crocodile	1136
Strasbourg (67)	de:ja ✿	1136
Strasbourg (67)	Les Funambules	1137
Strasbourg (67)	Umami	1137
La Vancelle (67)	Auberge Frankenbourg ✿	1197
La Wantzenau (67)	Le Jardin Secret	1229
La Wantzenau (67)	Le Relais de la Poste	1230
Wihr-au-Val (68)	La Nouvelle Auberge	1231

HAUTS-DE-FRANCE

NORD-PAS-DE-CALAIS - PICARDIE

Localité (Dépt./arr.)	Restaurant	Page
Belle-Église (60)	La Grange de Belle-Église	245
Boeschepe (59)	Auberge du Vert Mont ✿	268
Cassel (59)	Haut Bonheur de la Table	337
Chantilly (60)	Le Verbois	359

Courcelles-sur-Vesle (02)	La Table de Courcelles - Château de Courcelles **N**	423
Croix (59)	Arborescence	434
Étouy (60)	L'Orée de la Forêt	463
Lille (59)	Ginko **N**	630
Lille (59)	Pureté	630
Lille (59)	Le Restaurant du Cerisier	631
Lille (59)	La Table - Hôtel Clarance	631
Saint-Omer (62)	Bacôve	1086
Le Touquet-Paris-Plage (62)	Le Pavillon - Hôtel Westminster	1166
Trosly-Loire (02)	Auberge de la Grive	1178

ÎLE-DE-FRANCE

Localité (Dépt./arr.)	Restaurant	Page
Couilly-Pont-aux-Dames (77)	Auberge de la Brie	421
Fontainebleau (77)	L'Axel	479
Issy-les-Moulineaux (92)	Maison Avoise **N**	606
Marly-le-Roi (78)	Le Village Tomohiro	689
Meudon (92)	L'Escarbille	721
Montreuil (93)	Villa9Trois	754
Paris (8e)	114, Faubourg	882
Paris (2e)	Accents Table Bourse	840
Paris (17e)	Agapé **N**	937
Paris (7e)	Aida	868
Paris (8e)	Akrame	881
Paris (16e)	Alan Geaam	929
Paris (4e)	Aldehyde **N**	851
Paris (5e)	Alliance	854
Paris (11e)	Amâlia **N**	909
Paris (3e)	Anne	846
Paris (17e)	Anona 🍀	937
Paris (8e)	Apicius	881
Paris (16e)	L'Archeste	929
Paris (6e)	Armani Ristorante	860
Paris (8e)	L'Arôme	881
Paris (16e)	Astrance	930
Paris (5e)	AT	855
Paris (8e)	L'Atelier de Joël Robuchon - Étoile	882
Paris (7e)	Auguste	869
Paris (11e)	Automne	910
Paris (5e)	Baieta	855
Paris (1er)	Le Baudelaire	831
Paris (16e)	Bellefeuille - Saint James Paris 🍀	930
Paris (15e)	Chakaiseki Akiyoshi	925
Paris (8e)	Le Chiberta	882
Paris (16e)	Comice	930
Paris (8e)	Contraste	882
Paris (1er)	La Dame de Pic	831
Paris (3e)	Datil	846

LES ÉTOILES

Paris (7e)	Divellec	869
Paris (16e)	Don Juan II	930
Paris (8e)	L'Écrin	882
Paris (17e)	Épisodes	937
Paris (7e)	ES	869
Paris (1er)	Espadon	831
Paris (17e)	Le Faham by Kelly Rangama	938
Paris (11e)	FIEF 🍀	910
Paris (2e)	Fleur de Pavé	840
Paris (17e)	Frédéric Simonin	938
Paris (2e)	Frenchie	840
Paris (8e)	Galanga	883
Paris (7e)	Gaya par Pierre Gagnaire	869
Paris (8e)	Le George 🍀	883
Paris (11e)	Géosmine	910
Paris (16e)	La Grande Cascade	931
Paris (1er)	Granite	832
Paris (1er)	Hakuba **N**	832
Paris (8e)	Helen	883
Paris (7e)	Hémicycle	870
Paris (8e)	Il Carpaccio	884
Paris (17e)	Jacques Faussat	938
Paris (8e)	Jean Imbert au Plaza Athénée	884
Paris (8e)	Lasserre	884
Paris (8e)	Lucas Carton	884
Paris (8e)	Maison Dubois	885
Paris (17e)	Mallory Gabsi	938
Paris (5e)	Mavrommatis	855
Paris (14e)	MoSuke	922
Paris (7e)	Nakatani	870
Paris (15e)	Neige d'Été	925
Paris (9e)	NESO	896
Paris (1er)	Nhome	832
Paris (16e)	Nomicos	931
Paris (1er)	Omar Dhiab	832
Paris (8e)	Onor	885
Paris (8e)	Origines Restaurant **N**	885
Paris (16e)	Õrtensia	931
Paris (17e)	Oxte	939
Paris (16e)	Pages	931
Paris (2e)	Pantagruel	841
Paris (8e)	Pavyllon	885
Paris (7e)	Pertinence	870
Paris (2e)	Pur' - Jean-François Rouquette	841
Paris (11e)	Qui Plume la Lune	910
Paris (6e)	Quinsou	860
Paris (6e)	Relais Louis XIII	861
Paris (4e)	Restaurant H	851
Paris (17e)	La Scène Thélème	939
Paris (11e)	Septime 🍀	911

Paris (4e)	Le Sergent Recruteur	851
Paris (2e)	Shabour	841
Paris (5e)	Sola	855
Paris (5e)	Solstice	855
Paris (16e)	Substance	932
Paris (2e)	Sushi B	841
Paris (18e)	Sushi Shunei **N**	944
Paris (7e)	Tomy & Co	870
Paris (5e)	Tour d'Argent	856
Paris (1er)	Le Tout-Paris	833
Paris (8e)	Trente-Trois	885
Paris (11e)	Vaisseau **N**	911
Paris (7e)	Le Violon d'Ingres	871
Paris (12e)	Virtus	917
Paris (1er)	Yam'Tcha	833
Paris (6e)	Yoshinori	861
Paris (6e)	Ze Kitchen Galerie	861
Pontoise (95)	L'Or Q'idée ✿	979
Rolleboise (78)	Le Panoramique - Domaine de la Corniche	1027
Rueil-Malmaison (92)	Ochre	1036
Le Tremblay-sur-Mauldre (78)	Numéro 3	1176
Versailles (78)	Gordon Ramsay au Trianon	1209
Versailles (78)	Le Grand Contrôle	1209
Versailles (78)	La Table du 11	1209
Ville-d'Avray (92)	Le Corot	1219
Villeneuve-le-Comte (77)	La Vieille Auberge	1222
Vincennes (94)	L'Ours	1225

NORMANDIE

Localité (Dépt./arr.)	Restaurant	Page
Argentan (61)	La Renaissance	188
Bagnoles-de-l'Orne (61)	Le Manoir du Lys	214
Blainville-sur-Mer (50)	Le Mascaret	264
Cabourg (14)	Symbiose **N**	309
Caen (14)	Ivan Vautier	312
Cherbourg-en-Cotentin (50)	Le Pily	372
Deauville (14)	L'Essentiel	441
Deauville (14)	Maximin Hellio	441
Dieppe (76)	Les Voiles d'Or	444
La Ferrière-aux-Étangs (61)	Auberge de la Mine	472
Giverny (27)	Le Jardin des Plumes	494
Le Havre (76)	Jean-Luc Tartarin	512
Lyons-la-Forêt (27)	La Licorne Royale	678
Rives-en-Seine (76)	G.a. au Manoir de Rétival ✿	1017
Rouen (76)	L'Odas	1031
Saint-Lô (50)	Intuition	1074
Servon (50)	Auberge Sauvage ✿ **N**	1128
Valmont (76)	Maison Caillet ✿	1197

NOUVELLE-AQUITAINE

AQUITAINE - LIMOUSIN - POITOU-CHARENTES

Localité (Dépt./arr.)	Restaurant	Page
Ainhoa (64)	Ithurria	149
Altillac (19)	Cueillette	161
Angoulême (16)	Les Sources de Fontbelle	171
Arcachon (33)	Le Patio	222
Arcangues (64)	Moulin d'Alotz	185
Arès (33)	Nacre	224
Biarritz (64)	L'Impertinent	255
Biarritz (64)	Les Rosiers	256
Biarritz (64)	La Table d'Aurélien Largeau **N**	256
Bidarray (64)	Lore Ttipia - Auberge Ostape **N**	261
Bidart (64)	La Table des Frères Ibarboure	261
Bordeaux (33)	Amicis **N**	276
Bordeaux (33)	L'Oiseau Bleu	276
Bordeaux (33)	Le Pavillon des Boulevards	276
Bordeaux (33)	Ressources	277
Bordeaux (33)	Soléna	277
Bordeaux (33)	La Table d'Hôtes - Le Quatrième Mur	277
Bordeaux (33)	Tentazioni	278
Bouliac (33)	Le Saint-James	288
Bourg-Charente (16)	La Ribaudière	291
Brantôme (24)	Le Moulin de l'Abbaye	297
Breuillet (17)	L'Aquarelle	302
Brive-la-Gaillarde (19)	La Table d'Olivier	304
Cognac (16)	Les Foudres	389
Espelette (64)	Choko Ona 🍀	462
Eugénie-les-Bains (40)	L'Orangerie **N**	465
Les Eyzies-de-Tayac-Sireuil (24)	Le 1862 - Les Glycines	468
Guéthary (64)	Briketenia	508
Hasparren (64)	La Maison de Pierre	511
La Jarrie (17)	L'Hysope	607
Lormont (33)	Le Prince Noir - Vivien Durand 🍀	644
Massignac (16)	Dyades au Domaine des Étangs **N**	703
Moirax (47)	Auberge Le Prieuré	725
Monbazillac (24)	La Tour des Vents	731
Monestier (24)	Les Fresques - Château des Vigiers	732
Mont-de-Marsan (40)	La Table Mirasol	733
Montbron (16)	Moulin de la Tardoire	739
Nieul (87)	La Chapelle Saint-Martin	792
Périgueux (24)	L'Essentiel	957
Puymirol (47)	Michel Trama	992
Puymoyen (16)	Aumì	993
La Roche-l'Abeille (87)	Le Moulin de la Gorce	1019
Saint-Émilion (33)	Les Belles Perdrix de Troplong Mondot 🍀	1052
Saint-Émilion (33)	Logis de la Cadène	1053

Saint-Jean-de-Blaignac (33)	L'Auberge Saint Jean **N**	1064
Saint-Jean-de-Luz (64)	Le Kaïku	1065
Saint-Léon-sur-Vézère (24)	Le Petit Léon	1072
Saint-Pée-sur-Nivelle (64)	La Table de Cédric Béchade -	
	L'Auberge Basque	1090
Saint-Vincent-de-Tyrosse (40)	Le Hittau	1106
Seignosse (40)	Villa de l'Étang Blanc	1125
Trémolat (24)	Le Vieux Logis	1176

OCCITANIE

Localité (Dépt./arr.)	Restaurant	Page
Aureville (31)	En Marge	201
Belcastel (12)	Vieux Pont	244
Bélesta (66)	La Coopérative -	
	Domaine Riberach ❀	244
Béziers (34)	L'Alter-Native	252
Béziers (34)	Calice	252
Calvisson (30)	Monique **N**	320
Céret (66)	Fario **N**	346
Collioure (66)	La Balette	392
Colombières-sur-Orb (34)	Granit - La Mécanique	
	des Frères Bonano	399
Conques-en-Rouergue (12)	Émilie & Thomas -	
	Moulin de Cambelong	403
Lacave (46)	Château de la Treyne	615
Lacave (46)	Le Pont de l'Ouysse	615
Lastours (11)	Le Puits du Trésor	621
Lavalette (31)	Auberge de la Forge	624
Leucate (11)	Le Grand Cap	627
Montpellier (34)	Ébullition **N**	747
Montpellier (34)	Jardin des Sens	749
Montpellier (34)	Leclère	749
Montpellier (34)	Pastis Restaurant	749
Montpellier (34)	Reflet d'Obione ❀	749
Montpellier (34)	La Réserve Rimbaud	750
Montrabé (31)	L'Aparté	753
Nîmes (30)	Jérôme Nutile	794
Nîmes (30)	Rouge	794
Nîmes (30)	Skab	794
Payrin-Augmontel (81)	Villa Pinewood ❀	955
Perpignan (66)	La Galinette ❀	960
Pézenas (34)	Restaurant De Lauzun	964
Pujaudran (32)	Le Puits Saint Jacques	987
Pujaut (30)	Maison Chenet -	
	Entre Vigne et Garrigue	987
Puylausic (32)	La Maison Despouès **N**	992
Quint-Fonsegrives (31)	En Pleine Nature ❀	995
Rodez (12)	Restaurant Hervé Busset	1025

LES ÉTOILES

61

Rouffiac-Tolosan (31)	Ô Saveurs	**1033**
Sabran (30)	Le Cèdre de Montcaud	**1038**
Saint-Céré (46)	Les Trois Soleils de Montal	**1048**
Saint-Cyprien (66)	L'Almandin	**1049**
Saint-Hilaire-de-Brethmas (30)	Le Saint Hilaire✿	**1062**
Saint-Médard (46)	Le Gindreau	**1083**
Sète (34)	The Marcel	**1129**
Toulouse (31)	Acte 2 Yannick Delpech **N**	**1156**
Toulouse (31)	Hedone	**1157**
Toulouse (31)	Michel Sarran	**1157**
Toulouse (31)	SEPT	**1157**
Toulouse (31)	Stéphane Tournié - Les Jardins de l'Opéra	**1157**
Uzès (30)	La Table d'Uzès	**1185**
Villeneuve-lès-Avignon (30)	Le Prieuré	**1223**

PAYS-DE-LA-LOIRE

Localité (Dépt./arr.)	Restaurant	Page
Angers (49)	Lait Thym Sel✿	**167**
Bellevigne-en-Layon (49)	La Table de la Bergerie	**246**
Brem-sur-Mer (85)	Les Genêts	**299**
Brétignolles-sur-Mer (85)	Jean-Marc Pérochon	**301**
Fontevraud-l'Abbaye (49)	Fontevraud L'Ermitage✿	**480**
Le Mans (72)	L'Auberge de Bagatelle	**685**
Mareuil-sur-Lay-Dissais (85)	Maison Desamy	**688**
Mayenne (53)	L'Éveil des Sens	**705**
Montaigu (85)	La Robe	**735**
Montréverd (85)	La Chabotterie	**755**
Nantes (44)	L'Atlantide 1874 - Maison Guého	**768**
Nantes (44)	Les Cadets	**768**
Nantes (44)	Freia **N**	**769**
Nantes (44)	LuluRouget	**769**
Nantes (44)	Le Manoir de la Régate✿	**769**
Nantes (44)	Omija **N**	**771**
La Roche-sur-Yon (85)	Les Reflets	**1020**
Les Sables-d'Olonne (85)	L'Abissiou	**1036**
Saint-Joachim (44)	La Mare aux Oiseaux	**1069**
Les Sorinières (44)	Le 1201 - Abbaye de Villeneuve	**1133**

PROVENCE-ALPES-CÔTE D'AZUR

Localité (Dépt./arr.)	Restaurant	Page
Aix-en-Provence (13)	Le Art	**151**
Aix-en-Provence (13)	Étude **N**	**151**
Aix-en-Provence (13)	Pierre Reboul	**152**
Ansouis (84)	La Closerie	**179**
Antibes (06)	Le Figuier de Saint-Esprit	**180**

LES ÉTOILES

Antibes (06)	Louroc - Hôtel du Cap-Eden-Roc	181
Antibes (06)	Les Pêcheurs	181
les Arcs (83)	Le Relais des Moines	186
Avignon (84)	La Mirande 🍀	206
Avignon (84)	Pollen	207
Barbentane (13)	Ineffable **N**	218
Les Baux-de-Provence (13)	L'Aupiho - Domaine de Manville	228
Beaulieu-sur-Mer (06)	Le Restaurant des Rois - La Réserve de Beaulieu	234
Biot (06)	Les Terraillers	263
Bonnieux (84)	La Bastide	271
Bonnieux (84)	JU - Maison de Cuisine **N**	271
Cadenet (84)	Le Goût du Bonheur - La Fenière 🍀	310
Calas-Cabriès (13)	La Bastide Bourrelly - Mathias Dandine	309
Cannes (06)	La Palme d'Or **N**	324
Château-Arnoux-Saint-Auban (04)	La Bonne Étape	365
Châteauneuf-du-Pape (84)	La Mère Germaine	366
La Ciotat (13)	Couleurs de Shimatani	378
La Ciotat (13)	La Table de Nans	378
La Colle-sur-Loup (06)	Alain Llorca	391
La Croix-Valmer (83)	La Palmeraie - Château de Valmer	434
Cucuron (84)	La Petite Maison de Cucuron	437
Eygalières (13)	Maison Hache	467
Èze (06)	Château Eza	469
Flassans-sur-Issole (83)	Chez Jeannette **N**	474
Flayosc (83)	Le Jardin de Berne 🍀	474
Gémenos (13)	La Magdeleine - Mathias Dandine	489
Gigondas (84)	L'Oustalet 🍀	494
L'Isle-sur-la-Sorgue (84)	Le Vivier	603
Joucas (84)	La Table de Xavier Mathieu	609
Juan-les-Pins (06)	La Passagère - Hôtel Belles Rives	610
Le Lavandou (83)	L'Arbre au Soleil	624
Lorgues (83)	Bruno	640
Mandelieu-la-Napoule (06)	Bessem	683
Mane (04)	Le Feuillée - Le Couvent des Minimes	683
Manosque (04)	Restaurant Pierre Grein	684
Marseille (13)	Belle de Mars **N**	694
Marseille (13)	Une Table, au Sud	694
Moustiers-Sainte-Marie (04)	La Bastide de Moustiers 🍀	760
Monaco (98)	Elsa **N**	729
Monaco (98)	Le Grill	729
Monaco (98)	Pavyllon, un restaurant de Yannick Alléno, Monte-Carlo	729
Monaco (98)	La Table d'Antonio Salvatore au Rampoldi	729
Nice (06)	Les Agitateurs	783
Nice (06)	L'Aromate	783
Nice (06)	Le Chantecler	783

Nice (06)	JAN 783
Nice (06)	ONICE 784
Nice (06)	Pure & V 784
Nice (06)	Racines - Bruno Cirino 785
Le Puy-Sainte-Réparade (13)	Hélène Darroze à Villa La Coste 990
Le Puy-Sainte-Réparade (13)	La Table de l'Orangerie - Château de Fonscolombe 990
Roubion (06)	Auberge Quintessence N 1031
Saint-Cannat (13)	Le Mas Bottero 1047
Saint-Jean-Cap-Ferrat (06)	Le Cap 1063
Saint-Raphaël (83)	Récif 1093
Saint-Rémy-de-Provence (13)	Restaurant de Tourrel 1095
Saint-Tropez (83)	Arnaud Donckele & Maxime Frédéric at Louis Vuitton N 1100
Saint-Tropez (83)	Colette 1100
Saint-Tropez (83)	La Terrasse - Cheval Blanc St-Tropez 1100
Salon-de-Provence (13)	Villa Salone 1113
Le Sambuc (13)	La Chassagnette ✿ 1114
Théoule-sur-Mer (06)	Mareluna N 1150
Théoule-sur-Mer (06)	L'Or Bleu 1150
Tourrettes (83)	Faventia 1169
Ventabren (13)	Dan B. 1207
Villeneuve-Loubet (06)	La Flibuste 1223

nudeglass.com

NUDE vous invite à découvrir l'excellence :
Collection Stem Zero

- *Une jambe 2 fois plus résistante*
- *Une paraison 35 % plus résistante*
- *Soufflé bouche*
- *Cristal sans plomb*
- *Compatible avec le lave-vaisselle*
- *Résistant à la flexion jusqu'à 13°*
  (tests réalisés en interne)

L'abus d'alcool est dangereux pour la santé. À consommer avec modération.

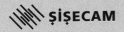

🅕🅞🅟 / nudeglass
info@nudeglass.fr

INDEX DES BIB GOURMAND

INDEX OF BIB GOURMAND

N **Nouvelle distinction cette année !**
New awarded distinction this year!

AUVERGNE-RHÔNE-ALPES

Localité (Dépt./arr.)	Restaurant	Page
L'Albenc (38)	Bistrot Louise	157
Alby-sur-Chéran (74)	Le Bourgeon	158
Annecy (74)	ANTO**N**	175
Annecy (74)	Brasserie Brunet **N**	175
Annecy (74)	Cozna	175
Annecy (74)	Le Denti	175
Annecy (74)	Là-Haut **N**	175
Annecy (74)	Racines	176
Aubenas (07)	L'Aubépine	195
Aubenas (07)	Les Coloquintes	195
Bâgé-le-Châtel (01)	La Table Bâgésienne	214
Baix (07)	Epona **N**	215
Belleville-en-Beaujolais (69)	Le Beaujolais	246
Billy (03)	Auberge du Pont	262
Boudes (63)	Le Boudes La Vigne	288
Bourg-en-Bresse (01)	Mets et Vins	291
Bourg-en-Bresse (01)	Racines	292
Chamonix-Mont-Blanc (74)	Akashon	354
Chaudes-Aigues (15)	Sodade	370
Chonas-l'Amballan (38)	Le Cottage	377
Clermont-Ferrand (63)	Le Bistrot d'à Côté **N**	381
Clermont-Ferrand (63)	Le Chardonnay	384
Clermont-Ferrand (63)	Le Saint-Eutrope	384
Clermont-Ferrand (63)	Le 62	384
Coligny (01)	Au Petit Relais	391
Le Coteau (42)	L'Atelier Locavore	420
Espaly-Saint-Marcel (43)	L'Ermitage	461
Évian-les-Bains (74)	Le Muratore	466
Grane (26)	Len'K - La Maison Bonnet **N**	499
Grenoble (38)	Tohu Bohu	501
Lyon (6e)	Agastache	668
Lyon (7e)	Bergamote	668
Lyon (1er)	Le Cochon qui Boit	661
Lyon (3e)	Danton **N**	669

BIB GOURMAND

Lyon (6e)	Le Jean Moulin	669
Lyon (7e)	Le Kitchen	669
Lyon (6e)	M Restaurant	669
Lyon (9e)	Racine	675
Lyon (6e)	Sauf Imprévu	670
Lyon (7e)	Siprès	670
Lyon (9e)	Le Tiroir	675
Lyon (7e)	Veronatuti	670
Lyon (6e)	Le Zeste Gourmand	670
Malataverne (26)	Le Bistrot 270	682
Marcolès (15)	Oxalis	687
Menthon-Saint-Bernard (74)	Le Confidentiel	712
Montanges (01)	L'Auberge du Pont des Pierres	736
Montmarault (03)	Restaurant Anne & Matthieu Omont - Hôtel de France	745
Moulins (03)	Le Bistrot de Guillaume	759
Nernier (74)	La Table de Nernier	780
Neyrac-les-Bains (07)	Bistrot Brioude N	781
Notre-Dame-de-Bellecombe (73)	La Ferme de Victorine	798
Orcines (63)	Auberge de la Baraque	802
Pailherols (15)	L'Auberge des Montagnes	809
Polliat (01)	Téjérina - Hôtel de la Place	974
Le Puy-en-Velay (43)	L'Émotion	989
Le Reposoir (74)	La Chartreuse	1011
Saint-Alban-de-Roche (38)	Lo Fieu N	1041
Saint-Bonnet-le-Froid (43)	L'Acte 2	1045
Saint-Bonnet-le-Froid (43)	Bistrot la Coulemelle	1046
Saint-Étienne (42)	La Table des Matrus N	1055
Saint-Julien-Chapteuil (43)	Vidal	1070
Saint-Julien-en-Vercors (26)	Café Brochier	1070
Saint-Martin-de-Belleville (73)	Simple et Meilleur	1082
Saint-Saturnin (15)	Le Moulin de la Santoire	1098
Les Salles (42)	Colette N	1112
Samoëns (74)	Le Lodge N	1114
Tournemire (15)	La Petite Grange	1167
Uriage-les-Bains (38)	Café A	1182
Val-Revermont (01)	Voyages des Sens	1191
Valence (26)	Le Bac à Traille	1194
Vaudevant (07)	La Récré	1203
Vezeronce-Curtin (38)	L'Esprit Bistrot	1215
Vichy (03)	L'Écrin de Marlène N	1215
Villefranche-sur-Saône (69)	L'Abbaye Caladoise	1221

BOURGOGNE-FRANCHE-COMTÉ

Localité (Dépt./arr.)	Restaurant	Page
Arbois (39)	Le Bistronôme	184
Auxerre (89)	Le Sarment N	202
Beaune (21)	La Table du Square	237
Chablis (89)	Chablis Wine Not N	347
Chassy (71)	JK Restaurant	364

Cluny (71)	Hostellerie d'Héloïse	387
Combeaufontaine (70)	Le Balcon	400
Dijon (21)	Cave **N**	447
Dijon (21)	L'Évidence	448
Dijon (21)	So	448
Dijon (21)	Spica	448
Dole (39)	Grain de Sel	454
Dole (39)	Iida-Ya	454
Gevrey-Chambertin (21)	Bistrot Lucien	493
Montcenis (71)	Le Montcenis	739
Roye (70)	Le Saisonnier	1035
Saint-Martin-du-Tertre (89)	Le Martin Bel Air	1082
Sainte-Cécile (71)	L'Embellie	1107
Tournus (71)	Le Bouchon Bourguignon	1168
Valloux (89)	Auberge des Chenets	1196
Le Villars (71)	L'Auberge des Gourmets	1218

BRETAGNE

Localité (Dépt./arr.)	Restaurant	Page
Auray (56)	La Chebaudière	200
Auray (56)	Le P'tit Goustan	200
Baden (56)	La Chaumière de Pomper	213
Binic (22)	Brasserie d'Asten	263
Brest (29)	Peck & Co	300
Bruz (35)	Récolte **N**	306
Cancale (35)	Breizh Café Cancale **N**	321
Carhaix-Plouguer (29)	Erasmo	333
Concarneau (29)	Le Flaveur	402
Lannion (22)	Le Brélévenez	619
Lorient (56)	Gare aux Goûts	643
Lorient (56)	Le Tire Bouchon	644
Morlaix (29)	Le 21ème Commis	757
Pléneuf-Val-André (22)	Le Biniou	968
Plougasnou (29)	La Maison de Kerdiès	971
Plouider (29)	Le Comptoir de La Butte	973
Plourhan (22)	Rolland	973
Pontivy (56)	Hyacinthe & Robert	978
Quimper (29)	Éclosion	994
Quimper (29)	Ti-Coz	994
Rennes (35)	Bombance **N**	1007
Rennes (35)	Breizh Café Rennes **N**	1007
Rennes (35)	Estime **N**	1009
Rennes (35)	Fezi **N**	1009
Rennes (35)	La Petite Ourse	1009
Rennes (35)	YOKO	1009
La Roche-Bernard (56)	Auberge des Deux Magots	1020
Rochefort-en-Terre (56)	Maison Cachée	1021
Saint-Malo (35)	Le Comptoir Breizh Café	1075
Saint-Malo (35)	Doma	1078
Saint-Malo (35)	Fidelis	1078

BIB GOURMAND

Saint-Malo (35)	La Fourchette à Droite	1078
Sarzeau (56)	Le Manoir de Kerbot	1118
Trébeurden (22)	Vivace	1175
Vannes (56)	Boma **N**	1199
Vitré (35)	Entre Nous	1226

CENTRE-VAL DE LOIRE

Localité (Dépt./arr.)	Restaurant	Page
Amboise (37)	Les Arpents	164
Azay-le-Rideau (37)	L'Épine	212
La Borne (18)	L'Épicerie	287
Bourges (18)	Le Beauvoir	292
Bracieux (41)	Le Rendez-vous des Gourmets	296
Châteauroux (36)	Jeux 2 Goûts	367
Fougères-sur-Bièvre (41)	Avarum **N**	482
Le Louroux (37)	La Table du Prieuré **N**	646
Mont-près-Chambord (41)	Domus **N**	734
Orléans (45)	L'Hibiscus	803
Oucques (41)	Ô en Couleur	808
Richelieu (37)	Fossé Saint Ange **N**	1015
Saint-Benoît-sur-Loire (45)	Le Grand Saint-Benoît	1044
Saint-Georges-sur-Cher (41)	Fleur de Sel	1057
Vendôme (41)	Le Malu	1206
Veuil (36)	Auberge Saint Fiacre	1212
Veuzain-sur-Loire (41)	La Croix Blanche	1213

CORSE

Localité (Dépt./arr.)	Restaurant	Page
Cuttoli (2A)	U Licettu	410
Pigna (22)	A Mandria di Pigna	413
Santa-Reparata-di-Balagna (22)	L'Aghjalle	418

GRAND EST
ALSACE - CHAMPAGNE-ARDENNE - LORRAINE

Localité (Dépt./arr.)	Restaurant	Page
Berrwiller (68)	L'Arbre Vert	249
Blienschwiller (67)	Le Pressoir de Bacchus	266
Écouviez (55)	Les Épices Curiens	459
Fouday (67)	Julien	481
Gundershoffen (67)	Le Cygne	509
Ingersheim (68)	La Taverne Alsacienne	601
Kaysersberg (68)	La Vieille Forge	612
Kaysersberg (68)	Winstub du Chambard	612
Labaroche (68)	La Rochette	615
Langres (52)	Mirabelle **N**	618
Montcy-Notre-Dame (08)	L'Auberge du Laminak	740
Muhlbach-sur-Munster (68)	Perle des Vosges	760

Munster (68)	Les Grands Arbres - Verte Vallée	761
Munster (68)	L'Olivier	762
Pont-Sainte-Marie (10)	Bistrot DuPont	977
Reims (51)	Le Jardin Les Crayères	1002
Ribeauvillé (68)	Au Relais des Ménétriers	1014
Richardménil (54)	Au Bon Accueil	1014
Rimbach-près-Guebwiller (68)	L'AO - L'Aigle d'Or	1016
Rosenau (68)	Au Lion d'Or - Chez Théo	1030
Sierentz (68)	Winstub À Côté	1132
Strasbourg (67)	Au Pont Corbeau	1137
Strasbourg (67)	Chez Yvonne - S'Burjerstuewel	1138
Weyersheim (67)	Auberge du Pont de la Zorn	1230
Wœlfling-lès-Sarreguemines (57)	Restaurant Dimofski	1232

HAUTS-DE-FRANCE
NORD-PAS-DE-CALAIS - PICARDIE

Localité (Dépt./arr.)	Restaurant	Page
Audresselles (62)	La Plage	197
Bermicourt (62)	La Cour de Rémi ✿	248
Brebières (62)	Air Accueil	297
Caëstre (59)	L'Auberge	315
Calais (62)	Histoire Ancienne	318
Étaples (62)	Racines	463
Favières (80)	La Clé des Champs	471
Marcq-en-Barœul (59)	Rēpu	687
Wambrechies (59)	Balsamique	1229

ÎLE-DE-FRANCE

Localité (Dépt./arr.)	Restaurant	Page
Boulogne-Billancourt (92)	Baca'v - Boulogne	289
Clichy (92)	Rosette	387
La Garenne-Colombes (92)	Le Saint Joseph	486
Paris (9ᵉ)	Abri Soba	896
Paris (15ᵉ)	L'Antre Amis	926
Paris (11ᵉ)	Auberge Pyrénées Cévennes	911
Paris (9ᵉ)	Aux 2 K	896
Paris (14ᵉ)	Aux Plumes	922
Paris (5ᵉ)	Baca'v par Gilles Choukroun	856
Paris (7ᵉ)	Bistrot des Fables **N**	871
Paris (10ᵉ)	Brigade du Tigre	905
Paris (9ᵉ)	BRU **N**	896
Paris (19ᵉ)	Le Cadoret **N**	948
Paris (9ᵉ)	Caillebotte	897
Paris (9ᵉ)	Les Canailles Pigalle	897
Paris (14ᵉ)	Capsule **N**	923
Paris (15ᵉ)	Le CasseNoix	926
Paris (11ᵉ)	Clamato	911

BIB GOURMAND

BIB GOURMAND

Paris (11ᵉ)	Double Dragon	912
Paris (18ᵉ)	Fana **N**	944
Paris (13ᵉ)	Impérial Choisy	920
Paris (12ᵉ)	Jouvence	918
Paris (8ᵉ)	Kisin	886
Paris (14ᵉ)	Kwon	923
Paris (1ᵉʳ)	Lai'Tcha	833
Paris (19ᵉ)	Lao Siam **N**	948
Paris (2ᵉ)	Mắm From Hanoï **N**	842
Paris (8ᵉ)	Mandoobar	886
Paris (6ᵉ)	La Méditerranée	862
Paris (17ᵉ)	Mova	939
Paris (18ᵉ)	Ose	945
Paris (9ᵉ)	Le Pantruche	897
Paris (15ᵉ)	Le Radis Beurre	926
Paris (7ᵉ)	Rosemarie	871
Paris (6ᵉ)	La Table de Mee	862
Paris (9ᵉ)	Le Tire-Bouchon Rodier **N**	897
Paris (7ᵉ)	20 Eiffel	871
Versailles (78)	Le Bistrot du 11	1209
Yerres (91)	Bird	1232

NORMANDIE

Localité (Dépt./arr.)	Restaurant	Page
Auzouville-sur-Saâne (76)	Auberge de La Mère Duval	203
Bayeux (14)	L'Alcôve	230
Bayeux (14)	L'Angle Saint-Laurent	230
Bayeux (14)	La Rapière	230
Bernay (27)	Le Moulin Fouret	248
Coutances (50)	Kalamansi	431
Dieppe (76)	Bistrot du Pollet	444
Évreux (27)	La Gazette	466
Hambye (50)	Auberge de l'Abbaye	511
Le Havre (76)	Le Bouche à Oreille	512
Le Havre (76)	Le Margote	513
La Haye (50)	Le Petit Nor'Cat **N**	514
Heugueville-sur-Sienne (50)	The Presbytere	515
Honfleur (14)	La Fleur de Sel	588
Honfleur (14)	SaQuaNa	588
Houlgate (14)	L'Éden	592
Juvigny-sous-Andaine (61)	Au Bon Accueil	611
Mathieu (14)	Roze **N**	704
Nassandres-sur-Risle (27)	L'Auberge de la Vallée **N**	778
Ouistreham (14)	La Table d'Hôtes	808
Rouen (76)	Paul-Arthur	1031
Saint-Étienne-du-Vauvray (27)	La Ferme de la Haute Crémonville	1055
Saint-Langis-lès-Mortagne (61)	Les Pieds Dans l'Eau **N**	1071
Saint-Pair-sur-Mer (50)	Sème	1088
Trouville-sur-Mer (14)	Turbulent **N**	1179

NOUVELLE-AQUITAINE
AQUITAINE - LIMOUSIN - POITOU-CHARENTES

Localité (Dépt./arr.)	Restaurant	Page
Agen (47)	La Table de Michel Dussau	147
Angoulême (16)	La Bistronomie **N**	171
Availles-Limouzine (86)	La Chatellenie	204
Bergerac (24)	Le Bistro d'en Face	247
Biarritz (64)	AHPÉ	256
Biarritz (64)	Léonie **N**	256
Bordeaux (33)	Kedem **N**	278
Bordeaux (33)	Madame B **N**	278
Bordeaux (33)	Panaille **N**	278
Bordeaux (33)	Racines by Daniel Gallacher	279
Bourg-Charente (16)	La Table du Fleuve	291
Brive-la-Gaillarde (19)	En Cuisine	304
Brive-la-Gaillarde (19)	Inspyration	305
Carsac-Aillac (24)	Ô Moulin	337
Champcevinel (24)	Le Bel'Art	358
Champcevinel (24)	La Table du Pouyaud	358
Coulombiers (86)	Auberge Le Centre Poitou	422
Daglan (24)	Le Petit Paris	439
Les Eyzies-de-Tayac-Sireuil (24)	Le Bistro des Glycines	468
Le Grand-Village-Plage (17)	Le Relais des Salines	596
Guéthary (64)	Briket' Bistrot	508
Guiche (64)	Le Gantxo	509
L'Houmeau (17)	Briemm **N**	593
Irissarry (64)	Art'zain 🍃	602
Irouléguy (64)	Jarapea **N**	602
Issigeac (24)	L'Atelier **N**	605
Langon (33)	L'Atelier Flavien Valère	618
Larrau (64)	Etchemaïté **N**	621
Mézos (40)	La Maison de Mézos **N**	723
Mont-de-Marsan (40)	Villa Mirasol - Bistrot 1912	734
Pau (64)	Jumo & Co	952
Pau (64)	Omnivore **N**	952
Périgueux (24)	Café Louise **N**	957
Pouillon (40)	L'Auberge du Pas de Vent	984
Rion-des-Landes (40)	Maison Devaux	1016
La Roque-Gageac (24)	La Belle Étoile	1029
Saint-André-de-Cubzac (33)	La Table d'Inomoto	1042
Saint-Avit-Sénieur (24)	La Table de Léo	1044
Saint-Denis-d'Oléron (17)	Le Jour du Poisson	597
Saint-Pierre-d'Oléron (17)	Sillage	597
Sainte-Foy-la-Grande (33)	Côté Bastide	1108
Saintes (17)	L'IØDE	1110
Saintes (17)	Saveurs de l'Abbaye	1110
La Teste-de-Buch (33)	L'Aillet	226
Tulle (19)	Le Bouche à Oreille	1180
Tulle (19)	Les 7	1181
Ussel (19)	Château du Theil **N**	1185

BIB GOURMAND

73

OCCITANIE

Localité (Dépt./arr.)	Restaurant	Page
Albi (81)	L'Épicurien	157
Albi (81)	La Table du Sommelier **N**	157
Alès (30)	Épices et Tout	159
Alvignac (46)	Le Voyage d'Ernestine	162
Argelès-Gazost (65)	Au Fond du Gosier **N**	187
Arvigna (09)	Le Clos Saint Martin - La Métairie	193
Aulon (65)	Auberge des Aryelets	198
Aumont-Aubrac (48)	La Gabale	199
Bagnères-de-Bigorre (65)	La Table du Cinq **N**	214
Balma (31)	L'Équilibre	216
Béziers (34)	Pica Pica	253
Cahors (46)	L'Ô à la Bouche	316
Castres (81)	Bistrot Saveurs	343
Clara (66)	Les Loges du Jardin d'Aymeric	379
Combes (34)	Auberge de Combes	400
Font-Romeu (66)	La Chaumière	478
Frontignan (34)	In-Fine	483
Gaillac (81)	Vigne en Foule	485
Laguépie (82)	L'Angle **N**	616
Lannepax (32)	La Falène Bleue	619
Laroque-des-Albères (66)	Côté Saisons	621
Lattes (34)	Le Temps d'Aime	622
Lectoure (32)	Racine **N**	625
Meyronne (46)	La Terrasse	722
Montagnac (34)	Côté Mas **N**	735
Montpellier (34)	L'Artichaut	750
Narbonne (11)	Cave à Vin & à Manger - Maison Saint-Crescent	777
Naucelle (12)	L'Obélias **N**	779
Nîmes (30)	Le Bistr'AU - Le Mas de Boudan **N**	795
Orsan (30)	C'la Vie	805
Palavas-les-Flots (34)	Le Saint-Georges	810
Perpignan (66)	Le Garriane	960
Perpignan (66)	Manat	962
Pézenas (34)	Le Pré Saint Jean	964
Prats-de-Mollo-la-Preste (66)	Bellavista	985
Le Rozier (48)	L'Alicanta	1035
Saint-Lieux-lès-Lavaur (81)	Le Colvert	1073
Saint-Lizier (09)	Le Carré de l'Ange	1073
Sète (34)	Paris Méditerranée	1129
Sète (34)	Quai 17	1130
Sommières (30)	Le Patio by Lou Caléou	1133
Tarbes (65)	L'Empreinte **N**	1148
Toulouse (31)	L'Air de Famille	1160
Toulouse (31)	Cartouches	1160

Localité (Dépt./arr.)	Restaurant	Page
Toulouse (31)	Chez Loustic	1160
Toulouse (31)	Une Table à Deux	1160
La Vacquerie-et-Saint-Martin-de-Castries (34)	L'Ogustin **N**	1186

PAYS-DE-LA-LOIRE

Localité (Dépt./arr.)	Restaurant	Page
Angers (49)	L'Ardoise	168
Angers (49)	Gribiche	168
Basse-Goulaine (44)	Restaurant du Pont **N**	221
Beaulieu-sous-la-Roche (85)	Le Café des Arts	233
Chahaignes (72)	Silex **N**	348
Château-Thébaud (44)	Auberge La Gaillotière	366
Cholet (49)	L'Ourdissoir	375
Cholet (49)	La P'tite Patte **N**	376
La Ferté-Bernard (72)	Restaurant du Dauphin	472
Fontaine-Daniel (53)	La Forge **N**	478
Les Herbiers (85)	L'Envers du Décor	514
Montaigu (85)	L'Atelier **N**	736
Nantes (44)	La Mandale	771
Nantes (44)	Meraki	771
Nantes (44)	OBBO **N**	771
Noirmoutier-en-l'Île (85)	L'Assiette au Jardin	595
Pornic (44)	L'Orangerie	980
Saint-Michel-Chef-Chef (44)	Beau Boucot **N**	1085
Saint-Nazaire (44)	Topaze	1086
Saumur (49)	L'Essentiel **N**	1120
Saumur (49)	La Table By Mi-K'L **N**	1120
Vertou (44)	Le Laurier Fleuri	1212

PROVENCE-ALPES-CÔTE D'AZUR

Localité (Dépt./arr.)	Restaurant	Page
Aix-en-Provence (13)	Les Galinas **N**	153
Arles (13)	Le Gibolin	189
Avignon (84)	L'Agape	207
Avignon (84)	Bibendum	207
Bandol (83)	Au Clair de la Vigne	216
Briançon (05)	Au Plaisir Ambré	302
Cairanne (84)	Coteaux et Fourchettes	317
Cannes (06)	Aux Bons Enfants	325
Le Cannet (06)	Bistrot des Anges	328
Châteauneuf-de-Gadagne (84)	La Maison de Celou	366
La Ciotat (13)	Roche Belle **N**	379
Flayosc (83)	Le Nid	475
Fréjus (83)	L'Amandier	482
L'Isle-sur-la-Sorgue (84)	Solelh	603
Laragne-Montéglin (05)	L'Araignée Gourmande	620
Manosque (04)	La Loge Bertin	685

Nice (06)	L'Alchimie	786
Nice (06)	Bistrot d'Antoine	786
Nice (06)	Chez Davia	786
Nice (06)	La Merenda	786
Nice (06)	Olive & Artichaut	786
Peillon (06)	Les Plaisirs	955
Le Puy-Sainte-Réparade (13)	La Petite Verrière	990
Rognes (13)	Le Préau **N**	1026
Saint-Chamas (13)	Le Rabelais	1048
Salon-de-Provence (13)	Atelier Salone	1113
Sénas (13)	Le Bon Temps	1127
Taillades (84)	L'Atelier L'Art des Mets	1146
Toulon (83)	Le Saint Gabriel **N**	1153
Tourtour (83)	La Table	1174
Vallauris (06)	Les Dilettants	1196
Villars (84)	La Table de Pablo	1218
Villedieu (84)	Le Bistrot de Villedieu	1220

pictafolio/Getty Images Plus

Les cartes
par départements

Pour situer toutes les localités citées dans le guide.

Localité possédant au moins...
- un restaurant
- un Bib Gourmand
- une table étoilée
- un restaurant distingué pour sa gastronomie durable

LA FRANCE PAR DÉPARTEMENTS

CARTES

13 Chaque numéro correspond à une carte regroupant plusieurs départements.
Vous y retrouverez toutes les localités citées dans le guide.

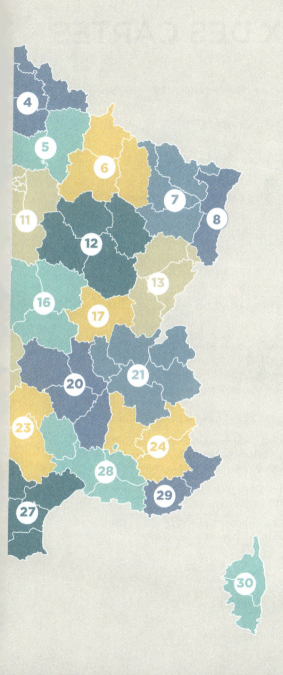

INDEX DES CARTES

1 Côtes-d'Armor (22) – Finistère (29) – Morbihan (56)

2 Calvados (14) – Manche (50) – Orne (61)

3 Eure (27) – Seine-Maritime (76)

4 Nord (59) – Pas-de-Calais (62) – Somme (80)

5 Aisne (02) – Oise (60)

6 Ardennes (08) – Marne (51) – Meuse (55)

7 Meurthe-et-Moselle (54) – Moselle (57) – Vosges (88)

8 Bas-Rhin (67) – Haut-Rhin (68)

9 Ille-et-Vilaine (35) – Loire-Atlantique (44) – Maine-et-Loire (49) – Mayenne (53)

10 Eure-et-Loir (28) – Loir-et-Cher (41) – Sarthe (72)

11 Essonne (91) - Hauts-de-Seine (92) - Loiret (45) - Paris (75) - Seine-et-Marne (77) - Seine-Saint-Denis (93) - Val-de-Marne (94) - Val-d'Oise (95) - Yvelines (78)

12 Aube (10) – Côte-d'Or (21) – Haute-Marne (52) – Yonne (89)

13 Doubs (25) – Haute-Saône (70) – Jura (39) – Territoire de Belfort (90)

14 Deux-Sèvres (79) – Vendée (85)

15 Indre (36) – Indre-et-Loire (37) – Vienne (86)

CARTES

16 Allier (03) – Cher (18) – Nièvre (58)

17 Saône-et-Loire (71)

18 Charente (16) – Charente-Maritime (17) – Dordogne (24)

19 Corrèze (19) – Creuse (23) – Haute-Vienne (87)

20 Ardèche (07) – Haute-Loire (43) – Loire (42) – Puy-de-Dôme (63)

21 Ain (01) – Haute-Savoie (74) – Isère (38) – Rhône (69) – Savoie (73)

22 Gironde (33) – Lot-et-Garonne (47)

23 Aveyron (12) – Cantal (15) – Lot (46)

24 Alpes-de-Haute-Provence (04) – Drôme (26) – Hautes-Alpes (05)

25 Hautes-Pyrénées (65) – Landes (40) – Pyrénées-Atlantiques (64)

26 Ariège (09) – Gers (32) – Haute-Garonne (31) – Tarn-et-Garonne (82)

27 Aude (11) – Hérault (34) – Pyrénées-Orientales (66) – Tarn (81)

28 Bouches-du-Rhône (13) – Gard (30) – Lozère (48) – Vaucluse (84)

29 Alpes-Maritimes (06) – Var (83)

30 Corse-du-Sud (2A) – Haute-Corse (2B)

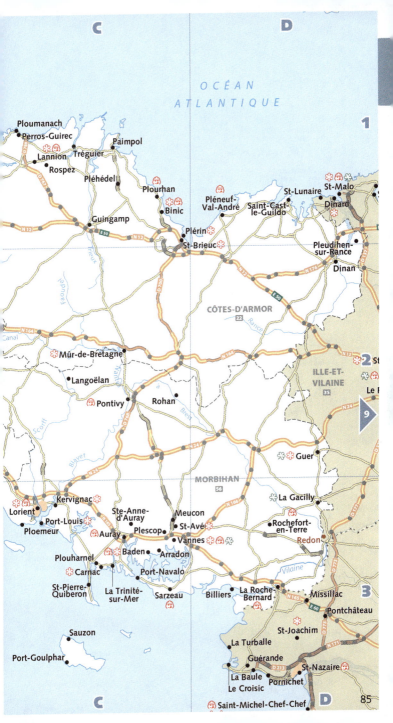

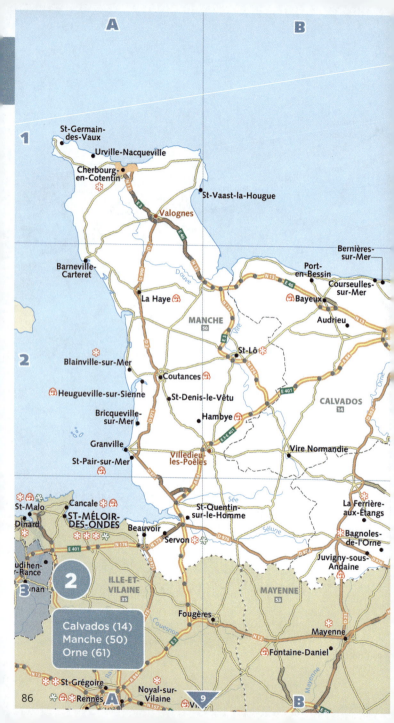

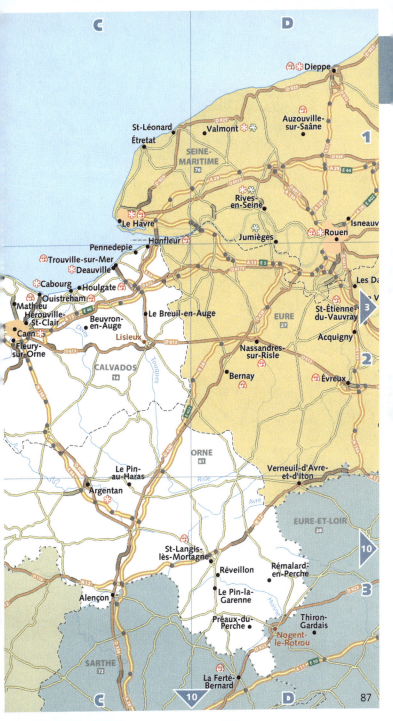

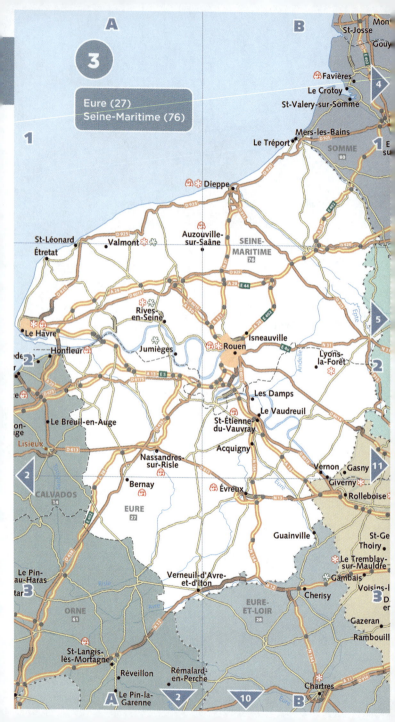

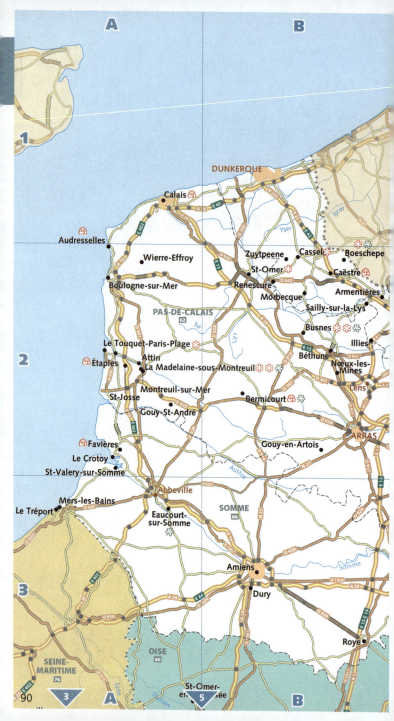

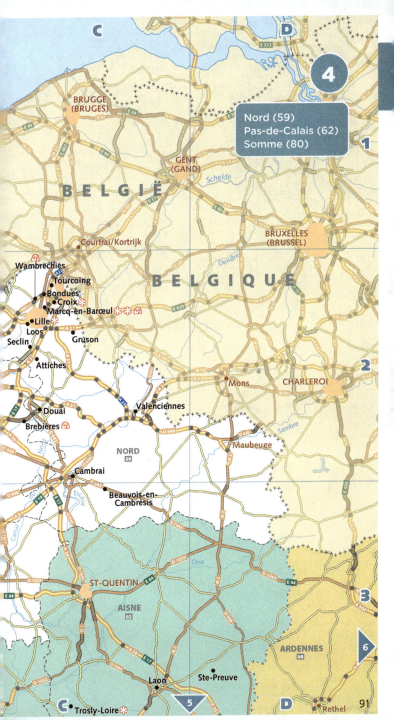

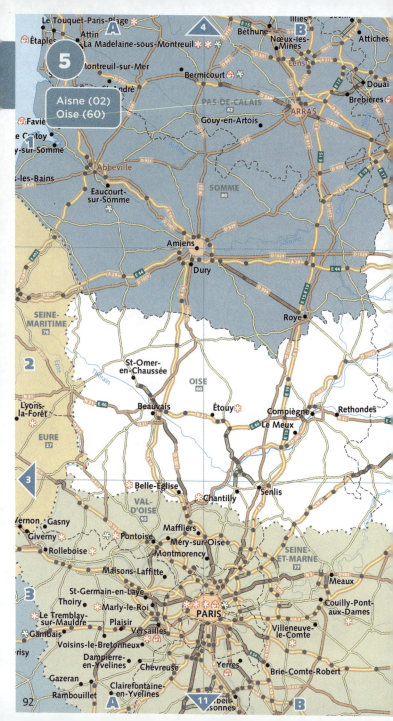

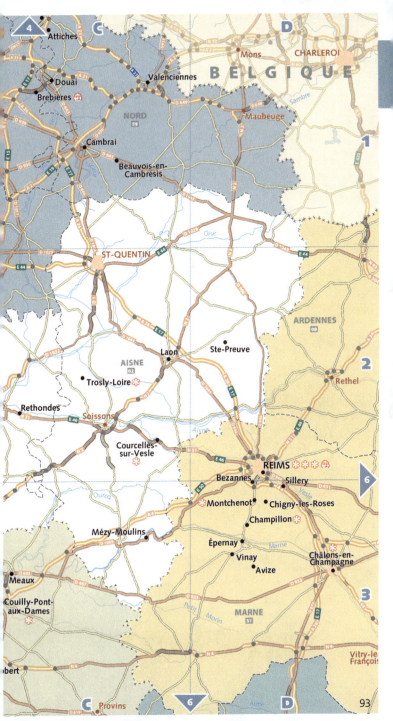

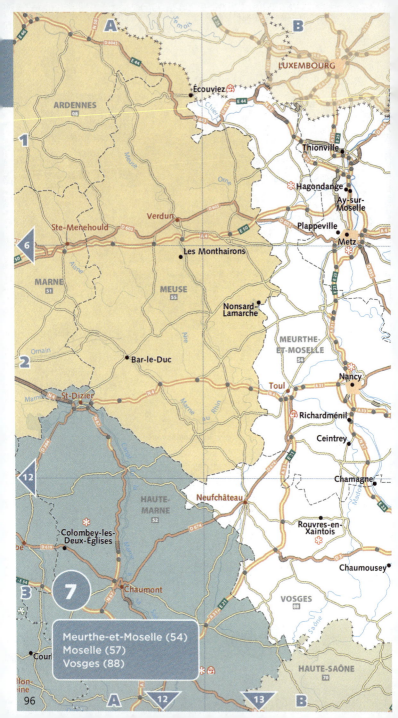

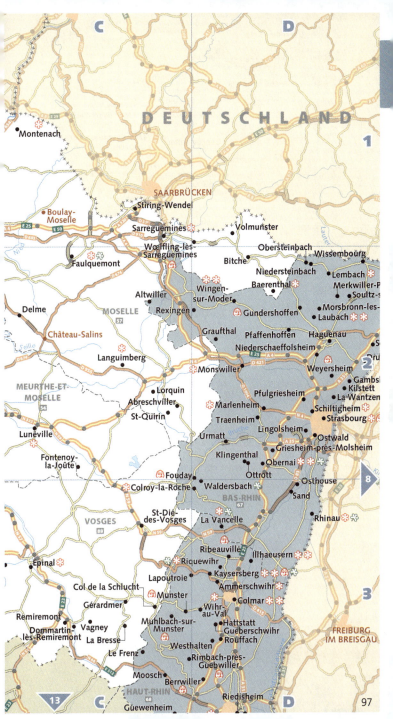

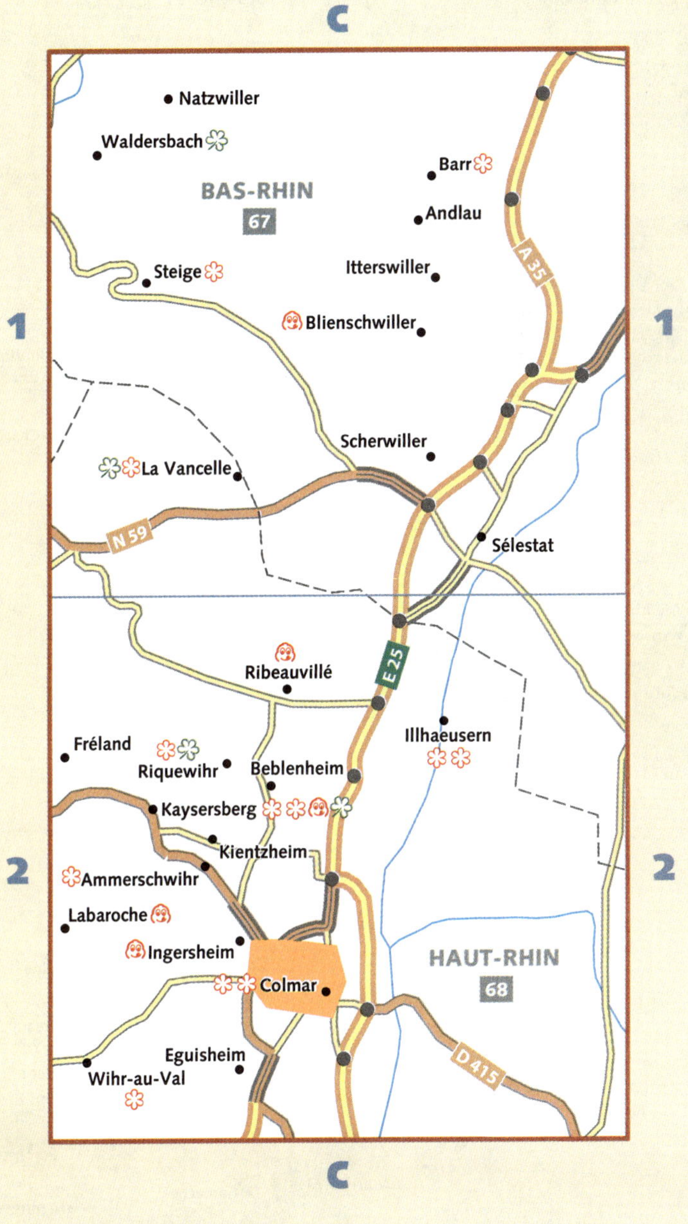

C

• Natzwiller

Waldersbach ✿

BAS-RHIN
`67`

Barr ✿

• Andlau

Steige ✿

Itterswiller •

1

(😊) Blienschwiller •

Scherwiller •

✿ ✿ La Vancelle •

`N 59`

Sélestat •

`E 25`

(😊) Ribeauvillé •

Illhaeusern •
✿ ✿

Fréland •

✿ ✿
Riquewihr •

Beblenheim •

Kaysersberg • ✿ ✿ (😊) ✿

Kientzheim •

✿ Ammerschwihr •

2

Labaroche (😊) •

(😊) Ingersheim •

✿ ✿ Colmar

HAUT-RHIN
`68`

Eguisheim •

Wihr-au-Val •
✿

`D 415`

1

2

C

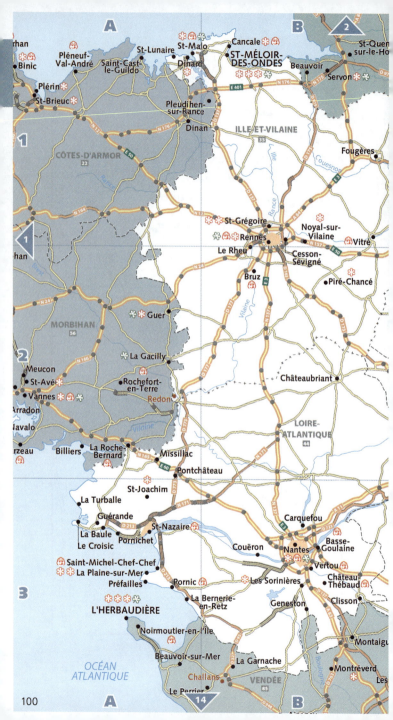

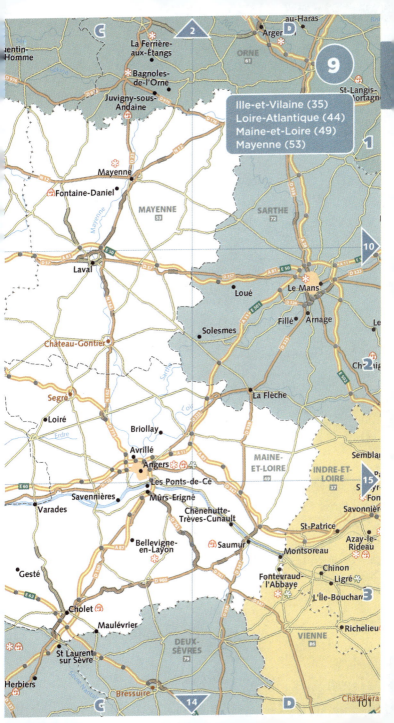

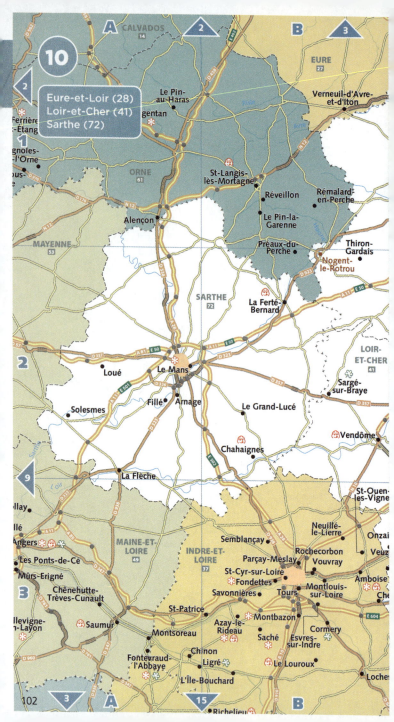

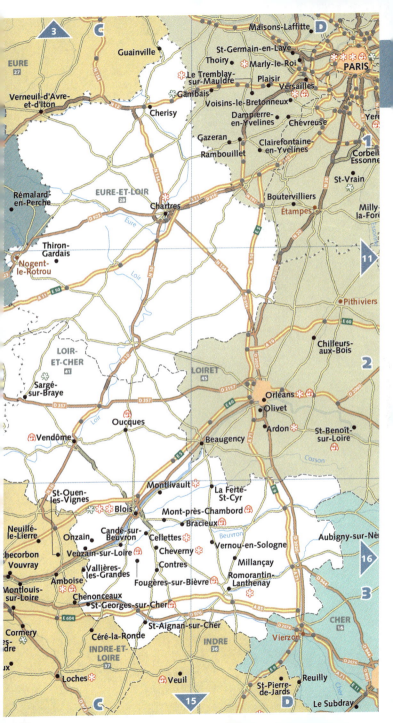

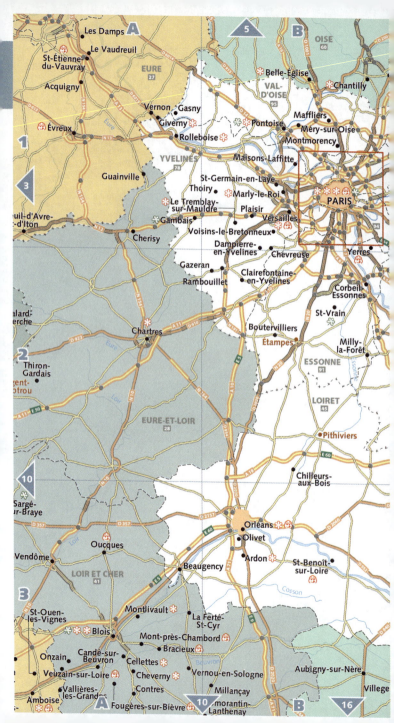

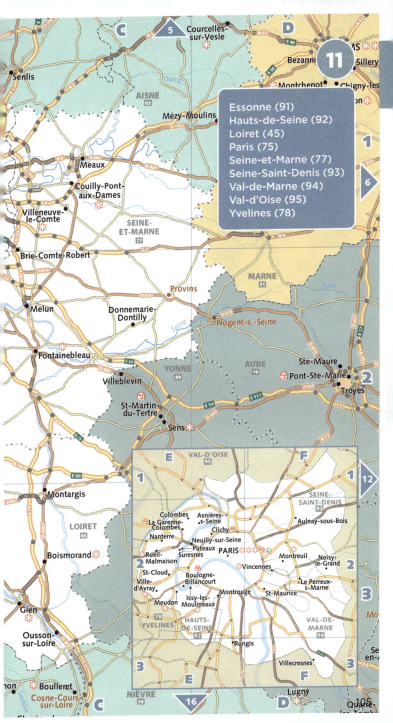

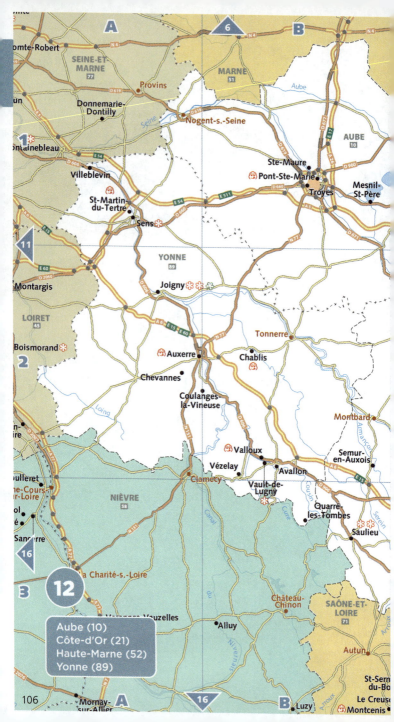

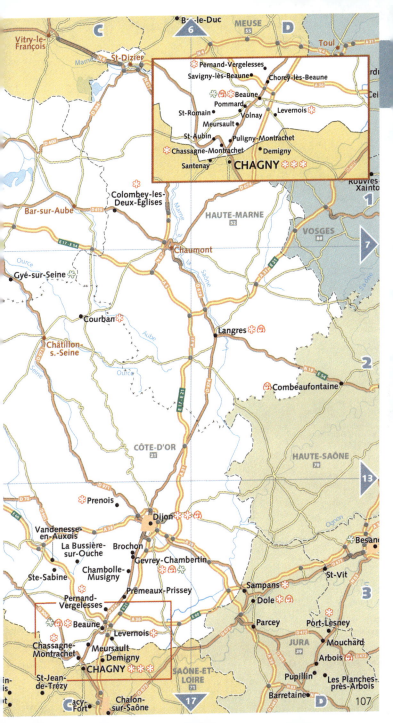

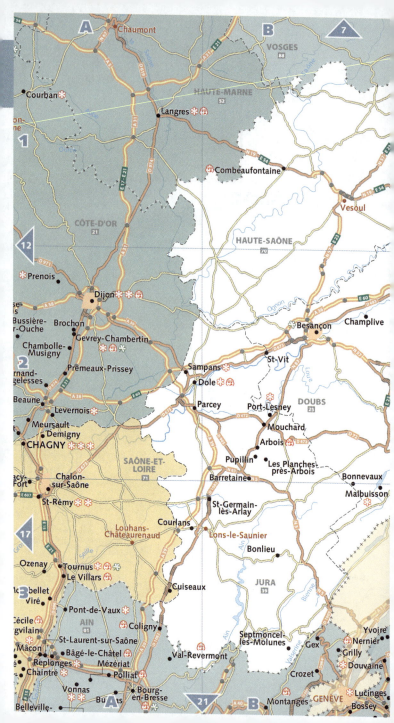

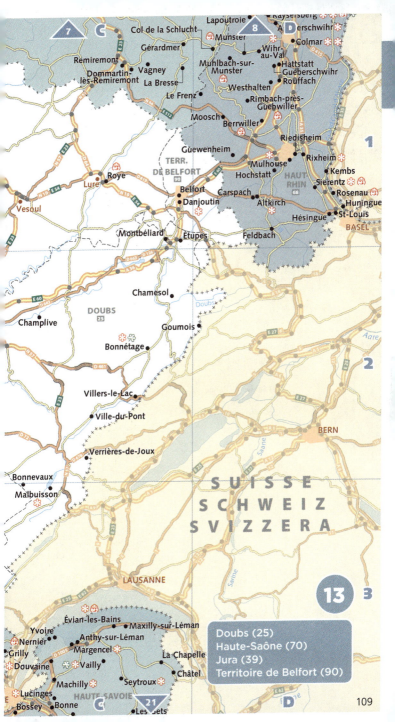

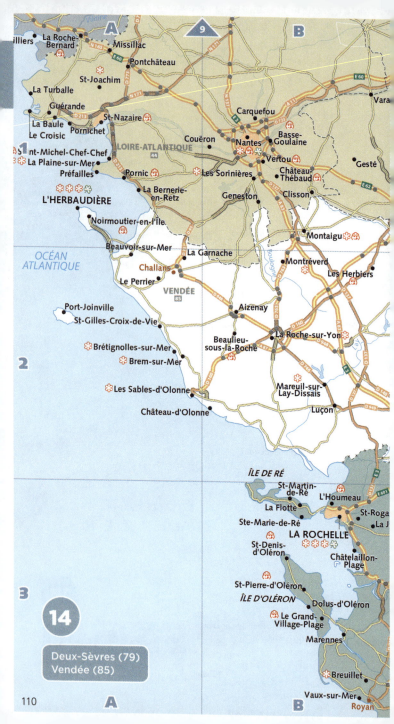

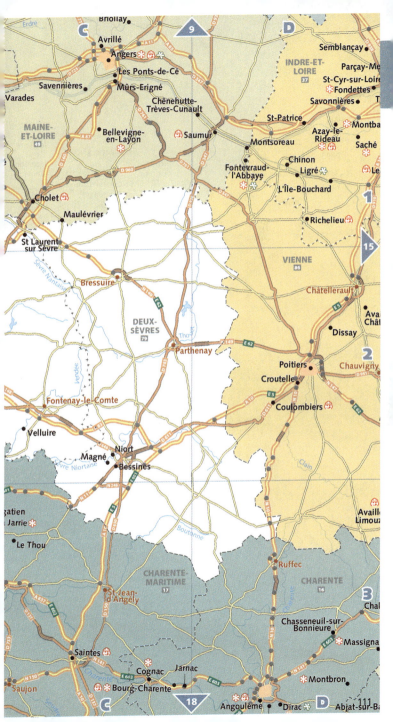

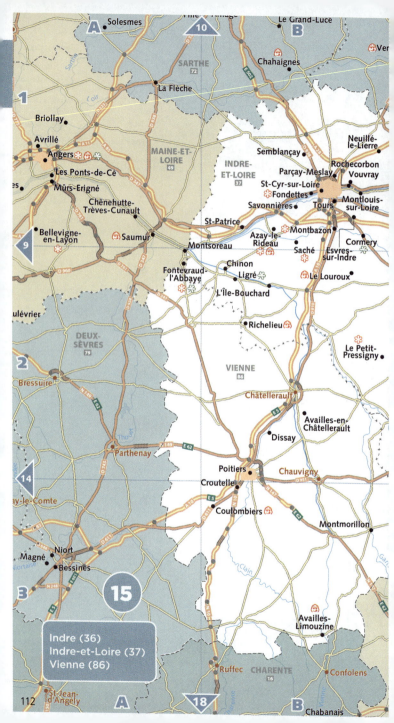

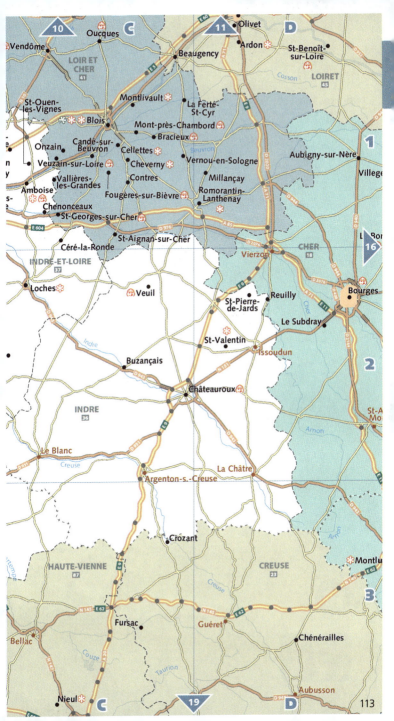

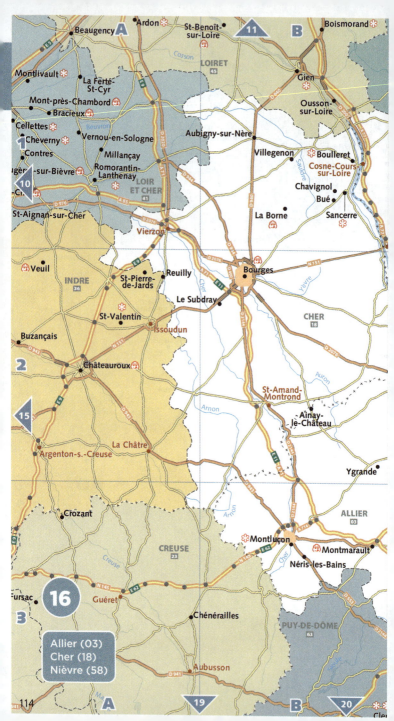

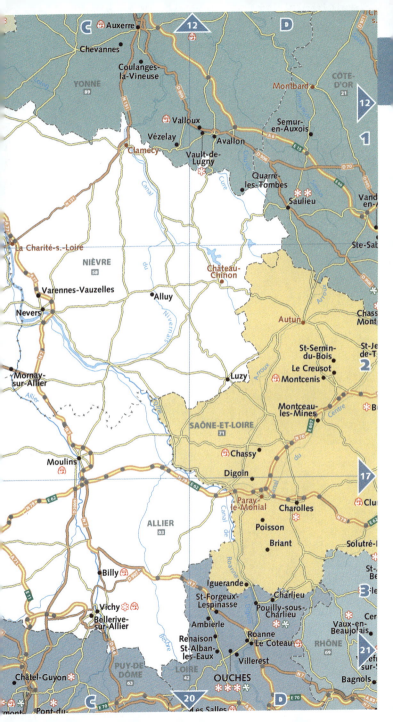

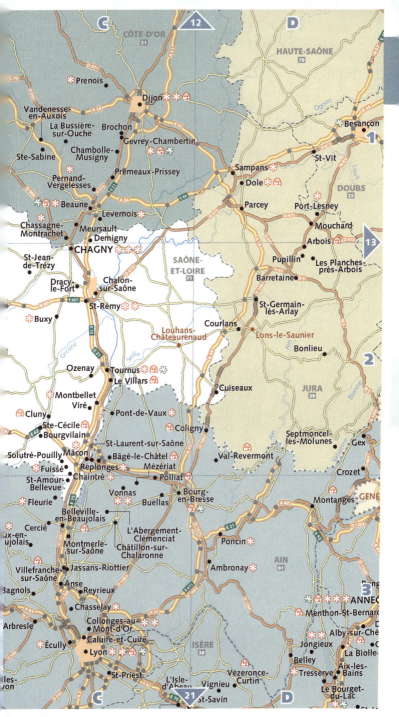

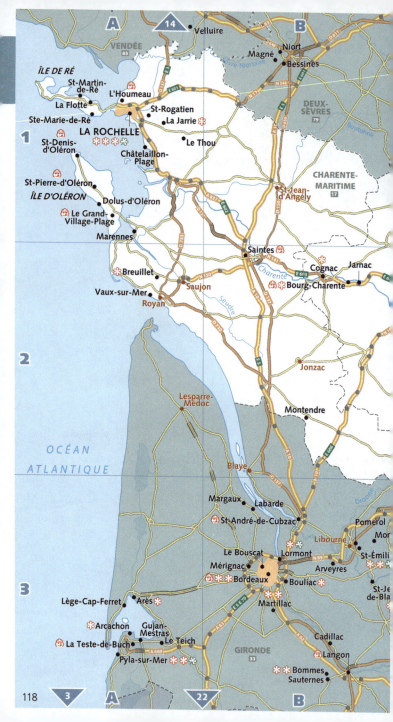

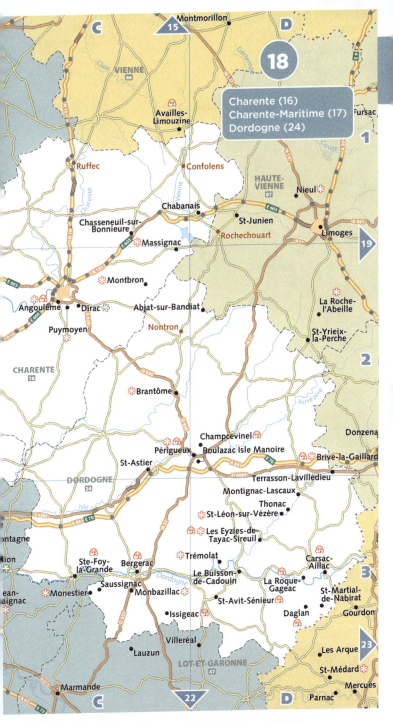

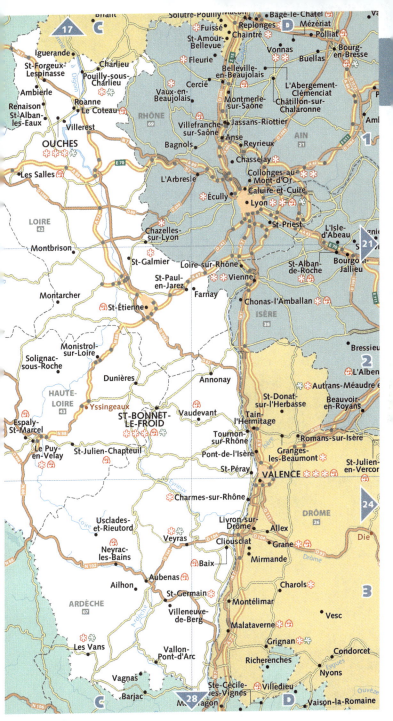

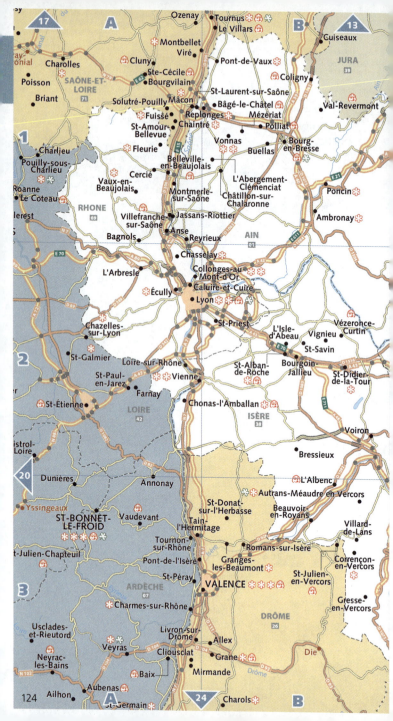

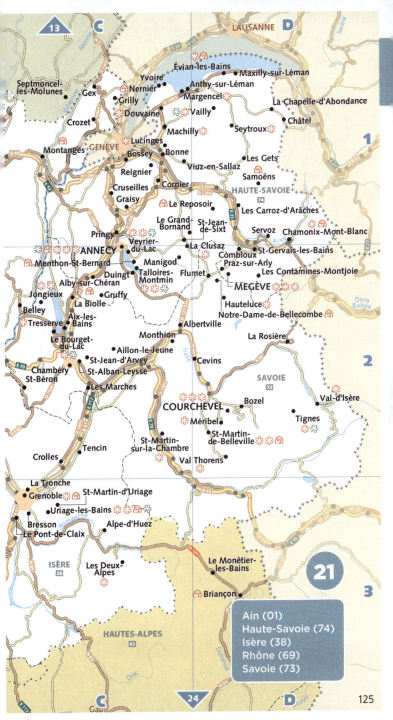

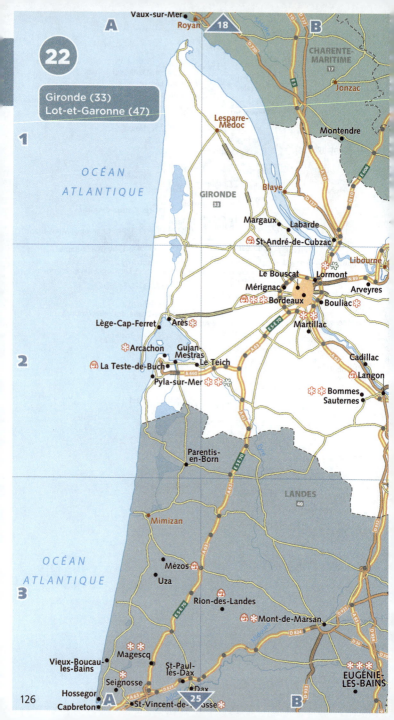

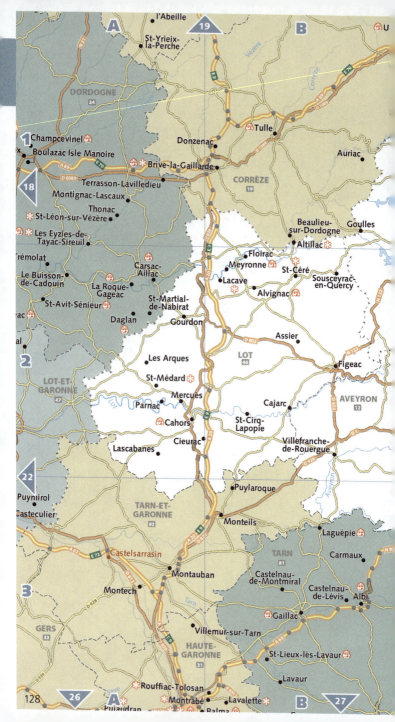

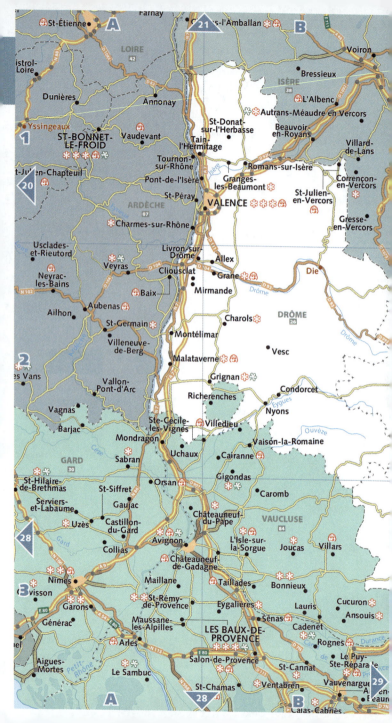

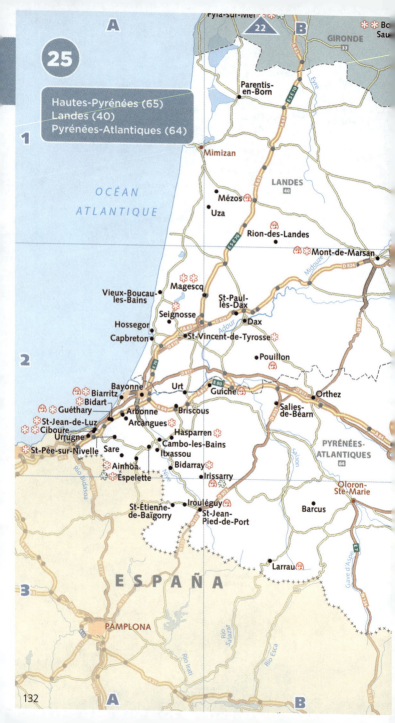

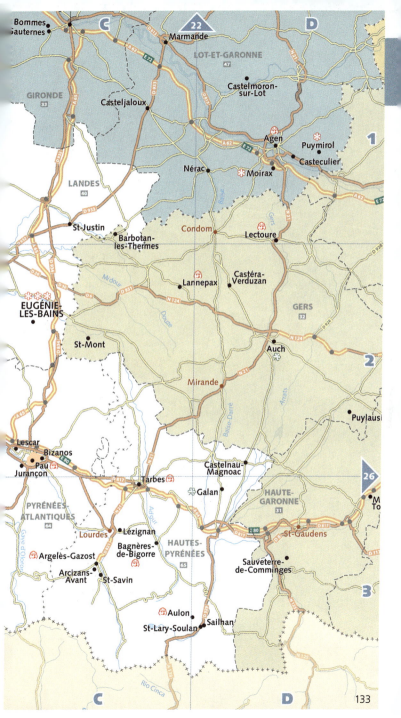

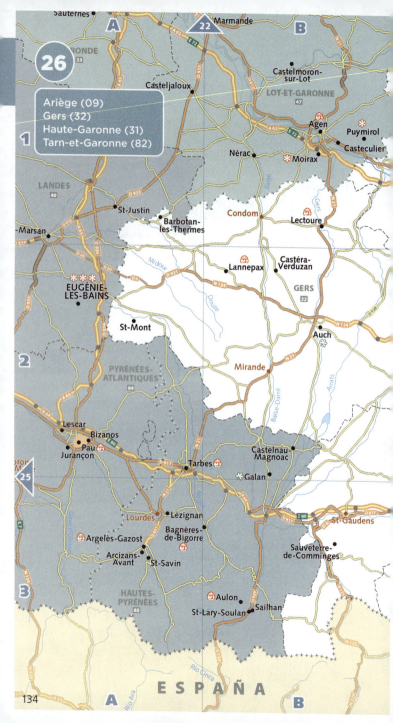

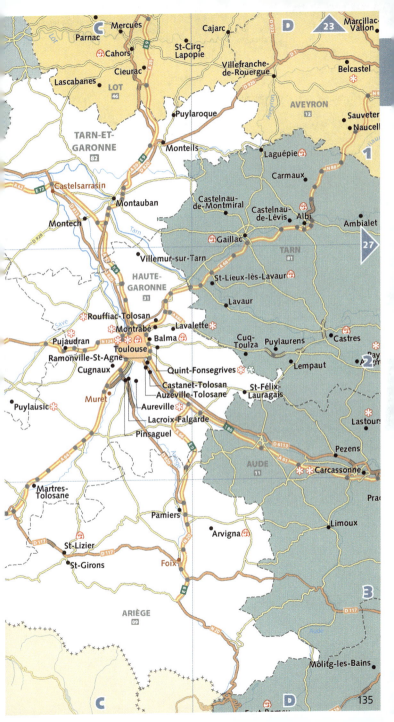

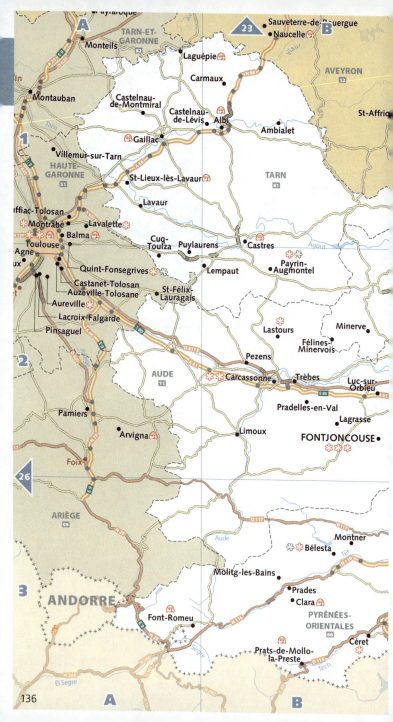

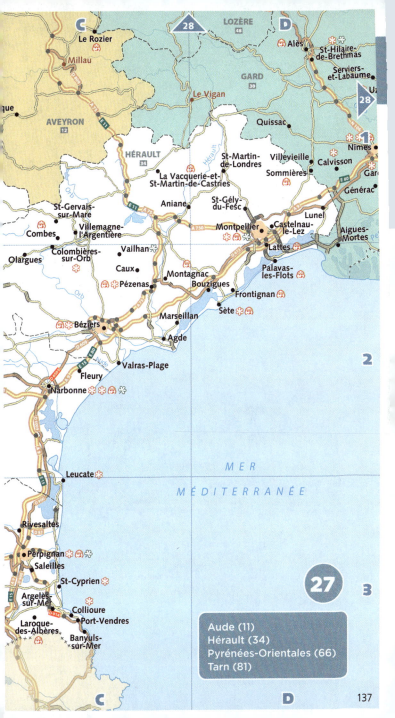

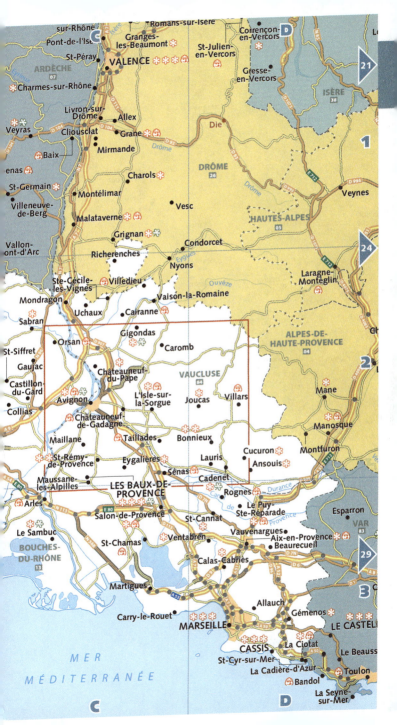

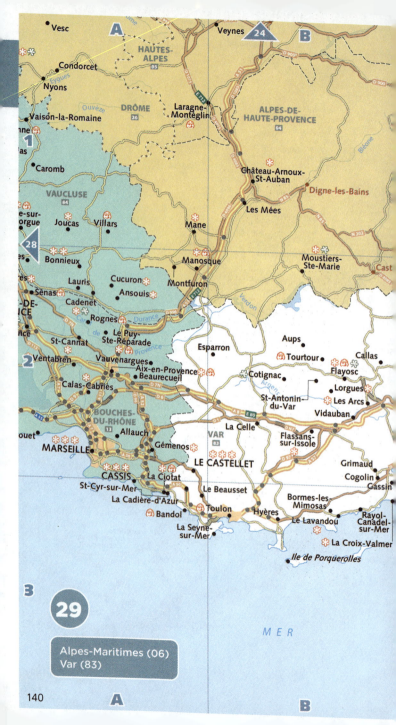

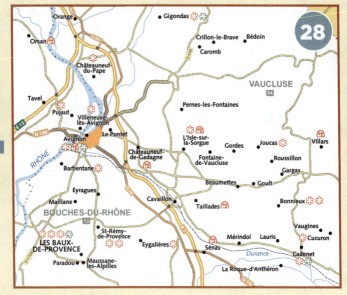
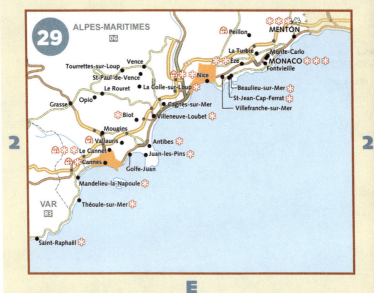

Mariia Skovpen/Getty Images Plus

LE MAG page 516

LYON page 650

PARIS page 814

La sélection 2025

Les restaurants et les hôtels sont classés par localité de A à Z. Retrouvez-les également en fin de guide, page 1234, grâce à l'index par département.

L'ABERGEMENT-CLÉMENCIAT

✉ 01400 – Ain – Carte régionale n° **21**-B1

LE SAINT LAZARE

CUISINE MODERNE • **ÉLÉGANT** Dans la traversée de ce village des Dombes, une maison engageante, dans la famille depuis 1899 ! Aujourd'hui, père et fils cuisinent à quatre mains : ils déclinent un menu "carte blanche" inventif pour des assiettes très travaillées, à base de bons produits frais du marché. Une cuisine à déguster dans la salle à manger sobre et élégante ou sur la terrasse d'été.

& 🏠 ⇔ – Prix : €€€

19 route de la Fontaine – ☏ 04 74 24 00 23 – www.lesaintlazare.fr – Fermé du lundi au jeudi et dimanche soir

ABJAT-SUR-BANDIAT

✉ 24300 – Dordogne – Carte régionale n° **18**-D2

BANDIAT ⓝ

CUISINE MODERNE • **MAISON DE CAMPAGNE** L'histoire commence par la découverte de cet immense domaine situé en lisière du parc naturel régional du Périgord-Limousin, au cœur du Périgord Vert. Il y coule le Bandiat, ruisseau qui a offert son nom à ce restaurant, une grande structure avec charpente flambant neuve, baignée d'une douce lumière dans une ambiance de maison de campagne. Le chef mitonne un menu surprise à partir des ingrédients de saison fournis par de petits producteurs locaux – une balade au vert qui inclut des champignons et des herbes cueillis sur place (parfois par le chef lui-même).

⇔ 🏠 🅿 – Prix : €€€

2 chemin des Osmondes – ☏ 05 53 05 00 22 – www.domainedubandiat.com/manger – Fermé lundi et mardi, et dimanche soir

ABLON

✉ 14600 – Calvados

 ### LE DOMAINE D'ABLON *Plus*

TRADITIONNEL • **CHARME** Tout près de Honfleur et de l'embouchure de la Seine, le Domaine d'Ablon répartit ses hébergements aux prestations haut-de-gamme dans des bâtiments au charme rural : 2 suites occupent une ancienne grange, une autre est installée dans un colombier rond du 17e s., et la chaumière indépendante du 14e s. dispose d'une terrasse et d'un jardin privatifs ainsi que d'une cuisine équipée.

🅿 ⇔ 🚲 🍴 – 5 chambres

2504 route de Genneville – ☏ 07 89 08 58 14

ABRESCHVILLER

✉ 57560 – Moselle – Carte régionale n° **7**-C2

AUBERGE DE LA FORÊT

CUISINE MODERNE • **ÉLÉGANT** Cette imposante auberge, nichée au cœur de la vallée d'Abreschviller, propose classicisme et modernité, du décor, cossu, à l'assiette, au goût du jour. Profitez de la belle terrasse couverte, face au jardin verdoyant.

⇔ & 🅰🅲 🏠 🅿 – Prix : €€

276 rue des Verriers, à Lettenbach – ☏ 03 87 03 71 78 – www.aubergedelaforet57.com – Fermé lundi, et mardi, mercredi, jeudi et dimanche soir

ACQUIGNY

✉ 27400 – Eure – Carte régionale n° **3**–B2

L'HOSTELLERIE D'ACQUIGNY

CUISINE MODERNE • **CONTEMPORAIN** Moderne et vivante, cette petite auberge de village est tenue par le même couple depuis de nombreuses années. Toujours aussi passionné, le chef Éric Georget y propose une cuisine moderne, généreuse et gourmande à travers un menu et une carte aux intitulés qui font saliver. Filet de saint-pierre et huître pochée au beurre d'algues et soufflé chaud pomme Calvados en dessert : les produits sont triés sur le volet et les préparations ne manquent pas de goût. Chambres agréables pour l'étape.

&. AC 🍽 P – Prix : €€€

1 rue d'Évreux – ✆ 02 32 50 20 05 – www.hostellerie-acquigny.fr – Fermé lundi et dimanche

AGDE

✉ 34300 – Hérault – Carte régionale n° **27**–C2

LE BISTRO D'HERVÉ

CUISINE MODERNE • **BISTRO** Dans le centre du bourg d'Agde, un peu à l'écart de la frénésie touristique du Cap d'Agde, ce bistrot arbore un décor contemporain très coloré. On y déguste une cuisine d'aujourd'hui : onglet de bœuf fumé aux sarments de vigne ; cabillaud rôti à l'huile d'olive et mousseline de carotte à l'aneth ; brioche façon pain perdu au caramel laitier au beurre salé… Le bar à tapas se prête aux grignotages. Aux beaux jours, profitez de la terrasse ombragée.

&. AC 🍽 – Prix : €€

47 rue Brescou – ✆ 04 67 62 30 69 – www.lebistrodherve.com – Fermé lundi et dimanche

AGEN

✉ 47000 – Lot-et-Garonne – Carte régionale n° **22**–D3

 ### LA TABLE DE MICHEL DUSSAU

CUISINE MODERNE • **DESIGN** En retrait du centre ville, non loin du stade de rugby, le chef Michel Dussau propose une cuisine gourmande dans un cadre moderne de brasserie contemporaine. Il valorise les produits du terroir au gré des saisons, avec une prédilection pour l'agriculture biologique. Et aussi : cave à vins vitrée, armoire de maturation des viandes.

&. AC P – Prix : €€

1350 avenue du Midi – ✆ 05 53 96 15 15 – www.la-table-agen.com – Fermé lundi et dimanche

AIGUES-MORTES

✉ 30220 – Gard – Carte régionale n° **27**–D2

L'ATELIER DE NICOLAS

CUISINE MODERNE • **CONTEMPORAIN** Dans ce restaurant situé au cœur de la cité, avec porte vitrée en fer forgé, le chef Nicolas concocte une cuisine au goût du jour, qu'il agrémente de quelques touches asiatiques, glanées lors de ses séjours en Thaïlande. Quelques exemples ? Tom kha kung de crevettes au lait de coco (une soupe de curry) ; kushikatsu de taureau de Camargue façon Wellington. Qu'on se rassure, ces plats frais et parfumés aux intitulés asiatiques sont servis en même temps que les explications claires ! Le chef travaille volontiers les produits bio de la région ainsi qu'une petite sélection de vins nature.

&. AC – Prix : €€

28 rue Alsace-Lorraine – ✆ 04 34 28 04 84 – www.restaurant-latelierdenicolas.fr – Fermé lmercredi, jeudi et dimanche

AIGUES-MORTES

 LES REMPARTS

MODERNE • **ÉLÉGANT** Nichée entre la porte de la Gardette et la tour de Constance, cette ancienne caserne militaire du 18e s. bénéficie d'un magnifique emplacement dans la cité close. A l'intérieur, le vaste lobby ouvre sur un salon très joliment décoré qui met en avant les pierres anciennes associées à des éléments contemporains. Chambres élégantes et matériaux haut-de-gamme. Petit espace détente. Charmant.

& AC P 🐕 🍴 🚲 🛏 🛎 - 14 chambres
6 place Anatole France - ☎ 04 66 53 82 77

 LA VILLA MAZARIN

TRADITIONNEL • **CHARME** Au cœur du village médiéval, une demeure du 15e s. tout en pierre blonde. Escalier à balustres, mobilier ancien, piscine intérieure, jardinet, mais aussi salle de sport et un étonnant spa doré... On apprécie l'élégance et la discrétion des lieux.

P 🐕 🍴 - 23 chambres
35 boulevard Gambetta - ☎ 04 66 73 90 48

AILHON
✉ 07200 - Ardèche - Carte régionale n° **20**-C3

MAISON AILHON 🆕

CUISINE CRÉATIVE • **CONVIVIAL** On savait l'Ardèche branchée et prisée des bobos, mais pas à ce point ! Ce bistrot installé dans un charmant village, qui ne déparerait pas dans l'Est parisien, propose un audacieux menu surprise, qu'on arrose de vins nature à prix abordables. Le chef, un ancien du Septime, au caractère bien trempé et à la technique sans faille, n'a peur de rien, à l'image de cette assiette de pâtes au foie et cœur de pigeon. Les produits locaux ont le premier rôle dans ces assiettes relevées d'assaisonnements percutants (safran, piments, sauce XO). Service pro et décontracté, qui se déroule aux beaux jours sur la terrasse ombragée, face à l'église.

🌿 - Prix : €€
Place de l'Église - ☎ 04 75 93 42 20 - www.maisonailhon.fr - Fermé lundi, mardi, et mercredi et jeudi à midi

AILLON-LE-JEUNE
✉ 73340 - Savoie - Carte régionale n° **21**-C2

AUBERGE D'AILLON ET D'AILLEURS

CUISINE MODERNE • **COSY** Dans le massif des Bauges, havre de nature préservé, cet hôtel contemporain offre une jolie table emmenée par une équipe qui a de la technique et des idées, et met du cœur à l'ouvrage pour tirer le meilleur du terroir du Val d'Aillon : potager, fromage de coopérative, agneau fermier, herbes sauvages... Le menu change régulièrement.

& AC P - Prix : €€€
795 route de la Correrie - ☎ 04 58 39 01 30 - www.aillon-ailleurs.com - Fermé lundi et mardi, et dimanche soir

AINAY-LE-CHÂTEAU

✉ 03360 – Allier – Carte régionale n° **16**–B2

DORANGEVILLE

CUISINE MODERNE • CONTEMPORAIN Au cœur d'un charmant village médiéval, dans une jolie bâtisse du 14e s., une table au cadre contemporain et élégant, avec terrasse ouverte sur le jardin. Quentin Dorangeville, chef originaire de la Sarthe, propose une cuisine rythmée par les saisons, aussi soignée qu'ambitieuse, à base de jolis produits et aux associations qui font mouche. En témoigne cet œuf de poule confit, fragola sarda, girolles et chorizo. Une adresse gourmande avec un service tout sourire.

🅿 – Prix : €€€

3 rue du Vieux-Château - 📞 *04 70 64 18 48 – www.dorangeville.fr – Fermé lundi et mardi, et dimanche soir*

AINHOA

✉ 64250 – Pyrénées-Atlantiques – Carte régionale n° **25**–A2

 ### ITHURRIA

CUISINE MODERNE • AUBERGE Place du Fronton à Ainhoa, face au terrain de pelote : plus basque, tu meurs ! Cette belle maison traditionnelle et ô combien familiale a conservé ses tomettes au sol, ses poutres au plafond, ses cuivres rutilants et ses assiettes anciennes. Martin Isabal, passé par quelques établissements étoilés avant de revenir au bercail, et son frère Louis (en pâtisserie), ont repris le flambeau de leur oncle Xavier et développent une cuisine actuelle et fine en s'appuyant sur leurs racines basques. Pour composer son alléchante carte, le chef se fournit exclusivement auprès des producteurs locaux et de son propre potager. Le terroir est mis en valeur avec gourmandise : pressé de tomates du jardin en fine gelée et anchois fumés ; thon rouge de ligne ikejime de Saint-Jean-de-Luz et fleur de courgette farcie ; framboises, blanc soufflé et croustillant noisette de Saint-Pée-sur-Nivelle. Très bon service assuré par le maître d'hôtel-sommelier Thomas Rouch, fidèle à la maison depuis plusieurs années.

🅿 – Prix : €€€

218 Karrika Nagusia - 📞 *05 59 29 92 11 – www.ithurria.com – Fermé mercredi, et mardi et jeudi à midi*

ARGI EDER

CUISINE BASQUE • TRADITIONNEL Œuf piperade revisité ; veau Axuria, gnocchi et girolles ; tarte Argi Eder au caramel, vanille et citron jaune... Au menu de ce restaurant à la fois rustique et coquet, une fine cuisine aux accents du terroir basque, signée par un chef passionné par les produits locaux. Tenu par la même famille depuis des générations et entouré de verdure, l'hôtel qui l'héberge est un véritable havre de paix.

🅿 – Prix : €€

64 argiedereko bidea - quartier Boxate - 📞 *05 59 93 72 00 – www.argi-eder.fr – Fermé lundi, et mardi et mercredi midi*

AINHOA

ITHURRIA CÔTÉ BISTROT N

CUISINE TRADITIONNELLE • BISTRO Dans son bistrot, Xavier Isabal mitonne une savoureuse (et généreuse !) cuisine basque avec les produits locaux et les légumes de son potager : traditionnelle piperade avec œufs brouillés et jambon de Bayonne, cochon de lait cuit 6h et potxas de Navarre, gâteau basque... On est là pour se faire plaisir et se détendre dans une atmosphère décontractée, notamment sur l'agréable terrasse ombragée de platanes.

⟡ 🅰🅲 ⌂ 🅿 – Prix : €€

218 Karrika Nagusia – ☏ 05 59 29 92 11 – www.ithurria.com/fr/bistrot – Fermé mercredi et jeudi, et le soir

HÔTEL ITHURRIA

TRADITIONNEL • FAMILIAL Propriété familiale depuis les années 60, voici un petit hôtel de ferme dont les chambres associent le charme de l'ancien aux couleurs contemporaines. Les plus petites chambres sont intimes et confortables, tandis que les plus grandes peuvent accueillir jusqu'à cinq personnes. Belle vue sur les collines du Pays basque depuis la piscine.

⛎ 🅰🅲 🅿 ⌂ ⛱ ⟡ 🗖 ♨ ⑪ - 26 chambres

218 Karrika Nagusia – ☏ 05 59 29 92 11

✽ **Ithurria* • Ithurria Côté Bistrot** - Voir la sélection des restaurants

AIX-EN-PROVENCE

✉ 13290 – Bouches-du-Rhône –
Carte régionale n° 28-D3

Le concert des saveurs du sud

Chaque ville possède une figure, un regard, une voix... À Aix, on écoute le murmure des fontaines, le chant des vieilles pierres célébrant les fastes du passé et, bien sûr, la symphonie des marchés. Dans l'assiette et sur les étals, la trilogie tomate, huile d'olive et ail impose sa couleur et ses parfums. Fruits et légumes sont d'une grande variété – la vallée du Rhône et de la Durance sont les plus grands vergers et potagers de France ! Les poissons de la Méditerranée sont ici comme chez eux. En ville, de belles boutiques historiques continuent de défendre le calisson, le fruit confit ou le chocolat. Aux portes de la ville, des vignobles, riches de cinq AOP, produisent blancs, rosés et rouges, tour à tour suaves, sensuels ou puissants.

❀ LE ART

CUISINE MODERNE • ÉLÉGANT Aux fourneaux de cette magnifique bastide du 18e s., le chef Matthieu Dupuis-Baumal propose des assiettes audacieuses, où les notes provençales se parent de subtiles influences japonaises. Les saveurs sont franches, toujours contrôlées, et chaque recette porte le sceau d'une personnalité culinaire affirmée. Un lieu magique et une terrasse magnifique, somptueux écrin pour un feu d'artifice de saveurs, associées à une splendide carte des vins (dont ceux du château, évidemment).

⚜ ⬅ 🛏♿ AC 🌳 ⛱ 🅿 – Prix : €€€€

Hors plan – Château de la Gaude, 3959 route des Pinchinats – ☎ 04 84 93 09 30 – www.chateaudelagaude.com – Fermé lundi, mardi, mercredi midi et dimanche soir

❀ ÉTUDE

Chef : Loïc Pétri

CUISINE MODERNE • CONTEMPORAIN Iconoclaste, le chef Loïc Pétri a fait ses classes dans de belles maisons parisiennes (Jean-François Piège, Joël Robuchon) avant de revenir dans son sud natal. Dans son restaurant intimiste au style contemporain (seulement 12 couverts) au cœur du quartier historique d'Aix, il lâche la bride à son inspiration avec un menu unique de saison. Au gré d'accords audacieux et d'un usage pertinent d'huiles, épices et piments, sa cuisine libre sublime les beaux produits avec soin et dextérité (loup, homard, ris de veau...). On sent l'amour du bon travail et une envie de régaler les convives, des qualités qui se retrouvent tant dans l'assiette que dans le service !!

AC – Prix : €€€€

Plan : A1-1 – 24 rue de l'Aumône-Vieille – ☎ 04 42 91 37 56 – www.sauvage-aix.fr – Fermé dimanche, lundi midi et samedi soir

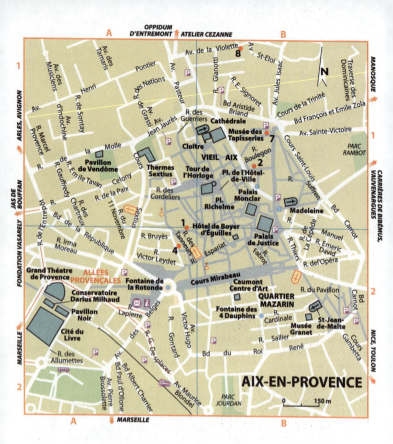

PIERRE REBOUL

Chef : Pierre Reboul

CUISINE CRÉATIVE • ÉLÉGANT Pierre Reboul a roulé sa bosse par monts et par vaux. Apprenti chez Michel Chabran à Pont-de-l'Isère, membre de la brigade de l'immense Jacques Pic (le père d'Anne-Sophie) à Valence, cuisinier à Paris chez Taillevent et Rostang, le chef a ensuite ouvert sous son propre nom à Saint-Rémy-de-Provence, Tain-l'Hermitage puis Aix-en-Provence. Sa cuisine ludique et créative, un brin moléculaire, s'épanouit dans le cadre élégant d'un château du 16e s. Texture, inventivité, respect des saisons (légumes en permaculture et pêche raisonnée) : les fondamentaux sont respectés.

– Prix : €€€€

Hors plan – Château de la Pioline, 260 rue Guillaume-du-Vair – ☎ 04 42 52 27 27 – www.chateaudelapioline.com – Fermé lundi, mercredi et dimanche

AIX-EN-PROVENCE

LES GALINAS

CUISINE PROVENÇALE • BISTRO Dans une ruelle fraîche de la vieille ville, trois jeunes associés ont monté ce bistrot pour faire revivre la cuisine provençale de grand-mère, avec pour credo la simplicité et le goût. Chez ces galinas ("grands garçons" en provençal), point de revisite alambiquée ou de recettes voyageuses, rien que du local, dans l'esprit comme dans l'assiette : des tomates à la provençale qui sont un modèle du genre, un aïoli de compétition, des tripes d'agneau ou encore un raïto de lotte à tomber... grâce à des produits de première fraîcheur et un tour de main sûr. Accueil sympathique.

AC 🍴 ✿ – Prix : €€

Plan : B1-2 – *10 rue Constantin* – ✆ *09 87 19 15 77* – *www.lesgalinas.eatbu.com* – *Fermé samedi et dimanche*

ÂMA TERRA

CUISINE MODERNE • ÉLÉGANT Choix cornélien dans le restaurant de cet hôtel magnifique ! Vous allez hésiter entre la salle et sa verrière Second Empire, ses lustres de cristal à pampilles et son immense vaisselier... ou cette terrasse irrésistible, bercée par le doux murmure des bassins et des fontaines, embaumée par les effluves typiquement méditerranéens. Dans l'assiette, le chef signe une cuisine d'esprit gastronomique aux accents provençaux, sur fond d'associations originales et percutantes.

🛁 & AC 🍴 ✿ 🏖 P – Prix : €€€€

Hors plan – *7 traverse Saint-Pierre* – ✆ *04 42 95 10 10* – *www.villasaintange. com/fr/restaurant-ama-terra.html* – *Fermé les midis*

KAISEKI

CUISINE JAPONAISE • ÉLÉGANT Dans le cadre magique de cette bastide du 18e s., ce Kaiseki s'inspire du repas gastronomique à la japonaise composé de plusieurs services, avec son menu dégustation "Omakase - Le grand voyage". Les chefs Matthieu Dupuis Baumal et Kazunari Noda unissent leurs talents pour offrir un goûteux dépaysement entre France et Japon. Accolée au restaurant, la partie brasserie, le "K", propose une offre variée et plus abordable.

🐝 🛁 & P – Prix : €€€€

Hors plan – *Château de la Gaude, 3959 route des Pinchinats* – ✆ *04 84 93 09 30* – *www.chateaudelagaude.com/kaiseki* – *Fermé lundi, dimanche et du mardi au samedi à midi*

LICANDRO - LE BISTRO

CUISINE TRADITIONNELLE • CONVIVIAL Une petite affaire familiale tenue par Felipe Licandro, chef passé par de belles maisons partout en France, accompagné de son épouse Julie en salle. L'ardoise du midi propose une cuisine du marché bien faite ; le soir, on profite d'un choix plus étoffé, mais l'esprit bistronomie et tradition reste de mise.

AC ✿ – Prix : €€

Plan : A2-4 – *18 rue de la Couronne* – ✆ *06 27 20 03 99* – *www.licandrolebistro. com* – *Fermé mardi, mercredi et jeudi midi*

LA TAULA GALLICI

CUISINE CLASSIQUE • BOURGEOIS Luxe et tradition, sans ostentation et en toute discrétion, sur les hauteurs de la ville. Au menu : une belle cuisine française gorgée de soleil, à déguster sur les tables basses des superbes salons, ou sous les platanes de la paisible terrasse. Quelques-unes des spécialités du chef : bisque de homard et gambero rosso rafraîchie ; tortellini façon vitello tonnato, ricotta, tomates séchées et olives taggiasche ; tiramisu "Gallici"... L'esprit du Sud !

AC 🍴 ✿ P – Prix : €€€€

Plan : B1-8 – *Villa Gallici, 18 avenue de la Violette* – ✆ *04 42 23 29 23* – *www. villagallici.com* – *Fermé , lundi et mercredi à midi*

AIX-EN-PROVENCE

LE VINTRÉPIDE

CUISINE TRADITIONNELLE · ÉLÉGANT On tombe de suite sous le charme de ce décor contemporain et cosy (mobilier design, bois blond et murs de couleur vert-bleu) : une agréable petite adresse tenue par deux associés qui ont le souci de bien faire. L'un, en cuisine, prépare de délicieux plats de saison au gré de son inspiration. L'autre, sommelier, a toujours le bon conseil pour le choix des vins. Un duo gagnant.

🦂 🗛 – Prix : €€

Plan : B1-7 – *48 rue du Puits-Neuf* – ℰ *09 83 88 96 59* – *www.vintrepide.com* – *Fermé lundi et dimanche*

CÉZANNE
Plus

MODERNE · CONVIVIAL De belles chambres design pour cet hôtel situé entre la gare et le centre-ville, à deux pas du cours Mirabeau. Business center, open bar, garage payant sur réservation, terrasse avec fontaine et petit-déjeuner maison. Accueil et service aux petits soins. Sélection de boissons en self-service.

🛆 🗛 🅿 ⌱ 🚲 🏌 - 55 chambres

40 avenue Victor Hugo – ℰ *04 42 91 11 11*

CHÂTEAU DE LA GAUDE
Plus

CLASSIQUE · CHARME Entouré d'un domaine viticole biologique (à visiter) et de jardins paysagers, le Château de la Gaude n'est pas nouveau, mais ses chambres et suites, réparties entre les différents bâtiments ont connu une cure de jouvence. Les intérieurs ont conservé leurs détails d'époque : les chambres de la Bastide, classée monument historique, dévoilent des moulures ornées et des cheminées en pierre sculptée. Ce qui est nouveau en revanche, l'est vraiment : mobilier contemporain haut de gamme, équipements modernes et éléments de confort high-tech font de cet ensemble un hôtel ultramoderne au charme historique.

🗛 🐾 🅿 🚗 ⌱ 🛏 ⅄ 🆒 🐾 🆘 🍽 - 17 chambres

3913 route des Pinchinats – ℰ *04 84 93 09 30*

❀ **Le Art · Kaiseki** - Voir la sélection des restaurants

GRAND HÔTEL ROI RENÉ

CONTEMPORAIN · CHALEUREUX À cent mètres du Parc Jourdan, le Grand Hôtel Roi René, revisité sur un mode contemporain, s'enroule autour d'un patio fleuri avec piscine. À l'intérieur, le moderne rencontre l'ancien sans heurts. Les chambres réchauffent leur décoration très actuelle d'une légère touche "zen provençal" : lignes claires, dégradés terriens, chaleur et soleil du sud en filigrane. Sans oublier la qualité de la literie et la baignoire grand luxe.

🛆 🗛 🐾 🅿 🚗 ⌱ 🛏 🚲 ⅄ 🆒 🆘 🍽 - 134 chambres

24 boulevard du Roi René – ℰ *04 42 37 61 00*

LES LODGES SAINTE-VICTOIRE

BOURGEOIS · CHALEUREUX Sur la route de la montagne Ste-Victoire chère à Cézanne, ce domaine inauguré en 2013 cultive une quiétude toute provençale... Dans la belle bastide du 18e s. comme dans les superbes lodges indépendants (avec piscine privée) règne la même alliance de modernité et d'esprit bourgeois : un sommet du confort !

🛆 🗛 🐾 🚗 - 35 chambres

2250 route Cézanne – ℰ *04 42 24 80 40*

AIX-EN-PROVENCE

 MAISON JALON

CONTEMPORAIN • CHALEUREUX La Maison Jalon, c'est cet élégant rectangle de vitres et de béton posé dans un jardin luxuriant des environs d'Aix-en-Provence. Une architecture ultra contemporaine qui détonne avec le paysage provençal. Si les propriétaires occupent le rez-de-chaussée, l'étage est réservé aux quatre chambres avec balcon, dont la décoration brute est égayée de cadres colorés et d'objets amassés par des passionnés de déco. La piscine tout en longueur et le jardin piqué de cactus et de hamacs colorés revêtent un petit air de Marrakech, où les propriétaires avaient ouvert leur première maison d'hôtes.

AC P - 4 chambres

2575 route de Puyricard – 📞 06 21 35 57 60

 LE PIGONNET *Plus*

CLASSIQUE • CHAMPÊTRE En périphérie d'Aix, dans un beau parc verdoyant, une imposante bastide dont les chambres cultivent le romantisme et l'élégance ; celles situées dans la partie "Résidence" adoptent un style moderne et chaleureux. Cézanne lui-même s'imprégna ici des parfums et couleurs de la Provence !

AC P - 45 chambres

5 avenue du Pigonnet – 📞 04 42 59 02 90

 VILLA GALLICI

CLASSIQUE • RAFFINÉ Cyprès, fontaine, jasmin et rosiers : voici quelques-uns des charmes du ravissant jardin provençal de cette discrète villa juchée sur les hauteurs d'Aix. Les chambres, au charme baroque, sont uniques et raffinées. Un lieu à part !

AC P - 23 chambres

18 avenue de la Violette – 📞 04 42 23 29 23

La Taula Gallici - Voir la sélection des restaurants

 VILLA SAINT-ANGE *Plus*

BOURGEOIS • RAFFINÉ Séjour aux anges garanti dans cette ancienne bastide du 18e s. réhabilitée en hôtel d'exception qui se mire dans une piscine chauffée toute l'année... Luxueuses chambres ravissantes, décorées dans l'esprit d'une maison bourgeoise avec tableaux et mobilier chinés, beaux papiers peints artisanaux. Espace détente et mille autres petits raffinements divins.

AC P - 34 chambres

5 traverse Saint-Pierre – 📞 04 42 95 10 10

Âma Terra - Voir la sélection des restaurants

AIX-LES-BAINS

✉ 73100 – Savoie – Carte régionale n° **21**-C2

LE 59 RESTAURANT

CUISINE MODERNE • TENDANCE Dans la famille Campanella, je demande... le frère ! Cédric a succédé à Boris aux fourneaux de cette ancienne épicerie transformée en restaurant. Dans l'assiette, on retrouve le goût de la précision, et une cuisine actuelle, volontiers inventive. Une adresse incontournable de la ville.

AC – Prix : €€€

59 rue du Casino – 📞 04 56 57 11 96 – www.restaurant-le59.fr – Fermé lundi, mardi et mercredi midi

LE SENS UNIQUE

CUISINE MODERNE • COSY Sur les hauteurs du centre-ville, ce petit hôtel, dont la façade évoque encore l'époque faste des cures thermales, cache une sympathique table bistronomique emmenée tambour battant par un chef-patron très présent en salle. En plus d'un bar à vins, une table pimpante, qui a gardé son cachet d'époque, sert une cuisine bistrotière et canaille, réalisée avec des produits de saison et parfois plus nobles (bœuf Angus, maigre corse...). Service aux petits soins et charmante terrasse close et arborée sur l'arrière.

&. 🗔 ⬚ – Prix : €€

Hôtel Gallia, 24 boulevard-Berthollet – ℰ 04 79 61 21 09 – www.galliahotel.fr – Fermé mercredi et mardi soir

LA TABLE FLORALIE 🅝

CUISINE MODERNE • CONTEMPORAIN Voici l'adresse du centre-ville dont on parle à Aix ! Ouverte par un jeune couple dont c'est la première affaire, elle offre un plaisant cadre moderne avec cuisine ouverte. Le chef, qui prend plaisir à évoluer en salle, notamment pour conseiller les vins de Savoie dont il est un ardent défenseur, concocte une cuisine actuelle bien tournée et savoureuse, en mettant en avant des produits de saison majoritairement locaux. Ambiance familiale.

Prix : €€

6 rue Cabias – ℰ 04 79 88 76 21 – www.latablefloralie.fr – Fermé mardi et mercredi

AIZENAY

✉ 85190 – Vendée – Carte régionale n° **14**–B2

LA SITTELLE

CUISINE MODERNE • ÉLÉGANT Cette jolie villa de la fin des années 1940 connaît une nouvelle jeunesse grâce à deux associés, anciens du château de Locguénolé. Le chef met en avant les produits de la région dans des recettes plutôt originales, avec de nombreux accords terre-mer. Accueil agréable et attentionné.

&. ⬚ 🅿 – Prix : €€

33 rue du Maréchal-Leclerc – ℰ 02 51 34 79 90 – www.restaurantlasittellecom. wordpress.com – Fermé mardi et mercredi

AJACCIO – Corse-du-Sud (2A) ➜ Voir Corse

ALBARET-SAINTE-MARIE

✉ 48200 – Lozère – Carte régionale n° **28**–A1

LE THÉOPHILE - CHÂTEAU D'ORFEUILLETTE

CUISINE MODERNE • ROMANTIQUE Atmosphère châtelaine, feutrée et romantique pour une table associant élégance des vieilles pierres et esprit très contemporain. Avec de bons produits locaux, le chef concocte une cuisine d'aujourd'hui, fine et plaisante. Côté chambre, ce hôtel du 19e s. au milieu de son parc, joue résolument la carte du contemporain et du glamour... entre Aubrac et Margeride.

🕸 🖵& 🅿 – Prix : €€

La Garde – ℰ 04 66 42 65 65 – www.hotels-brunel.com/fr/modern-art-et-services.php – Fermé lundi, mardi et dimanche et du mercredi au samedi à midi

L'ALBENC

✉ 38470 – Isère – Carte régionale n° **21**–B3

BISTROT LOUISE

CUISINE MODERNE • SIMPLE La petite terrasse face à l'église ressemble à un séchoir à noix traditionnel... Bienvenue dans ce village de nuciculteurs où Yann Tanneau, formé chez Ducasse, a planté ses couteaux. Fou de bons produits, il mitonne une cuisine savoureuse à travers des menus qui changent toutes les semaines. Excellent rapport qualité-prix au déjeuner et ambiance décontractée : un bon plan assuré !

🅰🅲 🛋 – Prix : €€

80 place Jean-Vinay – 📞 06 34 20 16 91 – Fermé lundi, du mardi au jeudi à midi, et dimanche soir

ALBERTVILLE

✉ 73200 – Savoie – Carte régionale n° **21**–C2

MILLION

CUISINE CLASSIQUE • TRADITIONNEL Une hostellerie familiale qui cultive la tradition, aussi bien à sa table, autour de recettes classiques, que dans ses chambres au cadre gentiment suranné.

🐾 ♿ 🅰🅲 🛋 🅿 – Prix : €€

8 place de la Liberté – 📞 04 79 32 25 15 – www.hotelmillion.fr – Fermé lundi, et mardi, mercredi et dimanche soir

ALBI

✉ 81000 – Tarn – Carte régionale n° **27**–B1

L'ÉPICURIEN

CUISINE MODERNE • TENDANCE Ce n'est pas un hasard si cette adresse, face à la fontaine Jean Jaurès, en plein cœur d'Albi, est devenue le rendez-vous local... des Épicuriens ! Un mot d'abord sur la déco, au design épuré, qui témoigne d'un bel esprit nordique : le chef est d'origine suédoise, ceci explique probablement cela. En cuisine, il revisite les classiques avec une maîtrise incontestable ; il en résulte de jolies assiettes dans l'air du temps, gourmandes, copieuses et bien ficelées. Notons aussi la judicieuse carte des vins et l'excellente prestation de l'équipe en salle, aussi professionnelle que conviviale.

🐾 ♿ 🅰🅲 🛋 🖵 – Prix : €€

42 place Jean-Jaurès – 📞 05 63 53 10 70 – www.restaurantlepicurien.com – Fermé samedi et dimanche

LA TABLE DU SOMMELIER

CUISINE MODERNE • BISTRO Père et fils, sommeliers de formation, travaillent en duo dans ce sympathique bistrot contemporain. Le résultat ? Une cuisine savoureuse et généreuse autour du vin, qui revisite habilement le terroir tel ce dos de julienne au persil, riz sauvage et huile de sésame ou la déclinaison de framboises et vanille en sablé et mousse. La cave dispose de près de 500 références, et, l'été, deux terrasses au choix : sous la pergola ou à ciel ouvert... Une adresse hautement recommandable avec un très bon rapport qualité-prix.

🐾 ♿ 🅰🅲 🛋 🖵 – Prix : €€

20 rue Porta – 📞 05 63 46 20 10 – www.latabledusommelier.com – Fermé lundi et dimanche

ALBI

ALCHIMY

CUISINE MODERNE • ÉLÉGANT Au cœur de la vieille ville, cette belle bâtisse Art déco abrite une brasserie de style contemporain, sous une jolie verrière : impossible de manquer l'imposant lustre Murano ! Un cadre sympathique et une carte où tout fait envie. Dans l'assiette, le chef met en avant les produits locaux en revisitant joliment les classiques : gravlax de saumon servi snacké, salade de champignons ; belle pièce de cochon du Tarn ; tatin nouvelle version avec opaline Granny Smith. Alchimie réussie !

& AC 🛱 ❁ – Prix : €€
12 place du Palais – ✆ *05 63 76 18 18 – www.alchimyalbi.fr*

AMAPOLA KITCHEN

CUISINE MODERNE • BRANCHÉ L'emplacement vaut le détour : au pied du Pont Vieux, ce bistrot de poche, savamment looké, offre une vue imprenable sur la vieille ville et sa sublime cathédrale. Ex-historienne de l'art, la cheffe envoie une cuisine colorée, healthy et bien exécutée, en plein dans le mille, sous forme de petits plats à partager. DJ gourmande et décomplexée, elle mixe les influences de la cuisine sud-américaine, italienne et comorienne avec notamment des produits lactofermentés et un sourcing à dominante bio dont le bœuf haché à la comorienne relevé de pickles d'oignons rouges et de cerfeuil et servi avec un délicieux houmous maison. Belle sélection de vins bios et nature.

🛱 – Prix : €€
100 rue Porta – ✆ *05 63 77 63 04 – Fermé lundi, mardi, mercredi midi et dimanche soir*

ALCHIMY

CLASSIQUE • ÉLÉGANT Pour concilier le plaisir de la table et le confort d'un séjour à Albi, on optera pour cet hôtel, dont les chambres sont peut-être les plus jolies de la ville ! L'élégance est le maître-mot des lieux : meubles signés, marbre blanc dans les salles de bains, dans une veine Art déco qui distille le charme des années folles... L'alchimie fonctionne pleinement.

& AC P ❁ 🚲 ⫼ – 10 chambres
10-12 place du Palais – ✆ *05 63 76 18 18*
Alchimy - Voir la sélection des restaurants

ALBY-SUR-CHÉRAN

✉ 74540 – Haute-Savoie – Carte régionale n° **21**–C2

LE BOURGEON

CUISINE MODERNE • CONVIVIAL Un joli bourg médiéval, jadis renommé pour ses tanneurs et ses cordonniers, avec ses maisons colorées : voilà le décor où ce délicieux bourgeon a éclos ! Les deux jardiniers – le chef Enzo Duchesne et le sommelier Adrien Lavorel – cultivent de concert un jardin gourmand et moderne où les produits sont sourcés avec la plus grande rigueur. L'assiette accorde une place prépondérante au végétal, sans s'interdire pour autant viande et poisson, et va droit au but à grand renfort de parfums et de saveurs. Menu-carte à tous les services, complété d'un menu mystère le soir et le samedi midi.

🛱 – Prix : €€
8 place du Trophée – ✆ *04 50 33 01 52 – www.restaurantlebourgeon.cm – Fermé lundi, dimanche, et mardi et jeudi à midi*

ALENÇON
✉ 61000 – Orne – Carte régionale n° **2**-C3

LA SUITE
CUISINE TRADITIONNELLE • CHIC Dans une rue un peu à l'écart du centre historique, une cuisine traditionnelle de saison remise au goût du jour et 100% maison. En matière de gourmandise, le chef a de la suite dans les idées ! En témoignent ces ravioles de gambas, crémeux de chou-fleur, bisque onctueuse. La carte est courte, les produits de saison, les assiettes généreuses et les saveurs franches. À déguster dans une atmosphère chic et cosy, aux côtés des nombreux locaux.

& AC ⇔ – Prix : €€
19 place Auguste-Poulet-Malassis – ☏ 02 33 29 70 85 – Fermé samedi et dimanche

ALÈS
✉ 30100 – Gard – Carte régionale n° **28**-B2

ÉPICES ET TOUT
CUISINE MODERNE • CONVIVIAL Ce petit restaurant à la devanture discrète secoue les papilles. Cuisine soignée, produits frais, et des épices utilisées avec justesse. De jolis plats comme ce tartare de saumon fumé au deux lentilles, cette selle d'agneau et mousseline de champignons, ou cette poire pochée aux épices douces. Un menu appétissant à déguster en été sur la petite terrasse.

& AC 🍽 – Prix : €€
15 avenue Carnot – ☏ 04 66 52 43 79 – www.epicesettout.fr – Fermé dimanche, samedi midi et mercredi soir

ALLAUCH
✉ 13190 – Bouches-du-Rhône – Carte régionale n° **28**-D3

IOD'IN
CUISINE MÉDITERRANÉENNE • CONTEMPORAIN À la périphérie du joli village d'Allauch, cette brasserie marine moderne et spacieuse mérite le détour. Le jeune chef Anthony de Filippo (passé à l'Alcyone de Lionel Levy et chez Dominique Frérard aux Trois Forts à Marseille) embarque son équipage de gourmets au fil d'une délicieuse cuisine iodée et décomplexée où le poisson et les crustacés sont rois. Bouillabaisse à la carte (sans réservation préalable).

& AC 🍽 ⇔ P – Prix : €€
602 avenue du 7e-Régiment-de-Tirailleurs-Algériens – ☏ 04 91 07 67 80 – www.restaurantiodin.fr – Fermé lundi et dimanche

ALLEX
✉ 26400 – Drôme – Carte régionale n° **24**-B2

L'AUBERGE D'ALLEX 🆕
CUISINE MODERNE • BISTRO Entre Valence et Montélimar, cette auberge de village continue sa vie gourmande grâce à un jeune couple qui en a fait une étape chaleureuse et cosy, d'esprit bistrot, panachée de quelques touches contemporaines. Dans l'assiette, la veine bistrotière se confirme à travers une cuisine simple dans l'air du temps. C'est du sérieux, à l'image de ce filet de merlu, sauce aux agrumes et embeurrée de chou rouge et butternut.

& AC 🍽 – Prix : €€
Montée de l'Ancien-Hôpital – ☏ 04 75 62 61 66 – www.laubergedallex.fr – Fermé lundi et mardi, et dimanche soir

ALLEYRAS

✉ 43580 – Haute-Loire – Carte régionale n° **20**-B3

LE HAUT-ALLIER

Chefs : Clément et Philippe Brun
CUISINE MODERNE • CONTEMPORAIN Au cœur des gorges de l'Allier, cet hôtel-restaurant familial regarde le pont et la rivière depuis ses fenêtres. Bien ancrée dans son terroir, la famille Brun – Clément, le fils, en cuisine et Camille sa compagne en pâtisserie, épaulés par les parents Philippe et Michelle – magnifie ces rudes contrées. Ils célèbrent ainsi les nombreux produits qu'ils trouvent dans ce coin de nature : champignons, viandes et fromages auvergnats, saumon d'une pisciculture de l'Allier, mais aussi plantes et fleurs sauvages. On se régale d'un ceviche de truite au piment d'Espelette, condiment avocat et tarama, boulgour et ris d'agneau au beurre d'anchois, ou d'une originale association de framboises et orge malté avec un crémeux au pur malt d'une distillerie locale.

⚙ ⇦ 🅰🅲 – Prix : €€€

1 avenue de la Gare (Le Pont d'Alleyras) – ✆ 04 71 57 57 63 – www.hotel-lehautallier.com – Fermé mardi et mercredi

ALLUY

✉ 58110 – Nièvre – Carte régionale n° **16**-C2

LA GRANGÉE

CUISINE MODERNE • AUBERGE Originaire et amoureux de la région, Jean-Baptiste Girard a transformé cette auberge communale avec son épouse japonaise Maiko. Il y met en avant la production locale (charolais du Bourbonnais, légumes bio de Rouy, pintades de Vandenesse) et la cueillette. Mention spéciale pour la brioche à l'ail des ours, qui est un vrai délice. Service aux petits soins, et jolies céramiques d'un artisan local. Un coup de cœur.

⛺ – Prix : €€

Le Bourg – ✆ 03 86 76 11 56 – www.restaurantlagrangee.com – Fermé du lundi au mercredi et jeudi midi

ALPE-D'HUEZ

✉ 38750 – Isère – Carte régionale n° **21**-C3

AU CHAMOIS D'OR

CUISINE MODERNE • COSY Cette jolie table n'est pas le moindre atout de l'hôtel Chamois d'Or : dans le décor chaleureux et feutré d'une salle tout en bois, on apprécie une cuisine actuelle bien tournée. Agréable terrasse au déjeuner, et l'atmosphère de l'endroit se fait même romantique le soir venu...

⛰ ⛺ 🅿 – Prix : €€€

169 rue Fontbelle – ✆ 04 76 80 31 32 – www.chamoisdor-alpedhuez.com

AU CHAMOIS D'OR

MONTAGNARD • FAMILIAL Un grand chalet en bois aux balcons ciselés : sous la neige, une véritable image d'Épinal... Des feux crépitent, le décor évoque une demeure particulière, les enfants peuvent s'amuser dans "leur" salon (jeux, TV, etc.) et leurs parents profiter du spa : un vrai havre au cœur des Alpes...

♨ 🅿 ❄ 🅰 ♨ 🛎 – 42 chambres

169 rue Fontbelle – ✆ 04 65 84 43 84

Chamois d'Or - Voir la sélection des restaurants

ALPE-D'HUEZ

LES GRANDES ROUSSES

MODERNE • ÉLÉGANT Cet établissement est le fruit d'une histoire familiale, démarrée à Huez au début du 20e s. Le cuivre et le rouge sont le fil conducteur de cet intérieur montagnard d'une grande élégance. Les chambres, confortables, se parent de parquet et de pierre. Et pour les amateurs, un beau spa.

🛁🚶♿️🅿️🛋️🔊⚒️🌐♨️🏊💆🛎️ - 105 chambres

Route du Signal – 📞 *04 76 80 33 11*

LE PIC BLANC

MODERNE • ÉLÉGANT Grande construction moderne d'esprit chalet campée dans le quartier des Bergers, sur les hauteurs de la station. Les chambres spacieuses, de style anglais, sont dotées d'un balcon ; la salle à manger fait face aux montagnes... Solarium, piscine, sauna.

🚶🅿️🛋️🔊⚒️🌐♨️💆🛎️ - 92 chambres

Quartier des Bergers – 📞 *04 76 11 42 42*

ROYAL OURS BLANC

MODERNE • CHALEUREUX À 100 m des pistes, cet imposant hôtel tout en hauteur dévoile une déco moderne et design, qui multiplie les clins d'œil aux ursidés (moquette aux pattes d'ours, motifs de nids d'abeilles)... Original et très accueillant !

🅰️🅿️🔊⚒️🌐♨️🛎️ - 46 chambres

Avenue des Jeux – 📞 *04 76 80 35 50*

ALTILLAC

✉️ 19120 – Corrèze – Carte régionale n° **19**–C3

CUEILLETTE

Chef : Oscar Garcia

CUISINE MODERNE • DESIGN Entre Lot et Corrèze, ce charmant manoir du 19e s. entièrement rénové abrite une belle salle lumineuse et design. Les pommes en céramique suspendues au plafond évoquent le verger (mais aussi le potager) que le restaurant cultive tout près de là. Passé chez Franck Putelat et à La Table d'Uzès, le jeune chef Oscar Garcia s'attelle avec talent à une cuisine de saison plutôt créative, avec des produits dénichés dans un rayon de 100 km : truite aux haricots verts, myrtilles et cacahuètes ; veau de Corrèze en deux façons, anguille fumée, framboises et crème Dubarry... Dans les étages, 5 confortables chambres. Formule plus simple au déjeuner.

🛋️🍽️♿️🅿️ – Prix : €€€

3 La Raufie – 📞 *05 19 90 00 19 – www.restaurant-cueillette.fr – Fermé lundi, mardi et dimanche*

CUEILLETTE

MODERNE • CHALEUREUX Son nom fleure bon la nature et la gourmandise : une image idéale pour un hôtel axé sur la gastronomie et le vin dans la vallée de la Dordogne. Ses cinq chambres ont été réaménagées dans un style moderne et coloré, en conservant le caractère architectural d'origine, et équipées selon les normes d'un établissement de luxe.

🅰️🅿️🔊🍽️🛎️ - 5 chambres

3 La Raufie – 📞 *05 19 90 00 19*

🌸 **Cueillette** - Voir la sélection des restaurants

ALTKIRCH

✉ 68130 – Haut-Rhin – Carte régionale n° **8**–A3

✿ L'ORCHIDÉE

Chef : Chatchai Klanklong
CUISINE THAÏLANDAISE • CONTEMPORAIN Cette orchidée nous invite à un très agréable voyage gastronomique. Dans l'assiette, une cuisine thaïlandaise moderne et soignée, élégante et parfumée, à l'instar de ce tom yam de homard bleu, lait de coco, galanga ou du pigeonneau des Vosges, maïs, girolles, polenta, curry rouge. On se régale du début à la fin. Une réussite étincelante.
❀ AC – Prix : €€€

33 rue Gilardoni – ✆ 03 89 88 50 39 – www.orchidee-altkirch.com – Fermé lundi et dimanche

ALTWILLER

✉ 67260 – Bas-Rhin – Carte régionale n° **8**–A1

RESTAURANT DE L'ÉCLUSE 16

CUISINE MODERNE • CONTEMPORAIN Cet ancien relais de chevaux de halage borde le canal des houillères de la Sarre. Le chef, originaire du Morbihan, offre une partition soignée et gourmande, comme en témoignent ce risotto safrané au chorizo accompagnant une volaille label rouge aux crevettes sauvages, ou le souvenir ému d'une tatin revisitée avec pertinence. Il utilise à l'occasion les produits du terroir local, agrémentés de condiments ou d'huiles aromatisées maison.
⚐ ♿ AC ⚙ P – Prix : €€

Lieu-dit Bonnefontaine – ✆ 03 88 00 90 42 – ecluse16.com – Fermé lundi et mardi, et dimanche soir

ALVIGNAC

✉ 46500 – Lot – Carte régionale n° **23**–B2

LE VOYAGE D'ERNESTINE

CUISINE MODERNE • BISTRO Une affaire familiale et gourmande ! Trois associés (un frère et une sœur jumeaux, et le compagnon de cette dernière) embarquent leurs convives pour un voyage où les produits locaux (agneau de la ferme du Bouscarel, légumes de Tauriac, truites de la pisciculture du Blagour...) sont traités avec doigté. Boucher-charcutier de formation, le frangin connaît les bons morceaux sur le bout de la fourchette. Tandis que le couple, qui a bien bourlingué, ponctue ses assiettes de clins d'œil voyageurs (labné, citron noir, jus d'agneau émulsionné au tahini...). Une table bien dans son époque où l'on passe un excellent moment.
⚐ – Prix : €€

182 Grand-Rue – ✆ 05 65 11 76 20 – www.le-voyage-ernestine.fr – Fermé du lundi au mercredi et du jeudi au samedi à midi

AMBERT

✉ 63600 – Puy-de-Dôme – Carte régionale n° **20**–B2

LE M

CUISINE MODERNE • CONVIVIAL On « M » ce bistrot contemporain branché, pour son accueil charmant comme pour sa cuisine actuelle et savoureuse, à l'image de cet épais dos de cabillaud, fregola sarda et son jus de volaille. Le menu-carte restreint assure fraîcheur et qualité des produits de saison, et offre un très bon rapport qualité-prix le midi ! Ne passez pas à côté de l'excellent canelé, clin d'œil aux origines bordelaises du couple. Belle sélection de vins à l'ardoise.
♿ AC – Prix : €€

1 place du Livradois – ✆ 04 73 82 28 91 – Fermé du lundi au mercredi et dimanche soir

AMBIALET

✉ 81430 – Tarn – Carte régionale n° **27**–B1

RELAIS DE LA VALLÉE ⓝ

CUISINE MODERNE • SIMPLE Caroline Blau et Tommy Medalle ont posé leurs valises à Ambialet, village natal de Tommy et méandre du Tarn sacrément photogénique. Ils ont transformé un ancien café au charme rustique un poil suranné, niché entre roche et rivière. Si la carte concoctée par la cheffe propose des mets simples, le résultat est exigeant et enthousiasmant, allant du classique comme les os à moelle ou la soupe du jour à des créations plus originales comme la poitrine de porc au daikon marinée et braisée au mirin et au saké, qui fleure bon l'effet nippon. La fraîcheur et la qualité des produits sont au rendez-vous, tout comme la simplicité et la gentillesse du service. Des tarifs très cléments !

🌤 – Prix : €

75 route de la Vallée – ℰ 05 63 42 63 44 – Fermé lundi, et mardi, mercredi, jeudi et dimanche soir

AMBIERLE

✉ 42820 – Loire – Carte régionale n° **20**–C1

LE PRIEURÉ

CUISINE MODERNE • CONTEMPORAIN Au centre de ce village de vignerons de la Côte roannaise, cette belle bâtisse traditionnelle en granit jouxte un magnifique prieuré bénédictin du 15e s. à la toiture de tuiles polychromes vernissées de style bourguignon. On déguste une cuisine aux bases classiques qui met en valeur les bons produits des environs.

♿ 🆎 – Prix : €€€

11 rue de la Mairie – ℰ 04 77 65 63 24 – www.leprieureambierle.fr – Fermé mardi et mercredi, et lundi et dimanche soir

AMBOISE

✉ 37400 – Indre-et-Loire – Carte régionale n° **15**–C1

❁ CHÂTEAU DE PRAY

CUISINE MODERNE • ÉLÉGANT En amont d'Amboise, sur la rive sud de la Loire, ce château médiéval remanié à la Renaissance attire l'œil avec ses deux tours massives. L'édifice trône paisiblement au milieu d'un vaste parc à la française, où l'art de vivre ligérien perdure. On aime l'élégance de cette orangerie en partie troglodyte, taillée dans la roche du coteau, et l'on apprécie aux beaux jours la plaisante terrasse tournée vers les jardins. La cuisine du chef Arnaud Philippon flirte joliment avec notre époque : pressé de chevreau et foie gras, pied bleu, ail des ours et pâte de cacao mango ; mijoté de couteaux, asperges blanches et vin de Vouvray à la racine de primevère ; soufflé chaud au cassis de Touraine. Finesse d'exécution, équilibre des saveurs, approvisionnement auprès de producteurs locaux : la vie de château a du bon !

🍷 🏨 🌤 ❄ 🅿 – Prix : €€€

Rue du Cèdre, à Chargé – ℰ 02 47 57 23 67 – www.chateaudepray.fr – Fermé lundi, mardi, mercredi midi et dimanche soir

AMBOISE

LES ARPENTS

CUISINE MODERNE • CONTEMPORAIN Pas très loin du château, derrière une traditionnelle façade couleur bordeaux, se cache un bistrot contemporain qui nous a tapé dans l'œil. Deux anciens copains, qui se sont rencontrés sur les bancs de l'école hôtelière de Tours, assurent une partition gourmande sans faute. Ils puisent généreusement dans les produits locaux, asperges et fraises de Touraine en saison, porc roi rose et fromages de chèvre. Dans l'assiette, on se régale de noix de Saint-Jacques rôties, chou-fleur et huile de vanille ; ou encore d'une tarte au citron saupoudrée de citron noir séché, détail diabolique qui ne fait qu'augmenter notre plaisir.

AC – Prix : €€

5 rue d'Orange – ☏ 02 36 20 92 44 – www.restaurant-lesarpents.fr – Fermé lundi et dimanche

L'ÉCLUSE

CUISINE MODERNE • CONVIVIAL Tout près du château royal d'Amboise et du Clos Lucé, la cheffe Mélanie Popineau propose une cuisine bistronomique réjouissante, pleine de saveurs, sous la forme de courts menus de saisons. De son côté, son compagnon assure un accueil simple mais charmant. Aux beaux jours, courez vous régaler sur la terrasse.

– Prix : €€

Rue Racine – ☏ 02 47 79 94 91 – www.ecluse-amboise.fr – Fermé lundi et dimanche

AU CHARME RABELAISIEN

BOURGEOIS • CHARME Cette demeure bourgeoise qui abrita une banque, une école et une étude notariale est devenue un hôtel de charme. Les chambres sont confortables (celles du dernier étage offrent une vue sur le château), et l'accueil familial. Petit jardin avec piscine et agréable espace bien-être.

AC P – 10 chambres

25 rue Rabelais – ☏ 02 47 57 53 84

AMBRONAY

✉ 01500 – Ain – Carte régionale n° **21**-B1

AUBERGE DE L'ABBAYE

Chef : Ivan Lavaux

CUISINE MODERNE • CONTEMPORAIN Au pied de l'abbaye bénédictine d'Ambronay, cette auberge contemporaine a été pensée dans les moindres détails par le maître des lieux, Ivan Lavaux. Attentif au choix des matériaux et des couleurs (jusqu'à une toile de Jouy créée spécialement !), cet aubergiste moderne évolue entre salle et cuisine, mettant à l'honneur les nombreux crus sélectionnés qui composent sa cave, comme les produits nobles qu'il affectionne, le tout dans une démarche locavore. Laissez-vous porter par ses menus sans choix, au déjeuner comme au dîner.

AC – Prix : €€€€

47 place des Anciens-Combattants – ☏ 04 74 46 42 54 – www.aubergedelabbaye-ambronay.com – Fermé lundi et mardi, et dimanche soir

AMBRONAY

 LA MAISON D'AMBRONAY

MODERNE • CONVIVIAL Retour en enfance : cette ancienne école s'était choisi pour cadre une bâtisse de 1870, pleine d'élégance, agrémentée d'un patio, de colonnes, d'arches en briques et d'escaliers en pierre et fer forgé. Métamorphosée en maison d'hôtes, elle a converti les quatre classes en chambres débordantes de vie, lumineuses et chamarrées, pleines de références enfantines. Les parties de baby-foot, de ping-pong et de flippers remplacent les interrogations surprises et un brunch convivial les goûters de la récré.

🅿 🛎 - 4 chambres
46 Grande Rue - ☎ 07 82 32 90 79

AMIENS
✉ 80000 - Somme - Carte régionale n° **4**-B3

AIL DES OURS

CUISINE MODERNE • CONTEMPORAIN Proche de la cathédrale, cette table sympathique et tendance est menée par le jeune chef Stéphane Bruyer. Dans une salle rénovée, aux tons naturels (et émaillée de nombreuses plantes), il sert une cuisine simple, de saison, valorisant les produits du marché, menu unique (choix entre poisson ou viande) : le restaurant est plébiscité à Amiens… et l'on comprend pourquoi.

♿ AC – Prix : €€
*11 rue Sire-Firmin-Leroux - ☎ 03 22 48 35 40 - www.aildesours-restaurant.fr -
Fermé lundi, dimanche et mardi midi*

HYACINTHE

CUISINE MODERNE • SIMPLE Un ancien travailleur dans l'humanitaire a trouvé un second souffle dans la cuisine auprès de mentors comme Cyril Lignac et Hélène Darroze, qui l'ont formé. Fidèle à ses engagements d'antan, il pratique dans son restaurant vintage une cuisine respectueuse de la nature et des hommes, en se fournissant en légumes dans les hortillonnages d'Amiens, en agneau pré-salé de la baie de Somme, en poissons de ligne de la Côte d'Opale… Tourte de filet mignon, pickles de légumes ou encore lotte, tomate, aubergine et herbes marines : ses assiettes un brin créatives jonglent avec les préparations, les bons produits et les goûts.

🍽 – Prix : €€
11 rue Dusevel - ☎ 07 69 60 85 61 - www.restaurant-hyacinthe.fr - Fermé lundi, mardi et dimanche

LES ORFÈVRES

CUISINE MODERNE • CONTEMPORAIN En plein centre, un restaurant au décor d'atelier, épuré et moderne. Au menu : une cuisine qui connaît ses classiques, avec quelques touches plus modernes par-ci par-là… et une ambiance conviviale. Le chef aime travailler le poisson à l'image de ce savoureux dos de cabillaud gold, cuit à basse température, lait ribot au miel, poireaux et céleri.

🐝 – Prix : €€€
14 rue des Orfèvres - ☎ 03 22 92 36 01 - www.lesorfevres.com - Fermé lundi

 MAROTTE

CLASSIQUE • CHALEUREUX Ce bel établissement, au cœur de la ville, prend ses aises dans une bâtisse de brique rouge du 19e s. (avec une extension contemporaine), dont il conserve le cachet – boiseries, moulures, etc. – et même l'esprit de demeure privée. Élégance, atmosphère feutrée et accueil charmant…

♿ AC 🧳 🅿 🚗 🚲 🐕 ♨ - 33 chambres
3 rue Marotte - ☎ 03 60 12 50 00

AMMERSCHWIHR

✉ 68770 - Haut-Rhin - Carte régionale n° **8**-C2

 RESTAURANT JULIEN BINZ

Chef : Julien Binz

CUISINE MODERNE • **ÉLÉGANT** Sur la route des vins, au sud de Colmar, le charmant village viticole d'Ammerschwihr est niché dans la vallée du Kaysersberg, surnommée la vallée aux étoiles... Michelin, bien sûr ! Rompu aux ficelles du métier, ancien de la brigade de l'Auberge de l'Ill, Julien Binz maîtrise toutes les cordes de l'arc culinaire. Il compose une cuisine classique et saisonnière : tartelette croustillante aux escargots, fenouil confit et émulsion au persil ; poitrine de pigeonneau rôtie, cannelloni de patate douce au foie gras, jus à la fève tonka et poivre long administrent une tranquille leçon de gourmandise.

🐾 ♿ 🅰🄲 ☂ – Prix : €€€€

7 rue des Cigognes - ✆ 03 89 22 98 23 - www.restaurantjulienbinz.com -
Fermé lundi et mardi, et mercredi soir

ANDLAU

✉ 67140 - Bas-Rhin - Carte régionale n° **8**-C1

PARTAGE

CUISINE MODERNE • **CONTEMPORAIN** Julie et Hugo, qui se sont rencontrés chez Lameloise, se sont installés entre les murs de la maison natale du peintre Alexis Kreyder (1839-1912), réputé pour ses natures mortes de fleurs et de fruits. Auberge traditionnelle couleur framboise à l'extérieur mais déco contemporaine à l'intérieur, le lieu séduit les gourmets. Dans les assiettes, ce chef talentueux cisèle de jolis plats parfumés et équilibrés aussi bons que beaux pour l'œil comme cette daurade marinée et subtilement fumée, crème façon bibalakas aux herbes, betteraves en copeaux. Une adresse à... partager !

☂ – Prix : €€

19 rue du Docteur-Stoltz - ✆ 03 88 08 93 23 - www.restaurant-partage.com -
Fermé lundi et dimanche

ANGERS

✉ 49000 - Maine-et-Loire
Carte régionale n° **9**-C2

Les saveurs et les douceurs d'un terroir

La capitale de l'Anjou se distingue autant par la richesse de son patrimoine que par celle de sa gastronomie. Cité florissante de la Renaissance, elle abrite les murailles de la forteresse médiévale du roi René et la tenture de l'Apocalypse. Elle est aussi la ville de naissance du "prince des gastronomes", l'écrivain et journaliste Curnonsky, qui mit son appétit d'Angevin au service de la défense du terroir. Et ce ne sont pas les spécialités qui manquent ici : sandre au beurre blanc, pâté aux prunes... En ville, c'est la Maison Jouis qui incarne depuis 1954 la référence en matière de rillettes ou de rillauds – ces morceaux de poitrine de porc maigre cuits dans la graisse où ils sont confits. Quant au quernon, un chocolat bleu, croquant et fondant, il évoque le bloc de schiste brut fendu par l'ardoisier angevin. Enfin, les vins de Loire et d'Anjou offrent une diversité fascinante.

LAIT THYM SEL

Chef : Gaëtan Morvan

CUISINE CRÉATIVE • CONTEMPORAIN On vous recommande chaudement cette pépite tenue par un couple talentueux qui vient de prendre ses nouveaux quartiers de l'autre côté de la Maine dans une belle salle contemporaine. Côté cuisine, Gaëtan Morvan, jeune chef passé par de grandes tables étoilées, propose une expérience culinaire atypique en plusieurs séquences très originales qui valorisent les produits de la région. Inventivité, associations inattendues (rehaussées par l'usage d'épices venues du monde entier), on se laisse embarquer dans son univers gourmand. Côté salle, Fanny Morvan assure un service efficace et suggère de jolis vins respectueux de l'environnement.

AE - Prix : €€€€

Plan : **A1-2** - *17 rue Boisnet* - ☏ 07 89 65 89 07 - www.laitthymsel.com - *Fermé lundi, samedi et dimanche et mardi et mercredi à midi*

☘ **L'engagement du chef** : Notre maraîcher est installé à 50 km du restaurant. Nous travaillons les poissons de Loire en saison, les poissons de mer de Loire-Atlantique, de Bretagne ou de Normandie, la viande des Pays de la Loire. Pain réalisé sur place et possibilité d'emporter le pain non consommé pour lutter contre le gaspillage alimentaire. Carte des vins orientée nature et bio. Nous sommes en train d'éliminer les caisses en polystyrène.

167

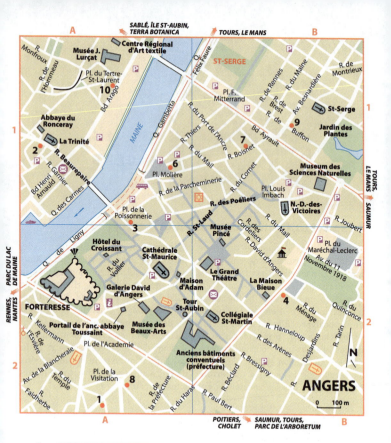

L'ARDOISE

CUISINE MÉDITERRANÉENNE • COSY Sur la rive gauche de la Maine, les recettes du chef mêlent avec gourmandise tradition et touches méditerranéennes : sélection d'antipasti à partager (ou pas !), boudin au chorizo ibérique, jarret de veau confit et sa bisque de langoustine... Les desserts ne sont pas en reste (tiramisu, entremets à la pistache et fleur d'oranger, profiterole XXL). Le tout à prix sage, à déguster dans un agréable décor de brasserie contemporaine, ou sur la terrasse.
ዿ - Prix : €€

Plan : A1-6 – *7 place Molière* – ✆ *02 72 73 11 91* – *www.lardoise-angers.fr* – *Fermé lundi et dimanche*

GRIBICHE

CUISINE TRADITIONNELLE • SIMPLE Ô le joli bistrot coup de cœur ! Quand ce chef sort son ardoise de plats traditionnels dépoussiérés et généreux, les papilles défaillent : pâté en croûte ; tête de veau sauce gribiche ; râble de lapin, purée, sauce moutarde ; gibier en saison, sans oublier une offre végétarienne. Beau choix de vins à prix sages. Réservation conseillée.
– Prix : €€

Plan : A2-1 – *9 rue Max-Richard* – ✆ *02 41 19 14 48* – *Fermé samedi et dimanche, et mercredi soir*

ANGERS

AUTOUR D'UN CEP

CUISINE MODERNE • BISTRO Dans cette petite maison dont le millésime se perd entre le 15e et le 16e s., à mi-chemin entre la cathédrale et la Maine, le chef Thony Pohu signe une cuisine généreuse et savoureuse, ancrée dans l'air du temps et la saison, où le végétal occupe une large place. Les produits de bonne qualité sont sourcés localement ; les producteurs sont d'ailleurs bien mis en avant sur la carte. Carte des vins en majorité bio et natures de plus de 300 références.

🕸 – Prix : €€

Plan : A1-3 – *9 rue Baudrière* – ✆ *02 41 42 61 00* – *www.autourduncep.com* – *Fermé samedi et dimanche*

BOUILLON BARON 🄽

CUISINE TRADITIONNELLE • BISTRO Jérémie Baron (anciennement Autour d'un Cep) nous réchauffe avec son bouillon mijoté aux petits oignons dans une maison datant de 1895. Il régale un public nombreux, conquis et bruyant de joie, avec des recettes traditionnelles et populaires telles que la terrine de campagne et ses pickles ; l'œuf mimosa, betterave et vinaigrette ; la saucisse de Toulouse ; la tête de veau sauce ravigote ; un chou craquelin au chocolat et noix de pécan. Au déjeuner, le menu-carte, proposé sur ardoise, affiche un prix imbattable. Sélection de quilles à dominante ligérienne, en bio et en biodynamie.

♿ – Prix : €

Plan : B1-9 – *11 avenue Marie-Talet* – ✆ *02 41 43 34 79* – *Fermé samedi et dimanche, et du lundi au jeudi soir*

CHEZ RÉMI 🄽

CUISINE TRADITIONNELLE • CONVIVIAL Chemise à carreaux et tablier bleu, Rémi officie derrière ce qui fut probablement le comptoir de cet ancien bar PMU, transformé en bon petit bistrot. Ce midi : goûteuse terrine de foie de volaille ; dorade sébaste et son savoureux fumet ; pêche pochée, financier et onctueuse glace vanille maison. L'un des atouts majeurs de l'établissement : son ambiance à la bonne franquette. Aux murs, des photos du chef et de ses anciennes équipes, une ardoise avec les menus du jour. À consommer sur place ou à emporter, la bouteille se récupère directement dans la cave à vins par les convives. Bienvenue chez Rémi !

Prix : €€

Hors plan – *168 rue de Frémur* – ✆ *09 55 17 96 10* – *www.sites.google.com/view/restaurantchezremi/accueil* – *Fermé lundi, mardi, samedi et dimanche*

KAZUMI

TEPPANYAKI • CONTEMPORAIN Derrière la façade anonyme de ce restaurant japonais se cache Kazumi Hatakenaka, un chef japonais arrivé en France à l'origine pour travailler dans une auberge traditionnelle du Beaujolais. Chez lui, sa cuisine raconte cette double culture culinaire franco-japonaise. Son menu dégustation alterne plats classiques français et ingrédients préparés sur le teppanyaki, avec la finesse et les touches nipponnes qui conviennent. Fraîcheur des produits (poissons, viandes et légumes), plats qui font saliver comme ce foie gras poêlé, chou rave fondant et jus de veau, cuissons et assaisonnements réussis : un joli parcours gourmand – qui exige au dîner trois heures à table.

Prix : €€€

Plan : A2-8 – *3 rue d'Anjou* – ✆ *02 53 57 21 42* – *www.restaurant-kazumi.com* – *Fermé dimanche, et lundi, mercredi et samedi midi*

ANGERS

ODORICO

CUISINE MODERNE • CHIC Isidore Odorico est le mosaïste rennais d'origine italienne à qui l'on doit la décoration en 1928 de la salle du restaurant éponyme. Bleu et or, cette fresque de style Art déco déploie majestueusement ses céramiques sur les murs, les arches, les colonnes… En cuisine, la palette du chef Armand Lallart – passé par de belles maisons avant de poser ses valises dans sa ville natale – rend hommage à la Bretagne iodée et au soleil de la Méditerranée dans une carte courte et moderne le midi, et un menu unique le soir. Les produits sont sourcés avec soin, les sauces et les jus sont bien faits et l'ensemble de l'assiette possède beaucoup de fraîcheur.

Prix : €€€

Plan : B2-4 – *2 place de Lorraine –* ℰ *02 41 21 05 14 – www.odorico-restaurant-angers.com*

SENS

CUISINE CRÉATIVE • ÉPURÉ « Sens » a emménagé dans un lieu plein de cachet, sous des voûtes datant du 12e s. … de quoi en prendre plein la vue ! La cuisine du chef Nicolas Adamopulos est moderne, sophistiquée, et ne manque pas de personnalité. Les produits, locaux et bio, sont souvent travaillés dans leur entièreté (miel d'arêtes de lieu jaune ; fond de tarte en peau de tomates…). Les cuissons sont précises et les préparations maitrisées. Menus changés régulièrement au fil des saisons et des marchés.

Prix : €€€

Plan : B1-7 – *17 rue Beaurepaire –* ℰ *02 41 05 12 28 – www.restaurant-sens.com – Fermé lundi, dimanche et du mardi au samedi à midi*

LE SOURIRE

CUISINE MODERNE • SIMPLE Dans le quartier de la Doutre, le chef japonais Yuma Nishioka prépare aussi bien une soupière de poisson en croûte qu'un pithiviers de canard et foie gras, ou encore un classique soufflé au chocolat. Il grille sa noix de bœuf au binchotan, fume son saumon mi-cuit au bois de sakura et relève sa mousse de carotte d'une gelée de dashi. En résumé, il a assez de bagage technique sous la baguette pour panacher de façon harmonieuse produits de l'Hexagone et du pays du Soleil-Levant.

Prix : €€

Plan : A1-10 – *8 boulevard Arago –* ℰ *09 81 39 76 50 – www.restaurant-le-sourire.fr – Fermé samedi et dimanche*

21 FOCH

MODERNE • CHALEUREUX Situé face au passage du tramway, cet ancien hôtel particulier (1850) est le pied-à-terre idéal pour visiter le château et le centre-ville. Contemporain, décoré avec goût dans des tonalités très claires, l'atmosphère y est des plus sympathiques.

AC P ᵀO - 12 chambres

21 boulevard du Maréchal Foch – ℰ *02 30 31 41 00*

ANGOULÊME

✉ 16000 – Charente – Carte régionale n° **18**–C2

❁ LES SOURCES DE FONTBELLE

Chef : Guillaume Veyssière

CUISINE CRÉATIVE • DESIGN À 5 minutes du centre-ville, préparez-vous à un choc visuel, celui d'un bâtiment design tout en métal, béton et verre face... à la forêt ! Aux manettes de ce vaisseau, le chef Guillaume Veyssière signe une cuisine créative à la technique impeccable. Cette architecture qui lui sert d'atelier d'artiste lui va comme un gant : ce cuisinier est doté d'un sens indéniable de la mise en scène, des amuse-bouches aux desserts (jolie composition sucrée aux cèpes et persil). Il s'impose aussi de louables contraintes locavores qui dopent sa réussite, à l'image de ces crevettes impériales du marais charentais à l'huile d'aneth fumée et ail noir. Au déjeuner, plaisant menu de saison au bistrot Forêt des Sources.

🕮 ⇔✦⇧ �🄰🄲 🄿 – Prix : €€€€

1 bis rue des Meules-à-Grains – ☏ 05 45 23 51 75 – www.sourcesdefontbelle. com – Fermé lundi et dimanche soir

👹 LA BISTRONOMIE Ⓝ

CUISINE MODERNE • BISTRO Dans ce bistrot contemporain, le chef cisèle des assiettes qui vont droit au but comme le nom de son restaurant : c'est réjouissant. Les recettes bistrotières (soupe à l'oignon, tartare de bœuf, mousse au chocolat) côtoient des préparations traditionnelles, retravaillées avec intelligence. C'est le cas de cette sauce grand veneur à la cerise ou de cette raviole de volaille à l'estragon. Les desserts, gourmands et soignés, valent aussi le coup de fourchette à l'image de ces figues rôties au miel et crumble de noisettes torréfiées avec crème glacée au romarin.

⇧ 🄰🄲 🏮 – Prix : €€

16 rue Raymond-Poincaré – ☏ 07 89 60 54 52 – www.labistronomie-angouleme. eatbu.com – Fermé lundi et dimanche

🛏 LE SAINT-GELAIS

CLASSIQUE • ÉLÉGANT Cet ancien prieuré réhabilité est l'un des plus agréables hôtels d'Angoulême. Les chambres, entre design et vintage, sont spacieuses et confortables : la garantie d'un séjour agréable terrasse arborée avec piscine, salle de séminaire.

⇧ 🄰🄲 🏮 ⇌ ✣ 🛆 ⅱ○ - 13 chambres

12 rue du Père Deval – ☏ 05 45 90 02 64

ANIANE

✉ 34150 – Hérault – Carte régionale n° **27**–C1

SOUKA

CUISINE MODERNE • CONTEMPORAIN Dans ce petit village au cœur du vignoble des Terrasses du Larzac, Souka (« la souche », en occitan) met en valeur le marché et les producteurs du coin. Le chef est joueur et vous réserve bien des surprises : un menu mystère, midi et soir, dont il faut tenter de découvrir les ingrédients ! Bons vins de la région, en vente sur place dans la partie caviste.

⇧ 🏮 – Prix : €€

36 boulevard Saint-Jean – ☏ 04 67 57 44 83 – www.soukarestaurant.com – Fermé lundi, dimanche et mardi midi

ANNECY

74000 – Haute-Savoie –
Carte régionale n° **21**-C2

Un haut-lieu des plaisirs de la table

En quelques années, Annecy et son lac sont devenus un foyer gastronomique incontournable. Serti dans un grandiose décor de montagnes, le lac est un joyau naturel dont les eaux pures recèlent bien des délices, tandis que la vieille ville mérite bien son surnom de "Venise savoyarde". Tout ici met les sens en émoi, des produits traditionnels jusqu'aux délicats poissons du lac, tels la féra ou l'omble chevalier. Des pêcheurs artisanaux veillent sur cette manne et font la joie des grandes tables étoilées... Les boutiques et les marchés de la vieille ville regorgent de produits des alpages ô combien emblématiques, tels le beaufort, le reblochon, la tomme de Savoie ou la tome des Bauges. De nombreux petits producteurs et maraîchers proposent aussi leurs herbes, leurs morilles et autres charcuteries artisanales.

❀❀❀ LE CLOS DES SENS

Chef : Franck Derouet

CUISINE CRÉATIVE • CONTEMPORAIN Dans cette belle demeure des hauts d'Annecy, le chef Franck Derouet et son associé Thomas Lorival cultivent un univers culinaire tourné vers le végétal et le lacustre, avec une philosophie locavore évidente : tous les ingrédients proviennent du potager ou de producteurs situés à moins de 100 km. Fruits, légumes, fleurs et aromates de saison ponctuent chaque assiette, qui emprunte autant à la poésie qu'à l'art moderne. Impressionnant travail sur les poissons de lac, avec une réflexion poussée sur les textures et les modes de cuisson, qui permet par exemple d'expérimenter une féra crue mise en valeur par un puissant garum de plusieurs semaines, ou de déguster un brochet maturé cuit à la façon d'une viande grillée. Pour être encore plus proche des saisons, le chef introduit parfois quelques touches carnées dans ses assiettes, notamment pendant la période de fermeture de la pêche. En complément d'une carte des vins entièrement dédiée aux vignerons de l'arc alpin, les accords « mets et jus » (bouillons de légumes, infusions...) explorent de nouveaux champs de découvertes gustatives et célèbrent une complicité manifeste entre la salle et la cuisine. Dans ce clos, les sens sont bien à la fête.
– Prix : €€€€

Hors plan – *13 rue Jean-Mermoz - à Annecy-le-Vieux - ✆ 04 50 23 07 90 - www.closdessens.com – Fermé lundi, dimanche, et mardi et jeudi à midi*

❀**L'engagement du chef :** Notre cuisine lacustre et végétale met en saveurs les produits de nos 1500 m2 de jardins potagers, aromatiques et fruitiers tous gérés selon la philosophie de la permaculture ainsi que les richesses des producteurs de saveurs locaux et engagés avec lesquels nous travaillons. Qu'il s'agisse de la mise en place d'un recyclage intelligent des déchets ou de la collecte et réutilisation de l'eau de pluie, nous nous efforçons d'amener du bon sens dans toute la vie du restaurant.

ANNECY

 MAISON BENOÎT VIDAL

Chef : Benoît Vidal

CUISINE CRÉATIVE • CONTEMPORAIN Benoît Vidal est en pleine possession de ses moyens dans sa maison de l'agglomération annécienne au sobre décor contemporain. Le chef catalan originaire de Perpignan, passé chez Trama et Guérard, signe ici une cuisine légère et poétique enracinée dans la Savoie, son pays d'adoption. Il travaille avec justesse et personnalité des produits rigoureusement sourcés, mis en valeur par une technique sûre et des dressages très élaborés. Le point fort du chef se trouve peut-être dans ses préparations épurées d'une apparente simplicité, comme cette entrée d'écrevisses qui associe judicieusement un sabayon au café et bourgeon de sapin, teinté d'une légère amertume, à un jus de réduction des têtes puissant et concentré… ou encore ce pigeon mi-fumé et son condiment aux agrumes et noisette, une assiette à la fois sobre et élégante. Beau menu végétarien "Sentier à fleur d'eau", et menu déjeuner au prix attractif.

 – Prix : €€€€

Hors plan – *Sur-les-Bois, 79 route de Thônes* – ℰ *04 50 88 73 18* – *www.maison-benoit-vidal.com* – *Fermé lundi et mardi, et dimanche soir*

 L'ESQUISSE

Chef : Stéphane Dattrino

CUISINE MODERNE • INTIME Ancien second de Laurent Petit au Clos des Sens, à Annecy-le-Vieux, Stéphane Dattrino s'est dessiné pour lui tout seul une jolie pochade de restaurant. Derrière une façade discrète, les tables pour deux dominent (une préférence pour celles situées à l'étage) et le service, volontairement décontracté, ne prend pas la pose. Le coup de crayon du chef se révèle sûr. Riche en goûts et en couleurs, sa palette de saison marie des produits de belle qualité, comme les plantes et les aromates locaux. Merlu de ligne de Saint-Jean-de-Luz, compotée d'endives ; cœur de ris de veau croustillant et déclinaison de salsifis… Ses préparations pleines de goût méritent les honneurs du Salon.

 – Prix : €€€€

Plan : A2-1 – *21 rue Royale* – ℰ *04 50 44 80 59* – *www.esquisse-annecy.fr* – *Fermé lundi et dimanche*

 LA ROTONDE DES TRÉSOMS

CUISINE MODERNE • CONTEMPORAIN La grande verrière de cette Rotonde est un véritable belvédère surplombant le lac d'Annecy : avant même le début du repas, nous voilà déjà en lévitation. Originaire d'Arcachon, le chef Eric Prowalski saupoudre de Sud-Ouest ses assiettes, qui mettent en avant des produits locaux issus de l'agriculture raisonnée. Excellent technicien, il déroule une partition légère et flatteuse, où la créativité n'empiète jamais sur le plaisir, savoureux "dialogue" entre sa terre d'adoption et sa région d'origine. Tout cela dans une salle épurée au maximum, mariage subtil de matériaux chaleureux comme le cuir et le chêne.

 – Prix : €€€€

Hors plan – *Les Trésoms, 15 boulevard de la Corniche* – ℰ *04 50 51 43 84* – *www.lestresoms.com* – *Fermé lundi et dimanche*

173

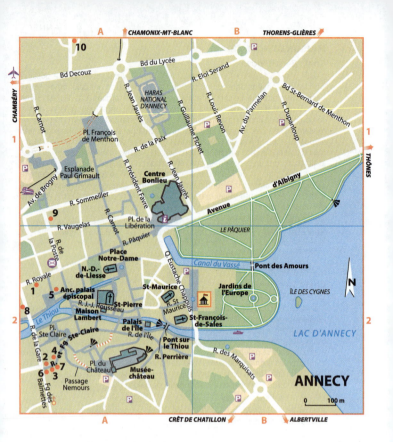

VINCENT FAVRE FÉLIX

Chef : Vincent Favre-Félix

CUISINE CRÉATIVE • CONTEMPORAIN Vincent Favre-Félix reçoit dans cet élégant pavillon contemporain situé dans le parc de la Cour de l'Abbaye (16e s.) orné de magnifiques sculptures monumentales en bronze. Le chef, carrure de rugbyman et beau CV régional (le Père Bise à Talloires, l'Auberge de l'Eridan et l'Auberge du Lac à Veyrier-du-Lac), ne manque ni de finesse ni de subtilité. Toujours guidée par le terroir savoyard, sa cuisine créative et affirmée s'exprime avec talent au gré de menus carte blanche bien conçus, qui permettent de découvrir un de ses plats signatures, l'omble chevalier fumé au foin. À l'été, on profite de la ravissante terrasse sur jardin fleuri : tout est réuni pour passer un moment savoureux.

& AC ☂ P – Prix : €€€€

Hors plan – *15 chemin de l'Abbaye - à Annecy-le-Vieux - ℘ 04 50 01 08 88 – www.restaurant-vff.com – Fermé dimanche, lundi, mardi, mercredi midi et jeudi midi*

ANNECY

ANTO (N)

CUISINE MODERNE • CONVIVIAL Anto... comme Anthony Bisquerra, qui eut, on s'en souvient, 2 étoiles à La Table de l'Alpaga de Megève. Originaire du Sud-Ouest, passé par Bordeaux et La Rochelle, ce chef est tombé amoureux de la Haute-Savoie, de ses montagnes et de ses lacs. Il raconte cette histoire chez lui, au cœur du vieil Annecy, dans un décor harmonieux de chaux, de bois et de pierre. Judicieuse, cette partition d'équilibriste fait dialoguer la Savoie et d'autres terroirs bien connus du chef. Pour preuve, le pop-corn flirte avec le piment d'Espelette, le bourgeon de sapin avec le poireau et la truite gravlax ; au dessert, le chocolat et la glace au piquillos confit tiennent parfaitement tête à la piquante poudre de sriracha fumée.

&. – Prix : €€

Plan : A2-4 – *14 faubourg Sainte-Claire* – ☏ *04 50 45 21 68 – www. antorestaurant.fr – Fermé lundi et dimanche*

BRASSERIE BRUNET

CUISINE TRADITIONNELLE • COSY À deux pas de la gare SNCF, une équipe tout sourire en tenue noire et tablier de cuir vous accueille dans un cadre british, entre pierres apparentes, boiseries et banquettes en moleskine. Pâté en croûte "Brunet" ; boudin noir aux oignons, pomme, salade de mâche ; foie de veau, risotto de petit épeautre... Une avalanche de bonnes recettes servies dans une ambiance décontractée. Agréable terrasse pour les beaux jours.

[AC] 🕭 – Prix : €€

Plan : A1-9 – *10 rue de la Poste* – ☏ *04 50 51 22 10 – www.brasseriebrunet.com – Fermé lundi et dimanche*

COZNA

CUISINE MODERNE • CONTEMPORAIN Après un parcours dans plusieurs belles tables en France et aux États-Unis, Sandra et Léo ont posé leurs valises dans une rue piétonne du vieil Annecy. La tradition est leur credo ("cozna" signifie "cuisine" en patois savoyard) et on ne va pas s'en plaindre : dans l'assiette, c'est délicieux, à l'image de cette volaille, déclinaison de carotte, sauce poulette ou bien encore de cette rose de pomme confite, sablé breton et glace vanille et le service est tout sourire. Attention, on joue souvent à guichets fermés.

🕭 – Prix : €€

Plan : A2-2 – *22 faubourg Sainte-Claire* – ☏ *04 50 65 00 25 – www. restaurantcozna.com – Fermé samedi et dimanche*

LE DENTI

CUISINE MODERNE • TRADITIONNEL Ce petit restaurant éloigné de l'agitation touristique de la ville est tenu par un couple d'amateurs de denti (poisson méditerranéen), deux fins cuisiniers tout-terrain. Ils proposent une savoureuse cuisine du marché qui valorise notamment le poisson à l'image de ce skrei, poireau et citron confit et suit le rythme des saisons. Le nombre de places est limité, pensez à réserver à l'avance !

&. [AC] – Prix : €€

Hors plan – *25 bis avenue de Loverchy* – ☏ *04 50 64 21 17 – Fermé mardi, mercredi et dimanche*

LÀ-HAUT (N)

CUISINE MODERNE • CONTEMPORAIN Au dernier étage de la Maison des Artisans, ce restaurant au cadre contemporain offre, à l'horizon des toits, une vue sur les montagnes. Le chef va droit au but avec sa cuisine savoureuse et sans artifice. Qualité des produits, générosité, sauces intenses : on passe un agréable moment, notamment grâce à un menu déjeuner à tarif appréciable.

&. [AC] 🕭 – Prix : €€

Hors plan – *8 rue du Baronnet* – ☏ *04 50 44 62 07 – www.la-haut-restaurant. fr – Fermé lundi et dimanche, et mardi soir*

ANNECY

RACINES
CUISINE MODERNE • SIMPLE Les racines de ce bistrot-là plongent dans l'histoire familiale d'un jeune couple propriétaire, avec d'un côté, une boucherie spécialisée dans la viande de choix (notamment le veau de lait du Limousin), et, de l'autre, des poules et des vergers. Le bon produit, ça les connaît comme en témoignent les assiettes du chef, ancien second de l'Esquisse : tarte tatin d'échalotes, yaourt grec ; quasi de veau, déclinaison de champignons... Accueil tout sourire.

🌿 – Prix : €€

Plan : A2-5 – *8 passage des Bains – ℰ 04 50 09 12 43 – www.racines-annecy.fr – Fermé lundi, et mardi, mercredi et dimanche soir*

LE BINÔME
CUISINE MODERNE • BISTRO Mathilde et Rémi forment un binôme bien rôdé, en cuisine comme en salle : lui au salé, elle au sucré, tous les deux assurant le service avec le sourire. On se régale d'assiettes de retour du marché, simples et bien exécutées comme ce paleron de bœuf à la chair fondante et sa purée de pomme de terre. Quelques places au comptoir face au chef. Accueil souriant.

♿ 🆎 🌿 – Prix : €€

Hors plan – *32A avenue des Carrés - à Annecy-le-Vieux – ℰ 06 50 75 83 54 – www.le-binome-restaurant.fr – Fermé samedi, dimanche et mercredi midi*

BLACK BASS
CUISINE MODERNE • TENDANCE Ambiance chic, décor tendance, vue imprenable sur le lac... et cuisine bistronomique menée par le talentueux Sacha Clapeyron, formé dans de belles maisons étoilées, et servie par la charmante Clémence Ayala, passée par le Ritz notamment. Sur des bases classiques, le chef propose une cuisine moderne, gourmande et créative au travers d'une courte carte où les poissons issus des pisicultures locales sont à l'honneur. Des touches créatives et exotiques viennent twister le palais et l'assiette : pain de truite, fenouil et gingembre ; quenelle de poisson, haricots vert et girolles ; crémeux de pistache et fleur d'oranger.

⟵ 🛏 ♿ 🌿 🅿 – Prix : €€€

Hors plan – *Black Bass Hotel, 921 route d'Albertville, à Sevrier – ℰ 04 50 52 40 36 – www.blackbasshotel-annecy.com – Fermé , mardi et mercredi à midi*

LE BOUILLON
CUISINE MODERNE • BISTRO Dans ce bistrot au cadre moderne fraîchement rénové, dont le nom est un clin d'œil aux premiers restaurants créés au 18e s. à Paris, le chef réalise une sympathique cuisine du marché qui ne dédaigne pas quelques touches asiatiques, comme ce bouillon au curry rouge et curcuma qui flatte un joli dos de maigre en croûte de chorizo.

🆎 – Prix : €€

Plan : A2-8 – *9 rue de la Gare – ℰ 04 50 77 31 02 – www.lebouillon-annecy.fr – Fermé lundi et dimanche*

CAFÉ BRUNET
CUISINE TRADITIONNELLE • BISTRO Un vrai havre de paix que ce café de 1875 qui a su conserver son âme de bistrot authentique et convivial. Sur la terrasse ombragée, on laisse le temps filer en savourant une sympathique cuisine canaille et de bons petits plats mijotés servis en cocotte... Bonne sélection de vins au verre.

🌳 ♿ 🌿 – Prix : €€

Hors plan – *18 place Gabriel-Fauré - à Annecy-le-Vieux – ℰ 04 50 27 65 65 – www.cafebrunet.com – Fermé lundi et dimanche*

ANNECY

CHORAL

CUISINE MODERNE • ÉPURÉ À dix minutes à pied du centre, dans le quartier des Romains, on s'attable ici dans une salle tout longueur d'esprit scandinave ouverte par un chef qui a fréquenté le Clos des Sens de Laurent Petit avant de bourlinguer autour de la planète. Son cabillaud de ligne, tétragone, citron et câpres, travaillé dans l'esprit d'une grenobloise, nous a ravi les papilles. Le reste de sa partition gourmande et instinctive (qui exclut le beurre, la crème et le lait sauf pour les desserts) s'inspire largement de la fraîcheur des produits du marché (comme ces abricots au four, miel et sorbet rhubarbe), twisté par la technique sûre de ce pro. Menu mystère le soir en plusieurs séquences.

🅰🅲 – Prix : €€

Hors plan – *33 avenue des Romains* – ☎ *04 79 19 71 05* – *www.choralrestaurant. com* – *Fermé lundi, mardi et dimanche*

MAZETTE !

CUISINE MODERNE • BISTRO Mazette, c'est tout bon ! Quand Laura la pâtissière et Maximilien le chef s'activent dans leur sympathique et convivial bistrot de poche et de tradition, on prend notre rond de serviette parmi la clientèle toujours aussi fidèle. Au menu : classiques du genre (pâté croûte, tourte au comté et jambon truffé, poitrine de cochon grillée), clins d'œil à leurs racines alsaciennes (spaetzle, vol-au-vent de volaille et morilles, tarte aux pommes, compotée de rhubarbe) et petite ardoise de plats à partager.

🅰🅲 – Prix : €€

Plan : A2-7 – *15 faubourg Sainte-Claire* – ☎ *04 50 45 50 26* – *www.mazette-restaurant.com* – *Fermé lundi et dimanche*

MINAMI

CUISINE JAPONAISE • ÉPURÉ Petit restaurant japonais situé dans le vieil Annecy au cadre restreint et épuré. Les spécialités japonaises (croustillants de crabe à carapace molle ; marmite de légumes et nouilles udon...) s'autorisent quelques incartades françaises : sushi de foie gras ; anguille caramélisée ou encore crème brûlée au thé jasmin... Quelques tables en terrasse aux beaux jours.

🍴 – Prix : €€

Plan : A2-3 – *19 faubourg Sainte-Claire* – ☎ *04 50 45 75 42* – *Fermé lundi et dimanche, et mercredi soir*

LE RESTAURANT Ⓝ

CUISINE MODERNE • CONVIVIAL Le restaurant de Michaël Riss, situé à quelques encablures du centre-ville d'Annecy, offre un cadre contemporain et lumineux. Cette première affaire personnelle est le fruit d'un parcours solide effectué dans plusieurs tables étoilées. Au menu, on retrouve des produits en grande majorité locaux, cuisinés avec soin et gourmandise : pressé de volaille et de veau parfaitement assaisonné ; cuisson d'une belle justesse pour l'omble, accompagné de pleurotes nappée d'une sauce bien parfumée ; dessert sur la poire tout en gourmandise. L'établissement propose également une épicerie fine et une cave à vins avec une offre de "tapas" en soirée.

♿ 🅰🅲 🍴 – Prix : €€€

Plan : A1-10 – *2 avenue de Genève* – ☎ *09 86 40 01 02* – *www.le-restaurant-annecy.fr* – *Fermé samedi et dimanche*

ANNECY

SABA

CUISINE FUSION • CONVIVIAL On connaissait nombre de chefs japonais passionnés par la gastronomie française, voici un chef français passionné par la cuisine nippone ! Et qui la met en œuvre de belle manière dans son restaurant de poche du vieil Annecy, avec des assiettes fraîches et vives, non sans caractère : gyozas d'anguille fumée et saba (maquereau en japonais) ; riz koshihikari, gambas et curry... Tout cela dans une démarche en faveur d'une agriculture et d'une pêche raisonnées. Service tout sourire.

🍴 – Prix : €€

Plan : A2-6 – *21 faubourg Sainte-Claire –* 𝒞 *09 87 39 45 25 – www.restaurant-saba.com – Fermé samedi, dimanche et lundi midi*

BLACK BASS

MODERNE • ÉLÉGANT Tout, dans cet hôtel, évoque le lac voisin : chambres bleutées, têtes de lits et placards en forme d'écaille de poisson... L'ensemble est élégant et confortable, et l'on profite aussi de beaux équipements : piscine, spa, fitness, service voiturier, etc.

🚗 🅰🅲 🅿 ⌁ 🛏 ⛱ 🌐 🛋 📶 🍴 – 25 chambres

921 route d'Albertville , à Sevrier – 𝒞 *04 50 52 40 36*

Black Bass - Voir la sélection des restaurants

LE CLOS DES SENS

MODERNE • CONVIVIAL Beaux matériaux, équipements dernier cri, vue sur le lac ou la ville d'Annecy : on se sent comme chez soi dans les chambres de ce Clos des Sens. Le petit coin salon, avec sa cheminée et ses fauteuils clubs, ravira les lecteurs ; quant au beau couloir de nage, il fera la joie de tous !

🅰🅲 🅿 🛏 ⛱ 🍴 - 10 chambres

13 rue Jean Mermoz – 𝒞 *04 50 23 07 90*

🌼🌼🌼 **Le Clos des Sens** - Voir la sélection des restaurants

HÉBÉ HÔTEL

MODERNE • RAFFINÉ Cet hôtel haut de gamme offre ce qu'il faut de contraste avec son cadre, sans jamais paraître déplacé. Dans les chambres, les planchers de bois sont un écho subtil au style "chalet alpin", tandis que l'ambiance dominante est celle d'une sophistication contemporaine aux lignes épurées : mobilier moderne, art contemporain et équipements de luxe. Certaines disposent de petites terrasses. Les produits bio d'origine locale s'invitent au petit-déjeuner, alors que le bar poursuit le service de restauration légère jusque tard dans la nuit.

🚗 🅰🅲 ⌁ 🚲 - 28 chambres

5 avenue d'Alery – 𝒞 *04 50 32 73 01*

LES TRÉSOMS

MODERNE • CHAMPÊTRE Au-dessus du lac, dans un environnement boisé, cette demeure des années 1930 se modernise sans rien perdre de son charme Art déco ! Spa et piscines sont propices à la détente. Capteurs solaires ou places pour recharger sa voiture électrique : ici, la responsabilité écologique n'est pas un vain mot.

🚗 🅰🅲 🅿 ☁ ⌁ 🛏 🚲 ⛱ 🌐 📶 🚿 🍴 - 56 chambres

15 boulevard de la Corniche – 𝒞 *04 50 51 43 84*

🌼 **La Rotonde des Trésoms** - Voir la sélection des restaurants

ANNONAY

✉ 07100 – Ardèche – Carte régionale n° **20**–D2

AZIMUT ⓝ

CUISINE MODERNE • BAR À VIN Une cave à manger qui fait souffler un vent de liberté sans perdre le Nord. On y sert une cuisine locavore qui puise ses saveurs dans des produits bien sourcés et souvent bio : volaille fermière, escargots d'Eyrieu, pisciculture de Châtillon-en-Diois, olives de Nyons... Tarifs très doux au déjeuner, et carte de "platarges" (plats à partager) le soir. Sélection de vins peu ou pas soufrés.
Prix : €

21 rue Montgolfier – ☏ 09 87 50 02 97 – www.azimutrestaurant.com – Fermé mardi, mercredi et lundi midi

ANSE

✉ 69480 – Rhône – Carte régionale n° **21**–A1

AU COLOMBIER

CUISINE MODERNE • CONVIVIAL En bord de Saône, une belle bâtisse du 18e s., entre guinguette branchée et maison de pays. La cuisine est résolument dans l'air du temps mais n'oublie pas les grands classiques, telles ces belles cuisses de grenouille poêlées. À déguster sur une terrasse paisible et cosy...
⌁ ㊑ 🛒 ➪ 🅿 – Prix : €€

126 allée Colombier – ☏ 04 74 67 04 68 – www.aucolombier.com – Fermé lundi et mardi, et dimanche soir

ANSOUIS

✉ 84240 – Vaucluse – Carte régionale n° **29**–D2

❀ LA CLOSERIE

Chef : Olivier Alemany
CUISINE TRADITIONNELLE • ÉLÉGANT La Closerie du Luberon est une ancienne poste, aujourd'hui transformée en un élégant restaurant contemporain doté d'une petite terrasse panoramique. Après avoir fait la tournée de ses producteurs, le chef marseillais Olivier Alemany (formé notamment par Jacques Chibois) rend hommage aux superbes produits de Provence, gorgés de soleil et d'une fraîcheur incomparable. En salle, son épouse Delphine distille un service aux petits soins. Le charmant village d'Ansouis offre enfin aux gourmets repus l'occasion d'une digestion apaisée, au gré de ses ruelles, jusqu'au château et à l'église.
㊑ 🅰🅲 🛒 ➪ – Prix : €€€

Boulevard des Platanes – ☏ 04 90 09 90 54 – www.lacloserieansouis.com – Fermé mercredi et jeudi, et dimanche soir

ANTHY-SUR-LÉMAN

✉ 74200 – Haute-Savoie – Carte régionale n° **21**–C1

L'AUBERGE D'ANTHY

CUISINE TRADITIONNELLE • AUBERGE Ce petit hôtel-restaurant-café traditionnel mise tout sur des joies simples ! L'adresse est idéale pour apprécier le poisson du lac Léman (perche, féra et omble), fourni par des pêcheurs locaux. Et le chef aime aussi mettre en valeur les charcuteries et fromages du terroir chablaisien.
㊑ 🛒 – Prix : €€

2 rue des Écoles – ☏ 04 50 70 35 00 – www.auberge-anthy.com – Fermé lundi et dimanche soir

ANTIBES

✉ 06600 – Alpes-Maritimes – Carte régionale n° **29**–E2

Les noces de la Provence et de la mer

Antibes ? C'est peut-être Picasso qui en parle le mieux avec sa Joie de Vivre, exposée dans son musée : le tableau partage une certaine vision de la Méditerranée éternelle. La ville est construite entre deux anses : St-Roch, où vous déambulerez sur le port de plaisance, et la Salis, où vous lézarderez sur la plage. Après une flânerie dans les ruelles de la vieille ville, vous ne résisterez pas longtemps aux saveurs du Sud. Le marché provençal du cours Masséna est un passage obligé pour qui veut se fournir en produits locaux, notamment en fruits et légumes, mais aussi en spécialités corses, en confitures, épices, olives (cassées, farcies, piquantes ou en tapenade) et fromages de chèvre... Enfin, le Marché des Pêcheurs accueille les derniers petits pêcheurs professionnels de la côte antiboise : fraîcheur garantie.

 LE FIGUIER DE SAINT-ESPRIT

Chef : Christian Morisset

CUISINE PROVENÇALE • ÉLÉGANT À cheval sur les remparts de la vieille ville, entre musée Picasso et marché provençal, cette maison de pays et de famille embaume la Provence ! Le figuier qui orne le patio ne dira pas le contraire. Voici le fief familial de Christian Morisset, dont la moustache frisée appartient presque au patrimoine antibois. Épaulé par sa femme en salle, entouré en cuisine par son fils, le patriarche aime la cuisine de beaux et bons produits qu'il choisit chaque semaine sur le marché du vieil Antibes et le marché Forville de Cannes. Ses cannellonis de supions à l'encre de seiche, jus de coquillages aux feuilles de basilic frais et sa selle d'agneau cuite en terre d'argile de Vallauris sont devenus de véritables plats signature.

AC 🍽 – Prix : €€€€

Plan : D1-3 – *14 rue Saint-Esprit* – ✆ *04 93 34 50 12* – *www.restaurant-figuier-saint-esprit.fr* – *Fermé mardi et mercredi*

ANTIBES

LOUROC - HÔTEL DU CAP-EDEN-ROC

CUISINE MODERNE • ÉLÉGANT La table de ce palace mythique a mis toutes les chances de son côté. On y conjugue un service attentionné, l'art de la table réalisé en grande partie par des artisans provençaux, une vue époustouflante sur la Méditerranée, et le talent du chef Sébastien Broda. Dans le garde-manger, uniquement des légumes du potager de l'hôtel et des maraîchers locaux, des poissons de petite pêche et des viandes sur mesure. Cette cuisine méditerranéenne est illustrée par des plats d'une parfaite lisibilité.

🏵 ⇆ ⇐ 🖐 🛗 AC 🎍 🏊 ℙ – Prix : €€€€

Plan : B2-1 – *Boulevard J.-F.-Kennedy, au Cap d'Antibes* – ✆ 04 93 61 39 01 – *www.oetkercollection.com/hotels/hotel-du-cap-eden-roc* – *Fermé les midis*

LES PÊCHEURS

CUISINE MÉDITERRANÉENNE • DESIGN Ces Pêcheurs sont superbement ancrés au bord des flots, en léger surplomb, offrant ainsi une vue somptueuse sur les îles de Lérins et les contreforts de l'Estérel. Formé ici-même, le niçois Nicolas Rondelli a ensuite navigué derrière les fourneaux d'Alain Llorca, de Michel Del Burgo, du Negresco et de Jacques Chibois. Honorant les saveurs du Sud, sa cuisine actuelle, pleinement de saison, met à l'honneur les poissons de la Méditerranée : rouget, saint-pierre, chapon et loup. Côté terre, quelques belles viandes : pigeon, agneau de Sisteron, veau fermier. Dans les deux cas, il favorise les producteurs locaux à l'image de son pêcheur Tony du port du Croûton, situé à... 50 mètres du restaurant.

🏵 ⇆ ⇐ 🖐 AC 🎍 🏊 – Prix : €€€€

Plan : B2-2 – *10 boulevard du Maréchal-Juin, au Cap d'Antibes* – ✆ 04 92 93 13 30 – *www.ca-beachhotel.com* – *Fermé lundi et du mardi au dimanche à midi*

L'ARAZUR

CUISINE MODERNE • COSY À la barre de ce restaurant de poche niché dans une ruelle du vieil Antibes, le chef-patron célèbre les saisons avec une cuisine fraîche et colorée, en toute simplicité. Les légumes y sont particulièrement bichonnés, et le goût est au rendez-vous : la garantie d'un super moment.

AC 🎍 ⇔ – Prix : €€€

Plan : D1-8 – *8 rue des Palmiers* – ✆ 04 93 34 75 60 – *www.larazur.fr* – *Fermé dimanche et du lundi au samedi à midi*

CHEZ JULES LE DON JUAN

CUISINE PROVENÇALE • MÉDITERRANÉEN L'atout majeur de ce Don Juan : un chef-patron passionné, infatigable "sourceur" de produits (légumes issus de sa famille, veau d'une ferme aveyronnaise, etc.). Sa cuisine fleure bon la Provence et la cuisine Nissarde : pissaladière, petits farcis niçois, gnocchis à la daube et l'aïoli sont les spécialités de la maison. Le restaurant s'intègre dans un véritable petit "empire" de convivialité, avec le café, l'épicerie et le bistrot : ambiance garantie.

AC 🎍 – Prix : €€

Plan : D1-10 – *17 rue Thuret* – ✆ 04 93 34 58 63 – *www.chezjulesantibes. com* – *Fermé mercredi*

MAISON DE BACON

CUISINE CLASSIQUE • MÉDITERRANÉEN Le Bacon, institution antiboise depuis 1948, renaît sous le nom Maison de Bacon. En cuisine, Nicolas Davouze, ancien de Bocuse et du Bristol, célèbre les incontournables de la maison (soupe de poissons de roche, bouillabaisse, millefeuille), avec une belle offre de poissons grillés au feu de bois. Vue splendide sur la grande bleue.

⇐ 🖐 🎍 ℙ – Prix : €€€€

Plan : B1-5 – *664 boulevard de Bacon* – ✆ 04 93 61 50 02 – *www. maisondebacon.fr* – *Fermé lundi et mardi*

181

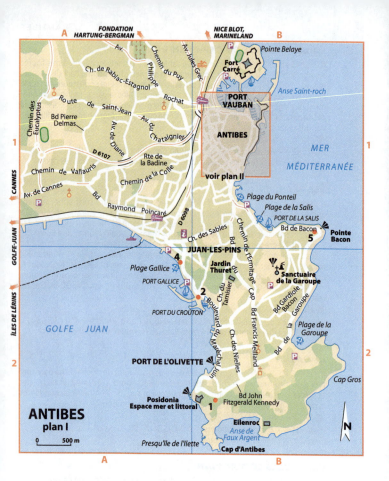

NANANÈRE

CUISINE MODERNE • **CONTEMPORAIN** Il est bon parfois de retomber en enfance ! Dans ce restaurant tenu par les anciens du P'tit cageot, la déco est la sauce Comics avec ses figurines de héros comme Spiderman ou Buzz l'éclair. Dans l'assiette, en revanche, que du sérieux et du goûteux ! Soit une carte étoffée avec des classiques français (poireaux vinaigrette, saucisson brioché, poire belle Hélène...) et des plats plus "ado" comme les Mac & cheese et les burgers, ou encore des pâtes fraîches maison. Le tout préparé avec des produits de qualité et avec professionnalisme. Grande terrasse. Pas de réservation à moins de 6 couverts.
– Prix : €€

Plan : C2-6 – *13 rue Championnet* – *04 93 34 73 51* – *www.resto-nananere.com* – *Fermé lundi et dimanche*

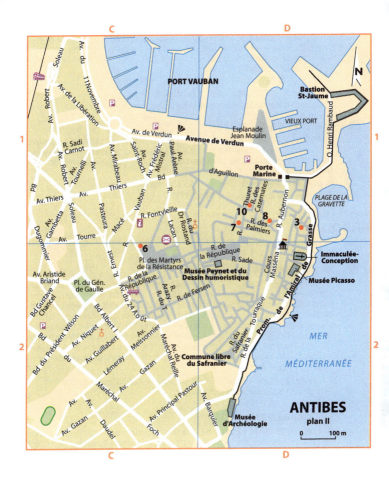

LE VAUBAN

CUISINE MODERNE • BOURGEOIS Dans une rue animée du vieil Antibes, ce Vauban nous sert une bonne cuisine française dans l'air du temps, réalisée avec technique et évoluant au gré des saisons, une attention particulière étant portée sur le choix des produits. Carpaccio de seriole aux agrumes et caviar ; ballottine de pintade à basse température, conchiglioni farcis à la ricotta et jus de persil, etc. Réservation préférable.

& AC – Prix : €€

Plan : D1-7 – 7 bis rue Thuret – ☏ 04 93 34 33 05 – www.levauban.fr – Fermé lundi et mardi

HÔTEL DU CAP-EDEN-ROC

CLASSIQUE • CHARME Depuis sa création au 19e s., ce palace n'a rien perdu de sa superbe, et le temps n'a fait qu'accentuer son charme. Les chambres et suites ont été dotées de tout le confort moderne, sans altérer leur esprit d'origine. Trois villas plus contemporaines offrent encore un peu plus d'intimité, et peuvent accueillir

ANTIBES

jusqu'à dix personnes. Séparé du bâtiment principal, le pavillon de bord de mer s'adosse directement aux rochers, dans lesquels est creusée une piscine d'eau salée. Un spa et plusieurs bars et restaurants complètent l'attrait de ce perchoir entouré de pins, dressé face à la mer.

AC ⌂ ⬮ ⬮ ⬮ ⬮ ⬮ ⬮ - 118 chambres

167-165 Boulevard J. F. Kennedy – ℰ 04 93 61 39 01

✿ **Louroc - Hôtel du Cap-Eden-Roc** - Voir la sélection des restaurants

🛏 **IMPERIAL GAROUPE**

CLASSIQUE • CHAMPÊTRE Au bout du cap, la Garoupe et cette belle demeure méditerranéenne au cœur d'une végétation luxuriante (cactus et plantes grasses). Balcon, terrasse ou jardinet privé dans les chambres ; plage privée avec son restaurant et sa vue sur les flots...

⬮ AC ⬮ P ⬮ ⬮ ⬮ ⬮ ⬮ ⬮ ⬮ - 35 chambres

770 chemin de la Garoupe – ℰ 04 92 93 31 61

ARBOIS

✉ 39600 – Jura – Carte régionale n° **13**–B2

🥢 **LE BISTRONÔME**

CUISINE MODERNE • BISTRO Petite maison, grandes qualités ! Dans un cadre charmant au bord de la Cuisance, Lisa et Jérôme relèvent le défi et affirment leur restaurant comme un incontournable d'Arbois. La cuisine de saison du chef, préparée avec technique et un talent certain, saura vous séduire par sa finesse : truite des Planches farcie aux morilles et pleurotes, sauce au vin jaune (le plat phare) ; côte de cochon fermier du Jura, jus de viande aux poivres et fève de tonka, pomme dauphine. Ne passez pas non plus à côté des desserts, une vraie réussite également ! Le menu "Au fil du jour" au déjeuner est imbattable, et l'accueil des plus sympathiques : pensez à réserver !

⬮ ⬮ ⬮ – Prix : €€

62 rue de Faramand – ℰ 03 84 53 08 51 – www.le-bistronome-arbois.com –
Fermé lundi et dimanche, et jeudi soir

LES CAUDALIES

CUISINE MODERNE • ÉLÉGANT A la tête de cette maison bourgeoise œuvre un savant sommelier, Meilleur Ouvrier de France : Philippe Troussard. Son talent et la richesse de sa carte (plus de 1000 références) lui permettent de trouver les accords parfaits avec les assiettes soignées concoctées par la cheffe. De l'agréable terrasse qui domine le parc et la Cuisance, on aperçoit le célèbre vignoble d'Arbois.

88 ⬮ ⬮ AC ⬮ P – Prix : €€€

20 avenue Pasteur – ℰ 03 84 73 06 54 – www.lescaudalies.fr – Fermé lundi et
dimanche

🛏 **LE CLOS ALICE**

CLASSIQUE • RAFFINÉ Autrefois retraite d'été de la comtesse de Broissia, cette demeure a su préserver les détails intemporels qui font son charme - murs en pierre d'origine, meubles dorés, cheminées - tout en modernisant les équipements. Toutes les suites sont décorées différemment, raffinées et aérées comme le reste de la propriété.

AC P ⬮ ⬮ ⬮ ⬮ ⬮ - 6 chambres

4 Route de Besançon – ℰ 03 39 54 04 04

🛏 **CLOSERIE LES CAPUCINES**

ÉPURÉ • CHARME Ce couvent du 17e s. se niche dans une ruelle calme du centre-ville. Charme authentique, épure contemporaine dans les trois chambres et deux suites, patio, jardin exquis, piscine et sauna... Une parenthèse bienvenue.

P ⬮ ⬮ ⬮ ⬮ - 5 chambres

7 rue de Bourgogne – ℰ 03 84 66 17 38

ARBONNE

✉ 64210 – Pyrénées-Atlantiques – Carte régionale n° **25**–A2

LURRAK

CUISINE MODERNE • **ÉPURÉ** Sur la place du fronton, cette jolie maison basque rénovée des années 1900 cache bien son jeu... à l'intérieur : un délicieux esprit nordique minimaliste y souffle. Cette réussite est l'œuvre de deux copains rencontrés dans le restaurant de David Toutain. Le chef Romain Goyeneche compose dans sa cuisine ouverte une partition fraîche et plutôt sophistiquée, tournée vers le végétal et ancrée dans le territoire : petit pois et fève, rhubarbe et œufs de truite ; fraise, miel de rose, lait fermenté et fenouil. Passé à Copenhague, il recourt aussi à certaines méthodes de conservation scandinaves. Côté salle, Paul Chauvet assure un service très pro et prodigue de bons conseils sur le vin.

  ⟨ℵ 𝕂 ⇆ – Prix : €€€

8 route du Bourg – ☏ 09 88 37 70 09 – www.lurrak.fr – Fermé mardi et mercredi

L'ARBRESLE

✉ 69210 – Rhône – Carte régionale n° **21**–A2

L'ÉTAPE DORÉE ⓝ

CUISINE MODERNE • **AUBERGE** (Transfert prévu au printemps au 137 chemin de Moly 69230 Saint-Genis-Laval) Le soleil brille sans aucun doute sur la cuisine de cette auberge d'un village aux pierres dorées. Le directeur de salle Constant Delouis et son compagnon, le sommelier japonais Hiroki Hashino (ex-Takao Takano et Au 14 Février), se sont attaché les talents du chef Yo Miyazaki. Ce dernier réalise une jolie cuisine française goûteuse et précise, bien de son temps, émaillée çà et là de détails créatifs et de clins d'œil à la tradition (poulet fermier, chou farci et jus au vin rouge). Les références au pays du Soleil Levant font aussi de discrètes apparitions dans certains plats. Atmosphère chaleureuse.

Prix : €€

27 rue Pierre-Brossolette – ☏ 04 37 58 02 47 – www.etapedoree.fr – Fermé lundi, mardi, et mercredi et jeudi à midi

ARCACHON – Gironde (33) ➜ Voir Bassin d'Arcachon

ARCANGUES

✉ 64200 – Pyrénées-Atlantiques – Carte régionale n° **25**–A2

✿✿ MOULIN D'ALOTZ

Chef : Fabrice Idiart

CUISINE CRÉATIVE • **COSY** Dans ce moulin basque du 17e s. niché au fond d'un vallon bucolique, une verrière permet de profiter de la nature et du grand jardin verdoyant toute l'année. Tout l'univers écologique, humaniste et gastronomique du chef Fabrice Idiart est là. Prenez son menu de référence nommé "Ital", modèle d'équilibre entre végétal et animal, où les légumes omniprésents sont ponctués de sauces végétales et d'épices, accouchant d'un métissage singulier et original. Une partition qui séduit avec par exemple cette déclinaison autour de la châtaigne du Pays basque relevée à la fleur d'ail sauvage, ou encore cette langoustine dans une écume de noix de coco à laquelle on ajoute un excellent lait aromatique de citronnelle et piment d'Espelette.

  ⟨ᴾ – Prix : €€€

Chemin Alotz-Errota – ☏ 05 59 43 04 54 – www.moulindalotz.com – Fermé lundi, mardi et dimanche

185

ARCANGUES

GAZTELUR

CUISINE MODERNE · MAISON DE CAMPAGNE Bâtie en 1401, cette magnifique demeure aux meubles anciens ne doit pas faire oublier l'essentiel : une cuisine de première fraîcheur, composée au gré du marché par un trio franco-ibérique composé des chefs Fabrice Idiart, David Gonzalez et Borja Sustilla Bonilla. Dans un charmant cadre bucolique, ils composent une cuisine familiale inspirée par les deux côtés des Pyrénées. Les plats se partagent ici avec générosité : pan con tomate, salmorejo, ajo blanco... Si le riz est le produit phare de la carte, ne faites pas l'impasse sur les poissons ou viandes cuits à la braise !

– Prix : €€€

Chemin de Gastelhur – ℰ 05 59 23 04 06 – www.gaztelur.com – Fermé du lundi au mercredi

ARCIZANS-AVANT

✉ 65400 – Hautes-Pyrénées – Carte régionale n° **25**–C3

AUBERGE LE CABALIROS

CUISINE TRADITIONNELLE · AUBERGE Cette sympathique auberge villageoise, à mi-chemin entre les célèbres cols d'Aubisque et du Tourmalet, tutoie les sommets pyrénéens. Dans l'assiette, de bonnes recettes de tradition – pavé de porc noir de Bigorre, ris de veau braisé, truite des Pyrénées –, goûteuses et joliment présentées. Et de petites chambres coquettes pour l'étape !

– Prix : €€

16 rue de l'Église – ℰ 05 62 97 04 31 – www.auberge-cabaliros.com/la-table – Fermé du lundi au mercredi

LES ARCS

✉ 83460 – Var – Carte régionale n° **29**–B2

✿ LE RELAIS DES MOINES

Chef : Sébastien Sanjou

CUISINE MODERNE · AUBERGE Noyée dans la végétation, cette belle bastide du 16 e s. contemple le massif des Maures et le village pittoresque d'Arc-sur-Argens. Fils de restaurateurs du Sud-Ouest, Sébastien Sanjou est venu s'installer dans le Var où il a été soutenu à ses débuts par Jacques Maximin et Alain Ducasse. Ce Tarbais a su s'approprier avec brio le terroir méditerranéen. Il cultive notamment une relation d'exception avec son maraîcher Philippe Auda. De superbes tomates mûres et juteuses à souhait, accompagnées d'un sorbet au basilic, de burrata et assaisonnées à l'huile d'olive et au baume de Bouteville, font une entrée ensoleillée de choix. Toute la cuisine du chef est à l'avenant : colorée et imaginative, avec au cœur de chaque assiette, un beau produit, travaillé avec soin dans le respect du goût.

– Prix : €€€€

Route de Sainte-Roseline – ℰ 04 94 47 40 93 – www.lerelaisdesmoines.com – Fermé lundi et mardi

LES ARCS

✉ 73700 – Savoie

L'AIGUILLE GRIVE

MODERNE · ÉLÉGANT Directement sur les pistes et à quelques minutes de la station d'Arc 1800, ce vaisseau de bois et de verre offre des vues spectaculaires sur le mont Blanc. Beaux tissus, mobilier chic, terrasse ensoleillée : tout n'est qu'ordre et sportivité, luxe, calme et sommets enneigés.

- 18 chambres

Charmettoger – ℰ 04 79 40 20 30

ARDON

✉ 45160 – Loiret – Carte régionale n° **11**-B3

LA TABLE - CHRISTOPHE HAY ET LOÏS BÉE

CUISINE MODERNE • CONTEMPORAIN Face au golf de Limère, voici la deuxième adresse de Christophe Hay, avec sa salle contemporaine évoquant la nature et les forêts – les sources majeures d'inspiration du chef avec... les légumes de son jardin. C'est le chef Loïs Bée qui tient les fourneaux. Dans les assiettes, on trouve une cuisine fine, travaillée, bien de saison, qui privilégie les circuits courts et le gibier en saison. On se régale par exemple d'un carré d'esturgeon et caviar de Sologne ; d'une carpe de Loire au garum et vinaigre de sarriette, ou d'une pintade perle noire contisée à l'hysope.

&. 🅰🅲 🍽 ✦ – Prix : €€€€

200 allée des Quatre-Vents, au golf de Limère – ☏ 02 38 61 48 07 – www.latabledacote.fr – Fermé lundi et dimanche

ARÈS – Gironde (33) → Voir Bassin d'Arcachon

ARGELÈS-GAZOST

✉ 65400 – Hautes-Pyrénées – Carte régionale n° **25**-C3

AU FOND DU GOSIER 🆕

CUISINE MODERNE • COSY Truite de Lau-Balagnas, lapin de Julos, agneau du Val d'Azun, carottes de Lézignan, produits laitiers de la ferme Sayous, café torréfié à Sassis : Céline, la sommelière et responsable de salle, ne manque jamais une occasion de chanter les louanges des produits ultra-locaux que son compagnon Mathieu met en œuvre dans l'assiette. Formés à bonne école (notamment L'Artichaut à Montpellier), ces deux-là ont trouvé le chemin de notre gosier, et surtout celui de nos papilles : râble de lapin farci aux épinards, ail des ours, spoom à la noisette ; cabillaud, carottes en plusieurs façons, gnocchis maison et émulsion au fenouil.

Prix : €€

7 rue du Capitaine-Digoy – ☏ 05 62 90 13 40 – www.aufonddugosier.com – Fermé lundi et dimanche, et jeudi soir

DES PETITS POIS SONT ROUGES

CUISINE MODERNE • CONVIVIAL Pas besoin d'être résident de l'hôtel Miramont pour apprécier la cuisine de son chef. Ce dernier rend hommage au terroir pyrénéen, bien sûr, mais propose également de nombreux poissons à la carte. Côté déco, on baigne dans une ambiance résolument contemporaine : table centrale rehaussée, mobilier design...

🛏 &. 🅰🅲 🍽 🅿 – Prix : €€

44 avenue des Pyrénées – ☏ 05 62 97 01 26 – www.hotel-argeles-gazost.com/fr/la-table – Fermé mercredi et jeudi midi

ARGELÈS-SUR-MER

✉ 66700 – Pyrénées-Orientales – Carte régionale n° **27**-C3

LA BARTAVELLE

CUISINE CRÉATIVE • COSY C'est une adresse que les amoureux de la bonne chère s'échangent avec gourmandise – et pour cause : le chef, Thibaut Lesage, et son épouse Stéphanie, pâtissière, ravissent les papilles et revisitent les classiques avec une inspiration constante. Un régal ! Attention : réservation indispensable.

🅰🅲 – Prix : €€

24 rue de la République – ☏ 06 19 25 70 13 – www.restaurant-labartavelle.fr – Fermé lundi, dimanche, et mardi, jeudi et vendredi midi

ARGELÈS-SUR-MER

LE BISTROT À LA MER

CUISINE MODERNE • CONTEMPORAIN Dans cet hôtel dominant la route de la Corniche en allant vers Collioure, on se régale de bons produits locaux au fil d'un menu d'inspiration méditerranéenne. La jolie terrasse, avec vue sur la mer, est à la hauteur de la cuisine.

– Prix : €€

3638 route de Collioure – ℰ 04 68 81 14 73 – www.grandhoteldugolfe.com – Fermé mardi, et le midi

ARGENTAN

61200 – Orne – Carte régionale n° **2**–C3

LA RENAISSANCE

Chef : Arnaud Viel

CUISINE MODERNE • ÉLÉGANT Dans la petite bourgade d'Argentan, la façade de La Renaissance tranche par sa modernité – un grand parallélépipède contemporain de couleur tabac. Enfant du pays, Arnaud Viel est ici chez lui, tout comme son voisin, le philosophe Michel Onfray, qui a préfacé les menus de son restaurant. La Normandie est mise en valeur, avec ses produits de la mer au top de leur fraîcheur, du homard de Carteret aux huîtres de Veules-les-Roses, en passant par la lotte de Port-en-Bessin, mais aussi ses carottes des sables de Créances et son foie gras du pays d'Auge. Cette cuisine moderne et fine est bien maîtrisée et tout en harmonie gourmande.

– Prix : €€€

20 avenue de la 2ème-Division-Blindée – ℰ 02 33 36 14 20 – www.arnaudviel.com – Fermé lundi et dimanche

HÔTEL DE LA RENAISSANCE

CONTEMPORAIN • COSY Non loin du centre de la cité, cette imposante demeure d'après-guerre cache un hôtel confortable et feutré. Toutes les chambres ont été récemment rénovées dans un style contemporain et non moins cosy – préférez celles au calme, côté piscine. Une étape plaisante !

- 18 chambres

20 avenue de la 2 ème - Division-Blindée – ℰ 02 33 36 14 20

La Renaissance - Voir la sélection des restaurants

ARLES

✉ 13200 – Bouches-du-Rhône – Carte régionale n° **28**-E1

L'authentique bouche du Rhône

Accueillante à toutes les vagues, qu'elles soient artistiques, migratoires ou culinaires, Arles a le don de les entremêler en un creuset unique, riche de toutes les influences. Camarguaise et provençale, gitane aussi bien que parisienne, à la fois rurale et intellectuelle, la ville s'enorgueillit de son patrimoine architectural millénaire, laissé en héritage par les Celtes et les Romains, que viennent compléter les audaces des bâtisseurs d'aujourd'hui.

Dans le même esprit, la gastronomie arlésienne marie avec bonheur les vins de l'arrière-pays aux fromages des Alpilles, la pêche toute proche aux légumes locaux. Au-dessus de ce terreau fertile, un ciel délavé par le mistral emporte le regard vers le delta du Rhône, où grandissent les taureaux et le riz, indispensables acteurs des ferias qui font la renommée de la capitale camarguaise.

LE GIBOLIN

CUISINE DU MARCHÉ • **BISTRO** Arnaud Jourdan (passé notamment par les cuisines de la Chassagnette et des Maisons Rabanel) a habilement repris les rênes de ce bistrot qui propose toujours une cuisine du marché tout en gourmandise alliant simplicité et générosité, comme ce carpaccio de tête de veau sauce ravigote ; cette aile de raie à la grenobloise et radis glacés ou la délicieuse mousse au chocolat, olives noires et fleur de sel... En salle, une ambiance de copains, avec ou sans gibolin... Dans le verre, des vins nature et biodynamiques à prix sages. Vous boirez bien un p'tit coup ? Pour nous, c'est un coup de cœur !

AC ⛱ – Prix : €€

Plan : A2-6 – *13 rue des Porcelets* – ✆ *04 88 65 43 14* – *Fermé lundi, mardi et dimanche*

L'ARLATAN

CUISINE MÉDITERRANÉENNE • **DESIGN** On flashe d'abord sur le décor flamboyant et photogénique réalisés par l'artiste cubain Jorge Pardo. On zoome ensuite sur l'album de recettes saisonnières et méditerranéennes. Des plats savoureux bien composés qui développent des saveurs franches et plaisantes à base de produits locaux : huîtres de Camargue, du bœuf mariné à la provençale, riz rouge de Camargue, millefeuille pistache à partager...

♿ AC ⛱ – Prix : €€

Plan : A1-1 – *26 rue du Sauvage* – ✆ *04 65 88 20 20* – *www.arlatan.com*

189

CHARDON

CUISINE MODERNE · BISTRO Julia Mitton, Laura Vidal et Harry Cummins, instigateurs du concept nomade "Paris Pop Up", accueillent au Chardon des cuisiniers en résidence temporaire, avec une constante : l'utilisation de produits des environs. C'est frais, c'est bon, et ça se déguste dans un cadre de bistrot très chouette avec une belle sélection de vins vivants. Dans le mille !

Prix : €€

Plan : A2-4 – *37 rue des Arènes* – ✆ *09 72 86 72 04* – *www.hellochardon.com* – *Fermé mardi, mercredi, et jeudi et vendredi à midi*

DRUM CAFÉ

CUISINE DU MARCHÉ · CONTEMPORAIN La silhouette de la tour LUMA Arles conçue par l'architecte Frank Gehry comme un phare et un hommage à la région n'est pas qu'une promesse d'art - c'est aussi un fanal gourmand. Ce lieu, forcément branché, affiche des volumes impressionnants avec son immense bar en inox au centre. L'ensemble du mobilier et des matériaux a été conçu à partir de matériaux recyclés et de ressources naturelles, comme la laine de mérinos d'Arles. Dans l'assiette, le passionné d'art contemporain profite de beaux produits frais du coin (agneau des Alpilles, riz et huîtres de Camargue, etc...) apprêtés avec liberté et gourmandise par des cheffes et chefs en résidence : aubergine laquée au soja et mirin, caviar au sésame et condiment chimichurri ; tartare de quasi de veau, aïoli d'aïl noir, citron confit et salade romaine ; riz au lait, caramel au beurre salé et noisettes chouchou.... La carte des vins, surtout bio, se concentre sur les petits producteurs.

& ⒶⒸ – Prix : €€

Plan : B2-3 – *35 avenue Victor Hugo* – ✆ *06 14 59 57 93* – *www.luma.org/ arles/nous-rendre-visite/se-restaurer-au-parc-des-ateliers/drum-cafe.html* – *Fermé lundi et mardi, et du mercredi au dimanche soir*

INARI

CUISINE FUSION · HISTORIQUE Passée par certaines tables parisiennes emblématiques (Ze Kitchen Galerie, Saturne, Septime), la cheffe Céline Pham, habituée des tables nomades, a posé ses couteaux au cœur d'Arles dans une ancienne chapelle à la déco vintage. On retrouve avec un vif plaisir les marqueurs de sa cuisine fusion franco-vietnamienne, précise et gourmande, où le végétal, on s'en doute, s'impose souvent. Un exemple ? Filet de rouget, pain d'épeautre, tomates confites, fumet de rouget à l'huile de garrigue, courgettes jaunes et chrysanthème. Petite carte de vins nature.

☲ ⭕ – Prix : €€€

Plan : B1-5 – *16 place Voltaire* – ✆ *09 82 27 28 33* – *www.inari-arles.com* – *Fermé lundi, mardi et le midi du mercredi au vendredi*

LES MAISONS RABANEL

CUISINE CRÉATIVE · CONTEMPORAIN Le truculent Jean-Luc Rabanel est un trublion gourmand à l'accent chantant qui se réinvente perpétuellement sous le signe du végétal. Les Maisons Rabanel, un seul lieu, mais deux cuisines : d'un côté, le Greeniotage qui lorgne du côté du bistrot, de l'autre, le Greenstronome qui fait dans le gastro. Toujours sur la corde raide, ce chef attachant remet tout en cause à chaque service. Une personnalité à part.

ⒶⒸ ☲ ⭕ – Prix : €€€€

Plan : A2-2 – *7 rue des Carmes* – ✆ *04 90 91 07 69* – *www.rabanel.com* – *Fermé lundi et mardi*

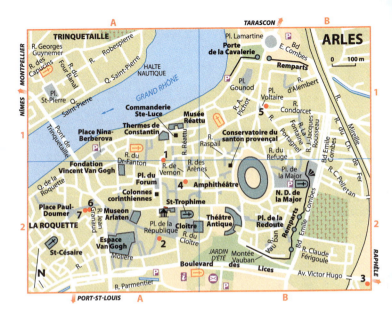

LE SEIZE

CUISINE MODERNE • BISTRO Un petit bistrot provençal comme on les aime, aux tons brique et crème, avec ses tables en fer forgé, niché dans le vieux Arles. Sarah et Julien Richard ont trouvé d'emblée la bonne formule : on se régale d'une tomate confite à l'huile de vanille et citron vert et son velouté de courgette au basilic ; de fines tranches de lotte au beurre d'algues, riz de Camargue au fenouil, jus de soupe de poisson… Le chef utilise les herbes aromatiques et les fleurs de son potager pour agrémenter ses assiettes. Excellent rapport qualité/prix du menu déjeuner ; menu dégustation plus onéreux le jeudi et le vendredi soir ; brunch le dimanche. Petit choix de vins régionaux.

- Prix : €€

Plan : A2-7 – *15 rue des Porcelets –* ℰ *09 82 50 65 69 – www.maisonleseize. com – Fermé samedi et dimanche, et du lundi au mercredi soir*

HÔTEL JULES CÉSAR

MÉDITÉRRANÉEN • LUXE Christian Lacroix, l'enfant du pays, a fait souffler un vent de fraîcheur sur le vénérable Jules César. Avalanche de couleurs vives (52 teintes en tout), jeux avec les formes et le style du mobilier, des escaliers et des luminaires… tout en respectant l'esprit des lieux. D'une fantaisie impériale !

- 52 chambres

9 boulevard des Lices – ℰ *04 90 52 52 52*

L'HÔTEL PARTICULIER

CLASSIQUE • ROMANTIQUE Dans un quartier animé du centre historique, l'Hôtel Particulier affirme son caractère confidentiel. Retiré sur une cour verdoyante, il s'isole de l'agitation extérieure pour offrir à ses hôtes un havre de calme. La maison du 19e s. a été redécorée dans un style contemporain qui préserve tout son romantisme. Les chambres sont spacieuses et luxueuses, et un petit spa occupe le sous-sol. Petit-déjeuner somptueux.

- 8 chambres

4 rue de La Monnaie – ℰ *04 90 52 51 40*

191

ARMENTIÈRES

✉ 59280 – Nord – Carte régionale n° **4**–C2

OSMOSE Ⓝ

CUISINE MODERNE • CONTEMPORAIN Dans la ville natale de Dany Boon, à proximité de l'imposante mairie, se niche ce restaurant au rez-de-chaussée d'une maison typique en briques rouges. Le cadre sobre est l'écrin idéal pour une cuisine épurée qui mêle habilement des influences nordistes, japonaises et nordiques, dans un menu à l'aveugle composé avec les produits du moment : genièvre, maquereau, pigeon de Steenvoorde, céleri-rave, mimolette...

🛱 – Prix : €€€

20 place Saint-Vaast – ☎ 03 20 87 93 05 – www.restaurant-osmose.fr – Fermé lundi et dimanche

ARNAGE

✉ 72230 – Sarthe – Carte régionale n° **10**–A2

AUBERGE DES MATFEUX

CUISINE MODERNE • ÉLÉGANT Proche du célèbre circuit automobile, décorée de motifs abstraits et utilisant une vaisselle signée par un artiste local, cette maison familiale établie depuis 1962 par les parents de l'actuel chef porte la Sarthe dans son cœur. Avec une solide maîtrise technique, le chef Xavier Souffront compose de savoureux plats dans l'air du temps qui gardent un œil sur la tradition, mettant en avant les produit du pays Sarthois. Ne manquez pas les ravioles de langoustines, un classique de la maison. Belle carte des vins qui ravira les amateurs de la dive bouteille.

🕸 🖨 ♿ 🅰🅺 🛱 🅿 – Prix : €€€

289 avenue Nationale – ☎ 02 43 21 10 71 – www.aubergedesmatfeux.fr – Fermé lundi et dimanche

LES ARQUES

✉ 46250 – Lot – Carte régionale n° **23**–A2

LA RÉCRÉATION

CUISINE MODERNE • CONTEMPORAIN L'école est finie ! Dans cette sympathique maison, l'ancienne salle de classe est devenue celle du restaurant, et le préau, une jolie terrasse. Mais ici point de nostalgie : le décor tout comme la cuisine sont bien dans l'air du temps.

🗄 – Prix : €€

Le Bourg – ☎ 05 65 22 88 08 – www.la-recreation-restaurant.com – Fermé mercredi et dimanche soir

ARRADON

✉ 56610 – Morbihan – Carte régionale n° **1**–C3

VIVANT

CUISINE MODERNE • ÉPURÉ Dans une belle salle claire et lumineuse comme une matinée de printemps, les anciens du Moulin du Ponceau (Chartres) ont souhaité se rapprocher du "vivant " et de leurs producteurs - un locavorisme qui va de soi pour eux. Dans l'assiette, le chef trousse une cuisine actuelle, axée sur la mer et le végétal (à l'image de ce merlu côtier, chou sous toutes ses formes), qui recourt souvent aux fermentations.

♿ 🛱 – Prix : €€€

4 rue François-Jarlégan – ☎ 06 38 44 60 06 – www.restaurant-vivant.fr – Fermé lundi, mardi, mercredi midi et dimanche soir

ARVEYRES

✉ 33500 – Gironde – Carte régionale n° **22**–B2

CHÂTEAU FAGE - LA MAISON DES VIGNES

CUISINE MODERNE • CONTEMPORAIN Tout en pierres blanches typiques de la région, ce château bordelais du 19e s. devenu un hôtel-restaurant trône fièrement en plein cœur des vignes. La cuisine actuelle, à la fois directe et franche, séduit. Tous les produits sont choisis avec attention et travaillés avec justesse, à l'image de ce filet de dorade rose, sauce coquillages et vierge de moules et salicornes, ou de l'appétissant chariot de pâtisseries, s'accompagnant d'un vin de la propriété.

& 🄰🄲 🕼 ⇧ 🅿 – Prix : €€€

Fage – ✆ 05 56 68 56 16 – www.chateaufage.com – Fermé lundi, samedi midi, et mardi et dimanche soir

ARVIGNA

✉ 09100 – Ariège – Carte régionale n° **26**–D3

 ### LE CLOS SAINT MARTIN - LA MÉTAIRIE

CUISINE MODERNE • CONTEMPORAIN Mélanie Zervos et son compagnon Mickaël Cappella vous accueillent dans ce petit village entre Mirepoix et Pamiers. Cette cheffe de caractère revisite le terroir local tout faisant la part belle aux produits du coin : salade de pieds de porc et hareng comme un oignon farci sur une émulsion de pomme de terre, pour un détonnant plat terre/mer ; médaillon de veau cuit rosé à cœur, vert de basilic et légumes de maraîchers alentours ; un millefeuille déstructuré tenant toutes ses promesses en terme de textures… On se régale !

🏠 & 🕼 🅿 – Prix : €€

1 rue du Marronnier - Lieu-dit Languit – ✆ 05 61 60 45 70 – www. restaurantlametairie.fr/index.php – Fermé mercredi et jeudi, et lundi, mardi et dimanche soir

ARZON

✉ 56640 – Morbihan

🛏 MIRAMAR LA CIGALE HOTEL THALASSO & SPA

CONTEMPORAIN • MARITIME Réputé pour ses installations de thalassothérapie et de spa de classe mondiale, cet hôtel est un havre de tranquillité. Ses chambres et suites élégantes bénéficient toutes de la présence apaisante de l'océan. L'espace bien-être propose un sauna, un hammam, une douche sensorielle et une piscine d'eau de mer chauffée. Une escapade paisible et somptueuse, sur une côte époustouflante.

🄰🄲 🍽 🅿 🛁 🏠 🎿 🎭 🏊 ⚲ 🍴 – 113 chambres

Port Crouesty – ✆ 02 97 53 49 13

ASNIÈRES-SUR-SEINE

✉ 92600 – Hauts-de-Seine – Carte régionale n° **11**–E2

RHAPSODY

CUISINE MODERNE • TENDANCE Au menu de ce bon bistrot de banlieue, découvrez des produits de qualité et des recettes bistronomiques savoureuses et élaborées. Des exemples de notre déjeuner ? Un bon pressé d'agneau accompagné d'aubergine marinée et d'une sauce yaourt au sumac, du lieu jaune avec carottes rôties, émulsion carotte et salicornes, et en dessert, l'incontournable Mont-Blanc marron et clémentine corse. La terrasse située à l'arrière offre une vue privilégiée sur les cuisines.

& 🄰🄲 🕼 – Prix : €€

118 rue de Colombes – ✆ 01 47 93 33 94 – www.restaurant-rhapsody.fr – Fermé samedi et dimanche

ASSIER

✉ 46320 – Lot – Carte régionale n° **23**–B2

L'ASSIEROIS

CUISINE MODERNE • **CONTEMPORAIN** Au centre du village, face à l'église et dotée d'une agréable terrasse ombragée, cette ancienne auberge offre désormais un cadre contemporain épuré où la femme du chef dispense une chaleur humaine plus qu'agréable. En cuisine, son mari propose une cuisine traditionnelle gourmande et généreuse, rythmée par les saisons, privilégiant toujours les produits locaux.

⌂ – Prix : €€

*10 route Galiot-de-Genouillac – ✆ 05 65 40 56 27 – www.lassierois.com –
Fermé lundi et mardi, et mercredi et dimanche soir*

ASSIGNAN

✉ 34360 – Hérault – Carte régionale n° **27**–C2

CHÂTEAU & VILLAGE CASTIGNO

TRADITIONNEL • **CHARME** Si Château Castigno est un producteur de vins bio, le Château & Village Castigno est aussi un hôtel "extra-ordinaire". Ses chambres occupent des maisons réparties dans tout le village, dont les rues sont ses espaces communs. De la luxueuse Villa Rouge (deux chambres, une cuisine complète et un jardin avec piscine privée) aux plus modestes chambres Vendangeur, les tailles et détails varient considérablement, mais toutes partagent le même style : un mélange vivant et coloré de contemporain et de traditionnel. A noter également le spa.

- 24 chambres

9 avenue de Saint-Chinian – ✆ 06 58 27 97 85

ATTICHES

✉ 59551 – Nord – Carte régionale n° **4**-C2

L'ESSENTIEL

CUISINE MODERNE • CONTEMPORAIN Une belle bâtisse en brique rouge au croisement de deux rues, dans le hameau du Petit Attiches, tenue par un jeune couple impliqué. Salle contemporaine, jolie terrasse, accueil aux petits soins : il y fait bon vivre. Dans l'assiette, des plats actuels et gourmands, à accompagner d'une jolie sélection de vins.

🦟 ⅏ 🛱 ⇪ – Prix : €€€

19 rue de Neuville – ✆ *03 20 90 06 97 – www.essentiel-restaurant.fr – Fermé lundi et dimanche*

ATTIN

✉ 62170 – Pas-de-Calais – Carte régionale n° **4**-A2

AU BON ACCUEIL

CUISINE TRADITIONNELLE • BISTRO Entre Montreuil et le Touquet, cette chaleureuse adresse décorée façon bistrot contemporain propose une bonne cuisine faite maison, qui célèbre les produits du marché, mais pas seulement. Ce jour-là, maquereau farci à l'olivade et tartare de courgettes ; filet de bar, hollandaise au beurre noisette, semoule de chou-fleur aux herbes. Le tout à prix doux : que demander de plus ?

⅏ 🛱 – Prix : €€

52 route Nationale 39 – ✆ *03 21 06 93 55 – – Fermé lundi et dimanche soir*

AUBENAS

✉ 07200 – Ardèche – Carte régionale n° **20**-C3

😊 L'AUBÉPINE

CUISINE MODERNE • BISTRO L'Aubépine s'épanouit grâce à un jeune chercheur reconverti dans les saveurs... Pour Manuel, le chef, les choses sont claires : le circuit court est la règle, tout est fait maison, le jeu consistant à respecter à la fois les textures mais aussi les qualités nutritives des produits. Carte renouvelée toutes les semaines au gré du marché.

🆎 – Prix : €€

13 boulevard Jean-Mathon – ✆ *04 75 35 01 28 – www.restaurant-aubepine.fr – Fermé lundi et dimanche, et du mardi au jeudi soir*

😊 LES COLOQUINTES

CUISINE MODERNE • CLASSIQUE Installé dans un ancien moulin, ce restaurant propose une cuisine respectueuse des saisons, des circuits courts et des produits locaux (truite, châtaignes, fruits...), à déguster dans une salle contemporaine aménagée sous le plafond voûté. À l'été, profitez de l'agréable terrasse à l'ombre des tilleuls.

🍽 🛱 – Prix : €

18 quai de l'Ardèche – ✆ *04 75 93 58 33 – www.les-coloquintes.com – Fermé mercredi, samedi midi et mardi soir*

NOTES DE SAVEURS

CUISINE MODERNE • TRADITIONNEL Assis dans la salle voûtée en pierre, face aux ruines de l'ancien couvent bénédictin, on savoure une cuisine où les produits de qualité ont la part belle : dans l'assiette, c'est généreux, gourmand, parfumé et original. Une adresse conviviale et agréable, qui mérite amplement son succès !

⅏ 🛱 – Prix : €€

16 rue Nationale – ✆ *04 75 93 94 46 – Fermé lundi et dimanche, et mardi et mercredi soir*

AUBENAS

LA VILLA TARTARY

CUISINE MODERNE • **COSY** De belles voûtes en pierres de taille, un mobilier design, une terrasse délicieuse... Cet ancien moulin à eau – qui intervenait dans la fabrication de la soie – ne manque pas de charme ! Belles saveurs à la carte.

&.🏠🅿 – Prix : €€

64 rue de Tartary – 𝒞 04 75 35 23 11 – www.restaurant-ardeche.com – Fermé lundi et dimanche

AUBIGNY-SUR-NÈRE

✉ 18700 – Cher – Carte régionale n° **16**–B1

LA CHAUMIÈRE

CUISINE TRADITIONNELLE • **FAMILIAL** Ancien relais de poste du 19ème, cette auberge familiale est tenue depuis 1992 par Philippe Arnault, épaulé par son épouse, sa fille et son gendre Sébastien Provendier. On se délecte d'une truite gravlax à la betterave ou d'une poule faisane aux châtaignes dans une agréable salle à manger solognote ouverte sur la cour intérieure. Aux beaux jours, terrasse ombragée.

&.🆎🏠↩🅿 – Prix : €€

2 rue Paul-Lasnier – 𝒞 02 48 58 04 01 – www.hotel-restaurant-la-chaumiere. com – Fermé lundi midi

AUCH

✉ 32000 – Gers – Carte régionale n° **26**–B2

DOMAINE DE BAULIEU

Chef : Maxime Deschamps

CUISINE MODERNE • **CONTEMPORAIN** Dans une salle élégante et moderne, avec ses grandes baies vitrées donnant sur la terrasse et la nature, on profite de la cuisine du chef Maxime Deschamps. Les assiettes sont bien ficelées et tirent le meilleur de la production locale. On passe un super moment.

🛏&.🏠↩🅿 – Prix : €€

822 chemin de Lussan – 𝒞 05 62 59 97 38 – www.ledomainedebaulieu.com – Fermé dimanche et samedi soir

🍀**L'engagement du chef :** Nous utilisons essentiellement des produits locaux et de saison. Nos déchets sont donnés aux ânes qui entretiennent nos terres (éco-pâturage), ou compostés pour le potager, qui nous approvisionne en plantes comestibles et aromates. Nous récupérons l'eau de pluie et retraitons les eaux usées.

LA GRANDE SALLE

CUISINE TRADITIONNELLE • **ÉLÉGANT** Entièrement rénovée, cette élégante institution du centre-ville continue sa belle histoire sous l'égide d'une équipe familiale – trois frères, l'un en salle (Meilleur Ouvrier de France), l'autre en cuisine et le dernier en pâtisserie ! La cuisine soignée met en valeur le patrimoine gastronomique, notamment gersois : Saint-Jacques cuites et crues ; poireaux et porc noir de Bigorre ; tourte de canard et de foie gras découpée à table ; omelette norvégienne flambée au guéridon. Pour les gourmands, les sauces sont laissées sur table, idéales avec le bon pain fait maison. Cuisine du marché plus simple à la brasserie Le 9ème.

🎗↩ – Prix : €€

Hôtel de France, place de la Libération – 𝒞 05 62 61 71 71 – www.hoteldefrance-auch.com/restaurant/restaurant-gastronomique-gers-auch.html – Fermé lundi et mardi, et dimanche soir

AUDIERNE

✉ 29770 – Finistère – Carte régionale n° **1**–A2

ORIZHON

POISSONS ET FRUITS DE MER • **CONTEMPORAIN** Installés sur le port d'Audierne, ce Finistérien et cette Brésilienne font assurément voguer nos papilles vers de nouveaux horizons...Lui en salle, elle en cuisine, offrent le temps d'une escale une cuisine gourmande et parfumée. La cheffe puise évidement dans le garde-manger local, majoritairement iodé, qu'elle mâtine de judicieuses touches de modernité et d'exotisme. Galettes de sarrasin façon tacos, porc confit, livèche ; tarte fine de thon, chutney de tomate aux épices ; poulpe grillé, betterave, chèvre frais, vinaigrette au vin rouge... Agréable salle contemporaine et colorée, terrasse avec vue sur le port.

🏠 – Prix : €€

2 quai Jacques-de-Thézac – 📞 02 98 70 10 95 – www.orizhon-restaurant.fr – Fermé lundi et dimanche, et du mardi au jeudi soir

AUDRESSELLES

✉ 62164 – Pas-de-Calais – Carte régionale n° **4**–A2

🍴 LA PLAGE

CUISINE MODERNE • **CONTEMPORAIN** Ce petit hôtel-restaurant d'un village côtier de la Côte d'Opale entre le cap Gris-Nez et le cap Blanc-Nez, est une aubaine. La jeune cheffe Solène Elliott, aidée de son compagnon en salle qui assure un service sympathique, a concocté une carte alléchante tournée vers la mer (daurade, maquereau, lieu jaune) mais pas uniquement. Des plats gourmands et joliment présentés : œuf mayo fermier ciboulette, ravigote, salsifis, chutney cornichon ; effiloché de cuisse de volaille, crémeux de panais, rémoulade à la menthe...

🚶🏠 – Prix : €€

21 rue Gustave-Danquin – 📞 07 57 67 96 18 – www.hoteldelaplage-audresselles. com – Fermé lundi et mardi, et dimanche soir

AUDRIEU

✉ 14250 – Calvados – Carte régionale n° **2**–B2

LE SÉRAN - CHÂTEAU D'AUDRIEU

CUISINE MODERNE • **ÉLÉGANT** Dans un décor raffiné, on découvre une cuisine élégante en accord avec les lieux, un château classé du siècle des Lumières. Des créations franches inspirées de recettes classiques, faites de beaux produits locaux et de saison, qui vont droit à l'essentiel, à l'image de cette selle d'agneau à la marjolaine et pommes de terre aux algues. Beaux jus et sauces, cuissons impeccables : le savoir-faire du chef est indéniable.

🐝 🚶🏠🌳🅿 – Prix : €€€€

Château d'Audrieu – 📞 02 31 80 21 52 – www.chateaudaudrieu.com/fr/le-seran-restaurant.html

🛏 CHÂTEAU D'AUDRIEU   *Plus*

TRADITIONNEL • **CHAMPÊTRE** C'est un parfait exemple d'hôtel-château français que le Château d'Audrieu : un monument du 18e s. situé sur un domaine de 24 ha. entre Caen et Bayeux, dont les chambres et suites allient opulence rétro et confort moderne. Son spa est accompagné d'une belle piscine extérieure. De son côté, le bar 1715 (année de construction du château) propose toute la journée collations et boissons.

🚶🅰🅿🚗🌳🚲 🛎 🍴 - 29 chambres

Château d'Audrieu – 📞 02 31 80 21 52

Le Séran - Château d'Audrieu - Voir la sélection des restaurants

AUGEROLLES

✉ 63930 – Puy-de-Dôme – Carte régionale n° **20**–B1

LES CHÊNES

CUISINE TRADITIONNELLE • **RUSTIQUE** Un vent de fraîcheur souffle sur cette adresse familiale (depuis 1975) avec l'arrivée derrière les fourneaux du fils, Léo, passé par de belles maisons. Toujours entourée par les forêts et les monts du Forez, la décoration a été revue et la cuisine traditionnelle, qui fait la part belle aux produits de la région (viandes, champignons, fromages…), a été modernisée par touches bien senties.

& 🛋 🍽 **P** – Prix : €€

Route de Courpière – ☎ *04 73 53 50 34* – *www.restaurant-les-chenes.com* – *Fermé le soir*

AULNAY-SOUS-BOIS

✉ 93600 – Seine-Saint-Denis – Carte régionale n° **11**–F2

AUBERGE DES SAINTS PÈRES

CUISINE CRÉATIVE • **ÉLÉGANT** Dans un cadre épuré et élégant, on déguste une cuisine de bons produits élaborée par un chef à l'expérience incontestable, Jean-Claude Cahagnet, qui affirme son goût pour les herbes et épices. Les habitués retrouveront avec plaisir les belles viandes de race maturées, présentées dans une alléchante vitrine. La maîtresse de maison assure un accueil et un service irréprochables.

AC – Prix : €€€

212 avenue Nonneville, ☎ *01 48 66 62 11* – *www.auberge-des-saints-peres.fr* – *Fermé lundi et dimanche, et mercredi soir*

AULON

✉ 65240 – Hautes-Pyrénées – Carte régionale n° **25**–D3

AUBERGE DES ARYELETS

CUISINE TRADITIONNELLE • **AUBERGE** Il faut grimper un peu pour rejoindre ce village haut perché des Pyrénées qui défend avec une fierté justifiée un patrimoine naturel exceptionnel. Sur la place centrale, un jeune couple fait vivre cette maison avec allant, mettant à l'honneur la tradition et les produits de la région, comme avec cet œuf fermier parfait et jambon de porc noir de Bigorre. D'autres propositions se veulent plus actuelles, à l'image de la dorade royale façon sashimi et asperges. Jolie carte des vins avec près de 500 références.

🛋 – Prix : €€

Place du Village – ☎ *05 62 98 23 50* – *www.aubergedesaryelets.com* – *Fermé du lundi au jeudi*

AULT

✉ 80460 – Somme

LE CISE

MODERNE • **CHAMPÊTRE** Cet hôtel a failli disparaître, et cela aurait été bien dommage pour les citadins friands d'escapades déconnectées. A seulement deux heures de Paris, il jouit d'une situation royale : perché sur une falaise du bois de Cise, site naturel protégé, il surplombe la Manche et profite d'un calme monacal. Cinq villas réparties sur le domaine entre mer et bois ont pour mission le bien-être et la relaxation. Selon les envies : jacuzzi et spa finlandais tournés vers la mer, balades à vélo le long des falaises ou promenade sur la plage de galets.

& **P** 🚗 🌊 🛁 🛋 🍽 - 21 chambres

Route de la Plage – ☎ *03 22 26 46 46*

AUMONT-AUBRAC

✉ 48130 – Lozère – Carte régionale n° **28**–A1

✿✿ CYRIL ATTRAZIC

Chef : Cyril Attrazic

CUISINE CRÉATIVE • CONTEMPORAIN Cyril Attrazic nous l'a confié : "Avant même la passion de la cuisine, j'ai eu celle de la Maison". Explication de texte : la Maison, c'est l'hôtel-restaurant familial, fondé par sa grand-mère au cœur de l'Aubrac, ce haut-plateau d'altitude aux faux airs de steppe mongole. Tradition paysanne et rude climat obligent, le restaurant ne badine pas avec l'hospitalité... version contemporaine. En cuisine, le chef applique le précieux conseil du maître Michel Bras : il faut "cuisiner son territoire, utiliser des produits identitaires". Il s'y emploie donc, en travaillant par exemple un cèpe géant d'un sous-bois voisin, ou en magnifiant la célèbre viande Aubrac, produit aux mille saveurs florales, qu'il sert "dans son écosystème...". Difficile de mieux goûter et humer la Lozère.

🕸 🗢 ♿ 🅰🅲 🅿 – Prix : €€€€

10 route du Languedoc – ✆ 04 66 42 86 14 – Fermé du mardi au jeudi

✿ **L'engagement du chef :** Tous nos produits sont issus au jour le jour d'une agriculture raisonnée, respectueuse des saisons, des hommes et des femmes. Dans un monde où la cuisine se végétalise, l'Aubrac reste une terre d'élevage, de micro-exploitations. C'est à travers nos menus et cette sélection de produits que nous partageons avec nos clients cette passion pour notre territoire.

🅐 LA GABALE

CUISINE MODERNE • CONTEMPORAIN Cyril Attrazic tient avec cette brasserie le complément idéal à sa table gastronomique. Le décor moderne, paré de photos panoramiques des paysages d'Aubrac, est un bel écrin pour déguster des assiettes franches et bien réalisées ; on se régale le plus simplement du monde, à l'intérieur ou sur la jolie terrasse. Quelques exemples ? Pâté en croûte de volaille, monochrome de fruits et légumes de saison ; fondant de bœuf confit à basse température, rémoulade de sucrine et aligot ; abricot de pays, glace à l'huile d'olive et miel levuré.

🕸 🅰🅲 🍴 🅿 – Prix : €€

10 route du Languedoc – ✆ 04 66 42 86 14 – www.cyrilattrazic. fr – Fermé mercredi

🛏 CHEZ CAMILLOU

MODERNE • CONVIVIAL En léger retrait de la nationale, un hôtel récent avec des chambres agréables, d'esprit contemporain et frais. Les plus qui font la différence : un petit-déjeuner copieux (charcuteries et fromages locaux), et un accueil à la fois gentil et pro !

🅿 🗢 🕸 ♿ 🚲 🍴 🔞 🍽 – 37 chambres

10 route du Languedoc – ✆ 04 66 42 80 22

✿✿ **Cyril Attrazic** • 🅐 **La Gabale** - Voir la sélection des restaurants

AUPS

✉ 83630 – Var – Carte régionale n° **29**–B2

LE SAINT MARC

CUISINE PROVENÇALE • CONVIVIAL Au sud des gorges du Verdon, le petit village de Aups offre une jolie étape bistronomique. Le chef Alexandre Dimitch et sa petite équipe assurent une partition locale (la truffe y est souvent à l'honneur), généreuse et pleine de saveurs, avec une spécialité réconfortante de cuisson au feu de bois... Enfin, avis aux amateurs : la cave attenante se mue en bar à vins le soir venu.

🌿 – Prix : €

7 rue Jean-Pierre-Aloisi – ✆ 04 94 70 06 08 – www.lesaintmarc. com – Fermé mardi

AUPS

SOLEA ⓝ

CUISINE MODERNE • CONTEMPORAIN Ce restaurant (ex. La Truffe) s'est refait une beauté entre les mains d'un jeune couple, la cheffe Valentine Lorcher (même pas 30 ans !) et le pâtissier Adrien Antelme – aidé en salle par son frère. Aux âmes bien nées, la valeur n'attend point le nombre des années ! Le duo trousse une bien jolie mélodie provençale et ensoleillée, à l'image de cette assiette de tomates anciennes marinées et confites, sorbet et huile de basilic ou, au dessert, ces pêches de Provence marinées, jus infusé à la sauge, glace yaourt – un délice estival, frais et léger.

&. AC 🍽 – Prix : €€

12 rue du Maréchal-Foch – ✆ 04 94 67 02 41 – www.solea-restaurant.com – Fermé lundi, mardi et du mercredi au vendredi à midi

AURAY

✉ 56400 – Morbihan – Carte régionale n° **1**-C3

LA CHEBAUDIÈRE

CUISINE MODERNE • COSY Un écrin cosy tout nouveau tout beau - parquet blond, murs vert ou blanc, caisses en bois accrochées au mur, tables modernes, chaises en cuir marron - pour déployer les talents du chef-patron. Pour régaler à prix doux avec sa cuisine du marché qui titille les papilles, il jongle avec des ingrédients de fraîcheur irréprochable, des cuissons et des saveurs précises : maquereau juste grillé, aubergine et olives vertes ; retour de pêche, crème de moule et artichauts saté...

🍽 – Prix : €€

6 rue Abbé-Joseph-Martin – ✆ 02 97 24 09 84 – Fermé samedi, dimanche et lundi midi

LE P'TIT GOUSTAN

CUISINE MODERNE • COSY Aux fourneaux de ce P'tit Goustan, le chef aime cuisiner local, depuis les poissons de la pêche jusqu'aux viandes en passant par les fruits et les légumes : tartare de thon, pesto d'estragon, concombre au chèvre frais, chips de manioc, sorbet concombre et son gaspacho ; lieu jaune rôti au curcuma et safran, panisse, moules en deux façons ; tartare de fraises.... Le meilleur de la Bretagne lui inspire des recettes originales et maîtrisées, à déguster dans l'une des deux salles contemporaines et cosy. Une adresse charmante, avec terrasse et vue sur le petit port.

🏠 🍽 – Prix : €€

9 place Saint-Sauveur – ✆ 02 97 56 37 30 – www.restaurantleptitgoustan.com – Fermé lundi, et mercredi et dimanche soir

Grigorii Postnikov/Getty Images Plus

200

AUREVILLE

✉ 31320 – Haute-Garonne – Carte régionale n° **26**-C2

EN MARGE

Chef : Frank Renimel

CUISINE MODERNE • ÉLÉGANT Dans un ancien corps de ferme, Frank Renimel et son épouse ont imaginé un loft gourmand de bois et de pierre, dont les larges baies vitrées embrassent les vallonnements d'une campagne bucolique. Calé sur les saisons, le chef change sa carte tous les mois, et marie les produits rustiques et terriens à des perles nobles comme le caviar, la truffe ou le cèpe. On est souvent bluffé par le travail dans l'assiette, où les émotions gustatives sont légion – ainsi son cassoulet revisité, un classique de la carte. Pour prolonger la douceur du séjour, cinq très belles chambres décorées avec goût sont idéales pour l'étape gastronomique. En Marge est au cœur du goût.

⚜ ⇔ ♿ 🅰🅺 🎋 ⇄ 🅿 – Prix : €€€€

Lieu dit Le Birol, 1204 route de Lacroix-Falgarde, – ☏ 05 61 53 07 24 – www.restaurantenmarge.com – Fermé lundi et dimanche

AURIAC

✉ 19220 – Corrèze – Carte régionale n° **19**-C3

LES JARDINS SOTHYS

CUISINE MODERNE • RUSTIQUE Carrés d'herbes aromatiques, clos japonais, roseraie, etc. Ces jardins (entrée payante), dus à la célèbre marque de cosmétiques, mêlent poésie et culte des vertus de la nature. Au restaurant, le chef magnifie le terroir corrézien à grand renfort d'épices – il a longtemps travaillé en Asie et aux Antilles –, pour un résultat parfumé et maîtrisé.

⇔ ⇐ ♿ 🎋 🅿 – Prix : €€

Route de Darazac – ☏ 05 55 91 96 91 – www.lesjardinssothys.fr – Fermé lundi et mardi, et mercredi, jeudi et dimanche soir

AURILLAC

✉ 15000 – Cantal – Carte régionale n° **23**-C2

LE CROMESQUIS

CUISINE MODERNE • CONVIVIAL Après un joli parcours dans des tables étoilées en Suisse, le chef est revenu aux sources : son épouse est originaire de la région. Dans ce lieu atypique – une ancienne forge réaménagée à grand renfort de bois, béton et baies vitrées –, il propose des recettes modernes et goûteuses... avec, bien entendu, un cromesquis proposé chaque jour parmi les entrées !

🎋 – Prix : €€

1 rue du Salut – ☏ 04 71 62 34 80 – www.restaurant-cromesquis.fr – Fermé lundi et dimanche, et du mardi au jeudi soir

LES QUATRE SAISONS

CUISINE MODERNE • CONTEMPORAIN Sincère et bien tournée : telle est la cuisine de Didier Guibert, installé dans une petite rue calme du centre-ville, qui ne travaille qu'avec des produits triés sur le volet : viande fournie par ses deux frères bouchers, légumes du potager des beaux-parents, poisson livré tous les matins... Il réalise ses recettes à la minute, pour un résultat parfaitement maîtrisé, goûteux et coloré. Tout est soigné et malin. Comment mieux célébrer les quatre saisons ?

🅰🅺 – Prix : €€

10 rue Jean-Baptiste-Champeil – ☏ 04 71 64 85 38 – www.quatresaisons.onlc.fr – Fermé lundi et mardi, et dimanche soir

AURILLAC

HÔTEL DES CARMES

MODERNE • CHALEUREUX Dans le centre-ville, cet hôtel propose des chambres contemporaines et personnalisées, ainsi que de nombreux services de qualité : piscine couverte avec sauna, bar, salle de réunion… Un ensemble confortable et chaleureux. Cuisine bistrot au restaurant.

🅿 ♨ ⓥ 🍽 - 23 chambres

20 rue des Carmes - ☎ *04 71 48 01 69*

AUTRANS-MÉAUDRE EN VERCORS

✉ 38112 – Isère – Carte régionale n° **21**-B3

PALÉGRIÉ CHEZ L'HENRI

Chef : Guillaume Monjuré

CUISINE CRÉATIVE • COSY Dans cette grange familiale aménagée dans l'esprit d'une table d'hôtes, la passion de Guillaume Monjuré reste intacte. Affectionnant les cuissons à la braise, il a installé son four à bois à la vue des convives. Brute et naturelle, sa cuisine n'en demeure pas moins personnelle et créative. Il sublime les végétaux et les produits de la pisciculture locale, à l'image de cet omble ikejime maturé une quinzaine de jours, accompagné de courgettes et d'herbes du jardin. Ce cuisinier libre ne s'interdit pas pour autant quelques détours du côté de la Méditerranée, comme en témoigne ce crabe bleu agrémenté de laitue, raifort et livèche. Les menus peuvent changer quotidiennement. La sélection pointue de vins, notamment bio et nature, est parfaitement conseillée avec le sourire par Chrystel, qui connaît ses crus sur le bout des doigts. Un projet de vie et de cuisine, authentique et touchant.

🐾 ♿🌿 – Prix : €€€

66 rue de la Tour – ☎ *04 76 46 07 83 – www.palegrie.fr – Fermé mardi, mercredi, jeudi midi et dimanche soir*

🌿**L'engagement du chef** : Ici, pas de fourneau à gaz ni d'induction : les cuissons sont réalisées uniquement à la braise ou au four à bois. Le bois est aussi le matériau qui a servi à la rénovation du bâtiment ; le mobilier a été chiné. Le menu unique, rythmé par les saisons et servi dans une vaisselle fabriquée dans le village, s'inspire de la nature environnante : poissons de pêche durable ikejime, viandes sélectionnées sur pied chez les éleveurs des environs, fruits et légumes bio des maraîchers locaux.

LES TILLEULS

CUISINE TRADITIONNELLE • AUBERGE Une pimpante auberge familiale tenue aujourd'hui par la cinquième génération. Le chef signe une cuisine traditionnelle en utilisant les bons produits du terroir : champignons, noix de Grenoble, truite et omble, bleu du Vercors, Chartreuse verte… On apprécie ces plats savoureux dans une salle où l'esprit montagnard se fait contemporain et lumineux.

♿🌿🅿 – Prix : €€

111 rue de Puilboreau – ☎ *04 76 95 32 34 – www.hotel-tilleuls.com/accueil.htm*

AUXERRE

✉ 89000 – Yonne – Carte régionale n° **12**–A2

LE SARMENT ⓝ

CUISINE MODERNE • SIMPLE On prête volontiers serment sur les fourneaux de ce Sarment sacrément savoureux. Deux compères complices mitonnent à quatre mains une cuisine qui ne triche pas. Les ingrédients et les produits – notamment les légumes – gardent toute leur saveur sans être dénaturés, à l'image de cette betterave rôtie avec son tataki de bœuf et sa note d'ail. Les desserts sont quant à eux tout aussi soignés, comme cette poire façon amandine à la cardamome verte et au yuzu. Un menu-carte aux propositions aguicheuses !

🅰🌿 – Prix : €€

37 rue du Pont – ☎ *03 86 51 46 36 – www.lesarment-restaurant.fr – Fermé lundi et dimanche*

AUXERRE

L'ASPÉRULE

CUISINE MODERNE • **SIMPLE** Dans une vieille maison de ville, voici une salle à la déco épurée, avec son sol en béton ciré et ses murs beige. Le chef japonais signe une cuisine qui associe les produits d'ici et la précision technique de là-bas, comme dans ce filet de canette servi parfaitement rosé, duxelle de champignons shiitaké, sauce balsamique. Menu du marché à prix doux le midi, menu dégustation plus ambitieux le soir.

AC – Prix : €€

34 rue du Pont – ℰ 03 86 33 24 32 – www.restaurant-asperule.fr – Fermé lundi et dimanche

LE NOYO

CUISINE MODERNE • **COSY** À quelques pas du marché couvert, cette petite adresse joliment rénovée est l'œuvre de François Liebaert, chef icaunais bien connu. Il propose un menu-carte de saison bien pensé et attractif, avec un fil conducteur sur chaque assiette ainsi que quelques touches créatives, à l'image de ce merlu de ligne aux saveurs espagnoles. Les assaisonnements sont justes et équilibrés, le visuel est soigné également. Service dynamique et attentionné par Estelle.

AC – Prix : €€

26 rue du 24-Août – ℰ 09 87 13 26 75 – www.le-noyo-auxerre.eatbu.com – Fermé mardi, mercredi et samedi midi

AUZEVILLE-TOLOSANE

✉ 31320 – Haute-Garonne – Carte régionale n° **26**–C2

LA TABLE D'AUZEVILLE

CUISINE TRADITIONNELLE • **CONVIVIAL** Dans cette maison blanche au cœur d'un village de la banlieue de Toulouse, le chef propose une cuisine traditionnelle généreuse, comme avec ce filet de cannette et son jus réduit aux épices ou ce tournedos de bœuf aux morilles. En dessert, une tartelette aux fraises craquante accompagnée d'une glace pistache artisanale. À déguster sur la terrasse ombragée aux beaux jours.

AC 🌣 ✿ – Prix : €€

35 chemin de l'Église – ℰ 05 61 13 42 30 – www.latabledauzeville.fr – Fermé du lundi au mercredi et dimanche soir

AUZOUVILLE-SUR-SAÂNE

✉ 76730 – Seine-Maritime – Carte régionale n° **3**–A2

🙂 ### AUBERGE DE LA MÈRE DUVAL

CUISINE MODERNE • **COSY** Alexandre et Mélanie Baranzelli s'épanouissent dans ce domaine où coule une jolie rivière, enjambée par deux ponts et veillée par un moulin : bucolique à souhait ! Le chef, passé par de belles maisons, aime les recettes traditionnelles de son terroir normand, mais sa cuisine se révèle de plus en plus personnelle avec le temps.

🐾 ⇔ ⚬ ✿ 🅿 – Prix : €€

Impasse de la Linerie – ℰ 02 35 04 18 26 – www.lamereduval.fr – Fermé mardi et mercredi, et lundi soir

203

AVAILLES-EN-CHÂTELLERAULT

✉ 86530 – Vienne – Carte régionale n° **15**–B2

L'OUVRIÈRE

CUISINE MODERNE • ÉPURÉ Sur la place du petit village, cette table intimiste a creusé son sillon et affiné son concept autour d'une cuisine marine et végétale que le chef Ludovic Dumont travaille au travers de menu à l'aveugle en plusieurs temps. On salue l'excellente fraîcheur des poissons et crustacés servis, arrivage direct de petits bateaux du port de La Rochelle. La cuisine est créative et sérieuse : carpaccio de pagre, radis bleuet et vinaigrette au yaourt ; saint-pierre et émulsion de romarin montée au beurre ; crumble noisette et figue.

🍴 ⇄ – Prix : €€€

6 place René-Descartes – 𝄞 09 77 37 61 38 – www.louvriererestaurant.com – Fermé lundi, mardi, mercredi midi et dimanche soir

AVAILLES-LIMOUZINE

✉ 86460 – Vienne – Carte régionale n° **15**–B3

😊 ### LA CHATELLENIE

CUISINE TRADITIONNELLE • CONTEMPORAIN Emilie et Thomas Fournier ont investi leur enthousiasme et leur talent dans cette auberge de charme nichée au fin fond de la Vienne, qui met à l'honneur les producteurs locaux. Des réalisations gourmandes au dressage soigné et à un bon rapport qualité-prix, comme ces asperges et canard confit, accompagnés d'une vinaigrette tiède, ou cet œuf mimosa revisité, parfumé à l'ail des ours. Une adresse qui vaut bien le détour.

♿ 🄰🄲 🍴 – Prix : €€

1 rue du Commerce – 𝄞 05 49 84 31 31 – www.lachatellenie.fr – Fermé lundi et dimanche

AVALLON

✉ 89200 – Yonne – Carte régionale n° **12**–B2

LE 1815 ⓝ

CUISINE MODERNE • BOURGEOIS Ce vénérable relais de poste du début du 18e siècle a vu défiler les personnalités les plus prestigieuses, de Napoléon 1er à Elizabeth Taylor. Aujourd'hui, l'antiquaire médiatique Julien Cohen lui a redonné son lustre en la décorant avec des objets de sa propre collection – tous à vendre ! Le restaurant arbore ainsi parquet, lustres, plafond d'époque, miroirs. Dans l'assiette, on déguste une cuisine moderne teintée de tradition, parfois piquée de touches de créativité et d'épices exotiques : sériole ikejime en tataki infusé au dashi et pulpe de kalamansi ; magret de canard au quatre épices et velours de carotte...

♿ 🄰🄲 – Prix : €€€

13 place Vauban – 𝄞 03 10 45 16 16 – www.hoteldelaposteavallon.com – Fermé mardi et mercredi

LES CORDOIS AUTREMENT

CUISINE TRADITIONNELLE • CONTEMPORAIN Tenue par la même famille depuis 1910, cette maison est désormais adossée à une église du 12e s. ; on s'installe au choix à l'intérieur, lumineux et coloré, ou sur la terrasse ombragée, pour se régaler d'une cuisine régionale remise au goût du jour : escargots de Bourgogne, œufs en meurette, rognon de veau à la graine de moutarde sans oublier quelques créations à l'image de cette escalope de saumon à la saucisse de Morteau, crème de cancoillotte...

♿ 🄰🄲 🍴 – Prix : €€

15 rue Bocquillot – 𝄞 03 86 33 11 79 – www.lescordois.fr – Fermé mardi et mercredi

AVIGNON

✉ 84000 – Vaucluse –
Carte régionale n° **28**-E1

Des papilles et des papes

Quand son festival est clos, la Cité des papes se dévoile : palais, jardins, remparts, clochers, hôtels particuliers et toits de tuiles s'offrent au regard du promeneur. De tout temps, la ville fut un foyer de la gastronomie provençale. Les aromates règnent sans partage et parfument des plats gorgés de soleil : thym dans la ratatouille, romarin et sarriette sur les fromages, mais aussi ail, oignon et basilic sur la daube avignonnaise. L'huile d'olive est également incontournable, et l'on est agréablement surpris par le nombre de moulins encore en activité aux alentours d'Avignon, dans les Alpilles et la vallée des Baux, notamment. On trouve sur les marchés et dans les boutiques des tapenades, pistous et autres délices fabriqués tout près, à L'Isle-sur-la-Sorgue. Quant au marché des producteurs, il propose notamment les fruits et légumes cultivés sur l'île de la Barthelasse, la plus grande île fluviale d'Europe...

 LA MIRANDE

Chef : Florent Pietravalle

CUISINE MODERNE • HISTORIQUE L'œuvre du soleil, le chatoiement des couleurs, la générosité : les assiettes fines et savoureuses de Florent Pietravalle respirent le Sud, ses produits et ses traditions. Ici, tout est maîtrisé : des saveurs, marquées et marquantes, au service, professionnel, distingué et souriant. Le menu surprise est élaboré à base de remarquables produits régionaux et de saison, parfaitement sourcés. Les recettes du chef, à la fois techniquement maîtrisées et spontanées, révèlent l'héritage de ses expériences chez Jean-Luc Rabanel et surtout Pierre Gagnaire. Le décor aussi est délicieux : superbe salle 18e s. ou ravissant jardin, entre les murs historiques de la Mirande, l'hôtel particulier qui touche le Palais des Papes. Le goût et l'élégance, réunis en un seul lieu.

❀ ⇐ 🚗 AC 🍴 ✿ – Prix : €€€€

Plan : A2-1 – *4 place de l'Amirande* – ☏ *04 90 14 20 20* – *www.la-mirande.fr* – *Fermé du lundi au mercredi*

❀**L'engagement du chef :** On s'approvisionne chez les producteurs locaux qui intègrent nos besoins dans leurs plans de culture. Utilisation des produits bio ; cave pour la culture des champignons dans le cadre d'un projet agricole urbain pour privilégier les circuits courts, comme pour les herbes cultivées sur le toit de la cuisine. Menu végétarien pour soutenir l'alternative d'une alimentation moins carnée. Tri sélectif pour isoler les déchets compostables, récupérés par une association.

AVIGNON

POLLEN

Chef : Mathieu Desmarest

CUISINE MODERNE • CONTEMPORAIN Au détour de vos butinages dans les ruelles d'Avignon, découvrez cette jolie salle à manger avec sa grande cuisine ouverte où les les cuisiniers assurent le service en salle, tandis qu'on profite des judicieux conseils bachiques d'un sommelier motivé (et bon connaisseur des vins en biodynamie). À travers son menu surprise, le chef Mathieu Desmarest propose une cuisine lisible, épurée et équilibrée qui évolue au fil des saisons en suivant les producteurs locaux. Il fait son miel de produits d'une qualité irréprochable (poulpe, thon rouge, pigeon...). Ses préparations teintées d'inventivité, ainsi que ses mariages de saveurs francs, séduisent sans effort.

🅰️🌂 – Prix : €€€€

Plan : A2-3 – *18 rue Joseph-Vernet* – ☎ *04 86 34 93 74* – *www.pollen-restaurant. fr* – *Fermé mercredi, samedi et dimanche*

L'AGAPE

CUISINE MODERNE • CONTEMPORAIN Courgette, poivron, artichaut, huile d'olive, rouget... Au cœur de la cité des papes, le chef Julien Gleize met la Provence à l'honneur dans de jolies compositions rehaussées de touches de basilic, sésame, citronnelle ou encore curcuma. À déguster dans un décor de style industriel ou sur la terrasse ombragée, au bord de la fontaine.

♿🅰️🌂 – Prix : €€

Plan : A3-4 – *21 place des Corps-Saints* – ☎ *04 90 85 04 06* – *www.restaurant-agape-avignon.com* – *Fermé lundi et dimanche*

BIBENDUM

CUISINE MODERNE • TENDANCE Au cœur de cette belle bâtisse historique bourrée de cachet (un ancien cloître), on découvre un restaurant, un bar à vins et un bar à cocktails, ainsi qu'une terrasse dans la cour intérieure, promesse de délicieuses soirées d'été. Le chef du restaurant étoilé Pollen, Mathieu Desmarest, conçoit la carte, tandis que son épouse Émilie met en musique ce projet festif et convivial. Dans l'assiette, une cuisine à la page, réalisée minute avec des produits frais et de saison, aux discrets accents du Sud : ceviche de daurade, fenouil et cerises ; truite d'Ardèche, amandes, asperges blanches rôties et sauce au vin blanc...

🌂🍽️ – Prix : €€

Plan : A2-14 – *83 rue Joseph-Vernet* – ☎ *04 90 91 78 39* – *www.bibendumavignon.fr* – *Fermé lundi et dimanche*

ACTE 2

CUISINE MODERNE • CONTEMPORAIN Dans la ville du célèbre festival, le théâtre s'insinue jusque dans les assiettes. Premier acte : un jeune couple du métier, installé au centre historique. Deuxième acte : des assiettes qui respirent les bons produits frais locaux et de saison. Troisième acte : un excellent rapport qualité-prix, aussi bien au dîner en 5 temps qu'au déjeuner en 3 temps. Le décor est planté ! On se régale ainsi d'un carpaccio de Saint-Jacques et navet au citron et genièvre, ou d'un filet de veau à la truffe sauce Albufera.

♿🅰️🌂 – Prix : €€

Plan : A2-10 – *3 rue de la Petite-Calade* – ☎ *09 53 99 36 88* – *www.restaurantacte2.com* – *Fermé lundi, dimanche et du mardi au vendredi à midi*

LA FOURCHETTE

CUISINE TRADITIONNELLE • BISTRO Collection de fourchettes et de guides MICHELIN, vieilles photos, affiches du festival : un bistrot au décor original et à l'ambiance chaleureuse. Au menu, une cuisine traditionnelle aux savoureux accents du Sud, avec, en dessert, l'une des spécialités de la maison : la meringue glacée au pralin... Cette accueillante adresse familiale affiche souvent complet !

🅰️ – Prix : €€

Plan : A2-12 – *17 rue Racine* – ☎ *04 90 85 20 93* – *www.la-fourchette.eatbu. com* – *Fermé samedi et dimanche*

207

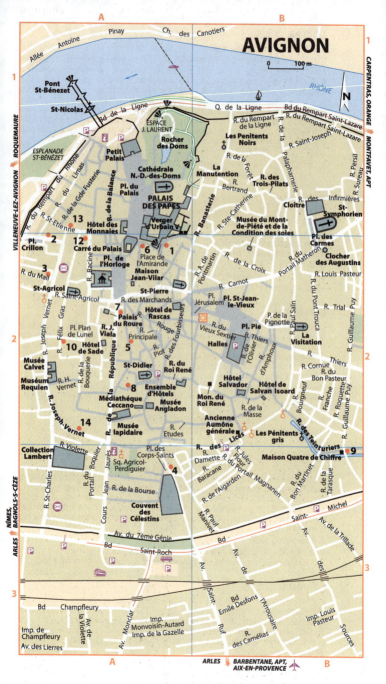

AVIGNON

LE GOÛT DU JOUR

CUISINE MODERNE • CONTEMPORAIN De bonnes idées, du savoir-faire... Julien Chazal, jeune chef originaire d'Avignon, fait ici une jolie démonstration ! Sa cuisine, ancrée dans les saisons, se révèle en plus soignée visuellement, avec des dressages qui ne doivent rien au hasard. Et n'oublions pas le service souriant.

 点 AC – Prix : €€

Plan : A1-13 – *20 rue Saint-Étienne* – ✆ *04 32 76 32 16* – *www.legoutdujour84. com* – *Fermé mardi et mercredi*

HIÉLY-LUCULLUS

Chef : Gérald Azoulay

CUISINE MODERNE • VINTAGE "Pérouvence" : c'est ainsi que Gérald Azoulay, natif d'Avignon, nomme sa cuisine, étonnante union culinaire entre la Provence et le Pérou (où est née Patricia, son épouse). Avec pour fil conducteur les différents piments péruviens, et dans une démarche durable engagée, le chef nous emmène dans un savoureux voyage métissé où dominent acidité, piment et braise : truite à la brousse de brebis, aji chaparita et asperge verte ; picanha de veau marinée au piment aji panca et poivre Chapa ; cachaille provençale revisitée au huacatay... À déguster dans une salle à manger décorée façon Belle Époque. La sélection de vins rassemble bien entendu des crus des deux pays.

 AC – Prix : €€€€

Plan : A2-7 – *5 rue de la République* – ✆ *04 90 86 17 07* – *www.hiely-lucullus. com* – *Fermé mardi et mercredi*

❀ **L'engagement du chef :** Allier cuisine aux influences péruviennes et circuit court ? C'est possible ! La quasi-totalité des fournisseurs se trouve à moins de 100 km : les herbes péruviennes proviennent du potager familial, la plupart des légumes d'Amérique du Sud sont cultivés ici par des maraîchers locaux, et les poissons sont uniquement sauvages et issus de la pêche durable. Dans une optique zéro déchet, les ingrédients et condiments non utilisés sont séchés, puis servent de sels d'assaisonnement.

ITALIE LÀ-BAS

CUISINE ITALIENNE • COSY Ce couple d'Italiens passionnés fait vibrer en nous l'âme italienne : pendant que monsieur s'occupe avec attention du service en salle, madame concocte de bons plats transalpins, parfois créatifs, à travers des menus dégustation et un menu végétal. On en sort ravi, avec l'accent italien.

 🍽 ✿ – Prix : €€

Plan : A2-5 – *23 rue de la Bancasse* – ✆ *04 86 81 62 27* – *www.italielabas.fr* – *Fermé lundi, mardi et dimanche, samedi midi, et mercredi soir*

NUMÉRO 75

CUISINE TRADITIONNELLE • CONVIVIAL Une demeure bourgeoise du 19e s. noyée sous la végétation (glycine, vigne vierge et clématite) : joli décor pour un repas sur la plaisante terrasse arborée... Cette adresse connaît un franc succès dans la ville : la faute à son cadre chaleureux et à une cuisine du marché sincère, aux notes provençales. Service convivial et efficace.

 🍽 ✿ – Prix : €€

Plan : B3-9 – *75 rue Guillaume-Puy* – ✆ *04 90 27 16 00* – *www.numero-75.com* – *Fermé samedi et dimanche*

PREMIÈRE ÉDITION ⓝ

CUISINE MODERNE • BISTRO Dans ce sympathique bistrot du cœur de ville à la déco indus', avec touches de street art et cuisine ouverte en béton ciré, John assure en salle un service sympa et pro, tandis que la cheffe Aurélie envoie des plats assez créatifs, inspirés de recettes bistrotières ou de la comfort food, twistés avec malice par des épices, herbes, baies ou fruits secs. On croise ainsi des œufs mimosa au curry rouge, une régressive pita à l'effiloché de bœuf braisé et crémeux

209

AVALLON

sésame, un risotto carnaroli aux girolles, ou encore un filet de bœuf d'Aubrac et sa sauce poulette aux algues suji. Cela a du goût, c'est vivant et ludique, et la devise affichée "Venez, mangez, buvez" résume parfaitement la simplicité tout comme l'épicurisme des lieux.

🅰️🍴 – Prix : €€

Plan : A2-8 – 5 rue Prévôt – 📞 04 84 14 59 85 – www.premiereedition.fr – Fermé lundi et dimanche, et mardi soir

SEVIN

CUISINE MODERNE • ÉLÉGANT Dans cette demeure médiévale chargée d'histoire, installée en bordure immédiate du Palais des papes, le chef Guilhem Sevin compose une partition moderne, et profite du soutien d'une équipe jeune et motivée. Si possible, profitez de la terrasse surplombant la place. Belle carte des vins.

🌿🅰️🍴 – Prix : €€€

Plan : A2-6 – 10 rue de Mons – 📞 04 90 86 16 50 – www.restaurantsevin.fr – Fermé mercredi et jeudi

LA VIEILLE FONTAINE

CUISINE MODERNE • CLASSIQUE Boiseries, moulures, tapisseries et cheminée composent l'élégance provençale de cette maison historique. Le chef Pascal Auger décline une cuisine résolument méridionale, qui ne manque ni de couleurs ni de saveurs. Aux beaux jours – ils sont nombreux en Avignon –, on profite de ces douceurs sous le platane centenaire de la jolie terrasse, face à la vieille fontaine...

🌿🅰️🍴 – Prix : €€€€

Plan : A2-2 – Hôtel d'Europe, 12 place Crillon – 📞 04 90 14 76 76 – www.heurope.com – Fermé lundi et dimanche

🛏️ LA DIVINE COMÉDIE

CLASSIQUE • CONVIVIAL Cet hôtel particulier peut se targuer de posséder le plus grand jardin privé d'Avignon, un havre de paix verdoyant en plein cœur de la ville médiévale. S'y niche un petit hôtel de cinq suites, taille idéale pour un service personnalisé, des espaces communs magnifiquement tranquilles et une atmosphère conviviale de maison de campagne, dont le salon regorgerait d'œuvres d'art. Les suites sont luxueuses, éclectiques, toutes différentes et toutes extraordinaires. L'orangerie abrite la salle à manger, et la verdure dissimule un tout petit spa, un jacuzzi et une piscine.

🅰️🅿️🛋️🌀🛎️⛷️🛜 - 5 chambres

16 impasse Jean-Pierre Gras – 📞 06 77 06 85 40

🛏️ MAS DE CAPELOU

CLASSIQUE • ÉLÉGANT L'architecture de l'ancienne ferme a été méticuleusement préservée et restaurée, tandis que la décoration de ses cinq chambres révèle un œil moderne : simplicité des intérieurs, caractère plus contemporain des quatre appartements, sans perdre de vue leur identité provençale. Ce plaisir esthétique ne fait pas ombrage aux autres atouts du lieu, comme la petite piscine idéale pour prendre le soleil, ou le terrain et ses ambiances bucoliques.

🅰️🅿️🌀🛎️🚲⛷️🛜🍽️ - 9 chambres

1336 chemin des Poiriers – 📞 07 66 76 21 58

🛏️ LA MIRANDE

TRADITIONNEL • RAFFINÉ Cet hôtel particulier du 17e s. est absolument superbe : pierres ouvragées, déluge d'objets d'art et de tentures dans l'esprit provençal du 18e s. et un délicieux jardin clos, qui s'épanouit à l'ombre du palais des Papes. Raffinement exquis !

🅰️🌿🅿️🛋️🌀🛎️♿🍽️ - 26 chambres

4 place de l'Amirande – 📞 04 90 14 20 20

🌸 **La Mirande** - Voir la sélection des restaurants

AVIZE

✉ 51190 – Marne – Carte régionale n° **6**–B2

LES AVISÉS

CUISINE MODERNE • COSY Les avisés marqueront un arrêt au domaine Selosse. Stéphane Rossillon en cuisine, et sa femme au service, deux anciens de chez Anne-Sophie Pic, composent un menu unique, à base de produits sélectionnés, servis dans une charmante atmosphère "maison d'hôtes". Aux beaux jours, on profite de la grande terrasse... Carte des vins superbe.

🍴 ⌖ ☂ 🅿 – Prix : €€€

59 rue de Cramant – ℰ 03 26 57 70 06 – www.selosse-lesavises.com – Fermé mardi et mercredi

AVORIAZ

✉ 74110 – Haute-Savoie

🛏 LES DROMONTS

MODERNE • FAMILIAL Cet hôtel mythique d'Avoriaz a réhabilité avec brio le style des années 1960 : son architecture singulière épouse harmonieusement le décor environnant. Cette station skis aux pieds et sans voiture ne tolère que les traîneaux, à la plus grande joie des amoureux de la nature. Les petites chambres tout confort et astucieusement aménagées dévoilent de superbes vues sur les monts enneigés. Petit spa.

🅿 ⌖ 🕸 🕸 🛁 🍴 – 35 chambres

40 place des Dromonts – ℰ 04 56 44 57 00

🛏 MIL8

AVANT-GARDE • CHALEUREUX Le luxe de Courchevel, mais avec l'atmosphère d'Avoriaz. Hissé à 1800 m d'altitude, le MIL8 sort le grand jeu : sous son enveloppe alpine ultra contemporaine, un spa entièrement vitré avec piscine à débordement, sauna, salle de sport et cabines de massage, ainsi qu'une terrasse nordique et un bar à cocktails conçu comme une bulle conviviale. Taillées comme des cabines réchauffées de fines lattes de bois, chambres et suites luxueuses et sophistiquées regardent à travers leurs hublots et baies vitrées les sommets alentour.

⌖ ⌖ 🕸 🕸 🛁 🍴 – 42 chambres

241 rue des Traîneaux – ℰ 04 58 57 18 00

AVRILLÉ

✉ 49240 – Maine-et-Loire – Carte régionale n° **9**–C2

PATACHÉE

CUISINE MODERNE • CONVIVIAL Au centre-ville, cette petite maison traditionnelle à la joue esprit bistrot avec ces notes rustiques rappelant l'âge de la maison. Le chef, expérimenté, cuisine en fonction de l'arrivage de ses producteurs, dans une veine moderne et gourmande où les épices tiennent une place de premier choix : raviole de pigeonneau et bouillon thaï ; nage de homard et coques au curry ou bien encore lieu jaune de ligne et son émulsion aux épices Hanoï. Prix doux au déjeuner.

Prix : €€

116 avenue Pierre-Mendès-France – ℰ 02 41 88 11 70 – www.patachee.com – Fermé samedi et dimanche, et du lundi au mercredi soir

AY-SUR-MOSELLE

✉ 57300 – Moselle – Carte régionale n° **7**–B1

LE MARTIN PÊCHEUR

CUISINE CLASSIQUE • **MAISON DE CAMPAGNE** Entre le canal Camifémo et la Moselle, une ancienne maison de pêcheurs (1928), où règne un bel esprit d'auberge de campagne, agrémentée d'un adorable jardin estival. Ici, la tradition se mêle aux tendances actuelles, et la cave est bien fournie !

🕸 🖰🛋🎐🅿 – Prix : €€€

1 route d'Hagondange – ☎ 03 87 71 42 31 – www.lemartinpecheur-restaurant.fr – Fermé lundi, samedi midi, et mardi, mercredi, jeudi et dimanche soir

AZAY-LE-RIDEAU

✉ 37190 – Indre-et-Loire – Carte régionale n° **15**–B1

⭐ AUBERGE POM'POIRE

Chef : Bastien Gillet

CUISINE MODERNE • **CONTEMPORAIN** Au beau milieu des vergers se cache cette auberge contemporaine, dont la salle lumineuse et chaleureuse aux lignes épurées s'ouvre sur la nature. Pleine de peps et de créativité, la cuisine colorée et acidulée de Bastien Gillet ne manque pas de justesse et de subtilité, tant sur les arômes que sur les textures : ses assiettes, composées avec de beaux produits fermiers de la région, débordent de saveurs... Et pour sublimer le tout, on déguste ses créations dans la ravissante céramique artisanale locale. La carte est susceptible de changer chaque jour, au gré de l'inspiration du chef. Bref, c'est aussi gourmand qu'audacieux : nul doute, Pom'Poire est une adresse à croquer !

🛏🖰♿🆎🎐🎐🅿 – Prix : €€€

21 route de Vallères – ☎ 02 47 45 83 00 – www.aubergepompoire.fr – Fermé lundi, dimanche et jeudi midi

😊 L'ÉPINE

CUISINE MODERNE • **CONTEMPORAIN** Pas d'épine dans votre assiette mais un hommage au prunelier, un arbuste épineux qui peuple les haies sauvages des campagnes et dont les pousses servent à faire un vin. Dans cette ancienne école de 1866, le bon goût règne : un plafond aux poutres apparentes, de grandes ouvertures lumineuses qui donnent sur une terrasse arborée, des luminaires design, des œuvres d'art. Le chef signe une carte bistronomique de saison à prix doux qui célèbre les produits et les artisans locaux.

♿🆎🎐 – Prix : €€

19 place de la République – ☎ 02 47 45 39 84 – www.restaurant-lepine.fr – Fermé samedi et dimanche

L'AIGLE D'OR

CUISINE MODERNE • **TRADITIONNEL** À quelques centaines de mètres du château, voilà une adresse en or ! Dans cette maison de pays, on s'installe au coin de la cheminée ou sur la terrasse ombragée pour déguster une belle cuisine qui revisite la tradition. Au piano, le chef joue une savoureuse mélodie !

🕸♿🆎🎐🎐 – Prix : €€€

10 avenue Adélaïde-Riche – ☎ 02 47 45 24 58 – www.laigle-dor.com – Fermé lundi, mardi, mercredi midi et dimanche soir

BADEN

✉ 56870 – Morbihan – Carte régionale n° **1**-C3

LE GAVRINIS

CUISINE MODERNE • TRADITIONNEL L'enseigne de cette maison de pays rend hommage à l'île de Gavrinis toute proche. Il faut dire que le chef, formé par Pierre Gagnaire, cultive l'âme bretonne et la fierté d'un terroir riche et vivant. En témoignent ce florilège de champignons produits localement (pleurote, shiitaké…) rôtis, en raviole, en consommé ou ce merlu vapeur au beurre, mémorable, accompagné de son excellente sauce crème au vin blanc, aux algues et au poivre de Timut. Une authentique étape gourmande, mise en valeur par une salle à manger "éco-design" où règnent le bois flotté et les teintes douces (écru, gris et beige). Une ravissante terrasse, très fleurie en été, met des points de suspension à votre bonheur.

⇄ ⇔ & 🍽 **P** – Prix : €€€

1 rue de l'Île-Gavrinis – ✆ *02 97 57 00 82 – www.gavrinis.fr – Fermé lundi, mardi et dimanche*

LA CHAUMIÈRE DE POMPER

CUISINE BRETONNE • CONTEMPORAIN Réputée dans la région, cette crêperie propose des galettes avec une farine de blé noir bio mélangée avec 10% de farine de froment, ainsi qu'une finesse de pâte et une cuisson les rendant davantage croustillantes que la moyenne… en breton, cela se nomme kraz ! Un conseil : optez pour les classiques, ce sont les meilleures… Belle carte de cidres.

⇔ & 🍽 **P** – Prix : €

Le Moulin de Pomper, 14 hameau de Kerhervé – ✆ *02 97 58 59 66 – www.lachaumieredepomper.fr – Fermé lundi et dimanche*

BAERENTHAL

✉ 57230 – Moselle – Carte régionale n° **7**-D2

L'ARNSBOURG

Chef : Fabien Mengus

CUISINE MODERNE • CONTEMPORAIN Laure et Fabien Mengus tiennent les rênes de cette maison emblématique. Fabien avait fait connaître son talent au Cygne, une table voisine, et il se montre parfaitement à l'aise entre les murs de cette ancienne institution, multipliant les ponts entre tradition et modernité, aussi bien pour la décoration que pour l'assiette. Que ce soit côté salon ou près des baies vitrées donnant sur la forêt, on déguste une cuisine tout en variations, qui met à l'honneur de beaux produits ; ainsi la poêlée d'escargots de la ferme d'Ettendorf, œuf à la cuisson parfaite et jus aux herbes à la Chartreuse verte, ou cette poitrine de pigeon grillée au barbecue, avec cannelloni de blettes et émietté des cuisses aromatisé au cacao.

🍸 ⇄ ⇔ & AC **P** – Prix : €€€€

18 Untermuhlthal – ✆ *03 87 06 50 85 – www.arnsbourg.com – Fermé lundi, mardi et mercredi midi*

L'ARNSBOURG

ÉPURÉ • RAFFINÉ Jouxtant l'Arnsbourg, table distinguée du chef Fabien Mengus, l'hôtel qu'il gère avec son épouse Laure offre une vue sur les collines boisées. Les chambres et les suites sont épurées et contemporaines, et toutes disposent d'un balcon.

& AC **P** ⇗ ⇔ 🚲 🍽 – 16 chambres

18 Untermuhlthal – ✆ *03 87 06 50 85*

✳ **L'Arnsbourg** - Voir la sélection des restaurants

213

BÂGÉ-LE-CHÂTEL

✉ 01380 – Ain – Carte régionale n° **21**–B1

LA TABLE BÂGÉSIENNE

CUISINE MODERNE • COSY Derrière la façade de cet ancien relais de poste se cache une déco contemporaine – cave à vin vitrée – et une généreuse cuisine bressane à faire saliver les papilles... Pomme Anna de grenouilles sautées comme en Dombes à la crème de beurre d'ail, volaille de Bresse à la crème et au vin jaune, ou encore le traditionnel nougat glacé.... Agréable terrasse au calme à l'arrière.

&. 🌿 – Prix : €€

19 Grande-Rue – ☏ 03 85 30 54 22 – www.latablebagesienne.com – Fermé du lundi au mercredi et dimanche soir

BAGNÈRES-DE-BIGORRE

✉ 65200 – Hautes-Pyrénées – Carte régionale n° **25**–C3

LA TABLE DU CINQ 🇳

CUISINE MODERNE • CONTEMPORAIN Le restaurant, situé dans une cour d'auberge, offre une ambiance douillette avec ses murs en pierre, un sol en marbre, une cheminée décorative et des éléments modernes comme des verrières et des claustras en bois. Un couple d'enfants du pays s'est installé au sein de l'auberge qui appartenait à la mère de la cheffe. La partition est réussie : le shiitaké sous toutes ses formes, poitrine fumée, sablé au parmesan ; quasi de veau, cromesquis au chorizo, jus corsé, fregola sarda et crémeux de panais ; arlettes croustillantes, mousse légère aux fruits de la passion et jasmin, et un excellent sorbet mangue. Les pains, glaces et sorbets, tous délicieux, sont réalisés maison.

&. 🌿 – Prix : €€

5 route de Toulouse – ☏ 05 62 37 02 95 – www.latableducinq.com – Fermé mardi et mercredi, et lundi et dimanche soir

O2C

CUISINE MODERNE • COSY Le ciel mène à tout : ancien pilote d'hélicoptère et grand passionné de cuisine, Christophe Belegaud tient les fourneaux de ce restaurant aux tons crème et chocolat, à la déco sagement moderne. Basée sur des produits locaux, cette cuisine du marché 100% maison et bien de son temps va droit au but. Quant à Chantal, le second "c" de ce charmant O2C, elle assure un service attentionné.

🌿 – Prix : €€

20 place de Strasbourg – ☏ 09 52 71 92 58 – www.o2c-restaurant.fr – Fermé lundi, mardi et dimanche

BAGNOLES-DE-L'ORNE

✉ 61140 – Orne – Carte régionale n° **2**–B3

LE MANOIR DU LYS

Chef : Franck Quinton

CUISINE MODERNE • COSY Que serait cette table aux boiseries claires et à l'agréable terrasse sans l'immense forêt d'Andaine qui l'entoure ? Aux confins du Maine, de la Normandie et de la Bretagne, ce poumon vert nourrit la cuisine forestière de Franck Quinton. À chaque saison, il prépare les champignons comme personne : cèpes rôtis au thym et au laurier, girolles sautées au romarin, abricots et noisettes, ou encore chou craquelin aux champignons... En bon locavore, ce chef passionné choisit ses viandes, pigeons et légumes à quelques dizaines de kilomètres tout au plus. Une cuisine fine et goûteuse, à déguster dans une atmosphère élégante et apaisante. Stages de cuisine et de cueillette.

🐝 ⇔&.🌿 🅿 – Prix : €€€€

Route de Juvigny-sous-Andaine – ☏ 02 33 37 80 69 – www.manoir-du-lys.fr – Fermé lundi, du mardi au vendredi à midi, et dimanche soir

BAGNOLES-DE-L'ORNE

Ô GAYOT

CUISINE TRADITIONNELLE • BISTRO Une jolie maison en pierre et son bistrot, pile dans l'air du temps. Dans l'assiette, on trouve de bonnes recettes... bistrotières, comme il se doit ! Pavé de cabillaud à la plancha, fricassée de cocos ; tartare de bœuf coupé au couteau ; sablé au beurre et sa glace au caramel...

& ☆ – Prix : €€

2 avenue de la Ferté-Macé - ✆ 02 33 38 44 01 – www.ogayot.net – Fermé lundi, mardi midi et dimanche soir

  LE MANOIR DU LYS

CLASSIQUE • CHAMPÊTRE Au milieu des bois et dans un superbe parc, cette belle demeure normande est empreinte de quiétude... Les chambres du manoir affichent un raffinement classique ou plus contemporain, toujours chaleureux ; dans le pavillon, des suites spacieuses.

🅿 ⌨ ⌨ 🚲 ⛱ ⛔ – 30 chambres

Route de Juvigny -sous-Andaine - ✆ 02 33 37 80 69
✿ **Le Manoir du Lys** - Voir la sélection des restaurants

BAGNOLS

✉ 69620 – Rhône – Carte régionale n° **21**–A1

1217

CUISINE MODERNE • CLASSIQUE Un cadre d'exception que ce superbe château médiéval, qui semble cultiver des fastes immémoriaux... Sous le patronage d'une immense cheminée gothique délicatement sculptée, on s'attable pour un repas d'une belle finesse. En dessert, on craque pour la fraise rhubarbe : croustillant à la fraise - panna cotta à la sarriette - compotée de fraises fraîches rafraîchie de son sorbet... un délice.

≼ ⌨ ☆ ❀ 🅿 – Prix : €€€

Le Bourg - ✆ 04 74 71 40 00 – www.chateaudebagnols.com – Fermé lundi, mardi et du mercredi au dimanche à midi

  CHÂTEAU DE BAGNOLS

TRADITIONNEL • CHAMPÊTRE Les mots manqueraient presque pour décrire la magnificence de ce château du 13e s. dominant le vignoble beaujolais. L'accès par le pont-levis au-dessus des douves, les décors historiques (mobilier d'art, cheminées monumentales...), le superbe parc et son verger : tout est unique... jusqu'au spa, agencé à la manière d'une cuverie.

& 🏊 🅿 🚲 ⛱ 🛁 ⛔ – 19 chambres

Le Bourg - ✆ 04 74 71 40 00
1217 - Voir la sélection des restaurants

BAIX

✉ 07210 – Ardèche – Carte régionale n° **20**–D3

  EPONA ⓝ

CUISINE TRADITIONNELLE • CONVIVIAL Déesse gauloise des voyageurs et de l'abondance, Epona veille sur cet établissement ardéchois accueillant et bien situé, entre Valence et Montélimar. Le soir et le weekend, on s'attable face à un menu sans choix et une carte de saison brève et appétissante. Rustique et chaleureuse comme il la définit lui-même, la cuisine du chef s'enracine dans le terroir local. Avec de vrais jus et de jolies présentations, ses assiettes sentent le bon tour de main : velouté froid de courgette et saumon gravlax ; poitrine de cochon confite, légumes de saison. Le midi, uniquement un menu du jour.

& 🅜 🅿 – Prix : €€

928 route de Chomérac - ✆ 07 86 53 07 51 – www.restaurant-epona.fr – Fermé mardi et mercredi

215

BALMA

✉ 31130 – Haute-Garonne – Carte régionale n° **26**–C2

L'ÉQUILIBRE

CUISINE MODERNE • **CONTEMPORAIN** Formidable succès pour ce restaurant tenu par un couple trentenaire, qui fait dans le bon et le simple. Le chef agrémente les produits frais du marché avec bonheur, comme en témoigne cet œuf coulant parfaitement cuit, avec crème de poireau au gingembre, haddock et pickles de carottes... Rapport qualité-prix exceptionnel. Un sans-faute.

& AC 🍽 – Prix : €€

Plan : voir Toulouse plan I - D2 - 37 *10 place de la Libération – ✆ 05 61 45 70 43 – www.restaurant-lequilibre.fr – Fermé lundi, samedi et dimanche*

BANDOL

✉ 83150 – Var – Carte régionale n° **29**–A3

AU CLAIR DE LA VIGNE

CUISINE MODERNE • **CONVIVIAL** Animé avec chaleur par un passionné de vins, ce bistrot gourmand profite aussi des talents d'un ancien cuisinier de Christophe Bacquié. Il envoie une vraie cuisine, généreuse et gourmande. Sur l'ardoise renouvelée régulièrement, les plats bistrotiers figurent en bonne en place, remis au goût du jour avec des touches méridionales : gaspacho de courgette à la menthe et fleur de courgette à la brousse de vache ; pagre de Méditerranée rôti, céleri rave comme un risotto ; financier à la pistache et soupe de fraises... Cerise sur le gâteau, l'adresse est située dans une rue semi-piétonne, juste derrière le front de mer, mais à l'écart de l'agitation touristique.

🍽 – Prix : €€

25 rue du Docteur-Louis-Marçon – ✆ 04 94 32 28 58 – www.au-clair-de-la-vigne-restaurant-bandol.fr – Fermé mardi et mercredi

L'AMI N

CUISINE MODERNE • **CONTEMPORAIN** Le chef Lucas Minisi est assurément un ami qui vous veut du bien. D'abord, il cuisine surtout dans une veine végétale, donc fraîche et légère, ayant renoncé à la viande, mais pas au poisson venu de la criée. Ensuite, il renouvelle son menu chaque semaine, gage de fidélité à la bonne saisonnalité des produits varois. Enfin, ses assiettes parfumées filent le sourire à l'image de sa thonine minute aux pins, betteraves au sel ou de ses abricots, brisures de sablé et émulsion d'olive.

AC 🍽 – Prix : €€

3 rue de la Paroisse – ✆ 09 56 02 38 68 – Fermé mercredi et jeudi

L'ESPÉRANCE

CUISINE MODERNE • **COSY** Si vous avez la chance de vous rendre à Bandol, éloignez-vous un peu du port ; vous y découvrirez un lieu plein de fraîcheur, où Maria et Gilles Pradines exercent leur passion avec talent et gourmandise. De ses origines basques, le chef a conservé l'amour des produits du Grand Sud, ne dédaignant ni le piquillo farci, ni la cerise noire ou le pata negra. Il porte une attention particulière au choix de ses ingrédients et les mitonne avec grand soin : bar sauvage mariné aux graines de fenouil, huître spéciale n°2 grillée, abricot de Provence, huile d'olive et citron...La présentation des plats n'est pas en reste, et le service est charmant !

AC – Prix : €€€

21 rue du Docteur-Louis-Marçon – ✆ 04 94 05 85 29 – www.lesperance-bandol.com – Fermé lundi et mardi, et dimanche soir

LES OLIVIERS

CUISINE MODERNE • ÉLÉGANT Dans la baie de Renécros, on découvre avec bonheur cet intérieur lumineux et contemporain, d'une élégance rare, qui offre une vue imprenable sur la Grande Bleue. Le soir (et uniquement le soir !), Martin et Fleur nous proposent une cuisine méditerranéenne et provençale, colorée et parfumée, sous forme de menus à plusieurs étapes. Asperges vertes de Mallemort, poissons de ligne issus de la pêche locale, fraises de Hyères… le tout servi dans une salle à manger où le coucher de soleil est un ravissement !

⊰ & ᴀᴄ ≋ ⁅ **P** – Prix : €€€€

Hôtel Île Rousse, 25 boulevard Louis-Lumière – ☏ *04 94 29 33 12 – www.restaurant-les-oliviers-bandol.fr – Fermé les midis*

LE SHARDANA

CUISINE MODERNE • CONTEMPORAIN Au cœur de la station balnéaire, une adresse bienvenue, moderne et pimpante, cultive les charmes de la Sardaigne, et surtout ceux d'une cuisine de saison, renouvelée mensuellement qui butine son goûteux ordinaire dans les produits locaux et les ingrédients sardes. Des exemples ? Filet de maigre de la pêche locale à la vapeur douce, sauce armoricaine, légumes croquants et ail noir ou encore panettone façon pain perdu, pommes rôties, caramel au beurre salé et quenelle de straciatella. En salle, le sourire de la compagne du chef est un atout décisif ! Petite carte des vins, essentiellement italiens et locaux.

& ᴀᴄ ≋ – Prix : €€

16 rue de la République – ☏ *04 94 32 17 79 – – Fermé mercredi, et lundi, mardi, jeudi et vendredi midi*

ÎLE ROUSSE - THALAZUR

CONTEMPORAIN • MARITIME Une situation idéale pour cet hôtel chic les pieds dans l'eau ! Tout séduit : le décor contemporain, le superbe centre de thalasso, le hall d'accueil ouvert sur la piscine d'eau de mer… sans oublier les deux plages où l'on prend le soleil en toute tranquillité.

& ᴀᴄ ≋ ◯ ◊ ☼ ♣ ⏇ ⚙ ♨ ᴸ ⩌ ⊘ - 67 chambres

25 boulevard Louis Lumière – ☏ *04 94 29 33 00*

Les Oliviers - Voir la sélection des restaurants

BANNE

✉ 07460 – Ardèche

AUBERGE DE BANNE

CONTEMPORAIN • ROMANTIQUE Sur sa colline à la limite de l'Ardèche et du Gard, le village de Banne a tout d'une carte postale : un panorama superbe, un climat délicieux et… une ravissante auberge. Tombés amoureux de l'endroit, ses propriétaires ont tout repensé dans un bel esprit à la fois contemporain et rétro. Une réussite, à découvrir !

& ᴀᴄ ◯ - 11 chambres

Place du Fort – ☏ *04 75 89 07 78*

BANYULS-SUR-MER

✉ 66650 – Pyrénées-Orientales – Carte régionale n° **27**-C3

LE FANAL

CUISINE MODERNE • COSY Face au port de plaisance de Banyuls, laissez-vous guider par les lumières de ce Fanal. Pascal Borrell, Catalan pure souche, a choisi d'y jeter ses filets après avoir navigué jusqu'aux grandes maisons parisiennes, et mené le Chapon Fin à Perpignan. Ici, le poisson frais est à l'honneur : merlu, lotte, sole, turbot, morue… ou encore ces pickles d'anchois doucement marinés au vinaigre de Banyuls.

⊰ ᴀᴄ ≋ – Prix : €€€

18 avenue Pierre-Fabre – ☏ *04 68 98 65 88 – www.pascal-borrell.com*

BAR-LE-DUC

✉ 55000 – Meuse – Carte régionale n° **6**-C3

BISTRO SAINT-JEAN

CUISINE MODERNE • CONTEMPORAIN Cette ancienne épicerie est devenue un bistrot contemporain plein de saveurs et de couleurs, pile dans la tendance. Le patron, fils de pâtissier, réalise une cuisine du marché soignée, et dans l'air du temps, renouvelée au quotidien, comme avec cette poitrine de cochon confite et son jus de braisage aux petits oignons. Et toujours : le respect des produits. Service efficace et discret.

AC – Prix : €€

132 boulevard de la Rochelle – ☏ 03 29 45 40 40 – www.bistrostjean.fr – Fermé lundi, samedi midi, et jeudi et dimanche soir

BARBENTANE

✉ 13570 – Bouches-du-Rhône – Carte régionale n° **28**-E1

INEFFABLE N

Chef : Nicolas Thomas

CUISINE MODERNE • ÉLÉGANT L'ineffable, le propre de la musique selon le philosophe, joue dans ce petit village provençal de caractère une savoureuse mélodie gourmande. Elle est finement interprétée par un couple de passionnés, Nicolas Thomas et Marie Salomez. 5 tables seulement profitent des murs de pierre calcaire, du mobilier contemporain et de chants d'oiseaux apaisants en fond sonore – hommage à Olivier Messiaen ? Dans l'assiette, le chef module sa verve gourmande au fil d'une trame poétique qui associe librement l'olive et l'olivier, le végétal et l'iode (et même la viande sur le grand menu). Ce mélomane a le sens de la mesure et de l'harmonie, à l'image de sa composition potagère nappée d'une crème fumée.

AC – Prix : €€€

3 rue Grande – ☏ 04 90 26 58 86 – www.restaurant-ineffable.fr – Fermé lundi, dimanche et du mardi au samedi à midi

BARBOTAN-LES-THERMES

✉ 32150 – Gers – Carte régionale n° **26**-A1

LA BASTIDE

CUISINE MODERNE • ÉLÉGANT Dans le petit village thermal de Cazaubon, cette ancienne chartreuse, propriété de la famille Guérard, a été rénovée avec goût dans un esprit maison de campagne chic. En cuisine, le chef s'appuie sur les recettes classiques et diététiques du regretté Michel Guérard : une cuisine légère, digeste et moderne mais non sans gourmandise. Service agréable.

– Prix : €€€

Avenue des Thermes – ☏ 05 62 08 31 00 – www.bastide-gasconne.com – Fermé lundi et mardi

LA BASTIDE EN GASCOGNE

CLASSIQUE • CHARME Omniprésence de l'eau (avec de superbes fontaines dans les jardins à l'andalouse, une galerie menant aux thermes et au centre de balnéo) ; décor raffiné mêlant brique, bois, marbre et pierre ; chambres douillettes : cette bastide a un charme fou !

– 25 chambres

Avenue des Thermes – ☏ 05 62 08 31 00

La Bastide - Voir la sélection des restaurants

BARCELONNETTE

✉ 04400 – Alpes-de-Haute-Provence

AZTECA

CONTEMPORAIN • RAFFINÉ Cette ancienne villa "mexicaine" de 1888 abrite aujourd'hui des chambres confortables, dont chacune est personnalisée dans un style contemporain. Dans les salons de l'hôtel, une galerie accueille le travail de nombreux artistes.

& P 🐕 🛏 🆗 🛜 - 27 chambres
3 rue François Arnaud – ☎ *04 92 81 46 36*

BARCUS

✉ 64130 – Pyrénées-Atlantiques – Carte régionale n° **25**–B3

CHILO

CUISINE MODERNE • AUBERGE Arnaud Chilo et sa sœur Marina incarnent la quatrième génération à la tête de cette auberge familiale créée en 1937. Ils font souffler un petit vent de fraîcheur dans cette maison, à l'image du nouveau mobilier et de cette salle réagencée qui a heureusement conservé une âme rustique attachante – sans oublier la vue sur la vallée verdoyante et les montagnes depuis la terrasse. L'assiette, gentiment troussée, comporte son lot de produits basques agrémentés selon la saison : truite fumée ; pavé de lieu jaune en croûte ; épaule d'agneau de 7 heures…

🛏 🍴 P – Prix : €€
1410 rue Principale – ☎ *05 59 28 90 79 – www.maison-chilo.com – Fermé lundi et mardi midi*

BARJAC

✉ 30430 – Gard – Carte régionale n° **28**–B2

LE CARRÉ DES SAVEURS

CUISINE TRADITIONNELLE • TENDANCE Un intérieur résolument contemporain ou une agréable terrasse dans une jolie cour intérieure, c'est le cadre charmant et paisible de cette ancienne magnanerie cernée par les vignes et les oliviers. La cuisine cultive l'esprit du terroir et de la tradition, magnifiant les produits locaux : caviar d'aubergine à l'huile vierge ; daube provençale de bonne saveur ; financier pistache et mousseline vanille. Petit plus, on peut goûter les vins et l'huile d'olive produits directement sur le domaine. Chambres contemporaines spacieuses au grand calme.

🛏 🍴 ♻ P – Prix : €€
1770 chemin du Mas-du-Terme – ☎ *04 66 24 56 31 – www.le-carre-des-saveurs.com*

BARNEVILLE-CARTERET

✉ 50270 – Manche – Carte régionale n° **2**–A2

MARNAGE - HÔTEL LA MARINE

CUISINE MODERNE • CONTEMPORAIN Avec sa vue panoramique sur les flots et le port, cette institution de la presqu'île du Cotentin fait face aux îles de Jersey et Guernesey. Dans une agréable salle contemporaine, vous pourrez déguster des plats modernes et élégants mettant en avant le terroir normand, avec une prédominance des produits de la mer issus de la pêche locale, à l'image de ce lieu, fenouil confit et rôti, beurre monté au zeste de citron.

≼ & AC P – Prix : €€€
11 rue de Paris – ☎ *02 33 53 83 31 – www.hotelmarine.com – Fermé du lundi au mercredi et jeudi midi*

BARNEVILLE-LA-BERTRAN
✉ 14600 – Calvados

 AUBERGE DE LA SOURCE

TRADITIONNEL • CHAMPÊTRE À l'entrée du village, cette jolie maison en brique rouge et sa longère à colombages semblent incarner l'idéal champêtre : un jardin et ses beaux arbres fruitiers, des bassins où fraient truites et esturgeons, des chambres d'esprit nature et cosy... Charmant !

よ 🅿 ⌀ 🛏 ⅋⃝ - 15 chambres
Chemin du Moulin – ℰ 02 31 89 25 02

BARON
✉ 30700 – Gard

 LA MAISON D'ULYSSE

BOURGEOIS • CHAMPÊTRE Cette ancienne magnanerie du 16e s. a délaissé l'élevage des vers à soie pour proposer un lieu dont l'élégance champêtre invite à se sentir du côté de chez soi. Jardin provençal, belle piscine, élégants volumes des chambres, mobilier design ou Art déco : tout ici évoque le luxe tranquille, et sans afféterie. Mais aussi : terrain de boule, hammam...

🅐🅒 🅿 ⌀ 🛏 🚴 ♨ ⛟ 🕳 ⅋⃝ - 9 chambres
20 place Ulysse Dumas – ℰ 04 66 81 38 41

BARR
✉ 67140 – Bas-Rhin – Carte régionale n° **8**-C1

 ENFIN

CUISINE MODERNE • ÉPURÉ Dans cette ancienne menuiserie, le bois est utilisé comme élément central du décor, dans un esprit d'épure toute scandinave qui se retrouve jusque dans les plats, d'inspiration végétale et locale. Les cuisines ouvertes avec comptoir bruissent du fourmillement d'une jeune brigade efficace et engagée. Sous des intitulés parfois énigmatiques ("bœuf-carottes végétalisé", "barbecue au potager" ou encore "croisière alsacienne"), les assiettes sont claires, créatives et respectent à la lettre la saison : chou-rave, légumes verts croquants et caviar de Gironde ; ris de veau et beurre noisette ; fruits rouges d'Alsace associés à la vanille de Bretagne. Un lieu avec du cachet, une cuisine avec de la personnalité.

よ 🅐🅒 🅿 – Prix : €€€€
*2 chemin du Château-d'Andlau – ℰ 03 69 61 37 30 – www.enfin-barr.com –
Fermé lundi, mardi et dimanche*

LA TABLE DU 5

CUISINE MODERNE • CONTEMPORAIN Ce restaurant contemporain, situé au sein de l'hôtel 5 Terres, regarde le magnifique hôtel de ville (1640) de style Renaissance. Dans cette salle lumineuse aux matériaux nobles (chêne, cuir, velours), on déguste une cuisine actuelle qui font la part belle aux produits locaux soigneusement sourcés. La carte des vins fait forte impression, avec des centaines de références bio et biodynamique.

🐝 よ 🅐🅒 🍽 – Prix : €€
*11 place de l'Hôtel-de-Ville – ℰ 03 88 08 28 44 – www.5terres-hotel.fr –
Fermé lundi, dimanche et samedi midi*

 5 TERRES

CONTEMPORAIN • CHALEUREUX Voici un lieu de retraite luxueux le long de la route des vins d'Alsace. L'architecte Jean-Daniel Seltz a rénové de main de maître l'hôtel, le restaurant et le spa, mêlant le charme alsacien authentique au luxe contemporain pour créer un ensemble accueillant et chaleureux. Le spa comprend une piscine intérieure, un hammam et un sauna.

🅐🅒 🅿 ⌀ ♨ ⛟ 🕳 ⅋⃝ - 27 chambres
11 Place de l'Hôtel de Ville – ℰ 03 88 08 28 44
La Table du 5 - Voir la sélection des restaurants

BARRETAINE

✉ 39800 – Jura – Carte régionale n° **13**-B2

MAISON ZUGNO

CUISINE MODERNE • **MAISON DE CAMPAGNE** Cet ancien relais de poste de la fin du 18e s. est devenu une halte de charme (avec ses 9 chambres, sa piscine et son spa) et un restaurant distribué en 3 petites salles à manger (parquet, tables en noyer, murs en brique, tapisserie florale, mur végétal selon la pièce). Le chef Quentin Defert signe une cuisine moderne exclusivement sans gluten à base de produits de saison souvent locaux (mais pas seulement). En entrée, la brunoise de poire épouse le Bleu de la fruitière de La Marre, la crème de maïs se marie aux noisettes et la poitrine de porc Ibérique fondante et son chou romanesco sont relevés d'une savoureuse émulsion thaï.

⌂ & 🛜 P – Prix : €€€

Les Monts de Vaux – ☎ 03 84 53 10 31 – www.maison-zugno.com – Fermé lundi, du mardi au vendredi à midi, et dimanche soir

MAISON ZUGNO

BOURGEOIS • **CHAMPÊTRE** Cette maison du 17e s. au cachet bourgeois abrite des chambres confortables et personnalisées. Une adresse de renom réveillée par l'enthousiasme d'un jeune couple, qui a redonné vie à cette bâtisse perdue dans la nature.

🅰🅲 P 🛜 ⌂ 🛏 ❍ - 8 chambres

Les Monts – ☎ 03 84 53 10 31

Maison Zugno - Voir la sélection des restaurants

BASSE-GOULAINE

✉ 44115 – Loire-Atlantique – Carte régionale n° **9**-B3

RESTAURANT DU PONT

CUISINE TRADITIONNELLE • **ÉPURÉ** Face au petit canal de Goulaine, une maison blanche au cadre contemporain sobre et dotée d'un agréable jardin-terrasse pour les beaux jours, qui fut jadis une buvette et une auberge. Après avoir roulé sa bosse à l'étranger, le chef Mathieu Corbineau fait le pont entre recettes plutôt traditionnelles et influences plus actuelles : croustillant de volaille aux épices tandoori, sabayon carotte cumin et kumquat ; criée du jour en croûte d'herbes, risotto de céréales et beurre d'agrume ; fraise gariguette, crémeux yuzu, guimauve givrée gariguette et glace nougat de Montélimar. Menu déjeuner à prix doux, et une carte des vins qui fait honneur au vignoble du muscadet.

& 🛜 ❍ – Prix : €€

*147 rue du Grignon – ☎ 02 40 03 58 62 – www.restaurant-du-pont.fr –
Fermé lundi et dimanche, et mercredi soir*

VILLA MON RÊVE

CUISINE TRADITIONNELLE • **COSY** Sur les bords de Loire, cette jolie maison de maître de la fin du 19e s., au cadre élégant et feutré, régale fièrement ses convives depuis 75 ans – une institution donc. Le chef actuel propose une cuisine de tradition régionale avec de bons produits du cru : cuisses de grenouille au beurre persillé ou sauce gros plant aux herbes ; poissons de la région (brochet, sandre et bar) au beurre blanc ; cœur de ris de veau doré et crème de morilles. Accueil tout sourire et grande terrasse ombragée entourée d'un jardin arboré bucolique et coloré de parterres de fleur... Non, vous ne rêvez pas, c'est bien la douceur ligérienne !

⌂ 🛜 ❍ P – Prix : €€

*2 levée de la Divatte – ☎ 02 40 03 55 50 – www.villa-mon-reve.com –
Fermé lundi et mardi, et dimanche soir*

221

BASSIN D'ARCACHON

✉ 33120 Gironde – Carta regionale n° **22**–A2

Derrière l'huître, tout un panier de délices

Le bassin d'Arcachon est une échancrure dans la longue Côte d'Argent, une lagune sertie par la forêt, autrefois domaine des résiniers. Devenu le sixième parc naturel marin français, cet univers, en partie protégé, est animé par le vol des oiseaux. Dans ce paysage sauvage, les pinasses colorées, les cabanes sur pilotis et les ducs-d'Albe témoignent de l'activité des hommes. Côté gourmandise, on commence par aller se régaler dans l'une des cabanes des ports ostréicoles (à la Teste-de-Buch, par exemple), en accompagnant ses huîtres d'un petit verre de blanc : si ce n'est pas le bonheur, ça y ressemble ! On ira aussi se régaler de sole ou de seiche dans l'un des nombreux restaurants du bassin, avant de passer au marché d'Arcachon : sa halle Baltard recèle bien des trésors, caviar d'Aquitaine, bars, soles et turbots de la criée, bœuf de Bazas et fromages des Pyrénées...

ARCACHON

✉ 33120 – Gironde – Carte régionale n° **22**–A2

 LE PATIO

Chef : Thierry Renou

CUISINE MODERNE • ÉLÉGANT Dans le quartier du port, ce restaurant s'est fait un devoir de mettre en valeur les meilleurs produits aquitains : asperge des Landes, agneau de Pauillac, huîtres du bassin, pigeon, foie gras... Le chef Thierry Renou voue aussi une passion à la Thaïlande où il séjourne régulièrement : il y a des pointes de métissage dans son poulpe au yaourt yuzu, caviar et gingembre confit, ou encore son ossau-iraty, sablé au saté et confiture de cerises. Sa cuisine se veut contemporaine et porte une attention toute particulière à l'esthétisme des assiettes. Quant au fameux "patio", c'est aussi un régal : une verrière qui permet de déjeuner à l'air libre ou de dîner sous la voûte étoilée...

🍽 – Prix : €€€

10 boulevard de la Plage – ☎ 05 56 83 02 72 – www.lepatio-thierryrenou.com – Fermé lundi et dimanche, et mercredi soir

ARCACHON

ACACIA

CUISINE MODERNE • CONTEMPORAIN Repérez vite au cœur d'Arcachon, à deux pas de la plage, cette petite devanture noire et blanche qui cache une salle à la déco actuelle griffée d'une touche rétro. Le chef connaît son affaire, entre bistronomie et tradition revue avec intelligence : très bonne terrine porc noir de Bigorre/volaille, twistée par une compotée d'oignon rouge et poire ; quasi de veau en croûte d'herbes, gnocchis à la patate douce.

🏧 🍴 – Prix : €€

230 boulevard de la Plage – ☎ 05 57 15 92 21 – www.acacia-restaurant.fr – Fermé lundi et dimanche

KO-SOMETSUKE 2K

CUISINE ASIATIQUE • SIMPLE Originaire du Cambodge, la famille Khong a posé ses valises à Arcachon, et désormais, c'est elle qui invite au voyage : de la Chine au Japon, et au sud-est asiatique, en utilisant des produits régionaux. Ne manquez pas les dim sum, les vraies stars de la maison, dont la pâte est d'une finesse rare…

🏧 🍴 – Prix : €€

156 boulevard de la Plage – ☎ 05 56 83 67 69 – Fermé lundi, mardi et mercredi midi

🛏 VICTORIA BOUTIQUE HÔTEL

MODERNE • CHARME Derrière cette façade discrète, toute proche du centre ville, se cache un hôtel qui allie le charme décontracté du bord de mer au design contemporain. Ses 24 chambres sont chatoyantes et pleines de caractère, certaines disposant d'une terrasse privée. La plage et la promenade ne sont qu'à quelques pas, et le toit, lieu des petits-déjeuners et des cocktails du soir, offre une vue séduisante sur la ville et la baie.

🏧 🅿 🕭 🖥 🚲 🖐 - 19 chambres

24 avenue du Général de Gaulle – ☎ 05 33 09 28 40

🛏 VILLE D'HIVER

MODERNE • CONVIVIAL Dans un quartier plein de cachet, cet ancien bâtiment de la Compagnie Générale des Eaux est devenu un charmant hôtel, ceinturé d'un beau jardin. À l'image de la station, il cultive un style balnéaire à la fois chic et décontracté. Les chambres sont douillettes, et l'espace détente invite à des moments des plus agréables.

🏧 🅿 🕭 🗳 🍴 - 12 chambres

20 avenue Victor Hugo – ☎ 05 56 66 10 36

🛏 VILLA DU MOULLEAU

CONTEMPORAIN • MARITIME Au cœur du village, cette villa arcachonnaise classique a été entièrement rénovée, ses chambres et suites redessinées dans un style chic et contemporain. Les chambres Mezzanine sont parfaites pour quatre personnes, d'autres s'ouvrent sur les jardins par des loggias ou balcons. L'hôtel, à deux pas de la plage, dispose d'une belle piscine extérieure et de deux bateaux pour des excursions à la journée.

🖐 🏧 🕭 🚲 🗳 - 21 chambres

12 avenue Louis Garros – ☎ 05 25 02 00 00

🛏 VILLA LAMARTINE

BOURGEOIS • COSY Cet établissement, situé dans une rue calme du centre-ville, offre tous les agréments d'une demeure bourgeoise familiale : petit salon cosy, plaisante salle des petits-déjeuners, et bien entendu, chambres confortables. Sans oublier un joli petit spa qui vous tend les bras…

🖐 🏧 🅿 🕭 🌐 🎐 🖐 - 24 chambres

28 avenue Lamartine – ☎ 05 56 83 95 77

ARÈS

✉ 33740 – Gironde – Carte régionale n° **22**–A2

✿ NACRE

Chefs : Adeline Lesage et Marc-Antoine Lepage
CUISINE MODERNE • ÉPURÉ Dans un décor épuré où le bois et le blanc dominent, Marc-Antoine Lepage (ex-restaurant Les Foudres à Cognac, mais aussi Mirazur à Menton) et Adeline Lesage (passée également par les Foudres) unissent leurs talents pour délivrer une cuisine moderne pleine de douceur, dans un format de menu carte blanche. Tout en nuance et subtils contrastes, la crème d'artichaut et son berlingot au basilic et artichaut violet en barigoule ravit les papilles, tout comme ce homard à l'huile de crustacés, girolles, miel et estragon. Un univers qui met la terre et la mer à l'honneur, avec une prédilection pour les jeux de textures. Accueil souriant.
&. AC – Prix : €€€

3 bis rue Sophie-et-Paul-Wallerstein – ✆ 05 57 05 48 99 – www.restaurant-nacre.com – Fermé lundi, mardi, du mercredi au vendredi à midi, et dimanche soir

GUJAN-MESTRAS

✉ 33470 – Gironde – Carte régionale n° **22**–A2

BISTRO' 50

CUISINE MODERNE • BRANCHÉ À 100 m de la plage et du port de la Hume, ce bistrot moderne à la jolie décoration est l'endroit idéal pour partager quelques petites entrées entre amis ou en famille, ou craquer devant des classiques joliment revisités par le chef Nicolas Vallois : pâté en croûte de volaille, canard et pruneau ; œuf mayo-verjus, rémoulade céleri-sucrine-Granny Smith, jaune confit au sel ; cromesquis de cochon confit, etc. La cave laisse une belle part aux petits producteurs bio ou nature, avec une jolie sélection de vin au verre. Aux beaux jours, on s'installe sur la vaste et agréable terrasse en bois ombragée pour un repas décontracté.
&. 🍽 – Prix : €€

50 avenue de la Plage – ✆ 05 57 16 35 43 – www.bistro50.fr – Fermé mardi et mercredi, et dimanche soir

LANTON

✉ 33138 – Gironde

🛏 VILLA LA TOSCA   *Plus*

CONTEMPORAIN • RAFFINÉ Considérée comme l'un des plus fins exemples d'architecture arcachonnaise, cette adresse marie avec brio la villa à l'italienne avec ce style "villégiature" typique du Sud-Ouest. Les intérieurs sont contemporains, lumineux, décorés d'antiquités asiatiques et d'objets d'art. Un moment de calme et sérénité sur le bassin d'Arcachon, à distance raisonnable des vignobles du Bordelais.
🅿 ♤ 🛏 🚲 🛋 - 9 chambres

10 allée du Bassin – ✆ 05 56 60 29 86

LÈGE-CAP-FERRET

✉ 33950 – Gironde – Carte régionale n° **22**–A2

L'AUBERGE DU BASSIN 🆕

CUISINE MODERNE • CONTEMPORAIN Grande voyageuse, la cheffe Mélanie Serre (ancienne collaboratrice de Joël Robuchon) a posé son sac au début de la presqu'île du Cap-Ferret, face à la mer (à marée haute) ou aux herbiers et aux plants de salicorne (à marée basse). Sa carte gourmande joue l'éclectisme avec ses nombreux clins d'œil à la cuisine bistrotière, voire classique. Ses recettes parfaitement exécutées sont souvent pimpées de touches plus créatives : excellent pâté

LÈGE-CAP-FERRET

en croûte, poireaux vinaigrette en mimosa, chou farci, bœuf Wellington, baba au rhum... Belle cave offrant des flacons pour toutes les bourses, du petit vin nature à la grande appellation.

 – Prix : €€

38 avenue du Général-de-Gaulle – ℰ 05 56 60 70 22 – www.aubergedubassin.fr – Fermé du lundi au mercredi

HÔTEL DES DUNES

MODERNE • MARITIME Le nom de cet hôtel le situe parfaitement, à deux pas de la plage éponyme. Il affiche un style simple, inspiré des cabanes à huîtres de la région, mais à l'intérieur, on découvre l'influence de la culture surf californienne et une élégance décontractée. Les 11 chambres de l'hôtel sont confortables et un brin minimalistes, équipées de la climatisation mais sans télévision, pour une tranquillité sans faille. Certaines ouvrent sur de lumineux balcons ou terrasses orientés sud, à l'instar des trois suites qui s'étendent sur plus de 30 m². Mais l'important est ailleurs : salle de yoga et sauna, douche extérieure pour le retour de plage, vélos et planches de surf à louer...

 – 14 chambres

119 avenue de Bordeaux – ℰ 05 56 60 61 81

PYLA-SUR-MER

✉ 33115 – Gironde – Carte régionale n° **22**-A2

❀❀ LE SKIFF CLUB

Chef : Stéphane Carrade

CUISINE MODERNE • ÉLÉGANT Au sein de cet hôtel basque des années 1930 lové au cœur d'une pinède et relooké par le designer Philippe Starck, le restaurant le Skiff Club est un cocon, installé dans une coquette petite salle à manger décorée façon yacht club. Stéphane Carrade est un capitaine émérite et talentueux : il décline une réjouissante cuisine de "terroir progressif", célébrant l'Aquitaine de belle manière. Ce chef allie générosité et finesse, à l'image de cette fleur de courgette farcie de duxelles et araignée de mer, soupe de crabes verts au pain d'épice ou encore homard bleu grillé au bois de barrique de Bordeaux, aubergine aux girolles et moelle, sauce Ha(a)ïtza. Le dessert enfin, signé Alexandre Blay, confirme les promesses de cette table : son travail autour du chocolat, avec un confit de pruneaux au barbecue et ail noir de Biscarrosse au porto, ganache chaude et glace aux notes de réglisse, allie finesse et originalité.

 – Prix : €€€€

1 avenue Louis-Gaume – ℰ 05 56 22 06 06 – www.haaitza.com – Fermé du lundi au vendredi à midi, dimanche soir

❀ **L'engagement du chef :** Fidèle à notre ligne de conduite qui prône le terroir progressif, nous travaillons au maximum avec les petits producteurs de notre région - pêche locale, légumes, herbes, bête entière, tout en privilégiant les plus beaux produits. Beau, bon et le plus naturel possible. Le chef roule en voiture 100% électrique et va chercher lui-même certains produits comme les légumes cultivés à Biscarrosse.

LA CO(O)RNICHE

MODERNE • CHAMPÊTRE Sur les hauteurs – entre sable et pinède – cette villa néobasque des années 1930 a été entièrement rénovée par Philippe Starck. Chambres d'une blancheur immaculée, échappées superbes sur le bassin ou les dunes, augmentées de seize autres, nichées dans la partie Village des Cabanes, contre la célèbre Dune du Pilat. Un endroit très en vue !

- 12 chambres

46 avenue Louis Gaume – ℰ 05 56 22 72 11

PYLA-SUR-MER

 LA GUITOUNE

DESIGN • MARITIME Cet hôtel familial a confié sa rénovation à l'architecte Bambi Sloan, qui a conservé la façade néo-basque et a transformé les intérieurs en une fantaisie vintage. Il garde tout ce que l'on attend d'un hôtel de bord de mer, ainsi qu'un restaurant et un bar élégants, en plus d'un accès à la dune de sable du Pilat, la plus grande d'Europe.

- 25 chambres
95 boulevard de l´Océan - ℰ 05 56 83 00 00

 HA(A)ÏTZA

MODERNE • CHALEUREUX Tout près de la Dune du Pilat et de l'océan, cette villa des années 1930 en impose ! Intérieur design chaleureux et ultramoderne (signé Philippe Starck), jolies chambres lumineuses décorées avec raffinement, piscine sous verrière et spa... Un lieu d'exception.

- 38 chambres
1 avenue Louis Gaume - ℰ 05 56 22 06 06
✸✸ **Le Skiff Club** - Voir la sélection des restaurants

LE TEICH

33470 – Gironde – Carte régionale n° **22**-A2

NAISSAIN 🆕

CUISINE MODERNE • CONTEMPORAIN Le naissain, ce sont les larves d'huîtres. Ce bistrot moderne, ouvert par Thomas Iglesias, un chef qui a vogué sur les mers du monde entier, a toujours un plat consacré au mollusque. Il se fournit d'ailleurs auprès de l'élevage de son frère ostréiculteur à La Teste-de-Buch. Pour le reste, ce cuisinier nomade avoue un faible pour le végétal (il y a systématiquement une entrée et un plat végétariens à la carte), traité avec imagination et goût, à l'image de cette tranche de céleri-rave rôtie, badigeonnée d'un bon jus de légumes et agrémentée de feta et pistaches torréfiées. Petite carte renouvelée chaque mois, menu déjeuner au très bon rapport qualité-prix.

– Prix : €€
10 rue des Castaings - ℰ 05 56 22 48 42 - www.restaurantnaissain.com - Fermé mardi et mercredi

LA TESTE-DE-BUCH

33260 – Gironde – Carte régionale n° **22**-A2

 L'AILLET

CUISINE MODERNE • BISTRO Se réclamant d'une approche paysanne, la cuisine du chef s'inscrit pourtant dans l'esprit des bistrots d'aujourd'hui grâce à une esthétique résolument contemporaine. En entrée, chou-fleur, hareng, estragon et cacahuètes : un dressage épuré et des saveurs bien équilibrées. Le chef est aussi adepte des cuissons traditionnelles et des pièces rôties entières – vive le goût ! Une adresse bienvenue autour du bassin d'Arcachon.

– Prix : €€
16 place Gambetta - ℰ 05 40 70 23 98 - Fermé lundi, samedi et dimanche

LA TESTE-DE-BUCH

LA TABLE DE L'OLÉA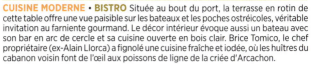

CUISINE MODERNE • BISTRO Située au bout du port, la terrasse en rotin de cette table offre une vue paisible sur les bateaux et les poches ostréicoles, véritable invitation au farniente gourmand. Le décor intérieur évoque aussi un bateau avec son bar en arc de cercle et sa cuisine ouverte en bois clair. Brice Tomico, le chef propriétaire (ex-Alain Llorca) a fignolé une cuisine fraîche et iodée, où les huîtres du cabanon voisin font de l'œil aux poissons de ligne de la criée d'Arcachon.

– Prix : €€

62 bis avenue des Ostréiculteurs – ℘ 05 56 83 67 48 – Fermé mercredi

BASTELICACCIA – Corse-du-Sud (2A) ➜ Voir Corse

LA BAULE

44500 – Loire-Atlantique – Carte régionale n° **9**–A3

LE CASTEL MARIE-LOUISE

CUISINE MODERNE • BOURGEOIS Témoin du style balnéaire baulois, ce manoir édifié au début du 20e siècle abrite un hôtel et une salle à manger bourgeoise aux grandes baies tournées vers le parc et la charmante terrasse. Le chef Jérémy Coirier, originaire de la région, s'inspire des produits du terroir local (poissons et coquillages, algue du Croisic, safran de Guérande, pigeon de Mesquer…) pour composer un menu évoluant au gré des saisons.

– Prix : €€€€

1 avenue Andrieu – ℘ 02 40 11 48 38 – www.hotelsbarriere.com/fr/la-baule/le-castel-marie-louise.html – Fermé lundi, mardi et du mercredi au samedi à midi

FOUQUET'S

CUISINE TRADITIONNELLE • CHIC Une table située au sein de l'hôtel Royal, typique des grands hôtels balnéaires du début du 20e s. Le décor cosy des boiseries et les photos d'acteurs signées du studio Harcourt évoquent l'ambiance du Fouquet's parisien. Carte d'inspiration brasserie (fruits de mer, sole meunière, filet de bœuf sauce béarnaise, andouillette, profiteroles), mais aussi des plats light - thalasso oblige !

– Prix : €€€

6 avenue Pierre-Loti – ℘ 02 40 11 48 48 – www.hotelsbarriere.com/fr/la-baule – Fermé les midis

14 AVENUE

POISSONS ET FRUITS DE MER • CONVIVIAL Simplicité et qualité sont les maîtres mots de cette adresse. Les produits de la mer y sont respectés : appétissants lors de la présentation sur assiette puis bien travaillés par le chef Antoine Le Moal. L'entrée de crabe, crevette et homard est fraîche et assaisonnée, l'aile de raie préparée avec soin et le baba au rhum apporte la touche de gourmandise finale. Le cadre moderne est élégant, le service aimable et souriant.

– Prix : €€€

14 avenue Pavie – ℘ 02 40 60 09 21 – www.14avenue-labaule.com – Fermé lundi et mardi, et dimanche soir

SAINT-CHRISTOPHE

CUISINE MODERNE • COLORÉ Élégante villa du début du 20e s., au cadre coloré et cosy, avec de grandes fenêtres offrant une vue sur les jardins verdoyants. On profite aux beaux jours de la belle et agréable terrasse à l'ombre des parasols, au milieu des arbres et parterres de fleurs. Dans l'assiette, une cuisine traditionnelle avec des touches plus actuelles. Mention spéciale pour le classique soufflé au citron et passion, sorbet au lait ribot !

– Prix : €€

1 avenue des Alcyons – ℘ 02 40 62 40 00 – www.st-christophe.com – Fermé lundi et dimanche

LA BAULE

L'HERMITAGE BARRIÈRE

TRADITIONNEL • CHARME Malgré les modes et l'usure du temps, le charme reste intact dans cet hôtel de luxe des années 1920, dont la façade anglo-normande se dresse face à la plage, au milieu des pins. Des vastes chambres pleines de charme à la piscine chauffée et au hammam, tout ici conspire à votre bonheur...

AC P ⌂ ≋ ☰ 🌐 🏠 ⦿ - 200 chambres

5 esplanade Lucien Barrière – ☏ *02 40 11 46 46*

LE ROYAL LA BAULE

BELLE ÉPOQUE • ÉLÉGANT Bien-être et confort sont les maîtres-mots de cet hôtel monumental né en 1896 face à la plage. Chambres contemporaines et lumineuses, imposante "suite royale". Sans oublier le bar à l'ambiance chic et feutrée, et le centre de thalasso : l'héritage de la Belle Époque reste bien vivace.

AC ♨ P ⌂ ≋ ☰ 🌐 🏠 ♡ ⦿ - 87 chambres

6 avenue Pierre Loti – ☏ *02 40 11 48 48*

Fouquet's - Voir la sélection des restaurants

LES BAUX-DE-PROVENCE

✉ 13520 – Bouches-du-Rhône – Carte régionale n° **28**–E1

✿✿✿ L'OUSTAU DE BAUMANIÈRE

Chef : Glenn Viel

CUISINE CRÉATIVE • ÉLÉGANT Formidable ambassadeur de l'art de vivre méditerranéen, le domaine provençal de Baumanière offre un mélange unique de repos, de rusticité et d'élégance – un lieu qui séduit les artistes et les personnalités depuis des décennies. Entre ces murs séculaires, le chef Glenn Viel s'épanouit avec une liberté qui va grandissante. Il puise son inspiration dans la riche production locale (huile d'olive de la vallée des Baux, légumes bio du jardin de Baumanière, poules et cochons) mais aussi dans sa culture bretonne. Souvent servies dans une vaisselle créée sur place, ses compositions réhabilitent toutes les techniques traditionnelles de cuisson au feu, poussant très loin la réflexion sur l'inertie thermique – cette « cuisson après la cuisson ». Par leurs textures incomparables, les couteaux « les pieds dans l'eau » ou le pigeonneau des Costières cuit en croûte de foin et romarin, illustrent avec éclat la réussite de cette approche. Grand saucier, Glenn Viel sublime ses plats de jus puissants et de réductions prononcées, à l'image de ce jus de viande à la lavande. Le pâtissier Brandon Dehan inscrit ses originales créations gourmandes dans le même esprit de recherche de goûts authentiques, en toute complicité avec le chef. Service remarquable, carte des vins de 3000 références.

❀ ⇆ ≼ ⌂ & AC 🍴 ♨ P - Prix : €€€€

Mas de Baumanière – ☏ *04 90 54 33 07 – www.baumaniere.com – Fermé du mardi au jeudi*

✿ **L'engagement du chef :** Les légumes de nos potagers biologiques et les produits des producteurs locaux occupent une place de choix dans notre cuisine afin de valoriser le terroir provençal dans nos menus. Notre engagement s'inscrit dans une réflexion globale qui va de la lutte contre le gaspillage alimentaire à la gestion des déchets et du plastique en passant par un partenariat avec les artisans de la région.

✿ L'AUPIHO - DOMAINE DE MANVILLE

CUISINE MODERNE • ÉLÉGANT Au sein d'un hôtel luxueux avec golf, spa et piscine, une table soignée, rendant un vibrant hommage à la tradition régionale – comment pourrait-il en être autrement sur ces terres privilégiées, au pied des Alpilles et des Baux ? Paradoxe : cette passion du terroir provençal, on la doit à un jeune chef belge, Lieven Van Aken, qui a commencé sa carrière à Bruxelles puis chez Michel Guérard. Les recettes sont précises, ce qui n'exclut ni l'audace, ni l'intensité : bouillabaisse végétale et rouille au safran ; ris de veau fumé et grillé, tartare d'algues et langoustines de Méditerranée. La terrasse, sous des platanes centenaires, n'est pas moins délicieuse...

⇆ & AC 🍴 ♨ ♨ P - Prix : €€€€

Route de la Terre-des-Baux – ☏ *04 90 54 40 20 – www.domainedemanville.fr – Fermé mardi et mercredi*

LES BAUX-DE-PROVENCE

LA CABRO D'OR

CUISINE PROVENÇALE • MÉDITERRANÉEN Le chef Michel Hulin réalise une généreuse cuisine provençale avec de beaux produits des Alpilles et de Camargue à l'image de ce poulpe de Méditerranée cuisiné comme une bouillabaisse en chaud-froid ou cette dégustation d'agneau rôti et confit puis fumé au foin de la Crau AOP, fleur de courgette et panisse du Moulin de Daudet... Dans un site superbe, avec une terrasse à l'ombre de mûriers-platanes et une jolie vue sur ces éperons rocheux qui ont fait la célébrité de la cité et de ses environs... Une adresse enchanteresse.

- Prix : €€€€

Mas de Baumanière – 04 90 54 33 07 – www.baumaniere.com/gastronomie/la-cabro-dor

BAUMANIÈRE   *Plus*

CLASSIQUE • CHALEUREUX L'Oustau, la Guigou, le Manoir, la Flora et la Carita : cinq demeures provençales composent ce domaine exceptionnel, situé aux pieds des rochers qui conduisent au Val d'Enfer. Les chambres y sont confortables et raffinées. On profite aussi d'un beau jardin avec piscine et spa.

- 53 chambres

D27, Mas de Baumanière – 04 90 54 33 07

✲✲✲ **L'Oustau de Baumanière • La Cabro d'Or** - Voir la sélection des restaurants

BENVENGUDO   *Plus*

TRADITIONNEL • CHAMPÊTRE Le "bienvenue" provençal qui sert ici d'enseigne tient sa promesse : l'hospitalité est une vertu majeure dans cette bâtisse traditionnelle dressée sur 3 ha verdoyants, à l'ombre du Château des Baux-de-Provence. Le cadre est typique avec un horizon composé de champs de lavande, d'oliviers et au loin les sommets du massif des Alpilles. Les chambres et suites affichent un style traditionnel tout en jouant sur la légèreté et l'élégance, sans rien perdre de leur confort.

- 28 chambres

Vallon de l'Arcoule (D78F) – 04 90 54 32 54

DOMAINE DE MANVILLE   *Plus*

CLASSIQUE • CHAMPÊTRE Dans un ravissant vallon situé entre les Baux-de-Provence et Maussane-les-Alpilles, cet ancien domaine agricole a été magnifiquement reconverti : golf 18 trous, vastes chambres luxueuses, piscine, cinéma privé et spa... L'alliance du luxe, des vieilles pierres et de la nature provençale. Réparties dans plusieurs bâtiments, les chambres associent des meubles anciens soigneusement sélectionnés à des choix de décoration contemporaine tranchés.

- 30 chambres

Route de la Terre-des-Baux – 04 90 54 40 20

✲ **L'Aupiho - Domaine de Manville** - Voir la sélection des restaurants

BAYEUX

✉ 14400 – Calvados – Carte régionale n° **2**–B2

L'ALCÔVE

CUISINE MODERNE • **CONVIVIAL** Juste derrière la cathédrale, cette adresse propose une cuisine du marché fraîche et bien tournée, aussi savoureuse que sérieuse, qui tient ses promesses. Des exemples ? Tourteau émietté, vinaigrette des têtes et espuma fromage blanc ; ballottine de râble de lapin rôtie au beurre, cannelloni d'aubergines grillées et jus tranché. Le succès est toujours au rendez-vous, d'autant que les tarifs sont doux.

🏠 – Prix : €€

31 rue Larcher – ☎ 02 31 92 30 08 – Fermé lundi et dimanche, et mardi soir

L'ANGLE SAINT-LAURENT

CUISINE MODERNE • **COSY** L'arrivée d'un nouveau couple aux manettes, qui a longtemps travaillé aux côtés des anciens propriétaires, n'a pas changé la formule et la philosophie de cette adresse : les produits de la région ont la part belle à la carte (cochon de Bayeux, huîtres normandes, gruyère de Carrouges…), à travers une cuisine gourmande. Le cadre est toujours aussi agréable, à l'angle des rues Saint-Laurent et des Bouchers : pierres apparentes, poutres peintes, éclairage tamisé. Voilà un Angle au carré !

Prix : €€

2 rue des Bouchers – ☎ 02 31 92 03 01 – www.langlesaintlaurent.com – Fermé lundi, dimanche et samedi midi

LA RAPIÈRE

CUISINE TRADITIONNELLE • **COSY** Cette maison du 15e s., nichée dans une ruelle pittoresque, propose sous l'égide de son sympathique chef Simon Boudet une cuisine de saison savoureuse, qui ne saurait renier de solides bases traditionnelles. L'ensemble fleure bon le terroir, et s'enrichit même de touches actuelles : gravlax de saumon, aneth, betterave et wasabi ; suprême de poulet, abricot rôtis, frite de polenta et jus de volaille au romarin. Au dessert, l'excellente profiterole 100% maison allie moelleux et croustillant… En garde !

♿ – Prix : €€

53 rue Saint-Jean – ☎ 02 31 21 05 45 – www.larapiere.net – Fermé dimanche et le midi

LE 1720 - CHÂTEAU DE SULLY

CUISINE MODERNE • **ÉLÉGANT** Ce château du 18e s. étire sa longue façade classique au milieu d'un parc à l'anglaise, peuplé de cèdres bleus du Liban, de tilleuls et de séquoias. Dans les salons cossus ou dans la lumineuse véranda, vous dégusterez les assiettes du chef, qui font la part belle au terroir normand : légumes, fromages, foie gras, et bien sûr poissons de ligne.

🛏♿ ⌂ **P** – Prix : €€€

Route de Port-en-Bessin – ☎ 02 31 22 29 48 – www.chateau-de-sully.com – Fermé les midis

LA TABLE DU LION

CUISINE MODERNE • **CONTEMPORAIN** Au Lion d'Or, le chef travaille les produits du terroir normand de belle manière, agrémentés de touches asiatiques. Une rencontre inédite inspirée par ses périples en Asie, notamment au Japon et en Thaïlande. Ajoutons à cela une bonne maîtrise des cuissons et des assaisonnements : un rugissement de plaisir !

♿ 🏠 ⌂ – Prix : €€

71 rue Saint-Jean – ☎ 02 31 92 06 90 – www.liondor-bayeux.fr – Fermé lundi, dimanche et samedi midi

BAYEUX

 CHÂTEAU DE SULLY

CLASSIQUE • CHAMPÊTRE De lourdes grilles, une grande allée : une très belle entrée en matière pour ce château du 18e s. plein de charme. Les chambres cultivent un luxe discret et l'on aime à flâner sous les frondaisons du parc. Piscine et jacuzzi associent la détente à l'histoire...

🏊 **P** ❄ 🍴 🍽 🌐 🐾 🍽 - 23 chambres
Route de Port-en-Bessin - ☏ *02 31 22 29 48*
Le 1720 - Château de Sully - Voir la sélection des restaurants

 VILLA LARA

MODERNE • CHALEUREUX Dans le centre-ville médiéval qui entoure la cathédrale, ce petit hôtel moderne s'intègre harmonieusement. Les chambres sont à la fois contemporaines et classiques, avec des meubles de style revisités et des œuvres d'art. Une étape très appréciée pour son service et son petit déjeuner copieux.

AC **P** 🍴 - 28 chambres
6 Place du Québec - ☏ *02 31 92 00 55*

BAYONNE

✉ 64100 – Pyrénées-Atlantiques – Carte régionale n° **25**–A2

AUBERGE DU CHEVAL BLANC

CUISINE TRADITIONNELLE • ÉLÉGANT Cet ancien relais de poste du 18e s. est tenu par la même famille depuis 1959. La cuisine du chef Jean-Claude Tellechea revisite le répertoire régional : merlu croustillant, boudin noir, jambon Ibaïama, chocolat de Bayonne... à déguster dans une salle aux couleurs du Pays basque. Une offre variée de menus, qui saura satisfaire toutes les bourses.

AC ✧ – Prix : €€
Plan : voir Biarritz - Anglet - Bayonne plan I - C1 - 19 *68 rue Bourgneuf -* ☏ *05 59 59 01 33 – www.cheval-blanc-bayonne.com – Fermé lundi, samedi midi et dimanche soir*

BASA ⓝ

CUISINE CRÉATIVE • BRASSERIE Réhabilité, l'ancien tribunal de commerce de la ville abrite notamment cette table pétillante, dont le décor de brasserie chic et contemporaine a conservé les portes et les bancs d'origine. Aux manettes, on retrouve Fabian Feldmann (L'Impertinent à Biarritz), accompagné de Sarah en directrice de salle. L'offre gastronomique se partage équitablement entre plats traditionnels (boudin noir, tête de veau...) et d'autres plus créatifs d'inspiration asiatique (bao avec steak épicé et kimchi). Tous les produits sont basques ou presque. La carte des vins, soigneusement étoffée, privilégie les vignerons indépendants (et tout particulièrement en bio et/ou nature). Toutes ces belles quilles sont disponibles à emporter.

🍴 ♿ AC 🍽 ✧ – Prix : €€
Plan : voir Biarritz - Anglet - Bayonne plan I - C1 - 23 *74 rue d'Espagne -* ☏ *05 59 70 38 06 – www.brasserie-basa.com – Fermé dimanche soir*

BAYONNE

GOXOKI

CUISINE TRADITIONNELLE • CLASSIQUE Le goxoki, en basque, c'est « l'endroit chaleureux ». Un nom tout indiqué pour ce restaurant du petit Bayonne où officie la sympathique famille Hourcastagnou, dans un cadre élégant et intemporel. La cuisine y fait la part belle aux beaux produits locaux de saison, avec une alléchante carte de gibier : magret de palombe et pithiviers des cuisses, lièvre à la royale ou encore turbot sauvage et beurre blanc. Les habitués reviennent souvent apprécier les assiettes généreuses et gourmandes.

&⅃ 🄰🄲 – Prix : €€

Plan : voir Biarritz - Anglet - Bayonne plan I - C1 - 18 *24 rue Marengo – ℰ 05 59 59 49 89 – www.restaurant-goxoki.fr – Fermé mercredi, lundi midi et dimanche soir*

LA GRANGE

CUISINE TRADITIONNELLE • CONTEMPORAIN Dans cette maison en plein cœur de la ville, les vieilles pierres se marient harmonieusement avec une déco plutôt contemporaine. Dans l'assiette, place à une cuisine du marché et quelques spécialités de bistrot à l'accent basque. Et l'été, profitez de la terrasse sous les arcades, au bord de la Nive...

&⅃ 🍴 – Prix : €€

Plan : voir Biarritz - Anglet - Bayonne plan I - C1 - 16 *26 quai Galuperie – ℰ 05 59 46 17 84 – www.lagrange-bayonne.fr – Fermé lundi et dimanche*

NUANCE 🅝

CUISINE MODERNE • CONTEMPORAIN Passés par Choko Ona à Espelette, Brice Goeuriot et Margaux Le Baillif ont le goût de la nuance, à l'image de leur décor épuré réalisé en matériaux naturels par des artisans basques. C'est chic et confortable, chaleureux et convivial : une réussite. Après avoir réalisé un gros travail de sourcing auprès des petits producteurs bio landais et basques, le chef délivre dans son menu à l'aveugle des assiettes complexes, où les produits sont souvent traités en plusieurs façons, à l'image de l'agneau (gigot, côtelette et épaule confite). Les plantes et herbes aromatiques sont quant à elles exploitées de manière savante et variée : sorbet à la fleur d'oxalis et à la criste marine, sabayon à l'ail des ours, extraction de capucine... Une partition délicate.

&⅃ 🄰🄲 – Prix : €€

Plan : voir Biarritz - Anglet - Bayonne plan I - C1 - 17 *23 rue des Cordeliers – ℰ 05 59 59 83 44 – www.restaurantnuance.com – Fermé lundi, mardi, et mercredi et jeudi à midi*

RELIEF

CUISINE MODERNE • SIMPLE Au cœur du quartier Saint-Esprit, Thibault Deverre est aux commandes de ce bistro resté dans son jus, avec son mobilier rustique et ses sièges paillés. Chair de tourteau, glace asperge et tempura de pamplemousse ; thon rouge, polenta crémeuse, caviar d'aubergine fumé, salade croquante de chou rouge ; crémeux chocolat blanc, fraise et sorbet gariguette : des plats frais et spontanés, travaillés avec finesse et originalité, qui ne manquent pas de relief... Un carton plein, notamment auprès de la jeunesse bayonnaise et gourmande !

🄰🄲 🍴 – Prix : €€

Plan : voir Biarritz - Anglet - Bayonne plan I - C1 - 4 *11 rue Sainte-Catherine – ℰ 05 59 93 42 38 – www.reliefrestaurant.fr – Fermé lundi et dimanche*

LA TABLE - SÉBASTIEN GRAVÉ

CUISINE DU MARCHÉ • BRANCHÉ Après le succès de son Pottoka parisien, le chef, personnalité incontournable de la bistronomie bayonnaise, revient sur sa terre d'origine. Tout sourire derrière ses fourneaux, il y compose des plats inspirés du meilleur de la production du Sud-Ouest, parmi lesquels le merlu de

BAYONNE

Saint-Jean-de-Luz au naturel, le maquereau mariné et brûlé ou encore l'échine de cochon Ibaïma. Possibilité de manger sur le comptoir en zinc, sur la grande table d'hôtes entre copains ou en cuisine (il y a une table de 2, pour une expérience plus immersive). Une adresse conviviale et chaleureuse !

ઙ 🕰 ඕ ⇪ – Prix : €€

voir Biarritz - Anglet - Bayonne plan I - C1 - 15 *21 quai Amiral-Dubourdieu –*
Plan : ℰ *05 59 46 14 94 – www.latable-sebastiengrave.fr – Fermé lundi, mardi et dimanche*

BEAUGENCY

✉ 45190 – Loiret – Carte régionale n° **11**-A3

LE P'TIT BATEAU

CUISINE MODERNE • INTIME C'est au cœur de la cité médiévale que ce P'tit Bateau a mis le cap sur la gourmandise, et les produits frais, avec du poisson en arrivage direct des criées de Bretagne, mais aussi du gibier de Sologne en saison. Tout est généreux, précis, présenté avec soin et savoureux. À noter : le sympathique patio pour un repas à l'air libre. Une maison qui respire l'envie de bien faire !

ඕ – Prix : €€€

54 rue du Pont – ℰ 02 38 44 56 38 – www.restaurant-lepetitbateau.fr – Fermé lundi et mardi

BEAULIEU-SOUS-LA-ROCHE

✉ 85190 – Vendée – Carte régionale n° **14**-B2

 ### LE CAFÉ DES ARTS

CUISINE MODERNE • COSY Dans cette paisible bourgade de la campagne vendéenne, un ancien café-restaurant de village joliment rénové, mené par Virginie et Antoine Préteux, jeune couple au solide parcours dans des maisons étoilées. Antoine mijote une savoureuse cuisine dans l'air du temps, fondée sur de solides bases classiques apprises tout au long de son parcours, inspirée par le marché et valorisant les produits régionaux (assiette potagère, bouillon crémé et épicé ; lieu jaune de belle fraîcheur en croûte de miso ; revisite savoureuse du mont-blanc). On se régale dans un cadre cosy et intime (une douzaine de couverts tout au plus… pensez à réserver !), embelli du service particulièrement soigné de Virginie.

ઙ – Prix : €€

2 rue de la Poste – ℰ 02 51 98 24 80 – www.lecafedesarts-beaulieu.com – Fermé lundi et mercredi, et dimanche soir

BEAULIEU-SUR-DORDOGNE

✉ 19120 – Corrèze – Carte régionale n° **19**-C3

LE TURENNE

CUISINE MODERNE • CONTEMPORAIN Cuisine actuelle dans ce restaurant qui mêle des vieilles pierres à un cadre contemporain. La terrasse, aux beaux jours, offre un prolongement rêvé à la gourmandise.

ઙ 🕰 ඕ – Prix : €€

1 boulevard Saint-Rodolphe-de-Turenne – ℰ 05 55 28 63 60 – Fermé lundi et mardi, et dimanche soir

BEAULIEU-SUR-LAYON

✉ 49750 – Maine-et-Loire – Carte régionale n° **9**-C3

DOMAINE DE LA SOUCHERIE

MODERNE • CHAMPÊTRE Sur les coteaux du Layon, un château au cœur d'un domaine viticole de 28 ha. Les chambres, dans les dépendances, conjuguent à merveille mobilier ancien et confort moderne ! Le plus : la visite de la propriété s'achève par une dégustation. Une adresse raffinée.

P - 4 chambres

La Soucherie - ℰ 02 41 78 31 18

BEAULIEU-SUR-MER

✉ 06310 – Alpes-Maritimes – Carte régionale n° **29**-E2

LE RESTAURANT DES ROIS - LA RÉSERVE DE BEAULIEU

CUISINE MODERNE • LUXE C'est l'un des palaces les plus chics de la Côte d'Azur. Construit en 1880, puis agrandi dans le style de la Renaissance florentine, il accueille à partir des années 1900 têtes couronnées et stars hollywoodiennes, de Rita Hayworth à Sinatra. Les dîners sur la terrasse face aux flots bleus sont magiques. La cuisine est mise en œuvre par le chef Julien Roucheteau, arrivé de Paris (Table du Lancaster, Scène Thélème). Tout en restant fidèle à l'histoire de cette maison, il s'affirme grâce au graphisme de ses assiettes et à la finesse de leur exécution, avec une thématique précise pour chaque plat : fraîcheur, vivifiant, voluptueux, onctueux...

– Prix : €€€€

5 boulevard du Maréchal-Leclerc - ℰ 04 93 01 00 01 - www.reservebeaulieu.com - Fermé lundi, dimanche et du mardi au samedi à midi

SO'METS

CUISINE TRADITIONNELLE • CONTEMPORAIN La cheffe Anne-Sophie Sabini, passée par de belles maisons (notamment la Vague d'or), vole de ses propres ailes dans ce lieu moderne et colorée, dotée d'une jolie terrasse. Elle a conçu une carte courte qui change tous les mois où elle revisite des classiques avec une touche de féminité et de modernité : crème de petits pois et son œuf poché à 64°, coppa, croûtons dorés et huile d'olive de Provence bio ; poulpe et boudin noir rôtis, purée de carottes, vinaigrette aux agrumes ; sorbet à la mandarine de Beaulieu, tuile à l'anis, praliné, réduction d'agrumes et bergamote au safran... Service dynamique, accueil charmant. Un bon plan (gourmand).

– Prix : €€

5 rue du Lieutenant-Colonelli - ℰ 09 88 33 82 45 - www.somets-restaurant.fr - Fermé lundi et mardi

LA TABLE DE LA RÉSERVE

CUISINE MÉDITERRANÉENNE • COLORÉ Supervisée par le chef Julien Roucheteau, cette Table vient compléter avec gourmandise l'offre de restauration de ce superbe établissement. La carte méditerranéenne et contemporaine revisite le terroir à l'image de cette pissaladière en textures, anchois mariné maison, siphon d'oignon doux, ou de cette tartelette aux figues de l'arrière-pays Varois, cœur fondant aux baies de ronces. C'est l'occasion aussi de déguster une bouillabaisse (les vendredis et samedis), des plats de poulpes traditionnels méridionaux ou une soupe de poissons de roche. On s'attable dans une ambiance de bistrot, conviviale et décontractée.

– Prix : €€

5 boulevard du Maréchal-Leclerc - ℰ 04 93 01 00 01 - www.reservebeaulieu.com

LA RÉSERVE DE BEAULIEU

GRAND STYLE • ROMANTIQUE Entre Nice et Monaco, cette architecture digne d'un palais florentin (1880) se détache magnifiquement sur les falaises tombant dans la Méditerranée... Avec ses décors fastueux (mobilier ancien, tapisseries, boiseries, etc.), sa superbe piscine en balcon sur la Grande Bleue, son ponton privé, etc., voilà bien l'une des plus belles adresses de la Riviera !

- 39 chambres

5 boulevard du Maréchal-Leclerc - ℘ 04 93 01 00 01

❀ **Le Restaurant des Rois - La Réserve de Beaulieu • La Table de la Réserve** - Voir la sélection des restaurants

BEAUMETTES

✉ 84220 – Vaucluse – Carte régionale n° **28**–E1

DOMITIA - MAISON DE CUISINIER
CUISINE DU MARCHÉ • ÉLÉGANT Denti de Méditerranée tranché à cru, carvi, chou-fleur et vinaigre de sureau ; taureau de Camargue, tartare d'huître de l'étang de Thau et pesto salicorne pistache : aucun doute, le chef Jérôme Faure connaît sa grammaire gourmande sur le bout de la fourchette. Une cuisine aux accents créatifs, basée sur une rigoureuse sélection de produits locaux. Même démarche côté vins.

– Prix : €€

440 rue des Micocouliers – ℘ 04 90 72 23 05 – www.domitia-maisondecuisinier.fr – Fermé mercredi et jeudi

BEAUMETTES

BEAUNE

✉ 21200 – Côte-d'Or –
Carte régionale n° **12**-D1

De l'or dans les caves, des trésors au dehors

Difficile de trouver une ville dont le destin dépende à ce point du vin. Et quelle beauté ! Au cœur du vignoble bourguignon, Beaune est à la fois la capitale viticole de la Bourgogne et une incomparable ville d'art. L'Hôtel-Dieu, la basilique-collégiale Notre-Dame, les remparts, dont les bastions abritent des caves fameuses, constituent l'un des plus beaux ensembles de la région. Les Hospices de Beaune possèdent notamment un extraordinaire vignoble situé sur la côte de Nuits et la côte de Beaune. Chaque année, sous la halle médiévale, a lieu une célébrissime vente aux enchères de ces vins. Dans les ruelles, restées très pittoresques, on trouve bars à vins, restos tendance et boutiques de bouche où les produits du terroir – pain d'épice ou moutarde – et les recettes emblématiques – escargots de Bourgogne ou jambon persillé – figurent en bonne place.

✿ LE CARMIN

Chef : Christophe Quéant

CUISINE MODERNE • CONTEMPORAIN Sur la place Carnot, tout proche de l'Hôtel-Dieu, ce restaurant à la façade moderne occupe le rez-de-chaussée d'une vieille maison charmante. Passé dans les établissements de Robuchon et Ducasse, le chef Christophe Quéant y propose une cuisine au goût du jour et de saison, s'appuyant sur de solides bases traditionnelles. Ses produits de belle qualité sont servis par des cuissons au cordeau et des préparations lisibles et sans chichis ! Attablé dans une salle contemporaine dans les tons beiges, avec pierres apparentes, on se régale alors d'un suprême et cuisses de caille caramélisées, asperge blanche et carotte nouvelle ou bien encore d'un soufflé chaud au Grand Marnier...

❀ ♿ AC – Prix : €€€€

Plan : A2-2 – *4B place Carnot* – ✆ *03 80 24 22 42* – *www.restaurant-lecarmin.com* – *Fermé lundi, dimanche, et mardi et mercredi à midi*

BEAUNE

CLOS DU CÈDRE

CUISINE MODERNE • ÉLÉGANT Une élégante maison de maître vigneron, cossue et pleine de cachet, avec un jardin verdoyant où l'on s'attable l'été venu... Un cadre parfait pour déguster la cuisine de Jordan Billan, qui se montre très attaché au terroir bourguignon et met ses producteurs en avant. Le goût du chef pour la tradition – bœuf charolais maturé, os à moelle et jus réduit à la moutarde et à l'estragon – ne l'empêche pas de signer des préparations plus créatives ou voyageuses, à l'image de ces Saint-Jacques caramélisées associées au boudin noir, céleri et nashi. Service attentionné. On apprécie aussi le charme intemporel des chambres classiques et élégantes.
 – Prix : €€€€

Plan : A1-3 – *12 boulevard du Maréchal-Foch* – ℰ *03 80 24 01 01* – *www.cedrebeaune.com* – *Fermé lundi, mardi et du mercredi au vendredi à midi*

LA TABLE DU SQUARE

CUISINE DU MARCHÉ • CONVIVIAL Ce bistrot planté sur le boulevard circulaire arbore une belle déco contemporaine avec parquet, murs rayés noir et blanc et portraits de Gabin, de Funès et Fernandel célébrant la bonne chère. Le chef connaît son affaire sur le bout de la fourchette et mitonne une cuisine du marché renouvelée fréquemment. Et nous sommes à Beaune : la carte des vins de plus de 1000 références donne furieusement envie de lever le coude !
 – Prix : €€

Plan : A1-12 – *26 boulevard du Maréchal-Foch* – ℰ *03 80 24 03 32* – *www.tabledusquare.com* – *Fermé lundi et dimanche*

L'ALENTOUR

CUISINE MODERNE • CONVIVIAL Difficile de faire plus cosmopolite que cette table du centre-ville de Beaune : Tatenda Mhende, le responsable de salle, est originaire du Zimbabwe ; Natasha Watson, cheffe, vient de Calgary (Canada) ; Marc Marchetti, chef également, est né dans le Beaujolais. De cette alchimie amicale naît une formule gourmande particulièrement alléchante, soit une carte restreinte de plats généreux et bourrés de peps, à partager (ou pas, d'ailleurs !) : tomate cœur de bœuf au barbecue, eau de tomate fumée et mozzarella ; croquetas croustillantes aux champignons bruns à la moelle, gel de vinaigre de chardonnay ; poitrine de cochon, pâtisson et courgette.
 – Prix : €€

Plan : B2-15 – *10 rue d'Alsace* – ℰ *03 80 24 04 56* – *www.lalentour.fr* – *Fermé lundi, mardi et mercredi midi*

LE BÉNATON

CUISINE MODERNE • CONTEMPORAIN Au cœur de la Bourgogne, Beaune est fameuse pour ses ventes aux enchères annuelles de vins, qui se tiennent entre les murs de ses Hospices aux toits de tuiles vernissées. C'est dire si le chef japonais Keishi Sugimura, passionné par la gastronomie et le vin français, est à sa place dans cette ville gourmande. Formé au Japon, ce cuisinier voue une passion au pâté en croûte, qui lui valut le titre de vice-champion du monde en 2013. Il réalise une savoureuse cuisine de saison avec une pointe de créativité.
 – Prix : €€€€

Plan : A2-1 – *25 rue du Faubourg-Bretonnière* – ℰ *03 80 22 00 26* – *www.lebenaton.com* – *Fermé mercredi, et mardi, jeudi, vendredi et samedi midi*

BISTRO DE L'HÔTEL

CUISINE TRADITIONNELLE • CHIC Une élégante salle de style bistrot chic, au service d'une cuisine qui honore la tradition et les très beaux produits. La spécialité de la maison ? La volaille de Bresse rôtie ! Quant à la carte des vins, elle est tout simplement impressionnante...
 – Prix : €€€

Plan : B2-6 – *5 rue Samuel-Legay* – ℰ *03 80 25 94 10* – *www.lhoteldebeaune.com* – *Fermé dimanche et du lundi au samedi à midi*

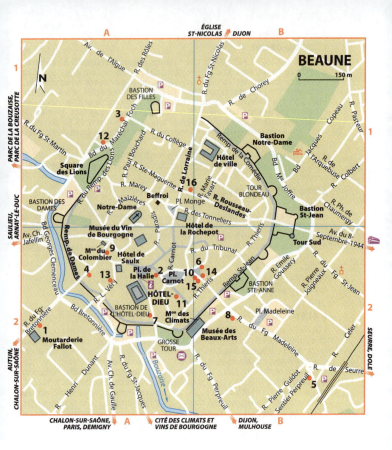

CAVES MADELEINE

Chef : Martial Blanchon

CUISINE MODERNE • BISTRO À deux pas du centre-ville, cette cave à manger est un petit bijou. Martial, le chef, s'est acoquiné avec les meilleurs producteurs du coin – y compris les meilleurs vignerons ! – et compose une cuisine saine, savoureuse et pleine de peps à l'image de ces pommes de terre tièdes, haddock, sabayon à l'estragon. Service décontracté et sans chichi : la vérité est dans le verre et dans l'assiette. Aux beaux jours, profitez de l'agréable terrasse à l'ombre d'un figuier.

౿ – Prix : €€

Plan : B2-8 – 8 rue du Faubourg-Madeleine – ℘ 03 80 22 93 30 – www.cavesmadeleine.com – Fermé mercredi et dimanche, et mardi soir

❀ **L'engagement du chef :** La proximité est le mot d'ordre de notre établissement. La cuisine que nous proposons se veut proche des producteurs responsables et locaux avec lesquels nous travaillons, proche des produits biologiques que nous sublimons, proche des artisans bourguignons engagés avec lesquels nous coopérons.

BEAUNE

L'ÉCUSSON

CUISINE MODERNE • **CONTEMPORAIN** Un Écusson aux couleurs de la gourmandise ! Le chef, passé par des maisons de renom (La Côte Saint-Jacques, Lameloise et La Pyramide), concocte une cuisine fraîche et inspirée où les agrumes viennent souvent réveiller les papilles. Quelques exemples de ces assiettes colorées : langoustines et tourteau, poireau, gaufre au sarrasin et coulis de cresson ; noix de Saint-Jacques, endive, salsifis et clémentine, jus des bardes à l'Angostura... à apprécier dans une salle lumineuse et contemporaine.

& 🅐🅒 🍴 – Prix : €€€

Plan : B2-5 – *2 rue du Lieutenant-Dupuis* – ☏ *03 80 24 03 82* – *www.ecusson. fr* – *Fermé lundi et dimanche*

L'EXPRESSION

CUISINE MODERNE • **CONTEMPORAIN** Cette adresse du centre-ville propose des produits nobles et de belles pièces à partager (poisson du marché entier, côte de bœuf de Galice, poularde de Bresse Miéral en crapaudine) dans une des deux salles à manger au cadre contemporain (cuisines ouvertes, cave vitrée, tables hautes). Ici, les cuissons se font au four à charbon de bois et dans une ambiance conviviale. Vins triés sur le volet.

🕸 & 🅐🅒 – Prix : €€€

Plan : A2-9 – *11 rue Maufoux* – ☏ *03 80 80 05 89* – *www.lexpressionbeaune.fr* – *Fermé mardi, mercredi, et jeudi et samedi à midi*

GARUM

CUISINE MODERNE • **CHIC** Christophe Bocquillon a transformé son Jardin des Remparts en « table vivante », un bistrot chic et tendance où l'on déguste de bons produits à partager entre amis à l'apéritif (huîtres Gillardeau, charcuteries maison...). Menu-carte de saison gourmand et bien tourné. Quant au garum, c'est une sauce fermentée très prisée des Romains, que le chef affectionne et interprète notamment dans ses tartares.

🍴 – Prix : €€

Plan : A2-7 – *10 rue de l'Hôtel-Dieu* – ☏ *03 80 24 79 41* – *www.garum-beaune. fr* – *Fermé lundi et dimanche*

8 CLOS

CUISINE TRADITIONNELLE • **BISTRO** Dans une salle tout en longueur, associant banquettes en skaï noir et pierres apparentes, le chef Stéphane Léger, ancien étoilé, nous fait plaisir avec sa cuisine bourguignonne et ses plats traditionnels à l'accent méditerranéen. Au menu : œuf en meurette, joue de bœuf braisée, jambon persillé, escargots mais aussi queues de langoustines rôties, grenailles et girolles.

🅐🅒 🍴 ✿ – Prix : €€

Plan : B2-10 – *8 rue d'Alsace* – ☏ *03 80 21 04 19* – *Fermé mardi*

LOISEAU DES VIGNES

CUISINE TRADITIONNELLE • **CONVIVIAL** Une cuisine griffée Loiseau dans une ambiance de bistrot chic (pierres, bois, banquettes en velours). On trouve à la carte des classiques tels que les œufs en meurette, le pâté en croûte, la joue de bœuf charolais ou le biscuit de silure de Saône... sans oublier ce tartare de veau de Bourgogne d'une grande fraîcheur et son anguille fumée. Jolie carte des vins avec large choix de vins au verre.

& 🅐🅒 – Prix : €€€

Plan : A2-4 – *31 rue Maufoux* – ☏ *03 80 24 12 06* – *www.bernard-loiseau.com* – *Fermé lundi et dimanche*

239

BEAUNE

MA CUISINE

CUISINE TRADITIONNELLE • **BISTRO** Un bistrot convivial, où tout tourne autour du vin, avec un choix hors pair de quelque 800 crus (le patron est fin connaisseur de breuvages). Le chef régale sa clientèle d'une cuisine traditionnelle sans fioriture, qui va droit au but - escargots, foie gras, côte de veau, crème caramel - dans une ambiance qui est l'antithèse du bling-bling. Revigorant.

🐟 AC – Prix : €€

Plan : A2-11 – *Passage Sainte-Hélène* – 📞 *03 80 22 30 22* – *www.macuisinebeaune.com* – *Fermé mercredi, samedi et dimanche*

LE RELAIS DE SAULX

CUISINE MODERNE • **CONVIVIAL** Cette maison de caractère (1673) du centre de Beaune, non loin des Hospices, est entre les mains du chef Charles Danet qui tenait le Timbre à Paris. Le moins qu'on puisse dire, c'est qu'il a réussi rapidement son acclimatation à la Bourgogne ! Le tour de main est indéniable dans cette cuisine du marché saine et goûteuse, qui se définit comme "de saison et artisanale".

♿ AC – Prix : €€

Plan : A2-13 – *6 rue Louis-Véry* – 📞 *03 80 22 01 35* – *Fermé lundi, dimanche et du mardi au samedi à midi*

SOUL KITCHEN

CUISINE TRADITIONNELLE • **CONVIVIAL** " Let me sleep all night in your soul kitchen " chantait Jim Morrison dans le premier album des Doors : on peut toujours demander au chef et patron Mathieu Guennal s'il est d'accord, lui qui officie seul dans son petit resto (une douzaine de couverts) du centre-ville de Beaune. Il travaille avec les fournisseurs locaux (présentés sur ardoise) pour servir avec le sourire une cuisine de l'âme, aussi simple que bonne (comme cette poitrine de cochon confite, jus au gingembre, gratin d'hélianthis) à travers deux menus attractifs à 30€ (dont l'un change chaque semaine). Le convive passe un excellent moment dans cette petite salle à manger avec parquet et plafond orné de poutres en compagnie d'un chef généreux.

AC – Prix : €

Plan : A1-16 – *1 rue Rousseau-Deslandes* – 📞 *03 80 24 15 32* – *www.soulkitchen-beaune.fr* – *Fermé samedi et dimanche*

LA SUPERB

CUISINE TRADITIONNELLE • **CONVIVIAL** Situé au cœur de la vieille ville, ce "bar à manger" contemporain propose une cuisine du marché rythmée par les saisons. Installez-vous au comptoir face au chef qui cuit ses belles viandes maturées ou son thon Rossini à la plancha, ou dans la petite salle à manger avec murs en pierre et cave à vin vitrée, pour déguster une cuisine goûteuse et sans superflu. Menu déjeuner à prix doux !

♿ AC – Prix : €€€

Plan : B2-14 – *15 rue d'Alsace* – 📞 *03 80 22 68 53* – *Fermé lundi et dimanche*

🛏 **CHEZ LES FATIEN**

CLASSIQUE • **ROMANTIQUE** "Discrète, voire secrète, la maison se cache depuis le 14e s. en lisière du centre historique. Elle abrite une cour autour de laquelle se distribuent quatre chambres, qui sont autant de voyages dans le temps et les styles (colonial, Art déco, bourguignon...). Deux d'entre elles, en duplex, sont plus grandes que bien des appartements... Petit-déjeuner composé de produits locaux de haute qualité."

♿ AC P - 4 chambres

17 rue Sainte-Marguerite – 📞 *03 80 22 82 84*

BEAUPRÉAU-EN-MAUGES

✉ 49600 – Maine-et-Loire - Carte régionale n° **9**-C3

LE 1825 - LA TABLE

CUISINE CRÉATIVE • **ÉLÉGANT** Perdu dans la campagne, ce petit château du 19e s. abrite une table élégante et quelques chambres d'hôtes. Aménagée dans l'ancienne orangerie, l'immense salle à manger cumule hauteur sous plafond, pierres apparentes, mobilier tendance et larges fenêtres donnant sur la cour. Le chef exprime une créativité rafraîchissante dans sa cuisine parsemée d'herbes aromatiques du jardin, comme le montre ce lieu jaune aux pousses de shiso et sauce au parfum thaï.

🍸⚒🆔🅿 – Prix : €€€

Domaine de la Brûlaire - 404 La Brûlaire - Gesté – ℰ 02 44 84 87 78 – www. domainedelabrulaire.fr – Fermé lundi et dimanche

BEAURECUEIL

✉ 13100 – Bouches-du-Rhône – Carte régionale n° **28**–D3

LA TABLE DE BEAURECUEIL

CUISINE TRADITIONNELLE • **COLORÉ** Dans une ancienne bergerie au décor résolument contemporain, on apprécie une cuisine traditionnelle aux bons parfums de Provence. Jolie sélection de vin au verre.

⚒🆔🍽️💠🅿 – Prix : €€€

66 allée des Mûriers – ℰ 04 42 66 94 98 – www.latabledebeaurecueil.com – Fermé du lundi au mercredi et dimanche soir

LE BEAUSSET

✉ 83330 – Var – Carte régionale n° **29**–A3

AUBERGE LA CAUQUIÈRE

CUISINE MODERNE • **AUBERGE** Le chef-propriétaire de cette ancienne auberge mitonne une cuisine au goût du jour, soignée et parfumée : crémeux de pois chiche façon houmous, artichauts et olives tomatées ; filet de bar cuit sur la peau, minestrone de petits légumes au pistou et jus de bouillabaisse… à déguster dans une jolie salle en pierre apparente, ou en terrasse devant le jardin. De quoi repartir du bon pied !

🍸🍽️ – Prix : €€

7 rue du Chanoine-Bœuf – ℰ 04 94 74 98 15 – www.lacauquiere.fr – Fermé lundi et mardi, et dimanche soir

LA FERME AUBERGE - DOMAINE DE LA FONT DES PÈRES

CUISINE MODERNE • **RUSTIQUE** Au milieu des restanques, en plein cœur de la Provence, cette Ferme Auberge offre depuis sa terrasse une vue saisissante sur la vallée et le massif de la Sainte-Baume. Les produits du domaine sont les stars en cuisine (poulailler dans la pinède, fruitiers, oliviers, herbiers et potager), travaillés par le chef dans une veine saine et créative, avec de bons vins du domaine pour arroser le tout. Jolies chambres ou villas pour l'étape.

🐷 ⚘🍸⚒🆔🍽️🅿 – Prix : €€

1306 chemin de Pontillaou – ℰ 04 94 15 21 21 – www.lafontdesperes.com

BEAUVAIS

✉ 60000 – Oise – Carte régionale n° **5**–A2

AUTREMENT

CUISINE MODERNE • TENDANCE Un peu à l'écart du centre, cette petite table tranquille saura vous surprendre. Le chef maîtrise parfaitement cuissons et assaisonnements et travaille de bons produits. Sa cuisine, originale et colorée, est aussi soignée que savoureuse : carpaccio de veau mi-cuit, betterave, carottes et agrumes ; épaule d'agneau confite au paprika fumé et légumes racines... Ne manquez pas son dessert signature, le paris-brest.

&♿🍽️🅿️ – Prix : €€

128 rue de Paris – ☎ 03 44 02 61 60 – www.autrement-restaurant.fr –
Fermé lundi, dimanche et samedi midi

LE SENSO

CUISINE MODERNE • ÉPURÉ Sur la place du marché, dans un décor contemporain de belle facture, Allan Castellote propose une cuisine de saison en toute simplicité, faisant la part belle aux produits locaux et dressée avec soin. En salle, son frère Tristan s'occupe de la sommellerie. Ne manquez pas la spécialité de la maison : le kouign amann.

&♿🆎 – Prix : €€

25 rue d'Agincourt – ☎ 03 64 19 69 06 – www.Sensobeauvais.fr – Fermé lundi et
dimanche

BEAUVOIR

✉ 50170 – Manche – Carte régionale n° **2**–A3

LA TABLE DE L'ERMITAGE ⓝ

CUISINE MODERNE • ÉLÉGANT Les bonnes adresses autour du Mont-Saint-Michel sont rares, victimes de la frénésie touristique qui entoure le quatrième monument le plus visité de France. Réjouissons-nous donc de cette table où l'on traite avec délicatesse un nombre limité de convives. Un chef qui connaît son métier y signe une prestation sincère : gnocchis de pommes de terre, cresson et œuf mollet ; lieu jaune de ligne de nos côtes, écailles de courgettes. Gage de qualité, une page du menu est consacrée à ses producteurs.

&♿🅿️ – Prix : €€€

14 route du Mont-Saint-Michel – ☎ 06 73 65 54 61 – www.lemsm.com/
restaurant – Fermé du lundi au samedi à midi

BEAUVOIR-EN-ROYANS

✉ 38160 – Isère – Carte régionale n° **21**–B3

AU ROMAN DU VERCORS

CUISINE MODERNE • CONTEMPORAIN C'est à flanc de Vercors, sur le site médiéval classé de l'ancien couvent des Carmes (avec son musée, son jardin et son verger conservatoire de variétés fruitières du Sud Grésivaudan), que l'on est reçu par le chef et son épouse. Au programme, une cuisine du marché qui met en valeur les produits de saison et régionaux, à déguster dans une salle habillée de claies qui rappellent les séchoirs à noix, ou sur l'agréable terrasse ombragée.

&♿🍽️🅿️ – Prix : €€

1 ancienne route de Presles – ☎ 04 76 64 75 95 – www.restaurant-roman-du-
vercors.com – Fermé lundi et mardi, et mercredi et dimanche soir

BEAUVOIR-SUR-MER

✉ 85230 – Vendée – Carte régionale n° **14**–A2

RESTAURANT CÔTÉ MARAIS

CUISINE MODERNE • CONTEMPORAIN En entrée, un ceviche de mulet blanc (un poisson rarement présent sur nos tables) relevé d'une pointe acidulée de rhubarbe ; en plat salé/sucré, un lieu jaune de petit bateau, petits pois français croquants et quelques pointes de condiment sucré à la cerise. Le jeune chef travaille les produits locaux avec une patte gourmande bien à lui pendant que sa compagne officie en salle dans leur maison perdue au milieu des marais (et dotée d'une belle terrasse).
🏠🅿 – Prix : €€

Le Grand Pont – 𝒞 02 53 65 95 93 – www.restaurant-cotemarais.fr –
Fermé mardi et mercredi, et lundi soir

BEAUVOIS-EN-CAMBRÉSIS

✉ 59157 – Nord – Carte régionale n° **4**–C3

LE CONTEMPORAIN

CUISINE MODERNE • CONTEMPORAIN Un couple expérimenté tient les rênes de cette maison de famille datant du 19e s., devenue un restaurant en 2008. Lui assure le service et l'accueil, en plus de l'entretien du potager ; elle, aux fourneaux, met en valeur cette production maison dans des assiettes savoureuses. Véranda moderne et lumineuse.
⇔♿🏠 – Prix : €€€

4 rue Jean-Jaurès – 𝒞 03 27 76 03 17 – www.restaurant-lecontemporain.fr –
Fermé du lundi au mercredi, samedi midi et dimanche soir

BEBLENHEIM

✉ 68980 – Haut-Rhin – Carte régionale n° **8**–C2

AUBERGE LE BOUC BLEU

CUISINE MODERNE • CONVIVIAL Deux amis passés par de grandes tables en France et à l'étranger, le cuisinier Romain Hertrich et le sommelier Romain Lambert, œuvrent dans cette jolie auberge à pans de bois. Au programme : céleri bio rôti, jus de veau truffé, mascarpone et pousses d'hiver ; lotte de petit bateau dorée au beurre demi-sel, oignons confits et vinaigrette pomme-noix... Les produits sont bio ou en agriculture raisonnée. Accords mets et vins pointus.
🦞 🏠 – Prix : €€

2 rue du 5-Décembre – 𝒞 03 89 47 88 21 – www.aubergeleboucbleu.com –
Fermé mercredi, et jeudi et dimanche soir

BÉDOIN

✉ 84410 – Vaucluse – Carte régionale n° **28**–E1

LA COLOMBE

CUISINE MODERNE • TRADITIONNEL Au pied du Mont Ventoux et au milieu des vignes, cette douce colombe roucoule une bien jolie mélodie gourmande. Le chef Christophe Schuffenecker (qui était auparavant aux fourneaux étoilés du Château de Mazan) y propose une cuisine moderne, précise et lisible, sans fioriture, à l'image de son pigeon de Sarrians et purée de carotte au géranium. Pour s'attabler ? Choisissez aux beaux jours la terrasse à l'ombre des auvents qui regarde les vignes ou la salle à manger traditionnelle avec poutres apparentes et grande cheminée toute provençale...
♿🏠🅿 – Prix : €€

3890 route du Mont-Ventoux – 𝒞 04 90 65 61 20 – www.la-colombe.fr –
Fermé lundi, mardi et du mercredi au vendredi à midi

243

BELCASTEL

✉ 12390 – Aveyron – Carte régionale n° **23**–C2

✿ VIEUX PONT

Chefs : Nicole Fagegaltier et Bruno Rouquier

CUISINE MODERNE • COSY Niché dans la verdure et dominé par son château, le paisible bourg de Belcastel grimpe en étages sur la rive droite de l'Aveyron. Rien de mieux, pour s'ouvrir l'appétit, que ses rues couvertes de pavés ou de galets ainsi que ses calades escarpées ! Régaler les hôtes de passage, c'est une tradition dans cette maison familiale ouverte par les grands-parents des deux sœurs Nicole et Michèle Fagegaltier, désormais aux commandes. La carte, allé-chante comme il se doit, met en avant l'agneau et le veau de l'Aveyron et du Ségala, le bœuf d'Aubrac, le porc noir de Bigorre mais aussi des poissons et des fromages fermiers. Bouillon d'oignons doux caramélisés, chou braisé au Laguiole ; truite des Monts d'Aubrac, émulsion aux herbes du jardin, chou-rave en différentes texture et notes d'orange... C'est au Vieux Pont qu'on fait les meil-leurs petits plats !

🕊 ⇆ ⇇ 🅰🅲 🅿 – Prix : €€€€

Le Bourg – 𝒞 05 65 64 52 29 – www.hotelbelcastel.com – Fermé lundi et mardi, et dimanche soir

BÉLESTA

✉ 66720 – Pyrénées-Orientales – Carte régionale n° **27**–B3

✿ LA COOPÉRATIVE - DOMAINE RIBERACH

Chef : Dennys Teixeira

CUISINE CRÉATIVE • CONTEMPORAIN Cet ancien chai a conservé sa char-pente métallique : l'endroit, très spacieux et confortable, a un charme fou ! La cuisine suit de très près les saisons et s'appuie sur les petits producteurs des environs. Des préparations fines et inventives qui s'arrosent bien entendu des vins du domaine, produits sans intrants en agro-écologie. Agréables chambres pour l'étape.

🕊 ⇆ ⇇ 🗘 ♿ 🗗 🅿 – Prix : €€€

2 route de Caladroy – 𝒞 04 68 50 30 10 – www.riberach.com – Fermé lundi, mardi, du mercredi au vendredi à midi, et dimanche soir

✿**L'engagement du chef :** Le Domaine s'inscrit dans une démarche écologique depuis sa création. Nos vins sont produits en agro-écologie (sans pesticides, ni herbicides, ni produits de synthèse) ; nous chauffons les bâtiments par géothermie ; et notre piscine est filtrée par des plantes. Au restaurant nous avons une philosophie du km zéro pour l'approvisionnement.

🛏 DOMAINE RIBERACH

MODERNE • CHAMPÊTRE En pleine terre catalane, le Domaine Riberach est une ancienne coopérative viticole devenue une sorte d'écolodge moderne, à l'ombre du château médiéval. Ses propriétaires – architectes – ont privilégié le mobilier moderniste. Jouxtant les logements, un vignoble en activité et une cave natu-relle fournissent la boutique de l'hôtel. Un spa et trois restaurants, du barbecue au gastronomique.

🅿 ⇆ 🗘 🗗 🗘 ♨ 🏊 �🚗 - 24 chambres

2 route de Caladroy – 𝒞 04 68 50 30 10

✿ **La Coopérative - Domaine Riberach** - Voir la sélection des restaurants

BELFORT

✉ 90000 – Territoire de Belfort – Carte régionale n° **13**-C1

LE LIEN

CUISINE MODERNE • **BISTRO** Le lien, ici, est celui qui unit ce jeune couple de restaurateurs (elle en salle et lui aux fourneaux) aux vignerons et aux producteurs dont le travail finit dans les assiettes et les verres de ce bistrot chaleureux. Cette cuisine moderne, twistée d'une pointe de créativité, mise tout sur des produits de qualité et de saison, traités avec le respect qui leur est dû. Deux menus au déjeuner, et une carte plus travaillée le soir. Un bon plan.

AC – Prix : €€

32 faubourg de Montbéliard – ☏ *03 84 58 05 59 – www.restaurant-lelien.com – Fermé lundi et dimanche*

BELLE-ÉGLISE

✉ 60540 – Oise – Carte régionale n° **5**-A3

LA GRANGE DE BELLE-ÉGLISE

CUISINE CLASSIQUE • **ÉLÉGANT** Cette enseigne promet de déguster de belles recettes traditionnelles, réalisées à partir de bons produits issus pour partie des campagnes environnantes. Dans cette ancienne grange à charbon reconvertie en un havre paisible et cossu, la bonne chère revêt ses plus beaux atours. À la suite de Marc Duval, le chef Thomas Filippa fait assaut de classicisme, non sans s'autoriser des écarts modernes : thon rouge façon thaï, coquillages et caviar osciètre ; volaille fermière sauce Albufera, potée de chou au foie gras... À déguster dans une salle à manger ouverte sur un pimpant jardin.

🐾 ♿ AC P – Prix : €€€

28 boulevard René-Aimé-Lagabrielle – ☏ *03 44 08 49 00 – www.lagrangedebelleeglise.fr*

BELLE-ÎLE

Morbihan – Carte régionale n° **1**-C3

Port-Goulphar

✉ 56360 – Morbihan – Carte régionale n° **1**-C3

LE 180°

CUISINE CRÉATIVE • **ÉLÉGANT** À la barre de ce bateau, avec vue imprenable sur l'anse de Goulphar, le chef concocte des recettes créatives, avec les meilleurs produits de l'île, comme ce beau menu homard. Une traversée vivifiante, pleine d'embruns, de talent et de fraîcheur.

🐾 ≤ ♿ 🛗 ❄ P – Prix : €€€

Castel Clara – ☏ *02 97 31 84 21 – www.castel-clara.com*

CASTEL CLARA

CLASSIQUE • **RAFFINÉ** L'hôtel occupe un emplacement idyllique sur la côte sauvage, avec un panorama unique sur la mer. Centre "thalasso & spa", chambres et suites raffinées : le luxe discret... au bout du monde. Ou comment respirer l'air du large en profitant du meilleur confort !

♿ 🚗 P 🏊 ♨ 🚲 🎾 🧖 🐕 🍴 ≡○ - 63 chambres

Port-Goulphar – ☏ *02 97 31 84 21*

Le 180° - Voir la sélection des restaurants

245

Sauzon

✉ 56360 – Morbihan – Carte régionale n° **1**-C3

HÔTEL DU PHARE

CUISINE MODERNE • CONTEMPORAIN Symbole de Belle-Île-en-Mer, l'Hôtel du Phare (1880) et sa table ont été revus et embellis par un célèbre architecte. Dans un décor original jouant avec les couleurs vives et le noir et blanc du drapeau breton, le restaurant propose une carte aux saveurs marines : araignée de mer en coque, bisque, ravioles végétales de rave à l'araignée ; viennoise de bar cuit sur galet, fricassée d'artichauts aux palourdes et ail noir. Le chef utilise autant qu'il peut des produits de qualité souvent nés sur l'île (comme de l'agneau élevé à Bangor, du miel, des légumes bio et du poisson d'un ligneur bellilois). Très belle terrasse surplombant le port, ainsi qu'une offre bistrot.

⪦ 🌿 – Prix : €€€

Quai Guerveur – 𝒞 02 97 31 60 36 – www.hotelduphare-belle-ile.fr

BELLERIVE-SUR-ALLIER

✉ 03700 – Allier – Carte régionale n° **16**-C3

CHÂTEAU DU BOST

CUISINE MODERNE • CONTEMPORAIN À quelques minutes de Vichy, dans un parc très paisible, ce château avec tours et douves en eau (15e-19e s.) décline un décor contemporain et cosy, complété d'une belle terrasse, et de quelques chambres confortables. Le restaurant au cadre épuré sert une goûteuse cuisine de saison allant à l'essentiel.

🛏️ ♿ 🌿 ♻ 🅿 – Prix : €€€

27 rue de Beauséjour – 𝒞 04 70 59 59 59 – www.chateau-du-bost.com – Fermé lundi et dimanche soir

BELLEVIGNE-EN-LAYON

✉ 49380 – Maine-et-Loire – Carte régionale n° **9**-C3

❀ ### LA TABLE DE LA BERGERIE

Chef : David Guitton

CUISINE MODERNE • CONTEMPORAIN Près d'Angers, en plein vignoble des coteaux-du-Layon, ce restaurant mérite toute votre attention. Il abrite le talentueux David Guitton, originaire de Loire-Atlantique, formé auprès des plus grands aux quatre coins du monde : États-Unis, Londres, Monaco… Pas de carte ici, mais un menu volontairement court pour mieux coller aux saisons. Le chef se fournit chez les petits producteurs locaux et compose de belles recettes au style plutôt épuré pour en apprécier toutes les saveurs. La séduisante carte des vins valorise la région dont la production (bio) du domaine.

♿ 🆔 ♻ 🅿 – Prix : €€€

3 route de la Pierre – 𝒞 02 41 78 30 62 – www.latable-bergerie.fr – Fermé lundi, dimanche et mardi midi

BELLEVILLE-EN-BEAUJOLAIS

✉ 69220 – Rhône – Carte régionale n° **21**-A1

😊 ### LE BEAUJOLAIS

CUISINE TRADITIONNELLE • CONVIVIAL Ce Beaujolais se devait de faire honneur à cette région riche en saveurs et en bons vins ! Le sympathique couple à la tête de la maison relève le défi avec panache, en nous gratifiant d'une appétissante cuisine du marché puisant dans la tradition. Les assiettes se révèlent aussi savoureuses que généreuses : on passe un excellent moment gourmand.

🆔 🅿 – Prix : €€

40 rue du Maréchal-Foch – 𝒞 04 74 66 05 31 – www.restaurant-le-beaujolais. com – Fermé lundi, et mardi, mercredi, jeudi et dimanche soir

BELLEY

✉ 01300 – Ain – Carte régionale n° **21**–C2

LA FINE FOURCHETTE

CUISINE MODERNE • **ÉLÉGANT** Superbe vue sur le canal du Rhône et décor élégant pour cette adresse bugiste bien connue. Les assiettes font la part belle aux produits de l'Ain, servis avec générosité dans un style actuel bien maîtrisé par le chef, lequel propose des associations de saveurs harmonieuses et des présentations soignées. Mention spéciale pour le dessert autour de la fraise, qui saura ravir les fines bouches...

✦ 🏠 🛎 **P** – Prix : €€

2500 avenue du Bugey, à Virignin – 𝒞 04 79 81 59 33 – www. restaurantlafinefourchette.fr – Fermé mardi et mercredi

BÉNODET

✉ 29950 – Finistère

🛏 ### BATEAU LIBRE HÔTEL

ÉPURÉ • **MARITIME** Parfaite base pour les amateurs de navigation, le Bateau Libre offre de belles chambres claires et des vues inoubliables sur l'océan.

12 chambres

17 rue de l'Église – 𝒞 02 22 94 08 84

🛏 ### LE CORNOUAILLE

CONTEMPORAIN • **CHALEUREUX** À deux pas des plages, cet hôtel a connu une transformation complète, orientée vers l'esthétique contemporaine, l'efficacité énergétique et le respect des normes environnementales. Les chambres et appartements allient une atmosphère accueillante à un grand confort. Côté détente, la piscine intérieure chauffée et le sauna sont à disposition. Port, casino et centre de thalassothérapie à 5 minutes de marche.

🅰 **P** 🛋 🕸 🛁 - 16 chambres

62 avenue de la Plage – 𝒞 02 98 57 03 78

BERGERAC

✉ 24100 – Dordogne – Carte régionale n° **18**–C3

😊 ### LE BISTRO D'EN FACE

CUISINE MODERNE • **CONTEMPORAIN** La maison d'Aurore et Hugo Brégeon bénéficie d'une terrasse qui délivre un panorama imprenable sur la vieille ville, la Dordogne et ses gabarres. L'assiette, goûteuse et travaillée, est à la hauteur de la vue : une cuisine bistronomique pleine de fougue, qui revisite avec brio quelques classiques. Le tout pour un rapport prix-plaisir imbattable, et avec un joli choix de vins au verre.

✦ 🅰 🛎 – Prix : €

1 rue Fénelon – 𝒞 05 53 61 34 06 – Fermé lundi et dimanche, et mardi et mercredi soir

L'IMPARFAIT

CUISINE MODERNE • **RUSTIQUE** Dans cette bâtisse médiévale du vieux Bergerac, le chef tient une table de saison depuis plus de quinze ans et propose une goûteuse cuisine inspirée du terroir périgourdin. En terrasse ou près de la monumentale cheminée, on peut déguster des plats élégants et bien préparés, comme la pannacotta d'asperge blanche, chair de crabe et aïoli ; le chou craquelin gourmand, compotée de fraise au poivre de Timut et ganache basilic : un sans-faute pour L'Imparfait !

🅰 🛎 ⇄ – Prix : €€

8 rue des Fontaines – 𝒞 05 53 57 47 92 – www.imparfait.com

BERGERAC

LA TABLE DU MARCHÉ

CUISINE CRÉATIVE • COSY Cela fait maintenant de nombreuses années que le chef propriétaire Stéphane Cuzin a ouvert ce bistrot chic et élégant, en face du marché couvert de Bergerac, où il se fournit d'ailleurs principalement. À l'intérieur de cette maison d'angle à la façade rouge, les recettes sont créatives et les assaisonnements originaux : tonka, muscade, cumin ou café jouent avec le veau, l'épinard ou l'asperge dans les assiettes.

AC – Prix : €€

21 place Louis-de-la-Bardonnie – ℘ 05 53 22 49 46 – www.table-du-marche.com – Fermé lundi et dimanche

BERMICOURT

✉ 62130 – Pas-de-Calais – Carte régionale n° **4**-B2

LA COUR DE RÉMI

Chef : Sébastien De La Borde

CUISINE TRADITIONNELLE • CONVIVIAL Après une carrière professionnelle à l'étranger, le chef est revenu à sa première passion dans cet ancien relais de chasse familial. Un lieu convivial pour une cuisine traditionnelle, généreuse et parfaitement maîtrisée, de la cuisson à l'assaisonnement ! On raffole de la terrine avec le pain au levain maison et les cornichons du domaine au vinaigre. Le petit plus : une cabane perchée pour l'étape !

P – Prix : €€

1 rue Baillet – ℘ 03 21 03 33 33 – www.lacourderemi.com – Fermé lundi, du mardi au samedi à midi, et dimanche soir

L'engagement du chef : À La Cour de Rémi, une maison de famille restaurée, on propose une généreuse cuisine locavore et de saison. Les produits sont soigneusement sélectionnés, soit dans le potager et les vergers du domaine, soit auprès d'un réseau de petits producteurs triés sur le volet. Tout est fait maison, du pain au levain réalisé avec des variétés anciennes de blé, à la brioche du petit-déjeuner. La carte des vins est composée de vins pour la plupart biologiques ou biodynamiques.

BERNAY

✉ 27300 – Eure – Carte régionale n° **3**-A3

LE MOULIN FOURET

CUISINE MODERNE • COSY Dans un charmant coin de campagne en retrait de Bernay, on tombe en admiration devant cette belle et grande maison couverte de vigne vierge, avec sa terrasse sous les bouleaux au calme d'un cours d'eau... et son moulin historique, ayant conservé ses rouages. L'endroit est délicieux (notamment en hiver au coin du feu), et la cuisine du chef Cédric Auger en est le parfait corollaire : produits frais et de qualité, préparations soignées, cuissons au cordeau, le tout proposé sous la forme de menus qui évoluent au rythme des saisons... On se régale, et l'on profite même de chambres confortables pour l'étape.

P – Prix : €€

2 route du Moulin-Fouret, à Saint-Aubin-le-Vertueux – ℘ 02 32 43 19 95 – www.lemoulinfouret.fr

LA BERNERIE-EN-RETZ

✉ 44760 – Loire-Atlantique – Carte régionale n° **9**–A3

AU G'RETZ DES SAISONS

CUISINE MODERNE • **CONVIVIAL** Tout est dans le nom : le jeune Samuel Duchêne, chef voyageur, cuisine au gré des saisons. Sa courte carte, qui change tous les mois, met principalement en avant les producteurs et artisans du Pays de Retz – poissons, œufs fermiers, sel de mer. Betterave marinée au cidre, jaune d'œuf confit, coulis de cresson ou filet de bar, carotte, émulsion de coco, curcuma : du travail, de l'audace et du goût – sans oublier un très bon pain maison. Petite capacité, pensez à réserver.
Prix : €€

17 rue Jean-Duplessis – ☎ 02 51 74 61 60 – www.augretzdessaisons.fr – Fermé du lundi au mercredi et dimanche soir

BERNIÈRES-SUR-MER

✉ 14990 – Calvados – Carte régionale n° **2**–C2

L'AS DE TRÈFLE

CUISINE MODERNE • **CONTEMPORAIN** Légèrement en retrait des plages du Débarquement sur la côte de Nacre, nous voilà dans le repaire bien agréable d'Anthony Vallette, un chef normand natif de Condé-sur-Vire plein d'entrain. Au fil des saisons, il pioche dans le savoureux terroir local – poissons de la Manche, andouille de Vire, cochon de Bayeux – et compose des plats bien maîtrisés, avec juste ce qu'il faut d'audace ! Sa cuisine moderne évolue au gré du marché et de ses coups de cœur... qui se retrouvent d'ailleurs dans le menu !
♖ 🍴 ⇆ 🅿 – Prix : €€€

420 rue Léopold-Hettier – ☎ 02 31 97 22 60 – www.restaurantasdetrefle.com – Fermé lundi, et mardi et dimanche soir

BERRWILLER

✉ 68500 – Haut-Rhin – Carte régionale n° **8**–A3

🙂 ### L'ARBRE VERT

CUISINE MODERNE • **CLASSIQUE** Cinquième génération et toujours très Vert ! Cet Arbre pourrait bien être généalogique, tant son histoire se confond avec celle de la famille Koenig... Au menu : toute la fraîcheur du terroir alsacien, avec de beaux vins du cru.
⍺ ♖ Ⓜ ⇆ 🅿 – Prix : €€

96 rue Principale – ☎ 03 89 76 73 19 – www.restaurant-koenig.com – Fermé lundi et mardi, et dimanche soir

BESANÇON

✉ 25000 – Doubs – Carte régionale n° **13**–B2

ÉPICÉA

CUISINE MODERNE • **CONTEMPORAIN** Dans une ruelle proche du Doubs, ce couple formé dans les belles maisons travaille main dans la main en cuisine (ouverte, qui plus est) et assure en partie le service. Élaboré autour de produits de saison rigoureusement tracés, renforcés par des cueillettes sauvages, leur menu unique déroule une jolie leçon d'histoire naturelle : carotte / marjolaine / plantain / pimprenelle / laurier ; cochon noir / courge / jus de volaille / huile de cébette ; betterave / framboise / coriandre / nougat glacé.
Ⓜ – Prix : €€€

11 rue Claude-Pouillet – ☎ 06 44 10 98 61 – www.restaurant-epicea.fr – Fermé lundi, dimanche et mardi midi

BESANÇON

LES GAMINS 🆕

CUISINE MODERNE • CONTEMPORAIN Au cœur de la ville, ce restaurant contemporain et convivial offre un cadre chaleureux avec ses murs de couleur terracotta, ses tables en bois, ses chaises en velours et son éclairage original à base de roues de vélo et d'ampoules nues. La cuisine, largement inspirée du retour du marché, est bien maîtrisée : œuf poché avec émulsion de maïs au paprika fumé, huile thym-ail et guanciale ; pluma de cochon accompagnée de guacamole, kiwi et chimichurri. La carte des vins, essentiellement bio, met en avant la Bourgogne et le Jura.

🐧 🖵 – Prix : €€

10 rue Pasteur – 𝄞 03 70 27 37 26 – www.les-gamins-besancon. com – Fermé dimanche

LOISEAU DU TEMPS

CUISINE MODERNE • CONTEMPORAIN Dans un ancien grenier à blé du 18e s., cette salle sous ogives agrémentée de touches contemporaines accueille l'antenne bisontine du groupe Bernard Loiseau. La cuisine fait la part belle aux produits et recettes de la Bourgogne-Franche-Comté : cassolette d'escargots, cancoillotte et saucisse de Morteau, fricassée de volaille façon Gaston Gérard, côte de cochon de la Côte d'Or gratinée à la tomme du Jura... Joli petit chariot de desserts, et bonne sélection de vins, notamment au verre.

🧑‍🦽 – Prix : €€

27 rue des Boucheries – 𝄞 03 81 48 64 05 – www.bernard-loiseau.com – Fermé lundi et dimanche

LE MANÈGE

CUISINE MODERNE • CONTEMPORAIN Au pied de la citadelle, cet ancien manège militaire propose une cuisine délicate et savoureuse aux accents régionaux (comme la croûte aux champignons parfumée au vin jaune ou l'étonnant boudin noir en tranches), signée par un chef autodidacte et amoureux du travail bien fait. Une valeur sûre.

🆎 🍽 🖵 – Prix : €€

2 faubourg Rivotte – 𝄞 03 81 48 01 48 – www.restaurantlemanege.com – Fermé lundi, dimanche et mardi midi

LE PARC

CUISINE MODERNE • CONTEMPORAIN Au cœur du parc Micaud, sur les rives du Doubs, ce pavillon en verre, béton et acier est l'œuvre moderniste de l'architecte bisontin Michel Demenge. L'intérieur contemporain chic et feutré, avec ses cuisines ouvertes, offre aussi une vue sur la rivière. Côté assiette, le chef du Château de Germigney, la maison-mère, signe une partition actuelle.

🧑‍🦽 🆎 – Prix : €€€

Place de la 1ère-Armée-Française – 𝄞 03 70 88 60 60 – www.leparcbesancon. com – Fermé lundi et dimanche

LE SAINT CERF

Chef : Xavier Choulet

CUISINE MODERNE • DESIGN Ce bistrot contemporain au cadre agréable propose une cuisine mâtinée d'influences diverses, dont des touches asiatiques, maîtrisée de bout en bout, sans ostentation, et goûteuse. Ajoutez à cela une tendance affichée au "nature" (saisonnalité, produits), saupoudrez de plats végétariens et vous obtenez une valeur sûre du renouveau bisontin.

🆎 – Prix : €€

1 rue Mégevand – 𝄞 03 81 50 10 20 – Fermé samedi et dimanche, et du lundi au mercredi soir

🍃 **L'engagement du chef :** Nous travaillons uniquement des produits de saison issus de partenaires régionaux. Légumes bio et herbes sauvages, pêche française, viandes de qualité - bœuf Black Angus et Hereford principalement. Notre compost est récupéré chaque semaine par un jeune créateur d'entreprise de maraîchage bio. Nous servons une eau micro-filtrée à chaque table.

BESANÇON

LE SAINT-PIERRE
CUISINE TRADITIONNELLE • ÉLÉGANT Une cuisine gastronomique mettant le poisson et les bons produits à l'honneur ; beaucoup de finesse relevée d'une pointe d'originalité ; un cadre élégant et cosy (pierres apparentes) : ce Saint-Pierre est un petit paradis des saveurs !
AC – Prix : €€€
104 rue Battant – ℰ 03 81 81 20 99 – www.restaurant-saintpierre.com – Fermé lundi, dimanche et samedi midi

LE SAUVAGE
CUISINE MODERNE • ROMANTIQUE Au pied de la citadelle Vauban, cet hôtel chic occupe l'ancien monastère des Clarisses. Son restaurant offre un cadre cosy entre parquet ancien et tables nappées, et un atout majeur, sa terrasse qui surplombe le parc ! Le chef Hugo Mathieu (formé dans les bonnes tables lyonnaises) n'a rien d'un sauvage si l'on en juge par ses assiettes bien léchées : velouté de petits pois glacé, dos de cabillaud cuit à 50°, tartelette croustillante à la pistache…
– Prix : €
6 rue du Chapitre – ℰ 03 81 82 00 21 – www.lesauvage-besancon.fr/le-restaurant – Fermé lundi, dimanche et samedi midi

LE SAUVAGE
TRADITIONNEL • ÉLÉGANT Dans la vieille ville, le bâtiment est chargé d'histoire : couvent des minimes depuis le Moyen-Âge, saisi à la Révolution, il a été investi par les sœurs clarisses à partir de 1854… Salons intimes, belles boiseries et mobilier chiné, vues sur le Doubs et les remparts : les lieux ne sont qu'élégance et quiétude.
– 24 chambres
6 rue du Chapitre – ℰ 03 81 82 00 21
Le Sauvage - Voir la sélection des restaurants

BESSINES
✉ 79000 – Deux-Sèvres – Carte régionale n° **14**–C2

L'ADRESS…
CUISINE MODERNE • CONTEMPORAIN Un parallélépipède de verre prolongé par une terrasse face à la verdure : voilà pour le cadre, moderne et élégant ! David Seguin y propose une cuisine inventive, constituée de bons produits. Les cuissons sont maîtrisées, les présentations soignées, et les saveurs bien équilibrées, comme pour ces ravioles végétales au crabe, avocat, bouillon de crustacés acidulé, sarrasin. Joli plateau de fromages.
AC – Prix : €€
1 rue des Iris – ℰ 05 49 79 41 06 – www.restaurant-ladress.fr – Fermé lundi et dimanche

BÉTHUNE
✉ 62400 – Pas-de-Calais – Carte régionale n° **4**–B2

MAISON RENARD
CUISINE MODERNE • CONTEMPORAIN Le chef Sébastien Renard (demi-finaliste de Top Chef en 2022) a investi l'ancien fief de son mentor, le grand cuisinier Marc Meurin. Cette maison de maître en briques rouges ne manque pas de superbe, son bar et son élégante verrière lui donnent un cachet indéniable. Le chef, originaire de la région et qui fait ici ses débuts en solo, déroule une cuisine dans l'esprit d'un menu carte blanche inspiré de ses échanges avec les producteurs. Le plat d'asperge verte, caillé de brebis et crème d'estragon, tout comme l'œuf façon vigneronne avec crème de champignons et émulsion de noix montrent tout le savoir-faire de ce chef au bon parcours.
– Prix : €€€
15 place de la République – ℰ 03 21 26 42 76 – www.maisonrenard-bethune.fr – Fermé lundi et mardi, et dimanche soir

BEUVRON-EN-AUGE

✉ 14430 – Calvados – Carte régionale n° **2**–C2

LE PAVÉ D'AUGE

CUISINE MODERNE • ÉLÉGANT Au cœur du Pays d'Auge, entre Caen et Lisieux, Beuvron-en-Auge ressemble à une Normandie de carte postale, avec ses maisons à colombages des 17e et 18e s., ses manoirs et ses jardinières débordant de fleurs à la belle saison. Le restaurant occupe les anciennes halles du village, conservant le meilleur des matériaux d'origine. Le chef Adrien Haye met un point d'honneur à s'entourer de producteurs locaux pour travailler les meilleurs produits du terroir. Un menu-carte alléchant qui laisse le choix au client : huîtres de Saint-Vaast, homard de Carteret, saint-pierre, mais aussi foie gras et ris de veau, sans oublier l'andouille – Normandie oblige !

❀ 👤 🐴 – Prix : €€€

Le Bourg – ☎ 02 31 79 26 71 – www.pavedauge.com – Fermé du lundi au mercredi et dimanche soir

BEZANNES

✉ 51430 – Marne – Carte régionale n° **6**–B2

BOUCHE B

CUISINE MODERNE • CONTEMPORAIN On retrouve ici le chef Thibault Laplaige (ex-étoilé à Reims), situé sur la "Place Gourmande" de cette localité proche de Reims. Il concocte une cuisine moderne bien ficelée à base de jolis produits, à l'image de ce tartare de Saint-Jacques et fenouil, vinaigrette au soja ou du paleron Black Angus, jus au pommeau et embeurré de chou vert. Bouche B comme Bon !

👤 🅰🅲 🐴 🅿 – Prix : €€

9 rue Jean-Dausset – ☎ 03 26 35 19 37 – www.restaurant-bouche-b.fr – Fermé dimanche, samedi midi et mercredi soir

BÉZIERS

✉ 34500 – Hérault – Carte régionale n° **27**–C2

✿ L'ALTER-NATIVE

CUISINE MODERNE • ÉLÉGANT L'Alter-Native, ou l'autre naissance, voire la renaissance : voilà ce que représente ce projet biterrois pour Gilles Goujon. Dans la ville où il a grandi et étudié, le chef 3 étoiles de L'Auberge du Vieux Puits, qu'on ne présente plus, développe un concept de cuisine marine et végétale écoresponsable, avec la volonté de tracer un nouveau sillon. Avec des légumes du potager en aquaponie, et d'autres trésors bien du Sud, son chef exécutif réalise des assiettes pleines de générosité, franches et appétissantes : œuf en blanc-manger surprise, fine tartelette aux champignons sauvages ; belle morille en salmigondis rabelaisien, bouillon de laitue et cardamome verte ; sole aux oursins, asperges et millefeuille de céleri... Agréable terrasse-patio pour les beaux jours.

❀ 👤 🅰🅲 🐴 🗘 – Prix : €€€€

12 rue Boieldieu – ☎ 04 67 49 90 00 – www.lalternativegoujon.fr – Fermé lundi et dimanche

✿ CALICE

CUISINE MODERNE • CONTEMPORAIN Ce calice-là est une maison Art déco des années 1920 mariée à une extension moderne : une métamorphose réussie, toute en courbes florales, avec une salle à manger en rotonde vêtue de matières douces et végétales aux formes organiques. On y déguste une cuisine méditerranéenne dont la modernité, très respectueuse des beaux produits, accouche dans l'assiette de saveurs précises. Service remarquable de compétence et d'empathie. Menu décliné en plusieurs séquences, en constante évolution au gré des arrivages et du marché. Carte des vins de plus de 800 références.

❀ 👤 🅰🅲 🐴 – Prix : €€€

30 boulevard Bertrand-Duguesclin – ☎ 04 67 28 29 40 – www.restaurantcalice. fr – Fermé lundi, mardi et dimanche

BÉZIERS

PICA PICA
CUISINE MÉDITERRANÉENNE • CONTEMPORAIN Cette brasserie conviviale propose une cuisine méditerranéenne décomplexée et joliment métissée, à travers une sélection de tapas et picas (brochettes) : houmous de pois chiches au cumin et pain pita ; croquetas de jamón ; agneau comme un kebab au zaatar et sumac... mais aussi des plats soignés comme ce cabillaud demi-sel, cresson et gnocchi, émulsion citron et caviar. Un concept sans chichi, imaginé dans un esprit de partage. Le menu déjeuner est une aubaine. Une réussite.
& AC 🍴 – Prix : €€
20 boulevard Jean-Jaurès – 𝒞 04 48 11 03 40 – www.pica-pica.fr

L'AMBASSADE
CUISINE MODERNE • ÉLÉGANT Fraîcheur des produits, équilibre des assiettes : Patrick Olry, chef bien connu dans la région, fait ici la démonstration de son savoir-faire et de sa constance. Surtout, ne manquez pas les menus-dégustation sur la truffe, la Saint-Jacques ou le homard, qui ne sont pas pour rien dans la réputation de la maison.
🍴 AC – Prix : €€€
22 boulevard de Verdun – 𝒞 04 67 76 06 24 – www.restaurant-lambassade.com – Fermé lundi et dimanche

LA MAISON DE PETIT PIERRE
CUISINE MÉDITERRANÉENNE • CONVIVIAL Non loin des arènes, dans son restaurant à la déco chinée qui lui ressemble, Pierre Augé arbore un sourire contagieux. Ce chef passionné vient saluer chacun de ses clients car il est là pour faire plaisir, avec sa cuisine goûteuse et créative à base de produits locaux ! Loin de se reposer sur ses lauriers médiatiques, on sent chez lui une envie continuelle d'explorer de nouvelles pistes gourmandes. C'est réjouissant, à l'image de son pavé de bœuf mariné au whisky et mousseline de chou-fleur à la vanille ; du merlu en piperade et jus vert ; ou de la stracciatella aux asperges et tuile au lard. L'ambiance et la convivialité, notamment assurées par la personnalité du chef et le service souriant et chaleureux de son épouse, font le reste : on recommande !
& AC 🍴 🍽 – Prix : €€
22 avenue Pierre-Verdier – 𝒞 04 67 30 91 85 – www.lamaisondepetitpierre.fr – Fermé mercredi et dimanche, et lundi, mardi et jeudi soir

L'HÔTEL PARTICULIER
MODERNE • CHARME Cette belle maison bourgeoise de 1892 a su préserver le charme de l'ancien (parquet, mosaïques de marbre) sans renoncer à la modernité (moulures rétroéclairées, baignoires balnéo, bluetooth). Possibilité de massages en chambre. Petit-déjeuner jusqu'à midi. Le bonheur !
AC P 🛏 🏊 - 9 chambres
65bis avenue du 22 août 1944 – 𝒞 04 67 49 04 47

LA VILLA GUY
CONTEMPORAIN • ROMANTIQUE Ce splendide édifice à l'esthétique andalouse, classé monument historique, trône au milieu d'un parc d'inspiration mauresque, en plein centre-ville. Les chambres et suites mélangent toutes l'audace contemporaine avec le romantisme classique ; il n'y a pas un centimètre carré qui soit sans intérêt. Ajoutez deux salons, un bar, une salle de billard, une bibliothèque, une piscine, une rotonde avec une vue imprenable sur le parc, un spa somptueux. Le détail séduisant : le petit-déjeuner est servi dans l'un des charmants salons.
AC P 🚗 🛎 🛏 🚴 🏊 ♨ 🧖 ✨ 💆 - 6 chambres
2 rue Giuseppe Verdi – 𝒞 04 67 35 26 49

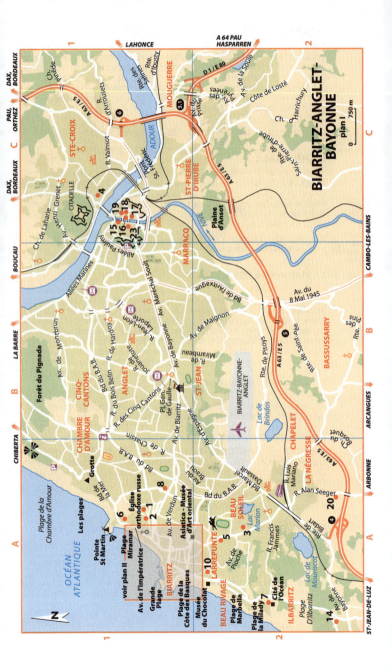

BIARRITZ

✉ 64200 – Pyrénées Atlantiques – Carte régionale n° **25**-A21

Une cuisine aussi typique que la langue basque

Pourquoi ne pas commencer la journée par un café aux halles, le cœur battant de la ville, fréquentées par les épicuriens et les chefs ? Deux édifices, l'un de brique et de métal, l'autre de style basque et orné d'une belle charpente en bois, permettent de faire connaissance avec l'identité culinaire basque et ses délices. Et ils sont nombreux, à l'image de la préparation dite "à la basquaise", qui mêle tomate, poivron, ail et oignon – avec ou sans le fameux jambon de Bayonne. Impossible de passer également à côté de la piperade, manière de ratatouille relevée au piment avec œufs brouillés, jambon, voire poulet ou thon. Au Pays basque, le piment d'Espelette est mis à toutes les sauces, cru, cuit, en poudre, notamment pour la conservation du jambon. Pour compléter votre panier, ne manquez pas de flâner dans les rayons de la Maison Arostéguy, une épicerie fine historique qui propose de beaux produits locaux salés et sucrés.

✽ **L'IMPERTINENT**

Chef : Fabian Feldmann

CUISINE CRÉATIVE • CONTEMPORAIN Impertinent : insolent, effronté et même irrévérencieux, selon le dictionnaire ! Il y a aussi un côté rock'n'roll chez l'Allemand Fabian Feldmann, un chef créatif qui aime casser les codes. Pourtant, les codes, il les connaît sur le bout de sa fourchette : notre rebelle a suivi le parcours classique des grandes maisons, comme L'Oasis à La Napoule et Pierre Gagnaire à Paris. Dans son repaire biarrot, il laisse libre cours à une imagination parfois débridée, mais toujours juste. De belles matières premières, notamment les poissons de la criée de Capbreton, sont cuisinées et assaisonnées avec originalité. Noix de Saint-Jacques grillée, radis blue meat et piment habanero ; agneau rôti, céleri rave, jus aux herbes lié et moutarde acidulée ; déclinaison d'agrumes sur un crémeux de patate douce et sorbet mandarine. L'impertinence a du bon.

 – Prix : €€€

Plan : A1-2 – 5 rue d'Alsace – ✆ 05 59 51 03 67 – www.l-impertinent.fr – Fermé le midi sauf samedi

LES ROSIERS

Chefs : Andrée et Stéphane Rosier

CUISINE MODERNE • CONTEMPORAIN Si cette adresse arbore une façade aux allures typiquement basques, l'intérieur est résolument moderne (murs dépouillés, parquet de bois, tables rondes design). Aux fourneaux, Andrée Rosier (première femme MOF en 2007 !) et son époux concoctent une séduisante partition à quatre mains. Notre virtuose ne met jamais sa technique en avant : elle préfère parler du goût et des saveurs qu'elle extrait de produits locaux – poissons et crevettes sauvages, pigeonneau et volaille fermière, notamment. De la citronnelle et de l'algue nori par ici, du gingembre et du citron confit par là : elle booste certains plats avec des touches exotiques, comme dans son autre restaurant de Tokyo.

& AC – Prix : €€€

Plan : A2-3 – *32 avenue Beau-Soleil* – ✆ *05 59 23 13 68* – *www.restaurant-lesrosiers.fr* – *Fermé lundi et dimanche*

LA TABLE D'AURÉLIEN LARGEAU (N)

Chef : Aurélien Largeau

CUISINE MODERNE • CONTEMPORAIN À deux pas de l'océan, le chef Aurélien Largeau fait désormais danser ses créations dans l'écrin intime de l'ancien Sillon au décor éclairci. Cet enfant de La Rochelle tisse une partition tout en bleu, où la viande s'efface gentiment devant les trésors de l'Atlantique. Véritable promenade maritime, son menu en plusieurs séquences fait la part belle aux coquillages bretons, aux algues sauvages et même aux recettes traditionnelles – sans oublier le terroir basque. Dans l'assiette, les produits d'exception (mais aussi la sardine) se parent de jus intenses (comme sur le rouget), les textures jouent à cache-cache (à l'image du homard). Même le dessert garde le pied marin, conjuguant avec malice douceur et notes iodées (comme ce jus de poire et criste marine). Une cuisine précise, vivante, qui pulse au rythme des marées. À ses côtés, Mathilde Fesneau orchestre avec brio la salle.

Prix : €€€€

Plan : E2-24 – *4 rue Jean-Bart* – ✆ *05 59 24 76 08* – *www.latabledaurelienlargeau.fr* – *Fermé lundi, dimanche et du mardi au vendredi à midi*

AHPĒ

CUISINE MODERNE • BISTRO Excentré, ce bistrot hyper animé et coloré, avec ses murs couleur caramel et son joyeux mobilier dépareillé, fête chaque saison (comme les initiales de son nom l'indique) dans la bonne humeur. Adepte de la fermentation mais aussi des cuissons à la flamme et à la plancha, le chef Idir Fseil mitonne une bonne petite cuisine du marché : thon blanc, eau de concombre et orange en saumure ; poitrine de cochon au piment vert, crème crue et betteraves ; tartare de bœuf, radis noir fermenté, poutargue et grenailles. Réservation indispensable.

& AC 🍽 – Prix : €€

Plan : A2-5 – *34 avenue du Président-John-Fitzgerald-Kennedy* – ✆ *06 48 81 49 75* – *httpss://ahpe-restaurant.fr* – *Fermé lundi et dimanche*

LÉONIE

CUISINE MODERNE • BISTRO Le nom de ce restaurant rend hommage à la fondatrice de ce petit restaurant ouvert à la fin des années quarante. Il s'est mué en plaisant bistro gourmand contemporain sous l'impulsion d'un jeune couple qui connaît son métier. Originaire des Deux-Sèvres, le chef est tombé amoureux du Pays basque et de ses produits ; en saison, il a fait du gibier sa spécialité. Mais aujourd'hui, on s'est régalé d'une tarte sablée et compotée d'oignon, tomate et poivron, puis d'un pavé de merlu, pesto de basilic et huile vierge, et enfin d'un coulis de nectarine, crème diplomate et meringue.

& AC – Prix : €€

Plan : A1-8 – *7 avenue de Larochefoucault* – ✆ *05 59 41 01 26* – *www.restaurant-biarritz-leonie.com* – *Fermé mardi et mercredi*

BIARRITZ
plan II
0   150 m

D · E

OCÉAN ATLANTIQUE

Aquarium de Biarritz
Rocher de la Vierge
Plateau de l'Atalaye
ATALAYE
PORT DES PÊCHEURS
ROCHER DU BASTA
Casino municipal
Bd du Général du Gaulle
Av. de l'Impératrice
Hôtel du Palais
13
Église orthodoxe russe
Av. Edouard VII
Grande Plage
Chapelle impériale
Av. de la Marne
Plage du Port-Vieux
Esplanade du Port Vieux
Villa Belza
La Perspective
Bd du Mal Leclerc
Ste-Eugénie
Pl. du Port-Vieux
Pl. Ste-Eugénie
Pl. Bellevue
9
Pl. Clemenceau
Musée historique
Château Javalquinto
R. Marie Hope-Vère
R. du Helder
Av. de Verdun
12
Pl. Sobradiel
25
Les Halles
Av. Jaulerry
11
24
22
R. Jules Ferry
R. Peyroloy
R. Gambeta
R. Duler
Av. du Jardin Public
R. Ernest Fourneau
Av. F. Mauriac
Av. Charles Floquet
Musée Asiatica
Établissement des bains
Plage de la Côte-des-Basques
Bd du Prince de Galles
Av. de Londres
R. Jeanne d'Arc
R. Jean
Av. Carnot
R. Jaurès
Av. Maréchal Foch
Dom. Des Trois Fontaines
R. Lousteau
FRONTON PARC MAZON
R. Paul Bert
R. de Vauréal
Av. Beaurivage
R. d'Espagne
R. du Maréchal Joffre
R. Michelet
R. des Chalets
R. St-Jean
R. de l'Océan
Av. de la République
R. des Frères
Imp. Roland
Av. Témérland
Av. du Maréchal Foch
R. du Hautin
Av. de Ségure

N

LE CAFÉ DE PARIS

CUISINE MODERNE • **BRASSERIE** La table du mythique hôtel Café de Paris bénéficie d'un emplacement de choix au cœur de la ville et juste au-dessus de la Grande Plage de Biarritz. On y apprécie une carte de brasserie habilement réinterprétée, inspirée par le terroir local et émaillée de clins d'œil ibériques, à l'image de ce suprême de volaille fermière doré au sautoir, piperade relevée au chorizo, grenailles confites. Terrasse agréable.

⟨⟨ & AK 🍴 – Prix : €€€

Plan : E1-9 – 5 place Bellevue – ☎ 05 59 24 19 53 – www.hotel-cafedeparis-biarritz.com/views/fr/restaurant.html

---

CHERI BIBI

CUISINE MODERNE • **BISTRO** Contrairement au héros éponyme du roman de Gaston Leroux, ce Cheri Bibi-là ne sera pas accusé d'avoir commis un crime, judiciaire ou gastronomique ! Aux fourneaux de ce bistrot tendance, Adrien Witte, visible depuis la salle. Cet ancien financier breton reconverti par passion se donne du mal pour nous faire du bien. Ses assiettes à partager – ou non – à base des meilleurs produits locaux sont interprétées de libre et goûteuse manière, avec des

BIARRITZ

clins d'œil à son parcours international : œufs mimosa ; maïs doux grillé, pickles de pleurotes, cacahuètes d'Aquitaine, shiso et crispy chili oil ; dorade coryphène de ligne, sauce pil-pil et aubergine rôtie. Sa compagne accueille avec sourire et efficacité. On peut choisir sa bouteille dans l'espace caviste.

&. 🅰️🍴 – Prix : €€

Plan : A2-10 – *50 rue d'Espagne* – *𝒫 05 40 07 11 50* – *www.cheribibibiarritz. com* – *Fermé mardi, mercredi, et le midi*

CHEZ SCOTT 🅽

CUISINE MODERNE • COSY Le chef Scott Serrato ne plaisante pas avec la qualité : il ne travaille que des produits d'exception, principalement locaux (comme la truite de Banka, l'agneau de lait des Pyrénées ou le thon de ligne de Saint-Jean-de-Luz) et nobles (caviar d'Aquitaine, ris de veau, homard, auquel il consacre d'ailleurs un menu entier). Cette délicieuse épaule d'agneau rôtie et fondante, accompagnée de son jus et de sa garniture estivale, témoigne de la maîtrise de ce chef expérimenté. Le restaurant arbore une décoration sobre et minimaliste, avec un sol en béton ciré, parfaitement dans l'air du temps.

Prix : €€€

Plan : E2-22 – *6 rue Jean-Bart* – *𝒫 05 59 22 85 98* – *www.chezscott-biarritz.fr* – *Fermé lundi, mardi, mercredi et dimanche*

L'ENTRE DEUX

CUISINE MODERNE • BRANCHÉ Le chef Rémy Escale est aux manettes de ce bistrot branché, chaleureux et décoré avec goût. Objectif affiché en cuisine : rester au plus près du produit et du goût ! Il associe les saveurs avec brio et fait preuve d'une maîtrise technique sans faille : on passe un super moment.

&. 🅰️ – Prix : €€€

Plan : E2-11 – *5 avenue du Maréchal-Foch* – *𝒫 05 59 22 51 50* – *www. lentredeuxbiarritz.com* – *Fermé lundi, dimanche et du mardi au jeudi à midi*

FRENCHIE BIARRITZ

CUISINE MODERNE • COSY Située au cœur d'un hôtel qui domine la baie, cette table a été confiée à Grégory Marchand (Frenchie). Passé le vaste atrium qui fait office de bar (où l'on goûte déjà tous les détails du décor ravissant inspiré des années 20), on découvre une belle salle et une terrasse bercée par la musique des vagues. Le chef a signé une carte inspirée du terroir basque avec quelques touches créatives dans un style brasserie chic : aubergine fumée, condiment yuzu, pamplemousse et ail noir ; maigre façon meunière, artichaut barigoule, hollandaise à l'estragon, bisque de crustacés vanillée... Carte des vins étoffée (une quinzaine de vins au verre).

🕸 &. 🅰️🍴 – Prix : €€€

Plan : A1-6 – *Hôtel Regina Experimental, 52 avenue de l'Impératrice* – *𝒫 05 59 41 33 20* – *www.frenchie-biarritz.com* – *Fermé mardi, mercredi, et lundi, jeudi, vendredi et samedi midi*

FREYA 🅽

CUISINE CRÉATIVE • ÉPURÉ Déesse de la nature dans la mythologie nordique, Freya préside aux agapes très végétales de cette table de poche du quartier Saint-Charles. Elle est orchestrée par un couple aguerri par de riches expériences et de nombreux voyages autour du globe. Limitant autant que possible l'apport de protéines animales, le chef Guillaume Chatillon travaille principalement les légumes, sublimés comme tout autre produit noble à grand renfort de préparations gourmandes et parfois d'accords audacieux, à l'image de sa déclinaison de chou-fleur aux algues, d'un bel équilibre gustatif. À noter : les convives d'une même table sont invités à partager une seule assiette. Majoritairement bio ou nature, toutes les bouteilles de vin sont disponibles au verre, conseillées avec le sourire par Margot.

Prix : €€

Plan : A1-1 – *1 rue du Lycée* – *𝒫 06 10 46 37 54* – *www.freya-biarritz.fr* – *Fermé mardi, mercredi, et lundi, jeudi, vendredi et samedi midi*

BIARRITZ

MARIUS 🄽

CUISINE TRADITIONNELLE • AUBERGE Le chef bigourdan Sébastien Sanjou (Trente-Trois à Paris et le Relais des Moines aux Arcs, deux adresses étoilées) a ouvert cette table sur les hauteurs de Biarritz, bénie par une grande terrasse qui regarde la montagne de la Rhune. Au programme : convivialité et gourmandise ! Son chef exécutif, Kévin Bigot (ancien collaborateur du chef Jean-Marie Gautier au restaurant de l'Hôtel du Palais), revigore ses convives à grand renfort d'une cuisine familiale de partage (les garnitures sont servies au centre de la table), plutôt généreuse. Le tout est mitonné avec de bons produits locaux de référence : pot-au-feu de foie gras frais ; la caille "ortolan" bardée de lard ; savarin à l'Armagnac traditionnel. En résumé, voilà l'adresse idéale pour passer un bon moment en famille ou entre amis.
🍃 🖫 🛱 🅿 – Prix : €€

Plan : A2-20 – *52 rue Alan-Seeger –* 📞 *05 59 41 10 11 – www.marius-biarritz. com – Fermé mardi et mercredi*

LE PIM'PI BISTROT

CUISINE MODERNE • BISTRO Une bonne cuisine de bistrot, moderne et bien pensée, gourmande sans jamais peser sur l'estomac : voilà ce que propose le chef du Pim'Pi. Les habitués se pressent à cette table notamment pour le menu déjeuner (appelé « cocotte de la semaine ») au rapport qualité-prix imbattable et qui change chaque semaine. Pressé de filet de sardine, pomme de terre et pied de cochon ; comme un navarin de joues de cochon aux légumes de saison ; millefeuille au praliné et rhubarbe confite au jus de fraise... Si l'on ajoute à cela une ambiance très conviviale, difficile de résister à l'envie de s'attabler ici !
🛱 – Prix : €€

Plan : E2-12 – *14 avenue de Verdun –* 📞 *05 59 24 12 62 – Fermé lundi et dimanche*

LA ROTONDE 🄽

CUISINE TRADITIONNELLE • BOURGEOIS La table de l'Hôtel du Palais à Biarritz est désormais sous l'égide du chef Christophe Scheller. Cet établissement prestigieux, seul palace de la côte Atlantique, propose désormais deux expériences culinaires : La Terrasse pour le déjeuner et La Rotonde pour un dîner élégant dans un décor somptueux face à l'océan. Une courte carte met en valeur des produits nobles comme le caviar, le homard ou le foie gras, ainsi que des produits basques (truite de Banka, volaille locale, ossau-iraty). Le dessert s'impose comme un moment fort.
🍃 🖫 ♿ ⒶⒸ 🅿 – Prix : €€€€

Plan : E1-13 – *Hôtel du Palais, 1 avenue de l'Impératrice –* 📞 *05 59 41 64 20 – www.hyatt.com/fr-FR/hotel/france/hotel-du-palais-biarritz/biqub/dining – Fermé les midis*

LE SALEYA 🄽

CUISINE MODERNE • BISTRO Une terrasse bien placée, un décor savamment stylisé d'esprit seventies, une carte locale et de saison, de belles assiettes généreuses mijotées à la sauce basque : voilà la recette à succès de cette adresse ! Œuf parfait, haricots verts, txistora et oignons rouges ; échine de cochon, seiche, pousses d'épinards et carotte : des plats savoureux qu'on déguste dans une ambiance décontractée.
♿ ⒶⒸ 🛱 – Prix : €€

Plan : E2-25 – *34 rue Gambetta –* 📞 *09 83 22 20 73 – Fermé lundi soir*

259

LE SIN

CUISINE MODERNE • DESIGN Au sein de la Cité de l'Océan, immanquable avec son architecture en forme de vague, le Sin offre une vue magnifique sur la mer et le château d'Ilbarritz. Le chef, artisan habile, sélectionne des produits de belle facture et propose une cuisine élaborée, qu'il fait évoluer régulièrement. Un exemple : ce pigeon fermier, jus tranché à l'ail et écrasé de pomme de terre.

⇐ 🅰🅲 ⛲ 🅿 – Prix : €€€

Plan : A2-7 – *1 avenue de la Plage* – ✆ *05 59 47 82 89* – *www.le-sin.com* – *Fermé lundi, et mardi et dimanche soir*

BEAUMANOIR

CLASSIQUE • CHALEUREUX Mobilier baroque et design dans les huit chambres et suites, salle à manger d'esprit orangeraie, bar à champagne : un charme luxueux règne dans ce manoir du 19e s., à deux pas du centre et des plages.

♿ 🅰🅲 🛋 🅿 🛎 🚲 🛏 🅰🅲 🕯 - 8 chambres

10 avenue de Tamamès – ✆ *05 59 24 89 29*

HÔTEL DE SILHOUETTE

MODERNE • CONVIVIAL Une architecture noble et des décors originaux (notes colorées, papiers peints d'inspiration surréaliste, etc.) : cette demeure du 17e s. – ancienne propriété de la famille de Silhouette – a accompli sa mue. Déco tendance et détente, surtout dans les chambres avec vue sur la mer...

♿ 🅰🅲 🅿 🚗 🌳 🛎 🕯 - 20 chambres

30 rue Gambetta – ✆ *05 59 24 93 82*

HÔTEL DU PALAIS

GRAND STYLE • MARITIME Un véritable palais de bord de mer... Résidence d'été construite par Napoléon III pour son épouse Eugénie, il fut ensuite l'un des hauts lieux de la Belle Époque, puis devint hôtel en 1893. Grand escalier magistral, antiquités, confort dans les moindres détails... Luxe intemporel !

♿ 🅰🅲 🛋 🚗 🌳 🛁 🕯 - 154 chambres

1 avenue de l'Impératrice – ✆ *05 59 41 64 00*

La Rotonde - Voir la sélection des restaurants

HÔTEL SAINT-JULIEN

CLASSIQUE • CONVIVIAL Cette demeure basque garde de nombreux éléments d'origine : parquets en pin, cheminées et escaliers anciens. Les chambres aux hauts plafonds conservent la fraicheur et offrent une vue sur les toits rouges ou la mer. Chacune a sa couleur, vert sauge, jaune moutarde ou lavande, et des éléments vintage. Pas de restaurant, mais des chefs invités l'été. Salle à manger confortable pour le somptueux petit déjeuner, bar en plein air sous les citronniers.

♿ 🚗 🌳 - 27 chambres

20 avenue Carnot – ✆ *05 59 24 20 39*

PALMITO

MODERNE • CHARME Dans une rue piétonne du quartier du Port Vieux, ce petit hôtel de charme affiche une ambiance intime et informelle. Les intérieurs sont décorés avec goût sur un thème hawaïen, en référence au surf qui fait les beaux jours de la ville, et malgré le cadre urbain, la plage la plus proche est accessible à pied. Les chambres sont aussi confortables qu'attrayantes, et la Palmito Suite, un appartement de deux chambres avec terrasse, est de grand style.

🅰🅲 🅿 - 20 chambres

7 rue du Port Vieux – ✆ *05 59 24 16 56*

REGINA EXPERIMENTAL BIARRITZ — *Plus*

CLASSIQUE • MARITIME Construit pendant le premier âge d'or de Biarritz, le Regina est toujours un point de repère emblématique. Sa façade d'un blanc éclatant reste familière, de même que son monumental atrium central ; mais, preuve de son renouveau, ses espaces intérieurs ont été redécorés pour offrir toute l'originalité et le confort haut de gamme d'un hôtel de luxe. Les chambres et suites mêlent inspirations nautiques et références basques. Très élégants, le spa et le bar sont aussi soignés que le reste de l'établissement.

- 72 chambres

52 avenue de l'Impératrice - ℰ *05 59 41 33 00*

BIDARRAY

64780 – Pyrénées-Atlantiques – Carte régionale n° **25**–A2

LORE TTIPIA - AUBERGE OSTAPE

CUISINE MODERNE • AUBERGE Sur les hauteurs de Bidarray et d'Itxassou, ce domaine bucolique, situé au sein d'un vaste territoire isolé, occupe les murs d'une ferme du 17e siècle. La magnifique terrasse panoramique permet de vibrer à l'unisson d'une nature grandiose. Le chef John Argaud, formé dans de belles maisons du Pays basque (La Table des Frères Ibarboure, Ithurria) et au Restaurant Le Meurice Alain Ducasse à Paris, honore avec soin des produits locaux de grande qualité. Les cuissons à la braise ou parfois terminées à la pierre chaude donnent un supplément d'âme à des assiettes évidentes, comme ces fleurs de courgettes farcies et seiche grillée. À noter : seule une cuisine bistronomique, plus simple mais tout aussi gourmande, est proposée du lundi au mercredi.

- Prix : €€€€

Domaine de Chahatoenia - ℰ *05 59 37 91 91 – www.ostape.com – Fermé du lundi au mercredi*

BIDART

64210 – Pyrénées-Atlantiques – Carte régionale n° **25**–A2

LA TABLE DES FRÈRES IBARBOURE

Chef : Patrice et Xabi Ibarboure

CUISINE MODERNE • ÉLÉGANT La troisième génération d'Ibarboure préside en douceur aux destinées de cette belle maison de famille. En cuisine, on retrouve les frères Xabi, le chef, et Patrice, MOF pâtisserie 2019, qui déroule son CV sucré construit entre Paris et New-York. On croise au fil des saisons des produits basques qui plantent le décor : saumon de l'Adour, porc noir de Kintoa, fruits rouges de Mendionde, pain d'épices d'Ainhoa, piment d'Espelette, agneau des Pyrénées, fromage d'Ossau-Iraty. Dans leur potager et dans leur serre, ils cultivent eux-mêmes herbes, fleurs et agrumes qui leur permettent de réaliser de belles recettes comme ces asperges vertes des Landes grillées au barbecue, salade végétale, sorbet à la sauge ananas et citron Meyer. Une réussite !

- Prix : €€€€

281 chemin Ttalienea - ℰ *05 59 54 81 64 – www.freresibarboure.com*

AHIZPAK

CUISINE MODERNE • COSY Sur les hauteurs de la plage d'Erretegia, l'ancien repaire des sœurs (Ahizpak en basque) Arangoits est idéalement situé, face à l'océan. Delphine, seule aux commandes désormais, et son chef David Cerisier proposent une carte courte, moderne et abordable qui suit les saisons. Les assiettes – à déguster sur la terrasse aux beaux jours ! – sont généreuses et gourmandes à l'image du velouté froid de petit pois, vierge de carotte et citron vert ; onglet de bœuf, gratin de pomme de terre, coppa et comté ; crêpe soufflée à l'orange et au Grand Marnier.

- Prix : €

Avenue de Biarritz - ℰ *05 59 22 58 81 – www.restaurant-ahizpak.fr – Fermé mardi, mercredi midi et dimanche soir*

BIDART

EZKIA

CUISINE MODERNE • COSY Attablez vous sous les tilleuls (« ezkia » en basque) de la terrasse ou dans la petite salle cosy et intimiste de cette maison basque traditionnelle, située au cœur du délicieux village de Bidart – une ambiance tranquille et raffinée. Un couple, transfuge de la table de Michel Guérard, s'active en douceur pour servir de jolies assiettes de saison, pleines de bons produits locaux basques, mitonnés avec précision : cochon fermier, thon de ligne, cerise noire, fromages fermiers affinés...
⌂ – Prix : €€
6 avenue de la Grande-Plage – ✆ 05 59 47 78 92 – www.ezkia-restaurant.fr –
Fermé jeudi, et lundi, mardi, mercredi, vendredi et samedi midi

LES FRÈRES IBARBOURE

MODERNE • CALME Beaucoup de fraîcheur et de calme dans les chambres de cette grande demeure basque, qui est aussi une étape gastronomique reconnue dans la région. Bel atout : l'écrin de verdure du parc. Petit-déjeuner gourmand servi, l'été, au bord de la piscine.
AC P ⌂ ⌂ ⌂ ⌂ – 12 chambres
281 Chemin Ttalienea – ✆ 05 59 47 58 30
✺ **La Table des Frères Ibarboure** - Voir la sélection des restaurants

BILLIERS
✉ 56190 – Morbihan – Carte régionale n° **1**-D3

DOMAINE DE ROCHEVILAINE

CUISINE MODERNE • ÉLÉGANT Face à l'océan, dans un charmant jardin, domaine composé d'anciennes maisons bretonnes, de longères et de manoirs, certains séculaires. La mer se retrouve dans la cuisine iodée du chef Maxime Nouail, lui-même pêcheur. Agréables salons, bar et salles à manger décorés avec soin. Très belle carte des vins. Luxueuses chambres et spa pour un séjour marin.
❀ ⌂ ⌂ AC ⌂ P – Prix : €€€
à la Pointe de Pen-Lan – ✆ 02 97 41 61 61 – www.domainerochevilaine.com

BILLY
✉ 03260 – Allier – Carte régionale n° **16**-C3

AUBERGE DU PONT

CUISINE MODERNE • AUBERGE Une cuisine soignée, gourmande et parfumée, avec des sauces à tomber... On se régale d'une épaule d'agneau croustillante, oignon rouge et olive taggiasche, on se laisse surprendre par des préparations plus originales comme ce bœuf gravlax glacé au vinaigre de riz, et aux beaux jours, on profite de la terrasse ombragée qui surplombe l'Allier. Menu unique du marché le midi, et menu-carte le soir. À ne pas manquer !
⌂ ⌂ P – Prix : €€
1 route de Marcenat – ✆ 04 70 43 50 09 – www.auberge-du-pont-billy.fr –
Fermé lundi et dimanche

BINIC

✉ 22520 – Côtes-d'Armor – Carte régionale n° **1**-C1

LA TABLE D'ASTEN

Chef : Samuel Selosse
CUISINE MODERNE • CONTEMPORAIN Il s'en passe de bien bonnes choses au premier étage de cette maison qui domine le port ! Après un parcours remarquable (Le Coquillage à Cancale, La Pyramide - Patrick Henriroux à Vienne, ou encore Le K2 à Courchevel), le chef Samuel Selosse a lâché la bride à son inspiration. Enracinée dans l'air du temps, l'assiette, toujours superbement présentée, ne travaille que le meilleur (aussi bien les poissons que les légumes) et accouche de délices comme ce chou-fleur aux agrumes et seiche cuite à la flamme, cette barbue de petit bateau, asperge et hollandaise aux algues, et même ce millefeuille comme une écorce à la crème de pin. En salle, son épouse sommelière fait preuve de la même ambition.
✑ – Prix : €€€

8 boulevard Clemenceau – ☏ 02 56 44 28 42 – www.asten-restaurant.fr – Fermé lundi et mardi, et dimanche soir

🕮 BRASSERIE D'ASTEN

CUISINE ACTUELLE • CONTEMPORAIN Sur le port de Binic, cette brasserie contemporaine regarde le large à travers ses grandes baies vitrées. Samuel Selosse, le chef au brillant parcours, se plaît ici en signant une cuisine bistronomique alléchante, autour de menus d'un très bon rapport qualité-prix.
✑ – Prix : €€

8 boulevard Clemenceau – ☏ 02 56 44 28 42 – www.asten-restaurant.fr – Fermé lundi et mardi, et dimanche soir

LA BIOLLE

✉ 73410 – Savoie – Carte régionale n° **21**-C2

LA TABLE DES BAUGES

CUISINE DU MARCHÉ • CONTEMPORAIN Le chef Clément Girod, passé chez Emmanuel Renaut, s'épanouit sur ses terres natales entre les deux lacs. Et il a tout bon : produits locaux, pain et glaces maison, carte des vins bio – avec en point d'orgue une cuisine du marché soignée, à l'image de cette truite rose servie avec une jolie déclinaison de carottes et un jus de carotte au gingembre.
& 🍽 🅿 – Prix : €€

1821 route d'Annecy – ☏ 04 79 34 65 93 – www.restaurantlatabledesbauges.fr – Fermé lundi et dimanche, et mardi et mercredi soir

BIOT

✉ 06410 – Alpes-Maritimes – Carte régionale n° **29**-E2

LES TERRAILLERS

Chef : Michaël Fulci
CUISINE CRÉATIVE • ÉLÉGANT Entre Antibes et Cagnes-sur-Mer, ce village doit sa renommée à ses verreries d'art et sa poterie tirée d'un terroir riche en argile. D'ailleurs, les parents du chef Michaël Fulci ont créé leur restaurant dans un ancien atelier de potier, dont même le four a été transformé en petit salon cosy ! Aux beaux jours, la belle terrasse ombragée d'une treille attire les convives comme le pollen les abeilles… Michaël Fulci a reçu une véritable formation de cuisinier méditerranéen, passant d'Alain Ducasse au légendaire Roger Vergé. On retrouve ainsi à la carte tous les fruits et légumes des marchés locaux, des fleurs de courgette au citron de Menton en passant par la figue. La truffe est également bien présente, qu'elle soit noire et vauclusienne ou bien blanche et d'Alba. Une cuisine aux accents du sud, raffinée et goûteuse.
AC 🍽 ⇔ 🅿 – Prix : €€€€

11 chemin Neuf – ☏ 04 93 65 01 59 – www.lesterraillers.fr – Fermé lundi et mardi, et dimanche soir

BITCHE

✉ 57230 – Moselle – Carte régionale n° **7**–D2

LE STRASBOURG

CUISINE MODERNE • ÉLÉGANT Originaire de l'ex-RDA, ancien mécanicien agricole, Lutz Janisch a été formé par le chef Jean Albrecht (le Vieux Couvent à Rhinau). Il nous régale d'une cuisine actuelle et généreuse aux inspirations variées (italiennes avec strozzapreti maison pour accompagner un calamar frit farci de gambas et courgettes, japonaises avec une tempura de cuisses de caille et sa brochette de filet rôtie... et françaises pour les crêpes Suzette, glace Grand Marnier), souvent à base de produits locaux (truite d'Eguelshardt, légumes de Sturzelbronn, etc). Chambres pour l'étape.

🛏 – Prix : €€€

24 rue du Colonel-Teyssier – ☏ 03 87 96 00 44 – www.le-strasbourg.fr – Fermé lundi, mardi midi et dimanche soir

BIZANOS

✉ 64320 – Pyrénées-Atlantiques – Carte régionale n° **25**–C2

L'ESBERIT

CUISINE MODERNE • ÉLÉGANT Cette belle maison en pierre classée du XIXe siècle, située en bordure de route à quelques minutes du centre-ville de Pau, dévoile tout son charme à l'arrière, grâce à sa terrasse jardin baignée de calme et ombragée d'un majestueux chêne centenaire. À l'intérieur, c'est la salle à manger ornée d'un parquet à chevrons et d'une belle hauteur sous plafond qui séduit. Pas étonnant que le chef Nicolas Lormeau s'y épanouisse depuis plusieurs années maintenant ! Sa cuisine inventive, moderne et soignée multiplie les jeux de textures et les saveurs harmonieuses ou toniques (comme sur la Saint-Jacques marinée au fruit de la passion et maïs en textures ou bien le lait de semoule à la truffe du Lot, kiwi et glace chocolat blanc yuzu). Les produits béarnais sont à l'honneur dans des assiettes créatives, joliment dressées, et servies avec soin et professionnalisme. Réservez (très) en amont !

♿ 🅰 🍴 🖨 – Prix : €€

34 boulevard du Commandant-René-Mouchotte – ☏ 09 83 97 58 58 – www.restaurant-lesberit.fr – Fermé lundi, dimanche et mardi midi

BLAINVILLE-SUR-MER

✉ 50560 – Manche – Carte régionale n° **2**–A2

❀ ### LE MASCARET

Chef : Philippe Hardy

CUISINE MODERNE • CONTEMPORAIN Amoureux de sa Manche natale, l'aventureux Philippe Hardy a officié dans de grandes maisons étoilées, et aux fourneaux de l'ambassadeur de France à Sofia. C'est là qu'il a rencontré sa femme, Nadia, ex-danseuse étoile. Grâce à leurs efforts, cette ancienne pension de jeunes filles a été métamorphosée en petit hôtel-restaurant chic et doux. Tout autour s'épanouissent le jardin et le potager, qui fournissent légumes et herbes aromatiques à partir de semences paysannes. L'autre grande affaire du Mascaret, c'est la mer : le chef ne rate pas une occasion d'apprêter le poisson sauvage et les crustacés. Un régal, y compris grâce au rapport qualité-prix tout doux.

🛏 ♿ 🍴 🅿 – Prix : €€€

1 rue de Bas – ☏ 02 33 45 86 09 – www.lemascaret.fr – Fermé lundi et mercredi, et dimanche soir

BLIENSCHWILLER

✉ 67650 – Bas-Rhin – Carte régionale n° **8**-C1

LE PRESSOIR DE BACCHUS

CUISINE MODERNE • **CONTEMPORAIN** On se presse dans cette petite maison située dans un charmant village de la route des vins : la cuisine à quatre mains des Grucker, mère et fils, justifie amplement ce succès ! Traditionnelle et inventive, elle met en avant les produits du terroir : soupe de choucroûte, lard virtuel ; parmentier de canard, champignons, sauce aux 12 épices... aux côtés des spécialités immuables comme les escargots selon papy, les ravioles de carpe, sauce fumée et crémée et le vacherin glacé de Sylvie. Quant à la carte des vins, elle met à l'honneur les nombreux vignerons de la commune (une trentaine !).

 – Prix : €€

50 route des Vins – ✆ *03 88 92 43 01 – Fermé lundi, mardi et mercredi midi*

BLOIS

✉ 41000 – Loir-et-Cher – Carte régionale n° **10**-C3

✿✿ CHRISTOPHE HAY - FLEUR DE LOIRE

Chef : Christophe Hay

CUISINE MODERNE • **ÉLÉGANT** Le chef Christophe Hay est, au sens propre, à fleur de Loire, dans cet établissement, un ancien hospice du 17e s. Les pierres séculaires regardent le fleuve d'où le chef tire toute son inspiration. Sa décoratrice Caroline Tissier a su recréer son univers au sein d'un bel hôtel qui comporte également une brasserie, une pâtisserie et un spa. Dans une salle moderne où l'on retrouve de belles matières, le chef a tout loisir de montrer son répertoire gastronomique créatif et ses classiques remarquables de légèreté, mais aussi de goût et de textures. Il met toujours un point d'honneur à mettre en avant les meilleurs produits du Val de Loire : poissons (exclusivement) de Loire de son pêcheur attitré, légumes de son propre potager et ceux des maraîchers locaux, viande de son élevage de Wagyu, caviar osciètre de Sologne...

– Prix : €€€€

26 quai Villebois-Mareuil – ✆ *02 46 68 01 81 – www.fleurdeloire.com – Fermé lundi et dimanche*

✿ **L'engagement du chef :** Le respect de l'environnement, mais aussi celui de nos convives et de nos équipes est au cœur de notre approche. Qu'il s'agisse d'une pêche dans le plus grand respect des espèces sur la Loire, de la culture de nos propres légumes en permaculture, de notre élevage de bœuf Wagyu et de porc gascon, ou encore de la gestion des déchets et de l'énergie du restaurant, c'est un travail à 360° qui s'inscrit dans le développement d'une économie locale que nous nous attachons à mener quotidiennement.

✿ ASSA

Chefs : Anthony et Fumiko Maubert

CUISINE CRÉATIVE • **ÉPURÉ** C'est en plein cœur de Blois qu'Anthony et Fumiko Maubert ont décidé de s'installer provisoirement, en attendant la rénovation de leur adresse des bords de Loire. Anthony a longtemps travaillé aux côtés d'Arnaud Donckele (La Vague d'Or), tandis que Fumiko cumule les talents de nutritionniste et de pâtissière – de fait, ses créations frappent par leur légèreté et leur faible teneur en sucre ajouté. Chaque matin (traduction du japonais "assa"), ils réécrivent à quatre mains le menu du jour en s'appuyant sur des produits impeccables et sur de nombreux condiments et ingrédients japonais. Baies de sansho, yuzu sauvage, bouillon aux algues nori, thé matcha et pâte de haricot rouge azuki : des produits qui se marient harmonieusement et sont sélectionnés chez les producteurs locaux tout proches (parmi lesquels Masato Fujisaki, cultivateur de légumes asiatiques, partenaire de longue date du restaurant).

– Prix : €€€€

26 avenue du Maréchal-Maunoury – ✆ *02 54 78 09 01 – www.assarestaurant. com – Fermé lundi, mardi et du mercredi au vendredi à midi*

BLOIS

❀ **L'engagement du chef :** Nos producteurs, tous situés dans un rayon de 20 mn autour du restaurant, partagent le même respect de leur terre et de leurs animaux. Nous mettons en valeur tous les morceaux de nos bêtes, achetées entières, et nous faisons comprendre à nos clients que nous ne sacrifions pas un animal seulement pour les meilleurs morceaux. Chaque cagette est redonnée à nos producteurs : nous ne jetons aucun emballage. Les rares déchets alimentaires du restaurant sont consommés par nos poules.

AMOUR BLANC

CUISINE MODERNE • CONTEMPORAIN Amour Blanc ? C'est le nom d'une espèce de carpe et aussi celui de la seconde table de Christophe Hay. Elle est installée au premier étage d'une extension moderne en léger retrait de l'édifice historique. On aime de suite cette ambiance boisée, lumineuse et chaleureuse où de larges baies-vitrées plongent dans la Loire. Le chef de Fleur de Loire laisse libre cours à sa passion des produits ligériens (fromages locaux, géline de Touraine, friture et mulet de Loire, agneau et caviar de Sologne), mais aussi le bœuf Wagyu issu de son propre élevage. Bref, que des beaux produits traités avec soin dans une veine plutôt classique.

🍃🛋♿🅰🌣🐾🅿 – Prix : €€€

Hôtel Fleur de Loire, 24 quai Villebois-Mareuil – ☏ 02 46 68 01 61 – www. fleurdeloire.com

BRO'S

CUISINE MODERNE • BISTRO Deux cuisiniers passionnés, mais surtout très bons amis, ont ouvert cette table vite prise d'assaut au cœur de la vieille ville et toute proche des bords de Loire. Partition bistronomique à l'étage dans un cadre mêlant avec goût le cachet rustique des lieux à des touches plus contemporaines, pour une goûteuse cuisine de saison privilégiant les circuits courts, et qui s'accompagne d'un beau flacon de vin de Loire. Des tapas inspirées des spécialités du Sud-Ouest et de l'Espagne sont également proposées (uniquement le soir et sans réservation) dans la salle du rez-de-chaussée.

🌣 – Prix : €€

36 rue de la Foulerie – ☏ 02 54 70 43 18 – www.brosrestaurant.fr – Fermé mardi, mercredi, lundi midi et dimanche soir

BRUT MAISON DE CUISINE

CUISINE MODERNE • CONTEMPORAIN Blois rime désormais avec "brut" : soit un bon bistrot d'esprit contemporain, avec cuisine ouverte, étagères remplies de bocaux de légumes fermentés et de livres, et quelques tables seulement qui obligent à réserver. Avec sa carte courte qui change régulièrement, le chef au solide parcours travaille selon trois axes : saison, produits locaux (comme cette volaille de Racan) et cuisine moderne, souvent audacieuse, à l'image de ce dessert qui associe un crémeux de topinambour naturellement sucré et une glace café au goût puissant. Petite carte de vins naturels et bio.

🅰 – Prix : €€

14 quai Villebois-Mareuil – ☏ 02 54 56 81 58 – www.brutmaisondecuisine.com – Fermé lundi et dimanche

LE MÉDICIS

CUISINE MODERNE • CLASSIQUE Dans un cadre élégant, le chef Damien Garanger montre chaque jour son attachement au terroir et aux saisons, sans oublier quelques notes asiatiques et exotiques en souvenir de ses voyages. Parmi les classiques de sa carte : le foie gras mariné au vouvray ou le ris de veau rôti, jus forestier. Service chaleureux.

🅰🍽 – Prix : €€€

2 allée François-1er – ☏ 02 54 43 94 04 – www.le-medicis.com – Fermé lundi et dimanche soir

267

BLOIS

FLEUR DE LOIRE

CLASSIQUE • RAFFINÉ Bordé par la Loire, cet ancien palais royal du cœur historique de Blois arbore un nouveau visage grâce à l'architecte Caroline Tissier. Digne des rois du 21e s., l'établissement comprend 33 chambres et 11 suites de style actuel, avec un confort de pointe et un remarquable souci du détail. Comme le spa, très confortable.

- 44 chambres

26 quai Villebois-Mareuil - ✆ *02 46 68 01 20*

✺✺ **Christophe Hay - Fleur de Loire • Amour Blanc** - Voir la sélection des restaurants

BOESCHEPE

✉ 59299 - Nord - Carte régionale n° **4**-B2

AUBERGE DU VERT MONT

Chef : Florent Ladeyn

CUISINE CRÉATIVE • CONTEMPORAIN Dans son auberge champêtre, installée en pleine nature, le chef Florent Ladeyn, écolo-responsable depuis toujours, fait figure de porte-étendard d'une cuisine solidement ancrée dans le terroir flamand, à la fois créative et instinctive, gourmande et attachante. Dans une salle avec charpente apparente et qui ouvre sur les Monts de Flandre, il s'est pris de passion pour la cuisine à la braise, exécutée devant les clients. Locavore, il émaille ses plats des fleurs et des plantes de sa région. Tout le monde, ou presque, a entendu parler de ses frites au Maroilles, recouvertes d'une fine couche d'oignon caramélisé. Mais son menu unique à l'aveugle, servi à l'ensemble des convives, réserve bien d'autres surprises !

- Prix : €€

1318 rue du Mont-Noir - ✆ *03 28 49 41 26 - www.vertmont.fr - Fermé lundi et dimanche*

✿**L'engagement du chef :** La localité est le cœur de notre cuisine, qui est le reflet du terroir des Flandres. Nous ne travaillons qu'avec des produits de saison issus de producteurs locaux dans un cercle économique de proximité et vertueux. Une approche 100% locale dictée par la nature.

LE BOIS-PLAGE-EN-RÉ - Charente-Maritime (17) → Voir Île de Ré

BOISMORAND

✉ 45290 - Loiret - Carte régionale n° **11**-C3

AUBERGE DES TEMPLIERS

CUISINE MODERNE • ÉLÉGANT Certaines beautés ne se démodent jamais… Les plus vieilles pierres de cet ancien relais de poste remontent au 17e s. C'est la demeure solognote dans toute sa splendeur, avec sa façade à colombages et ses briques roses, une véritable "maison d'hôtes" familiale où séjournèrent Mistinguett ou Maurice Chevalier. Dans ce décor immuable de poutres en chêne massif, de faïences de Gien et de cristal, la salle ouvre sur un magnifique parc aux essences centenaires. La partition culinaire met en avant les fruits du travail des producteurs environnants en les valorisant dans leur intégralité. Fastueuse, la cave à vin, qui recèle quelques crus d'exception, étonnera les plus blasés.

- Prix : €€€€

20 route Départementale 2007 - ✆ *02 38 31 80 01 - www.lestempliers.com - Fermé mardi et mercredi*

BOMMES

 33210 – Gironde – Carte régionale n° **22**-B2

✤✤ LALIQUE

CUISINE MODERNE • LUXE Le château Lafaurie-Peyraguey est l'écrin idéal pour un repas de haute volée : une luxueuse salle à manger parée d'un lustre en feuilles de cristal Lalique (l'évidence même !), et dont la verrière est ouverte sur les vignes. Chef au parcours immaculé (Guy Lassausaie, Joël Robuchon, Thierry Marx... et MOF 2023), Jérôme Schilling, qui se présente comme un "cuisinier des vignes", construit ses menus autour du terroir sauternais, avec des plats qui s'intitulent interprétation du millésime 2011 : langoustines, kalamansi et pollen ou encore le pépin de raisin : merlu confit, bergamote et fleur de sureau. Les plats sont servis dans de magnifiques pièces de la cristallerie Lalique et autres créations en fine porcelaine, qui offrent un décor de table éblouissant. Un lieu hors du temps, une cuisine habile et précise au service de l'identité gustative du sauternes, qui figure bien sûr en place d'honneur dans la riche carte des vins.

– Prix : €€€€

1707 route des Gourgues – ℰ 05 24 22 80 11 – www.lafauriepeyragueylalique.com/art-de-la-table/le-restaurant – Fermé mardi, mercredi et samedi midi

🛏 CHÂTEAU LAFAURIE PEYRAGUEY *Plus*

BOURGEOIS • ÉLÉGANT Au cœur du vignoble de Sauternes, ce château du 17e s. a été joliment rénové par son propriétaire. Chambres sobres aux tons apaisants, avec une décoration largement signée Lalique, vue sur les vignes et grand calme : posez vos valises et profitez, tout simplement !

– 13 chambres

1707 route de Gourgues – ℰ 05 24 22 80 11

✤✤ **Lalique** - Voir la sélection des restaurants

BONDUES

 59910 – Nord – Carte régionale n° **4**-C2

LE VAL D'AUGE

CUISINE MODERNE • CONTEMPORAIN Cette maison est typique du Nord ! Briques blanches avec auvents, fenêtres à petits carreaux et encadrements de couleur noire... mais elle cache une ambiance contemporaine et feutrée. En bon artisan, le chef Christophe Hagnerelle réalise une cuisine de saison sans esbroufe. On retrouve de beaux poissons et coquillages de la mer du Nord, mais aussi de la grouse et du lièvre à la royale en saison, des ris de veau et du pigeon... des Flandres, évidemment.

– Prix : €€€

805 avenue du Général-de-Gaulle – ℰ 03 20 46 26 87 – www.valdauge.com – Fermé lundi, dimanche, samedi midi et mercredi soir

BONIFACIO – Corse-du-Sud (2A) ➜ Voir Corse

BONLIEU

39130 – Jura – Carte régionale n° **13**-B3

AUBERGE DE LA POUTRE

CUISINE MODERNE • RUSTIQUE Au cœur de ce joli village de la région des lacs du Jura, cette auberge familiale de 1740 cultive son charme rustique. Le chef François Moureaux travaille de beaux produits et délivre une cuisine d'aujourd'hui délicate et savoureuse, sans oublier de revisiter les spécialités locales. Côté décor, la salle a donné son nom à l'établissement : la poutre qui soutient le plafond mesure 17 m et provient d'une grume de sapin de 3 m3 !

– Prix : €€€

25 Grande-Rue – ℰ 03 84 25 57 77 – www.aubergedelapoutre.com – Fermé du lundi au mercredi

269

BONNE

✉ 74380 – Haute-Savoie – Carte régionale n° **21**–C1

BAUD

CUISINE CRÉATIVE • **CONTEMPORAIN** Cet hôtel-restaurant familial est une valeur sûre. Tandis que le décor joue la carte du contemporain (moquette zébrée, murs et plafond dans les tons rouge carmin), la cuisine navigue entre tradition et modernité, à travers un menu mystère en plusieurs séquences. Terrasse sous pergola au bord de la rivière, et chambres agréables pour l'étape.

🍴♿🏡❄️🅿️ – Prix : €€€

181 avenue du Léman – 📞 04 50 39 20 15 – www.hotel-baud.com – Fermé lundi et dimanche

BONNÉTAGE

✉ 25210 – Doubs – Carte régionale n° **13**–C2

❀ L'ÉTANG DU MOULIN

Chef : Jacques Barnachon

CUISINE MODERNE • **CONTEMPORAIN** En été, on atterrit ici après une longue marche par les belles forêts jurassiennes, l'appétit en bandoulière. Et en hiver, c'est raquettes au pied qu'on s'installe dans ce décor de conte de Noël... Ce chalet, situé au pied des montagnes et au bord d'un étang, séduit avec un registre plutôt traditionnel. La cuisine de Jacques Barnachon fait la part belle au terroir, aux gibiers d'automne mais aussi aux produits nobles (saint-pierre, homard breton, filet de bœuf charolais). Le chef est également un spécialiste de la morille, célébrée à travers un fameux ragoût. Côté décor, le bois domine dans la salle du restaurant gastronomique où les convives aperçoivent les cuisines. Carte des vins pleine de bonnes surprises.

🐃⇆⇇🍴♿🅰️🅿️ – Prix : €€€€

5 chemin de l'Étang-du-Moulin – 📞 03 81 68 92 78 – www.etang-du-moulin. com – Fermé lundi, mardi midi et dimanche soir

🌿**L'engagement du chef :** Notre carte témoigne de notre engagement à proposer des produits durables et saisonniers, dont les ressources ne sont pas menacées. Nous nous attelons également à gérer nos déchets de la manière la plus réfléchie possible.

LE BISTROT

CUISINE TRADITIONNELLE • **BISTRO** Croûte forestière, entrecôte de veau, filet de truite, saucisse de Morteau : les produits et recettes de tradition sont au menu de cet agréable Bistrot, qui complète idéalement l'offre de restauration de l'Étang du Moulin. Une cuisine simple et bien réalisée : on en redemande !

🐃♿🏡 – Prix : €€

5 chemin de l'Étang-du-Moulin – 📞 03 81 68 92 78 – www.etang-du-moulin. com – Fermé lundi, mardi midi et dimanche soir

BONNEVAUX

✉ 25560 – Doubs – Carte régionale n° **13**–C3

AUBERGE DE LA HAUTE-JOUX

CUISINE MODERNE • **AUBERGE** Une ancienne philosophe (modèle de gentillesse et de pertinence pour les conseils en vins) et un globe-cooker biberonné aux étoilés sont à la tête de cette auberge familiale qui tombe à point au milieu de ce village rural. Dans leur décor rustique, ces deux-là proposent un beau moment avec une cuisine qui évolue tranquillement entre recettes régionales d'un côté et recettes plus actuelles de l'autre, ponctuées de références aux multiples voyages du chef. Bref, à cette table, il y a aussi bien du vin jaune et du safran comtois qu'une vinaigrette de cacahuètes, une émulsion aux algues ou des moules de bouchot parfumées à la thaï.

& 🍽 – Prix : €€

2 rue du Jura - ℰ 03 81 89 70 99 - www.aubergedelahautejoux.com - Fermé du lundi au mercredi et dimanche soir

BONNIEUX

84480 – Vaucluse – Carte régionale n° **28**-E1

❀❀ LA TABLE DES AMIS

Chef : Christophe Bacquié

CUISINE MODERNE • RÉGIONAL Christophe Bacquié vous reçoit comme des amis dans son joli mas du Luberon, dans cet environnement paisible et bucolique au milieu des vignes, des oliviers et des champs de lavande. Entouré de son épouse Alexandra et d'une petite équipe charmante et investie, réunie autour de sa passion pour le Sud, ses produits et ses vins, il propose un menu unique à l'identité méditerranéenne affirmée. Avec le goût comme maître-mot, il travaille de très beaux produits sans fioritures ; on retrouve aussi avec plaisir certains de ses plats signatures comme son aïoli moderne ou sa vision du calisson glacé. Le lieu idéal pour passer un très agréable moment de sincérité et de partage.

🐕 🛏 🍽 🌳 🅿 – Prix : €€€€

Les Mas Les Eydins, 2420 chemin du Four - ℰ 06 33 63 81 24 - www.leseydins. com - Fermé lundi, mardi et du mercredi au dimanche à midi

❀ LA BASTIDE

CUISINE PROVENÇALE • ÉLÉGANT Cette maison emblématique du Luberon est aux mains d'une équipe talentueuse, à la tête de laquelle on retrouve le chef Noël Bérard. La cuisine provençale modernisée du chef s'exprime avec bonheur au travers de deux menus dégustation, dont l'un végétal. Des produits de belle qualité (veau de Gordes, truite de la Sorgue, huîtres de Camargue, cochon de Monteux…), des sauces et des jus percutants en un style délicat. Terrasse magnifique pour admirer le coucher de soleil. À noter également dans ce cadre enchanteur en pleine nature provençale : une cuisine au feu de bois à la Bergerie, et bien sûr les confortables chambres et suites.

🛏 ≤ 🍽 🅰🅲 🍽 🌳 🅿 – Prix : €€€€

550 chemin des Cabanes - ℰ 04 90 75 89 78 - www.beaumier.com/fr/proprietes/hotel-capelongue/gastronomie - Fermé lundi, dimanche et du mardi au jeudi à midi

❀ JU - MAISON DE CUISINE 🆕

Chef : Julien Allano

CUISINE MODERNE • CHIC Le chef Julien Allano (La Mirande à Avignon, Le Clair de la Plume à Grignan) a choisi cette belle maison traditionnelle au cœur du village pour y cuisiner en son nom. Dans une salle aux pierres apparentes, le chef est à l'œuvre derrière un comptoir en bois, tandis que les convives prennent place au milieu d'un mobilier artisanal en noyer brut – un décor qui ne manque pas de cachet. Le menu carte blanche en plusieurs temps épouse la saison au jour le jour. Variétés anciennes de blé, cacahuètes de Malataverne, haricots verts d'une ferme voisine, pigeon de Sarrians : autant de produits locaux sourcés avec soin au service d'une cuisine harmonieuse, fine et riche en saveurs du Sud, auquel le chef voue une passion authentique. « L'expérience fromagère » se déroule dans une immense et superbe cave voûtée du 13e s.

🅰🅲 🍽 – Prix : €€€

2 rue Lucien-Blanc - ℰ 04 90 75 88 62 - www.ju-maisondecuisine.com/fr - Fermé du lundi au jeudi et dimanche soir

BONNIEUX

LA BERGERIE (N)

SPÉCIALITÉS DE GRILLADES • RUSTIQUE Récemment repensée, la Bergerie de Capelongue régale en toute simplicité de spécialités provençales ou de belles pièces cuites au feu de bois sous vos yeux, dans la grande cheminée centrale : pissaladière aux oignons confits au miel, gigot d'agneau de Sisteron, volaille de Cabrières-d'Avignon... Depuis la terrasse, superbe vue sur le célèbre village de Bonnieux.

⇜ 🛏 ♿ 🅰🅒 🍴 🅿 – Prix : €€

Chemin des Cabanes – 📞 04 89 81 40 76 – www.beaumier.com/fr/proprietes/hotel-capelongue/gastronomie

CAPELONGUE, BEAUMIER HOTEL & SPA

DESIGN • CHAMPÊTRE Toute la magie de l'hôtellerie à la provençale se révèle ici, avec des intérieurs marqués d'une palette subtile et un mariage harmonieux d'éléments modernes et campagnards. Si les chambres classiques sont résolument luxueuses, les suites frôlent l'extravagance, sans jamais se départir de leur distinction. Le domaine dispose de nombreux espaces extérieurs, notamment une piscine et des jardins, un spa et des bains de style romain. L'offre culinaire est, elle aussi, irréprochable, du copieux petit-déjeuner local au restaurant gastronomique.

🅰🅒 🅿 🛏 🍴 🚲 ♨ 🧖 💈 🍴 - 57 chambres

550 chemin des Cabanes – 📞 04 90 75 89 78

❀ **La Bastide** - Voir la sélection des restaurants

LE MAS LES EYDINS

CONTEMPORAIN • CONVIVIAL Ce mas classique du Luberon est entouré de paysages provençaux typiques, bleutés de lavande. Les hôtes, Alexandra et Christophe Bacquié, ont imprimé leur empreinte personnelle sur l'atmosphère à la fois tranquille et conviviale. Les chambres de la ferme sont splendides, tout comme les gîtes ; la piscine extérieure et les terrains de pétanque invitent au farniente.

🅰🅒 🅿 🛏 🍴 - 5 chambres

2420 Chemin du Four – 📞 06 33 63 81 24

❀❀ **La Table des Amis** - Voir la sélection des restaurants

BORDEAUX

✉ 33000 – Gironde –
Carte régionale n° **22**-B2

Des vins de renom... une cuisine aussi

C'est peu dire que la capitale de l'Aquitaine a le vent en poupe, et le tandem Cité du vin et LGV (ligne grande vitesse, qui relie Paris en 2h05) renforce encore son pouvoir d'attraction. La ville poursuit sa métamorphose entamée avec la réhabilitation des quais et l'inscription de son somptueux centre historique au Patrimoine mondial de l'Unesco en 2007. Mais Bordeaux, qui doit sa prospérité à la vigne et au commerce avec l'outre-mer, a aussi des arguments culinaires à revendre. Sa gastronomie s'appuie sur un terroir d'une richesse incomparable : agneau de Pauillac (généralement servi avec ses haricots), lamproie mijotée dans sa sauce – aux vins bordelais, bien sûr ! –, ou encore cannelés dévoilant leur irrésistible croûte caramélisée...

  MAISON NOUVELLE

Chef : Philippe Etchebest

CUISINE MODERNE • ÉLÉGANT Sur la place du Marché des Chartrons, Philippe Etchebest vous reçoit comme chez lui dans cette jolie maison en pierre, et l'on se sent bien ! Dans ce lieu feutré et cosy, on reconnaît bien son goût des bonnes choses, et son exigence à ne travailler que de beaux produits locaux, qu'il sait faire partager à la talentueuse équipe qui l'entoure : caviar d'Aquitaine, crevette impériale de Charente, légumes d'un maraîcher de Léognan... Son menu dégustation rythmé par les saisons n'oublie pas quelques-uns de ses plats signature, comme la raviole de champignons et foie gras poêlé, ainsi que de jolies assiettes végétales. Service attentionné. Bienvenue chez "Etxe Beste" ("maison nouvelle" en basque) !

🕸 & 🆎 ✱ – Prix : €€€€

Plan : C1-2 – *11 rue Rode* – ✆ *05 33 09 46 90* – *www.maison-nouvelle.fr* –
Fermé lundi, dimanche et du mardi au jeudi à midi

  L'OBSERVATOIRE DU GABRIEL

CUISINE MODERNE • ÉLÉGANT Installé dans le pavillon central de la célèbre place de la Bourse, face au miroir d'eau, cet établissement est dirigé par les propriétaires du Château Angelus et du Logis de la Cadène à Saint-Émilion. Les délicieux salons 18e s. sont réunis en un unique espace au confort cossu – parquet en chêne et moquette épaisse, boiseries et moulures. Le jeune chef Bertrand Noeureuil, qui officiait auprès d'Arnaud Donckele, régale avec une belle cuisine inspirée par la mer et les saisons : goujonnettes de lisette "Chambrelent", mimosa de merlu "Loubésien" aux morilles et kokotxas à la fondue de baragane... Il sait aussi travailler les viandes dans un esprit plus classique et plus ancré dans le terroir, à l'image de cet agneau du Médoc "Entre-deux-mers" et fricassée de légumes condimentée d'une vague marine. Superbe carte des vins de plus de 1000 références.

🕸 ⇐ & 🆎 ✱ – Prix : €€€€

Plan : C2-10 – *10 place de la Bourse* – ✆ *05 56 30 00 80* – *www.le-gabriel-bordeaux.fr* – *Fermé samedi, dimanche et du lundi au vendredi à midi*

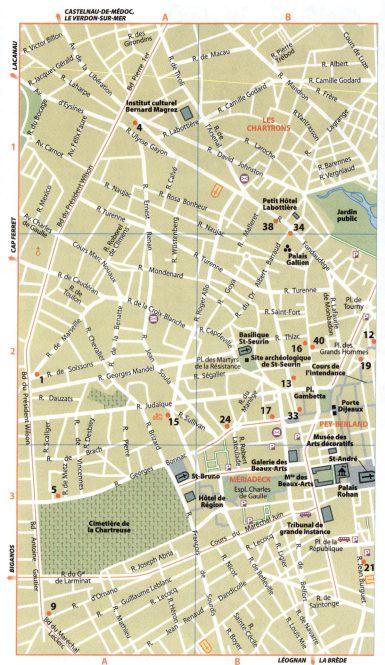

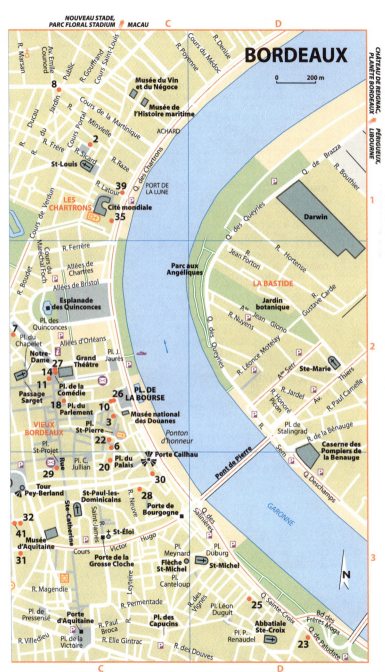

BORDEAUX

LE PRESSOIR D'ARGENT - GORDON RAMSAY

CUISINE MODERNE • **ÉLÉGANT** Le chef britannique Gordon Ramsay (né en Écosse), véritable star et triplement étoilé en Angleterre, signe la carte du Pressoir d'Argent, et insuffle un vent de modernité à la cuisine classique. L'art de vivre à la française est valorisé par le décor opulent et raffiné, le service ultra compétent, la célébration des plus beaux produits du riche terroir bordelais et aquitain (foie gras, truffes, caviar, poissons)... jusqu'à la presse à homard Christofle en argent massif qui circule de table en table. Sans oublier la remarquable compétence des trois sommeliers, au service d'une sélection de 1000 bouteilles aux 2/3 bordelaises, évidemment ! Gordon Ramsay ? So delicious !

– Prix : €€€€

Plan : C2-11 – *InterContinental Bordeaux - Le Grand Hôtel, 2-5 place de la Comédie* – 05 57 30 44 44 – *www.bordeaux.intercontinental.com/le-pressoir-dargent-gordon-ramsay* – *Fermé lundi, dimanche et du mardi au samedi à midi*

AMICIS

Chef : Alexandre Baumard

CUISINE CRÉATIVE • **ÉLÉGANT** Au cœur du Bordeaux chic, entre les allées de Tourny et la place des Grands-Hommes, le chef Alexandre Baumard (Logis de la Cadène à Saint-Émilion, L'Observatoire du Gabriel) s'est installé à son compte dans une adresse élégante sur deux étages. Au travers d'un menu dégustation servi uniquement au dîner, sa cuisine fine et lisible met à l'honneur de beaux produits, notamment de la mer, travaillés avec justesse et créativité, à l'image de cette crevette nacrée, déposée sur une réduction des têtes concentrée en saveurs et tranchée d'une vinaigrette de bisque de carapaces. Les desserts de Damien Amilien, aussi gourmands que techniques, prolongent cette partition délicate, comme les cerises cuites, crues et herbes fraîches. Cuisine bistronomique pour une offre plus accessible au déjeuner. Service attentif et belle carte des vins.

– Prix : €€€

Plan : B2-12 – *19 rue Mably* – 05 56 52 80 41 – *www.restaurant-amicis.fr* – *Fermé samedi et dimanche*

L'OISEAU BLEU

Chef : François Sauvêtre

CUISINE MODERNE • **CONTEMPORAIN** Cette maison classique en pierre bordelaise est une institution de la rive droite, où les bonnes tables ne courent pas les rues ! Passionné à la fois par le produit et par le goût, le chef François Sauvêtre réalise une cuisine épurée et lisible, à l'opposé de la démonstration technique. Le menu surprise qui se décline en plusieurs séquences permet de découvrir l'étendue de son savoir-faire, inspiré par les saisons et la récolte des petits producteurs. Côté décor, une salle contemporaine et lumineuse, qui s'ouvre dès les beaux jours sur la terrasse plein sud, au grand calme, donnant sur le jardin.

– Prix : €€€

Hors plan – *127 avenue Thiers* – 05 56 81 09 39 – *www.loiseaubleu.fr* – *Fermé lundi et dimanche, et jeudi soir*

LE PAVILLON DES BOULEVARDS

Chef : Thomas Morel

CUISINE MODERNE • **ÉLÉGANT** Institution de la gastronomie bordelaise depuis plusieurs décennies, cette échoppe traditionnelle invite à entrer. Aux commandes, le chef Thomas Morel, épaulé de son épouse Célia au service, laisse libre cours à son inspiration. Sur de solides bases classiques, ses assiettes se permettent des touches plus actuelles, à l'image de cette superbe sauce hollandaise agrémentée de raifort, accompagnant un lieu jaune cuit avec grande justesse. Le menu du déjeuner se révèle particulièrement attrayant.

– Prix : €€€

Plan : A1-4 – *120 rue de la Croix-de-Seguey* – 05 56 81 51 02 – *www.lepavillondesboulevards.fr* – *Fermé lundi et dimanche, et mercredi soir*

BORDEAUX

RESSOURCES

Chef : Tanguy Laviale
CUISINE MODERNE • COSY Dans sa nouvelle adresse, le chef Tanguy Laviale (ex-Garopapilles) s'émancipe tranquillement des codes traditionnels de la gastronomie, à l'aide de son associé le sommelier Maxime Courvoisier dont l'ouverture d'esprit fait sourire d'aise Bacchus. Pensez donc : une carte courte composée de huit plats, à associer en toute liberté (4 à 5 de ces petites assiettes font un repas). La patte technique de ce chef talentueux fait toujours mouche, de la pertinence des associations à la mise en valeur du beau produit sans esbroufe, en passant par les garnitures et les assaisonnements pointus. Quelques exemples : rouget pané, chou kale et crème acidulée ; merlu de ligne, ravigote d'huîtres à la menthe. Enfin, toute la place est faite ici au vin : plus de 700 références prêtes à boire (et bien plus en cave), allant des grandes étiquettes aux petits vignerons – à tous les prix ! Sommeliers avant tout, les chefs de rang se font un devoir de mettre en avant les jeunes vignerons.

⸺ Prix : €€€

Plan : B1-38 – *126 rue Fondaudège –* ℰ *09 70 66 72 32 – www.restaurantressources.com – Fermé samedi, dimanche et le midi*

SOLÉNA

Chef : Victor Ostronzec
CUISINE MODERNE • ÉPURÉ Légèrement à l'écart de l'hyper-centre bordelais, la façade discrète ouvre sur un intérieur confortable. Installé ici depuis 2016, le chef Victor Ostronzec fait preuve d'un talent incontestable. Il se distingue par une cuisine technique et créative, avec des dressages souvent inspirés, et trouve toujours le petit plus qui fait la différence. Sa volonté d'étonner se manifeste par le choix de ne proposer que des menus surprises, en plusieurs temps au dîner. Pour parfaire ces bonnes nouvelles, son travail est bien mis en valeur par un service aux petits soins.

⸺ Prix : €€€€

Plan : A2-15 – *5 rue Chauffour –* ℰ *05 57 53 28 06 – www.solena-restaurant.com – Fermé lundi, dimanche, et mardi et mercredi à midi*

LA TABLE D'HÔTES - LE QUATRIÈME MUR

Chef : Philippe Etchebest
CUISINE MODERNE • CONVIVIAL Au Grand Théâtre de Bordeaux, magnifique exemple d'architecture néoclassique, même la gourmandise se donne en spectacle. Les 12 convives de "Chef Etchebest" partagent la même grande table dans une cave voûtée, et sont plongés dans les coulisses d'un restaurant, au milieu des annonces de plats et du va-et-vient des serveurs. Tout, ici, est surprise : du menu aux accords mets et vins, jusqu'aux couverts que l'on choisit soi-même. Même esprit dans les recettes du chef, franchement originales, qui témoignent d'une recherche poussée dans l'harmonie des saveurs. La technique est impeccable (ah, le foie gras des landes frit et fumé dans son jus de canard à l'orange !), on se régale tout en faisant connaissance avec ses voisins de table. Et même quand Philippe Etchebest est absent, il est un peu là : en visio-conférence avec les convives, avant le début du repas ! Une expérience, on vous dit...

⸺ Prix : €€€€

Plan : C2-14 – *2 place de la Comédie –* ℰ *05 57 22 41 10 – www.quatrieme-mur.com – Fermé lundi et dimanche*

TENTAZIONI

Chef : Giovanni Pireddu

CUISINE ITALIENNE • CONTEMPORAIN Elle est bretonne, il est sarde, ils se sont rencontrés en Corse… et ils tiennent à Bordeaux une table petite par la taille, mais grande par le plaisir. Les assiettes du chef sont précises et toujours inspirées, surtout lorsqu'elles mettent en valeur des produits de haute volée : langoustine, araignée, thon rouge ou pigeon. Une cuisine très contemporaine, éclatante de saveurs et parcourue de fréquents clins d'œil à l'Italie, sans jamais verser dans la nostalgie ou la démonstration "identitaire". Les menus dégustation changent chaque semaine au gré de l'inspiration du chef. Un vrai plaisir du début à la fin, de l'intéressante sélection de vins italiens à l'excellent rapport qualité-prix du menu déjeuner.

– Prix : €€€€

Plan : B2-16 – *59 rue du Palais-Gallien -* ✆ *05 56 52 62 12 - www.tentazioni-bordeaux.fr - Fermé lundi, dimanche, et mardi, mercredi et samedi midi*

KEDEM

CUISINE MÉDITERRANÉENNE • BISTRO Les deux complices de l'ex-Miles, Gil Elad et Ronan Cadoret, remettent le couvert dans un petit bistrot avec comptoir. Et c'est un festival d'assiettes célébrant les parfums et les épices du Proche et Moyen-Orient tout en recourant aux produits locaux du moment (poulet fermier des Landes mariné au sumac et jus de volaille aux épices ; shish barak farcis aux cèpes et chanterelles de saison). À noter aussi la grande diversité des succulents pains maison (comme ce kubaneh yéménite) et la bonne tenue des desserts, à l'image de ce chausson libanais garni d'un mélange de dattes et de fruits secs, accompagné d'une bonne glace pistache. Petite carte des vins orientée nature, avec notamment des références du bassin méditerranéen.

Prix : €€

Plan : B3-21 – *16 rue Jean-Burguet -* ✆ *05 57 80 04 30 - www.kedem.fr - Fermé samedi et dimanche, et du lundi au mercredi soir*

MADAME B

CUISINE MODERNE • CHIC Installée au sein de l'hôtel Burdigala, cette brasserie chic a particulièrement soigné son décor, un tantinet rétro : parquet en chêne, banquettes et fauteuils, tables noires et console en bois clair recouverte de marbre noir. Pour notre plus grand plaisir, le chef réalise ici un authentique travail de cuisinier, avec des plats inspirés par la tradition (blanquette, paleron braisé, chou farci), ponctués d'une touche contemporaine et émaillés de sauces sapides en diable. La pâtisserie fait également honneur à cette partition, à l'image de ce biscuit sablé, fraises, fromage blanc et citron vert, sorbet aux herbes.

– Prix : €€

Plan : B2-24 – *Hôtel Burdigala, 115 rue Georges-Bonnac -* ✆ *05 56 90 16 16 - www.restaurantmadameb.com*

PANAILLE

CUISINE MODERNE • BISTRO Un trio d'amis soudé cartonne dans ce bistrot de quartier 4.0 qui fait salle comble. L'assiette, réglée au cordeau, navigue entre recettes plutôt traditionnelles et incursions voyageuses (asiatiques, sud-américaines…). Menu déjeuner à prix doux ; le soir, recettes plus élaborées avec notamment des entrées à partager. Agréable patio.

– Prix : €€

Hors plan – *137 rue du Tondu -* ✆ *09 87 74 45 86 - Fermé lundi et dimanche*

BORDEAUX

RACINES BY DANIEL GALLACHER
CUISINE CRÉATIVE • BISTRO Ce chef autodidacte aux racines écossaises signe ici une cuisine inventive et pétillante, loin des conventions, et fait évoluer son menu chaque semaine au gré du marché. Il compose des assiettes fraîches et soignées, à l'image de cette lotte de l'Atlantique aux carottes, satay et passion : des racines aussi solides que goûteuses ! Récemment repensée, l'adresse ne désemplit pas.

AC – Prix : €€

Plan : B2-17 - *59 rue Georges-Bonnac - 𝒞 05 56 98 43 08 - www.racines-bordeaux.com - Fermé lundi et dimanche*

LE 1544
CUISINE DU MARCHÉ • BISTRO Au sein du pavillon central de la célèbre place de la Bourse, ce bistrot chic (fauteuils rétro, parquet à bâtons rompus, plafonds à la française) offre de belles échappées sur les architectures et le fameux "miroir d'eau". Au menu : une goûteuse cuisine de bistrot moderne, qui musarde entre tradition et modernité.

& AC – Prix : €€

Plan : C2-26 - *10 place de la Bourse - 𝒞 05 56 30 00 80 - www.le-gabriel-bordeaux.fr - Fermé dimanche soir*

ARCADA
CUISINE MODERNE • CONTEMPORAIN Une bonne adresse discrète entre la place Camille-Jullian et Saint-Michel. Déco contemporaine dans une salle voûtée et cuisine bistronomique axée sur le produit, dont une partie est issue de petits producteurs locaux. Des épices ajoutent une subtile touche d'aventure dans l'assiette. On se régale à prix doux le midi d'un labneh aux herbes et betteraves rôties au miel de Bordeaux ou bien encore d'un dos de merlu confit à l'huile d'olive. Au dîner, partition plus ambitieuse avec des produits nobles et une carte renouvelée régulièrement. À noter, un accueil et un service d'une grande gentillesse.

& AC – Prix : €€

Plan : C3-28 - *13 rue de la Rousselle - 𝒞 05 56 23 08 61 - www.arcada-restaurant.fr - Fermé lundi et dimanche*

BO-TANNIQUE
CUISINE MODERNE • BRANCHÉ Située sur une agréable place piétonne pavée, cette jolie adresse (déco dans l'air du temps, pierre bordelaise apparente) propose une cuisine tout en fraîcheur et en contrastes aux inspirations voyageuses, à l'image de la sardine grillée au miso brûlé et taboulé de tomate à la libanaise. Jolie carte des vins majoritairement bio et nature, et service tonique. Une réussite !

🐝 & 🍴 – Prix : €€

Plan : C3-29 - *2 rue Tustal - 𝒞 05 56 81 34 92 - www.bo-tannique.fr - Fermé lundi et dimanche*

C'YUSHA
CUISINE MODERNE • CONVIVIAL Au cœur du vieux Bordeaux, un lieu cosy et intimiste où le chef travaille seul, sous le regard des gourmands. Il signe une cuisine actuelle relevée d'épices, de plantes et d'herbes, en travaillant les légumes de son potager. Une adresse charmante qui sied aux amoureux.

AC – Prix : €€

Plan : C3-30 - *12 rue Ausone - 𝒞 05 56 69 89 70 - www.cyusha.com - Fermé lundi, dimanche et du mardi au samedi à midi*

BORDEAUX

CENT33

CUISINE CRÉATIVE • CONTEMPORAIN Ambiance bistrot chic et cosy dans le restaurant du chef Fabien Beaufour, originaire de Grenoble, passé par de belles tables étoilées en France (Anne-Sophie Pic à Valence, Patrick Henriroux à Vienne...) mais aussi à New York et à Londres. Pas étonnant donc qu'il propose une cuisine originale, voyageuse et écoresponsable. Les saveurs sont intenses, contrastées, les cuissons parfaites et les assaisonnements percutants. Parmi les incontournables : le délicieux charbonnier laqué au miso puis cuit lentement au robatayaki, le poulpe en salade tiède, la noisette du Piémont au caramel au beurre salé...

🕸 ⚫ 🅰️🅲️ – Prix : €€€

Plan : C1-8 – *133 rue du Jardin-Public – ☎ 05 56 15 90 40 – www.cent33.com – Fermé lundi et dimanche*

LE CHAPON FIN ⓝ

CUISINE MODERNE • CLASSIQUE En plein cœur de ville, cette institution locale a été créée en 1825. Quant à son surprenant décor de rocaille, il a été importé du Lot et réinstallé ici au début du 20e s. La cuisine moderne du chef Younes Bouakkaoui joue sur des bases classiques, à l'image de ce ris de veau rôti au jus et morilles au vin de Sauternes, ou du lieu jaune poché à l'huile d'olive, pomme de terre fumée et champignons portobello. La cave est superbe avec plus de 1000 bouteilles !

🕸 🅰️🅲️ – Prix : €€€

Plan : B2-19 – *5 rue Montesquieu – ☎ 05 56 79 10 10 – www.chapon-fin.com – Fermé lundi et dimanche*

LE CHICOULA, BISTROT D'ART

CUISINE MODERNE • VINTAGE Dans ce chaleureux bistrot de poche, le chef maîtrise très bien son sujet, comme en témoigne son menu unique tout en saveurs originales et en dressages harmonieux, qui change tous les mois. La déco n'est pas en reste, qui se pare d'œuvres d'artistes locaux, avec vernissages occasionnels – le chef est lui-même peintre à ses heures...

⚫ 🅰️🅲️ – Prix : €€€

Plan : C3-31 – *22 rue de Cursol – ☎ 06 52 40 64 54 – www.lechicoula.fr – Fermé lundi, mardi et du mercredi au vendredi à midi*

LE CLOS D'AUGUSTA

CUISINE MODERNE • COSY Avec son avenante façade vert bouteille et son agréable terrasse dans le jardin sur l'arrière, voilà une adresse menée avec vaillance par un couple dont la sincérité inspire confiance. Dans l'assiette, créative et maîtrisée, les produits de la région sont privilégiés. Un exemple d'entrée fraîche, savoureuse et de saison : le généreux carpaccio de tomates Zebra, scarmorza fumée, petits pois frais, poireaux, basilic, sorbet de pommes vertes. Accueil des plus charmants. Au déjeuner, le menu du jour est une affaire.

🍸 🅰️🅲️ 🌿 – Prix : €€€

Plan : A3-5 – *339 rue Georges-Bonnac – ☎ 05 56 96 32 51 – www.leclosdaugusta.fr – Fermé lundi, dimanche et samedi midi*

EPICENTRE

CUISINE MODERNE • CONTEMPORAIN Une sympathique adresse située dans une rue parallèle à la rue Sainte-Catherine. Depuis sa micro-cuisine, d'où il engage la conversation avec ses clients, le chef Benjamin Wavrant balance un menu déjeuner bistronomique à prix plancher où les classiques font mouche, à l'image de ce potage parmentier ou de ce pavé de lieu noir parfumé aux zestes d'agrumes et accompagné d'un bon jus de viande. Le soir, présentés au sein d'un menu plus gastronomique, les produits se haussent du col : foie gras, coquilles Saint-Jacques, pigeon...

Prix : €€

Plan : C2-18 – *15 rue des Piliers-de-Tutelle – ☎ 09 82 57 12 06 – www.epicentrebordeaux.eatbu.com – Fermé lundi et dimanche, et mardi et mercredi soir*

BORDEAUX

LA FINE BOUCHE

CUISINE MODERNE • ÉLÉGANT Connaissez-vous le capucin ? C'est avec cet entonnoir en fonte muni d'une longue tige, dans lequel on vient faire fondre des tranches de lard, que le chef réalise le flambage de ses Saint-Jacques, au léger goût de grillé et de fumé. Cette cuisine ne néglige ni les traditions régionales ni une certaine créativité. La salle entièrement rénovée avec goût - parquet, moulures, pierres apparentes - dégage le soir venu un capiteux parfum d'intimité.

🍴 – Prix : €€€

Plan : C3-41 – *30 rue du Hâ* – ℰ *05 56 38 75 23* – *www.lafinebouche33.com* – *Fermé lundi, dimanche et samedi midi*

INFLUENCES

CUISINE MODERNE • TENDANCE Un vent de fraîcheur souffle sur cette adresse, véritable institution qui a changé de mains mais pas de nom, située dans une rue calme à deux pas de la place Gambetta. Cette façade engageante en pierre bordelaise accueille désormais un jeune couple, Kéveena en salle distribue les sourires, tandis qu'Ismaël en cuisine déroule une solide expérience. Ses assiettes modernes et goûteuses puisent dans les produits du Sud-Ouest, qu'il rehausse avec quelques touches créatives, à l'image de ce magret grillé, jus réduit et aubergine laquée à la japonaise recouverte de grains de riz soufflés. Service pro et convivial.

🅐🅒 – Prix : €€€

Plan : B2-33 – *36 rue Saint-Sernin* – ℰ *05 56 81 01 05* – *www.restaurant-influences.com* – *Fermé mardi, mercredi, et le midi*

INIMA

CUISINE CRÉATIVE • ÉPURÉ Dans son petit restaurant à la déco dépouillée (ex-Cromagnon), la jeune cheffe d'origine moldave Oxana Cretu laisse libre cours à son imaginaire culinaire dans un menu imposé en plusieurs séquences. Cette passionnée déroule des assiettes colorées et parfumées : écrevisse, moule de bouchot et rose ; crevette impériale, maïs et lavande. La meringue aux fraises du Lot, crème Namelaka, marmelade de citron et sorbet au jasmin, est un joli dessert tout en fraîcheur.

♿ – Prix : €€€

Plan : B2-40 – *48 rue du Palais-Gallien* – ℰ *05 56 81 17 52* – *www.inimarestaurant.com* – *Fermé samedi, dimanche et du lundi au jeudi à midi*

ISHIKAWA

CUISINE JAPONAISE • ÉPURÉ Le chef Yugo Ishikawa est désormais chez lui dans ce restaurant épuré tout en longueur situé dans une rue piétonne animée du centre. Avec passion et minutie, il travaille la cuisine traditionnelle japonaise qu'il affectionne. Sur l'ardoise du jour : échine de porc tonkatsu panée, tataki de thon oroshi ponzu, légumes marinés tsukémono, et au déjeuner, un choix de petits plats savoureux. On se croirait presque dans un vrai izakaya tokyoïte. Une réussite.

🍴 – Prix : €€

Plan : C3-32 – *22 rue du Hâ* – ℰ *06 51 28 70 99* – *www.restaurant-ishikawa.com* – *Fermé lundi, dimanche, et mardi et samedi à midi*

JOKI

CUISINE MODERNE • COSY Au cœur du vieux Bordeaux, ce bistrot à l'ambiance cosy et décontractée propose une bistronomie bien ficelée, à base de produits sourcés avec soin : huîtres pochées, siphon de jambon et pickles de salicorne ; pigeon mariné aux épices orientales, duo de navets et jus harissa... Découvrez aussi les accords mets et cocktails concoctés par Jodie.

Prix : €€

Plan : C3-20 – *33 rue des Bahutiers* – ℰ *05 57 83 23 94* – *www.jokirestaurant.fr* – *Fermé mardi, dimanche et samedi midi*

BORDEAUX

LIL'HOME

CUISINE MODERNE • **TENDANCE** Situé sur le quai des Chartrons, ce lieu est séduisant : salon d'accueil avec son parquet en caisses de vins, fauteuils en velours, suspensions en osier et végétaux, le tout dans un esprit bistrot chic. La cuisine est moderne et créative au travers de menus surprise en plusieurs séquences. Bonne sélection de vins bio et en biodynamie.

& 🅰️ 🍽️ – Prix : €€€

Plan : C1-39 – *29 quai des Chartrons* – ☎ *05 57 59 92 82* – *www.lilhome-restaurant.fr/fr* – *Fermé mercredi, et lundi, mardi, jeudi, vendredi, samedi et dimanche midi*

LOCO BY JEM'S

CUISINE MODERNE • **BRANCHÉ** Prisée des locaux, cette table jeune et dynamique accueille un chef, Jérémy, surnommé Jem's par ses amis qui le trouvent un peu fou (loco en espagnol) et qui puise son inspiration dans les produits… locaux, évidemment ! Il compose une cuisine aux saveurs bien marquées et contrastées. Du comptoir, on peut admirer la brigade à l'œuvre. Menu du jour au déjeuner (un très bon plan) et menu dégustation le soir avec suggestions d'accords mets et vins, menu végétarien sur demande.

& 🅰️ – Prix : €€€

Plan : A3-9 – *293 rue d'Ornano* – ☎ *05 56 55 99 37* – *www.locobyjems.com* – *Fermé samedi et dimanche, et mercredi soir*

LUME

CUISINE ITALIENNE • **ROMANTIQUE** Un restaurant de 14 places à l'ambiance intimiste, éclairé en partie à la lumière de la bougie (Lume en italien). Le chef vénitien Riccardo Suppa enchante ses hôtes avec un joli menu unique qui privilégie les produits de la mer et les légumes bio. Tout est fait maison, des pâtes au pain à la farine de blé ancien. Alice, la compagne du chef, est une hôtesse accomplie qui sait conseiller de bons vins italiens choisis avec soin. Au menu : cicchetti comme à Venise, crudo de Saint-Jacques, paccheri aux girolles, pannacotta vanille…

🦪 🅰️ – Prix : €€€

Plan : C2-3 – *3 rue des Faussets* – ☎ *05 47 79 47 56* – *www.ristorantelume.fr* – *Fermé mardi, mercredi, et le midi*

METS MOTS

CUISINE DU MARCHÉ • **BISTRO** La recette gagnante de Mets Mots ? Un endroit riche de son histoire (une ancienne imprimerie), un trio de toques ayant travaillé chez Pierre Gagnaire, et une cuisine du marché bien troussée. Jour après jour, les habitués s'y pressent, ce qui est toujours bon signe… Le midi, saveurs et convivialité autour d'assiettes bien maîtrisées ; le soir, bar à vins et petits plats à partager.

🅰️ – Prix : €€

Plan : B1-34 – *98 rue Fondaudège* – ☎ *05 57 83 38 24* – *www.metsmots.fr* – *Fermé dimanche, samedi midi et lundi soir*

POINT ROUGE ⓝ

CUISINE MODERNE • **TENDANCE** Sur le quai de Paludate, l'une des ailes du château Descas abrite un restaurant contemporain, avec un sol en béton ciré et des murs ponctués d'arches typiquement bordelaises. Dans une ambiance tamisée, sur fond de musique électro, les assiettes du chef Christophe Girardot (ex-Paradoxe à Cenon) coulent de source, à l'image de ce paleron de veau fondant, gnocchis aux herbes et jus de viande corsé. Cette cuisine s'accompagne d'un cocktail ou d'un bon cru pioché dans la longue carte des vins.

🦪 & 🍽️ – Prix : €€€

Plan : D3-23 – *1 quai de Paludate* – ☎ *05 56 94 94 40* – *www.pointrouge-bdx.com* – *Fermé dimanche et du lundi au samedi à midi*

BORDEAUX

QUANJUDE ⓝ

CUISINE CHINOISE • CLASSIQUE Centenaire, cette vénérable enseigne des allées de Tourny, en plein centre historique, est spécialisée dans le canard laqué. Elle célèbre la cuisine pékinoise et, au-delà, la cuisine chinoise dans une veine gastronomique. Le canard y est découpé selon une technique ancestrale par un maître dépositaire de cette culture. Salles à manger d'esprit bourgeois, avec parquet et moulures.

& AC – Prix : €€€

Plan : C2-7 – *42-44 allées de Tourny* – ℰ *05 57 14 91 35* – *www.quanjude-bordeaux.com* – *Fermé lundi et dimanche, et vendredi soir*

LE QUATRIÈME MUR

CUISINE MODERNE • BRASSERIE Au théâtre, le quatrième mur est celui, invisible, qui sépare le public de la scène. Un nom tout choisi pour cette table installée dans les ors du Grand théâtre ! Un produit de qualité, une cuisson précise, une garniture et un jus : Philippe Etchebest va à l'essentiel et nous régale en toute simplicité. Installée sur une galerie latérale du grand théâtre, la terrasse est très agréable. Réservation impérative avec deux services à déjeuner et à dîner. Les menus changent chaque semaine.

ⴵ & 🛱 – Prix : €€

Plan : C2-27 – *2 place de la Comédie* – ℰ *05 56 02 49 70* – *www.quatrieme-mur.com* – *Fermé lundi et dimanche*

SENS

CUISINE MODERNE • CONTEMPORAIN En retrait du Bordeaux touristique et animé, un bistrot moderne et cosy, tenu par le chef Alexandre Bru épaulé de son épouse Loren en pâtisserie. La cuisine, précise et bien tournée, propose une offre bistronomique qui fait mouche au déjeuner avec un excellent rapport qualité/prix. On se régale ainsi d'un cabillaud de ligne à la vapeur douce et sabayon au vin jaune et d'une mousse au chocolat, praliné noix de pécan et fleur de sel.

& AC – Prix : €€€

Plan : A2-1 – *93 rue de Soissons* – ℰ *09 83 45 52 29* – *www.sens-restaurant-bordeaux.com* – *Fermé lundi, dimanche et samedi midi*

LE 7 RESTAURANT PANORAMIQUE

CUISINE MODERNE • DESIGN La Cité du vin peut s'enorgueillir d'une bonne table : la carte est courte et les produits du sud-ouest sont à l'honneur : foie gras de canard de Chalosse, caviar d'Aquitaine, porc prince noir de Biscay, etc. Avec, en sus, un panorama imprenable sur la Garonne et le centre-ville de Bordeaux. Sélection de 500 vins du monde et 32 vins au verre.

ⴵ ⩤ & AC – Prix : €€€

Hors plan – *4 esplanade de Pontac* – ℰ *05 64 31 05 40* – *www.le7restaurant.com* – *Fermé , lundi, mardi et dimanche soir*

SYMBIOSE

CUISINE MODERNE • BISTRO Tenue par quatre jeunes associés, cette Symbiose porte bien son nom ! Tout, ici, est marqué du sceau de l'évidence : les assiettes franches et rondement menées, le service convivial et décontracté, la clientèle majoritairement jeune et plutôt branchée, sans oublier la petite salle genre bistrot... et un bar à cocktail façon speakeasy, partie intégrante du concept ! Rapport qualité-prix imbattable à midi.

🛱 – Prix : €€

Plan : C1-35 – *4 quai des Chartrons* – ℰ *05 56 23 67 15* – *www.symbiose-bordeaux.com* – *Fermé lundi et dimanche*

283

BORDEAUX

TLALI

CUISINE FUSION • COSY Bonne surprise que cette table franco-mexicaine emmenée par un authentique enfant de Guadalajara, le chef Kristian de Anda, qui a tenu à Paris les fourneaux de Biondi, et démontre que la cuisine mexicaine ne se résume pas aux tacos et aux enchilladas ! D'ailleurs, la partition n'est pas seulement mexicaine, elle est plutôt fusion, ponctuant la gastronomie française de touches mexicaines – bref, pas de piment extra-fort. En plus du menu-carte, on propose une assiette de 5 tacos inspirés des différentes régions mexicaines : idéal à partager à l'apéritif. Restaurant ouvert seulement le soir.

AC – Prix : €€

Plan : C2-22 – 6 rue du Cancera – ☏ 05 57 59 40 79 – www.tlali.fr – Fermé lundi, dimanche et du mardi au samedi à midi

LA TUPINA

CUISINE TRADITIONNELLE • RUSTIQUE Véritable institution, cette auberge champêtre a tout le goût d'autrefois... Sanguette, macaronade, frites à la graisse de canard : le terroir est défendu avec conviction, et l'on se régale de copieux plats du Sud-Ouest, mais aussi de légumes de saison et de viandes rôties... dans la cheminée visible à l'entrée ! De beaux produits exposés sur le comptoir et qui mettent en appétit. Incontournable !

🕸 🍽 – Prix : €€

Plan : D3-25 – 6 rue Porte-de-la-Monnaie – ☏ 05 56 91 56 37 – www.latupina. com – Fermé lundi

VIVANTS 🆕

CUISINE MODERNE • COSY Saint-Jacques en « clin d'œil à Ressources » ; gravlax de lieu jaune, beurre monté au miso ; gnocchi, navet Tokyo et ail des ours ; cochon de montagne, artichaut poivrade, condiment acidulé : on aura (peut-être) reconnu dès le premier intitulé gourmand de plat, la patte du chef Tanguy Laviale du restaurant Ressources. Derrière une jolie devanture vitrée et encadrée de bois à l'ancienne, il propose une version décontractée et canaille de sa table gastronomique. Menus déclinables en plusieurs séquences à choisir soi-même ou bien que l'on laisse à la discrétion du chef. Carte des vins de 1000 références, œuvre du sommelier Maxime Courvoisier, et orientée « nature ».

🕸 AC – Prix : €€

Plan : C2-6 – 13 rue des Bahutiers – ☏ 09 78 81 13 55 – www.restaurantvivants. com – Fermé samedi, dimanche et du lundi au vendredi à midi

ZÉPHIRINE

CUISINE MODERNE • COSY Zéphirine : beau prénom désuet pour cette auberge urbaine au joli décor de bistrot, précédée d'un comptoir d'épicerie fine. Une histoire de famille aussi qui réunit trois professionnels qui ont roulé leur bosse. Et, de fait, dans l'assiette, le chef montre tout de suite une patte très sûre (mention spéciale pour les garnitures, à partager, comme les entrées). Il envoie une bonne cuisine traditionnelle dans le fond, mais moderne dans la forme et hausse le niveau le soir.

🕭 AC 🍽 – Prix : €€

Plan : B2-13 – 62 rue de l'Abbé-de-l'Épée – ☏ 09 72 45 55 36 – www.zephirine. fr – Fermé lundi, dimanche et mardi midi

🛏 ## LE BOUTIQUE HÔTEL

DESIGN • CHALEUREUX Pour allier luxe et design dans un hôtel particulier du 18e s., Le Boutique a du composer avec le cadre. Résultat, des espaces publics riches d'un mélange d'architecture classique, d'antiquités bien patinées, de moulures d'origine et de mobilier milieu de siècle. Et dans les chambres, un minimalisme tout confort, très équipé, mêlant habilement pièces design et touches déco à l'ancienne. Ajoutez à cela un bar à vin, Bordeaux oblige...

AC 🛁🛋🔔 - 27 chambres

3 rue Lafaurie de Monbadon – ☏ 05 56 48 80 40

HÔTEL CARDINAL

MODERNE • CHARME Situé à deux pas de la place Pey-Berland, ce très bel hôtel particulier du 18e s. a été transformé en hôtel de charme. Matériaux nobles (velours, laiton, marbre), mobilier contemporain et beaux parquets en chêne, dans un style inspiré des années 30. Atmosphère feutrée et cosy. Idéal pour une villégiature en terre bordelaise. - 10 chambres

4 rue Élisée Reclus - ☏ 05 56 01 62 32

L'HÔTEL PARTICULIER

CLASSIQUE • COSY Comme son nom l'indique, voici un majestueux hôtel particulier du 19e s., superbement conservé dans le centre historique de Bordeaux. L'intérieur conserve ses vastes salons ornés de moulures, avec parquets, cheminées en marbre et hautes fenêtres, qui ont été transformés en appartements et chambres sophistiqués. Toutes uniques, celles-ci sont à la fois modernes, cosy et bourgeoises, ponctuées de couleurs chaudes et de pièces design, tandis que les appartements, donnant sur la cour, optent pour un look plus décontracté et urbain. Petit-déjeuner servi dans la salle à manger d'époque et service de conciergerie.
- 12 chambres

44 rue Vital Carles - ☏ 05 57 88 28 80

INTERCONTINENTAL GRAND HÔTEL BORDEAUX *Plus*

CLASSIQUE • COSY Sa façade néoclassique (1776), en parfaite harmonie avec celle du Grand Théâtre, est un petit joyau. Dans les chambres règne une atmosphère cossue, chatoyante et feutrée ; quant au spa de 1 000 m², il dispose d'une terrasse sur le toit offrant une vue imprenable sur Bordeaux. Un établissement de prestige, au cœur de la capitale du vin.
- 130 chambres

2-5 place de la Comédie - ☏ 05 57 30 44 44

✽✽ **Le Pressoir d'Argent - Gordon Ramsay** - Voir la sélection des restaurants

MAMA SHELTER BORDEAUX *Plus*

AVANT-GARDE • CHALEUREUX Mama Shelter, c'est un véritable concept : après Paris, Lyon et Marseille, il se décline en plein cœur de la métropole bordelaise. On retrouve avec plaisir cette déco très urbaine (béton brut, détails insolites et colorés, etc.) et cette ambiance éclectique (notamment au restaurant) qui en font toute la saveur !
- 97 chambres

19 rue Poquelin Molière - ☏ 05 57 30 45 45

MONDRIAN BORDEAUX LES CARMES

MODERNE • CHALEUREUX Ce château du 19e s. appartenait autrefois à la maison viticole Calvet. Aujourd'hui, les chambres et les suites modernisent le style bordelais classique avec des tons chauds, des miroirs, ornements, et le confort d'un établissement de luxe. Le spa, très élégant, comprend une piscine intérieure, des salles de soin, un hammam et une salle de sport.
- 97 chambres

81 Cours du Médoc - ☏ 05 35 54 10 84

LE PALAIS GALLIEN

CLASSIQUE • RAFFINÉ Près du Palais Gallien – un amphithéâtre romain, l'un des plus anciens vestiges de la ville –, cette maison de maître de la fin du 19e s. a été réhabilitée avec soin : chambres à l'identité affirmée (parquets anciens, moulures), jolies salles de bains, piscine dans la cour de l'hôtel...
- 26 chambres

144 rue Abbé de l'Epée - ☏ 05 57 08 01 27

BORDEAUX

SEEKO'O

AVANT-GARDE • CHALEUREUX Seeko'o ? Un "iceberg" en inuit. L'extérieur explique d'emblée cette analogie avec son parallélépipède blanc aux angles faussés. L'intérieur joue cette carte nordique avec une alliance de bleu, blanc et de bois clairs ; les chambres, confortables, ont été rénovées avec beaucoup d'élégance.
🛗 🅿 ❄ 📶 ♨ 🧖 - 45 chambres
54 quai de Bacalan – ✆ *05 56 39 07 07*

VILLAS FOCH   *Plus*

MODERNE • ROMANTIQUE À deux pas de la place du même nom, une demeure édifiée en 1834 dans le plus pur style bordelais. Grande verrière ouverte sur une courette avec jardin, chambres spacieuses – sept modernes et épurées, superbement rénovées, et deux davantage dans l'esprit des lieux... Un indéniable caractère.
♿ 🛗 🍳 ❄ ♨ 🚭 📶 🧖 - 20 chambres
25 cours du Maréchal Foch – ✆ *05 64 31 22 50*

YNDO

DESIGN • CALME Vu de l'extérieur, c'est un bel hôtel particulier du 18e s. Fort heureusement, l'intérieur n'est pas en reste : design et délicatement feutré, il est propice au repos... Les chambres sont confortables et ont chacune leur propre personnalité.
♿ 🛗 🍳 🅿 🐕 ❄ 📶 🍽 - 12 chambres
108 rue Abbé de l'Épée – ✆ *05 56 23 88 88*

miodrag ignjatovic/Getty Images Plus

BORMES-LES-MIMOSAS

✉ 83230 – Var – Carte régionale n° **29**-B3

LE JARDIN

CUISINE MODERNE • **COSY** Dans une ruelle pittoresque du vieux village, ce petit restaurant séduit d'abord par son cadre rustique et sa délicieuse terrasse, avec fontaine et pergola, noyée sous la verdure et les fleurs. Aux fourneaux, Riccardo Berto mâtine ses assiettes colorées et méditerranéennes de touches péruviennes, fruit de son expérience de chef à l'Altiplano de Val d'Isère. Un exemple ? Cette sériole en ceviche, exaltée par un leche de tigre vivifiant, à la pêche et au maïs croustillant. On passe un super moment.
🏡 – Prix : €€
1 ruelle du Moulin – 𝒞 04 94 71 14 86 – www.lejardinrestaurantbormes.com – Fermé lundi et mardi

MIMOSA

CUISINE PROVENÇALE • **TENDANCE** Cet établissement proche du port de plaisance propose une cuisine moderne aux influences provençales. Fagottini de gambas sauvages, émulsion bisque ; filet de daurade, citron confit et fenouil braisé, cheesecake aux fruits : les dressages sont soignés, les saveurs percutantes et les cuissons maîtrisées. Bref, on se régale, à toutes les étapes ! Menus truffe selon les saisons, et avenante terrasse pour les jours estivaux.
♿ 🅰🅲 🏡 – Prix : €€€
284 boulevard du Front-de-Mer – 𝒞 09 87 36 49 46 – www.mimosa.eatbu.com

LA BORNE

✉ 18250 – Cher – Carte régionale n° **16**-B1

L'ÉPICERIE

CUISINE MODERNE • **COSY** Un restaurant-épicerie ? Une épicerie-restaurant ? Peu importe, il y a les deux et l'on passe ici un super moment, et c'est tout ce qui compte. Cuisine de saison déclinée par Mathieu (salé) et Clémentine (sucré), produits locaux de rigueur : cette petite adresse a la cote localement, et on comprend pourquoi… Capitale locale de la poterie oblige, toute la vaisselle et l'art de la table présents sur votre table sortent des fours de céramistes locaux. Attention, vingt couverts seulement : réservez. Une charmante adresse hors du temps qui suit son petit bonhomme de chemin.
♿ – Prix : €€
1 chemin des Usages – 𝒞 02 48 59 57 50 – Fermé lundi et mardi, et mercredi et dimanche soir

BOSSEY

✉ 74160 – Haute-Savoie – Carte régionale n° **21**-C1

LA FERME DE L'HOSPITAL

CUISINE CLASSIQUE • **ÉLÉGANT** Les années passent… mais la tradition perdure dans cette maison réputée située à la frontière franco-suisse : salle élégante et chaleureuse, argenterie, service attentionné. Sur des bases classiques, le chef concocte des assiettes soignées et pleines de saveurs : ravioli de canard et foie gras, noisette de cerf au lard et sauce poivrade… Un très bon moment.
🅰🅲 🏡 ✿ 🅿 – Prix : €€€
272 rue de la Mollard – 𝒞 04 50 43 61 43 – www.ferme-hospital.fr – Fermé lundi, mardi et dimanche

BOUDES

✉ 63340 – Puy-de-Dôme – Carte régionale n° **20**–B2

 LE BOUDES LA VIGNE

CUISINE TRADITIONNELLE • AUBERGE Cette sympathique auberge, bâtie sur d'anciennes fortifications, se trouve au cœur de ce village de vignerons où l'on produit… le boudes, l'un des cinq crus des côtes d'Auvergne. Derrière les fourneaux, Christian Coutarel, chef jovial qui réalise une cuisine traditionnelle généreuse et parfumée sans s'interdire des préparations plus modernes.

AC 🍽 ❖ – Prix : €€

Place de la Mairie – ✆ 04 73 96 55 66 – www.le-boudes-la-vigne.com –
Fermé lundi et mardi, et mercredi et dimanche soir

BOULAZAC ISLE MANOIRE

✉ 24330 – Dordogne – Carte régionale n° **18**–D2

RICHARD LEQUET N

CUISINE MODERNE • COSY Le chef Richard Lequet, anciennement étoilé à l'Amphitryon de Limoges, a trouvé un nouvel écrin dans cette élégante maison bourgeoise. Il y élabore une cuisine de saison, au plus près des produits locaux. Au dîner, le menu surprise propose par exemple un pavé de cabillaud sur fenouil croquant et pancetta fumée, ou un suprême de volaille des Landes en ballottine, accompagné de tagliatelles de carotte et purée de petits pois. Le chef confectionne son propre pain à partir de farines locales. Pour prolonger l'expérience, des chambres d'hôtes confortables accueillent les convives.

♿ AC 🍽 ❖ P – Prix : €€€

239 route d'Atur – ✆ 09 78 80 68 91 – www.richardlequet.fr/restaurant –
Fermé lundi et mardi, et dimanche soir

BOULIAC

✉ 33270 – Gironde – Carte régionale n° **22**–B2

 LE SAINT-JAMES

CUISINE MODERNE • CONTEMPORAIN *(Fermé provisoirement pour travaux, réouverture en juillet)* Adresse mythique s'il en est, le Saint-James fut longtemps le fief de Jean-Marie Amat. Cet avant-gardiste avait fait appel à l'architecte Jean Nouvel pour rénover son hôtellerie, devenue une référence du design – un lieu qui va subir une rénovation en profondeur. La table rend hommage aux producteurs de Nouvelle-Aquitaine, dont on magnifie les produits, du caviar de Gironde au bœuf de Bazas. Tout en fraîcheur à l'image de ce thon de Saint-Jean-de-Luz remarquable et parfaitement cuit, la cuisine d'auteur de Mathieu Martin déborde de charme(s), entre raffinement et délicatesse. Le chef affirme souvent un goût évident pour le végétal, comme sur ces tomates, nature et au piment, et leur soupe claire. La légende du Saint-James est intacte.

🐴 ⇔ ≤ 🛏 AC 🍽 – Prix : €€€€

3 place Camille-Hosteins – ✆ 05 57 97 06 00 – www.saintjames-bouliac.com

 LE SAINT-JAMES BOULIAC   *Plus*

AVANT-GARDE • CHAMPÊTRE Conçue par Jean Nouvel, cette maison surplombant la ville et les vignes – classées premières-côtes-de-bordeaux – s'inspire des séchoirs à tabac typiques de la région. L'épure, la lumière et le design dominent avec élégance et harmonie… Le Bordelais est à vous.

♿ AC 🛏 P ⇔ ❄ 🚲 ≋ 🛥 🎿 🎾 🍽 – 16 chambres

3 place Camille-Hosteins – ✆ 05 57 97 06 00

❀ Le Saint-James - Voir la sélection des restaurants

BOULLERET

✉ 18240 – Cher – Carte régionale n° **16**–B1

 MAISON MEDARD

Chef : Julien Medard
CUISINE MODERNE • **COSY** Saveurs franches, jus, émulsions et sauces qui fusent en bouche à l'image de ce filet de boeuf charolais mariné au soja, sauce choron et cromesquis d'échalotes. On peut parler également de ces œufs mimosa de la ferme "les Volailles du Moulin", plat signature de la maison qui se décline à l'envie, cette fois agrémentés de curry, moules de bouchot en pickles et spiruline. Une réussite que cette cuisine actuelle et astucieuse, qui s'empare des produits locaux pour offrir des assiettes subtiles et colorées ! Le chef Julien Medard et son épouse Delphine (en salle) accueillent les chanceux – pardon, les clients – dans une salle cosy et feutrée qui unit avec goût rustique et contemporain.

🍴 ♿ ☂ – Prix : €€€

19 place des Tilleuls – ☎ 02 48 72 39 62 – www.maisonmedard.com –
Fermé lundi et mardi, et dimanche soir

BOULOGNE-BILLANCOURT

✉ 92100 – Hauts-de-Seine – Carte régionale n° **11**–E2

 BACA'V - BOULOGNE

CUISINE TRADITIONNELLE • **BISTRO** Le chef Émile Cotte a donné un petit frère à son adresse parisienne. Dans un décor de bistrot moderne éclairé par de grandes baies vitrées (et divisé en plusieurs espaces avec notamment une table d'hôte), le chef fait ce qu'il aime : des classiques bistrotiers généreux revus au goût du jour, avec une simplicité terriblement gourmande, à l'image de cette gridouille (andouille de Vire avec un morceau de poitrine de porc maigre) et sa purée ultra-beurrée. Le Limousin, berceau du chef, est souvent à l'honneur dans l'assiette. Alléchante carte avec pâté en croûte, vol-au-vent, ris de veau, millefeuille, soufflé au chocolat.

♿ 🅰🅒 ⇔ 🍽 – Prix : €€

33 avenue du Général-Leclerc – ☎ 01 55 60 79 95 – www.bacav.fr –
Fermé dimanche et samedi midi

BONNOTTE

CUISINE MODERNE • **CONVIVIAL** À dix minutes à pied du Musée Albert Kahn, le restaurant d'Antoine Guichard (l'ancien second de David Bizet) et de Manon Negretti rend hommage à l'Île de Noirmoutier dont la bonnotte est une variété de pomme de terre locale. Dans un décor de bistrot sobre et contemporain, l'assiette joue la carte d'une cuisine bistronomique dans l'air du temps, concoctée à base de bons produits frais. Menu au déjeuner, et carte le soir.

Prix : €€

1 rue de Billancourt – ☎ 09 83 44 29 35 – www.bonnotte-restaurant.fr –
Fermé samedi et dimanche

LA MACHINE À COUDES

CUISINE MODERNE • **BISTRO** Accueillante et pétillante, la propriétaire Marlène sait toujours s'entourer d'une équipe motivée, qui travaille volontiers les produits de saison – coquilles Saint-Jacques et courge – autour d'un menu unique au déjeuner, plus créatif et ambitieux au dîner. Jolis accords mets-vins. Un bon moment de bistronomie.

🅰🅒 – Prix : €€€

57 rue Yves-Kermen – ☎ 06 75 42 45 37 – www.lamachineacoudes.fr –
Fermé lundi et dimanche

BOULOGNE-BILLANCOURT

MANO

CUISINE MODERNE • BISTRO Une rue discrète dans un quartier résidentiel, une façade sobre de bistrot contemporain, une petite salle conviviale où les tables se coudoient : voilà l'antre gourmand d'un ancien de la Plantxa, Maximilien Kuzniar. Carottes cumin et agrumes ; poisson, quinoa, sauce au curry ; pomme rôtie, espuma menthe : autant de propositions à l'ardoise pour une cuisine de saison simple et savoureuse. Très bon rapport qualité-prix des formules déjeuner, dîner plus ambitieux.

Prix : €€

46 rue de l'Ancienne-Mairie – ✆ 07 88 62 81 49 – www.manoboulogne.com – Fermé dimanche et samedi midi

PLANTXA

CUISINE MODERNE • CONVIVIAL Sous la houlette du célèbre Juan Arbelaez, le chef Andres Bolivar signe une cuisine originale pleine de saveurs aux notes sud-américaines : sardine confite, ajo blanco et gel citron ou ceviche de quasi de veau, poutargue et ajo amarillo ; turbot, chou-rave en risotto et condiment de chou rouge au vinaigre de cidre... Des assiettes soignées dont on se régale en toute décontraction, dans une ambiance conviviale et un décor arty. Vivifiant et bienvenu !

Prix : €€

58 rue Gallieni – ✆ 01 46 20 50 93 – www.plantxa.com – Fermé lundi et dimanche

LA TABLE DE CYBÈLE

CUISINE MODERNE • CONTEMPORAIN À la tête de ce néobistrot œuvre un couple franco-américain, et c'est Cybèle, née à San Francisco, qui officie en cuisine, signant des recettes originales, axées sur de beaux produits, à l'instar de œuf parfait, velouté de lentille, fondue de poireaux et fenouil, magret séché, espuma de lait fumé... La Table de Cybèle est si jolie...

🕸 ♿🍽 – Prix : €€

38 rue de Meudon – ✆ 01 46 21 75 90 – www.latabledecybele.com – Fermé samedi et dimanche

BOULOGNE-SUR-MER

✉ 62200 – Pas-de-Calais – Carte régionale n° **4**–A2

L'ÎLOT VERT

CUISINE MODERNE • CONTEMPORAIN Un véritable coup de cœur que ce restaurant aux airs de bistrot chic, où œuvre Tony Regnier, formé dans de belles maisons. Il signe une cuisine bien d'aujourd'hui – avec une pointe de créativité –, joliment tournée et savoureuse : terrine de pintade à la pistache comme un pâté croûte et son chutney de pomme ; mosaïque de skrei au curry noir et radis long glacé ; mousse soufflée au chocolat, pop-corn et écume de lait... À déguster dans une salle décorée avec goût, ou sur la jolie terrasse fleurie.

♿🍽🗱 – Prix : €€

36 rue de Lille – ✆ 03 21 92 01 62 – www.lilotvert.fr – Fermé lundi et dimanche

LA MATELOTE

CUISINE MODERNE • CONTEMPORAIN Une table familiale qui rend hommage aux femmes, c'est forcément de bon aloi ! La matelote est en effet la femme du... matelot, réputée experte en cuisson de poissons – tout comme cette table dédiée aux produits de la mer (mais pas seulement). Les poissons et les crustacés sont ici travaillés dans les règles de l'art et dans le respect d'une pêche durable. Côté desserts, on fait allégeance à la grande tradition de la pâtisserie française, à l'image du soufflé, un incontournable de la maison.

♿🅰🗱🍽 – Prix : €€€

80 boulevard Sainte-Beuve – ✆ 03 21 30 17 97 – www.la-matelote.com – Fermé jeudi midi

BOULOGNE-SUR-MER

RESTAURANT DE LA PLAGE

POISSONS ET FRUITS DE MER • CONVIVIAL Après une petite baignade, rien de mieux qu'un bon repas pour reprendre des forces ! Face à la plage, cette adresse fait honneur aux produits de la mer. Une cuisson parfaite et un dressage soigné pour ce turbot à la betterave et au chorizo, sans oublier les noix de Saint-Jacques en saison... Et, au dessert, des crêpes Suzette flambées en salle devant le client. Délicieux !

🕸 🍽 – Prix : €€

124 boulevard Sainte-Beuve – ℰ 03 21 99 90 90 – www.restaurantdelaplage.fr – Fermé lundi et mardi, et dimanche soir

BOURG-CHARENTE

✉ 16200 – Charente – Carte régionale n° **18**–B2

❀ LA RIBAUDIÈRE

Chefs : Thierry et Julien Verrat

CUISINE MODERNE • CONTEMPORAIN Une grande villa, un jardin qui descend en pente douce vers la Charente coulant paisiblement en contrebas... De l'autre côté du fleuve, la silhouette altière du château de Bourg-Charente domine les vignes. Dans la salle aux murs gris ardoise, les grandes baies vitrées offrent une vue sur la délicieuse terrasse et les berges du fleuve. Dans le même ton, les chefs Thierry et Julien Verrat, père et fils, signent une belle cuisine où l'invention cultive le naturel. Propriétaires d'une vigne et d'une truffière, ils vouent une passion au terroir charentais, un véritable pays de cocagne. Du cognac au pineau, en passant par le poisson de la côte et les escargots sauvages, ce duo gagnant exprime le meilleur de produits de haute qualité : chacun des plats met le goût en avant avec une force tranquille.

🕸 ⇐ ♿ 🆎 🍽 ♻ 🅿 – Prix : €€€

2 place du Port – ℰ 05 45 81 30 54 – www.laribaudiere.com – Fermé lundi et mardi, et dimanche soir

❀ LA TABLE DU FLEUVE

CUISINE DU MARCHÉ • DESIGN Signée Thierry et Julien Verrat, voilà une cuisine charentaise à la sauce bistronomique du plus bel aloi. Ici, le menu évolue au gré du marché. Ce jour-là, foie gras de canard mi-cuit aux truffes ; tartare de truite aux aromates et son caviar ou encore framboises fraîches, gel de pineau des Charentes, meringue vapeur. Aux beaux jours, on sert aussi sur quelques tables en terrasse. Un petit cocon chaleureux et plaisant, où la gourmandise se sent chez elle.

♿ 🆎 🍽 🅿 – Prix : €

2 place du Port – ℰ 05 45 81 30 54 – www.latabledufleuve.com/index.php – Fermé lundi et mardi, et dimanche soir

BOURG-EN-BRESSE

✉ 01000 – Ain – Carte régionale n° **21**–B1

❀ METS ET VINS

CUISINE MODERNE • CONTEMPORAIN Ici œuvre Stéphane Prévalet, un chef adepte des produits du terroir local et du "fait maison", habile à s'extraire des sentiers battus de la tradition. On déguste ainsi une tatin d'endives au Bresse bleu ou une canette de la Dombes au cassis du Bugey... le tout dans une salle épurée, décorée de troncs de bouleaux. Une adresse dans l'air du temps.

♿ 🆎 – Prix : €€

11 rue de la République – ℰ 04 74 45 20 78 – www.restaurant-metsetvins.com – Fermé lundi et mardi, et dimanche soir

291

BOURG-EN-BRESSE

 RACINES

CUISINE MODERNE • COSY Dans la maison familiale, dotée aujourd'hui d'un cadre contemporain ouvert sur un parc reposant, le chef David Lachavannes poursuit son chemin en délivrant une cuisine goûteuse et lisible, attachée aux producteurs locaux. La semaine, le menu du marché est une aubaine, tandis que les menus du week-end se veulent plus ambitieux. Un coup de cœur.

🖨️ & 🏠 **P** – Prix : €€

1981 avenue de Trévoux, à Saint-Denis-lès-Bourg – ☎ 04 74 52 40 63 – www.domainedulac-racines.fr – Fermé du mardi au jeudi, et lundi et dimanche soir

L'AUBERGE BRESSANE

CUISINE CLASSIQUE • TRADITIONNEL Cette véritable institution fait la part belle aux spécialités régionales : cuisses de grenouilles fraîches, volaille de Bresse à la broche ou à la crème, et bien sûr l'incontournable quenelle de brochet, un modèle du genre. Terrasse avec vue sur l'église du monastère royal de Brou.

🐌 ≤ 🎦 🏠 – Prix : €€€

166 boulevard de Brou – ☎ 04 74 22 22 68 – www.aubergebressane.fr – Fermé lundi et mardi

PLACE BERNARD

CUISINE TRADITIONNELLE • BRASSERIE Sous la houlette de Georges Blanc, cette imposante maison 1900 abrite une jolie brasserie ornée d'une fresque à la gloire de la dynastie familiale. Dans l'assiette, on retrouve avec plaisir le répertoire régional : volaille de Bresse à la crème, cuisses de grenouilles en persillade, quenelle de Brochet "comme à Nantua"... Agréable terrasse-véranda.

& 🏠 – Prix : €€

19 place Bernard – ☎ 04 74 45 29 11 – www.placebernard.com/fr

SCRATCH RESTAURANT

Chef : Andréas Baehr

CUISINE MODERNE • CONVIVIAL Adhérents au mouvement Slowfood, Estelle et Andréas Baehr sont des passionnés qui mettent en avant de beaux produits frais, bio et locaux, dans l'assiette comme lors du service, grâce à la pédagogie mise en œuvre par la maîtresse de maison. Parfaitement équilibrés et ficelés, les menus uniques, au déjeuner comme au dîner, administrent une véritable leçon gourmande où rien ne manque, à l'image de ce plat d'asperges blanches et vertes cuites à la flamme, accompagnées d'un jaune d'œuf, d'ail noir confit et d'une crème fraîche d'Etrez bousculée par quelques pointes d'agrumes. Bons conseils sur les vins, d'obédience naturelle.

Prix : €€

2 bis rue Gustave-Doré – ☎ 04 27 53 49 86 – www.scratchrestaurant.fr – Fermé lundi et dimanche, et mardi, mercredi et samedi soir

🌿 **L'engagement du chef :** Nous avons une volonté de travailler dans une philosophie globale et durable et nous informons la clientèle de ces démarches. Nous proposons des menus uniques pour optimiser chaque produit en limitant les pertes. Nos produits locaux sont issus directement de petits producteurs dans leur quasi-totalité. Ces partenaires-artisans et nous-mêmes partageons un bon sens paysan, avec ou sans label. Les produits de la mer sont issus de la pêche durable française.

BOURGES

✉ 18000 – Cher – Carte régionale n° **16**–B2

 LE BEAUVOIR

CUISINE MODERNE • CONTEMPORAIN Annie et Mickaël Landaud tiennent cette adresse familiale, élégante et accueillante, bien connue des berruyers. Avec ses tons bleutés et ses esquisses d'inspiration végétale, la déco se veut une

BOURGES

évocation des marais voisins... Le chef y concocte une appétissante cuisine **actuelle,** qui revisite avec malice les classiques de la gastronomie française. Agréable terrasse sur la cour à l'arrière.

❀ ⭑ 🅰🅲 🎋 – Prix : €€

1 avenue Marx-Dormoy – ✆ 02 48 65 42 44 – www.restaurant-lebeauvoir.com – Fermé mercredi, et mardi et dimanche soir

LA SUITE

CUISINE MODERNE • TENDANCE Ce bistrot contemporain a du style, **avec son** intérieur moderne et convivial, mais ce n'est pas son seul atout. La carte renouvelée régulièrement au fils des saisons met l'eau à la bouche... d'autant que **les saveurs** sont au rendez-vous ! N'oublions pas la jolie terrasse sur le patio, et la **carte des vins** qui ne doit rien au hasard – et pour cause, le patron est sommelier de **formation** pendant que son frère est aux fourneaux.

❀ 🅰🅲 🎋 – Prix : €€

50 rue Bourbonnoux – ✆ 02 48 65 96 26 – www.lasuite-bourges.com – Fermé samedi et dimanche

🛏 HÔTEL DE BOURBON

MODERNE • ÉLÉGANT Une référence tant hôtelière qu'historique : l'ancienne abbaye, adjacente au charmant jardin des Prés Fichaux, abrite des **chambres** contemporaines.

⭑ 🅰🅲 🅿 🛏 🕸 🛗 🍽 - 58 chambres

Boulevard de la République – ✆ 02 48 70 70 00

🛏 VILLA C

MODERNE • RAFFINÉ "Situé dans un quartier calme du nord de Bourges, **non** loin de la gare, ce manoir du 19e s. offre calme et discrétion. L'intérieur a **gardé** quantité de touches originales, des vitraux à l'escalier de chêne, tandis **que les** vingt chambres (et une suite) sont de style contemporain. Le bar et le **salon de** l'hôtel servent des boissons et un menu léger toute la journée."

⭑ 🅰🅲 🅿 🕸 - 21 chambres

20 avenue Henri Laudier – ✆ 02 18 15 04 00

LE BOURGET-DU-LAC

✉ 73370 – Savoie – Carte régionale n° **21**-C2

✿ ATMOSPHÈRES

Chef : Alain Perrillat-Mercerot

CUISINE CRÉATIVE • CONTEMPORAIN De Lamartine à Stendhal en **passant** par Maupassant, les écrivains sont nombreux à avoir célébré l'atmosphère **du lac** du Bourget et la vue sur le Revard. Le chef Alain Perrillat-Mercerot en a **fait, lui,** un splendide écrin pour sa cuisine créative et délicate, qui défend avec **ferveur le** terroir savoyard. Fort de solides bases classiques, il travaille avec une **précision** redoutable les poissons d'eau douce, les fromages locaux ou les myrtilles **sauvages.** À savourer au gré de deux menus uniques à la construction étudiée. Belle **carte des** vins, célébrant (entre autres) les cépages locaux.

❀ 🛏 ⭑ 🅰🅲 🅿 – Prix : €€€€

618 route des Tournelles – ✆ 04 79 25 01 29 – www.atmospheres-hotel.com

❀**L'engagement du chef :** Le chef a toujours travaillé les produits **locaux** de saison - coopérative de fruits et légumes à La Motte-Servolex, **maraîchers à** Aix-les-Bains et Vimines, volailles de Bresse... Un jardin de simples **permet à la** cuisine de prélever des pousses d'herbes fraîches. Nous limitons nos **emballages** et nos déchets organiques sont valorisés en lien avec une plateforme **agricole.** Le linge est lavé sur place avec des lessives à faible impact environnemental.

LE BOURGET-DU-LAC

LAMARTINE

Chef : Valentin Marin
CUISINE MODERNE • CONTEMPORAIN Face au lac cher à Lamartine, cette table est depuis 1964 une valeur sûre de la région. Valentin Marin ancre sa cuisine dans ce terroir montagnard et lacustre, avec notamment un travail de précision sur les poissons de lac : omble chevalier au céleri et beurre blanc aux œufs de brochet ; agneau de Savoie à la fleur d'artichaut ; croustillant de fraise "de mon enfance" à l'estragon... Enfin, l'élégant cadre contemporain et le service attentionné sont l'assurance d'une halte romantique réussie.

– Prix : €€€€

3132 route du Tunnel-du-Chat, Bourdeau – 04 79 25 01 03 – www.lamartine-marin.com – Fermé lundi et mardi, et dimanche soir

BOURGOIN-JALLIEU

✉ 38300 – Isère – Carte régionale n° **21**-B2

MONSIEUR B

CUISINE MODERNE • BISTRO Une bonne cuisine bistronomique sans esbroufe, fraîche et savoureuse signée par un jeune chef. Le menu du midi change chaque semaine, celui du soir, chaque mois en suivant le marché et les saisons. Un exemple ? Une entrée simplissime et goûteuse à l'image de ces petits pois, thon rouge et kiwi. Adresse de bistrot convivial situé en plein centre-ville piéton.

– Prix : €€

80 rue de la Liberté – 09 70 66 15 11 – www.monsieurb-restaurant.com – Fermé lundi, dimanche et mardi midi

BOURGVILAIN

✉ 71520 – Saône-et-Loire – Carte régionale n° **17**-C2

AUBERGE LAROCHETTE

CUISINE TRADITIONNELLE • AUBERGE Cette sympathique auberge de village dévoile une cuisine traditionnelle généreuse, à l'image de cette belle entrecôte charolaise et son gratin dauphinois, ou des ris de veau croustillants. On s'installe près de la cheminée qui crépite en hiver, ou sur la terrasse ombragée l'été. Accueil attentionné.

– Prix : €€

110 route des Enceints – 03 85 50 81 73 – www.aubergelarochette.com – Fermé lundi et dimanche soir

LE BOUSCAT

✉ 33110 – Gironde – Carte régionale n° **22**-B2

MAISON PAVLOV

CUISINE MODERNE • COSY Une ancienne chartreuse du 17e s. abrite désormais un petit boutique hôtel et sa table, dont la terrasse regarde la piscine ; on peut lui préférer aussi l'ambiance cosy de la salle, qui évoque un élégant boudoir (banquettes en velours, sièges en cannage et objets chinés). En symbiose avec cet écrin, on y déguste une cuisine soignée et réconfortante, mettant en avant des saveurs douces et délicates. Carte réduite au déjeuner, offre plus étoffée au dîner.

– Prix : €€€

199 avenue de la Libération-Charles-de-Gaulle – 05 56 01 05 00 – maisonpavlov.com

LE BOUSCAT

RO'CHA

CUISINE MODERNE • CONVIVIAL Un cuisinier averti en vaut deux, surtout quand il arbore un col de MOF depuis 2007 : telle est la philosophie gourmande du chef Jean-Luc Rocha (qui a tenu les rênes de nombreux fourneaux étoilés). À chaque assiette, on goûte la patte d'un cuisinier sage et expérimenté qui maîtrise sans ostentation toutes les ficelles de son art, à l'image de ce croque juste croustillant à la farce fine de volaille et aux herbes – une réalisation tout en finesse. De bout en bout, les cuissons et les assaisonnements sont exécutés avec doigté, comme pour cette jolie selle de veau rosée accompagnée d'une jardinière de légumes de saison glacés au beurre et jus de viande. Service pro dans le cadre sobre d'une maison de ville.

& 🛱 ✡ – Prix : €€

165 avenue d'Eysines – ℰ 05 57 65 15 29 – www.rocha-restaurant.fr –
Fermé samedi et dimanche, et mercredi soir

HÔTEL MAISON PAVLOV

MODERNE • CHARME Cette exquise chartreuse entourée d'un jardin exubérant offre un mélange de charme historique et de luxe moderne, loin de l'agitation de la ville. Personnes à mobilité réduite et familles avec enfants y trouvent tous les services aptes à satisfaire leurs besoins. Spa, séances de yoga privées et piscine chauffée pour un séjour réparateur.

🅰🅲 🖻 🖻 🗝 🖃 🛎 🟢 🏠 🍽 – 8 chambres

199 avenue de la Libération Charles de Gaulle – ℰ 05 56 01 05 00
Maison Pavlov - Voir la sélection des restaurants

BOUTERVILLIERS

✉ 91150 – Essonne – Carte régionale n° **11**-B2

LA MAISON DES BLÉS - LE BOUCHE À OREILLE

CUISINE MODERNE • ÉLÉGANT Un lieu contemporain, un intérieur moderne, dont les murs portent de beaux épis de blé en hommage à la campagne beauceronne et deux lieux pour se faire plaisir, la brasserie Louis (souris d'agneau, légumes du moment...) et la table gastronomique, le Bouche à Oreille... À chaque fois, du professionnalisme et des assiettes, qui mettent en valeur de beaux produits. Chambres modernes et confortables.

🖃 & 🅰🅲 🛱 ✡ 🅿 – Prix : €€€

19 rue du Périgord – ℰ 01 64 95 69 50 – www.lamaisondesbles.fr –
Fermé dimanche soir

BOUZIGUES

✉ 34140 – Hérault – Carte régionale n° **27**-D2

LA CÔTE BLEUE

POISSONS ET FRUITS DE MER • CLASSIQUE L'étang de Thau, haut-lieu de la conchyliculture languedocienne est réputé pour ses moules et les fameuses huîtres de Bouzigues. Mais il est également une espace de biodiversité magnifique sur terre, en mer ou dans les airs. Quelle chance donc de s'attabler en terrasse, surplombant ainsi les eaux de la lagune pour déguster des produits d'excellente fraîcheur : huîtres bien iodées, petits encornets en persillade, ou encore moules gratinées au beurre d'ail.

🖃 🛱 🅿 – Prix : €€

Avenue Louis-Tudesq – ℰ 04 67 78 30 87 – www.la-cote-bleue.fr

BOZEL

✉ 73350 – Savoie – Carte régionale n° **21**–D2

ACHILLÉE

CUISINE RÉGIONALE • **MONTAGNARD** Pieter Riedijk, l'ancien chef du Montgomerie (K2 Altitude), est descendu de Courchevel pour ouvrir ce bistrot de "cuisine de partage" au décor rustique chaleureux, centré sur de bons produits cuisinés simplement, dans un esprit "terroir et convivialité" : marmelade de cèpes et aubergine ; pièce de cochon rôti, pommes paille et béarnaise minute ; meringue à la rhubarbe... Souhaitant profiter davantage des richesses offertes par la région au printemps et à l'été, il sélectionne des produits fermiers des environs et pratique la cueillette. L'adresse qui manquait dans la vallée !

Prix : €€

87 rue Jean-Jaurès – ☏ *04 57 37 28 55 – www.restaurant-achillee.com*

BOZOULS

✉ 12340 – Aveyron – Carte régionale n° **23**–C2

LE BELVÉDÈRE

CUISINE MODERNE • **COSY** Cette auberge rustique et chic offre une vue imprenable sur le fameux canyon de Bozouls, un cirque naturel creusé dans le causse. Le chef nourrit une passion contagieuse pour l'agriculture paysanne traditionnelle et les vins d'auteurs – à l'image de ce lard maison aux haricots verts, pommes de terre et yaourt des Causses.

🍸 ✿ – Prix : €€€€

11 route du Maquis-Jean-Pierre – ☏ *05 65 44 92 66 – www.belvedere-bozouls. com – Fermé lundi, mardi, mercredi midi et dimanche soir*

LA ROUTE D'ARGENT

CUISINE TRADITIONNELLE • **CONTEMPORAIN** Au rez-de-chaussée de l'hôtel, un restaurant à la décoration moderne et lumineuse, repris avec énergie par l'ancien second et sa compagne. Concoctés avec des produits de la région (truite et boeuf de l'Aubrac), on déguste des plats traditionnels généreux et gourmands à l'image de ce ris d'agneau en persillade, ou de cette poitrine de pigeonneau. Le traditionnel aligot est servi avec le plat principal.

👤 🅰 ✿ 🅿 – Prix : €€

1 route de Gabriac – ☏ *05 65 44 92 27 – www.laroutedargent.com – Fermé lundi, mardi midi et dimanche soir*

BRACIEUX

✉ 41250 – Loir-et-Cher – Carte régionale n° **10**–C3

🔴 LE RENDEZ-VOUS DES GOURMETS

CUISINE TRADITIONNELLE • **AUBERGE** Depuis la création de cette chaleureuse table de campagne, Didier Doreau a su l'imposer comme un véritable rendez-vous de gourmets. Terrine de brochet à la chambord, petit pâté de gibier servi chaud et jus réduit, tête de veau à l'ancienne, gratin d'agrumes parfumé au Grand Marnier... Voilà le portrait-type d'un repas empreint de tradition et de fraîcheur, dans lequel on devine tout le soin apporté à la sélection des produits et à la construction gustative des plats. Autre signe distinctif du chef : son remarquable travail du gibier en saison (lièvre, chevreuil, cerf, sanglier et on en passe...) qui assure à sa table une solide réputation dans les parages !

👤 🍽 ✿ 🅿 – Prix : €€

20 rue Roger-Brun – ☏ *02 54 46 03 87 – Fermé mercredi, samedi midi et dimanche soir*

296

BRANTÔME

✉ 24310 – Dordogne – Carte régionale n° **18**-C2

✲ LE MOULIN DE L'ABBAYE

CUISINE MODERNE • **ÉLÉGANT** Dans un village pittoresque où l'on voyage de la Préhistoire jusqu'à la Renaissance, ce restaurant occupe un environnement exceptionnel. Adossée à la falaise, cette dépendance de l'abbaye bénédictine de Brantôme déroule une magnifique terrasse au bord de la Dronne, face à un pont coudé du 16e s. La cuisine du chef, appuyée sur de bons produits, est fine et pourvue de jolies saveurs. Les cuissons sont justes et les dressages soignés. Charme contemporain et intemporel pour cette maison vénérable.

⇆ ⇐ ⌂ 🛒 🅿 – Prix : €€€

1 route de Bourdeilles – ✆ 05 53 05 80 22 – www.moulinabbaye.com –
Fermé lundi, mardi et du mercredi au vendredi à midi

CHARBONNEL

CUISINE CRÉATIVE • **COSY** Une hostellerie emblématique du Périgord, située en plein cœur du charmant village de Brantôme. Confortablement installé dans la salle à manger s'ouvrant sur une plaisante terrasse qui surplombe la Dronne, on déguste une jolie cuisine de saison élaborée à partir de produits régionaux dûment sourcées et parsemée de touches asiatiques.

♿ 🛒 – Prix : €€€

57 rue Gambetta – ✆ 05 53 05 70 15 – www.hotelrestaurantcharbonnel.com –
Fermé lundi et mardi, et dimanche soir

LE MOULIN DE L'ABBAYE

TRADITIONNEL • **CHAMPÊTRE** Un ravissant moulin et sa maison de meunier : voilà un cadre bucolique qui laisse rêveur ! Les chambres, empreintes de douceur romantique, sont bercées par le murmure d'une cascade. Quiétude, quand tu nous tiens…

🆎 ♨ 🅿 ⇆ ⌂ 🚲 🍽 - 20 chambres

1 route de Bourdeilles – ✆ 05 53 05 80 22

✲ **Le Moulin de l'Abbaye** - Voir la sélection des restaurants

BREBIÈRES

✉ 62117 – Pas-de-Calais – Carte régionale n° **4**-C2

😀 AIR ACCUEIL

CUISINE MODERNE • **CONVIVIAL** Près de l'aérodrome de Vitry-en-Artois, cette vaste auberge est tout sauf une simple cantine ! C'est le monde de Franck Gilabert, grand passionné de jazz (la décoration et le fond sonore en attestent), qui régale sa clientèle d'une délicieuse cuisine où transparaît toute son expérience. Les saveurs décollent !

🎓 🛒 ❄ 🅿 – Prix : €€

75 ter route Nationale – ✆ 03 21 50 01 02 – www.air-accueil-restaurant.com –
Fermé lundi et mercredi, et dimanche soir

BREITENBACH

✉ 67220 – Bas-Rhin

48° NORD

MODERNE • CHALEUREUX L'architecte paysagiste franco-danois Emil Leroy-Jönsson et l'architecte norvégien Reiulf Ramstad ont conçu ces cabines hautes, étroites et minimalistes, en bois nu. Dépassant des arbres d'un site protégé, elles offrent une vue imprenable sur la campagne. Certaines sont équipées de jacuzzis ou de saunas, et le style moderne nordique apporte sa note à la fois naturelle et chaleureuse aux intérieurs. Le lodge central sert le petit-déjeuner et le dîner, là encore avec vue sur les collines.

 - 14 chambres

1048 route du Mont Saint-Odile – ✆ 03 67 50 00 05

BRÉLÈS

✉ 29810 – Finistère – Carte régionale n° **1**-A2

AUBERGE DE BEL AIR

CUISINE TRADITIONNELLE • AUBERGE Une charmante ferme en granit, posée au bord de l'Aber Ildut, avec un grand jardin et un étang. Dans l'assiette, une cuisine de la mer typique de la Bretagne, à l'image de ce filet de lieu jaune à la crème de homard. Quant au cadre, rustique, il prête à la tranquillité...

– Prix : €€

1 Moulin de Bel-Air – ✆ 02 98 04 36 01 – www.restaubergedebelair.com – Fermé lundi et dimanche soir

Big Cat Corp - Stock Services/Getty Images Plus

BREM-SUR-MER

✉ 85470 – Vendée – Carte régionale n° **14**–A2

❀ **LES GENÊTS**

Chef : Nicolas Coutand

CUISINE CRÉATIVE • CONTEMPORAIN À quelques kilomètres des Sables-d'Olonne, une maison de maître, rénovée avec originalité, accueille le couple talentueux formé par Nicolas et Amélie Coutand. Le chef a notamment travaillé chez les Troisgros à Roanne et à L'Amphitryon à Lorient. Adepte de la fraîcheur et la saisonnalité, il propose une cuisine créative, enlevée et savoureuse, et met un point d'honneur à cuisiner des produits de la région ou réputés moins nobles – comme la sardine, le maquereau et le merlu. Un grand potager de 1400 mètres carrés apporte une touche végétale à des assiettes légères, d'une grande finesse, et proposées à des prix raisonnables.

🌿&🍽🗂 – Prix : €€€

21 bis rue de l'Océan – ☏ 02 51 96 81 59 – www.restaurant-les-genets.fr – Fermé lundi et mardi, et dimanche soir

LA BRESSE

✉ 88250 – Vosges – Carte régionale n° **7**–C3

ANICO Ⓝ

CUISINE MODERNE • CONTEMPORAIN Au cœur de cette station des Hautes-Vosges, voici une sympathique adresse contemporaine qui tire son nom de la contraction des prénoms de ses propriétaires, Anita en salle, et Nicolas, en cuisine. Dans un cadre chaleureux de pierre et de bois, le chef mosellan propose une cuisine personnalisée qui marie les bons produits d'ici (bœuf Wagyu, truite, escargots, pois chiches et lentilles) avec des techniques et des saveurs glanées pendant ses nombreux voyages.

&🅿 – Prix : €€

30 Grande-Rue – ☏ 03 29 25 41 97 – www.anico-restaurant.com/fr – Fermé lundi et mardi, et dimanche soir

BRESSIEUX

✉ 38870 – Isère – Carte régionale n° **21**–B2

AUBERGE DU CHÂTEAU

CUISINE MODERNE • CONVIVIAL Christèle et Xavier Vanheule, passionnés de cuisine et de bons vins, donnent le meilleur d'eux-mêmes pour faire de leur auberge une belle maison. Les produits viennent des fermes environnantes et débordent de fraîcheur. Tout en contemplant les monts du Lyonnais, on se régale de plats aux saveurs bien marquées, comme ce filet de canette de la Dombes, purée de pois cassés, poitrine de cochon grillée.

🐸 ≼🍽🅿 – Prix : €€€

67 montée du Château – ☏ 04 74 20 91 01 – www.aubergedebressieux.fr – Fermé mardi et mercredi, et lundi et dimanche soir

BRESSON

✉ 38320 – Isère – Carte régionale n° **21**–C3

CHAVANT

CUISINE CLASSIQUE • ÉLÉGANT Qu'il est doux de venir profiter des beaux jours, dans cette auberge tenue par la famille Chavant depuis 1852 ! La cuisine donne le sourire ; pour le reste, les atouts ne manquent pas – cave à vins, piscine, chambres spacieuses...

🐸 🌿🅰🍽🗂🅿 – Prix : €€€

2 rue Émile-Chavant – ☏ 04 76 25 25 38 – www.chavanthotel.com – Fermé lundi et dimanche

BREST

✉ 29200 – Finistère – Carte régionale n° **1**–A2

✿ L'EMBRUN

Chef : Guillaume Pape

CUISINE MODERNE · CONTEMPORAIN Les embruns médiatiques passés, retour aux racines ! Guillaume Pape (Top Chef), s'est installé sur ses terres natales après avoir travaillé notamment chez le chef Olivier Bellin (Auberge des Glazicks). Il s'est installé dans un lieu moderne, avec cuisine ouverte, pour proposer une cuisine de saison et de terroir, bien réalisée, soucieuse de la qualité de ses produits, à l'instar de son bar, brunoise de betteraves, ravioles de chèvre frais, jus de betterave au lait ribot ou encore le dessert emblématique du chef, la douceur de lait (mousse de riz au lait, confiture de lait, crème glacée à la vanille et opaline au lait). Son sens du visuel (renforcé par son passage à la télé ?) fait le reste...

&. – Prix : €€€

Plan : A1-1 – *48 rue de Lyon –* 𝒞 *02 98 43 08 52 – www.lembrunrestaurant.fr – Fermé lundi, dimanche et mardi midi*

😋 PECK & CO

CUISINE DU MARCHÉ · CONTEMPORAIN Le chef et sa compagne ont transformé leur ancienne table gastronomique en un lieu plus convivial et davantage dans l'air du temps, avec décor contemporain et cuisine ouverte. Romain, le chef, n'a rien perdu de son talent. Il compose un menu au gré du marché avec de savoureuses recettes bien parfumées et soignées, comme cette pluma de cochon ibérique, crème d'haricot coco, blette et sauce crémée au chorizo

Prix : €

Plan : A1-2 – *23 rue Fautras –* 𝒞 *02 98 43 30 13 – www.peckandco.fr – Fermé lundi et dimanche*

HINOKI

CUISINE JAPONAISE · ÉPURÉ Un vrai restaurant japonais sur Brest ? Hinoki est tenu par un chef breton, qui voue une passion aussi dévorante que iodée à la cuisine de l'archipel. Les poissons de pêche locale sont sélectionnés avec une minutie extrême. Un conseil : attablez-vous au comptoir (dix couverts) pour vivre une expérience qui dépasse la gastronomie. Le chef réalise sous vos yeux ses sushis et makis. Sensation de privilège assurée.

Prix : €€€€

Plan : B1-3 – *6 rue des 11-Martyrs –* 𝒞 *06 64 21 68 46 – www.hinoki-sushi.com – Fermé lundi, mardi et dimanche et du mercredi au samedi à midi*

LE M

CUISINE MODERNE · CONTEMPORAIN Conception des plats et associations de saveurs sont originales dans cette maison bourgeoise typiquement bretonne, au décor actuel. On y déguste une cuisine d'aujourd'hui, qui met à contribution les producteurs locaux (poisson, volaille, légumes...). L'été, on met le cap sur l'agréable terrasse.

🍸 🖨 &. 🎬 ⌂ 🅿 – Prix : €€€

Hors plan – *22 rue du Commandant-Drogou –* 𝒞 *02 98 47 90 00 – www. restaurant-lem.fr – Fermé lundi et dimanche*

🛏 L'AMIRAUTÉ BREST

MODERNE · ÉLÉGANT Dans le cœur battant de Brest, l'hôtel est connu pour son service exceptionnel. Ses chambres spacieuses offrent tranquillité et confort, avec tous les équipements nécessaires. Restaurant privilégiant les produits locaux. Salles de réunions, séminaires et conférences bien équipées.

🆎 🅿 🖐 🍽 - 90 chambres

41 rue Branda – 𝒞 *02 98 80 84 00*

300

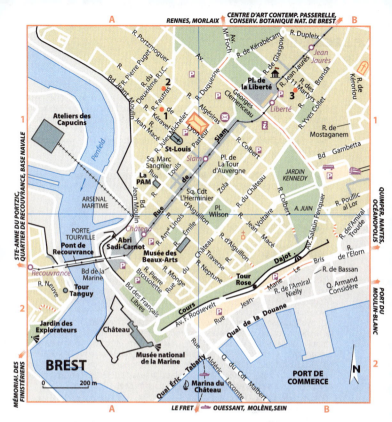

MERCURE BREST CENTRE PORT

MODERNE • CHALEUREUX Récemment rénové, l'hôtel accueille les touristes et les professionnels, avec une salle de réunion et un coin affaires. Son atmosphère accueillante tient autant à son décor chaleureux qu'à la vue imprenable sur le port. Bar.
AC - 75 chambres

45 rue Jean-Marie Le Bris - ☏ 02 30 32 39 40

BRÉTIGNOLLES-SUR-MER

✉ 85470 – Vendée – Carte régionale n° **14**-A2

JEAN-MARC PÉROCHON

Chef : Jean-Marc Pérochon

CUISINE MODERNE • CONTEMPORAIN Attablé derrière les grandes baies vitrées du restaurant, on admire les reflets du soleil sur l'Atlantique… Un sacré loup de mer y a posé l'ancre : Jean-Marc Pérochon a pris la mer à l'âge de 17 ans, quand il a traversé la Manche direction l'Écosse, avant de parcourir l'Europe et le monde jusqu'aux Antilles. Mais c'est dans son hôtel-restaurant vendéen que sa cuisine a atteint l'épure : tout en saveurs exotiques, en extractions, en jus et émulsions, elle se révèle très percutante. Il faut dire aussi qu'elle s'appuie sur des produits impeccables : notamment les poissons et les crustacés de la criée de Saint-Gilles-Croix-de-Vie (qui dominent la carte), mais aussi la volaille de Challans et les légumes des maraîchers locaux.

AC P - Prix : €€€

63 avenue de la Grande-Roche - ☏ 02 51 33 65 53 - www.lesbrisants.com - Fermé lundi et mardi, et dimanche soir

LE BREUIL-EN-AUGE

✉ 14130 – Calvados – Carte régionale n° **2**–C2

LE DAUPHIN

CUISINE MODERNE • **AUBERGE** Avec ses colombages et sa charmante atmosphère, cette bâtisse typique du pays d'Auge est aujourd'hui le repaire d'un jeune couple qui rend hommage aux produits du terroir normand. La cheffe hollandaise réalise une cuisine moderne et inspirée, à l'image de cette lotte aux petits pois, caviar d'aubergine et émulsion florale, ou encore de cette tarte Tatin avec sa glace vanille, d'une gourmandise à se damner !

Prix : €€

2 rue de L'Église – ☏ 02 31 65 08 11 – www.ledauphin-restaurant.com – Fermé lundi, et mercredi et dimanche soir

BREUILLET

✉ 17920 – Charente-Maritime – Carte régionale n° **18**–A2

❀ L'AQUARELLE

Chef : Xavier Taffart

CUISINE CRÉATIVE • **CONTEMPORAIN** Ce grand pavillon cubique contemporain offre une étape gourmande au cœur de la campagne royannaise. Le chef de l'Aquarelle, Xavier Taffart, est fils d'ostréiculteur : autant dire qu'il en connaît un rayon sur les huîtres charentaises. Dans l'assiette, il se montre créatif et inspiré, ne travaillant que les beaux produits locaux. Adepte des associations terre-mer, il ne rechigne pas aux accords osés : escargots en ravioles, thé de légumes safrané, fenouil ; cabillaud skreï confit à 44°, céleri, pomme verte et boudin blanc, jus marin au curcuma... Côté décor, le design prévaut dans la grande salle panoramique, y compris sur la table, où trônent la porcelaine contemporaine d'un artisan poitevin et les couteaux siglés d'un coutelier rochelais. Un sens du détail qui cadre parfaitement avec les assiettes esthétiques et graphiques du chef.

❀ ⇆ ≼ ♿ ⇩ 🅿 – Prix : €€€

71A route du Montil – ☏ 05 46 22 11 38 – www.laquarelle.net – Fermé lundi, mardi midi et dimanche soir

BRIANÇON

✉ 05100 – Hautes-Alpes – Carte régionale n° **24**–D1

😊 AU PLAISIR AMBRÉ

CUISINE MODERNE • **CONVIVIAL** Au cœur de la célèbre Cité Vauban, cette ancienne boucherie reste vouée aux bons produits. Fraîcheur : tel est le maître mot du chef, habile cuisinier qui sait révéler les meilleures saveurs. Un exemple ? Ce gâteau de foie de volaille "recette à Mamie" ou cette poitrine de porc de montagne confite 8h, shiitakés et pommes dauphine... Vous avez dit plaisir ?

Prix : €€

26 Grande Rue – ☏ 04 92 52 63 46 – www.auplaisirambre.com – Fermé mercredi et jeudi

LE PÊCHÉ GOURMAND

CUISINE MODERNE • **CONTEMPORAIN** Un restaurant au bord de la Guisane, tenu par un jeune couple franco-australien passionné de gastronomie. Sharon concocte une agréable cuisine de saison, tandis que Jimmy veille sur la salle et le vin. Service aimable et professionnel.

🅿 – Prix : €€

2 route de Gap – ☏ 04 92 21 33 21 – www.peche-gourmand.com – Fermé lundi, dimanche et samedi midi

BRIANT

✉ 71110 – Saône-et-Loire – Carte régionale n° **17**–B2

AUBERGE DE BRIANT

CUISINE TRADITIONNELLE • CONTEMPORAIN La salle à manger, contemporaine et lumineuse, surplombe la campagne environnante. On profite des bons plats du chef, Filipe, mettant notamment en avant le bœuf de race charolaise... et des bons desserts d'Angélique, son épouse, qui assure aussi un accueil charmant !
ዼ፟ ႙ ₽ – Prix : €€
au bourg – ℰ 03 85 25 98 69 – www.aubergedebriant.com – Fermé mardi et mercredi, et lundi et dimanche soir

BRICQUEVILLE-SUR-MER

✉ 50290 – Manche – Carte régionale n° **2**–A2

LA PASSERELLE

CUISINE MODERNE • CONTEMPORAIN Situé en bordure du Havre de la Vanlée, ce restaurant offre un paysage propice aux promenades parmi les moutons de pré salé. Le chef réalise une cuisine du moment et du marché, fraîche et goûteuse, où figurent en bonne place la pêche locale (bar, Saint-Pierre, lotte, homard...) et l'agneau du pays. Une jolie adresse.
ዼ ₽ – Prix : €€
113 route du Havre-de-la-Vanlée – ℰ 02 33 61 65 51 – www.restaurant-la-passerelle.fr – Fermé du lundi au mercredi et dimanche soir

BRIE-COMTE-ROBERT

✉ 77170 – Seine-et-Marne – Carte régionale n° **11**–C1

LA FABRIQUE

CUISINE MODERNE • INDUSTRIEL Au cœur d'une ancienne tuilerie, ce loft d'esprit industriel est bien caché au bout d'une petite allée, et il fait bon s'y régaler dans une atmosphère jeune et décontractée... Une adresse d'aujourd'hui, une cuisine basée sur des produits exclusivement sélectionnés à Rungis, moderne et volontiers créative, avec quelques fulgurances !
ዼ ႙ ₽ – Prix : €€€
1 bis rue du Coq-Gaulois – ℰ 01 60 02 10 10 – www.restaurantlafabrique.fr – Fermé lundi, dimanche, samedi midi, et mardi et mercredi soir

BRIGNOGAN-PLAGE

✉ 29890 – Finistère

 HÔTEL DE LA MER

MODERNE • CHALEUREUX L'Hôtel de la Mer, surplombant les récifs et la plage de la Côte des Légendes, est un lieu délicieux : chambres spacieuses avec vue sur le littoral, espace bien-être avec sauna, hammam et jacuzzi... Ici, on cuisine éco-responsable, à base de produits du terroir, et zéro déchet.
ዼ ₽ ⌀ ⌸ ⌘ ⅋ – 26 chambres
Plage des Chardons Bleus – ℰ 02 98 43 18 47

BRIOLLAY

✉ 49125 – Maine-et-Loire – Carte régionale n° **9**–C2

L'ATTILIO - CHÂTEAU DE NOIRIEUX

CUISINE MODERNE • ÉLÉGANT Beau petit château du 17e s. et charmant manoir du 15e s. dans un parc bordant le Loir. L'élégante salle à manger rénovée dans une veine contemporaine aux tons clairs et l'agréable terrasse dominant la vallée servent d'écrin à une cuisine modernisée par le chef italien Attilio Marrazzo. Ce dernier choisit des produits de qualité – notamment dans son potager – et livre des plats bien maîtrisés techniquement (volaille fermière, fricassée de girolles persillées, salade du potager façon César), qu'on peut accompagner de bons vins (carte principalement dédiée aux appellations de la région).

❖ 🕭 🅐🅒 🍴 ⬦ 🅿 – Prix : €€€€

Château de Noirieux, 26 route du Moulin – ☎ 02 41 42 50 05 – www. chateaudenoirieux.com/fr/restaurant – Fermé lundi et mardi

BRISCOUS

✉ 64240 – Pyrénées-Atlantiques – Carte régionale n° **25**–A2

MAISON JOANTO

CUISINE TRADITIONNELLE • CONTEMPORAIN Joanto, c'est "Petit Jean" en basque… et pourtant, voilà bien une demeure qui ne mérite aucun diminutif ! Sa belle architecture traditionnelle, son ambiance chaleureuse, tout séduit, et plus encore la cuisine généreuse de son chef, passé par de belles maisons. Cuisine goûteuse et soignée, où le terroir basque fait le plein de saveurs : pâté en croûte, agneau de lait des Pyrénées confit au jus, baba du Sud-Ouest. Le rapport qualité-prix a tout… d'un grand.

🕸 🕭 🅐🅒 🍴 – Prix : €€

9 chemin du Village – ☎ 05 59 20 27 70 – www.maisonjoanto-restaurant.com – Fermé lundi et dimanche, et mardi et mercredi soir

BRIVE-LA-GAILLARDE

✉ 19100 – Corrèze – Carte régionale n° **19**–B3

✿ LA TABLE D'OLIVIER

Chef : Pierre Neveu

CUISINE MODERNE • COSY À la Table d'Olivier, Pierre est en cuisine tandis que sa compagne Fanny, ex-pâtissière, caracole en salle. Lui, Normand d'origine, œuvre avec passion dans sa Corrèze d'adoption. Au cœur de la ville, il a bichonné cette maison de pierre apparente, au mobilier contemporain et aux luminaires design. Pour un rapport qualité-prix tout simplement renversant, sa cuisine au goût du jour se révèle très gourmande, aussi fine que colorée : poitrine de cochon fermier confite à la moutarde, tatin de pied de cochon, ail noir ; lieu jaune de ligne, raviole de homard aux agrumes, carottes confites et combawa ; crémeux de chocolat infusé au café, poire pochée, sorbet sudachi… À table !

🕭 🅐🅒 – Prix : €€€

3 rue Saint-Ambroise – ☎ 05 55 18 95 95 – Fermé lundi, dimanche et mardi midi

🕙 EN CUISINE

CUISINE MODERNE • CONVIVIAL On s'installe dans un décor aux accents scandinaves dans ce restaurant raffiné ayant fait peau neuve suite à un incendie. En cuisine, c'est un concentré de finesse et de saveurs gourmandes, à l'image de cette aile de raie à la chair moelleuse accompagnée de délicieux gnocchis faits maison parfumés au citron et persil plat, relevés par une bonne sauce aigre-douce. Tout est maîtrisé, on applaudit !

🕭 🅐🅒 🍴 – Prix : €€

39 avenue Édouard-Herriot – ☎ 05 55 74 97 53 – www.encuisine.net – Fermé lundi et dimanche

BRIVE-LA-GAILLARDE

INSPYRATION
CUISINE MODERNE · COSY Le voyageur remarque forcément cette maison corrézienne en pierre du cru et toit d'ardoise sur la grand route qui mène à Brive-la-Gaillarde. À l'intérieur, on se sent bien d'emblée grâce à un décor apaisant (parquet, tables en chêne, fauteuils en cuir et tissu) et au sourire accueillant d'un chef décontracté. Il cuisine à l'instinct au travers de menus à l'aveugle en travaillant en vrai locavore. Ses assiettes gourmandes, comme cette joue de bœuf confite au bouillon, navets fumés, chou rouge, ne manquent jamais de couleur et de précision.
& 🅰️🅲 🅿️ – Prix : €€

142 avenue du Président-Henri-Queuille – ✆ 09 81 02 36 76 – www.restaurant-inspyration.fr – Fermé lundi et dimanche, et du mardi au jeudi soir

CHEZ FRANCIS
CUISINE TRADITIONNELLE · BISTRO Publicités rétro, objets en tout genre et dédicaces laissées par les clients : la parfaite ambiance d'un bistrot familial. On est tout à son aise pour déguster de bons produits et jolies recettes, avec en particulier de belles viandes limousines longuement maturées – un luxe !
🍽️ 🅰️🅲 – Prix : €€

61 avenue de Paris – ✆ 05 55 74 41 72 – www.chezfrancis.fr – Fermé lundi et dimanche

MOON 🆕
CUISINE CRÉATIVE · CONTEMPORAIN Dans cette maison de pays briviste, le chef Nicolas Laval, d'origine corrézienne, a choisi une déco sobre et contemporaine dans des tons de bois clair, bleu et blanc, pour mieux évoquer l'univers marin qu'il affectionne. Dans l'assiette, viandes et volailles de provenance locale ne sont pas oubliées pour autant : effiloché de joue de bœuf, mousse de panais et réduction de vin rouge ; merlu de ligne, chou-fleur, gremolata à l'orange et vinaigrette aux agrumes. Une cuisine plutôt créative, toujours maîtrisée et soucieuse du petit détail gourmand qui fait plaisir !
& 🅰️🅲 🍽️ 🛋️ – Prix : €€

27 avenue Pasteur – ✆ 05 55 23 71 58 – www.restaurantmoon.fr – Fermé lundi et dimanche

LE BROC
✉️ 63500 – Puy-de-Dôme – Carte régionale n° **20**-B2

ORIGINES
Chef : Adrien Descouls
CUISINE CRÉATIVE · DESIGN Est-ce l'Auvergne, sa région natale, qui inspire à Adrien Descouls cette cuisine pleine de fraîcheur ? Tout près d'Issoire, dans ce bâtiment moderne perché juste à côté d'un château du 14e s., le chef affirme ses qualités sans jamais en rajouter : choix du produit, capacité à mettre en valeur le terroir local (et le potager de la maison !), et cette jeunesse, qui permet parfois de déplacer des volcans ! Un style plutôt contemporain et épuré, mais qui peut toutefois lorgner vers une cuisine plus classique et réconfortante sur certains plats, à l'image de l'excellent médaillon de volaille farci, sabayon aux cèpes d'été et jus corsé. Au déjeuner, on propose uniquement la carte du bistrot Le Basalte : une option qui permet de profiter de la vue magique et d'apprécier la cuisine du chef dans une version plus simple.
🍽️ 🛏️ 🌿 & 🅰️🅲 🅿️ – Prix : €€€€

Rue du Clos-de-la-Chaux – ✆ 04 73 71 71 71 – www.restaurant-origines.fr/fr – Fermé lundi, dimanche et du mardi au jeudi à midi

ORIGINES
MODERNE · CHALEUREUX Un établissement résolument moderne, aux chambres et suites décorées dans des tons neutres, chaleureux et apaisants. Le mobilier fait la part belle au chêne brut et aux matériaux naturels comme la pierre

LE BROC

volcanique locale. Toutes regorgent de détails raffinés et originaux, quoique toujours dans l'épure, et la suite la plus luxueuse dispose d'un bain à remous au pied du lit. Petit-déjeuner composé des meilleurs ingrédients locaux.

AC ⇔ ⑩ - 12 chambres

Rue du Clos-de-la-Chaux – ✆ *04 73 71 71 71*

❀ **Origines** - Voir la sélection des restaurants

BROCHON

✉ 21220 – Côte-d'Or – Carte régionale n° **12**–C3

LA TABLE D'ÉOLE ⓝ

CUISINE MODERNE • RÉGIONAL Sylvain Gauthier (ex-Maison des Cariatides à Dijon) et son épouse Valentine se sont installés dans une belle maison en pierre traditionnelle au cœur de ce village viticole bourguignon. Il n'y a pas de menu ici, mais une petite carte dont les intitulés font saliver. Tout au long du repas, le tour de main ne faiblit pas, soutenu par des associations de saveurs gagnantes (Saint-Jacques, mousseline de chou-fleur, vierge de pomme verte et noisette, touche de gingembre). La note sucrée finale vise juste dans la saison avec un dessert autour de la poire. En salle, deux ambiances se côtoient : la première, contemporaine, dans des nuances de gris, avec une cuisine vitrée ; la seconde, sous une voûte en pierre, plus chaleureuse et authentique.

& 🏠 ▱ – Prix : €€

9 place Jolyot-de-Crébillon – ✆ *03 80 61 23 06 – www.la-table-deole.eatbu. com – Fermé mardi et mercredi, et lundi soir*

BRUZ

✉ 35170 – Ille-et-Vilaine – Carte régionale n° **9**–B2

🐵 RÉCOLTE ⓝ

CUISINE MODERNE • ÉPURÉ On récolte ce que l'on sème : prenez un chef voyageur et aguerri (Le Chabichou, Saturne), des produits frais de saison, cuisinez le tout dans une veine bistronomique, et le tour est joué. Ce midi, velouté de lentilles crémeux à qui mieux mieux et abats de volaille ; impeccable rouget, crème de champignons et légumes racines savoureux ; pavlova croquante à l'extérieur, fondante à l'intérieur, et crème légère au poivre de Timut aux arômes d'agrumes prononcés. Mon tout se déguste dans un petit restaurant au cadre sobre (carrelage effet bois, murs blancs, cuisine ouverte).

& – Prix : €€

2 rue Gaudrine – ✆ *02 99 01 96 59 – www.restaurant-recolte.com – Fermé lundi et dimanche*

BUÉ

✉ 18300 – Cher – Carte régionale n° **16**–B1

MOMENTO

CUISINE MODERNE • CONTEMPORAIN La garantie d'un "momento" délicieux, avec vue sur les vignes… À la manœuvre, on trouve un couple de trentenaires très pro : Thomas Jacquet, un enfant du pays (service, sommellerie), et son épouse Mariana Mateos, cheffe mexicaine, qui assure aux fourneaux une partition saisonnière tout en finesse et en générosité. Un vrai régal.

🕸 ⇔🏠 – Prix : €€€

5 rue de la Cure – ✆ *02 48 78 07 99 – www.momentosancerre.com – Fermé lundi, mardi, mercredi et jeudi à midi , et dimanche soir*

306

BUELLAS

✉ 01310 – Ain – Carte régionale n° **21**–B1

L'INTIMISTE - AUBERGE DE BUELLAS

CUISINE MODERNE • INTIME Au centre du village de Buellas, on déguste dans cette salle à manger cosy et intime une cuisine soignée et élaborée, avec un menu unique mettant en avant un produit différent selon la saison : homard, volaille de Bresse, céleri, etc. Menu plus traditionnel au bistrot de l'Auberge.

& AC P – Prix : €€€

10 route de Buesle – ✆ 04 74 24 20 20 – www.auberge-buellas.com – Fermé du lundi au mercredi, jeudi midi et dimanche soir

LE BUISSON-DE-CADOUIN

✉ 24480 – Dordogne – Carte régionale n° **18**–D3

AUBERGE DE L'ESPÉRANCE

CUISINE TRADITIONNELLE • AUBERGE Âmes désespérées, courez dans cette adresse qui saura vous redonner foi en la vie ! L'accueil de la patronne n'est que sourire et chaleur, et la cuisine est pleine de jolies attentions, alliant fraîcheur et franche gourmandise. Voilà qui rappelle que les plaisirs simples sont parfois les plus marquants...

& 🍽 – Prix : €€

3 avenue des Sycomores – ✆ 05 53 74 23 66 – www.lesperance.eatbu.com/?lang=fr – Fermé du lundi au mercredi

BUSNES

✉ 62350 – Pas-de-Calais – Carte régionale n° **4**–B2

✿✿ CHÂTEAU DE BEAULIEU - CHRISTOPHE DUFOSSÉ

Chef : Christophe Dufossé

CUISINE MODERNE • ÉLÉGANT Le chef Christophe Dufossé s'épanouit pleinement dans sa région natale : sa cuisine le prouve. Dans cette belle demeure sise au milieu d'un parc, agrandie d'une lumineuse verrière contemporaine, il défend une gastronomie terre/mer organique, autonome et durable, axée sur le végétal et les produits du Nord. Chaque plat est travaillé avec une délicatesse qui n'exclut pas la générosité, relevé de sauces profondes de facture classique. Et la réussite est là, à l'image de ce rouget barbet cuit à l'unilatérale, jus d'arêtes corsé, tagliatelles de concombre et émulsion d'amandes fraîches ou d'un dessert profondément original, une asperge verte, nuage glacé mélisse, biscuit moelleux à l'huile d'olive, tartare asperge et kalamansi, sorbet au citron et mélisse. Soulignons enfin le travail sur le pain et les douceurs, dont l'inénarrable et pantagruélique chariot de mignardises.

 – Prix : €€€€

1098 rue de Lillers – ✆ 03 21 68 88 88 – www.lechateaudebeaulieu.fr – Fermé lundi et mardi, et dimanche soir

❦ **L'engagement du chef :** Le restaurant s'appuie sur un réseau de plus de 30 producteurs locaux (bœuf Angus et échalote de Busnes, safran, pêche de la Côte d'Opale...) pour favoriser les circuits courts et réduire l'empreinte carbone. Le potager (irrigué par les sources du domaine et les douves) et le verger assurent une grande partie des besoins du restaurant. Le parc abrite également un conservatoire d'agrumes, une fermette qui se visite, un jardin aromatique en permaculture, des ruches et des nichoirs.

CÔTÉ JARDIN

CUISINE MODERNE • CONTEMPORAIN La brasserie contemporaine du château de Beaulieu propose une cuisine entre tradition et modernité, imaginée par le chef Christophe Dufossé. Le lieu est superbe et les assiettes sont soignées et de belle qualité : tartare de daurade royale, pomme granny-smith en texture et fleurette mascarpone ; volaille fermière de Licques et betterave ; choux "signature by CD" au chocolat noir, vanille Bourbon et café Arabica... Barbecue en été sur la grande terrasse, plats mijotés en hiver.

🚗 ♿ AC 🌿 **P** – Prix : €€

1098 rou de Lillers – ✆ 03 21 68 88 88 – www.lechateaudebeaulieu.fr

 LE CHÂTEAU DE BEAULIEU

CLASSIQUE • CHARME Promesse d'un week-end de charme dans cette vénérable demeure en brique de 1680, sise dans un grand parc (jardin aromatique, vignes). Élégantes et feutrées, les chambres sont très confortables et d'une quiétude incomparable. Grand espace séminaires.

♿ AC 🌀 🚗 ♨ 🐕 🚲 🍴 – 28 chambres

1098 rue de Lillers – ✆ 03 21 68 88 88

❀❀ **Château de Beaulieu - Christophe Dufossé • Côté Jardin** - Voir la sélection des restaurants

LA BUSSIÈRE-SUR-OUCHE

✉ 21360 – Côte-d'Or – Carte régionale n° **12**-C3

LE 1131 - ABBAYE DE LA BUSSIÈRE

CUISINE MODERNE • HISTORIQUE Pouvait-on rêver lieu plus inspirant qu'une abbaye cistercienne du 12e s. ? Sous ces impressionnantes voûtes en croisées d'ogives, le terroir bourguignon est mis à l'honneur de belle manière : escargots, grenouilles, poissons de lac et de rivière, cassis et miel des fleurs du parc... Prolongez votre méditation dans le parc de 7 hectares ou dans l'une des luxueuses chambres. Au déjeuner, cuisine plus simple au Bistrot des Moines.

🚗 ♿ **P** – Prix : €€€€

Route départementale 33 – ✆ 03 80 49 02 29 – www.abbayedelabussiere.fr/fr/restaurant-1131.html – Fermé lundi, mardi et du mercredi au dimanche à midi

 ABBAYE DE LA BUSSIÈRE

CLASSIQUE • CALME A une trentaine de kilomètres de Dijon et des premiers Grands Crus de Bourgogne, l'Abbaye de la Bussière a troqué ses moines pour une clientèle plus hédoniste. Entourée de plusieurs hectares de parcs et de vignobles, cette abbaye cistercienne du 12e s., transformée en 2005, a intégré avec bonheur ses rosaces, arcades et colimaçons dans le contexte hôtelier. Toutes différentes, les douze chambres sobrement décorées ont su jouer avec les charpentes pour proposer de belles salles d'eau (bains à remous, porte-serviettes chauffants...).

AC **P** 🌀 🐕 🚗 🍴 - 20 chambres

Route départementale 33 – ✆ 03 80 49 02 29

Le 1131 - Abbaye de la Bussière - Voir la sélection des restaurants

BUXY

✉ 71390 – Saône-et-Loire – Carte régionale n° **17**-C2

 L'EMPREINTE

Chef : Maxime Kowalczyk

CUISINE MODERNE • ÉLÉGANT Ce jeune couple sympathique, passé par de belles maisons de la région, propose des assiettes qui fleurent bon l'air du temps, avec comme fil conducteur l'alliance de l'Auvergne et de la Bourgogne (régions respectives d'origine de Tiffany et Maxime). Les menus offrent un bon rapport qualité-prix et le chariot de fromages est riche d'une cinquantaine de variétés. Une agréable expérience.

AC – Prix : €€€€

2 Grande-Rue – ✆ 03 85 92 15 76 – www.lempreinte-restaurant.fr – Fermé lundi et mardi, et dimanche soir

BUZANÇAIS

✉ 36500 – Indre – Carte régionale n° **15**–C2

PÉRÉGRINATIONS

CUISINE MODERNE • CONTEMPORAIN À l'âge où certains raccrochent le tablier, le chef Franck Gatefin ne lâche rien dans son établissement de Buzançais, non loin du parc naturel régional de la Brenne. Très attentif au choix de ses produits, il s'approvisionne en poissons d'eau douce vivants qu'il prépare lui-même selon la méthode ikejime, en légumes bio auprès de son jardinier attitré, tandis que lui-même, passionné de botanique, cultive plus de 150 herbes aromatiques sur sa cour-terrasse. Ses belles assiettes, qui privilégient évidemment le poisson et le végétal, attestent de son engagement : tartare d'huître et sorbet pamplemousse ; Saint-Jacques, purée de céleri et jus des barbes aux herbes du jardin. Accueil aimable et attentionné dans un intérieur contemporain.

  ♿ 🍽 – Prix : €€€

1 rue Victor-Hugo – 𝒞 06 31 30 71 86 – www.restaurant-peregrinations.fr – Fermé lundi, mardi, du mercredi au vendredi à midi, et dimanche soir

CABOURG

✉ 14390 – Calvados – Carte régionale n° **2**–C2

✿ SYMBIOSE

Chef : Charles-Antoine Jouxtel

CUISINE MODERNE • CONTEMPORAIN Symbiose comme l'union de deux âmes, celle du chef et de sa compagne sommelière, celle de la cuisine et du vin, leurs passions respectives, symbiose enfin de deux formules servies dans deux salles différentes. La première se présente comme un "bar à dégustation" de plats aux influences plus ou moins lointaines à partager (ceviche de maigre, leche de tigre, guacamole) ; dans la seconde, le choix oscille entre deux menus dégustation (auxquels s'ajoute un troisième plus court pour le déjeuner). Le chef, passé par de grandes maisons, s'inspire essentiellement des traditions et produits normands, qu'il manie avec créativité. Une recommandation pour finir le repas en beauté : l'éloge de la pomme et de son eau de vie, sous forme de tarte Tatin revisitée et de son soufflé au calvados.

  ♿ 🆎 – Prix : €€€

7 avenue Jean-Mermoz – 𝒞 02 31 24 46 67 – www.symbiose-cabourg.com – Fermé lundi et mardi

CABRIÈS

✉ 13480 – Bouches-du-Rhône – Carte régionale n° **28**–D3

✿ LA BASTIDE BOURRELLY - MATHIAS DANDINE

Chef : Mathias Dandine

CUISINE PROVENÇALE • CONTEMPORAIN Le chef Mathias Dandine (une étoile à la Magdeleine) a eu le coup de cœur pour cette ancienne bastide provençale située au centre d'un petit bourg. Sur la terrasse ombragée de platanes ou dans l'élégante salle à manger contemporaine d'esprit méditerranéen, on sert ici la cuisine provençale inspirée du livre fameux du chef cuisinier Jean-Baptiste Reboul (1897). Produits locaux frais de saison de belle facture, cuissons aux petits oignons, sauces goûteuses, assaisonnements précis : le chef Guillaume Lemelle est l'interprète qu'il fallait pour se régaler, par exemple, d'une sériole grillée, artichaut frit au citron confit, agnolotti d'artichaut, et jus de barigoule à l'huile d'olive. Chambres pour l'étape.

  ⇆ ♿ 🆎 🍽 🅿 – Prix : €€€€

Place Albert-Florens – 𝒞 04 42 69 13 13 – www.labastidebourrelly.com – Fermé lundi et dimanche

CADENET

84160 – Vaucluse – Carte régionale n° **28**–E1

LE GOÛT DU BONHEUR - LA FENIÈRE

Cheffe : Nadia Sammut
CUISINE CRÉATIVE • ÉLÉGANT S'engager pour un monde au goût meilleur : tel est le credo passionnant de Nadia Sammut. Ici, gluten, sucre blanc raffiné et lait ont été bannis au profit d'un travail impressionnant sur les farines (de pois chiches, de pois cassés et de riz notamment) et les sucres de fruit. En témoigne aussi un menu dégustation original et impétueux, tourné vers le végétal notamment, qui se nourrit de l'histoire de la région et de la famille de Nadia. Elle s'appuie aussi sur le potager maison pour nourrir cette gastronomie du Sud, saine et nature, ouverte sur l'avenir et le Grand Luberon.

– Prix : €€€€

1680 route de Lourmarin – ℰ 04 90 68 11 79 – www.aubergelafeniere.com – Fermé lundi et mardi, et dimanche soir

 L'engagement du chef : Nous nous engageons pour une alimentation bonne, propre et juste. Nous avons à cœur de cuisiner la récolte de notre jardin cultivé en permaculture ainsi que des produits de variétés anciennes, issus de l'agriculture locale et biologique, des élevages respectueux de l'environnement et de la pêche durable. Les farines sans gluten que nous utilisons sont moulues par nos soins et nous nous engageons à réduire au maximum notre production de déchets.

UNE TABLE À LA CAMPAGNE - LA FENIÈRE

CUISINE PROVENÇALE • RUSTIQUE Nadia Sammut concocte une savoureuse cuisine provençale de saison, sans gluten, au fort ancrage régional (partenariats avec les producteurs du coin, farines maison, légumes du potager...). Aux beaux jours, on se prélasse sur la terrasse, installée sous les canisses. Une adresse tonique et vertueuse.

– Prix : €€

1680 route de Lourmarin – ℰ 04 90 68 11 79 – www.aubergelafeniere.com/une-table-a-la-campagne – Fermé lundi, mardi et mercredi

AUBERGE LA FENIÈRE

CLASSIQUE • CHAMPÊTRE "Dans ce petit hôtel, on a fait le choix d'un confort à la fois chic et minimaliste, où prédominent les matériaux naturels. La plupart des chambres donnent sur les jardins, les oliveraies et la piscine. Plus qu'une simple étape, l'établissement se veut un lieu de vie où bien-être, environnement, éducation et épanouissement sont les maîtres-mots, pour se reposer comme pour se restaurer."

- 16 chambres

1680 route de Lourmarin – ℰ 04 90 68 11 79

Le Goût du Bonheur - La Fenière • Une Table à la Campagne - La Fenière - Voir la sélection des restaurants

LA CADIÈRE-D'AZUR

83740 – Var – Carte régionale n° **29**–A3

RIVA

CUISINE MÉDITERRANÉENNE • CONTEMPORAIN Située dans un village provençal typique, cette hostellerie familiale possède un restaurant au cadre coloré et chaleureux (cuisine ouverte, poutres sablées, poteries italiennes) qui jouit d'une vue panoramique sur les vignobles de Bandol. La carte méditerranéenne, qui évolue régulièrement, ressemble à un périple qui suit les rives de la Ligurie jusqu'à la Provence : artichaut à la barigoule, crème d'ail et de persil ; ravioli de foie gras, bouillon de canard en cappuccino et champignons du moment ; turbot, palourdes, fenouil rôti et jus aux épinards. Un moment gourmand qui s'écoule en douceur.

– Prix : €€€

Maison Bérard, 6 rue Gabriel-Péri – ℰ 04 94 90 11 43 – www.hotel-berard.com – Fermé lundi et mardi

CADILLAC

33410 – Gironde – Carte régionale n° **22**–B2

AGA

CUISINE MODERNE • **TRADITIONNEL** Alexandre Goniak et Gerie Jenner se sont rencontrés en Australie, mais c'est dans une bastide des bords de la Garonne qu'ils ont ouvert leur petit restaurant, à deux pas d'une belle porte médiévale. Cette cuisine bistrotière contemporaine montre à l'œuvre un chef à la technique sûre et efficace. Il compose judicieusement ses assiettes, en fonction de l'arrivage, à l'image de ce filet mignon aux haricots coco de Paimpol, crème de lard, mousse de pomme de terre et chou-fleur rôti. Accueil aimable et service pédagogique, notamment pour les vins.

AC – Prix : €€

7 rue Porte-de-la-Mer – 05 56 27 47 63 – www.restaurant-aga.fr –
Fermé mercredi et dimanche, et lundi et mardi soir

YURI_ILUHIN/Getty Images Plus

CAEN

✉ 14000 – Calvados –
Carte régionale n° **2**-C2

Terre et mer, sucré et salé, une palette de saveurs !

Figure de proue d'une région réputée pour sa gastronomie, Caen en est le creuset gourmand. Le meilleur de la Normandie s'est donné rendez-vous dans ses murs : fromages (du célébrissime camembert au livarot, en passant par le pont-l'évêque), pommes, calvados, cidre et pommeau, crème fraîche, mais aussi douceurs marines comme les huîtres et les Saint-Jacques. La ville possède même une recette à son nom, les tripes à la mode de Caen, dont raffolaient Guillaume le Conquérant et son épouse Mathilde ! Autre motif de délectation : le patrimoine architectural et culturel de la ville, pourtant largement éprouvée par les bombardements de la seconde guerre mondiale. Le Mémorial, l'Abbaye-aux-Hommes, le musée des Beaux-Arts, sans compter la vue depuis les remparts… Aucun doute, Caen vaut le coup.

IVAN VAUTIER

Chef : Ivan Vautier

CUISINE MODERNE • **CONTEMPORAIN** Ivan Vautier, normand pur beurre, est installé depuis plus de trente ans dans cette maison excentrée du cœur de ville, devenue un lieu sobrement contemporain. Amoureux et fier de sa région, le cuisinier cherche à mettre en valeur les produits du terroir normand à travers chacune de ses recettes : asperges vertes de Bellengreville ; morilles sauvages d'un cueilleur du pays, crème fraîche d'Isigny-Sainte-Mère, cochon normand… sans oublier les poissons de pêche locale. La gourmandise n'est pas en reste, à l'image de ce millefeuille "haut comme un gratte-ciel".

⇔ ⟰ 🆎 ✿ 🅿 – Prix : €€€

Hors plan – *3 avenue Henry-Chéron* – ✆ 02 31 73 32 71 – www.ivanvautier.com – *Fermé lundi et dimanche*

AUGIA 🆕

CUISINE MODERNE • **CONTEMPORAIN** Au cœur du quartier touristique du Vaugueux, à deux pas du château de Caen, se niche cette adresse, clin d'œil latin au pays d'Auge, berceau du chef Grégoire James. L'intérieur marie avec élégance le charme de l'ancien – poutres apparentes, colombages et pierres de Caen – et un mobilier contemporain raffiné. La cuisine moderne s'exprime à travers une carte concise, mettant à l'honneur les produits locaux et bio : tartelette aux petits pois, chèvre et herbes fraîches ; déclinaison autour du cochon de Bayeux et jus réduit… Aux beaux jours, le patio-terrasse à l'arrière du restaurant offre un cadre paisible.

⟰ ✿ – Prix : €€

Plan : B1-4 – *18 rue Porte-au-Berger* – ✆ 02 31 80 30 44 – www.augia.fr – *Fermé lundi, mardi et dimanche*

philipimage/Getty Images Plus

CAEN

LE BOUCHON DU VAUGUEUX

CUISINE TRADITIONNELLE · BISTRO Au cœur du quartier historique du Vaugueux, ce petit bistrot convivial d'esprit bouchon mérite la pause gourmande. Le chef patron y propose à l'ardoise une généreuse cuisine de tradition, émaillée de discrètes touches modernes. On se régale en toute simplicité d'un faux filet maturé par le chef lui-même, accompagné d'une sauce béarnaise et au dessert, d'une crêpe normande aux pommes et caramel beurre salé. Jolie sélection de vins de producteurs.

Prix : €€

Plan : B1-5 – *12 rue Graindorge* – ℰ *02 31 44 26 26* – *www.bouchonduvaugueux. com* – *Fermé lundi, dimanche et mardi midi*

LE DAUPHIN

CUISINE MODERNE · ÉLÉGANT En plein centre ville, non loin du château, un bel édifice d'époque héberge cette table au cadre élégant et confortable. Le chef patron fait la part belle au terroir normand. Au menu, huître de la baie d'Isigny, andouille et, évidemment tripes de Caen.

⌂ – Prix : €€€

Plan : A1-2 – *29 rue Gémare* – ℰ *02 31 86 22 26* – *www.le-dauphin-normandie.fr*

MAGMA

CUISINE MODERNE · CONTEMPORAIN Dans cette maison de ville à l'écart du centre-ville et à deux pas de l'Abbaye-aux-Hommes, Olivier Barbarin, un chef expérimenté familier des belles tables, concocte une cuisine à son image, décomplexée et gourmande, non sans un clin d'œil à son Auvergne natale – les murs violets évoquent d'ailleurs une roche volcanique comme la pouzzolane. Prix très attractifs le midi, et le soir menu dégustation renouvelé en fonction du marché et de ses inspirations.

Prix : €€

Hors plan – *24 rue Saint-Manvieu* – ℰ *02 50 53 69 86* – *www.magma-restaurant. fr* – *Fermé lundi et dimanche*

SÉQUENCE

CUISINE MODERNE · CONTEMPORAIN Si le chef Antoine Triquet a un parcours insolite (qui l'a mené des assurances à l'assiette), en cuisine, soyez assuré que les fondamentaux sont bel et bien là ! Des aliments sélectionnés avec soin qui mettent en avant les producteurs locaux, le respect de la nature et des saisons, des cuissons toujours justes... Voilà une cuisine moderne, lisible et épurée avec une démarche sincère, et même généreuse ! Au dîner, un menu en séquences : à chacune d'elle un ingrédient est développé en 3 assiettes, pour un travail du produit dans son intégralité. Un exemple ? Le veau, que l'on retrouve en croquette, en vitello sardinia, ou encore quasi rosé, accompagné de sa purée oignon et d'un très bon jus brun. À déguster dans un décor contemporain avec cuisine ouverte.

♿ – Prix : €€€

Hors plan – *6 rue du 11-Novembre* – ℰ *02 31 99 33 42* – *www.sequence-restaurant-gastronomique.fr* – *Fermé lundi, dimanche, samedi midi, et mardi et mercredi soir*

SIMPLEXITÉ 🅝

CUISINE MODERNE · COSY Situé près de l'Abbaye aux Hommes, ce petit restaurant est le fief du chef Maxime Le Gallo (Château d'Audrieu, Manoir du Lys), qui confectionne une alléchante cuisine mettant à l'honneur le terroir normand. Ses assiettes sont souvent rehaussées d'une touche de créativité, comme dans cette entrée de cocos de Paimpol, andouille de Vire et algues, ou ce plat qui associe mignon de porc, céleri et réglisse. Simple et complexe à la fois !

Prix : €€

Hors plan – *102 rue Saint-Martin* – ℰ *02 14 40 51 54* – *www.restaurant-simplexite.com* – *Fermé lundi et dimanche*

313

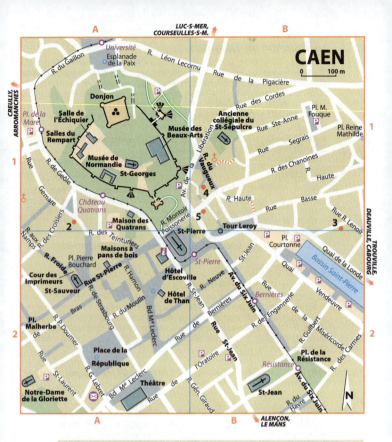

STÉPHANE CARBONE

CUISINE MODERNE • CONTEMPORAIN À deux pas du port de plaisance, au cœur de la vie caennaise, le chef Stéphane Carbone explore les terroirs, du Lyonnais à la Bresse (où il a grandi et appris la cuisine) jusqu'à la Calabre natale de ses parents et grands-parents, en passant par la Normandie. À partir de produits de belle fraîcheur, il propose une cuisine moderne avec un brin de créativité, au gré de ses envies. Les plats signatures sont disponibles à la carte, avec notamment la pomme du ris de veau cuite au sautoir ou encore la coque en chocolat caraïbe et son velouté de chocolat chaud… À savourer dans la salle à manger contemporaine, d'où l'on peut observer la cuisine derrière une grande baie vitrée. Menu tout homard et cours de cuisine chaque samedi matin.

& AC - Prix : €€€

Plan : B1-3 – *14 rue de Courtonne* – ✆ *02 31 28 36 60* – *www.stephanecarbone. fr* – *Fermé lundi, dimanche et samedi midi*

CHEZ LAURENCE DU TILLY

MODERNE • CHARME Cette maison d'hôtes s'est choisie pour cadre un superbe hôtel particulier du centre-ville. Dans lequel trois appartements affichent chacun leur personnalité : le classique, un intérieur très haussmannien, frais et urbain ; le contemporain, aussi sophistiqué qu'un Parisien ; et l'atypique, au ton rétro pop. Ces atmosphères sont l'œuvre de la propriétaire, styliste de son état, qui a mis le design et l'art de vivre au cœur de son projet. Une maisonnette de campagne à 10 min de Caen complète la proposition.

P 🚲 - 3 chambres

9 rue Pemagnie – ✆ *07 86 23 28 28*

CAËSTRE

✉ 59190 – Nord – Carte régionale n° **4**-B2

L'AUBERGE

CUISINE MODERNE • CONVIVIAL Non loin d'Hazebrouck, autrefois tannerie puis estaminet dans la plus pure tradition ch'ti, ce restaurant convivial met à l'honneur les produits de saison et le terroir flamand (incontournables welsh et carbonade revisités). Laissez-vous surprendre aussi par des associations telles que les escargots au haddock et épinards... Un pari réussi pour le chef Antonin, également passionné de bons vins, qui saura vous conseiller lui-même.

🍴 🅿 – Prix : €€

2590 route de Bailleul - ℰ 03 28 40 25 25 – Fermé lundi et mardi, et dimanche soir

CAGNES-SUR-MER

✉ 06800 – Alpes-Maritimes – Carte régionale n° **29**-E2

L'AGAPÈ

CUISINE MODERNE • DÉCONTRACTÉ Dans leur petit restaurant installé en front de mer, Morgane David et son compagnon, le chef au solide parcours Guillaume Winterstein, font salle comble – pensez à réserver, il n'y a que 20 couverts. Le menu, changé tous les deux mois, abonde en bons produits frais de saison et locaux. On s'est régalé d'une raviole de volaille, bouillon de légumes et miso d'orge ; d'une épaule d'agneau de lait confite, légumes primeurs façon navarin ; et, au dessert, d'un succulent riz au lait à la vanille de Madagascar et caramel au beurre salé... Très bon rapport qualité-prix au déjeuner et accueil tout sourire.

♿ 🆎 🍴 – Prix : €€

48 promenade de la Plage - ℰ 04 97 10 37 41 – www.restaurantlagape.fr - Fermé lundi et mardi

CHÂTEAU LE CAGNARD

CUISINE MODERNE • ÉLÉGANT La belle terrasse avec vue jusqu'au cap d'Antibes, la cuisine actuelle bien réalisée : asperges vertes du Vaucluse gratinées au vieux parmesan et kumquat ; dos de loup au lard de Colonnata, artichauts de Provence et condiment anchois ; fraises en croustillance, infusion parfumée au sureau... Voici les atouts du lieu. Détail qui séduit : l'élégante salle à manger dispose d'un toit coulissant pour laisser entrer la lumière.

🍷 🅿 – Prix : €€€

54 rue Sous-Barri, le Haut-de-Cagnes - ℰ 04 93 20 73 22 – www.lecagnard.fr - Fermé les midis

FLEUR DE SEL

CUISINE TRADITIONNELLE • MÉDITERRANÉEN Il y a du croquant, de la fraîcheur et de la saveur dans cette fleur de sel reprise par le couple de jeunes professionnels prometteurs Alexis Cachat et Chloé Feuillet, qui s'est rencontré dans une table étoilée du massif de l'Estérel. Ils régalent avec une cuisine méditerranéenne minutieuse, à l'écoute des saisons et d'un bon rapport qualité-prix : fleur de courgette farcie de ricotta, olives, anchois, herbes fraîches, gaspacho et croquant de courgette de pays. Chloé, qui s'occupe aussi du service avec bienveillance, réalise également la partie sucrée comme ce brownie, noisettes torréfiées, crème vanille et abricots confits au romarin.

🆎 – Prix : €€

85 montée de la Bourgade - ℰ 04 93 20 33 33 – www.restaurant-fleurdesel.com/ fr/bienvenue – Fermé mercredi, jeudi, et lundi, mardi, vendredi et samedi midi

CAGNES-SUR-MER

LA TABLE DE KAMIYA

CUISINE MODERNE • CONTEMPORAIN Le chef japonais Takayuki Kamiya et Claire, sa femme franco-nippone et cheffe pâtissière, se sont installés sur le front de mer de Cagnes-sur-Mer. Ils proposent une cuisine qui marie leur terre d'adoption (la Provence) à leurs cultures familiales. Les menus déclinent des plats d'inspirations française et provençale assorties de discrètes touches japonaises (wakame, sauce oloshi, yuzu). Mention spéciale pour le délicieux dessert au citron et le baba au rhum, un classique de la maison. Menu changé tous les mois.

& AC 🍽 – Prix : €€

52 promenade de la Plage – ℘ 04 93 89 71 54 – www.la-table-de-kamiya.fr – Fermé lundi, dimanche et mardi midi

CHÂTEAU LE CAGNARD *Plus*

CLASSIQUE • ÉLÉGANT Perchée sur les remparts de ce bourg médiéval, cette belle bâtisse du 13e s. domine les environs. Chambres et parties communes sont empreintes de caractère et d'élégance, avec des touches provençales. Beauvoir, Saint-Exupéry, Pagnol : ils sont nombreux à s'être laissés séduire...

AC 🍽 P ❄ ✻ 🚴 ♨ 🅢 👤 ❢◯ - 28 chambres

54 rue Sous-Barri, le Haut-de-Cagnes – ℘ 04 93 20 73 22

Château Le Cagnard - Voir la sélection des restaurants

CAHORS

✉ 46000 – Lot – Carte régionale n° **23**–A2

L'Ô À LA BOUCHE

CUISINE MODERNE • CONTEMPORAIN Oh, que cette table met l'eau à la bouche ! À la tête de ce sympathique restaurant, un couple de passionnés qui a sillonné les contrées et mers lointaines avant de jeter l'ancre à Cahors. La cuisine de Jean-François Dive puise dans les bons produits du marché, mais aussi dans les épices et condiments ramenés de ses différents voyages. En salle, Florence accueille ses hôtes en toute simplicité et propose une judicieuse sélection de vins nature et bio. On est conquis

& AC 🍽 – Prix : €€

56 allées Fénelon – ℘ 05 65 35 65 69 – www.loalabouche-restaurant.com – Fermé lundi et dimanche, et mercredi soir

LE BISTRO 1911

CUISINE MODERNE • VINTAGE Vitraux, belle hauteur sous plafond, moulures... Le cadre de ce restaurant, propriété familiale depuis plus de 100 ans, vaut le détour. Aux fourneaux, Alexandre, le fils de la famille, propose une cuisine en phase avec son époque, tout en gardant certains "grands classiques" de la maison.

 AC 🍽 – Prix : €€

5 avenue Charles-de-Freycinet – ℘ 05 65 53 32 00 – www.terminus-1911.fr – Fermé lundi et dimanche

CHEZ SUZANNE 🆕

CUISINE TRADITIONNELLE • COSY Une adresse où se régaler en toute simplicité ! Le chef Julien Poisot (ex-Château de Mercuès) et sa compagne Justine tiennent table au bout du magnifique pont médiéval Valentré. Aussi simple dans la forme que sérieuse dans le fond, cette cuisine généreuse met l'expérience du chef au service d'assiettes goûteuses et méticuleuses, qui s'inspirent des produits de saison. Le midi, le menu verse goulûment dans la canaille (maquereau au vin blanc et crème de raifort ; farci de porc noir gascon et brioche perdue). Le soir, le chef invite quelques produits nobles au bénéfice de plats plus élaborés (daurade royale, pleurotes, soubise de poireaux, sauce crustacés).

& AC 🍽 – Prix : €€

32 avenue André-Breton – ℘ 05 65 22 13 04 – www.chezsuzannerestaurant.fr – Fermé lundi et dimanche

CAIRANNE

✉ 84290 – Vaucluse – Carte régionale n° **28**–C2

COTEAUX ET FOURCHETTES

CUISINE MODERNE • CONTEMPORAIN À Cairanne, les vignobles s'étendent à perte de vue : c'est là qu'est installé le chef Cyril Glémot. D'un ancien caveau de dégustation, il a imaginé un restaurant au cadre original avec ses murs en **douelles** de tonneaux. On y déguste des recettes parfumées, inspirées par le terroir. Caveau de dégustation et vente en emporter... à prix de vigneron.

୫୫ ⛄& 🛏 ⛨ 🅿 – Prix : €€

3340 route de Carpentras – ☎ 04 90 66 35 99 – www.coteauxetfourchettes. com – Fermé jeudi, et lundi et dimanche soir

CAJARC

✉ 46160 – Lot – Carte régionale n° **23**–B2

JEU DE QUILLES

CUISINE MODERNE • BISTRO Velouté glacé de courgettes, menthe et burrata, ou pièce de bœuf Aubrac grillée au poivre fumé : le chef de ce bistrot de poche propose une cuisine du marché simple et appétissante, déclinée à l'ardoise et à des prix très raisonnables. Ne manquez pas l'agréable terrasse sous la tonnelle.

&🛏 – Prix : €

7 boulevard du Tour-de-Ville – ☎ 05 81 24 01 43 – Fermé lundi et dimanche

LA MAISON DU SAFRAN À L'ALLÉE DES VIGNES

CUISINE MODERNE • CONTEMPORAIN Le chef franco-mexicain Claude-Emmanuel Robin et son épouse russe Evgenia ont eu un coup de cœur pour l'ancien presbytère de Cajarc (petit bijou de village du Quercy). Ils en ont fait un lieu élégant et charmant, avec restaurant et boutique autour du safran. Dans une veine bistronomique, la carte propose une cuisine créative et savoureuse, à déguster sur la jolie terrasse aux beaux jours.

& 🅰🅲 🛏 – Prix : €€

32 boulevard du Tour-de-Ville – ☎ 06 16 29 00 35 – www.alleedesvignes.com – Fermé lundi, samedi et dimanche

CALAIS

62100 – Pas-de-Calais – Carte régionale n° **4**-A1

HISTOIRE ANCIENNE

CUISINE TRADITIONNELLE • BISTRO Si ce bistrot a gardé un esprit vintage et authentique (banquettes, miroirs, affiches style Art déco), c'est loin d'être de l'histoire ancienne ! Les plats traditionnels et gourmands de Patrick Comte y sont toujours d'actualité : persillade d'escargots, royale de maïs et jus à la bourguignonne ; côte de veau fondante, crème de moutarde à l'estragon ; profiteroles sauce chocolat... une histoire de générosité !

AC – Prix : €€

20 rue Royale – ✆ 03 21 34 11 20 – www.histoire-ancienne.com – Fermé lundi et dimanche

AQUAR'AILE

POISSONS ET FRUITS DE MER • TRADITIONNEL Situé au dernier étage d'un immeuble, cet agréable restaurant jouit d'un panorama unique sur la mer du Nord et les côtes anglaises... un vrai paysage d'aquarelle ! La cuisine met notamment en valeur la pêche locale : cocotte de homard, bar en croûte de sel, sole meunière... À déguster avec un bon vin issu de la carte, composée avec soin par le propriétaire des lieux.

🅿 ⇔ 🕭 AC – Prix : €€

255 rue Jean-Moulin – ✆ 03 21 34 00 00 – www.aquaraile.fr – Fermé mercredi et jeudi, et dimanche soir

LE CHANNEL

POISSONS ET FRUITS DE MER • CONTEMPORAIN À Calais, ce restaurant est une institution. Décor élégant, cuisine classique empreinte de modernité, produits de la mer issus de la pêche locale, et très belle carte des vins (cave ouverte sur la salle)... Voilà une plaisante escale avant la traversée du "channel" !

🅿 🕭 AC – Prix : €€

3 boulevard de la Résistance – ✆ 03 21 34 42 30 – www.restaurant-lechannel.com – Fermé mardi et dimanche soir

LE GRAND BLEU

CUISINE MODERNE • CONTEMPORAIN Le chef, Matthieu Colin, met à profit son expérience acquise dans des maisons étoilées. Dans un joli intérieur contemporain, il continue de rendre un joli hommage à la pêche locale, mais aussi aux produits du terroir, à travers des recettes créatives qui aiment cultiver la différence : bar en viennoise de chorizo, risotto paëlla, coulis de cresson. Service aimable et efficace.

🕭 AC 🍽 ⇔ – Prix : €€

8 rue Jean-Pierre-Avron – ✆ 03 21 97 97 98 – www.legrandbleu-calais.com – Fermé mardi et mercredi, et dimanche soir

CALAS-CABRIÈS

34800 – Hérault

SOUKI LODGES & SPA   *Plus*

MODERNE • ROMANTIQUE Niché au milieu de collines boisées, cet hébergement de charme est le projet passionné d'un couple de designers locaux. Résultat : une paire de lodges ultra-modernes en bois, sur pilotis. Ils ont plus d'espace extérieur qu'intérieur, avec leur grande terrasse privée, équipée d'un jacuzzi et d'une cuisine de plein air. À l'intérieur, boiseries blondes et design contemporain, salons spacieux et baignés de lumière, salles de bains luxueuses. Les deux lodges accèdent à une piscine naturelle et une terrasse. Petit-déjeuner déposé chaque matin, dîners possibles.

AC 🅿 ⇗ 🛎 🚴 🌐 - 2 chambres

164 chemin des Caraygnasses – ✆ 06 83 48 44 41

CALLAS

✉ 83830 – Var – Carte régionale n° **29**–B2

HOSTELLERIE LES GORGES DE PENNAFORT

CUISINE TRADITIONNELLE • **CONTEMPORAIN** Ce restaurant, à l'élégant décor contemporain, occupe les murs d'une ancienne bastide du 19e s. adossée au calcaire des gorges de Pennafort, et sa terrasse sous les tilleuls est très prisée en été... Le cadre est séduisant. Dans l'assiette, la cuisine marie tradition et générosité.
🕸 ⇐🖒🛇🖇🍴🅿 – Prix : €€€€

8660 route Départementale 25 – ℰ 04 94 76 66 51 – www.hostellerie-pennafort. com – Fermé lundi et mardi, et dimanche soir

🛏 HOSTELLERIE LES GORGES DE PENNAFORT

MODERNE • **CALME** Le calme est envoûtant dans ce site naturel qui ravit l'œil : les gorges de Pennafort, escarpées, rouges et noyées sous la végétation... Un véritable cocon de verdure ! Confort aux couleurs de la Provence ; belle piscine et espace bien-être de l'autre côté de la route.
🅰🅿🛦🛇⇐🛋🍴 - 15 chambres

8660 route Départementale 25 – ℰ 04 94 76 66 51

Hostellerie Les Gorges de Pennafort - Voir la sélection des restaurants

CALUIRE-ET-CUIRE

✉ 69300 – Rhône – Carte régionale n° **21**–A2

RESTAURANT FOND ROSE

CUISINE TRADITIONNELLE • **BRASSERIE** Une maison bourgeoise des années 1920 transformée en brasserie chic par le groupe Bocuse, avec sa terrasse entourée d'arbres centenaires : une certaine idée de la quiétude. La cuisine se révèle généreuse et savoureuse, dans la tradition des bords de Saône : grenouilles, quenelles, etc.
⇐🖒🅰🍴✚🅿 – Prix : €€

voir Lyon plan I - B1 - 8 *23 chemin de Fond-Rose – ℰ 04 78 29 34 61 – www. brasseries-bocuse.com*

🛏 TRIBE LYON CROIX ROUSSE

DESIGN • **CONVIVIAL** Selon le credo de l'enseigne Tribe, le vrai luxe c'est la liberté. Les chambres y sont design, astucieusement fonctionnelles et joyeusement colorées, jusque dans la salle de bains vintage. Pour le reste, l'hôtel donne accès 24h sur 24 à la plupart de ses espaces conviviaux : un restaurant et un bar lumineux, un café animé par un torréfacteur local, un salon avec des espaces de travail, un patio de plein air et un centre de remise en forme.
🖒🅰🛐🍴 - 97 chambres

16 rue de Margnolles – ℰ 04 87 79 00 65

CALVI – Haute-Corse (22) ➜ Voir Corse

CALVISSON

30420 – Gard – Carte régionale n° **28**–B2

MONIQUE

Chef : Julien Caligo

CUISINE MODERNE • ÉPURÉ Venu du Duende de Nîmes, Julien Caligo a retrouvé son pays natal de la Vaunage, une plaine enclavée entre des collines, située entre Nîmes et Montpellier. D'une ancienne remise agricole est né ce bel espace intérieur aux murs blancs, pierres apparentes et mobilier épuré en bois clair – une table qui rend hommage à Monique, la grand-mère du chef, qui lui a transmis les fondamentaux de la cuisine. Le menu carte blanche déborde de maîtrise technique, comme en témoigne la fusion audacieuse entre la fraise de veau et le rouget, tandis que le cochon baron des Cévennes est relevé d'une sauce au boudin noir et aux épices. L'innovation culinaire à l'œuvre ici est portée par la fine fleur des produits locaux, tout juste sortis de terre (ou de mer).

– Prix : €€€

1 ter impasse du Charron – ✆ *04 66 68 05 41 – www.monique-restaurant.com – Fermé lundi et dimanche, et mardi soir*

CAMBO-LES-BAINS

64250 – Pyrénées-Atlantiques – Carte régionale n° **25**–A2

AMA

CUISINE MODERNE • CONVIVIAL Un aimable nom de restaurant qui ruisselle d'harmoniques amoureuses ! À sa tête, un couple de chefs : la Marseillaise Manon Grasset et l'Albigeois Adrien Layssac, qui se sont rencontrés à La Bastide de Moustiers, un établissement siglé Alain Ducasse, avant de s'installer au Pays basque il y a 10 ans. Inspirée du terroir, leur cuisine du marché et de saison à quatre mains rayonne de couleurs : déclinaison de choux, jaune d'œuf confit à l'huile d'olive, noix de pécan ; agneau de pays, asperges, cresson, bagna cauda ; salade de suprêmes d'agrumes, miel de bruyères, granola. Décor de bistrot avec poutres apparentes en blanc et mur bleu pour la touche colorée.

– Prix : €€

6 allée Anne-de-Neubourg – ✆ *05 59 29 22 29 – www.restaurant-ama.fr – Fermé lundi et mardi, et dimanche soir*

LE BELLEVUE

CUISINE MODERNE • TENDANCE La salle est claire, et la carte courte. Deux raisons de s'attarder dans ce restaurant décoré avec goût. La cuisine traditionnelle y est revisitée avec entrain et un sens aigu de la gourmandise, à l'image de cette terrine de pieds de porcs désossés, ou en dessert, ce soufflé chaud à l'eau de vie de poire.

– Prix : €€

29 rue des Terrasses – ✆ *05 59 93 75 75 – www.hotel-bellevue64.fr – Fermé lundi et mardi*

CAMBO-LES-BAINS

TERRAE

CUISINE MODERNE • COSY C'est une réussite d'avoir transformé cette ancienne poissonnerie en un charmant restaurant de poche. Lucile Voisin et Grégory Ménard (Choko-Ona et Grand Hôtel de Saint-Jean-de-Luz) n'ont rien n'a été laissé au hasard : murs terracotta, banquette couleur lin, tables en bois blond, et surtout un bel art de la table : argenterie, coutellerie et céramique basques artisanales. L'assiette se nourrit de l'inspiration du chef et des arrivages de produits locaux. Truite des Pyrénées marbrée à l'encre de seiche et pickles de betterave ; suprême de pintade fermière, caviar d'aubergine et yaourt de lait de chèvre acidulé : du travail, du goût, des couleurs et une pointe de créativité.

Prix : €€

7 avenue de la Mairie – ☏ 05 59 64 63 77 – www.restaurant-terrae.fr – Fermé mercredi et dimanche

CAMBRAI

✉ 59400 – Nord – Carte régionale n° **4**-C2

MAISON DEMARCQ

CUISINE MODERNE • ÉLÉGANT Cette demeure bourgeoise a été marquée par l'histoire de la ville : Napoléon y a séjourné – tout près de l'endroit où aurait été signée la fameuse Paix des Dames (1529). Le décor cultive un élégant classicisme, et la cuisine se révèle actuelle et soignée. Une belle adresse dans la capitale des "bêtises". La cuisine plus simple et traditionnelle de la brasserie l'Éphémère offre une alternative.

&🏠♻🅿 – Prix : €€€

2 rue Saint-Pol – ☏ 03 27 37 77 78 – www.maisondemarcq.com – Fermé lundi, samedi midi, et mercredi et dimanche soir

CANCALE

✉ 35260 – Ille-et-Vilaine – Carte régionale n° **9**-B1

✿ LA TABLE BREIZH CAFÉ

CUISINE MODERNE • ÉPURÉ Au premier étage d'une crêperie, un restaurant gastronomique franco-japonais : bienvenue dans l'univers de Bertrand Larcher ! Passionné par le sarrasin et la culture bretonne, l'homme a commencé par créer des crêperies au Japon... puis en France avec le même bonheur. Ici, dans cette salle qui contemple la baie du Mont-St-Michel, le chef Fumio Kudaka marie les produits bretons avec les techniques et les condiments japonais. Le homard est associé à de la volaille fermière et des nouilles soba; le canard de Challans est juste rôti et relevé d'un condiment negimiso; la tarte aux pommes et sésame noir accompagnée d'une glace à la cannelle et d'un caramel de shiokoji. Produits au top, cuissons millimétrées, précisions des assaisonnements, légèreté des mets : les noces sont réussies.

🔄 ≼ 🆔 ♻ – Prix : €€€€

7 quai Thomas – ☏ 02 99 89 56 46 – www.breizhcafe.com

🍴 BREIZH CAFÉ CANCALE

CUISINE BRETONNE • BISTRO Sur le port de Cancale, ce Breizh Café n'a qu'une devise : « La crêpe autrement ». Et pour cause : il est né... au Japon ! Son patron, Bertrand Larcher, a le premier exporté la galette bretonne à Tokyo, et après plusieurs enseignes nippones, a récidivé au sein de la mère patrie. Les produits utilisés sont biologiques (œufs, fromages, viandes...) et de qualité. Les galettes et crêpes réalisées comme il se doit, croustillantes et savoureuses pour les premières, fines et moelleuses pour les secondes. Selon nos envies, l'assiette sera classique ou plus originale : rolls artichaut, œuf brouillé, comté et algues wakamé de Saint-Malo. Belle vue sur le port de Cancale avec la façade vitrée. Une institution qui affiche souvent complet !

🆔 – Prix : €€

7 quai Thomas – ☏ 02 99 89 61 76 – www.breizhcafe.com

321

CANCALE

LE BISTROT DE CANCALE

POISSONS ET FRUITS DE MER • **ÉLÉGANT** Mené par Hugo Roellinger, ce restaurant est situé face à la plage de Port-Mer et aux petits bateaux au mouillage, avec, à l'horizon, le Mont-Saint-Michel. Côté assiette, voilà ce qui vous attend : huîtres, coquillages, langoustines, sole au jus pincé, turbot cuit sur l'arête, homard sur la braise – autant de produits d'excellence à la fraîcheur remarquable et souvent assaisonnés avec les fameux mélanges d'épices concoctés par Olivier Roellinger. Côté décor : une belle terrasse vue mer et à l'intérieur, un bistrot marin chic et modernisé, décoré de bibelots évoquant la Bretagne et la pêche, et illuminé par une fresque marine des années 1930 représentant une scène de vie sur le port de Saint-Malo.

⇔ 🍴 – Prix : €€€

à Port-Mer, 5 rue Eugène-et-Auguste-Feyen – 📞 02 99 89 64 76 – www.maisons-de-bricourt.com

LE BOUT DU QUAI

CUISINE MODERNE • **CONTEMPORAIN** Au bout du quai (en effet !), la belle façade vitrée de ce restaurant ouvre sur la baie du Mont-Saint-Michel et ses embruns... Le chef Romain Roland, arrivé de Corse après avoir tenu les fourneaux d'une table étoilée, élabore une cuisine créative et ambitieuse, ponctuée de subtiles touches méditerranéennes.

⇔ & 🍴 – Prix : €€€

Route de la Corniche – 📞 02 23 15 13 62 – www.leboutduquai.fr – Fermé lundi et mardi

CÔTÉ MER

CUISINE TRADITIONNELLE • **ÉLÉGANT** Un charmant petit port, des maisons de pêcheurs, l'air iodé du large... À Cancale, impossible de ne pas regarder Côté Mer ! Dans ce restaurant, face à la baie, on goûte une cuisine qui met en avant tous les produits de la côte, sans exclusive : coquilles Saint-Jacques, huîtres, agneau de prés salés, homards, ormeaux.

⇔ AC 🍴 – Prix : €€€

4 rue Ernest-Lamort – 📞 02 99 89 66 08 – www.restaurant-cotemer.fr – Fermé lundi et dimanche

L'ORMEAU

POISSONS ET FRUITS DE MER • **TRADITIONNEL** Comment refuser un plateau d'huîtres de Cancale, des noix de Saint-Jacques ou... des ormeaux ? Surtout lorsque le repas est proposé avec une vue directe sur la flottille de pêche garante de la fraîcheur des produits ! Dans ce cadre élégant doté d'une jolie terrasse, les amateurs de produits de la mer seront satisfaits, avec, par exemple, des couteaux farcis à la persillade, une soupe de poisson maison, ou des noix de Saint-Jacques côtières cuites en coquille au four, beurre blanc et risotto aux légumes. Et pour finir sur une touche sucrée, laissez-vous tenter par la crêpe farcie de pomme servie tiède.

⇔ & 🍴 – Prix : €€

4 quai Thomas – 📞 02 99 89 60 16 – www.hotel-cancale.com – Fermé mercredi et dimanche

CANDÉ-SUR-BEUVRON

41120 – Loir-et-Cher – Carte régionale n° **10**–C3

LE BISTROT DE LA CAILLÈRE
CUISINE MODERNE • CONTEMPORAIN À côté de sa table gastronomique, dans un cadre de bistrot contemporain aux teintes douces et apaisantes, le chef Éric Rialland propose 7 jours sur 7 une cuisine du marché rythmée par les saisons, à tarifs sages. Le menu oscille entre modernité et tradition, à l'image de ce saumon mariné aux légumes craquants façon poke hawaïen en entrée, contrastant avec un traditionnel riz au lait au caramel au beurre salé en dessert. Agréable terrasse aux beaux jours.

– Prix : €

36 route des Montils – 02 54 44 03 08 – www.auberge-de-la-caillere.com

LA TABLE DE LA CAILLÈRE
CUISINE MODERNE • CONTEMPORAIN Idéalement située pour visiter les châteaux de la Loire, cette auberge bien ancrée dans son époque est aux mains d'un couple entreprenant qui travaille et vibre à l'unisson avec ce cadre bucolique de forêts et de prairies. La ferme d'origine du 18e s. a fait place à un bâtiment moderne, à l'image de la cuisine du chef, qui fait la part belle aux produits locaux (girolles, légumes de la région, production de miel, pigeon de Racan, cochon de Touraine…), mais rend aussi hommage à sa terre d'origine, la Bretagne – en témoigne cette tarte fine d'araignée de mer nappée d'une mayonnaise tiédie aux langues d'oursins. Dans l'assiette, toujours claire, saveurs et dressages sont à l'honneur.

– Prix : €€€

36 route des Montils – 02 54 44 03 08 – www.auberge-de-la-caillere.com – Fermé mardi et mercredi

CANISY

50750 – Manche

CHÂTEAU DE CANISY
TRADITIONNEL • FAMILIAL "Sur un terrain de 300 ha., cette propriété familiale, poussée au pays de Tocqueville et de Barbey d'Aurévilly, cernée de tours médiévales, de mâchicoulis et de douves, ne compte que dix-sept suites et chambres d'hôtes. Mais chacune est unique et porteuse d'histoire : réplique de la baignoire de Marat et de la salle de bains de Joséphine de Beauharnais, escalier de 1588, meubles et tableaux d'époque…Entre le Château et son parc, les activités abondent : balade à cheval, ball-trap, croquet, pétanque ou pêche parmi les cygnes. Et pour la soirée, après le salon de musique, le théâtre et le bar à l'anglaise, rendez-vous dans la cave discothèque."

 - 17 chambres

6-8 rue de Kergorlay – 02 33 56 61 06

CANNES

✉ 06400 – Alpes-Maritimes – Carte régionale n° **29**-E2

Légumes locaux et pêche artisanale en haut de l'affiche

On adore Cannes, sa Croisette, son Festival mythique né en 1939, ses stars… et dans l'assiette, ses produits et ses recettes typiquement provençales, qui tiennent le haut de l'affiche ! Huile d'olive, légumes ensoleillés, herbes, pistou, beignets de fleur de courgette, farcis niçois ou encore estouffade sont les blockbusters qui ne quittent jamais les cartes des restaurants, les vitrines des boutiques et les étals des marchés.

Dans le Suquet, le plus vieux quartier de Cannes juché sur un rocher, le marché Forville est une aubaine. Accroché au plafond de l'immense halle couverte, le panneau "pêche locale" mène à une dizaine d'étals en faïence bleue qui ne proposent que la pêche des petits bateaux cannois. Outre ces trésors de la mer, de nombreux agriculteurs viennent vendre au marché leurs fruits et légumes.

✿ LA PALME D'OR 🅽

CUISINE MODERNE • LUXE La table de l'emblématique Hôtel Martinez, olympe feutré des stars pendant le Festival de Cannes, rend un hommage vibrant au 7e art, l'une des passions du chef Jean Imbert. Revêtu de boiseries dignes d'un yacht hollywoodien de la grande époque, le décor déborde d'accessoires et d'affiches de cinéma authentiques. Le menu est rédigé comme un scénario, illustré de storyboards. Sous la houlette du metteur en scène Imbert, le chef op' Christophe Nannoni, pilier des lieux depuis plus d'une décennie, travaille en étroite collaboration avec le chef pâtissier Loïc Voron. La mer et la Provence sont les deux starlettes de cette partition qui se déguste sans ennui, tant s'en faut : gamberoni sauvages du golfe de Gênes, vierge de mangue et kumquat ; saint-pierre grillé et laqué au barbecue, pesto de roquette, cocotte lutée de coquillages et légumes d'ici ; palmier « minute » à la vanille. « Action ! »

❀ ⇔ ⇐ ♿ 🅰🅲 🍴 👜 🅿 – Prix : €€€€

Plan : C2-4 – 73 boulevard de la Croisette – ✆ 04 92 98 74 14 – www.lapalmedor-restaurant.fr – Fermé lundi, dimanche et du mardi au samedi à midi

CANNES

AUX BONS ENFANTS

CUISINE PROVENÇALE • BISTRO Le téléphone est (enfin) arrivé dans cette institution familiale née en 1935 où l'on paye néanmoins toujours en liquide. La quatrième génération continue de concocter une authentique cuisine provençale, ainsi que des plats canailles bien gourmands. Tous les produits, fruits, légumes et poissons de petite pêche, viennent directement du marché Forville situé à 50m. On s'est régalé avec les petits farcis niçois, la daube de joues de bœuf à la niçoise, gnocchis maison et le fameux baba au rhum, crème à la vanille...

AC 🍽 🚭 – Prix : €€

Plan : A1-3 – 80 rue Meynadier – ✆ 07 68 99 17 89 – www.aux-bons-enfants-cannes.com – Fermé lundi, dimanche et jeudi midi

L'AFFABLE

CUISINE TRADITIONNELLE • CONTEMPORAIN Dans le centre de Cannes, ce bistrot contemporain toujours animé dévoile de beaux atouts... au premier rang desquels sa carte bien tournée : beignets de fleurs de courgettes, aïoli de morue, carré d'agneau rôti au thym... et l'incontournable soufflé au Grand Marnier, la spécialité de la maison.

♿ AC – Prix : €€

Plan : B1-2 – 5 rue La Fontaine – ✆ 04 93 68 02 09 – www.restaurant-laffable.fr – Fermé lundi et dimanche

RIVIERA

CUISINE MÉDITERRANÉENNE • HISTORIQUE Le palace mythique de la Croisette, qui a fêté ses 110 ans en 2023, a désormais son restaurant tout de marbre vêtu, précédé d'une superbe terrasse qui donne sur la célèbre esplanade. Dans une salle cossue où le blanc joue avec le noir, où la porcelaine de Gien et les arts de la table à la française brillent de mille feux, on repère aussi la grande table d'hôtes du chef face à cuisine ouverte. Le reste est à l'avenant : cuisine méditerranéenne, produits de belle qualité, locaux et de saison, service digne d'un palace, avec découpe de pièces de viandes et poissons au guéridon. On se régale d'un excellent carré d'agneau des Alpilles aux légumes et son jus, ou d'un étonnant saint-honoré au caramel vanillé et éclats de noix.

≼ ♿ AC 🍽 🥢 – Prix : €€€€

Plan : C2-1 – Carlton Cannes, 58 boulevard de la Croisette – ✆ 04 93 06 46 00 – www.carltoncannes.com/eat-drink/riviera-restaurant

LA TABLE DU CHEF

CUISINE TRADITIONNELLE • BISTRO Ouvert le soir uniquement, ce petit bistrot à deux pas de la rue d'Antibes est une valeur sûre. Dans sa cuisine ouverte, le jeune chef travaille les produits du coin au rythme des saisons pour réaliser des plats subtils et goûteux, comme ce délicieux velouté de carotte infusé à la badiane et sa crevette snackée. Menu "surprise" selon le marché à l'excellent rapport qualité-prix... Pensez à réserver !

AC 🍽 – Prix : €€

Plan : B1-9 – 5 rue Jean-Daumas – ✆ 04 93 68 27 40 – www.latableduchefcannes.com – Fermé lundi, dimanche et du mardi au samedi à midi

TABLE 22 PAR NOËL MANTEL

CUISINE TRADITIONNELLE • CONTEMPORAIN Dans ce quartier très touristique, à deux pas du marché Forville, une équipe sérieuse et passionnée met en avant de bons produits et de jolies saveurs provençales - maquereau à la flamme, tomate cœur de bœuf et moutarde citron vert-gingembre ; saint-pierre, légumes vert et sauce bourride... Gourmandise au menu, de l'entrée au dessert.

🕸 AC 🍽 ⌕ – Prix : €€€

Plan : A1-6 – 22 rue Saint-Antoine – ✆ 04 93 39 13 10 – www.restaurantmantel.com – Fermé lundi, dimanche et du mardi au samedi à midi

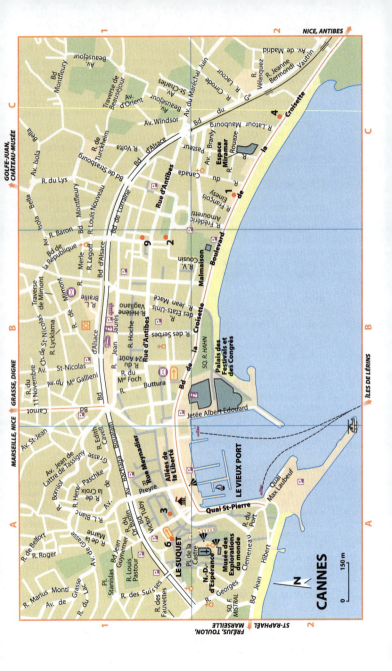

CANISY

🛏 BELLE PLAGE

AVANT-GARDE • RAFFINÉ Ce classique des années 30 a connu une rénovation ambitieuse qui le projette à l'avant-garde, grâce au designer Raphaël Navot et aux architectes FAAR. Les chambres et suites révèlent des lignes accrocheuses, adoucies par des matériaux naturels et des couleurs typiques du sud. Le restaurant propose des saveurs méditerranéennes, tandis que le bar sur le toit sert tout, de l'apéritif au dernier verre, avec une vue spectaculaire sur les montagnes, la mer et la cime des arbres de la place Mistral. Le plus ? Le somptueux spa, qui dispose de son propre restaurant !
🅰🅲 🛀 🏧 🛎 🛗 🍴 - 55 chambres
2 rue Brougham - Square Mistral – 📞 *04 93 06 25 50*

🛏 CARLTON CANNES

CLASSIQUE • ROMANTIQUE Le Carlton est en soi une des curiosités de la Riviera. Partie intégrante de la Croisette, ce vaisseau néoclassique à l'esprit Belle Époque est élu à vie annexe officieuse du palais des festivals par les stars et les têtes couronnées. Après deux ans de travaux, sa façade immaculée, son hall principal, son Grand Salon et ses escaliers monumentaux desservent à nouveau des chambres au confort irréprochable, fidèles à la volonté de son architecte, « le classicisme sans l'académisme, la sobriété sans la sécheresse, l'ordre sans l'ennui ».
🅰🅲 🛀 🅿 🛗 🍴 - 332 chambres
58 boulevard de La Croisette – 📞 *04 93 06 40 06*
Riviera - Voir la sélection des restaurants

🛏 FIVE SEAS   *Plus*

MODERNE • RAFFINÉ À deux pas de la Croisette, cet hôtel, imaginé dans l'ancien bâtiment de la Poste, cultive un charme indéniable : décor soigné, chambres personnalisées sur le thème du voyage, spa, piscine inox sur le toit... Une très agréable villégiature !
🅰🅲 🛀 🅿 🛗 🏊 🏧 🛎 🛗 🍴 - 45 chambres
1 rue Notre-Dame – 📞 *04 63 36 05 05*

🛏 GRAY D'ALBION

CLASSIQUE • RAFFINÉ Entre la Croisette et la rue d'Antibes, cet hôtel est une valeur sûre pour tous ceux - voyageurs d'affaires ou touristes - qui sont en quête d'un haut niveau de confort et de prestations contemporaines. Beau restaurant de plage en saison.
♿ 🅰🅲 🛀 🅿 🛗 🚲 🏧 🛗 🍴 - 199 chambres
38 rue des Serbes – 📞 *04 92 99 79 79*

🛏 LE MAJESTIC   *Plus*

CLASSIQUE • RAFFINÉ Le Majestic est une vedette incontournable du Festival de Cannes, mais diffuse toute l'année la même atmosphère glamour. Les chambres illustrent à merveille le classicisme français, tissus opulents et meubles d'époque compris, et offrent une vue dégagée sur la baie et beaucoup de lumière naturelle. Les services sont à la hauteur de cette réputation, notamment le restaurant, le club de plage privé et le casino.
🅿 🛗 🚲 🏊 🏧 🛎 🛗 🍴 - 349 chambres
10 boulevard de la Croisette – 📞 *04 92 98 77 00*

🛏 MARTINEZ   *Plus*

CLASSIQUE • RAFFINÉ Un véritable monument ! Majestueusement dressée face à la Méditerranée, sa façade Art déco immaculée (1929) porte en elle l'histoire de la villégiature version Côte d'Azur. Des magnifiques chambres et suites azuréennes jusqu'au spa, au dernier étage, confort exquis et prestations haut de gamme cultivent le mythe de la Croisette.
🅰🅲 🛀 🛗 🚲 🏧 🛎 🏧 🛗 🍴 - 410 chambres
73 boulevard de La Croisette – 📞 *04 93 90 12 34*
❀ **La Palme d'Or** - Voir la sélection des restaurants

CANISY

MOB HOTEL CANNES

MODERNE • CONVIVIAL Installé dans une résidence des années 1980 entourée de jardins, le dernier-né du concept MOB dispose, comme ses aînés, de nombreux espaces communs intérieurs et extérieurs, de chambres économiques, d'un restaurant bio et d'un calendrier fourni d'événements culturels. Les chambres sont modernes et lumineuses, simplement équipées de meubles en bois clair et de kitchenettes pratiques. Les plus grandes sont dotées de terrasses privées et d'œuvres d'art originales. Au bord de la piscine encadrée de palmiers, un menu élaboré à partir des produits du potager est servi toute la journée.

- 43 chambres

1 avenue de Lyon – ℰ 04 23 40 07 70

LE CANNET

06110 – Alpes-Maritimes – Carte régionale n° **29**–E2

LA VILLA ARCHANGE

Chef : Bruno Oger

CUISINE MODERNE • ÉLÉGANT Installez-vous dans la petite salle à manger cosy, avec vieux parquet et gros fauteuils, pour déguster la cuisine du chef Bruno Oger : ce Breton d'origine, Méditerranéen d'adoption, déploie ses inspirations iodées entre Bretagne et Côte d'Azur… De beaux ormeaux de l'île de Groix poêlés aux artichauts côtoient un homard breton, avant qu'un citron aux écailles d'agrumes, sorbet à l'orange sanguine et huile d'olive ne ponctuent la symphonie gourmande. À l'intérieur des cuisines, une table d'hôte permet de profiter au plus près de la cérémonie culinaire. Parce qu'il est le chef attitré du Festival de Cannes, Bruno Oger aura vu défiler à sa table les plus grands acteurs : Uma Thurman, Robert De Niro ou Audrey Tautou… De quoi justifier des vocations.

– Prix : €€€€

Rue de l'Ouest – ℰ 04 92 18 18 28 – www.bruno-oger.com – Fermé lundi, dimanche et du mardi au jeudi à midi

BISTROT DES ANGES

CUISINE TRADITIONNELLE • CONTEMPORAIN Dans cette brasserie tenue par l'équipe de la Villa Archange, la déco est moderne, l'ambiance conviviale et les formules ensoleillées ! On se régale d'artichauts mimosa, crème florentine et basilic, d'un beau rognon de veau aux champignons ou encore d'un délicieux dessert qu'on choisit sur le chariot des douceurs… Un ange passe !

– Prix : €€

Rue de l'Ouest – ℰ 04 92 18 18 28 – www.bruno-oger.com – Fermé lundi, dimanche et du mardi au jeudi à midi

KASHIWA

CUISINE JAPONAISE • ORIENTAL Ce petit restaurant nippon (kashiwa signifie feuille de chêne), installé dans un ancien atelier de tapissier, offre une jolie palette de gastronomie japonaise (sushi, sashimi, soba etc.), mais aussi des plats plus travaillés, à l'image de ce thon rouge mi-cuit fondant. Le chef se fournit au marché Forville et auprès de petits pêcheurs, à Cannes. Petite terrasse, et position privilégiée, proche du musée Pierre Bonnard.

– Prix : €€€€

12 boulevard Gambetta – ℰ 07 49 45 58 88 – www.restaurantkashiwa.wixsite. com/kashiwa – Fermé lundi, mardi et du mercredi au dimanche à midi

CAPBRETON

✉ 40130 – Landes – Carte régionale n° **25**–A2

LA CUISINE

CUISINE MODERNE • **CONTEMPORAIN** Au centre du bourg, la cuisine est bel et bien à l'honneur dans ce charmant petit restaurant : le chef, Johann Dubernet – secondé en salle par sa souriante compagne Isabelle – signe des assiettes colorées, parfumées et visuelles aux multiples influences : tempura de cuisses de grenouilles au curry et sauce saté ; saint-pierre, chutney de tomate verte et feuilles de shiso ; brownie, ananas poché au combava et sorbet grenade au piment. Subtilité et gourmandise !

Ⓜ 🌣 – Prix : €€

26 rue du Général-de-Gaulle – ☏ 06 41 75 22 61 – www.restaurantlacuisine.fr – Fermé du lundi au mercredi et dimanche soir

GOUSTUT

CUISINE MODERNE • **TENDANCE** À la recherche d'une bonne table de copains aux saveurs riches et variées ? Servis dans une ambiance décontractée, les menus mezze – multitude de petits plats locaux à partager – sont la grande spécialité de la maison, avec une mise à l'honneur de la pêche de Capbreton et des légumes de la famille Bastelica. À retenir : le très bon pâté en croûte de seiche et foie gras, la raviole frite de merlan bleu et sauce pil-pil et le rouleau croustillant de bonite aux épinards asiatiques et purée de courgette.

⇜ & Ⓜ 🌣 – Prix : €€

Quai de la Pêcherie – ☏ 05 58 42 18 38 – www.goustut.fr – Fermé lundi, dimanche et du mardi au jeudi à midi

LA PETITE TABLE

CUISINE MODERNE • **CONVIVIAL** En terrasse ou en salle, elle est bien chaleureuse et gourmande cette petite table en bordure du port de Capbreton. Des assiettes généreuses et colorées, relevées d'agrumes et d'épices, qui vont à l'essentiel en mettant en valeur notamment des poissons de pêche locale, l'agneau des Pyrénées ou encore les légumes d'un maraîcher de Tosse. Ne passez pas à côté de la tarte au chocolat, c'est une merveille !

🌣 – Prix : €€

7 quai de la Pêcherie – ☏ 05 58 72 36 72 – www.lapetitetablecapbreton.fr – Fermé lundi, mardi, du mercredi au vendredi à midi, et dimanche soir

CARANTEC

✉ 29660 – Finistère – Carte régionale n° **1**–B1

❀ ## NICOLAS CARRO - HÔTEL DE CARANTEC

Chef : Nicolas Carro

CUISINE MODERNE • **CONTEMPORAIN** Après une expérience réussie à La Table d'Olivier Nasti, à Kaysersberg, Nicolas Carro, originaire de Loudéac, avait décidé de revenir dans sa région natale. Il a repris cette maison iconique du Finistère, ancien fief du chef Patrick Jeffroy. C'est en admirant la vue magnifique sur la baie de Morlaix que les convives apprécient à sa juste valeur la qualité du travail en cuisine. La partition gourmande célèbre les produits locaux, marins (crustacés et poissons de petite pêche) ou terrestres (légumes et viandes comme la pintade et l'agneau des Monts d'Arrée). Finesse et délicatesse, jeux de textures agréables, cuissons et assaisonnements rigoureux... Cette cuisine talentueuse emporte la mise sans difficulté.

⇌ ⇜ 🛏 🅿 – Prix : €€€€

20 rue du Kelenn – ☏ 02 98 67 00 47 – www.hotel-carantec.fr

CARCASSONNE

✉ 11000 – Aude –
Carte régionale n° **27**-B2

Au confluent de trois pays gourmands, la Cité régale

Avec sa double enceinte fortifiée surplombant la plaine viticole et, plus loin, les contreforts des Corbières, la cité de Carcassonne suscite un émerveillement sans égal. Tous ceux qui ont arpenté ses ruelles s'en souviennent encore. Tant pis pour les détracteurs de Viollet-le-Duc, qui pensent qu'il n'a pas été fidèle à l'histoire lorsqu'il en a supervisé la restauration ! Autour d'elle prospère un pays de Cocagne à cheval des mondes : sous un soleil généreux, les fruits et légumes de l'Aude profonde côtoient les poissons de la Méditerranée, les fromages et les gibiers de la Montagne Noire s'encanaillent avec ceux des Pyrénées... Quant aux œnophiles, en herbe ou aguerris, ils trouvent ici leur bonheur grâce aux vignobles des Corbières, du Minervois ou de Limoux.

❀❀ LA TABLE DE FRANCK PUTELAT

Chef : Franck Putelat

CUISINE MODERNE • CONTEMPORAIN La Cité médiévale fait partie du patrimoine immémorial de Carcassonne et sa région... et l'on pourrait presque en dire autant de Franck Putelat. Installé au pied des remparts de ladite cité, ce natif du Jura, Audois d'adoption, cuisine les produits de son grand potager (un hectare) selon le concept de classique-fiction qu'il a lui-même théorisé. Traduction dans l'assiette : un détournement astucieux des anciens tubes gastronomiques, que le chef emmène ailleurs au gré de son inspiration du jour. Trois exemples, devenus des incontournables : parmentier au biju de Méditerranée, cassoulet au suprême de pigeonneau et saucisse de cuisse, ou encore bouillabaisse au foie gras de canard. Des visuels appétissants, du goût et de la finesse : on se délecte dans une ambiance animée, parmi une clientèle très diverse. Au dessert, le pâtissier Alexis Pocinho cisèle une partition sucrée particulièrement équilibrée. 7 chambres sont disponibles pour l'étape.

₰ ⇆ & 🅰🅺 🍴 🅿 – Prix : €€€€

Hors plan – *80 chemin des Anglais, au Sud de la Cité* – ✆ *04 68 71 80 80* – *www.franckputelat.com* – *Fermé lundi et dimanche*

CARCASSONNE

LA BARBACANE

CUISINE CLASSIQUE • HISTORIQUE Au sein de la Cité de Carcassonne, l'Hôtel de la Cité est un superbe exemple d'édifice néogothique, bâti en 1909 sur le site de l'ancien palais épiscopal, avec de merveilleux jardins qui regardent les remparts. À l'intérieur, les vitraux, les armoiries et autres boiseries délivrent une ambiance digne de Viollet-le-Duc ! Basée sur des produits de qualité, notamment les poissons et crustacés de la Méditerranée toute proche, ainsi que les gibiers et les champignons automnaux, la cuisine met le terroir régional à l'honneur, dans un style classique revisité.

🛋 🅰🅲 🅿 – Prix : €€€

Plan : A2-3 – *Place Auguste-Pierre-Pont* – ℰ *04 68 71 98 71* – *www.restaurant-labarbacane.com*

BRASSERIE À 4 TEMPS

CUISINE TRADITIONNELLE • BRASSERIE Une brasserie moderne, complétée d'une terrasse ombragée, où l'on profite de classiques revisités par l'ancien second de Franck Putelat. Œuf mimosa et poireau vinaigrette, tartare de bœuf, ou encore le cassoulet… à la gourmandise avérée. Pensez à réserver, c'est souvent complet.

♿ 🅰🅲 🛋 – Prix : €€

Hors plan – *2 boulevard Barbès* – ℰ *04 68 11 44 44* – *www.brasserie4temps.com*

COMTE ROGER

CUISINE TRADITIONNELLE • CONTEMPORAIN Un décor tout en épure contemporaine pour cette table située en plein cœur de la cité médiévale, dotée d'un joli patio-terrasse empreint de fraîcheur… ce Comte Roger sait recevoir ! Le cassoulet (la spécialité maison) est bien entendu mis à l'honneur, tout comme les produits de saison et régionaux (asperge et agneau de pays, lentilles du Lauragais, volaille de Belpech…) travaillés avec justesse.

🛋 – Prix : €€

Plan : A2-4 – *14 rue Saint-Louis* – ℰ *04 68 11 93 40* – *www.comteroger.com* – *Fermé lundi et dimanche*

DOMAINE D'AURIAC

CUISINE CLASSIQUE • CLASSIQUE Sur les hauteurs de Carcassonne, cette maison bourgeoise du 19e s. pétrie d'histoire offre un cadre éminemment bourgeois : un décor qui sert à merveille une assiette tout en classicisme, relevée d'une pointe de modernité. Quand le temps le permet, on s'installe sur la terrasse ouvrant sur le parc. Plaisirs intemporels…

🦢 🛋 🅰🅲 🛋 ⇆ 🅿 – Prix : €€€

Hors plan – *2535 route de Saint-Hilaire* – ℰ *04 68 25 72 22* – *www.domaine-d-auriac.fr* – *Fermé lundi, mardi, mercredi midi et dimanche soir*

LA TABLE D'ALAÏS

CUISINE MODERNE • CONTEMPORAIN Au cœur de la cité, votre meilleur allié contre les pièges à touristes. On découvre à l'étage de sobres salles à manger s'ouvrant sur un patio-terrasse où l'on s'attable aux beaux jours. Tradition et modernité se côtoient à la carte : œuf cuit à 64°, truffe et champignons de Paris ; cassoulet aux haricots de Castelnaudary et confit de canard ; pavlova aux fruits de saison et crème mascarpone vanillée…

🅰🅲 🛋 – Prix : €€

Plan : B2-5 – *32 rue du Plô* – ℰ *04 68 71 60 63* – *www.latabledalais.fr/fr/accueil-restaurant* – *Fermé mercredi*

CARCASSONNE
La Cité

🛏️ **BLOC G**

CONTEMPORAIN • ÉLÉGANT À la création ce petit hôtel, les trois sœurs Gallinier, qui ont apposé leur initiale au fronton et leur patte décorative, pour un résultat radicalement contemporain. La bâtisse, en plein quartier historique, rassemble cinq chambres, un appartement, un restaurant et un bar à vin. Si à l'extérieur on croirait entendre le trot des chevaliers, à l'intérieur, c'est une toute autre époque : intérieurs dépouillés, presque monochromes, réduits au minimum pour ne pas faire d'ombre aux vieilles pierres de la cité. Pour un peu plus de caractère, optez pour l'appartement.

AC P ⑪○ - 6 chambres

112 rue Barbacane – 𝄐 *04 68 47 58 20*

CARCASSONNE

 DOMAINE D'AURIAC

BOURGEOIS • FAMILIAL Un grand parc arboré, un golf 18 trous et cette très belle maison de maître du 19e s. en pierre blonde. Toutes différentes et confortables, les chambres jouent la carte du classicisme bourgeois ou de la simplicité méridionale... Certaines, très spacieuses, sont idéales pour les familles.

AC - 21 chambres
Route de Saint-Hilaire – 04 68 25 72 22
Domaine d'Auriac - Voir la sélection des restaurants

 HÔTEL DE LA CITÉ CARCASSONNE

CLASSIQUE • RAFFINÉ Au cœur de la vieille ville, les chambres et suites de cet hôtel offrent tout le confort actuel dans un cadre historique. Dominant la vallée du Lauragais et les remparts, elles sont toutes luxueuses, calmes et agréables, bénéficiant d'une décoration personnalisée. Deux restaurants et une brasserie sont installés dans les pièces de réception de l'ancien évêché.

AC - 61 chambres
Place Auguste Pierre Pont – 04 68 71 98 71
La Barbacane- Voir la sélection des restaurants

 HÔTEL DU CHÂTEAU

MODERNE • RAFFINÉ Ce nom très discret cache un petit hôtel de prestige à l'atmosphère princière, situé littéralement dans l'ombre de la cité fortifiée de Carcassonne. Il s'agit d'un établissement familial de 17 chambres seulement, mais toutes sont aussi spectaculaires que luxueuses, et le spa est inoubliable. Le bar propose des repas légers sur la terrasse face à la Citadelle.

AC P - 17 chambres
2 rue Camille Saint-Saëns – 04 68 11 38 38

 HÔTEL LE PARC

CONTEMPORAIN • CHALEUREUX Cet hôtel de charme complète l'offre de Franck Putelat. Les chambres et suites sont calmes et raffinées, dotées d'un éclairage sophistiqué et d'un décor moderne-primitif – tapis en peau d'ours, chaises sculptées, objets design inspirés par la nature. Chacune bénéficie d'une grande terrasse privée ouverte sur les remparts de Carcassonne, et plusieurs suites proposent un jacuzzi privé intérieur ou extérieur. Petit déjeuner copieux, dans la salle de restaurant ou sur la terrasse.

& AC P - 7 chambres
80 chemin des Anglais – 04 68 71 80 80
❀❀ **La Table de Franck Putelat** - Voir la sélection des restaurants

CARHAIX-PLOUGUER

✉ 29270 – Finistère – Carte régionale n° **1**–B2

 ERASMO

CUISINE MODERNE • CONTEMPORAIN Le chef vénitien Matteo Vianello (passé chez Alain Ducasse et Jean-François Piège, puis chez Mensae et Sellae en tant que chef) s'est rapproché de la mer en plantant ses couteaux dans le Finistère. Dans son petit bistrot contemporain dédié à l'île de San Erasmo (où pousse le fameux artichaut violet), il n'a rien perdu de sa faconde gourmande : sa cuisine alléchante mélange avec efficacité les répertoires breton et transalpin, revisitant les classiques, à l'image de ses ravioles d'escargots, bouillon d'ail doux et sarrasin torréfié ou de son tiramisu.

& AC – Prix : €€
4 rue du Général-Lambert – 09 73 89 46 47 – www.restaurant-erasmo.fr –
Fermé lundi et dimanche

CARMAUX

✉ 81400 – Tarn – Carte régionale n° **27**–B1

INICIO ⓝ

CUISINE MODERNE • ÉLÉGANT Dans la patrie de Jean Jaurès, cette ancienne maison de la mine est, sans surprise, une imposante bâtisse dont la salle à manger bourgeoise – parquet à chevrons, moulures et cheminée en marbre – fait salle comble (une semaine de délai pour avoir une table). La cheffe mexicaine Yazmine Geze a trouvé une martingale gourmande pour séduire les palais des Carmausins et des Carmausines. Soit une cuisine méditerranéenne émaillée de quelques touches mexicaines comme les toastaditas végétariennes et la pièce de bœuf grillée à la flamme. Petit menu joliment troussé à base de produits frais de la région au déjeuner, et le soir, une carte plus élaborée.

&. 🏠 💠 – Prix : €€

32 avenue Bouloc-Torcatis – ℰ 07 55 67 94 85 – Fermé lundi et mardi, et mercredi et dimanche soir

CARNAC

✉ 56340 – Morbihan – Carte régionale n° **1**–C3

✿ CÔTÉ CUISINE

Chef : Stéphane et Laëtitia Cosnier

CUISINE MODERNE • CONTEMPORAIN Entre bourg et plage, cet hôtel restaurant est emmené avec un panache gastronomique certain par des professionnels passionnés. Côté déco, la grande salle contemporaine joue l'épure avec son sol en béton ciré, ses cuisines à moitié ouvertes et ses étagères remplies de livres de cuisine. Formés notamment au Bristol et chez Taillevent, nos deux complices réalisent une partition subtile et savoureuse, qui met en valeur des produits régionaux impeccables de la plus belle des manières - à un tarif très attractif. On s'en régale au coin de la cheminée, en hiver, ou sur l'agréable terrasse aux beaux jours.

⇔ &. 🏠 💠 🅿 – Prix : €€€

36 avenue Zacharie-Le-Rouzic – ℰ 02 97 57 50 35 – www.lannroz.fr/fr/hotel-restaurant-carnac-morbihan – Fermé mardi et mercredi

LE CAIRN - HÔTEL LE CELTIQUE

CUISINE ACTUELLE • ÉLÉGANT Au cœur de Carnac-Plage et à quelques encablures du sable fin et de la mer trône l'Hôtel Le Celtique, magnifié par une décoration très réussie dans un esprit Art déco. La carte marie avec bonheur tendances actuelles et bases traditionnelles, mâtinées de quelques épices exotiques comme sur ce homard à l'ajo blanco, courge et baies de goji...

&. 🆎 🏠 💠 – Prix : €€

82 avenue des Druides – ℰ 02 97 52 14 15 – www.restaurant-lecairn.com – Fermé lundi, du mardi au samedi à midi, et dimanche soir

LA CALYPSO

POISSONS ET FRUITS DE MER • CONVIVIAL Les habitués ne s'y trompent pas : dans ce charmant bistrot marin, poissons, coquillages et crustacés sont d'une grande fraîcheur. Dans l'une des salles, dont le décor est à l'unisson, on fait même griller les mets dans la cheminée. Face au parc à huîtres, une adresse authentique à souhait !

&. – Prix : €€€

158 rue du Pô – ℰ 02 97 52 06 14 – www.calypso-carnac.com – Fermé lundi et dimanche soir

CARNAC

ITSASOA

CUISINE CRÉATIVE • CONTEMPORAIN Bienvenue au Pays basque, pardon, à Carnac en Bretagne ! Breton élevé dans les Pyrénées-Atlantiques, Erwann Le Pogam, ancien chef machiniste dans le cinéma, s'est reconverti dans la cuisine. Grand bien lui en a pris ! En toute liberté, sans œillères, il n'a qu'un objectif : faire bon, frais et sincère – en respectant le produit, le producteur et le client ! Quelques exemples piochés dans les menus du moment (qui changent fréquemment au gré des arrivages) : queue de lotte, fleur de courgette en tempura, émulsion pimenton ; porc fermier, mousseline de petit pois et sauce xipister.

Prix : €€

1 rue Ker Anna – ✆ 02 97 52 17 72 – www.itsasoa-restaurant.fr – Fermé mercredi et jeudi

CAROMB

✉ 84330 – Vaucluse – Carte régionale n° **28**–E1

LE 6 À TABLE

CUISINE MODERNE • CONTEMPORAIN Dans ce village paisible, une placette qui coule des jours heureux dans l'ombre de l'église : digne d'une carte postale de jadis ! Le chef travaille un maximum de produits locaux : truite, fraises, figues, fromages, légumes... Une cuisine de saison à déguster sur la terrasse ou dans une agréable véranda.

🕭 🆎 🍽 ⛨ – Prix : €€

6 place Nationale – ✆ 04 90 62 37 91 – www.pascal-poulain.com – Fermé lundi et dimanche

CARQUEFOU

✉ 44470 – Loire-Atlantique – Carte régionale n° **9**–B3

AUBERGE DU VIEUX GACHET

CUISINE MODERNE • CONVIVIAL Ici, la vaste terrasse, qui offre une vue sur le charmant château de La Gacherie, semble flotter juste au-dessus de l'Erdre. Tout autour, la nature a été préservée pour offrir ce havre de repos et de fraîcheur. Pas de panique : en cas de mauvais temps, la salle, totalement vitrée, procure la même vue apaisante sur les flots. Tout comme cette belle cuisine proposée par le chef propriétaire Walter Lescot qui travaille avec soin des produits qu'il aime : gravlax de saumon à la scandinave, crème citronnée ; dos de cabillaud, risotto de céleri au chorizo et sauce piquillos. La tartelette aux agrumes et sorbet citron vert est légère, savoureuse et fruitée, c'est parfait pour clore le repas ! La carte des vins flirte avec 350 références, l'atout charme.

🐾 ⪕ 🕭 🆎 🍽 ⛨ 🅿 – Prix : €€

Le Vieux Gachet, au bord de l'Erdre – ✆ 02 40 25 10 92 – www.aubergeduvieuxgachet.com – Fermé lundi et dimanche

LA TABLE DU MARQUIS AU CHÂTEAU DE MAUBREUIL

CUISINE ACTUELLE • ÉLÉGANT Les superlatifs manquent pour décrire la longue histoire de ce château romantique édifié au 19e s. Entouré d'un parc émaillé d'œuvres d'art, il dévoile un intérieur somptueux (miroirs immenses, cheminée sculptée, parquet ancien, mobilier d'esprit Napoléon III). Ne reste plus qu'à profiter d'une cuisine dans l'air du temps, plutôt bien réalisée.

⪕ 🖂 ⪕ 🆎 🍽 ⛨ 🅿 – Prix : €€€

Allée de Maubreuil – ✆ 02 21 70 03 70 – www.chateaudemaubreuil.com

CARQUEFOU

 CHÂTEAU DE MAUBREUIL

CLASSIQUE · ÉLÉGANT Il est difficile d'imaginer un hôtel de campagne français plus parfait que celui-ci, à la périphérie de Nantes. Le château du 19e s. et son parc semblent perdus dans le temps, mais les somptueuses chambres et suites sont élégantes, d'un éclectisme de bon ton, toutes différentes et rendant hommage à des lieux éloignés, de Venise au Rajasthan. L'hôtel dispose d'un spa ainsi que du trio Pilates-sophrologie-sylvothérapie.

P 🛏 🏊 ♨ 🐾 🍴 - 14 chambres
Allée de Maubreuil – ✆ 02 21 70 03 70
La Table du Marquis au Château de Maubreuil - Voir la sélection des restaurants

LES CARROZ-D'ARÂCHES

✉ 74300 – Haute-Savoie – Carte régionale n° **21**–D1

LES SERVAGES

CUISINE MODERNE · MONTAGNARD Ce beau chalet sur les hauteurs de la station abrite un restaurant d'esprit montagnard chic. Le chef réalise une cuisine actuelle, soignée et généreuse, avec des produits de belle qualité : poissons frais, crustacés, bœuf Angus, cochon de l'Aveyron... La carte évolue régulièrement ; agréable terrasse.

⇐ 🛏 & 🌿 P – Prix : €€€
841 route des Servages – ✆ 04 50 90 01 62 – www.servages.com – Fermé lundi

 HÔTEL LES SERVAGES D'ARMELLE

TRADITIONNEL · CHARME Sur les hauteurs de la station, ce superbe chalet ancien a été transformé en un hôtel de grand charme. Une dizaine de chambres et de suites spacieuses, toutes en matériaux de prestige : vieux planchers, poutres, meubles polis par les ans... et vraies cheminées !

P 🐾 🛏 🍴 - 10 chambres
841 route des Servages – ✆ 04 50 90 01 62
Les Servages - Voir la sélection des restaurants

CARRY-LE-ROUET

✉ 13620 – Bouches-du-Rhône – Carte régionale n° **28**–C3

L'OURSIN 🅝

CUISINE MODERNE · CONTEMPORAIN Ouverte au sein d'un hôtel qui domine le port de Carry-le-Rouet, cette table gastronomique jouit d'un panorama imprenable sur la mer et les îles du Frioul. Derrière un joli bar en pierre de lave émaillée, on jette l'ancre dans un décor marin blanc et bleu au sol en marbre. Aux fourneaux, le chef Ilane Tinchant affiche un pedigree sérieux, avec des postes occupés précédemment à la Villa Madie ou chez Sylvestre Wahid. La Méditerranée est soigneusement mise en scène : d'abord avec des produits de saison, du pain local, de l'huile d'olive des Baux-de-Provence, mais surtout avec un menu très iodé où toutes les espèces marines sont mises à contribution. Le plat signature du chef, la seiche en texture, confite dans son encre, tempura et nuage d'ail, en témoigne. Une table avec les yeux sur la mer, en terrasse comme dans l'assiette.

⇐ & 🅰🅚 🌿 P – Prix : €€€€
Hôtel Bleu, 1 boulevard des Moulins – ✆ 04 51 68 00 00 – www.hotelbleucarry. com/fr/restaurant-et-bar.html – Fermé lundi, dimanche et du mardi au jeudi à midi

CARSAC-AILLAC

✉ 24200 – Dordogne – Carte régionale n° **18**–D3

😊 Ô MOULIN

CUISINE MODERNE • **COSY** Ce couple de professionnels a transformé ce charmant moulin périgourdin – une scierie à eau précisément – en paisible restaurant campagnard. Le ruisseau qui alimente le mécanisme est visible sous le restaurant au travers du sol en partie vitré. Le chef fignole une cuisine gourmande, bien dans son époque, à l'image de ce filet de bœuf limousin rôti, nappé d'un bon jus de viande au vin rouge, et escorté de pommes de terre de Noirmoutier. Belle terrasse ombragée et service prévenant assuré par madame.

♿ 🌿 **P** – Prix : €€

1 place Martin-Dolt – ☎ 05 53 30 13 55 – www.latabledumoulin.com –
Fermé mardi et mercredi, et dimanche soir

CARSPACH

✉ 68130 – Haut-Rhin – Carte régionale n° **8**–A3

AUBERGE SUNDGOVIENNE

CUISINE MODERNE • **ÉLÉGANT** Ce restaurant d'hôtel est très sympathique : tout y est avenant, contemporain et cosy, et l'on y apprécie une bonne cuisine d'aujourd'hui, concoctée par un chef soucieux de bien faire (émietté de crabe à l'avocat et pamplemousse, poêlée de noix de Saint-Jacques et mousseline de patate douce à l'orange). Belle carte de vins et chambres bien tenues pour l'étape.

🐾 🛏 ♿ 🆎 🌿 🛋 **P** – Prix : €€

1 route de Belfort – ☎ 03 89 40 97 18 – www.auberge-sundgovienne.fr –
Fermé lundi et mardi, et dimanche soir

CASSEL

✉ 59670 – Nord – Carte régionale n° **4**–B2

✿ HAUT BONHEUR DE LA TABLE

Chef : Eugène Hobraiche

CUISINE MODERNE • **INTIME** Au cœur des Flandres, entre Steenvoorde et Saint-Omer, Cassel est un pimpant village de briques. À petit village, petit restaurant : celui-ci offre une vingtaine de couverts dans une belle demeure du 18e s. Mais ses propriétaires affichent une grande passion pour la belle gastronomie. Artisan soigneux, Eugène Hobraiche concocte une cuisine bien dans l'air du temps, en osmose avec les saisons et nourrie de fruits et des légumes locaux ainsi que des poissons de la criée de Dunkerque : turbot sauvage grillé, artichaut salicorne, jus de coriandre ; thon grillé, eau de tomate, sorbet tomate verte... Pour prolonger le séjour, 5 chambres d'hôtes sont à deux pas, aussi soignées et accueillantes.

🍴 🌿 – Prix : €€

18 Grand'Place – ☎ 03 28 40 51 03 – www.hautbonheurdelatable.com –
Fermé mardi et mercredi, et lundi et dimanche soir

FENÊTRE SUR COUR

CUISINE MODERNE • **COSY** Saint-Jacques snackées, butternut et écume de lard ; filet de bœuf légèrement fumé, panais et échalotes confites ; filets de sole, shimeji blanc et beurre fumé... Aux fourneaux, Jean-Luc Paulhan réalise une partition bien rodée, pour une cuisine soignée et gourmande, pleine de saveurs au goût du jour. La salle en mezzanine sur l'arrière (et sa fenêtre sur cour) sert de terrasse à la belle saison.

♿ 🌿 – Prix : €€

5 rue du Maréchal-Foch – ☎ 03 28 42 03 19 – www.restaurant-fenetresurcour.com – Fermé mercredi, et lundi, mardi, jeudi et dimanche soir

CASSIS

✉ 13260 – Bouches-du-Rhône – Carte régionale n° **28**–D3

✿✿✿ LA VILLA MADIE

Chef : Dimitri Droisneau

CUISINE CRÉATIVE • CONTEMPORAIN Lovée dans l'anse Corton, une crique naturelle et sauvage face au Cap Canaille, La Villa Madie, belle bâtisse contemporaine, occupe avec sa terrasse un site de rêve au-dessus des flots bleus de la Méditerranée. Normand devenu amoureux transi de la Provence, Dimitri Droisneau en tire toute son inspiration. De plat en plat, celle-ci court, légère, subtile, savoureuse, fraîche et aromatique, percutante quand il le faut, toujours surprenante et renouvelée. Toute la magie du Sud – ses produits marins aussi bien que terrestres – est apprivoisée au sommet dans cette cuisine. Ainsi en est-il d'un très grand plat comme la crevette carabineros et sa tartelette aux fruits rouges, où l'association iodée et saline du crustacé avec les fruits relève de l'harmonie céleste. Côté vin, un sommelier charismatique rivalise de propositions intelligentes.

🕸 🝐 🛬🦽♿🅰🅲🖐️☂️🚬🅿 – Prix : €€€€

Avenue de Revestel – 📞 04 96 18 00 00 – www.lavillamadie.com – Fermé du lundi au mercredi

---

LES BELLES CANAILLES

CUISINE MÉDITERRANÉENNE • ÉLÉGANT Tout simplement sublime est la vue depuis la terrasse de ce restaurant d'hôtel luxueux qui fait face au Cap Canaille. Le chef propose une cuisine d'inspiration méditerranéenne dominée par le poisson, mais où l'on retrouve aussi de l'agneau des Alpilles et de jolis légumes de saison. On accompagne le tout d'un vin de Cassis ou de Bandol, évidemment. Idéal face au coucher de soleil...

🝐♿🅰🅲🖐️🚬 – Prix : €€€€

Les Roches Blanches, 9 avenue des Calanques – 📞 04 42 01 01 05 – www.roches-blanches-cassis.com/les-restaurants – Fermé du lundi au samedi à midi

---

LA BRASSERIE DU CORTON

CUISINE MODERNE • ÉPURÉ L'espace brasserie de la Villa Madie joue toujours la carte de la simplicité, avec des produits du marché et de séduisantes associations terre et mer. Les menus sont différents midi et soir, renouvelés chaque semaine, à moindre prix que celui de la maison mère mais pas moins savoureux pour autant (tartare de bœuf aux huîtres de Tamaris, véritable "sôcisse" de Marseille au fenouil, tarte au citron Madie...). Aux beaux jours, on profite de la terrasse offrant un point de vue splendide face à la jolie crique.

🕸 🝐🛬♿🅰🅲🖐️🅿 – Prix : €€€

Avenue du Revestel – 📞 04 96 18 00 00 – www.lavillamadie.com/la-brasserie-du-corton – Fermé du lundi au mercredi

---

🛏️ ### LES ROCHES BLANCHES

CLASSIQUE • ÉLÉGANT Cette magnifique bâtisse de 1878 devenue hôtel en 1920 et accrochée aux rochers de Cassis, se mire et s'admire dans la mer. Chambres spacieuses, matériaux nobles : l'âme des années 1930 et l'horizon comme unique infini. Sans doute le plus bel hôtel de front de mer des environs.

♿🅰🅲🚬🍽️🛬🛎️📶♨️💆🏊🖐️ – 45 chambres

9 avenue des Calanques – 📞 04 42 01 09 30

Les Belles Canailles - Voir la sélection des restaurants

CASTANET-TOLOSAN
✉ 31320 – Haute-Garonne – Carte régionale n° **26**–C2

LA TABLE DES MERVILLE
CUISINE MODERNE • ÉLÉGANT Une extension tout en verre sur une jolie place avec terrasse, des cuisines ouvertes sur la salle donnant l'impression que le chef travaille parmi les clients : Claudie et Thierry Merville ont su créer un lieu original pour déguster des assiettes soignées et contemporaines.
& AC 🍽 ⇔ – Prix : €€€

3 place Pierre-Richard – ☏ 05 62 71 24 25 – www.table-des-merville.com – Fermé lundi et dimanche

CASTECULIER
✉ 47240 – Lot-et-Garonne – Carte régionale n° **22**–D3

LE ROUERGAT
CUISINE MODERNE • CONVIVIAL Dans ce bistrot contemporain, c'est bistronomie le midi et gastronomie le soir ! Le chef aveyronnais au métier solide et à la passion contagieuse travaille les produits locaux de saison – ponctués de quelques souvenirs de voyages. Ce midi : terrine de foie gras de canard, chutney d'ananas et gingembre puis pintade rôtie, crème de petit pois, samoussa aux pleurotes. Ambiance conviviale.
& AC 🍽 P – Prix : €€

4 place de la Mairie – ☏ 05 53 87 80 45 – www.lerouergat.fr – Fermé samedi et dimanche, et lundi et mardi soir

CASTELJALOUX
✉ 47700 – Lot-et-Garonne – Carte régionale n° **22**–C2

LA VIEILLE AUBERGE
CUISINE MODERNE • CONTEMPORAIN Belle hauteur sous plafond, charpente cathédrale, grandes baies vitrées façon orangeraie donnant sur un agréable jardin : voici le superbe écrin de cette maison bien connue dans les parages. Matthijs Bartman délivre ici une cuisine gourmande et actuelle, à l'image de ce pastrami de bœuf bazadais, betterave fumée et myrtilles ; ou bien plus classique, comme cette religieuse avec crème diplomate tonka, caramel yuzu et sorbet mangue... Des recettes revisitées juste ce qu'il faut, déclinées principalement dans deux menus au bon rapport qualité-prix. Service enthousiaste et charmant.
& AC 🍽 P – Prix : €€

13 avenue du 8-Mai-1945 – ☏ 05 53 93 01 36 – www.clos-castel.fr/le-restaurant – Fermé dimanche soir

LE CASTELLET

✉ 83330 – Var – Carte régionale n° **29**–A2

✿✿✿ LA TABLE DU CASTELLET

CUISINE CRÉATIVE • LUXE Les murs de ce resort de luxe bien connu cachent une certaine définition de la félicité à la provençale. Un parc dominant l'arrière-pays varois, la Méditerranée à l'horizon, des bassins, des parterres de lavande... et une superbe cuisine méridionale. Ancien second de Christophe Bacquié, Fabien Ferré réalise un coup de maître. Sa sensibilité aux produits méditerranéens est celle d'un artiste, et rappelle un Matisse qui aurait succombé à ia lumière de la Provence. Il réalise une partition végétale et marine de haut vol, à l'image de cette crevette carabineros au citron Meyer et velours coraillé, ou de cet encornet à la marjolaine. Ses assiettes épurées et totalement maîtrisées subliment le goût naturel des produits, à grand renfort de sauces d'une profondeur mémorable, comme cette vinaigrette parfumée à l'aloe vera qui accompagne le filet de maquereau. La cave à fromages vaut presque le voyage à elle seule. Très belle sélection de vins, superbe terrasse pour l'apéritif et le café.

🕸 ↩ 🖨 ♿ 🆎 🅿 – Prix : €€€€

3001 route des Hauts-du-Camp, au Circuit Paul Ricard – ✆ 04 94 98 37 77 – www.hotelducastellet.net/fr/restaurants/restaurant-gastronomique – Fermé lundi, mardi et du mercredi au vendredi à midi

LE SAN FELICE

CUISINE MODERNE • BISTRO La San Felice n'est pas qu'un roman de Dumas, c'est aussi – au sein de l'hôtel du Castellet – un bistrot chic et inventif ! La carte est volontairement courte, bien de saison, avec un concept sympa de viandes maturées et poissons cuits à la braise. Quant à la terrasse, le long de la piscine, elle offre une vue imprenable sur le golf et la verdure... Laissez-vous tenter par le menu gourmand du midi servi du lundi au samedi, un régal.

↩ 🖨 ♿ 🆎 🛋 🅿 – Prix : €€€

3001 route des Hauts-du-Camp, au Circuit Paul Ricard – ✆ 04 94 98 37 77 – www.hotelducastellet.net – Fermé mardi et mercredi, et lundi, jeudi, vendredi, samedi et dimanche soir

🛏 HÔTEL DU CASTELLET   *Plus*

CLASSIQUE • ROMANTIQUE Douze hectares de pinède dominant l'arrière-pays varois, avec la Méditerranée à l'horizon. Si tous les paradis sont perdus, l'hôtel du Castellet en a conservé le goût : coursives, bassins, parterres de lavande... et un spa de 700m². Les chambres et suites marient les styles classique et contemporain ponctués de couleurs provençales traditionnelles. Même les plus modestes sont spacieuses et luxueuses ! Félicité à la provençale...

♿ 🆎 🅿 🛋 🚗 🛁 🖨 🚲 ⛳ 🏊 🏋 💆 🧖 ⑩ - 42 chambres

3001 route des Hauts-du-Camp , au Circuit Paul Ricard – ✆ 04 94 98 37 77

✿✿✿ **La Table du Castellet • Le San Felice** - Voir la sélection des restaurants

CASTELMORON-SUR-LOT

✉ 47260 – Lot-et-Garonne – Carte régionale n° **22**–C2

L'HERBORISTE 🅝

CUISINE MODERNE • BOURGEOIS Dans ce petit village bordé par le Lot, une belle et imposante maison de maître sert de cadre à cette table emmenée par un ancien sous-chef du restaurant Le 1862 – Les Glycines et sa compagne. En toute intimité avec une douzaine de couverts à peine, le décor mêle habilement l'histoire du lieu (cheminée d'époque, marbre) et le contemporain. Dans l'assiette minutieusement dressée, un plat harmonieux, souvent accompagné de garnitures satellites comme cette canette aux fruits noirs, déclinaison de betteraves et cylindres de polenta... Cette partition moderne est aussi bien ancrée dans les produits locaux de saison. Dans ce pays de cocagne, c'est le choix du roi.

Prix : €€

1 avenue de Comarque - ✆ 09 84 15 42 50 - www.restaurant-lherboriste.com - Fermé du lundi au mercredi, samedi midi et dimanche soir

CASTELNAU-DE-LÉVIS

✉ 81150 - Tarn - Carte régionale n° **27**-B1

LA TAVERNE BESSON

CUISINE CLASSIQUE • TRADITIONNEL Amis gourmets, ne vous attendez pas à trouver ici une taverne comme dans les contes de Grimm mais plutôt une généreuse cuisine de tradition bien tournée (et un sympathique chariot de desserts), servie dans un cadre lumineux, ou sur la terrasse ouverte sur la campagne. On peut également réserver l'une des chambres.

♿ A/C - Prix : €€

Rue Aubijoux - ✆ 05 63 60 90 16 - www.tavernebesson.com - Fermé lundi, mardi midi et dimanche soir

CASTELNAU-DE-MONTMIRAL

✉ 81140 - Tarn - Carte régionale n° **27**-A1

L'AUBERGE DES ARCADES N

CUISINE TRADITIONNELLE • BRASSERIE Déjà chef de Vigne en Foule à Gaillac, Julien Bourdariès vient d'ouvrir une table dans une ravissante maison en briques et colombages sur l'emblématique place des Arcades de ce village médiéval. Au déjeuner, cette auberge animée (ouverte du matin au soir) propose un épatant menu à prix plancher, une carte d'entrées à partager (charcuterie tarnaise, croquettes de pieds de cochon...) ainsi que des plats cuits au four à braises : cuisse de canard confite ou filet de veau. Vins régionaux bien sélectionnés.

♿ - Prix : €€

Place des Arcades - ✆ 05 63 42 08 35 - www.lesarcades.net - Fermé , lundi, mardi et dimanche soir

CASTELNAU-LE-LEZ

✉ 34170 - Hérault - Carte régionale n° **27**-D1

MARCELLE - DOMAINE DE VERCHANT

CUISINE MODERNE • ÉLÉGANT Aux portes de Montpellier, la surprise est totale. Entouré de champs et de vignes, ce superbe domaine hôtelier et viticole offre un cadre enchanteur que l'on aperçoit justement par les baies vitrées de la salle à manger. Privilégiant les produits d'Occitanie et de saison, le chef compose des assiettes élégantes et appliquées, sans tomber dans l'excès de fioritures pour autant. Les préparations ont du goût et du caractère, à l'image de cette selle d'agneau de Lozère rôtie, artichaut et anchois de Collioure, que l'on peut apprécier notamment avec l'un des vins du domaine.

♿ A/C P - Prix : €€€

1 boulevard Philippe-Lamour - ✆ 04 67 07 26 00 - www.domainedeverchant.com/fr/restaurant-marcelle.html

CASTELNAU-LE-LEZ

 DOMAINE DE VERCHANT

MODERNE • CHAMPÊTRE Trônant au cœur de 17 ha. de vignoble, le splendide hôtel de Verchant réussit avec brio le grand écart entre la pierre séculaire et le mobilier ultra-moderne. Ce grand manoir d'un blanc reposant propose vingt-deux chambres et suites décorées avec délicatesse, pour la plupart dans un esprit loft. Un moment d'évasion total où tout est agréable : la nature, le climat, la piscine en forme de lagon, le spa magnifique, ses soins aux huiles essentielles et aux oligo-éléments.

- 26 chambres
1 boulevard Philippe Lamour – ℘ 04 67 07 26 00
Marcelle - **Domaine de Verchant** - Voir la sélection des restaurants

CASTELNAU-MAGNOAC

✉ 65230 – Hautes-Pyrénées – Carte régionale n° **25**–D3

LA TAULADA

CUISINE MODERNE • CONTEMPORAIN Au centre du village, cet imposant hôtel Dupont, s'il a conservé son enseigne d'origine, a subi une cure de jouvence dont sa terrasse donne une agréable idée, avec vue sur le lac de Castelnau-Magnoac et la campagne verdoyante. En cuisine, le chef va droit au but avec des assiettes savoureuses où il glisse quelques clins d'œil au terroir : ravioles de poule Noire d'Astarac Bigorre, consommé de volaille aux légumes, foie gras ; selle d'agneau de lait, pommes duchesse, ris d'agneau laqué...

– Prix : €€
23 place de l'Estelette – ℘ 09 75 48 72 57 – www.lataulada.com – Fermé lundi et mardi, et mercredi, jeudi et dimanche soir

CASTÉRA-VERDUZAN

✉ 32410 – Gers – Carte régionale n° **26**–B2

LE FLORIDA

CUISINE TRADITIONNELLE • COSY Si les spécialités régionales tiennent toujours le haut de l'affiche de cette jolie maison traditionnelle ouverte dans les années 1930, quelques clins d'œil discrets aux origines mexicaines du nouveau propriétaire s'invitent dans l'assiette – comme ce chicharrón bien croustillant en amuse-bouche, ou ce condiment façon ketchup fumé et épicé. Une cuisine saine et fraîche à déguster, les jours de soleil, sur la terrasse ombragée.

– Prix : €€€
2 rue du Lac – ℘ 05 62 68 13 22 – www.lefloridagascony.fr – Fermé lundi et mardi, et dimanche soir

 LE FLORIDA

MODERNE • RAFFINÉ Baptiste Ramounéda a quitté l'univers du luxe pour retrouver l'entreprise familiale, mais avec des idées de modernisation plein la tête. Car le restaurant créé par son arrière-grand-mère en 1935 avait bien besoin d'un petit coup de jeune. L'hôtelier a conservé l'identité culinaire du Florida mais créé deux chambres et deux suites haut-de-gamme. Lumineuses et épurées, luxueuses et dynamiques (jacuzzi, climatisation) elles sont l'incarnation d'une nouvelle génération.

- 2 chambres
2 rue du Lac – ℘ 05 62 68 13 22
Le Florida - Voir la sélection des restaurants

CASTILLON-DU-GARD

✉ 30210 – Gard – Carte régionale n° **28**–C2

L'AMPHITRYON

CUISINE MODERNE • **COSY** Cela fait maintenant un certain nombre d'années que le chef Stéphane Goudet régale vaillamment ses hôtes à la manière de l'Amphitryon de Molière, dans cette demeure à la salle voûtée en pierre, ornée de quelques touches modernes. Sa cuisine sérieuse met en valeur les produits frais locaux selon les saisons : autour de la truffe en hiver, du homard en été – à déguster dans le patio – et du lièvre à la royale en automne. Le service est aimable et efficace.

♿ ⛲ – Prix : €€€

Place du 8-Mai-1945 – ☏ 04 66 37 05 04 – www.restaurant-lamphitryon.ovh – Fermé mardi et mercredi, et dimanche soir

LE VIEUX CASTILLON

CUISINE MODERNE • **CLASSIQUE** Tout autour ce ne sont que ruelles médiévales et champs de lavande... Dans ce coin de Provence inondé de lumière, cette table élégante – aux couleurs du Sud – vit au rythme des saisons et des produits gorgés de soleil. Plats simples et légers au déjeuner, tandis que le soir l'offre est gastronomique.

♿ 🅰🅲 🍴 🐶 🅿 – Prix : €€€

10 rue Turion-Sabatier – ☏ 04 66 37 61 61 – www.vieuxcastillon.fr

🛏 ### LE VIEUX CASTILLON

TRADITIONNEL • **ÉLÉGANT** Au cœur de ce beau village médiéval, surplombant la région, un havre au luxe discret : vieilles pierres, patios, terrasses, décor provençal, grand confort... Le charme intemporel du sud, à quelques encablures du pont du Gard.

🅰🅲 🐶 🅿 🗜 🍃 🛁 🚲 🗜 🛎 🐾 🍽 – 31 chambres

10 rue Turion Sabatier – ☏ 04 66 37 61 61

Le Vieux Castillon - Voir la sélection des restaurants

CASTRES

✉ 81100 – Tarn – Carte régionale n° **27**–B1

🔴 ### BISTROT SAVEURS

CUISINE MODERNE • **COSY** Le chef britannique Simon Scott a roulé sa bosse de Londres à la Provence, avant de s'installer dans le Tarn. Derrière une façade rouge éclatante se cache un décor (très) pop, coloré et cosy. Ce cuisinier éclectique aime assurément le bel ouvrage et ne travaille que les produits (locaux) de qualité pour servir à ses clients des assiettes précises, colorées et goûteuses, comme le thon rouge juste snacké, caviar d'aubergine brûlé à la flamme, quinoa aux trois légumes et bouillon de crustacés aux épices orientales... Décidément, ce Bistrot ne manque pas de Saveurs !

♿ 🅰🅲 – Prix : €€

5 rue Sainte-Foy – ☏ 05 63 50 11 45 – www.bistrot-saveurs-81.fr – Fermé samedi et dimanche

LES METS D'ADÉLAÏDE

CUISINE MODERNE • **CLASSIQUE** Ces Mets d'Adélaïde prennent leurs aises dans l'ancienne école du village, avec un préau qui fait office de terrasse l'été. Le chef aime parsemer ses assiettes d'épices d'ailleurs et d'aromates. Accueil souriant.

♿ 🅰🅲 🍴 – Prix : €€

36 avenue Georges-Alquier-Les Salvages – ☏ 05 63 35 78 42 – www. lesmetsdadelaide.fr – Fermé lundi et mardi, et dimanche soir

CASTRES

LA PART DES ANGES

CUISINE MODERNE • BRANCHÉ Une cuisine du marché qui suit les saisons et qui met souvent à l'honneur les petits producteurs des environs, voilà ce que mitonne le chef. Les gros appétits ne seront pas déçus : ici, l'assiette est généreuse ! Quant au service, il est attentionné. Une petite adresse fort appréciée des locaux.
🅰🗘 – Prix : €€

5 boulevard Raymond-Vittoz – ☎ 05 63 51 65 25 – www.lapartdesangescastres.fr – Fermé lundi et dimanche, et mardi soir

CAUX

✉ 34720 – Hérault – Carte régionale n° **27**–C2

MDL LE BISTROT 🅽

CUISINE MÉDITERRANÉENNE • BISTRO À quelques minutes de son établissement étoilé, Mathieu de Lauzun (MDL) donne une seconde vie à cette ancienne cave à vin privée. Bien à l'abri de ces épais murs en pierre, une clientèle décontractée s'abandonne au plaisir de vivre dans une atmosphère animée. L'ardoise puise avec bonhommie dans les trésors du terroir méditerranéen : tomates farcies, gaspacho andalou, pâté en croûte maison côtoient le tartare de daurade ou la joue de bœuf confite. Bien charpentée, la carte des vins, partagée avec le restaurant étoilé, ravira les spécialistes de la dive bouteille et tous les autres, en associant crus modiques et signatures reconnues.
🕸 🅰 – Prix : €€

1 impasse Pépi-Pages – ☎ 04 67 93 11 99 – www.restaurant-delauzun.com – Fermé lundi et dimanche, et mercredi soir

CAVAILLON

✉ 84300 – Vaucluse – Carte régionale n° **28**–E1

L'ENVOL

CUISINE DU MARCHÉ • CONTEMPORAIN Dans une petite rue du centre-ville, une adresse aussi charmante que discrète. Aux pianos, Laurent Renoult célèbre les légumes maraîchers locaux, l'agneau de Sisteron ou encore le pigeon des Costières. C'est franc, goûteux, et l'accueil de Sarah est simple et charmant. Courez-y !
🅰🏠 – Prix : €€

35 rue Gustave-Flaubert – ☎ 04 90 78 15 27 – www.lenvolcavaillon.fr – Fermé lundi, dimanche et du mardi au samedi à midi

CEINTREY

✉ 54134 – Meurthe-et-Moselle – Carte régionale n° **7**–B2

LA COUR DES SENS

CUISINE MODERNE • ÉLÉGANT Dans une maison de village, une salle intimiste à la décoration qui marie parquet et pierres apparentes. Le chef-patron Benjamin Royer signe des assiettes qui démontrent un savoir-faire évident comme ces Saint-Jacques cuites sur galet, flambées au gin safrané, caviar d'aubergine fumé et beurre blanc ou encore ce turbot rôti au sautoir, navet marteau poché au parmesan et sauce truffée.
🦽 – Prix : €€€

9 rue de Benney – ☎ 03 83 47 09 95 – www.lacourdessens.fr – Fermé du lundi au mercredi, samedi midi et dimanche soir

LA CELLE

✉ 83170 – Var – Carte régionale n° **29**-B2

HOSTELLERIE DE L'ABBAYE DE LA CELLE

CUISINE PROVENÇALE • HISTORIQUE Non loin de l'abbaye de la Celle, cette thébaïde gourmande occupe les murs d'une belle bâtisse classique du 18e s. Cette adresse de la galaxie Ducasse offre tous les agréments d'un hôtel de luxe, dont une cuisine méridionale pleine de sagesse et riche en légumes, à l'image de ces poissons de Méditerranée cuits dans un jus de bouillabaisse. La tradition sans ostentation.

 – Prix : €€€€

10 place du Général-de-Gaulle – ℰ 04 98 05 14 14 – www.abbaye-celle.com – Fermé mardi et mercredi

HOSTELLERIE DE L'ABBAYE DE LA CELLE   *Plus*

TRADITIONNEL • CHAMPÊTRE Cette ancienne hostellerie d'abbaye distille un bel esprit d'antan avec ses murs du 18e s. et son décor provençal bourgeois. Le matin, le soleil filtre à travers les grands arbres, et l'on découvre avec bonheur le jardin environnant, avec son potager et son conservatoire des vignes – 88 cépages différents !

 - 10 chambres

10 place du Général-de-Gaulle – ℰ 04 98 05 14 14

Hostellerie de l'Abbaye de la Celle - Voir la sélection des restaurants

CELLETTES

✉ 41120 – Loir-et-Cher – Carte régionale n° **10**-C3

✿ LA VIEILLE TOUR

Chef : Alexis Letellier

CUISINE MODERNE • INTIME La vieille tour de cette maison du quinzième siècle, visible de loin, vous guidera vers cette halte gourmande. En attendant de s'installer dans ses nouveaux murs de l'autre côté de la rue, Alexis Letellier régale ses convives d'une cuisine actuelle bien troussée, réalisée avec de bons produits, teintée de notes asiatiques, et régulièrement réinventée au fil des saisons. Quelques exemples : raviole de betteraves croquantes, mousse de chèvre frais et tartare de bœuf maturé ; suprême de canette fumé puis grillé sur la peau, fenouil braisé et jus court aux olives. Finesse gustative, personnalité, dressages soignés : une adresse comme on les aime. Accueil dynamique et tout sourire d'Alice, la compagne du chef, de bon conseil pour le choix du vin.

Prix : €€€

7 rue Nationale – ℰ 02 54 74 67 15 – www.restaurant-la-vieille-tour-blois.com – Fermé lundi et mercredi, et dimanche soir

CERCIÉ

✉ 69220 – Rhône – Carte régionale n° **21**-A1

L'ÉCUME GOURMANDE

CUISINE MODERNE • CONTEMPORAIN Cette adresse est emmenée par un jeune chef passé par de belles maisons. Il mitonne une cuisine aux bases classiques, sagement inventive, à l'instar de cet œuf bio cuit "parfait", duxelles de champignons, copeaux de Beaufort, noix de pécan et émulsion à l'huile de cèpes, ou de ces escargots de chez Gilles Nesme en cappuccino. Cave vitrée abritant des jolies références à prix raisonnables.

Prix : €€

35 Grande-Rue – ℰ 04 37 55 23 06 – www.ecume-gourmande.fr – Fermé lundi et mardi, et dimanche soir

CÉRÉ-LA-RONDE

✉ 37460 – Indre-et-Loire – Carte régionale n° **15**–C1

AUBERGE DE MONTPOUPON

CUISINE MODERNE • AUBERGE Une bien sympathique auberge, installée au pied du château de Montpoupon. L'intérieur marie joliment le rustique (pierre apparente, poutres) et le plus contemporain, tandis que la cuisine nous emmène faire un tour du Val de Loire, dans un genre gourmand et goûteux. Prix sages, terrasse avec vue sur le château.

& ⌂ ⌷ P – Prix : €

Le Moulin Bailly – ☏ 09 70 37 22 55 – www.auberge-montpoupon.fr – Fermé du lundi au mercredi et dimanche soir

CÉRET

✉ 66400 – Pyrénées-Orientales – Carte régionale n° **27**–B3

FARIO ⓝ

Chef : Kevin de Porre

CUISINE MODERNE • CONTEMPORAIN Le chef Kevin de Porre (ex-Contraste à Paris) est revenu au bercail avec la volonté de rendre hommage à son terroir natal, comme en témoigne d'emblée le nom de son restaurant, celui de la truite fario. Avec talent et humilité, entouré par une équipe motivée et soudée, il montre son savoir-faire dans un menu surprise qui privilégie les produits de la mer et le végétal, et bannit avec conviction ce qui n'est pas local, à commencer par le chocolat ou le café. Ses assiettes incisives s'avèrent intenses et maîtrisées ; les assaisonnements font preuve de subtilité dès l'amorce du repas avec des amuse-bouches intelligents et gourmands. Le cadre intérieur de cette ancienne grange a été repensé avec l'aide d'artisans locaux (ferronnier, céramiste, coutelier).

& 🅰🅲 ⌂ ⌷ – Prix : €€€

12 rue Saint-Ferréol – ☏ 04 68 82 39 62 – www.farioceret.fr – Fermé lundi, dimanche et mardi midi

CERNAY-LA-VILLE

✉ 78720 – Yvelines

ABBAYE DES VAUX DE CERNAY

DESIGN • CHARME L'abbaye cistercienne des Vaux-de-Cernay s'est muée en hôtel somptueux. Le lieu, niché dans un parc de 80 ha, répartit ses chambres et suites dans plusieurs bâtiments conventuels. Le tout dans une atmosphère très baroque'n roll : poufs en passementerie, moquette léopard, tartan, tapis orientaux… Côté restauration, quatre options ! S'ajoutent une piscine chauffée, un spa et des activités pour tous : tennis, yoga, marches en forêt, balades en vélos, salle de cinéma, salle de jeu pour les enfants.

🛁 P ⌂ ⌷ 🚲 🎾 ♨ ⛷ 🏊 ⚽ ▯○ – 104 chambres

Domaine de l'Abbaye des Vaux de Cernay – ☏ 01 42 80 76 76

CESSON-SÉVIGNÉ

✉ 35510 – Ille-et-Vilaine – Carte régionale n° **9**–B1

CUEILLETTE

CUISINE MODERNE • CONTEMPORAIN Une petite maison perdue dans la banlieue rennaise, une façade avenante, un intérieur contemporain, une terrasse couverte donnant sur les champs, et un accueil charmant. Et dans l'assiette, le chef a tout compris : des recettes efficaces, épurées et tout en finesse, des accords judicieux, des assaisonnements au cordeau. Une jolie cueillette urbaine.

& ⌂ P – Prix : €€

54 route de Fougères – ☏ 02 99 62 00 13 – www.cueilletterestaurant.fr – Fermé lundi, mardi et dimanche

346

CESSON-SÉVIGNÉ

ZEST

CUISINE MODERNE • SIMPLE Le succès de ce Zest ? Une cuisine du marché, des recettes originales mâtinées de touches exotiques, de condiments et d'épices, une ambiance conviviale, et, à la belle saison, une terrasse au bord de la Vilaine. Service efficace.

🍴 – Prix : €€

32 cours de la Vilaine – ℰ 02 99 83 82 06 – www.restaurant-zest.fr – Fermé samedi et dimanche, et du lundi au mercredi soir

CEVINS

✉ 73730 – Savoie – Carte régionale n° **21**–D2

LA FLEUR DE SEL

CUISINE MODERNE • CONVIVIAL Sur la route des stations, cette maison pimpante abrite une affaire familiale ou l'on est reçu avec gentillesse. Le chef réalise une cuisine soignée déclinée en plusieurs menus, ainsi qu'une carte de saison. Côté décor, la salle contemporaine et cosy est centrée autour de la belle cheminée. En saison, agréable terrasse.

🍴 ✿ 🅿 – Prix : €€

15 route du Portelin – ℰ 04 79 37 49 98 – www.restaurant-fleurdesel.fr – Fermé lundi et mardi, et dimanche soir

CHABANAIS

✉ 16150 – Charente – Carte régionale n° **18**–D1

LE VIEUX MOULIN

CUISINE DU MARCHÉ • TRADITIONNEL Ce restaurant, aménagé dans un vieux moulin et tenu par un couple chaleureux doté d'un vrai sens de l'accueil, vous accueille dans une salle lumineuse, avec sa belle cheminée pour les flambées hivernales. L'été, la terrasse bordant la rivière voisine permet de profiter d'une jolie cuisine du marché fraîche et colorée, autour de recettes originales et maîtrisées, privilégiant les circuits courts.

🦽 🅐🅒 🍴 🅿 – Prix : €€

Étang du Bouchaud – ℰ 05 45 84 24 97 – www.levieuxmoulin-chabanais.com – Fermé mardi et mercredi, et lundi soir

CHABLIS

✉ 89800 – Yonne – Carte régionale n° **12**–B2

🅐 CHABLIS WINE NOT 🅝

SPÉCIALITÉS DE VIANDES • BISTRO Dans ce village vigneron mondialement connu, un bistrot à vins fait un tabac. Imaginez un entrepreneur du coin, deux chefs japonais fous de cuisine française, de beaux produits (tapas maison, charcuteries et viandes de race maturées à point), une carte des vins renversante à prix d'ami (à siroter sur place ou à emporter). Le tout dans une ambiance où se mêlent, dans la bonne humeur, locaux et touristes œnophiles en goguette. À consommer sans modération !

🍢 🦽 – Prix : €€

Rue des Moulins – ℰ 06 72 14 19 39 – www.chabliswinenot.com – Fermé lundi et mardi, et dimanche soir

347

CHABLIS

AU FIL DU ZINC

CUISINE MODERNE • CONTEMPORAIN Dans ce joli restaurant à cheval sur le Serein, le chef Mathieu Sagardoytho élabore des menus créatifs à la gloire de produits bien choisis (daurade grise de la baie de Quiberon en ceviche aux fraises, lapin de Bourgogne cuisiné aux moules de Groix, mirabelles de l'Yonne...), en harmonie avec une belle sélection de chablis et autres crus bourguignons.

ॐ & ⍺̄ – Prix : €€€

18 rue des Moulins – ☎ 03 86 33 96 39 – www.aufilduzinc.fr – Fermé mardi, mercredi et dimanche

LES TROIS BOURGEONS

CUISINE MODERNE • SIMPLE Ce bistrot contemporain, au décor tout simple, a fleuri entre les murs d'une ancienne cave du Domaine Laroche, fameux producteur de chablis. Un chef japonais, formé à Tokyo et dans de belles maisons françaises propose à ses clients une cuisine inspirée du répertoire régional et revisitée avec imagination. Bon rapport qualité/prix.

& ⍺̄ – Prix : €€

10 rue Auxerroise – ☎ 03 86 46 63 23 – www.restaurant-chablis.fr – Fermé lundi et dimanche

CHAGNY

✉ 71150 – Saône-et-Loire – Carte régionale n° **12**–D1

❀❀❀ **MAISON LAMELOISE**

Chef : Éric Pras

CUISINE MODERNE • ÉLÉGANT Impossible de résumer en quelques lignes l'histoire de cette institution qui entama son parcours étoilé en... 1926 ! Installée dans une charmante succession de petites salles chaleureuses aux ambiances différentes, cette vénérable maison n'a pas pour autant l'âme nostalgique. Ancien second de Jacques Lameloise, Éric Pras, devenu chef en 2009 à la suite du maître, le résume en une phrase programmatique : « La tradition, c'est l'avenir. » Fidèle à l'esprit des lieux, aussi inspiré que pointilleux, il rend hommage au terroir bourguignon (escargots, volaille de Bresse, bœuf charolais, cazette du Morvan) tout en restant en phase avec l'époque. Très belle sélection de vins, au verre notamment.

ॐ ⇦ ⍺̄ ⍦ – Prix : €€€€

36 place d'Armes – ☎ 03 85 87 65 65 – www.lameloise.fr – Fermé mardi et mercredi

CHAHAIGNES

✉ 72340 – Sarthe – Carte régionale n° **10**–B2

😊 **SILEX** ⓝ

CUISINE MODERNE • CONTEMPORAIN Au cœur d'un village qui compte plusieurs centaines de caves creusées dans le tuffeau, ce restaurant rend hommage au terroir du jasnières et du coteaux-du-loir. Sous les poutres apparentes, on découvre une déco moderne, accentuée par des œuvres de street art. Les chefs Maïté Hervé et Florent Demas savent y faire, et mitonnent de bons petits plats en puisant dans le garde-manger local : asperges blanches, estragon et sauce légère au citron ; quasi de veau fumé au foin, croustillant d'échalote et crème de petits pois... Un sans-faute gourmand ! Excellent rapport qualité-prix au déjeuner.

& – Prix : €€

15 place de l'Église – ☎ 02 43 44 62 62 – www.silex-restaurant.fr – Fermé lundi, mardi, mercredi midi et dimanche soir

CHAINTRÉ

71570 – Saône-et-Loire – Carte régionale n° **17**-C2

LA TABLE DE CHAINTRÉ

Chef : Sébastien Grospellier
CUISINE MODERNE • CONTEMPORAIN La maison régionale dans toute sa splendeur ! Dans ce village typique niché au milieu du vignoble de Pouilly-Fuissé, on trouve un jeune couple sympathique et travailleur. Lui, en cuisine, pioche de beaux produits au marché et les magnifie avec des assiettes bien troussées. À titre d'exemple, citons ces asperges vertes et sardines bretonnes, ce homard normand au beurre mousseux, ou encore cette tranche de veau fermier avec radis multicolores et brocolis violets... Le tout accompagné de beaux nectars de Bourgogne et du Beaujolais. Envie d'y retourner ? Aucun souci, le menu unique est renouvelé chaque semaine. On aurait tort de se priver.

– Prix : €€€

*72 place du Luminaire – ℰ 03 85 32 90 95 – www.latabledechaintre.com –
Fermé lundi et mardi, et dimanche soir*

CHALON-SUR-SAÔNE

71100 – Saône-et-Loire – Carte régionale n° **17**-C2

AROMATIQUE

CUISINE MODERNE • ÉPURÉ Ici, c'est en couple que l'on Aromatise ! Fabien, en cuisine, compose une cuisine au goût du jour avec une pointe de créativité et inspirée à base de bons produits frais... et une petite touche d'épices ; Émilie, en salle, accueille chaleureusement la clientèle. Aucun risque de déjà-vu : le menu proposé au dîner est renouvelé très régulièrement et celui présenté au déjeuner est une aubaine. Un coup de cœur.

– Prix : €€

*14 rue de Strasbourg – ℰ 03 58 09 62 25 – www.aromatique-restaurant.com –
Fermé mercredi et dimanche, et lundi et mardi soir*

LE BISTROT

CUISINE MODERNE • CONTEMPORAIN Sur l'île St-Laurent, un bistrot au cadre contemporain où le chef propose un menu à prix tendre le midi bien ficelé à l'image de cette mousse tiède aux champignon parfumé au vin jaune et son émulsion au Mont d'Or et une partition plus élaborée le soir (foie gras, turbot, homard). À noter que légumes et fruits proviennent en partie du potager ; fraîcheur garantie.

– Prix : €€

*31 rue de Strasbourg – ℰ 03 85 93 22 01 – www.restaurant-le-bistrot.fr –
Fermé lundi et mercredi, et dimanche soir*

Melanie Maya/Getty Images Plus

LES GOURMANDS DISENT

CUISINE MODERNE • COSY Dans la "rue des restaurants" de l'île St-Laurent, un duo de passionnés (Laurent au salé, Nadine au sucré) fait battre le cœur de cette petite adresse sympathique. Dans un cadre bourguignon avec pierres apparentes et plafond à la française, on déguste des plats maîtrisés et on en prend plein la vue avec des desserts en trompe-l'œil, comme ce Montecristo au chocolat. Les gourmands habitués vous le diront : mieux vaut réserver !

– Prix : €€

59 rue de Strasbourg – ℰ 03 85 48 75 21 – www.les-gourmands-disent-restaurant.fr – Fermé lundi, mardi, du mercredi au vendredi à midi, et dimanche soir

CHÂLONS-EN-CHAMPAGNE

51000 – Marne – Carte régionale n° **6**–B2

JÉRÔME FECK

Chef : Jérôme Feck

CUISINE MODERNE • ÉLÉGANT On vient dans cette ville pour sa cathédrale Saint-Étienne, sa collégiale Notre-Dame-en-Vaux, son charme indéniable et ses nombreux lieux de mémoire, témoins d'un riche passé. Dans son hôtel d'Angleterre, le chef Jérôme Feck œuvre en faveur de la tradition gastronomique champenoise et perpétue l'héritage de cette table emblématique de la ville. Également pâtissier, il a roulé sa bosse de Langres à Reims en passant par Épernay : c'est dire s'il connaît son terroir de Champagne. Ses points forts ? Les sauces et les jus qui se révèlent intenses, concentrés et équilibrés – mention spéciale à la "mayonnaise" au safran de la région et son huile verte aux simples qui flattent le filet de saint-pierre. Les produits sont rehaussés de saveurs étudiées, tantôt jouant sur l'acidité, tantôt sur le fumé... Délicieux. Cuisine plus traditionnelle au bistrot Les Temps Changent, mitoyen de la table gastronomique.

– Prix : €€€

19 place Monseigneur-Tissier – ℰ 03 26 68 21 51 – www.hotel-dangleterre.fr/fr/accueil – Fermé lundi, dimanche et samedi midi

AU CARILLON GOURMAND

CUISINE MODERNE • CONTEMPORAIN Dans cette adresse chic et élégante, volontiers design, le carillon sonne l'heure d'une cuisine moderne (carpaccio de daurade royale et déclinaison de carottes) que l'on découvre au travers d'un menu-carte... Accueil agréable, service efficace et vaisselle de belle facture.

– Prix : €€

15 bis place Monseigneur-Tissier – ℰ 03 26 64 45 07 – www.carillongourmand.com – Fermé lundi et mercredi, et dimanche soir

CHAMAGNE

88130 – Vosges – Carte régionale n° **7**–B3

LE CHAMAGNON

CUISINE TRADITIONNELLE • CONTEMPORAIN Dans le village de Claude Gellée dit Le Lorrain, ce bistrot chaleureux propose une cuisine traditionnelle généreuse (filet de bœuf Hereford tendre à souhait et sa béarnaise maison, ris de veau aux morilles, crème brûlée aussi lisse que croustillante) parsemée de notes plus modernes (thon rouge et ses condiments). Des produits de qualité et une jolie carte des vins !

– Prix : €€

236 rue Claude-Gellée – ℰ 03 29 38 14 74 – www.restaurantlechamagnon.fr – Fermé lundi, et mardi, mercredi et dimanche soir

CHAMALIÈRES

63400 – Puy-de-Dôme – Carte régionale n° **20**–B1

RADIO

CUISINE MODERNE • ÉLÉGANT Depuis les hauteurs de la ville, ce bel hôtel des années 1930 diffuse non-stop un hommage vibrant aux ondes hertziennes et à la lampe triode qui permit l'invention du cinéma parlant et de la TSF. Branché Art déco, son décor sonne comme au premier jour, avec ses mosaïques au sol, ses ferronneries d'art et son alliance du verre et du miroir. En studio, le chef Wilfrid Chaplain mixe les fréquences de sa région natale, la Normandie, et celles de son terroir d'adoption, l'Auvergne, dont il chante les douces harmonies méconnues. Technicien solide, il compose une cuisine ambitieuse, fine et délicate, qui charme le palais : foie gras de canard d'Auvergne, mûres et fruits du mendiant ; bar des côtes normandes, marinière de moules du Mont-St-Michel. Quant au plateau de fromages d'Auvergne, il fait le buzz à lui tout seul.

– Prix : €€€€

voir Clermont-Ferrand plan I - B2 - 1 *43 avenue Pierre-et-Marie-Curie – 04 73 30 87 83 – www.hotel-radio.fr – Fermé lundi, dimanche et samedi midi*

RADIO

CLASSIQUE • ÉLÉGANT Héritage des années 1930, cet hôtel des hauteurs de Chamalières offre un beau témoignage du style Art déco – celui des années radio ! À l'exception des chambres, spacieuses, décorées de manière contemporaine.

– 24 chambres

43 avenue Pierre-et-Marie-Curie – 04 73 30 87 83

Radio - Voir la sélection des restaurants

CHAMBÉRY

73000 – Savoie – Carte régionale n° **21**-C2

LE BISTROT

CUISINE TRADITIONNELLE • BISTRO Au menu de ce bistrot rétro tout proche du théâtre et de la cathédrale, on trouve une goûteuse cuisine du marché, basée sur de jolis produits rendus dans toute leur vérité par un chef savoyard ayant travaillé longtemps dans la galaxie Ducasse. Le tout, aux beaux jours, se déguste sur une terrasse ombragée.

– Prix : €€

6 rue du Théâtre – 09 82 32 10 78 – www.restaurant-lebistrot.com – Fermé lundi et dimanche, et mercredi soir

CARRÉ DES SENS

CUISINE MODERNE • BISTRO Joliment située sur l'une des places centrales de la ville, cette maison est le fief d'un chef qui revisite les classiques de la tradition française avec passion et précision : œuf mollet, fricassée de girolles et persillade en émulsion ; paleron de bœuf cuit à basse température, galette de pomme de terre et jus truffé ; soufflé chaud au Grand Marnier - de bons produits et des recettes gourmandes soigneusement exécutées.

– Prix : €€

32 place Monge – 04 79 65 98 07 – www.carre-des-sens.eatbu.com/?lang=fr – Fermé lundi et dimanche, et samedi soir

CHAMBÉRY

FOLIE CUISINE D'ÉMOTIONS

CUISINE MODERNE • ÉLÉGANT Dans un immeuble historique situé au cœur du vieux Chambéry et pas très loin du château des Ducs de Savoie, faites une folie à cette table qui occupe l'ancienne cour de ce qui est maintenant un hôtel de luxe. Dans une ambiance intimiste et feutrée, le chef propose des menus "carte blanche" inspirés par les saisons et les voyages.

– Prix : €€€

23 rue Bonivard – 04 85 86 03 65 *– www.restaurant-folie.com – Fermé lundi et dimanche*

PINSON

CUISINE MODERNE • COSY Cette jolie adresse de centre-ville bénéficie de l'enthousiasme communicatif de ses jeunes propriétaires, qui comme le pinson, aiment voyager… et nous convier avec eux. Lui en cuisine, passé par de belles maisons (Londres, Paris), propose une cuisine soignée aux influences métissées ; madame en salle apporte son savoir-faire du milieu du luxe. L'accueil est charmant, le cadre chaleureux.

– Prix : €€

22 place Monge – 04 79 70 96 40 *– www.restaurant-pinson.fr – Fermé lundi et dimanche, et du mardi au jeudi soir*

PETIT HÔTEL CONFIDENTIEL

MODERNE • CHALEUREUX Installé dans un bel immeuble ancien (15e s.), en plein cœur du centre historique, cet hôtel cache un intérieur au design ultra-moderne. Le verre y rencontre le parquet massif dans un esprit loft, pour diffuser une atmosphère feutrée que seuls les siècles savent patiner. C'est à la fois chaleureux et plein de caractère : les habitués espèrent qu'il restera confidentiel…

- 15 chambres

10 rue de la Trésorerie – 04 79 26 24 17

Folie Cuisine d'Émotions - Voir la sélection des restaurants

CHAMBOLLE-MUSIGNY

21220 – Côte-d'Or – Carte régionale n° **12**–C3

LE MILLÉSIME

CUISINE MODERNE • CONTEMPORAIN Au cœur des belles vignes de ce village vigneron, cette bâtisse toute pimpante abrite un restaurant contemporain. Un chef y joue habilement de plusieurs registres gourmands, non sans une certaine audace (à l'image de son tartare de bulots bichonné par une émulsion au foie gras). Le déjeuner est une aubaine, comme on l'a constaté avec le gâteau de foie blond de volaille, sauce crustacés ou ce faux-filet Black Angus, jus pinot noir et condiments d'automne. La carte navigue entre recettes traditionnelles et préparations plus élaborées, les œufs en meurette côtoient le homard breton en croûte de chorizo, nage de girolle, vin jaune. Mitoyen de l'établissement, le caveau des Musigny (qui appartient au propriétaire) propose des dégustations avant d'acheter du vin.

– Prix : €€

1 rue Traversière – 03 80 62 80 37 *– www.restaurant-le-millesime.com – Fermé lundi et dimanche*

CHAMBORD

✉ 41250 – Loir-et-Cher

RELAIS DE CHAMBORD

MODERNE • ÉLÉGANT Au cœur du domaine de Chambord (dont le château a soufflé 500 bougies en 2019), cet hôtel a été rénové avec le concours du cabinet d'architecte de Jean-Michel Wilmotte. Relais de campagne chic, chambres élégantes (pas forcément très spacieuses) avec de nombreux clins d'œil au château, petit espace bien-être, bar, sans oublier l'accès au domaine, encore plus exclusif le soir après le départ des touristes... Un séjour de choix.

& 🏧 🚗 P ☁ 🌊 🍷 🍴 - 55 chambres

Place Saint-Louis – ☏ *02 54 81 01 01*

CHAMESOL

✉ 25190 – Doubs – Carte régionale n° **13**–C2

MON PLAISIR

CUISINE MODERNE • BOURGEOIS Dans cette accueillante maison de pays, le chef Christian Pilloud travaille chacune de ses assiettes avec sérieux. En chef classique ouvert à la modernité, il recherche les bons produits du terroir bourguignon et franc-comtois pour réaliser des plats généreux : champignons d'automne et escargots fermiers ; croustillant de souris et ris de veau aux morilles, jus au vin jaune ; pigeon royal en croûte de feuilletage...

🌿 🏧 P – Prix : €€€

22 lieu-dit Journal – ☏ *03 81 92 56 17 – www.restaurant-mon-plaisir.fr –*
Fermé lundi et mardi, et jeudi et dimanche soir

CHAMONIX-MONT-BLANC

✉ 74400 – Haute-Savoie –
Carte régionale n° 21-D1

Au royaume des fromages... et d'autres sujets rois.

Située au pied du mythique massif du Mont-Blanc, Chamonix jouit d'un statut unique dans les Alpes du Nord. Si sa vocation touristique est née avec les débuts de l'alpinisme, elle a su préserver et cultiver un esprit de village et une gastronomie de terroir, sur laquelle le reblochon règne en maître (on en fait même des sucettes !) – mais pas seulement. Ce serait oublier le persillé des Aravis, la tome de Savoie, le beaufort et l'abondance, le chevrotin, la tome des Bauges... Et nous ne parlons ici que de fromages ! Citons, au hasard de nos souvenirs gourmands, la longeole, cette variété locale de saucisson à cuire avec de petits morceaux de couenne, du fenouil et du vin rouge et l'inévitable tartiflette (une création récente puisque le plat date des années 1980 seulement), fille naturelle de Sa Majesté le reblochon. Arrosez le tout de Roussette de Savoie, ou d'un verre de genépi, et les sommets sont à vous.

ALBERT 1ER

CUISINE MODERNE • ÉLÉGANT Pierre, Marcel, Joseph, Clothilde... depuis sa fondation en 1903, quatre générations ont porté cette maison, désormais entre les mains de Perrine Carrier. La cuisine du chef Damien Leveau, aux influences savoyardes et piémontaises, enchante les produits de la région (omble chevalier et féra du Léman, escargots du pays du Mont-Blanc, cochons et agneaux des fermes alentour...), rehaussés par tout ce qui pousse dans le jardin aromatique : oxalis, ache des montagnes, thym citronné, sarriette, mélisse ou sauge. À savourer dans un décor sobre et élégant. Au sein de cet élégant hameau, profitez également de la cuisine traditionnelle de la Maison Carrier située dans une ancienne ferme d'alpage.

– Prix : €€€€

Plan : B1-1 – Hameau Albert-1er, 38 route du Bouchet – ✆ 04 50 53 05 09 – www.hameaualbert.fr – Fermé mercredi, jeudi, et lundi, mardi, vendredi, samedi et dimanche midi

AKASHON

CUISINE MODERNE • ÉPURÉ Au sein du complexe hôtelier L'Heliopic, on dîne d'une cuisine généreuse et savoureuse, oscillant entre clins d'œil à la gastronomie locale et partition plus actuelle à l'image de ce tartare de veau et homard sauce tonnato, le tout dans un cadre épuré aux matériaux bruts - métal et granit.

– Prix : €€

Plan : A2-5 – L'Heliopic, 50 place de l'Aiguille-du-Midi – ✆ 04 50 54 55 56 – www.restaurant-akashon.com – Fermé les midis

CHAMONIX-MONT-BLANC

ATMOSPHÈRE

CUISINE TRADITIONNELLE • CONVIVIAL Il faut emprunter un bel escalier en granit, abondamment fleuri, pour rejoindre la discrète entrée de ce restaurant "d'atmosphère". Le décor montagnard, épuré et cosy, mise sur la simplicité et la convivialité. Si l'opportunité se présente, demandez une table côté véranda : elle surplombe le cours de l'Arve et offre une échappée sur les aiguilles de Chamonix ! En cuisine, honneur à la tradition, aux spécialités régionales et au gibier en saison : un véritable festival de saveurs. Jolie carte des vins.

🕸 🗚 – Prix : €€€

Plan : A1-3 – *123 place Balmat* – *✆ 04 50 55 97 97* – *www.restaurant-atmosphere.com*

AUBERGE DU BOIS PRIN

CUISINE MODERNE • COSY Dans un cadre chic et contemporain face au Mont-Blanc, l'équipe d'Emmanuel Renaut élabore une carte dédiée au terroir alpin, qui s'appuie notamment sur le potager maison et la cueillette. Joli résultat dans l'assiette, avec des plats modernes, généreux et gourmands : betterave en tartare, céleri et crème de raifort ; dos de chevreuil rôti, chou farci, sauce gibier ; soufflé aux agrumes... En prime, la vue est époustouflante, en particulier depuis la terrasse.

⇐ 🏠 🅿 – Prix : €€€

Hors plan – *69 chemin de l'Hermine* – *✆ 04 50 53 33 51* – *www.boisprin.com* – *Fermé lundi et mardi*

LE COMPTOIR DES ALPES

CUISINE MODERNE • CONTEMPORAIN Niché dans un hôtel moderne, ce restaurant cultive l'esprit franco-italien du chef Daniele Raimondi. Son menu-carte « Ascension » révèle une cuisine moderne aux saveurs franches, qui refuse toute concession sur la qualité des ingrédients : risotto carnaroli au gorgonzola ; agnoletti à la ricotta fumée, pistache et citron confit ; faux-filet d'agneau cuit à la braise, orecchiette aux brocolis et olives taggiasche. Une terrasse côté rue, et une autre plus calme sur une placette.

♿ 🗚 🏠 ⃝ – Prix : €€

Plan : A2-8 – *151 avenue de l'Aiguille-du-Midi* – *✆ 04 50 53 57 64* – *www.comptoir-des-alpes.com*

LE MATAFAN

CUISINE MODERNE • ÉLÉGANT Au sein du mythique hôtel Mont-Blanc, dans un cadre contemporain élégant avec cheminée centrale, on propose une cuisine qui évolue entre recettes traditionnelles (saucisson lyonnais à la truffe ; paleron de bœuf cuit au barbecue) et préparations plus modernes (pigeon, endives, bouillon gingembre) sans oublier le menu bien-être. Terrasse donnant sur la grande piscine pour les beaux jours.

♿ 🏠 🅿 – Prix : €€€

Plan : A1-7 – *62 allée du Majestic* – *✆ 04 50 55 35 46* – *www.hotelmontblancchamonix.com*

🛏 AUBERGE DU BOIS PRIN

MONTAGNARD • CONVIVIAL Ce joli chalet perché sur les hauteurs de la station, offrant une vue imprenable sur Chamonix et le massif du Mont-Blanc... et un calme olympien ! Les chambres, toutes de mobilier classique et de lambris, ont le goût de la simplicité ; deux suites plus contemporaines ont été aménagées dans un chalet voisin.

♿ 🅿 ⃝ ⇗ 🖥 🌐 ♨ 🍽 – 14 chambres

69 chemin de l'Hermine – *✆ 04 50 53 33 51*

Auberge du Bois Prin - Voir la sélection des restaurants

355

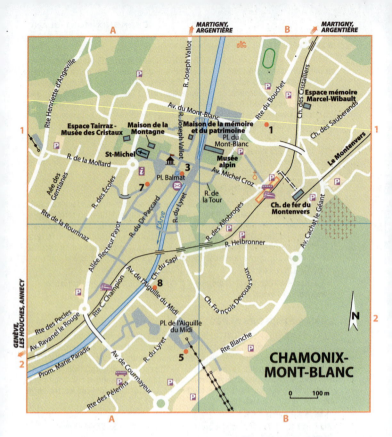

🛏 LE FAUCIGNY

MODERNE • COSY Petit hôtel de charme de la vallée de Chamonix, Le Faucigny joue la carte de l'élégance discrète et contemporaine. Bien que niché au pied du Mont-Blanc, il n'a rien du chalet rustique. Flambant neuves, ses chambres s'habillent d'une palette grise et blanche, de textures douillettes et d'un mobilier moderne aux délicates touches rustiques. Un style nordique cosy que l'on retrouve dans les espaces communs composés d'un salon, d'un coin bibliothèque avec cheminée, et d'un spa avec jacuzzi et sauna. Service de conciergerie efficace.

♿ 🅿 🛋 - 28 chambres
118 place de l'Église – ☎ 04 50 53 01 17

🛏 LA FOLIE DOUCE

AVANT-GARDE • FAMILIAL A Chamonix, La Folie Douce et les Hôtels Particuliers ont réussi le pari de tout offrir sous un même toit enneigé. 250 chambres, dont des chambres doubles, familiales et suites grand luxe, des dortoirs, mais aussi un bar à cocktails, un spa, un centre de remise en forme avec piscine extérieure chauffée, cours de fitness et yoga Yuj, un club pour enfants, une boutique de ski et une navette gratuite. Cet ancien hôtel The Savoy hérité des années 1900 a conservé son standing et adapté son caractère luxueux.

♿ 🅿 🚗 🛋 🍽 🏊 🛋 🧖 🍴 - 250 chambres
823 allée du Recteur Payot – ☎ 04 50 55 10 00

CHAMONIX-MONT-BLANC

 LE HAMEAU ALBERT 1ER

MONTAGNARD · RAFFINÉ Ce véritable hameau associant plusieurs chalets constitue un délicieux havre montagnard, sous un beau tapis de neige l'hiver, tout en vert tendre aux beaux jours... Noblesse des matériaux (dont des boiseries de vieux chalets d'alpage) et chic contemporain, confort extrême et spa d'exception : un sommet de luxe !
- 27 chambres

38 route du Bouchet – 𝒞 04 50 53 05 09

Albert 1er - Voir la sélection des restaurants

 L'HÉLIOPIC

CONTEMPORAIN · CHALEUREUX Au départ du téléphérique de l'aiguille du Midi, ces deux grands chalets de pierre et de bois nous plongent dans un décor contemporain, parsemé de clins d'œil à l'alpinisme des années 1950. Plaids, coussins et rideaux donnent aux chambres une délicieuse touche vintage ; on passe de longs moments dans le superbe spa...
- 102 chambres

50 place de l'Aiguille-du-Midi – 𝒞 04 50 54 55 56

Akashon - Voir la sélection des restaurants

 MONT-BLANC

CLASSIQUE · ÉLÉGANT Une belle renaissance pour cet hôtel historique, grâce à une rénovation réussie, de pied en cap : la décoratrice Sybille de Margerie a su mettre en valeur tous les charmes du lieu, révélant la beauté des moulures anciennes et du grand escalier, et jouant partout la carte d'un chic à la fois contemporain et intemporel... À redécouvrir !
- 41 chambres

62 allée du Majestic – 𝒞 04 50 53 05 64

Le Matafan - Voir la sélection des restaurants

 LE MORGANE

MODERNE · CHALEUREUX La nature est ici pleinement respectée : engagement environnemental (zéro carbone), cadre épuré et beaux matériaux (bois brut, pierre, coton bio)... L'hôtel de montagne du 21e s. en quelque sorte ! En sous-sol, on trouve spa, hammam, sauna, et bassin de relaxation.
- 56 chambres

145 avenue de l'Aiguille du Midi – 𝒞 04 50 53 57 15

Le Comptoir des Alpes - Voir la sélection des restaurants

 LE REFUGE DES AIGLONS

MODERNE · RAFFINÉ Un hôtel de luxe alpin résolument moderne. Mais de luxe écologique : isolation optimisée, gaz naturel local, chauffage de la piscine aux copeaux de bois... Cette approche environnementale s'étend au spa et à la piscine extérieure. La décoration intérieure mixe des meubles et objets aux lignes épurées et des murs d'un rouge audacieux. Mais le décor insurpassable reste le mont Blanc lui-même.
- 107 chambres

270 avenue de Courmayeur – 𝒞 04 50 55 90 93

 REFUGE DU MONTENVERS

MONTAGNARD · ÉLÉGANT Cette bâtisse en granite, perchée à 1913 m et édifiée en 1880 pour héberger les premiers alpinistes, est devenue un hôtel au calme, rénové avec goût dans l'esprit refuge. Le restaurant panoramique dévoile une vue splendide sur la Mer de glace. Accessible uniquement par train, ou à pied pour les plus courageux ! Authentique.
- 20 chambres

Montenvers – 𝒞 04 50 53 87 70

CHAMPCEVINEL

✉ 24750 – Dordogne – Carte régionale n° **18**–D2

LE BEL'ART

CUISINE TRADITIONNELLE · SIMPLE Sur les hauteurs de Périgueux, Sandrine et Vincent Cardoso tiennent table dans une bâtisse moderne et une salle fonctionnelle. Dans l'assiette, changement complet de décor et ce, toutes les semaines ! Les jus sont bons, les produits locaux de qualité et accompagnés de légumes de saison qui démontrent le vrai savoir-faire du chef. Tout est cuisiné avec sincérité et justesse. Le soin gourmand porté à chaque assiette se retrouve dans la brandade de saumon au vin moelleux, le suprême de volaille en cocotte au laurier et épinards de la ferme, ou la pomme golden travaillée en cubes sur un sablé généreux en beurre. Une aubaine avec un menu déjeuner très attractif servi par une patronne sympathique et souriante.

&. 🅰️🅲 🍽️ 🅿️ – Prix : €€

2 allée Jean-Boiteux – ☎ 05 53 07 85 51 – www.le-bel-art-restaurant.fr – Fermé lundi et dimanche, et du mardi au jeudi soir

LA TABLE DU POUYAUD

CUISINE MODERNE · COSY Sur les hauteurs de Périgueux, le chef (et enfant du pays) Gilles Gourvat reçoit depuis presque une quinzaine d'années dans cette ferme joliment rénovée. Sa cuisine, actuelle, revisite avec talent la tradition périgourdine en plus de quelques clins d'œil au Pays basque qu'il affectionne. Les produits locaux ont la part belle dans sa carte gourmande et généreuse : confit de canard et champignons sauvages ; brouillade aux truffes en saison ; foie gras de canard mi-cuit à la figue. Le service est agréable et la table de qualité !

🍽️ ✥ 🅿️ – Prix : €€

57 route de Paris – ☎ 05 53 09 53 32 – www.table-pouyaud.com – Fermé lundi et mardi, et dimanche soir

CHAMPILLON

✉ 51160 – Marne – Carte régionale n° **6**–B2

LE ROYAL

CUISINE CRÉATIVE · LUXE Cet hostellerie de luxe située entre Reims et Épernay, sorte d'amphithéâtre contemporain de pierres claires, épouse les coteaux du vignoble champenois. Dédiée à ce nectar, avec son plafond patiné doré et son lustre monumental composé de 36 bulles ambrées en verre soufflé, la salle évoque aussi Napoléon, qui fit halte dans cet ancien relais de poste. L'écrin idéal pour une cuisine gastronomique de haut vol qui épouse les saisons et repose sur de solides bases classiques, mise en valeur par un service des plus professionnels. Belle carte des vins, richement dotée en champagne évidemment.

🥐 ⇔ &. 🅰️🅲 🥘 🅿️ – Prix : €€€€

Hameau de Bellevue, 9 rue de la République – ☎ 03 26 52 41 04 – www. royalchampagne.com/fr/le-royal.html – Fermé lundi, dimanche et du mardi au samedi à midi

CHAMPILLON

 LE ROYAL CHAMPAGNE

CONTEMPORAIN • RAFFINÉ Après une longue rénovation, le Royal Champagne propose à nouveau ses chambres sans vis-à-vis avec balcon ou terrasse, une décoration contemporaine avec des notes de bois rappelant la nature environnante, un spa de 1500m² et des piscines intérieure et extérieure... Du grand standing.

🅰🅲 🕭 🅿 🛁 ⛱ 🎾 🍽 - 47 chambres

Hameau de Bellevue, 9 rue de la République – ⌀ 03 26 52 87 11

✿ **Le Royal** - Voir la sélection des restaurants

CHAMPLIVE

✉ 25360 – Doubs – Carte régionale n° **13**-C2

AUBERGE DU CHÂTEAU DE VAITE

CUISINE RÉGIONALE • CONTEMPORAIN Dans la famille depuis les années 1960, cette auberge décline une cuisine traditionnelle mettant en avant le terroir franc-comtois. Les morilles sont à l'honneur avec le sandre ou encore le poulet au vin jaune, sans oublier les grenouilles fraîches de l'étang du restaurant en saison. Étonnant : ce distributeur de plats faits maison mis en place à côté du restaurant !

🚗 🏠 🅿 – Prix : €€

17 Grande Rue – ⌀ 03 81 55 20 66 – www.auberge-chateau-vaite.com –
Fermé lundi soir

CHANTILLY

✉ 60500 – Oise – Carte régionale n° **5**-B3

 LE VERBOIS

Chef : Guillaume Guibet

CUISINE MODERNE • CONTEMPORAIN Dans la famille Guibet, je demande le fils ! Dans la droite ligne de son père, Guillaume a repris les fourneaux de l'ancien relais de chasse (1886). Portée par les saisons, sa cuisine est créative et astucieuse, avec parfois des touches asiatiques (et pour cause, il a fait ses classes chez Kei, à Paris), toujours convaincante. Les beaux produits, traités avec malice et finesse, se succèdent comme cette ventrèche de thon et daïkon en feuilles à feuilles, ou ces morilles, jus de volaille, risotto ail des ours, sabayon au lard. Même dynamisme du côté du décor, entre bois, cuir et métal, d'une grande élégance.

❀ 🚗 ♿ 🅰🅲 🏠 ❄ 🅿 – Prix : €€€€

6 rue la Grande-Folie, à Saint-Maximin – ⌀ 03 44 24 06 22 – www.leverbois.fr –
Fermé lundi et mardi, et dimanche soir

LA TABLE DU CONNÉTABLE - AUBERGE DU JEU DE PAUME

CUISINE MODERNE • ÉLÉGANT Après une visite au château royal de Chantilly, on s'attable dans cette luxueuse auberge contiguë aux jardins. Dans ce cadre opulent, entre tableaux, lustres et tentures, la cuisine se fait volontiers créative et donne toute leur place au végétal et aux produits de la mer : veau et anguille comme un gyoza, labneh à l'estragon ; turbot sauvage aux salsifis, zaatar et jus de viande au café ; chocolat en textures, tourbé et torréfié... Au bistrot le Jardin d'Hiver, plats traditionnels et de saison sont servis dans la galerie ou l'agréable terrasse-patio.

♿ 🅰🅲 ❄ 🕭 – Prix : €€€€

4 rue du Connétable – ⌀ 03 44 65 50 00 – Fermé lundi, mardi et dimanche et du mercredi au samedi à midi

CHANTILLY

 AUBERGE DU JEU DE PAUME

TRADITIONNEL • RAFFINÉ Beaucoup de raffinement dans ce luxueux établissement en bordure du Domaine de Chantilly, entre les Grandes Écuries et le château. Les chambres spacieuses et à l'élégance classique (avec vue sur la ville ou le parc), le spa de 600 m²... tout est princier.

- 92 chambres

4 rue du Connétable - 03 44 65 50 00

La Table du Connétable - Auberge du Jeu de Paume - Voir la sélection des restaurants

LA CHAPELLE-D'ABONDANCE
74360 – Haute-Savoie – Carte régionale n° **21**-D1

LES CORNETTES

CUISINE TRADITIONNELLE • RÉGIONAL Ce restaurant, cité au guide Michelin depuis 1933, est une véritable institution dans tout le Chablais. Au menu : tourte au gibier, filet de féra à l'ail des ours et morilles, pintade rôtie sur l'os. Les charcuteries sont affinées et fumées sur place dans une atmosphère typiquement montagnarde. C'est simple, bon, et rustique à souhait.

– Prix : €€

43 route des Frasses - 04 50 73 50 24 *- www.lescornettes.com*

LES GENTIANETTES

CUISINE TRADITIONNELLE • CONVIVIAL Un décor de chalet montagnard avec charpente apparente et cheminée centrale, une salle à manger traditionnelle décorée avec une collection de sonnailles : chaleureux, avez-vous dit ? La cuisine propose à la fois des plats traditionnels comme ce filet de bœuf, sauce morille et des recettes un tantinet plus modernes et créatives comme ce carpaccio de bar aux fruits de la passion. Pour les spécialités savoyardes, les convives peuvent se rendre à La Baratte, le carnotzet de l'établissement, pour savourer une cuisine authentique dans une atmosphère conviviale.

– Prix : €€€

73 route de Chevenne - 04 50 73 56 46 *- www.gentianettes.fr - Fermé jeudi, et lundi, mardi, mercredi, vendredi, samedi et dimanche soir*

CHARBONNIÈRES-LES-BAINS
69260 – Rhône

 LE PAVILLON

CONTEMPORAIN • ÉLÉGANT À deux pas du casino et dans un beau parc arboré, cet hôtel luxueux mêle contemporain et discrètes touches Art déco. Certaines chambres disposent d'un hammam et d'une terrasse… et l'on sert un copieux brunch le dimanche ! Une très belle adresse en périphérie de Lyon.

- 22 chambres

3 avenue Georges Bassinet - 04 78 87 79 79

CHARLIEU
42190 – Loire – Carte régionale n° **20**-C1

RELAIS DE L'ABBAYE

CUISINE MODERNE • CONTEMPORAIN Un relais contemporain, ouvert sur les prés environnants et bien ancré dans son terroir. Aux fourneaux, on trouve un chef passionné de beaux produits, qui célèbre la production régionale (andouille de Charlieu, viande charolaise, fromage, etc.) dans des assiettes actuelles et généreuses. Agréables chambres pour l'étape.

– Prix : €€

415 route du Beaujolais - 04 77 60 00 88 *- www.relais-abbaye.fr - Fermé , samedi et dimanche soir*

CHARMES-SUR-RHÔNE

✉ 07800 – Ardèche – Carte régionale n° **20**–D3

 LE CARRÉ D'ALETHIUS

Chef : Olivier Samin
CUISINE MODERNE • COSY Entre Drôme et Ardèche, il souffle comme un parfum de Provence dans cette "maison romaine" dédiée au sénateur Alethius. La villa est organisée autour de sa cour carrée, délicieux patio verdoyant où l'on s'attable aux beaux jours. Jeune légionnaire chez Jean-Michel Lorain à la Côte Saint-Jacques, Olivier Samin est devenu centurion chez Anne-Sophie Pic, où il a longtemps exercé le poste de second. Il compose une cuisine fraîche et sensible, au gré des saisons et du marché (fruits et légumes régionaux, escargots de l'Eyrieux, fromages locaux), avec un sens de l'équilibre certain : cuissons précises et dressages soignés.

දි ⇔ 🔟 ✿ 🅿 – Prix : €€€

4 rue Paul-Bertois – ☏ 04 75 78 30 52 – www.lecarredalethius.com –
Fermé lundi, dimanche et mardi midi

CHAROLLES

✉ 71120 – Saône-et-Loire – Carte régionale n° **17**–B2

 FRÉDÉRIC DOUCET

Chef : Frédéric Doucet
CUISINE MODERNE • ÉLÉGANT La table de Frédéric Doucet, c'est une certaine idée du terroir et de la tradition, réinventés avec passion et créativité. Fils de bistrotiers, cet enfant de la balle a roulé sa bosse chez les plus grands, de Pierre Orsi à Paul Bocuse en passant par l'illustre maison Troisgros. Dans sa maison blottie au cœur d'un village aux tours pointues et aux toits patinés, le chef administre une solide leçon de choses : rien que de beaux produits de Saône-et-Loire (bœuf charolais, escargots, truite de Crisenon ou fromage de chèvre), servis par une technique classique rigoureuse qui n'exclut jamais l'inspiration. Les "jambonnettes de grenouilles laquées aux couleurs des prairies charolaises" ou "le bœuf est dans le pré" s'affirment ainsi comme des incontournables. Une maison qui sait aussi retenir avec son spa et ses chambres fort agréables.

දි ⇔ & 🔟 ✿ ✿ – Prix : €€€€

2 avenue de la Libération – ☏ 03 85 24 11 32 – www.maison-doucet.com –
Fermé lundi, mardi, jeudi midi et dimanche soir

LE BISTROT DU QUAI

CUISINE BOURGUIGNONNE • BISTRO Dans la deuxième adresse de la maison Doucet, le chef propose une cuisine traditionnelle et des viandes cuites à la broche. Menu du jour rythmé par les saisons, et menu charolais, mettant en avant les produits du terroir bourguignon. Terrasse surplombant le cours d'eau.

& 🔟 ✿ – Prix : €€

1 avenue de la Libération – ☏ 03 85 25 51 75 – www.maison-doucet.com –
Fermé lundi et mardi midi

CHAROLS

✉ 26450 – Drôme – Carte régionale n° **24**–B2

❀ **LAVANDIN - CHÂTEAU LES OLIVIERS DE SALETTES**

CUISINE MODERNE • **HISTORIQUE** Ce paisible château du 16e s., restauré dans les règles de l'art, est une idée du bonheur en Drôme provençale... Depuis la terrasse ouverte sur le parc et les champs de lavandes, ou bien au chaud dans la salle à manger voûtée devant l'âtre qui crépite, embarquez pour un voyage poétique, inspiré par le terroir régional. La cuisine de Kévin Vaubourg et Lucille Routin offre une belle dimension gastronomique à la table du Lavandin. Chaque plat est pensé et travaillé dans le respect du produit et des saveurs, à l'image de cette tomate fondante fine et délicate, ou bien de cet agneau du pays travaillé en deux façons et rehaussé d'un jus au cerfeuil et d'un condiment olive. Accueil charmant. Pour prolonger ce moment, profitez de belles chambres.

⇔ 😊 ♿ 🌼 **P** – Prix : €€€

1205 route du Château – ℰ 04 75 00 19 30 – www.chateaulesoliviersdesalettes. com – Fermé lundi, mardi, du mercredi au vendredi à midi, et dimanche soir

---

🛏 **CHÂTEAU LES OLIVIERS DE SALETTES**

CLASSIQUE • **ÉLÉGANT** Situé en pleine campagne, ce beau château du 16e s. entouré d'un agréable parc arboré, est le lieu idéal pour se ressourcer. Chambres élégantes, accueil charmant et superbe piscine à débordement. Difficile d'en partir...

♿ 🅰🅲 **P** ⟿ 🍽 😊 ⚒ 🆗 🌊 ⅃ᴓ ⅃ – 29 chambres

1205 route du Château – ℰ 04 75 00 19 30

❀ **Lavandin - Château Les Oliviers de Salettes** - Voir la sélection des restaurants

---

CHARTRES

✉ 28000 – Eure-et-Loir – Carte régionale n° **10**–C1

❀ **LE GEORGES**

CUISINE MODERNE • **COSY** Le Grand Monarque, qui abrite le Georges, traverse les siècles avec constance – l'hôtel était déjà cité dans le Guide Michelin 1900. Cette maison au décor élégant occupe une place idéale entre Paris et la Loire, au carrefour des régions de l'Ouest. Le chef Thomas Parnaud continue son travail de fond avec constance : mise en avant ses producteurs locaux respectueux de l'environnement et utilisation les produits dans leur intégralité. On se régale de gambas des pays de la Loire, caviar de Sologne ou d'un pithiviers de colvert et foie gras du Perche. On ne manquera pas non plus son soufflé au Grand Marnier, classique d'entre les classiques parfaitement exécuté. Enfin, la magnifique carte des vins soigneusement sélectionnés comporte 3000 références où le Val de Loire est à l'honneur. Cuisine plus simple et de saison servie dans l'agréable patio. Chambres charmantes.

🕸 ⇔ ♿ 🅰🅲 – Prix : €€€€

22 place des Épars – ℰ 07 65 26 73 37 – www.grand-monarque.com – Fermé lundi, dimanche et mardi midi

---

BISTROT RACINES

CUISINE TRADITIONNELLE • **BISTRO** Eugène Viollet-le-Duc pensait que la cathédrale gothique de Chartres était la plus belle de toutes. Le propriétaire du Grand Monarque a eu la riche idée d'ouvrir ce bistrot et bar à vins convivial dont la terrasse fait face au monument. Chartrains, pèlerins et touristes y profitent d'une cuisine traditionnelle qui met en valeur les éleveurs et les maraîchers locaux : pâté en croûte ; poitrine de veau, jus au café et pommes dauphine ; île flottante servie à la louche, régressive à souhait. Sélection futée de petits vignerons.

🅰🅲 🌼 – Prix : €€

49 rue des Changes – ℰ 02 34 40 04 00 – www.bistrotracines.fr – Fermé lundi et dimanche soir

LE MOULIN DE PONCEAU

CUISINE MODERNE • CONTEMPORAIN Située dans le cœur historique de la ville, cette table n'usurpe pas son nom : il s'agit bien d'un authentique moulin du XVIe siècle bâti au-dessus de l'Eure. La salle à manger fleure bon l'histoire, avec ses poutres apparentes et son dallage en pierre, tandis que les baies vitrées plongent le regard dans l'onde. L'assiette, elle, s'inscrit dans une veine contemporaine : silure en cannelloni de courgette ; cromesquis de porc confit et sa crème au pop-corn ; filet mignon de porc cuit à basse température, polenta frite, tombée d'épinards et jus au café ; rhubarbe, vanille et crumble croustillant. Service professionnel, terrasse au cadre bucolique.

& 🍴 ⌂ – Prix : €€

21 rue de la Tannerie – ☏ 02 37 26 28 00 – www.restaurant-moulin-ponceau.fr – Fermé mardi et mercredi

TERRA

CUISINE ITALIENNE • CONVIVIAL À deux pas du centre-ville, dans les faubourgs de Chartres, Terra est une invitation au voyage : le chef est italien et son épouse, la cheffe pâtissière, sud-africaine. Tout droit venue d'Italie, la cuisine est excellente et se déguste dans une ambiance conviviale. Laissez-vous tenter par les cannellonis façon fiorentina farcis au veau et aux épinards et leur sauce au parmesan... un délice !

🍴 P – Prix : €€

65 avenue du Maréchal-Maunoury – ☏ 02 37 84 81 47 – www.terrachartres.com – Fermé lundi, mercredi midi et dimanche soir

LE GRAND MONARQUE

CLASSIQUE • ÉLÉGANT L'hôtel de tradition par excellence, déjà recommandé par le guide Michelin 1900 ! On s'y repose dans des chambres spacieuses et élégantes. Un tour au magnifique spa s'impose avant d'aller dîner au restaurant des lieux.

🅰🅲 🍽 P 🚗 🛋 ♨ 🧖 ♿ 🍴 – 58 chambres

22 place des Épars – ☏ 02 37 18 15 15

✿ **Le Georges** – Voir la sélection des restaurants

CHASSAGNE-MONTRACHET

✉ 21190 – Côte-d'Or – Carte régionale n° **12-D1**

✿ **ED.EM**

Chef : Édouard Mignot

CUISINE MODERNE • CLASSIQUE Ed.Em ? La contraction d'Édouard et Émilie, qui se sont rencontrés chez Régis Marcon : un jeune chef au solide parcours, commencé au Quai d'Orsay, poursuivi chez Philippe Rochat et Lameloise, et une pâtissière talentueuse qui parachève délicieusement le menu unique en plusieurs services. Avant, on aura goûté à la cuisine du chef, à la fois personnelle et subtile, à base de bons produits. Qu'on en juge : bœuf charolais en tataki associé à l'omble chevalier mi-cuit (une entrée terre/mer originale), sans oublier ce dos de sandre à la cuisson délicate accompagné d'un travail soigné autour de la carotte... Une belle étape sur la route des vins.

🅰🅲 ⌂ – Prix : €€€€

4 impasse Chenevottes – ☏ 03 80 21 94 94 – www.restaurant-edem.com/fr – Fermé mardi et mercredi, et lundi soir

CHASSELAY

✉ 69380 – Rhône – Carte régionale n° **21**–A2

 GUY LASSAUSAIE

Chef : Guy Lassausaie
CUISINE MODERNE • ÉLÉGANT C'est en 1984 que Guy Lassausaie a pris place aux fourneaux de cette maison familiale, fondée quatre générations plus tôt, en 1906 ! Dans un élégant décor fraîchement rénové dans les tons gris, noir et blanc, ce chef Meilleur Ouvrier de France trace un sillon rudement efficace : il célèbre la tradition locale, et plus généralement française, avec enthousiasme et de jolies inspirations. Citons par exemple ce filet de sole cuit sur l'arête, confit de citron, salade d'épinard et jus au genièvre, ou encore cette poitrine de volaille de Bresse farcie de la cuisse confite, sauce Albufera et tartelette de foies blonds... Une cuisine étonnante et souvent attachante.

⸎ 🐾ｔ🅰🅒 ✥ 🅿 – Prix : €€€

3 rue de Belle-Sise – ☏ 04 78 47 62 59 – www.guy-lassausaie.com – Fermé du lundi au mercredi

CHASSENEUIL-SUR-BONNIEURE

✉ 16260 – Charente – Carte régionale n° **18**–C1

LE TILLEUL DU GOURMET 🆕

CUISINE TRADITIONNELLE • CONTEMPORAIN Situé en plein cœur de ville, ce charmant restaurant s'est installé dans une demeure du 19e s. À sa tête, Pascal Pressac et Patrice Devaine, anciens de la Grange aux Oies, proposent une expérience alliant gastronomie et épicerie fine. Dans un cadre chaleureux mêlant modernité et objets chinés, on peut déguster une cuisine traditionnelle mettant à l'honneur le terroir charentais. Le chef sublime des produits locaux avec des préparations savoureuses et bien ficelées comme la chaudrée façon La Rochelle ou le canard aux airelles. En été, la terrasse ombragée par un tilleul centenaire offre un cadre enchanteur.

⸎ ｔ🅰🅒🍴 – Prix : €€

7 rue du 8-Mai-1944-et-du-8-Mai-1945 – ☏ 05 45 93 53 92 – www.letilleuldugourmet.fr – Fermé lundi et dimanche, et mardi soir

CHASSY

✉ 71130 – Saône-et-Loire – Carte régionale n° **17**–B2

 JK RESTAURANT

CUISINE MODERNE • CONVIVIAL Première affaire pour Jeanne-Louise et Kevin (J+K !) située au cœur d'un petit village du bocage charolais. Ils signent à quatre mains une cuisine bien dans son époque avec parfois quelques clins d'œil à l'Italie (patrie du chef) où le travail autour des légumes est un fil conducteur. Les produits sont rigoureusement sélectionnés comme pour ce dos de lieu jaune, légumes printaniers ou ce tartare de kiwi, fraise et cassis. Tous les soirs et week-end, les chefs proposent exclusivement un menu unique en plusieurs services.

ｔ🅰🅒🍴🅿 – Prix : €€

350 route du Château – ☏ 07 87 33 03 62 – www.jk-restaurant-chassy.fr – Fermé lundi et mardi

CHÂTEAU-ARNOUX-SAINT-AUBAN

04160 – Alpes-de-Haute-Provence – Carte régionale n° **24**-C3

LA BONNE ÉTAPE

Chef : Jany Gleize
CUISINE PROVENÇALE • ÉLÉGANT Dans ce mas à fière allure, il flotte comme des fragrances de thym, de sarriette et de lavande... on dirait bien le Sud ! Une affaire de famille où se succèdent les générations : Jany Gleize, aujourd'hui épaulé par sa fille Jane, incarne une certaine cuisine provençale, goûteuse et gourmande, qui se décline à travers plusieurs menus sans choix. Prolongez le séjour dans de spacieuses chambres au mobilier d'époque.

– Prix : €€€€

Chemin du Lac - ✆ 04 92 64 00 09 – www.bonneetape.com – Fermé lundi et mardi, et dimanche soir

BISTRO GABY

CUISINE PROVENÇALE • VINTAGE Gaby ? C'est le prénom de la grand-mère du chef, à laquelle il rend honneur en réalisant une goûteuse cuisine du terroir. Dans l'assiette, les produits du marché et du jardin défilent au gré des saisons. Cadre tout en simplicité, aux couleurs de la Provence.

– Prix : €€

14 avenue du Général-de-Gaulle - ✆ 04 92 64 48 48 – www.bonneetape.com/fr/bistrot.html – Fermé mercredi et jeudi

LA BONNE ÉTAPE

CLASSIQUE • ÉLÉGANT "Un petit hôtel provençal fièrement classique, logé dans un ancien relais de poste du 18e s., qui accueille des hôtes à la recherche d'un rythme tranquille. Les chambres et suites sont traditionnelles mais osent intégrer dans leur décor quelques éléments contemporains ainsi que tout le confort moderne. Les meilleures suites junior disposent d'un balcon ou d'une terrasse donnant sur les magnifiques jardins de l'hôtel... Le restaurant éponyme, géré par le chef étoilé local Jany Gleize, est complété par un second restaurant, Bistro Gaby, qui sert des assiettes de bistrot aux produits frais du marché."

– 18 chambres

Chemin du Lac - ✆ 04 92 64 00 09

La Bonne Étape - Voir la sélection des restaurants

CHÂTEAU-D'OLONNE

85180 – Vendée – Carte régionale n° **14**-B2

CAYOLA

CUISINE MODERNE • ROMANTIQUE Dans la salle ou sur la terrasse, la vue sur l'Atlantique est superbe et l'on se prend à rêver de croisières au long cours. Mais l'évasion est déjà dans l'assiette, où les produits de la mer sont rois en ce royaume : saumon confit à 54°, fenouil du jardin de la chaume ; volaille de Challans, aubergine, parmesan et girolles.

– Prix : €€€

76 promenade de Cayola, anse de Cayola - ✆ 02 51 22 01 01 – www.le-cayola.com – Fermé lundi, et mardi, mercredi, jeudi et dimanche soir

CHÂTEAU-THÉBAUD

✉ 44690 – Loire-Atlantique – Carte régionale n° **9**–B3

😊 AUBERGE LA GAILLOTIÈRE

CUISINE TRADITIONNELLE • RUSTIQUE Les vignes viennent presque caresser les murs et la terrasse de cet ancien chai au plaisant décor rustique. La cuisine jongle avec gourmandise entre bases traditionnelles et influences actuelles : velours tiède de carotte au cumin, gésiers de volaille confits et crumble au gorgonzola ; filet de julienne, crème d'oseille du jardin et légumes de saison... Le chef change son menu deux fois par mois. Belle carte des vins à prix sage, mettant le Val de Loire à l'honneur. Service tout sourire.

🕸 ♿🌿🅿 – Prix : €

Lieu-dit La Gaillotière – ☎ 02 28 21 31 16 – www.auberge-la-gaillotiere.fr – Fermé lundi et dimanche, et samedi soir

CHÂTEAUBRIANT

✉ 44110 – Loire-Atlantique – Carte régionale n° **9**–B2

LA CITADELLE

CUISINE MODERNE • CONTEMPORAIN Le restaurant occupe une place de choix au cœur de cette cité médiévale, riche en vieilles pierres et maisons à colombages. Le chef Maxime, originaire du coin, et son épouse Patricia, originaire, elle, de Lima, ont concocté un décor réussi pour goûter à leur hospitalité. Dans l'assiette, de bons produits frais traités avec respect pour en révéler les saveurs et les goûts francs, le tout parfois pimenté de quelques touches sud-américaines (ceviche au tigre de leche, lait de coco...) et des plats à partager (assiettes de charcuteries ou de fromages), en hommage aux origines péruviennes de Patricia.

Prix : €€

9 place de la Motte – ☎ 02 40 28 97 40 – www.lacitadelle-restaurant.fr – Fermé lundi et mardi, et dimanche soir

CHÂTEAUNEUF-DE-GADAGNE

✉ 84470 – Vaucluse – Carte régionale n° **28**–E1

😊 LA MAISON DE CELOU

CUISINE MODERNE • COSY Cette jolie maison, perchée sur les remparts du vieux village, incarne à merveille les douceurs provençales. Le chef y compose des assiettes enlevées et savoureuses, à l'image de ce suprême de volaille fermière, gnocchi à la romaine et caillette au jus. Mention spéciale pour les desserts, gourmands et addictifs. La terrasse offre une vue imprenable sur le mont Ventoux et le massif du Luberon.

≼♿🌿 – Prix : €€

5 rue Saint-Jouin – ☎ 04 90 16 08 61 – www.lamaisondecelou84.com – Fermé lundi et dimanche, et mercredi soir

CHÂTEAUNEUF-DU-PAPE

✉ 84230 – Vaucluse – Carte régionale n° **28**–E1

❀ LA MÈRE GERMAINE

CUISINE MODERNE • ÉLÉGANT De Mistinguett à Gabin ou Fernandel, le Tout-Paris en partance pour le midi descendait autrefois dans ce village cher aux amateurs de vin. Le restaurant a d'ailleurs conservé le nom de sa fondatrice en 1922, Germaine Vion. La maison séduit avec sa salle à manger décorée d'immenses fresques murales évoquant le Paris « Belle Époque » façon Toulouse-Lautrec, et

CHÂTEAUNEUF-DU-PAPE

grâce à sa délicieuse terrasse panoramique. On y déguste une cuisine sudiste pleine de saveur signée Adrien Soro, qui eut l'étoile dans sa Meynardie du Périgord et sait magnifier avec talent les produits et les légumes de Provence. Très belle carte des vins, avec bien sûr une solide sélection de châteauneuf-du-pape.

🕸 ⇦ ⇐ 🏠 – Prix : €€€€

3 rue du Commandant-Lemaître – ☎ 04 90 22 78 34 – www.lameregermaine. com – Fermé lundi et mardi, et jeudi et dimanche soir

LE COMPTOIR DE LA MÈRE GERMAINE

CUISINE TRADITIONNELLE • CONTEMPORAIN Dans l'annexe de la table étoilée, on n'a pas fait les choses à moitié : cadre contemporain où domine le bois, grand comptoir-cuisine avec une rôtissoire rutilante, et terrasse ombragée. On déguste une savoureuse cuisine bistronomique aux accents sud-américains.

🕭 🅰️🏠 🗘 – Prix : €€

7 place Jean-Moulin – ☎ 04 28 69 00 60 – www.lameregermaine.com/ le-comptoir

HOSTELLERIE DU CHÂTEAU DES FINES ROCHES 🅝

CUISINE MODERNE • CHIC Sur une hauteur, au cœur du prestigieux vignoble de Châteauneuf-du-Pape, ce flamboyant Palais des Papes miniature offre une vue superbe sur les vignes, les Alpilles, le Luberon et le Mont Ventoux. On y déguste une fine cuisine inspirée par la Provence et la Méditerranée : pagre de ligne, fleur de courgette et ricotta, jus de coquillages ; pigeon des Costières de Nîmes cuit sur le coffre, maïs à l'ail noir et sauce Albufera... Le tout arrosé des vins du domaine.

🕸 ⇐ 🏚 🅰️ 🅿️ – Prix : €€€

1901 route de Sorgues – ☎ 04 90 83 70 23 – www.chateaufinesroches.com

CHÂTEAUROUX

✉ 36000 – Indre – Carte régionale n° **15**–C2

😊 JEUX 2 GOÛTS

CUISINE MODERNE • ÉLÉGANT Bien implanté dans sa région natale après plusieurs années passées dans de belles maisons parisiennes, Christophe Marchais agite les papilles de Châteauroux. Il prépare des assiettes goûteuses et créatives, stimulé par un lieu chargé d'histoire. La meilleure table de la ville.

🕭 🅰️ 🗘 – Prix : €€

40 rue Grande – ☎ 02 54 27 66 28 – www.jeux2gouts.fr – Fermé lundi et dimanche

L'ÉCRIN DES SAVEURS

CUISINE MODERNE • CONTEMPORAIN Père et fils tiennent ce beau restaurant au cadre de brasserie chic et léchée, un tantinet scandinave. Le premier, solide professionnel qui cuisine depuis ses 15 ans (passé au Lion d'Or à Romorantin ou aux Dryades), le second qui assure un accueil tout feu tout flamme. L'assiette ne badine pas avec le plaisir : on cuisine ici des produits fermiers et des poissons de Bretagne. La main sûre du chef fait le reste du job. Poêlée d'escargots et poulpe, légumes racines et jus à l'ail noir ; palet au sésame et citron Loumi, crumble à l'huile de sésame grillé.

🕭 🅰️ – Prix : €€

133 avenue Marcel-Lemoine – ☎ 02 54 22 08 20 – www.lecrindessaveurs.com – Fermé lundi et dimanche

CHÂTEAUROUX

ORBYS N

CUISINE MODERNE • CONTEMPORAIN Pâtissier de formation et originaire de Châteauroux, le chef Adam Blondeau est retourné dans son bercail berrichon après un périple international et de solides expériences dans de grandes maisons. Malgré sa jeunesse, il affiche déjà plusieurs cordes à son arc : maîtrise des fermentations (à l'image de ses pickles), utilisation d'herbes issues de son propre jardin, et clins d'œil ludiques au terroir. Ses assiettes épurées ne trichent pas sur la qualité des ingrédients, à l'image du cerf de Chambord. Et pour cause : sa cuisine met le produit au centre de tout, jusqu'au mono-produit, comme dans ce dessert autour de l'avoine.
&. – Prix : €€€
8 rue de l'Amiral-Ribourt – ☏ 02 59 16 24 60 – www.orbysrestaurant.com – Fermé du lundi au mercredi et jeudi midi

PLŪM N

CUISINE MODERNE • CONVIVIAL Au cœur de la ville, cette table contemporaine est menée avec une énergie bienvenue par un jeune chef qui laisse libre cours à son inspiration, aussi gourmande qu'éclectique. Sa partition culinaire est panachée de nombreuses influences voyageuses au fil d'une carte renouvelée régulièrement selon les saisons et le marché. De nombreuses propositions sont à partager. La table offre également une jolie sélection de cocktails, une petite carte des vins et un bon choix de vins au verre.
AC 🛖 – Prix : €€
11 rue de la Poste – ☏ 02 54 61 29 57 – Fermé lundi, dimanche, et mardi et mercredi à midi

CHÂTEL

✉ 74390 – Haute-Savoie – Carte régionale n° **21**–D1

FLEUR DE NEIGE

CUISINE TRADITIONNELLE • CONVIVIAL Pâté croûte au canard, veau, cochon et foie gras ; filet de féra du lac Léman ; souris d'agneau confite à l'ail et au thym : cette cuisine soignée et généreuse se déguste dans une agréable salle ouverte sur la belle terrasse panoramique, face aux massifs du Chablais. Service attentionné.
⩽&🛖P – Prix : €€€
564 route de Vonnes – ☏ 04 50 73 20 10 – www.hotel-fleurdeneige.fr – Fermé mardi et mercredi

LA POYA

CUISINE TRADITIONNELLE • MONTAGNARD Dans un cadre montagnard, le chef s'applique à proposer une cuisine traditionnelle de bonne facture, à base de viande notamment... mais ne s'interdit pas quelques notes asiatiques (saumon gravlax façon tataki mariné à la betterave, sorbet moutarde). Les assiettes sont dressées avec soin et l'accueil est souriant. Une bonne adresse pour reprendre des forces après quelques descentes !
🛖 – Prix : €€€
196 route de Vonnes – ☏ 04 50 81 19 34 – www.lapoya-restaurant.fr – Fermé , mercredi et dimanche soir

CHÂTEL-GUYON

✉ 63140 – Puy-de-Dôme – Carte régionale n° **20**–B1

L'IMPULSIF

Chef : Rémi Laroque

CUISINE CRÉATIVE • CONTEMPORAIN Installé dans un immeuble de style Belle Époque, le chef Rémi Laroque propose une cuisine actuelle et très voyageuse. Cet enfant du Puy-de-Dôme avec des origines vietnamiennes ponctue en effet sa cuisine de touches asiatiques, et en particulier japonisantes. Il y a beaucoup d'engagement gourmand dans ses plats, comme en témoignent ses assiettes satellites ou ses déclinaisons autour d'un produit (homard, omble chevalier…) – avec une jolie pertinence des accords, à l'image de ce médaillon de lotte et déclinaison de fenouil, huile à la livèche et crème de coco. Service attentionné.

Prix : €€€

19 avenue Baraduc – ☏ 04 73 86 48 89 – www.limpulsif-restaurant.com – Fermé du lundi au mercredi

CHÂTELAILLON-PLAGE

✉ 17340 – Charente-Maritime – Carte régionale n° **18**–A1

LES FLOTS

CUISINE MODERNE • CONTEMPORAIN Sur le boulevard qui longe l'immense plage, partez à l'abordage de cette jolie maison bleu et blanc du 19e s. On s'installe dans une salle contemporaine offrant une très belle vue sur les flots pour déguster poissons et crustacés du jour, vedettes d'assiettes soigneusement dressées. Voici une table qui devrait ravir les amateurs de sensations iodées !

≤ & 🅐🅒 🎴 ✿ – Prix : €€

52 boulevard de la Mer – ☏ 05 46 56 23 42 – www.les-flots.fr – Fermé lundi et mardi

GAYA - CUISINE DE BORDS DE MER PAR PIERRE GAGNAIRE

CUISINE CRÉATIVE • ÉLÉGANT Au sein de l'hôtel La Grande Terrasse, non loin des Boucholeurs, on apprécie la cuisine libre du chef Pierre Gagnaire qui s'inspire du terroir local, naviguant entre terre et mer. Les plats, élégants, révèlent des jus, sauces et crèmes savamment travaillés. À l'image de ce jus perlé acidulé d'orange et curcuma, qui vivifie ce blanc de turbot sauvage de première fraîcheur. Le service, prévenant, se fait dans un cadre intimiste offrant une vue splendide sur l'océan. Belle carte des vins de près de 700 références.

≤ 🏠 & 🅐🅒 🎴 ✿ 🅿 – Prix : €€€€

Avenue de la Falaise – ☏ 05 46 56 54 30 – www.la-grande-terrasse.com/restaurants/restaurant-le-gaya – Fermé lundi et mardi, et dimanche soir

CHÂTILLON-SUR-CHALARONNE

✉ 01400 – Ain – Carte régionale n° **21**–B1

LE PIERRE SCIZE

CUISINE TRADITIONNELLE • CONTEMPORAIN Au cœur de cette jolie cité médiévale, derrière une belle façade à colombages, on s'installe dans un décor qui ne manque pas de charme. En bon disciple d'Escoffier, le chef réalise une savoureuse cuisine d'inspiration régionale : quenelles de brochet "sauce Geoffroy", pot-au-feu de volaille de Bresse, sabodet à la beaujolaise, carpe de la Dombes… Sympathiques chambres pour l'étape.

& 🅐🅒 🎴 – Prix : €€

Place de la République – ☏ 04 74 55 05 12 – www.hotel-latour.com – Fermé lundi et dimanche soir

CHAUDES-AIGUES

✉ 15110 – Cantal – Carte régionale n° **23**–C2

 SERGE VIEIRA

Chef : Aurélien Gransagne

CUISINE CRÉATIVE • DESIGN Un vaisseau contemporain de pierre, de fer et de verre avec une vue à 360° sur les alentours, niché dans une forteresse médiévale dont ils étaient tombés amoureux. Marie-Aude et Serge Vieira n'ont pas tardé à faire de ce lieu insolite une table réputée bien au-delà des frontières de l'Auvergne. La gentillesse et le talent du chef étaient appréciés de tous. L'impressionnant héritage culinaire qu'il laisse est désormais aux mains de Marie-Aude et de ses équipes, qui ont à cœur de perpétuer sa cuisine pleine de passion et de sensibilité, et de continuer à sublimer les plus beaux produits du terroir auvergnat. La pièce de bœuf Aubrac, cannelloni de courgette et purée à la tagète, ail noir et jus corsé au lierre terrestre, en est un bel exemple.

⇔ ⇐ ॐ 🅰🅲 🅿 – Prix : €€€€

Le Couffour – ☎ 04 71 20 73 85 – www.sergevieira.com – Fermé lundi, mardi, mercredi midi et dimanche soir

❀ **L'engagement du chef :** Les produits qui figurent sur notre carte sont pour l'extrême majorité le reflet de notre terroir auvergnat et issus de circuits courts, du maraîchage ainsi que de l'élevage biologique. Notre logique se poursuit au-delà de l'assiette puisque nous n'employons que des produits d'entretien écologiques et que nous sensibilisons nos équipes au tri et au compostage.

 SODADE

CUISINE MODERNE • CONTEMPORAIN Sodade, c'est une chanson de Cesária Évora, et un clin d'œil aux origines portugaises du regretté Serge Vieira. Dans la grande salle à manger design ou sur la terrasse qui donne sur le ruisseau, on déguste une cuisine gourmande simple et savoureuse. Chambres plaisantes pour prolonger le séjour.

ॐ 🅰🅲 🍽 – Prix : €€

21 avenue du Président-Georges-Pompidou – ☎ 04 71 60 10 23 – www.sergevieira.com – Fermé lundi et mardi

CHAUMONT-SUR-LOIRE

✉ 41150 – Loir-et-Cher

 LE BOIS DES CHAMBRES

CONTEMPORAIN • CHALEUREUX Est-ce une ferme futuriste ou un objet hôtelier non conformiste ? Les bâtiments d'origine en pierre ont été complétés par deux pavillons contemporains dont les formes respectent la silhouette traditionnelle, mais avec des matériaux résolument modernes. Les chambres d'hôtes y réinterprètent l'architecture de la vallée de la Loire avec des couleurs pastel.

🅿 🛏 🍽 - 31 chambres

327 Queneau – ☎ 02 36 65 84 00

CHAUMOUSEY

✉ 88390 – Vosges – Carte régionale n° **7**–B3

MAISON GRANDCLAUDE

CUISINE MODERNE • CONTEMPORAIN A dix minutes d'Epinal, Nicolas Grandclaude s'est fignolé avec son épouse une bien jolie table entre les murs de cette ancienne maison de maître dont la décoration contemporaine (très réussie) joue la carte des matériaux bruts (comme le bois de chêne). Le menu-carte déroule une cuisine moderne et gourmande, où le visuel léché rivalise avec les saveurs, à l'image de ces crevettes sauvages juste snackées, lait de coco, gingembre et citronnelle, ou ces filets de merlan dorés au beurre demi-sel, courgettes, amandes et basilic. On se régale.

ॐ 🍽 – Prix : €€

37 rue d'Épinal – ☎ 03 29 66 80 77 – www.maison-grandclaude.com – Fermé mardi et mercredi, et dimanche soir

CHAVAGNAC

✉ 15300 – Cantal

 INSTANTS D'ABSOLU

CONTEMPORAIN • CHAMPÊTRE Seul bâtiment sur les rives du lac du Pêcher, à l'exception d'un observatoire ornithologique, cette grande maison n'abrite que quelques chambres. Chacune a son caractère, sur une base commune : parquets, couleurs naturelles, pièces anciennes et détails rustiques comme ces chevets en billots. Le spa de style japonais débouche sur une grande terrasse face au lac. Sous les serres, on cultive les légumes et herbes du restaurant-grill. Ici, ni écran ni téléphone, mais des suites calmes et ensoleillées, des vues rafraîchissantes sur des paysages intacts tout autour.

& P 🐾 🏊 🆗 🧖 🍽 - 12 chambres

Le Lac du Pêcher – ✆ *04 71 20 83 09*

CHAVIGNOL

✉ 18300 – Cher – Carte régionale n° **16**-B1

LA CÔTE DES MONTS DAMNÉS

CUISINE TRADITIONNELLE • FAMILIAL Toujours en synergie avec les vins du domaine de la famille vigneronne Bourgeois, l'offre bistronomique se complète des grands classiques de la maison : tagliatelles au crottin de Chavignol, soufflé chaud… Gourmand à se damner. Chambres confortables pour prolonger l'étape.

🐌 & 🅰🅲 🍴 – Prix : €€

Place de l'Orme – ✆ *02 48 54 01 72 – www.hotel-restaurant-chavignol.fr/fr/ famille-bourgeois-sancerre-france – Fermé lundi et dimanche*

CHAZELLES-SUR-LYON

✉ 42140 – Loire – Carte régionale n° **20**-C1

 CHÂTEAU BLANCHARD

Chef : Sylvain Roux

CUISINE MODERNE • ÉLÉGANT Séduisante au milieu de son parc, cette grande maison des années 1920 s'inspire de la Renaissance italienne : peintures mythologiques en façade, marbre, mosaïques… Puis, dans l'élégante salle à manger à colonnes, la décoration fleure bon le contemporain avec son éclairage encastré, ses fauteuils profonds et son art de la table raffiné. Deux frères veillent sur cette affaire de famille : le sommelier Frédéric Roux et le chef Sylvain Roux, dont les réjouissantes assiettes mettent en valeur de beaux produits : homard breton maraîchère, madeleine à l'ail noir et jus de carotte fermentée ; longe de veau de la région rôtie à la fleur de thym ; abricot givré et poché, financier romarin et olive noire. En salle, Frédéric distille de judicieux conseils de vins, tirés d'une magnifique carte.

🐌 🛏 🏠 & 🅰🅲 🍴 P – Prix : €€€€

36 route de Saint-Galmier – ✆ *04 77 54 28 88 – www.hotel-chateau-blanchard. com – Fermé lundi, mardi et dimanche*

CHÊNEHUTTE-TRÈVES-CUNAULT

✉ 49350 – Maine-et-Loire – Carte régionale n° **9**-D3

LE CASTELLANE - CHÂTEAU LE PRIEURÉ

CUISINE MODERNE • ÉLÉGANT Le Castellane, restaurant du Château du Prieuré, propose une cuisine actuelle, qui fait la part belle aux produits de saison, au maximum locaux. On en profite dans une salle à manger au décor Empire ou sur la terrasse, qui offrent un beau panorama sur la Loire. Tout comme les chambres à la décoration unique et qui fleurent bon la vallée des rois…

🛏 & 🅰🅲 🍴 P – Prix : €€€

Route du Comte-de-Castellane – ✆ *02 41 67 90 14 – www.prieure.com – Fermé lundi et dimanche*

CHÉNÉRAILLES

✉ 23130 – Creuse – Carte régionale n° **19**–C1

LE COQ D'OR

CUISINE MODERNE • **FAMILIAL** Une déco très… coquette, et pour cause : on trouve ici moults coqs rapportés des quatre coins du monde par les clients. Dans l'assiette ? Une cuisine fine et maîtrisée, alliant saveurs du terroir et créativité.
& ⇔ – Prix : €€

7 place du Champ-de-Foire – ✆ 05 55 62 30 83 – www.restaurant-coqdor-23.com – Fermé lundi et mardi, et dimanche soir

CHENONCEAUX

✉ 37150 – Indre-et-Loire – Carte régionale n° **15**–C1

AUBERGE DU BON LABOUREUR

CUISINE MODERNE • **ÉLÉGANT** Dans cet ancien relais de poste bâti en 1786, cette table familiale centenaire creuse un sillon fertile : celui du produit et des saisons. Le chef Antoine Jeudi, assisté désormais de Julien Perrodin, connaît ses semences sur le bout des doigts, et ses savoureuses créations s'accompagnent d'un joli choix de vins. Un repas agréable, dans un cadre qui l'est tout autant. Grâce à la présence d'un petit potager, la carte propose également un menu végétal avec notamment une tomate farcie aux légumes de Touraine, coulis d'herbes fraiches et crème de pois chiche.
 – Prix : €€€

6 rue du Docteur-Bretonneau – ✆ 02 47 23 90 02 – www.bonlaboureur.com/fr/hotel-chenonceaux – Fermé mardi et mercredi

CHERBOURG-EN-COTENTIN

✉ 50100 – Manche – Carte régionale n° **2**–A1

✿ LE PILY

Chef : Pierre Marion
CUISINE CRÉATIVE • **CONTEMPORAIN** Pierre et Lydie règnent désormais sur le pont tournant, dans une élégante bâtisse contemporaine tout en verre dotée d'une vue imprenable sur le port. Quel plus bel endroit pour célébrer les poissons de petit bateau, homards et crustacés du Cotentin que le chef affectionne ? Pas de viande ici mais des produits de la mer travaillés avec finesse et précision, non sans quelques touches créatives, et des influences japonaises ou exotiques revendiquées : moussette, émulsion vanillée ; lieu jaune, sauce chimichurri exotique.
⇐ & AC – Prix : €€€

1 rue du Pont-Tournant – ✆ 02 33 10 19 29 – www.restaurant-le-pily.com – Fermé lundi et dimanche

LE PATIO

CUISINE DU MARCHÉ • **BISTRO** En plein cœur de la ville, on découvre le travail de Gildas Gautier, un chef amoureux du bon produit. Chou farci au jarret de bœuf, bouillon de cèpes, yuzu et pleurotes ; bar sauvage, épinards et déclinaison de chou-fleur ; ravioles de crêpes Suzette, caramel au beurre salé : il nous régale de jolies recettes traditionnelles réalisées dans les règles de l'art, avec un choix à l'ardoise renouvelé régulièrement. Par beau temps, on s'installe dans le petit patio.
☂ – Prix : €€

5 rue Christine – ✆ 02 33 52 49 10 – www.restaurant-lepatio-cherbourg.fr – Fermé lundi, dimanche et mardi midi

CHERISY

✉ 28500 – Eure-et-Loir – Carte régionale n° **10**–C1

LE VALLON DE CHÉRISY

CUISINE TRADITIONNELLE • AUBERGE L'enseigne ? Un clin d'œil à une ode de Victor Hugo composée dans cette même auberge en 1821. Ici, la cuisine, copieuse et volontiers rustique, s'inspire des saisons et met en avant les produits locaux, en particulier les légumes et les herbes aromatiques… Côté dessert, ne manquez pas le soufflé chaud à la vanille et caramel au beurre salé… un délice !

🍽 🅿 – Prix : €€

12 route de Paris – ☏ 02 37 43 70 08 – www.le-vallon-de-cherisy.fr – Fermé mardi et mercredi, et jeudi et dimanche soir

CHEVANNES

✉ 89240 – Yonne – Carte régionale n° **12**–A2

LA TABLE - MAISON LOBIES

CUISINE TRADITIONNELLE • MAISON DE CAMPAGNE Au cœur d'un village, entre église et prairie, cette belle maison de maître du 18e s., précédée d'une cour, ouvre sur un décor traditionnel et raffiné. Elle fait à la fois office de foyer et d'outil de travail pour un couple passionné et tout sourire qui a tourné au sein de grands restaurants. Sun Young, pâtissière d'origine sud-coréenne, et le chef Jérémie fignolent à quatre mains une jolie mélodie gourmande, plutôt traditionnelle : volaille hyper moelleuse à la peau croustillante avec son excellente et généreuse fricassée de girolles, et sa purée riche en beurre ; effiloché de paleron de bœuf confit dans sa gelée agrémentée d'éclats de noisette et boosté par une vraie sauce moutardée aux échalotes ! Quant aux desserts (île flottante, crème anglaise à la vanille de Tahiti ou cheesecake aux framboises), c'est simple : ils font tous envie.

Prix : €€

2 rue Porte-d'en-Haut – ☏ 09 85 07 05 27 – www.latable-lobies.fr – Fermé samedi, dimanche et du lundi au jeudi à midi

CHEVERNY

✉ 41700 – Loir-et-Cher – Carte régionale n° **10**–C3

LE FAVORI - LES SOURCES DE CHEVERNY

CUISINE MODERNE • CONTEMPORAIN Ce restaurant élégant et raffiné, avec sa salle entièrement ouverte sur la nature, propose un menu dégustation à base de superbes produits de saison qui procure de belles émotions gustatives. Dressages au cordeau, recettes millimétrées, beaux visuels et excellentes sauces révèlent l'essence du produit principal : concombre et herbe à curry, caviar de Sologne ; paleron de veau braisé, condiment oseille et câpres ; pomme Canada, crème fermière et feuille de figuier… Précis, explosif, envoûtant.

🐴 🛏 ♿ 🅰🅺 ❄ 🅿 – Prix : €€€€

23 route de Fougère – ☏ 02 54 44 20 20 – www.sources-cheverny.com/ restaurant-cheverny/le-favori – Fermé lundi, mardi et du mercredi au vendredi à midi

L'AUBERGE - LES SOURCES DE CHEVERNY

CUISINE TRADITIONNELLE • BISTRO Au cœur d'un vaste domaine boisé, le bistrot chic de l'hôtel Les Sources de Cheverny propose une cuisine de saison fine et soignée, véritable tour d'horizon du Val de Loire, en même temps qu'ode aux circuits courts : légumes d'un maraîcher de Mont-Près-Chambord, fraises de Sologne, échine de porc roi rose de Touraine rôti à la cheminée… Cette dernière trône dans la salle à manger : ici, la cuisson au feu de bois, c'est une spécialité !

🛏 ♿ 🅰🅺 🍽 🅿 – Prix : €€

23 route de Fougère – ☏ 02 54 44 20 20 – www.sources-cheverny.com/ restaurant-cheverny/auberge-restaurant-cheverny

CHEVERNY

 LES SOURCES DE CHEVERNY

MODERNE • CHAMPÊTRE Entouré par les forêts et les vignobles de la vallée de la Loire, un classique de la région viticole : un château et un domaine spectaculaire transformé en un petit hôtel luxueux. Dans ses chambres et suites, les éléments architecturaux d'époque se mêlent harmonieusement au mobilier moderne et au design contemporain. Une piscine et un spa sont à disposition, ainsi que des vélos électriques pour explorer la campagne, et un bar à vin.

⛓ - 49 chambres
23 route de Fougère - ☎ 02 54 44 20 20
✿ **Le Favori - Les Sources de Cheverny • L'Auberge - Les Sources de Cheverny**
Voir la sélection des restaurants

CHEVREUSE

✉ 78460 - Yvelines - Carte régionale n° **11**-B1

LE CLOS DE CHEVREUSE

CUISINE MODERNE • TRADITIONNEL Aucun doute : le chef Laurent Gasnier, dont le parcours est évocateur (il a passé du temps au Bristol, au George V, chez les Troisgros), sait choisir de bons produits à maturité, légumes comme poissons. Il les transforme en belles assiettes généreuses aux cuissons et assaisonnements irréprochables comme cette courgette boule, fromage de brousse bio, pistou de basilic ou encore ce bar, coco, fèvettes, sauce beurre. L'été, on court s'installer sur la coquette terrasse fleurie, au calme de la cour. Une adresse située, on le rappelle, dans le joli village de Chevreuse - raison de plus de faire le voyage.

☂ - Prix : €€€
33 rue de Rambouillet - ☎ 01 30 52 17 41 - www.leclosdechevreuse.fr -
Fermé lundi et mardi, et dimanche soir

CHIGNY-LES-ROSES

✉ 51500 - Marne - Carte régionale n° **6**-B2

COUVERT DE VIGNES

CUISINE MODERNE • CONTEMPORAIN Au cœur de la montagne de Reims, dans le village de Chigny-les-Roses, ce restaurant - une ancienne salle de classe - est effectivement tout entier entouré de vignes. Derrière l'insert vitré qui donne sur les cuisines, on aperçoit le chef Benjamin Gilles. Après diverses expériences, il vole de ses propres ailes en signant cette cuisine moderne, pleine de fraîcheur, rehaussée d'une pointe de créativité. Les légumes et les fruits sont fortement mis à contribution, à travers diverses préparations (crus, cuits, en pickles…).

✿ - Prix : €€€
4 place Pommery - ☎ 03 26 05 86 31 - www.benjamingillescuisine.fr -
Fermé lundi et dimanche, et mardi et mercredi soir

CHILLEURS-AUX-BOIS

✉ 45170 - Loiret - Carte régionale n° **11**-B2

LE LANCELOT

CUISINE MODERNE • COSY Au centre du village, cette accueillante maison fleurie avec jardin et terrasse est un véritable havre de tranquillité ! Cadre cosy et cuisine naviguant entre tradition et modernité (notamment le pithiviers fondant, crème à la gousse de vanille), sans oublier le gibier de Sologne en saison.

☂ - Prix : €€
12 rue des Déportés - ☎ 02 38 32 91 15 - www.restaurantlelancelot.com -
Fermé lundi et mardi, et dimanche soir

CHINON

✉ 37500 – Indre-et-Loire – Carte régionale n° **15**–B2

LES ANNÉES 30

CUISINE MODERNE • **CONTEMPORAIN** Ne vous fiez pas au nom de cet établissement ! Ici, point d'esprit années 1930 mais un décor chic et tendance, avec des murs dans les teintes terracotta ou vert-de-gris et des fauteuils rétro. Les gourmands y apprécient une appétissante cuisine centrée sur les produits frais. Terrasse pour les beaux jours.

🍴 – Prix : €€

73 rue Haute Saint-Maurice – ☎ 02 47 93 37 18 – www.lesannees-30.com – Fermé mardi et mercredi

NEMROD ⓝ

CUISINE MODERNE • **ÉLÉGANT** Tayaut ! Tayaut ! Voilà une table dédiée au roi-chasseur de la Bible, où l'on est assuré de giboyer dans le viseur d'un chef qui se présente lui-même comme un authentique chasseur-cueilleur-pêcheur. Après avoir braconné dans quelques belles maisons, le chef Nicolas Gaulandeau est revenu billebauder sur ses terres natales pour apprêter les beaux légumes et les belles viandes des maraîchers et des producteurs locaux. Résultat : une cuisine travaillée et goûteuse à l'image de son maigre de ligne aux aromates, fenouil confit, houmous et hollandaise à l'ail noir. Service très pro dans une belle salle contemporaine.

♿ 🅰 – Prix : €€€

49 place du Général-de-Gaulle – ☎ 09 56 20 35 26 – www.nemrod-chinon.com – Fermé lundi et dimanche

L'OCÉANIC

POISSONS ET FRUITS DE MER • **CONTEMPORAIN** Le vent de l'Océan souffle jusqu'à Chinon ! Comme l'enseigne l'indique, les produits de la mer sont ici à l'honneur. En cuisine, le chef prépare des poissons très frais, y ajoutant un zeste d'originalité. En saison, les menus homard, et Saint-Jacques, sont les spécialités maison.

♿ 🅰 🍴 – Prix : €€

13 rue Rabelais – ☎ 02 47 93 44 55 – www.loceanic-chinon.com – Fermé lundi et dimanche

CHOLET

✉ 49300 – Maine-et-Loire – Carte régionale n° **9**–C3

🕷 L'OURDISSOIR

CUISINE MODERNE • **COSY** En léger retrait du centre, cette petite maison, dont le nom évoque le riche passé de tisserand, abrite un chaleureux décor de pierre et de bois servant d'écrin à une cuisine actuelle, portée par des produits de saison de qualité. Joliment mise en scène, la courte partition est originale avec parfois des associations de saveurs inédites, à l'image de ce tartare de veau, déclinaison de betterave et framboise où fraicheur, acidité et sucrosité s'équilibrent bien. Plus traditionnelle mais parfaitement ficelée et savoureuse, l'alliance coco de Paimpol, dos de cabillaud et son émulsion au curry doux. La gourmandise est bel et bien au rendez-vous, y compris dans les desserts. Ne passez pas à côté !

🅰 – Prix : €€

40 rue Saint-Bonaventure – ☎ 02 41 58 55 18 – www.lourdissoir.com – Fermé lundi et dimanche

CHOLET

LA P'TITE PATTE

CUISINE MODERNE • CONTEMPORAIN Au sein d'une belle maison bourgeoise, le rez-de-chaussée est occupé par La P'tite patte, le bistrot au décor d'inspiration rétro de l'établissement Maison Patte Noire dirigé par le couple Adrien Roux et Marie Doinel. La qualité des produits prime dans cette savoureuse cuisine simple et de bon goût. L'excellent pâté de veau et foie de volaille se marie bien avec le chutney d'échalote relevé à point ; rosée à cœur et grillée sur le contour, la parilla de porc répond à merveille au croustillant des frites cuites à la graisse de bœuf. De la générosité et de la gourmandise qui font du bien !

⇘🍴🔄🅿 – Prix : €€

17 avenue de Nantes - ✆ *02 41 28 91 80 – www.maisonpattenoire.fr –*
Fermé lundi et mercredi, et dimanche soir

LA GRANGE

CUISINE MODERNE • AUBERGE Du bois omniprésent, une imposante mangeoire et des photographies stylisées : cette ancienne ferme excentrée revendique son esprit rural. Pourtant, des touches de décoration moderne nuancent la première impression comme la présence de la cave à vins vitrée et l'office aux vitres fumées noir. Dans la même veine, le chef, Christian Gingreau propose une bonne cuisine actuelle sur des bases traditionnelles. La carte est courte et savoureuse : tartare de bœuf, entrecôte maturée sur l'os 30 jours, sole entière meunière, bar sauvage, paëlla revisitée.

⇘🅰🔄🅿 – Prix : €€€

64 rue de Saint-Antoine - ✆ *02 41 62 09 83 – www.lagrangecholet.fr –*
Fermé lundi et dimanche soir

LE PATTE NOIRE

CUISINE MODERNE • ÉLÉGANT Dressée au milieu de son parc, cette charmante maison bourgeoise du 19e s. abrite à l'étage une belle salle à manger moderne et chaleureuse (moquette, murs beiges, papier peint coloré, moulures, miroirs au plafond, grande cheminée...). Pour ses menus, le chef Adrien Roux choisit d'une main experte des produits de belle qualité et de saison : œufs de truite, Saint-Jacques de plongée, homard breton, lapin de Vendée. Sans oublier le fameux pata negra bellota qui, non content de donner son nom au restaurant, émaille avec gourmandise plusieurs préparations. Générosité, couleurs et saveurs franches ponctuent chacune des assiettes de ce chef sérieux.

⇘🔄🅿 – Prix : €€€

17 avenue de Nantes - ✆ *02 41 28 91 80 – www.maisonpattenoire.fr –*
Fermé lundi et mercredi, et dimanche soir

CHONAS-L'AMBALLAN

✉ 38121 – Isère – Carte régionale n° **21**-A2

LA TABLE DE PHILIPPE GIRARDON

Chef : Philippe Girardon

CUISINE MODERNE • ÉLÉGANT La quatrième génération est aux manettes de cette maison familiale, une belle demeure 18e nichée dans son parc, ancienne villégiature pour les évêques de Lyon. Et pourtant, nulle trace de routine ni d'ennui dans les assiettes réalisées par ce chef MOF 1997 et étoilé depuis 1993. Le terroir gonfle le torse, les produits sont impeccables, les assiettes finement travaillées dans une veine classique, sans pour autant tourner le dos à la modernité. C'est dans ce cadre chaleureux que l'on déguste, par exemple, une soupière de grenouilles aux mousserons et ail des ours, un omble chevalier à la grenobloise, confit au naturel, risotto de blé tendre et beurre noisette.

🌿⇠⇘🅰🔄🅿 – Prix : €€€€

Domaine de Clairefontaine, 105 chemin des Fontanettes - ✆ *04 74 58 81 52 – www.domaine-de-clairefontaine.fr – Fermé lundi, mardi, mercredi midi et dimanche soir*

CHONAS-L'AMBALLAN

LE COTTAGE
CUISINE TRADITIONNELLE • CONTEMPORAIN Le restaurant du Cottage est emmené par Philippe Girardon, chef dont la passion et l'expérience sont incontestables ; il réalise ici une cuisine bistrotière à base de beaux produits frais, que l'on dévore dans la grande salle à manger ou en terrasse, à l'ombre des platanes...
- Prix : €€

616 chemin du Marais - 04 74 58 83 28 - www.domaine-de-clairefontaine.fr -
Fermé lundi, mardi, mercredi midi et dimanche soir

CHOREY-LÈS-BEAUNE
21200 – Côte-d'Or – Carte régionale n° **12**–D1

ERMITAGE DE CORTON
CUISINE MODERNE • COSY Dans cette maison entourée de vignes et face à la "montagne" de Corton, le chef ne manque pas de mettre en avant ses producteurs locaux et propose une cuisine moderne et soignée sur des bases classiques, sans toutefois délaisser les escargots ou les traditionnels œufs en meurette réalisés dans les règles de l'art. Décor élégant, terrasse agréable et chambres spacieuses pour l'étape.
- Prix : €€€

D974 - 03 80 22 05 28 - www.ermitagecorton.com

CIBOURE
64500 – Pyrénées-Atlantiques – Carte régionale n° **25**–A2

EKAITZA
Chef : Guillaume Roget
CUISINE MODERNE • CONTEMPORAIN Sur les pittoresques quais de Ciboure, au-dessus du port, voici un lieu bien choisi pour un restaurant nommé "tempête" (Ekaitza en basque). Pas d'orage et de grisaille dans la déco, mais un lieu clair et vivant avec de jolies tables d'ébéniste, d'où l'on peut jeter un coup d'œil sur la cuisine en fond de salle. Guillaume Roget sublime ici le meilleur du terroir basque – en particulier les poissons de la criée de Saint-Jean-de-Luz, située juste en face. Des assiettes créatives, équilibrées avec talent, mariant avec justesse les beaux produits à des notes concentrées sucrées, acidulées ou encore végétales. On se délecte de sauces concentrées et profondes, comme ce jus de carapaces de langoustines monté au foie gras, ou ce fumet de poisson parfumé à la verveine et réduit au miel de châtaignier. Ajoutons que la gourmandise, bien présente, ne fait pas obstacle à une agréable sensation de légèreté. Une référence de la côte basque.
- Prix : €€€

voir St-Jean-de-Luz - A2 - 7 *15 quai Maurice-Ravel - 05 59 51 29 51 - www.restaurant-ekaitza.fr - Fermé lundi, dimanche et mardi midi*

CHEZ MATTIN
CUISINE BASQUE • RUSTIQUE Ambiance très familiale dans cette maison de pays rustique à souhait, avec ses tables en bois massif et ses poutres apparentes. Spécialités basques et suggestions au gré du marché lancées à la cantonade, pour une cuisine spontanée, qui étonne et détonne : txangurro (spécialités à base de chair d'araignée de mer), ttoro (soupe de poisson), chipirons... Le poisson est à l'honneur et c'est un vrai bonheur !
- Prix : €€

voir St-Jean-de-Luz - A2 - 1 *63 rue Evariste-Baignol - 05 59 47 19 52 - www.chezmattin.fr - Fermé lundi et dimanche*

CIBOURE

CROCODILES ⓝ

CUISINE DU MARCHÉ • BISTRO Dans ce petit restaurant à l'ambiance familiale, légèrement en retrait de la plage de Ciboure, sur un square tranquille, un chef espagnol et sa compagne pâtissière concoctent une cuisine de marché alléchante. À travers un menu déjeuner (changé tous les 2-3 jours) ou une petite carte (renouvelée tous les 2 mois), le chef met en avant des produits de saison : bonite, leche de tigre et chips de patate douce ; pavé de merlu, sauce sriracha et piquillos farcis au pied de cochon. Le soir, en plus de la carte, un menu dégustation en plusieurs temps est proposé.

&. ⌂ – Prix : €€

Place Koxe Arbiza – ☏ 05 59 22 86 15 – www.crocodiles-restaurant.fr –
Fermé mercredi et dimanche

CIEURAC

✉ 46230 – Lot – Carte régionale n° **23**–A2

LA TABLE DE HAUTE-SERRE

CUISINE MODERNE • CONTEMPORAIN Dans l'ancien chai d'un des meilleurs châteaux de Cahors, au cœur des vignes, ce restaurant dégage le parfum très particulier des lieux authentiques. Rack à charcuterie, billot, machine à jambon et caisses de vins annoncent un beau moment de gourmandise, auquel on associe les vins du domaine. Menu rôtissoire chaque dimanche midi. On se régale.

⇦&. 🅰🄲 ⌂ 🅿 – Prix : €€

Château de Haute-Serre – ☏ 05 65 20 80 20 – www.hauteserre.fr –
Fermé mercredi et dimanche soir

LA CIOTAT

✉ 13600 – Bouches-du-Rhône – Carte régionale n° **28**–D3

✿ COULEURS DE SHIMATANI

Chef : Yuichiro et Mika Shimatani

CUISINE FUSION • ÉPURÉ Entre la Méditerranée et le Japon, le couple expérimenté formé par Yuichiro (le chef) et Mika Shimatani (la pâtissière) n'a pas choisi. Tant mieux : ils invitent dans leur restaurant de poche situé au cœur d'une rue piétonne à une délicieuse croisière gourmande entre ici et là-bas, au pays du Soleil Levant. Les produits de la mer mais aussi les légumes, tous d'une grande fraîcheur, bénéficient de cuissons, de présentations et d'assaisonnements japonisants d'une belle finesse. Une délicatesse qui est également au cœur du service assurée avec une extrême gentillesse par Mika. Table ouverte uniquement au déjeuner (vente à emporter le samedi soir).

🅰🄲 – Prix : €€€€

35 rue Edgar-Quinet – ☏ 04 86 18 92 16 – www.shimatani.fr – Fermé mardi et mercredi, et lundi, jeudi, vendredi et dimanche soir

✿ LA TABLE DE NANS

Chef : Nans Gaillard

CUISINE MÉDITERRANÉENNE • ÉPURÉ Nans Gaillard, enfant du pays et chef exigeant, avait un rêve de gamin : ouvrir son restaurant à La Ciotat, sa ville natale. Après une enfance bretonne et ses premiers pas en cuisine, de vrais postes à Paris, notamment chez Joël Robuchon, il trouve son bonheur : une auberge datant de l'entre-deux-guerres, construite en corniche face à la grande bleue avec sa terrasse magique et ses grands pins. Dans ce cadre de rêve, Nans rend hommage aux produits régionaux avec une cuisine classique revisitée avec finesse : déclinaison de tomates anciennes, chèvre frais et basilic ; saint-pierre en aïoli léger, fenouil, betterave, cébette et soupe de poissons ; croustillant de framboises fraîches et confites au vinaigre, crème diplomate et parfait glacé...

⇐ 🅰🄲 ⌂ 🅿 – Prix : €€€€

126 corniche du Liouquet – ☏ 04 42 83 11 06 – www.latabledenans.com –
Fermé lundi, dimanche et mardi midi

LA CIOTAT

ROCHE BELLE
CUISINE PROVENÇALE • RUSTIQUE Dans un chaleureux cadre provençal, une maisonnette couverte de vigne vierge et sa terrasse plantée d'oliviers. La cuisine est goûteuse, ensoleillée, et fleure bon le Midi. Comme le répète le chef Damien Arnaud : « Parfois, en cuisine, le meilleur c'est de rester simple ! » On se laissera ainsi facilement tenter par le menu à prix doux, tout aussi généreux et alléchant que le reste de la carte, qui comporte notamment des poissons cuits entiers. On se régale par exemple d'escargots en persillade et courge butternut aux noisettes ; d'une blanquette de veau aux girolles et riz rouge de Camargue ; de figues rôties au muscat et fenouil... Accueil et service très sympathiques.
AC 🛋 🍽 – Prix : €€
455 corniche du Liouquet – ℰ *04 42 71 47 60 – www.roche-belle.fr – Fermé lundi, mardi et dimanche*

CLAIREFONTAINE-EN-YVELINES
✉ 78120 – Yvelines – Carte régionale n° **11**-B2

LES TERRASSES DE CLAIREFONTAINE
CUISINE MODERNE • CONTEMPORAIN Situé au cœur de la Vallée de Chevreuse et de la forêt de Rambouillet, ce restaurant en bordure de l'étang de Clairefontaine propose une chaleureuse cuisine au goût du jour, avec une prédisposition (en saison) pour les truffes et le gibier, et une jolie vue sur l'étang (en toutes saisons...).
♿ AC 🛋 🍽 – Prix : €€€
1 rue de Rambouillet – ℰ *01 30 59 19 19 – www.lesterrassesdeclairefontaine. com – Fermé lundi et mardi, et dimanche soir*

CLARA
✉ 66500 – Pyrénées-Orientales – Carte régionale n° **27**-B3

LES LOGES DU JARDIN D'AYMERIC
CUISINE TRADITIONNELLE • AUBERGE Une adresse campagnarde comme on les aime, où l'on travaille avec une passion intacte ! Mordu de bons produits, le chef travaille les légumes de son potager, les agrumes des environs, et réalise lui-même son pain à base de farines anciennes. Pour le reste, service simple et familial, tarifs raisonnables : on passe un super moment.
🛏 🅿 – Prix : €€
7 rue du Canigou – ℰ *04 68 96 08 72 – www.logesaumeric.com – Fermé lundi et dimanche soir*

CLERMONT-FERRAND

✉ 63000 – Puy-de-Dôme –
Carte régionale n° **20**-B1

L'épicentre d'un pays de gastronomie

Juchée sur les restes d'un ancien volcan, la capitale historique de l'Auvergne règne sur la plus grande prairie de France. Qui dit pâture dit élevage, viande et fromage ! Pas étonnant que cette ville soit l'un des ventres gourmands de la France – d'ailleurs, son sous-sol de tuf est un véritable gruyère où l'on fit longtemps mûrir vin et fromage. Arpentez les rues commerçantes de la vieille ville, comme la rue de la Boucherie, qui convergent vers la place Saint-Pierre et ses halles. Des artisans bouchers-charcutiers y vantent le porc fermier d'Auvergne, le bœuf du Mézenc, l'agneau du Puy-de-Dôme et le veau de Corrèze. Des sorciers de l'affinage subliment les cantals, les salers, les saint-nectaires et autres bleus d'Auvergne descendus des montagnes alentours. Les amateurs de poisson chercheront la truite et l'omble chevalier, qui se plaisent encore dans les rivières. D'ailleurs, à côté des crus auvergnats dont la cote ne cesse de grimper, les eaux de table auvergnates étincèlent de pureté...

✻✻ LE PRÉ - XAVIER BEAUDIMENT

Chef : Xavier Beaudiment

CUISINE CRÉATIVE • **ÉLÉGANT** "L'Auvergne que je veux vous présenter est celle que nous allons cueillir chaque matin sur nos montagnes, dans nos prés et nos forêts". Les professions de foi de Xavier Beaudiment, originaire de la région, ne sont pas des boniments. Le Pré, c'est la quintessence de la simplicité – on y dîne de cochon, d'œuf ou de petits pois. Pas forcément des produits qui en mettent plein la bouche ! Mais ils sont sculptés avec passion et goût : on se laisse bercer par une cuisine de l'instinct, au gré de menus poétiques qui rendent hommage à son terroir. Ses préparations profitent aussi de la complicité des 200 plantes ou herbes sauvages qui grandissent à l'abri des volcans. Cette aventure est accompagnée par une très belle carte des vins.

❀ ⇔ & 🅰🅺 ⇔ 🅿 – Prix : €€€€

Plan : A1-2 – *Route de la Baraque* – ✆ 04 73 19 25 00 – www.restaurant-lepre.com – *Fermé du lundi au mercredi*

✻ APICIUS

Chef : Arkadiusz Zuchmanski

CUISINE MODERNE • **CONTEMPORAIN** Au cœur de la ville, à l'étage du marché Saint-Pierre, ce restaurant chic a choisi de prendre de la hauteur. Le lieu offre une succession de salles à manger à la décoration contemporaine très réussie, et les arts de la table y sont bien mis en valeur. Le chef Arkadiusz Zuchmanski,

CLERMONT-FERRAND

d'origine polonaise, s'est rapproché de la France pour fortifier une vocation née dans les cuisines de ses aïeux. Il voue une passion gourmande aux produits nobles et à l'Auvergne, qui lui rappelle les paysages de sa ville natale de Drzewica. Dans l'assiette, les produits sont toujours rendus dans leur vérité, à l'image de ce foie gras au poivre sauvage Voatsiperifery, ou ce ris de veau doré au sautoir, panais à la truffe.
&& ఉ.ఔ ⌂ – Prix : €€€€

Plan : E1-5 – *Place du Marché-Saint-Pierre (à l'étage)* – *𝒞 04 73 91 13 61* – *www. apicius-clermont.com – Fermé lundi, dimanche, et mardi et jeudi à midi*

✿ JEAN-CLAUDE LECLERC

Chef : Jean-Claude Leclerc

CUISINE MODERNE • CONTEMPORAIN Dans cet établissement proche du palais de justice, point de convocation à une audience, mais une invitation à l'épicurisme ! Voilà plus de deux décennies que Jean-Claude Leclerc tient cette table clermontoise appréciée. Dans un cadre contemporain tout en élégance, le chef propose une cuisine classique revisitée et de saison, tout en équilibre et en maîtrise. Les assiettes ne manquent pas de gourmandise, comme ce pied de cochon et foie gras enroulés dans du lard paysan et relevés d'une vinaigrette à la truffe, ou cette sole, douceur de tourteaux, coques, citron confit et jus de bouillabaisse.
&& ఔ ⌂ – Prix : €€€€

Plan : E1-6 – *12 rue Saint-Adjutor* – *𝒞 04 73 36 46 30* – *www.restaurant-jcl. com – Fermé lundi et dimanche*

✿ L'OSTAL

Chef : Emmanuel Hébrard

CUISINE MODERNE • CONTEMPORAIN Le chef clermontois Emmanuel Hébrard, qui a été formé par des pointures (Anne-Sophie Pic et Stéphane Raimbault, entre autres), ne jure que par son terroir natal (l'ostal signifie d'ailleurs « maison » en occitan auvergnat). Il régale donc avec une cuisine profondément "locale", autour d'un menu unique qui met en valeur les produits de la région - viandes du boucher du coin, légumes bios des maraîchers locaux, fromages et œufs fermiers. Le respect de la nature et des producteurs n'est pas un vain mot ici. Il s'est concocté une salle intimiste d'une vingtaine de couverts à la déco chic et contemporaine, à base de matériaux naturels (bois, pierre), bien en phase avec l'identité de la cuisine.
ఉ.ఔ – Prix : €€€€

Plan : F1-7 – *16 rue Claussmann* – *𝒞 04 73 27 77 86* – *www.lostal-restaurant.fr – Fermé lundi, dimanche et samedi midi*

✿**L'engagement du chef :** Nous travaillons exclusivement avec des producteurs locaux, le plus souvent en bio - maraîchage, poissons de rivière, légumineuses d'Auvergne, viande de race et d'élevage local... Depuis l'ouverture, nous avons procédé à une réduction drastique de nos déchets plastiques. Les déchets organiques sont réintroduits dans le cycle naturel grâce à notre parcelle gérée en permaculture.

😊 LE BISTROT D'À CÔTÉ

CUISINE MODERNE • CONVIVIAL Dans un joli bistrot contemporain situé dans une rue piétonne jouxtant la place de Jaude et l'église St-Pierre-les-Minimes, le chef Valentin Chambonnière arrivé au printemps 2023 nous régale d'une cuisine actuelle et généreuse, faite de bons produits de saison bien travaillés. Le menu aux notes acidulées est créatif et maîtrisé : le topinambour – en gnocchi et chips – surmonté de morceaux de guanciale poêlé est canaille à souhait ; l'agneau, en gigot basse température et épaule confite aux épices, offre de belles saveurs contrastées et le duo agrumes et chocolat blanc sur biscuit sarrasin est une note rafraîchissante bienvenue. Belle carte de cocktails et d'alcools. L'accueil et le service sont efficaces et chaleureux.
ఔ ⌂ – Prix : €€

Plan : E1-9 – *16 rue des Minimes* – *𝒞 04 73 29 16 16* – *www.restaurant-bistrotdacote.fr – Fermé dimanche*

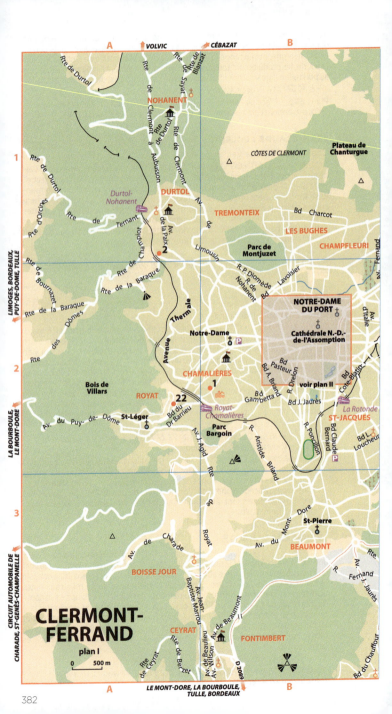

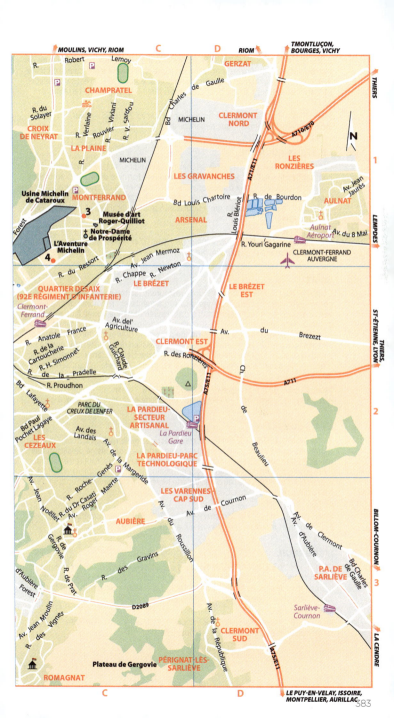

CLERMONT-FERRAND

LE CHARDONNAY

CUISINE MODERNE • BISTRO Hugues Maisonneuve est aux commandes de ce bistrot vintage. Derrière les fourneaux, un jeune chef propose une courte carte de saison et un menu du marché particulièrement alléchant. Tout ici est savoureux et plaisant visuellement. Cadre patiné, lumières tamisées et agréable terrasse.

🅰🅲 🈺 – Prix : €€

Plan : F1-8 – *1 place Philippe-Marcombes* – 𝒞 *04 73 26 79 95* – *www. lechardonnay.fr* – *Fermé lundi, dimanche et mardi midi*

LE SAINT-EUTROPE

CUISINE MODERNE • BISTRO Le chef néo-zélandais Michael Hazlewood et sa compagne Manon Descombats proposent ici une formule gagnante : ambiance vintage et conviviale, prix doux, carte des vins passionnée de crus nature, et dans l'assiette, un visuel brut qui dissimule une cuisine à la technique affûtée. Pas de dressage à la pince ici, mais une réjouissante popote familiale et branchée (oui, c'est possible !).

🈺 – Prix : €

Plan : E1-12 – *4 rue Saint-Eutrope* – 𝒞 *04 73 34 30 41* – *www.sainteutrope.com* – *Fermé lundi, mardi et dimanche, mercredi midi, et samedi soir*

LE 62

CUISINE MODERNE • CONVIVIAL Ce restaurant sait tenir nos papilles en alerte, notamment grâce à l'équilibre des assaisonnements et l'harmonie des saveurs, véritables points forts du jeune chef d'origine vietnamienne, formé à Chamalières puis à la Belle Meunière de Royat. Il réalise une belle cuisine bistronomique (française) percutante à l'image de cette longe de cochon d'Aveyron, farce blette/chorizo et sauce vierge aux agrumes. Du très bon aussi en dessert, avec ce praliné en crémeux, biscuit noisette et fraîcheur passion/roquette. Et le rapport qualité/prix, tout comme la petite terrasse, achèvent de rendre le lieu parfaitement séduisant.

🈺 – Prix : €€

Plan : E1-14 – *62 rue Fontgiève* – 𝒞 *04 73 36 18 49* – *www. restaurantle62clermont.fr* – *Fermé lundi, dimanche et du mardi au jeudi à midi*

LE DUGUESCLIN

CUISINE MODERNE • INTIME Face aux vestiges de la maison d'octroi, ce restaurant au cadre intime avec sa salle voûtée propose une cuisine de saison bien travaillée. La courte carte est déclinable sous forme de menus "tout terre" ou "tout mer" au très bon rapport qualité-prix. En semaine, le menu du midi est adapté à la clientèle d'affaire pressée ; au dîner, la carte se veut plus ambitieuse. Terrasse d'été sur l'arrière pour les beaux jours.

🈺 🛆 – Prix : €€€

Plan : C1-3 – *3 place des Cordeliers* – 𝒞 *04 73 25 76 69* – *www.le-duguesclin.fr* – *Fermé lundi et mardi, et mercredi et dimanche soir*

L'ÉCUREUIL

CUISINE MODERNE • CONVIVIAL Dans ce bistrot moderne au décor campagne chic, on déguste une appétissante cuisine du marché : magret de canard aux olives noires, joues de porc braisées au vin rouge, brioche façon pain perdu... Petite carte sur ardoise et formule du midi simplifiée, à prix imbattable.

🛆 🅰🅲 – Prix : €€

Plan : E1-10 – *18 rue Saint-Adjutor* – 𝒞 *04 73 37 83 86* – *www.ecureuil-restaurant.com* – *Fermé mercredi et dimanche*

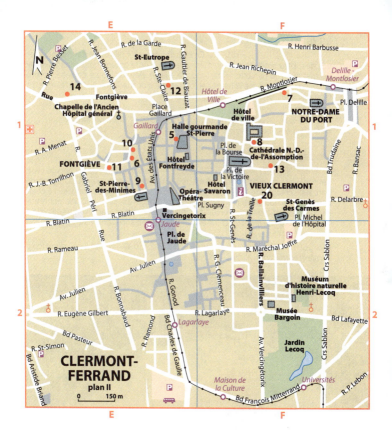

CLERMONT-FERRAND plan II
0   150 m

L'EN-BUT

CUISINE MODERNE • CONTEMPORAIN Ce restaurant, situé dans l'enceinte du stade Marcel-Michelin, décline bien naturellement les valeurs du rugby, au travers des menus "En Avant", "Grand Chelem" ou "Chistera", autour d'une cuisine actuelle, les produits du Massif central qui jouent le rôle pivot. Imaginée dans l'esprit d'une brasserie contemporaine, la salle à manger offre une vue imprenable sur le stade et, depuis la terrasse, sur la chaîne des Puys.

⇐ & AC 🍴 P – Prix : €€

Plan : C1-4 – 107 avenue de la République – ✆ 04 73 90 68 15 – www.lenbut.com – Fermé samedi et dimanche, et lundi soir

IL VISCONTI ⓝ

CUISINE ITALIENNE • TENDANCE Au cœur de la vieille ville, dans un décor refait à neuf, une jolie salle chic et confortable, parée d'un mobilier velours bleu nuit et de murs assortis, célèbre l'Italie. Le jeune chef y propose une cuisine d'inspiration transalpine simple et spontanée, dans un bel esprit bistronomique : courgettes tonnato ; poitrine de cochon confite, orzotto au pesto d'épinards et pistache ; pan di limone, crémeux citron et mascarpone framboise. Une carte courte le midi au bon rapport qualité/prix, plus étoffée le soir.

AC 🍴 – Prix : €€

Plan : F1-13 – 9 rue du Terrail – ✆ 04 73 74 35 26 – www.ilvisconti.com – Fermé lundi, dimanche et mardi midi

CLERMONT-FERRAND

L'INSTANTANÉ

CUISINE MODERNE • **BISTRO** Ce bistrot contemporain situé dans le quartier des galeristes propose quelques instantanés de pure gourmandise, imaginés par un chef au beau parcours (Ritz, Lasserre, Plaza). Pâté en croûte de veau, volaille et cochon, bœuf braisé 12 heures en cocotte, dos de merlu rôti au beurre noisette, crème brûlée... Un régal jusqu'au dessert !
Prix : €€
Plan : F1-20 – *2 rue de l'Abbé-Girard* – ℘ *04 73 91 97 19* – *www.linstantane-restaurant.fr* – *Fermé samedi et dimanche*

MOUFFU [N]

CUISINE TRADITIONNELLE • **BISTRO** Voilà une bonne table de copains où venir s'encanailler en dévorant un pâté en croûte, un vol-au-vent ou un filet mignon de porc sauce moutarde, autour de jolis flacons natures, bien sélectionnés ! Le chef-patron, fils de boulanger reconverti sur le tard, fignole une petite ardoise aux intitulés limpides, véritable ode à la cuisine familiale et populaire. Décor simple de bistrot un brin vintage au mobilier chiné et dépareillé. Ambiance conviviale et rieuse.
AC – Prix : €€
Plan : E1-11 – *4 rue Ribeyre-Jaffeux* – ℘ *04 63 22 30 41* – *Fermé lundi, dimanche, et mardi et mercredi à midi*

Melanie Maya/Getty Images Plus

CLICHY

✉ 92110 – Hauts-de-Seine – Carte régionale n° **11**–E2

ROSETTE

CUISINE TRADITIONNELLE • BISTRO Baptisé Rosette en hommage aux racines lyonnaises des jeunes propriétaires, ce bistrot cultive le bon et le beau, notamment les légumes bio d'un producteur de l'Essonne. Le menu (sans choix) suit les saisons. Chouette décor dans l'esprit d'un bouchon contemporain, qui associe touches modernes et antiquités bien choisies. Petite capacité, cuisine ouverte et quelques places au comptoir. Belle carte des vins et même des pots lyonnais !
🍽 🆎 – Prix : €€
77 rue de Paris – ☎ 01 47 72 67 51 – Fermé dimanche et samedi midi

CLIOUSCLAT

✉ 26270 – Drôme – Carte régionale n° **24**–A2

LA FONTAINE - L'ARTISTE ET LE CUISINIER

CUISINE MODERNE • BISTRO Au cœur d'un charmant village, caché dans une petite ruelle, ce bistrot dans l'air du temps se love dans une jolie maison ancienne adoptée par un couple de voyageurs… Lui, le cuisinier, et elle, l'artiste, nous invitent à goûter une cuisine bistronomique qui puise ses saveurs franches dans le rythme des saisons et l'offre des producteurs locaux. Le rapport qualité-prix est juste et la terrasse conviviale un vrai plus !
🏡 – Prix : €€
Le village – ☎ 04 75 63 07 38 – www.lafontaine-clliousclat.fr – Fermé mardi et mercredi, et dimanche soir

CLISSON

✉ 44190 – Loire-Atlantique – Carte régionale n° **9**–B3

VILLA SAINT-ANTOINE

CUISINE MODERNE • BRASSERIE Le point fort de l'ancienne filature des bords de Sèvre nantaise ? La belle terrasse au bord de l'eau, qui dévoile une vue superbe sur le château de Clisson. La partition du chef, goûteuse et particulièrement soignée, se révèle en parfaite harmonie avec la géographie des lieux.
⇐ ♿ 🆎 🏡 🅿 – Prix : €€
8 rue Saint-Antoine – ☎ 02 40 85 46 46 – www.hotel-villa-saint-antoine.com

CLUNY

✉ 71250 – Saône-et-Loire – Carte régionale n° **17**–C2

HOSTELLERIE D'HÉLOÏSE

CUISINE TRADITIONNELLE • COSY Une carte ancrée dans le terroir (escargots de Bourgogne, bœuf charolais et réduction au vin rouge du Mâconnais) et de savoureuses recettes traditionnelles (turbot rôti, purée de chou-fleur et jus de veau) font la réputation de cette table, qui propose aussi quelques plats plus actuels et une jolie sélection de vins au verre. Véranda lumineuse avec vue sur la Grosne et chambres pour l'étape.
♿ – Prix : €€
7 route de Mâcon – ☎ 03 85 59 05 65 – www.hostelleriedheloise.com – Fermé mercredi, jeudi midi et dimanche soir

🛏 MAISON TANDEM

MODERNE • COSY En plein cœur de la cité, non loin de l'abbaye, cette maison fut élevée en 1904 par le cuisinier du dernier empereur d'Autriche. C'est aujourd'hui

CLUNY

une maison d'hôtes élégante et cosy. Aux beaux jours, on prend son petit-déjeuner sur la terrasse, au-dessus du jardin et de la piscine.

🛁 🅿 🍽 🌲 - 4 chambres

21 rue d'Avril – ☏ 06 67 27 82 46

LA CLUSAZ

✉ 74220 – Haute-Savoie – Carte régionale n° **21**–C2

✿ LE CIN5 - AU CŒUR DU VILLAGE

CUISINE CRÉATIVE • ÉLÉGANT Amoureux de l'Île Maurice, Vincent Deforce en rapporte idées, produits et épices, qu'il marie avec talent au terroir savoyard, dans des assiettes créatives et esthétiques. Une cuisine colorée, où le safran de Savoie côtoie les piments des îles, le marlin et l'ourite voisinent avec le crozet au sarrasin et le sandre du Léman... sans oublier la succulente tartiflette des îles, qui associe la patate douce au cochon confit ! Un voyage inattendu et plein de saveurs, porté par un service de qualité.

🍽 & 🄰🄺 🍴 – Prix : €€€€

26 montée du Château – ☏ 04 50 01 50 01 – www.hotel-aucoeurduvillage.fr/ restauration/le-cinq – Fermé lundi, mardi et dimanche et du mercredi au samedi à midi

🛏 AU CŒUR DU VILLAGE

TRADITIONNEL • CHALEUREUX Une harmonieuse variation sur les matières – bois, métal, grès – et les styles – design, alpestre : voici la principale réussite de cet hôtel, peut-être le meilleur de la station. Chambres chaleureuses, grand spa avec piscine couverte, hammam, et sauna... une étape de choix.

🛁 🅿 🛋 ⌕ 🌲 🆓 🏠 🍴 - 60 chambres

26 montée du Château – ☏ 04 50 01 50 01

✿ **Le Cin5 - Au Cœur du Village** - Voir la sélection des restaurants

🛏 SAINT-ALBAN

CLASSIQUE • CHALEUREUX "La station tient son charme d'avoir pré-existé au développement du ski, tout comme le Saint-Alban : l'hôtel rend hommage à l'hospitalité alpine traditionnelle tout en y apportant sa propre touche. Comme cette montagne... de livres qui habille son bar Art déco aux airs de club anglais. Les chambres piochent aussi bien dans le style montagnard classique — bois blond et couvertures en laine — que dans le minimalisme des hôtels design. Une association élégante qui ne sacrifie rien au confort. Son spa l'élève définitivement au rang d'hôtel de luxe et sa boutique de ski vous permet de vous équiper entièrement sur place. Petit-déjeuner copieux et room-service en plus des collations servies au bar. "

& 🛁 🅿 ⌕ 🚲 🌲 🆓 🏠 - 48 chambres

195 route de la Piscine – ☏ 04 58 10 10 18

COCURÈS

✉ 48400 – Lozère – Carte régionale n° **28**–A2

LA LOZERETTE

CUISINE MODERNE • CLASSIQUE Au cœur des Cévennes, une auberge charmante, dont le chef propose des assiettes bien ficelées en utilisant la production régionale. Côté vins, même satisfaction : Pierrette, sommelière émérite, vous aide à choisir parmi les 300 références de la carte. N'oublions pas, enfin, le superbe plateau de fromages...

🎏 🍽 🅿 – Prix : €€

Route du Pont-de-Montvert – ☏ 04 66 45 06 04 – www.lalozerette.com – Fermé du lundi au mercredi à midi

COGNAC

✉ 16100 – Charente – Carte régionale n° **18**–B2

⁂ LES FOUDRES

CUISINE MODERNE • **ÉLÉGANT** Le restaurant des Chais Monnet s'ouvre dans l'ancienne salle des foudres, ces vastes barriques centenaires utilisées pour le vieillissement du cognac ! Dans les salles à manger intimes à l'atmosphère feutrée, aucun détail n'a été négligé, de la superbe argenterie contemporaine à la verrerie fine. On y déguste une cuisine finement technique qui met en avant les produits du terroir charentais : volaille fermière, pêche de la criée, pommes de terre de l'Île de Ré... Le chef accorde une importance particulière aux dressages, élégants, ainsi qu'aux sauces, concentrées, à l'image de ce jus de céleri caramélisé qui se substitue aisément à un jus de viande.

⇔ ⅋ 🅰 ⇄ 🅿 – Prix : €€€

Chais Monnet, 50 avenue Paul-Firino-Martell – ℰ 05 17 22 32 23 – www. chaismonnethotel.com/restaurant – Fermé lundi, mardi et du mercredi au dimanche à midi

LA MAISON

CUISINE MODERNE • **CONTEMPORAIN** En cœur de ville, cette jolie maison en pierre blanche à l'ambiance décontractée propose une cuisine éclectique aux influences multiples (Asie, Méditerranée, Amérique du Sud) : poêlée d'encornets à l'ail et piment rouge ; épaule d'agneau confite au cumin, tchoutchouka de poivron ; filet de bœuf, panko aux herbes et sauce chimichurri... Ne ratez pas les cocktails maison à base de cognac.

⅋ 🅰 🍽 ⇄ – Prix : €€

1 rue du 14-Juillet – ℰ 05 45 35 21 77 – www.restaurant-lamaison-cognac.fr – Fermé samedi et dimanche

NOTES

CUISINE MODERNE • **ÉLÉGANT** Un peu à l'écart du centre-ville, cette belle demeure bourgeoise du 19e, devenue un hôtel de luxe, a fait l'objet d'une restauration exemplaire dont a bénéficié, notamment, la salle de restaurant située dans un salon intime et élégant. La partition est jouée par le chef Anthony Carballo au gré de deux menus surprise en plusieurs séquences dont l'inspiration s'enracine en partie dans le potager du domaine. Tomate, basilic, burrata ; lieu jaune, courgette, fumet de poisson : une jolie symphonie gourmande, accompagnée par une carte des vins bien construite ! Il est aussi possible de s'attabler à la Brasserie des Flâneurs, établie dans l'ancienne distillerie du domaine.

⁂ ⊨ ⅋ 🅰 🅿 – Prix : €€€

Hôtel La Nauve, 12 rue de la Nauve – ℰ 05 48 17 03 70 – www.almae-collection. com/lanauve/restaurants – Fermé lundi, mardi, du mercredi au vendredi à midi, et dimanche soir

POULPETTE

CUISINE MODERNE • **CONTEMPORAIN** Voilà une table qui a tout compris. Le menu, volontairement restreint, propose une savoureuse cuisine du marché, à l'âme voyageuse, concoctée à base de beaux produits mitonnés avec soin et originalité. Amandine, ancienne professeur de danse, désormais responsable de salle et associée, et Antoine, ancien de Sciences Po mais passionné de cuisine, passé par Lucas Carton et Jadis ont uni leurs talents pour nous proposer une très agréable valse de saveurs.

⅋ 🅰 – Prix : €€

46 avenue du Maréchal-de-Lattre-de-Tassigny – ℰ 05 45 82 22 08 – Fermé lundi, samedi et dimanche, et mardi soir

COGNAC

CHAIS MONNET *Plus*

CLASSIQUE • CONVIVIAL La plus ancienne maison de négoce de Cognac (1838) a été entièrement transformée : on y trouve des appartements, un spa avec piscine intérieure et extérieure, un salon de thé... sans oublier le superbe bar à cognacs, riche de plus de 350 références. Un lieu rêvé, entre vignobles et détente.
- 92 chambres
50 avenue Paul-Firino-Martell – ℰ 05 17 22 32 23
❋ **Les Foudres** - Voir la sélection des restaurants

LA NAUVE, HÔTEL ET JARDIN *Plus*

CLASSIQUE • RAFFINÉ Une ancienne distillerie bordée par le fleuve, juste en aval de la vieille ville : le bâtiment principal est le manoir Belle Époque, à l'intérieur grandiose, avec des marbres lumineux, un escalier romantique et des lustres modernes en verre de Murano. La plupart des chambres et suites sont ici ; les autres se trouvent dans les entrepôts de barriques restaurés juste à côté, et elles sont toutes élégantes, avec des parquets, des brocarts or et ivoire, des draperies. Certaines sont plus douillettes - plafonds voûtés et poutres apparentes -, d'autres encore disposent de balcons donnant sur les jardins. Deux restaurants, bar à cocktails et salon de thé. Petit déjeuner servi dans la bibliothèque.
- 12 chambres
12 rue de la Nauve – ℰ 05 48 17 03 70
Notes - Voir la sélection des restaurants

COGOLIN

 83310 – Var – Carte régionale n° **29**-B2

LA GRANGE DES AGAPES

CUISINE MODERNE • ÉLÉGANT Comme tout véritable passionné, Thierry Barot est au four et au moulin. Non content de proposer une cuisine savoureuse et d'appétissants menus thématiques (tout légumes, provençal, asperges, truffe...), il donne aussi des cours de cuisine... Quelles agapes !
– Prix : €€
*7 rue du 11-Novembre – ℰ 04 94 54 60 97 – www.grangeagapes.com –
Fermé lundi, dimanche et samedi midi*

COL DE LA SCHLUCHT

✉ 88400 – Vosges – Carte régionale n° **7**-C3

LE COLLET

CUISINE MODERNE • MONTAGNARD Une cuisine du terroir, "instinctive et mitonnée minute", concoctée par un chef d'expérience, qui a formé de nombreux cuisiniers de la région, le tout servi dans un décor montagnard. Les produits des environs sont joliment mis en valeur.
P – Prix : €€
*9937 route de Colmar – ℰ 03 29 60 09 57 – www.chalethotel-lecollet.com/fr –
Fermé du lundi au samedi à midi*

COLIGNY

✉ 01270 – Ain – Carte régionale n° **21**-B1

 AU PETIT RELAIS

CUISINE TRADITIONNELLE • **COSY** Entre Bresse et Jura, ce Petit Relais propose une cuisine particulièrement goûteuse et soignée, où se côtoient homard, poissons nobles, spécialités de la Bresse et vins choisis. Accueil sympathique.
– Prix : €€
445 Grande-Rue – ☏ 04 74 30 10 07 – www.aupetitrelais.fr – Fermé , mercredi, jeudi et dimanche soir

LA COLLE-SUR-LOUP

✉ 06480 – Alpes-Maritimes – Carte régionale n° **29**-E2

 ALAIN LLORCA

Chef : Alain Llorca
CUISINE PROVENÇALE • **AUBERGE** Alain Llorca est une figure emblématique de la cuisine de la Côte d'Azur. Il a notamment œuvré au mythique palace Negresco, et a insufflé un temps toute son énergie au Moulin de Mougins, entre autres projets gourmands. Dans sa bastide de la Colle-sur-Loup, dont la terrasse offre une vue imprenable sur Saint-Paul-de-Vence, il laisse libre cours à sa sensibilité méditerranéenne. Cela prend souvent la forme d'une ode à l'iode, empreinte de finesse et sensibilité : loup en croûte d'aubergine, légumes du jardin ; poupeton de fleur de courgette à la truffe noire. Mais la cuisine de ce chef inspiré chante aussi le pigeon, le foie gras et le filet de bœuf.
– Prix : €€€€
350 route de Saint-Paul – ☏ 04 93 32 02 93 – www.alainllorca.com

L'ATELIER DES SAVEURS BY STÉPHANE GARCIA

CUISINE MODERNE • **CONTEMPORAIN** Des fruits et légumes des producteurs locaux, des poissons issus de la pêche locale, des viandes du Sud-Ouest, une belle sélection de fromages basques : l'Atelier des saveurs porte bien son nom ! En témoigne la ballotine de volaille du Gers farcie à la truffe et noisette aux asperges vertes de Saint-Paul-de-Vence... Un menu basque est disponible sur commande, en hommage aux origines du jeune chef.
– Prix : €€€
51 rue Georges-Clemenceau – ☏ 04 93 59 75 71 – www.restaurant-latelierdessaveurs-sg.com – Fermé lundi, mardi, du mercredi au vendredi à midi, et dimanche soir

COLLIAS

✉ 30210 – Gard – Carte régionale n° **28**-C2

L'HIRONDELLE - CHÂTEAU DE COLLIAS

CUISINE MODERNE • **ÉLÉGANT** Ce château en pierres blondes abrite une table gastronomique qui fait la part belle aux produits du Sud et notamment de Méditerranée, mis en musique avec savoir-faire. Offre bistronomique complémentaire au Bougainvillier, situé dans les salles à manger anciennes du château. Accueil chaleureux par le couple de propriétaires.
– Prix : €€€
8 bis chemin du Barry – ☏ 04 48 27 09 50 – www.chateaudecollias.fr – Fermé mardi, mercredi, et lundi, jeudi, vendredi, samedi et dimanche midi

COLLIAS

CHÂTEAU DE COLLIAS

MODERNE • CHAMPÊTRE Le château millénaire de Collias a été agrandi à la Renaissance, puis rénové aux 18e et 19e s. dans un style italianisant. À l'intérieur, les propriétaires ont su créer huit chambres modernes, tout en conservant l'atmosphère médiévale. Le vaste parc du domaine nous immerge dans la nature, soit au bord de la piscine, soit en contemplant la réserve naturelle des gorges du Gardon.

🅰🅲 🅿 🗘 ⚐ 🏊 ♨ 🍽 - 8 chambres

8 bis chemin du Barry – ☏ *04 48 27 09 45*

L'Hirondelle - Château de Collias - Voir la sélection des restaurants

COLLIOURE

✉ 66190 – Pyrénées-Orientales – Carte régionale n° **27**-C3

LA BALETTE

CUISINE CRÉATIVE • CONTEMPORAIN Laurent Lemal donne toute la mesure de son talent dans ce lieu idyllique qui regarde la rade et la belle Collioure les pieds dans l'eau. Sa cuisine originale autour des produits de proximité immédiate exalte toute la richesse du pays catalan, avec une prédilection pour les associations terre et mer originales et finement travaillées (baudroie de petite pêche, jus aux épices Vadouvan et granola de riz soufflé et pistache...). Sa femme Julie signe quant à elle de délicats desserts. Pour personnaliser l'expérience, le menu se construit sur mesure avec le directeur de salle, qui passe voir chaque convive en début de repas. La carte des vins fait la part belle aux meilleurs vignerons du Roussillon.

🐾 ⇔ ⇐ 🅰🅲 🍽 – Prix : €€€€

Route de Port-Vendres – ☏ *04 68 82 05 07 – www.relaisdestroismas.com – Fermé lundi et mardi*

LE 5ÈME PÉCHÉ

CUISINE MODERNE • TRADITIONNEL Un chef tokyoïte passionné de mets français et de vins... et sa petite table du vieux Collioure : quand le Japon rencontre la Catalogne ! Alors bien sûr, on déguste ici une cuisine fusion, où le poisson ultrafrais est roi. En témoigne cette soupe de poisson de roche au lait de coco, joue de bœuf braisée au banyuls et gambas. Pour s'offrir ce petit péché mignon, penser à réserver bien à l'avance !

🅰🅲 – Prix : €€

16 rue de la Fraternité – ☏ *04 68 98 09 76 – Fermé lundi, mercredi et dimanche et samedi midi*

MAMMA - LES ROCHES BRUNES

CUISINE MÉDITERRANÉENNE • COSY Perchées sur le rocher, les Roches Brunes en mettent plein les yeux : l'hôtel surplombe la mer et offre une vue imprenable sur le Château royal de Collioure, juste en face. Dans l'accueillant restaurant à l'ambiance bohème chic, la carte gourmande met à l'honneur les produits locaux. Profitez d'une cuisine catalane goûteuse et créative, principalement tournée vers la mer : gambas de Palamós, champignons et émulsion au café ; arros seco, supions et bouillon de crabe bleu ; filet de denti à la plancha et jus de suquet.

⇐ 🅰🅲 🍽 – Prix : €€€

15 route de Port-Vendres – ☏ *04 11 30 07 55 – www.hotel-lesrochesbrunes.com – Fermé du lundi au vendredi à midi*

COLLIOURE

 LES ROCHES BRUNES

MODERNE • CHALEUREUX Surplombant la baie de Collioure, un petit hôtel spectaculaire se cache à la vue de tous, accroché à la colline rocheuse. Ses 15 chambres et ses trois suites ont été entièrement habillées de couleurs neutres et apaisantes, dans un style à la fois minimaliste et chaleureux. Les terrasses descendent jusqu'aux rochers bruns qui ont donné leur nom à l'hôtel, jusqu'à une petite plage accessible par un escalier.

🅰🅲 🅿 🛏 🍽 - 18 chambres
Route de Port-Vendres - ☏ 04 11 30 07 55
Mamma - Les Roches Brunes - Voir la sélection des restaurants

COLLONGES
✉ 01550 - Ain

 LA COLONIE

TRADITIONNEL • CHALEUREUX Près de l'entrée du village s'est installée La Colonie, une réinterprétation de l'Hôtel parisien des années 1900. Ses chambres reflètent la tradition campagnarde française, rustique mais chic et chaleureuse. Deux lofts occupent le dernier étage, avec un plafond voûté généreux en volume. Possibilité de massage thaïlandais et spa thermal.

🅿 🛏 - 5 chambres
210 rue du Fort - ☏ 05 65 51 64 79

COLLONGES-AU-MONT-D'OR
✉ 69660 - Rhône - Carte régionale n° **21**-A2

 PAUL BOCUSE

CUISINE CLASSIQUE • ÉLÉGANT Tous les surnoms – primat des gueules, pape de la gastronomie – ne suffisent pas à résumer Paul Bocuse, chef hors pair, aussi fort aux fourneaux qu'en affaires, qui fut et reste encore un modèle pour beaucoup de grands noms de la gastronomie française. Il est celui par qui les brigades et leurs chefs sont passés de l'obscurité à la lumière : il est, en quelque sorte, le premier des modernes. Depuis sa disparition, la brigade d'élite de la maison (deux chefs MOF, un pâtissier champion du monde de desserts glacés) perpétue l'héritage du grand chef : gratin de queues d'écrevisses ; soupe aux truffes VGE, loup en croûte feuilletée, volaille de Bresse en vessie... avec un magnifique chariot de desserts. L'histoire continue à Collonges-au-Mont-d'Or.

🕸 ♿ 🅰🅲 ❖ 🍽 🅿 - Prix : €€€€
40 quai de la Plage - ☏ 04 72 42 90 90 - www.bocuse.fr - Fermé lundi et mardi

COLMAR

✉ 68000 – Haut-Rhin –
Carte régionale n° **8**-C2

Des recettes et des lieux 100% Alsace !

Tout ici dit l'appartenance à l'Alsace : les canaux de la "Petite Venise", les fontaines, les maisons à colombages, les géraniums aux balcons, mais aussi la gastronomie ! Les spécialités alsaciennes brillent à chaque coin de rue : choucroûte, baeckeoffe, presskopf et autres spaetzle. On retrouve ces produits au marché couvert, une ancienne halle marchande rénovée qui abrite une vingtaine de commerçants et quelques tables où l'on s'arrête volontiers prendre un kougelhopf ou un jus bio. Côté douceur, la Maison alsacienne de biscuiterie propose 40 variétés de bredele, le berawecka à base de fruits, les bretzels et autres pains d'épices. Colmar est aussi l'une des rares villes à posséder des vignobles intramuros, comme le domaine Karcher, qui occupe une ancienne ferme (1602).

✿✿ JY'S

Chef : Jean-Yves Schillinger

CUISINE CRÉATIVE • DESIGN Schillinger : en Alsace, ce nom résonne avec une force particulière. On connaissait bien Jean, le père, on connaît aussi Jean-Yves, son fils qui, après s'être exilé du côté de New York (Destinée, Olica), est revenu en 2002 dans sa ville natale. On le retrouve en lisière du parc du Champ-de-mars, bouillonnant d'idées. Bondissant d'une tradition à l'autre, sa cuisine salue tour à tour l'Alsace, les États-Unis, la Bretagne et le Japon avec une facilité déconcertante. Confiant en ses forces, il régale tous azimuts. En témoignent ce homard breton cuit dans une cafetière Cona accompagné de sa pince en spring rolls et d'agnolettis aux herbes fraîches, ou encore cette pomme verte en textures associée à un sorbet au citron iodé et au caviar… sans oublier le très beau chariot de mignardises. Une expérience unique et des goûts d'exception.

 – Prix : €€€€

Plan : A2-1 – *3 allée du Champ-de-Mars* – ✆ *03 89 21 53 60* – *www.jean-yves-schillinger.com* – *Fermé lundi, dimanche et mardi midi*

COLMAR

 L'ATELIER DU PEINTRE

Chef : Loïc Lefebvre

CUISINE CRÉATIVE • CONTEMPORAIN Martin Schongauer, l'un des plus grands graveurs et peintres rhénans de la fin du 15e s., avait son atelier juste en face de cette maison dont les murs eux-mêmes datent de la Renaissance. À l'intérieur, quelle rupture de ton ! Chic et cosy, le cadre est délibérément contemporain. Dans l'assiette, Loïc Lefebvre fait preuve d'une évidente personnalité culinaire. Ce Lorrain, formé au plus près des étoiles, signe une cuisine créative et haute en couleurs, qui évolue évidemment au gré des saisons. Fraîcheur et subtilité, précision et finesse marquent son omble chevalier grillé, spaghetti de chou-rave à la crème de tarama, sabayon au vinaigre de sureau ou bien ce pavé de bar en écailles de Saint-Jacques.

AC 🌿 – Prix : €€€

Plan : B1-3 - *1 rue Schongauer -* ✆ *03 89 29 51 57 - www.atelier-peintre.fr - Fermé lundi, dimanche, et mardi et samedi à midi*

 RESTAURANT GIRARDIN

Chef : Eric Girardin

CUISINE CRÉATIVE • ÉPURÉ La Maison des Têtes, demeure Renaissance classée, richement décorée de visages grimaçants, est à l'image de Colmar : superbe. Au Restaurant, aidés par leurs architectes, Éric Girardin et son épouse ont joué à fond la carte du minimalisme... jusque dans le menu dégustation proposé faisant la part belle au terroir alsacien. Dans l'assiette, rien que du beau, du bon et des parfums d'une belle finesse : on se laisse séduire par la truite façon gravlax, avec navet en aigre-doux, ou le carré de veau, fumé au foin, cerfeuil tubéreux et son jus intense. Le lieu abrite également une brasserie et des chambres à l'élégance intemporelle.

🌿 ⇔ ♿ AC – Prix : €€€€

Plan : A1-2 - *19 rue des Têtes -* ✆ *03 89 24 43 43 - www.maisondestetes.com/fr/restaurant-girardin.html - Fermé lundi, dimanche et du mardi au samedi à midi*

À L'ÉCHEVIN

CUISINE MODERNE • CLASSIQUE Au cœur de la "Petite Venise" et au sein de l'hôtel Le Maréchal, cette bâtisse à colombages impeccable abrite une bonne table à la déco très classique. Essayez de réserver en priorité une place dans la salle bleue sous charpente qui offre une vue sur la Lauch. Rien de classique en revanche dans l'assiette où le chef envoie une cuisine moderne bien ficelée, revisitant les classiques du terroir et de la gastronomie à coup de petites touches créatives. Très bons desserts à l'image de ce duo de figues et riz au lait dans une tuile croustillante à la cannelle.

♿ 🌿 – Prix : €€€

Plan : A2-8 - *4 place des Six-Montagnes-Noires -* ✆ *03 89 41 60 32 - www.le-marechal.com - Fermé mardi et mercredi*

BORD'EAU

CUISINE MODERNE • COSY La seconde adresse du double étoilé Jean-Yves Schillinger est située le long de la Lauch au cœur de la Petite Venise. Le menu-carte laisse exprimer la créativité du chef entre recettes qui louchent vers l'Asie et le terroir alsacien. Carottes rôties au foin, beignets d'escargots aux herbes et kumquats au sel, ou lieu jaune, coulis de potimarron, maki de légumes et gel de yuzu, à déguster dans un cadre contemporain.

AC 🌿 – Prix : €€

Plan : B2-5 - *17 rue de la Poissonnerie -* ✆ *03 89 21 53 65 - www.jean-yves-schillinger.com - Fermé lundi, dimanche et mardi midi*

395

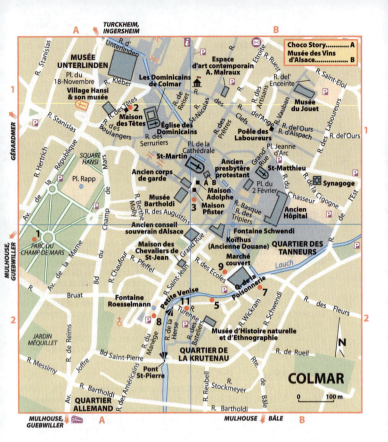

LUCAS ET CHRIS

CUISINE TRADITIONNELLE • BISTRO À quelques minutes de marche de la vieille ville, ce bistrot contemporain, qui mise sur la convivialité, est ambiancé par un couple de vrais Colmariens, Lucas Gaertner en cuisine et Chris Roldan, DJ à ses heures perdues. Au déjeuner, le chef propose un menu trois plats (choix de poisson ou de viande) ; au dîner, la carte – renouvelée tous les mois – se révèle plus étoffée. On profite ici d'une cuisine plutôt traditionnelle bien réalisée – à l'image du gravlax de saumon, crème de raifort et moutarde au miel ou de ce rognon de veau et knepfles au butternut – grâce à l'expérience d'un chef passé chez Robuchon et au Maximilien à Zellenberg.

Prix : €€

Hors plan – *4 rue Saint-Guidon* – ℘ *03 89 73 92 86* – *Fermé lundi et dimanche*

LA MAISON ROUGE

CUISINE TRADITIONNELLE • RUSTIQUE Le chef Jean Kuentz (dit Petit Jean), formé dans de belles adresses parisiennes, est à la tête de cette maison historique du vieux Colmar, à quelques encablures de la Petite Venise. Dans cette bâtisse du 11e s., il propose une cuisine gourmande, naviguant entre préparations régionales et assiettes plus actuelles, accompagnée d'une jolie sélection de vins.

– Prix : €€

Plan : B2-9 – *9 rue des Écoles* – ℘ *03 89 23 53 22* – *www.restaurant-maisonrouge.com* – *Fermé dimanche*

COLMAR

LE QUAI 21

CUISINE MODERNE • COSY Embarquez sur les quais de la "Petite Venise" pour une balade ponctuée de gourmandise, grâce à cette cuisine soignée, fleurant l'air de l'époque - on se délecte ainsi d'un tartare de thon rouge, mayonnaise au wasabi, quinoa soufflé et baies roses, ou d'un carré de porcelet rôti au satay, crème de potimarron, pâte de citron et...salicornes. Joli cadre contemporain.

&⌂ – Prix : €€

Plan : B2-7 – *15 quai de la Poissonnerie –* ℰ *03 89 58 58 58 – www.restaurant-quai21.fr – Fermé lundi et dimanche*

WISTUB BRENNER

CUISINE ALSACIENNE • WINSTUB Au cœur de la "Petite Venise", dans cette authentique winstub, la cuisine est forcément régionale : salade au comté et cervelas, tarte à l'oignon de Papi Lucien, choucroûte et jarret de porc braisé, sauce au pinot noir. Production locale, ambiance conviviale et sympathique terrasse.

AC⌂ – Prix : €€

Plan : A2-11 – *1 rue de Turenne –* ℰ *03 89 41 42 33 – www.wistub-brenner.fr*

L'ESQUISSE

CONTEMPORAIN • ÉLÉGANT Bien qu'il soit situé dans le cœur historique de Colmar, à deux pas des ruelles sinueuses, cet hôtel est aussi contemporain que possible. Il côtoie le verdoyant parc du Champ de Mars, et ses 62 chambres et suites sont un écrin à l'esthétique moderne du 20e s. Le spa est complété d'une piscine intérieure chauffée, un jacuzzi, un sauna et un hammam. Restaurant réputé.

AC ⌂ P ⌂ ⌂ ⌂ ⌂ ⌂ - 62 chambres

2 avenue de la Marne – ℰ *03 67 68 20 00*

❈❈ **JY'S**- Voir la sélection des restaurants

HÔTEL QUATORZE

MODERNE • CHARME Ancienne pharmacie du 19e s., ce petit hôtel a trouvé la formule parfaite pour prendre soin de vous. Une bonne dose de charme dû à la proximité de la cathédrale et la Petite Venise. Une grande mesure de design porté par des lignes épurées, une dualité blanc/noir et des équipements de pointe. Et un service luxueux pour compléter le soin : spa avec sauna à luminothérapie, massages ayurvédiques et japonais, voiturier et pâtisseries locales.

& AC ⌂ P ⌂ ⌂ - 17 chambres

14 rue des Augustins – ℰ *03 89 20 45 20*

LA MAISON DES TÊTES

MODERNE • ÉLÉGANT Le couple Girardin a rénové avec goût cette superbe demeure, bâtie au 17e s. sur les vestiges du mur d'enceinte de Colmar. On apprécie l'élégance intemporelle des chambres, mêlant subtilement touches historiques des lieux à des notes plus actuelles. Un cocon charmant, à cheval sur les siècles.

& AC P ⌂ ⌂ - 21 chambres

19 rue des Têtes – ℰ *03 89 24 43 43*

❈ **Restaurant Girardin** - Voir la sélection des restaurants

LE MARÉCHAL   *Plus*

CONTEMPORAIN • COSY Idéalement situé à l'entrée de la Petite Venise, cet hôtel offre des chambres de caractère réparties dans plusieurs maisons du 16e s. On a su préserver l'âme et le cachet historique des lieux, tout en adoptant un esprit contemporain pour une atmosphère cosy et feutrée.

AC P ⌂ ⌂ ⌂ ⌂ - 30 chambres

5 place des Six-Montagnes-Noires – ℰ *03 89 41 60 32*

À l'Échevin - Voir la sélection des restaurants

397

COLOMBES

✉ 92700 – Hauts-de-Seine – Carte régionale n° **11**-E2

BISTROT PAS PARISIEN
CUISINE TRADITIONNELLE • **BRASSERIE** Au cœur de Colombes, à proximité de l'imposante église conçue par Jean Hébrard, cette ancienne brasserie datant de 1907, avec son comptoir en zinc, ses miroirs, ses moulures et son lustre à boule, attire l'œil. Dans ce cadre chic, on propose une cuisine traditionnelle réalisée avec sérieux, mettant en avant des produits de qualité. Le menu-carte comprend quelques plats signatures, tels que la côte de veau ou la noix d'entrecôte à partager.
&. 🅐🅒 ✧ 🐖 - Prix : €€

3 place du Général-Leclerc - ✆ 01 47 84 84 06 - www.bistrotpasparisien.fr

COLOMBEY-LES-DEUX-ÉGLISES

✉ 52330 – Haute-Marne – Carte régionale n° **12**-C1

❀ HOSTELLERIE LA MONTAGNE
Chef : Jean-Baptiste Natali
CUISINE MODERNE • **ÉLÉGANT** Dans ce paisible village de Haute-Marne cher au général de Gaulle, cette belle demeure en pierres du 17e s. est tout entière ceinte par un beau parc qui se prolonge vers la campagne. Mais à l'intérieur, point de nostalgie ! Ni dans le décor contemporain, ni dans l'assiette – ni même dans ce menu intitulé... "Je vous ai compris !". Le chef Jean-Baptiste Natali a beaucoup voyagé, de Marrakech à Londres en passant par New York. Il signe une gastronomie française à l'heure contemporaine (non sans clins d'œil à ses nombreux voyages) en travaillant de beaux produits comme la langoustine, le rouget, le homard, le bœuf Angus, le ris de veau. Ses brocolis et oursin de Galice, sa langoustine et foie gras, son cœur de ris de veau au beurre de cédrat et risotto d'huître attestent d'un métier solide. Chambres cosy et confortables pour l'étape.
⇌ 🏠 & 🎋 ✧ - Prix : €€€€

10 rue Pisseloup - ✆ 03 25 01 51 69 - www.hostellerielamontagne.com - Fermé lundi et mardi

COLOMBIÈRES-SUR-ORB

✉ 34390 – Hérault – Carte régionale n° **27**-C2

❀ GRANIT - LA MÉCANIQUE DES FRÈRES BONANO
Chef : Clément Bonano
CUISINE MODERNE • **AUBERGE** Cette belle mécanique bien huilée, où travaillent deux frères, l'un en sommellerie, l'autre aux fourneaux, n'est autre qu'une ancienne filature de draps des bords de l'Orb. À l'intérieur, un décor tout de granit et de bois, avec au centre une grande cave vitrée : le raisin est ici chez lui ! En attestent la sélection très pointue, riche en références du Languedoc-Roussillon (mais pas seulement), et les judicieux accords proposés. Dans l'assiette, le chef Clément joue la carte de la tradition avec finesse et équilibre, à l'image de son bœuf d'Aubrac maturé (une viande remarquable, parfaitement préparée), sauce à l'échalote confite, aubergine au basilic et foie gras. Ambiance conviviale grâce au service professionnel et souriant de Benjamin. Formules tapas au bistrot le Trou du kru.
 ⇌ 🏠 & 🅐🅒 🎋 🅿 - Prix : €€€€

Lieu-dit La Mécanique - ✆ 04 67 97 30 52 - www.lamecaniquedesfreresbonano. fr - Fermé du lundi au mercredi

COLROY-LA-ROCHE

✉ 67420 – Bas-Rhin – Carte régionale n° **8**–A2

❀ LA CHENEAUDIÈRE - LE FEUILLAGE ⓝ

CUISINE CRÉATIVE • **CHIC** Sur les hauteurs du village, cet hôtel chic abrite une table gastronomique au cadre chaleureux et intimiste. Sagement créatif, le joli menu de saison enchaîne les bonnes idées gourmandes, mises en œuvre avec finesse et précision : caviar osciètre, haricots verts au thym frais, vinaigrette aux sucs de homard ; veau en deux façons (rosé aux algues et confit à la sarriette), pressé de courgettes et jus au crémant d'Alsace. Service prévenant.

🐌 ⇦ 🖙 ⅋ 🄰🄲 🄿 – Prix : €€€€

3 rue du Vieux-Moulin – ℰ 03 88 97 61 64 – www.cheneaudiere.com – Fermé les midis

LA CHENEAUDIÈRE - LE CHÊNE

CUISINE MODERNE • **CONTEMPORAIN** Après un passage au spa de l'hôtel, pourquoi ne pas se régaler au Chêne dans un cadre nature chic ? La carte, courte et raffinée, fait d'alléchantes propositions : gaspacho de légumes de saison, tartine croustillante aux légumes confits, vinaigrette d'ail noir ; gambas au thym frais, bisque corsée, tagliatelles maison aux olives taggiasche ; cheesecake à la crème d'Alsace et compotée de fruits.

🐌 ⇦ 🖙 ⅋ 🄰🄲 🄿 – Prix : €€€

3 rue du Vieux-Moulin – ℰ 03 88 97 61 64 – www.cheneaudiere.com – Fermé les midis

COMBEAUFONTAINE

✉ 70120 – Haute-Saône – Carte régionale n° **13**–B1

🐵 LE BALCON

CUISINE TRADITIONNELLE • **AUBERGE** Jean-Philippe Gauthier perpétue la tradition de cet ancien relais de diligence, restaurant familial depuis 1951. Parmi les incontournables : terrine de lapereau au foie gras, poulet au vin jaune et aux morilles, splendide chariot de fromages affinés... que l'on savoure dans une salle alliant caractère et authenticité. Chambres pour l'étape.

⅋ – Prix : €€

2 Grande-Rue – ℰ 03 84 92 11 13 – www.le-balcon-70.fr – Fermé lundi, mardi midi, et samedi et dimanche soir

COMBES

✉ 34240 – Hérault – Carte régionale n° **27**–C1

🐵 AUBERGE DE COMBES

CUISINE TRADITIONNELLE • **AUBERGE** C'est une auberge de pays perchée sur les hauteurs de la vallée de l'Orb. Ici, le terroir s'exprime avec puissance : dans l'assiette comme dans le paysage, une suavité brute domine. Foie gras mi-cuit sur une braise de sarments de vigne, salmis de palombe, tarte aux châtaignes et poires... Les assiettes se dégustent entre les murs séculaires en pierre ou sur la terrasse, qui dévoile une vue magnifique sur la vallée. Le tout accompagné d'un verre de Faugères, bien entendu !

⇦ 🄰🄲 🖭 – Prix : €€

Le Bourg – ℰ 04 67 95 66 55 – Fermé lundi et mardi, et dimanche soir

COMBLOUX

✉ 74920 – Haute-Savoie – Carte régionale n° **21**–D2

ALEXPERIENCE ⓝ

CUISINE TRADITIONNELLE • **SIMPLE** Posé à côté d'un plan d'eau et face à une vue magnifique sur le mont Blanc, le décor de ce chalet cultive la simplicité. Dans l'assiette, la tradition se donne librement cours à l'image de cet œuf parfait, lentilles,

400

COMBLOUX

diot fumé, émulsion au lard, ou de ce bœuf bourguignon. Le chef a d'ailleurs remporté un concours avec son pâté en croûte.

⇇ & – Prix : €€

Plan d'eau Biotope – ☎ 04 50 90 17 50 – www.alexperiencerestaurant.fr – Fermé du lundi au mercredi

SIGNATURE

CUISINE TRADITIONNELLE • MONTAGNARD Du seuil de cette ferme classée du 19e s., le Mont-Blanc apparaît à l'horizon. Déco montagnarde (lambris, murs en chaux, parquet), mobilier chiné et une cuisine traditionnelle réalisée par Florent Meyer, qui a travaillé avec Emmanuel Renaut : on signe tout de suite, notamment grâce à cette sauce au vin jaune qui enveloppe un beau suprême de volaille fermière, ou cette gourmande tartiflette revisitée, clin d'œil malicieux au terroir local – une entrée signature. À noter : un accueil chaleureux !

Prix : €€€

62 chemin de la Promenade – ☎ 04 50 93 11 81 – www.signature-combloux. eatbu.com – Fermé mardi, mercredi, et lundi, jeudi et samedi midi

COMBRIT

✉ 29120 – Finistère – Carte régionale n° **1**–B2

✿ LES TROIS ROCHERS

CUISINE MODERNE • ÉLÉGANT Dans l'estuaire de l'Odet, face au port de Bénodet, on a les flots d'un côté et un parc de pins et de chênes de l'autre... Vous avouerez qu'il y a pire ! Le chef, diplômé à Quimper, a roulé sa bosse en Bretagne et en Suisse, et c'est avant tout les artisans et producteurs bretons (bio, pour la plupart) qu'il met en avant dans sa cuisine. Il marie les trésors de la région avec des épices venues d'ailleurs et des herbes fraîches, dans l'objectif d'en sublimer le goût. À titre d'exemple, ses ravioles de langoustines et bouillon de crustacés sont un vrai délice...

⇜ ⇇ 🎐 & 🏡 – Prix : €€€

16 rue du Phare, à Sainte-Marine – ☎ 02 98 51 94 94 – www.trimen.fr – Fermé lundi, dimanche et du mardi au samedi à midi

BISTROT DU BAC

POISSONS ET FRUITS DE MER • BISTRO Une maison bretonne, posée sur les quais du petit port de Ste-Marine, face à Bénodet – auquel il est relié par un bac en saison. La terrasse avec sa vue pittoresque sur l'estuaire de l'Odet, la salle en bleu et blanc (comme les chambres) et surtout une cuisine iodée qui honore la mer avec fraîcheur et simplicité (mention spéciale pour la sole) : l'escale est fort sympathique !

⇇ 🏡 – Prix : €€

19 rue du Bac, à Sainte-Marine – ☎ 02 98 56 34 79 – www.hoteldubac.fr

🛏 HÔTEL DU BAC

MODERNE • MARITIME Campé face à l'Odet qui se jette un peu plus loin dans l'océan, l'Hôtel du Bac admire paisiblement les bateaux amarrés autour du port de Sainte-Marine. Ses chambres célèbrent la vie maritime avec simplicité et élégance : du bleu et du blanc évidemment, des motifs marins et quelques touches boisées.

🍴 🍽 - 10 chambres

19 rue du Bac – ☎ 02 98 51 33 33

Bistrot du Bac - Voir la sélection des restaurants

🛏 VILLA TRI MEN

BOURGEOIS • ROMANTIQUE Le jardin de cette belle villa de 1913 descend en pente douce jusqu'à la mer, et l'on peut, en toute quiétude, y lire ou prendre un verre. L'intérieur, feutré et cossu, donne à l'ensemble un charme indéniable ; les chambres sont spacieuses et élégantes dans leur parti pris minimaliste.

& 🅿 🚗 🍴 🏡 🍽 - 19 chambres

16 rue du Phare-Sainte-Marine – ☎ 02 98 51 94 94

✿ **Les Trois Rochers** - Voir la sélection des restaurants

401

COMPIÈGNE

✉ 60200 – Oise – Carte régionale n° **5**–B2

RHIZOME

CUISINE MODERNE • **CONTEMPORAIN** Le rhizome, c'est la tige souterraine de certaines plantes, une réserve d'énergie apparentée à la racine. Choix judicieux pour ce jeune couple de Soissons, revenu en Picardie après des passages dans de belles maisons (Mère Brazier, Saturne à Paris, Auberge du Vert Mont). Énergie que l'on retrouve dans la cuisine du marché, vivante, instinctive et régulièrement renouvelée. Enracinement comme en témoigne la démarche locavore, assortie de vins bio et naturels. Le bon plan gourmandise de la ville, avec un menu (unique) au déjeuner. Une bien jolie adresse, où il est prudent de réserver.
Prix : €€
6 rue des Pâtissiers – ℰ 09 83 77 42 22 – www.restaurant-rhizome.fr –
Fermé lundi et dimanche, et mercredi soir

CONCARNEAU

✉ 29900 – Finistère – Carte régionale n° **1**–B2

LE FLAVEUR

CUISINE MODERNE • **CONTEMPORAIN** Ce restaurant se niche dans une petite rue en retrait du port de plaisance et de la ville close. En cuisine, un couple complice réalise à quatre mains de véritables bouquets de fraîcheur. Ils se régalent, ils nous régalent… en jouant avec les produits du terroir : sarrasin, pêche quotidienne issue de petits bateaux, cochon breton, volailles de la Bruyère Blanche, œufs fermiers - et mention spéciale pour l'excellent pain maison.
ሬ – Prix : €€
4 rue Duquesne – ℰ 02 98 60 43 47 – Fermé lundi et dimanche, et mardi et mercredi soir

L'ATELIER DU NORD

CUISINE FUSION • **CONTEMPORAIN** Res nostra mare (la mer est notre loi) indique en exergue sur son site le chef Romain Paillet : sa cuisine moderne d'inspiration japonaise s'appuie donc uniquement sur les retours de la marée et de la pêche. Les produits iodés, à l'instar de cette ventrèche de thon à peine snackée, sont d'une fraîcheur irréprochable. Grâce à des condiments et des préparations bien dosées, chaque assiette a du peps à revendre, à l'image de ce chef passionné qui passe beaucoup de temps en salle parmi ses clients. Le cadre d'inspiration nippone aux murs bleu est en adéquation avec la partition du chef. La cuisine, située littéralement au centre, est le cœur battant du restaurant.
ሬ ⛱ – Prix : €€€
Dock 2, Quai Carnot Bâtiment Ouest Criée – ℰ 09 54 38 31 75 – atelierdunord. cc – Fermé lundi et dimanche

THALASSO CONCARNEAU SPA MARIN RESORT

CONTEMPORAIN • **MARITIME** Le point fort de l'établissement est évidemment son exceptionnel centre de thalassothérapie. Une équipe de professionnels propose des traitements personnalisés dans 20 cabines individuelles. Les logements, confortables et spacieux, sont conçus pour prolonger la relaxation, avec des vues imprenables sur la mer. Restaurant panoramique.
🅰🅲 ⛲ 🛏 ♨ 🧖 🍽 - 42 chambres
36 rue des Sables Blancs – ℰ 02 98 10 90 54

CONDORCET

✉ 26110 – Drôme – Carte régionale n° **24**–B2

LA CHARRETTE BLEUE

CUISINE TRADITIONNELLE • RUSTIQUE Impossible de manquer ce relais de poste du XVIIIe siècle avec sa charrette bleue sur le toit ! Joli hommage à René Barjavel, dont l'œuvre du même nom racontait son enfance au pays. L'esprit de la région habite le décor (terrasse sous les canisses) comme cette cuisine généreuse et bien exécutée à l'instar de cette généreuse terrine de jambon persillé, salade de pommes de terre tiède sauce ravigote bien relevée et l'île flottante, grand classique des gourmands.

🅰🅲🅿 – Prix : €€

5 chemin Barjavel – ☏ 04 75 27 72 33 – www.lacharrettebleue.net – Fermé mardi et mercredi, et dimanche soir

CONFOLENS

✉ 16500 – Charente

 DOMAINE DE LA PARTOUCIE

MODERNE • CHAMPÊTRE Logis féodal remanié au 18e s., cette demeure a su marier ses meubles anciens à un design contemporain, pour un confort moderne luxueux. Avec seulement cinq chambres, elle conserve l'atmosphère d'une résidence privée, avec une piscine d'eau salée, un court de tennis et la possibilité de pêcher carpes et brochets dans les douves. Petit déjeuner frais de la ferme.

🅿 🛏 🏊 🎾 - 5 chambres

La Partoucie – ☏ 06 15 66 06 77

CONQUES-EN-ROUERGUE

✉ 12320 – Aveyron – Carte régionale n° **23**–C2

✿ **ÉMILIE & THOMAS - MOULIN DE CAMBELONG**

Chefs : Émilie et Thomas Roussey

CUISINE MODERNE • MAISON DE CAMPAGNE Belle bâtisse en pierre de pays et lauzes, ce moulin se dresse en bordure de rivière dans une nature bucolique. La salle à manger sous charpente en profite grâce à de larges baies vitrées. Frottés aux restaurants de Pierre Gagnaire, Michel Bras et Alain Ducasse, Émilie et Thomas Roussey, tous les deux chefs, ont échangé leur établissement avec celui d'Hervé Busset, désormais installé au cœur de Rodez. Réalisée à quatre mains, cette cuisine nature fait la part belle aux légumes et aux fruits de saison livrés le plus souvent par de petits producteurs locaux triés sur le volet. Tomate et basilic ; aubergine, agastache et sarrasin ; pleurotes et fleur de courgette : les noms des plats se réduisent à leurs produits, toujours ultra-frais...

✿ 🛏 🅰🅲 🅿 – Prix : €€€

61 lieu-dit Cambelong – ☏ 05 65 72 84 77 – www.moulindecambelong.com – Fermé du lundi au mercredi

LE CONQUET

✉ 29217 – Finistère – Carte régionale n° **1**–A2

LA CORNICHE - SAINTE-BARBE

CUISINE MODERNE • CONTEMPORAIN Au sein de l'hôtel Sainte-Barbe, choisissez votre vue : côté mer, côté port du Conquet... ou encore côté salle au plaisant décor contemporain. Cuisine bien tournée autour de recettes à l'esprit bistronomie faisant la part belle aux produits d'ici, notamment aux poissons et fruits de mer.

⛰ ♿ 🅰🅲 🅿 – Prix : €€

Pointe Sainte-Barbe – ☏ 02 98 48 46 13 – www.hotelsaintebarbe.com

403

LES CONTAMINES-MONTJOIE

⊠ 74170 – Haute-Savoie – Carte régionale n° **21**–D2

L'Ô À LA BOUCHE

CUISINE MODERNE • **CONTEMPORAIN** Un lieu, deux atmosphères, mais toujours l'eau à la bouche… Au rez-de-chaussée, cadre contemporain autour d'une cuisine gastronomique fraîche et goûteuse, concoctée par un chef qui affectionne les produits frais et le poisson. Ne manquez pas non plus l'excellente charcuterie maison. Suggestions orales suivant le retour du marché. Une convivialité toute montagnarde.

&. 🏠 – Prix : €€

510 route Notre-Dame-de-la-Gorge – 𝒞 04 50 47 81 67 – www.lo-contamines. com – Fermé du lundi au samedi à midi

CONTRES

⊠ 41700 – Loir-et-Cher – Carte régionale n° **10**–C3

LA BOTTE D'ASPERGES

CUISINE MODERNE • **CONTEMPORAIN** Avec ce nom à vous donner des envies de printemps, ce restaurant joue la carte d'une cuisine savoureuse et met en avant producteurs et vignerons locaux ainsi que son joli jardin de plantes aromatiques dans des assiettes au visuel travaillé. Derrière cette bonne nouvelle pour nos papilles, un couple du métier et un chef au parcours solide, Stéphane Bureau, qui aime venir en salle et partager sa passion. Côté cadre, c'est confortable, dans un esprit bistrot contemporain.

🆎 – Prix : €€

52 rue Pierre-Henri-Mauger – 𝒞 02 54 79 50 49 – www.labottedasperges.com – Fermé lundi et mardi

CORBEIL-ESSONNES

⊠ 91100 – Essonne – Carte régionale n° **11**–B2

AUX ARMES DE FRANCE

CUISINE MODERNE • **COSY** Rien ne trouble cet ancien relais de poste, tenu par Yohann Giraud, chef passé par plusieurs maisons étoilées. Au menu : des recettes généreuses en saveurs, à l'image du plat signature, les macaronis farcis de foie gras, céleri rave et tartufata gratinés au parmesan, crème légère et jus de veau, ou du dessert plein de gourmandise, ce millefeuille et sa sauce au caramel. Enfin, pour parachever le tableau : ambiance feutrée, accueil charmant.

&. 🔄 🅿 – Prix : €€€

1 boulevard Jean-Jaurès – 𝒞 01 60 89 27 10 – www.aux-armes-de-france.fr – Fermé lundi et dimanche, et mercredi soir

CORMERY

⊠ 37320 – Indre-et-Loire – Carte régionale n° **15**–B1

LES ROSEAUX PENSANTS

Chef : Stéphane Enault

CUISINE MODERNE • **CONTEMPORAIN** Au cœur d'un charmant village riche en vieilles pierres, un couple autodidacte tient cette table qui se fournit exclusivement en bio et en local, après avoir rencontré les producteurs en personne. Le résultat est savoureux, avec une forte appétence pour le végétal et la fermentation, à l'instar de ce boudin noir végétal et son condiment pomme confite et ail noir. Mais viandes et poissons ne sont pas oubliés pour autant ! Délicieuse terrasse sous les tilleuls ; service précis et efficace.

& – Prix : €€

2 place du Mail – ℰ 02 47 43 40 32 – www.lesroseauxpensants.fr – Fermé du lundi au mercredi et dimanche soir

❀ **L'engagement du chef :** La carte s'articule autour de deux grands axes : un menu « Herbae » au printemps-été, inspiré de la cueillette et du potager, et un menu « Cerealis » en automne-hiver, mettant en lumière le terroir local. Les protéines animales cèdent souvent la place aux protéines végétales faites maison (tofu, seitan, tempeh) ; les menus sont disponibles en version végétarienne. Pour sensibiliser les convives, on organise des ateliers autour de la fermentation ou de la cuisine des plantes sauvages.

CORNIER

✉ 74800 – Haute-Savoie – Carte régionale n° **21**-C1

CHEZ MOSSE

CUISINE MODERNE • BISTRO Ici, le boss, c'est (Mattéo) Mosse : un jeune chef originaire de Haute-Savoie qui a choisi de s'installer dans ce village afin d'être au plus proche de la nature et des petits producteurs. Produits et viandes issus de l'agriculture raisonnée, circuits courts et plats végétariens définissent l'identité de cette « éco-table ». La cuisine moderne du chef travaille donc essentiellement ce que la nature lui apporte en saison et notamment de nombreux légumes bio. Cadre simple de bistrot dans une maison de village colorée bénéficiant d'une terrasse ombragée.

& – Prix : €€

58 place du Tilleul – ℰ 04 50 03 98 13 – www.chezmosse.com – Fermé lundi, mardi et dimanche

CORRENÇON-EN-VERCORS

✉ 38250 – Isère – Carte régionale n° **21**-B3

❀ **ASTERALES**

CUISINE MODERNE • COSY Une jolie table dans un cadre montagnard sobre que ces Asterales, du nom poétique d'un ordre végétal. Le chef Ludovic Nardozza réalise une cuisine soignée et précise, qui sait mettre en valeur les beaux produits qu'il affectionne : langoustines rôties au beurre de marjolaine, girolles et bisque au vin jaune ; saint-pierre laqué au fenouil sauvage, fleur de courgette et seiche grillée ; pomme façon Tatin au miel de pays et cardamome noire… Service souriant et chambres agréables pour profiter du Vercors.

⁂ & P – Prix : €€€

Hôtel du Golf, Les Ritons, 784 route du Clos-de-la-Balme – ℰ 04 76 95 84 84 – https://www.hotel-du-golf-vercors.fr/lhotel-2-2-2/ – Fermé du lundi au vendredi à midi

HÔTEL DU GOLF

BOURGEOIS • CHALEUREUX Quelle métamorphose pour ce qui n'était, il y a cinquante ans, qu'une minuscule auberge ! L'œuvre de trois générations successives, qui ont créé un bel établissement sans perdre l'esprit de famille (aujourd'hui, le benjamin de la fratrie, menuisier, assure le travail du bois !). Espace, calme, grand confort, prestations variées : on quitte les lieux à regret…

P - 22 chambres

Les Ritons, 784 route du Clos-de-la-Balme – ℰ 04 76 95 84 84

❀ **Asterales** - Voir la sélection des restaurants

CORSE
Carte régionale n° **30**

Un produit traditionnel par virage...
et ils sont innombrables !

Parcs naturels, parcours de randonnées mythiques, villes côtières chics, forêts chevelues et montagnes escarpées, telle demeure la Corse éternelle, cette île de beauté jamais mieux chantée qu'à la tombée du jour par les cigales elles-mêmes. Au-delà de ces images iconiques sur fond bleu translucide, pénétrons l'intimité de la terre natale de Napoléon et de Colomba, l'héroïne tragique de Prosper Mérimée. Et quel meilleur guide que le petit cochon noir semi-sauvage, rôti, grillé, fumé, salé, consommé à toutes les sauces, celui-là - même qu'Obélix confondait avec un chef de clan corse. "Quand tu croques dans un morceau de jambon, tu sais que tu es en Corse", témoigne un inspecteur.

AJACCIO
✉ 20000 – Corse-du-Sud – Carte régionale n° **30**-A2

A NEPITA

CUISINE DU MARCHÉ • CONVIVIAL Tombé amoureux de la Corse, Simon Andrews, chef anglais au parcours étoilé, fait son marché tous les jours. Sélectionnant ses produits avec soin, il met joliment en valeur le terroir corse : thon rouge, denti, loup, brocciu, veau, etc. Certains plats signature restent à la carte pour le plus grand plaisir des touristes et des habitués, comme le poulpe grillé ou le panaché de pêche locale. Sans oublier la marjolaine que le chef distille par petite touches dans ses assiettes, et à laquelle le nom du restaurant rend hommage. Service souriant assuré par son épouse Roberta, corse, évidemment !

AC ⌂ – Prix : €€€

4 rue San-Lazaro – ✆ 04 95 26 75 68 – www.anepita.fr – Fermé lundi, dimanche, samedi midi et mardi soir

L'ÉCRIN

CUISINE MODERNE • CONVIVIAL Légèrement à l'écart de l'agitation de la vieille ville, ce sympathique restaurant propose une cuisine méditerranéenne de saison, fraîche et bien troussée, à l'exemple de cette brandade de mostelle, poutargue et crème de piquillos. L'été, on s'installe sur la petite terrasse, s'il reste de la place ! Accueil des plus charmants. Un petit bijou !

⌂ – Prix : €€

16 cours du Général-Leclerc – ✆ 04 95 24 94 32 – www.lecrinrestaurant.fr – Fermé lundi et dimanche

AJACCIO

LE PETIT RESTAURANT

CUISINE MODERNE · COSY Au cœur de la vieille ville d'Ajaccio, le Petit Restaurant a tout d'un grand. Solide cuisinier, le chef Vincent Boucher est loin de se limiter à un répertoire méditerranéen, ayant surtout pour ambition de travailler les produits du moment à travers une cuisine moderne, un brin créative – avec parfois quelques clins d'œil exotiques. Au menu : œuf parfait, tombée d'oignons et charcuterie de porc nustrale ; suprême de volaille cuit basse température, légumes de saison, mousseline de pomme de terre et jus corsé ; crumble à la fleur de sel, sorbet à la verveine du jardin, siphon mascarpone, poudre de feuille de figuier et fraises corses. Côté salle, Kristel Paries est aux petits soins avec ses clients, qui sont assurés de passer un bon moment.

AC – Prix : €€€

3 rue Pozzo-di-Borgo – 04 20 01 88 81 – www.lepetitrestaurant.fr –
Fermé samedi et dimanche

LA TERRASSE DU FESCH

CUISINE MODERNE · CONTEMPORAIN Juchée sur un toit d'hôtel, cette table offre une belle vue sur Ajaccio, la baie et la montagne environnante. Avec ses parois modulables, elle s'ouvre et se ferme à volonté, en fonction de la météo. De la cuisine ouverte, on aperçoit le chef Franck Radiu s'activer sur fond de musique électro. Pâtissier de formation, cet enfant de la ville propose une partition bien rythmée grâce aux richesses du terroir corse. Ce soir, un cannelloni d'araignée de mer, twisté par des suprêmes de pamplemousse, un pagre sur des palets de pommes de terre nappés d'un bon jus de bouillabaisse, et un citron en trompe-l'œil en fine coque de chocolat blanc, dessert léger et acidulé.

– Prix : €€€

Hôtel Fesch, 7 rue du Cardinal-Fesch – 04 95 51 49 49 – www.hotel-fesch.
com – Fermé lundi, mardi, du mercredi au samedi à midi, et dimanche soir

HÔTEL LES MOUETTES   *Plus*

CLASSIQUE · ROMANTIQUE Cette grande demeure rose de 1880 offre une vue superbe sur la piscine et la plage privée. Chambres sobres et spacieuses, la plupart avec loggia, pour rêver en regardant les mouettes. Et le soir venu, les pieds dans la mer, compter les étoiles.

AC P – 27 chambres

9 cours Lucien Bonaparte – 04 95 50 40 40

BASTELICACCIA

20129 – Corse-du-Sud – Carte régionale n° **30**-A2

AUBERGE DU PRUNELLI

CUISINE DU TERROIR · AUBERGE Ambiance cosy et chaleureuse dans cette auberge, ancien relais de diligences qui accueillait déjà des clients en 1860. Une affaire de famille depuis 1997, lorsque le père André Orlandazzi a racheté les lieux – ce sont aujourd'hui ses fils qui ont repris les rênes. Charcuterie, fromages et miel de la vallée, légumes du potager, petits plats mijotés des heures sur le coin du fourneau, tartes concoctées avec les fruits du verger, plus de 200 références de vins corses... Intemporel ! Aux beaux jours, on profite de la grande terrasse entourée de verdure surplombant le Prunelli.

– Prix : €€

Pont de Pisciatello – 04 95 20 02 75 – www.auberge-du-prunelli.
fr – Fermé mardi

407

BONIFACIO

✉ 20169 – Corse-du-Sud – Carte régionale n° **30**–B3

FINESTRA BY ITALO BASSI

CUISINE ITALIENNE • **CHIC** Au milieu des enseignes traditionnelles, cette élégante façade détonne sur le port de Bonifacio. Située à l'étage, cette superbe salle design en forme de coque inversée, au décor subtilement marin, bénéficie d'une grande fenêtre ("finestra" en italien) ouverte sur le port. Le chef Italo Bassi, qui a un autre pied dans son restaurant en Sardaigne, a conçu une carte qui célèbre les épousailles gourmandes de l'Italie et de la Corse. Les produits, essentiellement locaux, sont triés sur le volet dans ces préparations maîtrisées. Le double ravioli en deux farces (burrata, mijoté de pintade et sa réduction) et sa crème légère de parmesan et thym frais, est un plat signature particulièrement réussi !

AC – Prix : €€€€

51 quai Jérôme-Comparetti – 📞 04 95 10 20 34 – www.finestra-d-amore.fr – Fermé les midis

L'A CHEDA

CUISINE MODERNE • **MÉDITERRANÉEN** Dans un décor romantique à souhait, on s'installe sur la charmante terrasse face à la piscine. Le chef privilégie les circuits courts et choisit ses fournisseurs avec grand soin : on se régale de poissons sauvages, viande bio corse, légumes frais du potager en permaculture... Service prévenant et carte des vins riches en jolies surprises.

🛏🏡**P** – Prix : €€€

Route de Cavallo-Morto – 📞 04 95 73 03 82 – www.acheda-hotel.com/restaurant-gastronomique-bonifacio

D'AMORE BY ITALO BASSI 🅝

CUISINE ITALIENNE • **CONTEMPORAIN** Au rez-de-chaussée du restaurant gastronomique, ce bistrot séduit immédiatement par la qualité de sa décoration lumineuse et colorée, pensée jusque dans ses moindres détails. À la carte : crudos, antipasti, risottos et pâtes (évidemment maison et parfaitement cuites al dente). De l'huile d'olive à la pêche locale, en passant par les produits transalpins, cette table respire la qualité et le goût.

🏡 – Prix : €€€

51 quai Jérôme-Comparetti – 📞 04 95 10 20 34 – www.finestra-d-amore.fr – Fermé les midis

DA PASSANO

CUISINE CORSE • **DESIGN** Face au port, ce restaurant et bar à vins revisite la tradition corse et ses produits (veau, noisettes de Cervione) dans un cadre moderne et design. Les plats en petites portions invitent naturellement au partage. Plaisante terrasse ombragée.

AC 🏡 – Prix : €€

53 quai Comparetti – 📞 04 95 28 10 90 – www.da-passano.com

LE VOILIER

CUISINE MÉDITERRANÉENNE • **CONVIVIAL** Cap sur ce voilier situé le long de la marina, avec sa terrasse élégante. À bord, on déguste une cuisine méditerranéenne (soupe et carpaccio de poisson, ceviche, fleurs de courgette), où le poisson de pêche locale (entier ou en portion) est mis à l'honneur. Les amateurs de viande ne sont pas laissés pour compte et pourront se régaler d'une côte de veau épaisse ou d'une selle d'agneau farcie.

🏡 – Prix : €€€

81 quai Comparetti – 📞 04 95 73 07 06 – www.levoilier-bonifacio.com – Fermé mardi, et mercredi et dimanche soir

BONIFACIO

 HOTEL DES PÊCHEURS

ÉPURÉ • MARITIME L'île de Cavallo est une réserve marine protégée, dont l'unique plage est celle de l'Hôtel des Pêcheurs. Les chambres beige et bleu donnent sur l'archipel des Lavezzi, garantissant l'atmosphère maritime, même depuis la pittoresque piscine. Et même le spa donne sur la mer.

- 50 chambres

Ile de Cavallo – ℰ 04 95 70 36 39

 LODGE DE CHARME A CHEDA

CONTEMPORAIN • ROMANTIQUE Voici est un lieu de retraite romantique, une oasis de sérénité avec une piscine étincelante et des espaces de détente confortables. L'hôtel est certifié Ecolabel pour son engagement en faveur de l'environnement et des pratiques durables. Le sauna, le jacuzzi et les soins personnalisés complètent ce séjour délassant.

- 18 chambres

Route de Cavallo-Morto – ℰ 04 95 73 03 82

L'A Cheda - Voir la sélection des restaurants

 VERSION MAQUIS CITADELLE

MODERNE • CHAMPÊTRE Sept bungalows fondus dans la nature, pour cet hôtel perché sur les hauteurs de Bonifacio. La superbe piscine à débordement offre une vue imprenable sur la citadelle. Chambres d'exception, contemporaines et design, toutes avec terrasses, matériaux haut de gamme, et le maquis, partout autour. Un lieu d'exception qui invite à la contemplation.

- 14 chambres

Quartier Padurella – ℰ 04 20 40 70 40

 VERSION MAQUIS SANTA MANZA

ÉPURÉ • CHAMPÊTRE Dans le calme du maquis corse, loin de la foule, des chambres épurées et une belle piscine à débordement. Le matin, on emprunte à pied le chemin menant à la mer, à une demi-heure de là… Dépaysement garanti !

- 11 chambres

Lieu-dit Canetto – ℰ 04 95 71 05 30

CALVI

✉ 20260 – Haute-Corse – Carte régionale n° **30**-A1

LA SIGNORIA

CUISINE MODERNE • MÉDITERRANÉEN À quelques minutes de Calvi se niche cet ancien domaine seigneurial génois, entouré de pinèdes et de vignobles, tandis que se découpent au loin les montagnes du cirque de Bonifatu… La terrasse donnant sur le jardin aux parfums méridionaux est un cadre idéal pour profiter d'une cuisine soignée privilégiant les produits locaux – le rouget de petite pêche, le porcu nustrale, ou les fraises du domaine – y sont à l'honneur. Pour prolonger l'expérience, de jolies villas et suites avec spa vous attendent, ainsi que le Bistrot dans l'herbe.

– Prix : €€€€

Route de la Forêt-de-Bonifato – ℰ 04 95 65 93 00 – www.hotel-la-signoria. com – Fermé les midis

LA TABLE BY LA VILLA

CUISINE MODERNE • ÉLÉGANT Au sein de la Villa, dont le luxueux décor s'efface devant la majesté du panorama – la baie, la citadelle, les montagnes… –, cette Table met en avant les produits régionaux de qualité, à déguster sur la superbe terrasse panoramique. Cuisine plus simple (mais gourmande) le midi.

– Prix : €€€€

Chemin Notre-Dame-de-la-Serra – ℰ 04 95 65 83 60 – www.lavilla.fr

CALVI

LA SIGNORIA

TRADITIONNEL • FAMILIAL Nichée dans une pinède, cette demeure du 18e s. incarne à elle seule la Méditerranée : de l'ocre, du bleu, un mobilier corse d'époque, un beau jardin paysager et... des senteurs infinies, dans la plus grande quiétude ! Joli spa. Plusieurs villas et suites, idéales pour les familles.

- 24 chambres
Route de la Forêt-de-Bonifato – 04 95 65 93 00
La Signoria - Voir la sélection des restaurants

LA VILLA CALVI   *Plus*

ÉPURÉ • RAFFINÉ La vieille ville et toute la baie semblent envier cette Villa juchée sur les hauteurs ! Ce complexe hôtelier à l'élégance épurée, digne d'un couvent, distille l'essence de l'Île de Beauté... Joli spa, centre de soins, salon de coiffure, fitness, trois piscines extérieures, une intérieure : un ensemble haut de gamme, pour un séjour reposant.

- 49 chambres
Chemin Notre-Dame de la Serra – 04 95 65 10 10
La Table by La Villa - Voir la sélection des restaurants

CORTE

20250 – Haute-Corse

DOMINIQUE COLONNA

CLASSIQUE • CHAMPÊTRE À l'entrée des gorges, dans l'arrière-pays de Corte, cet hôtel paisible, entre rochers et pins, ravira les amoureux de la nature. Confort idéal, jolies chambres et splendide terrasse qui surplombe les flots tumultueux de la rivière, où les moins frileux iront piquer une tête !

- 29 chambres
Lieu-dit Restonica – 04 95 45 25 65

CUTTOLI

20167 – Corse-du-Sud – Carte régionale n° **30**-A2

 U LICETTU

CUISINE TRADITIONNELLE • RUSTIQUE Et si on avait trouvé la vérité de la cuisine corse dans cette villa crépie de rose noyée sous les fleurs et qui domine le golfe ? Difficile à dire mais toujours est-il qu'ici la table est authentique et généreuse, que les produits sont tous de grande qualité, que le cochon est cuisiné des oreilles à la queue, que la cuisson douce au feu de bois est maîtrisée comme rarement, que la patronne veille à ce que chaque assiette soit finie. Boisson comprise dans le menu. Hautement recommandable !

- Prix : €€
Plaine de Cuttoli – 04 95 25 61 57 – www.u-licettu.com

ERBALUNGA

20222 – Haute-Corse – Carte régionale n° **30**-B1

LE PIRATE

CUISINE MODERNE • MÉDITERRANÉEN Une table réputée du Cap Corse, située sur le petit port pittoresque d'Erbalunga. Soupe de poisson, veau tigré, cochon de lait, poissons cuits au barbecue, toute la Corse est dans votre assiette... avec parfois une touche d'originalité, à l'image de ce vitello Tonnato revisité. Le cadre est idyllique, avec quelques tables sur un petit balcon et une grande terrasse au niveau de l'eau.

- Prix : €€€
au port – 04 95 33 24 20 – www.restaurantlepirate.com – Fermé lundi et mardi

ERBALUNGA

 CASTEL BRANDO *Plus*

CLASSIQUE • CHARME Cette demeure aristocratique du 19e s. habite un vieux village de pêcheurs, Erbalunga, niché sur le cap Corse. Et plutôt que de vous éblouir avec son opulence, elle vous séduira par son charme tranquille. Les chambres se partagent la vieille maison, l'orangerie et une poignée de villas annexes. Toutes sont élégantes, décorées d'un mobilier classique, mais arrangées de façon contemporaine, et déploient leur luxe sans ostentation. S'y trouvent également une piscine chauffée, un jacuzzi, un petit spa et suffisamment d'espace pour se détendre, du patio aux jardins en passant par le lounge de la demeure principale.

- 37 chambres

Lieu-dit Erbalunga - ℰ 04 95 30 10 30

LECCI

20137 – Corse-du-Sud – Carte régionale n° **30**-B3

EMPORIUM

CUISINE MODERNE • TENDANCE Avant de s'installer à San Cipriianu, le chef d'origine italienne Sébastien Salamon est passé par de belles maisons (Guy Savoy, le V). En témoignent sa maîtrise technique et son assaisonnement précis des cappellettis à l'araignée de mer notamment. L'escalope de foie gras grillée et sa brioche feuilletée, tartare de cerise offrent une belle gourmandise. En lien direct avec le terroir (pêche locale, maraîcher de Bonifacio, veau corse), la carte resserrée propose une cuisine contemporaine de très bonne facture qui s'apprécie dans un décor magnifique - une grande véranda lumineuse.

– Prix : €€€

32 boulevard Napoléon, à San Cipriianu – ℰ 04 95 73 55 86 – Fermé lundi et mardi

LEVIE

20170 – Corse-du-Sud – Carte régionale n° **30**-B3

A PIGNATA

CUISINE CORSE • RUSTIQUE Dans cette ferme-auberge au charme bucolique, la cuisine familiale fleure bon la tradition et la simplicité, avec un menu unique composé de produits de très belle qualité. La charcuterie corse fabriquée à partir des cochons de l'exploitation familiale est remarquable, l'agneau caramélisé au four est un délice, et l'emblématique daube farcie fait honneur au répertoire culinaire du terroir Corse. Installez-vous sous la tonnelle et profitez de la vue magnifique sur les montagnes et le potager !

– Prix : €€€

Route de Pianu – ℰ 04 95 78 41 90 – www.apignata.com – Fermé lundi midi

LUMIO

20260 – Haute-Corse – Carte régionale n° **30**-A1

 A CASA DI MÀ

CUISINE MODERNE • CONTEMPORAIN Lumio, village de Haute-Corse baigné de lumière et de saveurs... Le chef réalise ici une partition fine et gourmande, relevée d'une petite note créative, et toujours respectueuse du beau produit – dont l'île n'est pas avare. On se délecte par exemple d'une déclinaison de thon rouge au caviar italien ou d'un cœur de côte de veau rôti puis fumé à la myrte, chlorophylle d'herbes du maquis et jus corsé. Le tout dans une salle au décor contemporain, ouverte sur une jolie terrasse : cadre idéal pour découvrir cette cuisine épurée, qui respire la Méditerranée et le terroir corse. Service affable et attentif. Un bel endroit, dont la magie se prolonge pour ceux qui passent la nuit à l'hôtel, face à la baie de Calvi.

– Prix : €€€€

Route de Calvi – ℰ 04 95 60 61 71 – www.acasadima.com – Fermé mercredi, et lundi, mardi, jeudi, vendredi et samedi midi

411

MONTICELLO

✉ 20220 – Haute-Corse

A PIATTATELLA
CONTEMPORAIN • **CHARME** Piattatella, ou "cachette" en langue corse. Un nom tout trouvé pour ce bel hôtel au décor contemporain, niché sur les hauteurs du village. Un parcours de remise en forme, un espace bien-être, deux belles piscines, les paysages de Balagne et ce parfait sentiment d'exclusivité : tout est là !
🅐🅒 🅿 🛏 ♨ 🍽 - 17 chambres
Chemin Saint-François – ✆ 04 95 60 07 00

MINERA
MODERNE • **CHARME** Détente et bien-être sont au programme de cet hôtel, qui surplombe la route du littoral et offre une vue somptueuse sur la mer. Chambres séduisantes, beau jardin paysager, piscine et terrasse pour prendre le petit-déjeuner : on y passerait bien ses vacances…
🅐🅒 🅿 🛏 ♨ - 8 chambres
Lieu-dit Minera – ✆ 04 95 60 00 45

NONZA

✉ 20217 – Haute-Corse – Carte régionale n° **30**-B1

BOCCAFINE
CUISINE MODERNE • **CONVIVIAL** Dans ce petit village classé, sur la route du Cap Corse, ne passez pas à côté de ce restaurant discret à l'ombre d'une vigne vierge et d'imposants platanes. Le chef travaille avec savoir-faire des produits locaux et de saison, sélectionnés avec soin, comme le maigre d'une fraîcheur absolue, panzetta et jus de cochon, une association terre/mer qui fonctionne à merveille. Un coup de cœur.
🍽 – Prix : €€€
au village – ✆ 06 80 95 85 07 – www.boccafine.fr – Fermé , lundi, mardi, jeudi et samedi midi

LA SASSA
CUISINE MÉDITERRANÉENNE • **CONVIVIAL** Ce restaurant atypique, sans salle intérieure, se niche au pied de la tour paoline (18e s.), véritable nid d'aigle, perché à 160 m de hauteur, offrant une vue exceptionnelle sur la côte du Cap Corse et le golfe de Saint-Florent. Cuisine basée sur les bons produits du potager maison (2000 m² !) et agréables terrasses aux multiples recoins… Réservation fortement recommandée.
⛱ 🍽 – Prix : €€
à la tour de Nonza – ✆ 04 95 38 55 26 – www.lasassa.com – Fermé , lundi, mardi et dimanche soir

OLETTA

✉ 20232 – Haute-Corse

AETHOS CORSICA   *Plus*
ÉPURÉ • **RAFFINÉ** Installé dans une élégante maison nobiliaire du 17e s., cet hôtel de luxe abrite une impressionnante collection d'œuvres d'art contemporain : Anish Kapoor, Daniel Arsham, Paul de Pignol… Aethos Corsica s'apparente davantage à un domaine privé qu'à un hôtel, avec seulement neuf suites paisibles et raffinées. Toutes arborent un décor épuré, avec un mobilier chic et fonctionnel. Les plus

OLETTA

petites affichent au minimum 32 m², le double pour les catégories supérieures. Quant aux activités, on pourra profiter de la piscine accrochée à flanc de colline, ou opter pour des excursions plus aventureuses, à pied, à cheval ou dans l'eau, vers le Cap Corse, Saint-Florent, ou les plus beaux villages de montagne.

🅰🅲 🅿 ⛅ ♨ 🚲 🛵 ⏸ 🍴 - 9 chambres
Lieu-dit Paganacce – ✆ *04 95 38 39 39*

LA DIMORA
Plus

BOURGEOIS • **ÉLÉGANT** Matériaux nobles, authenticité et luxe contemporain discret... Dans l'arrière-pays, cette villa du 18e s. vous reçoit en ami ; la piscine, l'espace bien-être et le jardin invitent délicatement au farniente.

🅰🅲 🅿 ⛅ ♨ 🚲 🛵 ⏸ 🛌 🍴 - 17 chambres
Route de Saint-Florent – ✆ *04 95 35 22 51*

OLMETO

✉ 20113 – Corse-du-Sud – Carte régionale n° **30**–A3

LA VERRIÈRE

CUISINE MODERNE • **ÉLÉGANT** Le chef Romain Masset signe ici une cuisine de haute précision qui met l'île de Beauté à l'honneur, sans s'interdire une pointe de créativité ni un passage obligé vers les champignons, qu'il vénère depuis ses années chez Jacques et Régis Marcon. À travers des menus aux intitulés prometteurs, il nous fait vivre une vraie promenade gustative entre huile d'olive, langoustines, coquillages, rouget ou agneau de lait, autant de produits sélectionnés avec soin et travaillés avec finesse et intelligence. Quant au cadre, il est idyllique : la terrasse offre une vue inoubliable sur le golfe de Valinco et Propriano.

🛏 ⛅ 🅿 – Prix : €€€€
Hôtel Marinca, lieu-dit Vitricella – ✆ *04 95 70 09 00 – www.hotel-marinca.com – Fermé dimanche et du lundi au samedi à midi*

PERI

✉ 20167 – Corse-du-Sud – Carte régionale n° **30**–A2

CHEZ SÉRAPHIN

CUISINE TRADITIONNELLE • **FAMILIAL** Une maison corse typique dans un charmant village à flanc de montagne. Dans ce cadre splendide, on se régale d'une cuisine du terroir généreuse, élaborée en toute simplicité à partir de produits sélectionnés avec soin, parmi lesquels de l'excellente charcuterie corse et les fruits, légumes et herbes du jardin. Sur la grande et agréable terrasse, on contemple la vue magnifique sur la montagne et la forêt de chênes... Un ange passe ! Bon à savoir : la carte bleue n'est pas acceptée.

⛅ 🍽 🅿 – Prix : €€€
au village – ✆ *04 95 25 68 94 – Fermé lundi et du mardi au jeudi à midi*

PIGNA

✉ 20220 – Haute-Corse – Carte régionale n° **30**–A1

A MANDRIA DI PIGNA

CUISINE CORSE • **AUBERGE** Cette ancienne bergerie, affaire familiale depuis 15 ans, est à l'image du village qui l'accueille : attachante ! Ici, terroir et élevage local sont à l'honneur. Sur la terrasse ombragée, on savoure une cuisine généreuse réalisée dans les règles de l'art : légumes et herbes du potager, agneau et cochon de lait, en grillades ou à la broche... la cuisson au feu de bois étant la spécialité de la maison !

🍽 🅿 – Prix : €€
Village – ✆ *04 95 32 71 24 – www.restaurantpigna.com – Fermé lundi*

PORTICCIO

20166 – Corse-du-Sud – Carte régionale n° **30**–A2

LE CHARLIE 🆕

CUISINE MODERNE • CONTEMPORAIN Richard Toix, après avoir été longtemps étoilé dans son restaurant du Poitou, a trouvé sur les hauteurs de Porticcio un cadre idéal pour sa cuisine fine et pleine de saveurs. Avec un goût et une main très sûrs, il délivre des assiettes précises panachant les influences corses, métropolitaines et asiatiques, fruit des voyages qui ont nourri son imaginaire et sa palette. Sa cuisine est particulièrement sensible aux parfums, comme en attestent cette entrée d'abricot, tomate et anchois, ou ce délicieux dessert qui marie le miel et le brocciu, ode à l'Île de Beauté. La terrasse offre une superbe vue sur le golfe d'Ajaccio les Îles Sanguinaires.

– Prix : €€€€

Bella Vista Hôtel – ℰ *04 95 20 46 24* – *www.lapiscineporticcio.com/the-restaurant*

L'ARBOUSIER

CUISINE CLASSIQUE • CHIC Un moment hors du temps dans cet établissement à l'ambiance légèrement surannée, où l'on vous sert une cuisine méditerranéenne aux accents corses sur la très agréable terrasse, face à la mer. Homard, poissons de petits pêcheurs locaux, sans oublier la fricassée de langouste avec embeurrée de capellini, spécialité de la maison. Service du vin au verre assuré au magnum, très appréciable ! Carte plus restreinte le midi.

– Prix : €€€€

D55 - Boulevard Marie-Jeanne Bozzi – ℰ *04 95 25 05 55* – *www.lemaquis.com/fr*

SOFITEL AJACCIO

CLASSIQUE • MARITIME Thalassa, déesse grecque de la mer, est bien la figure tutélaire de ce complexe hôtelier : situation isolée à la pointe du cap de Porticcio, institut de thalassothérapie, piscine à débordement, sports nautiques, chambres tournées vers la Méditerranée, et produits de la mer au restaurant, lui aussi face aux flots...

- 98 chambres

Domaine de la Pointe – ℰ *04 95 29 40 40*

PORTO-VECCHIO

20137 – Corse-du-Sud – Carte régionale n° **30**–B3

CASADELMAR

CUISINE MODERNE • CONTEMPORAIN Ici, la mer est au centre de toutes choses. L'ancienne cité génoise a résisté à toutes les invasions barbares et porte haut la fierté corse. Autre motif de fierté, le restaurant Casadelmar : une table au (grand) cœur iodé. Ne vous laissez pas distraire par la vue ensorcelante sur la baie, ni le cadre de ce superbe hôtel, le plus étonnant se passe dans l'assiette ! Le chef Fabio Bragagnolo navigue avec gourmandise entre Corse et Italie à l'image de ce carré de cochon nustrale rôti au romarin, carottes et prunes fermentées, noisettes de Cervione, un plat de terroir capiteux. Le travail d'orfèvre se poursuit jusqu'aux desserts, légers en sucre et d'une grande finesse, comme ce soufflé à l'orange amère et au Grand Marnier dont les saveurs orangées éclatent en bouche.

– Prix : €€€€

Route de Palombaggia – ℰ *04 95 72 34 34* – *www.casadelmar.fr* – *Fermé lundi, dimanche et du mardi au samedi à midi*

LE BELVÉDÈRE

CUISINE MODERNE • ROMANTIQUE Déguster des ravioles de citron confit, crème de yaourt grec à la coriandre confortablement installé sur la grande terrasse située au bord de l'eau sous les pins parasols et les palmiers face à la vieille ville de Porto-Vecchio... Que demander de plus ? La cuisine est moderne, les produits de bonne qualité et la maîtrise technique est réelle : la cuisson du maigre rôti au bois de fenouil est précise et la sauce savoureuse. Dans cette enclave discrète et calme, c'est un délice pour les papilles et la vue.

🦞 ⛵ 🛏️ ♿ 🌤️ 🔄 🅿️ – Prix : €€€

Route de Palombaggia – 𝄞 04 95 70 54 13 – www.hbcorsica.com – Fermé les midis

DON CESAR

CUISINE MODERNE • ÉLÉGANT Avec son décor luxueux et raffiné, et ses larges baies vitrées ouvertes sur la terrasse, le restaurant de l'hôtel Don Cesar ne manque pas de charme ! On y sert une cuisine entre France et Italie, soignée et pleine de saveurs, qui fait la part belle aux produits de la mer, mais propose aussi un large choix de plats à base de pâtes confectionnées sur place !

⛵ 🛏️ ♿ 🅰️🅲 🌤️ 🔄 🅿️ – Prix : €€€€

Rue du Commandant-Quilici – 𝄞 04 95 76 09 09 – www.hoteldoncesar. com – Fermé lundi

LA PINÈDE

CUISINE MODERNE • MÉDITERRANÉEN Pour un déjeuner décontracté en bord de plage ou un dîner sous la tonnelle, le cadre est tout absolument magnifique, intimiste et romantique. La cuisine méditerranéenne simple et savoureuse des chefs Pascal Cayeux, pour la palette salée, et Francis Péan, pour les propositions sucrées, fait la fête aux produits locaux. Les herbes et légumes du potager bio de 3000 m² sont d'ailleurs souvent de la partie. Sans oublier la cave d'affinage pour les fromages et la belle carte de vins.

🦞 ⛵ 🛏️ ♿ 🅰️🅲 🌤️ – Prix : €€€€

à Cala-Rossa – 𝄞 04 95 71 61 51 – www.hotel-calarossa.com/fr

LA TABLE DE MINA

CUISINE MODERNE • MÉDITERRANÉEN Installé confortablement au bord de la piscine, sous un toit de tuiles, on profite de la jolie vue sur le maquis et la mer... Dans l'assiette, la préférence est donnée à une cuisine moderne et méditerranéenne, où les produits corses sont mis en valeur : excellente charcuterie ; veau tigré aux olives et polenta crémeuse ; fiadone si léger au bon goût de citron. La carte courte joue la saison en choisissant des produits de belle qualité. Le mardi, menu unique autour des spécialités de l'île.

⛵ 🛏️ ♿ 🌤️ 🅿️ – Prix : €€€

Route de Palombaggia – 𝄞 04 95 70 03 23 – www.hotel-palombaggia.com – Fermé les midis

U SANTA MARINA

CUISINE MODERNE • CHIC La vue sur le golfe de Santa Giulia y est superbe, et le soir venu, on pourrait croquer le soleil couchant... Dans l'assiette, la cuisine goûteuse, personnelle et inspirée du chef Nikolaz Le Cheviller navigue entre deux terres fières et farouches – la Bretagne et la Corse – avec des produits de qualité sélectionnés en circuit court et bio : kari-gosse, kig-ha-farz, oignons de Roscoff et lait ribot sont associés avec équilibre et maîtrise au brocciu, aux olives corses ou encore aux huîtres de l'étang de Diana. Dans ce cadre romantique, le mariage est réussi.

🦞 ⛵ 🛏️ 🌤️ – Prix : €€€€

Marina di Santa-Giulia – 𝄞 04 95 70 45 00 – www.usantamarina.com

PORTO-VECCHIO

LES BERGERIES DE PALOMBAGGIA

CLASSIQUE • RAFFINÉ Parmi les oliviers et les cyprès, plusieurs maisonnettes construites dans l'esprit des anciennes bergeries, mais très confortables... luxueuses même ! Matériaux bruts, vue sur la mer (en étage) : pour une belle et discrète villégiature à deux pas de la célèbre plage de Palombaggia.

- 21 chambres
Route de Palombaggia – 04 95 70 03 23
La Table de Mina - Voir la sélection des restaurants

CASADELMAR   *Plus*

AVANT-GARDE • MARITIME Une structure ultra moderne en cèdre rouge et en verre, une piscine de 25 m, un mobilier dans la lignée du Corbusier ou de Bertoia, des chambres et des suites d'un blanc minimaliste teinté d'orange ou le violet : le design de Jean-François Bodin est aux antipodes du style "rustique". Chaque chambre possède une terrasse privée qui domine la baie, et les espaces communs répondent à la même exigence de modernité et de caractère, comme le spa et le centre de fitness. Plage privée.

- 34 chambres
Route de Palombaggia – 04 95 72 34 34
✸✸ **Casadelmar** - Voir la sélection des restaurants

DOMAINE LES OLIVIERS DE PALOMBAGGIA

ÉPURÉ • CHARME À flanc de colline, ce village-hôtel propose des cottages en pierre inspirés de l'architecture traditionnelle de l'île. Chaque chalet est unique, de style rustique-chic avec murs blanchis à la chaux, sols en pierre et poutres apparentes. Les villas supérieures disposent de piscines privées, de douches extérieures et de salles de bains spacieuses. Le calme et l'intimité sont garantis par la végétation, si bien qu'il est facile d'oublier que l'on se trouve dans un hôtel.

- 13 chambres
Route de Palombaggia – 04 95 70 36 42

GRAND HOTEL DE CALA ROSSA

TRADITIONNEL • MARITIME À demeure d'exception, écrin splendide : un jardin luxuriant, un ponton privé sur la plage et un spa de grand standing où l'on utilise des produits à base de plantes du maquis corse...

- 32 chambres
à Cala-Rossa – 04 95 71 61 51
La Pinède - Voir la sélection des restaurants

PROPRIANO

✉ 20110 – Corse-du-Sud – Carte régionale n° **30**–A3

CHEZ PARENTI

POISSONS ET FRUITS DE MER • CLASSIQUE Chez Parenti, on est aux fourneaux de génération en génération depuis 1935 ! Les amateurs de produits de la mer ne seront pas déçus : langouste et homard vendus au poids, poissons du golfe... mais également quelques viandes corses pour satisfaire tous les palais et de bons fromages, locaux eux aussi. Les cuissons sont maîtrisées, les préparations bien réalisées. À déguster confortablement installé sur la grande terrasse ombragée, face au golfe du Valinco et aux bateaux au mouillage.

– Prix : €€€
10 avenue Napoléon-III – 04 95 76 12 14 – www.chezparenti.fr

PROPRIANO

TEMPI FÀ

CUISINE DU TERROIR · BISTRO Bienvenue « au temps d'avant » (tempi fà), dans cette épicerie-bistrot tenue par un passionné qui sélectionne les plus beaux produits de l'île ! On entre par la boutique, reproduction d'un véritable marché local (charcuteries, fromages, vin de myrte...). À table, on se régale avec une côte de veau Abbatucci tendre et savoureuse, arrosée de son jus parfumé aux herbes du maquis... et d'un bon vin de l'île !

🕸 🅰🄲 ⛱ – Prix : €€

11 avenue Napoléon-III – 📞 04 95 76 06 52 – www.tempifa.com – Fermé le soir

TERRA COTTA

POISSONS ET FRUITS DE MER · COSY Dans ce charmant petit restaurant, le chef Thomas Duval travaille chaque jour les poissons de son frère pêcheur, qu'il associe avec brio aux nourritures terrestres à travers une belle cuisine aux saveurs contrastées. En témoignent les beignets croustillants de gambas sauvages, fregola aux légumes et sauce aigre-douce, ou encore ce filet d'ombrine en basse tempéra-ture, fraîcheur citron, câpres, persil et beignets de courgette... un régal ! Magnifique terrasse qui prend ses aises le long des quais du port.

🅰🄲 ⛱ – Prix : €€€

29 avenue Napoléon-III – 📞 04 95 74 23 80 – Fermé dimanche et mercredi midi

SAINT-FLORENT

✉ 20217 – Haute-Corse – Carte régionale n° **30**–B1

L'AUBERGE DU PÊCHEUR

POISSONS ET FRUITS DE MER · MÉDITERRANÉEN Damien Muller, marin pêcheur et propriétaire de la poissonnerie Saint-Christophe, tient dans la cour-jar-din de la maison de son enfance un restaurant... en plein air. Le concept est simple : le midi, menu unique selon la pêche du jour ; le soir, une carte marine aux prépara-tions plus élaborées, des langoustes ou des sushis. Le poisson est travaillé selon la méthode ikejime pour un goût magnifié. Le produit, évidemment ultra-frais, et la technique, maîtrisée, sont gages de plaisir et de franche convivialité. Gardez une place pour la mousse au chocolat !

⛱ – Prix : €€€

*Route de Bastia – 📞 06 24 36 30 42 – www.aubergedupecheur.net –
Fermé mardi et mercredi midi*

LA GAFFE

CUISINE MODERNE · CONTEMPORAIN Le chef Yann Le Scavarec, natif du Morbihan, est aux commandes de ce restaurant idéalement situé sur les quais de Saint-Florent. Sa cuisine, actuelle et soignée, met en valeur la production des environs : agneau et veau d'Oletta, poissons en direct d'un pêcheur local, langouste au barbecue... Souvenir de ce mérou, fleur de courgette à l'araignée de mer, épices Vadouvan. Le cadre, moderne, prolonge la philosophie de l'assiette.

♿ 🅰🄲 ⛱ – Prix : €€€

*Promenade des Quais – 📞 04 95 37 00 12 – www.restaurant-lagaffe.com –
Fermé mardi, mercredi*

MATHY'S

CUISINE MODERNE · BISTRO Façade rouge pour ce restaurant de Saint-Florent, devancé par une jolie terrasse ombragée par un mûrier-platane. Dans un esprit « restaurant de village», on sert ici une cuisine méditerranéenne et corse (lan-goustines en carpaccio, huile d'olive et fleur de caviar, tartare de thon rouge mais également poulpe grillé au chorizo) avec quelques clins d'œil à l'Asie (gyoza au yuzu ou bien encore gambas croustillantes, nori et wasabi). Formule plus simple au déjeuner. Jolie carte des vins complètent l'agréable tableau.

⛱ – Prix : €€€

Place Furnellu – 📞 04 95 37 20 73 – Fermé dimanche et du lundi au mercredi soir

417

SAINT-FLORENT

LA ROYA
CLASSIQUE • CALME Sur la plage de sable fin de la Roya (accès direct) et dans un jardin ravissant embaumant les senteurs méditerranéennes, cet hôtel récent est un havre de paix. Les lits sont si douillets qu'on pourrait ne plus quitter la chambre, mais la Corse est si belle... D'ailleurs, ici, on prête des vélos.
AC P 🐾 ♨ ⊥ - 28 chambres
Plage de La Roya – 𝒞 *04 95 37 00 40*

SAINTE-LUCIE-DE-PORTO-VECCHIO
✉ 20144 – Corse-du-Sud

LE PINARELLO
CONTEMPORAIN • MARITIME Bel ensemble au luxe discret dans un cadre de rêve. Chambres et suites contemporaines, magnifique vue sur le golfe, centre de soins... et belle piscine sur le toit ! Déjeuner en terrasse face à la plage.
AC 🏖 P 🚲 ⊥ 🧖 🛁 ⊙ - 33 chambres
Baie de Pinarello – 𝒞 *04 95 71 44 39*

SAN-MARTINO-DI-LOTA
✉ 20200 – Haute-Corse – Carte régionale n° **30**–B1

LA CORNICHE
CUISINE CORSE • AUBERGE Une maison familiale perchée sur la montagne et sa belle terrasse sous les platanes avec vue sur mer... Dans l'assiette soigneusement dressée, des saveurs harmonieuses avec des notes de safran corse ou de cédrat confit de l'île, un travail en deux services sur le veau hyper gourmand et cette fameuse vanille de Madagascar qui accompagne le vacherin, le tout arrosé de vieux millésimes de l'île.
🌿 ⇐ 🍽 P – Prix : €€
1 chemin di u Fornu (Hameau de Castagneto) – 𝒞 *04 95 31 40 98 – www.hotel-lacorniche.com – Fermé lundi et mardi midi*

SANTA-REPARATA-DI-BALAGNA
✉ 20220 – Haute-Corse – Carte régionale n° **30**–A1

L'AGHJALLE
CUISINE CORSE • RUSTIQUE Dans cette grande ferme un peu perdue dans un vallon nourricier de Balagne au charme sauvage, on exploite une oliveraie, on cultive des légumes, on élève des veaux... La propriétaire, une femme de caractère qui n'en oublie pas pour autant le sens de l'accueil, met à profit ces ressources dans un restaurant tout simple et rustique, aux allures de bergerie transformée en guinguette. On y sert une cuisine traditionnelle corse des plus goûteuses et généreuses (conchiglioni farcies à la courgette et au prizuttu ; cuggiole et crème de moka façon tiramisu), à travers un menu-carte au bon rapport qualité-prix. On comprend aisément pourquoi l'adresse, qui fait la joie des locaux, ne désemplit pas. Service attentionné et efficace.
⇐ 🍽 P – Prix : €€
Toro Soprano – 𝒞 *04 95 60 31 77 – www.laghjalle.com – Fermé les midis*

SARTÈNE
✉ 20100 – Corse-du-Sud – Carte régionale n° **30**–A3

LA TABLE DE LA FERME
CUISINE MODERNE • CHAMPÊTRE Murtoli échappe aux définitions habituelles du tourisme. Un domaine gigantesque entre mer et colline, où l'on dort dans des bergeries ou villas avec piscine privative : le luxe campagnard associe ici modernité

SARTÈNE

et charme de l'architecture traditionnelle corse. Que l'on opte pour la carte courte ou le menu dégustation, c'est un bel hommage aux produits corses les plus fins, dont une majorité issus du domaine : légumes, fromages, miel, veau, agneau et huile d'olive... Les plats paysans traditionnels sont revisités avec beaucoup de finesse et des visuels soignés : aubergine à la bonifacienne, courgette à la sartenaise, aziminu graphique et coloré, chapon à la bonifacienne... Une cuisine personnelle où les fruits sont à l'honneur, la fraise mariée au rouget, l'abricot acidulant la langoustine, en apportant de la fraîcheur et des notes sucrées et salées bien équilibrées. On se régale sur la terrasse, à l'abri des oliviers, servi par une équipe attentionnée.

🕸 ⇐ 🍴 🏠 🅿 – Prix : €€€€

Domaine de Murtoli, Vallée de l'Ortolo – ☎ 04 95 71 69 24 – www.murtoli.com

SANTU PULTRU ⓝ

CUISINE TRADITIONNELLE · RUSTIQUE À quelques kilomètres de Sartène, cette ferme auberge équestre, située en pleine forêt, offre une expérience authentique de la Corse des montagnes. Dans un cadre rustique mêlant bois et pierre, l'établissement ne manque pas de charme, avec son jardin champêtre. Généreuse et savoureuse, la cuisine met à l'honneur les produits locaux : veau et bœuf bio élevés sur place, fruits et légumes du potager ou cultivés dans les environs. On se régale par exemple d'une soupe traditionnelle, de généreux cannellonis à la brousse ou d'une délicieuse salade de fraises aux herbes.

🍴 🏠 🅿 – Prix : €€

D48 – ☎ 06 82 33 61 28 – www.randochevalcorse.fr

LA TABLE DE LA GROTTE

CUISINE CORSE · CHAMPÊTRE Au-dessus du golf du domaine de Murtoli, presque perdu en plein maquis, ce restaurant charme les convives par son cadre absolument unique et sa cuisine gourmande et savoureuse, où sont mis en valeur les produits de qualité du domaine ou des producteurs voisins. Sur des bancs de bois installés au cœur de la roche, ou sur l'une des superbes petites terrasses à la vue splendide, c'est à la lueur romantique de la bougie que se dégustent des plats typiquement corses dans un menu unique : courgette à la Sartenaise, épaule d'agneau confite... et cette sauce tomate aux herbes du maquis qui vaut à elle seule le trajet. Réservation indispensable.

⇐ 🍴 🏠 🅿 – Prix : €€€

Domaine de Murtoli, Vallée de l'Ortolo – ☎ 04 95 71 69 24 – www.murtoli.com – Fermé lundi, mardi et dimanche et du mercredi au samedi à midi

LA TABLE DE LA PLAGE

CUISINE MÉDITERRANÉENNE · ROMANTIQUE Au bord de la plus jolie plage du domaine de Murtoli, ce restaurant au cadre exceptionnel inspiré par les cabanes en bois des pêcheurs se mérite. Poissons de pêche locale, langouste grillée, veau, bœuf ou agneau élevés sur le domaine : on se régale d'un saint-pierre cuit meunière, courgettes farcies à la caponata et jus de roche. La sélection de pâtes est un bon choix gourmand. Réservation indispensable pour pouvoir accéder à cette propriété très exclusive, où l'accès à la plage avec transat et serviette est possible en fin de repas...

⇐ 🏠 🅿 – Prix : €€€€

Domaine de Murtoli, Vallée de l'Ortolo – ☎ 04 95 71 69 24 – www.murtoli.com

SARTÈNE

HÔTEL DE LA FERME - DOMAINE DE MURTOLI

CLASSIQUE • CHAMPÊTRE Cette ferme en activité répond parfaitement au concept italien d'"agriturismo". Les maisonnettes de pierre, où logeaient les bergers, ont été dotées d'une cheminée, d'une piscine et d'une cuisine extérieure. Certaines offrent une vue et un accès direct à la mer ; d'autres, noyées dans la verdure, privilégient un agréable sentiment d'isolement. Le domaine propose une plage privée, un golf de 12 trous, des chevaux et un bateau de pêche, mais aussi trois restaurants : gastronomique, fruits de mer et cuisine corse traditionnelle.

🅿 🚲 💯 🏠 ⛱ 🍽 - 20 chambres
Vallée de l'Ortolo - ✆ *04 95 71 69 24*
❄ **La Table de la Ferme • La Table de la Grotte • La Table de la Plage** - Voir la sélection des restaurants

SPELONCATO
✉ 20226 – Haute-Corse – Carte régionale n° **30**-A1

I SALTI

CUISINE MODERNE • CHAMPÊTRE Dans la vallée du Reginu, à côté du golf, un ancien moulin converti en jolie petite maison, avec son cadre bucolique et son jardin d'esprit guinguette. Les beaux produits de Balagne (pêche locale, légumes bio) composent une carte savoureuse des plus gourmandes. Souvenir de ces arancini de gambas, bisque froide et pois gourmands. Accueil chaleureux et lieu plein de charme, loin de l'agitation : un coup de cœur.

🏠 🌳 – Prix : €€€
au golf du Reginu - Moulin de Salti - ✆ *04 95 34 35 59 – Fermé lundi et mardi midi*

CORTE – Haute-Corse (22) ➜ Voir Corse

LE COTEAU
✉ 42120 – Loire – Carte régionale n° **20**-C1

L'ATELIER LOCAVORE

CUISINE MODERNE • INDUSTRIEL En bordure de Loire, une adresse menée par un jeune chef originaire du coin qui propose une cuisine du marché goûteuse, avec un menu déjeuner à petit prix et un menu du mois plus élaboré. Des produits sourcés pour la plupart dans un rayon de 200 kilomètres, même si la carte peut afficher du poisson d'eau de mer (la lotte bretonne piquée à la langoustine saura aussi ravir les locavores).

🅰🅲 – Prix : €€
2 avenue de la Libération - ✆ *04 77 68 12 71 – www.atelier-locavore.fr –*
Fermé lundi et dimanche, et mercredi soir

COTIGNAC
✉ 83570 – Var – Carte régionale n° **29**-B2

JARDIN SECRET

Chef : Benoît Witz

CUISINE PROVENÇALE • MAISON DE CAMPAGNE Redescendu du rocher monégasque, Benoît Witz s'est installé dans un joli domaine de 3 hectares, au cœur d'un charmant village provençal. À l'abri des oliviers, libéré des codes gastronomiques, il envoie des assiettes 100% authentiques, dans un esprit "cuisine de grand-mère" bien assumé. Tartare de tomates cœur-de-bœuf du jardin, retour de pêche et légumes d'été, fondant au chocolat… C'est gourmand et généreux : on se régale.

🍴 ♿ 🏠 – Prix : €€€
13 rue de l'Araignée - ✆ *04 94 78 30 51 – www.loucalen.com – Fermé dimanche soir*

COTIGNAC

 L'engagement du chef : Le menu change tous les jours, et même souvent entre le midi et le soir. Les fruits et les légumes sont cultivés dans le potager bio et les achats sont effectués en circuit court, notamment sur les marchés de la Provence verte. Le chef pratique une cuisine zéro déchet en utilisant les produits dans leur intégralité ; le peu de restes est donné aux animaux ou transformé en compost. Les bâtiments, sans climatisation, ont été construits en tenant compte de la nature existante.

COUCY-LE-CHÂTEAU

✉ 02380 – Aisne

CHEZ RIC ET FER

MODERNE • CHALEUREUX Quand un photographe crée une maison d'hôtes à son image, le résultat est inspiré, coloré, un brin décalé. Ric(hard) et Fer(nanda) ont concentré leur créativité dans leurs deux chambres et une suite aux accents fifties : mobilier design, pièces vintage, motifs géométriques. De quoi satisfaire les amateurs de design tout en faisant vivre l'une des plus anciennes maison de ce village fortifié, reconstruite avec les pierres du château après la Première Guerre mondiale.

 - 2 chambres

1 place du Marché – ✆ *03 23 52 38 07*

COUËRON

✉ 44220 – Loire-Atlantique – Carte régionale n° **9**–B3

LE FRANÇOIS II

CUISINE TRADITIONNELLE • CONVIVIAL Depuis une dizaine d'années, le chef breton Jérôme Evain rend hommage à la tradition de sa région en travaillant des produits principalement locaux et de bonne qualité. L'adresse est attachante et alléchante, avec un excellent rapport qualité-prix le midi, on déguste, par exemple un œuf parfait de plein air, lentilles vertes, émulsion à l'Ossau Iraty, un cabillaud fondant cuit à basse température, et au dessert, un gâteau nantais, banane confite au caramel. Le service assuré par Solenn est rapide et sympathique.

&. 🕭 ✿ – Prix : €€

5 place Aristide-Briand – ✆ *02 40 38 32 32 – www.francois2.com – Fermé lundi et mardi, et mercredi, jeudi et dimanche soir*

COUILLY-PONT-AUX-DAMES

✉ 77860 – Seine-et-Marne – Carte régionale n° **11**–C1

✿ AUBERGE DE LA BRIE

Chef : Alain Pavard

CUISINE MODERNE • ÉLÉGANT Cette institution locale porte fièrement son étoile depuis plus de trente ans. Plébiscitée par ses nombreux fidèles, la coquette maison a effectivement plus d'une corde à son arc : son cadre classique et lumineux (la salle donne sur le jardin), sa cuisine actuelle personnalisée et d'une régularité à toute épreuve, et l'accueil tout sourire de Céline, l'épouse du chef Alain Pavard. Ce dernier séduit avec de beaux produits et des saveurs précises : tartare de daurade royale, avocat et mangue ; filet de turbot, velouté de crustacés et piment fumé ; canon d'agneau rôti, houmous, patate douce et jus aux épices.

 – Prix : €€€

14 avenue Alphonse-Boulingre – ✆ *01 64 63 51 80 – www.aubergedelabrie.net – Fermé lundi, dimanche et mardi midi*

421

COULANGES-LA-VINEUSE

✉ 89580 – Yonne – Carte régionale n° **12**–B2

J'MCA

CUISINE TRADITIONNELLE • SIMPLE Une cuisine du marché, traditionnelle et bien ficelée, qui laisse s'épanouir de bons produits comme cette fricassée de ris de veau laqué, cacahuète et chou-fleur. La carte propose aussi des classiques à l'instar de la terrine maison, de la tatin d'oignons et endives, de la tête de veau, et même du gibier en saison. Et l'accueil est tout sourire dans cette maison en pierre, installée à deux pas de l'église et de la place du village.

�& AC – Prix : €€

12 rue André-Vildieu – ℰ 03 86 34 33 41 – www.jmca-restaurant.fr –
Fermé mercredi, et lundi, mardi, jeudi et dimanche soir

COULOMBIERS

✉ 86600 – Vienne – Carte régionale n° **15**–B3

😊 AUBERGE LE CENTRE POITOU

CUISINE MODERNE • AUBERGE Depuis 1870, la même famille tient cette auberge qui fut autrefois un relais de poste et y cultive le sens de l'accueil. Mathias, en cuisine, apporte son énergie et concocte des plats savoureux, à base de beaux produits. La maîtrise rejoint le talent pour le plaisir des gourmands. Une expérience à déguster dans une salle élégante qui a conservé son charme d'antan, mêlé de touches de modernité. Service attentionné par Martial, le frère du chef. Formule plus simple au bistrot le midi, et quelques chambres pour l'étape.

🚗&🏡 – Prix : €€

39 rue Nationale – ℰ 05 49 60 90 15 – www.centre-poitou.com – Fermé lundi et
dimanche

COURBAN

✉ 21520 – Côte-d'Or – Carte régionale n° **12**–C2

❀ CHÂTEAU DE COURBAN

CUISINE MODERNE • ÉLÉGANT Ce château, une élégante maison de maître du 19e s. à la façade ocre rose, trône au milieu de son parc. Précédé d'un salon cossu avec cheminée qui crépite, le restaurant occupe l'ancienne grange, anoblie par un plafond bourguignon, des lustres et des miroirs. En bon artisan, le chef transforme sa belle matière première en une fine cuisine de saison dont le goût est le fil conducteur : tomate confite et ses trois condiments ; cabillaud de ligne sauce bonne-femme ; pigeonneau de Racan, saucisse pigeon-foie gras, chou et jus truffé… Le repas se conclut de belle manière grâce à des desserts épurés et faibles en sucre. Carte des vins particulièrement riche en champagnes et bourgognes.

🐝 🍸🚗&♿🅿 – Prix : €€€€

7 rue du Lavoir – ℰ 03 80 93 78 69 – www.chateaudecourban.com – Fermé du
lundi au samedi à midi

🛏 CHÂTEAU DE COURBAN

CLASSIQUE • CHAMPÊTRE Charmante, champêtre, authentique et confortable : telle est cette belle gentilhommière de 1837. Les jardins, la piscine à débordement et le spa ajoutent encore au cachet du lieu. Et l'on est reçu comme dans une maison de famille… Sympathique !

AC 🛁🅿⌚🌳🚗🎿♨🏠🍽 - 24 chambres

7 rue du Lavoir – ℰ 03 80 93 78 69

❀ **Château de Courban** - Voir la sélection des restaurants

COURCELLES-SUR-VESLE

✉ 02220 – Aisne – Carte régionale n° **5**-C2

 LA TABLE DE COURCELLES - CHÂTEAU DE COURCELLES

CUISINE MODERNE • ÉLÉGANT Avec l'arrivée du chef italien au parcours impeccable Massimiliano Sena, originaire de Sorrente près de Naples, cette noble et élégante demeure esprit Grand Siècle entre dans une modernité gourmande de bon aloi. Les produits locaux et saisonniers sont à l'honneur, et l'ascendance transalpine du chef se fait délicate et subtile. Pas d'esbroufe ou de technique culinaire inutile : la maîtrise est suffisamment affirmée, et les harmonies préservées, pour apprécier cet œuf parfait et sa mousse de girolle aérienne, ou bien ce cabillaud, déclinaison de courgettes, framboise et ail noir. Belle carte des vins de plus de 700 références. Depuis la salle sous verrière, la vue sur le jardin à la française et le canal invite à la quiétude.

🐝 🛏 🍴 🍽 🅿 – Prix : €€€€

8 rue du Château – ✆ *03 23 74 13 53 –* www.chateau-de-courcelles.fr

 CHÂTEAU DE COURCELLES *Plus*

GRAND STYLE • RAFFINÉ De longues enfilades de fenêtres, des toits à la Mansart, des allées de buis taillé... la parfaite image d'un château français du 17e s., fréquenté en leur temps par Crébillon, Rousseau ou encore Cocteau. Grand style dans les chambres et belles prestations.

🅿 ☁ 🦯 🚲 ♨ 🍽 – 20 chambres

8 rue du Château – ✆ *03 23 74 13 53*

✿ **La Table de Courcelles - Château de Courcelles** - Voir la sélection des restaurants

COURCHEVEL

✉ 73120 – Savoie –
Carte régionale n° **21**-D2

Clientèle internationale, mais spécialités bien locales

À proximité du Parc national de la Vanoise, Courchevel est l'une des stations de sports d'hiver les plus prestigieuses au monde. Sa vocation originelle, dédiée au tourisme social, a été oubliée, au profit de l'image jet-set véhiculée par Courchevel 1850, la plus huppée des quatre stations. Un conseil avant de vous lancer vers la vallée, où aiguilles et masses glacées du mont Blanc affichent leur splendeur : prenez des forces ! Fromages, fruits croquants, vin de Savoie, jus de fruits, charcuteries, miel, bières, crozets : Courchevel n'est pas qu'une station de villégiature huppée, c'est un lieu de gourmandise, ouvert à tous les appétits. Et comme ceux-ci sont plutôt ouverts, c'est la traditionnelle tartiflette qui rencontre le plus grand succès ; ce plat conçu comme un gratin et cuisiné avec des tranches de pommes de terre, des lardons fumés et du reblochon fermier, le tout copieusement arrosé d'un vin blanc de Savoie.

✿✿✿ LE 1947 À CHEVAL BLANC

CUISINE CRÉATIVE • CONTEMPORAIN Remarquable parcours que celui de Yannick Alléno ! Au fil de sa progression régulière au sein des plus grands restaurants, le chef francilien a toujours su mettre sa passion au service de son ambition. Au cœur de l'hôtel Cheval Blanc, il délivre pour une poignée de chanceux (cinq tables à peine) une saisissante partition de cuisine contemporaine, où la créativité et l'audace sont tout entières guidées par la recherche des saveurs. La Savoie est magnifiée à travers des produits superbes : chacun de ces trésors est travaillé avec le plus grand soin. Véritable marotte du chef, les sauces sont inoubliables – résultat d'un travail de longue haleine sur l'extraction et la fermentation –, et la maîtrise technique est totale : une leçon de haute cuisine.

– Prix : €€€€

Plan : B3-1 – *Cheval Blanc, Le Jardin Alpin 1850, Courchevel –* ✆ *04 79 00 50 50 – www.chevalblanc.com/fr/maison/courchevel – Fermé lundi, mardi et du mercredi au dimanche à midi*

✿✿ BAUMANIÈRE 1850

CUISINE CRÉATIVE • ÉLÉGANT Nous voici à Courchevel, synonyme depuis 1947 de luxe alpin, station huppée où rien n'est trop beau ni trop bon. Dans ce chalet cossu et élégant, le talentueux chef Thomas Prod'homme, formé à l'Oustau de Baumanière aux Baux-de-Provence, slalome avec élégance entre produits locaux, influences hivernales et inspirations provençales. Avec ses souvenirs et ses goûts personnels comme fil conducteur, il accomplit un travail de haute précision qui ne craint pas d'affirmer des goûts francs, ni de faire montre d'une gourmandise

COURCHEVEL

réconfortante. On sent aussi que le chef aime s'amuser en cuisinant, créer la surprise, étonner avec des assiettes parfois ludiques... mais qui surtout font mouche, jusqu'à la partie sucrée très réussie. Créativité, ambition, prise de risque : le résultat est là, pour notre plus grand plaisir.

🕸 ⇔🖑🗗 – Prix : €€€€

Plan : B2-5 – *Le Strato, Route de Bellecôte 1850, Courchevel* – ☏ *04 79 41 51 80* – www.hotelstrato.com – *Fermé dimanche et du lundi au samedi à midi*

✿✿ LE CHABICHOU BY STÉPHANE BURON

CUISINE MODERNE • ÉLÉGANT Stéphane Buron, MOF 2004, perpétue fidèlement l'héritage de cette célèbre maison : produits nobles travaillés dans les règles de l'art, partition tout en finesse, générosité... de la belle ouvrage ! Le menu unique déclinable en 5 à 9 plats met en valeur le terroir alpin, jusqu'au chariot de fromages d'alpage. Le chef n'en oublie pas pour autant son attachement aux beaux produits de la mer. Côté décor, on trouve un intérieur d'une élégance toute feutrée : moquette, plafond à caissons, fauteuils design et confortables d'un blanc neigeux, tables modernes avec plateau en verre fumé, service charmant et belle carte des vins.

🕸 ⇔🖑🗗 – Prix : €€€€

Plan : A1-4 – *90 rue des Chenus 1850, Courchevel* – ☏ *04 79 08 00 55* – www.chabichou-courchevel.com – *Fermé lundi, mardi, et mercredi, vendredi et samedi midi*

✿✿ LE SARKARA

CUISINE CRÉATIVE • LUXE Sébastien Vauxion, chef pâtissier de grand talent, vous emmène dans un périple sucré d'un nouveau genre. Du jamais vu, ou presque ! Ses créations autour des fruits et légumes (associés aussi aux laitages, au chocolat ou au café) se révèlent ébouriffantes, marquées par des jeux de saveurs complexes. Citons par exemple la pomme de terre alliée à la main de bouddha et au persil, ou encore le céleri rave à la truffe noire et à un condiment d'agrumes aux épices douces. Et si la tonalité d'ensemble est sucrée, que l'on se rassure : la progression cohérente des menus n'abolit pas les repères gustatifs, et le palais ne sature pas. On sort de table épaté par tant d'audace et de créativité.

🕸 ⇔🖑🗗 – Prix : €€€€

Plan : B2-3 – *Le K2 Palace, 238 rue des Clarines 1850, Courchevel* – ☏ *04 79 40 08 80* – www.lek2palace.com/fr/deguster/le-sarkara.html – *Fermé lundi et du mardi au dimanche à midi*

✿✿ SYLVESTRE WAHID - LES GRANDES ALPES

CUISINE CRÉATIVE • ÉLÉGANT Dans un écrin intimiste de seulement quatre tables, Sylvestre Wahid, depuis sa cuisine ouverte où il est épaulé par ses fidèles, régale une quinzaine de convives. Cette expérience gastronomique sur mesure s'appuie volontiers sur les plats signatures du chef, revisités en altitude au gré de son inspiration, comme le tourteau de Roscoff ou le dessert citron et algues. Avec une belle audace, il marie avec brio le homard ou le tourteau à des ingrédients typés de la cuisine pakistanaise : épices, achards de piments et de citron, dahl de lentilles... Produits magnifiques, ingrédients de luxe, sauces délicates, assaisonnements pointus, technique irréprochable, et surtout émotion, illuminent un généreux menu dégustation.

⇔ – Prix : €€€€

Plan : B2-2 – *28 rue de l'Église 1850, Courchevel* – ☏ *04 79 00 00 00* – www.restaurantsylvestre.com – *Fermé dimanche, et lundi et samedi à midi*

425

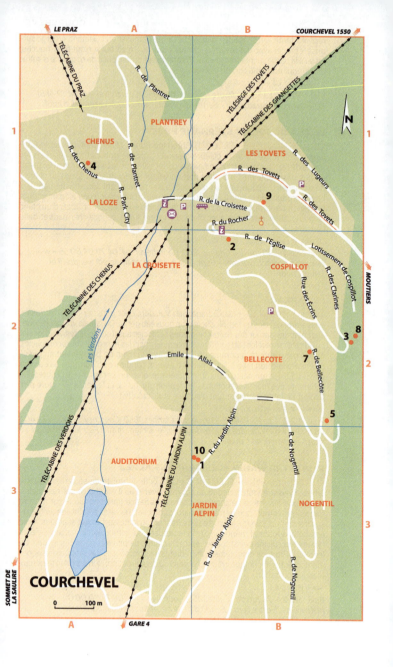

COURCHEVEL

ALPAGE

CUISINE MODERNE · ÉLÉGANT Monté du K2 Palace où il tenait les fourneaux du restaurant doublement étoilé Kintessence, le chef Jean-Rémi Caillon, originaire de Roanne, a pris possession de ceux de l'hôtel Annapurna. Depuis sa cuisine ouverte sur une salle intime qui ambitionne de proposer aux quelques convives une "expérience immersive au clair de lune", il dévoile une démarche très personnelle entre végétal et terroir : légumes et herbes tiennent la dragée haute aux protéines animales, mais il réserve aussi une place de choix aux produits et recettes du terroir savoyard (crozet, polenta, Chartreuse...). Son art n'exclut pas la malice, à l'image des bonnets de bœuf en consommé avec crozets au carvi et carottes en déclinaison, où la finesse d'exécution le dispute à une rusticité peaufinée.

⇔ & P – Prix : €€€€

Hors plan – *Annapurna, 734 route de l'Altiport 1850, Courchevel* – ℰ *04 79 08 04 60* – *www.annapurna-courchevel.com/fr/restaurant-alpage.html* – *Fermé lundi, mardi et du mercredi au dimanche à midi*

LE FARÇON

Chef : Julien Machet

CUISINE MODERNE · COSY Nichée au cœur d'une forêt d'épicéas, la station de La Tania, toute proche de Courchevel, en est pourtant si différente ! Une superbe surprise vous y attend : le restaurant de Julien Machet régale ses convives de préparations minutieuses et soignées. Le chef compose une balade gustative qui plonge dans l'histoire du Duché de Savoie : les meilleurs produits de la Savoie, du Val d'Aoste, du Valais, du Piémont et jusqu'aux bords de la Méditerranée (sans oublier les légumes de saison, réminiscences du potager de sa grand-mère Mado) sont convoqués pour écrire une histoire délicieuse, juchée à 1400 mètres d'altitude. On se régale, la tête dans les nuages.

⇔ 器 – Prix : €€€

Hors plan – *Immeuble Kalinka, La Tania* – ℰ *04 79 08 80 34* – *www.lefarcon.fr* – *Fermé dimanche et lundi midi*

L'ALTIPLANO AU K2 PALACE

CUISINE PÉRUVIENNE · ÉLÉGANT Ceviche classico de poisson blanc mariné au lait de tigre ; gambas grillées à la braise, cébette, piment rouge et citron vert ; postre estilo pisco... Voici quelques (délicieux) exemples de la cuisine péruvienne, modernisée et savoureuse, colorée et épicée avec doigté, que l'on déguste dans cette table d'altitude au cadre feutré.

& – Prix : €€€€

Plan : B2-8 – *Le K2 Palace, 238 rue des Clarines 1850, Courchevel* – ℰ *04 79 41 33 42* – *www.lek2palace.com* – *Fermé les midis*

L'ALTITUDE

CUISINE TRADITIONNELLE · CHIC Au K2 Altitude, cette table est confortablement installée dans une ambiance montagnarde chic et intimiste. La carte propose une cuisine traditionnelle, où l'œil repère immédiatement des classiques français dignes des grands restaurants parisiens, à l'image du vol-au-vent de ris de veau, truffe et écrevisses. Le goût et la générosité sont au rendez-vous et l'on passe un agréable moment, jusqu'aux desserts signés Sébastien Vauxion.

& – Prix : €€€€

Hors plan – *Le K2 Altitude, 356 route de l'Altiport 1850, Courchevel* – ℰ *04 79 01 46 46* – *www.lek2altitude.com/fr/deguster/l-altitude.html* – *Fermé les midis*

427

COURCHEVEL

BASE KAMP BY AÏNATA

CUISINE LIBANAISE • CHIC Zaatar, freekeh, sumac, grenade, bourghol, houmous, tahine, mograbieh : pour monter à Courchevel, le chef franco-libanais Alan Geaam a pris soin de mettre dans son sac à dos tous les produits et épices du pays du Cèdre. Mezze et cuisine de partage à déguster le midi uniquement, dans la grande salle sous charpente ou sur la terrasse face aux pistes.

⌖ ⌂ ♨ – Prix : €€€€

Hors plan – *Le K2 Altitude, 356 route de l'Altiport 1850, Courchevel –* ☎ *04 79 01 46 46 – www.lek2altitude.com/fr/deguster/ainata.html – Fermé le soir*

LE BISTROT DU PRAZ

CUISINE MODERNE • MONTAGNARD Cette maison sympathique est située légèrement en retrait de la route dans la station de Courchevel. Dans un cadre agréable esprit bistrot de montagne, on déguste une cuisine gourmande et dans l'air du temps, que le chef patron réalise avec soin : carpaccio de Saint-Jacques, huile de livèche et agrumes ; raviole ouverte de veau et œuf poché. Conseils pour les accords mets et vins et terrasse en face du lac pour les beaux jours.

⌂ – Prix : €€€

Hors plan – *Rue de la Chapelle, Le Praz –* ☎ *04 79 08 41 33 – www. bistrotdupraz.fr – Fermé lundi*

LE GRILL ALPIN

CUISINE MODERNE • ÉLÉGANT Sous la houlette de Yannick Alléno, la brasserie alpine chic du luxueux hôtel Cheval Blanc réinvente avec brio la restauration d'altitude, avec une offre gastronomique contemporaine et décomplexée. Les papilles ne savent plus où donner de la tête ! Très belle carte des vins haut de gamme.

⁕ ⌖ ⌂ ⎈ ♨ – Prix : €€€€

Plan : B3-10 – *Cheval Blanc, Le Jardin Alpin 1850, Courchevel –* ☎ *04 79 00 50 50 – www.chevalblanc.com/courchevel*

LE LYS

CUISINE MODERNE • CHIC Au sein de ce petit hôtel de luxe, le restaurant à la baie vitrée monumentale affiche une déco d'esprit... Art déco : luminaires vintage, verrière au plafond et une superbe collection de vases Lalique. Dans cette petite salle chic et intimiste, on déguste une carte de propositions actuelles où les beaux produits sont traités avec soin. Carte des vins très attractive.

⌖ ♨ – Prix : €€€€

Plan : B2-7 – *Lys Martagon, 464 route de Bellecôte 1850, Courchevel –* ☎ *04 79 00 12 50 – www.lys-martagon.com – Fermé dimanche et du lundi au samedi à midi*

RENDEZ-VOUS Ⓝ

CUISINE TRADITIONNELLE • CHIC Dans une salle contemporaine nichée au cœur d'un palace d'altitude, ce bistrot chic met en valeur la gastronomie régionale et lyonnaise. Les intitulés des plats réveillent les papilles : œufs en meurette, grenouilles en persillade, omelette norvégienne, soufflé à la Chartreuse... Le plaisir continue en salle avec des découpes, dressages et flambages au guéridon. Les amateurs de fromages découvriront un joli plateau composé par un fromager-affineur MOF. Terrasse ensoleillée au bord des pistes.

⌖ ⌂ ⎈ Ⓟ – Prix : €€€€

Hors plan – *Annapurna, 734 route de l'Altiport 1850, Courchevel –* ☎ *04 79 08 04 60 – www.annapurna-courchevel.com/fr/guinguette.html*

COURCHEVEL

LA SAULIRE

CUISINE TRADITIONNELLE • **MONTAGNARD** Un décor tout de bois blond, rehaussé de vieux objets montagnards... C'est dans ce cadre authentique et chaleureux que le chef Benoît Redondo propose une cuisine soignée, où la fameuse fondue savoyarde côtoie sans rougir la truffe du Périgord. À noter : le restaurant est fermé le midi par beau temps, pour laisser les skieurs profiter des pistes enneigées de la station.

🕸 – Prix : €€€€

Plan : B1-9 – *16 place du Rocher 1850, Courchevel –* ☎ *04 79 08 07 52 – www. lasaulire.com/fr*

AMAN LE MÉLÉZIN
Plus

CLASSIQUE • **CHALEUREUX** Au pied des pistes, cet hôtel se révèle très intime et propice à la détente : spa complet, grandes chambres lumineuses et zen, certaines avec un espace de repos en journée... Le tout décoré avec un goût très sûr. À noter aussi, le service de conciergerie performant.

🦽🅿️🚐🗆🗆🌀🗆📶🗆🍽 - 31 chambres

310 rue de Bellecôte – ☎ *04 79 08 01 33*

ANNAPURNA

MONTAGNARD • **RAFFINÉ** Cet Annapurna-là n'a presque rien à envier à celui de l'Himalaya ! L'hôtel – le plus haut de la station – tutoie les cimes, dans un environnement immaculé. Décor d'esprit montagnard dans les chambres, qui dominent les pistes côté sud. Depuis la terrasse, on admire la Saulire tout en reprenant des forces.

🆎🦽🅿️🗆🗆🌀📶🗆🦽 - 67 chambres

734 route de l'altiport – ☎ *04 79 08 04 60*

✿ **Alpage** - Voir la sélection des restaurants

L'APOGÉE COURCHEVEL

DESIGN • **CHALEUREUX** La décoration de cet établissement est signée par les fameux Joseph Dirand et India Mahdavi, au style inimitable : lignes rétro tout en rondeurs et notes colorées ! Après une journée sur les pistes – dont l'accès est direct –, le refuge se révèle aussi raffiné que chaleureux.

🆎🦽🅿️🚐🗆🌀📶🗆🍽 - 55 chambres

Jardin Alpin, 5 rue Émile Allais – ☎ *04 79 04 01 04*

CHEVAL BLANC COURCHEVEL

CONTEMPORAIN • **CHALEUREUX** Du nom du célèbre château bordelais, un hôtel très "grand cru" ! Au sortir des pistes, on se réfugie avec plaisir dans ce chalet aménagé dans un superbe esprit contemporain, qui réinvente tout l'imaginaire de l'hiver... Luxe et confort dans les moindres détails, avec un spa délicieux.

🅿️🍽 - 36 chambres

Le Jardin Alpin – ☎ *04 79 00 50 50*

✿✿✿ **Le 1947 à Cheval Blanc** - Voir la sélection des restaurants

HÔTEL DES TROIS VALLÉES

MONTAGNARD • **FAMILIAL** Témoin historique des innovations de Charlotte Perriand, Jean Prouvé et Pierre Paulin, ce chalet alpin traditionnel a su conserver le charme rétro de son intérieur au fil des rénovations. Murs de pierre et meubles design cohabitent en toute harmonie. Certaines chambres ressemblent à de petits chalets individuels, d'autres sont plus modernes. Après une journée passée sur les pistes, le jacuzzi (de la taille d'une petite piscine !), le bar restaurant et la petite épicerie de l'hôtel apportent tout le réconfort mérité.

🅿️🗆🌀📶🍽 - 31 chambres

Rue Park City – ☎ *04 79 08 00 12*

429

COURCHEVEL

LE K2 ALTITUDE

MONTAGNARD • CHALEUREUX Bois vieillis, tissus chauds, cheminées... Tout le charme des Alpes est ici rendu avec un grand raffinement : ainsi culmine ce K2 Altitude, véritable hameau de montagne constitué d'un ensemble de chalets au confort absolu.

P 🍽 ⏱ ♨ �🍴 - 32 chambres

356 rue de l'Altiport – ℰ 04 79 01 46 46

L'Altitude • Base Kamp by Aïnata - Voir la sélection des restaurants

LE K2 DJOLA

CLASSIQUE • ÉLÉGANT Tout le charme et l'élégance des établissements K2 sont déclinés ici en version "city hotel". Le résultat se révèle bluffant : chambres spacieuses décorées avec goût, service aux petits soins, espace bien-être au sous-sol... On est conquis.

AC 🍽 ⏱ ♨ - 24 chambres

79 rue de Plantret – ℰ 04 79 22 11 99

LE K2 PALACE   *Plus*

CLASSIQUE • RAFFINÉ C'est l'un des joyaux de la station ! Personnel d'un grand professionnalisme et prestations d'excellence attendent les clients de ce vaste établissement, qui s'enorgueillit d'un superbe spa, d'une salle de cinéma, et de belles chambres au luxe sans ostentation. Un vrai paradis montagnard...

P 🍽 ⏱ ♨ 🍴 - 29 chambres

238 route des Clarines – ℰ 04 79 40 08 80

❀❀ **Le Sarkara • L'Altiplano au K2 Palace** - Voir la sélection des restaurants

LYS MARTAGON

MODERNE • RAFFINÉ Jouxtant les pistes de Bellecôte, un élégant chalet familial a été transformé en un luxueux lodge skis aux pieds. La décoration fantaisiste mêle des éléments d'Art déco et d'Art nouveau. Les chambres et les suites sont également soignées, se détournent du style alpin traditionnel : peintures murales métalliques, draperies à motifs, canapés en velours, lustres grandiloquents. Les salles de bains sont particulièrement exubérantes. Plusieurs chambres sont dotées de terrasses privées et de cheminées. Le spa, avec sa piscine et ses jacuzzis intérieur et extérieur, est un point fort, tout comme le restaurant (vue panoramique) et le bar.

♿ 🐾 **P** 🍽 🔄 ⏱ ♨ 🏊 🧖 🍴 - 7 chambres

464 rue de Bellecôte – ℰ 04 79 00 12 50

Le Lys - Voir la sélection des restaurants

LES NEIGES

MONTAGNARD • CONVIVIAL Derrière un extérieur alpin classique se cache un hôtel qui combine des vues spectaculaires sur les forêts et les sommets avec un confort ultra luxueux. Avec la piste de ski de Bellecôte juste à côté, les Trois Vallées sont à vos pieds, tandis qu'au retour le spa vous attend... tout comme le feu de bois et l'agréable bar.

AC 🐾 **P** 🍽 ⏱ ♨ 🧖 🍴 - 42 chambres

422 rue de Bellecôte – ℰ 04 57 55 22 00

LA SIVOLIÈRE COURCHEVEL

MONTAGNARD • COSY Niché dans la forêt entre pistes et centre-ville, cet élégant chalet est tout de pierre et de bois, de baies vitrées et de cheminées ouvertes. Les chambres, somptueuses mais douillettes, sont réchauffées de boiseries et de velours. Les suites et les appartements plus spacieux bénéficient d'une cheminée et d'une cuisine. Le restaurant et le bar offrent une vue directe sur la montagne. Spa, piscine intérieure, local de ski.

♿ 🐾 🛏 🍽 ⏱ ♨ 🧖 🍴 - 35 chambres

444 route des Chenus – ℰ 04 79 08 08 33

COURLANS

✉ 39570 – Jura – Carte régionale n° **13**-A3

MICHEL BÉJEANNIN - AUBERGE DE CHAVANNES

CUISINE TRADITIONNELLE • **ÉLÉGANT** Une auberge contemporaine et chaleureuse avec cheminée qui crépite en hiver! Dans l'assiette, hommage à la Méditerranée avec la bouillabaisse (le chef a vécu à Marseille pendant 26 ans) mais aussi au terroir local avec la poularde de Bresse au vin jaune et morilles, clin d'œil à ses origines jurassiennes. Attrayante carte des vins axée bio et biodynamique. Chambres spacieuses pour l'étape.

&. 🄰🄺 🕮 🅿 – Prix : €€€

1890 avenue de Châlon – ✆ 03 84 43 24 34 – www.auberge-de-chavannes.com – Fermé lundi, du mardi au vendredi à midi, et dimanche soir

COURSEULLES-SUR-MER

✉ 14470 – Calvados – Carte régionale n° **2**-B2

RESTAURANT DE L'ÎLE BENOIST

POISSONS ET FRUITS DE MER • **CONTEMPORAIN** On doit à une famille d'ostréiculteurs l'ouverture de ce restaurant contemporain et bien pensé, qui met à l'honneur pêche côtière, fruits de mer, et bien entendu les huîtres affinées juste à côté, sans oublier d'autres bons produits normands. Le chef attache un soin particulier au dressage des assiettes, qui se révèlent aussi jolies que savoureuses.

&. 🕮 🅿 – Prix : €

Route de Ver-sur-Mer – ✆ 02 31 77 35 16 – www.restaurant-degustationdelile.fr – Fermé lundi et mardi

COUTANCES

✉ 50200 – Manche – Carte régionale n° **2**-A2

 ### KALAMANSI

CUISINE MODERNE • **CONTEMPORAIN** Le chef Frédéric Michel a ouvert avec son épouse Manuella cette table réjouissante dans sa ville d'origine. Il décline des assiettes fraîches et franches, aux cuissons précises et aux saveurs bien marquées, en s'appuyant au maximum sur les circuits courts (pêche et maraîchage locaux, bœuf normand).

&. – Prix : €€

10 place du Général-de-Gaulle – ✆ 02 33 17 41 45 – www.kalamansi.fr – Fermé mardi et mercredi, et lundi soir

CREISSELS

✉ 12100 – Aveyron

 ### CHÂTEAU DE CREISSELS

CLASSIQUE • **CHARME** Un château du 12e s. sur un piton rocheux à l'écart de Millau, auquel on accède par une petite route. Les chambres mêlent avec élégance meubles anciens et style contemporain, avec du cachet dans la bâtisse principale, un esprit plus actuel dans son extension. Un charme auquel on succombe avec plaisir.

&. 🄰🄺 🅿 🚗 🛎 🍽 🛏 🍴 – 26 chambres

Place du Prieur – ✆ 05 65 60 16 59

431

LE CREUSOT

✉ 71200 – Saône-et-Loire – Carte régionale n° **17**–B2

LA FLEUR DE SEL

CUISINE MODERNE • CONTEMPORAIN Heureuse initiative que l'ouverture de cette table par deux creusotins, le chef Willy Lardry et le responsable de salle Edwin Smietanski, qui se sont rencontrés lorsqu'ils travaillaient chez Yohann Chapuis à Tournus. Dans un décor en partie inspiré de la nature (avec notamment ce papier peint représentant une forêt dans la brume), le chef, seul en cuisine, fait preuve d'une maturité incontestable. La délicatesse et la finesse sont au rendez-vous avec la belle fleur de courgette à la farce de cabillaud et ce sabayon à l'huile d'olive qui accompagnent ce tournedos de cabillaud, ou avec le maquereau et sa raviole de concombre mariné.

& – Prix : €€

2 rue Albert-1er – ✆ 03 85 78 43 16 – www.lafleurdesel-restaurant.fr – Fermé mardi et mercredi, et lundi et dimanche soir

CRICQUEBŒUF

✉ 14113 – Calvados

MANOIR DE LA POTERIE

CLASSIQUE • ÉLÉGANT Ces belles bâtisses d'inspiration normande conjuguent les styles : baroque, Directoire, bord de mer (bois flotté et patiné) ou contemporain. Côté vue, vous avez le choix entre l'estran ou la campagne. Enfin, indéniable point fort, le spa, avec notamment une piscine intérieure lumineuse, prolongée d'une terrasse tournée vers la Manche.

🅿 🚗 ♨ ♒ ⚙ ♒ ⏱ - 24 chambres

Chemin Paul Ruel – ✆ 02 31 88 10 40

CRILLON-LE-BRAVE

✉ 84410 – Vaucluse – Carte régionale n° **28**–E1

LA TABLE DU VENTOUX ⓝ

CUISINE MODERNE • MÉDITERRANÉEN Bénéficiant d'une terrasse idyllique face au mont Ventoux, le restaurant de cet hôtel de luxe décline deux cartes selon les services : le midi, des assiettes à partager d'inspiration méditerranéenne et provençale, malignes et bien tournées (carpaccio de crevettes de Méditerranée, poulpe rôti à la flamme et sa mayonnaise épicée, gnocchis de pomme de terre au parmesan, kefta d'agneau de Sisteron…) ; le soir, une carte plus élaborée faisant place aux produits nobles (turbot grillé, salade de fenouil et condiment pêche-verveine ; veau au sautoir, haricots verts, artichauts et jus de foie gras et noisette ; volaille de Mazan pochée aux algues…). Service pro sans être guindé, par une équipe aux petits soins.

≤ 🆎 🌂 🅿 – Prix : €€€

Hôtel Crillon Le Brave, place de l'Église – ✆ 04 90 65 61 61 – www.crillonlebrave.com

CRILLON-LE-BRAVE

 CRILLON LE BRAVE *Plus*

TRADITIONNEL • CONVIVIAL Un village perché, le mont Ventoux pour horizon et ces belles bastides en pierre... Les chambres sont tout imprégnées de Provence et le jardin à l'italienne descend jusqu'à la piscine... Une élégance rare ! Pour se restaurer, on choisit entre la table gastronomique et le bistrot.

& AC 🅿 🚗 ⓘ 🛏 🍽 - 34 chambres

Place de l'Église - ✆ 04 90 65 61 61

La Table du Ventoux - Voir la sélection des restaurants

LE CROISIC

✉ 44490 – Loire-Atlantique – Carte régionale n° **9**–A3

L'ESTACADE

CUISINE MODERNE • COSY Sur les quais, en face de la criée, cette adresse agréable propose une cuisine généreuse et soignée qui fait la part belle aux produits de la région (poissons, coquillages et algues bien sûr, mais aussi viandes). Accueil tout sourire et service attentionné.

& 🍽 – Prix : €€

4 quai du Lénigo - ✆ 02 40 23 03 77 - www.lestacade.fr - Fermé mardi et mercredi

LE LÉNIGO

POISSONS ET FRUITS DE MER • RÉGIONAL Face à la criée, embarquez dans ce restaurant tenu par toute une famille très sympathique. Atmosphère marine (bois vernis, hublots) et cuisine de la mer fraîche et soignée.

🍽 – Prix : €€

11 quai du Lénigo - ✆ 02 40 23 00 31 - www.lelenigo.com - Fermé lundi et mardi

L'OCÉAN

POISSONS ET FRUITS DE MER • CONTEMPORAIN Fondé en 1981 par Louis et Yolande André, rejoints depuis par leur fille Dominique et leur gendre Gérard Samson, L'Océan séduit autant l'œil que le palais grâce à une verrière aux proportions généreuses et à une cuisine mettant à l'honneur les produits de la mer de première fraîcheur et de belle qualité. Les classiques intemporels de la maison sont maîtrisés : sélection de fruits de mer, Saint-Jacques en saison, sole meunière ou bar entier en croûte de sel à partager. Ne pas faire l'impasse sur la bisque de homard savoureuse et bien relevée, où les morceaux de homard sont cuits avec précision et les croûtons croustillent à souhait. Et pour finir, le baba au rhum raisin est généreux et gourmand.

器 ⇐ & AC – Prix : €€€

Port-Lin - ✆ 02 40 62 90 03 - www.hotelrestaurant-locean.com - Fermé lundi et mardi

 L'OCÉAN

MODERNE • ÉLÉGANT Une situation unique pour cet hôtel (affaire familiale depuis trois générations), à même les rochers de la côte sauvage, magnifiquement illuminés le soir venu. Il abrite des chambres spacieuses, élégantes et confortables ; toutes disposent d'un grand balcon donnant sur les flots. Produits artisanaux au petit-déjeuner. Une séduisante adresse.

AC 🅿 🛏 🚲 🍽 - 10 chambres

Port-Lin - ✆ 02 40 62 90 03

L'Océan - Voir la sélection des restaurants

CROIX

✉ 59170 – Nord – Carte régionale n° **4**–C2

✿ ARBORESCENCE

Chef : Félix Robert

CUISINE CRÉATIVE • ÉPURÉ Au sein d'une friche industrielle entièrement réhabilitée (un ancien château textile du début du 20e s.), dans un décor épuré et élégant, le chef Félix Robert et son épouse Nidta exercent leur talent en toute liberté, après avoir officié chez Alexandre Gauthier à La Grenouillère, à Tokyo puis chez Troisgros. Le chef déroule une partition créative et personnelle où l'iode et le végétal dominent, ponctuée de clins d'œil au Japon ou à l'Asie – tempuras, bao, coriandre vietnamienne ou encore curry thaï se dévoilent au fil de menus uniques. Citons cette langoustine légèrement snackée, associée à un jus de rhubarbe émulsionné parfumé subtilement au gingembre, d'une redoutable efficacité. Une table dont le succès est amplement mérité.

&. AC – Prix : €€€

76 rue de la Gare – ☏ 03 20 00 01 82 – www.r-arborescence.com – Fermé lundi, mardi, et mercredi et jeudi à midi

LA CROIX-VALMER

✉ 83420 – Var – Carte régionale n° **29**–B3

✿ LA PALMERAIE - CHÂTEAU DE VALMER

CUISINE MODERNE • MÉDITERRANÉEN Entre vignes, mer et verger, cet hôtel-restaurant du début du 20e s. se cache dans un jardin luxuriant de palmiers centenaires et de magnolias. Un superbe atout, comme ce potager méditerranéen qui permet à Alexandre Fabris, pourtant originaire de Givry en Saône-et-Loire, de concocter trois menus aux accents provençaux, dont un végétarien. Sa cuisine se révèle très habile, tout en jeux de textures et en jolies associations de saveurs. Le restaurant accueille uniquement le soir de mi-juin à mi-septembre, dans le jardin ou sous la pergola de la terrasse.

⇔ 🛏 &. 🍽 P – Prix : €€€€

81 boulevard de Gigaro – ☏ 04 94 55 15 17 – www.chateauvalmer.com/fr/hotel-luxe-cote-d-azur-var-saint-tropez – Fermé mardi et le midi

LES SAISONNIERS

CUISINE MODERNE • FAMILIAL Bonne nouvelle : ces Saisonniers sont ouverts à l'année ! Leur cuisine méditerranéenne, élaborée à partir de produits frais, est préparée avec un authentique savoir-faire hérité des codes de la pâtisserie – Florent Manini et Anna Thillaye ont longtemps exercé dans ce domaine chez Arnaud Donckele à Saint-Tropez et au Sarkara de Sébastien Vauxion. Daurade marinée, salade de fenouil, vinaigrette à la vanille de Tahiti et au citron vert ; gnocchis, ricotta fumée et persillade herbacée ; clafoutis aux cerises ; glaces et sorbets maison : un régal en toute simplicité, avec en sus une vue sur la Grande Bleue ! Brunch le dimanche, et gourmandises à emporter.

⇔ AC 🍽 – Prix : €€

Boulevard de Tahiti – ☏ 04 83 12 83 41 – Fermé lundi et mardi, et dimanche soir

VISTA

CUISINE MÉDITERRANÉENNE • TENDANCE Juché sur une colline sauvage face à la mer, l'hôtel est sublime ; le restaurant ultra-chic et bohème ne déçoit pas non plus. Au bord de la piscine, baigné dans un sentiment d'exclusivité rare, on déguste les plats du chef Vincent Maillard, à l'image de cette épaule d'agneau de Sisteron braisée à la sarriette et de cet éclair au chocolat et noisettes du Piémont. Service voiturier.

⇔ &. AC 🍽 🚗 P – Prix : €€€€

Lily of the Valley, colline Saint-Michel, quartier de Gigaro – ☏ 04 22 73 22 00 – www.lilyofthevalley.com/fr/restaurant-vista

LA CROIX-VALMER

 CHÂTEAU DE VALMER

CLASSIQUE • CHAMPÊTRE "À l'extrémité de la baie de Saint-Tropez se cache le Château de Valmer, qui associe charme provençal, luxe contemporain et situation géographique exceptionnelle. Les chambres marient l'esprit campagne et les éléments plus actuels. Son restaurant gastronomique étoilé est complété par un bistro décontracté, un bar-restaurant, un spa avec piscine intérieure, et la plage à 500m."
- 44 chambres
81 boulevard de Gigaro – 04 94 55 15 15
❀ **La Palmeraie - Château de Valmer** - Voir la sélection des restaurants

 LILY OF THE VALLEY

DESIGN • MARITIME À vingt minutes de Saint-Tropez, une retraite axée sur le bien-être, au design signé Philippe Starck. L'hôtel dispose d'un spa somptueux et d'une piscine extérieure de 25 m. La splendide plage de Gigaro s'étend à quelques pas, et le restaurant Vista (nombreuses options végétariennes et végétaliennes) donne sur la baie.
- 53 chambres
Colline Saint-Michel - Quartier de Gigaro – 04 22 73 22 00
Vista - Voir la sélection des restaurants

 LA PINÈDE-PLAGE

CLASSIQUE • MARITIME Cet hôtel-restaurant porte bien son nom : ombragé de pins parasols et directement sur la plage, face aux îles d'Or ! Un établissement avec beaucoup de charme et de belles chambres ouvertes sur le large... Impression d'être loin de tout : parfait pour les vacances.
- 32 chambres
382 boulevard de Gigaro – 04 94 55 16 16

CROLLES
✉ 38920 – Isère – Carte régionale n° **21**–C2

LA MAISON HAUTE

CUISINE MODERNE • CONVIVIAL Thomas Chegaray (en basque, "maison haute" se dit "etchegaray"), chef au beau parcours, concocte une cuisine actuelle à base de produits de saison, au gré d'une carte courte bien tournée (menu plus simple au déjeuner). Les plats, frais et colorés, jouent sur les textures et les goûts. Terrasse aux beaux jours et service très sympathique.
– Prix : €€
Place de l'Église – 04 76 08 07 68 *– www.la-maison-haute.eatbu.com – Fermé samedi et dimanche*

LE CROTOY
✉ 80550 – Somme – Carte régionale n° **4**–A2

AUBERGE DE LA MARINE

CUISINE MODERNE • BISTRO Une petite maison régionale proche des quais, où un jeune couple met joliment en avant les produits locaux. Dans l'assiette : pressé de bar aux carottes des sables, sorbet cerfeuil ; filet de merlu, beurre blanc à l'Aster maritime, écrasé de pomme de terre des sables ; baba au sirop d'agrumes, crème légère à la mélisse... Une cuisine savoureuse et toujours maîtrisée !
– Prix : €€
1 rue Florentin-Lefils – 03 22 27 92 44 *– www.aubergedelamarine.com – Fermé mardi et mercredi*

CROUTELLE

✉ 86240 – Vienne – Carte régionale n° **15**-B3

LA CHÊNAIE

CUISINE TRADITIONNELLE • ÉLÉGANT Ici, on régale à l'ancienne, avec générosité et sans chichis. Cette cuisine d'inspiration traditionnelle, rehaussée de quelques touches plus actuelles, s'apprécie dans les élégantes salles à manger, et notamment sous la véranda tournée vers le parc et ses chênes centenaires. Accueil chaleureux et service avenant.

🍴 AC 🌿 P – Prix : €€

Rue du Lejat - lieu-dit La Berlanderie – ☏ 05 49 57 11 52 – www.restaurant-la-chenaie.com – Fermé lundi, et mercredi et dimanche soir

CROZANT

✉ 23160 – Creuse – Carte régionale n° **15**-C3

AUBERGE DE LA VALLÉE

CUISINE TRADITIONNELLE • CONVIVIAL Une sympathique auberge de campagne, perdue aux confins de la Creuse. Viandes d'éleveurs locaux (agneau, veau, bœuf), fromages de la région (chèvre, surtout !) et légumes de son grand potager… Le chef aime les produits du terroir, et cela se sent : il en tire une cuisine délicieuse, à apprécier dans un joli décor de maison bourgeoise.

AC – Prix : €€

14 rue Armand-Guillaumin – ☏ 05 55 89 80 03 – www.laubergedelavallee.fr – Fermé lundi et mardi, et mercredi et dimanche soir

CROZET

✉ 01170 – Ain – Carte régionale n° **21**-C1

JIVA

CUISINE MODERNE • COSY En sanskrit, "jiva" signifie la vie : un nom engageant, et même apaisant, pour ce resort au luxe discret. Au restaurant, on sert une cuisine française bien calibrée, fraîche et bonne, qui suit les saisons ; la clientèle profite dès que possible de la terrasse panoramique avec sa vue imprenable sur le massif du Mont-Blanc.

🍽 ⛳ 🍴 AC 🌿 ✿ P – Prix : €€€

Jiva Hill Resort, Route d'Harée – ☏ 04 50 28 48 47 – www.jivahill.com – Fermé lundi et dimanche soir

 JIVA HILL RESORT *Plus*

MODERNE • COSY Les lignes épurées et modernes sont ici tempérées par des couleurs et des matières généreuses, au service du confort. Les chambres deluxe portent bien leur nom, avec tous les incontournables high-tech et des salles de bains parfaitement contemporaines. Idem dans les six junior suites, qui comptent en plus une terrasse, un jardin et un jacuzzi privé. Le spa est étonnamment vaste vue la taille de l'hôtel.

AC 🏊 P 🚗 ⛳ 🍴 🏋 ♨ 🎾 🚴 🧖 🍽 - 34 chambres

Route d'Harée – ☏ 04 50 28 48 48

Jiva - Voir la sélection des restaurants

CROZON

✉ 29160 – Finistère – Carte régionale n° **1**–A2

HOSTELLERIE DE LA MER

CUISINE MODERNE • CONTEMPORAIN Le chef propose une cuisine bien en phase avec l'époque, mariant à merveille le poisson de la pêche locale et le terroir breton, à l'image de ce saumon fumé maison, crème acidulée aux herbes et blinis au blé noir ou encore de cette blanquette de lotte et saucisse de Molène, légumes et pommes de terre vapeur ... Les cuissons sont précises et magnifient des produits bien choisis !

⪡ & – Prix : €€

11 quai du Fret – ☎ 02 98 27 61 90 – www.hostelleriedelamer.com – Fermé lundi, samedi midi et dimanche soir

CRUSEILLES

✉ 74350 – Haute-Savoie – Carte régionale n° **21**–C1

L'ARBORESCENCE

CUISINE MODERNE • CONTEMPORAIN Entre Annecy et Genève, un chef formé à l'école des grands (Lionel Giraud, Christian Constant, Laurent Petit...) mitonne produits frais et souvent locaux à travers différents menus surprise. Accueil et service charmants par l'épouse du chef.

⪡ & 🆎 🏖 – Prix : €€€

175 route du Lac – ☎ 09 56 02 68 96 – www.arborescence-restaurant.fr – Fermé lundi et mardi, et dimanche soir

LE M DES AVENIÈRES

CUISINE TRADITIONNELLE • CLASSIQUE Sur les flancs du Salève, ce petit château du début du 20e s. niché dans un parc de 62 ha, abrite un joli hôtel-restaurant. On s'installe dans un décor d'époque (boiseries, cheminée en pierre, superbe plafond à la française, miroirs et lustres dorés, banquettes rétro) pour déguster une cuisine moderne teintée de tradition, comme cette côte de veau présentée en cocotte, accompagnée d'un gratin dauphinois avec sa note d'ail indispensable, ou encore ces conchiglie farcis au chèvre, noix de Grenoble et touche de miel. Les produits sont en partie issus du terroir local : fromages, miel, légumes du potager... tout comme les vins, bio pour la plupart. Superbe panorama sur les Alpes, allant du mont Blanc au lac d'Annecy !

⪡ & 🛋 **🅿** – Prix : €€€

Les Avenières, lieu-dit Chenaz – ☎ 04 50 44 02 23 – www.chateau-des-avenieres. com – Fermé lundi, mardi, et mercredi et jeudi à midi

CUCURON

✉ 84160 – Vaucluse – Carte régionale n° **28**–E1

❀ **LA PETITE MAISON DE CUCURON**

Chef : Eric Sapet

CUISINE CLASSIQUE • RUSTIQUE C'est une petite maison jaune sur une place de carte postale, véritable bonbonnière mi-bourgeoise mi-rustique bourrée de charme... Le repaire d'Éric Sapet, qui magnifie comme personne les produits du marché : champignons, dont la truffe à laquelle il dédie un menu en saison, petits légumes des maraîchers locaux, fromages de Provence, gibier, mais aussi crustacés. Gourmand, passionné de vins et d'œnologie, ce chef au solide métier délivre une cuisine classique et provençale pleine de saveurs. Attention, l'adresse affiche souvent complet.

🕸 🏖 🛋 – Prix : €€€

Place de l'Étang – ☎ 04 90 68 21 99 – www.lapetitemaisondecucuron.com – Fermé dimanche soir, lundi et mardi

CUCURON

MATCHA

CUISINE MODERNE • SIMPLE Tout est frais et fait maison ici, des légumes de petits producteurs locaux aux viandes et volailles, élevées en plein air. Une cuisine au goût du jour, appétissante en diable ! Service souriant.

AC 🍽 – Prix : €€

Montée du Château-Vieux – 📞 04 86 78 55 96 – Fermé lundi, dimanche, samedi midi, et mardi et mercredi soir

LE PAVILLON DE GALON

MODERNE • CHAMPÊTRE Le qualificatif de chambre d'hôtes ne suffit pas à décrire les surprises qui vous attendent dans ce pavillon de chasse du 18e s. Restauré avec passion et entouré de 15 ha de vergers et de jardins, il vous loge dans trois suites de styles très différents, mais fourmillant de détails surprenants. Une belle piscine à débordement et des cours de yoga et de cuisine et dégustations de vin complètent le tableau.

🅿 ♨ 🍽 - 3 chambres

Le Pavillon de Galon, chemin de Galon – 📞 06 11 48 77 11

CUGNAUX

✉ 31270 – Haute-Garonne – Carte régionale n° **26**-C2

CIEL À TABLE 🆕

CUISINE MODERNE • CONTEMPORAIN Sur la place de l'église de cette bourgade de l'agglomération toulousaine, cette maison de brique rose typique est maintenant prolongée d'une grande salle sous verrière et d'un patio ombragé d'un châtaignier et d'un tilleul. La salle lumineuse arbore un décor contemporain et une grande cuisine ouverte. L'assiette est à l'image du lieu, flirtant avec l'air du temps, comme ce bao de thonine de Méditerranée aux notes de sésame ou encore ce pigeon travaillé en deux façons : la cuisse confite et le suprême cuit sur coffre. Service attentif et alerte.

♿ AC 🍽 ❄ – Prix : €€

24 place de l'Église – 📞 05 61 92 36 05 – www.ciel-a-table.fr – Fermé lundi et dimanche, et mardi et mercredi soir

CUISEAUX

✉ 71480 – Saône-et-Loire – Carte régionale n° **17**-D2

LE BISTROT GOURMAND

CUISINE RÉGIONALE • BISTRO "Plaisir et tradition", telle est la devise de cette ancienne boucherie où Camille Maître, ayant repris l'affaire familiale, œuvre désormais seule en cuisine. Dans l'assiette, des produits des terroirs bressan et jurassien et des saveurs marquées comme avec cette quenelle de brochet, bisque de homard crémée. Et une jolie petite carte des vins en prime... Un bistrot gourmand, et souriant !

♿ 🍽 – Prix : €€

8 place Puvis-de-Chavannes, – 📞 03 85 72 71 57 – www.lebistrotgourmand-cuiseaux.fr – Fermé lundi et dimanche, et du mardi au jeudi soir

CUQ-TOULZA

✉ 81470 – Tarn – Carte régionale n° **27**-A2

CUQ EN TERRASSES

CUISINE MODERNE • COSY Sur les hauteurs du village, cette charmante maison du 18 e s. est un havre de paix, avec son insolite jardin en terrasses mettant en valeur les produits du potager. C'est un nouveau départ pour cette table, menée par deux jeunes professionnels ayant travaillé dans des maisons toulousaines étoilées et

CUQ-TOULZA

qui proposent une cuisine essentiellement végétale et réalisée tout en finesse : artichaut gratiné aux herbes aromatiques, émulsion de chorizo ; truite fario de la pisciculture de Condax, farce fine aux amandes. Vue imprenable sur la plaine du Lauragais et la chaîne des Pyrénées depuis la véranda et la terrasse. Chambres de charme pour prolonger l'expérience au grand calme.

⌂ – Prix : €€€

8 chemin du Château – ℘ 05 63 82 54 00 – www.cuqenterrasses.com/fr – Fermé lundi, mardi, et mercredi et jeudi à midi

CUTTOLI – Corse-du-Sud (2A) ➔ Voir Corse

CUZANCE
✉ 46600 – Lot

MANOIR DE MALAGORSE
CLASSIQUE • COSY Ce domaine de 5 ha situé en pleine campagne vous promet un séjour mémorable : chambres personnalisées et salon-bibliothèque cosy logés dans une bâtisse régionale en pierre (19e s.).

🅿 ⌂ – 5 chambres

Lieu-dit Malagorse – ℘ 06 89 33 45 45

DAGLAN
✉ 24250 – Dordogne – Carte régionale n° **18**-D3

LE PETIT PARIS
CUISINE MODERNE • RUSTIQUE Au cœur d'un charmant village périgourdin, cette table sympathique bénéficie d'une grande terrasse tournée vers la place du village, et de deux salles joliment rustiques. Enfant du pays, le chef met un point d'honneur à valoriser chaque semaine des produits de sa région dans des recettes de saison twistées par ses souvenirs de voyage : nems de confit de canard et houmous aux noix du Périgord ; ris d'agneau au monbazillac et baies roses, traditionnel soufflé au Grand Marnier...

⌂ – Prix : €€

18 rue de la République – ℘ 05 53 28 41 10 – www.le-petit-paris.fr – Fermé lundi, mardi et samedi à midi, et dimanche soir

DAMPIERRE-EN-YVELINES
✉ 78720 – Yvelines – Carte régionale n° **11**-B1

LA TABLE DU CHÂTEAU
CUISINE MODERNE • AUBERGE Le châtelain de Dampierre, désormais propriétaire de cette belle auberge du 17e s., en a confié les fourneaux à la cheffe Élisabeth Passédat, qui a longtemps travaillé à l'étranger. Elle n'a pas pour autant oublié ses classiques – foie gras chaud poêlé, pâté en croûte à la volaille de Houdan, ris de veau, tournedos de bœuf charolais façon Rossini – qu'elle modernise et métisse avec des produits de saison. Son inspiration puise aussi dans les terroirs de France, à l'image de cette lotte aux spaetzle et velouté de cidre normand, ou de ces ravioles de champignons au morbier et émulsion au vin jaune.

& AC ⌂ – Prix : €€€

1 Grande-Rue – ℘ 01 30 47 56 56 – www.latableduchateau.fr – Fermé lundi, mardi, mercredi midi et dimanche soir

439

LES DAMPS

✉ 27340 – Eure – Carte régionale n° **3**–B2

L'AUBERGE DE LA POMME

CUISINE MODERNE • **CONTEMPORAIN** Un nom hautement normand, une façade à colombages typique de la région... mais l'image d'Épinal s'arrête là ! La maison cache un décor très contemporain, notamment une salle lumineuse aux grandes baies vitrées qui regardent le jardin. Les assiettes qui mettent bien en valeur les producteurs locaux : carpaccio de coquilles Saint-Jacques de Normandie, lotte pochée et son coulis de cresson de Cailly-sur-Eure, côte de veau fermière rôtie en cocotte.

🍴&🌿⇔🅿 – Prix : €€€€

*44 route de l'Eure – 𝒞 02 35 23 00 46 – www.laubergedelapomme.com –
Fermé lundi, et mardi et dimanche soir*

DANJOUTIN

✉ 90400 – Territoire de Belfort – Carte régionale n° **13**–C1

❄ ### LE POT D'ÉTAIN

Chef : Philippe Zeiger

CUISINE MODERNE • **ÉLÉGANT** À quelques minutes du Lion de Belfort, ce Pot d'Étain brille de gourmandise grâce à un argentier de talent, le chef Philippe Zeiger qui a fait de son restaurant un temple incontournable de la bonne chère. Il met à l'honneur une cuisine française aussi généreuse que goûteuse, appuyée sur de superbes produits de saison : langoustines, Saint-Jacques, lièvre à la royale, turbot, truffes... Les desserts ne sont pas en reste, notamment l'excellent soufflé chaud, dont les parfums varient avec les saisons. À noter aussi, une riche carte des vins et un service aussi souriant qu'attentif par l'épouse du chef.

❄ &🄰⇔🅿 – Prix : €€€

*4 avenue de la République – 𝒞 03 84 28 31 95 – www.restaurant-potdetain.fr –
Fermé lundi et dimanche*

DAX

✉ 40100 – Landes – Carte régionale n° **25**–B2

COMPLICES ⓝ

CUISINE MODERNE • **COSY** Le sens du détail et la passion de la précision : il y a tout cela, et plus encore, dans la cuisine fraîche et franche du duo complice formé par Hugo au salé et Sophie au sucré. Ces deux belles têtes voyageuses, affûtées auparavant dans les maisons étoilées, brodent des assiettes où les produits locaux de saison sont parfois relevés par des préparations exotiques. Le délicieux sashimi de maquereau en témoigne : salsa verde bien relevée au piment vert landais, guacamole de pois cassés, concombre mariné dans une liqueur de menthe biarrotte et framboises. Le plaisir se poursuit jusqu'aux desserts gourmands et efficaces de la cheffe.

🌿 – Prix : €€

*44 cours Gallieni – 𝒞 06 81 56 09 51 – www.complicesdax.fr – Fermé lundi et
dimanche soir*

DEAUVILLE

✉ 14800 – Calvados –
Carte régionale n° **2**-C2

Entre plaisirs raffinés et solides produits normands

Toujours entre deux séances de cinéma, une partie de golf ou de tennis, une course de polo ou une régate, Deauville soigne sa réputation de raffinement. Ses plages et ses somptueuses villas 1900, dont les plus belles s'alignent sur le boulevard longeant le front de mer, lui valent une réputation méritée. Quant à son air marin, il aiguise les appétits les plus blasés ! Direction le marché, établi sous de jolies halles à colombages près de la place Morny. Il est animé par des producteurs venus du pays d'Auge et de toute la Normandie. Vous trouverez votre bonheur entre les poissons et les coquillages, notamment les coques de Cabourg, les nombreux fromages (livarot et camembert au lait cru si possible), les pommes et autre gelée de cidre…

✽ L'ESSENTIEL

Chef : Charles Thuillant
CUISINE MODERNE • **CONTEMPORAIN** Ce restaurant au cadre lumineux et moderne est le repaire du Français Charles Thuillant et de la Coréenne Mi-Ra, deux oiseaux migrateurs qui se sont rencontrés à Ze Kitchen Gallery, temple de la cuisine franco-asiatique. Finalement installés en plein cœur de Deauville, où Charles passait ses vacances étant enfant, ils signent à quatre mains une cuisine vive et enjouée, en mouvement, où les produits du terroir normand sont associés à des influences asiatiques bien dosées : poisson mariné, condiment mangue-passion ; bœuf Wagyu, jus fumé, samsang ; pâtes nodi marini, huître, wakame, légumes croquants… Service agréable dans un intérieur moderne et cosy.
& AC 🍽 – Prix : €€€
Plan : B2-1 – *29 rue Mirabeau* – ✆ *02 31 87 22 11* – *www.lessentieldeauville.com* – *Fermé lundi, mardi, mercredi et dimanche*

✽ MAXIMIN HELLIO

Chef : Maximin Hellio
CUISINE MODERNE • **CONTEMPORAIN** Situé en plein cœur de la station deauvillaise, ce restaurant à la devanture sobre et moderne a eu la bonne idée de laisser une partie vitrée en façade, qui permet d'observer les cuisiniers à l'œuvre depuis la rue. A l'intérieur, sous la toque, Maximin Hellio, chef de métier, propose de choisir

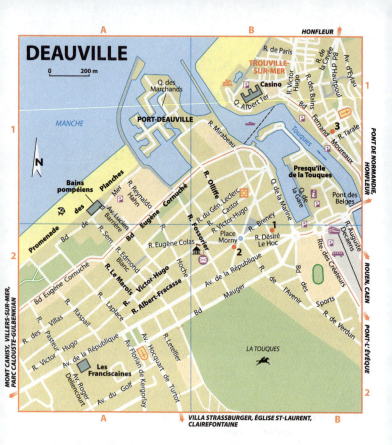

(dès la réservation en ligne...) entre trois menus dégustation dont l'un rend hommage aux produits de la terre, l'autre à ceux de la mer. Dans ce dernier, il met à l'honneur la pêche normande, autour de préparations soignées et créatives, en revisitant par exemple le pithiviers façon marine. Intéressants accords mets et vins proposés sur tablette. Un établissement très prisé par la clientèle locale.

– Prix : €€€€

Plan : B2-2 – *64 rue Gambetta* – ℰ *07 71 93 79 97* – *www.maximinhellio.fr* – *Fermé lundi et mardi*

LES MANOIRS DE TOURGÉVILLE

CLASSIQUE • RAFFINÉ En plein bocage du pays d'Auge, ce manoir est vraiment séduisant : chambres raffinées, apaisantes et spacieuses (nombreux duplex et triplex). Pour se détendre, il y a l'embarras du choix : piscine, vélo, massage, tennis, cinéma. Se lasser d'un tel endroit ? Impossible !

- 57 chambres

13 chemin de L'Orgueil – ℰ *02 31 14 48 68*

DEAUVILLE

 NORMANDY BARRIÈRE

TRADITIONNEL • COSY Ce fier manoir anglo-normand, édifié en 1912, est devenu l'emblème de la station. L'établissement a été entièrement rénové mais l'esprit des chambres, cosy et raffinées, demeure : toile de Jouy, boiseries... Pour se détendre, on peut profiter du magnifique spa. Un hôtel mythique avec sa brasserie chic.
🅰🅲 🛁 🅿 ⌂ ◇ ⫓ ⫒ ♨ 🕸 ⚑ ✦ ‖⃝ - 290 chambres
38 rue Jean Mermoz – ✆ *09 70 82 13 14*

DELME

✉ 57590 – Moselle – Carte régionale n° **7**-C2

À LA 12

CUISINE MODERNE • CONTEMPORAIN Voici le petit royaume de la famille François, qui en tient les rênes depuis 1954. Après une belle expérience chez Bras à Laguiole, Thomas (en cuisine) et Laura sa charmante compagne (en salle) sont tous deux revenus au sein du fief familial. C'est donc aujourd'hui la troisième génération qui est aux commandes de cette auberge contemporaine, appréciée des locaux et des hôtes de passage. La carte se révèle à la fois gourmande et délicate, jouant entre tradition et modernité, avec une belle appétence pour les herbes et les épices : réjouissant.
⫓ & 🅰🅲 🕸 ✤ - Prix : €€€
6 place de la République – ✆ *03 87 01 30 18 – www.ala12.fr – Fermé lundi et mardi, et dimanche soir*

DEMIGNY

✉ 71150 – Saône-et-Loire – Carte régionale n° **17**-C2

CAVE ET CUISINE

CUISINE TRADITIONNELLE • BISTRO Une maison de ville aux volets bleus au pied de l'église, une cave de plus de 1000 références, une cheffe, véritable enfant de la balle et un tour de main indéniable en cuisine pour aligner classiques (œufs en meurette, jambon persillé...), des plats au goût du jour (gravlax de saumon), et des spécialités comme le pigeon rôti et les ris de veau. Mon tout se déguste dans un décor de bistrot de bonne facture où le sourire est de mise et les conseils sur les vins judicieux.
🞋 & 🕸 - Prix : €€
1 cour du Wauxhall – ✆ *06 81 51 95 71 – www.cave-et-cuisine.eatbu. com/?lang=fr – Fermé du lundi au mercredi et dimanche soir*

LES DEUX-ALPES

✉ 38860 – Isère – Carte régionale n° **21**-C3

 LE P'TIT POLYTE

CUISINE MODERNE • INTIME Le Chalet Mounier, c'est une histoire de famille : celle de Marie et Hippolyte Mounier, qui ouvrent cet hôtel en 1933, le premier de la station. Vient ensuite le fils Robert, dès 1971, puis aujourd'hui Alban et sa compagne Angélique, qui perpétuent l'héritage. Dans une petite salle cosy propice aux confidences, on se régale d'un menu dégustation pensé avec intelligence, avec une large place accordée au végétal. Le chef, qui a notamment une prédilection pour les agrumes, réalise un beau travail sur le choix des produits et la présentation très étudiée de ses assiettes. Belle carte des vins, assortie des suggestions pertinentes du sommelier. Décidément, ce P'tit Polyte a tout d'un grand.
🞋 ⇔ ⫓ - Prix : €€€€
Chalet Mounier, 2 rue de la Chapelle – ✆ *04 76 80 56 90 – www.chalet-mounier. com – Fermé lundi, dimanche et du mardi au samedi à midi*

443

LES DEUX-ALPES

 CHALET MOUNIER

MONTAGNARD • CHALEUREUX Tout en haut des Deux-Alpes, sur le site d'une ferme d'alpage, le doyen des hôtels de la station, né dans les années 1930 : les lieux ont la tradition de l'accueil chevillée au corps – des chevilles en bois, évidemment ! Tout pour un beau séjour à la montagne : grand confort, piscines, sauna, fitness...
よ 🅿 ⛄ 🚌 🚴 🏊 🧖 ♨ 🛏 🍽 - 43 chambres
2 rue de la Chapelle – ☏ 04 76 80 56 90
❀ **Le P'tit Polyte** - Voir la sélection des restaurants

DIEPPE
✉ 76200 – Seine-Maritime – Carte régionale n° **3**–A2

 LES VOILES D'OR

Chef : Tristan Arhan
CUISINE MODERNE • CONTEMPORAIN Fort de son expérience, Tristan Arhan tient sur la falaise du Pollet une table sans malentendu : ici, c'est la pêche du jour qui fait la loi pour ce chef passionné par les produits de la mer, qui réussit le tour de force, seul en cuisine, de magnifier sans artifice Saint-Jacques, turbot ou barbue. Ici, aucune concession sur la fraîcheur de la matière première, qui est travaillée avec sobriété et délicatesse : on passe un excellent moment, dans un décor épuré en phase avec cette philosophie. À noter : une petite terrasse quand le soleil s'invite sur la côte normande.
よ 🌿 – Prix : €€€
2 chemin de la Falaise, à Neuville-lès-Dieppe – ☏ 02 35 84 16 84 – www.lesvoilesdor.fr – Fermé du lundi au mercredi et dimanche soir

😊 **BISTROT DU POLLET**

POISSONS ET FRUITS DE MER • BISTRO Qu'on se le dise : dans ce bistrot, c'est la mer qui décide, et les plats dépendent directement des arrivages de la pêche locale. La qualité et la fraîcheur sont au rendez-vous, et quelle générosité dans les préparations !
Prix : €€
23 rue Tête-de-Bœuf – ☏ 02 35 84 68 57 – www.le-bistrot-du-pollet.zenchef.com – Fermé lundi et dimanche

DIGOIN
✉ 71160 – Saône-et-Loire – Carte régionale n° **17**–B2

 L'ÉVIDENCE ⓝ

CUISINE MODERNE • TRADITIONNEL Nicolas Martin a pris les rênes du restaurant de l'hôtel VillaPona à Digoin, un ancien relais de poste du Grand Siècle entièrement rénové. La salle respire tout le charme de l'ancien, pimenté de quelques touches contemporaines. Originaire de la région, passé par les maisons Lameloise, Troisgros et le restaurant de Jérôme Brochot, le chef réalise de bonnes assiettes à partir de produits frais de saison : sot-l'y-laisse, châtaignes et potimarron ; pommes et épices douces sur un sablé sarrasin...
よ 🌿 – Prix : €€€
14 rue Nationale – ☏ 03 85 25 07 26 – www.restaurant-levidence.fr – Fermé lundi et mardi, et dimanche soir

DIJON

✉ 21000 – Côte-d'Or –
Carte régionale n° **12**-C3

Où les parfums des assiettes montent au nez

La capitale de la Bourgogne réussit le tour de force d'être une grande cité culturelle doublée d'une destination culinaire et viticole légendaire – n'eut-elle pas pour maire le chanoine Kir, ambassadeur d'un apéritif fameux ? Son centre-ville élégant et son musée des Beaux-Arts côtoient restaurants, bistrots, cavistes, vendeurs de moutarde et de pains d'épice. Au bout de la rue Musette, vous trouverez des halles métalliques (1875) qui abritent un marché animé. C'est une parfaite introduction aux produits de la gastronomie dijonnaise et bourguignonne. Les spécialités sont toutes un régal, notamment le jambon persillé (les morceaux maigres sont pris dans une gelée très persillée) ou, côté fromage, le soumaintrain et l'époisses. En ville, faites le plein de pain d'épice chez Mulot et Petitjean et de chocolats chez Fabrice Gillotte.

 WILLIAM FRACHOT

Chef : William Frachot
CUISINE CRÉATIVE • CONTEMPORAIN Le terroir de Bourgogne a trouvé ici, dans cet ancien relais de poste du 19e s. situé en plein cœur du centre historique de Dijon, l'un de ses interprètes les plus talentueux. Fils de restaurateurs bourguignons et baroudeur émérite (Angleterre, Québec), William Frachot concocte des assiettes épurées à son image : sérieuses et appliquées, jonglant entre les saveurs d'ailleurs, les recettes et les produits locaux, avec ce qu'il faut d'inventivité et d'énergie. Il revisite les œufs en meurette et n'utilise que des poissons d'eau douce (perche, black bass, brochet, sandre...), à l'image de son omble de fontaine, sandre et soupe de poissons de rivière. Le tout à déguster dans un décor de caractère aux boiseries claires avec motifs de vignes et chaises "shark" pivotantes jaune moutarde – autant de clins d'œil au patrimoine régional. Une cuisine inspirée et aboutie, à la fois ancrée localement et voyageuse.

Prix : €€€€

Plan : A1-1 - Hostellerie du Chapeau Rouge, 5 rue Michelet - ✆ 03 80 50 88 88 - www.chapeau-rouge.fr/fr/restaurant-gastronomique-dijon - Fermé lundi, mardi et dimanche

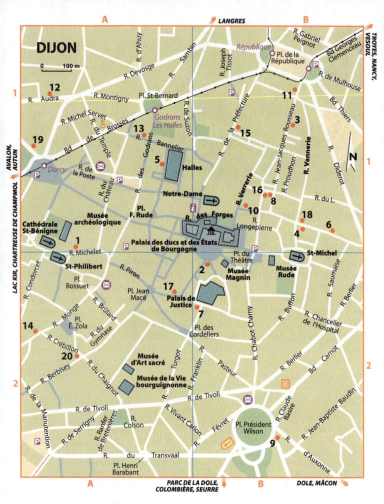

L'ASPÉRULE

Chef : Keigo Kimura

CUISINE MODERNE • CONTEMPORAIN Le chef Keigo Kimura élabore dans son adresse dijonnaise au décor sobre cette cuisine française mâtinée de Japon dont il a le secret. Il cisèle midi et soir des menus uniques (et même "mystère" au dîner). Inattaquable sur la précision et l'équilibre (dressage, cuissons, saveurs), il parsème aussi ses assiettes de clins d'œil appréciables à la région : sauces au pinot noir ou au vin jaune, pousses de moutarde... On garde en mémoire ce gyoza au gibier parfumé au gingembre et sa sauce au vin rouge et surtout cette épaule d'agneau cuite lentement puis grillée au binchotan, accompagnée de sa crêpe japonaise - une petite merveille. Dernier atout : sous le restaurant, la luxuriante cave à vins renferme des trésors.

✿ & AC – Prix : €€€

Plan : B1-3 – 43 rue Jean-Jacques-Rousseau – ✆ 03 80 19 12 84 – www.restaurant-asperule.fr – Fermé lundi et dimanche

446

DIJON

✿ CIBO

Chef : Angelo Ferrigno

CUISINE MODERNE • CONTEMPORAIN La salle contemporaine minimaliste, dotée d'une verrière, crée un contraste saisissant avec cette demeure en pierre de Bourgogne du 17e s. Le chef Angelo Ferrigno y propose une cuisine moderne judicieusement créative – ce qui ne l'empêche pas, tant s'en faut, de travailler des produits exclusivement locaux sélectionnés dans un rayon de 200 km. Il compose une cuisine naturelle et tendance, d'inspiration nordique, aux accents bruts, mais aux dressages d'une élégance rare. Le filet de truite bio, délicatement nacré et fondant, le sarrasin soufflé, les œufs de truite et les fines lamelles de radis, ou encore la caille parfaitement cuite au barbecue avec un condiment à l'ail noir, des asperges vertes, enluminée d'un jus de viande réduit et parfumé aux graines de coriandre, sont des modèles de gourmandise. Service attentif et conseils avisés du sommelier parachèvent ce moment. Réservation vivement recommandée.

& 🅰 – Prix : €€€€

Plan : B1-4 – *24 rue Jeannin – 𝒞 03 80 28 80 76 – www.cibo.restaurant – Fermé lundi, samedi et dimanche*

✿ LOISEAU DES DUCS

CUISINE MODERNE • COSY Près du palais ducal, cette table du groupe Bernard Loiseau s'abrite dans l'hôtel de Talmay, du 16e s., classé monument historique. Le chef continue de faire vivre la Bourgogne gourmande et les classiques de Bernard Loiseau, dans une veine moderniste, à l'image de cet œuf en meurette revisité dont le jaune confit est fumé au foin, ou de ces escargots de Bourgogne aux herbes des combes dijonnaises. Jolie sélection de vins au verre.

& 🅰 🏠 ⌂ – Prix : €€€€

Plan : B2-2 – *3 rue Vauban – 𝒞 03 80 30 28 09 – www.bernard-loiseau.com – Fermé lundi et dimanche*

✿ ORIGINE

Chef : Tomofumi Uchimura

CUISINE MODERNE • CONTEMPORAIN Dans un décor élégant et feutré, le chef japonais Tomofumi Uchimura impressionne par sa maîtrise de la cuisine française, qu'il ponctue de discrètes touches japonisantes. Cet amoureux de la Bourgogne magnifie avec élégance les produits du terroir : légumes bio d'un maraîcher dijonnais, bœuf charolais, safran d'Auxonne, escargots du Jura voisin... Il ne s'interdit rien pourvu que la qualité soit au rendez-vous, et travaille aussi les poissons de mer selon l'arrivage. Une partition culinaire fine et précise.

🕸 🅰 ⌂ – Prix : €€€

Plan : B2-9 – *10 place du Président-Wilson – 𝒞 03 80 67 74 64 – www. restaurantorigine.fr – Fermé lundi, dimanche et mardi midi*

🐵 CAVE ❶

CUISINE TRADITIONNELLE • BISTRO Le chef Angelo Ferrigno (CIBO) a ouvert un bistrot de l'autre côté de la rue. C'est une petite salle de bois clair avec une table d'hôte, deux comptoirs et un mur de casiers à vin offrant une sélection de petits domaines bio et nature. On distille ici la même philosophie et on travaille avec les mêmes producteurs locaux que dans la maison mère. Le menu du midi est une très bonne affaire, tandis que le soir, le choix se fait à la carte avec des assiettes à partager : cordon bleu maison ; fleurs de courgette en tempura ; tataki de bœuf, vinaigrette gingembre et cébette...

Prix : €€

Plan : B1-18 – *29 rue Jeannin – 𝒞 03 80 41 48 26 – www.cave.restaurant – Fermé lundi, samedi et dimanche*

447

DIJON

L'ÉVIDENCE

CUISINE MODERNE • CONTEMPORAIN Passé par de grandes maisons, le chef Julien Burdin connaît un succès mérité : dressages soignés, produits de belle qualité, saveurs franches à l'image de ce jambon persillé, crème fouettée à la moutarde à l'ancienne, pickles d'oignon. En dehors du menu, il propose des suggestions de produits nobles, comme par exemple ce homard bleu, risotto aux légumes, sauce américaine. Accueil prévenant.

🅰🅲 ⇄ – Prix : €€

Plan : B1-6 – *53 rue Jeannin* – ☏ *03 80 67 69 37* – *www.restaurant-levidence-dijon.com* – *Fermé samedi et dimanche*

SO

CUISINE DU MARCHÉ • CONVIVIAL Épaulé en salle par Rie, sa compagne, le chef japonais, So Takahashi, seul aux fourneaux après avoir œuvré dans de belles maisons, travaille les produits qu'il achète directement au marché. Le résultat : une cuisine française traversée d'inspirations nippones, finement exécutée, légère et parfumée... So good !

🕸 ♿ – Prix : €€

Plan : B2-7 – *15 rue Amiral-Roussin* – ☏ *03 80 30 03 85* – *Fermé lundi, dimanche, et mardi et mercredi à midi*

SPICA

CUISINE MODERNE • BISTRO L'ancien Café de la Préfecture est emmené par le chef japonais Takaya Uchida. Au programme : mobilier de récup', fond jazzy, menu unique avec une cuisine du marché soignée et vins de Bourgogne à petits prix. On retient le pâté en croûte réalisé dans les règles de l'art, ainsi que ce faux-filet, sauce au vin rouge et espuma à la cardamome : une association osée mais qui fait mouche !

♿ 🅰🅲 – Prix : €€

Plan : B1-15 – *48 rue de la Préfecture* – ☏ *06 26 85 87 17* – *www.restaurantspica.com* – *Fermé lundi, dimanche et mercredi midi*

L'ARÔME

CUISINE MODERNE • SIMPLE Venez goûter au bonheur dans ce petit havre de gourmandise. Le chef Kadoguchi réalise des assiettes soignées et travaillées, alternant recettes japonaises (gyozas) et franco-françaises (lieu jaune, sauce provençale) ou mixant les deux, avec cette excellente picanha et sa sauce asiatique. Textures et saveurs harmonieuses, cuissons au cordeau, belle sélection de vins et accueil parfait : un coup de cœur !

🅰🅲 – Prix : €€

Plan : B1-11 – *2 rue Jean-Jacques-Rousseau* – ☏ *03 80 31 12 46* – *www.restaurant-aromedijon.com* – *Fermé lundi et dimanche*

AZEROLE 🅝

CUISINE FUSION • BISTRO Originaire de Chine du Nord, Xin Gan, également épouse du chef du restaurant Parapluie, travaille à cette table fusion franco-asiatique réjouissante, installée dans un cadre simple de néo-bistrot (murs en pierre, tables et chaises en bois foncé). Seule en cuisine, la cheffe associe avec talent les épices, le tofu et autres kimchi, avec des produits français de saison et de qualité, à l'image de ce carré de porc, chimichurri, crème de courgette et curry vert, accompagné d'un trait de houmous onctueux et de rubans de carottes multicolores, liés d'une vinaigrette à l'orange – savoureux !

🍽 – Prix : €€

Plan : A2-20 – *86 rue Berbisey* – ☏ *03 80 60 03 94* – *www.azerole-dijon.fr* – *Fermé samedi et dimanche*

DIJON

DZ'ENVIES

CUISINE MODERNE • BRANCHÉ Dans ce quartier animé des halles centrales, cette cantine chic et branchée aux murs blancs, mobilier de bois clair et plafond noir, joue une partition alléchante. La carte met en valeur la cuisine traditionnelle et le terroir local en privilégiant les produits de saison : persillé de Bourgogne, œufs en meurette, noix de joue de bœuf à la Bourguignonne. Le menu du midi est très abordable et se déguste en terrasse aux beaux jours.

&. 🅰️🅲 🍽️ – Prix : €€

Plan : A1-5 – *12 rue Odebert –* ✆ *03 80 50 09 26 – www.dzenvies.com – Fermé lundi et dimanche*

L'ESSENTIEL

CUISINE MODERNE • COLORÉ Le chef-patron aux commandes de ce restaurant prisé situé en léger retrait du centre touristique de la ville, concocte un menu carte rythmé par les saisons, aux saveurs marquées et harmonieuses sans oublier des dressages réalisés avec soin. Les pressés préféreront le menu déjeuner attractif. Le tout, à déguster dans le patio, fort prisé aux beaux jours.

&. 🅰️🅲 🍽️ – Prix : €€

Plan : A1-12 – *12 rue Audra –* ✆ *03 80 30 14 52 – www.restaurant-lessentiel-dijon.fr – Fermé lundi et dimanche*

LES JARDINS BY LA CLOCHE ⓝ

CUISINE MODERNE • CONTEMPORAIN Dans un cadre contemporain où une partie de la salle s'étire sous une véranda en rotonde, offrant une vue sur le jardin de l'établissement, le chef propose une cuisine moderne ancrée dans le terroir bourguignon, rehaussée de quelques touches asiatiques. Les desserts, quant à eux, reviennent aux fondamentaux avec des créations bien ficelées.

🛋️&. 🅰️🅲 🍽️ 🅿️ – Prix : €€€

Plan : A1-19 – *Grand Hôtel La Cloche, 14 place Darcy –* ✆ *03 80 30 12 32 – www. hotel-lacloche.fr/restaurant*

LA MAISON DES CARIATIDES

CUISINE MODERNE • CONVIVIAL Dans le quartier des Antiquaires, ce restaurant situé dans une bâtisse classée du 17e s. avec ces 12 cariatides sur la façade est désormais entre les mains de Vincent et Marie-Cécile Gomis, dont les parcours étoilés se ressentent joliment dans l'assiette. Ils proposent une cuisine moderne aux associations cosmopolites intelligentes à l'instar du gravlax de truite de Crisenon, avocat grillé aux épices jerk ; escargot en fricassée, marinière au vadouvan. Les saveurs et préparations septentrionales sont nombreuses et bien senties tel le lieu de ligne en écailles de poulpe, fleur de courgette, bouillon aux épices de paëlla... Agréable terrasse sur l'arrière.

🅰️🅲 🍽️ – Prix : €€€

Plan : B1-8 – *28 rue Chaudronnerie –* ✆ *03 80 45 59 25 – www. maisondescariatides.com – Fermé du lundi au mercredi*

449

DIJON

MONIQUE, BOIRE ET MANGER

CUISINE MODERNE • **CONVIVIAL** Qu'aurait pensé Monique, la grand-mère de la cheffe Clara Reydet, de ce charmant bistrot où le légume de saison, utilisé de la tête aux pieds, joue la vedette ? Que du bien évidemment ! Clara cuisine en toute liberté, se joue d'influences diverses et nous séduit, nous les chics types, avec des keftas d'agneau, chou rouge crémeux et cru ou des carottes rôties au garam masala, toum (l'aïoli oriental), jus de carottes réduit. Cette cuisine métissée à tendance végétarienne se déguste dans un cadre simple et pimpant de bois clair. Petite terrasse sur rue piétonne.

🍴 – Prix : €€

Plan : A2-17 – *33 rue Amiral-Roussin* – ℰ *03 80 49 99 36* – *www. moniqueboireetmanger.fr* – *Fermé dimanche, lundi et le soir sauf jeudi et vendredi*

PARAPLUIE

CUISINE MODERNE • **SIMPLE** Ce restaurant de poche propose une cuisine actuelle et voyageuse réhaussée parfois d'épices, à base de produits de saison, locaux pour la plupart. On la décline sous forme d'un menu unique mystère en plusieurs services le soir, et d'un menu avec choix au déjeuner à prix doux. Jolie petite sélection de vins, bières et autres alcools (whiskys, eaux-de-vie, etc).

🍴 – Prix : €€

Plan : A2-14 – *74 rue Monge* – ℰ *03 80 28 79 94* – *www.parapluie-dijon.com* – *Fermé samedi et dimanche*

SAISON 🆕

CUISINE MODERNE • **CONVIVIAL** Dans le quartier des Antiquaires, cette table franco-italienne accueille dans une salle agréable aux tons clairs. Aux commandes, le chef milanais Riccardo Maiello, formé dans les maisons étoilées, nous régale avec une cuisine moderne qui alterne recettes françaises, avec des clins d'œil aux produits locaux (à l'image de cette entrée d'œuf parfait, fèves d'Arc-sur-Tille, shiitake, émulsion ail et cancoillotte fermière), et assiettes 100% italiennes comme ces paccheri alla carbonara al dente, pâtes artisanales provenant directement d'Italie et réalisées dans les règles de l'art avec pecorino et guanciale.

🍴 – Prix : €€

Plan : B1-16 – *17 rue Lamonnoye* – ℰ *03 65 67 15 81* – *www.saison-restaurant.fr* – *Fermé lundi et dimanche, et mardi et mercredi soir*

SUBLIME

CUISINE MODERNE • **CONTEMPORAIN** À deux pas des halles, la cuisine moderne du chef sicilien Giovanni Spataro navigue entre plats français soigneusement exécutés – à l'image de ce turbot aux asperges, aïoli et émulsion citronnelle – et spécialités transalpines emblématiques, comme ce vitello tonnato revisité. Il s'approvisionne avec d'excellents produits qu'il prépare et dresse avec un goût très sûr : bœuf charolais, riz carnaroli, gambas de Sicile...

🆎 🍴 – Prix : €€

Plan : A1-13 – *24 rue Bannelier* – ℰ *03 45 83 10 85* – *www.sublimerestaurant. net* – *Fermé lundi et dimanche*

LA TABLE DES CLIMATS

CUISINE MODERNE • **CONTEMPORAIN** Au cœur de la Cité internationale de la gastronomie et du vin, ce restaurant se trouve à quelques pas de la Chapelle des Climats et des Terroirs. Le décor contemporain met également en valeur des éléments historiques de l'édifice, tels que pierres apparentes et plafond à la française. Ce cadre séduisant sert d'écrin à une cuisine qui célèbre les produits de la région, avec parfois quelques touches terre et mer. Les accords mets et vins reçoivent une attention particulière, portés par une belle sélection de vins au verre.

♿ 🆎 🍴 🖥 – Prix : €€€

Hors plan – *12 parvis de l'Unesco* – ℰ *03 80 41 74 98* – *www.latabledesclimats. fr* – *Fermé lundi et mardi, et dimanche soir*

450

DIJON

L'UN DES SENS
CUISINE MODERNE • ÉPURÉ Proche du quartier des Antiquaires, ce restaurant propose une goûteuse cuisine, aux dressages soignés et aux saveurs marquées - ainsi ce carré de veau du Ségala, ravioles de petits pois au pecorino, cébette. Légumes et fruits proviennent souvent du potager du chef. Le soir, menu surprise en plusieurs services, le chef propose également une prestation soignée à prix doux le midi. Agréable terrasse dans la cour.
& AC 🍴 – Prix : €€€
Plan : B1-10 – *3 rue Jeannin* – ✆ *03 80 65 75 58* – *www.lundessens-dijon.fr* – *Fermé lundi et dimanche, et mercredi soir*

GRAND HÔTEL LA CLOCHE
CONTEMPORAIN • ÉLÉGANT Il fait bon vivre dans cette bâtisse Belle Époque (1884), entièrement rénovée. Les chambres, aménagées dans un style contemporain chic, sont spacieuses et confortables. Restaurant lumineux sous sa verrière, donnant sur une plaisante terrasse. Le brunch du dimanche est très couru !
& AC 🛎 P 🚗 ✈ 🚙 🍴 🌀 ♨ 🍽 - 93 chambres
14 place Darcy – ✆ *03 80 30 12 32*
Les Jardins by La Cloche – Voir la sélection des restaurants

HOSTELLERIE DU CHAPEAU ROUGE
MODERNE • RAFFINÉ Une élégante "hostellerie" créée en 1863, mais toujours pleine de fraîcheur avec ses chambres au décor soigné, certaines très contemporaines. Le must : profiter de l'espace bien-être – massage, sauna, hammam – avant un bon dîner.
AC 🛎 P 🛎 ♨ ♨ 🍽 - 28 chambres
5 rue Michelet – ✆ *03 80 50 88 88*
❀❀ **William Frachot** – Voir la sélection des restaurants

MAMA SHELTER DIJON
MODERNE • CONVIVIAL Un immeuble de bureaux brutaliste des années 1960 abrite désormais, en plein Dijon, le rejeton local de Mama Shelter. Impertinent et coloré, le décor, dû à l'architecte Benjamin El Doghaïli, optimise chaque espace par des trésors d'imagination. Les chambres sont aussi confortables que fonctionnelles, et les espaces publics très conviviaux, du jardin au restaurant polyvalent, de la terrasse au bar.
AC P 🚗 ✈ 🍽 - 120 chambres
8 rue Dr Maret – ✆ *03 80 60 06 60*

DINAN
✉ 22100 – Côtes-d'Armor – Carte régionale n° **1**–D2

COLIBRI
CUISINE MODERNE • TENDANCE Dans le vieux Dinan, un agréable bistrot contemporain avec bois blond, parquet en chêne, cheminée et cuisine ouverte sur la petite salle. Dans l'assiette, une pétillante cuisine qui mixe souvent terre et mer : Saint-Jacques, oreille de cochon et citron confit ; ris de veau au beurre d'anchois et citron noir d'Iran ; dorade grise à la cardamome et navet boule d'or...
🍴 – Prix : €€
14 rue de la Mittrie – ✆ *02 96 83 97 89* – *www.colibri-dinan.com* – *Fermé lundi et dimanche*

DINAN

LA MAISON PAVIE

TRADITIONNEL • CHARME Situé dans un bâtiment du 15e s. méticuleusement restauré, ce bed and breakfast de charme présente des détails architecturaux à l'intérieur et à l'extérieur, tels que des murs en torchis, des poutres massives et une cheminée «pattes de lion». La décoration de chaque chambre est inspirée d'une ville visitée par le célèbre explorateur français Auguste Pavie, né dans la maison en 1847, mais possède aussi tout le confort moderne. Copieux petit-déjeuner dans la salle à manger ou dans le romantique jardin clos.

P 🛏 - 5 chambres
10 place Saint-Sauveur – ℘ 02 96 84 45 37

DINARD

✉ 35800 – Ille-et-Vilaine – Carte régionale n° **9**-A1

LE POURQUOI PAS

CUISINE MODERNE • ÉLÉGANT Le restaurant de l'hôtel Castelbrac porte le nom du bateau du commandant Charcot, célèbre explorateur des zones polaires. Né à Dinan, le chef Julien Hennote a lui aussi exploré d'autres horizons (culinaires), comme ceux de la Côte d'Azur et même de la Polynésie. En cuisine, il privilégie les produits du terroir et la pêche côtière durable (coquilles Saint-Jacques et ormeaux de plongée, homard, algues) dans le respect des ressources. Ses recettes, ambitieuses, s'avèrent élégantes et savoureuses. Mention spéciale pour les délicieux desserts. Salle cosy et terrasse panoramique face à la mer, avec en ligne de mire, la cité corsaire.

⇔ ⇐ ఉ 🅰 🍴 – Prix : €€€€
Hôtel Castelbrac, 17 avenue George-V – ℘ 02 99 80 30 00 – www.castelbrac. com – Fermé lundi et mardi

DIDIER MÉRIL

CUISINE MODERNE • CONTEMPORAIN Dans un cadre cosy et contemporain, profiter d'un déjeuner avec une magnifique vue sur la baie du Prieuré laisse présager un bon moment. Les yeux rivés sur le large, les gourmands apprécient la cuisine plutôt créative du chef propriétaire Didier Méril. Ses produits, de qualité et de saison, sont principalement issus du marché et de la pêche locale (topinambour en plusieurs textures et marinière de coquillages ; le maquereau, courge spaghetti et jus de tête monté au beurre ; tartelette à la poire au croustillant à l'amande, crémeux vanille tonka et sorbet poire). Le déjeuner offre un bon rapport qualité/prix.

🐝 ⇐ 🅰 🍴 ♻ – Prix : €€€
1 place du Général-de-Gaulle – ℘ 02 99 46 95 74 – www.restaurant-didier-meril. com

OMBELLE

CUISINE MODERNE • CONTEMPORAIN Après avoir enchaîné les saisons dans les grandes maisons, le chef Alexandre Frin et sa compagne en salle Ludivine la Rosa ont jeté l'ancre dans cette belle maison du début de 20e s. en briques rouges et aux grandes baies blanches à petits carreaux. Le chef compose une carte moderne 100% saisonnière, sans œillères et sans extravagances, avec de beaux produits qui privilégient les circuits courts mais aussi les herbes et les fleurs aromatiques du potager du grand-père. Cuisson nacrée de la Saint-Jacques, subtil parfum à la fleur de cannelier de la glace associé à la patate douce et à la clémentine : un délicieux voyage.

ఉ – Prix : €€
7 boulevard du Président-Wilson – ℘ 09 88 03 35 35 – www.restaurant-ombelle. fr – Fermé lundi, dimanche et mardi midi

DINARD

LA VALLÉE

CUISINE TRADITIONNELLE • CONTEMPORAIN Si la salle est agréable avec ses grandes baies vitrées, on ne résiste pas à la terrasse, orientée plein sud juste au-dessus de la pittoresque cale du Bec de la Vallée. Idéale pour déguster de beaux produits de la mer (poireaux brûlés, coques de la baie aux herbes fraîches), mais également des incontournables du terroir breton (tranche de lard paysan du pays malouin, far breton de la Vallée...).

🍃 ♿ ☂ – Prix : €€

6 avenue George-V – ☎ 02 99 46 94 00 – www.hoteldelavallee.com –
Fermé lundi et mardi, et dimanche soir

CASTELBRAC   *Plus*

MODERNE • CHALEUREUX Cette demeure du 19e s., qui accueillait autrefois un muséum d'histoire naturelle, est installée juste au-dessus des flots : une situation exceptionnelle ! Les chambres, modernes et chaleureuses, offrent toutes une vue splendide sur la baie du Prieuré et St-Malo.

🆎 🧖 🅿 ☁ 🧴 🍴 ⛵ 🎿 🏊 🛗 🍽 - 23 chambres

17 avenue George V – ☎ 02 99 80 30 00

✺ **Le Pourquoi Pas** - Voir la sélection des restaurants

EMERIA DINARD

MODERNE • MARITIME Sur la pointe de St-Énogat, l'ex-Novotel Thalassa a changé de mains, mais dispose toujours d'un beau centre de thalassothérapie avec piscines d'eau de mer couvertes et chauffées, un bar et des salons de réception. Reposez-vous dans des chambres contemporaines, face à la mer.

🅿 🧴 🍴 🎿 🛑 🏊 🛗🚿 🏊 🍽 - 106 chambres

1 avenue du Château Hébert – ☎ 02 99 16 78 10

GRAND HÔTEL DINARD

CLASSIQUE • ÉLÉGANT Ce "grand hôtel" du 19e s., qui domine la promenade maritime du Clair-de-Lune, accueille les stars de cinéma lors du Festival du film britannique. Les chambres sont aménagées avec sobriété et classicisme.

♿ 🆎 🧖 🅿 ☁ 🧴 🍴 🎿 🛑 🏊 🛗🚿 🏊 🍽 - 86 chambres

46 avenue George V – ☎ 02 99 88 26 26

ROYAL EMERAUDE

CLASSIQUE • CHALEUREUX Agatha Christie aurait aimé ce bel hôtel en pierre et brique rouge de 1876, dont l'intérieur est réchauffé de boiseries sombres et de fauteuils clubs. Quatre thèmes président à la décoration des chambres : paquebot, aviation, Orient Express et Indes britanniques.

🆎 🅿 ☁ 🛗🚿 🏊 - 47 chambres

1 boulevard Albert 1er – ☎ 02 99 46 19 19

DIRAC

✉ 16410 – Charente – Carte régionale n° **18**-C2

DOMAINE DU CHÂTELARD

Chef : Ivan Gotfredsen

CUISINE MODERNE • MAISON DE CAMPAGNE Dans cette belle "maison de campagne", le chef choisit bien ses produits et réalise une cuisine dans l'air du temps, fraîche et fine, que l'on déguste l'hiver dans la plaisante salle à manger dotée d'une cheminée et l'été, sur la ravissante terrasse offrant une vue sur le lac.

🍃 🍴 ☂ 🅿 – Prix : €€

1079 route du Châtelard – ☎ 05 45 70 76 76 – www.domaineduchatelard.com –
Fermé lundi et mardi, et dimanche soir

453

DIRAC

♻ **L'engagement du chef :** Le Domaine est situé dans une zone protégée Natura 2000 et la démarche a toujours été de respecter au maximum l'environnement. En partenariat avec l'association Charente Nature, une plage pour tortues menacées a été créée, ainsi que des « crapauducs » pour les nombreuses grenouilles du parc. En cuisine, les produits locaux et de saison sont à l'honneur ; tout ce qui est cultivé sur le domaine (safran, noix, fruits, légumes) est certifié bio.

DISSAY

✉ 86130 – Vienne – Carte régionale n° **15**–B2

Ô DISSAY

CUISINE MODERNE • BOURGEOIS Le Château de Dissay propose une cuisine moderne et visuelle, réalisée à quatre mains par les jeunes chefs Henri Dupont et Stanislas Simonet, à déguster dans une demeure du XVe siècle au cadre élégant et bourgeois. Ancien chef pâtissier, Stanislas n'a rien perdu de son tour de main, comme le prouve son travail sur la mûre. En automne, le gibier est traité avec le respect qui lui est dû. Agréable terrasse dans la cour du château.

⛲ ♿ 🏡 ❄ 🅿 – Prix : €€€

111 place Pierre-d'Amboise – ☎ *05 49 11 11 11 – www.chateaudedissay.com/fr –*
Fermé lundi, mardi et du mercredi au vendredi à midi

DOLE

✉ 39100 – Jura – Carte régionale n° **13**–A2

⁂ LA CHAUMIÈRE

Chef : Joël Cesari

CUISINE CRÉATIVE • ÉLÉGANT Dans cette auberge moderne située aux portes de Dole, le chef Joël Césari poursuit son sillon en amoureux de la nature, en trouvant son inspiration dans les produits locaux : légumes, fruits, herbes, champignons et poissons de rivière. Sa cuisine inventive se renouvelle au gré du marché et de la pêche : omble chevalier du lac mi-cuit, homard de casier et espuma passion-estragon, poularde de Bresse en deux services dont une étonnante version orientale. À noter : le restaurant gastronomique n'est ouvert que du vendredi soir au samedi soir ; en semaine, le bistrot Bagatelle prend le relais avec une offre bistronomique au bon rapport qualité-prix.

⛲ ⇔ ⛲ 🏡 ❄ 🅿 – Prix : €€€€

346 avenue du Maréchal-Juin – ☎ *03 84 70 72 40 – www.lachaumiere-dole.fr/*
fr – Fermé dimanche et lundi

🔴 GRAIN DE SEL

CUISINE MODERNE • CONTEMPORAIN Dans un vaste pavillon du 19e s. entièrement rénové, on trouve dans ce Grain de Sel une carte exprimant une passion pour le local, l'artisanal et les produits frais de saison. Le chef Aurélien Moutarlier, qui fut second de Romuald Fassenet au Château du Mont Joly, réalise des créations toujours soignées, colorées, aux cuissons maîtrisées ; les assaisonnements sont tout aussi réussis. Le restaurant est lumineux, proposant plusieurs salles contemporaines aux tons clairs, ainsi qu'une terrasse.

♿ 🆎 🏡 🅿 – Prix : €€

79 route Nationale – ☎ *03 84 71 97 36 – www.restaurant-graindesel.fr –*
Fermé mardi et mercredi, et dimanche soir

🔴 IIDA-YA

CUISINE JAPONAISE • ÉPURÉ Confit de poitrine de porc sauce gingembre, sushis, makis ou tempura... Dans son restaurant zen et chic – et sous vos yeux –, le chef nippon concocte des mets raffinés, autour desquels se rencontrent (et s'apprécient) les cuisines française et japonaise. Belle carte de sakés. Adulé à Dole !

⛲ ♿ 🆎 🏡 – Prix : €€

18 rue Arney – ☎ *03 84 70 98 73 – www.iida-ya.fr/fr – Fermé lundi et dimanche*

DOLUS-D'OLÉRON – Charente-Maritime (17) ➔ Voir Île d'Oléron

DOMMARTIN-LÈS-REMIREMONT

✉ 88200 – Vosges – Carte régionale n° **7**–C3

LE KARELIAN

CUISINE MODERNE • CONTEMPORAIN Une salle feutrée, épurée, écrin idéal pour ce chef qui propose une cuisine moderne et créative, à l'image de cet omble chevalier à la cuisson impeccable accompagné de sarrasin grillé et de baby poireaux croquants saveur saté. En salle, on apprécie l'accueil et le professionnalisme de son épouse. Le séduisant chariot de desserts ravira les amateurs de douceurs.

&. 🅿 – Prix : €€

36 rue du Cuchot – 𝒞 03 29 62 44 05 – www.lekarelian.com – Fermé lundi, et mardi et dimanche soir

DONNEMARIE-DONTILLY

✉ 77520 – Seine-et-Marne – Carte régionale n° **11**–C2

LA CROIX BLANCHE

CUISINE TRADITIONNELLE • CONTEMPORAIN Aucun doute, vous allez marquer votre passage dans ce restaurant d'une croix blanche ! Derrière les fourneaux, le chef – originaire du coin – met un point d'honneur à n'utiliser que de beaux produits de saison. Dans l'assiette, le goût est au rendez-vous : une bonne adresse.

&. – Prix : €€

2 place du Marché – 𝒞 01 64 60 67 86 – www.restaurant-croixblanche.fr – Fermé mardi et mercredi, et lundi et dimanche soir

DONZENAC

✉ 19270 – Corrèze – Carte régionale n° **19**–B3

LE PÉRIGORD

CUISINE TRADITIONNELLE • RUSTIQUE À l'entrée du bourg, venez vous asseoir dans cet intérieur paré de bois massif, près de l'imposante cheminée. On vous fera goûter la spécialité de la maison : la tête de veau sauce gribiche, indémodable et toujours aussi bonne ! Du rustique comme on l'aime.

&. – Prix : €

9 avenue de Paris – 𝒞 05 55 85 72 34 – Fermé mercredi, et lundi, mardi et dimanche soir

DOUAI

✉ 59500 – Nord – Carte régionale n° **4**–C2

LA TABLE DES ÉCHEVINS

CUISINE MODERNE • CONTEMPORAIN Au cœur de Douai, sa ville natale, le chef Jérôme Prévost (ancien second du Cerisier à Laventie) a investi avec brio cette ancienne maison d'antiquaires. Les traces élégantes du passé, telles qu'une imposante cheminée en marbre, se marient à merveille à une décoration contemporaine voire design. Le chef fait son beurre des poissons de la Côte d'Opale, des légumes des producteurs locaux et du homard auquel il consacre d'ailleurs en saison un menu dédié. Au sein de la même maison, le bistrot Boterzing offre une cuisine plus simple.

&. 🆎 🍴 ♕ – Prix : €€€

Maison Prévost, 10 rue de la Massue – 𝒞 03 27 86 59 97 – www.maisonprevost.fr/ la-table-des-echevins/accueil – Fermé lundi, dimanche et samedi midi

DOUARNENEZ

✉ 29100 – Finistère – Carte régionale n° **1**–B2

L'INSOLITE

CUISINE MODERNE • TENDANCE Cette maison est dirigée par un chef au beau parcours, Gaël Ruscart, dont la cuisine inventive fait une belle place aux produits marins. Gambas grillées en émulsion de béarnaise, salade de chou chinois aux cacahuètes et légumes croquants ; homard bleu de nos côtes à la nage crémeuse de corail et épices douces... Une valeur sûre de la ville.

🍽 – Prix : €€€

4 rue Jean-Jaurès - ☎ 02 98 92 00 02 - www.lafrance-dz.com - Fermé lundi et dimanche

DOUVAINE

✉ 74140 – Haute-Savoie – Carte régionale n° **21**–C1

Ô FLAVEURS

Chef : Jérôme Mamet

CUISINE MODERNE • HISTORIQUE Ô saisons, ô châteaux, ô saveurs... comme dit le gourmet ! Avec ses pierres apparentes, ses poutres, son plancher et sa cheminée pour les rudes soirées d'hiver, cet authentique petit château du 15e s. ravira les âmes romantiques qui apprécieront à juste titre le menu mystère de Jérôme Mamet, très soucieux de l'esthétisme de ses assiettes. Ce chef inventif ne travaille que des produits de qualité, souvent bio et sélectionnés avec soin. Agréable terrasse.

🍽 P – Prix : €€€€

Château de Chilly, 42 route du Crépy - ☎ 04 50 35 46 55 - www.oflaveurs.com - Fermé mardi et mercredi, et dimanche soir

DRACY-LE-FORT

✉ 71640 – Saône-et-Loire – Carte régionale n° **17**–C2

LA GARENNE

CUISINE MODERNE • CONTEMPORAIN Une bien jolie Garenne où l'on se régale par exemple d'un crémeux carotte, espuma de pomme de terre et son saumon gravlax fondant en bouche, et en dessert, d'un chou craquelin, mousse citron yuzu, agrumes du moment. Un décor sobre, avec quelques jolies reproductions des œuvres d'Alain Thomas, et une véranda donnant sur la terrasse et le parc. Côté hôtel, chambres plaisantes, piscine et spa.

⌂ & 🅰🅲 🍽 ✑ P – Prix : €€

Le Dracy, 4 rue du Pressoir - ☎ 03 85 87 81 81 - www.ledracy.com - Fermé dimanche

DRUDAS

✉ 31480 – Haute-Garonne

CHÂTEAU DE DRUDAS

CLASSIQUE • ÉLÉGANT Dans un joli coin de campagne au nord-ouest de Toulouse, ce château du 18e s. découvre un intérieur d'une grande élégance, et des chambres de caractère. Petit espace de remise en forme avec jacuzzi et sauna.

& 🅰🅲 P ✑ ⌂ ♨ 🏊 ⛷ 🍴 – 23 chambres

Le Village - ☎ 05 34 57 88 88

DRUSENHEIM

67410 – Bas-Rhin – Carte régionale n° **8**-B1

✱ AU GOURMET

Chef : Ludovic Kientz

CUISINE MODERNE • CLASSIQUE Ludovic Kientz (ex-Crocodile, sous le règne d'Émile Jung) et sa compagne Sandie Ling, sommelière (formée notamment chez Michel Bras), insufflent du goût à cette auberge de campagne, entourée d'un grand jardin. Le chef prend un plaisir évident à travailler les produits de la mer et les sauces, sans oublier les légumes de son propre potager, autour d'une cuisine bourgeoise, empreinte de modernité. Ce jour-là : carpaccio de Saint-Jacques en marinade de petits légumes, caviar, salade de quinoa et gel de citron vert ; filet de canette, rouleau de pomme de terre à la truffe, jus au vin rouge, gingembre et baies de genièvre.

– Prix : €€€

4 route de Herrlisheim – ✆ 03 88 53 30 60 – www.au-gourmet.fr – Fermé lundi, mardi, mercredi midi et dimanche soir

DUINGT

74410 – Haute-Savoie – Carte régionale n° **21**-C2

BEC

CUISINE MODERNE • CONVIVIAL Est-ce donc l'adresse où les cailles et les alouettes nous tomberont toutes rôties dans le bec ? C'est en tout cas la table où le chef Brice Collon et son épouse Élodie proposent une cuisine moderne à travers un menu-carte dédié aux produits de la Savoie (féra, escargot et brochet notamment), sans oublier foie gras, lotte et ris de veau au prix d'un petit supplément. Bien fichues, les assiettes sont goûteuses à l'image de cette pluma de cochon du mont Charvin, polenta et sauce barbecue.

– Prix : €€

590 route d'Annecy – ✆ 04 50 19 63 13 – www.restaurantbec.com – Fermé lundi et dimanche

🛏 LE CLOS MARCEL

MODERNE • ÉLÉGANT Sur un site privilégié au bord du lac d'Annecy (ponton privé), une architecture repensée dans un esprit écologique, des chambres design et confortables : un Clos Marcel résolument 21e s, face aux sommets qui se reflètent dans le miroir d'eau.

- 15 chambres

410 allée de la Plage – ✆ 04 50 68 67 47

DUNIÈRES

43220 – Haute-Loire – Carte régionale n° **20**-C2

LA TOUR

CUISINE DU TERROIR • FAMILIAL Les produits locaux (lentilles vertes du Puy, escargots de Grazac, pintade fermière, etc.) se transforment en mets alléchants sous l'impulsion du chef. C'est bon, soigné, généreux, avec en prime, un beau chariot de fromages auvergnats. Tout est sympathique, y compris les chambres, bien pratiques.

– Prix : €€

7 ter route du Fraisse – ✆ 04 71 66 86 66 – www.hotelrestaurantlatour.com – Fermé samedi, dimanche et du lundi au vendredi à midi

DURY

80480 – Somme – Carte régionale n° **4**–B3

L'AUBERGADE

CUISINE MODERNE • CONTEMPORAIN Une cuisine d'inspiration classique, respectueuse des saisons : voici le credo et la promesse du chef Éric Boutté, fin connaisseur du terroir picard et voyageur à ses heures. La déco, épurée, évoque la région (pans de mur en bleu "waide", plaques de béton brut mélangé à la chaux). Bon rapport qualité-prix.
& ⇔ – Prix : €€€

78 route Nationale – ℰ 03 22 89 51 41 – www.aubergade-dury.com – Fermé lundi et dimanche

LA BONNE AUBERGE

CUISINE MODERNE • CONTEMPORAIN Dans cette pimpante auberge, on choisit combien de plats on souhaite déguster et on se laisse guider. Le jeune chef se montre assez audacieux dans sa cuisine, osant quelques accords de saveurs originaux (qui ne font pas de mal, dans cette région où la tradition règne en maître...). Service aimable et efficace, bon rapport qualité-prix. À noter, la création d'une boutique mitoyenne au restaurant, avec plats à emporter de l'entrée au dessert, concoctés par le chef.
& – Prix : €€

63 route Nationale – ℰ 03 22 95 03 33 – www.labonneauberge80.com – Fermé lundi, mardi et dimanche, et mercredi et jeudi soir

EAUCOURT-SUR-SOMME

80580 – Somme – Carte régionale n° **4**–A3

LE SALTIMBANQUE - AUBERGE DU MOULIN

Chef : Sébastien Porquet

CUISINE MODERNE • CONTEMPORAIN Une adresse attachante surplombant la vallée de la Somme, tenue par un chef picard amoureux de son terroir. Le menu surprise, qui se décline en plusieurs séquences, met en avant des produits de l'agriculture raisonnée et des poissons de petite pêche. Les assiettes séduisent, on passe un agréable moment.

⅋ ≤ 🕭 & 🕭 🎐 ⇔ 🅿 – Prix : €€

1500 lieu-dit du Moulin – ℰ 03 22 27 08 94 – www.lesaltimbanque.fr – Fermé lundi, mardi, mercredi midi et dimanche soir

⅋ **L'engagement du chef :** Notre cuisine est un reflet authentique du terroir de la Picardie maritime. Les produits qui dictent au quotidien notre carte sont ceux d'artisans et de producteurs locaux et vertueux qui rendent respectueusement hommage à notre terre. Dans une optique de mutualisation, nous gérons la logistique avec un transporteur qui retire la marchandise à la ferme, et nous traitons les biodéchets par méthanisation.

ÉCHIROLLES

38130 – Isère

POMO

MODERNE • ÉLÉGANT Le sud de l'agglomération grenobloise offre un environnement semi-urbain à quelques minutes des pistes de ski... et un hôtel inoubliable ! Le PoMo doit son nom, suppose-t-on, au style post-moderne de son architecture et de sa décoration, un mélange de couleurs contemporaines, de graphismes et de typographies audacieuses, ainsi que de beaux meubles d'inspiration modernistes. Les chambres sont polyvalentes, combinant élégance et fonctionnalité pour servir occasionnellement de bureau. Le bar mérite également la visite, ouvert sur une terrasse.

🅰🅲 🅿 ⇔ ⅋ 🕭 🎐 ⓢⓟⓓ ℘ 🕭 🕭 🍽 - 67 chambres

16 avenue de Kimberley – ℰ 04 76 33 60 60

ÉCOUVIEZ

✉ 55600 – Meuse – Carte régionale n° **6**-D2

LES ÉPICES CURIENS

CUISINE MODERNE • CONVIVIAL En se baladant dans les parages, on passe facilement en Belgique sans s'en rendre compte... mais l'ancienne gare de ce village frontalier, transformée en un sympathique restaurant, saura vous retenir en France. On y déguste une cuisine inspirée et bien tournée, accompagnée de bons petits vins. Beaucoup de goût !

&⌂⌘🅿 – Prix : €€

3b place de la Gare – ☏ 03 29 86 84 58 – www.lesepicescuriens.com – Fermé du lundi au mercredi et dimanche soir

ÉCULLY

✉ 69130 – Rhône – Carte régionale n° **21**-A2

SAISONS

CUISINE MODERNE • ÉLÉGANT Ce château du 19e s., qui abrite l'école hôtelière internationale "Institut Lyfe" (ex Institut Paul Bocuse), propose une partition culinaire signée Florian Pansin, entouré d'une large équipe tant en cuisine qu'en salle. On apprécie la finesse, les dressages précis, et les accords de saveurs équilibrés : éventail de Saint-Jacques à la noix, beurre monté au rancio ; filet de bœuf au poivre de Kampot flambé au rhum, pommes soufflées... Les cuissons sont justes, il y a ce qu'il faut de créativité dans l'assiette. En somme : une vraie et goûteuse cuisine de saison !

⌂&⌂⌘🅿 – Prix : €€€€

voir Lyon plan I - A1 - 85 *1A chemin de Calabert – ☏ 04 26 20 97 57 – www.saisons-restaurant.fr – Fermé samedi et dimanche*

🛏 MAISON D'ANTHOUARD

MODERNE • ÉLÉGANT Pratique par sa proximité de l'autoroute, cette belle maison nichée dans un parc aurait appartenu au général d'Anthouard, de l'armée napoléonienne. Cela explique peut-être les dimensions "impériales" de l'escalier, qui distribue fièrement des chambres élégantes et feutrées.

🅰🅲 🅿 ⌂⌘⌂⌘ - 16 chambres

2 route de Champagne – ☏ 04 78 36 56 89

EGUISHEIM

✉ 68420 – Haut-Rhin – Carte régionale n° **8**-C2

AU VIEUX PORCHE

CUISINE TRADITIONNELLE • AUBERGE Cette demeure typique (1707) est installée sur le domaine viticole de la famille de la gérante. Son mari concocte de bons plats classiques et régionaux, mais il est également vigneron... Autant dire qu'on se délecte de bons vins locaux.

&⌂⌘ – Prix : €€

16 rue des Trois-Châteaux – ☏ 03 89 24 01 90 – www.auvieuxporche.fr – Fermé lundi et mardi, et dimanche soir

LE PAVILLON GOURMAND

CUISINE MODERNE • CONTEMPORAIN Cette maison de village (1683) offre un cadre lumineux mariant avec goût le cachet historique de la bâtisse à des notes plus contemporaines. On se régale d'une cuisine voguant entre recettes alsaciennes (tarte à l'oignon, choucroute, civet de sanglier) et préparations plus actuelles. Les vins du vignoble d'Eguisheim sont bien représentés, et la petite terrasse, fort appréciée l'été.

&🅰🅲⌂ – Prix : €€

101 rue du Rempart-Sud – ☏ 03 89 24 36 88 – www.pavillon-gourmand.eatbu.com/?lang=fr – Fermé mardi et mercredi

ÉPERNAY

✉ 51200 – Marne – Carte régionale n° **6**–B2

COOK'IN

CUISINE THAÏLANDAISE • CONVIVIAL Ce restaurant est le lieu de rencontre entre les univers français (lui, en cuisine) et thaïlandais (elle, en salle). Le résultat est une cuisine fusion (Saint-Jacques poêlées, salade de lentillons au gingembre, bisque de crustacés au curry rouge) avec quelques "incontournables" (soupe "tom yum talay", wok de gambas au curry panang...). Prix raisonnables.

&. – Prix : €€

*18 rue Porte-Lucas – ℰ 03 26 54 89 80 – www.restaurant-cookin.fr –
Fermé lundi, dimanche et samedi midi*

LA GRILLADE GOURMANDE

SPÉCIALITÉS DE GRILLADES • TRADITIONNEL Les spécialités de ce restaurant ? Pigeonneau désossé au foie gras en feuilleté, ris de veau à la bourgeoise et grillades sur la braise, le tout préparé par un sympathique chef, Lyonnais d'origine. Côté cadre : la chaleur et la convivialité priment. Aux beaux jours, on profite du jardin d'été.

✿ ✿ – Prix : €€

*16 rue de Reims – ℰ 03 26 55 44 22 – www.lagrilladegourmande.com –
Fermé lundi et dimanche*

SYMBIOSE

CUISINE MODERNE • CONTEMPORAIN Une cuisine moderne aux équilibres maîtrisés, avec des touches créatives et un goût pour les épices, sans oublier des présentations soignées : voici ce que vous réserve Symbiose ! Le couple aux commandes sait où il va, et le plaisir est là.

&. ✿ – Prix : €€

*5 rue de Reims – ℰ 03 26 54 75 20 – www.symbiose-restaurant.com –
Fermé mardi, mercredi et jeudi midi*

ÉPINAL

✉ 88000 – Vosges – Carte régionale n° **7**–C3

❀ ### LES DUCS DE LORRAINE

Chefs : Stéphane Ringer et Rémi Gornet
CUISINE MODERNE • ÉLÉGANT Au cœur de la capitale des Vosges, Stéphane Ringer et Rémi Gornet règnent dans ce beau manoir de style néo-Tudor où hauts plafonds, vitraux, bois nobles et stucs chatoient de concert pour offrir un moment d'exception. Quatre mains exécutent une cuisine actuelle basée sur de beaux produits – homard, langoustines, turbot, caviar, ris de veau – et des cuissons impeccables. Final en beauté avec des chariots de fromages et de desserts bien achalandés. Cave riche notamment en vins de Bordeaux, terrasse/véranda avec toit escamotable.

✿ &. ✿ – Prix : €€€€

*5 avenue de Provence – ℰ 03 29 29 56 00 – www.restaurant-ducsdelorraine.
com – Fermé lundi et dimanche, et mercredi soir*

ERBALUNGA – Haute-Corse (2B) ➜ Voir Corse

460

ESPALION

✉ 12500 – Aveyron – Carte régionale n° **23**–C2

MAISON BURGARELLA

CUISINE CRÉATIVE • ÉLÉGANT Entre Causses et Aubrac, la famille Burgarella vous accueille dans cette belle maison rénovée : au rez-de-chaussée, la brasserie la Table de Romane met à l'honneur les plats du terroir (tête de veau, tripoux de l'Aveyron...), tandis qu'à l'étage la table gastronomique la Tour permet au chef, depuis sa cuisine ouverte, de donner libre cours à sa créativité, sans jamais oublier ses racines aveyronnaises. Une belle pause gourmande sur les rives du Lot, sous l'égide du Château de Calmont.

🅰🅲 – Prix : €€

3 place Saint-Georges – ℰ 05 65 44 03 30 – www.maison-burgarella.fr – Fermé lundi et dimanche soir

LE MÉJANE

CUISINE MODERNE • CONVIVIAL Cette institution est un agréable endroit tenu par deux anciens de chez Michel Bras qui mettent en avant la diversité des produits locaux : filet de truite, ris de veau ou roquefort notamment. Leur cuisine soignée et savoureuse puise dans le terroir aveyronnais, riche en saveurs : œuf poché et champignons en pickles, cappuccino froid ; veau de l'Aveyron croûté de sauge, purée à la moutarde à l'ancienne ; sans oublier le « baba du Méjane » aux pralines roses.

🅰🅲 – Prix : €€

8 rue Méjane – ℰ 05 65 48 22 37 – www.restaurant-mejane.fr – Fermé mardi et mercredi, et dimanche soir

ESPALY-SAINT-MARCEL

✉ 43000 – Haute-Loire – Carte régionale n° **20**–C2

😀 L'ERMITAGE

CUISINE TRADITIONNELLE • COSY Cette ancienne grange a conservé son charme rustique et naturel. Doté d'un solide parcours (Jacques Maximin, La Grenouillère...), le chef réalise une cuisine de tradition fine et bien maîtrisée. La viande, bio et locale (Aurillac), est parfois proposée à la découpe en salle, ainsi que certains poissons. Terrine et saucisson faits maison, et joli chariot de fromage compris dans le menu. N'oublions pas la cheminée, en hiver, et la sympathique terrasse aux beaux jours. Un vrai plaisir.

🛋 🅿 – Prix : €€

73 avenue de l'Ermitage – ℰ 04 71 04 08 99 – www.restaurantermitage.fr – Fermé lundi et dimanche, et mercredi soir

ESPARRON

✉ 83560 – Var – Carte régionale n° **29**–B2

BISTROT ÉCOLE 🅝

CUISINE MODERNE • BISTRO Courgette farcie au petit épeautre et chèvre frais ; poitrine de cochon de la Sainte-Victoire confite, écrasé de pomme de terre : c'est dans une ancienne école que nous est transmise cette leçon d'histoire naturelle gourmande, écrite à grand renfort de produits locaux. Situé au cœur de ce village perché de vignerons, bénéficiant d'une terrasse protégée par des mûriers, ce petit bistrot est l'œuvre de Grégory Brousse, l'ancien chef du Mas de Peint et de sa compagne Alima Louange. Outre son menu complet à prix doux, l'adresse vaut aussi pour son choix de produits et de vins locaux (à table ou à emporter).

♿ 🅰🅲 🛋 – Prix : €

2 rue des Écoles – ℰ 04 94 80 10 53 – Fermé mardi et mercredi, et dimanche soir

ESPELETTE

 64250 – Pyrénées-Atlantiques – Carte régionale n° **25**–A2

CHOKO ONA

Chef : Clément Guillemot
CUISINE MODERNE • CONTEMPORAIN Clément et Flora insufflent à cette maison un perpétuel air de jouvence, à l'image de ce potager d'herbes et de fleurs aromatiques qui s'invite entre les tables et dont les récoltes parsèment les assiettes. Sans oublier le piment emblématique ! Avec tout ça, le chef concocte une cuisine contemporaine, fine et subtile, aux produits sourcés au plus près d'Espelette : l'asperge blanche doucement grillée au barbecue à la tomme de brebis ; la belle langoustine snackée dans un bouillon safrané ; le foie gras confit et braisé accompagné d'une écume de maïs Arto Gorria (une variété basque). Une table délicieuse à tous points de vue.
– Prix : €€€
155 rue Xerrendako-Bidea – 05 59 15 71 65 – www.choko-ona.fr – Fermé lundi, mercredi et dimanche

L'engagement du chef : Nos produits sont sourcés au plus près en agriculture bio et raisonnée, avec nos 600 m2 de potager qui fournissent de nombreux légumes et herbes. Les vins sont bio et biodynamique. Pour agir en faveur d'une gastronomie durable, nous avons réduit les plastiques à usage unique et les déchets ménagers et nous avons mis en place des récipients consignés avec nos producteurs. Tous les papiers du restaurant sont recyclés.

ESVRES-SUR-INDRE

 37320 – Indre-et-Loire – Carte régionale n° **15**–B1

ARDENT

CUISINE MODERNE • CONTEMPORAIN Au sein d'une vaste forêt privée où lodges sur pilotis, arbres et art contemporain marient leurs charmes respectifs, on repère un ancien corps de ferme restauré, au cœur duquel se niche ce restaurant à la décoration tout entière sylvestre et arty, évidemment. Une sérénité se dégage immédiatement de cette table qui ne sert que des produits de qualité, cuisinés avec soin en fonction des saisons et autour d'un menu unique en plusieurs choix de déclinaisons. Le potager de l'établissement, la cueillette de plantes sauvages font partie intégrante de la proposition gastronomique.
– Prix : €€€
Loire Valley Lodges, 1 allée de la Duporterie – 02 47 38 85 88 – loirevalleylodges.com – Fermé mardi et mercredi soir

LOIRE VALLEY LODGES *Plus*

MODERNE • CHAMPÊTRE Si ces lodges se sont installés au cœur de la nature, c'est pour s'en inspirer : vous logerez, perché sur des pilotis, parmi les chênes, les châtaigniers et les pins de cette forêt de 300 ha. Ici, pas de wifi ni de télé : c'est un havre de paix d'esprit nordique moderne, noyé parmi les arbres mais avec tout le confort haut-de-gamme, dont un jacuzzi sur chaque terrasse.
- 18 chambres
1 allée de la Duporterie – 02 47 38 85 88
Ardent - Voir la sélection des restaurants

ÉTAPLES

⌧ 62630 – Pas-de-Calais – Carte régionale n° **4**–A2

😋 RACINES

CUISINE MODERNE • **CONVIVIAL** Implanté à proximité immédiate du port d'Etaples, à seulement cinq kilomètres du Touquet, cette nouvelle table propose une cuisine gourmande, pleine de saveurs, mitonnée à base de produits locaux. Les recettes du chef Pierre Chavatte font mouche et la gourmandise ne se dément pas. On se régale dans un cadre contemporain avec cuisine semi-ouverte, éclairages en suspensions entourées de racines. Indéniablement, la bonne affaire du coin !

& 🗚 – Prix : €€

46 boulevard de l'Impératrice – ℰ 03 21 94 07 26 – www.restaurant-racines.fr – Fermé mardi et mercredi

ÉTOUY

⌧ 60600 – Oise – Carte régionale n° **5**–B2

✿ L'ORÉE DE LA FORÊT

Chef : Nicolas Leclercq

CUISINE MODERNE • **ÉLÉGANT** En lisière de la forêt de Hez, cette belle demeure de la fin du 19e s. accueille sereinement les clients dans son parc arboré. L'idéal pour se mettre au vert, l'appétit en bandoulière. Si la terrasse invite à la contemplation, l'intérieur, feutré et élégant, séduit grâce aux talents du chef Nicolas Leclercq et de son épouse Yolaine. La grand-mère de Nicolas avait ouvert le restaurant en… 1956 et faisait elle-même son beurre avec le lait de sa vache ! Le grand potager (flânerie obligatoire après le repas) approvisionne la table en légumes frais et herbes aromatiques – cueillette effectuée par le père du chef. Aujourd'hui, le cuisinier, qui fabrique lui-même son pain au levain, propose une cuisine directe, colorée et attentive aux saisons.

🖴🏠🅿 – Prix : €€€€

255 rue de la Forêt – ℰ 03 44 51 65 18 – www.loreedelaforet.fr – Fermé du lundi au mercredi et dimanche soir

ÉTRETAT

⌧ 76790 – Seine-Maritime – Carte régionale n° **3**–A2

LE BEL AMI

CUISINE MODERNE • **CONVIVIAL** À quelques centaines de mètres du front de mer, au milieu des crêperies et autres tavernes, attablez-vous sans hésiter dans ce lieu charmant et coloré, cornaqué par le maître du Donjon - Domaine Saint-Clair, table étoilée des hauteurs d'Etretat. Ici, on se régale sans façon d'une cuisine d'inspiration méditerranéenne, en commençant par partager des mezze (houmous/tataki de bœuf, poutargue/kefta, aubergine ou bien encore ceviche aux agrumes et fenouil) avant d'attaquer un superbe pavé de maigre, tian de légume et hollandaise au romarin. C'est aussi une (petite) cave de vins à déguster sur place ou emporter.

& – Prix : €€

25/27 rue Alphonse-Karr – ℰ 02 27 43 56 25 – www.lebelami.com – Fermé lundi et mardi, et dimanche soir

LE DONJON - DOMAINE SAINT-CLAIR

CUISINE MODERNE • **ÉLÉGANT** Cet élégant manoir normand a fait décorer sa salle à manger d'une fresque signée Jean-Charles de Castelbajac, et offre au coucher du soleil un cadre merveilleux avec Étretat et ses falaises en point d'horizon. Dans l'assiette, l'iode et le végétal se taillent la part du lion, tandis que les sauces et les jus apportent un supplément d'âme. Agréables chambres pour prolonger le séjour.

🐾 🖴🏠🅿 – Prix : €€€€

Chemin de Saint-Clair – ℰ 02 35 27 08 23 – www.hoteletretat.com/fr – Fermé du lundi au mercredi et jeudi midi

ÉTRETAT

 LE DONJON - DOMAINE SAINT-CLAIR

CLASSIQUE • ROMANTIQUE Sur les hauteurs, à l'issue d'un chemin tortueux, un lieu à part, où l'on renoue avec les plaisirs de la Belle Époque... Le domaine réunit un castel et une villa : autant d'espaces intimes et charmants, décorés dans un esprit baroque, canaille ou moderne ! Les échappées sur la côte invitent, elles, à la contemplation...

🅿 🗨 ⇔ 🚲 ⚒ ⊕ ♨ 🧖 🍴 - 25 chambres

Chemin de Saint-Clair - ☏ *02 35 27 08 23*

Le Donjon - Domaine Saint-Clair - Voir la sélection des restaurants

 LES TILLEULS

CLASSIQUE • ÉLÉGANT Le jardin de tilleuls dissimule une grande bâtisse cossue bordée d'une cour en briques, un ancien hôtel particulier de 1738, dans le centre d'Étretat. La façade révèle des intérieurs tout aussi élégants qui ont conservé leur caractère 18e s. : un superbe escalier en bois souligné d'une dentelle en fer forgé, des sols en damier, un piano et un haut plafond mouluré. Dans les chambres et suites, le ton est aux tapisseries florales, au mobilier "royal" et aux cadres anciens. Un raffinement chargé d'histoire et des retraites bien-être (yoga, pilates, cuisine, detox...) pour se ressourcer. À l'origine de la recette, une jeune Belge qui a grandi dans les cuisines d'un restaurant étoilé. Tout s'explique !

🅿 ⇔ - 5 chambres

45 rue Isabey - ☏ *02 35 27 76 76*

ÉTUPES

✉ 25460 – Doubs – Carte régionale n° **13**-C1

AU FIL DES SAISONS

CUISINE MODERNE • CONTEMPORAIN Dans la jolie maison de Stéphane et Fabienne Robinne se cache un intérieur savamment repensé, avec tables en bois brut et chaises en velours... Une simplicité qui n'ôte rien à la qualité de la table car en cuisine, la patte du chef est bien là, le tout dans le respect de la tradition.

♿ 🍽 ⊕ – Prix : €€

3 rue de la Libération - ☏ *03 81 94 17 12 - www.aufildessaisons.eu/fr -*
Fermé lundi, dimanche et samedi midi

EUGÉNIE-LES-BAINS

✉ 40320 – Landes – Carte régionale n° **25**-C2

❀❀❀ LES PRÉS D'EUGÉNIE - MICHEL GUÉRARD

CUISINE CLASSIQUE • ÉLÉGANT Certains chefs doivent autant leur réputation à leur travail en cuisine qu'à leurs qualités humaines : Michel Guérard, disparu en août 2024, était de ceux-là. Considéré comme l'un des précurseurs de la nouvelle cuisine, admiré par ses pairs dans le monde entier, il n'a jamais cessé de travailler avec la même passion et le même dévouement, léguant à ses équipes et à sa famille un patrimoine gastronomique incomparable. Aux Prés d'Eugénie, l'expérience est totale : cadre enchanteur – une magnifique demeure au cœur d'un parc verdoyant –, service attentif au moindre détail... et surtout, cuisine en tous points exceptionnelle. On retrouve dans l'assiette tout l'héritage du chef Guérard : la veine naturaliste, bien sûr, une légèreté jamais prise en défaut, et cette capacité à marier les saveurs les plus diverses avec justesse, à la façon des instruments de l'orchestre. Le restaurant se situe dans les salons boisés de l'Impératrice, pétris de l'histoire de la maison.

ꝏ ⇔ ⇔ 🆎 🍽 🅿 – Prix : €€€€

Place de l'Impératrice - ☏ *05 58 05 06 07 - lespresdeugenie.com – Fermé lundi, mardi et du mercredi au vendredi à midi*

EUGÉNIE-LES-BAINS

L'ORANGERIE
CUISINE CLASSIQUE • BOURGEOIS Confortablement installée dans les anciennes salles à manger des Prés d'Eugénie, cette Orangerie nous fait rougir de plaisir en jouant avec gourmandise sur plusieurs tableaux. D'une part, on y propose les plats et les recettes les plus emblématiques du père de la nouvelle cuisine, le regretté Michel Guérard ; d'autre part, on se régale de belles viandes landaises grillées à la cheminée (bœuf de race Blonde d'Aquitaine et Bazadaise, volailles locales…). Enfin, les entrées marient classiques et plats de brasserie (saumon fumé maison, crème de raifort et toasts ; avocat "cocktail" et grosses crevettes de Palamos…). Une adresse entre nostalgie et réconfort, à l'image de la tourte de pigeonneau au foie gras et cerises aigrelettes (millésime 1983) ou de l'appétissant chariot de desserts.

❀ – Prix : €€€€

*Place de l'Impératrice – ☎ 05 58 05 06 07 – lespresdeugenie.com/les-tables/
lorangerie – Fermé lundi, mardi et du mercredi au vendredi à midi*

LA FERME AUX GRIVES
CUISINE TRADITIONNELLE • AUBERGE Cette vieille auberge de village a retrouvé ses couleurs d'antan. Jardin potager, vieilles poutres et tomettes… Un cadre idéal pour savourer une cuisine du terroir joliment ressuscitée. Suites exquises, pour des nuits paisibles.

❀ – Prix : €€

*Place de l'Impératrice – ☎ 05 58 05 05 06 – lespresdeugenie.com/les-tables/
la-ferme-aux-grives – Fermé mercredi et jeudi, et dimanche soir*

LES PRÉS D'EUGÉNIE
CLASSIQUE • CHAMPÊTRE Voici un secret bien gardé : ce palais du 19e s., discrètement caché dans une station thermale, distille une élégance champêtre, avec lits à baldaquin, meubles anciens et magnifiques tapisseries, dans un cadre verdoyant. Il propose bien sûr un spa de qualité, alimenté par les sources naturelles : la promesse de moments uniques de bien-être et de « chouchoutage ».

❀ – 48 chambres

Place de l'Impératrice – ☎ 05 62 97 02 28

✿✿✿ **Les Prés d'Eugénie - Michel Guérard** • ❀ **L'Orangerie** • **La Ferme aux Grives**
- Voir la sélection des restaurants

ÉVIAN-LES-BAINS
✉ 74500 – Haute-Savoie – Carte régionale n° **21**-D1

LES FRESQUES - HÔTEL ROYAL
CUISINE MODERNE • LUXE Installez-vous dans la majestueuse salle à manger de ce luxueux palace pour profiter des fresques Art nouveau de Gustave Jaulmes. Le spectacle se déroule aussi dans l'assiette. Ici se déguste le meilleur du terroir rhônalpin, travaillé avec finesse et précision : pêche du Léman selon arrivage (omble chevalier, perches, écrevisses…), filet de bœuf d'Abondance fumé au foin d'alpage, poularde de Bresse au foie gras et vin jaune… Humble et passionné, le chef Patrice Vander ne propose que des produits nobles, et puise largement dans le potager du domaine. L'atmosphère exclusive et raffinée, tout comme la vue époustouflante et le service attentif, contribuent à ancrer cette expérience dans les mémoires.

❀ – Prix : €€€€

*960 avenue du Léman – ☎ 04 50 26 85 00 – www.hotel-royal-evian.com –
Fermé lundi, dimanche et du mardi au samedi à midi*

ÉVIAN-LES-BAINS

LE MURATORE

CUISINE TRADITIONNELLE • BRASSERIE M. Muratore, liquoriste et confiseur, a donné son nom à cette maison située au cœur de la rue piétonne d'Évian, sur une ravissante placette pavée où trône une fontaine. Aux fourneaux, Marc Serres réalise une cuisine généreuse et savoureuse, ancrée dans la région. Menu au bon rapport qualité-prix, et produits plus nobles à la carte, dont les poissons du lac selon arrivage mais aussi quelques plats canailles du lyonnais. Aux beaux jours, profitez de la terrasse sous le tilleul.

🅰 – Prix : €€

8 place du Docteur-Jean-Bernex – ✆ 04 50 92 82 49 – www.muratore-restaurant-evian.com – Fermé lundi et dimanche soir

AU JARDIN D'EDEN

CUISINE TRADITIONNELLE • BISTRO À l'entrée de la ville, cette table réunit bien des qualités : un chef-patron au beau parcours – dont 15 ans passés au Grand Véfour –, un retour aux sources à Évian (sans jeu de mots), une cuisine généreuse et attentive aux saisons. Fricassée de ris de veau aux petits pois ; cuisse de poulet fermier confite, citron confit et roquette ; tartare de bœuf charolais ; filets de perche frais...

🅰 – Prix : €€€

1 avenue Général-Dupas – ✆ 04 50 38 62 26 – www.jardin-eden-evian.com – Fermé lundi et mardi, et dimanche soir

🛏 HÔTEL ROYAL

CLASSIQUE • RAFFINÉ Ce luxueux palace né en 1909, véritable mythe, a fait peau neuve pour retrouver l'esprit villégiature français des années 1930, entre fresques et coupole. Son splendide parc, sa vue imprenable sur le lac et les montagnes livrent un goût d'éternité !

🅰 – 150 chambres

960 avenue du Léman – ✆ 04 50 26 85 00

✽ **Les Fresques - Hôtel Royal** - Voir la sélection des restaurants

ÉVREUX

✉ 27000 – Eure – Carte régionale n° **3**–B3

LA GAZETTE

CUISINE MODERNE • CONTEMPORAIN Une valeur sûre que ce restaurant dont le décor mêle harmonieusement le contemporain et l'ancien, entre teintes claires et poutres centenaires... Aux fourneaux, Xavier Buzieux s'attache à mettre en valeur les petits producteurs locaux et à suivre les saisons. De quoi faire parler les gazettes !

🅰 – Prix : €

7 rue Saint-Sauveur – ✆ 02 32 33 43 40 – www.restaurant-lagazette.fr – Fermé lundi, dimanche et samedi midi

EYGALIÈRES

✉ 13810 – Bouches-du-Rhône – Carte régionale n° **28**–E1

✿ MAISON HACHE

Chef : Christopher Hache

CUISINE PROVENÇALE • ÉLÉGANT Dans sa Maison, le chef Christopher Hache compose un hommage savoureux à la Provence et aux Alpilles. En témoignent, dans le désordre, une sélection rigoureuse de fruits et légumes, l'agneau et les vins du terroir : on privilégie ici la proximité, les produits et producteurs du cru. Quant aux assiettes, elles sont simples dans la forme, brutes, à l'image des saveurs qui s'en dégagent, franches et pures (dont le superbe jus d'agneau), sans détours ni chichis. Ne passez pas à côté de l'huître de Camargue grillée, artichaut barigoule, jus des feuilles ; les pieds et paquets au thon rouge du Grau-du-Roi... un régal ! Ajoutons à ce tableau des pains faits avec du levain naturel dans la boulangerie Hache située à proximité, un cadre chic, une carte des vins inspirée, ainsi que des chambres de grand confort à l'étage. En somme : une excellente adresse.

🐝 ⇔ 🅰️🏠⛲ – Prix : €€€€

30 rue de la République – 𝒞 04 90 95 00 04 – www.maisonhache.com – Fermé lundi, dimanche et mardi midi

---

LE BISTROT DU BRAU

CUISINE TRADITIONNELLE • MÉDITERRANÉEN Une belle bastide isolée dans une chênaie provençale, le chant des cigales, la douceur de l'ombre, le clapotis de la piscine, une carte de cuisine traditionnelle supervisée par le chef Christopher Hache (dont la Maison Hache étoilée est voisine) et des produits frais et locaux : escargots de Mollégès au beurre persillé ; poitrine de porc du mont Ventoux confite et déclinaison de carottes ; comme une tartelette et sorbet citron... Un programme délectable à déguster sur les tables en fer forgé de la terrasse, ou dans la salle toute blanche au mobilier noir.

⇔🅰️🏠🅿️ – Prix : €€

765 chemin de Pestelade – 𝒞 04 90 95 90 06 – www.hotellabastide.com/ le-bistrot-du-brau – Fermé lundi et dimanche

---

🛏 DOMAINE LA PIERRE BLANCHE   *Plus*

CONTEMPORAIN • CALME Au pied des Alpilles, l'un des hôtels de charme les plus tranquilles de toute la France. Les chambres et suites sont d'un style contemporain sobre qui complète l'architecture du lieu. Elles sont toutes confortables et certaines disposent d'un jacuzzi extérieur. Le contraste de la pierre brute et du bois patiné avec le mobilier moderne forme un style intemporel, léger et aéré. Les services ne sont pas en reste avec un petit spa, une piscine extérieure chauffée accompagnée d'un bar, des courts de tennis et de pétanque, des étendues infinies d'oliviers et de lavande.

⚙🅰️🅿️🌊🚲⛳🍴 - 15 chambres

2950 route d'Orgon – 𝒞 06 47 40 17 00

EYRAGUES

✉ 13630 – Bouches-du-Rhône – Carte régionale n° **28**–E1

LE PRÉ GOURMAND

CUISINE MODERNE • ÉLÉGANT Cette sympathique adresse, située à la sortie du village, propose une cuisine méditerranéenne en harmonie avec les saisons : courgettes, aubergines, huile d'olive et citron accompagnent les poissons de la grande bleue ou l'agneau de La Crau. La belle terrasse située plein sud s'ouvre sur un jardin charmant. Et au bout du pré recouvert de fleurs, quelques jolies chambres vous attendent...

⇔🅰️🏠🅿️ – Prix : €€€

175 avenue Max-Dormoy – 𝒞 04 90 94 52 63 – www.lepre-gourmand.com/fr – Fermé lundi, samedi midi et dimanche soir

LES EYZIES-DE-TAYAC-SIREUIL

24620 – Dordogne – Carte régionale n° **18**–D3

LE 1862 - LES GLYCINES

Chef : Pascal Lombard
CUISINE MODERNE • CONTEMPORAIN Des assiettes colorées et originales, aux cuissons impeccables et réalisées avec des produits de grande qualité, dont les légumes du potager : voici l'alléchant programme qui n'attend que votre coup de fourchette au 1862, la table principale de l'hôtel Les Glycines. Cet ancien relais de poste, situé entre la gare et la Vézère, propose une cuisine du marché aux harmonies de saveurs subtiles, ainsi que des sauces très abouties. Le chef magnifie les plus beaux produits du coin : agneau de lait, safran, foie gras et autres légumes ! On déguste tout cela dans une élégante salle contemporaine ouverte sur la terrasse-loggia donnant sur le parc. Service impeccable et bons conseils sur les vins assurés par Léa Lombard, la fille du chef.
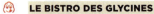 – Prix : €€€€
4 avenue de Laugerie – ℰ 05 53 06 97 07 – www.les-glycines-dordogne.com/fr/hotel-les-eyzies – Fermé lundi et du mardi au dimanche à midi

LE BISTRO DES GLYCINES

CUISINE MODERNE • CONTEMPORAIN L'un des atouts indéniables de cet hôtel : son excellent bistrot ! Dans la salle en véranda joliment décorée, on se régale le midi uniquement de plats dans l'air du temps, à bon rapport qualité-prix, comme cette truite des Eyzies en gravlax avec crème de fromage blanc fumé ou cette épaule d'agneau confite et fumée en cocotte. Du goût, de la générosité et le respect de la saisonnalité dans cette carte créative et alléchante créée par le chef Pascal Lombard : on en redemande !
 – Prix : €€
4 avenue de Laugerie – ℰ 05 53 06 97 07 – www.les-glycines-dordogne.com/fr/hotel-les-eyzies – Fermé lundi et du mardi au dimanche soir

LA TABLE DU CENTENAIRE

CUISINE MODERNE • CLASSIQUE Ancien ostréiculteur du bassin d'Arcachon, le chef Mathieu Métifet s'inspire du terroir périgourdin qu'il marie à des touches marines afin de réaliser une cuisine généreuse et personnelle, à l'instar de son plat signature, "les incontournables couteaux du Centenaire à la crème de morilles et magret fumé maison". Petits producteurs locaux triés sur le volet.
– Prix : €€€
2 avenue du Cingle – ℰ 05 53 06 68 68 – www.hotelducentenaire.fr – Fermé mardi, mercredi et du lundi au samedi à midi

LES GLYCINES

CLASSIQUE • CHAMPÊTRE Cet ancien relais de poste au bord de la Vézère respire la nature avec son parc, sa tonnelle de glycine et son potager. Les chambres se révèlent charmantes et confortables, en particulier les junior suites et les "écolodges". Espace bien-être et salle de soins.
- 25 chambres
4 avenue de Laugerie – ℰ 05 53 06 97 07
✱ **Le 1862 - Les Glycines** • **Le Bistro des Glycines** - Voir la sélection des restaurants

ÈZE

06360 – Alpes-Maritimes – Carte régionale n° **29**–E2

LA CHÈVRE D'OR

CUISINE CRÉATIVE • ÉLÉGANT Le Château de la Chèvre d'Or jouit d'un site d'exception : niché sur les hauteurs d'un village médiéval à flanc de rocher, l'établissement offre une vue renversante sur l'arrière-pays azuréen et plongeante sur les reflets enchanteurs de la Méditerranée. Après cette épiphanie visuelle, place à table en compagnie du chef Tom Meyer et de sa brigade dont le talentueux pâtissier Florent Margaillan. L'ancien chef de Granite, également MOF, venu remplacer ici Arnaud Faye, fait preuve des solides qualités qu'on lui connaît déjà : maîtrise technique, jus et sauces d'une belle intensité, dressages stylisés. Refusant l'ennui, cette cuisine en mouvement alterne les notes végétales, herbacées, marines et iodées : mulet de Méditerranée, aquarelle de crevettes grillées et basilic ; tomate cerise, melon vert, myrte et eau de pourpier d'été ; sardine, criste marine, nuances de verts...

⊛ ⇔ ⇐ ⇧ AC ⇔ 🛋 🅿 – Prix : €€€€

Rue du Barri – ☎ 04 92 10 66 61 – www.chevredor.com

CHÂTEAU EZA

CUISINE MODERNE • ROMANTIQUE Attention, lieu magique. Il y a le panorama éblouissant, ces variations du paysage en contrebas, le massif qui plonge dans la Méditerranée. Mais il y a aussi la cuisine du chef Justin Schmitt ! Ce familier des belles maisons réalise dans ce cadre merveilleux une cuisine moderne et maîtrisée, non sans personnalité, à l'image de ce poulpe rôti au satay, crémeux de maïs et whisky fumé, ou de ce saint-pierre aux fleurs de courgettes, crevettes et verveine. Les desserts ne sont pas en reste et la vue depuis la terrasse est à couper le souffle !

⇔ ⇐ AC 🍴 ⇔ 🛋 🅿 – Prix : €€€€

Rue de la Pise – ☎ 04 93 41 12 24 – www.chateaueza.com

LES REMPARTS

CUISINE PROVENÇALE • ROMANTIQUE Cette table nichée au sein de la Chèvre d'Or s'avère une option fort séduisante : terrasse au-dessus de la falaise (effet wahou garanti), vue magique sur la Grande Bleue, St-Jean-Cap-Ferrat et la baie des Anges, cuisine méridionale chic et gourmande, chariot de glaces et savoureuses pâtisseries. Un bonheur.

⇐ ⇧ 🍴 🛋 🅿 – Prix : €€€

Rue du Barri – ☎ 04 92 10 66 61 – www.chevredor.fr/restaurants-bars/
restaurant-les-remparts

🛏 CAP ESTEL

CLASSIQUE • RAFFINÉ Sur une presqu'île privée, cette villa enchanteresse, construite par un prince russe à la fin du 19e s, cultive l'art du luxe discret. Ses salons magnifiques, ses chambres et suites somptueuses, son spa, son parc et sa piscine à débordement au-dessus de la mer... tout invite à un séjour de rêve, à l'abri des regards.

♿ AC 🛋 🅿 ⇔ 🛋 🍴 ⚓ ♨ 🛀 🧖 ⇆ 🍽 - 18 chambres

1312 avenue Raymond-Poincaré – ☎ 04 93 76 29 29

🛏 CHÂTEAU DE LA CHÈVRE D'OR

CLASSIQUE • MARITIME Un îlot céleste, agrippé aux rochers en surplomb de la Méditerranée. La plupart des chambres, disséminées dans le village, jouissent d'une vue splendide. Un petit paradis au-dessus de la mer.

AC 🛋 ⇔ ⇆ ⇧ ⚓ ♨ 🛀 🍽 - 45 chambres

Rue du Barri – ☎ 04 92 10 66 66

❀❀ **La Chèvre d'Or • Les Remparts** - Voir la sélection des restaurants

469

ÈZE

CHÂTEAU EZA

CONTEMPORAIN • CHALEUREUX Dans cette demeure du 14e s. perchée entre ciel et mer, la vue sur la côte est littéralement… époustouflante ! Quant à la décoration des chambres, elle mêle charme des pierres anciennes et raffinement contemporain : c'est élégant et subtil.

🅰🅲 🚗 🅿 ⌂ 🏊 ⦿ - 14 chambres

Rue de la Pise – ✆ 04 93 41 12 24

✿ **Château Eza** - Voir la sélection des restaurants

FARNAY

✉ 42320 – Loire – Carte régionale n° **20**-D2

LA MAISON FORTE ⓝ

CUISINE CRÉATIVE • CONTEMPORAIN Cette haute et imposante bâtisse en pierre n'a pas volé son nom. À l'intérieur, un certain dépouillement scandinave, entre murs aux pierres apparentes, tables en chêne blond et fauteuils en tissu et bois gris. C'est la première affaire d'un jeune couple de pros, affûté dans les maisons étoilées : Mickaël Marcoux au piano et Marie-Jeanne Rault en salle. Jouant sur toute la gamme des textures, l'assiette est judicieuse dans ses alliances (tartare de truite et concombre dopé par une émulsion au gin tonic), et percutante dans ses saveurs (omble chevalier, raviole de tomates et burrata, focaccia, sauce Choron). Service pro et attentif.

♿ ⌂ 🅿 – Prix : €€

*Place de la Maison-Forte – ✆ 04 77 55 39 58 – www.restaurantlamaisonforte.fr –
Fermé mardi, mercredi, et lundi et jeudi à midi*

FAUGÈRES

✉ 07230 – Ardèche

DOMAINE DE CHALVÊCHES

CLASSIQUE • CHAMPÊTRE Ceux qui recherchent le silence et la nature adoreront cet hôtel moderne dont les chambres, disséminées dans le jardin, allient luxe et personnalisation. L'un des atouts de l'établissement est son exceptionnelle piscine, avec une superbe vue sur les bois et les collines alentours…

🅰🅲 - 10 chambres

Lieu-dit Chalvêches – ✆ 04 75 35 76 16

FAULQUEMONT

✉ 57380 – Moselle – Carte régionale n° **7**-C2

TOYA

Chef : Loïc Villemin

CUISINE CRÉATIVE • ÉPURÉ Tōya ? Un célèbre lac volcanique au nord du Japon, au cœur du parc national de Shikotsu-Tōya. Aux yeux du jeune chef globe-trotter Loïc Villemin, cette région est en quelque sorte l'Éden de la gastronomie. Poissons, plantes et herbes sauvages y abondent, tandis qu'on y pratique l'élevage extensif et un maraîchage de qualité. De quoi inspirer cette table zen (ouverte sur la verdure d'un golf) et branchée "nature" ! Notre aspirant moine bouddhiste a fait retraite dans les meilleurs monastères gourmands, ceux de Jean-Georges Klein, Nicolas Le Bec, Bernard Loiseau et Arnaud Lallement. Il aime travailler les beaux produits au travers d'un menu mystère qui change chaque semaine. Technique pointue et créativité s'expriment avec force et saveur dans cette truite d'Abreschviller ikejime, diverses textures autour de la carotte, gingembre et carvi. Immanquable.

🌿 ⇆ ♿ 🅰🅲 🍴 🅿 – Prix : €€€€

*Avenue Jean-Monnet – ✆ 03 87 89 34 22 – www.toya-restaurant.fr –
Fermé lundi, mardi et dimanche*

✿ **L'engagement du chef :** Depuis mon enfance j'ai été sensibilisé à l'écologie. Au Toya, je travaille pour que mon établissement réduise son impact sur tous les plans. Nous pratiquons une démarche zéro déchet, zéro plastique et sans poissons de mer, victimes de surpêche. Pour la viande, nous valorisons des pièces entières, le lait et la crème proviennent de nos vaches jersiaises. Nos légumes sont cultivés en collaboration avec un maraîcher dans un jardin dédié au restaurant.

FAVIÈRES

✉ 80120 – Somme – Carte régionale n° **4**-A2

LA CLÉ DES CHAMPS

CUISINE MODERNE • CONTEMPORAIN Dans cette maison tenue par un jeune couple de professionnels, on ne ménage pas sa peine pour faire plaisir au client. Vous y dégusterez une cuisine moderne et appliquée mettant les produits du terroir à l'honneur : boudin de haddock aux champignons de Picardie ; pintade fermière farcie à la pomme et à l'oignon, jus à la chicorée ; mont-blanc au cassis et marron...
ఉ ⇩ – Prix : €€
13 rue des Frères-Caudron – ☏ *03 22 27 88 00 – www.restaurant-lacledeschamps.com – Fermé lundi et dimanche*

FAYENCE

✉ 83440 – Var – Carte régionale n° **29**-C2

LE CASTELLARAS

CUISINE PROVENÇALE • ÉLÉGANT Une affaire de famille (bien) tenue par Quentin et Hermance Joplet dans une maison au cadre rénové, avec sa cuisine ouverte prolongée de la terrasse jouissant d'un magnifique panorama sur la vallée et la cité de Fayence. On y déguste une cuisine aux couleurs de la Provence, inspirée par le marché et les saisons, à l'image de ce filet de maigre de Méditerranée, panisse et légumes du moment ou de cette tarte à la figue, crème d'amande et sorbet fruits rouges. Le service est attentif et personnalisé. Quelques chambres pour l'étape.
≼ 🖙 ⌂ **P** – Prix : €€€
461 chemin de Peymeyan – ☏ *04 94 76 13 80 – www.restaurant-castellaras.com – Fermé du lundi au jeudi*

FELDBACH

✉ 68640 – Haut-Rhin – Carte régionale n° **8**-A3

CHEVAL BLANC

CUISINE TRADITIONNELLE • ÉLÉGANT Dans cette maison typique du Sundgau, la cuisine est une passion qui se transmet de génération en génération. À la suite de son père, le jeune chef est désormais seul aux fourneaux. Il y réalise de belles recettes traditionnelles teintées de modernité, avec un penchant particulier pour le gibier... Très beau choix de vins.
❀ ఉ 🅰🅲 ⌂ ⇩ – Prix : €€
1 rue de Bisel – ☏ *03 89 25 81 86 – www.cheval-blanc-feldbach.fr – Fermé du lundi au mercredi*

FÉLINES-MINERVOIS

✉ 34210 – Hérault – Carte régionale n° **27**–B2

GRAND CAFÉ OCCITAN ⓝ

CUISINE RÉGIONALE • BISTRO Dans un village viticole du Minervois, cet ancien café est maintenant un bistrot-bar à vins, propriété du Château Maris voisin. Avec sa terrasse ombragée de canisses et son mobilier dépareillé, le repaire à tout d'une guinguette arty. Aux commandes, le chef franco-anglais Tristram Bowden et sa compagne lisboète Ana Dias ont concocté une petite ardoise qui met à l'honneur les produits locaux de saison, avec, parfois, une subtile touche british : langue de bœuf rémoulade, échine de porc confite aux courgettes braisées, tarte aux amandes et cerises. La carte des vins, gérée par Ana, propose une sélection de crus biodynamiques du Languedoc.

& 🕏 – Prix : €

7 rue de l'Occitanie – ☎ 04 30 16 62 72 – www.grandcafeoccitan.com – Fermé du lundi au mercredi, et jeudi et dimanche soir

LA FERRIÈRE-AUX-ÉTANGS

✉ 61450 – Orne – Carte régionale n° **2**–B3

✿ ### AUBERGE DE LA MINE

Chef : Hubert Nobis

CUISINE CLASSIQUE • ÉLÉGANT Autrefois cantine de la mine de fer locale (fermée en avril 1970), cette auberge accueille le même chef depuis plus de trente ans. Formé à l'ancienne école, son maître-mot est la simplicité. Pas de chichis ou d'excès : franchise et sincérité sont au programme. Ce qui n'empêche pas une technique solide et de belles inspirations : on pense notamment à cette royale de foie gras, avec sa fine gelée d'un poiré et chutney pomme-poire aux épices, un vrai moment de plaisir ! Une jolie partition de saison, à déguster dans deux petites salles à manger ultra-chic et élégantes, pas guindées pour un sou. On n'aura jamais eu autant de plaisir à aller à la Mine...

🗘 🅿 – Prix : €€€

8 rue de Champsecret – ☎ 02 33 66 91 10 – www.aubergedelamine.com – Fermé lundi et mardi, et dimanche soir

LA FERTÉ-BERNARD

✉ 72400 – Sarthe – Carte régionale n° **10**–B2

RESTAURANT DU DAUPHIN

CUISINE MODERNE • TRADITIONNEL Dans la vieille ville, au pied de la porte St-Julien, cette jolie demeure chaleureuse du 16e s. propose une cuisine maison et dans l'air du temps, un brin exotique parfois, mais qui conserve toujours quelques classiques de derrière les fagots. En témoigne ce suprême de volaille aux coings, écrasé de pomme de terre aux noix et jus de carcasses à l'amaretto. En dessert, quel plaisir de retrouver un vacherin, un baba ou un moelleux qui fonctionne à tous les coups ! Belle sélection de vins au verre.

& 🕏 – Prix : €€

3 rue d'Huisne – ☎ 02 43 93 00 39 – www.restaurant-du-dauphin.com – Fermé lundi et dimanche

AU BISTRONOME

CUISINE MODERNE • BISTRO L'intérieur, lumineux et haut de plafond, est décoré à la façon d'un bistrot contemporain. Même philosophie dans l'assiette, qui met en avant la tradition avec notamment de bonnes grillades au charbon de bois – côte de bœuf, entrecôte, andouillette, thon, sole... – préparées directement dans la salle. Simple et généreux !

& – Prix : €€€

11 rue Bourgneuf – ☎ 02 43 93 21 58 – www.aubistronome.fr – Fermé dimanche et du lundi au mercredi soir

LA FERTÉ-SAINT-CYR

✉ 41220 – Loir-et-Cher – Carte régionale n° **10**-D3

LA DILIGENCE

CUISINE MODERNE • AUBERGE Cet ancien relais de poste joliment restauré propose de goûteuses préparations, mettant en valeur le terroir local, et dispose de chambres confortables et d'une piscine d'été appréciée. L'accueil est particulièrement charmant. Une adresse aussi sympathique que coquette.

& 🏠 – Prix : €€

13 rue du Bourg – ☏ 02 54 87 90 14 – www.hotel-la-diligence.com – Fermé lundi, mardi et mercredi à midi, et dimanche soir

FIGEAC

✉ 46100 – Lot – Carte régionale n° **23**-B2

LA CUISINE DU MARCHÉ

CUISINE TRADITIONNELLE • AUBERGE La vieille ville est un bel écrin pour ce restaurant agréable, dont le nom est déjà un manifeste ! On utilise de bons produits du marché pour réaliser une cuisine simple et goûteuse, mâtinée de quelques touches espagnoles – origines du chef obligent.

🅰🅲 – Prix : €€

15 rue de Clermont – ☏ 05 65 50 18 55 – www.lacuisinedumarchefigeac.com – Fermé dimanche et lundi midi

LA DÎNÉE DU VIGUIER

CUISINE MODERNE • HISTORIQUE Dans cette adresse historique du centre-ville, le chef propose une cuisine de saison avec une touche de créativité. Côté cadre, on prend place dans l'élégante salle des gardes du château, revue à la mode contemporaine.

🅰🅲 🏠 ✿ – Prix : €€€

4 rue Boutaric – ☏ 05 65 50 08 08 – www.mercure-viguierfigeac com – Fermé dimanche

LA RACINE ET LA MOELLE

CUISINE MODERNE • BAR À VIN La cheffe Julie et son compagnon irlandais ont déjà conquis les Figeacois avec des assiettes modernes et savoureuses. Dressages sans chichis et cuissons impeccables se dégustent dans une ambiance conviviale et aussi nature que la jolie sélection de vins (le lieu fait aussi caviste). Carton plein !

🏠 – Prix : €€

6 rue du Consulat – ☏ 09 83 53 81 58 – Fermé lundi et dimanche, et mercredi soir

MERCURE FIGEAC VIGUIER DU ROY

TRADITIONNEL • CHARME "De la charmante cour pavée aux tentures, en passant par le bistrot classique, cet hôtel de charme - autrefois une luxueuse résidence privée - est ancré dans l'histoire et la tradition locales. Les chambres sont simples et élégantes, avec des détails en pierre et en bois. L'esthétique s'articule autour de thèmes littéraires : bureaux anciens, calligraphies murales et lampes étudiées pour la lecture. Par temps chaud, l'hôtel dispose d'une piscine et d'une terrasse. Sinon, l'hôtel prête des vélos pour explorer les rues pavées de la ville et les petits cafés pittoresques."

& 🅰🅲 🅿 🛎 🏠 ⚓ 🛁 ⁉⚪ - 21 chambres

52 rue Émile Zola – ☏ 05 65 50 05 05

La Dînée du Viguier - Voir la sélection des restaurants

FILLÉ

✉ 72210 – Sarthe – Carte régionale n° **10**–A2

MAISON NIPA

CUISINE PHILIPPINE • CONTEMPORAIN Divine surprise que cette table tenue par un couple franco-philippin (Jason au salé, Sharon au sucré) qui nous régale avec cette cuisine française bercée par les effluves de l'archipel aux 7107 îles... Dans l'assiette, le voyage gustatif entre Sarthe et Philippines est garanti : l'encornet du Croisic façon "Adobong Pusit" farci d'un sisig de chorizo bellota et laqué de sa subtile sauce à l'encre de seiche ; le canard sauvage de Sologne avec cèpe au café et sauce "Adobo"... Des préparations parfumées aux équilibres maîtrisés, jouant parfois la carte du sucré-salé ou du terre-mer. Si la maison n'arbore pas de toit en feuilles de palmier (c'est le sens du mot "nipa"), on aime cette salle moderne qui mélange les matériaux avec habileté, mais aussi l'accueil et le service prévenants.

 – Prix : €€€

13 rue des Gesleries – ☏ 02 43 87 40 40 – www.maisonnipa.fr – Fermé mardi, mercredi, samedi midi et dimanche soir

FLASSANS-SUR-ISSOLE

✉ 83340 – Var – Carte régionale n° **29**–B2

✿ CHEZ JEANNETTE ⓝ

CUISINE MODERNE • CONTEMPORAIN Cette table désirable trône au milieu d'un domaine viticole provençal, une ancienne commanderie des Templiers et un site millénaire où des amphores romaines ont été découvertes. Le propriétaire y expose également sa collection de sculptures contemporaines. La cuisine est tenue par Vivien Rouleaud (passé chez Pic), épaulé en pâtisserie par Victor Lorente (ancien de chez Thierry Marx). Le saint-pierre, sucrine braisée en tartelette et jus de bouillabaisse à l'huile d'olive du domaine, ou bien le duo de fraise et rhubarbe, illustrent une fine cuisine méditerranéenne qui puise aussi dans les légumes du potager maison. La terrasse face aux vieilles vignes, ombragée par un tilleul et un chêne vert, est idyllique.

 – Prix : €€€

1204 chemin de la Commanderie de Peyrassol – ☏ 04 94 69 71 02 – www.peyrassol.com/restaurants-hebergements/restaurants/chez-jeannette – Fermé mardi, mercredi et lundi midi

FLAYOSC

✉ 83780 – Var – Carte régionale n° **29**–B2

✿ LE JARDIN DE BERNE

Chef : Louis Rameau

CUISINE MODERNE • ROMANTIQUE Un vignoble (515 ha, excusez du peu...), un hôtel cinq étoiles et son spa, un restaurant étoilé et son potager bio. C'est dans ce cadre idyllique à l'atmosphère mi-provençale, mi-toscane qu'officient de concert le chef Louis Rameau et le chef pâtissier Éric Raynal. Ils célèbrent le terroir haut-varois grâce aux légumes, herbes et fleurs du potager, ainsi qu'à l'huile d'olive et aux vins du domaine. Les fromages et les autres produits travaillés avec maîtrise et finesse sont également bio et sourcés chez les meilleurs producteurs de la région : la tomate oubliée, en pain perdu, vinaigrette de tomates rôties au thym ; l'encornet enfumé, crème d'oseille et piment sucette de Provence ; l'huile d'olive fruitée verte, madeleine miel et huile d'olive, crème à l'huile d'olive sont présentés et servis par une chaleureuse brigade en salle qui connaît bien son métier. Table ouverte uniquement le soir.

– Prix : €€€€

Château de Berne, chemin des Imberts – ☏ 04 94 60 49 79 – www.chateauberne.com – Fermé lundi, mardi et du mercredi au dimanche à midi

FLAYOSC

🍀 **L'engagement du chef :** Le potager bio du domaine permet de fournir le restaurant en produits frais et de saison. Nous travaillons uniquement avec des producteurs locaux pour les viandes, les poissons et les légumes supplémentaires. Notre devise : du potager à l'assiette.

LE NID

CUISINE MODERNE • CONVIVIAL Une adresse tenue par des gens charmants : Emilie est aux petits soins avec ses clients, et le chef réalise une cuisine de saison, pleine de fraîcheur et de goût. Il privilégie les circuits courts, et les producteurs locaux. Une adresse qui fait le plein tous les jours. Un nid de gourmandise, à l'excellent rapport qualité/plaisir/prix...

&. AC – Prix : €€

37 boulevard Jean-Moulin – ☏ 04 98 09 57 62 – www.restaurantlenid-flayosc.fr – Fermé lundi et dimanche, et mardi et mercredi soir

LE BISTROT DU CHÂTEAU DE BERNE

CUISINE TRADITIONNELLE • CONVIVIAL Cette table assure une partition simple et ensoleillée, à base de produits qui rappellent les paysages du Var. Asperges du pays craquantes ; tranche de carré de porc Duroc de Bataillé aux saveurs d'Asie ; feuilleté de pommes, crème d'amande et caramel. C'est frais et décomplexé, et ça s'arrose des vins du domaine. Le tout à prix doux avec un service efficace, assuré par une équipe capable de discuter avec la clientèle souvent anglophone.

🚗 &. 🍴 P – Prix : €€

Château de Berne, chemin des Imberts – ☏ 04 94 60 43 51 – www.chateauberne. com/gastronomie/bistrot – Fermé , mercredi, jeudi, vendredi et dimanche soir

LE CIGALON

CUISINE MODERNE • SIMPLE Une agréable maison, située en retrait du village de Flayosc. Elle en salle, lui en cuisine offrent à ce lieu une chaleur qui va au-delà de la gourmandise. Barigoule de fenouil aux olives, focaccia et encornet ; daurade de Méditerranée, cocos, courgettes et moules ; poire rôtie à l'anis étoilé, glace noisette... On dirait le Sud.

&. AC 🍴 – Prix : €€

5 boulevard du Grand-Chemin – ☏ 04 94 68 69 65 – www.lecigalonflayosc. wixsite.com/site – Fermé mercredi et jeudi

CHÂTEAU DE BERNE

MODERNE • CHAMPÊTRE C'est au terme d'un long chemin, serpentant à travers la garrigue, que se découvre la parenthèse bénie d'un domaine viticole de 500 ha. On partage son temps entre les chambres provençales (avec vue sur les vignes), les belles piscines intérieure et extérieure, le spa, les cours de cuisine, les dégustations de vin, les concerts...

AC 🐎 P 🛏 🐕 🚗 🚴 ♨ 🛁 🧖 🏊 🍽 - 34 chambres

Château de Berne, chemin des Imberts – ☏ 04 94 60 49 79

✸ **Le Jardin de Berne • Le Bistrot du Château de Berne** - Voir la sélection des restaurants

LA FLÈCHE

✉ 72200 – Sarthe – Carte régionale n° **10**–A2

LE MOULIN DES QUATRE SAISONS

CUISINE MODERNE • CONTEMPORAIN Quelle que soit la saison, cette ravissante bâtisse du 16e s., posée sur les eaux du Loir en plein cœur de la ville, offre un cadre absolument enchanteur ! La cuisine, actuelle, est rythmée par les saisons et accompagnée d'une jolie sélection de vins (certains d'Autriche, pays d'origine de la propriétaire). Aux beaux jours, on s'installe en terrasse pour profiter de la féérie du lieu.

⚘ 🖐&🆎🌡️🛋️🅿 – Prix : €€€

14 rue Gallieni – 𝒞 02 43 45 12 12 – www.moulindes4saisons.fr – Fermé lundi, et mercredi et dimanche soir

FLEURIE

✉ 69820 – Rhône – Carte régionale n° **21**–A1

❀ ### AUBERGE DU CEP

Chef : Aurélien Merot

CUISINE MODERNE • CHIC Inutile de présenter cette maison emblématique du Beaujolais, devenue fameuse grâce au talent de la cheffe Chantal Chagny – 44 ans aux fourneaux, tout de même ! Son successeur, Aurélien Merot, s'inscrit dans une veine similaire, alliance de finesse et de générosité. Il fait chanter le terroir régional (sandre de rivière rôti sur sa peau, carottes multicolores du jardin d'Augustin, sauce matelote au beaujolais) avec un travail particulier sur les jus et les sauces. Le rapport qualité-prix se révèle excellent (le menu de midi est une affaire !) et l'on arrose le repas d'une belle sélection de vins de la région.

⚘ – Prix : €€€

11 rue des Quatre-Vents – 𝒞 04 74 04 10 77 – www.aubergeducep.com – Fermé lundi et dimanche

FLEURY

✉ 11560 – Aude – Carte régionale n° **27**–C2

LA TULIPE NOIRE

CUISINE MODERNE • AUBERGE Dans ce chai transformé avec goût, le chef et sa femme suivent les saisons au plus près, notamment grâce à leur propre potager qui fournit l'essentiel des légumes que vous dégusterez ici. Derrière les intitulés de plats volontairement simples se cache une cuisine finement technique qui revisite volontiers les classiques (pistou, soupe à l'oignon, tarte Tatin).

🌡️ – Prix : €€

1 rue du Ramonétage – 𝒞 04 68 46 59 80 – www.restaurant-tulipenoire.fr – Fermé mardi et mercredi

FLEURY-SUR-ORNE

✉ 14123 – Calvados – Carte régionale n° **2**–C2

AUBERGE DE L'ÎLE ENCHANTÉE

CUISINE MODERNE • COSY Cet ancien bar de pêcheurs est située dans un cadre verdoyant à proximité de l'Orne. Fidèle à l'esprit de la maison, le chef propose une cuisine traditionnelle revisitée, qu'il fait évoluer au gré des saisons. Une maison sérieuse.

🖐&🛋️ – Prix : €€

1 rue Saint-André – 𝒞 02 31 52 15 52 – www.ileenchantee.fr – Fermé lundi et mardi, et dimanche soir

FLOIRAC

✉ 46600 – Lot – Carte régionale n° **23**–B2

LA MANGEOIRE

CUISINE MODERNE • VINTAGE Dans ce charmant village du Lot, le voyageur repère immédiatement cette jolie bâtisse en pierre calcaire et toit d'ardoises, avec sa terrasse et sa véranda de style Belle Époque, aujourd'hui toutes fenêtres ouvertes. Le chef, qui a exercé un peu partout dans le monde, en a rapporté le goût des mélanges exotiques : aubergines onctueuses « comme un houmous », pain de seigle brûlé, artichaut Camus frit, filet de porc séché à la cheminée ; secreto ibérique juste saisi, à la cacahuète et au gingembre, fenouil rôti et nouilles de blé. Une cuisine voyageuse d'esprit bistronomique, ponctuée de touches asiatiques ou d'épices du Maghreb.

& 🄰🄲 ⇆ – Prix : €€

Le Bourg - ✆ 05 65 41 72 38 – www.la-mangeoire-restaurant-floirac.eatbu.com – Fermé du mardi au jeudi, lundi et samedi à midi, et dimanche soir

LA FLOTTE – Charente-Maritime (17) → Voir Île de Ré

FLUMET

✉ 73590 – Savoie – Carte régionale n° **21**–D2

AUBERGE DES ÉGLANTIERS

CUISINE TRADITIONNELLE • RUSTIQUE Le chef Kevin Bieber, qui a longtemps œuvré aux Flocons de Sel, et sa compagne Mélanie Laugier ont ouvert cette bonne petite table dont la terrasse surplombe les gorges de l'Arly. Dans un décor chaleureux de lambris et peaux de bêtes, on se régale de cette balade gourmande de tradition qui conjugue bons produits (mention spéciale pour l'omble chevalier à l'oseille), assiettes bien tournées et générosité montagnarde.

🌿 – Prix : €€

170 rue du Mont-Blanc – ✆ 04 57 35 03 70 – www.auberge-des-eglantiers.com

FONDETTES

✉ 37230 – Indre-et-Loire – Carte régionale n° **15**–B1

✿ L'OPIDOM

Chef : Jérôme Roy

CUISINE CRÉATIVE • CONTEMPORAIN De l'ambition, le chef Jérôme Roy n'en a jamais manqué, comme l'atteste son beau parcours (Gagnaire et Troisgros notamment, et une étoile gagnée au Couvent des Minimes à Mane). Natif de Loches, il officie sur ses terres d'origine, épaulé en salle par son épouse. Dans un cadre contemporain, on découvre avec plaisir sa cuisine actuelle et créative, rythmée par les saisons, et qui s'appuie sur une sélection rigoureuse de très beaux produits : Saint-Jacques poêlées, fumet des barbes au citron noir confit et piment d'Alep ; carré d'agneau aux herbes de Provence, artichaut et salicorne ; suprêmes de pamplemousse rose marinés dans un vin chaud aux épices douces…

& 🄰🄲 ⇆ 🅿 – Prix : €€€

4 quai de la Guignière – ✆ 02 47 35 81 63 – www.lopidom.fr – Fermé lundi et dimanche

FONDETTES

AUBERGE DE PORT VALLIÈRES

CUISINE TRADITIONNELLE • CONTEMPORAIN Sur les bords de Loire, cette bâtisse de pays en pierre blanche et toit d'ardoise est un refuge pour les beaux produits et la cuisine de tradition. Prenez ce carpaccio de tête de veau, truffes et ravigote, ou encore ces coquilles Saint-Jacques laquées sauce « barbecue » au café instantané qui reçoivent une touche plus contemporaine. Dans ce restaurant élégant et chaleureux, on profite aussi d'un service attentionné et d'une belle carte des vins, riche en références régionales ! Une maison toujours aussi plaisante.

ஃ 🕅 🎢 🔁 - Prix : €€

195 quai des Bateliers - ℰ 02 47 42 24 04 - www.portvallieres.fr - Fermé lundi et mardi, et dimanche soir

FONT-ROMEU

✉ 66120 - Pyrénées-Orientales - Carte régionale n° **27**-A3

LA CHAUMIÈRE

CUISINE CATALANE • AUBERGE Rangez les skis ! À l'entrée de la station, on ne résiste pas à cette sympathique chaumière où le bois domine. Au menu : une belle sélection de mets catalans et de vins régionaux. Le patron est un amoureux des bonnes choses (viandes de choix, légumes locaux) et a même créé... une cave à jambons !

🎢 🔁 - Prix : €€

96 avenue Emmanuel-Brousse - ℰ 04 68 30 04 40 - www.restaurantlachaumiere.fr - Fermé lundi et mardi

FONTAINE-DANIEL

✉ 53100 - Mayenne - Carte régionale n° **9**-C1

LA FORGE

CUISINE MODERNE • TRADITIONNEL Fontaine-Daniel, très joli village chargé d'histoire, est le berceau des fameuses toiles de Mayenne. Face à un étang et à la forêt, ce restaurant est abrité dans l'ancienne dépendance d'une abbaye cistercienne, devenue au 19e s. une entreprise de textile. Le chef William Blondel, qui est allé jusqu'en Nouvelle-Zélande, réalise une cuisine moderne avec des produits majoritairement locaux, qu'il n'hésite pas à ponctuer de touches créatives. C'est original, parfois déroutant, mais toujours juste et savoureux, à l'instar du maquereau, chou-fleur et sauce à base de café !

& 🎢 🔁 - Prix : €€

8 place de l'Ondine - ℰ 02 43 00 34 85 - www.laforge.restaurant - Fermé lundi et mardi, et dimanche soir

FONTAINE-DE-VAUCLUSE

✉ 84800 - Vaucluse - Carte régionale n° **28**-E1

PHILIP

CUISINE TRADITIONNELLE • SIMPLE L'emplacement de ce restaurant est formidable. Au pied de la célèbre fontaine d'où jaillit la Sorgue, cette adresse sait jouer de ses charmes bucoliques. Père et fille (la maison est dans la famille depuis 1926) proposent une cuisine qui joue efficacement la carte de la tradition. Service souriant et efficace. Réservation obligatoire en saison.

≼ 🎢 - Prix : €€

Chemin de la Fontaine - ℰ 09 75 59 28 63 - Fermé lundi et du mardi au dimanche soir

FONTAINEBLEAU

✉ 77300 – Seine-et-Marne – Carte régionale n° **11**–C2

 L'AXEL

Chef : Kunihisa Goto
CUISINE MODERNE • **ÉLÉGANT** Au cœur de Fontainebleau se cache ce restaurant sobre et chic, où le chef japonais revisite la gastronomie française au plus près des saisons. Kunihisa Goto voue un culte sincère à la cuisine hexagonale, à ses vins et à ses produits emblématiques, du foie gras aux escargots. Formé à bonne école, il réinvente les classiques français avec un aplomb certain, à grand renfort de produits japonais – daïkon, racines de lotus, algue nori, feuilles de shiso, bœuf Wagyu… Sa variation sur l'œuf parfait est devenue un incontournable. Vous retrouverez dans chaque plat ce souci graphique, cet équilibre et cette gourmandise. Service réactif et courtois.
⊗ AC – Prix : €€€€
43 rue de France – ☏ 01 64 22 01 57 – www.laxel-restaurant.com/fr –
Fermé lundi, mardi et mercredi midi

FUUMI

CUISINE JAPONAISE • **CONTEMPORAIN** Ce restaurant japonais, situé dans le centre-ville de Fontainebleau n'est autre que l'annexe de l'Axel, le restaurant étoilé du chef patron Kunihisa Goto, et de son épouse Vanessa. En ce lieu convivial se dégustent des plats traditionnels japonais, parfumés et généreux, mais aussi gyozas et ramen. Réservation (très) fortement conseillée.
& AC ⇨ – Prix : €€
39 rue de France – ☏ 01 60 72 10 32 – www.restaurant-fuumi.com – Fermé lundi et dimanche

🛏 **L'AIGLE NOIR HÔTEL FONTAINEBLEAU - MGALLERY**

MODERNE • **RAFFINÉ** Dans un écrin néoclassique, l'Aigle Noir accueille un ensemble harmonieux de chambres et suites aux tons de bijoux profonds, aux motifs répétitifs vibrants ou aux graphismes audacieux. Luxe, confort et grande qualité des services, y compris dans les nombreux espaces de réunion, le bar à cocktails et le restaurant.
AC � ♨ – 53 chambres
27 Place de Napoléon Bonaparte – ☏ 01 60 74 60 00

FONTENOY-LA-JOÛTE

✉ 54122 – Meurthe-et-Moselle – Carte régionale n° **7**–C2

 L'IMPRIMERIE

CUISINE MODERNE • **CONVIVIAL** Il était une fois un petit village connu pour sa passion du livre… Quoi de plus naturel que l'ancienne imprimerie se transforme en haut lieu de culture des sens ? Ici, on propose, dans une ambiance décontractée, une cuisine moderne dans l'air du temps sous forme de menus surprises. Elle fait la part belle aux produits locaux et de saison pour le plus grand plaisir des convives. Le midi, une offre alléchante au prix imbattable ; le soir, un menu dégustation à l'aveugle.
⊗ & 🍽 **P** – Prix : €€€
39 rue de la Division-Leclerc – ☏ 03 83 89 57 15 – www.restaurantlimprimerie.
com – Fermé du lundi au mercredi

FONTEVRAUD-L'ABBAYE

✉ 49590 – Maine-et-Loire – Carte régionale n° **9**–D3

❀ FONTEVRAUD L'ERMITAGE

Chef : Thibaut Ruggeri

CUISINE CRÉATIVE • CONTEMPORAIN Au cœur de l'abbaye de Fontevraud, l'une des plus grandes cités monastiques d'Europe, se trouve le prieuré Saint-Lazare. Dans son cloître, devenu restaurant, le designer Patrick Jouin et l'architecte Sanjit Manku ont organisé la rencontre de l'épure monacale et des matériaux bruts, pour mieux laisser vibrer les plats du chef Thibaut Ruggeri. Ce dernier, Haut-Savoyard originaire de Megève, vainqueur du Bocuse d'Or 2013, a forgé sa foi chez les grands, de Michel Guérard à Georges Blanc. Apôtre du "beau et du bon" et de la biodynamie, il mise sur les produits du terroir local (volaille de Racan, pigeon d'Anjou...) et synchronise sa production potagère sur le calendrier lunaire. Délicieux programme !

☜ ✍ & 🛋 ⌂ **P** – Prix : €€€€

38 rue Saint-Jean-de-l'Habit – ☎ 02 46 46 10 10 – www.fontevraud.fr – Fermé lundi, mardi et du mercredi au vendredi à midi

❀ **L'engagement du chef :** Inscrit au cœur du projet Fontevraud - cité durable, le restaurant met tout en œuvre pour relever les défis du développement durable. Les produits que nous travaillons sont tous issus du terroir local ou du potager et des ruches de l'Abbaye Royale. Notre menu change à chaque lune, tous les 29 jours et demi, pour respecter au mieux le rythme des produits.

🛏 FONTEVRAUD L'ERMITAGE

CONTEMPORAIN • ÉLÉGANT Cet hôtel, installé au sein même de la célèbre abbaye de Fontevraud, accueille les voyageurs dans un cadre unique, habilement mis en valeur à travers un style contemporain affirmé, dont la sobriété respecte parfaitement l'esprit monacal des lieux. Élégant et apaisant.

& **P** ✍ 🚲 ♨ ⑪○ - 54 chambres

38 rue Saint-Jean-de-l'Habit – ☎ 02 46 46 10 10

❀ **Fontevraud L'Ermitage** - Voir la sélection des restaurants

FONTJONCOUSE

✉ 11360 – Aude – Carte régionale n° **27**–B2

❀❀❀ AUBERGE DU VIEUX PUITS

Chef : Gilles Goujon

CUISINE CRÉATIVE • DESIGN L'aubergiste des Corbières : ainsi surnomme-t-on parfois Gilles Goujon, à qui l'on doit d'avoir placé le minuscule village de Fontjoncouse, dans l'Aude, sur la carte de la haute gastronomie française. Ses marques de fabrique ? La sincérité et le savoir-faire. Les habitués le savent, chacune de ses assiettes est faite avec le cœur. Entouré de ses fils Enzo (en cuisine) et Axel (en pâtisserie), il n'a pas son pareil pour s'effacer derrière le produit et le laisser s'exprimer dans toute sa simplicité : la marque des grands. Des produits d'exception qu'il se fait un plaisir de présenter lui-même aux convives, et dont le dressage est souvent terminé au guéridon. On se contentera de citer son incontournable œuf "pourri" de truffes melanosporum avec purée de champignons, émulsion mousseuse à la truffe, briochine tiède et velouté : le plat superstar de la maison, à juste titre ! Le reste du repas est du même tonneau, précis et affirmé, soigné et généreux, jamais dans l'esbroufe : l'excellence, tout simplement.

🐾 ☜ & 🅰 ⌂ **P** – Prix : €€€€

5 avenue Saint-Victor – ☎ 04 68 44 07 37 – www.aubergeduvieuxpuits.fr/fr – Fermé lundi, mardi, mercredi midi et dimanche soir

FONTVIEILLE

13990 – Bouches-du-Rhône – Carte régionale n° **29**–E2

BELVÉDÈRE

CUISINE MÉDITERRANÉENNE • **CONTEMPORAIN** Une bien jolie cuisine que celle du chef japonais Kohei Ohata, qui parvient à retranscrire avec justesse et saveurs les influences méditerranéennes des marchés environnants. Sa femme assure la partie dessert avec un vrai talent. C'est frais, parfumé et facturé au juste prix. Voilà une excellente adresse, un peu cachée dans l'hôtel Belesso - réservée aux gourmets, donc, et c'est très bien comme ça.

– Prix : €€

Hôtel Belesso, 34 avenue des Baux – ℰ 04 90 18 31 40 – www.hotelbelesso.fr – Fermé du lundi au samedi à midi, dimanche soir

LE RELAIS DU CASTELET

CUISINE PROVENÇALE • **AUBERGE** Véritable havre de paix, cet ancien relais de chasse cultive un esprit provençal et locavore : une cuisine copieuse et soignée essentiellement composée de légumes et d'herbes du potager, complétés par les producteurs du coin. Pari réussi pour Jean-Baptiste Bert qui a remis au goût du jour ce mas familial qui l'a vu naître, et où il fait bon se gorger de soleil, entre les oliviers et les collines.

– Prix : €€€

Mas le Castelet, quartier Montmajour – ℰ 09 80 40 74 81 – www.lerelaisducastelet.fr – Fermé du lundi au mercredi et dimanche soir

VILLA REGALIDO
Plus

TRADITIONNEL • **CHAMPÊTRE** Ce vieux moulin à huile, blotti au cœur d'un jardin fleuri, rappelle les photos sépia de notre enfance. La plupart des chambres, sobres et élégantes, sont prolongées par un balcon… et l'on prend son petit-déjeuner sur une belle terrasse verdoyante.

– 23 chambres

118 avenue Frédéric Mistral – ℰ 04 90 54 60 22

FOUDAY

67130 – Bas-Rhin – Carte régionale n° **8**–A2

JULIEN

CUISINE TRADITIONNELLE • **RÉGIONAL** Personnel en costume traditionnel, décor typique des Vosges (tout en bois) : on célèbre ici le folklore local dans ce qu'il a de meilleur. Dans une ambiance animée mais raffinée, on dévore de goûteuses – et copieuses – préparations régionales : choucroute, rognons et ris de veau, bouchées à la reine… Réjouissant, tout comme les chambres, le parc et le beau spa de l'hôtel.

– Prix : €€

Route de Strasbourg – ℰ 03 88 97 30 09 – www.hoteljulien.fr/fr – Fermé du lundi au mercredi à midi

FOUESNANT

29170 – Finistère – Carte régionale n° **1**–B2

LA POINTE DU CAP COZ

CUISINE MODERNE • **CONTEMPORAIN** Une petite maison blanche qui semble posée sur l'océan… C'est là, presque au bout du monde, qu'on apprécie la cuisine de ce chef. Elle valorise les produits de la pêche et du terroir, avec des présentations soignées, à l'image de ces joues de porc confites au vinaigre de cidre, choux cuisinés et pommes confites au beurre demi-sel.

⇐ よ ♧ – Prix : €€

153 avenue de la Pointe, au Cap Coz – ℰ 02 98 56 01 63 – www.hotel-capcoz.
com – Fermé lundi, mardi midi et dimanche soir

FOUGÈRES

✉ 35300 – Ille-et-Vilaine – Carte régionale n° **9**–B1

L'ESSENCIEL

CUISINE MODERNE • CONTEMPORAIN Le chef Jean-Marie Baudic (ex-Youpala
bistrot à Saint-Brieuc) a choisi ce restaurant contemporain pour proposer avec son
second Julien Rault une partition bistronomique concoctée avec de bons produits
de saison et des préparations bien ficelées : dorade et légumes croquants tout en
fraîcheur ; une goûteuse aile de raie, brunoise croquante et jus de cuisson ; épaule
d'agneau et arrancini... Formules différentes le midi, le soir et le weekend.

よ – Prix : €€

37 boulevard Jean-Jaurès – ℰ 02 99 94 23 39 – www.lessenciel-restaurant.fr –
Fermé lundi et dimanche, et mardi et mercredi soir

FOUGÈRES-SUR-BIÈVRE

✉ 41120 – Loir-et-Cher – Carte régionale n° **10**–C3

😊 AVARUM

CUISINE MODERNE • CONTEMPORAIN Point n'est besoin de parler latin pour
s'installer dans ce restaurant, un ancien relais de diligence du 19e s., qui fait face
au château médiéval. Un duo complice, qui associe un chef et un sommelier, tient
les rênes avec une compétence toute gourmande ! Les produits locaux et le retour
de pêche sont apprêtés avec soin par le chef qui peaufine des assiettes bien appétissantes, à l'instar du porc roi rose de Touraine, parfaitement confit, aux saveurs
sucrées-salées et servi avec de délicieux choux pak choï cuits à la vapeur et enfin passés à la flamme. Comme on le constate, il y a du travail, et de l'amuse-bouche au dessert, hormis le bon pain du boulanger du coin, tout est bien ficelé et fait maison. Un joli
moment à table, sans oublier le service aimable et les conseils avisés du sommelier.

よ 🅰🄲 🚗 – Prix : €€

31 rue de l'Église – ℰ 09 51 98 54 65 – www.avarumrestaurant.fr – Fermé lundi et
mardi, et dimanche soir

FRÉJUS

✉ 83600 – Var – Carte régionale n° **29**–C2

😊 L'AMANDIER

CUISINE MODERNE • COSY Tarte feuilletée tomate et mozzarella, sorbet tomate
verte et vinaigrette au basilic ; filet de daurade royale, tian de légumes et vinaigrette tiède aux câpres ; compotée d'abricots à la vanille, biscuit de semoule et
glace pistache... Les jolies recettes proposées par ce couple charmant ont l'accent
méridional. Une excellente adresse à prix sages !

🅰🄲 – Prix : €€

19 rue Marc-Antoine-Désaugiers – ℰ 04 94 53 48 77 – www.restaurant-
lamandier-frejus.com – Fermé dimanche, et lundi, mercredi et vendredi midi

FRÉLAND

✉ 68240 – Haut-Rhin – Carte régionale n° **8**–C2

RESTAURANT DU MUSÉE

CUISINE MODERNE • RUSTIQUE Dans cet ancien moulin posé au bord de l'Ure,
jouxtant le petit musée du pays welche, Alain Schmitt propose une cuisine aux
inspirations variées, entre clins d'œil au terroir (fleischschnaka de truite du val

d'Orbey) et touches plus exotiques (vieille rouge de ligne dans un bouillon dashi comme un yosenabe).

& 斤 – Prix : €€

2 rue de la Rochette - ☏ 03 89 47 24 18 – www.restaurantmusee.fr – Fermé lundi, et mercredi et dimanche soir

LE FRENZ

✉ 68820 – Haut-Rhin – Carte régionale n° **8**–A2

LES QUATRE SAISONS

CUISINE MODERNE • COSY À 760 m d'altitude, entouré par la forêt, un chalet douillet en face de la remontée mécanique. Dans un cadre chaleureux, Christelle propose une cuisine personnalisée (éclair salé à la mousse de cèpes, girolles au vinaigre et jambon cru, ou pot au feu de canard, légumes d'automne cuits au bouillon), Frédéric choisissant avec soin de jolis crus... Chambres pour l'étape et bon petit-déjeuner. Pas de fausse note pour Les Quatre Saisons !

呂 ⇐🛏P – Prix : €€

3 route du Frenz - ☏ 03 89 82 28 61 – www.hotel4saisons.com – Fermé mardi, mercredi, et lundi et jeudi à midi

FRONTIGNAN

✉ 34110 – Hérault – Carte régionale n° **27**–D2

😊 IN-FINE

CUISINE TRADITIONNELLE • CONTEMPORAIN Dans ce restaurant épuré du centre-ville de Frontignan, l'équipe jeune et dynamique du chef autodidacte Grégory Doucey privilégie la qualité du produit pour réaliser un appétissant menu-carte aux accents canailles. Une savoureuse cuisine bistronomique qui évolue entre terroir et modernité, avec le goût comme fil conducteur : œufs en meurette ; tête de veau ravigote ; filet de mulet et aïgo boulido ; paris-brest...

& AC – Prix : €

2 rue de l'Hôtel-de-Ville - ☏ 07 77 95 02 11 – www.infinerestaurant.fr – Fermé lundi, dimanche, et mardi et samedi à midi

LE MG PAR CÉCILE ET GRÉGORY DOUCEY

CUISINE MODERNE • COSY Déjà propriétaires d'une adresse en centre-ville (In-Fine), le chef Grégory Doucey et son épouse Cécile dressent la table (et sa terrasse) dans le port de Frontignan-Plage. Sans surprise, le poisson et les coquillages (comme les huîtres de l'étang de Thau), à peine sortis de l'eau, sont au cœur de cette cuisine méditerranéenne tournée aussi vers le terroir. Les carnivores choisiront les viandes de l'Aveyron, et tous les gourmands profiteront des fruits et légumes héraultais.

AC 斤 – Prix : €€

Zone Technique du Port - ☏ 07 82 62 97 98 – www.restaurant-mg.fr – Fermé mercredi, et mardi et dimanche soir

FUISSÉ

✉ 71960 – Saône-et-Loire – Carte régionale n° **17**–C2

✿ L'O DES VIGNES

Chef : Sébastien Chambru

CUISINE MODERNE • CONTEMPORAIN Cette bâtisse en pierre du Mâconnais embrasse un paysage de vignes, qui court jusqu'à la Roche de Solutré. Elle accueille un Bourguignon du cru, Sébastien Chambru, qui a fait un passage remarqué au Moulin de Mougins, avant de s'envoler pour le Japon : à Tokyo, il est subjugué par le respect que les chefs nippons témoignent au produit. Auteur de plusieurs livres de cuisine, il cisèle aujourd'hui à Fuissé une cuisine légèrement créative, tout en finesse et en précision et dont l'inspiration change en fonction de l'arrivage, à l'image de ce sandre en viennoise au satay, carotte et vierge de câpres. Dans le petit bar à vins adjacent, plats canailles et crus canons sont à l'ardoise.

🍴 ⅃ – Prix : €€€

129 rue du Bourg – ☏ 03 85 38 33 40 – www.lodesvignes.fr/fr – Fermé mardi et mercredi, et dimanche soir

FURSAC

✉ 23290 – Creuse – Carte régionale n° **19**–B1

NOUGIER

CUISINE TRADITIONNELLE • CLASSIQUE Depuis trois générations, cette réjouissante auberge cultive l'art du bon accueil et du bien manger. Le chef concocte des plats soignés, entre tradition et modernité, comme autant d'hommages aux saisons. Alors, attablez-vous et commandez en confiance.

🛏🍴🔄🅿 – Prix : €€

2 place de l'Église – ☏ 05 55 63 60 56 – www.hotelnougier.fr – Fermé lundi, dimanche et du mardi au samedi à midi

FUVEAU

✉ 13710 – Bouches-du-Rhône

🛏 DOMAINE RAMPALE

MODERNE • CALME À mi-chemin entre Marseille et Aix, au calme d'un grand domaine arboré, on profite d'une villa aux chambres spacieuses et de deux lodges indépendants. Très belle piscine et solarium, salle de sport.

🆎 🅿 ⌂ 🛏 🏊 ⅃ 🛎 - 5 chambres

19 chemin de Fina, par chemin du Bœuf – ☏ 04 42 38 05 87

LA GACILLY

✉ 56200 – Morbihan – Carte régionale n° **1**–D3

LES JARDINS SAUVAGES - LA GRÉE DES LANDES

Chef : Anthony Le Fur

CUISINE MODERNE • CONTEMPORAIN Au sein du restaurant de l'hôtel du groupe Yves Rocher, on réalise une cuisine moderne, maîtrisée et goûteuse, faite à partir de produits majoritairement bios, du jardin et de producteurs locaux - la démarche écologique est ici poussée à fond. Baignée de lumière, la salle vitrée du restaurant s'étend entre deux écrins de verdure. D'un côté, les lignes du potager, de l'autre, la véranda ouverte sur le jardin - une connexion organique avec la nature à l'image de cette table.

← 🛏⅃🍴🔄🅿 – Prix : €€

Cournon – ☏ 02 99 08 50 50 – www.lagreedeslandes.com

🍀**L'engagement du chef :** Entièrement éco-conçu avec des matériaux naturels, notre restaurant est certifié bio à 100% depuis 2013. Notre politique d'achats est locavore (dans un rayon de 70 km autour du restaurant) et nous gérons un potager bio. L'ensemble de nos déchets est traité et recyclé et nous avons un système de chauffage biomasse.

🛏 LA GRÉE DES LANDES

MODERNE • CHALEUREUX Dans ce haut lieu de la cosmétique nature, voici un hôtel écologique tourné vers le bien-être. A l'orée du ravissant village, un paysage sauvage et paisible composé de landes, de bois et de fleurs des champs constitue le cadre parfait. Cette ode à l'environnement se retrouve dans l'architecture moderne drapée de bois et 100% verte de l'hôtel (collecte de l'eau de pluie, panneaux solaires, chauffage au bois...). Mais aussi au spa, qui utilise exclusivement des produits à base de plantes. Vous pourrez réserver une suite botanique au milieu des fleurs ou une cabane dans les arbres.

P ⌂ ≡ ⊛ ⇗ ♨ ❙○ - 29 chambres

Cournon – ℰ *02 99 08 50 50*

Les Jardins Sauvages - La Grée des Landes - Voir la sélection des restaurants

GAILLAC

✉ 81600 – Tarn – Carte régionale n° **27**–A1

VIGNE EN FOULE

CUISINE MODERNE • CONVIVIAL Un sympathique bar-restaurant qui propose une belle cuisine de bistrot revisitée, et quelques plats de viande à partager (cochon de lait, côte de veau...). Des assiettes modernes et gourmandes, à l'image de ce cabillaud au jus de suquet, patatas fritas à la rouille, qu'on déguste sur l'agréable terrasse dès le printemps. Laissez-vous emporter par la foule de vins affichés à la carte : près de 300 choix... de quoi vous faire tourner la tête !

⅋ ♿ 🅰 🍴 ⇄ – Prix : €€

80 place de la Libération – ℰ *05 63 41 79 08* – *www.vigneenfoule.fr* – *Fermé dimanche*

GALAN

✉ 65330 – Hautes-Pyrénées – Carte régionale n° **25**–D3

SANDIKALA

Chef : Luke MacLeod

CUISINE MODERNE • MAISON DE CAMPAGNE Le chef australien Luke MacLeod accueille dans cette ancienne ferme rénovée avec goût dans une veine champêtre et raffinée. Il concocte une généreuse cuisine de saison qui marie produits du terroir et saveurs asiatiques, souvenirs de ses pérégrinations : foie gras poêlé et chou kimchi ; tempura de courge spaghetti et wasabi frais. Les produits sont bien ancrés dans le terroir local et les assaisonnements mêlent l'acide, le doux et le piquant.

⅋ ≡ ♿ 🍴 ⇄ P – Prix : €€€

9 rue de la Barsogue – ℰ *05 62 49 27 25* – *www.sandikala.com* – *Fermé du lundi au mercredi, jeudi midi et dimanche soir*

🍀 **L'engagement du chef :** Nous travaillons main dans la main avec un groupe de producteurs de fruits et légumes bio dans un rayon de 30 km autour du restaurant. La volaille, le bœuf, l'agneau et le porc viennent de petites exploitations des Hautes-Pyrénées, tout comme les truites. Nous proposons un seul menu, ce qui aide à lutter contre le gaspillage. Nous avons un grand jardin aromatique et un petit potager, les deux irrigués par notre puits et nourris par le compostage des restes de légumes.

GAMBAIS

✉ 78950 – Yvelines – Carte régionale n° **11**–A1

RUCHE

Cheffe : Cybèle Idelot

CUISINE CRÉATIVE • AUBERGE En lisière de la forêt de Rambouillet, la cheffe Cybèle, qui œuvre déjà à sa table boulonnaise éponyme, a craqué pour ce domaine de 1850 où elle peut désormais cultiver en permaculture tout ce qu'elle souhaite

GAMBAIS

cuisiner... L'assiette privilégie donc la fraîcheur et le végétal, les fermentations et les circuits courts pour le reste. Pain, beurre et yaourt sont réalisés maison ! La déco, quant à elle, tire du côté scandinave. Carte des vins orientée biodynamie et nature. Cinq jolies chambres, parfaites pour un weekend de silence et de bien-être.

🐂 🅰🅲 🅿 – Prix : €€€

Domaine les Bruyères, 251 avenue de Neuville – ☏ 01 34 83 19 66 – www. domainelesbruyeres.com/ruche-le-restaurant – Fermé du lundi au mercredi, jeudi midi et dimanche soir

🍀 **L'engagement du chef :** Le restaurant Ruche est au cœur d'un domaine d'un hectare de parc arboré. Le potager en permaculture avec ses buttes, son mandala, sa serre et sa forêt fruitière alimente la table de la cheffe Cybèle Idelot. Les viandes viennent des fermes voisines et les poissons de ligne de l'Île d'Yeu. La philosophie zéro déchet implique l'utilisation du produit entier (fanes, feuilles...) et des techniques de conservation (fermentation). Les vins sont en biodynamie ou «nature».

GAMBSHEIM

✉ 67760 – Bas-Rhin – Carte régionale n° **8**–B1

FLEUR DE SUREAU

CUISINE MODERNE • **CONTEMPORAIN** Cette Fleur de Sureau a poussé face à la gare ! À ceci près que son jardinier est un chef qui a fait ses classes auprès de Jean-Georges Klein, à l'Arnsbourg, et qu'il y réalise une cuisine actuelle à base de beaux produits de saison: tartare de thon rouge, œufs de hareng fumés, brunoise de poivron vert et gel de mûres, ou carré de porcelet cuit en basse température, poêlée de chou-fleur et compotée de prunes...

♿ 🍽 ⌨ – Prix : €€

22 rue du Chemin-de-Fer – ☏ 03 88 21 85 22 – www.fleurdesureau.fr – Fermé mardi, mercredi et samedi midi

LA GARDE

✉ 48200 – Lozère – Carte régionale n° **28**–A1

LE ROCHER BLANC

CUISINE MODERNE • **TENDANCE** Une auberge campagnarde et... branchée ! Le chef, fan de déco, aime bousculer les habitudes, dans le décor – aux styles mêlés – comme dans l'assiette. À la carte : goût du terroir et touches plus modernes (raviole aux écrevisses sur un velouté de poivron, mignon de porc en croûte de cantal, purée de carotte à la vanille...). Une réussite !

🐂 🍴 🅰🅲 🍽 🅿 – Prix : €

Route du Gévaudan – ☏ 04 66 31 90 09 – www.lerocherblanc.com – Fermé les midis

LA GARENNE-COLOMBES

✉ 92250 – Hauts-de-Seine – Carte régionale n° **11**–E2

😊 ## LE SAINT JOSEPH

CUISINE MODERNE • **BISTRO** Dans ce bistrot de quartier, mijote une goûteuse cuisine au goût du jour, déclinée sous forme d'un menu-carte, imaginé par le chef Benoît Bordier, passé par les Régalade de Bruno Doucet et étoilé à Jean (Paris 9). On se régale dans une ambiance familiale, jusqu'à la petite carte des vins, mettant en avant des femmes vigneronnes. Un coup de cœur.

🅰🅲 🍽 – Prix : €€

100 boulevard de la République – ☏ 01 42 42 64 49 – www.lesaintjoseph-restaurant.fr – Fermé lundi, dimanche et samedi midi

GARGAS

✉ 84400 – Vaucluse – Carte régionale n° **28**-E1

AVELAN

CUISINE MODERNE • LUXE Au sein d'un luxueux resort perché en pleine garrigue du Luberon, ce restaurant arbore une salle d'esprit provençal, doublée d'une terrasse sous pergola qui offre une vue sur les collines alentour. Le chef Pierre Marty réalise une cuisine puissante en goût (piment, gingembre...) et aux influences méditerranéennes manifestes. Pour autant, son plat signature est un classique pithiviers de volaille et foie gras, fort réussi. Menu végétarien, chariot de pains maison, large sélection de fromages, et belle carte des vins où figurent bien sûr les crus du domaine. Une alternative bistronomique est proposée au restaurant Les Vignes.

 – Prix : €€€€

Hôtel Coquillade Provence, Hameau Le Perrotet – ℰ 04 90 74 71 71 – www.coquillade.fr – Fermé lundi, dimanche et du mardi au samedi à midi

🛏 COQUILLADE PROVENCE *Plus*

TRADITIONNEL • ÉLÉGANT Un hameau provençal dont les origines remontent au 11e s. : tel est le cadre de ce luxueux domaine hôtelier. Les chambres, réparties au sein de petits mas provençaux, expriment la quintessence des lieux (vieilles pierres, charpentes). On profite même d'un superbe spa... Vendange de plaisirs !

 – 63 chambres

Hameau Le Perrotet – ℰ 04 90 74 71 71

Avelan - Voir la sélection des restaurants

LA GARNACHE

✉ 85710 – Vendée – Carte régionale n° **14**-A2

LE PETIT SAINT THOMAS

CUISINE MODERNE • TRADITIONNEL Ce sympathique restaurant familial accueille de nombreux habitués. Côté papilles, le chef, aux fourneaux depuis plus de vingt ans, mitonne des recettes plutôt traditionnelles parfois revisitées avec des petites touches exotiques (curry, soubressade, nori, mafé, coco).

& 🅰🅺 🍽 – Prix : €€

25 rue de Lattre de Tassigny – ℰ 02 51 49 05 99 – www.lepetitsaintthomas.com – Fermé lundi et mardi, et dimanche soir

GARONS

✉ 30128 – Gard – Carte régionale n° **28**-B2

✪✪ MICHEL KAYSER - RESTAURANT ALEXANDRE

Chef : Michel Kayser

CUISINE MODERNE • ÉLÉGANT Entre Nîmes et Arles, au sein d'un parc peuplé de cèdres centenaires, Michel Kayser fait ce qu'il sait faire de mieux à sa table : magnifier les produits, utiliser sa palette technique à bon escient pour susciter l'émotion des amoureux de la vraie cuisine réalisée avec le cœur. Rares sont les chefs à célébrer comme lui le Sud avec autant de précision, avec autant d'aplomb et de passion intacte : rouget de Méditerranée cuit sous la salamandre, raviole à la tapenade de picholine, jus d'arrête torréfié ; poitrine de pigeon des Costières cuite sur son coffre, cuisse farcie et croustillant d'abats, jus corsé au paprika fumé. Toutes les garnitures et autres satellites (comme le pain aux écailles de rouget qui permet, toute honte bue, de saucer le délicieux jus bien corsé dans l'esprit d'une rouille de bouillabaisse) soutiennent vraiment le produit principal (travaillé dans ses moindres parties comme le lapin en terrine). Sans artifice ni gadget inutile, la belle technique du chef demeure toujours au service du goût, percutant et harmonieux.

🍽 & 🅰🅺 🍽 🅿 – Prix : €€€€

2 rue Xavier-Tronc – ℰ 04 66 70 08 99 – www.michelkayser.com/fr – Fermé lundi et mardi, et mercredi et dimanche soir

487

GASNY

✉ 27620 – Eure – Carte régionale n° **11**–A1

AUBERGE DU PRIEURÉ NORMAND

CUISINE MODERNE • **AUBERGE** Proche de Giverny, sur la place centrale de Gasny, cette belle bâtisse à colombages aux allures normandes abrite une auberge familiale. Le chef favorise les produits en circuit court pour une cuisine de qualité, aux sauces sapides et aux saveurs franches. Son plat signature : le risotto de langoustines. Un espace bar et cave, deux salles contemporaines et une terrasse pour les beaux jours.

🏠 ⟷ – Prix : €€

1 place de la République – ☎ 02 32 52 10 01 – www.aubergeduprieurenormand.fr – Fermé mardi et mercredi, et lundi et jeudi soir

GASSIN

✉ 83580 – Var – Carte régionale n° **29**–B2

BELLO VISTO

CUISINE TRADITIONNELLE • **AUBERGE** Gassin – dont le nom provient de l'expression Guardia Sinus, le gardien du golfe – est un ancien village sarrasin, occupé par les Maures jusqu'au 10e s. Après avoir trouvé la maison, sur la place des "Barri", installez-vous sur la superbe terrasse et profitez de la vue sur le golfe de Saint-Tropez et sur les sommets alpins... On vient ici se régaler des spécialités maison (mitonnée de petits poulpes de roche, gnocchis à la truffe, soufflé au Grand Marnier) réalisées par un chef expérimenté et passionné, originaire de la région : sa grand-mère a vécu dans ce village ! Une très bonne table, avec quelques chambres pour l'étape.

🐾 🄰🄲🏠 – Prix : €€€

Place des Barrys – ☎ 04 94 56 17 30 – www.bellovisto.eu

RESTAURANT - VILLA BELROSE

CUISINE MEDITÉRRANÉENNE • **LUXE** La Villa Belrose offre un cadre privilégié pour une gastronomie méditerranéenne pleine de saveurs, comme sait la mettre en musique le chef Jimmy Coutel : cèpe en brioche et sabayon à l'ail ; turbot cuit sur l'arête, fenouil confit et sucrine au miel... Vue imprenable sur le golfe de Saint-Tropez.

⟨ 🄰🄲🏠 🄿 – Prix : €€€€

Villa Belrose, boulevard des Crêtes – ☎ 04 94 55 97 88 – https://www.althoffcollection.com/fr/althoff-villa-belrose/restaurant – Fermé les midis

LA VERDOYANTE

CUISINE TRADITIONNELLE • **CONTEMPORAIN** Posée au cœur des vignes, cette ancienne ferme rustique jouit d'un très beau panorama... Mais la Verdoyante ne serait rien sans la passion du couple qui en tient les rênes ! Dans un décor coquet ou sur la charmante terrasse, on se régale d'une délicieuse cuisine provençale aux parfums de garrigue.

⟨ ♿🏠⟷🄿 – Prix : €€€

866 chemin vicinal Coste-Brigade – ☎ 04 94 56 16 23 – www.la-verdoyante.fr – Fermé lundi, et mardi et vendredi à midi

🛏 **VILLA BELROSE** *Plus*

CONTEMPORAIN • **MARITIME** Ce "resort" ressemble plus à une résidence qu'à un hôtel : vaste, décoré d'une façon extravagante, avec tout le luxe rêvé. Les chambres sont de style contemporain, avec air et lumière à profusion pour une atmosphère

GASSIN

de bord de mer. Chaque chambre possède sa propre terrasse, spacieuse, certaines avec vue sur la baie de St-Tropez, d'autres côté jardin. Salles de conférence, salle de fitness et piscine chauffée en extérieur. Une immense villa colorée et lumineuse qui semble tutoyer le soleil...

- 40 chambres

Boulevard des Crêtes – ℰ *04 94 55 97 97*

Restaurant - Villa Belrose - Voir la sélection des restaurants

GAUJAC

✉ 30330 – Gard – Carte régionale n° **28**–C2

LA MAISON

CUISINE MODERNE • **CONVIVIAL** On se sent bien, un peu comme à La Maison, dans cette ancienne demeure de vignerons ! Dans les salles, magnifiques écrins de pierre, on savoure une cuisine créative à travers des assiettes travaillées qui juxtaposent nombre d'éléments. Ludovic Davouze n'oublie pas de mettre en avant les producteurs locaux et aime surprendre avec des associations de saveurs originales comme cette thonine juste saisie, marinée à la ciboule avec aubergine fumée et sauce miso. Aux beaux jours, le patio est fort agréable.

– Prix : €€€

1 rue du Presbytère – ℰ *04 66 39 33 08 – www.lamaison.gaujac.com – Fermé lundi et mardi*

GAZERAN

✉ 78125 – Yvelines – Carte régionale n° **11**–B2

VILLA MARINETTE

CUISINE MODERNE • **ÉLÉGANT** Atmosphère cosy et moderne pour cette ancienne auberge impeccablement tenue, entièrement remaniée dans des tons noir et jaune, avec parquet clair et motifs végétaux... et son agréable terrasse dressée dans le joli jardin clos. On y déguste une cuisine au goût du jour rythmée par les saisons, signée par un chef respectueux du produit. Souvenir de langoustines rôties, réduction de jurançon moelleux et nougatine d'ail doux... une entrée savoureuse et réalisée avec maîtrise.

 – Prix : €€€

20 avenue du Général-de-Gaulle – ℰ *01 34 83 19 01 – www.villamarinette.fr – Fermé lundi et mardi, et dimanche soir*

GÉMENOS

✉ 13420 – Bouches-du-Rhône – Carte régionale n° **28**–D3

✿ LA MAGDELEINE - MATHIAS DANDINE

Chef : Mathias Dandine

CUISINE MÉDITERRANÉENNE • **ÉLÉGANT** Mathias Dandine a réalisé son rêve de gamin en devenant le chef de cette superbe maison de maître du 18e s., située au cœur d'un domaine aux arbres centenaires, loin des bruissements urbains. Le chef se révèle en parfaite harmonie avec l'âme des lieux, et célèbre la Provence avec un talent époustouflant. Sa cuisine méditerranéenne épurée, sans chichi ni tralalas, se moque bien d'épater les foodistas. Derrière l'apparente simplicité, ses recettes révèlent une grande maîtrise des cuissons, textures et équilibres des saveurs. Quand viennent les beaux jours, profitez de la terrasse ombragée aux essences méditerranéennes.

– Prix : €€€€

2 rond-point des Charrons – ℰ *04 42 32 20 16 – www.relais-magdeleine.com – Fermé lundi et dimanche soir*

489

GÉMENOS

LES ARÔMES

CUISINE DU MARCHÉ • MÉDITERRANÉEN Dans cette maison des années 1930 cernée par les arômes de la Provence officient Françoise Besset, indéfectible hôtesse, et son époux Yannick. Celui-ci creuse avec réussite le même sillon : une âme d'aubergiste, un alliage de fraîcheur et d'inventivité. Une cuisine régionale à déguster dans l'une des charmantes petites salles à manger ou sur la véranda terrasse aux beaux jours, face à un jardin planté d'oliviers. Une table exemplaire.

– Prix : €€

230 avenue du 2ème-Cuirassier – ⌀ 09 80 73 06 60 – www.lesaromesgemenos.fr – Fermé lundi et mardi, et mercredi et dimanche soir

LE GRAND CAFÉ

CUISINE TRADITIONNELLE • ÉLÉGANT Sous les platanes centenaires de la terrasse ou le haut plafond à la française de cette belle maison de maître du 18e siècle, le chef Mathias Dandine propose une cuisine à la fois traditionnelle et canaille, assortie à son décor bistrot. Composée de bons produits frais, préparés avec soin, cette carte courte et appétissante rend les choix cornéliens ! Pâté en croûte et condiment échalotes ; côte de carré de cochon ibérique et risotto de fregola sarda ; tarte fine aux pommes, glace vanille. Un parcours gourmand sans faute, et un véritable régal, au bras d'un service détendu mais professionnel.

– Prix : €€€

2 rond-point des Charrons – ⌀ 04 42 32 20 16 – relais-magdeleine.com/fr/le-grand-cafe-restaurant

LA MAGDELEINE – MATHIAS DANDINE

TRADITIONNEL • CHARME Tout enchante, dans cette demeure provençale datant du 18e s. : cheminées anciennes, mobilier de style, tomette vernissée au sol, jusqu'au parc alentour avec ses platanes séculaires... Une plongée dans l'histoire et un séjour délicieux.

– 28 chambres

2 rond-point des Charrons – ⌀ 04 42 32 20 16

✿ **La Magdeleine - Mathias Dandine** • **Le Grand Café** - Voir la sélection des restaurants

GÉNÉRAC

✉ 30510 – Gard – Carte régionale n° **28**–B2

L'INSTANT DU SUD

CUISINE MODERNE • COSY Dans une jolie maison en pierre, œuvre un couple au cœur de ce village proche du Parc naturel régional de Camargue. En terrasse sous les canisses, ou dans une petite salle à l'atmosphère intime, l'endroit est accueillant, bien tenu et les copieuses assiettes du chef achèvent de nous séduire. Sa carte, courte, actuelle et aux tarifs raisonnables, montre une appétence pour les marinades sucrées-salées façon thaïe ou les sauces au parfum de barbecue. La pannacotta aux amandes offre une touche légère et fraîche pour terminer le repas.

– Prix : €€

39 Grand-Rue – ⌀ 04 66 02 03 93 – www.instantdusud.com – Fermé lundi et mardi, et mercredi, jeudi et dimanche soir

GENESTON

✉ 44140 – Loire-Atlantique – Carte régionale n° **9**-B3

LE PÉLICAN

CUISINE MODERNE • CONVIVIAL Olivier Guenoun, chef de cette affaire familiale depuis 2010, prépare une cuisine dans l'air du temps autour d'un menu-carte ponctué de suggestions du jour, au gré du marché. À l'image des locaux habitués du Pélican, ouvrez grand le bec pour découvrir un grand classique régional : le gâteau nantais, ici revisité avec ananas rôti et sorbet mojito !

& AC – Prix : €€

13 place Georges-Gaudet – ☏ 02 40 04 77 88 – www.restaurantlepelican.fr – Fermé lundi et dimanche

GÉRARDMER

✉ 88400 – Vosges – Carte régionale n° **7**-C3

LES BAS-RUPTS

CUISINE CLASSIQUE • ÉLÉGANT Sur les hauteurs de Gérardmer, cet imposant chalet abrite une hostellerie tenue par la même famille depuis 5 générations. On y déguste une cuisine classique, à connotation régionale, réalisée avec de beaux produits : foie gras de canard, escargots, gibier, poissons de rivière… Superbe carte des vins.

🐾 ≤ 🛏 & AC 🍽 P – Prix : €€€

181 route de la Bresse, les Bas-Rupts – ☏ 03 29 63 09 25 – www.bas-rupts.com/fr – Fermé du lundi au mercredi à midi

LA TABLE DU ROUAN

CUISINE MODERNE • BRASSERIE Julien Jeanselme, chef concerné et accueillant, réalise une cuisine franche et fraîche, dont l'ancrage régional n'interdit pas les clins d'œil, notamment à la Provence (il affectionne la soupe de poissons), ou les hommages – ici à l'arrière-grand-père, étoilé… en 1936! – avec la terrine de montagne "Ernest Jeanselme". Une valeur sûre.

& – Prix : €€

2 boulevard de la Jamagne – ☏ 03 29 63 36 86 – www.jamagne.com – Fermé, lundi et mardi à midi

 ### LE GRAND HOTEL

CLASSIQUE • ROMANTIQUE Gérardmer et son Festival international du film fantastique peuvent compter sur ce monument hôtelier pour accueillir stars et connaisseurs. Fantastique, il l'est, au meilleur sens du terme : 76 chambres dont 14 suites, un chalet Belle Époque, trois piscines, un spa, trois restaurants. Un destin hollywoodien pour un ancien Hôtel de la Poste de 1860, qui n'a rien perdu de son classicisme.

P 🛌 ❄ – 2 chambres

Place du Tilleul – ☏ 03 29 63 06 31

LES GETS

✉ 74260 – Haute-Savoie – Carte régionale n° **21**–D1

LA R'MIZE

CUISINE TRADITIONNELLE • MONTAGNARD Dans le vieux village et proche de l'église, cette table propose une appétissante cuisine traditionnelle. Un chef expérimenté régale à coup de recettes bien ficelées : velouté de potimarron aux copeaux d'abondance et crème fouettée légèrement parfumée aux fruits de la passion ; carpaccio de Saint-Jacques et jus de carcasse de homard. Sa palette gourmande inclut aussi d'inoxydables spécialités savoyardes, à l'instar de cette gratinée gourmande ou cette fondue savoyarde au champagne !

& – Prix : €€

160 rue du Vieux-Village – 𝒞 04 50 79 75 57 – www.larmize.fr – Fermé lundi et mercredi, et dimanche soir

ALPINA

CLASSIQUE • CONVIVIAL Non loin du téléphérique, ce beau chalet à l'ambiance familiale domine le bourg... Les chambres, au style alpin épuré, proposent de jolies vues sur la vallée. Le restaurant, réservé aux résidents, se révèle sympathique : cadre cosy et bonne cuisine aux accents du pays.

P ⌾ 🛏 🗲 🕉 ⅈⵔ - 39 chambres

55 impasse de la Grange Neuve – 𝒞 04 50 75 80 22

CRYCHAR

MONTAGNARD • CHALEUREUX "Un petit chalet au pied des pistes, chaleureux et confortable. Le feu crépite dans le salon ; les chambres, tout en bois clair, sont pimpantes et jouissent d'un balcon, et le beau spa se révèle idéal pour la relaxation. Un concentré de Savoie !"

P 🛏 🗲 🌐 🕉 ⅈⵔ - 20 chambres

136 impasse de la Grange Neuve – 𝒞 04 50 75 80 50

GEVREY-CHAMBERTIN

✉ 21220 – Côte-d'Or – Carte régionale n° **12**–C3

✿ LA TABLE D'HÔTES - LA RÔTISSERIE DU CHAMBERTIN

Chef : Thomas Collomb

CUISINE MODERNE • RUSTIQUE À Gevrey-Chambertin, Thomas Collomb tient une remarquable Table d'Hôtes ! Il faut dire qu'il met toutes les chances de son côté : produits irréprochables, bio pour la plupart et issus de fournisseurs triés sur le volet, assiettes lisibles et soignées déclinées au fil d'un menu dégustation plein de surprises, cadre rustique-chic du plus bel effet... Mais ce n'est pas tout : la carte des vins vaut aussi son pesant de raisin (la région s'y prête, il faut dire !) et le service se révèle pro et prévenant, sans être envahissant. Une réussite sur toute la ligne.

🐝 ⇆ & **P** – Prix : €€€€

6 rue du Chambertin – 𝒞 03 80 34 33 20 – www.rotisserie-chambertin.com/ la-table-dhote – Fermé lundi, mardi et dimanche et mercredi midi

✿ **L'engagement du chef :** Notre cuisine est dictée par les saisons et la localité des produits que nous utilisons. Nous mettons ainsi un point d'honneur à privilégier les circuits courts et à sublimer des produits à première vue modestes. Nous luttons contre le gaspillage en achetant des bêtes entières, détaillées avec soin par la suite sur place.

GEVREY-CHAMBERTIN

 BISTROT LUCIEN

CUISINE TRADITIONNELLE • BISTRO Avec ses pierres apparentes, ses banquettes et son superbe bar en bois, ce bistrot est le complément idéal de l'hôtel qui l'accueille. Au programme, une belle cuisine bourguignonne à base de produits de premier choix : jambon persillé maison, œuf en meurette, volaille de Bresse, profiteroles... Superbe carte des vins.

🕸 よ 🏠 ♥ 🅿 – Prix : €

La Rôtisserie du Chambertin, 6 rue du Chambertin – ℰ 03 80 34 33 20 – www.rotisserie-chambertin.com/bistrot-lucien – Fermé lundi et dimanche soir

GEX
✉ 01170 – Ain – Carte régionale n° **21**-C1

LA TABLE DE LA MAINAZ

CUISINE MODERNE • CONTEMPORAIN Au col de la Faucille, entre bassin genevois et Haut-Jura, cette institution régionale offre une bien jolie vue sur le Mont-Blanc et le lac Léman depuis sa salle à manger contemporaine. On y déguste une agréable cuisine dans l'air du temps, autour de menus surprise élaborés avec de beaux produits : omble chevalier, turbot, ris de veau... Carte plus abordable au Panorama, l'autre table de la maison.

⛰ よ 🏠 🅿 – Prix : €€€€

Route du Col-de-la-Faucille, lieu-dit La Mainaz – ℰ 04 50 41 31 10 – www.la-mainaz.com – Fermé lundi, mardi, du mercredi au vendredi à midi, et dimanche soir

 LA MAINAZ

MODERNE • RAFFINÉ Atout incontestable de ce grand chalet en bois : la vue exceptionnelle sur le Léman et les Alpes ! L'hôtel a été rénové de la tête aux pieds : le style montagnard a cédé la place à un esprit alpin chic, jusque dans les chambres, très bien équipées. Au petit-déjeuner, priorité aux fromages de la région.

よ 🅿 ☁ ♦ 🛏 ⋔ - 23 chambres

Route du Col-de-la-Faucille, lieu-dit La Mainaz – ℰ 04 50 41 31 10
La Table de la Mainaz - Voir la sélection des restaurants

GIEN
✉ 45500 – Loiret – Carte régionale n° **11**-C3

 CÔTÉ JARDIN

Chef : Arnaud Billard

CUISINE CRÉATIVE • CONTEMPORAIN Sur la rive gauche de la Loire et sur la route de Bourges, la brise vient autant du grand fleuve que des bons produits sélectionnés avec soin ! La carte du chef Arnaud Billard est orientée poisson, ce natif de Maubeuge signant une savoureuse cuisine du marché, tout en subtiles associations d'ingrédients. En témoigne ce filet de saint-pierre parfaitement cuit, enveloppé d'une sauce vanille soyeuse et posé sur une étuvée de poireaux. Côté... jardin, un maraîcher local fournit plus de 300 variétés de légumes, fruits et aromates.

AC – Prix : €€€

14 avenue de Bourges – ℰ 02 38 38 24 67 – www.cotejardin45.fr – Fermé lundi, dimanche, mardi midi, et jeudi et samedi soir

LE P'TIT BOUCHON

CUISINE TRADITIONNELLE • CONVIVIAL Un vrai repaire bistronomique que cette petite adresse située entre le cœur de ville et la faïencerie de Gien ! La tradition est quelque peu revisitée autour d'un court menu rythmé par les saisons, mais le croustillant de canard confit avec sa sauce au coteaux-du-layon et le moelleux au chocolat font partie des incontournables. On ne boude pas son plaisir.

Prix : €€

66 rue Bernard-Palissy - ℰ 02 38 67 84 40 – Fermé lundi et dimanche

GIGONDAS

✉ 84190 – Vaucluse – Carte régionale n° **28**-E1

L'OUSTALET

Chef : Thomas Boirel

CUISINE MODERNE • ÉLÉGANT Dans ce village vigneron, une jolie maison dont la terrasse borde une placette ombragée de vieux platanes : on est déjà séduit ! Avec des produits de superbe fraîcheur qui font honneur à la Provence, le chef compose des recettes raffinées aux associations de saveurs pertinentes : daurade royale de Méditerranée, aubergine grillée et girolles ; veau de l'Aveyron, côtes de blettes et marjolaine ; figue, romarin et vinaigre balsamique... On passe un délicieux moment, d'autant que la carte des vins réserve de magnifiques surprises, même au verre.

– Prix : €€€

5 place Gabrielle-Andéol - ℰ 04 90 65 85 30 – www.loustalet-gigondas.com – Fermé lundi, mardi et dimanche

L'engagement du chef : Si les circuits courts nous garantissent de travailler les meilleurs produits locaux et saisonniers, notre ambition durable se retrouve dans tous les aspects de notre cuisine. Les méthodes d'élevage et de pêche sont des critères essentiels dans la sélection de nos viandes et poissons, mais aussi nous diminuons la place des protéines dans la conception de notre carte. Le recyclage est poussé au maximum, le conditionnement exclut le plastique et les déchets alimentaires sont donnés aux animaux.

BISTROT DE L'OUSTALET

CUISINE PROVENÇALE • ÉLÉGANT Précédé par une belle terrasse très disputée aux beaux jours, ce bistrot occupe l'emplacement de l'ancien fournil du village, avec un beau four à bois en pierre - un signe de bon augure ! Le chef cisèle des plats qui sentent bon le Sud autour d'une carte courte dans l'esprit d'une cuisine « retour du marché ». Belle sélection de vins au verre, Gigondas oblige.

– Prix : €€

5 place du Rouvis - ℰ 04 90 37 66 64 – www.loustalet-gigondas.com – Fermé mercredi et jeudi

GIVERNY

✉ 27620 – Eure – Carte régionale n° **3**-B2

LE JARDIN DES PLUMES

Chef : David Gallienne

CUISINE CRÉATIVE • ÉLÉGANT À quelques minutes à pied de la maison de Claude Monet, cette belle demeure anglo-normande à colombages de 1912 invite à la détente et à la gourmandise. Splendide nid douillet néo-Art déco (carrelage d'origine blanc cassé mâtiné de bleu, murs bleu paon, fauteuils d'esprit 1960 en cuir blanc et tables en verre et palissandre...) et plaisante terrasse entourée d'un ravissant jardin arboré. Le chef normand David Gallienne formé au Manoir du Lys a conservé certains de ses anciens producteurs de l'Orne, ses pêcheurs dieppois et en a trouvé de nouveaux. Les plats inventifs jouent avec les mariages de saveurs insolites et les textures. Le chef a également ouvert une maison d'hôtes à proximité pour l'étape, et une épicerie fine à Vernon.

– Prix : €€€€

1 rue du Milieu - ℰ 02 32 54 26 35 – www.jardindesplumes.fr – Fermé lundi et mardi

GIVERNY

LA MUSARDIÈRE

CUISINE MODERNE • BISTRO Situé au cœur du bourg, proche de la maison de Claude Monet et du musée des Impressionnismes Giverny, La Musardière se décline en offre bistronomique au déjeuner au « M », plus ambitieuse au dîner avec « Révélations ». Le repas se déroule dans un cadre de bistrot contemporain et convivial, complété d'une plaisante terrasse ensoleillée aux beaux jours. Quelques chambres pour prolonger le séjour.

&🏠🅿 – Prix : €€€

123 rue Claude-Monet – ☏ 02 32 21 03 18 – www.lamusardiere.fr – Fermé , mercredi et jeudi à midi

GOLFE-JUAN

✉ 06220 – Alpes-Maritimes – Carte régionale n° **29**–E2

LE BISTROT DU PORT

POISSONS ET FRUITS DE MER • CONTEMPORAIN Face au vieux port, le chef laisse libre cours à sa créativité débordante, inspirée notamment par ses voyages en Asie, et à sa passion des produits de la mer : le menu « Plongée en plusieurs paliers » est une véritable ode à l'iode... comme en témoignent par exemple ces oursins au pamplemousse et spiruline. Les produits sont d'une fraîcheur remarquable, les cuissons maîtrisées et la prise de risque constante : une adresse qui sort du lot.

⇚& AC 🏠 – Prix : €€€

53 avenue des Frères-Roustan – ☏ 04 93 63 70 64 – www.bistrotduport.com – Fermé lundi et dimanche

GORDES

✉ 84220 – Vaucluse – Carte régionale n° **28**–E1

LES BORIES

CUISINE MODERNE • ÉLÉGANT Dans le Luberon, les "bories" sont les cabanes en pierres sèches des anciens bergers. Un modèle pour l'architecture de cette bastide située sur la route de l'abbaye de Sénanque. Dans ce cadre idyllique ouvert sur la garrigue, avec son parc, ses jardins aromatiques, on sert une alléchante cuisine d'esprit provençal qui met à l'honneur les produits régionaux, de l'agneau de Sisteron aux poissons de la Méditerranée, en passant par les fruits et les légumes du Luberon. Offre bistrot au déjeuner.

🐟 ⇇&AC🏠🅿 – Prix : €€€

Route de l'Abbaye-de-Sénanque – ☏ 04 90 72 00 51 – www.hotellesbories.com – Fermé lundi, dimanche et du mardi au samedi à midi

LE MAS - ALEXIS OSMONT

CUISINE DU MARCHÉ • MAISON DE CAMPAGNE Autant le vieux mas semble hors du temps, autant la cuisine d'Alexis Osmont, inspirée par le marché, joue la spontanéité. Laissez-vous emporter "à l'aveugle" dans son univers créatif et savoureux, qui sait mettre en valeur avec malice les trésors du Vaucluse : asperges, girolles, artichaut...

⇇🏠🅿 – Prix : €€

Chemin de Saint-Blaise (Les Imberts) – ☏ 04 90 04 03 57 – Fermé mardi, mercredi, et lundi, jeudi et vendredi midi

GORDES

L'ORANGERIE

CUISINE MODERNE • CHIC Dans l'un des villages les plus courtisés du Luberon, cette ancienne demeure seigneuriale qui domine le vallon abrite un palace... et cette Orangerie qui jouit d'une délicieuse terrasse avec vue, à l'ombre des marronniers. À la manière d'une brasserie de luxe, la carte revisite sur un air provençal quelques classiques du genre : gambero rosso au pamplemousse, sole meunière et pommes dauphine au citron, filet d'agneau aux asperges blanches...

– Prix : €€€€

La Bastide de Gordes, 61 rue de la Combe – ℰ 04 90 72 12 12 – www.airelles.com/fr/destination/gordes-hotel/restaurants/l-orangerie-bistrot – Fermé dimanche soir

LA BASTIDE DE GORDES *Plus*

CLASSIQUE • CHALEUREUX Cette bastide, dressée à flanc de rocher face aux Alpilles, a rouvert ses portes après d'importants travaux. Plus qu'une simple rénovation, c'est une métamorphose : intérieur somptueux, évoquant avec goût l'esprit des châteaux de famille du 18e s. – tableaux, mobilier chiné –, piscines invitant à la détente...

- 41 chambres

61 rue de la Combe – ℰ 04 90 72 12 12

L'Orangerie - Voir la sélection des restaurants

LES BORIES

MONTAGNARD • RAFFINÉ Les "bories", ce sont ces cabanes en pierres sèches des anciens bergers de Provence... Un modèle pour l'architecture de ce luxueux établissement, qui semble vivre en communion avec la garrigue, entre lavandes et oliviers. Lumière, raffinement...

- 34 chambres

Route de l'Abbaye-de-Sénanque – ℰ 04 90 72 00 51

Les Bories - Voir la sélection des restaurants

GOULLES

 19430 – Corrèze – Carte régionale n° **23**–B1

RELAIS DU TEULET

CUISINE TRADITIONNELLE • MAISON DE CAMPAGNE Agréable surprise que cet ancien relais de diligence, tenu par la même famille depuis... cinq générations ! Le chef propose une cuisine actuelle simple et lisible, déclinée au gré d'une courte carte qui valorise les bons produits de la région – viandes de Corrèze, fruits et légumes d'Aurillac...

– Prix : €

Lieu-dit Le Teulet – ℰ 05 55 28 71 09 – www.relais-du-teulet.fr

GOULT

84220 – Vaucluse – Carte régionale n° **28**–E1

LA BARTAVELLE

CUISINE PROVENÇALE • RUSTIQUE Une petite mais charmante affaire familiale, située dans un pittoresque village du Luberon tenue par un couple expérimenté. Le chef propose un menu au choix volontairement limité pour assurer une meilleure qualité de cuisine. Et le résultat est probant : recettes soignées et parfumées, inspirées par la Provence et les beaux ingrédients du moment. Une valeur sûre de la région fréquentée par des habitués, ce qui est toujours bon signe. Il est prudent de réserver.

– Prix : €€

29 rue du Cheval-Blanc – ℰ 04 90 72 33 72 – www.labartavellegoult.com – Fermé lundi, dimanche et du mardi au samedi à midi

GOULT

LE CARILLON

CUISINE MODERNE • ÉLÉGANT Face au carillon de la grande place de Goult, ce restaurant propose une bonne cuisine d'inspiration provençale mâtinée de notes contemporaines. On s'installe dans la petite salle au cadre actuel ou sur la terrasse, aux airs de petit village. L'accueil est charmant, la carte des vins joliment pensée, avec une attention particulière dédiée aux productions bio. Une jolie adresse.

&⚁ – Prix : €€

10 avenue du Luberon (place de la Libération) – ℰ 04 90 72 15 09 – www. restaurant-goult.com – Fermé mardi et mercredi

GOUMOIS

✉ 25470 – Doubs – Carte régionale n° **13**–D2

TAILLARD

CUISINE CLASSIQUE • VINTAGE La vue sur la vallée est très agréable et la cuisine du terroir concoctée par le chef – savoureuse et raffinée – n'a rien à lui envier ! Une maison de tradition où la fricassée de morilles en croûte de feuilletage est à l'honneur.

⪕⚁⚁**P** – Prix : €€€

3 route de la Corniche – ℰ 03 81 44 20 75 – www.hotel-taillard.fr – Fermé mercredi, et lundi et mardi à midi

GOURDON

✉ 46300 – Lot – Carte régionale n° **23**–A2

DELICATESSENS

CUISINE MODERNE • CONTEMPORAIN Sur la terrasse ou à travers les grandes baies vitrées de la salle, le paysage s'invite ici entre les tables : on profite en effet d'une belle vue panoramique sur le parc et les toits de la vieille ville de Gourdon au loin. L'assiette fait la part belle aux produits de la région à travers une cuisine traditionnelle revisitée, ponctuée de quelques touches créatives : gnocchi de pommes de terre à l'ail doux, consommé de champignons et espuma de salsifis ; filet de truite, risotto crémeux aux orties sauvages, et asperges vertes...

⪕⚁&▦⚁**P** – Prix : €€

Domaine du Berthiol, 725 route de Saint-Chamarand – ℰ 05 65 32 70 56 – www. delicatessens.fr – Fermé lundi et dimanche, et du mardi au jeudi soir

GOUY-EN-ARTOIS

✉ 62123 – Pas-de-Calais – Carte régionale n° **4**–B2

ORIGINE

CUISINE CRÉATIVE • CONTEMPORAIN Au programme dans cette belle ferme rénovée (ancien café du village) en briques rouges de l'Artois : des produits... d'origine certifiée, et Maëllie Poynard, une cheffe pleine d'originalité ! Qu'on en juge : sauce chocolat sur le bœuf accompagné de pêche et de blette, cornichon sur le dessert à la rhubarbe, carotte sur la pavlova... Et ses accords gourmands, parfois audacieux, tombent juste. Quant à la déco, elle est 100% contemporaine, et l'on découvre aussi sur place la brasserie artisanale tenue par le compagnon de la cheffe (qui officie en salle).

&▦⚁ – Prix : €€

16 rue de Monchiet – ℰ 03 21 22 35 40 – www.originerestaurant.fr – Fermé lundi et mardi, et mercredi et dimanche soir

497

GOUY-SAINT-ANDRÉ

✉ 62870 – Pas-de-Calais – Carte régionale n° **4**–A2

LE CLOS DE LA PRAIRIE

CUISINE MODERNE • COSY En pleine campagne, ce charmant restaurant dégage une douceur bucolique. Derrière les fourneaux, le chef concocte, avec maîtrise, des plats au goût du jour qui suivent le rythme des saisons. L'été, profitez de la terrasse qui donne sur... la prairie, au calme. Accessible uniquement sur réservation.

🛎️ ♿ 🌿 **P** – Prix : €€

17 rue de Saint-Rémy – ℰ 03 21 90 39 58 – www.leclosdelaprairie.com –
Fermé mercredi, et lundi, mardi, jeudi, vendredi, samedi et dimanche midi

LE GRAND-BORNAND

✉ 74450 – Haute-Savoie – Carte régionale n° **21**–C1

CONFINS DES SENS

CUISINE MODERNE • CONVIVIAL La spécialité de la maison ? La délicieuse soupe de foie gras au muscat, avec une compotée d'oignons rouges et ses cromesquis. Les deux chefs en cuisine rendent un bel hommage au terroir en respectant les saisons à l'image de ce velouté de pois vert et sa crème glacée associés au fromage frais de vache à l'ail des ours. Citons également ces joues de cochon braisées à la mondeuse sans oublier l'aile de poulet fermier farcie aux morilles escortée de son pressé de pomme de terre. Terrasse orientée plein Sud.

🌿 **P** – Prix : €€

Le Villavit – ℰ 04 50 69 94 25 – www.restaurant-grand-bornand.com –
Fermé mardi et mercredi, et dimanche soir

LES CÎMES

MONTAGNARD • CHALEUREUX À 100 m des pistes de ski du Grand-Bornand, les cinq chambres et les trois suites de ce chalet familial conservent leur charme alpin d'antan, chaleureux et confortable. L'hôtel dispose également d'un petit spa très chic, d'un service de brunch somptueux et d'un bar rustique parfait pour l'après-ski.

P 🚲 🛵 🛖 - 8 chambres

Le Chinaillon – ℰ 04 50 27 00 38

LE GRAND-LUCÉ

✉ 72150 – Sarthe – Carte régionale n° **10**–B2

LE LUCÉ

CUISINE MODERNE • ÉLÉGANT Un cadre enchanteur pour ce palais du 18e s., une table dans son décor classique de miroirs et de lustres. Pour ce qui est de l'assiette, on a l'intelligence de servir une cuisine gourmande qui s'appuie sur les produits de la région et ceux du potager : l'asperge blanche à l'ail des ours, jus de légumes corsés, asperges rôties et pesto d'ail des ours ; la truite et les blettes, sabayon au beurre noisette, blettes croustillantes et fondantes. Et pour finir, quoi de mieux qu'une petite balade digestive dans les magnifiques jardins à la française ?

🛎️ ♿ 🌿 🕥 **P** – Prix : €€€

Château du Grand-Lucé, 7 place du Château – ℰ 06 49 75 69 42 – www.leluce.
com/fr – Fermé lundi et mardi, et dimanche soir

LE GRAND-LUCÉ

 CHÂTEAU DU GRAND-LUCÉ

TRADITIONNEL • RAFFINÉ Diderot, Voltaire et Rousseau, mais aussi Mozart et Grimm ont séjourné dans ce splendide château néoclassique situé à quelques lieues des rives de la Loire. Il a d'abord été entièrement rénové par un architecte d'intérieur américain à grand renfort de meubles authentiques avant de devenir cet hôtel de luxe. Parterres et jardins à la française.

- 19 chambres

7 place du Château - 02 55 48 40 40

Le Lucé - Voir la sélection des restaurants

LE GRAND-VILLAGE-PLAGE – Charente-Maritime (17) → Voir Île d'Oléron

GRANE

26400 – Drôme – Carte régionale n° **24**-B2

 LE KLÉBER - LA MAISON BONNET

Chef : Sébastien Bonnet

CUISINE MODERNE • CONTEMPORAIN Julie et Sébastien Bonnet se sont installés dans un charmant village à quelques kilomètres de Crest, où se trouvait leur précédente adresse. Dans cet écrin cher à son cœur (il s'agit de l'ancienne Demeure de Grane, une institution locale où il a fait son apprentissage), le chef montre qu'il n'a rien perdu de sa verve et de son talent : sa cuisine de saison, axée autant sur la mer que la terre, est toujours aussi séduisante. Les assiettes, précises, raffinées et goûteuses, se dégustent dans deux petites salles contemporaines et intimistes. Et, pour ne rien gâcher, on arrose le tout d'une jolie carte des vins – notamment de la vallée du Rhône.

– Prix : €€€

2 place du Champ-de-Mars - 04 75 62 60 64 *- www.lamaisonbonnet.fr -*
Fermé lundi et mardi, et dimanche soir

 LEN'K - LA MAISON BONNET

CUISINE MODERNE • BISTRO Len'K, c'est la partie bistronomique de la maison Bonnet. Installé sur la terrasse à l'ombre des platanes ou dans l'agréable salle, on passe un super moment en compagnie d'une terrine de pintade aux olives, ou d'un rouget grondin farci et sa bisque crémée. Service décontracté.

– Prix : €€

2 place du Champ-de-Mars - 04 75 62 60 64 *- www.lamaisonbonnet.fr/lmb/*
lmb - Fermé du lundi au mercredi et dimanche soir

GRANGES-LES-BEAUMONT

26600 – Drôme – Carte régionale n° **24**-B1

 LES CÈDRES

Chef : Jacques Bertrand

CUISINE CLASSIQUE • ÉLÉGANT Il est des tables discrètes, qui vivent à l'abri du tumulte médiatique : les Cèdres font partie de cette catégorie-là. Entre Romans et Tain-l'Hermitage, dans la Drôme, on pénètre dans cette maison toute de vert vêtue, installée à l'ombre des… cèdres, donc, pour y découvrir le travail des frères Bertrand : Jacques en cuisine et Jean-Paul en salle. Depuis 1988, ils ont développé leur restaurant à force de travail, d'humilité et de talent. Le résultat ? Une cuisine volontiers classique qui cultive le goût plutôt que la technique. Cerise sur le gâteau, l'accueil n'est pas en reste, chaleureux et efficace d'un bout à l'autre du repas.

– Prix : €€€€

25 rue Henri-Machon - 04 75 71 50 67 *- www.restaurantlescedres.fr/fr -*
Fermé du lundi au mercredi et dimanche soir

GRANVILLE

✉ 50400 – Manche – Carte régionale n° **2**–A2

L'EDULIS - JONATHAN DATIN

CUISINE MODERNE • DESIGN Le décor tendance du restaurant profite à l'assiette, imaginée par un chef enthousiaste et talentueux, petit-fils de boulanger. Cuisine soignée, beaux produits régionaux, gourmandise : tout simplement, l'adresse incontournable de Granville.

&. – Prix : €€

8 rue de l'Abreuvoir – ℰ 02 14 13 45 88 – www.restaurantledulis.com –
Fermé lundi et mardi, et dimanche soir

GRASSE

✉ 06130 – Alpes-Maritimes – Carte régionale n° **29**–E2

LA BASTIDE SAINT-ANTOINE

CUISINE PROVENÇALE • ÉLÉGANT Cette bastide du dix-septième siècle, dont la terrasse donne sur l'arrière-pays, et une majestueuse oliveraie est la propriété de Jacques Chibois – l'un des chefs de file de la "cuisine du soleil". On y déguste des assiettes qui célèbrent pêle-mêle agrumes, herbes, huile d'olive, et autres spécialités régionales.

⪡🏠&.🖩🏠🔄🐾🅿 – Prix : €€€€

48 avenue Henri-Dunant – ℰ 04 93 70 94 94 – www.jacques-chibois.com –
Fermé lundi et dimanche

🛏 ### LA BASTIDE SAINT-ANTOINE

CLASSIQUE • CALME Cette imposante bastide du 18e s. trône dans un parc magnifique, doublé d'une immense oliveraie aménagée en restanques. L'image même de la Provence éternelle ! Luxueux mais sans ostentation, l'établissement cultive l'élégance aussi bien que la discrétion : la promesse d'un séjour enchanteur...

&.🖩🐾🅿◁🏠🚲🏊🧖🍽 - 16 chambres

48 avenue Henri-Dunant – ℰ 04 93 70 94 94

La Bastide Saint-Antoine - Voir la sélection des restaurants

GRAUFTHAL

✉ 67320 – Bas-Rhin – Carte régionale n° **8**–A1

AU VIEUX MOULIN

CUISINE MODERNE • AUBERGE Installez-vous dans cette maison familiale, nichée au fond de la vallée de Graufthal, pour déguster la cuisine pleine de peps de Guillaume Kassel. Tataki de chevreuil d'Alsace, fruits rouges et bourgeons de sapin ; dos de gros sandre rôti ; belle côte de veau... Et une carte des vins de plusieurs centaines de références. Agréables chambres pour l'étape.

🐝 🏠&.🏠🔄🅿 – Prix : €€€

7 rue du Vieux-Moulin – ℰ 03 88 70 17 28 – www.auvieuxmoulin.eu –
Fermé lundi, mardi midi et dimanche soir

GRENOBLE

✉ 38000 – Isère – Carte régionale n° **21**–C3

❀ LE FANTIN LATOUR - STÉPHANE FROIDEVAUX

Chef : Stéphane Froidevaux

CUISINE CRÉATIVE • TENDANCE D'année en année, Stéphane Froidevaux étoffe sa palette de chef et affine son style, armé d'une sincérité à toute épreuve. Avec le temps il a trouvé un bel équilibre, et ses assiettes en témoignent. Un travail soigné, goûteux, créatif sans être débridé, et qui porte toujours la marque de la proximité avec la nature – à l'image de ces herbes et fleurs qu'il ramène lui-même de la cueillette, et lui permettent de composer notamment sa "ratatouille" qu'il varie au gré des saisons. La Brasserie du Fantin sert au déjeuner un menu d'un bon rapport qualité-prix, très prisé des habitués qui occupent très vite la terrasse aux beaux jours !

🍽 ♿ 🅰🅲 🛋 ⛶ – Prix : €€€€

Plan : B2-1 – *1 rue Général-de-Beylie – 𝒞 04 76 24 38 18 – www.fantin-latour. fr – Fermé lundi et dimanche*

🍴 TOHU BOHU

CUISINE MODERNE • CONVIVIAL Une cuisine vivante et affûtée, décomplexée (mais pas trop !) et tout en saveurs. Elle est impeccablement déroulée au fil d'un menu hyper attractif et varié : salade d'asperge tout en fraîcheur, bonne béarnaise, œufs de truite ; superbes tranches de porc noir de Bigorre rôties et rosées, carotte glacée fondante, quenelle de mousseline de courgette, une autre de pesto à l'ail des ours, jus réduit. Le maître d'œuvre de ce petit prodige ? Le chef Guillaume Dubœuf, passé chez Christophe Aribert, où il aura puisé la passion du produit frais au pic de la saison. Décor charmant de bistrot mi-vintage mi-contemporain au cœur d'une rue piétonne animée.

Prix : €€

Plan : B1-5 – *16 rue Chenoise – 𝒞 09 83 05 35 86 – www.tohubohu-grenoblerestaurant.com – Fermé lundi, dimanche, mardi midi et samedi soir*

L'AMÉLYSS

CUISINE MODERNE • ÉPURÉ Un jeune couple a fait de cette adresse un restaurant attachant, qui bouleverse un peu les codes. Les plats modernes de la cheffe Héloïse Pelletier sont pleins de fraîcheur et d'envie, les produits ultra-frais, les assaisonnements sont millimétrés et les associations de saveurs subtiles. Belle carte des vins bien ficelée par monsieur qui assure le service. Au top !

🍽 🅰🅲 – Prix : €€

Plan : A2-4 – *3 boulevard Gambetta – 𝒞 04 76 42 35 84 – www.sites.google. com/view/restaurant-l-amelyss – Fermé samedi et dimanche, et lundi soir*

BRASSERIE CHAVANT

CUISINE TRADITIONNELLE • BRASSERIE En plein centre-ville, cette adresse en impose avec son décor chic et baroque ! L'été, on profite de la terrasse face au lycée Champollion pour déguster les incontournables de la maison : ravioles de langoustines, truffes et foie gras ; poêlée de calamars au piment d'Espelette, sauce basquaise. Pour l'anecdote : Chavant était le nom des ancêtres du maître des lieux, restaurateurs depuis 1852.

♿ 🅰🅲 🛋 – Prix : €€

Plan : A2-3 – *2 cours Lafontaine – 𝒞 04 76 87 61 83 – www.brasserie-chavant.fr*

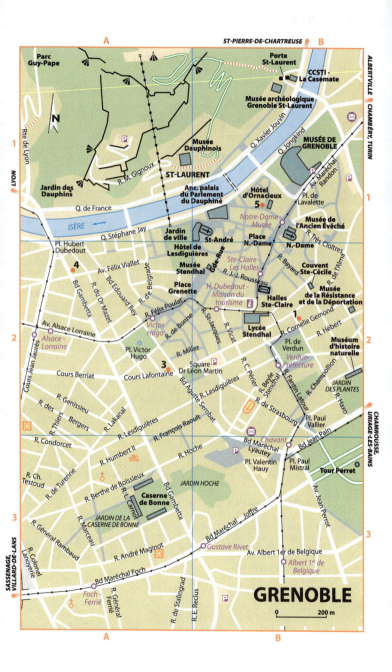

GRENOBLE

 PARK HOTEL GRENOBLE

CLASSIQUE • ÉLÉGANT À l'image de la ville, cet hôtel cache bien son jeu, et ne révèle qu'aux curieux son mélange de luxe urbain et de charme campagnard : ses intérieurs sont plus colorés et plus contemporains que ne le laisserait croire sa façade relativement modeste. Les chambres sont d'un monochrome subtil, agrémenté de touches de couleur. Les suites, naturellement, sont assez vastes pour une réunion d'affaires au milieu d'œuvres d'art. Un buffet de petit-déjeuner, un bar-salon, un beau centre de bien-être, et même une navette vers les stations de ski.
- 39 chambres
10 place Paul Mistral - 04 76 85 81 23

GRESSE-EN-VERCORS
✉ 38650 – Isère – Carte régionale n° **21**–B3

LE CHALET

CUISINE TRADITIONNELLE • RUSTIQUE Maison forte durant le Moyen Âge, couvent jusqu'en 1905, ce "chalet" est devenu un hôtel-restaurant sous l'impulsion de la famille Prayer, autour de deux valeurs primordiales : tradition et générosité. En témoignent les assiettes goûteuses, tels ce saumon fumé maison, ce gigot d'agneau cuit sept heures ou ce soufflé glacé à la Chartreuse.
- Prix : €€
Le village - 04 76 34 32 08 - www.hotellechalet.fr

GRIESHEIM-PRÈS-MOLSHEIM
✉ 67870 – Bas-Rhin – Carte régionale n° **8**–A2

AUBERGE DE LA CHÈVRERIE

CUISINE MODERNE • CONVIVIAL Avec son décor soigné et contemporain, cette auberge perchée en pleine nature est un repaire de gourmands. Le menu-carte proposé y redessine le terroir alsacien grâce à de jolis produits de saison rigoureusement sélectionnés. Le fromage provient par exemple de la chèvrerie voisine, tenue par le frère du chef. On se régale d'un œuf parfait dans son nid croustillant et sa mousseline de céleri et truffe noire ou encore d'un banana split, régressif et addictif !
- Prix : €€€
1 rue des Puits - 03 88 38 83 59 - www.chevrerie.com - Fermé lundi et mardi, et mercredi et dimanche soir

GRIGNAN
✉ 26230 – Drôme – Carte régionale n° **24**–B2

 LE CLAIR DE LA PLUME

Chef : Benjamin Reilhes
CUISINE MODERNE • ÉLÉGANT Niché au pied d'un château – célèbre pour avoir été régulièrement fréquenté par Madame de Sévigné –, le Clair de la Plume incarne à merveille l'hospitalité et la gourmandise provençales : huile d'olive de Nyons, pintades et petits légumes de la Drôme sont judicieusement mis en valeur par le chef Benjamin Reilhes sous forme de trois menus dégustation en plusieurs étapes, dont un entièrement tourné vers le végétal. Une table qui célèbre les beaux produits méditerranéens ainsi que les vins de la vallée du Rhône. De son côté, le pâtissier Cédric Perret compose une partition sucrée en osmose avec la saison, et apporte souvent une touche originale et percutante à ses desserts.
- Prix : €€€€
2 place du Mail - 04 75 00 01 01 - www.clairplume.com/fr - Fermé lundi, dimanche et du mardi au jeudi à midi

503

GRIGNAN

❁**L'engagement du chef :** 95 % des produits que nous cuisinons sont issus d'exploitations situées à moins de 70 km. Les poissons sont pêchés durablement en Méditerranée, l'agneau et les volailles proviennent de fermes de proximité, et les fruits et légumes bio sont cultivés dans la Drôme.

LE BISTRO CHAPOUTON

CUISINE MODERNE • RÉGIONAL La deuxième adresse du Clair de la Plume, située non loin de la maison-mère, est une charmante bâtisse traditionnelle du XVIIIe entourée d'un jardin fleuri. La carte bistrotière est élaborée à partir de produits frais et de saison : terrine maison foie gras et porc d'Ardèche ; volaille de la ferme des Blaches en suprême et la sélection de pâtisseries maison – difficile de n'en choisir qu'une seule d'ailleurs ! ... Depuis la vaste terrasse couverte, on profite d'une vue imprenable sur le château de Grignan.

  🕭 🄰🄲 🛋 🅿 – Prix : €€

200 route de Montélimar – ☎ 04 75 00 01 01 – www.chapouton.com

---

🛏 ### LE CLAIR DE LA PLUME

CLASSIQUE • CHARME Le nom de cet hôtel aurait plu à Mme de Sévigné, qui résida à Grignan ! Cette demeure provençale du 18e s. propose des chambres ravissantes avec leur mobilier chiné – et plus encore lorsqu'elles donnent sur le joli jardin de curé. Chambres et suites supplémentaires sont proposées dans d'autres bâtisses voisines, ainsi qu'une piscine naturelle charmante.

🄰🄲 🅿 ❧ 🛏 🛋 🕭 ⊪ - 16 chambres

Place du Mail – ☎ 04 75 91 81 30

❁ **Le Clair de la Plume** - Voir la sélection des restaurants

---

🛏 ### LA FERME CHAPOUTON

CLASSIQUE • RAFFINÉ Une ferme de 1760 s'est transformée en un splendide petit hôtel avec neuf chambres exquises, des espaces extérieurs bucoliques, un bistrot primé et une vue dégagée sur le pittoresque Château de Grignan et le mont Ventoux. Les chambres allient les murs des bâtiments campagnards à une décoration contemporaine sobre. Salle à manger au coin du feu, terrasse avec vue.

🄰🄲 🅿 🚗 ❧ 🛏 🚲 🛋 ⊪ - 29 chambres

200 route de Montélimar – ☎ 04 75 00 01 01

Le Bistro Chapouton - Voir la sélection des restaurants

GRILLY

✉ 01220 – Ain – Carte régionale n° **21**–C1

AUBERGE DE GRILLY

CUISINE MODERNE • AUBERGE Entre Gex et Divonne, dans un charmant village, cette auberge est installée tout près de l'église : ô saints de la gourmandise, priez pour nous ! Si le décor est plutôt rustique, la cuisine, elle, fait dans le moderne et le beau produit, autour d'un unique menu dégustation bien pensé et généreux. Service souriant et plaisante terrasse.

  🕭 🛋 – Prix : €€

34 ruelle de l'Église – ☎ 04 50 20 25 14 – www.aubergedegrilly.com –
Fermé lundi, mardi et dimanche et du mercredi au vendredi à midi

GRIMAUD

✉ 83310 – Var – Carte régionale n° **29**–B2

PETIT JACQUES

CUISINE MODERNE • CONTEMPORAIN Le charme opère dès qu'on se met en marche vers les hauteurs de Grimaud pour découvrir dans une petite rue pavée cette terrasse aux murs recouverts de lierre. Répartie sur deux étages, cette maison procure immédiatement de l'agrément (parquet clair, poutres au plafond, murs à l'effet chaux, banquettes patinées et lumière douce). Le chef québécois et sa compagne en salle régalent avec une cuisine du marché gourmande à souhait et des plats traditionnels comme la soupe à l'oignon ou la brioche perdue (et sa délicieuse glace à la vanille de Madagascar). Tout est fait maison, même le (bon) pain !

&. AK 🛋 – Prix : €€€

Place des Pénitents – 𝒞 06 48 68 60 31 – www.restaurantpetitjacques.com – Fermé mardi, mercredi, et lundi, jeudi, vendredi, samedi et dimanche midi

LES SANTONS

CUISINE CLASSIQUE • RUSTIQUE Une belle auberge provençale pleine de caractère, avec ses poutres apparentes, ses compositions florales et sa collection de santons. L'assiette, jamais ennuyeuse, alterne entre cuisine classique et plats actuels joliment travaillés, à l'image de ce carré d'agneau et son croustillant d'ail nouveau, garni d'un millefeuille de poivron et blette confits. Mention spéciale au traditionnel baba au rhum vieux et sa chantilly vanillée.

AK 🛋 – Prix : €€€

743 route Nationale – 𝒞 04 94 43 21 02 – www.restaurant-les-santons.fr – Fermé du lundi au mercredi

GROISY

✉ 74570 – Haute-Savoie – Carte régionale n° **21**–C1

AUBERGE DE GROISY

CUISINE TRADITIONNELLE • CONVIVIAL Elle est bien sympathique cette ferme du 19e s. revue à la mode d'aujourd'hui : pierres apparentes et poutres lui assurent un joli cachet. Cet endroit accueillant est idéal pour déguster une cuisine traditionnelle et gourmande à souhait, qui valorise les produits de la région à l'instar des ravioles de langoustine, safran et citronnelle, ou du tartare de veau au couteau, herbes du moment et mousseline de pomme de terre. Aux beaux jours, la vue est directe depuis la terrasse sur le Parmelan.

🛋 ⏦ – Prix : €€€

34 route du Chef-Lieu – 𝒞 04 50 68 09 54 – www.auberge-groisy.fr – Fermé lundi et mardi, et dimanche soir

GRUFFY

✉ 74540 – Haute-Savoie – Carte régionale n° **21**–C2

ABÎME - L'AUBERGE DU PONT

CUISINE MODERNE • AUBERGE Cette ancienne auberge se tient évidemment près du pont qui surplombe l'abîme où coule la rivière Le Chéran quelque… centaines de mètres plus bas. Le chef est un enfant du pays qui aime à travailler la provende que les producteurs locaux lui apportent. Même les mycologues amateurs sont les bienvenus pour proposer leur cueillette de champignons du jour. Ce risotto lié à la courge, fricassée de pleurotes, shiitakés et polyporos illustre bien son style gourmand, tourné vers le végétal et le jeu des textures. Menu découverte en plusieurs séquences le soir et le week-end. Menu déjeuner attractif.

&. 🛋 🅿 – Prix : €€

991 route du Pont-de-l'Abîme – 𝒞 09 77 97 57 93 – www.auberge-abime.com – Fermé lundi, mardi, mercredi et jeudi à midi, et dimanche soir

GRUSON

✉ 59152 – Nord – Carte régionale n° **4**–C2

L'ARBRE

CUISINE MODERNE • **AUBERGE** Cette maison, tout de rouge vêtue, est installée sur un passage mythique de la course Paris-Roubaix. On profite ici d'une cuisine gourmande et lisible réalisée par un jeune chef impliqué, qui propose notamment un menu surprise mettant en avant les produits de saison et de la région. Des recettes bien ficelées, comme ce bar de ligne, déclinaison de brocoli et son fumet de poisson crémé, sapide et efficace ! Agréable terrasse aux beaux jours.

よ 🈯 ⇌ – Prix : €€€

1 pavé Jean-Marie-Leblanc – ✆ 03 20 79 55 33 – www.larbre.com/fr –
Fermé lundi et mardi, et dimanche soir

GUAINVILLE

✉ 28260 – Eure-et-Loir – Carte régionale n° **10**–C1

MARTIN - DOMAINE DE PRIMARD

CUISINE TRADITIONNELLE • **CHAMPÊTRE** Dans la partie bistrot de ce superbe hôtel à la fois chic et champêtre, le nouveau chef Géraud Dupuis (ancien du Domaine de Fontenille, à Lauris) propose une cuisine traditionnelle mise au goût du jour, qui se fournit en grande partie dans le potager du domaine. Quelques plats du moment : asperges vertes et sabayon à la sauge ; retour de pêche, brocoli, beurre blanc au vin jaune. Pour les beaux jours, paisible terrasse sur l'herbe, entre les arbres du verger du château.

⇛ よ 🄰🄲 🈯 ⇌ 🅿 – Prix : €€€

D16 – ✆ 02 36 58 10 07 – www.lesdomainesdefontenille.com/fr/
domainedeprimard.html – Fermé du lundi au mercredi et dimanche soir

 ### DOMAINE DE PRIMARD   *Plus*

CLASSIQUE • **ROMANTIQUE** Dans l'atmosphère romantique d'une magnifique propriété du 18e s., le Château de Primard a repensé son décor Directoire pour offrir 40 chambres. Une esthétique classique et un accueil haut de gamme assurent une véritable relaxation. Reste à choisir entre la détente au spa, la piscine extérieure chauffée, les nombreux chemins de randonnée, l'équitation ou le golf.

🄰🄲 🅿 🛋 ⇌ ⇛ 🚲 ⚒ 🆒 ♨ 🎿 🛎 ℗ - 39 chambres

Route départementale 16 – ✆ 02 36 58 10 08
Martin - Domaine de Primard - Voir la sélection des restaurants

GUEBERSCHWIHR

✉ 68420 – Haut-Rhin – Carte régionale n° **8**–A2

UTOPIE

CUISINE MODERNE • **CONTEMPORAIN** Au centre d'un petit village vigneron, cette Utopie a fait son nid, couvée par un couple qu'on a connu à Strasbourg. Dans cette belle maison ancienne émaillée d'un intérieur contemporain, le chef, au solide parcours (George V, Pierre Gagnaire, Jean Imbert...), travaille un menu unique en plusieurs séquences où le végétal trône en bonne place : petits pois, oseille, huile de chanvre ; cœur de romaine, estragon, ail noir et jus de viande... Accords mets et vins judicieux.

よ – Prix : €€€

10 rue Haute – ✆ 06 08 65 84 96 – www.utopiealsace.fr – Fermé lundi, mardi, du mercredi au vendredi à midi, et dimanche soir

GUER

✉ 56380 – Morbihan – Carte régionale n° **1**-D2

MAISON TIEGEZH

Chef : Baptiste Denieul
CUISINE MODERNE • ÉLÉGANT Tiegezh, c'est "famille" en breton, tout est dit ! Ses grands-parents ont fondé la première fabrique de galettes fraîches de Bretagne : Baptiste Denieul, jeune chef talentueux (passé notamment par le Bristol d'Eric Frechon) vous accueille dans un intérieur élégant et raffiné, en totale adéquation avec sa cuisine. Il travaille poissons, légumes du potager et produits fermiers avec maîtrise et délicatesse. En salle, son épouse Marion s'occupe de mettre en musique la symphonie. La Maison Tiegezh intègre le restaurant gastronomique, le bistrot et un bel hôtel avec six chambres contemporaines et cosy qui permettent de prolonger l'expérience en douceur. Une halte bénéfique en terre de Brocéliande...

🛏 ♿ 🅰 ❄ 🅿 – Prix : €€€

7 place de la Gare – ☎ 02 97 22 00 26 – www.maisontiegezh.fr/fr – Fermé lundi et mardi

❀ **L'engagement du chef** : Nous souhaitons que le client, au-delà de bien manger, s'engage pour une économie locale et responsable où l'humain est au cœur. Nous produisons nos propres légumes et fruits dans notre potager, nous travaillons avec des producteurs respectueux dans un rayon de 200km, et nous pratiquons une gestion éco-responsable des déchets. L'eau est micro-filtrée, le mobilier et le matériel sont fabriqués en France.

GUÉRANDE

✉ 44350 – Loire-Atlantique – Carte régionale n° **9**-A3

L'AGAPÉ BISTROT

CUISINE MODERNE • BISTRO À deux pas des célèbres remparts de Guérande, ce bistrot familial au sobre décor contemporain sert une appétissante cuisine qui marie au gré de l'envie ingrédients régionaux (pêche du jour, algues, cochon, lait ribot, sarrasin) et pointes plus exotiques (épices, gingembre, citronnelle, coco, etc). C'est généreux, soigné, équilibré : célébrons sans attendre nos agapes à l'Agapé.
Prix : €€

11 faubourg Saint-Michel – ☎ 02 40 11 78 78 – www.lagapebistrot.com – Fermé lundi et dimanche, et du mardi au jeudi soir

BRUT.

CUISINE MODERNE • COSY Une jolie maison blanche abrite ce restaurant charmant aux salles à manger cosy et feutrées, en plein cœur des marais salants et d'un petit village de paludiers. Doté d'un bon parcours, le chef japonais Takashi Aoki propose une cuisine française sagement créative, rythmée par les saisons. Carte des vins bien construite, dont la majeure partie est proposée au verre.

♿ ❄ – Prix : €€€

16 rue des Prés-Garniers, à Saillé – ☎ 02 40 42 33 10 – www.restaurantsbrut.com – Fermé lundi, mardi et mercredi midi

LA TÊTE DE L'ART 🆕

CUISINE MODERNE • COSY Passage obligé avant les murailles de Guérande, ce manoir à la riche histoire, qui fut un temps couvent des Ursulines, abrite aujourd'hui un restaurant tenu par un couple sympathique. Dans une salle rénovée au goût du jour ou dans l'agréable jardin clos, on savoure une cuisine moderne aux saveurs franches, qui repose sur des produits de qualité, sourcés à 95% à moins de 20 km !

♿ 🌿 ❄ 🅿 – Prix : €€€

11 rue de la Porte-Calon – ☎ 02 40 88 53 40 – www.restaurantlatetedelart.fr – Fermé lundi et dimanche

GUÉTHARY

64210 – Pyrénées-Atlantiques – Carte régionale n° **25**–A2

✦ BRIKETENIA

Chefs : David et Martin Ibarboure
CUISINE MODERNE • **ÉLÉGANT** Le petit village basque de Guéthary est le fief d'une partie de la famille Ibarboure, l'autre étant à Bidart aux commandes… des Frères Ibarboure. Dans cette demeure basque des années 1930, un ancien hôtel, Martin le père et David le fils sont en cuisine. Marie-Claude, la mère, accueille ses hôtes avec une hospitalité toute basque, tandis que Camille veille avec dynamisme et professionnalisme sur le service en salle. Esprit de famille, quand tu nous tiens ! Notons tout de même que le fils s'est échappé jusqu'à Hong-Kong chez Pierre Gagnaire. Avec son père, il signe une cuisine de grande qualité : assaisonnements subtils, effets de transparence ou de contraste, produits choisis à leur parfaite maturité… Ces produits, très souvent basques évidemment, sont sublimés au naturel, et mis en valeur par un service charmant.
– Prix : €€€

142 rue de l'Église – ℰ 05 59 26 51 34 – www.briketenia.com/fr – Fermé lundi et mardi

BRIKET' BISTROT

CUISINE TRADITIONNELLE • **DÉCONTRACTÉ** Sur les hauteurs de Guéthary, l'hôtel de la famille Ibarboure accueille ce sympathique bistrot, indépendant du restaurant gastronomique. Le chef signe une cuisine soignée, pleine de goût, dans un cadre épuré. Les produits basques dominent logiquement la courte carte aux assiettes généreuses : jambon de Bayonne, chorizo bellota, truite de Banka, fromage Ardi-Gasna. L'équipe est jeune et avenante, les prix demeurent raisonnables. On se régale.
– Prix : €€

142 rue de l'Église – ℰ 05 59 26 51 34 – www.briketenia.com/fr/briket-cote-bistrot.html – Fermé lundi et mardi

GETARIA

CUISINE MODERNE • **CONVIVIAL** Bonne idée que de s'arrêter dans l'un des plus beaux villages de la côte basque. En plus d'une petite salle lambrissée en blanc, cette auberge profite d'une ravissante terrasse ombragée de platanes… cachée à l'arrière. Sacré vice-champion du monde de pâté en croûte (qui change à chaque saison), le chef travaille avec doigté aussi bien les poissons ultra-frais de la criée (voir ce tataki de thon ou cette soupe de crustacés, le ttoro) que les produits ibérico-basques. Menu-carte et déjeuner à prix attractif.
– Prix : €€

360 avenue du Général-de-Gaulle – ℰ 05 59 51 24 11 – www.getaria.fr – Fermé mardi et mercredi

BRIKÉTÉNIA

MODERNE • **CALME** Sur le site d'une ancienne briqueterie (d'où "Briketenia"), ce relais de poste du 17e s., blanc et rouge, offre une vue dégagée sur les environs. Refaites à neuf, les chambres allient confort et esprit contemporain.
- 14 chambres

142 rue de l'Église – ℰ 05 59 26 51 34

✦ **Briketenia** • **Briket' Bistrot** - Voir la sélection des restaurants

GUEWENHEIM

✉ 68116 – Haut-Rhin – Carte régionale n° **8**–A3

LA GARE

CUISINE MODERNE • CONTEMPORAIN Une très contemporaine institution locale (depuis 1874) ! Ou comment mixer élégance, peps et convivialité ; mêler brasserie sur le pouce et jolie cuisine actuelle dans la lumineuse salle "véranda"... Ce jour-là, pressé de chèvre frais et légumes, et côte de veau de lait, morilles et gnocchis. Ou comment présenter l'une des plus belles cartes des vins de France – rien que ça – tout en restant simple.

⛄ 🛬🅰🍽🅿 – Prix : €€

2 rue Soppe – 📞 03 89 82 51 29 – www.restaurantdelagare-guewenheim.fr – Fermé mardi et mercredi

GUICHE

✉ 64520 – Pyrénées-Atlantiques – Carte régionale n° **25**–B2

🅰 LE GANTXO

CUISINE MODERNE • CONTEMPORAIN Bienvenue en terre basque. Ce Gantxo – du nom d'une passe de pelote – donne directement sur le "trinquet", l'aire de jeu du célèbre sport local. En cuisine, Isabelle et Laurent Miremont revisitent la cuisine basque de façon très personnelle ; ils composent des plats bien au goût du jour, souvent copieux, toujours goûteux. Un vrai coup de cœur !

♿🅰🍽🅿 – Prix : €€

130 chemin du Trinquet – 📞 05 59 56 46 63 – www.restaurant-le-gantxo.fr – Fermé mardi et mercredi, et lundi, jeudi et dimanche soir

GUINGAMP

✉ 22200 – Côtes-d'Armor – Carte régionale n° **1**–C1

LE CLOS DE LA FONTAINE

CUISINE TRADITIONNELLE • RUSTIQUE Un intérieur rustique et accueillant (tables nappées, vaisselle anglaise), un service bienveillant et une cuisine maîtrisée : Stéphane Ollivier et son épouse Corinne savent recevoir. Dans l'assiette (généreuse), de bons produits locaux (noix de Saint-Jacques, huîtres, fromages bretons...) et des plats de terroir savoureux, comme ces aiguillettes de canard rôties servies avec une sauce au cidre et à l'estragon.

🍽🍴 – Prix : €€

9 rue du Général-de-Gaulle – 📞 02 96 21 33 63 – Fermé lundi, et mardi, vendredi et dimanche soir

GUJAN-MESTRAS – Gironde (33) ➜ Voir Bassin d'Arcachon

GUNDERSHOFFEN

✉ 67110 – Bas-Rhin – Carte régionale n° **8**–B1

🅰 LE CYGNE

CUISINE MODERNE • ÉLÉGANT Cette noble demeure alsacienne a su évoluer avec son temps : on y découvre aujourd'hui une cuisine de bistrot modernisée, réalisée par un chef expérimenté. Fondez pour la marmite de poissons et ses croûtons à l'aïoli, ou la côte et le filet d'agneau croûtés aux épices, tian de légumes confits et crémeux de pois chiches.

♿🅰🍴 – Prix : €€

35 Grande-Rue – 📞 03 88 72 96 43 – www.aucygne.fr – Fermé lundi et mardi, et dimanche soir

GUNDERSHOFFEN

LES JARDINS DU MOULIN

CUISINE MODERNE • COSY Ce restaurant s'intègre idéalement dans l'environnement du Moulin : à travers les baies vitrées de l'élégante salle à manger, on admire le jardin et la magnifique terrasse... On se régale de créations actuelles, bien tournées et rythmées par les saisons.

🖨 & 🆔 🛋 🅿 – Prix : €€€

7 rue du Moulin – 📞 03 88 07 52 70 – www.jardinsdumoulin.fr – Fermé mercredi, jeudi et dimanche

GYÉ-SUR-SEINE

✉ 10250 – Aube – Carte régionale n° **12**–C2

LE GARDE CHAMPÊTRE

Chef : Kazuya Miyashita

CUISINE MODERNE • TENDANCE Cet ancien entrepôt ferroviaire transformé en restaurant-ferme durable avec serres et potager bio par un collectif de quatre associés judicieusement acoquiné à deux vignerons du cru propose une cuisine fraîche et tonique, imaginée autour des produits locaux et du jardin. Une démarche locavore et écologique très plaisante, une adresse sympathique.

🕷 & 🛋 🅿 – Prix : €€

50 route des Riceys – 📞 03 52 96 00 06 – www.legardechampetre.fr – Fermé mardi et mercredi, et lundi et dimanche soir

🌾**L'engagement du chef :** Transformation des produits bruts de notre potager biologique, fabrication de notre pain, techniques de fermentation, de fumage et cuisine autour du feu, nous mettons tout en oeuvre pour tendre vers le plus d'auto-suffisance possible. Notre restaurant est un lieu de vie et de rencontre pour les habitants et notre cuisine est directement inspirée de la nature que nous nous efforçons de protéger au quotidien.

HAGONDANGE

✉ 57300 – Moselle – Carte régionale n° **7**–B1

🕸 QUAI DES SAVEURS

Chef : Frédéric Sandrini

CUISINE MODERNE • ÉLÉGANT Ceux qui l'aiment prendront le train ! Le chef Frédéric Sandrini a posé armes et bagages face à la gare d'Hagondange, toute vêtue de blanc et de grès des Vosges. Vos papilles ne resteront pas insensibles à sa cuisine, imaginative et moderne, en mouvement constant, s'appuyant sur des fournisseurs-partenaires triés sur le volet : ormeaux de plongée de la baie de Saint-Brieuc, poissons de Saint-Quay-Portrieux ou Boulogne-sur-Mer, chariot de fromages de quelques affineurs "références" dans la matière. Le tout dans un joli cadre contemporain plutôt sobre. Deux menus surprise à découvrir, ainsi qu'un menu déjeuner.

🕷 & 🆔 ♻ 🅿 – Prix : €€€

69 rue de la Gare – 📞 03 87 71 24 98 – www.quaidessaveurs.com – Fermé lundi et mardi, et dimanche soir

HAGUENAU

✉ 67500 – Bas-Rhin – Carte régionale n° **8**–B1

GRAINS DE SEL

CUISINE MODERNE • CONTEMPORAIN Bien installé dans son restaurant près de la halle aux Houblons, Gilles Schnoering régale ses convives avec une courte carte de saison ; ses créations, fraîches et bien réalisées, doivent beaucoup à la qualité des produits utilisés. Judicieux accords mets et vins.

& 🆔 – Prix : €€

113 Grand-Rue – 📞 03 88 90 83 82 – www.restaurant-grainsdesel.fr – Fermé lundi et dimanche

HAGUENAU

LE JARDIN

CUISINE MODERNE • CLASSIQUE Dans la famille depuis 3 décennies, ce restaurant, avec sa façade en trompe l'œil et son plafond Renaissance, est quasiment une institution. En cuisine aujourd'hui, c'est le jeune Romain Meyer, qui a travaillé en binôme avec son père pendant 8 ans et qui continue à proposer les classiques de la maison (soupe de poisson, carpaccio de thon, chateaubriand et sa béarnaise), tout en distillant une pointe de modernité.

&. 🅐🅚 🗊 🅿 – Prix : €€

16 rue de la Redoute – ⌀ 03 88 93 29 39 – www.lejardinhaguenau.fr –
Fermé mardi et mercredi

HAMBYE

✉ 50450 – Manche – Carte régionale n° **2**–A2

🙂 AUBERGE DE L'ABBAYE

CUISINE MODERNE • ÉLÉGANT À deux pas des ruines romantiques de l'abbaye de Hambye, cet hôtel-restaurant tenu par un couple accueillant et dynamique est une adresse bien connue des locaux. Le chef, qui y avait commencé son apprentissage (poursuivi dans de bonnes maisons), signe une cuisine savoureuse et sans superflu, aux solides bases traditionnelles, comme avec ce risotto au pont-l'évêque, andouille, soupçon de vinaigre de cidre et tuile croquante – une entrée gourmande et généreuse. Excellent rapport qualité-prix.

&. 🗊 – Prix : €€

5 route de l'Abbaye – ⌀ 02 33 61 42 19 – www.aubergedelabbayehambye.com –
Fermé lundi et dimanche soir

HASPARREN

✉ 64240 – Pyrénées-Atlantiques – Carte régionale n° **25**–A2

❀ LA MAISON DE PIERRE

Chef : Nicolas Montceau

CUISINE MODERNE • CONTEMPORAIN Au centre du bourg, c'est dans une maison basque typique à colombages rouges et blancs, ancien temple de la pelote (la réception a gardé les vieux guichets en souvenir et une porte vitrée donnant sur le trinquet), que ce duo à l'enthousiasme communicatif a pris ses quartiers. Le chef Nicolas Montceau et son acolyte Julien Bonnal, en charge des dressages et de la pâtisserie, ne jurent que par la production locale. Autour d'un menu dégustation surprise en plusieurs séquences, ils nous régalent avec leurs associations de saveurs harmonieuses, leurs jus et sauces délicieux, leur créativité. N'hésitez pas à demander à être installé face à la cuisine ouverte pour profiter du spectacle ! Chambres confortables.

🛏 &. 🅐🅚 🅿 – Prix : €€€

Hôtel Berria, 68 rue Francis-Jammes – ⌀ 05 59 93 40 49 – www.
lamaisondepierre.fr – Fermé mardi et mercredi

HATTSTATT

✉ 68420 – Haut-Rhin – Carte régionale n° **8**–A2

L'ALTÉVIC

CUISINE MODERNE • CONTEMPORAIN Dans un écrin contemporain en verre et métal, Jean-Christophe Perrin propose une cuisine dans l'air du temps, inspirée par le marché : pâté en croûte de volaille d'Alsace et morilles ; pavé de maigre et ragoût de cocos de Paimpol ; torche aux marrons comme une pavlova...

&. 🅐🅚 🗊 🅿 – Prix : €€€

4 rue du Wiggensbach – ⌀ 03 89 78 83 56 – www.restaurant-laltevic.fr –
Fermé lundi, mardi et mercredi midi

511

HAUTELUCE

✉ 73620 – Savoie – Carte régionale n° **21**–D2

❀ MONT BLANC RESTAURANT & GOÛTER

Chef : Benoît Goulard

CUISINE MODERNE • ÉLÉGANT Cette hostellerie centenaire, située à l'entrée du village et rénovée avec goût, accueille l'enthousiasme d'un jeune chef, ancien pâtissier d'une maison étoilée. Face aux massifs du Beaufortain, Benoît Goulard propose des menus surprise élaborés avec les meilleurs produits de la région, de saison et éco-sourcés. Ici, on ne cherche pas à tout prix à "raconter une histoire" à chaque plat mais à faire beau et bon, tout simplement, en travaillant avec un grand souci du détail et en ne comptant que sur soi-même (pas d'employés), dans un style culinaire actuel et élégant. Ceci jusqu'aux desserts, qui valent le détour ! Même dynamique en salle, où les arts de la table, l'accueil et le service de la maîtresse de maison Hélène Fleury s'avèrent irréprochables. On ne peut qu'être admiratif du travail réalisé ici, loin de tout, pour chercher à donner le meilleur, avec rigueur et exigence.

❀ ♿ – Prix : €€€

16 rue de la Voûte – ☎ 04 79 37 01 61 – www.montblanc-restaurant.com –
Fermé lundi, mardi et du mercredi au dimanche à midi

LA FERME DU CHOZAL

CUISINE MODERNE • MONTAGNARD Ce restaurant convivial cultive un style montagnard typique ; la cuisine n'en est pas moins actuelle et appétissante, réalisée avec de beaux produits du terroir : en témoignent cette féra du Léman aux poireaux grillés et beurre monté aux herbes, ou ce quasi de veau rôti, artichaut poivrade et gnocchis. Sans oublier une riche carte des vins alpins, assortie de bons conseils.

❀ ⌂🛏🍴P – Prix : €€€

361 route des Combes – ☎ 04 79 38 18 18 – www.lafermeduchozal.com/fr –
Fermé mardi et lundi soir

LE HAVRE

✉ 76600 – Seine-Maritime – Carte régionale n° **3**–A2

❀ JEAN-LUC TARTARIN

Chef : Jean-Luc Tartarin

CUISINE CRÉATIVE • COSY Normand de naissance et de cœur, Jean-Luc Tartarin élabore une cuisine tournée vers la mer, où le modernisme du Havre rencontre l'âme du terroir normand : lieu jaune de ligne juste raidi à l'huile de colombo ; grosse langoustine léchée par la braise de romarin ; ris de veau pané, morilles et asperge verte... À déguster dans un agréable décor cosy aux tons beige apaisants, en plein cœur du centre historique de la ville, inscrit au patrimoine mondial de l'Unesco. Belle carte des vins et jolie sélection de cidres et calvados.

❀ ♿ AC 🍴 – Prix : €€€€

Plan : A1-1 – *73 avenue Foch – ☎ 02 35 45 46 20 – www.jeanluc-tartarin.com –*
Fermé lundi, mardi et dimanche

❀ LE BOUCHE À OREILLE

CUISINE MODERNE • CONTEMPORAIN Derrière une sobre façade vitrée, on découvre une table de grande valeur. Le chef mitonne des plats généreux, francs et goûteux, dans un style volontairement traditionnel, mais pas dénué de personnalité et parfois accompagné d'une touche d'originalité, à l'image de ce tartare de crevettes, gyoza aux crevettes, coriandre et citronnelle, bisque et noix de cajou. En salle, son épouse se montre sympathique et efficace, prodiguant de judicieux conseils pour le choix des vins.

Prix : €€

Plan : A1-3 – *19 rue Paul-Doumer – ☎ 02 35 45 44 60 – Fermé lundi et dimanche*

512

LE HAVRE

Map markers and labels:

ÉTRETAT, PORT DU HAVRE-ANTIFER

A · B

R. F. Bellanger · R. Georges Braque · R. Henry Génestal · Av. du Gal Leclerc · Av. René Coty · Casimir · Maréchal Galliéni · R. Anatole France · R. Gabriel Péri · YVETOT, CHÂTEAU DE FILIÈRES

SQUARE ST-ROCH · R. Béranger · R. Jules Ancel · Hôtel de ville · Perrier · Rue · Jules · Rue Jean-Baptiste Eyriès · Lecesne

1 · Avenue Foch · St-Roch · Hôtel de ville · Bd de Strasbourg · Palais de justice · **1**

3 · R. Paul Doumer · Appartement-témoin Auguste-Perret · Pl. de l'Hôtel-de-Ville · Narrow House · Jules · Siegfried · Av. du Gén. Archimard · R. du Col. Fabien

Rue · Victor · Pl. Perret · Hugo · Rue · Pl. Jules Ferry · R. du Mal de Lattre de Tassigny

ST-JOSEPH · R. Louis Brindeau · Rue de Paris · Quai · George V · R. A. Carrette

Espace Oscar-Niemeyer · Bassin du Commerce · Quai Lamblardie · Hôtel Dubocage de Bléville

R. Voltaire · R. Richelieu · Pl. Gén. de Gaulle · **2** · R. Dauphine · Quai Lamandé

R. Émile Zola · R. d'Estimauville · Muséum d'histoire naturelle · R. du Gén. Faidherbe · Bassin de la Barre · Bassin de l'Orcher, CHÂTEAU D'ORCHER

QUARTIER MODERNE · R. Edouard Lang · Rue de Paris · R. des Gallions · Notre-Dame · Bassin de la Citadelle

R. Michel Yvon · R. A. Normand · Pl. de la Commune · Quai de Southampton · Maison de l'Armateur · Av. L. Corbeau

Musée d'Art moderne André-Malraux (MuMa) · Catène de Conteneurs · Le Havre Port Center · TERMINAL DE LA CITADELLE · PONT DE NORMANDIE, PONT DE TANCARVILLE

Sémaphore · Port · N

LE HAVRE

Bassin de la Manche · Qual Roger Meunier · Crs de la Manche

0 — 200 m

PONT-L'ÉVÊQUE

LE MARGOTE

CUISINE MODERNE · CONTEMPORAIN Dans son restaurant face au bassin du Roi, le chef Gauthier Teissère, épaulé en salle par son épouse Marguerite, compose une partition actuelle, volontiers créative, quelquefois rehaussée de touches asiatiques. Le cadre, élégant et cosy, est en phase avec une cuisine joliment rythmée par les saisons. Chaque assiette séduit, à l'image de la fondante poitrine de cochon, purée de céleri et émulsion fumée, ou encore du généreux lieu jaune, chou-fleur, câpres.

☐ – Prix : €€

Plan : B1-2 – 50 quai Michel-Féré – ☎ 02 35 43 68 10 – www.lemargote.fr – Fermé lundi, dimanche, et mercredi et jeudi à midi

---

VENT D'OUEST

MODERNE · COSY Tout près de l'église Saint-Joseph, signée Auguste Perret, cet hôtel occupe un immeuble typique du Havre, mais propose des chambres cosy et feutrées à l'esprit british : meubles cirés, tableaux de marine, fauteuils en cuir patiné... Agréable espace bien-être, avec hammam et salles de massages.

P ☐ ☐ ☐ - 35 chambres

4 rue de Caligny – ☎ 02 35 42 50 69

513

LA HAYE

✉ 50250 – Manche – Carte régionale n° **2**–A2

😊 LE PETIT NOR'CAT ⓝ

CUISINE MODERNE • **CONTEMPORAIN** Théo Hervy et Fanny Mandrau, respectivement originaires de Cherbourg et des Pyrénées-Orientales, ont fusionné leurs régions – Nor(mandie) + Cat(alogne) – au nom de leur passion commune pour la bonne chère. Au déjeuner, menu simple mais fort bien tourné, à partir de bons et beaux produits issus de la région, à un tarif imbattable. Au dîner, alléchante carte qui marie les deux terroirs. À noter : dans ce sympathique restaurant de poche, on ne sert que des vins de la Côte Vermeille !

& – Prix : €€

16 rue du Docteur-Callegari – ☏ 02 33 46 23 61 – www.lepetitnorcat.fr –
Fermé lundi, et mercredi, jeudi et dimanche soir

L'HERBAUDIÈRE – Vendée (85) ➔ Voir Île de Noirmoutier

LES HERBIERS

✉ 85500 – Vendée – Carte régionale n° **14**–B2

😊 L'ENVERS DU DÉCOR

CUISINE MODERNE • **CONTEMPORAIN** Côté décor, une ancienne boulangerie transformée en un restaurant contemporain, élégant et épuré. Côté chef, Aurélien Jousseaume, au parcours étoilé, passé notamment chez Philippe Etchebest, Guy Savoy, ou encore Guy Martin. Multipliant les allers-retours entre sa cuisine ouverte et la salle, le chef, dont l'épanouissement est manifeste, prend lui-même les commandes à table et présente ses créations. Sa goûteuse cuisine de saison reflète une attention particulière portée aux sauces et aux jus, qui se révèlent remarquables : jus crémeux aux œufs de truite, sabayon iodé au sel fumé, sauce au cresson et raifort, jus de veau à la livèche...

& 🅰️ – Prix : €€

23 rue de la Bienfaisance – ☏ 09 86 19 30 21 – www.envers-du-decor.fr –
Fermé lundi, dimanche, et mardi et mercredi à midi

AROMA

CUISINE MODERNE • **CONTEMPORAIN** Ce restaurant du centre-ville, moderne et coloré, est tenu par un jeune couple plein d'allant, auteur d'une carte évolutive, ne dérogeant jamais à la sacro-sainte trilogie : fraîcheur, gourmandise et... produits vendéens !

& 🅰️ – Prix : €

7 rue du Brandon – ☏ 02 51 91 05 48 – www.restaurant-aroma.com –
Fermé lundi, samedi midi, et mercredi et dimanche soir

HÉROUVILLE-SAINT-CLAIR

✉ 14200 – Calvados – Carte régionale n° **2**–C2

L'ESPÉRANCE - STÉPHANE CARBONE

CUISINE MODERNE • **CONTEMPORAIN** Offrez-vous une escapade bucolique et gourmande à quelques encablures de Caen, dans la maison couleur rouille de Stéphane Carbone, chef bien connu des locaux. Il propose une cuisine traditionnelle avec une touche de modernité, à l'image de cette souris d'agneau, risotto de boulgour au curcuma, mini navet rôti au poivre sweet tonka. Chaque table offre une jolie vue sur le canal.

⟋& 🅰️ 🍸 ⇔ 🅿️ – Prix : €€

512 rue Abbé-Alix – ☏ 02 31 44 97 10 – www.esperance-stephanecarbone.fr –
Fermé lundi, et mardi, mercredi et dimanche soir

HÉSINGUE

✉ 68220 – Haut-Rhin – Carte régionale n° **8**-A3

AU BŒUF NOIR

CUISINE MODERNE • **ÉLÉGANT** Les produits frais de qualité rythment la vie de cette maison, de même que la fraîcheur et le goût dans les assiettes : tronçon d'aile de raie à la grenobloise et pommes grenaille, fricassée de ris de veau et grenouilles dans l'esprit d'une carbonara, ou lièvre à la royale pendant la saison de la chasse... Jolie petite terrasse sur l'arrière.

AC 🍴 – Prix : €€€

2 rue Folgensbourg – 📞 *03 89 69 76 40 – www.auboeufnoir.fr – Fermé lundi, samedi midi et dimanche soir*

HEUGUEVILLE-SUR-SIENNE

✉ 50200 – Manche – Carte régionale n° **2**-A2

THE PRESBYTERE

CUISINE MODERNE • **MAISON DE CAMPAGNE** Dans un charmant petit coin de Normandie, le chef anglais Edward Delling-Williams (ex Grand Bain parisien) est tombé amoureux de ce presbytère qu'il a transformé en gastro-pub locavore. Entre tables de bois brut, massacres de cerfs aux murs, imposante cheminée en pierre et poutres apparentes, le pèlerin affamé s'attable devant une douce assiette de moules à l'aïoli, puis enchaîne avec un confit de canard accompagné d'une inédite salade de concombre à la menthe bien rafraîchissante, et conclut avec un cake à la courgette moelleux comme il le faut. Il possède aussi sa ferme pour produire lui-même ses légumes et ses fruits.

🛏 🍴 🅿 – Prix : €€

16 rue de la Sienne – 📞 *02 33 46 53 93 – www.thepresbytere.com – Fermé mardi, mercredi et lundi midi*

HOCHSTATT

✉ 68720 – Haut-Rhin – Carte régionale n° **8**-A3

AU CHEVAL BLANC

CUISINE MODERNE • **CONTEMPORAIN** Dans ce petit village aux portes du Sundgau, on se délecte de plats soignés et gourmands, réalisés par le chef au fil de son inspiration et du marché - œuf parfait, asperges vertes de Provence et lard de cochon noir, mignon de veau cuit en basse température, etc. Une adresse pour le moins appétissante.

🕸 ♿ 🍴 🍽 – Prix : €€€

55 Grande-Rue – 📞 *03 89 06 27 77 – www.au-cheval-blanc-hochstatt.com – Fermé mercredi, et lundi, mardi et dimanche soir*

✿ **Le Art** • **Kaiseki** - Voir la sélection des restaurants

VITALII BORKOVSKYI/Getty Images Plus

Le magazine

- Portrait d'un grand chef **518**
- Cuisine responsable & durable **520**
- L'actualité des produits **526**
- Société & environnement **544**
- L'art de recevoir **558**
- La sommellerie & ses tendances..................**564**
- La pâtisserie et ses créateurs........................**574**

PORTRAIT
D'UN GRAND CHEF

YANNICK ALLENO
PRIX CHEF MENTOR

Pavillon Ledoyen à Paris

En montant sur la deuxième marche du podium du Bocuse d'Or en 1999, Yannick Alleno prend conscience que les commis qui participent au concours ne sont pas récompensés. Il militera pour qu'un prix leur soit attribué dès l'édition suivante. C'est aussi cela un chef mentor, lutter contre les injustices.

Au palmarès de ce prix, vous succédez à Thierry Marx en 2022 et Michel Troisgros en 2023. Quel regard portez-vous sur la récompense de vos deux confrères ?

Ils ont en commun la transmission qui est au cœur de notre métier, mais, au-delà de ce qu'ils font au quotidien, il y a aussi des actions à saluer. Le travail que mène Thierry Marx, dans les prisons ou dans ses écoles Cuisine Mode d'Emploi(s), est remarquable et c'est aussi cela la transmission. Chez les Troisgros, ce qui est formidable, ce sont ses passages de témoin de génération en génération. La transmission, ce n'est pas seulement d'un chef à ses salariés, c'est aussi au cœur d'une famille et j'admire la bienveillance de la famille Troisgros envers leurs enfants.

Qu'avez-vous ressenti à l'annonce de votre nom pour ce prix ?

Une grande fierté car j'ai toujours eu à cœur de transmettre mon métier, ma passion. Quand je vois la liste des chefs, hommes et femmes, des pâtissiers, des responsables de salle qui ont travaillé à mes côtés et qui connaissent aujourd'hui une belle carrière, je suis très heureux pour eux mais aussi pour moi.

Si vous deviez définir un chef mentor, quels termes utiliseriez-vous ?

Ce qu'il faut bien comprendre, c'est que la transmission est un des maillons de ce métier. En premier lieu, évidemment et comme pour tous mes confrères, nous sommes présents pour enrichir le bagage technique de nos équipes, en cuisine comme en salle. Mais ce n'est pas tout. Il faut aussi les préparer aux à-côtés du métier à savoir l'environnement dans lequel ils vont évoluer, les contraintes. La jeune génération connaît des bouleversements à travers une évolution sociale et sociétale — et une mixité — qui étaient indispensables mais qu'il faut savoir appréhender. C'est à moi, à nous, de les mettre en garde sur ce qui les attend. C'est aussi cela la transmission.

©Simon Detraz

Vous avez eu des chefs mentors. Qui sont-ils, et que vous ont-ils appris ?

Le premier, c'est Jacky Fréon. Il m'a donné envie de participer à des concours. Quand il a remporté le Bocuse d'Or en 1987, je me suis juré qu'un jour je le tenterai aussi. Manuel Martinez, c'était la générosité. Gabriel Biscaye, la protection, le rapport paternel, les conseils de vie. Martial Enguehard, l'appréhension de ce qu'est un grand service de plusieurs centaines de personnes. Il y a eu aussi Roland Durand ou Louis Grondard qui m'a sans aucun doute guidé vers la cuisine que je fais aujourd'hui. Chacun a apporté sa pierre à l'édifice et a participé à la construction de l'homme que je suis devenu.

Comment jugez-vous la relation que vous avez avec celles et ceux qui ont travaillé à vos côtés et qui volent de leurs propres ailes ?

Je ne juge jamais ce qu'ils sont devenus ou ce qu'ils font. Je les suis avec intérêt, je passe déjeuner ou dîner dans leurs établissements mais pour le reste, je ne donne jamais de conseils. J'attends que la demande vienne d'eux, que ce soit pour un conseil technique, un positionnement culinaire, un aménagement, une façon de communiquer. Il faut alors faire preuve d'honnêteté et être franc. Après, ils font ce qu'ils veulent de ma réponse, de mon point de vue, mais je sais qu'ils sont à l'écoute car il y aura toujours une forme de respect entre eux et moi comme moi, je respecte encore et toujours mes chefs mentors. ■

PORTRAIT D'UN GRAND CHEF

CUISINE RESPONSABLE
& DURABLE

GRÉGORY GARIMBAY ✲
ENTRE VILLE ET JARDIN

Restaurant Bellefeuille au Saint James, à Paris

Un jardin dans Paris permettrait-il à un restaurant d'être autonome en légumes ? Mission impossible. En revanche, les départements autour de la capitale regorgent d'espaces cultivables. Grégory Garimbay en fait l'expérience avec le Clos de Nonville.

▲ Le bœuf chicorée poivre

Dans votre parcours, quel chef vous a convaincu qu'il était important de s'engager dans une cuisine plus responsable ?

Quand je suis arrivé à Paris en 2010 après mes années d'apprentissage en Lorraine et quelques expériences au Luxembourg et en Suisse, j'ai eu la chance d'intégrer la brigade du Plaza Athénée et de participer à la mise en place de la naturalité voulue par Alain Ducasse à partir de 2014. C'était révolutionnaire d'imposer une nouvelle cuisine sans viande, de remettre les céréales et les légumineuses au cœur des créations, de ne travailler que les poissons de pêche durable. Le chef Romain Meder était à la baguette pour mettre en place cette cuisine visionnaire.

Au début, j'étais quelque peu sceptique mais j'ai rapidement adhéré quand j'ai compris l'urgence d'apprendre à gérer les ressources, réduire le gaspillage. Le tout, tout le temps, tout de suite n'avait plus aucun sens et ça me rappelait mon enfance en Lorraine chez mes parents qui cultivaient un potager pour que nous puissions manger bon et sain en respectant les saisons.

Cette expérience au Plaza Athénée vous a-t-elle guidé pour la suite de votre carrière ?

On en ressort avec des convictions que l'on a envie de partager mais tant que l'on n'est pas chef, il est difficile de les imposer. Cependant chez Thoumieux où je suis allé après le Plaza Athénée, nous avons mis en place un menu autour des légumes qui n'existait pas avant. Je me suis véritablement exprimé à l'Auberge Nicolas Flamel à partir de 2021 puis en arrivant au Bellefeuille Saint James en février 2024.

Est-ce un frein d'être basé à Paris pour s'engager dans une cuisine responsable ?

J'ai beaucoup d'admiration pour les chefs qui réussissent à construire une carte et des menus en centrant leur sourcing sur un périmètre de quelques dizaines de kilomètres autour de leur établissement. Pour moi, c'est plus compliqué parce que ça m'obligerait à faire une croix sur les coquillages, les crustacés, les poissons et bien d'autres produits. Sur le principe, je ne m'interdis rien sauf les produits cultivés au bout du monde mais je veille à ce que chaque produit soit parfaitement sourcé selon des critères écologiques et responsables. Mon jardin, c'est la France.

Votre jardin, c'est aussi le Clos de Nonville en Seine-et-Marne...

Olivier Bertrand, le propriétaire, possède ce clos de presque 2 hectares plus une serre de 700 m². Il y a une cheffe de culture sur place, Camille Hery, et nous travaillons ensemble pour l'approvisionnement du restaurant. Au printemps et en été, je propose un menu entièrement végétal. Cela sous-entend que nous ayons réfléchi en amont avec Camille sur les variétés à cultiver. Nous menons aussi des essais pour espérer un jour avoir des agrumes ou des pois chiches frais.

En dehors de ce jardin, qu'avez-vous mis en place pour réduire votre empreinte carbone ?

Autour du Bellefeuille Saint James, il y a environ 4 000 m² d'espaces verts et avec le jardinier, nous plantons et récoltons des dizaines de plantes aromatiques. En parallèle, avec les déchets du restaurant, nous faisons notre propre compost, qui nourrit les différents espaces. ■

LE MAGAZINE

CHRISTOPHE COMES
LE VÉGÉTAL D'ABORD

Restaurant La Galinette à Perpignan

Oser du jour au lendemain bouleverser sa cuisine, changer les habitudes de ses clients pour proposer des plats à dominante végétale : c'est le pari gagnant de Christophe Comes, chef jardinier cueilleur qui crée en fonction de ce que lui offre la nature.

CUISINE RESPONSABLE

Comment êtes-vous passé d'un simple jardin de loisir il y a 20 ans à une production qui couvre presque l'ensemble de vos besoins ?

Quand j'ai ouvert La Galinette en 2000, j'ai eu envie d'avoir un bout de jardin. L'idée n'était pas de fournir le restaurant mais d'assouvir ma passion pour la culture, de me vider la tête entre deux services. Au fil du temps, j'ai rencontré des pépiniéristes, des collectionneurs de pommiers et de poiriers et j'ai eu envie de développer mes cultures car je ne possédais que 2 000 m². Ce qui poussait était pour la maison puis petit à petit, j'apportais, notamment les tomates au restaurant parce que j'étais frustré de la qualité de ce que j'achetais. C'est mon papa qui m'a incité à trouver plus grand. Je suis passé de 2 000 m² à l'Ille-sur-Têt à 3 hectares de jardin en terrasse avec vue sur le pic du Canigou.

Combien de variétés de fruits et de légumes faites-vous pousser ?

Tout sauf les pommes de terre, les oignons, les artichauts et les asperges. Entre les deux jardins plus ma propriété où j'ai pu installer, au cœur d'une oliveraie, 4 000 m² de tunnels, je crois que je suis autour de 5 à 600 variétés de fruits, légumes et herbes aromatiques dont une centaine d'agrumes différents.

Est-ce que les jardins ont toujours dicté votre cuisine ?

Il y a une dizaine d'années, j'ai pris conscience que si je n'avais pas les jardins, je n'avais pas envie de cuisiner. Je voulais que ma cuisine soit centrée autour de mes productions, mais les clients

◀ Jeunes légumes-racine, chou pak-choï et consommé de tomates rouges

▲ Christophe Comes parmi les légumes, fruits, herbes et fleurs qui peuplent ses serres et jardins

venaient à La Galinette pour le foie gras, les langoustines ou les rougets, pas forcément pour ma déclinaison de tomates. J'étais frustré par le décalage entre ce que j'avais envie de mettre en avant et ce que les clients choisissaient. Et surtout, je me rendais compte que je gaspillais beaucoup, car je dépends de la nature et que parfois, je me retrouve avec des quantités phénoménales de radis rave ou de navets. En 2013, j'ai pris un virage osé mais qui s'est avéré payant : cuisiner au maximum ce que les jardins fournissaient et considérer que les fruits et les légumes devaient être au centre de mes créations. J'ai perdu une partie de ma clientèle, un peu déboussolée, mais j'en ai récupéré une nouvelle, plus jeune et moins encline à fréquenter des restaurants gastronomiques. Avec une prédominance de légumes, cette clientèle se sentait moins dans un univers de luxe qui devait jusqu'alors la faire fuir.

Vous avez alors réduit votre offre ?

Effectivement j'ai décidé qu'il n'y aurait plus de carte mais seulement deux menus « dégustation de notre jardin » plus un menu au déjeuner appelé « récolte du jour ». J'ai aussi baissé les prix tout en augmentant le nombre de plats.

Comment imaginez-vous vos plats ?

Auparavant, je prenais la bonite, le saint-pierre ou le rouget et je me demandais quels légumes étaient les plus appropriés pour les accompagner. Depuis quelques années, c'est l'inverse. Je regarde ce qui pousse et en quelle quantité et je me dis, j'ai du fenouil, des blettes, des poireaux crayon, quel produit vais-je utiliser en veillant à ce que les légumes soient toujours au cœur de chaque assiette. D'ailleurs, parfois la protéine animale n'est pas présente car j'estime que les légumes se suffisent comme pour ce plat de navet natsu komachi servi avec une vinaigrette de pomelos brûlés. ■

523

LE MAGAZINE

SYLVAIN JOFFRE
CUISINIER CUEILLEUR

Restaurant En Pleine Nature à Quint-Fonsegrives

Les chefs cueilleurs sont de plus en plus nombreux. Certains s'initient à la cueillette en travaillant avec des professionnels, d'autres apprennent sur le tas mais tous ont en commun d'être extasiés par la richesse de la nature et la diversité des applications en cuisine.

À quand remonte votre passion pour la cueillette sauvage ?

Tout petit, j'étais fasciné parce ce que je pouvais trouver autour de la maison de famille à Préserville. Dans la pelouse, il y avait des champignons et dans le jardin potager, outre les légumes, des herbes sauvages, de celles que l'on appelait à l'époque, les mauvaises herbes. Mais la première cueillette qui m'a marquée, c'était en Savoie chez ma grand-mère avec un de ses voisins puis quelques années plus tard autour de Gaillac avec un confrère de mon père.

Ces moments ont suffi à vous convaincre qu'un jour, vous seriez chef cueilleur ?

À l'adolescence, j'ai regardé un reportage sur l'Aveyron que j'avais enregistré à la télévision. On y voyait un chef qui se promenait en ramassant des champignons, des fleurs, des herbes et le sujet se terminait par la préparation d'une truite sauvage avec de l'ail des ours. Ce chef, c'était Michel Bras et à cet instant, je me suis dit que j'irai travailler là-bas.

Et c'est ce qui s'est passé ?

Oui, et j'y suis resté 5 ans. Outre la connaissance que je pouvais acquérir tous les jours sur la cueillette sauvage, je trouvais surtout que la cuisine qui en découlait était une cuisine de bon sens : proposer aux convives ce qu'il y a dans la nature.

Quand vous vous installez en 2011, vous n'imaginez pas autre chose qu'une cuisine pensée à partir de la cueillette ?

C'était une évidence, je ne me voyais pas proposer autre chose. Je voulais m'appuyer sur les productions locales combinées

Tourin à l'ail des ours, asperges farcies au pain et aux herbes, œuf et bouquet sauvage ▶

aux trésors que je pouvais trouver dans la nature en m'appuyant sur les connaissances acquises même si je suis conscient que je suis loin d'avoir encore tout exploré.

Où cueillez-vous et à quel rythme ?

Je pars deux matinées par semaine en me levant aux aurores. Je me rends soit en Ariège soit dans la Montagne Noire, parfois avec une partie de la brigade quand elle est demandeuse, car je ressens le besoin de transmettre. Surtout qu'il peut y avoir vite confusion entre deux champignons ou deux plantes, et il n'y a que sur le terrain que je peux apprendre cela. J'explique aussi les différents biotopes, la façon dont il faut chercher en fonction des différentes essences d'arbres.

Quels sont les produits qui vous fascinent le plus ?

Parmi les champignons, incontestablement l'hygrophore de mars parce qu'il est rare, difficile à trouver et qu'il est un des premiers du printemps. Viennent ensuite les morilles, les cèpes ou les chanterelles. Parmi les plantes, outre le sapin qui est source inépuisable d'inspiration, j'adore l'ail des ours, l'oxalis des montagnes pour son acidité et ce citronné vif. Je n'oublie pas les feuilles de l'érythrone dent-de-chien qui apportent beaucoup de mâche et un goût de noix verte, le sureau, le mélilot pour ce côté vanille ou la reine-des-prés. Et enfin, pour les racines, la gentiane.

Est-ce que votre clientèle n'est pas déroutée par une cuisine aussi singulière ?

À mes débuts, il y avait des clients qui me disaient qu'ils n'étaient pas venus au restaurant pour manger des fleurs mais ça, c'était autrefois. Aujourd'hui, les clients viennent en connaissance de cause et restent toujours surpris par la puissance aromatique d'une plante, la texture d'une fleur ou le parfum d'un champignon. ■

▼ Farci de langoustines, ail des ours, jus de carcasses, poireaux, fleurs d'ail de Naples et triquetrum

L'ACTUALITÉ
DES PRODUITS

L'ALIMENTATION LACTO-FERMENTÉE, SIMPLE ET BIENFAISANTE

Mise de côté depuis des décennies au profit des conserves stérilisées, la fermentation des aliments revient en force. Cette technique de conservation, apparue il y a plus de 700 000 ans, comme la cuisson, est de plus en plus appréciée pour sa facilité d'exécution, ses vertus écologiques mais surtout pour ses bienfaits en termes de santé.

Consommés dans le monde entier, les aliments fermentés seraient au nombre de 5 000. Parmi les plus connus sous nos latitudes, le yaourt, le pain au levain, la choucroute, l'hydromel, la sauce soja, la crème fraîche, le saucisson sec ou encore, les olives de table. Mais depuis quelques années, d'autres aliments fermentés s'invitent à nos tables à l'instar du miso (pâte salée à base de soja fermenté), le kéfir de lait (boisson fermentée crémeuse), le kombucha (boisson à base de thé fermenté) ou le kimchi (mélange de légumes épicés fermentés).

Une histoire de bonnes bactéries

Si deux types de fermentation sont connus de tous, l'alcoolique (vin et bière) et l'acétique (vinaigre), celui qui gagne en popularité est la lacto-fermentation ou fermentation

Séparés ou mélangés, les légumes acquièrent un goût acidulé très apprécié

▲ Un "kimchi" à la coréenne peut être facilement fait à la maison

lactique. Cette technique de conservation alimentaire de longue durée ne requiert ni stérilisation ni congélation. Le principe, vieux comme le monde, s'applique essentiellement aux légumes. Épluchés et coupés selon la forme que l'on souhaite retrouver quelques semaines plus tard (râpé, rondelles, bâtonnets…), tassés dans un bocal, une jarre en céramique ou des sachets sous-vide, les légumes sont recouverts d'un mélange d'eau de source ou filtrée et de sel marin non raffiné, en prenant soin de ménager environ 2 centimètres entre le niveau de l'eau et le couvercle pour laisser de la place au gaz carbonique qui va se créer pendant la fermentation. Le bocal est ensuite stocké à température ambiante pendant 8 à 10 jours avant de rejoindre, pour deux semaines, une pièce dont la température doit être comprise entre 12 et 15° C.
Reste à comprendre ce qui se passe dans le bocal. Le sel et l'absence d'oxygène vont permettre aux bactéries lactiques, naturellement présentes sur les légumes, de se développer, de se multiplier en acidifiant le milieu. Ce phénomène va contribuer à neutraliser les micro-organismes responsables de la dégradation et du pourrissement. Au bout de plusieurs jours, le légume est stabilisé et conservé tout en ayant développé une saveur acidulée.

Autant de bienfaits que de saveurs

Outre les bienfaits économiques et écologiques — pas de consommation d'énergie pour la préparation et le stockage —, réaliser ses propres aliments fermentés, c'est aussi participer à la réduction des déchets en conservant pour longtemps des légumes que l'on aurait jetés parce que mal calibrés ou légèrement passés. Autres avantages souvent évoqués : la facilité de la réalisation (il faut simplement veiller à ce que les règles d'hygiène soient respectées), la conservation sûre (une lacto-fermentation ratée développe une odeur insoutenable qui ne donne guère envie de goûter) et le développement de nouvelles saveurs.
Mais les véritables bienfaits se ressentent au plan de la santé. Tous les spécialistes s'accordent pour souligner que les aliments fermentés sont plus faciles à digérer, qu'ils participent à renforcer notre microbiote et que la lacto-fermentation enrichit les légumes en vitamines et en minéraux. À titre d'exemple, un légume fermenté comme la choucroute contient beaucoup plus de vitamine C que le chou initial. En somme, une multitude de vertus pour un résultat savoureux, que chaque cuisinier du dimanche ou chef de cuisine peut se réapproprier. ■

LE MAGAZINE

RETOUR EN GRÂCE DES POISSONS D'EAU DOUCE

Longtemps boudés par les consommateurs, hors de quelques guinguettes, les poissons d'eau douce font un retour remarqué à la carte des restaurants gastronomiques. Jean-Michel Carrette à Tournus, Christophe Hay à Blois et Mathieu Pérou à Nantes racontent l'engouement de leur clientèle pour ces poissons.

Quelles sont les principales espèces que vos pêcheurs vous rapportent ?

Jean-Michel Carrette : des ablettes, du sandre, du silure et un peu de brochet.
Christophe Hay : avec mon pêcheur, Sylvain Arnoult, nous avons recensé une vingtaine d'espèces abondantes. Parmi elles, le goujon, le barbeau, le silure, la perche, la carpe et la brème.
Mathieu Pérou : pour varier les espèces, je travaille avec trois pêcheurs situés à des endroits différents. Le premier est sur l'Erdre, le deuxième sur la Loire et le troisième sur le lac de Grand-Lieu ce qui me permet d'avoir de la brème, du sandre, du brochet, de la carpe, du silure et de temps en temps de la tanche et du mulet.

▼ La carpe, une chair au goût méconnu

Quelle est la première réaction de vos clients à l'évocation de ces poissons ?

J-M. C : cela dépend des espèces. Le silure souffre d'une réputation de monstre. Le public le trouve effrayant mais une fois dégusté, il change d'avis.
C. H. : certains clients pensent que les poissons d'eau douce ont un goût de vase alors que la plupart, sur la Loire, vivent entre sable et galets.
M. P. : le goût de vase revient souvent, les arêtes et le côté fibreux de certaines chairs aussi, alors qu'en réalité, la majorité de ces poissons a une chair moelleuse.

Avec cette image négative, comment réussissez-vous à les faire goûter ?

J-M. C : en les imposant. Je n'ai plus de carte mais trois menus sans choix en 3, 6 ou 8 services. Il m'est donc facile en fonction de la pêche de proposer une création et je me réjouis de voir que les assiettes reviennent vides.
C. H. : mes menus sont détaillés et les clients savent qu'ils vont déguster, selon la saison, du silure poché, une crêpe soufflée de barbeau, de la carpe « à la Chambord » ou du brochet mais je me rends compte que très peu de gens demandent à changer.

©Philippe Toinard

M. P. : pas de carte mais 4 menus servis pour l'ensemble de la table, ce qui me permet de présenter mes créations. Ce qu'il faut retenir, c'est que la clientèle a peut-être une image négative des poissons d'eau douce, mais elle ne peut pas dire qu'elle n'aime pas parce qu'en réalité, elle n'en mange presque jamais. Le brochet ou le sandre au beurre blanc, c'est un peu de l'histoire ancienne. Aujourd'hui, de la brème avec du lard et des petits pois, c'est forcément une découverte.

Pourquoi avoir choisi de valoriser vos espèces locales ?

J-M. C : parce qu'elles font partie de notre terroir et parce que sur un plan écologique, c'est plus logique de travailler en local plutôt que de faire venir des poissons de l'autre bout de la France.
C. H. : quand je suis revenu dans cette région il y a dix ans et que j'ai pris conscience de la ressource, j'ai abandonné les plats à partir de poissons de mer.
M. P. : mon père et mon oncle proposaient du sandre et du brochet, comme souvent dans le

▶ Carpe à la Chambord (truffe aestivum, écrevisse, sauce au vin de Cheverny) ; Restaurant Fleur de Loire

▲ Brème, lard nantais et petits pois ; le Manoir de la Régate - Mathieu Pérou)

bassin nantais. Je me suis intéressé à ces poissons puis à d'autres. C'est tellement varié que la créativité en est boostée.

Quelle création fait votre fierté ?

J-M. C : plus qu'une création, ce sont les divers modes de cuisson appropriés à ces poissons. Avec le temps, on joue sur les textures avec la plancha, la vapeur, la friture.
C. H. : la carpe « à la Chambord » parce qu'elle m'a demandé des mois de réflexion.
M. P. : pas forcément une création mais ce que l'on peut faire avec la globalité du poisson. Les arêtes pour les jus, les œufs pour le tarama, les peaux soufflées. ■

LE MAGAZINE

GALLINACÉ DE LA HAUTE-COUR !

Parmi les récentes Appellations d'Origine, soit Contrôlées, soit Protégées, celle du poulet du Bourbonnais en 2023 a été un véritable événement car elle consacre une race ancienne portée par une poignée d'éleveurs de l'Allier.

Depuis 1957, la volaille de Bresse, issue de la race Gauloise blanche de Bresse, pouvait s'enorgueillir d'être la seule en France à avoir obtenu une appellation d'origine contrôlée. La consécration du poulet du Bourbonnais rebat les cartes et offre une alternative aux chefs de cuisine.

Histoire d'une renaissance

Connue dans l'Allier depuis le 19e siècle, cette volaille servie autrefois dans les restaurants - généralement avec des écrevisses -, a été poussée vers la sortie, comme nombre de races anciennes ou rustiques, après la Seconde guerre mondiale, quand la priorité était aux races à croissance rapide. Des décennies après cette quasi-extinction, Bernard Leutrat (ancien président du syndicat de défense des volailles fermières d'Auvergne) met la main sur des coqs reproducteurs. Il partage cette découverte avec François Périchon, fils, petit-fils et arrière-petit-fils d'éleveurs de volaille, et tous deux accueillent leurs premiers lots de poussins en 1994. L'idée de déposer un dossier de reconnaissance en appellation d'origine contrôlée est immédiate mais les éleveurs sont confrontés à un règlement qui indique que le nom du produit ne peut être le même que la race. La potentielle consécration est mise en attente le temps que la législation évolue. Ce n'est que dans les années 2000 que les éleveurs retentent leur chance et après vingt-deux ans de travail en étroite collaboration avec l'Inao (Institut national de l'origine et de la qualité), ils ont enfin été récompensés.

Huit éleveurs passionnés

Franck, Jean-Yves, Marie-Laure et Valentin, Pierre, Julien et Brigitte, Henri-Claude, Jean-François, Sébastien sont les seuls éleveurs répartis sur le département de l'Allier. Avant l'obtention de l'AOC, ils étaient une quinzaine mais certains, lassés d'attendre la distinction suprême, ont jeté l'éponge quand d'autres ont tout simplement pris leur retraite.

Produire du poulet du Bourbonnais, reconnaissable à son plumage herminé, ne peut être qu'un complément de revenus, vu le cahier des charges de l'appellation. Celui-ci fixe à quatre le nombre maximum de bâtiments autorisés par élevage, sachant qu'un bâtiment – le plus souvent une longue cabane en bois sur pilotis – accueille 500 poulets pour un élevage de minimum 101 jours, soit environ 1 500 poulets par an et par cabane. Pas de quoi en vivre, mais ce n'est pas la volonté première de ces éleveurs déjà engagés sur d'autres productions.
En revanche, tous ont en commun la défense d'une volaille d'excellence élevée en plein air, sur un terrain herbeux, non traité et arboré.

▼ François Perichon et l'un de ses poulets du Bourbonnais

Une demande croissante et un chef ambassadeur

L'AOC puis l'AOP ont nettement dynamisé les ventes et les 25 000 poulets produits chaque année trouvent allègrement preneurs dans les grandes surfaces, les boucheries et les restaurants. Parmi les chefs qui l'ont adopté, Olivier Valade du Château Saint-Jean à Montluçon, nommé ambassadeur de la race, qui magnifie cette chair unique et délicate à travers ses créations : filet fondant et cuisse aux algues, céleri-rave onctueux et fermenté et jus concentré ; blanc laqué de vin et ail doux, aileron confit 30 heures au foie gras, topinambours et crosnes au jus, sauce à la truffe noire. Deux assiettes inspirantes pour des chefs qui auraient à cœur de défendre une race passée de la basse-cour à la haute-cour de la volaille. ■

LE MAGAZINE

LE SAFRAN, L'OR ROUGE

Dominé par l'Iran qui produit, selon les années, entre 150 et 200 tonnes de safran, le marché de cette épice considérée comme la plus chère au monde, se concentre autour de cinq pays. Avec sa centaine de kilos, la France est loin de subvenir à ses besoins mais les chefs de cuisine ont à cœur de soutenir localement une production particulière et historique.

À Cajarc dans le Lot, le chef Claude-Emmanuel Robin n'a pas appelé par hasard son restaurant, installé dans l'ancien presbytère, La Maison du Safran. Il y propose, de l'apéritif au dessert, un grand nombre de créations safranées, à l'instar du filet de bar rôti au beurre de sauge, jus crémé d'exsudat au safran du Quercy ; le rocamadour rôti sur pain brioché, fine gelée de safran et « comme un baba » entre safran et cognac, abricots confits et notes d'agrumes.

Et pour cause : le Quercy, sans être le berceau du safran en France, concentre entre Lot, Tarn, Dordogne, Corrèze, Aveyron et Tarn-et-Garonne, une soixantaine de producteurs sur les 200 que compte l'Hexagone.

Un renouveau récent

Dans le Quercy, la relance de la production remonte à 1997. Avant cette date, un peu partout en France, quelques rares producteurs de safran tentaient de subsister mais la culture était nettement en déclin après avoir été prospère jusqu'au milieu du 20e siècle. Notamment dans le Gâtinais où des archives départementales ont démontré que la seule commune de Pannes (Loiret) possédait en 1811, 13 hectares consacrés au safran pour une production de 6 kg/ha. En 2024, on estimait que la France produisait à peine 100 kg sur l'ensemble du territoire, et si le Quercy et le Gâtinais restent deux places fortes du safran, la production est attestée dans une quarantaine de départements. En témoignent les safraniers qui se regroupent en association comme en Touraine (une vingtaine d'adhérents), en Provence (environ 25) ou en Poitou-Charentes. D'autres surprennent par leur emplacement géographique excentré à l'image du Safran des Anges à Saint-Jean-de-la-Porte en Savoie ou, dans le même département, la famille Berlioz à Saint-Pierre-de-Belleville, qui

▲ Cueillette des fleurs de *Crocus sativus* dans les brumes automnales

▲ 40 heures de travail manuel sont nécessaires pour obtenir 1 kg de safran sec

fournit du safran bio à l'Auberge du Père Bise à Talloires-Montmin, où le chef Jean Sulpice ose des mariages avec des écrevisses ou du chocolat.

Un climat et une terre propices

Pour se développer, le *Crocus sativus*, s'accommode d'un climat pluvieux au printemps, de températures chaudes en été pour favoriser la floraison en automne et d'un hiver froid, sans de trop longues périodes de gel. Le tout sur un sol argilo-calcaire ou argilo-sableux, riche en matière organique et neutre, exposé au sud, sud-est ou sud-ouest, sans ombrage. C'est en automne que la récolte manuelle s'opère, tôt le matin quand la rosée s'évapore mais avant que les pétales ne s'ouvrent (il faut en moyenne 200 fleurs pour obtenir 1 gramme de safran sec). Immédiatement après la récolte, vient l'étape de l'émondage qui consiste à retirer les trois stigmates en ne conservant que la partie rouge, puis le séchage dans un four domestique.

Un savoir-faire et des « petites mains »

Chaque safranier dose la puissance du produit final en faisant varier la durée, entre 20 et 30 minutes, et la chaleur, de 30 à 50°C. À ce stade, le safran est conservé à l'abri de la lumière dans un bocal hermétique mais ne peut être utilisé immédiatement. Il est nécessaire de le laisser s'affiner entre 2 et 3 mois pour que les parfums se développent. Conservé dans de bonnes conditions (pas d'air, pas d'humidité, pas de lumière), le safran dévoilera tous ses parfums pendant trois ans environ. ■

LE MAGAZINE

LES CHEFS, TOQUÉS DU PAIN MAISON

Au sein de leur établissement ou au cœur de leur village, de plus en plus de chefs se sont lancés dans la production de leur propre pain, souvent à partir de farines locales, pour le plaisir de retrouver le vrai goût du pain.

Au Bristol à Paris, à l'Oustau de Baumanière aux Baux-de-Provence, au restaurant En Pleine Nature à Quint-Fonsegrives mais aussi aux Maisons Marcon à Saint-Bonnet-le-froid, au Chambard à Kaysersberg, chez Alexandre Couillon à Noirmoutier ou à La Butte à Plouider, produire du pain pour le restaurant et l'hôtel, mais aussi pour les habitants du village, est devenu une nécessité. Et parfois un combat pour préserver un savoir-faire et faire face à la disparition des commerces. Entretien avec Nicolas Conraux, chef de cuisine en Bretagne, où le tandem pain-beurre salé est plus qu'une tradition en début de repas.

▼ Du pain de qualité pour les convives du restaurant, mais aussi les clients de passage

Pour quelles raisons vous êtes-vous lancé dans la production boulangère ?

C'est tout un concours de circonstances. En 2016, après avoir été formés par le boulanger Michel Izard installé à Lannilis, nous produisions des pains et des viennoiseries, mais seulement pour le restaurant gastronomique et les clients de l'hôtel. En parallèle, j'avais Malika Bergot, au sein de mes équipes de pâtisserie, dont le rêve était d'ouvrir une boulangerie-pâtisserie. Le hasard a voulu que la dernière boulangerie du village ferme fin 2018. Dans un premier temps, je l'ai reprise et confiée à Malika. Elle a totalement retravaillé toute la gamme, en arrêtant la baguette de pain blanc au fil des mois. Très vite, face au succès, nous avons compris que nous serions à l'étroit et j'ai aménagé une boulangerie au cœur de La Butte. Elle produit tout ce dont nous avons besoin pour mes différents établissements mais elle reste la boulangerie du village et emploie 12 personnes.

Pourquoi ne pas se tourner vers un boulanger de la région pour vous fournir en pains ?

Aussi bons et aussi doués soient-ils, ils ne produisent pas forcément selon les critères

◀ La boulangerie de La Butte emploie douze salariés pour satisfaire la demande du restaurant et du village

que je m'étais fixés et qui sont liés à mes convictions écologiques. Je voulais, par exemple, que les farines soient issues de l'agriculture bretonne, que les pains soient exclusivement au levain et qu'il n'y ait aucun additif.

L'investissement en temps et en argent est-il intéressant ?

Ce n'est pas sous cet angle qu'il faut prendre en compte l'investissement. À mes yeux, le pain fait partie de la table et à ce titre, il doit être à la hauteur de la table. Et c'est la même chose pour les viennoiseries du petit-déjeuner de l'hôtel. Il y a trop d'établissements où la qualité est déplorable parce que les dirigeants ont cédé aux sirènes des industriels. Je peux entendre que ça soit plus facile mais si c'est pour manger la même chose à 10, 50 ou 200 kilomètres, ça n'a aucun intérêt. Un pain, une viennoiserie, ça doit rester identitaire. C'est la signature d'une maison comme le beurre. C'est un des souvenirs qu'un client va garder en tête.

Nicolas Conraux et Malika Bergot ▶

Est-ce que les clients de votre établissement sont conscients du travail réalisé ?

Pour le goût oui, ils font tout de suite la différence et nombre de clients de l'hôtel passent à la boulangerie en partant parce qu'ils veulent emporter du pain chez eux. Et puis, il y a aussi l'aspect écologique, que l'on n'hésite pas à dévoiler : les restes de pain entrent dans la composition de la bière, qui donne naissance au pain à la bière ou le miso de sarrasin, que l'on produit avec les pains de sarrasin séchés. Il y a tout un écosystème de production et de réutilisation pour mener au zéro déchet, ce qui ne laisse pas les clients insensibles. ■

©Émilie Guelpa (1-2-3)

LE MAGAZINE

LE BEURRE À TABLE, UNE TRADITION OU UN PÉCHÉ ?

Doux ou salé, nature, aux algues, au piment ou aux olives, le beurre trône au centre de la table dès le début du repas avec le pain. Coutume ancestrale ou piège pour gourmands ?

Quand, sur une partie de l'Hexagone, les restaurateurs convient leurs clients à goûter une huile d'olive avec un morceau de pain, d'autres jouent la carte du beurre artisanal ou fait-maison pour valoriser leur terroir ou pour conserver une tradition familiale.

Marqueur identitaire

Installé depuis 2002 au restaurant Aux Pesked à Saint-Brieuc, Mathieu Aumont a toujours disposé du beurre sur les tables : *« c'est un souvenir d'enfance, une tradition. Que ce soit chez mes parents ou chez mes grands-parents, il y avait toujours le beurrier à table. »* Même son de cloche chez Franck Quinton au Manoir du Lys à Bagnoles-de-l'Orne en Normandie : *« À la maison, il y a toujours eu du beurre. La vraie différence au restaurant avec le temps, c'est la qualité de ce qui est présenté qui a évolué. Aujourd'hui, nous avons mis au point un beurre aux champignons qui reflète le positionnement culinaire du restaurant et de la maison, de manière plus globale. »*

Moment de dégustation

Pour Mathieu Aumont, outre le fait qu'il est normal de présenter le beurre au début du repas parce qu'il est un symbole de la Bretagne, le beurre est avant tout une façon réconfortante d'accueillir. Un sentiment que partage Stéphane Pitré du restaurant Louis à Paris : *« Le beurre, c'est le bonbon du début de repas. Servi dès l'arrivée des convives avec du pain, il permet, soit de patienter en attendant le dernier retardataire, soit d'être un élément de discussion qui va lancer la soirée. Quand le pain et le beurre sont bons, les personnes autour de la table échangent sur le sujet avant de passer à autre chose. »* Le nom du fabricant est d'ailleurs très souvent cité dans la liste des fournisseurs au même titre que le pêcheur, le maraîcher, l'éleveur de volaille ou le fournisseur d'herbes aromatiques et le personnel de salle le décrit à l'instar d'un mets du menu. *« C'est important de valoriser le travail de nos artisans »*, précise Franck Quinton. Il a fait appel à Patrick Mercier de la Ferme du Champ Secret dans l'Orne, connu des amateurs de camembert fermier de Normandie au lait cru de vaches normandes : *« Le beurre que nous disposons sur la table est la combinaison du champignon, le marqueur de notre restaurant, et du lait normand. On le présente aux convives, d'une part parce qu'ils ne le trouveront nulle part ailleurs, et d'autre part parce qu'il est le fruit d'un travail local. »* Aux Pesked à Saint-Brieuc, le beurre est présenté dans un récipient réalisé par les Verreries de Bréhat (photo ci-contre) et servi avec un pain de Saint-Laurent, de la commune voisine de Plérin :

« Il faut une certaine cohérence à défendre les trésors identitaires d'une région » selon Mathieu Aumont qui ajoute que quand il se rend dans un restaurant du sud-est, il n'est pas choqué qu'il n'y ait pas du beurre en guise de gourmandise d'accueil mais une huile d'olive ou d'excellents gressins faits maison : *« Chacun doit valoriser le travail des artisans locaux selon ses traditions. »*

Excès de gourmandise

Mais à trop vouloir se jeter sur le pain et le beurre en guise de bienvenue, ne serait-ce pas un piège pour la suite du repas ? Stéphane Pitré a constaté qu'au déjeuner et au dîner, les habitudes n'étaient pas les mêmes : *« Le midi, les clients mangent plus vite et font plus attention parce que la journée de travail n'est pas finie. Le soir c'est différent. Du coup, je ne sers plus de beurre au déjeuner et personne ne m'en a tenu rigueur. »* Au Manoir du Lys, Franck Quinton considère le beurre et le pain au levain comme un amuse-bouche et voit que les clients gèrent parfaitement leur consommation ce qui fait dire à Mathieu Aumont qu'il est hors de question de les réfréner : *« ils savent qu'il y a un menu en 4 ou 5 services mais quand c'est bon, pourquoi s'en priver ? D'ailleurs, quand il n'y en a plus, on renouvelle mais on voit que la consommation diminue au fil du repas. En revanche, quand on débarrasse, vous pouvez être certains qu'il y aura toujours un client qui voudra finir le beurre. »* ∎

LE MAGAZINE

QUAND L'INFLATION REND LES DESSERTS MOINS DOUX

Beurre, sucre, café, cacao, céréales… le cours de plusieurs matières premières s'est affolé ces deux dernières années. Les professionnels ont d'abord accepté de rogner sur leurs marges pour ne pas pénaliser le client final, mais jusqu'à quand ?

Si l'inflation de 2022 était essentiellement due à la flambée des prix de l'énergie, 2023 et 2024 ont été marquées par des perturbations climatiques majeures. Au Brésil et dans une partie de l'Amérique Latine, la sécheresse et les incendies ont affecté les récoltes de café quand les cacaoyers de Côte d'Ivoire et du Ghana, deux pays qui fournissent plus de la moitié de la production mondiale de cacao, étaient attaqués par une maladie virale combinée à de fortes chaleurs. En Europe, la production de beurre a marqué le pas en raison de la fièvre catarrhale qui se propage dans les élevages et fait chuter la production de lait.

Des augmentations extravagantes

Fin septembre 2024, le cours de la tonne de beurre culminait à 8 180 euros, du jamais vu depuis 2015. Le sucre blanc, de son côté, faisait le yoyo entre records de hausse et chutes aussi spectaculaires pendant que les cours de café robusta et d'arabica, au printemps 2024, atteignaient des sommets avec une augmentation moyenne de 147 % sur l'année. Mais le plus flagrant concernait le cacao. En décembre 2022, le tonne de cacao

▼ Cabosses de cacao à différents degrés de maturité

▲ Provenant de sources plus diversifiées que le cacao, le café a pourtant connu de fortes hausses

tournait en moyenne autour de 2 500 dollars. Deux ans plus tard, la tonne s'échangeait autour de 10 000 dollars à New York soit une hausse de 122 % sur un an, 300 % sur deux ans.

Des répercussions évidentes

En septembre 2024, la chocolaterie française Valrhona, qui fournit un certain nombre de chefs et d'artisans, s'adressait à ses clients pour leur rappeler la situation, c'est-à-dire une augmentation de la demande non anticipée combinée à une baisse de production de la matière première, en lien avec des événements climatiques extrêmes, qui ont entraîné de mauvaises récoltes, principalement en Afrique de l'Ouest. Conséquence : une augmentation moyenne des chocolats de couverture de 30 %, + 25 % pour le vrac et + 11 % pour le gianduja. Si au cours des mois précédents cette annonce, les pâtissiers et chocolatiers ont annoncé rogner sur leurs marges, la succession des crises et l'envolée des cours du cacao et du sucre ne sont aujourd'hui plus tenables. Fort heureusement, comme le soulignait Laurent Le Daniel, président de la Confédération nationale des artisans pâtissiers, chocolatiers, confiseurs, glaciers et traiteurs : *« Si le cacao augmente de 30 %, cela ne signifie pas que les chocolats seront 30 % plus chers »* car en réalité, le cacao ne représente qu'une fraction relativement modeste du coût de production d'un moulage, d'un bonbon fourré ou d'une truffe.

Plusieurs pistes pour satisfaire les gourmands

En décembre 2024, la profession estimait que la répercussion pour le consommateur serait de 50 centimes à 1 euro pour une boîte de chocolats chez un artisan chocolatier. Chez les pâtissiers, la première solution consiste à acheter et à stocker le cacao ou le beurre quand les cours sont raisonnables mais cela peut aussi avoir des conséquences néfastes sur l'équilibre du marché. La deuxième préconise de réduire la production de pâtisseries à base de chocolat, mais surtout pas le grammage du chocolat dans les gâteaux. Enfin, la troisième est de repenser l'offre en développant des pâtisseries avec des fruits de saison dont les prix d'achat ne fluctuent pas autant que les matières premières que sont le beurre, le sucre, le cacao ou le café. ■

LE MAGAZINE

LE THÉ « PRODUCT OF FRANCE »

Concentrée en Chine, en Inde, au Sri-Lanka, au Kenya et au Vietnam, la culture du thé représente environ 7 millions de tonnes par an. Avec 1 500 kilos produits dans l'Hexagone, la trentaine de théiculteurs français est loin de bousculer l'ordre établi mais leur travail de qualité intéresse de plus en plus les sommeliers, les pâtissiers et les chefs de cuisine.

Comment un produit aussi emblématique de l'Asie que le thé peut-il se retrouver affublé d'une étiquette « Produit de France » ?

Des pionniers bretons

Si l'on excepte les plantations mises en place dans les années 1950 à La Réunion, les pionniers du thé produit en France sont Denis Mazerolle et son épouse Weizi. C'est en 2006 dans la vallée du Blavet dans le Morbihan, qu'ils ont planté leurs 10 premiers *Camellia sinensis,* communément appelé théier, pour une première récolte en 2014. Produire du thé nécessite beaucoup de patience puisqu'entre la plantation et la récolte, plus de cinq ans peuvent s'écouler. Aujourd'hui, le couple possède pas moins de 13 000 théiers issus de boutures ou de graines. D'autres théiculteurs les ont rejoints en Bretagne, région propice pour le développement du *Camelia sinensis,* qui apprécie le climat océanique et tempéré, les sols acides avec des poches argileuses, le tout sans subir de stress hydrique.

Une nouvelle génération

Il n'y a pas que le massif Armoricain qui soit une terre de prédilection, d'autres théiculteurs

▶ Le bien nommé Émile Auté jauge sa récolte

ACTUALITÉ DES PRODUITS

▲ Lucas Ben-Moura soigne les plans de son "Arrieulat", en Hautes-Pyrénées

ont planté dans le pays Basque, dans le pourtour du Massif Central notamment en Dordogne, dans le Tarn, en Lozère, dans les Cévennes et sur une ligne qui va de Montpellier aux Hautes-Pyrénées. Si certains en vivent comme Denis et Weizi Mazerolle ou Émile Auté, à la fois producteur en Bretagne et transformateur pour des théiculteurs, d'autres n'en sont qu'à leurs premières récoltes, quand une poignée doit encore patienter quelques années pour pouvoir assurer leur première cueillette et espérer rentrer dans leurs frais car produire du thé a un coût. Un théier est vendu en moyenne entre 5 et 10 € mais il en faut 7 000 sur 1 hectare pour espérer en vivre. Il n'est donc pas rare de trouver dans les néo-théiculteurs des hommes et des femmes qui ont une double activité en attendant des jours meilleurs. Lucas Ben-Moura a passé ce cap. Diplômé d'AgroParisTech, béarnais et bigourdan, il a appris la culture du thé en Indonésie puis dans le nord du Laos et enfin au Népal. Après des premiers essais en 2018, il a planté deux ans plus tard en agroécologie, 2 000 théiers bretons et 1 500 théiers du Népal et d'Italie dans une prairie en terrasse dans la vallée d'Argelès-Gazost et a été récompensé par une première récolte en 2023. À Ustaritz, quelques dizaines de kilomètres plus loin en Pays basque, Mikel Esclamadon a planté en 2000 après avoir découvert le thé au Açores. Depuis 2023, il commercialise ses premières récoltes (6 kilos pour un objectif de 15) en vert et en noir.

Une ambassadrice

Lydia Gautier, fondatrice de la marque éponyme, sourceuse, productrice en Corrèze et créatrice de thés pour le grand public et les professionnels de l'hôtellerie-restauration, suit de près une grande partie de ces théiculteurs pour la qualité de leurs thés, qu'elle commercialise sur son site ou auprès d'une centaine d'hôtels, de restaurants et de salons de thé qui ont changé leur regard sur ce produit millénaire. Ils sont aujourd'hui fiers de brandir leur engagement à valoriser le travail de producteurs français et aider à développer une filière qui a prouvé qu'elle possédait un savoir-faire rare et précieux. ■

LE MAGAZINE

LES CHEFS PÂTISSIERS AU SOUTIEN DES APICULTEURS

Dans un contexte de production en baisse régulière et d'importations en forte hausse, les apiculteurs ont besoin de se sentir soutenus par le grand public mais aussi par les chefs pâtissiers. Et ceux-ci savent faire preuve de créativité quand il s'agit d'intégrer le miel dans leurs desserts comme ingrédient principal ou en remplacement du sucre.

Soufflé au miel de lavande à La Table de Xavier Mathieu à Joucas (84) ; miel et avoine au Manoir de la Régate à Nantes (44) ; miel de nos ruches, framboises et gingembre, glace au miel et pollen au Bristol à Paris ; miel, amande et orange au Ritz ou vacherin, fraises des bois et pollen au restaurant Plénitude du Cheval Blanc Paris… Les créations à base de miel ne manquent pas, même si elles sont plus rares que les desserts à base de chocolat, de vanille, de praliné, de fruits rouges ou de sarrasin, à la mode depuis quelques années. Sans exiger un dessert au miel sur toutes les cartes des restaurants, la situation de l'apiculture française est si grave que les chefs pâtissiers — qui fort heureusement ne travaillent qu'avec des apiculteurs français —, doivent s'engager davantage pour la soutenir.

Une situation inquiétante

En Bretagne, une apicultrice a récemment perdu 200 essaims, et sur les 60 qu'il lui reste, la majorité était en mauvaise santé. En Vendée, un apiculteur a constaté que le taux de mortalité de ses abeilles était passé de 5 à 30 % et que les reines, qui ont généralement une espérance de vie de cinq ans, mourraient au bout de deux ans. Quelques exemples parmi des centaines. En France, plus de 300 000 colonies disparaissent chaque année et si le nombre d'apiculteurs se maintient autour de 70 000, la production baisse, quand les chiffres de l'importation explosent, passant de 6 000 tonnes en 1995 à 35 500 en 2022. Une situation alarmante quand on sait que 80 % des espèces végétales se reproduisent

©Hugues Charrier - ©Nicolas Ceroni

▶ Madeleine au miel de la Sainte Baume par Maxime Frédéric au Restaurant Plénitude

grâce aux insectes pollinisateurs, qu'un tiers des récoltes mondiales dépend de la pollinisation. Si celle-ci continue à diminuer, la planète aura un réel problème pour assurer sa sécurité alimentaire. Les causes sont connues depuis des décennies : l'urbanisation galopante qui grignote les campagnes et donc le garde-manger des abeilles, le manque d'eau lié aux vagues de chaleur successives, la prolifération du frelon asiatique et de l'acarien *varroa destructor*, les changements climatiques avec des saisons trop douces, trop pluvieuses ou caniculaires, les monocultures et les pesticides qui intoxiquent les abeilles et les désorientent.

Des initiatives salvatrices

Dans le massif de la Sainte-Baume (Var), Thierry Dufresne a créé en 2014 l'Observatoire français d'apidologie, une association déclarée d'intérêt général, qui a pour vocation la recherche, la formation et la sensibilisation. Le premier objectif englobe des travaux menés autour du *varroa destructor*, l'amélioration du cheptel apicole par un travail de sélection, comme dans d'autres filières d'élevage, pour fournir des colonies résistantes aux agressions extérieures.

Le deuxième est de fournir aux apiculteurs les résultats de ces recherches et de les former notamment sur le comportement des abeilles, les techniques de sélection et d'élevage et enfin des techniques sanitaires. Le troisième et dernier grand axe regroupe des actions de sensibilisation auprès du grand public et des professionnels de la restauration. Aucun engagement n'est demandé aux chefs pâtissiers, mais gageons que ce travail de sensibilisation leur donne envie de travailler encore davantage le miel. Ou plutôt les miels, tant la variété est grande de couleurs, de textures, de provenances et de parfums. ■

ACTUALITÉ DES PRODUITS

SOCIÉTÉ & ENVIRONNEMENT

LES POISSONS ENTRE DEUX MAUX

La surpêche de certaines espèces de poissons, ajoutée aux effets du changement climatique et aux pollutions des mers, met en péril de nombreuses espèces de poissons. Sans une prise de conscience et des actions concrètes de toute la filère, du pêcheur au consommateur, tôt ou tard, elles disparaitront de nos assiettes.

▲ Christopher Coutanceau, chef et pêcheur concerné

Sondage après sondage, étude après étude, le podium des poissons préférés des Français ne varie guère. En tête, le saumon – d'élevage – suivi du cabillaud et, selon les années, le lieu jaune, la dorade ou le merlu occupent la troisième place. Un classement qui inquiète le chef de cuisine Christopher Coutanceau (voir portrait p. 12), à La Rochelle, qui considère qu'il est dangereux pour la survie des espèces et contribue à uniformiser les assiettes.

En 2024, 3 500 chefs de cuisine se sont engagés à ne plus servir d'anguille, en danger critique d'extinction. Que pensez-vous de cette initiative ?

Toute prise de conscience est à saluer. Nous devons tous nous unir pour soutenir les variétés en danger, mais je m'interroge sur une logique : pourquoi la pêche de la pibale – l'alevin de l'anguille – reste autorisée, bien que très réglementée ? Si l'on veut tenter de sauver une variété, pourquoi ne pas commencer par le début de la chaîne ? En prélevant des pibales par kilos, on réduit mathématiquement les chances de faire perdurer l'espèce.

Comment expliquez-vous que l'on retrouve toujours les mêmes espèces dans les restaurants, depuis la cantine scolaire jusqu'à la table gastronomique ?

Je crois que tout le monde est responsable, le pêcheur, le

©Olivier Roux - ©Philippe Vaures Santamaria

consommateur, le poissonnier, le chef. Les pêcheurs pêchent ce qui se vend et nous servons ce que les consommateurs connaissent. Il faut changer de logiciel, apprendre à manger de tout en respectant les saisons. À titre d'exemple, la langoustine est un crustacé saisonnier, dont on dit qu'elle se pêche quand la saison de la saint-jacques s'arrête. Pourquoi en trouve-t-on toute l'année ? Ce n'est pas en la proposant du 1er janvier au 31 décembre que l'on va réussir à expliquer le système des saisons aux consommateurs.

Comment expliquer que de nombreuses variétés de poissons n'arrivent jamais dans nos assiettes ?

Parce que l'on a cherché depuis des lustres à classer les poissons en nobles et moins nobles. Il n'y a pas de poissons nobles. Il faut apprendre à sublimer toutes les variétés. Pourquoi le tacaud est si peu valorisé alors qu'il pullule et que sa chair est digne d'un merlan de ligne ? Pourquoi ne sert-on que trop rarement de la plie ou du carrelet, du mérou, de la vieille, que l'on considère bonne uniquement pour la soupe de poissons ? Parce que ce n'est pas tendance par rapport au cabillaud, au lieu jaune ou au saumon. Il est là le problème, c'est d'avoir classifié des poissons selon des tendances de consommation. Cela exclut donc de nombreuses variétés de nos menus.

Comment peut-on sortir de cette situation ?

Ça va être compliqué parce que la prise de conscience est trop tardive mais tout le monde doit jouer le jeu. Dans les restaurants, il faut expliquer, éduquer et surtout, imposer. Les clients sont ouverts à découvrir de nouvelles variétés mais si vous leur proposez du cabillaud et de la vive, il est certain qu'ils vont prendre le cabillaud dans la plupart des cas. Si vous retirez le cabillaud et que vous faites un peu de pédagogie autour de la vive, ils tenteront l'expérience et ne le regretteront pas. La cuisine du poisson est aseptisée, on mange la même chose partout. Il n'y a plus de signature culinaire autour du poisson puisqu'une grande majorité le prépare et le sert de la même façon. ■

Maquereau, petits pois et œuf confit, par Christopher Coutanceau

LE MAGAZINE

LE VÉGÉTAL EN MISSION "SÉDUCTION"

Pour des raisons écologiques, pour s'adapter aux demandes croissantes des convives ou encore pour souligner que le légume ne doit pas être le parent pauvre de l'assiette, les chefs de cuisine font preuve d'inspiration et de créativité en "verdissant" de plus en plus leurs assiettes, pour le plus grand bonheur des végétariens mais aussi des omnivores.

La part des régimes sans viande resterait marginale, selon une étude menée en 2020 par FranceAgriMer auprès de 15 000 personnes de 15 et 70 ans. Ainsi, l'étude estimait que 2,2 % des Français interrogés étaient pescétariens, végétariens ou vegans, 24 % se considéraient comme flexitariens (limitant volontairement leur consommation de viande) et 74 % se classaient parmi les omnivores. La part de cette dernière catégorie est si importante que l'on peut légitimement se demander pourquoi les chefs de cuisine végétalisent de plus en plus leurs assiettes. Pour le chef Christophe Aribert de la Maison Aribert à Uriage-les-Bains (38), le constat est simple : *« les omnivores ne sont pas que des viandards, ils sont ouverts à tout et ce sont eux qui nous poussent à imaginer une cuisine sans viande le temps d'un repas gastronomique. Pour, je crois, ne pas avoir le sentiment de manger les mêmes produits qu'à la maison. »*

Un déclic après le confinement

Sans qu'il y ait d'explication rationnelle, les chefs interrogés situent la demande croissante pour des assiettes de plus en plus végétalisées au sortir des différents confinements. Une volonté de se tourner vers des assiettes santé ? Un changement de paradigme ? Un souhait de consommer différemment ? Des questions d'ordre environnemental ? Une sensibilisation au bien-être animal ? Toujours est-il que les chefs ont ressenti une attente forte à partir de 2020. Pour Christophe Aribert, il n'y avait pas de difficultés réelles à s'adapter : *« j'avais déjà grandement baissé mes apports en protéines animales car, quels que soient les produits cuisinés, les convives sont ici pour vivre un moment gastronomique. C'est l'émotion qui se dégage de ce*

▲ Poireaux rôtis oignons doux confit au vinaigre, glace ail des ours et capucines par Christophe Aribert

◀ Céleri cuit en croûte de sel puis laqué au jus de légumes, truffe melano de Bourgogne par Angelo Ferrigno

en place. Pour autant, je ne suis jamais pris au dépourvu. Si une personne sur une table de quatre ne veut manger que végétal, je suis à même de réagir immédiatement et de répondre à sa demande. »

moment qui compte, et on peut la faire vivre avec du céleri rave ou de l'endive. »

À Dijon, au restaurant Cibo ouvert en 2020, le chef Angelo Ferrigno avait lui aussi beaucoup végétalisé son menu par un positionnement géographique : *« tous mes fournisseurs sont à moins de 150 km. Cela exclut un grand nombre de produits et selon les saisons, je peux ne pas avoir du tout de protéines animales parce que personne n'est à même de m'en fournir. Dans ce cas, je me tourne vers le végétal et je me rends compte que personne ne m'en tient rigueur. »*

C'est plus compliqué à Paris pour le chef Frédéric Simonin : *« ici, les clients sont habitués à avoir de tout, tout le temps. Évidemment, j'ai des assiettes végétales mais ce n'est pas la majorité de mon offre. C'est plus facile pour les entrées mais pour les plats, avec une clientèle d'affaires, même si je restreins la viande, le poisson reste*

Une créativité décuplée

Pour Angelo Ferrigno : *« un céleri rave est aussi précieux qu'un sandre, mais il offre plus de possibilités de cuisson, de préparation, de présentation. »* Même conviction pour Christophe Aribert, toujours à propos du céleri rave : *« on peut le consommer avec la peau, le présenter confit, en purée et je reste convaincu qu'un client se souviendra de la façon dont j'ai traité ce légume, alors qu'il ne gardera peut-être pas le même souvenir ému d'un plat à base de truite. »*

Triste, la cuisine végétale ? Essayez de résister à cette création de Christophe Aribert : de l'endive rôtie au miel, déglacée au vinaigre, une glace à la tagète et du praliné, ou l'art et la manière d'apporter une texture juste cuite, une saveur herbacée et de la gourmandise à peine acidulée. Une assiette qui ne frustre ni le chef ni le convive omnivore. ■

LE MAGAZINE

LES CIRCUITS COURTS, TOUT LE MONDE Y GAGNE

Sur leur carte, les chefs de cuisine rendent de plus en plus souvent hommage, en les citant, aux producteurs qui leur fournissent quotidiennement la base de leur travail. Pour ces femmes et ces hommes, c'est une fierté de contribuer à ces tables, et pour les restaurateurs, l'assurance de leur garantir une rémunération supérieure à la moyenne.

Au printemps 2020, la France se confinait. Les marchés, les magasins de producteurs et les commerces de proximité baissaient leur rideau, au grand dam des s'impliquaient également auprès de leurs producteurs en développant une offre de menus à emporter majoritairement conçus à partir des produits locaux.

▲ Les fruits et légumes ont bénéficié des circuits directs, au même titre que les viandes, poissons, œufs, fromages et laitages, vins et spiritueux, etc.

agriculteurs qui se retrouvaient avec des quantités de produits à écouler. Si, dans un premier temps, la grande distribution est venue au secours de ces producteurs en s'engageant à proposer une offre locale, ce sont essentiellement les consommateurs qui se sont tournés vers les agriculteurs pour leur venir en aide en achetant en direct sur le lieu de production, via les plateformes de commandes en ligne ou les *drives* mis en place par le monde agricole. Les chefs de cuisine, pour ceux qui le pouvaient, s'impliquaient également auprès de leurs producteurs en développant une offre de menus à emporter majoritairement conçus à partir des produits locaux.

Le circuit court connaissait son heure de gloire avant de vivre une situation contrastée, selon les territoires, après le déconfinement.

Transformer l'effort en bonne habitude

Si une partie des consommateurs a repris ses habitudes d'avant Covid, une autre a continué à privilégier ce mode d'achat. Dans la restauration, les chefs n'ont pas perdu leurs habitudes et semblent même avoir accentué leurs

©Philippe Toinard

relations auprès des producteurs locaux. Si la pandémie a été un élément déclencheur parmi d'autres, la prise de conscience écologique a clairement été un atout pour le monde agricole. En effet, nombreux sont les chefs de cuisine à avoir mesuré l'importance de recentrer leur offre sur les trésors de leurs territoires. Pour beaucoup, il est inenvisageable aujourd'hui de faire venir un produit de l'autre bout de la France, de continuer à cuisiner des produits qui ne soient pas en lien avec leur terroir.

locale ? En guise de réponse, les chefs ont entrepris une mue salvatrice pour l'environnement, en recentrant leurs achats et donc leur création autour des trésors locaux.

Fierté, loyauté, équité

Une prise de position qui valorise le circuit court mais qui, surtout, répond à une attente des consommateurs, de plus en plus inquiets de ce qu'ils mangent, curieux des provenances, attachés aux modes de production respectueux de l'environnement. Là où le bât blesse, c'est la

Moins de transport, plus de qualité

Pourquoi proposer de la sole ou du turbot dans le Vercors quand cette région regorge de piscicultures renommées ? Pourquoi proposer des boissons industrielles quand des producteurs de sirops, d'infusion ou de kombucha travaillent consciencieusement à deux pas du restaurant ? Pourquoi travailler des fruits ou des légumes sans lien avec le terroir quand des maraîchers proposent des variétés liées à l'histoire

difficulté — les chefs parlent parfois de timidité — pour les producteurs d'aller à la rencontre des chefs pour présenter leur production. Quand ils le font, ils passent bien souvent par un système de cooptation, via un fournisseur déjà référencé, qui saura leur rappeler qu'approvisionner directement une table de renom, c'est s'assurer une meilleure rémunération, en l'absence d'intermédiaire, et s'ouvrir à de nouveaux marchés avec d'autres restaurants de la région. ■

LE MAGAZINE

LE BARBECUE ADOPTÉ PAR LES CHEFS

En inox, en fonte ou en céramique, chauffé au charbon, aux pellets, au gaz ou à l'électricité, nomade ou intégré, le barbecue est devenu, après la plancha, un élément indispensable des cuisines des restaurants.

Big Green Egg, Kamado Joe, The Bastard, Pit Boss, Dancook, Weber, Napoléon, Cobb sont quelques-unes des marques de barbecue qui ont décidé d'investir les cuisines des chefs après avoir équipé en grand nombre les foyers français. Pratiques, peu encombrants selon les modèles, les barbecues d'intérieur permettent aux chefs de griller, rôtir, saisir, confire, fumer tous types d'aliments en leur conférant un goût particulier qui, pour certains, devient une véritable signature culinaire.

La transmission comme seul moyen de diffusion

Pour le chef Nicolas Carro de l'Hôtel de Carantec (29), la maîtrise des différents barbecues passe par l'écoute et le regard : *« il n'y a évidemment pas de formation dans les écoles hôtelières mais peut-être que ça viendra car c'est un véritable outil de production et de cuisson qui doit s'apprendre. La première fois que j'ai été confronté à ce nouvel outil, c'était chez le chef Olivier Nasti à Kaysersberg (68). Sur le principe, ce n'est pas sorcier, il faut surtout beaucoup de concentration notamment parce que la chaleur dégagée n'a strictement rien à voir avec une plaque à induction. »* Même sentiment chez Sylvain Courivaud du restaurant Braise à Paris qui cuit 90 % de ses plats sur différents barbecues : *« mes équipes, en dehors d'avoir géré un barbecue en extérieur, n'ont aucune formation sur le sujet mais elles viennent chez moi pour se former. Il y a une vraie envie d'apprendre et j'ai à cœur de leur transmettre mes connaissances. »* De son côté, le chef Florent Pietravalle de La Mirande en Avignon, s'est familiarisé avec l'outil par ses voyages au Japon où le barbecue est un élément de la culture culinaire : *« j'ai réellement découvert les cuissons au barbecue en arrivant à La Mirande en 2016. Au début, j'ai tâtonné mais je me suis vite pris au jeu, au point de le considérer aujourd'hui comme un élément central de la cuisine. »*

◀ Le barbecue s'est fait une place dans les cuisines des plus grands chefs

De l'entrée au dessert

Un cake aux lardons cuit au barbecue en conservant le moelleux d'une cuisson au four reste un savoureux souvenir pour Nicolas Carro qui considère qu'avec la maîtrise de la chaleur et l'utilisation des différents accessoires, tous les *légumes cuisent dans la braise. Pour résumer, je peux gérer 3 plats en même temps sur la base de cuissons rapides.* »
Si la rapidité et la facilité de service semblent être le point commun des cuissons, qu'en est-il du goût développé ? Pour Florent Pietravalle, tout dépend de ce que

▲ La variété des cuissons possibles étonne les plus fins techniciens

produits peuvent être cuits : *« sur la pierre réfractaire de mon Big Green Egg, j'ai réussi à cuire une tarte fine aux pommes. Sur les grilles, je cuis du chou-fleur ou du céleri entier quand d'autres produits comme les langoustines ne demandent qu'une cuisson légère au contact simplement pour développer une légère amertume. »*
Chez Sylvain Courivaud, trois barbecues de tailles différentes permettent d'assurer le service pour 48 couverts : *« sur l'un, je peux cuire des pains soufflés en amuse-bouche, sur l'autre, griller légèrement une poignée de girolles en même temps que des saucisses quand sur le troisième, je dépose un wok dans lequel je cuis du lapin désossé et mariné, et ce, en moins de 3 minutes à 400° C pendant que*

l'on recherche : *« j'ai le sentiment que le barbecue a apporté un goût particulier à ma cuisine, un côté fumé qui revient sur chaque plat mais pas du tout rustique, il y a au contraire, beaucoup de finesse et de délicatesse dans le parfum d'un rouget au barbecue que je ne retrouve pas dans une poêle avec une matière grasse. »*
Même avis chez Nicolas Carro qui apprécie ce goût fumé mais qui loue surtout l'absence de matières grasses : *« le client retrouve le goût franc du produit brut. Une langoustine à peine léchée par la flamme conserve son goût originel alors que parfois la matière grasse peut prendre le dessus. »* Et tous de retrouver le goût de la cuisson au feu de bois chez les grands-parents ou celui des barbecues en extérieur avec les amis. Le goût de l'authentique. ■

LE MAGAZINE

QUAND L'ART DES CÉRAMISTES SUBLIME LES CRÉATIONS CULINAIRES

Pour les chefs de cuisine, la quête d'un approvisionnement responsable ne s'arrête plus aux ingrédients, via les agriculteurs et les producteurs locaux. Elle passe désormais par les artisans céramistes, à qui ils confient la conception de leur vaisselle.

S'éloigner des manufactures de vaisselle pour des raisons écologiques, se démarquer du voisin, compléter son univers culinaire par une identité de dressage : tels sont les souhaits des chefs qui, de plus en plus, font appel à des artisans céramistes. Ceux-ci ont, bien souvent, carte blanche pour imaginer et décliner toute la gamme des assiettes, bols, tasses, beurriers, jusqu'aux porte-couteaux.

Une histoire de rencontres

Si les chefs ont pour habitude de dicter leurs choix ou attentes à leurs fournisseurs, c'est rarement le cas avec les céramistes. Ce sont ces derniers qui définissent les grandes lignes de la future collection, souvent après une première rencontre, une immersion dans l'univers du chef et de son lieu et, de préférence, un repas dans leur restaurant. Comme le souligne Virginie Boudsocq, qui fournit Alan Taudon et Arnaud Donckele à Paris : *« Les chefs viennent vers moi parce qu'ils ont vu mes créations chez un confrère ou à travers les réseaux sociaux. Ils aiment un style, un univers, une façon de travailler la matière, mais ils n'ont que très peu d'idées sur ce qu'ils attendent. Ils commandent rarement une forme, un diamètre, une hauteur. Ils se laissent porter par ce que je vais imaginer en fonction de nos échanges. »* Pour autant, le céramiste n'impose pas une vision. Son travail est le résultat d'une concertation, d'échanges, de temps passé à comprendre le

▼ De gauche à droite, créations de Virginie Boudsocq, Amandine Richard et Thomas Perez

chef, son positionnement culinaire, à étudier ce qu'il possède déjà et ses besoins. Comme l'indique Amandine Richard qui travaille pour Hélène Darroze, Adrien Cachot, Mory Sacko ou Thomas Benady : *« Le restaurant, c'est un théâtre où la table est la scène, les plats sont les comédiens et les assiettes, le décor. C'est quand on a dimensionné tous ces éléments que l'on peut commencer à créer et travailler sur les prototypes. »* Thomas Perez, installé à Avignon, céramiste pour Florent Pietravalle, Armand Arnal à Arles et Carole Soubeiran à Lunel rappelle que : *« dîner dans le restaurant est primordial car cela permet de voir ce qui est déjà utilisé et comment le chef ajuste ses dressages en fonction de ce qu'il possède. Parfois, ce n'est pas approprié et il faut proposer une nouvelle voie aux équipes, qui devront alors adapter leurs dressages aux futures créations. »*

De l'art et du temps

À l'issue des rencontres, les céramistes travaillent dans un premier temps sur des prototypes puis les émaux, autour du blanc pour Virginie Boudsocq avec parfois une touche de vert pour rappeler le végétal, très naturels assez automnaux pour Amandine Richard, des contrastes de matières entre le granuleux et le lisse sur des tons doux pour Thomas Perez. Une fois ce travail validé, l'heure est à la production. Et c'est là que parfois le bât blesse, car produire des pièces uniques nécessite du temps. Or les chefs ont tendance à penser que la livraison sera rapide, ce qui est loin d'être le cas. Pour les familiariser avec les différentes étapes de leur métier (tournage, mise en forme, façonnage, séchage, première cuisson, décoration et seconde cuisson), Virginie, Thomas et Amandine aiment recevoir les chefs et leurs équipes dans leurs ateliers : *« C'est une façon de rappeler que nous sommes des artisans, que chaque pièce que nous produisons est différente et de les sensibiliser à faire attention à ce que nous livrons car ce n'est pas juste de la vaisselle, ce sont des œuvres qui nécessitent un investissement et l'on ne peut pas les traiter comme de la vaisselle du quotidien. »* ∎

LE MAGAZINE

LA RESTAURATION INCLUSIVE

Le film *Un p'tit truc en plus* a passé en 2024, la barre des dix millions d'entrées au cinéma. Un succès qui a permis de changer le regard que la société portait sur les personnes handicapées. Mais bien avant ce triomphe, la réussite de certaines initiatives a démontré que la restauration pouvait aussi être inclusive.

En 2016, le premier restaurant inclusif ouvrait ses portes à Nantes. Depuis, des dizaines d'établissements, regroupés au sein de l'association Les Extraordinaires, ont vu le jour à La Roche-sur-Yon, Albi, La Ciotat, Paris, Nevers, Valenciennes, Vernon ou Hazebrouck. À Reims, porté par Gonzague Peugnet et Matthieu Saint-Guilhem, L'ExtrA a fait son entrée dans l'édition 2024 du guide Michelin, pour la plus grande fierté d'une brigade, en salle et en cuisine, composée de personnes porteuses de trisomie 21 ou de troubles autistiques. Retour sur une expérience inclusive réussie avec Gonzague Peugnet.

Pourquoi et comment avez-vous eu envie d'ouvrir un restaurant inclusif ?

Comme beaucoup, j'ai eu plusieurs vies professionnelles, d'abord dans le milieu bancaire puis l'automobile et enfin le médico-social. Un jour, j'ai déjeuné dans un restaurant à Paris où le service était assuré par des personnes en situation de handicap. J'en suis ressorti plus riche que quand j'y suis entré. J'ai ensuite croisé la route de Matthieu Saint-Guilhem et nous avons travaillé ensemble sur ce projet à Reims, où aucun restaurant de ce type n'existait. Nos premières discussions remontent à 2019 et l'ouverture a eu lieu en mai 2023.

Combien de personnes travaillent au sein de l'établissement ?

Notre équipe est composée de 21 salariés dont 16 sont en situation de handicap et nous sommes capables de servir une quarantaine de personnes par service.

Comment sont recrutés les personnes en situation de handicap ?

Ce qu'il faut bien comprendre en amont, c'est que toutes les personnes en situation de handicap sont généralement extrêmement éloignées du monde du travail. Il faut dans un premier temps s'allier avec des structures qui ont la délégation d'accompagnement de personnes en situation de handicap.
Ce sont ces structures qui ont les compétences pour déterminer quels sont ceux et celles qui vont rejoindre l'aventure. Matthieu et moi, nous n'étions que des coordinateurs. Ensuite, les personnes recrutées ont suivi une formation aux métiers de la

■ À gauche le chef Philippe Joly et ci-dessus toute l'équipe de L'ExtrA à Reims

restauration auprès du Greta, ce qui permet, pour certains salariés, de pouvoir évoluer à la fois en cuisine et en salle.

Vos salariés en situation de handicap ont-ils un statut particulier ?

Absolument pas. Ce sont des personnes extraordinaires qui évoluent dans un milieu ordinaire, c'est-à-dire qu'elles signent un contrat à durée indéterminée avec un salaire, régit par la convention collective des hôtels, cafés, restaurants. Elles assurent cinq services au déjeuner du mardi au samedi et trois services le soir du jeudi au samedi.

Vous avez un parrain prestigieux en la personne du chef Arnaud Lallement de l'Assiette Champenoise. Quel a été son rôle ?

Il nous a apporté des conseils sans rien attendre en retour, et sans jamais chercher à faire à notre place. Il a aussi validé l'embauche de notre chef, Philippe Joly, et il nous a surtout rappelé que nous ne recevions pas des clients mais des convives.

En quoi cette aventure a changé la vie de vos salariés et la vôtre ?

Notre plus grande satisfaction c'est d'entendre les familles des personnes en situation de handicap nous dire que le travail et le contact avec les convives avaient changé leur enfant. Beaucoup nous disent que leurs enfants sont plus sereins, plus ouverts, moins stressés, plus enclins à aller vers l'autre.
En ce qui nous concerne, l'expérience nous a changé, mais ce sont surtout les salariés qui nous ont appris la bienveillance. Quant aux convives, il ne faut pas les oublier, ils aiment par-dessus tout, la cuisine évidemment, mais aussi et surtout la spontanéité et le sourire des salariés. Tous nous disent que ça leur fait du bien de passer un moment dans un endroit chaleureux ou personne ne juge personne. ■

LE MAGAZINE

LES COURS DE CUISINE : UN ENGOUEMENT TOUJOURS VIF

En vogue depuis les années 2010, dans la foulée de célèbres programmes télévisés, les cours de cuisine dispensés dans des ateliers, des écoles professionnelles ou chez les chefs, connaissent toujours, quinze ans plus tard, le même succès.

Estimé à 27 millions d'euros, le marché français des cours de cuisine ne faiblit pas et touche toutes les catégories socio-professionnelles et toutes les générations. Les raisons de cet engouement sont multiples : un excellent maillage géographique des ateliers et des restaurants, des tarifs abordables (à partir de 30 €), des durées parfaitement calibrées (de 30 minutes à 3h30) et une kyrielle de thématiques qui englobent les cuisines du monde, les cours pour enfants, les grands classiques du patrimoine français, les techniques professionnelles, les gestes de découpe, le salé, la pâtisserie et même les accords mets et vins.

Le bon-cadeau idéal

Si dans les écoles ou les ateliers, le public paie pour suivre un cours en fonction de son centre d'intérêt, chez les chefs de cuisine, les participants ont généralement reçu un bon-cadeau, comme le constate Christophe Le Fur de l'Auberge Grand'Maison à Mûr-de-Bretagne (22) qui anime des cours deux fois par semaine depuis 2011 : *« Au moment des fêtes de fin d'année, on vend entre 300 et 400 coffrets cadeaux sur le site internet du restaurant et une fois que nous ouvrons les réservations semestre par semestre, les personnes qui ont reçu ce cadeau en profitent dans l'année. »*
Même constat chez le Meilleur ouvrier de France, Pierre Caillet à Valmont (76) : *« Les coffrets*

▼ Le dressage des assiettes, supervisé par Christophe Le Fur

▶ Démonstration technique de Pierre Caillet, sous l'œil attentif des stagiaires

sont disponibles sur le site, ils sont offerts et les personnes s'inscrivent selon un calendrier des thèmes transmis par email. » Et quel que soit le thème, les cours affichent complet toute l'année. Christophe Le Fur reçoit, par an, autour de 1 000 personnes par groupe de 12, dans un atelier créé spécifiquement à côté du restaurant. Chez Pierre Caillet, le rythme est moins soutenu : « *Je ne peux animer les cours que le lundi, mon unique jour de repos, mais je ferme les réservations l'été.* »

Magistral ou participatif

Généralement, dans les écoles et les ateliers, les participants mettent la main à la pâte pour tenter d'obtenir le même résultat que l'animateur. Chez les chefs, les cours diffèrent d'une maison à une autre. Au Domaine de Baulieu à Auch (32), le chef Maxime Deschamps réalise des bouchées apéritives, la préparation est commune comme l'est aussi la dégustation avec un verre de vin sous forme d'apéritif convivial avant que chacun ne reparte chez soi avec les fiches techniques pour les reproduire à la maison.
Pierre Caillet préfère un fonctionnement différent : « *Je suis plus sur un cours magistral, pendant lequel j'insiste beaucoup sur les taillages, les formes de découpe, les gestes techniques. C'est plus une boîte à outils dans laquelle chacun pioche en fonction de ses connaissances. C'est essentiellement de l'échange, je montre, j'explique et je réponds aux questions. Evidemment, ils peuvent reproduire un geste ou une technique que je montre, mais sur le principe, ils ne préparent pas un plat. Ils assistent au montage du plat pendant 3 heures et se retrouvent ensuite à table autour de ce plat plus d'autres qui viennent en complément.* »
Chez Christophe Le Fur, autre méthode, les participants, carnet et crayon en mains, assistent à la préparation d'un repas complet, soit une entrée, un plat et un dessert pour 12 personnes : « *Je me mets dans les conditions d'un service en leur montrant qu'on peut commencer par une partie du dessert avant d'attaquer le plat, de le mettre de côté pour se concentrer sur l'entrée puis de revenir pour finaliser le dessert. J'en profite pour jauger les connaissances de chacun et je fais participer en fonction, mais sur le principe, c'est un atelier de démonstration qui se termine par le dressage des 36 assiettes et la dégustation.* »
Et tous ces chefs d'affirmer que l'intérêt des cours, c'est le partage et la transmission des savoirs bien avant l'aspect financier. ■

L'ART DE RECEVOIR

SANDRINE DELEY-FAVARIO
PRIX DU SERVICE

Auberge de Montmin à Talloires-Montmin

Il n'est jamais simple de parler de soi, de son parcours, de sa personnalité et d'un prix que l'on reçoit. Et si le mieux placé pour saluer celle qui illumine l'Auberge de Montmin de sa bonne humeur et de son professionnalisme était Florian Favario, son mari ?

Dans quelles circonstances vous êtes-vous rencontrés ?

La rencontre s'est faite à Paris en 2008 dans le cadre du travail, comme pour beaucoup de couples, surtout en restauration. Sandrine était directrice de salle du restaurant Ozu du chef Thierry Marx et moi, j'étais en cuisine. Dès l'année suivante, nous avons eu notre premier enfant. Sandrine s'est mise en retrait de sa carrière pour s'occuper du bébé et pour me permettre de poursuivre la mienne au restaurant Épicure de l'hôtel Bristol avec le chef Éric Frechon. J'y suis resté six ans avant de déménager à Londres dans un autre palace du groupe Oetker Collection, The Lanesborough. C'est au cours de cette installation londonienne que Sandrine a repris son travail dans un restaurant de la capitale.

Quels ont été vos arguments pour la convaincre de vous installer à Montmin ?

Dès notre rencontre, nous avions comme projet d'ouvrir notre restaurant. Je suis originaire de cette région alors que Sandrine est une pure Parisienne. Je n'avais pas d'arguments à trouver. Il fallait que l'endroit nous ressemble, que l'on s'y sente bien, que l'on ait envie que notre famille évolue dans un cadre très différent de celui des capitales exaltantes mais stressantes dans lesquelles nous avons passé plus de quinze ans.

©DR (1-2)

◀ Décoration, accueil, service : l'Auberge doit beaucoup au sens du "bien-recevoir" de Sandrine Deley-Favario

Quels sont les traits de la personnalité de Sandrine qui vous séduisent ?

Son trait principal, c'est l'amour qu'elle porte aux gens, sa famille, ses collaborateurs et évidemment nos clients. Sandrine n'est que bienveillance et empathie. Je n'oublie pas son élégance, même si ce n'est pas un trait de sa personnalité, mais le fait qu'elle porte majoritairement des tenues colorées souligne aussi sa joie de vivre.

Est-ce que vous diriez que votre restaurant vous ressemble ou est-ce qu'il reflète davantage la personnalité de Sandrine ?

C'est incontestablement l'œil de Sandrine. Elle a tout géré avec les artisans locaux, en poursuivant cette idée d'ouvrir une maison plus qu'un restaurant. Elle voulait se sentir chez elle comme si elle y recevait des amis, de la famille. C'est pour cette raison que l'auberge s'appelle « Maison de Cuisine » et pas restaurant. L'avantage, c'est qu'elle est partie de zéro. Quand nous avons repris Le Randonneur, c'était totalement en friche, il y avait tout à faire. Sandrine est passionnée par la décoration, les matières, surtout les tissus. Tout ce que les clients découvrent en entrant à l'auberge, est le fruit de ses recherches, de ses lectures.

Selon votre regard, pour quelles raisons Sandrine a-t-elle reçu le Prix du Service en 2024 ?

Sandrine n'a pas suivi de formation en école hôtelière. Je crois qu'elle ne possède pas les codes du service classique. Elle reçoit comme elle est dans la vie, joyeuse, spontanée, souriante. Avant un service, elle ne rentre pas dans un personnage, elle est elle-même. Elle veut que les clients se sentent chez eux quand ils arrivent et elle fait tout pour évacuer le stress de certains qui sont toujours un peu dans leurs petits souliers quand ils rentrent dans un restaurant gastronomique.
Elle a reçu le Prix du Service mais je pourrais aussi l'appeler le prix de l'amour parce c'est ce qui se dégage de Sandrine au quotidien. Et je suis convaincu que ma cuisine n'aurait pas la même saveur sans sa personnalité en salle. ■

L'ART DE RECEVOIR

LE MAGAZINE

THÉO FERNANDEZ
PRIX MICHELIN DU JEUNE CHEF

Auberge de la Forge à Lavalette

Concilier vie privée et vie professionnelle passe nécessairement par une réduction du nombre de services. Mythe ou réalité ? Théo Fernandez et Claire Cames reviennent sur leur expérience.

Lorsque vous ouvrez l'Auberge de la Forge en 2019, vous calquez vos jours d'ouverture sur un modèle assez classique.

Effectivement, on a fait comme nombre de nos confrères avec une ouverture du mardi au dimanche. Un seul jour de fermeture c'est peu mais surtout ce n'est pas une journée reposante car elle est essentiellement consacrée à l'administratif et à la mise en place de la semaine.

Après le Covid, vous changez votre fusil d'épaule et vous fermez au déjeuner. Pourquoi cette décision ?

En dehors de la première année où quelques personnes étaient venues nous aider, nous ne travaillions qu'à deux. Nous aurions aimé avoir du personnel mais il y avait quelques freins comme l'absence d'hébergement et l'obligation d'avoir une voiture car Lavalette est à 30 minutes de Toulouse. Nous avons donc décidé de fermer le midi. Ce n'était pas une mauvaise décision car dans un village de 750 habitants, il n'était pas rare que nous ne fassions aucun couvert au déjeuner.

Est-ce que cette décision a été bénéfique pour l'équilibre entre vie privée et vie professionnelle ?

Pas vraiment car tout ce temps libéré, nous le consacrions aux rencontres, à l'approvisionnement et à la préparation des services. Nous voulions faire moins mais mieux. Et pour faire mieux, il faut consacrer du temps pour recevoir les fournisseurs ou les agents, aller voir les vignerons, passer chercher les commandes parfois à plus d'une heure de route du restaurant. Nous faisons tout nous-mêmes. L'exemple peut prêter à sourire mais nous lavons et repassons nous-mêmes nos serviettes de table parce qu'aucune société spécialisée dans ce domaine ne veut venir jusqu'à nous, sans doute parce que ce n'est pas rentable. Et pour ce qui est de la cuisine, j'assure le salé pendant que Claire fait le pain, prépare les desserts et gère le service et la sommellerie.

Aujourd'hui, vous n'assurez que 5 services par semaine. Est-ce intéressant financièrement ?

Oui et pour plusieurs raisons. Premièrement, nous ne proposons qu'un seul menu ce qui évite de s'éparpiller et de demander une mise en place plus complexe et preneuse en temps et en énergie. Deuxièmement, l'obtention de l'étoile Michelin plus la médiatisation qui a suivi, nous a apporté une nouvelle clientèle et même en resserrant le nombre de services, nous sommes à peu près certains d'être complets. Troisièmement, nous avons désormais un apprenti et un commis avec nous ce qui nous permet d'augmenter le nombre de couverts. Avant, à deux, nous ne pouvions servir que 18 convives en moyenne. Aujourd'hui, nous sommes plutôt autour de 26.

On a tout de même le sentiment à vous écouter que plus vous libérez du temps, plus vous travaillez.

J'ai pour habitude de dire que ce n'est pas parce qu'on se libère du temps, que l'on a plus de temps pour souffler. Mais il faut tout de même reconnaître que nous sommes moins fatigués qu'à nos débuts. Nous avons trouvé un rythme qui, aujourd'hui, nous convient. Et même si une grande partie de notre temps libre est consacrée à l'entreprise c'est parce que nous poussons le curseur toujours un peu plus loin pour un seul objectif : que nos clients soient contents. C'est tout ce qui compte à nos yeux. ■

L'ART DE RECEVOIR

LE MAGAZINE

SERGE SCHAAL
PRIX DU SERVICE

Restaurant La Fourchette des Ducs à Obernai

Tous les ans et dans tous les secteurs d'activité, des milliers de femmes et d'hommes se reconvertissent en choisissant des métiers diamétralement opposés à leur parcours initial. Serge Schaal, directeur de restaurant, est l'un d'eux.

Des reconversions improbables ou originales, il en existe beaucoup, mais la vôtre surprend. Racontez-nous votre parcours.

Pour résumer, je voulais être météorologue. J'ai donc passé un bac scientifique à Strasbourg puis j'ai obtenu ce que l'on appelait autrefois un DEUG de mathématiques. Ensuite, j'ai enchaîné avec une maîtrise en géophysique avant d'entrer dans une école d'ingénieurs, l'école nationale supérieure des arts et industries de Strasbourg, devenue l'INSA, l'institut national des sciences appliquées. Une fois diplômé, j'ai travaillé pour une collectivité locale sur le traitement sélectif des déchets ménagers. Je l'avoue, c'est un peu loin de la météorologie.

C'est encore plus éloigné de la direction d'un restaurant. Comment êtes-vous passé d'une collectivité locale à un restaurant ?

Mon compagnon, Nicolas Stamm, avait créé au début 1998, un restaurant à Haguenau, La Fourchette. Un jour, il m'appelle paniqué pour me dire que la personne qui faisait le service abandonnait son poste et qu'il fallait que je vienne l'aider. Je lui ai expliqué que je n'avais jamais

◀ Nicolas Stamm et Serge Schaal

assuré de service et Nicolas m'a répondu : « il n'y a pas besoin d'être ingénieur pour porter des assiettes. » J'ai assuré le service, puis un deuxième et un troisième, pour finalement quitter mon poste à la ville de Strasbourg et rejoindre définitivement Nicolas à Haguenau puis à Obernai.

Quel regard portez-vous sur vos débuts ?

Il y avait une grande frustration parce qu'à cette époque, seul le chef captait l'attention du client. Nos métiers en salle étaient transparents, parfois dénigrés. Pour résumer, nous étions de simples exécutants. Cependant, pour le choix du vin, j'avais une carte dans ma manche et ce n'était plus une personne en salle que l'on écoutait mais l'ingénieur.

Expliquez-nous…

Ma maîtrise de géophysique portait sur l'effet de foehn en Alsace. C'est un phénomène climatique de réchauffement soudain d'une masse d'air après avoir franchi une chaine de montagne. Et cet effet peut être bénéfique pour certaines parcelles du vignoble alsacien. Je me servais de cette connaissance pour expliquer le vignoble aux clients mais en parallèle, j'ai aussi beaucoup travaillé avec les vignerons.

Hors la sommellerie, comment avez-vous appris votre métier ?

Il y a deux aspects dans les métiers de salle, le savoir-faire et le savoir-être. Le premier, c'est le service en salle avec des techniques pointues comme découper une volaille devant le client ou lever des filets de sole. Tous ces gestes, je les ai appris avec Nicolas et nos équipes. Le second aspect, c'est la compréhension du client à son arrivée au restaurant. Je pense que j'avais en moi cette psychologie. Il faut capter tout de suite l'humeur du client parce que parfois, il faut faire baisser une certaine tension que vous ressentez. Ensuite, tout est une question de tempo. Et c'est un peu ma revanche sur le passé. Longtemps, c'était Nicolas qui donnait le tempo d'un service. Aujourd'hui, c'est plus logique que ce soit la salle qui le fixe, justement parce qu'elle a ressenti la clientèle, avec ses joies, ses peines, son stress, son urgence. ■

L'ART DE RECEVOIR

LA SOMMELLERIE
& SES TENDANCES

XAVIER THUIZAT
PRIX DE LA SOMMELLERIE

Hôtel de Crillon à Paris

Chaque année le baromètre Sowine/Dynata décrypte les tendances de consommation des Français. L'occasion de les soumettre à Xavier Thuizat, Prix de la Sommellerie Michelin 2024, pour les comparer avec son expérience au quotidien.

Avant de comparer les tendances de consommation des Français et celles de vos clients, pouvez-vous nous décrire ce que doit être un sommelier en 2025 ?

Le sommelier est à la fois l'ambassadeur des vignerons, un prescripteur de plaisirs et un dénicheur de jeunes talents, de perles rares.

Comment faites-vous pour les trouver ?

Il y a d'abord le bouche à oreille au sein d'une appellation, mais aussi les rencontres avec des grands noms à qui je pose souvent la même question : *« as-tu remarqué un jeune dans le coin qui se démène, qui travaille beaucoup dans ses vignes et que je devrais aller voir ? »* C'est de cette façon que j'ai découvert Sébastien Magnien, qui produit du meursault et du pommard. Ses vins sont éclatants, brillants de fraîcheur. Et puis, je suis attentivement les vignobles montants comme la Bretagne. Pour le moment, le système racinaire n'en est qu'à ses débuts mais il faut garder un œil sur ces nouveaux territoires.

À propos des vins blancs de Meursault, le baromètre Sowine/Dynata place le vin blanc parmi les vins les plus consommés. Est-ce le cas à l'Hôtel de Crillon ?

Globalement oui, et pour une raison qui est liée à la cuisine. À l'Écrin, le restaurant gastronomique de l'Hôtel de Crillon, mais comme dans des centaines d'établissements, la cuisine est beaucoup plus portée vers les produits de la mer, le végétal, la volaille, ce qui ouvre un boulevard pour les vins blancs. Qui plus est, les mets préparés tendent vers des textures plus mœlleuses, ce qui appelle également le vin blanc.

Le podium des régions les plus consommées place Bordeaux en tête devant la Bourgogne et la Champagne. Est-ce le même tiercé au sein de l'Hôtel de Crillon ?

Chez nous la Bourgogne arrive en tête devant le Rhône et le Languedoc-Roussillon et l'explication tient dans la personnalité des sommeliers. Je suis Bourguignon et à ce titre, je valorise ma région natale, et

©Victor Bellot

une carte des vins avec un grand nombre de pages consacrée à une région va conditionner le client. Je l'ai aussi remarqué dans l'autre restaurant, Nonos et Comestibles, du chef Paul Pairet. Le sommelier qui y travaille est originaire du Roussillon comme Paul Pairet. Il faut assumer les personnalités, le concept centré autour du grill à la française, et bâtir une carte qui soit en cohérence, et là vous constatez que les clients suivent.

Quel est votre podium des régions montantes ?

En premier, je placerai la Corse car il y a beaucoup de nouveaux domaines, de jeunes vignerons qui s'appuient et respectent une histoire, des cépages endémiques. J'ai tendance à dire que le vignoble corse, c'est la Bourgogne de la Méditerranée. Vient ensuite le Jura, notamment par l'installation récente de jeunes avec une vision un peu différente, et enfin, des appellations méconnues, parfois oubliées, où le foncier encore très abordable permet l'installation de vignerons. Je pense notamment aux appellations côteaux-du-loir, côteaux-du-vendômois et côteaux-du-giennois.

Concernant le classement des vins étrangers les plus consommés, selon le baromètre Sowine/Dynata, le vignoble italien reste en tête. Est-ce le cas à l'Hôtel de Crillon ?

Effectivement, l'Italie reste en tête devant la Hongrie pour les vins de dessert et l'Allemagne pour les blancs. J'ai le sentiment que le patrimoine culinaire italien dans sa globalité est très tendance en ce moment dans l'Hexagone. Vous aurez noté que la mozzarella avait supplanté le camembert et que le tiramisu arrivait régulièrement dans le top 3 des desserts préférés des Français. Ce n'est pas inquiétant mais je reste persuadé qu'il faut rester vigilant. Nous devons continuer à défendre nos positions, à rester des porte-paroles de nos territoires et terroirs et revenir aux fondamentaux, qui consistent à sauvegarder nos traditions. ■

SOMMELLERIE & TENDANCES

LE MAGAZINE

LA BRETAGNE RENOUE AVEC SON PASSÉ VITICOLE

Petit à petit, à la carte des restaurants et chez les cavistes, les premières cuvées de vins produits en Bretagne font leur apparition. Pas de quoi faire trembler les autres vignobles français, mais avec le temps et le changement climatique, les vignerons bretons ont bien l'intention de montrer qu'il faudra compter sur eux.

Le 1er décembre 2023, l'Association des vignerons bretons organisait sa deuxième assemblée générale en présence de ses 32 membres, installés ou en cours d'installation, et qui représenteraient environ 80 % du vignoble breton (les douanes comptabilisent 58 exploitations professionnelles) pour une surface de 90 hectares et 40 000 bouteilles produites en 2023, le double attendu en 2024. Des chiffres loin d'être vertigineux mais qui soulignent que la Bretagne renoue avec son passé viticole.

2016, l'année du renouveau

La vigne n'a jamais réellement disparu de la Bretagne administrative. Exploité par des abbayes pendant des siècles, le vignoble a entamé un lent déclin en raison de maladies, puis l'obligation faite par Colbert, au 17e s., de planter des pommiers. À la Révolution, il ne subsistait plus que 300 hectares de vignes que le phylloxera, à la fin du 19e s., finira par asphyxier. Le couperet tombe dans les années 1930, au cours desquelles il est décidé en haut lieu d'interdire la production de vin au nord de la Loire, afin de protéger les régions viticoles dites historiques. Certains irréductibles bretons persisteront à maintenir quelques plants de vignes mais sans que l'activité soit considérée comme professionnelle. Rien n'interdisait, logiquement, un particulier de posséder des

▼ Le vignoble de Saint-Suliac domine la Rance (Ille-et-Vilaine)

©Guy Saindrenan - ©Commune de Sarzeau

▲ Le vignoble de Rhuys à Sarzeau (Morbihan)

vignes pour sa consommation personnelle. C'est seulement en 2008 que l'espoir renaît dans tout le quart nord-ouest de l'Hexagone, quand l'Union européenne prend la décision de libéraliser les droits de plantation sur tout le territoire à partir du 1er janvier 2016. Partout en Bretagne, des agriculteurs, des amateurs, des reconvertis se mettent à planter des hectares de vignes.

Une kyrielle de cépages

En l'absence d'appellation, les premiers vins commercialisés sont étiquetés « vins de France », et les vignerons sont donc pour le moment libres d'utiliser les cépages qu'ils souhaitent. Pourtant, une autre association, le Syndicat des Vins de Bretagne, incluant des parcelles de Loire-Atlantique, souhaite déposer un dossier de reconnaissance en IGP Bretagne (Indication géographique protégée), qui apporterait des règles de production.

La région s'oriente majoritairement vers des blancs issus de chardonnay, de chenin, de savagnin, d'albarino, de folle blanche ou de sauvignac, dont on dit qu'il est résistant au mildiou. Le contexte de changement climatique, avec une augmentation des températures de 1° C en moyenne sur les soixante dernières années, favorise l'acclimatation de ces cépages. Pour autant, le rouge n'a pas dit son dernier mot, et des parcelles ont été plantées en cabernet franc, en pinot d'Aunis, en grolleau ou en pinot noir. Point commun de ces plantations, pour les membres de l'Association des vignerons bretons : le bannissement de tous les pesticides de synthèse et une volonté affichée d'être tous certifiés en bio.

Dégustations prometteuses et curiosité professionnelle

La majorité des vignerons bretons n'a pas encore dévoilé ses premières cuvées, certaines plantations étant trop récentes. Il faudra certainement attendre les vendanges 2025 pour découvrir la palette d'arômes large et complexe offerte par ces différents cépages poussant sur des sols variés. Mais déjà certaines productions ont été saluées par des titres de presse reconnus, boostant leur commercialisation. Autre vecteur de succès, l'intérêt porté par les sommeliers et les cavistes, toujours friands de nouvelles et belles histoires à faire déguster. ■

LE MAGAZINE

LE VIN AU VERRE A LA COTE

Selon une étude parue en 2020, 97 % des restaurants proposent le vin au verre sur une base de cinq vins en moyenne. Comment bâtir une carte, comprendre les attentes des clients, définir les prix ? Les sommeliers Jean Dumontet et Jean-Baptiste Klein dévoilent leur façon de penser une carte des vins au verre.

Comment sélectionnez-vous les vins que vous servez au verre ?

Jean Dumontet : lorsque je déguste chez les vignerons, je fais la part des choses entre des bouteilles que je pense conserver en cave et des bouteilles coup de cœur que j'ai envie de faire découvrir aux clients uniquement au verre. Parallèlement, quand un domaine stagne à la carte, je peux sortir un lot pendant quelques jours pour le proposer au verre.

▲ Jean Dumontet, de la Maison Doucet à Charolles

Jean-Baptiste Klein : j'ai une vision un peu différente. Quand j'achète du vin, c'est pour le mettre en cave pas dans l'optique de le servir au verre. Selon la saison, les plats du chef, la sensibilité de certains clients, parfois leur nationalité, je construis mon offre et j'opère des rotations.
Et comme Jean, quand un vin en pleine apogée ne sort pas de la cave, je le propose au verre. Ca m'est arrivé pour un Château Yquem. J'ai servi quatre bouteilles en le proposant au verre. Pour les clients, c'était une opportunité rare de pouvoir goûter un tel vin.

Le développement du service du vin au verre a-t-il sonné le glas de la demi-bouteille ?

J. D. : la demi-bouteille est clairement en perte de vitesse. Pour nous sommeliers, ça nécessite des aménagements particuliers dans la cave. Pour le vigneron, c'est une logistique d'embouteillage, d'étiquetage qui reste compliquée et puis un verre au vin issu d'une bouteille ou d'un magnum est plus agréable à déguster car plus évolué.
J.-B. Klein : depuis que je suis arrivé au Chambard il y a un peu plus de huit ans, j'ai écarté l'achat de demi-bouteilles. Je suis d'accord sur l'évolution du vin qui est bien

meilleure dans des formats plus amples. Parmi la clientèle, il y a encore quelques réticences mais c'est aussi le travail pédagogique du sommelier d'expliquer les atouts d'un vin au verre ou à la bouteille en sachant que si elle n'est pas finie, les clients peuvent partir avec. Je me réjouis à chaque fois de savoir qu'ils vont poursuivre la dégustation chez eux le lendemain.

Dans quelle fourchette de prix se situe votre sélection et combien de vins proposez-vous ?

J. D. : si l'on excepte les champagnes au verre, j'ai une douzaine de propositions dont les

▲ Jean-Baptiste Klein, du Chambard à Kaysersberg

prix oscillent entre 14 et 58 €. Les premiers prix sont des appellations régionales comme le saint-véran, le bourgogne générique et éventuellement un pouilly-fuissé. Les prix les plus élevés correspondent, selon la rotation, à un vosne-romanée ou un corton grand cru.

J.-B. Klein : ma sélection se situe autour d'une cinquantaine de vins dans des prix qui vont de 12 à 85 €. Je commence avec un vin local comme un sylvaner ou un chasselas puis je passe sur des grands crus d'Alsace et selon les opportunités je termine avec un Château Rayas blanc.

La carte des vins au verre doit-elle représenter votre région ?

J. D. : c'est impératif et c'est lié à nos clients. Ceux qui habitent la région sont un peu chauvins et ont à cœur de défendre les producteurs locaux. Quant aux clients de passage, leur choix se porte sur ce qu'ils n'ont pas forcément l'habitude de boire ou sur ce qu'ils méconnaissent. Mais il va de soi que les vins au verre s'ouvrent aussi sur d'autres régions.

J.-B. Klein : sur la cinquantaine de vins, la moitié est dédiée au vignoble alsacien. L'autre moitié est axée pour une grande partie autour des vignobles voisins ou proches comme le Jura, et je conserve toujours un ou deux vins de Bourgogne, un vin du sud-est, un vin du monde.
Mais rien n'est figé. Je ne m'interdis pas d'ouvrir une bouteille de meursault pour deux verres si je ressens que c'est une vraie envie du client, même si ce n'est pas l'accord idéal. ■

LE MAGAZINE

LES VINS SANS ALCOOL, COURANT DURABLE OU MODE PASSAGÈRE ?

Le phénomène est grandissant et le monde de la sommellerie et de la restauration s'intéresse de plus en plus à cette nouvelle tendance des vins sans alcool ou faiblement alcoolisés, connue sous le nom de No/Low.

Selon le baromètre Sowine/Dynata et l'étude menée en décembre 2022, ce sont essentiellement les jeunes âgés entre 18 et 25 ans qui portent ce mouvement puisque 44 % d'entre eux seraient des "consommateurs No/Low". Pas de quoi faire trembler le monde du vin ? Au contraire. Dans quelques années, ces jeunes seront potentiellement les clients des tables gastronomiques et, sans que cela ne soit quantifiable pour le moment, auront peut-être conservé ce mode de consommation. C'est donc aujourd'hui qu'il faut réfléchir à composer une carte des vins en tenant compte de ce nouveau phénomène.

Définition et réglementation

Selon la Direction générale de la concurrence, de la consommation et de la répression des fraudes, les produits « désalcoolisés » et « partiellement désalcoolisés » issus de la désalcoolisation d'un vin peuvent désormais utiliser le terme « vin ». En termes d'étiquetage, la mention « désalcoolisé » s'applique aux vins dont le titre alcoométrique est compris entre 0 % vol. et 0,5 % vol. après désalcoolisation. Quant à la mention « partiellement désalcoolisé », elle concerne les vins qui affichent un titre alcoométrique compris entre

0,5 % vol. et 9 % vol. À ce jour, et toujours selon la réglementation, seuls les vins de la dénomination « Vin de France » peuvent faire l'objet d'une désalcoolisation totale. Quant à la supression partielle de l'alcool, elle est désormais autorisée pour les indications géographiques protégées à condition que leurs cahiers des charges aient été modifiés en conséquence. Une réglementation qui exclut - pour le moment - les vins en appellation d'origine contrôlée et en appellation d'origine protégée. Seulement, la réflexion est en cours et des expériences techniques devraient être lancées ainsi que des études économiques pour définir s'il existe véritablement un marché pour les vins AOC/AOP désalcoolisés et connaître le ressenti des consommateurs.

Les gammes s'élargissent

Si les premières cuvées No/Low (à ne pas confondre avec les boissons sans alcool) sont apparues en France en 2005, les producteurs ou négociants de l'Hexagone se sont essentiellement développés dans les années 2010 jusqu'à se structurer en 2023 à travers la création d'un collectif du vin No/Low qui réunit aujourd'hui une vingtaine d'acteurs (cavistes, distributeurs, domaines viticoles...)

convaincus que le marché — dans un contexte structurel de baisse de consommation d'alcool —, a de beaux jours devant lui. Notamment en France où la proportion de néo-consommateurs de vins ou de boissons No/Low est plus forte qu'en Australie, au Canada, en Espagne, au Royaume-Uni ou aux États-Unis.

Les pétillants aussi

Face à ce constat, les gammes se développent et s'élargissent à travers des cuvées en blanc, rouge ou rosé en mono-cépage issues de chardonnay, de syrah, de sauvignon, de merlot ou de colombard mais également des cuvées d'assemblages, merlot et tannat, gros manseng et merlot, cabernet et merlot, cabernet et syrah. À ces vins tranquilles s'ajoutent désormais les pétillants en blanc ou en rosé qui visent à concurrencer les bulles des moments festifs. Ils intéressent aussi les bartender qui sont également confrontés à une demande croissante de « mocktails » (version sans alcool d'un cocktail) dans lesquels les vins effervescents No/Low ont une carte à jouer. ■

■ Rouge, blanc, rosé ou pétillant : toutes les déclinaisons apparaissent sur le marché

SOMMELLERIE & TENDANCES

MAGALI DELALEX
PRIX DE LA SOMMELLERIE

La Table de l'Ours à Val d'Isère

Forte de son expérience dans le Jura, en Irlande, en Angleterre et en Alsace avant de revenir dans sa région natale, la sommelière savoyarde se prête au jeu des accords entre la pâtisserie et les vins.

Partagez-vous le sentiment du grand public sur la difficulté d'accorder les desserts avec les vins ?

Je peux comprendre les réticences pour certains de servir un verre de vin supplémentaire mais fort heureusement, un dessert n'appelle pas forcément un alcool. De nouvelles boissons se sont imposées comme le kombucha ou le kefir et on peut également penser au thé. En réalité, la réticence vient souvent de l'idée que le vin de dessert sucré plus le sucre de la pâtisserie ne créent pas une bonne association. Or certains vins vont au contraire apporter une fraîcheur que l'on ne soupçonne pas, et certains desserts de restaurant ne sont pas gras et sucrés. Ils sont de plus en plus légers, sur le végétal, l'acidité, ce qui ouvre de nombreuses possibilités.

Existe-t-il des interdits ?

Il n'y a pas une liste de vins qui ne soient pas compatibles avec les desserts car ces derniers, en restauration, ont beaucoup évolué. Autant les accords avec les soupes, les potages ou les bouillons sont des exercices périlleux qui condamnent un grand nombre de vins, autant pour les desserts, je considère qu'il n'y a pas réellement d'interdits. Ce qu'il faut, c'est trouver une harmonie avec le plat ou le fromage servi précédemment sans créer de cassure, ou alors trouver un équilibre entre les richesses du vin et celles du dessert. Et puis, il ne faut pas penser que les vins de dessert sont forcément des liquoreux opulents.

Ressentez-vous une évolution dans les associations vins et desserts ?

Pendant un certain temps, les accords étaient peut-être un

peu figés. Aujourd'hui, je pense qu'il ne faut pas forcément parler d'accords avec des vins, mais avec des boissons. Il y a désormais plus de possibilités offertes avec les bières sur un gâteau à base de noix par exemple, les cidres, les vins orange, les sakés, les infusions chaudes ou froides, les pétillants naturels, les jus. C'est un travail

de réflexion en amont, et qui demande aussi une organisation en salle car on ne prépare pas une infusion de la même façon que l'on sert un verre de vin.

Quelle quantité préconisez-vous de servir ?

Il faut porter un soin particulier à l'envie des clients, sans considérer une quantité définie comme pour une coupe de champagne. Certaines personnes tenteront l'aventure avec modération, d'autres seront déjà conquises par l'idée, d'autres n'apprécieront pas. Il ne faut pas mesurer en centilitres mais comprendre la personnalité de chacun et ses goûts. ∎

©Matthieu Cellard

Quelques suggestions d'accords avec des saveurs classiques...

Dessert à dominante de chocolat noir :
S'il y a de l'amertume, je conseillerais de servir un maury ou un rivesaltes, en millésimes patinés, un peu anciens.

Dominante de café :
Un vin doux naturel évolué à base de cépages rouges ou un vieux Porto.

Dominante d'agrumes :
Deux expériences distinctes. Soit du chenin du côté de Vouvray ou sur l'appellation coteaux-du-layon, soit un gamay pétillant ou un cerdon à fines bulles.

Dominante de fruits rouges :
Pour défendre ma région natale, je proposerais un pétillant de Savoie à base de mondeuse et pour rester dans un accord classique, un champagne rosé léger.

Dominante de pommes :
Il faut tenter de couper l'acidité des pommes. Je le ferai avec l'opulence d'un sauternes pour patiner un peu le dessert.

Dominante de noisettes :
L'exemple typique d'une boisson pour sortir des sentiers battus, un poiré.

SOMMELLERIE & TENDANCES

LA PÂTISSERIE & SES CRÉATEURS

LE PRÉ-DESSERT, OU L'ART DE LA TRANSITION

Partie intégrante d'un repas gastronomique, le pré-dessert requiert des étapes de réflexion et de validation, expliquées par Anne Coruble, cheffe pâtissière du Peninsula Paris et Benoît Charvet, chef pâtissier du restaurant Paul Bocuse.

▲ Anne Coruble orchestre la pâtisserie du Peninsula. À droite, l'une de ses créations : pré-dessert Litchi, fleur et feuille de sakura

Comment définiriez-vous le pré-dessert ?

Anne Coruble : il a un rôle de transition entre la cuisine et la pâtisserie. Il permet de rafraîchir ou d'acidifier le palais avant l'arrivée du sucré. Pour schématiser, son ancêtre serait le trou normand.

Benoît Charvet : c'est parfois difficile de passer directement du fromage au dessert, d'un morceau de saint-nectaire à un gâteau au chocolat. Il faut apporter une touche différente mais qui soit dans la continuité du repas. C'est une parenthèse que j'essaie de porter sur le végétal.

Est-ce une contrainte ou un exercice de style ?

Anne Coruble : c'est tout sauf une contrainte. C'est un véritable exercice de style car c'est une proposition un peu hybride qui demande beaucoup de réflexion : on ne recherche pas le sucré et on a encore un pied en cuisine. C'est pour cette raison que je peux travailler l'algue, le jambon, les olives, les herbes aromatiques. La vraie difficulté, c'est de trouver la cohérence entre ce qui précède et ce qui arrive.

©Natalia Khororshayeva - ©Laurent Fau

Benoît Charvet : j'étais un peu réfractaire en prenant ma place au restaurant Paul Bocuse en 2019 parce que je trouvais que les clients avaient suffisamment mangé. J'ai aussi constaté qu'il y avait beaucoup de gaspillage sur les mignardises ce qui laissait penser que nous étions peut-être dans la démesure. Avec le temps, l'ensemble des proportions a été revu, ajusté et cette fois, le pré-dessert a trouvé sa place.

Y'a-t-il un volume ou une taille à respecter ?

Anne Coruble : j'ai pour habitude de dire qu'une mignardise se mange avec les doigts alors qu'un pré-dessert se déguste à la cuillère.
Benoît Charvet : je rejoins Anne sur ce volume. Une mignardise, c'est l'équivalent d'une bouchée alors que le pré-dessert s'apprécie en deux ou trois cuillerées maximum.

Le pré-dessert nécessite-t-il plus de technicité ?

Anne Coruble : la vraie difficulté se situe au niveau du visuel. Il faut que le client prenne conscience qu'il se dirige vers le dessert sans pour autant avoir le sentiment qu'on lui en présente un. Tout se joue sur le volume, la texture, la délicatesse.
Benoît Charvet : le pré-dessert ne doit pas faire de l'ombre au dessert. Cela doit rester technique mais ce n'est pas le centre de la réflexion. La vraie recherche se situe sur le goût et les textures. Le pré-dessert ne vient pas alourdir le déjeuner ou le dîner, il vient offrir une parenthèse mais il est vrai que plus c'est petit, plus c'est difficile à produire.

Un pré-dessert peut-t-il devenir un dessert ?

Anne Coruble : logiquement non car il faudrait doubler ou tripler son volume et lui trouver une forme qui soit adaptée à celle d'un dessert. En revanche, il peut être à l'origine d'un dessert, comme source d'inspiration à partir d'un ingrédient ou d'une texture.
Benoît Charvet : le pré-dessert n'a pas vocation à devenir un dessert car c'est une séquence différente. Il fait partie du repas. Et puis le pré-dessert a une durée de vie très courte. Il est créé en fonction des arrivages. Je peux parfois recevoir un ingrédient en petite quantité. Dans ce cas, je vais le travailler en pré-dessert parce que je sais que j'en aurai suffisamment. ■

▼ Benoit Charvet au restaurant Paul Bocuse : Chocolat grand cru du Venezuela, éclats de riz soufflé, citron caviar

©Aurelio Rodriguez

LE MAGAZINE

PATRICK MESIANO
PRIX PASSION DESSERT

Hôtel Métropole à Monaco

Jugé désuet depuis la fin des années 1980, le chariot à desserts, contrairement à celui des fromages, s'est effacé au profit des desserts servis à l'assiette. La volonté de certains chefs permet au chariot de retrouver son lustre d'antan, modernisé par le travail de designers de renom.

À quand remonte la mise en place du chariot à desserts au restaurant Les Ambassadeurs de Christophe Cussac à l'Hôtel Métropole ?

Avant d'arriver à l'Hôtel Métropole, j'occupais le poste de chef pâtissier à la Réserve de Beaulieu à Beaulieu-sur-Mer. Le chef de cuisine à l'époque était Christophe Cussac. Quand ce dernier a rejoint l'Hôtel Métropole, il m'a demandé de venir avec lui.
Nous sommes en 2004 et le chef qui cornaquait la table était Joël Robuchon. C'est lui qui m'a demandé de mettre en place un chariot mais, dans un premier temps, uniquement avec des tartes. C'était il y a vingt ans et le chariot est toujours en salle.

Quelle a été votre réaction ?

J'avais travaillé à La Chèvre d'or à Èze, au Royal Riviera à Saint-Jean-Cap-Ferrat et à La Réserve de Beaulieu et jamais je n'avais vu un chariot. Pour moi, c'était une présentation dépassée. Il n'y avait pas de raison que le chariot fasse son retour car il représentait une pâtisserie d'antan mais avec le temps et la réaction des clients, j'ai compris que le charme du chariot opérait.

Que faut-il entendre par « le charme du chariot » ?

Au restaurant gastronomique, nous ne prenons pas les commandes des desserts en début de repas. Si tel

▲ Attisant la gourmandise, le chariot des douceurs revient en grâce

était le cas, les clients choisiraient à la carte et le chariot n'aurait plus sa place. Le charme opère à la fin de la partie salée quand nous proposons la carte des desserts et que le chariot est présenté. Une majorité de clients, qui n'auraient pas pris de desserts à la carte, craquent quand ils voient le chariot et finalement commandent. Le charme, c'est aussi de voir que les clients se lèvent, le prennent en photo, discutent entre eux ou posent des questions au chef de rang.

Combien de desserts présentez-vous ?

Environ 18. Les classiques, baba au rhum, île flottante, mousse au chocolat, clafoutis et flan, et une série de tartes comme la Tatin, la citron meringuée, la chocolat praliné ou l'Opéra que j'ai décliné en tarte. Et le tout est servi à volonté.

Est-ce que le chariot requiert des compétences particulières du personnel de salle ?

D'une part, il y a la présentation des desserts un à un et l'interaction avec les clients qui demandent des détails sur la composition de chaque dessert mais il y a surtout une compétence de découpe, de dosage en fonction de l'appétit de chacun afin d'éviter le gaspillage, de présentation et de dressage à la minute. Effectivement, les personnes les plus qualifiées dans la brigade de salle s'occupent de cette partie. Ils ont été formés parce que le service au chariot n'est plus quelque chose que l'on apprend dans les lycées hôteliers.

Depuis la mise en place du premier chariot en 2004, son design a-t-il évolué ?

Le contenu, c'est-à-dire les desserts, c'est une chose et je travaille beaucoup pour améliorer l'offre au gré des saisons mais aussi en fonction des attentes des clients, mais le contenant est important aussi. Ce chariot a été entièrement repensé en 2023. Nous avons travaillé avec un designer. Cela a nécessité six mois de travail. Tout a été fait sur mesure pour accueillir l'ensemble des desserts mais aussi conçu de façon à ce qu'il circule facilement entre les tables. ■

LE MAGAZINE

LES DÉRAISONNABLES DÉLICES FESTIVES DES CHEFS PÂTISSIERS

Noël, l'Épiphanie, la Saint-Valentin ou Pâques sont l'occasion pour les chefs pâtissiers des palaces et des restaurants gastronomiques de présenter des créations en "édition limitée".

Chaque année, les Français se régalent d'environ 8 millions de bûches de Noël, dont 3 millions sont choisies chez les pâtissiers. Pour l'Épiphanie, 48 millions de galettes sont achetées, dont la moitié chez les boulangers et les pâtissiers. Ces chiffres vertigineux sont-ils à l'origine de l'engouement créatif des chefs pâtissiers officiant dans les palaces et les restaurants gastronomiques, qui voudraient leur part du gâteau ? Pour les pâtissiers interrogés, ce n'est absolument pas l'aspect financier qui prime mais la volonté de présenter un travail artistique hors du commun. Une liberté restreinte, le reste de l'année, par le dessert à l'assiette.

Une montée en puissance

L'arrivée en kiosque en 2014 des premiers magazines entièrement consacrés à la pâtisserie a mis en valeur les créations des pâtissiers de boutique. En compulsant les archives, force est de constater que les sélections annuelles des plus belles bûches et des galettes des rois consacraient le travail des artisans. Il faut attendre 2015 pour timidement voir apparaitre les créations, essentiellement parisiennes, des pâtissiers de restaurants comme Thoumieux, le Four Seasons Hôtel George V, le Plaza Athénée, le Peninsula ou le Park Hyatt Vendôme. Depuis, à Paris comme en province, tous les chefs pâtissiers célèbrent les événements annuels en présentant leurs extravagantes créations. Jordan Gasco, chef pâtissier au Chambard à Kaysersberg depuis six ans, n'a dévoilé sa première bûche qu'en décembre 2020 : *« avec le Covid, les restrictions et les confinements, il y avait une sorte de frustration à ne pas travailler quotidiennement. Imaginer une bûche, même en petites quantités, c'était renouer avec ma formation de pâtissier de boutique et avec mes équipes un peu désœuvrées. Les gens du village, les clients du restaurant qui soutenaient les restaurants ont joué le jeu et le succès a été au rendez-vous. »* De son côté, Lucile Vigilant, cheffe pâtissière du Relais Bernard Loiseau depuis septembre 2024 (mais dans le groupe depuis quinze ans) a présenté sa première bûche quelques mois après son arrivée : *« À l'époque du chef pâtissier*

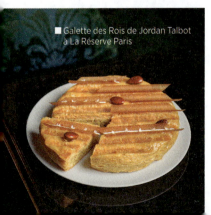

■ Galette des Rois de Jordan Talbot à La Réserve Paris

©JulieLimont

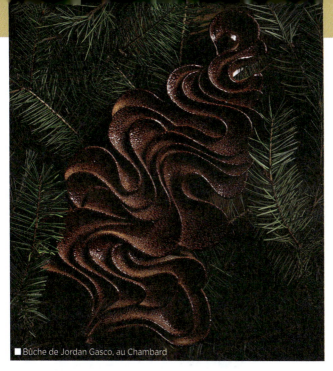

■ Bûche de Jordan Gasco, au Chambard

PÂTISSERIE & CRÉATEURS

Aymeric Pinard, il y avait eu une vente de bûches sur commande, mais cela s'était arrêté. Avec l'ouverture de la boutique Bernard Loiseau, j'ai pensé qu'il y avait de la place pour une partie pâtisserie. De plus, j'ai compris qu'il y avait une demande, à Saulieu et aux alentours, d'une clientèle désireuse de craquer pour quelque chose qui sorte de l'ordinaire, sans être obligé d'aller à Beaune ou à Dijon, à plus d'une heure de route. »

Concurrence déloyale ?

À la question légitime de savoir si tous ces pâtissiers ont le sentiment d'empiéter sur les plates-bandes des pâtissiers traditionnels, la réponse est non. Pour Jordan Talbot, chef pâtissier de La Réserve à Paris : « je suis incapable de préparer des centaines de bûches, de galettes ou des œufs comme le font si bien les pâtissiers de boutique. Créer une bûche ou une galette produite à seulement 90 exemplaires, c'est un autre métier. Cela nécessite des heures de dessin, de fabrication de moules qui coûtent chers. L'idée c'est de produire quelque chose de gratifiant pour les équipes, pour l'établissement en prenant son temps et sans perdre d'argent. » Jordan Gasco, de son côté, reste convaincu qu'il y a de la place pour tout le monde : « *Si mes créations de Noël ou de Pâques inspirent des pâtissiers de boutique et que mon travail leur donne envie d'aller plus loin dans la création, c'est que j'aurais réussi ma mission. Partager nos connaissances, aller plus loin, imaginer de nouvelles techniques, c'est faire avancer le métier.* » ■

AURORA STORARI
PRIX PASSION DESSERT

Restaurant Hémicycle à Paris

Depuis quelques années, la tendance chez les chefs pâtissiers est de réduire le sucre dans les desserts. Aurora Storari dévoile ses astuces et sa vision de la pâtisserie du futur.

▲ Raviole ail noir et cerises, sauge et consommé des griottes sauvages

Il paraît que vous n'aimez pas trop le sucré...

Ce n'est pas exactement ça. En réalité, je suis plutôt un bec salé, ce qui ne veut pas dire que je n'aime pas les desserts, sinon je ne ferai pas ce métier, même si j'ai débuté par la cuisine. Ce que je n'apprécie pas trop, ce sont les desserts ou les gâteaux trop sucrés.

Je pense que cette époque est révolue et qu'il faut réfléchir à une pâtisserie du futur. Au siècle dernier, la nouvelle cuisine en France a été une révolution pour le salé mais le sucré n'a pas suivi. Aujourd'hui, il est temps que notre métier vive sa révolution.

Par quoi passe cette révolution ?

Je pense que l'idée est d'harmoniser davantage le travail du cuisinier avec celui du pâtissier. Certains le font depuis quelques années et les clients semblent conquis parce qu'ils ne terminent pas le repas par quelque chose de trop lourd ou trop gras. Quand un cuisinier est sur un registre de fraîcheur ou d'acidité, le pâtissier doit lui emboîter le pas, ce qui sous-entend qu'il faut peut-être penser le dessert à partir d'un ingrédient et pas à partir d'une recette. Mais attention, il y aura toujours, comme en cuisine, de grands classiques qu'il ne faut pas dénaturer. La révolution, ce n'est pas de gommer l'histoire mais de conserver son patrimoine en apportant une autre vision en parallèle.

Comment faites-vous pour réduire le taux de sucre dans vos desserts ?

La première solution est de travailler différents types de sucre. J'ai tendance à écarter le sucre blanc pour le remplacer par du miel, du sirop d'érable, du sirop de malt ou du muscovado. Ça

©Thomas Dhellemmes (1-2-3)

remet en cause toutes les fiches techniques mais je trouve que ça ne change pas forcément le dessert dans sa texture ou sa tenue, seulement son goût. La seconde solution, c'est de miser sur les sucres naturels. Dans mon dessert de prune confite à l'hibiscus, crème brûlée au sésame, je travaille sur la réduction du jus des prunes ce qui me permet d'obtenir quelque chose de sucré et par conséquent, d'utiliser moins de sucre.

Vous utilisez également des ingrédients plus habituels dans le registre salé...

Oui surtout l'hiver parce que je n'ai pas envie d'utiliser des fruits exotiques qui viennent du bout du monde. Sur le plan écologique, ce n'est pas très sain. Je me reporte sur des légumes comme le topinambour qui va dévoiler un goût de noisettes, le céleri-rave mais aussi l'encre de seiche pour la salinité ou le chorizo qui apporte un peu de gras en lieu et place du beurre.

À l'étage du restaurant Hémicycle, vous avez ouvert Aura, une table intimiste. Sucrée ou salée ?

Je définis cela comme de la pâtisserie en liberté, une sorte de registre hybride où je démontre aux sept convives présents que l'on peut être surpris par des desserts qui se présentent comme des entrées ou des plats.

Quelles associations avez-vous déjà présentées ?

Une salade de choux avec un gaspacho de choux, des pommes, des épices, du gingembre, du yaourt et de la citronnelle ; des petits pois avec du mascarpone maison, une infusion de jasmin, de la confiture de citron et des fraises vertes travaillées comme des cornichons mais aussi un parfait glacé à l'encre de seiche, noix de coco et jus de coriandre ou de l'artichaut qui sert d'écrin pour accueillir une glace au foin et bourbon. ◾

PÂTISSERIE & CRÉATEURS

LE MAGAZINE

PASCAL HAINIGUE
PRIX PASSION DESSERT

Auberge de l'Ill à Illhaeusern

Retour aux sources pour le chef pâtissier, qui retrouve son Alsace natale après une partie de carrière à Paris.

Quelle a été votre motivation première pour revenir en Alsace et y poursuivre votre carrière ?

Quand je travaillais à Paris, je revenais parfois en week-end chez mes parents. Très vite, la capitale me manquait mais au fil du temps, les choses se sont inversées et je me suis rendu compte que j'avais l'Alsace chevillée au corps et que je ne pourrais pas longtemps résister à un retour aux sources. Je suis né ici et j'y ai appris les bases de mon métier. Il était écrit que je devais y revenir. Quand le chef Marc Haeberlin de l'Auberge de l'Ill m'a proposé de le rejoindre, je n'ai pas hésité.

Paris ne vous manque pas ?

J'ai adoré y vivre et y travailler. J'ai aimé sa diversité culturelle, son bouillonnement et je prends plaisir à y revenir de temps à autre pour des événements et pour retrouver des confrères mais je me dis aussi chaque jour quand je pars de chez moi pour rejoindre l'Auberge de l'Ill que j'ai une chance incroyable de vivre en Alsace. Et même si je fais toujours le même chemin, je ne me lasse pas de sa beauté.

Ce retour aux sources correspond-il à une reconnexion avec le patrimoine culinaire local ?

C'est surtout une reconnexion avec les femmes et les hommes qui produisent. La proximité géographique entre le lieu de production, mon domicile et le restaurant m'offrent la possibilité d'aller plus facilement saluer ces professionnels. Je pense à cette minoterie dans le village, aux producteurs de fraises de plein champ, de cerises ou de framboises.
C'est aussi une chance de retrouver des produits propres à mon territoire comme le muscat d'Alsace, les quetsches ou les mirabelles. Même si à Paris, on avait la chance d'avoir tout à disposition et parfois en quelques heures, certains de ces produits étaient moins répandus. Ici, ils font partie de notre histoire, de notre agriculture et il est logique que je les valorise dans mes créations.

▲ Le gâteau de pommes tièdes Tatin

On dit que l'inspiration vient en dormant. Est-ce vrai dans votre cas ?

Je dirai que l'inspiration vient en marchant. J'ai cette chance de vivre à la campagne, de pouvoir me promener et trouver des produits qui deviennent source d'inspiration comme les mûres sauvages qui ont donné naissance à un baba à la mûre. Les champignons m'ont aussi amené à réfléchir sur un dessert comme les vignes avec le raisin. Il y aussi les entreprises locales de torréfaction ou de distillation. Toutes ces balades qui débouchent sur des rencontres décuplent l'inspiration.

Être chef pâtissier en Alsace, c'est aussi renouer avec des pâtisseries de tradition. Est-ce que vous les intégrez dans vos propositions ?

L'Alsace est connue pour la richesse et la diversité de sa biscuiterie. Vous n'imaginez pas la joie que j'ai eu à renouer avec ces traditions. Je me souviens qu'au Bristol à Paris, j'avais réalisé des *bredele* pour les fêtes de Noël mais ici, ils ont une autre saveur. C'est un plaisir de produire le bretzel brioché, les pains aux fruits confits, le pain d'épices, le kougelhopf, les brioches et j'en passe et de les proposer aux clients de l'Auberge.

Quels sont vos projets pour les années à venir ?

Marc Haeberlin a fait l'acquisition d'un ancien presbytère en face du restaurant. Il va être transformé en chocolaterie et c'est mon épouse, Jimena Bañales Cano, qui a longtemps travaillé à La Maison du Chocolat à Paris qui va gérer l'ouverture. En parallèle, le chef a repris l'hôtel Le Clos Saint-Vincent à Ribeauvillé qui était abandonné. Après travaux, il sera doté de chambres, d'un spa et d'un restaurant et je serai en charge de l'offre pâtissière de ce joyau qui offre une vue incroyable sur le vignoble. ■

PÂTISSERIE & CRÉATEURS

583

BENOIT GOULARD
PRIX PASSION DESSERT

Mont Blanc Restaurant & Goûter à Hauteluce

Chef de cuisine au restaurant Mont-Blanc en Savoie, c'est pourtant en pâtisserie que Benoit Goulard a fait quasiment toute sa carrière avant de décrocher une première Étoile MICHELIN et un prix Passion Dessert en 2024.

■ Benoit Goulard et Hélène Fleury

Quelle a été votre réaction à l'annonce de votre étoile et du prix Passion Dessert ?

Je ne savais pas du tout à quoi m'attendre. Je ne savais pas si j'étais convié pour recevoir un prix, une étoile, les deux ou rien du tout. Lorsque les prix Passion Dessert ont été appelés, mon nom n'a pas été cité. J'étais quelque peu déçu mais l'annonce se faisait en deux temps. La seconde était la bonne. Je crois me souvenir qu'après avoir quitté la scène, je n'ai pas eu le temps de me rassoir à côté d'Hélène, ma compagne, que j'entendais le nom de notre restaurant pour la première étoile. C'était une journée incroyable.

Vous êtes un chef de cuisine qui pâtisse ou un chef pâtissier qui cuisine ?

Un peu des deux je pense. J'ai suivi une formation globale sur la restauration avec notamment un bac hôtellerie-restauration et un BTS arts culinaires auquel il faut ajouter une mention cuisinier en desserts de restaurants.
La suite, ce ne sont que des expériences en tant que pâtissier

©Matthieu Cellard (1 et 2)

chez Jean Sulpice quand il était à Val Thorens puis en Norvège puis chez La Mère Brazier à Lyon avec le chef Mathieu Viannay avant de rejoindre la pâtisserie François à Bergerac pour découvrir le monde de la pâtisserie boutique.

Comment passe-t-on d'un univers pâtissier à la cuisine ?

Quand nous avons ouvert avec Hélène, nous étions plutôt dans un registre bistronomique. Parallèlement, nous allions chez nos confrères pour goûter et pour comprendre les styles.
Et puis, j'ai beaucoup lu, énormément travaillé. De par ma formation, j'avais évidemment les bases mais j'étais obligé de faire beaucoup d'essais pour présenter des plats salés de qualité et appréciés par la clientèle.
Après le Covid, nous avons décidé d'opérer un virage et de basculer dans un registre plus gastronomique. Nous avons fermé le midi pour gagner en confort et

Entremet Chocolat Nyangbo, cœur praliné pécan et vanille fumée

avoir ainsi des journées entières pour parfaire mes préparations pour le dîner.

Comment progresser quand on travaille seul en cuisine ?

On améliore son outil de travail, on passe du temps à sourcer des produits de qualité, on va à la rencontre d'anciens professionnels qui veulent bien donner un peu de leur temps pour transmettre comme ce fut le cas avec un boucher qui m'a aidé à préparer des pâtés et des terrines et surtout, on fait beaucoup d'essais pour mieux appréhender les différentes méthodes de cuisson, de préparation et de présentation. Par exemple, je reçois de la fera pendant neuf mois par an, pêchée par Éric Jacquier sur le lac Léman. Je ne peux pas me permettre de toujours la proposer cuisinée de la même manière alors je teste des choses, des marinades, du fumé à chaud ou à froid, du brûlé, de la tendreté. C'est beaucoup de travail pour seulement une quinzaine de couverts mais aujourd'hui la récompense est là, les clients sont satisfaits et c'est bien l'essentiel.

Les clients peuvent aussi venir au restaurant seulement pour le goûter ?

L'après-midi, comme nous sommes sur place, nous ouvrons à celles et ceux qui ont envie de prendre un goûter. Je propose des tartelettes, des cakes, de la guimauve autour d'une boisson chaude ou froide. C'est une façon pour les clients de découvrir mon univers de pâtissier et pour certains de prendre connaissance des menus du restaurant en espérant qu'ils aient envie de revenir pour dîner.

LE MAGAZINE

COMMENT NAISSENT LES DESSERTS ?

Max Martin, chef pâtissier du Pré Catelan à Paris, dévoile la façon dont il imagine ses nouveaux desserts, avec le concours de toute son équipe, au gré des saisons et des opportunités offertes par la nature.

Quelles sont vos sources d'inspiration ?

La nature est une source d'inspiration mais aussi les rencontres avec les producteurs. Parfois, la façon dont ils parlent de leurs produits crée un déclic. Et enfin, je suis très sensible aux formes qui m'entourent, celle d'un immeuble, d'une maison ou d'une œuvre dans un musée.

Vous vous imposez un rythme de création ?

J'essaie de me caler sur les saisons mais on ne peut pas être uniquement centré sur ce calendrier. En revanche dans mon rythme de création, je m'aménage des plages de travail pour imaginer les desserts de la saison suivante. En somme, je travaille très en amont sur une idée qu'il faudra affiner le moment venu car le produit ne sera pas forcément le même l'année suivante, notamment en termes de sucrosité.

Vous sentez-vous obligé de réfléchir constamment à de nouveaux desserts ?

Pas forcément, parce qu'il ne faut pas aller contre la nature. J'ai à la carte un dessert à base de rhubarbe. Si mon producteur considère qu'elle n'est plus à la hauteur de ses attentes, je vais sortir le dessert de la carte mais ça ne sous-entend pas que je m'oblige à le remplacer immédiatement.

Qui goûte et valide vos créations ?

L'idée peut venir de moi, de mon second, d'un commis ou d'un apprenti. Ensuite, nous travaillons tous ensemble, puis tout le monde goûte et donne son avis. Mais je reste celui qui tranche à la fin, après avoir goûté et regoûté, et tout seul. Je retravaille ou je laisse maturer avant de présenter au chef de cuisine qui peut avoir envie d'apporter des modifications.

◀ Profiterole croustillante noix, fenouil et madère

PÂTISSERIE & CRÉATEURS

Imaginez-vous vos desserts en fonction de la carte salée ?

Il n'y a plus de rupture brutale entre le salé et le sucré comme c'était le cas autrefois. La continuité du repas est importante et il n'y a rien de choquant à présenter un dessert avec du céleri, ce qui n'était pas envisageable il y a quelques années. ■

▶ Rhubarbe confite, sablé citron, glace rhubarbe vanille et opaline croustillante

© Thomas Dhellemmes (1 et 2)

PÂTISSERIE & CRÉATEURS

HONFLEUR

✉ 14600 – Calvados –
Carte régionale n° **2**-C2

Tableaux de pêche

Qui n'aime pas Honfleur ? Lieu béni des muses, ce petit port de la Côte Fleurie a séduit les écrivains et les peintres, de Baudelaire à Musset, de Boudin à Seurat. Son Vieux-Bassin, ses façades anciennes et cette lumière sont proprement irrésistibles... De quoi mettre en appétit les esthètes ! Ancien port de pêche à la morue comme Le Havre, Honfleur possède toujours une flotte de petits bateaux. Du jeudi au dimanche matin, ils vendent en direct sur la jetée du transit – notamment des coques, des coquilles Saint-Jacques et des crevettes grises réputées. Le samedi matin, la place Sainte-Catherine sert de cadre au déballage chatoyant des produits du terroir, comme des rillettes de lapin, du confit de porc et les dérivés du cidre. Une sélection judicieuse de calvados, mais aussi de cidres et de pommeaux vous attend à la Compagnie des Calvados, à la Cave normande ou chez Gribouille, dont le décor d'ancienne brocante charme l'œil.

😊 LA FLEUR DE SEL

CUISINE MODERNE • COSY Dans une rue du quartier historique, Vincent Guyon réalise un travail admirable. Au menu, bar mariné aux agrumes, mangue fraîche, coriandre et gingembre ; siphon chocolat, sorbet aux herbes, tuile cacao et terreau chocolat fleur de sel... Ou bien un grand classique de la maison : le tartare de bœuf aux huîtres, accompagné de mizuna, vinaigrette caviar et riz grillé. Une cuisine inspirée et parfaitement maîtrisée.

Prix : €€

Plan : A1-2 – *17 rue Haute* – ☎ *02 31 89 01 92* – *www.lafleurdesel-honfleur.com* – *Fermé lundi et mardi*

😊 SAQUANA

CUISINE CRÉATIVE • CONTEMPORAIN Alexandre Bourdas a fait de son SaQuaNa un vrai lieu de vie, ouvert du matin au soir, avec l'idée de rendre la bonne cuisine accessible au plus grand nombre. La carte est variée, aux influences d'ici et d'ailleurs (elle comprend notamment une section japonaise), et affiche toujours certains incontournables comme sa lotte bouillon coco et huile de combawa, « notre bouillabaisse maison » ou encore l'emblématique pascade : une partition talentueuse, décomplexée, inspirante, pour des plats souvent « à partager ». Selon l'heure de la journée, le SaQuaNa est également une pâtisserie, une boulangerie ou un salon de thé.

Prix : €€

Plan : A1-3 – *22 place Hamelin* – ☎ *02 31 89 40 80* – *www.alexandre-bourdas.com* – *Fermé lundi et mardi*

kipgodi/Getty Images Plus

HONFLEUR

L'ÂTRE

CUISINE MODERNE • CONTEMPORAIN Après des passages dans de belles maisons étoilées parisiennes, puis au Château Cordeillan-Bages à Pauillac, le chef Julien Lefebvre, originaire de Normandie, s'est installé il y a quelques années dans cette charmante cité. Sa cuisine, rythmée par les saisons, s'inscrit tranquillement dans l'air du temps. Cuisine ouverte qui donne sur une salle à manger au cadre contemporain ou terrasse ouverte aux beaux jours.

& 🄰🄲 🍽 – Prix : €€€

Plan : B2-5 – *25 cours des Fossés – ℰ 02 31 88 30 82 – www.restaurant-atre. com/fr – Fermé lundi, dimanche et mardi midi*

ENTRE TERRE ET MER

CUISINE MODERNE • COSY Situé sur la place Hamelin, dans le quartier historique de Honfleur, ce restaurant serait la maison dans laquelle est né en 1768 le contre-amiral de Napoléon Bonaparte, J. F. E. Hamelin. On s'installe dans un cadre typiquement normand avec colombages et pierres apparentes pour déguster des assiettes naviguant entre terre et mer, dans le respect des saisons. Une belle présentation et une cuisson vapeur maîtrisée pour la dorade, rôti, jus d'herbes, haricots, groseilles. Petite terrasse aux beaux jours.

🕸 🍽 🍽 – Prix : €€

Plan : A1-4 – *12/14 place Hamelin – ℰ 02 31 89 70 60 – www.entreterreetmer-honfleur.com*

HUÎTRE BRÛLÉE

CUISINE MODERNE • CONVIVIAL Ici, pas d'Huître Brûlée... mais une cuisine actuelle aux produits de qualité, privilégiant les achats en circuits courts (légumes bio, poisson de petit bateau), imaginée autour d'une carte de saison resserrée. Une table sympathique et conviviale ouverte par un couple de passionnés, Paul Lacheray, originaire d'Honfleur en cuisine, et sa compagne Chloé Woestelandt en salle, qui réalise ainsi son rêve d'enfance...

Prix : €€

Plan : A1-8 – *8 rue Brûlée – ℰ 09 82 57 90 18 – www.huitrebrulee.com*

LES IMPRESSIONNISTES - LA FERME SAINT-SIMÉON

CUISINE MODERNE • ÉLÉGANT À l'intérieur du luxueux hôtel La Ferme Saint-Siméon, abrité dans un bâtiment historique sur les hauteurs de Honfleur, cette adresse ne manque pas de cachet. L'intérieur de style normand, élégant et luxueux, le parc arboré, la terrasse offrant une superbe vue sur l'estuaire de la Seine : c'est enchanteur, bien sûr, mais pas de quoi nous détourner de l'assiette ! Le chef signe en effet une agréable cuisine contemporaine autour de jolis produits du terroir normand, faisant la part belle aux saisons. Le domaine héberge également "La Boucane", bistrot qui propose une cuisine tout aussi goûteuse mais plus traditionnelle.

🕸 🍽 🍽 & 🍽 🍽 🅿 – Prix : €€€€

Hors plan – *20 rue Adolphe-Marais – ℰ 02 31 81 78 00 – www.fermesaintsimeon. fr – Fermé lundi, mardi et du mercredi au vendredi à midi*

LE LINGOT 🄽

CUISINE MODERNE • ÉLÉGANT Nichée rue des Lingots, loin de l'effervescence portuaire, cette adresse s'inscrit dans un décor médiéval de ruelles pavées, à deux pas de l'imposante église Sainte-Catherine, joyau d'architecture en bois. La déco du restaurant surprend par son élégance à la française : des tableaux ornent les murs de briques apparentes, des bougies illuminent les tables dressées de vaisselle ancienne, des lustres brillent au plafond. Le chef propose un menu évolutif et une cuisine limpide célébrant le terroir normand : huîtres, pêche locale et bœuf – une plongée au cœur du Calvados.

🍽 – Prix : €€€

Plan : A1-7 – *14 rue des Lingots – ℰ 02 31 81 07 76 – www.lelingothonfleur.com – Fermé mardi midi, dimanche et lundi*

589

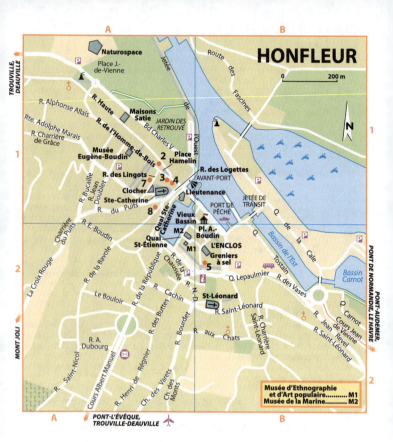

LE MANOIR DES IMPRESSIONNISTES

CUISINE MODERNE • ÉLÉGANT Installez-vous dans la lumineuse salle à manger ou sur la terrasse aux beaux jours pour profiter d'un joli panorama sur l'estuaire, et d'une cuisine actuelle, centrée autour d'une carte de saison courte et appétissante, privilégiant les produits du terroir normand et de la pêche locale.

– Prix : €€€

Hors plan – *23 route de Trouville* – ℰ *02 31 81 63 00* – *www.manoirdesimpressionnistes.com* – *Fermé mardi et mercredi*

LA CHAUMIÈRE

CLASSIQUE • COSY Cette jolie ferme normande se dresse face à l'estuaire de la Seine, sur un parc qui tombe dans la mer. Chambres "campagne-chic" au grand calme, coquettes et cosy, avec pour certaines une jolie vue sur les flots. Location de vélos, de kayaks, ou d'une petite voiture électrique idéale pour sillonner Honfleur.

– 10 chambres

Route du Littoral – ℰ *02 31 81 63 20*

HONFLEUR

LA FERME SAINT-SIMÉON *Plus*

CLASSIQUE • ROMANTIQUE Haut lieu de l'histoire de la peinture, l'auberge que fréquentaient les impressionnistes est devenue un hôtel magnifique. Le parc domine l'estuaire – et ses lumières changeantes –, les chambres, au calme, réinventent le style rustique, version luxe. Intemporel comme un tableau ou une chanson de Jacques Brel.
- 35 chambres
Rue Adolphe Marais – ℰ 02 31 81 78 00
Les Impressionnistes - La Ferme Saint-Siméon - Voir la sélection des restaurants

HÔTEL SAINT-DELIS

CONTEMPORAIN • RAFFINÉ Ce monument local, qui fut autrefois la demeure du peintre Henri de Saint-Delis, est aujourd'hui un hôtel de luxe qui ne dépareillerait pas à Paris. Neuf chambres élégantes et contemporaines, toutes équipées de douche-hammam. Le petit-déjeuner est éventuellement servi dans la cour arborée.
- 9 chambres
43 rue du Puits – ℰ 02 31 81 78 10

LES MAISONS DE LÉA

MODERNE • ÉLÉGANT En plein cœur de la ville, juste devant l'église Ste-Catherine, cette bâtisse est composée de plusieurs maisons élégantes, joliment décorées par thèmes (Campagne, Romance, Baltimore, Capitaine). Le confort est total, l'accueil est charmant : incontournable, tout simplement !
- 43 chambres
Place Sainte-Catherine – ℰ 02 31 14 49 49

LE MANOIR DE LA PLAGE

MODERNE • ÉLÉGANT A Honfleur, il suffirait de laisser le cadre s'exprimer pour recevoir une bonne note. Mais plutôt que de jouer la facilité, la propriétaire de ce majestueux manoir a visé la version grand luxe. Six chambres d'une grande élégance, avec vue mer ou jardin, se partagent une combinaison d'inspirations rustique chic, bohème et bourgeois. Chaises en rotin, revêtement en velours, poutres apparentes ou moulures, selon vos préférences. Cours de méditation, piscine en sous-sol, terrain de tennis face à la mer et accès direct à la plage transforment le séjour en villégiature exclusive.
- 6 chambres
Route de Trouville – ℰ 06 58 18 02 81

HOSSEGOR

40150 – Landes – Carte régionale n° **25**-A2

LES HORTENSIAS DU LAC

CUISINE MODERNE • TENDANCE Environnement idyllique en bord du lac d'Hossegor pour cette institution locale à l'accueil charmant. Le chef Philippe Moreno, disciple de Gérald Passedat, y propose une cuisine soignée de qualité, aux assiettes bien maîtrisées, à travers une carte de saison ou un menu dégustation. Les poissons de la criée de Capbreton ainsi que la belle volaille des Landes sont à l'honneur. On en profite dans un intérieur de bistrot lumineux, ou sur l'agréable terrasse, dans une ambiance décontractée chic.
- Prix : €€€
1578 avenue du Tour-du-Lac – ℰ 05 58 43 99 00 – www.leshortensiasdulac.com – Fermé mercredi, mardi midi et dimanche soir

JEAN DES SABLES

CUISINE MODERNE • DESIGN Cadre épuré pour ce restaurant de plage : béton ciré, murs clairs, vivier, vue sur l'Océan... La cuisine est moderne, déclinée au fil d'une carte courte et bien ficelée, avec un menu spécial dédié au homard. Accueil et service aux petits soins.
- Prix : €€€
121 boulevard de la Dune, à Soorts – ℰ 05 58 72 29 82 – www.jeandessables.com – Fermé lundi et mardi, et dimanche soir

HOSSEGOR

LES HORTENSIAS DU LAC   *Plus*

MODERNE • CHAMPÊTRE Trois belles maisons entourées d'une pinède, au bord du lac d'Hossegor : l'ensemble, moderne et épuré, s'efface devant le paysage marin. On profite d'un beau jardin planté de pins des Landes, et du spa de 450 m², bien aménagé. Un lieu plein de charme et de vitalité.

- 25 chambres

1578 avenue du Tour du Lac – ✆ 05 58 43 99 00

VILLA SEREN

MODERNE • RAFFINÉ Cette belle bâtisse, mélange de bois et de béton, s'intègre bien dans son environnement. L'intérieur, superbement décoré, accueille entre autres du mobilier d'artisans de la région ; les chambres, spacieuses et confortables, offrent une vue imprenable sur le lac d'Hossegor.

- 27 chambres

1111 avenue du Touring Club de France – ✆ 05 58 58 00 55

LES HOUCHES
✉ 74310 – Haute-Savoie

ROCKY POP

MODERNE • FAMILIAL Atypique et convivial, cet hôtel branché sur le thème des mangas et des jeux vidéos vintage propose des chambres récentes et bien conçues. Espace guinguette, terrain de boule, solarium, et un amusant food truck. They will "Rocky Pop" you.

- 148 chambres

1476 avenue des Alpages – ✆ 04 85 30 00 00

HOULGATE
✉ 14510 – Calvados – Carte régionale n° **2**-C2

L'ÉDEN

CUISINE MODERNE • COSY Dans une rue discrète de ce charmant village de la Côte Fleurie,, derrière une devanture simple se cache le restaurant du couple Tougard, ouvert au début des années 2000. Dans un cadre cosy et chic, le chef propose une cuisine naviguant entre tradition et modernité de manière habile. Pour ne garder qu'un exemple : la tête de veau réinterprétée avec talent. Une cuisine avec beaucoup de saveurs, appliquée, allant à l'essentiel. Ne passez pas à côté !

– Prix : €€

7 rue Henri-Fouchard – ✆ 02 31 24 84 37 – www.eden-houlgate.com – Fermé lundi et mardi

LES PASSANTES

CUISINE MODERNE • CONTEMPORAIN Si l'on chemine dans la rue principale d'Houlgate, on croise une jolie maison de ville au toit d'ardoise. Dans un décor contemporain et lumineux où le bois et les pierres vont de pair, l'enfant de la région est devenu un chef solide. Maxime Lehoucq travaille les produits de saison normands (veau, œufs et crème fermiers) mais aussi les poissons fournis par son frère marin-pêcheur à Trouville. Sa patte bistronomique, mâtinée de quelques touches exotiques fait le reste : maquereau grillé à la flamme, betterave, mayonnaise aux algues ; haut de cuisse de volaille du Prieuré, gnocchis, crémeux de champignon, comté et noisettes. Nouvelle carte tous les mois servie par une jeune équipe souriante et attentionnée. On y repassera !

– Prix : €€

41 rue des Bains – ✆ 02 61 92 39 69 – www.les-passantes.fr – Fermé lundi

L'HOUMEAU

✉ 17137 – Charente-Maritime – Carte régionale n° **18**-A1

BRIEMM ⓝ

CUISINE TRADITIONNELLE • COSY Briemm, comme Brice et Emmanuelle, qui ont associé leurs prénoms (et leurs cœurs) pour créer ce charmant petit restaurant tout en pierre, où il cuisine avec générosité et elle accueille avec gentillesse. On découvre un menu-carte à bon prix d'inspiration traditionnelle, aux intitulés gourmands. Dans l'assiette, un vrai sens du détail et un beau bouquet de saveurs, à l'image de cette terrine de lapin au foie gras accompagnée d'une compotée d'oignon aux graines de moutarde et piment, ou de ces encornets au minestrone de fregola sarda et sauce chimichurri. Le bon plan du coin !

AC ⛱ – Prix : €€

1 place du 14-Juillet – ☏ *05 46 50 95 90 – www.briemm.fr – Fermé lundi et mardi, et mercredi et dimanche soir*

HUNINGUE

✉ 68330 – Haut-Rhin – Carte régionale n° **8**-B3

AUTOUR DE LA TABLE

CUISINE CLASSIQUE • TRADITIONNEL L'adresse revendique un côté "école hôtelière" avec sa carte classique (paupiette de sole, filet de bœuf, crêpe soufflée à l'eau-de-vie de quetsche), son service sérieux et appliqué – on y pratique encore l'art oublié de découpe et la préparation en salle. Quand la tradition et le classicisme ont du bon, autour et surtout sur la table...

♿ AC ⛱ ✿ – Prix : €€€

17A rue de Village-Neuf – ☏ *09 81 11 40 17 – www.restaurant-autourdelatable.fr – Fermé lundi, mardi, mercredi midi, jeudi midi, samedi midi et dimanche soir*

HYÈRES

✉ 83400 – Var – Carte régionale n° **29**-B3

LA COLOMBE

CUISINE TRADITIONNELLE • ÉLÉGANT Gravlax de saumon aux agrumes, crème aigrelette et poivre de Timut ; agneau confit, jus réduit, crème de maïs et butternut rôtie... C'est avec des assiettes généreuses, résolument provençales, que Pascal et Nadège Bonamy ont hissé leur restaurant, au pied du massif des Maurettes, parmi les bonnes tables de la région.

AC ⛱ ✿ – Prix : €€€

663 route de Toulon – ☏ *04 94 35 35 16 – www.restaurantlacolombe.com – Fermé les midis*

LA REINE JANE

MODERNE • MARITIME Celle qui veille sur les bateaux du port de Hyères depuis les années 50 s'est offert un lifting dans les règles de l'art. Derrière sa façade maritime emblématique, la Reine Jane dévoile aujourd'hui quatorze chambres redécorées sur le thème de la Méditerranée par autant d'artistes récompensés lors du festival annuel du design de la villa Noailles, dans les hauteurs varoises. Selon vos penchants esthétiques, vous aurez ainsi le choix de l'ambiance : un ultra minimalisme enduit de bleu pétrole, des fonds marins chamarrés à l'esprit dessin animé ou une ambiance Cyclades sous des alcôves immaculées. Là-haut, le toit terrasse de 200 m² élargit un peu plus votre horizon.

AC 🅿 🐾 🛌 🍽 - 14 chambres

Port de l'Ayguade, 1 quai des Cormorans – ☏ *04 94 66 32 64*

IGUERANDE

71340 – Saône-et-Loire – Carte régionale n° **17**–B3

LA COLLINE DU COLOMBIER

CUISINE MODERNE • **CHAMPÊTRE** En pleine campagne, dominant la Loire, une ferme restaurée dans un style certes champêtre… mais chic et épuré ! Un lieu nature et design, pour déguster une cuisine du terroir raffinée. Et pour prolonger l'étape, on s'installe dans les fameuses "cadoles" sur pilotis !

– Prix : €€

Lieu-dit le Colombier – 03 85 84 07 24 – www.lacollineducolombier.fr –

Fermé lundi, mardi, et mercredi et vendredi à midi

ÎLE DE NOIRMOUTIER

Vendée – Carte régionale n° **14**-A1

L'Herbaudière

85330 – Vendée – Carte régionale n° **14**–A1

✿✿✿ LA MARINE

Chef : Alexandre Couillon

CUISINE CRÉATIVE • **ÉLÉGANT** Tous les matins, Alexandre Couillon se lève à l'aube pour se rendre à la criée de Noirmoutier, point de ralliement des meilleurs poissons de l'Atlantique avant de poursuivre vers son potager, situé à quelques minutes du restaurant. On choisira avec profit le plus grand menu dégustation, constamment renouvelé au gré des arrivages pour profiter de cette cuisine du produit sublimé, d'une noblesse et d'une simplicité qui n'appartiennent qu'aux plus grands cuisiniers – de ceux qui savent épurer et enlever pour révéler les saveurs et libérer l'imaginaire du mangeur. La qualité des produits de la mer et des légumes est exceptionnelle. Autres attributs de son talent, la cuisson au feu, la cueillette maritime, les coulis de fruits et légumes condimentés, les réductions de fumets et jus corsés… sans oublier la cuisson millimétrée des poissons ! Souvenirs éclatants de ce maquereau cuit à la braise accompagné de betterave confite ou encore de cette remarquable laitue grillée à la flamme, myrtilles au vinaigre de sureau et ce dessert sarrasin, mousse de caramel, agrumes confits et sorbet à la laitue de mer. La Marine aujourd'hui, c'est aussi un décor revu avec des matières naturelles et des couleurs douces, et l'épicerie "Le petit couillon" où le chef met en avant ses artisans et producteurs.

– Prix : €€€€

3 rue Marie-Lemonnier – 02 51 39 23 09 – www.alexandrecouillon.com/fr – Fermé mardi et mercredi

❀ **L'engagement du chef :** Nous vivons au rythme de la Nature, qui seule nous dicte, jour après jour, ce qui figurera à la carte de notre restaurant. Nous travaillons avec de petits pêcheurs locaux et essayons au maximum de n'utiliser que des produits de notre jardin. Tous les déchets organiques sont quant à eux valorisés en compost, avant de retourner à la Terre.

ÉLISE

POISSONS ET FRUITS DE MER • **BISTRO** Juste en face du port de pêche, cette table iodée – annexe du restaurant gastronomique La Marine – honore les produits de la mer de fraîcheur exceptionnelle. On reconnaît bien la maîtrise des saveurs et la précision technique d'Alexandre Couillon. Un vrai coup de cœur !

– Prix : €€

5 rue Marie-Lemonnier – 02 28 10 68 35 – www.alexandrecouillon.com/fr – Fermé lundi, mardi et dimanche

Noirmoutier-en-l'Île
✉ 85330 – Vendée – Carte régionale n° **14**–A1

L'ASSIETTE AU JARDIN
CUISINE TRADITIONNELLE • BISTRO On s'installe à l'intérieur d'une petite salle de bistrot aux étagères garnies de produits d'épicerie fine ou sur la coquette véranda pour déguster une partition pleine de gourmandise, où la tradition s'accommode joliment d'une âme voyageuse : influences asiatiques et maghrébines avec l'huître Fujiyama (spécialité de la maison), la pêche du jour et tajine de légumes de saison, ou encore le dessert « une nuit à Essaouira », à base de dattes, glace au lait frais et miel. Une charmante adresse.
& AC ☕ – Prix : €€
9 rue du Robinet – ☏ 02 51 54 93 95 – www.lassietteaujardin.fr – Fermé du lundi au mercredi et jeudi midi

LA MAISON DES TOQUÉS
CUISINE DU MARCHÉ • COSY Aurore et Sébastien Duchenne portent en eux la même passion pour les produits régionaux de fine qualité, souvent bio, valorisés par de belles recettes dans l'air du temps, imaginées au gré du marché. Arriver chez eux, c'est pénétrer dans un décor coloré et contemporain, où les œuvres d'art sur les murs en bleu et blanc offrent un contrepoint aux assiettes soignées qui mettent en valeur le homard, l'huître de Noirmoutier, le saint-pierre ou le pigeon royal des Charmilles. Réservation fortement conseillée.
Prix : €€€
26 rue de la Prée-aux-Ducs – ☏ 02 28 10 15 12 – www.lamaisondestoques.fr – Fermé mercredi et dimanche

LE PETIT BANC
CUISINE TRADITIONNELLE • BISTRO Originaires de la région lyonnaise, Véronique et Gilles ont investi cette jolie maison de pays située au pied du château depuis une dizaine d'années. On s'installe dans un décor charmant avec banquettes rouges en skaï, mobilier de bistrot, miroirs, vieux plancher etc. pour déguster charcuteries de Lyon et produits vendéens dans un menu unique à prix modique qui change régulièrement. Ambiance à la bonne franquette dans ce sympathique bouchon lyonnais gourmand, transporté au cœur de l'île de Noirmoutier pour notre plus grand plaisir !
& – Prix : €
7 rue des Douves – ☏ 02 28 10 93 21 – Fermé dimanche et du lundi au samedi à midi

L'ILE Ô CHÂTEAU
CONTEMPORAIN • MARITIME L'île en question est Noirmoutier, avec son château du 12e s., à côté duquel se trouve ce bâtiment classique. Converti récemment en hôtel contemporain, il mêle le style maritime avec une touche moderne monochrome. Une piscine chauffée, un délicieux petit-déjeuner et des vélos à louer font apprécier cette délectable vie insulaire."
🅿 ❄ 🚲 ♨ - 24 chambres
11 rue des Douves – ☏ 02 51 39 02 72

L'ÎLE-BOUCHARD

✉ 37220 – Indre-et-Loire – Carte régionale n° **15**–B2

AUBERGE DE L'ÎLE

CUISINE MODERNE • COSY Dans ce restaurant cossu ancré sur une île de la Vienne, le chef Pierre Koniecko réalise des recettes à la fois savoureuses et généreuses, comme cette déclinaison d'agneau (côte et selle grillées, épaule confite en pastilla). L'été venu, on profite de la terrasse en teck qui surplombe la rivière : un atout de charme indéniable !

&♿🏠♻🅿 – Prix : €€

3 place Bouchard – ✆ 02 47 58 51 07 – www.aubergedelile.fr – Fermé du lundi au mercredi et dimanche soir

ÎLE D'OLÉRON

Charente-Maritime – Carte régionale n° **18**-A1

Dolus-d'Oléron

✉ 17550 – Charente-Maritime – Carte régionale n° **18**–A1

LA TABLE DU GRAND LARGE

CUISINE MODERNE • CONTEMPORAIN Situé à quelques pas de la plage de la Rémigeasse, au milieu des dunes et d'un environnement préservé, l'hôtel Le Grand Large domine l'Océan. Le restaurant regarde d'un côté la piscine intérieure et de l'autre la mer, qui s'embrase au dîner lors du coucher de soleil. Conçue par le MOF David Boyer, la carte exalte les beaux produits de la région. Le tourteau au riz torréfié et livèche glacée, ou le pigeon de Racan en deux services et son jus court à la framboise, attestent d'un beau travail dans l'assiette.

⋖&🆎♻🅿 – Prix : €€€

2 avenue de l'Océan – ✆ 05 46 75 77 77 – www.le-grand-large.fr – Fermé lundi et du mardi au dimanche à midi

🛏 ### LE GRAND LARGE HÔTEL & SPA

CONTEMPORAIN • MARITIME Dunes sauvages, panorama magnifique, brises marines… : tous les ingrédients d'une escapade reposante sont réunis ici. Les chambres et suites y participent avec des jacuzzis privés sur les terrasses ou les balcons. L'espace spa et bien-être comprend une piscine intérieure chauffée, un jacuzzi, un sauna, un hammam, une salle de massage. Nombreuses options de restauration, dont le bar sur le toit pour savourer des cocktails au couchant.

🆎🐾🅿♻⌚🏊💿🏠🍽 - 31 chambres

2 avenue de l'Océan – ✆ 05 46 75 77 77

La Table du Grand Large - Voir la sélection des restaurants

Le Grand-Village-Plage

✉ 17370 – Charente-Maritime – Carte régionale n° **18**–A1

😊 ### LE RELAIS DES SALINES

POISSONS ET FRUITS DE MER • BISTRO Au menu de ce bistrot marin, saveurs iodées et produits top fraîcheur. La carte se partage entre indémodables (huîtres, poulpe confit, lentilles, sabayon à la moutarde, tarte au citron du patron) et inspirations du moment. La petite salle tire parti au mieux de cette ancienne cabane ostréicole. La partie terrasse est ouverte sur les marais. Une belle surprise.

🏠 – Prix : €€

Port des Salines – ✆ 05 46 75 82 42 – www.le-relaisdessalines.fr – Fermé lundi et dimanche soir

L'ÎLE-BOUCHARD

Saint-Denis-d'Oléron
✉ 17650 – Charente-Maritime – Carte régionale n° **18**–A1

LE JOUR DU POISSON
POISSONS ET FRUITS DE MER • BISTRO Emmené par une jeune équipe passionnée, ce petit bistrot convivial du bout de l'île ne désemplit pas. L'ardoise, aussi courte qu'alléchante, tient ses promesses : le poisson, issu des criées locales, est travaillé sous toutes ses formes, les circuits courts et les vins naturels sont privilégiés, le pain est fait maison à la farine oléronaise. Le plat signature : agnolotti aux langoustines, beurre citronné aux fines herbes.
AC – Prix : €€
3 rue de l'Ormeau - ✆ *05 46 75 76 21 – Fermé du mardi au jeudi*

Saint-Pierre-d'Oléron
✉ 17310 – Charente-Maritime – Carte régionale n° **18**–A1

SILLAGE
CUISINE MODERNE • CONTEMPORAIN Le chef piémontais Gabriele Ferri et son épouse Marie-Nolwenn tiennent table dans ce bistrot relooké façon marine sur fond de pierres blondes et de mobilier au goût du jour. Dans l'assiette, l'ancien chef du Verdurier - Château de Drudas signe une cuisine iodée, ponctuée d'influences... transalpines, évidemment ! Quant à la viande, elle n'est présente qu'en période de chasse. Un plat ? Lieu poché à l'eau de mer, blettes au curry vert, polenta crémeuse du Piémont au miso, consommé parfumé.
& 🍴 – Prix : €€
4 ruelle de la Lanterne - ✆ *05 46 36 87 45 – www.restaurant-sillage.fr –*
Fermé lundi et dimanche, et mardi et mercredi soir

ILE DE PORQUEROLLES
✉ 83400 – Var – Carte régionale n° **29**–B3

LA PINÈDE
CUISINE MODERNE • CLASSIQUE Dans cet hôtel coupé du monde, où l'on vous conduit avec une navette depuis le village, voici le restaurant décontracté du Mas du Langoustier, ouvert uniquement au déjeuner. La carte met en valeur la Méditerranée et les plats provençaux : soupe au pistou, panier du pêcheur façon bourride, poissons et langouste grillés, etc. À savourer avec pour compagnonnage la flore méditerranéenne et la mer : il n'y a plus qu'à profiter du moment...
⇐ 🐕 & AC 🍴 – Prix : €€€
Chemin du Langoustier - ✆ *04 94 58 34 83 – www.langoustier.com/fr/accueil –*
Fermé le soir

ÎLE DE RÉ

Carte régionale n° **18**

Simplicité et authenticité : l'harmonie en ré

Véritable plat pays, l'île de Ré déroule ses villages chaulés et immaculés avec une discrétion exemplaire, pour la plus grande satisfaction des "people" qui fréquentent assidûment cette villégiature de Charente-Maritime. Mais, entre son littoral, ses bois et ses forêts, ses vignes et ses parcs à huîtres, se cache un véritable art de vivre, fait de peu mais ô combien savoureux. Les marais salants de Loix et d'Ars perpétuent la tradition de l'or blanc, et de son fleuron… la fleur de sel. On y affine également des huîtres mais aussi des palourdes et d'autres fruits de mer, à déguster dans les cabines ostréicoles qui jalonnent le long des pistes cyclables. On les accompagne de l'un des crus élevés sur l'île ou, pour les plus audacieux, de la bière locale, face au soleil couchant sur la côte sauvage. Ré la blanche produit également une délicieuse petite pomme de terre primeur.

LE BOIS-PLAGE-EN-RÉ

✉ 17580 – Charente-Maritime

LES BOIS FLOTTAIS

CLASSIQUE • **MARITIME** Un petit hôtel à l'écart de l'agitation du village. Tomettes, lambris, bibelots marins… Ici, les chambres ont un décor très insulaire ; une partie d'entre elles donne sur l'une des piscines. Bons produits "maison" – confitures, gâteaux… – au petit-déjeuner.

AC - 17 chambres

Chemin des Mouettes – ☎ 05 46 09 27 00

LA FLOTTE

✉ 17630 – Charente-Maritime – Carte régionale n° **18**–A1

CHAI NOUS COMME CHAI VOUS

CUISINE TRADITIONNELLE • **BISTRO** On se sent un peu comme chez soi dans ce restaurant de poche coquet et convivial. La carte, courte et alléchante, met en avant les produits de l'île et une jolie cuisine de la mer, à l'image de cette lotte de superbe qualité à la cuisson maîtrisée, accompagnée de son sabayon au chardonnay et d'asperges blanches. Des vins bien choisis, une touche d'inventivité et de sympathiques petites attentions !

& – Prix : €€€

1 rue de la Garde – ☎ 05 46 09 49 85 – www.chainouscommechaivous.fr – Fermé mercredi, jeudi et le midi

SAINT-MARTIN-DE-RÉ

✉ 17410 – Charente-Maritime – Carte régionale n° **18**–A1

GEORGE'S

CUISINE MODERNE • BRASSERIE Idéalement situé sur le port de Saint-Martin-de-Ré, ce restaurant contemporain au décor marin propose des produits de la région préparés avec sobriété et précision (poisson de la criée...) complété de quelques grands classiques de la cuisine traditionnelle (escargots gratinés...). Terrasse lounge et bar à cocktail aussi prisés qu'agréables. Service prévenant.

&. 🏡 – Prix : €€€

Hôtel de Toiras, 1 quai Job-Foran – ☎ 05 46 35 40 32 – www.hotel-de-toiras. com – Fermé lundi et mardi

LE SERGHI

CUISINE TRADITIONNELLE • BISTRO Sur le vieux port, cette table (précédée d'une agréable terrasse) appartient au club restreint des adresses rétaises ouvertes toute l'année. En cuisine, un chouette chef, Philippe Tredgeu (ex-Entredgeu et Les Cocottes à Paris), cisèle une cuisine très marquée bistronomie... parisienne. Gourmandise, beaux produits, saisonnalité répondent présents : asperges vertes, œuf mimosa, sauce parisienne ou encore poitrine de cochon confite, grillée et laquée, légumes du moment. Un régal du début à la fin.

AC 🏡 ⇌ – Prix : €€

15 quai Georges-Clemenceau – ☎ 05 46 66 59 59 – www.leserghi.com – Fermé mardi et mercredi

🛏 LA BARONNIE

BOURGEOIS • CALME Au cœur d'un beau jardin, ces deux hôtels particuliers du 18 s., restaurés avec goût dans un esprit bourgeois, permettent de se reposer au grand calme. Douceur de vivre, service aux petits soins : un véritable havre de paix et de sérénité.

AC P 🏡 ⇌ ≣ ⃛ 🕙 🛏 ⚲ - 23 chambres

17-21 rue Baron de Chantal – ☎ 05 46 09 21 29

🛏 HÔTEL DE TOIRAS   *Plus*

BOURGEOIS • COSY Une maison d'armateur au charme douillet et bourgeois : décoration soignée, à la fois luxueuse et cosy, accueil particulièrement attentionné... Une adresse pleine de charme.

&. AC 🕳 P 🏡 ⇌ ≣ 🚲 🕙 ⚲ ¶⃝ - 20 chambres

1 quai Job Foran – ☎ 05 46 35 40 32

George's - Voir la sélection des restaurants

🛏 VILLA CLARISSE   *Plus*

MODERNE • RAFFINÉ En limite du centre ville, une escapade parfaitement tranquille, dans un cadre du 18e s., actualisé par le confort d'aujourd'hui et un service attentif et impeccablement discret. La maison est divisée en seulement quatre chambres et cinq suites, dans un style contemporain-classique lumineux, presque monochrome, avec des accents de bleu marine et une simplicité parfaitement dosée. Entourée par les jardins, la pièce maîtresse de l'hôtel est une belle piscine extérieure et son spa. Somptueux petit déjeuner, pique-nique en saison chaude et plats légers au salon.

&. AC 🕳 P 🏡 ⇌ ≣ 🚲 ⃛ 🕙 🏡 - 9 chambres

5 rue du Général Lapasset – ☎ 05 46 68 43 00

SAINTE-MARIE-DE-RÉ

✉ 17740 – Charente-Maritime – Carte régionale n° **18**–A1

LE CHAI

CUISINE MODERNE • BISTRO Sur la place du marché de Sainte-Marie-de-Ré, cette table décontractée fait montre d'un bel esprit culinaire bistronomique, avec une prédilection pour les légumes locaux de petits maraîchers et majoritairement bio. Renouvelée quotidiennement, la courte sélection de plats saisonniers met en avant les poissons de la côte ou les abats. C'est frais, bien fait et d'un bon rapport qualité-prix, comme ce pavé d'aiglefin à la chair fondante ou cet œuf parfait, crème de champignons et croustillant au lard.

& AC 🍽 – Prix : €€

5 place d'Antioche – ℰ 05 46 30 03 55 – www.restaurantlechai.fr –
Fermé mercredi, et lundi, mardi et dimanche soir

HÔTEL ATALANTE

CLASSIQUE • MARITIME La mer d'un côté, les vignes de l'autre, le grand calme : on passe un bon moment dans cet hôtel, dont la vocation est principalement axée sur la thalassothérapie et la détente. En prime, deux piscines, dont une couverte.

AC P 🍽 🚲 🛏 ⓘ 🛋 ‖ - 97 chambres
Rue Port Notre-Dame – ℰ 05 46 30 22 44

ÎLE D'YEU

✉ – Vendée – Carte régionale n° **14**-A2

Port-Joinville

✉ 85350 – Vendée – Carte régionale n° **14**–A2

VENT DEBOUT - HÔTEL LES HAUTES MERS

POISSONS ET FRUITS DE MER • ÉLÉGANT Plantons la scène : l'île d'Yeu, un joli petit hôtel face à la mer, avec son restaurant chic et décontracté, sa terrasse et sa salle à manger décorée de maquettes de vieux gréements... Bref, un véritable spot de charme gourmand. On se régale d'une cuisine régionale délicieusement iodée.

≤ 🛏 & 🍽 P – Prix : €€

27 rue Pierre-Henry – ℰ 02 51 37 01 12 – www.lesdomainesdefontenille.com/fr/
les-hautes-mers.html – Fermé mardi et mercredi

LES HAUTES MERS

CLASSIQUE • MARITIME Le confetti de l'Île d'Yeu est effectivement en haute mer, et ce luxueux refuge semble voguer en plein Atlantique. L'ambiance marine prévaut dans toutes les chambres et suites (certaines avec terrasse privée), magnifiant la lumière et l'espace. Restaurant orienté fruits de mer, bar, piscine extérieure chauffée.

& 🛏 🛋 ‖ - 25 chambres
27 rue Pierre Henry – ℰ 02 51 37 01 12
Vent Debout - Hôtel Les Hautes Mers - Voir la sélection des restaurants

ILLHAEUSERN

✉ 68970 – Haut-Rhin – Carte régionale n° **8**-C2

 AUBERGE DE L'ILL

Chef : Marc Haeberlin
CUISINE CLASSIQUE • LUXE L'Auberge de l'Ill est bien davantage qu'un simple restaurant : c'est l'auberge alsacienne dans toute sa splendeur. Un lieu convivial et chaleureux, hors du temps, où chaque client est accueilli comme un membre de la famille. Un symbole dans la région, mais aussi en France et dans le monde ! Dès sa création en 1882, entre Sélestat et Riquewihr, l'adresse se fait un nom avec sa matelote au riesling et ses préparations de gibiers alsaciens. Marc Haeberlin, petit-fils des fondateurs, fait aujourd'hui l'alliance entre ces créations historiques (terrine de foie gras servie à la cuillère, mousseline de grenouilles, saumon soufflé) et des plats plus modernes. Le mythe est toujours vivace.

– Prix : €€€€

2 rue de Collonges-au-Mont-d'Or – ℘ *03 89 71 89 00 – www.auberge-de-l-ill.com/fr – Fermé lundi et mardi*

HÔTEL DES BERGES

MODERNE • CHAMPÊTRE Ce délicieux refuge est niché au bord de l'eau, dans le parc de l'Auberge de l'Ill. Dans ces deux bâtiments rappelant les anciens séchoirs à tabac de la région, les chambres ont un cachet fou – meubles chinés, boiseries, tableaux, sculptures… Un magnifique ensemble, désormais doté d'un spa nature (800 m²).
- 19 chambres
4 rue de Collonges-au-Mont-d'Or – ℘ *03 89 71 87 87*

 Auberge de l'Ill - Voir la sélection des restaurants

ILLIES

✉ 59480 – Nord – Carte régionale n° **4**-B2

L'ÉPICURIEUX

CUISINE MODERNE • CONVIVIAL Un bistrot cosy et moderne à la pimpante façade blanche, tenu par l'ex-Top Chef Christophe Pirotais et sa compagne Julie Dieudonné. Épicuriens et curieux, vous l'aurez compris, vous êtes les bienvenus… Venez déguster des plats gourmands à base de produits locaux comme les amandes de mer aux champignons, olives et radis noir, ou le lieu jaune au potimarron, poire de terre et topinambour.

– Prix : €€

5 rue Mermoz – ℘ *03 20 35 36 01 – www.restaurantlepicurieux.com – Fermé lundi, mercredi et dimanche, et jeudi soir*

INGERSHEIM

✉ 68040 – Haut-Rhin – Carte régionale n° **8**-C2

 LA TAVERNE ALSACIENNE

CUISINE MODERNE • AUBERGE Dirigée par la famille Guggenbuhl depuis 1964, cette taverne à la façade saumon mérite amplement sa réputation. Même ceux qui ne connaissent rien à la cuisine alsacienne seront conquis, le tout accompagné de bons vins d'ici et d'ailleurs ! Beau souvenir d'un filet de sandre, choucroute poêlée et sauce au riesling.

– Prix : €€

99 rue de la République – ℘ *03 89 27 08 41 – www.tavernealsacienne-familleguggenbuhl.com – Fermé lundi et jeudi, et dimanche soir*

INGRANDES

✉ 36300 – Indre

SAINT-VICTOR LA GRAND' MAISON

TRADITIONNEL • RAFFINÉ Sous son nom modeste, la Grand' Maison est en réalité l'archétype du château de princesse : créneaux, tourelles, belvédère, coiffe d'ardoise et multiples façades mangées de lierre, on rêverait de tout quitter pour s'autoproclamer seigneur de ce domaine. De sa longue restauration, il a hérité un aménagement contemporain, mais le mobilier seigneurial, héritage familial ou collection de voyages, témoigne de son pedigree. Trois chambres logées dans le château, un studio dans les anciennes écuries, un deuxième dans un ancien atelier et quatre maisons indépendantes au style actuel composent un ensemble d'hébergement idéal pour un mariage princier. Un parc et deux piscines complètent le tableau.

& P 🛏 🛋 🍽 - 3 chambres
Saint-Victor – ✆ *02 54 37 46 55*

IRISSARRY

✉ 64780 – Pyrénées-Atlantiques – Carte régionale n° **25**–A2

ART'ZAIN

Chef : Henri Amestoy
CUISINE DU MARCHÉ • CONTEMPORAIN Artzain signifie "berger" en basque – hommage du propriétaire à son père. Située au centre du village, cette ancienne grange a gardé son esprit rustique, avec ses poutres et murs de pierre apparente, bien que le mobilier (œuvre de l'artisan basque Alki) soit contemporain. Au menu, pour notre plus grand plaisir, une cuisine de saison essentiellement locavore : en témoigne cette savoureuse terrine chaude de canard kriaxera, galette façon polenta de maïs Arto gorria, oignons nouveaux caramélisés et ventrèche croustillante.

& 🅰🅲 🛋 - Prix : €€
20 place d'Ospitalia (Le bourg) – ✆ *05 59 37 23 83 – www.restaurant-art-zain.fr/fr – Fermé lundi et mardi, et dimanche soir*

🍀 **L'engagement du chef :** Nous avons une carte courte qui change toutes les six semaines ou qui évolue en suivant les productions et les cultures de nos producteurs. Nos fournisseurs sont tous installés dans un rayon réduit autour du restaurant afin de limiter notre empreinte carbone. Nous confions nos déchets organiques à nos poules et à nos cochons.

IROULÉGUY

✉ 64220 – Pyrénées-Atlantiques – Carte régionale n° **25**–A3

JARAPEA N

CUISINE MODERNE • BISTRO Après avoir passé près de 15 ans au Chili, Michel Moutrousteguy et sa compagne ont décidé de revenir dans la région natale du chef. Dans ce paisible environnement verdoyant, leur table est ouverte le midi en semaine et le samedi soir. En toute simplicité, la courte ardoise présente un menu-carte au bon rapport qualité-prix, façon cuisine du marché. Les préparations mettent en avant des produits locaux de saison, dévoilant le savoir-faire du chef au parcours solide : sauce et jus goûteux, montages et techniques maîtrisés, assaisonnements pointus. De l'entrée au dessert, tout est réussi !

& 🅰🅲 🛋 P - Prix : €€
94 rue du Fronton – ✆ *06 59 24 15 16 – www.jarapea-restaurant.eatbu.com/?lang=fr – Fermé dimanche, lundi et le soir sauf samedi*

L'ISLE-ADAM

✉ 95590 - Val-d'Oise

🛏 LE DOMAINE DES VANNEAUX

MODERNE • CHAMPÊTRE Face au golf de L'Isle-Adam, voici l'interprétation – signée Jean-Michel Wilmotte – d'un corps de ferme traditionnel… Soit un luxueux hôtel niché dans un écrin de verdure, avec son golf et son spa. Idéal pour s'offrir une idylle nature aux portes de Paris, le temps d'un week-end.

& 🅰🅲 🚳 🅿 🐕 🛌 🍽 ♨ 🧖 🏊 🍴 ⅼ◯ - 67 chambres

1 route du Golf des Vanneaux – ✆ *01 34 08 40 64*

L'ISLE-D'ABEAU

✉ 38080 - Isère – Carte régionale n° **21**-B2

LE RELAIS DU ÇATEY

CUISINE CLASSIQUE • CONTEMPORAIN Décor et éclairage contemporains soulignent le cachet préservé de cette maison dauphinoise de 1774. Omble chevalier et infusion de reine des prés, dos de cerf rôti au genièvre et champignons, poire williams sur son fin millefeuille.. Plats classiques et pointes d'inventivité.

 – Prix : €€

10 rue du Didier – ✆ *04 74 18 26 50 – www.le-relais-du-catey.com – Fermé lundi et dimanche*

L'ISLE-SUR-LA-SORGUE

✉ 84800 - Vaucluse – Carte régionale n° **28**-E1

✱ LE VIVIER

Chef : Romain Gandolphe

CUISINE MODERNE • ÉLÉGANT Dans cette capitale des antiquaires et des antiquités, cette table est un vivier de talents ! Le chef Romain Gandolphe propose des assiettes soignées, qui mêlent saveurs et textures, non sans délicatesse et subtilité. À déguster dans une salle contemporaine au décor chaleureux, ou sur la terrasse face à la Sorgue et ses rives verdoyantes, un véritable plaisir pour les yeux. Service attentionné et intéressante sélection de vins régionaux.

 – Prix : €€€

800 cours Fernande-Peyre – ✆ *04 90 38 52 80 – www.levivier-restaurant.com – Fermé lundi, mardi, samedi midi et dimanche soir*

😊 SOLELH

CUISINE MODERNE • DESIGN Tenu par les propriétaires du restaurant gastronomique Le Vivier, ce sympathique bistrot situé au cœur du Carré des Arts du Luberon bénéficie d'une double terrasse. Depuis sa cuisine ouverte, le chef envoie une bonne et franche cuisine bistrotière de style moderne, des grignotages pour l'apéritif, et de belles pièces grillées au barbecue binchotan : côte de bœuf de Galice maturée, poulpe, pressa ibérique… La petite sélection de vins régionaux (mais pas seulement) convient parfaitement à notre bon plaisir ensoleillé.

& 🅰🅲 ☕ – Prix : €€

30 avenue des Compagnons-de-la-Libération – ✆ *04 90 89 01 42 – www.solelh-restaurant.fr – Fermé du lundi au mercredi et jeudi midi*

L'ISLE-SUR-LA-SORGUE

LA BALADE DES SAVEURS

CUISINE TRADITIONNELLE • CONTEMPORAIN Un couple sympathique – Benjamin et Sophie Fabre – règne sur ce restaurant plein de fraîcheur, dont la terrasse borde le cours pittoresque de la Sorgue. Les recettes cultivent aussi bien le caractère que la douceur de la Provence. Cette Balade des Saveurs est aussi... une ballade des gens heureux. Agréable terrasse le long du canal de la Sorgue.

&⃝ 🅰🅲 🍽 – Prix : €

Grand Hôtel Henri, 3 quai Jean-Jaurès – 𝒞 04 90 95 27 85 – www.balade-des-saveurs.com – Fermé lundi et dimanche

LE PETIT HENRI

CUISINE PROVENÇALE • ÉLÉGANT La table du Grand Hôtel Henri est dans le prolongement direct de l'établissement qui l'accueille : décor soigné, avec cheminée centenaire et lustres chatoyants, terrasse ombragée de mûriers-platanes autour d'une fontaine... et jolie cuisine de saison à dominante régionale. Très bon rapport qualité-prix au déjeuner.

&⃝ 🅰🅲 🍽 🅿 – Prix : €€

Grand Hôtel Henri, 1 cours René-Char – 𝒞 04 90 38 10 52 – www.grandhotelhenri.com – Fermé lundi et mardi

🛏 GRAND HÔTEL HENRI

MODERNE • CONVIVIAL Au cœur de la ville des antiquaires, on tombe immédiatement sous le charme de cette vénérable maison rénovée en 2015. Escalier en marbre de Carrare, chambres élégamment décorées de lampes et miroirs anciens, tableaux et fauteuils... Un havre de confort, jusqu'au bar à l'ambiance jazz.

&⃝ 🅰🅲 🅿 🛎 🛏 🍽 - 17 chambres

1 cours René Char – 𝒞 04 90 38 10 52

Le Petit Henri - Voir la sélection des restaurants

🛏 LA MAISON SUR LA SORGUE

CLASSIQUE • RAFFINÉ La Maison sur la Sorgue est un hôtel de charme familial de quatre chambres, dont les espaces communs et privés portent les souvenirs de voyages autour du monde. Chaque chambre est unique, l'une avec une baignoire autoportante, l'autre avec une terrasse, l'autre encore avec une jolie vue sur l'église. Et dans la cour, une petite piscine.

🅰🅲 🧖 🅿 🛏 🚲 🛶 🚶 - 4 chambres

6 rue Rose Goudard – 𝒞 06 87 32 58 68

ISNEAUVILLE

✉ 76230 – Seine-Maritime – Carte régionale n° **3**–B2

PRÉAMBULE

CUISINE MODERNE • CONTEMPORAIN Le chef, enfant du pays, est revenu chez lui après de belles expériences ici et là en France. Il mitonne d'honnêtes assiettes bistronomiques : mousseline de volaille, biscuit aux herbes et pickles de légumes ; comme une blanquette de veau, riz croustillant et crème thym-citron ; douillon aux pommes, crème glacée à la fève tonka. Côté salle, deux options également : la première traditionnelle genre bistrot, la seconde, contemporaine et plus cosy, donne également accès à la terrasse.

&⃝ 🍽 – Prix : €€

1370 route de Neufchâtel – 𝒞 02 32 19 44 86 – www.preambule-isneauville.eatbu.com/?lang=fr – Fermé lundi et mardi, et mercredi et dimanche soir

604

ISSIGEAC

✉ 24560 – Dordogne – Carte régionale n° **18**–C3

L'ATELIER

CUISINE MODERNE • COSY Le chef Fabrice Rodot est un gourmand et il le prouve dans ses assiettes qui mettent en avant les produits du terroir et de saison. Les classiques sont maîtrisés et il fait bon manger dans ce restaurant cosy aux notes rustiques : chou-fleur en croûte de brioche, crème mousseline ; veau bio, petit pois et carotte, jus façon Périgueux ; crêpes Suzette flambées au guéridon. Sans oublier l'excellent pain maison ! Aux beaux jours, c'est près de la fontaine sur la terrasse qu'il faut s'installer.

&. 🌿 – Prix : €€

62 Tour de Ville – ✆ *05 53 23 49 78 – www.latelierissigeac.com – Fermé mardi et mercredi, et dimanche soir*

LA BRUCELIÈRE

CUISINE MODERNE • AUBERGE Cette authentique bâtisse typique de la région rénovée par le couple propriétaire ne manque pas de charme. Le chef au parcours étoilé, Anthony Hardy, aime s'entourer de personnes de confiance : sa compagne Marie pour le service, et dans les assiettes, il fait appel en majorité aux producteurs locaux. En bouche, on retrouve cette jolie complicité avec des produits de saison bien travaillés, assaisonnés avec soin et aux cuissons réussies. Maquereau cuit à la flamme et céleri bio mariné pour une entrée en relief ; filet de canette française rôtie sur la peau et carottes glacées dans un dressage soigné ; chou, crème à la noisette de Boisse pour finir sur une note minimaliste mais gourmande. Pour les beaux jours, la terrasse à l'arrière est bien agréable.

🛏 &. 🌿 – Prix : €€

54 place de la Capelle – ✆ *05 53 73 89 61 – www.labruceliere.fr – Fermé lundi et mardi, et dimanche soir*

ISSOIRE

✉ 63500 – Puy-de-Dôme – Carte régionale n° **20**–B2

L'ATELIER YSSOIRIEN

Chef : Dorian Van Bronkhorst

CUISINE CRÉATIVE • DESIGN C'est un chef propriétaire, né en Auvergne de parents hollandais, qui est à l'ouvrage dans cet "atelier" lieu design et contemporain, avec ses cuisines ouvertes, son sol en pierre grise, son bardage en bois brut et ses ampoules nues. Mécano inspiré, il s'y épanouit régulièrement en ciselant une cuisine aussi fine que créative avec produits d'ici (agneau de Boudes, bœuf fin gras du Mézenc, ail noir de Billom) et d'ailleurs (langoustine des côtes bretonnes, anguille des Pays-Bas). Il est capable, par exemple, d'émouvoir avec une délicate carotte fane cuite al dente, surmontée d'une crème de poireau grillé, herbes et fleurs, et soulignée par un excellent beurre monté au dashi et une pâte de citron confit. Quant à l'accueil et au service, ils cultivent gentillesse et excellence avec naturel.

&. 🅰🅲 🌿 ⇔ – Prix : €€€

39 boulevard Triozon-Bayle – ✆ *04 73 89 44 47 – www.atelier-yssoirien.com – Fermé lundi et dimanche, et mercredi soir*

AGASTACHE

CUISINE MODERNE • TENDANCE Une adresse bistrotière, ouverte par le chef de l'Atelier Yssoirien. Le menu avec choix propose une cuisine actuelle et de saison, bien tournée et joliment présentée, dans une déco tendance à la mode scandinave.

&. 🅰🅲 🌿 – Prix : €€

95 rue de Brioude – ✆ *04 73 55 84 59 – www.agastache-restaurant.com – Fermé lundi et dimanche*

ISSOIRE

LE P'TIT ROSEAU

CUISINE MODERNE • **COSY** Entre la gare et le joli square René Cassin, on déguste ici une cuisine contemporaine bien réalisée. Les préparations sont goûteuses, grâce à l'utilisation judicieuse de fleurs, d'herbes aromatiques et de jeunes pousses. Les assiettes sont donc joliment dressées et colorées : de quoi passer un moment de qualité. À déguster dans une salle épurée.

🍴 – Prix : €€

2 avenue de la Gare – 📞 04 73 89 09 17 – www.lepetitroseau.fr – Fermé lundi et mardi, et dimanche soir

ISSY-LES-MOULINEAUX

✉ 92130 – Hauts-de-Seine – Carte régionale n° **11**-E2

MAISON AVOISE N

Chef : Alexis Voisenet

CUISINE MODERNE • **CONTEMPORAIN** Passé par les brigades de Yannick Alléno, Jean-François Piège ou Guy Savoy, le chef Alexis Voisenet a choisi de faire parler la poudre en installant son restaurant dans les casemates de l'ancien fort d'Issy-les-Moulineaux. Ce lieu historique offre un cadre unique, avec sa voûte en pierre qui surplombe un beau mobilier contemporain. Avec la saisonnalité comme colonne vertébrale, la cuisine du chef s'avère créative et tout en finesse, à l'image de ce "saint-pierre en éventail, du blanc au vert" stimulé par une sauce matelote au vin rouge bien équilibrée. L'équipe de salle assure un service parfaitement huilé, et le lieu abrite également une cave à manger (charcuteries et salaisons maison).

♿ – Prix : €€€

58 promenade du Verger – 📞 01 45 07 00 10 – www.maisonavoise.com – Fermé lundi et dimanche

KOJI

TEPPANYAKI • **ÉPURÉ** C'est évidemment au comptoir que l'on profite le mieux de ce restaurant japonais de teppanyaki, cette cuisine théâtrale avec ses flambages spectaculaires. Le chef Koji Hashimoto prépare avec soin de beaux produits devant le client. Sa dextérité élégante, fruit d'une jolie expérience, ne vient jamais les dénaturer par des astuces faciles. Poissons comme viandes (un filet de bœuf de Normandie par exemple) sont cuits avec justesse, et rehaussés par des sauces impeccables (comme cette sauce au miso blanc et vinaigre de xérès sur l'assortiment de poissons grillés). Décor traditionnel où le bois domine.

♿ AC 🍴 – Prix : €€€

34 bis rue Ernest-Renan – 📞 01 41 08 15 16 – www.koji-restaurant.com – Fermé lundi et dimanche

LA PASSERELLE

CUISINE MODERNE • **CONTEMPORAIN** Des produits rigoureusement sélectionnés, une cuisine fine et colorée où la Méditerranée fait de fréquentes incursions, le tout réalisé par Mickaël Meziane, jeune chef talentueux et motivé, et servi par une équipe jeune et dévouée... On emprunte joyeusement cette Passerelle pour se rendre sur les terres de la gourmandise et des saveurs.

♿ AC 🍴 – Prix : €€€

172 quai de Stalingrad – 📞 01 46 48 80 81 – www.lapasserelle-issy.com – Fermé samedi et dimanche

ITTERSWILLER

67140 – Bas-Rhin – Carte régionale n° **8**-C1

WINSTUB ARNOLD

CUISINE ALSACIENNE • **WINSTUB** Plongez au cœur de l'Alsace dans cette winstub mettant à l'honneur de nombreuses spécialités régionales : kougelhopf, choucroute, boudin noir et purée de pomme, baeckeoffe servi en cocotte ou bien encore, comme suggestion du moment, cette bouchée à la reine façon Marie Leczinska... Le tout accompagné de vins du domaine familial, dans un cadre tout aussi typique.

– Prix : €€

98 route des Vins – ℰ 03 88 85 50 58 – www.hotel-arnold.com

ITXASSOU

64250 – Pyrénées-Atlantiques – Carte régionale n° **25**-A2

RESTAURANT BONNET

CUISINE TRADITIONNELLE • **RUSTIQUE** Avec Beñat Bonnet, c'est la 3e génération qui est aux commandes de cette maison familiale dont la réputation n'est plus à faire dans la région. Les produits locaux y sont à la fête et la cuisine au goût du jour, comme avec le gravlax de truite de Baigorry et le grenadin de veau en viennoise de cèpes et chorizo. En dessert, craquez pour le finger sorbet coco, aussi croustillant que rafraîchissant !

– Prix : €€

Place du Fronton – ℰ 05 59 29 75 10 – www.maison-bonnet.com – Fermé mardi et mercredi

LA JARRIE

17220 – Charente-Maritime – Carte régionale n° **18**-A1

L'HYSOPE

Chef : Nicolas Durif

CUISINE CRÉATIVE • **CONTEMPORAIN** Créatif, ce Nicolas Durif ! Il a pris pied au fond d'une ruelle, accessible à pied uniquement, dans un charmant petit village à une quinzaine de kilomètres de La Rochelle. Dans un ancien logement transformé en cabinet de curiosités, il s'adonne à sa passion de la collection, notamment de vaisselle. Cet Alsacien a donné un nom de plante à son restaurant : il en utilise jusqu'à 60 en été, de France comme du monde entier. Sa patrie d'origine s'exprime par touches discrètes, de la moutarde par ici, du raifort ou de la cannelle par là. On se délecte de menus surprises proposés en plusieurs séquences où agrumes, épices et touches asiatiques sont très présentes.

– Prix : €€€

25 rue de l'Aurore – ℰ 05 46 68 52 21 – www.lhysope.fr/fr – Fermé lundi et dimanche, et mercredi soir

JASSANS-RIOTTIER

01480 – Ain – Carte régionale n° **21**-A1

L'EMBARCADÈRE

CUISINE TRADITIONNELLE • **BRASSERIE** "Cuisine de campagne au bord de l'eau" : voilà le credo de cette adresse griffée Georges Blanc, au bord de la Saône, entre guinguette chic et brasserie contemporaine. Quand la tradition se fait tendance... Embarquement immédiat !

– Prix : €€

15 avenue de la Plage – ℰ 04 74 07 07 07 – www.lespritblanc.com/fr – Fermé lundi et dimanche

607

JAUSIERS

04850 – Alpes-de-Haute-Provence – Carte régionale n° **24**–D2

VILLA MORELIA

CUISINE TRADITIONNELLE • BOURGEOIS Cette Villa Morelia distille un certain charme bourgeois… Un écrin flatteur pour une cuisine du marché, séduisante et fidèle à la tradition. De la fraîcheur, de belles saveurs : un moment gourmet et gourmand.

– Prix : €€€

Avenue des Mexicains – ℰ 04 92 84 67 78 – www.villa-morelia.com

JOIGNY

89300 – Yonne – Carte régionale n° **12**–A2

 ### LA CÔTE SAINT-JACQUES

Chefs : Alexandre Bondoux et Jean-Michel Lorain

CUISINE MODERNE • ÉLÉGANT Qu'elle est belle, cette bâtisse postée sur les bords de l'Yonne ! Fondée par Marie Lorain en 1945, la maison a gagné ses lettres de noblesse sous l'impulsion de son fils, Michel, puis de son petit-fils, Jean-Michel. Ce chef humble et travailleur laisse désormais à son neveu Alexandre Bondoux le soin de composer la carte. Les habitués retrouveront les plats signatures (blanquette de homard ; noix de ris de veau au gingembre) comme de beaux éclairs d'inspiration (pigeon fermier cuit en pomelos ; filet de lieu légèrement fumé, sauce vin blanc). Harmonie des saveurs, cuissons, assaisonnements : une belle partition gourmande rythmée par un service de qualité, efficace et proche du client.

– Prix : €€€€

14 faubourg de Paris – ℰ 03 86 62 09 70 – www.cotesaintjacques.com – Fermé mardi midi et lundi

🌱 **L'engagement du chef :** Nous avons créé un jardin potager, nous privilégions les producteurs locaux et nous mettons en avant les vins nature et bio. Les déchets alimentaires sont recyclés à plus de 80% et nous limitons l'usage du plastique dans l'établissement.

JONGIEUX

73170 – Savoie – Carte régionale n° **21**–C2

 ### LES MORAINIÈRES

Chef : Michaël Arnoult

CUISINE CRÉATIVE • CONTEMPORAIN Michaël Arnoult, formé chez Emmanuel Renaut, a transformé l'auberge des Morainières en un véritable petit paradis, dominant le coteau planté de vignes et la vallée du Rhône. Son credo : la fraîcheur du produit et le respect de celui ou celle qui l'a fait grandir. Choisir les producteurs locaux, les connaître, travailler de concert avec eux : une priorité. Gibiers, asperges vertes, agneau de lait, truite ou féra… cette exigence se lit dans l'assiette. Un plat représentatif de son art ? Prenons alors ce tartare d'écrevisse du Rhône de superbe fraîcheur, magnifié par son subtil jus de carcasse, ses fleurs de coriandre et de tagète anisata : l'excellence même ! On s'attable dans une salle épurée à l'image de la cuisine du chef, et ouvrant sur la vallée. Pour l'étape, six chambres confortables à quelques kilomètres du restaurant. Plus que jamais, les Morainières valent le détour.

– Prix : €€€€

1400 route de Marétel – ℰ 04 79 44 09 39 – www.les-morainieres.com/fr – Fermé du lundi au mercredi

JOUCAS

✉ 84220 – Vaucluse – Carte régionale n° **28**-E1

  LA TABLE DE XAVIER MATHIEU

Chef : Xavier Mathieu
CUISINE MÉDITERRANÉENNE • ÉLÉGANT Grandi à Marseille, Xavier Mathieu a la Provence chevillée au corps. Le célèbre Roger Vergé, un ami de la famille, lui a ouvert les portes de la haute gastronomie. Il a complété son apprentissage chez Joël Robuchon, à Paris, avant de revenir dans le beau mas familial niché au cœur de la garrigue du Luberon. Ce chef à l'emblématique crinière blanche donne un second souffle à la tradition provençale : chaque plat est une variation sur les origines. Tian d'olives noires du jardin, gigot d'agneau des Alpilles cuit dans son sable chaud de garrigue, pieds et paquets marseillais en deux services… Des recettes étonnantes, toujours personnelles, à découvrir dans le cadre privilégié d'une luxueuse bastide édifiée sur des vestiges datant des Chevaliers de l'Ordre de Malte.

– Prix : €€€€

Le Phébus, 508 route de Murs – ✆ *04 90 05 78 83 – www.lephebus.com – Fermé du lundi au jeudi à midi*

LE CAFÉ DE LA FONTAINE

CUISINE MÉDITERRANÉENNE • RÉGIONAL La deuxième table du Phébus propose une cuisine de saison aux influences méditerranéennes : escargots de Roussillon, dorade farcie au beurre safrané, souris d'agneau de La Crau… Simple et efficace pour se régaler près de la fontaine !

– Prix : €€€

Le Phébus, route de Murs – ✆ *04 90 05 78 83 – www.lephebus.com – Fermé le soir*

 LE PHÉBUS

CLASSIQUE • RAFFINÉ Phébus… l'autre nom d'Apollon – et ce séjour que le dieu de la Beauté n'aurait sans doute pas renié ! Nichée dans la verdure, cette demeure provençale domine le Luberon ; la plupart des chambres jouissent d'un balcon, d'une terrasse voire d'une mini-piscine privée. Si loin du monde des hommes…

- 30 chambres

220 route de Murs – ✆ *04 90 05 78 83*

✻ **La Table de Xavier Mathieu • Le Café de la Fontaine** - Voir la sélection des restaurants

JOUEY

✉ 21230 – Côte-d'Or

 LE DOMAINE DES PRÉS VERTS & SPA

MODERNE • COSY Huit logements répartis sur quatre communes ! Initié avec une seule suite dans les arbres, ce concept peu commun conquiert peu à peu la région viticole. Chaque hébergement bénéficie d'un jacuzzi couvert – en phase avec la recherche de relaxation et d'harmonie avec la nature de tout le projet – mais les autres équipements dépendent du lieu : jardin, cave à vin, spa… Dans l'ensemble, le style est moderne et rustique-chic, avec beaucoup de matériaux naturels. Malgré cette configuration dispersée, un bistrot et la boutique de l'hôtel font office de lieu de convivialité.

- 8 chambres

10 impasse des Prés Verts – ✆ *03 45 44 05 60*

JUAN-LES-PINS

06160 – Alpes-Maritimes – Carte régionale n° **29**-E2

LA PASSAGÈRE - HÔTEL BELLES RIVES

CUISINE CRÉATIVE • LUXE Dans cet hôtel qui fut le témoin des amours tumultueuses de Scott et Zelda Fitzgerald dans les années 1920, on est d'abord frappé par le cadre majestueux. Il n'est pas aisé pour un chef d'exister dans de telles conditions, mais le vendéen Aurélien Véquaud y parvient haut la main. Bien que la partition gastronomique soit naturellement méditerranéenne (avec une superbe thonine, tomate mi-confite et vinaigrette roquette), les origines du chef transparaissent dans chaque assiette. La crème crue vient réveiller le tourteau dans le plat signature (l'esquinado, écume verveine, caviar platine), le préfou et la mouclade sont revisités en amuse-bouches. Du côté sucré, le chef pâtissier Steve Moracchini propose de petites assiettes sophistiquées et délicates, à l'instar de la succulente tartelette aux mirabelles. Depuis la terrasse, on peut profiter d'une vue exceptionnelle sur la mer et l'Esterel.

– Prix : €€€€

Plan : voir Antibes plan I - A2 - 4 - *33 boulevard Édouard-Baudoin –* ℘ *04 93 61 02 79* – *www.bellesrives.com – Fermé lundi, mardi et le midi*

LE 1932 HÔTEL & SPA CAP D'ANTIBES - MGALLERY *Plus*

CLASSIQUE • ÉLÉGANT Un établissement dédié au glamour de l'entre-deux-guerres ! Cette institution règne ici depuis 1932 et, après une rénovation très complète, a retrouvé l'élégance de cette époque. Le style est moderne, mais fortement influencé par l'Art déco. Mieux qu'une copie, il se veut être un hommage contemporain et sobre. Les chambres et les suites les plus prisées donnent sur la mer depuis leur balcon privé ; la plage de Belle Rives à quelques pas : quoi de mieux ?
- 64 chambres

5 avenue Saramartel – ℘ *04 92 93 54 54*

BELLES RIVES *Plus*

CLASSIQUE • ÉLÉGANT Un petit joyau Art déco où vécut Francis Scott Fitzgerald. Bar d'époque classé, chambres joliment décorées (mobilier 1930) – préférez celles côté mer –, deux restaurants (dont un gastronomique), ponton et plage privés... Élégance et nostalgie.
- 185 chambres

33 boulevard Édouard Baudoin – ℘ *04 93 61 02 79*

La Passagère - Hôtel Belles Rives - Voir la sélection des restaurants

JUANA *Plus*

CLASSIQUE • RAFFINÉ Luxueux hôtel des années 1930 où l'on sait cultiver l'art de recevoir. Jolies chambres Art déco, équipements haut de gamme, belle piscine et, pour l'anecdote, magnifique ascenseur en bois... Le charme fou de la Côte d'Azur !
- 40 chambres

19 avenue Gallice – ℘ *04 93 61 08 70*

Jakub Zerdzicki/Getty Images Plus

JUMIÈGES

✉ 76480 – Seine-Maritime – Carte régionale n° **3**–A2

AUBERGE DES RUINES

Chef : Christophe Mauduit

CUISINE MODERNE • COSY Juste en face des ruines de l'abbaye, une jolie maison à colombages où un chef à la main verte, aussi passionné que sympathique, célèbre le terroir normand dans toute sa richesse, au rythme des saisons. Truite, bœuf et agneau, cidres et calvados, fromages de chèvre et de vache : tout vient de Normandie – sans oublier les fruits et légumes directement cueillis dans le potager du restaurant – le chef réalise lui-même ses semis. Verts et gras pâturages normands obligent, le magnifique chariot de fromages est composé à partir de la production des fermes voisines. Tout cela dans un décor contemporain et chaleureux, chic et feutré, ou dans la véranda ouverte sur la terrasse.

&. 🛋 – Prix : €€

17 place de la Mairie – ℰ 02 35 37 24 05 – www.auberge-des-ruines.fr –
Fermé mercredi et jeudi, et dimanche soir

🍃 **L'engagement du chef :** L'objectif de la maison est d'atteindre une cuisine autosuffisante et 100% locale. Pain, farine de petit épeautre, huile de colza pressée sur place, moutarde réalisée à partir de plants cultivés en Normandie : tout est fait maison. Quand les produits ne proviennent pas de la cueillette ou de circuits ultra-courts, ils sont directement issus du potager et du grand poulailler du restaurant, où sont par ailleurs recyclés les déchets organiques.

JURANÇON

✉ 64110 – Pyrénées-Atlantiques – Carte régionale n° **25**–C2

FLAVEURS - DOMAINE MONT-RIANT

CUISINE MODERNE • CLASSIQUE Sur les hauteurs de Jurançon, cette belle propriété du 19e s. blanche au toit d'ardoise, avec son grand parc arboré commence une nouvelle vie de restaurant grâce à un couple natif de la région, le chef basque Patxi et son épouse béarnaise Marilyn. Ils ont bien fait les choses : un décor bourgeois et revampé pour une salle dont les fenêtres embrassent une vue plongeante sur Pau. Dans l'assiette, aucun doute : ce chef expérimenté sait faire, entre plats traditionnels et inspiration moderne, le tout sur fond de pêche durable et de producteurs locaux – à l'image des ravioles de cèpes et de leur généreuse escalope de foie gras d'une qualité rare.

🍃 ⇔ &. 🅿 – Prix : €€

1 avenue des Frères-Barthélémy – ℰ 05 59 90 60 94 – www.domaine-montriant.
fr/deguster-2 – Fermé lundi et dimanche, et mardi et mercredi soir

JUVIGNY-SOUS-ANDAINE

✉ 61140 – Orne – Carte régionale n° **2**–B3

😀 ### AU BON ACCUEIL

CUISINE CRÉATIVE • CONTEMPORAIN L'enseigne ne ment pas : ici, on vous accueille à bras ouverts. Dans un cadre moderne et lumineux, le chef Gaëtan Crespin propose de bons produits de saison, locaux pour la plupart, pour une cuisine créative et réalisée avec technique, à l'instar des noix de Saint-Jacques, endive et clémentine ou du carré de porcelet, persil et petit épeautre... Le tout pour un excellent rapport qualité-prix. Coup de cœur assuré !

&. 🅰🅲 – Prix : €€

23 place Saint-Michel – ℰ 02 33 38 10 04 – www.aubonaccueil-normand.com –
Fermé mardi et mercredi, et dimanche soir

611

KAYSERSBERG

✉ 68240 – Haut-Rhin – Carte régionale n° **8**–C2

✿✿ **LA TABLE D'OLIVIER NASTI**

Chef : Olivier Nasti

CUISINE CRÉATIVE • ÉLÉGANT Ah, Kaysersberg ! Sur la route des vins d'Alsace, le petit village se dévoile entre deux vallons... Impossible de rater la façade rouge du mythique hôtel Chambard, qui accueille la Table d'Olivier Nasti, Meilleur Ouvrier de France 2007. Magnifier le terroir, réinjecter la tradition dans des assiettes créatives, visuelles, voire ludiques : tel est l'objectif poursuivi par le chef. Pour cela, tous les ingrédients sont bons ! Gibier, morilles des Vosges, foie gras, truffe ou encore omble chevalier des montagnes... Il signe une carte personnelle, soucieuse des saisons, en portant une attention toute particulière aux sauces et décoctions. Enfin, côté vins, on profite de la présence de Jean-Baptiste Klein, sommelier aussi talentueux que passionné. Décor épuré et chic dans les chambres du Chambard, sans oublier l'agréable spa.

🐓 ⇔ ⅙ 🆎 – Prix : €€€€

9-13 rue du Général-de-Gaulle – ℰ 03 89 47 10 17 – www.lechambard.fr/fr – Fermé lundi, mardi, et mercredi et jeudi à midi

---

✿ **ALCHÉMILLE**

Chef : Jérôme Jaegle

CUISINE CRÉATIVE • DESIGN C'est l'histoire d'un enfant du village, véritable bête à concours gastronomiques, qui a transformé ce bar PMU en "lieu de vie". Fils et petit-fils de boucher-charcutier, Jérôme Jaegle est tout autant maraîcher et fou de permaculture que chef – formé par des pointures comme Jean-Yves Schillinger et Christian Têtedoie. Quasi scandinave dans l'allure, son restaurant, tout de bois clair et de matières naturelles, porte le nom de la plante favorite des alchimistes. Sa cuisine, créative et personnelle, est évidemment axée sur les herbes et les légumes de son potager, ainsi que sur les produits locaux (poissons d'eau douce, gibier...) Menus déclinés en plusieurs services, avec le végétal en majesté.

🐓 ⅙ 🆎 – Prix : €€€€

53 route de Lapoutroie – ℰ 03 89 27 66 41 – www.alchemille.alsace – Fermé lundi et dimanche

🌱**L'engagement du chef :** A L' Alchémille, nos cuisiniers sont également jardiniers. Ainsi, chaque journée commence par la cueillette des fruits, légumes et herbes aromatiques dans nos jardins maraîchers. Reconnecter la nature à l'assiette, travailler avec les meilleurs artisans locaux, tout cela nous permet de servir à nos clients l'expression la plus juste et la plus responsable de notre terroir.

😊 **LA VIEILLE FORGE**

CUISINE MODERNE • CONTEMPORAIN La façade rustique de cette charmante maison du 16e s. dissimule de bien jolies surprises : les assiettes de la cheffe Laurine Gutleben font la part belle aux produits frais et à la créativité, à l'instar des noix de Saint-Jacques, hollandaise légère, fondue de poireaux et popcorn au gomasio. Belle carte des vins d'Alsace, mais pas seulement.

🐓 ⅙ 🆎 – Prix : €€

1 rue des Écoles – ℰ 03 89 47 17 51 – www.vieilleforge-kb.com – Fermé lundi et dimanche

---

😊 **WINSTUB DU CHAMBARD**

CUISINE ALSACIENNE • WINSTUB La seconde table du Chambard, version winstub. Ici, Olivier Nasti revisite tout ce que le terroir alsacien peut offrir : baeckeoffe et choucroute, tarte à l'oignon, presskopf... Sans oublier cette truite de la vallée d'Orbey, sauce matelote et un kougelhopf glacé référence dans la matière : goûteux et généreux, une ode à la gourmandise ! Ardoise du jour de cuisine du marché également.

🐓 ⅙ 🆎 – Prix : €€

9-13 rue du Général-de-Gaulle – ℰ 03 89 47 10 17 – www.lechambard.fr/fr

KEMBS

68680 – Haut-Rhin – Carte régionale n° **8**-A3

LE PETIT KEMBS

CUISINE MODERNE • COSY Cette jolie maison de village à colombages cache une petite salle à manger de 5 tables seulement, aux murs colorés, avec sa cuisine ouverte. Le chef s'occupe désormais de tout, de la cuisine (moderne, gourmande, bien ficelée) et… du service ! Une démarche authentique qui force le respect. Dans l'assiette, des produits de saison, locaux, souvent bio. Tout est fait maison, à l'exception du pain (néanmoins délicieux !).

& AC – Prix : €€

49 rue du Maréchal-Foch – ℰ 03 89 48 17 94 – www.lepetitkembs.fr – Fermé mardi, mercredi et jeudi midi

KERVIGNAC

56700 – Morbihan – Carte régionale n° **1**-C3

✿ L'INATTENDU - DOMAINE DE LOCGUÉNOLÉ

CUISINE MODERNE • ÉLÉGANT Rénové avec faste, le somptueux Domaine de Locguénolé comprend un château du 19e s., un manoir breton du 18e s. et un parc boisé de 120 hectares, avec une « ferme » où s'ébattent poules, chèvres, canards et dindons. Le potager, le verger et les ruches approvisionnent en partie le restaurant. Le décor luxuriant et élégant, qui évoque les grandes heures de la Compagnie des Indes, se déploie sous une verrière de style industriel au milieu des plantes. C'est dans cette atmosphère capiteuse que l'on savoure la cuisine précise et tout en finesse du chef Yann Maget, MOF 2023 et marqué par un fort beau parcours. Il met évidemment en valeur la Bretagne : kari-gosse, boudin noir, seiche ou andouille viennent ponctuer chaque assiette. Ces beaux produits sont accommodés avec savoir-faire et technicité, au service du goût – les sauces sont profondes et goûteuses –, à l'image de l'encornet associé avec brio au cochon et rehaussé d'une sauce à la diable, ou du saint-pierre aux girolles et amandes fraîches.

😋 ⇔ ⇐ 🍴 & 🍽 P – Prix : €€€€

Route de Port-Louis, Le Hingair – ℰ 02 97 76 76 76 – www.domaine-locguenole.com – Fermé lundi, dimanche et du mardi au samedi à midi

CHAI L'AMÈRE KOLETTE

CUISINE MODERNE • CONTEMPORAIN Entre Hennebont et Port-Louis, dans une petite zone commerciale, cette maison mérite que l'on s'y attarde. Dans sa cuisine visible depuis la salle claire et bien agencée, le chef propose des recettes élaborées au gré du marché, avec quelques touches personnelles.

& AC 🍴 P – Prix : €€

Parc d'activités de Kernours – ℰ 02 97 36 28 74 – www.chai-lamere-kolette.fr – Fermé mercredi et dimanche

LA MAISON ALYETTE - DOMAINE DE LOCGUÉNOLÉ

CUISINE TRADITIONNELLE • ÉPURÉ Bistrot du domaine de Locguénolé, la Maison Alyette rend hommage à l'ancienne propriétaire du Château. Chapeautée par le chef MOF Yann Maget, la carte propose une cuisine traditionnelle, mettant en avant des produits du terroir de qualité. Les portions sont généreuses, à l'image de la poitrine de cochon et de son risotto crémeux de fregola sarda ; goûteuses, à l'instar des quenelles de merlan et leur bisque savoureuse ; gourmandes, comme cette religieuse à la mousse et glace caramel. Menu attractif au déjeuner. Vue sur les jardins, et jolie terrasse.

⇐ 🍴 & 🍽 P – Prix : €€

Route de Port-Louis, Le Hingair – ℰ 02 97 76 76 76 – www.domaine-locguenole.com

KIENTZHEIM

✉ 68240 – Haut-Rhin – Carte régionale n° **8**–C2

CÔTÉ VIGNE

CUISINE MODERNE • **CONVIVIAL** Dans ce village typique, une imposante maison à colombages du 16e s. La cheffe propose une cuisine moderne matinée de saveurs d'ailleurs, comme cette terrine de bœuf avec œuf râpé et crème de wasabi, ou cet encornet grillé, poireaux, gnocchis de potimarron, moules et curry rouge. Côté vigne, vous pourrez déguster des vins bio du domaine familial. Terrasse très agréable aux beaux jours. Menu plus simple au déjeuner.

&⏚ 🛋 – Prix : €€

30 Grand-Rue – ☎ 03 89 22 14 13 – www.cote-vigne.fr – Fermé lundi, samedi midi et dimanche soir

KILSTETT

✉ 67840 – Bas-Rhin – Carte régionale n° **8**–B1

AU CHEVAL NOIR

CUISINE TRADITIONNELLE • **AUBERGE** C'est au galop qu'on se rend au Cheval Noir ! Derrière la façade de cette maison à colombages (18e s.), deux frères travaillent les beaux produits en tandem. Une cuisine traditionnelle à déguster dans de jolies salles... si tant est qu'on descende de sa monture.

🚪🅰️🛋 ✿ 🅿️ – Prix : €€

1 rue du Sous-Lieutenant-Maussire – ☎ 03 88 96 22 01 – www.restaurant-cheval-noir.com – Fermé lundi et mardi, et dimanche soir

KLINGENTHAL

✉ 67530 – Bas-Rhin – Carte régionale n° **8**–A2

À L'ÉTOILE

CUISINE TRADITIONNELLE • **CONVIVIAL** Nichée dans un petit village alsacien, sur la route du Mont Sainte-Odile, cette auberge traditionnelle datant de 1920 est aujourd'hui tenue par la 4ème génération. Chaleureusement accueilli, on y déguste une cuisine traditionnelle du marché, proposée à l'ardoise : en entrée, une gaufre moelleuse, cœur de saumon fumé et agrumes... et pour les amateurs d'abats, fricassée de rognons et ris de veau.

🛋 ✿ – Prix : €€

7 place de l'Étoile – ☎ 03 88 95 82 90 – www.restaurantaletoile.fr – Fermé mercredi et jeudi, et dimanche soir

LABARDE

✉ 33460 – Gironde – Carte régionale n° **22**–B1

NOMADE

CUISINE CRÉATIVE • **COSY** Depuis sa cuisine ouverte sur la salle installée dans une ancienne maison de garde-barrière, le chef crée un menu unique surprise aux influences voyageuses multiples (Nomade oblige !) et aux associations étonnantes. Ainsi, le cabillaud au curry rouge et céleri poché au miso ; la poitrine de cochon confite, cumin et lait de coco ; le dessert au cassis, fève tonka et bissap. En salle, service agréable de Manon, la compagne du chef.

&⏚ 🅰️🛋 – Prix : €€€

3 route des Châteaux – ☎ 05 56 35 92 38 – www.restaurant-nomade.fr – Fermé lundi, dimanche et du mardi au jeudi à midi

LABAROCHE

✉ 68910 – Haut-Rhin – Carte régionale n° **8**–C2

😊 LA ROCHETTE

CUISINE MODERNE • CONTEMPORAIN Une belle découverte que ce restaurant contemporain ! Ici, on régale en famille : aux fourneaux, père et fils réalisent des plats savoureux et fins, tel un suprême de volaille d'Alsace en croûte de courge, avec dampfnudel et petits légumes... Service prévenant, bonne sélection de vins et chambres pour l'étape.

🛋️♿🍽️🆒🅿️ – Prix : €€

500 lieu-dit La Rochette – ☎ 03 89 49 80 40 – www.larochette-hotel.fr –
Fermé lundi et mardi

LACAVE

✉ 46200 – Lot – Carte régionale n° **23**–B2

🌸 CHÂTEAU DE LA TREYNE

CUISINE CLASSIQUE • HISTORIQUE Quel lieu splendide ! La Dordogne serpente au pied de ce superbe château, tout environné de verdure, avec son allée manucurée et son joli parc à la française. La vue de la terrasse embrasse un panorama qui laisse le voyageur rêveur. La salle à manger est telle qu'on l'attend, sol de marbre, tentures murales, plafond à caissons et cheminée en bois sculptée. La partition culinaire est signée Stéphane Andrieux, qui prit ici son premier poste de chef. On se régale de sa déclinaison autour de l'agneau du Quercy (noisette et carré rôtis, tartare de filet mignon saisi sur un galet de la Dordogne), ou de ce ciselé baba au rhum revisité, fraises et reine-des-prés...

⇔⇐🛋️🅰️🍽️🆒🅿️ – Prix : €€€€

Lacave – ☎ 05 65 27 60 60 – www.chateaudelatreyne.com/fr/restaurant-etoile-
dordogne – Fermé du mardi au vendredi à midi

🌸 LE PONT DE L'OUYSSE

Chef : Stéphane Chambon

CUISINE MODERNE • MAISON DE CAMPAGNE Au bord de l'Ouysse, un magnifique affluent de la Dordogne, cette maison est située en contrebas d'une falaise. Elle demeure dans la même famille – les Chambon – depuis cinq générations. Elle fut construite à l'origine pour restaurer les travailleurs qui construisaient l'ancien pont emporté par une crue en 1966, et dont subsiste une arche. Deux frères veillent aujourd'hui sur l'établissement, l'un en salle et l'autre en cuisine. Avec de belles bases classiques, l'assiette magnifie de superbes produits, comme ce pigeon ramier en deux cuissons, les filets rôtis et les cuisses en salmis, ou ces truffes récoltées en famille... La terrasse sous les tilleuls apporte une touche de charme irrésistible. Étape possible à l'hôtel.

🐝⇔🛋️♿🍽️🅿️ – Prix : €€€

Lacave – ☎ 05 65 37 87 04 – www.lepontdelouysse.com – Fermé lundi

🛏️ CHÂTEAU DE LA TREYNE

TRADITIONNEL • CALME Une situation idyllique, en surplomb de la Dordogne qui lui prête ses reflets... Vivre est un art en ce château des 14e-17e s. ! Le parc abrite un jardin à la française et une chapelle romane (expositions, concerts), les chambres sont somptueuses.

🅿️🛋️⛵♨️🍽️ - 16 chambres

La Treyne – ☎ 05 65 27 60 60

🌸 **Château de la Treyne** - Voir la sélection des restaurants

LACROIX-FALGARDE

✉ 31120 – Haute-Garonne – Carte régionale n° **26**–C2

LE BELLEVUE

CUISINE MODERNE • **CONTEMPORAIN** Le chef propriétaire Yann Ghazal veille sur ce restaurant perché en bord d'Ariège, avec son une atmosphère décontractée et sa salle rafraîchie. Au programme, des assiettes gourmandes et colorées : œuf crousti-coulant, chantilly de chorizo tiède et poudre d'ail noir ; joue de bœuf braisée au vin rouge, lard de Colonnata, raisins chasselas, carottes fondantes et purée de pommes de terre - le tout à prix doux. La terrasse ombragée au bord de l'onde est un pur régal.

⇐ 🄰🄲 🈴 🅿 – Prix : €€

1 avenue des Pyrénées – ☏ 05 61 76 94 97 – www.restaurant-lebellevue.com – Fermé mardi et mercredi

LAGRASSE

✉ 11220 – Aude – Carte régionale n° **27**–B2

LE BASTION

CUISINE MODERNE • **CONVIVIAL** On s'installe dans l'une des deux jolies salles rustiques pour déguster une "cuisine avant-garde rurale", inspirée d'Auguste Escoffier mais modernisée, avec de beaux produits de la région – tomates des jardins d'Estarac, vinaigre de Cyril Codina, poissons de la criée de Port-la-Nouvelle... Petite carte de tapas et grande terrasse.

🈴 – Prix : €€

50 boulevard de la Promenade – ☏ 04 68 12 02 51 – www.restaurant-bastion-lagrasse.fr – Fermé lundi et mardi, et dimanche soir

BOUQUERIE LAGRASSE   *Plus*

MODERNE • **ÉLÉGANT** Cette ancienne boulangerie, située « place de la boucherie » perpétue son destin gourmand. Transformée en un élégant petit hôtel, elle abrite un atelier ultramoderne qui délivre des menus dégustation et des cours de cuisine régionale. Les appartements sont dotés de cuisines modernes bien équipées. Leurs chambres sont baignées de lumière naturelle et bénéficient d'un décor minimaliste, de parquets clairs, de hauts plafonds à poutres apparentes et d'œuvres d'art colorées. La plupart disposent d'un balcon ou d'une terrasse privés.

🄰🄲 🍽 - 9 chambres

Place de la Bouquerie – ☏ 06 77 20 34 43

LAGUÉPIE

✉ 82250 – Tarn-et-Garonne – Carte régionale n° **27**–A1

L'ANGLE 🅽

CUISINE MODERNE • **BISTRO** Dans ce village lové entre les bras de l'Aveyron et du Viaur, cette table est une aubaine, façon petit bistrot d'artistes, avec ses œuvres d'art contemporain aux murs et ses tarifs alléchants. Du fond de sa petite cuisine vitrée, le chef Arnaud Ronxin façonne seul des assiettes astucieuses où les produits de saison reçoivent une belle leçon de goût, à l'image de cette pièce de veau aux pommes de terre confites, girolles et pieds de mouton, sauce vin rouge. Menu plus simple au déjeuner.

🄰🄲 🈴 – Prix : €€

11 rue du 19-Mars-1962 – ☏ 06 79 59 31 49 – Fermé lundi et dimanche, et mardi et mercredi soir

LAGUIOLE

✉ 12210 – Aveyron – Carte régionale n° **23**-C2

BRAS

Chef : Sébastien Bras
CUISINE CRÉATIVE • **DESIGN** "Ma famille, l'amitié, l'Aubrac et la cuisine" : voici, énoncés par lui-même, les quatre éléments essentiels dans la vie de Sébastien Bras. Fidèle à l'héritage de son père, mais armé d'une sensibilité qui lui est propre, le chef puise dans la nature environnante et dans ses jardins les produits (fleurs, herbes, légumes) qu'il révèle ensuite dans l'assiette. Les saveurs se bousculent, l'émotion affleure bien souvent par surprise, et l'on croirait presque entendre la terre chanter au détour de certains plats. Envie de faire une étape ? De belles chambres vous accueillent, avec leurs baies vitrées ouvertes sur la campagne aveyronnaise. D'une génération à l'autre, le Suquet continue de tracer sa route singulière et attachante…

– Prix : €€€€

Route de l'Aubrac – ℰ 05 65 51 18 20 – www.bras.fr/fr – Fermé mardi midi, dimanche et lundi

HÔRA

CUISINE MODERNE • **DESIGN** Avec Hôra et sa salle à manger feutrée et élégante, Gilles Moreau réinvente son univers, tout en gardant les qualités d'une savoureuse cuisine appuyée sur le terroir : pièce de bœuf Aubrac, aligot et réduction de vin rouge aux échalotes ; truite bio des Monts d'Aubrac à l'écume de lard, risotto au vieux-rodez ; pintade fermière aux girolles, blé parfumé au jambon et jus de carcasse… Aux beaux jours, profitez de la terrasse au calme sur l'arrière.

– Prix : €€

2 allée de l'Amicale – ℰ 05 65 44 31 11 – www.gilles-moreau.fr/restaurant – Fermé mardi, et lundi et mercredi à midi

LANDÉDA

✉ 29870 – Finistère – Carte régionale n° **1**-A1

LE VIOBEN

POISSONS ET FRUITS DE MER • **CONTEMPORAIN** Poissons de la pêche artisanale, homards et autres fruits de mer, et plus généralement cuisine gourmande basée sur les bons produits de la région… Cette adresse a la cote localement, notamment grâce à ce chaleureux décor contemporain, ces éclairages tendance et à l'atmosphère conviviale qui y règne…

– Prix : €€€

30 Ar Palud – ℰ 02 98 04 96 77 – www.vioben.com

LANGOËLAN

✉ 56160 – Morbihan – Carte régionale n° **1**-C2

L'ATELIER BISTROT

CUISINE DU MARCHÉ • **RUSTIQUE** A 5 mn de Guémené-sur-Scorff, dans un paisible village breton, cette jolie maison en pierre abrite une charmante auberge au plaisant décor rustique. Aux commandes, un jeune couple passionné qui propose une cuisine du marché valorisant les ingrédients des petits producteurs et artisans de la région. Aimable menu du jour au déjeuner ; au diner, plats davantage élaborés.

– Prix : €€

24 rue du Chelas – ℰ 02 97 51 37 81 – Fermé du lundi au mercredi

LANGON

✉ 33210 – Gironde – Carte régionale n° **22**–B2

L'ATELIER FLAVIEN VALÈRE

CUISINE MODERNE • **COSY** Formé à bonne école dans le Sud-Ouest, Flavien Valère vient rythmer l'offre gastronomique de Langon. Il connaît ses gammes, aucun doute là-dessus : cuissons impeccables, assaisonnements au point, bons produits locaux travaillés avec soin... et tout est fait maison. On s'y régale ! Le menu déjeuner offre un remarquable rapport qualité-prix. Pensez à réserver.

🅰️🪑 – Prix : €€

62 cours des Fossés – ☏ 05 56 76 25 66 – www.restaurant-latelierfv.fr – Fermé lundi, et mardi, mercredi et dimanche soir

LA TABLE DE LA MAISON 🅽

CUISINE MODERNE • **CONTEMPORAIN** Aux confins de la Gironde et des Landes, l'héritage de Claude Darroze est soigneusement perpétué dans cette cuisine généreuse et conviviale, qui met en avant les produits du terroir avec simplicité. On retrouve aussi avec plaisir quelques plats emblématiques de la maison, comme le carpaccio de thon, le homard ou encore le soufflé au Grand Marnier et son sorbet orange sanguine. Service aimable et souriant. Agréable terrasse.

🕸️♿🪑🅿️ – Prix : €€€

95 cours du Général-Leclerc – ☏ 05 56 63 00 48 – www.darroze.com – Fermé lundi, mardi et dimanche

LANGRES

✉ 52200 – Haute-Marne – Carte régionale n° **12**–D2

BULLE D'OSIER 🅽

CUISINE CRÉATIVE • **DESIGN** Ancien mess des officiers, ce fier hôtel particulier qui jouxte la porte des Moulins est aujourd'hui un établissement de charme, pensé et mis en œuvre par le chef Laurent Petit. Entourée d'un grand potager, cette table élégante rend hommage par son nom et sa décoration à la tradition de la vannerie à Fayl-Billot, pays d'origine du chantre de la cuisine lacustre. Le menu carte blanche conçu par son disciple jurassien Valentin Loison (ex-Clos des Sens et Mirazur) se montre créatif et percutant, s'inspirant de la cueillette (polypode), des légumes du jardin, de l'élevage local (bœuf Black Angus maturé), de la pêche de Saône (ventrèche de carpe, sandre maturé, silure) et de la chasse (chevreuil). Des réalisations fines et équilibrées mises en valeur par sa compagne sommelière Anaïs, qui veille sur la salle avec professionnalisme et douceur, et distille de judicieux conseils sur les accords.

🛏️♿🅰️🅿️ – Prix : €€€€

Clos Vauban, 1 place du Colonel-de-Grouchy – ☏ 03 25 86 00 54 – www.closvauban.com – Fermé lundi, dimanche, et mardi et jeudi à midi

MIRABELLE 🅽

CUISINE MODERNE • **CONVIVIAL** Cet agréable bistrot au doux nom fruité est la deuxième adresse du Clos Vauban. L'atmosphère y est délibérément chaleureuse et conviviale, afin de mieux savourer une cuisine gourmande qui met à l'honneur les produits du jardin et du terroir haut-marnais : pâté en croûte de volaille aux trompettes-de-la-mort, truite cuite à l'unilatérale en croûte de pain, ou encore millefeuille aux noisettes torréfiées. Un coup de cœur, au rapport qualité-prix canon !

🛏️♿🅰️🅿️ – Prix : €€

Clos Vauban, 1 place du Colonel-de-Grouchy – ☏ 03 25 86 00 54 – www.closvauban.com – Fermé lundi, dimanche et jeudi midi

LANGUIMBERG

✉ 57810 – Moselle – Carte régionale n° **7**–C2

✿ CHEZ MICHÈLE

Chef : Bruno Poiré
CUISINE MODERNE • CONTEMPORAIN Ancien café de village, puis auberge... et enfin table gastronomique reconnue au cœur de la région des étangs de Moselle. Voilà une jolie trajectoire pour ce restaurant dorénavant tenu par Bruno Poiré, le fils de Michèle. S'il a fait ses premières gammes dans le restaurant familial dès l'adolescence, ce chef a beaucoup appris sur la route, et notamment chez Georges Blanc à Vonnas et au Buerehiesel d'Antoine Westermann. Il signe une cuisine d'aujourd'hui généreuse et précise, qui n'hésite pas à lorgner du côté du Sud : on se régale dans un cadre contemporain et lumineux, en profitant du service attentif.

&. 🌿 ♧ – Prix : €€€

57 rue Principale – ☏ 03 87 03 92 25 – www.chezmichele.fr/fr – Fermé mardi et mercredi

LANNEPAX

✉ 32190 – Gers – Carte régionale n° **26**–B2

LA FALÈNE BLEUE

CUISINE MODERNE • CONTEMPORAIN Fabien, aux fourneaux, et Hélène, en salle, ont uni leurs deux prénoms pour créer cette Falène bleue où il fait bon vivre et manger. Tout ici est simple et délicieux, des assiettes au dressage soigné (contenant des produits de circuits courts exclusivement) au décor, avec ses tableaux et objets chinés. Au cœur du petit village de Lannepax, entouré de vignes, le restaurant jouit d'une agréable terrasse à l'arrière. Menu déjeuner au très bon rapport qualité-prix qui change toutes les semaines.

&. 🌿 – Prix : €€

121 place de l'Armagnac – ☏ 05 62 65 76 92 – www.lafalenebleue.fr – Fermé lundi et mardi, et dimanche soir

LANNION

✉ 22300 – Côtes-d'Armor – Carte régionale n° **1**–C1

✿ L'ANTHOCYANE

Chef : Marc Briand
CUISINE MODERNE • COSY Chez le chef Marc Briand, c'est l'expérience qui prime. Au cœur de Lannion, il régale ses convives avec une cuisine contemporaine française ponctuée d'influences nippones qui assume tranquillement sa passion pour le pays du Soleil Levant. Certaines de ses recettes millimétrées, basées sur des produits bretons ultra-frais (langoustine, homard, saint-pierre), sont régulièrement ponctuées d'ingrédients japonais comme le yuzu, les shiitakés, le miso... L'imagination, l'esthétisme, une élégance certaine et la précision technique font le reste ! Sans oublier un décor aussi cosy que coloré.

&. ♧ – Prix : €€€

25 avenue Ernest-Renan – ☏ 02 96 38 30 49 – www.lanthocyane.com – Fermé lundi et mardi, et dimanche soir

LE BRÉLÉVENEZ

CUISINE MODERNE • CONTEMPORAIN Jolie maison en pierre de Brélévenez (un quartier de Lannion) tenue par Priscilla et Christophe Le Marrec. Les affaires marchent très fort, il est donc prudent de réserver. Ce succès ne doit rien au hasard : le chef, autrefois au restaurant La Ville Blanche (Rospez), mitonne une cuisine tendance, bien pensée et savoureuse. Décor moderne et épuré.

&. 🅰🅲 🅿 – Prix : €€

1 rue Stang-Ar-Béo – ☏ 02 56 14 07 91 – www.restaurant-lebrelevenez.fr – Fermé mardi, mercredi et samedi midi

LANNION

LANTON – Gironde (33) ➜ Voir Bassin d'Arcachon

LAON
✉ 02000 – Aisne – Carte régionale n° **5**–C2

ZORN - LA PETITE AUBERGE
CUISINE MODERNE • **CONTEMPORAIN** Œuf en basse température, crème de panais, duxelles de champignons ; pintade, mijoté de chou, jus au romarin ; fraises en gelée, meringue, sorbet fraise… une cuisine du marché et un menu "carte blanche" : voici la proposition du chef expérimenté Willy-Marc Zorn, dans ce restaurant proche de la gare de Laon. Belle sélection de vins. Une valeur sûre.
🐃 🛋 ⇆ 🅿 – Prix : €€
45 boulevard Pierre-Brossolette – ☎ *03 23 23 02 38 – Fermé dimanche, samedi midi et lundi soir*

LAPOUTROIE
✉ 68650 – Haut-Rhin – Carte régionale n° **8**–A2

LES ALISIERS
CUISINE MODERNE • **COSY** Une cuisine à quatre mains à base de produits de belle qualité et bio (les viandes exceptées) provenant du potager de la maison ou de petits producteurs locaux. Une adresse familiale attachante qui perdure depuis 1975.
⇐ 🖴 ᕕ 🛋 🅿 – Prix : €€
Lieu-dit Faudé – ☎ *03 89 47 52 82 – www.alisiers.com – Fermé lundi et mardi*

LARAGNE-MONTÉGLIN
✉ 05300 – Hautes-Alpes – Carte régionale n° **24**–C2

🕸 L'ARAIGNÉE GOURMANDE
CUISINE TRADITIONNELLE • **FAMILIAL** Installez-vous dans cet intérieur moderne et lumineux pour découvrir le talent de Thierry Chouin : si le chef breton affectionne particulièrement les plats à base de poisson, il ne dédaigne pas l'agneau et la pomme (tous deux de la région), qu'il célèbre dans des assiettes bien tournées. De beaux hommages à la tradition.
ᕕ 🆐 – Prix : €€
8 rue de la Paix – ☎ *04 92 65 13 39 – www.laraignee-gourmande.fr – Fermé mardi et mercredi*

LARMOR-PLAGE
✉ 56260 – Morbihan

🛏 LES RIVES DU TER
ÉPURÉ • **CALME** Cet hôtel récent bordant le Ter abrite des chambres spacieuses, au style épuré, avec terrasse ou balcon donnant sur l'étang, bien au calme. Une bonne option pour profiter des jolies plages des environs.
ᕕ 🆐 🅿 ⇆ ⎘ 🕸 🛁 ⵔ – 58 chambres
15 boulevard Jean Monnet – ☎ *02 97 35 33 50*

LAROQUE-DES-ALBÈRES

✉ 66740 – Pyrénées-Orientales – Carte régionale n° **27**–C3

🐸 CÔTÉ SAISONS

CUISINE MODERNE • **BISTRO** Une bâtisse du 19e s. noyée sous la verdure, avec de grandes baies vitrées, un jardin fleuri et une jolie terrasse pour être toujours... Côté Saisons, à l'instar des recettes, savoureuses et bien ficelées. Tête de veau tiède à la moutarde de Charroux, cochon de Cerdagne confit au miel-gingembre, paleron de bœuf fondant et foie gras poêlé... le tout servi avec le sourire.

&. 🌿 ♿ – Prix : €€

10 avenue de la Côte-Vermeille – ℰ 04 34 10 39 56 – www.cotesaisons.fr – Fermé du lundi au mercredi

LARRAU

✉ 64560 – Pyrénées-Atlantiques – Carte régionale n° **25**–B3

🐸 ETCHEMAÏTÉ

CUISINE TRADITIONNELLE • **RUSTIQUE** Dans ces contrées montagneuses aux confins du Pays basque, cette charmante maison traditionnelle héberge une histoire de famille depuis quatre générations. Aux fourneaux, Ximun élabore une cuisine traditionnelle très gourmande, avec des portions généreuses et des sauces travaillées. Une cuisine réconfortante qui repose sur de bons produits locaux : raviole de canard aux champignons et bisque de langoustine ; pressé d'agneau "Axuria" au xipister, gratin de macaronis et jus corsé... À déguster dans une salle rustique à souhait, avec une vue superbe sur les Pyrénées !

⬅ 🛏 &. 🌿 🅿 – Prix : €€

Le Bourg – ℰ 05 59 28 61 45 – www.hotel-etchemaite.fr – Fermé lundi et mardi

LASCABANES

✉ 46800 – Lot – Carte régionale n° **23**–A2

LE DOMAINE DE SAINT-GÉRY

CUISINE TRADITIONNELLE • **ROMANTIQUE** Autoproclamé "cuisinier-paysan", Patrick Duler ne plaisante pas avec l'origine de ses produits : une grande partie de ce qui est dans l'assiette – jambon de porc noir, truffe, foie gras – vient directement de ses propres champs ! Ses préparations, simples et soignées, révèlent l'âme d'un chef véritablement passionné. Une qualité qui a son prix.

🛏 🌿 ♿ 🅿 – Prix : €€€€

Le Domaine de Saint-Géry – ℰ 05 65 31 82 51 – www.saint-gery.com – Fermé les midis

LASTOURS

✉ 11600 – Aude – Carte régionale n° **27**–B2

🌸 LE PUITS DU TRÉSOR

Chef : Jean-Marc Boyer

CUISINE MODERNE • **ÉLÉGANT** Jean-Marc Boyer est un véritable artisan, et sa passion ne fait aucun doute : lors de balades en solitaire dans les collines environnantes, il déniche l'inspiration pour sa cuisine. Herbes aromatiques, asperges sauvages ou ail des ours viennent agrémenter des plats colorés aux saveurs nettes et bien maîtrisées, comme ce maquereau mariné au concombre ou encore cette lotte aux carottes et ravioles de ricotta. Le tout est proposé dans un menu unique où l'on va de surprise en surprise. Dans une veine japonisante, la décoration signée Régis Dho est à l'unisson de cette cuisine qui vise l'épure. Petite note à l'attention des plus pressés : c'est un restaurant où l'on prend le temps de vivre.

🐟 &. 🅰 – Prix : €€€

21 route des Quatre-Châteaux – ℰ 04 68 77 50 24 – www.lepuitsdutresor.com – Fermé lundi et mardi

LATTES

✉ 34970 – Hérault – Carte régionale n° **27**–D2

LE TEMPS D'AIME
CUISINE MODERNE • CONVIVIAL Située au bord de la marina de Port Ariane, cette adresse de famille gérée par un père et son fils est assurément un bon plan. Qu'on s'installe en terrasse ou dans la salle moderne, la petite ardoise évoluant chaque semaine autour des produits du marché est fort sympathique et ses prix tout à fait raisonnables. La cuisine est bien composée, harmonieuse dans ses alliances de saveurs marquées mais jamais compliquées : velouté de panais, brebis, olives noires et noisette ; pêche du jour, risotto de céleri et bacon ; pomme en sorbet, crème vanille, pécan et caramel. Le soir, un menu plus étoffé est aussi disponible.

⛲ – Prix : €€

2 rue des Consuls – 𝒞 *04 99 51 47 39 – www.restaurant-tempsdaime.com – Fermé lundi, samedi midi, et mercredi et dimanche soir*

LAUBACH

✉ 67580 – Bas-Rhin – Carte régionale n° **8**–B1

✿✿ ### LA MERISE
Chef : Cédric Deckert
CUISINE MODERNE • ÉLÉGANT Non loin d'Haguenau, cette maison alsacienne, étonnante construction récente réalisée à partir de matériaux anciens, épouse à merveille son cadre champêtre avec vue sur la campagne, entre collines et vergers. C'est le repaire de Christelle et Cédric Deckert. À partir de produits de belle qualité, le chef concocte des recettes d'un beau classicisme, jamais ennuyeuses, rehaussées par un art subtil des jus et des sauces. En salle, le remarquable sommelier Joël Brendel prodigue d'excellents conseils.

 – Prix : €€€€

7 rue d'Eschbach – 𝒞 *03 88 90 02 61 – www.lamerise.alsace – Fermé du lundi au mercredi*

LAURIS

✉ 84360 – Vaucluse – Carte régionale n° **28**–E1

LA CUISINE D'AMÉLIE
CUISINE MÉDITERRANÉENNE • BISTRO Le restaurant du Domaine de Fontenille propose une agréable cuisine méditerranéenne, au gré d'une carte renouvelée au fil des saisons, ainsi qu'un menu déjeuner attractif. Installé sur la superbe terrasse tournée vers le parc, ne manquez pas de goûter aussi les vins bio du domaine.

 – Prix : €€

Domaine de Fontenille, route de Roquefraiche – 𝒞 *04 13 98 00 00 – www.lesdomainesdefontenille.com/fr/domainedefontenille.html*

🛏 ### DOMAINE DE FONTENILLE   *Plus*
CONTEMPORAIN • CHARME Sur le versant sud du Luberon, dominant la plaine de la Durance, cette belle bastide provençale a su conserver son charme d'antan. L'art contemporain est ici partout. Les chambres lumineuses marient parfaitement couleurs régionales et modernité. Cet hôtel de charme se situe dans un domaine viticole bio de 35 ha (visite possible).

🅰🅲 🚲 🅿 🛁 🚴 ⛲ ♨ 🎾 ⛵ 🏊 ℗ - 18 chambres

Route de Roquefraiche – 𝒞 *04 13 98 00 00*

La Cuisine d'Amélie - Voir la sélection des restaurants

LAUZUN

✉ 47410 – Lot-et-Garonne – Carte régionale n° **22**–C2

CLÉMENT ARTISAN CULINAIRE

CUISINE MODERNE • COSY Dans un joli petit village du haut Lot-et-Garonne au riche patrimoine, cette bâtisse accueille Clément Papillaud, un chef passé par de belles maisons. Conséquence : la main sûre de l'artisan ne tremble pas, pour travailler notamment le suprême de poulette de la ferme des Batailles laqué à l'ail des ours, asperges blanches de Fargues et lait de parmesan. Le chef semble manifester un goût certain pour les notes torréfiées comme celles du café, en plat comme en dessert. On s'attable avec plaisir dans une salle bucolique avec cuisine ouverte, plafond à la française, pierres et poutres apparentes.

& 🆎 🖼 – Prix : €€€

6 rue Eugène-Mazélie – ☎ 06 20 81 57 78 – Fermé lundi et mardi, et dimanche soir

LAVAL

✉ 53000 – Mayenne – Carte régionale n° **9**–C2

L'ANTIQUAIRE

CUISINE MODERNE • ÉLÉGANT Amis chineurs, ici, vous ne trouverez ni livres anciens, ni toiles du XIXe siècle, ni objets des années 1930... mais vous n'y perdrez pas au change ! Situé en retrait du centre-ville, cet Antiquaire-là est tout à fait plaisant et accueillant avec sa façade entièrement végétalisée. Dans l'assiette, on apprécie la cuisine généreuse et teintée de créativité du chef Jérôme Lebreton qui séduit le palais par des saveurs marquées, notamment avec son méli-mélo de ris de veau et kumquats. À noter, un menu entièrement végétarien.

& 🖼 🖓 – Prix : €€

64 rue de Vaufleury – ☎ 02 43 53 66 76 – www.restaurant-lantiquaire.fr – Fermé lundi et dimanche

L'EFFET PAPILLES

CUISINE MODERNE • CONTEMPORAIN Au cœur de la ville, à deux pas du châ-teau, le chef Adrien Barrier, un natif du Mans qui connaît sa Mayenne sur le bout de la fourchette, a ouvert ce petit bistrot moderne et convivial à l'esprit atelier où bois et métal dominent. Passé entre autres chez Yannick Alléno et Philippe Mille, cet artisan de talent régale avec une cuisine savoureuse et bien sentie, qui va droit au but, à l'instar de l'asperge blanche et haddock, houmous et crumble noisette ou de la poitrine de porc confite, compression d'aubergines et jus de cochon.

& – Prix : €€

16 rue des Déportés – ☎ 02 43 65 68 03 – www.effetpapilles.fr – Fermé lundi et dimanche

RACINES 🅝

CUISINE MODERNE • CONVIVIAL Le chef Clément Guyon est revenu dans sa ville natale après avoir fait, comme Ulysse, un beau voyage culinaire en France et à l'étranger (notamment aux Flocons de Sel à Megève et à l'Atelier Crenn à San Francisco). Devanture et terrasse en bois annoncent une salle à la décoration sobre. L'offre varie selon le moment de la journée : le midi, on sert une cuisine bistrotière simple ; le soir, place à une cuisine bistronomique plus élaborée, mettant en valeur des produits locaux et de saison dans une ambiance vivante et conviviale.

& 🖼 – Prix : €€

99 rue du Pont-de-Mayenne – ☎ 09 81 21 32 44 – Fermé samedi et dimanche, et lundi et mardi soir

LAVALETTE

✉ 31590 – Haute-Garonne – Carte régionale n° **26**–C2

❀ **AUBERGE DE LA FORGE**

Chef : Théo Fernandez

CUISINE MODERNE • COSY Cette maison typique aux murs de briques rouges accorde sa cheminée et ses tomettes avec un mobilier contemporain élégant. Deux aubergistes de talent, le jeune chef et sa compagne pâtissière et passionnée de vin, se sont forgés une belle carrière (Christophe Bacquié au Castellet, Le Gabriel, Le Ritz) avant d'ouvrir un lieu bien à eux. Cette cuisine d'auteur, fraîche et spontanée, pleine de goût et d'idées, qui joue avec des nuances subtiles d'amertume et d'acidité, rend... heureux ! En témoigne ce magnifique pigeonneau rôti à la verveine, escorté de ses cuisses confites et abats au jus corsé, garni d'un cœur d'artichaut fondant et de cerises poêlées au vinaigre de fleur de cerise. Excellent pain maison à base de farines anciennes.

&AC 🍽 – Prix : €€€

8 rue Jean-Parisot – ☎ *05 61 84 76 00 – www.laubergedelaforge.com – Fermé du lundi au mercredi, jeudi et vendredi à midi, et dimanche soir*

LE LAVANDOU

✉ 83980 – Var – Carte régionale n° **29**–B3

❀ **L'ARBRE AU SOLEIL**

Chef : Yorann Vandriessche

CUISINE MODERNE • CONTEMPORAIN On l'a connu au carrefour de l'Arbre, devant les pavés de Paris-Roubaix, où il connut le succès pendant cinq ans ; voici désormais Yorann Vandriessche installé au soleil, face aux bateaux de plaisance du port. Il met en valeur des produits de belle qualité, dans une cuisine d'abord dédiée aux poissons et aux crustacés : on se souvient par exemple du lieu jaune de ligne de Bretagne, artichauts barigoule et purée d'artichaut... Fraîcheur, relief, maîtrise : allez-y les yeux fermés.

AC 🍽 – Prix : €€€

Nouveau Port – ☎ *04 94 24 06 04 – www.larbreausoleil.com – Fermé dimanche et du lundi au jeudi à midi*

LE MAZET

CUISINE MÉDITERRANÉENNE • CLASSIQUE Mazette que ce mazet m'agrée ! Pardi : c'est Patrice Hardy, l'ancien étoilé de Neuilly, qui a repris du service avec sa mie, la jolie Corinne. En retrait de la belle plage Saint-Clair, il s'adonne à son hobby favori : le beau produit (et notamment cette truffe qu'il chérit). Et dans l'assiette, une jolie mélodie : velouté glacé de haricots de Paimpol, tomates, mini-croûtons et huile parfumée ; cochon fermier croustillant, lissé de purée et pommes fruits ; tarte à l'ananas rôti, sorbet...

🍽 – Prix : €€€

1 chemin de la Cascade – ☎ *04 94 92 88 61 – www.lemazet.net – Fermé lundi et du mardi au dimanche à midi*

LES TAMARIS - CHEZ RAYMOND

POISSONS ET FRUITS DE MER • RUSTIQUE Bourride, chapon farci, langouste de Méditerranée grillée... et surtout la fameuse bouillabaisse cuite au feu de bois, une rareté : sous la houlette de Raymond, son truculent patron, cette véritable institution locale, située sur la plage Saint-Clair, met à l'honneur les poissons de la pêche du jour. Et l'on ne résiste pas à la terrasse face à la mer qu'il faut demander impérativement lors de la réservation (obligatoire).

AC 🍽 – Prix : €€€

Boulevard de la Baleine – ☎ *04 94 71 07 22 – Fermé mardi*

LAVAUR

✉ 81500 – Tarn – Carte régionale n° **27**–A1

L'ŒUF DE COQ

CUISINE MODERNE • CONTEMPORAIN Ancien étudiant des beaux-arts, le chef Mathieu Lacaze soigne la présentation de ses assiettes. Sa sensibilité artistique s'exprime au travers d'une cuisine du marché résolument moderne et attentive aux saisons, élaborée à partir de produits locaux de qualité sélectionnés auprès de maraîchers bio et de petits éleveurs. On en profite dans un cadre contemporain avec murs en pierres et tuiles apparentes, ou, aux beaux jours, sur la petite terrasse patio. Menu surprise le soir, et très belle sélection de vins indépendants, essentiellement bio et nature.

🐾 ⅋🏠 – Prix : €€€

1 place Pasteur – ☏ 05 63 34 66 58 – www.loeufdecoq.com – Fermé lundi et mardi, et dimanche soir

---

LECCI – Corse-du-Sud (2A) ➜ Voir Corse

LECTOURE

✉ 32700 – Gers – Carte régionale n° **26**–B1

RACINE

CUISINE MODERNE • CONTEMPORAIN Elle est canadienne, il est belge, et ils ont pris racine dans le village de Lectoure, dans une ruelle pentue jouxtant la cathédrale. Ils régalent avec une cuisine au goût du jour, saine et sans prétention, qui met en avant les bons produits du terroir local, mais aussi les herbes aromatiques, les condiments fermentés et les agrumes... le tout arrosé d'une belle sélection de vins nature. À déguster dans une salle façon loft, où, sous une belle hauteur sous plafond, poutres et vieilles pierres se marient avec un joli mobilier contemporain. Ajoutez à cela des prix raisonnables... et voilà une table victime de son succès : pensez à réserver !

⅋ 🆎 ⅋ – Prix : €€

6 rue Fontélie – ☏ 05 62 28 07 41 – www.racinerestaurant.fr – Fermé lundi, samedi et dimanche

---

LÈGE-CAP-FERRET – Gironde (33) ➜ Voir Bassin d'Arcachon

LEMBACH

✉ 67510 – Bas-Rhin – Carte régionale n° **8**–B1

AUBERGE DU CHEVAL BLANC

Chef : Pascal Bastian

CUISINE MODERNE • ÉLÉGANT Carole et Pascal Bastian vous accueillent dans cet imposant relais de poste du 18e s., alliance du charme alsacien et du raffinement contemporain. Entre classicisme et inventivité, les recettes du chef, qui débuta ici même sous l'égide de Fernand Mischler, mettent les beaux produits à l'honneur. Parmi ses spécialités : les grosses morilles farcies et glacées au jus de viande, le chevreuil de chasse locale ou le paris-lembach. Et pour les amoureux de la région, sachez que de confortables chambres vous attendent.

🐾 ⇦ ⅋ ⅋ 🆎 ⅋ 🅿 – Prix : €€€€

4 rue de Wissembourg – ☏ 03 88 94 41 86 – www.cheval-blanc-lembach.fr/fr – Fermé lundi, mardi et mercredi midi

625

LEMBACH

 L'AUBERGE DU CHEVAL BLANC ET SPA

CONTEMPORAIN • ÉLÉGANT Ce relais de 1822 est aussi, depuis 1907, un incontournable de la scène culinaire alsacienne... Aujourd'hui dirigée par Carole et Pascal Bastian, l'Auberge du Cheval Blanc propose une hôtellerie étonnamment contemporaine, dont les 21 chambres et suites luxueuses sont assorties, depuis 2015, d'un spa bien équipé et joliment aménagé.

AC P 🛏 ♨ 🐾 🏊 ⅋ - 21 chambres

4 rue de Wissembourg – 📞 *03 88 94 41 86*

✿ **Auberge du Cheval Blanc** - Voir la sélection des restaurants

LEMPAUT

✉ 81700 – Tarn – Carte régionale n° **27**-B2

L'INTANGIBLE

CUISINE MODERNE • CLASSIQUE Ce château familial de 1850 a été réhabilité avec goût en 2022 par un jeune couple issu de l'univers d'Alain Ducasse et habitué des belles tables (Palais de l'Elysée et Plaza Athénée pour elle, Meurice pour lui). Le menu unique sublime le végétal et s'inspire du terroir local et du potager, tout en se métissant de touches voyageuses. Asperges blanches grillées et en royale accompagnées d'un sabayon à l'ail, raviole de shiitakés et pleurotes avec œuf confit, suprême de pigeon et cuisse enrobée de feuilles de blette. Au dessert, la cheffe pâtissière élabore des desserts fruités, légers à l'instar de cette pavlova fraise et piment d'Espelette. Belles chambres d'hôtes châtelaines pour un séjour bucolique.

🏡 ⇔ – Prix : €€€

Château de la Bousquétarié – 📞 *06 85 80 69 73 – www.lintangible.com – Fermé du lundi au mercredi, jeudi midi et dimanche soir*

LEMPDES

✉ 63370 – Puy-de-Dôme – Carte régionale n° **20**-B1

B2K6

CUISINE MODERNE • CONVIVIAL Dans ce sympathique bistrot de village, on déguste une savoureuse cuisine rythmée par les saisons et les produits locaux (œufs et poularde des fermes voisines, agneau, pleurotes...). Belle carte des vins orientée bio et nature.

❀ AC – Prix : €€

6 rue du Caire – 📞 *04 73 61 74 71 – www.b2k6.com – Fermé lundi et dimanche, et mardi et mercredi soir*

LESCAR

✉ 64230 – Pyrénées-Atlantiques – Carte régionale n° **25**-C2

ARRADITZ

CUISINE MODERNE • CONTEMPORAIN Cette maison du 19e s. proche de Pau est le fief d'un duo formé dans de belles maisons étoilées : le chef Olivier Nicolau, originaire de Lescar, et sa compagne Karine, en charge du service. La cuisine, fine et bien exécutée, met en valeur les produits de la région : pigeonneau de Projan, champignons de Lucq-de-Béarn, citron de Bahus-Soubiran, piment béarnais de Poey-de-Lescar... Les associations terre et mer sont intelligentes, et les assiettes généreuses !

❀ & AC ⇔ P – Prix : €€

2 rue Cachau – 📞 *05 59 32 31 40 – www.arraditz.com – Fermé lundi et mardi, et dimanche soir*

LEUCATE

✉ 11370 – Aude – Carte régionale n° **27**–C3

LE GRAND CAP

Chef : Erwan Houssin

CUISINE MODERNE • **CONTEMPORAIN** Erwan Houssin et Pamela, son épouse pâtissière, ont décidé de jeter l'ancre sur le plateau de Leucate : la vue embrasse l'ensemble du littoral de Sète jusqu'au massif des Albères. Breton d'origine mais élevé dans les montagnes de l'Hérault, Erwan Houssin navigue entre viande et poisson, entre Languedoc et Roussillon, et regarde même jusqu'en Galice. Il récolte aussi lui-même sur la falaise le fenouil, le thym, le romarin et la sarriette sauvage dont il tire de remarquables infusions, jus et sauces. Quelques plats ? Le bœuf "fleuron des Pyrénées" bien persillé est rehaussé d'un jus à l'anchois de Collioure ; l'oursin de Galice est servi avec un crémeux de chou-fleur, un jaune d'œuf de poule confit et une mouillette croustillante aux œufs de brochets fumés.

≼ & 🄌 🄿 – Prix : €€€

Chemin du Phare – ✆ 09 67 78 13 73 – www.restaurant-grand-cap.fr –
Fermé mardi et mercredi, et lundi, jeudi et dimanche soir

APHYLLANTHE N

CUISINE MODERNE • **CONVIVIAL** À côté du phare du Cap Leucate, face au parc naturel marin du Golfe du Lion, c'est au printemps que s'épanouit la discrète aphyllanthe de Montpellier, fleur endémique éponyme du bistrot moderne situé sous le restaurant Le Grand Cap. Pamela et Erwan Roussin y supervisent les opérations et concoctent un menu essentiellement locavore tout en fraîcheur : daurade royale de Leucate en carpaccio avec ses blinis maison, crevettes sauvages à la plancha et émulsion d'une bisque. Les desserts revisitent avec gourmandise la pêche melba, le baba au rhum ou le finger au chocolat.

& 🄌 🄿 – Prix : €€

Chemin du Phare – ✆ 04 68 41 73 80 – www.restaurant-grand-cap.fr –
Fermé mardi et mercredi, et lundi et dimanche soir

LEUGNY

✉ 89130 – Yonne

LA BORDE

Plus

TRADITIONNEL • **RAFFINÉ** Le plus petit hôtel de grand luxe, ou l'un des plus extravagants bed and breakfast ? Résidence privée depuis cinq siècles, agrandie et remise au goût du jour, La Borde offre toujours les mêmes plaisirs intemporels de la campagne française. Certaines suites profitent d'une cheminée, toutes d'un jacuzzi et de poutres. Le délicieux petit-déjeuner est élaboré à partir de produits locaux, et vous pourrez faire la demande d'un dîner raffiné, grâce au grand potager. Ravissante piscine extérieure chauffée, terrains de tennis, de basket et de pétanque, mini-spa avec bain turc, sauna et table de massage.

& 🄌 🄿 🕭 🕭 🚗 🚲 🎿 ⊛ 🜋 ♨ 🛎 – 6 chambres

La Borde – ✆ 03 86 47 69 01

LEVERNOIS

21200 – Côte-d'Or – Carte régionale n° **12**-D1

❀ TABLE DE LEVERNOIS

CUISINE MODERNE • **ÉLÉGANT** La tradition de l'hospitalité se perpétue dans cette maison élégante, située au cœur d'un grand parc traversé par une rivière. Le chef Philippe Augé y cisèle une cuisine de saison bien exécutée, réalisée sur de belles bases classiques – risotto Acquerello au vert, cuisses de grenouilles et escargots de Bourgogne ; soufflé au Grand Marnier et son sorbet à l'orange sanguine. Gardez une petite place en fin de repas pour le plateau de fromages qui compte plus d'une quarantaine de variétés ! Boutique et cave de dégustation.

– Prix : €€€€

15 rue du Golf – ℰ *03 80 24 73 58 – www.levernois.com/fr – Fermé du lundi au samedi à midi*

LE BISTROT DU BORD DE L'EAU

CUISINE TRADITIONNELLE • **CONVIVIAL** Une belle âme rustique – des pierres, des poutres, une cheminée – pour une cuisine traditionnelle et des plats du terroir. Œufs façon meurette, poitrine de cochon, blanquette de veau, à déguster au coin du feu ou sur la terrasse, au bord de la rivière... Gourmand et appétissant !

– Prix : €€

Hostellerie de Levernois, 15 rue du Golf – ℰ *03 80 24 89 58 – www.levernois.com/fr/le-bistrot.html*

🛏 HOSTELLERIE DE LEVERNOIS

CONTEMPORAIN • **CHAMPÊTRE** Le chant de la rivière qui traverse le parc, une élégante gentilhommière du 19e s. et ses dépendances, un bistrot au bord de l'eau et un très bon "gastro"... Quant aux chambres, elles mêlent avec beaucoup de finesse le contemporain et l'ancien. Tenue parfaite, fonctionnement excellent, avec du style et du caractère !

- 34 chambres

Rue du Golf – ℰ *03 80 24 73 58*

❀ Table de Levernois • Le Bistrot du Bord de l'Eau - Voir la sélection des restaurants

LEVIE – Corse-du-Sud (2A) ➜ Voir Corse

LÉZIGNAN

65100 – Hautes-Pyrénées – Carte régionale n° **25**-C3

LES PERSÉIDES

CUISINE MODERNE • **MAISON DE CAMPAGNE** Dans le village de Lézignan, aux environs de Lourdes, cette ancienne grange restaurée avec goût – décor boisé, tresses d'ail et grappes de piments, casseroles suspendues, étagères à vin – fait désormais office de cuisine ouverte pour le chef Christophe Dufau. Il a décidé de cuisiner en toute liberté et de prendre son temps à cette table d'hôtes singulière. Inédit chaque semaine, le menu unique en plusieurs temps s'enracine dans les produits locaux et ceux du grand potager qui entoure la grange. Tourte au faisan, palombe, pistache, foie gras et mirabelle fermentée ou bœuf d'Arcizac et datte : cette cuisine à la fois rustique et personnelle joue la carte du goût et de la générosité, au gré de jus joliment affinés. Les Perséides ? Des météores de saveurs !

– Prix : €€

4 rue de la Fontaine – ℰ *06 10 34 31 44 – www.perseides-maison-hotes.fr – Fermé du lundi au mercredi*

LIGRÉ

✉ 37500 – Indre-et-Loire – Carte régionale n° **15**–B2

LES JARDINIERS

Chef : Martin Bolaers

CUISINE CRÉATIVE • MAISON DE CAMPAGNE Le long de l'ancienne voie de chemin de fer transformée en voie verte, ce charmant bistrot est une ancienne maison vigneronne réhabilitée, avec pierres et poutres apparentes, cuisine ouverte et comptoir en étain à l'entrée. Un grand jardin potager alimente l'établissement en fruits et légumes, sans oublier une truffière. Ancien adjoint de Thibaut Ruggeri à Fontevraud le Restaurant, le chef belge Martin Bolaers met à profit le potager pour signer une cuisine saine et créative où le végétal domine à l'image de cette entrée baptisée « L'Instant T », création improvisée à partir des légumes cueillis le matin même. Les produits locaux – comme cette volaille ou le fromage – apparaissent également au générique.

🚗 ⅏ 🄰🄲 ☂ 🅿 – Prix : €€

1 La Gare – 𝒞 02 47 93 99 93 – www.restaurantlesjardiniers.fr – Fermé lundi et mardi, et dimanche soir

🍀 **L'engagement du chef :** Aux Jardiniers, l'objectif est de proposer une alimentation saine et respectueuse de l'environnement, produite selon des méthodes qui favorisent la biodiversité, préservent les sols, réduisent la consommation d'énergie et d'eau, et qui génèrent moins de pollution. Au cœur se trouve le potager, paillé et irrigué au goutte-à-goutte, traité avec des préparations à base de plantes et entouré de haies que l'on replante pour abriter la faune.

LILLE

✉ 59000 – Nord –
Carte régionale n° **4**-C2

Chaleur des cœurs et papilles à la fête

Qu'il s'agisse du patrimoine ou de l'offre artistique et gastronomique, Lille n'a rien à envier aux grandes villes européennes. Tous les ingrédients sont réunis pour faire de la capitale des Flandres une destination incontournable. Cafés, boutiques et restaurants vous tendent les bras. Le sens de la fête et l'hospitalité des Lillois ne sont plus à prouver. Le terroir, les produits et la cuisine du Nord sont d'une grande diversité, trop méconnue. Préparations légumières à base de chou rouge, d'endive (le fameux chicon) ou de pomme de terre ; fromages puissants comme le maroilles ou la boulette d'Avesnes ; plats typiques comme la carbonade (un ragoût de bœuf à la bière) ou le potjevleesch, déclinaison infinie du hareng sur tous les modes. Enfin, il y a les bières qu'on ira choisir dans l'un des nombreux estaminets du Vieux Lille.

GINKO

Cheffe : Valentina Giacobbe

CUISINE MODERNE • DESIGN Non loin de la Grand'Place, ce petit restaurant discret est l'œuvre d'un duo complice au brillant parcours : la cheffe Valentina Giacobbe, italienne ayant grandi en Asie, diplômée de sciences politiques puis reconvertie à la cuisine, s'est formée au Gaya de Pierre Gagnaire, avant de travailler chez Rozó et de prendre les fourneaux de SOlange ; Julien Ingaud-Jaubert, pâtissier de formation, a enchaîné les belles maisons (Pierre Gagnaire, Meurin, La Laiterie...). Le lieu a tout le charme d'un bistrot contemporain raffiné, avec même un mur de briques rouges... lilloises. La cuisine créative et délicate de la cheffe montre autant de personnalité que de justesse. Son menu saisonnier associe des préparations dominées par le végétal (comme ces petits pois liés aux orties et la sauce hollandaise à l'ail des ours qui accompagne le cabillaud), des assiettes marquées par l'Italie et d'autres par l'Asie. Le menu est également disponible en version totalement végétarienne.

A/C – **Prix : €€€**

Plan : C2-10 – *70 rue de l'Hôpital-Militaire* – ✆ *03 20 77 64 03* – *www.ginkorestaurant.fr* – *Fermé lundi, dimanche, et mardi et mercredi à midi*

PURETÉ

Chef : Gérald Guille

CUISINE MODERNE • CONTEMPORAIN Au cœur du vieux Lille, le chef Gérald Guille travaille dans un bel espace tout en longueur, avec cuisine ouverte, où les matériaux "purs" (terre cuite, béton, bois, cuir...) donnent le ton : sérénité et concentration. Un décor à l'image de ce cuisinier qui signe, comme il le dit, une « cuisine

LILLE

créative et décomplexée », personnelle et goûteuse. Il alterne audace et classicisme au fil de menus dégustation subtilement équilibrés : céleri, tourteau, lavande ; cochon, asperge, bergamote, aster maritime ; turbot, morille, petit pois, savagnin ; homard bleu, fenouil, ratte, safran...

🅰🅒 – Prix : €€€

Plan : C2-8 – *79 rue de la Monnaie – ✆ 03 59 51 87 91 – www.restaurant-purete. com – Fermé lundi, dimanche et mardi midi*

✣ LE RESTAURANT DU CERISIER

CUISINE CRÉATIVE • CONTEMPORAIN Au premier étage d'un bâtiment ultracontemporain au cœur de Lille, l'ancien chef du Meurin, Mathieu Boutroy, s'active au sein d'une cuisine ouverte superbe. Son menu unique fait la part belle aux arrivages triés sur le volet. Qu'on en juge : langoustine, choux, sarrasin, cresson ; morille, vin jaune, estragon, comté ; canard du Quercy, oignon rouge, betterave. Le chef délivre des plats parfaitement exécutés, et notamment des sauces et des jus finement travaillés. De la couleur, de la vie et du parfum : les fruits appétissants de ce cerisier méritent une cueillette...

❀ ♿ 🅰🅒 ⛶ – Prix : €€€€

Plan : C1-7 – *14 avenue du Peuple-Belge – ✆ 03 74 49 49 49 – www.lecerisier. com – Fermé lundi et mardi, et dimanche soir*

✣ LA TABLE - HÔTEL CLARANCE

CUISINE MODERNE • DESIGN Au cœur du vieux Lille, cet ancien hôtel particulier du 18e s. abrite une table qui mérite notre attention. Les menus font la part belle aux produits du terroir local sourcés avec le plus grand sérieux, tels que les poissons de petit bateau, mais aussi au jardin d'herbes aromatiques de l'hôtel. Le convive s'installe au choix dans l'une des salles revêtues de boiseries d'époque, ou bien dans l'ancienne bibliothèque (qui abrite une table intimiste au pied d'un bel escalier en colimaçon) - l'ensemble du décor mêle habilement le patrimoine à des touches de déco contemporaine. À la belle saison, on choisira la terrasse face au parc arboré. Dans tous les cas, on pratique ici un service pro et proche du client.

⇦ 🍽 ⛲ ⛶ – Prix : €€€

Plan : B2-1 – *32 rue de la Barre – ✆ 03 59 36 35 59 – www.clarancehotel.com – Fermé lundi et dimanche*

BLOEMPOT

CUISINE MODERNE • CONVIVIAL Florent Ladeyn, grand défenseur de son terroir régional, anime cette "cantine flamande" revendiquée. Décor atypique (un ancien atelier de menuiserie), bons produits nature et recettes originales : rafraîchissant ! Attention, il n'y a pas de téléphone ici, les réservations se font par le site internet ou sur place.

♿ 🅰🅒 – Prix : €€

Plan : B2-13 – *22 rue des Bouchers – www.bloempot.fr – Fermé lundi et dimanche*

LE BRAQUE

CUISINE MODERNE • TENDANCE Adoubé par Florent Ladeyn et la téléréalité, le chef Damien Laforce a ouvert avec Marcel - son braque - cette adresse tout en briques et bois clair avec cuisine ouverte. Il régale avec une cuisine du terroir goûteuse, ponctuée de quelques touches d'audace. Petite carte de vins bio, service tout sourire. L'avant-comptoir propose une vingtaine de couverts pour les clients sans réservation.

♿ 🅰🅒 – Prix : €€

Plan : C2-17 – *45 rue de la Monnaie – ✆ 03 20 04 25 38 – www.le-braque.fr – Fermé lundi et dimanche*

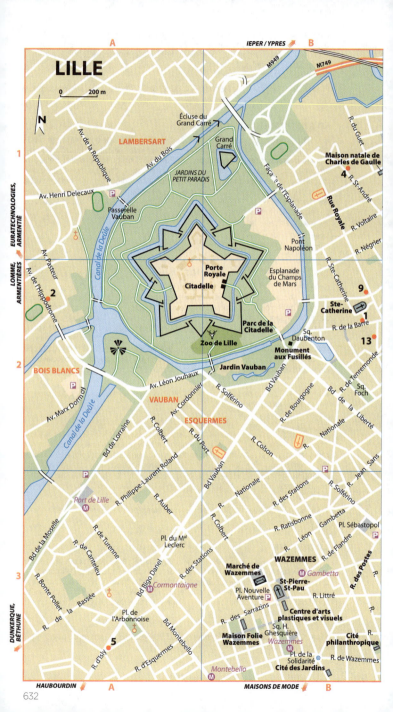

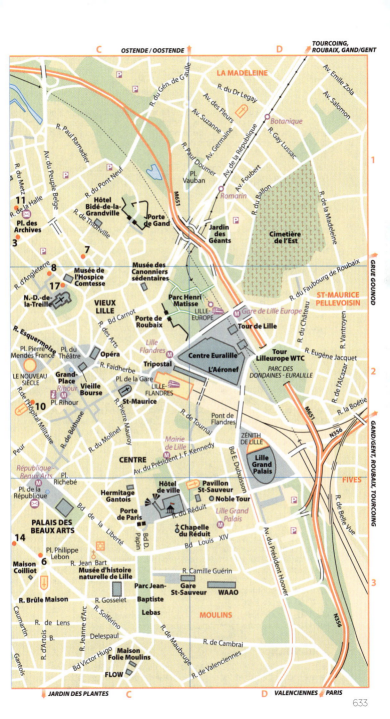

LILLE

COUP DE MAIN Ⓝ

CUISINE CRÉATIVE • CONTEMPORAIN Victor Berthe (passé notamment chez Rozó) et Clément Delécluse (meilleur jeune sommelier de France 2021) ont élu domicile au cœur du quartier Saint-André. Les deux complices accueillent les gourmets avec bonne humeur dans ce restaurant de poche-caviste, mêlant cuisine ouverte et mobilier vintage. La petite carte donne le ton : entrées à partager, choix de poisson, viande ou plat végétarien et deux desserts seulement. Au dîner, un menu dégustation en plus enchaîne avec brio les assiettes de saison, au fil d'une cuisine espiègle et variée autour des produits des petits producteurs, que le duo connaît presque intimement. Carte des vins orientée "nature".

🕸 – Prix : €€€

Plan : B1-4 – 112 rue Saint-André – ℰ 03 20 47 51 43 – www.coupdemain-lille.fr – Fermé lundi, mardi et dimanche

LA LAITERIE

CUISINE MODERNE • ÉLÉGANT Petit-fils de producteurs laitiers et fils de restaurateurs, le chef Édouard Chouteau, formé notamment aux côtés de Pierre Gagnaire, Alain Passard et Christophe Pelé, a jeté son dévolu sur cette longère historique, une ancienne laiterie (cela ne s'invente pas), voisine du parc de la Citadelle et proche des bords de la Deûle. Élégantes salles contemporaines, entourées d'un grand jardin avec terrasse. Un bel instrument donc pour la partition créative du chef qui puise nombre de ses ingrédients dans le terroir nordiste, et qui se plaît également à associer produits de la terre et de la mer.

🕸 ♿ 🌣 ⛊ 🅿 – Prix : €€€€

Plan : A2-2 – 138 avenue de l'Hippodrome, à Lambersart – ℰ 03 20 92 79 73 – www.lalaiterie.fr/fr – Fermé lundi et mardi, et dimanche soir

PULPE Ⓝ

CUISINE MODERNE • BISTRO Le repaire bistrotier de Clémence Taillandier et Philippe Platel affiche un look contemporain aux accents rétro très séduisants (banquettes en velours, chaises design d'écoliers, appliques en laiton, carrelage mosaïque...). Dans une atmosphère décontractée, la cheffe, passée par Troisgros, l'Astrance et Rozó, cisèle avec beaucoup de talent une cuisine précise et efficace qui va droit au but : poulpe en carpaccio et vierge à l'olive de Kalamata (un vrai voyage en Crète) ; lieu jaune de ligne confit, asperges vertes, beurre blanc fumé au foin ; tarte aux fraises et glace verveine citronnelle. Goût(s), cuissons, assaisonnements : tout y est ! On en redemande, à l'image, également, de la jolie carte des vins intelligemment ficelée.

🕸 ♿ – Prix : €€

Plan : C1-3 – 7 rue Saint-André – ℰ 03 20 86 20 45 – www.restaurant-pulpe.fr – Fermé mardi et mercredi, et lundi soir

LE 49R

CUISINE MODERNE • CONTEMPORAIN Derrière un nom strictement administratif se cache un charmant ancien hôtel particulier dont le décor d'origine est agrémenté de touches modernes bienvenues. On apprécie aussi particulièrement la délicieuse terrasse sur cour située à l'arrière de cette maison. Les assiettes illustrent une jolie partition créative et rigoureuse dans son exécution : ceviche de bar, noisettes et algues ; magret de canard, girolles, sauce au curry rouge... Très belle carte des vins et de spiritueux.

🕸 🌣 ⛊ – Prix : €€€

Plan : B2-9 – 49 rue Royale – ℰ 03 74 09 07 09 – www.49r-lille.com – Fermé lundi, dimanche, samedi midi et mercredi soir

ROUGE BARRE

CUISINE MODERNE • CONVIVIAL Au cœur du vieux Lille, Steven Ramon, passé par la Laiterie et Top Chef, fait désormais partie des personnalités gastronomiques de la ville. Dans un intérieur intimiste à la fois moderne et vintage (avec quelques

LILLE

fameux pans de murs en "rouge barre", ce mélange de pierre blanche, de brique rouge et de chaux typique du Nord), ce ch'ti pur et dur fait salle comble, notamment auprès de la jeunesse - il faut dire que la décontraction règne ! En chef inspiré, il esquisse des assiettes pétillantes, qui magnifient de beaux produits. Terrasse à l'étage.

& 🏠 – Prix : €€

Plan : C1-11 – *50 rue de la Halle* – *𝒞 03 20 67 08 84* – *www.rougebarre.fr* – *Fermé lundi et dimanche*

SÉBASTOPOL

CUISINE MODERNE • CONVIVIAL Dans ce petit restaurant convivial bien connu des Lillois, le chef propose une carte courte, renouvelée régulièrement et parsemée d'associations personnelles, avec une prédilection pour le terre-mer (noix de Saint-Jacques de Boulogne, artichaut poivrade façon barigoule, purée d'artichaut Camus, ventrèche de cochon Noir de Bigorre). Belle sélection de vins et service aux petits soins !

AC – Prix : €€

Plan : C3-14 – *1 place Sébastopol* – *𝒞 03 20 13 13 38* – *www. restaurantsebastopol.com* – *Fermé dimanche*

SOLANGE

CUISINE MODERNE • BISTRO Un peu à l'écart du centre-ville, une cuisine qui se veut généreuse et créative autour de produits locaux (issus pour la plupart de petits producteurs), avec un changement de menu toutes les semaines. Accords audacieux, plats recherchés et goûteux, à l'instar de la seiche, poivron et boudin noir ou encore de la pluma ibérique, pois chiche et chorizo...

& AC – Prix : €€

Plan : A3-5 – *59 rue d'Isly* – *𝒞 09 86 37 22 50* – *www.solange-restaurant.fr* – *Fermé lundi et dimanche*

SUZANNE

CUISINE MODERNE • CONTEMPORAIN Suzanne a été chantée par Leonard Cohen dans un tube interplanétaire... Dans cette adresse proche du palais des Beaux-Arts, on rend hommage aux talents de cuisinière de la grand-mère d'Elisa Rodriguez, la pâtissière et compagne du chef. Si ce dernier aime beaucoup travailler le végétal et les herbes aromatiques avec une constance certaine, il sait aussi percuter ses préparations bistronomiques et créatives avec de bonnes sauces (comme la grand-mère d'Elisa !), classique comme ce beurre blanc ou plus exotique comme cette sauce soja, anguille fumée et verjus qui accompagne son pain au lait grillé, glace aux cèpes, champignon.

AC 🏠 – Prix : €€

Plan : C3-6 – *4 place Philippe-Lebon* – *𝒞 03 20 00 81 21* – *www.suzannelille.fr* – *Fermé lundi, dimanche et mercredi midi*

🛏 L'ARBRE VOYAGEUR

MODERNE • CHALEUREUX Ce bâtiment des années 1960 (qui abritait autrefois le consulat de Pologne) est devenu un hôtel à la gloire du voyage. Ambiance chaleureuse, chambres charmantes et bien insonorisées...

& AC P 🛏 🕯 ⑩ - 48 chambres

45 boulevard Carnot – *𝒞 03 20 20 62 62*

LILLE

🛏 **BARRIÈRE LILLE**

MODERNE · RAFFINÉ Dans ce grand bâtiment de verre, on peut aller au théâtre, au casino et... regagner en un clin d'œil son hôtel – l'un des derniers-nés du groupe Barrière. Espace, lumière, luxe sans ostentation, brasserie contemporaine : de très séduisantes prestations.

& 🅰 🐾 🔈 - 142 chambres

777 bis Pont de Flandres – ☎ 03 28 14 45 00

🛏 **CLARANCE**

CLASSIQUE · CHARME Installé dans un hôtel particulier du 18e s., cet établissement est pour le moins atypique ! L'Albatros, le Cygne, le Balcon ou le Flacon : les chambres, claires et lumineuses, ont pour thème des poèmes de Baudelaire ; la décoration a été en partie réalisée par des artistes et artisans locaux.

🐾 🅿 🗨 🚪 ⅋ - 19 chambres

32 rue de la Barre – ☎ 03 59 36 35 59

✿ **La Table - Hôtel Clarance** - Voir la sélection des restaurants

🛏 **L'HERMITAGE GANTOIS**

CONTEMPORAIN · ÉLÉGANT Fondé vers 1460, cet ancien hospice est aujourd'hui un bel hôtel. Architecture pluri-centenaire, nouveau classicisme contemporain, cours et patios intérieurs... de quoi se convertir en ermite ! Le tout ne manque pas d'élégance, avec un estaminet qui cultive joliment l'esprit du Nord.

& 🅰 🐾 🅿 ⅋ 🚪 🚲 🝙 🞑 🞓 🜨 ⅋ - 72 chambres

224 rue Pierre Mauroy – ☎ 03 20 85 30 30

🛏 **MAMA SHELTER LILLE**

AVANT-GARDE · CHALEUREUX Au départ, une brasserie lilloise, que Mama Shelter a bousculée d'une explosion arty : une avalanche de motifs pour une stimulation visuelle permanente. Dans les chambres, le poudré se mêle au béton, les motifs ethniques à un mobilier hétéroclite, le tout baigné de lumière, pour un résultat unique et vibrant signé Jalil Amor. Pour couronner le tout, un rooftop.

& 🅰 🅿 🗨 ⅋ ⅋ - 112 chambres

97 place Saint-Hubert – ☎ 03 59 82 72 72

LIMOGES

✉ 87000 – Haute-Vienne – Carte régionale n° **19**–B2

AMPHITRYON

CUISINE MODERNE · COSY Cette jolie maison à pans de bois, au cœur du pittoresque "village" des Bouchers, est le fief du chef Olivier Polla. Il propose à ses clients une cuisine moderne tournée vers le produit, mijotée au gré de ses inspirations. Un plaisir pour les papilles.

🍽 �̆ – Prix : €€€

Plan : A2-1 – *26 rue de la Boucherie – ☎ 05 55 33 36 39 – www.amphitryon-limoges.fr – Fermé lundi et dimanche*

L'APARTÉ

CUISINE MODERNE · CHIC Déjà présent en cuisine en tant que second du précédent chef, Arthur Buisson a naturellement opté pour une transition tout en douceur par petites touches. Alors que le décor de la salle reste inchangé, l'assiette arbore désormais une allure plus moderne grâce à l'utilisation abondante d'herbes aromatiques et de condiments variés. Les nombreux voyages du chef se reflètent d'ailleurs logiquement dans sa cuisine de fraîcheur. Il se révèle également être un bon pâtissier !

Prix : €€

Plan : A2-2 – *39 boulevard Carnot – ☎ 05 87 08 25 20 – www.laparte-limoges.fr – Fermé lundi et dimanche*

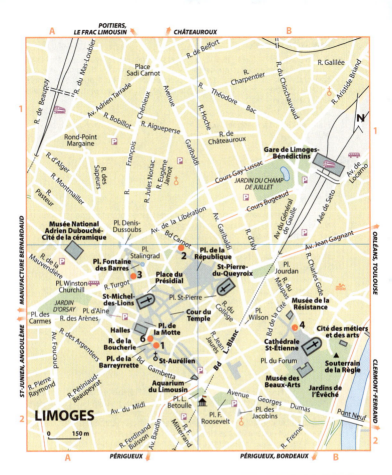

LA CUISINE DU CLOÎTRE

CUISINE MODERNE • CONTEMPORAIN Au pied de la cathédrale, cet ancien cloître du 17e s. a du cachet ! Au gré de son envie (menus surprises) et des saisons, le chef compose une bonne cuisine du marché. Les cuissons sont maîtrisées, les produits de qualité : une expérience sympathique.

&. 斎 ⛱ – Prix : €€

Plan : B2-4 – 6 rue des Allois – ✆ 05 55 10 28 29 – www.la-cuisine-du-cloitre. fr – Fermé lundi et mardi, et dimanche soir

MARTIN COMPTOIR

CUISINE MODERNE • CONTEMPORAIN Non loin des halles (parfait pour les approvisionnements !), on vient profiter du travail d'un jeune chef, Martin Dumas, originaire de Limoges. Sa cuisine est bien dans l'air du temps, avec une courte carte de saison, de grosses pièces de viande à partager et l'incontournable "foie de veau en pavé épais" qu'il a appris auprès de Jean-Paul Arabian, à Paris. Petite terrasse dans la rue piétonne.

斎 – Prix : €€

Plan : A2-6 – 13 rue Lansecot – ✆ 05 55 34 25 53 – www.martincomptoir.fr – Fermé lundi, dimanche et mardi midi

LIMOGES

PHILIPPE REDON

CUISINE MODERNE · INTIME Vous aimez la cuisine vivante ? Vous allez être servi. Ici, on réalise des recettes qui oscillent entre bistronomie, air du temps et esprit gastronomique à l'ancienne... avec une prédilection pour les produits sur-mesure (volailles, huîtres, etc.), et même un menu végétarien. Et en prime, des conseils avisés sur le vin.

🍃 ♿ 🅰🅺 ☂ – Prix : €€

Plan : A2-3 – *14 rue Adrien-Dubouché* – ☎ *05 55 79 37 50* – *www.restaurant-philipperedon.fr* – *Fermé lundi et dimanche, et du mardi au jeudi soir*

LIMOUX

✉ 11300 – Aude – Carte régionale n° **27**–B2

ME.

CUISINE MODERNE · CONVIVIAL Au sein du Grand Hôtel Moderne et Pigeon, un ancien couvent du début du 16e s. au cachet certain, avec une superbe fenêtre en verre taché du 17e s. Prolongé d'un élégant patio, le restaurant revêt des allures de bistrot bohème. Le chef Stéphane Castaing y est toujours aussi créatif : gravlax de saumon sur pannacotta de tomates, filet de bœuf à l'ail noir et condiment végétal... Service aussi décontracté que sympathique.

☂ 🪑 – Prix : €€

Plan : voir Strasbourg plan I - A2 - 1 *1 place du Général-Leclerc* – ☎ *04 68 31 00 25* – *www.grandhotelmodernepigeon.com* – *Fermé dimanche et du lundi au jeudi soir*

LINGOLSHEIM

✉ 67380 – Bas-Rhin – Carte régionale n° **8**–B2

L'ID

CUISINE MODERNE · CONTEMPORAIN Baptisé l'ID en clin d'œil aux initiales de ses chaleureux propriétaires, Isabelle et Denis Vetter, ce restaurant est niché dans une bâtisse cossue du 18e s., qui a conservé son escalier originel et grandiose. Le décor doux et contemporain voit défiler des assiettes rythmées par les saisons, entre recettes audacieuses (à l'image de ce pot au feu de la mer avec son aïoli à l'ail noir) et classiques rassurants, à l'instar du savoureux tournedos de bœuf, aligot à la tomme d'Alsace.

♿ 🅰🅺 ☂ 🪑 – Prix : €€

11 rue du Château – ☎ *03 88 78 40 48* – *www.restaurant-id.com* – *Fermé lundi et dimanche*

LIVRON-SUR-DRÔME

✉ 26250 – Drôme – Carte régionale n° **24**–A2

GARENNE

CUISINE MODERNE · CONTEMPORAIN Au cœur des collines de la Drôme provençale, ce petit domaine viticole bio a restauré son mas pour y abriter un hôtel et un restaurant gastronomique. Lumineuse à souhait, la salle contemporaine autorise à manger aussi le paysage. Variation d'artichaut accompagnée d'une surprenante glace aux huîtres ; sole garnie d'algue dulce, asperge blanche caramélisée, râpée de poutargue et purée d'échalote confite... Produits locaux et bio, dressages, jus et sauces interpellent les papilles ! Accueil et service des plus plaisants.

🍽 ♿ 🅰🅺 🅿 – Prix : €€€

710 rue Van-Gogh – ☎ *04 75 55 44 54* – *www.garenne.net* – *Fermé lundi et dimanche*

638

LOCHES

✉ 37600 – Indre-et-Loire – Carte régionale n° **15**–C2

 ARBORE & SENS

Chef : Clément Dumont
CUISINE MODERNE • COSY Aidé en salle par sa compagne sommelière Océane, un jeune chef originaire de la région au solide parcours, Clément Dumont, a fait de cette auberge située non loin de la citadelle royale une adresse incontournable. Amoureux du végétal et de la saison, technicien inspiré, il signe une cuisine créative, voire audacieuse (comme cette entrée autour de l'asperge blanche du Richelais, jaune d'œuf confit, sureau et saké), qui puise son inspiration dans le terroir local, de la volaille au poisson de Loire, en passant par l'incontournable fromage de chèvre, les légumes de son propre potager, ou les herbes de sa cueilleuse, Juliette Krier. Agréable terrasse à l'ombre de la glycine.

舘 ⇔ – Prix : €€€

22 rue Balzac – ✆ 09 67 15 00 50 – www.restaurant-arbore-et-sens.fr – Fermé lundi, dimanche et mardi midi

LOCQUIREC

✉ 29241 – Finistère – Carte régionale n° **1**–B1

RESTAURANT DU PORT

CUISINE TRADITIONNELLE • BISTRO Après une balade sur la pointe où l'on ne compte plus les jolies plages, cap sur le petit port de Locquirec ! On y prend connaissance de la pêche du jour, dos de turbot, huîtres de Sterec ou bien cette belle sole meunière que le chef, un pro passé notamment chez Michel Trama et Stéphane Carrade, a agrémenté d'un bol de pommes grenailles, de fines asperges vertes, de pois gourmands et de poivrons rouges confits. Sympathique atmosphère informelle.

& 舘 ⇔ – Prix : €€

5 place du Port – ✆ 02 98 15 32 98 – www.hotelduport-locquirec.fr

 LE GRAND HÔTEL DES BAINS

CLASSIQUE • ÉLÉGANT Nostalgie, nostalgie… : c'est ici que Michel Lang tourna "L'Hôtel de la Plage". Aucun vestige des années 1970 néanmoins, plutôt un style élégant très Nouvelle-Angleterre : parquets cirés, beaux matériaux, tonalités miel, gris perle, bleu rétro… Face à la baie, spa et restaurant sont tout aussi chic.

🅿 ⇔ 🛏 🛜 🐕 🍴 – 36 chambres

15 rue de l'Église – ✆ 02 98 67 41 02

LOCRONAN

✉ 29180 – Finistère – Carte régionale n° **1**–B2

AR MAEN HIR

CUISINE MODERNE • CONVIVIAL Pour installer sa première affaire, le jeune chef Thibaud Érard a choisi le joli village médiéval de Locronan, près de Quimper. Il semble s'épanouir en ces lieux, où il propose une cuisine traditionnelle sans sophistication inutile. Service sympathique.

& 舘 ⇔ – Prix : €€

15 bis rue du Prieuré – ✆ 02 56 10 18 37 – Fermé lundi, et mardi, mercredi, jeudi et dimanche soir

LOIRÉ

49440 – Maine-et-Loire – Carte régionale n° **9**–C2

AUBERGE DE LA DILIGENCE

CUISINE MODERNE • RUSTIQUE Véritable institution trentenaire, l'auberge est un charmant écrin rénové de vieilles pierres illuminé par le charmant sourire de Tania Cudraz en salle. En cuisine, son époux Michel est un chef qui connait son métier et propose une cuisine variée et personnelle où brillent les saveurs des herbes du potager et les épices et condiments découverts au gré des pérégrinations du couple, en Asie notamment. Jolie carte des vins de plus de 400 références. La terrasse est située dans la cour intérieure de l'ancien relais de poste.

– Prix : €€€

4 rue de la Libération – 02 41 94 10 04 – www.diligence.fr – Fermé lundi et mardi, et dimanche soir

LOIRE-SUR-RHÔNE

69700 – Rhône – Carte régionale n° **21**–A2

MOUTON-BENOIT

CUISINE MODERNE • CONTEMPORAIN Au bord de la route, cet établissement fondé en 1822 abritait autrefois les fourneaux des "mères" Dumas. En hiver, on y déguste la spécialité du chef : le lièvre à la royale selon la recette immortalisée par le sénateur Couteaux… il y a plus d'un siècle ! Enfin, de délicieux desserts viennent conclure ce repas.

– Prix : €€

1167 route de Beaucaire – 06 98 94 12 12 – www.restaurant-moutonbenoit.fr – Fermé lundi, mardi, samedi midi et dimanche soir

LOOS

59120 – Nord – Carte régionale n° **4**–C2

FÉLICIE

CUISINE MODERNE • CONTEMPORAIN Dans un décor plutôt indus (béton ciré, briques, tables carrées brutes en fer dépoli et bois), une jeune équipe dynamique anime cette adresse de la banlieue lilloise. Les prix sont tout simplement canon pour une cuisine du marché de cette qualité - la félicité est bien au rendez-vous chez Félicie, oh oui !

– Prix : €€

78 rue du Maréchal-Foch – 03 20 48 23 85 – www.felicie-restaurant.com – Fermé lundi et dimanche

LORGUES

83510 – Var – Carte régionale n° **29**–B2

BRUNO

Chef : Benjamin Bruno

CUISINE CLASSIQUE • AUBERGE Une maison doit tant à ses propriétaires… Dans ce mas provençal rustique et attachant, ancienne demeure de l'arrière-grand-mère des années 1920, c'est toute la générosité de la famille Bruno qui s'exhale ! Ayant pris la suite de leur père Clément (connu pour son culte de la truffe), les deux frères, Benjamin en cuisine et Samuel en salle, poursuivent la tradition avec juste ce qu'il faut de modernité. Si le menu unique à base de truffe est toujours là (les diamants noirs changent en fonction des saisons), les légumes sont désormais à

LORGUES

l'honneur, en provenance du nouveau potager de 4000 m² cultivé en biodynamie. L'huile d'olive est faite maison, à partir des huit variétés d'olives récoltées sur les oliviers du terrain. On passe un délicieux moment, notamment grâce à un service aussi joyeux qu'attentionné.

⇔ ⇔ 🏠 🏡 ⇔ 🐕 🅿 – Prix : €€€€

2350 route des Arcs – ℰ 04 94 85 93 93 – www.restaurantbruno.com –
Fermé lundi et dimanche soir

L'ESTELLAN

CUISINE DU MARCHÉ • FAMILIAL Au milieu des vignes et des oliviers, cette maisonnette séduit au premier coup d'œil grâce à son cadre bucolique et champêtre qui invite immédiatement à prendre le temps de vivre. Le couple bien dans son métier (qui y régale ses convives) le mérite amplement. Ces deux-là ont déjà une solide expérience et savent où ils vont : avec de beaux produits régionaux, ils composent une cuisine moderne et savoureuse, déclinée à travers une ardoise courte et alléchante, à l'image de ce carré de cochon fermier et beurre de cèpes.

♿ 🅰 🏡 🅿 – Prix : €€

1000 route de Saint-Antonin – ℰ 09 83 43 99 15 – www.estellanlorgues.com –
Fermé mardi, mercredi et dimanche

LA TABLE DE PÔL

CUISINE MODERNE • CONTEMPORAIN Quelle chance que d'avoir sa terrasse à côté de la fontaine de la Noix : on y profite aussi du spectacle les jours de marché. À l'intérieur, une déco mixte avec plafond aux poutres apparentes, parquet, pierres apparentes et lattes de bois, différents tons chaleureux. Le jeune chef, épaulé en salle par sa compagne d'origine écossaise au charmant accent, mitonne de bons petits plats : velouté de petits pois, cromesquis de chèvre pané, condiment menthe et petits pois ; quasi de veau grillé, pommes bouchons, févettes et jus de cresson ; kumquat confit, pain d'épice et mousse mascarpone vanillée... Menus et produits de saison.

♿ 🅰 🏡 – Prix : €€€

18 boulevard Georges-Clemenceau – ℰ 04 94 47 08 41 – www.latabledepol.fr –
Fermé lundi, et mardi et dimanche soir

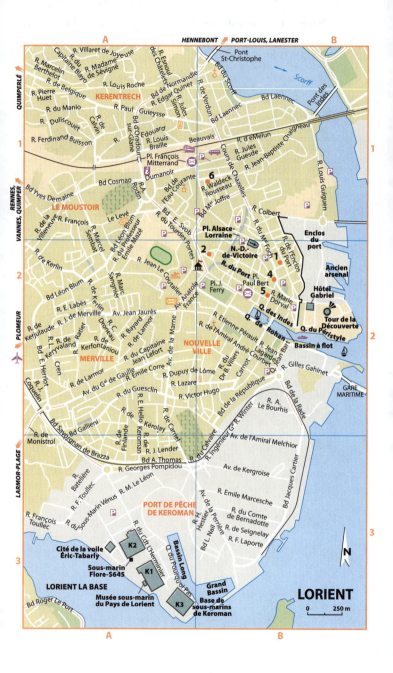

LORIENT

✉ 56100 – Morbihan –
Carte régionale n° **4**-C2

Le grand large dans les gènes

Comment une ville largement reconstruite après des bombardements intensifs peut-elle dégager autant de plaisir de vivre ? Fondée par la Compagnie des Indes orientales, Lorient a visiblement résisté à toutes les vicissitudes, jusqu'à reconvertir sa base de sous-marins en pôle nautique axé sur la course au large. A écouter ses habitant – Lorientais de toujours ou installés récemment –, son dynamisme et sa qualité de vie doivent beaucoup à l'identité bretonne, incarnée par le Festival interceltique qui fédère depuis plus de cinq décennies les amateurs de musique et de fêtes à l'ambiance unique. Une identité qui se retrouve évidemment jusque dans les spécialités locales, iodées ou sucrées : poissons et crustacés fraîchement pêchés, cotriade, bières et cidres du cru, crêpes et galettes, gâteaux gourmands… C'est toute la Bretagne qui s'invite dans l'assiette !

🌟 LOUISE

Chef : Julien Corderoch

CUISINE MODERNE • **COSY** Louise, c'était l'arrière-grand-mère du chef Julien Corderoch, qui lui a donné le goût de la cuisine : la naissance d'une vocation ! Dans un cadre intime et contemporain, il propose des menus surprise composés de savoureuses recettes iodées, mais aussi végétales, notamment à partir de poissons de ligne ou de petit bateau qu'il sait maturer à bon escient : sashimi de daurade royale, pesto aux herbes sauvages et fleurs de carotte ; Saint-Jacques crues, bouillon tiède de crevettes grises à la coriandre et sauce ponzu ; lieu jaune cuit à la vapeur douce, crémeux de chou-fleur et shiitakés rôtis au beurre miso… Le menu du déjeuner est une véritable affaire. Carte des vins à prix sage.

Prix : €€€

Plan : B2-2 – *4 rue Léo-le-Bourgo* – ✆ *02 97 84 72 12* – *www.restaurantlouise.fr* – *Fermé lundi, mardi et dimanche*

😊 GARE AUX GOÛTS

CUISINE ACTUELLE • **CONTEMPORAIN** Ticket gagnant pour le contrôleur en chef Vincent Seviller. Dans son adresse proche de la gare, il propose un voyage appétissant en terre bistronomique dans une salle sobre et moderne. L'homme connaît bien son métier et chaque assiette - soignée, goûteuse, équilibrée - fait mouche. Ardoise du jour au déjeuner, montée en gamme au dîner.

⌨ – Prix : €€

Plan : B1-6 – *26 bis rue Louis-Blanqui* – ✆ *02 97 21 19 79* – *www.gareauxgouts.fr* – *Fermé samedi et dimanche*

LORIENT

LE TIRE BOUCHON

CUISINE TRADITIONNELLE • ÉPURÉ Dans ce Tire Bouchon, proche de l'arsenal, on ne fait pas que déboucher des bouteilles ! Les gourmands viennent surtout ici pour se régaler d'une goûteuse cuisine de saison. Un bon moment à savourer dans une salle coquette à souhait : grande cheminée, poutres... Accueil souriant.
Prix : €€

Plan : B2-1 – 45 rue Jules-le-Grand – ☏ 02 97 84 71 92 – www.restaurantalorient.com – Fermé lundi, mardi et samedi midi

127 BY AMPHI

CUISINE MODERNE • ÉPURÉ Aux portes de Lorient, L'Amphitryon, reconnaissable à sa façade couleur rouille, fait sa mue et devient 127 by amphi. Mais n'ayons crainte, le chef Olivier Beurné continue de nous régaler d'une goûteuse cuisine de saison, devenue plus accessible sans céder sur la qualité, composée au gré du marché et des arrivages de la marée.

AC ✤ – Prix : €€

Hors plan – 127 rue du Colonel-Müller – ☏ 02 97 83 34 04 – www.restaurant127.fr – Fermé lundi, dimanche et mardi midi

LE 26-28

CUISINE MODERNE • CONTEMPORAIN Dans un cadre contemporain avec cuisine ouverte, Arthur Friess (au beau parcours étoilé) propose une belle cuisine actuelle et créative, réalisée à partir de produits irréprochables, telles ces langoustines du Guilvinec servies avec leur bouillon de pinces et une mayonnaise tourbée. Accueil tout sourire par Charlotte, la compagne du chef.

& AC ✤ – Prix : €€€

Plan : B2-4 – 26-28 rue Poissonnière – ☏ 02 97 50 29 13 – www.le2628.com – Fermé lundi, dimanche et mardi midi

LE YACHTMAN

POISSONS ET FRUITS DE MER • CONTEMPORAIN Sans surprise, les produits de la mer – poissons de la criée, notamment – ont la part belle dans cette jolie adresse située non loin du port de plaisance. Simplicité et justesse sont de mise dans l'assiette ; quant à la salle, elle joue la carte de l'épure et de l'intime.

❀ & ✤ – Prix : €€

Plan : B2-5 – 14 rue Poissonnière – ☏ 02 97 21 31 91 – www.leyachtmanlorient.fr – Fermé lundi et dimanche

LORMONT

✉ 33310 – Gironde – Carte régionale n° 22-B2

LE PRINCE NOIR - VIVIEN DURAND

Chef : Vivien Durand

CUISINE MODERNE • DESIGN Les écuries d'un château, un cube de verre et béton, une vue sur le pont d'Aquitaine et de la musique rock en fond sonore : la table détonne dans le paysage gastronomique bordelais. Mais pas autant que la cuisine de Vivien Durand, un chef qui fourmille d'idées originales et réinterprète la tradition française dans une veine gastronomique. Un pari osé, tant on semble avoir déjà tout déconstruit mais il faut admettre que son pari est réussi ! Huîtres en sauce matelote, foie gras grillé servi avec des betteraves infusées au café ou pigeon et son jus de carcasse : les saveurs sont souvent éclatantes, les produits (locaux pour

LORMONT

l'immense majorité) sont superbement mis en valeur. Dans son travail prédomine un côté "brut de décoffrage" attachant, qui parle à l'instinct et au cœur. Ajoutons à cela une démarche écolo sincère, on se retrouve avec une table exemplaire.

❀ ⅃ ⅏ ⅀ **P** – Prix : €€€€

1 rue du Prince-Noir – ☏ *05 56 06 12 52 – www.leprincenoir-restaurant.fr – Fermé samedi, dimanche et du lundi au mercredi à midi*

☘️**L'engagement du chef :** Au-delà de l'exigence que nous avons à l'égard des produits que nous sélectionnons, nous supprimons au maximum les emballages à usage unique, les bouteilles en plastique et les détergents polluants, nous mettons en place un tri sélectif rigoureux (y compris les coquilles des fruits de mer) et fabriquons notre compost végétal et substrat pour nos maraîchers.

LORQUIN

✉ 57790 – Moselle – Carte régionale n° **7**–C2

LE BOUT DES CANARDS

CUISINE MODERNE • CONTEMPORAIN Cette auberge à la façade de couleur prune et lavande écrit un nouveau chapitre grâce à ce couple passé par de belles maisons (lui a travaillé comme second à la Villa René Lalique ; elle était l'assistante du maître d'hôtel). Dans ce décor de bois blond, on pioche dans une courte carte de saison autour de produits souvent locaux (truite marinée, roquette, raifort, concombre et huile fumée, ou gaufre croustillante, mirabelles caramélisées et glace au fromage blanc...). Formule déjeuner à prix imbattable et accueil particulière-ment sympathique !

⅃ – Prix : €€

104 rue du Général-Leclerc – ☏ *03 87 24 90 09 – www.leboutdescanards.fr – Fermé mercredi et jeudi*

LOUÉ

✉ 72540 – Sarthe – Carte régionale n° **10**–A2

RICORDEAU

CUISINE MODERNE • ÉLÉGANT Installez-vous sur l'agréable terrasse dressée dans le parc, au bord de la Vègre, et laissez-vous tenter par la bonne cuisine gastro-nomique du chef, toujours de saison. Des plats au goût du jour, sérieux et appliqués, réalisés avec de très bons produits locaux, parmi lesquels le suprême de poulet de Loué farci aux oignons et aux morilles, légumes primeur et jus de volaille crémé. La Table du Coq, le second restaurant de l'hôtel, propose une cuisine plus simple.

⇔ ⅃ ⅏ ⅃ **P** – Prix : €€€

13 rue de la Libération – ☏ *02 43 88 40 03 – www.hotel-ricordeau.fr/fr – Fermé lundi, mardi, mercredi midi et dimanche soir*

LOURMARIN

✉ 84160 – Vaucluse

🛏 **LE MOULIN, BEAUMIER HOTEL**

MODERNE • CHALEUREUX Une belle histoire d'hospitalité provençale : un mou-lin à huile du 18e s. dans un charmant village, devenu un gîte qui compta Albert Camus parmi ses clients, puis un hôtel de luxe moderne et intime. Ses chambres et suites aux couleurs ensoleillées lui donnent l'air d'une maison de campagne, avec bibliothèque de livres d'art et petite piscine. Plats régionaux servis dans la salle à manger ou le patio, bar animé.

⅃ **P** ⅃ ⅀ ⅃ ⅃ ⅃⦿ - 35 chambres

Rue du Temple – ☏ *04 89 81 40 77*

645

LE LOUROUX

✉ 37240 – Indre-et-Loire – Carte régionale n° **15**–B2

😊 **LA TABLE DU PRIEURÉ**

CUISINE MODERNE • CONVIVIAL Le chef sarthois Pierre Drouineau tient cette table installée à l'entrée d'un beau prieuré fortifié, fleuron d'un joli village de campagne. Le cadre est charmant et l'assiette aussi, notamment grâce aux produits du terroir souvent mis à l'honneur : lentilles de Touraine, épeautre de Manthelan, fraises de Chouzé-sur-Loire... Une cuisine de bistrot moderne, simple et goûteuse, à l'image de ce filet de canette, chips rôties, pomme de terre nouvelle de Louans et ketchup de carotte ; un plat aux saveurs bien marquées. Menu déjeuner à prix doux !
&. 🐾 🅿 – Prix : €€

2 rue du Château – 📞 *02 47 19 26 75 – www.latableduprieure.fr – Fermé lundi et mardi, et mercredi et dimanche soir*

LUC-SUR-ORBIEU

✉ 11200 – Aude – Carte régionale n° **27**–B2

LA LUCIOLE

CUISINE TRADITIONNELLE • BISTRO Le chef a réalisé un rêve d'enfant en rachetant ce café sur la petite place du village. Autodidacte passionné, il concocte avec sa fille une cuisine simple et goûteuse, faisant la part belle aux produits locaux. Lapin et haddock en maki ; onglet de veau cuit à la plancha, sauce chimichurrri ; baba au rhum et sorbet piña colada. À déguster en terrasse, à l'ombre d'un platane centenaire.
🐾 – Prix : €€

3 place de la République – 📞 *04 68 40 87 74 – www.restaurantlaluciole.fr – Fermé mercredi, dimanche et samedi midi*

LUCINGES

✉ 74380 – Haute-Savoie – Carte régionale n° **21**–C1

✿ L'AUBERGE DE LUCINGES

Chef : Benjamin Breton

CUISINE MODERNE • CONTEMPORAIN Le chef Benjamin Breton (ex-Fiskebar à l'hôtel Ritz-Carlton de Genève) propose une table gastronomique mitoyenne de son Bistrot de Madeleine, au cœur du village de Lucinges. Il y développe une cuisine moderne, subtilement créative, via un menu unique mensuel. Les produits sont rigoureusement sélectionnés et locaux – à quelques belles exceptions près : homard bleu, agneau de la ferme de Clavisy... Le végétal règne sur de beaux contrastes de saveurs, des sauces expressives, et les cuissons parfaites subliment ici un omble chevalier ikejime, et là ce fameux homard bleu à peine saisi. Le cadre, contemporain et clair, donne à admirer la cave à vin vitrée, qui privilégie la qualité et l'originalité des vins nature et bio.

🕸 ⅊ – Prix : €€€€

67 place de l'Église – ℰ 04 50 39 64 74 – www.laubergedelucinges.fr – Fermé du lundi au mercredi, du jeudi au samedi à midi, et dimanche soir

LE BISTROT DE MADELEINE

CUISINE MODERNE • BISTRO Cette auberge de village est une madeleine pour les amateurs de bonnes (et saines) choses. N'hésitons pas à parler de cuisine programmatique dans ce bistrot un poil rustique : bêtes achetées sur carcasse, maraîchage local, poissons en direct des criées, carte changée chaque semaine... Dans l'assiette ? C'est savoureux, généreux et gourmand.

🏠 – Prix : €€

67 place de l'Église – ℰ 04 50 39 64 74 – www.laubergedelucinges.fr – Fermé du lundi au mercredi

LE BONHEUR DANS LE PRÉ

CUISINE DU MARCHÉ • TRADITIONNEL Dans cette ferme du 19e s. en pleine nature, on joue à fond la carte de l'authenticité ! En cuisine, le chef compose un menu unique (possible en version végétarienne) à partir de beaux produits locaux. Le tout bien accompagné d'un bouteille sélectionnée dans la cave à vin (environ 300 références) attenante à la salle à manger. Dès lors, comment ne pas être convaincu que... le Bonheur est dans Le Pré !

≼ 🏠 ⅊ 🏠 🅿 – Prix : €€

2011 route de Bellevue – ℰ 04 50 43 37 77 – www.lebonheurdanslepre. ellohaweb.com – Fermé lundi, dimanche et du mardi au samedi à midi

LUÇON

✉ 85400 – Vendée – Carte régionale n° **14**–B2

AU FIL DES SAISONS

CUISINE TRADITIONNELLE • CONTEMPORAIN Dans cette sympathique auberge de bord de route, on se sustente avec plaisir et simplicité d'une cuisine fraîche, d'inspiration traditionnelle et régionale (foie gras de canard aux baies de genièvre, le suprême de pintade rôti aux herbes, etc). Le petit potager fournit quelques légumes et herbes aromatiques. Installez-vous dans la véranda ou le jardin... selon les saisons.

🏠 ⅊ 🏠 ✿ 🅿 – Prix : €€

55 route de la Roche-sur-Yon – ℰ 02 51 56 11 32 – www.aufildessaisons-vendee. com/fr – Fermé lundi et dimanche, et jeudi et vendredi soir

LUMIO – Haute-Corse (22) ➜ Voir Corse

647

LUNEL

✉ 34400 – Hérault – Carte régionale n° **27**–D1

MAISON SOUBEIRAN

CUISINE MODERNE • BISTRO Coup de cœur pour cette maison familiale où la cheffe prépare une cuisine locale spontanée, fraîche et saine, à base de produits de saison issus de maraîchers bio. Des saveurs de garrigue, de Camargue et de Méditerranée, le tout réhaussé de quelques épices et graines, et accompagné d'un pain au levain naturel et au blé ancien fait maison. Accueil chaleureux et ravissante terrasse sous la treille.

&. AC 🏠 – Prix : €€€

129 cours Gabriel-Péri – 𝒞 04 67 15 14 55 – www.maison-soubeiran.fr – Fermé lundi et mardi, et dimanche soir

LUNÉVILLE

✉ 54300 – Meurthe-et-Moselle – Carte régionale n° **7**–C2

❀ CHÂTEAU D'ADOMÉNIL

Chef : Cyril Leclerc

CUISINE MODERNE • LUXE Au cœur de la campagne de Lunéville, ce charmant petit château classique se prélasse dans son parc boisé. On traverse une enfilade solennelle de salles au cachet historique intact, avec boiseries anciennes, parquets et cheminées... La salle à manger s'ouvre, elle, sur le parc. Quelques subtiles touches baroques et contemporaines viennent égayer ce décor de rêve qui est à l'unisson de la cuisine du chef, une cuisine traditionnelle, réhaussée de touches actuelles. Ancien pâtissier, Cyril Leclerc, lorrain talentueux et discret, aime les beaux produits. Il les traite avec respect comme en témoignent la justesse de ses cuissons et de ses saveurs. Célébrée par son épouse experte qui veille en salle, la carte des vins n'est pas en reste...

🏨 ⇦ 🛏 AC ⇄ 🅿 – Prix : €€€€

7 route Mathieu-de-la-Haye - Adoménil-Rehainviller – 𝒞 03 83 74 04 81 – www.adomenil.com – Fermé lundi, mardi, du mercredi au vendredi à midi, et dimanche soir

LUZY

✉ 58170 – Nièvre – Carte régionale n° **16**–D2

LA TABLE DE JÉRÔME

CUISINE MODERNE • CONTEMPORAIN Au sein de l'hôtel du Morvan, le chef Jérôme Raymond propose une cuisine au goût du jour qui fait la part belle au terroir local. Un menu unique, avec des produits plus nobles le week-end – le bœuf charolais y est roi ! Belle carte des vins de plus de 400 références, bien sûr majoritairement bourguignonnes, et confortables chambres pour prolonger l'étape.

🏨 &. – Prix : €€€

26 rue de la République – 𝒞 03 86 30 00 66 – www.hotelrestaurantdumorvan58.fr/fr – Fermé lundi, mardi midi et dimanche soir

LUNÉVILLE

LYON

Lyon est-elle, comme le claironna un critique gastronomique en 1935, la "capitale mondiale de la gastronomie" ? Une chose est sûre : ici, l'art de bien manger est une affaire sérieuse. C'est une histoire multi-centenaire, celle des bouchons, avec leurs spécialités passées à la postérité – saucisson truffé ou pistaché, cervelle de canut, quenelles de brochet, bugnes et cardons à la moelle –, celle des Mères Lyonnaises, ces cuisinières d'exception qui ont enchanté les palais rhodaniens jusqu'à l'entre-deux-guerres, c'est aussi celle des vins de la région, beaujolais ou crozes-hermitage... ou ces coteaux-du-lyonnais, longtemps restés dans l'ombre, qui reprennent des couleurs dans une veine bio et nature.

De fait, Lyon ne se repose pas sur ses glorieux lauriers. Dans le 1er, le 6e ou encore le Vieux-Lyon, fleurissent les bons bistrots sans prise de tête (Contre-Champ, Armada, Leptine, Osteria Matto), à la manière de l'Est parisien, tandis que la naturalité poursuit sa percée (Ombellule, Prairial, Rustique). Tradition et créativité se partagent la vedette d'un quartier à l'autre ; la cuisine ethnique fait maintenant partie du paysage, à l'image de l'étonnante partition latino-américaine d'Andrés Sandoval, le chef vénézuélien de Canaima, ou des inspirations mexicaines d'Alebrije dans le quartier de la Croix-Rousse.

LA SÉLECTION DU GUIDE MICHELIN

✿✿✿ 3 Étoiles
✿✿ 2 Étoiles
✿ 1 Étoile
🙂 Bib gourmand
✿ Étoile Verte
N Nouvelle distinction cette année !

LES TABLES ÉTOILÉES

Une cuisine d'exception. Vaut le détour !

Mère Brazier (1ᵉʳ)	660
Le Neuvième Art (6ᵉ)	667
Takao Takano (6ᵉ)	667

Une cuisine d'une grande finesse. Vaut l'étape !

L'Atelier des Augustins (1ᵉʳ)	660
Au 14 Février (5ᵉ)	674
Burgundy by Matthieu (2ᵉ)	660
Le Gourmet de Sèze (6ᵉ)	668
Miraflores (6ᵉ)	668
Ombellule (6ᵉ) **N**	668
Prairial (2ᵉ) ✿	660
Rustique (2ᵉ)	661
La Sommelière (5ᵉ)	674
Les Terrasses de Lyon (5ᵉ)	675
Têtedoie (5ᵉ) ✿	675

Nos meilleurs rapports qualité-prix

Agastache (6ᵉ)	668
Bergamote (7ᵉ)	668
Le Cochon qui Boit (1ᵉʳ)	661
Danton (3ᵉ) **N**	669
Le Jean Moulin (6ᵉ)	669
Le Kitchen (7ᵉ)	669
M Restaurant (6ᵉ)	669
Racine (9ᵉ)	675
Sauf Imprévu (6ᵉ)	670
Siprès (7ᵉ)	670
Le Tiroir (9ᵉ)	675
Veronatuti (7ᵉ)	670
Le Zeste Gourmand (6ᵉ)	670

LES TABLES PAR TYPE DE CUISINE

Cuisine classique

Le Gourmet de Sèze (6e) ❀ ······· 668
Mère Brazier (1er) ❀❀ ············ 660

Cuisine coréenne

Sinabro (6e) ························ 672

Cuisine créative

Agastache (6e) 🐵 ·············· 668
Armada (5e) ···················· 676
Au 14 Février (5e) ❀ ··········· 674
Leptine (1er) ···················· 664
Le Neuvième Art (6e) ❀❀❀ ······ 667
Ombellule (6e) ❀ ··············· 668
Prairial (2e) ❀❀❀ ·············· 660
Rustique (2e) ❀ ················· 661
Taggat (6e) ····················· 673
Takao Takano (6e) ❀❀ ·········· 667
Têtedoie (5e) ❀❀❀ ············· 675

Cuisine du marché

M Restaurant (6e) 🐵 ··········· 669
Sauf Imprévu (6e) 🐵 ··········· 670

Cuisine du terroir

Café Terroir (2e) ················ 662

Cuisine fusion

Cercle Rouge (1er) ··············· 663

Cuisine italienne

Osteria Matto (6e) ··············· 672
Veronatuti (7e) 🐵 ··············· 670

Cuisine latino-américaine

Canaima (1er) ···················· 662

Cuisine lyonnaise

Daniel et Denise Créqui (3e) ······· 671
Daniel et Denise
Croix-Rousse (4e) ················ 663
Daniel et Denise Saint-Jean (5e) ··· 676

Cuisine mexicaine

Alebrije (4e) ····················· 661

Cuisine moderne

L'Alexandrin (3e) ················ 670
Aromatic (4e) ··················· 661
L'Artichaut (2e) ················· 662
L'Atelier des Augustins (1er) ❀ ···· 660
Bergamote (7e) 🐵 ··············· 668
Bistro B (6e) ···················· 671
Bulle (5e) ······················· 676
Burgundy by Matthieu (2e) ❀ ······ 660
Le Canut et les Gones (4e) ········ 662
Celest (3e) ······················ 671
Cinq Mains (5e) ·················· 676
Circle (1er) ······················ 663
Le Cochon qui Boit (01) 🐵 ······· 661
Contre-Champ (5e) ··············· 676
Danton (3e) 🐵 ··················· 669
Epona (2e) ······················ 663
L'Établi (2e) ····················· 664
Le Grand Réfectoire (2e) ·········· 664
L'Institut Restaurant (2e) ········· 664
Le Jean Moulin (6e) 🐵 ··········· 669
Le Kitchen (7e) 🐵 ··············· 669
Monsieur P (2e) ················· 665
Le Président (6e) ················· 672
PY Restaurant (6e) ··············· 672
Racine (9e) 🐵 ··················· 675
Regain (1er) ····················· 665
Saku Restaurant (7e) ·············· 672
Siprès (7e) 🐵 ···················· 670
La Sommelière (5e) ❀ ············ 674
Le Suprême (7e) ·················· 673
La Table 101 (3e) ················ 673
Les Terrasses de Lyon (5e) ❀ ····· 675
Le Tiroir (9e) 🐵 ················· 675
Les Trois Dômes (2e) ············· 666
Le Zeste Gourmand (6e) 🐵 ······· 670

LYON

Cuisine péruvienne

Miraflores (6ᵉ) ✿ ···················· 668
Yka bar & ceviche (6ᵉ) ··········· 673

Cuisine traditionnelle

Le Bistrot des Voraces (4ᵉ) ······· 662
Les Boulistes (4ᵉ) ················· 662
Cazenove (6ᵉ) ···················· 671
Le Mercière (2ᵉ) ·················· 664
Thomas (2ᵉ) ······················ 665

Cuisine végétarienne

Culina Hortus (01) ················663

Spécialités de ramen

Fujiyama 55 (7ᵉ) ·················· 672

Spécialités de viandes

L'Argot (6ᵉ) ······················· 671

TABLES EN TERRASSE

Bergamote (7ᵉ) 🙂 ·· 668
Bistro B (6ᵉ) ··· 671
Le Bistrot des Voraces (4ᵉ) ····························· 662
Les Boulistes (4ᵉ) ·· 662
Café Terroir (2ᵉ) ··· 662
Cinq Mains (5ᵉ) ·· 676
Daniel et Denise Créqui (3ᵉ) ····························· 671
Daniel et Denise Croix-Rousse (4ᵉ) ······················ 663
Epona (2ᵉ) ·· 663
Le Grand Réfectoire (2ᵉ) ································· 664
Le Kitchen (7ᵉ) 🙂 ·· 669
Leptine (1ᵉʳ) ··· 664
M Restaurant (6ᵉ) 🙂 ····································· 669
Le Mercière (2ᵉ) ·· 664
Le Président (6ᵉ) ··· 672
PY Restaurant (6ᵉ) ······································· 672
Racine (9ᵉ) 🙂 ··· 675
Le Suprême (7ᵉ) ·· 673
La Table 101 (3ᵉ) ··· 673
Taggat (6ᵉ) ·· 673
Les Terrasses de Lyon (5ᵉ) ✿ ···························· 675
Le Tiroir (9ᵉ) 🙂 ··· 675
Yka bar & ceviche (6ᵉ) ··································· 673

LYON

RESTAURANTS
AVEC SALONS PARTICULIERS

L'Argot (6e)	671
Aromatic (4e)	661
Au 14 Février (5e) ✽	674
Les Boulistes (4e)	662
Bulle (5e)	676
Daniel et Denise Saint-Jean (5e)	676
Le Garet (01)	664
Le Gourmet de Sèze (6e) ✽	668
L'Institut Restaurant (2e)	664
Mère Brazier (1er) ✽✽	660
Maison Léa (2e)	665
Monsieur P (2e)	665
Le Président (6e)	672
Sauf Imprévu (6e)	670
La Table 101 (3e)	673
Taggat (6e)	673
Têtedoie (5e) ✽✽	675
Thomas (2e)	665

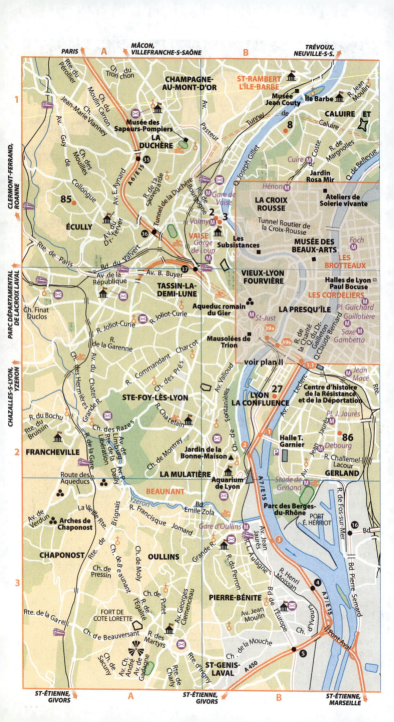

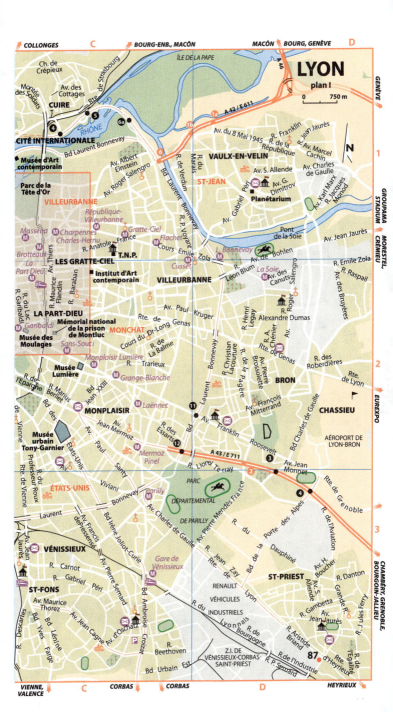

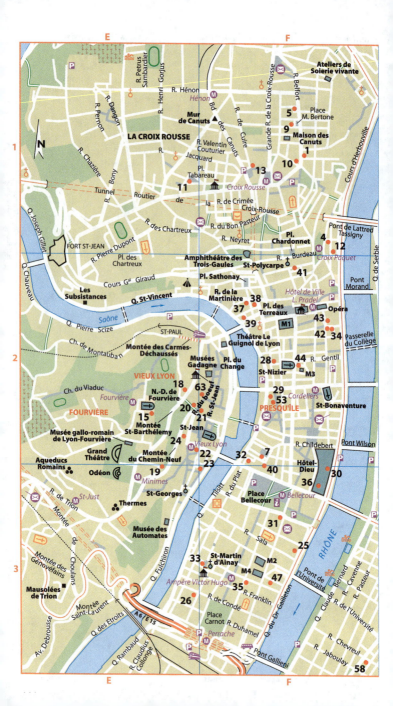

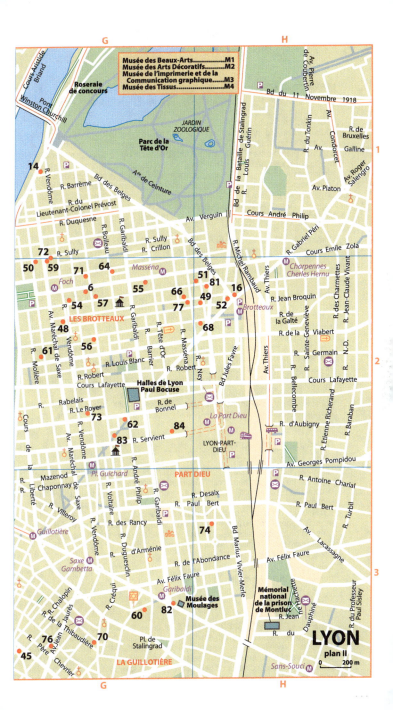

PRESQU'ÎLE - CROIX - ROUSSE

1er - 2e - 4e ARRONDISSEMENTS

LYON

❀❀ MÈRE BRAZIER

CUISINE CLASSIQUE • ÉLÉGANT Eugénie Brazier (1895-1977), cheffe d'exception et inspiratrice de tout un pan de la cuisine française, obtint trois étoiles dans deux établissements différents. C'est dans son adresse lyonnaise, rue Royale, que Mathieu Viannay donne sa propre lecture du "mythe" Brazier. Dans un magnifique décor hybride, où les vitraux et moulures 1930 rencontrent des fauteuils Tulipe Saarinen (il fallait oser !), le chef rend un vibrant hommage aux incontournables des lieux (volaille de Bresse demi-deuil aux truffes, pain de brochet croustillant, renversant soufflé au Grand Marnier) en y insufflant son talent et son inspiration. Ne manquez pas le menu déjeuner, sans doute le meilleur rapport qualité-prix de la maison. Au dessert, le pâtissier Rodolphe Tronc, passé notamment chez Pierre Gagnaire, séduit par sa technique remarquable et son sens du détail, notamment sur son omelette norvégienne, délicieusement rétro.

🕸 🛗 ⛴ 🍽 – Prix : €€€€

Plan : F1-4 – 12 rue Royale – Ⓜ Hôtel de Ville – 𝒞 04 78 23 17 20 – www. lamerebrazier.fr – Fermé samedi et dimanche

❀ L'ATELIER DES AUGUSTINS

CUISINE MODERNE • CONTEMPORAIN Passé par de belles maisons et ancien chef des ambassades de France à Londres et à Bamako, Nicolas Guilloton a rénové son sympathique Atelier de fond en comble pour en faire un lieu élégant et contemporain, avec une spacieuse salle à manger décorée de masques africains, clin d'œil au séjour du chef au Mali. Sa sensibilité de musicien en bandoulière, il régale avec des menus surprise construits avec une préoccupation locavore constante et un sens des équilibres gustatifs affirmé. Il en résulte une cuisine originale, technique et pleine de parfums, où les desserts ne sont pas en reste, à la fois fins, peu sucrés et gourmands. Rapport qualité-prix imbattable au déjeuner, et belle carte des vins qui témoigne d'un vrai travail de recherche de producteurs éco-responsables.

🕸 🛗 – Prix : €€€

Plan : F2-38 – 17 rue Hippolyte-Flandrin – Ⓜ Hôtel de Ville – 𝒞 04 72 00 88 01 – www.latelierdesaugustins.com/fr – Fermé lundi, dimanche, et mercredi et samedi à midi

❀ BURGUNDY BY MATTHIEU

Chef : Matthieu Girardon

CUISINE MODERNE • CONTEMPORAIN Dans cette maison ancienne des quais de Saône au décor contemporain, Matthieu Girardon signe une cuisine moderne décomplexée, personnelle et très aboutie techniquement. Jus et sauces viennent sublimer nombre de plats, à l'image de cet omble chevalier servi juste nacré, avec son émulsion de fumet et beurre blanc aux œufs de poisson. Rythmé par les saisons et les arrivages, ce menu à l'aveugle sans choix s'ajuste en fonction du budget et de l'appétit, en fonction aussi des accords mets et vins, de Bourgogne, bien entendu – dont la cave de cette maison est une référence.

🕸 🛗 – Prix : €€€

Plan : F2-29 – 24 quai Saint-Antoine – Ⓜ Cordeliers – 𝒞 04 72 04 04 51 – www. burgundybym.fr – Fermé lundi et dimanche

❀ PRAIRIAL

Chef : Gaëtan Gentil

CUISINE CRÉATIVE • ÉPURÉ Le chef Gaëtan Gentil cultive sa nouvelle prairie dans le quartier Confluence, au sein d'un bâtiment entièrement écoresponsable du sol au plafond, en passant par les tables en chêne français. Depuis la cuisine centrale ouverte, il orchestre une symphonie saisonnière qui met en avant les saveurs du terroir rhodanien à grand renfort d'herbes et de plantes sauvages. Cette cuisine créative et instinctive, néanmoins très réfléchie, repose sur la sublimation des produits,

660

PRESQU'ÎLE - CROIX - ROUSSE

soumis à de nombreuses variations et rehaussés de sauces pleines de personnalité. Tous les fournisseurs choisis participent d'un même engagement écologique : maraîchers en permaculture, élevage raisonné, poissons d'eau douce sauvages ou élevés proprement... Les 950 références bio et nature de la carte des vins pointent dans la même direction : celle d'une gastronomie à la fois savoureuse et consciente.

⌖ 🅰🅲 – Prix : €€€

Plan : B2-27 – *1 place Hubert-Mounier –* Ⓜ *Perrache –* 𝒞 *04 87 78 32 51 – www. prairial-restaurant.fr – Fermé lundi, dimanche et du mardi au jeudi à midi*

🍀**L'engagement du chef :** En plus des légumes que nous cultivons en permaculture, nous employons des produits locaux issus de petites exploitations responsables. Nous ne cuisinons plus que des poissons sauvages, pêchés durablement, et notre carte des vins est exclusivement composée de vins naturels. Enfin, nous limitons au maximum l'emploi de plastique.

✿ RUSTIQUE

Chef : Maxime Laurenson

CUISINE CRÉATIVE • CONVIVIAL Un vent d'audace souffle sur le restaurant de Maxime Laurenson. Les assiettes, précises et lisibles, donnent à voir les produits dans leur simplicité, avec toujours une importance accordée au végétal et une démarche locavore poussée. Dans l'assiette, le menu unique sans choix se décline en une dizaine de séquences, composé avec le meilleur de la grande région, de l'Auvergne aux Alpes. On déguste le tout dans un décor inspiré de la nature, et une ambiance conviviale. Une adresse "naturalité" qui fait fureur à Lyon.

⌖ – Prix : €€€€

Plan : E3-26 – *14 rue d'Enghien –* Ⓜ *Ampère –* 𝒞 *04 72 13 80 81 – www. rustiquelyon.fr – Fermé samedi, dimanche et du lundi au jeudi à midi*

😊 LE COCHON QUI BOIT

CUISINE MODERNE • BISTRO Deux anciens du restaurant étoilé Têtedoie ont troqué l'ourson contre le cochon ! Ici, on déguste une viande goûteuse (bœuf Aubrac bio préparé en fonction de la pièce du jour, panais et poireau) et on se laisse ravir par des associations audacieuses (topinambours braisés, purée d'oignons et sabayon café). Des produits locaux bien sourcés et cuisinés avec justesse, arrosés de vins d'auteurs.

🅰🅲 – Prix : €€

Plan : F1-12 – *23 rue Royale –* Ⓜ *Opéra –* 𝒞 *04 78 27 23 37 – www. lecochonquiboit.fr – Fermé lundi et dimanche*

ALEBRIJE

CUISINE MEXICAINE • COLORÉ La jeune cheffe mexicaine Carla Kirsch, originaire de Veracruz, officie dans le quartier de la Croix-Rousse après une formation à l'Institut Paul Bocuse et de belles expériences ici et là (notamment chez Troisgros). Du décor à l'assiette, le ton est donné : inspiration mexicaine (présence du maïs en entrée et au dessert, piments...) et produits locaux de saison se métissent avec jubilation dans un cadre qui associe vieilles poutres et touches de couleur. Nouveau menu chaque mois, quelques vins mexicains, ainsi qu'un choix de tequilas et de mezcals.

Prix : €€€

Plan : F1-1 – *2 rue Belfort –* Ⓜ *Croix-Rousse –* 𝒞 *04 72 00 03 02 – www. restaurant-alebrije.fr – Fermé lundi, dimanche et du mardi au samedi à midi*

AROMATIC

CUISINE MODERNE • CONTEMPORAIN À la Croix-Rousse, Frédéric Taghavi propose des recettes modernes et inventives, qui réinterprètent la tradition mais s'enrichissent également d'influences du monde entier : ris de veau du Limousin, poireaux et morilles, jus au kalamansi ; poulpe snacké, sauce crevette au lait de coco et curry jaune ; joue de bœuf confite à la bourguignonne, risotto au lard paysan...

⌖ 🅰🅲 ⟺ – Prix : €€

Plan : F1-9 – *15 rue du Chariot-d'Or –* Ⓜ *Croix-Rousse –* 𝒞 *04 78 23 73 61 – www.aromaticrestaurant.fr – Fermé lundi et dimanche*

LYON

661

PRESQU'ÎLE · CROIX · ROUSSE

L'ARTICHAUT

CUISINE MODERNE • **CHIC** Nichée dans un ancien presbytère transformé en charmant hôtel, cette table au délicieux cadre cosy propose une goûteuse cuisine actuelle qui suit les saisons : escargots, crème de potimarron, purée d'ail et persil ; omble chevalier, girolles à l'amaretto, pommes de terre et poudre de café...

🔄 A/C – Prix : €€

Plan : F3-33 – Hôtel de l'Abbaye, 20 rue de l'Abbaye-d'Ainay – Ⓜ Ampère-Victor-Hugo – ℰ 04 78 05 69 02 – www.hotelabbayelyon.com/restaurant-artichaut – Fermé lundi et dimanche

LE BISTROT DES VORACES

CUISINE TRADITIONNELLE • **BISTRO** Êtes-vous simplement gourmand... ou franchement vorace ? Dans tous les cas, ce bistrot de quartier de la Croix-Rousse saura vous combler : passé par de bonnes maisons comme Les Crayères à Reims, le chef-patron Cédric Blin régale autour d'un menu-carte à prix vraiment doux, une affaire par les temps qui courent.

🪑 – Prix : €

Plan : F1-10 – 13 rue d'Austerlitz – Ⓜ Croix-Rousse – ℰ 04 72 07 71 86 – www.bistrotdesvoraces.com – Fermé samedi et dimanche

LES BOULISTES

CUISINE TRADITIONNELLE • **BISTRO** Sur le plateau de la Croix-Rousse, ce restaurant situé sur une grande place (haut lieu de la pétanque... d'où le nom !) propose une cuisine traditionnelle revisitée, depuis peu enrichie de touches méditerranéennes bien senties : harira marocaine, portokalopita (gâteau grec à l'huile d'olive), etc. À déguster dans un cadre de bistrot typique, ou sur la terrasse, installée dès les beaux jours et prise d'assaut en été !

🪑 🖵 – Prix : €

Plan : E1-11 – 9 place Tabareau – Ⓜ Croix-Rousse – ℰ 04 78 28 44 13 – www.lesboulistes.fr – Fermé lundi et dimanche

CAFÉ TERROIR

CUISINE DU TERROIR • **CONVIVIAL** Installée près du théâtre des Célestins, cette maison cultive sous la houlette de Jean-François Têtedoie (fils du fameux chef !), l'art de la bonne chère. La carte est un symbole de la gourmandise lyonnaise : les spécialités de la maison telles que la terrine de famille ou le gâteau lyonnais côtoient les pièces rôties entières, à partager et découpées sous vos yeux (volaille de Bresse, côte de bœuf, homard...), ainsi que les beaux classiques tels que le vol-au-vent de ris de veau, ou les escargots des Monts du Lyonnais, girolles et cressonnette. Carte des vins de plus de 1500 références à très bon rapport prix/plaisir.

🍸 A/C 🪑 – Prix : €€

Plan : F2-40 – 14 rue d'Amboise – Ⓜ Bellecour – ℰ 09 53 36 08 11 – www.cafeterroir.fr – Fermé samedi et dimanche midi

CANAIMA

CUISINE LATINO-AMÉRICAINE • **TENDANCE** Ce petit restaurant au cadre tendance, ouvert seulement le soir et tenu par un couple charmant, propose une cuisine latino-américaine tournée vers la mer et mâtinée d'influences françaises. Le chef vénézuélien, ancien de l'Institut Paul Bocuse, réalise des assiettes pétillantes, pleines de couleurs et de saveurs. Service tout sourire, vins chilien et argentin.

A/C – Prix : €€

Plan : F2-41 – 24 rue René-Leynaud – Ⓜ Croix-Paquet – ℰ 09 87 05 87 25 – www.restaurantcanaima.fr – Fermé lundi, dimanche et du mardi au samedi à midi

LE CANUT ET LES GONES

CUISINE MODERNE • **BISTRO** Une ambiance unique, entre bistrot et brocante – bar en formica, parquet au sol, tapisserie vintage, collection d'horloges anciennes aux murs –, une cuisine moderne et bien rythmée par les saisons, une carte des vins

PRESQU'ÎLE · CROIX · ROUSSE

garnie de plus de 300 références... Dans un coin peu fréquenté de la Croix-Rousse, une adresse à découvrir absolument.

🕳 – Prix : €€

Plan : F1-5 – *29 rue Belfort* – Ⓜ *Croix-Rousse* – ☎ *04 78 29 17 23* – *www. lecanutetlesgones.com* – *Fermé lundi et dimanche*

CERCLE ROUGE

CUISINE FUSION • BISTRO Cette petite façade vitrée, sise dans une rue animée proche de l'Opéra, dissimule un jeune bistrot, proposant une cuisine fusion aux influences asiatiques, sud-américaines, britanniques... à la belle maîtrise technique. Atmosphère très conviviale.

Prix : €€

Plan : F2-42 – *36 rue de l'Arbre-Sec* – Ⓜ *Hôtel de Ville* – ☎ *04 78 28 41 98* – *www.cercle-rouge.fr* – *Fermé dimanche*

CIRCLE

CUISINE MODERNE • CONTEMPORAIN Hommage au rappeur américain Mac Miller et au « cercle » amical des collaborateurs, voilà une adresse qui ne tourne pas en rond ! Le chef Bastian Ruga a bien peaufiné son concept. Soit, sur fond de rap américain, une gastronomie juvénile et sans tabous qui vogue entre une créativité assumée et bien bordée, des influences maghrébines ou asiatiques, et une bonne dose d'affection pour la cuisine traditionnelle – Lyon oblige. Partie intégrante de la proposition, les accords mets-boissons originaux puisent aussi bien dans la bière, les infusions ou la carte de vins nature. Un exemple de plat ? Son cabillaud nacré à souhait, nappé d'une belle hollandaise à l'ail noir, servi avec une réconfortante brandade au gingembre. Service pro et... branché !

🅰🅲 – Prix : €€€

Plan : F2-28 – *11 rue Chavanne* – Ⓜ *Cordeliers* – ☎ *04 78 27 86 93* – *www. circlelyon.fr* – *Fermé lundi et dimanche*

CULINA HORTUS

CUISINE VÉGÉTARIENNE • CONTEMPORAIN Ce restaurant végétarien propose une cuisine travaillée, volontiers créative, au gré d'un menu dégustation (sans choix) composé au fil des saisons. On accompagne le tout d'une courte carte de vins bio et biodynamiques, dont on profite dans un décor cosy et contemporain - bois, béton, pisé.

🕳 ♿ 🅰🅲 – Prix : €€€

Plan : F2-34 – *38 rue de l'Arbre-Sec* – Ⓜ *Hôtel de Ville* – ☎ *04 69 84 71 08* – *www.culinahortus.com* – *Fermé lundi et dimanche*

DANIEL ET DENISE CROIX-ROUSSE

CUISINE LYONNAISE • BOUCHON LYONNAIS Ce Daniel et Denise Croix-Rousse – le troisième du genre, après la rue de Créqui et le quartier St-Jean – rencontre le même succès que ses grands frères. Pour se rassasier d'une cuisine lyonnaise roborative, dans un décor de bouchon à l'ancienne.

♿ 🅰🅲 🍽 – Prix : €€

Plan : F1-13 – *8 rue de Cuire* – Ⓜ *Croix-Rousse* – ☎ *04 78 28 27 44* – *www. danieletdenise.fr* – *Fermé lundi et dimanche*

EPONA

CUISINE MODERNE • CHIC Hôpital pendant huit siècles, l'ancien Hôtel-Dieu a conservé tout son caractère historique. Le restaurant Epona y propose des spécialités régionales piquées de modernité, à déguster dans un beau cadre, façon brasserie de luxe. Et aux beaux jours, l'équipe vous accueille dans une superbe cour-jardin...

♿ 🅰🅲 🍽 – Prix : €€€

Plan : F3-30 – *InterContinental Lyon - Hotel Dieu, 20 quai Jules-Courmont* – Ⓜ *Bellecour* – ☎ *04 26 99 24 24* – *www.lyon.intercontinental.com/ le-restaurant-epona*

PRESQU'ÎLE - CROIX - ROUSSE

L'ÉTABLI

CUISINE MODERNE • CONTEMPORAIN Un vrai coup de cœur que ce restaurant emmené par un ancien de chez Christian Têtedoie. Menu déjeuner au bon rapport qualité-prix, plats dans l'air du temps et de saison (merlu, asperge, fenouil, framboise fumée), on se régale d'un bout à l'autre du repas. Pour ne rien gâcher, le service est attentionné.

AC – Prix : €€€

Plan : F3-35 – *22 rue des Remparts d'Ainay* – Ⓜ *Ampère Victor Hugo* – ☏ *04 78 37 49 83 – www.letabli-restaurant.fr – Fermé samedi et dimanche*

LE GARET

CUISINE LYONNAISE • BOUCHON LYONNAIS Une véritable institution bien connue des amateurs de cuisine lyonnaise : tête de veau, tripes, quenelles ou andouillettes se dégustent en toute convivialité dans un cadre exemplaire du genre. Le tout est complété par une ardoise du jour avec des plats du marché, aux prix raisonnables.

AC ⇔ – Prix : €

Plan : F2-43 – *7 rue du Garet* – Ⓜ *Hôtel de Ville* – ☏ *04 78 28 16 94 – Fermé samedi et dimanche*

LE GRAND RÉFECTOIRE

CUISINE MODERNE • BRASSERIE Au sein de l'Hôtel-Dieu, sous les voûtes séculaires de l'ancien réfectoire des sœurs, cette immense brasserie propose une carte signée Marcel Ravin, le chef doublement étoilé du Blue Bay à Monaco. On déguste une cuisine actuelle aux touches exotiques, avec des influences antillaises. Délicieux bar feutré à l'étage (L'Officine) et plaisante terrasse dans la cour intérieure.

♿🌿 – Prix : €€

Plan : F3-36 – *3 cour Saint-Henri, Grand Hôtel-Dieu* – Ⓜ *Bellecour* – ☏ *04 72 41 84 96 – www.legrandrefectoire.com – Fermé lundi et dimanche soir*

L'INSTITUT RESTAURANT

CUISINE MODERNE • CONTEMPORAIN Place Bellecour, ce restaurant d'application n'a rien d'une école ! Dans un décor très contemporain signé Pierre-Yves Rochon, avec des cuisines ouvertes sur la salle, les élèves délivrent une prestation exigeante. Les assiettes, fort bien maîtrisées, méritent une bonne note. Pourquoi ne pas prolonger votre séjour lyonnais dans l'hôtel d'application lui-même, le Royal ?

♿ AC ⇔ – Prix : €€€

Plan : F3-31 – *Le Royal, 20 place Bellecour* – Ⓜ *Bellecour* – ☏ *04 28 31 69 06 – www.linstitut-restaurant.fr – Fermé samedi et dimanche*

LEPTINE

CUISINE CRÉATIVE • BRANCHÉ Attention les décibels ! La sono fait partie des murs dans ce long couloir baigné de lumière rouge avec son comptoir-cuisine et ses tables collées contre le mur. Quant à la leptine, c'est une hormone régulant la satiété, pas question donc de ressortir d'ici le ventre vide ! Le chef se joue avec doigté des traditions culinaires, de France, d'Asie et d'ailleurs : on se régale d'un siu maï, de nombreuses préparations fermentées et d'assaisonnements japonais... C'est rudement bien fait et l'équipe pro n'est pas avare d'explications. Comptez 2 à 3 plats salés et 1 sucré pour faire un repas complet. Carte des vins nature, sélection de vins au verre intéressante, conseils avisés.

♿🌿 – Prix : €€

Plan : F2-37 – *16 rue Hippolyte-Flandrin* – Ⓜ *Hôtel de Ville* – ☏ *04 78 08 14 03 – www.leptine.fr – Fermé lundi et dimanche*

LE MERCIÈRE Ⓝ

CUISINE TRADITIONNELLE • BOUCHON LYONNAIS Dans le quartier des Cordeliers, ce bouchon traditionnel créé par Jean-Louis Manoa fait figure de véritable sanctuaire de la cuisine lyonnaise traditionnelle : saucisson chaud, œuf meurette, quenelle de brochet ou encore andouillette de chez Bobosse tirée à la ficelle. Tout est fait maison dans les règles de l'art et avec générosité, dans une

PRESQU'ÎLE · CROIX · ROUSSE

ambiance chaleureuse où locaux et touristes sont coude à coude, l'appétit aux aguets. Derrière une façade rouge appétissante, on découvre une double salle séparée par un passage piétonnier couvert - comme un passage parisien !

🍴 – Prix : €€

Plan : F2-53 – *56 rue Mercière* – Ⓜ *Cordeliers* – ☎ *04 78 37 67 35 – www. lemerciere.eatbu.com/?lang=fr*

MAISON LÉA

CUISINE LYONNAISE · BOUCHON LYONNAIS Cette véritable institution locale s'est agrandie sur les quais et bénéficie désormais de plus d'espace et d'une jolie vue sur Fourvière et St-Jean. Les spécialités lyonnaises sont toujours en bonne place, avec deux menus au bon rapport qualité-prix et une carte bien ficelée.

AC ⛶ – Prix : €€

Plan : F2-32 – *11 quai des Célestins* – Ⓜ *Bellecour* – ☎ *04 78 42 01 33 – www. lamerelea.com – Fermé lundi et dimanche*

MONSIEUR P

CUISINE MODERNE · COSY Monsieur P a eu l'audace de prendre ses quartiers de gourmandise dans un lieu mythique de la place des Célestins (jadis hôtel de passe, puis le célèbre Francotte). Installé sur deux étages, l'établissement vous accueille dans plusieurs petites salles à manger bourgeoises, cosy et confortables. Côté assiette, une cuisine de produits franche et goûteuse. Le service est impeccable. Coup de cœur assuré !

♿ AC ⛶ – Prix : €€€

Plan : F2-7 – *8 place des Célestins* – Ⓜ *Bellecour* – ☎ *04 81 18 70 24 – www. monsieurp.fr – Fermé samedi et dimanche*

LE MUSÉE

CUISINE LYONNAISE · BOUCHON LYONNAIS Un bouchon sincère et authentique ! Nappes à carreaux, tables au coude-à-coude, et une sacrée ambiance : le décor est planté. Véritable âme de la maison, Luc, le truculent patron, a un mot pour chaque client. Quant à la cuisine, le chef réalise les classiques avec un vrai savoir-faire : saucisson pistaché brioché fait maison, tablier de sapeur... Que du bon. Prix : €

Plan : F2-44 – *2 rue des Forces* – Ⓜ *Cordeliers* – ☎ *04 78 37 71 54 – Fermé lundi et dimanche, et samedi soir*

REGAIN

CUISINE MODERNE · CONTEMPORAIN Proche des quais de Saône, une jeune équipe propose une jolie cuisine du marché (thon blanc, aubergine, mûre, tempura ; côte et ris de veau de la ferme de Clavisy, salicorne, pommes de terre et beurre blanc ; figue et lait de chèvre) déclinée sous forme d'un menu avec choix le midi, ou des formules dégustation en plusieurs temps le soir. Grande salle lumineuse qui lorgne vers le style industriel.

♿ AC – Prix : €€

Plan : F2-39 – *3 rue d'Algérie* – Ⓜ *Hôtel de Ville-Louis Pradel* – ☎ *09 81 10 65 08 – www.regainrestaurant.fr – Fermé samedi et dimanche*

THOMAS

CUISINE TRADITIONNELLE · BISTRO Le Chef-patron Thomas Ponson n'est pas du genre oisif, il pourrait presque faire rebaptiser la rue Laurencin de son nom, tant ses affaires (bistrot, café, bouchon, restaurant de poissons et fruits de mer) y sont florissantes ! Dans son bistrot mère, il concocte de sympathiques menus le midi, et montre l'étendue de ses capacités techniques le soir, autour de produits plus nobles (noix de Saint-Jacques, pigeonneau, ris d'agneau du Bourbonnais, etc.). Incontournable...

🦞 AC ⛶ – Prix : €€

Plan : F3-47 – *6 rue Laurencin* – Ⓜ *Bellecour* – ☎ *04 72 56 04 76 – www. restaurant-thomas.com – Fermé samedi et dimanche*

PRESQU'ÎLE · CROIX · ROUSSE

LES TROIS DÔMES

CUISINE MODERNE · CONTEMPORAIN Au dernier étage de l'hôtel Sofitel Lyon Bellecour, entre deux coups d'œil sur un panorama unique, on déguste dans un cadre épuré une cuisine d'esprit brasserie contemporaine (tartare de daurade et langoustine, cœur de saumon mi-fumé confit...) avec quelques classiques revisités : lentilles vertes, saucisson lyonnais, voile de porto ; brioche de brochet, petit épeautre, sauce écrevisse.

⇐ & 🆔 – Prix : €€€

Plan : F3-25 – *Sofitel Lyon Bellecour, 20 quai du Docteur-Gailleton –* Ⓜ *Bellecour –* 📞 *04 72 41 20 97 – www.les-3-domes.com – Fermé dimanche soir*

🛏 BOSCOLO LYON

Plus

CLASSIQUE · ÉLÉGANT Situé sur la presqu'île et à deux pas de la place Bellecour, cet hôtel entièrement rénové illustre l'architecture haussmannienne de bien charmante manière. À l'intérieur, c'est un luxe discret et italianisant qui s'exprime en douceur dans les chambres et les suites. Au sous-sol, piscine intérieure et espace bien-être.

& 🆔 🛎 🅿 🌥 ⟲ 🚲 ⛱ 🛜 ♨ ⅋ – 133 chambres
11 quai Jules Courmont – 📞 *04 87 25 72 00*

🛏 HÔTEL DE L'ABBAYE

MODERNE · ÉLÉGANT Situé juste à côté de la Basilique de Saint-Martin d'Ainay, l'Hôtel de l'Abbaye a lui-même une longue histoire. Aujourd'hui hôtel de luxe, il mise sur une décoration parfaitement équilibrée entre héritage et esprit contemporain : ses designers ont réussi l'alliance de pièces vintage, des classiques du design et du luxe moderne.

🆔 🅿 ⟲ ⅋ – 21 chambres
20 rue de l'Abbaye d'Ainay – 📞 *04 78 05 60 40*
L'Artichaut - Voir la sélection des restaurants

🛏 INTERCONTINENTAL HÔTEL-DIEU LYON

CONTEMPORAIN · RAFFINÉ Cet imposant édifice, sur les rives du Rhône, est constitué de deux bâtiments des 18e et 19e s. Dans un contraste réussi avec son architecture, ses intérieurs révèlent un pur luxe contemporain. Chambres et suites allient subtilement personnalité et rafinement, tandis que les espaces publics conjuguent de manière plus spectaculaire design contemporain et ornementation classique. Le salon, grandiose et accueillant, reçoit autant les Lyonnais que les visiteurs.

🆔 🛎 🅿 ⟲ 🍴 🛜 ♨ ⅋ – 144 chambres
20 quai Jules Courmont – 📞 *04 26 99 23 23*
Epona - Voir la sélection des restaurants

🛏 MOB HÔTEL LYON CONFLUENCE

AVANT-GARDE · CONVIVIAL Fort de son concept "d'hôtel pour les gens", le Mob Hotel a choisi pour son adresse lyonnaise le nouveau quartier Confluence, jeune et vivant. La silhouette si particulière du bâtiment donne une identité bien marquée. Les chambres, quoique peu spacieuses, ont été pensées avec autant d'attention : un décor épuré, en béton et bois blond, avec quelques judicieuses touches de couleur et de textures. Mais la clientèle apprécie surtout les cours de yoga, concerts, boutiques pop-up et les divers événements qui animent le charmant restaurant méditerranéen et sa terrasse en bord de rivière.

🆔 🅿 🚗 ⟲ 🎿 ⛾ ⅋ – 99 chambres
55 quai Rambaud – 📞 *04 58 55 55 88*

🛏 LE ROYAL

CLASSIQUE · RAFFINÉ Difficile d'imaginer un grand hôtel plus élégant. Immeuble haussmannien éclairé par un dôme de style Renaissance, cette référence lyonnaise domine la place Bellecour. Grâce à une rénovation inspirée, l'esprit des lieux est

PRESQU'ÎLE-CROIX-ROUSSE

intact : les étoffes aux motifs classiques et le décor à la palette de rouges et de bleus
anoblissent mobilier et accessoires, anciens comme contemporains.

&. AC ♨ P 🐾 ☁ ⼝ - 74 chambres

20 place Bellecour – *☎ 04 78 37 57 31*

L'Institut Restaurant - Voir la sélection des restaurants

🛏 **SOFITEL LYON BELLECOUR** *Plus*

CONTEMPORAIN • RAFFINÉ Un Sofitel luxueux et élégant, de facture contemporaine, où la soie – fierté des célèbres canuts lyonnais – est à l'honneur ! Pour
l'anecdote, Bill Clinton a séjourné dans la suite présidentielle.

&. AC ♨ P 🐾 ☁ 🦽 🐾 ♨ 🛁 🧖 ⼝ - 164 chambres

20 quai Gailleton – *☎ 04 72 41 20 20*

Les Trois Dômes - Voir la sélection des restaurants

LES BROTTEAUX - LA PART-DIEU - LA GUILLOTIÈRE - GERLAND

3ᴱ - 6ᴱ - 7ᴱ - 8ᴱ ARRONDISSEMENTS

LYON

✿✿ **LE NEUVIÈME ART**

Chef : Christophe Roure

CUISINE CRÉATIVE • CONTEMPORAIN C'est notamment dans les cuisines
de Paul Bocuse ou de Régis Marcon que Christophe Roure, titulaire de trois CAP
(cuisine, charcuterie, pâtisserie, qui dit mieux !) a fait son apprentissage. Meilleur
Ouvrier de France en 2007, installé à Lyon depuis 2014, il fait jour après jour l'éta-
lage de ses qualités : une subtile inventivité, une précision dans les mariages de
saveurs, sans oublier un choix de produits irréprochable. À titre d'exemple, son
ragoût de coquillages et mousserons est une merveille d'équilibre et de finesse où
la sauce hollandaise parfumée à la citronnelle vient révéler l'iode et les notes de
sous-bois du champignon. À savourer tous les sens en éveil, comme on écouterait
la... 9e symphonie de Mahler.

🐝 &. AC – Prix : €€€€

Plan : H2-49 – *173 rue Cuvier* – Ⓜ *Brotteaux* – *☎ 04 72 74 12 74* – *www.
leneuviemeart.com* – *Fermé lundi, dimanche et mardi midi*

✿✿ **TAKAO TAKANO**

Chef : Takao Takano

CUISINE CRÉATIVE • DESIGN Comment ne pas admirer le parcours de Takao
Takano ? Originaire de la préfecture de Yamanashi, au Japon, il a rapidement abandonné des études de droit pour se consacrer à sa véritable passion : la cuisine.
Depuis 2013, il est installé dans le 6e arrondissement de Lyon, dans un intérieur
tout en élégance et en sobriété. Si le restaurant, depuis son ouverture, fait presque
toujours salle comble, c'est grâce à ses assiettes tout en originalité et en finesse,
qui régalent et surprennent dans le même mouvement. Et remplissent à merveille
l'objectif que s'est fixé le chef : "Faire simple et bon." Attardons-nous un moment
sur ces langoustines bretonnes juste saisies, navet fane fondant et anguille fumée,
ou ce pigeonneau de Bresse, accompagné d'asperges vertes, guanciale et truffe
du Vaucluse... Équilibre gustatif, intelligence de la composition : tout Takao Takano
est là.

🐝 &. AC – Prix : €€€€

Plan : G2-50 – *33 rue Malesherbes* – Ⓜ *Foch* – *☎ 04 82 31 43 39* – *www.
takaotakano.com* – *Fermé samedi, dimanche et lundi midi*

LES BROTTEAUX - LA PART-DIEU - LA GUILLOTIÈRE - GERLAND

LE GOURMET DE SÈZE

Chef : Bernard Mariller

CUISINE CLASSIQUE • ÉLÉGANT Une trentaine d'années déjà que Bernard Mariller, l'un des rénovateurs de la scène culinaire lyonnaise dans les années 1990, officie dans cette rue, à quelques pas seulement de l'adresse d'origine. Et ce fils et petit-fils d'agriculteurs de Saône-et-Loire, passé chez Joël Robuchon, Jacques Lameloise et Michel Troigros, a toujours la pêche ! Il réalise une cuisine moderne et goûteuse autour de produits de saison, souvent nobles (Saint-Jacques d'Erquy, bar de ligne de Bretagne...). Sa rigueur et son sérieux, ainsi que ses redoutables talents de saucier, sont toujours au rendez-vous.

🕸 ⅃ 🄰🄲 ⌸ – Prix : €€€€

Plan : H2-51 – *125 rue de Sèze* – Ⓜ *Masséna* – ☎ *04 78 24 23 42 – www. legourmetdeseze.com – Fermé lundi, dimanche et du mardi au jeudi à midi*

MIRAFLORES

Chef : Carlos Camino

CUISINE PÉRUVIENNE • INTIME Le chef Carlos Camino, natif du Pérou, vous entraîne dans un réjouissant voyage culinaire franco-péruvien au cœur d'un bel espace contemporain, avec sa cuisine ouverte. Le lieu, chic et raffiné, accueille la cuisine sincère et personnelle d'un chef dont la maturité et l'engagement magnifient des produits de grande qualité. Saveurs percutantes et jeux sur les textures : une cuisine intelligente et poétique, à l'image de ce ceviche hierba luisa, leche de tigre au cacao noir, ou cette pota (calmar géant) braisée palo santo, écume de mer et sauce nikkei. Une adresse savoureuse et voyageuse.

⅃ 🄰🄲 – Prix : €€€€

Plan : H2-52 – *112 boulevard des Belges* – Ⓜ *Brotteaux* – ☎ *04 78 24 49 71 – www.restaurant-miraflores.com – Fermé lundi, dimanche et du mardi au samedi à midi*

OMBELLULE Ⓝ

Chefs : Tabata et Ludovic Mey

CUISINE CRÉATIVE • CLASSIQUE Dans l'écrin d'une ancienne brasserie de luxe, Tabata et Ludovic Mey (ex-Apothicaires) ont créé un restaurant dont l'atmosphère évoque celle d'un wagon de l'Orient-Express : boiseries sombres, fresques paysagères et banquettes rouge bordeaux qui rappellent les années 1930. Créative et technique, la cuisine du couple déroule le tapis rouge aux produits végétaux sans chercher la facilité, comme l'illustre cette entrée étonnante autour de la salade. Quant au ris de veau cuit au beurre noisette et légèrement fumé, artichaut Camus, vin jaune et noix, s'il relève d'une inspiration plus classique, il témoigne de la même précision culinaire. Offre complémentaire à la brasserie Roseaux voisine.

🕸 ⅃ – Prix : €€€€

Plan : G2-6 – *36 cours Franklin-Roosevelt* – Ⓜ *Foch* – ☎ *04 51 68 08 90 – www. ombellule.fr – Fermé samedi et dimanche, et mardi midi*

AGASTACHE

CUISINE CRÉATIVE • CONTEMPORAIN Dans ce bistrot au décor simple mais actuel, on se régale d'une cuisine "d'instinct" contemporaine et fort travaillée. Produits, saisons, inspiration végétale : le résultat est bluffant d'élégance formelle et de cohérence gustative. Ajoutons à cela une générosité non feinte, une atmosphère conviviale et vous obtenez l'une des valeurs sûres de la rive gauche.

⅃ 🄰🄲 – Prix : €€

Plan : G2-56 – *134 rue Duguesclin* – Ⓜ *Foch* – ☎ *04 78 52 30 31 – www. agastache-restaurant-lyon.fr – Fermé samedi et dimanche, et mercredi soir*

BERGAMOTE

CUISINE MODERNE • CONVIVIAL Dans un quartier en pleine évolution, soudain... une perle gastronomique ! Dans un joli cadre cosy et nature, le jeune chef Maxime Pujol démontre un vrai savoir-faire technique et nous régale de savoureuses

LES BROTTEAUX - LA PART-DIEU - LA GUILLOTIÈRE - GERLAND

assiettes de saison, nettes et soignées – le tout pour un prix très abordable au déjeuner. Cuisine plus ambitieuse autour de menus surprise le soir.

🅰🅲 🍴 – Prix : €€

Plan : B2-86 – *123 rue de Gerland –* Ⓜ *Place Jean-Jaurès –* ☏ *04 78 72 64 32 – www.restaurant-bergamote.fr – Fermé samedi et dimanche, et lundi et mardi soir*

DANTON

CUISINE MODERNE • BISTRO Dans ce néobistrot convivial, pas de tergiversation : la carte est courte et maîtrisée, les recettes vont à l'essentiel, dans une veine aussi canaille que gourmande (avec une carte des vins faisant honneur à la région, mais pas seulement). Le petit plus qui fait la différence ? Le Chef démontre un vrai savoir-faire technique, à l'image des cuissons parfaitement maîtrisées ou des desserts qui n'ont rien à envier à un chef pâtissier. L'accueil est souriant et le service efficace. En cas d'affluence, allez sonner à l'annexe mitoyenne « L'Escapade Danton ».

🅰🅲 – Prix : €€

Plan : H3-74 – *8 rue Danton –* Ⓜ *Part Dieu –* ☏ *04 37 48 00 10 – www.danton-restaurant.fr – Fermé samedi et dimanche*

LE JEAN MOULIN

CUISINE MODERNE • CONTEMPORAIN Dans ce bistrot organisé autour d'une cave vitrée, on déguste une agréable cuisine du marché concoctée par le chef Grégoire Baratier. Le menu change régulièrement, mais citons ces deux exemples : fine tartelette croustillante aux escargots de Bourgogne, crémeux champignons et pesto de persil ; moelleux au marron d'Ardèche, clémentine confite, sorbet poire et cardamome. Une cuisine fraîche et bien réalisée, où affleurent parfois des clins d'œil à la tradition lyonnaise.

♿ 🅰🅲 – Prix : €€

Plan : G2-57 – *45 rue de Sèze –* Ⓜ *Masséna –* ☏ *04 78 37 37 97 – www.lejeanmoulin-lyon.com – Fermé lundi et dimanche*

LE KITCHEN

CUISINE MODERNE • BRANCHÉ Dans le quartier des facultés Louis Lumière et Jean Moulin, ce Kitchen-là est une affaire qui roule. Le cadre design est délicieusement Art déco et scandinave (comme la patronne) ; la vitrine de pâtisseries/viennoiseries (à emporter ou à consommer sur place) de son compagnon pâtissier met l'eau à la bouche (le lieu ouvre du petit-déjeuner au goûter, mais pas au dîner). On y savoure des assiettes délicates et gourmandes, faisant la part belle aux produits bio – notamment légumes – de la région...

♿ 🍴 – Prix : €

Plan : F3-58 – *34 rue Chevreul –* Ⓜ *Jean Macé –* ☏ *06 03 36 42 75 – www.lekitchenlyon.com – Fermé mardi et mercredi, et le soir*

M RESTAURANT

CUISINE DU MARCHÉ • CONTEMPORAIN Survitaminée ! La table de Julien Gautier met de la bonne humeur dans la chic avenue Foch, bordée de platanes. Imaginez un décor chic et sobre dans les tons bleutés, des fauteuils design en feutre gris, des tables nappées, un bar et sa vinothèque entourés d'une verrière... Même énergie côté service – assuré par une équipe pro et enthousiaste – et côté cuisine. Le chef, un ancien de Léon de Lyon, propose notamment un appétissant menu du marché. Il sait mettre la technicité et le savoir-faire acquis dans cette grande maison au service de fines saveurs tout à fait adaptées à l'esprit de notre époque. Superbes madeleines au miel avec leur sorbet au fromage blanc en dessert. Il faut le dire franchement : on M.

🅰🅲 🍴 – Prix : €€

Plan : G2-59 – *47 avenue Maréchal-Foch –* Ⓜ *Foch –* ☏ *04 78 89 55 19 – www.mrestaurant.fr – Fermé samedi et dimanche*

LYON

LES BROTTEAUX · LA PART-DIEU · LA GUILLOTIÈRE · GERLAND

SAUF IMPRÉVU

CUISINE DU MARCHÉ · BISTRO On peut tirer à Félix Gagnaire, pâtissier de formation et fils de Pierre – que l'on ne présente plus, multi-étoilé en France et à l'étranger –, un sacré coup de chapeau pour ce restaurant tout proche des quais du Rhône. Son équipe y propose une cuisine savoureuse, avec un œil rivé sur la tradition : pâté en croûte chaud ; quasi de veau rôti au thym, purée de patate douce au chorizo ; baba au rhum et agrumes. La clientèle se délecte de plats gourmands et goûteux, comme de rigueur dans ces contrées rhônalpines. Tout est frais et fait maison, tout tombe juste... Une valeur sûre.

⇔ – Prix : €€

Plan : G2-61 – *40 rue Pierre-Corneille* – Ⓜ *Foch* – ✆ *04 78 52 16 35 – www.sauf-imprevu.fr – Fermé samedi et dimanche, et lundi et mardi soir*

SIPRÈS

CUISINE MODERNE · CONVIVIAL Deux Alexis, l'un au salé et l'autre au sucré, ont ouvert sur la place du Prado cette table conviviale avec ses murs de pierres apparentes et son carrelage mural. Leur complicité fait mouche dès l'entrée (gourmande) avec ce pâté en croûte fait maison à 4 mains, nimbé d'une pâte bien dorée et croustillante réalisée par le pâtissier, et entourant une goûteuse farce bien assaisonnée exécutée par le chef. Il est suivi d'un kefta de lieu jaune, pois chiche, ail confit et sauce tomate harissa, une réinterprétation intéressante de ce plat, en version parfumée et voyageuse. Adapté à la clientèle pressée du midi, le menu déjeuner change chaque semaine ; au dîner, on découvre un menu-carte plus ambitieux renouvelé au gré des saisons et du marché.

&. 🅰 – Prix : €€

Plan : G3-45 – *2 place du Prado* – Ⓜ *Jean Macé* – ✆ *04 87 78 43 02 – www.sipresrestaurant.fr – Fermé samedi et dimanche, et lundi soir*

VERONATUTI

CUISINE ITALIENNE · Une salade d'inspiration sicilienne au fenouil et à l'orange en entrée, une recette d'Émilie-Romagne en plat (un stracotto de bœuf braisé au vin rouge, carottes et oignons) et enfin un dessert d'inspiration lombarde et piémontaise (une glace maison à la "farina bòna", à base de maïs torréfié, crumble de sbrisolona et fine feuille de chocolat) : c'est à un véritable voyage gastronomique à travers l'Italie qu'invitent les deux compères de cette authentique trattoria. Tout est frais et maison, et le café vient même d'un torréfacteur artisanal lyonnais. Un régal à prix doux.

Prix : €€

Plan : G3-70 – *122 rue Montesquieu* – Ⓜ *Saxe-Gambetta* – ✆ *0437661622 – www.veronatuti.com – Fermé lundi et dimanche, et mardi et samedi soir*

LE ZESTE GOURMAND

CUISINE MODERNE · CONTEMPORAIN Contrairement au nom du restaurant, ce n'est pas le zeste mais bien toute l'assiette qui se veut gourmande à la table de Benjamin Bouvard qui a fait ses classes chez Bocuse et la Pyramide. La cuisine est au diapason de la décoration de la salle, épurée et dans l'air du temps. Les produits sont de qualité et bien travaillés autour de variations de texture à l'image du cromesquis de joue de bœuf confite, jus réduit, crémeux persil racine, pickles. La volaille des Dombes twistée par une marinade thaïe est une proposition créative au dressage pensé. Pour finir le feuille-à-feuille chocolat et sapin montre la maîtrise du produit et le désir d'une présentation soignée. Le service en salle est bien rythmé et chaleureux.

&. 🅰 – Prix : €€

Plan : G2-66 – *93 rue Bossuet* – Ⓜ *Masséna* – ✆ *04 78 26 07 97 – www.lezestegourmand.fr – Fermé samedi, dimanche et lundi midi*

L'ALEXANDRIN

CUISINE MODERNE · CONTEMPORAIN Voilà plus d'un quart de siècle maintenant que le chef Laurent Rigal régale discrètement à l'abri du Palais de Justice. Insensible aux modes, il trace tranquillement son sillon entre produits nobles

LES BROTTEAUX - LA PART-DIEU - LA GUILLOTIÈRE - GERLAND

(homard breton, volaille de Bresse...) et touches actuelles. Mention spéciale pour le menu "tendance légumes", où végétal et créativité s'entendent à merveille.

AC – Prix : €€€

Plan : G2-83 – *83 rue Moncey –* ⓜ *Place Guichard –* ℰ *04 72 61 15 69 – www. lalexandrin.fr – Fermé lundi et dimanche*

L'ARGOT

SPÉCIALITÉS DE VIANDES • CONVIVIAL Dans le quartier des Brotteaux, un restaurant qui fait boucherie, à moins que ce ne soit le contraire... Le client choisit sa pièce de viande dans l'armoire vitrée – bœuf du Limousin, de Galice, d'Aubrac, agneau et veau d'Auvergne... – que le chef accompagne de la garniture du jour. Simple et savoureux.

AC ⇔ – Prix : €€

Plan : H2-68 – *132 rue Bugeaud –* ⓜ *Brotteaux –* ℰ *04 78 24 57 88 – Fermé lundi et dimanche, et mardi, mercredi et samedi soir*

BISTRO B ⓝ

CUISINE MODERNE • BISTRO Ce néo-bistrot du 6ème propose une cuisine traditionnelle modernisée, qui se fait voyageuse selon les plats : tataki de bœuf au miso, céleri-rave mariné au vinaigre de noix ; cuisse de pintade, purée de pommes de terre truffée et champignons ; merlu au chou pak-choï, légumes de saison et sauce curry... Service convivial.

AC ⌂ – Prix : €€

Plan : G2-71 – *90 rue Duguesclin –* ⓜ *Masséna –* ℰ *04 78 89 12 21 – bistro-b. eatbu.com – Fermé lundi et dimanche, et mardi soir*

CAZENOVE

CUISINE TRADITIONNELLE • CLASSIQUE Un décor "so British", avec une ronde de sculptures en bronze et fauteuils Chesterfield... Dans cette atmosphère très chaleureuse, sous la houlette du Meilleur Ouvrier de France Pierre Orsi, on propose une cuisine de bistrot chic, classique et maîtrisée. L'adresse fait régulièrement salle comble !

AC – Prix : €€

Plan : G2-64 – *75 rue Boileau –* ⓜ *Masséna –* ℰ *04 78 89 82 92 – www. le-cazenove.com – Fermé lundi, samedi et dimanche*

CELEST

CUISINE MODERNE • CONTEMPORAIN Au 32e étage de la Tour de la Part-Dieu (165m en tout), que les Lyonnais appellent "Le Crayon", on découvre à la fois la ville magnifique et une cuisine actuelle épurée qui fait la part belle au produit. Chou-fleur, maïs et miel ; canette des Dombes et champignons sauvages ; poire Williams, riz aux baies...

⇐ & AC – Prix : €€€

Plan : G2-84 – *Radisson Blu Lyon, 129 rue Servient –* ⓜ *Part-Dieu –* ℰ *04 78 63 55 46 – www.celest-bar-restaurant.com – Fermé lundi, dimanche et du mardi au samedi à midi*

DANIEL ET DENISE CRÉQUI

CUISINE LYONNAISE • BOUCHON LYONNAIS Joseph Viola, Meilleur ouvrier de France, règne sur ce petit bouchon pur jus, au décor patiné par le temps. Il propose des recettes traditionnelles parfaitement réalisées (tête de veau, quenelle de brochet...), à base de superbes produits, avec quelques suggestions de saison. Son plat fétiche ? Le pâté en croûte au ris de veau et foie gras... Laissez-vous tenter !

AC ⌂ – Prix : €€

Plan : G2-73 – *156 rue de Créqui –* ⓜ *Place Guichard –* ℰ *04 78 60 66 53 – www. danieletdenise.fr – Fermé samedi et dimanche*

LES BROTTEAUX - LA PART-DIEU - LA GUILLOTIÈRE - GERLAND

FUJIYAMA 55 ⓝ

SPÉCIALITÉ RAMEN · SIMPLE Un DJ japonais installé à Lyon a voulu cloner en France une institution du ramen au Japon. Son comptoir aux airs indus du quartier de la Guillotière accueille l'un de ses compatriotes, un musicien d'origine s'étant formé à la rude université du ramen. Tout est fait maison, gyozas et desserts compris, et les produits sont locaux s'ils ne sont pas asiatiques (comme le porc fermier). Jolie sélection de sakés pour éponger toute nostalgie nippone !
Prix : €

Plan : G3-76 – *40 avenue Jean-Jaurès* – Ⓜ *Saxe-Gambetta* – ☎ *06 52 95 55 62* – *www.fujiyama55-ramen.com* – *Fermé dimanche*

OSTERIA MATTO

CUISINE ITALIENNE · BISTRO Bon sang ne saurait mentir : celui qui coule dans les veines du chef Thomas Asti est en partie transalpin. Il a donc décidé d'ouvrir, avec son associée, une trattoria au décor de bistrot qui puise dans les meilleures recettes de la botte pour régaler une clientèle de quartier déjà fidèle. Bienvenus donc les vitello tonnato, bagna cauda, veau aux gnocchis de pomme de terre maison et autre tarte au citron de Sicile comme à la casa... le tout arrosé de vins italiens de qualité. Une adresse sérieuse.
♿ AC – Prix : €€

Plan : G2-54 – *23 rue de Sèze* – Ⓜ *Foch* – ☎ *04 72 71 79 66* – *www.osteria-matto.eatbu.com* – *Fermé samedi et dimanche*

LE PRÉSIDENT

CUISINE MODERNE · CONTEMPORAIN Une institution lyonnaise tenue par Christophe Marguin, qui puise son inspiration dans la belle cuisine classique, modernisée dans la forme : macaroni farcis au foie de volaille et truffe, jus de volaille et crème d'Etrez ; pomme de ris de veau meunière, carottes glacées, etc. Et le "Président" dans tout ça ? Il s'agit d'Edouard Herriot, alors maire de Lyon, qui avait l'habitude de venir y prendre son café...
♿ AC 🌳 ⇔ – Prix : €€€

Plan : G1-14 – *11 avenue de Grande-Bretagne* – Ⓜ *Foch* – ☎ *04 78 94 51 17* – *www.restaurantlepresident.com* – *Fermé samedi et dimanche*

PY RESTAURANT

CUISINE MODERNE · CONTEMPORAIN Dans cette petite brasserie des quartiers chics, Pierre (en cuisine) et Yuko (en salle) font des merveilles. On s'attable dans un décor contemporain pour déguster des assiettes travaillées et généreuses. Le soir, le menu-carte s'enrichit de suggestions plus nobles, à l'image de ce pâté en croûte de lièvre.
AC 🌳 – Prix : €€

Plan : G2-55 – *16 cours Vitton* – Ⓜ *Masséna* – ☎ *04 78 52 71 30* – *www.pyrestaurant.fr/fr* – *Fermé lundi et dimanche*

SAKU RESTAURANT

CUISINE MODERNE · SIMPLE Saku, c'est le surnom du chef de cette adresse abritée derrière une devanture discrète. Lui et son épouse, japonais tous deux, proposent une réjouissante cuisine française bien dans l'air du temps. Les produits sont frais, les assiettes soignées, les prix doux, l'accueil des plus sympathiques : on passe un bon moment.
AC – Prix : €€

Plan : G3-60 – *27 rue Rachais* – Ⓜ *Garibaldi* – ☎ *04 78 69 45 31* – *www.sakurestaurant.fr* – *Fermé mercredi et dimanche*

SINABRO

CUISINE CORÉENNE · SIMPLE Envie d'un excellent bibimbap et d'authentique cuisine coréenne ? Alors bienvenue dans ce bistrot de poche où tout est fait maison. On

LES BROTTEAUX - LA PART-DIEU - LA GUILLOTIÈRE - GERLAND

apprécie la carte resserrée, la belle qualité de la viande sélectionnée par un MOF, ainsi que le service pro et souriant. Une cuisine saine et savoureuse – jusqu'au dessert.

🅰️ – Prix : €

Plan : H2-81 – *126 rue de Sèze* – Ⓜ *Masséna* – ☎ *04 78 52 74 34* – *www.sinabro. fr* – *Fermé dimanche et lundi midi*

LE SULLY

CUISINE LYONNAISE • **BOUCHON LYONNAIS** Un petit bistrot ouvert par Julien Gautier (propriétaire du M Restaurant voisin) dans un esprit de bouchon modernisé : gâteau de foies de volaille, foie de veau en persillade et tête de veau sauce ravigote sont à l'ardoise, pour notre plus grand plaisir. C'est gourmand et bien exécuté : on en redemande.

🅰️ – Prix : €€

Plan : G1-72 – *20 rue Sully* – Ⓜ *Foch* – ☎ *04 89 41 07 97* – *www.lesullylyon.fr* – *Fermé samedi et dimanche*

LE SUPRÊME

CUISINE MODERNE • **TRADITIONNEL** Fruit de l'amour d'un couple de cuisiniers franco-coréen qui s'est rencontré à New-York, ce bistrot vintage de charme met à l'honneur l'iconique gallinacé. Le chef, ancien bras droit de Daniel Boulud, signe un gâteau de foies blonds de haute volée et une poularde demi-deuil, si réussie qu'elle est déjà classique. Il invite aussi avec brio la poire Nashi entre les Saint-Jacques et les choux de Bruxelles en tarte fine. En saison, on travaille le gibier local. Sélection de vins pointue.

♿ 🅰️ 🍽️ – Prix : €€

Plan : G3-82 – *106 cours Gambetta* – Ⓜ *Garibaldi* – ☎ *04 78 72 32 68* – *www. lesupremelyon.fr* – *Fermé lundi, dimanche, samedi midi et mardi soir*

LA TABLE 101

CUISINE MODERNE • **CONTEMPORAIN** Dans le quartier de la Part-Dieu, non loin des halles Paul-Bocuse, l'adresse d'Olivier et Maryline Delbergues propose une cuisine du marché avec quelques touches créatives : tataki de truite de mer, radis red meat aigre-doux, pulpe de potimarron, pomme verte et noix de pécan... Jolie sélection de vins.

🅰️ 🍽️ 🪑 – Prix : €€

Plan : G2-62 – *101 rue Moncey* – Ⓜ *Place Guichard* – ☎ *04 78 60 90 23* – *www. latable101.fr* – *Fermé samedi et dimanche*

TAGGAT

CUISINE CRÉATIVE • **CONTEMPORAIN** Dans ce bistrot de style contemporain doté de touches indus', le chef maîtrise bien son sujet, en l'occurrence une cuisine plutôt créative qui n'a pas peur des saveurs franches : burrata et concombre, mojo verde, chips de pain, ail confit et poudre d'olives noires ; saint-pierre, caponata, feuilletage à l'olive et jus de poivron rouge... Menu déjeuner, et le soir une carte dans le même esprit élaborée avec des produits plus nobles.

♿ 🅰️ 🍽️ 🪑 – Prix : €€

Plan : G2-48 – *110 rue Vendôme* – Ⓜ *Foch* – ☎ *04 78 52 09 31* – *www.taggat. fr* – *Fermé samedi et dimanche*

YKA BAR & CEVICHE

CUISINE PÉRUVIENNE • **CONTEMPORAIN** Comptoir informel du restaurant gastronomique franco-péruvien étoilé Miraflores, Yka est un lieu idéal pour un after-work aux Brotteaux. Dans un décor chaleureux et contemporain (belle fresque murale colorée représentant des Péruviens de la région de Cusco), on goûte à un cocktail au pisco, on picore quelques empanadas et leur tiède pâte feuilletée fourrée de bœuf et de petits pois, ou l'on choisit un ceviche parmi ceux qui sont proposés.

🅰️ 🍽️ – Prix : €€

Plan : H2-16 – *112 boulevard des Belges* – Ⓜ *Brotteaux* – ☎ *04 78 24 49 71* – *www.restaurant-miraflores.com/yka* – *Fermé lundi et dimanche*

LES BROTTEAUX-LA PART-DIEU-LA GUILLOTIÈRE-GERLAND

 MAMA SHELTER LYON

AVANT-GARDE • CHALEUREUX Comme ses cousines, cette Mama Shelter met en avant une déco branchée (béton brut, objets design, détails décalés…) et des chambres résolument contemporaines, tendance minimaliste. Quant au brunch du dimanche, il ravira les amateurs !

AC P ⌂ ⌃ ⌨ ⏃ - 156 chambres

13 rue Domer – ☏ 04 78 02 58 00

 OKKO LYON PONT LAFAYETTE

CONTEMPORAIN • CHARME Situé sur les rives du Rhône, dans l'ancienne préfecture du 6e arrondissement de Lyon, cet établissement fait partie d'une famille grandissante et française d'hôtels de charme. Et si son architecture est haussmannienne, ses intérieurs, signés Patrick Norguet, sont aussi contemporains que possible, du mobilier design aux couleurs saturées jusqu'aux tons de pierres précieuses. Il n'y a pas de restaurant, mais l'hôtel sert le petit-déjeuner, un apéritif quotidien à l'italienne, ainsi qu'un menu léger toute la journée.

AC ⌃ - 85 chambres

14 bis quai Général Sarrail – ☏ 04 28 00 02 50

VIEUX-LYON - VAISE

5ᴱ - 9ᴱ ARRONDISSEMENTS

 AU 14 FÉVRIER

Chef : Tsuyoshi Arai

CUISINE CRÉATIVE • DESIGN Le 14 février est installé rue du Bœuf, au cœur du vieux Lyon, parmi les hôtels particuliers Renaissance, les ruelles pavées et autres galeries à arcades… De quoi se mettre en appétit pour déguster le menu surprise du chef Tsuyoshi Arai dont le talent et l'imagination ne sont plus à prouver. Natif de Kyoto, il appartient à la grande famille des chefs japonais tombés amoureux du patrimoine culinaire gaulois. Il magnifie des produits d'une fraîcheur exceptionnelle (volaille de la maison Miéral, bœuf Wagyu) en jouant sur les textures, l'amertume et l'acidité : petits pois, fèves et pois gourmands avec tamarin, tourteau et caviar ; tatin de betterave avec fraises et foie gras ; pigeonneau cuit au feu de bois de cerisier… À chaque repas, il enchante son auditoire avec sa symphonie saisonnière. Quant au service, il est d'une extrême gentillesse.

❀ AC ⇔ – Prix : €€€€

Plan : E2-20 – *36 rue du Bœuf –* Ⓜ *Vieux Lyon – ☏ 04 78 92 91 39 – www.ly-au14fevrier.com – Fermé samedi, dimanche et du lundi au jeudi à midi*

✿ **LA SOMMELIÈRE**

CUISINE MODERNE • INTIME Tous deux originaires du Japon, la propriétaire sommelière Shoko Hasegawa et le chef Takafumi Kikuchi ont fourbi leurs armes au fameux 14 Février de Saint-Valentin (Indre). Dans ce micro-restaurant de huit couverts au cœur du vieux Lyon, Mme Hasegawa assure un service plein d'attentions, tandis que le chef met son implacable rigueur au service d'une cuisine personnelle et bien de saison : consommé de crustacés, tomate et fromage ; foie gras de canard fumé et déclinaison de maïs ; maigre de ligne façon "acqua pazza"… Une expérience rehaussée par des accords mets-vins millimétrés et un bon rapport qualité-prix. Pensez absolument à réserver : les places sont chères !

❀ AC – Prix : €€€

Plan : E2-22 – *6 rue Mourguet –* Ⓜ *Vieux Lyon – ☏ 04 78 79 86 45 – www.la-sommeliere.net – Fermé lundi, mardi et du mercredi au samedi à midi*

VIEUX-LYON - VAISE

LES TERRASSES DE LYON

CUISINE MODERNE • ÉLÉGANT Juché sur la colline de Fourvière, ce couvent Renaissance abrite désormais un hôtel et un restaurant charmants, avec une verrière panoramique qui offre aux convives un panorama splendide sur les toits du vieux Lyon, en toute saison : on croirait presque toucher du doigt la cathédrale Saint-Jean. Il fallait ici un chef qui ne manque pas de vue, ni de perspectives ! Ce dernier maîtrise tous les aspects de la cuisine française et donne souvent une tournure régionale à ses plats, fumant son pigeon (ou son homard) sur des sarments de vigne du Beaujolais, cuisinant la féra du Léman, la truite saumonée d'Isère et les escargots du Lyonnais. Desserts classiques de belle facture : charlotte, profiteroles, soufflé chaud...

⌘ ⌂ ⌐ ⌗ ⌑ ⌂ 🅿 – Prix : €€€€

Plan : E2-18 – *Villa Florentine, 25 montée Saint-Barthélémy* – Ⓜ *Fourvière* – 𝒞 *04 72 56 56 56 – www.villaflorentine.com/fr/restaurant.html – Fermé lundi, dimanche et mardi midi*

TÊTEDOIE

Chef : Christian Têtedoie

CUISINE CRÉATIVE • DESIGN À l'instar de son mentor Paul Bocuse, Christian Têtedoie a bâti un petit empire gourmand. Juché sur la colline de Fourvière, véritable balcon sur la ville, son restaurant Têtedoie en est la vitrine gastronomique. Défenseur des traditions culinaires françaises, ce fan d'art contemporain ne cesse de les explorer avec talent, voire de les moderniser. Nougats aux escargots, foie gras et pistaches ; rouget en portefeuille, carottes des sables et sauce bécasse ; colvert, marron grillé et courge "little Jack": ces noms de plats ne ressemblent-ils pas à une exposition de peinture abstraite ? Enfin, impossible de ne pas mentionner son plat signature, ce homard en cocotte et cromesquis de tête de veau, désormais rebaptisé HTV. Générosité, sensibilité, jeux intelligents sur les textures et les saveurs : tout y est.

⌘ ⌐ ⌑ ⌂ ⌗ – Prix : €€€€

Plan : E3-19 – *4 rue Professeur-Pierre-Marion* – Ⓜ *Minimes* – 𝒞 *04 78 29 40 10 – www.tetedoie.com – Fermé mardi*

🌿**L'engagement du chef :** Nous privilégions des produits de saison, issus de nos deux potagers et de la collaboration avec des producteurs locaux. Les recettes utilisent en totalité le produit, dans le plat et à travers les trois cuisines de la maison. Nous retraitons les déchets organiques en compost en limitant la production de méthane et nous trions et recyclons les cartons, plastiques, papier, aluminium, verre. Les cagettes et canadiennes d'œufs sont consignées, les graisses usagées retraitées. Nos lumières sont LED.

RACINE

CUISINE MODERNE • CONVIVIAL Non pas une seule Racine, mais plusieurs. Celles, bourguignonnes, du chef, qui les revendique fièrement ; celles des produits qu'il utilise (dont 90% sont produits dans un rayon de 100 km). Quant à ses assiettes, savoureuses et équilibrées, elles font le reste !

⌑ ⌂ ⌗ – Prix : €

Plan : B1-2 – *1 rue du Chapeau-Rouge* – Ⓜ *Valmy* – 𝒞 *04 26 18 57 15 – www.racinerestaurant-lyon.com – Fermé samedi et dimanche, et du lundi au mercredi soir*

LE TIROIR

CUISINE MODERNE • CONTEMPORAIN Qu'elle est sympathique, cette adresse du quartier populaire de Vaise ! Emmené par une jeune équipe, on slalome entre un velouté glacé de tomates et mousse au vinaigre balsamique blanc et des préparations plus classiques (tartare de bœuf, terrine de foie gras) - la carte et les menus sont renouvelés en permanence. Le rapport qualité-prix est au rendez-vous, y compris le soir.

⌂ ⌗ – Prix : €€

Plan : B1-3 – *20 grande rue de Vaise* – Ⓜ *Valmy* – 𝒞 *04 78 64 75 96 – www.restaurant-letiroir.fr – Fermé samedi et dimanche, et lundi et mardi soir*

ARMADA

CUISINE CRÉATIVE • BRANCHÉ Une adresse du Vieux Lyon comme on les aime : une déco de bistrot branché et sympathique, avec ses incontournables pierres et poutres apparentes. Dans l'assiette, une cuisine de partage astucieuse et créative qui associe sans complexe moules, curry et citron noir, ou revisite joyeusement blanquette de veau et autre chou farci. Attention, peut vite devenir votre nouveau QG.

AC – Prix : €€

Plan : F2-63 – *16 rue du Bœuf* – Ⓜ *Vieux-Lyon* – ✆ *09 83 22 88 47* – *www.armada-lyon.fr*

BULLE

CUISINE MODERNE • CONTEMPORAIN Le chef Guy Lassausaie a ouvert ce restaurant dans un ancien scolasticat jésuite (1853), entièrement réhabilité avec panache. L'heureux élu pénètre par le bar doté d'une terrasse panoramique époustouflante. Pour descendre ensuite au restaurant, on passe même devant les fondations gallo-romaines du bâtiment ! Dans ce cadre chic (lustres en cristal, parquet, cuisines ouvertes) et historique, on déguste une cuisine de saison colorée comme cet omble de fontaine, fenouil et champignons du moment...

≼ & AC ⇄ – Prix : €€€

Plan : E2-15 – *9 place de Fourvière* – Ⓜ *Fourvière* – ✆ *04 85 92 00 13* – *www.bullerestaurantfourviere.fr*

CINQ MAINS

CUISINE MODERNE • BISTRO Dans ce quartier très touristique en bord de Saône, cette maison en pierre apparente est le fief de Grégory Cuilleron, entouré de son frère et d'un ami. La cuisine penche nettement du côté bistronomique et moderne, et s'accompagne d'une sélection de petits vins bien choisis – la passion des trois associés.

🍸 🍴 – Prix : €€

Plan : F2-23 – *12 rue Monseigneur-Lavarenne* – Ⓜ *Vieux Lyon* – ✆ *04 37 57 30 52* – *www.cinqmains.fr* – *Fermé lundi et dimanche*

CONTRE-CHAMP Ⓝ

CUISINE MODERNE • CONVIVIAL Dans la ville des frères Lumière, le chef Jérémy Galvan change de focale en ouvrant cette table cosy en lieu et place de son ancien restaurant gastronomique. D'obédience bistronomique, la carte est resserrée autour de quelques propositions, souvent créatives, mais toujours solidement enracinées dans la saison et le terroir. Locavore convaincu, le chef, petit-fils de maraîcher, signe une partition tout en fraîcheur : agrumes dans l'amuse-bouche aux lentilles ; condiment sur le cochon, entre iode, amertume et acidité ; profiterole à l'abricot et crème à la verveine.

AC – Prix : €€

Plan : F2-21 – *29 rue du Boeuf* – Ⓜ *Vieux-Lyon* – ✆ *04 72 40 91 47* – *www.contre-champ.com* – *Fermé lundi, dimanche et mardi midi*

DANIEL ET DENISE SAINT-JEAN

CUISINE LYONNAISE • BOUCHON LYONNAIS À deux pas de la cathédrale St-Jean, ce bouchon emblématique du Vieux Lyon est tenu par le chef Joseph Viola (Meilleur Ouvrier de France en 2004), déjà connu pour son Daniel et Denise du 3e arrondissement. Au menu de cet opus, une cuisine lyonnaise traditionnelle, qui ravira les amateurs.

AC ⇄ – Prix : €€

Plan : E2-24 – *36 rue Tramassac* – Ⓜ *Vieux Lyon* – ✆ *04 78 42 24 62* – *www.danieletdenise.fr* – *Fermé lundi et dimanche*

VIEUX-LYON - VAISE

COUR DES LOGES

Plus

CLASSIQUE • RAFFINÉ Cette bâtisse du 14e s. aux quatre grandes tours est à présent un hôtel qui allie merveilleusement le style Renaissance Italienne et les éléments contemporains. La cour intérieure, avec ses arcades et ses escaliers labyrinthiques, vaut le détour à elle seule. De même, les chambres et leurs salles de bain Philippe Starck sont à la mesure de l'éclectisme de cet hôtel. Chacune d'elle est unique et mélange meubles toscans et design, parquets cirés, bleus discrets et rouges profonds. Certaines chambres ont gardé des cheminées ou des jardins privatifs et, dans certaines suites en duplex, des peintures murales. Piscine intérieure et spa.

♿ 🅿 🚌 🛁 🚲 🐾 ⛴ 🏗 🚲 🍽 🍴 - 60 chambres

6 rue du Bœuf – ☎ 04 72 77 44 44

FOURVIÈRE HÔTEL

CONTEMPORAIN • RAFFINÉ A deux pas des théâtres gallo-romains, ce couvent du 19e s. à la somptueuse architecture romano-byzantine vous accueille dans l'ancienne chapelle. Le cloître héberge le bar-restaurant donnant sur le jardin. Si l'architecture et de nombreux motifs décoratifs d'origine rappellent le passé, chambres et suites ont adopté un ton contemporain bienvenu. Couloir de nage chauffé, spa tout équipé et autres plaisirs modernes.

♿ 🅿 🚌 🛁 ⛴ 🏗 🍽 🍴 - 75 chambres

3 rue Roger Radisson – ☎ 04 74 70 07 00

LA TOUR ROSE

LYON

MODERNE • CONVIVIAL Cet hôtel de luxe se compose de suites haut de gamme réparties dans six immeubles d'habitation du 18e s. Toutes ont un caractère spécifique, mais elles jouissent toutes d'aménagements modernes délicatement rehaussés de détails vintage, tant dans leur petite cuisine que dans leur salle de bains spacieuse et joliment carrelée. Le petit-déjeuner est déposé à votre porte chaque matin. L'idée ici est de vivre comme "chez soi" - un très beau "chez soi" !

🅿 - 12 chambres

22 rue du Bœuf – ☎ 04 28 29 65 94

VILLA FLORENTINE

CLASSIQUE • RAFFINÉ Les vues les plus spectaculaires de Lyon s'offrent aux terrasses et aux fenêtres de cet ancien couvent du 17e s. L'hôtel rappelle bien une villa florentine, avec ses dorés et ses roses de peinture de maître. Mais à l'intérieur, c'est un hommage à une Italie différente : les meubles transalpins modernes et un brin austères côtoient des reproductions Renaissance et des œuvres d'art contemporaines. Certaines chambres ont des mezzanines ou des terrasses, d'autres des plafonds à poutres apparentes, et beaucoup profitent de vues spectaculaires.

🅿 🚌 🛁 ⛴ 🏗 🍽 🍴 - 29 chambres

25-27 montée Saint-Barthélémy – ☎ 04 72 56 56 56

❄ **Les Terrasses de Lyon** - Voir la sélection des restaurants

VILLA MAÏA

MODERNE • ÉLÉGANT Imposant bâtiment de béton aux lignes épurées, perché sur la colline de Fourvière, Villa Maïa, dessiné par Jean-Michel Wilmotte, est l'hôtel de tous les superlatifs : sol en marbre, bar bibliothèque, et somptueuses chambres d'esprit zen, ouvertes sur les toits de Lyon... jusqu'aux Alpes ! Piscine couverte, fitness etc. Le luxe absolu.

🅿 🚌 🛁 ⛴ 🏗 🍽 🍴 - 34 chambres

8 rue du Professeur Pierre Marion – ☎ 04 78 16 01 01

❄ **Têtedoie** - Voir la sélection des restaurants

LYONS-LA-FORÊT

✉ 27480 – Eure – Carte régionale n° **3**–B2

LA LICORNE ROYALE

CUISINE MODERNE • **ÉLÉGANT** Au sein de cette ancienne maison à colombages d'un petit village normand, le chef se révèle un artisan méritant. Bon technicien (notamment sur les sauces et les émulsions), il est aussi à son aise quand il s'agit de mélanger produits de la mer, ingrédients locaux et saveurs du Sud. On en profite dans un cadre chic et empreint de classicisme, avec de nombreux clins d'œil aux batailles napoléoniennes. La licorne existe, nous y avons mangé !
– Prix : €€€€
27 place Isaac-Benserade – ☎ *02 32 48 24 24 – www.hotel-licorne.com –*
Fermé mercredi et jeudi

LE BISTRO DU GRAND CERF

CUISINE TRADITIONNELLE • **BISTRO** Ce néobistrot rustique a vraiment du cachet. Des poutres, de la brique et une jolie terrasse dans la cour pavée, pour une cuisine bistrotière – of course – résolument tournée vers le terroir : voici ce que vous attend ici. Cerf, cerf, ouvre-moi !
– Prix : €€
31-32 place Isaac-Bensarade – ☎ *02 32 49 50 50 – www.grandcerf.fr –*
Fermé lundi et mardi

HÔTEL LE GRAND CERF

BOURGEOIS • **CHAMPÊTRE** Sur la pittoresque place du village, célèbre pour sa halle du 18e s., ce Grand Cerf – arborant de beaux colombages – abrite des chambres au charme champêtre, voire "forestier", avec leur décor de branchages et même de bois de cerf ! Insolite et très cosy... À noter : on peut accéder au délicieux spa de l'hôtel La Licorne.
– 15 chambres
31-32 place Isaac-Bensarade – ☎ *02 32 48 24 24 – www.grandcerf.fr*
Le Bistro du Grand Cerf - Voir la sélection des restaurants

MACHILLY

✉ 74140 – Haute-Savoie – Carte régionale n° **21**–C1

LE REFUGE DES GOURMETS

Chef : Hubert Chanove

CUISINE MODERNE • **ÉLÉGANT** Dans ce petit village de Haute-Savoie qui fut longtemps un haut-lieu de la culture de la framboise, le gourmet trouvera refuge dans cette auberge familiale. Ce restaurant cossu, d'inspiration Belle Époque, a été entièrement rénové dans un esprit contemporain. Tandis que son épouse Fanny veille avec attention sur la salle, le chef Hubert Chanove compose une cuisine moderne aux touches créatives, inspirée des produits locaux et de la cueillette des fleurs et des herbes sauvages. Ses préparations s'articulent en général autour d'une saison ou d'un produit (poissons du Léman, chasse, truffe noire...). Le Côté Bistro est ouvert au déjeuner du jeudi au samedi, sur réservation uniquement.
– Prix : €€€
90 route des Framboises – ☎ *04 50 43 53 87 – www.refugedesgourmets.com –*
Fermé lundi, mardi, mercredi midi et dimanche soir

MÂCON

71000 – Saône-et-Loire – Carte régionale n° **17**–C2

PIERRE

Chef : Christian Gaulin
CUISINE CLASSIQUE • ÉLÉGANT Dans la plus méridionale des villes de Bourgogne, cette maison discrète d'une rue piétonne héberge une valeur sûre de la gastronomie locale. L'architecture traditionnelle – poutres apparentes, vieilles pierres chaleureuses, cheminée – s'y marie avec des touches contemporaines. Depuis 1991, Christian Gaulin y célèbre les noces classiques du terroir et de la modernité. Dès qu'il le peut, ce solide technicien rend un hommage subtil à la Bresse et à la Bourgogne. Dans l'assiette, le gourmet en goguette retrouve avec bonheur un savoureux pigeon Miéral et son millefeuille de choux aux abats confits, des jambonnettes de grenouilles, crème d'ail et coulis de persil, des quenelles de brochet exemplaires, un tournedos charolais tendre à souhait et un soufflé au Grand Marnier réalisé dans les règles. Adepte des bons produits, le chef cuisine ce qu'il aime... et nous le fait aimer aussi.
&. AC 🍴 – Prix : €€€
7-9 rue Joseph Dufour – ✆ 03 85 38 14 23 – www.restaurant-pierre.com –
Fermé lundi et mardi, et dimanche soir

CASSIS

CUISINE MODERNE • CONTEMPORAIN Voilà un chef passé par de belles maisons qui propose une cuisine soignée, goûteuse et sans chichis, à partir de produits de qualité (viande de Haute-Loire, légumes d'un maraîcher de la région). Ne manquez pas le mémorable pâté en croûte, ni le poulet de Bresse à la crème. Très bon rapport qualité-prix pour le menu du déjeuner, et menu mystère le soir.
&. AC – Prix : €€
74 rue Joseph-Dufour – ✆ 03 85 38 24 53 – www.cassisrestaurant-macon.fr –
Fermé samedi et dimanche, et mercredi soir

MA TABLE EN VILLE

CUISINE TRADITIONNELLE • CONVIVIAL Voilà peut-être l'archétype du bistrot du 19e s., avec son intérieur contemporain et coloré, ses ampoules et sa tuyauterie apparentes... Le chef, également présent en salle, a le souci du bon produit et réalise une cuisine traditionnelle avec savoir-faire. On aime notamment le velouté au chou-fleur, noix de cajou, œuf poché. Bon choix de vins régionaux, menu déjeuner attractif et accueil tout sourire.
AC 🍴 – Prix : €€
50 rue de Strasbourg – ✆ 03 85 30 99 91 – www.matableenville.fr –
Fermé mardi, mercredi, et lundi, jeudi, vendredi, samedi et dimanche midi

LA MADELAINE-SOUS-MONTREUIL

✉ 62170 – Pas-de-Calais – Carte régionale n° **4**-A2

 LA GRENOUILLÈRE

Chef : Alexandre Gauthier

CUISINE CRÉATIVE • DESIGN *(Fermé provisoirement)* Rares sont les chefs qui démontrent une personnalité culinaire aussi affirmée que le chef de la Madelaine-sous-Montreuil, dans le Pas-de-Calais. L'histoire se déroule sous deux chapiteaux métalliques aux lignes épurées (signés de l'architecte Patrick Bouchain), qui couronnent une salle ouverte sur la nature et les fourneaux. C'est en ce laboratoire qu'Alexandre Gauthier propose une "cuisine contemporaine de racine française, libérée de ses certitudes et de ses a priori". Véritable alchimiste, il asticote les saveurs au gré d'assiettes tranchantes, autant d'instantanés de créativité, où le produit chante les louanges des saisons. Une cuisine d'art et d'essai ébouriffante, installée dans une ancienne ferme picarde au luxe sauvage.

⛊ ⇔ 🏠 & 🅿 – Prix : €€€€

19 rue de la Grenouillère – ℰ 03 21 06 07 22 – www.lagrenouillere.fr

✿ **L'engagement du chef :** La cuisine de La Grenouillère est une cuisine de territoire, celui de la Côte d'Opale, que nous explorons sous tous ses aspects géographiques, naturels et humains. C'est une cuisine éminemment personnelle, profondément ancrée dans une temporalité. Toujours en mouvement, elle est une capture de l'éphémère, une photographie d'un instant, d'une humeur, d'une émotion.

MAFFLIERS

✉ 95560 – Val-d'Oise – Carte régionale n° **11**-B1

AUGUSTINE - LA TABLE DU CHÂTEAU

CUISINE CLASSIQUE • ÉLÉGANT Au sein d'une demeure 19e proche de la forêt de Montmorency, cette table défend un certain art de vivre à la française : vaisselle et mobilier d'époque, argenterie et cuivres, hauteur sous plafond – le tout dans un cadre feutré où les boiseries dominent. Dans l'assiette, on s'applique à servir une cuisine bourgeoise sérieuse, généreuse et gourmande : pâté en croûte, lapin à la moutarde servi en cocotte, riz au lait. Quelques chambres pour l'étape.

🏠 🅿 – Prix : €€€

Allée des Marronniers – ℰ 01 34 08 35 17 – www.augustinelatableduchateau-maffliers.fr – Fermé du lundi au mercredi, jeudi midi et dimanche soir

MAGESCQ

✉ 40140 – Landes – Carte régionale n° **25**-B2

 RELAIS DE LA POSTE

Chef : Clémentine et Jean Coussau

CUISINE CLASSIQUE • ÉLÉGANT Face à la pinède, la maison Coussau cultive le classicisme ! À quatre mains, le chef et sa nièce Clémentine élaborent une "cuisine de cœur" qui rend hommage au meilleur du terroir landais : foie gras, volaille, bœuf de Chalosse, saumon de l'Adour, pêche de Capbreton. Appuyés sur un maillage de producteurs de proximité, ils délivrent avec ferveur les plats immuables réclamés par les habitués : brouillade à la truffe noire, foie gras de canard chaud aux raisins, sole aux cèpes. En automne, place à la palombe rôtie ou au lièvre à la royale. Ajoutons le superbe soufflé au Grand Marnier, aérien et crémeux, au centre duquel se glisse un petit sorbet à l'orange sanguine qui apporte une irrésistible fraîcheur. Un beau moment de tradition. Cuisine du marché au restaurant Côté Quillier, situé juste à côté.

⛊ ⇔ 🏠 🄰🄲 ⇌ 🅿 – Prix : €€€€

24 avenue de Maremne – ℰ 05 58 47 70 25 – www.relaisposte.com – Fermé lundi et mardi

MAGESCQ

 RELAIS DE LA POSTE

CLASSIQUE • CHAMPÊTRE Des tapis de fleurs, un verger, des ceps de vignes, de belles allées de pins, une superbe piscine... On ne se lasse pas de ce parc de 8 ha, ni des chambres d'ailleurs, spacieuses et très confortables. Un castel landais plein de caractère.

⚙ 🅰🅲 ⛳ 🅿 ♨ 🛏 🛎 💤 🏠 🍽 - 16 chambres

24 avenue de Maremne – ☏ 05 58 47 70 25

✿✿ **Relais de la Poste** - Voir la sélection des restaurants

MAGNÉ

✉ 79460 – Deux-Sèvres – Carte régionale n° **14**–C2

LE BŒUF EN ÉCAILLES

CUISINE TRADITIONNELLE • COSY L'authenticité, valeur souvent galvaudée, a pourtant trouvé ici son expression gastronomique la plus savoureuse – une cuisine qui surfe entre poissons et viandes, à coup de recettes généreuses et gourmandes, comme ce cochon de 16h et ses légumes de saison. Authentique aussi la terrasse charmante, posée au bord de la Sèvre niortaise.

❄ ⚙ 🍽 🅰🅲 🅿 – Prix : €€

24 avenue du Marais-Poitevin – ☏ 05 16 25 77 52 – www.leboeufenecailles.com – Fermé lundi et dimanche

MAILLANE

✉ 13910 – Bouches-du-Rhône – Carte régionale n° **28**–E1

L'OUSTALET MAÏANEN

CUISINE TRADITIONNELLE • TRADITIONNEL Natif de Maillane, Frédéric Mistral, dont la maison devenue musée est située face au restaurant, est ici vénéré. La cuisine de Thomas Yvan est ensoleillée et met en avant la production maraîchère des Alpilles et de la Camargue : brandade de morue, concassé de tomate et pistou ; dorade royale de Méditerranée, mousseline de petits pois, panisses et sauce au Noilly-Prat ; mousse framboise et financier pistache, sorbet framboise... Sous la tonnelle de vigne vierge ou dans le patio, les Mireille d'aujourd'hui savourent des créations gorgées de soleil.

🅰🅲 🍽 – Prix : €€

16 avenue Lamartine – ☏ 04 90 95 74 60 – www.restaurant-saint-remy-de-provence.fr – Fermé lundi et mardi, et dimanche soir

MAISONS-LAFFITTE

✉ 78600 – Yvelines – Carte régionale n° **11**–B1

LA PLANCHA

CUISINE MODERNE • COSY Une adresse discrète, certes, mais surtout une carte originale qui vaut bien une petite halte. Des recettes sobres, efficaces et un brin créatives, et des saveurs bien frappées comme sur cette poitrine de porc ibérique aux petits pois, lard et raifort. Mention spéciale pour la sauce bulli dog pleine de pep's et les profiteroles réalisées dans les règles de l'art.

🅰🅲 ✦ – Prix : €€

5 avenue de Saint-Germain – ☏ 01 39 12 03 75 – www.laplanchadekiko.eatbu.com – Fermé mardi et mercredi, et dimanche soir

MAISONS-LAFFITTE

LE TASTEVIN

CUISINE CLASSIQUE • ÉLÉGANT En bordure de parc, cette maison bourgeoise élégamment décorée cultive un certain art de vivre à la française... et chante son amour des beaux produits ! Le chef Denis Rivoire, d'origine italienne, maîtrise bien son sujet ; il revisite les classiques en y apportant quelques touches méditerranéennes. Jolie carte des vins.

🐾 🛋 ⛶ – Prix : €€€

9 avenue Eglé – ℰ 01 39 62 11 67 – www.letastevin-restaurant.fr – Fermé lundi et mardi, et dimanche soir

MALATAVERNE

✉ 26780 – Drôme – Carte régionale n° **24**–A2

❀ ### DOMAINE DU COLOMBIER

CUISINE CRÉATIVE • ÉLÉGANT Sur les ruines d'un ermitage monastique situé au cœur de la Drôme provençale, cette fière bastide séduit d'abord l'œil par ses pierres apparentes, ses plafonds voûtés, son mobilier vintage et son patio-terrasse. Volontiers créative et soignée visuellement, la cuisine célèbre la région et les beaux produits méditerranéens avec à-propos : les cuissons sont précises, les préparations savoureuses et équilibrées, pensées dans une démarche durable.

🐾 🛏 🅰🅲 🛋 ⛶ 🅿 – Prix : €€€€

270 chemin de Malombre – ℰ 04 75 90 86 86 – www.domaine-colombier.com – Fermé mardi et mercredi

😊 ### LE BISTROT 270

CUISINE TRADITIONNELLE • CONTEMPORAIN Le second restaurant du Domaine du Colombier propose une cuisine de bistrot bien ficelée, inspirée par des produits d'une qualité irréprochable. Les recettes simples et goûteuses du chef Anthony Monteremal jouent sur des saveurs franches et suivent les saisons en rendant hommage aux classiques. En hiver, on profite de l'intérieur contemporain avec vue sur la belle cave vitrée. Aux beaux jours, c'est sur la terrasse face à la campagne qu'il faut s'installer pour un moment de gourmandise et de détente !

🍽 🅰🅲 🛋 🅿 – Prix : €€

270 chemin de Malombre – ℰ 04 75 90 86 86 – www.domaine-colombier. com – Fermé dimanche

MALBUISSON

✉ 25160 – Doubs – Carte régionale n° **13**–C3

❀ ### LE BON ACCUEIL

Chef : Marc Faivre

CUISINE MODERNE • COSY Une solide adresse qui ne fait pas mentir son nom : depuis quatre générations, ce chalet régional, chaleureux et confortable, pratique l'art jurassien de l'hospitalité au cœur du Haut-Doubs. Il y a le lac de Saint-Point juste de l'autre côté de la route, le Suchet et la Suisse, juste derrière. Ici, on met du cœur pour assurer un bon accueil... et une bonne chère ! Le chef Marc Faivre a travaillé chez Georges Blanc, Pierre Gagnaire et à la Maison Lameloise avant de revenir sur ses terres pour y faire chanter le terroir franc-comtois. Sa cuisine fine et savoureuse nous transporte : la truite au bleu ou à l'absinthe, le poulet fermier, morilles et sauce au vin jaune du Jura (évidemment !) ou encore le pigeon rôti, foie gras de canard et artichaut...

🐾 🍽 🍽 ♿ 🅿 – Prix : €€€

1 chemin de la Grande-Source – ℰ 03 81 69 30 58 – www.le-bon-accueil.fr – Fermé lundi, mardi, mercredi midi et dimanche soir

MANDELIEU-LA-NAPOULE

✉ 06210 – Alpes-Maritimes – Carte régionale n° **29**-E2

 BESSEM

Chef : Bessem Ben Abdallah
CUISINE MODERNE • **CONTEMPORAIN** Le chef Bessem Ben Abdallah a longtemps travaillé dans l'ombre des grands chefs (Michel Del Burgo, Marc Meneau, Pierre Gagnaire...). Chez lui, dans sa maison de ville agrémentée d'une terrasse ombragée de platanes avec fontaine, il donne la pleine mesure de son talent. Il peaufine une cuisine personnelle et sensible d'essence méditerranéenne, à l'image de ces poissons de petit bateau grillés, servis avec une purée d'artichaut, des légumes de saison au parmesan, et un bouillon yuzu-combava rehaussé de tagète et livèche. Les desserts ne sont pas en reste, grâce à une pâtissière de talent. À noter que le chef sert sa propre sélection parcellaire d'huile d'olive tunisienne, et élève des poules pour avoir des œufs frais de qualité ! Table fermée le midi en saison estivale.

⛲ ⚙ 🆎 🍴 🅿 – Prix : €€€€
183 avenue de la République – ✆ *04 93 49 71 23 – www.bessem-restaurant.com – Fermé lundi et mardi*

LE REPÈRE

CUISINE MÉDITERRANÉENNE • **CHIC** Difficile de résister à cet emplacement... irrésistible : cette adresse bien connue est dotée d'une terrasse les pieds dans l'eau qui offre une vue panoramique sur la baie de Cannes et les îles de Lérins. On retrouve avec plaisir Nicolas Decherchi, talentueux chef formé auprès des meilleurs (de Bruno Oger à Alain Ducasse). Il a carte blanche pour exprimer le meilleur de la Méditerranée, notamment à travers des assiettes à partager. Si les poissons extra-frais sont à l'honneur, les belles viandes ne sont pas en reste. Ouverture en continu, ambiance hédoniste et décontractée.

⛵ 🆎 🍴 – Prix : €€€
Port de la Rague – ✆ *04 93 47 07 95 – www.restaurantlerepere.fr – Fermé, lundi, mardi et dimanche soir*

MANE

✉ 04300 – Alpes-de-Haute-Provence – Carte régionale n° **24**-C3

 LE FEUILLÉE - LE COUVENT DES MINIMES

CUISINE MODERNE • **CONTEMPORAIN** Au cœur du pays de Forcalquier, Mane recèle autant de charme que d'histoire, à l'instar de ce couvent des Minimes du 17e s. restauré dans un appréciable souci de pureté. Cet éden provençal abrite un hôtel luxueux avec piscine et spa, ainsi qu'un restaurant gastronomique baptisé en l'honneur de Louis Feuillée, botaniste de Louis XIV né dans ce village. Les cuisines sont tenues de main de maître par le chef Louis Gachet, MOF 2023, un Bourguignon qui navigue suavement entre son terroir natal et la Provence. Ses assiettes audacieuses comme son art de saucier révèlent une cuisine créative maîtrisée.

🌿 🛏 ⛲ ⚙ 🆎 🍴 🅿 – Prix : €€€€
Chemin des Jeux-de-Maï – ✆ *04 92 74 77 77 – www.couventdesminimes-hotelspa.com – Fermé lundi, mardi et du mercredi au samedi à midi*

MANE

PAMPARIGOUSTE - LE COUVENT DES MINIMES

CUISINE MODERNE • CONTEMPORAIN À côté de sa table gastronomique, le chef Louis Gachet veille soigneusement sur ce bistrot chic au cadre apaisant et relaxant, qui possède aussi une salle à manger-terrasse dont les baies vitrées s'ouvrent entièrement aux beaux jours. La carte mêle habilement préparations traditionnelles et assiettes contemporaines ponctuées de notes provençales.

– Prix : €€€

Chemin des Jeux-de-Maï – 04 92 74 77 77 – www.couventdesminimes-hotelspa.com

LE COUVENT DES MINIMES HÔTEL & SPA

MODERNE • ROMANTIQUE Comme nombre d'édifices religieux, ce couvent du 17e s., était tout désigné pour devenir un hôtel de première catégorie, dont le spa s'étend sur 700m². Les chambres et les suites disposent de salles de bains particulièrement spacieuses, qui complètent le décor moderne. Le cloître reconverti en restaurant gastronomique et les trois bars vous accueillent à proximité de la piscine.

- 46 chambres

Chemin des Jeux-de-Mai – 04 92 74 77 77

❄ Le Feuillée - Le Couvent des Minimes • Pamparigouste - Le Couvent des Minimes - Voir la sélection des restaurants

MANIGOD

✉ 74230 – Haute-Savoie – Carte régionale n° **21**–C2

LA TABLE DE MARIE-ANGE

CUISINE TRADITIONNELLE • MONTAGNARD La terrasse face aux Aravis est tout simplement magique, et il est difficile de quitter la Table de Marie-Ange... On se régale d'une jolie cuisine attachée au terroir et pétrie d'authenticité : rissole aux cèpes, filets de perche sauvage du Léman, filet de bœuf en cocotte aux bolets et gratin de Mamie, sans oublier le plantureux buffet de desserts. Chaleureux décor mêlant vieux bois et outils de paysans, accueil souriant.

– Prix : €€€

4910 route du Col-de-la-Croix-Fry – 04 50 44 90 16 – www.hotelchaletcroixfry.com

MANOSQUE

✉ 04100 – Alpes-de-Haute-Provence – Carte régionale n° **24**–C3

RESTAURANT PIERRE GREIN

Chef : Pierre Grein

CUISINE MODERNE • CONTEMPORAIN Aventurez-vous dans cette zone d'affaires pour découvrir cette belle adresse contemporaine : vous ne le regretterez pas ! Sous une véranda-salle à manger lumineuse et confortable, le chef Pierre Grein sert une cuisine moderne d'inspiration provençale, fine et technique : gnocchis et girolles, velouté de champignons ; pigeonneau des Alpes-de-Haute-Provence rôti sur le coffre et pommes dauphinoises ; fraise et pistache dans l'esprit d'une tarte... Mention spéciale pour le travail sur les sauces et jus. Service aimable et efficace.

– Prix : €€€€

180 avenue Régis-Ryckebusch – 04 92 72 41 86 – www.restaurantpierregrein.fr – Fermé lundi et dimanche, et du mardi au jeudi soir

MANOSQUE

 LA LOGE BERTIN

CUISINE MODERNE • CONVIVIAL Derrière cette pimpante façade, une équipe de passionnés nous emmène dans une jolie balade bistronomique. Le chef ne travaille que les produits frais pour élaborer une cuisine du marché particulièrement gourmande et soignée. On s'attable dans une plaisante salle de bistrot contemporain.

AC – Prix : €€

62 avenue Jean-Giono – ℰ 04 86 74 18 46 – www.alogebertin.fr – Fermé lundi et dimanche, et mercredi soir

LE BISTROT DU CHEF N

CUISINE MODERNE • CONTEMPORAIN Le bistrot de Pierre Grein prend place dans un décor contemporain, avec des étagères garnies de belles cuvées et de produits d'épicerie fine. On sent que le chef prend plaisir à envoyer des plats bistronomiques de saison, fort bien tournés, et aussi des classiques bistrotiers réconfortants : croque à la truffe, risotto Carnaroli dans l'esprit d'un rougail, filet de bœuf charolais avec frites et sauce béarnaise... Merci chef !

AC – Prix : €€

180 avenue Régis-Ryckebusch – ℰ 04 92 72 41 86 – www.restaurantpierregrein.fr – Fermé lundi et dimanche, et du mardi au jeudi soir

LES INCONTOURNABLES N

CUISINE MODERNE • CONVIVIAL Les Incontournables, ce sont ici les produits, choisis dans un rayon de 100 km autour de Manosque, et travaillés avec amour par un chef sympathique, qui privilégie le goût à la technique pour confectionner une cuisine d'inspiration provençale qui va à l'essentiel : épaule d'agneau de sept heures, risotto aux morilles et vin de noix, pêche bio confite... Accueil souriant.

AC – Prix : €€

3 boulevard Casimir-Pelloutier – ℰ 04 92 72 24 69 – www.lesincontournables.net – Fermé lundi et dimanche

LE MANS

✉ 72000 – Sarthe – Carte régionale n° **10**-A2

✿ **L'AUBERGE DE BAGATELLE**

Chef : Jean-Sébastien Monné

CUISINE MODERNE • CONTEMPORAIN Sarthois d'origine, le chef Jean-Sébastien Monné officie dans cette ancienne auberge qui marie l'esprit indus d'une structure métallique lumineuse au charme bucolique de son jardin et de sa terrasse. Il cultive l'art de la complicité avec les petits producteurs locaux, et s'adonne aux joies miellées de l'apiculture sur son toit. Grâce à ce travail minutieux dans la sélection d'ingrédients de qualité irréprochable, ses assiettes se jouent des classiques pour en proposer des versions modernes : bœuf Angus travaillé comme un tartare, œuf de caille pané et frit, pomme de terre soufflée ; canard de la maison Soulard, jeunes carottes, orange et sauce bigarade.

❀ ⛄&AC❄⇔P – Prix : €€€

489 avenue Bollée – ℰ 02 43 85 25 73 – www.aubergedebagatelle.fr – Fermé lundi et mardi, et dimanche soir

LE GRENIER À SEL

CUISINE MODERNE • CONTEMPORAIN À l'entrée de la cité Plantagenêt, dans cet ancien grenier à sel, un seul mot d'ordre : se faire plaisir et faire plaisir aux clients ! Dans un cadre contemporain, beaux produits – homard, turbot, foie gras... – et saveurs appuyées... le tout accompagné de jolis vins du Rhône, de Loire et de Bordeaux.

❀ AC – Prix : €€€

26 place de l'Éperon – ℰ 02 43 23 26 30 – www.restaurant-le-grenier-a-sel.fr – Fermé samedi et dimanche

LE MANS

L'INSOUCIANT 🅝

CUISINE CRÉATIVE • COSY À proximité de l'église Sainte-Jeanne-d'Arc, ce restaurant discret est tenu par un attelage de charme, Corentin Courtien et Madeline Blais, qui propose une cuisine bistronomique le midi, et un menu plus ambitieux le soir. Le chef propose une cuisine créative qui donne le beau rôle aux épices et aux herbes. Les plats témoignent d'un travail minutieux et audacieux, à l'image de ce thon rouge à l'huile d'agastache, cuisson au barbecue, haricots verts et mûres lactofermentées. Ambiance intimiste et cosy, et service très souriant.

&⃞ 🆎 ⇧ – Prix : €€€

6 rue de la Mission – 𝒞 02 43 40 00 58 – www.restaurant-linsouciant.fr –
Fermé lundi et dimanche, et mardi soir

LES MARCHES
✉ 73800 – Savoie – Carte régionale n° **21**–C2

LE K'OZZIE

CUISINE MODERNE • COSY Ce restaurant accueillant – et cosy ! – est le repaire de Maude et Sébastien, qui se sont rencontrés en Australie, pays des "Aussies" ou... "Ozzies". Vous n'aurez d'autre choix que de vous laisser guider par l'inspiration du chef ; seule vous sera présentée une liste (non exhaustive) de produits du moment. Enigmatique et savoureux.

🛖 – Prix : €€€

20 route de Francin, Porte-de-Savoie – 𝒞 04 79 36 91 76 – www.lekozzie.com –
Fermé lundi, mardi et dimanche et mercredi midi

MARCILLAC-VALLON
✉ 12330 – Aveyron – Carte régionale n° **23**–C2

AUPRÈS D'ANGÈLE 🅝

CUISINE MODERNE • CONVIVIAL Cette belle maison en pierre du pays est désormais un bistrot chic avec six chambres coquettes – un projet plein de charme signé Michel Bras et animé par sa nièce, Audrey. En cuisine, le couple Guillem et Zoé, anciens de la Halle aux Grains à Paris. La carte rend hommage aux recettes de la grand-mère d'Audrey et mère de Michel : suprême de volaille, graines de tournesol torréfiées, aubergine du marché et un gratin de coquillettes délicieusement régressif. Le décor, raffiné, arbore des luminaires en verre soufflé évoquant les grains de raisin du Marcillac, ce vignoble local en plein essor. La maison propose même sa propre cuvée, élaborée par un vigneron ami.

🆎 🛖 – Prix : €€

2 avenue des Prades – 𝒞 05 65 42 47 43 – www.aupresdangele.fr – Fermé lundi
et mardi, et dimanche soir

MARCOLÈS
✉ 15220 – Cantal – Carte régionale n° **23**–C2

❀ AUBERGE DE LA TOUR
Chef : Renaud Darmanin

CUISINE MODERNE • CONTEMPORAIN Au cœur du village médiéval, cette bâtisse en pierre, avec sa tour d'angle et son escalier à vis, déborde de charme. Renaud Darmanin a modernisé et transformé cet ancien café en halte gastronomique. Après ses études à Chamalières, ce chef a fait ses classes dans de belles maisons, à Lyon chez Paul Bocuse, à Paris chez Frédéric Anton au Pré Catelan, à Genève au Parc des Eaux Vives. Le chef ne travaille que de très beaux produits frais et locaux (et notamment la châtaigne). Il réalise une cuisine fine et goûteuse, mariant avec talent le terroir à des épices d'ici et d'ailleurs.

🕸 ⇆ & ⇧ 🅿 – Prix : €€€€

Place de la Fontaine – 𝒞 04 71 46 99 15 – www.aubergedela-tour.com –
Fermé lundi et dimanche

MARCOLÈS

 OXALIS

CUISINE MODERNE • BISTRO Voici le bistrot qui vient compléter l'Auberge de la Tour, la table étoilée du chef Renaud Darmanin - une raison de plus de séjourner dans le village médiéval de Marcolès, au cœur de la châtaigneraie cantalienne. Côté salle, le chef a mis à profit le rez-de-chaussée de l'hôtel, et sa terrasse surplombant la rue. Côté assiette, il décline une cuisine du terroir bien ficelée autour des produits du coin - truite des volcans, volaille d'une ferme voisine, fromages d'Auvergne - et les légumes du potager. Des exemples ? Truite, légumes, feuilles du jardin, et un bon jus d'arêtes ou encore ce millefeuille en gaufrette, vanille et abricots, un joli moment de gourmandise.
🍽 🅿 – Prix : €€
Place de la Fontaine – ✆ 04 71 46 99 15 – www.aubergedela-tour.com –
Fermé lundi et dimanche, et samedi soir

MARCQ-EN-BARŒUL

✉ 59700 – Nord – Carte régionale n° **4**-C2

 ROZÓ

Chef : Diego Delbecq
CUISINE CRÉATIVE • CONTEMPORAIN Le chef Diego Delbecq et sa compagne pâtissière Camille Pailleau ont investi avec toute leur énergie et leur talent cette ancienne imprimerie pour en faire un loft gourmand où l'on s'attable sous une vaste verrière et sa charpente métallique. Joli parquet, murs aux teintes claires, grandes cuisines vitrées donnant sur l'élégante salle à manger complétée d'une mezzanine permettant au dîner d'apprécier les premières bouchées qui y sont servies avec l'apéritif. Dans l'assiette, une cuisine créative inspirée et délicate qui aime les sauces, les notes acidulées et amères, les condiments et les poivres – sans oublier quelques clins d'œil au Nord (endive, tarte au sucre...). Le tout avec un sens frappant des équilibres gustatifs. Retenons ces asperges de Cobrieux à la menthe fraîche et condiment citron vert, ou cette poulette rôtie aux petits pois et sabayon à la reine-des-prés. Le fidèle retrouvera les deux plats signature que sont l'entrée "terre & mer végétal" et le dessert autour du miel de bruyère. Service des plus avenants.
⌘ ♿ 🅼 ⛶ – Prix : €€€€
34 rue Raymond-Derain – ✆ 03 62 27 72 52 – www.restaurant-rozo.fr –
Fermé lundi, dimanche et mardi midi

 RĒPU

CUISINE MODERNE • BRASSERIE Le chef Abdeldaker Belfatmi veut des convives satisfaits et repus ! Qu'il se rassure, son œuf bio mollet coulant à souhait, petit pois ; son lieu jaune, crème de courgette bien lisse et bien beurrée, noisette citron ou encore son crumble croustillant, crème de pistache et sorbet abricot font le job ! Cette cuisine de brasserie moderne montre, s'il en était besoin, que le chef de l'ancien restaurant étoilé Le Marcq, n'a rien perdu de sa faconde gourmande.
🅼 – Prix : €€
944 avenue de la République – ✆ 03 20 00 80 48 – www.repu.fr – Fermé samedi et dimanche, et mercredi soir

MARENNES

17320 – Charente-Maritime – Carte régionale n° **18**–A1

MANGER & DORMIR SUR LA PLAGE

POISSONS ET FRUITS DE MER • **CONVIVIAL** On dirait le titre d'une chanson des années 1980. Cette table jeune et décontractée située en face de la mer propose une cuisine d'inspiration marine, avec un choix alléchant de crustacés, de poissons, et bien évidemment d'huîtres : l'établissement appartient en effet à la famille Gillardeau, les célèbres ostréiculteurs. La grande terrasse offre une vue adorable, avec l'île d'Oléron à l'horizon. Côté hébergement, "Dormir sur la Plage" dispose de quatre grandes junior suites, très bien aménagées.

 – Prix : €€

61 avenue William Bertrand – 05 46 38 41 93 – www.dormirsurlaplage.fr – Fermé lundi et mardi

MAREUIL-SUR-LAY-DISSAIS

85320 – Vendée – Carte régionale n° **14**–B2

ॐ **MAISON DESAMY**

Chef : Simon Bessonnet

CUISINE MODERNE • **ÉLÉGANT** Ancien second d'Alexandre Couillon à La Marine, Simon Bessonnet s'est installé dans une maison de 1860 au cœur d'un village vigneron des Fiefs Vendéens. Mais foin de passéisme ! À l'image de la déco contemporaine qu'il a voulue chez lui, le chef est un cuisinier bien dans son époque. À partir d'un garde-manger régional (truite, Saint-Jacques, cerf), il ose des associations originales et choisit les bonnes émulsions, jus et condiments qui boostent intelligemment un plat (la clémentine acidulée sur le potimarron, le pamplemousse aigre-doux avec le merlu). Au dessert, son mariage pomme et livèche, mousse de fromage blanc et crumble est un modèle gourmand du genre.

– Prix : €€€

2 rue Hervé-de-Mareuil – 02 51 52 69 43 – www.restaurant-maisondesamy.fr – Fermé lundi et dimanche, et mercredi soir

MARGAUX

33460 – Gironde – Carte régionale n° **22**–B1

AU MARQUIS DE TERME

CUISINE MODERNE • **CONTEMPORAIN** Au cœur du Château Marquis de Terme à Margaux (grand cru classé en 1855), dans le vignoble du Médoc, ce restaurant contemporain s'est installé dans une dépendance dont la terrasse s'épanouit dans une jolie cour jardin du domaine. Sous la houlette de Grégory Coutanceau qui a signé la carte, le chef Thibaud Guena accueille ses convives avec une cuisine moderne et fraîche, bien dans son époque et sans fioritures inutiles. La jolie carte des vins comporte près de 600 références, dont une sélection de bordeaux rouges et de vins de prestige disponibles au verre.

– Prix : €€€

3 route de Rauzan – 05 57 08 25 33 – www.au-marquis-de-terme.com – Fermé lundi et mardi

MARGENCEL

74200 – Haute-Savoie – Carte régionale n° **21**–C1

 SECHEX-NOUS

Chef : Lucas Dumélie
CUISINE MODERNE • MAISON DE CAMPAGNE Sur les rives du Léman, une histoire d'amour et de poissons ! Manon Moleins-Plassat (en salle) et Lucas Dumélie (en cuisine) ont jeté l'ancre dans le petit port de Séchex. Précisons que Manon est originaire du village et issue d'une famille de pêcheurs (son frère Ludovic continue d'y lancer ses filets). Rien d'étonnant donc à ce que les eaux poissonneuses du lac jouent ici les premiers rôles : féra, brochet, truite ou écrevisses sont magnifiés par des cuissons rigoureuses. L'arrière-pays montagneux donne également de la voix avec ses légumes, ses herbes et ses plantes aromatiques, particulièrement choyés dans cette cuisine saine et légère : omble chevalier, épinards aux herbes du jardin et sauce marinière ; féra laquée au kalamansi, cornichon glacé et beurre blanc à l'estragon... Trois chambres sont disponibles pour l'étape.
– Prix : €€€
Port de Séchex 2, route des Meules – 04 50 72 48 81 – www.sechex-nous.com – Fermé lundi, mardi, mercredi midi et dimanche soir

MARLENHEIM

67520 – Bas-Rhin – Carte régionale n° **8**–A1

 LE CERF

CUISINE MODERNE • CLASSIQUE Faon ou daguet, allons bramer de plaisir et frotter nos cornes aux portes de cet ancien relais de poste, devenu une hostellerie gourmande ! Cet ensemble de jolies bâtisses, accessible par une cour intérieure pavée et un pimpant jardinet, nous donne des fourmis dans les sabots... pardon, les pinces ! Cette institution a longtemps brillé grâce au talent du chef Michel Husser qui a passé les rênes à ses enfants. La cuisine fait preuve de finesse et d'éclectisme gourmand à travers une carte courte et deux menus : quenelles de brochet du Rhin à l'estragon, poêlée de cèpes et spaetzles ; paleron de veau confit, foie gras poêlé et risotto de céleri ; baba exotique, marmelade a l'ananas et sorbet « piña colada »...
– Prix : €€€
30 rue du Général-de-Gaulle – 03 88 87 73 73 – www.lecerf.com – Fermé mardi et mercredi

MARLY-LE-ROI

78160 – Yvelines – Carte régionale n° **11**–B1

 LE VILLAGE TOMOHIRO

Chef : Tomohiro Uido
CUISINE MODERNE • CONTEMPORAIN Derrière la façade avenante de cette jolie auberge, sise dans une ruelle pittoresque du vieux Marly, on découvre un restaurant moderne et contemporain, une maison familiale tenue par un couple franco-japonais. Le chef signe des préparations très maîtrisées, riches de jolis accords, de textures et de saveurs à l'image de son plat signature, le goï cuôn de homard bleu et son foie gras en terrine, petits légumes confits à l'huile d'olive, caviar d'Aquitaine.
– Prix : €€€
3 Grande-Rue – 01 39 16 28 14 – www.restaurant-levillage.fr – Fermé lundi et dimanche

MARLY-LE-ROI

LE POINT D'ORIGINE

CUISINE MODERNE • **CHIC** Située face à l'abreuvoir encadré de ses célèbres chevaux sculptés, cette ancienne maison de maître associe une épicerie, une cave et un restaurant, emmenés tambour battant par une équipe de passionnés. La salle occupe une belle véranda au sol de parquet en point de Hongrie avec vue imprenable sur l'abreuvoir. Le chef cisèle des assiettes modernes et bien léchées : œuf parfait bio, lentilles vertes du Puy, hareng fumé, coulis de persil et pickles d'échalote ; turbot confit aux baies de Cîmes, fenouil braisé, crémeux fenouil et agrumes. On n'oubliera pas la petite balade digestive dans le parc !
– Prix : €€€
*5 place de l'Abreuvoir – 01 34 51 72 63 – www.lepointdorigine.fr –
Fermé samedi et dimanche*

MARMANDE

47200 – Lot-et-Garonne – Carte régionale n° **22**–C2

BOAT AUX SAVEURS

CUISINE MODERNE • **ÉLÉGANT** Dans cette villa contemporaine à l'écart du centre ville tenue par une mère et sa fille, les gourmands se régalent d'une cuisine soignée bien dans son époque. La cheffe met un point d'honneur à se fournir chez les producteurs locaux, et presque tous les légumes viennent du potager maison !
– Prix : €€
36-38 avenue Jean-Jaurès – 05 53 64 20 35 – www.restaurantboatauxsaveurs.fr – Fermé lundi, mardi, samedi midi, et mercredi, jeudi et dimanche soir

MARSEILLAN

34340 – Hérault – Carte régionale n° **27**–C2

LA TABLE D'EMILIE

CUISINE MODERNE • **ÉLÉGANT** La maison natale du poète Achille Maffre de Baugé accueille un restaurant très couru : il faut dire qu'on y déguste une cuisine gourmande et appliquée, bien adossée à la tradition (excellent pâté en croûte !) et réalisée à partir de jolis produits frais... Des assiettes au dressage particulièrement soignées, servies sous les voûtes de la salle à manger ou dans un agréable patio.
– Prix : €€€
*8 place Carnot – 04 67 77 63 59 – www.la-table-demilie-marseillan.com –
Fermé lundi et mardi*

DOMAINE TARBOURIECH

BOURGEOIS • **CHARME** Cette ancienne maison bourgeoise de vigneron, perdue dans les vignes de Picpoul, à deux pas de l'étang de Thau, pratique l'ostréathérapie, un traitement cosmétique à base de nacre de coquilles d'huîtres. Ici, les chambres se nomment Casanova, Japon, Nacre ou Jefferson. Superbe spa, détente assurée.
- 15 chambres
Chemin des Domaines – 04 48 14 00 30

MARSEILLE

✉ 13007 – Bouches-du-Rhône – Carte régionale n° **28**-D3

Lumière sur une cuisine-monde

Tour à tour grecque puis romaine, millefeuille de peuples et d'influences, Marseille est l'une des capitales du bassin méditerranéen. Elle fait preuve d'un vrai dynamisme culturel autour de son Mucem et de ses nouveaux espaces aménagés sur la façade maritime. C'est aussi un chaudron culinaire en ébullition permanente. Sur le Vieux-Port, on furète tous les matins devant le marché aux poissons du quai de la Fraternité, que tout le monde appelle encore de son ancien nom, le "quai des Belges". C'est le moment de préparer sa bouillabaisse ou sa bourride, la soupe de poissons de roche. Dans le quartier du Panier, les ruelles fleurent bon la Corse et l'Italie : Marseille est d'ailleurs l'un des épicentres de la pizza. Les marchés de Noailles et Belsunce ont des airs de souks à ciel ouvert : tous les ingrédients des cuisines du Maghreb sont là, des dattes aux tomates séchées, en passant par les piments et les épices.

❀❀❀ **AM PAR ALEXANDRE MAZZIA**

Chef : Alexandre Mazzia

CUISINE CRÉATIVE • **BRANCHÉ** On manque de superlatifs pour qualifier le travail d'Alexandre Mazzia à AM, sa table installée dans une zone chic et résidentielle non loin du stade Vélodrome. Véritable chef-artiste en mouvement perpétuel, portant la petite portion au rang d'art, il joue avec virtuosité des épices, du torréfié et du fumé, irriguant sa cuisine de ses souvenirs d'enfance au Congo. Entre ses mains, tout déborde du cadre gastronomique tel qu'on le connaît, mais, plus important encore, tout a du sens ! Comme ces œufs de truites et saumon sauvage, lait fumé aux noisettes torréfiées, un plat d'une intensité rare, ou ces langoustines panées aux graines de sésame et bonite, condiment citron-géranium et popcorn d'algues, une pure merveille. Les quelques veinards du jour sont embarqués dans une aventure gustative d'un genre unique, rehaussée par un service parfait.

🅐🅒 – Prix : €€€€

Hors plan – *9 rue François-Rocca* – ✆ *04 91 24 83 63* – *www.alexandre-mazzia. com* – *Fermé lundi, mardi et dimanche*

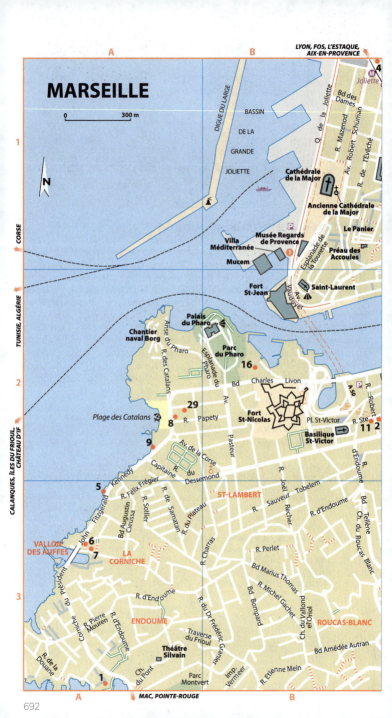

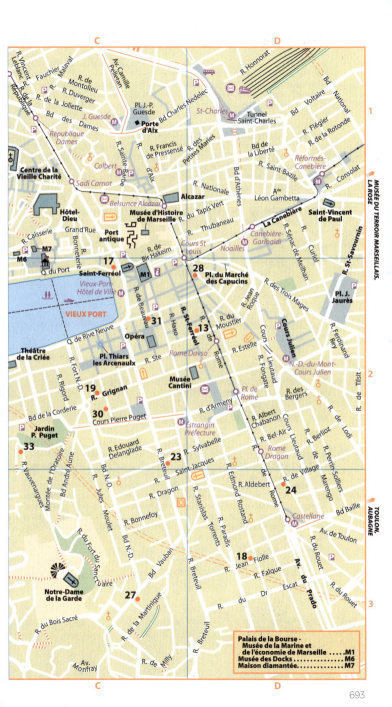

MARSEILLE

✿✿✿ LE PETIT NICE

Chef : Gérald Passedat

POISSONS ET FRUITS DE MER • **ÉLÉGANT** Impossible de dissocier Le Petit Nice de sa ville, Marseille, et de la personnalité de Gérald Passedat. Héritier d'une famille d'artistes, le chef est quasiment né dans son restaurant, à quelques mètres de cette Grande Bleue qui « [le] porte et [l']inspire ». La Méditerranée, ses poissons et ses coquillages constituent le cœur de son identité culinaire. Le menu « Ma Bouille Abaisse », sa signature entre les signatures, en révèle toutes les fascinantes facettes. Au fil de la dégustation, on apprécie cette subtile gradation dans l'intensité des saveurs de cette bouillabaisse à la fois complexe et lisible. Elle débute avec une superbe rosace de poissons crus et son bouillon clair, se poursuit avec d'autres poissons, escortés d'un bouillon safrané plus marqué, s'achève enfin en un climax de poissons cuits entiers et leur puissante soupe de roche. Au gré des saisons, plus de soixante-cinq types de poissons pêchés à la palangre par de petits bateaux et dans le respect de l'écosystème marin défilent aux fourneaux de cette table.

🦞 🍽 ❄ ⑤ 🄰🄲 🍴 ⇔ 🅿 – Prix : €€€€

Plan : A3-1 – *Anse de Maldormé –* 𝒞 *04 91 59 25 92 – www.passedat.fr – Fermé lundi, dimanche et mercredi midi*

✿ BELLE DE MARS

Chef : Michel Marini

CUISINE MODERNE • **CONTEMPORAIN** Derrière une grille en fer forgé, cette belle adresse de La Joliette dévoile un cadre tout en sobriété (murs blancs, parquet, tables et chaises en bois) où s'active dans une cuisine ouverte le couple formé par Michel Marini et Kim-Mai Bui. En toute complicité, ces deux talents éprouvés (William Ledeuil, Christophe Moret, Gérald Passedat) façonnent une délicate cuisine tournée vers la Méditerranée et la Provence, fine et lisible, digeste, et souvent émaillée d'herbes cueillies par leurs soins. Ce poulpe snacké sauce salmorejo, ou ce loup sauvage à la feuille de figuier, raflent la mise avec leurs saveurs droites et expressives. Et les desserts, gourmands sans être trop sucrés, ne sont pas en reste !

🄰🄲 – Prix : €€

Plan : B1-4 – *56 rue de Forbin –* 𝒞 *09 86 57 24 58 – www.belledemars.fr – Fermé samedi et dimanche, et mercredi soir*

✿ UNE TABLE, AU SUD

Chef : Ludovic Turac

CUISINE MODERNE • **ÉLÉGANT** Aux commandes de cette table résolument ancrée dans le Sud et au cadre bleu marine entièrement rénové : Ludovic Turac, cuisinier passé notamment par Le Bristol et Guy Savoy. À partir des légumes provençaux, de la pêche locale et des viandes des Alpes du Sud, il a conçu deux menus en plusieurs séquences : « De la Mer à la Terre » est marqué par une forte empreinte marseillaise et « Carrefour des épices » comporte, lui, de nombreux clins d'œil à ses voyages méditerranéens et à ses propres origines arméniennes – bref, une partition qui rend hommage aux pays qui ont influencé la cuisine marseillaise. Ses recettes inventives ne manquent jamais de goût et vibrent à l'unisson du superbe panorama sur le Vieux Port et la "Bonne Mère".

❄ 🄰🄲 ⇔ – Prix : €€€€

Plan : C2-17 – *2 quai du Port –* 𝒞 *04 91 90 63 53 – www.unetableausud.com – Fermé lundi et dimanche, et mercredi soir*

694

MARSEILLE

ALIVETU

CUISINE MÉDITERRANÉENNE • **BISTRO** Dans le quartier Saint-Victor, adossé à la colline de la Garde, cette petite "oliveraie" (alivetu en corse) est une oasis de gourmandise répartie entre une salle à manger au sol de béton ciré et une mezzanine. Le chef mitonne une cuisine méditerranéenne à l'image de ce poulpe grillé, purée de patate douce, maïs et sauce vierge au poivron. Menu du marché sur ardoise le midi et menu surprise le soir.

& AC – Prix : €€

Plan : B2-11 - *145 rue Sainte* - ✆ *09 83 70 38 94* - *www.alivetu-restaurant.fr* - *Fermé lundi, dimanche et mardi midi*

LES BORDS DE MER

CUISINE MODERNE • **CONTEMPORAIN** À deux pas de la plage des Catalans, ce restaurant aux grandes baies vitrées offre un panorama de rêve sur la baie de Marseille, entre le Cercle des nageurs et les îles du Frioul. D'origine philippine, Chester Tsai (qui a travaillé pour Alain Ducasse dans le monde entier) sert une cuisine méditerranéenne et des plats plus exotiques aux accents philippins et singapouriens : gaspacho tomate, poivrons et concombre, sauce blanche à l'ail et pignons ; daurade au fenouil glacé à l'orange, sauce au beurre et poivre de Timut.

⇐ & AC – Prix : €€€

Plan : A2-9 - *52 corniche du Président-John-Fitzgerald-Kennedy* - ✆ *04 13 94 34 00* - *www.lesdomainesdefontenille.com/fr/lesbordsdemer.html*

BŪBO

CUISINE MODERNE • **CONTEMPORAIN** À quelques pas de la place Castellane, ce restaurant à l'ambiance décontractée et à la décoration minimaliste propose une cuisine saisonnière, moderne et raffinée. Voyage exotique garanti avec des formules simples et renouvelées fréquemment le midi, et un menu Escale Brésilienne pensé par la nouvelle cheffe de cuisine Danielle Barbosa. Ce soir, on s'est régalé d'un gravlax de thon blanc, porc noir de Bigorre, zeste de citron confit et vinaigrette passion ; d'un étonnant couscous brésilien à la semoule de maïs, et enfin du délicieux sorbet açaí, crème de fruit de la passion, consommé de mangue lactofermentée et noix de cajou... le tout servi avec en fond sonore une playlist de bossa nova nonchalante.

& AC ⇔ – Prix : €€

Plan : D3-18 - *34 rue du Docteur-Jean-Fiolle* - ✆ *09 50 13 58 28* - *www.buborestaurant.com* - *Fermé lundi, dimanche et samedi midi*

CÉDRAT

CUISINE MÉDITERRANÉENNE • **CONTEMPORAIN** Un couple, deux chefs, deux formules gastronomiques différentes : au déjeuner, la cheffe Maëlyss Vultaggio propose une ardoise à prix doux pendant que son compagnon Éric Maillet, jeune chef passé chez Passedat, lui sert de commis ; le soir, c'est le contraire, le chef est au piano et signe une partition plus gastronomique, épaulée par sa compagne. À l'image de ce poulet fermier au barbecue, céleri rave confit, oseille, sauce gingembre/citronnelle et jus réduit XO. Cette cuisine moderne d'esprit méditerranéen, non dénuée de punch, est préparée avec des légumes bio, des poissons de la pêche locale et des viandes bien élevées. Cadre contemporain.

AC 🍴 – Prix : €€

Plan : C2-23 - *81 rue Breteuil* - ✆ *04 91 42 94 41* - *www.cedratxmamakyuna.com* - *Fermé lundi et dimanche, et mercredi soir*

695

MARSEILLE

CHEZ FONFON

POISSONS ET FRUITS DE MER • **TRADITIONNEL** Fraîcheur : le maître mot de cette institution familiale fondée en 1952 par Alphonse, dit "Fonfon". Bourride et bouillabaisse sont les immuables de la carte, réalisées avec le poisson sorti tout droit des "pointus" en bois que l'on aperçoit en face dans le petit port. L'adresse niche en effet dans le beau vallon des Auffes...

⟨ 🅰🅲 ⟩ – Prix : €€€

Plan : A3-7 – *140 rue du Vallon-des-Auffes* – ℰ *04 91 52 14 38* – *www.chez-fonfon.com* – *Fermé lundi*

EKUME

CUISINE MÉDITERRANÉENNE • **BISTRO** Après un parcours remarquable, le chef panaméen Edgar Bosquez a jeté l'ancre à Marseille, à quelques encablures de l'Abbaye Saint-Victor. Dans un décor actuel et chaleureux, il donne la parole aux produits de la mer et à la Provence, dans des menus composés avec adresse, dont l'un est consacré à la bouillabaisse.

♿ 🅰🅲 – Prix : €€

Plan : B2-2 – *139 rue Sainte* – ℰ *04 91 73 46 91* – *www.ekume-restaurant.com* – *Fermé lundi, dimanche et samedi midi*

LA FEMME DU BOUCHER

SPÉCIALITÉS DE VIANDES • **BISTRO** Installée dans une ancienne boucherie, Laëtitia Visse, patronne dynamique formée à l'école Ferrandi de Paris, avant de rejoindre de belles maisons étoilées et des tables bistrotières (Guy Savoy, Alain Dutournier, Cyril Lignac, Olivier Nasti à Kaysersberg), mitonne une cuisine viandarde : terrine maison, boudin grillé, saucisse, pieds et paquets, etc. Pour rester dans la tendance, on présente une petite carte de vins nature ou élevés en biodynamie. Service décontracté et atmosphère des plus informelles. Délicieusement canaille.

🅰🅲 – Prix : €€

Plan : D3-24 – *10 rue de Village* – ℰ *04 91 48 79 65* – *www.lafemmeduboucher.fr* – *Fermé samedi et dimanche, et mardi et mercredi soir*

LES JARDINS DU CLOÎTRE

CUISINE DU MARCHÉ • **HISTORIQUE** Ouvert dans un ancien monastère, ce centre de formation géré par les Apprentis d'Auteuil abrite un restaurant ouvert au public. Encadrée par un chef professionnel, la brigade de jeunes cuisiniers en formation assure une prestation culinaire de bel aloi dans un esprit bistronomie et cuisine de saison, avec un approvisionnement régional, de préférence bio. Une belle démarche éthique pour construire l'avenir de la génération qui arrive.

♿ 🍽 🅿 – Prix : €€

Hors plan – *20 boulevard Madeleine-Rémusat* – ℰ *04 91 12 29 42* – *www.lesjardinsducloitredemars.fr* – *Fermé dimanche et du lundi au mercredi soir*

KIN

CUISINE AFRICAINE • **CONVIVIAL** Chef Hugues Mbenda, une assiette directe pour Kinshasa, en République Démocratique du Congo, s'il vous plaît ! Découvrez cette cuisine du terroir congolais sous forme d'un menu unique en plusieurs séquences, renouvelé tous les 15 jours : chips de manioc au piment doux et crème d'oignon brûlé ; onglet de bœuf Angus croustillant, sauce dibi, asperge blanche et thiéré soufflé... Les produits sont frais, les présentations soignées et les saveurs voyageuses. Au déjeuner, place à l'offre plus simple du Libala, le premier restaurant de street food métissée du chef.

♿ 🅰🅲 – Prix : €€€

Plan : D2-13 – *10 rue Francis-Davso* – ℰ *04 91 06 44 02* – *www.kin-restaurant.com* – *Fermé lundi, mardi et dimanche et du mercredi au samedi à midi*

MARSEILLE

LAURACÉE

CUISINE TRADITIONNELLE • CONTEMPORAIN Pas de doute, le patron de cette maison en retrait du Vieux-Port ne sert que des produits frais : "Je ne sais pas faire autre chose !" Dans un cadre moderne et confortable, les papilles se laissent charmer par une cuisine à l'accent du Sud, tout aussi soignée que l'accueil. Quelques plats ? Fleurs de courgettes farcies, picota de brebis, cannoise d'aubergine ; langues d'agneaux fondantes cuisinées en cocotte à la façon des marseillais ; mousse tiède au chocolat, crème brûlée au cacao, chouchou aux noisettes du Piémont.

🅰🅲 – Prix : €€€

Plan : C2-19 – *96 rue de Grignan* – *☎ 04 91 33 63 36* – *www.lelauracee.com* – *Fermé lundi, dimanche et samedi midi*

LA MERCERIE

CUISINE MODERNE • BRANCHÉ Une avalanche de produits locaux de qualité, un savoir-faire incontestable, de la gourmandise… Comptez sur la jeune équipe pour soigner votre faim de la meilleure des façons. Côté vins, on découvre une carte composée avec amour et résolument « nature », avec un turn-over de bon augure : tous les ingrédients pour passer un super moment.

🅰🅲☂ – Prix : €€€

Plan : D2-28 – *9 cours Saint-Louis* – *☎ 04 91 06 18 44* – *www. lamerceriemarseille.com* – *Fermé mardi, mercredi et jeudi midi*

MICHEL - BRASSERIE DES CATALANS

POISSONS ET FRUITS DE MER • VINTAGE Ambiance 100 % rétro dans cette institution (1946) de la plage des Catalans. Ici, la bouillabaisse – marseillaise, évidemment – est une religion… autant qu'un délice ! Au menu, donc, la pêche du jour, d'une remarquable fraîcheur : admirez le poisson exposé dans le "pointu" à l'entrée.

🅰🅲 – Prix : €€€€

Plan : A2-8 – *6 rue des Catalans* – *☎ 04 91 52 64 22* – *www.restaurant-michel-13.fr*

MIJOBA Ⓝ

CUISINE MODERNE • BISTRO Le chef d'origine vénézuélienne David Mijoba, bien connu de la scène gastronomique marseillaise, a ouvert son propre bistrot dans le quartier Vauban, à l'ombre de Notre-Dame-de-la-Garde. Fruits et légumes de la région, pêche locale (mais pas uniquement), épices du monde entier : sa passion du produit, sans œillères, se manifeste dans chaque assiette, avec une indication de provenance pratiquement à chaque plat. Cette cuisine nomade et savoureuse voyage d'un continent à l'autre avec imagination – le déjeuner ayant une dominante plutôt légumière, le dîner plutôt iodée. Ce midi, on s'est régalé d'artichauts violets du Garlaban crus et cuits, de noix de Saint-Jacques de Deauville crues et marinées, accompagnées de chop suey et d'un bouillon de bœuf aux épices d'Hanoï ; et enfin, d'une tarte fine feuilletée aux pommes caramélisées et sa glace maison. Belle sélection de vins vivants, notamment du Jura.

🅰🅲 – Prix : €€€

Plan : C3-27 – *79 boulevard Vauban* – *☎ 04 91 92 03 53* – *www.mijoba.fr* – *Fermé dimanche, et lundi et mardi soir*

NESTOU

CUISINE MODERNE • BISTRO Située à deux encablures de la plage des Catalans, l'enseigne rend hommage à Ernest (Nestou), le jeune fils de Jean-Philippe et Jeanne Garbin, respectivement chef et cheffe de cuisine de ce sympathique restaurant. Lui aux plats chauds, elle aux entrées et aux desserts composent une cuisine originale qui surfe entre influences méditerranéennes et inspirations plus voyageuses. Une bonne table à partager entre copains.

☂🅰🅲☂ – Prix : €€

Plan : A2-29 – *43 rue de Suez* – *☎ 09 87 08 17 00* – *www.nestou.fr* – *Fermé lundi, dimanche et samedi midi*

MARSEILLE

OUREA

CUISINE MODERNE · COSY Descendu de Paris où il travaillait chez Semilla, Matthieu Roche a ouvert avec sa compagne Camille ce bistrot de poche aux couleurs et saveurs de la Provence, situé entre le port et le tribunal. Le chef, attentif aux saisons, se fournit en local (poissons méditerranéens en direct du port, légumes de maraîcher de Mallemort, agrumes du Domaine du Jasson...).

AC – Prix : €€€

Plan : C2-30 – *72 rue de la Paix-Marcel-Paul* – ℰ *04 91 73 21 53* – *www.ourea-restaurant.com* – *Fermé lundi et dimanche, et mardi soir*

PERON

POISSONS ET FRUITS DE MER · MÉDITERRANÉEN Sur la Corniche, cette bâtisse accrochée à la roche offre une vue à couper le souffle sur la baie de Marseille, ses îles, le château d'If... Un vent chargé d'embruns méditerranéens souffle sur la carte : pêche du jour locale et sauvage, farcis, mais aussi magret de canard et filet de bœuf, sans oublier la traditionnelle bouillabaisse, se dégustent sur la belle terrasse. Une institution depuis 1855.

⇐ ⌂ – Prix : €€€

Plan : A3-5 – *56 corniche John-Fitzgerald-Kennedy* – ℰ *04 91 52 15 22* – *www.restaurant-peron.com* – *Fermé lundi et dimanche*

PRÉMICES Ⓝ

CUISINE MODERNE · BISTRO Deux amis, qui se sont connus au restaurant la Mercerie tout proche, se sont retrouvés quelques mètres plus loin, en face de l'Opéra, pour ouvrir leur propre bistrot tendance. Un magnifique comptoir orné de zelliges accueille les convives, tandis qu'à l'étage, une vaste salle à manger les attend. Le midi, on se régale d'un menu de qualité à un prix hyper abordable. La carte, renouvelée deux fois par mois, exhale un bon parfum de cuisine moderne avec ses intitulés osés et branchés comme la glace au céleri-rave. Un régal que ces bucatini maison au condiment épinard et sauge frite, tout comme la délicieuse tarte butternut, noix de muscade, accompagnée d'un condiment subtil à base de pâte de coing et de physalis.

🛇 AC ⌂ – Prix : €€

Plan : C2-31 – *11 rue Beauvau* – ℰ *04 91 06 64 02* – *www.premicesmarseille.com* – *Fermé lundi et dimanche, et mardi et mercredi soir*

REGAIN

CUISINE MODERNE · BISTRO Dans le quartier branché du Camas, ce bistrot de copains est emmené allegretto par la cheffe expérimentée Sarah Chougnet-Strudel et Lucien Salomon, sommelier qui veille sur la salle avec panache. Entre le comptoir châtaignier zingué et la cour arborée ouverte aux beaux jours, on se régale avec cette cuisine du marché savoureuse à souhait qui met en avant les produits locaux, notamment les légumes et la pêche des artisans. La preuve, on s'est délecté d'un carré de cochon, chou kale, crème à l'oseille, lentilles et limequat et d'une délicieuse tartelette au sirop d'érable, mousse café et céleri branche confit. On arrose le tout en piochant une bouteille dans une belle sélection d'environ 200 vins vivants. Regain d'énergie assuré après cette moisson de saveurs !

⌂ – Prix : €€

Hors plan – *53 rue Saint-Pierre* – ℰ *04 86 68 33 20* – *www.regain-marseille.com* – *Fermé samedi, dimanche et du lundi au jeudi à midi*

MARSEILLE

SÉPIA

CUISINE MODERNE • TENDANCE Chez Sépia, on passe une soirée haute en couleurs : cette guinguette nichée sur la colline de Puget offre une vue plongeante sur la cité phocéenne et la grande bleue. En cuisine, le chef privilégie les produits de la mer mais aime aussi associer sauce de viande et poisson (ou l'inverse), à l'image de cette sériole et sa sauce façon Albufera. Une seconde adresse : le Julis, bar à vin & tapas, très prisé par les Marseillais du quartier Saint-Victor et d'Endoume après le travail pour l'apéro...

& 🍴 – Prix : €€

Plan : C2-33 – *2 rue Vauvenargues* – ✆ *09 83 82 67 27* – *www.restaurant-sepia.fr* – *Fermé samedi et dimanche*

TABI - IPPEI UEMURA

CUISINE JAPONAISE CONTEMPORAINE • CONTEMPORAIN Tabi, c'est le voyage en japonais : tout est dit ! Originaire de Kyoto, le chef a choisi Marseille comme ville d'adoption. Il met la pêche locale en valeur dans une cuisine japonaise traditionnelle, préparée directement devant le client. Accords mets-sakés pour les amateurs. Dépaysement garanti.

& AC – Prix : €€€

Plan : A3-6 – *165 corniche du Président-John-Fitzgerald-Kennedy* – ✆ *04 91 22 09 33* – *www.restauranttabi.com* – *Fermé lundi et dimanche*

LES TROIS FORTS

CUISINE MODERNE • ÉLÉGANT Tout Marseille est là : le Vieux Port et sa myriade de mâts, les quais qui fourmillent au loin, le ciel azuré... Au 7e étage du Sofitel, le panorama est sublime. L'assiette rend également un bel hommage à la cité phocéenne, entre inspirations provençales et saveurs d'ailleurs. Beau moment !

≤ AC 🍴 ✧ – Prix : €€€

Plan : B2-16 – *36 boulevard Charles-Livon* – ✆ *04 91 15 59 56* – *www.sofitel-marseille-vieuxport.com* – *Fermé lundi et dimanche*

LES BORDS DE MER   *Plus*

MODERNE • MARITIME À deux pas de la plage des catalans et en face du Frioul, cet ancien hôtel a quasiment les pieds dans l'eau... et a bénéficié d'une belle remise à flots. Chambres entre tons pastels et bois naturel, avec superbe vue sur la mer, mais aussi spa creusé dans la roche et rooftop : un séjour délicieux.

& AC 🛁 🍴 🚲 🏊 📶 🐾 🍽 - 19 chambres

52 corniche J.F. Kennedy – ✆ *04 13 94 34 00*

Les Bords de Mer - Voir la sélection des restaurants

C2

DESIGN • CHALEUREUX Légèrement en retrait du vieux port, cet ancien hôtel particulier (1860) est à la pointe de l'avant-garde phocéenne. Il abrite des chambres design et luxueuses ainsi qu'un salon-bar, sans oublier le petit – mais très joli – spa : bassin couvert, hammam, massages...

& AC 🛁 P 🍴 📶 🐾 🐕 🍽 - 20 chambres

48 rue Roux de Brignolles – ✆ *04 95 05 13 13*

699

MARSEILLE

🛏 LE CORBUSIER

CONTEMPORAIN • FAMILIAL L'emblématique "Cité radieuse" de Le Corbusier n'est pas seulement l'une des premières (et des plus impressionnantes) structures brutalistes au monde, c'est un monument à l'utopie moderniste. Deux de ses étages sont désormais consacrés à un hôtel dont les clients vivent parmi les résidents permanents. Si les chambres ne sont ni particulièrement vastes ni excessivement luxueuses, elles sont chargées de l'atmosphère de l'époque - tout comme le restaurant, meublé de créations de Charlotte Perriand et Jean Prouvé.

🛖 🅰️🅲 🅿️ 🛋 ⚙️ ⅱ◯ - 21 chambres

280 boulevard Michelet – 𝒞 04 91 16 78 00

🛏 INTERCONTINENTAL HÔTEL-DIEU MARSEILLE

MODERNE • ÉLÉGANT A deux pas de la mairie et du Vieux-Port, cet ancien hôpital abrite désormais des chambres confortables. Derrière la monumentale façade (18-19e s.), les lieux rivalisent d'espace, de sobriété et d'élégance – avec tous les services d'un établissement de luxe, à l'instar du vaste spa très bien équipé. Comme dans la chanson, préférez une chambre avec vue.

🅰️🅲 🥗 🅿️ 🛋 🛎 ⑩ ⚙️ ⅼϭ ⚙️ ⅱ◯ - 179 chambres

1 place Daviel – 𝒞 04 13 42 42 42

🛏 MAMA SHELTER MARSEILLE   *Plus*

AVANT-GARDE • CONVIVIAL Cet hôtel ultramoderne, créé dans un quartier populaire de la cité phocéenne, rassemble tout l'esprit de l'enseigne. Sous la signature de Philippe Starck, la déco joue une carte design assumée : murs et plafonds en béton brut, aplats de blanc, mobilier minimaliste...

🅰️🅲 🅿️ 🔊 ⚙️ ⅱ◯ - 127 chambres

64 rue de la Loubière – 𝒞 04 84 35 20 00

🛏 NHOW MARSEILLE

AVANT-GARDE • MARITIME Qu'on se le dise : l'ancien Palm Beach, véritable institution locale, est devenu nhow (sans majuscule) ! L'établissement séduit avec des inspirations street art (reproductions de graffitis) et des chambres lumineuses qui donnent toutes sur la mer. Piscine, bars et spa avec hammam et jacuzzi.

🛖 🅰️🅲 🅿️ 🔊 🛋 ⑩ ⚙️ ⅼϭ ⚙️ ⅱ◯ - 160 chambres

200 corniche J.F. Kennedy – 𝒞 04 91 16 19 00

🛏 LE PETIT NICE   *Plus*

MODERNE • MARITIME Sur la Corniche, ces architectures néoclassiques (des années 1910 !) semblent lancer des œillades à la mer et à ses îles immaculées. Toute la lumière du Sud, toute la magie du site de Marseille, que l'on admire à loisir dans le plus grand confort...

🅰️🅲 🚗 🔊 🛋 ⅱ◯ - 16 chambres

Anse de Maldorme – 𝒞 04 91 59 25 92

❀❀❀ **Le Petit Nice** - Voir la sélection des restaurants

🛏 SOFITEL MARSEILLE VIEUX PORT   *Plus*

CLASSIQUE • CONVIVIAL Sur les hauteurs du Pharo, dominant les forts, la passe... et tout le Vieux Port ! Plus d'une vingtaine de chambres jouissent d'une terrasse ouvrant sur le bassin. Le grand confort au cœur du mythe marseillais.

🛖 🅰️🅲 🚗 🅿️ 🔊 🚲 ⑩ ⚙️ ⅼϭ ⚙️ ⅱ◯ - 134 chambres

36 boulevard Charles-Livon – 𝒞 04 91 15 59 55

Les Trois Forts - Voir la sélection des restaurants

701

MARTIGNARGUES

✉ 30360 – Gard

 LA MAISON DU PASSAGE *Plus*

CLASSIQUE • RAFFINÉ Au pied de la chaîne des Cévennes, cette ancienne tour de guet du village offre depuis sa terrasse une vue imprenable sur la campagne. Les chambres d'hôtes qu'elle accueille, à l'atmosphère des plus paisibles, mêlent les vieux murs de pierre à un mobilier moderne et à une décoration éclectique, que l'on sent élaborée avec amour. L'établissement dispose d'un petit spa, avec un jacuzzi et un sauna infrarouge. En plus du copieux petit-déjeuner, les repas peuvent être servis sur la terrasse, sur demande.

🅰🅲 ⌂ ⌁ 🛎 🍽 – 5 chambres
127 rue de l'Église – ✆ *04 66 25 62 91*

MARTIGUES

✉ 13500 – Bouches-du-Rhône – Carte régionale n° **28**–C3

GUSTO CAFFE

CUISINE ITALIENNE • TRATTORIA Devant le port de plaisance du canal Baussengue, une sympathique trattoria où serveurs et clients s'interpellent dans une ambiance joyeuse et très... italienne ! Pâtes maison (spaghettis, gnocchis, etc.), prosciutto di parma découpé à la trancheuse, grands classiques transalpins... La terrasse est prise d'assaut dès les beaux jours, tout comme l'ardoise du midi, véritable bon plan.

🅰🅲 ☂ ⌂ – Prix : €€
4 quai Paul-Doumer – ✆ *04 42 43 97 85 – www.restaurantmartigues.com/restaurant-le-gusto – Fermé lundi et dimanche*

MARTILLAC

✉ 33650 – Gironde – Carte régionale n° **22**–B2

 LA GRAND'VIGNE - LES SOURCES DE CAUDALIE

CUISINE MODERNE • ÉLÉGANT À quelques kilomètres seulement de Bordeaux se trouve un véritable petit paradis, niché au cœur du vignoble du Château Smith Haut Lafitte, grand cru classé de Graves. Aux fourneaux de la Grand'Vigne, la table gastronomique de l'hôtel, officie le chef Nicolas Masse, dont la partition est tournée vers un but : sublimer le terroir aquitain (caviar, agneau des Pyrénées...), y compris sa manne végétale, et les vins, notamment ceux de Pessac-Léognan. Aussi lisible que pure, sa cuisine de haute technique vise à l'essentiel : l'expression du goût au travers de produits du grand Sud-Ouest, soigneusement sourcés. Rien n'est ici trop beau pour le client, qu'il s'agisse du service ou de la sommellerie. Une expérience totale à vivre pleinement !

🕸 ⌂ 🛎 ♿ 🅰🅲 ☂ 🅿 – Prix : €€€€
Chemin de Smith-Haut-Lafitte – ✆ *05 57 83 83 83 – www.sources-caudalie.com – Fermé lundi, mardi et du mercredi au vendredi à midi*

LA TABLE DU LAVOIR - LES SOURCES DE CAUDALIE

CUISINE TRADITIONNELLE • RUSTIQUE S'attabler dans ce cadre original rappelle le riche passé de la région ; les vêtements utilisés pour les vendanges étaient lavés dans cette halle tout en bois du 18e s. La cuisine joue ici la carte de la belle tradition gourmande avec notamment ce suprême de volaille fermière grillé, pommes de terre croustillantes, trompettes et sauce béarnaise. On retrouve l'atmosphère plaisante des auberges rustiques et soignées d'autrefois, avec un service souriant et une petite particularité bien agréable : il est possible de goûter au vin de la propriété qui n'est autre que le Château Smith Haut Lafitte (également disponible au verre).

ஃ & AC ☆ P – Prix : €€

Chemin de Smith-Haut-Lafitte – ℘ 05 57 83 83 83 – www.sources-caudalie.com/les-sources-caudalie-restaurants/la-table-du-lavoir

LES SOURCES DE CAUDALIE — *Plus*

TRADITIONNEL • CHAMPÊTRE Dédié au bien-être, ce magnifique domaine se veut le berceau de la vinothérapie. Bois brut, meubles chinés, plaisirs gastronomiques : le luxe sans ostentation, en harmonie avec la nature. Les chambres, réparties dans plusieurs demeures au milieu des vignes, sont autant d'invitation à la détente, sans oublier le spa, superbe.

& AC P ⛵ ⛳ ♨ 🚲 ♨ ⛷ 🛥 ♨ ‖○ – 61 chambres

Chemin de Smith Haut-Lafitte – ℘ 05 57 83 83 83

❀❀ **La Grand'Vigne - Les Sources de Caudalie • La Table du Lavoir - Les Sources de Caudalie** - Voir la sélection des restaurants

MARTRES-TOLOSANE

✉ 31220 – Haute-Garonne – Carte régionale n° **26**–C3

MAISON CASTET

CUISINE CRÉATIVE • CONTEMPORAIN Ce lieu contemporain, situé en retrait du centre-ville, fut jadis le café de la gare. Le chef, dont la cuisine créative nous fait voyager (par exemple au Brésil, avec ce lieu sauvage des sables, comme une moqueca, salade d'herbettes et farofa), mise sur de beaux produits et une technique solide. Mention spéciale pour ses impressionnants desserts, comme la tomate cœur de bœuf en sucre soufflé et crème de sauge. Jolie carte des vins.

ஃ ☆ ✿ – Prix : €€€

44 avenue de la Gare – ℘ 05 61 98 80 20 – www.maisoncastet.com – Fermé lundi et mercredi, et dimanche soir

MASSIGNAC

✉ 16310 – Charente – Carte régionale n° **18**–C2

 ### DYADES AU DOMAINE DES ÉTANGS

CUISINE MODERNE • ÉLÉGANT C'est un domaine de 1000 hectares avec bois et forêts, pâturages et prairies, fermes et étangs, et son château du 13e s. qui offre tous les agréments modernes de l'hôtellerie de luxe. Installée dans les anciennes écuries, la salle du restaurant joue sur un savant mélange d'ancien et de contemporain. Aux fourneaux, Matthieu Pasgrimaud (La Vague d'Or à St-Tropez, Daniel Boulud à New York) exploite avec talent toute la manne végétale produite sur place, agrémentant ses plats d'herbes aromatiques et de légumes du jardin. Des assiettes potagères (fleur d'artichaut Camus et amandon de pruneau) qui se disputent la vedette avec les assiettes à partager, les classiques et les plats signature du chef (comme le pain d'esturgeon et caviar de Neuvic), sur une carte où éclectisme et réussite vont de pair. Chloé Tardivel, la compagne du chef, veille avec élégance sur l'accueil et le service.

⛵ ⛳ ♨ & ☆ ✿ P – Prix : €€€

Domaine des Étangs – ℘ 05 45 61 85 05 – www.domainedesetangs.com – Fermé lundi et mardi, et dimanche soir

MASSIGNAC

DOMAINE DES ÉTANGS *Plus*

CLASSIQUE • CHAMPÊTRE Ce château de pierre, flanqué de tours fortifiées, abrite certaines suites et chambres, alors que d'autres occupent la longère ou l'une des six métairies, élégamment rénovées. Le vaste domaine offre des promenades bucoliques mais aussi deux piscines, un court de tennis et un grand lac.

- 17 chambres

Domaine des Étangs – ☏ 05 45 61 85 00

❀ **Dyades au Domaine des Étangs** - Voir la sélection des restaurants

MATHIEU

✉ 14920 – Calvados – Carte régionale n° **2**-C2

ROZE N

CUISINE MODERNE • CONTEMPORAIN Au centre du bourg, cette vieille bâtisse a revêtu une déco contemporaine qui met en valeur le talent de Clémence Goupil et Alex Néel. Ces derniers connaissent bien leur métier et son histoire : le nom de l'établissement célèbre la figure de Mathurin Roze de Chantoiseau, « l'inventeur » du concept de restaurant. Dans l'assiette, les deux tourtereaux chantent la saison et les produits frais, avec sincérité et une touche d'audace : artichaut, fine tartelette, œuf confit, émulsion barigoule et condiment moderne ; turbot, fenouil confit, tagliatelle de pommes de terre, condiments poivron, rouille et jus d'arêtes au safran.

– Prix : €€

4 rue Augustin-Fresnel – ☏ 02 31 44 10 17 – www.roze-restaurant.fr – *Fermé lundi et mardi, et dimanche soir*

MAULÉVRIER

✉ 49360 – Maine-et-Loire – Carte régionale n° **9**-C3

LE STOFFLET - CHÂTEAU COLBERT

CUISINE TRADITIONNELLE • HISTORIQUE Cet imposant château en tuffeau et granit du 17e s. est déjà une destination par son histoire riche de rebondissements et son potager bio de 800m² élu plus beau potager de France en 2016 et 2021. L'accueil se fait sous un magnifique dôme de 13 mètres de hauteur, avant de découvrir les hauts plafonds et lustres en cristal de l'une des deux salles à manger qui rehaussent encore l'expérience gourmande de cette cuisine actuelle et sobre : tarte fine au caviar d'aubergine, gambas et radis ; pintade, beurre d'herbes, mousseline de pomme de terre, brunoise d'automne ; figues rôties au Porto, pain de Gênes, miel et glace vanille.

– Prix : €€

Place du Château – ☏ 02 41 55 51 33 – www.chateaucolbert.com – *Fermé lundi et dimanche*

MAUSSANE-LES-ALPILLES

✉ 13520 – Bouches-du-Rhône – Carte régionale n° **28**-E1

AUX ATELIERS

CUISINE TRADITIONNELLE • BISTRO Ce bistrot détendu et chaleureux à l'atmosphère rétro ne désemplit pas. Le chef, un Normand amoureux des Alpilles, taquine votre gourmandise au gré d'une cuisine généreuse et sans afféterie : petits farcis à la provençale ; terrine de campagne ; cuisse de lapin confite à l'huile d'olive ; épaule d'agneau de Maussane cuite toute la nuit ; tarte aux deux citrons et fleur d'oranger... Clientèle d'habitués et terrain de pétanque à l'extérieur.

– Prix : €€

115 avenue de la Vallée-des-Baux – ☏ 04 90 49 96 58 – *Fermé lundi, mardi, mercredi et jeudi à midi , et dimanche soir*

MAUSSANE-LES-ALPILLES

 LES MAISONS DE L'HÔTEL PARTICULIER

CLASSIQUE • CHARME Fort de son succès, l'Hôtel Particulier a enrichi son adresse du centre-ville de deux résidences supplémentaires dans la campagne arlésienne. Dont cet ancien prieuré du 15e s., splendide construction en pierre ocre, orné de colonnes, d'arches et de toits de tuiles provençaux. Un décor aux accents romains qui invite à la langueur. Sous les voûtes fraîches, au bord de la piscine en pierre, à l'ombre des cyprès et oliviers, on médite sur la douceur des lieux. Deux maisons hôtelières s'y sont logées, abritant chacune cinq chambres et suites sophistiquées mariant la sobriété du blanc, des espaces sans mobilier superflu et des matériaux nobles (baignoires en marbre, cheminées en pierre, parquet Versailles...) pour un rendu sophistiqué. Installé dans l'ancienne orangeraie, un spa.
- 10 chambres
11 rue de l'Escampadou – 📞 *04 90 52 51 40*

MAXILLY-SUR-LÉMAN
✉ 74500 – Haute-Savoie – Carte régionale n° **21**-D1

CHEZ MATHILDE

CUISINE MODERNE • CONVIVIAL Mathilde est la fille du célèbre pêcheur du Léman, Eric Jacquier. La voilà installée dans ce lumineux petit restaurant de centre du village avec comptoir en béton, luminaires décalés et mobilier bistrot en bois clair. Elle propose une petite ardoise à son image : spontanée, ludique et intuitive. Fort sympathique.
AC 🍽 – Prix : €€
97 route de Lugrin – 📞 *04 50 74 36 31 – www.restaurant-chez-mathilde.com – Fermé lundi et mardi*

MAYENNE
✉ 53100 – Mayenne – Carte régionale n° **9**-C1

 L'ÉVEIL DES SENS

Chef : Nicolas Nobis
CUISINE MODERNE • CONTEMPORAIN À la sortie de la ville, il serait dommage de ne pas s'arrêter devant cette originale façade en résille métallique... Une fois passée la porte, c'est le bois qui est à l'honneur, dans un cadre sobre et épuré. Vous voici dans le fief du chef Nicolas Nobis et de son épouse Isabelle, qui ont appris le métier chez Bernard Loiseau et Georges Blanc. Simplicité et naturel, voilà des valeurs qui caractérisent bien la cuisine du chef, lequel aime travailler les plantes (hysope, verveine...) et les légumes des producteurs mayennais. Côté cuissons et assaisonnements, la précision est au rendez-vous, comme avec cet éclat de homard breton, fraise, pois gourmand et légèreté de bisque. Une expérience qui (r)éveille les papilles en douceur... avec un menu déjeuner au rapport qualité-prix imbattable !
AC – Prix : €€€
429 boulevard Paul-Lintier – 📞 *02 43 30 42 17 – www.restaurant-leveildessens.fr – Fermé lundi et mardi, et dimanche soir*

MEAUX

✉ 77100 – Seine-et-Marne – Carte régionale n° **11**–C1

RESTAURANT DU CHAMP DE MARS Ⓝ

CUISINE MODERNE • **CONTEMPORAIN** En bordure de route, une façade blanc cassé cache plusieurs salles au cadre lumineux et élégant. La décoration marie éléments anciens (poutres, murs en pierre, tomettes peintes en blanc) et contemporains (fauteuils en cuir grège, éclairage design, paravents ajourés en chêne). Côté cuisine, une carte alléchante met en valeur des produits nobles dans des assiettes soignées et généreuses : ravioles de cèpes et extraction de champignons ; dos de bar cuit meunière et artichauts ; millefeuille et praliné à la vanille de Madagascar...

🍴 – Prix : €€€

16 avenue de la Victoire – 𝒞 *01 64 34 15 15 – www.restaurantduchampdemars. fr – Fermé lundi, mardi, samedi midi et dimanche soir*

LES MÉES

✉ 04190 – Alpes-de-Haute-Provence – Carte régionale n° **24**–C3

LA MARMITE DU PÊCHEUR

POISSONS ET FRUITS DE MER • **CONTEMPORAIN** Au pied des Pénitents, ces célèbres rochers pointus, les gourmands n'ont pas à faire profil bas ! Dans cet ancien moulin, on se régale de spécialités de poisson et de produits de la mer (bouillabaisse sur commande). Et la roue à aubes trône toujours dans la salle à manger.

🅰🅲 🍴 – Prix : €€

Boulevard des Tilleuls – 𝒞 *04 92 34 35 56 – www.lamarmitedupecheur.com – Fermé mardi et mercredi, et lundi et dimanche soir*

MEGÈVE

✉ 74120 – Haute-Savoie –
Carte régionale n° **21**-D2

Naturels ou travaillés, des produits qui nourrissent l'âme

Megève l'élégante, ses chalets rustiques chics, ses hôtels de luxe, ses routes chauffées, ses boutiques de créateurs… et sa tartiflette. Il suffit de se promener dans la région au printemps, quand les prairies sont redevenues verdoyantes et que les belles tarines aux longs cils vous adressent de tendres clins d'œil pour prendre conscience de l'insolente richesse de son terroir. Agneau, poulardes, légumes, fruits, fleurs, et herbes ! Le plus beau, c'est que tout cela se mange. Serpolet, genévrier commun, crocus printanier, ail des ours, reine-des-prés… Grimpez au Mont-d'Arbois, fermez les yeux, le vent caresse votre visage. Cet air pur, vivifiant, qui pique vos paupières, n'est-ce pas le parfum du bonheur ? Et cette délicieuse odeur qui titille votre estomac crapahuteur, n'est-ce pas le fumet d'un chausson savoyard, cette spécialité préparée à base de pâte feuilletée, composée d'une farce aux lardons, de crème fraîche et de pommes de terre ? Décidément, aux pays des alpages, la gastronomie française est chez elle.

❀❀❀ FLOCONS DE SEL

Chef : Emmanuel Renaut

CUISINE MODERNE • **ÉLÉGANT** *(Fermé provisoirement pour travaux, réouverture prévue second semestre)* Tombé amoureux de la Haute-Savoie dans son enfance, bien avant d'arborer son col bleu-blanc-rouge, Emmanuel Renaut est viscéralement attaché au terroir alpin (brochet, omble et féra du lac Léman, champignons et herbes sauvages, fromages d'alpage…), sans rien s'interdire : avec malice, il prend parfois le contre-pied d'une cuisine de région attendue – comme avec ces superbes langoustines marinées au cédrat, caviar vivifié de pamplemousse et racines de gentiane. Le végétal prend également de plus en plus de place dans sa cuisine. Un chalet d'altitude enchanteur pour une gastronomie au sommet.

🐴 ⇔ ⇐ 🍴 & 🅿 – Prix : €€€€

Hors plan - *1775 route du Leutaz, Le Leutaz -* ✆ *04 50 21 49 99 – www.floconsdesel.com*

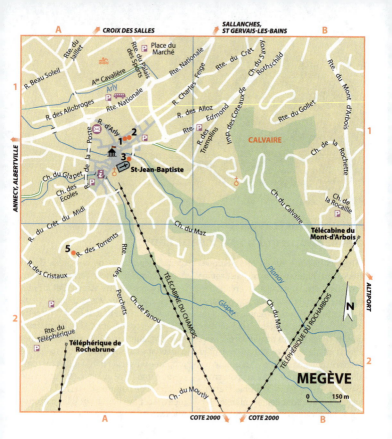

✶ LA TABLE DE L'ALPAGA

CUISINE MODERNE • CONTEMPORAIN Qu'il est doux de s'attabler dans ce nid chic et douillet, où des matériaux bruts et nobles tels que marbre et chêne composent un décor authentique et intemporel. À la table gastronomique, le jeune chef Alexandre Baule, originaire de l'Isère, s'attache à sublimer le terroir savoyard, avec une prédilection pour le végétal. À noter aussi, les accords mets-cocktails (avec ou sans alcool) d'un barman talentueux. Au bistrot, ouvert tous soirs, un joli répertoire régional est proposé. Et pour prolonger l'expérience, de confortables chambres aménagées dans des chalets vous attendent.

※ ⇔ ⇐ & 🅿 – Prix : €€€€

Hors plan – *Alpaga, 66 allée des Marmoussets, route du Prariand –* ✆ *04 50 91 48 70 – www.beaumier.com/fr/proprietes/hotel-alpaga/hiver/restaurants – Fermé lundi, mardi et du mercredi au dimanche à midi*

MEGÈVE

VOUS

Chef : Julien Gatillon
CUISINE MODERNE • ÉPURÉ Une belle maison typique du cœur de Megève, un décor épuré où le bois prédomine, un élégant comptoir de 14 places, un accueil chaleureux : vous êtes chez Vous ! Sous la houlette de Julien Gatillon (ex 1920), le jeune chef Jean Pastre régale d'une cuisine moderne élaborée sous vos yeux avec les meilleurs produits de la région (et d'ailleurs) : omble chevalier, cresson de fontaine et caviar ; langoustine, pomme de terre et safran de Savoie ; filet de veau fermier, céleri confit et émulsion de livèche… Des plats lisibles aux saveurs franches, où finesse et élégance se donnent rendez-vous.
& – Prix : €€€

Plan : A1-1 – *36 rue Saint-François* – ℰ *06 59 55 95 83* – *www.juliengatillon.fr/vous* – *Fermé lundi, mardi et mercredi midi*

ANATA

CUISINE JAPONAISE • ÉPURÉ Sous le même toit que Vous, ce comptoir en bois clair situé à l'étage propose une cuisine japonaise traditionnelle. Les nigiri, california rolls, sashimi, maki, tempuras et autres gyozas sont préparés avec de très beaux produits, comme le bœuf Wagyu ou la ventrèche de thon otoro. Offre de bento au déjeuner.
Prix : €€€€

Plan : A1-2 – *36 rue Saint-François* – ℰ *06 59 55 95 83* – *www.juliengatillon.fr/anata* – *Fermé lundi, mardi et mercredi midi*

KAITO

CUISINE JAPONAISE • CONVIVIAL Au sein de l'hôtel Four Seasons, sashimis, tatakis et sushis de belle fraîcheur côtoient, à la carte, des produits montagnards délicatement travaillés. Une cuisine fusion, dont on peut profiter dans une ambiance tamisée ou sur l'agréable terrasse.
– Prix : €€€€

Hors plan – *Four Seasons Megève, 373 chemin des Follières* – ℰ *04 50 21 12 11* – *www.fourseasons.com/megeve* – *Fermé du lundi au vendredi à midi*

LE PRIEURÉ

CUISINE TRADITIONNELLE • CONVIVIAL Au cœur de Megève et de sa place, accolé à l'église, cet ancien prieuré s'est métamorphosé en restaurant dès 1930. Aujourd'hui, dans un beau décor montagnard, Emmanuel Renaut y propose sa cuisine de bistrot traditionnelle : œuf meurette savoyard, pâté en croûte, ravioles au fromage de montagne, tartare ou filet de bœuf, omble chevalier. L'établissement dispose également d'une grande terrasse.
– Prix : €€€

Plan : A1-3 – *116 place de l'Église* – ℰ *04 50 21 01 79* – *www.leprieure-megeve.com* – *Fermé mardi et mercredi*

LE REFUGE

CUISINE TRADITIONNELLE • AUBERGE Après une balade au Leutaz, attablez-vous dans ce charmant refuge boisé prolongé d'une véranda et d'une agréable terrasse. C'est avec le sourire qu'on vous servira une cuisine gourmande et généreuse, proposant quelques grands classiques indétrônables de la maison (l'œuf aux lentilles vertes, morilles et copeaux de foie gras, ou la jatte de glace vanille avec son sablé breton et son chocolat chaud), sans oublier les incontournables savoyards.
– Prix : €€€

Hors plan – *2615 route du Leutaz* – ℰ *04 50 21 23 04* – *www.refuge-megeve.com* – *Fermé lundi et mardi*

709

MEGÈVE

LE SAINT-NICOLAS - AU COIN DU FEU

CUISINE CRÉATIVE • RUSTIQUE Dans ce joli chalet savoyard sur les hauteurs de Megève, la cuisine ouverte sur une plaisante salle rustique chic, tout de bois vêtue, permet d'apprécier l'attention portée au détail par le chef Marvin Lance, ancien second de Julien Gatillon au 1920. Ses menus Horizon, Relief ou Origine sont le reflet d'assiettes créatives, mariant avec audace ses racines bretonnes et le terroir savoyard, à l'image de ces Saint-Jacques de plongée au lard blanc de Villazata et cardons de Haute-Savoie.

🍴 – Prix : €€€€

Plan : A2-5 – *252 route de Rochebrune – ✆ 04 50 21 04 94 – www.coindufeu. com/fr/restaurant.html – Fermé les midis*

LE CHALET ZANNIER   *Plus*

MONTAGNARD • RAFFINÉ Un ensemble de trois superbes chalets savoyards, possédant un joli centre de détente avec piscine, hammam et sauna. L'esprit de luxe montagnard règne dans les chambres, sobres et chic, jamais tape-à-l'œil, et dans les nombreux services (navette privée vers la station).

🚗 🅿 🛁 ⛷ 🌐 🛎 🍽 - 12 chambres

367 route du Crêt – ✆ 04 50 21 01 01

CŒUR DE MEGÈVE

CONTEMPORAIN • CHARME Le bâtiment est tout à fait traditionnel, mais les intérieurs tout en fraîcheur : un subtil assemblage de luxe contemporain et de charme régional, réchauffé de couleurs profondes. L'hôtel offre une jolie variété d'espaces — de la chambre cosy nichée au dernier étage aux spacieuses suites prolongées de terrasses —, tous meublés et équipés de façon moderne. Un charmant petit spa, un restaurant et un bar idéal au retour des pistes comme en soirée.

♿ 🛁 🚲 🌐 🛎 🍽 - 39 chambres

44 rue Charles Feige – ✆ 04 50 21 25 30

LES FERMES DE MARIE   *Plus*

MONTAGNARD • CHALEUREUX On se verrait bien vivre dans ce hameau de fermes savoyardes reconstituées. Les chambres sont délicieusement montagnardes, boisées, décorées avec goût dans le style de la famille Sibuet, reconnaissable entre mille... Et le spa est superbe. Un véritable paradis des neiges !

🚗 🅿 🛋 🛁 🛏 🚲 ⛷ 🌐 🛎 💆 🧖 🍽 - 70 chambres

Chemin de Riante-Colline – ✆ 04 50 93 03 10

FLOCONS DE SEL

MONTAGNARD • COSY *(Fermé provisoirement pour travaux, réouverture prévue second semestre)* Les Flocons de Sel sont aussi un hôtel charmant ! Les chambres, réparties dans trois chalets, dévoilent le meilleur du chic montagnard : bois omniprésent, grands lits, salles de bains design... Le spa (avec sauna et hammam), la piscine couverte et le bain suédois achèvent d'en faire un lieu à part.

♿ 🚗 🍽 - 12 chambres

1775 route du Leutaz – ✆ 04 50 21 49 99

✿✿✿ **Flocons de Sel** - Voir la sélection des restaurants

FOUR SEASONS MEGÈVE

CLASSIQUE • RAFFINÉ Trois ans de travaux, des chambres et suites allant jusqu'à 150 m², où le bois prédomine, dans un esprit chalet. Le superbe spa de 900 m² propose coiffeur, barbier, salles de massage et fitness, piscine extérieure et intérieure. Profitez aussi des activités exclusives : balade en traîneau à chiens, motoneige, et golf en été.

🅰🅲 🚗 🅿 🛁 🛋 🚲 ⛷ 🌐 🛎 💆 🍽 - 55 chambres

373 chemin des Follières – ✆ 04 50 21 12 11

Kaito - Voir la sélection des restaurants

MEGÈVE

🛏 LODGE PARK · *Plus*

MONTAGNARD · CHALEUREUX Atypique, chic et hors du temps : ce Lodge Park est tout cela à la fois. L'ambiance ? Celle d'une maison de trappeur dans le Grand Nord. Trophées de chasse, peaux de bêtes aux murs, cornes et bois… depuis les chambres, élégantes et chaleureuses, jusqu'au superbe spa !

🐎 🅿 ⊘ 🛎 🚲 ⤵ ⑩ ⅃⬒ ⅏ ⅃⃝ - 49 chambres

100 rue d'Arly – ℰ *04 50 93 05 03*

🛏 L'ALPAGA, BEAUMIER HOTEL

MONTAGNARD · CHALEUREUX Dix chalets ont été assemblés pour former ce hameau, l'un des hôtels les plus luxueux de Megève. Les chambres et suites sont réparties entre les plus grands chalets, et marient avec modernité les matériaux naturels. Elles disposent de balcons ou de terrasses, et d'équipements dignes des meilleurs hôtels urbains. Les chalets indépendants accueillent de huit à douze personnes dans un confort tout aussi chaleureux. Deux restaurants et un bar veillent aux plaisirs gustatifs, à proximité du spa avec bain suédois et de la piscine extérieure, qui profite de panoramas sur le Val d'Arly.

🐎 🅿 ◠ ⊘ 🛎 🚲 ⤵ ⑩ ⅏ ⅃⃝ - 33 chambres

66 allée des Marmousets – ℰ *04 50 91 48 70*

❀ **La Table de l'Alpaga** - Voir la sélection des restaurants

🛏 M DE MEGÈVE · *Plus*

CLASSIQUE · CHALEUREUX L'esprit savoyard et le grand confort se sont donné rendez-vous dans cet imposant chalet du cœur de Megève. Le bois y est omniprésent, notamment dans les chambres, chic et chaleureuses ; on profite également d'un superbe spa, d'un hammam et d'une piscine avec jacuzzi.

♿ 🐎 🅿 ◠ ⊘ 🛎 ⤵ ⑩ ⅏ ⅃⬒ ⅃⃝ - 42 chambres

15 route de Rochebrune – ℰ *04 50 21 41 09*

🛏 MONT-BLANC · *Plus*

CLASSIQUE · RAFFINÉ Le mythique doyen des hôtels mégevans, magnifiquement illuminé le soir venu : le "21e arrondissement de Paris" selon Cocteau, qui y a laissé son empreinte. Du faste, un bar à champagne, le charme des sports d'hiver… la belle vie, très mondaine, en plein cœur de la station !

🐎 🅿 ⊘ 🛎 🚲 ⤵ ⑩ ⅏ ⅃⃝ - 38 chambres

29 rue Ambroise Martin – ℰ *04 50 21 20 02*

MELUN

✉ 77000 – Seine-et-Marne – Carte régionale n° **11**–C2

LA BODEGA

CUISINE ESPAGNOLE · CONVIVIAL On vient ici pour retrouver l'esprit de l'Espagne, en particulier celle des Asturies, d'où est originaire la famille propriétaire. Au menu, des produits de belle qualité, de succulentes recettes ibériques – pluma de cochon ibérique, paella bodega (poulet, chorizo, encornets, moules et gambas), bacalao avec aïoli de légumes de saison, délicieux turronés au dessert – et quelques suggestions du marché. On est comblé !

♿ – Prix : €€

18 quai Hippolyte-Rossignol – ℰ *01 64 37 10 57 – www.bodega-melun.fr –*
Fermé samedi et dimanche, et lundi soir

MÉNERBES

84560 – Vaucluse

 LA BASTIDE DE MARIE *Plus*

CONTEMPORAIN • CHAMPÊTRE La Bastide de Marie ressuscite à sa façon le genre oublié des fermes d'hôtes. Moderne et sophistiqué, cet hôtel respecte pourtant la région, ses traditions et la nature environnante. Appréciez ce style éclectique et contemporain, ces meubles d'antiquaires, l'originalité des salles de bain de Philippe Starck.

- 14 chambres

Route de Bonnieux – ℰ 04 90 72 30 20

MENTHON-SAINT-BERNARD

74290 – Haute-Savoie – Carte régionale n° **21**–C2

 LE CONFIDENTIEL

CUISINE MODERNE • COSY Parmi tous les restaurants (dont de grosses cylindrées !) qui entourent le lac, cette maison fait office de petit poucet... au grand talent. Dans une mini-salle se succèdent des plats aux saveurs franches d'une efficacité incontestable, à l'image de cet œuf basse température, céleri et poire, ou du merlu, nouilles aux légumes, bouillon gingembre citronnelle. L'ambiance est conviviale et détendue. C'est un coup de cœur... Maintenant que vous êtes dans la confidence, courez-y !

Prix : €€

24 route des Moulins – ℰ 04 50 44 00 68 – www.restaurant-leconfidentiel.com – Fermé lundi et dimanche

LE PALACE DE MENTHON

CUISINE MODERNE • TENDANCE De la couleur, une vue imprenable sur le lac... Un restaurant trendy et cosy, au service d'une cuisine bistronomique bien tournée : opéra de foie gras et magret de canard, filet de Saint-Pierre rôti au beurre d'algues, sablé breton et marmelade exotique.

– Prix : €€€

665 route des Bains – ℰ 04 50 64 83 01 – www.palacedementhon.com

 PALACE DE MENTHON

TRADITIONNEL • ÉLÉGANT Entre lac et montagne, cet imposant hôtel de 1906 a un vrai cachet et cultive avec élégance l'art de recevoir... Le parc verdoyant et délicieux, les chambres confortables (préférez celles situées côté lac, plus récentes), la belle piscine couverte creusée dans la roche, le sauna, le hammam : tout invite à la détente !

- 72 chambres

665 route des Bains – ℰ 04 50 64 83 00

Le Palace de Menthon - Voir la sélection des restaurants

MENTON

✉ 06500 – Alpes-Maritimes – Carte régionale n° **29**–E2

✿✿✿ MIRAZUR

Chef : Mauro Colagreco

CUISINE CRÉATIVE • CONTEMPORAIN Le chef argentin Mauro Colagreco a élu domicile à la frontière italienne, entre ciel et mer : une vue hypnotique sur la Méditerranée. Ses créations épousent désormais le calendrier lunaire : cueillettes, récoltes et recettes vibrent à l'unisson des phases de la lune – une pratique ancienne remise au goût du jour par les adeptes de l'agriculture biodynamique. Il récolte donc ses végétaux à l'acmé de leur maturité pour composer la trame d'un menu qui alterne chaque jour entre les univers "fleurs", "fruits", "feuilles" et "racines". Cette philosophie exigeante permet au chef de magnifier toutes les richesses de ses vastes potagers, sans oublier poissons, crustacés et viandes triés sur le volet. Portée par une équipe de talent, sa cuisine est assurée de ne jamais tomber dans la routine. Techniquement irréprochables, les assiettes demeurent d'une grande lisibilité, respectueuses de saveurs associées avec un parfait équilibre.

❀ ⇐ ⊟ ⚕ ⒶⒸ ⟡ 🅿 – Prix : €€€€

30 avenue Aristide-Briand – ☏ 04 92 41 86 86 – www.mirazur.fr – Fermé du lundi au mercredi et jeudi midi

✿**L'engagement du chef :** Promouvoir une gastronomie pleine de sens au cœur d'un terroir, c'est le défi que nous essayons de relever quotidiennement. Vous pourrez donc savourer l'essence des produits que nous cultivons dans nos deux hectares de jardins potagers en permaculture, mais aussi les fruits de la cueillette sauvage, de la pêche et des élevages locaux. Nous tendons également à une ambition zéro déchet, qui nous permet de retourner à la terre ce que nous lui avons emprunté.

CASA FUEGO

BARBECUE • MAISON DE CAMPAGNE Juste en face du vaisseau amiral du chef italo-argentin Mauro Colgreco, voici son grill argentin façon hacienda, avec sa grande terrasse couverte et ouverte sur la mer, la ville et le port. Le dépaysement est complet avec cette cuisson au feu, typique de l'Argentine, qui est ici maîtrisée et si goûteuse, avec ses effluves fumées : crevettes blanches de San Remo "aguachile" ; poulpe grillé ; flan dulce de leche. Une réussite, tout en convivialité gourmande.

⇐ ⚕ ⒶⒸ 🍽 – Prix : €€

80 bis boulevard de Garavan – ☏ 04 93 17 13 15 – www.jr-bistronomie-restaurant-menton.com – Fermé lundi, du mardi au jeudi à midi, et dimanche soir

JR BISTRONOMIE

CUISINE MODERNE • FAMILIAL À deux pas de la mer et du musée Jean Cocteau, on s'attable ici pour déguster une bonne cuisine bistronomique de saison, dans un cadre charmant, un peu comme dans une maisonnette de famille (avec son coin réservé aux enfants). Sous la houlette d'un chef expérimenté (également membre des disciples d'Escoffier), les classiques sont modernisés avec goût et intelligence. Ce soir-là, tarte tatin de tomates caramélisées ; selle d'agneau confite ; comme une pavlova au citron. Beaux produits frais, tour de main assuré : JR, j'adhère !

⚕ ⒶⒸ – Prix : €€

11 rue Trenca – ☏ 06 07 54 89 50 – www.jr-bistronomie-restaurant-menton. com – Fermé dimanche et du lundi au samedi à midi

LES MENUIRES

✉ 73440 – Savoie

 CHALET HÔTEL KAYA

ÉPURÉ • CHALEUREUX À 2 000 m d'altitude, cet hôtel donne directement sur les pistes. Les chambres déclinent un style épuré et contemporain, rehaussé par la chaleur du bois. Le spa et la piscine sont bien agréables.

🅿 ❄ ♨ 🛏 – 54 chambres
Village de Reberty – ✆ 04 75 75 21 91

MERCUÈS

✉ 46090 – Lot – Carte régionale n° **23**-A2

LE DUÈZE - CHÂTEAU DE MERCUÈS

CUISINE MODERNE • ÉLÉGANT Accroché au sommet d'une colline qui surplombe la vallée du Lot, ce superbe château médiéval, remanié d'innombrables fois, a traversé les siècles avec panache. Il n'abrite plus le siège du pouvoir épiscopal mais des chambres luxueuses et une table gastronomique bien actuelle. On y déguste une savoureuse cuisine qui chante le terroir lotois en réactualisant la tradition de fort belle manière. On peut l'accompagner de l'un des bons vins de la propriété, et aux beaux jours, s'attabler en terrasse dans la cour d'honneur.

 – Prix : €€€€

Route du Château – ✆ 05 65 20 00 01 – www.chateaudemercues.com –
Fermé lundi, dimanche et du mardi au samedi à midi

🛏 **CHÂTEAU DE MERCUÈS** *Plus*

TRADITIONNEL • COSY Le Château de Mercuès a existé sous une forme ou une autre depuis l'an 650 avant J.-C., et fut pendant des siècles la résidence d'été des évêques de Cahors. Depuis, il a vu ses tours transformées en chambres somptueuses, et ses postes de guet dédiés à l'admiration béate du Lot, des vignes et des sentiers de campagne. Certaines chambres présentent des pierres et poutres apparentes, d'autres bénéficient de parquet, tapisseries de choix et penderies à l'ancienne. Celles de la Tour et de l'Évêque ont notre préférence, mais aucune n'est décevante.Le propriétaire Georges Vigouroux est d'abord vigneron, perpétuant avec talent la grande tradition du vin de Cahors.

🅿 ❄ 🚲 ♨ 🍴 – 30 chambres
Route du Château – ✆ 05 65 20 00 01

Le Duèze - Château de Mercuès - Voir la sélection des restaurants

MÉRIBEL

✉ 73550 – Savoie – Carte régionale n° **21**-D2

 L'EKRIN BY LAURENT AZOULAY

CUISINE MODERNE • LUXE Dans ce chalet feutré où le luxe le dispute à l'élégance, cet Ekrin trouve parfaitement sa place : on y prend l'apéritif au coin du feu, avec en fond de jolies notes échappées du piano. Aux fourneaux, on trouve le chef Laurent Azoulay, fils de restaurateurs passé à l'Oustau de Baumanière et chez Pierre Gagnaire. Jouant habilement avec les terroirs et les climats, le chef propose une promenade entre la Provence (sa terre natale) et la Savoie (sa terre d'adoption) : on trouve aussi bien à sa carte les plus beaux poissons de la Méditerranée que du miel de bourgeon de sapin, du safran ou des escargots savoyards. Une cuisine créative et colorée, fine et délicate, qui ose des associations audacieuses.

🍷 ⇔ & - Prix : €€€€

Le Kaïla, 124 rue des Jeux-Olympiques – ✆ 04 79 41 69 35 – www.lekaila.com –
Fermé lundi et du mardi au dimanche à midi

MÉRIBEL

LE CÈPE

CUISINE TRADITIONNELLE • COSY Tout commence par de beaux produits du terroir, cèpes de la montagne ou poissons des lacs voisins, que le chef vient présenter fièrement à ses clients... Il en tire ensuite des recettes réjouissantes et d'autant plus savoureuses que les tarifs sont mesurés. Une adresse bien dans sa peau, tout simplement !

🍴 – Prix : €€€
1827 Résidence Les Merisiers – 📞 *04 79 22 46 08*

LA COURSIVE DES ALPES

CUISINE MODERNE • CONTEMPORAIN Bienvenue dans l'ancien cinéma de la station - au rez-de-chaussée, le lounge bar pour un apéritif dînatoire et en mezzanine, le restaurant disposé en coursives. Le chef mitonne une cuisine moderne, bien ficelée et goûteuse : croque jambon à la truffe et beaufort ; ris de veau et sarrasin, harissa de carottes ; et pour la note sucrée, baba au rhum, confit d'oranges et crème vanille... Accueil charmant.

AC – Prix : €€
Galerie des Cîmes – 📞 *04 79 06 44 97*

LE 80

CUISINE TRADITIONNELLE • COSY Au 80, attablé sous quelques montgolfières, on cultive fièrement un esprit classique et traditionnel, autour d'une cuisine gourmande et bien tournée : pâté croûte Richelieu, côte de cochon fermier fumée au foin, île flottante aux pralines roses... Le soir, l'ambiance devient festive. Partez donc sur les traces de Jules Verne !

Prix : €€€
88 rue des Jeux-Olympiques – 📞 *04 79 41 69 79 – www.chaudanne.com/fr/restaurant-bar-meribel-le-80*

LE COUCOU

MODERNE • ÉLÉGANT Dernier né des 5 étoiles de la station, ce superbe chalet traditionnel, parfaitement intégré à l'environnement, bénéficie d'une situation idéale au pied des pistes, à flanc de montagne. Dix étages de lignes épurées, où le bois et la pierre contrastent avec la laine et le métal, le verre et le cuir. Chambres élégantes, spa luxueux, deux piscines chauffées, salle de fitness etc. La vue est époustouflante, le dépaysement total.

AC 🅿 🛁 🏊 🧖 🏋 🍽 – 55 chambres
464 route du Belvédère – 📞 *04 57 58 37 37*

LE KAÏLA

MONTAGNARD • CHALEUREUX S'il fallait illustrer le "luxe montagnard" , ce grand chalet, situé au cœur de la station, ferait un parfait exemple. On ronronne de plaisir à la découverte de ses chambres chaleureuses, aux matériaux nobles (bois alpin, lauze), et du superbe petit-déjeuner... Un must !

♿ 🅿 🚗 🛁 🏊 🧖 🏋 🍽 – 38 chambres
124 rue des Jeux-Olympiques – 📞 *04 79 41 69 30*

✱ **L'Ekrin by Laurent Azoulay** - Voir la sélection des restaurants

MÉRIGNAC

✉ 33700 – Gironde – Carte régionale n° **22**–B2

BLISSS

CUISINE CRÉATIVE • CONTEMPORAIN Dans la proche banlieue de Bordeaux, une belle surprise que cette table moderne au cadre intimiste et soigné, avec son mobilier fait sur mesure et une vaisselle en adéquation avec l'esprit de la cuisine. Laissez-vous porter par les menus interactifs d'Anthony Aycaguer, déclinés en plusieurs énigmes autour de produits de saison (les clients doivent deviner les ingrédients). Une expérience atypique ! Réservation impérative.

🆎 – Prix : €€€€

98 avenue de Magudas – ℰ 05 56 98 66 72 – www.blisss.fr – Fermé mercredi, samedi et dimanche et lundi, mardi, jeudi et vendredi midi

MÉRINDOL

✉ 84360 – Vaucluse – Carte régionale n° **28**–E1

LA TERRASSE DES CIGALES ⓝ

CUISINE PROVENÇALE • AUBERGE Entre Durance et Sud Luberon, une auberge moderne qui porte bien son nom car elle bénéficie d'une agréable terrasse ombragée, rythmée par le chant des cigales... et par un service attentif et souriant ! Mathieu et Sébastien proposent une appétissante carte traditionnelle d'inspiration provençale, ainsi qu'un menu du jour d'un très bon rapport qualité-prix, avec des assiettes soignées et savoureuses qui vont à l'essentiel. On cherche à faire simple et bon, sans oublier une certaine générosité, avec des produits régionaux sélectionnés : légumes et huile d'olive du village, agneau des Alpilles, poissons de la baie de Cannes, bœuf des Alpes-de-Haute-Provence... En hiver, cuissons au feu de bois. Une adresse sympathique.

🆎 🍽 🅿 – Prix : €€

21 rue des Cigales – ℰ 09 80 42 66 49 – www.laterrassedescigales.fr – Fermé lundi et mardi, et dimanche soir

MERKWILLER-PECHELBRONN

✉ 67250 – Bas-Rhin – Carte régionale n° **8**–B1

AUBERGE BAECHEL-BRUNN

CUISINE MODERNE • COSY Thomas aux fourneaux, Esther en salle : chez les Limmacher, la cuisine est une histoire familiale ! Le chef concocte des préparations plutôt traditionnelles avec une pointe bienvenue de modernité et de créativité ; en recourant à des produits de qualité souvent locaux : il revisite par exemple la tarte flambée tandis que le chevreuil de chasse locale est travaillé dans l'esprit d'un Wellington, avec sa sauce gibier veloutée à souhait. Et une carte qui change souvent, pour satisfaire les (nombreux) clients habitués.

🆎 – Prix : €€€

3 route de Soultz – ℰ 03 88 80 78 61 – www.baechel-brunn.com – Fermé du lundi au jeudi

MERS-LES-BAINS

✉ 80350 – Somme – Carte régionale n° **4**–A3

L'ITINÉRANCE

CUISINE MODERNE • CONTEMPORAIN En bord de plage, avec vue sur les cabines et au-delà sur la mer, ce restaurant, tout en nuances de bleu et de vert, a bénéficié des doigts de fée de la décoratrice Caroline Tissier. Dans ses menus dégustation, le chef Shasitharan Manogeran travaille les poissons de la Somme en

jouant avec les saveurs de ses origines malaisiennes : coco, piment, agrumes... On dégustera par exemple un chou-rave dans l'esprit d'un pastrami ou un bar au poivre de Timut et jus d'arêtes au yuzu kosho. Une Itinérance qui donne envie de rester !
& – Prix : €€€
24 esplanade du Général-Leclerc – ℰ 02 35 86 12 89 – www.litinerance.com – Fermé lundi et mardi

MÉRY-SUR-OISE
✉ 95540 – Val-d'Oise – Carte régionale n° **11**–B1

LE CHIQUITO
CUISINE CLASSIQUE • **ÉLÉGANT** Cette maison francilienne du 17e s. poursuit sa tradition d'hospitalité gourmande et d'une certaine élégance bourgeoise. Dans une veine classique, la cheffe Anne-Sophie Godry prépare avec soin les plats emblématiques de la maison, comme le ris de veau au beurre mousseux, le turbot cuit sur l'arête ou le paris-brest praliné à l'ancienne avec sa crème anglaise à la chicorée. En salle, l'équipe met en œuvre un service souriant, compétent et efficace. Carte des vins de plus de 400 références.
❀ ⌂ & 🆎 ⇄ 🅿 – Prix : €€€
3 rue de l'Oise – ℰ 01 30 36 40 23 – www.lechiquito.fr – Fermé lundi et dimanche, et mercredi soir

MESNIL-SAINT-PÈRE
✉ 10140 – Aube – Carte régionale n° **12**–B1

AU VIEUX PRESSOIR
CUISINE TRADITIONNELLE • **ÉLÉGANT** Sur la route du lac d'Orient, cette maison à colombages, typique de la Champagne humide, propose des spécialités maison, qui jonglent avec la tradition : salade de gambas au fenouil et pousses d'épinards, barbue et beurre blanc au champagne, sphère chocolat fruits rouges... On profite aussi de chambres confortables, d'un agréable espace bien-être et d'un bistrot dans une maison annexe. La "Maison Gublin" se porte bien.
❀ & 🆎 🛏 🅿 – Prix : €€€
5 rue du 28-août-1944 – ℰ 03 25 41 27 16 – www.auberge-du-lac.fr – Fermé, lundi et mardi à midi

MÉTHAMIS
✉ 84570 – Vaucluse

MÉTAFORT
CONTEMPORAIN • **RAFFINÉ** Contrastant avec les spectaculaires reliefs du parc naturel du Luberon et du mont Ventoux, les intérieurs ultra-contemporains d'une villa provençale du 17e s. Cinq chambres, deux gîtes et une bonne dose de luxe : salles de bain flambant neuves, jacuzzi dans chaque chambre, piscine à débordement à couper le souffle et cuisine à l'esprit industriel ouverte sur le jardin. À vos pieds, les gorges de la Nesque et à 25km de là, le superbe village de Gordes.
🆎 🅿 🛏 🚲 ⛱ – 5 chambres
31 montée du Vieil Hôpital – ℰ 04 90 34 46 84

METZ

✉ 57000 – Moselle –
Carte régionale n° **7**–B1

Le cœur culturel et gourmand de la Lorraine

Avec son harmonieux mélange d'histoire et de modernité, Metz est une ville qui se savoure autant qu'elle se découvre. Entre la majestueuse cathédrale Saint-Étienne, joyau du gothique, et le Centre Pompidou-Metz, véritable temple de l'art contemporain, chaque coin de rue invite à une évasion culturelle. Mais Metz n'est pas seulement un régal pour les yeux : c'est aussi une fête pour les papilles. Impossible de visiter la ville sans goûter à ses spécialités, le pâté lorrain, la quiche lorraine, la fameuse madeleine de Commercy, et bien sûr les mirabelles, reines des desserts locaux - dont on fait aussi une eau-de-vie remarquable. Metz, c'est toujours le souvenir d'un mariage parfait des sens.

YOZORA ⓝ

Chef : Charles Coulombeau

CUISINE CRÉATIVE • ÉPURÉ Au cœur du Centre Pompidou-Metz se niche l'une des rares tables gastronomiques situées dans un musée français. La salle, épurée et lumineuse, est logée dans un écrin de verre et de métal. Des voilages laissent entrevoir la canopée, tandis que le mobilier en bois et carton renforce la sérénité du lieu. Charles et Roxane Coulombeau ont veillé aux moindres détails : les arts de la table visent ici l'excellence. Fou du Japon où il a travaillé, le chef sait marier avec intelligence les produits lorrains de saison et sa passion pour le pays du Soleil Levant. Caille des Vosges, bœuf Wagyu élevé en Lorraine et truffe de la Meuse côtoient sans heurt chawanmushi, shiso, combawa dans les assiettes inspirées de ce cuisinier.

& AC – Prix : €€€€

Plan : B2-3 – *1 parvis des Droits-de-l'Homme – ☎ 03 87 78 68 96 – www.restaurant-yozora.com – Fermé lundi, mardi et du mercredi au dimanche à midi*

DERRIÈRE

CUISINE MODERNE • COSY Quelle belle surprise ! Le chef réalise une cuisine soignée et lisible, sans jamais céder aux effets de mode, avec un respect profond pour le produit, comme avec ce ris de veau rôti au beurre et accompagné de morilles. La petite salle de derrière (d'où le nom du restaurant) a été joliment aménagée ; le service est détendu. Un bonheur.

🍽 – Prix : €€

Plan : B1-1 – *17 rue de la Chèvre – ☎ 03 87 66 23 63 – www.restaurant-derriere.com – Fermé dimanche, lundi midi et mercredi soir*

METZ

LE JARDIN DE BELLEVUE

CUISINE MODERNE • ÉLÉGANT Dans le même cadre élégant et confortable, du sang neuf pour cette maison centenaire, avec l'arrivée récente d'Élise et Paul Fabuel. Ce jeune chef, passé par Objectif Top Chef, À Table à Metz, À l'Échevin à Colmar, propose une jolie carte de saison, avec déclinaison de potimarrons, châtaignes rôties, jambon ibérique et cèpes, ou turbot à la plancha, radis roses, courgettes à la menthe et sauce vierge.

🍴♿ 🅰️🅲 🅿️ – Prix : €€€

Hors plan – 58 rue Claude-Bernard – 📞 03 87 37 10 27 – www. lejardindebellevue.com – Fermé lundi, mardi, samedi midi et dimanche soir

LA LANTERNE

CUISINE MODERNE • CONTEMPORAIN Cette "Lanterne" s'inspire de "La Lanterne du Bon Dieu", surnom de la cathédrale de Metz qui domine le restaurant. Outre "le Bon Dieu", cet établissement bénéficie de toutes les attentions d'un jeune couple, la cheffe Célia Bertrand, originaire de Metz, et son compagnon Romain Bouchesèche, jurassien, présent en salle et sommellerie. Célia propose une cuisine moderne (lieu jaune de ligne, morilles, vin jaune), assortie de clins d'œil au Jura où ils se sont rencontrés.

🍴 🅰️🅲 🍴 – Prix : €€€

Plan : A1-2 – 17 place de la Chambre – 📞 03 87 79 42 08 – www.lalanternemetz. fr – Fermé lundi, dimanche et mercredi midi

83 RESTAURANT

CUISINE ITALIENNE • CONVIVIAL À 10mn à pied du Centre Pompidou-Metz, ce restaurant sympathique met à l'honneur la gastronomie italienne, à travers des produits triés sur le volet (charcuteries, burrata, pâtes, poissons sauvages, viandes de race). Et pour accompagner tout cela, une belle sélection de vins transalpins !

🍴 🅰️🅲 🍴 – Prix : €€

Plan : B2-6 – 83 rue Mazelle – 📞 03 87 75 20 20 – www.83restaurant.com – Fermé dimanche, samedi midi et lundi soir

LA RÉSERVE

CUISINE MODERNE • CONTEMPORAIN Au sein de l'hôtel La Citadelle, ancien magasin aux vivres dont les origines remontent au 16e s., la cuisine d'Aurélien Person s'avère tout à la fois gourmande et généreuse : tartare de maigre, pois mange-tout, fenouil et citron confit ; Saint-Jacques snackées, chorizo et riz vénéré, filet de bœuf au lard lorrain et carottes fanes... Une Réserve à apprécier sans réserve.

♿ 🅰️🅲 – Prix : €€

Plan : A2-8 – 5 avenue Ney – 📞 03 87 17 17 17 – www.lareserve-metz.com

TIMILÌA �

CUISINE ITALIENNE • CONTEMPORAIN Une charmante petite table italienne gérée par un chef lorrain aux racines siciliennes et sa compagne milanaise. Loin du répertoire classique, le restaurant propose un menu dégustation « scoperta della pasta » (à la découverte de la pâte !) qui met à l'honneur les pâtes maison. Les plats, élaborés avec soin, incorporent des produits de qualité, voire nobles, souvent importés d'Italie : fusilli au caviar de Brescia, barba di frate et noisettes du Piémont ; raviole de queue de lotte à la sauce hollandaise ; tortellini di Bologna farcis de mortadelle et jambon de Parme, nappés d'une émulsion au parmesan. Salle épurée, quelques tables, parquet foncé, murs blancs et tableaux colorés de style abstrait : l'ambiance est à la fois contemporaine et intimiste. Belle sélection de bouteilles de la botte.

♿ 🅰️🅲 – Prix : €€€

Plan : B2-4 – 20 rue Vigne-Saint-Avold – 📞 03 87 63 68 44 – www.ristorante-timilia.com – Fermé lundi, dimanche et du mardi au jeudi à midi

719

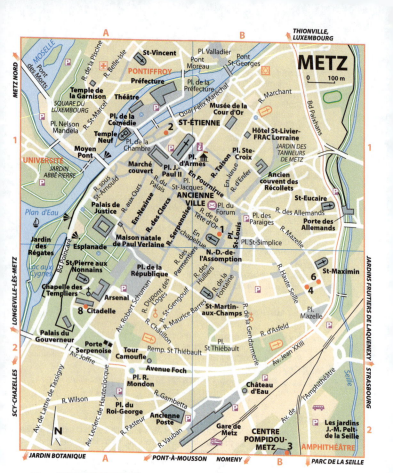

LA CITADELLE

CONTEMPORAIN • **COSY** Ce luxueux hôtel du centre-ville a su marier les contrastes : ses spacieuses chambres prennent leurs aises dans... un bâtiment militaire du 16e s. ! L'ensemble, aménagé dans un esprit contemporain feutré, est parfait pour un week-end chic à Metz.

- 68 chambres

5 avenue Ney - ℰ *03 87 17 17 17*

La Réserve - Voir la sélection des restaurants

DOMAINE DE LA RÉSIDENCE

MODERNE • **CHAMPÊTRE** Dès le premier regard, on comprend que cette architecture résolument moderne n'abrite pas un hôtel comme les autres. À quelques minutes du centre de Metz, c'est une immersion dans la nature, avec quatorze lodges répartis entre lac et forêt. Les couleurs primaires égayent leur décor, complétées par des éléments graphiques et un mobilier actuel. Les lodges Wikkel arborent quant à eux un style plus scandinave, dominé par le bois brut, mais toujours contemporain. Une serre accueille la piscine, un jacuzzi, un sauna, un hammam, et une douche sensorielle.

- 13 chambres

1 rue Cambout-de-Coislin - ℰ *03 39 57 71 28*

MEUCON

56890 – Morbihan – Carte régionale n° **1**-C3

AUBERGE DU ROHAN

CUISINE TRADITIONNELLE • RUSTIQUE Dans cette ancienne ferme traditionnelle bretonne située à l'entrée du parc naturel du Golfe du Morbihan, un chef autodidacte accueille ses fidèles avec des recettes traditionnelles, soignées et généreuses : gravlax de thon, condiment aux câpres, huile de capucine et croûtons ; suprême de volaille farci aux petits légumes, fumé à l'instant, jus corsé au romarin. Offre bistrot le midi en semaine.

P – Prix : €€
20 route de Vannes – ℰ *02 97 44 50 50 – www.aubergedurohan.com – Fermé lundi et mardi, et dimanche soir*

MEUDON

92190 – Hauts-de-Seine – Carte régionale n° **11**-E2

L'ESCARBILLE

Chef : Régis Douysset
CUISINE CLASSIQUE • CONTEMPORAIN Autrefois buffet de la gare, cette maison bourgeoise est devenue un restaurant gourmet à l'atmosphère chic et contemporaine, décoré de photos et tableaux. On déguste ici les recettes d'un chef expérimenté, Régis Douysset, secondé par une équipe de confiance. En cuisine, le produit a le beau rôle, préparé et assaisonné avec justesse et générosité, à l'image de ce cabillaud aux morilles fraîches et cresson de fontaine. À arroser de vins de petits producteurs sélectionnés avec minutie. Plaisante terrasse aux beaux jours.

🕸 🎄 ✡ – Prix : €€€€
8 rue de Vélizy – ℰ *01 45 34 12 03 – www.lescarbille.fr – Fermé lundi et dimanche*

MEURSAULT

21190 – Côte-d'Or – Carte régionale n° **12**-D1

AU FIL DU CLOS

CUISINE MODERNE • CONTEMPORAIN Un ancien clos au cœur des vignes de Meursault, avec son jardin, sa terrasse et sa pergola : voilà l'adresse, pleine de charme, du chef Jean-Christophe Moutet (que l'on a connu à Pommard). Tartare de dorade, royale aux herbes fraîches ; pigeonneau, rhubarbe, en croûte de sésame ; quelques classiques bourguignons : tout le savoureux savoir-faire du chef est intact.

🕸 🍴 ♿ 🅰🅲 **P** – Prix : €€€
1 rue de Mazeray – ℰ *03 80 20 40 82 – www.aufilduclos.fr – Fermé lundi et dimanche*

LE SOUFFLOT

CUISINE MODERNE • CONTEMPORAIN Le chef Jérémy Pèze réalise une cuisine gourmande, fine et délicate dans ce restaurant situé à l'intérieur d'une ancienne maison de vigneron. Sans oublier la remarquable carte de vins.

🕸 🅰🅲 **P** – Prix : €€€
8 route Nationale 74 – ℰ *03 80 22 83 65 – www.restaurant-meursault.fr – Fermé samedi et dimanche*

LE MEUX

✉ 60880 – Oise – Carte régionale n° **5**–B2

AUBERGE DE LA VIEILLE FERME

CUISINE MODERNE • COSY Dans ce petit village non loin de Compiègne, l'ancienne ferme est aujourd'hui un hôtel-restaurant très couru. En cuisine, le chef signe une cuisine à la fois fine et gourmande, parsemée de touches personnelles, comme cette entrée de couteaux et seiche avec une déclinaison de pommes de terre, ou cet excellent millefeuille vanille caramel cacahuète. Très recommandable.

🅿 – Prix : €€

58 rue de la République – ☏ 03 44 41 58 54 – www.hotel-restaurant-oise.com – Fermé lundi, samedi midi et dimanche soir

MEYRONNE

✉ 46200 – Lot – Carte régionale n° **23**–B2

LA TERRASSE

CUISINE MODERNE • HISTORIQUE Aux beaux jours, on s'installe en terrasse sous la pergola ombragée de vignes, et l'hiver venu, on se réfugie sous les voûtes médiévales de cette ancienne place forte du 11e s., mise en valeur par un mobilier contemporain. Au menu : une cuisine aux parfums bien marqués, qui met en avant les producteurs régionaux : agneau du Lot, porc fermier et volaille de Mayrac, etc. Vue sur les falaises et la Dordogne.

– Prix : €€

Place de l'Église – ☏ 05 65 32 21 60 – www.hotel-la-terrasse.com – Fermé mardi midi

MÉZÉRIAT

✉ 01660 – Ain – Carte régionale n° **21**–B1

LE PETIT MÉZÉRIAT

CUISINE MODERNE • CONTEMPORAIN Dans un petit village proche de Vonnas, le chef patron propose un menu déjeuner d'un excellent rapport qualité-prix et un menu surprise (en plusieurs séquences) selon son inspiration, le marché, la saison. Le tout composé de bons produits issus des circuits courts, et servi avec le sourire par Amandine, la femme du chef, dans un cadre contemporain arrangé avec goût.
& – Prix : €€
250 Grande-Rue – ℰ 04 74 25 26 08 – www.le-petit-mezeriat-restaurant.eatbu. com – Fermé lundi et dimanche, et du mardi au jeudi soir

MÉZOS

✉ 40170 – Landes – Carte régionale n° **25**–B1

LA MAISON DE MÉZOS

CUISINE MODERNE • MAISON DE CAMPAGNE Dans un village situé en pleine forêt des Landes, le restaurant arbore la façade typique de la région avec ses volets rouges. Une tonnelle embaumée par une allée de jasmin recouvre la terrasse pleine de charme, au mobilier dépareillé. À l'intérieur, on goûte à une ambiance de maison de campagne rustique. Le chef, fort de diverses expériences voyageuses, signe une cuisine bien de son temps, panachée de touches créatives, comme cette glace au citron et au câpre qui accompagne le veau confit, sauce tonnato, ou cette mayonnaise aux moules et curry rouge sur la truite et ses petits pois.
& 🍽 🅿 – Prix : €€
Place de l'Église, au bourg – ℰ 05 58 42 61 38 – www.hotel-mezos.com/ restaurant – Fermé mardi et mercredi

MÉZY-MOULINS

✉ 02650 – Aisne – Carte régionale n° **5**–C3

LE MOULIN BABET

CUISINE TRADITIONNELLE • CONTEMPORAIN Cet ancien moulin à eau tout en pierre (19 es.) profite du seul voisinage de la verdure et du Surmelin, affluent de la Marne. L'intérieur donne dans le moderne et l'épure, avec plafond en bois clair et fauteuils de designers ; la cuisine de tradition prend des accents bucoliques. Et dans les chambres, pas un bruit…
& 🍽 ❖ 🅿 – Prix : €€€
8 rue du Moulin-Babet – ℰ 03 23 71 44 72 – www.lemoulinbabet.com – Fermé mardi et mercredi, et lundi soir

MILLANÇAY

✉ 41200 – Loir-et-Cher – Carte régionale n° **10**–D3

LE BRUADAN

CUISINE MODERNE • CONTEMPORAIN Aucun doute : Jean-Charles Boulmier et Christelle Cauli (ex-Épicurien) aiment la nature. Baptisé en hommage à la forêt qui borde le village où ils sont installés, leur restaurant agréable et moderne arbore un décor boisé où la couleur verte domine, comme pour mieux évoquer la Sologne. Ce chef au bon parcours (l'Espérance chez Marc Meneau, Le Grand Cœur à Méribel, La Villa à Calvi) suit évidemment les saisons à la trace avec ses assiettes alléchantes : mousse de poisson, moules et pied de cochon ; filet mignon de porc, polenta et maïs. Accueil chaleureux et service souriant.
& 🅰🅒 – Prix : €€
2 rue du Plessis – ℰ 02 54 96 22 75 – Fermé mardi et mercredi, et lundi soir

MILLY-LA-FORÊT

✉ 91490 – Essonne – Carte régionale n° **11**–B2

LES COQS

CUISINE MODERNE • CONTEMPORAIN Cette maison, installée dans un ancien magasin d'antiquités au cœur du village, a tout pour plaire : un intérieur contemporain et élégant, un patio-terrasse idéal pour les beaux jours... et, à sa tête, un jeune couple qui propose une cuisine du marché bien réalisée, à l'instar de ce poulpe grillé à l'ail noir, fregola sarda et légumes croquants, ou ce quasi de veau rôti, polenta et jardinière à la cardamome.

&⌖⟷ – Prix : €€

24 place du Marché – ☎ 01 64 98 58 58 – www.lescoqs.fr – Fermé mardi, mercredi et jeudi midi

MINERVE

✉ 34210 – Hérault – Carte régionale n° **27**–B2

RELAIS CHANTOVENT

CUISINE TRADITIONNELLE • AUBERGE Une charmante petite auberge en pays cathare où gourmands et pèlerins se rendent à pied pour se régaler de plats de viandes longuement confites, comme ce pavé de cochon cuit 24h en basse température, ou encore le gigot cuit 20h à 70°. Ici, les produits des marchés locaux sont de rigueur. Le must : la terrasse et sa vue plongeante sur la vallée du Briant.

⟜⌂ – Prix : €€

17 Grand-Rue – ☎ 04 68 91 14 18 – www.relaischantovent-minerve.fr – Fermé mardi et mercredi, et dimanche soir

MIRMANDE

✉ 26270 – Drôme – Carte régionale n° **24**–A2

LA CAPITELLE

CUISINE TRADITIONNELLE • AUBERGE Au cœur de ce charmant village médiéval de la Drôme provençale, cette capitelle – joli nom chantant qui désigne un abri en pierres sèches pour les bergers et les vignerons – propose une petite carte et une ardoise du jour qui change régulièrement au gré des saisons. Les recettes traditionnelles, remises au goût du jour, se dégustent dans une jolie salle à manger voûtée, où trône une imposante cheminée. Aux beaux jours, la terrasse ouvre sur la vallée. Quelques chambres sont disponibles pour une étape.

⌂ – Prix : €€

1 rue du Boulanger – ☎ 04 75 63 02 72 – www.lacapitelle.com – Fermé lundi et mardi, et dimanche soir

MISSILLAC

✉ 44780 – Loire-Atlantique – Carte régionale n° **9**–A2

LE MONTAIGU - DOMAINE DE LA BRETESCHE

CUISINE MODERNE • CLASSIQUE Les dépendances de l'imposant château médiéval de la Bretesche abritent ce restaurant qui ouvre sur le parc et le plan d'eau. Charmant bar installé dans les anciennes écuries. Le chef propose une cuisine dans l'air du temps : Saint-Jacques de plongée bretonnes, panais, café ; carotte de la presqu'île, miel de Brière, orange et cardamome.

⟜⇥&🅿 – Prix : €€€

Rue du Château – ☎ 02 51 76 86 96 – www.bretesche.com – Fermé mardi, mercredi, et lundi, jeudi, vendredi, samedi et dimanche midi

MOIRAX

✉ 47310 – Lot-et-Garonne – Carte régionale n° **22**–D3

AUBERGE LE PRIEURÉ

Chef : Benjamin Toursel

CUISINE CRÉATIVE • CONVIVIAL Entre Bordeaux et Toulouse, au cœur d'un petit village pittoresque des environs d'Agen, ce restaurant de campagne occupe une belle maison en pierre de taille, plusieurs fois centenaire. La terrasse ombragée par de robustes platanes fait face à un prieuré clunisien fondé au 11e s. Ancien compagnon de route de Michel Trama à Puymirol, le chef Benjamin Toursel a su développer son propre style, moderne, créatif et audacieux, qui ne laisse jamais indifférent : cœur de filet de thon rouge, rose, rhubarbe, géranium rosat travaillé comme un wasabi ; carré de veau de Galice, carottes crues et cuites, capucine travaillée en béarnaise. Un prieuré où l'on fait bonne chère...

🕸 ৬ 🄐 🛋 – Prix : €€€

4 Grand'Rue – 𝒞 *05 53 47 59 55 – www.aubergeleprieure.fr – Fermé lundi et mardi*

MOLITG-LES-BAINS

✉ 66500 – Pyrénées-Orientales – Carte régionale n° **27**–B3

ÒLIBA

CUISINE MODERNE • ÉLÉGANT En plein cœur des Pyrénées catalanes, cette table raffinée au sein d'un hôtel romantique offre une cuisine pleine de goût, inspirée de la nature environnante et des produits de cueillette : la sauce chimichurri version locale aux plantes de montagnes exhale des arômes d'aneth sauvage et de fleurs de pimprenelle. On la déguste en terrasse ou devant les baies vitrées, en contemplant la cime enneigée du mont Canigou, au loin...

🛋 🛋 🅿 – Prix : €€€

Château de Riell – 𝒞 *04 68 05 04 40 – www.chateauderiell.com – Fermé mardi, mercredi, et lundi, jeudi, vendredi et samedi midi*

MONACO

✉ 98000 –
Principauté de Monaco –
Carte régionale n° **29**-E2

Entre mer et ciel, un concentré de saveurs méditerranéennes

À mi-chemin entre Nice et la frontière italienne, la principauté de Monaco est l'un des joyaux de la Côte d'Azur. Habité dès la préhistoire, successivement phénicien, phocéen puis romain, ce petit rocher, deuxième plus petit état du monde après le Vatican, se dresse fièrement face à la Méditerranée. D'ailleurs, sa cuisine lui doit tout, délicieux mélange des traditions nissarde, italienne et provençale. Fruits, légumes, poissons et fruits de mer, généreusement arrosés d'huile d'olive, se disputent les cartes : loup de mer, gamberoni, dorade des côtes, agrumes du Mentonnais... Exemple éclatant, le Louis XV d'Alain Ducasse, qui assure depuis des décennies le triomphe de cette cuisine du soleil. Entre les palaces chers à Sacha Guitry et les yachts des milliardaires, Monaco s'adonne à une dolce vita cosmopolite où les beaux et les bons restaurants tiennent une place essentielle.

✪✪✪ LE LOUIS XV - ALAIN DUCASSE À L'HÔTEL DE PARIS

CUISINE MÉDITERRANÉENNE • LUXE Difficile de présenter le Louis XV sans évoquer Alain Ducasse. Son existence se conjugue au superlatif : l'enfant d'Orthez aux amours méditerranéennes, chef et homme d'affaires brillant devenu citoyen monégasque, se trouve à la tête d'un empire de plus de 30 établissements sur tous les continents du monde. Il n'a que 33 ans lorsqu'il décroche trois étoiles ici à Monaco, pour un niveau qui ne se démentira jamais. Le fameux menu "Jardin de Provence" autour des légumes, lancé le 27 mai 1987, a constitué l'une des pierres angulaires de la gastronomie française de ces dernières décennies. La signature Alain Ducasse est mise en scène par son fidèle lieutenant, Emmanuel Pilon, qui célèbre avec maestria la vérité du produit et la déesse Méditerranée.

- Prix : €€€€

Plan : B1-9 – Place du Casino - ✆ +377 98 06 88 64 – www.ducasse-paris.com – Fermé lundi, dimanche et du mardi au jeudi à midi

MONACO

L'ABYSSE MONTE-CARLO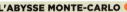

CUISINE JAPONAISE • CHIC Yannick Alléno décline au sein de ce palace la formule magique couronnée de succès de son comptoir à sushis. Dans l'ancienne salle à manger du Vistamar entièrement modernisée, la salle (20 couverts) et le comptoir en bois clair (10 places) baignent dans une atmosphère blanche, ponctuée d'assises de couleur rose pâle. Le maître sushi prépare minute de délicates compositions et de superbes sushis, tandis que l'on retrouve la touche personnelle de Yannick Alléno dans des créations originales de sauces et jus d'une grande élégance. Une partition de haute volée qui puise son inspiration dans les abysses de la Grande Bleue.

⌘ ⇔ ♿ 🅰🅺 ✿ 🍽 – Prix : €€€€

Plan : B1-13 - *Square Beaumarchais* - ✆ +377 98 06 94 94 – www.montecarlosbm.com/fr/restaurant/labysse-monte-carlo – *Fermé lundi, dimanche, et du mardi au samedi à midi*

LES AMBASSADEURS BY CHRISTOPHE CUSSAC

CUISINE MODERNE • LUXE Palace mythique de style Belle Époque édifié en 1886, l'Hôtel Métropole Monte-Carlo a été entièrement rénové par Jacques Garcia, y compris ce luxueux restaurant qui arbore la palette chère au célèbre architecte – bronze, ivoire, jaune lumineux, or... Aux commandes, on retrouve un ancien protégé de Joël Robuchon, Christophe Cussac, qui navigue avec brio entre une veine classique et des propositions plus modernes, avec la Méditerranée comme fil d'Ariane. Sa cuisine précise et lisible, millimétrée tant dans les assaisonnements que les cuissons et les dressages, accouche d'assiettes harmonieuses et équilibrées. S'il fallait ne retenir qu'une assiette, ce pourrait être les langoustines aux haricots en tempura et sauce maltaise, d'une harmonie remarquable. Notons aussi les incroyables chariots de pains et de desserts. Quand le repas est une fête !

⌘ ⇔ ♿ 🅰🅺 ✿ 🍽 – Prix : €€€€

Plan : B1-10 - *Hôtel Métropole Monte-Carlo, 4 avenue de la Madone* - ✆ +377 93 15 15 10 – www.metropole.com/fr/restaurant-montecarlo

BLUE BAY MARCEL RAVIN

CUISINE CRÉATIVE • CONTEMPORAIN Après avoir bourlingué d'un rocher à l'autre, de la Martinique à Monaco et de l'Alsace à la Belgique, riche d'une personnalité culinaire affirmée, Marcel Ravin signe une cuisine créative qui nous transporte vers les Antilles. Avec une maîtrise technique sans faille (superbes sauces), il nous raconte son histoire et sa jeunesse heureuse passée à la Martinique, avec des clins d'œil aux plats mitonnés par sa grand-mère (le calalou, le blaff, le pain du lendemain...), qu'il réinterprète avec brio en s'appuyant sur les beaux produits du Sud : volaille et veau du Piémont, pêche de Méditerranée, légumes et herbes aromatiques du potager. Une cuisine attachante qui déborde de parfums antillais, parachevée par les créations à la fois fruitées et épicées de la cheffe pâtissière Floriane Grand. Le tout dans le cadre fastueux du Monte Carlo Bay Hotel and Resort, posé au bord de la presqu'île du Larvotto, avec pour superbe horizon une terrasse ouvrant grand sur la mer...

⇔ ♿ 🍽 ✿ 🍽 🅿 – Prix : €€€€

Hors plan - *40 avenue Princesse-Grace* - ✆ +377 98 06 03 60 – www.montecarlosbm.com/fr/restaurant-monaco/le-blue-bay – *Fermé lundi, mardi, mercredi, dimanche et le midi*

727

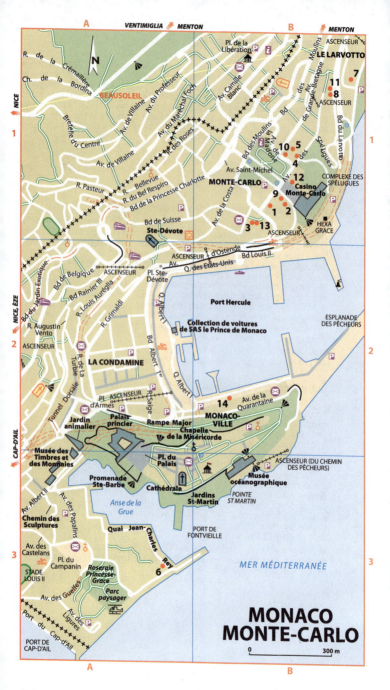

MONACO

ELSA

CUISINE MÉDITERRANÉENNE • LUXE Au sein du Monte-Carlo Beach, magnifique palace des années 1930 relooké par la designeuse India Mahdavi dans un esprit subtilement Riviera, la carte est conçue par le chef Marcel Ravin. Le chef d'origine italienne Domenico D'Antonio met en musique avec talent cette partition marine qui se nourrit des plus beaux produits de la Méditerranée : araignée de mer, asperge blanche, yuzu, kiwi et fenouil ; saint-pierre, sabayon à l'oseille, ravioli de poireaux aux coquillages... Il n'y a rien de superflu dans cette cuisine qui rehausse les produits avec des assaisonnements intelligents et percutants. Un moment hors du temps sur la terrasse face aux flots bleus.

🦞⇆🌿AC🏠🎐🅿 – Prix : €€€€

Hors plan – *Monte-Carlo Beach, avenue Princesse-Grace, Roquebrune-Cap-Martin* – ℰ *+377 98 06 50 05* – *www.montecarlosbm.com/fr/restaurant-monaco/elsa* – *Fermé mardi et mercredi*

LE GRILL

CUISINE CLASSIQUE • CHIC Au huitième étage de l'Hôtel de Paris, sous un toit ouvrant, le Grill demeure plus que jamais un restaurant mythique avec une vue à couper le souffle ! Ici, on connaît la signification du travail précis sur les beaux produits enfantés par une Côte d'Azur, toujours aussi munificente. Dans l'assiette, la cuisson au charbon de bois est de mise, et millimétrée : agnolotti piemontesi al plin, turbot côtier en tronçon, carré d'agneau à la sarriette, poussin fermier au doux parfum de Provence... Ici, la tradition du soufflé est défendue avec panache à l'image de ce soufflé chaud framboise et pistache qui est une pure merveille.

🦞⇆🌿AC🏠❄🎐 – Prix : €€€€

Plan : B1-1 – *Hôtel de Paris Monte-Carlo, place du Casino* – ℰ *+377 98 06 88 88* – *www.montecarlosbm.com/fr/restaurant-monaco/le-grill*

PAVYLLON, UN RESTAURANT DE YANNICK ALLÉNO, MONTE-CARLO

CUISINE MODERNE • ÉLÉGANT La gastronomie de comptoir de Yannick Alléno, déjà goûtée et approuvée à Paris, s'est installée à l'Hôtel Hermitage Monte-Carlo avec les mêmes recettes imparables. Soit une gastronomie décomplexée, un cadre élégant et bleuté, inspiré des infinies variations chromatiques de la mer, une cuisine ouverte face à la terrasse avec son impressionnant comptoir de dégustation en bois métallisé, et, dans l'assiette, une cuisine de saison et de bien-être, ancrée dans le végétal et l'iode, avec des desserts peu sucrés. Aux beaux jours, on prend évidemment place sur la terrasse végétalisée face à la grande bleue pour profiter d'une vue spectaculaire.

⇆🌿AC🏠❄🎐 – Prix : €€€€

Plan : B1-3 – *Square Beaumarchais* – ℰ *+377 98 06 98 98* – *www.montecarlosbm.com/fr/restaurant-monaco/pavyllon-monte-carlo-un-restaurant-yannick-alleno-hotel-hermitage-monte-carlo*

LA TABLE D'ANTONIO SALVATORE AU RAMPOLDI

Chef : Antonio Salvatore

CUISINE ITALIENNE • INTIME Venu au monde dans le Basilicate, au sud de Matera, l'italien Antonio Salvatore n'a cessé de voyager grâce à son métier de chef, de l'Espagne à l'Angleterre, en passant par la Russie où il rencontre le nouveau propriétaire du Rampoldi. Dans l'ancien salon à cigares, il s'est taillé un écrin sur mesure (5 tables seulement) où il déroule avec une rigueur sans faille une cuisine italienne contemporaine de haute volée, savoureuse et précise. Comme il se doit, le sourcing est irréprochable, associant les petits producteurs autour de Menton et ceux de San Remo, mais aussi certains produits importés du sud de la botte. Quelques exemples : bottoni di vitello tonnato ; cabri dodici ore ; texture di cioccolato... Côté brasserie, la carte met en valeur quelques classiques modernisés.

AC🎐 – Prix : €€€€

Plan : B1-4 – *3 avenue des Spélugues* – ℰ *+377 93 30 70 44* – *www.rampoldi.mc/la-table-dantonio-salvatore* – *Fermé lundi, dimanche et du mardi au samedi à midi*

729

MOLITG-LES-BAINS

BEEFBAR

SPÉCIALITÉS DE VIANDES • TENDANCE Sur les quais du port de plaisance de Fontvieille, ce "bar à viandes" branché propose de belles viandes de bœuf (Wagyu, Black Angus, certaines issues du terroir français) mais aussi de la street food, des salades gourmandes et quelques poissons. Cadre tendance, très prisé de la clientèle locale, tout comme les belles vitrines de maturation des viandes !

🍴 AC 🍽 – Prix : €€€

Plan : A3-6 – *42 quai Jean-Charles-Rey, port de Fontvieille* – ℰ *+377 97 77 09 29 – www.beefbar.com/monaco*

CAFÉ DE PARIS - MONTE-CARLO Ⓝ

CUISINE TRADITIONNELLE • BRASSERIE C'est la première fois que le grand architecte britannique David Collins déploie un projet de rénovation à Monaco. Quelle réussite ! Avec intelligence, respect et raffinement, il a su garder l'esprit épuré Art déco cher aux habitués du Café de Paris et offrir ainsi un écrin chatoyant de fer forgé, mosaïques et vitraux pour le cuisine du chef Victor Marion qui, de son côté, reprend les classiques de la brasserie. Œufs mayonnaise au caviar, pâté en croûte, sole meunière et les emblématiques crêpes Suzette - inventées ici-même - flambées à table et accompagnées de zestes d'orange confits au sirop pour prolonger la gourmandise... Service continu 7 jours sur 7.

♿ AC 🍴 🍽 – Prix : €€€

Place du Casino – ℰ *+377 98 06 76 23 – www.montecarlosbm.com/fr/ restaurant-monaco/le-cafe-de-paris*

EM SHERIF

CUISINE LIBANAISE • CONTEMPORAIN Une adresse bienvenue où l'on fête les plaisirs de la cuisine libanaise, de la Méditerranée et du... partage, évidemment. Aux fourneaux, la cheffe Yasmina Hayek (passée par l'Institut Paul Bocuse, les tables de Mathieu Pacaud, Jean-François Piège et Rasmus Kofoed du Géranium à Copenhague) jongle habilement entre tradition et modernité à l'image de cette excellente salade de lentilles (addas), ou de ce délicieux fatteh d'aubergines au yaourt. Parfums, couleurs, saveurs : un vrai voyage qui se déroule sur la terrasse panoramique ou dans une salle de bistrot chic au rez-de-chaussée de l'hôtel de Paris.

♿ AC 🍴 🍽 – Prix : €€€€

Plan : B1-2 – *Hôtel de Paris, place du Casino* – ℰ *+377 98 06 88 75 – www. montecarlosbm.com/en/restaurant-monaco/em-sherif-monte-carlo – Fermé du lundi au jeudi*

MARIUS Ⓝ

CUISINE PROVENÇALE • CHIC Le chef bigourdan Sébastien Sanjou (Trente-Trois à Paris et le Relais des Moines à Arcs-sur-Argens, deux adresses étoilées) débarque sur le Rocher avec un "Marius" comme celui de Biarritz. Chamboulé chaque jour, le menu d'appel du déjeuner sans choix, au bon rapport qualité-prix, tape tout de suite dans l'œil. Quant à la belle carte, elle aligne classiques provençaux et monégasques alléchants : salade niçoise « Jacques Maximin », artichauts violets à la barigoule, aïoli, encornets farcis et braisés à la niçoise. Chaque assiette est agencée à partir de bons produits frais préparés avec savoir-faire. Décor de bistrot chic et décontracté.

♿ AC 🍴 – Prix : €€€

Plan : B2-14 – *6 quai Antoine-1er* – ℰ *+377 97 97 95 95 – www.mariusmonaco. com– Fermé dimanche*

SONG QI

CUISINE ASIATIQUE • LUXE Face au Grimaldi Forum, ce restaurant chinois, chic et gastronomique, joue la carte des matériaux nobles et de la sérénité. On s'installe pour y déguster une carte alléchante qui offre un vaste panorama de la cuisine

MOLITG-LES-BAINS

chinoise : soupe pékinoise au poulet fumé, crevettes croustillantes du dragon à la moutarde chinoise, classiques dim sum. Réservez !

  ✦ 🆎 🍽 🏆 – Prix : €€€

Plan : B1-7 – *7 avenue Princesse-Grace* – ✆ +377 99 99 33 33 – www.song-qi.mc

LA TABLE D'ÉLISE

CUISINE PROVENÇALE • **BRASSERIE** Dans cette belle brasserie chic et tendance, située à deux pas du jardin japonais et du Grimaldi Forum, on est accueilli dans un cadre aussi moderne que spacieux sur fond de musique pop. La cuisine d'esprit provençal est comme on l'aime, directe, généreuse et savoureuse, préparée à base de bons produits de saison. On profite du spectacle grâce à la cuisine ouverte. Le menu déjeuner est un bon plan.

✦ 🆎 🍽 – Prix : €€€

Plan : B1-8 – *2 rue du Portier* – ✆ +377 93 30 20 70 – www.latabledelise. mc – *Fermé dimanche*

YOSHI

CUISINE JAPONAISE • **ÉLÉGANT** La table du Métropole rend hommage à la cuisine nippone, avec de bons produits et une technique sûre, à travers une carte plus fusion qu'authentiquement japonaise, qui a su s'adapter à une clientèle internationale. Des exemples de plats ? Le "ghindara no saiko yaki" (un filet de black cod mariné au saké, cuit au pot et enrobé dans une feuille de magnolia japonais), ou encore l'"ebi shinjo" (des boulettes de crevettes au kombu). Service stylé d'une belle prestance.

🍸 ✦ 🆎 🍽 – Prix : €€€€

Plan : B1-5 – *4 avenue de la Madone* – ✆ +377 93 15 13 13 – www.metropole. com/fr/restaurant-montecarlo/yoshi – *Fermé lundi, mardi et dimanche*

ZEFFIRINO 🆕

CUISINE ITALIENNE • **BISTRO** À deux pas du Jardin japonais, ce lieu décontracté, au chaleureux chic rétro tout italien (lampes sur table, murs vert amande, banquettes et chaises cannées) se consacre au culte de la pasta. La cuisine centrale et sa fabrique de pâtes fraîches trônent au milieu de la salle. L'authentique pesto génois (basilic, pignons de pin, pecorino, parmesan, huile d'olive et une pointe d'ail) est réalisé ici dans les règles de l'art. Aucun produit ne déroge à la qualité. Une adresse signée Riccardo Giraudi, l'homme des Beefbars, qui rend hommage au chef génois Zeffirino Belloni, réputé pour son pesto…

✦ 🆎 🍽 🏆 – Prix : €€€

Plan : B1-11 – *11 rue du Portier* – ✆ +377 97 77 03 04 – www.zeffirino-restaurant. com/monaco

MONBAZILLAC

✉ 24240 – Dordogne – Carte régionale n° **18**-C3

🏵 LA TOUR DES VENTS

CUISINE MODERNE • **ÉLÉGANT** Au sommet du vignoble de Bergerac, à côté d'un vieux moulin à vent, cette belle maison cossue offre une vue inoubliable. Le chef Damien Fagette cultive le terroir périgourdin en travaillant la blonde d'Aquitaine, le foie gras et le poulet fermier du Périgord. Soignée et maîtrisée, sa cuisine au goût du jour vaut par ses produits de grande qualité, la justesse de ses cuissons et ses saveurs bien marquées : tartare de langoustine, jus corsé des carapaces à la citronnelle et asperges vertes ; filet de bœuf piqué à l'olive de Kalamata et morilles farcies ; soufflé chaud au Grand Marnier. Un vent d'enthousiasme souffle sur cette bonne table.

◀ 🍽 ✦ 🆎 🏆 🅿 – Prix : €€€

450 route de Malfourat – ✆ 05 53 58 30 10 – www.domainedelatourdesvents. com – *Fermé lundi et mardi, et dimanche soir*

731

MONDRAGON

✉ 84430 – Vaucluse – Carte régionale n° **28**–C2

LA BEAUGRAVIÈRE

CUISINE TRADITIONNELLE • AUBERGE Fort d'une belle et longue expérience derrière les fourneaux, le chef Guy Jullien régale avec une partition culinaire qui fait la part belle à la tradition : flan de foie gras et velouté de truffe, poularde de Bresse demi-deuil, carré d'agneau rôti au thym, vacherin glacé vanille-framboise... sans oublier des menus autour de la truffe à vous donner le vertige. Une cuisine généreuse dans une veine classique, à déguster paisiblement aux beaux jours sur la terrasse ombragée de cette auberge familiale. Côté vins, l'impressionnante cave recèle bien des trésors de la région ; à elle seule, elle mérite le détour !

⛛ 🅰️ 🍴 🅿️ – Prix : €€€

214 avenue du Pont-Neuf (N7) – ℰ 04 90 40 82 54 – www.beaugraviere.com – Fermé lundi, et mardi, mercredi, jeudi et dimanche soir

MONESTIER

✉ 24240 – Dordogne – Carte régionale n° **18**–C3

❀ ### LES FRESQUES - CHÂTEAU DES VIGIERS

CUISINE MODERNE • ÉLÉGANT Situé au carrefour de la Dordogne, de la Gironde et du Lot-et-Garonne, le château des Vigiers est une belle demeure périgourdine du 16e s. entourée d'un parc, d'un vignoble et même d'un golf très réputé. Entre ces gros murs séculaires s'épanouit un restaurant aux murs décorés de fresques d'époque Renaissance. Didier Casaguana, peintre du goût, y dévoile une palette riche en goûts et en parfums, directement inspirée du terroir. Ce Toulousain confesse une passion dévorante pour la nature et les petits producteurs, travaillant aussi les produits nobles de ce Sud-Ouest opulent, qu'il distille au sein de menus en plusieurs temps : saint-pierre de ligne et champignons ; filet de Blonde d'Aquitaine avec artichaut farci et pressé de queue de bœuf ; dessert autour d'un chocolat grand cru du Pérou.

🛏️ 🛋️ 🅰️ 🍴 ⛛ 🅿️ – Prix : €€€

644 route Lars-Urban-Petersson, lieu-dit Le Vigier – ℰ 05 53 61 50 00 – www.vigiers.com – Fermé mercredi, lundi midi et dimanche soir

LE MONÊTIER-LES-BAINS

✉ 05220 – Hautes-Alpes – Carte régionale n° **24**–D1

LE CHAZAL

CUISINE MODERNE • MONTAGNARD Au sommet d'un charmant hameau, cette ancienne écurie a gardé son caractère rustique (les mangeoires et les crochets pour les fumaisons subsistent) et vous accueille dans une salle voûtée pleine de cachet. Le chef Fabien Ferdinand travaille avec finesse les beaux produits régionaux voire très locaux : omble chevalier ou truite rose de Châteauroux-les-Alpes, fromage de brebis et foie gras de canard du village. Une adresse précieuse.

Prix : €€

Les Guibertes – ℰ 04 92 24 45 54 – www.restaurant-chazal.fr – Fermé lundi et du mardi au samedi à midi

16ÂME

CUISINE MODERNE • CONTEMPORAIN Derrière une façade discrète, une salle chaleureuse, genre cabane de trappeur : montagne oblige ! Aux fourneaux, on trouve Julien Momon, originaire de Corse et passé par les cuisines de Christophe Bacquié et Gérard Boyer. Dans l'assiette, rien que des produits de saison et locaux issus de ce territoire rural et alpin, comme cet agneau des Hautes-Alpes travaillé à la coriandre et à la menthe, et son jus perlé à l'huile d'olive.

🍴 – Prix : €€

32 rue des Glaciers – ℰ 04 92 46 84 12 – www.16ame.fr – Fermé lundi, dimanche et du mardi au samedi à midi

MONISTROL-SUR-LOIRE

✉ 43120 – Haute-Loire – Carte régionale n° **20**–C2

CASA VERDE ⓝ

CUISINE CRÉATIVE • CONVIVIAL Cette table se niche dans un petit immeuble en pierres locales. L'intérieur évoque une maison forestière : murs en pierre ou vert forêt, plafonds et poutres en bois. Deux frères, l'un en cuisine, l'autre en salle, réchauffent cette maison boisée, dont le nom rend hommage à leur grand-père garde forestier en Espagne. Cette partition gentiment créative fusionne influences locales et ibériques, agrémentées de touches japonaises – pays qui fait rêver cette paire complice. Le « Lagarto » (une pièce de porc ibérique) au barbecue shichirin, fuet et petits pois au ponzu illustre bien cette veine gourmande.

&☂ – Prix : €€

15 place Néron – ☏ 04 71 75 41 54 – www.casaverdemonistrol.com – Fermé lundi et dimanche soir

MONSWILLER

✉ 67700 – Bas-Rhin – Carte régionale n° **8**–A1

✿ KASBÜR

Chef : Yves Kieffer

CUISINE MODERNE • ÉLÉGANT Né en 1932, le Kasbür est lié à la famille Kieffer depuis trois générations. Cette adresse des abords de Saverne doit son nom à l'arrière-grand père, un paysan qui faisait ici-même ses fromages. Son arrière-petit-fils, Yves Kieffer, a fait entrer cette belle bâtisse dans la modernité avec sa salle à manger semi-circulaire ouvrant sur l'opulente campagne alsacienne. Après avoir connu les cuisines de la Tour d'Argent et celles de Marc Meneau à Vézelay, le chef est revenu, animé par la force de l'héritage et… une exigence jamais démentie. Il propose des produits de qualité et de saison à l'image de ce saint-pierre, mariné et nacré à la flamme, asperges vertes, févettes et petits pois.

⇐☂&ⒶⒸ☂🅿 – Prix : €€€€

8 route de Dettwiller – ☏ 03 88 02 14 20 – www.restaurant-kasbur.fr/fr – Fermé lundi et mardi, et dimanche soir

MONT-DE-MARSAN

✉ 40000 – Landes – Carte régionale n° **25**–B2

✿ LA TABLE MIRASOL

CUISINE MODERNE • ÉLÉGANT Dans cette villa de 1912, véritable bijou de la Belle Époque, la table gastronomique est pilotée par le chef Philippe Lagraula. Il métisse habilement son terroir landais de touches voyageuses, notamment péru-viennes – pays d'où est originaire son épouse. Le menu dégustation est un vrai plaisir, percutant, créatif et bien rythmé, mariant l'épure et le caractère : encornet farci des premiers cèpes, pigeon à l'armagnac, chocolat du Pérou et caviar d'Aqui-taine. Sud-ouest oblige, très belle sélection d'armagnacs.

⇐&ⒶⒸ – Prix : €€€

2 boulevard Ferdinand-de-Candau – ☏ 05 58 44 14 14 – www.villamirasol.fr/fr/ restaurant-gastronomique-mirasol – Fermé lundi, mardi, mercredi et dimanche et jeudi midi

MONT-DE-MARSAN

VILLA MIRASOL - BISTROT 1912

CUISINE DE SAISON • COSY La Villa Mirasol a confié les destinées de sa table centenaire au chef landais Philippe Lagraula (Troisgros, Bras). Au bistrot, il propose une cuisine de marché généreuse et gourmande. On connaît ses points forts : dressage, originalité, harmonie des saveurs, des qualités illustrées par une partition moderne et décomplexée, à l'image de cet œuf croustillant aux herbes et txistora grillée ou de cette truite de Geloux, betteraves colorées, beurre blanc à la verveine. Aux beaux jours, depuis la terrasse en bordure de la Midouze, se déguste l'île flottante, spécialité de la maison.

🚗 ♿ AC 🌳 – Prix : €€

2 boulevard Ferdinand-de-Candau – ☏ 05 58 44 14 14 – www.villamirasol.fr/fr/ restaurant-bistronomique – Fermé lundi et dimanche

LES CLEFS D'ARGENT

CUISINE CRÉATIVE • COSY Cette table, rénovée avec goût dans un style contemporain et épuré, est installée à l'écart du centre-ville. Orientée nature et locavore, la cuisine du chef met à l'honneur le terroir du Sud-Ouest et plus particulièrement des Landes, à l'image de ce secreto de porc et son condiment abricot chorizo, ou de ce houmous de haricots blancs "pochas" au crabe, piment et anchois. Belle carte des vins de plus de 600 références.

🚴 ♿ AC 🌳 🍽 – Prix : €€€

333 avenue des Martyrs-de-la-Résistance – ☏ 05 58 06 16 45 – www.clefs-dargent.com – Fermé lundi et dimanche, et mercredi soir

LE MONT-DORE

✉ 63240 – Puy-de-Dôme – Carte régionale n° **20**–A2

LA GOLMOTTE

CUISINE TRADITIONNELLE • AUBERGE Non loin du Mont-Dore, authenticité garantie dans cette auberge dont la salle à manger est une ancienne étable ! Des produits frais et des assiettes copieuses pour une cuisine traditionnelle goûteuse, avec par exemple ces joues de porc fondantes, purée de pomme de terre maison et sauce au Saint-Pourçain blanc... même si le chef ne s'interdit pas quelques plats plus au goût du jour, comme le saumon en gravlax.

♿ 🌳 🅿 – Prix : €€

Le Barbier – ☏ 04 73 65 05 77 – www.aubergelagolmotte.com – Fermé mardi et mercredi, et dimanche soir

MONT-PRÈS-CHAMBORD

✉ 41250 – Loir-et-Cher – Carte régionale n° **10**–C3

DOMUS

CUISINE MODERNE • TRADITIONNEL Domus (foyer en latin), c'est la maison d'une fine équipe – deux chefs et une responsable de salle – passés par de belles tables étoilées et des bistrots de qualité (les chefs se sont rencontrés à la Table du Connétable à Chantilly). Ils tirent le meilleur profit du terroir solognot et des produits de saison derrière des plats aux intitulés alléchants : foie gras mi-cuit, condiment aux champignons bruns ; esturgeon de Sologne fumé, boule de siam en pickles ; cabillaud cuit à basse température, siphon de tomate confite et courgette rôtie au basilic. Bon rapport qualité/prix pour cette adresse qui affiche souvent complet.

AC 🍽 🅿 – Prix : €€

2 rue des Vignes-d'en-Haut – ☏ 02 54 74 02 53 – www.domusrestaurant.fr – Fermé mercredi et jeudi

MONTAGNAC

✉ 34530 – Hérault – Carte régionale n° **27**–C2

CÔTÉ MAS

CUISINE MODERNE • **CONTEMPORAIN** Au cœur du domaine viticole, ce restaurant chaleureux et joliment décoré d'objets d'art contemporain, de mobilier en bois exotique et d'une vue sur les Cévennes est une mise en bouche raffinée pour mieux apprécier la bonne cuisine gourmande de bistrot contemporain qui se mitonne ici : magret de canard, jus épicé, melon rôti au sureau ; pannacotta au miel de lavande du Canet, abricot et mousse de lait. Beaucoup de produits sont locaux et de saison et l'huile d'olive délicieusement fruitée dans les assiettes est d'ailleurs produite par le domaine. Belle carte des vins du domaine et des vignobles alentours, et jolie sélection de vins au verre à prix très doux.

🐾 ♿ AC 🍴 🚪 🅿 – Prix : €€

Route de Villeveyrac – ☏ *04 67 24 36 10* – *www.cote-mas.fr* – *Fermé, lundi, mardi et dimanche soir*

MONTAGNE

✉ 33570 – Gironde – Carte régionale n° **22**–C2

LA RÉSERVE DU PRESBYTÈRE

CUISINE TRADITIONNELLE • **CONVIVIAL** Au cœur d'un village vigneron, adresse bistronomique face à une église romane. Dans un décor associant tables de bistrot et chaises industrielles sur fond de pierres apparentes, on déguste une cuisine aux saveurs traditionnelles. Mention spéciale pour les desserts gourmands, comme cette tartelette amandine aux figues, confit de framboise et son sorbet. Agréable terrasse sur l'arrière.

🍴 🅿 – Prix : €€

22 Grand-Rue – ☏ *05 57 79 03 43* – *www.lareservedupresbytere.fr* – *Fermé lundi et dimanche soir*

MONTAIGU

✉ 85600 – Vendée – Carte régionale n° **14**–B1

LA ROBE

Chef : Xavier Giraudet

CUISINE MODERNE • **CONTEMPORAIN** Dans sa nouvelle adresse contemporaine et élégante organisée autour d'un agréable patio, Xavier Giraudet élabore une cuisine moderne de bon aloi, qui accorde une certaine place au végétal : produits locaux et de saison (parfois même en provenance du potager familial), cuissons maîtrisées et saveurs gourmandes. En saison, ne ratez pas le lièvre à la royale façon Antonin Carême, un modèle du genre ! Une partition convaincante, et un menu déjeuner qui est une très bonne affaire.

♿ 🚪 – Prix : €€

2 rue Neuve – ☏ *02 51 47 79 27* – *www.restaurant-la-robe.com* – *Fermé lundi et dimanche, et mercredi soir*

MONTAIGU

L'ATELIER (N)
CUISINE TRADITIONNELLE • CONTEMPORAIN Le chef de La Robe, Xavier Giraudet, a ouvert un deuxième établissement de style bistrot. On y festoie en toute insouciance grâce à une cuisine traditionnelle, savoureuse et généreuse : pâté en croûte moelleux et parfumé, boudin noir fondant et purée de pommes de terre, et dessert d'inspiration paris-brest, gourmand à souhait. On sort de table avec le sourire, et les finances au beau fixe, grâce à des menus à prix doux à tous les services. Cadre moderne et lumineux, service accueillant par une équipe joviale et souriante.
ර୍ଣ - Prix : €€
2 rue Neuve – ⌖ 02 28 97 83 16 – www.restaurant-la-robe.com – Fermé lundi et dimanche

MONTANGES
✉ 01200 – Ain – Carte régionale n° **21**–C1

L'AUBERGE DU PONT DES PIERRES
CUISINE MODERNE • CONVIVIAL Sur la route de Monts Jura, cette auberge ne désemplit pas ! Enfant du pays, le chef Romain Blanc ne manque ni de talent ni d'idées pour cuisiner les produits de saison en circuit court : poisson du lac Léman ou de pisciculture voisine, porc et volaille de l'Ain, maraîchage local, potager d'herbes aromatiques. À cela s'ajoutent une belle maîtrise des cuissons et des jus, et un vrai travail maison (glace et pain compris). Le tout à petit prix et servi avec le sourire par Chloé, qui saura vous conseiller dans la jolie carte de vignerons indépendants.
ಜಿ ⌖ ර P – Prix : €€
754 rue Lieutenant Paul-de-Vanssay – ⌖ 04 50 56 36 35 – www.pontdespierres.fr – Fermé mardi, mercredi et jeudi midi

MONTARCHER
✉ 42380 – Loire – Carte régionale n° **20**–C2

LE CLOS PERCHÉ
CUISINE CRÉATIVE • AUBERGE Il était une fois une auberge qui jouait à chat perché sur les hauts plateaux du Forez, à 1150 mètres d'altitude. C'est ici, à l'entrée de ce minuscule village, que Julien Magne a posé ses valises. Derrière les fourneaux, ce chef réalise une cuisine colorée, inventive et ludique, pour laquelle on se fait volontiers souris !
ර – Prix : €€
Le Bourg – ⌖ 04 77 50 00 08 – www.leclosperche.fr – Fermé mardi et mercredi, et lundi et dimanche soir

MONTARGIS
✉ 45200 – Loiret – Carte régionale n° **11**–C3

LA GLOIRE
CUISINE TRADITIONNELLE • ÉLÉGANT Une vénérable institution de Montargis, postée au bord de la N7. Depuis plusieurs générations, on revisite la tradition gastronomique avec une générosité certaine ; ne manquez pas l'imposant chariot de desserts.
ಜಿ ර AC – Prix : €€
74 avenue du Général-de-Gaulle – ⌖ 02 38 85 04 69 – www.lagloire-montargis.com – Fermé mardi et mercredi

MONTAUBAN

✉ 82000 – Tarn-et-Garonne – Carte régionale n° **26**–C1

LES 5 BOUCHONS

CUISINE MODERNE • CONVIVIAL Une adresse sympathique pour un déjeuner sous les arcades de la place Nationale de Montauban. 5 bouchons pour les 5 membres de la famille du chef expérimenté David Soulier qui travaille de concert avec son épouse Joan en salle. Tous les quinze jours, une nouvelle carte de saison met en avant les produits locaux bien sourcés dans des assiettes simples, colorées et gourmandes à l'image de cette noisette torréfiée du Tarn-et-Garonne qui accompagne le houmous de betterave, ou des bâtonnets de céleri rave fondant et graines de moutarde en pickles agrémentant l'échine de cochon cuite 5 heures. En terrasse ou dans la longue salle au plafond voûté, on passe un bon moment pour un prix fort raisonnable.

&. 🍽 – Prix : €

24 place Nationale – ☏ 05 63 93 65 64 – Fermé lundi et dimanche, et du mardi au vendredi soir

DU BRUIT EN CUISINE

CUISINE MODERNE • TENDANCE Voici un vrai repaire gourmand où œuvre un chef formé dans plusieurs maisons de la galaxie Ducasse. Mathieu Lévêque signe une cuisine contemporaine décontractée et appétissante sous forme notamment de petites assiettes façon tapas. Doté d'une belle expérience, il s'amuse avec les jus, les sauces et les cuissons précises à l'image de cette joue de bœuf confite, gnocchis aux champignons et céleri-rave. Des soirées musicales sont parfois organisées, ajoutant une touche festive au lieu. Une adresse qui devrait donc continuer à faire du bruit.

&. AC 🍽 – Prix : €€

12 allée Mortarieu – ☏ 05 63 91 19 25 – www.dubruitencuisine.fr – Fermé lundi et dimanche

NOUS

CUISINE ACTUELLE • COSY Dans ce bistrot moderne où l'on se sent bien, le couple Campas régale la clientèle montalbanaise. Chez Raphaël et Elise, tout est fait maison, du pain jusqu'aux glaces. Dotés d'une expérience solide, ils sélectionnent leurs produits régionaux avec soin (légumes de petits maraîchers et fromages fermiers), au plus près des saisons, et le chef en tire de belles assiettes colorées et goûteuses. En salle, Elise est tout aussi professionnelle et organisée pour s'occuper des clients et, si le besoin se fait sentir, le chef n'hésite pas à sortir l'épauler et en profiter pour parler avec verve de sa cuisine. Une bonne petite adresse ouverte uniquement au déjeuner avec un menu unique à choix. Ce dernier change tous les mois : c'est l'occasion de revenir plus souvent.

AC 🍽 – Prix : €

7 rue Bessières – ☏ 05 63 91 97 03 – www.restaurant-nous.fr – Fermé samedi et dimanche et du lundi au vendredi soir

MONTAUROUX

✉ 83440 – Var – Carte régionale n° **29**–C2

LE CARRÉ D'ANGE

CUISINE MODERNE • ROMANTIQUE Une jolie auberge provençale à l'écart du centre, lumineuse et modernisée, où la cuisine du sud est savoureuse et généreuse… Il n'y a qu'à voir ce suprême de pintade contisé à la truffe, girolles et feuille à feuille de pomme de terre fondante. À déguster aux beaux jours sur la jolie terrasse.

&. 🍽 🅿 – Prix : €€€

2169 quartier Narbonne – ☏ 04 94 47 71 65 – www.restaurant-carredange.fr – Fermé lundi et mardi midi

MONTBAZON

✉ 37250 – Indre-et-Loire – Carte régionale n° **15**-B1

L'ÉVIDENCE

Chef : Gaëtan Evrard

CUISINE CRÉATIVE • **CONTEMPORAIN** Quitter la ville de Tours pour s'installer à la "campagne" dans cette maison ancienne en bordure d'une petite place ? Une "évidence" pour Gaëtan Evrard, tellement attaché à son terroir tourangeau. Légumes et viandes de la région, poissons en direct de Bretagne : le produit est ici à la fête, sublimé par la cuisine du marché d'un chef qui ne manque pas d'audace – à l'image de cette asperge blanche de Richelieu rôtie au barbecue, fleur de sureau et citron noir, ou de ce filet de rouget barbet cuit sur écailles, jus d'étrille à l'encre de seiche. En accompagnement, on pioche dans une belle carte de vins de la Loire, en parfaite harmonie avec les créations du chef.

– Prix : €€€

*1 place des Marronniers – ☎ 02 47 38 67 36 – www.restaurant-levidence.com –
Fermé lundi, mercredi et dimanche*

DOMAINE DE LA TORTINIÈRE

CUISINE MODERNE • **ÉLÉGANT** Dans l'ancienne orangerie du joli château, dont la terrasse donne sur la vallée de l'Indre et le parc aux arbres centenaires, on profite d'une cuisine actuelle et soignée, rythmée par les saisons : velouté d'artichaut et truite fumée, brebis du lochois ; omble chevalier et noisettes, pommes de terre confites, sauce citronnée aux œufs d'Avruga ; cheesecake pistache et fleur d'oranger. De la justesse dans l'assiette, un cadre enchanteur : pourquoi ne pas prolonger le séjour en restant à l'hôtel ?

– Prix : €€

10 route de Ballan, à Veigné – ☎ 02 47 34 35 00 – www.tortiniere.com/fr

MONTBÉLIARD

✉ 25200 – Doubs – Carte régionale n° **13**-C1

LE SAINT-MARTIN

CUISINE TRADITIONNELLE • **CLASSIQUE** Olivier Prévôt-Carme signe une cuisine riche de parfums, où le produit est roi. Pas de superflu, mais une justesse des recettes, cuissons et assaisonnements qui rehausse la saveur de chaque ingrédient. Rien de prétentieux, rien de compliqué... que du plaisir !

– Prix : €€€

*1 rue du Général-Leclerc – ☎ 03 81 91 18 37 – www.le-saint-martin.fr –
Fermé lundi, dimanche et samedi midi*

MONTBELLET

✉ 71260 – Saône-et-Loire – Carte régionale n° **17**-C2

LA MARANDE

Chef : Philippe Michel

CUISINE MODERNE • **ÉLÉGANT** "Marander" en patois local signifie... aller manger. Sur la route de Tournus, cette belle maison bourgeoise en pierre de Bourgogne, entourée d'un beau jardin paysager, mérite assurément une halte gourmande avant un sommeil paisible. Dans ce cadre familial à l'élégance toute contemporaine, on sent la volonté des propriétaires, Élisabeth et Philippe Michel, de transmettre les gestes de l'hospitalité et la culture des produits de premier choix à leur équipe. Derrière ses fourneaux, le chef fait montre de maîtrise et de délicatesse à travers des assiettes particulièrement graphiques et généreuses. Cerise(s) sur le gâteau : le beau choix de bourgognes et la superbe terrasse.

– Prix : €€€

1484 route de Lugny, hameau de Mirande – ☎ 03 85 33 10 24 – www.hotel-restaurant-la-marande.com/fr – Fermé lundi et mardi

MONTBRISON

✉ 42600 – Loire – Carte régionale n° **20**–C2

APICIUS

CUISINE MODERNE • CONTEMPORAIN Une petite adresse du centre-ville tenue par un couple au joli parcours. Dans un agréable cadre chic et tendance récemment rénové, ils proposent au déjeuner une cuisine du marché à prix imbattable, et un menu plus élaboré le vendredi soir. Le chef privilégie les produits du terroir ainsi que les fleurs et plantes sauvages. En un mot : généreux !

& ⛭ – Prix : €€

29 rue Martin-Bernard – ℰ 09 82 38 34 65 – www.apicius-restaurant-montbrison. eatbu.com – Fermé samedi et dimanche, et du lundi au jeudi soir

MONTBRON

✉ 16220 – Charente – Carte régionale n° **18**–C2

MOULIN DE LA TARDOIRE

Chef : Matthieu Brudo

CUISINE MODERNE • MAISON DE CAMPAGNE Quelle histoire ! L'ancienne forge du 16e s. a été transformée en moulin à farine en 1854, avant de devenir un moulin à huile… C'est aujourd'hui un restaurant bucolique et charmant, installé entre rivière et verdure. Le chef, Matthieu Brudo, y propose une cuisine de saison faisant la part belle au terroir local : escargots charentais, pigeonneau et magret de canard de Nontron… sans oublier de superbes viandes achetées entières à des petits producteurs des environs. Justesse et finesse, soin dans la présentation : on aime.

⇔ & AC ⛭ ⇄ P – Prix : €€€

6 route du Bounit (Lieu-dit la Forge) – ℰ 05 45 66 41 46 – www. moulindelatardoire.fr – Fermé lundi et mardi, et dimanche soir

MONTCEAU-LES-MINES

✉ 71300 – Saône-et-Loire – Carte régionale n° **17**–B2

JÉRÔME BROCHOT

CUISINE MODERNE • TRADITIONNEL Jérôme Brochot concocte une cuisine du marché renouvelée chaque semaine au travers d'un menu unique proposé en plusieurs séquences. Il travaille de jolis produits : asperge verte, homard, turbot… Pour les passionnés, cours de cuisine dispensés le dimanche matin.

& AC – Prix : €€€

7 place Beaubernard – ℰ 03 85 67 95 30 – www.jeromebrochot.com/fr – Fermé lundi et mardi, et dimanche soir

MONTCENIS

✉ 71710 – Saône-et-Loire – Carte régionale n° **17**–B2

LE MONTCENIS

CUISINE TRADITIONNELLE • COSY Du cachet dans le décor (cave voûtée, pierres et poutres) comme dans l'assiette. Laurent Dufour propose une cuisine généreuse et sincère réalisée avec de beaux produits, comme cette poitrine de pintade contisée aux feuilles d'épinard, carottes, cannelloni de chou vert au lard fumé. La carte change régulièrement, et, l'hiver venu, met à l'honneur la truffe, passion du chef ! Accueil prévenant.

⅋ ⛭ ⇄ – Prix : €€

2 place du Champ-de-Foire – ℰ 03 85 55 44 36 – www.restaurant-lemontcenis. fr – Fermé du lundi au mercredi et dimanche soir

739

MONTCHENOT

✉ 51500 – Marne – Carte régionale n° **6**-B2

 LE GRAND CERF

Chefs : Dominique Giraudeau et Pascal Champion
CUISINE CLASSIQUE • ÉLÉGANT Au pied de la montagne de Reims et sur la route d'Épernay, cette auberge imposante affiche sans ambages son style cossu… Dans l'élégante salle à manger de bois clair, l'ambiance se fait romantique le soir venu : écrin parfait pour une belle cuisine classique. Elle est signée des chefs Dominique Giraudeau (qui a longtemps brillé dans les cuisines de Gérard Boyer aux Crayères) et son associé Pascal Champion, et met en valeur des produits nobles, du saint-pierre au veau de lait fermier, en passant par le gibier, le homard et la truffe.
🏠 ♿ 🌿 P – Prix : €€€€
50 route Nationale – ☎ 03 26 97 60 07 – www.le-grand-cerf.fr – Fermé mardi et mercredi, et dimanche soir

MONTCY-NOTRE-DAME

✉ 08090 – Ardennes – Carte régionale n° **6**-C1

 L'AUBERGE DU LAMINAK

CUISINE MODERNE • AUBERGE Dans cette charmante auberge en lisière de forêt, le Pays basque – origine du chef – rencontre les beaux produits des Ardennes. Résultat, des recettes savoureuses, maîtrisées, tel cet œuf parfait, piperade et jambon basque.
♿ 🌿 P – Prix : €€
Route de Nouzonville – ☎ 03 24 33 37 55 – www.auberge-du-laminak.eatbu.com – Fermé dimanche et du lundi au jeudi soir

MONTECH

✉ 82700 – Tarn-et-Garonne – Carte régionale n° **26**-C1

BISTROT CONSTANT

CUISINE TRADITIONNELLE • BISTRO La pimpante maison éclusière, installée au bord du canal latéral à la Garonne, abrite aujourd'hui un bistrot de chef de très bonne tenue. Christophe Marque, qui a succédé au chef montalbanais Christian Constant, fait perdurer la bonne cuisine bistrotière traditionnelle : œuf mimosa comme autrefois avec ventrèche de thon ; merlu en croûte de pain ou ris de veau croustillant et gratin de macaroni au parmesan ; île flottante aux pralines roses… du grand classique effectué dans les règles de l'art et avec générosité, comme on l'aime !
♿ AC 🌿 P – Prix : €€
25 rue de l'Usine – ☎ 05 63 24 63 02 – www.bistrotconstant.com – Fermé lundi et mardi, et dimanche soir

MONTEILS

✉ 82300 – Tarn-et-Garonne – Carte régionale n° **26**-C1

LE CLOS MONTEILS

CUISINE TRADITIONNELLE • RUSTIQUE Françoise et Bernard Bordaries ont fait de ce presbytère de 1771 un lieu intime, telle une maison de famille. Elle vous accueille avec gentillesse, tandis que lui s'active aux fourneaux. Son credo : cuisiner sur des bases simples et mettre en avant les produits de saison avec des recettes bien ficelées.
♿ 🌿 P – Prix : €€
7 chemin du Moulin – ☎ 05 63 93 03 51 – www.leclosmonteils.fr – Fermé du lundi au mercredi et dimanche soir

MONTÉLIMAR

✉ 26200 – Drôme – Carte régionale n° **24**-A2

LE MODERNE

CUISINE MODERNE • BISTRO Au bord de la mythique N7, voilà une affaire qui roule. Ce Moderne, au nom qui fleure bon le formica, n'a pas pris une ride. Associant une épicerie fine, une cave et une bonne table, cette adresse sympathique est une cure de jouvence. Marion (en cuisine) et Ben Franze (en salle) nous filent le sourire grâce à leur bonne cuisine bistrotière qui remporte un succès mérité : œuf, jus vigneron et écume fromagère ; magret de canard, pressé de pommes de terre et condiment asiatique… Aux beaux jours, on file en terrasse.

⚙ – Prix : €€

25 boulevard Aristide-Briand – ☏ 04 75 01 31 90 – www.restaurant-lemoderne.fr – Fermé lundi et mardi, et mercredi, jeudi et dimanche soir

LA PETITE FRANCE

CUISINE TRADITIONNELLE • CLASSIQUE À moins d'être initié, ce restaurant ne se trouve pas facilement : il faut aller le dénicher dans une impasse de la vieille ville. Dans la salle voûtée et chaleureuse, on déguste une cuisine traditionnelle… made in Petite France. Ambiance familiale.

⚙ – Prix : €€

34 impasse Raymond-Daujat – ☏ 04 75 46 07 94 – Fermé lundi et dimanche

MONTENACH

✉ 57480 – Moselle – Carte régionale n° **7**-C1

LE K

CUISINE MODERNE • CONTEMPORAIN Cette imposante bâtisse en pierre de taille, située aux confins de la France, de l'Allemagne et du Luxembourg, a su garder un esprit familial. Au K, sous une belle charpente et un lustre en cristal de Trévise, le chef Benoit Potdevin propose une fine et délicate cuisine d'aujourd'hui. Entre son menu "collection maraîchère" dédié au végétal, et ses plats signature, on ne sait que choisir ! Quelques exemples : pattes et pinces de tourteau rafraîchies au vinaigre de kalamansi, accompagnées de caviar ; tartelette de girolles et shiitakés à la livèche ; maigre de ligne, artichauts en barigoule et jus de volaille au vin rouge… Au Komptoir, plus décontracté, tapas et cuissons au four à bois.

⚙ – Prix : €€€€

Domaine de la Klauss, 2 impasse du Klaussberg – ☏ 03 82 83 19 75 – www.domainedelaklauss.com – Fermé dimanche et du lundi au samedi à midi

LE DOMAINE DE LA KLAUSS

MODERNE • RAFFINÉ Ce petit coin de Lorraine possède un caractère unique, comme le Domaine de la Klauss, dont les murs dignes d'une fortification médiévale abritent un hôtel moderne et luxueux. Les chambres et suites se distribuent entre le bâtiment d'origine et les dépendances plus contemporaines, elles aussi parées de pierre. Les plus modestes sont déjà spacieuses et très confortables, tandis que les suites atteignent l'exceptionnel, le point d'orgue étant la suite de 80 m² au sommet de la tour, avec son jacuzzi et sa vue panoramique. Spa de 800 m², nombreuses activités de plein air, et notamment des sports équestres. Un bistrot chauffé au feu de bois, ou une table gastronomique, au choix.

⚙ – 28 chambres

2 impasse du Klaussberg – ☏ 03 82 83 19 75

✿ **Le K** - Voir la sélection des restaurants

MONTENDRE

✉ 17130 – Charente-Maritime – Carte régionale n° **18**-B2

LA QUINCAILLERIE

CUISINE TRADITIONNELLE • BISTRO Deux quincailliers de talent, Guillaume Weil, un jeune chef originaire de Moselle (flanqué d'un impressionnant parcours international) et Jérôme Douay, qui navigue entre salle et cuisine, proposent une cuisine plutôt traditionnelle (du pâté en croûte au filet mignon de veau à la truffe, en passant par l'île flottante), ponctuée de quelques ouvertures sur le monde. Les saisons sont respectées à la lettre, et les assiettes pleines de goût. Cette ancienne quincaillerie au grand escalier en bois, qui dessert une salle au 1er étage, a conservé son cadre un peu rétro. Cuisine ouverte et espace vins à emporter au rez-de-chaussée.

& AC – Prix : €€

30 rue de l'Hôtel-de-Ville – ✆ 05 46 70 42 41 – www.restocavequincaillerie.fr – Fermé lundi et mardi, et dimanche soir

MONTFURON

✉ 04110 – Alpes-de-Haute-Provence – Carte régionale n° **24**-C3

CHEZ ÉRIC

CUISINE TRADITIONNELLE • BISTRO Sur la place d'un charmant village, cette maison en pierre sèche a tout ce qu'il faut là où il faut, de la terrasse ombragée à la plaisante déco de bistrot. Le chef concocte de petits plats provençaux goûteux et généreux, à l'image de cette fleur de courgette farcie à la brousse et au pistou, ou de cette daube de bœuf aux oronges. Menu truffe en saison.

🌿 – Prix : €€

Place Daniel-Viguier – ✆ 04 92 77 75 32 – Fermé lundi et mardi, et dimanche soir

MONTGENÈVRE

✉ 05100 – Hautes-Alpes

ANOVA

CONTEMPORAIN • CONVIVIAL Tout près de la frontière italienne, d'agréables moments en perspectives dans cet imposant chalet contemporain. On y profite notamment d'une kyrielle de services bien pensés – ski shop et casiers à skis, location de VTT, salle de jeux - et de chambres confortables (préférez les chambres plein sud, face aux pistes).

♨ 🅿 ⛱ ❄ 🏨 🚲 ⛷ 🎮 🐾 ⅋ - 40 chambres

Hameau de l'Obélisque – ✆ 04 92 54 48 04

LES MONTHAIRONS

✉ 55320 – Meuse – Carte régionale n° **6**-C2

HOSTELLERIE DU CHÂTEAU DES MONTHAIRONS

CUISINE MODERNE • BOURGEOIS Cette table châtelaine et familiale permet d'apprécier une cuisine mêlant joliment bases classiques et touches plus actuelles : foie gras de canard poêlé à la farine de maïs grillé ; émincé de thon rouge, fondu de poivrons et sauce soja-sésame ; gibier en saison... Et, comme on l'imagine, le cadre de ce château du 19e s. situé dans la vallée de la Meuse est superbe : moulures, vieux parquet, tentures épaisses...

⇐ 🏨 🌿 🅿 – Prix : €€€

26 route de Verdun – ✆ 03 29 87 78 55 – www.chateaudesmonthairons.fr – Fermé lundi et dimanche soir

MONTHION

✉ 73200 – Savoie – Carte régionale n° **21**–C2

LES 16 CLOCHERS

CUISINE MODERNE • RUSTIQUE Depuis la terrasse de ce restaurant, on jouit d'un panorama imprenable sur les seize clochers de la vallée. La nouvelle équipe, jeune et dynamique, ne jure que par les producteurs locaux et bio (champignons, œufs, légumes notamment...) au service d'une cuisine du marché rudement bien ficelée. Menu changé très régulièrement, terrasse prisée en été.

✦⇐&🍽️🅿 – Prix : €€

91 chemin des 16-Clochers – 𝒞 04 79 31 30 39 – www.16clochers.com – Fermé lundi, mardi, mercredi midi et dimanche soir

---

MONTICELLO – Haute-Corse (22) ➡ Voir Corse

MONTIGNAC-LASCAUX

✉ 24290 – Dordogne – Carte régionale n° **18**–D3

RO.BO Ⓝ

CUISINE MODERNE • COSY Au cœur du Périgord noir, l'hôtel de Bouilhac est un ancien hôtel particulier du 17e siècle dont le restaurant accueille ses convives dans une magnifique cour ou dans deux salons aux murs de pierre patinés par l'histoire. Aux fourneaux, on retrouve avec plaisir Nick Honeyman, le chef du Petit Léon. Les qualités de sa cuisine créative sont déjà connues : fraîcheur et parfums, notamment ceux des agrumes qu'il utilise avec profit. En témoigne cette île flottante revisitée : un blanc-manger parfumé à la fleur de sureau, écume aux agrumes, sur un lit de fraises du Périgord, accompagné d'un crémeux au whisky tourbé.

&🍽️🅿 – Prix : €€€

Hôtel de Bouilhac, 6 avenue Professeur-Faurel – 𝒞 07 61 52 73 41 – www. restaurantrobo.fr – Fermé lundi, dimanche et du mardi au vendredi à midi

🛏 HÔTEL DE BOUILHAC

MODERNE • CHARME Un hôtel particulier du 17e s., inscrit aux monuments historiques, à quelques pas seulement des célébrissimes grottes de Lascaux... L'architecture est typique de la région (hauts plafonds, moulures, parquets massifs) et les chambres ne manquent pas de charme.

🅰🅿🚗🛎🚲🍽️ – 10 chambres

6 avenue Professeur-Faurel – 𝒞 05 53 51 21 46

ro.bo - Voir la sélection des restaurants

MONTIGNY-LA-RESLE

✉ 89230 – Yonne

🛏 CHÂTEAU DE LA RESLE   *Plus*

DESIGN • CHALEUREUX Un château-hôtel unique, où romantisme campagnard et hôtellerie dernier cri font chambre commune. Vu de l'extérieur, volets blancs, lierre de façade et jardins soigneusement tondus. Mais pousser la porte révèle un écrin de design et d'art contemporain, sous l'égide de deux collectionneurs versés dans le mobilier haut de gamme. Et le plus étonnant est la chaleur qui en résulte. Certaines chambres dégagent un parfum d'antiquaire, d'autres tutoient l'avant-garde, mais on retrouve, dans tous les cas, la lumière en abondance. L'endroit est grand, mais n'héberge que six chambres, une salle de petit-déjeuner ensoleillée, une piscine cristalline, et un spa.

🅰🅿🚗🛎🚲♨🈺♨🍽️ - 10 chambres

Lieu-dit La Resle – 𝒞 06 86 11 29 22

MONTLIVAULT

✉ 41350 – Loir-et-Cher – Carte régionale n° **10**–C3

❀ EZIA

Chef : Nicolas Aubry

CUISINE MODERNE • **CONTEMPORAIN** Nicolas Aubry, ex-chef exécutif de Christophe Hay, est désormais seul à bord de l'ancien restaurant de son mentor, dont le décor n'a pas changé : on retrouve avec plaisir cette salle moderne qui ménage une jolie vue sur la cuisine. Autour de menus uniques rythmés par les saisons et les produits du terroir ligérien, l'assiette, ciselée au cordeau, témoigne d'une cuisine fine et subtile qui sait faire preuve de beaucoup de personnalité.

🚗 ♿ AC – Prix : €€€

17 rue de Chambord – 📞 02 54 20 62 30 – www.ezia-restaurant.fr – Fermé lundi et dimanche

MONTLOUIS-SUR-LOIRE

✉ 37270 – Indre-et-Loire – Carte régionale n° **15**–B1

LE BERLOT

CUISINE MODERNE • **BISTRO** Installé dans un village vigneron, un couple d'épicuriens, Hervé et Patricia Chardonneau (ex-Casse-Cailloux à Tours), travaillent au cœur du terroir ligérien qui le leur rend bien. Hervé propose une cuisine cuisine canaille et giboyeuse en saison : lièvre à la royale, oreiller de la belle Aurore version gibier, cervelle d'agneau... Une bonne bistronomie saisonnière qui puise son inspiration dans les arrivages. Jolie carte des vins orientée bio et nature. Bar à vins indépendant.

🐝 ♿ AC 🌿 – Prix : €€

2 place François-Mitterrand – 📞 02 47 56 30 21 – Fermé lundi et mardi, et dimanche soir

MONTLUÇON

✉ 03100 – Allier – Carte régionale n° **16**–B3

❀ LA CHAPELLE - CHÂTEAU SAINT-JEAN

CUISINE MODERNE • **HISTORIQUE** La table du Château Saint-Jean se distingue d'abord par son cadre exceptionnel, une ancienne chapelle dont la nef est habillée d'une résille de cuivre, qui rend le lieu plus intime. Un étonnant (et très heureux) mariage des styles et des époques ! Dans l'assiette, même engouement : le chef Olivier Valade montre que son beau parcours (Loiseau, Darroze) ne doit rien au hasard. Sa cuisine, exécutée avec une grande précision, met en valeur de beaux produits de saison, et se révèle pleine de personnalité : pot-au-feu de foie gras, carabinero ; pomme de ris de veau, oignon doux. Le service est à l'avenant, un sans-faute.

🚗 🛏 ♿ AC 🌿 🅿 – Prix : €€€€

Avenue Henri-de-la-Tourfondue – 📞 04 70 03 26 57 – www.chateau-saint-jean.com – Fermé lundi, mardi, du mercredi au vendredi à midi, et dimanche soir

MONTLUÇON

BISTROT SAINT-JEAN

CUISINE MODERNE • **BISTRO** Cette table partage avec La Chapelle du Château Saint-Jean son parc et son chef Olivier Valade. Il y décline au fil d'un menu-carte unique une cuisine de bistrot créative : filet de maquereau fumé, vinaigrette aux algues, rouelles d'oignon croustillantes ; tartare de veau, figues rôties, oignon rouges en pickles, dentelle sarrasin, copeaux de fumaison. Les cuisines ouvrent sur la salle à manger tout en longueur et la terrasse.

🖧 ⛴ 🅟 – Prix : €€

Avenue Henri-de-la-Tourfondue – 𝒞 04 70 03 26 57 – www.chateau-saint-jean.com

MONTMARAULT

✉ 03390 – Allier – Carte régionale n° **16**–B3

RESTAURANT ANNE & MATTHIEU OMONT - HÔTEL DE FRANCE

CUISINE MODERNE • **CONTEMPORAIN** Cet établissement invite à la pause gourmande ! Le chef, Matthieu Omont, y compose une partition maîtrisée, volontiers créative, à déguster dans un décor moderne et soigné. Attaché au terroir bourbonnais, il travaille aussi des produits de la mer, mais de qualité : filet de merlan en croûte de cèpes, crème de langoustine et risotto aux pleurotes de Vernusse ; à faire suivre d'une verrine de pannacotta, raisins au rhum, brunoise de granny smith, sorbet poire, émulsion au Piattelli. Chambres confortables, idéales pour l'étape.

♿ 🏳 ⛴ 🅟 – Prix : €€€

1 rue Marx-Dormoy – 𝒞 04 70 07 60 26 – www.hoteldefrance-montmarault.com/fr – Fermé lundi et mardi

MONTMERLE-SUR-SAÔNE

✉ 01090 – Ain – Carte régionale n° **21**–A1

ÉMILE JOB

CUISINE CLASSIQUE • **TRADITIONNEL** Voici une maison où l'on est chaleureusement invité à déguster des grands classiques qui valorisent le terroir : volaille de Bresse, grenouilles en persillade, poissons de lac, cerises jubilé et glace vanille... Le chef garde le cap de la tradition pour le plus grand bonheur des convives, qui se régalent sur la belle terrasse, à l'ombre des tilleuls centenaires et face au fleuve.

♿ ⛴ – Prix : €€

12 rue du Pont – 𝒞 04 74 69 33 92 – www.restaurantemilejob.com – Fermé lundi et mardi, et dimanche soir

MONTMORENCY

✉ 95160 – Val-d'Oise – Carte régionale n° **11**–B1

AU CŒUR DE LA FORÊT

CUISINE TRADITIONNELLE • **AUBERGE** À l'issue d'un chemin cahotant, vous voilà bien au cœur de la forêt... Si le dépaysement est garanti, la cuisine suit sans détour la voie de la tradition : au menu, rien que des valeurs sûres, au gré du marché ! Cadre élégant et champêtre, comme il se doit, avec une jolie terrasse face aux frondaisons.

🖧 ⛴ – Prix : €€

Avenue du Repos-de-Diane – 𝒞 01 39 64 99 19 – www.aucoeurdelaforet.com – Fermé lundi, et jeudi et dimanche soir

745

MONTMORILLON

✉ 86500 – Vienne – Carte régionale n° **15**–B3

LE LUCULLUS

CUISINE MODERNE • CONTEMPORAIN On s'installe dans un cadre moderne pour profiter d'une cuisine qui mise sur les produits locaux. Et aux beaux jours, c'est au calme dans le patio que l'on songe au général romain Lucullus, passé à la postérité en raison du faste de sa table. Des assiettes goûteuses et joliment dressées, à l'image de cette caille d'Anjou rôtie sur le coffre, cuisses confites, purée de maïs brûlé et sauce façon royale.

& 🅰🅲 🏠 – Prix : €€

4 boulevard de Strasbourg – ☏ 05 49 84 09 09 – www.hoteldefrance-lelucullus. fr – Fermé lundi et mardi, et dimanche soir

MONTNER

✉ 66720 – Pyrénées-Orientales – Carte régionale n° **27**–B3

AUBERGE DU CELLIER

CUISINE MODERNE • AUBERGE Dans ce charmant village catalan, Pierre-Louis Marin – un enfant du pays revenu aux sources – s'approvisionne surtout chez les petits producteurs locaux et concocte une cuisine sincère attachée aux saisons, avec une prédilection pour la truffe. Menu déjeuner attractif.

🐸 & 🅰🅲 🏠 – Prix : €€€

1 rue de Sainte-Eugénie – ☏ 04 68 29 09 78 – www.aubergeducellier.com – Fermé lundi et mardi, et dimanche soir

MONTPELLIER

✉ 34000 – Hérault –
Carte régionale n° **27**–D1

Là où montagne, plaine et mer s'attablent ensemble

Effervescente, plurielle, audacieuse : ainsi se présente Montpellier à ses visiteurs toujours plus nombreux ! La ville joue à fond la carte de la culture pluridisciplinaire et des festivals à foison. Sa gastronomie lui ressemble, à la fois ancrée dans la tradition languedocienne et ouverte aux influences. Elle bichonne ses marchés, traditionnel, bio ou paysan, et ses quatre halles. Quand vient la saison, c'est par cageots entiers que vous pouvez acheter abricots rouges et pêches, ou des pommes reinettes du Vigan ! Pour l'apéro, privilégiez la Lucques, l'une des meilleures olives de table. On trouve aussi sur les étals des fromages comme le pélardon des Cévennes, le roquefort aveyronnais ou encore la fourme d'Aubrac. Enfin, le niveau des meilleurs vignerons de la région tutoie désormais l'excellence. Plurielle, on vous le disait !

✿ ▶ **ÉBULLITION**

Chef : Boris Caillol

CUISINE CRÉATIVE • INTIME Dans ce charmant petit restaurant tout en pierre du vieux centre de Montpellier, Boris Caillol (passé par de belles maisons comme Le Petit Nice et la Maison Troisgros) signe une cuisine résolument créative et moderne. Inventif et audacieux, voilà un chef qui met nos sens en ébullition ! Il va lui-même faire le marché (bio) pour être au plus près de la saison et s'en inspirer. Un repas tout en finesse qu'on peut accompagner de l'une des références de la jolie carte des vins, bien enracinée dans la régionalité et la biodynamie. Dans un cadre intimiste et contemporain, on est accueilli avec bienveillance par sa compagne Coralie Semery, une hôtesse élégante qui nous fait passer un excellent moment.

&& AC – Prix : €€€

Plan : B1-13 – *10 rue du Pila-Saint-Gély* – ℰ *09 86 10 84 84* – *www.restaurant-ebullition.eu* – *Fermé lundi, samedi et dimanche*

MONTPELLIER

**AGROPOLIS MUSEUM,
PARC ZOOLOGIQUE DE MONTPELLIER**

GANGES

0   100 m

**Place des
Beaux-Arts**

R. Bernard Délicieux

R. de Villefranche

R. Ferdinand Fabre

R. de la Cavalerie

R. de la Providence

R. Joachim Colbert

Pl. Albert Ier

Verdanson
Quai

Bd   Pasteur   du

Bd   *Louis Blanc*   Louis   *Verdanson*

Blanc   Bonne Nouvelle

R. Michel Vernière

Corum

**Le
Corum**

R. du Cardinal de Cabrières

*Albert Ier
Cathédrale*

LODÈVE, MILLAU,
LA PAILLADE, PIERRESVIVES

**Tour
des Pins**

R. Abbé Marcel Montels

Henri

R. de l'Université

**Ancien Couvent
des Ursulines**

R. des Écoles Laïques

1

**Jardin
des Plantes**

R. de l'École Mage

**Faculté
de
médecine**

**Cathédrale
St-Pierre**

R. de l'École
de Médecine

R. du Four
Saint-Éloi

R. de Candolle

R. de l'Arc
des Mourgues

**MO.CO. -
Panacée**

R. du Pila St-Gély

13

Pl. Notre Dame

R. de
l'Aiguillerie

**N.-D. des
Tables**

Charles-de-Gaulle

Bd

*Peyrou
Arc de
Triomphe*

5   **10**

**Pl. de la
Canourgue**

**Hôtel de
la Vieille
Intendance**

Rue

R. Girard

**MUSÉE
FABRE**

**Place royale
du Peyrou**

**Hôtel de
Cambacérès**

15

14

**Hôtel Richer
de Belleval**

**Hôtel de Solas
et d'Uston**

**Hôtel Baudon
de Mauny**

R. Montpelliéret

**Hôtel de Cabrières-
Sabatier d'Espeyran**

**Arc de
triomphe**

**Hôtel
du Sarret
Mikvé**

R.

Pl.
Chabaneau

Foch

**Pl. du Marché
aux Fleurs**

**Hôtel de
Varennes**

B

R. Sarrail

Esplanade

NÎMES,
ALÈS

CHÂTEAU DE LA MOGÈRE,
CHÂTEAU DE FLAUGERGUES, ODYSSEUM

Bd Ledru Rollin

**Pl. Ste-
Anne**

**Ste-
Anne**

R. de
Poitevine

R. Terral

1

7 **3**

Pl.
Castellane

Pl. des Martyrs
de la Résistance

**Halles
Castellane**

**Hôtel
de Manse**

9

Pl.
J. Jaurès

**Hôtel
Baschy
du Cayla**

**Pavillon
Populaire**

i

2

4

12

R. de
La Rochelle

R. St-Guilhem

**Rue du
Bras-de-Fer**

**Hôtel des
Trésoriers
de la Bourse**

R. de
la Loge

**Les Pénitents
Blancs**

P

*St-Guilhem
Courreau*

R. Valfère

R. des Balances

8

Rue de
l'Ancien-Courrier

R. du Petit-St-Jean

R. de
Roucher

Pl.St-
Ravy

**Espace
St-Ravy**

**Hôtel des
Trésoriers
de France**

R. de
Vallat

St-Roch

P

Pl.
St- Roch

R. Alexandre Cabanel

Bd du Jeu de Paume

R. Jean Moulin

**Pl. de la
Comédie**

Tunnel de la Comédie

Comédie

R. Baudin

R. de Verdun

R. du Vanneau

Bd

Paul

André Michel

R. Marceau

Brousse

R. Castilhon

6

Pl. E.
Adam

**Hôtel
St-Côme**

Opéra

R. Grand'Rue

R. des Étuves

R. St-Denis Diderot

R. des

Rue de Maguelone

R. Boussairolles

R. Alfred Bruyas

R. Aristide Ollivier

R. du Clos René

R. Maréchal

R. de Verdun

R. Chaptal

R. Saint-Claude

R. Dom Vaissette

Cours
Gambetta

St-Denis
Pl.
St-Denis

P

Av. Georges
Clemenceau

Rondelet

**Tour de
la Babote**

Observatoire
Pl. A.
Laissac

R. Loys

R. Victor Hugo

R. d'Obilion

R. Joffre

**MO.CO - Hôtel
des collections**

R. de la

R. Pagézy

*Gare
St-Roch*

3

R.
A. France

R. du

R. H. Guinier

R. Parlier

R. d'Alger

R. Grand

R. Durand

R. Levat

R. St-Jean

République

11

**Gare
St-Roch**

R. des Deux
Ponts

P

MILLAU

**Pharmacie et chapelle de
l'Œuvre de la Miséricorde............B**

SÈTE, BÉZIERS

NÎMES, ALÈS,
SÈTE, BÉZIERS

748

MONTPELLIER

JARDIN DES SENS

Chefs : Jacques et Laurent Pourcel

CUISINE MODERNE • ÉLÉGANT Jacques et Laurent Pourcel tiennent la table de l'hôtel Richer de Belleval, superbe maison du 17e s. installée sur les hauteurs de la ville. Sous les imposantes fresques des plafonds, on retrouve avec bonheur la cuisine des jumeaux montpelliérains : pensée dans les moindres détails, millimétrée dans l'exécution, relevant une trame de cuisine classique avec la touche créative qui a fait leur renommée. Richer de Belleval, botaniste et fondateur du Jardin des Plantes de Montpellier, n'aurait pas manqué d'apprécier une telle partition !

⛬ 🛏 ⛬ 🅰🅲 ⛋ – Prix : €€€€

Plan : A2-14 – *Place de la Canourgue –* 🕿 *04 99 66 18 18 – www.hotel-richerdebelleval. com/jardin-des-sens – Fermé lundi, dimanche et du mardi au jeudi à midi*

LECLÈRE

Chef : Guillaume Leclere

CUISINE MODERNE • DESIGN Ce restaurant étonnant affiche une discrétion absolue depuis la rue : quelle surprise en effet, quand on découvre, après un tunnel habillé d'inox, cette belle salle au décor minéral et épuré qui marie métal, pierre montpelliéraine, carrelage et granit. Fidèle à sa "cuisine d'arrivage", le chef Guillaume Leclère propose un menu unique, renouvelé très régulièrement en fonction des produits régionaux ultra-frais, issus des circuits courts (poissons méditerranéens, veau des Pyrénées...). Seule la liste des ingrédients est dévoilée aux convives. Les créations précises et épurées du chef ne manquent ni de personnalité, ni de panache, à l'image de son travail sur l'asperge, le raifort et la menthe ou encore celui sur le maigre et le romarin.

⛬ 🅰🅲 – Prix : €€€

Plan : A3-6 – *8 rue André-Michel –* 🕿 *04 67 68 96 85 – www.restaurantleclere. com – Fermé lundi, dimanche, mardi et mercredi à midi*

PASTIS RESTAURANT

Chef : Daniel Lutrand

CUISINE MODERNE • INTIME On se faufile dans l'étroite rue Terral pour découvrir ce restaurant confortable et joliment décoré. C'est l'une des tables les plus prisées de la ville, et l'on comprend rapidement pourquoi : impossible de résister à la cuisine de Daniel Lutrand, inspirée et inspirante, aussi fine que franche en goût, et qui met en avant les meilleurs producteurs des environs, à l'image de ces asperges vertes enrobées de gel d'algues nori, filet de daurade confit à l'huile d'olive, émulsion à la fleur de sureau. Deux menus déjeuner au très bon rapport qualité prix ; menu dégustation "surprise" le soir qui évolue au gré des inspirations du moment. Service mené avec sourire et entrain par le directeur et associé Jean-Philippe Vivant, belle carte des vins (avec plus de 600 références).

⛬ ⛬ 🅰🅲 🍴 – Prix : €€€

Plan : A2-4 – *3 rue Terral –* 🕿 *04 67 66 37 26 – www.pastis-restaurant.com – Fermé lundi, dimanche et samedi soir*

REFLET D'OBIONE

Chef : Laurent Cherchi

CUISINE MODERNE • COSY Formé dans les restaurants suisses et français étoilés (mais aussi en Australie), le chef Laurent Cherchi est profondément sensible à l'environnement. Ses deux menus sont proposés en version lacto-ovo végétarienne ou carrément végétalienne (sans produit animal) – un positionnement rare pour une table étoilée française. Il pratique un locavorisme rigoureux, en sourçant des produits venus des Cévennes à la Méditerranée (bœuf de l'Aubrac, agneau de présalé de Camargue, tomme du Larzac). L'équipe en salle multiplie d'ailleurs avec pédagogie les explications sur l'origine des produits. Dans les assiettes mûrement réfléchies du chef, technique (fermentation, extraction...) et précision sont de rigueur pour mettre en valeur le légume. Le décor joue la carte de l'épure à travers trois salles et les arts de la table privilégient évidemment l'artisanat local.

Prix : €€€

Plan : A1-5 – *29 rue Jean-Jacques-Rousseau –* 🕿 *04 99 61 09 17 – www.refletobione.com – Fermé lundi, dimanche et du mardi au jeudi à midi*

749

MONTPELLIER

❀ **L'engagement du chef :** Nous nous fournissons principalement chez les producteurs locaux - légumes de Villeneuve-lès-Maguelone, fleurs et plantes sauvages de Lattes, fruits du Gard et de la vallée du Rhône, viande d'élevage en plein air des Pyrénées et de l'Aubrac, poissons de ligne, produits secs et farines bio... Notre carte des vins est exclusivement composée de vins certifiés biologiques et biodynamiques.

❀ ## LA RÉSERVE RIMBAUD

Chef : Charles Fontès

CUISINE MODERNE • ÉLÉGANT "Montpellier la surdouée", comme elle s'est elle-même baptisée, a caché ce restaurant sur les bords du Lez. Un peu à l'écart certes, mais bénéficiant d'une superbe terrasse ombragée de platanes au-dessus de la rivière... Ô fraîcheur ! Moderne et raffinée, cette réserve-là, une vieille maison de famille, recèle aussi des trésors de gourmandises, puisées dans le répertoire méconnu du Languedoc-Roussillon. Ancien second d'Alain Dutournier au Carré des Feuillants, Charles Fontès signe des compositions judicieuses, centrées sur le produit. De subtils jeux de textures et de saveurs au service d'une authentique simplicité : rare et délectable ! Dorade, poulpe et rouget de roche, anguille de Camargue et olives lucques en amuse-bouche : c'est toute l'Occitanie qui s'invite.

♿🖒🌳🅿 – Prix : €€€€

Hors plan – *820 avenue de Saint-Maur* – ☎ *04 67 72 52 53* – *www.reserve-rimbaud.com* – *Fermé samedi et dimanche*

😊 ## L'ARTICHAUT

CUISINE MODERNE • CONVIVIAL Emmené par un chef à la passion communicative, voici le temple de la cuisine de saison. Les recettes du marché s'y déclinent sous forme d'un menu-carte renouvelé régulièrement : crabe tourteau en fine tartelette, avocat et pomme verte ; canette rôtie et chou farci des cuisses, duxelles de champignons. Produits frais, préparations maison, vins régionaux : un restaurant qui fera fondre les cœurs... d'Artichaut.

Prix : €€

Plan : A2-7 – *15 bis rue Saint-Firmin* – ☎ *04 67 67 91 86* – *www.artichaut-restaurant.com* – *Fermé lundi et dimanche*

ABACUS

CUISINE MODERNE • INTIME Elle est de Rouen, lui de Paris, ils avaient envie de Sud : les voici au cœur de l'Écusson montpelliérain, dans un restaurant de poche à l'atmosphère intimiste et chaleureuse. Préparations soignées, jeux de textures, assiettes en évolution au gré des saisons, service souriant et choix de vins avisés : que demander de plus ?

Prix : €€

Plan : A2-12 – *26 rue Terral* – ☎ *04 34 35 32 86* – *www.abacus-restaurant.fr* – *Fermé lundi, dimanche et du mardi au vendredi à midi*

ALIRO 🆕

CUISINE MODERNE • CONTEMPORAIN Dans le cœur historique près des halles Castellane, cette table a des allures de loft végétalisé, aux couleurs apaisantes et à la musique douce. Midi et soir, un menu surprise du chef Jean Gary-Bobo s'adapte à l'appétit du convive, avec des assiettes qui mettent en valeur les produits locaux (poissons des criées locales, viandes du boucher voisin, fruits et légumes de l'Hérault) : daurade marinée avec sorbet poire et copeaux de fenouil cru ; filet de canette aux girolles et butternut ; tartelette de figues fraîches avec mascarpone et crème glacée aux noix. Des accords œnologiques avec des vins régionaux sont également proposés au verre.

🅰🅲 – Prix : €€

Plan : A2-3 – *17 rue Saint-Firmin* – ☎ *04 99 67 10 39* – *https://aliro-restaurant.com/* – *Fermé lundi, dimanche et mardi midi*

750

MONTPELLIER

ANGA - BEAULIEU

CUISINE MODERNE • **BRANCHÉ** Dans une petite rue du vieux Montpellier, un bel édifice historique en pierres traditionnelles abrite la table du chef Cyril Garcia. Sa philosophie est claire : mettre en valeur les beaux produits méditerranéens avec une approche épurée et sans artifices. Au menu, deux propositions thématiques, végétale ou marine, déclinées chacune en 3 services pour le déjeuner et 6 services pour le dîner, variant chaque mois. On déguste par exemple une gambas sauvage de Méditerranée assortie de chou kale, d'un condiment au saté et d'un jus de gambas corsé.

AC 𝄐 – Prix : €€

Plan : A2-1 – 10 rue Saint-Firmin – ☏ 04 67 02 71 62 – www.anga-restaurant.fr – Fermé lundi et dimanche, et samedi soir

L'ARBRE

CUISINE TRADITIONNELLE • **BRASSERIE** Au rez-de-chaussée d'un immeuble au design foisonnant signé de l'architecte Sou Fujimoto, cette table joue la carte d'une cuisine gourmande aux accents bourgeois : ce très bon foie de veau, sauce madère et purée de pomme de terre, en témoigne ! Déco moderne où le blanc domine, dans un esprit de brasserie 2.0. Proche du canal, la terrasse entourée de verdure a tout pour plaire, mais n'hésitez pas à compléter l'expérience en montant au bar du 17e étage, d'où l'on peut apprécier une vue panoramique jusqu'à la mer !

♿ AC 𝄐 – Prix : €€

Hors plan – 10 parvis Oscar-Niemeyer – ☏ 04 34 76 96 96 – www.larbre-restaurant.fr – Fermé lundi et dimanche

LE BISTRO URBAIN

CUISINE MODERNE • **TENDANCE** À la barre de ce bistrot spacieux et lumineux du cœur de Montpellier, on trouve Cédric Sangenito, un chef au parcours sans accroc, qui maîtrise ses classiques. Sa cuisine, moderne et un brin inventive, affectionne les cuissons au barbecue japonais et la lactofermentation. Il met en valeur de bons produits frais, et notamment le végétal auquel il consacre un menu surprise midi et soir, élaboré selon les arrivages des maraîchers. La carte est renouvelée toutes les semaines - à l'exception du plat emblématique de la maison, le baba au rhum (mais dont le parfum change en permanence). Accueil assidu et pro.

𝄐 – Prix : €€

Plan : A2-8 – 5 rue Alexandre-Cabanel – ☏ 06 60 94 96 16 – www.bistrourbain.com – Fermé lundi, dimanche et mardi midi

LA CANOURGUE

CUISINE MODERNE • **CHIC** Installé sous une verrière, dans la superbe cour intérieure de l'hôtel Richer de Belleval, le bistrot des frères Pourcel a de l'allure : corniches, moulures, grands lustres en cristal... La cuisine n'est pas en reste, maîtrisée et pleine de saveurs, revisitant la tradition avec ce qu'il faut de créativité. Un vrai plaisir.

♿ 𝄐 – Prix : €€

Plan : A2-15 – Place de la Canourgue – ☏ 04 99 66 18 18 – www.hotel-richerdebelleval.com

CÉNA

CUISINE MODERNE • **HISTORIQUE** Le chef Clément Briand-Seurat est descendu du Pic Saint-Loup où il cuisinait pour ouvrir sa propre adresse (Cena signifie d'ailleurs dîner en latin) sous les voûtes en ogive d'un édifice médiéval au cœur du Montpellier historique. On aime cette atmosphère intimiste et romantique nimbée de pierres séculaires, chaque table en chêne brut éclairée par une bougie... Le chef signe un menu unique dans une veine créative, où les produits et les producteurs locaux sont mis en valeur à grand renfort de techniques (chutney, huiles, crumbles, tuiles et autres siphons...). Son consommé de champignons et balade en sous-bois est une réussite du genre.

♿ AC 𝄐 – Prix : €€€

Plan : B2-9 – 2 place Pétrarque – ☏ 04 67 66 12 21 – www.cena-montpellier.fr – Fermé du lundi au mercredi et dimanche soir

751

MONTPELLIER

CHEZ DELAGARE

CUISINE MODERNE • TENDANCE Une agréable surprise, juste en face de la gare Saint-Roch, au sein du complexe Belaroïa. Dans sa cuisine ouverte sur la salle, le chef décline une carte courte et efficace, entre bistronomie et street food. C'est soigné, plein de couleurs et de parfums : une belle adresse.

⌨ ⩎ – Prix : €€

Plan : B3-11 – *21 rue Jules-Ferry* – ✆ *04 11 28 30 37* – *www.belaroia.fr/chez-delagare* – *Fermé lundi et dimanche*

MAHÉ

CUISINE MODERNE • CONTEMPORAIN Richard Juste et Sabrina Delcros, qui tenaient auparavant "l'Idée Saveurs", sont aux commandes de ce Mahé chaleureux et spacieux, avec une terrasse paisible à l'abri des regards. Le chef réalise des assiettes "franches et sans chichis", selon ses propres termes, avec de la précision dans les cuissons et les assemblages. Des exemples ? Poireaux grillés, œuf mollet, gnocchi de pomme de terre, parmesan et truffe ; queue de lotte, chou-rave façon risotto, carottes à l'huile d'olive, vierge de fenouil... Petite carte de vins locaux.

⌨ ⩎ 🍽 ⛱ – Prix : €€

Hors plan – *581 avenue de la Pompignane* – ✆ *04 67 20 25 26* – *www.mahe-restaurant.fr* – *Fermé lundi, dimanche, samedi midi, et mardi et mercredi soir*

LE PETIT JARDIN

CUISINE MODERNE • CLASSIQUE Comme son nom l'indique, ce restaurant gastronomique traditionnel recèle l'une des plus jolies terrasses de la ville, nichée dans un jardin luxuriant, au calme. En salle, c'est dans une ambiance tamisée et bucolique, derrière une grande verrière, que défilent les petits plats de saison joliment tournés. Pour les becs sucrés, mention spéciale pour les desserts gourmands, à l'image de ce remarquable citron en trompe l'œil, sablé à la fleur de sel, sorbet citron. L'adresse abrite aussi une table de bistrot à la cuisine voyageuse.

🍽 ⛱ – Prix : €€€

Plan : A1-10 – *20 rue Jean-Jacques-Rousseau* – ✆ *04 67 60 78 78* – *www.petit-jardin.com* – *Fermé lundi et dimanche*

SOULENQ

CUISINE MODERNE • SIMPLE Un restaurant et une cave, aménagés dans une ancienne pépinière par quatre jeunes associés pleins d'avenir. L'assiette est simple et gourmande, avec de belles réussites (salade d'hiver au poulpe de Galice, vinaigrette kalamansi ; chou farci aux légumes, riz, émulsion curry Thaï) mais aussi des pièces de viande à partager. Les produits sont du marché et de saison : on se régale.

🐝 ⌨ ⛱ 🅿 – Prix : €€

Hors plan – *469 rue de la Thériaque* – ✆ *04 67 41 38 74* – *www.soulenqrestaurant.fr* – *Fermé lundi et dimanche, et mardi soir*

TERMINAL #1

CUISINE MODERNE • BRANCHÉ Cet ancien chai upcyclé par les frères Pourcel offre un vaste espace mariant joyeusement pierre, acier et bois, dans un style industriel d'atelier chic. Les plats, qui puisent dans les ressources locales au meilleur de leur maturité, sont parfois pimpés d'inspirations lointaines. L'assortiment de daurade, rouget et loup de mer, palets de pomme de terre fondants et soupe de poissons de roche, ou l'encornet rôti, sa tête en tempura, crème de houmous et vinaigrette de citron confit, illustrent bien l'esprit "bistrot gastronomique" de la maison.

⌨ ⩎ 🍽 ⛱ 🅿 – Prix : €€€

Hors plan – *1408 avenue de la Mer* – ✆ *04 99 58 38 38* – *www.terminalpourcel.com* – *Fermé lundi et dimanche*

752

MONTPELLIER

UMAMI - LA CINQUIÈME SAVEUR

CUISINE CORÉENNE • SIMPLE Juste au-dessous de la place de la Canourgue, ce petit bistrot de poche épuré invite à découvrir la cuisine franco-coréenne, mâtinée de touches japonisantes, de la cheffe. Elle met tout son talent à ne travailler que des produits frais, à changer la carte tous les deux mois environ (sauf les classiques comme le bibimbap), et, bien évidemment, à mettre en valeur la saveur umami, comme sur ce chawanmushi, un flan aux œufs avec crevettes, edamame et bouillon dashi. Réservation impérative.

Prix : €€

Plan : A2-2 – *15 rue Jean-Jacques-Rousseau – ☏ 04 67 92 75 95 – www.umami-cinquiemesaveur.com – Fermé lundi et dimanche*

DOMAINE DE BIAR   *Plus*

CLASSIQUE • RAFFINÉ Restauré avec amour et serti comme une pierre précieuse au milieu de 50 ha de terrain, d'arbres centenaires et de vignes, à quelques kilomètres de Montpellier, ce domaine est une "folie" au sens architectural du terme. Avec quatre chambres seulement, plus une suite et un appartement, les lieux sont d'un calme absolu. Les chambres reflètent différents styles, de l'hédonisme Belle Époque avec ses rouges sensuels au cabinet de curiosités avec lampes-accordéons et croquis d'instruments scientifiques. Les détails déco à la fois luxe et fantaisie abondent : baignoires sur pieds, portes dérobées, terrasses privées, parfois une cheminée. Mais les partis-pris environnementaux sont aussi concrets, dans le choix des matériaux et des sources d'énergie.

🅿️ 🚗 ❄️ 🛗 ⚖️ 🔟 🌿 🍽️ - 12 chambres

Chemin du Mas de Biar – ☏ 04 67 65 70 06

MAS DE LAFEUILLADE

MODERNE • ÉLÉGANT Entouré d'arbres centenaires, le Mas de Lafeuillade, bâti au 19e s., affiche lui aussi ses belles années. Ses cinq chambres sont contemporaines, mais habillées d'un air rétro avec quelques éléments des années 20. Le parc est le clou du spectacle.

🆎 🅿️ 🚗 🛗 ♿ 🍽️ - 5 chambres

281 rue Fra Angelico – ☏ 06 77 18 29 69

MONTRABÉ

✉️ 31850 – Haute-Garonne – Carte régionale n° **26**–C2

✿ L'APARTÉ

Chef : Jérémy Morin

CUISINE MODERNE • CONVIVIAL Cette jolie maison toulousaine, noyée sous la verdure, réussit à faire oublier sa situation dans une zone d'activité proche d'une route passante. Autre atout, sa terrasse sous pergola bioclimatique se révèle fort prisée à la belle saison. Normand d'origine, établi depuis plus de 15 ans dans la ville rose, le chef est aussi réputé pour ses menus thématiques autour de la truffe noire en hiver : sa cocotte de légumes à la truffe est d'ailleurs devenue iconique. Il joue habilement sur les contrastes de saveurs et les textures pour offrir des assiettes généreuses : filet de turbot farci à la mousseline de corail et coriandre, déclinaison autour de la carotte ou encore suprême de pigeon rôti, cuisse confite, betterave fondante et blette en gyoza.

♿ 🆎 🌳 ✡️ 🅿️ – Prix : €€€

Plan : voir Toulouse plan I – D1 - 1 – *21 rue de l'Europe – ☏ 05 34 26 43 44 – www.restaurant-laparte.fr – Fermé lundi et dimanche*

753

MONTRABÉ

L'INSTANT...

CUISINE MODERNE • CONTEMPORAIN L'Instant... d'une parenthèse gourmande non loin de Toulouse ! On s'installe dans un intérieur simple et moderne. Derrière les fourneaux, le chef régale avec les produits de la région, et s'autorise même quelques touches asiatiques. Ne manquez pas le menu "L'instant gourmet".

AC 🍽 – Prix : €€

Plan : voir Toulouse plan I - D1 - 2 -13-14 chemin du Logis-Vieux – ☏ 05 61 48 25 24 – www.restaurant-linstant.fr – Fermé lundi et dimanche, et mardi soir

MONTRÉAL
 11290 – Aude

CAMELLAS LLORET

CLASSIQUE • CONVIVIAL Les douces collines de la campagne toulousaine abritent une ravissante petite maison d'hôtes dans laquelle se sont glissées quatre chambres raffinées ainsi qu'un vaste appartement. Celui-ci dispose d'une cuisine, d'un lounge privé et d'un jardin, alors que les chambres partagent une véranda avec une table commune ainsi qu'un salon rempli de livres à feuilleter au coin de la cheminée, un verre à la main. L'architecture traditionnelle abrite un mobilier à la fois contemporain et discret créant un éclectisme charmant aux tons doux et neutres. Ici le maître-mot n'est pas le luxe, mais le confort, comme en témoignent les matelas faits main, les draps de lin, les produits naturels des salles de bain.

P 🐾 🛏 🚲 - 5 chambres

4 rue de l'Angle – ☏ 06 45 73 96 42

MONTREUIL
 93100 – Seine-Saint-Denis – Carte régionale n° **11**–F2

✿ VILLA9TROIS

CUISINE MODERNE • CONTEMPORAIN C'est une oasis de verdure au cœur de la banlieue parisienne urbanisée : en traversant le parc arboré de cette villa du 19e s., on croise un potager, des ruches et même une serre d'agrumes. Cette exubérance se retrouve dans l'assiette : aubergine marinée au dashi, yaourt grec, sauce aguachile ; truite arc en ciel, fumet infusé au raifort et huile de sapin ; canard grillé au barbecue, chou rouge, jus corsé à la verveine. Aux beaux jours, profitez de la terrasse couverte dont les parasols blancs sont joliment habillés de guirlandes. Une jeune équipe sympathique vous y sert une cuisine moderne pleine de peps.

🐝 🍽 ♿ 🌳 ⛱ P – Prix : €€€

71 rue Hoche – ☏ 01 48 58 17 37 – www.villa9trois.com – Fermé lundi et mardi

ISOLÉ

CUISINE MODERNE • CONVIVIAL À proximité de la mairie, cette maison de plain-pied, nantie d'une terrasse et même d'un petit potager, se distingue joliment dans le paysage urbain. Aux commandes, Victor Gaillard et Alice di Cagno (ex-Chatomat à Ménilmontant) partagent dans la joie leur goût de la bonne chère et leurs engagements sociétaux ! Le duo propose au déjeuner un menu canon à prix doux qui mise sur des produits sans fioritures : arancini au cresson et noisettes, pecorino pepato ; effiloché de veau sauce blanquette, polenta crémeuse et champignons de Paris ; gâteau de semoule au rhum, poire pochée au thé fumé. Au dîner, pendant les trois derniers jours de la semaine, les assiettes montent en gamme et en créativité. Petite sélection de vins naturels et bio.

⛱ – Prix : €€

7 rue de Rosny – ☏ 01 48 51 65 04 – Fermé lundi, dimanche, samedi midi, et mardi et mercredi soir

MONTREUIL-SUR-MER

62170 – Pas-de-Calais – Carte régionale n° **4**-A2

ANECDOTE
CUISINE TRADITIONNELLE • **BISTRO** Dans ce bistrot d'Alexandre Gauthier, le chef Samuel Pesquet réalise une « cuisine de mémoire » qui rend hommage aux plats que concoctait Roland Gauthier dans les années 1980. Une cuisine généreuse et savoureuse, réalisée avec de beaux produits : calamars frits sauce gribiche, côte à l'os à la braise, crêpes Suzette, tarte Tatin…

– Prix : €€

1 rue des Juifs – 03 21 86 65 80 *– www.anecdote-restaurant.com – Fermé lundi et dimanche*

LA TABLE DU CHÂTEAU
CUISINE CRÉATIVE • **ÉLÉGANT** Dans le décor feutré et élégant de cette institution de Montreuil-sur-Mer, un jeune chef originaire de Lille propose une cuisine créative et écoresponsable (fermentations, décoctions), très axée sur le végétal et mettant en avant les petits producteurs locaux. Laissez-vous surprendre par ce lieu jaune, courgette de notre maraîcher, œufs de poisson, fleurs de sureaux, un plat généreux aux belles associations de saveurs.

– Prix : €€€

4 chaussée des Capucins – 03 21 81 53 04 *– www.chateaudemontreuil.com*

PIEUX
CLASSIQUE • **CONVIVIAL** Pour son retour aux sources, le chef Alexandre Gauthier a choisi d'ouvrir une maison d'hôtes. La demeure de 1800, douce et enveloppante comme une maison de famille aux couleurs ravivées, loge quatre chambres de caractère, un jardin d'hiver avec cheminée, un salon pour les jeux de société et une salle à manger à l'esprit de café parisien. Idéale pour un repos gourmand.

- 4 chambres

1 rue des Étuves – 06 32 17 64 25

MONTRÉVERD

85260 – Vendée – Carte régionale n° **14**-B2

LA CHABOTTERIE
Chef : Benjamin Patissier

CUISINE MODERNE • **ÉLÉGANT** Avec notamment la lotte dorée au beurre demi-sel, radis et crème perlée curry-colza, ou la selle d'agneau roulée aux herbes fraiches, aubergine mentholée et jus aux tomates confites, Benjamin Patissier, chef MOF au beau CV (Patrick Henriroux à La Pyramide, Pierre Gagnaire et Anne-Sophie Pic), coche toutes les cases : beaux produits, maîtrise technique, saveurs limpides et dressage impeccable. Directrice et sommelière, son épouse parachève cette belle expérience en accueillant dans un restaurant contemporain aux couleurs feutrées, installé dans l'une des dépendances du château de la Chabotterie.

– Prix : €€€

Logis de La Chabotterie – 02 55 90 02 85 *– www.lachabotterie.com – Fermé mardi et mercredi, et dimanche soir*

MONTROUGE

✉ 92120 – Hauts-de-Seine – Carte régionale n° **11**–E2

LA TABLE DE MAÏNA

CUISINE FUSION • **CONVIVIAL** Au cœur de Montrouge, une bonne adresse se cache derrière cette devanture. Une cheffe formée aux quatre coins du monde, souvent chez les "grands" et notamment auprès de Nobu Matsuhisa, laisse libre cours à une inspiration fusion savoureuse. Les ingrédients, les épices et les produits du monde entier se marient avec justesse et harmonie. Aux beaux jours, on profite de la terrasse côté jardin.

Prix : €€

18 rue Perier – ☏ 01 57 21 25 82 – www.latabledemaina.com – Fermé lundi, mardi et dimanche, samedi midi, et mercredi soir

MONTSOREAU

✉ 49730 – Maine-et-Loire – Carte régionale n° **9**–D3

VERVERT

CUISINE TRADITIONNELLE • **COSY** Dans cette ancienne maison d'habitation réhabilitée en restaurant, le charme de l'architecture locale se marie à merveille à des éléments plus contemporains. Romain Butet cisèle une cuisine plutôt traditionnelle, revisitée juste ce qu'il faut : mi-cuit de truite, courgette, sauce vierge au piment d'Espelette, chèvre frais ; maigre de ligne, sauce citron gingembre, légumes du coin. Belle carte des vins à prix raisonnables et agréable cour-terrasse sur l'arrière.

🕸 ♿ 🅰🅲 🍽 ⛲ – Prix : €€

7 place du Mail – ☏ 02 41 52 34 89 – www.ververt.com – Fermé mardi, mercredi, jeudi midi et dimanche soir

MOOSCH

✉ 68690 – Haut-Rhin – Carte régionale n° **8**–A3

AUX TROIS ROIS

CUISINE TRADITIONNELLE • **CLASSIQUE** Pâté en croûte, tête de veau... Ici, les éternels bistrotiers sont rois, mais ils partagent volontiers leur couronne avec les produits de la mer. À l'ardoise, des propositions sans cesse renouvelées et des vins qui sont de vraies petites trouvailles : un royaume du goût, de la qualité et de la convivialité !

♿ ⛲ 🍽 – Prix : €€

35 rue du Général-de-Gaulle – ☏ 03 89 82 34 66 – www.aux-trois-rois.com – Fermé lundi et mardi, et dimanche soir

MORBECQUE

✉ 59190 – Nord – Carte régionale n° **4**–B2

AU CŒUR D'ARTICHAUT

CUISINE MODERNE • **ÉLÉGANT** Ce restaurant contemporain, tenu avec dynamisme par un jeune couple originaire du village, propose une cuisine dans l'air du temps, attentive aux produits et aux saisons. Service attentionné, et belle salle à manger sous véranda.

🍽♿🅰🅲 – Prix : €€

8 avenue des Flandres – ☏ 03 28 48 09 21 – www.aucoeurdartichaut.fr – Fermé mercredi, et lundi, mardi et dimanche soir

MORLAIX

✉ 29600 – Finistère – Carte régionale n° **1**–B1

LE 21ÈME COMMIS

CUISINE DU MARCHÉ • **CONTEMPORAIN** Au centre de Morlaix, entourée par de belles bâtisses à colombages, cette table récente est emmenée par un chef au parcours étoilé qui y propose une cuisine originale, mariant ingrédients bretons et influences exotiques (notamment asiatiques). Des associations de saveurs qui ravissent les papilles et des portions généreuses, comme sur ce dessert gourmand et soigné autour de la poire au vin.

Prix : €€

23 rue du Mur – ☏ 02 98 63 50 27 – www.le21emecommis.fr – Fermé lundi et dimanche, et mardi et mercredi soir

L'HERMINE

CUISINE BRETONNE • **RUSTIQUE** Poutres, tables en bois ciré, objets rustiques : une crêperie bien sympathique dans un pittoresque quartier piétonnier, avec une petite terrasse... On peut choisir parmi une cinquantaine de crêpes au sarrasin et au froment, avec une spécialité : la Godaille, une galette au thon, au beurre d'ail et aux algues.

🍽 – Prix : €

35 rue Ange-de-Guernisac – ☏ 02 98 88 10 91 – Fermé jeudi et dimanche

MORNAY-SUR-ALLIER

✉ 18600 – Cher – Carte régionale n° **16**–C2

LE CLOS D'ÉMILE

CUISINE MODERNE • **MAISON DE CAMPAGNE** Ce corps de ferme abrite une table attachante, où madame officie aux fourneaux tandis que monsieur distille en salle un service attentionné et de qualité. Dans l'assiette, une cuisine résolument gastronomique, soignée, sincère et saine, faisant la part belle aux produits issus de fermes situées à moins de 30 km - mais aussi du bœuf et du cochon élevés sur place. Une adresse accueillante.

🍽 – Prix : €€€

1 Bel-Air – ☏ 02 48 74 58 03 – www.closdemile.fr – Fermé lundi, mardi, mercredi et dimanche et jeudi et vendredi à midi

MORSBRONN-LES-BAINS

✉ 67360 – Bas-Rhin – Carte régionale n° **8**–B1

LA SOURCE DES SENS

CUISINE MODERNE • **CONTEMPORAIN** Le cadre est résolument contemporain – moquette et murs noirs, lumière tamisée – et la cuisine se veut volontiers dans l'air du temps grâce à l'implication du chef Pierre Weller, qui fait quelques clins d'œil au Japon et réalise des dressages des plus soignés, à l'image de ces makis d'omble chevalier avec asperge verte, espuma orange et pistou. Spa pour prolonger le plaisir des sens et agréables chambres pour l'étape.

🍽 – Prix : €€€

19 route d'Haguenau – ☏ 03 88 09 30 53 – www.lasourcedessens.com – Fermé lundi, mardi midi et dimanche soir

MORSBRONN-LES-BAINS

LA SOURCE DES SENS

MODERNE • CALME Un hôtel très agréable dans cette station thermale du nord de l'Alsace. Chambres tendance au design sobre – plus calmes sur l'arrière du bâtiment –, espace bien-être complet avec un magnifique spa : tous les sens sont flattés.
- 32 chambres
19 route de Haguenau – ℰ *03 88 09 30 53*
La Source des Sens - Voir la sélection des restaurants

MORZINE

74110 – Haute-Savoie

LA BERGERIE
Plus

MONTAGNARD • FAMILIAL Un chalet sympathique où règne une ambiance familiale : chambres cosy et presque toutes équipées d'une kitchenette, jeux pour les enfants et piscine chauffée. À l'intérieur ou en terrasse, bon choix de fromages savoyards pour le petit-déjeuner.
- 29 chambres
103 route du Téléphérique – ℰ *04 50 79 13 69*

MOUCHARD

39330 – Jura – Carte régionale n° **13**-B2

LE COMPTOIR KOKAGUÉ

CUISINE MODERNE • SIMPLE Muscadiens, Muscadiennes et habitants des alentours font une fête méritée à cette adresse jurassienne improbable située à Mouchard, un village grand comme un mouchoir : une cuisine franco-japonaise à base de produits du Jura ! Dans une salle passe-partout émaillée seulement de quelques plantes vertes, on fait d'abord connaissance avec ce couple franco-japonais, elle en cuisine, lui en salle. On voyage ensuite entre produits du terroir et préparations nippones : la purée de céleri-rave est boostée au wasabi, la truite est marinée à l'algue kombu (sur le kawamatsu kobujimè), le filet de poulet de Bresse est travaillé en galette à base d'une farce au tofu et shiitaké, le tout parfumé au gingembre (tori daikon). La jolie sélection de vins classée par cépage met essentiellement en avant des vins nature.
– Prix : €€
8 rue Léopold-Alixant – ℰ *06 80 61 75 48 – Fermé lundi, dimanche, et mardi, mercredi et vendredi midi*

MOUGINS

06250 – Alpes-Maritimes – Carte régionale n° **29**-E2

BOHÈME

CUISINE MODERNE • TENDANCE Dans cette adresse chic et cool, tout en matériaux nobles et bruts, l'assiette célèbre la viande de haute race, maturée et apprêtée selon les règles de l'art par le célèbre boucher Polmard. On apprécie les cuissons à la braise, mais aussi les ceviche de pêche sauvage et de jolies recettes méditerranéennes. La vue depuis la terrasse embrasse un panorama superbe.
– Prix : €€€
47 avenue du Moulin de la Croix – ℰ *04 92 92 97 70 – www.boheme-mougins. com – Fermé lundi et dimanche*

MOUGINS

LA PLACE DE MOUGINS
CUISINE CRÉATIVE • ÉLÉGANT Sur la place du village, évidemment ! Dans ce charmant restaurant règne une atmosphère chic et cosy, tandis qu'en cuisine, c'est l'ébullition autour d'un chef créatif et passionné ; chaque mois, il met en valeur un produit de saison, magnifiant la truffe, l'asperge, etc.

& 🅰🅲 🍴 ⬜ – Prix : €€€

41 place du Commandant-Lamy – ✆ 04 93 90 15 78 – www.laplacedemougins.fr – Fermé mardi et mercredi

LE MAS CANDILLE
Plus

MODERNE • CHAMPÊTRE Ce mas provençal du 18e s., refuge champêtre noyé dans les collines verdoyantes, affiche des installations résolument modernes, avec deux piscines chauffées et un spa. L'atmosphère des lieux se situe à mi-chemin entre la villa privée et le petit hôtel de luxe, auquel le designer Hugo Toro ajoute une petite touche californienne. Les chambres, toutes différentes mais œuvrant à une cohérence globale, possèdent tout le confort moderne, relevé de quelques touches anciennes.

🅰🅲 🅿 🚲 ⬜ ⬜ ⬜ ⬜ ⬜ 🍴 – 46 chambres

Boulevard Clément Rebuffel – ✆ 04 92 28 43 43

MOULINS
✉ 03000 – Allier – Carte régionale n° **16**-C2

LE BISTROT DE GUILLAUME
CUISINE MODERNE • CONVIVIAL En plein cœur de Moulins, la petite salle claire et intimiste donne déjà le "la", et l'on s'y attable sans se faire prier. Mais le meilleur est encore à venir : dans sa petite cuisine, le chef-patron compose des préparations à la fois fines et bien pensées, qui sont un ravissement pour les papilles à l'image de cet aïoli provençal concocté dans les règles de l'art.

🍴 ⬜ – Prix : €€

13 rue de Pont – ✆ 04 43 51 23 82 – Fermé lundi et dimanche, et mardi et mercredi soir

LA BULLE D'AIR
CUISINE MODERNE • CONTEMPORAIN Depuis sa cuisine ouverte, le chef vous concocte un omble chevalier en cuisson basse température parfaitement maîtrisée, qu'il accompagne d'une onctueuse sauce gribiche et d'une salade de fenouil. Pour le déjeuner, un menu unique à prix doux, dont on pourra profiter sur la charmante terrasse pavée en été... parfait pour buller au grand air.

🅰🅲 🍴 – Prix : €€

22 place d'Allier – ✆ 04 70 34 24 61 – Fermé lundi et dimanche

MOULON-SUR-DORDOGNE
✉ 33420 – Gironde

5 LASSERRE
CONTEMPORAIN • RAFFINÉ Au grand calme, cette ferme a été rénovée luxueusement dans un esprit contemporain chic... Les chambres sont grandes et très raffinées ; la piscine à débordement offre une jolie vue sur la campagne, et il y a même une vraie salle de cinéma. Un lieu d'exception !

🅰🅲 🅿 ⬜ – 5 chambres

5 lieu-dit La Serre – ✆ 05 57 51 46 77

MOUSTIERS-SAINTE-MARIE

✉ 04360 – Alpes-de-Haute-Provence – Carte régionale n° **24**–C3

✿ LA BASTIDE DE MOUSTIERS

Chef : Adrien De Crignis

CUISINE PROVENÇALE • ROMANTIQUE Dans cette bastide, on déguste une cuisine méditerranéenne qui associe les saveurs du marché à celles du potager, dont deux jardiniers s'occupent à plein temps (ne manquez pas le jardin des simples attenant). Le chef rend hommage à la cuisine provençale et méditerranéenne chère à Alain Ducasse, à l'image de ces gamberi rossi juste saisis, accompagnés d'une fleur de courgette farcie de ricotta et 'nduja. Le végétal est ici traité avec les honneurs, et fait l'objet d'un menu dédié. On profite aussi d'un cadre agréable où les oliviers sont rois, et d'une terrasse ombragée de platanes. Un joli résumé de la Provence.

⇔ ⇐ 🖙 🖻 ⇪ **P** – Prix : €€€

511 chemin de Quinson – ☏ 04 92 70 47 47 – www.bastide-moustiers.com – Fermé mardi et mercredi midi

🌼 **L'engagement du chef :** Notre cuisine est basée sur le produit et la saisonnalité. Nous disposons d'un parc de 4 hectares avec un jardin des simples de 200 m² et un potager de 2000 m² qui fournit la majorité de nos légumes. En conversion bio, nous travaillons la terre en bio-maraîchage intensif sur sol vivant. Nos producteurs et artisans sont situés dans un rayon de 80 km. Notre chef et son équipe travaillent les produits de la racine à la feuille.

LA FERME SAINTE-CÉCILE

CUISINE MODERNE • ROMANTIQUE Poussez la grille et empruntez la belle allée pavée... au bout de laquelle cette ancienne ferme du 18e s. fait le bonheur des gourmands ! Derrière les fourneaux, le chef concocte avec délicatesse et subtilité une savoureuse cuisine du Sud à l'image de cette daurade royale, pistou de légumes et glace à l'ail rôti. L'une des meilleures tables de Moustiers.

🕸 🖙 🖻 🖻 **P** – Prix : €€

Route des Gorges-du-Verdon – ☏ 04 92 74 64 18 – www.ferme-ste-cecile.com/ restaurant-moustiers/accueil.php – Fermé lundi et mardi, et dimanche soir

🛏 LA BASTIDE DE MOUSTIERS   *Plus*

CLASSIQUE • CHAMPÊTRE Un petit chemin, une grille en fer forgé, des arbres fruitiers, des vieilles pierres, des faïences régionales, des draps en lin, un grand potager aromatique, un âne, des chevaux, un poney... Plus qu'un inventaire à la Prévert, le charme irrésistible d'une bastide du 17e s. !

🅰🅲 **P** 🌫 ⇦ 🚲 🏊 🛎 🍽 - 13 chambres

Chemin de Quinson – ☏ 04 92 70 47 47

✿ **La Bastide de Moustiers** - Voir la sélection des restaurants

MUHLBACH-SUR-MUNSTER

✉ 68380 – Haut-Rhin – Carte régionale n° **8**–A2

🞉 PERLE DES VOSGES

CUISINE MODERNE • TRADITIONNEL Dans cet hôtel-restaurant familial, on savoure d'abord la déco délicieusement rétro (lustres à pampilles et argenterie). Dans l'assiette, un registre qui englobe le classique (suprême de volaille marengo), le régional (rognons de veau à la graine de moutarde, quenelles de moelle et spaetzle) et quelques touches plus actuelles (tempura de homard). Coup de cœur pour le plateau de fromages de la vallée.

🖕 🅰🅲 🖙 ⇪ **P** – Prix : €€

22 route Gaschney – ☏ 03 89 77 61 34 – www.perledesvosges.net

760

MULHOUSE

68100 – Haut-Rhin – Carte régionale n° **8**–A3

IL CORTILE

Chef : Jean-Michel Feger

CUISINE MÉDITERRANÉENNE • ÉLÉGANT Dans une rue piétonne du vieux Mulhouse, bienvenue dans cette maison du 16e s. bien connue des alsaciens. Présent ici depuis 2001, le chef Jean-Michel Feger compose une cuisine inspirée par la Méditerranée. Préparations modernes, techniquement abouties et une gourmandise qui donnerait l'accent italien ; ainsi le croustillant de bar, coques, artichaut poivrade et ventricina pimentée. Aux beaux jours, le temps d'un repas, on vit la dolce vita sur la terrasse installée dans la petite cour intérieure. Service agréable et détendu.

– Prix : €€€€

11 rue des Franciscains – 03 89 66 39 79 – www.ilcortile-mulhouse.fr – Fermé lundi et dimanche

L'ESTÉREL

CUISINE MODERNE • BOURGEOIS Et oui, Mulhouse aussi possède son Estérel… Dans ce restaurant posté sur la route qui monte au zoo, on savoure une agréable cuisine du sud 100 % maison, 100% saisons. L'été, on profite de la terrasse ombragée. Le reste de l'année, l'agréable véranda en rotonde offre une alternative lumineuse.

– Prix : €€€

83 avenue de la 1ère-Division-Blindée – 03 89 44 23 24 – www.esterel-weber.fr – Fermé lundi et mardi, et dimanche soir

LE 4

CUISINE MODERNE • CONVIVIAL Le jeune couple à la tête de ce petit restaurant du cœur de Mulhouse propose une ardoise courte aux libellés gourmands. Leurs plats sont colorés et inventifs, teintés de touches méditerranéennes : vitello tonnato « à notre façon » ; dorade royale, spaghettis à la vongole et émulsion aux coques ; tagliata de bœuf, pommes grenaille, roquette, olives de Kalamata et copeaux de parmesan. Jolie carte des vins.

– Prix : €€

5 rue Bonbonnière – 03 89 44 94 11 – www.restaurantle4.com – Fermé lundi et dimanche

LA TABLE DE MICHÈLE

CUISINE MODERNE • COSY Michèle Brouet est une figure de la gastronomie locale. Sa table est à son image, généreuse et enjouée, tout comme l'atmosphère de la maison, très chaleureuse avec son décor d'objets hétéroclites et de bouquets de fleurs. Gourmandise et plaisir sont au rendez-vous !

– Prix : €€

16 rue de Metz – 03 89 45 37 82 – www.tabledemichele.fr – Fermé lundi, dimanche et samedi midi

MUNSTER

68140 – Haut-Rhin – Carte régionale n° **8**–A2

LES GRANDS ARBRES - VERTE VALLÉE

CUISINE MODERNE • CONTEMPORAIN Dans un décor sobre et chic, on se régale grâce au chef Thony Billon, qui revisite avec élégance la production régionale. Il compose une partition moderne et soignée, accompagnée d'une jolie carte de vins d'Alsace : réjouissant, tout simplement.

– Prix : €€

10 rue Alfred-Hartmann – 03 89 77 15 15 – www.vertevallee.com

MUNSTER

L'OLIVIER

CUISINE MODERNE • COSY Première affaire pour le chef Olivier Lamard, ancien second de l'étoilé Julien Binz, qui propose ici une cuisine moderne agrémentée d'une touche de terroir alsacien ; bavarois de bibalakas, salade de pomme de terre et truite fumée maison ; assiette de cochon de la ferme Goettelmann et, en dessert, une déclinaison autour de la poire et du sésame. Des plats bien ficelés à base de jolis produits dont une partie provient du potager du grand-père du chef. Une adresse sympathique.

AC – Prix : €€

*2 rue Saint-Grégoire – ℰ 03 89 77 34 08 – www.lolivier-munster.com –
Fermé mardi et mercredi, et lundi soir*

AUBERGE AUX 4 SAISONS

CUISINE MODERNE • COSY Franchissez le seuil de cette grande bâtisse de style régional avec oriel et vitraux des années 1920 qui cache une belle salle chaleureuse. Pâté en croûte de chevreuil ; filet de sandre rôti, choux de Bruxelles et châtaignes ; la clémentine en fine gelée, biscuit moelleux et crème glacée aux marrons : du début à la fin du repas, le jeune chef nous régale avec ses produits de saison. Petite carte de vins axée bio et biodynamie ; possibilité d'accords gin et tonic (avec des gins évidemment locaux !)

– Prix : €€

*40 Grand'rue – ℰ 03 89 30 37 16 – www.auberge4saisonsmunster.fr –
Fermé jeudi, vendredi midi et mercredi soir*

MÛR-DE-BRETAGNE

✉ 22530 – Côtes-d'Armor – Carte régionale n° **1**–C2

AUBERGE GRAND'MAISON

Chef : Christophe Le Fur

CUISINE TRADITIONNELLE • CONTEMPORAIN Ici prime la tradition, à la fois classique, gourmande et toujours soignée. Christophe Le Fur, originaire du Cap Fréhel, ancien chef du recteur de l'académie de Paris, a cuisiné aussi bien pour le Dalaï-Lama que pour Hillary Clinton, avant de revenir sur ses terres natales pour réaliser une partition généreuse : l'œuf de brochet en trompe-l'œil, sauce au vin de voile ; suprême de volaille en cuisson douce, champignons crus et foie gras rôti.

– Prix : €€€

*1 rue Léon-le-Cerf – ℰ 02 96 28 51 10 – www.auberge-grand-maison.com –
Fermé lundi et mardi, et dimanche soir*

MURAT

✉ 15300 – Cantal – Carte régionale n° **23**–C1

LE JARROUSSET

CUISINE MODERNE • CONVIVIAL Dans un environnement verdoyant, ce restaurant récemment rénové cultive le goût des produits locaux : le chef, adepte du circuit court, s'approvisionne auprès d'un réseau de fermes sélectionnées avec soin. Des assiettes à déguster dans un décor épuré et moderne (avec mobilier et vaisselle réalisés par des artisans locaux), et à accompagner d'un vin savamment conseillé par la sommelière.

P – Prix : €€

RN 122 – ℰ 04 71 20 10 69 – www.restaurant-le-jarrousset.com – Fermé lundi et mardi, mercredi et dimanche soir

MURET-LE-CHÂTEAU

✉ 12330 - Aveyron - Carte régionale n° **23**-C2

L'AUBERGE DU CHÂTEAU

CUISINE MODERNE • FAMILIAL Dans ce village de l'Aveyron, face à la mairie, l'adresse est bien connue des gourmands, qui s'y régalent d'une cuisine qui donne la priorité aux herbes, à la fraîcheur et aux produits bio, sur lesquels le chef ne transige pas ! Dans l'assiette, couleurs et saveurs sont au rendez-vous. Terrasse joliment fleurie.

- Prix : €€€

Le Bourg - ✆ 05 65 47 71 57 - www.laubergeduchateau.com

MÛRS-ERIGNÉ

✉ 49610 - Maine-et-Loire - Carte régionale n° **9**-C3

ROS[O]

CUISINE MODERNE • COLORÉ Les « roseaux » sont bien là, sur les bords du Louet, que surplombe la délicieuse terrasse de ce restaurant. Œufs de caille, comté, courgettes, un plat tout en fraîcheur et bien assaisonné ; tendre côte rosée de cochon Duroc, grenailles de Noirmoutier, légumes : le chef Tony Pasquier (ex-Casa Corneille dans le centre-ville d'Angers) connaît ses produits et ses saisons sur le bout des doigts. Il a l'art de trousser des propositions appétissantes qu'on peut déguster dans une salle moderne et lumineuse.

- Prix : €€

22 rue Maurice-Berne - ✆ 02 41 57 72 49 - Fermé lundi, dimanche et samedi midi

NANCY

✉ 54000 – Meurthe-et-Moselle – Carte régionale n° **7-B2**

Un penchant certain pour les délices sucrés

Qu'évoque Nancy pour vous ? La place Stanislas, toute de dorures sur fond de ciel bleu ? Les bergamotes sagement rangées dans leurs belles boîtes de fer ? Les macarons ? La capitale des ducs de Lorraine ? L'Art nouveau, présent dans les rues et dans les musées ? Nancy, c'est tout cela à la fois, comme on le découvre dans son marché couvert central et dans ses belles boutiques de bouche. On admire les douceurs lorraines de la Maison des Sœurs Macarons et celles de Jean-François Adam – Pâtisserie St-Epvre (fondée en 1882). Quant à la confiserie Lefèvre-Lemoine, une institution depuis 1840, c'est aussi un véritable musée de l'art lorrain, avec ses vaisseliers garnis de pièces anciennes fabriquées à la manufacture de faïences de Lunéville. Évidemment, on ne quitte pas Nancy sans un pot de confiture de groseilles de Bar-le-Duc, un munster (qui voyage bien mieux sous vide) ou une bouteille d'eau-de-vie de quetsche, mirabelle, cerise, framboise ou bien gentiane...

 LA MAISON DANS LE PARC

Chef : Charles Coulombeau

CUISINE MODERNE • **CONTEMPORAIN** Dans cette demeure bourgeoise, accolée à l'opéra et située juste derrière l'une des plus belles places de France, Charles Coulombeau (aux fourneaux) et son épouse Roxane (en salle) animent la scène gastronomique de la ville. Passé notamment par les Prés d'Eugénie, Lameloise et Gravetye Manor dans le Sussex, le chef réalise une cuisine moderne, aux cuissons maîtrisées, agrémentée d'une pointe de créativité et de clins d'œil au Japon, où il a travaillé quelques mois : les agrumes (main de bouddha, kalamansi) et saveurs asiatiques côtoient de superbes produits tels que l'omble chevalier des Vosges ikejime ou la poularde de Bresse. Un coup de cœur... sans oublier la fameuse terrasse face au parc, bien sûr !

🅿 ♿ 🆎 ✿ 🖤 – Prix : €€€

Plan : B1-6 – *3 rue Sainte-Catherine* – ✆ *03 83 19 03 57* – *www.lamaisondansleparc.com* – *Fermé lundi, mardi et dimanche*

BISTROT GROS

CUISINE MODERNE • BISTRO Dans une rue pavée de la vieille ville, près de la basilique Saint-Epvre, une bonne petite adresse décontractée tenue par un jeune chef qui a déjà bourlingué. Les plats de ce bistrot sont généreux et appétissants, à l'image de ces artichauts frits, siphon de cantal et jaune d'œuf confit, ou du faux-filet de bœuf avec un risotto de farro et une sauce au poivre. Vins nature.

☆ – Prix : €€

Plan : A1-4 – *18 rue de la Source* – ✆ *03 83 23 30 09* – *www.gros-nancy.com* – *Fermé samedi et dimanche, et mercredi soir*

CADET

CUISINE MODERNE • ÉPURÉ Entre la Villa Majorelle et le musée de l'Ecole de Nancy, cet ancien salon de coiffure centenaire ne coupe plus les cheveux en quatre : 16 couverts et pas un de plus ! Dans une ambiance scandinave, égayée par des cagettes de légumes, quelques livres de cuisine tendance et un percolateur vintage Faema derrière le comptoir, le chef Théo Mareschal (La Maison dans le Parc à Nancy et Kontrast à Oslo) ne va pas chercher midi à quatorze heures : il mitonne une jolie cuisine actuelle, simple et lisible, à l'image de son veau, champignons, pommes de terre grenaille ou encore de ce dessert surprenant, une glace à la vanille et...encre de seiche, noire comme un tableau de Pierre Soulages !

Prix : €€

Hors plan – *3 rue du Sergent-Blandan* – ✆ *03 83 47 95 23* – *www.restaurant-cadet.fr* – *Fermé lundi et dimanche, mardi et mercredi soir*

LE CAPU

CUISINE MODERNE • INTIME Idéalement situé à 300 mètres de la place Stanislas : ici, on apprécie le décor élégant, au chic contemporain affirmé, rehaussé de notes baroques (couleur et velours) comme la cuisine, généreuse – ainsi le mignon de veau, caviar d'aubergines, courgettes grillées et sauce estragon.

& 🅰 ⌂ – Prix : €€

Plan : A2-5 – *31 rue Gambetta* – ✆ *03 83 35 26 98* – *www.lecapu.com* – *Fermé lundi et dimanche*

PATERN

CUISINE MODERNE • CONTEMPORAIN Une table située à 5 minutes à pied de la superbe place Stanislas, cela ne se refuse pas ! Martin Debuiche, ancien second de Jean-Pierre Vigato à Apicius à Paris, propose dans un cadre contemporain chic et épuré des menus surprise autour de jolis produits sourcés de belle qualité : poissons de Bretagne, pigeon des Vosges, produits laitiers de Meurthe-et-Moselle, safran de Lorraine, etc. Quelques exemples ? Mousseux de pomme de terre, caviar osciètre d'Aquitaine et émulsion au laurier, ou encore un maquereau breton brûlé à la flamme, poudre d'arête et girolles poêlées.

⌂ – Prix : €€€

Plan : A1-3 – *60 rue Stanislas* – ✆ *03 83 37 05 03* – *www.patern-restaurant.com* – *Fermé lundi et dimanche*

RACINE

CUISINE MODERNE • CONTEMPORAIN Situé à deux pas de la place Stanislas, ce premier restaurant du jeune chef Martin Debuiche (ex-second de Vigato, chez Apicius) et son associé le boucher et restaurateur Alexandre Polmard propose une savoureuse cuisine du marché ancrée dans le terroir. Produits de saison bien sourcés, recettes bien ficelées ; on se régale !

☆ ⌂ – Prix : €€

Plan : A1-11 – *9 rue Stanislas* – ✆ *09 86 33 24 20* – *www.racine-nancy.com* – *Fermé lundi et dimanche*

NANCY

PONT-À-MOUSSON, METZ

N 74, CHÂTEAU-SALINS

FORÊT DE HAYE • TOUL

ST-NICOLAS-DE-PORT, CHARTREUSE DE BOSSERVILLE

LA TOQ'

CUISINE CLASSIQUE • ÉLÉGANT Avec ou sans toque, le chef de ce restaurant est un professionnel au solide parcours. Escalope de saumon fumée à la minute, chou-fleur et caviar français ; volaille d'Alsace demi-deuil, pommes de terre agria, poireaux confits et sauce Albufera... des assiettes savoureuses à déguster dans un cadre élégant et feutré, sous des voûtes en pierre séculaire. Beau livre de cave.

🐌 🅰️🅲 🍽️ – Prix : €€

Plan : A1-2 – *1 rue Monseigneur-Trouillet* – ☎ 03 83 30 17 20 – www.latoq.fr – *Fermé lundi et dimanche soir*

TRANSPARENCE - LA TABLE DE PATRICK FRÉCHIN

CUISINE MODERNE • CONTEMPORAIN À deux pas de la place Stanislas, dans une rue piétonne animée, le chef Patrick Fréchin a souhaité apparaître en toute Transparence : on peut donc le voir travailler derrière sa verrière d'atelier ! Ses assiettes, aux jolis visuels, mettent en valeur de beaux produits de saison, comme sur ce dos de cabillaud skrei rôti à l'huile de laurier, yaourt à l'hydromel.

🍽️ 💬 – Prix : €€

Plan : A1-1 – *28 rue Stanislas* – ☎ 03 83 32 20 22 – www.restaurant-transparence.fr – *Fermé lundi et dimanche*

NANCY

LE 27 GAMBETTA

CUISINE MODERNE • CONVIVIAL Cabillaud confit à l'huile d'olive, purée de butternut et poudre de lard, ou pigeonneau, crémeux de patate douce et siphon de pomme de terre : le chef réalise une cuisine de bistrot agrémentée d'une pointe de créativité, à deux pas de la place Stanislas.

🅰🅲 🕻 🗘 – Prix : €

Plan : A2-8 – 27 rue Gambetta – ☎ 06 43 45 91 21 – www.le27gambetta. fr – Fermé dimanche

🛏 MAISON DE MYON

CLASSIQUE • CHARME Une charmante résidence aristocratique du 18e s., dans le cœur du vieux Nancy, est devenu un petit hôtel de luxe. Le résultat est fidèle à l'inspiration historique, mais les détails ont été choisis par un fin décorateur contemporain. Ses chambres, lofts et suites mêlent architecture d'époque et design éclectique. Plusieurs salons ainsi qu'une bibliothèque se déploient dans l'ancienne écurie et un espace de réunion occupe la grange. Également une splendide cour pour un petit-déjeuner en plein air en été.

🅿 🗘 - 5 chambres

7 rue Mably – ☎ 03 83 46 56 56

NANTERRE

✉ 92000 – Hauts-de-Seine – Carte régionale n° **11**–E2

CABANE

CUISINE MODERNE • TENDANCE Le chef Jean-François Bury, passé par le George V et le Shangri-La, fait souffler sur Nanterre un vent de bistronomie moderne des plus agréables. Des préparations bien ficelées, généreuses et appliquées, mais surtout très gourmandes, comme cet émincé de poitrine de veau confite à l'origan, pomme purée fumée, sucrine, ou encore ce dessert sur le citron et la framboise parfaitement exécuté.

♿ 🕻 🗘 – Prix : €€

8 rue du Docteur-Foucault – ☎ 01 47 25 22 51 – www.cabanerestaurant.com – Fermé lundi, mardi et dimanche

NANTES

✉ 44000 – Loire-Atlantique – Carte régionale n° **9**–B3

Mi-bretonne, mi-ligérienne, totalement gourmande

Élégante, bourgeoise et dynamique, Nantes a le vent en poupe. Équilibre remarquable entre son riche passé et son modernisme, la cité des Ducs de Bretagne remporte régulièrement la palme de la ville française où il fait bon vivre et travailler. Et manger ! Située sur l'estuaire de la Loire, elle bénéficie du meilleur du fleuve, mais aussi de la campagne et de la mer. Une diversité dont on profite à chaque repas. Saveur incomparable du beurre blanc, pureté du sel de Guérande, gourmandise des douceurs nantaises ! La campagne est riche en races bovines locales, tandis que les criées de Pornic et de la Turballe approvisionnent la ville en poissons d'une fraîcheur exceptionnelle. A ses portes, le vignoble de Muscadet, une appellation dont les progrès considérables incitent à redécouvrir ce joli vin adapté à la cuisine régionale.

✿ L'ATLANTIDE 1874 - MAISON GUÉHO

Chef : Jean-Yves Guého

CUISINE MODERNE • **ÉLÉGANT** À deux pas du petit musée Jules Verne, cette belle maison de 1874 surplombe la Loire, face à l'embouchure du fleuve et de l'île de Nantes. Par les grandes baies vitrées panoramiques de la salle du restaurant, on contemple le ballet des bateaux, le hangar à bananes et la grande grue grise, emblème de la cité portuaire de Nantes. Breton de Vannes, formé en Alsace à l'Auberge de l'Ill, cuisinier à la Nouvelle-Orléans et à Hong-Kong, Jean-Yves Guého extrait de beaux trésors de cette Atlantide. Le chef signe une cuisine très exacte et d'une belle finesse, qui fait la part belle au poisson. Intéressante carte de vins de Loire, quelques chambres avec vue pour l'étape.

🌿 🍽 ⇐ ♿ AC ⇄ – Prix : €€€€

Hors plan – *5 rue de l'Hermitage* – ☏ *02 40 73 23 23* – *www.atlantide1874.fr* – *Fermé lundi et dimanche*

✿ LES CADETS

Chef : Charles Bernabé

CUISINE MODERNE • **ÉLÉGANT** Ces deux frères reçoivent dans un cadre contemporain inspiré par le design des années 1950. Longtemps aux côtés de Christophe Hay, Charles Bernabé sélectionne avec minutie les meilleurs légumes auprès des maraîchers du coin, ainsi que de très beaux poissons provenant des criées environnantes. Il jongle avec maestria entre ses bases classiques, l'air du temps, la culture

NANTES

bretonne de sa grand-mère et même les origines pied-noir de son père. Le tout sans jamais céder sur la lisibilité de ses assiettes et le goût de ses sauces. Coques du golfe du Morbihan, persil tubéreux et ail noir ; carré de veau, pomme de terre et échalote ; pomme confite, mélilot et sorbet cidre. Service charmant et très bon rapport qualité-prix au déjeuner.

ひ &斎 – Prix : €€€

Plan : A1-2 – *15 rue des Hauts-Pavés –* 𝄞 *09 86 57 01 46 – www. restaurantlescadets.fr – Fermé lundi, samedi et dimanche*

✿ **FREIA** Ⓝ

Chef : Sarah Mainguy

CUISINE CRÉATIVE • ÉPURÉ Au sommet d'un bâtiment contemporain surgit cette serre aux arches de bois dédiée à la déesse Freia. Un lieu idéal pour faire croître un jardin où poussent notamment des herbes aromatiques et des petits fruits… et pour profiter d'une vue panoramique sur Nantes. Après le succès de Vacarme, Sarah Mainguy séduit ici par sa cuisine poétique et créative, fondamentalement végétale, agrémentée de touches scandinaves et asiatiques. Chaque assiette regorge de belles idées, à l'instar de cette asperge blanche accompagnée d'une sauce XO végétale à l'algue, ou de ces bigorneaux aux petits pois rehaussés d'une neige glacée de gwell.

≼& – Prix : €€

Hors plan – *22 boulevard de Berlin –* 𝄞 *09 72 10 10 44 – www.freia-restaurant. com – Fermé lundi, dimanche, mardi midi et samedi midi*

✿ **LULUROUGET**

Chef : Ludovic Pouzelgues

CUISINE MODERNE • CONTEMPORAIN Formé chez Michel Troisgros, Ludovic Pouzelgues incarne (avec d'autres !) le renouveau gastronomique de la ville. À deux pas des célèbres Machines de l'île, il tient cette table au cadre plaisant, contemporain et très confortable. Ici trônent en majesté les beaux produits (les criées de la Turballe et du Croisic sont proches), travaillés avec inventivité et précision autour de menus surprises composés au gré du marché. Une cuisine moderne, pleine de personnalité : une vraie réussite.

ひ &Ⓜ斎❖ – Prix : €€€€

Plan : A3-7 – *4 place Albert-Camus –* 𝄞 *02 40 47 47 98 – www.lulurouget.fr – Fermé lundi, dimanche et mercredi midi*

✿ **LE MANOIR DE LA RÉGATE**

Chef : Mathieu Pérou

CUISINE MODERNE • CONTEMPORAIN Aux portes de Nantes, dans une belle demeure voisine de l'Erdre, nous attendent une déco chic et tendance et une brillante partition culinaire synonyme de plaisir. Mathieu Pérou, le chef passé par de grandes maisons étoilées, combine fraîcheur, esthétique et élégance des saveurs, tout en valorisant avec talent les meilleurs produits de la région. Anne-Charlotte, sa sœur, assure un agréable service très pro. Une maison vraiment séduisante !

⇔&斎❖🅿 – Prix : €€€€

Hors plan – *155 route de Gachet –* 𝄞 *02 40 18 02 97 – www.manoirdelaregate. com – Fermé lundi et dimanche*

✿ **L'engagement du chef :** Nous travaillons avec un maximum de producteurs en circuit court. Notre potager, situé à 500m du restaurant, fournit une partie des légumes, fleurs comestibles et fines herbes, et nous avons fait le choix de ne cuisiner que des poissons de l'Erdre, la rivière qui borde le restaurant. Notre vaisselle et nos accessoires de table ont été réalisés en collaboration avec des artisans locaux.

769

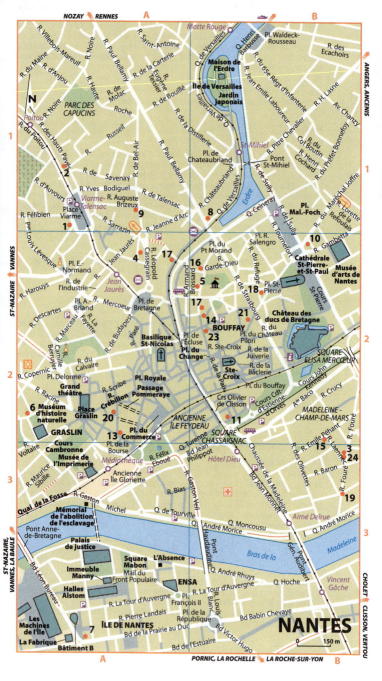

NANTES

OMIJA

Chef : Romain Bonnet

CUISINE CRÉATIVE • CONTEMPORAIN À la tête de son propre restaurant depuis 2019 et fort d'une belle expérience étoilée, Romain Bonnet propose à travers des menus à l'aveugle une cuisine créative d'inspiration asiatique : l'omija est une baie coréenne connue pour associer les cinq saveurs. Le chef ne transige donc pas sur le goût : les gnocchis radis et algues jouent sur l'acidité avec brio, la crevette grise offre un piquant maîtrisé. Les cuissons sont précises, les bouillons savoureux, et les sauces gourmandes ou corsées. Les produits principalement bio sont sourcés avec soin (crevettes grises de la Cotinière à Oléron, lieu jaune de ligne, pigeon de Vendée). Une adresse intime et attachante où le service est efficace et bienveillant !

& 📺 ⇔ – Prix : €€€

Plan : B3-19 – *54 rue Fouré – ✆ 02 40 74 81 05 – www.omija.fr – Fermé samedi et dimanche, et mercredi soir*

LA MANDALE

CUISINE DU MARCHÉ • BISTRO Le lieu : derrière une devanture bleue Klein, un bistrot tendance au mobilier chiné et aux nombreux bibelots, une salle comble, des sourires béats. Il semble bien que Léo Huet, le chef, comme d'autres de sa génération, ait trouvé la recette qui cartonne : une cuisine vive et enjouée autour de plats frais et goûteux - moules fumées, kaffir, basilic thaï et pistache ; faux-filet et poivre des gorilles, kimchi, shiso et cerise… tout en contraste de saveurs - qui nous mettent une petite mandale de plaisir. Au dîner, les recettes prennent du galon, les clients prennent davantage de temps pour savourer les bons petits plats conseillés par Maximilien, l'associé du chef, dans une atmosphère très décontractée.

🌿 – Prix : €

Plan : A2-4 – *32 rue Léon-Jamin – ✆ 02 28 44 21 34 – www.lamandalerestaurant.com – Fermé samedi, dimanche, lundi midi et mercredi soir*

MERAKI

CUISINE MODERNE • CONVIVIAL Meraki : une expression grecque qui signifie fait avec amour, passion et créativité ! Le ton est donné dans ce bistrot chaleureux et convivial. Maxime Bocquier en cuisine, et Clément Richard en salle (même s'il est aussi cuistot de formation) ont choisi de mettre l'accent sur le végétal et le marin. Tous les produits sont locaux et bios – y compris la burrata issue d'une laiterie nantaise. Le menu unique change tous les mois. On se régale notamment d'un excellent bouillon de crevette grise versé sur du concombre cuit au barbecue et de l'anguille fumée, venant inévitablement exalter les papilles. Côté cave orientée bio voire nature, les vins de la Loire sont à l'honneur, sans en oublier non plus les autres régions viticoles.

Prix : €€

Plan : A1-1 – *2 rue Menou – ✆ 02 40 74 57 10 – www.meraki-nantes.com – Fermé samedi et dimanche, et mercredi soir*

OBBO 🆕

CUISINE MODERNE • CONTEMPORAIN Antoine Gaudin, l'ancien chef pâtissier d'Alexandre Couillon, et son complice sommelier et responsable de salle, Guillaume Claireau, ont ouvert cette cave à manger où la bonne chère et le bon jus de raisin (150 références) se donnent la main. Dans l'assiette, le chef envoie en toute décontraction des associations heureuses et des sauces savoureuses : le jus de carotte, de gingembre et de miel sur les carottes glacées, servies en entrée, est bourré de pep's ; la sauce satay du filet de mulet relève le poisson avec brio. Quant au dessert (un crémeux d'avoine), il montre que le chef n'a rien perdu de sa patte sucrée. Le soir, la formule opte pour des assiettes à partager.

🍷 – Prix : €€

Plan : A2-17 – *10 allée des Tanneurs – ✆ 02 55 10 39 23 – www.obbo-nantes.fr – Fermé lundi, dimanche et mardi midi*

771

L'ABÉLIA

CUISINE MODERNE • BOURGEOIS Le chef Vincent Berthomeau et son épouse Pascale ont installé leur restaurant il y a près de 20 ans dans ce quartier un peu excentré de Nantes. Leur charmante maison bourgeoise de 1900 est mise en valeur par une véranda, une terrasse et un jardin. Leurs clients fidèles viennent y chercher une cuisine de saison généreuse. Les menus varient en fonction des achats du chef qui se rend régulièrement au marché de Talensac. Les assiettes sont gourmandes à l'image de cette cassolette de langoustines et pleurotes, baignant dans une nage de crustacés savoureuse ou encore de cette tartelette chocolat caramel et cacahuètes caramélisées, twistée d'un sorbet à la carotte et coulis de carotte.

🍴🏠♿🅿 – Prix : €€

Hors plan – *125 boulevard des Poilus – 𝄞 02 40 35 40 00 – www. restaurantlabelia.com – Fermé lundi, mardi et dimanche*

BAIROZ 🅝

CUISINE MODERNE • CONTEMPORAIN À deux encablures de la Loire, voilà une adresse charmante et moderne dont la déco fait mouche : luminaires suspendus, boiseries et pierres apparentes. Aux manettes, Estelle Méheust au salé et Jérôme Berdelou au sucré. Comment font-ils ? Ils se partagent la cuisine comme la salle, l'un commençant le service pendant l'envoi des entrées et des plats, l'autre prenant le relais au moment des desserts. Ce couple charmant et discret nous a séduits avec sa cuisine du marché au déjeuner, et sa partition plus gastronomique au dîner. Les jus sont particulièrement savoureux, à l'image de l'émulsion de champignon sur la raviole de brousse, ou de la bisque crémeuse sur le merlu, navets violets safranés et pommes de terre fondantes.

Prix : €€

Plan : B3-3 – *40 bis rue Fouré – 𝄞 02 40 48 26 24 – www.bairoz-nantes.com – Fermé lundi et dimanche*

LE BOUCHON

CUISINE MODERNE • BISTRO Sa bonne cuisine dans l'air du temps, réinventée jour après jour ; son intérieur joliment décoré (tomettes au sol, poutres anciennes, miroirs) ; sa terrasse incontournable, véritable havre de verdure en plein cœur de la ville... On comprend mieux pourquoi cette adresse est aussi prisée des Nantais !

🏠♿ – Prix : €€

Plan : B2-14 – *7 rue Bossuet – 𝄞 02 40 20 08 44 – www.le-bouchon-nantes. com – Fermé lundi, dimanche et samedi midi*

LES BOUTEILLES

CUISINE TRADITIONNELLE • BISTRO À côté du marché de Talensac, un bistrot à vins épatant : décor sympathique honorant Bacchus, belle cuisine de produits (charcuteries italiennes, plats canailles, poisson de la marée...) sans oublier – enseigne oblige – une mémorable carte des vins (1500 références !) faisant notamment honneur à la Bourgogne.

🍇 – Prix : €€

Plan : A1-9 – *11 rue de Bel-Air – 𝄞 02 40 08 27 65 – www.lesbouteillesnantes. fr – Fermé lundi, dimanche et samedi midi*

NANTES

LES CHANTS D'AVRIL

CUISINE DU MARCHÉ · BISTRO Christophe François, chef passionné et passionnant, mitonne chaque jour une sympathique cuisine du marché à l'esprit bistronomie assumé. Les beaux produits de la région sont déclinés autour de menus surprises et sans choix servis dans un plaisant cadre bistrot. Côté cave, on se laisse aussi surprendre par de gouleyantes trouvailles dégustées à l'aveugle. Convivial !

🌿 – Prix : €€

Plan : B2-15 – *2 rue Laennec* – ℰ *02 40 89 34 76* – *Fermé samedi et dimanche, et du lundi au mercredi soir*

ICI

CUISINE MODERNE · TENDANCE Le chef Xavier Rambaud, globe-trotter dans l'âme, a pas mal navigué avant de jeter l'ancre dans cette salle à manger d'esprit bistrot industriel (parquet, tables en bois, pierres apparentes et tuyaux en fonte) où il concocte une cuisine créative, travaillée avec du relief. Aile de raie, riz et ail noir ; Saint-Jacques, asperge et rhubarbe ; ou encore poitrine de porc, carotte et pomme : des plats équilibrés aux accords harmonieux, qu'on déguste ici (à des prix tout doux), et pas ailleurs !

🌿 – Prix : €€

Plan : B2-16 – *1 rue Léon-Blum* – ℰ *02 40 48 62 27* – *www.restaurant-ici.fr* – *Fermé lundi, dimanche et samedi midi*

LAMACCOTTE

CUISINE MODERNE · TENDANCE De la générosité, du goût et des bons produits au cœur de la partition de Maxime Fillaut, qui a su tirer profit de son passage à la Mare aux Oiseaux et au Clarence à Paris. Chaque jour, le menu change en fonction du marché et les assiettes sont joliment dressées dans la salle moderne, claire et lumineuse du rez-de-chaussée d'un immeuble de pierre du centre-ville historique de Nantes. La cuisine est simple et gourmande : gnocchis maison fondants, pistou de fanes et amandes torréfiées ; carbonara végétales, émulsion au parmesan, céleri et héliantis laqués au paprika ; parfait glacé à la reine des prés, miel des fleurs et marmelade au citron, sablé sarrasin et fruits secs caramélisés. Service rapide et bien rythmé.

Prix : €€€

Plan : B2-18 – *7 rue Saint-Denis* – ℰ *02 85 37 42 30* – *www.lamaccotte-restaurant-nantes.com* – *Fermé lundi et dimanche*

LE LION ET L'AGNEAU

CUISINE TRADITIONNELLE · CONTEMPORAIN Le Lion et l'Agneau font référence aux armoiries de la ville d'Auch, dont est originaire le chef. Ses recettes bistronomiques reposent sur de jolis produits : poulet de Janzé, morgates, moules de Pénestin... Bon rapport qualité-prix au déjeuner.

🌿 – Prix : €€

Plan : B3-24 – *40 rue Fouré* – ℰ *02 55 10 58 74* – *www.le-lion-et-lagneau.fr* – *Fermé lundi et dimanche*

773

NANTES

MAISON BAGARRE

CUISINE MODERNE • CONTEMPORAIN Point de bagarre dans cette maison du quartier Graslin, bien que la table joue souvent à guichet fermé et que la réservation soit conseillée. Le chef met à profit le riche réseau de producteurs (notamment de maraîchers) nantais pour réaliser une jolie formule bistronomique. On aime aussi ce cadre contemporain assez original (sur deux niveaux), notamment cette salle à manger installée dans une grande mezzanine, face à une cuisine ouverte.

Prix : €€

Plan : A2-13 – 6 rue Jean-Jacques Rousseau – ℰ 02 40 56 79 09 – www.maison-bagarre.fr – Fermé samedi et dimanche

L'OCÉANIDE

POISSONS ET FRUITS DE MER • VINTAGE Noix de Saint-Jacques rôties au chou et croustillant de blé noir, rouget grondin au coulis de crustacés... Cette Océanide-là est bien nymphe de la mer, même si l'on peut retrouver à la carte un foie gras de canard cuit au naturel et des rognons de veau sautés aux échalotes. C'est en voisin que le chef David Garrec va choisir ses produits au célèbre marché de Talensac, preuve de la fraîcheur des poissons travaillés. Cadre authentiquement vintage des années 1950, au charme désuet.

⇔ – Prix : €€

Plan : B1-8 – 2 rue Paul-Bellamy – ℰ 02 40 20 32 28 – www.restaurant-oceanide.fr – Fermé lundi et dimanche

PICKLES

CUISINE MODERNE • COSY De la gourmandise et des saveurs franches dans ce restaurant lumineux au style industriel tenu par le chef britannique Dominic Quirke qui aime passer en salle et discuter des sons pop-rock... anglais of course ! Installé à Nantes depuis une dizaine d'années, il propose une cuisine moderne et goûteuse qui puise ses inspirations dans ses voyages en Asie et ses virées dans les campagnes environnantes auprès de maraîchers bio pour proposer une tourte de volaille au vin jaune ; un cochon vendéen, betterave, kale et blette ou un koulibiac chou-fleur, algue et kasha accompagné de champignons shiitakés. Les propositions végétariennes ne manquent pas non plus.

& – Prix : €€€

Plan : B2-5 – 2 rue du Marais – ℰ 02 51 84 11 89 – www.pickles-restaurant.com – Fermé lundi, mardi et dimanche

ROZA

CUISINE MODERNE • ÉLÉGANT En plein centre-ville de Nantes, le chef Jean-François Pantaléon, grand passionné du terroir des Pays de Loire, en magnifie les produits emblématiques. La carte des vins fait la part belle à de petits vigne-rons triés sur le volet. L'intérieur cosy, ainsi que l'ambiance à la fois chaleureuse et décontractée, ajoutent au plaisir du repas.

🌿 ⇔ – Prix : €€€

Plan : A2-6 – 3 place de la Monnaie – ℰ 02 40 54 01 87 – www.restaurantroza. com – Fermé samedi et dimanche

SAIN

CUISINE MODERNE • BISTRO À la fois café, cantine et épicerie, ce restaurant conjugue décontraction côté ambiance, respect du produit et de la planète côté assiette : éventaire de légumes bio de l'exploitation familiale guérandaise, étagère de vins plutôt nature (à emporter) et service décontracté assuré par Samuel Huitric. Son frère Josselin envoie une cuisine du marché juste et bonne, sans y aller par quatre chemins : œuf parfait, crème de courgettes, menthe, pistache, chips de jambon ; polpettes de porc, tomate, cumin, purée...

Prix : €

Plan : B2-10 – 93 rue Maréchal Joffre – ℰ 02 40 72 82 48 – www.sain-nantes. com – Fermé samedi et dimanche, lundi et vendredi soir

NANTES

SÉPIA

CUISINE CRÉATIVE • CONTEMPORAIN Toute auréolée de son passage à Top Chef, Lucie Berthier Gembara fait salle pleine dans son bistrot design et branché au rez-de-chaussée d'un bel immeuble classique du 18e s. De ses expériences chez Gérald Passedat et Alexandre Mazzia, elle a gardé un sens certain de la créativité et une appétence pour les influences orientales du bassin méditerranéen. On se laisse agréablement surprendre par ses petites assiettes à l'image de ces aubergines, baba ganoush charbon, lait de poule, crumble feta. Des plats indubitablement ludiques qui prennent les codes gastronomiques à rebrousse-poil, non sans une certaine gourmandise. Menu déjeuner plus « light » qui s'allonge au dîner.

🎐 – Prix : €€€

Plan : B2-11 – *1 quai Turenne* – ☎ *02 51 82 71 59* – *www.sepia-restaurant.fr* – *Fermé lundi, dimanche et samedi midi*

SONG, SAVEURS & SENS

CUISINE ASIATIQUE CONTEMPORAINE • TENDANCE Autodidacte originaire du Vietnam, Nhung Phung grandit au Laos, au Cambodge et en Thaïlande. C'est à l'aune de ces terres de parfums qu'elle construit sa personnalité culinaire : une cuisine sensible, intelligente, mesurée, entre Asie du Sud-Est et France, épices subtiles et produits de qualité... Le tout dans un écrin de bleu, de noir et de métal mélangés qui nous emmène loin le temps d'un repas à prix doux.

🆎🎐 – Prix : €€

Plan : A2-20 – *5 rue Santeuil* – ☎ *02 40 20 88 07* – *www.restaurant-song.fr* – *Fermé lundi et dimanche*

SOURCES

CUISINE MODERNE • BRANCHÉ Viandes, poissons, légumes : tout est soigneusement sourcé chez Source ! On s'y régale d'une cuisine d'inspiration bistrotière fraîche et franche, végétale et iodée. Service pédagogique tout en proximité, et bons conseils sur les vins vivants.

♿🎐 – Prix : €€

Plan : B2-21 – *22 rue de Verdun* – ☎ *02 40 89 42 42* – *www.sources-nantes.fr* – *Fermé lundi, dimanche, mercredi midi et mardi soir*

VACARME

CUISINE ACTUELLE • BISTRO La cheffe Sarah Mainguy, auteure d'un parcours remarqué à Top Chef, dirige avec son compagnon ce bistrot à l'atmosphère cool et décontractée où la bonne humeur flotte sur toutes les lèvres. Renouvelée chaque semaine en version bistronomique, l'assiette donne aussi le sourire aux foodistas : coques, gel d'algue nori et émulsion de pomme de terre fumée ; saucisse en brioche, sauce béarnaise et salade d'herbes ; pomme rôtie, biscuit gingembre, caramel de tamarin et crème montée au cidre. Jolie carte de vins nature, bio et en biodynamie.

🎐 – Prix : €€

Plan : B2-23 – *5 rue des Bons-Français* – ☎ *09 87 34 18 82* – *www.vacarme-nantes.com* – *Fermé lundi et dimanche*

🛏 OKKO NANTES CHÂTEAU

MODERNE • CONVIVIAL En créant cette chaîne hôtelière combinant luxe et dernières technologies, les fondateurs d'Okko s'adressent aux voyageurs ultra-connectés. Pour eux, un Club sur mesure comprenant des espaces de travail séduisants conçus comme des appartements (cuisine, coins détente, presse et snacks à disposition...) et animés le soir par un aperitivo de produits régionaux bio. Mais aussi une salle de sport avec sauna et conciergerie. Pour se reposer les méninges, des chambres zen, aux lignes pures et aux teintes apaisantes baignées de lumière. L'adresse nantaise s'offre également un emplacement royal face au château des ducs de Bretagne, en plein cœur de la ville.

♿🆎🅿🐾🎐💆🧖 - 80 chambres

15 rue de Strasbourg – ☎ *02 52 20 00 70*

775

NANTES

🛏 LA PÉROUSE

DESIGN • ÉLÉGANT L'Hôtel La Pérouse est un joyau architectural du 20e s. situé au cœur de Nantes. Les chambres sont élégantes et minimalistes, mais dotées d'un confort haut de gamme et de mobilier signé. Le petit-déjeuner de qualité est servi avec le sourire. Belle sélection de spiritueux du monde entier au bar.

♿ 🅰 🔊 - 46 chambres

3 allée Duquesne, cours des 50 Otages – ☏ 02 40 89 75 00

🛏 SOZO

ÉPURÉ • CHARME Proche voisin du Jardin des Plantes, cet hôtel a été créé dans une ancienne chapelle du 19e s. ! Chambres dans les absidioles ou le chœur, vitraux pour fenêtre, clés de voûte en guise de tête de lit et, partout, un aménagement des plus design... Le cachet d'un monument historique associé à l'épure contemporaine : unique !

🅰 🅿 ☁ 🆒 🛜 🧖 - 24 chambres

16 rue Frédéric Cailliaud – ☏ 02 51 82 40 00

🛏 SURPRENANTES DESTINATIONS

MODERNE • CONVIVIAL Implanté à Nantes, le groupe hôtelier Surprenantes célèbre Jules Verne, originaire de la cité, avec passion et inventivité. Une poignée d'appartements consacrés à son œuvre offrent aux visiteurs une redécouverte riche en aventures. Logés dans une majestueuse construction du 18e s. établie au bord de la Loire, ils jouissent d'un cadre sur-mesure. Agencées comme des cavernes d'explorateur à partir d'un mobilier et de trésors d'antiquaires piqués de détails industriels, les chambres nous plongent dans l'univers de l'écrivain. La cuisine fusée, la douche vaisseau spatial et le lit plateforme lunaire nous renvoient en enfance. Le groupe dispose aussi d'une chambre péniche et d'un château.

9 chambres

86 quai de la Fosse – ☏ 09 67 20 97 81

NARBONNE

✉ 11100 – Aude – Carte régionale n° 27–C2

🏵🏵 LA TABLE LIONEL GIRAUD

Chef : Lionel Giraud

CUISINE CRÉATIVE • CONTEMPORAIN Les arcades et les pierres nues de ce restaurant rappellent qu'il fut un asile pour les pèlerins en route vers Saint-Jacques-de-Compostelle. Dans un cadre des plus contemporains, Lionel Giraud puise son inspiration, volontiers poétique, dans les paysages de son enfance (comme le plateau de Leucate), les recettes de sa grand-mère et la richesse du terroir languedocien et de ses petits producteurs passionnés. Il cultive d'ailleurs avec eux une relation authentique. Créative, sa cuisine iodée et végétale (mais pas uniquement), fine et pourtant intense en goût, célèbre aussi bien le produit le plus noble que le plus simple (comme la carotte ou le pois chiche du Lauragais). Grâce à sa maîtrise de l'ikejime, il est aussi capable de proposer à sa table un thon rouge maturé 48 jours, dont la chair dense fond littéralement en bouche.

🐝 ♿ 🅰 ↔ 🅿 – Prix : €€€€

Rond-point de la Liberté - 68 avenue du Général-Leclerc – ☏ 04 68 41 37 37 – www.maison.saintcrescent.com – Fermé lundi et dimanche

NARBONNE

 CAVE À VIN & À MANGER - MAISON SAINT-CRESCENT

CUISINE TRADITIONNELLE • CONVIVIAL "La Cave à Manger" de Lionel Giraud propose une cuisine de bistrot à base d'excellents produits d'Occitanie. Une partition brute, savoureuse et précise – mention spéciale au paleron de bœuf confit cuit à feux doux dans son jus et son onctueuse purée de carotte… À la "Cave à vin", située sous le même toit, 2500 références et droit de bouchon si consommation sur place. Un coup de cœur.

🐕 & 🆎 🍴 💧 **P** – Prix : €€

Rond-point de la Liberté, 68 avenue du Général-Leclerc – 𝒞 04 68 45 67 85 – www.maison.saintcrescent.com – Fermé lundi et dimanche

L'ART DE VIVRE

Chef : Laurent Chabert

CUISINE MODERNE • CONTEMPORAIN Dans ce domaine viticole niché en plein massif de La Clape, le chef Laurent Chabert tire une partie de ses produits de son propre potager (notamment les herbes aromatiques), et recourt par ailleurs à de beaux produits locaux (bio, majoritairement). Il cisèle des plats colorés et parfumés, comme ce mérou cuit sur les braises d'un barbecue, aubergine braisée et laquée dans les sucs de tomate… Des accords mets et vins sont proposés avec les crus de la propriété.

⟨🕮 & 🆎 🍴 💧 **P** – Prix : €€€€

Château de L'Hospitalet, route de Narbonne-Plage – 𝒞 04 68 45 28 50 – www.restaurant-art-de-vivre.com – Fermé du lundi au mercredi et jeudi midi

🌿 **L'engagement du chef :** À L'Art de Vivre, l'équipe travaille en harmonie avec la nature, au cœur du vignoble du domaine. Issus en grande partie de la ferme du château, les produits sont cultivés selon les principes de la biodynamie. En provenance de Méditerranée, les poissons sont pêchés selon une méthode raisonnée. Le mobilier est fabriqué à partir de matériaux durables, le linge de table est français, et la vaisselle est réalisée par des artisans locaux.

MÉDITERRANÉO - CHÂTEAU CAPITOUL

CUISINE MÉDITERRANÉENNE • ÉLÉGANT Dans le massif de la Clape, entre Narbonne et la Méditerranée, vigne et garrigue, cette maison de maître trône au sein d'un domaine viticole tenu par la même famille depuis sept générations. Le chef Valère Diochet cuisine ici résolument méditerranéen. De nombreuses plantes aromatiques – basilic, pourpier, livèche – agrémentent cette cuisine esthétique raffinée, précise et légère : baudroie marinée, courgette à la livèche ; rouget cuit à l'unilatéral… La salle cossue du restaurant d'esprit Art déco regarde le vignoble et l'étang de Bages. Carte des vins pédagogique, faisant la part belle aux vins du domaine, à l'appellation La Clape et aux autres vins du Languedoc.

⟨ 🕮 🆎 🍴 **P** – Prix : €€€

Route de Gruissan – 𝒞 04 48 22 07 24 – www.chateaucapitoul.com

LE PETIT COMPTOIR

CUISINE TRADITIONNELLE • VINTAGE Un bistrot au cachet 1930 où l'on célèbre les bons produits (charcuterie et poissons notamment) et la cuisine… bistrotière. La riche cave – 350 références, essentiellement régionales – et le bar à vins feront le bonheur des amateurs de nectars !

🐕 🆎 💧 – Prix : €€

4 boulevard du Maréchal-Joffre – 𝒞 04 68 42 30 35 – www.petitcomptoir.com – Fermé lundi et dimanche

NARBONNE

CHÂTEAU CAPITOUL
MODERNE • CHAMPÊTRE "C'est au sommet d'une colline bordée de vignobles, dans la campagne languedocienne, que trône ce château de conte de fées. Le bâtiment lui-même comprend huit chambres et suites ultra-chic, tandis que 44 villas de luxe modernes, de quatre à huit personnes, sont disséminées dans le domaine de 80 ha, toutes possédant une terrasse et un jardin privés, et la plupart une piscine privative. Les services sont à l'avenant : tennis, spa, deux restaurants dont un grill."

- 44 chambres

Route de Gruissan – ℰ 04 48 22 07 24

Méditerranéo - Château Capitouli - Voir la sélection des restaurants

CHÂTEAU L'HOSPITALET
ÉPURÉ • CHARME Cet ancien hôpital du 11e s. est aujourd'hui un hôtel de charme au milieu des vignes. Certaines chambres et suites se trouvent dans le château, les autres dans des bâtiments de l'ancien domaine viticole, où elles profitent de grandes terrasses privées. La décoration est élégante et minimaliste, les intérieurs baignés de soleil sont habillés d'une palette naturelle, des meubles en bois et des sols en parquet ou en travertin. Un luxueux club de plage, ouvert en saison à quelques encablures, complète ce domaine doté d'une piscine, d'un spa, d'un restaurant, d'une exploitation viticole et d'un parc paysager.

- 42 chambres

Route de Narbonne Plage – ℰ 04 68 45 28 50

L'Art de Vivre - Voir la sélection des restaurants

NASSANDRES-SUR-RISLE
✉ 27300 – Eure – Carte régionale n° **3**-A2

L'AUBERGE DE LA VALLÉE ᴺ
CUISINE MODERNE • CONTEMPORAIN Un jeune couple passé notamment chez Anne-Sophie Pic s'est installé à la campagne dans cette maison traditionnelle à colombages qui ne manque pas de cachet. Il souffle dans les assiettes un joli brin de modernité, à l'image de cet artichaut, poutargue et sarrasin, ou encore de cette côte de cochon, betterave et cacao. Le chef aime ponctuer ses plats de petites touches originales qui viennent agréablement surprendre le convive. Menu déjeuner en semaine à prix doux, service attentif.

– Prix : €€

7 route de Brionne – ℰ 02 32 44 21 73 – Fermé mardi et mercredi, et lundi et dimanche soir

NATZWILLER
✉ 67130 – Bas-Rhin – Carte régionale n° **8**-C1

AUBERGE METZGER
CUISINE TRADITIONNELLE • CONTEMPORAIN Depuis 1885, les générations se succèdent et chacune donne une touche particulière à cet établissement historique niché au cœur du massif des Vosges. Dans la grande salle à manger contemporaine et lumineuse, la carte met en avant les spécialités régionales – tête et langue de veau, choucroute garnie, filet de sandre au riesling – et l'ardoise propose des variations selon les saisons. Le service est familial et souriant.

– Prix : €€

55 rue Principale – ℰ 03 88 97 02 42 – www.hotel-aubergemetzger.com – Fermé lundi et mardi

NAUCELLE

12800 – Aveyron – Carte régionale n° **23**–C3

L'OBÉLIAS N

CUISINE MODERNE • CONTEMPORAIN Au cœur de ce village du Ségala, réputé pour son église d'inspiration cistercienne, se niche un petit restaurant récemment rénové dans une maison à colombages. Un couple solidement formé et voyageur, Gilhem et Léonie, respectivement chef de cuisine et pâtissière, y revisite avec talent des plats traditionnels comme l'épaule d'agneau effilochée façon tajine ou, en dessert, le millefeuille aux agrumes, caramel et sorbet orange sanguine. Ils ont troussé une carte équilibrée qui fait envie, aux propositions colorées et fraîches, le tout pour un bon rapport qualité-prix. Bref, ils ont tout compris. Délicieuse terrasse à l'ombre d'un albizia et d'un magnolia.

& AC ⚡ – Prix : €€

7 boulevard Eugène-Viala – ☎ 05 81 19 95 73 – www.restaurantobelias.wixsite.com/obelias – Fermé lundi et mardi, mercredi et dimanche soir

NÉRAC

47600 – Lot-et-Garonne – Carte régionale n° **22**–C3

MR GUSS

CUISINE MODERNE • CONTEMPORAIN Augustin Guibert dit Guss, chef au parcours solide se lance en solo avec ce restaurant contemporain sis au pied d'une belle bâtisse en pierres de style 19e. Ce cuisinier inventif épate avec son bagage technique substantiel qui lui permet de jouer des goûts et des textures comme avec son aubergine violette rôtie puis glacée au miel et au saté, beignet de pomme de terre, sauce hollandaise aux oignons caramélisés. À tous les coups, l'assiette, tout en couleurs et gourmandise, file le sourire. Félicitations également pour la mise en valeur des plus beaux produits locaux, légumes en tête.

& AC – Prix : €€

7 avenue Mondenard – ☎ 05 47 36 82 75 – www.mr-guss.fr – Fermé mardi, mercredi, et lundi, jeudi, vendredi, samedi et dimanche midi

NÉRIS-LES-BAINS

03310 – Allier – Carte régionale n° **16**–B3

CÔTÉ TOQUÉS

CUISINE MODERNE • CONVIVIAL La cuisine du chef Julien Chabozy, goûteuse et parfumée, révèle les meilleurs produits locaux et ne manque pas de personnalité. La qualité du service, sous la direction de son épouse Marie, rend la maison attachante et conviviale. Une épicerie fine et "La Cave des Toqués" voisine complètent ce coup de cœur.

❀ & AC ⚡ – Prix : €€

21 rue Hoche – ☎ 04 70 03 06 97 – Fermé lundi et dimanche, et mercredi soir

NERNIER

✉ 74140 – Haute-Savoie – Carte régionale n° **21**–C1

🐸 LA TABLE DE NERNIER

CUISINE MODERNE • AUBERGE Sur les rives du Léman, entre Yvoire et Messery, le village médiéval de Nernier invite à franchir le seuil de cette charmante auberge. À l'intérieur, le rustique (tomettes, poutres) et le contemporain (suspensions lumineuses, chaises design) s'épousent avec naturel. Cette cuisine du marché, qui s'inscrit dans une veine traditionnelle, évolue au fil des jours pour rester au plus proche de la saisonnalité. Le chef est épaulé par sa compagne qui assure un service souriant et attentionné. Agréable terrasse sur une charmante placette.

🌤 – Prix : €€

11 place du Musée – 𝒞 04 50 17 52 43 – www.la-table-de-nernier-restaurant. eatbu.com – Fermé du lundi au mercredi

NEUILLÉ-LE-LIERRE

✉ 37380 – Indre-et-Loire – Carte régionale n° **15**–B1

LIBERTÉ

CUISINE MODERNE • COSY Liberté, j'ai écrit ton nom... gourmand, forcément gourmand ! D'abord au déjeuner, avec une formule (plus) simple où le chef, un ancien de la Table de Marçay, propose une cuisine moderne et savoureuse. Le soir, au dîner, la liberté reprend ses droits de plus belle, avec un menu plus ambitieux qui met en avant les produits tourangeaux : velouté glacé de petits pois, coulis de jaune d'œuf bio de Reugny, huile de mélisse du jardin ; volaille fermière en deux cuissons, jus intense, pomme de terre de mamie Monique et navet glacé.

&🌤**P** – Prix : €€

19 rue de la République – 𝒞 02 47 52 95 05 – www.liberte-restaurant.fr – Fermé mardi et mercredi

NEUILLY-SUR-SEINE

✉ 92200 – Hauts-de-Seine – Carte régionale n° **11**–E2

YUSHIN

CUISINE JAPONAISE • ÉPURÉ Entre l'île de la Jatte et l'hôpital Américain de Neuilly, ce restaurant japonais traditionnel sert différents menus : sushis, bento, omakase ainsi qu'un menu dégustation. Préparés avec un soin tout nippon, les poissons d'une belle fraîcheur sont à l'honneur, sans oublier les desserts traditionnels japonais très joliment présentés. Le cadre, on s'en doute, joue l'épure du bois clair et des murs blancs. Le personnel est 100% japonais avec toute la solennité qu'on imagine. Le service du thé se déroule devant vous. Le client est raccompagné et salué dans la rue à son départ.

🆎 – Prix : €€€

77 rue Chauveau – 𝒞 09 88 52 88 24 – www.yushin.fr – Fermé lundi et dimanche

NEVERS

✉ 58000 – Nièvre – Carte régionale n° **16**–C2

JEAN-MICHEL COURON

CUISINE MODERNE • CONTEMPORAIN Ce chef ravit les papilles de ses fidèles clients depuis plus de 30 ans avec une cuisine actuelle aux accents méditerranéens, à l'image de ce jus de bouillabaisse mi-pris et son carpaccio de grosses crevettes sauvages. Il s'autorise également quelques notes plus exotiques comme cette sauce yakitori avec un filet de canard. Côté ambiance, on a le choix entre une salle contemporaine et un ancien cloître du 14e s.

🕸 – Prix : €€

21 rue Saint-Étienne – 𝒞 03 86 61 19 28 – www.jm-couron.com – Fermé lundi et mardi, et dimanche soir

NÉVEZ

✉ 29920 – Finistère – Carte régionale n° **1**–B3

✫ AR MEN DU

Chef : Jérôme Gourmelen

CUISINE MODERNE • COSY À vos pieds, la lande sauvage est battue par l'Océan, et à quelques encablures, les rochers de l'îlot de Raguenès brillent au soleil... Ici, la gastronomie durable est une priorité : les produits sont rigoureusement de saison, issus du potager, de la pêche locale ou de petits producteurs. Bien installé face à la mer, on déguste avec bonheur les préparations de Jérôme Gourmelen, aux saveurs franches et aux dressages étudiés, à l'image de sa symphonie de poissons crus ikejime. Service chaleureux.

🐝 🍽 ⟨ 🎐 ⅃ 🅿 – Prix : €€€

47 rue des Îles, à Raguenès-Plage – ☎ *02 98 06 84 22 – www.men-du.com – Fermé , mardi et mercredi à midi*

🌱 **L'engagement du chef :** Nos fournisseurs locaux (une dizaine de maraîchers, éleveurs de cailles et autres volailles...) pratiquent tous l'agriculture ou l'élevage biologique. Les poissons que nous cuisinons sont issus de la pêche de petits bateaux et nous avons mis en place un verger et un jardin aromatique, tous deux gérés en permaculture. Les déchets sont compostés, on vise le zéro plastique et les produits d'entretien sont écologiques.

NEYRAC-LES-BAINS

✉ 07380 – Ardèche – Carte régionale n° **20**–C3

😊 BISTROT BRIOUDE ⓝ

CUISINE TRADITIONNELLE • COSY Au sein de la maison mère Brioude, le bistrot propose un menu du marché malin, dans une veine traditionnelle : pâté en croûte de volaille, pistache et morilles ; paleron de fin-gras du Mézenc, cèpes et purée de carotte ; praliné feuillantine et glace café... Que dire, sinon qu'on se régale à prix doux ! En sus, on profite d'une agréable terrasse et d'un accueil bon enfant.

⅃ 🆎 🅿 – Prix : €

7 rue Mazade – ☎ *04 75 36 41 07 – www.claudebrioude.fr – Fermé lundi, et mardi et dimanche soir*

BRIOUDE

CUISINE MODERNE • ÉLÉGANT Cette auberge familiale offre depuis 1887 une cuisine soignée et locavore : ici, on privilégie les producteurs du coin ! Dans une élégante salle ouverte sur les paysages de l'Ardèche méridionale, on déguste le savoureux menu "découverte" concocté par Claude Brioude : omelette revisitée au cresson d'Ardèche, gravlax de truite au poireau, trilogie d'agneau et sa tarte aux légumes...

⟨ ⅃ 🆎 ⛱ 🅿 – Prix : €€

7 rue Mazade – ☎ *04 75 36 41 07 – www.claudebrioude.fr – Fermé lundi, et mardi et dimanche soir*

NICE

✉ 06000
Alpes-Maritimes
Carte régionale n° **29**-E2

Où la lumière sublime l'assiette

Bénie par son climat et sa double identité française et italienne, Nice est un festin. La cuisine "nissarde" s'inspire à la fois des traditions culinaires de la Provence et de la Ligurie. Les ruelles du vieux Nice accueillent tout l'éventail des produits méditerranéens. Croquez dans une socca, une galette de farine de pois chiche. Picorez l'olive noire de Nice ou la caillette, laissée six mois en saumure. Goûtez une pissaladière, tarte aux oignons garnie d'anchois et d'olives noires. Dévorez un pan bagnat, ce pain mouillé d'huile d'olive, de forme ronde, garni d'anchois et de tomates. Ne quittez pas la ville sans parcourir le marché du cours Saleya et, plus pittoresque encore, le marché aux poissons de la place Saint-François : vous y trouverez les plus belles espèces méditerranéennes, du loup à la dorade, en passant par le thon...

 FLAVEUR

Chefs : Gaël et Mickaël Tourteaux

CUISINE CRÉATIVE • **ÉLÉGANT** Les frères Tourteaux, Gaël et Mickaël, sont inséparables. Même lycée hôtelier à Nice (avec passage d'examen dans la même salle !), formation commune au Negresco à l'époque d'Alain Llorca... et même envie de travailler le bon, le vrai, le savoureux, en étant son propre patron. Résultat de cette alliance fraternelle : Flaveur, leur bébé, auquel ils ont consacré toute leur énergie au point de décrocher une étoile Michelin en 2011, et une seconde en 2018. Comment résumer la "patte" Tourteaux ? Elle tient à une certaine forme de confiance, d'audace, de prise de risque bien dosée. Par exemple, entre le produit local et les épices lointaines, ils ne choisissent pas : ce sera les deux, mon capitaine ! Au détour d'une assiette, une rascasse de la pêche niçoise rencontre un bouillon de poisson rehaussé au vadouvan, un mélange d'épices indiennes au parfum puissant... c'était risqué, c'est une réussite. Une cuisine de caractère, fine et maîtrisée de bout en bout : bravo !

🌿 & AC – Prix : €€€€

Plan : C1-1 – 25 rue Gubernatis – ✆ 04 93 62 53 95 – www.restaurant-flaveur.com – Fermé lundi, dimanche et samedi midi

NICE

LES AGITATEURS

Chefs : Samuel Victori et Juliette Busetto

CUISINE CRÉATIVE • COSY Ces agitateurs ne brassent pas de l'air : ils sont bourrés de talent ! Le chef Samuel Victori (auparavant second au Passage 53) et sa compagne Juliette Busetto proposent des plats travaillés où textures, cuissons et saveurs sont maîtrisées. On travaille ici avec des fournisseurs locaux : boulanger, pêcheur, maraîcher, éleveur, potier... Leur mentor : Michel Troisgros. Leur credo : des recettes originales, toniques, ludiques, qui bousculent la tradition, à déguster dans une ambiance animée et conviviale, avec un service aux petits soins. Le lieu offre deux salles à manger, l'une au rez-de-chaussée, et l'autre au sous-sol, avec sa cave à vin. Le menu fixe change très régulièrement selon les arrivages. Juste à côté, Pirouette, bistrot créé par les mêmes propriétaires, propose des plats à partager et des vins nature.

🄰🄲 ⇔ – Prix : €€€€

Plan : D2-5 – *24 rue Bonaparte* – ☎ 09 87 33 02 03 – *www.lesagitateurs.com* – *Fermé mardi, mercredi, et lundi, jeudi et vendredi midi*

L'AROMATE

Chef : Mickaël Gracieux

CUISINE MODERNE • CONTEMPORAIN C'est au cœur de Nice, à proximité de la place Masséna, que se niche cette belle adresse. Salle contemporaine aux tons noir, blanc et doré, cuisines vitrées donnant sur la salle, matériaux bruts, bois et granit ; tout est en place pour accueillir la prestation gastronomique d'un chef au beau parcours (Oustau de Baumanière, Plaza Athénée, Le Bristol, Le Louis XV, etc.). Il propose une cuisine moderne et créative, à base d'excellents produits, et aux dressages particulièrement soignés, qui met Nice et le terroir méditerranéen à l'honneur (gamberonis de San Remo, courgette violon, favouilles, poulpe, agrumes...). Le chef a du métier et de la suite dans les idées.

&. 🄰🄲 – Prix : €€€€

Plan : C2-3 – *2 rue Gustave-Deloye* – ☎ 04 93 62 98 24 – *www.laromate.fr* – *Fermé lundi, dimanche et du mardi au samedi à midi*

LE CHANTECLER

CUISINE MODERNE • ÉLÉGANT Sur la Promenade des Anglais, le Negresco trône superbe face à la mer ; Virginie Basselot, Meilleur Ouvrier de France 2015, pilote les cuisines du Chantecler, sa table gastronomique, au sein d'un hôtel, le Negresco qui a fêté ses 110 ans en 2023. Dans ce cadre d'exception, la Normande d'origine s'exprime sans arrière-pensée, avec une idée claire : celle d'offrir une cuisine actuelle et créative autour de deux menus sans choix (sauf le dessert) et d'une carte, réalisée à partir de très beaux produits. Ici, comme ailleurs, la simplicité emporte l'adhésion, à l'image de cette volaille, chou blanc, kumquat et pistache ou encore, côté sucré, ce subtil travail autour de l'huile d'olive...

❀ &. 🄰🄲 ⇔ 🖼 🄿 – Prix : €€€€

Plan : B2-2 – *Le Negresco, 37 promenade des Anglais* – ☎ 04 93 16 64 10 – *www.hotel-negresco-nice.com/fr/les-restaurants/le-chantecler* – *Fermé lundi, mardi et du mercredi au dimanche à midi*

JAN

Chef : Jan Hendrick van der Westhuizen

CUISINE CRÉATIVE • ÉLÉGANT Tour à tour chef sur des yachts privés à Monaco et reporter-photographe pour un grand magazine, le Sud-Africain Jan Hendrik van der Westhuizen a déjà eu plusieurs vies... Dans son petit repaire intime et romantique, près du port, il signe une cuisine créative, personnelle, proposée sous forme de menu unique, dans lequel il joue des associations sucrée-salée, du fumé, du piquant, et de l'acide, proposant ainsi un aperçu de la cuisine sud-africaine. Au moment du fromage, on découvre en face du restaurant une salle à manger avec un buffet composé de plus d'une vingtaine fromages différents à déguster avec diverses boissons, confitures et fruits secs.

&. 🄰🄲 🍽 – Prix : €€€€

Plan : D2-4 – *12 rue Lascaris* – ☎ 04 97 19 32 23 – *www.janonline.com/fr/ restaurantjan* – *Fermé lundi, dimanche et du mardi au samedi à midi*

NICE

ONICE

Chefs : Florencia Montes et Lorenzo Ragni
CUISINE MODERNE • **ÉPURÉ** Ô Nice, que tes saveurs nous enchantent ! Derrière cette adresse intimiste du quartier des Antiquaires, on trouve l'attachant et talentueux couple italo-argentin formé par Lorenzo Ragni et Florencia Montes. Après un parcours international étoilé, ils se sont rencontrés chez Mauro Colagreco au Mirazur. Ils signent aujourd'hui à quatre mains des assiettes incisives et punchy qui épousent les saisons et la pêche locale, et se permettent quelques audaces bienvenues dans les associations de saveurs : gamberoni de San Remo, cerises, tomates et amandes fraîches ; girolles aux palourdes de Méditerranée et courgettes ; haricots coco de Nice et moules de la baie de Tamaris au vadouvan... Une table pleine de promesses.
& AC ⇄ – Prix : €€€€

Plan : D2-22 – *5 rue Antoine-Gautier* – ✆ *07 86 55 50 33* – *www.restaurantonice. com* – *Fermé lundi, mardi et du mercredi au dimanche à midi*

PURE & V

CUISINE MODERNE • **CONTEMPORAIN** Vanessa Massé, sommelière reconnue et dénicheuse infatigable de vins vivants, travaille main dans la main avec son associée, la cheffe finlandaise Pinja Paakkonen, au joli parcours étoilé au Danemark. Au rez-de-chaussée, dans un décor aux tons froids assumés, Pure & V offre une partition saine et équilibrée, fondée sur des produits soigneusement sourcés, avec

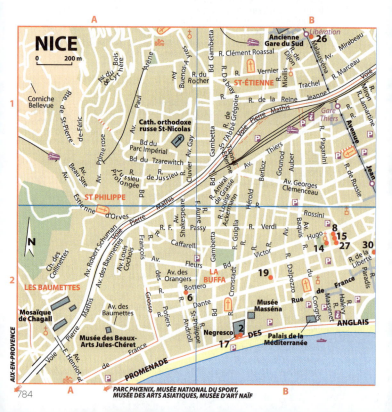

784

une importance particulière accordée au végétal : fenouil rôti, sauce fermentée aux asperges blanches et huile d'aneth fraîche ; caille cuite sur son coffre, beurre blanc fumé ; bavarois à la camomille et mandarine satsuma. À l'étage et le soir uniquement, menu plus simple au Pure & Vins.

AC – Prix : €€€€

Plan : A2-6 – *7 rue du Lycée* – ⌀ *06 19 88 68 90* – *www.pureandvrestaurant.com* – *Fermé mercredi, jeudi, et lundi, mardi, vendredi et samedi midi*

RACINES - BRUNO CIRINO

Chef : Bruno Cirino

CUISINE VÉGÉTARIENNE • **BISTRO** Bruno Cirino et son fidèle bras droit José Vidal servent dans ce petit restaurant un menu unique d'un très bon rapport qualité-prix, composé uniquement de fruits et légumes bio ou issus de cultures raisonnées de la région. Une cuisine potagère de produits récoltés à leur maturité optimale, cuisinés avec talent, qui magnifie la typicité azuréenne, notamment l'ail, l'huile d'olive et le basilic. On se régale d'une soupette de charbonniers, cébette rouge et basilic, d'un artichaut violet à l'émulsion fromagère et épineux de Ligurie grillé, d'une compression de légumes racines inspiration "César Baldaccini", d'une pomme pouce confite au four et sa glace à l'orge brûlé... Le tout arrosé de bons crus à des tarifs intéressants, et servi avec le sourire. Attention, pensez à réserver !

& AC – Prix : €€€

Plan : B1-26 – *3 rue Clément-Roassal* – ⌀ *04 93 76 86 17* – *www.restaurant-racines-nice.com* – *Fermé lundi, dimanche et du mardi au samedi à midi*

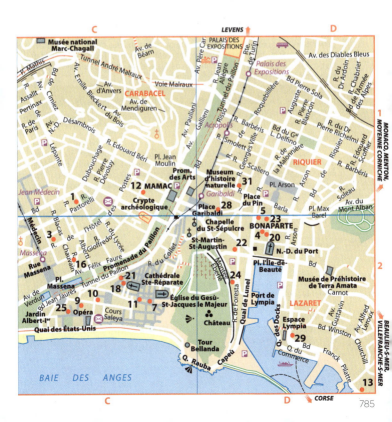

NICE

L'ALCHIMIE

CUISINE MODERNE • COLORÉ Ambiance conviviale et animée de bistrot de quartier, décor coloré et chaleureux d'ancien café rénové, petite carte courte aux intitulés alléchants, des tarifs serrés et un chef au CV bodybuildé : voilà les ingrédients contagieux de la réussite à table (on refuse du monde) et, pour nous, du plaisir ! Généreux velouté de butternut, marrons et émulsion de lard ; savoureuse dinde rôtie au tandoori, riz noir sauté aux légumes : une véritable alchimie gourmande !
Prix : €€

Plan : B2-14 – 14 rue Maccarani – ☎ 04 93 54 61 85 – www.lalchimie-restaurant. com – Fermé lundi et dimanche, et du mardi au jeudi soir

BISTROT D'ANTOINE

CUISINE TRADITIONNELLE • BISTRO C'est l'accent du Sud qui chante dans ce bistrot de copains, où règne une ambiance très joviale. En cuisine, c'est l'ébullition ! Côté papilles, que du bon, à l'instar de cette cocotte de cochon à l'ancienne et polenta crémeuse, de ce tartare de bœuf coupé au couteau ou de ce rognon de veau sur le grill, moutarde à l'ancienne et ses pommes de terre grenailles en persillade... Bondé, vous avez dit bondé ? Antoine connaît un franc (et mérité) succès.
🅰️🍽️ – Prix : €€

Plan : C2-7 – 27 rue de la Préfecture – ☎ 04 93 85 29 57 – Fermé lundi et dimanche

CHEZ DAVIA

CUISINE RÉGIONALE • BISTRO Voilà une adresse attachante tenue par la même famille depuis 1953, imaginée par Davia, la grand-mère puis reprise en 1985 par Alda la mère, aujourd'hui à la retraite. Depuis 2016, c'est Pierre Altobelli, la troisième génération, qui après un impressionnant parcours dans des maisons étoilées en France et en Asie, mitonne de savoureuses recettes niçoises. Tout ici est soigné et les produits sont choisis avec attention. À déguster dans un sympathique décor de bistrot rétro, dans son jus. Coup de cœur absolu.
🍽️ – Prix : €€

Plan : B2-8 – 11 bis rue Grimaldi – ☎ 04 93 87 91 39 – www.chezdavia.com – Fermé lundi et mardi

LA MERENDA

CUISINE PROVENÇALE • BISTRO Un petit restaurant "à l'ancienne", d'une charmante simplicité... Dominique Le Stanc confectionne ici de bons petits plats de la région (pissaladière, tripes à la niçoise, stockfish, tourte de blettes, tarte au citron, etc.) à déguster au coude-à-coude. Attention, pas de téléphone : il faut passer pour réserver.
🅰️🚫📞 – Prix : €€

Plan : C2-10 – 4 rue Raoul-Bosio – www.lamerenda.net – Fermé lundi, samedi et dimanche

OLIVE & ARTICHAUT

CUISINE RÉGIONALE • BISTRO Originaire de Nice, le chef est venu s'installer dans la région avec son épouse, bretonne, après plusieurs expériences à l'étranger. Il met les produits locaux à l'honneur dans une cuisine très gourmande, "entre mer et montagne" : tarte fine façon pissaladière au boudin noir rôti, paleron de veau braisé, crémeux de pois chiche, tarte au chocolat et praliné noisette...
🅰️ – Prix : €€

Plan : C2-11 – 6 rue Sainte-Réparate – ☎ 04 89 14 97 51 – www.oliveartichaut. com – Fermé lundi et dimanche

APOPINO

CUISINE MÉDITERRANÉENNE • BISTRO Niché dans un quartier chic, ce bistro au cadre bleu marin est le piano d'un chef piémontais. Il compose une cuisine de marché, évidemment méditerranéenne, aux influences italiennes : filet de loup accompagné d'un écrasé de courgettes trompette et olives taggiasche. Les suggestions, inscrites à l'ardoise, changent au gré des saisons et de l'inspiration. Tout est fait maison.

AC – Prix : €€€

Plan : B2-15 – *11 bis rue Grimaldi* – ℰ *04 97 14 86 02* – *www.apopinorestaurant.com* – *Fermé dimanche*

L'ATELIER

CUISINE RÉGIONALE • BISTRO Originaire de Vendée, le chef Stéphane Chenneveau a sans doute dû être un peu "fada" lorsqu'il a ouvert son restaurant ! Imaginez, revisiter la socca, cette incontournable galette à base de farine de pois chiche... Elle demeure un classique de la carte, mais sa cuisine a continué d'évoluer, offrant des recettes régionales savoureuses, ainsi que des menus carte blanche plus ambitieux, adaptés à son inspiration et aux saisons. Belle carte des vins en biodynamie.

⅋ AC ⌂ – Prix : €€€

Plan : C1-12 – *17 rue Gioffredo* – ℰ *04 93 85 50 74* – *www.l-atelier-restaurant-nice.com* – *Fermé lundi, samedi et dimanche*

BAR DES OISEAUX

CUISINE TRADITIONNELLE • BISTRO Dans cette petite maison d'angle, le programme d'Armand Crespo ne manquera pas de réjouir les gourmands. La belle tradition (brandade, bourride) côtoie à la carte de bonnes pâtes artisanales : ravioles et volaille farcie, linguine de la mer, etc. Tout cela est proposé à prix doux, dans un décor inspiré par le pop art : on gazouille de plaisir.

AC ⌂ – Prix : €

Plan : C2-18 – *5 rue Saint-Vincent* – ℰ *04 93 80 27 33* – *Fermé lundi et dimanche*

LE BISTROT DES DOCKS

CUISINE MODERNE • BISTRO À l'écart des sentiers touristiques, ce bistrot modeste et gourmand s'est installé face à la cité marchande des Docks de la Riviera. La clientèle locale, qui fête la cuisine du chef Nicolas Mendjisky, ne s'y est pas trompée. Sa petite carte présentée sur ardoise, qui fait honneur aux produits frais et locaux, met l'eau à la bouche. Ses plats, comme les légumes du marché sur crostini ou le loup au beurre citronné, révèlent une cuisine bien léchée et généreuse, en phase avec les saveurs méditerranéennes de saison. Service et accueil souriants par la compagne du chef, Sofia.

♿ AC – Prix : €€

Hors plan – *2 rue Flaminius-Raiberti* – ℰ *04 23 20 72 55* – *Fermé lundi et dimanche, et mardi et mercredi soir*

LE CANON

CUISINE MODERNE • BISTRO Séduisante adresse que ce Canon, proposant une cuisine à la fois simple et exigeante : gaspacho de tomate, pêche blanche et tomme de brebis du pays ; mulet de pêche locale, ratatouille de légumes des collines et riz venere ; fontainebleau au yaourt de brebis, mûres sauvages et prunes reines claudes.. Des fournisseurs locaux triés sur le volet, quelques clins d'œil à la Méditerranée, de jolis vins 100 % nature conseillés par le patron, un séduisant cadre de bistrot vintage : on se régale.

♿ AC – Prix : €€

Plan : B2-19 – *23 rue Meyerbeer* – ℰ *04 93 79 09 24* – *www.lecanon.fr* – *Fermé samedi, dimanche et mercredi midi*

NICE

CHABROL

CUISINE MODERNE • **BISTRO** Faire chabrol (ou chabrot) est une antique coutume du sud de la France qui consiste à ajouter un peu de vin dans un fond de soupe pour allonger le bouillon, avant de l'avaler à grandes goulées. Ici, à deux pas du port et de la vieille ville, deux amis d'enfance mettent en valeur des produits de qualité dans des recettes modernes, piquées d'une pointe d'originalité... et ça fonctionne !
♿ 🍽 – Prix : €€

Plan : D2-20 – 12 rue Bavastro – ☎ 09 83 04 36 73 – www.le-chabrol-restaurant-nice.com – Fermé lundi, dimanche et du mardi au samedi à midi

COMPTOIR DU MARCHÉ

CUISINE TRADITIONNELLE • **BISTRO** Au cœur de l'animation, dans une ruelle du vieux Nice, décontraction et convivialité sont au programme ! Le nom de ce joli bistrot rétro dit tout du travail du chef, dont les créations sont pleines des couleurs et des parfums du marché. Carte courte, fraîcheur garantie, prix raisonnables : on passe un bon moment.
🍽 – Prix : €€

Plan : C2-21 – 8 rue du Marché – ☎ 04 93 13 45 01 – www.comptoirdumarche.fr – Fermé lundi et dimanche

LES DEUX CANAILLES

CUISINE MODERNE • **CONTEMPORAIN** Ces Deux Canailles niçoises vont tambour battant, sous la houlette d'un chef japonais qui ne manque ni d'expérience ni de passion. La cuisine ? Méridionale et épurée, fraîche et d'une belle finesse, elle se pare de jolies touches nippones. Bilan : un bon moment !
AC – Prix : €€

Plan : C2-16 – 6 rue Chauvain – ☎ 09 53 83 91 99 – www.lesdeuxcanailles.com – Fermé lundi et dimanche

EPIRO

CUISINE ITALIENNE • **BISTRO** Après une expérience réussie à Rome, où ils tiennent un bistrot très couru, Alessandra et Marco remettent le couvert à Nice, non loin du port. Dans l'assiette, savoureuses spécialités romaines, réjouissantes pâtes maison, de la générosité et de la gourmandise, sans oublier une jolie carte de vins italiens : carton plein.
AC 🍽 – Prix : €€

Plan : D2-29 – 53 boulevard Stalingrad – ☎ 04 83 39 51 89 – Fermé lundi, mardi, et mercredi et jeudi à midi

FINE GUEULE

CUISINE TRADITIONNELLE • **TENDANCE** Dans le vieux Nice, face à la mairie, une salle flambante neuve, organisée autour d'une cuisine ouverte et d'un comptoir où les clients peuvent prendre place. Mais le plaisir est aussi – et surtout – gustatif, avec des assiettes de tradition déclinées chaque jour à l'ardoise, et comme ces entrées, pissaladière maison, œufs mimosa ou calamars à la plancha...
AC 🍽 – Prix : €€

Plan : C2-9 – 2 rue de l'Hôtel-de-Ville – ☎ 04 93 80 21 64 – www.finegueule.fr – Fermé lundi et dimanche

NICE

ONAKA

SUSHI • COLORÉ Caché dans une impasse, ce comptoir à sushis ne désemplit pas (réservation fortement recommandée). Et pour cause : aux baguettes, un champion de France de sushis, formé notamment dans plusieurs restaurants du chef Nobu Matsuhisa. Riz parfaitement cuit, suprême de poulet moelleux, saumon fondant, thon bien rouge, bar à la chair ferme, sauce miso épicée enrichie d'herbes fraîches, wasabi rappé minute, belle carte de sakés (le sommelier et associé connaît son affaire) : tous les ingrédients sont réunis pour passer un excellent moment au fil d'un menu omakase, qui s'adapte à l'appétit et au porte-monnaie de chacun.
&. 🅰️🍴 – Prix : €€

Plan : B2-30 – *12 passage Masséna* – ☎️ *09 52 97 26 83* – *www.onaka-restaurant. com* – *Fermé samedi, dimanche, et lundi et mardi à midi*

PEIXES BONAPARTE

POISSONS ET FRUITS DE MER • MÉDITERRANÉEN Entre la place Garibaldi et le Vieux Nice, le petit frère du Peixes Opéra possède aussi une grande terrasse, très prisée aux beaux jours ! On connaît la formule gagnante : une déclinaison de plats iodés (poissons, tataki, sashimi, acras, huîtres) et des spécialités de ceviche. Le cadre de bistrot contemporain bleu et blanc marin évoque le Portugal et la Grèce. Derrière le comptoir, une mixologue confectionne ses cocktails. Très bon rapport qualité-prix de la formule déjeuner. Une adresse ouverte non-stop qui propose une carte réduite jusqu'à 19 h.
&. 🅰️🍴 – Prix : €€

Plan : D1-28 – *5 rue Bonaparte* – ☎️ *04 93 56 30 90* – *www.peixes. fr* – *Fermé dimanche*

PEIXES OPÉRA

POISSONS ET FRUITS DE MER • CONVIVIAL Près de la mairie et de l'opéra Peixes – à prononcer "pêche" qui veut dire poisson en portugais. Dans cette petite salle de bistrot au carrelage blanc et bleu, très "Méditerranée", on braconne de jolies préparations iodées d'esprit tapas (ceviche, carpaccio, fritures de poisson, accras de morue). Adresse prisée, terrasse prise d'assaut (pas de réservation !).
&. 🅰️🍴 – Prix : €€

Plan : C2-25 – *4 rue Jacques-Médecin* – ☎️ *04 93 85 96 15* – *www.peixes. fr* – *Fermé dimanche*

PIROUETTE ⓝ

CUISINE MODERNE • INTIME Dans ce bistrot intimiste – une ancienne épicerie – ouvert par l'équipe des Agitateurs, l'assiette tout en saisonnalité et fraîcheur fait effectivement des pirouettes, et même le grand écart ludique entre recettes classiques et plats plus exotiques : agneau en tacos de verdure, ravioles « Riviera Kwaï » ou, classique s'il en est, pithiviers de pigeon et foie gras. Dans cette courte carte, la plupart des plats sont à partager, sur fond de sono branchée. Carte de vins vivants qui surfe aussi sur la vague des vins oranges. Brunch le dimanche.
🅰️ – Prix : €€€

Plan : D2-23 – *34 rue Bonaparte* – ☎️ *09 82 20 93 21* – *www.pirouette-nice.com* – *Fermé mardi, mercredi, et lundi, jeudi et vendredi midi*

LA RÉSERVE DE NICE

CUISINE MODERNE • CHIC À l'écart de la ville, cette belle demeure jouit d'une situation exceptionnelle, en surplomb de la mer, face à la baie des Anges et au ballet des ferries reliant la Corse. Avec ses accents Art déco, la salle a l'allure d'un paquebot… et l'on embarque pour une croisière gastronomique raffinée, ancrée en Méditerranée.
≼&.🅰️🍴🔄🍽️ – Prix : €€€

Plan : D2-13 – *62 boulevard Franck-Pilatte* – ☎️ *04 97 08 14 80* – *www. lareservedenice.fr/fr* – *Fermé lundi et dimanche*

789

LA ROTONDE

CUISINE MÉDITERRANÉENNE • CONTEMPORAIN La brasserie – en forme de rotonde – du palace mythique est résolument entrée dans la modernité. Dans cet espace lumineux (qui bénéficie d'une terrasse), on pioche dans une carte (conçue par la cheffe étoilée Virginie Basselot) qui célèbre une cuisine franche et colorée aux accents méditerranéens, avec des clins d'œil à la tradition niçoise...

AC 🍽 – Prix : €€€

Plan : B2-17 – *Le Negresco, 37 promenade des Anglais* – ℰ 04 93 16 64 11 – www.hotel-negresco-nice.com/fr

ROUGE

CUISINE MÉDITERRANÉENNE • BAR À VIN Derrière le port, dans le quartier des antiquaires, un disciple d'Yves Camdeborde est aux commandes de ce sympathique bar à vins. Le chef régale avec de jolies assiettes méditerranéennes à partager, concoctées avec des produits ultra-frais. C'est gourmand et généreux, et le porte-monnaie sourit d'aise. Une centaine de références de vins vivants à prix raisonnable. Ouverture en continu (attention, pas de réservation).

♿ AC 🍽 ⌂ – Prix : €

Plan : D2-24 – *2 rue de Foresta* – ℰ 09 77 94 22 39 – www.rouge-restaurant.fr

LE SÉJOUR CAFÉ

CUISINE MODERNE • COSY Des étagères garnies de livres, de bibelots et de plantes vertes, des tableaux et des photos aux murs… On se croirait dans la salle de séjour d'une jolie maison particulière, cosy et feutrée. Et c'est sans mentionner le charme exercé par la cuisine du marché et pleine de gourmandise rythmée par les saisons. Accueil et service des plus attentionnés.

♿ AC 🍽 – Prix : €€

Plan : B2-27 – *11 rue Grimaldi* – ℰ 04 97 20 55 35 – www.sejourcafe.com – *Fermé lundi et dimanche*

LE SOCLE

CUISINE MODERNE • CONTEMPORAIN Proche de la place Garibaldi, ce petit bistrot est rondement mené par un binôme aguerri dans les meilleures maisons : la cheffe Dominique Roca et son compagnon en salle Mikhaël Lyoubi. Bons produits frais choisis avec soin et jolie sélection de vins de toutes les régions, le tout à prix raisonnable : l'affaire est entendue !

♿ AC – Prix : €€

Plan : D1-31 – *17 rue Barla* – ℰ 09 87 48 93 57 – www.lesocle.eatbu.com – *Fermé mercredi et samedi midi*

L'ABEILLE

MODERNE • CHALEUREUX "Rares sont les appartements hôteliers aussi élégants que ces espaces ultra-modernes et colorés. L'Abeille fait fi des clins d'œil au folklore du sud de la France : le vieux quartier portuaire de Nice s'en charge. L'immeuble est récent, mais habillé d'une palette méditerranéenne classique. À l'intérieur, les lignes sont épurées, le bois nu, le béton brut et les teintes primaires saturées, ponctuées de quelques œuvres d'art contemporain judicieusement choisies. Chaque appartement dispose d'une cuisine moderne bien équipée, d'une salle de bains en marbre et d'un système audio."

AC 🛏 – 9 chambres

4 rue Bonaparte – ℰ 06 48 81 41 80

NICE

BOSCOLO EXEDRA NICE *Plus*

CLASSIQUE • **RAFFINÉ** Une façade Belle Époque éclatante pour un vaisseau grandiose et immaculé, tout en luxe et sobriété... Comment résister au spa, à la piscine sur le toit terrasse du 6e étage ? Le Boscolo Exedra, ou l'art de vivre la Côte d'Azur à l'heure internationale et urbaine !

ᴬᶜ ♨ ▣ ⌂ ⇆ ♿ ⵣ ⓦ ⌘ ⌂ ⌂ ⍟ - 113 chambres

12 boulevard Victor Hugo – ☏ 04 97 03 89 89

HÔTEL AMOUR

BOHÈME • **CHARME** Après les hôtels Amour et Grand Amour à Paris, Nice bénéficie à son tour d'une adresse au charme rétro. Les chambres s'illustrent ici par un caractère bohème, une palette pastel sucrée et des chambres décorées de trouvailles chinées des années 30 à 50. Le rooftop offre une piscine et un bar avec vue panoramique sur la ville, en plus du patio verdoyant. Enfin, une plage privée court le long de la Promenade des Anglais. Un amour partagé !

♿ ᴬᶜ ⇆ ⵣ ⍟ - 38 chambres

3 avenue des Fleurs – ☏ 04 65 27 10 10

HÔTEL DU COUVENT

ÉPURÉ • **ROMANTIQUE** Les religieux ont toujours su choisir leurs emplacements. Cet ancien couvent bénéficie d'une situation privilégiée dominant le Vieux Nice. Il a conservé ses jardins cloîtrés, ses terrasses en restanques et de multiples bassins aux airs de thermes romains. Les chambres sont spacieuses et simples, sans pour autant être dépouillées, et les espaces communs relevés d'objets raffinés.

ᴬᶜ ♨ ▣ ⇆ ⟐ ⵣ ⓦ ⌘ ⍟ - 88 chambres

1 rue Honoré Ugo – ☏ 04 12 05 55 60

HYATT REGENCY PALAIS DE LA MÉDITERRANÉE *Plus*

CLASSIQUE • **CHALEUREUX** Un véritable palais dédié à la Méditerranée... Derrière sa grandiose façade Art déco, on découvre un ensemble éminemment contemporain. Les grandes suites, la vue imprenable sur les flots (dans certaines chambres), le piano-bar feutré... Toute l'allure d'une villégiature made in promenade des Anglais !

♿ ᴬᶜ ♨ ▣ ⇆ ♿ ⵣ ⌘ ⌂ ⌂ ⍟ - 187 chambres

13 promenade des Anglais – ☏ 04 93 27 12 34

LE NEGRESCO

GRAND STYLE • **RAFFINÉ** Bâti en 1912 par Henri Negresco, cet établissement mythique regorge d'œuvres d'art exceptionnelles et cultive la démesure dans un choc des styles qui n'appartient qu'à lui. De l'emphase, de la majesté...

♿ ᴬᶜ ♨ ▣ ⇆ ⌂ ⍟ - 128 chambres

37 promenade des Anglais – ☏ 04 93 16 64 00

✿ **Le Chantecler** • **La Rotonde** - Voir la sélection des restaurants

NIEDERSCHAEFFOLSHEIM

✉ 67500 – Bas-Rhin – Carte régionale n° **8**–B1

AU BŒUF ROUGE

CUISINE MODERNE • **ÉLÉGANT** Géré par la même famille depuis 1880, ce restaurant est une véritable institution locale. Le chef François Golla propose une cuisine moderne sans toutefois renier la tradition, comme avec cette langoustine royale en carpaccio mais aussi travaillée en croustillant, tandis que sa femme dirige la salle avec bienveillance. Côté sommellerie, la sœur du chef propose notamment des vins au verre souvent servis en magnum - très appréciable ! Une adresse attachante où il fait bon s'attabler, notamment grâce à ce cadre bourgeois où le bois domine.

❀ ♿ ᴬᶜ ▣ – Prix : €€€

39 rue du Général-de-Gaulle – ☏ 03 88 73 81 00 – www.francois-golla.com – Fermé lundi, mardi midi et dimanche soir

NIEDERSTEINBACH

✉ 67510 – Bas-Rhin – Carte régionale n° **8**–B1

AU CHEVAL BLANC

CUISINE TRADITIONNELLE • RUSTIQUE L'âme d'une winstub... et le goût du pays porté avec amour : truite au bleu, pavé de biche sauce grand-veneur... mousse au kirsch, etc. Même esprit côté décor, tout en boiseries et composé de deux "stuben", ces salles rustiques typiquement régionales. Enfin, mention spéciale pour l'accueil, tout à fait exemplaire !

 – Prix : €€

11 rue Principale – ✆ *03 88 09 55 31 – www.hotel-cheval-blanc.fr – Fermé mercredi et jeudi*

NIEUL

✉ 87510 – Haute-Vienne – Carte régionale n° **19**–B2

✿ LA CHAPELLE SAINT-MARTIN

Chef : Gilles Dudognon

CUISINE MODERNE • BOURGEOIS Aux portes de Limoges, ce petit castel est une ancienne maison de porcelainier, décorée avec de nombreux meubles et tableaux chinés. Le chef Gilles Dudognon et sa brigade sélectionnent avec rigueur de beaux produits régionaux. Ils en tirent une cuisine classique de caractère, qu'ils n'hésitent pas à parsemer de touches inventives. Entre deux coups d'œil admiratifs au joli parc, on se régale de "L'Intemporel" pâté en croûte Saint Martin (ris de veau, volaille, foie gras), ou de plats plus progressifs comme le ceviche de maigre, tartare fenouil pamplemousse, sorbet citron infusé au thym. Chambres charmantes.

– Prix : €€€€

33 route Saint-Martin-du-Fault – ✆ *05 55 75 80 17 – www.chapellesaintmartin.com/fr – Fermé lundi, mardi et mercredi midi*

NÎMES

✉ 30000 - Gard -
Carte régionale n° **28**-B2

Marais et montagne... sous le soleil, exactement

Célèbre pour ses arènes, sa Maison Carrée et, désormais, son musée de la Romanité, la ville romaine est née au milieu de la garrigue, des oliveraies, des vignes et des châtaigniers. Tiraillée entre Cévennes et Camargue, elle fleure aussi délicieusement la Provence. Flânez au cœur de son Écusson, ce lacis de ruelles du quartier médiéval. Vous trouverez forcément une boutique où faire le plein de brandade de Nîmes, et une autre pour goûter à la gardiane de taureau.

Pour l'apéritif, mettez sur la table des olives de Nîmes (qui bénéficient d'une AOP), une tapenade et une anchoïade. En saison, les Cévennes fournissent leur lot de pélardons, d'oignons doux et de pommes reinette. Enfin, aux portes de la ville s'étend la plus méridionale des appellations de la vallée du Rhône : les Costières de Nîmes. Surtout dédié aux rouges, ce vignoble donne aussi des rosés et des blancs très méritants...

ॐॐ **DUENDE**

CUISINE MODERNE • **ÉLÉGANT** Duende ! Ou quand l'art du torero et de la danseuse de flamenco enflamment l'imaginaire de Pierre Gagnaire. L'adresse gastronomique de l'Hôtel Imperator bénéficie d'une entrée indépendante. Et d'indépendance, le maître n'en manque sûrement pas : produits de qualité, maîtrise technique avérée, spontanéité et originalité. Le grand chef a confié les clefs de la maison à son protégé Nicolas Fontaine et Masaki Nagao, qui connaissent sur le bout des doigts l'esprit frondeur de leur mentor. Le menu dégustation met subtilement à l'honneur les plus beaux produits du Gard et de l'axe méditerranéen (porc baron des Cévennes, légumes de petits maraîchers, pêche de Méditerranée...) autour d'assiettes subtiles et délicates. Superbe carte des vins, riche de plus de 1000 références, avec une préférence régionale marquée. Accueil charmant, service d'un grand professionnalisme et d'une grande élégance.

႘ ⇔ ⅙ AC 🅟 - Prix : €€€€

Plan : A1-8 - *Quai de la Fontaine* - ☏ *04 66 21 94 34* - *www.maison-albar-hotels-l-imperator.com* - *Fermé du lundi au mercredi, jeudi midi et dimanche soir*

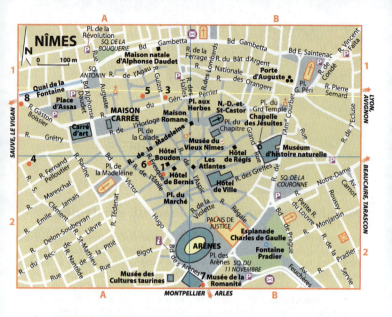

JÉRÔME NUTILE

Chef : Jérôme Nutile

CUISINE MODERNE • ÉLÉGANT Jérôme Nutile n'est pas le premier venu : Meilleur Ouvrier de France 2011, il a notamment fait les beaux jours de l'Hostellerie Le Castellas, à Collias. Dans son repaire nîmois, une ancienne ferme agricole réaménagée, il célèbre les saisons de très jolie manière : tendres poireaux cuits sur la fleur de sel de Camargue, fondant de saumon sauvage confit ; traditionnel lièvre à la royale façon Antonin Carême et à la mode du sénateur Couteaux, un grand classique en deux façons, soigné et savoureux. Ajoutons à cela un service aimable et compétent, une belle carte des vins de la région, et le compte est bon !

– Prix : €€€€

Hors plan - 351 chemin Bas-du-Mas-de-Boudan - ⌀ 04 66 40 65 65 - www.jerome-nutile.com - Fermé dimanche

ROUGE

CUISINE CRÉATIVE • INTIME Ce magnifique hôtel particulier du 15e s. abrite une table menée tambour battant par la cheffe Georgiana Viou. Évoluant constamment au fil des saisons, sa cuisine fusionne les influences méditerranéennes (marseillaise d'adoption, elle y a même ouvert son premier restaurant) et ses racines béninoises ("dja", ketchup béninois...) pour enchanter des assiettes créatives et goûteuses. Grande terrasse dans la cour pour les beaux jours, ou joli intérieur feutré, avec son grand comptoir en prise directe avec la cheffe, qui prend toujours le temps d'échanger avec ses clients.

– Prix : €€€

Plan : A2-6 - Margaret - Hôtel Chouleur, 6 rue Fresque - ⌀ 04 48 27 08 01 - www.margaret-hotelchouleur.com - Fermé lundi, mardi et mercredi midi

SKAB

Chef : Damien Sanchez

CUISINE MODERNE • CONTEMPORAIN Aux commandes de ce repaire de gourmandise situé derrière les arènes, juste en face du musée de la Romanité, on trouve le chef Damien Sanchez, un Nîmois qui a travaillé à la Cabro d'Or, à la

NÎMES

Réserve de Beaulieu, chez Christopher Coutanceau à La Rochelle et, enfin, dans sa ville natale aux côtés de Jérôme Nutile. Il convainc aisément avec une cuisine à dominante légumière, pleine de fraîcheur et de vivacité qui met en valeur le terroir gardois : crevettes roses du Grau-du-Roi cuites au court bouillon, bavaroise de brocoli, rouleau de chou vert aux éclats de crevettes ; filet de Saint-Pierre juste snacké, potimarron grillé, patate douce, sauce au miel. Dès les premiers rayons de soleil, on s'installe dans le patio à l'ombre des érables.

🕸 �& 🖾 🎴 ⇄ – Prix : €€€€

Hors plan – *7 rue de la République* – ☏ *04 66 21 94 30 – www.restaurant-skab. fr – Fermé lundi, dimanche et mardi midi*

LE BISTR'AU - LE MAS DE BOUDAN

CUISINE MODERNE • BISTRO Jérôme Nutile propose dans l'annexe de son adresse étoilée une ardoise composée au gré du marché. Ses préparations gourmandes revisitent les classiques et fleurent bon la bistronomie. Des exemples ? Velouté crémeux d'artichauts, relevé d'huile de truffe et foie gras ; demi coquelet au feu de bois, sauce miel et thym ; poisson du jour en provenance du Grau-du-Roi ; vacherin revisité façon mont-blanc, crémeux et glace marron, dôme et coulis cassis.

�& 🖾 🎴 🅿 – Prix : €€

Hors plan – *351 chemin Bas-du-Mas-de-Boudan* – ☏ *04 66 40 60 75 – www. jerome-nutile.com/fr – Fermé lundi et dimanche*

AUX PLAISIRS DES HALLES

CUISINE TRADITIONNELLE • CONVIVIAL Pour l'hiver, une salle tout habillée de bois ; pour l'été, un joli patio fleuri... toute l'année, une cuisine du marché simple et bien tournée : velouté de chou-fleur travaillé avec les sublimes de pigeon, toast avec les abats ; filets de rouget de roche, courge farcie de lard fumé et jus de cuisson ; crêpe façon Suzette au Grand Marnier... Avec un peu de chance, vous serez de passage un jour où le chef réalise un plat surprise sur un billot au milieu de la salle, devant les clients... un show qui vaut le coup d'œil !

🕸 🖾 🎴 ⇄ – Prix : €€

Plan : A1-5 – *4 rue Littré* – ☏ *04 66 36 01 02 – www.auxplaisirsdeshalles.com – Fermé lundi et dimanche soir*

GIGI, TABLE MÉDITERRANÉENNE ⓝ

CUISINE MÉDITERRANÉENNE • COSY Ce bistrot carmin et voûté, élégant et cosy, est la seconde table de la cheffe Georgiana Viou, qui régale ici d'une cuisine méditerranéenne gorgée de soleil : caillette d'agneau des Alpilles, poivrons rôtis, ail et crème d'herbes ; maquereau du Grau-du-Roi, farce fine dans l'esprit d'une escabèche catalane et textures de brocolis... Un sens du partage que l'on retrouve à la table d'hôtes.

�& 🖾 ⇄ – Prix : €€

Hors plan – *Margaret - Hôtel Chouleur, 6 rue Fresque* – ☏ *04 48 27 08 00 – www.margaret-hotelchouleur.com – Fermé lundi et dimanche*

MENNA

CUISINE MÉDITERRANÉENNE • CONVIVIAL Une affaire de famille : le papa en cuisine, sa fille en pâtisserie, au pain et aux amuse-bouches, Jonathan son compagnon à l'accueil et en salle, épaulé de sa belle-mère. Ici, tout est maison dans un registre méditerranéen traditionnel : fleurs de courgettes et bouillon de cigales de mer ; ballotine de lapin aux herbes ; farcis provençaux ; quasi de veau de l'Aveyron et jus au vin jaune ; riz au lait à la rhubarbe. Du pigeon au riz de Camargue, en passant par l'huile d'olive et les viandes du boucher-éleveur des halles, tous les produits n'ont pas beaucoup voyagé pour finir dans notre assiette. Bistrot situé en plein centre-ville à quelques pas des arènes dans une rue piétonne. La terrasse donne sur une placette.

ᴦ 🖾 🎴 – Prix : €€€

Plan : A2-1 – *7 rue de Bernis* – ☏ *04 66 21 04 45 – www.restaurant-menna.fr – Fermé mardi et mercredi*

795

NÎMES

LA PIE QUI COUETTE

CUISINE MÉDITERRANÉENNE • CONVIVIAL Situé au cœur des halles de Nîmes, ce comptoir, tenu par un chef expérimenté, enchante les papilles en toute simplicité. La cuisine du marché est concoctée à partir des produits ultra-frais choisis sur les étals voisins. Au nombre des spécialités de la maison : viandes maturées, brandade de morue, tartare de bœuf au couteau et île flottante. Les portions sont généreuses, le choix des vins judicieux. On mange au coude à coude, c'est très convivial. Attention pas de réservation possible, service de 11H30 à 15H00 (le week-end, essayez de venir en décalé).

🅰️ – Prix : €€

Plan : A1-3 – *1 rue Guizot* – ☏ *04 66 23 59 04* – *Fermé dimanche midi du lundi au samedi soir*

LA TABLE DU 2

CUISINE TRADITIONNELLE • BRASSERIE Entité gourmande du musée de la Romanité, cette brasserie contemporaine est parfaitement accordée avec l'architecture du bâtiment. Elle offre une vue imprenable sur les arènes de Nîmes, ainsi qu'une carte de saison chapeautée par le chef étoilé Franck Putelat. Sans jamais y perdre son latin, on se délecte d'une vraie cuisine traditionnelle : œuf meurette ; ris de veau et pomme purée, jus au Maury ; truite meunière... et même d'indétrônables crêpes Suzette.

🐟 ♿ 🅰️ 🍴 – Prix : €€

Plan : B2-7 – *2 rue de la République* – ☏ *04 48 27 22 22* – *www.latabledu2. com* – *Fermé , lundi et dimanche soir*

VINCENT CROIZARD

CUISINE CRÉATIVE • ÉLÉGANT Dans une rue étroite près du Carré d'Art, il faut d'abord sonner à la porte de cette discrète maison de ville. Le chef, autodidacte, y compose une jolie cuisine créative, osant des mariages souvent surprenants. Et c'est à son épouse qu'on doit la superbe sélection de vins, qui fait la part belle au Languedoc-Roussillon.

🕸 🍷 🅰️ 🍴 – Prix : €€€

Plan : A2-4 – *17 rue des Chassaintes* – ☏ *04 66 67 04 99* – *www. restaurantcroizard.com* – *Fermé lundi, mardi et mercredi midi*

🛏️

BIEN LOIN D'ICI

MODERNE • CHAMPÊTRE Trois éco-lodges plantés dans la garrigue provençale : l'objectif est rempli, la sensation d'ailleurs garantie. Dissimulé dans la végétation, cet hôtel offre un repli dans la nature, et dans le respect de celle-ci. Les deux Parisiens à l'origine de cette bulle de luxe écolo ont pensé à tout, de l'ossature en bois de leurs "maisons passives et bioclimatiques" jusqu'aux énergies vertes en passant par des matériaux 100% locaux, un jardin sec et un système de phytoépuration. Si vous redoutez de dormir sur un matelas de paille et de festoyer autour de fanes de carottes, la décoration ultra pointue, iPad, spa privé, guitare acoustique et vélos à disposition devraient vous rassurer.

🅰️ 🅿️ 🍷 🍴 🛁 🕸 - 3 chambres

386 traverse d'Engance – ☏ *06 86 76 14 30*

🛏️

JARDINS SECRETS

CLASSIQUE • RAFFINÉ Exquis et confidentiel... Au cœur de la ville, cet hôtel est une parenthèse : au sein d'un jardin semé de mille essences, le décor, imaginé par une propriétaire pleine de talents, puise dans tous les raffinements du 18e s. Le spa est très beau.

🅰️ 🌿 🅿️ 🔄 🍴 🛁 🌐 🕸 - 14 chambres

3 rue Gaston Maruejols – ☏ *04 66 84 82 64*

NÎMES

MAISON ALBAR HÔTELS L'IMPERATOR
CLASSIQUE • CHARME Superbement restauré, cet hôtel en cœur de ville a retrouvé tout son charme Art déco, depuis les chambres (bois, marbre, rappels minéraux, bleu et vert façon 1930) jusqu'au joli patio-terrasse. Spa, fitness, piscine : un séjour délicieux.
- 60 chambres
15 rue Gaston Boissier – ℰ 04 66 21 90 30
✿✿ **Duende** - Voir la sélection des restaurants

NIORT
✉ 79000 – Deux-Sèvres – Carte régionale n° **14**–C2

AUBERGE DE LA ROUSSILLE
CUISINE MODERNE • AUBERGE On tombe forcément sous le charme de cette belle maison d'éclusier, installée dans le cadre bucolique des bords de Sèvre... un environnement enchanteur qui ne saurait masquer l'essentiel : la cuisine du chef, soignée et bien calibrée, dans laquelle les produits sont au top et agrémentés sans superflu. Un vrai bonheur.
– Prix : €€€
30 impasse de la Roussille, St-Liguaire – ℰ 05 49 06 98 38 – www.laroussille. com – Fermé lundi et mardi, et dimanche soir

NŒUX-LES-MINES
✉ 62290 – Pas-de-Calais – Carte régionale n° **4**–B2

LE CERCLE
CUISINE MODERNE • COSY Des assiettes maîtrisées, des produits de qualité et un service souriant : qu'il fait bon prendre place dans le Cercle ! Parmi nos plats préférés : escargots à l'ail et émulsion de pomme de terre ; turbot aux carottes des sables et bisque de langoustine. Quant au cadre, à la fois chic et cosy, il se pare d'élégants tableaux contemporains.
– Prix : €€
374 rue Nationale – ℰ 03 21 61 65 65 – www.hotel-lamaisonrouge.com

NOIRMOUTIER-EN-L'ÎLE – Vendée (85) → Voir Île de Noirmoutier

NOISY-LE-GRAND
✉ 93160 – Seine-Saint-Denis – Carte régionale n° **11**–F2

LES MÉROVINGIENS
CUISINE MODERNE • CONTEMPORAIN Jacky Ribault (L'Ours à Vincennes, Qui Plume la Lune dans le 11e à Paris) a ouvert cette brasserie au rez-de-chaussée d'une résidence du centre-ville de Noisy-le-Grand. L'adresse rend hommage à l'histoire de la ville, installée sur une nécropole mérovingienne et carolingienne. La carte déroule de bons petits classiques sagement relookés, réalisés à partir de produits impeccables. Tous les desserts sont signés du pâtissier de l'Ours, Hugo Correia. Cadre contemporain plaisant sur mesure. Brunch le dimanche, ouvert 7 jours sur 7, et service continu.
– Prix : €€
32 avenue Émile-Cossonneau – ℰ 01 43 03 67 78 – www.lesmerovingiens.fr – Fermé lundi et dimanche

NONSARD-LAMARCHE

✉ 55210 – Meuse – Carte régionale n° **6**–D3

LA MANGEOIRE Ⓝ

CUISINE MODERNE • MAISON DE CAMPAGNE Qu'on se rassure, cette ancienne ferme ne nous prend pas pour des bovins, même si une mangeoire garnie de paille décore toujours la salle, d'esprit rustique et épuré. Le chef Quentin Pierre, au parcours sérieux, aime la nature et ne ménage pas ses efforts pour inviter dans ses assiettes les producteurs de la région (truite de Saint-Mihiel, porc de Vilotte-sur-Aire, truffe mésentérique de Bislée...). Il signe une cuisine de saison, fraîche et simple. Le menu dégustation propose des produits plus nobles (foie gras, sandre, ris de veau).

&. – Prix : €€

13 rue du Bois-Gérard – ☏ 06 74 87 15 04 – www.restaurantlamangeoire.fr – Fermé lundi et mardi, et mercredi, jeudi et dimanche soir

NONZA – Haute-Corse (22) ➜ Voir Corse

NOTRE-DAME-DE-BELLECOMBE

✉ 73590 – Savoie – Carte régionale n° **21**–D2

🐵 LA FERME DE VICTORINE

CUISINE RÉGIONALE • CONVIVIAL Une ferme plus vraie que nature ; l'hiver, depuis la jolie salle rustique, on aperçoit même les vaches dans l'étable... Le chef est un passionné du terroir savoyard, toujours à la recherche des meilleurs fromages et charcuteries. Une table éminemment sympathique et très gourmande !

🛋🅿 – Prix : €€

141 route du Plan-Dessert – ☏ 04 79 31 63 46 – www.la-ferme-de-victorine.com – Fermé mercredi et lundi midi

NOYAL-SUR-VILAINE

✉ 35530 – Ille-et-Vilaine – Carte régionale n° **9**–B1

✿ AUBERGE DU PONT D'ACIGNÉ

Chef : Sylvain Guillemot

CUISINE MODERNE • ÉLÉGANT Aux portes de Rennes, le long de la Vilaine, cette maison en granit mérite toute notre attention. Les propriétaires, Sylvain Guillemot et son épouse Marie-Pierre, se sont rencontrés chez Alain Passard. Sylvain revendique une "cuisine d'instant et d'instinct", travaille le terroir avec inventivité et une maîtrise de tous les instants. Il bichonne particulièrement ses relations avec ses amis producteurs – d'algues, de piment, de gingembre, de volaille et, bien sûr, de beurre. Le cadre, élégant et lumineux, la terrasse en bord de la Vilaine, comme le service, très agréable, ajoutent au plaisir de cette parenthèse gastronomique. Très beau choix de vins.

🐝 &.🛋↻🅿 – Prix : €€€

8 Le Pont-d'Acigné (lieu-dit) – ☏ 02 99 62 52 55 – www.lepontdacigne.com – Fermé lundi et mardi, et dimanche soir

NYONS

✉ 26110 – Drôme – Carte régionale n° **24**–B2

LE VERRE À SOIE

CUISINE FUSION • CONVIVIAL Après une carrière chez Christian Têtedoie (Lyon), Fei-Hsiu et Jérome Lamy ont décidé de reprendre ce Verre à Soie. Lui œuvre toujours comme sommelier, proposant de séduisants accords mets et vins, mettant en valeur la jolie cuisine de son épouse, inspirée par ses origines taïwanaises. Un beau mariage franco-asiatique.

🍃 🏠 – Prix : €€

12 place des Arcades – ℰ 04 75 26 15 18 – Fermé du mardi au jeudi

OBERNAI

✉ 67210 – Bas-Rhin – Carte régionale n° **8**–A2

✿✿ LA FOURCHETTE DES DUCS

Chef : Nicolas Stamm-Corby

CUISINE MODERNE • ÉLÉGANT Le chef Nicolas Stamm-Corby sait maintenir l'équilibre parfait entre la célébration des classiques et la pointe d'inventivité qui fait mouche. En toutes saisons, il nous gratifie d'assiettes de belle tenue, dans lesquelles les bons produits sont à la fête. En hiver, la ballottine de pigeonneau de nid de Théo Kieffer au foie gras, chou farci de choucroûte fil d'or, jus de pigeon truffé fait honneur à l'Alsace... Côté sucré, le jeune pâtissier Benjamin Mornay démontre un réel savoir-faire sur ce baba au rhum, dégustation d'un "ron diplomatico", crème chiboust et glace à la vanille de Tahiti. Enfin, on termine par un chariot de mignardises absolument mémorable (tartes aux fruits, kougelhopf, financier à la griotte, madeleine au miel de lavande...).

🍃 ♿ 🅰🅲 💬 – Prix : €€€€

6 rue de la Gare – ℰ 03 88 48 33 38 – www.lafourchettedesducs.com/fr – Fermé lundi, du mardi au samedi à midi, et dimanche soir

✿ THIERRY SCHWARTZ - LE RESTAURANT

Chef : Thierry Schwartz

CUISINE CRÉATIVE • RUSTIQUE Pour Thierry Schwartz, "Alsacien de cœur et d'origine", la nature ne s'envisage qu'en plein cœur de l'assiette : son engagement en faveur des producteurs locaux en est la preuve, et lui a valu les insignes d'officier du Mérite agricole. Posons le décor : naturel et boisé, avec exposition de légumes du moment, tables en bois et cheminée qui crépite... Il concocte trois remarquables menus où le produit (alsacien et en permaculture) se suffit à lui-même : pur épeautre, omble chevalier, oseille sauvage, œufs bio fermiers... Tout cela s'arrose d'un bon cru, nature bien évidemment : vous aurez le choix, la carte comporte plus de 1500 références.

🍃 🏠 💬 – Prix : €€€€

35 rue de Sélestat – ℰ 03 88 49 90 41 – www.thierry-schwartz.fr – Fermé lundi, dimanche et mardi midi

🌱**L'engagement du chef** : Depuis l'ouverture du restaurant il y a plus de 20 ans, les circuits courts sont notre priorité. 95% de nos produits viennent de moins de 50 km. Nous contactons nos maraîchers et éleveurs tous les jours et nous prenons leurs produits à maturité. Notre carte change deux fois par semaine. Une grande majorité de nos producteurs travaillent en biodynamie et nous encourageons la réintroduction de variétés anciennes de fruits et de légumes. Nous transformons les déchets dans un objectif zéro déchet.

OBERNAI

LE PARC

CUISINE MODERNE · ÉLÉGANT Voilà, dans les faubourgs de la ville, une imposante maison alsacienne où les générations se succèdent depuis la création de l'établissement en 1954. Dans l'élégante salle à manger – boiseries couleur miel, plafond à caissons, lustre en cristal –, on se régale d'une bonne cuisine actuelle, bien réalisée.

🛏🄰🅲🛱♻🅿 – Prix : €€€

169 route d'Ottrott – 𝒞 03 88 95 50 08 – www.leparchotel.fr – Fermé du lundi au samedi à midi

OBERSTEINBACH

✉ 67510 – Bas-Rhin – Carte régionale n° **8**–B1

ANTHON

CUISINE MODERNE · MAISON DE CAMPAGNE Georges Flaig représente la quatrième génération aux fourneaux de cette ravissante maison à colombages, datant de 1860. Nulle nostalgie chez lui : sa cuisine est moderne et savoureuse, et met volontiers en avant les producteurs des environs : bœuf de Highland du Windstein, truite de Wingen...

🐾 🛏♿🛱🅿 – Prix : €€

40 rue Principale – 𝒞 03 88 09 55 01 – www.restaurant-anthon.fr

OLARGUES

✉ 34390 – Hérault – Carte régionale n° **27**–C2

FLEURS D'OLARGUES

CUISINE MODERNE · AUBERGE Une véritable affaire de famille que cette adresse où le père Kasper, d'origine danoise, travaille avec son épouse et ses filles. Produits locaux, légumes du potager, foie gras et pain maison (comme ce smørrebrød) et subtiles touches nordiques (saumon mariné au jus de betterave, pommes de terre hasselback) : voici le programme culinaire de cette jolie adresse familiale. La terrasse bucolique donne sur le pont du Diable (12e s.) et le village, classé parmi les plus beaux de France.

⛵🛱 – Prix : €€

au Pont-du-Diable – 𝒞 04 67 97 27 04 – www.fleursdeolargues.com – Fermé du lundi au vendredi et dimanche soir

OLETTA – Haute-Corse (22) ➜ Voir Corse

OLIVET

✉ 45160 – Loiret – Carte régionale n° **11**–B3

LE PAVILLON BLEU

CUISINE MODERNE · ROMANTIQUE Esprit guinguette pour cette bâtisse de 1903 des bords du Loiret, où il fait bon s'installer sur la terrasse aux beaux jours, à l'ombre de vieux platanes, quasiment "les pieds dans l'eau". Pour l'anecdote, la salle est aménagée dans un ancien hangar à bateaux. Côté assiettes, les techniques sont maîtrisées, les assaisonnements équilibrés : c'est savoureux. Chambres confortables pour l'étape.

🛱🅿 – Prix : €€

315 rue de la Reine-Blanche – 𝒞 02 38 66 14 30 – www.pavillonbleu-restaurant. com – Fermé dimanche

OLMETO – Corse-du-Sud (2A) ➜ Voir

ONET-LE-CHÂTEAU VILLAGE

✉ 12850 – Aveyron – Carte régionale n° **23**–C2

LE CLOS - CHÂTEAU DE LABRO ⓝ

CUISINE MODERNE • COSY Dans une dépendance du château, voici un restaurant qui affirme son style baroque : sol en béton ciré, chaises chinées et lustre à pampilles. Mais c'est surtout la cuisine gourmande et actuelle du chef qui retient l'attention. Les produits de bonne qualité offrent des saveurs franches et bien marquées à l'image de la belle carotte rôtie en entrée et sa tuile croustillante au vieux Rodez. La présentation de la volaille sur compotée de tomates cerises acidulées est impeccable. Quelques chambres et un Spa pour prolonger la détente.

⏧ 🛇 🍽 🅿 – Prix : €€

Labro – ☎ 05 65 67 90 62 – www.chateaulabro.fr – Fermé lundi, dimanche et du mardi au samedi à midi

ONZAIN

✉ 41150 – Loir-et-Cher – Carte régionale n° **10**–C3

BISTROT DES HAUTS DE LOIRE

CUISINE TRADITIONNELLE • BISTRO Dans les dépendances du domaine, une jolie bâtisse solognote avec sa charpente apparente et son parquet de chêne... Le décor est planté ! Sur la terrasse face au jardin potager, on se régale de petits plats bistrotiers (viande maturée, cuissons à la broche) et de créations plus imaginatives. Un régal.

⏧ 🛇 🍽 🅿 – Prix : €€

79 rue Gilbert-Navard – ☎ 02 54 20 72 57 – www.hautsdeloire.com – Fermé dimanche soir

LES HAUTS DE LOIRE

CUISINE CLASSIQUE • ÉLÉGANT Le cadre de ce pavillon de chasse du 19e s. installé entre Amboise et Blois est tout simplement magnifique, notamment la salle à manger classique et la ravissante terrasse au calme. La carte s'appuie sur des produits de belle qualité – truffe de Touraine, caviar de Sologne, poissons de Loire – travaillés avec application. En saison, on retrouve également avec plaisir le gibier régional et les fruits et légumes du potager maison.

⏧ 🆎 🍽 🅿 – Prix : €€€€

79 rue Gilbert-Navard – ☎ 02 54 20 72 57 – www.hautsdeloire.com – Fermé lundi, mardi et du mercredi au vendredi à midi

🛏 LES HAUTS DE LOIRE

TRADITIONNEL • COSY Dans son parc forestier à mi-chemin entre Chenonceaux, Amboise et Blois, ce castel plus que centenaire (1860) exprime l'âme noble de la région. Objets anciens, imprimés chatoyants, beaux volumes, charpente apparente dans certaines chambres : le savoir-vivre à la ligérienne.

🆎 🅿 ⌂ ⌧ ⏧ ⚒ 🌐 ❄ 🎱 🍽 - 36 chambres

79 rue Gilbert Navard – ☎ 02 54 20 72 57

Les Hauts de Loire • Bistrot des Hauts de Loire - Voir la sélection des restaurants

OPIO

✉ 06650 – Alpes-Maritimes – Carte régionale n° **29**–E2

CAFFÉ CÉSAR L'INITIAL

CUISINE MODERNE • **BRASSERIE** Une grande terrasse, un intérieur moderne et spacieux avec une grande cuisine ouverte : un écrin idéal pour découvrir une cuisine bistronomique aux bons parfums de Provence et de Méditerranée, soignée et gourmande. Délicieux gnocchis aux blettes (spécialité niçoise "Merda de Can"), filet de pagre en matelote comme une caponata, baba au rhum à la rose... Une adresse conviviale où le service du vin au verre se fait au magnum...

& AC ⌂ – Prix : €€

2 route de Nice – ☏ 04 93 36 09 03 – www.caffecesar.fr – Fermé mardi et mercredi

OPPÈDE

✉ 84580 – Vaucluse

LA BASTIDE DU MOURRE

CLASSIQUE • **CHAMPÊTRE** La Bastide du Mourre est une ferme du 17e s. assortie de gîtes au charme rustique. Les interventions modernes restent discrètes et élégantes, dans l'esprit du lieu, à la fois luxueux et champêtre. Un petit spa propose des produits à base de plantes, et la table de l'hôtel tire le meilleur parti des produits locaux.

& AC ⌂ ☆ ⌂ - 17 chambres

251 chemin du Moure – ☏ 04 87 83 00 00

ORANGE

✉ 84100 – Vaucluse – Carte régionale n° **28**–E1

LE MAS DES AIGRAS - TABLE DU VERGER

CUISINE PROVENÇALE • **CONTEMPORAIN** Un charmant mas en pierre, installé tranquillement au milieu des vignes et des champs. Le chef y prépare une goûteuse cuisine de saison, simple et bonne, avec des produits bien choisis. S'il fait beau, direction l'agréable terrasse. Pour l'étape, quelques chambres décorées dans un esprit contemporain.

⌂ ⌂ P – Prix : €€

Chemin des Aigras – ☏ 04 90 34 81 01 – www.masdesaigras.com – Fermé du lundi au mercredi

ORCINES

✉ 63870 – Puy-de-Dôme – Carte régionale n° **20**–B1

AUBERGE DE LA BARAQUE

CUISINE MODERNE • **BOURGEOIS** Cette Baraque-là, tout comme les plats qu'on y prépare, n'est pas faite de bric et de broc ! Dans le cadre cosy et feutré à souhait (cheminée, moulures et lustres à pampilles) de ce relais de diligence (1800), on apprécie une cuisine actuelle de qualité, savoureuse et bien présentée. Service agréable, prix raisonnables et jolie carte des vins.

⌘ & ⌂ P – Prix : €€

2 route de Bordeaux – ☏ 04 73 62 26 24 – www.laubrieres.com – Fermé du lundi au mercredi

ORCINES

AUBERGE DE LA FONTAINE DU BERGER

CUISINE TRADITIONNELLE • AUBERGE Sur la départementale reliant Clermont à l'autoroute, faites une halte dans cette auberge en pierres volcaniques et menuiseries rouges qui regarde le puy de Dôme et le Pariou. Dans les assiettes, une cuisine traditionnelle est mitonnée avec des produits de bonne qualité à l'image des noix de Saint-Jacques d'Erquy poêlées, endives et pleurotes au vin jaune, ou de la jambonnette truffée de poulet fermier. En dessert, ne passez pas à côté du délicieux paris-brest maison, monté au moment. L'accueil et la décoration de la salle à manger sont tout autant chaleureux.

& 🍴 **P** – Prix : €€

167 route de Limoges – ℰ 04 73 62 10 52 – www.auberge.fr – Fermé lundi et mardi, et mercredi et dimanche soir

ORGON

 13660 – Bouches-du-Rhône

LE MAS DE LA ROSE

TRADITIONNEL • CHARME Dans un site bucolique, ces anciennes bergeries (17e s.) sont joliment réaménagées en adresse de charme. Les chambres, décorées avec soin, ont l'accent de la Provence… Superbe jardin paysager avec piscine.

🅰🅺 **P** ♨ 🛁 ≋ ⅋ – 12 chambres

Route d'Eygalières – ℰ 04 90 73 08 91

ORLÉANS

 45000 – Loiret – Carte régionale n° **11**-B3

✿ LE LIÈVRE GOURMAND

Chef : Tristan Robreau

CUISINE CRÉATIVE • ÉLÉGANT Le chef de cette maison des bords de Loire s'est formé chez les Meilleur à la Bouitte et Au Rendez-vous des pêcheurs à Blois. Tristan Robreau choisit ses fournisseurs avec soin, et délivre une cuisine fusion inspirée notamment de ses voyages en Asie, faisant montre d'une réelle identité culinaire. On retrouve, par exemple, truite séchée Soba, ail thaï ; turbot cardamome, endive rouge. Les produits sont de très belle qualité, la technique est assurée et les saveurs sont marquées. Une cuisine d'équilibriste qui maintient sa promesse : le Lièvre gourmand demeure la meilleure table de la ville.

& 🅺 ⇔ – Prix : €€€

Plan : B3-1 – *28 quai du Châtelet – ℰ 02 38 53 66 14 – www.lelievregourmand.fr – Fermé lundi, mardi et mercredi midi*

L'HIBISCUS

CUISINE MODERNE • CONTEMPORAIN La rue est piétonne et animée, la façade discrète. Poussez la porte : produits frais, recettes originales, cuisine moderne, le tout emmené par Céline Lefebvre, riche d'un parcours solide. Pas de carte, mais un court menu changeant régulièrement selon les saisons et les arrivages. Prix raisonnables.

& – Prix : €€

Plan : B2-3 – *175 rue de Bourgogne – ℰ 02 38 72 74 11 – www.hibiscus-orleans.fr – Fermé samedi et dimanche*

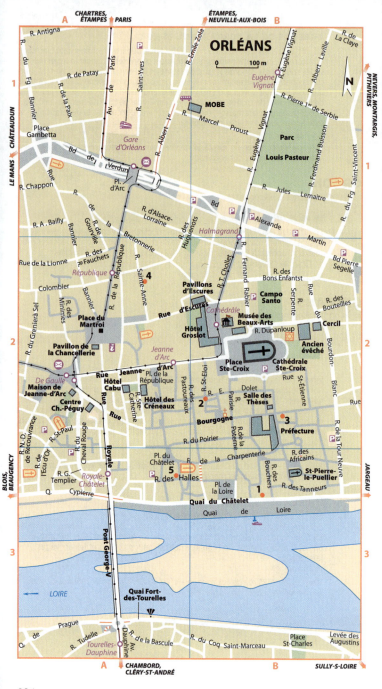

ORLÉANS

LA DARIOLE

CUISINE MODERNE • TRADITIONNEL Au cœur de la vieille ville et non loin de la cathédrale, une petite rue pavée abrite cette maison à colombages du 15e s. À l'intérieur, un élégant mélange de styles – mobilier contemporain sur fond de pierres, briques et poutres apparentes. Le chef, formé jadis ici même, sait y faire avec sa cuisine dans l'air du temps. Menu aux intitulés laconiques, comme cet énigmatique tomate/tomate/tomate ou cet original pastèque/génépi/rostello... Laissez-vous surprendre !

🍴 – Prix : €€

Plan : B2-2 – 25 rue Étienne-Dolet – ☏ 02 38 77 26 67 – www.ladariole.fr – Fermé lundi et dimanche, et mardi et mercredi soir

EUGÈNE

CUISINE MODERNE • COSY De passage dans le Loiret, il est recommandé de pousser la porte de cette maison au cadre cosy pour découvrir la subtile cuisine de saison du chef, Alain Gérard : des plats soignés, goûteux et fins, et d'alléchants menus qu'il compose au gré de son inspiration.

AC 🍴 – Prix : €€

Plan : A2-4 – 24 rue Sainte-Anne – ☏ 02 38 53 82 64 – www.restauranteugene.fr – Fermé samedi et dimanche

GRIC

CUISINE MODERNE • CONVIVIAL Gentillesse, naturel, gourmandise : Marie Gricourt, dont le parcours l'a mené jusqu'au restaurant La Table d'à côté de Christophe Hay dont elle était cheffe, a ouvert une adresse conviviale qui lui ressemble. En effet, dans ce restaurant situé non loin des bords de Loire, la cheffe et sa brigade essentiellement féminine (qui participe tout sourire au service) revisitent avec simplicité et justesse une partition bistrotière : entrée terre/mer avec des Saint-Jacques bercées par une purée de patate douce, lardons et pruneaux ; conchiglionis farcis au paleron de bœuf et cèpes ; et un dessert gourmand, une île flottante aux agrumes, miel et pollen...

♿ 🍴 – Prix : €€

Plan : A3-5 – 8 rue des Halles – ☏ 02 38 53 16 45 – www.restaurantgric.fr – Fermé lundi, dimanche et mardi midi

EMPREINTE HÔTEL

CONTEMPORAIN • ÉLÉGANT "En bord de Loire, l'hôtel occupe une bâtisse du 15e s. Ses chambres (et l'unique suite) conservent cette ""empreinte"" historique, mais leur style est incontestablement contemporain. Beaucoup ont vue sur les toits de la ville ou sur le fleuve et le pont Georges V, et l'une possède sa propre terrasse privée. Spa moderne et élégant."

♿ AC 🅿 🚲 🛏 – 32 chambres

80 quai du Châtelet – ☏ 02 38 75 10 52

ORSAN

✉ 30200 – Gard – Carte régionale n° **28**–E1

 ### C'LA VIE

CUISINE MODERNE • ÉPURÉ Fils et petit-fils de boulanger, le chef Richard Durand a fait de C'la Vie un vrai rendez-vous gourmand. Ici, il fait bon vivre et il fait bon manger : le menu du jour met en avant de super produits (locaux pour la plupart), les saveurs sont marquées, la gourmandise est à l'honneur. À déguster dans un intérieur épuré ou sur la terrasse, à l'ombre d'un platane centenaire. Jolie sélection de vins, qui célèbre comme il se doit la vallée du Rhône et le Languedoc.

♿ AC 🍴 – Prix : €€

12 avenue du Jasset – ☏ 04 66 39 29 15 – www.restaurant-clavie.fr – Fermé samedi et dimanche, et lundi et mercredi soir

805

ORTHEZ

✉ 64300 – Pyrénées-Atlantiques – Carte régionale n° **25**–B2

LA MAISON Ⓝ

CUISINE MODERNE • BISTRO Dans une rue piétonne du centre-ville d'Orthez, un ancien magasin de pêche abrite aujourd'hui un vaste bistrot au chaleureux décor chiné et dépareillé. Dans une salle comble, on s'attable joyeusement devant un cru-cuit de chou rouge, copeaux de jambon de pays et vinaigrette sésame ; un incontournable paleron de bœuf braisé et carottes fondantes ; un classique riz au lait au caramel salé et nougatine. Un seul menu au déjeuner, qui change chaque semaine. Les soirs et week-ends, courte carte avec des entrées à partager et des produits plus nobles, toujours mitonnés dans cette veine bistrotière.

♿ 🆔 🍴 – Prix : €€

*32 rue de l'Horloge – ✆ 05 59 67 00 05 – www.lamaisondelhorloge.fr –
Fermé lundi et dimanche soir*

OSTHOUSE

✉ 67150 – Bas-Rhin – Carte régionale n° **8**–B2

À L'AIGLE D'OR

CUISINE CLASSIQUE • AUBERGE Accroché à un coin de cette solide maison de village, l'aigle en fer forgé semble annoncer : "Vous êtes arrivé !" À l'intérieur, on se régale de grands classiques (marbré de foie gras d'oie maison et gelée au porto, mousseline de grenouilles façon Paul Haeberlin, sole meunière découpée en salle...) dans un cadre traditionnel et chaleureux. Ambiance plus décontractée côté winstub.

♿ 🆔 🅿 – Prix : €€€

*14 rue de Gerstheim – ✆ 03 88 98 06 82 – www.hotelalaferme.com – Fermé lundi
et mardi*

OSTWALD

✉ 67540 – Bas-Rhin – Carte régionale n° **8**–B2

MIRO

CUISINE FUSION • CONVIVIAL Ouvrez les yeux sur ce Miro situé dans un parc bucolique au bord de l'Ill. Familier des gastronomies sud-américaine, japonaise et française, le chef régale avec une cuisine savoureuse et décomplexée, inspirée de ses nombreux voyages, à l'image de ce ceviche de loup à la thaï, ou de cette superbe entrecôte de bœuf argentin terminée sur les braises. Menu déjeuner à prix imbattable.

♿ 🍴 🅿 – Prix : €€

Plan : voir Strasbourg plan I - A3 - 4 *Rue de la Nachtweid – ✆ 03 88 66 58 88 –
www.mirostrasbourg.com – Fermé lundi, dimanche et samedi midi*

OTTROTT

✉ 67530 – Bas-Rhin – Carte régionale n° **8**–A2

À L'AMI FRITZ

CUISINE ALSACIENNE • TRADITIONNEL M. Fritz, c'est le chef-patron, mais l'enseigne fait aussi référence au roman d'Erckmann et Chatrian (1854), dont le héros sacrifie tout à la bonne chère. Un sacré patronage pour une cuisine alsacienne bien exécutée, dans un décor qui porte également haut le charme de la région.

♿ 🅿 – Prix : €€

8 rue des Châteaux – ✆ 03 88 95 80 81 – www.amifritz.com – Fermé mercredi

OTTROTT

HOSTELLERIE DES CHÂTEAUX

CUISINE MODERNE • ÉLÉGANT Un cadre feutré et intime pour une cuisine actuelle, sur de bonnes bases classiques : millefeuille d'escargots de Rosheim à l'ail des ours et chlorophylle de persil, ou filet de turbot, beurre blanc au champagne et crémeux de cocos noirs... Chambres confortables qui marient le contemporain au style alsacien.

⬕🍴♿🅰️🌤️🅿️ – Prix : €€€

11 rue des Châteaux – ✆ 03 88 48 14 14 – www.hostellerie-chateaux.fr

LA TABLE DU 6717

CUISINE MODERNE • CONTEMPORAIN Envie de vous mettre au vert ? Ouvrant sur les bois, décoré en harmonie avec la nature, le restaurant La Table propose un menu gourmet le soir ainsi qu'une formule "découverte" selon les arrivages du jour. Une cuisine moderne dont certains légumes proviennent directement du potager. On retient le faux-filet de bœuf Herdshire, variation d'artichauts, oignons et jus corsé.

⬕🅰️🌤️🅿️ – Prix : €€€

17 route de Klingenthal – ✆ 03 67 68 67 17 – www.6717hotelspa.com – Fermé du lundi au samedi à midi, dimanche soir

OUCHES

✉ 42155 – Loire – Carte régionale n° **20**–C1

🏵🏵🏵 TROISGROS - LE BOIS SANS FEUILLES

Chef : César Troisgros

CUISINE CRÉATIVE • ÉLÉGANT Au sein d'un décor naturaliste imaginé par l'architecte Patrick Bouchain, les salles à manger vitrées s'articulent autour d'un grand chêne centenaire : c'est dans cet écrin que César perpétue l'héritage familial de superbe manière, avec une cuisine qui porte plus que jamais la "patte" Troisgros. Les assiettes, originales, s'autorisent de pertinentes audaces végétales, assorties de subtiles pointes d'acidité et d'amertume. Produits sublimés, préparations fines et aventureuses, potager en permaculture et étang : un restaurant d'exception, dans un cadre à couper le souffle.

🏵 ⬌⬕♿🅰️🔄🅿️ – Prix : €€€€

728 route de Villerest – ✆ 04 77 71 66 97 – www.troisgros.fr – Fermé lundi, mardi et mercredi midi

🏵**L'engagement du chef :** Attachés à notre terre et aux hommes qui la cultivent, notre devoir est de la promouvoir et de la mettre en avant. Nous cuisinons avec joie les légumes de notre jardin. Inspirée par la permaculture, la biodiversité est merveilleuse : nous n'utilisons aucun intrant, la tonte des espaces verts est réduite au minimum, ruches, nichoirs à oiseaux, prairies, chevaux et animaux sauvages y cohabitent paisiblement.

OUCHES

CHÂTEAU D'ORIGNY
CUISINE MODERNE • **ÉLÉGANT** Ouvrir un restaurant dans le village rendu célèbre par les Troisgros, il fallait oser ! Pari gagné haut la main grâce à Julien Laval, passé chez Serge Vieira à Chaudes-Aigues, mais aussi finaliste du championnat de France du dessert. Dans ce château du 16e s. où tomettes d'époque côtoient cheminées en pierre, ce chef s'épanouit en toute gourmandise, comme en témoignent ses plats d'inspiration classique dressés avec soin : crabe royal et tomates du jardin au vinaigre de sureau et citron fermenté ; lapin à la moutarde, pommes de terre rôties, oignons caramélisés et sauce charcutière ; mirabelles pochées au citron jaune, crémeux yuzu, biscuit cuillère et sorbet estragon. La vie de château !
– Prix : €€€€
2210 route de Roanne – 04 77 72 52 67 – www.restaurant.chateaudorigny.com – Fermé lundi et mardi

OUCQUES
41290 – Loir-et-Cher – Carte régionale n° **10**-C2

Ô EN COULEUR
CUISINE TRADITIONNELLE • **COLORÉ** Sous la verrière de la salle colorée au décor contemporain ou en terrasse dans le jardin verdoyant, on se régale de recettes bien ficelées concoctées par le chef avec de beaux produits. Fromage de tête façon gribiche, bœuf poêlé et ses abats en émiettés, petit pot de crème et sa madeleine… C'est flatteur au palais, et doux pour le porte-monnaie. Et pour prolonger l'étape, des chambres confortables… et hautes en couleurs, évidemment !
– Prix : €€
9 rue de Beaugency – 02 54 23 20 41 – www.o-en-couleur-oucques.com – Fermé lundi, mardi midi et dimanche soir

OUISTREHAM
14150 – Calvados – Carte régionale n° **2**-C2

LA TABLE D'HÔTES
CUISINE MODERNE • **COSY** À deux pas de la station balnéaire, ce restaurant familial est le repaire d'un couple passé par de belles maisons. Joli symbole, Yoann Lavalley a racheté le fourneau sur lequel il a accompli son apprentissage… Il y conçoit une cuisine de saison gourmande et savoureuse. Son épouse vante les vertus d'une jolie carte des vins à l'excellent rapport qualité/prix. Poisson du jour, viande locale, fromages normands… Une sympathique adresse.
– Prix : €€
10 avenue du Général-Leclerc – 02 31 97 18 44 – www.latabledhotes-caen.com – Fermé mercredi, et mardi et dimanche soir

808

OUSSON-SUR-LOIRE

✉ 45250 – Loiret – Carte régionale n° **11**–C3

LE CLOS DU VIGNERON

CUISINE TRADITIONNELLE • CLASSIQUE Les vignes des coteaux du Giennois jouxtent le Clos du vigneron. On apprécie ici une cuisine sincère, de saison et de fraîcheur, faisant la part belle au poisson : le chef travaille comme un véritable artisan, amoureux de son métier. Chambres pratiques pour l'étape.

🍽 ⇄ 🅿 – Prix : €€

18 route Nationale 7 – ☎ 02 38 31 43 11 – www.hotel-clos-du-vigneron.com

OZENAY

✉ 71700 – Saône-et-Loire – Carte régionale n° **17**–C2

LE RELAIS D'OZENAY

CUISINE MODERNE • CONTEMPORAIN Dans le joli village médiéval d'Ozenay, ne manquez pas cette auberge à la façade colorée. À l'intérieur, un cadre contemporain et une cuisine goûteuse et maîtrisée par un chef au joli parcours, qui dresse des assiettes particulièrement soignées et fleuries. On y savoure par exemple un onctueux crémeux de petits pois, œuf mollet, émulsion au lait fumé. L'une des deux terrasses offre une vue sur le château.

♿ 🍽 🅿 – Prix : €€€

1244 route de Brancion (Le Bourg) – ☎ 03 85 32 17 93 – www.le-relais-dozenay. com – Fermé du lundi au mercredi et dimanche soir

PAILHEROLS

✉ 15800 – Cantal – Carte régionale n° **23**–C1

😊 ### L'AUBERGE DES MONTAGNES

CUISINE TRADITIONNELLE • AUBERGE Dans cette ferme située au cœur d'un joli village isolé (idéal pour des promenades dans la nature !), le chef propose une cuisine traditionnelle et soignée. Surtout, ne passez pas à côté du plateau de fromage, où trône le Salers produit à quelques mètres de là...

🛎 ♿ ⇄ 🅿 – Prix : €€

Le Bourg – ☎ 04 71 47 57 01 – www.auberge-des-montagnes.com – Fermé lundi et mardi

PAIMPOL

✉ 22500 – Côtes-d'Armor – Carte régionale n° **1**–C1

LA SERRE

CUISINE MODERNE • COSY Verdure et lumière sont les compagnons de choix de belles assiettes qui s'autorisent quelques touches de créativité. Le goût est présent, les saveurs sont préservées et les dressages soignés. On s'attable dans une magnifique serre ou sur la terrasse au cadre fort plaisant.

🛎 ♿ 🍽 🅿 – Prix : €€€

4 rue de Poulgoic – ☎ 09 52 49 36 17 – www.laserrepaimpol.fr – Fermé lundi, mardi, mercredi et jeudi à midi , et dimanche soir

PALAVAS-LES-FLOTS

✉ 34250 – Hérault – Carte régionale n° **27**-D2

😊 LE SAINT-GEORGES

CUISINE RÉGIONALE • CONVIVIAL Dans son restaurant, situé à deux pas du casino, Paul Courtaux ne joue pas à la roulette avec nos papilles. Il réalise une cuisine pétillante et savoureuse, dans laquelle les produits de la région sont joliment mis en avant, à l'instar de cette soupe de poisson froide en émulsion, poulpe et moule en aïoli, ou encore ce pavé de veau du Ségala, citron, basilic, aubergine, tomate et parmesan... Mention spéciale à la jolie carte des vins de la région et à l'accueil charmant.

 – Prix : €€

4 boulevard Maréchal-Foch – ☏ 04 67 68 31 38 – www.restaurant-st-georges.fr – Fermé lundi et mardi, et dimanche soir

🛏 PLAGE PALACE

ÉPURÉ • ÉLÉGANT Emplacement idyllique, face à la plage, pour cet hôtel haut de gamme qui porte la signature des frères Costes et dont la couleur discrète se fond dans le paysage. Toutes les chambres, épurées et élégantes, bénéficient d'un balcon ; préférez celles qui donnent sur la mer (à noter, les amusantes salles de bains nichées dans de fausses cabines de plage). Une très belle piscine de nage devance l'immense plage réservée aux clients.

♿ 🅰🅲 🏊 🅿 🍳 🛏 🍽 📶 📶 🐾 🚗 🛎 - 72 chambres

336 avenue Saint-Maurice – ☏ 04 34 08 63 00

LA PALUD-SUR-VERDON

✉ 04120 – Alpes-de-Haute-Provence

🛏 HÔTEL DES GORGES DU VERDON

MODERNE • CHARME C'est toujours un plaisir de faire une halte dans cet hôtel de charme, à l'écart du vacarme... On s'y repose dans de belles chambres colorées et design (dont quelques beaux duplex familiaux). Beau spa avec hammam, fitness, salles de massage, sauna et jacuzzi.

♿ 🅰🅲 🅿 🍳 🛏 🍽 📶 🐾 🚗 🛎 - 30 chambres

Route de La Maline – ☏ 04 92 77 38 26

PAMIERS

✉ 09100 – Ariège – Carte régionale n° **26**-C3

BASSAS

CUISINE MODERNE • CONTEMPORAIN Le couple Bassas, que l'on a connu auparavant chez Deymier (à Pamiers aussi), a totalement rénové cette ancienne bâtisse du centre-ville. Le résultat en jette, autant dans le décor sobre et chic que dans l'assiette, qui fait la part belle aux producteurs des environs. Jolie carte des vins de la région.

♿ 🅰🅲 🅿 – Prix : €€

Place des Trois-Pigeons – ☏ 05 61 67 28 76 – www.restaurant-bassas.fr – Fermé lundi, mardi et dimanche

PARADOU

13520 – Bouches-du-Rhône – Carte régionale n° **28**–E1

ALLEGRIA ! N

CUISINE PROVENÇALE • ÉLÉGANT Dans ce hameau de luxe, entouré d'oliviers et d'amandiers, et composé de maisonnettes avec chambres, on s'attable en terrasse sous les platanes, bercé par le chant des cigales, ou dans la salle à manger cosy. La cheffe Julie Chaix, qui a travaillé chez Anne-Sophie Pic et pour Alain Ducasse, trousse un joli menu du marché qui pioche son inspiration dans le panier des produits et des traditions provençales. On se goberge d'une terrine de cochon avec son pain toasté au jus de viande et à l'huile d'olive des Baux-de-Provence, d'une thonine poêlée avec aubergine et eau de tomate réduite, ou encore d'une pannacotta aux fruits rouges. Bon rapport qualité-prix du menu déjeuner.

– Prix : €€€

Les Petites Maisons, 285 chemin de Bourgeac – 04 48 70 00 23 – www.lespetites-maisons.com/restauration

LE BISTROT DU PARADOU

CUISINE PROVENÇALE • BISTRO Comme dit la chanson, c'est une maison bleue... enfin aux volets bleus, et surtout, une véritable institution locale où la réservation par téléphone est obligatoire et où le plat du jour change quotidiennement mais revient chaque semaine dans un menu unique – comme le cassoulet du mercredi. Sinon, aïoli, volaille de Bresse à la broche, tête de veau sauce ravigote et tartes maison célèbrent le répertoire provençal avec des plats généreux et goûteux, à dévorer dans une ambiance joyeuse et bon enfant, au rythme turbulent d'un service à la bonne franquette. Vin et copieux plateau de fromages à discrétion compris dans le menu unique.

– Prix : €€€

57 avenue de la Vallée-des-Baux – 04 90 54 32 70 – Fermé lundi et dimanche

NANCY BOURGUIGNON

CUISINE TRADITIONNELLE • CONTEMPORAIN Qu'il est doux le moment que l'on passe à cette table, où vous serez accueillis avec naturel et sympathie par la famille Bourguignon. Dans ce charmant restaurant, la cheffe passionnée concocte de subtiles recettes parfumées, mâtinées de jolies touches provençales. La terrasse, voisine de la piscine et entourée de végétation méditerranéenne, invite aux rêveries. Une oasis de quiétude et de charme.

– Prix : €€€

Lieu-dit de Bourgeac, 1 chemin de l'Ancienne-Voie-Ferrée – 04 90 54 56 78 – www.ducotedesolivades.com – Fermé lundi

B DESIGN & SPA   *Plus*

MODERNE • CALME La modernité au service du confort et du bien-être résume l'esprit de cet hôtel, à l'entrée de la propriété. Vastes suites dessinées par un designer, terrasses, espace de remise en forme. Pour un beau séjour au calme...

- 14 chambres

1 chemin de l'Ancienne Voie Ferrée – 04 90 54 56 78

Nancy Bourguignon - Voir la sélection des restaurants

811

PARÇAY-MESLAY

✉ 37210 – Indre-et-Loire – Carte régionale n° **15**–B1

L'ARCHE DE MESLAY

CUISINE MODERNE • CONTEMPORAIN On oublie très vite le quartier (une zone d'activités) pour se concentrer sur la cuisine fine et fraîche, véritablement pleine de saveurs… À l'image de la spécialité du chef breton : la bouillabaisse à la tourangelle – rouget, rascasse, rillons et andouillette !

&♿ 🄰🄲 🏮 🅿 – Prix : €€

14 rue des Ailes – ☏ 02 47 29 00 07 – www.larchedemeslay.fr – Fermé lundi et dimanche

PARCEY

✉ 39100 – Jura – Carte régionale n° **13**–A2

LES JARDINS FLEURIS

CUISINE TRADITIONNELLE • CLASSIQUE Dans cette maison de tradition bien tenue, le chef réalise des assiettes généreuses et savoureuses aux accents du terroir : terrine de chevreuil au foie gras, tournedos de lapin à la duxelle de champignons et jus brun aux morilles, soufflé glacé au marc d'Arbois… Plaisante terrasse sur l'arrière et accueil charmant.

&♿ 🏮 ☼ – Prix : €€

35 route Nationale 5 – ☏ 03 84 71 04 84 – www.restaurant-jardins-fleuris.com – Fermé lundi et mardi, et dimanche soir

PARENTIS-EN-BORN

✉ 40160 – Landes – Carte régionale n° **25**–B1

CHEZ FLO

CUISINE MODERNE • BISTRO Un restaurant convivial qui accueille avec le sourire… On retrouve cette même générosité derrière les fourneaux, où officie Florent Carle, chef passionné qui renouvelle sa carte tous les mois. Sa cuisine de bistrot moderne réjouissante sent bon les produits du cru : piment doux des Landes, canard de Chalosse, safran de Gastes, cacahuète d'Aquitaine. C'est une adresse gourmande et fort sympathique à ne pas manquer, notamment le midi avec la formule d'un excellent rapport qualité-prix.

&♿ 🏮 – Prix : €€

9 rue Saint-Barthélémy – ☏ 05 58 78 40 21 – www.chezfloparentis.fr/restaurant – Fermé lundi et dimanche, et jeudi soir

813

PARIS

Disons-le sans ambages : on n'a jamais aussi bien mangé à Paris. Ce n'est pas un hasard si c'est ici même, autour du Palais Royal, qu'a été forgé, à la fin du 18e s., le concept de restaurant : plus qu'aucune cité au monde, la capitale bat au rythme de sa vie gastronomique. Une preuve parmi d'autres ? Des quartiers populaires de l'Est et du Nord, autrefois délaissés, sont devenus de véritables eldorados pour gourmets.

A ce titre, la rue de Charonne, dans le onzième, (Septime, Clamato) fait figure d'incubatrice de gourmandise. Cette évolution, on la doit, pêlemêle, à une bistronomie qui tutoie les étoiles, à l'inlassable travail de « sourcing » de jeunes chefs passionnés d'agriculture raisonnée et de bio, ou encore à l'excellence de chefs étrangers (japonais, argentins, brésiliens etc.) qui subliment la cuisine française en apportant leurs histoires particulières. Petite notule, adressée aux puristes du confort « gastronomique » : de nombreux établissements risquent de vous dérouter : absence de nappes, service détendu, dîner à la bonne franquette...

Rien de plus logique : l'assiette et la qualité de la cuisine demeurent pour nous les seuls critères de décision. Avec une motivation essentielle : votre satisfaction.

encrier/Getty Images Plus

LA SÉLECTION DU GUIDE MICHELIN

- 3 Étoiles
- 2 Étoiles
- 1 Étoile
- Bib gourmand
- Étoile Verte
- **N** Nouvelle distinction cette année !

LES TABLES ÉTOILÉES

✿✿✿

Une cuisine unique. Vaut le voyage !

Alléno Paris au Pavillon Ledoyen (8e)	878
L'Ambroisie (4e)	851
Arpège (7e) ✿	867
Le Cinq (8e)	878
Épicure (8e)	878
Le Gabriel - La Réserve Paris (8e)	879
Kei (1er)	830
Pierre Gagnaire (8e)	879
Plénitude - Cheval Blanc Paris (1er)	830
Le Pré Catelan (16e)	928

✿✿

Une cuisine d'exception. Vaut le détour !

L'Abysse au Pavillon Ledoyen (8e)	879
Blanc (16e) **N**	929
Le Clarence (8e)	879
David Toutain (7e) ✿	868
Le Grand Restaurant - Jean-François Piège (8e)	880
Guy Savoy (6e)	860
Le Jules Verne (7e)	868
Maison Rostang (17e)	937
Marsan par Hélène Darroze (6e)	860
L'Oiseau Blanc (16e)	929
L'Orangerie (8e)	880
Palais Royal Restaurant (1e)	830
Restaurant Le Meurice Alain Ducasse (1e)	831
La Scène (8e)	880
Sushi Yoshinaga (2e) **N**	840
Table - Bruno Verjus (12e) ✿	917
Le Taillevent (8e)	881

Une cuisine d'une grande finesse. Vaut l'étape !

Accents Table Bourse (2ᵉ)	840
Agapé (17ᵉ) N	937
Aida (7ᵉ)	868
Akrame (8ᵉ)	881
Alan Geaam (16ᵉ)	929
Aldehyde (4ᵉ) N	851
Alliance (5ᵉ)	854
Amâlia (11ᵉ) N	909
Anne (3ᵉ)	846
Anona (17ᵉ) 🌿	937
Apicius (8ᵉ)	881
L'Archeste (16ᵉ)	929
Armani Ristorante (6ᵉ)	860
L'Arôme (8ᵉ)	881
Astrance (16ᵉ)	930
AT (5ᵉ)	855
L'Atelier de Joël Robuchon - Étoile (8ᵉ)	882
Auguste (7ᵉ)	869
Automne (11ᵉ)	910
Baieta (5ᵉ)	855
Le Baudelaire (1ᵉʳ)	831
Bellefeuille - Saint James Paris (16ᵉ) 🌿	930
114, Faubourg (8ᵉ)	882
Chakaiseki Akiyoshi (15ᵉ)	925
Le Chiberta (8ᵉ)	882
Comice (16ᵉ)	930
Contraste (8ᵉ)	882
La Dame de Pic (1ᵉʳ)	831
Datil (3ᵉ)	846
Divellec (7ᵉ)	869
Don Juan II (16ᵉ)	930
L'Écrin (8ᵉ)	882
Épisodes (17ᵉ)	937
ES (7ᵉ)	869
Espadon (1ᵉʳ)	831
Le Faham by Kelly Rangama (17ᵉ)	938
FIEF (11ᵉ) 🌿	910
Fleur de Pavé (2ᵉ)	840
Frédéric Simonin (17ᵉ)	938
Frenchie (2ᵉ)	840
Galanga (8ᵉ)	883
Gaya par Pierre Gagnaire (7ᵉ)	869
Le George (8ᵉ) 🌿	883
Géosmine (11ᵉ)	910
La Grande Cascade (16ᵉ)	931
Granite (1ᵉʳ)	832
Hakuba (1ᵉʳ) N	832
Helen (8ᵉ)	883
Hémicycle (7ᵉ)	870
Il Carpaccio (8ᵉ)	884
Jacques Faussat (17ᵉ)	938

PARIS

817

PARIS

Jean Imbert au Plaza Athénée (8ᵉ)	884
Lasserre (8ᵉ)	884
Lucas Carton (8ᵉ)	884
Maison Dubois (8ᵉ)	885
Mallory Gabsi (17ᵉ)	938
Mavrommatis (5ᵉ)	855
MoSuke (14ᵉ)	922
Nakatani (7ᵉ)	870
Neige d'Été (15ᵉ)	925
NESO (9ᵉ)	896
Nhome (1ᵉʳ)	832
Nomicos (16ᵉ)	931
Omar Dhiab (1ᵉʳ)	832
Onor (8ᵉ)	885
Origines Restaurant (8ᵉ) **N**	885
Õrtensia (16ᵉ)	931
Oxte (17ᵉ)	939
Pages (16ᵉ)	931
Pantagruel (2ᵉ)	841
Pavyllon (8ᵉ)	885
Pertinence (7ᵉ)	870
Pur' - Jean-François Rouquette (2ᵉ)	841
Qui Plume la Lune (11ᵉ)	910
Quinsou (6ᵉ)	860
Relais Louis XIII (6ᵉ)	861
Restaurant H (4ᵉ)	851
La Scène Thélème (17ᵉ)	939
Septime (11ᵉ) 🍀	911
Le Sergent Recruteur (4ᵉ)	851
Shabour (2ᵉ)	841
Sola (5ᵉ)	855
Solstice (5ᵉ)	855
Substance (16ᵉ)	932
Sushi B (2ᵉ)	841
Sushi Shunei (18ᵉ) **N**	944
Tomy & Co (7ᵉ)	870
Tour d'Argent (5ᵉ)	856
Le Tout-Paris (1ᵉʳ)	833
Trente-Trois (8ᵉ)	885
Vaisseau (11ᵉ) **N**	911
Le Violon d'Ingres (7ᵉ)	871
Virtus (12ᵉ)	917
Yam'Tcha (1ᵉʳ)	833
Yoshinori (6ᵉ)	861
Ze Kitchen Galerie (6ᵉ)	861

LES BIB GOURMAND 😋

Nos meilleurs rapports qualité-prix

Abri Soba (9ᵉ)	896
L'Antre Amis (15ᵉ)	926
Auberge Pyrénées Cévennes (11ᵉ)	911
Aux 2 K (9ᵉ)	896
Aux Plumes (14ᵉ)	922

Baca'v par Gilles Choukroun (5ᵉ)	856
Bistrot des Fables (7ᵉ) **N**	871
Brigade du Tigre (10ᵉ)	905
BRU (9ᵉ) **N**	896
Le Cadoret (19ᵉ & 20ᵉ) **N**	948
Caillebotte (9ᵉ)	897
Les Canailles Pigalle (9ᵉ)	897
Capsule (14ᵉ) **N**	923
Le CasseNoix (15ᵉ)	926
Clamato (11ᵉ)	911
Double Dragon (11ᵉ)	912
Fana (18ᵉ) **N**	944
Impérial Choisy (13ᵉ)	920
Jouvence (12ᵉ)	918
Kisin (8ᵉ)	886
Kwon (14ᵉ)	923
Lai'Tcha (1ᵉʳ)	833
Lao Siam (19ᵉ & 20ᵉ) **N**	948
Mǎm From Hanoï (2ᵉ) **N**	842
Mandoobar (8ᵉ)	886
La Méditerranée (6ᵉ)	862
Mova (17ᵉ)	939
Ose (18ᵉ)	945
Le Pantruche (9ᵉ)	897
Le Radis Beurre (15ᵉ)	926
Rosemarie (7ᵉ)	871
La Table de Mee (6ᵉ)	862
Le Tire-Bouchon Rodier (9ᵉ) **N**	897
20 Eiffel (7ᵉ)	871

PARIS

LES TABLES SELON VOS ENVIES

✿✿✿ 3 Étoiles
✿✿ 2 Étoiles
✿ 1 Étoile
✿ Étoile Verte
⊕ Bib gourmand

LES TABLES PAR TYPE DE CUISINE

Cuisine argentine

Biondi (11ᵉ) · 912

Cuisine asiatique

Brigade du Tigre (10ᵉ) ⊕ · · · · · · · · 905
Le Cheval d'Or (19ᵉ & 20ᵉ) · · · · · 948
Double Dragon (11ᵉ) ⊕ · · · · · · · · 912
Lai'Tcha (1ᵉʳ) ⊕ · · · · · · · · · · · · · · · · 833
Lao Siam (19ᵉ & 20ᵉ) ⊕ · · · · · · · · 948

Cuisine chinoise

Impérial Choisy (13ᵉ) ⊕ · · · · · · · · · 920
Imperial Treasure (8ᵉ) · · · · · · · · · 888
LiLi (16ᵉ) · 934
Madame FAN (17ᵉ) · · · · · · · · · · · · · 942
Shang Palace (16ᵉ) · · · · · · · · · · · · · 935
Taokan (6ᵉ) · 865

Cuisine classique

L'Ambroisie (4ᵉ) ✿✿✿ · · · · · · · · 851
L'Assiette (14ᵉ) · · · · · · · · · · · · · · · · 923
Benoit (4ᵉ) · 852
La Grande Cascade (16ᵉ) ✿ · · · · · · · 931
Jean Imbert
  au Plaza Athénée (8ᵉ) ✿ · · · · · · 884
Lasserre (8ᵉ) ✿ · · · · · · · · · · · · · · · · 884
Maison Rostang (17ᵉ) ✿✿ · · · · · · · 937
Relais Louis XIII (6ᵉ) ✿ · · · · · · · · · 861
Le Relais Plaza (8ᵉ) · · · · · · · · · · · · 889
Le Taillevent (8ᵉ) ✿✿ · · · · · · · · · · 881

Cuisine coréenne

Jium (15ᵉ) · 927
Kwon (14ᵉ) ⊕ · · · · · · · · · · · · · · · · · · · 923
Mandoobar (8ᵉ) ⊕ · · · · · · · · · · · · · · 886
Mojju (7ᵉ) · 874
Sétopa (6ᵉ) · 865
La Table de Mee (6ᵉ) ⊕ · · · · · · · · · 862

Cuisine créative

Akrame (8ᵉ) ✿ · · · · · · · · · · · · · · · · · 881
Alan Geaam (16ᵉ) ✿ · · · · · · · · · · · · 929
Aldehyde (4ᵉ) ✿ · · · · · · · · · · · · · · · · 851
Alléno Paris
  au Pavillon Ledoyen (8ᵉ) ✿✿✿ · · · 878
Arpège (7ᵉ) ✿✿✿✿ · · · · · · · · · · · 867
Astrance (16ᵉ) ✿ · · · · · · · · · · · · · · · 930
AT (5ᵉ) ✿ · 855
L'Atelier de Joël Robuchon -
  Étoile (8ᵉ) ✿ · · · · · · · · · · · · · · · · 882
Le Baudelaire (1ᵉʳ) ✿ · · · · · · · · · · · 831
Bellefeuille -
  Saint James Paris (16ᵉ) ✿✿ · · · · · 930
Blanc (16ᵉ) ✿✿ · · · · · · · · · · · · · · · · 929
Boutary (6ᵉ) · · · · · · · · · · · · · · · · · · · 863
Caïus (17ᵉ) · 940
Campelli (1ᵉ) · · · · · · · · · · · · · · · · · · · 834
Chocho (10ᵉ) · · · · · · · · · · · · · · · · · · · 906
Le Clarence (8ᵉ) ✿✿ · · · · · · · · · · · · 879
Clutch (11ᵉ) · 913
La Condesa (9ᵉ) · · · · · · · · · · · · · · · · 899
La Dame de Pic (1ᵉ) ✿ · · · · · · · · · · 831
David Toutain (7ᵉ) ✿✿✿ · · · · · · · · 868
Dersou (12ᵉ) · · · · · · · · · · · · · · · · · · · 919
Dilia (19ᵉ & 20ᵉ) · · · · · · · · · · · · · · · · 949
19 Saint Roch (1ᵉ) · · · · · · · · · · · · · · 835
Don Juan II (16ᵉ) ✿ · · · · · · · · · · · · · 930
Ducasse Baccarat (16ᵉ) · · · · · · · · · 932
L'Écrin (8ᵉ) ✿ · · · · · · · · · · · · · · · · · · 882
Épisodes (17ᵉ) ✿ · · · · · · · · · · · · · · · 937
Espadon (1ᵉʳ) ✿ · · · · · · · · · · · · · · · · 831
Étude (16ᵉ) · 933
Fleur de Pavé (2ᵉ) ✿ · · · · · · · · · · · · 840
Le Gabriel -
  La Réserve Paris (8ᵉ) ✿✿✿ · · · · · 879
Géosmine (11ᵉ) ✿ · · · · · · · · · · · · · · · 910
Le Grand Restaurant -
  Jean-François Piège (8ᵉ) ✿✿ · · · · 880

PARIS

jjii (10ᵉ) · 907
Liquide (1ᵉʳ) · · · · · · · · · · · · · · · · · · · 836
Mâche (10ᵉ) · · · · · · · · · · · · · · · · · · · 907
Neige d'Été (15ᵉ) ❀ · · · · · · · · · · 925
NESO (9ᵉ) ❀ · · · · · · · · · · · · · · · · 896
Nhome (1ᵉʳ) ❀ · · · · · · · · · · · · · · 832
L'Oiseau Blanc (16ᵉ) ❀❀ · · · 929
Palais Royal Restaurant (1ᵉʳ) ❀❀ · · · 830
Pierre Gagnaire (8ᵉ) ❀❀❀ · · · · 879
Pierre Sang in Oberkampf (11ᵉ) · · · · 915
Pierre Sang on Gambey (11ᵉ) · · · · · · 915
Plénitude -
  Cheval Blanc Paris (1ᵉʳ) ❀❀❀ · · · 830
Le Pré Catelan (16ᵉ) ❀❀❀ · · · · 928
Quelque Part (9ᵉ) · · · · · · · · · · · · · · · 902
Quinsou (6ᵉ) ❀ · · · · · · · · · · · · · · · · 860
Restaurant H (4ᵉ) ❀ · · · · · · · · · · 851
Restaurant Le Meurice
  Alain Ducasse (1ᵉʳ) ❀❀ · · · · · · 831
Shabour (2ᵉ) ❀ · · · · · · · · · · · · · · · 841
Soé (4ᵉ) · 853
Substance (16ᵉ) ❀ · · · · · · · · · · · · 932
Toyo (6ᵉ) · 866
Tracé (1ᵉ) · 837
Vaisseau (11ᵉ) ❀ · · · · · · · · · · · · · · 911
Yam'Tcha (1ᵉʳ) ❀ · · · · · · · · · · · · · 833
Ze Kitchen Galerie (6ᵉ) ❀ · · · · · · 861

Cuisine du marché

Beurre Noisette (15ᵉ) · · · · · · · · · · · · 926
Capitaine (4ᵉ) · · · · · · · · · · · · · · · · · · 852
Les Enfants Rouges (3ᵉ) · · · · · · · · · 847
Flocon (5ᵉ) · 857
Le Mazenay (3ᵉ) · · · · · · · · · · · · · · · 849
Simone, Le Resto... (13ᵉ) · · · · · · · · · · 921

Cuisine fusion

Signature Montmartre (18ᵉ) · · · · · · 947

Cuisine grecque

Les Délices d'Aphrodite (5ᵉ) · · · · · · · 857
Etsi (18ᵉ) · 946
Mavrommatis (5ᵉ) ❀ · · · · · · · · · · · · 855
Osmossi -
  Maison Mavrommatis (16ᵉ) · · · · · · 934
L'Ouzeri (18ᵉ) · · · · · · · · · · · · · · · · · · 947

Cuisine indienne

Sharma Ji (15ᵉ) · · · · · · · · · · · · · · · · · 927

Cuisine israélienne

Tavline (4ᵉ) · 853
Tekés (2ᵉ) · 845

Cuisine italienne

Adami (9ᵉ) · 897
L'Altro Frenchie (2ᵉ) · · · · · · · · · · · · · 842
Armani Ristorante (6ᵉ) ❀ · · · · · · · · 860
L'Assaggio (1ᵉ) · · · · · · · · · · · · · · · · · 834
Baffo (4ᵉ) · 852
Caffè Stern (2ᵉ) · · · · · · · · · · · · · · · · · 843
Ciasa Mia (5ᵉ) · · · · · · · · · · · · · · · · · · 857
Cucina Mutualité (5ᵉ) · · · · · · · · · · · · 857
Emporio Armani Caffè (6ᵉ) · · · · · · · 864
Le George (8ᵉ) ❀❀ · · · · · · · · · · · · 883
Il Carpaccio (8ᵉ) ❀ · · · · · · · · · · · · · 884
Il Ristorante - Niko Romito (8ᵉ) · · · 887
L'Inconnu (2ᵉ) · · · · · · · · · · · · · · · · · · 874
Langosteria (1ᵉʳ) · · · · · · · · · · · · · · · · 836
Loulou (1ᵉʳ) · 836
Mori Venice Bar (2ᵉ) · · · · · · · · · · · · · 844
Osteria Ferrara (11ᵉ) · · · · · · · · · · · · · 915
Passerini (12ᵉ) · · · · · · · · · · · · · · · · · · 919
Penati al Baretto (7ᵉ) · · · · · · · · · · · · 875
Piero TT (7ᵉ) · · · · · · · · · · · · · · · · · · · 875
Racines (2ᵉ) · 844
Restaurant
  des Grands Boulevards (2ᵉ) · · · · · 844
Sormani (17ᵉ) · · · · · · · · · · · · · · · · · · · 943
Tosca (8ᵉ) · 890
Via del Campo (7ᵉ) · · · · · · · · · · · · · · 877
Zeffirino (8ᵉ) · · · · · · · · · · · · · · · · · · · 890

Cuisine japonaise

Abri Soba (9ᵉ) ⓐ · · · · · · · · · · · · · · · 896
L'Abysse
  au Pavillon Ledoyen (8ᵉ) ❀❀ · · · 879
Aida (7ᵉ) ❀ · 868
Akira Back Paris (8ᵉ) · · · · · · · · · · · · · 886
Bon Kushikatsu (11ᵉ) · · · · · · · · · · · · · 912
Chakaiseki Akiyoshi (15ᵉ) ❀ · · · · · · · 925
Hakuba (1ᵉʳ) ❀ · · · · · · · · · · · · · · · · · 832
Jin (1ᵉʳ) · 835
Kisin (8ᵉ) ⓐ · · · · · · · · · · · · · · · · · · · 886
Kodawari Ramen - Yokochō (6ᵉ) · · · 864
Marie Akaneya (9ᵉ) · · · · · · · · · · · · · · 900
Nodaïwa (1ᵉʳ) · · · · · · · · · · · · · · · · · · 836
Ogata (3ᵉ) · 849
Sagan (6ᵉ) · 865
Shu (6ᵉ) · 865
Sushi B (2ᵉ) ❀ · · · · · · · · · · · · · · · · · 841
Sushi Shunei (18ᵉ) ❀ · · · · · · · · · · · · 944
Sushi Yoshinaga (2ᵉ) ❀❀ · · · · · · · 840
Yen (6ᵉ) · 866
Zen (1ᵉʳ) · 837

Cuisine libanaise

Liza (2ᵉ) · 844
Qasti Green (2ᵉ) · · · · · · · · · · · · · · · · · 844

PARIS

821

Cuisine lyonnaise

Aux Lyonnais (2ᵉ) ·············· 842

Cuisine marocaine

Mansouria (11ᵉ) ··············· 915
Le Sirocco (13ᵉ) ··············· 922

Cuisine méditerranéenne

Adraba (18ᵉ) ················· 945
Alluma (11ᵉ) ················· 912
Baieta (5ᵉ) ✿ ················ 855
Brach (16ᵉ) ················· 932
Kapara (1ᵉʳ) ················· 835
Marso & Co (13ᵉ) ············· 921

Cuisine mexicaine

Oxte (17ᵉ) ✿ ················· 939

Cuisine moderne

À Table (7ᵉ) ················· 871
a.lea (18ᵉ) ·················· 945
Accents Table Bourse (2ᵉ) ✿ ····· 840
L'Accolade (15ᵉ) ·············· 926
Les Affranchis (9ᵉ) ············ 898
Agapé (17ᵉ) ✿ ··············· 937
L'Agrume (5ᵉ) ················ 856
Alleudium (9ᵉ) ··············· 898
Alliance (5ᵉ) ✿ ··············· 854
Amâlia (11ᵉ) ✿ ··············· 909
Ambos (6ᵉ) ·················· 862
Anicia, table nature (6ᵉ) ········ 862
Anne (3ᵉ) ✿ ················· 846
Anona (17ᵉ) ✿✿ ··············· 937
L'Antre Amis (15ᵉ) ⊛ ··········· 926
L'Apibo (2ᵉ) ················· 842
Apicius (8ᵉ) ✿ ··············· 881
L'Archeste (16ᵉ) ✿ ············· 929
Arnaud Nicolas (7ᵉ) ············ 872
L'Arôme (8ᵉ) ✿ ··············· 881
L'Arpaon (18ᵉ) ··············· 945
ASPIC (9ᵉ) ·················· 898
L'Atelier de Joël Robuchon -
  St-Germain (7ᵉ) ············· 872
L'Attilio (8ᵉ) ················ 886
Auberge Nicolas Flamel (3ᵉ) ····· 847
Auguste (7ᵉ) ✿ ··············· 869
Automne (11ᵉ) ✿ ·············· 910
Aux 2 K (9ᵉ) ⊛ ··············· 896
Aux Plumes (14ᵉ) ⊛ ············ 922
Aux Prés (6ᵉ) ················ 863
Baillotte (6ᵉ) ················ 863
Biscotte (15ᵉ) ················ 926
Bistro S (12ᵉ) ················ 918
Le Bistrot Flaubert (17ᵉ) ········ 939
Bistrot Instinct (3ᵉ) ··········· 847

Bistrot Marloe (8ᵉ) ············ 886
Bistrotters (14ᵉ) ·············· 923
Bloom Garden (10ᵉ) ··········· 905
Bombance (4ᵉ) ··············· 852
Le Bon Saint-Pourçain (6ᵉ) ······ 863
Bonhomme (10ᵉ) ·············· 905
Le Boréal (18ᵉ) ··············· 945
Braise (8ᵉ) ·················· 887
Brion (9ᵉ) ·················· 898
BRU (9ᵉ) ⊛ ·················· 896
Café Compagnon (2ᵉ) ·········· 843
Caillebotte (9ᵉ) ⊛ ············· 897
Calice (5ᵉ) ·················· 857
La Causerie (16ᵉ) ············· 932
114, Faubourg (8ᵉ) ✿ ··········· 882
Chantoiseau (18ᵉ) ············· 946
Le Chardenoux (11ᵉ) ··········· 913
Le Chateaubriand (11ᵉ) ········· 913
Chenapan (9ᵉ) ··············· 899
Le Chiberta (8ᵉ) ✿ ············· 882
Le Christine (6ᵉ) ·············· 863
Le Cinq (8ᵉ) ✿✿✿ ·············· 878
52 Faubourg St-Denis (10ᵉ) ······ 906
Clover Saint-Germain (7ᵉ) ······· 873
CoDa (9ᵉ) ··················· 899
Colvert (6ᵉ) ················· 864
Comice (16ᵉ) ✿ ··············· 930
Comme Chez Maman (17ᵉ) ······· 940
Le Comptoir Boutary (9ᵉ) ········ 899
Contraste (8ᵉ) ✿ ·············· 882
Coretta (17ᵉ) ················ 940
Le Cornichon (14ᵉ) ············ 924
Le Cotte Rôti (12ᵉ) ············ 918
Le Cyrano (17ᵉ) ··············· 941
Dame Augustine (13ᵉ) ·········· 920
Dandelion (19ᵉ & 20ᵉ) ·········· 949
Dante (10ᵉ) ················· 906
La Datcha (11ᵉ) ··············· 913
Datil (3ᵉ) ✿ ················· 846
Des Terres (19ᵉ & 20ᵉ) ·········· 949
Dessance (3ᵉ) ················ 847
Deux Bistrot de chefs (11ᵉ) ······ 913
Ducasse sur Seine (16ᵉ) ········· 933
Eclipses (7ᵉ) ················· 873
Eels (10ᵉ) ·················· 906
Elmer (3ᵉ) ·················· 847
Épicure (8ᵉ) ✿✿✿ ·············· 878
ERH (2ᵉ) ··················· 843
Erso (11ᵉ) ·················· 914
ES (7ᵉ) ✿ ··················· 869
L'Escudella (7ᵉ) ·············· 873
L'Esquisse (18ᵉ) ·············· 946
Eunoé (11ᵉ) ················· 914
L'Évadé (9ᵉ) ················· 899
Le Faham
  by Kelly Rangama (17ᵉ) ✿ ······· 938

Rawpixel Ltd/Getty Images Plus

Fana (18ᵉ) 🌿 · · · · · · · · · · · · · · · · 944	**Korus** (11ᵉ) · · · · · · · · · · · · · · · · · 914
FIEF (11ᵉ) ✹✹ · · · · · · · · · · · · · · · · 910	**LAVA - Cuisine & Vin** (5ᵉ) · · · · · · · · 858
FOGO (17ᵉ) · · · · · · · · · · · · · · · · · · · 941	**LAZU** (9ᵉ) · 900
La Fourchette du Printemps (17ᵉ) · · 941	**Louis** (9ᵉ) · 900
Frédéric Simonin (17ᵉ) ✹ · · · · · · · · · 938	**Lucas Carton** (8ᵉ) ✹ · · · · · · · · · · · · 884
Frenchie (2ᵉ) ✹ · · · · · · · · · · · · · · · · 840	**L'Oyat** (3ᵉ) · · · · · · · · · · · · · · · · · · · 848
Frenchie Pigalle (9ᵉ) · · · · · · · · · · · · 900	**Magma** (11ᵉ) · · · · · · · · · · · · · · · · · 914
Galanga (8ᵉ) ✹ · · · · · · · · · · · · · · · · 883	**Maison** (11ᵉ) · · · · · · · · · · · · · · · · · 914
Gare au Gorille (17ᵉ) · · · · · · · · · · · · 941	**Maison Brut** (9ᵉ) · · · · · · · · · · · · · · · 900
Gaya par Pierre Gagnaire (7ᵉ) ✹ · · · 869	**Maison Dubois** (8ᵉ) ✹ · · · · · · · · · · · 885
Gemellus (7ᵉ) · · · · · · · · · · · · · · · · · 873	**Mallory Gabsi** (17ᵉ) ✹ · · · · · · · · · · · 938
Le Gentil (7ᵉ) · · · · · · · · · · · · · · · · · 874	**Le Maquis** (18ᵉ) · · · · · · · · · · · · · · · 946
Godaille (12ᵉ) · · · · · · · · · · · · · · · · · 919	**Marsan**
Le Grand Bain (19ᵉ & 20ᵉ) · · · · · · · · 949	**par Hélène Darroze** (6ᵉ) ✹✹ · · · · · · 860
GrandCœur (4ᵉ) · · · · · · · · · · · · · · · 852	**Le Matré** (18ᵉ) · · · · · · · · · · · · · · · · 947
La Grande Ourse (14ᵉ) · · · · · · · · · · 924	**Mensae** (19ᵉ & 20ᵉ) · · · · · · · · · · · · 950
Granite (1ᵉ) ✹ · · · · · · · · · · · · · · · · · 832	**Le Mermoz** (8ᵉ) · · · · · · · · · · · · · · · 888
Guefen (3ᵉ) · · · · · · · · · · · · · · · · · · · 848	**Mieux** (9ᵉ) · · · · · · · · · · · · · · · · · · · 901
Guy Savoy (6ᵉ) ✹✹ · · · · · · · · · · · · · 860	**Milagro** (7ᵉ) · · · · · · · · · · · · · · · · · · 874
Habile. (10ᵉ) · · · · · · · · · · · · · · · · · · 907	**Minore** (9ᵉ) · · · · · · · · · · · · · · · · · · 901
Halle aux Grains (1ᵉʳ) · · · · · · · · · · · 835	**Mokko** (18ᵉ) · · · · · · · · · · · · · · · · · · 947
Halo Paris (2ᵉ) · · · · · · · · · · · · · · · · 843	**Monsieur Bleu** (16ᵉ) · · · · · · · · · · · · 934
Hémicycle (7ᵉ) ✹ · · · · · · · · · · · · · · · 870	**Montée** (14ᵉ) · · · · · · · · · · · · · · · · · 924
Hestia (5ᵉ) · · · · · · · · · · · · · · · · · · · 858	**MoSuke** (14ᵉ) ✹ · · · · · · · · · · · · · · · 922
L'Hommage (13ᵉ) · · · · · · · · · · · · · · 920	**Nakatani** (7ᵉ) ✹ · · · · · · · · · · · · · · · 870
Ilô (4ᵉ) · 853	**Néva Cuisine** (8ᵉ) · · · · · · · · · · · · · · 888
L'Initial (5ᵉ) · · · · · · · · · · · · · · · · · · 858	**Nomicos** (16ᵉ) ✹ · · · · · · · · · · · · · · 931
Istr (3ᵉ) · 848	**Nonos par Paul Pairet** (8ᵉ) · · · · · · · 888
Jeanne-Aimée (9ᵉ) · · · · · · · · · · · · · 900	**Nosso** (13ᵉ) · · · · · · · · · · · · · · · · · · 921
Jouvence (12ᵉ) 🌿 · · · · · · · · · · · · · · 918	**Odette** (1ᵉʳ) · · · · · · · · · · · · · · · · · · 836
Jupi (17ᵉ) · 941	**Oktobre** (6ᵉ) · · · · · · · · · · · · · · · · · 864
Le Jules Verne (7ᵉ) ✹✹ · · · · · · · · · · 868	**Omar Dhiab** (1ᵉʳ) ✹ · · · · · · · · · · · · 832
Kei (1ᵉ) ✹✹✹ · · · · · · · · · · · · · · · · · 830	**Les Ombres** (7ᵉ) · · · · · · · · · · · · · · · 874
Ken Yamamoto (16ᵉ) · · · · · · · · · · · 933	**Onor** (8ᵉ) ✹ · · · · · · · · · · · · · · · · · · 885
Kitchen Ter(re) (5ᵉ) · · · · · · · · · · · · · 858	**L'Orangerie** (8ᵉ) ✹✹ · · · · · · · · · · · · 880

PARIS

823

Origines Restaurant (8ᵉ) ✻	885
Ōrtensia (16ᵉ) ✻	931
Ose (18ᵉ) 🅐	945
Otto (5ᵉ)	859
Pages (16ᵉ) ✻	931
Pantagruel (2ᵉ) ✻	841
Le Pantruche (9ᵉ) 🅐	897
Passionné (9ᵉ)	901
Paulownia (19ᵉ & 20ᵉ)	950
Pavyllon (8ᵉ) ✻	885
Perception (9ᵉ)	901
Pertinence (7ᵉ) ✻	870
Petit Boutary (17ᵉ)	942
Petit Gris (17ᵉ)	942
Pétrelle (9ᵉ)	902
Pianovins (11ᵉ)	915
Pilgrim (15ᵉ)	927
Pleine Terre (16ᵉ)	935
Ploc (19ᵉ & 20ᵉ)	950
Plume (7ᵉ)	875
Pouliche (10ᵉ)	908
Pur' - Jean-François Rouquette (2ᵉ) ✻	841
Qui Plume la Lune (11ᵉ) ✻	910
Racines des Prés (7ᵉ)	876
Les Résistants (10ᵉ)	908
Les Résistants - La Table (10ᵉ)	908
Restaurant F (16ᵉ)	935
Richer (9ᵉ)	902
Rooster (17ᵉ)	943
Sadarnac (19ᵉ & 20ᵉ)	950
Sancerre Rive Gauche (7ᵉ)	876
La Scène (8ᵉ) ✻✻	880
La Scène Thélème (17ᵉ) ✻	939
Sellae (13ᵉ)	921
Semilla (6ᵉ)	865
Septime (11ᵉ) ✻🌿	911
Le Sergent Recruteur (4ᵉ) ✻	851
Le Servan (11ᵉ)	915
Shirvan Café Métisse (8ᵉ)	889
Le 6 (11ᵉ)	916
Soces (19ᵉ & 20ᵉ)	951
Sola (5ᵉ) ✻	855
Solstice (5ᵉ) ✻	855
Sourire Le Restaurant (13ᵉ)	922
Super Huit (8ᵉ)	889
Table - Bruno Verjus (12ᵉ) ✻✻🌿	917
La Table Cachée par Michel Roth (4ᵉ)	853
La Table de Colette (5ᵉ)	859
La Table du Caviste Bio (17ᵉ)	943
Table Penja (7ᵉ)	876
Terra (3ᵉ)	849
TO (10ᵉ)	908
Tomy & Co (7ᵉ) ✻	870
Tour d'Argent (5ᵉ) ✻	856
Le Tout-Paris (1ᵉ) ✻	833
Towa (12ᵉ)	920
Le 39V (8ᵉ)	890
Trente-Trois (8ᵉ) ✻	885
Vantre (11ᵉ)	916
Vendémiaire (7ᵉ)	876
24 - Le Restaurant (8ᵉ)	890
Virtus (12ᵉ) ✻	917
Yoshinori (6ᵉ) ✻	861

Cuisine polonaise

Matka (3ᵉ) ·················· 848

Cuisine thaïlandaise

Thaï Spices (4ᵉ) ·················· 853
Thiou (8ᵉ) ·················· 889

Cuisine traditionnelle

À La Biche au Bois (12ᵉ) ·········· 918
À l'Épi d'Or (1ᵉʳ) ·················· 833
Allard (6ᵉ) ·················· 862
Amarante (12ᵉ) ·················· 918
L'Ami Jean (7ᵉ) ·················· 872
L'Ardoise (1ᵉʳ) ·················· 834
Atelier Maître Albert (5ᵉ) ········· 856
Auberge Pyrénées
  Cévennes (11ᵉ) 🐸 ··············· 911
Baca'v par Gilles
  Choukroun (5ᵉ) 🐸 ··············· 856
Le Baratin (19ᵉ & 20ᵉ) ············ 948
Benjamin Schmitt Restaurant (9ᵉ) 898
Bistrot Augustin (14ᵉ) ············ 923
Bistrot des Fables (7ᵉ) 🐸 ········· 871
Bistrot Paul Bert (11ᵉ) ············ 912
Les Botanistes (7ᵉ) ·············· 872
La Bourse et la Vie (2ᵉ) ·········· 842
Brasserie du Louvre - Bocuse (1ᵉ) ·· 834
Le Cadoret (19ᵉ & 20ᵉ) 🐸 ········· 948
Café des Ministères (7ᵉ) ·········· 873
Les Canailles Pigalle (9ᵉ) 🐸 ······ 897
Capsule (14ᵉ) 🐸 ················· 923
Le CasseNoix (15ᵉ) 🐸 ············ 926
Caves Pétrissans (17ᵉ) ··········· 940
Les 110 de Taillevent (8ᵉ) ········· 887
Chez Michel (10ᵉ) ··············· 906
Chez Monsieur (8ᵉ) ·············· 887
Le Comptoir du Relais (6ᵉ) ········ 864
Disciples (16ᵉ) ·················· 932
19.20 by Norbert Tarayre (8ᵉ) ····· 887
Drouant (2ᵉ) ·················· 843
Edith (16ᵉ) ·················· 933
La Ferme du Pré (16ᵉ) ············ 933
Le Florimond (7ᵉ) ················ 873
Jacques Faussat (17ᵉ) ❀ ········· 938
Kigawa (14ᵉ) ·················· 924
Lazare (8ᵉ) ·················· 888
Maison Cluny (5ᵉ) ··············· 858
Mova (17ᵉ) 🐸 ·················· 939
Nolinski (1ᵉ) ·················· 836
Nous 4 (12ᵉ) ·················· 919
L'Os à Moelle (15ᵉ) ·············· 927
Parcelles (3ᵉ) ·················· 849
Les Parisiens (7ᵉ) ················ 875
Le Pergolèse (16ᵉ) ··············· 934
Le Petit Lucas (8ᵉ) ··············· 889

Les Petits Parisiens (14ᵉ) ········· 924
Petrus (17ᵉ) ·················· 942
Phébé (17ᵉ) ·················· 942
La Poule au Pot (1ᵉʳ) ············· 837
Quedubon (19ᵉ & 20ᵉ) ··········· 950
Le Quincy (12ᵉ) ················· 919
Le Radis Beurre (15ᵉ) 🐸 ·········· 926
La Régalade Saint-Honoré (1ᵉ) ···· 837
Rosemarie (7ᵉ) 🐸 ··············· 871
Le 703 (17ᵉ) ·················· 943
Le Tire-Bouchon Rodier (9ᵉ) 🐸 ···· 897
Le Villaret (11ᵉ) ················· 916
20 Eiffel (7ᵉ) 🐸 ················· 871
Le Violon d'Ingres (7ᵉ) ❀ ········· 871

Cuisine végétalienne

Bloom (17ᵉ) ·················· 940
Faubourg Daimant (10ᵉ) ·········· 907

Cuisine vietnamienne

Mắm From Hanoï (2ᵉ) 🐸 ··········· 842
Pho Tai (13ᵉ) ·················· 921

Fusion

Akabeko (7ᵉ) ·················· 872

Poissons et fruits de mer

Brasserie Lutetia (6ᵉ) ············ 863
Clamato (11ᵉ) 🐸 ················· 911
Dessirier (17ᵉ) ·················· 941
Divellec (7ᵉ) ❀ ················· 869
Le Duc (14ᵉ) ·················· 924
Helen (8ᵉ) ❀ ·················· 883
Marius (16ᵉ) ·················· 934
Marius et Janette (8ᵉ) ············ 888
La Méditerranée (6ᵉ) 🐸 ··········· 862
Petrossian (7ᵉ) ················· 875
Prunier par Yannick Alléno (16ᵉ) ··· 935
VIVE, Maison Mer (17ᵉ) ··········· 943

Spécialités de grillades

Clover Grill (1ᵉʳ) ················· 835

Spécialités de yakitori

Charbon Kunitoraya (1ᵉʳ) ·········· 834

TABLES EN TERRASSE

Akrame (8e) ✽ 881
Anne (3e) ✽ 846
L'Antre Amis (15e) 🍴 926
L'Apibo (2e) 842
Apicius (8e) ✽ 881
Arnaud Nicolas (7e) 872
L'Assaggio (1e) 834
Baca'v par Gilles
  Choukroun (5e) 🍴 856
Beurre Noisette (15e) 926
Bistrot Augustin (14e) 923
Le Bistrot Flaubert (17e) 939
Bistrot Instinct (3e) 847
Bloom Garden (10e) 905
Le Bon Saint-Pourçain (6e) 863
Bonhomme (10e) 905
Brasserie du Louvre - Bocuse (1e) .. 834
Brasserie Lutetia (6e) 863
Calice (5e) 857
Caves Pétrissans (17e) 940
Chantoiseau (18e) 946
52 Faubourg St-Denis (10e) 906
Le Comptoir du Relais (6e) 864
Coretta (17e) 940
Le Cyrano (17e) 941
Les Délices d'Aphrodite (5e) 857
Dessirier (17e) 941
Disciples (16e) 932
Drouant (2e) 843
Épicure (8e) ✽✽✽ 878
L'Escudella (7e) 873
Etsi (18e) 946
La Ferme du Pré (16e) 933
Godaille (12e) 919
GrandCœur (4e) 852
La Grande Cascade (16e) ✽ 931
Il Carpaccio (8e) ✽ 884

Il Ristorante - Niko Romito (8e) ... 887
Lai'Tcha (1e) 🍴 833
Lazare (8e) 888
Liquide (1e) 836
Loulou (1e) 836
Marius et Janette (8e) 888
Mavrommatis (5e) ✽ 855
La Méditerranée (6e) 🍴 862
Monsieur Bleu (16e) 934
Mori Venice Bar (2e) 844
Odette (1e) 836
Les Ombres (7e) 874
Ose (18e) 🍴 945
Osteria Ferrara (11e) 915
Palais Royal Restaurant (1e) ✽✽ ... 830
Les Parisiens (7e) 875
Passerini (12e) 919
Pavyllon (8e) ✽ 885
Le Pergolèse (16e) 934
Petrus (17e) 942
Ploc (19e & 20e) 950
Sadarnac (19e & 20e) 950
Sharma Ji (15e) 927
Shirvan Café Métisse (8e) 889
Simone, Le Resto... (13e) 921
Soé (4e) 853
La Table Cachée
  par Michel Roth (4e) 853
La Table de Colette (5e) 859
La Table du Caviste Bio (17e) 943
Tekés (2e) 845
TO (10e) 908
Le Tout-Paris (1e) ✽ 833
Via del Campo (7e) 877
Zen (1e) 837

RESTAURANTS
AVEC SALONS PARTICULIERS

Aida (7e) ✽ 868
Akira Back Paris (8e) 886
Alléno Paris
  au Pavillon Ledoyen (8e) ✽✽✽ ... 878
Alliance (5e) ✽ 854
Apicius (8e) ✽ 881
L'Ardoise (1e) 834
L'Arôme (8e) ✽ 881
Arpège (7e) ✽✽✽✽ 867
Astrance (16e) ✽ 930
AT (5e) ✽ 855

L'Atelier de Joël
  Robuchon - Étoile (8e) ✽ 882
L'Atelier de Joël Robuchon -
  St-Germain (7e) 872
Atelier Maître Albert (5e) 856
L'Attilio (8e) 886
Auberge Nicolas Flamel (3e) 847
Aux Lyonnais (2e) 842
Bellefeuille -
  Saint James Paris (16e) ✽✽ 930
Benjamin Schmitt Restaurant (9e) .. 898
Benoit (4e) 852

Biondi (11e) ···················· 912
Blanc (16e) ✲✲ ················· 929
Boutary (6e) ···················· 863
Brasserie Lutetia (6e) ··········· 863
Caffè Stern (2e) ················· 843
Caïus (17e) ······················ 940
Campelli (1e) ···················· 834
Caves Pétrissans (17e) ··········· 940
Charbon Kunitoraya (1e) ········· 834
Le Chiberta (8e) ✲ ··············· 882
Le Cinq (8e) ✲✲✲ ··············· 878
Le Clarence (8e) ✲✲ ············· 879
Colvert (6e) ····················· 864
Comme Chez Maman (17e) ······· 940
La Dame de Pic (1e) ✲ ··········· 831
David Toutain (7e) ✲✲✲ ········· 868
Dessance (3e) ··················· 847
Dessirier (17e) ·················· 941
Divellec (7e) ✲ ·················· 869
Drouant (2e) ···················· 843
Ducasse Baccarat (16e) ·········· 932
Ducasse sur Seine (16e) ·········· 933
Eclipses (7e) ···················· 873
Elmer (3e) ······················ 847
Épicure (8e) ✲✲✲ ··············· 878
Épisodes (17e) ✲ ················· 937
Espadon (1e) ✲ ·················· 831
Fleur de Pavé (2e) ✲ ············· 840
FOGO (17e) ····················· 941
Gaya par Pierre Gagnaire (7e) ✲ ··· 869
Géosmine (11e) ✲ ················ 910
GrandCœur (4e) ················· 852
La Grande Cascade (16e) ✲ ······· 931
La Grande Ourse (14e) ··········· 924
Granite (1e) ✲ ··················· 832
Guy Savoy (6e) ✲✲ ·············· 860
Hakuba (1e) ✲ ··················· 832
Halo Paris (2e) ·················· 843
Helen (8e) ✲ ···················· 883
Hémicycle (7e) ✲ ················· 870
Hestia (5e) ······················ 858
Il Carpaccio (8e) ✲ ··············· 884
Il Ristorante - Niko Romito (8e) ··· 887
Imperial Treasure (8e) ✲ ········· 888
L'Initial (5e) ····················· 858
Jacques Faussat (17e) ✲ ·········· 938
Lai'Tcha (1e) ⓐ ················· 833
Lasserre (8e) ✲ ·················· 884
LAVA - Cuisine & Vin (5e) ········· 858
LiLi (16e) ························· 934
Lucas Carton (8e) ✲ ·············· 884
Mâche (10e) ····················· 907
Madame FAN (17e) ··············· 942
Maison Cluny (5e) ················ 858
Maison Dubois (8e) ✲ ············· 885
Maison Rostang (17e) ✲✲ ········· 937

Marie Akaneya (9e) ·············· 900
Marsan par Hélène
  Darroze (6e) ✲✲ ··············· 860
Mavrommatis (5e) ✲ ············· 855
La Méditerranée (6e) ⓐ ········· 862
Mieux (9e) ······················ 901
Mojju (7e) ······················ 874
Mokko (18e) ····················· 947
Monsieur Bleu (16e) ············· 934
Nolinski (1e) ···················· 836
Ogata (3e) ······················ 849
Otto (5e) ························ 859
Palais Royal Restaurant (1e) ✲✲ ··· 830
Le Pergolèse (16e) ··············· 934
Petrus (17e) ····················· 942
Pierre Gagnaire (8e) ✲✲✲ ······· 879
Pierre Sang in Oberkampf (11e) ···· 915
Pierre Sang on Gambey (11e) ····· 915
Pleine Terre (16e) ················ 935
Plénitude - Cheval
  Blanc Paris (1e) ✲✲✲ ·········· 830
Le Pré Catelan (16e) ✲✲✲ ······· 928
Prunier par Yannick Alléno (16e) ··· 935
Qui Plume la Lune (11e) ✲ ······· 910
Racines (2e) ····················· 844
La Régalade Saint-Honoré (1e) ···· 837
Relais Louis XIII (6e) ✲ ··········· 861
Restaurant
  des Grands Boulevards (2e) ····· 844
Restaurant Le Meurice
  Alain Ducasse (1e) ✲✲ ·········· 831
Richer (9e) ······················ 902
La Scène Thélème (17e) ✲ ········ 939
Le Sergent Recruteur (4e) ✲ ······ 851
Shang Palace (16e) ··············· 935
Simone, Le Resto... (13e) ········· 921
Sola (5e) ✲ ······················ 855
Sormani (17e) ··················· 943
Table - Bruno Verjus (12e) ✲✲✲ ··· 917
Le Taillevent (8e) ✲✲ ············ 881
TO (10e) ························· 908
Tosca (8e) ······················ 890
Tour d'Argent (5e) ✲ ············· 856
Toyo (6e) ······················· 866
Vendémiaire (7e) ················ 876
Yoshinori (6e) ✲ ················· 861

PARIS

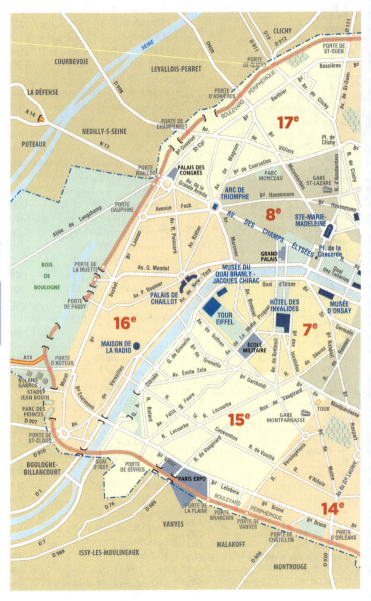

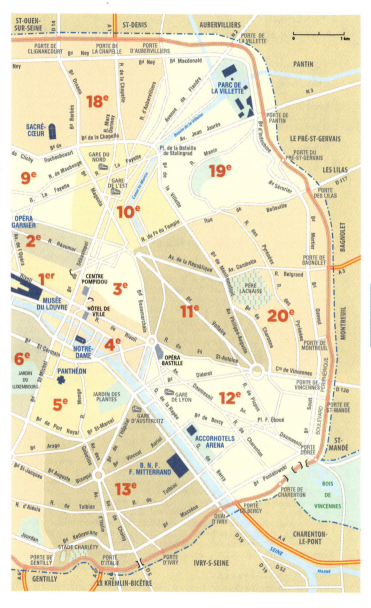

PALAIS-ROYAL • LOUVRE • TUILERIES • LES HALLES

1er ARRONDISSEMENT

PARIS

❀❀❀ KEI

Chef : Kei Kobayashi

CUISINE MODERNE • **ÉLÉGANT** "Kei", c'est Kei Kobayashi, chef né à Nagano et formé notamment par Gilles Goujon et Alain Ducasse. Son père était cuisinier dans un restaurant traditionnel kaiseki (gastronomie servie en petits plats, comparable à la grande cuisine occidentale), mais sa vocation naît véritablement en regardant un documentaire sur la cuisine française. Aujourd'hui, son travail tutoie la perfection : virtuose des alliances de saveurs, toujours juste dans la conception de ses assiettes, il magnifie de superbes produits avec mesure et sobriété. Quelques exemples ? Cette langoustine royale fumée au binchotan et son condiment de piment doux, ou ce pigeon vendéen laqué au miso rouge : des plats lisibles et d'une construction sans faille. Les créations sucrées atteignent elles aussi des sommets de raffinement.

❀ 🆎 – Prix : €€€€

5 rue du Coq-Héron – Ⓜ Louvre - Rivoli – ✆ 01 42 33 14 74 – www.restaurant-kei. fr – Fermé lundi, dimanche, et mardi et mercredi à midi

❀❀❀ PLÉNITUDE - CHEVAL BLANC PARIS

CUISINE CRÉATIVE • **ÉLÉGANT** La Samaritaine réinventée accueille le luxueux hôtel Cheval Blanc, et ce Plénitude où œuvre le discret Arnaud Donckele, triple étoilé également à La Vague d'Or à St-Tropez. Totalement impliqué, le chef navigue en permanence de la cuisine à la salle, afin de toujours mieux partager sa passion avec ses convives. Cette « nouvelle cuisine classique », qu'il revendique, est un voyage entre la Normandie, sa région d'origine, la Méditerranée, sa terre d'adoption et le terroir d'Île-de-France... Impossible de ne pas être impressionné par son travail ici où la finesse le dispute à la générosité et à la qualité exceptionnelle des produits. Ce saucier hors pair, comparable seulement à un parfumeur ou un œnologue, apporte un soin inouï aux jus, vinaigrettes et sauces qui doivent être dégustés en premier pour mieux s'imprégner de l'univers aromatique si complexe de chaque plat, au final parfaitement équilibré. Côté sucré, l'impeccable Maxime Frédéric, ancien du George V, hausse la pâtisserie à un niveau rarement égalé. Une table de haute couture.

❀ ⇦ ⇜ ♿ 🆎 ⇧ ⇲ – Prix : €€€€

8 quai du Louvre – Ⓜ Pont-Neuf – ✆ 01 79 35 50 11 – www.chevalblanc.com/fr/ maison/paris – Fermé lundi, dimanche et du mardi au samedi à midi

❀❀ PALAIS ROYAL RESTAURANT

CUISINE CRÉATIVE • **ÉLÉGANT** C'est dans le cadre idyllique des jardins du Palais Royal, à deux pas du ministère de la Culture, que l'on trouve cet élégant restaurant où officie le chef grec Philip Chronopoulos, qui travailla notamment à l'Atelier de Joël Robuchon-Étoile et auprès d'Alain Passard. Avec de superbes produits, il signe une cuisine créative et percutante, et conçoit des recettes d'une vivifiante maturité, ponctuée de clins d'œil à la Méditerranée : fins mezzes en amuse-bouche ; thon rouge de Méditerranée, tomates et pastèque ; carré d'agneau de Lozère rôti, jus à l'origan et artichauts en barigoule ; ou encore ce millefeuille croustillant de fraise, vanille et fleur de sureau – un dessert tout simplement remarquable. L'été, la terrasse sous les arcades offre à vos agapes un décor à la hauteur de l'assiette. Royal, c'est le mot.

♿ 🆎 🏡 ⇧ ⇲ – Prix : €€€€

110 Galerie de Valois – Ⓜ Palais-Royal - Musée du Louvre – ✆ 01 40 20 00 27 – www.palaisroyalrestaurantparis.com – Fermé samedi, dimanche, et lundi et mardi à midi

1er ARRONDISSEMENT

✿✿ RESTAURANT LE MEURICE ALAIN DUCASSE

CUISINE CRÉATIVE · LUXE Prenez un célèbre palace installé face au jardin des Tuileries, ajoutez-y un chef surdoué, Alain Ducasse, saupoudrez d'un luxe insensé très versaillais (plafond blanc paré de dorures, lustres en cristal), et vous obtenez Le Meurice, dont le décor suscite l'admiration des fortunes étrangères venues chercher ici l'âme parisienne. La griffe Ducasse est mise en œuvre par Amaury Bouhours, un fidèle, au gré de menus dégustation déclinés en mets servis en petites portions, mariant hommage à la tradition française et créativité. Côté desserts, le très médiatique Cédric Grolet crée des compositions qui font le tour des réseaux sociaux.

🕸 🔄 🅰🅲 🛑 🍽 – Prix : €€€€

Le Meurice, 228 rue de Rivoli – ⓜ Tuileries – ℰ 01 44 58 10 55 – www. alainducasse-meurice.com – Fermé samedi, dimanche et du lundi au vendredi à midi

✿ LE BAUDELAIRE

CUISINE MODERNE · ÉLÉGANT On se sent bien dans ce restaurant raffiné, niché au cœur d'un jeune palace arty et feutré célébrant le nouveau chic parisien. La salle s'ordonne autour de la cour intérieure de l'établissement, un beau jardin d'hiver où il fait bon lire Les Fleurs du mal. Reflets du dehors sur les tables en laque noire, confort douillet des fauteuils, grandes verrières, murs immaculés : un havre de paix. Le chef élabore une cuisine fine et délicate appuyée sur des produits triés sur le volet, à l'image de ce rouget barbet cuit à la perfection avec sa peau dorée et croustillante, rehaussé de safran et riz sauvage. Les desserts se révèlent tout aussi séduisants.

🕸 🔄 ♿ 🅰🅲 🍽 – Prix : €€€€

Le Burgundy, 6-8 rue Duphot – ⓜ Madeleine – ℰ 01 71 19 49 11 – www. lebaudelaire.com – Fermé lundi, dimanche et du mardi au samedi à midi

✿ LA DAME DE PIC

CUISINE CRÉATIVE · CONTEMPORAIN Un bel atout dans la cartographie des bonnes tables parisiennes : Anne-Sophie Pic a créé à deux pas du Louvre, cette table... capitale. À 550 km de Valence, où son nom a tant marqué l'histoire de la cuisine (ses père et grand-père y conquièrent eux aussi trois étoiles Michelin), mais au cœur de sa griffe originale. Un travail en finesse, en précision, doublé d'une inspiration pleine de vivacité : telle est la signature de cette grande dame de la gastronomie. On retrouve son sens de l'harmonie des saveurs, de la fraîcheur et de l'exactitude, avec toujours ces cuissons et assaisonnements au cordeau : berlingots au camembert fermier fumé, oignons doux des Cévennes, consommé lié à la feuille de figuier et camomille ; pigeonneau de Racan imprégné à la lavande et feuille de faustrime, maïs de Nérac en différentes textures, jus corsé ; pomme reinette confite au balsamique de pomme, sobacha, whisky et caramel...

♿ 🅰🅲 🛑 – Prix : €€€€

20 rue du Louvre – ⓜ Louvre - Rivoli – ℰ 01 42 60 40 40 – www.anne-sophie-pic.com/paris

✿ ESPADON

CUISINE CRÉATIVE · LUXE Auguste Escoffier, premier chef des cuisines du Ritz et complice de César Ritz – le fondateur en 1898 de ce palace mythique de la place Vendôme – y a érigé la cuisine en symbole de l'art de vivre à la française. Dans une salle à l'opulence subtilement allégée, couronnée d'un herbier en feuilles de cristal, c'est à Eugénie Béziat que revient aujourd'hui l'honneur de mener les agapes. Depuis sa cuisine vitrée, la cheffe mêle habilement réminiscences de son enfance africaine et influences méditerranéennes issues de son parcours culinaire. Le résultat est aussi étonnant que convaincant : des assiettes qui associent avec sensibilité des notes tantôt fumées, acidulées ou torréfiées. Deux réussites éclatantes :

PARIS

831

1ᵉʳ ARRONDISSEMENT

le pressé de tomates confites au romarin et pamplemousse, et le homard grillé accompagné d'une ballotine d'épinard au manioc, et condimenté de bissap aux framboises écrasées. Côté sucré, on se délecte des créations de François Perret.
🕸 ⇆ & 🅰🅒 ⇔ 🍽 – Prix : €€€€

Ritz Paris, 15 place Vendôme – Ⓜ Opéra – 𝒞 01 43 16 33 74 – www.sites.ritzparis. com/espadon – Fermé lundi, dimanche et du mardi au samedi à midi

✿ GRANITE

CUISINE MODERNE • **CONTEMPORAIN** À deux pas du Louvre, cette adresse discrète cultive une élégance feutrée. Avec une qualité de produits irréprochable, chaque assiette est réalisée avec justesse, finesse et précision. Le chef intègre subtilement des notes japonaises à ses préparations, comme le riz koshihikari avec les Saint-Jacques rôties, ou l'umeboshi avec le pigeon de Racan. Les compositions sucrées du chef pâtissier s'inscrivent avec souplesse dans cette partition inventive, à l'image de ce dessert autour du raisin blanc, tout en nuances. L'équipe de salle veille quant à elle sur ce cocon précieux avec un mélange de "coolitude" et de professionnalisme.
🕸 🅰🅒 ⇔ – Prix : €€€€

6 rue Bailleul – Ⓜ Louvre - Rivoli – 𝒞 01 40 13 64 06 – www.granite.paris – Fermé samedi et dimanche

✿ HAKUBA ⓝ

CUISINE JAPONAISE • **ÉPURÉ** Que pouvait-on attendre d'une table japonaise associant le chef Takuya Watanabe (ex-Jin), Arnaud Donckele himself et son pâtissier complice Maxime Frédéric ? Le meilleur, évidemment ! Appartenant au cercle restreint des grands maîtres de la capitale, Takuya Watanabe investit toute sa passion et son savoir-faire dans chaque sushi qu'il façonne à la minute devant le client. De son côté, Arnaud Donckele vient apporter tout son art des sauces, des jus et des bouillons, à l'image du dashi de coquillages, purée d'ail doux, coulis de shiso vert ou de celui qui accompagne le ramen, aussi limpide que puissant. Rareté dans un restaurant japonais, la partie dessert est incontournable, orchestrée avec maestria par le chef pâtissier de Plénitude. Le décor et le service, à l'avenant du repas, magnifient le silence et la pureté des matériaux.
🕸 ⇆ & 🅰🅒 ⇔ 🍽 – Prix : €€€€

Cheval Blanc Paris, 8 quai du Louvre – Ⓜ Pont-Neuf – 𝒞 01 79 35 51 20 – www. chevalblanc.com/fr/maison/paris/restaurants-et-bars/hakuba – Fermé lundi et dimanche, et à midi

✿ NHOME

Chef : Matan Zaken

CUISINE CRÉATIVE • **TENDANCE** Matan Zaken casse les codes ! Longtemps nomade, un temps chef privé de grandes maisons de couture, passé chez Frenchie à Londres, au George V avec Christian Le Squer et chez Saturne avec Sven Chartier, le chef franco-israélien reçoit dans cette étonnante cave voûtée face au Palais Royal. Dans une ambiance chaleureuse autour d'une immense table d'hôtes de 20 couverts, il déroule un menu de format "scandinave" qui dévoile une cuisine créative aux influences multiples (notamment Japon et Moyen-Orient) et aux techniques variées (basse température, binchotan, fermentations, saumure...). Un exemple ? Cet excellent turbot de ligne aux girolles, rehaussé d'un puissant condiment mûre-vinaigre de Xérès-poivre de Kampot et d'une sauce au miso de seigle fermenté. Service prévenant.
🅰🅒 – Prix : €€€€

41 rue de Montpensier – Ⓜ Palais-Royal - Musée du Louvre – 𝒞 01 89 33 48 43 – www.nhomeparis.com – Fermé samedi, dimanche et du lundi au jeudi à midi

✿ OMAR DHIAB

Chef : Omar Dhiab

CUISINE MODERNE • **CONTEMPORAIN** Tout près de la place des Victoires, le jeune chef Omar Dhiab au CV rutilant (Lasserre, l'Abeille, Loiseau Rive Gauche...) s'est choisi comme première adresse un lieu épuré avec cuisine ouverte et

1er ARRONDISSEMENT

magnifique comptoir en marbre blanc. Sa cuisine déploie une savoureuse palette qui ose des associations créatives, à l'image de cette daurade royale marinée au kumquat et condiment livèche, ou ce paleron de bœuf jersiais maturé, rehaussé de poivre vert et de sardine fumée. Les desserts célèbrent quant à eux la saison avec légèreté et gourmandise. Entouré d'une jeune équipe sympathique, le chef évolue aussi bien en cuisine qu'en salle.

&. – Prix : €€€€

23 rue Hérold – Ⓜ *Louvre - Rivoli –* ☏ *01 42 33 52 47 – www.omardhiab.com – Fermé samedi et dimanche*

LE TOUT-PARIS

CUISINE MODERNE • CONTEMPORAIN Cette brasserie à la déco colorée, signée Peter Marino, est nichée au 7e étage de l'hôtel Cheval Blanc. Sous la houlette d'Arnaud Donckele, le chef William Bequin, au parcours impeccable, n'est pas là pour faire de la figuration. Certes, on reprend ici certains des codes traditionnels de la brasserie : on choisit soi-même la garniture et le mode de cuisson des viandes et poissons (grillé, rôti au thym ou en vapeur d'algues). Mais l'assiette, tout en finesse d'exécution, parle vite pour elle, à l'image de la tartelette de champignons et son émulsion au vin jaune, ou de ce homard bleu accompagné d'une sauce béarnaise coraillée et parfumée à la bergamote. Détail de taille : la terrasse, avec sa vue plongeante sur la Seine et la rive gauche.

⇜ ⇇ &. 🅰🄲 🄰 🄳 – Prix : €€€€

Cheval Blanc Paris, 8 quai du Louvre – Ⓜ *Pont-Neuf –* ☏ *01 79 35 50 22 – www. letoutparis.fr*

YAM'TCHA

Cheffe : Adeline Grattard

CUISINE CRÉATIVE • ÉPURÉ Adeline Grattard a reçu – et cultivé ! – un don rare, celui du sens du produit. Dans son adresse de la rue Saint-Honoré, la cheffe choisit deux ou trois ingrédients, et ils occupent tout l'espace. Ni démonstration technique ni esbroufe, rien que de subtiles associations, rarement vues, et qui paraissent pourtant très naturelles. Formée auprès de Pascal Barbot (L'Astrance) et installée quelques années à Hong Kong, elle marie des produits d'une extrême qualité, principalement de France et d'Asie : on pense notamment à la sauce XO, au riz noir vinaigré ou au jus de crustacé... Le tout se déguste avec une sélection rare de thés asiatiques, autre source d'accords très convaincants (yam'tcha, en chinois, c'est "boire le thé"). Ni carte ni menu : de plat en plat, on se laisse surprendre par le marché et l'inspiration du jour.

Prix : €€€€

121 rue Saint-Honoré – Ⓜ *Louvre - Rivoli –* ☏ *01 40 26 08 07 – www.yamtcha. com – Fermé lundi, mardi et dimanche, et du mercredi au vendredi soir*

LAI'TCHA

CUISINE ASIATIQUE • ÉPURÉ Dans cette annexe de Yam'tcha, située au pied de l'Eglise Saint-Eustache, on se régale d'une cuisine chinoise, simple mais allant droit au but, bien parfumée, à base de beaux produits. La carte courte propose de nombreux dim sum mais également des nouilles fraîches maison, du bœuf sauté à l'Impériale ou encore une excellente salade de bœuf de Galice, mâche et pleurotes.

&. 🅰🄲 🄰 🀤 – Prix : €

7 rue du Jour – Ⓜ *Étienne Marcel –* ☏ *01 40 26 05 05 – www.yamtcha.com – Fermé lundi et dimanche*

À L'ÉPI D'OR

CUISINE TRADITIONNELLE • VINTAGE Ce bistrot parigot des anciennes halles de Baltard appartient à Élodie et Jean-François Piège. Dans un décor rétro pur jus (vieux carrelage, miroirs anciens, murs jaunis par le jus), on y sert une cuisine traditionnelle déclinée dans un semainier, complété d'une courte carte d'incontournables : pâté en croûte, croque-madame, terrine de foie gras, steak tartare frites...

Prix : €€

25 rue Jean-Jacques-Rousseau – Ⓜ *Palais-Royal - Musée du Louvre –* ☏ *01 42 36 38 12 – www.jeanfrançoispiege.com/a-lepi-dor – Fermé samedi et dimanche*

PARIS

833

1er ARRONDISSEMENT

PARIS

L'ARDOISE

CUISINE TRADITIONNELLE • CONVIVIAL Avec ses murs recouverts d'ardoise, ce restaurant porte bien son nom. Voilà un sympathique hommage rendu à l'esprit bistrotier, hommage qui prévaut aussi dans l'assiette - pâté en croûte de volaille, foie gras et cèpe ; filet de bœuf au poivre noir et pommes anna ; tartelette au citron meringuée ; crème brûlée... Tout est généreux, frais et savoureux !

AC ⇄ – Prix : €€

28 rue du Mont-Thabor – Ⓜ *Concorde –* ☎ *01 42 96 28 18 – www.lardoise-paris. com – Fermé lundi et dimanche*

L'ASSAGGIO

CUISINE ITALIENNE • CLASSIQUE L'assaggio, c'est le goût ! Le chef Ugo Alciati (du Guido Ristorante, dans le Piémont) a conçu la carte de cette élégante table installée dans l'hôtel Castille. Comme prévu, l'Italie du Nord est à l'honneur dans l'assiette – agnolotti préparés maison, risotto minute... Les pâtes sont ici dignes d'éloge, à l'image de ces spaghettone au homard, citron jaune râpé, tomates confites, œufs de truite - un délice. On s'attable dans le ravissant patio intérieur, avec fontaine et fresques.

& AC ⽊ – Prix : €€€

Castille Paris, 37 rue Cambon – Ⓜ *Madeleine –* ☎ *01 44 58 44 58 –www. collezione.starhotels.com/en/our-hotels/castille-paris/dining/ristorante-lassaggio.html Fermé lundi, dimanche et samedi midi*

BRASSERIE DU LOUVRE - BOCUSE

CUISINE TRADITIONNELLE • BRASSERIE On s'installe dans une salle vaste et élégante, entourée de grandes baies vitrées pour admirer une vue follement parisienne - Comédie-Française, Conseil d'État, Louvre - mais pas seulement : la carte, alléchante, navigue avec habileté entre grands classiques lyonnais (saucisson chaud pistaché en brioche, quenelle de brochet sauce nantua, etc.) et indémodables de brasserie (salade au foie gras, sole meunière, etc.). Très belle terrasse sous les arcades de ce bâtiment, typiquement haussmannien.

& AC ⽊ – Prix : €€€

Place André-Malraux – Ⓜ *Palais-Royal - Musée du Louvre –* ☎ *01 44 58 37 21 – www.maisons-bocuse.com/nos-brasseries/brasserie-louvre-paris-1-terrasse*

CAMPELLI

CUISINE CRÉATIVE • CONTEMPORAIN Cette adresse de poche précédée d'une petite devanture bleu nuit et or mise sur la sobriété et le chic discret (banquettes en velours, chaises en bois et du même velours, pierres apparentes...). Est-ce pour mieux mettre en valeur la partition créative du chef Vartivar Jarkezian au joli parcours multiculturel ? Sa cuisine, bien enracinée dans la tradition hexagonale, multiplie néanmoins les ingrédients et les influences orientales (cumin, pistache, curcuma, sauce yahourt...), mais par touches discrètes.

⇄ – Prix : €€

36 rue Croix-des-Petits-Champs – Ⓜ *Palais-Royal - Musée du Louvre –* ☎ *09 53 84 21 19 – www.campelli.paris – Fermé samedi et dimanche*

CHARBON KUNITORAYA

SPÉCIALITÉS DE YAKITORI • VINTAGE Dehors, une jolie façade rétro en bois aux airs japonisants. À l'intérieur, vieux zinc, faïence métro, miroirs, boiseries et moulures, et deux énormes tables hautes en bois massif. C'est dans ce cadre rétro chic que le chef Nomoto – pionnier des restaurants de udon en France – propose une offre de yakitoris haut de gamme, plus particulièrement de poulet. Service aimable et bien rythmé.

AC ⇄ – Prix : €€€€

5 rue Villedo – Ⓜ *Pyramides –* ☎ *01 47 03 07 74 – www.kunitoraya. com – Fermé dimanche*

1er ARRONDISSEMENT

CLOVER GRILL

SPÉCIALITÉS DE GRILLADES • TENDANCE D'appétissantes viandes maturées – noire de la Baltique, bœuf de Bavière, blonde d'Aquitaine, Black Angus – trônent en vitrine comme autant de pierres précieuses, à dévorer d'abord du regard... avant de les engloutir pour de bon ! De l'entrée au dessert, tout est cuit à la braise ou à la broche, ce qui donne à ce moment une saveur particulière. Une réussite.

AC – Prix : €€€

6 rue Bailleul – Ⓜ *Louvre - Rivoli –* ☏ *01 40 41 59 59 – www.jeanfrançoispiege. com/clover-grill – Fermé lundi et dimanche*

19 SAINT ROCH Ⓝ

CUISINE CRÉATIVE • BRANCHÉ Pierre Touitou – l'un des chefs emblématiques de la nouvelle bistronomie parisienne – a jadis fait vibrer des adresses plébiscitées par la foodosphère branchée. Des tomettes noires et blanches pavent le chemin vers la cuisine ouverte et son comptoir en inox où l'on peut savourer au cœur de l'action une cuisine créative tout en fraîcheur. Les assaisonnements et les condiments ne laissent rien au hasard, comme cette harissa maison sur la langue de bœuf, ou les câpres, pignons grillés et épine-vinette qui accompagnent la bonite. Comme il se doit, la carte des vins est orientée nature. Une adresse plaisir.

♿ AC – Prix : €€€

19 rue Saint-Roch – Ⓜ *Tuileries –* ☏ *01 40 15 00 89 – www.19saint-roch.com – Fermé lundi, samedi et dimanche*

HALLE AUX GRAINS

CUISINE MODERNE • CONTEMPORAIN L'ancienne halle aux blés, où trône une partie de la collection Pinault, héberge une table des plus créatives. En hommage à l'histoire du lieu, Michel et Sébastien Bras déclinent une cuisine saine et actuelle autour du thème des graines, céréales et légumineuses, avec notamment de savoureux desserts, comme ce paris-brest revisité, à base de crème légère à la graine de courge, croustillant et praliné. Vue imprenable sur les toits de Paris.

⬔♿ – Prix : €€€

Bourse de Commerce, 2 rue de Viarmes – Ⓜ *Louvre - Rivoli –* ☏ *01 82 71 71 60 – www.halleauxgrains.bras.fr – Fermé mardi midi*

JIN Ⓝ

CUISINE JAPONAISE • ÉLÉGANT Entre le musée du Louvre et la place Vendôme, une adresse chic et intime, réservée à une dizaine de privilégiés tout au plus, qui ont la chance (et les moyens !) de prendre place autour du joli comptoir en marronnier. Sous leurs yeux, le chef compose avec dextérité des sushis et sashimis dans les règles de l'art, à base d'ingrédients de premier ordre (le poisson, en provenance de Bretagne ou d'Espagne, est maturé pour être servi au meilleur moment). Ici, on propose un menu unique en "omakase", c'est-à-dire à l'entière discrétion du chef. Attention, plus les ingrédients sont nobles, plus les prix montent ! Mais de l'entrée au final, l'interprétation est superbe... Service discret et efficace, excellents sakés.

AC – Prix : €€€€

6 rue de la Sourdière – Ⓜ *Tuileries –* ☏ *01 42 61 60 71 – www.jin-paris.com/fr – Fermé lundi, dimanche et du mardi au jeudi à midi*

KAPARA

CUISINE MÉDITERRANÉENNE • CONVIVIAL Pour leur nouvelle adresse, Kapara, dont la déco a été à peine modifiée par rapport à l'ex-Balagan, Assaf Granit et son partenaire Tomer Lanzman ont fait appel à la cheffe Zohar Sasson. Elle envoie sans coup férir des assiettes librement inspirées de la tradition culinaire séfarade au rythme de la sono endiablée et des cris de la brigade au taquet. Au menu, des préparations hautes en couleur boostées d'épices, de condiments et de pois chiches, déclinés de diverses manières. Certains plats emblématiques de l'ancien Balagan demeurent en place à l'image du kebab déstructuré. Ambiance festive, conviviale, et (très) animée.

♿ AC – Prix : €€€

9 rue d'Alger – Ⓜ *Tuileries –* ☏ *07 67 40 56 29 – www.kaparaparis.com – Fermé dimanche midi*

1er ARRONDISSEMENT

LANGOSTERIA

CUISINE ITALIENNE • **TENDANCE** Au 7e étage de la Samaritaine, au cœur du Cheval-Blanc, une brasserie de la mer à l'italienne, "succursale" de Langosteria Milano. Ambiance vivante, bar à cocktails, remarquable carte des vins, poissons et crustacés de première fraîcheur, pâtes, délicieux desserts... et l'un des meilleurs espressi de tout Paris.

⬡ 🚫 AC 🥢 – Prix : €€€€

Cheval Blanc Paris, 8 quai du Louvre – Ⓜ Pont-Neuf – ☏ 01 79 35 50 33 – www. langosteria.com/it/langosteria-paris – Fermé du lundi au jeudi à midi

LIQUIDE

CUISINE CRÉATIVE • **CONVIVIAL** Saluons cette déco foutraque et amusante : lustre en corne, fauteuils, canapés, table d'hôte de 12 m de long en marbre signée Starck... Une atmosphère branchée et conviviale pour s'attabler avec des copains, partager les assiettes, goûter les cocktails et de jolis flacons. Dans cette adresse signée Matthias Marc, variété et créativité convergent dans l'assiette.

🍽 – Prix : €€€

39 rue de l'Arbre-Sec – Ⓜ Louvre - Rivoli – ☏ 01 42 36 50 05 – www.liquide. paris – Fermé lundi et dimanche

LOULOU

CUISINE ITALIENNE • **TENDANCE** Le musée des Arts décoratifs vous invite à une parenthèse enchantée face aux jardins du Louvre. Le chef réinvente les classiques méditerranéens en sélectionnant les produits avec soin. En terrasse ou dans l'élégante salle à manger, le service est tout aussi exquis que les plats. C'est cosy, raffiné et savoureux.

AC 🍽 🥢 – Prix : €€€

107 rue Rivoli – Ⓜ Palais-Royal - Musée du Louvre – ☏ 01 42 60 41 96 – www. loulou-paris.com

NODAÏWA

CUISINE JAPONAISE • **ÉPURÉ** Cette petite adresse, dont la maison-mère est située à Tokyo, est spécialisée dans un produit atypique... l'anguille ! Elle est travaillée méticuleusement et assaisonnée avec du soja ou du sancho, un poivre asiatique. La grande majorité de la clientèle est japonaise, ce qui en dit long sur la qualité de la cuisine.

AC – Prix : €€

272 rue Saint-Honoré – Ⓜ Palais-Royal - Musée du Louvre – ☏ 01 42 86 03 42 – www.nodaiwa.com – Fermé dimanche

NOLINSKI

CUISINE TRADITIONNELLE • **VINTAGE** Sur l'Avenue de l'Opéra, proche de la Comédie-Française, brasserie chic au cadre rétro entre Art déco et années 1970, avec miroirs, dorures, marbre jaune et velours côtelé. Dans les assiettes, une cuisine bourgeoise de tradition (pot-au-feu, vol-au-vent de volaille et ris de veau, côte de veau aux morilles...) signée Philip Chronopoulos.

🚫 AC ⟷ 🥢 – Prix : €€€

16 avenue de l'Opéra – Ⓜ Pyramides – ☏ 01 42 86 10 10 – www.nolinskiparis. com – Fermé dimanche soir

ODETTE

CUISINE MODERNE • **COSY** Non loin des Halles, au sein du luxueux hôtel Albar, la famille Rostang montre avec cette "auberge urbaine" qu'elle n'a pas perdu la main. Odette nous régale à grands coups de belles pièces à partager, bar en croûte feuilleté – succès garanti –, côte de veau, pintade rôtie, et d'assiettes efficaces, le tout sous la responsabilité d'un chef au style bien marqué.

AC 🍽 – Prix : €€€

25 rue du Pont-Neuf – Ⓜ Châtelet – ☏ 01 44 88 92 78 – www.maison-albar-hotels-le-pont-neuf.com/fr/page/restaurant-odette-paris.2488.html

1er ARRONDISSEMENT

LA POULE AU POT

CUISINE TRADITIONNELLE • VINTAGE Les grands classiques du répertoire culinaire français sont ici réhabilités par Jean-François Piège. Service sur plateau d'argent, décor suranné de bistrot, comptoir en zinc : il ne manque rien. On se croirait chez Audiard… jusque dans l'assiette : gratinée à l'oignon, quenelle de bar, hachis parmentier de paleron de bœuf, goujonnettes de sole limande et sauce tartare.
– Prix : €€€

9 rue Vauvilliers - Châtelet - 01 42 36 32 96 - www.jeanfrançoispiege.com/la-poule-au-pot - Fermé lundi et dimanche

LA RÉGALADE SAINT-HONORÉ

CUISINE TRADITIONNELLE • BISTRO Bruno Doucet régale les épicuriens du quartier des Halles avec des recettes à la gloire du terroir et du marché. Après avoir patienté avec la délicieuse terrine du chef, régalez-vous d'une poêlée d'escargots et champignons au chorizo, d'un paleron de bœuf braisé, garniture d'un bourguignon, ou encore du fameux riz au lait et caramel laitier… Belle sélection de vins.
– Prix : €€

106 rue Saint-Honoré - Louvre - Rivoli - 01 42 21 92 40 - www.laregalade.paris - Fermé lundi et dimanche

TRACÉ

CUISINE CRÉATIVE • ÉPURÉ Près de la Comédie-Française, dans un décor zen et contemporain, Clément Vergeat trace son chemin avec une inspiration certaine, qui se traduit par un menu carte blanche aux accents créatifs maîtrisés, qui n'oublie pas la gourmandise pour autant : fine tarte aux champignons et à la coriandre ; agneau de lait aux coques, chou-fleur et ail noir ; variation de rhubarbe au fenouil… Notons aussi le travail réalisé sur les sauces et les fermentations. Engagement durable assumé, carte de vins bio et nature, service sympa : une table attachante et sincère.
– Prix : €€€€

15 rue de Richelieu - Palais-Royal - Musée du Louvre - 01 71 60 91 30 - www.restaurant-tracé.com - Fermé lundi, dimanche et samedi midi

ZEN

CUISINE JAPONAISE • ÉPURÉ Cette table japonaise séduisante associe un décor traditionnel agréable et une authentique cuisine nippone : la carte, étoffée, est fidèle aux classiques sushis, grillades et autres tempuras, les grandes spécialités de la maison étant les gyozas et le chirashi. Attention : pas de réservation au déjeuner.
– Prix : €€

8 rue de l'Échelle - Palais-Royal - Musée du Louvre - 01 42 61 93 99 - www.zenrestaurantparis.fr

PARIS

LE BURGUNDY

Plus

MODERNE • RAFFINÉ Luxueux, feutré et arty… Dans cet hôtel de standing, le chic parisien se décline de manière artistique : meubles design et œuvres d'art contemporain – spécialement créées – émaillent les lieux. Une réussite…
 - 59 chambres

6-8 rue Duphot - 01 42 60 34 12

✿ Le Baudelaire - Voir la sélection des restaurants

CASTILLE PARIS

Plus

MODERNE • COSY Le voisinage des plus grands palaces ne semble pas effrayer le Castille, hôtel particulier établi depuis le 18e s. à deux portes de l'atelier de Coco Chanel. Ses deux ailes réconcilient des références supposées incompatibles : les suites rendent hommage à la célèbre créatrice — lignes pures, palette sobre, souvenirs d'un Paris en noir et blanc —, les chambres sont des vénitiennes, toutes de tentures de soie, de salles de bain en marbre et de tonalités chatoyantes. Un sauna, un espace fitness et plusieurs salles de conférence complètent les services.
 - 108 chambres

33-37 rue Cambon - 01 44 58 44 58

L'Assaggio - Voir la sélection des restaurants

837

1er ARRONDISSEMENT

🛏 CHÂTEAU VOLTAIRE
Plus

MODERNE • CHALEUREUX Un hôtel pensé comme une maison, telle est la philosophie des lieux ! Ici, tout repose sur une atmosphère cosy, ainsi que sur un sens de l'accueil chic et décontracté. Déco signée Sarah Lavoine, chambres tout confort : impeccable à tout point de vue.

🛗 🆎 ⏸ 🛋 🛜 🛀 🍽 - 32 chambres

55-57 rue Saint-Roch – ☎ 01 53 45 91 00

🛏 CHEVAL BLANC PARIS

MODERNE • RAFFINÉ "La réinvention totale de l'emblématique grand magasin Art déco La Samaritaine, donnant sur le Pont Neuf, tient ses promesses. Avec seulement 72 chambres et suites, Cheval Blanc Paris a choisi de viser - avec succès - le luxe absolu : la suite la plus extravagante s'étend sur deux niveaux et possède sa propre piscine. Les points forts incluent le spa et une vaste piscine intérieure à débordement."

🆎 ⏸ 🛋 🛜 🛀 🍽 - 72 chambres

8 quai du Louvre – ☎ 01 40 28 00 00

✿✿✿ **Plénitude - Cheval Blanc Paris** • ✿ **Le Tout-Paris** • **Hakuba** • **Langosteria** - Voir la sélection des restaurants

🛏 LA CLEF LOUVRE
Plus

CONTEMPORAIN • RAFFINÉ Face à la Comédie-Française, « l'une des adresses les plus recherchées de la capitale » s'est ouvert un hôtel de grand luxe, dont les logements sont à mi-chemin entre la suite cinq étoiles et l'appartement de standing. L'esthétique donne dans le chic contemporain, mélange post-moderne d'air du temps et d'Art nouveau. À la lumière de ces éléments et des équipements (fitness, salons, service limousine, business corner), on peut affirmer que La Clef Louvre est déjà un classique.

🛗 🆎 🅿 ⏸ 🚲 🛜 🛀 🛎 🍽 - 51 chambres

8 rue de Richelieu – ☎ 01 55 35 28 00

🛏 GRAND HÔTEL DU PALAIS ROYAL
Plus

MODERNE • ÉLÉGANT Voisin du Palais-Royal, du ministère de la Culture et du Conseil d'État, cet immeuble du début du 18e s. est idéalement situé. À l'intérieur, de l'élégance mais point de faste : les chambres jouent la sobriété, et l'on profite, des étages supérieurs, d'une vue splendide sur le Paris historique. Hammam, fitness et salon de coiffure.

🛗 🆎 🧖 ⏸ 🛜 🛀 🛎 🍽 - 59 chambres

4 rue de Valois – ☎ 01 42 96 15 35

🛏 HÔTEL DU LOUVRE
Plus

CLASSIQUE • RAFFINÉ Cet hôtel d'excellence situé juste en face du plus célèbre musée au monde tient sa double promesse : être unique et extrêmement sophistiqué. La façade haussmannienne ouvre sur un intérieur contemporain. Les chambres et les suites sont exceptionnellement calmes, et nombre d'entre elles s'offrent pour vis-à-vis le Louvre, la Comédie française, l'avenue de l'Opéra ou le Palais-Royal. L'Officine du Louvre, le bar de l'hôtel, profite d'une magnifique verrière.

🆎 🧖 🅿 ⏸ 🚲 🛜 🛀 🛎 🍽 - 164 chambres

Place André Malraux – ☎ 01 73 11 12 34

Brasserie du Louvre - Bocuse - Voir la sélection des restaurants

🛏 HÔTEL MADAME RÊVE

AVANT-GARDE • ÉLÉGANT Le grand édifice haussmannien, encore récemment la Poste du Louvre, renaît après une restauration très approfondie sous la baguette du directeur artistique Laurent Taïeb et de la designer Andrée Putman. Leur travail fait ressortir le hall d'époque postmoderne, ainsi que les chambres et suites contemporaines, parées de tons chauds et décorées d'œuvres d'art sur le thème du courrier. Les plus calmes donnent vers l'intérieur, sur le ""sky garden""

1er ARRONDISSEMENT

du restaurant, d'autres admirent les toits et les flèches gothiques de l'église Saint-Eustache. Petit spa de luxe.

&. 🏧 🛁 🛋 📶 🚲 📶 📶 ♨ 🧖 🛎 - 82 chambres

48 rue du Louvre – 📞 01 80 40 77 70

🛏 MANDARIN ORIENTAL

CLASSIQUE · RAFFINÉ Le vaisseau amiral du groupe hongkongais à Paris. Fidèle à ses principes, celui-ci a signé un établissement d'un extrême raffinement, à la croisée de l'élégance française et de la délicatesse orientale. Jeux de lignes, d'espace, de quiétude, etc. Au cœur de la capitale, un palace capital !

&. 🏧 📶 🛋 🛏 📶 📶 🧖 - 138 chambres

251 rue Saint-Honoré – 📞 01 70 98 78 88

🛏 LE MEURICE

GRAND STYLE · RAFFINÉ L'un des premiers hôtels de luxe parisiens, né en 1835. Face aux frondaisons du jardin des Tuileries, les lieux sont fastueux, dans un esprit très classique auquel le designer Philippe Starck a su apporter une touche contemporaine. Un spa superbe, un bar très intime : Le Meurice ou l'art du raffinement.

&. 🏧 🛁 🅿 📶 📶 📶 🧖 🛎 - 160 chambres

228 rue de Rivoli – 📞 01 44 58 10 10

❀❀ **Restaurant Le Meurice Alain Ducasse** - Voir la sélection des restaurants

🛏 NOLINSKI   *Plus*

MODERNE · ÉLÉGANT Entre l'Opéra et la Comédie Française, un hôtel très chic, lieu d'art et de vie à la française, dont l'élégance haussmannienne illumine l'avenue. Marbre de Carrare, mobilier chic, chambres lumineuses : rien n'a été laissé au hasard, jusqu'au splendide spa (hammam, massages, etc.) et la grande piscine couverte.

&. 🏧 🛁 🅿 📶 🛋 📶 📶 🛎 🛎 - 45 chambres

16 avenue de l'Opéra – 📞 01 42 86 10 10

🛏 RITZ PARIS

GRAND STYLE · ÉLÉGANT Il n'existe qu'un seul Ritz, qui a retrouvé, grâce à une rénovation récente, toute sa splendeur d'antan. L'architecte Thierry Despont a ouvert des espaces et des entrées de lumière, dont un toit vitré rétractable au sommet du restaurant. Les chambres et les suites restent donc classiques, et conservent leurs emblématiques lampes tulipes et leurs sonnettes. Les suites Prestige comptent parmi les plus somptueuses de Paris. S'ajoutent à cela un spa et un club élégants qui côtoient des bars et restaurants légendaires.

&. 🏧 🛁 🅿 📶 🛋 🛏 📶 📶 🧖 🛎 🛎 - 142 chambres

15 place Vendôme – 📞 01 43 16 30 30

❀**Espadon** - Voir la sélection des restaurants

🛏 LE ROCH   *Plus*

MODERNE · COSY Un hôtel pensé comme une maison, tel est la philosophie des lieux. Ici, tout repose sur une atmosphère chaleureuse, ainsi que sur un sens de l'accueil chic et décontracté. Déco signée Sarah Lavoine, chambres tout confort : impeccable à tout point de vue.

🏧 📶 🛏 📶 🧖 🛎 - 37 chambres

28 rue Saint-Roch – 📞 01 70 83 00 00

🛏 THÉRÈSE   *Plus*

MODERNE · COSY Une adresse charmante située dans une petite rue calme, nichée entre le Palais-Royal et l'avenue de l'Opéra. Son décor se révèle très cosy et chic, avec par exemple des pièces de mobilier inspirées des années 1950 et des références néo-industrielles... Les chambres sont douillettes et bien agencées : une réussite !

🏧 🅿 📶 🚲 🛎 - 40 chambres

5-7 rue Thérèse – 📞 01 42 96 10 01

BOURSE • SENTIER

2ᵉ ARRONDISSEMENT

PARIS

SUSHI YOSHINAGA

CUISINE JAPONAISE • ÉPURÉ Cette adresse d'exception n'a rien laissé au hasard : des céramiques conçues par un artiste japonais, des baguettes en bois de rose disposées sur un petit plateau de cèdre, un écrin d'érable sycomore nimbé de douce lumière... Pour les 10 privilégiés qui prennent place à son comptoir, le maître sushi Tomoyuki Yoshinaga travaille des poissons remarquables de fraîcheur, dont différents thons gras exceptionnels, objets d'une découpe experte et d'assaisonnements qui ne le sont pas moins. Un travail de joaillerie sur les textures, maturations, températures de service, et des saveurs aux nuances variées selon les moments de ce menu omakase. Notons aussi des recettes et des techniques plus personnelles, notamment dans la confection maison de nombreuses marinades et sauces soja, ou dans les subtiles créations chaudes du début de repas. Enfin, le tandem que le chef forme avec le directeur de salle fonctionne à merveille, avec une complicité qui laisse souvent place à l'humour.

AC – Prix : €€€€

27 rue du 4-Septembre – Ⓜ Quatre-Septembre – ℰ 07 57 81 46 46 – www. sushiyoshinaga.com – Fermé lundi, dimanche et du mardi au samedi à midi

ACCENTS TABLE BOURSE

Chefs : Ayumi Sugiyama et Romain Mahi

CUISINE MODERNE • DESIGN "L'accent nous indique l'origine de la personne ; il nous renseigne sur son pays, sa région et son histoire. C'est cette idée d'ouverture et de découverte que je veux défendre, une cuisine faite de rencontres et d'échanges" : ainsi s'exprime Ayumi Sugiyama, patronne japonaise et cheffe pâtissière de ce lieu contemporain d'esprit scandinave. Les assiettes du chef Romain Mahi marient recettes classiques, créations plus audacieuses et travail subtil autour des arômes torréfiés et des saveurs fumées : l'omble chevalier cuit au four, céleri et chou-fleur cuits dans un jus de clémentine, graines de cumin et marmelade de peau d'orange aux épices grillées. De bout en bout, équilibre et précision... jusqu'aux créations sucrées, légères et bien construites. Service tonique et chaleureux.

& AC – Prix : €€€€

24 rue Feydeau – Ⓜ Bourse – ℰ 01 40 39 92 88 – www.accents-restaurant.com – Fermé lundi, dimanche et mardi midi

FLEUR DE PAVÉ

Chef : Sylvain Sendra

CUISINE CRÉATIVE • TENDANCE Au sein de ce resto bien d'aujourd'hui, le chef Sylvain Sendra se livre à une stimulante exploration culinaire, avec une fougue et un panache intacts. Il trousse des assiettes modernes et voyageuses, faussement brutes dans le dressage, avec des produits de superbe qualité – et en particulier les légumes très exclusifs issus du potager yvelinois du maraîcher Asafumi Yamashita. Voici un chef qui n'essaie pas d'étourdir par sa technique, mais plutôt à mettre l'accent sur les saveurs et à se montrer fidèle à l'énoncé de ses plats – qu'il en soit remercié. Pour une maison de cette taille, la carte des vins frappe par sa qualité.

⅏ AC ⇱ – Prix : €€€

5 rue Paul-Lelong – Ⓜ Sentier – ℰ 01 40 26 38 87 – www.fleurdepave.com – Fermé dimanche et samedi midi

FRENCHIE

Chef : Grégory Marchand

CUISINE MODERNE • CONVIVIAL Drôlement Frenchy, le chef Grégory Marchand, qui a fait ses classes dans plusieurs grandes tables anglo-saxonnes (Gramercy Tavern à New York, Fifteen – par Jamie Oliver – à Londres, Mandarin Oriental à Hong Kong...). Dans son restaurant de poche, au cœur du Sentier, la salle (briques, poutres, pierres apparentes...) est vite comble, grâce à cette cuisine qui partage

840

2ᵉ ARRONDISSEMENT

tout du goût international contemporain, tout en s'enracinant dans un sourcing sourcilleux (de l'assiette en céramique jusqu'aux fruits et légumes de Terroirs d'Avenir, installé en face). Les associations de saveurs sont originales, centrées sur le produit, et le twist anglo-saxon bien présent, surtout sur les desserts. Deux services (18h30/19h et 21h30).

AC – Prix : €€€€

5 rue du Nil – 🚇 *Sentier –* 📞 *01 40 39 96 19 – www.frenchie-restaurant.com – Fermé les midis*

PANTAGRUEL

Chef : Jason Gouzy

CUISINE MODERNE • COSY À l'instar du personnage éternel créé par Rabelais, le chef Jason Gouzy, un rémois trentenaire, est généreux – une générosité qu'il teinte d'une belle finesse, celle qu'il a apprise à l'école Ferrandi puis qui s'est exprimée progressivement à l'Assiette Champenoise, au Bristol et au Baudelaire. Il s'est concocté avec l'aide d'une créatrice de mode un sobre cocon gourmand, à la fois bourgeois et romantique, au cœur du Sentier. Derrière la large baie vitrée de sa cuisine, le chef montre tout l'éventail de son savoir-faire au travers de plats déclinés en petites assiettes satellites – du jeu sur les textures aux associations terre-mer, en passant par le fumé et les condiments, à l'image de cette betterave fumée et sardine, ou de ce homard bleu en 3 déclinaisons.

&. AC – Prix : €€€€

24 rue du Sentier – 🚇 *Sentier –* 📞 *01 73 74 77 28 – www.restaurant-pantagruel. com – Fermé samedi et dimanche*

PUR' - JEAN-FRANÇOIS ROUQUETTE

CUISINE MODERNE • CONTEMPORAIN Dans une toute nouvelle et élégante salle créée sur mesure par un architecte franco-mexicain, Jean-François Rouquette continue d'exprimer toute la palette de son talent, à l'image de cet agneau de lait des Pyrénées dont les variations (en carré rôti, en selle farcie...) et les garnitures (artichauts poivrade farcis de quinoa et tartare d'algues) procurent un plaisir intense. Sa cuisine, créative et inspirée, accorde avec finesse d'excellents produits. Un "pur" plaisir !

🍽 &. AC 🎋 – Prix : €€€€

Park Hyatt Paris-Vendôme, 5 rue de la Paix – 🚇 *Opéra –* 📞 *01 58 71 10 60 – www. paris-restaurant-pur.fr – Fermé lundi, dimanche et du mardi au samedi à midi*

SHABOUR

CUISINE CRÉATIVE • TENDANCE Derrière Shabour, on trouve Assaf Granit, chef israélien médiatique : déjà propriétaire d'une douzaine de restaurants à Jérusalem, Londres et Paris, il anime également la version locale de Cauchemar en cuisine. Il a jeté son dévolu sur un immeuble du 17e s dans un quartier animé, entre les rues Saint-Denis et Montorgueil. On retrouve ici ses marques de fabrique : ambiance débridée, déco brute émaillée notamment de gaines techniques métalliques au plafond, lumières tamisées... et surtout cette cuisine créative aux influences méditerranéennes, généreuse et surprenante, qui emporte tout par sa fraîcheur à l'image de ces carottes, œuf mollet, écume de tahini, œufs de saumon et tzimmes, de ce rouget snacké dans l'idée d'une bouillabaisse orientale ou encore de ce gâteau de semoule à la fleur d'oranger et crème anglaise à la citrouille.

AC – Prix : €€€€

19 rue Saint-Sauveur – 🚇 *Réaumur - Sébastopol –* 📞 *06 95 16 32 87 – www. restaurantshabour.com – Fermé dimanche et du lundi au jeudi à midi*

SUSHI B

CUISINE JAPONAISE • ÉPURÉ Aux abords du très agréable square Louvois, ce restaurant de poche (8 places seulement) mérite que l'on s'y attarde. Si l'on adore le cadre zen et dépouillé – marbre, fauteuils en tissus, verreries fines – on vient surtout ici pour constater par soi-même le grand talent du chef. En excellent artisan, il ne travaille que des produits de qualité et de première fraîcheur, avec une précision chirurgicale. Il faut voir, par exemple, la qualité d'exécution de ses sushis et makis, sans jamais d'excès de soja ou de wasabi : le sens de la mesure personnifié ! Les

PARIS

841

2ᵉ ARRONDISSEMENT

plats sont équilibrés, les textures complémentaires : filet de bar grillé, épinard et sauce dashi au citron ; daurade royale frite, radis blanc râpé, ciboulette façon agedashi ; sashimi de sériole, sauce soja au sésame, fleur de shiso et wasabi. Un coup de cœur.

🆎 – Prix : €€€€

5 rue Rameau – Ⓜ Bourse – ☎ 01 40 26 52 87 – www.sushi-b-fr.com – Fermé du lundi au mercredi

🐸 MÀM FROM HANOÏ Ⓝ

CUISINE VIETNAMIENNE • SIMPLE Dans un coin du Sentier, cette table authentiquement vietnamienne fait un carton mérité (réservation plusieurs jours à l'avance). Le couple, natif de Hanoï, mitonne une authentique cuisine du Nord du Viêtnam – le mot « mam » désignant un condiment à base de poisson très populaire là-bas. D'origine française, les légumes et les viandes sont rigoureusement sélectionnés. La carte va à l'essentiel. Elle comporte les incontournables nems de porc, servis avec la fameuse sauce mam, ainsi qu'une excellente soupe pho, typique du Nord, légèrement salée et d'autant plus digeste – quintessence de cette cuisine parfumée et flatteuse, qui fusionne l'air de rien simplicité de l'exécution et complexité des saveurs.

🆎 – Prix : €

39 rue de Cléry – Ⓜ Sentier – ☎ 01 42 33 12 31 – www.mamfromhanoi.com – Fermé dimanche et lundi soir

L'ALTRO FRENCHIE Ⓝ

CUISINE ITALIENNE • CONVIVIAL L'éclectisme gourmand de Grégory Marchand a encore frappé ! Dans ce bistrot moderne à l'italienne, on retrouve aussi les influences anglo-saxonnes que le chef affectionne. On se régale d'un crudo misto agrémenté de condiments végétaux ingénieux, de classiques comme les pappardelle au lapin ou l'incontournable côte de veau milanaise pour deux. La recette du gâteau au chocolat, quant à elle, rend hommage à celle de Jamie Oliver au River Café de Londres. La carte des vins provient de la cave Frenchie voisine.

🆎 – Prix : €€€

9 rue du Nil – Ⓜ Sentier – ☎ 01 42 21 96 92 – www.altro-frenchie.com

L'APIBO

CUISINE MODERNE • BISTRO Dans son petit bistrot du quartier Montorgueil (esprit feutré, parquet en chêne, pierre apparente), le chef Antony Boucher, au solide CV, signe une belle cuisine de produits, originale et délicate. Il est réputé pour ses plats classiques que sont le filet de bar, riz noir et sauce paprika et le cochon confit huit heures et sa mousseline de patate douce. Le service gentiment impertinent (et très pro) évoque l'esprit canaille qui flottait naguère sur les Halles...

🆎 🍴 – Prix : €€

31 rue Tiquetonne – Ⓜ Étienne Marcel – ☎ 01 55 34 94 50 – www.restaurant-lapibo.fr – Fermé lundi, dimanche et samedi midi

AUX LYONNAIS

CUISINE LYONNAISE • BISTRO Dans ce bistrot fondé en 1890, au cadre délicieusement rétro, on se régale d'une savoureuse cuisine qui explore la gastronomie lyonnaise. Ainsi les terrines, quenelles de sandre aux écrevisses, ou le gâteau de foie blond disputent la part belle aux suggestions à l'ardoise et aux desserts convoquant la gourmandise.

🆎 ✛ – Prix : €€

32 rue Saint-Marc – Ⓜ Richelieu - Drouot – ☎ 01 42 96 65 04 – www.auxlyonnais.com – Fermé lundi et dimanche

LA BOURSE ET LA VIE

CUISINE TRADITIONNELLE • BISTRO Ce bistrot, propriété d'un chef américain, connaît un franc succès. Sa recette ? Des plats biens français, sagement revisités par le chef en place, des produits de qualité et des saveurs ô combien plaisantes.

2ᵉ ARRONDISSEMENT

Poireaux vinaigrette ; onglet de bœuf, sauce au poivre; mousse au chocolat : autant de classiques bistrotiers qu'on est ravi de retrouver.

Prix : €€

12 rue Vivienne – Ⓜ Bourse – ☏ 01 42 60 08 83 – www.labourselavie.com – Fermé samedi et dimanche

CAFÉ COMPAGNON

CUISINE MODERNE • BRANCHÉ Après Richer et 52 Faubourg, le restaurateur, sommelier et torréfacteur Charles Compagnon frappe encore ! Ce restaurant propose une carte variée, allant des grignotages à partager jusqu'aux glaces maison, le tout dans un esprit de cuisine bistrot moderne, originale et bien faite : entrée tout en fraîcheur, échine de cochon canaille. Une vraie comfort food 100% maison, à déguster sans modération.

♿ 🅰 – Prix : €€

22-26 rue Léopold-Bellan – Ⓜ Sentier – ☏ 09 77 09 62 24 – www.cafecompagnon.com

CAFFÈ STERN

CUISINE ITALIENNE • HISTORIQUE Dans le passage des Panoramas, l'ancien atelier de gravure Stern a été reconverti en trattoria chic, sans rien perdre de son cachet de l'époque (gravures, photos et boiseries anciennes). À la carte, on trouve une cuisine italienne bien troussée et volontiers originale, servie dans de généreuses assiettes : risotto de saison ; tagliolini à l'aneth avec araignée de mer, palourdes, et sauce aux olives noires ; glace à la pistache "Stern". Service tout sourire.

🅰 ⇔ – Prix : €€€€

47 passage des Panoramas – Ⓜ Grands Boulevards – ☏ 01 75 43 63 10 – www.alajmo.it/fr/pages/homepage-caffe-stern – Fermé lundi et dimanche

DROUANT

CUISINE TRADITIONNELLE • ÉLÉGANT Un lieu mythique et bien vivant que ce restaurant intemporel au cadre chic et élégant où l'on décerne le prix Goncourt depuis 1914 et le Renaudot depuis 1926 ! Fort de son savoir-faire acquis notamment auprès de Cyril Lignac et Yannick Alléno, le chef Romain Van Thienen exécute avec talent des grands classiques de la cuisine de brasserie française tels que le vol-au-vent, la sole meunière, le tartare préparé minute ou encore la fameuse madeleine de Proust... On s'attable ici autour de plats travaillés et savoureux (la fraîcheur des produits est indéniable), portés par une équipe au service alerte et souriant. Très belle carte de vins avec près de 2000 références et une sélection réduite, mais bien composée, de vins au verre.

🕸 🅰 🍴 ⇔ 🎏 – Prix : €€€

16-18 place Gaillon – Ⓜ Quatre-Septembre – ☏ 01 42 65 15 16 – www.drouant.com

ERH

CUISINE MODERNE • ÉLÉGANT E, R et H comme Eau, Riz, Hommes : intitulé aussi mystérieux que poétique pour cette table atypique, qui compagnonne avec une boutique de sakés et un bar à whisky. Etonnante salle à manger contemporaine sous une grande verrière, assortie d'un long comptoir devant la cuisine ouverte, où le chef japonais concocte une cuisine française savoureuse et japonisante dans ses effets.

🅰 – Prix : €€€€

11 rue Tiquetonne – Ⓜ Étienne Marcel – ☏ 01 45 08 49 37 – www.restaurant-erh.com – Fermé lundi, dimanche et du mardi au jeudi à midi

HALO PARIS Ⓝ

CUISINE MODERNE • TENDANCE Cette table se cache au fond d'un concept store de mode et de design dédié aux jeunes créateurs. Derrière une porte en bois, on découvre un espace lumineux sous verrière avec sa cuisine ouverte et son sol en béton brut. Véritable hub culturel, le lieu comprend au sous-sol une petite

2ᵉ ARRONDISSEMENT

salle d'exposition, un bar à cocktails et une table d'hôtes. Découvert à Top Chef en 2023, passé par l'Arpège et NESO, le chef Victor Blanchet propose une cuisine inspirée par la Méditerranée et le Pays basque. Des assiettes colorées, légères et bien composées, à l'image de ce tataki de loup de mer flambé au pastis, mousseline de betterave et citron confit. Réservation en ligne uniquement.

⧉ – Prix : €€€

12 rue Saint-Sauveur – Ⓜ Sentier – www.halo-paris.com – Fermé lundi, dimanche et du mardi au samedi à midi

---

LIZA

CUISINE LIBANAISE • TENDANCE Originaire de Beyrouth, Liza Asseily met la cuisine de son pays à l'honneur. Dans un décor ensoleillé parsemé de touches orientales, on opte pour des mezze à partager, des grillades ou un fattet batinjan (une panade d'aubergine avec agneau haché et yaourt). Nombreuses options végétariennes, et sélection de vins libanais.

🅐🅒 – Prix : €€

14 rue de la Banque – Ⓜ Bourse – ☏ 01 55 35 00 66 – www.restaurant-liza.com

---

MORI VENICE BAR

CUISINE ITALIENNE • ÉLÉGANT Installez-vous face à la Bourse pour savourer les grandes spécialités de la cuisine vénitienne et du nord-est de l'Italie. Le décor, signé Starck, évoque le raffinement vénitien. Le choix des produits fait quant à lui l'objet d'un soin particulier : approvisionnement direct en légumes du "potager respectueux" et pêche raisonnée, à l'exemple de ce turbot cuit au beurre et au prosecco, tombée d'épinard et crème de céleri. N'oublions pas les cicchettis ni les délicieuses glaces, à agrémenter de noisettes du Piémont !

🕸 ♿ 🅐🅒🖶 – Prix : €€€€

27 rue Vivienne – Ⓜ Bourse – ☏ 01 44 55 51 55 – www.mori-venicebar.com – Fermé dimanche et samedi midi

---

QASTI GREEN Ⓝ

CUISINE LIBANAISE • TENDANCE Le chef Alan Geaam ajoute une corde à son arc avec cette adresse de cuisine libanaise végétarienne. Derrière les fourneaux, on retrouve sa nièce, Zeinab Hachem, formée par la mère du chef aux subtilités de la cuisine libanaise traditionnelle. Certains plats font déjà figure d'incontournables comme le shawarma végétarien au céleri et aux champignons ou le daoud bata, composé de boulettes de lentilles aux amandes et aux épices, servies dans une sauce tomatée. On retrouve aussi les saveurs authentiques du Liban, sagement revisitées à prix doux : freekeh de légumes ; houmous au soujouk ; mama ganoush (caviar de chou-fleur). À l'image de la cuisine, le décor zen se pare de matières naturelles et végétales. Réservation indispensable.

🅐🅒 – Prix : €€

41 rue des Jeûneurs – Ⓜ Bourse – ☏ 01 53 40 86 82 – www.qasti.fr – Fermé dimanche soir

---

RACINES

CUISINE ITALIENNE • BISTRO Simone Tondo, chef d'origine sarde, pilote ce bistrot-cave de charme qu'il a judicieusement transformé en "osteria" à l'ancienne. Cuisine bien ancrée dans le terroir transalpin. Libre cours à la créativité du chef avec un menu carte blanche, ou une ardoise du jour présentant un choix de recettes italiennes sans chichi et aux saveurs franches, confectionnées avec soin à partir de produits bien choisis : vitello tonnato, polpette al sugo, ravioli di ricotta, épinards et encornets...

⧉ – Prix : €€

8 passage des Panoramas – Ⓜ Grands Boulevards – ☏ 01 40 13 06 41 – www.racinesparis.com

---

RESTAURANT DES GRANDS BOULEVARDS

CUISINE ITALIENNE • BRANCHÉ Sous la verrière centrale de l'hôtel, une décoration moderne et tendance, un accueil chaleureux... Conçue par le chef Giovanni Passerini, la carte courte, influencée par l'Italie, est une leçon de simplicité et de

2ᵉ ARRONDISSEMENT

gourmandise. En témoignent la seiche grillée, risotto de petit épeautre et aubergine grillée ; le ravioli de Giovanni, épinard, ricotta et beurre de sauge ou encore
la lotte aux épices, haricots beurre et blette, émulsion de savagnin. Intéressante
carte des vins et cocktails. Un lieu résolument branché et festif, notamment le soir !
🍴 ♿ 🅰🅲 ⛶ – Prix : €€
*17 boulevard Poissonnière – Ⓜ Grands Boulevards – ☏ 01 85 73 33 32 – www.
grandsboulevardshotel.com*

TEKÉS

CUISINE ISRAÉLIENNE • CONVIVIAL L'une des adresses du chef Assaf Granit,
Tekés, est tout entière résumée par son nom, qui signifie "cérémonie" en hébreu.
Plus qu'un simple restaurant, c'est aussi un véritable spectacle musical. La brigade
réalise un show survolté et brûlant, en cuisinant notamment les légumes à la braise,
pendant qu'un ballet de serveurs se tient dans les starting-blocks. Poireaux grillés
à la flamme avec purée de pomme de terre et feta, salade fatoush au labneh et
zaatar, gnocchis frits au curry jaune et yaourt en savent quelque chose ! Ce voyage
culinaire entre tradition levantine et Orient s'exprime pleinement à travers des
saveurs intenses et des épices soigneusement sélectionnées. Le menu, principalement végétarien (mais non végan), se décline en plats à partager – la convivialité
étant obligatoire entre ces murs !
🍴 – Prix : €€
*4 bis rue Saint-Sauveur – Ⓜ Réaumur - Sébastopol – ☏ 07 81 42 54 74 – www.
tekesrestaurant.com*

🛏 BACHAUMONT

CONTEMPORAIN • ÉLÉGANT Idéalement situé entre la rue Montmartre et la
rue Montorgueil, cet hôtel typiquement parisien du début du 20e s., un temps
transformé en clinique, renaît avec élégance (porche en verre et fer forgé, couloir
en marbre etc.). Les chambres, contemporaines, sont confortables. Petit fitness
au sous-sol.
♿ 🅰🅲 🛗 🅿 💬 🚲 💯 🧖 🛋 🍴 - 49 chambres
18 rue Bachaumont – ☏ 01 81 66 47 00

🛏 EDGAR & ACHILLE   *Plus*

AVANT-GARDE • CHALEUREUX Dans une ancienne usine textile cet hôtel
décalé-chic prend des airs d'installation arty grandeur nature, avec petit-déjeuner
de compétition et vélos à disposition pour une balade alentour. Chaque chambre a
été confiée à un créateur différent, qui a donné libre cours à son talent.
♿ 🅰🅲 💬 🚲 🍴 - 45 chambres
1 rue Sainte-Foy – ☏ 01 40 41 05 19

🛏 HÔTEL DES GRANDS BOULEVARDS   *Plus*

BOURGEOIS • CHALEUREUX Dans ce quartier animé, l'hôtel est installé dans
un immeuble dont l'histoire remonte au 18e s. On retrouve cette identité dans
les chambres, coquettes et originales, qui donnent sur la cour intérieure ou le
boulevard.
🅰🅲 💬 🍽 🚲 🍴 - 50 chambres
17 boulevard Poissonnière – ☏ 01 85 73 33 33
Restaurant des Grands Boulevards - Voir la sélection des restaurants

🛏 HÔTEL DU SENTIER

MODERNE • CHARME En plein Paris, ce bâtiment au décor égyptien, sur la bien
nommée Place du Caire, propose 30 chambres spacieuses et ensoleillées dont
le design éclectique balaie toutes les époques, des Pharaons au modernisme du
20e s.
🅰🅲 🅿 💬 🛋 🍴 - 30 chambres
2 place du Caire – ☏ 01 86 54 12 12

845

3e ARRONDISSEMENT

HÔTEL HANA

CONTEMPORAIN • RAFFINÉ Entre l'Opéra Garnier et la Bourse se trouve l'hôtel Hana, un établissement de charme dont le style est à la fois parfaitement parisien et tout à fait japonais. Cette fusion culturelle donne à chaque chambre une personnalité bien marquée. Joli spa aux parfums d'orient, restaurant.

AC 🔊 🛏 🛜 🍽 - 26 chambres

17 rue du 4 septembre – ☏ 01 87 89 61 98

PARK HYATT PARIS - VENDÔME *Plus*

MODERNE • CHALEUREUX Le luxe se dissimule discrètement derrière les élégantes façades de la place Vendôme. À l'intérieur, l'architecte américain Ed Tuttle a redonné vie à des matériaux familiers : calcaire beige et acajou foncé, pour une palette noire et claire subtilement zen. Les chambres, toutes somptueuses et paisibles, jouent sur un nuancier neutre et de riches textures. Les équipements comprennent un splendide spa et un hammam, des salles de réunion et de nombreux lounges et salons. Côté cuisine, il est bien sûr question de haute gastronomie et, au bar, les cocktails sont servis face à une cour intérieure s'ouvrant sur le cœur de Paris.

AC 🅿 🔊 🛜 ♨ 🏋 🧖 🍽 - 153 chambres

5 rue de la Paix – ☏ 01 58 71 12 34

✿ **Pur' - Jean-François Rouquette** - Voir la sélection des restaurants

THE HOXTON

MODERNE • ÉLÉGANT Près des Grands Boulevards, cet ancien hôtel particulier abrite une adresse tendance, fort prisé des bobos, startupers et fashionistas. Les chambres, décorées dans l'esprit des années 50, proposent confort et élégance. A l'étage, un bar cosy ouvert en soirée.

AC 🅿 🔊 🐾 🧖 🍽 - 172 chambres

30-32 rue du Sentier – ☏ 01 85 65 75 00

LE HAUT MARAIS • TEMPLE
3e ARRONDISSEMENT

ANNE

CUISINE MODERNE • LUXE Le Pavillon de la Reine, magnifique demeure de la place des Vosges, rend hommage à Anne d'Autriche, reine de France et épouse de Louis XIII, qui a vécu dans ces murs. Au restaurant, supervisé par Mathieu Pacaud, le chef revisite les classiques avec intelligence et un talent certain. Les saveurs sont au rendez-vous, les produits sont irréprochables… On passe un excellent moment, que ce soit dans le cadre intimiste et romantique du salon bibliothèque ou sur la superbe cour-jardin verdoyante, aux beaux jours.

🍽 ♿ AC ⛱ 🔊 – Prix : €€€€

28 place des Vosges – Ⓜ Bastille – ☏ 01 40 29 19 19 – www.pavillon-de-la-reine. com/restaurant-bar – Fermé lundi et mardi, et dimanche soir

DATIL

Cheffe : Manon Fleury

CUISINE MODERNE • CONTEMPORAIN La cheffe Manon Fleury a multiplié les expériences de haute volée (avec les chefs William Ledeuil, Pascal Barbot, Alexandre Couillon...) et les résidences éphémères avant d'ouvrir sa propre maison, à la sobre déco d'esprit scandinave. Sa philosophie gastronomique, faite de respect de la nature et de la personne, de défense des circuits courts (sourcing millimétré et local) et du zéro déchet, s'exprime avec une passion authentique, bien

3ᵉ ARRONDISSEMENT

loin d'un certain green washing. L'assiette met en valeur le végétal avant tout (fruits et légumes à égalité), agrémenté d'un soupçon de protéine animale. Une partition d'un style épuré qui dévoile toutes les subtilités et complexités aromatiques des céréales en particulier (auxquelles elle a consacré un livre), mais également des fruits dont l'équilibre sucré-acide est subtilement canalisé. Ambiance décontractée portée par une équipe de choc.

Prix : €€€€

13 rue des Gravilliers – Ⓜ Arts et Métiers – ℰ 01 80 05 74 98 – www.datil-restaurant.fr – Fermé samedi, dimanche, et lundi et mardi à midi

AUBERGE NICOLAS FLAMEL

CUISINE MODERNE • CONTEMPORAIN La plus ancienne maison de Paris (1407) doit son nom à l'alchimiste Nicolas Flamel. Dans un décor contemporain épuré qui se joue des pierres et des poutres anciennes, c'est grâce aux équipes d'Alan Geaam que la bonne alchimie se trouve aujourd'hui dans l'assiette, et que les beaux produits sont transformés en propositions actuelles et harmonieuses : tourteau de Plouguerneau et caviar Baeri ; pigeon de Racan, blettes et sarrasin ; déclinaison d'agrumes confits et gelée de citron vert.

⌬ – Prix : €€€

51 rue de Montmorency – Ⓜ Rambuteau – ℰ 01 42 71 77 78 – www.auberge.nicolas-flamel.fr – Fermé lundi et dimanche

BISTROT INSTINCT

CUISINE MODERNE • CONTEMPORAIN Un bistrot de poche contemporain tenu par le chef Maximilian Wollek et sa jeune équipe motivée. Au menu, une cuisine du marché et des grands classiques modernisés, dans un esprit bistronomique. Ici, tout est fait maison, jusqu'aux sirops utilisés pour des cocktails originaux.

⌂ – Prix : €€

19 rue de Picardie – Ⓜ Filles du Calvaire – ℰ 01 42 78 93 06 – www.instinct-paris.com – Fermé lundi et dimanche

DESSANCE

CUISINE MODERNE • CONTEMPORAIN Nichée au sein d'un ancien hôtel particulier du Marais, cette table est dirigée par un chef argentin qui y réalise une cuisine de saison inspirée. Deux menus carte blanche sont soumis à notre appétit, l'un axé sur les saveurs terre/mer et l'autre végétarien. Quelques exemples ? Croque-crevette revisité ; foie gras, anguille fumée, champignons ; lieu jaune, céleri-rave et wasabi. La carte des vins comporte son lot de propositions en biodynamie et nature. Le cadre élégant évoque un jardin d'hiver avec sa grande hauteur sous plafond – un endroit plein d'agrément qui ne manque ni de charme ni de style.

⌬ – Prix : €€€

74 rue des Archives – Ⓜ Arts et Métiers – ℰ 01 42 77 23 62 – www.dessance.com – Fermé lundi, dimanche et du mardi au samedi à midi

ELMER

CUISINE MODERNE • BRANCHÉ Tout près de République, on aime cette table chic où officie Simon Horwitz, chef au riche parcours (Oustau de Baumanière, Pierre Gagnaire, voyages en Asie et en Amérique latine). Il compose une partition savoureuse et pleine de mordant, avec notamment de belles viandes cuites à la braise ou en rôtissoire.

&. 🆎 ⌬ – Prix : €€€

30 rue Notre-Dame-de-Nazareth – Ⓜ Temple – ℰ 01 43 56 22 95 – www.elmer-restaurant.fr – Fermé lundi, dimanche et samedi midi

LES ENFANTS ROUGES

CUISINE DU MARCHÉ • BISTRO À l'origine, un chef d'origine japonaise, ayant fait son apprentissage chez Yves Camdeborde et Stéphane Jégo. À l'arrivée, un beau bistrot parisien proposant une savoureuse cuisine du marché à la française. Terrine

3e ARRONDISSEMENT

du canard en gelée, pickles de pruneaux et concombre ; tempura de maigre de ligne, bouillon dashi aux algues, chou et fèves ; baba au rhum vieux de Martinique, crème chantilly, etc... Et cerise sur le gâteau, c'est ouvert le week-end.

Prix : €€€

9 rue de Beauce – **Ⓜ** *Filles du Calvaire – ℰ 01 48 87 80 61 – www.les-enfants-rouges-paris.fr/fr – Fermé mardi, mercredi et jeudi midi*

GUEFEN

CUISINE MODERNE • TENDANCE À deux pas de la place de la République, on vient découvrir la cuisine du chef israélien Ohad Amzallag en s'installant sur une grande table d'hôtes en marbre pour partager un moment de convivialité. Le chef sert ici une cuisine sous influence proche-orientale qui fait honneur aux produits de la mer, ainsi qu'aux végétaux et légumes fermentés à l'image de cette crème d'huître, granité à la menthe, piment et koshu ; de ce homard et agnolotti à la ricotta, épinards et crème de sauge et de ce délicieux gâteau au fromage et son garum caramélisé...

Ⓐ/Ⓒ – Prix : €€€€

9 rue du Vertbois – **Ⓜ** *Temple – ℰ 01 43 70 08 70 – www.guefen.fr – Fermé vendredi, samedi, et lundi, mardi, mercredi, jeudi et dimanche midi*

ISTR

CUISINE MODERNE • CONTEMPORAIN Terrasse jeune et bondée, musique à fond, ambiance et décor branchés (gaines techniques au plafond, tables hautes, comptoir-bar...) pour ce resto bar à cocktails et à huîtres, inspiré des modèles new-yorkais mais... mâtiné d'influences bretonnes ! La carte fait la part belle aux produits de la mer et s'égaille de touches contemporaines - le tout à partir de produits frais.

Prix : €€

41 rue Notre-Dame-de-Nazareth – **Ⓜ** *Temple – ℰ 01 43 56 81 25 – www.istr. paris – Fermé , samedi et dimanche à midi*

L'OYAT

CUISINE MODERNE • CONTEMPORAIN Même à deux pas de la place de la République, un chef ch'ti originaire de Dunkerque comme Jérémy Sergeant continue de penser aux grandes plages de son Nord natal où pousse... l'oyat, petite plante capable de fixer le sable des dunes. Dans une veine moderne et légère, il travaille avec sincérité de bons produits du marché. Excellent rapport qualité-prix au déjeuner, tandis que la carte s'embourgeoise gentiment avec des produits plus nobles le soir. Ambiance cosy et contemporaine.

Prix : €€

11 rue Notre-Dame-de-Nazareth – **Ⓜ** *République – ℰ 01 42 72 51 77 – www. restaurantloyat.com – Fermé lundi et dimanche*

MATKA Ⓝ

CUISINE POLONAISE • RUSTIQUE Le chef polonais Piotr Korzen tient table dans une vieille maison d'une étroite rue historique du 13e siècle. Cette auberge est un tableau vivant de sa cuisine natale : pierres et poutres apparentes, banquettes en cuir rouge et surtout un poêle en faïence comme dans l'Est. Hommage à la cuisine maternelle (Matka, c'est la mère en polonais), la carte est un voyage gustatif dont les dressages nets aiguisent l'appétit : soupe au levain aux accents rustiques, pommes de terre, râpée de poitrine de cochon séchée et œuf parfait, pierogis ruskie, raviolis au fromage, oignon grillé et crème aigre. En conclusion, une szarlotka, gâteau aux pommes et cannelle, glace à la vanille, recette familiale et réconfortante.

Prix : €€

78 rue Quincampoix – **Ⓜ** *Rambuteau – ℰ 01 44 93 58 14 – www.matkarestaurant. fr – Fermé lundi et mardi*

3ᵉ ARRONDISSEMENT

LE MAZENAY

CUISINE DU MARCHÉ · BISTRO Ici, l'accent est mis sur la belle cuisson, le bon jus et le beau produit. Pas de tintamarre inutile quand on se régale d'escargots sauvages aux herbes ou d'une poulette fermière pochée. Mais le chef n'a qu'une hâte : que commence la saison du gibier ! Grouse d'Écosse rôtie, lièvre à la royale... Une adresse pour bons vivants.

♿ 🅼 – Prix : €€

46 rue de Montmorency – Ⓜ Rambuteau – ☎ 06 42 83 79 52 – www.lemazenay. com – Fermé samedi et dimanche

OGATA

CUISINE JAPONAISE · DESIGN Ogata est un temple dédié à l'art de vivre nippon, installé dans un hôtel particulier du Marais et signé du designer Shinichiro Ogata, véritable esthète contemporain. La cuisine japonaise, plutôt traditionnelle, s'inscrit dans l'esprit omakase, un menu dégustation composé de produits saisonniers de qualité (très bons sashimis). Les meilleures places se trouvent au comptoir. Un voyage à poursuivre à travers la boutique ou la galerie d'art...

🅼 🍳 – Prix : €€€€

16 rue Debelleyme – Ⓜ Filles du Calvaire – ☎ 01 80 97 76 80 – www.ogata.com/ paris/restaurant

PARCELLES

CUISINE TRADITIONNELLE · BISTRO Atmosphère, atmosphère ! Dans une ruelle entre Arts et Métiers et Beaubourg, voici un bistrot de 1936 sorti tout droit du Minuit à Paris de Woody Allen : mobilier typique, murs en pierres nues ou beige, sol en mosaïque rétro, plafond doré, comptoir bois et cuivre. Mais la cuisine est loin d'être en carton pâte, comme l'attestent le pressé de jarret de cochon, le bar de ligne, son risotto d'épeautre et sa sauce à l'anguille fumée, ou encore la tarte au chocolat noir et noix de pécan caramélisées. Du tout bon pour une adresse qui fait un carton (essayez de réserver...).

🍇 – Prix : €€€

13 rue Chapon – Ⓜ Arts et Métiers – ☎ 01 43 37 91 64 – www.parcelles-paris.fr – Fermé samedi et dimanche

TERRA

CUISINE MODERNE · ÉLÉGANT Un long couloir mène à ce restaurant aménagé sous une verrière nichée dans la cour d'un vieil immeuble parisien, entre jardin d'hiver et esprit néo-industriel. Le jeune chef Louis Gallet cuisine avec franchise et efficacité des produits sélectionnés avec soin : œuf parfait, houmous au citron confit ; faux-filet de bœuf Simmental au barbecue, sauce Choron ; biscuit de Savoie au chocolat, cassis. Les plats principaux (pluma de porc Bellota sauce chimichurri ; côte de veau basque sauce Choron) sont à partager. Belle sélection de vins aux tarifs assez raisonnables.

🍇 ♿ 🅼 – Prix : €€€

21 rue des Gravilliers – Ⓜ Arts et Métiers – ☎ 01 45 30 02 58 – www.terraparis. fr – Fermé lundi, dimanche et du mardi au samedi à midi

🛏 LES BAINS
Plus

MODERNE · CHALEUREUX Tel un phénix, les Bains renaissent toujours. Ils prennent aujourd'hui la forme d'un hôtel de caractère, mêlant habilement les styles (contemporain, design, Art déco) jusque dans les chambres, confortables et bien insonorisées. On profite aussi d'un bar à cocktails, de salons privés et... d'un club avec piscine !

🅼 🛁 🅿 🚡 🚲 🛗 🌐 🛁 🍽 - 39 chambres

7 rue du Bourg-l'Abbé – ☎ 01 42 77 07 07

3e ARRONDISSEMENT

PARIS

HÔTEL NATIONAL DES ARTS ET MÉTIERS

CLASSIQUE • CHALEUREUX Haussmannien au-dehors, contemporain à l'intérieur, l'Hôtel National des Arts et Métiers affirme son caractère spécifique, inspiré de la célèbre école d'ingénieurs voisine. Les chambres aux murs en béton texturé, couleurs sombres et œuvres d'art sont équipées de salles de bains en terrazzo, certaines avec balcons, et le penthouse ajoute une kitchenette, une salle à manger et une terrasse privée. Parmi les commodités, un petit spa et un centre de remise en forme et deux bars.

AC ⟳ ⟲ 𝕝 ⫶⟲ - 64 chambres
243 rue Saint-Martin – ☏ 01 81 66 47 10

MAISON PROUST

BOURGEOIS • RAFFINÉ Conçue par Jacques Garcia en hommage à l'une des plus grandes figures littéraires françaises, cette maison est à l'opposé du minimalisme : richement colorée, texturée et garnie d'objets et d'œuvres d'art en lien avec son homonyme, c'est un hôtel intime qui dispose de suites séduisantes et cossues, portant le nom d'un personnage proustien. Le spa d'inspiration mauresque, et le bar sert des cocktails "littéraires" ainsi que quelques en-cas.

AC ⟲ ⊞ 𝕟 ⫶⟲ - 23 chambres
26 rue de Picardie – ☏ 01 86 54 55 55

LE PAVILLON DE LA REINE   *Plus*

TRADITIONNEL • RAFFINÉ L'élégance du Paris historique, tout en noble discrétion. Passé les voûtes de la place des Vosges, première illumination à la vision de la belle cour verdoyante. Et le ravissement continue avec les chambres, feutrées et raffinées. Le luxe sans ostentation !

AC ⟲ P ⟳ ⟺ ⟲ 🚲 ⊞ 𝕟 𝕝 ⫶⟲ - 57 chambres
28 place des Vosges – ☏ 01 40 29 19 19

❀ **Anne** - Voir la sélection des restaurants

LE PETIT MOULIN   *Plus*

CONTEMPORAIN • RAFFINÉ Christian Lacroix a imaginé le décor "couleur du temps" de cet hôtel du Marais. C'est inédit, raffiné et chaleureux, entre tradition et modernité. Baignoires à pieds, tons flashy : chaque chambre est une création originale !

& AC P ⟲ 🚲 ⊞ ⟲ - 17 chambres
29-31 rue de Poitou – ☏ 01 42 74 10 10

SINNER   *Plus*

AVANT-GARDE • CONVIVIAL On entre dans cet hôtel de luxe comme en religion : son nom signifie en effet "pécheur". Ambiance gothique, concept-store dans une crypte, business-corner dans un confessionnal, bénitier dans les chambres : un concept détonnant en plein cœur du Marais. Changement radical d'ambiance avec le restaurant, festif et coloré.

AC ⟲ P ⟳ ⟲ ⊞ 𝕟 ⟲ 𝕝 - 43 chambres
116 rue du Temple – ☏ 01 42 72 20 00

SOLLY HOTEL PARIS

CLASSIQUE • ÉLÉGANT Autrefois demeure de l'architecte de la Renaissance Salomon de Caus, cet hôtel de charme se dissimule derrière une élégante façade de marbre et de pierre. Les espaces communs sont agréables, comme cette salle de petit-déjeuner où sa verrière Art nouveau. Certaines chambres donnent sur la cour intérieure et d'autres sur une jolie place grâce à leur balcon, mais toutes sont lumineuses, animées de peintures et de lithographies. La cuisine ouverte invite à déguster une assiette de fromages et un verre de vin, et une série de salons élégants donnent envie de siroter un café.

& AC ⟲ ⟲ - 51 chambres
4 rue Salomon de Caus – ☏ 01 42 72 08 15

850

ÎLE DE LA CITÉ • ÎLE SAINT-LOUIS • LE MARAIS, BEAUBOURG

4ᵉ ARRONDISSEMENT

❀❀❀ L'AMBROISIE

Chef : Bernard Pacaud

CUISINE CLASSIQUE • LUXE Comment raconter les créations de Bernard Pacaud, dont les qualités culinaires n'ont d'égales que la modestie ? Ce chef est un taiseux : ça tombe bien, sa cuisine parle pour lui. Souverain, il occupe une demeure quasi florentine de la place des Vosges, décorée de miroirs anciens, immense tapisserie, sol en marbre blanc et noir, ainsi que d'étonnants panneaux muraux contemporains éclairés par des diodes rouges. Imperméable aux modes, intraitable sur l'excellence des produits, il poursuit son sillon en artisan pointilleux ; dans ses assiettes, simples en apparence, chaque élément est posé avec certitude. Il suffit de se laisser emporter : fricassée de homard sauce civet et mousseline Saint-Germain ; noix de ris de veau à la grenobloise, asperge verte, sabayon aux câpres ; tarte fine sablée au cacao amer et glace vanille...

AC – Prix : €€€€

9 place des Vosges – Ⓜ Saint-Paul – ☎ 01 42 78 51 45 – www.ambroisie-paris. com – Fermé lundi et dimanche

❀ ALDEHYDE Ⓝ

CUISINE CRÉATIVE • COSY Dans cet établissement intimiste situé près des quais de Seine, le chef Youssef Marzouk orchestre une délicieuse partition culinaire depuis son comptoir-cuisine, sous la forme d'un menu surprise qui mêle subtilement tradition française et parfums du Maghreb. Sa technique assurée se dévoile dans des assiettes aux dressages minutieux, tandis que sa sensibilité tunisienne se manifeste dans l'usage judicieux d'épices, herbes et agrumes : selle d'agneau en deux façons, écume de légumes d'été grillés, jus de viande à l'anguille fumée... Harmonie et fraîcheur sont au rendez-vous.

AC – Prix : €€€€

5 rue du Pont-Louis-Philippe – Ⓜ Pont Marie – ☎ 09 73 89 43 24 – www. aldehyde.paris – Fermé lundi, dimanche et mardi midi

❀ RESTAURANT H

Chef : Hubert Duchenne

CUISINE CRÉATIVE • INTIME "H", comme Hubert Duchenne, chef normand passé chez Akrame Benallal, et Jean-François Piège... Derrière une devanture élégante et discrète, moins de vingt couverts pour cette salle à manger intime, au cadre aussi chic que cosy. Les recettes, bien maîtrisées, vont toujours à l'essentiel. Vous réclamez des preuves ? Les couteaux de mer en persillade (plat signature), le lieu jaune, graines d'amarante soufflées et en risotto, le bœuf de Jersey au barbecue, crémeux de carotte et charbon végétal : chaque plat ou presque envoûte le palais grâce à des notes torréfiées et acidulées remarquablement dosées. C'est inventif et très maîtrisé : on se régale, au fil d'un menu unique composé en fonction de l'arrivage d'excellents produits...

♿ AC – Prix : €€€

13 rue Jean-Beausire – Ⓜ Bastille – ☎ 01 43 48 80 96 – www.restauranth.com – Fermé lundi, dimanche et du mardi au samedi à midi

❀ LE SERGENT RECRUTEUR

Chef : Alain Pégouret

CUISINE MODERNE • CONTEMPORAIN Le chef Alain Pégouret a hérité de Joël Robuchon l'amour du geste précis et la rigueur du travail. Il suffit, pour s'en assurer, de pousser la porte du Sergent Recruteur, taverne historique de l'île Saint-Louis, reconvertie en table gastronomique. L'ancien chef du Laurent fait preuve d'une impressionnante maîtrise. Ses assiettes fines, aux saveurs ciselées – et qui révèlent, en filigrane, de solides bases classiques –, laissent le souvenir d'une belle cohérence gustative, avec un travail subtil sur les jus et les sauces (excellente sauce Périgueux nappant la mousseline d'œuf et de truffe noire, sauce à la royale se mariant tout

PARIS

851

4e ARRONDISSEMENT

PARIS

aussi bien sur le lièvre en saison de chasse que sur l'encornet), ainsi qu'une attention aux belles cuissons. La maison distille une ambiance élégante et feutrée, associant habilement design contemporain et murs anciens.

🆎 ✛ – Prix : €€€€
41 rue Saint-Louis-en-l'Île – ⓜ Pont Marie – ☏ 01 43 54 75 42 – www. lesergentrecruteur.fr – Fermé lundi, dimanche et mardi midi

BAFFO

CUISINE ITALIENNE • TENDANCE Originaire du sud de la Toscane et passionné de cuisine, Fabien Zannier rend hommage aux saveurs de son enfance dans cette petite table italienne forte en goût et en couleurs, où priment les produits frais et bio souvent sourcés directement de l'autre côté des Alpes (riz arborio, lard de Colonnata, pâtes artisanales de Pitigliano). Des antipasti originaux, des menus thématiques à partager (saveurs de la mer, truffe...), et une cave de crus italiens... l'occasion d'un "pranzo con i baffi", un repas à s'en lécher les moustaches !

🆎 – Prix : €€€
12 rue Pecquay – ⓜ Rambuteau – ☏ 07 61 88 73 04 – www.baffo.fr – Fermé lundi, dimanche et du mardi au jeudi à midi

BENOIT

CUISINE CLASSIQUE • BISTRO Dans ce bistrot parisien typique au charme Belle Époque intact (boiseries, cuivres, miroirs, banquettes en velours...), chaque élément, jusqu'aux assiettes siglées d'un "B", participe au cachet de la maison. À la carte, recettes traditionnelles à souhait et plats canailles : pâté en croûte, tête de veau ravigote, cassoulet, millefeuille à la vanille...

🕸 🆎 ✛ – Prix : €€€
20 rue Saint-Martin – ⓜ Châtelet – ☏ 01 42 72 25 76 – www.benoit-paris.com

BOMBANCE ⓝ

CUISINE MODERNE • BISTRO Pressé de bœuf, mayonnaise au chou kale ; canard colvert rôti, mini betteraves glacées, cuisses confites ; chocolat cacahuète, quenelle chocolat, glace et praliné cacahuète : le chef Guillaume Campion, en bon pro passé dans les bonnes maisons, s'en donne à cœur joie. D'une main sûre, il régale avec sa cuisine d'inspiration bistrotière pleine de croquant. En plus des tables installées le long de la banquette, il y a aussi des tables plus grandes, idéales pour faire bombance entre copains.

Prix : €€
40 rue des Blancs-Manteaux – ⓜ Rambuteau – ☏ 01 45 35 44 62 – www. bombanceparis.fr – Fermé lundi et dimanche

CAPITAINE

CUISINE DU MARCHÉ • BISTRO Après avoir fréquenté les cuisines de grands restaurants (L'Ambroisie, L'Arpège, L'Astrance), Baptiste Day a pris le large à bord d'un petit bistrot et nous régale d'une jolie cuisine du marché, inspirée de ses origines bretonnes et teintée de saveurs exotiques. Les incontournables croquettes de cochon servies en entrée (mayonnaise au gingembre, ail et piment) vous donneront envie de poursuivre le voyage ! Sélection de vins bio et naturels.

Prix : €€€
4 impasse Guéménée – ⓜ Bastille – ☏ 01 44 61 11 76 – www.restaurantcapitaine. fr – Fermé lundi, dimanche et mardi midi

GRANDCŒUR

CUISINE MODERNE • VINTAGE On s'installe dans une ambiance chaleureuse en salle (poutres et pierres apparentes, tables en marbre et banquettes en velours), ou sur l'agréable terrasse dans la jolie cour pavée du Centre de danse du Marais. Imaginée par le chef Mauro Colagreco, la cuisine agrémente la tradition française de touches voyageuses où l'Italie prime... Bonne pioche que ces petits farcis d'agneau confits à la provençale, olives taggiasche et jus de viande, tout en gourmandise.

♿ 🍽 ✛ – Prix : €€€
41 rue du Temple – ⓜ Rambuteau – ☏ 01 58 28 18 90 – www.grandcoeur.paris

4e ARRONDISSEMENT

ILÔ

CUISINE MODERNE • SIMPLE Derrière un noren (le rideau que l'on accroche à la porte d'entrée des magasins au Japon) se cachent un genre de bistrot gourmand français acoquiné avec une taverne japonaise mais aussi un duo particulièrement inspiré, venu du restaurant étoilé Sola. D'un côté, en salle et à la sommellerie Yuki Onuma propose des accords mets et vins/sakés, futés et pointus ; de l'autre, le chef Seiya Kumabe balance un menu plaisir qui louvoie entre bistronomie française et inspiration japonaise.

Prix : €€€

6 rue Castex – Ⓜ Bastille – ☏ 01 44 54 06 61 – www.ilo-restaurant.eatbu.com – Fermé lundi, dimanche et du mardi au jeudi à midi

SOÉ Ⓝ

CUISINE CRÉATIVE • COSY Cet ancien bistrot célèbre les saveurs asiatiques, grâce à un propriétaire qui a longtemps sillonné l'Asie. Le menu unique ne travaille pourtant que les bons produits français (poissons de criée, viandes soigneusement sélectionnées, volailles fermières). Mais ce terroir dialogue en toute complicité avec des condiments, des sauces et des épices bien dosés, jusque dans leur intensité. Un exemple emblématique : le carré de cochon basque, parfaitement cuit rosé, est relevé d'une émulsion de ssamjang, cette pâte de soja épicée au piment rouge coréen. Le décor, charmant, est au diapason de cette partition gustative.

🍴 – Prix : €€

18 rue Beautreillis – Ⓜ Sully-Morland – ☏ 01 40 24 54 09 – www.soe-restaurant.fr/ – Fermé lundi, dimanche, et mardi et mercredi à midi

LA TABLE CACHÉE PAR MICHEL ROTH

CUISINE MODERNE • COSY Au 5eme étage du BHV, derrière un mystérieux rideau vert, on a trouvé cette Table cachée... au bout d'un rayon lingerie ! Dans un cadre confortable à souhait (où chaque objet de décoration est en vente dans le magasin), le chef Michel Roth a conçu une carte de saison gourmande (tartelette de haddock, magret de canard du Gers et sauce bigarade, millefeuille à la clémentine de Corse) et un excellent menu du marché à prix doux pour le déjeuner. Belle terrasse panoramique avec vue sur l'Hôtel de ville.

🅰🅲 🍴 – Prix : €€€

BHV, 33 rue de la Verrerie – Ⓜ Hôtel de Ville – ☏ 01 42 74 91 86 – www.bhv.fr/magasins/vivez-bhv/un-petit-creux/la-table-cachee-par-michel-roth – Fermé lundi et dimanche

TAVLINE

CUISINE ISRAÉLIENNE • CONVIVIAL Un petit bout de Tel-Aviv entre Saint-Paul et Hôtel de Ville, un zeste de Maroc, un soupçon de Liban. Telle est la recette de Tavline, où les épices, provenant du "Shuk Ha'Carmel", le plus grand marché de Tel-Aviv, agrémentent une cuisine bien fagotée, comme le kstsitsot daguim, des boulettes de poisson grillées aux herbes et épices sur lit de lentilles au yaourt et citron confit, ou encore ce mémorable memoulaïm (oignons farcis d'agneau), recette héritée de la mère du chef.

Prix : €€

25 rue du Roi-de-Sicile – Ⓜ Saint-Paul – ☏ 09 86 55 65 65 – www.tavline.fr – Fermé lundi et dimanche

THAÏ SPICES

CUISINE THAÏLANDAISE • COSY Entre le quai des Célestins et le village Saint-Paul officie un chef, Willy Lieu, qui fut le cuisinier personnel de Jacques Chirac ! Chez lui, la cuisine thaïe est à l'honneur, en version authentique : les grands classiques généreux et savoureux sont au rendez-vous de la courte carte : pad thaï, tom yam. Tarifs plutôt modérés et service agréable pour cette adresse prisée des habitants du quartier qui y retrouvent simplicité et convivialité.

🅰🅲 – Prix : €€

5-7 rue de l'Ave-Maria – Ⓜ Sully - Morland – ☏ 01 42 78 65 49 – www.thaispices.fr – Fermé dimanche et samedi midi

PARIS

853

5ᵉ ARRONDISSEMENT

PARIS

🛏 **COUR DES VOSGES** *Plus*

MODERNE • RAFFINÉ L'élégance du Paris historique, tout en noble discrétion. Passées les voûtes de la place des Vosges, première illumination à la vision de la belle cour verdoyante. Et le ravissement continue avec les chambres, feutrées et raffinées. Le luxe sans ostentation !

🔲 🛁 🕸 - 12 chambres

19 place des Vosges – 📞 *01 42 50 30 30*

🛏 **DUO** *Plus*

CONTEMPORAIN • CHARME Un passé préservé (escalier classé, cave voûtée du 16e s.) et une atmosphère résolument contemporaine, douce et design, complétée par un bar à cocktails élégant, un salon confortable, un sauna et une salle de remise en forme : un beau Duo gagnant tenu par la même famille depuis 1918.

🚹 🔲 🕸 ⛲ 🛋 - 58 chambres

11 rue du Temple – 📞 *01 42 72 72 22*

🛏 **LE GRAND MAZARIN**

DESIGN • CONVIVIAL Même à Paris, le Grand Mazarin ne passe pas inaperçu avec son décor aux couleurs chatoyantes. Cet hôtel est l'un des plus prisés des amateurs de mode et de design, grâce notamment aux créations de Martin Brudnizki. Partie prenante de la vie sociale du quartier, le restaurant du lieu propose une interprétation de la cuisine ashkénaze.

🔲 🛁 🅿 🕸 ⛲ 🏊 🕸 🍽 - 61 chambres

17 rue de la Verrerie – 📞 *01 83 64 00 65*

🛏 **SO/ PARIS** *Plus*

MODERNE • CONVIVIAL Entre Bastille et le Marais, le SO/Paris est un hôtel à part. Occupant un bâtiment fonctionnel de 1966, il réussit pourtant à s'inscrire dans la tradition des hôtels de luxe parisiens, grâce à des éléments originaux d'architecture contemporaine. Les espaces communs regorgent d'œuvres d'art, les chambres et suites sont spacieuses et lumineuses, avec de larges fenêtres donnant sur la Seine et les toits de zinc, voire sur la Tour Eiffel pour une bonne moitié d'entre elles. Le somptueux spa est complété par un centre de fitness et une impressionnante piscine intérieure. Les deux derniers étages accueillent quant à eux un club, un bar et un restaurant, dont la salle à manger et la terrasse jouissent d'une vue inégalée sur la ville.

🚹 🔲 🛁 ⛲ 🕸 🚲 ⛲ 🛋 🧖 🍽 - 162 chambres

10 rue Agrippa d'Aubigné – 📞 *01 78 90 74 00*

QUARTIER LATIN • JARDIN DES PLANTES • MOUFFETARD

5ᴱ ARRONDISSEMENT

❀ **ALLIANCE**

Chef : Toshitaka Omiya

CUISINE MODERNE • CONTEMPORAIN Entre les quais de la rive gauche et le boulevard St-Germain, ce restaurant célèbre l'Alliance de Shawn et Toshi, en charge respectivement de la salle et de la cuisine, complices dans cette belle aventure. Le chef Toshitaka Omiya préfère la vérité à l'esbroufe ou l'artificiel : sa cuisine s'appuie sur de beaux produits de saison et va à l'essentiel, tant visuellement que gustativement, pour donner lieu à de vrais éclairs de simplicité ainsi qu'à des harmonies subtiles. Ainsi la volaille de Racan contisée au corail de homard, qui s'affirme comme une spécialité de la maison. Un mot enfin sur la salle épurée, aux subtiles touches nipponnes : on s'y sent bien, d'autant qu'elle offre une jolie vue sur les fourneaux.

🚹 🔲 🕸 – Prix : €€€€

5 rue de Poissy – Ⓜ *Maubert - Mutualité –* 📞 *01 75 51 57 54 – www.restaurant-alliance.fr – Fermé samedi et dimanche*

AT

Chef : Atsushi Tanaka

CUISINE CRÉATIVE • ÉPURÉ Dans une rue proche des quais de Seine, cette façade sans enseigne cultive la discrétion. L'intérieur est à l'avenant : décor minimaliste, contemporain, et surtout sans esbroufe ! Le chef, Atsushi Tanaka, formé notamment chez Pierre Gagnaire, aime la fraîcheur et la précision. Armé d'une imagination et d'une créativité sans faille, il compose des assiettes séduisantes et sait nous tenir en haleine tout au long du repas. Enfin, pas d'inquiétude s'il vous prend l'envie – ô combien légitime ! – d'y retourner : le menu unique change très régulièrement.

AC ⇄ – Prix : €€€€

4bis rue du Cardinal-Lemoine – Ⓜ *Cardinal Lemoine –* ☏ *01 56 81 94 08 – www. atsushitanaka.com – Fermé lundi, dimanche et mercredi midi*

BAIETA

Cheffe : Julia Sedefdjian

CUISINE MÉDITERRANÉENNE • CONTEMPORAIN "Ici, la bouillabaisse tutoie l'aïoli, et la pissaladière jalouse la socca, juste sortie du four à charbon". Julia Sedefdjian (ancienne des Fables de la Fontaine, Paris aussi) est chez elle, heureuse et épanouie. Sa cuisine, colorée et parfumée, s'en ressent. Elle chante la Méditerranée (sa "Bouillabaieta", une superbe bouillabaisse revisitée, est incontournable) et les bons produits, qu'elle sélectionne avec justesse et travaille avec créativité, sans jamais oublier ses racines niçoises. La cheffe propose désormais uniquement des menus surprise en plusieurs séquences. Bienvenue chez Baieta – le bisou en patois niçois !

& – Prix : €€€€

5 rue de Pontoise – Ⓜ *Maubert - Mutualité –* ☏ *01 42 02 59 19 – www.restaurant-baieta-paris.fr – Fermé lundi et dimanche*

MAVROMMATIS

Chef : Andréas Mavrommatis

CUISINE GRECQUE • ÉLÉGANT Le chef chypriote Andréas Mavrommatis et ses équipes délivrent une cuisine généreuse et maîtrisée, inspirée de bases classiques françaises associées au meilleur des saveurs helléniques : carabinero, olive de Volos, crumble de féta ; bar de ligne rôti, vierge de coques, girolle, jus iodé au yaourt de brebis... Au gré des saisons et des inspirations du chef, ce voyage en Grèce se poursuit dans un écrin feutré et épuré, propice au dépaysement.

& AC 🍴 ⇄ – Prix : €€€€

42 rue Daubenton – Ⓜ *Censier - Daubenton –* ☏ *01 43 31 17 17 – www.mavrommatis.com – Fermé lundi, dimanche et du mardi au vendredi à midi*

SOLA

CUISINE MODERNE • ÉPURÉ Tout près des quais donnant sur Notre-Dame et... déjà au Japon ! Voilà Sola et son décor tout en contrastes, entre le bois clair d'esprit zen et le plafond à la française ou les lourdes portes en bois massif. Sans oublier, au sous-sol, la cave voûtée où se situe le salon japonais (attention, prière de retirer ses chaussures). Le chef japonais Kosuke Nabeta propose une savoureuse passerelle entre exigence et précision de la gastronomie nippone et richesses du terroir français. Il nous donne à découvrir les techniques japonaises traditionnelles, qu'il manie avec art (fumaisons, séchages, marinades, fermentations, modes de cuisson alternatifs...) à base d'ingrédients tels que le soja, le saké, le ponzu et le mizuna. Une cuisine harmonieuse, raffinée et personnelle.

AC ⇄ – Prix : €€€€

12 rue de l'Hôtel-Colbert – Ⓜ *Maubert - Mutualité –* ☏ *01 42 02 39 24 – www.restaurant-sola.com – Fermé lundi, dimanche et du mardi au jeudi à midi*

SOLSTICE

Chef : Eric Trochon

CUISINE MODERNE • CONTEMPORAIN S'il existe des "écrivains pour écrivains", il y a des chefs pour chefs. MOF, pilier de l'école Ferrandi, promoteur du design culinaire, restaurateur à Tokyo, Éric Trochon est de cette trempe – admiré autant

5ᵉ ARRONDISSEMENT

que méconnu. En compagnie de son épouse sommelière, il règne sur ce restaurant intime et moderne dont la déco navigue entre mobilier design et murs bruts. La carte aussi joue le minimalisme, avec deux propositions percutantes (dont un menu omakase) qui révèle une cuisine française aux touches japonaises et coréennes, à l'image cette volaille du Gâtinais à la feuille de cannelier sauvage et son succulent jus gras au miso blond. Deux places sont disponibles au comptoir face aux cuisines.

🅰️🅒 – Prix : €€€€

45 rue Claude-Bernard – Ⓜ Censier - Daubenton – ☎ 09 88 09 63 52 – www. solsticeparis.com – Fermé lundi, mardi et dimanche et mercredi midi

TOUR D'ARGENT

CUISINE MODERNE • CLASSIQUE Fondée en 1582, l'adresse mythique des quais de Seine a fait peau neuve. Si la vue sur le fleuve et Notre-Dame est toujours aussi magique, l'immense cuisine désormais ouverte sur la salle désacralise le lieu sans lui faire perdre son âme, tandis qu'un plafond en acier à effet cinétique renouvelle le spectacle. Côté cuisine, le chef MOF Yannick Franques a su trouver le juste équilibre entre tradition et modernisme, grâce notamment à un beau travail sur les sauces. Dans une carte présentée sous forme d'un élégant triptyque, on retrouve avec plaisir les grands classiques de la maison, qui ont été modernisés sans être déna-turés, mais également une cuisine plus personnelle qui reflète les quelques années passées par le chef dans le sud de la France. Quant à l'extraordinaire cave, elle renferme plus de… 300 000 bouteilles. Dernières nouveautés : le Bar des Maillets d'Argent au rez-de-chaussée, d'esprit british 1930, et le Toit de la Tour, un toit ter-rasse végétalisé pour savourer un cocktail en toute décontraction.

❀❀ ⇔ ⚘ 🅰️🅒 ⇔ 🍽️ – Prix : €€€€

15 quai de la Tournelle – Ⓜ Maubert - Mutualité – ☎ 01 43 54 23 31 – www. tourdargent.com – Fermé lundi et dimanche

BACA'V PAR GILLES CHOUKROUN

CUISINE TRADITIONNELLE • BISTRO Gourmandise et bonnes quilles : Gilles Choukroun a fait sienne la devise de son ami Émile Cotte ! Dans une ambiance animée de bistrot parisien, il envoie une généreuse cuisine canaille qui réinterprète les classiques du genre : hareng mariné et salade de pomme de terre ; tête de veau, langue et cervelle ravigotées ; île flottante au pralin et crème anglaise… Menu-carte à l'ardoise attractif.

🍽️ – Prix : €€

6 rue des Fossés-Saint-Marcel – Ⓜ Saint-Marcel – ☎ 01 47 07 91 25 – www.bacav. paris – Fermé samedi et dimanche

L'AGRUME

CUISINE MODERNE • CONVIVIAL Un bistrot avec cuisine ouverte où le chef exécute avec finesse une cuisine sans esbroufe, comme cette volaille au vin jaune escortée de ses asperges ou ce tronçon de turbot rôti avec sa purée de pomme de terre et son jus de volaille. La fraîcheur des produits est au rendez-vous (le poisson vient de Bretagne et les fruits et légumes des meilleures adresses). Menu dégustation disponible le soir.

🅰️🅒 – Prix : €€

15 rue des Fossés-Saint-Marcel – Ⓜ Saint-Marcel – ☎ 01 43 31 86 48 – www. restaurant-lagrume.fr/fr – Fermé lundi et dimanche, et mardi soir

ATELIER MAÎTRE ALBERT

CUISINE TRADITIONNELLE • CONVIVIAL Une cheminée médiévale et des rôtissoires cohabitent avec un bel intérieur tamisé et design signé J.-M. Wilmotte. Guy Savoy a imaginé la carte, avec des produits de belle qualité. T-Bone, volaille fermière, ribs et gigot d'agneau de lait cuisent à la broche et il ne reste plus qu'à choisir l'accompagnement, par exemple le gratin dauphinois ou la purée, tous deux réalisés dans les règles de l'art !

🅰️🅒 ⇔ 🍽️ – Prix : €€

1 rue Maître-Albert – Ⓜ Maubert - Mutualité – ☎ 01 56 81 30 01 – www. ateliermaitrealbert.com

5e ARRONDISSEMENT

CALICE ⓝ

CUISINE MODERNE · CONVIVIAL L'équipe de Baillote récidive avec brio. Située dans une toute petite rue pittoresque, cette adresse conviviale dévoile une salle aux tons ocre avec ses banquettes de cuir, une cuisine ouverte avec comptoir et une arrière-salle sous un puits de lumière. Le chef Louis Fedide (qui a travaillé au Gavroche de Londres) conquiert les palais des convives grâce à une cuisine moderne qui panache des produits français avec de petites touches japonisantes – on sent là l'influence du copropriétaire Kazuma Chikuda –, notamment des cuissons au charbon binchotan, comme sur le filet mignon de cochon, jus à la cerise, pomme anna et pakchoï. Menu-carte savoureux le midi ; petites préparations gourmandes et belles pièces à partager le soir.

🅰️🅲 🍴 – Prix : €€€

5 rue de Bazeilles – Ⓜ Censier - Daubenton – ☏ 09 81 11 72 78 – www. calicerestaurant.fr – Fermé lundi

CIASA MIA

CUISINE ITALIENNE · FAMILIAL Originaires du Nord de l'Italie (des Dolomites, pour être précis), Francesca et Samuel Mocci aiment à mettre en valeur ce patrimoine gustatif aussi savoureux que surprenant. Les assiettes respirent l'authenticité, tout comme le cadre, dans un esprit de petit chalet cosy. Une adresse attachante.

🐾 – Prix : €€€

19 rue Laplace – Ⓜ Maubert - Mutualité – ☏ 01 43 29 19 77 – www.ciasamia. com – Fermé dimanche

CUCINA MUTUALITÉ

CUISINE ITALIENNE · CONVIVIAL Côté atmosphère, déco de bistrot moderne et colorée et service des plus sympathiques. Côté assiette, une belle carte italienne de saison autour de préparations authentiques, savoureuses et fort généreuses : vous ne serez pas déçus par les paccheri à la joue de bœuf fondante à souhait, servies à la casserole... al dente, évidemment ! Vous aurez peut-être même droit d'y goûter une seconde fois...

♿ 🅰️🅲 – Prix : €€

20 rue Saint-Victor – Ⓜ Maubert - Mutualité – ☏ 01 44 31 54 54 – www.cucina-mutualite.com

LES DÉLICES D'APHRODITE

CUISINE GRECQUE · TAVERNE Dans ce sympathique restaurant aux allures de taverne, on se croirait presque en Grèce ! Poivrons grillés marinés, brochette de gigot d'agneau rôtie à la broche, etc. Cette cuisine fraîche et ensoleillée tire le meilleur parti de produits de qualité.

🅰️🅲 🍴 – Prix : €€

4 rue de Candolle – Ⓜ Censier - Daubenton – ☏ 01 43 31 40 39 – www. mavrommatis.com/les-delices-daphrodite

FLOCON

CUISINE DU MARCHÉ · CONTEMPORAIN Les frères Flocon, Alexis et Josselin, l'un dans la gestion de l'établissement, l'autre en cuisine, accueillent dans un intérieur lumineux et minimal. On découvre des assiettes surprenantes, où le végétal est en souvent en bonne place, basées sur des produits sourcés avec soin. Maquereau breton confit, sabayon à la dulce de mer, céleri et estragon, crakers aux fleurs ; épaule d'agneau fermier fumée puis rôtie, ravioles d'aubergine et citron brûlé, champignons, épinards, jus réduit au foin. Cerise sur le gâteau, les prix sont doux, y compris côté vins. Flocon fait chaud au cœur.

🅰️🅲 – Prix : €€

75 rue Mouffetard – Ⓜ Place Monge – ☏ 01 47 07 19 29 – www.restaurantflocon. com – Fermé lundi, mardi, et mercredi et jeudi à midi

PARIS

5ᵉ ARRONDISSEMENT

HESTIA N

CUISINE MODERNE • CONVIVIAL Hestia, déesse du foyer et du repas, nous a menés jusqu'à cette table au cachet indéniable, avec ses poutres blanches, murs en pierre et miroirs. Le chef normand Loïc Dantec (ex-114 Faubourg) travaille uniquement une carte de saison aux libellés qui ne trompent pas, à l'image de cette entrecôte de porc du Cantal cuite à la braise aux épices douces. Toutes les viandes sont d'ailleurs grillées au barbecue avec une précision d'orfèvre, puis découpées au guéridon. Le chef cuisine sans démonstration, au bénéfice du goût. Son associé Filipe Fernandes dirige la salle avec sérieux et compétence.

AC ⌷ – Prix : €€€

8 rue de la Huchette – Ⓜ Cluny - La Sorbonne – ✆ 01 84 74 95 20 – www.hestia-restaurant.com – Fermé lundi et dimanche

L'INITIAL

CUISINE MODERNE • CONTEMPORAIN Le chef japonais au palmarès étincelant propose une cuisine française d'une remarquable précision à base de beaux produits (bar de ligne, Saint-Jacques, langoustine, morilles) pour un bon rapport qualité/prix. Coup de cœur pour le carré d'agneau de Lozère rôti, purée de céleri, condiment citron et jus d'agneau réduit. Le service, très attentionné, se fait dans un cadre épuré et lumineux. Zénitude garantie.

AC ⌷ – Prix : €€€

9 rue de Bièvre – Ⓜ Maubert - Mutualité – ✆ 01 42 01 84 22 – www.restaurant-linitial.fr – Fermé lundi, dimanche et mardi midi

KITCHEN TER(RE)

CUISINE MODERNE • CONTEMPORAIN Dans cette troisième adresse dédiée aux pâtes, William Ledeuil façonne un kaléidoscope de l'épure et du goût, où brillent des créations de haut-vol réalisées par l'artisan Roland Feuillas à base d'épeautre, blé dur, engrain ou barbu du Roussillon. En cuisine, le chef Julien Jéquier (passé par Le V et L'Écrin) développe une partition harmonieuse, où les saveurs asiatiques et les herbes fraîches jouent en accord majeur avec le palais. De la présentation sur table au dressage, l'équilibre prime, notamment pour ces coquillettes réalisées à base de farine fraîche de blé khorasan kamut, aileron de poulet, olives taggiasche, épinard et bouillon...thaï bien entendu ! C'est vivant, vibrant et charmant.

AC – Prix : €€

26 boulevard Saint-Germain – Ⓜ Maubert - Mutualité – ✆ 01 42 39 47 48 – www.zekitchengalerie.fr – Fermé lundi et dimanche

LAVA - CUISINE & VIN N

CUISINE MODERNE • BISTRO Comment marier la passion d'un chef pour les volcans et le feu avec celle d'un sommelier pour son métier ? Avec cette table qui combine les talents de deux professionnels ayant fait leurs armes dans des établissements renommés. Dans l'assiette, le chef propose une cuisine au feu et à la braise, particulièrement alléchante. Les produits français sont associés avec précision à des ingrédients pleins de caractère, souvent des épices, ramenés des nombreux voyages du chef. Un exemple ? Volaille du Perche grillée au binchotan, premières courgettes et calçots, jus de volaille au genièvre. Une partition vivante et colorée, mise en valeur par les mille et une nuances des crus présents sur la carte des vins.

🍸 AC ⌷ – Prix : €€€

9 rue de la Montagne-Sainte-Geneviève – Ⓜ Maubert - Mutualité – ✆ 01 43 29 12 12 – www.lava-paris.com – Fermé lundi, dimanche, et mardi et mercredi à midi

MAISON CLUNY

CUISINE TRADITIONNELLE • COSY Pour notre plus grand plaisir, le duo gourmand du quartier Daguerre (ex-Cornichon) s'est reformé dans un joli bistrot face au jardin du musée de Cluny, en plein quartier latin. À l'ardoise, des plats bistrotiers bien ficelés et goûteux : terrine de foie de volaille, rognons de veau, chasse en saison, riz au lait... Décor chaleureux et accueil jovial.

⌷ – Prix : €€

3 rue de Cluny – Ⓜ Cluny - La Sorbonne – ✆ 01 56 81 82 53 – www.maison-cluny.fr – Fermé lundi et dimanche

5e ARRONDISSEMENT

OTTO

CUISINE MODERNE • CONVIVIAL Une adresse bienvenue dans la rue Mouffetard : un bistrot au cadre minimaliste, béton au sol et plafond, calqué sur le modèle des izakayas japonais. Sous la houlette du chef Eric Trochon, Otto offre une cuisine de partage à travers une courte carte axée sur le produit, simplement accompagnés d'un condiment ou d'une sauce pour apporter du peps. C'est ainsi que chimichurri, sauce vierge ou diable, sauce ponzu ou condiment citron escortent viandes et poissons, souvent cuits au binchotan. Attention, pas de réservation possible.

🆎 🖰 – Prix : €€

5 rue Mouffetard – Ⓜ Cardinal Lemoine – www.otto-paris.com

LA TABLE DE COLETTE

CUISINE MODERNE • CONTEMPORAIN Électricité verte, équipements basse consommation, semences paysannes et bilan carbone des plats affiché à la carte, tout est pensé ici dans le respect de la planète. Les végétaux sont à l'honneur, travaillés sous toutes leurs formes, à l'image de cette déclinaison de lentilles (en ragoût, en émulsion et frites). Sans oublier quelques clins d'œil à la Bretagne natale du chef comme ce terre-mer autour du chou-fleur, de l'andouille de Guéméné et des ormeaux.

♿ 🍴 – Prix : €€€

17 rue Laplace – Ⓜ Cardinal Lemoine – 📞 01 46 33 18 59 – www.latabledecolette. fr – Fermé samedi et dimanche

🛏 LES DAMES DU PANTHÉON *Plus*

MODERNE • ROMANTIQUE Le Panthéon, la Sorbonne, le jardin du Luxembourg : pas de doute, nous sommes en plein cœur du Quartier latin ! Face au "temple des grands hommes", le décor des chambres s'inspire... de femmes françaises ayant marqué l'histoire : Duras, Gréco, Sand ou encore Piaf. Un hôtel romanesque et raffiné.

🆎 🅿 🛋 🌀 📶 ⚒ - 35 chambres

19 place du Panthéon – 📞 01 43 54 32 95

🛏 MONGE *Plus*

BOURGEOIS • ÉLÉGANT Cet hôtel de charme, situé dans le Quartier Latin, devant les arènes de Lutèce, a conservé le caractère des maisons bourgeoises du 19e s. (salons en enfilade, moulures, parquet...). La décoration des chambres, entre faune et flore, louche du côté du Jardin des Plantes. Toute l'élégance à la parisienne.

♿ 🆎 🛋 🌀 📶 ♨ - 30 chambres

55 rue Monge – 📞 01 43 54 55 55

🛏 SEVEN

AVANT-GARDE • CONVIVIAL L'hôtel a pris le parti du rétro-futurisme, amenant la fibre optique jusque dans les salles de bain pour des effets renversants. L'une d'elles, toute en fluorescences violettes, évoque plutôt un vaisseau spatial ! Les suites sont un monde parallèle à elles seules, et dans son ensemble, le Seven réussit le grand écart entre boîte de nuit éclairée au laser et néo-boudoir au luxe extrême. Ajoutez à cela une grande cave à vins, un bar à champagne, un lounge tout en miroirs, entre délire et voyage intersidéral.

🆎 📶 - 32 chambres

20 rue Berthollet – 📞 01 43 31 47 52

6ᵉ ARRONDISSEMENT

SAINT-GERMAIN-DES-PRÈS • ODÉON • JARDIN DU LUXEMBOURG
6ᴱ ARRONDISSEMENT

 GUY SAVOY

Chef : Guy Savoy

CUISINE MODERNE • LUXE Dans le cadre exceptionnel de l'hôtel de la Monnaie, Guy Savoy poursuit l'histoire entamée quelques décennies plus tôt : lorsque, jeune garçon, il passait la tête au-dessus des casseroles familiales dans la cuisine de la Buvette de l'Esplanade, à Bourgoin-Jallieu… Ici, il a vu les choses en grand : six salles parées de toiles contemporaines et de sculptures – dont un grand nombre prêté par François Pinault –, avec des fenêtres à huisseries anciennes donnant sur la Seine. Ce faste ne détourne pas le chef de son travail : rendre chaque jour hommage à la cuisine française. On retrouve notamment la soupe d'artichaut et truffe, plat emblématique de la maison, à déguster avec sa brioche tartinée de beurre de truffes…

– Prix : €€€€

11 quai de Conti – Saint-Michel – 01 43 80 40 61 – www.guysavoy.com – Fermé lundi, mardi et dimanche

 MARSAN PAR HÉLÈNE DARROZE

CUISINE MODERNE • CONTEMPORAIN Dans un décor cosy et élégant, on retrouve dans l'assiette ce qui fait la particularité de cette héritière d'une famille de cuisiniers du Sud-Ouest : la capacité à dénicher dans les terroirs de ces contrées (Aquitaine, Landes, Pays basque…) de quoi nourrir ses intentions culinaires, et la capacité à les mettre en valeur dans l'assiette : foie gras de canard des Landes servi en terrine, homard bleu aux épices tandoori (un incontournable), baba imbibé à l'armagnac. On y retrouve aussi la rigueur, une insatiable curiosité, et ce mélange de talent et d'intuition qui fait toute la différence. Une réussite incontestable.

– Prix : €€€€

4 rue d'Assas – Sèvres - Babylone – 01 42 22 00 11 – www.marsanhelenedarroze.com – Fermé lundi et dimanche

 ARMANI RISTORANTE

CUISINE ITALIENNE • CONTEMPORAIN Emplacement original pour ce restaurant, situé au 1er étage de la boutique Armani de St-Germain-des-Prés (non loin de l'église). La salle est épurée et élégante, dans le style du créateur bien sûr : camaïeu de beiges, banquettes, murs laqués, lumière tamisée… N'aurait-on affaire là qu'à un autre type de vitrine ? Au contraire, ce ristorante compte parmi les meilleures tables italiennes de la capitale. Le chef Massimo Tringali accommode des produits de grande qualité dans l'esprit de la cuisine transalpine contemporaine. C'est frais, goûteux et bien maîtrisé : de la belle ouvrage.

– Prix : €€€€

7 place du Québec – Saint-Germain-des-Prés – 01 45 48 62 15 – www.armani.com/fr-fr/experience/armani-restaurant – Fermé lundi, mardi, et mercredi et jeudi à midi

 QUINSOU

Chef : Antonin Bonnet

CUISINE CRÉATIVE • TENDANCE En face de la fameuse école Ferrandi chante un pinson (Quinsou en occitan), dont les suaves vocalises gastronomiques risquent fort d'influencer les grandes toques de demain. Dans un cadre moderne et brut (carreaux de ciment, ampoules nues), le chef Antonin Bonnet propose une cuisine d'artisan épurée, délicate, sensible et sans futilité. Dans l'assiette gazouille le produit, d'excellente qualité. Veau Axuria, Saint-Jacques de plongée d'Erquy, truite maturée des Asturies… Menu unique pour cette belle table, animée par un chef passionné.

– Prix : €€€€

33 rue de l'Abbé-Grégoire – Saint-Placide – 01 42 22 66 09 – www.quinsourestaurant.fr – Fermé lundi, dimanche, et mardi et mercredi à midi

6e ARRONDISSEMENT

RELAIS LOUIS XIII

Chef : Manuel Martinez

CUISINE CLASSIQUE • ÉLÉGANT Une table chargée d'histoire, bâtie sur les caves de l'ancien couvent des Grands-Augustins : c'est ici que, le 14 mai 1610, une heure après l'assassinat de son père Henri IV, Louis XIII apprit qu'il devrait désormais régner sur la France... La salle à manger semble se souvenir de ces grandes heures du passé : colombages, pierres apparentes, boiseries, vitraux et tentures, tout distille un charme d'autrefois, avec çà et là quelques éléments contemporains (cave vitrée, sculptures modernes). Une atmosphère particulièrement propice à la découverte de la cuisine du chef, Manuel Martinez, tenant d'un noble classicisme culinaire. Après un joli parcours chez Ledoyen, au Crillon, à la Tour d'Argent, ce Meilleur Ouvrier de France a décidé de s'installer en ce Relais pour y perpétuer la tradition. Quoi de plus logique ? L'histoire continue donc et les habitués sont nombreux, plébiscitant notamment la formule déjeuner, d'un très bon rapport qualité-prix !

🕸 🅰🅲 ⇔ 🥘 – Prix : €€€€

8 rue des Grands-Augustins – Ⓜ *Odéon – 𝒞 01 43 26 75 96 – www.relaislouis13.fr – Fermé lundi et dimanche*

YOSHINORI

Chef : Yoshinori Morié

CUISINE MODERNE • INTIME Le chef Yoshinori Morié (ex-Petit Verdot, Encore, L'Auberge du 15) nous régale d'une cuisine raffinée et esthétique, déclinée sous forme de menus uniques. Ainsi, le tartare de veau de Corrèze, coques, chou-fleur ; la lotte, lotus et champignons ; ou encore la ballotine de pigeon, cèpes, datte, carotte et combava... sont autant d'hymnes, non dissimulés, à l'élégance et à la gourmandise. Dans ce secteur animé du Quartier latin, c'est une aubaine que cette table d'auteur logée dans un écrin assez intimiste avec pierres apparentes, poutres blanchies, boiseries japonisantes, éclairage design, lin blanc et porcelaine. Une formule agréable est proposée le midi. Service proche du client et tout sourire.

⇔ – Prix : €€€€

18 rue Grégoire-de-Tours – Ⓜ *Odéon – 𝒞 09 84 19 76 05 – www.yoshinori-paris.com – Fermé samedi et dimanche*

ZE KITCHEN GALERIE

Chef : William Ledeuil

CUISINE CRÉATIVE • CONTEMPORAIN Plus de 20 ans déjà, et pas une ride : sous son nom hybride, Ze Kitchen Galerie de William Ledeuil joue sur les frontières entre art et cuisine, avec une envie et une fraîcheur intactes. Dans des volumes épurés cohabitent mobilier et vaisselle design, tableaux colorés (un décor imaginé avec le jazzman Daniel Humair), autour d'une cuisine vitrée pour suivre en direct le spectacle de la brigade. Aux fourneaux, William Ledeuil, devenu le mentor d'une génération de chefs et de cheffes (Adeline Grattard, Adrien Ferrand...), donne libre cours à sa passion pour les saveurs de l'Asie du Sud-Est (Thaïlande, Vietnam) où il puise son inspiration. Galanga, ka-chaï, curcuma, wasabi, gingembre... Autant d'herbes, de racines, d'épices et de condiments du bout du monde qui relèvent avec brio les recettes classiques françaises. Sa carte – à base de poissons, bouillons, pâtes, plats à la plancha – décline ainsi une palette d'assiettes inventives, modernes et ciselées, pour un voyage entre saveurs et couleurs. Le menu déjeuner est un coup de cœur à prix imbattable. Sans oublier un accueil et un service souriants.

🅰🅲 🥘 – Prix : €€€€

4 rue des Grands-Augustins – Ⓜ *Saint-Michel – 𝒞 01 44 32 00 32 – www.zekitchengalerie.fr – Fermé samedi et dimanche*

6ᵉ ARRONDISSEMENT

LA MÉDITERRANÉE

POISSONS ET FRUITS DE MER • MÉDITERRANÉEN Dans ce restaurant face au théâtre de l'Odéon, des fresques évoquent la Méditerranée et la cuisine de la mer chante avec l'accent du Sud. Un soin tout particulier est apporté au choix des produits, comme dans ces spécialités maison : bouillabaisse, carpaccio de bar, dorade laquée au miel... Prix attractif du menu, mais tarifs à la carte plus conséquents.

– Prix : €€

2 place de l'Odéon – Odéon *– ℰ 01 43 26 02 30 – www.la-mediterranee.com*

LA TABLE DE MEE

CUISINE CORÉENNE • ÉPURÉ Dans un décor boisé et épuré (où l'on peut prendre place au comptoir pour regarder le chef travailler sur sa grande plancha), voilà une table coréenne qui met à l'honneur les spécialités du pays. Saveurs et sauces relevées sont au rendez-vous, grâce aux incontournables kimchi, "KFC" et autres délicieux ssams. Mention spéciale aux filets de maquereau mijotés dans un bouillon au soja, piment et radis blanc. Jauge totale de 24 places, réservation fortement conseillée !

Prix : €€

6 rue des Ciseaux – Saint-Germain-des-Prés *– ℰ 01 43 54 42 56 – Fermé lundi et dimanche*

ALLARD

CUISINE TRADITIONNELLE • BISTRO Au cœur de l'animation de Saint-Germain-des-Prés, cet authentique bistrot parisien, qui fait aujourd'hui partie du groupe Ducasse, a su garder tout son charme depuis... 1932. Les plats hésitent entre registre bistrotier et plats canaille : escargots au beurre aux fines herbes, pâté en croûte, sole meunière, profiteroles... La tradition a du bon ! Menu attractif au déjeuner.

– Prix : €€€

41 rue Saint-André-des-Arts – Saint-Michel *– ℰ 01 43 26 48 23 – www.restaurant-allard.fr*

AMBOS

CUISINE MODERNE • BISTRO Face au Sénat et au Jardin du Luxembourg, voici un bistrot contemporain et décontracté tout en matières brutes (pierres apparentes, briques et poutres) avec sa cuisine ouverte et son petit comptoir. Les deux – ambos en espagnol – ce sont Pierre Chomet et sa femme vénézuélienne Cristina. Ils ont usé leurs fourchettes de Bangkok à Londres, en passant par Paris et... Top Chef pour Pierre. Avec leurs quatre mains amoureuses toujours proches du client, ils concoctent une cuisine personnelle, généreuse, enjouée et pleine de peps qui mélange diverses influences, tant européennes (bœuf de Castille et cocos de Paimpol) que thaïlandaises (tartare de langoustines façon pad-thaï) ou sud-américaines (pain de maïs « arepa » farci).

– Prix : €€€

38 rue de Vaugirard – Odéon *– ℰ 01 43 54 91 39 – www.ambos-restaurant.fr – Fermé samedi, dimanche et vendredi midi*

ANICIA, TABLE NATURE

CUISINE MODERNE • CONTEMPORAIN Natif de Haute-Loire, François Gagnaire sélectionne soigneusement les petits producteurs de là-bas, et s'offre une excellente matière première pour sa cuisine : lentille verte du Puy, limousine des Monts-du-Velay, fin gras du Mézenc, fromage de vache aux artisous, bière Vellavia... Ses assiettes sont gourmandes et joliment présentées : on se régale, sans compter que le menu déjeuner est une affaire dans le quartier. Salon de thé l'après-midi et offre plus gastronomique au dîner.

– Prix : €€€

97 rue du Cherche-Midi – Vaneau *– ℰ 01 43 35 41 50 – www.anicia-paris.com – Fermé lundi et dimanche, et mercredi soir*

6e ARRONDISSEMENT

AUX PRÉS

CUISINE MODERNE • **BISTRO** Un bistrot germanopratin ouvertement vintage (banquettes en cuir, miroirs fumés, papier peint floral) et une cuisine voyageuse signée Cyril Lignac, dont la créativité garde toujours un pied dans le(s) terroir(s) français, avec notamment de belles pièces de bœuf grillées.

🆎 – Prix : €€€

27 rue du Dragon – Ⓜ *Saint-Germain-des-Prés –* ℰ *01 45 48 29 68 – www. restaurantauxpres.com*

BAILLOTTE

CUISINE MODERNE • **TENDANCE** Humilité toute japonaise oblige ? Toujours est-il que le chef Satoshi Amitsu (ex-Georges Blanc) parle curieusement de cuisine « semi-gastronomique » sur son site. Pourtant, ce bistrot, précédé d'une devanture rouge appétissante, ne le cède en rien à d'autres tables. Fort d'une précision toute japonaise, le chef régale avec des assiettes d'obédience française, riches en couleurs, contrastes, ainsi qu'en jus et sauces millimétrés : maquereau à la flamme, fregola sarda, betterave, vinaigrette framboise, noix et shiso ; veau, champignons, cerfeuil tubéreux, condiment coing, jus corsé. Bonne sélection de vins au verre sortant des classiques références, bien conseillés par un service pro.

🆎 – Prix : €€€

16 rue du Dragon – Ⓜ *Saint-Germain-des-Prés –* ℰ *09 84 29 93 48 – www. restaurantbaillotte.fr – Fermé lundi et dimanche soir*

LE BON SAINT-POURÇAIN

CUISINE MODERNE • **BISTRO** Planqué derrière l'église St-Sulpice, en plein cœur de St-Germain-des-Prés, cet ancien restaurant bougnat montre du soin et la passion. La cuisine du chef lorgne vers la tradition bistrotière revisitée : c'est tout simplement délicieux, sans doute grâce à l'utilisation exclusive de bons produits du marché. Réservez !

🍽 – Prix : €€€

10 bis rue Servandoni – Ⓜ *Mabillon –* ℰ *01 42 01 78 24 – www.bonsaintpourcain. com – Fermé lundi et dimanche*

BOUTARY

CUISINE CRÉATIVE • **CHIC** Voilà le lieu idéal pour s'initier ou parfaire sa connaissance sur le caviar (osciètre, sterlet et baeri) : les propriétaires élèvent depuis plusieurs générations leurs propres esturgeons en Bulgarie du sud. On y apprécie, dans un esprit chic, les menus "carte blanche" du chef... avec dégustation de caviar à la royale, sur le dos de la main.

♿ 🆎 🍽 – Prix : €€€€

25 rue Mazarine – Ⓜ *Odéon –* ℰ *01 43 43 69 10 – www.boutary-restaurant.com – Fermé lundi, dimanche, et mardi et samedi à midi*

BRASSERIE LUTETIA

POISSONS ET FRUITS DE MER • **CHIC** Tartare de bar sauvage, sole meunière, escargots de Bourgogne au beurre persillé : la célèbre brasserie du Lutetia affiche fièrement les classiques qui ont fait sa réputation, ainsi que quelques créations plus contemporaines. Les esthètes et les habitués ne se lassent pas de cette atmosphère Art déco chic et décontractée. Véranda, mezzanine ou patio : choisissez votre table !

♿ 🆎 🍽 🍽 – Prix : €€€

45 boulevard Raspail – Ⓜ *Sèvres - Babylone –* ℰ *01 49 54 46 92 – www. hotellutetia.com/fr/gastronomie-paris/brasserie*

LE CHRISTINE

CUISINE MODERNE • **CONTEMPORAIN** C'est dans une ruelle plutôt calme que l'on découvre l'avenante façade de ce restaurant, où convivialité et générosité se donnent d'abord à lire, sur la carte (courte et appétissante), puis à déguster, dans

6ᵉ ARRONDISSEMENT

les assiettes, joliment travaillées, avec toujours une option végétarienne. Merci Christine, et à bientôt.

🅐🅒 – Prix : €€€

1 rue Christine – Ⓜ Saint-Michel – ☏ 01 40 51 71 64 – www.lechristine. becsparisiens.fr

COLVERT

CUISINE MODERNE • BISTRO Faut-il encore présenter le chef Arnaud Baptiste révélé par Top Chef, sa moustache en goguette et ses nombreux tatouages ? Il a eu la bonne idée de choisir un bistrot d'angle pur jus (banquettes, chaises bistrot et tables au coude à coude, murs de pierres apparentes, sol en carreaux de ciment, comptoir transformé en mange-debout) dans un quartier où la bonne chère n'est pas toujours chez elle. Il mitonne une bonne bistronomie du marché. Comme il se doit, la carte de saison est courte et alléchante à l'image de ce cabillaud confit, hollandaise, courgettes et gel d'absinthe ou de ces figues rôties au naturel, crues et en pickles et granité figue et crème glacée.

🕸 🅐🅒 ✜ – Prix : €€€

30 rue des Grands-Augustins – Ⓜ Odéon – ☏ 01 42 03 73 67 – www.colvert.paris

LE COMPTOIR DU RELAIS

CUISINE TRADITIONNELLE • BISTRO Yves Camdeborde a confié les clefs de son célèbre bistrot de poche à... Bruno Doucet, chef auquel il avait déjà confié sa Régalade. Autant dire que la philosophie bistronomique du lieu est scrupuleusement respectée. Dans la minuscule salle où les tables sont à touche-touche ou encore sur la terrasse chauffée face au carrefour de l'Odéon, on se régale avec une carte (disponible non-stop de 12h à 23h, chose rare), qui navigue entre terroir et cuisine du marché, dans un respect absolu du bon produit. Pas de réservation possible.

🕸 🅐🅒 🍴 – Prix : €€

5 carrefour de l'Odéon – Ⓜ Odéon – ☏ 01 44 27 07 50 – www.hotel-paris-relais-saint-germain.com/restaurant-le-comptoir

EMPORIO ARMANI CAFFÈ

CUISINE ITALIENNE • CONTEMPORAIN Juste en face des célèbres Deux Magots, au rez-de-chaussée de l'Armani Ristorante étoilé, voici la brasserie chic et contemporaine cornaquée allegreto par la même équipe à l'accent chantant. Verdure alla griglia arrosés d'une huile d'olive des Pouilles, linguine alle vongole veraci al dente accompagnées d'une bonne boutargue, classique tiramisu et sa crème au mascarpone légère et savoureuse, mais aussi spaghetti al pomodoro, ravioli del plin, risotto, tortellini : tous les classiques de la cuisine transalpine répondent présents, exécutés dans les règles de l'art.

🅐🅒 – Prix : €€€

149 boulevard Saint-Germain – Ⓜ Saint-Germain-des-Prés – ☏ 01 45 48 62 15 – www.armani.com/fr-fr/experience/armani-restaurant

KODAWARI RAMEN - YOKOCHŌ

CUISINE JAPONAISE • SIMPLE On se croirait dans une ruelle du vieux Tokyo tant l'ambiance est animée et le restaurant étroit. Les ramen, fabriqués sur place et servis dans de délicieux bouillons de volaille du Loiret, attirent les gourmets de tous bords. Spécialité du lieu : le "kurugoma ramen", à base de sauce secrète au sésame noir et de poitrine de porc ibérique pata negra. Évitez les heures de pointe, tant l'adresse est courue. Un succès mérité.

Prix : €€

29 rue Mazarine – Ⓜ Mabillon – ☏ 01 43 29 37 67 – www.kodawari-ramen.com

OKTOBRE

CUISINE MODERNE • CONTEMPORAIN Dans l'une des rues les plus littéraires du quartier Saint-André-des-Arts, le décor d'Oktobre ne manque pas de chaleur, à l'image de l'été indien. Dans le garde-manger du chef, uniquement des produits sélectionnés avec soin, dont certaines pièces entières. Il les traite avec naturel, douceur et fraîcheur,

6e ARRONDISSEMENT

les ponctuant d'épices variées ou de touches asiatiques. À la carte : pâtes "Dentelles de Cucugnan" à la seiche et bisque de crustacés ; caille de la Dombes, risotto d'épeautre aux champignons et condiment figue-gochujang ; figues, crème diplomate et shiso...

AC 🥢 – Prix : €€€

25 rue des Grands-Augustins – Ⓜ Odéon – ℰ 01 46 33 00 85 – www.oktobre.fr – Fermé lundi et dimanche

SAGAN

CUISINE JAPONAISE • ÉPURÉ Proche de l'Odéon, ce restaurant de poche avec son comptoir propose une cuisine japonaise inventive et précise : sashimi de saumon mi-cuit au caviar, soupe miso aux palourdes marinées au saké... Belle carte des vins, avec belle sélection de bourgogne et de bordeaux. À déguster dans un décor intimiste et avec un service tout sourire.

🎐 – Prix : €€

8 rue Casimir-Delavigne – Ⓜ Odéon – ℰ 06 69 37 82 19 – www.saganparis.fr – Fermé lundi, dimanche, et mardi et mercredi à midi

SEMILLA

CUISINE MODERNE • BRANCHÉ Dans une rue qui fourmille de restaurants et de galeries d'art, voici une bonne "graine" (semilla en espagnol) que ce bistrot à l'ambiance (hyper) conviviale et à la déco branchée d'esprit industriel. Dans la cuisine ouverte sur la salle, une équipe jeune et passionnée travaille avec des produits frais triés sur le volet : ceviche de dorade, leche de tigre, coing confit à l'hibiscus et chou-rave ; cabillaud rôti, coques de Granville, oignon de Roscoff, sauce au poiré. Gourmand et efficace !

AC – Prix : €€€

54 rue de Seine – Ⓜ Odéon – ℰ 01 43 54 34 50 – www.semillaparis.com – Fermé lundi, mardi et du mercredi au vendredi à midi

SÉTOPA Ⓝ

CUISINE CORÉENNE • ÉPURÉ À deux pas du carrefour de l'Odéon, Sétopa (pour Seoul To Paris) propose une cuisine coréenne raffinée sous la direction de la cheffe et entrepreneure Linda Lee. Elle s'est entourée de deux grands noms de la gastronomie coréenne : Chang-ho Shin et Mingoo Kang, qui ont élaboré une carte alliant tradition et élégance (raviole d'huître, racine de tofu, gochujang ou encore mochi châtaigne et armoise). Le service, assuré par une équipe coréenne, est attentionné et professionnel, faisant de ce lieu une belle adresse parisienne pour voyager à travers les saveurs du pays du Matin calme.

AC – Prix : €€

6 rue Dupuytren – Ⓜ Odéon – ℰ 09 77 91 95 01 – Fermé dimanche

SHU

CUISINE JAPONAISE • ÉPURÉ Il faut se baisser pour passer par la porte qui mène à cette cave du 17e s. Dans un décor minimaliste, on découvre une cuisine japonaise authentique et bien maîtrisée, où la fraîcheur des produits met en valeur kushiage, sushis et sashimis.

Prix : €€

8 rue Suger – Ⓜ Saint-Michel – ℰ 01 46 34 25 88 – www.restaurant-shu.com – Fermé lundi, dimanche et du mardi au samedi à midi

TAOKAN

CUISINE CHINOISE • CONTEMPORAIN Au cœur de Saint-Germain-des-Prés, on pousse la porte de ce joli restaurant pour célébrer une cuisine cantonaise légère et parfumée, avec quelques détours par l'Asie du Sud-Est : incontournables dim-sum, bœuf spicy ou loc lac, calamars sautés au poivre et piment frais... De belles présentations, de bons produits : une vraie ambassade.

ሗ AC – Prix : €€

8 rue du Sabot – Ⓜ Saint-Germain-des-Prés – ℰ 01 42 84 18 36 – www.taokan. fr – Fermé dimanche midi

6e ARRONDISSEMENT

TOYO

CUISINE CRÉATIVE • ÉPURÉ Dans une autre vie, Toyomitsu Nakayama était le chef privé du couturier Kenzo ; aujourd'hui, il excelle dans l'art d'assembler les saveurs et les textures. Lotte panée, main de bouddha, algues et mimolette ; bœuf, gingembre mioga et sauce au shiso rouge... Une cuisine fraîche et parfumée, à accompagner d'un verre de Bourgogne et servie par une équipe attentive et discrète. Impeccable.

🗽 🛱 – Prix : €€€€

17 rue Jules-Chaplain – Ⓜ Vavin – ☏ 01 43 54 28 03 – www.restaurant-toyo.fr – Fermé lundi, dimanche et du mardi au vendredi à midi

YEN

CUISINE JAPONAISE • ÉPURÉ Un restaurant au décor très épuré pour amateurs de minimalisme zen. On s'y régale d'une cuisine japonaise soignée : sushi, tempura, soba, oursins et tofu à la gelée de soja, poulpe cuit aux haricots rouges... Mets authentiques et service rigoureux.

🗽 – Prix : €€€

22 rue Saint-Benoît – Ⓜ Saint-Germain-des-Prés – ☏ 01 45 44 11 18 – www.yen-paris.fr – Fermé dimanche

BEL AMI
Plus

DESIGN • CONVIVIAL Une ancienne imprimerie, d'où sortit le premier exemplaire de Bel Ami, le célèbre roman de Maupassant. Une adresse pour urbains chic, avec un bar tendance et des chambres à la mode 1970 revisitées. Espace fitness et soins, brunch le week-end.

♿ 🗽 🐕 🅿 🚐 🛜 📶 ♨ 🏊 ⛲ 🍽 - 108 chambres

7-11 rue Saint-Benoît – ☏ 01 42 61 53 53

LA BELLE JULIETTE
Plus

MODERNE • CHALEUREUX Chaque étage de l'hôtel est décoré selon un thème différent : Madame Récamier au 1er (la fameuse Juliette, de style Empire), l'Italie au 2e, Chateaubriand au 3e, etc. Un cadre de caractère(s) qui marie avec justesse l'ancien et le moderne, en restant toujours chaleureux.

♿ 🗽 🅿 🛜 🚐 🚲 🎿 📶 ♨ - 45 chambres

92 rue du Cherche-Midi – ☏ 01 42 22 97 40

HÔTEL BAUME
Plus

MODERNE • ROMANTIQUE A deux minutes du boulevard Saint-Germain, dans une ruelle au charme parisien, cet hôtel puise son inspiration dans les années 30 – soie à motifs, bois exotiques, chromes et miroirs. Jetez donc quelques vers dans votre carnet, le Quartier Latin n'est pas loin. Pour des nuits Art déco et inspirées.

♿ 🗽 🅿 🛜 📶 ⛲ - 35 chambres

7 rue Casimir Delavigne – ☏ 01 53 10 28 50

HÔTEL LOUISON
Plus

CLASSIQUE • COSY Dans un immeuble 19e s., un lobby soigné, plusieurs étages de chambres coquettes et ensoleillées qui misent sur l'essentiel : lumière, parquet, lits douillets, meubles à l'ancienne, douches à l'italienne, balcon sur les toits pour la Suite Vaugirard. La rénovation récente a harmonieusement respecté son histoire tout en lui donnant un air plus contemporain.

🗽 🅿 🛜 📶 - 42 chambres

105 rue de Vaugirard – ☏ 01 53 63 25 50

HÔTEL PAS DE CALAIS

MODERNE • CHALEUREUX Dans l'emblématique quartier de Saint-Germain-des-Prés, cet hôtel familial conjugue un caractère affirmé et un confort très respectable. Les intérieurs sont élégants mais aussi variés, certaines chambres pleines de

7ᵉ ARRONDISSEMENT

couleurs saturées, d'autres plus sobres, mariant toutes une architecture classique avec un design contemporain.

🅰️ 🚲 - 38 chambres

59 rue des Saints-Pères – 📞 01 45 48 78 74

🛏️ **HÔTEL RÉCAMIER** *Plus*

CLASSIQUE • ROMANTIQUE Tout près de l'église Saint-Sulpice, l'élégance et le confort ont rendez-vous : tableaux orientalistes et moquette léopard dans le salon-bibliothèque, style feutré jusque dans les chambres, où une réelle attention est portée à votre bien-être.

🅰️ 🅿️ 🛜 💿 - 24 chambres

3 bis place Saint-Sulpice – 📞 01 43 26 04 89

🛏️ **LUTETIA** *Plus*

CLASSIQUE • RAFFINÉ Unique palace de la rive gauche, bâti en 1910, le Lutetia et redevenu emblématique de l'élégance et du raffinement parisiens. Confort et mobilier contemporain haut de gamme fusionnent à la perfection avec son âme Art déco, du grand salon sous verrière aux fresques de la brasserie, jusque dans les chambres lumineuses. Du patio central au spa de 700 m² avec piscine : le luxe « rive gauche ».

♿ 🅰️ 🛅 🅿️ 🛜 🛋️ 💿 🛜 🧖 🏊 🍽️ - 137 chambres

45 boulevard Raspail – 📞 01 49 54 46 00

Brasserie Lutetia - Voir la sélection des restaurants

🛏️ **L'HÔTEL** *Plus*

DESIGN • CHALEUREUX C'est à "L'Hôtel" que mourut en 1900 le grand Oscar Wilde. Le décor, signé Jacques Garcia, n'est pas sans rappeler les fastes de l'art pour l'art, avec des allusions aux styles baroque, Empire, oriental... Esthétique et atypique.

♿ 🅰️ 🛜 🛋️ 💿 🧖 - 20 chambres

13 rue des Beaux Arts – 📞 01 44 41 99 00

🛏️ **RELAIS CHRISTINE** *Plus*

MODERNE • CHALEUREUX Cet hôtel particulier conserve ce raffinement propre au 17e s. avec son salon, ses beaux parquets, ses tapisseries d'Aubusson... Les chambres sont modernes et chaleureuses. Vous apprécierez la grande piscine et le spa de 400 m² - rares, Rive gauche ! Et selon les jours, on organise des soirées jazz au Café Laurent, où résonnent encore les solos de trompette de Boris Vian.

♿ 🅰️ 🛅 🅿️ 🚗 🛜 🛎️ 🚲 💿 🧖 🛋️ - 48 chambres

3 rue Christine – 📞 01 40 51 60 80

Le Christine - Voir la sélection des restaurants

TOUR EIFFEL • ÉCOLE MILITAIRE • INVALIDES

7ᴱ ARRONDISSEMENT

✿✿✿ **ARPÈGE**

Chef : Alain Passard

CUISINE CRÉATIVE • ÉLÉGANT "Le plus beau livre de cuisine a été écrit par la nature." Ainsi parle Alain Passard. Son nom est associé aux légumes – et, pour les connaisseurs, à une certaine betterave en croûte de sel. Il a su avant tout le monde. Un menu 100% légumes, pensez-vous ! Aujourd'hui, sa philosophie verte s'invite à toutes les tables. Malgré le succès, l'homme qui célèbre le fruit et la fleur ne se sent jamais aussi bien que dans l'un de ses trois potagers de l'Ouest de la France, où se conjuguent les mains du cuisinier et du jardinier. Il va y cueillir ses inspirations et explorer les possibilités culinaires du légume, apportant toute sa noblesse à ce

7e ARRONDISSEMENT

produit d'ordinaire servi en accompagnement. Une fresque bucolique évoque cet environnement directement dans la salle de son restaurant.

🏵 🅰🅒 ⇱ – Prix : €€€€

84 rue de Varenne – Ⓜ Varenne – ☏ 01 47 05 09 06 – www.alain-passard.com – Fermé samedi et dimanche

🍀**L'engagement du chef :** Depuis 2001, la cuisine légumière règne au sein de l'Arpège et les saisons donnent le tempo à notre cuisine. Le plus beau livre de cuisine a été écrit par la Nature. Nous sublimons les légumes, fruits et aromates 100 % naturels de nos trois potagers de Fillé-sur-Sarthe, du Bois-Giroult et de la Baie du Mont-Saint-Michel.

🏵🏵 DAVID TOUTAIN

Chef : David Toutain

CUISINE CRÉATIVE • CONTEMPORAIN Petit-fils d'agriculteurs, le Normand David Toutain a commencé chez Bernard Loiseau avant d'associer son nom à un brillant parcours (Arpège, Agapé Substance…). Il a métamorphosé une rue discrète du quartier des ministères en laboratoire de recherche gastronomique où la technique est au service de la lisibilité. Dans ce cadre moderne, façon loft, il cartographie sans relâche les goûts contemporains (un peu à l'image de son meilleur ami, Alexandre Mazzia) à travers une cuisine d'auteur aux ambitions assumées. Son équipe et lui proposent désormais une cuisine sous forme de menus imposés "surprise" déclinés de 4 à 10 plats. Les desserts de la cheffe pâtissière Émilie Gérardi méritent un accessit. La belle carte des vins comporte toujours quelques flacons à tarif raisonnable.

🏵 🅰🅒 ⇱ – Prix : €€€€

29 rue Surcouf – Ⓜ Invalides – ☏ 01 45 50 11 10 – www.davidtoutain.com – Fermé samedi, dimanche et mercredi midi

🍀**L'engagement du chef :** La nature est notre principale source d'inspiration. Nous concevons notre cuisine au rythme des saisons. Nous avons créé un potager en permaculture en Normandie et nous collaborons avec des petits producteurs ou artisans ayant une démarche respectueuse de l'environnement. Nos commandes sont réalisées en fonction des réservations afin de minimiser tout gaspillage et nous avons à cœur de partager avec tous les membres de l'équipe les bonnes pratiques à mettre en place. Nos déchets sont compostés.

🏵🏵 LE JULES VERNE

CUISINE MODERNE • ÉLÉGANT Frédéric Anton préside aux destinées de ce restaurant emblématique situé au second étage de la Tour Eiffel. Accessible par ascenseur privé, la salle culmine à 125 m du sol. La magie opère instantanément et l'assiette se révèle, elle aussi… à la hauteur. Les équipes de Kevin Garcia réalisent chaque jour une prouesse pour sublimer d'excellents produits et délivrer une cuisine fine et précise, dont les harmonies de saveurs tombent toujours juste. On se régale par exemple d'une sublime galette soufflée de Saint-Jacques avec sa sauce dieppoise au caviar osciètre, ou d'un ris de veau caramélisé à la grenobloise, d'une exécution parfaite et sans artifice inutile. Les desserts de Germain Decreton ne sont pas en reste. Pensez à réserver très à l'avance votre table près des baies vitrées : la vue sur Paris à travers les poutrelles métalliques de la tour est tout simplement spectaculaire. Accueil irréprochable et service très impliqué.

🏵 ≼🅺 🅰🅒 🥢 – Prix : €€€€

Tour Eiffel - 6 avenue Gustave-Eiffel – Ⓜ Bir-Hakeim – ☏ 01 72 76 16 61 – www. restaurants-toureiffel.com/fr/restaurant-jules-verne.html

🏵 AIDA

Chef : Koji Aida

CUISINE JAPONAISE • ÉPURÉ La façade blanche de ce petit restaurant niché dans une ruelle se fond si bien dans le paysage qu'on risque de passer devant sans la remarquer. Grave erreur ! Derrière se cache un secret jalousement gardé, celui d'une délicieuse table nippone. L'intérieur se révèle élégant et sans superflu, à l'image des établissements que l'on trouve au Japon. Au choix, attablez-vous au comptoir (seulement neuf places) pour être aux premières loges face aux grandes plaques de cuisson (teppanyaki), ou dans le petit salon privé sobrement aménagé avec son tatami. Au gré d'un menu dégustation unique, vous découvrirez une cuisine fine et pointue, tissant de beaux liens entre le Japon et la France ; les

7e ARRONDISSEMENT

assaisonnements, les cuissons et les découpes ne font que souligner l'ingrédient principal, servi dans sa plus simple expression. Sashimis, homard de Bretagne, chateaubriand ou ris de veau, cuits au teppanyaki, s'accompagnent de bons vins de Bourgogne, sélectionnés avec passion par le chef. Service très attentif et prévenant.

⌘ 🅐🅒 ▭ – Prix : €€€€

1 rue Pierre-Leroux – Ⓜ Vaneau – ℰ 01 43 06 14 18 – Fermé lundi et du mardi au dimanche à midi

AUGUSTE

Chef : Gaël Orieux

CUISINE MODERNE • CONTEMPORAIN La petite maison de Gaël Orieux – à peine une trentaine de couverts – offre un calme inattendu dans son élégant cadre contemporain, aux lignes faussement simplistes. Un espace chic et "classe" où l'on déguste une cuisine d'une sage modernité : selle de veau et carottes couleurs en saveurs aigres-douces ; turbot parfumé aux herbes sauvages et artichauts poivrade... La carte séduit par sa variété et la qualité des produits. Gaël Orieux s'approvisionne au marché et a fait notamment le choix de ne servir que des poissons dont l'espèce n'est pas menacée (mulet noir, maigre, tacaud). Quant au choix de vins, il invite à d'agréables découvertes à prix étudiés.

🅐🅒 – Prix : €€€€

54 rue de Bourgogne – Ⓜ Varenne – ℰ 01 45 51 61 09 – www.restaurantauguste. fr – Fermé samedi et dimanche

DIVELLEC

POISSONS ET FRUITS DE MER • CHIC Le célèbre restaurant de Jacques Le Divellec (de 1983 à 2013) est désormais tenu par Mathieu Pacaud. La thématique culinaire est toujours orientée vers le grand large, carte et menus, composés au gré de la marée, sacralisent de beaux produits iodés, comme avec cette sole meunière de petit bateau, beurre noisette ou le turbotin sauvage de Bretagne. Bien installé sur le pont, on profite de la jolie vue sur l'esplanade des Invalides. On a même récupéré une ancienne librairie pour agrandir le lieu et créer une salle d'inspiration jardin d'hiver : une respiration bienvenue.

⌘ 🅐🅒 ▭ 🍷 – Prix : €€€€

18 rue Fabert – Ⓜ Invalides – ℰ 01 45 51 91 96 – www.divellec-paris.fr

ES

Chef : Takayuki Honjo

CUISINE MODERNE • ÉPURÉ L'adresse de Takayuki Honjo, chef japonais adepte de cuisine et de culture françaises. Formé dans des maisons prestigieuses (Astrance à Paris, Quintessence à Tokyo, Mugaritz au Pays basque), il a pensé son restaurant dans les moindres détails : une salle blanche et très épurée, presque monacale, où le mobilier moderne ne cherche pas à attirer l'attention. Dans ce contexte, le repas s'apparente à une forme de cérémonie. Foie gras et oursins, ou pigeon et cacao : les associations détonnent, les saveurs se mêlent intimement. L'harmonie des compositions, toujours subtiles, rappellent avec talent les racines nippones du jeune homme.

🅐🅒 – Prix : €€€€

91 rue de Grenelle – Ⓜ Solférino – ℰ 01 45 51 25 74 – www.es-restaurant.fr – Fermé lundi, dimanche et du mardi au samedi à midi

GAYA PAR PIERRE GAGNAIRE

CUISINE MODERNE • CHIC En lieu et place de la Ferme Saint-Simon (une institution datant de 1933), Gaya par Pierre Gagnaire affiche tous les signes distinctifs d'un temple de la gourmandise : sa façade bleu vif et ses beaux auvents attirent l'œil comme les bonnes adresses savent le faire. Une clientèle triée sur le volet vient y faire relâche dans un cadre de brasserie chic épuré et confortable. Seule compte ici la liberté de se faire plaisir grâce à une cuisine actuelle qui met l'accent sur la mer (carpaccio de daurade royale, radis rose et gel de pamplemousse ; grosse langoustine, velouté de cocos de Paimpol et cébette), les légumes et aussi la viande (avec un foie de veau à la vénitienne par exemple).

⌘ 🅐🅒 ▭ 🍷 – Prix : €€€

6 rue de Saint-Simon – Ⓜ Rue du Bac – ℰ 01 45 44 73 73 – www.restaurantgaya. com – Fermé lundi et dimanche

7ᵉ ARRONDISSEMENT

✿ HÉMICYCLE

CUISINE MODERNE • CONTEMPORAIN Clin d'œil à l'Assemblée nationale toute proche, ce restaurant présente un décor épuré mêlant marbre, mobilier seventies et luminaires Lalique. On y retrouve le chef italien Flavio Lucarini (venu du Bistrot Flaubert et passé au Gabriel de Jérôme Banctel) et, côté sucré, sa compagne Aurora Storari (ex-cheffe pâtissière au Clarence). Le chef signe une cuisine personnelle et subtilement teintée de références transalpines, avec notamment des notes d'acidité et d'amertume dosées avec justesse : cresson en risotto et encornets "alla Luciana" au citron noir ; homard en trois façons ; pigeon en écorce de yuzu, cerises confites et raviole croustillante d'aubergine... Les desserts ne sont pas en reste, peu portés sur le sucre, osant des associations étonnantes et détonantes comme ce mariage de saveur entre la laitue de mer, les agrumes et le chocolat gianduja. Un duo gagnant !

🏵 ♿ Ⓚ ⇄ – Prix : €€€€

5 rue de Bourgogne – Ⓜ Assemblée Nationale – ℰ 01 40 62 98 04 – www. hemicycle.paris – Fermé lundi, dimanche et samedi midi

✿ NAKATANI

Chef : Shinsuke Nakatani

CUISINE MODERNE • INTIME Après dix années passées auprès d'Hélène Darroze, Shinsuke Nakatani préside aux destinées de cette table feutrée et reposante, habillée de douces couleurs et de matières naturelles. Avec un sens aigu de l'assaisonnement, des cuissons et de l'esthétique des plats, ce chef japonais pétri de talent compose une belle cuisine française au gré des saisons ; les saveurs et les textures s'entremêlent avec harmonie et de l'ensemble émane une cohérence certaine. On se régale d'un menu unique (4 plats le midi, 6 le soir), servi par un personnel discret et efficace. Étant donné le nombre de places (16 couverts), il faudra penser à réserver à l'avance. Le menu unique change tous les deux mois.

Ⓚ – Prix : €€€€

27 rue Pierre-Leroux – Ⓜ Vaneau – ℰ 01 47 34 94 14 – www.restaurant-nakatani. com – Fermé lundi et dimanche

✿ PERTINENCE

Chefs : Ryunosuke Naito et Kwen Liew

CUISINE MODERNE • DESIGN C'est au restaurant Antoine, en 2011, que Ryunosuke Naito et Kwen Liew se sont rencontrés : lui, le Japonais formé dans quelques-unes des maisons les plus prestigieuses de la place parisienne (Taillevent, Meurice), elle la Malaisienne. C'est tout près du Champ-de-Mars qu'ils tiennent cette maison au cadre épuré – lattes de bois clair et chaises Knoll –, tout en pudeur, intimiste et chaleureuse, bref : à leur image. Aux fourneaux, ils composent à quatre mains une cuisine du marché aux saveurs intenses, offrant au passage un délicieux lifting à la tradition française. Leur talent ne fait décidément aucun doute.

Prix : €€€€

29 rue de l'Exposition – Ⓜ École Militaire – ℰ 01 45 55 20 96 – www. restaurantpertinence.com – Fermé lundi, dimanche et mardi midi

✿ TOMY & CO

Chef : Tomy Gousset

CUISINE MODERNE • CONVIVIAL À deux pas de la rue Saint-Dominique, cette adresse porte l'empreinte de Tomy Gousset, chef d'origine cambodgienne, qui trace sa route sans complexes, et avec le sourire. Le garçon, venu sur le tard à la cuisine (à 23 ans), se perfectionne au Meurice, chez Taillevent et Boulud à New York. Il invente aujourd'hui une partition gastro-bistrot ancrée dans son temps, et place son "karma" (selon ses mots) au service du goût et du produit, avec une vraie démarche locavore. Son crédo ? "Simplicité et sophistication", ce qui se traduit dans notre jargon par : "On se régale".

Ⓚ – Prix : €€€

22 rue Surcouf – Ⓜ Invalides – ℰ 01 45 51 46 93 – www.tomygousset.com – Fermé dimanche et samedi midi

7ᵉ ARRONDISSEMENT

LE VIOLON D'INGRES

CUISINE TRADITIONNELLE · CHIC Au sein de cette néobrasserie de luxe, le duo formé par Alain Solivérès (l'ancien chef ô combien expérimenté du Taillevent) et Jimmy Tsaramanana célèbrent le Sud-Ouest avec une belle maîtrise technique, et des produits de grande qualité. La noix de ris de veau dorée au sautoir servie avec une sauce au vin au jaune et le millefeuille et sa crème légère à la vanille restent des grands classiques de la maison. Authenticité et convivialité règnent aimablement dans cette maison animée par une brigade très professionnelle. Un restaurant fréquenté par les bons vivants où il faut absolument réserver (c'est souvent complet).

🏵 ⅙ 🅰️ – Prix : €€€€

135 rue Saint-Dominique – Ⓜ *École Militaire –* 𝒞 *01 45 55 15 05 – www. leviolondingres.paris*

BISTROT DES FABLES Ⓝ

CUISINE TRADITIONNELLE · BISTRO Ces Fables-là ne fabulent pas : filets de harengs, pommes à l'huile ; œuf mimosa ; coquilles Saint-Jacques rôties au beurre ; blanquette de veau ; profiteroles, glace vanille et chocolat gianduja – un solide répertoire bistrotier mis en chantier et en bouche dans l'esprit Christian Constant par David Bottreau, longtemps proche collaborateur du maître. Cette cuisine savoureuse et généreuse s'apprécie dans une atmosphère conviviale.

🅰️ – Prix : €€

139 rue Saint-Dominique – Ⓜ *La Tour-Maubourg –* 𝒞 *01 47 53 73 34 – www. bistrotdesfables.fr*

ROSEMARIE

CUISINE TRADITIONNELLE · BISTRO Crème, beurre, zinc, moleskine et œuf mayo : voilà la véritable recette du bonheur distillé dans ce bistrot ouvert par deux experts en la matière, Nina et Philippe Cadeau (ex-Beurre-Noisette et ex-Cocottes de Christian Constant) – leur enseigne rend aux hommages à leurs deux mamans. Leur savoir-faire n'a rien perdu de sa superbe : Nina pétille en salle tandis que Philippe fait assaut de tradition et de gourmandise saisonnière : poireaux vinaigrette, terrine de campagne, tartare de saumon, lieu jaune, coquilles Saint-Jacques, entrecôte et épaule d'agneau pour deux, flan aux œufs ou mousse au chocolat. Ardoise qui change chaque jour (autour de 30€ le midi et de 40€ le soir) et carte.

⅙ – Prix : €€

149 rue de l'Université – Ⓜ *Invalides –* 𝒞 *01 45 51 03 71 – www. rosemariebistrotparis.com – Fermé samedi et dimanche*

20 EIFFEL

CUISINE TRADITIONNELLE · CLASSIQUE Dans une rue résidentielle à deux pas de la Tour Eiffel, ce restaurant vous accueille dans un cadre sobre et lumineux. Dans l'assiette, on trouve une cuisine traditionnelle, teintée de quelques recettes plus actuelles. Aujourd'hui, généreuse terrine de cerf, un bon tendron de veau braisé et ses topinambours, et un classique Mont-Blanc réalisé dans les règles. Même si le soufflé sucré tient toujours ici son rang de dessert signature ou… presque.

Prix : €€

20 rue de Monttessuy – Ⓜ *Alma - Marceau –* 𝒞 *01 47 05 14 20 – www. restaurant20eiffel.com – Fermé lundi et dimanche*

À TABLE

CUISINE MODERNE · CONVIVIAL La jeune cheffe Camille Guérin a relooké tout en sobriété cet ancien bistrot, avec une lumineuse véranda et un chaleureux mobilier en bois clair. Ardoise concise au déjeuner et un seul menu le soir qui démarre avec un assortiment de 3 entrées à partager. Une seule philosophie gourmande : revisiter les classiques de manière bistronomique et offrir quelques plats végétariens tout en donnant la priorité aux circuits courts ! Pari réussi : les assiettes sont bien ficelées et les tarifs sympathiques. Œuf parfait aux champignons en

PARIS

871

7e ARRONDISSEMENT

persillade ; potimarron rôti et galette de courge façon falafel ; faux-filet de bœuf et jus de viande à la sauge ; poire en texture et croustillant miel-amande.

🅰🅲 – Prix : €€

28 rue du Général-Bertrand – Ⓜ Duroc – ☎ 01 47 34 30 26 – www.atable-restaurant.fr – Fermé samedi et dimanche, et lundi et mardi soir

AKABEKO

FUSION • ÉLÉGANT Dans un écrin ravissant sur deux niveaux – une salle avec comptoir au rez-de-chaussée et la confortable bonbonnière raffinée de l'étage – officie le chef japonais Yasuo Nanaumi, formé dans les tables étoilées. Midi et soir, il exécute librement un menu omakase (littéralement « je m'en remets à vous »), reflet de sa culture japonaise et de sa passion pour la gastronomie française à l'image de ce foie gras, sauce teriyaki ou de ces goujonnettes de sole au dashi. L'équipe attentionnée est tout entière au service du bien-être du client.

🅰🅲 – Prix : €€€€

40 rue de l'Université – Ⓜ Rue du Bac – ☎ 01 42 61 26 64 – www.akakorestaurant.com – Fermé lundi et dimanche

L'AMI JEAN

CUISINE TRADITIONNELLE • CONVIVIAL Passionné du beau produit de saison, Stéphane Jégo sert une cuisine pleine de générosité et de saveurs. Sans oublier le riz au lait de Maman Philomène ! Vu le succès, c'est toujours bondé, animé et sympathique. Des plats au caractère bien trempé. Réservation indispensable.

Prix : €€€

27 rue Malar – Ⓜ La Tour-Maubourg – ☎ 01 47 05 86 89 – www.lamijean.fr – Fermé lundi et dimanche, et samedi soir

ARNAUD NICOLAS

CUISINE MODERNE • CONVIVIAL Un charcutier sachant cuisiner ne court pas les rues, et surtout pas celles de ce secteur résidentiel du 7ème arrondissement (à deux pas de la Tour Eiffel, tout de même) ! Le chef patron s'approprie pâté en croûte et terrine, pour imaginer une haute couture charcutière. À déguster dans un cadre sobre et élégant. À l'entrée du restaurant, un coin boutique permet de prolonger l'expérience culinaire.

♿ 🅰🅲 🍽 – Prix : €€

46 avenue de la Bourdonnais – Ⓜ École Militaire – ☎ 01 45 55 59 59 – www.arnaudnicolas.paris – Fermé lundi et dimanche

L'ATELIER DE JOËL ROBUCHON - ST-GERMAIN

CUISINE MODERNE • DESIGN Plongés dans une semi-pénombre étudiée, deux bars se répondent autour de la cuisine centrale où les plats sont élaborés sous le regard des hôtes, assis au comptoir sur de hauts tabourets. Une idée de "cantine chic", version occidentale du teppanyaki et des bars à sushis nippons, avec au menu une cuisine "personnalisable" sous forme de petites portions dégustation ou d'assiettes plus consistantes : caviar sur un œuf de poule mollet et friand au saumon fumé ; côtelettes d'agneau de lait et purée de pommes de terre Joël Robuchon...

🅰🅲 – Prix : €€€€

5 rue de Montalembert – Ⓜ Rue du Bac – ☎ 01 42 22 56 56 – www.atelier-robuchon-saint-germain.com

LES BOTANISTES

CUISINE TRADITIONNELLE • BISTRO Non loin du Bon Marché, dans une petite rue tranquille, un bistrot aux mains d'un chef qui ne triche ni avec les produits, ni avec le goût ! Prenez place sur les banquettes pour déguster un onglet de bœuf tendre à souhait et un généreux baba au rhum et sa crème fouettée, frais et moelleux. Une carte des vins bien achalandée viendra compléter votre repas. Sympathique, gourmand et convivial !

Prix : €€

11 bis rue Chomel – Ⓜ Sèvres - Babylone – ☎ 01 45 49 04 54 – www.lesbotanistes.com – Fermé dimanche

CAFÉ DES MINISTÈRES

CUISINE TRADITIONNELLE • BISTRO Les amateurs d'authentique cuisine française (notamment du Sud-Ouest) et de belles sauces gourmandes s'échangent volontiers l'adresse de ce bistrot aux allures de café de quartier. Le vol-au-vent au ris de veau, volaille et jus truffé, ainsi que le chou de Pontoise farci (champion de France 2022) ont fait la réputation de la maison, laquelle a un agenda de ministre : réservez à l'avance !

AC – Prix : €€

83 rue de l'Université – Ⓜ Assemblée Nationale – ☎ 01 45 33 73 34 – www. cafedesministeres.fr – Fermé samedi, dimanche et lundi midi

CLOVER SAINT-GERMAIN Ⓝ

CUISINE MODERNE • CONVIVIAL Dans la famille « petite table de grand chef », voici cette adresse où Jean-François Piège propose en entrée de généreuses assiettes à partager (huîtres, charcuteries, etc.) et des plats de pâtes maison (le laboratoire est juste à côté). Penne, ravioli et autres tortellini sont mariés à des produits canaille comme la joue de bœuf, des produits nobles comme la langoustine, et même exotiques comme ce curry vert sur les tortellini, crabe de Méditerranée, piquillos et chou-fleur. Les desserts sont gourmands à souhait comme ce gâteau invisible aux pommes. On s'installe dans un petit espace tout en longueur où cuisine et salle ne font qu'un.

Prix : €€€

5 rue Perronet – Ⓜ Saint-Germain-des-Prés – ☎ 01 75 50 00 05 - jeanfrançoispiege.com/cloversaintgermain – Fermé lundi et dimanche

ECLIPSES

CUISINE MODERNE • ÉLÉGANT Cette adresse, créée par un chef à l'excellent parcours étoilé (Ledoyen, Apicius, Grand Véfour) propose une cuisine dans l'air du temps, attentive aux saisons et aux produits. À déguster dans un écrin néo-classique de qualité au décor soigné. Joli caveau voûté.

& AC ⬚ – Prix : €€€

27-29 rue de Beaune – Ⓜ Rue du Bac – ☎ 01 40 13 96 42 – www.eclipses.fr – Fermé samedi et dimanche

L'ESCUDELLA

CUISINE MODERNE • CONVIVIAL Dans ce petit bistrot guilleret et coloré proche de l'École Militaire et des ministères, Rémi Poulain, passé notamment par la Tour d'Argent et le Laurent, réalise une cuisine bistronomique fort bien tournée. Parmi les spécialités de la maison : un pâté croûte de volaille, foie gras et pistache, ou des viandes de Galice maturées. Menu déjeuner à prix doux et service affable.

AC 🍽 – Prix : €€

41 avenue de Ségur – Ⓜ Ségur – ☎ 09 82 28 70 70 – www.escudella. fr – Fermé dimanche

LE FLORIMOND

CUISINE TRADITIONNELLE • BISTRO Florimond – du nom du jardinier de Monet à Giverny – a l'esprit bistrotier et convivial... Pour faire honneur à ce prénom chantant, le chef agrémente sa cuisine du terroir (nombreux produits de Corrèze, sa région d'origine) de beaux légumes. Et ce fils de charcutier fait lui-même ses saucisses, boudins et conserves !

AC – Prix : €€

19 avenue de La Motte-Picquet – Ⓜ École Militaire – ☎ 01 45 55 40 38 – www. leflorimond.com – Fermé samedi et dimanche

GEMELLUS

CUISINE MODERNE • CHIC Une petite adresse chic et moderne, où quatre murs couleur ficelle forment une salle carrée avec moulures peintes, joli plafond à caissons et lustre à pampilles, fauteuils en velours. Maxime Le Meur a été formé à bonne école auprès de grands chefs. Technicien solide, il ne laisse rien au hasard et exécute une cuisine inspirée aussi bien par la saison que par ses doubles racines bretonnes

7ᵉ ARRONDISSEMENT

(accords terre et mer comme ce très beau pigeon du bocage breton au homard) et grenobloises (la Chartreuse n'est jamais bien loin) : une cuisine franche et précise qui fourmille de bonnes idées. Menu déjeuner à prix intéressant.

🅰️🅲 – Prix : €€€

37 avenue Duquesne – Ⓜ️ *Saint-François-Xavier – 🖉 01 45 55 87 57 – www. gemellus-restaurant.fr – Fermé samedi et dimanche*

LE GENTIL

CUISINE MODERNE • SIMPLE Cette table de la gourmande rue Surcouf, ouverte par le chef japonais Fumitoshi Kumagai, épaulé de son épouse japonaise en salle, propose une cuisine française actuelle agrémentée de quelques touches asiatiques : pieds de porc farcis avec chou pak choi, faux-filet de bœuf à la sauce japonaise...

Prix : €€

26 rue Surcouf – Ⓜ️ *Invalides – 🖉 09 52 27 01 36 – Fermé samedi et dimanche, et mercredi soir*

L'INCONNU

CUISINE ITALIENNE • CLASSIQUE Le chef, longtemps second au Passage 53, compose une cuisine d'inspiration italienne aux touches hexagonales, avec des clins d'œil au Japon, sa terre natale. Il ne travaille que de beaux produits et en tire une cuisine inédite et créative, ainsi ces queues de langoustines bretonnes surmontées d'une émulsion au cidre et citron confit...

Prix : €€€

4 rue Pierre-Leroux – Ⓜ️ *Vaneau – 🖉 07 45 28 53 30 – www.restaurant-linconnu. fr – Fermé mardi et mercredi*

MILAGRO

CUISINE MODERNE • BRANCHÉ Chef américain originaire du Nouveau-Mexique, Justin Kent a du métier (il a notamment travaillé avec Alain Passard et David Toutain) et du goût : la déco de son petit bistrot néo-rétro tape dans le mille (comptoir en marbre blanc et chêne, parquet, tables en chêne blond, fauteuils rétro en bois et velours vert). Influences internationales et bistronomie parisienne se marient chez lui sans problème avec gourmandise et maîtrise : croquettes de chorizo et patate douce, yahourt grec ; côtelettes d'agneau, émulsion maïs, risotto de petit épeautre ; crémeux de céleri rave au chocolat blanc, glace et meringue.

Prix : €€

85 avenue Bosquet – Ⓜ️ *École Militaire – 🖉 09 54 50 83 31 – www.milagroparis. com – Fermé lundi, dimanche et samedi midi*

MOJJU 🅝

CUISINE CORÉENNE • ORIENTAL Le chef Thibault Sombardier a ouvert cette cantine coréenne dont le décor fait un clin d'œil au hanok traditionnel du pays du matin calme. La carte est rudement bien conçue et exécutée aux petits oignons par une équipe coréenne : bouillon de bœuf au tofu, shiitaké et chips d'ail ; lotte laquée au miso ; crème prise au sarrasin grillé et caramel soja. Cuits sur les braises de charbon de bois au barbecue, les viandes maturées et les poissons marinés sont accompagnés de leurs traditionnels banchan, ces petites assiettes de légumes fermentés ou marinés, escortées de leurs sauces bien condimentées et de leurs feuilles de salades croquantes pour préparer un ssam. Petite carte des vins originale, complétée de quelques alcools de riz coréen.

🅰️🅲 ⇔ – Prix : €€

4 rue de l'Exposition – Ⓜ️ *Ecole Militaire – 🖉 01 45 51 88 38 – www.mojju-restaurant.com – Fermé du lundi au jeudi à midi*

LES OMBRES

CUISINE MODERNE • DESIGN Perché sur le toit terrasse du musée du quai Branly - Jacques Chirac, ce restaurant entièrement vitré, dont Jean Nouvel a signé l'architecture intérieure et extérieure, fait un clin d'œil à la tour Eiffel toute proche.

7e ARRONDISSEMENT

Supervisée par Alain Ducasse, la carte est mise en scène avec talent par un proche, le chef Alexandre Sempere. Pas d'ombre(s) sur cette cuisine moderne de saison et de beaux produits, qui se ressent des influences méditerranéennes de son mentor.

⇐ & 🅰️🌿 – Prix : €€€€

27 quai Jacques Chirac – Ⓜ Pont de l'Alma – ℘ 01 47 53 68 00 – www. lesombres-restaurant.com

LES PARISIENS

CUISINE TRADITIONNELLE • ÉLÉGANT Au sein d'un somptueux nouvel hôtel du Faubourg-Saint-Germain, cette table reprend tous les codes de la brasserie de luxe. Boiseries, grands miroirs, sol en mosaïque, banquettes ourlées en velours, dorures, tables en marbre noir : c'est élégant, légèrement rétro et très cosy – une réussite. Chaperonnée par Thibault Sombardier, la carte joue la tradition, rafraîchie et actualisée. Belle carte des vins éclectique, ponctuée de jolies références.

🕃 & 🅰️🌿 – Prix : €€€

1 rue du Pré-aux-Clercs – Ⓜ Rue du Bac – ℘ 01 42 96 65 43 – www.pavillon-faubourg-saint-germain.com/restaurant-les-parisiens

PENATI AL BARETTO

CUISINE ITALIENNE • ÉLÉGANT Les Italiens, on le sait, ont du goût. Le chef milanais Alberico Penati s'est installé dans ce lieu chic tout en boiseries claires dont les baies vitrées ouvrent face au jardin des Invalides – une situation ô combien désirable. La marotte du chef, c'est la tradition. Sans concession aux modes, sa carte égrène en effet les classiques transalpins, avec des produits triés sur le volet. La pasta maison reste le point fort de cette adresse, à l'image de ces ravioli del plin piemontesi nappés d'un très bon jus de rôti. La carte des vins 100% italienne met en valeurs les crus piémontais, notamment le barolo et le barbaresco.

🕃 & 🅰️🍽 – Prix : €€€

94 boulevard de la Tour-Maubourg – Ⓜ École Militaire – ℘ 01 42 99 80 00 – www.penatialbaretto.eu – Fermé dimanche et lundi midi

PETROSSIAN

POISSONS ET FRUITS DE MER • CHIC Un nom mythique pour les amateurs de caviar depuis 1920, quand les frères Petrossian, d'origine arménienne, se lancèrent dans son importation. Le restaurant honore l'histoire de la maison avec de la dégustation "classique" de caviar, mais aussi des plats bien pensés où il apparaît sous d'autres formes (pressé, séché, maturé, liquide).

🅰️🍽 – Prix : €€€

13 boulevard de la Tour-Maubourg – Ⓜ Invalides – ℘ 01 44 11 32 32 – www. restaurant.petrossian.fr – Fermé dimanche

PIERO TT

CUISINE ITALIENNE • CHIC Bienvenue dans ce restaurant italien de l'univers Pierre Gagnaire, où le grand chef propose sa version personnelle et créative de la cuisine italienne, joliment exécutée à partir de produits rigoureusement sélectionnés. Dans un registre de plaisir et de gourmandise, les assiettes sont ponctuées de subtiles dissonances : végétaux aux plaisantes notes amères, épices, condiments... Atmosphère chic et cossue mais décontractée, accueil chaleureux, et conseils avisés du sommelier qui propose les meilleurs crus de la péninsule. Réservation très conseillée.

🅰️ – Prix : €€€€

44 rue du Bac – Ⓜ Rue du Bac – ℘ 01 43 20 00 40 – www.restaurantpiero.com – Fermé lundi et dimanche

PLUME

CUISINE MODERNE • CONVIVIAL Né à Tunis, le chef ajoute un peu de diversité et beaucoup de talent à cette petite rue voisine du Bon Marché. On s'installe dans ce bistrot de poche, au coude-à-coude, pour apprécier une cuisine bien troussée,

7e ARRONDISSEMENT

pile dans les saisons, à l'image de ce velouté soyeux de céleri rave au goût intense et légèrement épicé ! Formule déjeuner à prix doux et menu dégustation plus ambitieux le soir.

Prix : €€€

24 rue Pierre-Leroux – Ⓜ Vaneau – ☏ 01 43 06 79 85 – www.restaurantplume. com – Fermé lundi, dimanche et samedi midi

RACINES DES PRÉS

CUISINE MODERNE • BRANCHÉ Cette adresse du cœur de Saint-Germain-des-Prés ne désemplit pas ! Cuisine-comptoir, ambiance vintage décontractée mais chic, cuisine délicate et assiettes dressées avec soin. Au menu, des plats raffinés comme ce cabillaud cendré aux grenailles fumées et poireau brûlé, ainsi que des desserts gourmands comme la tarte soufflée au chocolat Manjari et crème glacée cacao... On est tenté de prendre racine !

Prix : €€€

1 rue de Gribeauval – Ⓜ Rue du Bac – ☏ 01 45 48 14 16 – www.racinesdespres. com – Fermé samedi et dimanche

SANCERRE RIVE GAUCHE

CUISINE MODERNE • CONVIVIAL Sancerre, une colline, un vin et même un bon petit resto parisien dans ce quartier huppé – une adresse qui fut jadis le fief du grand vigneron sancerrois Alphonse Mellot. Dans une ambiance de bistrot moderne, Anne-Cécile Faye, rompue à l'art de l'hospitalité, accueille avec une verve réconfortante. Quant au chef Éric Lecerf, il réalise au cordeau une cuisine canaille aussi épatante que réjouissante : des pâtés, des abats et autres victuailles roboratives, sans oublier le plat phare de la maison, le chou farci, une vraie réussite. Tous présentés sur le comptoir, tartes et gâteaux entiers sont découpés par le serveur à la réclame.

Prix : €€

22 avenue Rapp – Ⓜ Alma - Marceau – ☏ 01 43 06 87 98 – www. sancerrerivegauche.com – Fermé samedi et dimanche

TABLE PENJA Ⓝ

CUISINE MODERNE • CONTEMPORAIN Après avoir fait les beaux jours du Garde-Temps à Pigalle, le chef d'origine camerounaise Pierre Siewe, ancien disciple d'Yves Camdeborde, tient table dans un décor de bistrot moderne, où la déco chaleureuse évoque subtilement l'univers africain. Dans l'assiette, le chef assaisonne sa bistronomie d'ici aux épices (djansang, pèbè, curcuma et ce fameux poivre de Penja) et aux ingrédients d'Afrique (hibiscus, igname, cacao...). Cette approche confère une personnalité unique à ses plats : le paleron de bœuf parfaitement braisé est relevé d'un condiment café, câpres, oignons rouges et d'une moutarde à l'hibiscus ; le classique mont-blanc est escorté d'une glace au poivre vert qui apporte une fraîcheur fruitée et tonique au dessert.

🅰🅲 – Prix : €€€

2 rue Sédillot – Ⓜ École Militaire – ☏ 01 45 51 95 82 – www.tablepenja.paris – Fermé lundi et dimanche

VENDÉMIAIRE Ⓝ

CUISINE MODERNE • CONTEMPORAIN À deux pas du tombeau de Napoléon, ce restaurant célèbre le mois révolutionnaire des vendanges ! Dans un esprit de brasserie, chic et chaleureux, la déco se décline dans les tons bleu et orange autour d'un impressionnant bar-comptoir en marbre et de banquettes soyeuses. La partition, entre révolution et classicisme, revisite en douceur la tradition (œuf mayonnaise, bavette, tartare, crème brûlée...) avec des produits frais de qualité. Enfant du Gros-Caillou (le nom du quartier), le propriétaire travaille beaucoup avec les commerçants et amis des rues voisines. La carte du comptoir (huîtres, burger, terrine...) est disponible dès l'heure du déjeuner jusque tard le soir. Bon rapport qualité-prix le midi.

🅰🅲 ⛁ – Prix : €€

54 boulevard de la Tour-Maubourg – Ⓜ La Tour-Maubourg – ☏ 01 71 32 33 23 – www.vendemiaire.paris

7e ARRONDISSEMENT

VIA DEL CAMPO

CUISINE ITALIENNE • ÉLÉGANT Le plaisir de savourer une authentique cuisine italienne en France n'est pas si courant... C'est le cas de cette trattoria contemporaine qui, aux beaux jours, dispose sur le trottoir de quelques tables sur une terrasse végétalisée. Les plats du chef sarde Enrico Masia transportent les convives à travers toutes les régions d'Italie, avec une attention particulière pour la Sardaigne, le berceau du chef, qui reçoit ici les hommages les plus nombreux. Les habitués consultent sans hésiter la carte du jour, élaborée en fonction des arrivages et de l'inspiration du chef. Aujourd'hui, au menu : puntarella croquante et sauce aux anchois, foie de veau à la vénitienne, paccheri aux palourdes avec artichauts frais et poutargue râpée. En salle, Tatiana, la compagne du chef, assure un service discret et compétent tout en prodiguant de judicieux conseils sur les vins de la Botte.

&. ▦ ⌂ – Prix : €€€

22 rue du Champ-de-Mars – Ⓜ La Tour-Maubourg – ✆ 01 45 51 64 59 – www. via-del-campo.paris – Fermé dimanche

LE CINQ CODET   *Plus*

MODERNE • RAFFINÉ A deux pas des Invalides, cet hôtel design a tout pour plaire : un emplacement rêvé, un mobilier chic et confortable, des équipements dernier cri, plus de 400 œuvres d'art contemporain... sans oublier l'espace bien-être et la belle terrasse patio. Concierge et voiturier.

&. ▦ ⌂ 🅿 ⌦ 🌐 🐾 ⅙ ⑪ - 67 chambres

5 rue Louis Codet – ✆ 01 53 85 15 60

LA COMTESSE

BOURGEOIS • ROMANTIQUE Ici, les chambres donnent le choix entre "vue latérale tour Eiffel" ou "vue face tour Eiffel". En contrepoint, les chambres ne sont pas immenses, mais leur décoration relève d'un équilibre subtil entre esthétique moderne et romantisme hérité des salons littéraires du 18e s. Les espaces publics se parent de fresques ou de moulures rouge sang au-dessus rayonnages de livres d'art ou de design. L'hôtel propose également un petit-déjeuner continental chic, une petite salle de fitness et un hammam.

&. ▦ ⌦ 🐾 ⅙ ⑪ - 40 chambres

29 avenue de Tourville – ✆ 01 45 51 29 29

J.K. PLACE   *Plus*

CONTEMPORAIN • RAFFINÉ À quelques pas de l'Assemblée Nationale et non loin de Saint-Germain-des-Prés, cet hôtel du groupe italien J.K. réchauffe l'ancienne ambassade de Norvège de son charme transalpin. Cet écrin discret tout en raffinement offre des chambres et suites luxueuses dans un style résolument contemporain. Spa et piscine.

&. ▦ ⌦ ⅃ 🌐 🐾 ⅙ ⑪ - 29 chambres

82 rue de Lille – ✆ 01 40 60 40 20

MONTALEMBERT   *Plus*

CLASSIQUE • ÉLÉGANT Un noble bâtiment Belle Époque (1926) idéalement situé entre la Seine, le musée d'Orsay et St-Germain-des-Prés – la terrasse du restaurant, côté rue, voisine les éditions Gallimard... Décoration chic et chambres confortables, réinventées par le décorateur Pascal Allaman.

▦ ⌦ 🅿 ⌁⌁ ⌦ ⅄ ⑪ - 50 chambres

3 rue de Montalembert – ✆ 01 45 49 68 68

PAVILLON FAUBOURG SAINT-GERMAIN   *Plus*

CLASSIQUE • ÉLÉGANT Au cœur du Carré Rive gauche, quartier célèbre pour ses antiquaires et ses galeries d'art, cet hôtel particulier respire l'élégance et le bien-être : parquet, meubles anciens et tons doux dans les chambres, salle de fitness avec hammam et soins...

▦ ⌦ 🚲 🌐 🐾 ⑪ - 47 chambres

3 rue du Pré-aux-Clercs – ✆ 01 42 61 01 51

Les Parisiens - Voir la sélection des restaurants

8e ARRONDISSEMENT

 THOUMIEUX *Plus*

MODERNE • CHALEUREUX Élégance, tons bruns ou vert amande : la décoratrice, India Mahdavi, a imaginé des chambres décalées, tout en imprimés chatoyants, et des salles de bains en marbre aux formes courbes. Un style unique, à voir et à vivre...
- 15 chambres
79 rue Saint-Dominique – ✆ 01 47 05 49 75

CHAMPS-ÉLYSÉES • CONCORDE • MADELEINE
8E ARRONDISSEMENT

✿✿✿ ALLÉNO PARIS AU PAVILLON LEDOYEN

Chef : Yannick Alléno

CUISINE CRÉATIVE • LUXE Cette prestigieuse institution parisienne, installée dans un élégant pavillon des jardins des Champs-Élysées, incarne l'image même du grand restaurant à la française : le luxe du décor, la culture des arts de la table, le service orchestré avec élégance, tout dessine un écrin unique à la gloire de la gastronomie. De vastes baies vitrées ouvrent sur les Champs-Élysées. La cuisine de Yannick Alléno est éblouissante et technique, avec une mention spéciale pour les jus et les sauces (ce que le chef appelle "le verbe de la cuisine française"), magnifiés à travers de savantes extractions : ou comment l'avant-garde se met au service de la grande tradition culinaire française.

– Prix : €€€€

8 avenue Dutuit – Ⓜ Champs-Élysées - Clemenceau – ✆ 01 53 05 10 00 – www.yannick-alleno.com – Fermé samedi, dimanche et du lundi au vendredi à midi

✿✿✿ LE CINQ

CUISINE MODERNE • LUXE Quel style, quel luxe opulent, entre colonnes altières, moulures, ou hautes gerbes de fleurs, sans oublier la douce lumière provenant du jardin intérieur... C'est ici, dans le plus grand des palaces parisiens, que le chef Christian Le Squer fait des merveilles année après année et force le respect. Sa cuisine intemporelle, toujours au service des meilleurs produits, déploie une technique virtuose et une finesse mémorable, à l'image de ce splendide beurre mousseux au vin jaune qui accompagne le homard, ou de cette délicate crème de chou-fleur servie avec les langues d'oursins... Cet enfant du Morbihan ne cesse d'évoquer sa Bretagne natale au cœur de Paris, signant de superbes hommages à ce terroir (le lait ribot associé au caviar et au bar, le beurre salé qui accompagne le homard) et aux produits de la mer. Côté sucré, le chef pâtissier Michael Bartocetti compose une partition de haute volée, proche de la nature, délaissant le sucre au profit des fruits et du miel. Sous l'égide du sommelier d'exception Éric Beaumard, empathique et tout en prestance, le service est proche de la perfection.

– Prix : €€€€

Four Seasons Hotel George V, 31 avenue George-V – Ⓜ George V – ✆ 01 49 52 71 54 – www.fourseasons.com – Fermé lundi, dimanche et du mardi au samedi à midi

✿✿✿ ÉPICURE

CUISINE MODERNE • LUXE Le Bristol est un monde de luxe absolu, de suites en spa, du superbe jardin à la française à la piscine sur les toits, jusqu'à cette salle à manger avec mobilier Louis XVI, miroirs, grandes portes-fenêtres ouvertes sur la verdure... Arnaud Faye reprend brillamment les fourneaux de la table amirale, en allégeant et affinant ses préparations pour tendre à l'épure. Une pureté dans les saveurs qui n'oublie pas pour autant la générosité dans l'assiette Inutile d'insister sur l'excellence des produits, la parfaite maîtrise des cuissons et des températures,

8ᵉ ARRONDISSEMENT

le pain fabriqué sur place avec des variétés anciennes de blé, les sauces allégées et extrêmement concentrées à la fois, l'esthétique des assiettes. Quel style !

🐌 ⟵ ♿ 🅰🅒 🎐 ▱ 🛥 – Prix : €€€€

Le Bristol, 112 rue du Faubourg-Saint-Honoré – Ⓜ Miromesnil – ☎ 01 53 43 43 40 – www.oetkercollection.com/fr/hotels/le-bristol-paris/restaurants-et-bar/ epicure – Fermé lundi et dimanche

✿✿✿ LE GABRIEL - LA RÉSERVE PARIS

CUISINE CRÉATIVE · ÉLÉGANT À deux pas des Champs-Élysées, ce restaurant est installé dans le décor élégant et luxueux de La Réserve, un ancien hôtel particulier 19e de style Napoléon III, revu et corrigé par Jacques Garcia. La salle à manger rivalise de raffinement, décorée de matériaux magnifiques : cuir de Cordoue patiné à l'or, parquet Versailles... Jérôme Banctel affirme sa personnalité culinaire singulière à travers deux menus : "Virée", qui rend hommage à sa Bretagne natale, et "Périple", qui invite à voyager autour de la planète, au Japon mais aussi en Turquie où le chef a découvert la cuisson à l'eau de chaux et les textures incomparables qu'elle confère au produit ; sans oublier un menu consacré à la chasse en saison. Ces partitions gourmandes de haute volée révèlent une vaste gamme de sensations et de saveurs – acidulé, sucré-salé, épicé, iodé – qui s'harmonisent grâce à son talent d'alchimiste cosmopolite. Les sauces, profondes et concentrées, illustrent parfaitement cette cuisine hautement technique mais qui n'en laisse rien paraître. Mention toute particulière pour la carotte des sables au gingembre acidulé et le cœur d'artichaut et vinaigre à la fleur de cerisier. Un moment d'exception.

🐌 ⟵ ♿ 🅰🅒 🛥 – Prix : €€€€

La Réserve Paris, 42 avenue Gabriel – Ⓜ Champs-Élysées - Clemenceau – ☎ 01 58 36 60 66 – www.lareserve-paris.com – Fermé samedi et dimanche

✿✿✿ PIERRE GAGNAIRE

Chef : Pierre Gagnaire

CUISINE CRÉATIVE · ÉLÉGANT Dans un écrin dominé par une œuvre magistrale et animale – un "Lascaux urbain" réalisé au fusain par l'artiste Adel Abdessemed –, Pierre Gagnaire continue d'asticoter la scène culinaire française avec sa cuisine d'auteur exploratrice, entière, excessive. Ce grand amateur de jazz et d'art contemporain cherche sans relâche. Son restaurant, trois étoiles depuis 1996, est à l'image de son hôte : moderne et sobre, jouant la note du raffinement discret, ton sur ton avec le service. Les assiettes aussi, poétiques et en réinvention permanente, petites portions "satellites" mises en orbite par le chef, si bien qu'il est impossible de citer un plat emblématique, ou même une qualité principale. Si ce n'est l'excellence.

🐌 ♿ 🅰🅒 ▱ 🛥 – Prix : €€€€

6 rue Balzac – Ⓜ George V – ☎ 01 58 36 12 50 – www.pierregagnaire-lerestaurant.com – Fermé lundi, samedi et dimanche

✿✿ L'ABYSSE AU PAVILLON LEDOYEN

CUISINE JAPONAISE · DESIGN Un maître sushi, des produits d'une remarquable qualité (poissons ikejime de l'Atlantique) et la patte créative de Yannick Alléno... Le programme est alléchant. La salle, épurée, fait la part belle aux artistes contemporains – de l'installation de milliers de baguettes en bois par Tadashi Kawamata, street artist japonais, aux pans de murs de céramiques, imaginés par l'Américain William Coggin. Ajoutons à cela le service tiré à quatre épingles d'une grande maison, un somptueux livre de cave riche de sakés recherchés et douze places au comptoir en bois blond, pour se trouver au cœur de l'action. Détonant !

🐌 ♿ 🅰🅒 🛥 – Prix : €€€€

8 avenue Dutuit – Ⓜ Champs-Élysées - Clemenceau – ☎ 01 53 05 10 30 – www. yannick-alleno.com/fr – Fermé samedi et dimanche

✿✿ LE CLARENCE

CUISINE CRÉATIVE · LUXE Le chef Christophe Pelé a investi ce somptueux hôtel particulier de 1884 situé à proximité des Champs-Élysées. Il connaît bien cet arrondissement pour avoir officié chez Ledoyen, Lasserre et Pierre Gagnaire. Et surtout au Royal Monceau où le chef Bruno Cirino, disciple de Jacques Maximin, l'initia à la cuisine de l'instant qu'il pratiqua ensuite avec brio dans sa Bigarrade.

PARIS

8ᵉ ARRONDISSEMENT

Aujourd'hui, ça continue de swinguer aux fourneaux dans un décor luxueux incarnant la quintessence de l'art de vivre à la française. Fou de Bretagne, cet artiste de l'association terre et mer propose une cuisine libre et pourtant disciplinée, aux accords audacieux. Le menu surprise enchaîne les assiettes « satellites » en creusant intelligemment un même thème (comme celui du rouget associé à la moelle de bœuf et à l'oursin) et billebaude de l'Italie jusqu'au Japon, en passant par la Corse. Quant à la carte des vins, elle donne le vertige avec ses deux parties, dont l'une consacrée aux vins prestigieux du propriétaire. Demandez à visiter la belle cave voûtée qui les abrite.

🐌 ♿ 🆎 ✂️ – Prix : €€€€

31 avenue Franklin-D.-Roosevelt – ⓜ Franklin D. Roosevelt – ☎ 01 82 82 10 10 – www.le-clarence.paris/la-table – Fermé lundi, mardi et dimanche

❀❀❀ LE GRAND RESTAURANT - JEAN-FRANÇOIS PIÈGE

Chef : Jean-François Piège

CUISINE CRÉATIVE • ÉLÉGANT Bienvenue dans le "laboratoire de grande cuisine" de Jean-François Piège : une salle intimiste surplombée d'une verrière en angles et en reflets, où le chef exprime toute l'étendue de son expérience et de son savoir-faire : soit une cuisine d'auteur intemporelle qui puise aux sources livresques de l'histoire de la gastronomie française (le chef possède probablement l'une des plus belles bibliothèques culinaires de la place de Paris). Plus de carte ici mais un menu dégustation à travers les terroirs de la France, autour notamment de ses "mijotés modernes". Jean-François Piège montre sa capacité à créer, d'un geste, l'émotion culinaire et le goût sans jamais céder à la démonstration purement visuelle. Et il reste à chaque instant capable de surprendre avec un plat aussi simple que délicieux comme ce succulent ris de veau cuit sur des coques de noix, bulots et bouillon de cuisson épicé lié d'une laitue de printemps.

🐌 ♿ 🆎 – Prix : €€€€

7 rue d'Aguesseau – ⓜ Madeleine – ☎ 01 53 05 00 00 – www.xn-- jeanfranoispiege-jpb.com/le-grand-restaurant – Fermé samedi, dimanche et du lundi au mercredi à midi

❀❀ L'ORANGERIE

CUISINE MODERNE • ÉLÉGANT Dans cette charmante verrière aménagée dans la cour de l'hôtel George V, la carte est imaginée par le chef Alan Taudon, qui s'affirme comme un talentueux disciple de Christian Le Squer. Sa cuisine s'inscrit dans une veine "healthy", qui privilégie les légumes, les produits laitiers et marins, en faisant volontairement l'impasse sur les viandes. Produits superbes, très grande précision dans les cuissons et surtout dans les équilibres de saveurs, et gourmandise bien présente (addictive tourte à la pomme de terre, au comté et à la truffe !). Les sauces sont quant à elles remarquables de légèreté, mariant avec subtilité l'iode et le végétal (parfois avec des notes fumées, épicées ou poivrées), et parviennent à surprendre à chaque plat, tout en gardant un fil conducteur structurant. On ne s'ennuie pas un instant, porté par un service élégant et discret.

🐌 🍃 ♿ 🆎 🎛️ – Prix : €€€€

Four Seasons George V, 31 avenue George-V – ⓜ George V – ☎ 01 49 52 72 24 – www.fourseasons.com/fr/paris/dining/restaurants/l-orangerie – Fermé les midis

❀❀ LA SCÈNE

Cheffe : Stéphanie Le Quellec

CUISINE MODERNE • ÉLÉGANT Stéphanie Le Quellec s'attelle à "désacraliser la grande cuisine" à travers ses menus déclinables en plusieurs actes, scène oblige : des assiettes simples en apparence mais pensées dans les moindres détails, où éclatent des saveurs nettes et franches. On retrouve avec plaisir certains de ses plats signature comme le "caviar, pain perdu et pomme Pompadour". On profite aussi des desserts de haute volée du pâtissier Pierre Chirac, qui prépare de véritables entremets "cuisinés" aux goûts marqués, à l'image de cette vanille aux deux origines : Tahiti en crème brûlée et Madagascar en crème glacée. Côté vins, profitez d'un beau choix de verres servis en magnum et même jéroboam... Le tout est mis en œuvre par une équipe au diapason, des cuisines à la salle, qui assure un service

8ᵉ ARRONDISSEMENT

attentif et convivial. Au déjeuner, vous pourrez opter pour la partie bistrot, où vous attend une carte de saison alléchante et gourmande.

🕸 ♿ 🅰🅒 – Prix : €€€€

32 avenue Matignon – Ⓜ Miromesnil – ☏ 01 42 65 05 61 – www.la-scene.paris – Fermé samedi et dimanche

✿✿ LE TAILLEVENT

CUISINE CLASSIQUE • LUXE Voici un établissement mythique créé en 1946, summum de classicisme à la française, propriété de la famille Gardinier (Les Crayères à Reims). Véritable institution, cette maison vénérable, l'ancien hôtel particulier du duc de Morny (19e s.), est un lieu feutré à l'écart du monde. C'est désormais le chef Giuliano Sperandio (ex-second de Christophe Pelé au Clarence) qui anime les fourneaux. Dans l'assiette, turbot de petite pêche, girolle et truffe d'été ; boudin de langoustines "tradition Taillevent" ou encore filet de veau à la ficelle, artichaut camus et bigorneaux. Les desserts ne déméritent pas et notamment les crêpes Suzette, flambées d'abord au Grand Marnier puis au cognac. Louons enfin la superbe carte des vins qui est une encyclopédie à elle seule…

🕸 ♿ 🅰🅒 ✧ 🥢 – Prix : €€€€

15 rue Lamennais – Ⓜ Charles de Gaulle - Étoile – ☏ 01 44 95 15 01 – www. letaillevent.com – Fermé samedi, dimanche et lundi midi

✿ AKRAME

Chef : Akrame Benallal

CUISINE CRÉATIVE • DESIGN À deux pas de la Madeleine, Akrame Benallal, chef vibrionnant s'il en est, travaille pourtant dans un lieu bien protégé des regards, derrière une immense porte cochère. En admirateur éclairé de l'œuvre de Pierre Soulages, il a voulu son intérieur dominé par le noir et résolument contemporain – on y trouve des photographies, sculptures… Dans l'assiette, beaux produits, inventivité et soin apporté aux présentations sont au rendez-vous, dans des menus "carte blanche" qui fourmillent de surprises et d'audaces.

♿ 🏮 – Prix : €€€€

7 rue Tronchet – Ⓜ Madeleine – ☏ 01 40 67 11 16 – www.akrame.com – Fermé samedi et dimanche

✿ APICIUS

Chef : Mathieu Pacaud

CUISINE MODERNE • ÉLÉGANT Installé dans un somptueux hôtel particulier du 18e s. aux airs de petit palais, Apicius tient son nom de cet épicurien de l'Antiquité romaine qui aurait écrit le premier livre culinaire. Le chef Mathieu Pacaud continue d'écrire l'histoire de ce lieu mythique qui possède une terrasse magnifique, véritable jardin bucolique au cœur de Paris. Les assiettes perpétuent la belle tradition bourgeoise et réalisent la synthèse entre classicisme et créativité. Le temps passe, Apicius change… mais demeure !

🕸 🏮🅰🅒 🏮 ✧ 🥢 – Prix : €€€€

20 rue d'Artois – Ⓜ Saint-Philippe du Roule – ☏ 01 43 80 19 66 – www. restaurant-apicius.com – Fermé samedi et dimanche

✿ L'ARÔME

Chef : Thomas Boullault

CUISINE MODERNE • CHIC Humer un arôme, un parfum, un bouquet : un alléchant programme proposé par cette élégante adresse proche des Champs-Élysées. Grand amoureux des produits de saison, le chef Thomas Boullault élabore une cuisine contemporaine raffinée. Les menus changent régulièrement au gré du marché. Vous tomberez sous le charme de la délicatesse et de l'équilibre des saveurs : ravioles de homard à l'estragon mexicain, dos de biche frotté aux baies de Manakara… Arômes, senteurs et saveurs… à apprécier dans un agréable cadre feutré.

🅰🅒 ✧ 🥢 – Prix : €€€€

3 rue Saint-Philippe-du-Roule – Ⓜ Saint-Philippe du Roule – ☏ 01 42 25 55 98 – www.larome-paris.com – Fermé samedi et dimanche

PARIS

881

8ᵉ ARRONDISSEMENT

L'ATELIER DE JOËL ROBUCHON - ÉTOILE

CUISINE CRÉATIVE · DESIGN Avec deux pieds dans la capitale française, les célèbres Ateliers de Joël Robuchon font, au sens propre, le tour du monde. Beau symbole, cet opus est né à deux pas de l'Arc de Triomphe, au niveau - 1 du Publicis Drugstore des Champs-Élysées. Un décor tout en rouge et noir ; un grand comptoir autour duquel on prend place sur de hauts tabourets, face à la brigade à l'œuvre ; une ambiance feutrée et recueillie. L'enseigne incarne une approche contemporaine de la gastronomie. La carte laisse au client le choix entre petites portions dégustation ou portions normales. Enfin, le petit plus qui plaira aux œnophiles : tous les vins au verre sont servis au magnum.

🆎 🗚 🍽 – Prix : €€€€

133 avenue des Champs-Élysées – Ⓜ *Charles de Gaulle - Étoile –* ☏ *01 47 23 75 75 – www.atelier-robuchon-etoile.com*

114, FAUBOURG

CUISINE MODERNE · ÉLÉGANT Au sein du Bristol, une brasserie unique, assurément ! La salle interpelle au premier coup d'œil : traversée d'imposantes colonnes dorées, elle arbore sur ses murs orangés de grands motifs de dahlias luminescents... En son cœur s'ouvre un grand escalier, qui dessert le niveau inférieur où les tables côtoient les cuisines ouvertes. Chic, chatoyant, à la fois animé et confidentiel, ce lieu est une réussite. Aux fourneaux, on revisite les grands classiques hexagonaux avec ce qu'il faut d'originalité. Les assiettes sont soigneusement dressées et les saveurs s'y marient joliment. Une prestation dans les règles de l'art.

🖐&🆎 – Prix : €€€€

Le Bristol, 114 rue du Faubourg-Saint-Honoré – Ⓜ *Miromesnil –* ☏ *01 53 43 44 44 – www.oetkercollection.com/fr/hotels/le-bristol-paris/restaurants-et-bar/114-faubourg – Fermé , samedi et dimanche à midi*

LE CHIBERTA

CUISINE MODERNE · CHIC Dans une ambiance feutrée à la lumière tamisée, ce restaurant du quartier de l'Étoile affiche un minimalisme chic et design propice aux rendez-vous discrets. Tandis que la grande cave à vin vitrée fait de l'œil aux convives, la cuisine de Clément Leroy revisite joliment la tradition, tout en restant au cœur de la saison. Ses assiettes démontrent une bonne maîtrise technique, ainsi que des associations de saveurs pertinentes. En complément, l'espace "Carné" propose de belles pièces de bœuf grillées rigoureusement sélectionnées (Wagyu, Holstein, Blonde d'Aquitaine...).

🆎 🗚 🍽 – Prix : €€€€

3 rue Arsène-Houssaye – Ⓜ *Charles de Gaulle - Étoile –* ☏ *01 53 53 42 00 – www. lechiberta.com – Fermé dimanche et samedi midi*

CONTRASTE

CUISINE MODERNE · ÉLÉGANT Des contrastes, cette adresse n'en manque pas, à l'image de son décor qui mêle le cachet ancien des lieux à des touches plus contemporaines. "Contraste", c'est aussi le nom d'une fameuse cuvée de champagne d'Anselme Selosse, que l'on retrouve entre autres flacons dans une carte des vins de belle envergure. Une table où l'on déguste une cuisine d'orfèvre actuelle et savoureuse, travaillée autour de très beaux produits de saison et déclinée au gré de menus à l'aveugle en plusieurs séquences.

🐝 🆎 – Prix : €€€€

18 rue d'Anjou – Ⓜ *Madeleine –* ☏ *01 42 65 08 36 – www.contraste.paris – Fermé samedi et dimanche*

L'ÉCRIN

CUISINE CRÉATIVE · ÉLÉGANT "À la recherche de l'accord parfait" : telle pourrait être la devise du luxueux Écrin de l'Hôtel de Crillon. Dans une démarche inédite et passionnante, le sommelier Xavier Thuizat et le chef Boris Campanella inversent les rôles : le choix des vins précède et détermine celui des plats ! Chaque convive vit ainsi une expérience personnalisée en fonction des nectars et du nombre de séquences qu'il a choisi. Une palette de combinaisons vertigineuse si l'on songe aux plus de 2500 références en cave... et une prouesse qui démontre une ouverture

8ᵉ ARRONDISSEMENT

d'esprit, une agilité technique et une entente parfaite entre les équipes. Avec des produits d'exception, le chef réalise des assiettes élégantes et pleines de caractère, qui s'approchent au plus près des arômes du vin. Un moment unique qui perpétue la grande tradition de l'art de vivre à la française.

🕸 ⇆ 🖑 🝳 – Prix : €€€€

Hôtel de Crillon, 10 place de la Concorde – Ⓜ Concorde – ℰ 01 44 71 15 17 – www.rosewoodhotels.com/fr/hotel-de-crillon/dining/l-ecrin – Fermé samedi, dimanche et du lundi au vendredi à midi

---

GALANGA

CUISINE MODERNE • CHIC Dans ce petit restaurant d'hôtel chic et intimiste d'esprit Art déco, à l'atmosphère feutrée sans être guindée, le jeune chef Thomas Danigo élabore une cuisine délicate et pleine de parfums. Ses préparations, élégantes et précises techniquement, n'en oublient pas pour autant le goût, grâce à des saveurs expressives et harmonieuses. De très belle qualité, les produits sont astucieusement mis en œuvre de manière actuelle, à l'exemple de cet agneau de Lozère qui fait un clin d'œil appuyé à l'Orient (taboulé de quinoa, bouillon d'agneau et harissa maison évoquant l'idée d'un couscous). La partie sucrée, conçue par le chef lui-même, est également très aboutie. On se régale de bout en bout. Service agréable.

⇆🖑 🝳 – Prix : €€€€

Hôtel Monsieur George, 17 rue Washington – Ⓜ George V – ℰ 01 87 89 48 49 – www.monsieurgeorge.com/Restaurant-Gastronomique-Galanga-par-Monsieur-George-Champs-Elysees – Fermé lundi, dimanche et du mardi au samedi à midi

---

LE GEORGE

Chef : Simone Zanoni

CUISINE ITALIENNE • ÉLÉGANT Magistral lustre Baccarat, blancheur immaculée du décor et délicates compositions florales... Le décor chic et décontracté, signé Pierre-Yves Rochon, ne laisse aucun doute : on est bien au sein du prestigieux hôtel Four Seasons George V ! Au George, Simone Zanoni y imprime sa patte culinaire, dont l'empreinte a évidemment la forme de la botte transalpine. On est sous le charme de cette cuisine aérienne, qui mise toujours sur la légèreté et les petites portions, avec un respect particulier des saveurs et des méthodes de cuisson propres à la Méditerranée. À déguster à l'intérieur ou sous la haute véranda, pour profiter de la cour par tous les temps.

🕸 ⇆🖑 🝳 – Prix : €€€€

Four Seasons George V, 31 avenue George-V – Ⓜ George V – ℰ 01 49 52 72 09 – www.fourseasons.com/fr/paris/dining/restaurants/le_george

🕸 **L'engagement du chef :** Notre cuisine est le fruit d'une démarche locale et responsable grâce à un biosystème vertueux de la table à la table. Les déchets organiques du restaurant sont transformés en compost qui nourrit le sol de notre potager versaillais, qui est entretenu par des personnes en réinsertion professionnelle.

HELEN

POISSONS ET FRUITS DE MER • ÉLÉGANT Créé en 2012, Helen est aujourd'hui une valeur sûre parmi les restaurants de poisson des beaux quartiers. Au menu : uniquement des pièces sauvages issues de la pêche quotidienne de petits bateaux, travaillées avec grand soin et simplicité. Dans l'assiette, en effet, pas de fioritures, une seule règle compte : mettre en valeur les saveurs naturelles – et iodées – du poisson (cru, grillé, à la plancha, à la vapeur, etc.). Les amateurs sont aux anges ! De plus, la carte varie au gré des arrivages, proposant par exemple un carpaccio de daurade royale au citron caviar, des sardines à l'escabèche, un turbotin rôti à la sauge et pancetta, des rougets barbets meunière... Tout cela est servi avec précision et savoir-faire : certains poissons sont même découpés directement en salle. Salle qui épouse également ce parti pris de sobriété, en faisant montre d'une épure toute contemporaine et d'une belle élégance... Helen, ou le raffinement dans la simplicité.

🖑 ⟷ 🝳 – Prix : €€€€

3 rue Berryer – Ⓜ George V – ℰ 01 40 76 01 40 – www.helenrestaurant.com – Fermé lundi, dimanche et samedi midi

PARIS

883

8ᵉ ARRONDISSEMENT

PARIS

✿ IL CARPACCIO

CUISINE ITALIENNE • ÉLÉGANT Au cœur du Royal Monceau, un couloir nacré, orné de milliers de coquillages, mène à votre table. Une belle évocation des nymphées du baroque italien qui transporte en Italie, version artiste et raffinée. La salle ressemble à un véritable jardin d'hiver, entièrement ceint de verrières aux couleurs printanières. Aux fourneaux, Oliver Piras et Alessandra Del Favero jouent avec subtilité la carte d'une gastronomie transalpine, sans sophistication inutile ni fioritures. Une cuisine pourtant hautement maîtrisée, aux saveurs séduisantes : les assiettes cultivent le goût des bons produits et des saveurs naturelles, autour d'ingrédients phares sélectionnés avec soin. Même esprit du côté des vins, principalement en provenance du Piémont et de la Toscane.

🕸 🛋 ♿ 🅰🅒 ⛱ 🗱 🍽 – Prix : €€€€

Le Royal Monceau, 37 avenue Hoche – Ⓜ Charles de Gaulle - Étoile – ☎ 01 42 99 88 12 – www.leroyalmonceau.com/restaurants/ilcarpaccio – Fermé lundi, dimanche et samedi midi

✿ JEAN IMBERT AU PLAZA ATHÉNÉE

CUISINE CLASSIQUE • LUXE Le médiatique Jean Imbert a fait sa place au sein mythique palace de l'avenue Montaigne. Entouré d'une équipe de haut vol, le "chef des stars" au sourire malicieux s'attelle à revisiter avec générosité et gourmandise les trésors classiques du répertoire national (langouste en Bellevue, chartreuse de colvert et foie gras, poularde demi-deuil, "grand dessert" présenté avec entrain par un duo de pâtissiers...). Attablé à la majestueuse table d'hôte centrale en marbre, parmi les ors du salon Régence, comment ne pas être séduit ?

🕸 🛋 ♿ 🅰🅒 🍽 – Prix : €€€€

25 avenue Montaigne – Ⓜ Alma - Marceau – ☎ 01 53 67 65 00 – www. dorchestercollection.com/fr/paris/hotel-plaza-athenee – Fermé lundi, dimanche et du mardi au jeudi à midi

✿ LASSERRE

CUISINE CLASSIQUE • LUXE Tout près des Champs-Élysées, cet hôtel particulier de style Directoire marque immanquablement les esprits. René Lasserre (disparu en 2006), monté à Paris pour apprendre le métier alors qu'il était adolescent, a élevé son restaurant au rang de symbole. Depuis plus de 80 ans, la salle à manger arbore un luxueux décor : colonnes, jardinières d'orchidées et de plantes vertes, vaisselle et bibelots en argent, lustres en cristal, porcelaines de Chine... Autre élément propre à la magie de l'endroit, le célèbre toit ouvrant qui illumine les tables au gré des saisons. Le chef Jean-Louis Nomicos peaufine la tradition avec un zeste de personnalité : macaronis farcis, truffe noire, céleri et foie gras de canard en léger gratin ; pigeonneau André Malraux, petits pois à la française ; tarte soufflée au chocolat grand cru...

🕸 🅰🅒 ⛱ 🍽 – Prix : €€€€

17 avenue Franklin-D.-Roosevelt – Ⓜ Franklin D. Roosevelt – ☎ 01 43 59 02 13 – www.restaurant-lasserre.com/fr – Fermé lundi, dimanche et du mardi au samedi à midi

✿ LUCAS CARTON

CUISINE MODERNE • HISTORIQUE Ce nom évoque une longue histoire : Robert Lucas et sa "Taverne Anglaise" en 1732 ; Francis Carton en 1925 qui accole les deux patronymes et crée cette identité très sonore, "Lucas Carton", où il fera briller trois étoiles dans les années 1930 ; Alain Senderens, enfin, qui choisit en 2005 de lui donner son propre nom pour le repenser librement. Aujourd'hui, l'adresse endosse avec tact les nouveaux codes de la gastronomie contemporaine. Le chef Hugo Bourny (passé notamment chez Marsan, Pic ou La Vague d'Or) sait donner à goûter l'essence des beaux produits au gré d'une cuisine d'intuition, qui sélectionne le meilleur de notre terroir – mention spéciale pour les légumes de petits producteurs. L'histoire continue pour cette institution.

🕸 🅰🅒 🍽 – Prix : €€€€

9 place de la Madeleine – Ⓜ Madeleine – ☎ 01 42 65 22 90 – www.lucascarton. com – Fermé lundi et dimanche

884

8ᵉ ARRONDISSEMENT

MAISON DUBOIS

Chef : Arthur Dubois

CUISINE MODERNE • INTIME L'esprit « maison » est bien au rendez-vous dans ce salon gastronomique feutré et intimiste de 6 tables. Autant dire que le chef Arthur Dubois – passé chez Jacques Maximin, Éric Frechon et Pierre Gagnaire dont il fut le second plusieurs années durant, excusez du peu – ne propose que du sur-mesure. Produits soigneusement choisis, savoir-faire éprouvé, technique irréprochable : le chef maîtrise son sujet, qui s'inscrit dans un classicisme revisité par l'influence de son mentor de la rue Balzac. En effet, le chef affectionne les déclinaisons « satellite » comme sur les langoustines en trois saveurs à la nage de lait ribot, ou sur le rouget aux algues fraîches et son jus de roche lié au foie gras.

🅐🅚 🖳 – Prix : €€€€

2 rue de Vienne – Ⓜ Saint-Augustin – ☎ 01 87 02 60 83 – www. maisonduboisparis.fr – Fermé samedi et dimanche

ONOR

Chef : Thierry Marx

CUISINE MODERNE • CONTEMPORAIN Dans ce décor marin aux airs de petite brasserie de luxe, qui fut autrefois la Marée où il débuta, Thierry Marx rend honneur à tout ce qui lui tient à cœur : la transmission des savoirs, le respect de la nature et de la personne, l'attachement aux produits et aux producteurs, mais aussi l'innovation culinaire. On déguste une fine cuisine moderne concoctée avec le chef associé Ricardo Silva : précision formelle, clins d'œil à l'Asie et saveurs délicates émaillent un repas ponctué de classiques marxiens comme le risotto de soja ou la raviole de homard en bras croisés.

🅐🅚 🍲 – Prix : €€€€

258 rue du Faubourg-Saint-Honoré – Ⓜ Ternes – ☎ 01 85 61 60 60 – www.onor-thierrymarx.com – Fermé samedi et dimanche

ORIGINES RESTAURANT

Chef : Julien Boscus

CUISINE MODERNE • CONTEMPORAIN Dans un cadre contemporain, le chef aveyronnais Julien Boscus peaufine une cuisine aux saveurs tranchées, qui s'appuie sur de solides bases classiques. Offrant une vraie carte (ce qui devient rare...), il élabore des plats savoureux et maîtrisés, composés de très beaux produits de saison. En témoigne cette délicieuse tartelette croustillante aux morilles crémées au vin de voile, ou encore ce ris de veau doré au sautoir aux asperges vertes du Vaucluse étuvées au cédrat. Mention spéciale enfin pour son superbe lièvre à la royale, présenté dans une très belle version légèrement revisitée. Impressionnante sélection de tous les vignobles français, servis par une équipe très pro. Un lieu attachant et convivial.

🐝 ♿ 🅐🅚 – Prix : €€€€

6 rue de Ponthieu – Ⓜ Franklin D. Roosevelt – ☎ 09 86 41 63 04 – www.origines-restaurant.com – Fermé samedi et dimanche

PAVYLLON

CUISINE MODERNE • CONTEMPORAIN Sous l'égide de Yannick Alléno, la troisième table du Pavillon Ledoyen est un comptoir chic de trente couverts, où l'on déguste une cuisine élaborée autour de belles bases classiques, mêlée de saveurs et de touches étrangères. Aucune fausse note, c'est fin, délicat, servi dans une ambiance chic et décontractée : on passe un excellent moment. Délicieuse terrasse entourée de verdure.

🐝 ♿ 🅐🅚 🍽 🍲 🅿 – Prix : €€€€

8 avenue Dutuit – Ⓜ Champs-Élysées - Clemenceau – ☎ 01 53 05 10 10 – www. yannick-alleno.com/fr

TRENTE-TROIS

CUISINE MODERNE • BOURGEOIS Dites "33" pour accéder à ce magnifique salon de style Belle Époque aux murs recouverts de boiserie, caché dans un hôtel de luxe du triangle d'or. Dans cette ambiance chic et intimiste, le chef Sébastien Sanjou sait choisir ses produits, tous excellents, composer une carte – délibérément

PARIS

8e ARRONDISSEMENT

courte – et signer une fine cuisine actuelle de saison où tout tombe juste : les cuissons, les jus et les sauces, l'équilibre des goûts. Le raffinement dans la discrétion.

⇔ �🔶 🅰️🅲 🥢 – Prix : €€€€

Maison Villeroy, 33 rue Jean-Goujon – Ⓜ *Alma - Marceau –* ☏ *01 45 05 68 00 – www.restaurant-trente-trois.com – Fermé lundi et dimanche*

KISIN

CUISINE JAPONAISE • SIMPLE Quand un chef de Tokyo arrive à Paris, il ouvre un restaurant, sitôt ses valises posées, et nos papilles frémissent d'aise. Ici, on déguste produits japonais, et vrais udon, fabriqués devant le client. Une cuisine naturelle, sans additif, qui nous vient tout droit du pays du Soleil-Levant. Sain et goûteux.

🅰️🅲 – Prix : €€

7-9 rue de Ponthieu – Ⓜ *Franklin D. Roosevelt –* ☏ *01 71 26 77 28 – www.udon-kisin.fr – Fermé samedi et dimanche*

MANDOOBAR

CUISINE CORÉENNE • SIMPLE Les vraies bonnes tables coréennes ne courent pas les rues à Paris, et cette petite salle d'esprit comptoir en est une. Aussi agile que précis, le chef Kim Kwang-Loc réalise sous nos yeux les fameux mandu (les ravioles coréennes) et les tartares de thon et de bœuf qui composent l'essentiel de sa carte minimaliste. Passionné d'herbes coréennes, il relève chacune de ses assiettes fines et goûteuses de parfums addictifs, à la recherche probablement de ses premiers émois culinaires en Corée...

Prix : €

7 rue d'Édimbourg – Ⓜ *Europe –* ☏ *01 55 06 08 53 – www.mandoobar.fr – Fermé lundi et dimanche*

AKIRA BACK PARIS

CUISINE JAPONAISE • CONTEMPORAIN Au sein de l'hôtel Prince de Galles, voici la première adresse européenne du chef américano-coréen Akira Back. Après une carrière de snowboarder, il s'est tourné vers la cuisine pour devenir un disciple du grand chef Nobuyuki Matsuhisa. Sa cuisine japonaise revue et corrigée est un véritable melting-pot de cultures et de saveurs, à l'image de sa spécialité, la "AB Tuna pizza". On goûte aussi le décor fastueux de cette grande salle moderne à la lumière tamisée, dominée par les lustres Art déco, tandis que la brigade s'affaire sur le comptoir en marbre.

🔶 🅰️🅲 🔁 🥢 – Prix : €€€€

Prince de Galles, 33 avenue George-V – Ⓜ *George V –* ☏ *01 53 23 78 50 – www. akirabackparis.com/fr – Fermé les midis*

L'ATTILIO Ⓝ

CUISINE MODERNE • CONTEMPORAIN Ancien collaborateur de Joël Robuchon, le chef Attilio Marrazzo (Château de Noirieux) s'est installé entre les murs d'une ancienne adresse de son mentor. Il a composé une carte étoffée où il est facile de trouver son bonheur : cette cuisine navigue avec aisance entre plats transalpins emblématiques (vitello tonnato, côte de veau à la milanaise...) et classiques français (tartare de bœuf et pièces de viande d'exception). Les desserts sont l'un des points forts de la maison – comme le soufflé chaud à la noisette.

🅰️🅲 🔁 – Prix : €€€€

184 rue du Faubourg-Saint-Honoré – Ⓜ *Saint-Philippe du Roule –* ☏ *01 59 30 10 72 – www.lattilio.com – Fermé dimanche et samedi midi*

BISTROT MARLOE

CUISINE MODERNE • BISTRO Dans ce quartier huppé, à l'angle de deux jolies rues, Marloe, aux allures de bistrot chic et cosy, séduit au-delà de la clientèle du quartier. De fait, la cuisine, élaborée à partir de produits d'excellente qualité, se révèle maîtrisée et sans esbroufe. On aime cette gourmandise, et notamment le menu "truffe noire" en saison.

🅰️🅲 🥢 – Prix : €€

12 rue du Commandant-Rivière – Ⓜ *Saint-Philippe du Roule –* ☏ *01 53 76 44 44 – www.marloe.fr – Fermé samedi et dimanche*

8e ARRONDISSEMENT

BRAISE

CUISINE MODERNE · CONTEMPORAIN L'ancien second de Substance, Sylvain Courivaud, a décidé de nous réchauffer le sang avec cette table contemporaine entièrement dédiée à la cuisson au feu de bois. Barbecue japonais binchotan, big green egg, mais aussi fumoir : il fait feu de tout bois. Une belle maîtrise qui ne dénature jamais des produits de qualité, servis dans une ambiance (sans mauvais jeu de mot) chaleureuse.

AC – Prix : €€€

19 rue d'Anjou – Ⓜ Madeleine – ℰ 01 44 70 00 99 – www.braise.paris – Fermé samedi et dimanche

LES 110 DE TAILLEVENT

CUISINE TRADITIONNELLE · CHIC Sous l'égide de la prestigieuse maison Taillevent, une brasserie très chic, qui joue la carte des associations mets et vins. Une réussite, aussi bien le choix remarquable de 110 vins au verre, que la cuisine, traditionnelle et bien tournée (pâté en croûte, bavette sauce au poivre, etc.). Cadre élégant et chaleureux.

88 ♿ AC – Prix : €€€

195 rue du Faubourg-Saint-Honoré – Ⓜ Charles de Gaulle - Étoile – ℰ 01 40 74 20 20 – www.les-110-taillevent-paris.com – Fermé , samedi et dimanche à midi

CHEZ MONSIEUR

CUISINE TRADITIONNELLE · BISTRO Voilà le bistrot parisien dans toute sa splendeur (comptoir en zinc, banquettes en velours, carrelage à motifs), avec l'immuable – et très bonne ! – cuisine qui l'accompagne : escargots de Bourgogne au beurre blanc, blanquette de veau servie en cocotte... sans oublier un large panel de vins de toutes les régions de France.

88 AC – Prix : €€€

11 rue du Chevalier-de-Saint-George – Ⓜ Madeleine – ℰ 01 42 60 14 36 – www.chezmonsieur.fr

19.20 BY NORBERT TARAYRE

CUISINE TRADITIONNELLE · CHIC Le Prince de Galles, fleuron légendaire de l'Art déco parisien bâti en 1928, a choisi de démocratiser la cuisine de palace en confiant ses fourneaux à Norbert Tarayre, le chef et trublion découvert à Top Chef en 2012. Dans un écrin cosy qui rend hommage à la vie artistique parisienne, il met en scène une cuisine traditionnelle dans l'esprit d'une savoureuse popote de terroir de grand-mère : carottes râpées, poireaux vinaigrette, céleri rémoulade, échine de cochon et pommes anna, tournedos de saumon – sans oublier un chariot de desserts. Tout est ici exécuté avec soin, et le prix du menu est bluffant.

♿ AC 🍽 – Prix : €€

Prince de Galles, 33 avenue George-V – Ⓜ George V – ℰ 01 53 23 78 50 – www.19-20paris.fr

IL RISTORANTE - NIKO ROMITO

CUISINE ITALIENNE · CONTEMPORAIN Le chef Niko Romito, triplement étoilé dans les Abruzzes, actualise les classiques de la cuisine italienne dans une carte qui se concentre essentiellement sur le produit et ose la légèreté (peu de matière grasse, peu de sauces, cuissons à la vapeur, panures à l'amidon de riz...). En témoignent ce risotto safrané au parmesan subtil et digeste, ou cette magnifique côte de veau à la milanaise, à découvrir dans une salle d'une élégante sobriété ouverte sur le jardin intérieur.

88 ♿ AC 🍽 ⛱ 🍽 – Prix : €€€€

Hôtel Bulgari, 30 avenue George-V – Ⓜ George V – ℰ 01 81 72 10 80 – www.bulgarihotels.com/fr_FR/paris/dining/il-ristorante-niko-romito

PARIS

887

8ᵉ ARRONDISSEMENT

PARIS

IMPERIAL TREASURE

CUISINE CHINOISE • ÉLÉGANT Une envie de cuisine chinoise authentique, servie dans un cadre luxueux et élégant tout proche des Champs-Elysées ? C'est l'adresse qu'il vous faut. À vous la crevette impériale carabinero au riz gluant, le canard laqué à la pékinoise, ou encore l'anguille fumée au thé vert : des mets réalisés dans les règles de l'art par un chef émérite de Shangaï. Beaux produits, saveurs subtiles et service sans faute. Ne ratez pas les dim sum au déjeuner.

🕸 ⅏ 🆎 ⊡ – Prix : €€€€

44 rue de Bassano – 🚇 *George V –* ☎ *01 58 56 29 13 – www.imperialtreasure. com/france – Fermé lundi*

LAZARE

CUISINE TRADITIONNELLE • BRASSERIE Au cœur de la fameuse gare St-Lazare, on doit à Éric Frechon l'idée de cette élégante brasserie "ferroviaire" qui respecte les canons du genre : œufs mimosa, quenelles de brochet ou maquereaux au vin blanc, la belle tradition française est sur les rails ! Sympathique et très animé.

⅏ 🆎 🏠 🥢 – Prix : €€

Parvis de la gare Saint-Lazare, rue Intérieure – 🚇 *Saint-Lazare –* ☎ *01 44 90 80 80 – www.lazare-paris.fr*

MARIUS ET JANETTE

POISSONS ET FRUITS DE MER • MÉDITERRANÉEN Dans cet élégant décor façon yacht, la clientèle sélecte s'attable au milieu des cannes à pêche, filets et autres hublots en cuivre. Le chef met les produits de la mer à l'honneur, au gré d'une carte renouvelée chaque jour en fonction de la marée. Carpaccio de saumon au basilic, loup grillé à partager ou linguine au homard (une spécialité de la maison) : on se régale.

🆎 🏠 🥢 – Prix : €€€€

4 avenue George-V – 🚇 *Alma - Marceau –* ☎ *01 47 23 41 88 – www. mariusetjanette-paris.com*

LE MERMOZ

CUISINE MODERNE • BISTRO Ce néo-bistrot du quartier des Champs-Elysées ne désemplit pas, et pour cause ! Dans une ambiance conviviale, on y sert une jolie cuisine bistronomique à cheval entre tradition et modernité : produits irréprochables, assiettes percutantes et gourmandes, saveurs bien marquées. Carte des vins abordable et intéressante, notamment en références bio et nature.

🕸 – Prix : €€€

16 rue Jean-Mermoz – 🚇 *Franklin D. Roosevelt –* ☎ *01 45 63 65 26 – www. lemermozparis.fr – Fermé samedi et dimanche*

NÉVA CUISINE

CUISINE MODERNE • ÉLÉGANT La Néva n'est pas seulement un fleuve russe, c'est aussi ce restaurant où officie la cheffe mexicaine Beatriz González, passée dans les grandes maisons, notamment Lucas Carton et la Grande Cascade. Dans le cadre convivial d'un bistrot parisien moderne, elle y signe une cuisine au goût du jour aux influences variées, à l'image de ce foie gras à la flamme, anguille fumée et bouillon dashi, ou encore de cette raie meunière et ses petits légumes en aïoli. Gourmandise et saveurs sont au rendez-vous.

🆎 – Prix : €€

2 rue de Berne – 🚇 *Europe –* ☎ *01 45 22 18 91 – www.nevacuisineparis.com – Fermé samedi et dimanche*

NONOS PAR PAUL PAIRET

CUISINE MODERNE • BRASSERIE Outre son Écrin, le palace de la place de la Concorde s'est doté d'une « brasserie » chic avec un décor d'esprit Art déco et une carte confiée au chef Paul Pairet que les Français connaissent bien désormais. Le chef a souhaité rendre hommage aux grills de son enfance (on trouve ici une très belle sélection de viandes maturées) et aux classiques de brasserie (huîtres, tartare,

8e ARRONDISSEMENT

salade Caesar, sole meunière...) – le tout, il faut le préciser, à des prix abordables pour un tel lieu. Un seul objectif : faire bon avec de bons produits.

& ♨ – Prix : €€€

Le Crillon, 10 place de la Concorde – Ⓜ Concorde – 𝒞 01 44 71 15 17 – www.rosewoodhotels.com/fr/hotel-de-crillon

LE PETIT LUCAS

CUISINE TRADITIONNELLE • CLASSIQUE À l'étage du restaurant Lucas Carton, dans un décor plus sobre qu'au rez-de-chaussée (mais avec vue sur l'église de la Madeleine), voici la partie bistrot de la table gastronomique. La cuisine du chef Hugo Bourny s'inscrit dans une tradition de bonne tenue (sole meunière, pâté en croûte, mousse au chocolat...), notamment grâce à la qualité des produits employés. Le menu affaire, certes sans choix, est une aubaine dans ce quartier.

🅰🅲 – Prix : €€€

9 place de la Madeleine – Ⓜ Madeleine – 𝒞 01 42 65 22 90 – www.lucascarton.com – Fermé lundi et dimanche

LE RELAIS PLAZA

CUISINE CLASSIQUE • ÉLÉGANT Au sein du Plaza Athénée, comment résister au charme de cette brasserie au beau décor Art déco inspiré du paquebot Normandie ? Une ambiance unique pour une cuisine qui joue la carte de la belle tradition, entre "la cuisine de mamie" chère à Jean Imbert (gratin de daurade, blanquette, crème caramel) et les classiques qui ont fait la réputation de la célèbre adresse du triangle d'or.

🅰🅲 – Prix : €€€

25 avenue Montaigne – Ⓜ Alma - Marceau – 𝒞 01 53 67 64 00 – www.dorchestercollection.com/fr/paris/hotel-plaza-athenee

SHIRVAN CAFÉ MÉTISSE

CUISINE MODERNE • CONTEMPORAIN Ce restaurant proche du pont de l'Alma porte la signature d'Akrame Benallal. Pas de nappage ici, mais des couverts design et, surtout, une cuisine nourrie aux influences de « la route de la soie », du Maroc à l'Inde en passant par l'Azerbaïdjan. Une gastronomie métissée riche en épices, à l'instar du tikki végétarien ou des côtelettes d'agneau confites à la harissa maison... Service efficace et quasi continu.

& 🅰🅲 ☕ – Prix : €€€

5 place de l'Alma – Ⓜ Alma - Marceau – 𝒞 01 47 23 09 48 – www.shirvancafemetisse.fr – Fermé les midis

SUPER HUIT Ⓝ

CUISINE MODERNE • BISTRO L'équipe de Mieux (9e) a encore frappé, en transformant ce café d'angle en bistrot au décor brut mais pas trop, avec touches seventies et cuisine ouverte. C'est la version Plaine Monceau du bistrot tendance façon Est parisien ! À la carte, de la bistronomie de saison bien tournée, comme ce carpaccio de Saint-Jacques au shoyu, poire et mandarine, non exempt d'une certaine finesse, ou cet agneau de pré salé en deux services, goûteux et bistrotier à souhait. Service sympa et petite sélection de vins orientée bio et nature.

Prix : €€

95 rue de Miromesnil – Ⓜ Villiers – 𝒞 01 42 89 29 24 – www.superhuit-restaurant.com – Fermé samedi, dimanche et lundi midi

THIOU

CUISINE THAÏLANDAISE • CHIC La cheffe Apiradee Thirakomen, dite Thiou, a pris ses quartiers rive droite, au sein d'un petit hôtel tout proche des Champs-Élysées. Dans une ambiance chic et feutrée, on déguste les spécialités thaïlandaises, parfois teintées de touches françaises, qui ont fait sa réputation : ravioles de crevettes et crème de coco parfumée à la citronnelle, phad thaï, "Tigre qui pleure"...

🅰🅲 – Prix : €€€

Hôtel Norman, 9 rue Balzac – Ⓜ George V – 𝒞 01 42 99 80 80 – www.hotelnorman.com/fr/restaurant-thiou.html – Fermé dimanche et samedi midi

8ᵉ ARRONDISSEMENT

PARIS

TOSCA

CUISINE ITALIENNE · INTIME L'Italie semble s'être donnée rendez-vous dans ce restaurant de petite capacité, au mobilier chic. L'assiette chante les louanges de la gastronomie transalpine : viandes, huile d'olive, fromage... L'hôtel, le Splendide Royal (ancienne demeure de Pierre Cardin), offre des suites raffinées et élégantes.

&⁵ 𝔸�ℂ 🔧 – Prix : €€€€

18 rue du Cirque – Ⓜ *Miromesnil –* ℰ *01 42 68 10 00 – www. robertonaldicollection.com/fr/splendide-royal-paris/restaurant-romantique-paris – Fermé lundi, dimanche et mardi midi*

LE 39V

CUISINE MODERNE · DESIGN La clientèle internationale se presse au sixième étage du 39 de l'avenue George-V... et pour cause ! Sur les toits de Paris, on profite d'une cuisine de bonne facture, avec de solides bases classiques. Chaque détail du décor a fait l'objet d'un soin particulier, du parquet en bois debout aux banquettes sur mesure, en passant par les assiettes haute couture.

𝔸ℂ – Prix : €€€

39 avenue George-V – Ⓜ *George V –* ℰ *01 56 62 39 05 – www.le39v.com – Fermé samedi et dimanche*

24 - LE RESTAURANT

CUISINE MODERNE · TENDANCE Dans une petite rue calme à deux pas des Champs Elysées, cet établissement propose des assiettes bien travaillées sur les bases classiques avec quelques touches plus personnelles comme ce suprême de canette des Dombes, chutney de pêche jaune, pignons de pin et jus de canette relevé au vin chaud. Le tout agréablement servi avec le sourire, dans un cadre élégant.

𝔸ℂ – Prix : €€

24 rue Jean-Mermoz – Ⓜ *Franklin D. Roosevelt –* ℰ *01 42 25 24 24 – www.24lerestaurant.fr – Fermé samedi et dimanche*

ZEFFIRINO Ⓝ

CUISINE ITALIENNE · VINTAGE Riccardo Giraudi, le fondateur des Beefbar, ouvre cet établissement qui, comme celui de Monaco, rend hommage au chef génois Zeffirino Belloni, réputé pour son pesto. Déjà adoptée par la jet-set (Rihanna, notamment, a été l'une des premières à s'y rendre), cette table des beaux quartiers offre une cuisine italienne de famille, réalisée avec rigueur et goût : une sélection d'antipasti variés, une belle carte de pâtes fraîches maison, un loup en croûte de sel, un chevreau confit à la Ligure, ou encore un superbe millefeuille en dessert. La décoration, dans un style "Italie des années folles", ne décevra pas les amateurs de néo-vintage.

&⁵ – Prix : €€€

9 rue Marbeuf – Ⓜ *Alma-Marceau –* ℰ *01 84 21 09 19 – www.zeffirino-restaurant. com/paris*

🛏 **AMASTAN** *Plus*

MODERNE · CHALEUREUX Situation pratique et centrale pour cet hôtel à deux rues des Champs-Élysées. Matériaux naturels (bois, cuivre, laiton et tapisseries tissées main sur les murs) et lignes sobres et design en font une halte choisie. Cour intérieure végétalisée très agréable.

𝔸ℂ 🔧 🛏 🍽 - 24 chambres

34 rue Jean Mermoz – ℰ *01 49 52 99 70*

🛏 **LE BRISTOL PARIS** *Plus*

GRAND STYLE · RAFFINÉ Art déco à l'extérieur, fastueux à l'intérieur, le Bristol se révèle particulièrement agréable au printemps, quand son vaste jardin à la française est baigné du parfum des magnolias. Bien des hôtels ont tenté de redonner vie au Paris d'autrefois, mais le Bristol le fait tout simplement perdurer avec son mobilier

8e ARRONDISSEMENT

18e s. et ses tapisseries des Gobelins. Un service discret considéré comme l'un des meilleurs de Paris, un spa de rêve et une piscine vitrée expliquent aussi son succès.

📠 🅿 🛜 🍴 🔱 💷 🛎 ‖〇 - 190 chambres

112 rue du Faubourg-Saint-Honoré – ✆ 01 53 43 43 00

✿✿✿ **Épicure** • ✿ **114, Faubourg** - Voir la sélection des restaurants

BULGARI HÔTEL PARIS

MODERNE • RAFFINÉ Il en faut beaucoup pour percer dans le haut de gamme des hôtels parisiens, mais l'incroyablement ultra-luxe Bulgari s'est immédiatement imposé. L'avant-gardiste milanais Antonio Citterio a su marier le plus grand luxe avec un goût d'une originalité peu commune. Le Bulgari Bar est un lieu de rencontre pour les dénicheurs de tendances, et le vaste spa est aussi somptueux que les autres équipements.

♿ 📠 🛁 🅿 🛜 💷 🦢 🗡 ‖〇 - 76 chambres

30 avenue George V – ✆ 01 81 72 10 00

Il Ristorante - Niko Romito - Voir la sélection des restaurants

CHÂTEAU DES FLEURS   *Plus*

CLASSIQUE • ÉLÉGANT Au cœur de la capitale, le Château des Fleurs occupe une élégante bâtisse de 1910 qui rend hommage au Paris glamour du siècle dernier. L'intérieur parvient à être à la fois original et emblématique de cette période, avec un style d'inspiration Belle Époque mais résolument contemporain dans son interprétation. Le spa est complété par une piscine et un sauna.

📠 🛁 🛜 💷 🦢 🗡 - 37 chambres

19 rue Vernet – ✆ 01 47 20 41 73

LA CLEF CHAMPS-ÉLYSÉES PARIS   *Plus*

CLASSIQUE • ÉLÉGANT Dans un immeuble haussmannien de 1907, ancienne résidence Belle Époque de la famille Hennessy, un hôtel de luxe est né, à la fois traditionnel et actuel. Les marbres et l'architecture d'époque contrastent de manière vivante avec un mobilier moderne épuré et des couleurs neutres, illuminées d'une touche d'or. Même les plus petites chambres sont généreuses, tandis que les duplex s'étendent sur plus de 50 m², sans compter leurs terrasses sur le toit. Un restaurant et un bar, résolument chinois, parachèvent le voyage.

♿ 📠 🅿 🛜 🍴 🛎 - 70 chambres

46 rue de Bassano – ✆ 01 53 75 01 60

CRILLON   *Plus*

GRAND STYLE • RAFFINÉ Saluons la renaissance d'un chef-d'œuvre de l'architecture du 18e s., dont la façade, magnifiant la place de la Concorde, a conservé sa fastueuse ornementation. Chambres luxueuses, appartements à thème (dont l'un interprété par Karl Lagerfeld). L'art de vivre à la française, dans sa pure et intemporelle splendeur. Un palace mythique.

📠 🛁 🅿 🛜 🍴 🚲 🔱 💷 🦢 🛎 ‖〇 - 124 chambres

10 place de la Concorde – ✆ 01 44 71 15 00

✿ **L'Écrin • Nonos par Paul Pairet** - Voir la sélection des restaurants

LE DAMANTIN   *Plus*

BOURGEOIS • RAFFINÉ Mêlant brique rouge et pierre de taille, cet hôtel a pris ses quartiers en bord de Seine. L'intérieur joue la carte du luxe sans ostentation : mobilier classique, velours tressés, tissus des maisons Pierre Frey, etc. Piscine, sauna et fitness, massage sur demande.

♿ 📠 🛁 🅿 🔱 💷 🛜 ‖〇 - 44 chambres

1 rue Bayard – ✆ 01 53 75 62 62

LA DEMEURE MONTAIGNE   *Plus*

CLASSIQUE • CHARME Les murs de cet hôtel particulier haussmannien, bâti en 1883, ont l'étoffe des lieux historiques. Palace réputé dès les années 1920, l'adresse

PARIS

8e ARRONDISSEMENT

devient le refuge de nombreux jazzmen américains à partir des années 1960. Sa clientèle fidèle aime aujourd'hui ses chambres sobres d'esprit néo-rétro avec moulures, jolis tissus tendus, marbre noir et blanc dans les salles de bains...

- 93 chambres

18 rue Clément Marot – 01 53 57 49 50

FOUQUET'S BARRIÈRE
Plus

CLASSIQUE · CHALEUREUX Né dans le sillage de la mythique brasserie, ce luxueux hôtel a été décoré par Jacques Garcia : styles Empire et Art déco, foisonnement d'acajou, de soie, de velours, associés à des équipements high-tech et un spa superbe. Une authentique expérience parisienne.

- 101 chambres

46 avenue George V – 01 40 69 60 00

FOUR SEASONS GEORGE V

GRAND STYLE · RAFFINÉ Ce palace mythique, né en 1928, s'est paré des splendeurs et raffinements du 18e s. Ses chambres, luxueuses et spacieuses, ses collections d'œuvres d'art, son spa superbe et sa belle cour intérieure : voilà bien un ensemble d'exception !

- 244 chambres

31 avenue George V – 01 49 52 70 00

❀❀❀ **Le Cinq** · ❀❀ **L'Orangerie** · ❀ **Le George** - Voir la sélection des restaurants

GRAND POWERS
Plus

CLASSIQUE · ÉLÉGANT L'ex-Hôtel Powers a été entièrement rénové en 2018. La décoration classique de cet immeuble haussmannien (cheminées et moulures ouvragées) s'associe au contemporain chic et discret. Une nouvelle adresse très élégante à deux pas des Champs-Élysées. Petit espace fitness au sous-sol.

- 50 chambres

52 rue François 1er – 01 47 23 91 05

HÔTEL BOWMANN
Plus

CLASSIQUE · ÉLÉGANT Au cœur du triangle d'or, dans un immeuble du 19e s., l'hôtel ouvre à nouveau ses portes après deux ans de travaux. Chambres spacieuses, entre confort moderne et élégance haussmannienne (dont une grande suite au dernier étage, avec vue sur les toits !), espace bien-être : rien ne manque.

- 53 chambres

99 boulevard Haussmann – 01 40 08 00 10

HÔTEL DE MONTESQUIEU

CLASSIQUE · COSY Sous des dehors respectueux du canon haussmannien, l'hôtel révèle un goût bien plus personnel, équilibrant le charme classique avec une sensibilité dépouillée. Les suites sont dotées de meubles anciens, de tentures en brocart et d'œuvres d'art, harmonieusement intégrés aux éléments modernes, parquet clair et murs aux tons chauds. Certaines disposent d'un balcon et de lits à baldaquin, d'autres d'un salon lambrissé et de canapés chatoyants. Les chambres mansardées sont douillettes et lumineuses. Au rez-de-chaussée, un salon pour chaque moment gourmand de la journée : petit déjeuner, thé, cocktails...

- 18 chambres

8 rue Frédéric Bastiat – 01 42 56 17 00

HÔTEL DE SERS
Plus

MODERNE · ROMANTIQUE Le marquis de Sers ne reconnaîtrait pas son hôtel particulier de la fin du 19e s. Il faut dire qu'il mélange les styles avec succès : si le hall a conservé son caractère d'origine, les chambres sont résolument contemporaines et tendance. Les suites avec terrasse donnent sur toute la ville, Tour Eiffel comprise ! Le service est irréprochable, un spa et une salle de gym sont situés dans les étages, et le bar est de grande qualité.

- 52 chambres

41 avenue Pierre 1er de Serbie – 01 53 23 75 75

8e ARRONDISSEMENT

HÔTEL LANCASTER PARIS

MODERNE · CALME À quelques pas des Champs-Elysées, le Lancaster est un havre de paix. L'un des lieux les plus sophistiqués de Paris fut créé par Émile Wolf dans les années 1930, et reçut les stars les plus glamour — Marlene Dietrich, Gene Kelly, Noel Coward, etc. Les chambres sont remplies d'antiquités, dont beaucoup acquises par le propriétaire d'origine, et les salles de bains en marbre ont été redécorées en préservant le style Art déco. Quelques œuvres de Boris Pastoukoff, peintre des années 1930 qui payait sa chambre avec ses toiles, sont toujours accrochées aux murs. Le service est impeccablement discret. Le salon complète cette offre de grand standing. Le plus magique, cependant, reste le petit jardin du Lancaster, si calme au cœur de l'effervescence parisienne.

☁ - 54 chambres
7 rue de Berri – ☎ 01 40 76 40 76

HÔTEL ROYAL MADELEINE   *Plus*

MODERNE · ROMANTIQUE Idéalement situé à proximité du Palais Garnier et de la gare Saint-Lazare, le Royal Madeleine est sans doute l'un des hôtels les plus romantiques du quartier. Dans ce bel immeuble haussmanien aux lignes simples, sa propriétaire et la designer Marie-Paule Clout ont créé une atmosphère toute de douceur : les chambres, réchauffées de tonalités gris-bleu ou bordeaux, ont chacune leur personnalité avec des objets de déco raffinés. Des plus petites aux plus luxueuses, toutes disposent du meilleur confort. Certaines suites jouissent d'une terrasse privée, et la suite Coco Lili, aux murs colorés d'un superbe rouge profond, est la plus spacieuse avec pas moins de 52 m². Un petit spa plein de charme, de style toscan, ajoute au plaisir.

& ⁣AC⁣ ⌧ 💿 ⁣ふ⁣ ⁣ℓ6⁣ ⁣❦⁣ - 59 chambres
29 rue de l'Arcade – ☎ 01 84 25 70 00

PARIS

HÔTEL VERNET   *Plus*

CLASSIQUE · RAFFINÉ L'Hôtel Vernet réunit le meilleur de la splendeur du Paris d'hier et du style impeccablement contemporain du Paris d'aujourd'hui. François Champsaur, architecte d'intérieur, a mis les deux tendances à égalité parfaite, de sorte qu'un séjour dans l'une des cinquante chambres ne dépayserait pas la clientèle de la Belle Époque. Le bar est remarquable ainsi que la salle du restaurant : mobilier moderne et art contemporain sous une monumentale verrière du maître verrier Charles Champigneulle, sur une armature signée Gustave Eiffel.

& ⁣AC⁣ ⁣🗑⁣ ⁣P⁣ ☁ ⁣◁⁣ 💿 ⁣🛁⁣ ⁣❦⁣ - 50 chambres
25 rue Vernet – ☎ 01 44 31 98 00

HYATT PARIS MADELEINE   *Plus*

CLASSIQUE · CHALEUREUX Une belle verrière réalisée par Eiffel, d'agréables chambres contemporaines : un hôtel sobre et chaleureux tout à la fois. Sauna, hammam, mais aussi centre d'affaires... le soir, bar à champagne.

⁣AC⁣ ⁣🗑⁣ ⁣P⁣ ☁ ⁣◁⁣ ⁣🚲⁣ 💿 ⁣ふ⁣ ⁣ℓ6⁣ ⁣🏃⁣ ⁣❦⁣ - 85 chambres
24 boulevard Malesherbes – ☎ 01 55 27 12 34

INTERCONTINENTAL CHAMPS-ÉLYSÉES ÉTOILE

CLASSIQUE · COSY Un immeuble des Années folles dans une petite rue près des Champs-Élysées... qui abrite un hôtel entièrement rénové ! Il se dégage de ces lieux un je-ne-sais-quoi de très parisien, du hall d'entrée lumineux aux chambres, dont on appréciera le décor soigné et feutré.

⁣AC⁣ ⁣🗑⁣ ⁣P⁣ ⁣◁⁣ ⁣🏃⁣ ⁣❦⁣ - 55 chambres
64 avenue Marceau – ☎ 01 44 43 36 36

LES JARDINS DU FAUBOURG

MODERNE · RAFFINÉ À un jet de pierre de l'ambassade de Grande-Bretagne, un petit bijou associant modernité et classicisme très "parisien", avec une petite cour-terrasse aux jasmins envoûtants... Espace bien-être au sous-sol.

& ⁣AC⁣ ⁣🗑⁣ ⁣P⁣ ☁ ⁣◁⁣ ⁣ⵣ⁣ 💿 ⁣ふ⁣ ⁣ℓ6⁣ ⁣❦⁣ - 16 chambres
9 rue d'Aguesseau – ☎ 01 86 54 15 15

8e ARRONDISSEMENT

L'HÔTEL FAUCHON
Plus

BOURGEOIS · ÉLÉGANT Un bel établissement, idéalement situé. Les chambres, spacieuses, ont du style (dans une veine "hôtel gourmand" chère à la marque), et donnent sur l'église de la Madeleine ou le boulevard. Espace bien-être avec hammam, fitness et cabines de soins.

🕮 🕮 🅿 🕮 🕮 🕮 🕮 🕮 - 54 chambres

4 boulevard Malesherbes – 🕿 *01 87 86 28 00*

MAISON DELANO PARIS

MODERNE · CHALEUREUX Nouveau vaisseau parisien du label né en Floride, cet hôtel du 18e s. a été adapté par le designer Lázaro Rosa Violán à l'élégance urbaine du Faubourg Saint-Honoré. Les chambres et suites sont d'un confort parfait, l'histoire des murs ajoutant à leur charme. Les suites Héritage et Présidentielle sont particulièrement somptueuses. Les soins de spa sont dispensés en chambre et un bar élégant complètent une prestation de qualité.

🕮 🕮 🅿 🕮 🕮 - 56 chambres

4 rue d'Anjou – 🕿 *01 83 96 88 88*

MARIGNAN CHAMPS-ELYSÉES
Plus

CLASSIQUE · RAFFINÉ Le luxe discret : voilà le parti pris de cet ancien hôtel particulier, voisin des Champs-Élysées. Toutes les chambres révèlent une décoration élégante et épurée, avec parquet en chêne, mobilier chic des années 1950 et 1960, grandes literies... Du style et de la subtilité !

🕮 🕮 🅿 🕮 🕮 🕮 🕮 - 50 chambres

12 rue de Marignan – 🕿 *01 40 76 34 56*

MARQUIS FAUBOURG ST-HONORÉ
Plus

CLASSIQUE · CHARME Cet hôtel doit son nom au marquis de La Fayette, le "héros des deux mondes", qui vécut dans cet hôtel particulier du 18e s. De vastes chambres, une décoration chic et sobre, de luxueuses salles de bains : l'adresse ne manque ni de charme ni de panache !

🕮 🕮 🕮 🅿 🕮 🕮 🕮 🕮 - 15 chambres

8 rue d'Anjou – 🕿 *01 44 80 00 00*

MONSIEUR GEORGE
Plus

CLASSIQUE · ÉLÉGANT Marlène Dietrich appréciait le charme discret de cet hôtel particulier, construit en 1889 à deux pas des Champs-Élysées : parquets d'époque et cheminées, mobilier des 18e et 19e s., œuvres d'art, etc.

🕮 🕮 🅿 🕮 🕮 🕮 🕮 🕮 🕮 - 46 chambres

17 rue Washington – 🕿 *01 87 89 48 48*

✺ **Galanga** - Voir la sélection des restaurants

NORMAN HÔTEL & SPA
Plus

DESIGN · RAFFINÉ L'artiste américain du 20e s. Norman Ives a laissé son nom mais aussi son influence graphique dans cet hôtel, à travers un hommage au modernisme et au Paris des années 1960. Sobrement chics et luxueuses, les chambres sont parées de matériaux raffinés (bois de rose, cuir, marbre...) généreusement baignés de lumière naturelle, tandis que des tapis géométriques et des œuvres d'art ajoutent un caractère affirmé. Les suites les plus haut perchées ouvrent sur une – voire deux – terrasse privative. Un salon-bibliothèque, un restaurant franco-thaï et un spa complètent une belle gamme de services.

🕮 🕮 🅿 🕮 🕮 🕮 🕮 - 37 chambres

9 -11 rue Balzac – 🕿 *01 42 99 80 80*

Thiou - Voir la sélection des restaurants

8e ARRONDISSEMENT

LE PAVILLON DES LETTRES
Plus

MODERNE • ROMANTIQUE Un hôtel littéraire en plein cœur de Paris ? Vingt-six chambres pour les vingt-six lettres de l'alphabet, chacune portant le nom d'un écrivain et déclinant son œuvre dans leur décoration. Élégant et subtil : parfait pour réviser ses classiques et découvrir la ville autrement.

🚫 🅐🅒 🅿 🚲 ♨ - 26 chambres

12 rue des Saussaies – ☎ *01 49 24 26 26*

PLAZA ATHÉNÉE

GRAND STYLE • RAFFINÉ Palace parisien par excellence, inauguré en 1911, le Plaza Athénée vit merveilleusement le passage des années. Rien n'altère la primauté de l'établissement, véritable sommet de luxe et d'élégance à la française. Des services d'exception, dont le somptueux spa, une cour-jardin pour prendre un repas léger aux beaux jours : le mythe continue...

🚫 🅐🅒 ♨ 🅿 📶 ♨ 🛁 ♨ ⅋ - 208 chambres

25 avenue Montaigne – ☎ *01 53 67 66 65*

✻ **Jean Imbert au Plaza Athénée • Le Relais Plaza** - Voir la sélection des restaurants

LA RÉSERVE PARIS
Plus

CLASSIQUE • RAFFINÉ Parquet Versailles, larges canapés, corniches dorées à l'or fin : c'est vers le chic parisien de la Belle Époque que lorgne ce superbe hôtel particulier du 19e s., décoré par Jacques Garcia. Suites avec vue sur les jardins de l'Élysée, le Grand Palais ou la Tour Eiffel. Cuisine internationale "sur la route des épices" proposée à la Pagode de Cos.

🚫 🅐🅒 ♨ 🅿 🚗 ♨ 🚲 🛎 📶 ♨ 🛁 ⅋ - 40 chambres

42 avenue Gabriel – ☎ *01 58 36 60 60*

✻✻✻ **Le Gabriel - La Réserve Paris** - Voir la sélection des restaurants

LE ROYAL MONCEAU

AVANT-GARDE • CHALEUREUX Ce palace du 21e s., décoré par un Philippe Starck débridé, se joue des codes en vigueur : galerie d'art, librairie, salle de cinéma high-tech, spa superbe, club pour enfants, salles de conférence... Luxueux et impeccable, mais aussi assurément arty ! En un mot : Royal.

🚫 🅐🅒 ♨ 🅿 🚗 🛎 📶 ♨ 🛁 ♨ ⅋ - 149 chambres

37 avenue Hoche – ☎ *01 42 99 88 00*

✻ **Il Carpaccio** - Voir la sélection des restaurants

SOFITEL LE FAUBOURG
Plus

MODERNE • FAMILIAL Élégant hôtel dans deux demeures des 18e et 19e s. Les chambres, décorées dans un style moderne et épuré, ne manquent pas d'élégance : on profite d'un salon sous verrière, ainsi que d'un joli fitness avec hammam et salles de massage.

🅐🅒 ♨ 🅿 🚗 ♨ 🚗 🚲 🛎 📶 🛁 ⅋ - 147 chambres

15 rue Boissy d'Anglas – ☎ *01 44 94 14 14*

VILLEROY
Plus

CLASSIQUE • ROMANTIQUE "Dans l'un des quartiers les plus huppés de la capitale, une rue discrète accueille cet hôtel - ou plutôt cette luxueuse maison privée, avec majordome pour chaque chambre ! Onze chambres et suites, avec toutes de superbes baignoires en marbre, des meubles sur mesure et matelas faits main. Malgré sa petite taille, le Villeroy dispose d'un spa et d'un fitness haut de gamme. Le bar n'est pas en reste avec ses moulures dorées et sa sélection inégalée de whiskies japonais."

🚫 🅐🅒 ♨ 🅿 ♨ 🛎 📶 🛁 ⅋ - 11 chambres

33 rue Jean Goujon – ☎ *01 45 05 68 00*

✻ **Trente-Trois** - Voir la sélection des restaurants

895

OPÉRA • GRANDS BOULEVARDS

9E ARRONDISSEMENT

NESO

Chef : Guillaume Sanchez

CUISINE CRÉATIVE • CONTEMPORAIN L'attachant – et très tatoué – Guillaume Sanchez propose une cuisine tout feu tout flamme dans un lieu sobre et élégant. Sa cuisine, qui témoigne d'une identité forte et assumée, se déguste désormais uniquement à la carte afin de mieux découvrir son univers. Les plats sont à choisir parmi 4 grandes familles. Quant au style, il demeure le même. Extractions de vapeur à froid, fermentation des légumes : le chef, qui ne travaille que des produits d'une grande qualité et exclusivement français, a toujours de l'imagination et de la technique à revendre. Variations de saveurs et de textures, dressages originaux et très soignés, on enchaîne les réussites. Prendre place au comptoir assure une expérience optimale !

&. AC – Prix : €€€€

3 rue Papillon – Ⓜ Poissonnière – 𝒞 01 48 24 04 13 – www.neso.paris – Fermé samedi, dimanche et du lundi au vendredi à midi

ABRI SOBA

CUISINE JAPONAISE • BISTRO Connaissez-vous les soba, des pâtes japonaises au sarrasin ? Ce restaurant en a fait sa spécialité et les propose, pour ainsi dire, à toutes les sauces : au déjeuner comme au dîner, froides ou chaudes, avec bouillon et émincé de canard par exemple. Le soir, on sert aussi des assiettes à partager (tempura, poulet karaage, tonkatsu, sashimi…). C'est simple et savoureux : à vos baguettes ! Pas de réservation possible.

Prix : €€

10 rue Saulnier – Ⓜ Cadet – 𝒞 01 83 92 14 11 – Fermé lundi et dimanche

AUX 2 K

CUISINE MODERNE • SIMPLE Ces deux K là – comme Kagy (Samantha, au salé) et Kinoshita (Kimiko, au sucré) – font désormais la paire, après de riches expériences dans les belles maisons (Violon d'Ingres, l'Ours, Atelier Joël Robuchon, Taillevent…). Ces quatre mains font preuve d'une belle maîtrise technique au service d'une cuisine alléchante comme ses intitulés, et notamment cette « spécialité » de pigeon rôti, anguille fumée, échalote et sauce salmis. Quelques clins d'œil au Sud-Ouest rappellent l'influence de Christian Constant. Une prestation réalisée avec beaucoup de soin et de finesse, et un menu déjeuner à prix imbattable.

Prix : €€

5 rue Louise-Émilie-de-la-Tour-d'Auvergne – Ⓜ Cadet – 𝒞 01 40 34 27 40 – www.aux2k.fr – Fermé lundi, mardi midi et dimanche soir

BRU Ⓝ

CUISINE MODERNE • BISTRO Aux commandes de cette jeune adresse, Julia de Laguarigue, une cheffe martiniquaise au beau parcours. Elle mijote une savoureuse cuisine bistrotière et canaille aux influences créoles bien présentes, qu'elle qualifie elle-même de "tropico-franchouillarde". Dans ses assiettes, la gourmandise fait assaut d'accords et de mariages réussis : effiloché de volaille, sauce chien et des garnitures à choisir (haricots blancs au lait de coco, beurre de sauge, agrumes, par exemple). Le midi, un menu attractif à choisir dans la carte ; le soir, une offre plus riche. Réservation uniquement par internet.

Prix : €€

28 rue Jean-Baptiste-Pigalle – Ⓜ Saint-Georges – www.bruparis.com – Fermé samedi et dimanche, et lundi et mardi soir

9ᵉ ARRONDISSEMENT

CAILLEBOTTE

CUISINE MODERNE • CONVIVIAL Franck Baranger, le chef, compose ces assiettes fraîches et résolument modernes dont il a le secret : poulpe snacké, groseille, courgette et gremolata ; pêche côtière, concombre mariné, polenta, sauce béarnaise et condiment figue... Une cuisine aux saveurs bien marquées, gourmande et colorée, qui va parfaitement de pair avec l'ambiance conviviale des lieux.
Prix : €€

8 rue Hippolyte-Lebas – Ⓜ *Notre-Dame-de-Lorette –* ☏ *01 53 20 88 70 – www. lapantruchoise.com – Fermé dimanche*

LES CANAILLES PIGALLE

CUISINE TRADITIONNELLE • BISTRO Parfaite pour s'encanailler, cette sympathique adresse a été créée par deux Bretons formés à bonne école. Ici, ils jouent la carte de la bistronomie et des recettes de saison. Spécialités : le carpaccio de langue de bœuf et sauce ravigote, et le baba au rhum avec sa chantilly à la vanille... On se régale ! Astuce : si la salle est pleine, adressez-vous au Comptoir Canaille situé à quelques pas, qui propose une cuisine plus actuelle.
🅰🅲 – Prix : €€

25 rue La Bruyère – Ⓜ *Saint-Georges –* ☏ *01 48 74 10 48 – www. restaurantlescanailles.fr – Fermé samedi et dimanche*

LE PANTRUCHE

CUISINE MODERNE • BISTRO Pantruche, c'est Paris en argot... Un nom tout trouvé pour ce bistrot au décor rétro-chic, qui cultive volontiers l'atmosphère gouailleuse et canaille des années 1940-1950. Côté papilles, le chef et sa petite équipe concoctent de jolis plats de saison bien maîtrisés, pile dans la tendance bistronomique. Un exemple ? Le soufflé au Grand Marnier, onctueux et léger, digne d'une grande table. Depuis le trottoir, cette adresse ressemble à n'importe quelle autre : ne passez pas à côté ! Cette table authentique affiche en plus des prix compétitifs.
Prix : €€

3 rue Victor-Massé – Ⓜ *Pigalle –* ☏ *01 48 78 55 60 – www.lapantruchoise.com – Fermé samedi et dimanche*

LE TIRE-BOUCHON RODIER Ⓝ

CUISINE TRADITIONNELLE • BISTRO Repris par Marc Favier, ce restaurant incarne l'esprit d'un bar à vin convivial avec un comptoir et des tables propices au partage. Ici, l'ardoise évolue au fil des inspirations et propose des "picorages" (dixit le chef). Les intitulés mettent l'eau à la bouche : fricassée de ris de veau aux champignons de Paris et vin jaune ; gnocchis de kabocha, vieille mimolette et curry ; brioche perdue, caramel au beurre salé et crème légère. Cuisinés avec de très bons produits, les plats, d'inspiration majoritairement traditionnelle, sont aussi réconfortants que généreux. La carte des vins, déjà bien fournie, s'étoffe en permanence.
🅱🅱 – Prix : €€

47 rue Rodier – Ⓜ *Anvers –* ☏ *01 86 04 27 17 – www.letirebouchonrodier.com – Fermé lundi et dimanche*

ADAMI Ⓝ

CUISINE ITALIENNE • BISTRO Ce petit restaurant italien de pâtes a eu la bonne idée de s'éloigner des codes traditionnels du resto transalpin pur jus, pour privilégier une approche plus contemporaine – à l'image du décor brut et moderne et de ce long comptoir pour manger face à l'équipe. Plats à partager et convivialité font ici partie de l'expérience ! Le chef italien propose une cuisine fraîche et riche en saveurs percutantes, comme ce veau travaillé dans l'esprit d'un vitello tonnato, à l'artichaut et ail noir, ou encore ces gnocchis de ricotta liés d'une crème de courgette, gourmands en diable. Menu déjeuner attractif, tout comme cette carte qui titille l'appétit...
Prix : €€

19 bis rue Pierre-Fontaine – Ⓜ *Blanche –* ☏ *07 60 87 02 64 – www.adamiparis. com – Fermé lundi et dimanche*

897

9e ARRONDISSEMENT

LES AFFRANCHIS

CUISINE MODERNE • BISTRO "Affranchi" des maisons où il était salarié, le chef se joue avec bonheur des classiques pour élaborer une cuisine goûteuse, à l'image de cet œuf parfait, façon carbonara ou du lieu jaune en arlequin de chou-fleur, orange et poutargue. Une adresse qui va comme un gant à ce 9e arrondissement, aussi bourgeois que bohème.

Prix : €€€

5 rue Henri-Monnier – **Ⓜ** *Saint-Georges – ☏ 01 45 26 26 30 – www. lesaffranchisrestaurant.com/fr – Fermé mardi*

ALLEUDIUM

CUISINE MODERNE • CONTEMPORAIN Keiichi Shinohara, chef japonais aux références solides (notamment passé par le Violon d'Ingres époque Christian Constant) tient cette table au sobre décor contemporain. On sent l'envie de bien faire à tous les niveaux et en particulier dans l'assiette, moderne et inspirée, avec quelques touches rappelant les origines du chef.

AC – Prix : €€€

24 rue Rodier – **Ⓜ** *Anvers – ☏ 01 45 26 86 26 – www.alleudium.com – Fermé lundi, dimanche et du mardi au jeudi à midi*

ASPIC

CUISINE MODERNE • BISTRO Après avoir plaqué le monde de la finance pour entrer à l'école Ferrandi, le fondateur de ce petit restaurant a multiplié les expériences (ministère des Affaires étrangères, L'Épi Dupin entre autres) avant d'ouvrir ici sa propre table. Dans un cadre d'esprit rétro avec cuisine ouverte sur la salle, le chef élabore un menu surprise volontiers créatif, qui met en valeur des produits sélectionnés avec soin : viandes et volailles fermières, poissons de ligne et de petit bateau, agrumes, herbes et épices, le tout issu des circuits courts, autant que possible.

AC – Prix : €€€€

24 rue Louise-Émilie-de-la-Tour-d'Auvergne – **Ⓜ** *Cadet – ☏ 09 82 49 30 98 – www.aspic-restaurant.fr – Fermé samedi, dimanche et du lundi au vendredi à midi*

BENJAMIN SCHMITT RESTAURANT

CUISINE TRADITIONNELLE • CONTEMPORAIN Au cœur de Pigalle, ce restaurant rend hommage à la terre et à ceux qui la cultivent. Le jeune chef pratique un éclectisme gourmand, en passant habilement d'un style de cuisine à l'autre, de la tradition à la cuisine moderne. Les intitulés accrocheurs tiennent leur promesse : pâté en croûte de canard, foie gras et cochon ; poitrine de veau confite aux olives, aubergine et anchois ; pavlova de fraise et rhubarbe... Menu déjeuner à prix doux, menu dégustation et carte le soir.

& AC ✿ – Prix : €€€

41 rue Catherine-de-La-Rochefoucauld – **Ⓜ** *Saint-Georges – ☏ 01 42 81 00 17 – www.schmittrestaurant.fr – Fermé lundi et dimanche*

BRION Ⓝ

CUISINE MODERNE • CONTEMPORAIN Fort d'un CV doré sur tranche (Pierre Gagnaire ou Jérôme Banctel, entre autres), le chef Geoffrey Lengagne a ouvert cette adresse à l'épure bien sentie : sol en béton ciré, mobilier en bois clair, cuisine ouverte. Épris de saisonnalité, il cisèle une cuisine à dominante végétale et iodée avec des produits d'une fraîcheur irréprochable. Les topinambours rôtis, purée de topinambour et tomme en sabayon, avec sauce XO pour le piquant et menthe ciselée pour le twist, incarnent bien sa patte moderne. Menu au bon rapport qualité-prix au déjeuner, partition plus travaillée le soir.

Prix : €€€

17 rue Lamartine – **Ⓜ** *Notre-Dame-de-Lorette – ☏ 01 40 18 10 93 – www.brion-restaurant.fr – Fermé samedi et dimanche*

9e ARRONDISSEMENT

CHENAPAN

CUISINE MODERNE • COSY Dans leur restaurant de poche de Pigalle, ces deux chenapans-là – le chef Bruno Laporte et le directeur de salle et sommelier Florentin Fraillon, notamment passés par Ze Kitchen Galerie, la « pouponnière » de William Ledeuil – affichent plutôt des allures de premiers de la classe. Et, ici, les assiettes récoltent des bons points comme cette entrée végétale (haricots beurre, févettes, petits pois, feuilles et d'herbes fraîches) dopée par sa sauce au jus de rhubarbe relevée de piment dans l'esprit d'un beurre blanc ou encore ce délicieux dessert autour du blé, régressif à souhait. Cadre de bistro intimiste et contemporain avec cuisine ouverte, service souriant et aimable.

AC – Prix : €€€

28 rue Louise-Émilie-de-la-Tour-d'Auvergne – Ⓜ *Cadet –* ☏ *01 45 23 99 13 – www.chenapan-restaurant.fr – Fermé lundi, dimanche et du mardi au jeudi à midi*

CODA

CUISINE MODERNE • À l'écart de la tonitruante rue Blanche, c'est un troquet de poche parigot comme on les aime. Un maximum de plaisir pour un minimum de place(s) : une quinzaine de couverts où les tables sont à touche-touche. Chaleureux en diable et bichonnant leurs clients, Pauline et Vincent Da Costa (ancien second à la Régalade avec Bruno Doucet) vont droit au but : une cuisine du marché de saison, directement sourcée auprès des producteurs. On se régale sans prise de tête. Formule déjeuner à prix doux.

Prix : €€

15 rue de la Tour-des-Dames – Ⓜ *Trinité - d'Estienne d'Orves –* ☏ *01 48 74 50 33 – Fermé samedi, dimanche et lundi midi*

LE COMPTOIR BOUTARY

CUISINE MODERNE • BISTRO La fameuse famille de producteurs de caviar ouvre sa... troisième adresse, qui joue la carte de la simplicité et de la convivialité dans une atmosphère de bistrot chic avec cuisine ouverte. La cuisine convainc avec des plats bien ficelés, dont certains, évidemment, mettent en avant le produit phare de la maison : pomme de terre fumée à la bergamote, beurre d'algues Bordier, crème d'Isigny et caviar ; tarte caviar et cacao – la quenelle d'œufs d'esturgeon apportant une agréable note saline aux saveurs chocolatées. Le menu déjeuner est une affaire.

& – Prix : €€€

32 rue Catherine-de-la-Rochefoucauld – Ⓜ *Saint-Georges –* ☏ *01 53 16 44 56 – www.comptoir-boutary.com – Fermé lundi, dimanche, et mardi et samedi à midi*

LA CONDESA

CUISINE CRÉATIVE • COSY La Condesa est un quartier de Mexico, et c'est aussi le restaurant d'Indra Carrillo, venu du Mexique pour intégrer l'Institut Paul Bocuse (aujourd'hui "Lyfe"), avant de rejoindre de grandes maisons comme Épicure au Bristol ou l'Astrance. Formé chez des MOF, notamment en poissonnerie et boulangerie, il a également travaillé au Japon. Ses techniques sont françaises, mais ses inspirations font la part belle à différentes cultures culinaires. Des propositions originales et bien maîtrisées techniquement, à déguster dans une salle chic et épurée.

AC – Prix : €€€€

13 rue Rodier – Ⓜ *Notre-Dame-de-Lorette –* ☏ *01 53 20 94 90 – www.lacondesa-paris.com – Fermé lundi, dimanche, et mardi, mercredi et samedi midi*

L'ÉVADÉ Ⓝ

CUISINE MODERNE • CONTEMPORAIN Dans cette agréable salle de style brasserie chic (fauteuils rouges et noirs, tables laquées noires, poutres et pierres apparentes), on vient déguster une cuisine bistronomique qui fleure bon la tradition... comme à l'Escudella, l'autre adresse du tandem formé par le chef Rémi Poulain et son associé Anthony Rivière. Dans l'assiette, donc : pâté en croûte (un plat fétiche) ; lieu jaune, fenouil, petits pois et kumquat ; vacherin fraise-basilic et son croustillant pistache et citron vert.

Prix : €€

23 rue Clauzel – Ⓜ *Saint-Georges –* ☏ *01 48 78 74 40 – www.levade. fr – Fermé dimanche*

9ᵉ ARRONDISSEMENT

FRENCHIE PIGALLE

CUISINE MODERNE • TENDANCE Dans la famille Frenchie, donnez-moi Pigalle ! Le chef Grégory Marchand met désormais l'ambiance au rez-de-chaussée de cet hôtel où il propose des plats à partager dans une joyeuse ambiance de cantine. Les papilles batifolent entre comfort food de terroir, classiques impeccables et world food. En outre, jolie sélection de fromages et vins d'obédience naturelle.

  🅰🅲 – Prix : €€€

29 rue Victor-Massé – Ⓜ Pigalle – ℰ 01 85 73 10 46 – www.frenchie-pigalle.com

JEANNE-AIMÉE

CUISINE MODERNE • CONTEMPORAIN Carton plein pour ce bistrot mi-indus, mi-cosy, qui longe l'église Notre-Dame-de-Lorette. Deux compères mettent les bouchées doubles pour nous régaler : d'un côté, Dan Humphris, qui tient à proximité une épicerie-boulangerie où il vend les produits bios de la ferme yvelinoise de son père (que l'on retrouve aussi sur table) ; de l'autre, Sylvain Parisot, jeune chef passé par de belles maisons étoilées (notamment l'Astrance et la Marine d'Alexandre Couillon). Conclusion ? Du bon produit (côte de porc gascon, volaille des Landes), de l'audace (l'accord huître et glace au camembert), de la générosité, un bon rapport qualité/prix et un service péchu et sympa.

🅰🅲 – Prix : €€€

3 rue Bourdaloue – Ⓜ Notre-Dame-de-Lorette – ℰ 09 73 88 48 44 – www. restaurantjeanneaimee.com – Fermé samedi et dimanche

LAZU

CUISINE MODERNE • CONVIVIAL Le chef, qui fut à bonne école (second de Bruno Doucet à La Régalade St-Honoré pendant trois ans) compose ici une cuisine bistronomique bien ficelée, avec de judicieuses associations de beaux produits de saison... Si la carte change chaque semaine, des spécialités comme le ris de veau caramélisé et le pâté en croûte de pomme de terre se dégustent depuis l'ouverture. Ambiance chaleureuse.

  🅰🅲 – Prix : €€

47 rue Marguerite-de-Rochechouart – Ⓜ Poissonnière – ℰ 09 51 18 66 59 – www.lazu.fr – Fermé lundi, mardi et dimanche

LOUIS

CUISINE MODERNE • INTIME Situé dans une rue tranquille, ce petit restaurant accueille dans un intérieur intimiste. Aux fourneaux, le chef breton Stéphane Pitré rend hommage à son père, grand-père et arrière-grand-père, tous prénommés "Louis". Il cisèle des menus en petites portions, déclinés en plusieurs séquences (et en 3 temps pour un déjeuner rapide) qui suivent le marché et les saisons. Pour une expérience bistrotière, direction Le Cellier et sa cuisine simple et franche, à deux numéros de là.

  – Prix : €€€

23 rue de la Victoire – Ⓜ Le Peletier – ℰ 01 55 07 86 52 – www.stephanepitre. fr – Fermé samedi et dimanche

MAISON BRUT Ⓝ

CUISINE MODERNE • CONTEMPORAIN Cet élégant restaurant contemporain reflète parfaitement l'esprit du chef Bastien Djait, d'origine bretonne. Après un parcours parisien étoilé, il s'exprime désormais au travers de jolies assiettes inspirées : lentilles vertes aux oignons doux ; cabillaud, hure et végétal marin ; volaille, maïs et cameline. Le respect du produit brut est une règle d'or, et le chef ne travaille qu'avec des produits de l'Hexagone – excepté le café. Service prévenant.

  – Prix : €€€

18 rue d'Abbeville – Ⓜ Poissonnière – ℰ 09 83 95 96 01 – www.maisonbrutparis. fr – Fermé lundi, dimanche et samedi midi

MARIE AKANEYA Ⓝ

CUISINE JAPONAISE • ÉPURÉ Voici le premier restaurant parisien de style sumibiyaki. Il s'agit d'une cuisine populaire, particulièrement à Kyoto, élaborée avec des produits de première qualité, et surtout le Wagyu qui provient ici de la ferme

9ᵉ ARRONDISSEMENT

d'Ito Ranch dans les environs de la ville de Matsusaka, la meilleure race de bœuf de Kobe selon les Japonais eux-mêmes. La cuisson est exclusivement réalisée avec le fameux charbon binchotan, fabriqué principalement à partir de bois de chêne Ubame – un barbecue trône au milieu de chaque table du restaurant. Certains des menus vous feront découvrir le célèbre melon Crown de Fukuroi, dont le prix peut parfois atteindre plusieurs milliers d'euros.

க் 🖸 – Prix : €€€€

12 rue Godot-de-Mauroy – Ⓜ *Madeleine –* 📞 *09 87 52 36 38 – www. marieakaneya.com – Fermé lundi, mardi et du mercredi au vendredi à midi*

MIEUX

CUISINE MODERNE • CONVIVIAL Trois associés de longue date ont ouvert cette adresse sympathique, archétype de la bistronomie décomplexée qui comble les papilles sans ruiner le gourmet. La cuisine célèbre le marché et les bons produits, toujours au plus près de la saison, l'ambiance décontractée est conviviale et sans prétention. Très bon rapport qualité-prix à midi.

🖸 – Prix : €€

21 rue Saint-Lazare – Ⓜ *Notre-Dame-de-Lorette –* 📞 *01 71 32 46 73 – www. mieux-restaurant.com – Fermé dimanche*

MINORE Ⓝ

CUISINE MODERNE • BISTRO Derrière cette double adresse – bar à cocktails avec terrasse et restaurant gastronomique traditionnel – se trouvent deux hommes du métier : le chef japonais Katsuaki Okiyama (ex-Abri) et le bartender Hugo Combe. Dans ce décor épuré, le chef maîtrise parfaitement son sujet. En témoignent son plat signature (artichauts, morilles, moelle de bœuf et foie gras poêlé, échalotes et fleurs de ciboulette à déguster dans une « cocotte »), ou encore cette recette de lotte, courgette, fleurs de capucine, nappée d'une sauce safran puissante. Cette cuisine moderne se décline à travers un menu unique auquel on peut ajouter des plats.

க் – Prix : €€€

4 avenue Trudaine – Ⓜ *Anvers –* 📞 *01 86 04 08 45 – Fermé lundi, dimanche et du mardi au samedi à midi*

PASSIONNÉ

CUISINE MODERNE • ÉLÉGANT Derrière les grands boulevards, cette adresse joue la carte de l'épure avec son bar aux mosaïques bleu nuit, ses murs et son sol sombre, ses luminaires épurés. On parlera d'élégance toute japonaise pour cette adresse où officie le chef Satoshi Horiuchi, natif de l'île d'Hokkaïdo, à quelques kilomètres de Sapporo, une préfecture très riche en petits producteurs, notamment maraîchers. Toujours passionné, il signe une cuisine française moderne où la recherche du bon produit et de la cuisson juste donne le ton.

🅰🅲 – Prix : €€€

17 rue Bergère – Ⓜ *Bonne-Nouvelle –* 📞 *01 42 28 58 14 – www. restaurantpassionne.com – Fermé lundi*

PERCEPTION

CUISINE MODERNE • CONTEMPORAIN Une table contemporaine à l'atmosphère douce et feutrée, avec ses murs en pierres apparentes, ses miroirs, ses banquettes de velours couleur rouille... Sukwon Yong, chef coréen fou de gastronomie française, cisèle une cuisine moderne, émaillée çà et là de clins d'œil à son pays d'origine (tartare de bœuf à la coréenne rehaussé d'un condiment de sésame noir). Le soir, on sort le grand jeu, avec des produits plus nobles et un menu dégustation en plusieurs séquences.

Prix : €€€

53 rue Blanche – Ⓜ *Blanche –* 📞 *01 40 35 78 32 – www.restaurant-perception. com – Fermé lundi, dimanche et samedi midi*

PARIS

901

9ᵉ ARRONDISSEMENT

PÉTRELLE

CUISINE MODERNE • **INTIME** Deux anciens des Caves Legrand, le sommelier Luca Danti et la cheffe Lucie Boursier-Mougenot, ont remis au (bon) goût du jour cet ancien resto people. Dans ce boudoir romantique et intimiste mâtiné d'esprit brocante, la cheffe signe une belle cuisine du marché délicate et saine, aux influences méditerranéennes revendiquées à l'image de ce succulent rouget, panisse, petits pois et son jus corsé dans l'esprit d'une bouillabaisse. Belle cave de plus de 150 références, à tous les prix et un accueil des plus sympathiques.

Prix : €€€

34 rue Pétrelle – Ⓜ Anvers – ☎ 01 42 82 11 02 – www.petrelle.fr – Fermé lundi, mardi et du mercredi au vendredi à midi

QUELQUE PART

CUISINE CRÉATIVE • **INTIME** C'est ici l'antre sous-marin de l'ancien Top Chef Florian Barbarot. Tel un capitaine Nemo, il invite ses plongeurs à explorer sa cuisine finement créative où les produits de la mer, les légumes de saison et des ingrédients soigneusement sourcés nagent de concert. Il propose des menus en plusieurs paliers pour une "immersion abyssale".

&. ⒜Ⓒ – Prix : €€€

1 rue Ambroise-Thomas – Ⓜ Poissonnière – ☎ 01 83 97 22 65 – www.quelquepart-restaurant.com – Fermé lundi, mardi et du mercredi au dimanche à midi

RICHER

CUISINE MODERNE • **BRANCHÉ** Véritable lieu de vie, cette maison séduit autant par son esprit de cantine arty que par ses assiettes, qui dévoilent une cuisine du marché fraîche et goûteuse : cabillaud, tomates et olives de Kalamata, courgette jaune, caviar d'aubergine ; veau du Pays basque, carottes fanes et champignons de Paris, sauce barbecue...

&. 🖵 – Prix : €€

2 rue Richer – Ⓜ Poissonnière – ☎ 09 67 29 18 43 – www.lericher.com

ADÈLE & JULES *Plus*

CLASSIQUE • **CHALEUREUX** Joyau poli au cœur des Grands Boulevards, Adèle & Jules est le petit frère des hôtels Thérèse et Récamier. Les lignes classiques d'un mobilier élégant sont réchauffées par des couleurs douces qui invitent à la détente, éventuellement sur le balcon. Pour pousser le dépaysement à son degré le plus chic, les suites junior recréent l'atmosphère d'un appartement parisien. Au pied de l'hôtel, les mythiques Folies Bergères, la salle des ventes de l'hôtel Drouot, le majestueux Opéra Garnier... ainsi que des boutiques de créateurs et une myriade de tables inventives.

&. ⒜Ⓒ 🅿 ⌱ ⚲ ⚴ ⚵ - 60 chambres

2 et 4bis cité Rougemont – ☎ 01 48 24 60 70

CHOUCHOU

MODERNE • **CONVIVIAL** À deux pas de l'Opéra, un hôtel abordable et élégant ! Ses chambres bénéficient de détails bien pensés et d'une déco chic et colorée. Et l'hôtel dispose d'espaces publics assez vastes, notamment une salle de restauration de style "marché" avec un service au comptoir et des tables communes, ainsi qu'une salle de spectacles et le Bar Guingette, avec comptoir en zinc et animation. Parfaitement parisien.

⒜Ⓒ ⚴ ‖○ - 63 chambres

11 rue du Helder – ☎ 01 87 44 54 79

LA FANTAISIE

MODERNE • **COSY** Le Faubourg Montmartre est l'emplacement idéal pour une telle fantaisie, inspirée par les jardins classiques du quartier. Le designer Martin Brudnizki, bien connu de Londres à New York, ne s'y est pas trompé, signant ici son

9ᵉ ARRONDISSEMENT

premier hôtel parisien. Les chambres sont délicieusement cosy avec leur papier peint intissé, leur mobilier mêlant vintage et design, et leurs tissus aux teintes douces. Mais le must reste le rooftop et le jardin, véritable éden romantique au cœur de Paris.

🅰🅿 ◁ ⇱ 🅢 🌐 🍴 - 73 chambres

24 rue Cadet – ℰ 01 55 07 85 07

🛏 GRAND PIGALLE *Plus*

MODERNE • **CONVIVIAL** Au cœur du Pigalle branché, l'art de vivre parisien et la convivialité typiquement frenchie sont au programme de cet hôtel rétro-chic dont le lobby s'orne d'un long bar. Chambres design et confortables habillées de couleurs dans l'air du temps.

♿ 🅰🅿 ◁ 🚲 🌐 🍴 - 37 chambres

29 rue Victor Massé – ℰ 01 85 73 12 00

Frenchie Pigalle - Voir la sélection des restaurants

🛏 HÔTEL LE BALLU *Plus*

MODERNE • **CONVIVIAL** Cet hôtel pas comme les autres s'inspire de la Syldavie, un pays imaginaire des Balkans tiré des Aventures de Tintin : décor fantaisiste, design des années 50 et accents d'Europe de l'est, pour un résultat coloré, plein d'inventivité. Les chambres sont pourvues de kitchenettes et, pour certaines, de baignoires îlots et/ou de terrasses privatives. Sans oublier la piscine à l'ambiance de bains russes.

♿ 🅰🅿 ◁ ⇱ ⛱ 🌐 🌐 🍴 - 37 chambres

30 rue Ballu – ℰ 01 86 54 21 21

🛏 HÔTEL DE NELL *Plus*

CONTEMPORAIN • **CHALEUREUX** Un fort bel établissement voisin du Conservatoire national supérieur d'Art dramatique. Serait bien comédien celui qui se plaindrait de ses aménagements, au style affirmé, signés Jean-Michel Wilmotte. Bois brut, tons clairs, lignes épurées... ou tout l'esprit du luxe contemporain.

♿ 🅰 ♨ 🅿 ◁ 🌐 🍴 - 33 chambres

7/9 rue du Conservatoire – ℰ 01 44 83 83 60

🛏 HÔTEL DU TEMPS

CLASSIQUE • **CHARME** On se sent ici comme à la maison – ou plutôt comme dans appartement luxueux du 9e arrondissement, installé dans une demeure du 18e s. adaptée à la vie d'aujourd'hui, divisée en 22 chambres confortables et une suite. L'intérieur est un brin kitsch mais absolument charmant – comme chez un ami qui aurait hérité quelques très beaux meubles anciens intégrés à une décoration moderne. Le bar de l'établissement n'a pas moins de charme avec ses canapés en cuir.

🅰🅿 ◁ - 23 chambres

11 rue de Montholon – ℰ 01 47 70 37 16

🛏 HÔTEL ROCHECHOUART *Plus*

CLASSIQUE • **CONVIVIAL** Façade Art déco, brasserie animée sur la rue : cet hôtel de l'ancien quartier rouge incarne toujours l'esprit bohème typiquement parisien. Il a conservé l'ascenseur d'origine, les moulures et le grand escalier de marbre, mais rénové les espaces et les chambres avec une palette de tons chauds et des accessoires chinés. Au dernier étage, les vues sur le Sacré-Cœur sont saisissantes. Outre sa brasserie, l'hôtel propose une boîte de nuit en sous-sol et, avec une vue imprenable sur Paris, l'un des meilleurs bars en plein air de la ville.

♿ 🅰 ☂ 🍴 - 105 chambres

55 Marguerite-de-Rochechouart – ℰ 01 42 81 91 00

PARIS

903

9e ARRONDISSEMENT

HOY PARIS

MODERNE • COSY HOY Paris (entendez House of Yoga) est la fusion des deux passions de Charlotte Gomez de Orozco, hôtelière et professeure de yoga. Des cours de yoga donc, en salle chauffée avec lumière infrarouge. Mais aussi une table végétalienne au menu latino-américain, célébrant les racines mexicaines de la propriétaire. Également sur place, une fleuriste japonaise et un espace de soins basés sur l'énergie, l'ostéopathie et la gynécologie. Et bien sûr des chambres, où tout a été pensé pour le bien-être, de l'eau purifiée au charbon japonais binchotan jusqu'aux produits de beauté bio français en passant par la barre d'étirement.

&. 🄰🄲 📶 🍽 - 21 chambres
68 rue des Martyrs – 🕽 01 77 37 87 20

KIMPTON ST-HONORÉ

MODERNE • ÉLÉGANT L'édifice Art nouveau qui accueille cet hôtel se distingue par ses détails turquoise, cuivre et or. À l'intérieur, il a été (respectueusement) remis au goût du jour par le designer parisien Charles Zana : à la fois déco et moderne, pour un résultat élégant sans être sévère. Les chambres et les suites représentent une version idéalisée d'un appartement parisien. Un spa et une piscine intérieure tout en mosaïques.

🄰🄲 🄿 📶 ⇔ 🆂🅿 📶 ♨ 🍽 - 149 chambres
25-29 boulevard des Capucines – 🕽 01 80 40 76 10

MAISON SOUQUET

AVANT-GARDE • ROMANTIQUE Une authentique "maison de plaisir" de Pigalle transformée en hôtel cinq étoiles par Jacques Garcia : le décorateur parisien a créé une fantaisie à la fois opulente, mystérieuse et un brin surréaliste. Les chambres et les suites sont tamisées et romantiques, luxueuses et raffinées, comme les espaces publics, et le bar ressemble à une bibliothèque avec cheminée. Ici, le spa est à usage privé : pas de vestiaire ou de salle d'attente, juste une clef qui ouvre l'endroit le plus fantastique de la Maison. Un luxe flirtant avec la décadence, jamais avec l'ennui !

🄰🄲 📶 ⇔ 🛥 🆂🅿 ♨ 🍽 - 20 chambres
10 rue de Bruxelles – 🕽 01 48 78 55 55

LE PIGALLE PARIS
Plus

MODERNE • CHALEUREUX Dans une rue discrète du 9e arrondissement, en plein cœur de la Nouvelle-Athènes, cet "hôtel de quartier", comme il se présente, tient ses promesses : c'est un vrai lieu vie, dont le rez-de-chaussée accueille parfois les voisins de passage, pour un verre ou plus. Chambres sobres, aux murs blancs et parquets massifs, décorés de bibelots uniques, de disques et d'affiches.

&. 🄰🄲 🄿 📶 🚲 🍽 - 40 chambres
9 rue Frochot – 🕽 01 48 78 37 14

PULITZER
Plus

MODERNE • COSY Un mariage séduisant de chic façon 20e s. et de design contemporain, à la fois animé et intime. Les chambres au style 100% parisien sont un véritable modèle d'agencement : les Petites Mansardes, nichées sous les toits, extrêmement douillettes et parfaitement fonctionnelles, disposent d'un mobilier sur-mesure. Le décor est chic, classique et surprenant, jusque dans la salle des petits-déjeuners. Un bar accueillant propose cocktails et tapas dans un élégant espace aux allures de jardin.

&. 🄰🄲 ☁ 📶 🍽 - 44 chambres
23 rue du Faubourg Montmartre – 🕽 01 53 34 98 10

RÉSIDENCE NELL
Plus

MODERNE • CONVIVIAL "Cette adresse revendique un esprit ""contemporain mais parisien""", en plein Faubourg Montmartre, à deux pas des Grands Boulevards. Davantage que sur le charme, le lieu mise sur sa grande fonctionnalité et une attention soutenue portée aux détails. Parquet en chêne massif, mobilier conçu sur mesure, salle de bain décorée de mosaïques en pâte de verre, kitchenette séparée par une cloison gainée de cuir… autant d'éléments qualitatifs qui contribuent à valoriser l'espace. Une carte de petit déjeuner ainsi qu'une formule de livraison depuis 13 restaurants permettent de vivre ici comme à l'hôtel, même si de nombreux clients de longue durée — voyageurs d'affaires ou touristes — préfèrent y cuisiner comme à la maison…"

& AC ⌀ - 17 chambres
60 rue Richer – ✆ 01 53 24 98 98

SOHO HOUSE PARIS

BOURGEOIS • CHALEUREUX Jadis habité par la famille de Jean Cocteau, cet immeuble de Pigalle est aujourd'hui un hôtel qui s'inspire de la villa de l'artiste au Cap Ferrat. Les chambres, coquettes, toutes de grand confort, fourmillent de petites touches Art déco d'un luxe discret. Une collection d'œuvres d'art orne les espaces communs tels que le jardin d'hiver, le salon et la terrasse de la piscine, où l'on se retrouve pour dîner ou boire un verre. Espace fitness (remarquable), hammam et sauna complètent les services haut-de-gamme de l'établissement. Au sous-sol, salle de spectacles et d'événements.

AC ⌀ 🛋 - 36 chambres
45 rue la Bruyère – ✆ 01 88 24 05 00

GARE DE L'EST • GARE DU NORD • CANAL SAINT-MARTIN
10ᴇ ARRONDISSEMENT

BRIGADE DU TIGRE

CUISINE ASIATIQUE • CONVIVIAL Tous les deux passés chez William Ledeuil, tous les deux grands amoureux de l'Asie qu'ils ont arpenté, les compères de Eels ont uni leurs baguettes pour célébrer la joyeuse diversité de la cuisine asiatique dans un duplex d'esprit bistrot. Résultat : des petites pépites parfumées concoctées à partir de produits de qualité à l'image de ce pressé aux trois viandes, gelée de vin rouge et citronnelle ou bien encore de ce pithiviers au boudin, txistora accompagné d'un condiment tamarin/abricot.

& – Prix : €€
38 rue du Faubourg-Poissonnière – Ⓜ Bonne-Nouvelle – ✆ 01 45 81 51 56 – www.brigadedutigre.fr

BLOOM GARDEN

CUISINE MODERNE • MÉDITERRANÉEN L'esprit méditerranéen règne ici généreusement, depuis les tapis berbères qui recouvrent le parquet et les suspensions en osier jusqu'aux murs émaillés de zelliges. Aux beaux jours, on s'attable à l'une des tables disposées autour du bassin de l'agréable patio. Le chef Olivier Streiff, découvert dans Top Chef en 2015, a signé une carte colorée et audacieuse qui lorgne aussi vers le Sud. Tournedos de veau, polenta poêlée et réglisse ; coulant au chocolat et poivron confit ; tartelette au citron et chutney d'endives : le chef n'a rien perdu de sa verve, ni de son désir de bousculer les codes gourmands.

& AC 🍽 – Prix : €€€
Bloom House, 23 rue du Château-Landon – Ⓜ Louis Blanc – ✆ 01 83 64 38 30 – www.bloomhouse-hotel.com/restaurant – Fermé dimanche, samedi midi et lundi soir

BONHOMME

CUISINE MODERNE • CONVIVIAL De la bonhomie, ils n'en manquent pas, les trois bonhommes qui ont créé ce bistrot animé du faubourg Poissonnière ! Dans cette déco brute et tendance (murs grattés, guéridons de marbre, cave vitrée), le chef a l'intelligence de trousser une bistronomie gourmande sans effets de mode :

10ᵉ ARRONDISSEMENT

croquettes de porc panées, chutney d'oignon rouge et piment ; maquereau snacké, poireau crayon braisé, oseille ; mousse au chocolat noir, caramel, crumble choco... Bonne ambiance assurée.

& AC 🍽 – Prix : €€

58 rue du Faubourg-Poissonnière – Ⓜ Poissonnière – ℰ 09 87 71 69 17 – www. bonhomme-resto.fr – Fermé lundi et dimanche

CHEZ MICHEL

CUISINE TRADITIONNELLE • BISTRO Depuis 2015, le chef japonais Masahiro Kawai tient les cuisines de cette adresse historique. Il s'inspire de ses expériences nippones, espagnoles et françaises (auprès de Y. Camdeborde et de C. Etchebest) pour décliner une cuisine de bistrot traditionnelle mais néanmoins joyeuse, où les produits de la mer tiennent une place notable. Les classiques sont là – foie gras rôti, gibier en saison – les saveurs sont bonnes et les cuissons précises, notamment sur ce maquereau grillé, ratatouille et pistou.

Prix : €€

10 rue de Belzunce – Ⓜ Gare du Nord – ℰ 01 44 53 06 20 – www. restaurantchezmichel.fr – Fermé samedi et dimanche

CHOCHO

CUISINE CRÉATIVE • TENDANCE Chaud, chaud devant : passé par Top Chef, le chef Thomas Chisholm est désormais chez lui. Dans cette salle tendance, la cuisine célèbre le partage et la gastronomie durable ! Poissons ikejime, bocaux et fermentations, produits de l'agroforesterie... Dans un style créatif et parfois ludique, aux influences diverses, la petite musique du chef séduit : carottes rôties, émulsion d'ail et poudre de jaune d'œuf ; thon rouge, citron corse et dashi de betterave fumée...

& – Prix : €€

54 rue de Paradis – Ⓜ Gare de l'Est – ℰ 01 42 28 26 03 – www.chocho. becsparisiens.fr – Fermé du lundi au vendredi à midi

52 FAUBOURG ST-DENIS

CUISINE MODERNE • CONVIVIAL Vous aimez le décor des néobistrots ? Vous allez être ravis : ici, on s'installe dans un décor de béton brut et de pierres apparentes pour déguster une cuisine mâtinée de saveurs asiatiques, mais aussi de grands classiques bistrotiers comme le pâté de campagne ou les poireaux vinaigrette. Un repas qu'on arrose de jolis vins ou de bière artisanale... et qu'on termine par un café sélectionné et torréfié par le patron. Attention : pas de réservation.

& 🍽 – Prix : €€

52 rue du Faubourg-Saint-Denis – Ⓜ Strasbourg - Saint-Denis – ℰ 01 48 00 95 88 – www.faubourgstdenis.com

DANTE

CUISINE MODERNE • TENDANCE Après une période de purgatoire, cette adresse tendance de la rue de Paradis a retrouvé des couleurs sous la houlette d'une jeune cheffe passionnée, Rébecca Beaufour, convertie à la gastronomie à la suite d'un stage chez Alain Passard. Elle envoie de petites assiettes bistronomiques efficaces et bien tournées ainsi que quelques belles pièces à partager.

& – Prix : €€

14 rue de Paradis – Ⓜ Gare de l'Est – ℰ 06 60 39 09 01 – www.danterestaurant. info – Fermé lundi, dimanche et du mardi au vendredi à midi

EELS

CUISINE MODERNE • TENDANCE Entre Bonne Nouvelle et l'église Saint-Vincent-de-Paul, cette adresse est une bonne nouvelle. On n'y sert pas que de l'anguille (eel en anglais) ! Certes, l'anguille fumée, réglisse, vierge de pomme golden saupoudrée de chapelure frite est bien ancrée à la carte. Mais le chef a plus d'un tour dans sa... bourriche. Disciple de William Ledeuil, c'est un grand voyageur qui a parcouru l'Amérique du Sud et du Nord, et l'Asie. Épaulé par des complices solides, le chef fait preuve d'une précision, d'un souci du détail et du visuel qui épate dans chaque assiette. Cette cuisine d'auteur est servie dans une salle bistrot avec comptoir

10ᵉ ARRONDISSEMENT

ouvrant sur la cuisine ouverte, des murs en pierre ou brique mises à nue, des lampes « suspension » design.

🥨 – Prix : €€€

27 rue d'Hauteville – Ⓜ Bonne-Nouvelle – ☎ 01 42 28 80 20 – www.restaurant-eels.com – Fermé lundi et dimanche

FAUBOURG DAIMANT ⓝ

CUISINE VÉGÉTALIENNE • BISTRO Dans une rue connue des gourmets, où les adresses bistronomiques se suivent au fil des numéros, ce bistrot à la déco simple mise sur une cuisine de partage vegan et épicurienne, loin de certaines injonctions. L'idée ? Réconcilier gourmandise et cuisine végétale, en s'inspirant de la tradition culinaire bourgeoise. Les appellations en témoignent : chou farci, saucière de jus, croquettes cochonnes, rillettes du Puy, oreilles de chardon laquées... Ce pari aussi « dément » que savoureux est tenu grâce à des sauces généreuses et des associations audacieuses où le végétal déploie toute sa palette de goût : on oublie vite l'absence de beurre et de crème.

Prix : €€

20 rue du Faubourg-Poissonnière – Ⓜ Bonne Nouvelle – ☎ 07 88 09 73 48 – www.daimant.co/faubourg-daimant.html

HABILE. ⓝ

CUISINE MODERNE • CONVIVIAL Nos chefs et leurs compagnes ne manquent jamais d'imagination. Après les caves à manger et les restos avec épicerie, voici le mariage du bistrot et du tricot. Tandis qu'à l'étage, la styliste Camille Andrieux présente ses vêtements, le chef Éric Fontanini mitonne une cuisine généreuse, sans effet de style. En témoignent le pâté en croûte au cochon et foie gras, et le thon rouge de ligne, simplement snacké, voguant sur une délicieuse compotée d'oignons et de poivrons. Cerise sur le gâteau, service en continu de 11h à 23h. Le décor coloré est pimpant à souhait, et l'on apprécie aussi le comptoir pour manger face au chef.

🆎 – Prix : €€

16 rue de Lancry – Ⓜ République – ☎ 01 44 63 82 62 – www.habile.com – Fermé lundi et dimanche

JJII

CUISINE CRÉATIVE • SIMPLE Murs en pierre, câbles électriques apparents et musique en streaming dans cette salle à manger tout en longueur, tout comme cette cuisine ouverte où l'on reconnait le chef coréen Jaywook Hur. Seul en cuisine, le chef déroule une cuisine française moderne et créative saupoudrée de quelques touches asiatiques (tempura, sésame, kimchi ce soir) au fil d'un menu mystère : entrée surprenante et tout en fraîcheur que ce bar, kimchi et avocat, accompagnés de framboises et d'une quenelle d'œufs de hareng fumé ; ou encore ce fondant faux-filet Simmenthal maturé, fenouil, betterave et son jus de caractère.

Prix : €€€

92 rue du Faubourg-Poissonnière – Ⓜ Poissonnière – ☎ 01 48 74 53 22 – www.restaurantjjii.fr – Fermé lundi, dimanche, et mardi, mercredi et samedi midi

MÂCHE

CUISINE CRÉATIVE • TENDANCE Monochrome orange de butternut, carotte et haddock ; pigeon et asperge en duo puissant, croquant et tendre à la fois : il n'y a pas que de la mâche dans la cuisine inventive de Michaël Gamet (passé par l'Astrance), il y a aussi des couleurs et des saveurs qui percutent (notamment les produits fermentés ou confits, et les condiments apportant de l'intensité aux plats), échos des voyages qui ont sans doute formé le palais du chef. Dans cette belle salle qui mêle éléments anciens et déco géométrique contemporaine, convivialité et service chaleureux vont aussi de pair.

🆎 💠 – Prix : €€€

61 rue de Chabrol – Ⓜ Poissonnière – ☎ 09 83 40 60 04 – www.mache.restaurant – Fermé lundi, dimanche et du mardi au samedi à midi

PARIS

907

10ᵉ ARRONDISSEMENT

POULICHE

CUISINE MODERNE · CONTEMPORAIN Dans ce néo-bistrot convivial, Amandine Chaignot célèbre le marché, la spontanéité et la créativité, sans jamais trahir le goût des ingrédients, sélectionnés avec soin. C'est d'ailleurs ainsi qu'elle a pensé son menu unique : seul le plat principal est choisi par le convive – viande, poisson ou offre végétarienne – le reste du repas étant laissé à l'appréciation de la cheffe. Le mercredi, menu exclusivement végétarien. Le dimanche, esprit cuisine bourgeoise familiale autour du poulet. Bon rapport qualité/prix le midi. Une Pouliche dont on s'entiche.

&. AC – Prix : €€

11 rue d'Enghien – Ⓜ *Strasbourg - Saint-Denis –* ☏ *01 45 89 07 56 – www. poulicheparis.com – Fermé dimanche soir*

LES RÉSISTANTS

CUISINE MODERNE · CONVIVIAL Les Résistants ? Ceux qui luttent encore (fournisseurs, producteurs, cuisiniers etc.) contre les sirènes de l'agroalimentaire, et qui placent toujours, au centre de leurs préoccupations, goût et traçabilité. Tel est le credo des associés de la maison : oui, il est possible de bien se nourrir, tout en respectant le bien-être animal et les cycles naturels. Ils le prouvent avec talent dans cette sympathique adresse où l'on déguste une cuisine du marché, qui change tous les jours. Carte des vins exclusivement nature, cela va de soi... Brunch le week-end.

&. AC – Prix : €€

16 rue du Château-d'Eau – Ⓜ *République –* ☏ *01 77 32 77 61 – www.lesresistants.fr*

LES RÉSISTANTS - LA TABLE Ⓝ

CUISINE MODERNE · TENDANCE Voici la nouvelle adresse des Résistants, fervents défenseurs de l'agriculture paysanne. On trouve donc dans l'assiette viandes de race locale, pêche de petit bateau et, dans le verre, des vins "vivants" – issus d'une sélection de 150 producteurs. Le cadre reflète cette philosophie de la nature : matériaux bruts, bois, pierre et verrière laissant passer la lumière, le tout avec une dominante de vert. Le chef délivre une cuisine moderne et instinctive, en phase avec la saisonnalité des produits, comme cette entrée d'agnolotti del plin, ragoût de brebis et abricot confit.

🥘 &. – Prix : €€

7 rue de la Fidélité – Ⓜ *Gare de l'Est –* ☏ *09 81 41 01 07 – www.lesresistants-latable.fr – Fermé lundi*

TO

CUISINE MODERNE · CONTEMPORAIN À deux pas du canal Saint-Martin, franchissez cette TO – porte en japonais – pour découvrir la cuisine fusion franco-japonaise du chef Ryo Miyazaki (passé chez Saturne) à travers une succession de 3 salles modernes aux ambiances bien distinctes. Assiettes inspirées aux dressages soignés, dans différents formats "omakase".

AC 🍴 🖒 – Prix : €€€

34 rue Beaurepaire – Ⓜ *Jacques Bonsergent –* ☏ *01 40 37 39 12 – www. to-restaurant.com*

🛏 BLOOM HOUSE HOTEL

MODERNE · ÉLÉGANT Voisin des gares de l'Est et du Nord, ce lieu contraste volontairement par son ambiance florale, de la végétation et des matériaux naturels aux tons chauds. Ses chambres compensent leur taille par leur élégance et leur originalité, avec parfois de grands balcons. Spa avec piscine intérieure de 18 m. Plats aux accents méditerranéens et bar aux choix pointus.

&. AC 🛁 ⚒ 🕭 ♨ 🍴 - 91 chambres

23 rue du Château-Landon – ☏

Bloom Garden - Voir la sélection des restaurants

🛏 HÔTEL LES DEUX GARES

MODERNE · COSY Les deux gares en question sont celles de l'Est et du Nord, entre lesquelles se dresse l'incroyable hôtel designé par l'Anglais Luke Edward Hall.

11ᵉ ARRONDISSEMENT

La précision de ses recherches et l'audace de sa palette donnent une vision d'un Paris de rêve, plus parisien que nature. Les chambres, dont quelques-unes avec balcon, sont toutes douillettes et offrent un régal pour les yeux. L'hôtel ne dispose pas de restaurant, mais le café Les Deux Gares, juste en face, est également une réalisation de L. E. Hall.

AC ⇗ ⋒ ⌨ ⍑ - 33 chambres
2 rue des Deux-Gares - ✆ *01 85 73 11 83*

HÔTEL PARADIS

MODERNE • CONVIVIAL En phase avec son époque, l'Hôtel Paradis ressemble à son quartier : artiste, abordable, dynamique et au cœur du cool. Il brasse allègrement les styles — loft sous verrière, atelier récup', rétro scandinave — sans tomber dans le patchwork. Les chambres se révèlent chaleureuses, claires et agrémentées de touches de déco originales. À noter également la Suite Paradis du 6e étage, avec salon mansardé, salle de bain immaculée et vue parfaite sur le Sacré-Cœur. Les parties communes reflètent le même esprit voyage et mixité : comptoir en malles récupérées, châssis d'usine pour la verrière du lobby, Peter Tosh sur la platine vinyle du salon lecture, lui-même très axé mode du monde et design vintage.

♿ AC P ⇗ ⍑ - 38 chambres
41 rue des Petites Écuries - ✆ *01 45 23 08 22*

PROVIDENCE   *Plus*

CLASSIQUE • COSY Dans une rue tranquille derrière les grands boulevards, un immeuble haussmannien joliment restauré accueille cet hôtel cosy et plutôt cossu. La déco sur mesure, le mobilier chiné, les chambres avec petit bar à cocktails : l'ensemble est soigné et très avenant !

AC ⇗ ⦿ ⍑ - 18 chambres
90 rue René Boulanger - ✆ *01 46 34 34 04*

25 HOURS TERMINUS NORD   *Plus*

AVANT-GARDE • CONVIVIAL Face à la gare du Nord, cet hôtel de 1865 (premier établissement parisien du groupe hôtelier allemand 25 hours) joue désormais la carte cosmopolite d'une culture urbaine, pop et décomplexée, mélangeant graffiti et motifs africains – à l'image de ce quartier multicolore.

♿ AC P ⇗ 🚲 ⍑ - 237 chambres
12 boulevard de Denain - ✆ *01 42 80 20 00*

NATION • VOLTAIRE • RÉPUBLIQUE
11ᴱ ARRONDISSEMENT

AMÂLIA Ⓝ

Chefs : Cecilia Spurio et Eugenio Anfuso
CUISINE MODERNE • CONTEMPORAIN Contrairement à d'autres adresses de l'Est parisien, cette table a adopté un parti-pris d'élégance classique : cadre épuré, nappage sur table, service élégant... Serait-ce la marque du bon goût du couple italien formé par Cecilia Spurio et Eugenio Anfuso, familier des maisons étoilées ? Travaillé avec de petits morceaux d'agrumes et de noix de cajou, le tartare fumé de veau de Galice est servi dans une coquille d'oursin, surmonté d'une quenelle de glace à l'oursin. Pour son rouget à la bourguignonne, le chef a déposé le poisson sur un effiloché de bœuf et des feuilles de chou puis nappé le tout d'une superbe sauce. Il signe là une partition française et moderne, ponctuée de quelques touches italiennes, voire plus lointaines, exécutée avec précision et un goût certain pour les notes acides.
Prix : €€€€

32 rue de la Fontaine-au-Roi - Ⓜ *Goncourt -* ✆ *09 75 79 05 77 - www. amaliarestaurant.com - Fermé lundi, mardi et du mercredi au vendredi à midi*

11e ARRONDISSEMENT

PARIS

✿ AUTOMNE

Chef : Nobuyuki Akishige

CUISINE MODERNE • BISTRO Le chef japonais Nobuyuki Akishige, qui peut s'enorgueillir d'un parcours impeccable (l'Atelier du peintre à Colmar, la Vague d'Or à Saint-Tropez, avec Arnaud Donckele, le K2 à Courchevel, la Pyramide à Vienne) signe une cuisine de saison, subtile et maîtrisée, autour de produits de très belle qualité. En guise d'écrin, le cadre simple d'un bistrot pour une partition lisible, aux saveurs harmonieuses nées de cuissons précises, à l'instar de l'asperge blanche, oseille et amandes ou du maigre, déclinaison de courgettes, couteau de plongée et verveine.

🅰️🅒 – Prix : €€€€

11 rue Richard-Lenoir – Ⓜ Charonne – 𝒞 01 40 09 03 70 – www.automne-akishige.com – Fermé lundi et mardi

✿ FIEF

Chef : Victor Mercier

CUISINE MODERNE • CONTEMPORAIN FIEF comme Fait Ici En France : le chef Victor Mercier, découvert à la télé en 2018, met un point d'honneur à ne cuisiner QUE des produits français. Poivre du Sichuan du gersois, cacahuètes de Soustons, pigeon du Poitou, poissons bretons, yuzu montpelliérain, satay français, miso bourguignon... et même une crème glacée au mélilot qui remplace la vanille. À partir de ce luxueux exigeant, le chef écrit un roman savoureux et plein de brio, parfaitement maîtrisé, des cuissons aux saveurs, en passant par les sauces profondes - une vraie personnalité. Installez-vous sans hésiter au comptoir d'hôtes pour y vivre l'expérience au plus près et échanger avec le chef et son équipe qui prodiguent en temps réel le pourquoi du comment sur chaque plat : passionnant !

🅰️🅒 – Prix : €€€€

44 rue de la Folie-Méricourt – Ⓜ Oberkampf – 𝒞 01 47 00 03 22 – www.fiefrestaurant.fr – Fermé samedi, dimanche et du lundi au vendredi à midi

🐝**L'engagement du chef :** Coupler environnement urbain et éco-responsabilité est souvent un vrai défi. Ici, pas de compromis : légumes issus de l'agro-écologie, « épices » franciliennes (benoîte urbaine, reine-des-prés...), bannissement des produits non français, tout comme la viande bovine, à laquelle on préfère celle à faible impact carbone ou issue de la chasse réglementée. On limite le gaspillage alimentaire au maximum en travaillant les jus et les fermentations ; les déchets organiques restants sont collectés.

✿ GÉOSMINE

Chef : Maxime Bouttier

CUISINE CRÉATIVE • CONTEMPORAIN La géosmine, c'est le délicieux parfum qui monte de la terre fraîchement labourée ou mouillée. Tout un programme « nature » pour la table de Maxime Bouttier, qui nous accueille du côté d'Oberkampf dans une maison de ville sur deux étages, dans un esprit et un décor qui fleurent bon l'Est parisien. Originaire de la Sarthe, ce jeune chef élabore des assiettes percutantes et épurées, déclinées dans un menu dégustation rythmé par les saisons et qui ne tombe jamais dans l'excès de complexité. Carte des vins très intéressante mettant en avant vins naturels ou en biodynamie, mais aussi de jolis flacons italiens, espagnols ou autrichiens.

🐝 ♿ 🅰️🅒 ⇄ – Prix : €€€€

71 rue de la Folie-Méricourt – Ⓜ Oberkampf – 𝒞 09 78 80 48 59 – www.geosmine.com – Fermé lundi, dimanche, et mardi et jeudi à midi

✿ QUI PLUME LA LUNE

CUISINE MODERNE • COSY Qui plume la Lune, c'est d'abord un joli endroit, chaleureux et romantique... Sur l'un des murs de la salle trône une citation de William Faulkner : "Nous sommes entrés en courant dans le clair de lune et sommes allés vers la cuisine." Pierres apparentes et matériaux naturels (bois brut, branchages, etc.) complètent ce tableau... C'est aussi un havre de délices, porté par une équipe déterminée à ne sélectionner que de superbes produits – selon une éthique écologique, ainsi de beaux légumes bio – et à régaler ses clients d'assiettes tout en maîtrise et en

11ᵉ ARRONDISSEMENT

précision : une véritable démonstration de vitalité, de fraîcheur et de senteurs. Très agréable moment, donc, sous la clarté de cette table aussi lunaire que terrestre...
&. ⬚ – Prix : €€€€

50 rue Amelot – Ⓜ Chemin Vert – ☏ 01 48 07 45 48 – www.quiplumelalune.fr – Fermé lundi et dimanche

SEPTIME ✿

Chef : Bertrand Grébaut

CUISINE MODERNE • BISTRO Des bonnes idées en pagaille, beaucoup de fraîcheur et d'aisance, de la passion et même un peu de malice, mais toujours de la précision et de la justesse : mené par Bertrand Grébaut, Septime symbolise le meilleur de cette nouvelle génération de tables parisiennes à la fois très branchées et... très épicuriennes. Au milieu de la rue de Charonne, le lieu exploite à fond les codes de la modernité : grande verrière d'atelier, tables en bois brut, poutres en métal... Une vraie inspiration industrielle, plutôt chic dans son aboutissement, d'autant que le service contribue à faire passer un bon moment. Comme on peut l'imaginer, tout cela se mérite : il faudra réserver précisément trois semaines à l'avance (et en ligne uniquement) pour avoir une chance d'en profiter.

Prix : €€€€

80 rue de Charonne – Ⓜ Charonne – www.septime-charonne.fr – Fermé samedi et dimanche

✿ **L'engagement du chef :** Développement humain et respect de l'environnement sont au cœur de notre engagement. Les denrées maraîchères que nous cuisinons proviennent en majorité d'Île-de-France, les viandes et les poissons sont issus de l'élevage ou de la pêche responsables et durables, nous travaillons les produits entiers pour lutter contre le gaspillage et nos bio-déchets partent en plateforme de lombricompostage pour être recyclés.

VAISSEAU ✿

Chef : Adrien Cachot

CUISINE CRÉATIVE • ÉPURÉ Depuis son passage à Top Chef en 2020, Adrien Cachot a acquis une popularité qui ne se dément pas. Dans une salle épurée à l'atmosphère intimiste, le chef fait assaut de créativité et élabore des assiettes souvent audacieuses en terme d'accords, à l'instar de ses mochis "Cachot e pepe" préparés à la façon d'un risotto au poivre et aux agrumes : décoiffant ! Il affectionne aussi les ingrédients moins conventionnels, comme les abats, qui offrent des textures rares, ainsi que les mariages terre et mer, comme ce superbe centrolophe, un poisson des fonds marins de Méditerranée judicieusement associé aux tripes et au vin jaune. À travers un menu carte blanche volontiers ludique, une personnalité culinaire singulière se dégage, qui bouscule les habitudes gustatives et convainc de bout en bout.

🕸 &. Ⓐ – Prix : €€€€

35 rue Faidherbe – Ⓜ Charonne – ☏ 01 88 61 70 41 – www.restaurant-vaisseau.com – Fermé samedi, dimanche, et lundi et mardi à midi

AUBERGE PYRÉNÉES CÉVENNES 😊

CUISINE TRADITIONNELLE • AUBERGE (Fermé provisoirement pour travaux, réouverture prévue en septembre) Le chef Pierre Négrevergne s'épanouit à merveille dans cette maison qui a plus de 100 ans. Il régale avec une savoureuse cuisine "de grand-mère" qui met en valeur le patrimoine gastronomique français (terrine maison, blanquette de veau à l'ancienne et riz grillé, millefeuille), servie en portions généreuses. Cette auberge régale toujours autant.

Ⓐ – Prix : €€

106 rue de la Folie-Méricourt – Ⓜ République – ☏ 01 43 57 33 78 – www.auberge-pyrenees-cevennes.fr – Fermé dimanche, et lundi et samedi à midi

CLAMATO 😊

POISSONS ET FRUITS DE MER • TENDANCE Inspirée des bars à huîtres de la côte Est des États-Unis, cette annexe de Septime doit son nom à un cocktail très populaire au Québec, sorte de Bloody Mary agrémenté d'un jus de palourde... à

11ᵉ ARRONDISSEMENT

découvrir ici, évidemment ! L'endroit a tout du "hit" bistronomique, avec ce décor tendance et cette carte courte qui met en avant la mer et les légumes, avec de jolies influences internationales. Les produits sont choisis avec grand soin et travaillés le plus simplement du monde, puis déclinés dans des assiettes à partager. Attention, la réservation est impossible : premier arrivé, premier servi !

🅐🅒 – Prix : €€

80 rue de Charonne – Ⓜ Charonne – ☏ 01 43 72 74 53 – www.clamato-charonne. fr

DOUBLE DRAGON

CUISINE ASIATIQUE • DÉCONTRACTÉ À cette sympathique table, les sœurs Katia et Tatania Levha proposent des petits plats d'inspiration diverses (Chine, Philippines, Thaïlande, etc.) dans un esprit "streetfood" amélioré. Une cuisine pleine de caractère, aux saveurs marquées, parfois délicieusement épicées. Une table ludique et savoureuse.

Prix : €€

52 rue Saint-Maur – Ⓜ Rue Saint-Maur – ☏ 01 71 32 41 95 – www. doubledragonparis.com – Fermé lundi, dimanche et mardi midi

ALLUMA

CUISINE MÉDITERRANÉENNE • CONTEMPORAIN Un ancien du Balagan, le chef Liran Tal, a relooké avec goût cette adresse tout de blanc vêtue. Il y propose une savoureuse cuisine méditerranéenne mâtinée d'influences israéliennes, au travers de menus dégustation au très bon rapport qualité-prix : délicieux houmous massabaha, crudo de sériole aux figues et épices, faux-filet d'agneau et condiment abricot-miso... Choix de vins en bio et biodynamie, notamment d'Italie, Espagne et Arménie.

🅐🅒 – Prix : €€€

151 rue Saint-Maur – Ⓜ Goncourt – ☏ 09 85 11 88 33 –alluma-paris.com – Fermé lundi, dimanche, et mardi, mercredi et samedi midi

BIONDI

CUISINE ARGENTINE • BISTRO À proximité du Cirque d'Hiver, ce chef talentueux a baptisé son restaurant convivial et animé en souvenir de Pepe Biondi, célèbre clown argentin. Il délivre une jolie cuisine d'inspiration sud-américaine : ceviche de thon, empanadas de carne, churrasco de las Pampas cuit à la braise, ou encore ce flan au caramel et mousse dulce de leche, un modèle de gourmandise ! Sélection de vins argentins.

🖧 – Prix : €€€

118 rue Amelot – Ⓜ Oberkampf – ☏ 01 47 00 90 18 – www.biondi-restaurant. fr – Fermé dimanche

BISTROT PAUL BERT

CUISINE TRADITIONNELLE • BISTRO Sur la façade de ce sympathique bistrot s'affiche : "Cuisine familiale". Traduisez : feuilleté de ris de veau aux champignons, côte de cochon fermier du Perche et cocos de Paimpol, cerf rôti aux airelles et purée de céleri... Des assiettes copieuses et goûteuses d'esprit classique, préparées sans tralala. Vous en redemanderez, mais attention à bien garder de la place pour le baba au rhum !

🍴 – Prix : €€

18 rue Paul-Bert – Ⓜ Faidherbe - Chaligny – ☏ 01 43 72 24 01 – www. bistrotpaulbert.fr/fr – Fermé lundi et dimanche

BON KUSHIKATSU

CUISINE JAPONAISE • ÉLÉGANT Pour un voyage express à Osaka, à la découverte de la spécialité culinaire de la ville : les kushikatsu (des minibrochettes panées et frites à la minute). Bœuf au sansho, foie gras poivré, champignon shiitaké : les préparations se succèdent et révèlent de belles saveurs. Et l'accueil délicat finit de transporter au Japon...

🅐🅒 – Prix : €€€

24 rue Jean-Pierre-Timbaud – Ⓜ Oberkampf – ☏ 01 43 38 82 27 – www. kushikatsubon.fr – Fermé mercredi, dimanche, et le midi

11ᵉ ARRONDISSEMENT

LE CHARDENOUX

CUISINE MODERNE • **BISTRO** Dans ce bistrot parisien fondé par la famille Chardenoux et inscrit au titre des Monuments historiques, le regard oscille entre le magnifique plafond peint et le décor Art nouveau avant de revenir à l'essentiel, une assiette délicieusement iodée. Car, ici, c'est la mer qui s'invite à table. Les incontournables signés Lignac sont présents : lobster roll, bar en croûte de sel, tartare de thon, avocat, ponzu, wasabi, sans oublier l'excellent millefeuille ou le baba au rhum ! Une jolie mention pour la très bonne galette craquante, tourteau au curry et avocat dont les saveurs sont justes, savoureuses et équilibrées.

Prix : €€€

1 rue Jules-Vallès – ⓂCharonne – ☎ 01 43 71 49 52 – www.restaurantlechardenoux.com

LE CHATEAUBRIAND

CUISINE MODERNE • **BISTRO** Le Basque Inaki Aizpitarte attire une clientèle gastronome internationale avec son bistrot "pur jus", véritable temple de la mouvance bistronomique, dont il fut l'un des initiateurs. D'hier, le lieu a conservé le décor – tel qu'on pouvait encore en trouver dans les années 1930 – jouant sur le mélange néo-rétro (zinc, ardoises, haut plafond et tables étroites). Cette institution cultive une formule inoxydable : celle d'un menu unique aux associations de saveurs originales. Produits et vins sont choisis avec soin chez des producteurs indépendants. Réservation indispensable.

🕸 – Prix : €€€

129 avenue Parmentier – ⓂGoncourt – ☎ 01 43 57 45 95 – www.lechateaubriand.net – Fermé lundi, mardi et dimanche et du mercredi au vendredi à midi

CLUTCH Ⓝ

CUISINE CRÉATIVE • **BISTRO** Deux associés se sont créés un cadre typique de l'est parisien : grandes baies vitrées, murs de pierre brute, tables de bistrot, cuisine ouverte au fond avec quelques places au comptoir. Passé chez Pierre Sang, le chef signe une cuisine créative émaillée d'influences d'ici et d'ailleurs : brochette d'eryngii et pleurotes, légumes croquants, vinaigrette à la cacahuète et au nuoc-mâm ; gratin de joue de bœuf confite, macaroni, parmesan, oignons de Roscoff et jus court ; pommes façon Tatin.

Prix : €€

62 rue de Montreuil – ⓂRue des Boulets – ☎ 07 44 80 04 04 – www.restaurant-clutch.fr – Fermé lundi, dimanche et mardi midi

LA DATCHA Ⓝ

CUISINE MODERNE • **TENDANCE** Cet ancien café traditionnel du 11e arrondissement, où l'on a conservé nombre d'éléments d'origine, aspire désormais au statut de vaste maison de campagne (c'est le sens de datcha). Les moulures, lustres et autres miroirs fumés sont accompagnés désormais de tables en bois de palettes et de nombreux bouquets de graminées et d'épis de blé. L'assiette est concoctée par le chef Makzym Zorin (formé surtout dans la galaxie Ducasse) qui signe une bonne partition patrimoniale revisitée avec élégance et saveur : délicieux pâté en croûte tout en finesse d'exécution ; veau rosé légèrement fumé et sa purée de panais aérienne ; chocolat Tonka et noisettes au dessert, efficace et canaille. Table d'hôte à l'étage.

Prix : €€€

62 rue Jean-Pierre-Timbaud – ⓂParmentier – ☎ 01 88 61 49 65 – www.ladatchaparis.com – Fermé lundi mididimanche soir

DEUX BISTROT DE CHEFS

CUISINE MODERNE • **BISTRO** Tiphanie Mollard et Romain Casas, l'une savoyarde, l'autre béarnais, unissent leur joie de vivre contagieuse et leurs terroirs dans un lieu chaleureux et lumineux qui leur ressemble : cuisine ouverte, étagères remplies de bouteilles, des bibelots, des photos et des plantes. Tomates, crème de burrata, gelée de vinaigre ; sardines grillées, vierge, salade de haricots verts, pistou, pêche : c'est joyeux et gourmand, franc du collier, sans superflu. Tarifs doux.

Prix : €€

58 rue de la Fontaine-au-Roi – ⓂGoncourt – ☎ 09 74 97 47 52 – www.deux-restaurant.fr – Fermé lundi et dimanche

913

11ᵉ ARRONDISSEMENT

ERSO 🆕

CUISINE MODERNE • **BISTRO** Marine Bert en salle et Yann Placet aux fourneaux, qui se sont rencontrés au Pantruche, œuvrent dans cette salle accueillante à dominante bleu et bois. La cuisine ouverte – avec quelques places au comptoir – met de la gourmandise dans l'air. On se délecte de cette bistronomie moderne où le chef cherche avant tout à faire plaisir, à l'image de ce millefeuille de cèpe et émulsion café. Formule alléchante au déjeuner ; réservation fortement conseillée le soir.

Prix : €€

18 rue Saint-Ambroise – Ⓜ *Rue Saint-Maur –* ☏ *01 81 69 96 55 – www.erso-restaurant.fr – Fermé lundi et dimanche*

EUNOÉ

CUISINE MODERNE • **CONTEMPORAIN** Deux amis, le chef japonais Ryuji Sato et Félix Perotte (salle), passionnés de cuisine et de vin, offrent l'hospitalité dans cette adresse proche du square Maurice Gardette. Dans un cadre moderne et brut, aux couleurs sable et ocre, le chef propose sa version fine et décomplexée de l'air gourmand du temps, en insistant sur le goût dans chaque assiette : échine de cochon bien mouillée dans son jus corsé au vieux vinaigre de Xérès à la saveur de thym, purée de pomme de terre fumée, et petite salade d'herbes fraîches assaisonnée à l'envoi. Au dîner, la partition se fait plus élégante.

Prix : €€

6 rue Rochebrune – Ⓜ *Saint-Ambroise –* ☏ *07 67 96 86 36 – www.eunoe-restaurant.com – Fermé lundi*

KORUS

CUISINE MODERNE • **BISTRO** Dans ce petit bistrot contemporain situé entre Bastille et République, un duo de passionnés travaille en chœur avec un chef qui concocte une cuisine créative avec des produits de qualité : franchise des goûts, mariage des saveurs, tout y est !

Prix : €€€

73 rue Amelot – Ⓜ *Chemin Vert –* ☏ *01 55 28 53 31 – www.restaurantkorus.com – Fermé lundi, mardi et du mercredi au vendredi à midi*

MAGMA

CUISINE MODERNE • **INTIME** Comme le magma, le chef japonais Ryuya Ono fusionne la gastronomie française, son inspiration sans cesse renouvelée et ses instincts gourmands, à travers un menu dégustation qui se concentre sur le respect des saisons. Les associations de saveur sont pertinentes, à l'image de cette excellente truite aux chanterelles. Attendez-vous aussi à des desserts inventifs, comme cette version du mont-blanc au potimarron ! Décor charmant et service attentif.

Prix : €€€

9 rue Jean-Pierre-Timbaud – Ⓜ *Oberkampf –* ☏ *01 48 05 56 90 – www.restaurantmagma.com – Fermé lundi, mardi et mercredi midi*

MAISON

CUISINE MODERNE • **DESIGN** Sota Atsumi, passé par de belles maisons (Le Clown, Saturne, Toyo, Michel Troisgros à Roanne, etc.), nous émeut avec sa cuisine française piquée de modernité, autour d'un menu fixe composé des meilleurs produits du marché. La salle à manger prend des allures de loft post-industriel avec son toit en v inversé, son immense table d'hôte centrale, sa cuisine ouverte (avec four à bois) prolongée d'un comptoir. Dans l'assiette : thon rouge de Méditerranée, asperges blanches grillées et sabayon à l'ail, rascasse grillée et navet… le tout à déguster dans une ambiance décontractée.

🅰🅒 – Prix : €€€€

3 rue Saint-Hubert – Ⓜ *Rue Saint-Maur –* ☏ *01 43 38 61 95 – www.maison-sota.com – Fermé lundi, mardi, mercredi midi et dimanche soir*

11e ARRONDISSEMENT

MANSOURIA

CUISINE MAROCAINE • ORIENTAL L'adresse, située à deux pas de la Bastille, est connue des amateurs de cuisine marocaine depuis plus de 40 ans. C'est désormais la fille de la fondatrice qui dirige cette vénérable institution, dont les parfums transportent dès l'entrée. Dans un cadre qui évite la surenchère orientalisante, on sert les traditionnels tagines et couscous (mais aussi une noria de délices moins connus) ou encore la pastilla de pigeon et la mourouzia, un plat d'agneau "al-andalus" sucré-salé, emblématique de la maison. La qualité des produits et le service attentionné font de cette table une savoureuse évasion.

ⒶⒸ – Prix : €€

11 rue Faidherbe – Ⓜ Faidherbe-Chaligny – ☏ 01 43 71 00 16 – www.mansouria. fr – Fermé lundi, dimanche et mardi midi

OSTERIA FERRARA

CUISINE ITALIENNE • OSTERIA Attention, refuge de gourmets ! L'intérieur est élégant mais c'est dans l'assiette qu'a lieu la magie. Le chef sicilien Fabrizio Ferrara travaille une carte aux recettes italiennes bien ficelées, goûteuses et centrées sur le produit, à l'image de ce carpaccio de maigre, puntarelle et cédrat de Sicile, ou de ces raviolis farcis au castelmagno et pomme de terre. Un bistrot qui a une âme et une jolie carte des vins, ce qui ne gâche rien.

🐸 ᪲🛋 – Prix : €€

7 rue du Dahomey – Ⓜ Faidherbe - Chaligny – ☏ 01 43 71 67 69 – www. osteriaferrara.com – Fermé dimanche

PIANOVINS

CUISINE MODERNE • ÉPURÉ Deux anciens de chez Guy Savoy, Michel Roncière et Éric Mancio, unissent ici leurs forces : le premier au "Piano", le second aux "Vins". Les assiettes, sérieuses et appliquées, évoluent chaque jour au fil du marché ; elles se dégustent dans une salle intimiste de 20 couverts environ, avec cuisine ouverte et tables au coude à coude. Jolie carte des vins et patron-sommelier intarissable sur ses flacons.

🐸 ⒶⒸ – Prix : €€

46 rue Trousseau – Ⓜ Ledru-Rollin – ☏ 01 48 06 95 85 – www.pianovins.fr – Fermé lundi et dimanche

PIERRE SANG IN OBERKAMPF

CUISINE CRÉATIVE • BRANCHÉ Qui est adepte de l'émission Top Chef connaît forcément Pierre Sang, finaliste de l'édition 2011. On retrouve ici toute la gentillesse du chef, qui délivre une cuisine sensible et partageuse, souvent ponctuée de notes coréennes. D'un bon rapport qualité-prix, les menus changent très régulièrement. Installez-vous au comptoir, face à la cuisine ouverte, et laissez-vous emporter.

ⒶⒸ ⇄ – Prix : €€

55 rue Oberkampf – Ⓜ Parmentier – ☏ 09 67 31 96 80 – www.pierresang.com/ in-oberkampf

PIERRE SANG ON GAMBEY

CUISINE CRÉATIVE • TENDANCE La seconde adresse de Pierre Sang, déjà installé non loin « in Oberkampf ». On y retrouve le même esprit et le même concept, et toujours l'attachement du célèbre chef aux beaux produits. Des produits travaillés avec soin et créativité, pour des assiettes inventives et voyageuses, teintées ici et là de quelques notes coréennes. L'originalité n'est pas que dans l'assiette, puisque le client est invité à deviner la composition des plats dégustés ! Un beau moment de partage dans un lieu chaleureux.

⇄ – Prix : €€

6 rue Gambey – Ⓜ Parmentier – ☏ 09 67 31 96 80 – www.pierresang.com

LE SERVAN

CUISINE MODERNE • BISTRO Le Servan, plus qu'un restaurant, un mot de passe ! Katia et Tatiana Levha, deux sœurs d'origine philippine en ont fait l'un des bistrots gourmands les plus courus de la place parisienne (réservation impérative).

PARIS

11e ARRONDISSEMENT

L'endroit a fière allure, avec ses fresques d'époque. Tatiana a interrompu ses études d'anglais pour s'adonner à sa passion : manger et faire à manger ! Formée chez Alain Passard et Pascal Barbot, elle compose une cuisine française vive et joyeuse, panachée d'influences asiatiques. Un soin tout particulier est apporté aux sauces et aux jus, à l'instar de la bisque et rouille safranée servie avec le bar, fenouil et chou kale ou du beurre de soja et piment qui nappe les raviolis de porc et langoustine. Le piment bien dosé vient d'ailleurs fouetter pas mal de recettes.

Prix : €€

32 rue Saint-Maur – Ⓜ Rue Saint-Maur – ✆ 01 55 28 51 82 – www.leservan. fr – Fermé dimanche

LE 6

CUISINE MODERNE • BISTRO Le 6 (ex-6 Paul Bert) a subi un petit lifting pour sa réouverture avec la cheffe Pauline Séné (Top Chef) aux fourneaux. Bar en zinc, tables de café rétro collées-serrés et chaises bistrot : l'adresse est bien vivante et affiche complet. Attrayante, la carte mise sur la gourmandise et la légèreté, mettant en avant le produit sans jamais le dénaturer : tarama fumé, œufs de truite, focaccia et wakamé ; lotte, céleri, beurre blanc, mûre-nori et katsuobushi...

Prix : €€

6 rue Paul-Bert – Ⓜ Faidherbe - Chaligny – ✆ 01 43 79 14 32 – Fermé samedi, dimanche et lundi midi

VANTRE

CUISINE MODERNE • BISTRO Le "vantre" au moyen-âge signifiait "lieu de réjouissance". C'est bel et bien aujourd'hui un lieu de réjouissance pour notre ventre, dans un cadre néo-bistrot. Un ancien sommelier (Le Bristol, Le Taillevent) et son chef proposent une cuisine gourmande à base de produits sélectionnés avec soin. Goût et dressage répondent présents à chaque assiette à l'image de ce bar rôti, sauce marinière, salicorne au dressage vertical. Plus de trois milles références de vins, et succès mérité.

🕸 🅰️🅲 – Prix : €€€

19 rue de la Fontaine-au-Roi – Ⓜ Goncourt – ✆ 01 48 06 16 96 – www.vantre.fr – Fermé samedi et dimanche

LE VILLARET

CUISINE TRADITIONNELLE • CONVIVIAL À deux pas d'Oberkampf, ce bistrot propose une cuisine traditionnelle gourmande et de saison réalisée par le chef passionné Olivier Gaslain. Nougat de queue de bœuf au foie gras, pickles, salade d'herbes ; tête de veau, langue et cervelle en ravigote ; et un baba parfumé au rhum, clémentines gingembre, mousse mascarpone... qui vous laissera bouche bée ! Superbe carte des vins avec plus de 1000 références, dont un échantillon vous est présenté dans une belle armoire à vins vitrée.

🕸 🅰️🅲 – Prix : €€€

13 rue Ternaux – Ⓜ Parmentier – ✆ 01 43 57 89 76 – www.levillaret-restaurant. fr – Fermé lundi et dimanche

🛏 FABRIC

Plus

DESIGN • CONVIVIAL Dans une ancienne fabrique de textiles, à mi-chemin de République et de Bastille, un bel hôtel qui a gardé un peu de son héritage industriel : poutres et luminaires en métal, mobilier ancien, nuances de gris, belle hauteur sous plafond... Et des chambres design et élégantes, pour les amateurs !

♿ 🅰️🅲 ⌛ 🛜 🖥 ⅃♨ - 33 chambres

31 rue de la Folie-Méricourt – ✆ 01 43 57 27 00

🛏 MAISON BRÉGUET

MODERNE • COSY A deux pas de la place de la Bastille, cet hôtel de charme propose des chambres confortables et cosy, certaines avec petite terrasse. Espace bien-être avec bassin de nage à contre-courant, et restauration.

🅰️🅲 🍴 🅿️ ⌛ 🍽 🚲 ⏳ 🖥 🛜 ⅃♨ ♨ ‖○ - 50 chambres

8 rue Bréguet – ✆ 01 58 30 32 31

916

12e ARRONDISSEMENT

 LA NOUVELLE RÉPUBLIQUE

CLASSIQUE • CHARME Avec son charme rétro et ses intérieurs contemporains à la palette naturelle, cet hôtel invite à un séjour agréable, à la fois accessible et confortable, dans un quartier plus tendance que jamais. En plus de ses textures douillettes, on apprécie toutes les petites attentions qui améliorent le confort, comme le triple vitrage et les lampes de lecture. Petit-déjeuner servi au café de l'hôtel.

🆎 🅿 ⛔ 🚲 ♻ 📶 🛗 🍽 - 30 chambres

9 rue Moret – ✆ *01 47 00 15 09*

 OH LA LA ! HOTEL - PARIS BASTILLE

MODERNE • CHALEUREUX Pénétrez dans ce bar à cocktails sur la place de la Bastille, et poussez contre la bibliothèque. Une porte secrète ouvre sur un escalier en colimaçon qui mène aux niveaux supérieurs de cet ancien immeuble d'habitation. Aménagé en pièces lumineuses donnant sur la place, il révèle des chambres compactes à l'esthétique minimaliste, certaines offrant une vue sur la place, d'autres sur cour compensant par leur calme. Quelques chambres triples.

🆎 - 16 chambres

6 rue de la Roquette – ✆ *01 88 33 55 11*

BASTILLE • BERCY • GARE DE LYON
12E ARRONDISSEMENT

PARIS

❀❀ **TABLE - BRUNO VERJUS**

Chef : Bruno Verjus

CUISINE MODERNE • CONTEMPORAIN Choisir les plus beaux produits, les cuisiner avec humilité et un respect absolu : tel est le credo de Bruno Verjus, étonnant personnage qui dans une autre vie fut entrepreneur, blogueur et critique gastronomique. Derrière son comptoir-cuisine (où l'on prend place sur des chaises hautes), il parle de ses fournisseurs avec passion, et l'envie de s'effacer devant l'artisan qui a produit la matière de son travail – d'ailleurs, qu'il s'agisse de recettes ou de produits, ce chef se considère avant tout comme un passeur. Tout est cuisiné à la minute avec des garnitures et des sauces qui n'ont qu'un but : magnifier le produit sans le dénaturer ! Laissez-vous porter par le grand menu, répondant au nom poétique de "Couleur du jour" et élaboré au quotidien selon l'arrivage : huître naturelle Utah Beach, cervelle de veau et anémone de mer en beignet, homard de casier de l'Île d'Yeu, rouget de roche grillé sur peau, poularde gauloise "rôtie en patience"... Des produits d'exception qui ont un prix. Réservation en ligne uniquement.

🍴 💬 – Prix : €€€€

3 rue de Prague – Ⓜ *Ledru-Rollin – www.table.paris – Fermé lundi, samedi et dimanche*

🌿**L'engagement du chef :** Notre engagement au service d'une cuisine de l'instant nous engage dans un rapport direct avec nos producteurs locaux. Ils nous fournissent au quotidien ce que la nature est en mesure de leur offrir. Nous ne passons aucune commande de quantité, seule la qualité oblige. L'exemplarité de leur travail, sans pesticide et respectant la nature sauvage des sols, respecte la santé de nos clients et celle de notre terre.

 VIRTUS

CUISINE MODERNE • COSY À quelques pas du marché d'Aligre, cette belle façade bleu sombre abrite un intérieur vintage émaillé de touches Art déco. C'est le fief d'un couple talentueux formé par Frédéric Lorimier aux fourneaux et Camille Gouyer en salle. Fort de son parcours parmi les grands (notamment chez Arnaud Donckele à Saint-Tropez), le chef cuisine au millimètre des produits de saison, délivre des cuissons

12e ARRONDISSEMENT

au cordeau et de belles sauces parfumées, à l'image de cette barbue de ligne meunière, ragoût de petits pois, morilles farcies et sauce des cosses au vin jaune, ou de ce suprême de poulette rôti, asperges paysannes grillées et jus de braisage crémé à l'ail des ours.

[AC] – Prix : €€€€

29 rue de Cotte – **Ⓜ** *Ledru-Rollin –* 📞 *09 80 68 08 08 – www.virtus-paris.com – Fermé lundi, dimanche, et mardi, mercredi, jeudi et samedi midi*

JOUVENCE

CUISINE MODERNE • VINTAGE Située non loin de la rue de Cîteaux, cette ancienne pharmacie 1900 ne se repose pas sur ses lauriers décoratifs ; on y sert une cuisine actuelle et riche de produits de qualité, comme ces noix de Saint-Jacques en ceviche ou cette belle entrecôte Angus. Le chef n'oublie ni le goût ni la générosité, et le service est attentionné.

[AC] – Prix : €€

172 bis rue du Faubourg-Saint-Antoine – **Ⓜ** *Faidherbe - Chaligny –* 📞 *01 56 58 04 73 – www.jouvence.paris – Fermé lundi et dimanche*

À LA BICHE AU BOIS

CUISINE TRADITIONNELLE • BISTRO Dans un décor typique de vieux bistrot parisien à deux pas de la gare de Lyon, habitués et voyageurs de passage dégustent au coude-à-coude une cuisine traditionnelle sans chichi. À la carte, terrines, escargots de Bourgogne et ravioles de Royan se partagent la vedette avec le magret de canard au miel, le filet de bœuf landais (cèpes et foie gras) ou bien encore le coq au vin (spécialité de la maison), sans oublier le gibier (la biche, bien sûr, mais aussi la grouse d'Écosse !). Quant à la crème caramel, elle est tout simplement addictive...

Prix : €€

45 avenue Ledru-Rollin – **Ⓜ** *Gare de Lyon –* 📞 *01 43 43 34 38 – www. alabicheaubois.fr – Fermé samedi et dimanche*

AMARANTE

CUISINE TRADITIONNELLE • BISTRO On décline dans ce bistrot situé entre Bastille et gare de Lyon une partition généreuse et sans fioritures, au doux parfum d'antan, qui donne toute leur place à des produits bien choisis tels que ces grosses crevettes nantaises "triple zéro", ce cochon kintoa ou bien encore cette lotte de petite pêche. Le décor est aussi simple et vintage que la cuisine : carrelage au sol, banquettes en skaï rouge, tables en bois. Pourquoi faire compliqué ?

[AC] – Prix : €€€

4 rue Biscornet – **Ⓜ** *Bastille –* 📞 *07 67 33 21 25 – www.amarante.paris – Fermé mercredi et jeudi*

BISTRO S

CUISINE MODERNE • BISTRO S comme secret, savoureux, sapide ou Spinoza, non pas le philosophe, mais le propriétaire, numismate spécialiste des monnaies grecques antiques et passionné de vin, qui couve des yeux son discret bistrot du quartier Ledru-Rollin, dont l'esprit indus est adouci par le cuir et le bois omniprésents. Le talentueux chef japonais Shimpei Oié y cuisine un menu unique sain, juste et frais, fort d'une technique impeccable. Ne passez pas à côté de la daurade royale : juste brûlée à la flamme, entourée de raisins blancs et jus au kiwi. S comme super !

Prix : €€€

7 rue Saint-Nicolas – **Ⓜ** *Ledru-Rollin –* 📞 *01 43 43 49 40 – www.bistros.fr – Fermé lundi, dimanche et samedi midi*

LE COTTE RÔTI

CUISINE MODERNE • BISTRO Un restaurant à l'image de son chef, convivial et bon vivant, qui revisite avec finesse la tradition bistrotière : au gré du marché et de l'humeur du jour, il compose des plats savoureux et gourmands, qui vont droit au cœur ! Souvenir de cet œuf parfait associé au poireau, à la saucisse de Morteau et hollandaise. Et pour accompagner le tout, rien de tel que quelques bons crus de la vallée du Rhône...

Prix : €€

1 rue de Cotte – **Ⓜ** *Ledru-Rollin –* 📞 *01 43 45 06 37 – www.lecotteroti.fr – Fermé samedi, dimanche et lundi midi*

12e ARRONDISSEMENT

DERSOU

CUISINE CRÉATIVE • ÉPURÉ Dans une agréable ruelle toute proche de la Bastille, Dersou propose une expérience inédite : associer mets et cocktails, dans une ambiance musicale branchée. Ainsi, les poireaux vinaigrette à la crème de moutarde à l'ancienne et oseille sont accompagnés d'un cocktail à l'aneth, yuzu, gin et granny smith, tandis qu'un cocktail whisky, porto et orange escorte judicieusement la pintade et sa purée de betterave acidulée. Les produits sont de première qualité et la mixologie tient ses promesses.

AC – Prix : €€€

21 rue Saint-Nicolas – Ⓜ Ledru Rollin – ℰ 09 81 01 12 73 – www.dersouparis. com – Fermé lundi, dimanche et du mardi au samedi à midi

GODAILLE

CUISINE MODERNE • BISTRO Godaille, en argot, signifie ripailler et faire bombance entre bons "potos". Allons-y gaiement donc pour déguster cette cuisine vivifiante et parfumée ! Cette popote de potes fait la part belle aux épices et aux herbes fraîches, à l'image de ce morceau de volaille frit, à la chair hyper moelleuse, bousculé par une panure bien dorée et croustillante et une sauce gingembre-citron. Quant aux moules de bouchot, elles cabotent sur une sauce coco-curry vert et herbes thaï. Sympathique cadre à l'ambiance un poil rétro, et sélection pointue de vins nature et bio.

🐾 🍸 – Prix : €€

9 rue Antoine Vollon – Ⓜ Ledru-Rollin – ℰ 01 45 85 30 65 – www. restaurantgodaille.fr – Fermé lundi et dimanche

NOUS 4

CUISINE TRADITIONNELLE • BISTRO Cochon en crousti-fondant, lentilles, sauce moutarde ; œuf poché, chou, crème au lard : vous l'aurez peut-être compris, ici, on se régale sans chichis, et à un rapport plaisir/prix aussi aimable que le chef, avec qui vous pouvez échanger, grâce à la cuisine ouverte. Une adresse décidément bien sympathique comme on aimerait en voir plus souvent à Paris.

🖐 – Prix : €€

3 rue Beccaria – Ⓜ Gare de Lyon – ℰ 06 06 70 64 92 – www.nous4restaurant. com – Fermé lundi, dimanche et samedi midi

PASSERINI

CUISINE ITALIENNE • CONTEMPORAIN Dans son restaurant convivial, Giovanni Passerini nous régale de plats italiens soignés et goûteux, comme ces trippa alla romana qui sont un modèle du genre. Ici, primauté aux produits et à l'authenticité : les plats à partager sont une spécialité de la maison, comme l'agneau de lait Manech tête noire ou le pigeon entier en deux services. L'adresse est très courue, pensez à réserver !

🖐 AC 🍸 – Prix : €€

65 rue Traversière – Ⓜ Ledru-Rollin – ℰ 01 43 42 27 56 – www.passerini.paris – Fermé lundi, dimanche, et mardi et samedi à midi

LE QUINCY

CUISINE TRADITIONNELLE • BISTRO Une ambiance chaleureuse règne dans ce bistrot indémodable, longtemps dominé par « Bobosse », son patron truculent et haut en couleurs dont la gouaille a fait les belles heures des lieux. Désormais, ses visites se font plus rares, mais il incarne toujours l'âme de ce repaire de gourmands. Depuis 50 ans (à la louche !), les amateurs de bonne table se régalent des généreuses et savoureuses spécialités du Berry et de l'Ardèche. Le chef ne triche ni avec la qualité, ni avec les quantités lorsqu'il s'agit de la terrine maison au chou et ail, de la volaille à la crème ou de la glace au rhum... à discrétion ! Une table comme on n'en fait plus.

AC 🍽 – Prix : €€€

28 avenue Ledru-Rollin – Ⓜ Gare de Lyon – ℰ 01 46 28 46 76 – Fermé lundi, samedi et dimanche

PARIS

TOWA

CUISINE MODERNE • CONTEMPORAIN Le chef japonais Shin Okusa est aux commandes de Towa, tout près du trépidant marché d'Aligre. Passionné par la tradition française, véritable disciple d'Escoffier, il reprend les grands classiques (navarin d'agneau, pithiviers de magret de canard) mais aussi les sauces, pâtés chauds et autres tourtes avec un aplomb imparable.

Prix : €€€

75 rue Crozatier – Ⓜ Ledru-Rollin – ☏ 01 53 17 02 44 – www.towarestaurantparis.fr – Fermé lundi, mardi et mercredi midi

HÔTEL PARADISO

MODERNE • CHALEUREUX MK2, acteur majeur du cinéma, dédie cet hôtel au 7e art. Chaque chambre est une salle privée : projecteur, écran, sonorisation de qualité et accès à quelque 10 000 films. Certaines sont moins spacieuses que d'autres, mais toutes sont élégantes et personnalisées de couleurs vives, de meubles modernes et d'œuvres d'art liées au cinéma. Et pour partager l'amour du grand écran, un cinéma "public", une salle de karaoké, un café et un bar sur le toit avec vue sur la ville (et son propre écran extérieur). La véritable capitale du cinéma est un hôtel.

AC ⌀ ✻ ⌀ - 26 chambres

135 boulevard Diderot – ☏ 01 88 59 20 01

PLACE D'ITALIE • GARE D'AUSTERLITZ • BIBLIOTHÈQUE NATIONALE DE FRANCE

13E ARRONDISSEMENT

IMPÉRIAL CHOISY

CUISINE CHINOISE • SIMPLE Au cœur du Chinatown parisien, un restaurant chinois apprécié par de nombreux Asiatiques qui en ont fait leur cantine. Dans une salle qui ne désemplit pas (service non-stop, voire un peu expéditif !), on se régale au coude-à-coude de belles spécialités cantonaises, dont le porc croustillant et le canard laqué. Un vrai goût d'authenticité, sans se ruiner ! Pas de réservation possible ici, il faut se rendre sur place et attendre d'être placer.

AC – Prix : €€

32 avenue de Choisy – Ⓜ Porte de Choisy – ☏ 01 45 86 42 40

DAME AUGUSTINE

CUISINE MODERNE • BRASSERIE Voici l'autre restaurant du chef bordelais Lilian Douchet : une salle à manger véranda dans l'esprit d'une petite brasserie à l'ambiance décontractée. Il y sert plusieurs menus, dont l'un au déjeuner qui offre un bon rapport qualité-prix. On se régale par exemple d'un florilège de tomates anciennes, pesto d'herbes fraîches, sablé au parmesan et son sorbet mizuna, ou d'un filet de merlan mijoté de cocos de Paimpol et émulsion de thym citron. Une adresse bienvenue dans ce quartier résidentiel.

Prix : €€

32 avenue des Gobelins – Ⓜ Les Gobelins – ☏ 01 83 92 85 98 – www.dameaugustine.com – Fermé lundi et dimanche

L'HOMMAGE

CUISINE MODERNE • CONTEMPORAIN Dans ce quartier où fleurissent les cantines chinoises, cet établissement se démarque par sa partition bistronomique à la française, mais aussi par sa décoration épurée, façon loft nordique. Dans l'assiette c'est un sans-faute : produits de qualité, cuissons et assaisonnements maîtrisés, comme ces ravioles d'ossau-iraty, sauce au pimiento fumé, poudre de chorizo, rhubarbe pochée et huile de roquette ou encore ce dos de maigre aux asperges, miso, câpres et sauce matelote au vin rouge…

13ᵉ ARRONDISSEMENT

&. AC – Prix : €€

*36 avenue de Choisy – Ⓜ Maison Blanche – ℰ 01 44 24 38 70 – www.
lhommageparis.com – Fermé lundi et dimanche*

MARSO & CO

CUISINE MÉDITERRANÉENNE • BRANCHÉ Tomy Gousset (Tomy & Co, près des Invalides) tient ici une table avant tout voyageuse : l'assiette pioche dans tout le bassin méditerranéen, de la Grèce au Portugal en passant par l'Italie et le Liban, mais aussi en Amérique latine – à l'image de cet aguachile de daurade et crevettes, pomelo, concombre et coriandre réalisé par la cheffe d'origine colombienne. Le tout servi dans une salle à manger aux murs décorés de pieuvres peintes par l'artiste de street art Kraken. Le résultat est réjouissant, les saveurs font mouche, la fraîcheur est au rendez-vous : on passe un bon moment.

Prix : €€

16 rue Vulpian – Ⓜ Glacière – ℰ 01 45 87 37 00 – www.tomygousset.com/marso-and-co – Fermé samedi et dimanche

NOSSO

CUISINE MODERNE • CONTEMPORAIN La cheffe brésilienne Alessandra Montagne est tout sourire dans son nouveau restaurant contemporain et chaleureux de béton et de bois, entièrement ouvert sur l'extérieur avec ses grandes baies vitrées. Dans l'assiette, la recette du succès (et du plaisir) est au rendez-vous : dressages soignés, cuisine de saison locavore, pleine de saveurs et panachée d'influences multiples (du Brésil à l'Asie). 100% nature et zéro déchet. Menus dégustation le soir.

&. AC – Prix : €€€

22 promenade Claude-Lévi-Strauss – Ⓜ Bibliothèque François-Mitterrand – ℰ 01 40 01 95 17 – www.nosso-restaurant.fr – Fermé samedi et dimanche, et lundi et mardi soir

PHO TAI

CUISINE VIETNAMIENNE • SIMPLE Dans une rue isolée du quartier asiatique, Monsieur Té et son épouse surveillent comme le lait sur le feu cette petite cantine vietnamienne qui a son lot d'habitués. Dans une ambiance tonitruante, on déguste au coude-à-coude une cuisine familiale parfumée et pleine de saveurs : poulet croustillant au gingembre frais, bo-bun, et mention spéciale pour la soupe phô et les raviolis vietnamiens (ba'nh cuô'n). Prix tout doux.

AC – Prix : €

13 rue Philibert-Lucot – Ⓜ Maison Blanche – ℰ 01 45 85 97 36 – Fermé lundi

SELLAE

CUISINE MODERNE • BISTRO Avec Mensae dans le dix-neuvième arrondissement (table en latin), Sellae (chaise), est une autre adresse de Thibault Sombardier. Le chef y propose une cuisine moderne de saison, qui louche vers le Sud et surtout la gourmandise ! Dans cette salle à manger d'esprit bistrot, on se régale de beaux produits traités avec un savoir-faire certain : ravioles d'escargots au beurre d'herbes ; risotto aux girolles et parmesan ; et le dessert signature du chef, mousse au chocolat tiède, glace vanille et crumble à la fleur de sel...

Prix : €€

18 rue des Wallons – Ⓜ Saint-Marcel – ℰ 01 43 31 36 04 – www.sellae-restaurant. com – Fermé lundi et dimanche

SIMONE, LE RESTO...

CUISINE DU MARCHÉ • BISTRO Une double adresse pour deux fois plus de plaisir : une cave à vins orientée majoritairement en biodynamie (située à une centaine de mètres) et cette bonne petite table de copains, au coude à coude, dans un décor de bistrot. L'assiette se concentre sur une cuisine actuelle et locavore, saine et savoureuse (carte de saison aux intitulés séduisants et menu-déjeuner d'un excellent rapport qualité-prix). On se régale d'asperges blanches, sauce mousseline, pickles d'oignons ou encore d'un boudin basque au piment d'Espelette, betteraves, sauce betterave au vin rouge.

🍴 🍽 🀄 – Prix : €€

*33 boulevard Arago – Ⓜ Les Gobelins – ℰ 01 43 37 82 70 – www.
simonelerestolacave.com – Fermé lundi, dimanche et samedi midi*

LE SIROCCO

CUISINE MAROCAINE • ORIENTAL Le souffle chaud du Sirocco est monté jusqu'aux Gobelins apporter ses effluves de tajines, couscous et hariras dans les anciennes écuries du château de la Reine Blanche, où est installé ce restaurant marocain au décor typique. Le propriétaire importe lui-même l'huile d'argan qui parfume ses préparations traditionnelles. Bien entendu la semoule est maison, très fine comme il se doit.

Prix : €€

8 bis rue des Gobelins – Ⓜ Gobelins – ☏ 01 43 31 13 13 – www.restaurantlesirocco.fr – Fermé lundi

SOURIRE LE RESTAURANT

CUISINE MODERNE • COSY Banquettes en velours bleu, tables bistrot rétro, producteurs triés sur le volet (veau rouge de Galice, agneau de Clavisy) : la recette est efficace et éprouvée, à l'image de ces coquilles Saint-Jacques de la Baie de Morlaix, variation de choux, citron confit. Menu à double choix le midi, et une seconde adresse dans le 5e arrondissement pour une offre de tapas le soir et brunch le week-end... de quoi donner le sourire !

AC – Prix : €€€

15 rue de la Santé – Ⓜ Gobelins – ☏ 01 47 07 07 45 – www.sourire-restaurant.com – Fermé lundi, dimanche et du mardi au jeudi à midi

C.O.Q HÔTEL PARIS *Plus*

MODERNE • CONVIVIAL Community of Quality : voilà ce que cache le sigle de cet hôtel chic et décontracté, proche de la place d'Italie. Les chambres sont confortables et bien décorées, et l'on profitera aussi d'un agréable jardin d'hiver avec verrière et canapés...

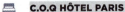 - 50 chambres

15 rue Édouard Manet – ☏ 01 45 86 35 99

MONTPARNASSE • DENFERT-ROCHEREAU • PARC MONTSOURIS

14E ARRONDISSEMENT

MOSUKE

Chef : Mory Sacko

CUISINE MODERNE • TENDANCE Le nom du restaurant fusionne le prénom du chef, Mory, et Yasuke, qui est le premier et seul samouraï africain ayant existé au Japon. Tout est dit : la référence à ses racines malienne et sénégalaise, sa fascination pour le pays du Soleil Levant et, bien sûr, sa passion pour la gastronomie française et ses techniques, nourrie auprès de Christophe Moret et Thierry Marx. Et c'est une vraie réussite dans l'assiette, toujours inspirée et originale. Le résultat est singulier, métissé, abouti : oshizushi à l'ombre chevalier, concombre, aneth et beurre blanc au vin jaune ; Pépé soup, maquereau, rouget, gombo, moules et huile de palme ; tarte aux chocolats de Tanzanie et Madagascar, glace au wasabi...

AC – Prix : €€€€

11 rue Raymond-Losserand – Ⓜ Gaîté – ☏ 01 43 20 21 39 – www.mosuke-restaurant.com – Fermé samedi et dimanche

AUX PLUMES

CUISINE MODERNE • CONVIVIAL Un jeune chef japonais au joli parcours réalise ici une cuisine inspirée et généreuse, avec les meilleurs produits du quartier. Velouté de patate douce, émulsion cacao ; blanc-manger au litchi et lait de coco et son minestrone

14ᵉ ARRONDISSEMENT

de fruits exotiques... Des préparations originales et soignées qui changent chaque semaine et régalent à tous les coups. Le midi, une trilogie d'entrées au tarif imbattable.

AC – Prix : €€

45 rue Boulard – Ⓜ Mouton-Duvernet – ✆ 01 53 90 76 22 – www.auxplumes. com – Fermé lundi et dimanche, et mercredi soir

CAPSULE Ⓝ

CUISINE TRADITIONNELLE · BISTRO Au rez-de-chaussée d'un bel immeuble haussmannien, ce bistrot respire le charme parisien : à l'entrée, un comptoir-bar convivial et quelques tables ; à l'arrière, une salle à manger rétro-chic (banquettes en moleskine vert flashy, murs blancs, suspensions vintage) et une cuisine ouverte évoquant... une capsule. Le chef propose une cuisine familiale, simple et réconfortante, mais exécutée avec précision à partir de produits frais. Mention spéciale pour le jus de poulet rôti ! Côté desserts, l'île flottante au caramel au beurre salé et amandes torréfiées est tout aussi convaincante.

& – Prix : €€

2 rue Cassini – Ⓜ Port-Royal – ✆ 01 56 81 22 39 – www.capsule.restaurant – Fermé samedi et dimanche

KWON

CUISINE CORÉENNE · TENDANCE Cinéma, série et... cuisine ! La Corée n'en finit plus de s'inviter chez nous, pour notre plus grand plaisir. Décor épuré tendance industrielle et, dans l'assiette, les classiques coréens tels que barbecue et bibimbap, et surtout un sens du détail gourmand qui fait mouche. On apprécie notamment le soin apporté aux garnitures : incontournable kimchi, haricots croquants au goût fumé, fleur de lotus caramélisée, concombre au piment... Générosité et fraîcheur sont au rendez-vous, pour un très bon rapport qualité-prix-plaisir !

AC – Prix : €

7 rue Ernest-Cresson – Ⓜ Denfert-Rochereau – ✆ 01 45 41 71 55 – Fermé dimanche et lundi midi

L'ASSIETTE

CUISINE CLASSIQUE · BISTRO Une adresse franche et généreuse où l'on peut voir ce qui se trame en cuisine. Cassoulet maison (aussi disponible à l'épicerie attenante), pâté en croûte, pickles de légumes ; paleron de bœuf braisé au vin rouge et carottes fondantes ; baba au rhum... La cuisine de tradition prend l'accent bistrot chic.

Prix : €€€

181 rue du Château – Ⓜ Mouton-Duvernet – ✆ 01 43 22 64 86 – www.restaurant-lassiette.paris – Fermé lundi et mardi

BISTROT AUGUSTIN

CUISINE TRADITIONNELLE · BISTRO Repris en main par Guy Martin en 2020, ce bistrot a toujours les mêmes valeurs : cadre feutré, petite terrasse sur la rue Daguerre, et la belle cuisine du marché à la gloire du produit : terrine de lapin et compotée d'oignons rouges ; quasi de veau fermier cuit au sautoir, légumes de saison au lard paysan...Table d'hôte au fond de la salle et appétissant menu-carte.

& AC ⌂ – Prix : €€

79 rue Daguerre – Ⓜ Gaîté – ✆ 01 43 21 92 29 – www.augustin-bistrot. fr – Fermé dimanche

BISTROTTERS

CUISINE MODERNE · BISTRO Une bien jolie maison que ce Bistrotters installé dans le sud du 14e, près du métro Plaisance. Le chef soigne son choix de produits – avec une préférence pour les petits producteurs d'Île-de-France – et y instille des influences variées (Asie, Méditerranée...). Service décontracté.

AC – Prix : €€

9 rue Decrès – Ⓜ Plaisance – ✆ 01 45 45 58 59 – www.bistrotters.com

PARIS

923

14e ARRONDISSEMENT

PARIS

LE CORNICHON

CUISINE MODERNE • BISTRO Armé d'un CV très costaud (Atelier Guy Martin, Lucas Carton, Grand Véfour), Sébastien Dagoneau fait des merveilles depuis sa reprise du Cornichon en janvier 2020. Comme promis, il décline une pure cuisine de produit, fraîche et gourmande, néo-bistrot en diable, avec du gibier en saison et une chouette carte de vins bio et nature. On se régale d'une lasagne de paleron de bœuf sauce diable et d'un chou croustillant fourré de crème à la vanille Bourbon.
Prix : €€
34 rue Gassendi – Ⓜ Denfert-Rochereau – ☏ 01 43 20 40 19 – www.lecornichon. fr – Fermé samedi et dimanche

LE DUC

POISSONS ET FRUITS DE MER • VINTAGE On a beau être au cœur de la rive gauche, on se croirait dans une cabine de yacht, où des fidèles de longue date viennent prendre leur ration d'air marin... Le chef travaille des poissons et fruits de mer de premier choix, et connait parfaitement ses standards : tartare de langoustine au citron noir, sole meunière, homard sauté à l'orange, saint-pierre grillé... Embarquement immédiat.
🅰🅲 🍽 – Prix : €€€€
243 boulevard Raspail – Ⓜ Raspail – ☏ 01 43 20 96 30 – www.restaurantleduc. com – Fermé dimanche

LA GRANDE OURSE

CUISINE MODERNE • BISTRO Perdu dans un coin du 14e, aussi loin des codes des bistrots branchés d'aujourd'hui, que de la hype rétro qui sévit, Denis Croset, un chef pro et carré, mène sa barque contre modes et marrées. La carte, gourmande, met en valeur sa main expérimentée : cuissons bien maîtrisées, saveurs franches et produits de bonne qualité. Croustillant de boudin aux pommes, risotto de gambas à l'encre cuit au moment, ou encore sablé croustillant, pomme fondante et glace vanille... Suivez votre bonne étoile.
🖵 – Prix : €€
9 rue Georges-Saché – Ⓜ Mouton-Duvernet – ☏ 01 40 44 67 85 – www. restaurantlagrandeourse.fr – Fermé lundi, dimanche et samedi midi

KIGAWA

CUISINE TRADITIONNELLE • ÉLÉGANT Kigawa comme Michihiro Kigawa, le chef de cet établissement tout simple. Fort de son expérience dans un restaurant français à Osaka, le voilà à Paris pour vous régaler de pâté en croûte, pigeon rôti et autres beaux classiques de l'Hexagone... On se régale d'autant plus que le service assuré par Junko, sa femme, est tout simplement parfait.
🅰🅲 – Prix : €€€
186 rue du Château – Ⓜ Mouton-Duvernet – ☏ 01 43 35 31 61 – www.kigawa.fr – Fermé lundi et dimanche

MONTÉE

CUISINE MODERNE • ÉPURÉ Quand un chef japonais talentueux décide de partager son amour de la gastronomie française, le résultat est là : assiettes graphiques, technique solide... Le tout dans un décor design et minimaliste.
Prix : €€€
9 rue Léopold-Robert – Ⓜ Notre-Dame-des-Champs – ☏ 01 43 25 57 63 – www. restaurant-montee.fr – Fermé lundi et dimanche

LES PETITS PARISIENS

CUISINE TRADITIONNELLE • BISTRO On s'attable à cette adresse pour se régaler d'une cuisine bistrotière à la page. Les grands classiques comme le chou farci sont souvent modernisés avec brio. Les gourmands se laisseront tenter par la mousse au chocolat, huile d'olive et fleur de sel ou un incontournable comme le riz au lait à la vanille, fruits secs, caramel au beurre salé.
🅰🅲 – Prix : €€
49 avenue Jean-Moulin – Ⓜ Porte d'Orléans – ☏ 01 45 43 72 97 – www.petits-parisiens.fr – Fermé samedi et dimanche

924

15e ARRONDISSEMENT

🛏 DRAWING HOUSE   *Plus*

MODERNE • RAFFINÉ Organisateurs d'une foire d'art, galeristes, les instigateurs de la Drawing House se font hôteliers avec succès. Leur établissement, élégant et moderne, vaut la visite, tant il est rempli d'œuvres d'artistes français contemporains. Chaque chambre recèle des peintures murales ou de petites créations, et l'accrochage est encore plus généreux dans les espaces communs. La situation légèrement excentrée permet une piscine, un spa et un restaurant ouvert toute la journée.
143 chambres
21 rue Vercingétorix – ✆ 01 89 89 27 27

🛏 HÔTEL CABANE   *Plus*

MODERNE • CHAMPÊTRE Un jardin à Montparnasse ! L'élégant bâtiment ivoire, avec son toit d'ardoise et ses lucarnes dispose d'un jardin intérieur luxuriant où trône un bungalow. Son lit king-size et sa déco scandinave chic en font la chambre la plus luxueuse. Les autres se trouvent dans le bâtiment principal : compactes et charmantes, avec des boiseries modernes. Le joli jardin abrite un bar noyé de verdure. Petit déjeuner servi à l'extérieur, dès que possible, avec des gourmandises artisanales.
AC P 🛏 🛁 - 42 chambres
76 rue Raymond Losserand – ✆ 01 40 52 12 40

PORTE DE VERSAILLES • VAUGIRARD • BEAUGRENELLE
15E ARRONDISSEMENT

✿ CHAKAISEKI AKIYOSHI

Chef – Yuichiro Akiyoshi

CUISINE JAPONAISE • ÉPURÉ Attention, unique en France ! Chakaiseki Akiyoshi est le premier restaurant de l'Hexagone dédié à la cérémonie traditionnelle du thé – le cha-kaiseki étant plus précisément le repas qui l'accompagne, et Yuichiro Akiyoshi le nom du chef. Le restaurant se cache derrière une discrète façade en bois et accueille seulement 16 couverts. Sériole et gelée de ponzu ; tempura de crevettes grises et son bouillon ; daurade royale marinée au saké, mirin et sauce soja puis grillée au charbon de bois ; sushi de maquereau ; riz au saumon grillé ; bouillon miso à l'artichaut : une cuisine de produits et de fraîcheur où tout est préparé devant le client par le chef, aidé de son épouse vêtue d'un kimono. Harmonie des couleurs et des saveurs, recherche esthétique et zen : vivez une expérience exclusive hors du temps dans un décor qui s'inspire des authentiques maisons de thés japonaises.
♿ AC – Prix : €€€€
59 rue Letellier – Ⓜ La Motte-Picquet - Grenelle – www.chakaiseki-akiyoshi.fr – Fermé lundi, mardi et mercredi midi

✿ NEIGE D'ÉTÉ

Chef – Hideki Nishi

CUISINE CRÉATIVE • ÉPURÉ Neige d'Été... Un nom d'une poésie toute japonaise, et pour cause : l'adresse est l'œuvre d'un chef nippon, Hideki Nishi, formé chez Taillevent et au George V, à Paris. Un nom en figure d'oxymore, surtout, qui annonce des jeux de contraste et une forme d'épure : telle est en effet la marque du cuisinier. Précision toute japonaise et répertoire technique hautement français s'allient donc à travers des recettes finement ciselées et subtiles, privilégiant les arrivages directs de Bretagne pour les légumes et les poissons, et les cuissons au charbon de bois. Un travail en justesse et en contrepoint, qui brille comme la neige en été...
AC – Prix : €€€€
12 rue de l'Amiral-Roussin – Ⓜ Avenue Émile-Zola – ✆ 01 42 73 66 66 – www.neigedete.fr – Fermé samedi, dimanche, et lundi, mercredi et jeudi midi

15ᵉ ARRONDISSEMENT

L'ANTRE AMIS

CUISINE MODERNE · CONTEMPORAIN Entrez dans cet Antre, dont le chef-patron assure la cuisine avec passion. Avec de jolis produits de saison, il compose une courte carte actuelle, mais ne s'interdisant pas de piocher dans la tradition (pâté en croûte de gibier et foie gras ; dos de cabillaud en croûte de pistache, cannelloni épinards et ricotta) ainsi que des plats à partager façon tapas, le tout accompagné de plus de 500 références de vins. Agréable cadre contemporain et terrasse sur rue calme.

🕸 🅰️ 🍴 – Prix : €€

9 rue Bouchut – Ⓜ️ Ségur – ℰ 01 45 67 15 65 – www.lantreamis.com – Fermé samedi et dimanche

LE CASSENOIX

CUISINE TRADITIONNELLE · BISTRO Vieilles affiches, pendules et meubles vintage : le décor est planté. Côté petits plats, l'authenticité prime aussi : délicieuse cuisine canaille, dont boudins blancs et pâtés en croûte, inspirés au chef par son papa, Meilleur Ouvrier de France à Orléans... Amusante collection de casse-noix chinés par la maman du patron. Ce "CasseNoix" casse des briques !

Prix : €€

56 rue de la Fédération – Ⓜ️ Bir-Hakeim – ℰ 01 45 66 09 01 – www.le-cassenoix. fr – Fermé samedi et dimanche

LE RADIS BEURRE

CUISINE TRADITIONNELLE · BISTRO On vient ici pour l'accueil chaleureux, l'ambiance conviviale, la carte écrite sur une grande ardoise où tout donne envie... et surtout pour la cuisine goûteuse et bien ficelée du chef Jérôme Bonnet, qui porte la marque de ses origines sudistes. Un exemple ? Cette épaule de cochon de lait au sautoir, haricots tarbais au jus, légumes rôtis, qui déchaîne l'appétit, ou cet excellent riz au lait, caramel laitier aux cristaux de sel. Ici, on aime la cuisine réconfortante et les cocottes qui mijotent. Un coup de cœur et l'adresse idéale pour célébrer les joies de l'amitié entre potes !

Prix : €€

51 boulevard Garibaldi – Ⓜ️ Sèvres - Lecourbe – ℰ 01 40 33 99 26 – www. restaurantleradisbeurre.com – Fermé samedi et dimanche

L'ACCOLADE

CUISINE MODERNE · BISTRO Dans une ambiance franchement conviviale, le chef, un ancien prof de sport qui a bifurqué, propose une cuisine goûteuse, renouvelée chaque jour, dans laquelle on croise de nombreux produits du Sud-Ouest (poitrine de cochon, chou pointu et lentilles vertes), mais aussi quelques saveurs venues d'Asie (carpaccio de navet Tokyo, chair de crabe, coriandre et ail noir). Une adresse attachante.

Prix : €€

208 rue de la Croix-Nivert – Ⓜ️ Boucicaut – ℰ 01 45 57 73 20 – www. laccoladeparis.com – Fermé samedi et dimanche

BEURRE NOISETTE

CUISINE DU MARCHÉ · BISTRO Un bistrot savoureux, bien connu des habitués ! Thierry Blanqui puise son inspiration au marché : carpaccio de tête de veau, ravigote de lentilles ; poitrine de cochon caramélisée, chou rouge braisé ; ou l'incontournable baba au rhum ambré, crème légère vanillée ! Un pied dans la tradition, l'autre dans la nouveauté : on se délecte... Une valeur sûre.

🍴 – Prix : €€

68 rue Vasco de Gama – Ⓜ️ Lourmel – ℰ 01 48 56 82 49 – www. restaurantbeurrenoisette.com – Fermé lundi, dimanche et samedi midi

BISCOTTE

CUISINE MODERNE · CONTEMPORAIN Maximilien (au salé) et Pauline (au sucré), deux habitués de prestigieuses maisons parisiennes (Bristol, Lasserre, Arpège, George V) proposent une cuisine du marché, goûteuse et appliquée, qui évolue au gré des saisons et des approvisionnements. Ils ont toujours à cœur de favoriser les produits locaux ou les producteurs artisanaux. Une adresse comme on les aime.

Prix : €€

22 rue Desnouettes – Ⓜ Convention – ℰ 01 45 33 22 22 – www.restaurant-biscotte.com – Fermé lundi, dimanche et à midi

JIUM Ⓝ

CUISINE CORÉENNE • TRADITIONNEL Derrière une devanture anonyme, une authentique cantine coréenne à la déco vintage soignée, et une clientèle issue du pays du Matin calme. Un lieu créé par un ancien photographe et patron de guest house, Kim Hong-Seung, et sa femme Sun-Hee, ex-styliste. Outre les incontournables bibimbap, la carte regorge de spécialités authentiques (crabe mou frit, beignets d'huîtres) et de propositions originales (crêpes aux fruits de mer, ragoût de kimchi, échine de porc et tofu, etc.). Ces pépites s'assaisonnent (ou pas) d'une sauce soja maison, avant de conclure avec un dessert, également fait maison, à l'image de ce riz au lait à la vanille aux haricots rouges et noix de pécan caramélisées.

Prix : €€

26 rue Tiphaine – Ⓜ La Motte-Picquet - Grenelle – ℰ 01 45 75 20 00 – Fermé lundi et dimanche

L'OS À MOELLE

CUISINE TRADITIONNELLE • BISTRO Thierry Faucher est toujours aux manettes de cet Os à Moelle, où il s'affirma au début des années 2000 comme l'un des précurseurs de la bistronomie. Caviar d'aubergine, œuf mollet et jambon de pays ; gigot d'agneau et fricassée de légumes ; os à moelle ; soupe du jour... C'est simple, bon et généreux.

Prix : €€

3 rue Vasco-de-Gama – Ⓜ Lourmel – ℰ 01 45 57 27 27 – Fermé lundi, dimanche et samedi midi

PILGRIM

CUISINE MODERNE • CONTEMPORAIN Hideki Nishi (propriétaire de Neige d'Été, à Paris) a confié à la cheffe Yurika Kitano les fourneaux de cette table près de Montparnasse. Dans une cuisine centrale et légèrement surélevée, elle met en oeuvre ses convictions culinaires et écologiques, sourçant avec soin ses produits pour présenter des assiettes raffinées et graphiquement séduisantes.

AC – Prix : €€€

8 rue Nicolas-Charlet – Ⓜ Pasteur – ℰ 01 40 29 09 71 – www.pilgrimparis.com – Fermé samedi et dimanche

SHARMA JI

CUISINE INDIENNE • CONTEMPORAIN Manoj Sharma est LE chef indien qui, à travers plusieurs adresses, a entrepris de sortir la cuisine indienne de ses clichés (les tandooris et autre poulet korma…). Dans ce lieu pimpant, moderne et coloré, la cuisine, véritable bistronomie, puise dans un répertoire traditionnel indien décapé esthétiquement et techniquement : poulet sauté masala du chef, coco et feuilles de curry ; piment corne de bœuf garni de masala cheese, sauce yaourt ; caramelized ginger cake. Mitonnées à grand renfort d'épices et d'aromates, les assiettes goûteuses de Manoj ménagent néanmoins les délicats palais occidentaux en dosant parfaitement le piment. Le menu déjeuner est un bon plan. Carte renouvelée régulièrement.

& 🏠 – Prix : €€

16 rue Frémicourt – Ⓜ Avenue Émile-Zola – ℰ 09 78 80 52 78 – www.sharmaji.fr – Fermé lundi et dimanche soir

HÔTEL AMI *Plus*

ÉPURÉ • COSY Installé dans un bâtiment centenaire, l'hôtel a fait l'objet d'une rénovation moderne dans le plus pur style danois. Les couleurs riches contrastent avec le bois blond et les espaces sont agrémentés d'œuvres d'art, d'artisanat et de

16ᵉ ARRONDISSEMENT

bibelots. Son salon intérieur-extérieur est un petit bijou, au calme. C'est désormais une option élégante et abordable, suffisamment éloignée des quartiers touristiques pour vivre un authentique séjour parisien.

🅰️ 🅿️ 🛎️ - 108 chambres

7 rue du Général Beuret – ✆ 01 56 56 63 90

🛏️ HÔTEL CLARISSE

MODERNE • ÉLÉGANT Style industriel, matériaux de récupération et espaces communs plus "british" que parisiens : l'établissement renouvelle le vocabulaire hôtelier local. Ses chambres compactes affichent une tenue moderne et élégante, renforcée par une palette bleu marine et blanc. Quelques chambres triples et quadruples.

♿ 🅰️ 🅿️ 🔇 - 27 chambres

159 boulevard Lefèbvre – ✆ 01 48 28 18 35

🛏️ MAMA SHELTER PARIS WEST

AVANT-GARDE • CONVIVIAL Pour transformer l'ouest de Paris façon west-coast, un rooftop esprit bord de mer avec vue panoramique sur la ville, un restaurant bariolé au parfum californien et une brochette de DJs. Dessinées par l'architecte Jean-Michel Wilmotte et le cabinet de design Dion & Arles, les chambres du groupe donnent toujours la pêche avec leurs motifs ethniques et leurs palettes gorgées de soleil.

♿ 🅰️ ☁️ 🔇 🍽️ - 207 chambres

20 avenue de la Porte de la Plaine – ✆ 01 75 77 52 52

🛏️ VILLA M

MODERNE • CHALEUREUX Une végétation vivante et saisissante habille cette structure moderne, alors qu'à l'intérieur, atmosphère chaleureuse et nature font bon ménage. Les chambres exubérantes - et apaisantes - conçues par Ph. Starck répondent à des espaces publics très accueillants : un restaurant qui s'ouvre sur une terrasse extérieure , un bar "inversé" et un programme de musique live, plus un deuxième bar sur le toit-terrasse, avec vue sur la Tour Eiffel et les toits de la ville.

🅰️ 🚲 🅿️ 🛎️ 🏋️ 🍽️ - 73 chambres

24 boulevard Pasteur – ✆ 01 70 61 70 40

TROCADÉRO • ÉTOILE • PASSY • BOIS DE BOULOGNE

16ᴱ ARRONDISSEMENT

✳️✳️✳️ LE PRÉ CATELAN

CUISINE CRÉATIVE • LUXE Tempus fugit ! Voilà plus de 25 ans que Frédéric Anton est le chef du Pré Catelan, le fameux pavillon Napoléon III du bois de Boulogne révolutionné par Pierre-Yves Rochon à grand renfort de mobilier design et de tons vert, blanc et argent. Né à Nancy, issu d'un milieu modeste, ce Meilleur Ouvrier de France a surtout forgé son art chez Joël Robuchon. Son menu dégustation, qui met en valeur des produits de qualité remarquable (Saint-Jacques, langoustine, saumon, caviar), est époustouflant de sobriété et de précision technique. Construite crescendo, cette partition atteint une forme d'épure gustative, tout en témoignant de l'expérience du chef et de sa vision personnelle de la gastronomie. Incontournable.

🌿 🛎️ 🅰️ 🔄 🚲 🅿️ – Prix : €€€€

Route de Suresnes - bois de Boulogne – ✆ 01 44 14 41 14 – www.leprecatelan. com – Fermé lundi, mardi et dimanche

✦✦ BLANC

Chef : Shinichi Sato

CUISINE CRÉATIVE • DESIGN Shinichi Sato avait marqué les esprits dans son Passage 53. Ici, sous une voûte de lattes de bois enchevêtrées comme une corolle, dans cette salle circulaire qui forme une scène épurée et capitonnée, la magie opère toujours. Tout commence avec des produits de première qualité, sublimés par une grande maîtrise technique, un sens aigu du détail et une rigueur absolue : langues d'oursin du Finistère à la stracciatella et gelée de kombu ; lotte au gingembre et à l'artichaut ; oignon associé au chorizo Bellota… Carte des vins remarquable, notamment de Bourgogne, et collection de whiskys à déguster dans un bar à l'ambiance feutrée.

వా 🄰🄲 ⇔ – Prix : €€€€

52 rue de Longchamp – Ⓜ Trocadéro – ☏ 01 70 60 12 00 – www.blanc-paris. com – Fermé lundi, dimanche et du mardi au samedi à midi

✦✦ L'OISEAU BLANC

CUISINE CRÉATIVE • CHIC Le restaurant de "gastronomie française contemporaine" du Peninsula, ce luxueux hôtel installé à deux pas de l'Arc de Triomphe. Son nom fait référence à l'avion avec lequel Nungesser et Coli tentèrent la première traversée de l'Atlantique nord en 1927 : une reproduction grandeur nature de l'appareil est suspendue au sommet de l'hôtel, comme si elle allait partir à l'assaut des cieux. Un bel hommage rendu aux deux pionniers autant qu'au ciel de Paris ! Sous sa verrière posée sur les toits, le restaurant semble en effet voler au-dessus de la capitale, et la terrasse offre une vue magistrale de la tour Eiffel au Sacré-Cœur. Un cadre parfait pour déguster la fine cuisine du chef David Bizet où tout tombe juste : cuissons, jus et sauces, visuels. En dessert, ce sont nos papilles qui prennent de la hauteur, grâce aux talents sucrés de la pâtissière Anne Coruble. Une réussite.

⇔ ⇐ ♿ 🄰🄲 🍽 – Prix : €€€€

19 avenue Kléber – Ⓜ Kléber – ☏ 01 58 12 67 30 – www.peninsula.com/fr/paris/hotel-fine-dining/french-rooftop-loiseau-blanc

✦ ALAN GEAAM

Chef : Alan Geaam

CUISINE CRÉATIVE • ÉLÉGANT On parle toujours du rêve américain… Alan Geaam, lui, préfère parler du rêve français ! Après une enfance marquée par la guerre civile au Liban, il a débarqué à Paris à 24 ans avec une idée en tête : intégrer le monde de la gastronomie, sa véritable passion. Successivement plongeur, puis commis, il se forme à travers les livres et gravit un à un les échelons du métier. Désormais chez lui, il éclate au grand jour et réalise la synthèse de ce qu'il a appris tout au long de son parcours. Ses recettes originales marient le patrimoine français et des influences libanaises avec une grande justesse – le terme de "métissage" n'a jamais été aussi approprié –, et chaque assiette respire la passion et le travail. Une bien belle table.

🄰🄲 – Prix : €€€€

19 rue Lauriston – Ⓜ Charles de Gaulle - Étoile – ☏ 01 45 01 72 97 – www. restaurant.alangeaam.fr – Fermé samedi et dimanche

✦ L'ARCHESTE

Chef : Yoshiaki Ito

CUISINE MODERNE • ÉPURÉ Devanture engageante et cadre épuré (peinture sombre effet brossé, structure en bois, grande vitre apportant de la luminosité) pour ce restaurant imaginé par un passionné de produit qui a exercé dix-huit ans chez Hiramatsu, dont dix en tant que chef. Il émerveille son monde avec une cuisine française éclatante de modernité, précise et cohérente, qui fait la part belle à des produits d'excellente qualité tout en épousant les saisons de fort belle manière. Pas de carte ici : les menus évoluent chaque jour au gré des humeurs du chef. Au fait, pourquoi l'Archeste ? Dans ce nom, il faut voir un hommage à Alain Senderens et à son restaurant l'Archestrate, mais aussi un savant mélange d'artiste, d'artisanal, d'orchestre et d'art. Au final, l'important, c'est qu'on s'y régale… et figurez-vous que c'est le cas.

వా ♿ 🄰🄲 – Prix : €€€€

79 rue de la Tour – Ⓜ Rue de la Pompe – ☏ 01 40 71 69 68 – www.archeste.fr – Fermé lundi, dimanche, et mardi et mercredi à midi

16e ARRONDISSEMENT

ASTRANCE

Chef : Pascal Barbot

CUISINE CRÉATIVE • ÉLÉGANT Pascal Barbot et son complice Christophe Rohat ont choisi de s'installer dans une adresse mythique qui fit les beaux jours de Joël Robuchon, au temps du Jamin : un pari audacieux ! Ils en ont fait un lieu empreint de sobriété et de modernisme, qui n'oublie pas de rendre hommage au grand chef avec le "salon Joël". Avec une passion intacte pour le produit, le chef élabore une cuisine innovante qui ne se refuse aucun détour, avec une prédilection particulière pour l'Asie et le végétal. En salle, on peut compter sur le talent du maître de maison pour mettre ses hôtes à l'aise… et leur trouver la perle rare parmi les crus qui garnissent la superbe cave vitrée.

– Prix : €€€€

32 rue de Longchamp – Iéna – 01 40 50 84 40 – www.astranceparis.fr – Fermé samedi et dimanche

BELLEFEUILLE - SAINT JAMES PARIS

Chef : Grégory Garimbay

CUISINE CRÉATIVE • LUXE Érigé en 1892, cet hôtel particulier a des airs de véritable petit château environné de verdure, en plein cœur de Paris. C'est au début des années 1990 qu'il devient hôtel, et en 2013 seulement que son restaurant s'ouvre à la clientèle extérieure… Un établissement parmi les plus exclusifs de la capitale ! On y déguste une belle cuisine végétale et marine qui met en avant les produits de l'immense potager de la maison, fournissant plus de 250 variétés de fruits, légumes et herbes. Cette sensibilité à l'agriculture durable est portée par une équipe de salle à la fois pédagogue et tout en élégance. Même ambition côté sommellerie, avec d'originales propositions qui sortent des sentiers battus.

– Prix : €€€€

5 place du Chancelier-Adenauer – Porte Dauphine – 01 44 05 81 88 – www.saint-james-paris.com – Fermé samedi, dimanche et du lundi au vendredi à midi

L'engagement du chef : Un potager et un verger d'Île-de-France (Nonville, en Seine-et-Marne), cultivés en agriculture biologique, fournissent la majorité des légumes, herbes et fruits du restaurant ; leur acheminement est assuré par un véhicule électrique. Les producteurs-artisans (maraîchers, pêcheurs, éleveurs) sont choisis pour leur méthodes respectueuses de l'environnement. Le menu unique suit les saisons et utilise tout le produit, avec très peu de viande. Les déchets organiques sont transformés en compost.

COMICE

Chef : Noam Gedalof

CUISINE MODERNE • ÉLÉGANT Un couple de Canadiens, Noam Gedalof de Montréal et Etheliya Hananova de Winnipeg, tient cette belle table parisienne. Le chef s'inspire des bases de la cuisine française, qu'il saupoudre de modernité. Son obsession : mettre en valeur des produits de la saison avec le plus grand soin, à travers un menu unique concocté au gré de ses trouvailles. Cette séduisante partition se déguste dans une jolie salle moderne aux murs bleu profond, agrémentés de tableaux d'artistes contemporains. Quant à l'accueil et au chaleureux service orchestrés par l'épouse du chef, ils font honneur à la réputation de ses compatriotes !

– Prix : €€€€

31 avenue de Versailles – Mirabeau – 01 42 15 55 70 – www.comice.paris – Fermé samedi, dimanche et du lundi au vendredi à midi

DON JUAN II

CUISINE CRÉATIVE • ÉLÉGANT Amarré au pied de la passerelle Debilly, rive droite et face à la Tour Eiffel, un magnifique yacht Art déco, le Don Juan II, décoré de boiseries somptueuses et revêtu d'une moquette épaisse n'attend plus que vous. Embarquez pour une croisière touristique et gourmande de 2h30 sous la houlette d'un capitaine hors norme, Frédéric Anton ! Le chef du Pré Catelan a sélectionné quelques-unes de ses créations emblématiques (crabe au parfum de curry, langoustine en ravioli, soufflé chaud au chocolat) pour régaler ses passagers. Au fil de

16ᵉ ARRONDISSEMENT

la Seine défilent les plus beaux monuments de la Ville Lumière, dûment commentés par l'équipage, pendant ce voyage de luxe...

⟨ AC P – Prix : €€€€

Port Debilly – Ⓜ Trocadéro – ☎ 01 83 77 44 40 – www.donjuan2.yachtsdeparis. fr – Fermé lundi, dimanche et du mardi au samedi à midi

LA GRANDE CASCADE

CUISINE CLASSIQUE • **ÉLÉGANT** Transformé en restaurant pour l'Exposition universelle de 1900, ce pavillon mêle les styles Empire, Belle Époque et Art nouveau : un charme incomparable se dégage de la rotonde, aménagée sous une grande verrière, et de la magnifique terrasse. La clientèle d'affaires vient y respirer le chic du Paris d'autrefois et l'air de la campagne en plein bois de Boulogne. Georges Menut veille amoureusement sur cette Grande Cascade, prenant soin de cultiver son image de grande dame. Mais l'établissement vit aussi avec son temps grâce à la cuisine du chef Frédéric Robert, passé par L'Ambroisie, le Vivarois et Lucas Carton, et aux desserts du jeune pâtissier Joris Vée.

🐝 🏠 🛋 🚗 P – Prix : €€€€

Allée de Longchamp, Bois de Boulogne – ☎ 01 45 27 33 51 – www. restaurantsparisiens.com/la-grande-cascade

NOMICOS

Chef : Jean-Louis Nomicos

CUISINE MODERNE • **ÉLÉGANT** Après avoir dirigé de nombreuses années durant les cuisines du restaurant Lasserre – l'un des temples de la cuisine classique –, Jean-Louis Nomicos est bien installé dans ce restaurant qui porte son nom. Pour ce chantre de la belle tradition, qui est né près de Marseille et a grandi dans le culte de la bouillabaisse, l'art et la technique doivent avant tout rester au service des sens et du plaisir. Telle est la condition pour révéler toutes les potentialités des grandes recettes et des produits de choix – méditerranéens, si possible ! On y retrouve notamment le plat signature : les macaronis aux truffes noires et foie gras de canard. Quant au décor contemporain, il se révèle parfaitement en phase avec le travail du chef.

🐝 ♿ AC – Prix : €€€€

16 avenue Hubert-Germain – Ⓜ Victor Hugo – ☎ 01 56 28 16 16 – www.nomicos. fr – Fermé lundi et dimanche

ÖRTENSIA

Chef : Terumitsu Saito

CUISINE MODERNE • **CONTEMPORAIN** On ne le dira jamais assez : le chef japonais est souvent l'un des meilleurs interprètes de la grande cuisine française, mâtinée ici de discrètes touches nippones, toujours distillées à bon escient (radis daïkon et émulsion au yuzu avec une araignée de mer, ou un beignet tempura de champignon maitaké avec une aiguillette de saint-pierre). Comme l'hortensia, une cuisine qui change de couleur(s), au diapason de la saison et du temps. Côté décor, le cadre intimiste contemporain joue l'épure et les tons clairs grâce à l'omniprésence du bois, tandis que les murs en miroir ouvrent l'espace. Réservation en ligne uniquement.

AC – Prix : €€€€

4 rue Beethoven – Ⓜ Passy – www.restaurantortensia.com – Fermé lundi, dimanche et du mardi au jeudi à midi

PAGES

Chef : Ryuji Teshima

CUISINE MODERNE • **ÉPURÉ** La passion des chefs japonais pour la gastronomie française s'illustre une nouvelle fois à travers ce restaurant surprenant dont le décor épuré fait une page blanche... Passé par de belles maisons, Ryuji Teshima, dit Teshi, propose une version contemporaine et personnelle de la cuisine de l'Hexagone basée sur de beaux produits : crustacés et poissons de Normandie et de Bretagne, poularde du Perche – il y a même une petite armoire à maturation pour le bœuf, Wagyu entre autres. Autour d'un menu "surprise", il imagine des mélanges colorés de saveurs qui fonctionnent parfaitement dans l'assiette. Les cuissons sont

PARIS

16e ARRONDISSEMENT

au cordeau, et certaines préparations passent aussi sur le petit barbecue qui fait entendre sa note singulière. Les cuisines visibles depuis la salle permettront aux curieux de le voir s'affairer aux fourneaux...

Prix : €€€€

4 rue Auguste-Vacquerie – Ⓜ Charles de Gaulle - Étoile – ☎ 01 47 20 74 94 – www.restaurantpages.fr – Fermé samedi et dimanche

SUBSTANCE

CUISINE CRÉATIVE • CONTEMPORAIN Matthias Marc, chef au CV ciselé dans de grandes maisons (Le Saint-James à Bouliac, Le Meurice et Lasserre à Paris), passé aussi par Top Chef, propose un menu surprise qui privilégie les circuits courts et évolue au gré des saisons, avec de jolies incursions jurassiennes, sa région d'origine. Une cuisine décomplexée et vivante, avec une patte créative et volontiers végétale. Desserts modernes et faibles en sucre. Très belle carte des vins, en majorité bio ou nature. En substance, une excellente adresse !

❀ – Prix : €€€€

18 rue de Chaillot – Ⓜ Alma - Marceau – ☎ 01 47 20 08 90 – www.substance. paris – Fermé samedi et dimanche

BRACH

CUISINE MÉDITERRANÉENNE • DESIGN Dans le cadre luxueux de cet ancien centre de tri de la Poste réhabilité et redécoré par Philippe Starck, on se régale d'une carte aux saveurs de la Méditerranée, exécutée avec finesse et précision par le chef Adam Benthala, dont le CV pourrait faire rougir plus d'un. La partition saine et équilibrée devient gourmande lorsqu'il s'agit de partager les petits plats de la kemia, où se mêlent parfums, épices et textures. Le carpaccio de Saint-Jacques aux agrumes est une proposition très soignée et réussie. Le MOF Yann Brys signe les desserts et notamment le millefeuille vanille au bon goût de beurre.

♿ ⓐⓒ ⧖ – Prix : €€€

1-7 rue Jean Richepin – Ⓜ La Muette – ☎ 01 44 30 10 00 – www.brachparis.com

LA CAUSERIE

CUISINE MODERNE • VINTAGE Le chef revisite ici la tradition avec grande fraîcheur à travers une carte aussi carrée que gourmande : au choix, pâté en croûte, gnocchis à la parisienne, goujonnettes de cabillaud et sauce tartare ou les suggestions de saison (lièvre à la royale, Saint-Jacques etc.). Quant à la déco, elle possède un agréable côté rétro : grand miroir, fresque en céramique, faïence de Sarreguemines, etc. Service attentionné.

Prix : €€

31 rue Vital – Ⓜ La Muette – ☎ 01 45 20 33 00 – www.lacauserie.fr – Fermé samedi et dimanche

DISCIPLES

CUISINE TRADITIONNELLE • CONTEMPORAIN Le chef Jean-Pierre Vigato n'a rien perdu de sa passion de la transmission. La preuve, il adoube ici son "disciple" Romain Dubuisson, dans une salle à manger lumineuse et contemporaine à l'unisson de ce quartier chic. Au menu, une carte courte pour une cuisine gourmande et généreuse, des suggestions et de belles pièces de viande à partager (côte de veau, échine de cochon fermier...).

🏡 ⧖ – Prix : €€€

136 boulevard Murat – Ⓜ Porte de Saint-Cloud – ☎ 01 45 27 39 60 – Fermé samedi et dimanche

DUCASSE BACCARAT Ⓝ

CUISINE CRÉATIVE • DESIGN L'ancien hôtel particulier de Marie-Laure de Noailles (1902-1970), mécène de l'avant-garde, est aujourd'hui la vitrine parisienne de la maison Baccarat. Ce lieu exceptionnel a été mis en lumière et en beauté par de nombreux artistes tout au long du 20e s. La salle de restaurant ressemble maintenant à une bibliothèque avec des étagères qui accueillent des collections de cristal. Accompagné de Christophe Saintagne, Alain Ducasse propose un véritable

16ᵉ ARRONDISSEMENT

voyage culinaire, depuis son Sud-Ouest natal jusqu'à la Côte d'Azur, en passant par de nombreuses escales autour du monde. L'ensemble est frais, soigneusement sourcé et tout en finesse, comme ce "homard bleu, blanc, rose" ou bien l'offre délicieusement gourmande de desserts.

🍽 – Prix : €€€€

11 place des États-Unis – Ⓜ Boissière – ☏ 01 84 75 13 15 – www.ducasse-baccarat-paris.com

DUCASSE SUR SEINE

CUISINE MODERNE • CONTEMPORAIN Décidément, Alain Ducasse ne manque pas d'idées. La preuve une fois de plus avec Ducasse sur Seine : ce bateau électrique, amarré au quai du port Debilly, dans le très chic 16e, propose une promenade gastronomique écolo et silencieuse. En même temps que les monuments de Paris, on découvre une cuisine au goût du jour rondement menée par une brigade digne des grandes maisons.

⇐ 🅰🅒 🍽 🖐 – Prix : €€€€

Port Debilly – Ⓜ Trocadéro – ☏ 01 58 00 22 08 – www.ducasse-seine.com/fr – Fermé lundi et du mardi au jeudi à midi

EDITH Ⓝ

CUISINE TRADITIONNELLE • CONTEMPORAIN Dans une rue discrète proche des Champs-Élysées, cette table est nichée au rez-de-chaussée de l'hôtel Padam, à la belle façade en brique rouge et en pierre. Une décoration réussie : moquette tigrée, chaises et banquettes en velours vert, papier peint à rayures. Asperges mimosa, poulet rôti avec fèves et petits pois, ou encore tarte fine aux pommes accompagnée de sa glace vanille : une aubaine que cette cuisine traditionnelle et de bon goût, à prix serrés, dans l'un des quartiers les plus chers de Paris. Service sympathique et dynamique.

& 🅰🅒 – Prix : €€

9 rue Jean Giraudoux – Ⓜ George V – ☏ 01 87 53 56 54 – www.padam-hotel.com/restaurant – Fermé samedi et dimanche, et du lundi au vendredi soir

ÉTUDE

CUISINE CRÉATIVE • ÉPURÉ Nourri par ses rencontres avec des petits producteurs, Keisuke Yamagishi, originaire de la province rurale japonaise de Nagano, propose des menus surprise autour des produits de saison. Dans un cadre épuré, sous des plafonniers signés Serge Mouille, le chef partage sa créativité, sa sensibilité esthétique et sa passion pour les vins de Bourgogne notamment.

🍴 🅰🅒 – Prix : €€€€

14 rue du Bouquet-de-Longchamp – Ⓜ Boissière – ☏ 01 45 05 11 41 – www.restaurant-etude.fr – Fermé samedi, dimanche, et lundi et mardi à midi

LA FERME DU PRÉ Ⓝ

CUISINE TRADITIONNELLE • MAISON DE CAMPAGNE Dans une dépendance de style normand, située en face de son Pré Catelan, Frédéric Anton a choisi d'ouvrir une annexe à la carte plus abordable mais tout aussi sérieuse et soignée. Le MOF d'origine lorraine rend ici hommage aux classique bistrotiers simples et généreux comme le boudin noir, les rognons, le cabillaud beurre blanc ou la poire façon Melba, régressive à souhait ! La salle tout en longueur sous poutres apparentes possède un charme délicieusement rétro et bucolique avec sa déco chinée et sa vaisselle style grand-mère.

🌳 🖐 – Prix : €€€

Route de Suresnes - Bois de Boulogne – ☏ 01 44 14 41 40 – www.leprecatelan.com/bistrot-la-ferme-du-pre – Fermé lundi et mardi, et dimanche soir

KEN YAMAMOTO Ⓝ

CUISINE MODERNE • CONTEMPORAIN Une façade bleu nuit abrite l'établissement de Kenichi (Ken) Yamamoto, chef au beau parcours. Son établissement intimiste allie décor contemporain et touches Art déco. Le regard est attiré d'emblée par les arts de la table soigneusement sélectionnés, comme les beaux couteaux à

16ᵉ ARRONDISSEMENT

viande et la vaisselle japonaise. La cuisine du chef, ancrée dans le présent, intègre subtilement des éléments nippons : miso saikyo accompagnant le foie gras, yuzu dans la sauce au vin blanc nappant le lieu jaune de ligne, ou encore pimientos del padrón en tempura avec le filet de bœuf. Menu unique le soir ; avec choix au déjeuner.

🅰️ – Prix : €€€

144 rue de la Pompe – Ⓜ️ Victor Hugo – 𝒞 01 45 62 64 97 – www.kenyamamoto. fr – Fermé lundi et dimanche

LILI

CUISINE CHINOISE • EXOTIQUE Créé par le groupe hôtelier de luxe hongkongais du même nom, le célèbre hôtel Peninsula abrite comme il se doit une table asiatique. Dans un décor très théâtral, la longue carte révèle un large éventail de spécialités chinoises (certaines mises au goût européen). Une ambassade gastronomique pour l'Empire du Milieu.

♿ 🅰️ 🍽️ 🍲 – Prix : €€€€

The Peninsula Paris, 19 avenue Kléber – Ⓜ️ Kléber – 𝒞 01 58 12 67 50 – www. peninsula.com/fr/paris/hotel-fine-dining/lili-cantonese-chinese – Fermé lundi et dimanche

MARIUS 🔘

POISSONS ET FRUITS DE MER • CONTEMPORAIN À deux pas du Parc des Princes, une adresse chic reprise par l'équipe de Disciples (au 126 du même boulevard). Dans un cadre sobre et contemporain, on propose une cuisine de produits de la mer : soupe de poissons et sa rouille ; transparence de daurade au citron caviar ; belles pièces entières selon la pêche... En parallèle, quelques mets terrestres et carnés, comme ce suprême de volaille fermière, ce ris de veau croustillant ou même un risotto du jardin.

Prix : €€€

82 boulevard Murat – Ⓜ️ Porte de Saint-Cloud – 𝒞 01 46 51 67 80 – www. restaurantmarius.fr – Fermé dimanche et samedi midi

MONSIEUR BLEU

CUISINE MODERNE • BRANCHÉ Comme emplacement dans Paris, on fait difficilement mieux que cette adresse... Nichée dans le palais de Tokyo, elle est superbe avec sa salle Art déco tout en gris, vert et or, et sa terrasse regardant la Seine et la tour Eiffel. L'assiette n'est pas en reste, sophistiquée et savoureuse. Un endroit très en vue !

♿ 🅰️ 🍽️ 🍴 – Prix : €€€

20 avenue de New-York – Ⓜ️ Iéna – 𝒞 01 47 20 90 47 – www.monsieurbleu-restaurant.com

OSMOSSI - MAISON MAVROMMATIS

CUISINE GRECQUE • CONTEMPORAIN L'une des adresses d'Andreas Mavrommatis, pape de la gastronomie méditerranéenne à Paris. On s'installe dans une salle, façon bistrot contemporain, décorée de photos de la collection de Nikos Aliagas, pour déguster mézédés chauds et froids, poulpe poêlé et fava de Santorin, ou soudjoukakia (boulettes de bœuf, concassé de tomate et cumin). C'est frais et savoureux. Boutique traiteur et cave à vins.

🅰️ – Prix : €€

70 avenue Paul-Doumer – Ⓜ️ La Muette – 𝒞 01 40 50 70 40 – www. mavrommatis.com

LE PERGOLÈSE

CUISINE TRADITIONNELLE • ÉLÉGANT Si le décor élégant de cette table s'orne d'œuvres d'art contemporaines, on y déguste une cuisine fidèle au classicisme, dans l'esprit d'une demeure bourgeoise où chaque convive est accueilli comme

16e ARRONDISSEMENT

un hôte de marque. Sans surprise, on trouve donc à la carte un homard en salade, pressé de poireaux, vinaigrette au coing, ou encore un pigeon rôti entier, accompagné d'un chutney de betteraves et nappé d'un jus d'abats.

🦞 🅰🅲 🍴 🛋 🥘 – Prix : €€€€

40 rue Pergolèse – Ⓜ Porte Maillot – ☏ 01 45 00 21 40 – www.lepergolese.com – Fermé samedi et dimanche

PLEINE TERRE

CUISINE MODERNE • **CLASSIQUE** Derrière une devanture discrète, passé quelques marches vers le sous-sol, on découvre un chef passionné d'agrumes, d'épices et de poivre : il développe une cuisine au plus près des saisons, et met en valeur le travail de petits producteurs triés sur le volet. Une partition inventive, mise en musique par une équipe souriante et enthousiaste : bonne pioche.

🅰🅲 🍴 – Prix : €€€€

15 rue de Bassano – Ⓜ Kléber – ☏ 09 81 76 76 10 – www.restaurant-pleineterre. com – Fermé lundi, dimanche et samedi midi

PRUNIER PAR YANNICK ALLÉNO

POISSONS ET FRUITS DE MER • **HISTORIQUE** Imaginé par les plus grands mosaïstes, graveurs et sculpteurs de l'époque Art déco, le décor de Prunier vaut à lui seul le détour : c'est un régal pour les yeux. La carte signée Yannick Alléno met à l'honneur les produits de la mer, au premier rang desquels bien entendu le caviar de la maison. Les habitués retrouveront avec plaisir l'incontournable œuf Christian Dior et les belles pièces de poisson à partager.

🅰🅲 🍴 🥘 – Prix : €€€€

16 avenue Victor-Hugo – Ⓜ Charles de Gaulle - Étoile – ☏ 01 44 17 35 85 – www. prunier.com – Fermé dimanche et samedi midi

RESTAURANT F Ⓝ

CUISINE MODERNE • **CONTEMPORAIN** Dans un cadre contemporain assez chic, voici un petit restaurant de poche bien sympathique. Le chef d'origine espagnole (ancien chef de l'Hôtel Raphaël, passé également chez Hélène Darroze), propose une courte carte de cuisine actuelle, travaillée, aux dressages soignés : coulant de pomme de terre et truffe ; bar, céleri et réglisse ; croquant de meringue et figue. Prix : €€€

10 rue Saint-Didier – Ⓜ Boissière – ☏ 09 83 05 21 72 – www.restaurantf.fr – Fermé lundi et dimanche

SHANG PALACE

CUISINE CHINOISE • **ÉLÉGANT** Le Shangri-La, superbe palace parisien, évoque un voyage aux confins de l'Asie, vers un paradis luxueux et imaginaire. Ce restaurant transporte ses hôtes dans un Hong-Kong merveilleux, entre colonnes en pierre de taille, paravents sculptés et lustres en cristal. Si la cuisine traditionnelle cantonaise est à l'honneur, le chef pioche aussi dans le répertoire culinaire du Sichuan : canard rôti façon cantonaise ; poulet braisé au gingembre et sauce aux haricots noirs ; émincé de bœuf poché au piment du Sichuan ; aubergine croustillante panée à l'ail et piment...

♿ 🅰🅲 🍴 🥘 – Prix : €€€€

Shangri-La, 10 avenue d'Iéna – Ⓜ Iéna – ☏ 01 53 67 19 92 – www. shangpalaceparis.com – Fermé mardi et mercredi

🛏 BRACH   *Plus*

AVANT-GARDE • **CHALEUREUX** Un hôtel surprenant et séduisant : des chambres signées Starck, habillées d'un mélange de matières naturelles et industrielles – bois, cuir, béton, verre, marbre et métal –, mais aux couleurs chaudes, par l'apport d'influences africaines et asiatiques... sans oublier le jardin urbain sur le toit, avec vue sur Paris !

🅰🅲 🥘 🅿 ❄ 🛋 🌶 🛁 ♨ 🍴 – 59 chambres

1-7 rue Jean Richepin – ☏ 01 44 30 10 00

Brach - Voir la sélection des restaurants

935

16e ARRONDISSEMENT

🛏 HÔTEL BOTANISTE

MODERNE • RAFFINÉ L'Hôtel Botaniste offre un degré de tranquillité difficile à trouver dans les quartiers parisiens plus centraux. C'est aussi un endroit étonnamment verdoyant, en accord avec le nom : un joli jardin privé relie les deux bâtiments de l'hôtel. Les chambres sont chic d'une manière discrète, un peu bohème, sans jamais sacrifier le confort. Un petit-déjeuner impressionnant est servi dans la salle à manger ou dans le jardin, et des plats légers sont disponibles au salon toute la journée.

🅰️ 📶 🛎 - 42 chambres
11 rue Molitor – ☎ *01 78 95 77 77*

🛏 KEPPLER   *Plus*

MODERNE • COSY Le décor, tout en luxe et raffinement, est signé Pierre-Yves Rochon. Que ce soit dans les salons, la bibliothèque ou les petites chambres, la magie opère... Hammam, sauna et fitness complètent cet ensemble pour le moins cosy.

♿ 🅰️ 🅿️ 📶 🚲 🕷 ♨ 🛎 - 39 chambres
10 rue Kepler – ☎ *01 47 20 65 05*

🛏 MOLITOR

MODERNE • CHARME Véritable emblème de l'Ouest parisien depuis les années 1920, la piscine Molitor est réapparue sous la forme de cet hôtel de luxe au charme ravageur. Clins d'œil à l'histoire (façade bleue et jaune autour de la piscine, en particulier), épure ultramoderne dans les chambres : le mythe renaît sous nos yeux.

♿ 🅰️ 🅿️ 📶 🛄 🏊 ♨ ♨ ♨ 🛎 - 124 chambres
13 rue Nungesser et Coli – ☎ *01 56 07 08 50*

🛏 SAINT JAMES PARIS   *Plus*

AVANT-GARDE • CHALEUREUX La patte de Bambi Sloan a réveillé le décor de cet hôtel particulier de la fin du 19e s. De superbes matières, des imprimés chatoyants : le style Napoléon III flirte avec une originalité toute british ! La délicieuse bibliothèque, le majestueux escalier, les volumes harmonieux : l'empreinte d'un lieu unique...

🅰️ 🅿️ 🛋 📶 🛄 🏊 ♨ ♨ 🛎 - 50 chambres
5 place du Chancelier Adenauer – ☎ *01 44 05 81 81*
❀ **Bellefeuille - Saint James Paris** - Voir la sélection des restaurants

🛏 SHANGRI-LA HOTEL, PARIS

CLASSIQUE • RAFFINÉ L'ancienne demeure du Prince Roland Bonaparte connaît une nouvelle vie, fidèle à son style d'origine. Fastueuses, mais jamais tapageuses, les chambres et suites immenses sont une preuve de la vitalité du « style français », harmonieux et élégant, succession de commodes en marqueterie, bureaux ministre, fauteuils Empire. Si le 19e s. sert de fil rouge à la décoration, les salles de bain nous projettent au 21e s., avec baignoires de relaxation, sol chauffant et écran plat. Les parties communes, tout en lustres, marbres, moulures, dorures, mènent aux restaurants cantonais et français.

🅰️ 🧖 🅿️ 🛋 🛄 🏊 ♨ ♨ 🛎 - 100 chambres
10 avenue d'Iéna – ☎ *01 53 67 19 98*
Shang Palace - Voir la sélection des restaurants

🛏 THE PENINSULA PARIS   *Plus*

CLASSIQUE • RAFFINÉ Le bâtiment restauré renoue avec son lustre haussmannien, sa façade néo-classique et ses intérieurs somptueux. La griffe Peninsula, c'est un sens de l'hospitalité sans faille, un service au-dessus de tout soupçon et une étonnante flotte automobile, de la Rolls Royce Phantom II de 1934 à la fourgonnette Citroën. Pas moins de six bars et restaurants sont à votre disposition. Chambres et suites jouent la carte de l'espace, de la lumière et du luxe de bon aloi. Quant au centre bien-être, avec ses 1800 m², sa piscine de 20 m et ses multiples jacuzzis, il vous promet la grande détente.

🅰️ 🧖 🅿️ 📶 🚲 🏊 ♨ 🛎 🛎 - 200 chambres
19 avenue Kléber – ☎ *01 58 12 28 88*
❀❀ **L'Oiseau Blanc • LiLi** - Voir la sélection des restaurants

17ᵉ ARRONDISSEMENT

PALAIS DES CONGRÈS • WAGRAM • TERNES • BATIGNOLLES

17ᴱ ARRONDISSEMENT

MAISON ROSTANG

CUISINE CLASSIQUE • ÉLÉGANT Le chef Nicolas Beaumann perpétue avec enthousiasme la tradition du goût pratiquée depuis toujours dans cette maison emblématique, en allant vers toujours plus de modernité, à l'instar de la salle fraîchement rénovée. Au fil de la courte carte ou des menus dégustation (dont un végétal), on se délecte ainsi d'un artichaut poivrade "en velouté de ses feuilles, farce de câpres et d'olives", de l'incontournable quenelle de brochet et sa crème de homard, ou d'une volaille de Bresse aux salsifis et jus au vin jaune. La partition sucrée de David Boudinet n'est pas en reste, avec par exemple ce beau dessert au chocolat Madagascar 65% agrémenté de gavottes croustillantes, sorbet aux herbes fraîches et sauce amère au yuzu, finement équilibré. Quant au décor, feutré et rajeuni, il séduit nouveaux venus comme habitués de la maison, avec sa verrière ouverte sur la cuisine, ses touches Art nouveau, sa collection d'œuvres d'art et, désormais, ses briques apparentes.

🕸 🅐🅒 ⇄ 🍽 – Prix : €€€€

20 rue Rennequin – Ⓜ Ternes – ℰ 01 47 63 40 77 – www.maisonrostang.com – Fermé lundi et dimanche

AGAPÉ

CUISINE MODERNE • CONTEMPORAIN Dans cette salle en teintes douces, cosy et intimiste, la carte décline des produits de premier choix, au gré de l'inspiration du chef Yoshi Nagato (Maison Rostang, Le Cinq, Épicure) et de sa compagne Asuka Ishiba côté pâtisserie : salade de homard breton, haricots beurre, noisettes du Piémont et vinaigrette corail ; canette de Challans laquée au miel et poivre de Sichuan ; noix de ris de veau rôtie et fricassée de girolles... Des assiettes élégantes et précises, qui n'oublient pas la générosité. Sélection pointue de vins bio et nature.

🕸 🅐🅒 🍽 – Prix : €€€€

51 rue Jouffroy-d'Abbans – Ⓜ Wagram – ℰ 01 42 27 20 18 – www.agape-paris. fr – Fermé samedi et dimanche

ANONA

Chef : Thibaut Spiwack

CUISINE MODERNE • CONTEMPORAIN Une jolie cuisine actuelle pour cette adresse d'un secteur animé et populaire. Le chef Thibaut Spiwack, au beau parcours étoilé, flatte avec talent et originalité le terroir d'Île-de-France, dans une démarche de développement durable et une volonté de bousculer les codes académiques. Menu attractif et courte carte au déjeuner ; en soirée, menu unique réalisé au plus près du marché. Un beau moment de gastronomie.

&. 🅐🅒 – Prix : €€€€

80 boulevard des Batignolles – Ⓜ Rome – ℰ 01 84 79 01 15 – www.anona.fr – Fermé samedi, dimanche et lundi midi

🌿**L'engagement du chef :** Proposer une cuisine responsable est notre raison d'être : sourcing de produits locaux et saisonniers, réduction des déchets et de la consommation en eau, alimentation en énergie renouvelable, attention portée au bien-être de nos équipes, notre engagement est total. Notre mobilier est également le fruit du travail d'artisans franciliens et notre vaisselle est faite en matériaux naturels.

ÉPISODES

CUISINE CRÉATIVE • CONTEMPORAIN Après OKA, un nouvel épisode s'ouvre dans cet élégant restaurant de la plaine Monceau. Confortablement installé dans un décor contemporain de marbre, pierre et bois, on retrouve avec plaisir la cuisine du chef MOF Guillaume Goupil, qui élabore un menu dégustation des plus

PARIS

937

17ᵉ ARRONDISSEMENT

modernes, élaboré avec des produits d'excellence et une technique sûre. La finesse est au rendez-vous, comme en témoigne cet agneau en deux façons (selle rosée et effiloché aux graines de moutarde) et sa variation de carotte. Un joli moment de gastronomie.

⌖ 🄰🄲 ⌖ – Prix : €€€€

8 rue Meissonier – Ⓜ Wagram – ☎ 01 56 79 81 88 – www.episodes-paris.fr – Fermé lundi, samedi et dimanche et du mardi au vendredi à midi

LE FAHAM BY KELLY RANGAMA

Chefs : Jérôme Devreese et Kelly Rangama

CUISINE MODERNE • CHIC Le faham est une orchidée endémique de l'île de la Réunion, connue pour son subtil arôme d'amande. C'est la fleur choisie par Kelly Rangama (ex-Top Chef 2017) pour symboliser son union civile et culinaire avec le pâtissier Jérôme Devreese, et leur création commune : cette table élégante et épurée, nichée au cœur des Batignolles, où la cheffe peut laisser libre cours à la cuisine qui lui ressemble : pleine de peps et de tonus, épicée mais toujours maîtrisée, avec la pointe d'exotisme qui fait la différence. Un exemple : ce zourite (un poulpe de la Réunion) riz koshihikari et sauce hollandaise au civet ... Un vrai bonheur.

🄰🄲 – Prix : €€€

108 rue Cardinet – Ⓜ Malesherbes – ☎ 01 53 81 48 18 – www.lefaham.com – Fermé samedi, dimanche, et lundi et mardi à midi

FRÉDÉRIC SIMONIN

Chef : Frédéric Simonin

CUISINE MODERNE • COSY Frédéric Simonin a grandi au contact des belles tables et des grands chefs, de Ledoyen au Meurice, en passant par Joël Robuchon, avant de devenir Meilleur Ouvrier de France en 2019. Exit le noir et blanc et les lignes géométriques, il s'est créé un nouveau lieu bien à lui, tout en parquet, murs blancs et miroirs biseautés. Cet « appartement parisien » (selon son expression) sied parfaitement à sa cuisine, précise, fine et pleine de justesse – mention spéciale pour les jus et les sauces. Ne dédaignant pas les touches inventives et parfois japonisantes, il ose les associations originales qu'on découvre notamment à travers le menu dégustation vespéral. La formule déjeuner est une bonne affaire, tout comme les propositions de vins au verre.

⌖ 🄰🄲 🄿 – Prix : €€€€

25 rue Bayen – Ⓜ Ternes – ☎ 01 45 74 74 74 – www.fredericsimonin.com – Fermé samedi et dimanche

JACQUES FAUSSAT

Chef : Jacques Faussat

CUISINE TRADITIONNELLE • CONTEMPORAIN Jacques Faussat, Gersois et fier de l'être, n'aime rien tant que la simplicité inspirée de ses racines et de son enfance. Une simplicité également apprise auprès de Michel Guérard et surtout d'Alain Dutournier – sa rencontre avec cet homme de passion, qui partage les mêmes origines que lui, sera déterminante dans sa carrière, à commencer par dix années passées aux fourneaux du Trou Gascon. Il propose une cuisine pleine de saveurs, misant tout sur de bons produits travaillés pour en faire ressortir le meilleur. Bon rapport qualité-prix.

⌖ 🄰🄲 ⌖ 🄰 – Prix : €€€

54 rue Cardinet – Ⓜ Malesherbes – ☎ 01 47 63 40 37 – www.jacquesfaussat. com – Fermé samedi et dimanche

MALLORY GABSI

Chef : Mallory Gabsi

CUISINE MODERNE • ÉLÉGANT Demi-finaliste de Top Chef en 2020, le chef bruxellois Mallory Gabsi se sent bien dans sa cuisine. Il transmet cet état d'esprit dans une partition travaillée et en relief qui joue avec justesse sur des notes acides et amères en utilisant du citron noir d'Iran ou des baies de sorbier notamment. Ce vent de liberté dans l'assiette dynamise ainsi l'ambiance feutrée des lieux qui évoquerait plutôt les luxueux paquebots de la Cunard notamment avec ses marqueteries claires

17ᵉ ARRONDISSEMENT

vernissées, ses fauteuils en laine et ses appliques Art déco. Cette idole d'une nouvelle génération de gourmets signe « un menu turquoise » (sa couleur préférée) émaillé de savoureux clins d'œil au plat pays (sa version de l'anguille au vert, laquée à la bière) et ose des associations de saveurs détonantes comme ce dessert qui mêle avec talent des agrumes et des algues ou bien la magnifique association de tabac, vanille et café.

&. 🅰️ – Prix : €€€€

28 rue des Acacias – Ⓜ️ *Argentine –* ☏ *09 52 96 09 99 – www.mallory-gabsi. com – Fermé samedi et dimanche*

OXTE

Chef : Enrique Casarrubias

CUISINE MEXICAINE • TENDANCE Ce petit restaurant cosy et sympathique du quartier de l'Étoile propose une savoureuse cuisine au goût du jour, aux influences mexicaines. Les produits français sont travaillés avec des condiments, herbes et épices par un chef mexicain, talentueux et passionné, qui participe d'ailleurs au service. À l'image de la dorade royale marinée, déclinaison de navets, sauce tatemado ou du poisson du marché, al pastor, mole carotte, ananas ou pigeon, mole Oxte, poireau, raisins pickles, le maître des fourneaux signe des plats réfléchis, maîtrisés, aux justes cuissons et aux assaisonnements toniques. C'est coloré, punchy et bien condimenté. On se régale, on y retourne !

Prix : €€€€

5 rue Troyon – Ⓜ️ *Ternes –* ☏ *01 45 75 15 15 – www.restaurant-oxte.com – Fermé samedi et dimanche*

LA SCÈNE THÉLÈME

CUISINE MODERNE • CONTEMPORAIN Au 18 de la rue Troyon, l'art rejoint la gastronomie. D'ailleurs, le nom du restaurant est un hommage à l'Abbaye de Thélème, une création utopique que l'on doit à Rabelais. Rudy Langlais, fidèle second de cuisine depuis 2018, a pris récemment les rênes des fourneaux. Il signe avec son équipe une cuisine fine et subtile, pleine de personnalité, avec des produits de premier ordre : chawanmushi, homard, fenouil confit, citron ; selle d'agneau grillée, fleur de courgette, cédrat, ail noir, poudre de miso. Un travail au cordeau ! Bons conseils du sommelier.

&. 🅰️ 🗘 – Prix : €€€

18 rue Troyon – Ⓜ️ *Charles de Gaulle - Étoile –* ☏ *01 77 37 60 99 – www. lascenetheleme.fr – Fermé lundi, dimanche, et mardi et samedi à midi*

MOVA

CUISINE TRADITIONNELLE • CONTEMPORAIN À partir de beaux produits sélectionnés en fonction des saisons (aussi bien les légumes que les poissons), François Merle propose une cuisine moderne et gourmande, à l'image de ces rillettes de daurade, pickles de céleri, sorbet coriandre et œufs de poisson : une entrée fraîche et légère dont les saveurs franches se mêlent avec harmonie. Menu unique au déjeuner et menu dégustation le soir.

🅰️ – Prix : €€

39 rue des Dames – Ⓜ️ *Place de Clichy –* ☏ *01 45 22 46 07 – www.mova-paris.fr – Fermé samedi, dimanche et lundi midi*

LE BISTROT FLAUBERT

CUISINE MODERNE • BISTRO Jouxtant la maison mère Rostang, cette adresse authentique rythme la vie du quartier depuis plusieurs décennies, et régale avec des assiettes bien tournées et riches en goût. Dans ce bistrot chic qui séduit parlementaires et hommes d'affaires, on aime aussi ces étagères en bois où trônent de jolies bouteilles et de vieux Guides Michelin. Le chef signe une partition moderne rythmée par les saisons, et revisite aussi quelques classiques avec justesse, à l'image de cette canette jaune des Landes cuite sur le coffre et son jus aux épices.

🅰️ 🍽️ – Prix : €€€

10 rue Gustave-Flaubert – Ⓜ️ *Ternes –* ☏ *01 42 67 05 81 – www.bistrotflaubert. com – Fermé samedi et dimanche*

17e ARRONDISSEMENT

BLOOM

CUISINE VÉGÉTALIENNE • TENDANCE Bloom (« fleurir ») : un nom judicieux quand on confectionne, comme le chef mexicain Christian Ventura, des sushis végétaux ! Riz croustillant pané délicatement vinaigré, brunoise de shiitaké, pleurote et avocat, futo makis et sauce pesto, gyozas aux légumes accompagnés d'une sauce kimchi : le pari du chef, grand défenseur des ressources naturelles, est gagné grâce à ses préparations goûteuses et pleine de pep's. Produits sélectionnés auprès de petits producteurs, y compris pour les cocktails, carte des vins naturels, belle gamme de sakés. Cadre zen qui joue sur différentes textures de bois.

Prix : €€

99 rue Jouffroy-d'Abbans – **Ⓜ** *Wagram –* ✆ *01 42 27 26 16 – www.bloomsushi.fr*

CAÏUS

CUISINE CRÉATIVE • CONVIVIAL Caïus, c'était l'arrière-grand-père du chef ; mais Caïus c'est aussi un lieu qui ne veut pas tourner le dos au passé. Et pour cela, le chef Jean-Marc Notelet recherche des épices et des idées pour réinventer des recettes et offrir un moment de plaisir créatif avec des produits de qualité, préparés avec savoir-faire. L'entrée de chou pointu et palourdes est maîtrisée ; le filet de vivaneau, snacké avec précision, est accompagné d'une belle portion de légumes juste relevés et d'une bisque crémée de crabes verts sapide ; le dessert à base de poires est généreux et gourmand. Dans ce restaurant à la façade sobre et discrète, deux espaces coexistent : métal et cuir d'un côté, velours et bois clair de l'autre avec vue sur la cuisine. Le service est efficace et précis.

🅰️Ⓒ 🛋️ – Prix : €€

6 rue d'Armaillé – **Ⓜ** *Charles de Gaulle - Étoile –* ✆ *01 42 27 19 20 – www.caius-restaurant.paris – Fermé samedi et dimanche*

CAVES PÉTRISSANS

CUISINE TRADITIONNELLE • VINTAGE Cette belle affaire de famille voit se succéder avec réussite les générations Allemoz depuis 1895. Poussez la porte et laissez-vous tenter par la terrine de foies de volaille et sa confiture d'oignons, l'onglet grillé ou la tête de veau sauce ravigote. En dessert, baba au rhum ou île flottante comptent parmi les nombreux classiques bistrotiers présents. Une maison éminemment sympathique à la belle carte des vins.

🐌 🏠 🛋️ 🍽️ – Prix : €€

30 bis avenue Niel – **Ⓜ** *Pereire –* ✆ *01 42 27 52 03 – www.cavespetrissans.fr/ fr,1,13689.html – Fermé samedi et dimanche*

COMME CHEZ MAMAN

CUISINE MODERNE • CONVIVIAL Au cœur des Batignolles, près d'un square, un bistrot contemporain où l'on se sent... comme chez maman ! Le chef belge, Wim Van Gorp, joue la carte de jolies recettes contemporaines assaisonnées de touches créatives, dont certaines rendent de délicieux hommages à ses origines flamandes...

🛋️ – Prix : €€€

5 rue des Moines – **Ⓜ** *Brochant –* ✆ *01 42 28 89 53 – www.comme-chez-maman. com*

CORETTA

CUISINE MODERNE • DESIGN Dans le quartier Clichy-Batignolles, face au parc Martin-Luther-King (dont l'épouse s'appelait Coretta), la cheffe Beatriz Gonzalez, originaire du Mexique et passée par des établissements étoilés tels Senderens et la Grande Cascade, propose une cuisine de saison bien réalisée et généreuse. Servi par une équipe jeune et dynamique, on s'installe dans un cadre design, clair et lumineux, avec vue sur les cimes à l'étage.

♿ 🅰️ 🏠 – Prix : €€

151 bis rue Cardinet – **Ⓜ** *Brochant –* ✆ *01 42 26 55 55 – www.restaurantcoretta. com – Fermé lundi et dimanche*

17ᵉ ARRONDISSEMENT

LE CYRANO Ⓝ

CUISINE MODERNE • HISTORIQUE À deux pas de la place Clichy, le Cyrano cache derrière sa façade une histoire aussi dense que ses mosaïques dorées. Ce qui fut jadis une maison close, puis le repaire d'André Breton et des surréalistes, vibre désormais sous la houlette d'une bande de quatre amis. Dans ce cadre Art déco incroyable (fresques murales illustrant le chef d'œuvre d'Edmond Rostand, mosaïques, miroirs), les clients se pressent au coude-à-coude. Au fond du bar, deux cuisinières orchestrent un ballet culinaire millimétré où le végétal tient le premier rôle : tartelette croustillante qui marie le gorgonzola à la poire et aux champignons ; rillons de cochon qui se prélassent dans leur bouillon fumé ; pour le final, un riz au lait au sésame noir bien parfumé. Et la note sait rester légère.

🍴 – Prix : €€

3 rue Biot – Ⓜ Place de Clichy – 🕿 01 40 07 55 05 – www.lecyranoparis.com

DESSIRIER

POISSONS ET FRUITS DE MER • CHIC Contemporain, arty et chic : tel est le Dessirier, navire amiral de la famille Rostang. Le restaurant attache une importance capitale à la sélection de poissons : bouillabaisse et sole meunière font partie des incontournables du lieu…

❀ & 🄰🄲 🍴 ⇆ 🥘 – Prix : €€€€

9 place du Maréchal-Juin – Ⓜ Pereire – 🕿 01 42 27 82 14 – www. restaurantdessirier.com

FOGO Ⓝ

CUISINE MODERNE • ÉLÉGANT Dans un décor très soigné composé essentiellement de matériaux nobles (comme le marbre veiné) et naturels (comme le bois et la pierre), le chef s'adonne dans sa cuisine ouverte aux joies de la cuisson à la braise, un hommage aux gauchos, les gardiens de troupeaux. Les plats sont généreux, relevés et pleins de pep's.

⇆ – Prix : €€€

8 rue Meissonier – Ⓜ Wagram – 🕿 01 56 79 81 88 – www.raphaelrego. com – Fermé dimanche

LA FOURCHETTE DU PRINTEMPS

CUISINE MODERNE • BISTRO Dans cet élégant petit bistrot de quartier, on trouve un chef passé par de belles maisons. Il cultive le goût du produit de qualité (le menu évolue selon le marché), et prend plaisir à revisiter les classiques. Son lièvre à la royale est une réussite. Une bonne table.

🄰🄲 – Prix : €€€

30 rue du Printemps – Ⓜ Wagram – 🕿 01 42 27 26 97 – www. lafourchetteduprintemps.com – Fermé lundi, dimanche et du mardi au samedi à midi

GARE AU GORILLE

CUISINE MODERNE • BISTRO Marc Cordonnier a maintenant fait sa place aux Batignolles. Il sait travailler les produits sans jamais les dénaturer et décline une cuisine franche et originale, sans chichi, qui préfère la personnalité à la posture. Quant à son acolyte, Louis Langevin, il conseille avec bienveillance un beau panel de vins nature.

Prix : €€

68 rue des Dames – Ⓜ Rome – 🕿 01 42 94 24 02 – www.gareaugorille.fr/fr – Fermé samedi et dimanche

JUPI

CUISINE MODERNE • CONTEMPORAIN Aux manettes de ce bistrot moderne (sol en béton ciré, luminaires branchés, tables en bois), ambiancé avec un fond d'électro, la jeune cheffe Alice Roger montre qu'elle a du bagage (trois ans à Londres) et du goût (elle a travaillé avec le chef étoilé Ryuji Teshima au restaurant Pages). Sa cuisine pleine de pep's (grâce à ce sabayon au Noilly Prat, à cette sauce

PARIS

941

17ᵉ ARRONDISSEMENT

gribiche à la moutarde violette, ou à cette sauce raifort) est assurément excitante (avec notamment une formule à prix canon au déjeuner). Au dîner, la proposition se mue en assiettes à partager.

Prix : €€

25 rue des Dames – Ⓜ *Place de Clichy –* 𝄢 *06 68 57 93 28 – www.jupi-paris.fr – Fermé lundi, dimanche et mardi midi*

MADAME FAN

CUISINE CHINOISE • ÉLÉGANT Ce restaurant célèbre les plaisirs de la cuisine chinoise. À travers une petite carte conçue par le chef exécutif d'origine chinoise, on découvre une cuisine maîtrisée et soignée avec des produits de belle qualité : Xiao long bao au porc ibérique et bouillon ; magret de canard fumé au thé vert, condiment de betterave fumée ; bao au chocolat et glace au sésame noir... Le tout servi dans un élégant cadre contemporain avec une salle sous verrière.

🅰 💠 – Prix : €€

18 rue Bayen – Ⓜ *Ternes –* 𝄢 *01 53 81 79 77 – www.madame-fan.com*

PETIT BOUTARY

CUISINE MODERNE • BRASSERIE Ce Petit Boutary-là, frère cadet de celui de la rive gauche, ne démérite pas ! Dans ce bistrot raffiné, avec son sol en damier, son comptoir en zinc, ses banquettes en cuir et ses ampoules suspendues, on apprécie une cuisine moderne et créative, réalisée autour d'un menu unique qui se décline en plusieurs séquences.

♿ – Prix : €€

16 rue Jacquemont – Ⓜ *La Fourche –* 𝄢 *01 46 27 76 23 – www.petitboutary. com – Fermé lundi et dimanche*

PETIT GRIS

CUISINE MODERNE • CONVIVIAL Jean-Baptiste Ascione, ex-Top Chef, rêvait d'ouvrir sa propre adresse ! C'est chose faite avec cette salle chaleureuse (parquet en chêne, tables en bois sablées, chaises bistrot...) qui célèbre les joies de la cuisine de partage en puisant dans les beaux produits du terroir et le répertoire culinaire traditionnel.

🅰 – Prix : €€

67 rue Rennequin – Ⓜ *Pereire –* 𝄢 *06 11 34 69 91 – Fermé samedi et dimanche*

PETRUS Ⓝ

CUISINE TRADITIONNELLE • BISTRO Derrière une façade vitrée dont les voilages ne laissent rien entrevoir depuis la rue, se cache une salle de bistrot typique récemment entièrement rénovée, avec de longues banquettes en velours, des murs rouges et des tables serrées nappées de blanc. En harmonie avec le décor, le chef Sylvain Sendra (Fleur de Pavé) y propose les grands classiques de bistrot : l'artichaut à la Lucullus, le pâté en croûte, le filet de bœuf au poivre (cuit à la perfection), ou encore le ris de veau et purée maison... sans oublier la crème caramel, exquise. Les produits sont de belle qualité, préparés avec beaucoup de maîtrise, et la générosité est de mise.

🐝 🅰 🍽 💠 🍴 – Prix : €€€

12 place du Maréchal-Juin – Ⓜ *Pereire –* 𝄢 *01 43 80 15 95 – www.restaurant-petrus.fr/fr*

PHÉBÉ Ⓝ

CUISINE TRADITIONNELLE • BISTRO Situé à côté de la place du Maréchal-Juin, ce charmant petit restaurant 1900 séduit par sa façade vitrée, ses boiseries vertes et ses faïences classées. Pauline Nicolas, cheffe formée dans la galaxie Rostang, propose des intitulés de plats alléchants qui tiennent leurs promesses dans l'assiette. Pour le déjeuner : une délicieuse entrée à base de saucisse de Morteau, champignons et sauce au vin jaune, suivie d'une truite accompagnée d'une sucrine braisée, puis, au dessert, une tartelette à la poire pochée, gourmande à souhait. Les bons produits sont traités avec le respect qu'ils méritent.

Prix : €€

190 rue de Courcelles – Ⓜ *Pereire –* 𝄢 *01 46 22 33 23 – www.restaurantphebe.fr/fr – Fermé lundi et dimanche*

17ᵉ ARRONDISSEMENT

ROOSTER

CUISINE MODERNE • BISTRO Formé chez les grands (de Passedat à Darroze), le marseillais Frédéric Duca a trouvé son port d'attache dans une partie animée et populaire du 17eme arrondissement. En guise d'écrin, un ancien café en angle de rue : le chef marseillais signe une cuisine de produits qui multiplie les clins d'œil à ses racines méditerranéennes et provençales. Très bon rapport qualité-prix du menu du jour au déjeuner. Carte plus ambitieuse le soir.

Prix : €€€

137 rue Cardinet – Ⓜ Villiers – ☏ 01 45 79 91 48 – www.rooster-restaurant.com – Fermé samedi et dimanche

LE 703

CUISINE TRADITIONNELLE • BISTRO Naviguant entre la France et le Japon, le chef Naomi Ogaki a été formé en Alsace chez Antoine Westermann et en Provence chez Christian Étienne. Dans son sympathique bistrot avec long comptoir, il sert une excellente cuisine française traditionnelle, aux fortes influences alsaciennes en automne-hiver et... méridionales aux beaux jours. Ici, on célèbre pâté en croûte, gibier, spaetzle, boudin noir maison, aïoli de poisson – sans oublier de vrais bons desserts classiques.

Prix : €€

9 rue Fourcroy – Ⓜ Ternes – ☏ 01 71 20 47 63 – www.le703.fr – Fermé lundi, mardi midi et dimanche soir

SORMANI

CUISINE ITALIENNE • ROMANTIQUE Ambiance feutrée pour cette table italienne courue des célébrités parisiennes, avec ses lustres en verre de Murano, moulures et miroirs. Ici, on rend hommage aux spécialités transalpines, avec par exemple les spaghetti alle vongole et piment de Calabre, ou des desserts phares comme le gigantesco : une glace vanille à l'italienne turbinée minute, agrémentée de meringue, nougatine et caramel liquide.

🕱 🅰🅲 ⇕ 🥂 – Prix : €€€

4 rue du Général-Lanrezac – Ⓜ Charles de Gaulle - Étoile – ☏ 01 43 80 13 91 – www.sormanirestaurant.com – Fermé samedi et dimanche

LA TABLE DU CAVISTE BIO

CUISINE MODERNE • ÉLÉGANT À quelques encablures du Parc Monceau, ce restaurant offre l'agrément d'une salle d'esprit moderne, et d'une cuisine en phase avec son époque, fraîche et raffinée, concoctée par la cheffe japonaise Junko Kawasaki. Le tout au diapason avec les vins, exclusivement bio, eux aussi.

🕱 🅰🅲 🍴 – Prix : €€

55 rue de Prony – Ⓜ Monceau – ☏ 01 82 10 37 02 – www.latable.bio – Fermé lundi et dimanche

VIVE, MAISON MER

POISSONS ET FRUITS DE MER • ÉLÉGANT Le restaurateur alsacien Adrien Rech ouvre cette institution dédiée aux produits de la mer en 1925. Après Ducasse, c'est au tour des époux David et Stéphanie Le Quellec, dont le patronyme breton sent déjà l'iode, de célébrer la cuisine des poissons et des crustacés. Le décor est fastueux, avec son immense bar, sa salle à manger à l'étage et ses longues banquettes. David Le Quellec sert une cuisine de partage composée d'excellents produits ultra-frais en provenance des criées françaises, de l'Atlantique à la Méditerranée. Le ceviche de daurade au lait de coco citron vert et coriandre tient déjà son rang de classique de la maison – sans oublier les plats préparés à base de poissons maturés sur place dans la cave de maturation.

🅰🅲 – Prix : €€€

62 avenue des Ternes – Ⓜ Ternes – ☏ 01 42 94 07 90 – www.vive-restaurant. com – Fermé dimanche soir

18ᵉ ARRONDISSEMENT

HÔTEL ELDORADO PARIS *Plus*

DESIGN • CHALEUREUX Le propriétaire de cet hôtel a un goût sûr pour l'éclectisme ; il a rassemblé plusieurs époques dans un décor harmonieusement unifié. Les chambres, avec leurs papiers peints et leurs textiles à motifs, ont de la personnalité à revendre. L'une des suites dispose d'un sauna privatif, et de nombreux logements ont une terrasse ou un balcon donnant sur le jardin.

AC P - 26 chambres

18 rue des Dames - ☏ 01 45 22 35 21

TRIBE PARIS BATIGNOLLES *Plus*

AVANT-GARDE • COSY Hors des sentiers battus, cette adresse est à l'image du quartier, décontractée et vivante. Esthétique et clair, l'intérieur a choisi l'option moderne, industrielle et chic, avec de beaux espaces lounge. Les chambres sont douillettes et colorées, certaines ont des petits balcons, et le confort est au rendez-vous. Le soir, l'ambiance studieuse du café devient plus festive.

- 79 chambres

176 rue Cardinet - ☏ 01 42 63 50 00

ZOKU PARIS

MODERNE • CONVIVIAL Dans le quartier Clichy-Batignolles, en pleine réhabilitation, l'appartement hôtelier moderne et polyvalent a trouvé son adresse parisienne : les designers de Zoku ont réussi à aménager, dans un volume assez compact, des espaces nuit, travail, cuisine et repas bien distincts et de tout confort. Les locataires peuvent également profiter d'un bar et d'une terrasse dotée d'un potager. Le Stream Building abrite aussi des commerces, une brasserie et un café, bref tout ce qu'il faut pour s'adapter aux travailleurs nomades d'aujourd'hui.

- 109 chambres

48 avenue de la Porte de Clichy - ☏ 01 86 26 10 67

MONTMARTRE • PIGALLE
18ᴱ ARRONDISSEMENT

SUSHI SHUNEI

CUISINE JAPONAISE • ÉPURÉ Sur la colline de Montmartre, cette table arbore avec autant de dépouillement que d'élégance les codes esthétiques des tables nippones : boiseries claires et long comptoir, magnifique plafond façon "origami" créé par un cabinet d'architectes. Chizuko Kimura et le maître sushi Takeshi Morooka y officient cérémonieusement, perpétuant l'héritage de Shunei Kimura, qui avait inauguré cette table avec succès. Le menu unique omakase est décliné en deux variations, à choisir dès la réservation. Dans les deux cas, le voyage sensoriel est garanti grâce à la dextérité dans la confection des nigiris, l'utilisation de superbes poissons travaillés sous différentes formes, et des assaisonnements tout en subtilité. Sans oublier ce service unique à la japonaise, mélange de bienveillance et d'attention.

AC – Prix : €€€€

*3 rue Audran - Ⓜ Abbesses - ☏ 06 44 66 11 31 - www.sushishunei.com -
Fermé lundi, dimanche et du mardi au samedi à midi*

FANA Ⓝ

CUISINE MODERNE • CONTEMPORAIN Fanatiques de gastronomie, Gabriel Gras Fernandez (au salé) et Jorice Sardain (au sucré), le sont assurément. Dans leur petit restaurant d'une rue piétonne de Montmartre (où fleurissent d'ailleurs de plus en plus de tables intéressantes), ils mitonnent à quatre mains une cuisine de saison

18e ARRONDISSEMENT

intelligente et des assiettes soigneusement travaillées : pleurotes, sabayon café, persil, brioche ; volaille jaune, butternut, endive et orange ; et un dessert bluffant autour du chocolat en plusieurs textures.

Prix : €€

14 rue Ferdinand-Flocon – Ⓜ Jules Joffrin – ℰ 09 86 37 80 77 – www.fanabistro.fr – Fermé lundi et dimanche

OSE

CUISINE MODERNE • BISTRO Deux chefs, deux pros passés par les grandes tables de New-York à Paris, alternent chacun leur place tous les quinze jours, un coup aux fourneaux, un coup en salle. Les plats sont donc présentés avec beaucoup de pertinence, et pour cause ! Dans ce bistrot du quartier des Abbesses avec cuisine ouverte, l'esprit de la bistronomie souffle sur l'ardoise du jour où tous les fondamentaux de la gourmandise répondent présents derrière l'apparente simplicité des recettes. On ose - surtout au déjeuner, avec ce menu à tarif doux pour la capitale !

🌤 – Prix : €€

3 rue Durantin – Ⓜ Abbesses – ℰ 01 42 59 98 35 – www.oseabbesses.fr – Fermé lundi, dimanche, et mardi et mercredi à midi

A.LEA

CUISINE MODERNE • VINTAGE Pas d'aléas chez a.lea, mais une séduisante bistronomie signée Léa Lestage, une jeune cheffe au parcours atypique qui a tâté de la sociologie en fac avant de mettre la main à la pâte dans les cuisines de Polisson et d'Épicure au Bristol. Œuf parfait, crémeux petit pois, vierge petits pois, abricot, feta et verveine ; filet de canette, patate douce, orange sanguine, condiment curry doux et jus de viande… Les recettes tombent juste, dans un esprit retour du marché à l'excellent rapport qualité/prix au déjeuner, y compris le samedi midi. Au dîner, l'assiette devient un peu plus travaillée et onéreuse. En salle, on retrouve William Atlan, également chef.

Prix : €€

39 rue Lamarck – Ⓜ Lamarck - Caulaincourt – ℰ 01 81 69 96 93 – www.alearestaurant.com – Fermé lundi et mardi, et dimanche soir

ADRABA Ⓝ

CUISINE MÉDITERRANÉENNE • CONTEMPORAIN Aux commandes de cette table festive et branchée, un collectif d'amis emmené par le chef israélien Elior Benaroche, ancien second du Balagan et compagnon de route d'Assaf Granit depuis ses débuts au cœur de la vieille ville de Jérusalem. Cette cuisine puise dans la géographie du Levant et dans l'histoire familiale du chef. C'est un festival d'épices et de préparations : hilbeh (pâte de fenugrec), ezme (salade turque de légumes rôtis au charbon), tahini, zaatar, harif (piments marinés), tulum (fromage turc), sans oublier une belle carte de cocktails. Un voyage, assurément.

AC – Prix : €€€

40 rue Véron – Ⓜ Abbesses – ℰ 07 83 57 38 99 – www.adraba-paris.com – Fermé lundi et du mardi au dimanche à midi

L'ARPAON Ⓝ

CUISINE MODERNE • BISTRO Ce bistrot de poche affiche une joyeuse devanture verte. À l'instar des trois compères qui ambiancent les lieux, l'assiette est joyeuse et libre, comme ce vol-au-vent garni d'un tajine de veau, qui associe avec naturel deux classiques issus de cultures différentes. Cette cuisine plaisir sans complexe puise aussi dans l'univers de la street food, comme en témoigne cette brioche de tourteau 100% gourmande. Service souriant.

Prix : €€

57 rue Montcalm – Ⓜ Jules Joffrin – ℰ 01 44 85 54 69 – www.larpaon.com – Fermé lundi, dimanche et du mardi au samedi à midi

LE BORÉAL Ⓝ

CUISINE MODERNE • BISTRO À l'angle de la rue du Pôle-Nord, la cheffe Philippine Jaillet et son compagnon Charles Neyers vous accueillent avec chaleur dans un troquet typiquement parisien, avec cuisine ouverte, comptoir en laiton et

18ᵉ ARRONDISSEMENT

inoxydables chaises Thonet. Côté assiette, leur boussole gourmande ne perd pas le Nord : de beaux produits frais ancrés dans la saison, travaillés dans l'air du temps avec une touche créative et décalée, à l'image de ce chawanmushi de champignons (un flan aux œufs japonais sans lait ni sucre, normalement préparé avec du dashi), praliné de cèpes, pickles et champignons grillés, ou encore de ce pithiviers végétarien au céleri rave. Prix du menu déjeuner très attractif.

Prix : €€

39 rue Montcalm – ◉ Jules Joffrin – ℰ 09 78 81 17 38 – www.grandnordgroupe. com/home-1-1 – Fermé lundi et mardi, et dimanche soir

CHANTOISEAU

CUISINE MODERNE · ÉPURÉ En 1765, Mathurin Roze de Chantoiseau ouvre le premier restaurant moderne (des tables individuelles et des plats à choisir sur un menu) dans le quartier du Louvre. En son hommage, les frères Nicolas et Julien Durand travaillent à 4 mains au bénéfice d'une jolie cuisine actuelle, qui s'inspire aussi des classiques et recourt parfois aux produits nobles à l'image de cette délicieuse tourte de palombe feuilletée.

 🕭 🎰 🎋 – Prix : €€€

63 rue Lepic – ◉ Lamarck - Caulaincourt – ℰ 01 42 51 39 95 – www.chantoiseau-paris.fr – Fermé lundi, dimanche et mardi midi

L'ESQUISSE

CUISINE MODERNE · BISTRO Deux jeunes passionnés se sont associés pour créer ici ce bistrot vintage et accueillant : parquet massif, banquettes en bois... On y passe un bon moment autour de recettes volontiers voyageuses et originales. Au déjeuner, menu du jour sans choix et mini carte ; au dîner, choix plus étoffé.

Prix : €€

151 bis rue Marcadet – ◉ Lamarck - Caulaincourt – ℰ 01 53 41 63 04 – www. esquisse-paris18.fr – Fermé lundi et dimanche

ETSI

CUISINE GRECQUE · CONVIVIAL Mikaela Liaroutsos, jeune cheffe d'origine grecque, est revenue à la cuisine de son enfance après un apprentissage dans des maisons reconnues. Elle propose des mezze à partager percutants de fraîcheur et ponctués d'audace tel le chou-fleur rôti, anchoïade, câpres de Sérifos ou les excellentes Saint-Jacques beurre de pistache au myzithra et estragon. Feta, olives, câpres, charcuteries, fromages, huile d'olive et vins arrivent directement de Grèce, et se dégustent dans une ambiance hyper-conviviale.

🎋 – Prix : €€

23 rue Eugène-Carrière – ◉ Place de Clichy – ℰ 01 71 50 00 80 – www.etsi-paris. fr – Fermé lundi, du mardi au vendredi à midi, et dimanche soir

LE MAQUIS

CUISINE MODERNE · BISTRO Paul Boudier et Albert Touton, deux anciens du Chateaubriand, proposent une cuisine goûteuse et sans chichis, bistrotière à souhait : velouté, saucisse purée, crumble gourmand, à déguster dans un cadre rétro (comptoir en zinc et banquettes en simili cuir de rigueur) et une ambiance des plus conviviales... Rapport qualité-prix imbattable le midi ; menu unique (en plusieurs étapes) plus ambitieux le soir. Prenez le Maquis !

Prix : €€

53 rue des Cloÿs – ◉ Jules Joffrin – ℰ 01 42 58 87 82 – www.lemaquisrestaurant. fr – Fermé lundi, samedi et dimanche

18e ARRONDISSEMENT

LE MATRÉ 🆕

CUISINE MODERNE • **BISTRO** Ce petit bistrot à l'atmosphère contemporaine se niche à deux pas de la rue Lepic, au cœur du quartier des Abbesses. L'intérieur est tout en simplicité : murs bruts, baie vitrée, mobilier moderne, cuisine ouverte. Aux commandes : Lucas Tresse (passé par l'Avant Comptoir chez Camdeborde) réalise une cuisine actuelle et franche inspirée du marché. Sa carte, volontairement courte, évolue très régulièrement au gré des produits et des envies du chef : cèpes, gnocchis, sauce au vin rouge ; échine de porc panée, champignons sautés, purée de céleri. Une proposition à prix raisonnable pour Paris, qui fait la part belle à la spontanéité et à la fraîcheur des produits.

Prix : €€

42 rue Véron – 🚇 *Abbesses –* ☎ *01 53 41 15 40 – www.lematre.com – Fermé mardi et mercredi midi*

MOKKO

CUISINE MODERNE • **CONTEMPORAIN** Formé sur le tard (il a d'abord travaillé dans la musique), Arthur Hantz ne nourrit pas le moindre complexe et tient au pied de la butte Montmartre un bistrot moderne, simple et convivial. Dans l'assiette, il applique une méthode diablement efficace : une cuisine du marché, créative et pleine de peps, où la gourmandise est au rendez-vous ! Exemple : boudin noir snacké, trévise et prune en entrée ; merlu de ligne, carottes confites aux épices, beurre blanc et olives en plat principal ; et pour le dessert, mousse chocolat 80 % grué de cacao et fleur de sel... simple mais terriblement efficace !

🍽 – Prix : €€

3 rue Francœur – 🚇 *Lamarck - Caulaincourt –* ☎ *07 60 38 57 53 – www.mokko-restaurant.com – Fermé lundi, dimanche et du mardi au vendredi à midi*

L'OUZERI

CUISINE GRECQUE • **BISTRO** Fromage saganaki, merida giro, mizythropita, spanakopita : aucun doute, on est ici dans la taverne hellénique de la cheffe franco-grecque Mikaela Liaroutsos, à deux pas de son autre restaurant Etsi. En fond sonore, des chants traditionnels invitent presque à esquisser un pas de sirtaki après un verre d'ouzo... Dans l'assiette, une succession de petits plats grecs à déguster les yeux dans le bleu, avant les vacances au pays d'Homère.

Prix : €€

41 rue du Ruisseau – 🚇 *Jules Joffrin –* ☎ *09 73 88 24 17 – www.etsi-paris.fr/l-ouzeri – Fermé lundi, du mardi au vendredi à midi, et dimanche soir*

SIGNATURE MONTMARTRE

CUISINE FUSION • **SIMPLE** Dans ce coin très touristique, un restaurant de poche au cadre très simple mais à l'ambiance animée. C'est un couple franco-coréen qui tient cette adresse au succès bien mérité (réservation fortement recommandée !). Lui prodigue un accueil chaleureux en salle (ainsi que de judicieux conseils pour le vin), tandis qu'elle aide en cuisine pour la pâtisserie. Sobre, efficace et bien pensée, la cuisine franco-asiatique qu'on déguste ici se pare de parfums subtils. En témoigne cette bonite en tataki, condiment de pickles de concombre, crêpe de cresson de fontaine et sa sauce vitello tonnato relevée à la menthe, gourmande et étonnante ! On signe sans hésiter.

Prix : €€

12 rue des Trois-Frères – 🚇 *Abbesses –* ☎ *01 84 25 30 00 – www.signature-montmartre.fr – Fermé lundi, mardi et du mercredi au dimanche à midi*

🛏 L'HÔTEL PARTICULIER MONTMARTRE

CLASSIQUE • **RAFFINÉ** Un hôtel très... particulier. À l'issue d'un étroit passage montmartrois, on découvre une demeure Directoire au cœur d'un jardin luxuriant. Salons raffinés, chambres élégantes au décor personnalisé. Charmant bar et délicieuse véranda.

AC - 5 chambres

23 avenue Junot – ☎ *01 53 41 81 40*

19E & 20E° ARRONDISSEMENT

MONSIEUR ARISTIDE

CLASSIQUE • CHALEUREUX Monsieur Aristide habite évidemment Montmartre, et il reçoit dans un bâtiment 19e s. où la réception en bois, le bar à cocktails aux cabines incurvées et son jukebox Wurlitzer sont d'origine. Le reste de l'établissement marie les trésors chinés au marché aux puces et le sol en béton, pour un décor différent dans toutes les chambres et suites. Celles-ci entourent un jardin intérieur, avec terrasses privées à l'étage supérieur. Le petit déjeuner est servi dans le jardin, et le bar reste ouverts tard.

⫪○ - 25 chambres
3 rue Aristide Bruant – ☏ 01 42 64 33 33

LA VILLETTE • BUTTES-CHAUMONT • GAMBETTA, PÈRE LACHAISE

19E & 20E ARRONDISSEMENTS

LE CADORET

CUISINE TRADITIONNELLE • BISTRO Cador de Cadoret ou crème de bistrot des hauts de Belleville avec vieux zinc, banquette moleskine et carrelage mosaïque : c'est bonnet blanc et blanc bonnet ! Une sœur et un frère, Léa Fleuriot (aux fourneaux) et Louis-Marie séduisent un public d'intermittents du spectacle et de hipsters gourmands. Léa envoie des plats bistrotiers twistés de belles trouvailles : julienne de pomme de terre, beurre noisette, puntarelle et radicchio ; poulet rôti fermier, sauce cébette, navets, carottes et champignons ; chou chantilly et sauce chocolat. Options végétariennes sur demande. Petite carte de vins 100% bio. Ambiance décontractée et animée sur fond de rap bien dosé.

Prix : €€
1 rue Pradier – Ⓜ Belleville – ☏ 01 53 21 92 13 – Fermé lundi et dimanche

LAO SIAM

CUISINE ASIATIQUE • SIMPLE Lao Siam, une cantine asiatique de Belleville parmi d'autres ? Que nenni ! Créée en 1985 par les parents de l'actuel patron, originaires de Thaïlande et du Laos, cette institution locale met à l'honneur les cuisines de ces deux pays. Tout est fait maison par les trois frères Souksavanh ; c'est fin, parfumé avec du relief : tigre qui pleure et sa sauce relevée, nem thadeua, soupe Tom Kha, rubis au lait de coco. En cas d'affluence, optez pour Ama Siam, la table contiguë qui propose une petite carte de suggestions.

Prix : €€
49 rue de Belleville – Ⓜ Pyrénées – ☏ 01 40 40 09 68 – Fermé mardi et mercredi midi

LE BARATIN

CUISINE TRADITIONNELLE • BISTRO La bistronomie doit beaucoup à la chef argentine Raquel Carena et nombre de jeunes chefs reconnaissent son héritage. L'occasion de revenir aux sources de la gourmandise, avec ce bistrot dans son jus. L'ardoise est plaisante à lire, les prix sont sages et les vins séduisants. Réservation fort conseillée.

Prix : €€
3 rue Jouye-Rouve – Ⓜ Pyrénées – ☏ 01 43 49 39 70 – Fermé lundi, dimanche et mardi midi

LE CHEVAL D'OR

CUISINE ASIATIQUE • TENDANCE Dans le tranquille quartier de Jourdain sur les hauteurs de Paris, une toute nouvelle équipe remet en selle ce cheval dans un décor inchangé (façade rouge Chine, béton ciré, murs bruts, cuisine ouverte). On y propose une cuisine asiatique éclectique, revisitée à travers la tradition française

19E & 20Eᵉ ARRONDISSEMENT

ou... l'inverse ! La carte propose ainsi un consommé à la royale tofu et caviar, des raviolis « barbujuan » sauce piment doux, des tortellini tofu et shiitakés, un canard farci à l'orange ou un cassoulet de légumes, un plat 100% végétarien.

🖼 – Prix : €€

21 rue de la Villette – Ⓜ Pyrénées – ☏ 09 54 12 21 77 – www.chevaldorparis. com – Fermé samedi, dimanche et du lundi au vendredi à midi

DANDELION Ⓝ

CUISINE MODERNE • BISTRO Antoine Villard, ancien chef de Double Dragon et sous-chef chez Septime, et Morgane Souris, sommelière passée par Parcelles, ont déniché une petite perle de bistrot contemporain dans l'Est parisien, avec son sol en béton ciré et sa façade qui s'ouvre sur une place arborée. Le chef en a suffisamment sous le pied pour réussir une cuisine précise et créative aux influences variées. Il marie avec brio des saveurs inattendues : thon rouge à la groseille et tagète ; crevettes crues au kimchi et gingembre – c'est aussi la vertu de produits de qualité choisis avec soin. Service attentionné, décontracté et souriant.

Prix : €€

46 rue des Vignoles – Ⓜ Buzenval – ☏ 01 42 50 01 55 – www. restaurantdandelion.com – Fermé lundi, dimanche et du mardi au jeudi à midi

DES TERRES

CUISINE MODERNE • BISTRO Ambiance joyeuse et bon enfant dans ce bistrot de quartier du 20e. Entouré de vins nature exposés sur une étagère, on attaque dans la bonne humeur les assiettes bien léchées du chef : chou-fleur, sauce hareng, noisette et huile verte ; duo de betteraves rôties, lard de Colonnata et crème de chèvre cendré. Une jolie balade gourmande de saison à prix doux au déjeuner.

Prix : €€

82 rue Alexandre-Dumas – Ⓜ Alexandre Dumas – ☏ 01 43 48 42 49 – Fermé lundi

DILIA

CUISINE CRÉATIVE • OSTERIA À l'ombre de Notre-Dame-de-la-Croix, ce petit restaurant perdu au fin fond du 20e arrondissement, aux allures de maison de campagne, dégage un charme fou. C'est le fief de Michele Farnese, un chef toscan, aux solides références internationales et passé en France par les cuisines de Saturne et de Thoumieux. Le nom rend hommage aux aïeux du chef, Dino et Illia, qui font ensemble Dilia. Le chef propose une cuisine italienne en joyeuse liberté. La sauge prend toute sa place au côté des moelleux gnocchis de betterave et des lamelles de Saint-Jacques crues ; réalisées dans les règles de l'art, les pâtes se marient à merveille à la poutargue et au pain à l'ail... Si la formule déjeuner est un bon plan, au dîner, la partition en plusieurs séquences hausse le ton. La sélection de vins français et italiens est très bien faite. Le service effectué par le responsable et sommelier est chaleureux et souriant. Une table secrète à (re)découvrir d'urgence.

Prix : €€€

1 rue d'Eupatoria – Ⓜ Ménilmontant – ☏ 09 53 56 24 14 – www.dilia.fr – Fermé mardi, mercredi et lundi midi

LE GRAND BAIN

CUISINE MODERNE • BISTRO Dans le cœur fourmillant de Belleville, on aime ce bistrot tendance aux airs d'ancien atelier industriel, avec son comptoir en îlot central, ses verrières, ses matériaux bruts (briques et béton) et ses tables numérotées. On y picore de savoureux plats en petites portions, présentés à l'ardoise. Ambiance musicale pointue pour mieux plaire au noctambule hipster et à la foodista exigeante...

Prix : €€

14 rue Dénoyez – Ⓜ Belleville – ☏ 09 83 02 72 02 – www.legrandbainparis.com/ fr – Fermé lundi, mardi et du mercredi au dimanche à midi

19e & 20e ARRONDISSEMENT

PARIS

MENSAE

CUISINE MODERNE • **BISTRO** Une cuisine de l'instant, pleine de fraîcheur, dans laquelle les saveurs tombent juste. Parmi les incontournables, proposés toute l'année, les cuisses de grenouilles, ail et persil ou la mousse au chocolat praliné provoqueraient des émeutes. Le décor a le bon goût de se faire discret. Petite terrasse trottoir bienvenue en été.

🅰️ – Prix : €€

23 rue Melingue – Ⓜ Pyrénées – 📞 01 53 19 80 98 – www.mensae-restaurant. com – Fermé lundi et dimanche

PAULOWNIA Ⓝ

CUISINE MODERNE • **BISTRO** Un bel arbre aux feuilles immenses – un paulow-nia – pousse sur ce bout de trottoir du 20e, face au restaurant du chef Geoffroy Belin et de sa compagne sommelière Tess Duteil. Depuis leur rencontre chez Alain Passard, ces deux-là ont gardé le goût des produits d'excellence, ceux-là mêmes qu'on utilise dans les restaurants étoilés (pigeon, canard, pintade). En entrée : petit pâté chaud feuilleté au cochon d'Auvergne, parfumé et moelleux ; pintade en croûte de sel concentrée en saveur ; chou craquelin croustillant, glace à la verveine maison en dessert. Ambiance de bistrot avec grand bar central, lambris aux murs et parquet. Service particulièrement chaleureux.

Prix : €€€

15 rue des Vignoles – Ⓜ Buzenval – 📞 01 43 73 57 88 – Fermé lundi, mardi et dimanche

PLOC Ⓝ

CUISINE MODERNE • **BISTRO** « Les villes devraient être construites à la cam-pagne, l'air y est tellement plus pur » (Alphonse Allais) : dans l'ancien village de Charonne, c'est presque le cas avec ce bistrot de quartier, enclavé dans une rue pavée bucolique. Une atmosphère décontractée et animée y flotte sur un fond débonnaire de convivialité. La carte s'inspire de jolis produits sains, sélectionnés avec soin auprès de petits producteurs. Dans l'assiette, ni le tour de main ni le goût ne font défaut, à l'instar de la salsa verde accompagnant les poireaux et le pesto à l'ail des ours sur la brioche toastée, tartinée d'un labneh aux noix, d'asperges vertes, de petits pois et de champignons de Paris rôtis. Sélection de vins naturels.

🏠 – Prix : €€

15 rue Saint-Blaise – Ⓜ Porte de Bagnolet – 📞 01 43 71 31 64 – Fermé dimanche

QUEDUBON

CUISINE TRADITIONNELLE • **BISTRO** Grâce à ce genre de bistrot/bar à vins, Paris demeure Paris ! Pensez donc : le taulier lui-même en personne, casquette vissée sur la tête et barbe en goguette, sympathique en diable, vous accueille et vous place à table avant de vous conseiller une bonne quille dont il connaît per-sonnellement le producteur. Aux fourneaux, le chef Ollie Clark (ancien second de Bruno Doucet) dévoile une ardoise canaille (chouette : il y a souvent des abats) où il mitonne les bons produits triés sur le volet par le proprio : cèpes cuits à la plancha, crème de cèpe ; colvert sauvage, betterave en croûte de sel et chips de sauge...

🍷 – Prix : €€

22 rue du Plateau – Ⓜ Buttes Chaumont – 📞 01 42 38 18 65 – www. restaurantquedubon.fr – Fermé dimanche, et lundi et samedi à midi

SADARNAC

CUISINE MODERNE • **CONTEMPORAIN** Ce restaurant de poche se situe dans une rue semi-piétonne à l'atmosphère de village, en plein cœur du vingtième arron-dissement. On s'installe dans une petite salle coquette pour apprécier les menus à l'aveugle composés au gré du marché par la jeune Lise Deveix. Une bien jolie adresse.

🏠 – Prix : €€

17 rue Saint-Blaise – Ⓜ Maraichers – 📞 01 72 60 72 06 – www. restaurantsadarnac.fr – Fermé lundi, dimanche et du mardi au jeudi à midi

950

19ᵉ & 20ᵉ ARRONDISSEMENT

SOCES

CUISINE MODERNE • BISTRO Un petit bijou de brasserie parisienne barrée par l'ancien chef du Clamato, Marius de Ponfilly, acoquiné avec Kevin Deulio, un ancien du bar Vendôme au Ritz, qui navigue en salle comme un poisson dans l'eau. Ces deux-là ont trouvé la formule, aussi irrévérencieuse que percutante : de belles pièces de viandes et des assiettes à partager entre potes ("soces" en argot parigot), sans oublier leur marque de fabrique, les poissons et fruits de mer… On recommande la truite des Pyrénées et sa gourmande sauce au basilic, ou encore ces délicieuses tellines du Guilvinec en persillade bien relevée.

Prix : €€

32 rue de la Villette – **Ⓜ** *Jourdain – ℰ 01 40 34 14 30 – www.soces.fr – Fermé lundi, mardi et du mercredi au vendredi à midi*

🛏 MAMA SHELTER PARIS EAST

ÉPURÉ • CONVIVIAL Philippe Starck a signé le décor, à la fois épuré, design et fantaisiste, de ce vaste hôtel moderne. Une ambiance jeune et urbaine, à l'image de ce quartier en plein renouveau.

🅰🄲 🄿 🛋 🕭 🚲 ♨ 🍽 - 172 chambres

109 rue de Bagnolet – ℰ 01 43 48 48 48

🛏 SCARLETT   *Plus*

MODERNE • COSY Entre le parc de Belleville et les Buttes-Chaumont, cette ancienne pension de famille a été reprise en main et rénovée avec goût. Les chambres, modernes et cosy, sont tout à fait dans l'esprit parisien, et l'accueil est charmant.

🅰🄲 ♨ 🚲 - 30 chambres

1 rue Jouye-Rouve – ℰ 01 77 38 81 81

PARNAC

✉ 46140 – Lot – Carte régionale n° **23**–A2

LES JARDINS

CUISINE CRÉATIVE • **MAISON DE CAMPAGNE** Ce restaurant de campagne fait les délices d'un paisible village vigneron situé dans une boucle du Lot. Dans les chais d'un ancien domaine viticole, le jeune chef Marius Halter réalise une jolie cuisine actuelle avec les bons produits des environs, non sans omettre des touches créatives bien maîtrisées et équilibrées (épices, sucré-salé). C'est juste et bon. Service plein de gentillesse par Astrid, qui s'occupe également de la jolie sélection de vins bios. Agréable terrasse donnant sur le beau jardin taillé à la française.

🛋 ♿ 🍽 – Prix : €€

1533 route du Port-de-l'Angle – 𝒞 05 65 23 58 24 – www.restaurant-lesjardins. fr – Fermé mercredi et jeudi, et lundi, mardi et dimanche soir

PAU

✉ 64000 – Pyrénées-Atlantiques – Carte régionale n° **25**–C2

😊 JUMO & CO

CUISINE MODERNE • **CONTEMPORAIN** Au cœur de la cité paloise, deux frères jumeaux, l'un cuisinier et l'autre pâtissier, ont brillamment lancé cette affaire de famille, dans un cadre de style bistrot moderne sur deux étages, avec comptoir à pâtisserie et salon de thé. L'ardoise fait saliver, tout comme le rapport qualité-prix. Derrière des mets apparemment simples, ces deux-là ont de l'or au bout des doigts. Jus aigre-doux et divers condiments viennent relever à point nommé cette cuisine astucieuse et généreuse mais toujours légère, à l'image de la poitrine de cochon confite, jus barbecue, légumes en pickles, radis, croquette de polenta.

♿ 🅰🅲 – Prix : €

Plan : A2-2 – *6 rue Henri-IV – 𝒞 05 24 36 04 18 – www.jumoandco.com – Fermé dimanche soir*

😊 OMNIVORE

CUISINE MODERNE • **BISTRO** À deux pas du château de Pau, sur la belle place Gramont, un bistrot gourmand et chaleureux avec zinc, boiseries et banquettes capitonnées. Les épicuriens palois aiment à s'y retrouver dans la bonne humeur pour déguster le poisson de la criée ou l'échine de cochon cuite 24h. L'ardoise fait la part belle à des plats de tradition servis en portions généreuses, rehaussés parfois de touches d'agrumes ou de notes fumées bien balancées. Service plein de gaieté en prime.

♿ 🍽 🅿 – Prix : €€

Plan : A1-5 – *1 place Gramont – 𝒞 05 59 27 98 08 – www.omnivorepau.fr – Fermé lundi, dimanche et samedi midi*

L'INTERPRÈTE

CUISINE CRÉATIVE • **TENDANCE** Au cœur du centre-ville, dans un cadre bohème chic, on se régale d'une bistronomie créative attachée aux saisons, autour de menus carte blanche bien construits. Le chef Quentin Maysou s'en donne à cœur joie : noix de Saint-Jacques poêlées, miso banane et quinoa lié aux épinards ; filet de veau, salsifis au jus, clémentine rôtie, noix de cajou et poivre fumé... Ambiance conviviale.

♿ 🅰🅲 – Prix : €€

Plan : B2-1 – *8 rue des Orphelines – 𝒞 05 59 04 52 29 – www.linterprete-pau. fr – Fermé lundi et dimanche*

MAISON RUFFET - VILLA NAVARRE

CUISINE MODERNE • ÉLÉGANT Une grande villa 19e s. dans un parc verdoyant abrite cette adresse intimiste : six tables seulement, dans une salle au design épuré qui conserve son parquet à chevrons et ses moulures. On propose un menu unique qui met à l'honneur les produits de Bigorre et du Béarn, dans une cuisine de terroir revisitée.

🍴 ♿ 🏵 🅿 – Prix : €€€

Hors plan – 59 avenue Trespoey – 𝒞 05 59 14 65 65 – www.maisonruffet.fr – Fermé lundi, dimanche et du mardi au vendredi à midi

MAYNATS

CUISINE CRÉATIVE • TRADITIONNEL Dans leur nouvelle adresse, les Maynats ("gamins" en béarnais) continuent à nous faire aimer leur cuisine à la fois instinctive et ludique, notamment avec ces associations terre et mer qui font mouche. Dans cette verrière octogonale, on la joue cool et sympa ! Ce mélange d'ambition dans l'assiette et de décontraction dans le service s'est taillé une place de choix dans le cœur des Palois. Menu surprise en plusieurs temps le soir. Carte des vins plutôt pointue en références bio.

🅰🅲 🏵 – Prix : €€€

Plan : B2-3 – 24 avenue Gaston-Lacoste – 𝒞 05 59 27 68 65 – www.maynats. fr – Fermé lundi et dimanche

L'OSSAU 🆕

CUISINE TRADITIONNELLE • BISTRO La spécialité de la maison ? Une succulente poule au pot, entièrement désossée et farcie d'une bonne farce de veau, foie gras et morilles, nappée d'une sauce suprême crémeuse, accompagnée de son bouillon de poule à boire et de garnitures servies dans de petites casseroles en cuivre. Au déjeuner, le semainier, renouvelé toutes les 3 semaines, déroule des recettes classiques de bistrot (poulet aux olives et citron confit ; bar rôti au thym et bayaldi...). On l'a compris, ce bistrot contemporain tenu par deux amis envoie une cuisine traditionnelle et soignée qui donne le sourire.

🆒🍽 – Prix : €€

Plan : A1-8 – *32 rue Tran* – ✆ 05 59 27 08 90 – www.restaurantlossau.com – *Fermé samedi et dimanche*

PAUTE 🆕

CUISINE MODERNE • DÉCONTRACTÉ Deux "potes" de Pau (Paute) ont tapé dans le mille avec ce lieu pittoresque, planqué dans une ruelle en escalier de l'un des plus vieux quartiers de la ville. Herbes aromatiques, épices, vinaigres "arrangés", agrumes, vrais jus : autant de qualités gustatives à apprécier dans une cuisine qui regorge d'idées personnelles et de souvenirs d'enfance.

🆒🍽 – Prix : €€

Plan : A1-7 – *Passage Darracq, 1 rue du Hédas* – ✆ 05 59 98 43 77 – www.restaurantpaute.com – *Fermé samedi, dimanche et mercredi midi*

LES PIPELETTES

CUISINE MODERNE • BISTRO Ici, la partition évolue au gré des produits du marché et des récoltes d'une trentaine de producteurs proches de Pau. La cheffe connaît son sujet et ses assiettes sont aussi travaillées que gourmandes à l'image de la raviole de bœuf, courge et achillée, du merlu de ligne de Saint-Jean-de-Luz, ou de la crème de lait de chèvre à la vanille et framboise des Landes. Menus imposés, midi et soir, mais le rapport plaisir/prix est excellent. Les pipelettes n'ont pas usurpé leur nom, ça tchatche ferme dans ce sympathique petit bistrot.

Prix : €€

Plan : B1-6 – *3 rue Valéry-Meunier* – ✆ 05 59 98 88 06 – www.lespipelettes-pau.fr – *Fermé lundi, mardi et dimanche*

RESTO DIT VIN

CUISINE MODERNE • CONVIVIAL Dans une rue piétonne centrale de Pau, une table chaleureuse et gourmande qu'on garderait bien pour soi car la salle et la terrasse sont souvent prises d'assaut ! Depuis sa cuisine semi-ouverte, le chef Alexis Bourdrel met à l'honneur les produits de la région qu'il connaît autant que ses producteurs : les légumes viennent des parents maraîchers de son épouse qui œuvre en salle, la bière est brune et de Béarn et les bouteilles de la carte sont à la vente, à emporter à prix caviste. La petite ardoise change régulièrement (noix de Saint-Jacques snackées et topinambour glacé au jus de viande, truite des Pyrénées en gravlax et dessert au lin des Pyrénées et poire pochée au jurançon) - sauf les incontournables pieds de cochon, sauce gribiche.

🆒🍽 – Prix : €€

Plan : A2-4 – *8 rue de Foix* – ✆ 05 59 60 00 14 – *Fermé mardi, mercredi et dimanche, et samedi soir*

🛏 PARC BEAUMONT

MODERNE • ÉLÉGANT Ce bâtiment de style contemporain est proche du parc et du Palais des Congrès ; ses chambres sont confortables, élégantes et design. Un bel hôtel polyvalent où rien n'a été oublié pour la détente (piscine, jacuzzi, spa) et les affaires.

♿ 🆒 ⛷ 🅿 🛏 🍷 🍸 🚰 ⛲ 🌐 🐾 🏊 🧖 🍴 - 80 chambres

1 avenue Édouard VII – ✆ 05 59 11 84 00

PAUILLAC

✉ 33250 – Gironde

🛏 CHÂTEAU CORDEILLAN-BAGES *Plus*

CLASSIQUE · ÉLÉGANT Cette chartreuse du 17e s., alanguie au cœur du vignoble, est prolongée par une construction abritant des chambres agréables. Préférez celles qui ont été rénovées, plus élégantes et tout en sobriété. Nombreuses options loisir : piscine extérieure, salle de sport et sauna.

& 🅰🅲 🅿 ... - 28 chambres

Route des Châteaux - ✆ *05 56 59 24 24*

PAYRIN-AUGMONTEL

✉ 81660 – Tarn – Carte régionale n° **27**-B2

❀ VILLA PINEWOOD

Chef : Thomas Cabrol

CUISINE CRÉATIVE · CONTEMPORAIN Locavores inconditionnels, Thomas et Anne Cabrol donnent une priorité absolue aux produits du coin et font tout pour limiter l'empreinte écologique de l'établissement. Les assiettes profitent au mieux d'un environnement situé entre le terroir sec du Causse, avec ses truffes et plantes aromatiques, et la Montagne Noire humide, riche en espèces des sous-bois (baies, champignons, plantes sauvages). Des exemples ? Le bouillon de l'aurore, une infusion de racines avec 35 plantes et fleurs donnant un bouquet aromatique et une fraîcheur incomparable ; la truite de la Montagne Noire imprégnée à l'huile de caprifiguier, servie avec un sabayon à la myrte odorante ; ou encore le pigeon du Mont Royal rôti sur coffre, fumé au flambadou avec du lard de cochon laineux. Au cours du dîner, le chef explique son univers culinaire créatif à l'aide d'un écran sur lequel défilent ses producteurs et ses cueilleurs. Accords mets et vins remarquables.

🍴 - Prix : €€€€

590 chemin du Nègre - www.villapinewood.com – Fermé lundi, mardi et dimanche et du mercredi au samedi à midi

❀ **L'engagement du chef** : La démarche est avant tout locavore. Dans le menu unique, le meilleur des petits producteurs dans un rayon de quelques dizaines de kilomètres est allié à la cueillette (le terroir sec du versant méditerranéen des Causses apporte les herbes aromatiques et les truffes ; la Montagne Noire, au terroir humide, les champignons, racines et autres plantes sauvages). Les déchets alimentaires sont collectés pour le poulailler, les contenants des fournisseurs sont limités à des cagettes réutilisables.

PEILLON

✉ 06440 – Alpes-Maritimes – Carte régionale n° **29**-E2

😊 LES PLAISIRS

CUISINE RÉGIONALE · RUSTIQUE Voilà tout ce qu'on aime : une bien sympathique petite auberge familiale perdue dans un village perché de l'arrière-pays niçois. Le sympathique chef-patron, issu d'une famille de restaurateurs, cuisine des recettes provençales avec passion grâce à des produits régionaux qu'il sélectionne avec amour. Saveurs franches, sans chichi, assiettes goûteuses, à prix sages. Qui dit mieux ?

Prix : €€

2 rue Puada-dau-Gourguet - ✆ *04 93 87 06 01 – www.lesplaisirs-peillon.com – Fermé mercredi, et lundi, mardi, jeudi, vendredi, samedi et dimanche soir*

955

PENMARC'H

✉ 29760 – Finistère – Carte régionale n° –

HAUT-LINAGE

CUISINE MODERNE • CONTEMPORAIN Ancré non loin du phare d'Eckmühl, ce restaurant dévoile une déco contemporaine dans les tons blanc, gris et or. Et le charme opère de suite grâce à ce couple de bretons pur sucre aux manettes : Corentin Ogor le chef et sa compagne Klervi Tanniou en salle, pétillante et souriante en diable. Dans l'assiette, maquereau confit, carotte, pois mange-tout ; églefin, petit épeautre, sauce lait de coco et curry rouge ; filet mignon de cochon, oignons rosés, jus corsé : pour chaque plat, un produit frais cuit à point, et une sauce ou un jus tip-top, le tout emballé par une cuisine moderne. Le prix du déjeuner est une aubaine.
&. – Prix : €€

Place du Maréchal-Davout – ℰ 02 98 90 77 38 – www.hautlinage-restaurant.fr –
Fermé lundi et mardi, et dimanche soir

STERENN

POISSONS ET FRUITS DE MER • TRADITIONNEL Ce sympathique restaurant de la pointe de Penmarch propose une cuisine ancrée dans son terroir avec des produits de bonne qualité. Le chef s'applique à dresser des assiettes travaillées, notamment sur les plats de poisson. En dessert, place à la tradition et au savoir-faire avec ce kouign-amann servi tiède, bien beurré, caramélisé, moelleux et croustillant à la fois... Jolie vue sur la baie et le phare d'Eckmühl.
⇐ &. 🅼 🛱 🅿 – Prix : €€

432 rue de la Joie – ℰ 02 98 58 60 36 – www.hotel-sterenn.com – Fermé lundi,
samedi midi et dimanche soir

PENNEDEPIE

✉ 14600 – Calvados – Carte régionale n° **2**–C2

LE CAPUCINE ⓝ

CUISINE MODERNE • MAISON DE CAMPAGNE Au cœur de la Normandie, un manoir du 17e s. s'est transformé en un écrin hôtelier d'exception niché dans un vaste parc. Derrière une belle porte sculptée, un bar intimiste avec une cheminée d'époque et un pommier évoquant le verger environnant, puis une salle baignée de lumière s'ouvre sur le jardin, avec une cuisine ouverte en toile de fond. La carte saisonnière, courte et inspirée, invite à prendre le large : des créations fraîches et savoureuses aux influences voyageuses subtiles, comme ce céleri cuit dans un lait de laurier, accompagné de couteau de mer au naturel et de mayonnaise au kalamansi.
🍸 &. 🛱 🅿 – Prix : €€

Les Jardins de Coppélia, 478 route du Bois-du-Breuil – ℰ 09 85 60 23 00 – www.
jardins-coppelia.com/fr/restaurant.html – Fermé mardi, mercredi et lundi midi

PERI – Corse-du-Sud (2A) ➜ Voir Corse

PÉRIGUEUX

✉ 24000 – Dordogne –
Carte régionale n° **18**-D2

Une place-forte de la gastronomie régionale

Quelle ville délicieuse ! Dans la préfecture du Périgord, le marché et la gourmandise sont élevés au rang de beaux-arts. Pas étonnant : la région compte une vingtaine d'appellations, ainsi qu'une kyrielle de labels rouges et autres IGP. Des marchés, il y en a donc un sur chaque place ou presque ! Le marché aux gras consacre le palmipède dans tous ses états : magrets, canards entiers, foie gras de canard ou d'oie, confits, carcasses, graisse, magrets fourrés au foie gras. En saison, il se double d'un marché aux truffes, aussi odorant que pittoresque. Ne négligez pas pour autant les délicieux petits fromages de chèvre comme le cabécou et le rocamadour, ainsi que la noix et la fraise du Périgord, la prune reine-claude ou le melon du Quercy.

L'ESSENTIEL

Chef : Éric Vidal

CUISINE MODERNE • COSY Inutile de se perdre en conjectures, mieux vaut aller à L'Essentiel. Dans ce restaurant familial voisin de la cathédrale, le produit est roi… et Éric Vidal, le chef, son brillant (et humble) serviteur. Pour une trentaine de convives, il organise une véritable explosion de saveurs, en se concentrant sur la justesse des préparations. Turbot sauvage rôti à l'huile d'olive, pressé de céleri à la truffe noire ; tartare de mangue et ananas en fine gelée de passion et financier cuit minute… Une émoustillante partition, rehaussée par une sélection de vins qui l'est tout autant. Et un service attentionné, par-dessus le marché !

– Prix : €€€

Plan : B1-1 – *8 rue de la Clarté* – ✆ *05 53 35 15 15* – *www.restaurant-perigueux.com* – *Fermé lundi et dimanche*

CAFÉ LOUISE

CUISINE ITALIENNE • COSY Mixer la cuisine italienne et les plats du terroir périgourdin dans un bistrot cosy ? Cette belle idée est joliment mise en scène par Maryse Benoit-Gonin et son mari. Les assiettes généreuses et soignées mêlent le meilleur des deux cuisines : gnocchis de pomme de terre à l'huile de noix du Périgord ; terrine de pintade et pancetta au foie gras ; boulette de bœuf du Périgord à la milanaise. Et si la gourmandise est trop forte, il suffit de traverser la place pour retrouver les produits dans l'épicerie tenue par les propriétaires.

– Prix : €€

Plan : A1-3 – *10 place de l'Ancien-Hôtel-de-Ville* – ✆ *05 53 08 93 85* – *Fermé lundi, mardi et dimanche*

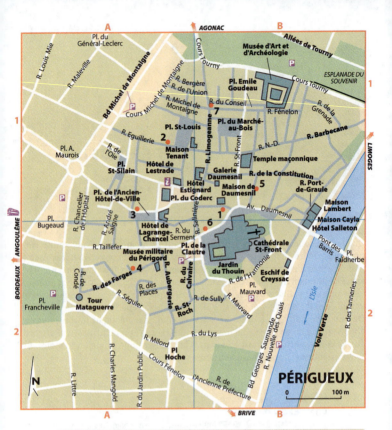

L'ÉPICURIEN

CUISINE MODERNE • HISTORIQUE Tout le charme d'une vieille maison croquignolette, au cœur de Périgueux, pour une cuisine épicurienne signée Gilles Labbé. Des assiettes délicatement travaillées ; une jolie inspiration légumière assortie de cuissons précises. Sur l'ardoise, de belles viandes d'Aubrac et de Salers maturées sur place pendant 6 semaines... ou comment allier finesse et gourmandise. Service particulièrement agréable, par une équipe attentionnée et enthousiaste.

&. AC 🛋 ⛴ – Prix : €€

Plan : B1-7 – *1 rue du Conseil –* ℘ *05 53 09 88 04 – www.lepicurien-restaurant.fr – Fermé mercredi et dimanche*

HERCULE POIREAU

CUISINE MODERNE • TRADITIONNEL Au pied de la cathédrale Saint-Front, on s'installe sous les voûtes de pierres blondes d'une salle périgourdine du 16e s. Papilles en alerte, tout bon détective culinaire saura apprécier la cuisine sincère et dépoussiérée d'un terroir d'exception. Dans l'assiette, terrine de foie gras mi-cuit et pickles de rhubarbe au monbazillac ; magret de canard poêlé ; tarte Tatin et sa glace caramel au beurre salé... De quoi se friser les moustaches ! Accueil souriant et service dynamique.

AC – Prix : €€

Plan : B1-5 – *2 rue de la Nation –* ℘ *05 53 08 90 76 – www.restaurant-perigueux-hercule-poireau.fr – Fermé mardi et mercredi*

PÉRIGUEUX

OXALIS

CUISINE MODERNE • CONTEMPORAIN Cette maison ancienne, dont les plus vieilles pierres remontent au 13e s., ne manque pas de cachet historique – poutres et pierres apparentes, caveau voûté privatisable –, auquel la cuisine ouverte derrière sa verrière et les belles tables en bois brut ajoutent une petite touche contemporaine. Le chef et patron, passé notamment par de belles maisons parisiennes, propose au déjeuner de bonnes petites assiettes dans une veine bistronomique (burrata à la truffe condiment betterave ; daurade royale, caviar d'aubergines), et une partition plus noble le soir (asperge blanche et corail de Saint-Jacques ; bar, artichaut poivrade et noix de cajou).

AC ⇄ – Prix : €€

Plan : A2-4 – *11 rue des Farges –* ☎ *05 47 14 37 64 – www.restaurant-oxalis.fr – Fermé lundi et dimanche, et mardi et jeudi soir*

LE PÉTROCORE ⓝ

CUISINE MODERNE • CONTEMPORAIN Les Pétrocores étaient un peuple gaulois établi en Dordogne – c'est dire si le chef tient à ses racines. Au cœur de la cité de Périgueux, sous des arcades centenaires, il s'est forgé un joli lieu. L'assiette décline un concept à deux vitesses avec un déjeuner bistrotier à prix malin et, au dîner, une offre plus gastronomique proposée en plusieurs moments. Sa cuisine actuelle aux dressages soignés s'empare des produits locaux et les retravaille avec légèreté, à l'image de ce porc noir du Périgord aux haricots noirs et condiment aillé.

♿ AC 🍽 – Prix : €€

Plan : A1-2 – *15 rue Éguillerie –* ☎ *07 60 25 38 47 – www.restaurant-lepetrocore. fr – Fermé lundi, mardi, mercredi midi et dimanche soir*

LA TAULA

CUISINE RÉGIONALE • TRADITIONNEL À la Taula (prononcez taola qui signifie "table" en occitan), Christine Maurence nous concocte une cuisine familiale et sans chichi. Parmi ses spécialités, le rognon de veau cuit entier à la graine de moutarde, le cou de canard farci maison et le foie gras mi-cuit sont incontournables. Voilà une adresse authentique, située juste à côté de la cathédrale, où l'on ne badine pas avec les traditions !

AC – Prix : €€

Plan : B2-6 – *3 rue Denfert-Rochereau –* ☎ *05 53 35 40 02 – www. restaurantlataula-perigueux.com – Fermé mercredi et lundi midi*

PERNAND-VERGELESSES

✉ 21420 – Côte-d'Or – Carte régionale n° **12**–D1

✾ LE CHARLEMAGNE

CUISINE CRÉATIVE • CONTEMPORAIN Au cœur de ce vignoble dédié au corton-charlemagne, dans un intérieur zen et contemporain propice à la gourmandise, on se régale d'une cuisine parcourue d'associations surprenantes mais qui fonctionnent toujours, entre France et Japon. Des créations atypiques et personnelles, basées sur le potager du restaurant (mais aussi ses ruches) et sur des produits issus des circuits courts, sélectionnés avec soin. Le tout s'accompagne d'une carte des vins magnifique.

✾✾ ≼♿ AC ⇄ 🅿 – Prix : €€€€

1 route des Vergelesses – ☎ *03 80 21 51 45 – www.lecharlemagne.fr – Fermé mardi, mercredi, et lundi, jeudi et vendredi midi*

PERNES-LES-FONTAINES

✉ 84210 – Vaucluse – Carte régionale n° **28**–E1

AU FIL DU TEMPS

CUISINE DU MARCHÉ • BISTRO Dans un quartier piétonnier, juste en face de la vieille église – transformée en centre culturel –, cette ancienne épicerie est devenue un charmant petit restaurant. On y privilégie l'agriculture raisonnée, au gré de plats bien troussés, inspirés du marché. Charmante terrasse, située au bord d'une vieille fontaine.

AC ⛲ – Prix : €€

51 place Louis-Giraud – ☏ 04 90 30 09 48 – Fermé lundi, dimanche et du mardi au jeudi à midi

PERPIGNAN

✉ 66000 – Pyrénées-Orientales – Carte régionale n° **27**–C3

❀ | **LA GALINETTE**

Chef : Christophe Comes

CUISINE CRÉATIVE • DESIGN Christophe Comes ou la passion du végétal ! Voilà un chef authentiquement investi dans ses potagers et ses collections d'agrumes et d'oliviers. Dans l'assiette, la note végétale s'impose du début à la fin. L'amertume de la salade romaine est twistée d'un trait d'huile de capucine légèrement poivrée, et accompagnée de truite d'Irouléguy ; le saint-pierre, sa bouillabaisse réduite, fenouil confit et rouille, est sublimé par des saveurs végétales éminemment présentes. Enfin, le dessert, tout en fraîcheur et en légèreté, est réalisé à partir des agrumes du chef (yuzu, orange, kumquat...). Une réussite.

❀ & AC – Prix : €€€

Plan : A1-1 – *23 rue Jean-Payra – ☏ 04 68 35 00 90 – www.restaurant-galinette. com – Fermé lundi, mardi et dimanche*

❀**L'engagement du chef :** La Galinette, c'est un restaurant mais aussi un potager, un verger et une oliveraie, soit deux hectares cultivés en agriculture biologique depuis plus de 20 ans. Le chef sélectionne les graines pour assurer un maximum de diversité dans les textures, les saveurs et les couleurs dans l'assiette, ce qui favorise aussi la préservation du patrimoine génétique des plantes. Les déchets organiques de la cuisine sont transformés en compost.

😊 | **LE GARRIANE**

CUISINE MODERNE • SIMPLE "Garriane" pour Garry et Ariane... L'originalité est ici de mise ! Aux fourneaux, Garry, venu d'Australie, concocte une cuisine de saison ouverte sur le monde, dans laquelle le produit est roi. Attention, l'adresse n'ouvre désormais qu'au déjeuner avec une carte proposant des options végétariennes et véganes, et fonctionne comme un café le matin et l'après-midi (fermé le soir et les week-ends).

AC – Prix : €€

Hors plan – *15 rue Valette – ☏ 04 68 67 07 44 – www.le-garriane-restaurant. eatbu.com – Fermé samedi et dimanche, et du mardi au vendredi soir*

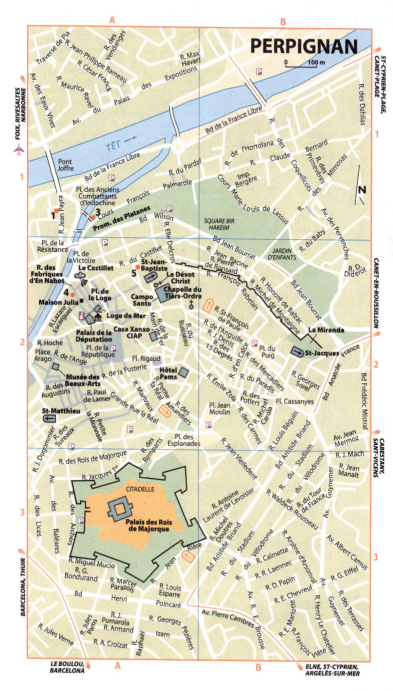

PERPIGNAN

 MANAT

CUISINE MODERNE • CONVIVIAL À deux pas de la cathédrale Saint-Jean-Baptiste, cette maison ancienne aux murs de pierre épais dévoile un cadre épuré avec sa cuisine ouverte, son grand comptoir d'angle, ses tables en bois clair et une salle... archi-complète (réservation indispensable). Il y a une bonne raison à cela : le couple franco-japonais formé par Yuka et Marc Meya rivalise d'inventivité avec leur cuisine de partage et de saison, mêlant produits catalan et japonais, et réalisée avec les techniques culinaires des deux pays. Des exemples ? Toujours à la carte, l'iconique karaage est une cuisse de poulet désossée et frite au shio koji, servie avec des feuilles de shiso fraîches et des cébettes ; ou encore ce savoureux tataki de bonite de pêche locale, poireaux et ail des ours. Chaque jour, proposition d'une dizaine de généreuses assiettes à partager (3 pour faire un repas solo, 5 ou 6 à deux).

& AC – Prix : €€

Plan : A2-5 – *3 rue Cité-Bartissol* – ℰ *04 68 08 77 26* – *www.restaurant-manat.com* – *Fermé mardi, mercredi, et lundi, jeudi, vendredi, samedi et dimanche midi*

LE DIVIL

SPÉCIALITÉS DE VIANDES • CONVIVIAL Entre le Castillet et la préfecture, un spécialiste des belles viandes maturées : le client choisit sa pièce au détail (côte de bœuf, entrecôte, faux-filet), qui est en ensuite pesée, grillée et accompagnée de bonnes frites maison. 300 références de vins pour arroser le tout.

✿ & AC – Prix : €€

Plan : A2-4 – *9 rue Fabriques-d'en-Nabot* – ℰ *04 68 34 57 73* – *www.restaurant-le-divil-66.com* – *Fermé dimanche*

LA PASSERELLE

CUISINE MODERNE • ÉLÉGANT La cheffe a repris les cuisines de ce restaurant aux accents marins où elle s'était formée avec son père, modernisant à sa sauce la tradition familiale. Elle aime associer des beaux jus concentrés à ses plats (poulpe au jus de cochon) ainsi que des saveurs sucrées-salées (langoustine, navet, amandes). Également sommelière, elle met tout son cœur à conseiller des accords mets et vins très pertinents !

✿ AC ☂ ♧ – Prix : €€€

Plan : A1-3 – *1 cours François-Palmarole* – ℰ *04 68 51 30 65* – *www.restaurant-lapasserelle.com* – *Fermé lundi, dimanche et mardi midi*

LE PERREUX-SUR-MARNE

✉ 94170 – Val-de-Marne – Carte régionale n° **11**-F2

LES MAGNOLIAS

CUISINE CRÉATIVE • ÉLÉGANT Ces Magnolias se sont imposés en douceur auprès des gourmets du Perreux-sur-Marne. Le chef met un soin particulier dans la présentation de ses plats, goûteux et volontiers créatifs, à l'image de ce cabillaud mi fumé à la sure de hêtre et artichauts en texture. Autour de lui, en cuisine et dans l'élégante salle, s'affaire une jeune équipe soucieuse de bien faire.

AC – Prix : €€€

48 avenue de Bry – ℰ *01 48 72 47 43* – *www.lesmagnolias.com* – *Fermé lundi, dimanche et samedi midi*

LE PERRIER

✉ 85300 – Vendée – Carte régionale n° **14**-A2

ROSÔ ⓝ

CUISINE MODERNE • CONTEMPORAIN Situé dans une commune bâtie au milieu des marais bretons, le restaurant est barré par un jeune couple de professionnels : Mathieu Blanchet en cuisine et Pauline Merceron en salle. Cette cuisine de saison apprécie les produits locaux de qualité, comme l'illustrent cette pannacotta de courgettes, condiment citron, mâche et pickles d'oignon et ce pressé d'aile de raie, beurre de câpres, makis de poireau et sésame noir. Dans ce décor sobre et épuré, la cuisine est ouverte derrière un long comptoir en bois clair. Service sympathique et souriant. Menu déjeuner, dîner à la carte et menu dégustation.

🕭♿🍴 – Prix : €€

Route du Grabat – ☎ 02 51 93 53 89 – Fermé lundi, dimanche, samedi midi et mercredi soir

PERROS-GUIREC

✉ 22700 – Côtes-d'Armor – Carte régionale n° **1**–C1

LE BÉLOUGA

CUISINE MODERNE • CONTEMPORAIN Dans une bâtisse en granit, verre et acier, cette table offre un panorama saisissant sur la côte et la baie des Sept-Îles depuis la lumineuse salle à manger au cadre chic en duo de noir et de blanc. La cuisine, subtile et soignée, navigue entre classicisme et créativité, teintée parfois de notes plus voyageuses, à l'image de cette raviole de foie gras de canard et crème à la fève tonka, ou de ce homard breton frotté au saté et houmous de lentilles corail. Une cuisine qui se révèle plus ambitieuse au dîner du mardi au samedi, dans une veine plus bistronomique pour les autres services.

🥂🕭♿🅰🄲🅿 – Prix : €€€

L'Agapa, 12 rue des Bons-Enfants – ☎ 02 96 49 01 10 – www.lagapa.com

🛏 L'AGAPA HÔTEL - SPA CODAGE   *Plus*

AVANT-GARDE • MARITIME Pour en profiter pleinement de l'air vivifiant de la Bretagne, rien ne vaut la Côte de granit rose. Et son joyau est l'Agapa, mélange parfait de l'esprit villégiature des années trente et d'un cinq étoiles de bord de mer. Ce petit complexe futuriste abrite 48 chambres confortables, équipées chacune d'un "totem" domotique : écran, mini-bar, coffre-fort, commande de l'éclairage, du chauffage, des rideaux. Notre coup de cœur : la suite l'Altitude, ouverte sur la splendide baie de Trestraou. En plus du patrimoine des côtes bretonnes — plages magnifiques, phares, villages pittoresques et tables renommées —, l'Agapa propose un spa creusé dans le granit du sous-sol, qui donne directement sur la Manche et l'archipel des Sept-îles, la plus grande réserve ornithologique de France.

🅰🄲🅿🕭🚲♨🌡🕭♨🍴 - 45 chambres

12 rue des Bons-Enfants – ☎ 02 96 49 01 10

Le Bélouga - Voir la sélection des restaurants

LE PETIT-PRESSIGNY

✉ 37350 – Indre-et-Loire – Carte régionale n° **15**–B2

✸✸ LA PROMENADE

Chef : Fabrice Dallais

CUISINE MODERNE • ÉLÉGANT C'est une "promenade", certes, mais aussi une véritable aubaine que cette auberge de famille en pleine campagne ! Fabrice et Clément Dallais, troisième et quatrième génération, jouent une partition aux notes actuelles, à la fois savoureuse et festive, fortement enracinée dans le terroir local : poulette et pigeon de Racan, géline de Touraine, abats et gibier, légumes bio de maraîchers, brochet... Des menus surprise à déguster dans un cadre contemporain de belle facture. Remarquable carte des vins, assortie des conseils judicieux du sommelier.

🍸♿🅰🄲 – Prix : €€€

11 rue du Savoureulx – ☎ 02 47 94 93 52 – www.restaurantdallaislapromenade. com – Fermé lundi et mardi

PÉZENAS

✉ 34120 – Hérault – Carte régionale n° **27**–C2

✿ RESTAURANT DE LAUZUN

Chef : Matthieu De Lauzun

CUISINE MODERNE • ÉLÉGANT Pézenas n'est pas seulement la ville de Molière : c'est désormais aussi celle de Matthieu De Lauzun. Installée au cœur du domaine viticole dans le prieuré de Saint-Jean de Bébian, cette adresse permet au chef de déployer tout son talent. Le beau cadre contemporain, fait de pierre, de bois et de cuivre, se révèle l'écrin idéal pour accueillir sa cuisine du sud, fine et savoureuse, faite de souvenirs d'enfance et d'impressions de voyage. On se régale de l'aile de raie à la grenobloise et son condiment gribiche, de la pastilla de poulet aux betteraves marinées, hommage à ses racines, ou du veau du Ségala avec son gâteau d'aubergine à la féta et son jus au vin rouge corsé. Les très bons conseils du sommelier accompagnent à merveille la dégustation.

🦂 ⇦🖰🕭🛗 🕮🛋 ➳ 🅿 – Prix : €€€€

Route de Nizas – ℰ 04 99 47 63 91 – www.restaurant-delauzun.com – Fermé lundi et dimanche

🍴 LE PRÉ SAINT JEAN

CUISINE MODERNE • BISTRO La devanture en Corten – un acier à l'aspect de rouille – s'inscrit dans une belle façade en pierre, sur le boulevard circulaire de la ville. En cuisine, le chef réalise une cuisine inspirée, goûteuse et gourmande. Saumon bio d'Écosse en gravlax, tacos d'avocat et salicorne, crème aigrelette ; pavé de lieu jaune de ligne confit à l'huile d'olive, aïoli mousseux et légumes vapeur ; pomme fondante sur un palet breton moelleux, crème mousseline à la vanille... Une réussite pour ce menu tout en finesse !

🦂 🕮🛋 – Prix : €€

18 avenue Maréchal-Leclerc – ℰ 04 67 98 15 31 – www.restaurant-leprestjean.fr – Fermé lundi, et jeudi et dimanche soir

PEZENS

✉ 11170 – Aude – Carte régionale n° **27**–B2

L'AMBROSIA

CUISINE MODERNE • ÉLÉGANT Sur la route de Toulouse, faites une étape dans cette maison moderne : la cuisine du chef se révèle soignée, cohérente et bien dans l'air du temps, d'autant qu'il s'appuie sur des produits de qualité. Ses pêchers mignons ? Foie gras, thon et soufflé au Grand Marnier. Original : réservez une table pour quatre personnes dans la cave réfrigérée située dans la salle à manger.

🛗🕮🛋 🅿 – Prix : €€

Carrefour la Madeleine, sur D 6113 – ℰ 04 68 24 92 53 – www.ambrosia-pezens. com – Fermé lundi et mardi, et dimanche soir

PFAFFENHOFFEN

✉ 67350 – Bas-Rhin – Carte régionale n° **8**–B1

À L'AGNEAU

CUISINE TRADITIONNELLE • AUBERGE Dans cette auberge alsacienne datant de 1769, la restauration est une affaire de famille depuis sept générations. Les deux sœurs à la tête de l'établissement servent une cuisine traditionnelle attentive aux saisons, parsemée de touches de modernité (on recommande la souris d'agneau confite pendant trois nuits, accompagnée d'un boulgour aux raisins secs et parfumée à la coriandre).

🕭🕮🛋 – Prix : €€

3 rue de Saverne – ℰ 03 88 07 72 38 – www.hotel-restaurant-delagneau.com – Fermé lundi et mardi, et dimanche soir

PFULGRIESHEIM

✉ 67370 – Bas-Rhin – Carte régionale n° **8**–B1

BÜRESTUBEL

CUISINE ALSACIENNE · WINSTUB Cette ferme à colombages respire l'Alsace ! Joli décor régional et spécialités (très) locales : bibalaskas, jambon fumé, lard, ail et persil ; fleischnacka de veau à la crème et champignons ; tartes "flammées" à la pâte au levain... et l'incontournable "vrai flan caramel comme le faisait ma grand-mère". Une adresse sûre.

&. 🐾 ♻ 🅿 – Prix : €€

Plan : voir Strasbourg plan I - A1 - 2 *8 rue de Lampertheim – 𝒞 03 88 20 01 92 – www.burestubel.fr – Fermé lundi et dimanche, et jeudi soir*

PIGNA – Haute-Corse (22) ➜ Voir

LE PIN-AU-HARAS

✉ 61310 – Orne – Carte régionale n° **2**–C3

LA TÊTE AU LOUP

CUISINE TRADITIONNELLE · AUBERGE Stéphane et Agnès Mabille vous réservent un accueil chaleureux dans cette petite auberge traditionnelle à l'intérieur rustique bien entretenu. En vieux loup de mer, le chef concocte des terrines maison et autres spécialités normandes. Aux beaux jours, on profite du jardin champêtre avec vue sur les chevaux de l'école du célèbre haras du Pin ! Une adresse vivante et conviviale.

� 🐾 🅿 – Prix : €€

Lieu-dit la Tête-au-Loup – 𝒞 02 33 35 57 69 – www.lateteauloup.fr – Fermé lundi et mardi, et dimanche soir

LE PIN-LA-GARENNE

✉ 61400 – Orne – Carte régionale n° **2**–D3

LA CROIX D'OR

CUISINE TRADITIONNELLE · AUBERGE Une auberge accueillante comme une maison de famille... La demeure appartenait déjà aux arrière-grands-parents du chef ! Après avoir fait ses classes dans de grands établissements, celui-ci est revenu au pays avec son épouse, originaire du Sud-Ouest comme l'indique son accent chantant. La tradition a du bon, surtout lorsqu'on déjeune sur la petite terrasse aux beaux jours !

🐾 ♻ 🅿 – Prix : €€

6 rue de la Herse – 𝒞 02 33 83 80 33 – www.lacroixdor.free.fr – Fermé mardi et mercredi, et lundi soir

PINSAGUEL

✉ 31120 – Haute-Garonne – Carte régionale n° **26**–C2

LE GENTIANE

CUISINE TRADITIONNELLE · SIMPLE Entre autres vertus, la gentiane est connue pour stimuler l'appétit... tout comme ce restaurant familial ! Aux fourneaux, Nicolas Bachon et son père composent à quatre mains, déclinant des plats de tradition modernisés dans la forme (à l'image de ce mignon de bœuf rôti au sautoir) servis avec le sourire par leurs épouses respectives. En semaine, le menu déjeuner est une aubaine !

&. 🆔 🐾 ♻ 🅿 – Prix : €€

7 rue du Cagire – 𝒞 05 62 20 55 00 – www.legentiane.fr – Fermé lundi et mardi, et dimanche soir

PIRÉ-CHANCÉ

35150 – Ille-et-Vilaine – Carte régionale n° **9**-B2

LA TABLE DES PÈRES - DOMAINE DU CHÂTEAU DES PÈRES

CUISINE CRÉATIVE • DESIGN Au sein de ce vaste domaine, l'étonnement est à son comble : un château classique du 18e s., un château d'eau du 19e s., des œuvres d'art, un hôtel composé de bulles futuristes accrochées à une structure métallique et, enfin, ce restaurant circulaire en forme d'ovni au toit végétalisé posé au cœur d'un potager. Le chef Jérôme Jouadé y exerce son art avec une vraie sensibilité à la nature et au végétal. Il profite aussi d'une serre, d'un enclos à escargots, d'un verger et pratique lui-même la cueillette sauvage. Lieu jaune, radis red meat et ail des ours ; aile de raie, asperge blanche de la Torche et beurre blanc à la vanille ; volaille fermière, purée de carotte et courge, bisque d'étrille : ses recettes inspirées du marché visent dans le mille. Belle carte des vins majoritairement bio ou en biodynamie.

– Prix : €€€

Route de Boistrudan – ℰ 02 23 08 40 80 – www.chateaudesperes.fr –
Fermé lundi, mardi, mercredi et jeudi à midi, et dimanche soir

LA PLAGNE TARENTAISE

73210 – Savoie

ARAUCARIA

MODERNE • CONVIVIAL Au pied des pistes, cet établissement se révèle moderne et cosy, adapté à une clientèle jeune et connectée. Agréable spa, espace bien-être et piscine, complétée d'un bassin pour les enfants en bas âge. Sans oublier la table de jeux, le baby-foot, une scène pour les concerts... Un hôtel qui ne manque pas d'arguments !

- 84 chambres

80 montée de la Lovatière – ℰ 04 58 24 11 11

LA PLAINE-SUR-MER

44770 – Loire-Atlantique – Carte régionale n° **9**-A3

ANNE DE BRETAGNE

Chef : Mathieu Guibert

CUISINE CRÉATIVE • ÉLÉGANT Sur la rive sud de l'estuaire de la Loire, cette grande maison contemporaine fait face au petit port de Gravette. Aux fourneaux, Mathieu Guibert, un chef talentueux natif du pays de Retz et fils d'agriculteur, a su tisser des liens solides et respectueux des valeurs humaines avec des producteurs de la région aussi passionnés que lui. Sans surprise, les produits de la mer tiennent ici les premiers rôles. Au gré de la pêche du jour : crevettes bouquet juste cuites, pommes soufflées et infusion à la cardamome verte ; risotto au haddock, carpaccio de langoustines et émulsion parmesan ; lotte farcie, champignons et céleri, jus de bœuf au homard... Service impeccable et souriant orchestré par Claire Bâcle. Un très beau moment !

– Prix : €€€€

Port de Gravette, 163 boulevard de la Tara – ℰ 02 40 21 54 72 – www.annedebretagne.com – Fermé lundi et dimanche

ANNE DE BRETAGNE   *Plus*

ÉPURÉ • MARITIME Une grande bâtisse contemporaine, toute blanche, posée sur une dune. À l'horizon : le petit port de la Gravette et... rien que la mer ! Idéal pour une escale marine rassérénante, d'autant que le décor – au design épuré – repose les sens...

- 19 chambres

Port de Gravette, 163 boulevard de la Tara – ℰ 02 40 21 54 72

Anne de Bretagne - Voir la sélection des restaurants

PLAISIR

✉ 78370 – Yvelines – Carte régionale n° **11**–B1

LA MAISON DES BOIS

CUISINE TRADITIONNELLE • AUBERGE Dans la même famille depuis 1926, cette auberge typique, couverte de vigne vierge, arbore toujours son toit de chaume, au terme d'une jolie rénovation. Même esprit à la carte, avec des recettes traditionnelles et des suggestions du marché. Terrasse ombragée sous un vieux platane.

🖳♿🖩🅿🖩 – Prix : €€€

1467 avenue d'Armorique, Sainte-Apolline – ☎ 01 30 54 23 17 – www. lamaisondesbois.fr – Fermé mardi et mercredi, et dimanche soir

LES PLANCHES-PRÈS-ARBOIS

✉ 39600 – Jura – Carte régionale n° **13**–B2

CASTEL DAMANDRE ⓝ

CUISINE TRADITIONNELLE • AUBERGE Au bout de cette Reculée des Planches qui porte si bien son nom, surgissent en pleine nature de magnifiques bâtiments – un ancien moulin du 15e s. transformé en papeterie au 19e s. Si la salle traditionnelle – dalles de pierre au sol et cheminée – ne manque pas de charme, la terrasse située à proximité de la Cuisance fait aussi honneur à cette table. Le chef propose une cuisine plutôt traditionnelle autour d'une carte très resserrée. La truite y est particulièrement bien traitée, à l'image de ce tartare aux fruits exotiques et yuzu, sorbet mangue, passion et coriandre. Quant à la poularde de Bresse aux morilles et vin jaune en ballotine, c'est évidemment le plat signature du chef.

🐝 🖳♿🖩🅿 – Prix : €€€€

18 rue de la Cascade – ☎ 03 84 66 08 17 – www.casteldamandre.com – Fermé du lundi au samedi à midi

PLAPPEVILLE

✉ 57050 – Moselle – Carte régionale n° **7**–B1

EMOTIONS

CUISINE MODERNE • CONTEMPORAIN Au cœur de ce village paisible, l'ancien "La vigne d'Adam" a été repris par le second, Mikaël Emo, avec son frère Morgan en salle. Dans une vieille maison de vigneron à l'intérieur remis au goût du jour, ce jeune chef nous régale avec des assiettes actuelles, soignées et appétissantes, comme ce tartare de thon rouge avec agrumes japonais, ou ce pavé de bar de ligne, raisins blonds, amandes et sauce hollandaise. Belle sélection de vins avec crus "d'exception" au verre.

🐝 🖩🖵 – Prix : €€€

50 rue du Général-de-Gaulle – ☎ 03 87 30 36 68 – www.restaurant-emotions. fr – Fermé lundi, dimanche et mardi midi

PLÉHÉDEL

✉ 22290 – Côtes-d'Armor – Carte régionale n° **1**–C1

MATHIEU KERGOURLAY - CHÂTEAU DE BOISGELIN

CUISINE MODERNE • ÉLÉGANT Le chef Mathieu Kergourlay vous accueille au sein d'un domaine de 450 hectares dans ce château rénové et décoré avec élégance par sa compagne et lui-même. Dans l'assiette, une cuisine goûteuse, généreuse et maîtrisée qui offre de jolies surprises, comme cette mini pissaladière revisitée à la sauce du chef accompagnant un filet de maquereau mariné puis parfaitement grillé à la flamme.

🖳♿🖩🖵🅿 – Prix : €€

Domaine de Boisgelin – ☎ 02 96 22 37 67 – www.mathieu-kergourlay.com – Fermé mardi et mercredi

PLÉHÉDEL

 HÔTEL DE BOISGELIN

CLASSIQUE • ROMANTIQUE Entrez dans le tableau : un château du 15e s. doté d'une tour d'angle, entouré d'un domaine de 400 ha (avec un golf), des touches anciennes dans la décoration des chambres (robinetterie rétro, meubles de style Directoire, scènes de chasse au mur)... Bref, du cachet !

🅿 ✦ 🛌 ‖○ - 14 chambres

Domaine de Boisgelin - ℰ *02 96 22 37 67*

Mathieu Kergourlay - Château de Boisgelin - Voir la sélection des restaurants

PLÉNEUF-VAL-ANDRÉ

✉ 22370 – Côtes-d'Armor – Carte régionale n° **1**–D1

 LE BINIOU

CUISINE TRADITIONNELLE • CONTEMPORAIN Le chef puise son inspiration dans la Bretagne à l'image de son farz noir brujuné et lipig. Mais il n'est pas fermé à d'autres influences, comme en témoigne son filet de merlan, mélisse et coulis de cresson. Une cuisine soignée, un service souriant, une addition digeste et une adresse située à quelques encâblures de la plage. Chantez biniou !

Prix : €€

121 rue Clemenceau - ℰ *02 96 72 24 35 – www.restaurant-lebiniou.fr – Fermé du lundi au mercredi*

PLÉRIN

✉ 22190 – Côtes-d'Armor – Carte régionale n° **1**–C1

 LA VIEILLE TOUR

Chef : Nicolas Adam

CUISINE MODERNE • CONTEMPORAIN Le décor contemporain de ce restaurant, jouant sur la lumière et les matières, avec aussi des touches végétales, est en adéquation avec les saveurs fines et iodées de cette maison de pays située face au chenal. Le cadre intime se prête à la dégustation de produits de qualité traités avec justesse. Le chef Nicolas Adam ne se contente pas de titiller les saveurs : il est aussi le créateur épanoui d'une boulangerie, et du festival Rock'n Toques, qui propose, une fois l'an et en musique, de la street food de qualité. Jolie cave vitrée, riche de 350 références.

🍽 🅰🅲 ✦ – Prix : €€€

75 rue de la Tour – ℰ *02 96 33 10 30 – www.la-vieille-tour.com – Fermé lundi, dimanche et samedi midi*

PLESCOP

✉ 56890 – Morbihan – Carte régionale n° **1**–C3

LÀ DN

CUISINE MODERNE • CONVIVIAL Ouvert uniquement le midi en semaine, ce petit restaurant emmené par un chef d'expérience propose un menu-carte gourmand à tarif doux. Une bistronomie plaisante inspirée du marché, où l'on déguste par exemple un grondin aux topinambours et colombo de légumes, ou une poitrine de veau laquée, polenta croustillante et champignons en persillade.

♿ 🅰🅲 ☂ ✦ 🅿 – Prix : €

11 rue Blaise-Pascal – ℰ *02 97 13 74 73 – www.restaurant-ladn.bzh – Fermé samedi et dimanche, et du lundi au vendredi soir*

PLEUDIHEN-SUR-RANCE

✉ 22690 – Côtes-d'Armor – Carte régionale n° **1**–D1

L'OSMOSE

CUISINE MODERNE • CONVIVIAL Tacaud mariné au curry du Kerala ; radis blanc glacé au soja, salicornes ; kouign amann à la pistache, glace halva... Le chef Ludovic Dirscherl, au parcours étoilé, célèbre l'osmose de la Bretagne et des saveurs venues d'ailleurs, notamment avec son menu découverte. À déguster dans une petite salle chaleureuse habillée de lattes de bois brut, de pierres du pays et d'une cheminée.
Prix : €€
7 place de l'Église – ☏ 02 96 83 38 75 – www.restaurant-losmose.com – Fermé mercredi et jeudi

PLOEMEUR

✉ 56270 – Morbihan – Carte régionale n° **1**–C3

LE VIVIER

POISSONS ET FRUITS DE MER • ÉPURÉ Dans cet établissement posé face au large, la cuisine est évidemment vouée à Neptune : les pieds presque dans l'eau, avec en toile de fond l'île de Groix, on fait le plein d'iode avec de beaux produits de la mer, servis par une cuisine ponctuée de quelques touches de modernité.
≼ & ✿ ▣ – Prix : €€€
9 rue de Beg-Er-Vir, Lomener – ☏ 02 97 82 99 60 – www.levivier-lomener.com – Fermé dimanche soir

PLOMEUR

✉ 29120 – Finistère – Carte régionale n° **1**–B2

✿ NUANCE ⓝ

Chef : Jules Rolland
CUISINE MODERNE • CONTEMPORAIN Jules et Louis Rolland ont ouvert leur table au cœur du village, non loin de la Pointe de la Torche. Fils d'anciens restaurateurs étoilés, ces deux enfants de la balle ont pris le pli très tôt. Ils savent choisir de beaux produits (langoustines, saint-pierre, girolles...) valorisés par des cuissons impeccables, et rehaussés de jus intenses. Le travail engagé sur chaque assiette, notamment le jeu sur les textures, n'empêche ni la lisibilité ni la gourmandise. Preuve en est cette langoustine royale au beurre maltais relevé de saté et sa déclinaison de courge. Service souriant par Roxane et son équipe. Offre plus bistronomique au déjeuner.
& 🏠 – Prix : €€€
Roz An Tremen – ☏ 02 30 14 02 74 – www.nuance-restaurant-plomeur.eatbu. com – Fermé du lundi au mercredi

PLOMODIERN

✉ 29550 – Finistère – Carte régionale n° **1**-B2

L'AUBERGE DES GLAZICKS

Chef : Olivier Bellin
CUISINE CRÉATIVE • ÉLÉGANT Cette ancienne maréchalerie, transformée en ferme-auberge par la grand-mère du chef, attirait autrefois ouvriers et habitants du coin, autour de menus simples et revigorants – soupe, bouchée à la reine, gigot d'agneau… C'est sous l'impulsion d'Olivier Bellin, de retour au pays en 1998, que l'Auberge familiale accomplit sa mue : inventif et touche-à-tout, le chef y est devenu lui-même, affirmant une personnalité culinaire de plus en plus forte. Il travaille avec un extraordinaire réseau de petits producteurs du Finistère, sélectionnés avec soin - sur chaque table, une carte recense l'origine de tous les ingrédients et l'identité de chaque producteur. Dans l'assiette, il marie la mer et la terre avec un naturel confondant : pomme de terre soufflée farcie au jus d'huître ; langoustine et pied de cochon ; homard bleu aux asperges et kari-gosse…

🍴 ⇦🛏⚓ – Prix : €€€€
7 rue de la Plage – ℰ 02 98 81 52 32 – www.aubergedesglazick.com –
Fermé lundi et mardi, et dimanche soir

PLONÉVEZ-PORZAY

✉ 29550 – Finistère – Carte régionale n° **1**-B2

LA PLAGE

POISSONS ET FRUITS DE MER • ÉLÉGANT Depuis 1924, cette table domine la plage et le va-et-vient des marées. Le cadre est idyllique et la cuisine met à l'honneur de beaux produits, en particulier de la mer : exemple, ce lieu jaune de ligne, échalote, pomme de terre, champignons des sous-bois et émulsion Iodée…
⇦🛏 🅰🅒 🅿 – Prix : €€€
Lieu-dit Sainte-Anne-la-Palud – ℰ 02 98 92 50 12 – www.plage.com/fr – Fermé ,
lundi, mardi, mercredi et vendredi midi

HÔTEL DE LA PLAGE

MODERNE • MARITIME Un emplacement superbe, directement sur la plage, au pied de la chapelle ! Les chambres, cossues comme toute la demeure, donnent sur la baie ou sur le jardin fleuri. Mobilier de famille, antiquités, esprit contemporain… Comment mieux profiter de la plage ?
🅿 ⇦ ⚓ 🛏 ♨ 🍴 - 19 chambres
Lieu-dit Sainte-Anne-la-Palud – ℰ 02 98 92 50 12
La Plage - Voir la sélection des restaurants

PLOUARZEL

✉ 29810 – Finistère

LA MAISON DES EMBRUNS

BOURGEOIS • MARITIME Bon nom ne saurait mentir : la Maison des Embruns vous expose à tous les plaisirs de l'océan, vue et parfums iodés compris. Dans ce bout du monde, chaque chambre conjugue un décor de bon goût et des équipements modernes. Restaurant en phase avec l'atmosphère marine, bar, spa et centre de remise en forme.
🅰🅒 🅿 ⇦ 🛏 - 6 chambres
750 Stréat Lambaol – ℰ 02 29 02 59 38

PLOUGASNOU

29630 – Finistère – Carte régionale n° **1**–A2

LA MAISON DE KERDIÈS

CUISINE TRADITIONNELLE • **CONTEMPORAIN** Cette maison de la pointe du Trégor fut à l'origine un sémaphore, avant d'être transformée en colonie de vacances, puis en restaurant. De la salle, on profite d'une vue panoramique sur la baie de Morlaix… Mais on se recentre vite sur l'assiette qui balance entre plats régionaux (pêche du jour accompagnée d'une sauce aux oignons de Roscoff) et cuisine plus traditionnelle (suprêmes de volaille aux morilles, pommes de terre sautées à l'ail).

– Prix : €€

5 route de Perherel, à Saint-Samson – 02 98 72 40 66 – www.maisonkerdies.com – Fermé du lundi au jeudi et dimanche soir

PLOUGONVELIN

29217 – Finistère – Carte régionale n° **1**–A2

HOSTELLERIE DE LA POINTE SAINT-MATHIEU

Cheffe : Nolwenn Corre

CUISINE MODERNE • **ÉLÉGANT** Attention, belle surprise à l'Ouest ! À Plougonvelin, Nolwenn Corre a repris les fourneaux de cette Hostellerie ouverte en 1954 par ses grands-parents, et reprise en 1988 par ses parents. Une affaire de famille, donc, qui a évolué tout en gardant son esprit originel : vieilles pierres, cheminée monumentale d'une part, mobilier franchement contemporain de l'autre. La jeune cheffe se montre tout à fait à son aise en cuisine, et surtout très déterminée. Ses assiettes doivent autant à son tour de main qu'aux bons produits 100% locaux qu'elle utilise : langoustines du Guilvinec, Saint-Jacques de la rade de Brest, poissons du Conquet, légumes d'un agriculteur voisin…

 – Prix : €€€

7 place Saint-Tanguy – 02 98 89 00 19 – www.pointe-saint-mathieu.com – Fermé lundi et mardi

BISTROT 1954

CUISINE MODERNE • **CONTEMPORAIN** Face au décor grandiose de la Pointe Saint-Mathieu, ce bistrot met l'eau à la bouche : terrasse au grand air marin, décor contemporain qui marie le bois brut et le mobilier en rotin, et assiettes de la cheffe qui mitonne essentiellement la Bretagne des produits frais avec un vrai soin : coquillages, poissons, farz noir, algues…

– Prix : €€

7 place Saint-Tanguy – 02 29 00 03 28 – www.pointe-saint-mathieu.com/bistrot-1954

PLOUGUERNEAU

29880 – Finistère – Carte régionale n° **1**–A1

À LA MAISON

CUISINE MODERNE • **SIMPLE** Ici, on réalise une cuisine bistrotière de bel aloi, mettant en avant les produits de la région. Le chef affectionne travailler les plats en déclinaison, comme le cochon ou l'agneau. Parmi les spécialités maison : le boudin noir, l'œuf parfait, et l'andouille de Guémené. Une adresse attachante.

– Prix : €€€

21 place de l'Europe – 02 98 01 76 21 – Fermé mardi, mercredi, lundi midi et dimanche soir

PLOUGUERNEAU

CASTEL AC'H

POISSONS ET FRUITS DE MER • ÉPURÉ Il y a des lieux bretons magiques et la région des Abers en est un ! À quelques encablures des phares de l'île Vierge et de celui de l'île de Wrac'h, cette grande maison au style néo-breton profite donc d'un emplacement remarquable, face à la charmante plage de Lilia. Dans l'assiette, une cuisine d'inspiration régionale avec de bons produits "terre et mer" ; le midi, menu du jour à prix sage. Au dîner, les deux menus et la carte jouent le registre bistronomie bretonnisante (huîtres, ormeaux, pêche du jour, légumes du potager, algues, sarrasin...). Grande salle à manger épurée aux murs blancs et terrasse...

⇐ & 🏠 ⇔ **P** – Prix : €€

Plage de Lilia – ℰ 02 98 37 16 16 – *www.castelach.fr*

PLOUHARNEL
✉ 56340 – Morbihan – Carte régionale n° **1**–C3

GRANIT

CUISINE MODERNE • SIMPLE Entre Carnac et Quiberon, cette bâtisse moderne perdue en pleine campagne bretonne est une aubaine gourmande ! Le chef Charles Moreau a roulé sa bosse, de la Chine aux cuisines belges de Sang Hoon Degeimbre (deux étoiles à l'Air du Temps). Whisky breton, sarrasin, artichaut, huître, gwell, andouille de Guémené : les marqueurs bretons répondent présents dans cette cuisine précise et bien tournée, où l'équilibre prévaut, sans oublier quelques notes créatives toujours réussies (comme cette association olive noire, fraise et burrata au dessert). Salle à la déco noire et blanche épurée. Carte des vins avec de jolies références, principalement en bio et biodynamie.

& – Prix : €€

5 Kerhuéno – ℰ 02 97 29 10 17 – *www.granit-restaurant.fr* – *Fermé lundi et mardi*

PLOUIDER
✉ 29260 – Finistère – Carte régionale n° **1**–B1

❀ ## LA TABLE DE LA BUTTE

Chef : Nicolas Conraux

CUISINE MODERNE • ÉLÉGANT Nicolas et Solène Conraux incarnent la troisième génération de cet établissement, désormais pionnier en matière de cuisine et de développement durables. En cuisine, Nicolas garde un œil sur la mer et la baie de Goulven, qu'on aperçoit en contrebas, et l'autre sur la lande bretonne : chaque plat, ou presque, navigue entre mer et campagne. Huîtres, homard, cochon, ormeaux mais aussi algues, légumes et même le plateau de fromages exclusivement bretons dessinent la carte de son Finistère gourmand. Le pain maison est un délice, comme les différents beurres made in Bretagne (aux algues, cristaux de sel...). Enfin, la carte des vins fait la part belle aux petits producteurs et au bio.

🏵 ⇐ ⇐ 🛏 & **P** – Prix : €€€€

12 rue de la Mer – ℰ 02 98 25 40 54 – *www.labutte.fr* – *Fermé du lundi au mercredi, et jeudi et vendredi à midi*

🍀 **L'engagement du chef :** Travailler avec la conscience de la nature, c'est être en vérité avec moi-même. A la Butte, nous avons un potager en permaculture, une serre bioclimatique et des ruches. Nous mettons en valeur nos producteurs (pêcheurs, maraîchers, éleveurs) et nos artisans locaux (assiettes en bois de récupération, verres fabriqués à base de coquilles d'ormeaux, uniformes en lin et coton bio) et nous sensibilisons nos équipes à l'éco-responsabilité.

LE COMPTOIR DE LA BUTTE

CUISINE TRADITIONNELLE • CONTEMPORAIN L'annexe de la table gastronomique vaut aussi son pesant de gourmandise. Le cadre moderne, avec cuisine ouverte et boutique, met en appétit ; confirmation ensuite dans l'assiette avec une cuisine de tradition généreuse bien ancrée dans le Finistère, déclinée dans une formule efficace.

– Prix : €€

12 rue de la Mer – ✆ *02 98 25 40 54 – www.labutte.fr*

PLOUMANACH

22700 – Côtes-d'Armor – Carte régionale n° **1**-C1

 LA TABLE DE MON PÈRE - CASTEL BEAU SITE

CUISINE MODERNE • CONTEMPORAIN Bien au chaud dans une salle élégante et épurée, venez profiter des dernières lueurs du couchant sur la plage de St-Guirec. Face à cette vue magnifique, vous dégusterez une cuisine au goût du jour, présentée avec soin, et qui met en valeur des produits d'une qualité incontestable tels que le pigeon du Ménez Bré, la lotte, l'araignée ou encore les asperges blanches.

– Prix : €€€

Plage de Saint-Guirec – ✆ *02 96 91 40 87 – www.castelbeausite.com – Fermé les midis*

CASTEL BEAU SITE

MODERNE • ÉLÉGANT Castel Beau Site affiche une alliance harmonieuse de modernité et d'authenticité. Les chambres sont spacieuses et élégamment conçues, augurant un séjour confortable et luxueux. Un jacuzzi pour se détendre et un délicieux petit déjeuner pour se rassasier complètent les promesses du lieu.

- 33 chambres

Plage de Saint-Guirec – ✆ *02 96 91 40 87*

La Table de mon Père - Castel Beau Site - Voir la sélection des restaurants

PLOURHAN

22410 – Côtes-d'Armor – Carte régionale n° **1**-C1

 ROLLAND

CUISINE MODERNE • CONTEMPORAIN Niché au creux d'un vallon où coule une rivière, cet ancien moulin et sa longère ont été rénovés de fond en comble pour devenir ce restaurant à la déco d'esprit industriel. Deux frères, l'un en cuisine, l'autre au maraîchage, s'attèlent à concocter une cuisine saine et naturelle basée sur les produits de la mer (poissons, coquillages, crustacés) et les légumes, en partie cultivés sur place – les viandes sont exclues. Entrée 100% végétale comme cette variation autour du topinambour accompagnée de purée de citron et d'ail noir, ou plat marin à l'image cette aile de raie au céleri-rave et sauce ail des ours : la gastronomie à la Rolland, ça roule !

– Prix : €€

12 chemin du Moulin-Rolland – ✆ *02 96 33 11 10 – www.restaurant-rolland.fr – Fermé lundi, mardi et dimanche et mercredi midi*

PLOURHAN

POISSON
✉ 71600 – Saône-et-Loire – Carte régionale n° **17**–B2

LA POSTE ET HÔTEL LA RECONCE
CUISINE MODERNE • **CONTEMPORAIN** Le Restaurant de la Poste est emmené par un chef originaire du village, avec l'aide de son épouse. Son ambition est claire : régaler ses convives avec une cuisine dans l'air du temps, et célébrer les bons produits locaux – cette entrecôte charolaise, avec ses légumes de saison, en témoigne ! Chambres coquettes et bien tenues pour l'étape.

🛏 AC 🍽 – Prix : €€

*25 route des Michelets – 𝒞 03 85 81 10 72 – www.hotelreconce.com –
Fermé lundi et mardi, et dimanche soir*

POITIERS
✉ 86000 – Vienne – Carte régionale n° **15**–B2

LES ARCHIVES
CUISINE MODERNE • **ÉLÉGANT** Au cœur du vieux Poitiers, cette ancienne chapelle jésuite du 19e s. a longtemps abrité les archives départementales. Tout en colonnes et arcs, elle a été transfigurée par un aménagement contemporain pour en faire une magnifique brasserie de luxe dotée d'une hauteur sous plafond vertigineuse et d'une cuisine ouverte. Ponctuée de touches exotiques (cabillaud contisé de gingembre frais, carotte confite à l'orange, émulsion de basilic thaï), la partition contemporaine du chef Fabien Boinot fait la part belle au végétal et propose d'ailleurs un menu uniquement végétarien. Le menu du midi est une aubaine, plébiscité par une clientèle nombreuse.

ఉ – Prix : €€

14 rue Édouard-Grimaux – 𝒞 05 49 30 53 00 – www.lesarchives.fr

PAPILLES 🟠
CUISINE MODERNE • **ÉPURÉ** Fils et petit-fils de restaurateurs, Sébastien Boireau a pourtant embrassé une autre carrière avant de succomber aux saveurs de la gastronomie. Derrière une petite devanture élégante au cœur de la ville, cet enfant de la balle s'est taillé une salle tout en épure avec fauteuils en bois et assise en cuir crème, murs blancs, miroirs végétalisés. Dans l'assiette, il convainc avec une cuisine fraîche et moderne, assez épurée, à l'image du décor : carpaccio de Saint-Jacques au kumquat ; filet de veau, mousseline de carotte violette et jus à l'orange sanguine... Une qualité qui se ressent jusqu'aux desserts.

Prix : €€

*40 rue Carnot – 𝒞 05 49 92 29 47 – www.papilles-poitiers.fr – Fermé lundi,
mardi et dimanche*

POLLIAT
✉ 01310 – Ain – Carte régionale n° **21**–B1

😊 TÉJÉRINA - HÔTEL DE LA PLACE
CUISINE TRADITIONNELLE • **CONTEMPORAIN** L'auberge familiale par excellence, où l'on vous sert avec le sourire une goûteuse et généreuse cuisine du terroir dans une salle à manger moderne. Tête de veau, poulet à la crème, soufflé aux foies de volaille et grenouilles sont à l'honneur ! Chambres bien tenues pour prolonger l'étape.

ఉ AC 🍽 – Prix : €€

*51 place de la Mairie – 𝒞 04 74 30 40 19 – www.restaurant-tejerina-logis.fr –
Fermé lundi, mardi midi et dimanche soir*

POMEROL

33500 – Gironde – Carte régionale n° **22**-C2

LA TABLE DE CATUSSEAU

CUISINE MODERNE • **CONVIVIAL** A la tête de ce restaurant, Kendji Wongsodikromo, chef-patron né en Nouvelle Calédonie, tombé amoureux du Sud-Ouest... et de Nadège, son épouse, en salle. Le couple, motivé, a du métier et cela se sent : en témoigne la belle cuisine du marché, mitonnée avec soin, goûteuse et régionale. Un jolie adresse.
– Prix : €€
86 rue de Catusseau – ☏ 05 57 84 40 40 – www.latabledecatusseau.fr – Fermé lundi et dimanche

POMMARD

21630 – Côte-d'Or – Carte régionale n° **12**-D1

AUPRÈS DU CLOCHER

CUISINE MODERNE • **COSY** Au cœur du célèbre village vigneron, le jeune chef Rémi Genot, de retour aux sources après un parcours régional éloquent, rend hommage aux producteurs locaux et aux belles pièces parées par son père dans la boucherie voisine. Aussi à l'aise avec le végétal qu'avec le poisson et la viande, il réalise des assiettes colorées, minutieuses et pleines de tempérament, et sait jouer habilement sur les textures : tartelette d'asperges blanches à la mandarine et olives taggiasche ; agneau du Quercy en trois façons, jus à l'ail noir et déclinaison de carottes... Superbe carte des vins, qui réserve bien entendu une place de choix à la Bourgogne.
– Prix : €€€
1 rue de Nackenheim – ☏ 03 80 22 21 79 – www.aupresduclocher.com – Fermé mardi, mercredi, et jeudi et vendredi à midi

LE CLOS DU COLOMBIER

CLASSIQUE • **RAFFINÉ** Une belle demeure de maître (1835) raffinée – beaux parquets et moulures, trumeaux, mobilier ancien – et pleine de personnalité. L'espace bien-être (jacuzzi, sauna) donne directement sur les vignes qui entourent la maison... Restauration sur réservation pour les hôtes.
– 11 chambres
1 rue du Colombier – ☏ 03 80 22 00 27

PONCIN

01450 – Ain – Carte régionale n° **21**-B1

AINTIMISTE

Chef : Jérôme Busset
CUISINE MODERNE • **CONTEMPORAIN** Tout près des vignes de Cerdon, ce joli village médiéval aux confins du Bugey et du Revermont abrite une adresse de valeur ! Dans une agréable salle dotée d'un puits de lumière, avec cuisine ouverte, Jérôme Busset se dépense sans compter (des deux côtés du fourneau) pour envoyer un menu surprise bien pensé, déclinable en plusieurs formules. On déguste une cuisine moderne, personnelle et intuitive, élaborée avec des produits sourcés avec soin : asperges et carottes de maraîcher, escargots aux herbes sauvages, miel de Poncin... Bons conseils sur les vins et, aux beaux jours, jolie terrasse sous les voûtes.
– Prix : €€€
4 rue de la Pompe – ☏ 04 74 38 06 66 – www.aintimiste.fr – Fermé lundi et dimanche

PONT-AVEN

✉ 29930 – Finistère – Carte régionale n° **1**–B2

🏵 ROSMADEC LE MOULIN

CUISINE MODERNE • **ÉLÉGANT** Premier restaurant à décrocher une étoile dans le Finistère (en... 1933 !), étape emblématique de la gastronomie bretonne, le Moulin de Rosmadec jouit d'un cadre enchanteur, avec sa terrasse fleurie au bord de l'Aven. Supervisée par le chef Christian Le Squer, la cuisine est tout à la gloire du terroir breton (sarrasin, lait ribot, fraises de Plougastel) et de la pêche locale (araignée de mer, langoustines, homard)... Assiettes fines et soignées, avec de jolies sauces et réductions, saveurs délicates : une partition de haute volée. Belle carte des vins, pour couronner le tout.

🦟 ⇌ ⇐ ♿ 🏛 ⇕ – Prix : €€€€

Venelle de Rosmadec – ☎ 02 98 06 00 22 – www.rosmadec.com – Fermé lundi et mardi, et dimanche soir

🛏 LA PASSERELLE DE PONT-AVEN

MODERNE • **CHALEUREUX** Face au port animé, cet hôtel est installé dans une maison familiale du début du 20e s. La lumière naturelle qui baigne l'ensemble de l'établissement renforce l'atmosphère chaleureuse et accueillante. Idéal pour les amateurs d'art et les amoureux de la nature.

🅿 🛁 - 4 chambres

17 rue Auguste Brizeux – ☎ 06 46 34 04 86

LE PONT-DE-CLAIX

✉ 38800 – Isère – Carte régionale n° **21**–C3

LE ROUSSEAU

CUISINE MODERNE • **CONTEMPORAIN** Dans son nouveau cadre sobre et contemporain, le Rousseau bénéficie désormais de plus d'espace et d'une terrasse au calme sur l'arrière. Le chef Élie Michel-Villaz, qui a fait de la simplicité son mantra et sa principale qualité, déroule une partition fraîche et travaillée avec beaucoup de soin, mariée à des flacons choisis avec amour (plusieurs centaines de références, beaucoup de nature et biodynamie)... et servie en toute convivialité. Une affaire (locavore) qui roule. Menu plus simple au déjeuner.

🦟 ♿ 🏛 – Prix : €€

16 bis cours Saint-André – ☎ 04 76 14 86 75 – www.lerousseaugrenoble.fr – Fermé dimanche et samedi midi

PONT-DE-L'ISÈRE

✉ 26600 – Drôme – Carte régionale n° **24**–A1

MAISON CHABRAN - LA GRANDE TABLE

CUISINE MODERNE • **FAMILIAL** Installée au bord de la mythique N7, cette maison familiale en a fait du chemin ! Le petit bistrot des années 1930 est devenu une étape entre Dauphiné et Provence, défendant une certaine idée de la cuisine, naviguant entre tradition et modernité.

🆎 ⇕ 🅿 – Prix : €€€€

26 avenue du 45ème-Parallèle – ☎ 04 75 84 60 09 – www.chabran.com/fr

PONT-DE-L'ISÈRE

MAISON CHABRAN - LE 45ÈME

CUISINE MODERNE • CONVIVIAL Sur la route des vacances en bordure de la mythique N7, offrez-vous une halte dans un cadre verdoyant avec, aux beaux jours, l'agréable terrasse ombragée face au jardin. Cette table bistronomique est une sympathique alternative à la maison mère, véritable institution de la gastronomie régionale. On s'y régale tous les jours de la semaine avec des formules légères et décontractées autour de plusieurs choix de menus. Quelques chambres pour l'étape.
🅰🅲 🍴 – Prix : €€

26 avenue du 45ème-Parallèle – ☏ 04 75 84 60 09 – www.chabran.com/fr

PONT-DE-VAUX

✉ 01190 – Ain – Carte régionale n° **21**–B1

❀

LE RAISIN

Chef : Frédéric Michel

CUISINE MODERNE • CLASSIQUE Dans cette maison cossue et élégante, en plein cœur de Pont-de-Vaux, la tradition est entre de bonnes mains. Noix de Saint-Jacques au chou-fleur ; cuisses de grenouilles en persillade ; poulet de Bresse en deux façons... Les classiques sont revisités subtilement par un chef au métier solide, qui cultive autant la finesse que l'originalité, et qui renouvelle chaque mois son menu au fil de son inspiration et du marché. À noter que la carte des vins aussi vaut le coup d'œil, avec notamment un bon choix de bourgognes. Service attentif et souriant.
🍸 🖙 ♿ 🅰🅲 🅿 – Prix : €€€

2 place Michel-Poisat – ☏ 03 85 30 30 97 – www.leraisin.com – Fermé lundi et dimanche

PONT-DU-CHÂTEAU

✉ 63430 – Puy-de-Dôme – Carte régionale n° **20**–B1

❀

AUBERGE DU PONT

Chef : Rodolphe Regnauld

CUISINE MODERNE • CONTEMPORAIN Au bord de l'Allier, l'un des derniers fleuves sauvages, Rodolphe Regnauld possède la fougue du vent breton (il a grandi dans la péninsule) et la passion des produits de sa région d'adoption - l'Auvergne. Il marie ces deux terroirs à grands renforts de petits légumes de producteurs du coin, de fruits rouges locaux, de poissons arrivés en direct de Bretagne, mais aussi de pieds de cochon ou de truite délicieusement auvergnats. On aime aussi ce décor joyeux et contemporain d'esprit loft.
🍸 ⬗ ♿ 🅰🅲 🏵 – Prix : €€€

70 avenue du Docteur-Besserve – ☏ 04 73 83 00 36 – www.auberge-du-pont.com – Fermé lundi et mercredi, et dimanche soir

PONT-SAINTE-MARIE

✉ 10150 – Aube – Carte régionale n° **12**–B1

😊

BISTROT DUPONT

CUISINE TRADITIONNELLE • BISTRO Au bord de la Seine, ce sympathique bistrot traditionnel au service des plus plaisants joue la carte des bonnes recettes à l'ancienne : pavé de foie de veau, coq au vin, filet de bœuf au cognac, que l'on dévore dans une ambiance animée... Et ne ratez pas la spécialité de la maison : l'andouillette.
♿ 🅰🅲 🍴 🏵 – Prix : €€

5 place Charles-de-Gaulle – ☏ 03 25 80 90 99 – www.bistrotdupont.com – Fermé lundi, et jeudi et dimanche soir

PONTARLIER

✉ 25300 – Doubs

LA MAISON D'À CÔTÉ

CLASSIQUE • ROMANTIQUE Miroirs dorés, commodes vernies, lustres, draps brodés et baignoires à pied confèrent une allure romantique chic à cette maison d'hôtes jurassienne nichée dans une demeure historique du centre-ville de Pontarlier. L'escalier 17e s. fut régulièrement emprunté par Rouget de Lisle qui logea au premier étage. Au dernier niveau, une chambre a conservé ses boiseries et son plafond sculpté. Elle s'ouvre comme un passage dans le temps, tapissée d'objets chinés qui évoquent des souvenirs de maison de famille. La deuxième se veut plus contemporaine, aux lignes franches et sombres réveillées par des notes orange. Une cuisine conviviale permet de louer l'ensemble.

🅿 ⌕ 🍴 – 2 chambres
11 rue Jules-Mathez – ✆ *03 81 38 47 18*

PONTCHÂTEAU

✉ 44160 – Loire-Atlantique – Carte régionale n° **9**–A2

LE 11 BISTROT GOURMAND

CUISINE TRADITIONNELLE • CONTEMPORAIN Au cœur de Pontchâteau, ce bistrot urbain est mené par Gilles Charpy, un chef qui a du métier. Dans un cadre contemporain, il sert d'appétissantes recettes composées au gré du marché ; par exemple : velouté d'asperge blanche et serrano ; navarin d'agneau et légumes printaniers ; chou chantilly, fraises et rhubarbe. Service tout sourire.

♿ 🆎 ⌕ – Prix : €€
11 rue de Verdun – ✆ *02 40 42 23 28 – www.restaurant-le11.fr – Fermé lundi et dimanche, et mercredi soir*

LE PONTET

✉ 84130 – Vaucluse – Carte régionale n° **28**–E1

AUBERGE DE CASSAGNE & SPA

CUISINE PROVENÇALE • CLASSIQUE Une ancienne bastide provençale aux abords d'Avignon, qui perpétue la tradition de ces demeures bourgeoises dédiées aux plaisirs de la table. Produits nobles et classicisme sont de mise, même si l'on s'autorise ici et là quelques préparations plus actuelles, tel ce tataki de saumon fumé maison sur sa pannacotta de légumes verts. Beau livre de cave privilégiant la vallée du Rhône méridionale, plaisante terrasse aux beaux jours et accueil charmant.

🕸 ⚘ ♿ 🆎 ☼ ⌕ 🅿 – Prix : €€€€
450 allée de Cassagne – ✆ *04 90 31 04 18 – www.aubergedecassagne.com/fr – Fermé samedi, dimanche et du lundi au vendredi à midi*

PONTIVY

✉ 56300 – Morbihan – Carte régionale n° **1**–C2

HYACINTHE & ROBERT

CUISINE MODERNE • CONTEMPORAIN Damien Le Quillec, le chef, a baptisé sa table en hommage à ses deux grands-pères, Hyacinthe et Robert. Dans un cadre atypique - un ancien garage à pneus réinventé en loft contemporain ; une réussite - il cisèle avec talent des assiettes ambitieuses et bien dans l'air du temps… Au "Numéro 100" attenant, il a ouvert un petit "bistrot de copains", pour une cuisine version bistronomique.

♿ ⌕ – Prix : €€
100 rue Nationale – ✆ *06 43 68 26 45 – www.hyacinthe-et-robert.fr – Fermé lundi et mardi, et dimanche soir*

PONTOISE

95000 – Val-d'Oise – Carte régionale n° **11**–B1

L'OR Q'IDÉE

Cheffe : Naoëlle d'Hainaut

CUISINE MODERNE • COSY La cheffe Naoëlle d'Hainaut a choisi cette petite rue du centre-ville de Pontoise, en contrebas de la cathédrale, pour ouvrir son premier restaurant. Résultat : une vraie réussite, de l'élégant décor (style scandinave, couleurs claires, cave sous écrin de verre, cuisine visible) aux assiettes bien dans l'air du temps. Souvenirs savoureux d'une aubergine Berinda cuite en croûte de pain au romarin, condiment basilic et crème d'ail rose et râpé de feta. Partout, une même maîtrise technique, de belles harmonies gustatives, une cuisine franche. Service bien rythmé, décontracté et professionnel par une équipe jeune et efficace. Une adresse très recommandable.

– Prix : €€€€

14 rue Marcel-Rousier – ✆ 01 34 35 47 10 – www.lorqidee.fr – Fermé lundi, samedi et dimanche, et mercredi soir

L'engagement du chef : Notre défi est de sublimer les produits de qualité que nos maraîchers, pêcheurs et vignerons passionnés nous fournissent au quotidien. Nous travaillons de plus en plus de produits de la région. Donner des lettres de noblesse à un produit commun par une cuisine subtile et complexe mais surtout goûteuse, afin que notre empreinte soit accessible à tous.

LES PONTS-DE-CÉ

49130 – Maine-et-Loire – Carte régionale n° **9**-C3

LE POIS GOURMAND

CUISINE TRADITIONNELLE • CONVIVIAL Flambant neuve, cette imposante grange de bois clair au sol en béton ciré est l'œuvre d'un célèbre producteur de graines et semences biologiques de la région. Sur les murs en panneaux de peuplier, les nombreux casiers à bouteilles en disent long sur le patron, ancien caviste, qui a mis une attention toute particulière dans le choix des vins, tous bio ou naturels. Ces quilles quintessentielles se marient bien à la cuisine bistrotière et simple du chef : une courte ardoise au déjeuner au rapport qualité-prix avantageux ; des tapas à partager le soir (cromesquis de pied de cochon, tartare de champignons, etc.).

– Prix : €

35 chemin des Grandes-Maisons – ✆ 02 41 74 19 61 – Fermé samedi et dimanche, et du lundi au jeudi soir

LES 3 LIEUX - LA TABLE

CUISINE CRÉATIVE • TENDANCE Sur les bords de Loire, on goûte volontiers cette cuisine créative pleine de fougue, réalisée par le chef Sylvain Justice qui propose une offre culinaire créative et généreuse : soupe de moules de bouchot au kari-gosse, petits pois, citron confit et croûtons ; lotte rôtie, risotto de bisque de homard, parmesan et basilic ; mirabelle, sablé breton et hydromel. Le tout est soigné et maîtrisé. Pour une option plus simple, essayez le bistrot contigu.

– Prix : €€

10 Port-des-Noues – ✆ 02 14 03 03 53 – www.les3lieux.com – Fermé lundi, dimanche et du mardi au jeudi à midi

979

LES PONTS-DE-CÉ

PORNIC
✉ 44210 – Loire-Atlantique – Carte régionale n° **9**–A3

 L'ORANGERIE

CUISINE MODERNE • **CONTEMPORAIN** Formé à bonne école (Alain Dutournier, Jean-Michel Lorrain, Alain Ducasse), le chef Julien Lainé réalise chez lui une agréable cuisine qui surfe entre tradition (poireau vinaigrette ; vol-au-vent au veau ; moelleux au chocolat et sorbet cacao) et modernité (carpaccio de maigre et vinaigrette d'orange sanguine ; bar de ligne snacké à l'émulsion de haddock). Dans une ville touristique comme Pornic, c'est une aubaine que ces deux petites salles au cadre coloré avec cuisine ouverte.

㘣 – Prix : €€

9 rue de la Prépoise – ✆ 02 40 82 88 52 – www.restaurant-orangerie.com – Fermé lundi et mardi, et dimanche soir

LE 21 Ⓝ

CUISINE MODERNE • **CONTEMPORAIN** Cette table jouit d'une situation très enviable, en surplomb de la plage de la Birochère, une crique de rochers et de sable visible depuis la salle du restaurant. Sylvain Belouin et sa femme Valérie, œnologue et sommelière, animent avec brio cette institution porniçaise. Après 10 ans passés à la tête du Pigeon Blanc à Vern-d'Anjou, ce chef sait faire ! En témoigne sa manière simple et savoureuse de régaler avec les produits du terroir, viandes (pigeon, cochon) et poissons, à l'image de sa belle sole meunière bien croustillante. Riche carte des vins, principalement en biodynamie, et service chaleureux à la bonne franquette.

❀ ⇐㘣 – Prix : €€€

21 rue de la Plage-de-la-Birochère – ✆ 02 51 18 15 95 – www.le21-pornic.fr – Fermé mardi et mercredi, et lundi soir

PORNICHET
✉ 44380 – Loire-Atlantique – Carte régionale n° **9**–A3

POPS

CUISINE MODERNE • **CONTEMPORAIN** « Pops » ont dû faire nos deux oisillons en quittant le nid douillet de la Mare aux Oiseaux d'Éric Guérin, véritable couveuse à talents. Dans leur resto légèrement à l'écart du front de mer, Corentin Leverger et Océane Maisonneuve mettent les petits plats dans les grands pour régaler avec des girolles ou du rouget de première fraîcheur. Leur bistronomie un brin créative multiplie les jeux de textures et les saveurs franches à l'instar de cette jolie tartelette aux champignons travaillés en diverses façons (crus, cuits, en gelées, en crème, en pickles…).

AC – Prix : €€

96 avenue du Général-de-Gaulle – ✆ 02 51 76 87 51 – www.pops-restaurant.com – Fermé lundi, dimanche et du mardi au samedi à midi

PORSPODER

✉ 29840 – Finistère – Carte régionale n° **1**–A1

LE CHÂTEAU DE SABLE

CUISINE MODERNE • COSY Un lieu hors du temps, apaisant, face à la côte sauvage et à la presqu'île Saint-Laurent que l'on peut apercevoir depuis les baies vitrées d'une salle à manger cosy et feutrée. Le chef travaille de beaux produits du terroir breton, autour de préparations traditionnelles (aile de raie à la grenobloise ; onglet de bœuf sauce au poivre et échalote confite...) ou plus ambitieuses et créatives (ceviche de daurade, vinaigrette gingembre et combava ; fraises de Landunvez et salicornes marinées, fromage blanc au poivre du Timut).

🍃 🛏️ ♿ 🗣️ 🅿️ – Prix : €€

38 rue de l'Europe – ☎ 02 29 00 31 32 – www.lechateaudesablehotel.fr – Fermé lundi et mardi

🛏️ LE CHÂTEAU DE SABLE

CLASSIQUE • MARITIME Face à la presqu'île St-Laurent – un lieu hors du temps –, un établissement à la pointe des préoccupations environnementale (bois, verre, etc.). Les chambres sont lumineuses, aux teintes douces et tournées en grande partie vers la côte sauvage et l'océan... Idéal pour se reposer entre deux châteaux de sable !

🅿️ 🔊 🛏️ 🕙 ⚙️ 🍽️ - 27 chambres

38 rue de l'Europe – ☎ 02 29 00 31 32
Le Château de Sable - Voir la sélection des restaurants

PORT-EN-BESSIN

✉ 14520 – Calvados – Carte régionale n° **2**–B2

LE BOTANISTE - LA CHENEVIÈRE

CUISINE MODERNE • ÉLÉGANT Boiseries, parquet, mobilier du 18e s. : élégance et noblesse du cadre ! Menée par un chef sérieux qui puise son inspiration dans le potager du château et dans le panier des petits producteurs, la cuisine délicate multiplie les jolies variations autour du terroir normand et d'agréables mariages de saveurs. Des exemples ? Poulet fermier en basse température, effiloché de cuisse confite aux pleurotes et sauce à la gelée de sureau ; barbue nacrée, fenouil confit, condiment de carotte et bisque de homard. Service de haute qualité, tout en prévenance.

🐝 🛏️ ♿ 🍴 🗣️ 🅿️ – Prix : €€€

à Commes – ☎ 02 31 51 25 25 – www.le-botaniste.com – Fermé lundi, dimanche et du mardi au samedi à midi

LE PETIT JARDIN - LA CHENEVIÈRE

CUISINE MODERNE • MAISON DE CAMPAGNE Entre jardin et piscine, le bistrot du Château de la Chenevière est aménagé dans l'ancienne orangerie, décorée dans un style cottage anglais plein de charme. Sous une grande verrière, on déguste une bonne cuisine de saison bistronomique : œuf basse température, crème de céleri, coques, salicorne et moutarde à l'ancienne ; risotto au chèvre, pois gourmands, champignons et crème d'ail...

🛏️ 🆎 🍴 🅿️ – Prix : €€

à Commes – ☎ 02 31 51 25 22 – www.restaurantlepetitjardin.com – Fermé mardi, mercredi, et lundi, jeudi et vendredi midi

PORT-GOULPHAR – Morbihan (56) ➜ Voir Belle-Île

PORT-JOINVILLE – Vendée (85) ➜ Voir Île d'Yeu

PORT-LESNEY

39330 – Jura – Carte régionale n° **13**-B2

✽ MAISON ROSELLA PAR FRANCESCO DI MARZIO

CUISINE MODERNE • **ÉLÉGANT** Pas de séjour bucolique dans un château sans table gastronomique digne de ce nom ! Le chef italien Francesco Di Marzio, qui a travaillé dans des maisons multi-étoilées partout dans le monde (et surtout auprès d'Anne-Sophie Pic), préside désormais aux agapes dans cette salle au décor plutôt sobre. En bon Italien, il a baptisé le restaurant au nom de sa... maman, évidemment. Dans l'assiette, toujours impeccablement dressée, l'expérience internationale et le bagage technique du chef affleurent à chaque plat : coquilles Saint-Jacques, kiwi, bergamote, rogue de sandre ; spaghetti, pistaches, caviar osciètre, vin jaune. Très belle carte des vins, avec évidemment une sélection pointue de vins du Jura.

– Prix : €€€€

Château de Germigney, 31 rue Edgar-Faure – ✆ *03 84 73 85 85 – chateaudegermigney.com/fr/restaurant/maison-rosella.html – Fermé du lundi au mercredi et jeudi midi*

BISTROT DE PORT-LESNEY

CUISINE TRADITIONNELLE • **BISTRO** À quelques mètres de la Loue, un bistrot aux volets rouges avec sa terrasse donnant sur la place du village. Le chef propose une cuisine traditionnelle et généreuse, véritable ode au terroir : truite fumée et poireau confit ; escargots du Petit Mercey ; suprême de volaille et crème au vin jaune... à déguster sur des nappes à carreaux, au milieu de bibelots chinés.

– Prix : €€

Place du 8-Mai-1945 – ✆ *03 84 37 83 27 – www.chateaudegermigney.com/fr/restaurant/le-bistrot-de-port-lesney.html – Fermé mercredi et jeudi*

CHÂTEAU DE GERMIGNEY

CLASSIQUE • **CHARME** Dans la campagne jurassienne, les designers Roland et Véréna Schön ont transformé un pavillon de chasse du 18e s., entouré d'un beau terrain boisé, en un idyllique hôtel de luxe. Spa-vinothérapie, restaurant gastronomique... et chaque chambre garde avec soin la trace de l'histoire de la maison, mariée judicieusement à un style contemporain.

- 28 chambres

31 rue Edgar-Faure – ✆ *03 84 73 85 85*

Maison Rosella par Francesco Di Marzio - Voir la sélection des restaurants

PORT-LOUIS

56290 – Morbihan – Carte régionale n° **1**-C3

✽ AVEL VOR

Chef : Camille Lacome et Agathe Richou

CUISINE MODERNE • **CONTEMPORAIN** À deux pas de la mer, portés par l'Avel Vor ("vent de mer" en breton), Camille Lacome et Agathe Richou élaborent de savoureuses recettes à l'ancrage régional affirmé (produits de la mer à la fraîcheur irréprochable, sarrasin, andouille de Guémené, gwell, lait ribot...) ponctuées de discrètes touches méditerranéennes (huile d'olive, thym, eau de tomate). Une cuisine précise et parfumée à déguster dans un plaisant cadre contemporain.

– Prix : €€€

25 rue de Locmalo – ✆ *02 97 82 47 59 – www.avelvor.com – Fermé lundi et mardi, et dimanche soir*

PORT-NAVALO

✉ 56640 – Morbihan – Carte régionale n° **1**–C3

GRAND LARGUE

POISSONS ET FRUITS DE MER • CLASSIQUE À l'étage de cette villa, on savoure aussi bien la vue panoramique sur le golfe du Morbihan qu'une cuisine basée sur les beaux produits de la mer (homard, bar de ligne, coquillages). Au rez-de-chaussée, un vent marin souffle sur le bistrot Le P'tit Zeph.

⇇ � ⌂ – Prix : €€€

1 rue du Phare – ☏ 02 97 53 71 58 – www.grandlargue.fr – Fermé lundi et dimanche soir

PORT-VENDRES

✉ 66660 – Pyrénées-Orientales – Carte régionale n° **27**–C3

LE CÈDRE

CUISINE MODERNE • COSY Ici, la cuisine met en valeur l'incontestable richesse du terroir catalan, et varie librement au fil des saisons : impossible de se lasser ! Quant au cadre, il appelle à la rêverie : la baie vitrée donne sur la belle terrasse et, au-delà, le port et la mer... Ce Cèdre ne manque décidément pas d'attraits.

⇇ Ⓐ ⌂ 🅿 – Prix : €€€

29 route de Banyuls – ☏ 04 68 82 62 20 – www.restaurant-jardinsducedre.com – Fermé lundi midi

LES CLOS DE PAULILLES

CUISINE RÉGIONALE • CONVIVIAL Entre vignes et mer, à deux pas de la plage, le site laisse rêveur. Sous l'égide de la famille Cazes, ce domaine viticole de 90 hectares offre une table bistronomique où l'on déguste une cuisine régionale fraîche et actuelle, dominée par les poissons locaux et les légumes bio. Superbe terrasse face aux vignes... et bar à tapas convivial !

⇇ ⌂ 🅿 – Prix : €€

Baie de Paulilles – ☏ 04 68 81 49 79 – www.lesclosdepaulilles.com/restaurant-clos-de-paulilles – Fermé lundi, et mardi, mercredi, jeudi et dimanche soir

LA CÔTE VERMEILLE

POISSONS ET FRUITS DE MER • CONVIVIAL Cette institution locale offre une vue imprenable sur le port, notamment depuis la très belle terrasse située à l'étage. Le chef offre une cuisine de la mer aux accents méditerranéens, fraîche, légère et colorée, jouant habilement des épices et des agrumes pour révéler les poissons issus de la pêche locale.

⇇ � Ⓐ ⌂ ⇪ – Prix : €€

Quai du Fanal – ☏ 04 68 82 05 71 – www.restaurantlacotevermeille.com – Fermé lundi et dimanche soir

PORTICCIO – Corse-du-Sud (2A) ➜ Voir Corse

PORTO-VECCHIO – Corse-du-Sud (2A) ➜ Voir Corse

POUILLON

✉ 40350 – Landes – Carte régionale n° **25**–B2

🏵 L'AUBERGE DU PAS DE VENT

CUISINE TRADITIONNELLE • RUSTIQUE Un vent d'authenticité souffle sur cette auberge des Landes qui propose une cuisine franche, habitée, loin des modes, et où la carte rend hommage au terroir – bœuf des fermes de Chalosse, canard gras élevé en liberté, veau de lait sous la mère, fromage pur brebis d'un berger du village et pain au levain maison sans additif. Rémoulade de céleri et fenouil, crème de pois cassés et coppa snackée ou bien ris de veau au Jurançon servi en poêlon : les assiettes, généreuses, chantent la France de nos grands-mères. Accueil chaleureux, service attentif, pro et efficace. Un coup de cœur.

🍹 💠 🅿 – Prix : €€

281 avenue Pas-de-Vent – 𝒞 05 58 98 34 65 – www.auberge-dupasdevent.com –
Fermé mercredi, et lundi, mardi et dimanche soir

POUILLY-SOUS-CHARLIEU

✉ 42720 – Loire – Carte régionale n° **20**–C1

❀ RESTAURANT DE LA LOIRE

Chef : Fabien Raux

CUISINE MODERNE • CONTEMPORAIN Cette auberge des bords de Loire, entièrement rénovée dans un goût contemporain, est le repaire de Marie et Fabien Raux (un chef originaire du Nord-Pas-de-Calais au parcours éclectique, passé par de belles maisons notamment au Maroc et en Alsace...). Ce dernier élabore une cuisine au goût du jour, autour d'un menu fixe qui fait la part belle aux produits de saison. Côté légumes, il se sert directement dans le potager-verger de près de 2 hectares, qui alimente le restaurant à 90%, même en hiver ! Pour le reste, les petits producteurs locaux sont privilégiés : sandre de Loire, agneau, lapin... Du goût dans les assiettes et une bonne dose d'énergie en salle : de quoi passer un agréable moment ! L'été, très jolie terrasse sous les tilleuls côté jardin.

🛏 ♿ 🍹 💠 🅿 – Prix : €€€

30 rue de la Berge – 𝒞 04 77 60 81 36 – www.restaurantdelaloire.fr –
Fermé mardi et mercredi, et dimanche soir

❀**L'engagement du chef :** À quelques mètres des cuisines se trouve un superbe potager qui fournit la quasi-totalité des légumes, ainsi qu'un grand verger, irrigués grâce aux puits et à la récupération des eaux de pluie. Pour le reste, on s'approvisionne principalement dans un rayon de 50km. Les menus, uniques et qui évoluent chaque semaine, ont une forte empreinte végétale et sont même disponibles en version totalement végétarienne. Tout le produit est utilisé, de la peau aux graines, en passant par les feuilles.

PRADELLES-EN-VAL

✉ 11220 – Aude – Carte régionale n° **27**–B2

LA BOURDASSO

CUISINE ITALIENNE • VINTAGE Cette belle bâtisse traditionnelle, perdue dans les Corbières, a été investie de la fougue d'une famille italienne, tombée amoureuse de la région. Au programme, mozzarella artisanale divine faite maison (avec du lait de bufflonnes ramenées d'Italie !), et pâtes et pains travaillés à partir de blés anciens cultivés par leurs soins. La large terrasse laisse apprécier la nature environnante.

♿ 🍹 🅿 – Prix : €€

La Bourdasse – 𝒞 04 68 78 08 31 – www.bourdasso.com – Fermé lundi, mardi et du mercredi au vendredi à midi

PRADES
✉ 66500 – Pyrénées-Orientales – Carte régionale n° **27**–B3

LE GALIE
CUISINE MODERNE • CONTEMPORAIN Ici, inutile de s'attarder au rez-de-chaussée : direction l'étage pour découvrir une salle moderne et confortable, où un jeune couple sympathique nous régale d'une cuisine du marché bien dans l'air du temps. La spécialité du chef ? La fricassée de homard en homardine et son vermicelle de riz…
& AC – Prix : €€
3 avenue du Général-de-Gaulle – ☏ *04 68 05 53 76 – www.restaurantlegalie.net – Fermé lundi et dimanche, et mardi et mercredi soir*

PRATS-DE-MOLLO-LA-PRESTE
✉ 66230 – Pyrénées-Orientales – Carte régionale n° **27**–B3

BELLAVISTA
CUISINE MODERNE • ÉLÉGANT Au pied des remparts, un plaisir sans cesse renouvelé… La carte fleure bon le terroir régional, et pour cause : le chef met en valeur les petits producteurs locaux, qui viennent dans la cité uniquement pour le livrer. L'épaule d'agneau catalan en cuisson lente, croûte d'herbes fraîches et légumes de saison saura vous faire fondre… sans oublier les fromages des Pyrénées ! Chambres pour l'étape.
AC 🍽 P – Prix : €€
Place du Foiral – ☏ *04 68 39 72 48 – www.hotel-le-bellevue.fr – Fermé du lundi au mercredi*

PRAZ-SUR-ARLY
✉ 74120 – Haute-Savoie – Carte régionale n° **21**–D2

LES RONINS
CUISINE MODERNE • MONTAGNARD Les ronins, dans la culture japonaise, sont des "samouraïs sans maître" - façon de dire pour Anthony et Émilie à la fois leur liberté et, bien évidemment, leur cuisine franco-asiatique joliment troussée, à l'image de cet onglet de bœuf Angus, sauce tigre qui pleure et son gratin dauphinois. Déco montagnarde à la page et service tout sourire !
🍽 – Prix : €€€
9 route de Megève – ☏ *04 50 21 90 31 – www.les-ronins.fr – Fermé lundi et mardi, et dimanche soir*

PRÉAUX-DU-PERCHE
✉ 61340 – Orne – Carte régionale n° **2**–D3

OISEAU - OISEAU
CUISINE TRADITIONNELLE • MAISON DE CAMPAGNE Sven Chartier et son épouse Marianne ont bâti leur nid dans ce petit village du Perche, face à une église pluriséculaire. Désormais loin de l'agitation urbaine, le chef s'épanouit dans ce décor style campagne chic où il régale avec simplicité dans le droit fil de la tradition. Saint-Jacques, lait d'amande, chou-fleur et cédrat ; paleron croustillant : la précision et le goût du temps retrouvé…
& – Prix : €€
5 place Saint-Germain – ☏ *02 33 73 51 24 – www.oiseau-oiseau.fr – Fermé lundi, mardi, mercredi et dimanche et jeudi midi*

PRÉFAILLES

✉ 44770 – Loire-Atlantique – Carte régionale n° **9**–A3

LE SAINT PAUL ⓝ

CUISINE MODERNE • CONTEMPORAIN Dans cette charmante petite commune située sur la côte atlantique, cette table offre une ambiance claire et lumineuse avec une déco épurée. Enfant du pays, le chef Maxime Roullier (passé chez Éric Guérin à la Mare aux Oiseaux et au George V à Paris) a rénové la brasserie de ses parents pour y proposer aujourd'hui une cuisine du marché créative : tartelette de petits pois et espuma de burrata ; poitrine de porc confite 48h laquée au vinaigre de framboise, miel et soja. Service appliqué et bien rythmé sous la houlette de Johanna, l'épouse du chef.
&. 🅰️ 🍴 – Prix : €€

26 place du Marché – ☎ 02 40 21 68 98 – www.le-saint-paul.fr – Fermé lundi et mardi

PREMEAUX-PRISSEY

✉ 21700 – Côte-d'Or – Carte régionale n° **12**–C3

PREMNORD

CUISINE MODERNE • CONTEMPORAIN Le restaurant du domaine Prieuré-Roch apparaît comme un édifice résolument contemporain tout de bois et d'acier en forme de U avec, en son centre, une grande terrasse tournée vers les vignes. À l'intérieur, coin lounge avec parquet, bar en bois clair et grande salle à manger contemporaine aux immenses baies vitrées. En cuisine, la cheffe Céline Dedinger (qui a travaillé avec Thomas Collomb à la Rôtisserie du Chambertin ainsi qu'à la Maison des Cariatides) propose une cuisine moderne à base de produits souvent locaux mis en avant sur la carte qui évolue au fil des saisons.
🐟 ⇔ &. 🅰️ 🍴 🅿️ – Prix : €€

6 RD 974 – ☎ 03 80 42 23 35 – www.premnord.com – Fermé samedi et dimanche

PRENOIS

✉ 21370 – Côte-d'Or – Carte régionale n° **12**–C3

❀ ## AUBERGE DE LA CHARME

Chefs : Nicolas Isnard et David Lecomte

CUISINE CRÉATIVE • AUBERGE Dans un petit village bourguignon, proche du circuit automobile, une auberge à la fois rustique et épurée : murs aux pierres apparentes, plafond à la française, sol en dalles de pierre et vieux four à pain inséré dans un mur. Elle est emmenée par deux cuisiniers complices, Nicolas Isnard et David Le Comte, qui se sont rencontrés dans le restaurant de Gilles Goujon, à Fontjoncouse. Ils partagent la même passion pour la gastronomie et l'Asie, qu'ils sillonnent régulièrement. Ils proposent un concept de menu à l'aveugle susceptible de déconcerter, mais qui fonctionne à merveille : on se laisse emporter par une cuisine créative, généreuse et aux influences multiples, nourrie par les voyages de ces deux globe-trotteurs.
🐟 &. ⇔ – Prix : €€€

12 rue de la Charme – ☎ 03 80 35 32 84 – www.aubergedelacharme.com/fr – Fermé du lundi au jeudi et dimanche soir

PRINGY

✉ 74370 – Haute-Savoie – Carte régionale n° **21**–C1

LE CLOS DU CHÂTEAU

CUISINE MODERNE • TENDANCE Accolée au château de Proméry, cette imposante bâtisse contemporaine est tenue depuis 17 ans par Pascal Avertis, natif du village. Le chef est aussi à l'aise sur des recettes traditionnelles (paleron braisé, excellente sauce à la Mondeuse, croquettes de pommes de terre à tremper dans un délicieux ketchup maison) que sur des préparations plus modernes et créatives comme ce maki de poireau et nori, vinaigrette thaï et caviar fumé, un vrai régal ! À déguster sur l'agréable terrasse, à l'ombre des platanes.

🚳🕀🚪 - Prix : €€

70 route de Cuvat - ✆ 04 50 66 82 23 - www.le-clos-du-chateau.com - Fermé lundi et dimanche

PROPRIANO – Corse-du-Sud (2A) ➜ Voir Corse

PUISSALICON
✉ 34480 – Hérault

 CHÂTEAU ST PIERRE DE SERJAC

CONTEMPORAIN • RAFFINÉ Les chambres du château ont été transformées en huit suites spacieuses dont le style contemporain intègre cheminées en marbre, miroirs dorés, lustres en cristal et portes en bois cintrées. Les appartements et les cottages indépendants accueillent jusqu'à dix personnes et disposent d'une cuisine, d'une terrasse privée et d'une vue sur les vignobles, parfois d'une piscine privée. Piscine principale face à la façade majestueuse du château, spa méditerranéen. Ingrédients frais du jardin pour le petit déjeuner.

🅰🅿🚗🐕🛎🚲🏊♨🧖🍽 - 44 chambres

D30 entre Pouzolles et Magalas - ✆ 04 67 80 76 00

PUJAUDRAN
✉ 32600 – Gers – Carte régionale n° **26**–C2

 LE PUITS SAINT JACQUES

Chef : William Candelon

CUISINE MODERNE • ÉLÉGANT Cette belle maison gersoise de tradition, jadis relais sur la route de Compostelle, abrite une salle à manger raffinée qui fait la synthèse entre l'ancien (poutres, briques, tomettes) et le moderne (luminaires, mobilier, art de la table). De même, la savoureuse cuisine du chef William Candelon allie terroir, gourmandise et sobriété contemporaine, en mettant les beaux produits à l'honneur : ris d'agneau, morille, truffe, pintade fermière, canard de Challans…

🐾 ♿🅰🕀 - Prix : €€€€

57 avenue Victor-Capoul - ✆ 05 62 07 41 11 - www.lepuitssaintjacques.fr - Fermé du lundi au mercredi et dimanche soir

PUJAUT
✉ 30131 – Gard – Carte régionale n° **28**–E1

 MAISON CHENET - ENTRE VIGNE ET GARRIGUE

Chefs : Serge et Maxime Chenet

CUISINE MODERNE • CLASSIQUE Tout près d'Avignon, cette ferme provençale isolée, entre falaise et vignoble, ne transige pas sur l'authenticité. La garrigue est là, avec ses effluves qui embaument une salle habilement rénovée, mélange harmonieux de l'ancien et du contemporain. En cuisine, Maxime est aidé par son père, Serge Chenet, Meilleur Ouvrier de France. Tous deux partagent le même amour du naturel et du beau produit de saison que la région leur sert sur un plateau gorgé de soleil. Ces Bretons, qui n'ont pas renoncé au beurre et à la crème, concoctent à quatre mains une savoureuse cuisine du marché d'inspiration provençale : filet de rouget de Méditerranée en rouille de fenouil, jus de bouillabaisse ; duo de fraises et olives noires confites, glace à l'huile d'olive, madeleine tapenade… Aménagées dans un mazet du 17e s., les 6 chambres d'hôtes invitent au farniente.

🐾 🛏♿🅰🕀🚪 - Prix : €€€€

600 chemin des Falaises - ✆ 04 90 95 20 29 - www.maison-chenet.com - Fermé lundi et mardi

PULIGNY-MONTRACHET

✉ 21190 – Côte-d'Or – Carte régionale n° **12**–D1

LE MONTRACHET

CUISINE MODERNE • **ÉLÉGANT** Murs en pierre et en saule tressé, charpente apparente avec d'imposantes sphères lumineuses et tables en pierre de lave, sans oublier la terrasse ombragée face au jardin parfaitement entretenu : ce restaurant récemment rénové allie charme et élégance ! L'assiette est tout aussi soignée que le cadre, à l'image du tartare de saumon, fruit de la passion, crème de cresson, parfaitement assaisonné. Menu végétarien proposé, et très belle cave avec plus de 1200 références dont plus de 200 grands crus.

🕸 🛏🐧 🛗 🎴 🗘 🅿 – Prix : €€€

10 place du Pasquier-de-la-Fontaine – ℰ 03 80 21 30 06 – www.comohotels. com/burgundy/como-le-montrachet

OLIVIER LEFLAIVE

CUISINE MODERNE • **CHIC** Une maison cossue au centre du village, une magnifique cave vitrée, une salle chic et chaleureuse : bienvenue chez Olivier Leflaive ! Le célèbre vigneron de la Côte de Beaune a créé deux enseignes de restauration, le Bistro d'Olivier qui offre un joli menu de saison et Klima, le soir, aux ambitions plus gastronomiques. Belle carte des vins évidemment, grâce aux 80 climats du domaine.

🕸 🐧 🛗 – Prix : €€

10 place du Monument – ℰ 03 80 21 95 27 – hotel.olivier-leflaive.com/restaurant-klima – Fermé lundi et dimanche

🛏 ### LE MONTRACHET *Plus*

CONTEMPORAIN • **ÉLÉGANT** Cet exceptionnel petit hôtel du 19e s. a su s'adapter aux normes de luxe du 21e s. La plupart des chambres se trouvent dans l'auberge, et l'hôtel n'a pas hésité à moderniser ses intérieurs dans un style contemporain discret. Autre option, la Villa Christine, une résidence indépendante contenant deux suites et une chambre.

🛗 🅿 ☁ ⟡ 🛏 🍽 - 30 chambres

10 place du Pasquier-de-la-Fontaine – ℰ 03 80 21 98 57

Le Montrachet - Voir la sélection des restaurants

🛏 ### OLIVIER LEFLAIVE HÔTEL RESTAURANT

MODERNE • **COSY** Dans une grande maison en pierre du 17e s. qui abrite les deux restaurants du domaine, en surplomb de la place du village de Puligny-Montrachet, vous accueillent les chambres de style contemporain aux influences Art déco et agréablement cossues.

🛗 🍽 - 17 chambres

10 place du Monument – ℰ 03 80 21 95 27

Olivier Leflaive - Voir la sélection des restaurants

PUPILLIN

✉ 39600 – Jura – Carte régionale n° **13**–B2

LA TABLE DU GRAPIOT 🅝

CUISINE MODERNE • **CONTEMPORAIN** Au cœur d'un village vigneron jurassien, cette table, sorte d'entrepôt qui marie bois, béton et tôle, tranche sur le paisible paysage viticole. Cette institution poursuit désormais sa quête gourmande grâce à une équipe d'associés, dont le chef Vivien Sonzogni et son épouse Noémie. Ce

PUPILLIN

cuisinier expérimenté compose à sa manière une partition dans le vent, qui met souvent le terroir à l'honneur (brochet en soufflé, truite, etc.), ponctuée parfois d'une touche de créativité et de quelques notes japonisantes.

❀❀ ⏦ 🅰🄲 🍴 ⏦ 🅿 – Prix : €€€

3 rue Bagier – ☎ 03 84 37 49 44 – www.legrapiot.com/fr – Fermé dimanche et du lundi au jeudi à midi

PUTEAUX

✉ 92800 – Hauts-de-Seine – Carte régionale n° **11**–E2

L'ESCARGOT 1903 PAR YANNICK TRANCHANT

CUISINE MODERNE • **COSY** Le chef Yannick Tranchant travaille de bons produits et propose une cuisine franche, goûteuse et gourmande ; pour ne rien gâcher, le rapport qualité-prix se révèle attractif, et le service est rapide et efficace.

🍴 – Prix : €€

18 rue Charles-Lorilleux – ☎ 01 47 75 03 66 – www.lescargot1903.com – Fermé samedi, dimanche et lundi midi

SAPERLIPOPETTE !

CUISINE MODERNE • **BRANCHÉ** Cette ancienne brasserie a subi un sacré lifting, devenant un restaurant chaleureux et branché, sous la houlette d'une équipe experte en la matière. La cuisine, façon bistrot chic, est généreuse et bien tournée.

⏦ 🅰🄲 🍴 ⏦ 🍽 – Prix : €€

9 place du Théâtre – ☎ 01 41 37 00 00 – www.saperlipopette1.fr

LE PUY-EN-VELAY

✉ 43000 – Haute-Loire – Carte régionale n° **20**–C2

❀ LE CHAMARLENC

Chef : Yoan Delorme

CUISINE CRÉATIVE • **COSY** Cette institution du Velay est tenue par un jeune couple passé notamment par La Mirande (Avignon), le chef Yoan Delorme et sa compagne Cellia Baudelier en salle. Tartelette façon pissaladière aux anchois, mousse au lard et oignon ; salade de blette et haricots verts à l'estragon et à la coriandre ; noix de cochon au maïs grillé, graines de moutarde fermentées, pâte de citron confit et polenta crémeuse : c'est goûteux, précis et imaginatif. Cette réussite va évidemment de pair avec le respect du cycle des saisons et une complicité évidente avec les meilleurs producteurs du coin, et aussi d'ailleurs (les poissons viennent de Méditerranée).

🍴 – Prix : €€€

19 rue Raphaël – ☎ 04 71 02 17 72 – www.restaurantlechamarlenc.com – Fermé du lundi au mercredi

🍃 L'ÉMOTION

CUISINE MODERNE • **DESIGN** D'année en année et d'adresse en adresse, Michaël Ruat, enfant du pays, régale toujours autant les chanceux du Puy-en-Velay. La déco fait la part belle aux matériaux naturels dans un esprit design (belle cave vitrée). Quant à la cuisine, elle trace sa voie entre produits du terroir de Haute-Loire (lentilles vertes, bœuf Fin Gras du Mézenc) et un répertoire très actuel (thon rouge, pastèque grillée et féta, sauce vierge et chorizo bellota).

⏦ 🅰🄲 🍴 – Prix : €€

13 place Cadelade – ☎ 04 71 09 74 23 – www.restaurant-lemotion.fr – Fermé lundi, dimanche et mercredi midi

LE PUY-SAINTE-RÉPARADE

✉ 13610 – Bouches-du-Rhône – Carte régionale n° **28**–D3

HÉLÈNE DARROZE À VILLA LA COSTE

CUISINE MODERNE • LUXE Aux portes du Lubéron, le Château La Coste, véritable œuvre d'art totale qui associe l'art contemporain et le vin, a séduit Hélène Darroze qui est venue y apposer son nom. Au cœur de la Provence, la cheffe a choisi de donner la parole au végétal. Les carottes ou les aubergines de Bruno Cayron, la cerise de Florent Lazare : chaque intitulé de plat rend hommage à son producteur. Le résultat ? Des assiettes empreintes de finesse, des produits d'exception joliment mis en scène sans sophistication inutile, et quelques clins d'œil aux recettes qui ont fait le succès de la célèbre cheffe du Sud-Ouest, comme les gamberoni aux épices tandoori ou le baba à l'armagnac Darroze.

🛋 ⟨ 🖨 ⅏ 🅰🅲 🍽 🅿 – Prix : €€€€

2750 route de la Cride – ☏ 04 42 28 35 59 – www.villalacoste.com – Fermé lundi et mardi

LA TABLE DE L'ORANGERIE - CHÂTEAU DE FONSCOLOMBE

CUISINE MODERNE • ÉLÉGANT Entouré d'un parc classé aux nombreuses essences (dont un cèdre de l'Atlas planté par la reine d'Angleterre), ce château du 18e s. dresse ses tables au cœur de salons bourgeois et cossus (au premier étage) ou sur le perron monumental aux beaux jours. Fils d'agriculteurs de la Loire qui taillait déjà le cochon avec son frère boucher-charcutier dès sa tendre enfance, le chef Marc Fontanne (ex-Prieuré de Villeneuve-lès-Avignon) sert ici trois menus dégustation dont l'un entièrement végétarien. Laitue pressée avec olives déshydratées, cébettes, asperges vertes, crème de laitue, croûtons à l'ail ; carotte glacée dans son jus de carotène, purée à la cardamome, sabayon acidulé ; pain de Gênes aux agrumes, marmelade d'oranges, mousse et glace végétale de calisson. Ses assiettes combinent fraîcheur des produits locaux, visuels ludiques et graphiques, jeu subtil entre l'amertume, le sucré et l'anisé (du fenouil, par exemple).

🛋 🖨 ⅏ 🅰🅲 🍽 🅿 – Prix : €€€€

Route de Saint-Canadet – ☏ 04 42 21 13 13 – www.fonscolombe.fr – Fermé lundi, dimanche et du mardi au samedi à midi

LA PETITE VERRIÈRE

CUISINE MODERNE • CONTEMPORAIN Cette jolie verrière en métal vert n'est pas si petite que ça puisqu'elle abrite une trentaine de couverts. Risotto arborio à la courge, canette rôtie aux épices, figues et champignons du moment, tarte Tatin pomme banane : mitonnée par un couple de pros, cette cuisine généreuse et gourmande revient directement du marché où elle trouve ses produits (y compris le pain du boulanger du village) et son inspiration – la carte change toutes les semaines. Formule déjeuner au bon rapport qualité/prix.

⅏ 🅰🅲 🍽 – Prix : €€

16 avenue de la Bourgade – ☏ 04 88 41 74 98 – www.restaurantlapetiteverriere. com – Fermé mercredi et jeudi, et dimanche soir

FRANCIS MALLMANN AU CHÂTEAU LA COSTE

SPÉCIALITÉS DE VIANDES • RUSTIQUE La philosophie du célèbre chef argentin est ici respectée à la lettre : entrecôte fumée lentement au bout de son fil, pomme de terre écrasée et chimichurri ; agneau à la flamme dans notre dôme, aubergine, poivrons au feu... à déguster dans un cadre étonnant, évoquant les haciendas argentines.

🖨 ⅏ 🅰🅲 🍽 🅿 – Prix : €€€€

2750 route de la Cride – ☏ 04 42 91 37 37 – www.chateau-la-coste.com/fr/ restaurants/restaurant-argentin-francis-mallmann.html – Fermé le soir

990

LE PUY-SAINTE-RÉPARADE

LE TEMPS SUSPENDU - CHÂTEAU DE FONSCOLOMBE

CUISINE MODERNE • **ÉLÉGANT** Dans une extension moderne du château, Le Temps Suspendu dévoile un décor sobre et chic, avec une belle charpente apparente et des baies vitrées donnant sur la terrasse et le parc. La cuisine, élégante et bien tournée, fait de jolis clins d'œil à la Méditerranée.

&. 🅰🍴 🅿 – Prix : €€€

Route de Saint-Canadet – ☎ 04 42 21 13 13 – www.fonscolombe.com/fr/ le-temps-suspendu.html

CHÂTEAU DE FONSCOLOMBE   *Plus*

CLASSIQUE • **CHAMPÊTRE** Ce château du 18e s., ancienne propriété des marquis de Saporta et Fonscolombe, offre désormais tout le confort et le luxe qu'on attend d'une telle ascendance. Les chambres provençales (de très bon confort) sont plus classiques et authentiques dans la partie ancienne, mais climatisées dans la récente. Belle piscine de plein air, balades en vélo, pétanque, fitness et beau hammam. Le parc classé, les arbres séculaires et la jolie chapelle inspirent la sérénité.

🅰🅿 ⌇🌊 🍴 🚲 ⚓ ⛴ ⯐🍷 ♨ ⯑ 🍽 - 50 chambres

Route de Saint-Canadet – ☎ 04 42 21 13 13

❄ **La Table de l'Orangerie - Château de Fonscolombe** • **Le Temps Suspendu - Château de Fonscolombe** - Voir la sélection des restaurants

VILLA LA COSTE   *Plus*

MODERNE • **RAFFINÉ** Frank Gehry, Oscar Niemeyer et Tadao Ando, pour l'architecture, Tracey Emin, Hiroshi Sugimoto, Louise Bourgeois, Richard Serra et Ai Weiwei pour les œuvres... Cet hôtel atypique, situé au cœur des vignes de Château La Coste, a des allures de musée d'art contemporain : les suites (certaines avec piscine privative) offrent une vue exceptionnelle sur le Luberon. La terrasse accueille une belle piscine entourée de pins. Spa de 750 m² avec parcours thermal. Vous ne trouverez aucun établissement comparable, ni en Provence ni ailleurs.

🅰🅿 ⌇🌊 🍴 ⚓ 🚲 ⛴ ♨ 🍽 - 28 chambres

2750 route de la Cride – ☎ 04 42 50 50 00

❄ **Hélène Darroze à Villa La Coste** • **Francis Mallmann au Château La Coste** - Voir la sélection des restaurants

PUYLAROQUE

✉ 82240 – Tarn-et-Garonne – Carte régionale n° **26**–C1

CAUSSES TOUJOURS 🆕

CUISINE TRADITIONNELLE • **CONVIVIAL** À l'entrée de la bastide de Puylaroque – perchée sur les hauteurs du Quercy Caussadais – ce petit restaurant est tenu par un duo tout-terrain de la restauration, fraîchement débarqué d'Alsace, qui a troqué les vignobles de l'Est contre les reliefs du Sud-Ouest. Dans l'assiette, pas de coups d'épée dans l'eau : ici, on propose une cuisine honnête et sérieuse, entre tradition et produits frais comme ce vol-au-vent de champignons de saison et une sauce poulette au vin jaune. Ambiance conviviale garantie.

&. 🅰🍴 – Prix : €€

2 place de la Libération – ☎ 05 63 02 82 25 – www.caussestoujours.fr – Fermé lundi et mardi

PUYLAURENS

✉ 81700 – Tarn – Carte régionale n° **27**–A2

CAP DE CASTEL

CUISINE MODERNE • COSY Sur la charmante terrasse, toisant les Pyrénées lointaines et la Montagne noire toute proche, on déguste une cuisine moderne mâtinée de tradition qui met joliment en valeur le terroir, à l'image du veau élevé à Puylaurens, sa noix snackée et cuite rosée, servie avec un wellington de légumes et un jus de veau au café. De très jolies chambres permettent de prolonger cet agréable moment.

🏚 ⅓ 🏡 – Prix : €€

36 rue Cap-de-Castel – ☏ 05 63 70 21 76 – www.capdecastel.com –
Fermé dimanche et du lundi au samedi à midi

CAP DE CASTEL

ÉPURÉ • ÉLÉGANT Ici, tout est beau dans sa simplicité : l'accueil souriant, le charme d'une maison du pays, les chambres pleines de caractère réparties dans deux demeures historiques (16e et 18e s.)... Sans oublier la petite piscine et sa vue sur la campagne !

🅿 🍽 - 11 chambres

36 rue Cap-de-Castel – ☏ 05 63 70 21 76

Cap de Castel - Voir la sélection des restaurants

PUYLAUSIC

✉ 32220 – Gers – Carte régionale n° **26**–C2

LA MAISON DESPOUÈS

Chef : Julien Razemon

CUISINE MODERNE • ÉLÉGANT L'ancienne maison du chanteur Pierre Vassiliu (« Qui c'est celui-là ? », n°1 au hit-parade en 1973) chante désormais les louanges de la sériole, fricassée de girolles et sabayon au parfum de sous-bois ou des figues et feuilles de figuier, cru, en chutney et en sorbet. Au piano, le chef Julien Razemon, Landais formé notamment par la famille Coussau à Magescq, développe une délicieuse mélodie gastronomique raffinée et épurée, avec, comme panorama pour certaines tables, les collines du Gers et la chaîne des Pyrénées par temps clair. De la technique, de la créativité et une belle sélection de produits pour un excellent rapport qualité-prix : succès assuré !

🏚 ⅓ 🄰🄺 🅿 – Prix : €€€

911 route de Montadet – ☏ 05 42 54 15 76 – www.lamaisondespoues.fr –
Fermé mardi et mercredi

PUYMIROL

✉ 47270 – Lot-et-Garonne – Carte régionale n° **22**–D3

MICHEL TRAMA

Chef : Michel Trama

CUISINE CRÉATIVE • ÉLÉGANT Michel Trama et Puymirol, c'est une longue histoire. Cet ex-champion de plongée et étudiant en Arts décoratifs à Montparnasse doit sa vocation à l'amour... de sa femme Maryse. C'est elle qui l'initie à la gastronomie. Celui qui multipliait les petits boulots se fixe et ouvre un bistrot rue Mouffetard, à Paris, avec la "Cuisine gourmande" de Michel Guérard en guise de référence. Puis en 1979 c'est l'installation dans cette maison du 13e s. à Puymirol, dans le Lot-et-Garonne, un lieu splendide : on s'y installe sous les voûtes médiévales ou sur la plaisante terrasse, dans l'ancien cloître... Place aux agapes, entre tradition et invention, au gré d'une carte immuable qui multiplie les clins d'œil aux grandes heures de la maison.

🏨 ⇔ 🄰🄺 ⊡ – Prix : €€€€

52 rue Royale – ☏ 05 53 95 31 46 – www.aubergade.com – Fermé lundi, mardi midi et dimanche soir

PUYMIROL

L'AUBERGE DE LA POULE D'OR

CUISINE TRADITIONNELLE • BISTRO Au sein de sa maison mère – le fameux restaurant gastronomique de Michel Trama –, cette Poule d'Or a tout d'une auberge chic : vieux murs en pierre, longue table centrale en bois avec ses pieds à têtes de lion, lustres et tableaux de natures mortes... Le fils Trama est à la manœuvre en salle, assurant un service impeccable. Dans l'assiette, du grand classique de bistrot, dans le droit fil de la (belle) tradition française : parmentier de queue de bœuf, tête de veau sauce poulette, gros chou à la crème au caramel... Tout est parfaitement maîtrisé, savoureux et gourmand. Une adresse en or !

Prix : €€

52 rue Royale – ℰ 05 53 95 31 46 – www.aubergade.com – Fermé lundi, mardi midi et dimanche soir

MICHEL TRAMA

BOURGEOIS • RAFFINÉ Drapés de soie, baldaquins, mobilier 19e s., tons cramoisi et pourpre, etc. Au cœur d'un village de la campagne agenaise, ce décor opulent et théâtral est signé Jacques Garcia. Étape luxueuse et onirique entre ces murs superbes des 13e-17e s. !

 - 9 chambres

52 rue Royale – ℰ 05 53 95 31 46

✿ Michel Trama • L'Auberge de la Poule d'Or - Voir la sélection des restaurants

PUYMOYEN

✉ 16400 – Charente – Carte régionale n° **18**-C2

✿ AUMÌ

Chef : Mickael Clautour

CUISINE MODERNE • ÉLÉGANT Haricots verts croquants, crème de citron et maquereaux marinés, un plat condimenté tout en fraîcheur ; savoureuse poêlée de cèpes du Périgord, noisette et jus de volaille ; tendre pièce de bœuf avec ses quelques lamelles de poire ; figue rôtie et charnue, vanille et glace au cognac : uniquement des beaux produits locaux mis en valeur sans effets de style superflus, avec des mariages de saveurs qui en mettent plein les papilles ! Derrière ce petit prodige, il y a le chef Mickael Clautour et sa compagne Laura Legeay, un couple au parcours international qui a restauré le lieu avec un subtil alliage d'ancien et de moderne.

 – Prix : €€€

6 chemin des Rochers – ℰ 05 45 70 76 19 – www.aumirestaurant.com – Fermé lundi, mardi, mercredi midi et dimanche soir

PYLA-SUR-MER - Gironde (33) ➜ Voir Bassin d'Arcachon

QUARRÉ-LES-TOMBES

✉ 89630 – Yonne – Carte régionale n° **12**-B3

LE MORVAN

CUISINE MODERNE • TRADITIONNEL Une vraie ambiance de dimanche à la campagne... et une cuisine traditionnelle soignée, au plus près des saisons. L'été, attablez-vous dans le jardin fleuri et musardez au soleil ! Une bonne étape à l'entrée du Parc naturel régional du Morvan.

– Prix : €€

6 rue des Écoles – ℰ 03 86 32 29 29 – www.le-morvan.fr – Fermé lundi et mardi

QUARRÉ-LES-TOMBES

QUIMPER

✉ 29000 – Finistère – Carte régionale n° **1**–B2

❀ ALLIUM

Chef : Lionel Hénaff

CUISINE CRÉATIVE • CONTEMPORAIN Avec l'aide des internautes (sous la forme d'un financement participatif), Frédérique et Lionel Hénaff ont créé ici le restaurant de leurs rêves. La cuisine inventive du chef, joue une partition privilégiant les produits de première fraîcheur, multiplie à l'envi les ingrédients (herbes, fleurs) et avoue un faible pour les sauces au siphon. On s'attable dans une atmosphère sobre et élégante, ou même au comptoir avec quelques places face à la cuisine ouverte.

&. 🏛 ✿ 🅿 – Prix : €€€

88 boulevard de Créac'h-Gwen – 𝒞 02 98 10 11 48 – www.restaurant-allium.fr/fr – Fermé lundi et dimanche

---

✿ ÉCLOSION

CUISINE MODERNE • CONTEMPORAIN Au cœur de Quimper, une cuisine bistronomique moderne et inventive a éclos dans un cadre coloré et musical sous la houlette de deux jeunes pro qui ont roulé leur bosse. Qu'on en juge : le canard rôti et rosé est escorté de maïs en purée, en grains et en tuile, de quelques groseilles à maquereau, et de feuilles de roquette ; la lotte confite navigue avec courgette, blette et figue, tandis que le dessert marie framboises fraîches, sorbet à la framboise et sponge cake roquette. Des assiettes généreuses et équilibrées et un service souriant.

&. – Prix : €€

3 rue Laennec – 𝒞 07 89 05 18 82 – eclosion-restaurant.fr – Fermé lundi, dimanche et jeudi midi

---

✿ TI-COZ

CUISINE TRADITIONNELLE • COSY Une charmante auberge en pierre, à la fois rustique, élégante et moderne avec cet intérieur digne d'un club anglais. Le chef y prépare une savoureuse cuisine plutôt traditionnelle, qui fait la part belle aux meilleurs produits du terroir breton. Ancien sommelier, il accompagne ses recettes d'une belle carte des vins (500 références).

🐾 &. 🅼 🏛 ✿ 🅿 – Prix : €€

4 Hent-Koz – 𝒞 02 98 94 50 02 – www.restaurantticoz.com – Fermé lundi et mardi, et dimanche soir

---

NOUS RESTAURANT

CUISINE MODERNE • CONTEMPORAIN Façade discrète et petite porte d'entrée vitrée pour ce restaurant situé dans une rue pavée et piétonne du centre-ville, mais aussi une salle lumineuse dont les baies donnent d'un côté sur la rue, de l'autre sur une jolie cour intérieure décorée de grandes jardinières. Le chef insuffle beaucoup de travail dans ses assiettes composées à partir de produits locaux. Un plat comme sa fleur de courgette, soufflée à la farce fine de lieu jaune, vierge de coquillages, crémeux de roquette et beignet aux deux citrons illustre bien sa manière de multiplier, avec goût et maîtrise, les préparations.

Prix : €€€

17 rue Saint-Mathieu – 𝒞 07 63 79 60 00 – www.nousrestaurantquimper.fr – Fermé lundi et dimanche

QUIMPER

SAO

CUISINE CRÉATIVE • CONTEMPORAIN Au bord des quais de l'Odet au centre-ville de Quimper, restaurant créé par Kevin Gourret, un chef précédemment au restaurant Le Goyen à Audierne. Dans un chaleureux cadre contemporain, il propose des recettes originales inspirées par les produits de la région (langoustine, pêche locale, algues, sarrasin, lait ribot) et sous influences asiatiques (yuzu, ponzu, gomasio, sésame, gingembre...).

& – Prix : €€€

1 quai Neuf – ℰ 02 98 55 04 71 – www.sao-kevingourret.com – Fermé dimanche

GINKGO

TRADITIONNEL • CHARME Un établissement plein de charme, installé dans les pierres de l'ancien prieuré de Locmaria, au bord de l'Odet. Cadre historique préservé, vastes chambres décorées avec goût, espace détente et parking... Une étape de choix.

& AC P 🐕 🍽 🛜 – 20 chambres

1 rue du Chanoine Moreau – ℰ 02 30 99 75 35

QUIMPERLÉ

✉ 29300 – Finistère – Carte régionale n° **1**-B2

LA CIGALE ÉGARÉE

CUISINE DU MARCHÉ • RUSTIQUE Une cigale en Bretagne plutôt cachée qu'égarée, dans son décor atypique d'esprit brocante et doté une jolie terrasse verdoyante. Séduisant menu du jour composé au gré du marché, de la pêche du jour et du potager, cultivé par un chef inspiré. Savoureuses recettes sans fard ni tralala (merlu rôti, petits légumes, jus de cuisson), mais rudement bien mitonnées.

🐕 🍽 P – Prix : €€

8 rue d'Athenry - ZA Villeneuve-Braouic – ℰ 02 98 39 15 53 – www.cigaleegaree.com – Fermé lundi, mardi et dimanche

QUINT-FONSEGRIVES

✉ 31130 – Haute-Garonne – Carte régionale n° **26**-C2

 EN PLEINE NATURE

Chef : Sylvain Joffre

CUISINE MODERNE • CONTEMPORAIN Le chef Sylvain Joffre tient promesse : sa cuisine fraîche, subtile et parfumée naît comme « en pleine nature ». Cet authentique cuisinier-jardinier-cueilleur tire en effet le meilleur des légumes et herbes de son potager, ainsi que de produits régionaux scrupuleusement élus. Sincère, son style exclut tout effet de manche : le beau produit est travaillé dans sa vérité, magnifié de jus, de coulis, blasonné de plantes et de fleurs du jardin... tout cela avec le souci constant de contenir les prix. Côté décor, un intérieur sobre, ou une agréable terrasse à l'ombre des parasols. Très engagé dans le respect de la nature, le chef propose une boutique annexe avec viennoiseries, brioches et pains à la farine bio.

🐜 & AC 🍽 – Prix : €€€

6 place de la Mairie – ℰ 05 61 45 42 12 – www.en-pleine-nature.com – Fermé lundi, samedi et dimanche

🌿 **L'engagement du chef :** La cuisine trouve son inspiration dans la nature (le potager du chef, la cueillette...) et dans le travail des producteurs locaux, mis en avant dans le menu surprise. Dans un souci d'exemplarité, et afin de sensibiliser les clients et les collaborateurs aux enjeux environnementaux, on réduit au maximum les produits importés et on instaure progressivement des actions en faveur du développement durable.

QUISSAC

✉ 30260 – Gard – Carte régionale n° **28**–B2

L'ARTYSAN

CUISINE MODERNE • **CONTEMPORAIN** Yohann Boucard a transformé la gare de Quissac en un restaurant très agréable : lignes épurées, ferronneries d'artisans locaux... Dans l'assiette, la prestation se révèle tout aussi emballante, grâce à des produits bien choisis et des associations de saveurs toniques et originales. Service pro et efficace.

AC 🍴 P – Prix : €€

35 plan de la Gare – ℰ 04 66 77 02 45 – www.lartysan.com – Fermé mercredi et jeudi, et dimanche soir

RAMATUELLE

✉ 83350 – Var – Carte régionale n° **24**–C3

✿✿ LA VOILE - LA RÉSERVE RAMATUELLE

CUISINE MODERNE • **ÉLÉGANT** Au sein de cet hôtel exclusif parfaitement intégré à son environnement naturel, ce restaurant couve le talent d'Éric Canino, un chef marqué par sa collaboration avec Michel Guérard. Il s'inspire du maître de la cuisine du bien-être pour composer sa propre partition provençale, avec fruits et légumes, poissons et fruits de mer (plus quelques volailles), relevés d'herbes aromatiques et d'huile d'olive. Sa palette de cuisinier inclut aussi bien un usage moderne des agrumes qu'un travail "classique" sur les sauces et les réductions qui donnent une vraie personnalité à ses assiettes. Son plat de rouget poché à l'eau de mer (cuisson de prédilection du chef) accompagné de sa concassée de tomates aux agrumes, réduction des têtes, en est une démonstration idéale. Au dessert, le pâtissier Julien Coulomb (passé par le Cinq et Plénitude avec Maxime Frédéric) signe une composition autour de la fraise et de la rhubarbe tout en légèreté et subtilité, avec une grande maîtrise technique.

🛋 ⬗ 🍸 ⬙ AC 🍴 🏖 P – Prix : €€€€

Chemin de la Quessine – ℰ 04 94 44 94 44 – www.lareserve-ramatuelle.com – Fermé les midis

BYBLOS BEACH

CUISINE MÉDITERRANÉENNE • **TENDANCE** Sur la plage de Pampelonne, pensée dans une perspective durable, ce bibelot brillant tout de bois sablé et de coton n'est pas réservé aux seules bimbos ! Au programme : de délicieux poissons, des viandes grillées au feu de bois et des pâtes très prisées – à déguster les pieds dans le sable, face à la mer... sous le soleil exactement.

⬗ ⬙ 🍴 P – Prix : €€€

Boulevard Patch – ℰ 04 94 43 15 00 – www.byblos-beach.com

JARDIN TROPEZINA

CUISINE MÉDITERRANÉENNE • **ÉLÉGANT** Intégré en douceur sur la mythique plage de Pampelonne, ce jardin-terrasse méditerranéen, où domine le bois et les plantes, tient ses promesses. Un cadre irrésistible face à la mer, une déco de luxe avec vaisselle de Vallauris et argenterie, un personnel nombreux aux petits soins, un voiturier à l'arrivée et... des soirées animées par un DJ. Conçue par Jean-François Piège, la carte fait la part belle aux plats estivaux et provençaux, mais aussi italiens : courgettes violon du pays sauce tonnato et parmesan ; filet de poisson grillé au barbecue et sabayon acidulé ; glace verveine du jardin.

⬗ ⬙ 🍴 🏖 P – Prix : €€€€

Route de Tahiti – ℰ 04 94 97 36 78 – www.jardin-tropezina.fr – Fermé le soir

RAMATUELLE

LA RÉSERVE À LA PLAGE

CUISINE MÉDITERRANÉENNE • DÉCONTRACTÉ Voici la Réserve Ramatuelle, version plage de Pampelonne, sous les atours charmeurs de ce restaurant de plage, chic et décontracté, et signé... Philippe Starck. Aux fourneaux, le chef normand Nicolas Cantrel séduit une clientèle aux anges avec une cuisine d'esprit riviera, de belles viandes, la pêche du jour et toujours des produits de qualité.

⪜ 🏠 🍴 – Prix : €€€€

Chemin de l'Épi – ☏ 07 85 14 72 90 – www.lareserve-plage.com – Fermé , lundi, mardi, jeudi, vendredi, samedi et dimanche soir

✳✳ **La Voile - La Réserve Ramatuelle • La Réserve à la Plage** - Voir la sélection des restaurants

🛏 LA RÉSERVE RAMATUELLE

CLASSIQUE • RAFFINÉ L'hôtelier Michel Reybier et le designer Jacques Garcia ont créé ici un lieu intemporel où se côtoient des éléments provençaux classiques et des touches résolument modernes inspirées des artistes qui ont « fait » la Côte d'Azur. Le cadre est magnifique, le confort de premier ordre et l'atmosphère discrètement feutrée. Chaque chambre, suite ou villa offre un remarquable sentiment d'intimité. À cela s'ajoute un vaste spa doté d'une piscine intérieure, quatre restaurants et un bar.

🅿 🕹 🍴 - 40 chambres

736 chem. des Crêtes – ☏ 04 94 44 94 44

🛏 VILLA MARIE   *Plus*

BOURGEOIS • RAFFINÉ "Raffinement, luxe et charme réunis sous le même toit en cette villa enchanteresse nichée dans une pinède dominant la baie de Pampelonne. Les chambres, soigneusement décorées dans un esprit de demeure bourgeoise provençale, ont un charme fou ! Ajoutez à cela un spa, véritable centre de soins, une superbe piscine aux reflets céladon creusée dans la roche, et une atmosphère décontractée."

🆎 🏊 🅿 🕹 🛎 ⚒ 🉐 🛁 🍴 - 45 chambres

1100 chemin de Val-de-Rian – ☏ 04 94 97 40 22

RAMBOUILLET

✉ 78120 – Yvelines – Carte régionale n° **11**–B2

L'ORANGERIE DES TROIS ROYS

POISSONS ET FRUITS DE MER • ÉLÉGANT Sculptures et plantes vertes sous la verrière, fauteuils club dans la salle à l'ambiance british, charmante terrasse ombragée... un ravissant cadre pour cette Orangerie où vous serez reçu comme un roi. Ici, poissons et fruits de mer sont à l'honneur : nage de lotte au curry vert et lait de coco, sole meunière à la cuisson parfaite. Pâtisseries signées Chez Francis (artisan rambolitain bien connu).

♿ 🏠 ⛱ – Prix : €€€

4 rue Raymond-Poincaré – ☏ 01 30 88 69 95 – www.lorangeriedestroisroys.fr – Fermé dimanche et samedi midi

RAMONVILLE-SAINT-AGNE

✉ 31520 – Haute-Garonne – Carte régionale n° **26**–C2

LA TABLE DE LAURENT

CUISINE MODERNE • **CONVIVIAL** Laurent Prat travaille de jolis produits (langoustine, lotte, etc.), entre recettes classiques et plus modernes, toujours bien ficelées et aux influences voyageuses : poêlée de gnocchi aux épinards ; gambas marinées à la mexicaine puis snackées ; mérou grillé, roulé d'aubergine au houmous de betterave. Salon de thé l'après-midi avec pâtisseries maison, dans un intérieur boisé et chaleureux.

&. 🅰🕭 – Prix : €€

28 rue Jacques-Prévert – ℰ 05 61 73 61 62 – www.latabledelaurent.com – Fermé samedi et dimanche

RAYOL-CANADEL-SUR-MER

✉ 83820 – Var – Carte régionale n° **29**–B3

LE RELAIS DES MAURES

CUISINE TRADITIONNELLE • **VINTAGE** Cette grande auberge cultive le goût du Sud. Le chef réalise une cuisine pétrie de tradition provençale, calée sur le marché et bien ficelée, pour un excellent rapport plaisir/prix : daurade et aïoli ; loup en persillade, crème de parmesan ; fraises de Solliès au pistou sucré. Quelques chambres pour prolonger le séjour à quelques dizaines de mètres de la plage du Débarquement. Une adresse familiale bien sympathique.

🚪&.🕭 🅿 – Prix : €€

1 avenue Charles-Koecklin – ℰ 04 94 05 61 27 – www.lerelaisdesmaures.fr – Fermé lundi et dimanche soir

🛏 ### LE BAILLI DE SUFFREN

CONTEMPORAIN • **MARITIME** Superbe vue sur les îles d'Hyères depuis ce bel hôtel les pieds dans l'eau, entièrement rénové dans une veine contemporaine méditerranéenne jaune (sable, soleil) et bleu (mer, ciel). Plage privée, balcons et terrasses face aux flots... Ou comment vivre en intimité avec la mer ! Petit espace bien-être, avec salles de soins.

🅰🛥🅿🛋️🕭🚪⌚♨🍽 - 55 chambres

Avenue des Américains – ℰ 04 98 04 47 00

🛏 ### LA VILLA DOUCE

Plus

ÉPURÉ • **ÉLÉGANT** L'enseigne tient sa promesse de vie douce, mais d'un style plutôt moderne : presque nordique dans son minimalisme, décoré de bleus et de gris faisant écho aux paysages méditerranéens. Chambres et suites offrent des vues sur la mer, et leurs intérieurs contemporains sont animés d'œuvres d'art et des textiles aux motifs de faune et de flore. Les chambres standard sont douillettes mais confortables, avec des douches à l'italienne, tandis que les suites s'agrandissent aux dimensions généreuses, et la "Flat Suite" familiale à deux chambres ajoute une baignoire. Sous le bleu du ciel, piscine, solarium et une salle de soins pour le spa. Petit-déjeuner en terrasse face à la mer, bar à cocktails.

🅰🅿🛋️🕭🚪♨⛲🍽 - 31 chambres

8 corniche de Paris – ℰ 04 94 15 30 30

REIGNIER

✉ 74930 – Haute-Savoie – Carte régionale n° **21**–C1

LA TABLE D'ANGÈLE

CUISINE TRADITIONNELLE • BISTRO Ce restaurant avec véranda propose une appétissante cuisine de bistrot dans un cadre contemporain. Au hasard de la carte : ris de veau rôti, poêlée de girolles et lardons, sauce meurette ; entrecôte Angus et frites fraîches des pays de Savoie... Terrasse calme sur l'arrière.

&. 🍴 – Prix : €€

273 Grande-Rue – ☏ 04 50 31 16 16 – www.tabledangele.com – Fermé lundi et dimanche

REIMS

✉ 51100 – Marne –
Carte régionale n° **6**–B2

À la cour du Roi champagne, un aréopage de produits nobles et bons

Des pierres et des bulles ! Parmi les trésors de Reims, il y a cette cathédrale, l'une des plus vastes de France, un joyau à contempler en fin d'après-midi, quand le soleil effleure sa grande rosace et ses milliers de sculptures... Il y a aussi les somptueuses caves des maisons de champagne, qui conservent jalousement leurs flacons au cœur des crayères de la colline Saint-Nicaise. Profondes et labyrinthiques, les caves de Reims jouissent d'une réputation mondiale. Mumm, Taittinger, Veuve Clicquot-Ponsardin, Ruinart : la visite de l'une d'entre elles, au moins, s'impose. Autre visite incontournable : les halles du Boulingrin et leur voûte en béton armé des années 1920 – véritable prouesse architecturale. Au sol des étals fixes en faïence se couvrent de produits frais trois jours par semaine. À vous jambon de Reims, charcuteries des Ardennes et fromages comme le chaource ou le langres !

✿✿✿ ASSIETTE CHAMPENOISE

Chef : Arnaud Lallement

CUISINE CRÉATIVE • LUXE Arnaud Lallement a pour ainsi dire grandi à L'Assiette Champenoise, créée à l'origine par ses parents. Aujourd'hui aux manettes, il montre qu'il a été à bonne école (Vergé, Guérard, Chapel) et mitonne une cuisine de haute volée, classique et généreuse, surtout très gourmande, où pointent aussi ses origines bretonnes (du côté de sa mère). Omniprésent en salle, pédagogue et truculent, l'"aubergiste" Lallement régale en toute simplicité. Assiettes lisibles et rehaussées de sauces mémorables, beaux produits traités avec amour comme ce homard bleu "hommage à mon papa" ou ce pigeonneau fermier d'Onjon. Une partition synonyme de plaisir.

🍽 ⇔ 🛏 ⚙ AC 🅿 – Prix : €€€€

Hors plan – 40 avenue Paul-Vaillant-Couturier, à Tinqueux – ✆ 03 26 84 64 64 – www.assiettechampenoise.com – Fermé mardi et mercredi

✿✿ LE PARC LES CRAYÈRES

CUISINE MODERNE • LUXE L'ancien hôtel particulier de Louise Pommery, entouré de son superbe parc, est un petit château du début du 20e siècle dont le décorateur Pierre-Yves Rochon a su magnifier l'élégance classique. Le chef Christophe Moret, qui a fréquenté avec profit les plus grands (Alain Ducasse, Bruno Cirino, Jacques Maximin...), a d'emblée trouvé une formule alchimique qui convient parfaitement à cette belle maison. En partant de produits nobles et d'excellente

REIMS

qualité, il calligraphie des assiettes raffinées et lisibles où la générosité le dispute à la gourmandise, à l'image du turbot doré, kacha, plantes marines, encornets snackés, lait ribot infusé d'osciètre. Les desserts de Rosalie Boucher jouent avec intelligence la carte de la légèreté, à l'image de son assiette autour de la fraise. Ces pépites figurent dans les divers menus mais aussi, plaisir de plus en plus rare, à la carte. Le livre de cave comporte près de 900 références de champagnes. Superbes chambres et suites.

🕸 ⇔ 🖨 AC ⇄ 🅿️ 🅿️ – Prix : €€€€

Hors plan – *64 boulevard Henry-Vasnier* – 🕾 *03 26 24 90 00* – *www.lescrayeres. com/fr/restaurant-le-parc.html* – *Fermé lundi et mardi*

✿✿ RACINE

Chef : Kazuyuki Tanaka

CUISINE CRÉATIVE • ÉPURÉ Au cœur de Reims, il se passe assurément quelque chose dans ce petit restaurant au ravissant cadre contemporain épuré dont les baies vitrées donnent sur un charmant jardin japonais. Un cadre en parfaite harmonie avec la cuisine de Kazuyuki Tanaka, chef japonais. Il cisèle d'élégantes recettes créatives aux saveurs et influences multiples, et utilise avec malice herbes aromatiques, légumes, plantes, condiments... On se laisse surprendre par chaque assiette, tant par la qualité exceptionnelle des ingrédients (à l'image de la langoustine ou du homard) que par leur maîtrise technique et leur esthétique. Très belle carte des vins, avec notamment 250 références de champagnes.

🕸 🕭 AC – Prix : €€€€

Plan : B2-3 – *6 place Godinot* – 🕾 *03 26 35 16 95* – *www.racine.re* – *Fermé mardi, mercredi, et lundi et jeudi à midi*

✿ ARBANE 🅝

Chef : Philippe Mille

CUISINE CRÉATIVE • CHIC Après de nombreuses années passées au Parc Les Crayères, le chef MOF Philippe Mille s'est installé dans un élégant hôtel particulier de 1874 à fière allure. Dans un cadre contemporain aux tons sobres, émaillé de touches qui évoquent le vignoble champenois, le chef d'origine sarthoise peaufine depuis sa cuisine ouverte sa vision « enracinée » du terroir de Champagne. Il pratique des cuissons aux sarments de vigne, s'inspire des sept cépages (dont l'arbane), et intègre aussi quelques beaux produits de la mer (lotte, turbot, homard...). Carte de champagnes évidemment digne d'attention, et salon cossu à l'étage, embelli par la sculpture d'un célèbre maître verrier rémois.

🕸 🕭 ⇄ 🅿️ 🅿️ – Prix : €€€€

Plan : A1-6 – *7 rue Noël* – 🕾 *03 26 89 60 70* – *www.arbane-philippe-mille.com* – *Fermé mercredi, jeudi et dimanche*

✿ LE MILLÉNAIRE

CUISINE MODERNE • ÉLÉGANT Non loin de la place Royale et de la cathédrale, cette table au décor contemporain rénové est bien connue des Rémois. Elle offre un terrain de jeu gourmand pour deux épicuriens expérimentés, Benjamin Andreux – en cuisine – et Delphin Cornaille qui anime la salle avec rythme et brio. Le chef nous fait découvrir son ambitieuse vision de la gastronomie, et notamment une certaine prédilection pour les produits de la mer. La licence créative est toujours soigneusement dosée pour offrir des préparations originales et maîtrisées, dans le respect des saisons.

🕸 🕭 AC ⇄ – Prix : €€€€

Plan : B2-5 – *4-6 rue Bertin* – 🕾 *03 26 08 26 62* – *www.lemillenaire.com* – *Fermé lundi et dimanche*

1001

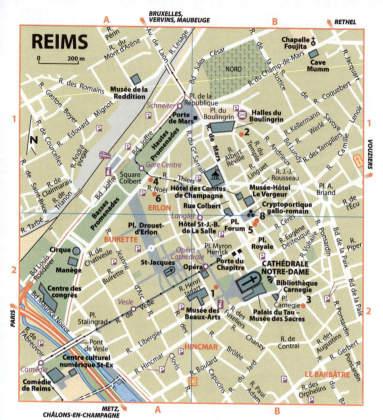

LE JARDIN LES CRAYÈRES

CUISINE TRADITIONNELLE • CONTEMPORAIN La "petite adresse" du Domaine Les Crayères est située dans une dépendance du parc : une brasserie chic, très contemporaine, avec sa jolie véranda et sa terrasse. On y apprécie une savoureuse cuisine de saison réalisée avec de beaux produits.

🍴 🛏 ♿ AC 🌳 🅿 – Prix : €€

Hors plan – *7 avenue du Général-Giraud* – ✆ *03 26 24 90 90* – *www.lescrayeres.com*

LE CRYPTO

CUISINE MODERNE • BISTRO En face du célèbre cryptoportique de Reims (une galerie souterraine datant de l'époque romaine), ce bistrot est tenu par Frédéric Dupont, un chef au parcours éloquent. Cuisine de saison goûteuse et généreuse, solide carte des vins notamment en champagnes, service attentionné : une belle adresse qui fait souvent salle comble.

🍴 ♿ AC – Prix : €€

Plan : B2-8 – *14 place du Forum* – ✆ *03 26 25 27 81* – *www.restaurantlecrypto.eatbu.com* – *Fermé lundi et dimanche*

REIMS

L'EXTRA

CUISINE MODERNE • CONTEMPORAIN En face des halles du Boulingrin (classées monument historique), ce restaurant est abrité au sein d'un bâtiment des années 1920 aux influences Art déco. Joli projet : la majeure partie de l'équipe, en salle comme en cuisine, est constituée de personnes présentant un handicap mental. En cuisine, l'encadrement est assuré par un binôme expérimenté constitué du chef Philippe Joly (ex-second du Foch) et du pâtissier Francois-Xavier Cormarie. Dans un cadre épuré et contemporain, on pioche dans une carte actuelle bien tournée : espuma d'asperge sur tartelette de jambon de Reims ; aile de raie, risotto d'épeautre et jus d'orties au beurre noisette ; pavlova et tartare de fraise, sorbet fruits rouges. Belle sélection de vins de Champagne.

🔥 🅰️ – Prix : €€

Plan : B1-2 – *23 ter rue du Temple* – *☏ 07 66 08 24 92* – *www.lextra-reims.fr* – *Fermé lundi et dimanche, et mardi et mercredi soir*

LE FOCH

CUISINE MODERNE • CLASSIQUE Dans cette maison installée au bord des fameuses Promenades, le chef Jacky Louazé attire à lui une clientèle fidèle, qui vient retrouver avec plaisir une carte où les produits de qualité sont rois, notamment les poissons et crustacés : homard bleu, céréales aux épices, agrumes ; bar entier cuit en croûte d'argile de Vallauris ; turbot au beurre demi-sel, pommes de terre de Noirmoutier

🕸️ 🅰️ – Prix : €€€

Plan : A1-4 – *37 boulevard Foch* – *☏ 03 26 47 48 22* – *www.lefoch.com* – *Fermé lundi, dimanche et samedi midi*

LA GRANDE GEORGETTE

CUISINE MODERNE • CONTEMPORAIN La Grande Georgette ? L'échelle des pompiers, baptisée du prénom de la femme du capitaine ! Dans ce bâtiment de style industriel 1900, l'ancienne caserne Chanzy, le chef Julien Raphanel déroule une carte actuelle de bon aloi : cabillaud de ligne, raisins de mer et coquillages ivres de champagne ; ris de veau braisé, girolles au vin jaune ; chocolat Macaé en jeu de textures. Depuis la terrasse avec vue imprenable, on ne se lasse pas d'admirer la façade de la cathédrale Notre-Dame. Pour profiter d'une cuisine bistronomique généreuse et abordable, poussez la porte du Little Georgette attenant.

🕸️ 🔥 🅰️ 🍴 – Prix : €€€

Plan : B2-1 – *18 rue Tronsson-Ducoudray* – *☏ 03 26 83 18 18* – *www. lacasernechanzy.com*

ASSIETTE CHAMPENOISE   *Plus*

ÉPURÉ • ÉLÉGANT À Assiette incontournable, chambre remarquable. De l'extérieur, l'imposante demeure reste sagement rémoise ; à l'intérieur, les aménagements sont modernes, épurés, tout en formes géométriques et palette sombre. Au rez-de-chaussée, plusieurs salons dotés de cheminées et d'œuvres d'art, ainsi qu'une magnifique piscine intérieure ouvrant sur la verdure environnante. Les chambres et les suites sont simples, avec des murs colorés, un mobilier design. Les suites disposent d'un balcon et d'un jacuzzi, et la plus grande possède son propre hammam et son jardin privé. Buffet du petit déjeuner avec vue sur les jardins.

🔥 🅰️ 🅿️ ☁️ 🌙 🛁 🍴 – 33 chambres

40 avenue Paul Vaillant-Couturier – *☏ 03 26 84 64 64*

❀❀❀ **Assiette Champenoise** - Voir la sélection des restaurants

REIMS

LA CASERNE CHANZY

MODERNE • ÉLÉGANT "Une caserne, cet édifice Art déco au teint blond ? Oui, mais occupée désormais par le seul hôtel de luxe de la ville. La plupart de ses chambres et suites donnent sur la majestueuse cathédrale Notre-Dame (14e s.). À l'intérieur, en revanche, elles sont purement contemporaines, avec leur nuancier champagne, leurs matières nobles et leurs équipements ultramodernes. Dans les étages supérieurs, les suites sont remarquables pour leur vue, mais aussi pour leur taille généreuse. L'hôtel dispose d'un spa et d'un centre de fitness tout équipé."

- 89 chambres

18 rue Tronsson Ducoudray – ☏ 03 26 83 18 18

La Grande Georgette - Voir la sélection des restaurants

DOMAINE LES CRAYÈRES

BOURGEOIS • RAFFINÉ Dans un grand parc, un décor pétillant comme... du champagne. Faut-il préciser que cette superbe demeure est entourée des caves les plus renommées ? Un vrai symbole du luxe à la française que cet établissement, tout en raffinement : tentures épaisses, mobilier bourgeois, pour un séjour sous le signe de l'élégance.

- 20 chambres

64 boulevard Henry Vasnier – ☏ 03 26 24 90 00

✿✿ **Le Parc Les Crayères** • ✿ **Le Jardin Les Crayères** - Voir la sélection des restaurants

1004

RÉMALARD-EN-PERCHE

✉ 61110 – Orne – Carte régionale n° **2**-D3

D'UNE ÎLE

CUISINE DU TERROIR • MAISON DE CAMPAGNE L'annexe campagnarde de Septime. On y réalise une cuisine durable, saisonnière et rustique ancrée dans son environnement, ne se nourrissant que des produits de qualité des marchés environnants (Sarthe ou Normandie) - et dans une moindre mesure, de la récolte du potager de la ferme. Côté salle, un lieu rustique chic, décoré avec goût. Dans le même esprit, quelques chambres invitent à s'attarder sur cette colline boisée du Perche, avec arbres fruitiers, ruches ainsi qu'un sauna donnant sur la nature. Une démarche culinaire et humaine très louable.

🛏🛋 – Prix : €€

Domaine de l'Aunay, lieu-dit l'Aunay – 𝄞 02 33 83 01 47 – www.duneile.com – Fermé du lundi au mercredi et du jeudi au dimanche à midi

REMIREMONT

✉ 88200 – Vosges – Carte régionale n° **7**-C3

LE CLOS HEURTEBISE

CUISINE MODERNE • ÉLÉGANT À l'écart de l'agitation, cette maison bourgeoise tenue par un couple sympathique propose une cuisine dans l'air du temps – ainsi cet omble chevalier mariné aux agrumes et sa mousse de petits pois, ou cette pavlova aux fraises gariguette. La terrasse d'été offre une jolie vue sur les ballons des Vosges.

🛏🛋♿🅿 – Prix : €€

13 chemin des Capucins – 𝄞 03 29 62 08 04 – www.leclosheurtebise.fr – Fermé lundi et mercredi, et dimanche soir

RENAISON

✉ 42370 – Loire – Carte régionale n° **20**-C1

LE RESTAURANT 1451

CUISINE MODERNE • CONTEMPORAIN Au centre de cette petite bourgade non loin de Roanne, la devanture bleu nuit de cette belle bâtisse en pierre semble bien engageante de prime abord. Cela se confirme par l'atmosphère moderne et élégante du lieu : la charmante terrasse dans la cour est idéale aux beaux jours. Le chef Jérémie Louis réalise une cuisine moderne et fraîche, où les légumes ont le beau rôle et les assiettes sont dressées au cordeau. Mention spéciale pour le magnifique chariot de fromages. En salle, Océane, la compagne du chef, assure un service tout sourire. Une maison familiale qui donne envie de revenir !

♿🅰🛋 – Prix : €€€

15 rue Robert-Barathon – 𝄞 04 77 64 25 34 – www.restaurant1451.fr – Fermé mardi et mercredi

RENESCURE

✉ 59173 – Nord – Carte régionale n° **4**-B2

LA TABLE DE ROMAIN

CUISINE TRADITIONNELLE • CONVIVIAL Située au cœur du bourg, cette maison de village, typique de l'architecture locale est le quartier-général d'un chef qui propose un menu à tarif imbattable en semaine, et plus élaboré en fin de semaine - quelques produits nobles y pointent le bout de leur nez. Recettes et produits changent régulièrement... Le tout dans un intérieur chic et convivial.

🛋♿ – Prix : €

1 rue Gaston-Robbe – 𝄞 09 67 35 23 60 – www.tablederomain.kazeo.com – Fermé lundi, samedi midi, et mardi, mercredi, jeudi et dimanche soir

RENNES

✉ 35200 – Ille-et-Vilaine – Carte régionale n° **9**-B1

Une métropole du goût en pleine ascension

La capitale de la région Bretagne n'a pas encore l'image gastronomique d'une ville comme Bordeaux ou Toulouse. Pourtant, entre mer et campagne, la ville des Transmusicales est en train de devenir un rendez-vous de "foodies" ! Elle le doit beaucoup à l'emblématique marché des Lices dont les premières traces remontent à 1622. Chaque samedi, quelque 300 producteurs et marchands accueillent 10 000 visiteurs dans deux halles historiques. La proximité de la mer est une bénédiction pour les amateurs d'huîtres, qui trouveront de nombreux ostréiculteurs de Cancale et du Morbihan, ainsi que des coquilles Saint-Jacques en direct de la baie de St-Brieuc. Volailles, légumes, fruits ou encore cidres méritent aussi le détour. Évidemment, on ne quitte pas le marché sans avoir croqué dans une galette-saucisse, une tradition du pays.

❀ **HOLEN**

Chef : Tugdual Debéthune

CUISINE CRÉATIVE • COSY "La saisonnalité dans l'assiette" : tel est le credo de ce chef talentueux, au parcours étincelant (Auberge de l'Ill, Michel Bras, Emile Jung). Ses recettes, aux influences bretonnes, confirment son attachement aux meilleurs produits : légumes de petits producteurs locaux cultivés en permaculture, poissons issus de petits chaluts côtiers et non de pêche intensive (ce qui lui vaut d'être labélisé Greenfood). Holen possède également son potager et réalise son compost. Dans l'assiette, une cuisine éthique et goûteuse, finement réalisée, autour de menus surprises. À déguster dans un cadre de bistrot relooké aux matières naturelles. Un petit bonheur.
♿ 🍴 – Prix : €€€

Plan : B2-2 – *2 rue des Carmes* – ☏ 02 99 79 28 95 – www.restaurant-holen.fr – *Fermé lundi et dimanche*

❀**L'engagement du chef :** Notre cuisine créative est inspirée par les produits de saison. Nous n'avons pas de stock pour éviter la péremption des denrées, nous faisons le marché trois fois par semaine. Maraîcher bio, pêche de petits bateaux, herbes aromatiques de mon jardin, compostage des déchets.

❀ **IMA**

Chef : Julien Lemarié

CUISINE CRÉATIVE • CONTEMPORAIN "La cuisine a toujours été pour moi un moyen de voyager", explique le chef Julien Lemarié, qui a promené ses couteaux de Londres à Tokyo, en passant par Singapour. Le nom de son restaurant, IMA, signifie "maintenant" en japonais. Une cuisine d'instinct et de technicien talentueux autour de menus dégustation surfant avec subtilité entre influences régionales et

RENNES

asiatiques. Le chef transcende chacun des plats à coups de bouillons, d'infusions, d'épices, de plantes aromatiques et d'algues. Ceux qui veulent vivre l'expérience à la japonaise s'installeront au comptoir. C'est désormais à vous de voyager !

🍽 – Prix : €€€€

Plan : A3-3 – *20 boulevard de la Tour-d'Auvergne* – ☏ *02 23 47 82 74* – *www. ima.restaurant* – *Fermé lundi, mardi et dimanche*

🍀**L'engagement du chef :** Nos produits - œufs, beurre, crème, poissons, viande, légumes, herbes sauvages, algues pêchées à pied, tofu, miso - sont issus des circuits courts. Nous faisons également des commandes groupées avec plusieurs restaurants rennais, notamment pour les agrumes, certains poissons et bêtes sur pied. Nous réduisons le volume des déchets d'origine animale et végétale avec un déshydrateur-compacteur. Le substrat qui en est issu est donné à un producteur de légumes.

RACINES

Cheffe : Virginie Giboire

CUISINE MODERNE • ÉLÉGANT Quand une cheffe rennaise pleine de talent, Virginie Giboire, flatte ses "Racines", cela donne une plaisante cuisine dans l'air du temps aux assiettes élégantes. Forte d'un CV en or massif (dont on retiendra seulement ses postes aux côtés de Guy Martin et de Thierry Marx qui, dit-elle "lui a tout appris"), elle compose une cuisine intelligente et limpide, qui tombe toujours juste, organisée autour d'une carte courte. Jeux de textures intéressants, subtilité des associations de saveurs, et toujours ces beaux produits, venus des nombreux petits producteurs bretons. Le tout dans un joli cadre moderne et lumineux.

♿ 🅰🅾 🍽 – Prix : €€€

Plan : A3-1 – *4 passage Antoinette-Caillot* – ☏ *02 99 65 64 21* – *www.racines-restaurant.fr* – *Fermé lundi, dimanche et samedi midi*

BOMBANCE 🆕

CUISINE MODERNE • BISTRO Faire bombance : manger, boire, faire la fête ! Autant de promesses tenues entre les murs de pierre de ce bistrot avec cuisine ouverte et quelques places au comptoir. À partir de 17h, on y grignote des assiettes à partager qu'on arrose d'un cru en biodynamie ou nature choisi dans la jolie carte des vins. Puis, dès 19h, on pioche dans un menu carte avec choix : pak-choï rôti, sabayon paprika et noisette torréfiée ; aile de raie, beurre d'agrumes, crème de céleri, topinambour fumé, marrons et jus de langoustine. Chaque assiette contient son lot de produits frais, très bien cuits et assaisonnés avec peps et doigté.

Prix : €€

Plan : A2-4 – *23 rue de la Chalotais* – ☏ *07 78 52 39 94* – *www.bombance-restaurant.fr* – *Fermé samedi, dimanche et du lundi au mercredi à midi*

BREIZH CAFÉ RENNES 🆕

CUISINE BRETONNE • CONTEMPORAIN Pourquoi changer une recette qui marche ? Bertrand Larcher, l'homme qui a révélé la crêpe bretonne au Pays du Soleil Levant, a posé ses billigs à Rennes à deux pas du marché des Lices. Cette adresse-là s'est installée dans un espace moderne d'esprit indus avec cuisine ouverte. Les ingrédients de la réussite sont toujours les mêmes : des produits de qualité, bio pour la plupart (froment cultivé en Bretagne et moulu à la pierre, farine de sarrasin moulue à Vitré, œufs biologiques, charcuteries basques de Pierre Oteiza). À côté des galettes classiques, il y a des versions plus originales, certaines avec une touche japonaise comme cette crêpe Kinako avec sucre noir d'Okinawa et glace matcha. Petite carte de grignotages et d'huîtres.

♿ 🍴 – Prix : €€

Plan : A2-8 – *1 place de la Trinité* – ☏ *09 55 88 10 02* – *www.breizhcafe.com/rennes*

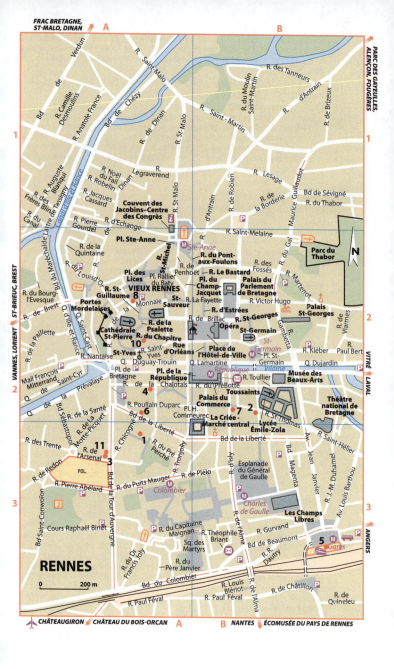

ESTIME ⓝ

CUISINE MODERNE • COSY Éclose dans une petite rue piétonne du centre-ville, cette adresse est l'œuvre de Maxime (en cuisine) et Estelle Besnier (en salle), frère et sœur. Dans un décor plaisant et coloré (poutres blanches, murs à la chaux, miroirs, cheminée en pierre et brique, parquet ancien), ce chef à la main sûre mitonne avec précision, générosité et gourmandise : sot-l'y-laisse de volaille et crème de champignons ; merlu, pommes de terre, chorizo et salicorne ; coco, kiwi et oseille. Excellent rapport qualité-prix du menu déjeuner. Un concentré de bonheur.
Prix : €€
Plan : A2-10 – *15 rue du Chapitre –* ℘ *02 22 66 90 42 – www.estime-restaurant. com – Fermé lundi et dimanche*

FEZI

CUISINE MODERNE • BISTRO Oh le gentil bistrot de quartier à prix doux, comme il en faudrait à chaque coin de rue, avec autant d'animation que de décontraction ! Fezi signifie "fait maison" en "gallo". Cédric Bruneau, le jeune chef patron, prépare en effet une bonne cuisine du marché sans fioriture, privilégiant les produits de la région ; le jour de notre repas : carpaccio de vieille, betterave, crème fumée et main de bouddha ; aile de raie, écrasé de courge et crème de moules ; curd citron, shortbread, meringue vapeur et citron noir. Vin nature ou en biodynamie.
Prix : €€
Hors plan – *42 avenue du Sergent-Maginot –* ℘ *02 99 36 69 51 – www.fezi-restaurant.fr – Fermé lundi, dimanche, samedi midi et mardi soir*

LA PETITE OURSE

CUISINE DU MARCHÉ • CONTEMPORAIN Dans le petit chariot de Charlotte, en salle, et Germain, en cuisine, se trouvent de bons produits régionaux, principalement bio et à prix doux. Sans négliger les volailles ou les poissons, la carte met néanmoins l'accent sur le végétal : asperges blanches, praliné de graines de tournesol et citron confit ; œuf vapeur, crème de sarrasin, jus de légumes rôtis et côtes de blettes ; cake fenouil vanille, crème citron et zestes d'orange confite. La réservation s'impose car les Rennais ont compris que la table était bonne et généreuse !
Prix : €
Plan : A2-6 – *48 boulevard de la Liberté –* ℘ *09 52 84 33 61 – www.restaurantlapetiteourse.com – Fermé samedi et dimanche, et du lundi au vendredi soir*

YOKO

CUISINE JAPONAISE • BISTRO Voici l'annexe de la table étoilée et japonisante du chef Julien Lemarié (IMA). Dans une ambiance décontractée, on profite le midi d'une variété de donburi, plat à base de riz dont la garniture varie au gré de la saison ou de l'inspiration. Le soir, des recettes françaises savamment revisitées à la sauce japonaise, comme ces poireaux vinaigrette au miso et katsuobushi. Le tout servi avec le sourire !
Prix : €
Plan : A3-11 – *20 boulevard de la Tour-d'Auvergne –* ℘ *02 99 52 03 46 – www.yoko-restaurant.com – Fermé lundi, mardi et dimanche*

LE PARIS-BREST BY CHRISTIAN LE SQUER

CUISINE MODERNE • CONTEMPORAIN Christian Le Squer réinvente le buffet de gare en revisitant avec malice la cuisine traditionnelle bretonne. Alliance du design, de la bistronomie et d'une carte des vins élaborée par Eric Beaumard : une sympathique escale.
& 🅼 ⌕ – Prix : €€
Plan : B3-5 – *Gare de Rennes –* ℘ *02 99 53 59 89 – www.parisbrest.bzh*

1009

RENNES

PÉNATES Ⓝ

CUISINE MODERNE • CONVIVIAL Dans l'Antiquité romaine, les Pénates étaient des divinités protectrices du foyer et de la famille. Voici un nom bien choisi pour cette adresse ouverte du petit-déjeuner au dîner ! Déjeuner à la carte (maquereau fumé et séché maison, shiitakés snackés, jus de champignon et garum de veau ; ravioles de courge au chèvre et graines de courge...), assiettes à partager le soir. Dans un décor de mosaïques classées, avec comptoir et cuisine ouverte, ne sont servis ici que des produits bio et locaux, soutenus par un engagement à défendre la scène culinaire locale et le respect des personnes.
Prix : €€

Hors plan – *17 rue Paul-Bert* – ☏ *02 99 36 97 55* – *www.penates-restaurant.fr* – *Fermé lundi et dimanche*

POF

CUISINE CRÉATIVE • CONTEMPORAIN Le midi, menu du jour annoncé à l'ardoise ; au dîner, petite carte de « ty plats » à partager aux noms évocateurs et ludiques ("c'est de la boulette" ; "l'œuf de la mort qui tue" ; "ton tataki" ; "galette du coin-coin") : les associés, qui ont bourlingué sur la planète, aiment la convivialité, le métissage (crème de chou-fleur au curry breton, crumble de wakame ; croustillant de quinoa, jus réduit à la mexicaine ; poire pochée myrte et badiane, mousse mascarpone au thé matcha) et la cuisine du marché au goût du jour.
Prix : €

Hors plan – *35 boulevard Georges-Clemenceau* – ☏ *02 99 77 88 88* – *www.pof-resto.fr* – *Fermé samedi et dimanche, et du lundi au mercredi soir*

LA TABLE DU BALTHAZAR

CUISINE MODERNE • CONTEMPORAIN Un repas dans un esprit brasserie chic et contemporain, réalisé avec savoir-faire par Benjamin Jourdren, ancien second passé chef en 2020. Dans le cadre du restaurant de cet hôtel – sans doute le plus élégant de Rennes – la cuisine met à l'honneur le terroir breton avec des produits de qualité, principalement locaux. Les plats sont twistés tel ce beurre travaillé au sarrasin qui accompagne le pain blanc au pavot, les Saint-Jacques snackées et travaillées au lait ribot, les ravioles de chou frisé au citron cédrat, ou bien la quenelle de crème au parfum de foin qui accompagne la pomme. La mise en place est de qualité, la vaisselle fine et le regard se pose souvent sur le patio extérieur qui se découvre grâce à une belle verrière.
♿ 🅰️🄲 🍽️ – Prix : €€€

Plan : B2-7 – *28 rue Vasselot* – ☏ *02 99 32 76 14* – *www.hotel-balthazar.com* – *Fermé dimanche et du lundi au samedi à midi*

🛏️

BALTHAZAR

MODERNE • CHALEUREUX Depuis 2014, l'établissement s'est imposé comme le meilleur de la ville : derrière une belle façade classique, peinte de gris perle, les aménagements allient lignes élégantes et larges volumes, matières naturelles et ambiance feutrée, services de qualité et agréable spa... Un ensemble contemporain qui fait référence.
🅰️🄲 🐕 🅿️ 🛎️ 🍷 🚪 🏋️ 🌐 🧖 👶 🍽️ - 56 chambres

19 rue du Marechal Joffre – ☏ *02 99 32 32 32*

La Table du Balthazar - Voir la sélection des restaurants

🛏️

MAMA SHELTER RENNES

MODERNE • CONVIVIAL Assez sage au-dehors, ce vaisseau-amiral de la chaîne française devient plus turbulent et postmoderne une fois la porte franchie. L'ambiance est conviviale, du restaurant au bar, de la terrasse aux salles de karaoké. Les chambres sont bien agencées, décorées de façon ludique et parfaitement équipées. Un spa, une piscine intérieure et une salle de sport sont à votre disposition.
🅰️🄲 🚪 🌐 👶 🍽️ - 119 chambres

3 Pl. de la Trinité – ☏ *02 57 67 70 00*

RENNES

MARNIE & MISTER H
CLASSIQUE • CHARME Le centre historique de Rennes cache un îlot à l'accent british dans une jolie maison de ville du 16e s. ornée de colombages. Au-delà de son nom choisi en référence à Alfred Hitchcock, l'esprit britannique des lieux est bien lisible : canapé Chesterfield, tapisseries fleuries, tissus écossais, tea time... mais dosé avec justesse, se glissant avec élégance dans un décor contemporain agrémenté d'objets vintage. Les cinq chambres pastel sont baignées de lumière, et la plus grande dispose d'une cuisine équipée et d'un coin salon. La terrasse ombragée est un délice.
🅿 ❄ - 5 chambres
3 rue du Chapître – ✆ *06 50 37 47 69*

LE SAINT-ANTOINE
MODERNE • ÉLÉGANT Une grande façade de verre sur une avenue passante entre gare et centre-ville, pour cet hôtel récent. Le décor des chambres joue la sobriété et la modernité. Au sous-sol, le joli spa propose hammam et bassin de nage à contre-courant.
🅰🅲 🅿 ❄ ⛱ 🛏 ♨ 🅾 ≋ 🛁 - 61 chambres
27 avenue Jean Janvier – ✆ *02 23 44 33 33*

REPLONGES
✉ 01750 – Ain – Carte régionale n° **21**-B1

LA HUCHETTE
Chef : Didier Goiffon
CUISINE MODERNE • CONTEMPORAIN Après un long passage à La Marelle, dans les environs de Bourg-en-Bresse, Sandra et Didier Goiffon ont pris leurs quartiers aux portes de Mâcon. L'auberge, datant des années 1950, a été joliment restaurée tout en conservant son cachet historique, et notamment ces fresques de chasse de la maison alsacienne Zuber. Là, le chef propose la cuisine qui lui ressemble : récréative et spontanée, basée sur des produits de choix (maraîchers du val de Saône, par exemple), avec juste ce qu'il faut de créativité. Bref, c'est un plaisir, que l'on peut même prolonger en réservant l'une des confortables chambres.
⛱ 🛏 ♿ 🐕 🅿 – Prix : €€€
1089 route de Bourg – ✆ *03 85 31 03 55 – www.la-huchette.com/fr –
Fermé lundi, mardi, mercredi et jeudi à midi, et dimanche soir*

LE REPOSOIR
✉ 74950 – Haute-Savoie – Carte régionale n° **21**-D1

LA CHARTREUSE
CUISINE MODERNE • TRADITIONNEL Ce bourg situé sur la route des grandes Alpes a longtemps bénéficié de la générosité des moines de l'ordre des Chartreux. Au menu de ce restaurant qui leur rend hommage (et qui change tous les mois), une cuisine moderne bien exécutée, qui accommode avec gourmandise les produits de saison, souvent locaux. En effet, l'incontournable œuf parfait matche bien avec une jolie déclinaison de champignons ; le classique paleron de bœuf est mitonné à la mondeuse et à la gentiane ainsi qu'à la cervelle de canut ; le chou craquelin s'acoquine à un praliné à la noix de Grenoble, une glace à la noisette et un chocolat fondu – efficacité régressive garantie ! Option végétarienne possible. Grande terrasse au cœur du village.
♿ ⛱ – Prix : €€
622 route de Béol – ✆ *04 50 98 17 11 – www.lachartreuse74.fr – Fermé lundi et mardi, et dimanche soir*

RETHONDES

✉ 60153 – Oise – Carte régionale n° **5**-C2

AUBERGE DU PONT DE RETHONDES

CUISINE MODERNE • ÉLÉGANT Sa jolie façade traditionnelle exprime le charme de ce village des bords de l'Aisne. Elle cache une salle moderne et épurée, parfaite pour profiter d'un repas porté par l'imagination du chef et les bons produits de la saison. Terrasse côté jardin.

🛋 & 🛎 ✂ – Prix : €€€

21 rue du Maréchal-Foch – ℰ 03 44 85 60 24 – www.aubergedupont-rethondes.fr – Fermé du lundi au mercredi et dimanche soir

REUGNY

✉ 37380 – Indre-et-Loire

CHÂTEAU LOUISE DE LA VALLIÈRE

GRAND STYLE • ROMANTIQUE Ce domaine du 13e s. a retrouvé toute sa grandeur. L'intérieur est digne d'un musée, des tapisseries aux peintures, et le dîner aux chandelles respecte le protocole du 17e s, servi par un personnel en costumes d'époque. Si chaque suite est unique, toutes sont opulentes, ornées de tentures, meubles en velours, riches boiseries, miroirs dorés, cheminées, lustres et salles de bains en marbre. Certaines occupent les dépendances au milieu de roseraies, de vergers et d'un parc aux arbres bicentenaires. Spa et piscine chauffée, nombreuses activités.

& 🅰🅲 ♨ 🅿 🛋 ◁ 🛎 🚴 ♨ 🛜 🛎 - 20 chambres

Château de La Vallière – ℰ 02 42 06 02 00

REUILLY

✉ 36260 – Indre – Carte régionale n° **15**-D2

LES 3 CÉPAGES

CUISINE MODERNE • CONTEMPORAIN En plein cœur du Berry, au centre du célèbre village viticole de Reuilly, cet ancien hôtel à la façade blanche a trouvé un second souffle sous la houlette d'un couple japonais passionné de cuisine française. On réalise ici une cuisine fine, savoureuse et bien maîtrisée, à partir de produits de belle qualité.

❀ & 🛎 🅿 – Prix : €€

17 rue de la Gare – ℰ 02 54 03 23 13 – www.les-3-cepages.com – Fermé lundi et mardi, et dimanche soir

RÉVEILLON

✉ 61400 – Orne – Carte régionale n° **2**-D3

SAUGE 🆕

CUISINE MODERNE • AUBERGE Au cœur de ce Perche qu'elle affectionne tant, voici le nouveau fief d'Amandine Chaignot : une auberge de village à l'atmosphère chaleureuse, qui a su garder son âme avec ses pierres et poutres apparentes, mais aussi quelques notes plus modernes comme l'acier et le béton brut. On a trouvé la place d'y installer deux restaurants : d'un côté le bistrot, de l'autre la table, qui se veut plus gastronomique. Dans les deux cas, les menus mettent en avant les producteurs, paysans et fournisseurs locaux, et s'inspirent de la nature et de la richesse du terroir.

& ✂ – Prix : €€

9 place de l'Église – ℰ 02 33 83 63 23 – www.sauge-aubergepercheronne.fr – Fermé du lundi au mercredi

REXINGEN

✉ 67320 – Bas-Rhin – Carte régionale n° **8**–A1

LA CHARRUE

CUISINE TRADITIONNELLE • AUBERGE Cet établissement familial (père et fille en cuisine, la mère en salle) propose une cuisine inspirée de jolis produits avec des touches actuelles (foie gras de canard au gewurztraminer et chutney de framboises ; lotte bretonne au curcuma et petits légumes ; tartelette aux mirabelles en cuisson minute, streusel et glace pistache).
Prix : €€
13 rue Principale – ℰ 03 88 01 77 36 – Fermé lundi et mardi, et dimanche soir

REYRIEUX

✉ 01600 – Ain – Carte régionale n° **21**–A1

L'INATTENDU

CUISINE MODERNE • FAMILIAL Changement de cadre radical et "inaTTendu" pour ce restaurant venu de Lyon pour s'installer dans cette jolie maison en pierres blondes, idéalement située en bord de Saône. Le chef y concocte la même cuisine moderne et généreuse, inspirée par la tradition régionale et ponctuée parfois de touches asiatiques. Terrasse bucolique avec vue imprenable sur le fleuve.
⇔ & 🛜 ⇔ 🅿 – Prix : €€
311 chemin de Port-Bernalin – ℰ 04 78 98 30 81 – www.linattendulyon.fr – Fermé lundi et mardi, et mercredi et dimanche soir

LE RHEU

✉ 35650 – Ille-et-Vilaine – Carte régionale n° **9**–B2

LES TOURELLES - CHÂTEAU D'APIGNÉ

CUISINE MODERNE • ROMANTIQUE Restaurant à l'atmosphère romantique niché dans un élégant château néo-Renaissance bâti en 1833 au cœur d'un vaste parc. Dans ses charmants salons on sert une appétissante cuisine d'aujourd'hui valorisant les produits locaux. En été, belle terrasse. Chambres pour prolonger l'expérience.
🛏 & 🛜 ⇔ 🅿 – Prix : €€
Route de Chavagne – ℰ 02 99 14 80 66 – www.chateau-apigne.fr – Fermé lundi, du mardi au samedi à midi, et dimanche soir

RHINAU

✉ 67860 – Bas-Rhin – Carte régionale n° **8**–B2

🟍 **AU VIEUX COUVENT**

Chef : Alexis Albrecht

CUISINE MODERNE • CONTEMPORAIN On repère de loin cette engageante maison couleur terre, ornée de quelques colombages emblématiques du Bas-Rhin, et située près des berges fleuries du Brunnwasser. Dans l'assiette, on profite du travail d'Alexis Albrecht, passé par de grandes tables (au Crocodile, chez les frères Pourcel et chez Jacques Maximin). Sa cuisine généreuse et respectueuse des saisons ne badine pas avec le terroir et les produits locaux. Ainsi, les poissons du Rhin et le gibier du Ried sont ici chez eux... sans oublier les nombreux légumes et autres herbes aromatiques du potager familial qu'il cultive avec son père.
🐾 & 🅰🅲 ⇔ – Prix : €€€€
6 rue des Chanoines – ℰ 03 88 74 61 15 – www.auvieuxcouvent.fr/fr – Fermé mardi et mercredi, et lundi soir

RHINAU

🍀 **L'engagement du chef :** Nous avons 80 ares de potager depuis la création du restaurant. Notre production nous rend autonome à 80%. Nous travaillons avec des pêcheurs professionnels sur le Rhin, des chasseurs locaux pour le gibier et des fermes locales pour le veau, les volailles, le cochon, les escargots, le lait...

RIBEAUVILLÉ

✉ 68150 – Haut-Rhin – Carte régionale n° **8**–C2

AU RELAIS DES MÉNÉTRIERS

CUISINE MODERNE • COSY Le temps est loin où les ménétriers, ces violonistes itinérants, allaient d'auberge en auberge... mais l'hospitalité est toujours la règle en ce relais, comme les bons plats ! Le chef concocte une jolie cuisine dans l'air du temps, qui met en valeur le terroir alsacien. Le résultat est là : générosité et goût.
Prix : €€

10 avenue du Général-de-Gaulle – ✆ 03 89 73 64 52 – www.restaurant-menetriers.com – Fermé lundi et jeudi, et dimanche soir

AUBERGE DU PARC CAROLA

CUISINE MODERNE • MAISON DE CAMPAGNE Dans ce joli pavillon à quelques pas de la source Carola, la cheffe Michaela Peters continue de régaler les gourmands. Avec son compagnon pâtissier, elle signe une cuisine sincère et inspirée, à l'instar de son œuf bio d'Alsace à 64° aux truffes d'été, mousseline de pomme de terre nouvelle, ou ses côtelettes de sanglier grillées au poivre de Kampot, chou kale braisé au lard de Colonnata... Agréable terrasse sous les arbres.
🖨 ♿ 🖨 – Prix : €€€

48 route de Bergheim – ✆ 03 89 86 05 75 – www.auberge-parc-carola.com – Fermé mardi et mercredi, et lundi soir

LE CAMMISSAR

CUISINE MODERNE • CONTEMPORAIN En voilà un jeune chef qui n'a pas froid aux yeux. Dans cette bâtisse rouge à colombages du 15e s. restaurée à grand frais, il signe une cuisine moderne en choisissant avec soin de beaux produits - turbot sauvage, parfaitement nacré, avec artichauts barigoule, ou queue de homard breton, avec asperges blanches et morilles.
🖨 ♿ – Prix : €€€

81 Grand'Rue – ✆ 03 89 86 60 87 – www.cammissar.fr – Fermé mardi et mercredi

RICHARDMÉNIL

✉ 54630 – Meurthe-et-Moselle – Carte régionale n° **7**–B2

AU BON ACCUEIL

CUISINE MODERNE • SIMPLE Il y a d'abord le charme suranné de cette maison typique des années 1960... il y a ensuite l'association d'un frère (aux fourneaux) et d'une sœur (en salle), qui l'un et l'autre ne cessent de gagner en assurance. Cuisine dans l'air du temps, carte des vins avec quelques pépites, agréable terrasse pour les beaux jours : bingo.
🖨 ♿ 🅿 – Prix : €€

1 rue de Laval – ✆ 03 83 25 62 10 – www.aubonaccueil-restaurant.com – Fermé lundi, et mardi, mercredi et dimanche soir

RICHELIEU

✉ 37120 – Indre-et-Loire – Carte régionale n° **15**–B2

😊 FOSSÉ SAINT ANGE ⓝ

CUISINE TRADITIONNELLE • BISTRO Un duo a repris cette institution bien connue dans le joli village érigé par le Cardinal au 17e s. La façade d'époque en bois verni ouvre sur un intérieur de bistrot à l'atmosphère chaleureuse et conviviale, où bonne humeur et bonne chère sont de bon aloi. Côté cuisine, une proposition simple : un menu-carte qui change tous les mois, autour d'une cuisine traditionnelle bien ancrée dans la saison et parfois pimpée de touches exotiques, à l'image de cette raviole de pintade aux influences asiatiques. Les desserts ne sont pas en reste.
🌤 – Prix : €€
2 rue du Chantier – ☎ 02 47 58 54 97 – Fermé lundi, mardi, mercredi et jeudi à midi , et dimanche soir

RICHERENCHES

✉ 84600 – Vaucluse – Carte régionale n° **28**–C2

O'RABASSE

CUISINE MODERNE • FAMILIAL Au cœur de la "capitale de la truffe", O'Rabasse célèbre la gourmandise dans le respect de la tradition. Tout est fait maison par le chef, avec l'appui de fournisseurs locaux, et en fonction des saisons. On passe un agréable moment, d'autant que l'accueil est souriant et le service efficace.
🅰🄲 🌤 – Prix : €€€
5 place de la Pompe – ☎ 09 52 97 34 93 – www.orabasse.com – Fermé mardi, mercredi, et lundi et jeudi à midi

RIEC-SUR-BELON

✉ 29340 – Finistère – Carte régionale n° **1**–B2

L'ATELIER MÉLANIE

CUISINE MODERNE • CONTEMPORAIN Ce restaurant rend hommage à Mélanie Rouat, amie de Curnonsky et cheffe auréolée de deux étoiles en son temps. Son arrière-arrière petit-fils, le chef Jean-Baptiste Caillarec et sa compagne pâtissière Laura Martinon, tous les deux passés par des maisons sérieuses, ont ouvert cette adresse contemporaine et lumineuse. Œuf mollet marbré au porto, crémeux de champignons ; mulet rôti, carottes et sésame ; pomme déstructurée : caramélisée, en brunoise à l'estragon et émulsion de cidre. Le duo travaille les bons produits avec soin pour réaliser des assiettes savoureuses.
&🌤🗗 – Prix : €€
20 place de l'Église – ☎ 02 98 09 63 64 – www.lateliermelanie.com – Fermé lundi et dimanche

RIEDISHEIM

✉ 68400 – Haut-Rhin – Carte régionale n° **8**–A3

MAISON KIENY

CUISINE MODERNE • ÉLÉGANT Non loin de Mulhouse, ce chaleureux relais de poste de 1850 occupe une imposante maison alsacienne au cœur du village. Dans une élégante salle à manger au cadre feutré et cossu, le chef propose une belle cuisine de saison, sagement contemporaine, à l'instar de cet œuf à 64°, petits pois et velouté des cosses, ou de cet agneau cuisiné en deux façons accompagné d'une crème de pois chiche au curry français. Formule bistrot le midi en semaine.
🦞 🅰🄲 🗗 – Prix : €€€
7 rue du Général-de-Gaulle – ☎ 03 89 44 07 71 – www.restaurant-kieny.fr – Fermé lundi et mardi, et dimanche soir

RIEZ

✉ 04500 – Alpes-de-Haute-Provence

   HÔTEL DES COLONNES

CLASSIQUE • CALME Pour le nez, la profusion de lavande des gorges du Verdon. Pour les yeux, un village typique de la région, enrichi d'un château des Templiers et bâti sur monticule piqué de cyprès. Pour profiter de la source thermale, un ancien hôtel particulier du 17e s. entièrement rénové. On y trouve désormais trois chambres modestes, imprégnées des couleurs de la région, ainsi qu'une table provençale, une piscine extérieure et un petit spa, thématique thermale oblige.
🚲 - 3 chambres
Rue René Cassin - ℘ *04 92 72 29 24*

RIMBACH-PRÈS-GUEBWILLER

✉ 68500 – Haut-Rhin – Carte régionale n° **8**-A3

   L'AO - L'AIGLE D'OR

CUISINE MODERNE • CONVIVIAL Cette maison célèbre toujours le terroir et la tradition (presskopf, cuisses de grenouilles, la chasse…), mais la jeune génération entend la faire entrer dans la modernité avec plats et dressages plus contemporains (poulpe et bouillon miso, ou poitrine de cochon confite avec jus façon barbecue et chimichurri). Chambres sobres pour prolonger l'étape.
🛏 ⚙ 🍴 ✳ **P** – Prix : €€
5 rue Principale - ℘ *03 89 76 89 90 -* www.hotelaigledor.com *- Fermé lundi*

RION-DES-LANDES

✉ 40370 – Landes – Carte régionale n° **25**-B1

   MAISON DEVAUX

CUISINE MODERNE • MAISON DE CAMPAGNE Cette maison Devaux, une bâtisse landaise traditionnelle à colombages, est celle de… Mathis Devaux, un enfant de la balle, fils, petit-fils et neveu de cuisiniers. Dans un décor entre tomettes et poutres apparentes, il mitonne une cuisine de bistrot moderne avec des produits locaux (comme ce cochon noir de Gascogne) dans une vaisselle et sur des tables dessinées et fabriquées par des artisans locaux. Des exemples ? Lotte pochée, poireaux fondants à l'aïoli et zestes de citron noir, ou encore cette génoise au chocolat et fleur de sel, crème mascarpone vanille et gelée de cerise…
⚙ 🍴 – Prix : €€
70 rue du Commerce - ℘ *05 58 72 46 79 -* www.maisondevaux.com *-*
Fermé lundi et mardi, et dimanche soir

RIQUEWIHR

✉ 68340 – Haut-Rhin – Carte régionale n° **8**-C2

   LA TABLE DU GOURMET

Chef : Jean-Luc Brendel

CUISINE CRÉATIVE • CONTEMPORAIN À Riquewihr, Jean-Luc Brendel a construit tout un écosystème : en plus de son restaurant gastronomique, il possède une winstub moderne, ainsi que des chambres d'hôtes haut de gamme pour faire étape. À la Table du Gourmet, en plein cœur de la cité, le chef cuisine de super produits de saison, avec du soin et ce qu'il faut de créativité pour sortir des sentiers battus. Son menu surprise met en valeur l'abondance de son jardin en permaculture, comme ce délicieux navet Petrowski venu accompagner du veau fermier

RIQUEWIHR

cuit sur la braise. Deux cartes des vins, dont une entière dédiée aux beaux flacons d'Alsace, et le tout se déguste dans un décor entre cachet ancien (la maison date du 16e s.) et notes plus contemporaines. Une valeur sûre.

🦞 🅐🅒 – Prix : €€€€

5 rue de la 1ère-Armée – 📞 03 89 49 09 09 – www.jlbrendel.com/fr – Fermé mardi, mercredi et jeudi midi

🍀 **L'engagement du chef :** A 500 m du restaurant, nous avons créé un jardin en permaculture avec plus de 350 variétés d'herbes, plantes, légumes et fruits, dont de véritables raretés. Une serre garantit une production de mi-février à fin décembre. Compostage et tri sélectif font partie de notre quotidien, un poulailler assure une partie de nos œufs et nos ruches produisent notre miel.

AOR LA TABLE, LE GOÛT ET NOUS

CUISINE CRÉATIVE • **CONTEMPORAIN** Un ovni dans le monde de la gastronomie alsacienne... Cuisinier voyageur, Serge Burckel est aussi un chef poète et rocker – il y a des vinyles en guise de sous-assiette ! Il travaille en famille dans un cadre bohème, avec un menu surprise et une ambiance cool.

♿ 🅿 – Prix : €€€

2 rue de la Piscine – 📞 03 69 34 14 59 – www.table-aor.fr – Fermé lundi, mardi et du mercredi au samedi à midi

LA GRAPPE D'OR

CUISINE TRADITIONNELLE • **RUSTIQUE** Cette maison de 1554, joliment fleurie, vous invite à pousser sa porte. À l'intérieur, la décoration typique a tout le charme d'autrefois. Viennent ensuite les délices du terroir : choucroute, baeckeofe, jambonneau, paupiettes de truite... auxquelles viennent s'ajouter quelques préparations plus actuelles.

🅐🅒 – Prix : €€

1 rue des Écuries-Seigneuriales – 📞 03 89 47 89 52 – www.restaurant-grappedor. com – Fermé mercredi, et jeudi et vendredi à midi

RIVES-EN-SEINE

✉ 76490 – Seine-Maritime – Carte régionale n° **3**–A2

✿ ### G.A. AU MANOIR DE RÉTIVAL

Chef : David Goerne

CUISINE MODERNE • **COSY** Dans ce manoir perché au-dessus de la Seine, officie David Goerne, un chef allemand fou de gastronomie française. Adepte de la simplicité, il reçoit à sa "table d'hôte" dans sa cuisine vintage. Aux murs, les cuivres rutilent. Aux beaux jours, on pourra aussi s'attabler dehors sur la terrasse panoramique, surplombant la Seine et dominant le pont de Brotonne. Le chef aime improviser devant ses convives : subtil et créatif, notamment dans l'usage des herbes, des poivres et autres assaisonnements, il va droit à l'essentiel. Rehaussée par une brassée d'herbes et de fleurs et d'une émulsion au citron, sa divine poêlée de légumes frais du jardin sur un jaune d'œuf mariné à la sauce soja fleure bon le miracle printanier. S'il est fou de végétal, David Goerne n'est pas moins à l'aise avec le homard, le foie gras ou encore le pigeonneau, au gré d'une inspiration sans cesse renouvelée.

🔁 ⬦ 🏠 ⏸ 🅿 – Prix : €€€€

2 rue Saint-Clair – 📞 06 50 23 43 63 – www.restaurant-ga.fr – Fermé du lundi au mercredi et dimanche soir

🍀 **L'engagement du chef :** Nous sommes convaincus que chacun a son rôle à jouer dans la préservation de la Nature et de ses ressources et que chaque action compte. Nous avons ainsi banni le plastique de notre cuisine, compostons nos déchets et les menus que nous élaborons au quotidien mettent en saveurs les produits des champs situés à proximité du restaurant.

RIVES-EN-SEINE

SKÁLI

CUISINE MODERNE • CONTEMPORAIN Skáli, plus qu'un nom, un gage de convivialité normande ! Ce terme issu de la culture viking désignait la maison du chef, où avaient lieu les banquets. C'est dans une ambiance cosy dominée par le bois et les tons verts que l'on fait aujourd'hui ripaille, grâce à deux passionnés du terroir normand. Reposant sur un sourcing pointu (truite et escargots de Saint-Wandrille, maraîchers locaux…), les assiettes font mouche avec leurs saveurs franches, à l'image de cette déclinaison de champignons agrémentée d'un crumble au sarrasin et d'une vinaigrette à l'ail. Terrasse agréable.

& AC ᝷ – Prix : €€

2 place de l'Église – ✆ *06 69 51 75 99 – www.skalirestaurant.com – Fermé lundi et mardi, et mercredi et dimanche soir*

RIVESALTES

✉ 66600 – Pyrénées-Orientales – Carte régionale n° **27**–C3

LA TABLE D'AIMÉ

CUISINE MODERNE • CONVIVIAL Dans cette adresse bucolique, installée dans les locaux d'une maison viticole, on se régale d'une cuisine du marché inspirée, privilégiant les produits bio, à arroser d'un des beaux vins du domaine – idéal pour une petite dégustation avant achat à la cave ! Aux beaux jours, la terrasse ouverte sur les chais invite à prolonger l'instant de gourmandise.

AC ᝷ ⟲ P – Prix : €€

4 rue Francisco-Ferrer – ✆ *04 68 34 35 77 – www.latabledaime.com – Fermé lundi et dimanche*

RIXHEIM

✉ 68170 – Haut-Rhin – Carte régionale n° **8**–A3

✽ LE 7ÈME CONTINENT

Chef : Laurent Haller

CUISINE MODERNE • CONTEMPORAIN Un véritable continent gastronomique, à l'image de la décoration du restaurant (extérieure et intérieure) signée du peintre et décorateur François Zenner, naturaliste amateur passionné par le végétal. Autre passionné, marqué par son passage chez Bernard Loiseau, le chef Laurent Haller ne manque jamais d'idées pour partager son amour de la bonne chère. Il aime revisiter les grands classiques de la cuisine française et pratique les mariages terre-mer… Sa carte, une véritable ode au marché et aux produits en bonne partie locaux (agneau de Rixheim, pois cassés de Petit-Landau…), est renouvelée tous les mois.

& AC ᝷ P – Prix : €€€€

35 avenue du Général-de-Gaulle – ✆ *03 89 64 24 85 – www.le7emecontinent.com – Fermé lundi et dimanche*

ROANNE

✉ 42300 – Loire – Carte régionale n° **20**–C1

LE CENTRAL

CUISINE MODERNE • BRASSERIE L'adresse bis gourmande de la famille Troisgros. Michel et Marie-Pierre ont imaginé ce "bistrot-épicerie" dans un hôtel des années 1920. Ambiance de brasserie à l'ancienne, aussi délicieuse que désuète. On se délecte d'un court menu "au jour le jour", assorti de quelques suggestions à la carte puisant dans le registre traditionnel, souvent revisitées de touches plus créatives, à l'image de cette belle profiterole accompagnée d'une glace à la moutarde. L'affaire ne désemplit pas : un succès amplement mérité

& AC ⟲ – Prix : €€

20 cours de la République – ✆ *04 77 67 72 72 – www.troisgros.com – Fermé lundi et dimanche, et jeudi soir*

ROANNE

MAISON BOUQUET

CUISINE MODERNE • CHIC Quand un chef est bien dans sa cuisine, cela se sent dans l'assiette et le palais. Guillaume Assié le prouve avec une partition moderne et épurée, où les cuissons et la technique sont impeccables. On sent l'expérience de celui qui a fait ses armes auprès de grands chefs dans de belles tables (L'Oustau de Baumanière, Lameloise, Auberge du Vieux Puits). Sans fioriture inutile, sa cuisine fait vœu de simplicité. Les asperges vertes sont al dente et le caviar leur apporte une belle salinité ; enveloppée d'une généreuse grenobloise, la lotte brille de fraîcheur ; le mariage du chocolat, de la cacahuète et du tabac clôt le repas avec équilibre et gourmandise. Le service est soigné et bienveillant. Le cadre – un hôtel particulier 1900 – apporte une touche cosy et plaisante avec son ambiance tamisée.
&. AC – Prix : €€€

17 place du Marché – ☎ 04 77 69 07 26 – www.maisonbouquet.fr – Fermé lundi et dimanche

OMA

CUISINE MODERNE • DESIGN Un décor minimaliste (sol en béton ciré, mobilier scandinave, suspensions design), comme pour mieux se concentrer sur l'assiette... Celle-ci varie au gré des saisons et de l'inspiration : pulpe d'avocat, saumon gravlax et vinaigrette d'orange ; dos de veau rôti, fricassée de pommes de terre et artichaut ; compotée de framboises, crumble, sorbet menthe citron. Menu-carte à prix très raisonnable.
Prix : €€

6 place Georges-Clemenceau – ☎ 04 77 71 24 54 – www.omarestaurant.fr – Fermé lundi et dimanche

LA ROCHE-L'ABEILLE

✉ 87800 – Haute-Vienne – Carte régionale n° **19**–B2

❀ LE MOULIN DE LA GORCE

CUISINE CLASSIQUE • ÉLÉGANT Le Moulin de la Gorce est avant tout une histoire de famille. Dans les années 1970, Jean Bertranet, pâtissier limougeaud de renom, transforme en hôtel-restaurant un superbe moulin Renaissance, avec son étang et son parc romantique. Ce chef, qui avait travaillé pour Vincent Auriol (toute une époque !), a fait de ce lieu une véritable institution dans le département. À sa suite et pendant presque un quart de siècle, son fils Pierre a porté haut les couleurs d'une certaine tradition gastronomique, grâce à sa cuisine classique revisitée, d'une belle finesse et respectueuse des produits. C'est désormais sa famille et son équipe qui font vivre avec ardeur cet héritage culinaire.
🐸 ⇦ ≼ 🏡 🎄 ❖ **P** – Prix : €€€€

1 route des Aurières – ☎ 05 55 00 70 66 – www.moulindelagorce.com – Fermé lundi, mardi et mercredi midi

LA TABLE DU MOULIN

CUISINE TRADITIONNELLE • BISTRO Au bistrot de l'hôtel-restaurant le Moulin de la Gorce, le chef régale ses commensaux de petits plats traditionnels et canailles qui fleurent bon le terroir. Pas de doute, la gourmandise est au rendez-vous !
&. AC ❖ – Prix : €€

1 route des Aurières – ☎ 05 55 00 70 66 – www.moulindelagorce.com – Fermé du lundi au mercredi

LA ROCHE-BERNARD

✉ 56130 – Morbihan – Carte régionale n° **1**-D3

AUBERGE DES DEUX MAGOTS

CUISINE MODERNE • **CONTEMPORAIN** Tout le charme d'une vieille demeure bretonne située dans une jolie petite cité de caractère. Raffinée et créative, la cuisine valorise les produits régionaux de saison. Le midi, appétissant menu du marché au rapport qualité-prix remarquable. Le lieu jaune de ligne et son risotto de sarrasin à l'encre de seiche sont à vous faire fondre ! Cerise sur le gâteau, le chef fait le pain lui-même.

& 🈷 ♻ – Prix : €€

1 place du Bouffay – ☏ 02 99 90 60 75 – www.aubergedesdeuxmagots.fr –
Fermé lundi et dimanche soir

L'AUBERGE BRETONNE

CUISINE MODERNE • **CLASSIQUE** Ne vous fiez pas aux apparences… Cette maison de granit n'a pas un cœur de pierre ! À l'image de la cuisine du chef, dans l'air du temps et respectant les saisons, qui console bien des gourmands. À cela s'ajoute le joli décor de la salle, donnant sur un petit jardin où poussent des herbes aromatiques. Attrayant !

Prix : €€

2 place Duguesclin – ☏ 02 99 90 60 28 – www.auberge-bretonne.com –
Fermé lundi, dimanche, et mardi et mercredi à midi

LA ROCHE-SUR-YON

✉ 85000 – Vendée – Carte régionale n° **14**-B2

LES REFLETS

Chef : Nathan Cretney

CUISINE MODERNE • **COSY** À deux pas de l'église Saint-André d'Ornay, cette jolie maison est le fief d'un chef natif du Pays de Galles, Nathan Cretney, et de sa compagne Solen Pineau. Teintes douces et pierre apparente forment un décor agréable, pile dans l'air du temps, pour cette salle intimiste (une douzaine de couverts, sans compter la table du chef face aux fourneaux) : c'est dire si l'on est choyé. La cuisine, elle, se veut le… reflet des beaux produits de la région et des producteurs dont on célèbre en salle les mérites. Le menu sans choix composé au gré du marché illustre un registre plutôt créatif et savoureux d'une belle finesse.

& – Prix : €€€

227 rue Roger-Salengro – ☏ 09 83 25 83 71 – www.restaurantlesreflets.fr –
Fermé lundi, mardi, du mercredi au samedi à midi, et dimanche soir

ROCHECORBON

✉ 37210 – Indre-et-Loire – Carte régionale n° **15**-B1

LES HAUTES ROCHES ⓝ

CUISINE CLASSIQUE • **ÉLÉGANT** Grâce à des travaux de rénovation, ce beau manoir du 18e s. qui fait corps avec la falaise de tuffeau creusée de belles chambres troglodytiques, a retrouvé son âme noble et classique. Le chef au métier solide Hervé Lussault livre une cuisine qui privilégie les produits nobles (langoustine, foie gras, homard, ris de veau) travaillés avec soin et maîtrise technique à l'image de cette ballotine de caille au foie gras en entrée, du canard Apicius rôti, hommage à Senderens, ou encore de ce turbot meunière au beurre demi-sel. Autre incontournable, la terrasse au-dessus du fleuve…

🏵 ⇐ 🈷 ♻ 🅿 – Prix : €€€

86 quai de la Loire – ☏ 02 47 52 88 88 – www.leshautesroches.com –
Fermé lundi, mardi, et mercredi et jeudi à midi

ROCHECORBON

 HÔTEL LES HAUTES ROCHES

BOURGEOIS • ROMANTIQUE Installé dans un ancien monastère en partie troglodytique, face à la Loire, cet hôtel creusé dans le tuffeau a du caractère ! Seules les fenêtres percées dans la falaise indiquent la présence de chambres. Une adresse insolite pour un séjour inédit.

🅿 ⌨ 🛏 🏊 🍽 - 14 chambres

86 quai de la Loire – ✆ 02 47 52 88 88

Les Hautes Roches - Voir la sélection des restaurants

ROCHEFORT
✉ 17300 – Charente-Maritime

 MERCURE LA CORDERIE ROYALE

MODERNE • COSY Sur les berges de la Charente, la fameuse Corderie Royale de Rochefort accueille cet hôtel superbe, rénové avec soin : vaste réception décorée de fresques coloniales, chambres cosy et élégantes, au grand calme, sans oublier le restaurant et sa verrière Eiffel... Une délicieuse plongée dans l'histoire.

♿ 🆎 🅿 ⌨ 🛏 🏊 🍽 - 51 chambres

Rue Audebert – ✆ 05 46 99 35 35

ROCHEFORT-EN-TERRE
✉ 56220 – Morbihan – Carte régionale n° **1**-D3

 MAISON CACHÉE

CUISINE MODERNE • COSY Après être passés dans plusieurs belles maisons étoilées (Alain Ducasse, Maison Pic, Crillon), Alban Chartron (au salé) et sa compagne Sarah Alba (au sucré) ont jeté leur dévolu sur Rochefort-en-Terre, superbe village historique tout en ruelles pavées et maisons de granit à colombages. Ce couple de chefs connaît son métier : en témoignent les cuissons précises (comme sur le cabillaud du jour), les saveurs relevées (à l'instar de la queue de bœuf au kimchi ou du bouillon curry et cacahuète sur le poisson) et le jeu de textures (à l'image du carrot cake et mousse légère de yaourt). Une bistronomie bonhomme à prix doux à déguster dans une déco originale et panachée.

Prix : €€

9 rue Haute-Candre – ✆ 02 97 61 04 71 – Fermé du lundi au mercredi et dimanche soir

L'ANCOLIE

CUISINE MODERNE • COSY Vieilles pierres, maisons historiques à pans de bois, situation pittoresque sur une crête rocheuse : le village de Rochefort-sur-Terre ne manque pas de charme, tout comme cette belle fleur qui fleurit dans une bâtisse du 16e s. à la déco chic et romantique. Dans l'assiette, le chef Kevin Hardy (Hélène Darroze, Taillevent) cultive une jolie cuisine gourmande, avec ses recettes carrées twistées parfois d'un trait créatif.

♿ – Prix : €€

12 rue Saint-Michel – ✆ 02 97 43 33 09 – www.lancolie.restaurant – Fermé lundi et mardi, et dimanche soir

LA ROCHELLE

✉ 17000 – Charente-Maritime –
Carte régionale n° **18**-A1

Le goût du large jusque dans l'assiette

Dans ce port qui a vu partir tant d'explorateurs, l'iode emplit toute l'atmosphère. Mais si la cité phare du nautisme continue de se tourner vers la mer, sa vieille ville déborde de charme et… de goût(s). Ses rues piétonnes, bordées d'arcades et d'hôtels aristocratiques, concentrent de nombreux commerces de bouche. L'animation bat également son plein sous la magnifique charpente du Marché central, qui vaut à elle seule le déplacement. On y trouve pommes de terre de l'Île de Ré, beurre fermier et produits laitiers de la région ; mer oblige, les mareyeurs rivalisent de propositions, huîtres Marennes-Oléron, moules (dont on fait l'éclade et la mouclade) et bien sûr poissons d'une fraîcheur exceptionnelle – dont le chef étoilé Christopher Coutanceau est l'ambassadeur incontesté. Pour le dessert, tentez le tourteau fromager, reconnaissable à son dôme noir. La Rochelle est aussi le lieu idéal pour s'initier aux splendeurs du cognac.

✿✿✿ CHRISTOPHER COUTANCEAU

Chef : Christopher Coutanceau
POISSONS ET FRUITS DE MER • **ÉLÉGANT** Sur la plage de la Concurrence, la devanture du restaurant annonce la couleur : "Christopher Coutanceau, cuisinier et pêcheur". Tout est dit ! La pêche, une passion de famille depuis toujours… Christopher va plus loin en militant pour la pêche durable et contre le gaspillage. Sa cuisine sincère et lisible est le prolongement de cet engagement : un bouquet de senteurs marines, une ode régénératrice à l'Océan. Les plus beaux produits de la mer comme le turbot, la sole, les oursins, sont travaillés avec tendresse et imagination, au même titre que la lisette ou la sardine, que le chef parvient à sublimer avec la même dévotion et la même maîtrise. Les chanceux qui pourront déguster le pithiviers de Saint-Jacques (seulement en saison bien sûr !) en garderont un souvenir inoubliable. Quant aux créations sucrées de Benoît Godillon, elles atteignent la synthèse parfaite entre légèreté et gourmandise. Service précis et élégant sous la direction de Nicolas Brossard. Une maison qui vaut le voyage.
₰ ⋞ & 🅰🅲 ✿ 🅿 – Prix : €€€€

Plan : A2-1 – *Plage de la Concurrence –* ✆ *05 46 41 48 19 – www.christophercoutanceau.com/fr – Fermé lundi, dimanche, et mardi et mercredi à midi*

✿ **L'engagement du chef :** Avec la conviction que le cuisinier est avant tout citoyen, notre démarche s'inscrit au-delà du restaurant, auprès de différentes associations de préservation des ressources marines. Seuls les poissons issus d'une pêche artisanale, durable et locale figurent sur notre carte. Nous travaillons main dans la main avec notre producteur de légumes à La Rochelle et pour éviter le gaspillage, nous utilisons les produits dans leur intégralité et nous valorisons les déchets.

stsvirkun/Getty Images Plus

LA ROCHELLE

ANNETTE

CUISINE MODERNE · BISTRO Elle est rhétaise, il est anglais de Bristol ; ils se sont rencontrés dans un restaurant d'Amsterdam avant d'ouvrir ce bistrot rochelais moderne - tables et mobilier en bois blond, cuisine vitrée au fond, pan de mur en zellige, et petite terrasse donnant sur une rue piétonne. Voilà pour le cadre. Dans l'assiette, une cuisine française tout en fraîcheur et en goût ! Le chef a de la technique et du talent comme l'atteste ce bar sauvage, sauce vin blanc, coques, purée de brocoli et chou vert légèrement grillé. Côté dessert, c'est la compagne du chef qui régale avec son gâteau au chocolat d'Annette (sa grand-mère), glace à la crème de marron - puissant et gourmand.

& 🍽 – Prix : €€

Plan : B2-7 – *14 rue Bletterie –* 𝒞 *06 82 24 86 77 – www.bistrot-annette.fr – Fermé lundi et dimanche*

L'ASTROLABE

CUISINE FUSION · TENDANCE En forme d'assiette, l'astrolabe sert à déterminer les longitudes et les latitudes : voici donc une table qui invite à voyager d'un pays à l'autre (de la Finlande au Guatemala), d'une cuisine voyageuse à une autre, où chaque plat est inspiré d'une tradition culinaire différente – le mohinga de merlan de ligne est un bel exemple de cette fusion réussie. Un voyage immobile à savourer dans un lieu plaisant et très lumineux, dans une ambiance conviviale de bistrot chic.

& 🅰🅲 – Prix : €€€

Plan : B2-8 – *35 rue Gambetta –* 𝒞 *05 46 41 52 55 – www.restaurant-lastrolabe. com – Fermé lundi et dimanche*

LE BOUILLON

CUISINE MODERNE · ÉLÉGANT Jemmy Brouet, passé par Le Jules Verne, a ouvert ce bistrot chic aux briques rouges et couleurs ensoleillées, écrin d'un menu du marché goûteux, avec options végétariennes. Le soir, le chef propose des menus surprise dont le nombre de plats varie en selon l'appétit et le budget des convives. Un peu excentré, mais facile d'accès. Terrasse au calme.

& 🍽 – Prix : €€

Hors plan – *15 rue du Docteur-Bigois –* 𝒞 *05 46 42 05 29 – www.le-bouillon-larochelle.fr – Fermé lundi et dimanche, et mardi et mercredi soir*

LES FLOTS

POISSONS ET FRUITS DE MER · COSY Cet ancien estaminet du 18e s. offre un emplacement idéal sur le port de La Rochelle, avec sa délicieuse terrasse au pied de la Tour de la Chaîne. On y sert une cuisine raffinée où les saveurs de l'océan sont à l'honneur, en témoigne le « civet époivré de homard aux légumes de saison juste glacés, champignons en ravioli aux œufs de homard, jus des sucs de homard et effluves de gingembre », plat signature du chef Grégory Coutanceau.

🐇 ⇐ 🅰🅲 🍽 – Prix : €€€

Plan : A2-2 – *1 rue de la Chaîne –* 𝒞 *05 46 41 32 51 – www.les-flots.com*

IMPRESSIONS

CUISINE MODERNE · CONTEMPORAIN Au centre de La Rochelle, ce petit restaurant conçu comme un atelier moderne par le chef David Etcheverry propose des assiettes épurées, et d'une gourmandise implacable : araignée de casier au raifort et bouillon de tomate, barbue au soja et chou pak-choï... On se régale.

🅰🅲 🍽 – Prix : €€€

Plan : B2-6 – *7 rue Saint-Michel –* 𝒞 *05 46 09 03 98 – www.restaurant-impressions.fr – Fermé lundi, dimanche et jeudi midi*

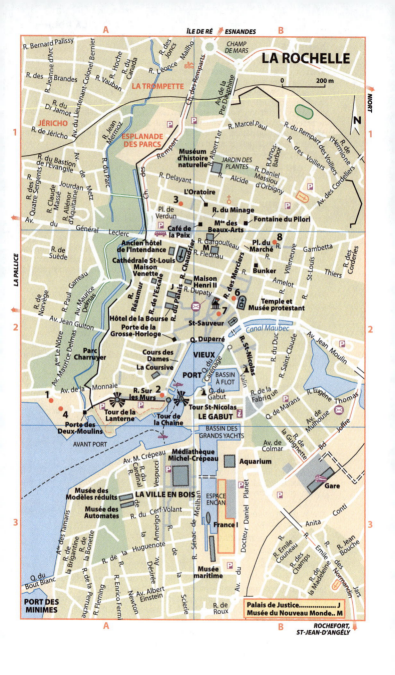

LA ROCHELLE

OPALINE

CUISINE CRÉATIVE · CONTEMPORAIN Dans ce petit restaurant moderne et pimpant situé du côté du théâtre la Comédie, la cuisine est tricotée à quatre mains par un jeune couple passionné qui s'est rencontré chez Alexandre Mazzia. La marque de fabrique du duo ? Une cuisine créative et colorée qui propose pour chaque plat trois variations dans un esprit satellite comme sur ce merlu, petits pois et chou, accompagné, sur le côté, de lentilles nappées d'une émulsion de haddock et aussi d'un blini aux algues et tarama maison. Formule de style bistronomique le midi, menus uniques gastronomiques en plusieurs séquences le soir, qui changent tous les quatre mois environ.

Prix : €€€

Plan : A1-3 – *20 rue Rambaud –* ☏ *06 21 12 39 44 – www.restaurantopaline. com – Fermé lundi, dimanche et jeudi midi*

LA YOLE DE CHRIS

POISSONS ET FRUITS DE MER · ÉLÉGANT Cette pétillante adresse de Christopher Coutanceau offre deux plaisirs incomparables, celui des yeux et celui des papilles. Un long comptoir en forme de yole (embarcation légère, longue et étroite), abrite la cuisine ouverte où s'active la brigade. Ici, la carte fait la part belle aux produits de la mer (huîtres, coquillages et crustacés) et à la pêche du jour... à déguster sur la terrasse face à la mer, aux beaux jours. Réservation recommandée pour embarquer !

⇗ & 🅿 – Prix : €€€

Plan : A2-4 – *Plage de la Concurrence –* ☏ *05 46 41 41 88 – www. christophercoutanceau.com/fr/la-yole-de-chris.html*

🛏 LA MONNAIE

CLASSIQUE · ROMANTIQUE Près de la tour de la Lanterne, un hôtel particulier du 17e s., où l'on frappait jadis la monnaie, d'où son nom. Il arbore aujourd'hui un décor contemporain : beaucoup de noir et blanc, des douches à l'italienne, un espace bien-être, une cour intérieure où l'on prend le petit-déjeuner l'été...

& 🆎 🅿 ⬡ ⬡ ⬡ ⬡ 🏛 - 36 chambres

3 rue de la Monnaie – ☏ *05 46 50 65 65*

🛏 VILLA GRAND VOILE CHRISTOPHER COUTANCEAU

MODERNE · CHALEUREUX C'est un armateur du 18e s. qui fit bâtir cet hôtel particulier sur le vieux port de La Rochelle. Aujourd'hui, ses chambres et suites combinent des influences Art déco et maritimes avec un regard contemporain aiguisé et un luxe subtil. L'attention aux détails, le service personnalisé et professionnel, l'atmosphère chaleureuse : tout concourt à un séjour parfait... sans compter la plage, à quelques rues de là !

& 🆎 ⬡ ⬡ ⬡ ⬡ 🚲 🎿 🍴 - 11 chambres

12 rue de la Cloche – ☏ *05 46 44 81 14*

RODEZ

✉ 12000 – Aveyron – Carte régionale n° **23**–C2

✾ RESTAURANT HERVÉ BUSSET

Chef : Hervé Busset

CUISINE MODERNE · CONTEMPORAIN De Conques à Rodez où il est devenu citadin en reprenant le restaurant d'Émilie et Thomas Roussey, le chef Hervé Busset continue de se présenter comme un cuisinier cueilleur. Cette provende qu'il glane dans les champs et les forêts alentour est complétée par des achats sur le marché en face de sa nouvelle adresse. La cuisine créative d'Hervé est rythmée par la nature : consoude, tagète, épiaire des bois, reine-des-prés et fleurs de capucines assaisonnent les assiettes avec harmonie et finesse tout au long d'un menu surprise. Entièrement rénové, le cadre feutré et chaleureux veille sur l'intimité des convives. Le sommelier est d'excellent conseil.

🎋 & 🆎 – Prix : €€€

24 place du Bourg – ☏ *05 65 68 95 00 – www.restaurant-herve-busset.fr – Fermé lundi, mardi et mercredi midi*

LA ROCHELLE

CAFÉ BRAS

CUISINE MODERNE • DESIGN Le café Bras, installé au cœur du musée Soulages, rend un bel hommage aux produits aveyronnais. Deux expériences à vivre ici (côté Comptoir pique-nique à emporter ou au restaurant). L'équipe de cuisine offre une prestation ciselée, aromatique, légère mais généreuse, colorée et parfumée, à l'image de ce tartare de thon mariné au calamansi et cucurbitacées à la grecque ou de cette poitrine de canette rôtie, jus court acidulé, pomme de terre nouvelle, chou pointu et courgette tigrées sur sauce vierge. On apprécie l'attention portée aux saveurs, comme à l'accueil et à l'espace. Un succès mérité qui ne se dément pas.
& AC – Prix : €€
Jardin du Foirail - 05 65 68 06 70 – www.cafebras.fr/fr – Fermé lundi et mardi, et mercredi, jeudi, vendredi et dimanche soir

OPÉRA

CUISINE MODERNE • CONTEMPORAIN Après avoir fréquenté des restaurants 3 étoiles en Italie, et plus localement la famille Bras, le chef italien Vasco Baldisserotto a pris ses quartiers dans ce restaurant chic et sobre situé à l'écart du centre-ville. Il y signe une cuisine d'obédience française où pointent néanmoins des influences transalpines et plus précisément vénitiennes, en hommage à sa région d'origine. Familier des grands produits, il choisit les meilleurs, au terme d'un sourcing local exigeant. Jarret de bœuf aveyronnais braisé, sauce carbonara ; raviolis farcis de chocolat et noisette, sorbet orange… Les menus changent au gré des saisons et de ses fournisseurs, qu'il ne manque jamais de valoriser. Ajoutons à cela un accueil charmant et professionnel : cet opéra mérite bien qu'on chante ses louanges !
& AC P – Prix : €€
1 rue d'Athènes - 05 65 68 40 07 – www.opera-rodez.fr – Fermé lundi et mardi, et dimanche soir

ROGNES

✉ 13840 – Bouches-du-Rhône – Carte régionale n° **28**-D3

LE PRÉAU Ⓝ

CUISINE MODERNE • BISTRO Dans son village natal, Antonin Wishart tricote une cuisine jubilatoire avec les produits ultra-frais du marché et du potager familial. Changé quotidiennement, son menu fait saliver ; ce fils de viticulteurs a également concocté une jolie carte des vins. En résumé : un bistro branché urbain, au service décontracté et efficace, et situé en pleine campagne ! Le charme opère à bloc.
⚘ AC 🍴 – Prix : €€
1 cours Saint-Étienne - 09 83 94 02 77 – Fermé lundi, mardi, mercredi midi et dimanche soir

ROHAN

✉ 56580 – Morbihan – Carte régionale n° **1**-C2

L'EAU D'OUST

CUISINE TRADITIONNELLE • RÉGIONAL Dans cette ancienne ferme située près de la rivière de l'Oust, la salle à manger sagement contemporaine, égayée de poutres apparentes, est une belle invite à s'attabler. Le chef propose une cuisine d'inspiration traditionnelle, mâtinée de quelques touches plus actuelles, réalisée à partir de produits frais de saison. Plaisante terrasse et service souriant.
& 🍴 ⌂ – Prix : €€
6 rue du Lac - 02 97 38 91 86 – www.leaudoust.fr – Fermé mercredi, et lundi, mardi et dimanche soir

ROLLEBOISE

✉ 78270 - Yvelines - Carte régionale n° **11**-A1

 LE PANORAMIQUE - DOMAINE DE LA CORNICHE

CUISINE MODERNE • ÉLÉGANT Cet hôtel de charme perché sur une falaise de craie a été construit en 1908 par le roi belge Léopold II dans le but d'y accueillir son amour Blanche de Vaughan. Désormais, il accueille les amoureux de la bonne chère. Ici, place aux produits de proximité, dans une démarche locavore aboutie : Saint-Jacques de la baie de Seine, agneau fermier des fermes des environs, petits fruits et légumes de producteurs locaux. Il en résulte une cuisine pleine de fraîcheur, où les recettes débordent de goût et de saveurs marquées. Et aux beaux jours, on dîne en terrasse, face aux méandres de la Seine.

₰ ⇔ ⇐ ⇔ ⇃ ⇌ **P** - Prix : €€€

5 route de la Corniche - ℰ 01 30 93 20 00 - www.domainedelacorniche.com - Fermé mardi, et lundi, mercredi, jeudi et dimanche soir

ROMANS-SUR-ISÈRE

✉ 26100 - Drôme - Carte régionale n° **24**-B1

L'INSTANT

CUISINE MODERNE • ÉLÉGANT Excentrée dans un quartier résidentiel proche de la gare, cette belle maison bourgeoise - datant des années 1930 - vous accueille dans un joli décor contemporain ; on vous sert une délicieuse cuisine du marché, réalisée à partir de bons produits frais. Des assiettes qui s'avalent... en un Instant !

⇃ 🅰🅲 ⇌ ⇔ - Prix : €€

10 rue de Delay - ℰ 04 75 45 40 72 - www.restaurant-instant.com - Fermé lundi, mardi et dimanche, et mercredi et jeudi soir

ROMORANTIN-LANTHENAY

✉ 41200 - Loir-et-Cher - Carte régionale n° **10**-D3

 GRAND HÔTEL DU LION D'OR

Chef : Didier Clément

CUISINE MODERNE • ÉLÉGANT Magnifier l'univers poétique de la Sologne ? C'est le pari réussi de Marie-Christine et Didier Clément dans cette institution historique de la gastronomie solognote (dont les murs dateraient de 1774), rénovée avec faste. En effet, la maison Offard a réalisé en carton-pierre - une technique du 18 s. - un nouveau décor qui évoque la nature solognote, à laquelle le chef Didier Clément voue une véritable passion. Dans l'assiette, l'interprétation gourmande de ce terroir est mise en valeur grâce au travail de recherche du chef sur les herbes et épices oubliées : graine de paradis, rocambole, angélique et thym de bergère notamment. Il régale dans une veine classique - fleurs de courgette farcies au tourteau ; saint-pierre à l'estragon ; lapin fermier à la réglisse - sans afféterie, avec en particulier de succulents jus et sauces. Sans oublier une superbe carte des vins, où les plus belles maisons vigneronnes de la Loire sont représentées.

₰ ⇔ ⇌ **P** - Prix : €€€€

69 rue Georges-Clemenceau - ℰ 02 54 94 15 15 - www.hotel-liondor-romorantin.fr/fr - Fermé mardi et mercredi

ROMORANTIN-LANTHENAY

LE BOIS BLANC

CUISINE MODERNE • CONVIVIAL Asperges de Chambord et fraises de Sologne, poissons d'eau douce comme le brochet, le silure et la carpe, gibiers en saison : le chef Maxime Valleye, qui a travaillé chez Georges Blanc et dans l'établissement de ses parents, rend hommage à sa région dans ses assiettes. Et même avec le nom de son restaurant – qui évoque le bouleau, caractéristiques des forêts solognotes. Il réalise avec sérieux des plats de saison empreints de classicisme : cochon, jaune œuf confit, coulis d'épinards et crumble de chèvre. Cadre sobre d'esprit bistrot contemporain avec tables en bois vernis et luminaires avec ampoules à filament. Carte des vins essentiellement constituée de référence du Val-de-Loire.

♧ – Prix : €€

11 rue de la Sirène – ☎ 06 32 12 35 00 – www.le-bois-blanc-romorantin-restaurant.eatbu.com – Fermé lundi, mardi et dimanche

ROPPENHEIM

✉ 67480 – Bas-Rhin – Carte régionale n° **8**–B1

AUBERGE À L'AGNEAU

CUISINE TRADITIONNELLE • TAVERNE Généreuse table que celle de cette institution familiale datant de 1902, située dans une belle bâtisse à colombages du 17e s. En cuisine, les petits plats mijotent sous l'œil attentif du chef, amoureux de sa région. Dans l'assiette, on apprécie les spécialités du pays et de viandes. Une cuisine sans esbroufe, généreuse et authentique, servie dans un cadre chaleureux... et un accueil aux petits oignons !

♧ 🆎 ⛺ **P** – Prix : €€

11 rue Principale – ☎ 03 88 86 40 08 – www.auberge-agneau.com – Fermé lundi, mardi et dimanche

LA ROQUE-D'ANTHÉRON

✉ 13640 – Bouches-du-Rhône – Carte régionale n° **28**–E1

LE JAS

CUISINE MODERNE • RUSTIQUE La Roque-d'Anthéron abrite dans son église l'un des plus célèbres festivals de piano du monde. Enfant du village passé chez Michel Kayser et Édouard Loubet, le chef Émeric Corbon a eu la très bonne idée d'ouvrir ce restaurant à quelques mètres de l'église, dans une ancienne bergerie en pierres sèches (un jas en provençal). Sous les voûtes séculaires ou en terrasse, on se régale d'une cuisine soignée et élaborée, à l'influence provençale évidente : délicieux papeton d'aubergine et concassé de tomate aux herbes fraîches, coulis au basilic ; goûteux pigeonneau rôti sur coffre, les cuisses, gésiers et cœur en samossa, crémeux de petits pois...

🆎 ⛺ – Prix : €€€

10 bis rue de l'Église – ☎ 04 42 50 50 58 – www.lejas-restaurant.fr – Fermé mercredi et jeudi

LA ROQUE-GAGEAC

✉ 24250 – Dordogne – Carte régionale n° **18**–D3

LA BELLE ÉTOILE

CUISINE TRADITIONNELLE • CLASSIQUE À la belle étoile ou en plein jour, bienvenue dans cette jolie demeure au milieu d'un charmant village de Dordogne. En cuisine, cela fleure bon le terroir... depuis maintenant 4 générations ! Des assiettes joliment dressées mettent en valeur des recettes dans une veine traditionnelle et gourmande, comme ce savoureux ris de veau doré, tartelette croustillante de céleri-rave et lait d'oignon. De petites chambres permettent de prolonger son séjour.
– Prix : €€

285 promenade de la Batellerie (Le Bourg) – ☎ 05 53 29 51 44 – www.hotel-belle-etoile-dordogne.fr – Fermé lundi, et mardi et mercredi à midi

O'PLAISIR DES SENS

CUISINE MODERNE • COSY Cette jolie maison en pierre a su se faire un nom dans le Périgord noir. Bruno Marien, chef passionné, imagine une cuisine actuelle avec le meilleur du terroir local : oie fermière, perdreau, viande achetée sur carcasse, fruits et légumes de maraîchers locaux... Que ce soit en choisissant la formule bistro au déjeuner, ou gastronomique le soir, on y passe toujours un excellent moment. L'été, on prolonge le plaisir sur la terrasse ombragée autour de la fontaine.
 – Prix : €€€

sous la Grande-Vigne – ☎ 05 53 29 58 53 – www.restaurant-o-plaisirdessens.com – Fermé lundi et dimanche

ROQUEBRUNE-CAP-MARTIN

✉ 06190 – Alpes-Maritimes

THE MAYBOURNE RIVIERA

MODERNE • MARITIME Cette curiosité ultra-moderne se dresse sur une falaise de Roquebrune-Cap-Martin comme une proue de paquebot. Mais un paquebot du luxe le plus extravagant ! Les vues sont spectaculaires, que ce soit depuis les chambres ou depuis la piscine à débordement, creusée dans le roc. Chambres et suites - souvent avec terrasses - sont d'un minimalisme blanc rehaussé de bleu azur.
 - 69 chambres

1551 route de la Turbie – ☎ 04 93 37 50 00

ROSCOFF

✉ 29680 – Finistère – Carte régionale n° **1**–B1

LE BRITTANY

CUISINE MODERNE • RUSTIQUE Ce Brittany est bien élégant avec sa grande cheminée en pierre et ses fenêtres voûtées s'ouvrant sur le spectacle splendide de la baie. Au menu : une belle gastronomie marine, portée par l'extrême qualité et la fraîcheur océane des produits de la région. Les assiettes de Loïc Le Bail louchent aussi vers le pays de Mishima et Miyazaki, et ça ne doit rien au hasard : sa femme et son sous-chef sont japonais tous les deux. Le cadre magnifique, en bord de mer, invite à la méditation.
– Prix : €€€€

22 boulevard Sainte-Barbe – ☎ 02 98 69 70 78 – www.hotel-brittany.com – Fermé lundi, et samedi et dimanche à midi

ROSCOFF

LE BRITTANY & SPA
CLASSIQUE • CHARME Ce beau manoir du 17e s. fut démonté puis reconstruit à l'identique sur le port de la petite cité corsaire ! Chambres au charme discret, salons cossus, spa avec piscine, sens de l'accueil : tout est mis en œuvre pour que l'on se sente bien.
🅿️ 🚗 🏊 ♨️ 🍽 - 32 chambres
Boulevard Sainte-Barbe – ☎ 02 98 69 70 78
✿ **Le Brittany** - Voir la sélection des restaurants

ROSENAU
✉ 68128 – Haut-Rhin – Carte régionale n° **8**-B3

AU LION D'OR - CHEZ THÉO
CUISINE MODERNE • AUBERGE Une auberge sympathique et élégante, tenue par la même famille depuis 1928 et c'est la cinquième génération qui prend la main ! Un monument historique ? Nullement, car le chef mêle avec brio saveurs d'aujourd'hui et richesses du terroir. La jolie salle, sobre et cosy, a tout pour séduire ; toutefois, aux beaux jours, on lui préfère la terrasse qui donne sur le jardin fleuri...
🍴 🧊 ♿ 🅰🅲 🛋 🚗 🅿️ – Prix : €€
5 rue Village-Neuf – ☎ 03 89 68 21 97 – www.auliondor-rosenau.com – Fermé lundi et mardi

LA ROSIÈRE
✉ 73700 – Savoie – Carte régionale n° **21**-D2

LE TERROIR DES VIGNOBLES
CUISINE MODERNE • MONTAGNARD Terroir et vignoble(s) : tout est dit de la passion de ce jeune couple pour la bonne chère, les bons produits (locaux mais pas uniquement : il y a du thon et de la dorade) et les bonnes quilles dont la carte présente une sélection de références en bio, aussi bien en Savoie qu'ailleurs. Après ou avant le ski, le VTT ou la randonnée, les recettes du chef ouvrent l'appétit : râble de lapin, compotée de chou rouge ; dos de cabillaud, purée de panais et petits légumes ; sablé vanille, crémeux et sorbet myrtille, crème pistache. Ce bistrot de montagne sympathique au cadre rustique est juché au dernier étage d'un immeuble de la station.
🛋 – Prix : €€
CC Le Valaisan 2, Montvalezan – ☎ 09 81 50 38 02 – www.leterroirdesvignobles.fr – Fermé du lundi au jeudi à midi

ILY HÔTELS LA ROSIÈRE
CONTEMPORAIN • ÉLÉGANT Cet hôtel haut de gamme, mariant harmonieusement contemporain et montagne chic, propose chambres confortables et suites d'exception, bénéficiant d'une superbe vue sur la vallée de la Tarentaise, digne d'une carte postale ! Agréable spa de 420 m², piscine, jacuzzi (intérieur et extérieur), hammam et sauna.
🚗 - 69 chambres
Les Eucherts – ☎ 04 79 04 12 34

ROSPEZ
✉ 22300 – Côtes-d'Armor – Carte régionale n° **1**-C1

LA VILLE BLANCHE
CUISINE MODERNE • ÉLÉGANT Dans cette jolie longère, un jeune couple a su fidéliser sa clientèle avec une cuisine moderne et un service rigoureux. Très attentif aux saisons, le chef s'appuie sur un bon réseau de petits producteurs qui lui font

confiance. De fait, il sait valoriser habilement cette belle matière première vivante, jouant souvent avec des notes fumées, et une juste dose d'amertume et d'acidité : langoustines pochées, déclinaison de choux au citron vert ; pomme, crêpe farcie d'une compotée pomme vanille, sorbet fromage blanc et diplomate combawa.

🕸 ⚕ ⓜ ⌂ 🅿 – Prix : €€€

29 route de Tréguier, Lieu-dit Ville-Blanche – ☏ 02 96 37 04 28 – www.la-ville-blanche.com – Fermé lundi et mardi, et dimanche soir

ROUBION

✉ 06420 – Alpes-Maritimes – Carte régionale n° **29**–C1

🏵️ **AUBERGE QUINTESSENCE**

Chef : Christophe Billau

CUISINE MODERNE • MONTAGNARD Au col de la Couillole, isolé en plein Mercantour, cet ancien refuge tenu par Pauline et Christophe Billau est une étape de choix pour les gourmets. Ces deux-là vous réservent un accueil chaleureux et un menu unique aux inspirations montagnardes, qui change à chaque saison. On déguste ainsi un cappuccino à l'ortie des montagnes bien crémeux, des magnifiques asperges blanches rôties, acidulées par des agrumes confits ou en sabayon, ou encore un thon de Méditerranée légèrement fumé à la texture confite, que des notes végétales d'oxalis viennent subtilement équilibrer. Le veau du plateau de Longon aux échalotes confites et fleur de courgette farcie aux pignons de pin et crème d'herbes est tout en saveurs maîtrisées, tandis que les fromages sont affinés avec soin. Pas de place ici pour le superflu ou l'artificiel ! Quelques jolies chambres pour l'étape.

🛏️ ⚘ ⚕ 🍽 🅿 – Prix : €€€

Route du Col-de-la-Couillole – ☏ 04 93 02 02 60 – www.auberge-quintessence.com – Fermé mardi, mercredi, et le midi

ROUEN

✉ 76000 – Seine-Maritime – Carte régionale n° **3**–B2

🏵️ **L'ODAS**

Chef : Suzanne et Olivier Da Silva

CUISINE CRÉATIVE • CONTEMPORAIN Idéalement situé en plein cœur de la vieille ville, ce restaurant offre trois espaces : la salle principale avec vue sur la cuisine, une agréable terrasse à l'abri des regards, enfin "Le Balcon de l'Odas" qui est un salon privatisable avec vue sur la cathédrale. Bien de saison, la cuisine de la cheffe Suzanne Da Silva ne manque pas d'audace, valorisant tour à tour ses origines nordistes et les produits du terroir normand : légumes d'un maraîcher de l'Eure, moules du Mont-Saint-Michel, safran du pays de Caux... À apprécier au fil d'un menu mystère bien pensé.

⚕ ⓜ 🍽 ⌂ – Prix : €€€

Plan : B2-2 – *4 passage Maurice-Lenfant – ☏ 02 35 73 83 24 – www.lodas.fr – Fermé lundi et dimanche*

🍽️ **PAUL-ARTHUR**

CUISINE MODERNE • CONTEMPORAIN Un ancien Top-Chef, natif du Sud, a posé ses valises dans cette maison à colombages de la place de la Pucelle. Dans ce bistrot contemporain qui arbore toujours ses fières poutres d'époque, le chef balance un pressé de jarret de veau et foie gras, pistou à la pistache ; un merlu confit au beurre demi-sel, patate douce et hollandaise fumée ; un banofee, dulce de leche, noix de pécan caramélisées. On l'a compris, la patte est moderne juste ce qu'il faut, les produits de saison et la partition du dîner plus ambitieuse que celle du déjeuner.

🍽 ⌂ – Prix : €€

Hors plan – *23-25 place de la Pucelle – ☏ 02 35 71 19 54 – www.paul-arthurrestaurant.fr – Fermé lundi et dimanche*

ROUEN

L'EPICURIUS

CUISINE MODERNE • CONTEMPORAIN Dans une charmante rue piétonne chère aux antiquaires du cœur historique de Rouen, ce discret bistrot dans l'air du temps propose une cuisine fine et savoureuse, à l'image de ce retour de pêche, légumes verts à la sarriette et sa hollandaise aux œufs de truite ; tartelette grué de cacao, crème mousseline pralinée et glace cacahuètes caramélisées... Le chef maîtrise bien son sujet avec des préparations soignées faisant preuve de goût et offrant des harmonies de saveurs plaisantes. Les produits, sélectionnés avec soin, se dégustent dans un intérieur contemporain ou dans la nouvelle salle à l'étage. Accueil charmant. Pensez à réserver !

&. 斎 ➟ – Prix : €€

Plan : B2-5 – *31 rue Damiette* – ✆ *09 75 30 04 67* – *www.lepicurius.fr* – *Fermé lundi et dimanche*

OKTO ⓝ

CUISINE MODERNE • CONTEMPORAIN À deux pas de la place du Vieux-Marché, cette devanture bleu marine tape dans l'œil. Un couple de professionnels, Laure Touyre en salle et Brice Legrand en cuisine, mise sur une cuisine moderne et efficace. Une carte resserrée autour de quelques propositions permet au chef de proposer une cuisine du marché avec des produits de belle qualité, comme ce maigre de ligne et asperges vertes – c'est gourmand et parfumé. Un bistrot contemporain bien dans sa peau avec un service aimable et souriant.

斎 – Prix : €€

Hors plan – *26 rue du Vieux-Palais* – ✆ *02 35 03 10 91* – *www.okto-restaurant. fr* – *Fermé lundi et dimanche, et mardi et mercredi soir*

TEMPO

CUISINE MODERNE • CONTEMPORAIN Entre la Seine et la cathédrale, cette table arbore une déco géométrique noire et rouge. Le chef, fils de maraîcher passionné de légumes, insuffle dans sa cuisine des parfums et des saveurs bien d'aujourd'hui. Il laisse libre court à son imagination et à la créativité dans son menu carte blanche : Saint-Jacques, fenouil et cassis ; Black Angus, champignons, céleri et vin jaune.

AC – Prix : €€

Hors plan – *5 place de la République* – ✆ *02 32 08 07 06* – *www. temporestaurant.fr* – *Fermé lundi et dimanche*

🛏 HÔTEL DE BOURGTHEROULDE   *Plus*

TRADITIONNEL • RAFFINÉ Tourelle gothique, meneaux, galerie Renaissance : ce monument historique (16e s.) est un joyau... Ses chambres et son spa superbes, son bar, son brunch du dimanche : tout contribue à un séjour d'exception.

&. AC 🅿 🛋 ➟ 🖬 🕸 ⅏ 🍴 – 78 chambres

15 place de la Pucelle – ✆ *02 35 14 50 50*

ROUFFACH

✉ 68250 – Haut-Rhin – Carte régionale n° **8**–A2

RESTAURANT BOHRER

CUISINE MODERNE • ÉLÉGANT Une belle demeure régionale à l'élégance bourgeoise et champêtre, pour une cuisine gastronomique associée à un judicieux choix de vins, notamment régionaux. Le chef prend plaisir (et nous avec lui !) à nous faire sortir des sentiers battus, avec un tataki de filet d'oie, condiment pistache-teriyaki, ou un bao de homard, sucs de carapace à la passion et écume de parmesan. Ambiance conviviale à la Brasserie Chez Julien, aménagée dans un ancien cinéma.

🐝 AC 斎 ➟ 🅿 – Prix : €€€

Rue Raymond-Poincaré – ✆ *03 89 49 62 49* – *www.domainederouffach.com/fr* – *Fermé lundi, dimanche et mercredi midi*

ROUFFIAC-TOLOSAN

31180 – Haute-Garonne – Carte régionale n° **26**–C2

Ô SAVEURS
Chef : David Biasibetti
CUISINE MODERNE • COSY Dans un hameau pittoresque proche de Toulouse, David Biasibetti met joliment en valeur la production locale, mais il sait aussi s'affranchir de ses frontières et regarder au-delà : filet de canette, betterave et cerises acidulées, ou encore lieu jaune, jus coco-vanille et caviar d'aubergine au curry noir... On sent dans l'assiette tout le savoir-faire d'un artisan solide, jusqu'à des desserts chocolatés de très belle facture, et pour cause : le chef est pâtissier de formation, et confesse une véritable passion pour le chocolat. Une chose est sûre : on passe un excellent moment en sa compagnie.

– Prix : €€€

8 place des Ormeaux – 05 34 27 10 11 – www.o-saveurs.com – Fermé lundi, dimanche et samedi midi

LE ROURET

06650 – Alpes-Maritimes – Carte régionale n° **29**–E2

LE BISTRO DU CLOS
CUISINE TRADITIONNELLE • BISTRO À l'ombre des micocouliers ou en salle, d'esprit bistrot et décorée de vieux bibelots, avec sa cuisine ouverte ? Toutes les places sont bonnes à prendre dans cette adresse très prisée d'une clientèle locale fidèle. Et pour cause : le chef a tout compris ! Gratifié d'un vrai savoir-faire, il arrange des assiettes de saison généreuses en sélectionnant de bons produits frais dans un registre provençal qui nous va : paleron de bœuf, légumes de pot au feu, vinaigrette à la tomate fraîche ou pannacotta aux fruits rouges. L'adresse est installée dans l'aile gauche de la Maison des Terroirs, vitrine des produits de la région.

– Prix : €

9 route d'Opio – 04 97 05 08 34 – www.bistro-du-clos.com – Fermé lundi et dimanche

LE CLOS SAINT-PIERRE
CUISINE PROVENÇALE • MÉDITERRANÉEN Face à l'église de ce village dédié aux parfums, une charmante auberge où l'on propose des menus imposés (sans choix), développés avec les beaux produits du marché. Agréable terrasse, service rapide et efficace.

– Prix : €€€

Place de la Mairie – 04 93 77 39 18 – www.le-clos-saint-pierre.com – Fermé du lundi au mercredi

HÔTEL DU CLOS
CLASSIQUE • CHARME Dans le haut du village, voilà bien un hôtel de charme... Un grand jardin planté d'oliviers centenaires et d'arbres fruitiers, des murs en pierre, des toits de tuiles, de jolies chambres toutes différentes, etc. : l'ensemble est résolument orienté côté Provence.

- 12 chambres

3 chemin des Écoles – 04 93 40 78 85

ROUSSILLON

✉ 84220 – Vaucluse – Carte régionale n° **28**-E1

OMMA

CUISINE MODERNE • COSY Spectaculaire : telle est la vue sur le Luberon et les célèbres falaises ocres de Roussillon, dont on profite depuis les baies panoramiques ! Côté cuisine, on découvre une courte carte de saison, à tendance bistronomique et aux influences provençales : aubergine croustillante, baba ganoush à la coriandre et fromage blanc au citron vert ; cochon du Ventoux grillé, poivrons farcis de haricots coco, piperade et condiment abricots ; courge de provence confite à la vanille, biscuit moelleux pistache. Un moment gourmand à l'écart de l'animation touristique.

⇐ 🅰🅲 🏠 ⇄ – Prix : €€€

38 rue de la Poste – ☏ *04 90 05 60 13 – www.ommaluberon.com – Fermé jeudi et vendredi*

LE PIQUEBAURE

CUISINE PROVENÇALE • CONTEMPORAIN Située au pied du village de Roussillon, cette jolie maison en pierres sèches propose une bonne cuisine d'inspiration provençale autour d'un menu séduisant, à base de produits frais. L'atout majeur du restaurant est sa seconde terrasse tournée vers la campagne du Luberon.

⇐ 🏠 – Prix : €€

166 avenue Dame-Sirmonde – ☏ *04 32 52 94 48 – Fermé dimanche et du lundi au samedi à midi*

ROUVRES-EN-XAINTOIS

✉ 88500 – Vosges – Carte régionale n° **7**-B3

BURNEL 🅽

Chef : Maye Cissoko

CUISINE MODERNE • CONTEMPORAIN Dans ce village de la plaine des Vosges, non loin des villes thermales, cet hôtel-restaurant est tenu depuis 1919 par la même famille. Les voyageurs affamés s'attablent avec plaisir dans cette grande salle sous charpente aux couleurs chatoyantes – l'ancien lavoir du village. Le chef Maye Cissoko peaufine avec assurance une partition de saison classique, au travers de deux menus où les beaux produits ne se contentent pas de faire de la figuration. En témoignent ce maigre de ligne poêlé au beurre noisette, petits pois à la française et sauce marinière ou, en dessert, ces cerises burlat jubilé infusées à la verveine, chiboust citron jaune et sorbet à la cerise.

⇌ ⚟ 🅰🅲 ⇄ 🅿 – Prix : €€

22 rue Jeanne-d'Arc – ☏ *03 29 65 64 10 – www.burnel.fr – Fermé lundi, dimanche et mardi midi*

ROYAT

✉ 63130 – Puy-de-Dôme – Carte régionale n° **20**-B1

LA FLÈCHE D'ARGENT

CUISINE MODERNE • COSY La Flèche d'argent, surnom des incroyables Mercedes-Benz en Formule 1 dans les années 1930, rappelle le proche circuit automobile de Charade. C'est dans un décor feutré que le chef Clément Lorente signe une cuisine actuelle à l'excellente technique avec des touches créatives, déclinée

ROYAT

sous forme de menus en plusieurs temps. Les produits sont d'une très belle qualité : foie gras de la Plaine de Limagne, artichaut du Roussillon, safran de Mazayes, thon rouge de Méditerranée. Le dessert, hommage au flan au pruneau d'Agen de la grand-mère du chef, est une vraie réussite, flambée qui plus est au guéridon. Menu du marché le midi et brunch le dimanche.

🐾 ♿ 🆎 🍽 ⬭ – Prix : €€€

Plan : voir Clermont-Ferrand plan I - A2 - 22 - *Hôtel Princesse Flore, 5 place Allard – ℰ 04 73 35 63 63 – www.princesse-flore-hotel.com – Fermé dimanche soir*

ROYE

✉ 80700 – Somme – Carte régionale n° **13**–C1

LA FLAMICHE

CUISINE CLASSIQUE • TRADITIONNEL Derrière les grandes vitres de La Flamiche, un intérieur classique où déguster une cuisine aux sérieuses bases traditionnelles agrémentées d'un brin de modernité, comme ce foie gras de canard et truite fumée en gelée de granny smith, pickles de concombre et chutney de pommes – une entrée joliment travaillée. On poursuit avec de beaux médaillons de lotte citron vert, carotte et roquette, dont la cuisson au beurre à l'ancienne est parfaitement réalisée.

🆎 ⬭ – Prix : €€

20 place de l'Hôtel-de-Ville – ℰ 03 22 87 00 56 – www.laflamiche.fr – Fermé lundi et mardi, et dimanche soir

ROYE

✉ 70200 – Haute-Saône – Carte régionale n° **13**–C1

😊 LE SAISONNIER

CUISINE MODERNE • MAISON DE CAMPAGNE Un chef au beau parcours et son épouse font vivre cette ancienne ferme avec panache. Dans l'assiette, des recettes bien ficelées, travaillées, aux présentations soignées, avec des associations de saveurs pertinentes. Une cuisine qui revisite parfois certains classiques à base de produits bien ancrés dans la région : morilles, vieux comté, vin jaune, saucisse de Morteau... Agréable terrasse au calme.

�‍♿ 🆎 🍽 🅿 – Prix : €€

56 rue de la Verrerie – ℰ 03 84 30 46 00 – www.restaurant-lesaisonnier.com – Fermé lundi et mardi, et dimanche soir

LE ROZIER

✉ 48150 – Lozère – Carte régionale n° **23**–D3

😊 L'ALICANTA

CUISINE MODERNE • FAMILIAL On connaît depuis longtemps cette Alicanta, nichée au bord de la rivière Jonte, dans le cadre exceptionnel des gorges du Tarn... Son chef y exécute une partition solide, sa cuisine fait la part belle aux saveurs franches et ses assiettes se révèlent diablement bien ficelées. Tout ici est fait maison et la carte est renouvelée à chaque saison. Miam, miam et re-miam !

🚍 🅿 – Prix : €€

Route de Meyrueis – ℰ 05 65 62 60 25 – www.hotel-restaurant-gorgesdutarn. com – Fermé du lundi au jeudi à midi

RUEIL-MALMAISON

✉ 92500 – Hauts-de-Seine – Carte régionale n° **11**-E2

 OCHRE

Chef : Baptiste Renouard

CUISINE MODERNE • **ÉLÉGANT** Bienvenue dans l'univers de Baptiste Renouard, encore jeune et déjà un parcours de vieux briscard : en cuisine depuis ses 14 ans, passé en formation chez Lasserre, Robuchon, Alléno puis au Laurent et à L'Escargot 1903... voilà qui vous pose un cuistot ! Une cuisine enlevée, joyeuse, carrée techniquement, que le chef déroule au gré d'un menu carte blanche. Le végétal joue un grand rôle : 70% des herbes et fleurs utilisées proviennent de la cueillette du chef sur l'île des Impressionnistes. Le restaurant est situé dans une petite rue semi-piétonne du centre ville. Intérieur contemporain, murs en pierre, poutres apparentes, matières naturelles brutes.

🍽 ❖ – Prix : €€€€

56 rue du Gué – ℰ 09 81 20 81 69 -- www.ochre.fr – Fermé lundi, dimanche et jeudi midi

RUNGIS

✉ 94150 – Val-de-Marne – Carte régionale n° **11**-E3

LA GRANGE DES HALLES

CUISINE MODERNE • **CONTEMPORAIN** Rungis, ce n'est pas seulement le célèbre marché connu de tous les chefs, mais aussi un vieux bourg, où se trouve cette Grange au look atypique. Elle abrite un bistrot joliment décoré, où le chef propose des recettes du marché (forcément !) au gré de Rungis et du potager maison. Très sympathique terrasse ombragée sur l'arrière.

🍽 🅿 – Prix : €€

28 rue Notre-Dame – ℰ 01 46 87 08 91 – www.la-grange-des-halles.webnode.fr – Fermé lundi et dimanche

LES SABLES-D'OLONNE

✉ 85100 – Vendée – Carte régionale n° **14**-A2

 L'ABISSIOU

Chef : Boris Harispe

CUISINE MODERNE • **CONTEMPORAIN** Dans une ruelle discrète entre les halles et la belle église Notre-Dame-de-Bon-Port, le nom de cette table gastronomique évoque en patois sablais les petits poissons pêchés par les enfants dans le port. A la barre, l'équipage composé de Mélanie Roussy et de Boris Harispe, passé par plusieurs restaurants étoilés notamment à La Villa Madie (Cassis), s'est bâti un vaisseau contemporain à la hauteur de son talent. Au sein d'une carte iodée (mais pas seulement) renouvelée en permanence, le chef suit scrupuleusement les saisons, travaille de beaux produits frais, nobles ou pas, de la sardine à la Saint-Jacques, avec un sens affûté des cuissons et des sauces. Une réussite !

Prix : €€€€

81 rue des Halles – ℰ 09 86 36 42 29 – www.labissiou.fr – Fermé lundi, mardi et dimanche

BISTRO'QUAI

CUISINE TRADITIONNELLE • **COSY** Sur le quai animé du port, ce restaurant au look contemporain, coloré et cosy propose une cuisine de la mer, élaborée selon le retour de la criée des Sables. On se laisse aussi tenter par les spécialités du chef François Gauthier à l'image du poulpe et boudin de seiche accompagnés d'un coulis

LES SABLES-D'OLONNE

de poivron à l'Espelette ou bien des pieds et oreilles de cochon, sauce aux graines de moutarde. Amis gourmands, pensez à terminer votre repas par la très bonne île flottante aux pralines roses, façon Alain Chapel.

Prix : €€

17 quai René-Guiné – 𝒞 02 51 95 07 50 – www.bistroquai-ls.com – Fermé lundi, et jeudi et dimanche soir

LA COTRIADE

POISSONS ET FRUITS DE MER • BISTRO Sur les quais, face au port de pêche, le banc de poissonnier trône en majesté devant ce restaurant, avec ses poissons et ses crustacés. Dans la salle, à l'ambiance évidemment marine, le chef s'active dans sa cuisine ouverte. Au menu, plateaux de fruits de mer, poissons frais annoncés sur l'ardoise du jour, quelques plats plutôt traditionnels et des spécialités comme la daurade royale cuite dans sa feuille de bananier, citron vert et lait de coco, le pavé de turbot rôti aux coquillages ou la... fameuse cotriade, cette manière de « bouillabaisse » bretonne. Quelques viandes sont également présentes.

🍽 – Prix : €€

18 quai Emmanuel-Garnier – 𝒞 02 51 32 58 92 – www.restaurant-la-cotriade. com – Fermé lundi et mercredi

LA CUISINE DE BERTRAND

CUISINE TRADITIONNELLE • COSY Face au port de pêche, cette discrète affaire entourée par de nombreux restaurants mérite que l'on s'y attarde. Le chef y réalise une cuisine traditionnelle assumée valorisant des produits frais de qualité autour de recettes allant à l'essentiel. Service attentionné.

& – Prix : €€

22 quai de Franqueville – 𝒞 02 51 95 37 07 – Fermé du lundi au mercredi

L'ESTRAN

CUISINE MODERNE • SIMPLE Ceviche de bar, lait de coco, gingembre et guacamole de patate douce ; gambas sauvages snackées au piment d'Espelette, artichauts glacés à l'estragon et émulsion de langoustines... Dans cette petite salle en bordure des quais, le chef Xavier Audren suit son inspiration bistronomique au gré de la saison et de la criée située à quelques encablures. La carte est courte et son exécution de bonne qualité, avec des saveurs et des couleurs. Terrasse sur le port.

🍽 – Prix : €€

8 quai Emmanuel-Garnier – 𝒞 02 51 95 44 67 – www.lestran-restaurant-les-sables-dolonne.eatbu.com – Fermé mardi et mercredi, et dimanche soir

LACERTUS

CUISINE MODERNE • CONTEMPORAIN Bonne humeur et convivialité, produits de qualité locaux essentiellement, cueillette sauvage, cuisine moderne un brin inventive : voilà la recette gourmande et gagnante de ce petit restaurant logé à deux pas du Remblai, dont le nom, Lacertus, signifie maquereau en latin. Régalez-vous d'une saucisse de poisson au poivron et kalamansi, d'un maquereau grillé associé à la fraise, à l'algue et à la moutarde, ou encore d'une "harmonie cacao" aux petits pois et citron vert.

Prix : €€

4 boulevard Franklin-Roosevelt – 𝒞 09 86 49 00 42 – www.lacertus-restaurant. fr – Fermé mardi et mercredi

LES SABLES-D'OLONNE

LE QUAI DES SAVEURS

CUISINE CRÉATIVE • COSY Face à la mer, Estelle et Maxime Dourdin vous accueillent chaleureusement. Passé par de grandes tables, parmi lesquelles le Four Seasons George V à Paris, le chef signe un menu unique évoluant fréquemment, au gré du marché. Des recettes au goût du jour, originales et soignées, à l'image de ces moules marinières, sauce jalapeño, condiment au lait ribot et perles du japon aux herbes.

AC – Prix : €€€

*8 place de Strasbourg – ⌕ 02 51 23 84 91 – www.lequaidessaveurs.net –
Fermé mercredi, jeudi, et vendredi et samedi à midi*

LA SUITE S'IL VOUS PLAÎT

CUISINE MODERNE • CONTEMPORAIN Située derrière le casino et les plages, cette table fait souffler un vent de fraîcheur sur la restauration sablaise. Dans un décor de bistrot branché, sur des rythmes de jazz et de R&B, la cheffe Mélanie Sire propose des plats renouvelés au gré du marché, jouant habilement sur les textures et les saveurs. Des préparations simples mais savoureuses, à l'image de cette trilogie d'huîtres joliment dressée, ou encore de cette pluma ibérique à la cuisson parfaitement maîtrisée. On en redemande… s'il vous plaît !

& AC – Prix : €€

*20 boulevard Franklin-Roosevelt – ⌕ 02 51 32 00 92 – www.lasuitesvp.com –
Fermé lundi, dimanche et mardi midi*

LA TABLE DE VILLENEUVE

CUISINE MODERNE • CONTEMPORAIN Dans un quartier résidentiel à l'écart de l'agitation de la station, cette table sympathique propose un menu-carte bien conçu, à base de produits soigneusement sélectionnés : haddock et carpaccio de betterave ; boudin noir et sauce hollandaise à la savora ; ballotine de volaille fermière, polenta frite et caviar de tomate…

& AC 🍽 – Prix : €€

*28 rue du Pré-Étienne – ⌕ 06 42 14 47 32 – www.latabledevilleneuve.com –
Fermé lundi et mardi*

SABRAN

✉ 30200 – Gard – Carte régionale n° **28**-C2

 ### LE CÈDRE DE MONTCAUD

CUISINE MODERNE • ÉLÉGANT La table gastronomique du Château de Montcaud est placée sous l'égide du talentueux Matthieu Hervé, chef au parcours international. Au fil d'un menu surprise en constante évolution, les belles assiettes minutieuses se succèdent : tourteau bleu, consommé de langoustine gélifié ; saint-pierre, sauce romesco, soupe de poisson de roche (un plat baigné de soleil) ; filet de veau en croûte d'herbes fraîches, crème de girolles et espuma de foin (plat ponctué de magnifiques sauces). Enfin, il n'y a que six ou sept tables, afin d'assurer une prestation de haute qualité, dans l'intimité d'une ravissante cour intérieure tapissée de vigne vierge.

⇔ 🛏 & AC 🍽 P – Prix : €€€€

*Hameau de Combes – ⌕ 04 66 89 18 00 – www.chateaudemontcaud.com/
restaurant/restaurant-de-montcaud – Fermé lundi, mardi et dimanche et du
mercredi au samedi à midi*

SABRAN

BISTRO DE MONTCAUD

CUISINE TRADITIONNELLE • BISTRO Le bistrot chic du château de Montcaud propose une cuisine traditionnelle méridionale, où la priorité du chef Mathieu Hervé est donnée aux produits locaux souvent bio : pâté en croûte de volaille et foie gras, pickles de légumes ; gaspacho de tomates, granité pastèque et feuille de shiso ; trilogie de poissons de roches, soupe de poisson comme une bouillabaisse. La terrasse ombragée face au parc est agréable, l'accueil comme le service sont sympathiques.

🍴♿🅰️🈷️♻️🅿️ – Prix : €€

Hameau de Combes – ☎ 04 66 89 18 00 – www.chateaudemontcaud.com/ restaurant/bistro-de-montcaud

🛏 CHÂTEAU DE MONTCAUD *Plus*

CLASSIQUE • CHALEUREUX Cette noble demeure du 19e s., au cœur d'un parc arboré, est un havre de paix. Meubles de style et tons chauds rehaussent l'élégance des chambres. Avis aux amateurs de la note bleue : le brunch dominical s'accompagne de concerts de jazz en été.

🅰️♨️🅿️☁️☂️🍴🏊🚲⛱♨️🍴 – 29 chambres

Hameau des Combes – ☎ 04 66 33 20 15

❀ **Le Cèdre de Montcaud • Bistro de Montcaud** - Voir la sélection des restaurants

SACHÉ

✉ 37190 – Indre-et-Loire – Carte régionale n° **15**–B1

❁ AUBERGE DU XIIÈME SIÈCLE

Chef : Kevin Gardien

CUISINE MODERNE • AUBERGE Balzac séjournait régulièrement au château de Saché, situé juste à côté de cette auberge à colombages qui a conservé tout son charme authentique, derrière sa façade recouverte de lierre. Poutres apparentes, sol dallé, cheminée et arts de la table plus contemporains : le chef Kevin Gardien et sa compagne Stéphanie Marques savent recevoir. Les produits du terroir ligérien sont à l'honneur : volaille d'Ingrandes-de-Touraine, truite d'une pisciculture de Langeais, safran de Cheillé, fromage de Sainte-Maure-de-Touraine… La cuisine du chef, moderne, mais sans effets de mode inutiles, offre des assiettes lisibles et gourmandes, avec notamment de très jolies sauces comme sur le pigeon de Racan accompagné de betterave en croûte de sel, cassis et géranium rosat.

🈷️♻️ – Prix : €€€

1 rue du Château – ☎ 02 47 26 88 77 – www.auberge12emesiecle.fr – Fermé lundi et mardi, et dimanche soir

SAIGNEVILLE

✉ 80230 – Somme

🛏 AU PRESBYTÈRE DE SAIGNEVILLE

CLASSIQUE • CHARME Cette petite maison d'hôtes de la baie de Somme ne fait pas mystère de son passé. Les bancs d'église, la façade au portique religieux et l'ancienne chambre du prêtre témoignent de son histoire. Les trois chambres et la suite, équipées chacune d'un coin salon, s'accompagnent de deux roulottes aux couleurs ensoleillées campées au fond du jardin. L'une d'elles dispose de sa propre cuisine. La propriété s'entoure d'une cour fleurie d'un cerisier du japon, d'un jardin et d'un terrain de pétanque. La baie de Somme, la campagne, le charmant village de Saigneville et la mer à 10km coloreront vos balades.

🅿️🍴♨️ - 4 chambres

3 rue de la Falise – ☎ 03 22 60 98 34

SAILHAN

✉ 65170 – Hautes-Pyrénées – Carte régionale n° **25**–D3

ERASSENS 🅝

CUISINE MODERNE • MONTAGNARD Perché sur les hauteurs de la petite station de Saint-Lary-Soulan, ce joli petit chalet est un havre aussi confortable que gourmand : mur aux pierres apparentes, poêle à bois et grandes baies vitrées qui embrassent le clocher de l'église et la montagne en toile de fond. Le chef, qui a fréquenté avec profit de belles tables du Pays basque, travaille des produits majoritairement du Sud-Ouest (légumes du coin, poissons de la criée de Saint-Jean-de-Luz, veau de Saint-Araille...). Sa spécialité ? Le pigeon de Souraïde en deux cuissons, filet rôti et cuisse confite, terminés au barbecue, pour plus de saveur et de tendreté. Une cuisine qui marie finesse et générosité – le montagnard a de l'appétit.

&.🍽🅿 – Prix : €€

"Lieu-dit ErassensRoute de Saint-Lary" – 𝄢 05 62 40 16 73 – www.erassens.fr/fr – Fermé lundi, mardi et du mercredi au vendredi à midi

SAILLY-SUR-LA-LYS

✉ 62840 – Pas-de-Calais – Carte régionale n° **4**–B2

LA CONCIERGERIE

CUISINE MODERNE • CONTEMPORAIN Dans le parc du château de Bac-Saint-Maur, l'ancienne conciergerie abrite désormais une salle moderne et lumineuse, grâce à ses grandes baies vitrées, et dont quelques touches de déco évoquent la saison. Langoustine et betterave en entrée ; veau, moules et salicornes en plat ; tomate, zéphyr à la vanille et glace à l'origan au dessert : le chef souhaite surprendre avec sa cuisine gentiment créative, réalisée avec de bons produits, principalement locaux et de saison.

🛏&.🄰🄲🍽🅿 – Prix : €€

4405 rue de la Lys – 𝄢 06 42 85 24 38 – www.restaurantlaconciergerie.fr – Fermé lundi, mardi, samedi midi, et mercredi et dimanche soir

SAINT-AFFRIQUE

✉ 12400 – Aveyron – Carte régionale n° **23**–C3

LA TABLE DE JEAN

CUISINE MODERNE • TENDANCE Il n'y a pas de secret : quand on fait bon, c'est le carton ! La gourmandise est au rendez-vous avec cette cuisine qui oscille entre plats de brasserie traditionnelle (filet de bœuf, tartare au couteau, carré de veau rôti, etc.) et touches méditerranéennes à l'image de risotto de pâtes aux chipirones, chorizo et jus de crustacés. Réservation vivement conseillée.

🄰🄲🍽 – Prix : €€

7 boulevard Émile-Trémoulet – 𝄢 05 65 49 50 05 – Fermé lundi et dimanche soir

SAINT-AIGNAN-SUR-CHER

✉ 41110 – Loir-et-Cher – Carte régionale n° **10** - C3

LE MANGE-GRENOUILLE

CUISINE TRADITIONNELLE · AUBERGE Un ancien relais de poste installé dans une ruelle à quelques encablures des rives du Cher, une agréable petite terrasse dans la cour, des salles à manger délicieusement rustiques avec pierres apparentes et tomettes... mais surtout une cuisine ambitieuse appuyée sur de solides bases traditionnelles. Le midi, un menu plus simple au très bon rapport qualité-prix. Sautez sur les cuisses de grenouilles en persillade !

& ⌂ – Prix : €€

10 rue Paul-Boncour – ☏ 02 54 71 74 91 – www.lemangegrenouille.fr – Fermé lundi et dimanche

LA SALAMANDRE

CUISINE MODERNE · CONTEMPORAIN Aménagé comme un bistrot contemporain sous une belle charpente, ce restaurant occupe une dépendance du château de Saint-Aignan, jolie bourgade médiévale en balcon au-dessus du Cher. Un chef hollandais expérimenté propose une cuisine fraîche et colorée comprenant aussi un menu végétarien. Terrasse au pied du château.

& ⌂ – Prix : €€

7 place de l'Église – ☏ 02 54 93 20 66 – www.restaurantlasalamandre.fr – Fermé du mardi au vendredi et dimanche soir

SAINT-ALBAN-DE-ROCHE

✉ 38080 – Isère – Carte régionale n° **21**–B2

✿ L'ÉMULSION

Chef : Romain Hubert

CUISINE MODERNE · COSY Dans cette ferme du Bas-Dauphiné rénovée avec goût, le chef Romain Hubert propose des menus carte blanche entre tradition et créativité. Sa cuisine, qui doit également beaucoup à des produits triés sur le volet – à 99% locaux et en direct –, marie judicieusement ingrédients et textures : asperges vertes et blanches, truite et livèche ; lapin de ferme en trois façons, variation de blettes... Ne manquez pas son dessert signature, le cube à l'Antésite.

⅋ 🅿 – Prix : €€€€

57 route de Lyon, lieu-dit La Grive – ☏ 04 74 28 19 12 – www.lemulsion-restaurant.com – Fermé llundi et dimanche, et mardi, mercredi et jeudi à midi

🐛 LO FIEU ⓝ

CUISINE RÉGIONALE · RUSTIQUE Dans sa « table campagnarde au feu de bois » (Lo Fieu signifie "le feu" en patois local), Romain Hubert et sa jeune équipe souriante s'attachent à faire vivre la cuisine dauphinoise de tradition. Préparées sous nos yeux, des assiettes réconfortantes et pleines de saveur s'enchaînent pour notre plus grand plaisir : soupe au chaudron aux pois chiches de Trept, friture du lac du Bourget, saucisse de cochon (ou poisson) et son gratin dauphinois, joli chariot de desserts. À déguster dans une ancienne grange aux dimensions impressionnantes, restaurée dans un esprit rustique à souhait.

🅿 – Prix : €€

55 route de Lyon, lieu-dit La Grive – ☏ 04 74 93 44 08 – www.lemulsion-restaurant.com/fr/lo-fieu – Fermé lundi et dimanche

SAINT-ALBAN-LES-EAUX

✉ 42370 – Loire – Carte régionale n° **20**–C1

LE PETIT PRINCE

CUISINE MODERNE • COSY Ce charmant restaurant n'est pas tombé d'un astéroïde : il a été fondé au début du 19e s. par les arrière-grands-tantes de l'actuel patron ! En cuisine, le chef Quentin Billaud au parcours sérieux concocte des menus en plusieurs séquences avec des assiettes joliment dressées et appétissantes. La formule plus courte n'est disponible que le midi en semaine car, le soir, l'ambiance et la carte changent pour s'envoler vers des propositions plus ambitieuses. Outre le restaurant, une autre offre est proposée dans un ancien salon rebaptisé Le 1534 (date de la construction des lieux) avec une cuisine orientée bistronomie. La jolie cave se visite et accueille également des ateliers dégustation. Une belle surprise !

– Prix : €€€

28 rue des Marronniers – ☏ 04 77 65 87 13 – www.restaurant-lepetitprince.fr – Fermé lundi, mardi et dimanche

SAINT-AMOUR-BELLEVUE

✉ 71570 – Saône-et-Loire – Carte régionale n° **17**-C3

AUBERGE DU PARADIS

CUISINE CRÉATIVE • COSY Deux restaurants en un ! Chez Lucienne fait des siennes, la petite carte de suggestions créatives propose des plats à partager où les épices trônent : kebab de poulet fermier, marinade au ras-el-hanout ; gyoza d'agneau aux herbes et curry, poireau et mayonnaise au soja ; Saint-Jacques en panko, girolles et pickles tikka massala. Du côté de chez Joséphine à Table, c'est un bar à vin avec entrées traditionnelles et plat du jour : jambon persillé, pâté croûte, brochette de poulet, riz au lait. Dans les deux cas, terrasse plaisante, convivialité assurée et jolis flacons du mâconnais et du beaujolais avec des vins au verre au magnum. Pour les amateurs de brunch le samedi, c'est chez Lucienne que ça se passe.

– Prix : €€

70 route des Crus-du-Beaujolais (Le Plâtre-Durand) – ☏ 03 85 37 10 26 – www.aubergeduparadis.fr – Fermé lundi, mardi et dimanche et du mercredi au vendredi à midi

AUBERGE DU PARADIS

CONTEMPORAIN • CONVIVIAL Un petit "paradis", en effet, avec ses chambres originales et contemporaines, décorées avec goût comme l'ensemble de l'établissement. Autres atouts : le couloir de nage, le salon de lecture, l'exceptionnel petit-déjeuner, et le choix entre une restauration créative chez Lucienne ou, plus traditionnelle, au bistrot Joséphine à Table (pâté en croûte, etc.).

- 13 chambres

Le Platre Durand – ☏ 03 85 37 10 26

Auberge du Paradis - Voir la sélection des restaurants

SAINT-ANDRÉ-DE-CUBZAC

✉ 33240 – Gironde – Carte régionale n° **22**-B1

LA TABLE D'INOMOTO

CUISINE MODERNE • BISTRO Ce bistrot très attachant est bien connu des habitués, ravis du renouvellement hebdomadaire du menu. La cuisine franco-japonaise bien maîtrisée du chef Seiji Inomoto sublime la "modestie" des produits par des cuissons parfaites et des assaisonnements bien sentis (chapelure panko, miso, légumes marinés au soja). C'est bon, souvent original, et le rapport qualité-prix laisse bouche bée. Courez-y.

– Prix : €€

85 rue Nationale – ☏ 06 50 72 69 01 – www.latabledinomoto.fr – Fermé lundi et dimanche, et mardi et mercredi soir

SAINT-ANTONIN-DU-VAR

✉ 83510 – Var – Carte régionale n° **29**–B2

LA TABLE DE MENTONE

CUISINE PROVENÇALE • **MAISON DE CAMPAGNE** Le chef Sébastien Sanjou est venu en voisin (depuis son Relais des Moines aux Arcs-sur-Argens) superviser les fourneaux de cette table somptueusement installée dans le caveau de ce domaine viticole, l'un des plus beaux du Haut Var. Tandis que l'on profite d'un cadre séduisant (panorama naturel, vignes et oliviers à l'extérieur, grande salle design à l'intérieur), on déguste une bonne cuisine provençale de saison qui tire profit au maximum des nombreux produits du domaine (poulailler, verger, potager, oliveraies). Des exemples ? Pot-au-feu végétal et herbes fraîches ; râble de lapin farci, olives noires et polenta crémeuse ; poire rôtie à l'amande, crème vanillée... On arrose le tout avec l'un des vins bio du domaine. Quelques chambres d'hôtes pour prolonger le séjour en beauté.

⇚ 🕭 ♿ 🆎 🛋 🗖 – Prix : €€

401 chemin de Mentone – 𝒞 04 94 04 42 00 – www.chateaumentone.com – Fermé lundi et mardi

SAINT-AQUILIN

✉ 24110 – Dordogne

🛏 **CHÂTEAU DE BELET** *Plus*

CLASSIQUE • **ROMANTIQUE** Peu de châteaux sont aussi photogéniques que ce décor de conte du 15e s., doté de créneaux et de tours. Ses murs historiques abritent un bed & breakfast au luxe moderne et au service hôtelier de qualité. Dans la tour, la chambre Monet présente des pierres brutes et une salle de bains luxueuse sous des poutres séculaires. Pas de restaurant, mais un petit-déjeuner quotidien.

🆎 🗖 ♺ ♿ 🕭 🚲 🗴 🗴 - 8 chambres

402 Pierre de Brune – 𝒞 06 76 14 50 68

SAINT-ASTIER

✉ 24110 – Dordogne – Carte régionale n° **18**–C2

LES SINGULIERS

CUISINE MODERNE • **CONTEMPORAIN** Au cœur du Périgord blanc, cette maison traditionnelle en pierre dissimule un lieu contemporain séduisant qui entend valoriser les artisans – avis aux amateurs de belle coutellerie ! – et les produits locaux : herbes aromatiques du jardin, légumes de Chantérac, esturgeon de Neuvic, etc. Depuis sa cuisine ouverte, Louis Festa, jeune chef au bon parcours, réalise un menu unique surprise modulable en fonction de l'appétit. Les assiettes ambitieuses et spontanées sont inspirées par la saison à l'image des lentilles vertes du Puy préparées en trois façons, paleron de bœuf limousin de Ribérac au barbecue japonais.

♿ 🆎 🛋 – Prix : €€

6 rue Montaigne – 𝒞 05 53 45 72 07 – www.restaurantlessinguliers.fr – Fermé lundi, mardi et dimanche

SAINT-AUBIN

✉ 21190 – Côte-d'Or – Carte régionale n° **12**–D1

PROSPER

CUISINE MODERNE • **CONTEMPORAIN** Quand un vigneron de la côte de Beaune rencontre un chef étoilé, cela donne Prosper ! Un joli bistrot contemporain au sein du château de Saint-Aubin, fruit de la collaboration entre le domaine Prosper Maufoux et le restaurateur Édouard Mignot (Ed.Em à Chassagne-Montrachet). Le chef propose une carte inspirée par le terroir bourguignon. Plaisante terrasse avec vue sur les vignes.

♿ 🆎 🛋 🗖 – Prix : €€

3 rue des Lavières – 𝒞 03 80 20 23 82 – www.chateau-st-aubin.com/fr/ restaurant – Fermé lundi et dimanche, et mardi soir

SAINT-AVÉ

✉ 56890 – Morbihan – Carte régionale n° **1**–C3

✿ LE PRESSOIR

Chef : Vincent David

CUISINE CRÉATIVE • COSY Le chef Vincent David, natif de Saint-Brieuc, a fréquenté cette institution vannetaise en culotte courte avec ses grands-parents. C'est d'ailleurs là qu'il a pris goût à la cuisine des restaurants étoilés. Quelques décennies plus tard, après avoir convaincu de son talent des chefs comme Dominique Bouchet ou Marc Meneau, il a repris cette maison emblématique au décor désormais épuré. Passionné par les mariages terre-mer, il signe une cuisine d'auteur soignée, où des produits de belle qualité sont conjugués avec équilibre.

🕸 ♿ 🆒 ⇔ 🅿 – Prix : €€€

7 rue de l'Hôpital – ☏ 02 97 60 87 63 – www.le-pressoir.fr – Fermé lundi et mardi, et dimanche soir

SAINT-AVIT-SÉNIEUR

✉ 24440 – Dordogne – Carte régionale n° **18**–D3

😊 LA TABLE DE LÉO

CUISINE MODERNE • BISTRO Une maison en pierre au cœur du village, avec une belle terrasse au-dessus de la place de l'église... L'ensemble cache une vraie bonne petite adresse, où le chef ose sortir des sentiers battus des recettes régionales et démontre une vraie attention aux produits, aux dressages et aux cuissons. De la légèreté, du goût...

🕭 ⇔ – Prix : €€

13 rue de l'Abbaye (Le Bourg) – ☏ 05 53 57 89 15 – www.latabledeleo.com – Fermé samedi et dimanche, et du lundi au vendredi soir

SAINT-BENOÎT-SUR-LOIRE

✉ 45730 – Loiret – Carte régionale n° **11**–B3

😊 LE GRAND SAINT-BENOÎT

CUISINE TRADITIONNELLE • CLASSIQUE Une maison de tradition chaleureuse, avec une jolie terrasse et un intérieur pimpant, au cœur de ce village où repose le poète Max Jacob. Au menu, de délicieux petits plats joliment cuisinés, avec de subtils mariages de saveurs, comme le marbré de caille et foie gras, compotée d'oignons rouges - des assiettes envoyées par un chef présent de longue date et qui connaît son métier.

♿ 🆒 🕭 ⇔ – Prix : €€

7 place Saint-André – ☏ 02 38 35 11 92 – www.restaurant-grand-saint-benoit. com – Fermé lundi et dimanche soir

SAINT-BÉRON

✉ 73520 – Savoie – Carte régionale n° **21**–C2

LE PÉROU

CUISINE PÉRUVIENNE • COLORÉ Pulpo anticuchero, lomo saltado, tiradito, arroz cremoso et, bien sûr, les incontournables ceviches : tous les classiques de la cuisine péruvienne sont ici réunis dans les Alpes par une cheffe et son équipe, tous natifs du Pérou. Les produits sont aussi directement importés des Andes, via l'Espagne. Ceux qui ont goûté cette cuisine en Amérique du Sud retrouveront avec plaisir l'incroyable palette de saveurs et de goûts de cette gastronomie riche en aromates et en ingrédients originaux.

Prix : €€

341 rue Jules-Ferry – ☏ 04 76 66 35 05 – www.restaurant-leperou.fr – Fermé du lundi au mercredi

SAINT-BON-TARENTAISE

 73120 – Savoie

🛏 FAHRENHEIT SEVEN COURCHEVEL

DESIGN • CONVIVIAL Déjà implanté à Val Thorens, le Fahrenheit 7 prend d'assaut Courchevel, du haut de son grand chalet, avec une recette éprouvée : des teintes tranchées, des matières voluptueuses et quelques objets rétro, pour une identité bien marquée. Un design net, vibrant, cocooning et discrètement seventies, décliné en chambres et appartements. Le bar propose une carte d'alcools et des DJs qui font grimper le thermomètre.

🅿 🔊 ⓢ 🛜 ⁝🍽 - 66 chambres

Rue du Marquis – ☏ 04 86 15 44 44

SAINT-BONNET-LE-FROID

 43290 – Haute-Loire – Carte régionale n° **20**-C2

✿✿✿ RESTAURANT MARCON

Chefs : Régis et Jacques Marcon

CUISINE CRÉATIVE • DESIGN Chez les Marcon, je demande le père, Régis, auvergnat-transalpin autoproclamé, cuisinier d'exception, entrepreneur et sommité gastronomique... et les fils : Jacques et Paul. Le premier assure la relève avec aplomb, tandis que le second vient de les rejoindre. Ici, les choses sont claires : c'est le marché et la cueillette qui dictent la carte. Il y en a pour tous les goûts : viandes du plateau, lentilles vertes du Puy, asperges, fèves, escargots... et surtout champignons, la grande spécialité de la famille, qu'ils vont cueillir en automne dans l'intimité des sous-bois rougissants. Une cuisine enracinée, à l'image de ces premières girolles sautées et jeunes carottes du jardin glacées à l'ache des montagnes, ou de ce filet d'omble chevalier poêlé et fenouil confit au beurre de fleurs de sureau. Sans oublier le beau plateau de fromages où salers, fourme et saint-nectaire nous font les yeux doux !

❀ ⇆ ≦ ♿ 🅰🅲 🅿 – Prix : €€€€

Larsiallas, 18 chemin de Brard – ☏ 04 71 59 93 72 – www.lesmaisonsmarcon.fr – Fermé du mardi au jeudi

✿ **L'engagement du chef :** Entre Haute-Loire et Ardèche, notre cuisine reflète les liens forts que nous avons noués avec cette terre et cette culture. Mise en avant des meilleurs produits locaux, réécriture hebdomadaire de notre carte, réduction maximale des déchets, économies en électricité et en eau : le respect et la promotion de notre terroir passent par la mise en place de tout un système vertueux.

😊 L'ACTE 2

CUISINE MODERNE • CONTEMPORAIN Avant de remettre au goût du jour cette adresse, Julie (salle et sommellerie) et Lucas (cuisine) se sont rencontrés chez Régis et Jacques Marcon, une table de référence s'il en est. Avec cet Acte 2, ils sont chez eux dans cette petite salle à manger moderne. Œuf parfait, crème de chou-fleur, émulsion d'oignon grillé, pousses d'épinards et cacahuète ; pintade en deux façons, risotto d'orge perlé, carotte fane et champignons, jus corsé : le chef ne ménage pas ses efforts gourmands pour signer des assiettes bien travaillées.

♿ 🅰🅲 – Prix : €€

7 place aux Champignons – ☏ 04 71 75 85 93 – www.lacte2-restaurant.fr – Fermé du lundi au mercredi et dimanche soir

1045

SAINT-BONNET-LE-FROID

 BISTROT LA COULEMELLE

CUISINE TRADITIONNELLE • RUSTIQUE Au cœur du village, voici la délicieuse "annexe bistrotière" du grand restaurant de Régis et Jacques Marcon. Traditionnel pâté en croûte changeant chaque saison ; filet de poulet rôti, rillettes de cuisse aux noisettes et déclinaison de courge ; fromages d'Ardèche et d'Auvergne : rien à dire, tout est généreux et diablement bon. Et les cuisines ouvertes ajoutent un côté chaleureux à l'ensemble.

🛏️ & 🅰🅲 🅿 – Prix : €€

2 rue du Fanget – ℰ 04 71 65 63 62 – www.lesmaisonsmarcon.fr – Fermé mardi et mercredi

SAINT-BRIEUC

✉ 22000 – Côtes-d'Armor – Carte régionale n° **1**–C1

 AUX PESKED

Chef : Mathieu Aumont

POISSONS ET FRUITS DE MER • DESIGN En ville... et déjà à la campagne : décorée dans un style résolument contemporain, cette maison offre une vue plongeante sur les rives verdoyantes du Gouët. Logiquement, les pesked ("poissons" en breton) sont à l'honneur, très frais et cuisinés avec soin et tendresse par le chef Mathieu Aumont : ainsi les ormeaux sauvages sont-ils massés trois jours durant pour les rendre onctueux et d'une texture irréprochable. On profite aussi des conseils judicieux de madame pour les accords mets et vins. Une cuisine iodée, d'une justesse parfaite.

🐌 ⇐ & 🅰🅲 🍽 ⇔ 🅿 – Prix : €€€

59 rue du Légué – ℰ 02 96 33 34 65 – www.auxpesked.com – Fermé lundi, dimanche et samedi midi

L'AIR DU TEMPS

CUISINE MODERNE • DESIGN Une jolie maison ancienne à la façade en granit gris au cœur de la ville, le mariage réussi du décor d'origine et d'éléments dans l'air du temps, un patio pour manger au calme : l'adresse a réussi son déménagement ! Côté fourneaux, la cheffe mitonne toujours des recettes traditionnelles proposées à des prix plutôt doux, pour la plupart servies en cocotte, comme l'échine de porc en longue cuisson.

🍽 ⇔ – Prix : €

6 rue Sainte-Barbe – ℰ 02 96 68 58 40 – www.airdutemps.fr – Fermé lundi et dimanche

LA CROIX BLANCHE

CUISINE MODERNE • ÉLÉGANT Deux frères : l'un en cuisine, l'autre en salle... On travaille en famille dans ce plaisant restaurant ouvert sur un joli jardin. La cuisine est gourmande, à l'image de ce filet de bœuf, mousseline de carotte et rillettes de bœuf confites au vin rouge. Un rapport plaisir-prix à marquer d'une croix blanche.

🛏️ & ⇔ – Prix : €€

61 rue de Genève, Cesson – ℰ 02 96 33 16 97 – www.restaurant-lacroixblanche.com – Fermé lundi et mardi, et dimanche soir

Ô SAVEURS

CUISINE MODERNE • CONTEMPORAIN Ce n'est probablement pas le charme du quartier, à proximité de la gare, qui vous attirera ici ; mais cela n'a pas d'importance, car cette adresse se suffit à elle-même. Qu'on en juge : noix de Saint-Jacques de la baie de Saint-Brieuc, crème de safran de Quessoy et conchiglionis aux algues ; filet de canette rôti au miel, jus réduit à la sauge, poire pochée aux myrtilles et shiitakés ; la rencontre entre la poire et la griotte, ganache montée au chocolat blanc...

& – Prix : €€

10 rue Jules-Ferry – ℰ 02 96 94 05 34 – www.osaveurs-restaurant.com – Fermé lundi et dimanche, et mardi et mercredi soir

SAINT-BRIEUC

LA TABLE D'EDGAR

CUISINE MODERNE • CONTEMPORAIN Le chef Sébastien David, au joli parcours, concocte une cuisine comme on les aime, basée sur des produits de qualité : excellente volaille de la ferme de la Paumerais, beurre fermier à la couleur intense, poissons frais du Guilvinec, huîtres charnues de Paimpol... La partition est bichonnée avec soin, les saveurs matchent bien, et les cuissons sont aussi pointues pour les plats que pour les desserts : suprême de volaille glacé au lard de colonnata, cuisse rôtie dans un bouillon de livèche ; poire, biscuit fondant au chocolat blanc et pistache. Le cadre n'est pas en reste, clair et harmonieux, les tables entourant un salon sous verrière très agréable.
Prix : €€

15 rue Jouallan – ℰ 02 96 60 27 27 – www.saint-brieuc-hotel.fr – Fermé lundi, dimanche et samedi midi

EDGAR

BOURGEOIS • CONVIVIAL Edgar occupe une maison d'armateur où chaque chambre, mansardée, côté cour ou côté jardin, est habillé avec goût de tons apaisants et équipée de tous les équipements modernes. Ambiance intime, services sur mesure, espaces de travail fonctionnels, bar-salon confortable, spa luxueux, espace événementiel polyvalent, parking privé : tout est prévu pour un séjour parfait.
AC P ⌖ ⌖ ⌖ ⌖ - 28 chambres
15 rue Jouallan – ℰ 02 96 60 27 27
La Table d'Edgar - Voir la sélection des restaurants

SAINT-CANNAT

✉ 13760 – Bouches-du-Rhône – Carte régionale n° **28**–D3

ꙮ ### LE MAS BOTTERO

Chef : Nicolas Bottero
CUISINE MODERNE • ÉLÉGANT Installé près d'Aix en Provence, le chef patron Nicolas Bottero (autrefois à Grenoble) propose une cuisine enthousiasmante, savoureuse et parfumée. Enfant, il venait dans la région chez sa grand-mère : il en a conservé la nostalgie des couleurs du sud, et un attachement au terroir. En témoignent ces asperges vertes de Mallemort, sautées à la minute, morilles à la crème et émulsion au vin jaune ou encore ces oranges sanguines sur un baba au rhum infusé à la badiane et son sorbet rafraîchissant... Les producteurs des environs sont mis à contribution, un petit potager fournit les herbes aromatiques. La terrasse située sur l'arrière de la maison donne sur un petit jardin. Nicolas Bottero ? Discrétion, humilité, passion. Un coup de cœur.
ꙮ ⌖ ⌖ AC ⌖ P – Prix : €€€
2340 route d'Aix-en-Provence – ℰ 04 42 67 19 18 – www.lemasbottero.com – Fermé lundi et mardi, et dimanche soir

SAINT-CAST-LE-GUILDO

✉ 22380 – Côtes-d'Armor – Carte régionale n° **1**–D1

LE JARDIN DÉLICE ⓝ

CUISINE MODERNE • CONTEMPORAIN Au cœur de cette station balnéaire de la Côte d'Émeraude, ce restaurant à la déco pimpante est dirigé par deux talents confirmés qui ont fréquenté les grandes adresses. À sa table, Julien Gourmelen veut rendre hommage aux goûts et aux produits de sa Bretagne natale. Asperges blanches rôties, émulsion au lait d'amande, haddock, kumquat, herbes fraîches ; filet de pagre croustillant, barigoule d'artichauts, coriandre : ce cuisinier expérimenté s'engage dans chaque assiette et on lui en sait gré. Accueil tout sourire et service bien rythmé de la compagne du chef, Adeline Moiroud.
⌖ AC – Prix : €€
23 boulevard Duponchel – ℰ 02 96 81 05 27 – www.lejardindelice.fr – Fermé du lundi au mercredi et dimanche soir

1047

SAINT-CÉRÉ

✉ 46400 – Lot – Carte régionale n° **23**-B2

✿ LES TROIS SOLEILS DE MONTAL

Chef : Frédérik Bizat

CUISINE MODERNE • CLASSIQUE Le soleil brille sur ce domaine situé sur le causse de Gramat, tout près de Saint-Céré : un hôtel avec ses restaurants, un parc au calme, une piscine, un golf pas très loin... La salle à manger élégante et bourgeoise, ouverte sur la terrasse d'été et le parc, fait la part belle aux tapisseries et aux céramiques de Jean Lurçat, artiste apprécié du chef, antiquaire dans une vie antérieure. Aujourd'hui, ce dernier ne se consacre qu'à la cuisine en régalant ses hôtes avec des produits de qualité et beaucoup de finesse d'exécution. Le tout pour un excellent rapport qualité-plaisir, sans oublier l'accueil attentionné de Madame Bizat.

🛏 👥 & 🅰🅒 🍽 ❄ 🅿 – Prix : €€€

687 route de Montal, Saint-Jean-Lespinasse – ☏ *05 65 10 16 16 – www.3soleils. fr – Fermé lundi, mardi midi et dimanche soir*

L'INFORMEL

CUISINE TRADITIONNELLE • CONVIVIAL L'annexe gourmande du restaurant étoilé "Les Trois Soleils de Montal". Le chef propose une cuisine traditionnelle généreuse et goûteuse, concoctée à base de produits frais et de saison. On pense notamment au carré de veau de l'Aveyron, légumes et champignons sauvages, d'une belle qualité. Convivial et informel.

👥 & 🅰🅒 🍽 🅿 – Prix : €

Les Prés-de-Montal, Saint-Jean-Lespinasse – ☏ *05 36 48 00 30 – www.3soleils. fr – Fermé lundi, vendredi et dimanche et samedi midi*

SAINT-CHAFFREY

✉ 05330 – Hautes-Alpes

🛏 GRAND HÔTEL (SERRE CHEVALIER)

MODERNE • CHALEUREUX Entièrement rénové, le Grand Hôtel mise sur une gamme imposante de services (spa avec jacuzzi, hammam, sauna et douche sensorielle, ski-shop, casiers à ski) et des chambres sobres et épurées, entre modernité et esprit montagnard.

🅿 ❄ ♨ 🐾 🍽 – 71 chambres

Place du Téléphérique – ☏ *04 92 24 15 16*

SAINT-CHAMAS

✉ 13250 – Bouches-du-Rhône – Carte régionale n° **28**-C3

LE RABELAIS

CUISINE DU MARCHÉ • AUBERGE Installé dans la jolie salle voûtée du 17e s. d'un vieux moulin à blé, un restaurant familial que n'aurait pas renié le héros de Rabelais, l'insatiable Gargantua ! On y sert une goûteuse cuisine, ancrée dans les saisons et préparée avec soin (le menu change plusieurs fois par semaine). Le chef est aussi l'auteur d'une jolie spécialité : un pâté en croûte de volaille et légumes verts, mayonnaise à l'ail noir. Une adresse située à proximité immédiate de la poudrerie de Saint-Chamas fondée en 1690. Histoire, littérature, gourmandise : qui dit mieux ?

🅰🅒 🍽 ❄ – Prix : €€

8 rue Auguste-Fabre – ☏ *04 90 50 84 40 – www.restaurant-le-rabelais.com – Fermé lundi et mardi, et mercredi et dimanche soir*

SAINT-CIRQ-LAPOPIE

✉ 46330 – Lot – Carte régionale n° **23**-B2

AUBERGE DU SOMBRAL - LES BONNES CHOSES
CUISINE DU TERROIR • **AUBERGE** Dans cette maison, au pied du château de Lapopie, on sait ce que sont Les Bonnes Choses ! La preuve : on y savoure une sympathique cuisine du terroir où les produits locaux ont la part belle (agneau, foie gras, fromages...). Quelques jolies chambres pour prolonger la visite de ce village dominant le Lot.
🛏 – Prix : €
Place du Sombral – ☏ *05 65 31 26 08 – www.aubergelesombral.wordpress.com – Fermé mercredi, et lundi, mardi, jeudi, vendredi, samedi et dimanche soir*

SAINT-CLOUD

✉ 92210 – Hauts-de-Seine – Carte régionale n° **11**-E2

SIENNE 🆕
CUISINE TRADITIONNELLE • **BISTRO** Baptiste Renouard veille sur ce bistrot contemporain qui accueille du matin au soir et propose un brunch le dimanche. Ce chef talentueux fait ici dans l'efficacité gourmande, avec une cuisine émaillée de références classiques : œuf meurette, merlan Colbert, pot-au-feu ou quenelle de brochet. C'est net et sans bavure ! Préférer la salle à l'étage, qui offre des tables proches des grandes baies vitrées, ou la terrasse aux beaux jours.
♿🛏 – Prix : €€€
46 boulevard de la République – ☏ *01 86 04 07 48 – www.restaurantsienne.fr – Fermé lundi et dimanche*

SAINT-CRICQ-CHALOSSE

✉ 40700 – Landes – Carte régionale n° **25**-B2

LA PETITE COURONNE
MODERNE • **CHAMPÊTRE** Défenseurs de la planète, cette adresse est faite pour vous ! En pleine campagne, l'établissement, tout en bois, joue la carte écolo, et les chambres, confortables et bien tenues, respectent les normes environnementales. Petit-déjeuner copieux, servi face à la piscine.
🅿 ⛱ - 11 chambres
Route d'Amou – ☏ *05 58 79 38 37*

SAINT-CYPRIEN

✉ 66750 – Pyrénées-Orientales – Carte régionale n° **27**-C3

✿ L'ALMANDIN
CUISINE MODERNE • **ÉLÉGANT** Un site pour le moins étonnant que cette île artificielle séparée de la Méditerranée par un cordon littoral, et qui abrite un complexe hôtelier avec piscine et spa. La terrasse au bord de l'eau séduit, tout comme la cuisine généreuse du chef Frédéric Bacquié, qui privilégie les beaux produits du terroir catalan et de la pêche locale. Justesse des assaisonnements et maîtrise des cuissons sont bien au rendez-vous, dans des assiettes précises et élégantes : loup sauvage du Cap Leucate et sauce crustacés, volaille aux girolles et émulsion champignons, dessert au muscat et safran... Le menu déjeuner offre un très bon rapport qualité-prix et, en complément, l'Aquarama offre une cuisine gourmande dans une version bistrot chic.
🌿 ⇆ ≼ ♿ 🅰🅲 🛏 🅿 – Prix : €€€
Boulevard de l'Almandin, St-Cyprien Sud – ☏ *04 68 21 01 02 – www.almandin. fr – Fermé lundi et mardi, et dimanche soir*

SAINT-CYPRIEN

HÔTEL ÎLE DE LA LAGUNE
MODERNE • MARITIME Il s'agit d'un charmant complexe de style villa, qui se définit comme "une grande maison de vacances". La plupart des chambres se trouvent dans le bâtiment principal et sont décorées dans un style méditerranéen teinté de modernisme. Six autres chambres occupent le pavillon Newport et s'inspirent de la Nouvelle-Angleterre. Piscine extérieure chauffée sur le toit, spa, excursions à vélo ou en mer, et deux restaurants : un gastronomique et, au bord de la piscine, une table italienne.

AC P 🚗 🐕 🚲 ♨ 🛎 🛏 🍴 - 30 chambres
Boulevard de l'Almandin - ✆ 04 68 21 01 02
✿ **L'Almandin** - Voir la sélection des restaurants

SAINT-CYR-AU-MONT-D'OR
✉ 69450 – Rhône

L'ERMITAGE
ÉPURÉ • ÉLÉGANT Cet hôtel ne manque pas d'atouts : vue extraordinaire sur Lyon et les Monts-d'Or, cadre design et épuré pour une sérénité à son zénith. Et la terrasse suspendue est superbe.

♿ AC P 🐕 🛎 ♨ 🏊 🍴 - 26 chambres
Chemin de l'Ermitage - Mont Cindre - ✆ 04 72 19 69 69

SAINT-CYR-SUR-LOIRE
✉ 37540 – Indre-et-Loire – Carte régionale n° **15**-B1

L'ATELIER D'OLIVIER ARLOT
CUISINE MODERNE • CONVIVIAL Installé par Olivier Arlot sur les quais de la Loire, L'Atelier joue la modernité sur les deux tableaux : dans le décor et dans l'assiette. Des créations savoureuses et bien pensées, comme le compressé de queues de bœuf et foie gras, un mariage heureux et fondant en bouche ! L'exemple même d'une bistronomie futée, vivante, avec un renouvellement très régulier de la carte.
♿ AC 🍴 🍽 – Prix : €€
55 quai des Maisons-Blanches - ✆ 02 47 73 18 63 – latelier-olivierarlot.eatbu.com *- Fermé lundi et dimanche*

SAINT-CYR-SUR-MER
✉ 83270 – Var – Carte régionale n° **29**-A3

ES/PACÌO
CUISINE MODERNE • CONVIVIAL Des légumes et des fruits de saison locaux, des poissons sauvages tout frétillants, une fringante équipe (dont l'ancien second de la Chassagnette), une petite carte des vins naturels du coin judicieusement pensée - la formule ouvre l'appétit. Dans l'assiette, tout a du goût et il n'y a que ça qui compte : crudo de denti, radis multicolores, vinaigrette agrumes, condiment rouillé ; maigre de ligne, patate douce, clémentine, fenouil ; crème citron, sésame noir, meringue. Dans ce bistrot sobre, les grandes baies vitrées donnent sur la terrasse et au-delà sur le port de plaisance.
AC 🍴 P – Prix : €€
201 nouveau port des Lecques - ✆ 06 88 46 33 37 – *Fermé mardi et mercredi, et dimanche soir*

SAINT-DENIS-D'OLÉRON – Charente-Maritime (17) → Voir Île d'Oléron

SAINT-DENIS-LE-VÊTU

✉ 50210 – Manche – Carte régionale n° **2**-A2

LA BARATTE

CUISINE TRADITIONNELLE • AUBERGE Une cuisine simple faite de produits locaux de bonne qualité à prix doux : voilà la promesse – tenue – par le couple Lefèvre qui possède cette auberge à la belle devanture, une maison en pierre du pays, qui fut aussi un ancien bar-épicerie. Le cadre est contemporain et lumineux, avec une agréable terrasse pour les beaux jours, et une rôtissoire dans l'entrée d'où sortent des plats du jour appétissants tel le suprême de volaille aux épices colombo.

& 🏠 ⇔ – Prix : €

Le Bourg – ✆ 02 33 45 45 49 – www.restaurant-labaratte.fr – Fermé mardi et mercredi, et lundi, jeudi et dimanche soir

SAINT-DIDIER-DE-LA-TOUR

✉ 38110 – Isère – Carte régionale n° **21**-B2

AMBROISIE

Chef : André Taormina

CUISINE MODERNE • CONTEMPORAIN D'abord, il y a ce lac, juste devant nous, qui nous saute aux yeux avec ses rives arborées : rien que l'emplacement vaut déjà le coup d'œil. Mais il y a surtout le remarquable travail du chef, puisqu'on est tout de même venu pour ça... Et il excelle à transformer les beaux produits (noix de Saint-Jacques façon petit pâté chaud ; homard breton avec framboises, caviar séché et mizuna ; poitrine de pigeon rôtie et fumée sur le barbecue). Ses desserts en trompe-l'œil amusent et régalent (abricot, citron, marron selon la saison). À noter, pour les amateurs, que le chef propose un menu truffe toute l'année : on aurait tort de se priver.

🍽 ⇐ AC P – Prix : €€€€

64 route du Lac – ✆ 04 74 97 25 53 – www.restaurant-ambroisie.fr – Fermé lundi, mardi, mercredi midi et dimanche soir

SAINT-DIÉ-DES-VOSGES

✉ 88100 – Vosges – Carte régionale n° **7**-C3

LOGAN LAUG

CUISINE MODERNE • CONTEMPORAIN Cadre contemporain, murs de briques blanches ou papier peint vert à motifs, parquet flottant, verrières, caves à vins vitrées face au comptoir de service. Une chose est sûre : le chef et entrepreneur Logan Laug ne néglige aucun détail, passion oblige ! Avec sa brigade, il soigne chaque assiette de cette cuisine moderne et fusion qui porte l'empreinte des nombreux voyages du chef. Quelques exemples ? Côte de porcelet tex-mex et maïs ; rouget en deux façons, texture d'artichaut et sauce chermoula.

& AC – Prix : €€€

7 rue du 11-Novembre-1918 – ✆ 03 29 63 40 30 – www.loganlaug.fr – Fermé lundi et mardi, et dimanche soir

1051

SAINT-DONAT-SUR-L'HERBASSE

✉ 26260 – Drôme – Carte régionale n° **24**-B1

CHARTRON

CUISINE MODERNE • **ÉLÉGANT** Entre la Drôme et l'Ardèche, une institution locale et familiale depuis 1946 quand Paulette Chartron et son frère René ont acheté cette auberge située au sein d'un village célèbre pour son festival Jean-Sébastien-Bach (en juillet). La clé du succès ? La cuisine, basée sur de bons produits, révèle un savoir-faire certain : foie gras de canard, dorade royale, filet de sandre, agneau de Provence... On profite notamment de préparations de truffes en saison. Quelques chambres coquettes pour l'étape.

🍽 🛏 ℅ AC – Prix : €€€

1 avenue Gambetta – ✆ 04 75 45 11 82 – www.restaurant-chartron.com – Fermé mardi et mercredi, et lundi soir

SAINT-ÉMILION

✉ 33330 – Gironde – Carte régionale n° **22**-C2

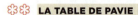

LA TABLE DE PAVIE

CUISINE CRÉATIVE • **LUXE** Au cœur du village mondialement connu de Saint-Émilion, Yannick Alléno supervise avec exigence la table de cet hôtel luxueux, ancien couvent où des nonnes offraient protection aux pèlerins et aux voyageurs. Le chef a mis en place aux fourneaux un chef, Sébastien Faramond, et une équipe de confiance, qui peaufinent une partition culinaire tournée vers le terroir du Sud-Ouest. On retrouve des sauces et des réductions qui sont la marque de fabrique et la signature du chef francilien. L'entrée - balade presque végétale, fins copeaux de lard gascon - invite à une exploration du terroir aquitain, tandis que le dessert - une tarte chaude au chocolat, sauce maury, glace texturée à la vanille de Tahiti - est un modèle de gourmandise signé Sébastien Nabaille. Bien évidemment, les plats s'accompagnent de superbes vins de Saint-Émilion.

🍽 🛏 ℅ AC P – Prix : €€€€

5 place du Clocher – ✆ 05 57 55 07 55 – www.hoteldepavie.com – Fermé lundi, dimanche, et mercredi et jeudi à midi

LES BELLES PERDRIX DE TROPLONG MONDOT

Chef : David Charrier

CUISINE MODERNE • **CONTEMPORAIN** Situé en haut d'une petite butte, point culminant de Saint-Émilion, ce château prestigieux est à la hauteur des espérances. Dans ce lieu à part, la salle épurée s'ouvre sur le magnifique vignoble. Ici, la préservation de la biodiversité est une priorité et tout est mis en œuvre pour respecter le milieu naturel. Le chef, David Charrier, propose une cuisine dans la même philosophie, saine et précise dans les préparations, s'appuyant sur des techniques parfaitement maîtrisées, privilégiant les produits du domaine et de petits producteurs rigoureusement sélectionnés. Le chef est capable de transcender une simple moule de bouchot par la grâce d'une fine gelée iodée au safran, de girolles, d'une chiffonnade d'estragon du Mexique, et d'une sauce mouclade dont le brillant fait de l'œil : du grand art ! Le service cultive une certaine joie de vivre et la carte des vins permet de se faire plaisir sans se ruiner.

🍽 🛏 🌿 🛏 ℅ AC P – Prix : €€€€

Château Troplong Mondot – ✆ 05 57 55 38 28 – www.troplong-mondot.com/ hospitality/les-belles-perdrix – Fermé lundi, dimanche et mardi midi

🌱 **L'engagement du chef :** Nous nous sommes engagés depuis plusieurs années à agir pour assurer la durabilité de notre écosystème. Nos potagers et notre verger sont cultivés selon les principes de la permaculture ; la gestion des énergies et de l'eau est une préoccupation constante ; nos fournisseurs s'engagent à privilégier les contenants réutilisables ; et le poulailler et l'enclos à cochons permettent une élimination des biodéchets.

SAINT-ÉMILION

 LOGIS DE LA CADÈNE

CUISINE MODERNE • ÉLÉGANT L'un des plus anciens restaurants de St-Émilion, dans un logis datant de 1848, en plein cœur de la cité. Salles à manger cosy et feutrées, dans l'esprit des chambres élégantes et douillettes qui prolongent l'étape. Le nouveau chef Thibaut Gamba propose des assiettes subtiles et délicates, privilégiant au maximum les produits du terroir aquitain. Une partie des fruits et légumes provient de la ferme du domaine, tout comme le miel. Belle carte des vins, notamment en bordeaux rouges, à marier avec les nombreux trésors de la cave à fromages.

– Prix : €€€€

3 place du Marché-au-Bois – ℰ 05 57 24 71 40 – www.logisdelacadene.fr – Fermé lundi, dimanche et samedi midi

CHÂTEAU GRAND BARRAIL

CUISINE MODERNE • ÉLÉGANT Au cœur du vignoble de Saint-Émilion, ce château édifié en 1902, d'allure si néo-romantique, mêle l'ancien avec le design contemporain. Les convives s'attablent soit dans les salons d'inspiration Art nouveau, soit sur la belle terrasse tournée vers le parc et une mer de vignes. Au déjeuner, recettes bistronomiques comme cette aubergine rôtie et en caviar fumé, condiment tomate et balsamique à la figue. Et plus ambitieuses au dîner (filet de bœuf charolais, « pain-jus » au vin rouge, espuma de pommes de terre à l'huile de truffe).

– Prix : €€€

Route de Libourne D243 – ℰ 05 57 55 37 00 – www.grand-barrail.com

L'ENVERS DU DÉCOR

CUISINE TRADITIONNELLE • BISTRO En plein cœur du village mythique, à quelques pas du clocher, cette jolie façade rouge de bistrot attire l'œil. À l'intérieur, un décor rétro raffiné (du comptoir en zinc aux banquettes en cuir). Et à la carte, on retrouve avec plaisir tous les classiques, du foie de veau au baba. Belle carte des vins à des tarifs raisonnables.

– Prix : €€€

9 rue du Clocher – ℰ 05 57 74 48 31 – www.envers-dudecor.com

L'HUITRIER PIE

CUISINE MODERNE • COSY Dans ce célèbre village de vignerons, l'enthousiasme et le talent des jeunes propriétaires Camille et Soufiane nous emportent au gré de jolies assiettes composées de produits sélectionnés avec rigueur (tomates anciennes du Sud-Ouest, framboises, verveine du jardin et burrata ; saint-pierre juste nacré, cocos de Paimpol en textures...). Aux beaux jours, on s'attable dans l'aimable courette.

– Prix : €€€

11 rue de la Porte-Bouqueyre – ℰ 05 57 24 69 71 – www.lhuitrier-pie.com – Fermé mardi et mercredi

LE TERTRE

CUISINE MODERNE • TRADITIONNEL Dans une petite ruelle pavée du village, ce restaurant est tenu par un couple de professionnels accomplis : Catherine en salle, souriante et chaleureuse, et Julien en cuisine, qui réalise des assiettes créatives inspirées et harmonieuses. Les produits de la région sont à l'honneur : canard des Landes, truite du Pays basque, retour de pêche des ports aquitains. Dans le prolongement de la salle, la cave à vin creusée dans la pierre monolithe abrite une table de 4 personnes fort prisée le soir.

– Prix : €€

5 rue du Tertre-de-la-Tente – ℰ 05 57 74 46 33 – www.restaurantletertre.com – Fermé mercredi et jeudi

SAINT-ÉMILION

LES CLEFS DE TROPLONG MONDOT

BOURGEOIS • **CHARME** Du haut de sa colline, le Château Troplong Mondot offre une vue imprenable sur Saint-Émilion. Les noms des chambres d'hôtes du château du 18e s. résument le mode de vie paisible de la région : la maison du vignoble, l'atelier, le clocher. L'accueil prévenant est à la hauteur de toutes les prestations du domaine.

AC P ◊ ⊟ ⊪○ - 4 chambres

Château Troplong Mondot - ℰ 05 57 55 32 05

✿ **Les Belles Perdrix de Troplong Mondot** - Voir la sélection des restaurants

HOTEL DE PAVIE

TRADITIONNEL • **CONVIVIAL** Cet hôtel de luxe est réparti sur trois sites : la maison principale, autrefois couvent, une annexe au bout du jardin et, à quelques km, le domaine viticole du Château Pavie. Les intérieurs sont frais et modernes, avec des meubles aux couleurs vives. Certaines chambres disposent d'un balcon et la plupart offrent une vue sur la vallée de la Dordogne ou sur les toits du village médiéval. Bar à vin avec cheminée, petit déjeuner copieux.

AC ⋈ ⊪○ - 21 chambres

Place du Clocher - ℰ 05 57 55 07 55

✿✿ **La Table de Pavie** - Voir la sélection des restaurants

LOGIS DE LA CADÈNE

TRADITIONNEL • **CHARME** Sur une place du centre du village, impossible de ne pas succomber au charme de ces deux bâtisses anciennes (le logis et la maison), typiques de Saint-Émilion. Les chambres y ont du caractère (mobilier chiné, vieux plancher) et l'on profite d'un restaurant (partie logis) et d'un espace "remise en forme" avec sauna et hammam (partie maison).

AC P ⌒ ◊ ⊟ ♨ ⊪○ - 9 chambres

3 place du Marché au Bois - ℰ 05 57 24 71 40

✿ **Logis de la Cadène** - Voir la sélection des restaurants

LE RELAIS DE FRANC MAYNE

MODERNE • **CHALEUREUX** Installé dans un château du 16e s., ce domaine viticole est fier de ses caves où le cabernet franc vieillit en fûts de chêne. Si l'extérieur est très simple, l'intérieur multiplie les ambiances : murs jaune canari dans la chambre Pop Art, imprimés zébrés dans l'African Lodge, bois sculpté dans l'Indian Fusion, éclairage sophistiqué, soieries aux teintes audacieuses, billard luxueux, salle à manger ancienne...

AC - 9 chambres

14 La Gomerie - ℰ 05 57 24 62 61

SAINT-ESTÈPHE

✉ 33180 – Gironde

LA MAISON D'ESTOURNEL   *Plus*

CLASSIQUE • **ÉLÉGANT** Au sein d'un joli parc entouré par les vignes, l'ex-Château Pomys (qui fut aussi l'habitation de Louis Gaspard d'Estournel) est devenu un hôtel charmant. L'élégance et le classicisme dominent dans les chambres : la garantie d'un séjour délicieux.

& AC P ◊ ⊟ ⊪○ - 14 chambres

Route de Poumeys - ℰ 05 56 59 30 25

SAINT-ESTÈPHE

SAINT-ÉTIENNE

✉ 42000 – Loire – Carte régionale n° **20**–C2

😋 LA TABLE DES MATRUS 🆔

CUISINE MODERNE • **CONVIVIAL** Jeunesse, fougue et une créativité certaine : le jeune chef Matéo Ravel, une petite vingtaine, déborde d'énergie. Dans son bistrot tendance, avec cuisine ouverte et tuyauteries apparentes, il soigne son réseau de petits producteurs et de vignerons nature de la Loire. Il consacre également une partie de sa passion à des préparations maison : boissons fermentées à base de levures indigènes (bières, kéfir, limonades), pain au levain, lard salé maturé façon lard de Colonnata avec du porc du Cantal... Il signe enfin des recettes pleines de saveurs : tarte tatin d'aubergine, moules-frites et mayonnaise revisitées... Une vraie table de matrus culottés ("gamins" en patois stéphanois).

🍽 ⛩ – Prix : €€

26 rue du Grand-Gonnet – ☎ 09 78 80 27 54 www.la-table-des-matrus-restaurant-saint-etienne.fr– Fermé lundi, dimanche, et mardi, mercredi et samedi midi

À LA TABLE DES LYS

CUISINE MODERNE • **ÉLÉGANT** Dans une bâtisse ultra contemporaine et lumineuse avec vue sur le green, le chef Marc Lecroisey garde son attachement à une cuisine éprise de fraîcheur, de légèreté et de finesse, attentive aux saisons et au choix des producteurs. Des Lys en délices.

🎐 ♿ 🆎 ⛩ 🅿 – Prix : €€€

58 rue Saint-Simon – ☎ 04 77 25 48 55 – www.latabledeslys.fr – Fermé samedi et dimanche

SAINT-ÉTIENNE-DE-BAÏGORRY

✉ 64430 – Pyrénées-Atlantiques – Carte régionale n° **25**–A3

RESTAURANT ARCÉ

CUISINE TRADITIONNELLE • **ÉLÉGANT** Le Restaurant Arcé : une halte verdoyante et gourmande au pied du col d'Ispéguy. Cette authentique maison basque abrite une jolie salle tout en longueur, dont la blancheur éclatante rappelle la tenue des joueurs de trinquet – la pelote basque – qui paradent sur les murs. La cuisine de marché varie au gré des saisons et fait la part belle aux produits du terroir. Ne manquez pas la truite au bleu, à la fraîcheur ultime, pêchée dans le... vivier du restaurant. L'été, on s'installe sur la terrasse bordée de platanes, puis on flâne sur la passerelle métallique parée de lierre, suspendue au-dessus de la Nive.

🏊 🧖 🍽 🅿 – Prix : €€

630 Mixeleneko Bidea – ☎ 05 59 37 40 14 – www.hotel-arce.com/fr – Fermé, mercredi et jeudi à midi

SAINT-ÉTIENNE-DU-VAUVRAY

✉ 27430 – Eure – Carte régionale n° **3**–B2

😋 LA FERME DE LA HAUTE CRÉMONVILLE

CUISINE TRADITIONNELLE • **RÉGIONAL** Revoir la verte Normandie, admirer les chevaux du haras voisin, rêver d'une vie à la campagne : cette authentique ferme à colombages est si jolie qu'elle donne des envies de retraite provinciale au Parisien le plus irréductible. Bonjour veaux, vaches, cochons et... gourmandises traditionnelles : ravioles de cèpes à la crème de girolles, mille-feuille croquant à la vanille ; sans oublier les pièces de bœuf cuites au feu de bois. À peine parti, on a déjà hâte de retrouver tous ces beaux plats mijotés à la sauce bucolique.

♿ 🆎 🍽 🅿 – Prix : €€

Route de Crémonville – ☎ 02 32 59 14 22 – www.lafermedelahautecremonville. com – Fermé dimanche, samedi midi et mercredi soir

1055

SAINT-FÉLIX-LAURAGAIS

✉ 31540 – Haute-Garonne – Carte régionale n° **26**–D2

AUBERGE DU POIDS PUBLIC

CUISINE TRADITIONNELLE • **ÉLÉGANT** À la suite de ses parents, Céline Taffarello continue de mettre en avant les bons produits du terroir, comme avec ce magret de canard de la montagne noire au poivre sarawak et pêche rôtie à !a verveine, sapide et parfaitement assaisonnée. Sans oublier le cassoulet, plusieurs fois récompensé et particulièrement prisé. On profite de la terrasse panoramique, avec sa jolie vue sur la plaine du Lauragais. Chambres confortables.

◁ 🅰🅒 🏠 ⇩ – Prix : €€€

Route de Toulouse – ☎ 05 62 18 85 00 – www.auberge-du-poids-public.fr – Fermé lundi et dimanche soir

SAINT-FLORENT – Haute-Corse (22) ➜ Voir Corse

SAINT-FLOUR

✉ 15100 – Cantal – Carte régionale n° **23**-D1

FOLIE DES SENS ⓝ

CUISINE MODERNE • **CONTEMPORAIN** Située au cœur de cette cité médiévale bâtie en pierres volcaniques, une adresse ouverte par un couple de locaux qui tombe à point nommé ! Le menu concis, avec ses trois options (dont une entrée et un plat végétarien) ne trompe pas : tout est cuisiné à cette table. La partition, simple et actuelle, privilégie les produits locaux (sans s'interdire de regarder ailleurs), comme la lentille blonde de Saint-Flour, ici travaillée façon chili avec œuf parfait et espuma de maïs. Le chef est d'ailleurs devenu un spécialiste de cette légumineuse !

Prix : €

36 rue de la Rollandie – ☎ 04 71 60 42 21 – Fermé mardi et mercredi, et dimanche soir

SAINT-FORGEUX-LESPINASSE

✉ 42640 – Loire – Carte régionale n° **20**–C1

L'ASSIETTE ROANNAISE

CUISINE MODERNE • **CONTEMPORAIN** Voilà une table qui joue la carte de l'originalité ! À l'unisson de la déco, contemporaine, le chef est à l'affût des nouvelles tendances et techniques : ses assiettes se révèlent très esthétiques, privilégiant créativité et fraîcheur.

♿ 🅰🅒 🏠 – Prix : €€

97 place de Verdun – ☎ 04 77 65 65 99 – www.restaurant-assiette-roannaise. fr – Fermé lundi et mardi

SAINT-FRONT-DE-PRADOUX

✉ 24400 – Dordogne

🛏 ### CHÂTEAU LA THUILIÈRE

CLASSIQUE • **ÉLÉGANT** Dans son parc arboré, cet élégant châtelet dévoile de belles ambiances : très 19e s. (boiseries, stucs) ou résolument contemporaines (lignes épurées, grand confort), tout en grâce et équilibre.

🅿 ⇩ 🛋 🛏 🍽 - 5 chambres

La Thuilière – ☎ 06 45 35 36 82

SAINT-GALMIER

✉ 42330 – Loire – Carte régionale n° **20**–C2

 LA SOURCE

CUISINE MODERNE • CONTEMPORAIN Originaire de Cuzieu, à… deux kilomètres de là, Antoine Bergeron est la définition même d'un enfant du pays. Ambitieux et passionné par son métier, il compose une balade gourmande surprise, délicate et créative en compagnie joyeuse, celle de ses producteurs. Bien installé dans une salle lumineuse et contemporaine, on profite de cette balade dans le terroir et les marchés locaux. Ce jour-là, ris de veau et chou-fleur, câpres et œuf de brochet ; filet de bœuf Wagyu-Aubrac, cèpes et oignons ; poire et noisette du Piémont, crème aux agrumes, dans l'esprit d'un paris-brest. Une Source de plaisir, rien de moins, avec une mention spéciale aux sauces. De la belle ouvrage…

😋 & 🅰🅲 ⇔ 🅿 – Prix : €€€

8 allée de La Charpinière – 📞 04 77 52 75 00 – www.lacharpiniere.com/fr – Fermé lundi, mardi, mercredi midi et dimanche soir

SAINT-GÉLY-DU-FESC

✉ 34980 – Hérault – Carte régionale n° **27**–D1

LE CLOS DES OLIVIERS

CUISINE MODERNE • CLASSIQUE Du goût, de la simplicité, des produits de qualité bien travaillés : on apprécie ici une bonne cuisine, sans complications inutiles, et on se fait plaisir ! À noter : la carte des vins est réalisée avec le caviste voisin. L'été, on profite de la terrasse à l'ombre des canisses.

🌿 😋 & 🅰🅲 🍽 ⇔ 🅿 – Prix : €€

53 rue de l'Aven – 📞 06 31 99 96 13 – www.clos-des-oliviers.com – Fermé , lundi et dimanche soir

SAINT-GEORGES-SUR-CHER

✉ 41400 – Loir-et-Cher – Carte régionale n° **10**–C3

 FLEUR DE SEL

CUISINE MODERNE • CONVIVIAL Au cœur d'un joli village de la vallée du Cher, tout près du château de Chenonceau, un bistrot contemporain et convivial régale ses convives. Dans l'assiette ? Une cuisine de saison et de fraîcheur, ciselée par un chef de talent, Mickaël Renard, formé notamment à l'Hostellerie de Levernois (du temps de Jean Crotet), à la Côte d'Or à Saulieu (aux côtés de Bernard Loiseau) et à l'Auberge des Templiers. Aujourd'hui : tataki de bonite, boulgour, purée d'avocat et sauce caesar au curcuma ; filet de bœuf sauce cajun, pommes de terre grenailles et champignons de Paris. Les habitués le savent : la carte change régulièrement, ils peuvent déguster le menu du jour le midi en semaine, et profiter des tarifs très doux !

& 🍽 – Prix : €

15 place Pierre-Fidèle-Bretonneau – 📞 02 54 93 32 26 – www.fleurdesel41.com – Fermé lundi, et mardi, mercredi, jeudi et dimanche soir

SAINT-GEORGES-SUR-MOULON
✉ 18110 – Cher

CHÂTEAU DE SAINT-GEORGES
CLASSIQUE • CHARME A quelques minutes de Bourges, ce château du 18e s. a conservé tout son caractère, protégé par ses jardins. Les meubles de style s'harmonisent aux boiseries d'origine. La longue piscine et la table d'hôtes complètent les atouts de cette belle étape nature.
🅿 🛏 🏊 🍴 - 3 chambres
Le Château – ✆ 02 48 64 16 36

SAINT-GERMAIN
✉ 07170 – Ardèche – Carte régionale n° **20**-C3

AUBERGE DE MONTFLEURY
Chef : Richard Rocle
CUISINE MODERNE • ÉLÉGANT Cette discrète auberge est la maison d'un couple de professionnels passionnés, Angèle et Richard Rocle. Madame assure un service à la fois efficace et chaleureux dans l'élégant cadre contemporain de la salle, tandis que le chef mitonne une cuisine actuelle entre terroir et modernité, qui fait la part belle aux petits producteurs. Porc fermier élevé en plein air, escargots, safran, fromage de chèvre, herbes sauvages ramassées par un cueilleur : tout est produit aux alentours.
🐝 ♿ 🌳 🚗 🅿 – Prix : €€€
200 route des Cépages – ✆ 04 75 94 74 13 – www.auberge-de-montfleury.fr – Fermé mardi et mercredi, et dimanche soir

SAINT-GERMAIN-DES-VAUX
✉ 50440 – Manche – Carte régionale n° **2**-A1

LE MOULIN À VENT
CUISINE MODERNE • TENDANCE Sur la route des Caps, on se réfugie avec plaisir dans cette ancienne auberge de pays : au menu, une carte courte, des produits locaux (pigeon, agneau, poisson, ormeaux) pour une cuisine inventive avec une attirance à peine dissimulée pour le Japon. A déguster dans une salle épurée, avec vue sur la mer face à l'Anse Saint-Martin.
⛰ 🌳 🅿 – Prix : €€
10 route de Port-Racine – ✆ 02 33 52 75 20 – www.le-moulin-a-vent.fr

SAINT-GERMAIN-EN-LAYE
✉ 78112 – Yvelines – Carte régionale n° **11**-B1

AU FULCOSA
CUISINE MODERNE • CONVIVIAL Fulcosa signifie "fougère" en latin : la plante, en effet, tapissait les forêts alentour... Les propriétaires ont le sens de l'histoire et du... goût ! Dans le décor chaleureux de leur "bistrot culinaire", ils nous régalent d'une bonne cuisine de saison, entre tradition et innovation – à l'image de ces ravioles de champignons dans un bouillon de poule, lardons et noisettes...
♿ 🌳 – Prix : €€
2 rue du Maréchal-Foch, à Fourqueux – ✆ 01 39 21 17 13 – www.aufulcosa.fr – Fermé lundi et dimanche

SAINT-GERMAIN-EN-LAYE

LE WAUTHIER BY CAGNA

CUISINE MODERNE • BISTRO Risotto du Piémont au homard et beurre blanc, escalopes de ris de veau braisées, mousseline de céleri et sauce Albufera... Une cuisine bien dans l'air du temps, réalisée avec de bons produits du marché : voilà la promesse de cette sympathique maison saint-germanoise au joli intérieur de bistrot chic. Service attentionné.

🛗 – Prix : €€€

31 rue Wauthier – ☎ 01 39 73 10 84 – www.restaurant-wauthier-by-cagna.fr – Fermé lundi, dimanche et mercredi midi

SAINT-GERMAIN-LÈS-ARLAY

✉ 39210 – Jura – Carte régionale n° **13**–B3

LA TABLE DE MARC TURPIN - HOSTELLERIE SAINT-GERMAIN

CUISINE MODERNE • CONTEMPORAIN Face à l'église, ce sympathique relais de poste du 17e s. a été entièrement rénové dans un style sobre et lumineux. Le chef travaille des produits du terroir – souvent bio – et concocte une cuisine gourmande avec parfois une touche de créativité à l'image de cette ballotine de truite rose à l'algue nori, accompagnée de bons vins du Jura. Pour l'étape, des chambres confortables, plus calmes côté terrasse.

♿ 🅰🄲 🍽 🛗 🅿 – Prix : €€

635 Grande-Rue – ☎ 03 84 44 60 91 – www.hostelleriesaintgermain.com

SAINT-GERVAIS-LES-BAINS

✉ 74170 – Haute-Savoie – Carte régionale n° **21**–D2

LA FERME DE CUPELIN

CUISINE RÉGIONALE • MONTAGNARD Tout juste repris par Florian et Lauriane Langellier, un jeune couple au CV alléchant (Four Seasons de Megève avec Julien Gatillon, puis Flocons de Sel à Megève avec Emmanuel Renaut, L'Armancette et enfin au Père Bise avec Jean Sulpice, en pâtisserie pour lui et en salle pour elle), ce hameau hôtelier sur les hauteurs de la station est un petit havre de paix. Le menu unique met en avant le terroir local entre lacs (omble chevalier), rivières (écrevisse) et forêts (gibier actuellement), sans s'interdire de passer la frontière italienne (gnocchis à la noisette du Piémont et au lard de Colonnata). Un très agréable moment, alliant une vue idéale sur le mont Blanc à une cuisine moderne et goûteuse.

⬱ ♿ 🍽 🛗 🅿 – Prix : €€€

198 route du Château – ☎ 04 50 93 47 30 – www.lafermedecupelin.com – Fermé du mardi au jeudi

ROND DE CAROTTE

CUISINE MODERNE • SIMPLE Ce restaurant au cœur de la station propose un menu saisonnier qui met parfois en valeur des produits locaux, comme les escargots de Magland. Le chef réalise des plats joliment fignolés, comme cet œuf fermier poché escorté de ses châtaignes et d'un bon crémeux de potimarron, ou comme ce paleron de bœuf fondant qui aurait pu se déguster à la petite cuillère. Séparée en deux parties par une petite cuisine ouverte, la salle dégage une atmosphère charmante, notamment ses étagères où trônent des bouteilles (l'adresse est aussi une cave à vin). À noter : brunch tous les jours de 9h à 14h.

🍽 – Prix : €€

50 rue de la Vignette – ☎ 04 50 47 76 39 – www.ronddecarotte.com – Fermé mardi et mercredi, et lundi, jeudi et dimanche soir

SAINT-GERVAIS-LES-BAINS

LE SÉRAC

CUISINE MODERNE • CONTEMPORAIN Au centre de la station thermale, ce restaurant à l'entrée discrète dispose d'une grande salle lumineuse et épurée avec vue sur la montagne. Revendiquant une inspiration saisonnière, le chef réalise une partition fraîche et colorée. Pêche de lac du moment marinée au gin du Mont-Blanc ; tête de veau et foie gras poêlé, ravigote truffée et pommes macaire ; chaud-froid chocolaté aux noisettes du Piémont... Une sympathique adresse.

⪕ – Prix : €€€

22 rue de la Comtesse – ☏ 04 50 93 80 50 – www.3serac.fr – Fermé lundi, dimanche et mardi midi

SOURCE

CUISINE TRADITIONNELLE • COSY Ce charmant restaurant, idéalement situé au cœur de la station, séduit par son cadre contemporain et sa cuisine ouverte où le chef, habile et talentueux, propose une cuisine traditionnelle et raffinée à base de produits de qualité. La carte alléchante est également accompagnée de trois menus. Cabillaud sauvage, sauge, risotto ; crème brûlée à la vanille, tuile aux amandes, sorbet aux fruits rouges : chaque assiette recèle son lot de saveurs franches et de belles associations. On recommande chaudement.

&. AC – Prix : €€

43 avenue du Mont-d'Arbois – ☏ 04 57 44 41 35 – www.source-restaurant-saint-gervais.com – Fermé lundi, mardi et dimanche et du mercredi au vendredi à midi

LA TABLE D'ARMANTE

CUISINE MODERNE • CHIC Au sein d'un hôtel au luxe discret, ce restaurant de montagne chic et contemporain (bois, pierre, velours, cuisines ouvertes) est emmené par le chef Fabien Laprée, formé dans les belles maisons et finaliste MOF en 2018. Il propose une carte actuelle qui évolue au fil des saisons, où se succèdent de beaux produits alpins mais également méditerranéens. L'été, la terrasse offre une jolie vue sur les Dômes de Miage.

&& &.品 – Prix : €€€€

L'Armancette, 4088 route de Saint-Nicolas – ☏ 04 50 78 66 00 – www.armancette.com/fr – Fermé mercredi, jeudi, vendredi et samedi à midi , et dimanche soir

🛏 ## L'ARMANCETTE *Plus*

MODERNE • FAMILIAL Un village charmant, une église baroque, un hôtel de montagne intimiste et luxueux aux matériaux choisis (pierre, bois, tissus précieux). Voilà pour la carte postale. On apprécie les chambres confortables, dont beaucoup sont adaptées à des familles (de 3 à 6 personnes), mais aussi le spa avec piscine intérieure et extérieure, le fitness dernier cri, ainsi que le bar à cocktails et le salon de thé.

&. 🏊 P 🛁 ⌂ ⏛ 🛀 ⬚ ♨ ⚘ ⛷ ‖○ - 19 chambres

4088 route de Saint-Nicolas – ☏ 04 50 78 66 00

La Table d'Armante - Voir la sélection des restaurants

🛏 ## LA FERME DE CUPELIN

MONTAGNARD • CHARME Sur les hauteurs de Saint-Gervais, avec vue sur le massif du Mont-Blanc, cette ferme datant de 1870 porte haut le flambeau de l'esprit montagnard : le feu crépite dans la cheminée, les tableaux de gibier et autres peaux de bêtes habillent l'espace... et l'accueil est charmant.

P 🛁 �⟂ 🚲 ‖○ - 7 chambres

198 route du Château – ☏ 04 50 93 47 30

La Ferme de Cupelin - Voir la sélection des restaurants

LE SAINT GERVAIS HÔTEL & SPA

CLASSIQUE • ÉLÉGANT Si Saint-Gervais-les-Bains est une station de ski, elle doit son nom aux thermes qui firent sa réputation bien avant l'invention des sports d'hiver. C'est dans cette tradition que s'inscrit le Saint Gervais Hôtel & Spa, installé dans une ravissante bâtisse Art nouveau (classée) du début du 20e s. Tout en élégance contemporaine, il dispose de chambres et de suites réparties entre le bâtiment d'origine et l'annexe récente. Toutes allient une atmosphère rétro à un cadre et un confort modernes. Le spa est doté d'une piscine intérieure, d'un jacuzzi, d'un sauna et de quatre salles de soin, tandis que la petite piscine extérieure offre une belle vue sur le village et les montagnes.
- 75 chambres
680 rue du Mont Lachat - 04 86 80 74 74

SAINT-GERVAIS-SUR-MARE

34610 – Hérault – Carte régionale n° **27**-C1

L'ORTENSIA

CUISINE MODERNE • ÉLÉGANT Lui manque-t-il un "h" ? Non : c'est ainsi que l'on orthographie cette plante en occitan. Le restaurant est emmené par un duo sœur-frère, Lise et Mathieu, dans un beau village loin de tout. Ce chef expérimenté fait feu de tout bois puisqu'on retrouve à la carte des gnocchis au gorgonzola, du homard, du canard des Landes, du maigre de Corse, des abricots de Provence. Seuls les légumes et les herbes aromatiques poussent dans les environs, comme la celtuces de Pezènes-les-Mines façon mimosa et poutargue. La fraîcheur des produits et les associations de saveurs qui tombent juste font le reste, avec cette salle lumineuse sous verrière, dotée d'une terrasse panoramique. Cinq chambres spacieuses et confortables au grand calme, donnant sur la nature.
– Prix : €€
Domaine de la Pièce - 04 99 42 00 91 - www.lortensia.fr - Fermé lundi, mardi, mercredi midi et dimanche soir

SAINT-GILLES-CROIX-DE-VIE

85800 – Vendée – Carte régionale n° **14**-A2

L'INATTENDU

CUISINE MODERNE • CONTEMPORAIN Perdue au milieu des pavillons et des résidences secondaires, cette table surgit effectivement de manière inattendue. La surprise n'en est que meilleure : depuis les amuse-bouches jusqu'au dessert, on y déguste une cuisine de produits frais et locaux (dont quelques herbes issues du potager du propriétaire), savamment travaillée (y compris les gels d'hibiscus, de safran ou de citron, les glaces et les mousses). Esturgeon, endives et kombucha ; savoureuse poitrine de cochon cuit 48h, patate douce et hibiscus ; chocolat, caramel et safran. Enfin, l'accueil est chaleureux, l'enthousiasme de l'équipe palpable. Une adresse qui fait le bonheur des locaux et des touristes.
– Prix : €€
18 avenue de la Plage - 02 51 26 98 49 - www.restaurant-l-inattendu.fr - Fermé lundi et dimanche

SAINT-GIRONS

09200 – Ariège – Carte régionale n° **26**–C3

L'AUBERGE D'ANTAN

CUISINE TRADITIONNELLE • RUSTIQUE Dans l'ancienne grange du château, cette salle en impose par sa hauteur sous charpente ; jambons suspendus, pierres et poutres dégagent une belle atmosphère campagnarde. On retrousse ses manches au moment de s'attabler face à l'immense cheminée, où sont préparés grillades, plats traditionnels et cochons de lait...

 – Prix : €€

Avenue de la Résistance – ℰ 05 61 64 11 02 – www.chateaubeauregard.net –
Fermé lundi, mardi et samedi à midi , et dimanche soir

SAINT-GRÉGOIRE

35760 – Ille-et-Vilaine – Carte régionale n° **9**–B1

✿✿ MAISON RONAN KERVARREC

Chef : Ronan Kervarrec

CUISINE MODERNE • ÉLÉGANT Un hommage vivant et gourmand à "sa" Bretagne ! Loin des modes, Ronan Kervarrec s'épanouit dans sa région natale pour raconter en cuisine son histoire, personnelle et professionnelle. Et elle vaut la peine d'être écoutée, pardon goûtée, cette histoire gourmande, ponctuée de sarrasin, lait ribot, poissons, coquillages, crustacés, beurre, algues, gavotte, chouchen et autre sablé breton... Rendant un bel hommage à son père qui fut saucier au George V, le chef réalise des jus et sauces d'une grande maîtrise, tantôt sur la puissance, tantôt sur la délicatesse. À savourer derrière les larges baies vitrées ouvertes sur la terrasse, face au charmant jardin. Accueil et service très professionnels par l'épouse du chef et son équipe. Chambres pour l'étape et petite boutique d'épicerie fine pour emporter un souvenir gourmand.

 – Prix : €€€€

1 impasse du Vieux-Bourg – ℰ 02 99 68 79 35 – www.le-saison.com –
Fermé lundi et dimanche

SAINT-HILAIRE-DE-BRETHMAS

30560 – Gard – Carte régionale n° **28**–B2

✿ LE SAINT HILAIRE

Chef : Sébastien Rath

CUISINE MODERNE • CONTEMPORAIN Le chef Sébastien Rath (ex-restaurant Le Riche à Alès) et son épouse Gwladys se sont encore rapprochés des Cévennes (dont le chef utilise les herbes sauvages) en s'installant dans cette ancienne auberge avec sa terrasse jardin et sa belle salle lumineuse aux tons doux. La démarche locale et locavore du cuisinier s'exprime toujours à plein, qu'il s'agisse de ses produits (lotte de petite pêche du Grau-du-Roi, veau de l'Aveyron, fruits des vergers alentours), de ses couteaux de table, et même des jeans de son équipe fabriqués en Lozère. Ses deux menus à l'aveugle dévoilent une cuisine d'inspiration saisonnière où la sincérité et l'engagement du chef s'expriment à chaque plat, à l'image de la lotte, aubergine, condiment miso et sauce citron.

♿🌿🅿 – Prix : €€€

5 rue André-Schenk – ℰ 04 66 52 30 87 – www.lesainthilairebysebastienrath.
com – Fermé du lundi au mercredi

❀**L'engagement du chef :** Au Saint Hilaire, pas de menu fixe, simplement un choix entre deux propositions surprise, qui mettent en valeur les meilleurs produits locaux, au rythme des saisons. Poissons du Grau-du-Roi, truite des Fumades, porc fermier des Cévennes, veau et agneau de Lozère, pigeon des Costières, herbes sauvages... En salle, vous trouverez des couteaux artisanaux et la vaisselle d'un potier d'Alès ; les jeans du personnel sont fabriqués à Florac.

SAINT-HIPPOLYTE

✉ 68590 – Haut-Rhin

 LE PARC

CLASSIQUE • RAFFINÉ Un hôtel cosy où les chambres sont à la fois tendance et raffinées. Pour décompresser, on profite de l'espace détente et de la piscine. Un programme des plus plaisants !

🅿️🌀🛎🚻♿🎧📶🆓🛏🍽 - 32 chambres

6 rue du Parc – ☎ 03 89 73 00 06

SAINT-JEAN-CAP-FERRAT

✉ 06230 – Alpes-Maritimes – Carte régionale n° **29**-E2

❀ **LE CAP**

CUISINE CRÉATIVE • LUXE Mettez le cap sur ce palace mythique du début du 20e s. ! Situé tout au bout d'une péninsule magique face à la grande bleue, le Grand-Hôtel du Cap-Ferrat est caché au milieu de jardins luxuriants où les people du monde entier aiment à flâner. Pour vous attabler, vous aurez le choix entre la superbe salle à manger ou la terrasse rafraîchie par les immenses pins d'Alep… Aux fourneaux, on trouve le chef Yoric Tièche, natif d'Aix-en-Provence. Il puise son inspiration dans l'histoire de la Provence gourmande et met superbement en valeur les produits méditerranéens, à l'image de ce filet de rouget laqué d'une harissa douce, socca de pois chiches croustillante fleurie d'herbes fraîches. Quant au dessert du pâtissier, Pierre-Jean Quinonero, il est loin de démériter à l'image de sa tartelette mandarine citron.

❀ 🍴♿🎧📶🌀🅿 – Prix : €€€€

Grand Hôtel du Cap-Ferrat, 71 boulevard du Général-de-Gaulle – ☎ 04 93 76 50 50 – www.fourseasons.com/fr/capferrat/dining/restaurants/le_cap – Fermé lundi, dimanche et du mardi au samedi à midi

LA TABLE DU ROYAL

CUISINE MÉDITERRANÉENNE • ÉLÉGANT Geoffroy Szamburski exécute avec talent une partition moderne, respectueuse des saisons et de l'environnement, qui met en valeur les produits de la Riviera et de l'arrière-pays (gamberoni de San Remo oxalis, citron de Menton). Côté desserts, le chef pâtissier Lucas Simoncini n'est pas en reste avec son soufflé noisette du Piémont, crème glacée. À déguster en terrasse, avec la mer à perte de vue…

🍴♿🎧📶🅿 – Prix : €€€€

Royal Riviera, 3 avenue Jean-Monnet – ☎ 04 93 76 31 00 – www.royal-riviera.com – Fermé mardi, mercredi, et lundi, jeudi, vendredi, samedi et dimanche midi

 GRAND HÔTEL DU CAP-FERRAT

CLASSIQUE • RAFFINÉ Le parc avec ses majestueux pins parasols, la vue sublime sur la côte, la somptueuse piscine à débordement, les chambres luxueuses avec leur mobilier ivoire ou les suites dotées d'une piscine privée… Ce grand hôtel mythique, né en 1908, est l'incarnation même du chic et du glamour de la Côte d'Azur. Tout ici invite à prendre le temps, comme le firent autrefois Winston Churchill, Elizabeth Taylor et d'autres illustres figures…

♿🎧🅿🌀🛎🚴🏊♨📶🆓🛏🍽 - 73 chambres

71 boulevard Général de Gaulle – ☎ 04 93 76 50 50

Le Cap - Voir la sélection des restaurants

 ROYAL RIVIERA

CONTEMPORAIN • MARITIME Une bâtisse construite en 1904, avec son beau jardin. La plupart des chambres donnent sur la Grande Bleue et, dans l'Orangerie, elles adoptent un style entre contemporain et provençal chic. Plage privée, belle piscine.

♿🎧🅿🌊🌀🛎🏊♨📶🆓🛏🍽 - 94 chambres

3 avenue Jean Monnet – ☎ 04 93 76 31 00

La Table du Royal - Voir la sélection des restaurants

SAINT-JEAN-D'ARVEY

✉ 73230 – Savoie – Carte régionale n° **21**-C2

LE SAINT JEAN

CUISINE MODERNE • **MONTAGNARD** Comment ne pas autant se délecter ici du paysage comme de l'assiette ? Sur une route sinueuse du massif des Bauges, une ancienne auberge de village regarde en contrebas le bassin chambérien. Lui connaît bien la musique, apprise dans les belles maisons, elle, aime le vin et trouve les bons mots pour aiguiser l'appétit. Dans l'assiette, un véritable catalogue de produits locaux (poissons de lac, agneau du coin...) dont le chef révèle le goût et le caractère à travers une belle cuisine moderne de saison. Menus surprises qui invitent à "lâcher prise"...

◁ 🏠 **P** – Prix : €€

2496 route des Bauges – ☎ 04 79 75 04 41 – www.lesaintjeanrestaurant.fr –
Fermé lundi, dimanche et du mardi au jeudi à midi

SAINT-JEAN-DE-BLAIGNAC

✉ 33420 – Gironde – Carte régionale n° **22**-C2

❀ **L'AUBERGE SAINT JEAN**

Chef : Thomas L'Hérisson

CUISINE MODERNE • **ÉLÉGANT** Un couple de passionnés préside aux destinées de cette auberge au style contemporain nichée au bord de la Dordogne. Au programme : plusieurs menus où le chef Thomas L'Hérisson marie les ingrédients avec justesse, dans un style moderne et quelque peu créatif. Le saumon confit et yaourt à l'aneth, jeunes navets à l'anis vert, petits champignons au vinaigre ou le ris de veau mariné au miso, cuit meunière, betterave au soja, artichaut et velouté d'une blanquette, résument parfaitement la personnalité du chef. La carte des vins de plus de 500 références permet de trouver son bonheur à coup sûr. Manuela, la maîtresse de maison, déborde de délicates attentions pour ses hôtes.

🕸 � 🄰 – Prix : €€€

8 rue du Pont – ☎ 05 57 74 95 50 – www.aubergesaintjean.com – Fermé mardi et
mercredi, et dimanche soir

SAINT-JEAN-DE-LUZ

✉ 64500 - Pyrénées-Atlantiques
– Carte régionale n° **25**–A2

Un panier bien garni, rempli des deux côtés des Pyrénées

Face à l'océan, dotée d'une baie superbe, cette petite cité dégage une exquise douceur de vivre. On la savoure en farniente sur la Grande Plage ou en balades dans le petit port de pêche. Autour de la place Louis-XIV s'étalent de nombreuses terrasses. Lieu de rendez-vous des Luziens, cette place vit en été au rythme des manifestations et concerts. On y trouve la Maison Adam, dont les macarons, gâteaux basques, tourons et chocolats, mettent l'eau à la bouche ! On continue avec la Maison Thurin, qui déniche de part et d'autre de la frontière franco-espagnole des produits d'exception : jambon de Bayonne, fromages de brebis, piments d'Espelette, foie gras, et tant d'autres. Enfin, les superbes Halles, inaugurées en 1884, valent le coup d'œil ; elles accueillent des producteurs "indépendants" de la région, et notamment les poissons de la petite flotte luzienne.

 LE KAÏKU

Chef : Nicolas Borombo

CUISINE MODERNE • COSY Au cœur de la station qui vit les épousailles de Louis XIV et de l'infante d'Espagne Marie-Thérèse d'Autriche, on se réfugie avec plaisir dans la maison qui serait la plus ancienne de la cité corsaire (16e s.). Derrière ces hauts murs et ces fenêtres à meneaux se cache un restaurant élégant emmené par Nicolas Borombo, un basque de Bayonne, fils et petit-fils de rugbymen, qui s'y est installé après une solide expérience parisienne, au Crillon avec Dominique Bouchet et Jean-François Piège, ainsi qu'au George V avec Philippe Legendre. Amoureux de son terroir, il signe une cuisine originale et raffinée, qui valorise le terroir tout en s'autorisant quelques touches créatives.

Prix : €€€

Plan : B1-2 - *17 rue de la République* – ✆ *05 59 26 13 20* – *www.kaiku.fr* – *Fermé lundi et dimanche, et jeudi soir*

ST-JEAN-DE-LUZ

ALCALDE (N)

CUISINE TRADITIONNELLE • BISTRO Appelé d'Irun où il cuisine déjà dans un autre restaurant, un chef espagnol anime avec passion cette table consacrée aux tapas (avec comptoir dédié) et aux poissons, coquillages et viandes grillés à la braise. Les assiettes sont généreuses – comme cette entrée de carottes braisées, houmous et fromage de chèvre – et les cuissons au feu, parfaitement exécutées comme sur ce merlu à la braise, purée, ail et persil. Service proche du client et ambiance conviviale.

🍴 – Prix : €€

Plan : B1-4 – *20 rue de la République –* 📞 *05 59 26 89 44 – www.restaurant-alcalde.com – Fermé lundi et mardi*

ERROA (N)

CUISINE MODERNE • COSY En plus de ses racines basques (traduction de "erroa"), le chef Mathieu Moity a fréquenté avec profit les tables de Michel Bras, d'Iñaki Aizpitarte et de René Redzepi avant de travailler à Paris. Ce lieu hybride propose un espace bar avec une carte de tapas d'un côté et, de l'autre, un espace restaurant avec une carte courte. Riches en accords judicieux, les assiettes généreuses

SAINT-JEAN-DE-LUZ

défilent dans la bonne humeur à l'image du maquereau fumé à la flamme, fenouil à la Chartreuse, gel dashi fumé, poireau, rhubarbe. Service décontracté sous la houlette de la compagne américaine du chef.

🛖 – Prix : €€

Plan : B1-3 – *32 boulevard Thiers –* 📞 *05 59 26 00 02 – www.restaurant-erroa. fr – Fermé mardi et mercredi*

L'ESSENTIEL

CUISINE MODERNE • CONTEMPORAIN En retrait de l'agitation touristique, le chef Morgan Ortéga est allé à... l'essentiel : esprit loft industriel, avec cuisine ouverte, verrière, cave en transparence et banquettes en cuir. Et dans l'assiette : des produits du terroir métamorphosés grâce à une cuisine du marché où tous les fondamentaux répondent présents pour notre plus grand plaisir.

♿ 🅰️🛖 – Prix : €€

Plan : B1-5 – *3 rue Vincent-Barjonnet –* 📞 *05 47 02 41 47 – www.lessentiel-saint-jean-de-luz.fr – Fermé lundi et dimanche*

ILURA

CUISINE MODERNE • CONTEMPORAIN Au sein de l'hôtel La Réserve situé sur les hauteurs de Saint-Jean-de-Luz, avec une superbe terrasse qui surplombe l'Océan, cette table élégante promet un joli moment de gastronomie avec des propositions créatives et modernes qui jouent sur les accords terre et mer : foie gras, algues et criste marine ; veau, noix, coques et vinaigre de mimosa ; lieu jaune, andouille et betterave... Le service est attentif, élégant et efficace.

≤ 🖰♿🅰️🛖💱🅿️ – Prix : €€€

Hors plan – *Pointe Sainte-Barbe, 1 rue Gaëtan-de-Bernoville –* 📞 *05 59 51 32 00 – www.hotel-lareserve.com/restauration/restaurant-ilura – Fermé lundi, mardi midi et dimanche soir*

INSTINCTS

CUISINE MODERNE • TENDANCE Belle surprise que cette adresse, tenue par un couple dynamique qui s'en va revisiter la bonne gastronomie de bistrot, dans un lieu contemporain - briquette, bois, et cuisine ouverte. Saint-Jacques rôties, cresson et Ossau-Iraty ; aile de raie, racine de persil et grenobloise : on se régale ! Un coup de cœur.

Prix : €€

Plan : B1-6 – *20 rue Joseph-Garat –* 📞 *05 59 24 66 98 – Fermé lundi et mardi, et dimanche soir*

PETIT GRILL BASQUE 🆕

CUISINE TRADITIONNELLE • RUSTIQUE Le Basque Inaki Aizpitarte, chef du restaurant parisien Chateaubriand, insuffle une nouvelle vie à cette institution, au moins nonagénaire. L'établissement a conservé son âme rustique nichée dans un décor rénové avec subtilité. En témoignent les étagères en bois, les assiettes et pochoirs originaux de Louis Floutier, ainsi que les pankas, ventilateurs en bois, au plafond. Bilingue français-basque, la carte succincte fait la part belle à une cuisine paysanne traditionnelle, savoureuse et bien exécutée. On y retrouve des spécialités locales authentiques comme les tripes de morue et le thon à la biscayenne, côtoyant des classiques bistrotiers tels que le tartare de bœuf, le steak au poivre ou la mousse au chocolat.

🍳 – Prix : €€

Plan : B1-8 – *4 rue Saint-Jacques –* 📞 *05 59 22 87 95 – Fermé mercredi, et lundi et jeudi à midi*

SAINT-JEAN-DE-LUZ

PLUVIÔSE 🆕

CUISINE MODERNE • CONVIVIAL Est-ce une table révolutionnaire comme l'indiquerait son nom ? Quoiqu'il en soit, le chef australien Luke Dolphin (ex-Antre à Bidart) ne fait rien comme tout le monde ou presque. Seul aussi bien en salle que dans sa (petite) cuisine équipée en tout et pour tout d'un four à bois, il se fend d'une délicieuse cuisine de l'instinct et de l'instant où tout est fait maison (y compris le pain et la glace). Les cuissons mettent en valeur la fraîcheur des poissons comme le thon rouge légèrement snacké et le mérou cuit à l'unilatéral. Attention, horaires variables – réservation obligatoire.

Prix : €€€

Plan : B1-9 – *3 rue du 17-Pluviôse* – ✆ 06 67 41 78 07

GRAND HÔTEL THALASSO & SPA

MODERNE • COSY Élevé en 1909 face à l'océan, cet hôtel balnéaire de la Belle Époque séduit par ses chambres très confortables, dans un esprit contemporain élégant, les plus prisées offrant un superbe panorama sur la baie de St-Jean-de-Luz. Au sous-sol, bel espace de thalassothérapie et spa de 1000 m², zen et cosy.

🅰🅲 ♨ 🅿 ❄ 🛏 🌐 🐾 🏋 🍽 ○ - 52 chambres

43 boulevard Thiers – ✆ 05 59 26 35 36

SAINT-JEAN-DE-SIXT

✉ 74450 – Haute-Savoie – Carte régionale n° **21**-C1

LE CAIRN

CUISINE MODERNE • MONTAGNARD Sur la route des stations de la chaîne des Aravis, entre la Clusaz et le Grand Bornand, ce petit chalet d'alpage est à marquer d'une pierre blanche…tel un cairn ! Dans une petite salle chaleureuse d'esprit montagnard, Adrien aux fourneaux et Charline (tout sourire) savent indéniablement y faire pour réjouir leurs fidèles. Dans l'assiette, le chef crée des assiettes bluffantes, pleines de saveurs et de fraîcheur : soupe froide de laitue à la crème de lard paysan, goûteuse à souhait ; médaillons d'agneau de lait fermier aussi rosés que tendres…

♿ 🅰🅲 🌳 – Prix : €€

41 route de Thônes – ✆ 04 50 10 82 45 – www.lecairn-stjean.fr – *Fermé lundi, dimanche et du mardi au vendredi à midi*

SAINT-JEAN-DE-TRÉZY

✉ 71490 – Saône-et-Loire – Carte régionale n° **17**-C2

DOMAINE DE RYMSKA

CUISINE MODERNE • COSY Au cœur de la campagne entre Beaune et Chalon-sur-Saône, cette table et son hôtel de charme trônent au milieu d'un vaste domaine comprenant des étangs, un haras et une ferme qui fournit un certain nombre de produits de belle qualité : bœuf charolais et Wagyu, œufs, volailles, fruits et légumes… Puisant aussi dans les produits nobles, la cuisine du chef trouve parfois des inspirations plus lointaines : ceviche de dorade au citron vert et lait de coco ; Saint-Jacques, gyozas de champignons et sauce Noilly Prat ; mandarine, orange et poivre de Timut. La belle salle à manger arbore murs en pierre, plafond avec poutres et une imposante cheminée où le feu crépite. Carte des vins extraordinaire.

🌿 🛏 🌳 ♻ 🅿 – Prix : €€€

1 rue du Château-de-la-Fosse – ✆ 03 85 90 01 01 – www.domaine-rymska.com

SAINT-JEAN-DE-TRÉZY

DOMAINE DE RYMSKA
CLASSIQUE • CHAMPÊTRE Sur la route des vins, au cœur d'un domaine agricole de 80 ha, ce bel établissement a trouvé l'équilibre du luxe (vastes chambres décorées avec goût, chacune portant le nom d'un cheval né sur l'exploitation) et du naturel. Service attentionné, piscine extérieure chauffée.

🅿 - 14 chambres
1 rue du Château de la Fosse - ℘ *03 85 90 01 01*
Domaine de Rymska - Voir la sélection des restaurants

SAINT-JEAN-PIED-DE-PORT
✉ 64220 – Pyrénées-Atlantiques – Carte régionale n° **25**–A3

LES PYRÉNÉES
CUISINE MODERNE • ÉLÉGANT Une institution à Saint-Jean-Pied-de-Port, tenue depuis 1939 par la même famille, aujourd'hui à la quatrième génération. Dans le décor comme dans l'assiette, ces Pyrénées cultivent le goût du Pays basque avec bonheur. Appuyées sur des produits de grande qualité, les assiettes sont pleines d'allure.

– Prix : €€
19 place Charles-de-Gaulle - ℘ *05 59 37 01 01 - www.hotel-les-pyrenees.com/fr - Fermé lundi et mardi*

SAINT-JOACHIM
✉ 44720 – Loire-Atlantique – Carte régionale n° **9**–A3

LA MARE AUX OISEAUX
Chef : Eric Guérin

CUISINE CRÉATIVE • ÉLÉGANT Grand voyageur, amoureux des oiseaux (qui s'ébattent en liberté dans son jardin), Éric Guérin s'est créé un univers qui n'appartient qu'à lui. Sur une île ceinturée de canaux circulaires, au cœur du parc naturel régional de Brière, il s'est immergé dans son terroir pour le réinterpréter de superbe façon. Car le chef est un artiste dans l'âme, dont la première passion est de « créer ». C'est dans la cuisine qu'il a trouvé « son mode d'expression », et on lui en est reconnaissant : avec des ingrédients de premier choix, il compose une cuisine "nature" qui a de la personnalité, de l'allure, de la délicatesse, de la fraîcheur... et confine même à la poésie par instants. Le charme des lieux, et notamment les chambres "exotiques" pour prolonger le séjour, la gentillesse et l'efficacité de l'accueil d'une jeune équipe enthousiaste font le reste !

🅿 – Prix : €€€€
223 rue du Chef-de-l'Île-Fedrun - ℘ *02 40 88 53 01 - www.mareauxoiseaux.fr/fr - Fermé lundi, mardi et mercredi midi*

LA MARE AUX OISEAUX
CLASSIQUE • ROMANTIQUE Dans le parc naturel régional de Brière, paradis des oiseaux, un charmant village de chaumières cache une demeure typique. Dispersées en plusieurs endroits de la propriété (chaumière principale, maisons sur pilotis), les chambres sont douillettes et confortables - le mobilier provient des nombreux voyages d'Éric Guérin. Espace bien-être avec jacuzzi et sauna.

🅿 - 12 chambres
223 rue du chef de l'Ile - ℘ *02 40 88 53 01*
❀ **La Mare aux Oiseaux** - Voir la sélection des restaurants

SAINT-JOACHIM

✉ 62170 – Pas-de-Calais – Carte régionale n° **4**–A2

AUBERGE DU MOULINEL

CUISINE TRADITIONNELLE • AUBERGE Un petit air de campagne chic pour cette paisible auberge entre Le Touquet et Montreuil-sur-Mer. Le chef sélectionne ses produits avec soin pour réaliser une cuisine traditionnelle savoureuse et appliquée. Les spécialités de la maison : salade de homard, pigeon en deux cuissons, millefeuille pâtissier crème mousseline... Tout est fait maison, y compris le pain et les glaces !

 – Prix : €€€

116 chaussée de l'Avant-Pays, Le Moulinel – ☏ 03 21 94 79 03 – www.aubergedumoulinel.com – Fermé lundi et mardi, et dimanche soir

SAINT-JOUIN-BRUNEVAL

✉ 76280 – Seine-Maritime

LES PINS DE CÉSAR   *Plus*

CLASSIQUE • FAMILIAL Proche d'Étretat et de ses célèbres falaises dont Arsène Lupin fit son refuge, au cœur d'un parc forestier de 20 ha, cette maison de famille et ses dépendances ont été transformées en un hôtel de charme. Au choix, les chambres, cosy et feutrées, ou le chalet, idéal pour les familles ; et pour tous, le très beau spa, assorti d'un insolite sauna nordique en pleine nature... Une adresse élégante, idéale pour se reposer, loin du bruit et de la pollution.

 - 19 chambres

1 chemin des Échos – ☏ 02 32 73 69 10

SAINT-JULIEN-CHAPTEUIL

✉ 43260 – Haute-Loire – Carte régionale n° **20**–C2

VIDAL

CUISINE TRADITIONNELLE • ÉLÉGANT Au sein de ce restaurant ouvert en 1984, la famille Vidal régale ses hôtes avec un répertoire gourmand qui joue la tradition intelligente : des plats goûteux mettant en valeur l'univers des petits producteurs locaux (agneau noir du Velay, bœuf fin gras du Mézenc...). Mention spéciale pour le pâté en croûte d'Aurélien, une belle prouesse technique. Pour une cuisine généreuse mais plus simple, attablez-vous juste à côté au Bistrot de Justin, ouvert uniquement le midi en semaine. Excellent rapport qualité/prix.

Prix : €€

*Place du Marché – ☏ 04 71 08 70 50 – www.restaurant-vidal.com/fr –
Fermé lundi, et mardi, mercredi et dimanche soir*

SAINT-JULIEN-EN-VERCORS

✉ 26420 – Drôme – Carte régionale n° **24**–B1

CAFÉ BROCHIER

CUISINE MODERNE • VINTAGE Une institution dans ce village du Vercors que cette belle bâtisse de 1867 qui abrite un café historique, orné de fresques de 1912. On y propose un menu de produits essentiellement sourcés sur le plateau du Vercors, qui change régulièrement. Le respect des saisons va de pair avec celui des produits, des cuissons et des goûts, bref, c'est du tout bon, y compris les 3 chambres à l'étage.

 – Prix : €€

*4 place de la Fontaine – ☏ 04 75 48 20 84 – www.cafebrochier.com –
Fermé mardi, mercredi, jeudi midi et lundi soir*

SAINT-JUNIEN

✉ 87200 – Haute-Vienne – Carte régionale n° **19**–B2

LAURYVAN

CUISINE MODERNE • COSY Dans le cadre verdoyant d'un petit bois tout proche de la Vienne, attablé sur la jolie terrasse avec vue sur l'étang, on profite d'une cuisine soignée, réglée sur les saisons : œuf confit bio, crémeux de panais, copeaux de cantal et chips de jambon ; croustillant d'agneau confit aux épices douces, patate douce et asperges blanches... À noter : on peut choisir le "côté restaurant" ou le "côté bistrot".

⅋ 🖶 ♿ 🍽 ⇄ 🅿 – Prix : €€

200 allée du Bois-au-Bœuf – ☎ 05 55 02 26 04 – www.lauryvan.fr – Fermé lundi et mardi, et dimanche soir

SAINT-JUSTIN

✉ 40240 – Landes – Carte régionale n° **25**–C1

LES ALLÉES

CUISINE MODERNE • CONTEMPORAIN Antoine et Coralie se sont rencontrés dans le restaurant doublement étoilé de Jean Cousseau (le Relais de la Poste à Magescq) après des postes sérieux en France et en Espagne. Cet ancien café-restaurant a été rénové dans un subtil mélange de vintage et de moderne (béton ciré au sol mais poutres apparentes). Côté cuisine, cette paire de pros a parié sur le goût en revisitant des recettes traditionnelles, souvent piquetées de banderilles ibériques : tête de veau en croquette ; poireaux vinaigrette ; ris de veau au sautoir ; poulpe grillé, etc. Deux terrasses, l'une sur le devant et l'autre dans la cour à l'abri de la rue.

♿ 🆎 🍽 – Prix : €€

17 allée Gaston-Phoebus – ☎ 06 65 18 49 69 – www.restaurantlesallees.com – Fermé lundi et mardi, et dimanche soir

SAINT-LANGIS-LÈS-MORTAGNE

✉ 61400 – Orne – Carte régionale n° **2**–D3

😊 LES PIEDS DANS L'EAU

CUISINE MODERNE • CONTEMPORAIN Construit au fond du bourg et au milieu des champs, cet ancien moulin se tient aussi près d'un étang : difficile de faire plus bucolique ! Un chef appliqué y envoie une cuisine de bistrot moderne à grand renfort de petits plats généreux (à l'instar de ce bœuf confit, navets et lentilles) et de desserts gourmands (pannacotta café, biscuits cuillère et mascarpone). Ambiance chaleureuse et décontractée, le regard perdu dans les prairies depuis l'agréable terrasse...

♿ 🍽 – Prix : €€

28 chemin de la Folle-Entreprise – ☎ 02 33 25 31 44 – www.restaurant-lespiedsdansleau.com – Fermé lundi et dimanche, et mercredi soir

SAINT-LARY-SOULAN

✉ 65170 – Hautes-Pyrénées – Carte régionale n° **25**–D3

LA GRANGE

CUISINE TRADITIONNELLE • RUSTIQUE Cette ancienne grange est aujourd'hui un restaurant rustique et chaleureux, où règne une ambiance montagnarde. Dans l'assiette, une cuisine goûteuse et soignée, réalisée avec de beaux produits régionaux : truite saumonée du lac d'Oô marinée ; œuf confit, effiloché de canard confit et crémeux de maïs... Une belle adresse.

♿ 🆎 🍽 🅿 – Prix : €€

13 route d'Autun – ☎ 05 62 40 07 14 – www.restaurant-saint-lary.com – Fermé mercredi et mardi midi

SAINT-LAURENT-DES-ARBRES

✉ 30126 – Gard

APRÈS LA SIESTE

CLASSIQUE • CONVIVIAL Imaginez les charmes d'une maison d'hôtes de 1850, logée dans un petit village médiéval classé, avec tout ce que cela implique d'oliviers, de vignes et de jolis murs en pierre, mariés à un design épuré et une philosophie du bien-être. Ici se rencontrent la Méditerranée et l'Asie, deux atmosphères, deux arts de vivre. Piscine, massages ayurvédiques et crêpes de coco à l'appui, avant, pendant ou après la sieste. Une bulle zen au cœur de la Provence.

🅰🅲 🅿 🛏 ♨ - 6 chambres
358 rue Alexis Martin – ☎ 04 66 50 33 94

SAINT-LAURENT-SUR-SAÔNE

✉ 01750 – Ain – Carte régionale n° **21**-A1

LE SAINT-LAURENT

CUISINE TRADITIONNELLE • BRASSERIE Institution locale, cette brasserie Georges Blanc idéalement située sur les quais de Saône a su se réinventer après une rénovation d'ampleur. À la carte figurent toujours des classiques tels que les grenouilles en persillade ou l'osso-bucco et sa polenta crémeuse au safran, mais aussi des créations tournées vers la Méditerranée. Agréable véranda avec vue sur Mâcon et le pont médiéval.

⇐ ⅃ 🅰🅲 – Prix : €€
1 quai Bouchacourt – ☎ 03 85 39 29 19 – www.le-saint-laurent-macon.com/fr –
Fermé mardi et mercredi

SAINT-LAURENT-SUR-SEVRE

✉ 85290 – Vendée – Carte régionale n° **14**-C1

L'ORANGERIE - CHÂTEAU DE LA BARBINIÈRE

CUISINE MODERNE • CONTEMPORAIN Tout est à sa place dans cette cuisine attrayante : les produits de qualité, les saveurs franches et les présentations appétissantes. Entrée autour du champignon en fines ravioles, ricotta, épinards et œuf de poule au plat ; plat de pintade, cèpes, gnocchis aux herbes, châtaignes et choux de Bruxelles. Le restaurant est installé dans un ancien château, devenu hôtel, au cœur d'un parc arboré. Située dans une verrière, la salle embrasse les jardins.

🛏 ⅃ ✧ 🅿 – Prix : €€
La Barbinière – ☎ 02 51 92 46 00 – www.chateau-barbiniere.com – Fermé lundi,
dimanche et samedi midi

SAINT-LÉON-SUR-VÉZÈRE

✉ 24290 – Dordogne – Carte régionale n° **18**-D3

✿ LE PETIT LÉON

Chef : Nick Honeyman

CUISINE MODERNE • COSY Sud-africain, élevé en Nouvelle-Zélande et en Australie où il apprend la cuisine, Nick Honeyman prend goût à la France et à ses produits grâce à l'Arpège et surtout l'Astrance. Pascal Barbot l'a d'ailleurs orienté vers ce bistrot que notre globe-trotter a transformé en restaurant gastronomique. Portée par de jolis dressages, sa cuisine d'auteur joue des émulsions et des contrastes de saveurs réussis, avec beaucoup d'intelligence. Ouverte dans un village pittoresque, cette table saisonnière s'apprécie en terrasse face à un jardin à la pelouse manucurée. En salle et en sommellerie, Sina, l'épouse allemande du chef, propose crus locaux, grands noms et quelques découvertes néo-zélandaises.

 ⌂ – Prix : €€€
Le Bourg – ☎ 05 53 51 18 04 – www.restaurantlepetitleon.fr – Fermé lundi, mardi
et dimanche, du mercredi au vendredi à midi, et samedi soir

SAINT-LÉONARD

✉ 76400 – Seine-Maritime – Carte régionale n° **3**–A2

AUBERGE DE LA SOURCE ⓝ

CUISINE MODERNE • **CONTEMPORAIN** Une petite auberge de campagne cachée dans un lieu perdu : il n'en faut parfois pas plus pour exciter nos papilles. Curiosité vite récompensée par la prestation de l'ancien chef du Donjon à Étretat, Gabin Bouguet, qui a souhaité chez lui plus de simplicité, sans faire l'impasse sur la gourmandise. Houmous, haddock, légumes croquants ; poitrine de porc, mousseline de carotte, crumble aux herbes ; tarte au citron : on se régale du début à la fin. Après le repas, promenez-vous jusqu'aux falaises, à quelques centaines de mètres, pour y jouir d'une très belle vue sur Fécamp. Claude Monet y a peint une toile.

🏡 🅿 – Prix : €€

2 chemin des Falaises – ☏ 02 35 28 77 18 – www.aubergedelasource.com – Fermé mercredi et jeudi, et dimanche soir

SAINT-LIEUX-LÈS-LAVAUR

✉ 81500 – Tarn – Carte régionale n° **27**–A1

😊 LE COLVERT

CUISINE MODERNE • **ROMANTIQUE** Du cachet, du croquant et du goût pour ce repaire gourmand qui s'approvisionne majoritairement chez les maraîchers et éleveurs du département. Au cœur du Lauragais, cette maison coquette à la belle terrasse sert avec le sourire et en rythme une cuisine maîtrisée à prix très raisonnable : pannacotta de légumes au parmesan ; onglet de bœuf et jus à l'ail confit ; pomme au miel, ganache chocolat au lait, coulis au thé noir. Le tout accompagné des vins de Gaillac et du Languedoc.

🍴 🕭 🏡 🔄 🅿 – Prix : €€

8 rue d'en Boyer – ☏ 05 63 41 32 47 – www.restaurantlecolvert.com – Fermé lundi, samedi midi et dimanche soir

SAINT-LIZIER

✉ 09190 – Ariège – Carte régionale n° **26**–C3

😊 LE CARRÉ DE L'ANGE

CUISINE MODERNE • **ÉLÉGANT** Le chef Paul Fontvieille officie avec une passion intacte et une bonne humeur communicative. Tout feu tout flamme, il concocte des assiettes goûteuses et bien pensées : des plats créatifs comme ces nouilles soba artisanales au sarrasin ariégeois dans un bouillon aux herbes fraîches, ou plus traditionnels, à l'image de ce réconfortant axoa de veau. Installez-vous en terrasse, avec une vue époustouflante sur la vallée verdoyante... vous serez aux anges !

🐸 ⩗ 🕭 🏡 🔄 🅿 – Prix : €€

Chemin du Parc (Palais des Évêques) – ☏ 05 61 65 65 65 – www.lecarredelange. com – Fermé lundi et mardi, et dimanche soir

SAINT-LÔ

✉ 50000 – Manche – Carte régionale n° **2**–B2

INTUITION

Chef : Mickaël Marion
CUISINE MODERNE • CONTEMPORAIN À l'étage de la Brasserie Les Capucines (où la cuisine est évidemment plus simple), il faut gravir quelques marches pour mériter cette table intime et feutrée, qui fait face au château. Transfuge de Coutances où il régalait déjà ses fidèles, Mickaël Marion retrouve sa ville natale pour mieux laisser aller sa créativité. Défenseur depuis toujours des produits locaux, il aime herboriser dans la campagne et les marais pour cueillir des plantes et des herbes. De retour aux fourneaux, il en fait son miel à l'image de cette glace à la reine des prés, de ce pesto d'herbes sauvages et de livèche. Puis, dans ses assiettes, il parvient à marier avec subtilité d'excellents produits du terroir normand – Saint-Jacques, poissons de petits bateaux – et saveurs exotiques. Une table qui ne laisse pas indifférent.
Prix : €€€
1 rue Alsace-Lorraine – ℰ 02 33 05 14 91 – www.restaurant-intuition.fr –
Fermé lundi, mardi, mercredi et dimanche

SAINT-LOUIS

✉ 68300 – Haut-Rhin – Carte régionale n° **8**–B3

YAM

CUISINE THAÏLANDAISE • CONVIVIAL Le chef Chatchai Klanklong (chef patron de L'Orchidée, 1 étoile à Altkirch) et son frère Kriankai proposent ici une cuisine thaï pleine de saveurs à l'image de cette soupe de gambas au lait de coco (Tom Yam) ou ce carré de cochon ibérique maturé 30 jours avec chou-fleur, jus aux épices et au tamarin… On utilise de beaux produits, les saveurs sont franches et équilibrées, les cuissons maîtrisées et les dressages soignés.
& 🅰🅲 🍴 🅿 – Prix : €€
4 rue d'Altkirch – ℰ 03 89 91 27 28 – www.restaurant-yam.com – Fermé lundi et
dimanche

SAINT-LUNAIRE

✉ 35800 – Ille-et-Vilaine – Carte régionale n° **9**–A1

COMÈTE

CUISINE MODERNE • BISTRO Au cœur de la station balnéaire et de la plage, le chef patron Victor Nicolas montre dans chaque assiette qu'il n'a rien oublié de son parcours étoilé parisien, et notamment de son passage chez Christophe Pelé : recettes plutôt créatives, qualité des ingrédients, préparations assez brutes jouant l'efficacité, sauces élégantes, condiments punchy : araignée de mer, fenouil et fraises ; barbue rôtie, pommes de terre, blette et jus meunière. La déco de cette petite salle bistrot rétro (vieux parquet en pin, mobilier chiné et dépareillé, luminaires au look vintage) fait le reste.
🍴 – Prix : €€
35 rue de la Grève – ℰ 02 23 18 15 99 – www.cometesaintlunaire.com – Fermé du
lundi au mercredi, du jeudi au samedi à midi, et dimanche soir

1074

SAINT-MALO

✉ 35400 – Ille-et-Vilaine –
Carte régionale n° **9**-A1

Cap sur les saveurs du large

Ses toits d'ardoises jaillissent par-delà les remparts granitiques sur lesquels trône son chemin de ronde. Ouvrez grand vos sens : dans la Cité corsaire, tout se hume, se vit et se goûte. Visitez le comptoir des épices Roellinger, reflet de l'esprit voyageur du cuisinier cancalais. Goûtez les beurres d'un artisan réputé, Jean-Yves Bordier, familier de bien des tables étoilées. Un peu plus loin, découvrez le sarrasin, une petite graine bretonne qui a la cote, dans une boutique imaginée par le créateur des Breizh Café, Bertrand Larcher. Miels, biscuits, tuiles, bonbons... la diversité des produits est surprenante. Enfin, pour déguster les délices de la mer, poissons et surtout crustacés et coquillages (huîtres, coquilles Saint-Jacques, araignée de mer, praires, tourteaux et homards), rendez-vous sur les nombreux marchés !

✿✿ LE SAINT PLACIDE

Chef : Luc Mobihan

CUISINE CRÉATIVE • CONTEMPORAIN En retrait de l'agitation touristique, dans ce quartier apprécié des Malouins, un bel écrin contemporain (courbes organiques, un peu de Fornasetti, suspensions Tom Dixon...). Il abrite le chef Luc Mobihan, grand spécialiste des produits iodés et des légumes du terroir, passé au Château de la Chenevière à Port-en-Bessin et à l'Amphitryon de Lorient, où il fut le second de Jean-Paul Abadie. Il concocte une jolie cuisine en prise avec son époque, à l'image de ces Saint-Jacques poêlées, chutney de navets confits et Noilly Prat. Quant à son épouse, Isabelle, elle donne libre cours à son goût pour les arts – ceux de la table – et à sa passion pour les bons vins (Champagne, Loire, Bourgogne...). Accueil prévenant.

& AC – Prix : €€€€

Plan : B3-1 – *6 place du Poncel, Saint-Servan-sur-Mer* – ✆ *02 99 81 70 73* – *www.st-placide.com* – *Fermé lundi, dimanche et mardi midi*

🙂 LE COMPTOIR BREIZH CAFÉ

CUISINE BRETONNE • CONTEMPORAIN Le Breizh Café est né d'une belle intuition : associer la tradition bretonne avec une mise en scène nippone. Chaleureux décor moderne dont un comptoir face à la cuisine ouverte comme au Japon. Produits locaux (blé noir 100% bio, huîtres de Cancale, beurre de chez Bordier) et quelques touches contemporaines, comme par exemple des galettes de sarrasin en "rolls" roulées façon maki. Bon choix de cidres.

⇔ – Prix : €€

Plan : D3-6 – *6 rue de l'Orme* – ✆ *02 99 56 96 08* – *www.breizhcafe.com*

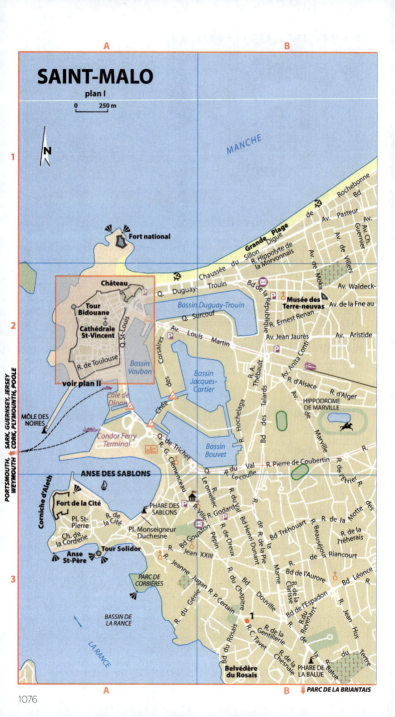

MUSÉE-MANOIR DE ROTHÉNEUF, ROCHERS SCULPTÉS, PORTE DU MEINGA,
JACQUES CARTIER MALOUINIÈRE DE LA VILLE BAGUE

C   D

Pointe de
Rochebonne

La Havardière

La Vierge de Grâce

R. du Prés. Kennedy
R. du R. Père Lebret
R. de la Boulnaye
Av. du Doris
R. du Lévy
Av. du Pont-Roquet
R. de la V. de Grâce

3

2

Av. E. des Herpin
Av. de la Bordenie
Bd de Rochebonne
Hébert
Bd
Chateaubriand

PARAMÉ

Portes
Cartier
R. de St. Ideuc
R. de la Croix au Feure
R. des
Érables

R. du R. du Gesrel du Papeu

La Ville
Besnard
Bonne
Rencontre

R. du Col. Armand
R. R. Mette

Z.A. DE LA
CROIX DÉSILLES

Moulin du Gué

D355

D155

1

Av. du Révérend
Père Umbricht

Pl. Poincaré

Pl. de la
Résistance

Bd des Déportés

R. Henri Lemarre

CANCALE,
FOUGÈRES, PONTORSON

Kruger

R. de
Rousse

R. H.C. Neuf

R. M. Béren ger

Augustin

R. Claude Bernard

R. du Pont Pinel

R. de Beaulieu

R. des Chênes

Av. du Maréchal Juin

Le Bois

Robert

Rousseau
Bonhomme

Gambetta

Fresn

Tannerie

R. des Églantines
R. Nominoé

SAINT-MALO

Plan II

0   100 m

Bri

R. Mahé-de-la-
Bourdonnais

Pl. Vauban

PORTE
ST-THOMAS

Tour
Quic-en-
Groigne

Château

Chaussée du Sillon

2

Tour
Bidouane

PLAGE
MALO

REMPARTS
R. du Ch. Gaillard
R. de la Victoire

Cour de
La Houssaye

Hôtel de
La Gicquelais

Pl.
Chateaubriand

Porte
St-Vincent

Esplanade
St-Vincent

R. du Gras
Mollet

R. du
Pélicot

R. Garangeau

R. St-Benoist
R. du
Toullier Collège

12

R. Saint-Vincent

Q. Saint-Vincent

R. Jacques Cartier

7

PORTE DES
CHAMPS-
VAUVERTS

Cathédrale
St-Vincent

R. Porçon de la Barbinais

Grand Rue

PORTE
DES BÉS

PLAGE DE
BON SECOURS

Pl. Fr.
Lamennais

R. Ste-Anne

Pl. aux
Herbes

Pl. du
Pilori

Pl. du Poids-
du-Roi

4

GRANDE PORTE

Bassin
Vauban

R. du Point du Jour

R. Broussais

R. des Grands
Degrés

5

11

R. des Cordiers

BASTION DE
LA HOLLANDE

R. de la
Crosse

R. de la
Pie qui Boit

13

6

R. de la
Fosse

10

R. d'Asfeld

PORTE ST-LOUIS

Demeure de Corsaire –
Hôtel Magon de la Lande

3

R. des
Bouchers

R. Saint-Sauveur

R. Robert Surcouf

R. des Vieux
Remparts
Toulouse

R. de Charles

Bastion
St-Louis

R. de Dinan

R. d'Estrées

9

R. d'Orléans

PLAGE
DU MÔLE

Vauborel

PORTE
DE DINAN

N

Bel

Bastion
St-Philippe

Esplanade de
la Bourse

Chaussée
Eric Tabarly

C   D

1077

SAINT-MALO

DOMA

CUISINE MODERNE • CONTEMPORAIN À l'intérieur de la cité malouine, quelques tables sur le trottoir, une petite salle contemporaine avec un pan de mur en tôle ondulée et du carrelage émaillé en guise d'ardoise : cette maison (doma en slave) accroche l'attention et ouvre l'appétit ! Sardine marinée, crispy rice et salsa verde, suivie d'une raviole ouverte crevette, bisque et émulsion curry d'algues, avant de finir avec un gâteau madeleine, compotée de nectarines et crème montée verveine : des assiettes colorées qui chantent la saison (au bon rapport qualité-prix en plus !).
Prix : €
Plan : D3-4 – *4 Grand Rue* – ✆ *02 99 40 97 52* – *www.doma.bzh* – *Fermé lundi, dimanche et mardi midi*

FIDELIS

CUISINE MODERNE • CONTEMPORAIN Face aux remparts, un couple de pro séduit avec une généreuse cuisine de tradition exécutée avec honnêteté : tacos au tartare de saumon agrémentés de guacamole, pico de gallo et crème fraîche ; émincé de volaille, nouilles de riz, coriandre, gingembre, ail et sauce soja ; parfait cacahuète-chocolat, caramel au beurre salé et glace vanille. Cadre sympathique, service de bistrot souriant !
🌿 – Prix : €€
Plan : D2-7 – *10 rue Jacques-Cartier* – ✆ *02 99 40 97 27* – *www.fidelis.metro.rest* – *Fermé mardi et mercredi, et dimanche soir*

LA FOURCHETTE À DROITE

CUISINE ACTUELLE • COSY Caroline et Etienne Corson ont peut-être placé votre fourchette à droite, mais ils sont loin d'avoir deux mains gauches ! En témoignent l'accueil sympathique de la maîtresse de maison comme la cuisine du chef. Dans l'assiette, on apprécie une jolie leçon de choses qui met la Bretagne à l'honneur avec de beaux produits de saison : gravlax de bar, crémeux fenouil et confiture d'algues ; carrelet, écrasé de pomme de terre et sauce mikan ; pomme fondante, croustillant d'amande et caramel au cidre… N'oubliez pas de réserver, la petite salle à manger (chaleureuse) a un nombre de places limité.
Prix : €€
Plan : C3-13 – *2 rue de la Pie-qui-Boit* – ✆ *02 99 40 97 25* – *www.restaurant-lafourchetteadroite.fr* – *Fermé mercredi et jeudi*

AR INIZ

CUISINE MODERNE • CONTEMPORAIN La carte du restaurant est conçue par le chef Christian Le Squer. Les cuissons sont maîtrisées, les préparations goûteuses et les produits, préparés avec savoir-faire, de belle qualité : fines ravioles de langoustines, beurre blanc à la ciboulette ; noix d'entrecôte « Hereford », frites maison ; crème brûlée façon cheesecake. Le tout dans un cadre moderne et lumineux avec une vue exceptionnelle sur la plage du Sillon. Aux beaux jours, la terrasse est un passage obligé ! Menu déjeuner en semaine à prix doux.
♿ 🌿 – Prix : €€
Plan : C1-2 – *8 boulevard Hébert* – ✆ *02 99 56 01 19* – *www.ariniz.com* – *Fermé lundi et mardi, et du mercredi au dimanche soir*

LE BÉNÉTIN 🆕

CUISINE MODERNE • CONTEMPORAIN En entrée, un carpaccio de dorade moelleux et savoureux, revigoré par une sauce aux agrumes ; puis, un lieu jaune cuit avec précision et une sauce curry bien relevée ; enfin, au dessert, une tarte croustillante aux poires et aux pommes, escortée de sa glace à la vanille maison. Voilà, moussaillon, la goûteuse croisière qui t'attend dans cette belle salle lumineuse – façon hangar à bateaux – qui jouit d'une vue plongeante sur la côte escarpée et ses rochers.
⬷ ♿ 🅰🅲 🌿 🍽 – Prix : €€€
Hors plan – *15 chemin des Rochers Sculptés* – ✆ *02 99 56 97 64* – *www.restaurant-lebenetin.com*

1078

SAINT-MALO

BETTON FILS ⓝ

CUISINE MODERNE • CONVIVIAL Dans le centre-ville de Saint-Malo, un petit restaurant fait joliment l'angle, dans un bâtiment typique de pierre grise. Aux commandes, le chef Victor Betton, ancien champion d'escrime, dégaine une cuisine généreuse et maîtrisée. Adepte de la fente gustative, il tranche dans un rayon de 50 km pour dénicher les meilleurs produits. Au déjeuner, le menu à prix doux désarmerait n'importe quel adversaire : filet de lieu jaune doré, purée onctueuse, écume de crustacés savoureuse ; figues rôties, huile de romarin, shiso et granité herbacé. Le soir, la carte affûte des ingrédients plus nobles (coquille Saint-Jacques de plongée, saint-pierre de ligne).

Prix : €€

Plan : D3-5 – 7 rue des Grands-Degrés – ☎ 02 22 66 89 49 – www.bettonfils.fr – Fermé lundi et dimanche

LE BISTROT DU ROCHER

CUISINE DU MARCHÉ • BISTRO Un peu en retrait de l'animation touristique mais néanmoins située à l'intérieur des remparts, une adresse simple et conviviale installée dans une maison malouine typique sur deux étages. Cette table est emmenée par un chef passionné qui a fait appel à l'artiste rennais MioSHe pour orner certains murs de fresques. La cuisine fait la part belle au marché (araignée de mer au curry et betterave ; crépinette de cochon et gnocchis ; poire pochée et chocolat guanaja) avec pain maison et vins nature. Menu imbattable à midi en semaine, ardoise plus étoffée le soir et le week-end.

Prix : €€

Plan : D3-9 – 19 rue de Toulouse – ☎ 02 99 40 82 05 – Fermé mercredi, et lundi, mardi et dimanche soir

LE CAMBUSIER

CUISINE MODERNE • CONTEMPORAIN Au cœur de la cité historique, bienvenue dans ce bar à vins lumineux. La patronne, sommelière, se dit "Bretonne 100% pur beurre", mais déniche de bons petits vins des quatre coins de la France ! En cuisine, son mari célèbre les produits locaux : ravioles de cochon aux pleurotes, bouillon de légumes d'antan ; dos de cabillaud au paprika fumé, chou vert croquant au beurre citron-gingembre

Prix : €€

Plan : D3-10 – 6 rue des Cordiers – ☎ 02 99 20 18 42 – www.cambusier.fr – Fermé mardi et mercredi

CRÊPERIE GRAIN NOIR

CUISINE BRETONNE • BISTRO Face à la Halle au Blé de Saint-Malo, une petite crêperie à ne pas manquer. Des galettes classiques mais également des recettes plus originales : celle à la "langouille", c'est à dire à la langue de porc ; la "Grain Noir" avec truite bretonne, chèvre frais, légumes croquants et citron ; la "Ty Nevez" avec andouille de Dinan, œuf, emmental au lait cru et moutarde. On propose aussi des "amuses gueulettes" : beurre piment et gruée de cacao cru ou encore beurre salé et tartare d'algues... La plupart des produits sont bio, et les cidres et les vins sont nature.

Prix : €

Plan : D3-11 – 16 rue de la Herse – ☎ 02 23 17 56 79 – Fermé lundi et dimanche

SAINT-MALO

MAISON VERMER ⓝ

CUISINE MODERNE • CONTEMPORAIN Dans cette pimpante maison toute proche de la plage de Rochebonne, pas de peintre hollandais, mais un chef qui s'est donné pour ambition culinaire d'unir la terre et l'océan ("vert" pour le végétal et "mer" pour les produits de la mer). C'est une réussite ! Depuis sa cuisine ouverte, il travaille les produits en circuit court pour livrer des assiettes bien balancées : velouté d'asperge blanche aux coquillages et à l'andouille ; fleur de courgette soufflée à la langoustine, émulsion estragon ; fraîcheur de citron au cédrat... Cuisine du marché à bon prix au déjeuner, menu dégustation plus ambitieux le soir, sans oublier le brunch du dimanche midi.

🍽 – Prix : €€€

Plan : C1-3 – *79 boulevard de Rochebonne – ☎ 02 99 20 85 52 – www. maisonvermer.fr – Fermé lundi et mardi, et dimanche soir*

MÉSON CHALUT

Chef : Vincent Prémorvan

POISSONS ET FRUITS DE MER • ÉLÉGANT Dans sa "méson" (qui signifie bien "maison" en langue gallo de Haute-Bretagne), le chef propriétaire joue la carte bretonne en valorisant produits de la mer et autres ingrédients régionaux (sarrasin, lait ribot, coco de Paimpol, beurre salé...) avec fraîcheur, goût et respect de la nature, tout en s'approvisionnant localement.

🅰️🅺 – Prix : €€€

Plan : D2-12 – *8 rue de la Corne-de-Cerf – ☎ 02 99 56 71 58 – www.meson-chalut.bzh – Fermé lundi, et mardi et vendredi à midi*

🍀**L'engagement du chef :** Près du port, le choix de passer en direct avec les pêcheurs de petits bateaux s'imposait de lui-même. Choisir ceux qui pratiquent la pêche responsable, respectant notamment les périodes de fraie, était un pas de plus vers une dynamique durable. À côté d'un engagement fort pour les produits bio et les circuits courts, on pratique entre autres le zéro déchet et le zéro gaspi, en proposant systématiquement un "doggy bag" et en récupérant les eaux de refroidissement de la cuisine pour le nettoyage.

LE ROCHER ⓝ

CUISINE MODERNE • BISTRO Le chef Romain Roullier est tombé en pâmoison pour ce restaurant du quartier de Rothéneuf. Sur l'agréable terrasse ou dans la salle fraîchement rénovée, on profite du coup de main expérimenté de ce cuisinier qui sait faire plaisir aux papilles, sans fioritures inutiles : œuf poché et girolles persillées, lait fumé et croûtons ; cuisse de canard laquée, caviar d'aubergine et curry... Bon rapport qualité-prix.

🍽 – Prix : €€

Hors plan – *24 place du Canada – ☎ 02 23 18 28 52 – www.lerocher-rotheneuf. fr – Fermé mardi, et lundi et dimanche soir*

🛏 LES CHARMETTES

MODERNE • CHALEUREUX Cette ancienne pension pour jeunes filles a plutôt bien tourné. Métamorphosée en hôtel de charme ou "maison de famille" chaleureuse, elle propose des chambres à la décoration simple et colorée. Toutes différentes, elles puisent leurs motifs dans les thématiques marine ou végétale, selon que vous aurez choisi la villa côté jardin ou la villa côté mer.

🅿️ 🚲 🍴 - 16 chambres

64 boulevard Hébert – ☎ 02 99 56 07 31

SAINT-MALO

 GRAND HÔTEL DES THERMES
CLASSIQUE • COSY Sur le front de mer, le palace de Saint-Malo a le charme rétro des villégiatures bourgeoises du 19e s. Ses chambres et suites sont très douillettes (classiques ou contemporaines). Quant à son centre de thalasso (six piscines à l'eau de mer, soins de qualité), il est superbe !
- 174 chambres
100 boulevard Hébert – ⌀ 02 99 40 75 00

SAINT-MARTIAL-DE-NABIRAT
✉ 24250 – Dordogne – Carte régionale n° **18**-D3

LE SAINT-MARTIAL
CUISINE MODERNE • COSY Valérie et Jean-Marc Réal dirigent ce charmant restaurant depuis plus de vingt ans dans un petit village paisible du Périgord noir. Le chef sublime habilement les produits de saison en alliant tradition et modernité, avec notamment de bons jus et des associations équilibrées, pour des assiettes goûteuses. À l'image de cette fricassée d'escargots et tête de veau en habit vert, accompagnée d'une crème de cèpe au cresson. L'accueil chaleureux et la riche carte des vins contribuent à passer un agréable moment.
– Prix : €€
Le Bourg – ⌀ 05 53 29 18 34 – www.lesaintmartial.com/fr – Fermé lundi et mardi, et dimanche soir

SAINT-MARTIN-D'URIAGE
✉ 38410 – Isère – Carte régionale n° **21**-C3

AUBERGE DES SEIGLIÈRES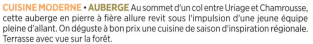
CUISINE MODERNE • AUBERGE Au sommet d'un col entre Uriage et Chamrousse, cette auberge en pierre à fière allure revit sous l'impulsion d'une jeune équipe pleine d'allant. On déguste à bon prix une cuisine de saison d'inspiration régionale. Terrasse avec vue sur la forêt.
– Prix : €€
6000 route de Chamrousse – ⌀ 04 76 15 28 67 – www.auberge-seiglieres.fr – Fermé mercredi et jeudi, et dimanche soir

SAINT-MARTIN-DE-BELLEVILLE
✉ 73440 – Savoie – Carte régionale n° **21**-D2

 RENÉ ET MAXIME MEILLEUR
Chefs : Maxime et René Meilleur
CUISINE CRÉATIVE • MONTAGNARD René, le père, et Maxime, le fils : un duo qui exprime l'âme d'un terroir, en mêlant une attention scrupuleuse au produit et une inspiration de chaque instant pour revisiter les spécialités régionales. Le fromage, les poissons de lac, ainsi que les herbes et baies que René va cueillir au quotidien, sont la base d'une cuisine "intelligente mais compréhensible". Ici, tout est imaginé en famille, puisque mère, fille, belle-fille et gendre travaillent ensemble en salle et à l'intendance. Sachez enfin que l'on vous accueille aussi pour la nuit : dans un chalet mitoyen, chambres et suites du dernier chic montagnard vous tendent les bras.
– Prix : €€€€
Hameau de Saint-Marcel – ⌀ 04 79 08 96 77 – www.la-bouitte.com/fr – Fermé dimanche et lundi midi

SAINT-MARTIN-DE-BELLEVILLE

SIMPLE ET MEILLEUR
CUISINE SAVOYARDE • RÉGIONAL Dans cette jolie salle habillée de bois clair, dont les grandes baies vitrées ouvrent sur les massifs, les produits savoyards sont mis à l'honneur avec gourmandise : truite au four, fondue de reblochon, charcuteries et fromages de la région, tarte aux myrtilles... ou encore ce sauté de lapin à la moutarde, estragon et polenta crémeuse. Une adresse chaleureuse imaginée par René et Maxime Meilleur, à laquelle on accède skis aux pieds.
ప్ర ❖ – Prix : €€
Place Notre-Dame, quartier de Caseblanche – ✆ 04 86 80 02 91 – www.simple-meilleur.com/fr – Fermé dimanche

LA BOUITTE
MONTAGNARD • COSY Si vous avez fait la route pour profiter de l'excellence culinaire de la Bouitte, sachez que l'on vous y accueille aussi pour la nuit. Plusieurs chalets, huit chambres et sept suites du dernier chic montagnard vous attendent. Un véritable cocon !
♨ P ⛅ ❄ ⊼ 🕸 𝄞 ⊙ – 15 chambres
Hameau de Saint-Marcel – ✆ 04 79 08 96 77
✤✤✤ **René et Maxime Meilleur • ✤ Simple et Meilleur** - Voir la sélection des restaurants

SAINT-MARTIN-DE-LONDRES
✉ 34380 – Hérault – Carte régionale n° **27**–D1

L'ACCENT DU SOLEIL
CUISINE CLASSIQUE • ÉLÉGANT Ancien chef du Château de Mercuès, dans le Lot, Philippe Combet sert ici une bonne cuisine de saison, qui met en valeur les produits de la région. Menu truffe ou asperges, agneau du Quercy... le tout servi en salle par son épouse avec gentillesse et professionnalisme.
ప్ర AC – Prix : €€€
19 route des Cévennes – ✆ 04 67 55 23 10 – www.laccentdusoleil.fr – Fermé lundi et mardi, et dimanche soir

SAINT-MARTIN-DE-RÉ - Charente-Maritime (17) ➜ Voir Île de Ré

SAINT-MARTIN-DU-TERTRE
✉ 89100 – Yonne – Carte régionale n° **12**–A1

LE MARTIN BEL AIR
CUISINE MODERNE • CONVIVIAL Face à la mairie du village, ce bistrot de campagne entièrement rénové vous accueille dans un cadre contemporain et végétal (bois clair, décorations murales en liège, plafond noir). Le chef, passé par de bonnes maisons de la région, compose une cuisine du marché moderne et enlevée, au rapport qualité-prix imbattable... à l'image du tartare de bœuf au wasabi, pickles d'oignon, carotte épicée, une entrée pleine de peps aux saveurs harmonieuses.
⚿ ప్ర AC 🍽 P – Prix : €€
3 place du 19-Mars-1962 – ✆ 03 86 66 47 95 – www.lemartinbelair.com – Fermé lundi et mardi, et dimanche soir

SAINT-MARTIN-SUR-LA-CHAMBRE

73130 – Savoie – Carte régionale n° **21**-C2

LE CLOCHER DES PÈRES

Chef : Pierre Troccaz

CUISINE CRÉATIVE • CONVIVIAL Perchée à 600 m d'altitude, cette maison logée dans une ancienne tour de guet toise la chaîne de Belledonne, dont le Clocher des Pères. Au cœur du village, c'est un lieu plein de cachet pour une cuisine séduisante, œuvre d'un couple discret et passionné, Éloïse et Pierre Troccaz. Ce chef, qui s'est construit patiemment à l'écart des voies toutes tracées, signe une cuisine fine et créative, ennemie de la routine et en partie improvisée grâce au retour du marché. Il multiplie aussi les clins d'œil à la tradition et aux produits savoyards – millefeuille de truite, homard et diot (saucisse), omble et crème de beaufort, biscuit de Savoie et myrtilles. Accueil charmant proche du client, jolies chambres pour la nuit.

– Prix : €€€

Le Mollard, 80 impasse du Four – ✆ 04 79 59 98 06 – www.chambres-d-hote-maurienne-le-clocher-des-peres.fr/fr/m_1_accueil.php – Fermé lundi, mardi, mercredi et dimanche

SAINT-MAURICE

94410 – Val-de-Marne – Carte régionale n° **11**-F2

TANDEM SAVEURS NOMADES

FUSION • CONTEMPORAIN Tout est dans le titre : un duo de chefs formé chez Thierry Marx et une cuisine fusion innovante où les influences sud-américaines et asiatiques embrassent des produits français. Aubergines boostées par une sauce miso ; lieu jaune et crémeux de petits pois, risotto de quinoa aux herbes thaï et quelques grains de sarrasin grillés pour la note torréfiée ; gyoza de bœuf sauce teriyaki : notre paire gourmande travaille ses associations avec justesse et intelligence. Ce bistrot coloré, chaleureux, très contemporain, est une aubaine pour le centre-ville de Saint-Maurice !

– Prix : €€

50 avenue du Maréchal-de-Lattre-de-Tassigny – ✆ 01 43 76 38 38 – www.tandemsaveursnomades.com – Fermé lundi et dimanche soir

SAINT-MÉDARD

46150 – Lot – Carte régionale n° **23**-A2

LE GINDREAU

Chef : Pascal Bardet

CUISINE CRÉATIVE • ÉLÉGANT Dans un petit village surplombant les coteaux, l'ancienne école s'est réinventée en restaurant. Bienvenue au Gindreau, à Saint-Médard. Le chef Pascal Bardet, natif du Lot et ancien d'Alain Ducasse pendant 18 ans – notamment au Louis XV –, s'épanouit derrière les pianos. "En cuisine, rien n'est figé", glisse ce timide plein d'assurance. De fait, il met bien en valeur les produits du terroir – comme la truffe, en saison, dont il est un spécialiste. Installez-vous en terrasse sous les marronniers, et profitez du coucher de soleil sur le Quercy.

– Prix : €€€€

146 rue du Gindreau, le Bourg – ✆ 05 65 36 22 27 – www.legindreau.com – Fermé lundi et mardi, et mercredi et dimanche soir

SAINT-MÉLOIR-DES-ONDES

✉ 35350 – Ille-et-Vilaine – Carte régionale n° **9**–B1

✿✿✿ LE COQUILLAGE

Chef : Hugo Roellinger

POISSONS ET FRUITS DE MER • **ÉLÉGANT** Un petit manoir romantique, une vue féérique sur la baie du Mont-Saint-Michel... et une véritable épopée culinaire. Après une première vie dans la marine marchande, Hugo Roellinger a peaufiné son art avec humilité, pour signer aujourd'hui ce poétique voyage "Au gré du Vent et de la Lune" qui tient en haleine de bout en bout et offre une vision très personnelle de la Bretagne. Les produits de la mer sont magnifiés avec une fluidité, une délicatesse et un naturel époustouflants, à l'image de ces langoustines translucides en tartelette de morille, mousseline d'hydromel à la poudre d'ombre : une merveille d'équilibre... tout comme le homard en deux services, avec ses sauces d'une complexité rare. Loin de toute abstraction, cette cuisine parle immédiatement ; son apparente simplicité recèle une subtilité sans égale dans les harmonies de saveurs, avec un talent particulier dans le maniement des épices (bon sang ne saurait mentir), mais aussi des poivres, algues, fleurs et herbes du potager. Malicieux et parfois audacieux, des desserts peu sucrés prolongent cet univers marin avec éclat. Une cuisine sensible portée par une équipe acquise à la cause, qui sait trouver le ton juste.

🕸 ⇔ ≼ 🖨 **P** – Prix : €€€€

Lieu-dit Le Buot – ☏ 02 99 89 64 76 – www.maisons-de-bricourt.com/fr/page/ le-coquillage – Fermé lundi et dimanche

🌱**L'engagement du chef :** Notre cuisine est une ode durable et responsable aux ressources marines : nous ne préparons que des poissons et des crustacés de petites pêches dont les stocks ne sont pas menacés et nous employons de nombreuses algues que nous ramassons nous-mêmes. Nous fabriquons notre propre pain et cultivons nos herbes aromatiques.

BISTROT 1936 - DOMAINE DU LIMONAY 🆕

CUISINE MODERNE • **CONTEMPORAIN** Le bistrot du Domaine du Limonay arbore de jolis matériaux (bois clair et poutres apparentes) et des baies vitrées généreuses en lumière. La carte affiche des produits gourmands de qualité : poularde, foie gras, araignée de mer, et propose même un délicieux ramen breton à base de porc fermier et de nouilles de sarrasin.

♿ 🅰 🏠 ⇔ **P** – Prix : €€

Lieu-dit Le Limonay – ☏ 02 99 89 10 46 – www.domaine-du-limonay.com/fr/ restaurants/bistrot.html

LA GOUESNIÈRE - DOMAINE DU LIMONAY

CUISINE MODERNE • **ÉLÉGANT** Dans cette hostellerie fondée en 1936, la table gastronomique dévoile de jolies recettes créatives appuyées sur les beaux produits du terroir breton : pêche de la baie de Saint-Malo, agneau de pré salé, sarrasin... La gourmandise n'est pas en reste, notamment sur la partie desserts.

🖨 ♿ 🅰 ⇔ **P** – Prix : €€€

Lieu-dit Le Limonay – ☏ 02 99 89 10 46 – www.domaine-du-limonay.com/fr – Fermé lundi et mardi

🛏 CHÂTEAU RICHEUX - LES MAISONS DE BRICOURT

CLASSIQUE • **RAFFINÉ** Le Château Richeux ne date que des années 1920, mais cette somptueuse résidence balnéaire ne manque pas de cachet. La vue sur la baie du Mont Saint-Michel contribue à son charme, mais le plus séduisant se trouve de l'autre côté des murs de la vieille bâtisse et du chalet voisin : une riche collection de meubles et d'éléments décoratifs anciens. L'ancienne grange abrite aujourd'hui un spa.

P 🚗 ⇔ 🖨 🚲 🐷 🐟 ⑩ - 13 chambres

Lieu-dit Le Buot – ☏ 02 99 89 64 76

✿✿✿ **Le Coquillage** - Voir la sélection des restaurants

SAINT-MEXANT

✉ 19330 – Corrèze

 CYPRÈS SI HAUT

MODERNE • CHAMPÊTRE On peut difficilement faire plus privé que cette maison d'hôtes à chambre unique. D'autant plus que celle-ci est conçue comme une cabane de luxe pour citadins en manque de chlorophylle. C'est dans une petite forêt de Corrèze que ce nid joue à cache-cache, perché à 4 m de haut, dans son manteau de pin et de mélèze. Il cache également bien son jeu : pas de meubles de fortune ici, mais une déco design, une cuisine équipée, une douche à l'italienne, avec terrasse, spa privé avec jacuzzi et sauna tropical en communion avec la végétation. L'exotisme est à son comble avec le choix de séjour sur-mesure : gourmand, romantique, culturel, cocooning, arrosé... Il faudra simplement prendre garde à ne pas tomber de votre perchoir.

🅰🄲 🅿 ⓢ 🐾 - 1 chambre

15 rue du Fond Bourg – ✆ 05 55 29 41 21

SAINT-MICHEL-CHEF-CHEF

✉ 44730 – Loire-Atlantique – Carte régionale n° **9**-A3

 BEAU BOUCOT ⓝ

CUISINE MODERNE • CONTEMPORAIN Face à la grande plage de Tharon, ce bistrot de la mer lumineux signé Mathieu Guibert (Anne de Bretagne) permet de savourer la mer dans l'assiette comme dans le paysage. La qualité irréprochable des mets profite du réseau de fournisseurs du chef : des crevettes grises frites en amuse-bouche au vitello tonnato revisité, en passant par la truite fumée, aucun bémol. À noter : on propose aussi des options végétariennes ou carnées, tandis que le menu découverte offre un excellent rapport qualité-prix. Le service, assuré par une équipe jeune et souriante, allie professionnalisme et convivialité. Du beau boulot !

Prix : €€

119 boulevard de l'Océan – ✆ 02 28 53 10 75 – www.beauboucot.com

SAINT-MONT

✉ 32400 – Gers – Carte régionale n° **26**-A2

LA TABLE DE JEAN-PAUL TOSSENS - MONASTÈRE DE SAINT-MONT

CUISINE MODERNE • HISTORIQUE Dire que c'est un lieu chargé d'histoire est un euphémisme : ce monastère, plusieurs fois reconstruit depuis le Moyen-Age, se trouverait sur l'emplacement d'un ancien oppidum romain. Le chef élabore une cuisine de saison émaillée de produits nobles, que l'on déguste dans un cadre élégant. Il est possible de prolonger le séjour grâce aux chambres, à la piscine et au spa. Restauration plus simple au bistrot "Les Bérets Noirs".

♿ 🍽 🅿 - Prix : €€€

627 rue Bernard-Tumapaler – ✆ 06 32 86 46 11 – www.lemonasteredesaintmont.com/la-table-jeanpaultossens – Fermé lundi et mardi, et dimanche soir

SAINT-NAZAIRE

✉ 44600 – Loire-Atlantique – Carte régionale n° **9**-A3

TOPAZE

CUISINE MODERNE • **COSY** Dans le centre-ville, un couple de professionnels (qui s'est rencontré à Ze Kitchen Gallery de William Ledeuil à Paris), lui en cuisine, elle au service, a taillé ce bijou gourmand chaleureux et intime ! Dans l'assiette, le chef se révèle un orfèvre qui ne laisse rien au hasard : produits frais et locaux choisis selon l'arrivage, cuissons douces et précises, parfums et couleurs. On s'est régalé d'un tartare de bœuf et de son crémeux glacé aux huîtres, ponctué de quelques sali-cornes ; d'un pavé de cabillaud nacré en croûte de sésame et de sarrasin torréfiés et nappé d'un succulent jus de coques safrané.

&⚷ – Prix : €€

103 rue Aristide-Briand – ☎ 02 51 75 69 36 – www.topaze.restaurant – Fermé lundi, mardi et dimanche

GAMIN

CUISINE MODERNE • **CONTEMPORAIN** Après avoir beaucoup jonglé avec les fuseaux horaires (Alain Passard, la Corse, le restaurant Blue Hill de Dan Barber aux États-Unis), il était presque normal que Bastien et Charlotte Guillochon s'installent face à un... port. Leur « maison culinaire », comme ils l'ont baptisée, ouvre du petit-déjeuner au dîner, et multiplie les coins cosy. Sur la carte, chaque intitulé de plat com-mence par un nom de légume ou de fruit : concombre, ceviche de coquillage, huile de cameline ; courgette ronde, purée de carottes nouvelles, chimichurri, dorade sébaste. Une cuisine moderne, respectueuse de l'environnement et rudement bien troussée.

& – Prix : €€

1 boulevard René Coty – ☎ 02 40 22 20 03 – www.gamin.fr – Fermé samedi et dimanche

SAINT-NEXANS

✉ 24520 – Dordogne

LA CHARTREUSE DU BIGNAC

CLASSIQUE • **CHARME** Ce magnifique manoir du 18e s., ancienne chartreuse, a été restauré avec beaucoup de soin, mariant le charme de l'authentique au confort le plus haut de gamme. Les chambres et suites, aux lits douillets et aux salles de bains à l'élégance moderne, se répartissent entre la maison principale et deux dépendances, sur 12 ha de terrain : impossible ici de se sentir à l'étroit ! Le must : la suite aménagée dans l'ancien moulin, dont le plancher vitré donne directement sur le ruisseau.

🅰🄿⬭⟳🚣🖐🚲⛵🍽 - 12 chambres

Lieu-Dit – ☎ 05 53 22 12 80

SAINT-OMER

✉ 62500 – Pas-de-Calais – Carte régionale n° **4**-B2

BACÔVE

Chef : Camille Delcroix

CUISINE MODERNE • **CONTEMPORAIN** Le bacôve est une grande barque à fond plat qui était utilisée par les maraîchers du marais audomarois pour transporter leurs légumes. Voilà qui dit tout de l'inspiration de Camille Delcroix (vainqueur en 2018 de Top Chef) dans son restaurant à la déco nature et apaisante, où il signe des menus d'une belle précision technique, inspirés par les produits du terroir local et un fil conducteur associant terre et mer. Le souci esthétique du chef affleure à chaque instant, tant dans le choix de la vaisselle que dans les couleurs ou le graphisme de ses assiettes. Enfin, Carla et son équipe vous réservent un accueil et un service des plus souriants.

😊 – Prix : €€€

*8 rue Caventou – 03 21 95 21 33 – www.restaurant-bacove.com/fr –
Fermé lundi et mardi, et dimanche soir*

SAINT-OMER-EN-CHAUSSÉE

✉ 60860 – Oise – Carte régionale n° **5**-A2

AUBERGE DE MONCEAUX

CUISINE MODERNE • **AUBERGE** Une belle table de campagne qui pousse au milieu des fleurs des champs, gardée dans son jus (tomettes, poutres, etc.) et dépoussiérée juste ce qu'il faut. Deux sœurs en salle et leurs compagnons en cuisine mettent toute leur passion dans cette affaire familiale qui donne le sourire. Tartelette au homard bleu et petits pois, bisque en sabayon ; pigeonneau maturé, courgettes au barbecue et vinaigrette pollen ; pannacotta et glace reine des prés, coulis de fraises acidulé : des assiettes léchées et colorées, où liberté et tradition vont de pair. Menu renouvelé régulièrement.

 – Prix : €€

*1 rue du Maréchal-Leclerc – 03 44 84 50 32 – www.aubergedemonceaux.fr –
Fermé lundi et mardi, et mercredi, jeudi et dimanche soir*

SAINT-OUEN

✉ 93400 – Seine-Saint-Denis

🛏 MOB HÔTEL PARIS LES PUCES

MODERNE • **CONVIVIAL** Les bureaux de General Electric ont laissé place à cet établissement, en forme de U dans l'esprit Mama Shelter, avec terrasse végétalisée et potager sur le toit. Chambres confortables et standardisées.

 - 92 chambres

4-6 rue Gambetta – 01 47 00 70 70

🛏 MOB HOUSE   *Plus*

MODERNE • **CONVIVIAL** L'objectif de MOB House est de créer un nouveau type d'hôtel résidentiel. Les espaces sont donc un peu plus grands qu'au MOB Hotel voisin : la plus grande suite est un palace de trois chambres et trois salles de bains avec une terrasse généreuse. Même les plus petites (environ 20 m²) bénéficient d'un plan ouvert, fonctionnel et confortable. On profite aussi d'un grand jardin avec une vraie piscine.

♿ 🅰🅲 🅿 🚗 🍽 🚲 🧳 ⛱ 🍴 - 100 chambres

70 rue des Rosiers – 01 55 28 80 80

SAINT-OUEN-LES-VIGNES

✉ 37530 – Indre-et-Loire – Carte régionale n° **15**-C1

L'AUBINIÈRE

CUISINE MODERNE • **CONTEMPORAIN** Une jolie salle à manger contemporaine et lumineuse s'ouvrant sur le parc arboré, une cuisine de saison qui ne triche pas sur la qualité des produits (asperges de Richelieu, escargots de Moulinherne, maigre de ligne, etc.) et une cave riche en vins régionaux : le restaurant de L'Aubinière a tout pour plaire. Et pour profiter pleinement des lieux, quelques chambres élégantes complétées d'un espace bien-être.

🐝 🍽 ♿ 🅰🅲 😊 🅿 – Prix : €€

29 rue Jules-Gautier – 02 47 30 15 29 – www.aubiniere.com – Fermé lundi, mardi et mercredi à midi , et dimanche soir

1087

SAINT-PAIR-SUR-MER
✉ 50380 – Manche – Carte régionale n° **2**-A2

SÈME
CUISINE TRADITIONNELLE • BISTRO Au cœur du village, sur la place du marché, ce petit bistrot attachant et vivant offre une déco plutôt éclectique : affiches sur le vin, moulins à poivre, ouvrages régionaux… Originaire du nord Cotentin, la cheffe distille une cuisine savoureuse bien ancrée dans une tradition qu'elle remet au goût du jour, parfois en la bousculant avec habileté. Produits de saison mais aussi locaux et normands sont de mise, ainsi que de bons conseils sur les vins.
&. ⛶ – Prix : €€
33 place Charles-de-Gaulle – ☏ 02 33 90 85 15 – www.semerestaurant.fr – Fermé lundi, mardi et dimanche

SAINT-PALAIS-SUR-MER
✉ 17420 – Charente-Maritime

HÔTEL HEMEN
MODERNE • CONVIVIAL Dans cette charmante petite ville balnéaire de Charente-Maritime, l'Hôtel Hemen occupe l'une de ces villas de style basque qui font le charme de la station depuis les années 1920. L'intérieur, au confort haut de gamme et à la décoration raffinée, révèle un luxe insoupçonnable. En particulier un espace bien-être équipé d'un hammam et d'une cabine de soins. L'hôtel propose également la location de paddles et de vélos électriques.
🅰️🅿️ ⛶ ♨ 🛎 - 28 chambres
3 rue des bains – ☏ 05 86 58 04 05

SAINT-PATERNE
✉ 72610 – Sarthe

CHÂTEAU DE SAINT-PATERNE
CLASSIQUE • ROMANTIQUE Le Château de Saint-Paterne est exactement ce à quoi il ressemble : un château Renaissance aux confins de la Normandie et des Pays de la Loire. La maison et son annexe du 18e s. proposent seulement cinq chambres et six suites, de la Chambre d'Henri IV à la Datcha, un cottage indépendant en mélèze avec sauna et jacuzzi privés.
🅿️ ⛶ ♨ 🛎 - 11 chambres
Rue de la Gaieté – ☏ 02 33 27 54 71

SAINT-PATRICE
✉ 37130 – Indre-et-Loire – Carte régionale n° **15**-B1

CHÂTEAU DE ROCHECOTTE
CUISINE MODERNE • HISTORIQUE Un élégant château datant des Lumières et son parc somptueux, non loin des vignobles de Bourgueil. Ici, la cuisine se décline dans un esprit gastronomique. Dans la verrière au décor contemporain et tournée vers la nature ou dans la salle à l'allure plus classique, on déguste par exemple une fricassée d'anguille fumée dans son jus thaï à la citronnelle et coriandre.
⛶ &. ⛶ 🅿️ – Prix : €€€
43 rue Dorothée-de-Dino, Saint-Patrice – ☏ 02 47 96 16 16 – www.chateau-de-rochecotte.com

SAINT-PAUL-DE-VENCE

✉ 06570 – Alpes-Maritimes – Carte régionale n° **29**-E2

LA TABLE DE PIERRE

CUISINE MÉDITERRANÉENNE • ÉLÉGANT Le Mas de Pierre s'est mué en un resort intime et luxueux, et sa Table n'est pas en reste ! Maxime Leconte propose une cuisine méditerranéenne locavore et actuelle, traversée de subtiles influences internationales (le jeune chef est passé par l'Asie et l'Amérique du Sud). Une très belle cuisine ouverte sur une salle en véranda qui se découvre complètement aux beaux jours pour profiter du jardin.

⇐ ⇔ & 🕸 ☕ ⏚ **P** – Prix : €€€€

2320 route des Serres – 𝒞 04 93 59 00 10 – www.lemasdepierre.com – Fermé lundi, dimanche et du mardi au samedi à midi

🛏 LES CABANES PERCHÉES D'ORION

ÉPURÉ • CHAMPÊTRE Difficile de faire son choix parmi les cabanes au charme épuré d'Orion. Niché dans un paisible bois, cet hôtel original compte quatre cabanes bâties dans les arbres, au-dessus d'un luxuriant jardin de roses et d'une piscine naturelle. Inondées de lumière et faites de bois naturel, elles disposent toutes d'une salle de bains privative et d'une grande terrasse. L'une abrite une magnifique baignoire en teck, une autre un romantique lit à baldaquin. Un somptueux petit-déjeuner est servi au bord de la piscine, ou bien dans votre cabane en cas de pluie. Il peut être tentant de rester profiter toute la journée de ce havre de tranquillité, à écouter le chant des oiseaux ou à se détendre dans le sauna "tonneau"...

P ⇔ 🕸 ⏚ 🐾 - 4 chambres

Impasse des Peupliers 2436 chemin du Malvan – 𝒞 06 75 45 18 64

🛏 LE DOMAINE DU MAS DE PIERRE   *Plus*

CLASSIQUE • CHAMPÊTRE Dans un parc de trois hectares, l'hôtel est un ensemble de fermes entourées de jardins et d'oliviers. Les chambres sont d'une beauté classique, alliant douces tonalités méridionales et mobilier d'époque, minutieusement collecté par les propriétaires de l'hôtel. Nombreuses possibilités de farniente : massages, traitements spa, sieste au bord de la piscine, bronzette sur balcon ou terrasse privée.

& 𝔸ℂ 🍽 **P** ⇌ ⇔ 🕸 🚲 ⏚ 💯 🐾 🛝 💆 ♨ Ⅰ○ - 76 chambres

2320 route des Serres – 𝒞 04 93 59 00 10

La Table de Pierre - Voir la sélection des restaurants

🛏 LE SAINT-PAUL

CLASSIQUE • RAFFINÉ Belles pierres, fresques champêtres, fontaine, chambres au charme classique décorées de meubles de style, tissus précieux, boiseries... Voilà le décor élégant de cette demeure provençale du 16e s. perchée dans le village médiéval.

𝔸ℂ 🍽 ⇔ 🚲 💯 Ⅰ○ - 18 chambres

86 rue Grande – 𝒞 04 93 32 65 25

🛏 TOILE BLANCHE   *Plus*

CONTEMPORAIN • ÉLÉGANT Toile Blanche n'est pas qu'un hôtel de luxe logé dans une ferme où sont exposées une vaste sélection d'œuvres : ici, chaque détail a été choisi avec le plus grand soin, dans une atmosphère à la fois chic et décontractée. Les suites mêlent architecture provençale rustique, mobilier moderne et design contemporain judicieusement articulé.

𝔸ℂ **P** ⇌ ⇔ 🕸 🚲 ⏚ 💯 Ⅰ○ - 16 chambres

826 chemin de la Pounchounière – 𝒞 04 93 32 74 21

SAINT-PAUL-EN-JAREZ

✉ 42740 – Loire – Carte régionale n° **20**–C2

ÉCLOSION

CUISINE CRÉATIVE • **CONTEMPORAIN** Ayant fait son nid dans ce château du début du 20e s. à l'intérieur rénové dans une veine cosy et contemporaine, le jeune chef Pierre Carducci propose une cuisine créative, audacieuse et soignée. Les produits bio rayonnent particulièrement, à commencer par les excellents légumes de son père maraîcher. La truite rose, pâte de citron et poivre du Sichuan vert prend toute son ampleur avec le chou du jardin étuvé et fermenté. Détail qui montre le bel esprit des lieux : c'est dans la céramique réalisée par la mère du chef que les plats sont servis. On apprécie également la carte des vins éclectique, à dominante bio. Pour prolonger l'expérience, quelques chambres au décor épuré portant des noms de plantes poussant dans le parc.

🐿 🍴♿🅰🌿✛🅿 – Prix : €€€

40 avenue du Château – ℰ 04 77 61 99 09 – www.hotelrestauranteclosion.fr – Fermé lundi et mardi, et dimanche soir

SAINT-PAUL-LÈS-DAX

✉ 40990 – Landes – Carte régionale n° **25**–B2

LE MOULIN DE POUSTAGNACQ

CUISINE CLASSIQUE • **RUSTIQUE** Envie de manger au bord de l'eau dans un cadre hors du temps ? Cet ancien moulin est l'endroit idéal pour échapper à la frénésie moderne : il semble que le temps s'y est arrêté ! Depuis plus de trente ans, le chef travaille les produits frais et livre une cuisine classique goûteuse, très copieuse et teintée d'un joli accent régional : sole meunière, cœur de ris de veau braisé et sa sauce aux morilles, filet de bœuf et frites à la graisse d'oie... Un menu végétarien est aussi présent. Aux beaux jours, installez-vous sur la terrasse face au lac.

♿🌿🅿 – Prix : €€€

Chemin de Poustagnacq – ℰ 05 58 91 31 03 – www.poustagnacq.fr – Fermé lundi et mardi, et dimanche soir

SAINT-PÉE-SUR-NIVELLE

✉ 64310 – Pyrénées-Atlantiques – Carte régionale n° **25**–A2

❀ ### LA TABLE DE CÉDRIC BÉCHADE - L'AUBERGE BASQUE

Chef : Cédric Béchade

CUISINE CRÉATIVE • **ÉLÉGANT** Tout près de Saint-Jean-de-Luz et de la côte, cette ancienne ferme basque abrite une aile contemporaine élégante, ouverte sur la Rhune et la campagne. C'est ici, en plein cœur du Pays basque, que Cédric Béchade (formé à Biarritz à l'Hôtel du Palais puis passé notamment par les cuisines du Plaza Athénée au côté de Jean-François Piège) vous reçoit en véritable aubergiste du 21ème s. Ce chef créatif met en avant des produits de belle qualité, sourcés au plus près du terroir basque, travaillés avec tout le soin qu'ils méritent, à l'image de ce chipiron tombé dans l'encre, mais aussi du dessert léger et délicat au yuzu d'ici et d'Ahyerre. La terrasse est très appréciée aux beaux jours, tout comme les chambres pour prolonger le séjour.

🐿 ⟺🍴♿🅰🌿✛🅿 – Prix : €€€€

745 vieille route de Saint-Pée - quartier Helbarron – ℰ 05 59 51 70 00 – www.aubergebasque.com – Fermé lundi, dimanche et du mardi au samedi à midi

SAINT-PÉE-SUR-NIVELLE

 L'AUBERGE BASQUE

CLASSIQUE • COSY Non contente de réjouir nos papilles, L'Auberge Basque nous assure aussi des nuits douillettes : ses chambres se révèlent élégantes et décorées avec soin – lignées épurées, parquet ancien, etc. Petit-déjeuner locavore : brioche de St-Pée, gâteau basque maison...
AC P ⌕ ⌂ ⌃ ⎮○ - 12 chambres
745 vieille route de Saint-Pée D307 – ℰ 05 59 51 70 00
❀ **La Table de Cédric Béchade - L'Auberge Basque** - Voir la sélection des restaurants

SAINT-PÉRAY

✉ 07130 – Ardèche – Carte régionale n° **20**-D2

AUBERGE DE CRUSSOL

SPÉCIALITÉS DE GRILLADES • AUBERGE Sur les hauteurs de Saint-Péray, toute proche des ruines du château de Crussol, cette ancienne bergerie propose une cuisine du terroir ardéchois. Viandes, poissons et légumes sont cuits au feu de bois, ou dans la grande rôtissoire. Le chef met en avant les produits locaux, veau et cochon fermier d'Ardèche, œufs et légumes bio... Une adresse rustique et chaleureuse.
⌂ P – Prix : €€
Chemin de Beauregard – ℰ 04 75 40 47 65 – www.aubergedecrussol.com – Fermé dimanche soir

LA RUCHE

CUISINE MODERNE • TENDANCE Au pays de la marsanne et de la roussanne (les deux cépages du Saint-Péray), un bistrot contemporain comme on les aime ! Au menu, on découvre une cuisine bistronomique goûteuse et soignée, rythmée par les saisons, avec une belle carte des vins de côtes-du-rhône septentrionaux. Réservation indispensable.
❀ ♿ AC ⌂ – Prix : €€
13 quai du Docteur-Jules-Bouvat – ℰ 09 82 40 44 38 – www.laruche-saintperay.com – Fermé lundi et dimanche

SAINT-PIERRE-D'OLÉRON - Charente-Maritime (17) ➜ Voir Île d'Oléron

SAINT-PIERRE-DE-JARDS

✉ 36260 – Indre – Carte régionale n° **15**-D2

LES SAISONS GOURMANDES

CUISINE TRADITIONNELLE • RUSTIQUE Avec ses poutres peintes en "bleu berrichon", l'endroit est éminemment sympathique et la gourmandise y est au rendez-vous, sous l'égide du chef qui puise son inspiration dans la tradition et les beaux produits... ainsi ce foie gras poché au Reuilly ou ce pigeon cuit au foin. Aux beaux jours, réservez une table en terrasse.
♿ AC ⌂ – Prix : €€
Place des Tilleuls – ℰ 02 54 49 37 67 – www.lessaisonsgourmandes.fr – Fermé lundi et dimanche soir

SAINT-PIERRE-QUIBERON

✉ 56510 – Morbihan – Carte régionale n° **1**-C3

RIVAGE ⓝ

CUISINE MODERNE • BISTRO Catherine et Hervé Bourdon (ex-Petit Hôtel du Grand Large) ont confié les clefs de leur maison à Pauline et Thomas Le Morlec, leurs anciens collaborateurs. Le délicat emplacement sur le port de Portivy n'a pas changé, lui. La petite carte de saison travaille les produits locaux, souvent en circuit court (comme la pêche). Au programme : le goût, la simplicité et l'évidence d'une dorade grise ikejime, émulsion araignée de mer, piment doux et courgette grillée. 6 chambres à l'étage avec vue mer...
Prix : €€
11 quai Saint-Ivy – ℰ 02 97 30 91 61 – www.rivage-stpierrequiberon.fr – Fermé mardi et mercredi

SAINT-POL-DE-LÉON

✉ 29250 – Finistère – Carte régionale n° **1**-B1

LA POMME D'API

Chef : Jérémie Le Calvez
CUISINE CRÉATIVE • RUSTIQUE Le restaurant de Jérémie Le Calvez a pris ses quartiers d'excellence au Clos Saint Yves, jolie maison en pierre datant du 17e s. qui abritait un important atelier d'ébénisterie religieuse jusqu'à la fin du 19e s. La cuisine du chef joue résolument la carte des recettes d'aujourd'hui et de la fraîcheur. Les assiettes, fines et inventives, mettent en valeur les meilleurs produits du terroir breton, le tout au rythme des saisons. La belle salle à manger aux pierres apparentes donne sur un petit jardin. En salle, Jessica donne le tempo. Les charmantes chambres d'hôtes invitent à prolonger le séjour et partir à la découverte de la région. Un jeune couple enthousiaste, pour une partition de haute volée.
⇔ 🈂 – Prix : €€€€
5 rue Saint-Yves – ℰ 02 98 69 04 36 – www.lapommedapi.com – Fermé lundi et dimanche

SAINT-PRIEST

✉ 69800 – Rhône – Carte régionale n° **21**-B2

LE RESTAURANT

CUISINE TRADITIONNELLE • DE QUARTIER À dix minutes du parc technologique de Lyon Saint-Priest, on s'attable au Restaurant sous les œuvres de jeunes artistes pour apprécier une cuisine traditionnelle bien ficelée, twistée de quelques inspirations exotiques. Le menu s'ancre dans le terroir avec ses lentilles et œuf poché encore coulant et parfumé au lard ou ce saucisson chaud artisanal, poché au vin, et taillé en belles tranches généreuses !
🅰🅲 – Prix : €€
Plan : voir Lyon plan I - D3 - 87 *- 9bis avenue de la Gare – ℰ 04 78 21 14 43 – www.le-restaurant-saintpriest.fr – Fermé samedi et dimanche, et du lundi au mercredi soir*

SAINT-QUENTIN-SUR-LE-HOMME

✉ 50220 – Manche – Carte régionale n° **2**-A3

LE GUÉ DU HOLME

CUISINE TRADITIONNELLE • ÉLÉGANT Juste en face de l'église, au centre du bourg, cette maison en pierre du pays est pour le moins engageante, notamment sa salle à manger de style contemporain. En bon professionnel, le chef met à profit

SAINT-QUENTIN-SUR-LE-HOMME

le terroir et la saison : rosace d'andouille de Vire aux pommes et sauce camembert ; suprême de pintade, sauce vallée d'Auge ; crêpes Suzette flambées en salle. Agréables chambres pour l'étape.

&ℛ – Prix : €€

14 rue des Estuaires – ☎ 02 33 60 63 76 – www.le-gue-du-holme.com – Fermé lundi, samedi midi et dimanche soir

SAINT-QUIRIN

✉ 57560 – Moselle – Carte régionale n° **7**-C2

HOSTELLERIE DU PRIEURÉ

CUISINE TRADITIONNELLE • FAMILIAL Dans cet ancien couvent du 18e s. en grès des Vosges, on propose une cuisine traditionnelle à base de produits régionaux (carré d'agneau des prairies de Moselle, filet de bœuf de Lorraine) et de produits de la mer (barbu, merlan de ligne, Saint-Jacques). Les portions sont généreuses et les desserts de Maeva, la fille des patrons, sont savoureux, comme cette soupe de fraises au Grand Marnier. Accueil sympathique.

&ℛ✿P – Prix : €€

163 rue du Général-de-Gaulle – ☎ 03 87 08 66 52 – www.prieuresaintquirin.fr/le-restaurant – Fermé mercredi, samedi midi et mardi soir

SAINT-RAPHAËL

✉ 83530 – Var – Carte régionale n° **29**-E2

RÉCIF

CUISINE MODERNE • MÉDITERRANÉEN Un lieu magique au sein d'un hôtel typique de l'architecture moderniste des années 1950 : le restaurant est installé sur un roof-top au-dessus de la grande bleue avec en ligne de mire l'île d'Or. On y déguste des recettes modernes, parfois inventives, savoureuses et aux dressages graphiques.

≼&ℛ🅿 – Prix : €€€€

Les Roches Rouges, 90 boulevard de la 36ème-Division-du-Texas – ☎ 04 89 81 40 60 – www.beaumier.com/fr/proprietes/hotel-les-roches-rouges/gastronomie – Fermé lundi, mardi et du mercredi au dimanche à midi

LE BOUGAINVILLIER

CUISINE MODERNE • ÉLÉGANT Quel cadre enchanteur que celui de La Villa Mauresque dont la terrasse, ouverte sur un jardin exotique, regarde la mer dans les yeux... Le lieu rêvé pour déguster une cuisine d'inspiration méditerranéenne franche en saveurs, aux cuissons précises, axée sur les produits locaux et notamment la pêche et la production maraîchère locale. On sert ici des menus en plusieurs séquences, dont une dégustation entièrement végétale très esthétique.

≼&ℛ🅿 – Prix : €€€

1792 route de la Corniche – ☎ 04 94 83 02 42 – www.villa-mauresque.com/restaurant

HÔTEL LE TOURING

MODERNE • CHALEUREUX Une belle renaissance pour cet hôtel à la situation idéale, au centre-ville, et décoré avec goût, dans le style Art déco. Des tableaux d'art contemporain décorent couloirs et chambres, qui donnent toutes (exceptée la plus petite) sur le port de plaisance. Salle de fitness, hammam, et salle de massage. Une réussite.

&🅰🅿 ⌃ 🐾 ⅃ ⃝ – 12 chambres

1 quai Albert 1er – ☎ 04 94 55 01 50

LES ROCHES ROUGES, BEAUMIER HOTEL

MODERNE • ÉLÉGANT L'hôtel date des années 1950 — l'époque où le terme « jet set » est né — mais il a ôté son fard des années 80 pour retrouver son charme originel. On navigue aujourd'hui à bord d'un superbe bateau vintage à l'intérieur moderniste, doté de trois bars, d'un cinéma en plein air et d'une piscine d'eau salée. Dans les chambres et les suites, les matériaux font écho au paysage : rouge-roche, bleu-océan, blanc-nuage, ocre-sable. Une décoration subtile et rafraîchissante et des équipements de première qualité. Toutes les chambres disposent d'un jardin, d'un bar et d'une salle de bain en marbre. La plupart ont également un balcon ou une terrasse donnant sur la mer, et les suites offrent encore davantage d'espace et de luxe. Un restaurant panoramique, un autre en bord de plage.

- 44 chambres
90 boulevard de la 36e Division du Texas - ℰ 04 89 81 40 60
✺ **Récif** - Voir la sélection des restaurants

SAINT-RÉMY

✉ 71100 – Saône-et-Loire – Carte régionale n° **17**–C2

 CÉDRIC BURTIN

Chef : Cédric Burtin

CUISINE CRÉATIVE • ÉLÉGANT Bienvenue dans ce paisible moulin bordé par son bief et par un joli potager. Né dans les pâturages du Charolais, formé dans les plus grandes tables lyonnaises (Paul Bocuse, Pierre Orsi), le chef Cédric Burtin atteint aujourd'hui une maturité dans son exploration du terroir bourguignon. Empreinte d'une créativité parfaitement maîtrisée, sincère et délicate, sa cuisine sublime produits et recettes de la région avec finesse et malice. Faisons en particulier l'éloge de ses sauces superbes, qui donnent à elles seules envie de revenir (du classique beurre blanc à une admirable sauce au cumin et poivre voatsiperifery, aux subtils dosages). Service impeccable et agréable terrasse.

- Prix : €€€€
Chemin de Martorez - ℰ 03 85 48 12 98 – www.cedricburtin.com/fr –
Fermé lundi, mardi et dimanche

SAINT-RÉMY-DE-PROVENCE

✉ 13210 – Bouches-du-Rhône –
Carte régionale n° **28**–E1

Plus provençal ne serait pas raisonnable

Au cœur des Alpilles, boulevards ombragés et ruelles de charme, terrasses caressées par le soleil, places ornées de fontaines, senteurs de thym et de romarin... Tout, dans ce village, invite à profiter du moment présent. Très touristique, le lieu a quand même conservé d'authentiques artisans de bouche. À la confiserie le Petit Duc, on célèbre les recettes anciennes (nougats, calissons, croquants aux amandes). Confiseur familial depuis 1886, Lilamand a conservé ses procédés artisanaux de fabrication de fruits confits. Quant au chocolatier Joël Durand, il demeure l'un des meilleurs de la région, célébré pour son alphabet tout chocolat et ses ganaches mémorables. Le marché reflète à merveille le terroir local : vous y trouverez les fromages de chèvre des Alpilles, fabriqués aux portes de la ville, mais aussi les légumes et les fruits de producteurs locaux, de l'huile d'olive et des miels. La Provence comme on l'aime.

❀❀ L'AUBERGE DE SAINT-RÉMY - FANNY REY & JONATHAN WAHID

Chefs : Fanny Rey et Jonathan Wahid
CUISINE MODERNE • ÉLÉGANT La cheffe Fanny Rey est aux fourneaux de cette vénérable Auberge située sur le boulevard circulaire et les anciens remparts de cette jolie cité. Dans un décor contemporain (plafond blanc en forme ondulée, murs en pierre nue, œuvres de Francis Guerrier), elle décline avec talent une cuisine du marché poétique, sublimant avec ferveur les produits des Alpilles dans des menus parcourus par l'iode et le végétal. À ses côtés, son compagnon Jonathan Wahid, pâtissier émérite et ancien champion de France du dessert, sait mettre en valeur les bons produits du Sud gorgés de soleil, comme la figue ou la fraise.
 – Prix : €€€€
Plan : B1-1 – *12 boulevard Mirabeau* – ✆ *04 90 92 15 33* – *www.aubergesaintremy.com/fr* – *Fermé lundi, dimanche, et mardi et mercredi à midi*

❀ RESTAURANT DE TOURREL

CUISINE MODERNE • ÉLÉGANT Dans ce bel hôtel particulier, Charles Gounod fit entendre les premières mesures de son opéra Mireille à Frédéric Mistral, auteur du poème qui inspira le livret... En un écho savoureux, Romain Lorenzon y joue une partition gastronomique qui pioche dans le garde-manger régional (poissons du Grau-du-Roi, cochon du Mont Ventoux ou agneau de la Crau) pour ciseler de

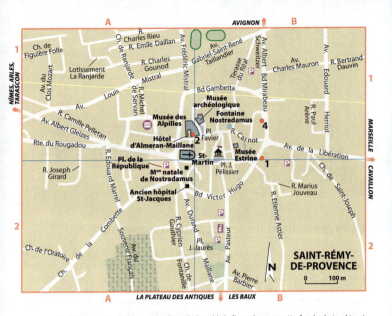

belles assiettes lisibles, avec du goût à satiété : fleur de courgette farcie de tagète et chèvre frais, courgette zéphyr ; agneau, aubergine et jus tomaté comme un navarin ; pêche confite, extraction de pêche et agastache… Belle sélection de vins, en particulier des Alpilles et de la vallée du Rhône. Atout de charme : la terrasse en rooftop.

🐾 ⇦ 🕭 AK 🍴 – Prix : €€€€

Plan : A1-2 – *5 rue Carnot* – ✆ *04 84 35 07 20* – *www.detourrel.com* – *Fermé lundi, dimanche et du mardi au samedi à midi*

CHAPEAU DE PAILLE - BISTROT PROVENÇAL

CUISINE PROVENÇALE • BISTRO Du Bourvil et du Piaf en fond sonore, des chapeaux de paille sur les murs, une ambiance brocante, c'est gai ! Dans ce bistrot rustique et provençal situé sur le boulevard circulaire, les produits du marché et de saison donnent le ton de l'assiette : terrine de cochon, anchoïade, aïoli, gigot d'agneau des Alpilles, caille flambée au pastis devant vous, baba provençal…

🍴 ✿ – Prix : €€

Plan : B1-4 – *29 boulevard Mirabeau* – ✆ *04 90 92 85 78* – *www.bistrot-chapeaudepaille.com* – *Fermé mercredi et dimanche*

LE V

CUISINE MODERNE • ÉLÉGANT Une table d'une certaine élégance (cheminée monumentale, tables rondes) dont le chef, entouré d'une équipe motivée, propose une cuisine d'inspiration provençale, mâtinée de modernité. Esprit bistrot autour d'une carte saisonnière au déjeuner ; le soir, menu du jour un peu plus élaboré. On savoure surtout la très belle terrasse sous les mûriers-platanes dès les premiers beaux jours.

🐾 ⇦ 🕭 AK 🍴 P – Prix : €€€

Hors plan – *9 chemin Canto-Cigalo* – ✆ *04 90 92 04 40* – *www.vallondevalrugues.com/fr*

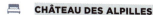

SAINT-RÉMY-DE-PROVENCE

CHÂTEAU DES ALPILLES

CLASSIQUE • CHAMPÊTRE Au bout de l'allée de sycomores, un ensemble de bâtiments historiques - une ferme médiévale, un manoir du 19e s., une chapelle et un cottage – se cache dans un parc de cyprès centenaires. Chaque édifice exploite au mieux ses caractéristiques pour offrir un confort et un type d'hébergement spécifique, de la simple chambre à l'appartement ouvrant sur une terrasse. Le salon et le bar, Belle Époque, témoignent d'une grandeur d'antan. Les espaces extérieurs tout aussi charmants, mènent à et une piscine extérieure.

- 21 chambres

1392 route du Rougadou – 04 90 92 03 33

DOMAINE DE CHALAMON

CONTEMPORAIN • CHARME Cachée dans un parc de 15 ha, cette bastide du 16e s. a connu une rénovation attentive et soignée. Les chambres sont empreintes d'une simplicité contemporaine et d'une atmosphère classique, combinant la patine du temps avec le confort actuel. L'hôtel propose une piscine extérieure chauffée et un court de tennis, et le terrain invite aux promenades.

- 19 chambres

291 chemin de Chalamon – 04 87 83 10 10

HÔTEL DE L'IMAGE

ÉPURÉ • FAMILIAL Joli destin que celui de cet ancien cinéma et music-hall métamorphosé en hôtel design ! Les chambres, aux lignes épurées, disposent pour la moitié d'une terrasse. À noter : une originale suite-cabane dans un arbre et un amusant labyrinthe dans le parc.

- 32 chambres

36 boulevard Victor Hugo – 04 90 92 51 50

HÔTEL DE TOURREL

MODERNE • ÉLÉGANT Ce superbe hôtel particulier du 17e s., au confort raffiné, possède l'élégance d'un palace. Le luxe discret des chambres dissimule toujours un atout – ici, une charpente apparente, là, une vue sur les toits… Exceptionnel, tout simplement.

- 9 chambres

5 rue Carnot – 04 84 35 07 20

✲ Restaurant de Tourrel – Voir la sélection des restaurants

SAINT-ROGATIEN

✉ 17220 – Charente-Maritime – Carte régionale n° **18**-A1

LA PIERREVUE

CUISINE MODERNE • MAISON DE CAMPAGNE "Il y a six saisons dans l'année" : forte de cet adage, la cheffe Cécile Richard adapte ses recettes au gré des temps, avec une volonté créative qui se lit dans sa cuisine fraîche, nette et précise. Poisson de la pêche locale, fruits et légumes des maraîchers bio, herbes aromatiques et fleurs du jardin se dégustent dans cette ancienne ferme rénovée dans un style rustique plaisant. Jolie cave vitrée de 120 références. La carte change tous les deux mois.

– Prix : €€

2 place de la Mairie – 05 46 31 67 08 – www.lapierrevue.com – Fermé lundi et dimanche, et mardi et mercredi soir

SAINT-ROMAIN

✉ 21190 – Côte-d'Or – Carte régionale n° **12**–D1

BISTRO DES FALAISES

CUISINE MODERNE • RUSTIQUE Un charmant village viticole de la côte de Beaune entouré de falaises, un restaurant au décor de bistrot de campagne avec ses bouquets de fleurs séchées et ses suspensions en osier et un chef de talent : comment résister à ce cocktail capiteux ? D'autant que l'assiette, qui puise dans les produits locaux, défend une partition moderne enlevée avec brio, avec autant de peps que de gourmandise comme cet œuf crémeux, truffes, crème de céleri, parmesan et lard paysan, voire d'audace avec cette émulsion de pois cassé aux algues qui escorte le cochon, chorizo, haricot coco. Ajoutez l'accueil et le service dynamique et souriant de la jeune équipe et une jolie sélection de vins (notamment l'ensemble des domaines de Saint-Romain).

🌤 – Prix : €€

Place de la Mairie – 📞 06 72 67 99 11 – Fermé mardi, mercredi et jeudi midi

SAINT-SATURNIN

✉ 15190 – Cantal – Carte régionale n° **23**–C1

LE MOULIN DE LA SANTOIRE

CUISINE MODERNE • AUBERGE À l'écart d'un petit village, ce restaurant occupe un ancien moulin en pierres noires volcaniques surmonté d'un toit d'ardoises. Il fait face à un joli étang où la terrasse est dressée à la belle saison. L'intérieur joue la carte du réconfort (les hivers sont rudes dans le Cantal !) avec cheminée en pierre, comptoir et un mobilier traditionnel dépareillé. Dans l'assiette, des classiques modernisés, comme cette joue de bœuf façon royale ou cet opéra à la crème de marron et coing, le tout twisté de touches épicées ou de condiments japonisants. C'est joliment dressé et bien bon ! On sent que le chef a fait ses classes dans de belles maisons. Produits issus majoritairement de circuits courts (y compris le café et le cacao torréfiés dans une brûlerie et une chocolaterie cantalous). Plateau de fromages locaux.

🅰🌤🅿 – Prix : €€

La Plaine – 📞 04 71 73 47 25 – www.lemoulindelasantoire.fr – Fermé du lundi au mercredi

SAINT-SATURNIN-LÉS-APT

✉ 84490 – Vaucluse

DOMAINE DES ANDÉOLS   *Plus*

DESIGN • CHALEUREUX Ce domaine est bien plus qu'un hôtel : il s'agit de neuf maisons, transformées en suites de 1 à 3 chambres, où tout est pensé pour le bien-être et le confort, comme les piscines intérieures et extérieures, ou le hammam. Les maisons, spacieuses, disposent de kitchenettes et de salles à manger. Chacune est décorée de façon originale, avec des œuvres d'art et des meubles design et certaines donnent sur une terrasse dominant le Luberon.

🅿 ⌖ - 10 chambres

Les Andéols – 📞 04 83 88 33 77

SAINT-SAVIN

✉ 38300 – Isère – Carte régionale n° **21**–B2

LES 3 FAISANS

CUISINE MODERNE • COSY Madame en cuisine, Monsieur en pâtisserie : ce couple passionné prépare une cuisine de saison savoureuse et mijotée. À déguster dans l'une des deux plaisantes salles ou sur la terrasse ombragée. Après le repas, une promenade digestive sur les coteaux aura fière allure, en chantonnant peut-être la chanson de Brel : "Et quand vers minuit passaient les notaires, qui sortaient de l'hôtel des Trois Faisans…"

ⒶⓅ – Prix : €€

100 rue des Auberges – ☏ 04 74 28 92 57 – www.aux-3-faisans-saint-savin.fr/fr – Fermé mardi et mercredi, et dimanche soir

SAINT-SAVIN

✉ 65400 – Hautes-Pyrénées – Carte régionale n° **25**-C2

LE VISCOS

CUISINE TRADITIONNELLE • CLASSIQUE Bienvenue au cœur du village de Saint-Savin qui surplombe la vallée d'Argelès, dans cette maison familiale au cadre classique et élégant. Aux fourneaux, Alexis (la septième génération de chefs !) régale avec des plats à la gloire du terroir, parsemés de touches plus modernes. C'est fin, juste et toujours travaillé dans le respect du produit ; les desserts, en particulier, se révèlent très bons, à l'image de ce macaron et crème glacée à la nougatine. Chambres charmantes.

♿ⒶⓅ – Prix : €€

1 rue Lamarque – ☏ 05 62 97 02 28 – www.hotel-leviscos.com/fr/restaurant. html – Fermé lundi, mercredi et jeudi à midi , et dimanche soir

SAINT-SERNIN-DU-BOIS

✉ 71200 – Saône-et-Loire – Carte régionale n° **17**-B2

LE RESTAURANT DU CHÂTEAU

CUISINE MODERNE • TRADITIONNEL Au pied du château (11e s.) et face au lac, ce restaurant accueille dans un intérieur joliment réinventé, avec deux ambiances : voûtes historiques d'un côté ; style industriel et vue sur le plan d'eau de l'autre. Même contraste dans l'assiette, qui oscille entre tradition et modernité. Un vrai plaisir.

♿Ⓐ – Prix : €€€

2120 route de Saint-Sernin – ☏ 03 85 78 28 42 – www.lerestaurantduchateau71. com – Fermé mardi et mercredi

SAINT-SIFFRET

✉ 30700 – Gard – Carte régionale n° **28**-C2

LE PT'IT MERCIER Ⓜ

CUISINE MODERNE • CONVIVIAL Le jeune chef Hugo Mercier, passé par la Table d'Uzès et la Table du Castellet (période Christophe Bacquié et Fabien Ferré), a donc appris son métier dans les belles maisons : pas si petit que ça le Mercier ! Ce cuisinier passionné et consciencieux est un mordu du fait maison et du respect des saisons. Fonds de sauces, glaces et autres préparations sont tous élaborés par ses soins. Le menu du midi, changeant chaque semaine selon le marché, est complété, au déjeuner et au dîner, par un menu plus ambitieux renouvelé chaque mois – et même une formule végétarienne suivant l'inspiration du chef. Quelques exemples de plats : quasi de veau rôti avec cèpes et crémeux de châtaigne ; poire confite vanille et cannelle, moelleux pistache et mousse à la verveine.

♿ⒶⓅ – Prix : €€

Route de Bagnols – ☏ 04 34 04 90 91 – www.leptitmercier.fr – Fermé mardi et mercredi

SAINT-TROPEZ

✉ 83990 – Var – Carte régionale n° **29**–C2

✿✿✿ LA VAGUE D'OR - CHEVAL BLANC ST-TROPEZ

CUISINE CRÉATIVE • **LUXE** Un hôtel de luxe sous les pins, comme posé sur le golfe de Saint-Tropez... un cadre enchanteur pour une cuisine qui ne l'est pas moins. Avec ardeur et exigence, Arnaud Donckele rend un hommage vibrant à ces contrées ensoleillées. Un travail de chef qui commence par l'étude passionnée des poissons, qui offriront selon qu'ils sont agiles ou flâneurs, grêles ou vigoureux, les nuances de texture idoines pour des compositions qui ne se répètent jamais. Pour la finition, outre des cuissons infaillibles, son point fort demeure ces sauces qualifiées d'"éphémères" ou de "velours", profondes et légères à la fois, dont les intitulés sont déjà une plongée dans la Méditerranée : sabayon de réduction de têtes de gambon écarlate à la badiane et à la tagète, "velours de petits poissons bleus de pleine mer" à la tomate et à la riquette, bouillon d'haliotis et coquillages monté à l'huile d'olive citron... La terre n'est pas en reste, avec une recherche de plus en plus pointue des variétés idéales de tomate, poivron ou courgette qui viendront sublimer pigeon, agneau, ris de veau. Une Vague d'Or qui emporte tout sur son passage.

🐟 ⇔ ⇐ 🍴 ♿ 🅰🅲 🎐 🖐 🅿 – Prix : €€€€

Hors plan – *Plage de la Bouillabaisse* – ☏ *04 94 55 91 00* – *www.chevalblanc. com/fr/maison/st-tropez* – *Fermé mercredi, et lundi, mardi, jeudi, vendredi, samedi et dimanche midi*

✿ ARNAUD DONCKELE & MAXIME FRÉDÉRIC AT LOUIS VUITTON Ⓝ

CUISINE MÉDITERRANÉENNE • **CHIC** Situé dans la cour de l'ancienne maison des médecins du village, devenue l'hôtel White 1921 Saint-Tropez, ce restaurant saisonnier, en plein air uniquement, prouve à nouveau le talent du tandem formé par Arnaud Donckele et Maxime Frédéric, ici associé à une marque de luxe qui imprime son monogramme jusque dans le taillage des légumes. Les produits sont choisis avec la même rigueur qu'à La Vague d'Or, présentés au travers d'assiettes fines et généreuses (rouget de roche, poutargue, rouille végétale au vin d'orange) rehaussées par des sauces et jus puissants. Les délicats desserts exhalent une belle fraîcheur, comme cette coupe glacée pêche et amande parfumée à la tagète.

⇔ 🎐 🖐 – Prix : €€€€

Plan : B2-4 – *Place des Lices* – ☏ *04 94 45 50 50*

✿ COLETTE

CUISINE MODERNE • **CONTEMPORAIN** Tombée amoureuse de Saint-Tropez, Colette avait acheté une petite maison qui jouxte l'hôtel de Sezz et son restaurant, baptisé en son honneur. Auteur à la technique sûre, Philippe Colinet y signe une cuisine épurée et végétale qui fait la part belle aux légumes et aux saveurs provençales : artichaut poivrade au parmesan et roquette sauce bagna cauda ; rouget, aïoli, fenouil, basilic et jus d'arêtes ; fraises varoises au basilic et meringue. Ouvert uniquement le soir, le restaurant propose une carte et deux menus dont un végétarien, qu'on déguste dans la salle lumineuse au décor minimaliste à l'unisson de l'hôtel, ou sur la grande terrasse avec vue sur la piscine.

♿ 🅰🅲 🎐 🖐 – Prix : €€€€

Hors plan – *Hôtel Sezz, 151 route des Salins* – ☏ *04 94 44 53 11* – *www. colettesainttropez.com* – *Fermé lundi, mardi et du mercredi au dimanche à midi*

✿ LA TERRASSE - CHEVAL BLANC ST-TROPEZ

CUISINE MÉDITERRANÉENNE • **LUXE** La Terrasse est le restaurant du midi de l'hôtel Cheval Blanc. À l'ombre des pins parasols tournés vers la baie du golfe de Saint-Tropez, Arnaud Donckele et son équipe élaborent une cuisine méditerranéenne à forte influence provençale qui ne lésine pas sur la qualité des produits, traités avec

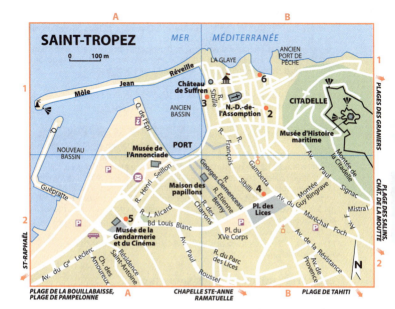

finesse et rigueur : tarte fine aux cèpes ; queue de homard grillée en carapace, sabayon au corail de têtes ; tourte de lapin, ris de veau et foie gras. La sélection de vins, très complète, est remarquable. Une très belle expérience d'art de vivre à la française.

- Prix : €€€€

Hors plan - *Plage de la Bouillabaisse* - ✆ *04 94 55 91 00 - www.chevalblanc.com/fr/maison/st-tropez/restaurants-et-bars/le-restaurant-la-terrasse-st-tropez - Fermé le soir*

BEEFBAR

SPÉCIALITÉS DE VIANDES • **TENDANCE** Voici la version tropézienne, pleine de charme, du concept "beef bar" qui fait florès partout dans le monde. Sur cette terrasse enchanteresse qui domine la piscine de l'hôtel, le carnivore et l'amateur de cuisines exotiques s'attablent face à des viandes d'exception (bœuf Wagyu ou Black Angus) et des plats sous influence sud-américaine et asiatique.

- Prix : €€€€

Hors plan - *Chemin du Pinet* - ✆ *04 94 97 99 50 - www.loupinet.com - Fermé les midis*

LE PATIO

CUISINE ITALIENNE • **ÉLÉGANT** Au sein de l'hôtel Yaca, refuge de charme des artistes et des célébrités (de Colette à BB) qui aiment ses tomettes et ses meubles anciens, le restaurant le Patio propose une cuisine italienne goûteuse et raffinée, qui doit beaucoup à d'excellents produits importés directement de la Botte. Un moment encore plus agréable lorsqu'on s'installe sur la terrasse ombragée, autour de la piscine...

- Prix : €€€€

Plan : B1-2 - *1 boulevard d'Aumale* - ✆ *04 94 55 81 00 - www.hotel-le-yaca.fr/fr*

SAINT-TROPEZ

LA PETITE PLAGE

CUISINE MÉDITERRANÉENNE • TENDANCE Dans ce restaurant du port du village, Eric Frechon signe la carte et la mer fait le reste. On se délecte d'une goûteuse cuisine méditerranéenne revisitée, les pieds dans le sable face aux yachts, objets de tous les commentaires. Le soir, en été, un DJ anime les lieux, Saint-Tropez oblige ! Et au milieu de tant d'agitation, le service attentionné tient le cap.

Prix : €€€€

Plan : B1-3 – 9 quai Jean-Jaurès – ℰ 04 94 17 01 23 – www.restaurant-lapetiteplage-sainttropez.com

LA PONCHE

CUISINE MODERNE • MÉDITERRANÉEN Thomas Danigo (chef de Galanga à Paris) signe la carte du restaurant de cette maison emblématique de Saint-Tropez qu'est La Ponche, située dans le quartier éponyme face à la mer. Il signe ici une cuisine méditerranéenne en mettant à l'honneur la pêche du jour et les légumes de la région sans oublier quelques viandes de qualité. Ce jour-là, gaspacho de courgette verte, fleur farcie à la féta et mélisse ; quasi de veau rôti, haricots beurre fondants, jus à la provençale et en dessert une crème légère au citron et basilic, meringue craquante et crumble à la châtaigne.

◁ 🆎 🍽 ✿ – Prix : €€€

Plan : B1-6 – 5 rue des Remparts – ℰ 04 94 97 02 53 – laponche.com – Fermé samedi soir

LES TOITS - HÔTEL DE PARIS SAINT-TROPEZ

CUISINE MÉDITERRANÉENNE • BRANCHÉ Saint-Tropez demeure un mythe inoxydable et ce restaurant d'extérieur, juché sur le toit-terrasse de cet hôtel de légende, le confirme un peu plus. En contemplant la baie et les toits de tuiles du village, on déguste une cuisine d'inspiration méditerranéenne et provençale. Formule plus simple le midi.

◁ 🍽 🛥 🅿 – Prix : €€€€

Plan : A2-5 – 1 traverse de la Gendarmerie – ℰ 04 83 09 61 39 – www.hoteldeparis-sainttropez.com

🛏 **AIRELLES SAINT-TROPEZ CHÂTEAU DE LA MESSARDIÈRE**

CONTEMPORAIN • ROMANTIQUE Sur sa colline au-dessus de Saint-Tropez, le Château semble sorti d'un conte de fées, avec ses tours fortifiées dominant les toits italiens en tuile rouge. Entouré de parcs et de forêts de pins, il livre une vue spectaculaire sur le golfe et la campagne. Les chambres, dans le château même ou dans les villas environnantes, montrent des décors pastels aérés, et de très confortables lits sous de jolies verrières. Les terrasses privées et les balcons dominent les jardins ou les vignes, avec vue sur la mer pour les meilleures. La piscine, pourtant toute proche des plages et des boîtes de nuit, jouit d'un calme royal. Snacks en journée sur la terrasse de la piscine.

♿ 🆎 🛥 🅿 🛜 🍸 🚲 ☂ 🛗 🐾 🖶 ⏻ - 86 chambres

2 route de Tahiti – ℰ 04 94 56 76 00

🛏 **AREV ST. TROPEZ**

CONTEMPORAIN • MARITIME Entre hôtel et maison d'hôtes par la taille, l'Arev Saint-Tropez est pourtant un lieu de villégiature tout à fait luxueux. Les intérieurs sont audacieux, dans les tons bleu marine, blanc et rouge, et la quête du confort poussée à l'extrême. La piscine est animée par des DJ invités, tandis que le spa offre une détente plus tranquille.

🆎 🛥 🍸 🐾 🖶 ⏻ - 24 chambres

8 chemin des Vendanges – ℰ 04 22 54 06 40

SAINT-TROPEZ

🛏 LA BASTIDE DE SAINT-TROPEZ

BOURGEOIS • CHARME Atmosphère chic et feutrée dans cette maison tropézienne et ses quatre mas : mobilier chiné, pointe de baroque et touches provençales relevées d'un luxuriant jardin méditerranéen. Un havre de paix et de charme à l'écart du centre-ville.

& 🅰🅲 🛏 🅿 ⌀ 🦽 🚲 ⅀ 🆂 🛁 🍽 - 26 chambres

Route des Carles – ☎ 04 94 55 82 55

🛏 BYBLOS

TRADITIONNEL • CONVIVIAL Le palace mythique de St-Tropez, véritable village dans le village – un ensemble de maisons colorées entrelacées de jardins et de patios. Les chambres regorgent d'œuvres d'art, le spa est superbe, la boîte de nuit incontournable... L'alliance du luxe et de la convivialité.

🅰🅲 🛏 🅿 ⌀ ⌀ 🦽 ⅀ 🆂 🛁 🛁 🍽 - 87 chambres

20 avenue Paul Signac – ☎ 04 94 56 68 00

🛏 CHEVAL BLANC ST-TROPEZ

MODERNE • MARITIME La villa qui accueille aujourd'hui le Cheval Blanc St-Tropez affiche près d'un siècle d'histoire et jouit d'un emplacement de choix. L'établissement reste à taille humaine, offrant un cadre calme et serein, à quelques minutes du front de mer et du centre-ville. Les nouveaux décors sont très provençaux, mais évitent les clichés ; habillés d'azur et de blanc, ils regorgent d'œuvres d'artistes locaux. Le spa est un atout de taille, tout comme la plage privée avec sa piscine chauffée.

🅰🅲 🆂 🛁 🍽 - 30 chambres

Plage de la Bouillabaisse – ☎ 04 94 55 91 00

❀❀❀ **La Vague d'Or - Cheval Blanc St-Tropez** • ❀ **La Terrasse - Cheval Blanc St-Tropez** - Voir la sélection des restaurants

🛏 HÔTEL DE PARIS SAINT-TROPEZ

DESIGN • RAFFINÉ Le dernier-né des grands hôtels tropéziens n'a rien à envier à ses aînés. Ici triomphe la "design attitude", avec, par exemple, le patio, surmonté d'une piscine, avec vue sur le port. Les chambres, spacieuses, dévoilent des thématiques différentes : Paris, les arts, St-Tropez... Culte !

& 🅰🅲 🛏 🅿 ⌀ ⌀ 🛎 🚲 ⅀ 🆂 🛁 🛁 🍽 - 90 chambres

1 traverse de la Gendarmerie – ☎ 04 83 09 60 00

Les Toits - Hôtel de Paris Saint-Tropez - Voir la sélection des restaurants

🛏 HÔTEL DES LICES

BOURGEOIS • CHALEUREUX Près de la place des Lices, cette adresse familiale distille une atmosphère chaleureuse et cossue, pleine de cachet et de vie. Nombreux sont les habitués à en avoir fait un lieu de villégiature privilégié !

🅰🅲 🅿 ⌀ 🦽 🚲 🍽 - 41 chambres

10 avenue Grangeon – ☎ 04 94 97 28 28

🛏 HÔTEL LOU PINET   *Plus*

MODERNE • CHALEUREUX Réinventant un classique de Saint-Tropez, l'hôtel Lou Pinet rassemble une belle palette de talents : la famille d'hôteliers Pariente, les architectes Charles Zana et François Vieillecroze, le paysagiste Jean Mus et le restaurateur Riccardo Giraudi. Les chambres et suites jouent parfaitement d'une partition méditerranéenne, dans un style éclectique mi-bohème mi-moderne. Piscine, spa, terrasse et deux bars garantissent un séjour vraiment haut de gamme.

🅰🅲 🛏 🅿 ⌀ ⌀ 🦽 🚲 ⅀ 🆂 🍽 - 34 chambres

70 chemin du Pinet – ☎ 04 94 97 04 37

Beefbar - Voir la sélection des restaurants

1103

SAINT-TROPEZ

HÔTEL LA PONCHE

CLASSIQUE • MARITIME Sans être encore centenaire, cet hôtel au charme glamour discret a accueilli tout le (beau) monde au milieu du siècle dernier. Proposant un choix de chambres, suites et appartements d'un chic classique, il s'autorise de subtils clins d'œil à la modernité. Les plus beaux logements donnent sur la mer, certains via de spacieuses terrasses. Espace forme complet. Le restaurant et le bar rendent hommage aux plus célèbres clients de l'hôtel, de Sartre à Bardot.

AC 🛏🌥 🕐 ⭐⭕ - 21 chambres

5 rue des Remparts – 📞 *04 94 97 02 53*

La Ponche - Voir la sélection des restaurants

PAN DEI PALAIS

CLASSIQUE • COSY Une demeure construite en 1835, présent d'un général napoléonien à son épouse indienne. Ici règne un élégant parfum d'exotisme : tissus chamarrés, bois précieux, hammam, nombreux tableaux et autres bibelots... Un lieu pétri de charme, que l'on quitte à regret !

AC 🛏 🅿 🌥 🛎 🚲 🛋 ⭐ ♨ ⭕ - 12 chambres

52 rue Gambetta – 📞 *04 94 17 71 71*

SEZZ

Plus

MODERNE • MARITIME Le Sezz à St-Tropez ? Un hôtel ultramoderne, design et ouvert au maximum sur l'extérieur pour profiter du climat... Dans chaque chambre, des matériaux naturels, une terrasse et une douche extérieure, voire une piscine privative. Un art de vivre très tendance !

♿ AC 🛏 🅿 🌥 🌥 🛎 🚲 🛋 ⭐ ♨ ⭕ - 37 chambres

151 route des Salins – 📞 *04 94 55 31 55*

✿ **Colette** - Voir la sélection des restaurants

VILLA COSY

CONTEMPORAIN • CALME Ne vous fiez pas à la modestie de son nom : il ne s'agit pas d'un bed and breakfast, mais d'un véritable hôtel de luxe, doté d'un spa et de trois villas, en plus de ses chambres et suites. Chacune dispose d'une terrasse privée et toutes combinent des textures naturelles, des tons neutres apaisants et un design contemporain haut-de-gamme. On y trouve également une piscine extérieure, ainsi qu'un "espace zen" réservé aux adultes dans le jardin, où des lits de jour entourent un jacuzzi de dix places.

♿ AC 🛏 🅿 🌥 🌥 🛋 ⭐ ♨ 🧖 ⭕ - 14 chambres

Chemin de La Belle Isnarde – 📞 *04 94 97 57 18*

SAINT-VAAST-LA-HOUGUE

✉ 50550 – Manche – Carte régionale n° 2–A-1

L'ESTRAN ⓝ

CUISINE MODERNE • CONTEMPORAIN Dans ce charmant petit port de plaisance du Cotentin, un couple de pros a pris dans ses filets cet ancien hangar de mareyage, devenu un délicieux bistrot aux notes marines. Les légumes du Val de Saire, l'agneau de Tatihou, les coquillages et les poissons d'un mareyeur de Saint-Vaast-la-Hougue, la volaille de La Glacière et les herbes d'une ferme du Cotentin dessinent une Carte du Tendre qui évolue toutes les 2 semaines. Dans chaque assiette, on goûte le plaisir du chef à cuisiner (daurade, fenouil et coco ; bar, poireau, persil) et celui de sa compagne à prodiguer un service aux petits soins. Une adresse coup de cœur.

♿ AC 🪑 – Prix : €€

15 quai Vauban – 📞 *02 33 44 86 09 – www.estranrestaurant.com – Fermé lundi, mardi et du mercredi au vendredi à midi*

SAINT-VALENTIN

✉ 36100 – Indre – Carte régionale n° **15**–D2

   AU 14 FÉVRIER

CUISINE MODERNE • ÉLÉGANT Au Japon, deux musées célèbrent le talent de l'illustrateur Raymond Peynet, le créateur du fameux couple d'amoureux, immortalisé par un timbre. Certains de ses admirateurs japonais ont donc choisi le petit village de Saint-Valentin pour célébrer en cuisine la fête des amoureux. Dans un nouveau décor contemporain épuré, et décoré de quelques affiches et lithographies de Peynet, une brigade 100% japonaise livre une réinterprétation tout en finesse de la cuisine française contemporaine, en l'agrémentant de subtiles touches nippones. Jolie carte des vins et conseils pertinents.

AC – Prix : €€€€

2 rue du Portail – ✆ 02 54 03 04 96 – www.sv-au14fevrier.com – Fermé lundi, mardi, du mercredi au vendredi à midi, et dimanche soir

SAINT-VALERY-SUR-SOMME

✉ 80230 – Somme – Carte régionale n° **4**–A2

BAIE

CUISINE MODERNE • CONVIVIAL Ce restaurant de poche, qui n'accueille que deux tables d'hôtes, mise sur une carte courte ainsi qu'une sélection rigoureuse des fournisseurs dans un rayon de cent kilomètres. Le produit brut est travaillé sans artifice, à l'image de cette lotte rôtie sur l'os. Ajoutez à cela l'accueil souriant et vous obtenez l'une des meilleurs adresses de la ville. Succès oblige, pensez à réserver !

Prix : €€€

30 rue de la Ferté – ✆ 03 22 26 65 12 – www.restaurantbaie.fr – Fermé du lundi au mercredi et du jeudi au samedi à midi

SCHORRE

CUISINE MODERNE • CONTEMPORAIN Cet ancien grenier à sel du 18e s., entièrement réhabilité, héberge au dernier étage ce restaurant contemporain et épuré au cadre brut qui bénéficie d'une vue panoramique sur la baie de Somme. Quant au schorre, il s'agit de « la partie supérieure d'un marais littoral, constituée de vase solide, couverte d'herbe et submergée aux grandes marées » explique le dictionnaire. Notre turbot poché était d'ailleurs accompagné d'une salade saline et craquante de ces plantes du marais (salicorne, aster maritime, obione). Le chef François-Xavier Sailly change son menu créatif et gourmand (à l'image de l'asperge blanche, sauce hollandaise à l'estragon, ou du dessert poire et topinambour) très régulièrement.

⇐ & AC ⚘ – Prix : €€€

2 quai Lejoille – ✆ 09 77 75 42 03 – https://www.schorre.fr/ – Fermé lundi et mardi, et dimanche soir

1105

SAINT-VINCENT-DE-TYROSSE
40230 – Landes – Carte régionale n° **25**–A2

LE HITTAU
Chef : Yannick Duc
CUISINE MODERNE • **RUSTIQUE** Sur la route des plages, on remarque à peine cette ancienne bergerie lovée dans son écrin de verdure, avec sa charpente apparente. Elle cache pourtant bien son jeu... Le chef Yannick Duc y régale ses convives d'une cuisine spontanée, pleine de vie, résolument moderne, qui privilégie les bons produits de saison et notamment la pêche du jour. Ce chef aime aussi manier les aromates, les épices et le moulin à poivre : carpaccio de truite de Banka, crème de raifort et citron noir, glace wasabi ; ravioles de homard au curry vert, bisque des carapaces au lait de coco. Aux beaux jours, on s'installe sur la terrasse qui contemple le jardin d'herbes aromatiques du chef.
– Prix : €€€

1 rue du Nouaou - 05 58 77 11 85 *- www.lehittau.fr - Fermé lundi, mardi et dimanche*

SAINT-VIT
25410 – Doubs – Carte régionale n° **13**–B2

PRÉLUDE
CUISINE MODERNE • **CONTEMPORAIN** Plus qu'un prélude, un véritable morceau de choix ! Dans cette belle demeure traditionnelle, Élodie Ouchelli et Thibault Étienne connaissent déjà bien la musique, qu'ils ont apprises dans les meilleures tables étoilées, et notamment celle de Romuald Fassenet. Ce chef au bon bagage technique sait faire chanter une assiette grâce à la note juste, entre produits locaux de première fraîcheur et respects des fondamentaux. Petite musique agréable, plusieurs tables donnent sur le... piano dans cette salle contemporaine.
– Prix : €€

5 place Simone-Veil - 03 81 40 53 50 *- www.restaurantprelude.com - Fermé lundi et mardi, et mercredi, jeudi et dimanche soir*

SAINT-VRAIN
91770 – Essonne – Carte régionale n° **11**–B2

LE DOYENNÉ
Chefs : James Henry et Shaun Kelly
CUISINE MODERNE • **CONTEMPORAIN** Mais que font deux chefs australiens (passés par Yard, Spring, Bones et Au Passage) au cœur du parc du château de Saint-Vrain, plus précisément dans les anciennes écuries rénovées avec goût ? Eh bien, ils nous offrent une cuisine pimpante directement tirée des fruits et des légumes du grand jardin du domaine, cueillis au top de leur maturité – le potager a même été créé avant le restaurant. On ne boude pas son plaisir à table, un plaisir bucolique et gourmand, face à la campagne qui s'invite à travers les grandes baies vitrées. Réservation obligatoire.
– Prix : €€€

5 rue Saint-Antoine - 06 58 80 25 18 *- www.ledoyennerestaurant.com - Fermé du lundi au mercredi, et jeudi et vendredi à midi*

L'engagement du chef : Le projet lie profondément la gastronomie à l'agriculture : le potager, nourri avec du compost organique, est l'inspiration de la cuisine. Plus d'une centaine de variétés de plantes, fruits et légumes sont cultivés en utilisant des techniques qui visent à améliorer l'écosystème : une méthode appelée agriculture régénératrice. Les autres produits sont choisis avec la même rigueur, et la philosophie zéro déchet encourage leur utilisation dans la globalité (le peu de restes va aux animaux).

SAINT-YRIEIX-LA-PERCHE

⊠ 87500 – Haute-Vienne – Carte régionale n° **19**–B2

L'ATTANUM

CUISINE MODERNE • CONTEMPORAIN Une ancienne sous-préfecture dix-neu-vième accueille désormais au rez-de-chaussée un restaurant à la déco contemporaine où l'accueil est tout sourire. Derrière les fourneaux officie un chef expérimenté passé par de bonnes maisons. Convoquant des produits locaux de saison, ses assiettes montrent à la fois une technique assurée (comme sur cette terrine de cerf), une précision des cuissons et des jus (comme sur le filet de canard, petit épeautre et betterave) et des accords de saveurs équilibrés – la jolie sélection de vins et le service attentionné viennent compléter ce tableau gourmand.

🛗 🖔 ⇄ – Prix : €€

64 place de la Nation – ☎ 05 55 09 52 27 – www.attanum.fr – Fermé lundi, mercredi et dimanche

SAINTE-ANNE-D'AURAY

⊠ 56400 – Morbihan – Carte régionale n° **1**–C3

L'AUBERGE - MAISONS GLENN ANNA

CUISINE MODERNE • TRADITIONNEL Ste-Anne-d'Auray est une ville pieuse et Jean-Paul II se serait arrêté au restaurant de l'Auberge en 1996. On aurait tort de croire la maison tournée vers le passé : la jeune génération propose des assiettes savoureuses, avec une priorité aux produits de la mer de qualité, comme ce thon en mi-cuit, déclinaison de tomates, saveurs d'une béarnaise.

🏵 🖨🖔🛗 **P** – Prix : €€€

56 rue de Vannes – ☎ 02 97 57 61 55 – www.maisons-glenn-anna.fr/fr – Fermé lundi, et mardi et mercredi à midi

SAINTE-CÉCILE

⊠ 71250 – Saône-et-Loire – Carte régionale n° **17**–C2

😃 ### L'EMBELLIE

CUISINE MODERNE • AUBERGE Une ancienne étable au cachet rustique – poutres, cheminée, murs de briques. En cuisine, le chef s'inspire souvent de ses voyages mais n'oublie pas certains classiques tels qu'une terrine de foie gras de canard ou un ris de veau doré au sautoir. Souvenir de ce lapin de Bourgogne farci façon porchetta également travaillé en cromesquis. Glaces maison à déguster sur l'agréable terrasse d'été qui ne fait qu'embellir ce lieu déjà charmant...

🖔 � **P** – Prix : €€

245 route de Pont-sur-Grosne (Le Bourg) – ☎ 03 85 50 81 81 – www.restaurant-lembellie.net – Fermé du lundi au mercredi et dimanche soir

SAINTE-CÉCILE-LES-VIGNES

⊠ 84290 – Vaucluse – Carte régionale n° **28**–C2

CAMPAGNE, VIGNES ET GOURMANDISES

CUISINE PROVENÇALE • COSY Entre charme rustique (pierres apparentes, mobilier en bois peint) et modernité (tableaux contemporains), ce restaurant ne manque pas de cachet. Côté cuisine, Sylvain Fernandes travaille des produits frais et célèbre avec délicatesse les parfums du Sud. Et le service assuré par Sylvia, l'épouse du chef, est d'une grande gentillesse !

🛗 � **P** – Prix : €€

629 chemin des Terres – ☎ 04 90 63 40 11 – www.restaurant-cvg.com – Fermé du lundi au mercredi et dimanche soir

SAINTE-COLOMBE

✉ 33350 – Gironde

CHÂTEAU DU PALANQUEY   *Plus*

CLASSIQUE • RAFFINÉ Majestueuse demeure entourée de vignes de Saint-Émilion, cet hôtel a su conserver le caractère architectural de toutes ses chambres et suites. L'audace vient du mobilier radicalement moderne, mais les délices du séjour sont dus au spa, à la salle de sport, à la piscine intérieure...
🅿 ⛱ 🚲 ... - 5 chambres
2 lieu-dit Palanquey - ✆ *05 47 84 99 83*

SAINTE-FOY-LA-GRANDE

✉ 33220 – Gironde – Carte régionale n° **22**-C2

CÔTÉ BASTIDE

CUISINE MODERNE • CONVIVIAL Légèrement en retrait du centre-ville, voici le fief de Laurence et Cédric : elle, en cuisine, réalise des plats gourmands réglés sur les saisons ; lui, sommelier de formation, choisit les meilleurs vins – notamment de Bordeaux – pour accompagner les plats concoctés par sa compagne. Un duo qui fonctionne à merveille !
🍴 – Prix : €
4 rue de l'Abattoir - ✆ *05 57 46 14 02 - www.cote-bastide.org - Fermé lundi et dimanche, et mardi soir*

SAINTE-GENEVIÈVE-SUR-ARGENCE

✉ 12210 – Aveyron – Carte régionale n° **23**-C2

L'ARGENCE 🆕

CUISINE MODERNE • CONTEMPORAIN Au cœur de l'Aubrac, un couple de professionnels a repris la gérance d'une ancienne auberge du début 1900, entièrement rénovée dans un style contemporain épuré. Le chef Jonathan Riboulet, fort d'un parcours étoilé (Guérard, Pic, Lameloise et surtout 12 ans chez Bras à Laguiole), propose une cuisine où le terroir (truite des Monts d'Aubrac, escargots de l'Aveyron, entrecôte d'Aubrac) s'allie habilement aux herbes locales (reine-des-prés, ail des ours, pimprenelle). Le résultat est ludique, frais et coloré – et créatif, une veine rare dans le département. La salle lumineuse au design moderne s'ouvre sur une ravissante terrasse entourée d'un jardin fleuri en saison. 6 chambres et 2 appartements spacieux et confortables permettent de découvrir ce joli coin de France.
♿ 🌳 – Prix : €€
Rue du Riols - ✆ *05 65 66 03 07 - www.largence.fr - Fermé lundi, et mardi et dimanche soir*

SAINTE-LUCIE-DE-PORTO-VECCHIO – Corse-du-Sud (2A) ➜ Voir Corse

SAINTE-MARIE-DE-RÉ – Charente-Maritime (17) ➜ Voir Île de Ré

SAINTE-MAURE

10150 – Aube – Carte régionale n° **12**–B1

AUBERGE DE SAINTE-MAURE

CUISINE MODERNE • **ÉLÉGANT** Le jeune patron Victor Martin et son chef Julien Drapier forment un duo désormais bien rodé. Les assiettes tendent à une finesse indéniable, à l'image de cette langoustine rôtie, fenouil confit et jus de carapaces. Ajoutons-y le service souriant, le bon rapport qualité-prix, et l'agréable terrasse au bord de l'eau…

– Prix : €€€

99 route de Méry – 03 25 76 90 41 *– www.auberge-saintemaure.ovh – Fermé lundi et mardi, et dimanche soir*

SAINTE-MAXIME

83120 – Var – Carte régionale n° **29**–C2

LA BADIANE

CUISINE MODERNE • **ÉLÉGANT** À deux pas du marché couvert, que de charme dans cette salle épurée où le bois et la pierre convolent en justes noces au-dessus de tables en bois brut, joliment apprêtées ! Le chef Geoffrey Poësson (formé chez Vergé au Moulin de Mougins) s'épanouit tranquillement en signant une cuisine moderne et fine, où légumes et poissons dominent la partition (même si pigeon, son plat signature, côtoie l'agneau et le bœuf) : les tomates du moment condimentées d'anchois, velouté à la marjolaine ; dos de daurade rôti, ventre en vapeur safrané, bouillon des têtes façon bouillabaisse et légumes du moment… Formule plus simple au déjeuner sauf en été.

– Prix : €€€

6 rue Fernand-Bessy – 04 94 96 53 93 *– www.restaurant-la-badiane.fr – Fermé dimanche, et lundi et mercredi à midi*

SAINTE-PREUVE

02350 – Aisne – Carte régionale n° **5**–D2

LES ÉPICURIENS

CUISINE MODERNE • **ÉLÉGANT** Restaurant au cœur d'un château d'époque, proposant une cuisine raffinée et moderne avec des assiettes qui raviront l'œil comme le palais des plus épicuriens… à l'image de ce carpaccio de langoustines aux agrumes, fenouil et caviar. Belle carte des vins, naturellement portée sur le champagne, et terrasse élégante donnant sur les jardins du domaine. Agréables chambres pour l'étape.

– Prix : €€€

Domaine de Barive – 03 23 22 15 15 *– www.domainedebarive.com – Fermé lundi et mardi*

DOMAINE DE BARIVE   *Plus*

CLASSIQUE • **CHAMPÊTRE** Une superbe bâtisse du 19e s. dans un immense parc : calme champêtre… Les chambres sont cosy (mansardées au 2e étage) et décorées avec soin. De nombreux services (sauna, jacuzzi, tennis, salle de remise en forme) et un accueil prévenant font du domaine une étape extrêmement agréable.

- 22 chambres

Domaine de Barive – 03 23 22 15 15

Les Épicuriens - Voir la sélection des restaurants

SAINTE-SABINE

✉ 21320 – Côte-d'Or – Carte régionale n° **12**–C3

LE LASSEY - CHÂTEAU SAINTE-SABINE

CUISINE MODERNE • **ÉLÉGANT** Dans le cadre historique du château de Sainte-Sabine, né à la Renaissance, cette table élégante se distingue par le raffinement de sa cuisine. Formule plus simple au déjeuner. Les chambres invitent à un repos bucolique face au parc, ses biches et son plan d'eau...

⇇ ⇔ ⅁ 🅰🅲 🎇 ⇔ 🅿 – Prix : €€€

8 route de Semur – ℰ *03 80 49 22 01 – www.saintesabine.com/fr*

SAINTES

✉ 17100 – Charente-Maritime – Carte régionale n° **18**–B2

😊 L'IØDE

CUISINE MODERNE • **CONTEMPORAIN** Fils de boucher né sur l'île d'Oléron, le chef Benjamin Girard a choisi de privilégier les produits de la mer ! Dans cette longue salle moderne aux tons blanc et bleu, les recettes aux touches créatives s'enchaînent savoureusement : maquereau mi-cuit au chalumeau, pastèque grillée et eau de tomate ; flétan à l'écume de langoustine et aux mûres ; "cerise explosive" façon forêt-noire. Les prix restent sages, et l'on aime aussi la carte des vins d'obédience bio.

🅰🅲 ⇔ – Prix : €€

89 avenue Gambetta – ℰ *05 46 90 72 94 – www.restaurantliode.fr –*
Fermé mardi et mercredi

😊 SAVEURS DE L'ABBAYE

CUISINE MODERNE • **CONVIVIAL** À deux pas de l'abbaye aux Dames, devenue "cité musicale", ce restaurant au décor épuré propose une cuisine légère, fraîche et spontanée, privilégiant les beaux produits locaux du marché, arpenté tous les jours, panier en main, par le chef Vincent Coiquaud. Pour la nuit, des chambres sobres et agréables.

⅁ 🎇 – Prix : €€

1 place Saint-Pallais – ℰ *05 46 94 17 91 – www.saveurs-abbaye.com –*
Fermé lundi et dimanche

LE DALLAISON

CUISINE MODERNE • **ÉLÉGANT** Cette belle demeure du 18e s. lovée dans son parc cache bien son jeu : à l'intérieur, le 21e s. triomphe à travers les différentes petites salles à manger : mobilier design, luminaires originaux, murs blancs, armoires à vins. Un tel lieu ne peut qu'inspirer Jérôme Dallet, chef passé chez Emmanuel Renaut (Megève) et Anne-Sophie Pic (Valence). Les produits du terroir sont ici à l'honneur (mogettes, cagouilles, agneau de Confolens...) et le chef en tire de belles compositions gourmandes. Aux beaux jours, on profite de la terrasse baignée de verdure.

⇔ ⅁ 🅰🅲 🎇 ⇔ 🅿 – Prix : €€

30 rue du Bois-Taillis – ℰ *05 46 92 08 18 – www.ledallaison.com – Fermé lundi,*
mardi, mercredi midi et dimanche soir

SAINTES

LE PARVIS

CUISINE MODERNE • **CONTEMPORAIN** Dans cette jolie maison en bord de Charente, tout près du centre-ville, Pascal Yenk concocte une cuisine attentive à l'air du temps, comme ce maki de langoustines aux oursins, bouillon gingembre et citronnelle ou le pigeon cuit au foin. Aux beaux jours, on profite de la terrasse jardin fort plaisante, au calme.

&⌂⌂ – Prix : €€

12 quai de l'Yser – ☏ 05 46 97 78 12 – www.restaurant-le-parvis.fr – Fermé lundi et dimanche

LA TABLE DU RELAIS DU BOIS SAINT-GEORGES

CUISINE MODERNE • **COSY** Coup de cœur pour ce restaurant installé dans une ancienne ferme, où le chef aime travailler les beaux produits de saison, qu'ils soient issus de producteurs locaux ou du jardin de plantes aromatiques situé dans le parc. Face aux baies vitrées ouvertes sur la terrasse, la fontaine et le petit étang, on se délecte par exemple d'un ris de veau en crapaudine laqué au vinaigre de sureau, à la chair moelleuse et juteuse à souhait... plaisir garanti !

⟨&⌂&⌂P – Prix : €€

132 cours Genet – ☏ 05 46 93 50 99 – www.relaisdubois.com – Fermé lundi et dimanche

29

CUISINE MODERNE • **BRASSERIE** Il est anglais, tatoué, fan de rugby et... chef ! Passé par de belles maisons ici et là-bas, Michael Durkin trousse une cuisine de bistrot moderne et créative, à l'exemple de ce cabillaud à la chair nacrée au céleri et aux câpres, un plat bien présenté et harmonieux. Profitez du menu déjeuner au prix imbattable, et de la petite terrasse aux beaux jours... Let's go !

⌂ – Prix : €€

9 place Blair – ☏ 05 46 96 71 72 – www.restaurant29.fr – Fermé mardi et mercredi, et dimanche soir

SAINTES-MARIES-DE-LA-MER

✉ 13460 – Bouches-du-Rhône

🛏 | **MAS DE LA FOUQUE** | *Plus*

MODERNE • **CHAMPÊTRE** "À l'orée d'une réserve naturelle, le Mas de la Fouque est entouré de marais, de terres sauvages et d'une des nombreuses plages désertes de la Méditerranée. Ce petit hôtel de luxe — une ""demeure d'exception"" plus précisément — jouit pleinement de son cadre tranquille et idyllique. Les chambres donnent sur le parc ou sur le lac alors que les ""caravanes"" de luxe vous immergent dans la nature tout en confort. Aussi exceptionnelle que soit la demeure, c'est sa piscine, cernée par les pins, les tamaris et un mobilier design, qui s'impose comme la pièce maîtresse. Les autres espaces communs comptent une bibliothèque et un salon décorés de touches antiques, ainsi qu'un spa."

AC P ⌂ ⌂ 🚲 ⌂ 🌐 ⌂ ⌂ ⌂ ⌂ - 26 chambres

D38 Route du Petit – ☏ 04 90 97 81 02

SALEILLES

✉ 66280 – Pyrénées-Orientales – Carte régionale n° **27**–C3

L'ABSIX

CUISINE MODERNE • **CONTEMPORAIN** Dans cette grande bâtisse aux allures coloniales, un chef passé par de belles maisons et qui saura vous surprendre. Sur un menu unique changé chaque semaine, il réalise une cuisine moderne et créative, rythmée par les saisons : croustillant au parmesan, girolles marinées et crémeux d'ail doux ; filet de turbot en tempura, émulsion coco, citronnelle et gingembre...

& AC ⌂ P – Prix : €€

2 rue de la Cerdagne – ☏ 04 68 54 79 02 – www.restaurant-labsix.fr – Fermé lundi et dimanche

SALIES-DE-BÉARN

✉ 64270 – Pyrénées-Atlantiques – Carte régionale n° **25**–B2

RESTAURANT DES VOISINS
CUISINE MODERNE • **TENDANCE** Le cachet de l'ancien sublimé par un esprit design (art contemporain, cuisine ouverte). Ici, on sert une cuisine bien ficelée et originale (thon blanc de ligne du Pays Basque mi-cuit, crème de courge au lait de coco ; raviole de cabillaud confit, bouillon aux aromates, œufs de truite et tuile aux épices douces), accompagnée d'une belle carte des vins. Ou comment mêler avec goût tradition et modernité, dans le décor comme dans l'assiette.

& 🅰🅲 🍽 – Prix : €€

12 rue des Voisins – ℰ 05 59 38 01 79 – www.restaurant-des-voisins.fr/fr – Fermé lundi, mardi et dimanche et mercredi midi

SALLANCHES
✉ 74700 – Haute-Savoie

LE CERF AMOUREUX
MONTAGNARD • **CHALEUREUX** Un beau chalet – tout de pierre et de bois vêtu – raffiné et très cosy. Les chambres, délicieuses, avec balcon, donnent sur les Aravis ou le mont Blanc… On peut aussi profiter de l'espace bien-être et de la "cuisine familiale améliorée" proposée (dixit le propriétaire). Est-ce l'amour qui rend ce Cerf si charmant ?

& 🅰🅲 🅿 🍽 - 12 chambres

118 route de Barthoud – ℰ 04 94 97 04 37

LA SALLE-LES-ALPES
✉ 05240 – Hautes-Alpes

ROCK NOIR
ÉPURÉ • **CHALEUREUX** Cet hôtel situé au pied des pistes de "Serre-Che" devrait séduire les skieurs – et les autres ! – avec sa décoration épurée mêlant bois brut, velours et fourrures, influences montagnardes et touches design… Confortable et original !

🅿 🍽 - 32 chambres

Place de l'Aravet – ℰ 04 92 25 54 90

LES SALLES
✉ 42440 – Loire – Carte régionale n° **20**–C1

COLETTE 🆕
CUISINE MODERNE • **COSY** Au cœur du Forez, cet ensemble de bâtisses de pierre et de bois, niché entre une sapinière et un étang, invite au farniente sur la terrasse en été ou au hygge en hiver, au pied de la grande cheminée dans une salle cosy. La cuisine du chef Thomas Laurier (Pic, Chabichou) se révèle aussi un régal réconfortant : excellent pâté en croûte (une spécialité déclinée différemment toute l'année) ou, en dessert, cette pêche pochée accompagnée de mélisse du jardin et de sarrasin, une petite perle gourmande. Dans une salle comble, la compagne du chef assure un service plein d'allant.

& 🍽 🅿 – Prix : €€

La Plagnette – ℰ 04 77 97 74 10 – www.restaurantcolette.fr – Fermé lundi, dimanche et mardi midi

SALLES-LA-SOURCE

✉ 12330 – Aveyron – Carte régionale n° **23**–C2

CASCADE

CUISINE MODERNE • CONVIVIAL Quel joli village accroché à sa falaise et fameux (évidemment) pour sa cascade rafraîchissante ! Quelle adresse sympathique et conviviale, à la déco chaleureuse de bistrot coloré, avec son vieux parquet, son comptoir et ses affiches arty aux murs (sans oublier la terrasse donnant sur la cour face à la mairie). En cuisine, la cheffe Marine Guichou régale avec des produits locaux soigneusement castés et travaillés habilement dans une veine bistronomique fraîche et authentique. Et, avec sa pannacotta aux amandes et sa mousse chocolat sur un crumble cacao, elle a réalisé la quintessence du dessert épicurien !
& 🏠 – Prix : €€

26 cour de la Filature – ☎ *05 65 67 29 08 – https://cascaderestaurant.fr/ - Fermé lundi et mardi, et dimanche soir*

SALON-DE-PROVENCE

✉ 13300 – Bouches-du-Rhône – Carte régionale n° **28**–C3

✿ ### VILLA SALONE

Chef : Alexandre Lechêne
CUISINE MODERNE • ÉLÉGANT Alexandre Lechêne a investi cette jolie maison de maître en plein cœur de Salon-de-Provence. Il y régale avec une cuisine créative et étonnante, déclinée dans des menus surprise : un seul mot d'ordre, se laisser porter ! Les assiettes, joliment dressées, mettent en valeur la production maraîchère et fruitière locale, à l'image de ces pâtes imprimées, variation de courgettes, fleurs, amandes fraîches et tagète… c'est frais, goûteux et parfaitement assaisonné : un régal ! Les associations d'ingrédients sont parfois osées mais l'équilibre est toujours maîtrisé et l'ensemble fonctionne très bien. Côté décor, l'élégance est de mise pour cette villa aux allures de grande maison de famille : moulures, fresques au plafond, carrelage provençal… sans oublier le joli petit patio terrasse verdoyant pris d'assaut en été. Service attentionné et efficace.
& AC 🏠 ✿ – Prix : €€€

6 rue du Maréchal-Joffre – ☎ *04 90 56 28 01 – www.villa-salone.com - Fermé lundi, et mardi et dimanche soir*

ATELIER SALONE

CUISINE MODERNE • CHIC Versant bistronomique de la Villa Salone, l'Atelier Salone bénéficie de toutes les attentions du chef Alexandre Lechêne, au parcours solide (Aux Lyonnais, Louis XV à Monaco) et ancien étoilé à Saint Véran, dans les Hautes Alpes. Au menu, ce jour-là, on trouve un œuf parfait bio à la courge et aux truffes, un délicieux vol-au-vent et un mont-blanc marron-cassis et glace au marron… Le style original de la maison du début du vingtième siècle s'agrémente d'une touche contemporaine.
& AC 🏠 – Prix : €€

6 rue du Maréchal-Joffre – ☎ *04 90 56 28 01 – www.villa-salone.com - Fermé lundi, et mardi et dimanche soir*

LE SAMBUC

✉ 13200 – Bouches-du-Rhône – Carte régionale n° **28**-C3

❁ LA CHASSAGNETTE

Chef : Armand Arnal

CUISINE CRÉATIVE • ÉLÉGANT 8 jardiniers s'occupent à plein temps du potager de ce restaurant, pionnier dans l'autosuffisance. Ce mas est en effet entouré de trois hectares de potagers bio en permaculture, de vergers, de ruches et même d'une serre tropicale unique en France dans un restaurant. Le caféier, la banane et la papaye y poussent. Autant d'endroits à visiter avant ou après le repas ! À la tête de cet éden locavore, le chef Armand Arnal cultive avec naturel ce passage de la terre à l'assiette. Il montre toujours la même appétence pour une certaine licence créative, parfois tournée vers le Japon. Ce chawanmuchi d'allium, mousserons sauvages et caviar vert, avec ses petits pois grillés et légèrement fumés, est d'une élégance et d'une finesse incomparables. Joliment achalandée, la carte des vins bio comporte même un domaine installé à 100m du restaurant. Deux menus sans choix, dont l'un végétarien.

🕭 ⛨ AC 🏠 ⟲ P – Prix : €€€€

Route du Sambuc – ☏ *04 90 97 26 96 – www.chassagnette.fr – Fermé mardi et mercredi, et lundi, jeudi et dimanche soir*

 L'engagement du chef : Notre cuisine essentiellement végétale met les fruits et légumes de notre jardin-potager bio au cœur de nos assiettes. Pour les produits que nous ne cultivons pas, ils proviennent de petites exploitations camarguaises situées aux alentours du restaurant et expriment avec caractère l'identité de notre terroir métissé.

LE MAS DE PEINT

CUISINE DU TERROIR • RÉGIONAL Avec de bons produits – légumes du potager, riz de la propriété et taureau de l'élevage –, le chef concocte une belle cuisine du marché. La terrasse sous la glycine est ravissante et ce Mas charmant... Cuisine à la plancha autour de la piscine en été. Une bonne adresse.

🕭 AC 🏠 P – Prix : €€€

Le Mas de Peint, route de Salin de Giraud (D36) – ☏ *04 90 97 20 62 – www.masdepeint.com/fr/hotel-luxe-camargue-arles – Fermé lundi, du mardi au vendredi à midi, et dimanche soir*

🛏 HÔTEL MAS DE PEINT

MODERNE • CALME Dans un vaste domaine, ce superbe mas du 17e s. cultive la tradition camarguaise (promenades à cheval, élevage taurin, arènes privées). La décoration est inventive et réussie, les chambres raffinées, la table réputée... Beaucoup d'élégance !

⛨ AC 🏊 P 🛋 ⟲ 🕭 🚲 🎾 ♨ ⛱ 🍽 - 15 chambres

Route de Salin-de-Giraud (D36) – ☏ *04 90 97 20 62*

Le Mas de Peint - Voir la sélection des restaurants

SAMOËNS

✉ 74340 – Haute-Savoie – Carte régionale n° **21**-D1

LE LODGE ᴺ

CUISINE TRADITIONNELLE • CONVIVIAL Dirigé par un jeune couple passionné, le chef Flavio Ricco et Lola Goudenove, ce restaurant est niché au cœur du village. Chaleureuse, la salle à manger invite à la détente, mêlant bois et pierre, façon... lodge, évidemment. Le chef mitonne au point de croix une cuisine traditionnelle avec une once de créativité, mettant en lumière les produits locaux dans un menu avec choix. Ce midi, le cuisinier revisitait tout en finesse la soupe châtrée – une spécialité de Samoëns plutôt roborative, à base de pain, de tomme de Savoie et

de soupe à l'oignon. Suivaient un filet de bar, céleri, beurre blanc au génépi et, au dessert, une pomme confite, crémeux vanille et glace vanille. Accueil et service sont charmants : d'ailleurs, le chef sort de temps en temps de sa cuisine pour servir.
&. AC – Prix : €€

20 route de Sixt – 06 29 38 55 17 – Fermé lundi et mardi

SAMPANS

39100 – Jura – Carte régionale n° **13**–A2

CHÂTEAU DU MONT JOLY

Chef : Romuald Fassenet

CUISINE MODERNE • ÉLÉGANT Qu'elle est bien nommée, cette maison de maître du 18e s. qui domine la vallée de la Saône, avec sa façade rose et ses colonnes à l'italienne ! Avec son épouse, sommelière et fille de vignerons, Romuald Fassenet a transformé cette bâtisse classique en écrin design et épuré où quelques chambres permettent de faire une étape de charme à proximité de Dole. Sa cuisine, franche et gourmande, révèle une passion authentique pour le terroir jurassien (il fut d'ailleurs le second du chef Jean-Paul Jeunet), et repose sur une grande maîtrise technique. Il réalise de superbes sauces au vin jaune du Jura ; la poularde de Bresse, morilles, sauce Château-Chalon fait partie de ses classiques.

88 ⇔ 🛦 & AC ⇔ P – Prix : €€€€

6 rue du Mont-Joly – 03 84 82 43 43 – www.chateaumontjoly.com/fr – Fermé lundi, mardi, et mercredi et jeudi à midi

SAN-MARTINO-DI-LOTA – Haute-Corse (22) → Voir

SANARY-SUR-MER

83110 – Var

HOSTELLERIE LA FARANDOLE

MODERNE • RAFFINÉ Face aux rondeurs de la baie, sur la plage de la Gorguette (entre Sanary et Bandol), un bâtiment géométrique, tout en pierre, bois et verre. Inaugurée en 2011, cette luxueuse hostellerie associe esprit Côte d'Azur et art de vivre contemporain, entre plage et spa.

AC 🛦 P 🚗 ⇔ 🛦 🛋 ♨ ⛱ 🍴 - 27 chambres

140 chemin de la Plage – 04 94 90 30 20

SANCERRE

18300 – Cher – Carte régionale n° **16**–B1

LA POMME D'OR

Chef : Yann Tournier

CUISINE MODERNE • COSY Au cœur du célèbre village vigneron, un jeune couple d'origine bretonne a choisi de mettre à l'honneur les saveurs iodées. Dans ce menu unique aux intitulés évocateurs ("embruns marins de Saint-Jacques", "plénitude d'encornets" ou "langoustines vent des alizés"…), on rencontre des poissons d'une fraîcheur irréprochable, sublimés par des cuissons d'une belle maîtrise. Le chef connaît son métier et n'oublie jamais l'essentiel : le goût. La carte des vins donne en priorité la parole aux crus de Sancerre, et ce n'est pas pour nous déplaire. Service tout sourire dans un cadre sobre et élégant. Ce serait un péché de ne pas croquer cette Pomme d'Or !

& – Prix : €€€

1 rue de la Panneterie – 02 48 54 13 30 – www.lapommedorsancerre.fr – Fermé lundi et mardi, et dimanche soir

SANCERRE

LA TOUR

CUISINE MODERNE • COSY Au pied d'une tour du 14e s. érigée au cœur de ce célèbre village vigneron, cette maison de ville à l'architecture locale abrite une salle élégante et contemporaine, où subsistent quelques touches ancienne (poutres, plafond et moulures). Simplicité, authenticité et caractère : autant de traits qui distinguent cette cuisine de bons produits et pleine de saveurs qui évolue aux fils des saisons autour d'un menu déjeuner bien composé (et au bon rapport qualité/prix !) et d'un menu surprise en plusieurs déclinaisons le soir. Menu végétarien proposé également.

🍸 Ⓐ🅒 ⇄ – Prix : €€€

31 Nouvelle-Place – ☏ 02 48 54 00 81 – www.latoursancerre.fr – Fermé lundi, dimanche et mardi midi

SAND

✉ 67230 – Bas-Rhin – Carte régionale n° **8**–B2

LA CHARRUE

CUISINE MODERNE • CONTEMPORAIN Au sein d'une vénérable bâtisse de deux siècles d'âge, Nicolas Laurent, formé à bonne école (du Chambard à l'Auberge de l'Ill, en passant par le Vieux Couvent) propose une cuisine moderne, en choyant à la fois la région (anguille du Rhin, chasse locale) et des produits nobles plus lointains (homard du Cotentin, turbot sauvage...). Et pour le plus grand plaisir des fidèles, les fameux filets de carpes, frites et crème au raifort d'Alsace figurent toujours à la carte.

♿ Ⓐ🅒 🏠 🅿 – Prix : €€€

4 rue du 1er-Décembre – ☏ 03 88 74 42 66 – www.lacharrue.com – Fermé lundi, samedi midi et dimanche soir

SANTA-REPARATA-DI-BALAGNA – Haute-Corse (22) ➜ Voir Corse

SANTENAY

✉ 21590 – Côte-d'Or – Carte régionale n° **12**–D1

L'OUILLETTE

CUISINE MODERNE • COSY Un jeune couple motivé est aux commandes de cette auberge familiale, installée sur la place centrale du village. En cuisine, Simon navigue entre bonne tradition (œufs en meurette, jambon persillé, coq au vin) et recettes plus actuelles ; Maude, en salle, assure un service attentif et efficace. On passe un excellent moment : longue vie à cette Ouillette !

♿ Ⓐ🅒 🏠 ⇄ – Prix : €€

Place du Jet-d'Eau – ☏ 03 80 20 62 34 – www.ouillette.fr – Fermé mardi et mercredi

SARE

✉ 64310 – Pyrénées-Atlantiques – Carte régionale n° **25**–A2

HORDAGO Ⓝ

CUISINE MODERNE • AUBERGE Perchée sur le col de Lizarrieta, à la frontière franco-espagnole, au bout d'une route perdue, cette auberge typiquement basque a connu de nombreuses péripéties, jusqu'à devenir, dit-on, un repaire de contrebandiers. L'adresse file droit maintenant grâce au chef Rémy Le Charpentier (ex-Arraya

SARE

à Sare) et sa compagne Mikela Luro. Les produits locaux, les herbes, les condiments et les champignons (cueillis par le chef) font une jolie sarabande goûteuse dans des assiettes vivifiées par de petites touches créatives : thon patudo de ligne, fregola sarda en salade, citron, gingembre et tomate confite. Enfin, la terrasse du restaurant embrasse une très jolie vue.

⇐ 🌣 🏠 P – Prix : €€

Col de Lizarrieta – 📞 06 85 55 10 13 - - www.chambresdhotes-hordago.com/ - Fermé mercredi, et lundi, mardi, jeudi, vendredi, samedi et dimanche soir

OLHABIDEA

CUISINE TRADITIONNELLE · FAMILIAL Une ferme basque du 16e s. où l'on propose une cuisine goûteuse, élaborée avec finesse et passion, qui s'appuie largement sur les fruits et légumes du potager du chef. Autour, on flâne dans un parc de quatre hectares planté d'érables, de conifères et de camélias... Quel charme !

🏠 🌣 🏠 P – Prix : €€

Chemin Olha – 📞 05 59 54 21 85 – www.olhabidea.fr – Fermé lundi, du mardi au vendredi à midi, et dimanche soir

🛏 HÔTEL ARRAYA

CLASSIQUE · CHALEUREUX Cet hôtel familial a bénéficié de toutes les améliorations nécessaires (ascenseur et salles de bains modernes) sans pour autant perdre son charme régional si chaleureux. Les chambres les plus anciennes se signalent par leurs poutres d'origine, et même les plus récentes restent fidèles à l'esprit du lieu. Petit déjeuner copieux.

P 🚗 🛋 🛴 🚲 🛶 🦮 🍴 - 15 chambres

30 place du Village – 📞 05 59 54 20 46

SARGÉ-SUR-BRAYE

✉ 41170 – Loir-et-Cher – Carte régionale n° **10**–C2

OSMA

Chef : Valentin Barbera

CUISINE CRÉATIVE · BRANCHÉ « Osmazôme est un terme diffusé par le gastronome Brillat-Savarin pour définir le principe de sapidité des gibiers dans les bouillons » explique Valentin Barbera. Passé par le Lièvre Gourmand à Orléans et Christian Têtedoie à Lyon, ce jeune chef a pourtant choisi un village perdu au cœur du bocage percheron pour installer sa « table de copains » branchée. On pose les coudes sur d'anciens planchers de wagons de chemin de fer sous une kyrielle de jolies appliques design. Efficace, l'assiette fait uniquement son miel de produits locaux ou presque : lentilles, potimarron, oxalys ; œuf, pommes de terre, œufs de brochet ; navet, anguille. Carte de vins nature uniquement.

🦮 🏠 – Prix : €€

25 rue Roger-Reboussin – 📞 02 54 23 86 07 – www.osma.restaurant – Fermé lundi et mardi, et mercredi soir

🍀**L'engagement du chef :** La démarche est pensée dans sa globalité. Cela passe par un sourcing pointu (80% des producteurs se trouvent à moins de 50 km), une politique zéro plastique, de la vaisselle conçue par un artisan de la région, une coutellerie locale... La décoration de la salle a été réalisée à partir de bois de récup' et les plateaux de tables avec des planches de wagon. Le joli potager vient nourrir la créativité du chef (un menu y est d'ailleurs dédié), et les vins sont bio et nature.

SARREGUEMINES

✉ 57200 – Moselle – Carte régionale n° **7**–C1

AUBERGE SAINT-WALFRID

Chef : Stephan Schneider

CUISINE CLASSIQUE • ÉLÉGANT Sur la route qui mène de Metz à Strasbourg, il était une fois une bien jolie auberge, ancienne dépendance agricole rattachée à l'église de Welferding. Stephan Schneider incarne aujourd'hui la cinquième génération d'une famille qui exerce ici depuis la fin du 19e s. Il a repris les rênes de cette maison que son père avait inscrite sur la carte régionale de la gastronomie. On s'attable dans une grande salle bourgeoise et chaleureuse au parquet ancien, parmi les vitrines où brille la faïence de Sarreguemines. Le chef est un défenseur de la belle tradition ! Il aime travailler avec les maraîchers de la région (il possède lui-même un potager), acheter des bêtes entières, pour les préparer lui-même – y compris les charcuteries. À la force du goût. Chambres spacieuses pour l'étape.

🕸 ⇦ 🛏 ⅍ 🅰🅲 🏠 🅿 – Prix : €€€€

58 rue de Grosbliederstroff – 𝒞 03 87 98 43 75 – www.stwalfrid.fr/fr –
Fermé lundi, mardi midi et dimanche soir

SARTÈNE – Corse-du-Sud (2A) ➜ Voir Corse

SARZEAU

✉ 56370 – Morbihan – Carte régionale n° **1**–C3

LE MANOIR DE KERBOT

CUISINE TRADITIONNELLE • CONTEMPORAIN Ce manoir du 16e s. (et ancien orphelinat) s'est réinventé en repaire de gastronomes : on y déguste une cuisine plutôt traditionnelle – huîtres chaudes, foie gras mi-cuit, pêche du jour, effiloché de porcelet en croûte d'épices et réduction aromatique : autant de recettes goûteuses et bien envoyées ! Le service est fort attentionné, et la terrasse donnant sur un étang très agréable, tout comme les belles chambres.

🛏 ⅍ 🏠 ⇄ 🅿 – Prix : €€

Lieu-dit Kerbot – 𝒞 02 97 26 40 38 – www.hotelrestaurantkerbot.com –
Fermé lundi, mardi et mercredi midi

LES JARDINS DE KERSTÉPHANIE

CUISINE MODERNE • CONTEMPORAIN Cette ancienne ferme en pierre, recouverte de vigne vierge et entourée d'un parc arboré, est le fief d'Emmanuel Kouri, que l'on connut aux Climats (Paris 7e). Attentif à la provenance des produits (pêche de ligne, maraîcher bio, crèmerie de la presqu'île...), il réalise une cuisine tournée vers la mer, à l'image de cette thonine au kari-gosse, concombre mariné et soupe glacée de coriandre, ou de ce lieu jaune ikejime, courgette violon au basilic et sabayon pistache au citron vert. À déguster, aux beaux jours, sur la terrasse ombragée.

🛏 ⅍ 🅰🅲 🏠 🅿 – Prix : €€€

Route du Roaliguen – 𝒞 02 97 41 72 41 – www.lesjardinsdekerstephanie.com –
Fermé mardi et mercredi

SAUBION

✉ 40230 – Landes

🛏 LES ÉCHASSES

MODERNE • CHAMPÊTRE Ces Échasses consistent en plusieurs "lodges" installée autour d'un étang : des maisonnettes en bois, confortables et design, avec poêle à bois et grandes baies vitrées donnant sur une terrasse au-dessus de l'eau... Une expérience insolite et tout à fait délicieuse.

 - 8 chambres
701 route de la Bruyère – ✆ *06 51 96 55 54*

SAULIEU

✉ 21210 – Côte-d'Or – Carte régionale n° **12**-B3

✿✿ LA CÔTE D'OR

CUISINE MODERNE • CLASSIQUE Une page s'est tournée dans la célèbre institution du Morvan, qui aura vu passer tant de générations de cuisiniers et de gastronomes depuis les époques bénies d'Alexandre Dumaine, puis de Bernard Loiseau. Fidèle à l'institution pendant plus de 40 ans, Patrick Bertron a confié les fourneaux à son bras droit Louis-Philippe Vigilant. La maison a su garder la signature culinaire qui a fait sa réputation : "l'authenticité du goût". À côté des nouvelles créations du chef, les nostalgiques pourront se régaler de quelques grands classiques de l'époque Bernard Loiseau, tels que les jambonnettes de grenouille à la purée d'ail et au jus de persil, ou le sandre poêlé sauce au vin rouge.

 – Prix : €€€

Le Relais Bernard Loiseau, 2 avenue Bernard-Loiseau – ✆ *03 80 90 53 53 – www.bernard-loiseau.com – Fermé mardi et mercredi*

BISTROT LOISEAU DU MORVAN

CUISINE TRADITIONNELLE • CLASSIQUE Face à la Côte d'Or, maison mère de la famille Loiseau, cette belle bâtisse du 17e s. au style traditionnel est à la fois une confortable hostellerie de tradition et un bistrot, solution gourmande alternative au restaurant gastronomique. Ici le terroir, les producteurs et les recettes régionales sont à l'honneur à l'image de ces œufs en meurette ou de cette volaille façon Gaston Gérard. La salle à manger en rotonde ouverte sur la terrasse au cadre rustique soigné avec ses tomettes anciennes et sa charpente en bois apparente donnent un aperçu du pur style bourguignon.

ሁ☂ – Prix : €€

Hostellerie de la Tour d'Auxois, 5 avenue Bernard-Loiseau – ✆ *03 80 64 36 19 – www.bernard-loiseau.com – Fermé lundi et mardi, et dimanche soir*

🛏 LE RELAIS BERNARD LOISEAU

CLASSIQUE • CALME Un Relais dans la grande tradition française, qui fait honneur à l'hospitalité bourguignonne : murs du 18e s., poutres et colombages patinés par les ans, sols en terre cuite, mobilier ancien... auquel s'associe le luxe moderne d'un spa imposant et d'une piscine idyllique. Intemporel et furieusement chic !

 - 33 chambres
2 avenue Bernard-Loiseau – ✆ *03 80 90 53 53*

✿✿ **La Côte d'Or • Bistrot Loiseau du Morvan** - Voir la sélection des restaurants

SAUMUR

49400 – Maine-et-Loire – Carte régionale n° **9**-D3

L'ESSENTIEL

CUISINE MODERNE • **CONVIVIAL** Blottie au pied du château, belle maison en tuffeau abritant de charmantes salles à manger (joli parquet, charpente apparente, murs en pierre) et de paisibles petites terrasses. Le chef Anthony Vaillant propose une bonne cuisine dans l'air du temps, ponctuée de quelques notes créatives bienvenues : déclinaison d'asperges et de petits pois, boostée par une vinaigrette aux agrumes ; cabillaud relevé par une sauce au curry, mousseline de pomme de terre. Service aux petits oignons. Carte des vins faisant la part belle aux vins de la région. Un agréable moment !

舟 ⇦ – Prix : €€

Plan : B2-2 – *11 rue Raspail* – ⌀ 02 41 67 71 10 – www.restaurant-lessentiel-saumur.fr – *Fermé lundi et dimanche*

LA TABLE BY MI-K'L N

CUISINE MODERNE • **CONVIVIAL** Mickaël Pihours (ex-chef du restaurant étoilé Le Gambetta) s'est taillé une table contemporaine où le bois est omniprésent. La salle est bâtie sur 2 niveaux, avec une table d'hôtes face à la cuisine ouverte. Sa « cantine

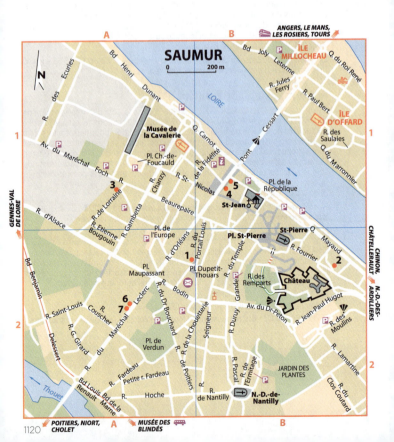

1120

SAUMUR

plaisir », comme il l'appelle, témoigne de la patte d'un chef d'expérience : cette cuisine de partage va à l'essentiel, accompagnée de multiples garnitures rehaussées d'herbes aromatiques. C'est le cas de cette échine de cochon bio cuite au barbecue et son cortège de préparations goûteuses (salade bien assaisonnée ; champignons dans leur savoureux bouillon ; petit plat de légumes dans leur jus). Hors menu, quelques belles pièces à partager, souvent des abats. Menu changé chaque semaine. Prix : €€

Plan : A2-1 – *7 place Dupetit-Thouars – ℰ 02 41 52 96 52 – www.latable-saumur. fr – Fermé mardi et mercredi soir*

L'ALCHIMISTE

CUISINE MODERNE • DE QUARTIER Dans ce petit restaurant contemporain, pas de cuisine moléculaire ou alchimiste, mais de bons petits plats cuisinés avec savoir-faire. Le rapport saveurs-prix est bon ! Mieux vaut réserver car l'établissement, bien que discret, est souvent complet...

ᘯ – Prix : €€

Plan : A1-3 – *6 rue de Lorraine – ℰ 02 41 67 65 18 – www.lalchimiste-saumur.fr – Fermé lundi et dimanche*

LE BOEUF NOISETTE

CUISINE TRADITIONNELLE • BISTRO On s'installe dans une salle de style bistro vintage, avec banquettes, tables en marbre et miroirs pour déguster une carte courte et soignée, centrée autour de produits régionaux (notamment le bœuf rouge des prés). Placement idéal au centre-ville, derrière le théâtre, et parallèle aux quais de la Loire, proche d'un grand parking public. Produits de qualité et circuits courts. Goûteux.

ᑐ – Prix : €€

Plan : B1-5 – *29 rue Molière – ℰ 09 81 73 73 10 – www.leboeufnoisette.fr – Fermé lundi et dimanche*

L'ESCARGOT

CUISINE TRADITIONNELLE • CONTEMPORAIN Agréable cadre contemporain pour une cuisine traditionnelle autour de plats phares comme les escargots farcis en coquilles à l'ail et au persil. Le chef-patron Dominique Dubert ponctue ses recettes traditionnelles de touches plus actuelles (combava, gingembre, curry...). Un joli petit Escargot où prendre le temps de se restaurer sur la jolie terrasse, en été.

&ᘯᑐ – Prix : €€

Plan : A2-6 – *30 rue du Maréchal-Leclerc – ℰ 02 41 51 20 88 – www.lescargot49. fr – Fermé lundi et dimanche*

L'INSTINCT ⓝ

CUISINE MODERNE • CONVIVIAL L'instinct a du bon, surtout en cuisine, n'est-ce pas ? Originaire de Saumur, le chef Romain Bersan montre un talent certain dans sa cuisine, où des épices bien dosées font des apparitions bienvenues, comme sur ce jus de volaille parfumé au paprika fumé et saké. En entrée, un vitello tonnato gourmand nous a transporté en Italie, loin d'Eugénie Grandet... À noter : on propose également une offre végétarienne.

&AC – Prix : €€

Plan : A2-7 – *42 rue du Maréchal-Leclerc – ℰ 02 41 51 31 45 – www.restaurant-linstinct-saumur.fr – Fermé lundi et dimanche*

MASAMA ⓝ

CUISINE FUSION • CONVIVIAL Un petit coin d'Amérique du Sud au cœur de Saumur ! Derrière cette devanture vert pistache étincelante s'affaire le chef colombien Marlon Medina, qui a d'ailleurs fait la une de la presse locale en coachant l'équipe de son pays pour les Bocuse d'Or en 2023. Cette cuisine multiculturelle marque une nette préférence pour la cuisine sud-américaine, associée parfois à des produits locaux (comme l'asperge ou les champignons). Au dîner, notre coach

1121

SAUMUR

propose une carte resserrée où la gourmandise est au rendez-vous, à l'image de cette excellente picanha agrémentée d'un irréprochable condiment chimichurri. Autre plat signature, le ceviche est cuisiné selon le poisson du marché. Au déjeuner, menu unique sans choix plus franco-français.

Prix : €€

Plan : B1-4 – *5 place de la Bilange – ☏ 02 53 93 95 82 – www.masama.fr – Fermé lundi, et mardi et dimanche soir*

LA TABLE DU CHÂTEAU GRATIEN

CUISINE MODERNE • HISTORIQUE Dans le parc paysager des caves Gratien et Meyer, ce joli petit château de la fin du 19e s. séduit par son cachet - parquet en point de Hongrie, lustres à pampilles et cheminée. La cuisine met en valeur les beaux produits de la région - asperge blanche, truffe noire, pomme du Val de Loire - avec soin. Herbes du potager, bon pain maison, madeleines tièdes servies avec le café... Une bonne adresse.

🖧🕭🗘🅿 – Prix : €€€

Hors plan – *94 route de Montsoreau – ☏ 07 87 08 29 05 – www.restaurant-saumur-gratien.fr – Fermé mardi et mercredi*

SAUSSIGNAC

✉ 24240 – Dordogne – Carte régionale n° **18**-C3

MÉLANGE 🅽

CUISINE CRÉATIVE • COSY Le petit village de Saussignac, situé à une vingtaine de kilomètres de Bergerac, abrite un charmant restaurant en pierre, typique de la région, juste à côté du château. Devancé par une terrasse en bois, l'intérieur qui marie murs en pierre apparente, sol en parquet et poutres peintes en blanc, est rafraîchi de quelques touches de déco contemporaines. En cuisine, le mélange des styles et des influences propulse des assiettes colorées et créatives à partir de produits de saison : jambonnette de dinde confite, pommes de terre écrasées, champignons, sauce au maïs et bacon.

🕭🎬🍽 – Prix : €€

1 place du 8-mai-1945 – ☏ 05 53 24 72 30 – www.mélange.fr – Fermé mardi et mercredi

SAUTERNES

✉ 33210 – Gironde – Carte régionale n° **22**-B2

LE CERCLE GUIRAUD

CUISINE MODERNE • CONTEMPORAIN Située dans le centre du village, cette maison traditionnelle propose au choix une salle à manger à la décoration champêtre émaillée d'une touche contemporaine ou, en saison, une terrasse ombragée sous les mûriers platanes qui embrasse une vue irrésistible jusqu'au château Guiraud, propriétaire de l'adresse. Yoann Amado, l'ancien chef de la Maison Darroze à Langon, et sa compagne pâtissière Juliette Bonnard jouent ici une jolie partition gourmande qui file droit au but : tomates cœur de bœuf savoureuses à souhait, burrata de chèvre, infusion d'eau de tomate à la verveine ; truite marinée au miso à la chair confite, pousses d'épinards, beurre blanc au caviar de brochet ; crème brûlée à la vanille, abricot, et délicieux sorbet thym citron turbiné minute.

🕭🖧🕭🍽 – Prix : €€€

14 rue Principale – ☏ 05 56 76 60 87 – www.lecercleguiraud.com/fr – Fermé lundi et mardi, et dimanche soir

1122

SAUVETERRE-DE-COMMINGES

✉ 31510 – Haute-Garonne – Carte régionale n° **26**–B3

L'HIBISCUS BY JÉRÉMY LASSERRE

CUISINE MODERNE • ÉLÉGANT Au pied des Pyrénées, au sein de l'hôtel du Barry, voici un chef qui maîtrise son sujet : bien pensée, solide techniquement (cuissons basse température, espumas, bouillon dashi...), sa cuisine porte aussi la marque de ses quatorze ans passés en Asie. L'œuf parfait façon Onzen avec sa trilogie de haricots tarbais et champignons est une de ses grandes spécialités. Service attentionné et chambres confortables pour prolonger l'expérience.

🛏 🅰️ 🔄 🅿️ – Prix : €€€

Hameau de Gesset – 📞 *05 62 00 46 93 – www.hotelfubarry.fr/fr – Fermé lundi et dimanche soir*

SAUVETERRE-DE-ROUERGUE

✉ 12800 – Aveyron – Carte régionale n° **23**–C3

LE SÉNÉCHAL ⓝ

CUISINE MODERNE • ÉLÉGANT Dans un petit village isolé du Haut Ségala connu pour sa bastide du 13e s. et sa place aux arcades, la maison à pans de bois de Michel Truchon a été reprise par une famille d'origine normande qui perpétue le respect du beau produit dans un esprit d'auberge cossue et gourmande. En témoignent la raviole d'épinard au vieux Rodez – « le parmesan aveyronnais » – relevé d'un jus de viande réduit et coiffé d'une émulsion à la cazette, ou le rouget barbet cuit à la nacre souligné d'un jus de roche et posé sur une pulpe d'aubergine de belle finesse.

♿ 🅰️ 🍴 🔄 – Prix : €€€

Le Bourg – 📞 *05 65 71 29 00 – www.hotel-senechal.fr/fr – Fermé lundi, mardi midi et dimanche soir*

SAUXILLANGES

✉ 63490 – Puy-de-Dôme – Carte régionale n° **20**–B2

LA TABLE SAINT-MARTIN

CUISINE MODERNE • COSY Cette Table Saint-Martin propose une goûteuse cuisine au goût du jour, rythmée par les saisons. Produits de qualité, préparations maîtrisées, et saveurs marquées : on passe ici un fort agréable moment. Espace terrasse dans la cour intérieure.

🅰️ 🍴 🔄 – Prix : €€

17 place Saint-Martin – 📞 *04 73 96 80 32 – www.latable-stmartin.com – Fermé du lundi au mercredi et dimanche soir*

SAUZON – Morbihan (56) ➜ Voir Belle-Île

SAVENNIÈRES

✉ 49170 – Maine-et-Loire – Carte régionale n° **9**–C3

LE CHENIN ⓝ

CUISINE TRADITIONNELLE • BISTRO Face à l'église de Savennières, sur une jolie place pavée, une agréable terrasse devance une façade vitrée rouge. En cuisine, Arthur Favé propose avec Maïté Verriez une carte traditionnelle mettant à l'honneur des produits locaux, souvent issus de leur vaste potager ou sélectionnés en bio.

SAVENNIÈRES

Le menu reflète la saisonnalité, avec par exemple une délicieuse poêlée de girolles en entrée, suivie de plats généreux de légumes et champignons. Le cadre charmant, mêlant bistro ancien et modernité, invite à la détente. La sommelière offre un excellent choix de vins, principalement bio et nature, avec plus de 400 références.
🦚 ᬥ舘 – Prix : €€
1 place Simone-Veil – ℰ 02 44 01 84 51 – www.lechenin-savennieres.fr – Fermé mercredi et jeudi, et lundi et dimanche soir

SAVIGNY-LÈS-BEAUNE
✉ 21420 – Côte-d'Or – Carte régionale n° **12**–D1

LE 428
CUISINE MODERNE • **CONTEMPORAIN** L'Ouvrée est la surface de vigne - 428 m² - qui pouvait être bêchée par un vigneron en une journée. Aux fourneaux, le chef Christophe Ledru accueille dans une salle contemporaine et épurée. Il propose une cuisine actuelle et soignée (uniquement des menus "surprise"), accompagnée d'une jolie sélection de vins du village (entre autres).
ᬥ🅰舘✿🅿 – Prix : €€€
54 rue de Bourgogne – ℰ 03 80 21 51 52 – www.le-428-restaurant-savigny-les-beaune.fr – Fermé mardi et mercredi

SAVONNIÈRES
✉ 37510 – Indre-et-Loire – Carte régionale n° **15**–B1

LA MAISON TOURANGELLE
CUISINE MODERNE • **CONTEMPORAIN** Le rustique marié au moderne, une délicieuse terrasse sur le Cher et une belle cuisine de produits, gourmande et précise : voilà les atouts – et non des moindres – qui font de cette maison tourangelle l'une des tables les plus courues du département.
ᬥ🅰舘✿ – Prix : €€€
9 route des Grottes-Pétrifiantes – ℰ 02 47 50 30 05 – www.lamaisontourangelle. com – Fermé lundi et mardi, et dimanche soir

SCHERWILLER
✉ 67750 – Bas-Rhin – Carte régionale n° **8**–C1

AUBERGE RAMSTEIN
CUISINE TRADITIONNELLE • **AUBERGE** Les générations se succèdent dans cette maison familiale au cœur du vignoble. En cuisine, le fils, Lucas, passé par de belles maisons, propose une cuisine actuelle avec quelques clins d'œil au terroir alsacien : betteraves cuites au barbecue avec truite saumonée de Sparsbach ; ou dos de biche, céleri rave et grué de cacao, accompagné de spaetzle. Accueil et service prévenants, et chambres pour prolonger l'étape.
ᬥ舘🅿 – Prix : €€
1 rue du Riesling – ℰ 03 88 82 17 00 – www.hotelramstein.fr – Fermé lundi, du mardi au samedi à midi, et dimanche soir

SCHILTIGHEIM
✉ 67300 – Bas-Rhin – Carte régionale n° **8**–B1

✿ GUILLAUME SCHEER - LES PLAISIRS GOURMANDS
Chef : Guillaume Scheer
CUISINE MODERNE • **CONTEMPORAIN** Faites comme les locaux qui lui font fête, poussez la porte de ce restaurant discret, au cadre sobre et contemporain. Vous ferez connaissance avec un couple remarquable, Guillaume Scheer et sa compagne Charlotte Gâté, lui en cuisine, elle en salle, l'efficacité souriante en personne. Ce

SCHILTIGHEIM

cuisinier, qui a travaillé au Pavillon Ledoyen à Paris et au 1741 à Strasbourg, s'y connaît effectivement en plaisir de bouche. Sauces et jus, maîtrise de la cuisson des poissons, fraîcheur des produits : tout est réuni !

🅰🄲 🍴 – Prix : €€€€

Plan : voir Strasbourg plan I - B2 - 7 - *35 route du Général-de-Gaulle – 𝒞 03 88 83 55 55 – www.les-plaisirs-gourmands.com – Fermé lundi, mardi et dimanche*

L'IMAGINAIRE Ⓝ

CUISINE MODERNE • CONTEMPORAIN Situé dans la rue principale, ce restaurant occupe une maison typique, modernisée d'une touche d'acier corten. Le décor intérieur s'inspire des années 1970, avec sa moquette épaisse et ses fauteuils pivotants. Pierre Irion, un chef au bon parcours passé notamment chez Lameloise et à l'Arnsbourg, propose une cuisine de saison, déclinée en formule surprise ou à la carte : tataki de thon rouge ; carré de veau sauce chimichurri. En salle, Elodie Dehrer veille également sur une jolie carte des vins, qui inclut une sélection au verre.

🕸 – Prix : €€€

Plan : voir Strasbourg plan I - B2 - 3 - *42 rue Principale – 𝒞 03 88 62 43 38 – www.limaginaire.fr – Fermé lundi et dimanche*

SECLIN

✉ 59113 – Nord – Carte régionale n° **4**-C2

AUBERGE DU FORGERON

CUISINE MODERNE • ÉLÉGANT Une auberge de tradition pleine de charme. Côté gastronomique, La Table du Forgeron épouse l'air du temps et les saisons ; les spécialités et la créativité du chef font mouche, à l'image de cette jolie mosaïque de truite d'Artois. Pour une cuisine plus traditionnelle, laissez-vous guider à L'Estaminet, où l'on trouve notamment des spécialités ch'ti. Chambres confortables et bien tenues.

🕸 ⅋ – Prix : €€€

17 rue Roger-Bouvry – 𝒞 03 20 90 09 52 – www.aubergeduforgeron.com/fr/ hotel-charme-lille – Fermé lundi et dimanche soir

SEIGNOSSE

✉ 40510 – Landes – Carte régionale n° **25**-A2

✸ VILLA DE L'ÉTANG BLANC

Chef : David Sulpice

CUISINE MODERNE • INTIME L'étang Blanc est un délicieux petit plan d'eau protégé, peuplé d'oiseaux que l'on a tout loisir d'observer depuis la terrasse ou la salle grande ouverte : c'est simple, toute la salle ou presque s'absorbe dans la contemplation ravie de ce spectacle. La cuisine inspirée et précise du chef David Sulpice ressemble à une balade en barque à travers le meilleur du terroir landais, mis en scène avec raffinement : la ferme Darrigade pour les asperges et le canard, la pêche des petits bateaux en direct de Capbreton, le véritable fromage de brebis des Pyrénées, les agrumes de Thierry Dupouy à Eugénie-les-Bains, sans compter les plantes et herbes aromatiques du jardin. Cuissons au cordeau, jus et sabayons savoureux achèvent d'emporter la mise. Tous les produits sont valorisés des pieds à la tête pour éviter le gaspillage. Enfin, on apprécie une carte des vins maligne, qui louvoie entre étiquettes prestigieuses et petits vignerons du Sud-Ouest.

🕸 ⇆ ⇇ 🍴 ⅋ 🅰🄲 🍴 🅿 – Prix : €€€

2265 route de l'Étang-Blanc (D432) – 𝒞 05 58 72 80 15 – www.villaetangblanc.fr/ fr – Fermé du lundi au mercredi, jeudi et vendredi à midi , et dimanche soir

1125

SEIGNOSSE

70 HECTARES & L'OCÉAN
DESIGN • CHAMPÊTRE Sous ce nom inhabituel, un complexe situé sur un terrain de golf de... 70 ha, surplombant la mer. Le bâtiment abrite des chambres et des suites largement vitrées, au décor à la fois fantaisiste et sophistiqué, ponctué d'œuvres d'art. Certaines disposent d'un balcon ou d'un patio avec vue sur le golf, la forêt ou l'océan. Au rez-de-chaussée, vaste terrasse pour le petit déjeuner ou les cocktails, devant une piscine ombragée de grands arbres. Cours de surf, location de vélos, promenades en voilier.

- 32 chambres
901 avenue du Belvédère – 05 58 45 76 16

SÉLESTAT
67600 – Bas-Rhin – Carte régionale n° **8**-C1

AU BON PICHET
CUISINE TRADITIONNELLE • CONVIVIAL Il fait bon se restaurer dans cette maison tenue par la même famille depuis quatre générations ! Comme hier, le chef concocte de bonnes recettes traditionnelles : jarret de porc fumé en choucroute de pommes de terre, quenelles de sandre et sauce matelote... L'accueil convivial et le décor de winstub confirment que les règles du bien vivre sont indémodables !
– Prix : €€
10 place du Marché-aux-Choux – 03 88 82 96 65 – www.aubonpichet.fr – Fermé lundi et dimanche, et jeudi soir

SELLES-SAINT-DENIS
41300 – Loir-et-Cher

AUBERGE DU CHEVAL BLANC
CLASSIQUE • CONVIVIAL Le calme vous attend dans cet ancien relais, une étape au décor classique qui affiche sa quête de développement durable sans sacrifier le confort et le plaisir du séjour. Livres, jeux, jardin, sont à disposition, et le parking est équipé de bornes de recharge pour tous véhicules électriques.
- 21 chambres
5 place du Mail – 03 88 94 41 86

SEMBLANÇAY
37360 – Indre-et-Loire – Carte régionale n° **15**-B1

LA MÈRE HAMARD
CUISINE MODERNE • COSY Une véritable institution que cette belle bâtisse en pierre née en 1903 ! Chaleureuse, elle se pare d'une coquette salle à manger, et d'une charmante terrasse sous les glycines. On y déguste des plats gourmands et délicats, teintés par endroits de notes exotiques. Accueil attentionné, quelques chambres pour prolonger l'expérience.
– Prix : €€€
2 rue du Petit-Bercy – 02 47 56 62 04 – www.lamerehamard.com/fr – Fermé du lundi au jeudi à midi

SEMUR-EN-AUXOIS
21140 – Côte-d'Or – Carte régionale n° **12**-B2

LA CUISINE DE LA FONTAIGNOTTE
CUISINE MODERNE • AUBERGE Dans cette petite cité médiévale, il est un emplacement peut-être encore plus beau que les autres : c'est celui de cet hôtel particulier du 17e s., dont la véranda et la grande terrasse offrent une vue imprenable sur

1126

SEMUR-EN-AUXOIS

les remparts et la rivière Armançon. Si la ville est historique, la cuisine fraîche et tonique du chef Martin, elle, n'a rien de poussiéreux, à l'image de cet omble de fontaine fumé aux sarments de vigne, betterave en croûte de sel. Le chef suit la saison à la lettre et travaille avec les producteurs fermiers de l'Auxois et de la Bourgogne.
⛄ & 斎 ⌂ – Prix : €€

4 rue de la Fontaignotte – ⌀ 03 80 96 91 69 – www.lacuisinedelafontaignotte. com – Fermé lundi, mardi, jeudi, vendredi, samedi et dimanche

SÉNAS

✉ 13560 – Bouches-du-Rhône – Carte régionale n° **28**-E1

LE BON TEMPS

CUISINE DU MARCHÉ • SIMPLE Au bord de l'ancienne nationale 7, cette petite adresse peut sembler anonyme, et pourtant ! On y mitonne en couple une cuisine du marché, gourmande et généreuse, à l'écoute des producteurs locaux. Gaspacho de tomates de Sénas, croûtons au beurre salé ; caille rôtie aux épices, sauce porto ; clafoutis aux nectarines de Sénas… Fraîcheur des produits (légumes, en particulier), amour du travail bien fait, prix imbattables : il n'y a pas de mal à prendre un peu de bon temps…
& AC 斎 P – Prix : €€

2600 RD7N Est – ⌀ 04 90 73 24 47 – Fermé samedi et dimanche

SENLIS

✉ 60300 – Oise – Carte régionale n° **5**-B3

LE JULIANON

CUISINE CRÉATIVE • BISTRO Dans cette charmante maison du 17e s. au décor contemporain lumineux, le chef propose une cuisine inventive, jouant avec tact sur les textures et les harmonies de saveurs, comme avec ces couteaux de la Manche, chou-rave, laitue romaine et coppa, ou les framboises, polenta bio du Piémont et café de Colombie. Le menu change quotidiennement, avec le marché.
Prix : €€

5 place Gérard-de-Nerval – ⌀ 03 44 32 12 05 – www.le-julianon.com – Fermé lundi, dimanche, samedi midi et mercredi soir

SENS

✉ 89100 – Yonne – Carte régionale n° **12**-A1

LA MADELEINE

Chef : Patrick Gauthier
CUISINE MODERNE • CONTEMPORAIN Telle la proue d'un paquebot, la maison de Patrick Gauthier domine l'Yonne, posée sur la rivière à la pointe d'une petite île où l'on oublie la ville. Le design intérieur s'inspire de ses innombrables voyages en Scandinavie et en Asie. "Cuisinier avant tout", comme il se définit, ce chef passionné continue de présenter lui-même l'arrivage du jour et ses suggestions minute. Amoureux des marchés et des produits de la mer, il signe une cuisine authentique, enlevée et pleine de saveurs : asperges vertes de Mallemort, foie gras poêlé, jus de canard ; saint-pierre à la cuisson millimétrée, beurre blanc aux agrumes ; ris de veau de Corrèze, langues d'oiseau. Et il y a non pas un mais bien trois chariots de fromages, ainsi qu'une sympathique cave pour sublimer ce bon moment.
& AC 斎 P – Prix : €€€€

35 quai Boffrand – ⌀ 03 86 65 09 31 – www.restaurant-lamadeleine.fr – Fermé lundi, mardi et dimanche

1127

SEPTMONCEL-LES-MOLUNES LES MOLUNES

✉ 39310 – Jura – Carte régionale n° **13**-B3

LE PRÉ FILLET

CUISINE TRADITIONNELLE • RÉGIONAL Au beau milieu des champs et des bois à presque 1200 mètres d'altitude, la route sinueuse mène à une ancienne ferme, transformée en restaurant depuis trois générations. Simplicité et générosité sont à l'œuvre pour mettre en valeur les bons produits de la région. Derrière les fourneaux, le chef concocte des recettes copieuses, dans lesquelles le terroir se taille la part du lion : ris de veau flambés au marc de Jura et asperges en feuilleté, savoureuse souris d'agneau bien braisée avec un assortiment de garnitures. On déguste dans une salle ouverte sur la nature. Et l'accueil est aux petits oignons !

🐾 🅿 – Prix : €€

Route du Pré Fillet aux Molunes – ✆ 03 84 41 62 89 – www.hotel-leprefillet. com – Fermé lundi et mardi, et dimanche soir

SERVIERS-ET-LABAUME

✉ 30700 – Gard – Carte régionale n° **28**-B2

VOLVER.

CUISINE MODERNE • CONTEMPORAIN Ancien sapeur-pompier arrivé à la cuisine sur le tard, le chef Krishna Léger régale avec une cuisine bistronomique, où les produits locaux sont twistés par des influences voyageuses : salade de bœuf façon thaï et guacamole ; agneau confit aux épices et mousseline de carotte. Produits ultra-frais, assiettes gourmandes, carte des vins à dominante bio raisonnable, offre "table du chef" : ne pas hésiter à... revenir !

🏠 🅿 – Prix : €€

1 bis chemin de la Carcarie – ✆ 04 66 20 48 99 – www.volver-restaurant.fr – Fermé lundi, mardi, et mercredi et jeudi à midi

SERVON

✉ 50170 – Manche – Carte régionale n° **2**-A3

 AUBERGE SAUVAGE

Chef : Thomas Benady

CUISINE CRÉATIVE • ÉPURÉ Un ancien presbytère du 16e s., au cœur d'un village normand sur la route du Mont-Saint-Michel. Ce lieu paisible abrite un restaurant au charme rustique, doté d'un riche potager où le chef Thomas Benady puise la majorité des produits (légumes, fruits, herbes aromatiques, fleurs...) dont il s'inspire pour créer un menu unique et surprise, n'oubliant pas non plus les petits producteurs locaux et le poisson de petite pêche. Une cuisine végétale et iodée, moderne et épurée, au visuel précis et minimaliste, dont la personnalité et la singularité ne peuvent laisser indifférent – à l'image de son travail sur la betterave ou sur la saucisse végétale garnie d'une farce de céleri et d'herbes du jardin. Accueil charmant de sa compagne Jessica, et quelques chambres douillettes en complément. Attention, le nombre de places est limité.

🛏 🍴 🏠 🅿 – Prix : €€€€

3 place Saint-Martin – ✆ 02 33 60 17 92 – www.aubergesauvage.fr – Fermé mardi, mercredi, et le midi

❀ **L'engagement du chef :** Nous privilégions les produits de la Baie du Mont-Saint-Michel. Nos menus sont imaginés à partir de la pêche du jour, de la récolte des maraîchers locaux et de notre potager, ainsi que de la cueillette sauvage. Tout est de saison et fait maison (vinaigres, fermentations, salaisons, confitures au petit-déjeuner...) et les vins sont nature.

SERVOZ

74310 – Haute-Savoie – Carte régionale n° **21**-D1

AUBERGE DES GORGES

CUISINE MODERNE • MONTAGNARD Cet ancien relais de poste du 18e s. sur la route des gorges de la Diosaz au cadre montagnard cosy cache une table créative qui a piqué notre curiosité. Au fil d'un menu unique en plusieurs services, un jeune chef signe des assiettes qui se promènent entre lac et montagne, à l'image de cet omble chevalier au beurre blanc et flatté par une cuisson au cordeau ou bien de cette raviole d'écrevisse rehaussée par une bisque parfaitement émulsionnée. Sans oublier un accueil et un service des plus charmants. 6 chambres pour prolonger l'étape et vue sur le sommet du Mont-Blanc.

Prix : €€€

81 route du Mont – ℰ 04 50 47 20 97 – www.auberge-des-gorges.com/fr – Fermé mercredi et jeudi

SESSENHEIM

67770 – Bas-Rhin – Carte régionale n° **8**-B1

✱ AUBERGE AU BŒUF

CUISINE MODERNE • CHIC On est forcément séduit par cette auberge alsacienne cosy, avec ses bancs d'église, ses murs revêtus de boiseries, son mobilier régional et son petit musée dédié à Goethe… Ce village offrit l'hospitalité aux amours de l'écrivain et de la fille du pasteur local. La cuisine s'inspire des saisons, oscillant entre tradition et modernité. Présence d'une Stammtisch, table d'hôte où l'on sert des plats du terroir, et de 4 chambres-suites haut de gamme.

⌘ ⇔ ♿ AC 🍴 ♨ 🅿 – Prix : €€€€

1 rue de l'Église – ℰ 03 88 86 97 14 – www.auberge-au-boeuf.fr – Fermé lundi, mardi et mercredi midi

SÈTE

34200 – Hérault – Carte régionale n° **27**-D2

✱ THE MARCEL

CUISINE MÉDITERRANÉENNE • TENDANCE Cette institution proustienne, ancien bistrot populaire, connaît une seconde vie sous la houlette de ses propriétaires. D'un côté, le Rio, lieu culturel qui régale de tapas et de concerts ; de l'autre, un restaurant gastronomique doté d'une grande salle à manger aux beaux volumes avec cuisine ouverte, comptoir et banquettes en skaï rétro, poutres et pierres apparentes, œuvres d'art aux murs. Aux manettes, le chef Denis Martin, qui se plaît à magnifier les trésors méditerranéens avec délicatesse, comme ces rougets de roche et leur pain moelleux à l'encre de seiche, légumes croquants, coquillages et jus d'arête, ou encore ce thon rouge de Méditerranée cru, confit aux agrumes à la façon d'un vitello tonnato.

⌘ ♿ AC 🍴 – Prix : €€€€

5 rue Lazare-Carnot – ℰ 04 67 74 20 89 – www.the-marcel.fr – Fermé lundi et dimanche

PARIS MÉDITERRANÉE

CUISINE MODERNE • BISTRO À l'image de Brassens, l'enfant du pays fier de ses origines, la cuisine méditerranéenne est ici mise à l'honneur et déclinée selon l'humeur du chef – pourtant parisien ! – et la pêche du jour. Dans une rue calme proche du canal, cette cuisine fait la part belle aux produits frais à dominante marine, avec des saveurs franches et sans chichis comme ce sashimi de muge et sa crème d'anchois fumée bien expressive. La criée du jour offre un merlu de belle fraîcheur assez épais et de bons gnocchis maison à l'ail des ours. La poêlée d'encornet à

SÈTE

la soubressade, risotto et bouillon pimenté à la poutargue est un classique de la maison. En salle, la patronne, sétoise, accueille les clients avec sourire dans une salle rustique à banquettes rouges.

AC 🍽 – Prix : €€

47 rue Pierre-Semard – 04 67 74 97 73 – Fermé lundi, dimanche et samedi midi

QUAI 17

CUISINE MÉDITERRANÉENNE · CLASSIQUE N'hésitez pas à pousser la porte de cet établissement, niché à l'intérieur d'un hôtel de charme, idéalement situé sur le canal. On s'installe dans une salle bourgeoise, sous des lustres à pampilles, pour déguster une cuisine actuelle aux accents méditerranéens, où le poisson, venu de la halle de Sète, est roi. On peut citer par exemple ces moules et escargots d'étang ou de mer, crème froide à l'ail cuite au four ; dos de loup aux petits pois, sauce au vin rouge liée aux pieds de cochon… Quand la magie de Sète s'invite dans l'assiette.

AC 🍽 – Prix : €€

17 quai Maréchal-de-Lattre-de-Tassigny – 04 67 74 71 91 – www.legrandhotelsete.com/quai-17-restaurant-gastronomique-sete – Fermé dimanche et samedi midi

LA COQUERIE

CUISINE MODERNE · CONTEMPORAIN À proximité du célèbre cimetière marin, une petite maison chic et contemporaine, avec la Méditerranée pour horizon et une terrasse panoramique pour les beaux jours. Cette table propose une cuisine de première fraîcheur, composée au gré du marché et des producteurs du département, à travers un menu unique en 6 temps, au déjeuner comme au dîner. Les recettes du chef Guilhem Blanc-Brude jonglent entre inspirations méditerranéennes et préparations plus inventives à l'instar du loup de mer cuit sur écailles, pommes de terre confites au safran, sauce hollandaise au fenouil sauvage et à l'aneth, pickles de girolles. Belle carte de vins nature.

≤ & AC 🍽 – Prix : €€€

1 chemin du Cimetière-Marin – 06 47 06 71 38 – www.restaurantlacoquerie.com – Fermé du lundi au mercredi, jeudi midi et dimanche soir

SEYCHALLES

✉ 63190 – Puy-de-Dôme – Carte régionale n° **20**-B1

CHANTE BISE

CUISINE TRADITIONNELLE · RUSTIQUE "La cigale, ayant chanté tout l'été, se trouva fort dépourvue quand la bise fut venue…" Contrairement à la fable de La Fontaine, ici, point de pénurie ! Toute l'année, les gourmands apprécient une agréable cuisine traditionnelle (en témoigne cette épaule d'agneau cuite pendant 7 heures, nappée de son jus de cuisson bien réduit et accompagnée d'un écrasé de pomme de terre aux olives et d'une ratatouille bien relevée), parfois teintée de touches plus actuelles. Ambiance conviviale et menu déjeuner au tarif imbattable.

& 🍽 P – Prix : €€

Lieu-dit Courcourt – 04 73 62 91 41 – www.restaurant-chantebise63.com – Fermé lundi et mardi, et mercredi, jeudi et dimanche soir

LA SEYNE-SUR-MER

✉ 83500 - Var - Carte régionale n° **29**-B3

MAISON DANIEL ET JULIA

POISSONS ET FRUITS DE MER • **VINTAGE** Julia est l'âme de cette institution centenaire, nichée dans une charmante crique. En terrasse, à l'ombre des tamaris, on déguste bouillabaisse ou poissons de pêche sauvage grillés. En haute saison, on se régale tous les dimanches avec d'authentiques barbecues de gros poissons.
⇔ 🍽 **P** - Prix : €€€

Route de Fabrégas, plage de Fabrégas - ☎ 04 94 94 85 13 - Fermé du lundi au jeudi et dimanche soir

🛏 **GRAND HÔTEL DES SABLETTES PLAGE**

MODERNE • **ÉLÉGANT** Une bien jolie renaissance pour cet hôtel du début du 19e s., tout de blanc immaculé, face à la grande bleue. Les chambres, de grand confort, offrent (pour la plupart) une vue sur la mer. Agréable suite avec jacuzzi particulier en terrasse. Une invitation au voyage de grande élégance.
🆎 **P** 🅿 ⇔ 🛴 🆎 🏊 🌀 ♨ 🍽 - 74 chambres

575 avenue Charles de Gaulle - ☎ 04 94 17 00 00

SEYTROUX

✉ 74430 - Haute-Savoie - Carte régionale n° **21**-D1

KERN ⓝ

Chef : Jean-Philippe Lemaire

CUISINE MODERNE • **MONTAGNARD** Dans ce petit village du Chablais, au cœur de la vallée d'Aulps qui relie Thonon à Morzine, quelle surprise de retrouver le chef breton Jean-Philippe Lemaire, qui a travaillé à l'étranger et (beaucoup) dans la région, notamment au Clos des Sens, au K2 et au Farçon. Familier du terroir alpin certes, mais aussi de l'Asie, il séduit avec sa cuisine libre tout en finesse. Si l'assiette fait la part belle à la nature des alentours, elle musarde aussi du côté des souvenirs de voyages du chef, ou adresse des clins d'œil à sa Bretagne natale (beurre de baratte au sarrasin, confiture de lait…). Biscuit de brochet, sauce aigrelette ; truite, courgette, marjolaine et soupe de poisson : l'épure domine des assiettes au graphisme impeccable et rehaussées de sauces corsées. Dans cette imposante bâtisse régionale où l'on s'attable sous un plafond cathédrale, trois chambres pour l'étape.
⇔ 🍽 **P** - Prix : €€€

393 route de la Tassonnière - ☎ 04 50 84 70 89 - www.restaurant-kern.fr - Fermé lundi et mardi

SIERENTZ

✉ 68510 - Haut-Rhin - Carte régionale n° **8**-A3

AUBERGE SAINT-LAURENT

Chef : Laurent Arbeit

CUISINE MODERNE • **ÉLÉGANT** Ce relais de poste du 18e s., à la longue façade fleurie et avenante, est une institution familiale locale, authentique et élégante, plébiscitée aussi bien par les fidèles que par les nombreux voyageurs étrangers qui traversent l'Europe. Tous célèbrent à l'envi le sens de l'accueil et du service, les chambres mignonnes et douillettes, et bien sûr la bonne chère qu'on y sert. Aux fourneaux, on trouve le chef Laurent Arbeit, qui a étrenné ses couteaux chez Haeberlin et Ducasse. En véritable aubergiste des temps modernes, il compose une cuisine harmonieuse et fine, aux saveurs bien équilibrées. Une franche réussite.
🅿 ⇔ 🆎 🍽 - Prix : €€€€

1 rue de la Fontaine - ☎ 03 89 81 52 81 - www.auberge-saintlaurent.fr - Fermé du lundi au mercredi

1131

SIERENTZ

WINSTUB À CÔTÉ

CUISINE RÉGIONALE • CONVIVIAL Dans le prolongement de l'Auberge St-Laurent, cette winstub joue la carte alsacienne – tarte flambée au saumon d'Écosse mariné, spaetzle maison façon "grand-mère" – dans un décor contemporain (mobilier et luminaires design, comptoir en cuivre). Rapport qualité-prix imbattable et service aux petits oignons font le succès de l'établissement : attendez-vous à voir du monde à la table d'à côté !

& AC ⇔ P – Prix : €€

2 rue Rogg-Haas – ℰ *09 83 37 16 80 – www.auberge-saintlaurent.fr –*
Fermé mardi et mercredi

SILLERY

✉ 51500 – Marne – Carte régionale n° **6**-B2

LE RELAIS DE SILLERY

CUISINE TRADITIONNELLE • CLASSIQUE Une auberge élégante - un ancien relais de poste - dont la terrasse domine la Vesle. Le cadre est bucolique, la gastronomie classique : filet de bar meunière, artichauts poivrade et tomates et non tomate confites et soufflé Grand Marnier... La cave – aux prix étudiés – impressionne !

⚜ ⇔ & 斎 ⇔ – Prix : €€

3 rue de la Gare – ℰ *03 26 49 10 11 – www.relaisdesillery.fr – Fermé lundi et*
mardi, et dimanche soir

SOLESMES

✉ 72300 – Sarthe – Carte régionale n° **10**-A2

GRAND HÔTEL DE SOLESMES

CUISINE CLASSIQUE • ÉLÉGANT Asperges blanches, sauce hollandaise ; œuf parfait, émulsion d'artichaut ; selle d'agneau, purée de pois chiches et surtout l'excellent soufflé chaud au Cointreau... Une solide adresse de famille qui défie les ans et propose une délicate cuisine classique qui séduit d'emblée ; on ne triche pas sur la qualité des produits. De plus, l'accueil et le service sont charmants et font honneur à cet ancien relais de poste qui accueillit les moines de l'abbaye bénédictine voisine au 19e s..

⇔ & 斎 P – Prix : €€

16 place Dom-Guéranger – ℰ *02 43 95 45 10 – www.grandhotelsolesmes.com/*
fr – Fermé samedi mididimanche soir

SOLIGNAC-SOUS-ROCHE

✉ 43130 – Haute-Loire – Carte régionale n° **20**-C2

LOU PINATOU

CUISINE MODERNE • CONTEMPORAIN Depuis la salle de cette auberge située sur une petite colline, entre Saint-Etienne et le Puy-en-Velay, les grandes baies vitrées offrent un joli panorama sur la vallée. Alexandre et Charlotte Roy, respectivement originaires du Puy et de Marseille, y livrent une cuisine à quatre mains soignée, inspirée par le superbe potager familial de 5000m², les vergers et les ruches, qui alimentent la majeure partie de leurs créations : salade de tomates et courgettes du jardin, mousseline de sardines fumées, confit d'ail ; croustillant de courge, mousse et moelleux cacahuète, sorbet potimarron. Belle carte des vins avec une riche sélection régionale « Loire volcanique et Ardèche ».

⚜ ≼ 斎 – Prix : €€€

Le Bourg – ℰ *04 71 65 21 54 – www.auberge-loupinatou.fr – Fermé lundi, mardi*
et dimanche

SOLUTRÉ-POUILLY

✉ 71960 – Saône-et-Loire – Carte régionale n° **17**–C2

LA COURTILLE DE SOLUTRÉ

CUISINE MODERNE • BISTRO Une jolie maison de pays, sa charmante terrasse à l'ombre d'un vieux marronnier... et ce chef basque dynamique, qui travaille avec passion de fort bons produits, à accompagner d'une belle sélection de pouilly-fuissé ! Quelques chambres pour l'étape.

🕏 ♿🍴 – Prix : €€

Route de la Roche – ☎ *03 85 35 80 73 – www.lacourtilledesolutre.fr – Fermé lundi et mardi, et dimanche soir*

SOMMIÈRES

✉ 30250 – Gard – Carte régionale n° **28**–B2

😊 ### LE PATIO BY LOU CALÉOU

CUISINE MODERNE • CONTEMPORAIN Cet ancien chai viticole, transformé en restaurant autour d'un charmant patio, est le fief de Guillaume Dercourt et Amandine Sabot, respectivement chef et cheffe pâtissière. Leur cuisine, résolument actuelle dans sa forme, puise avec malice dans le répertoire traditionnel : royale de foie de volaille au porto, crémeux de maïs et gel au poivron rouge ; duo de cochon avec filet mignon cuit à basse température et épaule confite. Et pour finir une fine tartelette bien croquante au sésame noir, yuzu et bavaroise à la vanille... Coup de cœur assuré (y compris pour le délicieux patio pavé de vieilles pierres avec son olivier) !

♿🆎🍴 – Prix : €€

23 place de la Libération – ☎ *04 66 77 50 98 – www.le-patio-by-lou-caleou. com – Fermé lundi et dimanche*

LES SORINIÈRES

✉ 44840 – Loire-Atlantique – Carte régionale n° **9**–B3

✿ ### LE 1201 - ABBAYE DE VILLENEUVE

CUISINE MODERNE • ÉLÉGANT La table gastronomique de cet hôtel de charme recèle deux salles à manger au cadre chic et feutré. On y déguste une élégante et savoureuse cuisine d'aujourd'hui, influencée par le terroir régional et qui révèle une belle maîtrise technique, en particulier dans les sauces et jus. La carte des vins affiche quant à elle des premiers prix très raisonnables et un joli choix d'appellations régionales. Service affable.

🕏 ⇦ 🍴♿🆎🏊🅿 – Prix : €€€€

Lieu-dit Villeneuve – ☎ *02 55 59 05 91 – www.abbayedevilleneuve.com/ restaurant – Fermé lundi et mardi, et dimanche soir*

LE CONSTANCE - ABBAYE DE VILLENEUVE

CUISINE TRADITIONNELLE • COSY Au sein de cet hôtel rénové de fond en comble avec goût, la brasserie est installée sous une belle verrière lumineuse ouverte sur la piscine et le parc. Le chef y présente une carte qui allie plats de tradition (pâté en croûte, œuf mayonnaise, raie au beurre blanc, quenelle de poisson de Loire à la bisque d'écrevisses...) et recettes plus modernes. Décor agréable et vins régionaux abordables.

⇦♿🆎⇄🅿 – Prix : €€

Lieu-dit Villeneuve – ☎ *02 55 59 05 91 – www.abbayedevilleneuve.com*

SORRUS

62170 – Pas-de-Calais

LE PRÉ RAINETTE

CLASSIQUE • ROMANTIQUE Tel un joli trompe-l'œil, le Pré Rainette est une antiquité montée de toutes pièces. Pour donner à cette bâtisse contemporaine l'allure d'une maison de campagne au long vécu, ses propriétaires sont allés fouiller les brocantes et fabriques de la région à la recherche d'objets anciens et de matériaux de récupération. Escalier et parquets grinçants, tapisseries, cadres et cuisine de grand-mère agencés avec raffinement distillent un parfum doux et familier. Au milieu des pâturages, un joli plan d'eau, un potager et une roseraie avoisinent une piscine chauffée et un terrain de pétanque. Le Touquet ne se trouve pourtant qu'à dix minutes de là, où vous attend votre propre cabine de plage.

P ⇌ ♨ – 3 chambres
1515 grande Rue – ✆ *06 48 18 90 83*

SOULTZ-SOUS-FORÊTS

67250 – Bas-Rhin – Carte régionale n° **8**–B1

AU SOLEIL

CUISINE MODERNE • CONTEMPORAIN Le chef Anthony Schauer, formé dans les belles maisons du nord de l'Alsace, accueille en compagnie de son épouse dans une maison au sobre cadre contemporain qui met bien en valeur sa cuisine bistronomique de saison, fraîche et goûteuse – à l'exemple de ce jambon persillé nappé d'une excellente sauce ravigote, ou de ce lieu jaune confit aux tomates, fenouil et basilic. Réjouissant !

AC – Prix : €€
34 rue des Barons-de-Fleckenstein – ✆ *03 88 86 41 80 – www.restaurantausoleil-soultz.eatbu.com – Fermé mercredi et dimanche, et lundi et mardi soir*

SOUSCEYRAC-EN-QUERCY

46190 – Lot – Carte régionale n° **23**–B2

AU DÉJEUNER DE SOUSCEYRAC

CUISINE CLASSIQUE • TRADITIONNEL En artisan sérieux, Patrick Lagnès réalise une cuisine appliquée, appuyée sur de solides bases classiques et des produits de belle qualité. Il ose même, au fil de son inspiration, quelques recettes plus actuelles ; quant aux desserts, ils sont assurés en cuisine par sa fille. Le tout se déguste dans le décor intimiste d'une petite salle à manger bourgeoise avec boiseries murales et mobilier classique.

Prix : €€
2 allée Gaston-Monnerville – ✆ *05 65 33 00 56 – Fermé lundi et dimanche midi*

SPELONCATO – Haute-Corse (22) ➜ Voir Corse

STEIGE

67220 – Bas-Rhin – Carte régionale n° **8**-C1

AUBERGE CHEZ GUTH

Chef : Yannick Guth

CUISINE CRÉATIVE • MONTAGNARD Dans la vallée de Villé, sur les hauteurs du village de Steige, cette ancienne ferme auberge est la toile sur laquelle le chef Yannick Guth déroule ses créations gastronomiques, à base de produits du terroir, de sa cueillette (herbes et fleurs), mais aussi de poissons de lac (brochet, sandre, lavaret). Des exemples ? Féra aux algues, sauce rouille aux pois chiches ; cromesquis de faisan, ache des montagnes, persil et champignons... Sa créativité est parfois surprenante, mais toujours audacieuse et maîtrisée. Profitez aussi de la belle terrasse qui embrasse les massifs alentours : le tableau est alors complet.

– Prix : €€€

5A rue du Bas-des-Monts – 03 88 58 12 05 *– www.auberge-chez-guth.fr – Fermé lundi et mardi, et dimanche soir*

STIRING-WENDEL

57350 – Moselle – Carte régionale n° **7**-C1

LA BONNE AUBERGE

CUISINE CRÉATIVE • ÉLÉGANT À la sortie de Forbach, aux confins de la Lorraine, de l'Allemagne et du Luxembourg, une adresse incontournable du bassin houiller. C'est l'antre des sœurs Egloff : Lydia œuvre en cuisine tandis qu'Isabelle supervise le service - bref, une adresse profondément féminine qui cultive une proximité attachante avec le client. Sans oublier une serre en guise de jardin d'hiver, une salle lumineuse et originale, ainsi qu'une belle carte des vins.

– Prix : €€€€

15 rue Nationale – 03 87 87 52 78 *– Fermé lundi, mardi, samedi midi et dimanche soir*

STRASBOURG

✉ 67000 – Bas-Rhin –
Carte régionale n° **8**–B2

Au cœur de l'Europe... et de la gastronomie

Du salé au sucré, en passant par les grands vins, l'Alsace sait tout faire, et Strasbourg en est la preuve. Partez à la découverte de ses incontournables charcuteries comme la saucisse de Strasbourg, les jambons et bien sûr le délicieux presskopf, un fromage de tête de porc. La variété des plats donne le vertige : coq au riesling, truite des Vosges au bleu, carpe frite du Sundgau, matelote d'anguille, civet de marcassin ou de cerf à la confiture d'airelles – et, bien sûr, le foie gras, grand seigneur de la gastronomie alsacienne. Mais n'oublions pas non plus la choucroute, le baeckeofe et la tarte flambée ! Côté sucré, les becs fins ne seront pas déçus : le fameux kougelhopf (une brioche aux raisins secs et aux amandes) côtoie les pains d'épices et autres douceurs. Enfin, les vins d'Alsace comptent de nombreux grands crus répartis sur des terroirs d'exception.

✿ AU CROCODILE

CUISINE MODERNE • ÉLÉGANT Trônant dans une vitrine, le Crocodile, rapporté par un grognard de retour d'Égypte, rappelle la dimension historique de cette fameuse maison strasbourgeoise, que le chef Émile Jung avait jadis couronnée de trois étoiles. Il brille aujourd'hui de mille feux, au terme d'une modernisation complète qui a su préserver l'état d'esprit des lieux. En cuisine, le chef Romain Brillat, ancien second de Gilles Goujon et lointain cousin du gastronome Brillat-Savarin, tient le juste milieu entre classicisme et sophistication. En témoignent un travail original et gourmand autour de la Saint-Jacques (noix, raviole et crème des bardes) et la courge violon, ou la sole avec main de bouddha, légumes-racines et coquillages.

🌿 ♿ AC ❄ – Prix : €€€€

Plan : D2-12 – *10 rue de l'Outre –* ✆ *03 88 32 13 02 – www.au-crocodile.com/fr/ Restaurant – Fermé du lundi au mercredi à midi*

✿ DE:JA

Chefs : David Degoursy et Jeanne Satori

CUISINE CRÉATIVE • ÉPURÉ Le décor, très scandinave d'inspiration, laisse deviner la philosophie culinaire : créativité, extractions, fermentations, prédominance du végétal, souci du bien-être animal, carte des vins nature et des haïkus à la place d'énoncés de produits. Dans l'assiette, une solide technique : cuissons précises, jus et sauces intenses, associations audacieuses qui font mouche...

AC – Prix : €€€€

Plan : F2-24 – *1 rue Schimper –* ✆ *03 88 61 14 57 – www.deja-restaurant.com – Fermé lundi, dimanche et du mardi au vendredi à midi*

STRASBOURG

🌿 **L'engagement du chef :** Les producteurs, majoritairement locaux, pratiquent l'agriculture bio ou raisonnée. Le végétal est omniprésent dans les menus ; pour les viandes, volailles et poissons, on s'assure des bonnes conditions d'élevage et d'abattage. Les produits sont valorisés dans leur intégralité grâce à des techniques telles que salage et fermentation et une politique de zéro déchet.

LES FUNAMBULES

Chef : Guillaume Besson

CUISINE MODERNE • CONTEMPORAIN Le chef Guillaume Besson n'a pas son pareil pour jongler avec les assiettes ! En guise de piste aux étoiles, une salle sobre de style contemporain aux murs blancs décorés de tableaux et de photos, parquet au sol et objets en bois. Le "menu sur le fil" est une démonstration de dressages simples et nets, appuyé sur des produits impeccablement cuits. Un numéro bien dans l'air du temps, qui vaut pour sa limpidité et ses quelques audaces. Ces Funambules ont le sens de l'équilibre...

🅰️🅲️ – Prix : €€€

Plan : F2-9 – *17 rue Geiler – ℰ 03 88 61 65 41 – www.restaurantlesfunambules. com – Fermé samedi et dimanche, et mercredi soir*

1741

CUISINE MODERNE • ÉLÉGANT Face au majestueux palais Rohan, emblème du classicisme achevé en 1741, cette adresse déploie des trésors de séduction - entre des salons intimes au charme feutré et un comptoir ouvert sur les cuisines et la brigade du chef Jérémy Page. Cet ancien de Robuchon signe des assiettes fines et précises, riches en clins d'œil à l'Alsace. En particulier, son inspiration trouve pleinement sa mesure dans les sauces et les jus, à l'image de cette crème aux algues qui dorlote une aiguillette de saint-pierre juste snackée, ou de cette sauce grand veneur en retour de chasse sur le médaillon de sanglier. La belle sélection de vins d'Alsace (grands crus, bio, etc...) n'est pas en reste et permet de magnifier nombre de saveurs.

🐌 ♿ 🅰️🅲️ 🛋️ – Prix : €€€€

Plan : D3-11 – *22 quai des Bateliers – ℰ 03 88 35 50 50 – www.1741.fr/fr/ Restaurant – Fermé lundi, mardi midi et dimanche soir*

UMAMI

Chef : René Fieger

CUISINE MODERNE • COSY Au cœur de la Petite France avec ses belles maisons à pans de bois, voici une adresse qui mêle l'ici et l'ailleurs comme son nom le suggère : l'umami est la cinquième saveur dans la gastronomie japonaise, aux côtés du sucré, du salé, de l'acide et de l'amer. Le chef René Fieger a beaucoup bourlingué avant de signer cette cuisine du marché aux produits frais sous influences, solidement adossée à des bases classiques. Le chef est seul en cuisine pour régaler ses convives. Un exemple ? Pavé de flétan, brunoise de courgettes jaune et verte, haricots verts émincés et vinaigrette dashi-kéfir, acidulée et légèrement crémée.

🅰️🅲️ – Prix : €€€

Plan : C2-13 – *8 rue des Dentelles – ℰ 03 88 32 80 53 – www.restaurant-umami. com – Fermé du mardi au jeudi, et lundi et vendredi à midi*

AU PONT CORBEAU

CUISINE ALSACIENNE • WINSTUB À côté du Musée alsacien dédié à l'art populaire, une savoureuse manière de passer à la pratique ! Tout séduit dans cette authentique winstub tenue en famille : le décor traditionnel (éléments Renaissance, affiches), le choix de vins et, bien sûr, la cuisine alsacienne, appuyée sur un réseau de producteurs locaux... Coup de cœur !

🐌 🅰️🅲️ 🍽️ – Prix : €€

Plan : D3-14 – *21 quai Saint-Nicolas – ℰ 03 88 35 60 68 – www.aupontcorbeau.fr*

1137

STRASBOURG

CHEZ YVONNE - S'BURJERSTUEWEL

CUISINE ALSACIENNE • WINSTUB Atmosphère animée dans cette winstub où l'on mange au coude à coude. La carte respecte la plus pure tradition alsacienne (coq au riesling, choucroute, jarret braisé) avec quelques suggestions créatives, comme ces makis alsaciens aux saveurs harmonieuses. Laissez-vous tenter également par les joues de porc confites fondantes à souhait avec une sauce au pinot noir des plus soyeuses. Une institution.

🍴 – Prix : €€

Plan : D2-16 – *10 rue du Sanglier* – ✆ *03 88 32 84 15* – *www.restaurant-chez-yvonne.net/fr* – *Fermé lundi*

LE BANQUET DES SOPHISTES

CUISINE MODERNE • CONTEMPORAIN Difficile d'obtenir une table dans ce bistrot du quartier de la Krutenau. Succès mérité pour cette adresse qui propose un menu imbattable au déjeuner et une carte plus élaborée le soir à l'image de ce tempura de Saint-Jacques, gingembre, avocat, vinaigrette grenade-citron, ou bien ce carré de cochon de la ferme Abotia avec chou farci et polenta. Préparations travaillées, fraîches et parfumées, dans un esprit éclectique discrètement inventif, aux frontières de la cuisine fusion. Stimulant pour les papilles, et convivial. Qui dit mieux ?

– Prix : €€

Plan : D3-21 – *5 rue d'Austerlitz* – ✆ *03 88 68 59 67* – *www.le-banquet.com* – *Fermé samedi et dimanche*

BLUE FLAMINGO

CUISINE MODERNE • CONTEMPORAIN A l'abordage ! Tout de bois, de verre, d'acier et d'aluminium, ce restaurant flottant au look de péniche moderne est amarré au bord de la presqu'île André-Malraux. Très lumineuse, la salle à manger à fleur d'eau regarde les cuisines ouvertes sur l'arrière. Quant au toit-terrasse, il y règne un esprit guinguette séduisant. Dans l'assiette, le chef Benoit Migeon, ancien sous-chef Au Crocodile, distille une cuisine teintée de saveurs du monde, toute en couleur et fraîcheur, à l'image de ce thon mi-cuit, pastèque, chimichurri et féta.

– Prix : €€

Plan : E3-27 – *Presqu'île André-Malraux* – ✆ *03 67 97 47 30* – *www.blue-flamingo.fr* – *Fermé samedi et dimanche, et mardi soir*

BUEREHIESEL

CUISINE MODERNE • ÉLÉGANT Cette belle ferme à colombages du 17e s. a été remontée pierre à pierre dans le parc de l'Orangerie, à côté du Conseil de l'Europe. La salle en verrière et la terrasse offrent une vue toute bucolique sur ce havre de verdure. À la carte, les classiques de la maison comme les cuisses de grenouille poêlées au cerfeuil ou la poulette fermière cuite entière comme un backeoffe, mais aussi des plats de saison plus actuels.

– Prix : €€€€

Plan : F1-8 – *4 parc de l'Orangerie* – ✆ *03 88 45 56 65* – *www.buerehiesel.fr* – *Fermé lundi et dimanche*

LA CASSEROLE

CUISINE MODERNE • COSY Ancien responsable de salle au Crocodile, le propriétaire des lieux officie ici dans un cadre contemporain et élégant mettant en valeur une cuisine raffinée, réalisée à l'aide de beaux produits. Si le tartare de bœuf "choco-beef" au caviar Kristal et œuf de caille, d'inspiration terre-mer, est l'un de ses plats les plus originaux, on ne négligera pas pour autant les crêpes Suzette préparées au guéridon dans les règles de l'art, accompagnées d'une glace vanille turbinée minute - un régal.

– Prix : €€€

Plan : D2-17 – *24 rue des Juifs* – ✆ *03 88 36 49 68* – *www.la-casserole.fr*

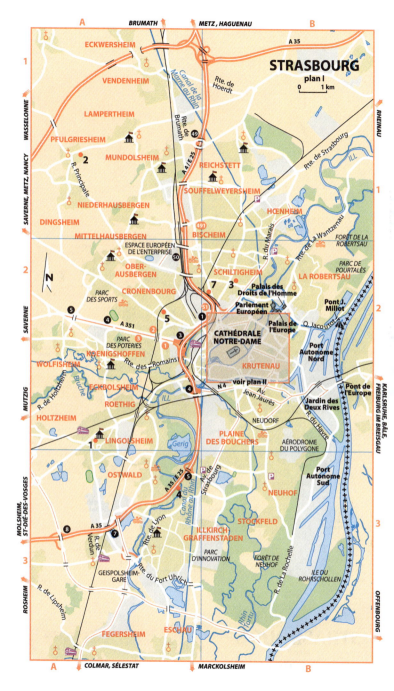

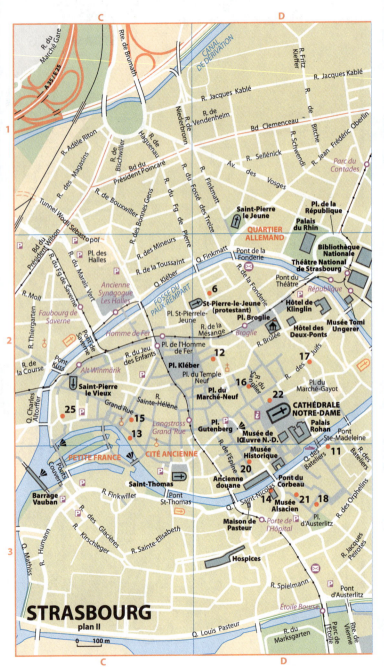

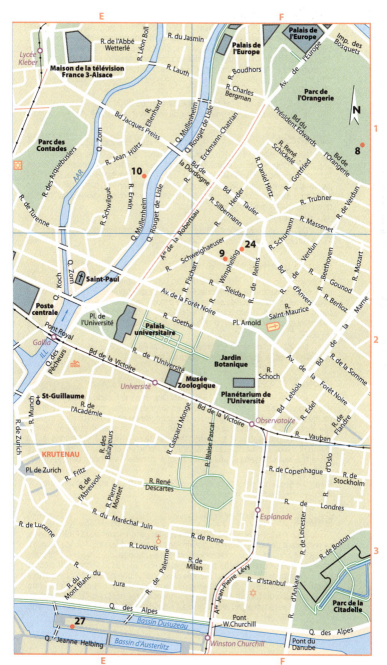

STRASBOURG

COLBERT

CUISINE MODERNE • COSY Dans un décor de bistrot moderne, le jeune chef-patron concocte une cuisine bien dans l'air du temps, soignée et parfumée, avec des présentations originales et élégantes : citons ce pâté de chevreuil et foie gras en croûte, ce ris de veau sauce meunière ou encore ce savarin, crème montée, sirop aux agrumes... C'est tout simplement bon : rien d'étonnant à ce que le restaurant affiche souvent complet !

🍽 🍴 🅿 – Prix : €€€

Plan : A2-5 – *127 route de Mittelhausbergen* – ☎ *03 88 22 52 16* – *www. restaurant-colbert.com* – *Fermé lundi et dimanche, et mardi soir*

GAVROCHE

CUISINE MODERNE • INTIME Dans une discrète ruelle du quartier de la Krutenau, une petite salle au cadre intimiste. Le chef Alexy Fuchs y propose une cuisine actuelle (langoustines, salade de deux pommes et moutarde glacée, ou Saint-Jacques, patate douce, ravioles crispy et bisque émulsionnée) avec quelques clins d'œil au terroir alsacien, comme ce foie gras cuit au torchon, chutney de fruits et dampfnudel. Accueil tout sourire.

🅰🅲 – Prix : €€€

Plan : D3-18 – *4 rue Klein* – ☎ *03 88 36 82 89* – *www.restaurantgavroche.com* – *Fermé mercredi, samedi et dimanche*

IN VINO VERITAS

CUISINE ITALIENNE • BISTRO Situation superbe pour ce restaurant italien, au pied de la majestueuse cathédrale. Carte courte pour préparations gourmandes et généreuses, au service de sa majesté le produit : agnolotti de foie gras, zucca al forno, costolette di vitello con burro e salvia, affogato se bousculent sur l'ardoise... La terrasse est très prisée aux beaux jours. Très belle carte des vins.

🐌 🅰🅲 🍽 🍴 – Prix : €€

Plan : D2-22 – *25 place de la Cathédrale* – ☎ *03 88 32 75 85* – *www. invinoveritascollection.com* – *Fermé dimanche*

LÉONOR

CUISINE MODERNE • CONTEMPORAIN Derrière une façade du 19e s. et entre des murs du 18e s., cet hôtel contemporain signé Jean-Philippe Nuel possède son restaurant d'esprit lounge situé dans la continuité du bar. La carte s'inscrit dans l'air du temps gourmand : sashimi de thon, mangue, avocat et sauce au soja et sésame, ou ris de veau doré au sautoir, textures de céleri et livèche. Pour les tables d'amis, il y a de grosses pièces à partager (poisson entier, côte de bœuf...). Côté sucré, quelques desserts à l'assiette et de jolies pâtisseries à choisir dans la vitrine.

♿ 🅰🅲 – Prix : €€€

Plan : D2-6 – *11 rue de la Nuée-Bleue* – ☎ *03 67 29 29 29* – *www.leonor-hotel. com* – *Fermé lundi et dimanche*

ONDINE 🆕

CUISINE MODERNE • SIMPLE Dans les ruelles pittoresques de la Petite France, ce restaurant de poche attire les gourmands en quête d'une expérience culinaire vivante et engagée. Aux commandes, Noémie D'hooge, diplômée en arts plastiques et reconvertie en cheffe cuisinière, et son complice Marin Rémy, au parcours plus conventionnel. Leur menu déroule avec finesse une partition moderne, très végétale, autour de produits de saison rigoureusement sélectionnés auprès de petits producteurs locaux. On est agréablement frappé par la variété des préparations qui ne se répètent jamais deux fois. Le duo travaille devant le client dans une

STRASBOURG

ambiance décontractée et sympathique. Côté boissons, la sommelière d'origine salvadorienne propose des vins souvent nature mais aussi des kombuchas maison et autres décoctions sans alcool.
Prix : €€€

Plan : C2-15 – *10 petite rue des Dentelles –* 📞 *03 88 52 02 91 – www.ondine-strasbourg.fr – Fermé lundi, mardi et dimanche et mercredi et jeudi à midi*

LA VIEILLE ENSEIGNE

CUISINE ALSACIENNE • WINSTUB Vieille Enseigne mais... winstub récente ! Superbes boiseries traditionnelles réalisées par un ébéniste, lithographies de Tomi Ungerer aux murs, cuisine soignée et copieuse à base de produits locaux, plats traditionnels du terroir (presskopf, choucroute, gibier...) : l'Alsace est à la fête, y compris à travers une magnifique carte des vins essentiellement bio.
🐌 🗚 🖼 ⏰ – Prix : €€

Plan : D3-20 – *9 rue des Tonneliers –* 📞 *03 88 75 95 11 – www.lavieilleenseigne.com – Fermé mardi*

LA VIEILLE TOUR

CUISINE CLASSIQUE • VINTAGE Une vraie auberge comme on les aime, tenue avec sérieux par un couple de professionnels. Cette table souvent généreuse, toute proche de la Petite France, cultive le goût de la tradition (poitrine de volaille au jus, dos de cabillaud aux primeurs et champignons, lièvre à la royale...), au gré du marché. Décor simple, relevé d'affiches humoristiques sur l'Alsace signées par l'illustre Tomi Ungerer.
🗚 – Prix : €€€

Plan : C2-25 – *1 rue Adolphe-Seyboth –* 📞 *03 88 32 54 30 – Fermé lundi et dimanche*

ZUEM YSEHUET

CUISINE MODERNE • CONTEMPORAIN Dans un quartier au bord de l'Ill, cette auberge recouverte de vigne vierge jouit d'une charmante terrasse au calme. Les recettes, goûteuses, font la part belle aux produits de saison : légumes cultivés par le père du chef, et intelligemment cuisinés par le fils. Comme en témoigne le filet d'agneau, légumes façon osso buco et condiment aux dattes. Belle carte des vins, notamment au verre.
🐌 ♿ 🖼 ⏰ – Prix : €€

Plan : E1-10 – *21 quai Mullenheim –* 📞 *03 88 35 68 62 – www.zuem-ysehuet.com/fr/accueil – Fermé dimanche, et lundi et samedi à midi*

🛏 COUR DU CORBEAU

CLASSIQUE • ROMANTIQUE Près du pont du Corbeau, cet hôtel s'épanouit dans plusieurs superbes maisons anciennes. Mais ce qui le distingue surtout, c'est sa cour intérieure Renaissance, avec ses coursives en bois héritées du temps jadis...
🗚 🐎 🅿 🛎 🛗 🚲 - 63 chambres
6-8 rue des Couples – 📞 *03 90 00 26 26*

🛏 LE GRAFFALGAR

AVANT-GARDE • CONVIVIAL Certains hôtels se déclarent "arty" après avoir accroché quelques œuvres ici et là. Radical, le Graffalgar a fait appel à des experts en la matière, une trentaine d'artistes de Strasbourg, pour s'attaquer à la décoration de ses chambres. Le mot d'ordre ? Il n'y en a pas. En résulte des chambres uniques : impression photo, fresque animalière, graphisme seventies, street art et ambiance dessin animé se partagent les lieux. Pour creuser encore plus le sujet, l'espace "Rencontres, Détente et Vautrage !" accueille des expositions, événements et ateliers.
♿ 🅿 🍽 - 38 chambres
17 rue Déserte – 📞 *03 88 24 98 40*

1143

STRASBOURG

🛏 HANNONG

CLASSIQUE · FAMILIAL Un hôtel familial sur le site de la faïencerie Hannong (18e s.). Façade néoclassique, salon sous verrière, décoration sur le thème des années 1930 : l'ensemble est accueillant et parfaitement tenu. Agréable espace terrasse et élégant bar à vin.

🅿 ◁ ⚐ - 72 chambres

15 rue du 22 Novembre – ℰ 03 88 32 16 22

🛏 LES HARAS

ÉPURÉ · ÉLÉGANT Au cœur de Strasbourg, l'établissement, imaginé dans les anciens haras nationaux du 18e s., bénéficie d'un cadre exceptionnel, où le moindre détail est réfléchi. Les chambres, au décor épuré, sont spacieuses (17 à 35 m²). Un lieu rare.

♿ 🅰 🖥 🅿 ◠ ◁ ⊕ ⚐ ⬫◯ - 115 chambres

23 rue des Glacières – ℰ 03 90 20 50 00

🛏 HÔTEL ROHAN

TRADITIONNEL · ÉLÉGANT L'hôtel Rohan pourrait difficilement être mieux placé, jouxtant la magnifique cathédrale de Strasbourg. La façade alsacienne classique et les intérieurs contemporains répondent à l'architecture gothique rayonnante de la ville. Les chambres et les suites sont lumineuses, dotées d'élégants parquets, de pavages et d'accessoires modernes qui jouent avec des meubles anciens. Petit-déjeuner sur l'une des deux terrasses, restaurant, salon de thé : le choix est princier.

♿ 🅰 ◁ - 37 chambres

17-19 rue du Maroquin – ℰ 03 88 32 85 11

🛏 LÉONOR

MODERNE · ÉLÉGANT Logé dans un bâtiment du 18e s., l'hôtel Léonor est aussi néoclassique à l'extérieur que moderne à l'intérieur : mobilier design ultra-chic, couleurs soigneusement pondérées et œuvres d'art contemporaines vibrantes. Les chambres et suites sont plus douces mais non moins inspirées et disposent de baies ouvertes sur la ville. La salle à manger sert à la fois de bar, de pâtisserie et de restaurant, sous un toit impeccablement chic.

🅰 ◁ - 116 chambres

11 rue de la Nuée-Bleue – ℰ 03 67 29 29 29

Léonor - Voir la sélection des restaurants

LE SUBDRAY

✉ 18570 – Cher – Carte régionale n° **16**–B2

LA FORGE

CUISINE MODERNE · CONVIVIAL Dans ce petit village à une quinzaine de kilomètres de Bourges, un jeune couple tient cette table très recommandable : tout est fait maison, la plupart des légumes proviennent du potager familial, la fraîcheur est au rendez-vous dans l'assiette. Menu simple à midi en semaine, propositions plus élaborées le soir et le week-end.

♿ 🅰 🏠 🅿 – Prix : €€

1 rue de la Brosse – ℰ 02 48 59 64 31 – – Fermé lundi, mardi, samedi midi, et mercredi et dimanche soir

1144

SURESNES

92150 – Hauts-de-Seine – Carte régionale n° **11**-E2

BISTRO LÀ-HAUT

CUISINE MODERNE • **CHIC** Situé sur le mont Valérien, ce "bistrot d'altitude" offre une superbe vue sur Paris depuis sa salle aux airs de loft. À la carte, une partition alléchante aux recettes actuelles, comme cette poitrine de cochon fermier confite, grillée au barbecue, mousseline de patate douce, chou pointu rôti, raisins au verjus... Réservation fortement conseillée le soir.

– Prix : €€

70 avenue Franklin-Roosevelt – 01 45 06 22 66 – www.bistrolahaut.fr

ET TOQUE !

CUISINE MODERNE • **CONTEMPORAIN** Au cœur de Suresnes, le chef Maxime Salvi réalise une cuisine bistronomique, bien ficelée et au très bon rapport qualité-prix le midi. Les préparations soignées mettent en avant des produits de saison et de bonne qualité - pâté en croûte de cochon et volaille à l'estragon, pistaches et pickles ; poitrine de cochon du Bourbonnais, topinambours, carottes et jus au vin rouge. Le soir, carte plus ambitieuse et menus carte blanche selon les envies du chef.

– Prix : €€

7 rue Émile-Duclaux – 01 45 06 36 93 – www.restaurantettoque.com – Fermé lundi et dimanche

LES PETITS PRINCES

CUISINE MODERNE • **CONVIVIAL** C'est une jolie petite maison d'angle, non loin du tramway. Une vitre, façon atelier, offre un aperçu sur les cuisines. Ici, on concocte une cuisine actuelle et gourmande, jamais ennuyeuse – magret de canard rôti, jus vinaigré, betteraves et noisettes ou encore ce riz au lait, caramel et riz soufflé, gourmand en diable grâce à cette crème montée vanillée et cette généreuse couette de caramel déglacée au beurre demi-sel... À l'arrière, cour-terrasse avec verdure.

– Prix : €€

26 rue du Val-d'Or – 01 41 47 87 61 – www.petits-princes.fr – Fermé lundi, dimanche et mardi midi

SURVILLE

27400 – Eure

MANOIR DE SURVILLE

CLASSIQUE • **COSY** Au cœur de la Normandie, un jeune couple passionné propose "d'être au manoir comme à la maison", et ça fonctionne ! Un ancien corps de ferme du 16e s., des chambres et suites luxueuses et cosy, un jardin pour flâner, un long bassin de nage, sans oublier l'espace bien-être... Cuisine du marché au restaurant.

- 11 chambres

82 rue Bernard Petel – 02 32 50 99 89

TAILLADES

✉ 84300 – Vaucluse – Carte régionale n° **28**–E1

😊 L'ATELIER L'ART DES METS

CUISINE DU MARCHÉ • CONTEMPORAIN Le chef propose une cuisine actuelle et personnelle, dont l'acteur principal est l'herbe sauvage, qu'il a appris à connaître auprès d'une cueilleuse de la région. Chénopode, mélisse sauvage, pourpier, armoise... il y a de la poésie dans ses préparations et du goût, à l'instar de ce cochon du Ventoux et poichichade à l'immortelle. On en redemande !

& 🅰️🅲️ 🍴 🅿️ – Prix : €€

500 route de Robion – ☎ 04 90 72 37 55 – www.latelierlartdesmets.fr – Fermé mercredi et dimanche, et mardi soir

TAIN-L'HERMITAGE

✉ 26600 – Drôme – Carte régionale n° **24**–A1

LA CAGE AUX FLEURS

CUISINE MODERNE • TENDANCE Des fleurs et des couleurs, il y en a partout dans ce pimpant bistrot ! Dans la déco (papier peint à motifs floraux, bibelots en porcelaine vernie), comme dans l'assiette : tartare de thon, graines de courges, condiment de butternut grillée, anchois au poivre vert ; filet de bar rôti, panisse de pois chiche, safran, fenouil. Mâtinée d'influences voyageuses, cette cuisine épouse savoureusement l'air du temps grâce à un couple de pros, enfants de restaurateurs, qui travaille à quatre mains et n'oublie pas les classiques appréciés des vignerons et des pièces à partager.

& 🅰️🅲️ 🍴 – Prix : €€

13 avenue Jean-Jaurès – ☎ 09 73 88 29 35 – www.restaurant-lacageauxfleurs. com – Fermé lundi et dimanche

LE MANGEVINS

CUISINE MODERNE • BISTRO Ici, la déco mêle habilement esprit de bistrot et modernité. Quant à la cuisine, réalisée par un jeune couple d'autodidactes, elle célèbre le marché et se révèle soignée. Le menu unique change tous les jours et ce midi, on a testé l'échine de porc noir de Bigorre, jus à la graine de moutarde et un sablé breton au sarrasin, crémeux au chocolat, émulsion praliné. On nous explique les plats dans une ambiance conviviale ; comme il se doit dans un tel lieu, la carte s'accompagne d'une belle sélection de crus de la région.

🍷 & 🅰️🅲️ 🍴 – Prix : €€

7 rue des Herbes – ☎ 04 75 08 00 76 – www.lemangevins.fr – Fermé samedi et dimanche

LE QUAI

CUISINE TRADITIONNELLE • BRASSERIE On pourrait rester à quai pendant des heures, à admirer le Rhône et les vignobles... En terrasse ou dans la salle, très lumineuse, on se croirait presque sur un paquebot ! Et dans ce bistrot des temps modernes, les assiettes sont généreuses.

🍃 🅰️🅲️ 🍴 – Prix : €€

17 rue Joseph-Peala – ☎ 04 75 07 05 90 – www.chabran.com/pages/le-quai

TALLOIRES-MONTMIN

74290 – Haute-Savoie – Carte régionale n° **21**–C2

L'AUBERGE DE MONTMIN

Chef : Florian Favario
CUISINE CRÉATIVE • COSY Le col de la Forclaz (1147 m) n'est pas seulement le paradis des parapentistes, il est aussi celui des gourmets. Dans un cadre repensé et agrandi, qui garde toutefois son atmosphère montagnarde intimiste, le chef Florian Favario donne un tour de plus en plus créatif à sa cuisine, qui repose sur le meilleur des produits locaux (agneaux et porcelets, légumes potagers, fruits de saison). Fleurs, plantes et herbes sauvages sont associées avec mesure et talent : c'est un festival de thym serpolet, sauge, origan, agastache, hysope, fleur de menthe... qui apportent des parfums extraordinaires à des assiettes déjà très élaborées et techniquement redoutables. Ce travail d'orfèvre, présenté dans des récipients en noyer imaginés par le chef lui-même, est porté en salle par une équipe de choc emmenée par une maîtresse de maison prévenante : Sandrine, l'épouse du chef. Pour l'apéritif, profitez de la terrasse avec vue sur les alpages.

– Prix : €€€€
1983 route de Talloires, Col de la Forclaz – 04 50 63 85 40 *– www.aubergedemontmin.com – Fermé du lundi au mercredi*

L'engagement du chef : Tous nos produits sont achetés chez nos producteurs locaux et sur les marchés des villages environnants, à moins de 30 km, ou encore issus de notre propre cueillette. Nous n'avons aucune livraison, nous nous déplaçons - zéro emballage. Nous faisons une cuisine « zéro déchet » : tout est produit en fonction du nombre de réservations et surtout en fonction des produits disponibles avec nos producteurs. C'est pourquoi nous proposons un menu unique. Nos déchets sont triés, réutilisés ou compostés.

JEAN SULPICE

Chef : Jean Sulpice
CUISINE CRÉATIVE • LUXE L'Auberge du Père Bise est plus que jamais vivante sous l'impulsion de Jean Sulpice et de son épouse Magali. En sportif affûté, le chef propose une cuisine fine, saine et légère à travers un menu unique. Les herbes, fleurs et plantes sauvages apportent contrastes et couleurs à des assiettes créatives et incisives, dessinant une promenade gourmande autour des poissons du lac. Servie sur une belle vaisselle en céramique, cette mise en scène poétique se déploie dans une salle contemporaine ouverte sur la terrasse et les rives argentées du lac d'Annecy - un spectacle hypnotique. Sous la douce férule de Coline Humbert, l'accueil et le service tout en élégance et en sourires font merveille. Un écrin d'exception pour une gastronomie épurée et audacieuse.

– Prix : €€€€
303 route du Port – 04 50 60 72 01 *– www.perebise.com – Fermé mardi, mercredi et jeudi midi*

L'engagement du chef : Faire déguster la Savoie, celle des lacs et de la montagne, est au cœur de notre ambition culinaire. Nous mettons ainsi en saveurs les produits issus de la pêche sur le lac d'Annecy, de notre jardin, de la cueillette sauvage ou du maraîchage et de l'élevage locaux. C'est ce lien intime à la nature savoyarde qui nous entoure que nous souhaitons exprimer.

LE 1903

CUISINE MODERNE • CONTEMPORAIN Au 1903 (année de création de l'Auberge du Père Bise), Jean Sulpice nous fait redécouvrir les plats emblématiques de la maison et les classiques régionaux revisités, dont le plus bel exemple est ce gratin de queues d'écrevisses "autrement". Le service, particulièrement attentionné, ne manquera pas de vous dévoiler les trésors de la cave à fromages. Superbe verrière en rotonde ouverte sur la mythique baie de Talloires.

– Prix : €€€
Auberge du Père Bise, 303 route du Port – 04 50 60 72 01 *– www.perebise.com/restaurant-le-1903 – Fermé lundi et mardi*

TALLOIRES-MONTMIN

LES TERRASSES - LE COTTAGE BISE

CUISINE MODERNE • ÉLÉGANT Un restaurant cossu et bourgeois, une belle terrasse sous les marronniers avec le lac pour horizon, une cuisine actuelle aux assaisonnements justes : on passe ici un agréable moment gastronomique. Le chef prépare ainsi un gravlax de truite aux asperges, une lotte laquée au jus de carottes et curcuma ou encore une picanha de bœuf Black Angus aux légumes croustillants.

⇐ ⇔ ⅄ ⌺ ⇔ **P** – Prix : €€€

390 route du Port – ☏ 04 50 60 71 10 – www.cottagebise.com

L'ABBAYE DE TALLOIRES

TRADITIONNEL • RAFFINÉ Cette abbaye a traversé l'histoire, au point de fêter ses mille ans d'existence en 2018 ! Le calme et la vue sur le lac en sont les principaux atouts, sans oublier les chambres d'un classicisme raffiné, le jardin face aux flots avec ponton privé… Un dépaysement total.

🅰🅲 🛁 **P** ☁ ⅄ ⇔ 🚲 🛁 ⋔ ♨ ⅄ 🛁 ⅋○ - 33 chambres

Chemin des Moines – ☏ 04 50 60 77 33

AUBERGE DU PÈRE BISE

CLASSIQUE • COSY Un environnement féerique, au pied du lac. L'âme de l'auberge est toujours présente, dans un cadre réaménagé avec goût. Tout y est feutré, et les chambres sont d'un luxe sobre, équipées pour la plupart de terrasses et balcons. Le tout bénéficiant de l'énergie d'un jeune couple à l'enthousiasme communicatif.

🅰🅲 🛁 ☁ ⅋○ - 23 chambres

303 route du Port – ☏ 04 50 60 72 01

❀ **Jean Sulpic • Le 1903** - Voir la sélection des restaurants

BEAU SITE

TRADITIONNEL • CHALEUREUX En plus d'une situation idéale – au bord de l'eau, avec plage privée et parc –, cet hôtel a bénéficié d'une rénovation d'ampleur : on y loge dans des chambres chaleureuses et naturelles, décorées avec goût, dont certaines donnent sur le lac.

⅄ 🅰🅲 **P** ☁ ⅄ 🚲 ⅋○ - 32 chambres

118 rue André Theuriet – ☏ 04 50 27 00 65

TARBES

✉ 65000 – Hautes-Pyrénées – Carte régionale n° **25**–C3

🏵 L'EMPREINTE

CUISINE CRÉATIVE • CONTEMPORAIN Tables en chêne massif, vaisselle personnalisée, accueil chaleureux… Ce petit restaurant cosy est le repaire de Manuel Godet, un chef à la technique irréprochable qui propose une cuisine créative mettant en avant les produits du coin, dont il s'amuse à faire des associations plutôt surprenantes. En témoigne cette truite des Pyrénées en gravlax et crème fouettée au gin artisanal local, ou bien ce kiwi de l'Adour au cacao, sarrasin et truffe. Formule simple au déjeuner, plus ambitieuse au dîner.

⅄ 🅰🅲 ⌺ – Prix : €€

2 rue Gaston-Manent – ☏ 05 62 44 97 48 – www.restaurant-empreinte.com – Fermé lundi et mardi, et dimanche soir

L'ARPÈGE

CUISINE CRÉATIVE • CONTEMPORAIN Ce couple de chefs japonais signe une jolie cuisine créative aux touches nippones, dans laquelle bouillons, algues et assaisonnements mettent en valeur des produits de bonne qualité. Le cadre est à l'image de l'assiette : élégant et contemporain.

⅄ 🅰🅲 ⅄ – Prix : €€

22 place de Verdun – ☏ 05 62 51 15 76 – www.larpege-tarbes-65.eatbu. com/?lang=fr – Fermé lundi, mardi midi et dimanche soir

TARBES

LE PETIT GOURMAND

CUISINE MODERNE · BISTRO Non loin du centre, dans un décor rétro, on déguste la cuisine de Mathieu Espagnacq qui, riche d'expériences parisiennes auprès de chefs connus, a pris la suite du restaurant ouvert par son père dans les années 1980. Une cuisine actuelle mettant en avant des recettes plutôt traditionnelles avec de beaux produits du terroir (joues de porc fermières cuites lentement au vin rouge, légumes confits au thym et gnocchis à la crème fumée). Petits et grands gourmands s'y pressent... pensez à réserver !

🅰🅲 🏠 – Prix : €€

62 avenue Bertrand-Barère – 𝄢 05 62 34 26 86 – www.lepetitgourmand.eatbu.com/?lang=fr – Fermé lundi, dimanche et samedi midi

POPÔTE 🅝

CUISINE MODERNE · CONTEMPORAIN Dans ce bistrot contemporain du quartier de l'Arsenal en pleine rénovation, le couple aux commandes associe un chef, fort d'expériences étoilées, et sa compagne reconvertie, responsable de salle et sommelière. La cuisine baigne dans l'air du temps gourmand : girelle farcie au lapin à l'estragon sur son jus de volaille, parsemée d'amandes torréfiées ; kefta d'agneau, pain pita nappé de fromage blanc, pousses de coriandre et de persil haché pour rafraîchir le tout. Le chef cuisine malin, et notamment ce déjeuner à prix plancher (renouvelé chaque semaine). Carte de vins de vignerons indépendants. Réservation indispensable.

🦽 🅰🅲 🏠 ⟳ – Prix : €

112 rue de la Chaudronnerie – 𝄢 05 62 91 77 23 – www.popote-tarbes.fr – Fermé lundi, dimanche, samedi midi, et mardi et mercredi soir

TAVEL

✉ 30126 – Gard – Carte régionale n° **28**–E1

LA COURTILLE

CUISINE RÉGIONALE · TRADITIONNEL Formée par Raquel Carena dans son institution parisienne, Le Baratin, Natalia Crozon propose une bonne cuisine canaille régionale dans cette ancienne magnanerie en pierre blanche. Cervelle de veau pochée, beurre citronné ; pavé de thon rouge poêlé, ragoût de tomates ; moelleux aux abricots... se dégustent avec bon appétit. Pour les accompagner la jolie carte des vins privilégie les vins nature, les Tavel et Lirac locaux. En été, on prend place sur la jolie terrasse abritée sous un cèdre ancien.

🅰🅲 🏠 🅿 – Prix : €€

208 chemin de Cravailleux – 𝄢 06 59 40 47 11 – Fermé lundi et dimanche, et du mardi au jeudi soir

LE TEICH – Gironde (33) ➜ Voir Bassin d'Arcachon

TENCIN

✉ 38570 – Isère – Carte régionale n° **21**–C2

LA TOUR DES SENS

CUISINE CRÉATIVE · CONTEMPORAIN Sur les hauteurs de Tencin, cette Tour saura combler vos cinq sens ! Jérémie Izarn (vainqueur Top Chef 2017) se fend d'une cuisine créative et inspirée, proche de la nature, qui s'épanouit sous forme de menus (Evasion, Tour d'Horizon, Diapason, Sensation). Et s'il fait beau, direction la terrasse avec sa vue superbe sur le massif de la Chartreuse...

⟨ 🖨 🦽 🅰🅲 🏠 🅿 – Prix : €€€

Route de Theys – 𝄢 04 76 04 79 67 – www.latourdessens.fr – Fermé du lundi au mercredi, jeudi midi et dimanche soir

TERRASSON-LAVILLEDIEU

✉ 24120 – Dordogne – Carte régionale n° **18**–D2

LE MOULIN DE L'IMAGINAIRE

CUISINE TRADITIONNELLE • CONVIVIAL Authentique briviste, la cheffe défend avec gourmandise une cuisine de tradition généreuse où les produits du terroir local sont légion : œuf au plat, lard croustillant et galette de pomme de terre nouvelle ; tête de veau, sauce ravigote ; pintade fermière aux carottes ; gâteau moelleux aux noix, crème anglaise. Cet ancien moulin rénové des bords de la Vézère (on peut encore observer sous le sol vitré de l'entrée les anciens rouages) s'est mué en bistrot contemporain dont la terrasse suspendue au-dessus de la rivière est tournée vers le Pont Vieux du 12e s..

≼ & 🅐🅒 🍴 ⟡ – Prix : €€

1 avenue Charles-de-Gaulle – ☏ 05 53 07 70 84 – www.moulin-limaginaire.com – Fermé mardi et mercredi

LA TESTE-DE-BUCH – Gironde (33) ➜ Voir Bassin d'Arcachon

THÉOULE-SUR-MER

✉ 06590 – Alpes-Maritimes – Carte régionale n° **29**–E2

❀ ### MARELUNA 🅝

CUISINE CRÉATIVE • ÉLÉGANT Cette ancienne savonnerie du 17e s. est désormais un hôtel de luxe dont la superbe terrasse embrasse une vue panoramique sur la baie de Cannes entre Théoule-sur-Mer, le Cap d'Antibes et les îles de Lérins. Dans un décor Art déco riviera chic et élégant officie le chef italien Francesco Fezza, formé au Restaurant Le Meurice Alain Ducasse et chez Pages aux côtés de Ryuji Teshima. Il apprête avec fougue et une créativité certaine des produits italiens et locaux. Si cette cuisine moderne relève délibérément du registre méditerranéen, les recettes sont agrémentées de petites touches asiatiques : consommé thaï avec les pâtes à l'osso buco ; tagliatelles de seiche, caviar de hareng, citron de Menton, wasabi et combava ; carré de veau, sardine fumée et sauce au vin jaune – deux plats signature.

⇆ ≼ & 🅐🅒 🍴 🐟 – Prix : €€€€

55 avenue de Lérins – ☏ 04 22 46 04 45 – www.chateau-de-theoule.com/fr/ mareluna – Fermé lundi, dimanche et du mardi au samedi à midi

❀ ### L'OR BLEU

CUISINE MODERNE • ROMANTIQUE Le chef Alain Montigny (MOF 2004), passé par de solides maisons étoilées en Suisse et à Chantilly, cuisine désormais dans l'hôtel Tiara Yaktsa, posé au-dessus de la mer face au massif de l'Estérel - la terrasse dévoile une vue époustouflante. Ses savoureuses recettes, influencées par la Méditerranée dévoilent des plats équilibrés et parfumés avec subtilité grâce à des ingrédients irréprochables. Une grande maîtrise technique est l'oeuvre dans cette brouillade crémeuse d'œufs, truffe et toast de focaccia ou encore dans cette araignée de mer de Bretagne, anguille fumée en gelée de pomme verte, crème froide de lentilles et caviar shrenkii.

⇆ ≼ 🖐 & 🅐🅒 🍴 🐟 🅿 – Prix : €€€€

6 boulevard de l'Esquillon – ☏ 04 22 10 61 48 – www.yaktsa.tiara-hotels.com – Fermé lundi, mardi et dimanche et du mercredi au samedi à midi

LA MARÉA

POISSONS ET FRUITS DE MER • ÉLÉGANT Situé face à la mer et aux rochers ocres de l'Esterel, au-dessus de la plage et du port de la Figueirette, ce restaurant fondé dans les années 1950 par un pêcheur du coin a été repris avec bonheur par Jérôme Cervera, un ancien poissonnier. Le chef sert à la carte des produits de la mer de grande fraîcheur et des assiettes soignées, à l'instar de ce dos de daurade

THÉOULE-SUR-MER

royale rôti et crevettes, bouillon façon paella et chorizo. Au déjeuner et au dîner, l'attractif menu reprend les plats de la carte, à déguster en terrasse ou dans la salle coquette, avec vue sur la grande bleue.
&. AC 🛋 P – Prix : €€€
16 avenue du Trayas – ℰ 04 93 75 19 03 – www.lamarea.fr – Fermé du lundi au mercredi

🛏 **CHÂTEAU DE THÉOULE**

DESIGN • MARITIME Usine de savon au 17e s., château au tournant du 20e s., cet édifice majestueux se dresse juste au-dessus du port. Aujourd'hui, il est devenu un petit hôtel de luxe, dont les chambres ont investi la villa Art déco voisine. La piscine et le spa créent une atmosphère de station balnéaire ; le château et la villa sont animés par deux restaurants ainsi qu'un bar à cocktails avec terrasse.
AC P ⤢ 🛋 🅢 🛋 ⚒ ⑪ – 44 chambres
55 avenue de Lérins – ℰ 04 22 46 03 45
✿ **Mareluna** - Voir la sélection des restaurants

THIONVILLE
✉ 57100 – Moselle – Carte régionale n° **7**–B1

AUX POULBOTS GOURMETS

CUISINE CLASSIQUE • ÉLÉGANT On connaissait les poulbots de Montmartre, il faut désormais compter avec ceux de Thionville ! De grandes baies vitrées, des chaises Lloyd Loom et des lustres modernes participent à l'élégance intemporelle du lieu, où l'on dîne d'une salade de homard et légumes de saison, ou d'une poêlée de grenouilles...
🦀 🛋 – Prix : €€€
9 place aux Fleurs – ℰ 03 82 88 10 91 – www.poulbotsgourmets.com – Fermé lundi, mardi et dimanche

THIRON-GARDAIS
✉ 28480 – Eure-et-Loir – Carte régionale n° **10**–C2

AUBERGE DE L'ABBAYE

CUISINE MODERNE • AUBERGE Un doux moment à la campagne... Deux frères sont installés dans cette jolie maison en pierre, qui jouxte l'abbaye et le collège royal de Thiron-Gardais. Dans l'assiette, plats de saison et recettes revisitées sans esbroufe, avec une bonne maîtrise des cuissons. Sympathiques chambres pour une étape.
🛋 &. P – Prix : €
15 rue du Commerce – ℰ 02 37 37 04 04 – www.aubergedelabbaye.fr – Fermé dimanche soir

THOIRY
✉ 78770 – Yvelines – Carte régionale n° **11**–B1

À TABLE ! CHEZ ÉRIC LÉAUTEY

CUISINE MODERNE • CONTEMPORAIN On se sent bien chez Eric Léautey : le petit porche prépare à la dégustation, on s'aiguise les papilles devant la carte. Les suggestions, volontiers canailles, s'en vont taquiner les saisons et chatouiller le terroir, comme cette côte de veau, tendre et juteuse à souhait. Qu'attendez-vous donc ? À table !
&. 🛋 🍽 – Prix : €€€
28 rue Porte-Saint-Martin – ℰ 01 34 83 88 73 – www.ericleautey.com – Fermé mardi et mercredi, et lundi soir

THONAC

✉ 24290 – Dordogne – Carte régionale n° **18**–D3

LE BOÏDICOU ⓝ

CUISINE MODERNE • COSY Au cœur du Périgord noir, ce Boïdicou (panier pour faire le marché en occitan) incarne une cuisine authentique et de saison en toute simplicité. Dirigé par deux jeunes chefs passionnés, le restaurant privilégie les produits locaux, frais et de qualité, provenant en grande partie d'un rayon de moins de 50 km. Le menu du déjeuner change chaque semaine, en s'adaptant aux trouvailles des fournisseurs locaux. Le soir, place à un menu surprise plus élaboré. Ambiance décontractée et service efficace.

✧ – Prix : €€

27 route des Eyzies – ☎ 05 53 51 07 91 – www.le-boidicou-restaurant.eatbu. com – Fermé dimanche, samedi midi, et mardi et mercredi soir

LE THOU

✉ 17290 – Charente-Maritime – Carte régionale n° **18**–A1

L'INSTANT Z

CUISINE MODERNE • CONVIVIAL L'Instant Z, comme… Zanchetta, le patronyme du chef. Avec le meilleur du marché et des petits producteurs bio du coin, il mitonne des assiettes aux influences métissées, auxquelles il incorpore volontiers du gibier en saison. Le tout accompagné de pain fait maison. Le décor, récemment relooké, est chaleureux et convivial, et le service des plus sympathiques : un vrai plaisir.

&🅰🍴🅿 – Prix : €€

1 bis rue du Château-de-Cigogne – ☎ 05 46 68 58 87 – www.restaurant-linstantz. com – Fermé mardi et mercredi, et dimanche soir

TIGNES

✉ 73320 – Savoie – Carte régionale n° **21**–D2

✿ URSUS

Chef : Clément Bouvier

CUISINE CRÉATIVE • CHIC Niché dans un bel hôtel de la station, ce restaurant aime la nature ! Déjà, son nom rend hommage à la dernière race d'ours de Savoie. Ensuite, la salle s'est muée en forêt avec ses troncs d'arbres séparant chaque table dans un bosquet, son plafond tendu d'une toile qui simule des feuillages, ses magnifiques tables en noyer… Enfin, son chef adore herboriser sur les chemins de montagne. Cet ancien second de Jean-François Piège signe ici une belle cuisine alpestre dans l'air du temps, à la fois généreuse, goûteuse et techniquement maîtrisée. Le tout dans le respect scrupuleux des saisons et la recherche permanente des meilleurs produits du terroir. Chariot de fromages tout Savoie, assorti d'une belle carte des vins.

🍷 &🅿🐾 – Prix : €€€€

Maison Bouvier - Les Suites, 39 rue du Val Claret, au Val-Claret – ☎ 04 79 01 11 43 – maison-bouvier.com/restaurant-ursus/ – Fermé dimanche et du lundi au samedi à midi

🍀**L'engagement du chef :** Se connecter complètement avec la riche nature de la Haute-Tarentaise, c'est l'ambition que nous nous fixons. Cela passe par le choix des produits que nous cuisinons dont 80% proviennent de notre département, par le respect de la saisonnalité mais aussi par l'architecture de notre restaurant qui reproduit, grâce à 380 arbres, les sensations d'une promenade forestière.

TIGNES

LE PANORAMIC

CUISINE TRADITIONNELLE • MONTAGNARD On accède en funiculaire à ce restaurant d'altitude qui tutoie le ciel (3032 m !), pour un bol d'air et de gourmandise. Dans un intérieur chaleureux en bois, une équipe en costume traditionnel nous sert une authentique et goûteuse cuisine au feu de bois, dont de belles pièces à partager (côte de bœuf, épaule de cochon, turbot entier...). Dépaysement garanti.
🦞 ⛄ 🍽️ ➕ – Prix : €€€€
Glacier de la Grande-Motte – ☎ 04 79 06 47 21 – maison-bouvier.com/le-panoramic-restaurant-tignes/ – Fermé le soir

LA TABLE DE JEANNE

CUISINE SAVOYARDE • MONTAGNARD Cette agréable table montagnarde imaginée par la famille Bouvier (Les Suites, Ursus, Le Panoramic) propose une cuisine généreuse, mettant en valeur les produits du terroir, le tout dans une ambiance chaleureuse. Jolis vins et prix raisonnables.
Prix : €€€
14 avenue de la Grande-Motte, au Val-Claret – ☎ 04 79 06 99 90 – www.les-suites-du-nevada.com/table-de-jeanne – Fermé lundi et du mardi au dimanche à midi

🛏️ MAISON BOUVIER - LES SUITES

CLASSIQUE • ÉLÉGANT Original, cet hôtel donne à voir l'univers montagnard dans le plus pur style contemporain : tronçons de bois massif, blocs de pierre, béton, tons sombres, etc. Le luxe à l'état brut, pour amateurs avertis : chambres et suites de 25 à 75 m², bar élégant, spa... et même un salon de coiffure !
🏖️ 🅿️ 🍸 🛁 🛖 🛗 🦶 🍽️ - 24 chambres
39 rue du Val Claret – ☎ 04 79 41 68 30
✿ **Ursus** - Voir la sélection des restaurants

🛏️ L'ASSIETTE CHAMPENOISE   *Plus*

ÉPURÉ • ÉLÉGANT À Assiette incontournable, chambre remarquable. De l'extérieur, l'imposante demeure reste sagement rémoise ; à l'intérieur, les aménagements sont modernes, épurés, tout en formes géométriques et palette sombre. Au rez-de-chaussée, plusieurs salons dotés de cheminées et d'œuvres d'art, ainsi qu'une magnifique piscine intérieure ouvrant sur la verdure environnante. Les chambres et les suites sont simples, avec des murs colorés, un mobilier design. Les suites disposent d'un balcon et d'un jacuzzi, et la plus grande possède son propre hammam et son jardin privé. Buffet du petit déjeuner avec vue sur les jardins.
♿ 🎦 🏖️ 🅿️ 🍸 🛁 🍽️ - 33 chambres
40 avenue Paul Vaillant-Couturier – ☎ 03 26 84 64 64

TOULON

✉ 83000 – Var – Carte régionale n° **29**–B3

😊 LE SAINT GABRIEL ⓝ

CUISINE TRADITIONNELLE • BISTRO Au cœur de Toulon, face au Génie de la navigation et à l'ombre de « la Frontale du port » (les immeubles décriés et classés des années 1950 de Jean de Mailly), se niche le bistrot du chef Romain Janin. La carte célèbre la gastronomie provençale, en faisant twister les produits frais et locaux : moules de Tamaris gratinées ; ravioles de gambas sauvages ; œuf mayonnaise à la truffe d'été ; beignets de fleurs de courgette ; épaule d'agneau confite ; langue de bœuf en texture... Chaque assiette a de la générosité et du savoir-faire à revendre. Ambiance décontractée et conviviale, et service assuré par un personnel en marinière qui vogue entre les tables de bistrot en fonte et les chaises en rotin tressé. Un authentique bon plan épicurien.
⛄ 🎦 🍽️ – Prix : €€
Plan : A1-2 – *334 avenue de la République – ☎ 06 27 05 79 15 – Fermé lundi et dimanche*

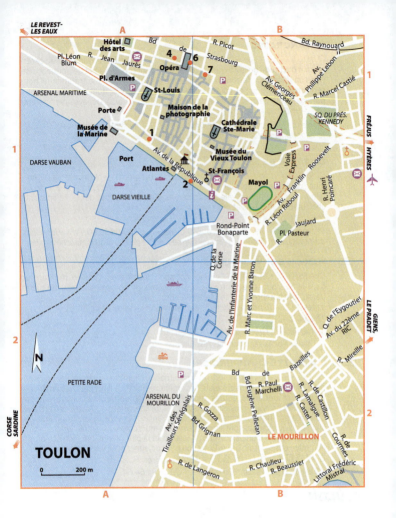

AU SOURD

POISSONS ET FRUITS DE MER • TENDANCE Une véritable institution toulonnaise, créée par un artilleur de Napoléon III, rendu sourd au combat ! Mais pas question de rester sourd aux arguments du chef : sa cuisine attire des bancs entiers d'amateurs de poisson (bouillabaisse et bourride sur commande, fritures de rougets, de girelles ou de cigalons suivant la pêche) dans une atmosphère chic et contemporaine...

🏠 ⛱ – Prix : €€€

Plan : A1-6 – *10 rue Molière* – ✆ *04 94 92 28 52* – *www.restaurantausourd.fr* – *Fermé lundi, mardi et dimanche*

BEAM !

CUISINE MODERNE • TENDANCE Beam bam boum ! Ça déménage dans les cuisines du Télégraphe, haut-lieu de la vie culturelle toulonnaise... L'énergique Arnaud Tabarec, bourguignon passé par de prestigieuses maisons et ex-étoilé éphémère au Roof du Five hôtel à Cannes, enthousiasme ses hôtes grâce à sa cuisine légère, à dominante végétale et bien sûr locale, et aux associations bien senties.

& 🍽 – Prix : €€

Plan : A1-4 – *2 rue Hippolyte-Duprat* – ✆ *06 27 54 27 06* – *www.restaurant.letelegraphe.org/fr/beam* – *Fermé lundi, mardi et dimanche, samedi midi, et mercredi soir*

LE PASTEL

CUISINE MODERNE • FAMILIAL À deux pas du port, ce restaurant connaît son petit succès. Normal, le chef signe une cuisine dans l'air du temps à l'image de ce pavé de skrei demi-sel aux moules, épinards, jus de coquillages au curry, feuille de citronnier. Accueil tout sourire et service pro par la patronne.

& AC – Prix : €€

Plan : A1-1 – *20 rue Victor Micholet - Square Léon Vérane* – ✆ *04 94 64 73 95* – *www.restaurant-lepastel.eatbu.com* – *Fermé du mardi au jeudi*

RACINES

CUISINE TRADITIONNELLE • SIMPLE Dans une rue pavée du vieux Toulon, où la terrasse est sans tabac de mai à octobre, on prend volontiers racine dans cette goûteuse cuisine de producteurs comme la désigne son chef. Défenseur du local et du terroir, il mitonne une bonne cuisine de saison, volontiers légumière, arrosée de crus nature et bio : raviolis, burratina et jus de volaille aux girolles ; émincé de cochon de l'Aveyron, pommes de terre boulangère au safran du Beausset et légumes bio de Provence ; figues de Solliès rôties et son arlette...

AC 🍽 – Prix : €€

Plan : B1-7 – *9 rue Corneille* – ✆ *04 22 80 27 39* – *www.racines-restaurant-toulon.com* – *Fermé mercredi, samedi et dimanche*

L'EAUTEL

Plus

AVANT-GARDE • MARITIME Comme son nom l'indique, l'Eautel mise sur le thème aquatique. La palette marine et les motifs nautiques sont utilisés avec subtilité, conférant au lieu une atmosphère à la fois ludique et magique. Les chambres de l'hôtel sont claires et lumineuses, et la plupart sont des doubles. Les dortoirs "Équipage" peuvent accueillir jusqu'à huit personnes, avec tout le confort moderne indispensable. Belle verrière du 19e s. qui proviendrait des ateliers de Gustave Eiffel.

& AC P 🐾 ⛱ 🏋 🍽 - 62 chambres

15 rue Victor Micholet – ✆ *04 89 51 90 90*

TOULOUSE

✉ 31000 – Haute-Garonne – Carte régionale n° 26-C2

Où talents et produits de qualité viennent se défier

Marché des Carmes ou marché Saint-Cyprien ? Marché bio de la place du Capitole ou marché Victor-Hugo ? Ô Toulouse ! Ta générosité, comme ta cuisine, est sans limites.. La place Victor-Hugo est en quelque sorte le ventre de Toulouse : tout autour de la halle et de sa centaine de commerces, vous ne trouverez que des artisans de bouche ou presque. Ici, à côté du roi cassoulet, la saucisse fraîche s'impose par son excellence. On trouve aussi un succulent jambon noir de Bigorre, fabriqué sur les terres pyrénéennes. L'oie et le canard se savourent en foie gras et en confit, le pigeon du Lauragais est très recherché, tout comme les asperges du Tarn. Enfin, dans cette ville festive, on ne compte plus les cavistes de bon conseil qui sauront vous guider vers les meilleurs crus locaux.

✽✽ PY-R

Chef : Pierre Lambinon

CUISINE CRÉATIVE • CONTEMPORAIN Quelle fougue, ce Pierre Lambinon ! À deux pas du Pont-Neuf, sa cuisine est aussi bouillonnante que les eaux de la Garonne par gros temps. Le repas démarre par une salve d'amuse-bouche, véritable laboratoire des saveurs qui marqueront le repas. Le chef est au meilleur de son inspiration avec des plats habiles conçus autour des herbes du jardin, des produits de la mer et les beaux légumes de saison, des assiettes qui marient avec bonheur les notes grillées, iodées et l'amertume végétale. C'est le cas, par exemple, du merlu de ligne de Saint-Jean-de-Luz ou de la truite des Pyrénées en gravlax, fève et ail des ours en pesto tonique et jus d'agrume au miel concentré. C'est original, et ça fonctionne ! Côté décor, une salle où le blanc domine, avec quelques tableaux d'artistes contemporains pour accrocher l'œil. Décidément, une table qui a de l'allure.

౫ 🅰🅲 ⇄ – **Prix** : €€€€

Plan : E2-15 – *19 descente de la Halle-aux-Poissons* – ✆ 05 61 25 51 52 – *www.py-r.com* – *Fermé samedi, dimanche et du lundi au jeudi à midi*

✽ ACTE 2 YANNICK DELPECH 🅝

Chef : Yannick Delpech

CUISINE MODERNE • CONTEMPORAIN Yannick Delpech, l'ancien chef de l'Amphitryon, revient sur scène jouer un deuxième acte avec cette adresse singulière et attachante. Dans cette ancienne scierie, il fusionne la gastronomie et l'esprit bohème d'une table d'hôtes. Bercés par la musique et une projection vidéo, une quinzaine de convives profitent d'un menu dégustation surprise. Lisible et gourmande, cette authentique cuisine « cuisinée », émaillée de sauces et de jus riches

rudisill/Getty Images Plus

TOULOUSE

en goût (la marque de ce chef), ne laisse pas indifférent : poulpe cuit au vin rouge comme une daube et associé à l'épaule d'agneau confite ; rouget au beurre de poutargue ; joue de bœuf longuement mijotée avec des poireaux braisés... Vins bio et nature uniquement.

🅰🄲 🏠 – Prix : €€€

Plan : C2-12 – *1 rue Paneboeuf –* ☏ *06 79 92 77 30 – www.yannickdelpech-acte2. fr – Fermé lundi, dimanche et du mardi au jeudi à midi*

MICHEL SARRAN

Chef : Michel Sarran

CUISINE CRÉATIVE • ÉLÉGANT Comme le dit Michel Sarran lui-même, "ici, c'est une maison plus qu'un restaurant" ! Avec ses deux salles, un rez-de-chaussée moderne et un étage plus feutré et bourgeois, c'est une maison où l'on aime recevoir pour manger et prendre le temps de vivre. D'origine gersoise, le chef a évolué entre Sud-Ouest et Méditerranée avant de s'installer à Toulouse, dont il est aujourd'hui l'un des ambassadeurs culinaires. Au gré de menus uniques qui valorisent les beaux produits de la région, il façonne une chaleureuse cuisine sudiste où les épices, marinades et confits se mêlent parfois à des influences plus lointaines (Maghreb, Asie, Caraïbes).

🕸 🅰🄲 🏠 🖤 – Prix : €€€€

Plan : C2-11 – *21 boulevard Armand-Duportal –* ☏ *05 61 12 32 32 – www.michel-sarran.com/fr – Fermé samedi, dimanche, et lundi et mercredi à midi*

SEPT

Chef : Guillaume Momboisse

CUISINE MODERNE • ÉLÉGANT Entre le marché des Carmes et le quartier des Antiquaires, le chef Guillaume Momboisse s'est aménagé un nouveau repaire gourmand aux tons crème apaisants. Le lieu bénéficie d'une cuisine flambant neuve ouverte sur la salle, idéale pour ce cuisinier talentueux qui aime le contact direct avec ses clients. Ses assiettes sont relevées d'assaisonnements toniques et rafraîchissants, à l'image de ce bar cuit sur la peau avec son sorbet à l'olive verte et sa râpée de poutargue, qui vient exhaler sa salinité. Le service, pro et décontracté, est à l'unisson de cette philosophie et met tout de suite à l'aise.

♿ 🅰🄲 – Prix : €€€€

Plan : F3-8 – *11 rue Théodore-Ozenne –* ☏ *07 56 92 18 06 – www.restaurant-sept.fr – Fermé lundi, dimanche et du mardi au jeudi à midi*

STÉPHANE TOURNIÉ - LES JARDINS DE L'OPÉRA

Chef : Stéphane Tournié

CUISINE MODERNE • ÉLÉGANT Salle élégante et lumineuse (parquet, tables en bois clair, cave à vins), cour intérieure fleurie sommée d'une verrière : ce cadre enchanteur, si calme, si serein, surprend en pleine place du Capitole. Cette scène est occupée par un ténor de talent, Stéphane Tournié, passé chez Lucien Vanel à Toulouse, André Daguin à Auch, au Taillevent période Philippe Legendre et au Crillon époque Christian Constant. Cet artisan appliqué a sa façon bien à lui d'aller à l'essentiel à l'image de son lieu jaune sauvage et bouillon de langoustine épicé ou de son canard fumé aux herbes de la garrigue. Les plats sont souvent terminés au guéridon, ce qui anime agréablement la salle par une brigade bien organisée.

🔖 🅰🄲 🖤 – Prix : €€€

Plan : E2-17 – *1 place du Capitole –* ☏ *05 61 23 07 76 – www.lesjardinsdelopera. fr – Fermé lundi, dimanche et mardi midi*

1157

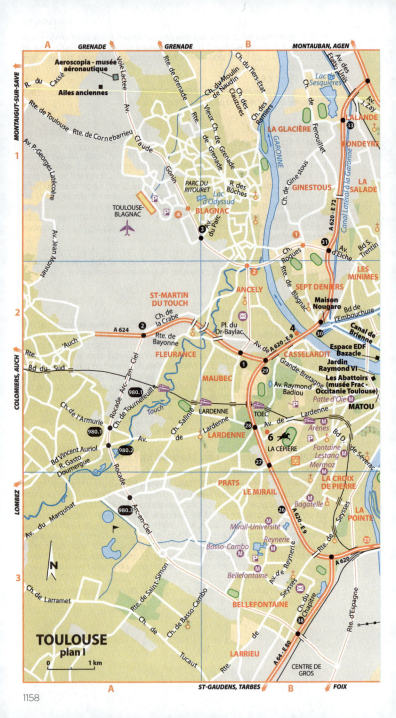

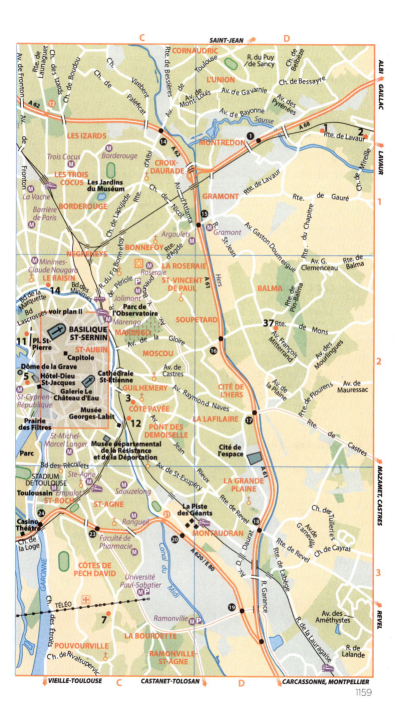

TOULOUSE

L'AIR DE FAMILLE

CUISINE TRADITIONNELLE · BISTRO L'Air de Famille est un lieu délicieux, avec sa déco d'époque (affiches publicitaires, vieux comptoir) et son atmosphère sans prétention. La tradition et les saisons y font la loi, avec une attention particulière portée aux mariages de saveurs et aux sauces. À l'ardoise ce jour-là : œufs en meurette ; tête de veau sauce ravigote ; quasi de veau et polenta crémeuse ; tarte Tatin... Sans oublier une carte des vins bien achalandée.

&. AC 斎 – Prix : €€

Plan : E2-19 – 6 rue Jules-Chalande – ℰ 05 67 06 54 08 – www. airdefamilletoulouse.fr – Fermé lundi et dimanche, et mardi et mercredi soir

CARTOUCHES

CUISINE DU MARCHÉ · TENDANCE Dans le pittoresque et vivant quartier Saint-Aubin, ce bistrot de poche ne désemplit pas ! Ici, les assiettes sont soignées et goûteuses, et servies dans la plus grande jovialité par Nicolas Brousse et son épouse. Et pour faire honneur à cet esprit de convivialité, pourquoi ne pas partager une belle pièce du boucher ? Vous pourrez l'accompagner d'un vin nature à choisir parmi une sélection étoffée. Menu renouvelé chaque semaine.

AC ⇔ – Prix : €€

Plan : F2-20 – 38 rue Pierre-Paul-Riquet – ℰ 05 61 25 07 07 – www.cartouches-restaurant.fr – Fermé samedi, dimanche et mercredi midi

CHEZ LOUSTIC

CUISINE MODERNE · CONTEMPORAIN Dans l'un des coins les plus animés du quartier Saint-Cyprien, le feeling industriel de ce bistrot moderne (tuyauterie en aluminium, murs en briques blanches, luminaires minimalistes) rime pourtant avec convivialité et ambiance ! Une petite terrasse sympathique donnant sur la place vient compléter le tableau. Formé à bonne école chez Christian Constant, le chef nous a convaincus avec son généreux filet de daurade sur une étuvée de poireaux, crème d'épinard et chips de panais et sa pêche pochée et rhubarbe, crème à la cardamome. Une cuisine du marché finement préparée, sensible même et très saine dans ses compositions.

&. AC 斎 – Prix : €€

Plan : C2-5 – 19 rue Reclusane – ℰ 05 62 76 35 68 – www.chez-loustic.fr – Fermé lundi et dimanche, et samedi soir

UNE TABLE À DEUX

CUISINE MODERNE · SIMPLE Formés à Toulouse, Morgane et Nicolas ont fait leurs valises, direction la Corée et la Malaisie, à la recherche de nouvelles saveurs. De retour au bercail, c'est aux Carmes qu'ils régalent avec une cuisine ludique, qui emprunte autant à la Méditerranée qu'à des contrées plus tropicales, avec une maîtrise et un équilibre remarquables. Rapport qualité-prix excellentissime, à midi surtout.

AC 斎 – Prix : €€

Plan : F3-23 – 10 rue de la Pleau – ℰ 05 61 25 03 51 – www.unetableadeux.fr/fr – Fermé samedi, dimanche et mercredi midi

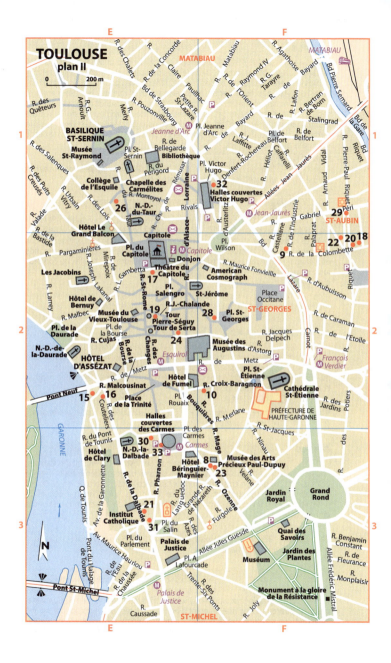

AGAPES

CUISINE MODERNE • BISTRO C'est un petit bistrot de quartier qui n'a pas été relifté pour être instagrammé. Deux jeunes pointures au parcours interstellaire impressionnant y lâchent la bride à leur inspiration (très gourmande) : vitello tonnato, roquette, câpres et parmesan assaisonné avec minutie ; excellent magret de canard, riz koshihikari, prunes japonaise Ume et quetsches crues et cuites, et ses saveurs douces-amères ; et au dessert, une tarte Bourdaloue déstructurée qui montre que le chef Arnaud Darbas est aussi un bon pâtissier. En salle, sa compagne Virginie Béziaud, tout sourire et compétence, propose des vins au verre de petits vignerons bien sélectionnés.

Prix : €€

Plan : F2-9 - *7 rue de l'Industrie - ✆ 05 61 99 30 31 - www.agapes-toulouse.fr - Fermé lundi, dimanche, et mardi et mercredi à midi*

L'ALOUETTE

CUISINE DU MARCHÉ • BISTRO Nicolas Servant, ancien chef du Bon Servant, est aux fourneaux de cette vraie table de copains et de bons vivants. À vous belles viandes maturées et abats (oreilles de cochon, foie ou ris de veau), légumes des primeurs des halles voisines (asperges blanches au chorizo), desserts gourmands et bien maîtrisés (clafouti aux fruits de saison). Une adresse canaille, où l'on prolonge l'apéro avec bonheur...

- Prix : €€

Plan : F1-32 - *24 place Victor-Hugo - ✆ 05 62 89 13 96 - ajouter www.lalouette.metro.rest/?lang=fr - Fermé lundi et mardi, et dimanche soir*

AU POIS GOURMAND

CUISINE MODERNE • ÉLÉGANT Agrandie et réaménagée, offrant une vue imprenable sur la Garonne, la terrasse du Pois Gourmand est un vrai coin de campagne en pleine ville. Et dans l'assiette, c'est aussi réjouissant : d'un foie gras de canard mi-cuit à l'abricot à un pavé de maigre de Méditerranée grillé et fenouil confit à l'orange, on passe un bon moment.

♿ A/C P - Prix : €€€

Plan : B2-4 - *3 rue Émile-Heybrard - ✆ 05 34 36 42 00 - www.pois-gourmand.fr - Fermé dimanche et samedi midi*

CÉCILE

CUISINE MODERNE • BRANCHÉ Dans le quartier festif et bon vivant des Carmes, une équipe jeune et soudée vous accueille dans ce bistro moderne sous véranda boisée, avec sa grande cuisine ouverte et sa déco contemporaine. La carte est courte avec des inspirations métissées : tartare de canard façon thaï, échine de porc fermier condimentée à la mangue et à la grenade... Sélection variée de petits vignerons.

♿ A/C - Prix : €€

Plan : E3-33 - *43 place des Carmes - ✆ 05 34 25 75 65 - www.cecile-toulouse.fr - Fermé samedi et dimanche*

LE CÉNACLE

CUISINE MODERNE • ÉLÉGANT Dans cet élégant Cénacle à l'atmosphère feutrée (superbe cheminée sculptée du 16e s., reproduction d'une toile du Caravage, poutres apparentes), on met un point d'honneur à nouer des partenariats solides avec de bons producteurs régionaux : légumes bio du Gers, agneau du Béarn, pêche de ligne... Cuisine volontiers inventive aux accents méditerranéens, et bon rapport qualité-prix au déjeuner.

♿ A/C P - Prix : €€€€

Plan : E2-16 - *La Cour des Consuls, 46 rue des Couteliers - ✆ 05 67 16 19 99 - www.cite-hotels.com/fr/etablissements/restaurant-la-cenacle.html - Fermé lundi, dimanche et samedi midi*

TOULOUSE

ÉMILE

CUISINE DU TERROIR · BISTRO Belle carte des vins, solide cuisine traditionnelle 100 % maison – produits frais et producteurs locaux sont à l'honneur – et, cerise sur le gâteau, jolie terrasse sur une agréable place. La vedette des lieux est le cassoulet, évidemment, mais le menu offre de belles alternatives, pour une addition raisonnable.

🏵 AC 🍴 – Prix : €€

Plan : F2-28 – *13 place Saint-Georges* – ☏ *05 61 21 05 56* – *www.restaurant-emile.com* – *Fermé lundi et dimanche*

GENTY MAGRE

CUISINE CLASSIQUE · COSY Dans la rue du même nom, on revisite joyeusement le terroir, non sans finesse, avec une mention particulière pour l'incontournable cassoulet avec confit et saucisses, à déguster dans des assiettes en céramique. Cuissons et assaisonnements au top, bon rapport qualité-prix.

🍴 – Prix : €€

Plan : E2-24 – *3 rue Genty-Magre* – ☏ *05 61 21 38 60* – *www.legentymagre.com* – *Fermé lundi, mardi et dimanche*

GRAM'S

CUISINE MODERNE · BISTRO Au cœur du quartier Saint-Aubin, la cheffe Laura Pelou revisite les recettes traditionnelles de l'Aveyron et les plats de ses grand-mères – auxquelles le nom du restaurant rend hommage ! Dans cette salle pimpante au joli parquet de chêne flammé, on se régale avec simplicité d'un poireau vinaigrette, râpée d'œuf et croûtons ou encore d'un houmous de lentilles, risotto d'épeautre et champignons. À noter : la carte, qui comporte souvent des propositions végétariennes, est renouvelée régulièrement.

Prix : €€

Plan : F2-18 – *64 rue de la Colombette* – ☏ *05 61 63 61 21* – *Fermé lundi, dimanche et mardi midi*

L'HIPPI'CURIEN

CUISINE TRADITIONNELLE · SIMPLE Dans une ancienne maison en galets et briques, ce petit restaurant décline une offre en deux temps : excellent rapport qualité-prix à midi, cuisine plus élaborée le soir autour d'un menu unique. Le nouveau chef axe ses menus sur les meilleurs produits de saison et flatte le terroir du Sud-Ouest, pour le plus grand plaisir des épicuriens : asperges vertes grillées, filet de canette rôtie, thon rouge de Saint-Jean-de-Luz... Service attentionné.

⅋ 🍴 🪑 🅿 – Prix : €€

Plan : B2-6 – *62 chemin des Courses* – ☏ *05 61 31 88 43* – *www.lhippicurien.com* – *Fermé samedi et dimanche, et lundi soir*

HITO

CUISINE MODERNE · SIMPLE Le restaurant d'Hitoshi Araki est proche de la place des Salins. Seul aux fourneaux, le chef propose une cuisine française créative, bercée de clins d'œil au Japon. Précision d'exécution incontestable, cuissons remarquables et saveurs marquées, comme pour cette poitrine de porc fondante, confite dans son jus et légèrement caramélisée à l'extérieur... Un délice ! Le menu déjeuner est une aubaine.

AC – Prix : €€

Plan : E3-21 – *26 rue de la Fonderie* – ☏ *05 61 22 42 92* – *www.restauranthito.fr* – *Fermé samedi, dimanche, et lundi et mercredi à midi*

1163

TOULOUSE

HORTÙS

CUISINE MODERNE • COSY Hortùs, c'est le jardin en latin. Le végétal est donc au cœur de la cuisine du chef Clément Lessoud (ancien second de Ludovic Turac, restaurant Une Table, au Sud à Marseille). Cette cuisine créative, saine et responsable (produits bio et réduction des protéines animales), embrasse avec gourmandise le Sud au sens large, et plus particulièrement les saveurs méditerranéennes : pissaladière avec son crémeux de pomme de terre et câpres ; caponata d'aubergine aux agrumes qui accompagne la cane Kriaxera du Pays basque ; abricot du Roussillon, romarin et mahaleb (noyau de cerise noire) – un dessert vif et gourmand !

& AC – Prix : €€€

Plan : F2-10 – *17 rue Croix-Baragnon – ℰ 05 62 87 56 97 – www.hortus-toulouse.fr – Fermé samedi, dimanche et mercredi midi*

MANTESINO

CUISINE ITALIENNE • BISTRO Un ancien ingénieur, d'origine napolitaine, s'est reconverti avec passion dans la cuisine en ouvrant ce petit bistrot (baptisé "tablier") dans une rue proche de l'église Saint-Aubin. Il fait la part belle à ses racines en puisant dans la tradition gastronomique du Sud de l'Italie, de la Campanie aux Pouilles. Loin des adresses italiennes stéréotypées, sa cuisine bistrotière sans chichis file le sourire en travaillant uniquement des produits de saison goûteux et bien sélectionnés : mortadelle de Bologne, noisettes du Piémont, porc Ibaïama, mais aussi viandes de l'Aveyron et légumes de maraîchers locaux. Enthousiasmant.

& AC – Prix : €

Plan : F2-22 – *8 rue Maury – ℰ 05 31 54 13 29 – www.mantesino.fr – Fermé lundi, samedi et dimanche, et mardi soir*

MAS DE DARDAGNA

CUISINE TRADITIONNELLE • RUSTIQUE Voilà une cuisine respectueuse des produits (le chef se fournit au maximum en circuits courts), simple et bien faite, à l'image de cette charlotte de pintade et cochon noir gascon, crème d'artichauts, jus de viande corsé et champignons frais... Aucun doute, cette ferme typiquement toulousaine est un joli repaire gourmand ! Et aux beaux jours, on profite de la terrasse sous la glycine.

AC 🍽 **P** – Prix : €€

Plan : C3-7 – *1 chemin de Dardagna, Rangueil – ℰ 05 61 14 09 80 – www.masdedardagna.com – Fermé samedi et dimanche, et lundi soir*

LES P'TITS FAYOTS

CUISINE MODERNE • BRANCHÉ Ce restaurant cosy et élégant, disposé sur deux niveaux, propose une cuisine moderne et créative, au centre de laquelle trônent les bons produits du Gers. Le chef-patron anime cette adresse de sa fougue, affairé dans sa cuisine bien en vue des clients : vous n'en manquerez pas une miette...

AC – Prix : €€

Plan : E1-26 – *8 rue de l'Esquile – ℰ 05 61 23 20 71 – www.lesptitsfayots.com – Fermé samedi, dimanche et lundi midi*

LES PLANEURS

CUISINE DU MARCHÉ • BISTRO Un chef japonais et son associé ont ouvert ce lieu atypique dans un décor volontiers bohème et décalé. On y déguste une cuisine française précise, originale, équilibrée et parfumée, à l'instar de ce risotto de volaille et coquillages au puissant goût iodé, ou de la fraîcheur d'une nage d'abricots rôtis au romarin et glace au yaourt faite maison. Bon rapport qualité-prix.

🍽 – Prix : €€

Plan : C2-14 – *56 boulevard des Minimes – ℰ 09 86 51 56 95 – www.lesplaneurs.com – Fermé samedi, dimanche et mercredi midi*

TOULOUSE

LES SALES GOSSES

CUISINE MODERNE • **BISTRO** Ces Sales Gosses déclinent sur de grandes ardoises des plats qui revisitent le bistrot avec une créativité réjouissante. On les doit au chef Bruno, qui a troqué le bonnet d'âne pour une toque de premier de la classe ! Bref, un vrai bon plan, en particulier à midi. Et si c'est complet, place au plan B : le Bistrot, rue de l'Industrie.

AC – Prix : €€

Plan : F1-29 – *81 rue Riquet* – ℰ *09 67 15 31 64* – *www.lessalesgosses.fr* – *Fermé lundi, samedi et dimanche et mardi midi*

SOLIDES

CUISINE MODERNE • **BISTRO** Face au marché, cette adresse se distingue d'abord par la bonne cuisine de bistrot de son chef, lequel privilégie les circuits courts, mais aussi par son excellente (et pertinente) carte de vins "nature". Dans une ambiance bohème, on déguste la spécialité de la maison, le vol-au-vent au ris de veau, crêtes de coq et sauce poulette, et d'excellents fromages régionaux.

AC – Prix : €€

Plan : E3-30 – *38 rue des Polinaires* – ℰ *05 61 53 34 88* – *www.solides.fr* – *Fermé lundi, dimanche et mardi midi*

LES TÊTES D'AIL

CUISINE MODERNE • **BRANCHÉ** La bistronomie tendance Sud-Ouest, c'est ici que ça se passe ! Cuisine du marché soignée et goûteuse, réglée sur les saisons, produits locaux bien choisis, super rapport qualité-prix... le tout dans une rue commerçante et animée, près de la place des Carmes. L'adresse ne désemplit pas, et ce n'est pas un hasard.

& AC – Prix : €€

Plan : E3-31 – *6 rue de la Fonderie* – ℰ *05 61 13 40 41* – *Fermé lundi, dimanche et samedi midi*

🛏 LE GRAND BALCON   *Plus*

MODERNE • **CONVIVIAL** Ici firent escale les plus grandes légendes de l'Aéropostale. La déco – design et créative – leur rend hommage, et la chambre n° 32 reproduit fidèlement celle qu'occupait Saint-Exupéry dans les années 30. Une adresse mythique !

AC P ☊ - 47 chambres

8 -10 rue Romiguières – ℰ *05 34 25 44 09*

🛏 HOTEL LES CAPITOULS TOULOUSE CENTRE

MODERNE • **CONVIVIAL** Au lieu de l'opéra longtemps associé à la ville, cet hôtel s'inspire du son du Manchester des années 1980. Des affiches de concerts décorent la réception, au milieu de cassettes empilées en installations artistiques. Le hall – briques, arcades, verrière et bar à cocktails – ressemble davantage à un club qu'à un hôtel. Les chambres sont compactes et élégantes, avec leur parquet patiné, une décoration 50's et des peintures murales spectaculaires. Les salles de bains ont également un côté rock'n'roll, dû à leurs miroirs asymétriques et au papier peint vintage.

& AC P ☊ ⌨ - 55 chambres

29 Allée Jean Jaurès – ℰ *05 34 41 31 21*

🛏 MAISON SOCLO

MODERNE • **COSY** Dans le quartier du Capitole, la Maison Soclo combine le charme du 18e s. et le style du 21e s. Les chambres donnent une interprétation française du "cosiness" britannique : une impression d'ordre, combinée à des textures rustiques et brutes - et des ours en peluche. Il y a beaucoup d'espace pour se détendre dans le jardin au bord de la piscine, et le bar sert des cocktails et des plats légers jusqu'à tard dans la soirée, ainsi que le petit-déjeuner.

& AC ☊ ⌨ ⍓ - 16 chambres

34 bis rue Valade – ℰ *05 36 09 99 99*

MAMA SHELTER TOULOUSE
AVANT-GARDE • CONVIVIAL La version toulousaine du Mama Shelter regorge de références à l'architecture de la ville, mais aussi au street art et à la culture "jeune", et enfin au rugby. L'ancien cinéma dissimule 120 chambres dont le confort se concentre là où sa clientèle l'attend : les lits, les films gratuits et les produits de bain bio. Cinéma de 20 places, grill argentin, bar, scène de musique live et… l'incontournable rooftop !
& 🅰🅲 🛇 🍽 - 120 chambres
54 boulevard Lazare Carnot – ✆ *05 31 50 50 05*

LE TOUQUET-PARIS-PLAGE
✉ 62520 – Pas-de-Calais – Carte régionale n° **4**-A2

LE PAVILLON - HÔTEL WESTMINSTER
CUISINE CRÉATIVE • ÉLÉGANT Le Pavillon du Westminster, ce beau palace des années 1930, fleuron de la Côte d'Opale, offre une ambiance tamisée aux tons noir et ocre : on s'installe dans la salle à manger tendue de grandes tapisseries animalières pour déguster la cuisine créative de William Elliott. On apprécie les associations terre/mer, les plats équilibrés qui vont à l'essentiel, à l'instar du turbot sauvage, girolles, mûres, cébette, huile fumée. Depuis la terrasse, vue sur le célèbre phare de La Canche. L'autre restaurant de l'hôtel, La Table du West, propose une cuisine plus simple.
8⁸ ⇌ & 🅰🅲 🍴 ⇆ 🐕 🅿 – Prix : €€€€
Avenue du Verger – ✆ *03 21 05 48 48 –* www.hotelsbarriere.com/fr/le-touquet/le-westminster/restaurants-et-bars/le-pavillon.html *– Fermé du lundi au mercredi et du jeudi au dimanche à midi*

LE MEZQUITÉ
CUISINE FUSION • CONVIVIAL Courgette, salicorne et salsa macha ; parfait d'avocat et chocolat… Dans ce restaurant tout feu tout flamme du Touquet, on déguste une cuisine fusion réussie. Le chef Julien Szyndler travaille les produits du Nord avec des méthodes, des sauces et des épices mexicaines, à l'instar du pibil sur le cochon (marinade et cuisson à la braise de… bois de mezquité) ou du mole poblano qui accompagne le canard. Une cuisine à l'image de ce couple, lui étant originaire de Valenciennes, et Laura Flores, son épouse, vient quant à elle du pays des Aztèques, plus précisément de Puebla (au sud-est de Mexico).
🍴 – Prix : €€
70 rue de Paris – ✆ *03 21 05 89 27 –* www.lemezquite.fr *– Fermé lundi, mardi et mercredi midi*

LE PARIS
CUISINE MODERNE • CONVIVIAL À quelques rues du bord de mer, une table en prise sur le marché et les saisons, très appréciée des gourmets de la station ! Les associations y sont heureuses et goûteuses. Une cuisine qui évolue entre recettes traditionnelles et d'autres plus modernes à l'image de ce carpaccio de Saint-Jacques au citron vert et radis noir. Accueil charmant.
🍴 – Prix : €€
88 rue de Metz – ✆ *03 21 05 79 33 –* www.restaurant-leparis.com *– Fermé mardi et mercredi, et dimanche soir*

TOURCOING
✉ 59200 – Nord – Carte régionale n° **4**-C2

LA BARATTE
CUISINE TRADITIONNELLE • CONTEMPORAIN Une petite maison en briques d'un quartier résidentiel abrite cette table familiale depuis quatre générations. A l'intérieur, une salle contemporaine et élégante, avec une agréable vue sur le jardin

TOURCOING

et sa terrasse en teck. On y déguste des préparations réalisées avec sérieux, comme cette poêlée d'escargots, son émulsion ail et persil et son cake au lard. Joli chariot de guimauves en guise de mignardises.

&. 🅰🄲 🍴 🕮 – Prix : €€

395 rue du Clinquet – 𝒞 03 20 94 45 63 – www.la-baratte.com – Fermé lundi et mardi, et dimanche soir

TOURNEMIRE

✉ 15310 – Cantal – Carte régionale n° **23**–C1

😋 LA PETITE GRANGE

CUISINE RÉGIONALE • CONTEMPORAIN Dans ce beau village cantalien veillé par son château, le voyageur est plus qu'heureux de s'attabler dans cette grange traditionnelle (bois, pierre et lauzes) rénovée avec goût. Sous une magnifique charpente apparente, on contemple la vallée de la Doire à travers les baies vitrées. En cuisine, le chef Olivier Cloteau propose une cuisine de saison soignée qui fait la part belle au terroir (et aux producteurs) cantalou - sans oublier quelques clins d'œil à ses racines charentaises (une mouclade en amuse-bouche). Une adresse 100% plaisir.

🍃 &. – Prix : €€

17 rue Edouard-Marty – 𝒞 04 71 43 39 26 – www.lapetitegrange.fr – Fermé lundi, jeudi et vendredi, et dimanche soir

LE PUY TILLEUL ⓝ

CUISINE MODERNE • ÉLÉGANT Dominé par le château féodal d'Anjony (15é s.), le village de Tournemire a conservé ses maisons en pierre et ses toits en lauze typiques du Cantal. Cet établissement, un splendide complexe en pierre et acier corten, s'y intègre parfaitement. La salle à manger contemporaine offre une vue imprenable sur le coucher de soleil. Parsemée d'algues et de condiments iodés, la carte exalte les produits marins et marie habilement terre et mer, sans négliger pour autant le terroir cantalou : maraîchers, éleveurs et pisciculture locale sont valorisés avec justesse. L'ambition gastronomique est bien là.

🍃 &. 🅰🄲 🅿 – Prix : €€€

La Borie d'Hélipse, 5 chemin du Moulin – 𝒞 04 71 47 45 43 – www. laboriedhelipse.com – Fermé du lundi au mercredi

TOURNON-SUR-RHÔNE

✉ 07300 – Ardèche – Carte régionale n° **20**–D2

LE CERISIER

CUISINE MODERNE • CONTEMPORAIN La carte de ce petit restaurant à la déco contemporaine est alléchante en diable, à l'image de ses plats canailles et de la spécialité maison, le pâté en croûte, dont la recette varie au fil des saisons. Derrière les fourneaux, un couple bichonne une partition gourmande à quatre mains et met en valeur les produits locaux comme la truite d'Ardèche ou le pigeonneau de la Drôme. Large plateau de fromages, et desserts particulièrement soignés. Très belle carte des vins de plus de 1000 références.

🐝 &. 🅰🄲 🍴 – Prix : €€

1 rue Saint-Joseph – 𝒞 04 75 08 91 02 – www.lecerisier-restaurant.fr – Fermé lundi, dimanche et mercredi midi

🛏 HÔTEL DE LA VILLEON

CLASSIQUE • ÉLÉGANT Au cœur du village, ce palais du 18e s. abrite un luxe sobre et discret, d'une élégance rare. On est particulièrement séduit par le jardin suspendu, sa glycine centenaire et ses terrasses avec vue sur le clocher de l'église de St-Julien et les collines de l'Hermitage... Superbe !

🅰🄲 🅿 ⟡ 🛎 🚲 - 16 chambres

2 rue Davity – 𝒞 04 75 06 97 50

TOURNON-SUR-RHÔNE

TOURNUS

✉ 71700 – Saône-et-Loire – Carte régionale n° **17**–C2

✣ AUX TERRASSES

Chef : Jean-Michel Carrette

CUISINE MODERNE • **CONTEMPORAIN** Après la visite de l'abbaye Saint-Philibert, une étape s'impose sur ces terrasses de charme ! De grandes baies vitrées inondent de lumière ce décor de matériaux bruts (pierre et bois), ces grandes tables en chêne massif sans nappage. Sans oublier le jardin paisible et l'accueil attentionné de l'épouse du chef... Son mari, Jean-Michel, est un passionné capable de changer ses propositions gourmandes d'une table à l'autre au cours d'un même service. Seul lui importe le moment présent et l'émotion. Et d'émotion, sa cuisine n'en manque pas, entretenant une délicieuse complicité avec le terroir, notamment végétal, ne cédant rien sur la qualité des produits et la précision des cuissons. À noter : le menu "retour du marché", proposé le midi en semaine, est une aubaine !

🐌 ⇔ & 🆎 🅿 – Prix : €€€

18 avenue du 23-Janvier – 𝒞 03 85 51 01 74 – www.aux-terrasses.com/fr – Fermé lundi, dimanche et jeudi midi

✣**L'engagement du chef :** Nous travaillons avec un réseau de maraîchers bio et de pécheurs locaux, ainsi que notre potager. Les vins sur notre carte sont en majorité confectionnés selon les règles de la biodynamie. Nous adhérons à la réservation responsable, et nous soutenons l'association l'Ecole Comestible. Nos déchets organiques sont déshydratés et transformés en engrais et nous récupérons les eaux de la cuisine pour arroser les fleurs.

✣ L'ÉCRIN DE YOHANN CHAPUIS

Chef : Yohann Chapuis

CUISINE CRÉATIVE • **CONTEMPORAIN** Cet ancien orphelinat offre un écrin de choix pour la cuisine du chef Yohann Chapuis, formé notamment chez Lameloise. Il y façonne une cuisine "de goûts et d'émotions", avec une vraie identité et pas mal de personnalité, à partir de beaux produits de saison : écrevisses de Saône, turbot de petite pêche, bœuf charolais, servis par des dressages de haute volée. Citons ainsi les morilles, asperges vertes, langoustines en tempura ; ou les côtes et selle d'agneau de Charolles, anchoïade, gnocchis de chèvre et épinard, jus au serpolet. Très belle carte des vins et sommelier de bon conseil.

🐌 & 🆎 ♻ – Prix : €€€€

1 rue Albert-Thibaudet – 𝒞 03 85 51 13 52 – www.restaurant-greuze.fr/fr – Fermé mardi, mercredi, jeudi midi et lundi soir

☺ LE BOUCHON BOURGUIGNON

CUISINE RÉGIONALE • **CONTEMPORAIN** L'annexe du restaurant gastronomique de Yohann Chapuis propose une cuisine d'inspiration bourguignonne généreuse et soignée, dans un cadre contemporain. On y retrouve les classiques régionaux : pâté croûte "Maison Greuze", œufs façon meurette, grenouilles fraîches en persillade, volaille de Bresse aux morilles et vin jaune... mais aussi des créations recherchées comme le carpaccio de charolais à l'huile de verveine, tomates cerises, copeaux de comté. Le service des vins au verre, tous proposés en magnum, est aussi appréciable que rare.

& 🆎 – Prix : €€

1 rue Albert-Thibaudet – 𝒞 03 85 51 13 52 – www.restaurant-greuze.fr/fr – Fermé lundi, dimanche et mardi midi

TOURNUS

LE QUAI

CUISINE TRADITIONNELLE • **CONTEMPORAIN** Sur les quais de Saône, profitant d'une terrasse fort sympathique directement en bord de fleuve, cette brasserie est emmenée staccato par le chef Valéry Meulien, formé par Jean Ducloux et Paul Bocuse, puis étoilé lui-même. Ses assiettes font la part belle aux classiques de la région : pâté croûte, jambon persillé, tête de veau, ris de veau et sa crème de morilles... La goûteuse sauce au vin rouge saupoudrée de persil ciselé qui vient couver les œufs en meurette montre un chef qui n'a rien perdu de son coup de main.

&. 🅰️🅲 ⛱️ – Prix : €€

20 quai de Verdun – 𝒞 03 85 30 39 72 – www.lequaitournus.eatbu.com – Fermé lundi et dimanche

LE TERMINUS

CUISINE MODERNE • **CONTEMPORAIN** À la carte de cet ancien buffet de gare 1900, une cuisine au goût du jour qui place la fraîcheur au-dessus de toutes les vertus ! On déjeune ou on dîne côté brasserie, dans une salle intime et cosy, pour se régaler de classiques régionaux qui font le succès de la maison (pâté en croûte, quenelle de brochet, grenouilles...). À l'étage, quelques chambres.

🅰️🅲 ⛱️ 🔄 🅿️ – Prix : €€

21 avenue Gambetta – 𝒞 03 85 51 05 54 – www.hotel-terminus-tournus.com – Fermé mercredi et dimanche

🛏️ AUX TERRASSES

CLASSIQUE • **FAMILIAL** Un hôtel familial aux chambres spacieuses, confortables, fort bien tenues, et aux tarifs raisonnables. Pour un confort supérieur, on peut dormir "sous les toits", dans de magnifiques chambres contemporaines.

&. 🅰️🅲 🅿️ 🔄 🛜 🚲 🍽️ - 20 chambres

18 avenue du 23 Janvier – 𝒞 03 85 51 01 74

❀ **Aux Terrasses** - Voir la sélection des restaurants

TOURRETTES

✉️ 83440 – Var – Carte régionale n° **29**-C2

❀ FAVENTIA

CUISINE MODERNE • **LUXE** Le luxueux domaine de Terre Blanche vous accueille dans un cadre privilégié qui semble protégé du monde extérieur – cette terrasse face à la nature et au soleil couchant est un enchantement ! On y déguste une belle cuisine d'inspiration méditerranéenne qui met à l'honneur de superbes produits locaux. Menus uniques en plusieurs séquences, déclinables en version végétarienne.

👨‍🍳 &. 🅰️🅲 ⛱️ 🔄 🍷 🅿️ – Prix : €€€€

3100 route de Bagnols-en-Forêt – 𝒞 04 94 39 90 00 – www.terre-blanche.com – Fermé lundi, dimanche et du mardi au samedi à midi

🛏️ TERRE BLANCHE

CLASSIQUE • **RAFFINÉ** Sentiment d'exclusivité sur les hauteurs de l'arrière-pays, entre St-Raphaël et Cannes... Tout semble idyllique dans ce domaine de 300 ha, dédié au repos des sens : luxe sans ostentation (beaux matériaux naturels), espace (vastes suites disséminées dans 45 villas), piscines, deux golfs 18 trous... Mention spéciale au spa, sommet du genre !

&. 🅰️🅲 🅿️ 🔄 🛜 🍷 👻 🧖 🏊 🍽️ - 115 chambres

3100 route de Bagnols-en-Forêt – 𝒞 04 94 39 90 00

❀ **Faventia** - Voir la sélection des restaurants

TOURRETTES-SUR-LOUP

✉ 06140 – Alpes-Maritimes – Carte régionale n° **29**–E2

CLOVIS

CUISINE MODERNE • **BISTRO** Dans ce bistrot au cœur du village médiéval, le chef propose un concept original : il décline plusieurs formules (entrée + plat) autour d'un produit dominant, végétal, viande ou poisson. On peut commencer les festivités par un apéritif accompagné de charcuterie et autres grignotages Accueil chaleureux et petit salon privatif.

🏵 🅰🅺 ⇔ – Prix : €€€

21 Grande-Rue – ☎ 04 93 58 87 04 – www.clovisgourmand.fr – Fermé mardi, mercredi et samedi midi

SPELT

CUISINE MODERNE • **BISTRO** Dans le cœur historique de la cité, Raphaël (côté salé) et Marion (côté sucré) régalent avec des créations bistronomiques franches et savoureuses : cabillaud en tempura, brocoli et sauce tartare ; citron, sablé, meringue et sorbet téquila. Au dîner, un menu dégustation reprend le risotto d'épeautre au homard, plat signature de la maison, "spelt" signifiant épeautre en anglais.

⩶ 🅰🅺 🛋 – Prix : €€€

6 Grand'Rue – ☎ 09 86 26 63 79 – www.spelt-restaurant.com – Fermé lundi, mardi et dimanche

TOURS

✉ 37000 – Indre-et-Loire –
Carte régionale n° **15**–B1

Douceur légendaire, mais cruel dilemme pour les papilles

La rue du Grand-Marché, avec ses nombreuses façades à colombages garnies de brique ou d'ardoise, est l'une des plus intéressantes du vieux Tours. Elle mène aux halles qui s'animent les mercredis, samedis et dimanches matin. Dans la capitale tourangelle, patrimoine et gastronomie sont étroitement liés ! La patrie de Rabelais est d'ailleurs à l'origine de l'inscription, par l'Unesco, du repas gastronomique à la française. Les halles, superbes, en témoignent à leur manière : on y trouve le meilleur de tout. Des préparations charcutières comme les rillettes de porc ou d'oie (Vouvray et Tours s'en disputent la paternité), les rillons (des cubes de viande entrelardés). La Touraine est aussi une terre de fromages de chèvre dont le crottin de Chavignol et le sainte-maure-de-touraine, cette bûche cendrée traversée par une paille. Enfin, la ville de Balzac est entourée de très beaux vignobles dont vous trouverez les crus chez les cavistes de la ville.

LES BARTAVELLES

CUISINE MODERNE • COSY Une table plaisir ! Les produits sont bons et souvent locaux : truite fumée du Moulin des Couvent, asperges de Touraine. Les goûts sont préservés, à l'instar de ce superbe carré d'agneau rôti, condiment cacao, fenouil rôti, pommes de terre et champignons. Le chef Ghislain Damaye et sa sœur Véronique – qui gère avec beaucoup de bienveillance la salle – rendent un bel hommage à la verve de Marcel Pagnol en travaillant le bon et le beau dans un souci de partage, au sein de ce bistrot chic et gourmand du centre-ville.
A/C – Prix : €€€

Plan : B1-5 – *33 rue Colbert* – ✆ *02 47 61 14 07* – *www.bartavelles.fr* – *Fermé lundi, mercredi et dimanche*

CASE. Ⓝ

CUISINE MODERNE • BRANCHÉ Dans le Vieux Tours, un jeune couple insuffle une nouvelle vie à cette bâtisse du 15e s. La décoration intérieure mêle maintenant style contemporain et architecture d'origine : murs à la chaux et stuc marron, zelliges, chaises en métal grillagé blanc et tables en inox. Mélanie Cases, ex-chef de produit textile passionnée d'art, a créé elle-même la vaisselle en céramique et le linge de table. En cuisine, Rodolphe Boidron, fort d'expériences dans des établissements de bonne facture (au Lucé, à l'Auberge du Bon Laboureur, aux Hautes

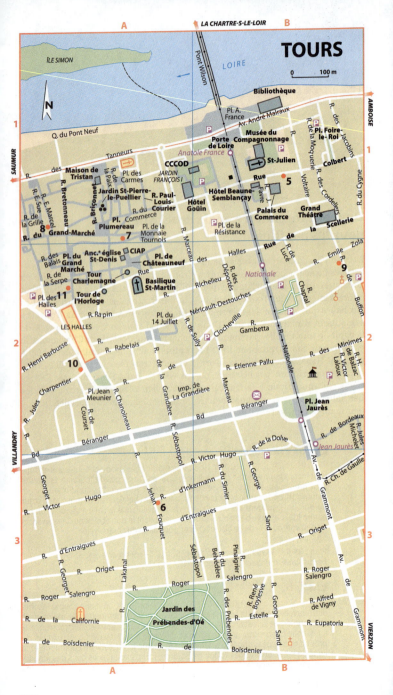

TOURS

Roches) déroule avec maîtrise une cuisine de bistrot créative et goûteuse, qui prend appui sur les produits locaux au gré des arrivages, comme cette noix de veau, petits pois, fèves, jus à la sauge et fregola. Très agréable terrasse sur une petite place.

⌂ – Prix : €€

Plan : A1-8 – *37 rue Étienne-Marcel* – ☏ *02 47 38 59 87* – *Fermé lundi, mardi et dimanche*

CASSE-CAILLOUX

CUISINE MODERNE • **BISTRO** Bistrot gourmand prisé (et souvent pris d'assaut – réservation fortement conseillée !) dans ce quartier résidentiel proche du jardin des Prébendes, complété d'une petite terrasse d'été. Cuisine de saison sincère et gourmande proposée à l'ardoise, que l'on accompagne d'un joli vin de Loire.

AC ⌂ – Prix : €€

Plan : A3-6 – *26 rue Jehan-Fouquet* – ☏ *02 47 61 60 64* – *www. restaurantcassecailloux.eatbu.com* – *Fermé samedi, dimanche et mercredi midi*

LA DEUVALIÈRE

CUISINE MODERNE • **CONVIVIAL** Julien et Alexandra mettent toute leur énergie pour séduire les gourmands de passage... et ils y parviennent sans problème ! Leur cuisine, réglée sur les saisons, réserve de jolies surprises. Le cadre, qui mêle le cachet rustique d'une maison ancienne (poutres, tomettes et cheminée) à des notes plus actuelles, ne fait qu'ajouter à notre plaisir.

♿ AC – Prix : €€

Plan : A1-7 – *18 rue de la Monnaie* – ☏ *02 47 64 01 57* – *www.la-deuvaliere-restaurant.metro.rest/?lang=fr* – *Fermé samedi et dimanche*

NOBUKI

CUISINE JAPONAISE • **ÉPURÉ** Un cadre zen et épuré, tout de bois clair, et une cuisine japonaise traditionnelle de saison, qui marque par sa fraîcheur et son originalité : assortiment d'entrées froides et de tempuras du moment, chirashi (plat traditionnel de poissons crus), plat chaud du jour et soupe miso. Réservation impérative.

AC – Prix : €€

Plan : B2-9 – *3 rue Buffon* – ☏ *02 47 05 79 79* – *www.nobuki.fr* – *Fermé samedi et dimanche, et du lundi au jeudi soir*

O&A

CUISINE MODERNE • **BISTRO** Dans ce sympathique bistrot gourmand du 21e s., situé face aux Halles, le plaisir et la décontraction règnent en maîtres – Rabelais le Tourangeau doit en sourire d'aise. Ici, pas de chichis, mais une cuisine sincère, précise et généreuse (au beurre !), qui met à l'honneur les bons produits et les saveurs authentiques : ravioles de foie gras, bouillon truffé ; Saint-Jacques snackées, crème de cresson, beurre noisette gourmand en diable, pommes de terre parfumées au citron ; mousse au chocolat tiède, éclats de cookies à la fleur de sel. Olivier Arlot, le maître de maison, est à l'image de sa cuisine : il affiche une bonhomie naturelle et vient à toutes les tables porter un plat ou deux, en distribuant de la malice et des sourires. Riche carte des vins (notamment en vins de Loire et de Bourgogne).

♨ AC – Prix : €€

Plan : A2-10 – *29 place Gaston-Paillhou* – ☏ *02 47 55 87 73* – *www.olivierarlot. com* – *Fermé samedi et dimanche*

LA RISSOLE

CUISINE MODERNE • **CONTEMPORAIN** Le nom de ce bistrot rend hommage à un grand cuisinier du siècle passé, et célèbre les joies de la cuisson ! La courte carte met en valeur la saisonnalité et les produits de la région (asperges, escargots, poisson de rivière). Des assaisonnements maîtrisés pour une cuisine simple et

TOURS

goûteuse, à l'image de ces asperges blanches mimosa, brocoli, vadouvan. Il y a peu de tables, pensez à réserver !
& AC – Prix : €€

Plan : A2-11 – *51 place du Grand-Marché –* ℰ *02 47 49 20 04 – www.larissole. fr – Fermé lundi et dimanche*

LA ROCHE LE ROY

CUISINE MODERNE • ÉLÉGANT À la sortie de la ville, ce joli petit manoir a été récemment repensé et modernisé, depuis la décoration jusqu'aux cuisines où œuvre le chef Maximilien Bridier. Il y travaille avec passion des produits de belle qualité et présente des assiettes soignées, précises et sans superflu. Une option végétale est proposée de manière systématique. Belle sélection de vins au verre et service attentionné. Aux beaux jours, installez-vous en terrasse.
🕸 🏠 ⇔ 🅿 – Prix : €€€

Hors plan – *55 route de Saint-Avertin –* ℰ *02 47 27 22 00 – www.larocheleroy. com – Fermé lundi et dimanche*

TOURTOUR
✉ 83690 – Var – Carte régionale n° **29**-B2

LA TABLE

CUISINE MODERNE • INTIME Charmant petit restaurant contemporain situé à l'étage d'une maison en pierre. La cuisine, savoureuse, valorise les produits du marché, notamment les légumes (excellent menu végétarien, à prix doux). À déguster sur la terrasse ombragée. L'accueil est aussi chaleureux que le service, dynamique.
🏠 – Prix : €€

1 traverse de Jas, Les Ribas – ℰ *04 94 70 55 95 – www.latable.fr – Fermé mardi*

TRAENHEIM
✉ 67310 – Bas-Rhin – Carte régionale n° **8**-A2

ZUM LOEJELGUCKER

CUISINE TRADITIONNELLE • RUSTIQUE Dans un village viticole au pied des Vosges, cette ferme alsacienne du 18e s. ne manque pas de charme : bons plats régionaux avec quelques suggestions plus actuelles, boiseries sombres, fresques et cour fleurie l'été. Un style familial aussi chaleureux et convivial.
& AC 🏠 ⇔ – Prix : €€

17 rue Principale – ℰ *03 88 50 38 19 – www.aubergedetraenheim.com – Fermé mercredi, et lundi et mardi soir*

TRÈBES
✉ 11800 – Aude – Carte régionale n° **27**-B2

LE MOULIN DE TRÈBES

CUISINE MODERNE • MAISON DE CAMPAGNE Quel charme, cet ancien moulin ! Sa terrasse donne directement sur le canal du Midi. Quant à la cuisine, elle se révèle simple et moderne, avec comme spécialité le ris de veau caramélisé au sésame et compote d'endives... Un vrai plaisir, qui s'arrose d'une jolie sélection de vins de la région.
⇐ 🏠 🅿 – Prix : €€

2 rue du Moulin-de-Trèbes – ℰ *04 68 78 97 57 – www.lemoulindetrebes.com – Fermé lundi, samedi midi et dimanche soir*

TRÉBEURDEN

22560 – Côtes-d'Armor – Carte régionale n° **1**-B1

 MANOIR DE LAN-KERELLEC

POISSONS ET FRUITS DE MER • **ÉLÉGANT** Un cadre magique : la salle est couverte d'une splendide charpente en forme de carène de bateau renversée, et la vue porte sur la Manche et les îles. C'est le chef d'origine normande Anthony Avoine, ex-second ici même, qui est à la barre de la table gastronomique de ce beau manoir. Les produits bretons sont joliment mis en valeur au sein d'une partition volontiers créative, jouant des associations terre et mer, à l'image de ce homard, galette au sarrasin et pied de porc, ou encore de cette araignée de mer sur une écume au beurre noisette et os à moelle cuit à la braise. Produits locaux, fraîcheur garantie.

– Prix : €€€€

11 allée centrale de Lan-Kerellec – 02 96 15 00 00 – www.lankerellec.com – Fermé lundi et mardi midi

VIVACE

CUISINE MODERNE • **CONTEMPORAIN** Dans ce restaurant lumineux (parquet, tables et chaises en bois clair) qui connaît un vif succès, Baptiste et Laura promeuvent une cuisine engagée où le vivant se taille la part du lion : épeautre crémeux, butternut, cacahuète épicée, citronnelle ; lieu jaune, légumes rôtis, jus d'arêtes tomaté, beurre noisette, herbes anisées. Dans les assiettes, légumes, herbes et épices s'harmonisent avec précision, parfois relevés de quelques touches épicées ou pimentées qui viennent réveiller les papilles à point nommé. Tous les produits sont locaux et entièrement utilisés.

Prix : €€

Place de Crec'h-Héry – 02 96 47 15 52 – www.vivace.restaurant – Fermé lundi, mardi et dimanche et du mercredi au vendredi à midi

 MANOIR DE LAN-KERELLEC

CLASSIQUE • **ROMANTIQUE** Dominant les îles de la Côte de Granit rose, ce noble manoir breton du début du 20e s. est plein de charme : vastes chambres avec balcon ou terrasse, jardin luxuriant et atmosphère familiale. Un lieu de plénitude, propice à l'écriture et aux rêveries des promeneurs solitaires.

– 18 chambres

11 allée centrale de Lan-Kérellec – 02 96 15 00 00

Manoir de Lan-Kerellec - Voir la sélection des restaurants

TRÉBOUL

29100 – Finistère – Carte régionale n° **1**-A2

 TY MAD

POISSONS ET FRUITS DE MER • **CONVIVIAL** Sur les hauteurs de Tréboul, au calme dans un quartier paisible de villas, on se délecte d'une cuisine fraîche, où la loi du marché n'est pas un vain mot, ni l'amour du bio ! Dégustez une tartelette de blé noir, aubergine et fromage de brebis ou un cochon noir de Guengat aux saveurs de l'Arpente avant de profiter de la petite plage, en léger contrebas, accessible par le chemin côtier. Menu végan.

– Prix : €€

3 rue Saint-Jean – 02 98 74 00 53 – www.hoteltymad.com – Fermé mardi

TRÉGUIER

✉ 22220 – Côtes-d'Armor – Carte régionale n° **1**-C1

LA TABLE DU MARCHÉ

CUISINE TRADITIONNELLE • **BISTRO** Entre la rivière le Jaudy et la cathédrale Saint-Tugdual, une façade à la devanture bleu pétrole fait de l'œil au passant. À l'intérieur, une petite salle rustique avec poutres, vieilles pierres, murs de crépi blanc, et surtout une appétissante ardoise... du marché, bien sûr : foie gras marbré de vin rouge ; cabillaud rôti aux cocos de Paimpol ; financier aux abricots poêlés. Entre tradition et bistronomie, le chef au beau parcours mitonne des recettes inspirées par les produits régionaux. Grand choix de vins au verre. Prix doux.

🍴 – Prix : €

30 rue Saint-André – ☏ 02 96 92 93 22 – www.latabledumarche.fr –
Fermé dimanche et du lundi au jeudi soir

TREMBLAY-EN-FRANCE

✉ 93290 – Seine-Saint-Denis

CITIZENM CHARLES-DE-GAULLE

MODERNE • **CONVIVIAL** Bonne surprise pour un hôtel d'aéroport : un design moderne et joyeux, des chambres ultra-fonctionnelles pour compenser leur taille, et un accès libre 24 heures sur 24 au salon et à la cantine (appellation revendiquée !). Une adresse à retenir, quitte à choisir un vol particulièrement tardif pour justifier une escale de nuit.

♿ 🆎 🅿 ⚓ 🛁 ⏱ - 230 chambres

7 rue de Rome – ☏ 01 78 90 26 53

LE TREMBLAY-SUR-MAULDRE

✉ 78490 – Yvelines – Carte régionale n° **11**-B1

NUMÉRO 3

Chef : Laurent Trochain

CUISINE MODERNE • **DESIGN** Voici un village jadis fréquenté par le célèbre marchand de tableaux Ambroise Vollard, mais aussi par Picabia, Picasso et surtout Cendrars qui y est enterré ! Julie et Laurent Trochain y tiennent une bonne table, un ancien relais de chasse qu'ils ont entièrement rénové. Quelle métamorphose ! Oubliées les poutres, la cheminée et même la façade traditionnelle ; place à un cadre éminemment contemporain, géométrique et design. Natif de Maubeuge, formé dans les belles maisons, et notamment chez Pierre Gagnaire, Laurent défend son terroir d'Île-de-France à travers les produits de son propre jardin potager (légumes et herbes aromatiques) et ceux des petits producteurs qu'il affectionne. Son menu veggie séduit d'ailleurs de plus en plus...

♿ 🆎 🍴 ⚓ – Prix : €€€

3 rue du Général-de-Gaulle – ☏ 01 34 87 80 96 – www.restaurant-numero3.fr –
Fermé lundi, mardi, du mercredi au vendredi à midi, et dimanche soir

TRÉMOLAT

✉ 24510 – Dordogne – Carte régionale n° **18**-D3

LE VIEUX LOGIS

Chef : Vincent Arnould

CUISINE MODERNE • **ÉLÉGANT** Une valeur sûre que cette table de tradition, dont le cadre – un ancien séchoir à tabac, tout en pierre et bois peint – est tout à fait charmant. Comme le reste de ces bâtisses en pierre de pays, une ancienne propriété agricole, où l'on devine les vestiges d'un ancien prieuré. En gardien éclairé de la tradition, voici le chef Vincent Arnould, Meilleur Ouvrier de France. Vosgien tombé amoureux du Périgord, il sait choisir ses produits afin de proposer une belle carte actuelle, assise sur de solides bases classiques. À midi, la maison propose un menu dans un esprit tapas périgourdin, à un prix intéressant. De la gastronomie en mouvement.

🛏️🍽️♿🅿️ – Prix : €€€€

Le Bourg – ☏ 05 53 22 80 06 – www.vieux-logis.com - Fermé mercredi et jeudi (sauf juillet-août)

BISTROT DE LA PLACE

CUISINE RÉGIONALE • BISTRO Une adresse pour se restaurer dans le village où Claude Chabrol tourna le film Le Boucher (1970). Vieilles pierres, poutres et réjouissante cuisine régionale, avec notamment un menu-carte bien tourné où le canard a toute sa place (foie gras, confit, grillé...), ce qui ravira les amateurs du célèbre palmipède. Un moment très sympathique.

🍽️ – Prix : €

Le Bourg – ☏ 05 53 22 80 69 – www.vieux-logis.com/le-bistrot – Fermé lundi et mardi (sauf juillet-août)

LE VIEUX LOGIS

TRADITIONNEL • CHALEUREUX Cet ancien prieuré est le vivant récit de l'histoire de la famille des propriétaires, remontant à presque cinq siècles ! Les chambres sont meublées avec goût et le jardin est superbe. Un logis extrêmement chaleureux.

🅰🅲🅿️🍽️ - 25 chambres

Le Bourg – ☏ 05 53 22 80 06

✱ **Le Vieux Logis • Bistrot de la Place** - Voir la sélection des restaurants

LE TRÉPORT

✉ 76470 – Seine-Maritime – Carte régionale n° **3**–B1

LE GOÛT DU LARGE

CUISINE MODERNE • BISTRO En léger retrait de l'agitation du port, dans un intérieur moderne et cosy, on goûte à la cuisine généreuse et actuelle du jeune chef Jonathan Selliez (aidé par sa mère en pâtisserie), qui joue sur les textures et les saveurs. Les poissons sont issus de la pêche durable, comme ce superbe filet de maquereau de la côte, accompagné d'un maki de poireau enroulé dans des feuilles d'algues nori et d'une déclinaison de carottes, gelée et en pickles. On n'est pas près de prendre le large !

Prix : €€

4 place Notre-Dame – ☏ 02 35 84 39 87 – www.legoutdularge.octotable.com/index.html – Fermé du lundi au mercredi

TRESSERVE

✉ 73100 – Savoie – Carte régionale n° **21**-C2

LA TABLE DE L'INCOMPARABLE

CUISINE MODERNE • CONTEMPORAIN Dans cette demeure de caractère dominant le lac du Bourget, le chef Antoine Cevoz-Mamy délivre une cuisine élégante et techniquement précise, pleine de punch et de saveurs, avec l'envie de privilégier les produits locaux : légumes du potager, truite, féra, veau fermier... Des assiettes qui ont du caractère, avec notamment un penchant affirmé pour les agrumes, et toujours un jeu de textures bien pensé. Depuis la terrasse, on profite d'une vue panoramique sur le lac et le mont du Chat.

🛏️♿🅰🍽️🅿️ – Prix : €€€€

68 chemin de Belledonne – ☏ 04 58 01 74 23 – www.hotel-lincomparable.com/fr – Fermé du lundi au mercredi

LA TRINITÉ-SUR-MER

✉ 56470 – Morbihan – Carte régionale n° **1**-C3

L'AZIMUT

CUISINE MODERNE • COSY Ambiance maritime tous azimuts dans cette maison chaleureuse, institution de la Trinité-sur-Mer depuis 1965. Ardoise de fruits de mer, poissons, mais aussi viandes cuites à la braise... Des assiettes pleines de relief et de peps, comme ce gravlax de lieu jaune dans l'esprit d'un ceviche, crème d'agrumes, huile de persil, perles de Kalamansi et tuile dentelle. Joli choix de vins et grande terrasse offrant une échappée sur le port. Une valeur sûre !

❀ 🍴 ⇔ – Prix : €€
1 rue du Men-Du – ☎ 02 97 55 71 88 – www.lazimut-latrinite.com – Fermé mardi et mercredi

LA TRONCHE

✉ 38700 – Isère – Carte régionale n° **21**-C3

LA MAISON BADINE

CUISINE MODERNE • CONTEMPORAIN Dans cette table moderne et accueillante, dont le nom fait référence à un aïeul du chef, l'ambiance décontractée et sympathique est assurée. Depuis sa cuisine ouverte, Florian Poyet compose une cuisine bistronomique lisible et axée sur les saisons : encornets en persillade et asperges blanches, agneau du Trièves à l'ail des ours et citron noir, fraises et rhubarbe confite au poivre blanc de Kampot...

♿ 🆎 🍴 – Prix : €€
2 rue du Pont-Prouiller – ☎ 04 76 01 03 33 – www.maison-badine.com – Fermé lundi, dimanche et samedi midi

LE TRONCHET

✉ 35540 – Ille-et-Vilaine

L'ABBAYE-

MODERNE • CHARME En pleine campagne, au bord d'un étang, cette ravissante abbaye du 12e s. a été rénovée avec beaucoup de goût. Belle cour encadrée de bâtisses en pierre, chambres confortables et résolument modernes, qui ne manquent pas d'élégance, et dont certaines disposent d'une terrasse privative... Tout simplement charmant !

♿ 🆎 🅿 ♤ 🛏 ⚒ 🍴 🍽 - 45 chambres
7 rue de L'Abbatiale – ☎ 02 99 16 94 41

TROSLY-LOIRE

✉ 02300 – Aisne – Carte régionale n° **5**-C2

AUBERGE DE LA GRIVE

Chef : Nicolas Gautier

CUISINE MODERNE • CONTEMPORAIN Cette grive-là semble bien être musicienne tant ses plats enchantent le palais : délicieux homard et sa laitue cuits au barbecue, piquantes feuilles de capucine, myrtilles et puissant jus de carapace ; volaille de Licques, champignons délicatement liés dans une vinaigrette à l'anchois, et jus de volaille twisté à l'ail noir ; baba aux framboises... Ne travaillant que des produits les plus « nature » possible, le chef Nicolas Gautier multiplie les prises de

TROSLY-LOIRE

risque avec ses accords hors des sentiers battus et remporte la mise. Un peu dans l'esprit d'une table d'hôtes, le repas est préparé devant les convives, au sein d'une belle bâtisse en pierres de taille nichée au cœur d'un parc et d'une forêt.
- Prix : €€€
5 rue du Logis - 07 71 61 20 02 - www.aubergedelagrive.com/fr - Fermé lundi, mardi et dimanche

TROUVILLE-SUR-MER
14360 - Calvados - Carte régionale n° **2**-C2

TURBULENT
CUISINE MODERNE • **SIMPLE** À deux pas de l'agitation touristique, une ancienne crêperie est devenue le nouveau QG du trublion Jarvis Scott, ex-candidat Top Chef et ancien des fourneaux de Liquide. Dans ce décor brut et sans chichis, une certaine ambiance rock'n'roll est de rigueur : première salle intimiste organisée autour de la cuisine ouverte, et à l'étage, une table d'hôtes qui accueille dix convives dans une atmosphère plus feutrée. Loin des codes convenus de la station balnéaire, le chef secoue les papilles avec des associations décomplexées qui détonnent : grenouilles flirtant avec la merguez, bulots en escapade sauce algérienne. Dans l'assiette, le message est clair : du goût, des saveurs franches, sans artifices inutiles. La carte des vins fait la part belle aux crus naturels et biologiques. Un conseil : réservez, sous peine de rester le nez collé à la vitrine ! Coup de cœur.
- Prix : €€
Plan : voir Deauville - B1 - 3 - *1 rue Durand-Couyère - 02 31 88 56 24 - www.turbulent-trouville.com/fr - Fermé lundi et mardi*

CURES MARINES
CLASSIQUE • **RAFFINÉ** Cet hôtel, installé dans un imposant bâtiment de 1912, entre port et plage, en plein cœur de Trouville, signe le retour du balnéaire chic ! Tout y respire l'élégance et le confort, avec ce vaste hall superbement décoré, ces chambres lumineuses, et ce spa marin unique en son genre... Exceptionnel.
- 103 chambres
Boulevard de la Cahotte - 02 31 14 26 00

LE FLAUBERT
TRADITIONNEL • **ROMANTIQUE** Il suffit de poser un pied dehors pour fouler les célèbres "planches" : cette villa à colombages très romantique (1936) est quasiment posée sur la plage ! Les chambres, plutôt classiques, sont coquettes et disposent pour la moitié d'une jolie vue sur la mer.
- 31 chambres
Rue Gustave Flaubert - 02 31 88 37 23

TROYES
10300 - Aube - Carte régionale n° **12**-B1

AUX CRIEURS DE VIN
CUISINE TRADITIONNELLE • **BAR À VIN** Briques nues, mobilier bistrot, concept branché : on choisit sa bouteille dans la cave, avant de l'accompagner d'un bon petit plat centré sur le produit (charcuterie artisanale, viande fermière, fromages de chez Bordier, etc.). Le patron s'adresse à chacun de ses clients, avec la jubilation non feinte du passionné de vin ! Un plaisir.
- Prix : €
4 place Jean-Jaurès - 03 25 40 01 01 - www.auxcrieursdevin.fr - Fermé lundi et dimanche

TROYES

CAFFÈ COSI - LA TRATTORIA DE BRUNO CAIRONI

CUISINE ITALIENNE • COLORÉ Une trattoria d'inspiration italienne et méditerranéenne installée dans une ancienne galerie d'art, ouverte sur une cour pavée. On aime le risotto de petits pois à la française avec guanciale en différentes textures, très gourmand, à déguster dans un cadre contemporain coloré. Avant de partir, faites donc une halte à l'épicerie fine qui propose une sélection de jolis produits italiens.

&🌿⌂ – Prix : €€

5 rue Marie-Pascale-Ragueneau – ℰ 03 25 76 61 34 – www.caffecosi-caironi. com – Fermé lundi et dimanche, et mardi et mercredi soir

CLAIRE ET HUGO

CUISINE DU MARCHÉ • TENDANCE Un jeune couple autodidacte et passionné est à la tête de ce restaurant doté d'un décor sobre en matériaux bruts, ouvert sur une plaisante terrasse et un jardin intérieur (dont une serre à agrumes). Le lieu est également une boulangerie-épicerie. Les produits, bio à 95%, inspirent des préparations saines, savoureuses et équilibrées.

🛏&🌿 – Prix : €€

77 avenue du Général-Galliéni, à Sainte-Savine – ℰ 09 73 14 18 69 – www. claireethugo.fr – Fermé du lundi au mercredi et du jeudi au dimanche soir

LE PETIT BASSON

CUISINE MODERNE • CONVIVIAL Le chef Yann Caputo, qui ouvre ici sa première adresse, aime les légumes : non seulement il les cultive lui-même dans un potager, mais il en porte également tatoués sur le bras... Pas étonnant qu'il parle de sa jeune pousse de maison comme d'un « bistrot de jardin », même s'il cuisine aussi les viandes (et uniquement les poissons sauvages). Le menu déjeuner à prix doux est une aubaine : lentillons de Champagne, chantilly au lard fumé, cresson du jardin ; daurade sauvage, navets du jardin, lait de coco, gingembre, citronnelle. Le soir, carte avec produits plus nobles (langoustines, bar sauvage...) toujours accompagnés des légumes du jardin du chef. Charmante déco boisée et nature (tresses d'ail, blé et fleurs séchés aux murs...).

AC 🌿 – Prix : €€

4 rue de la Madeleine – ℰ 03 25 41 92 44 – Fermé lundi, mardi et dimanche

LE QUAI DE CHAMPAGNE

CUISINE MODERNE • CONTEMPORAIN Au bord du Ru de Cordé, une maison bourgeoise du 19e s. rénovée dans un esprit contemporain avec ses 2 salles à manger aux larges baies vitrées entourée d'un charmant jardin arboré : le chef Jean-Paul Braga y cisèle une cuisine actuelle et de saison, non sans oublier quelques classiques (ris de veau braisé aux morilles, tournedos Rossini) et spécialités portugaises comme cette caldeirada de thon et cabillaud, d'où le chef est originaire.

🛏&AC🌿⌂ – Prix : €€€

1 bis quai des Comtes-de-Champagne – ℰ 03 25 42 08 98 – www. lequaidechampagne.fr – Fermé lundi, mardi midi et dimanche soir

TULLE

✉ 19000 – Corrèze – Carte régionale n° **19**–C3

😊 LE BOUCHE À OREILLE

CUISINE TRADITIONNELLE • CONVIVIAL On découvre ici le travail d'un chef aimable et discret, aussi modeste que bon cuisinier. Ses préparations font la part belle aux saisons ainsi qu'aux beaux produits, à l'image de ce magret de canard

TULLE

cuit légèrement rosé aux pruneaux et à l'orange, risotto de petit épeautre. C'est goûteux et bien ficelé : on se régale. Aux beaux jours, on s'installe sur la jolie terrasse dans le jardin à l'arrière.

&. ♨ – Prix : €€

39 avenue Charles-de-Gaulle – ℰ 05 44 40 40 30 – www.leboucheaoreille-tulle. com – Fermé lundi et dimanche

🙂 LES 7

CUISINE MODERNE • SIMPLE Cette adresse de poche (25 couverts au maximum) est le fief d'un jeune couple plein d'allant. Les assiettes sont dressées avec beaucoup de soin, les saveurs et textures sont complémentaires. N'oublions pas de dire aussi un mot sur le service, absolument charmant.

&. ♨ – Prix : €€

32 quai Baluze – ℰ 05 44 40 94 89 – www.restaurant-les7.fr – Fermé lundi et dimanche

LA TURBALLE

✉ 44420 – Loire-Atlantique – Carte régionale n° **9**–A3

MAJU

CUISINE MODERNE • CONTEMPORAIN MAJU comme MArine et JUlien, qui tiennent cet élégant restaurant contemporain donnant sur le port. De sa cuisine ouverte, le chef envoie une cuisine moderne et ambitieuse, au détour d'un menu unique qui se décline en plusieurs temps. Des assiettes qui séduisent au premier coup de fourchette grâce à un souci affirmé du détail visuel, et qui privilégient au maximum les produits du terroir local (poisson de la criée, algues et salicorne, pigeon de Mesquer...).

&. – Prix : €€€

18 quai Saint-Paul – ℰ 02 40 23 30 29 – www.maju-restaurant.fr – Fermé du lundi au mercredi

LA TURBIE

✉ 06320 – Alpes-Maritimes – Carte régionale n° **29**–E2

CAFÉ DE LA FONTAINE

CUISINE TRADITIONNELLE • BISTRO Repas au coude-à-coude entre des habitués gouailleurs et des gourmands ravis, atmosphère très conviviale : pas de doute, on est dans un authentique café de village. Bistrotière et généreuse à souhait, la cuisine est une ode aux terroirs ensoleillés ! Réservation conseillée.

🅰🅲 ♨ – Prix : €€

4 avenue du Général-de-Gaulle – ℰ 04 93 28 52 79 – www.hostellerie-jerome. com

UCHAUX

✉ 84100 – Vaucluse – Carte régionale n° **28**–C2

CÔTÉ SUD

CUISINE MODERNE • COSY Vous passerez un moment plaisant dans cette maison en pierre, son jardin et son agréable terrasse. Le chef concocte des recettes bien ficelées aux inspirations régionales. On se régale ainsi d'un œuf parfait, champignons et royale de foie gras, ou d'un suprême de pintade mariné à la farigoule, patates douces et sauce vierge. La carte des vins fait la part belle au bio et à la biodynamie. Service charmant.

🍽&. ♨ 🅿 – Prix : €€

3395 route d'Orange – ℰ 04 90 40 66 08 – www.restaurantcotesud.com – Fermé mardi et mercredi

1181

UCHAUX

LE M - CHÂTEAU DE MASSILLAN
CUISINE MODERNE • ÉLÉGANT Ce beau château du 16e s. est niché dans un vaste parc entouré de vignes. La cuisine met en valeur les produits du potager et du verger bio du domaine. À déguster avec un cru en biodynamie du Domaine de la Guicharde, qui produit aussi l'huile d'olive servie au restaurant. Service souriant et appliqué. En été, on s'installe dans la magnifique cour face au jardin, autour de la fontaine.
– Prix : €€€
730 chemin de Massillan – ☏ 04 90 40 64 51 – www.chateaudemassillan.fr – Fermé lundi et mardi

LE TEMPS DE VIVRE
CUISINE PROVENÇALE • TRADITIONNEL Cette maison en pierre du 18e s. – mais au décor contemporain – invite à prendre le temps de vivre, en particulier sur sa terrasse ombragée. Le chef et son épouse connaissent par cœur les lois de l'hospitalité. Au menu : la générosité de la Provence, avec les légumes du beau-père en saison, aïoli le vendredi midi en été, mais aussi un menu dédié à la truffe en hiver.
– Prix : €€
322 route de Bollène – ☏ 04 90 40 66 00 – www.letempsdevivre-uchaux.com – Fermé mercredi et jeudi

CHÂTEAU DE MASSILLAN
CONTEMPORAIN • CALME Ici, pas de surprise sur l'architecture (16e s.) et le paysage. L'étonnement survient à l'intérieur, avec ce décor chic et contemporain, imaginé par les propriétaires, décorateurs londoniens, qui ont exercé leur art libre et graphique dans la plupart des douze chambres du château.
– 13 chambres
730 chemin de Massillan – ☏ 04 90 40 64 51
Le M - Château de Massillan - Voir la sélection des restaurants

URIAGE-LES-BAINS
✉ 38410 – Isère – Carte régionale n° **21**-C3

MAISON ARIBERT
Chef : Christophe Aribert
CUISINE CRÉATIVE • CONTEMPORAIN Christophe Aribert s'épanouit dans une belle maison du 19e s. adossée à la colline, au cœur du parc d'Uriage. Cet amoureux de la nature a fait de l'éco-responsabilité l'alpha et l'omega de son établissement : traitement des déchets, chauffage à granulés, tissus en coton bio… Tout ici est pensé en fonction du respect de l'environnement. Le chef affirme plus que jamais son attachement aux herbes et racines des montagnes environnantes, qui accompagnent dans l'assiette les fruits, légumes et fleurs du potager maison. Sa cuisine compose également une véritable ode aux poissons de rivière. Enfin, n'oublions pas les confortables chambres, idéales pour prolonger le séjour.
 – Prix : €€€€
280 allée du Jeune-Bayard – ☏ 04 58 17 48 30 – www.maisonaribert.com
L'engagement du chef : La Maison Aribert s'inscrit dans une volonté de soutenir un territoire en tissant des liens forts avec ses artisans, ses ressources et ses acteurs locaux. Nous voulons être une vitrine des savoir-faire isérois qui répondent à des engagements responsables. Notre cuisine est le reflet de la richesse de la nature qui nous entoure et fait notamment la part belle au végétal et herbes de montagne.

CAFÉ A
CUISINE MODERNE • BISTRO Le café A, véritable lieu de vie de la maison Aribert, ouvert toute la semaine du petit-déjeuner au dîner, ne dort jamais. Fidèle à sa thématique "café de village", qui revisite les recettes inspirées des mères et grand-mères, le chef propose une belle cuisine bistronomique à prix doux, simple et réalisée à

URIAGE-LES-BAINS

partir de produits sélectionnés avec soin. Souvenir gourmand d'une brioche perdue, glace et sauce caramel, simplement addictive. Une valeur sûre. Brunch le dimanche.
🍴 & AC 🛋 P – Prix : €€
280 allée du Jeune-Bayard – ✆ 04 58 17 48 30 – www.maisonaribert.com

MAISON ARIBERT

MODERNE • RAFFINÉ Véritable institution d'Uriage, ce bel hôtel Napoléon III, relié au centre thermal, invite à renouer avec la nature. Les chambres d'hôtes ont toutes été conçues de façon à se fondre dans leur environnement, celui des pins et des reliefs enneigés du parc naturel d'Uriage, dont on s'imprègne depuis leurs terrasses. Meubles chinés, pièces design et œuvres contemporaines se mêlent harmonieusement, pour un rendu doux et enveloppant, à l'image du cadre extérieur. Et l'on peut aussi se détendre à la bibliothèque ou à la tisanerie...
& P 🍴 ⚐ – 5 chambres
280 allée du Jeune Bayard – ✆ 04 58 17 48 30
✱✱ **Maison Aribert** • 🌸 **Café A** – Voir la sélection des restaurants

URMATT

✉ 67280 – Bas-Rhin – Carte régionale n° **8**–A2

LA POSTE

CUISINE TRADITIONNELLE • AUBERGE Les amateurs de tradition seront heureux de découvrir cette auberge familiale installée en face de l'ancienne mairie. Gibier en saison, truite au bleu, tournedos de bœuf Rossini, foie gras d'oie et autres terrines de campagne... La cuisine est généreuse et l'ambiance sympathique.
🍴 AC P – Prix : €€
74 rue du Général-de-Gaulle – ✆ 03 88 97 40 55 – www.hotel-rest-laposte.fr – Fermé lundi, mardi midi et dimanche soir

URRUGNE

✉ 64700 – Pyrénées-Atlantiques – Carte régionale n° **25**–A2

LA FERME ILHARREGUI BAITA

CUISINE MODERNE • AUBERGE Cette ancienne ferme du 17e s. est désormais une auberge basque contemporaine rénovée avec goût, aussi bien à l'extérieur que dans la vaste et confortable salle. La mise en valeur du terroir basque est évidente à travers les trois menus proposés : le premier élaboré autour des légumes secs, le second autour des produits de la mer et le dernier à base de produits issus de la terre. Les assiettes sont goûteuses et colorées, à l'image de cette déclinaison d'agneau aux haricots tarbais et caviar d'aubergine fumé.
& AC 🛋 P – Prix : €€
70 chemin de Apezerreka – ✆ 05 59 54 73 39 – www.ferme-ilharregui-baita.fr – Fermé lundi et mardi, et mercredi et dimanche soir

FERME LIZARRAGA

CUISINE MODERNE • AUBERGE Dans un bel environnement naturel – lizarraga signifie « forêt de frênes » en basque –, Véronique et Stéphane Poulin tiennent table dans une ancienne ferme du 17e s. devenue auberge, au caractère préservé, mêlant avec goût le cachet rustique et champêtre des lieux à des notes plus contemporaines. Le chef propose une cuisine du marché aux goûts francs et marqués, à l'image de ce foie gras de canard des Landes mi-cuit, de ce merlu de ligne servi avec d'excellents gnocchis et espuma de sésame grillé, sans oublier ce biscuit moelleux aux amandes, fraises et glace au basilic. On profite d'une terrasse à l'ombre d'un noyer centenaire, offrant au loin une vue sur la Rhune. Service charmant. Un coup de cœur !
🍴 & 🛋 P – Prix : €€
550 Chemin de Lizarraga – ✆ 05 59 47 03 76 – www.saint-jean-de-luz-restaurant.com – Fermé lundi et mardi

1183

URRUGNE

GAUA

CUISINE MODERNE • TENDANCE Le chef Benoit Sarthou (ex-étoilé du Moulin d'Alotz) a choisi de célébrer la « nuit » (gaua en basque), le partage et la convivialité dans un ancien garage transformé en lounge branché dans un style industriel avec bar-comptoir central et grande cuisine ouverte. On y vient goûter des tapas à partager dans une ambiance musicale savamment concertée. Dans l'assiette, une cuisine d'esprit comfort food et fusion où de nombreux produits sont maturés ou cuits à la flamme.

&. AK – Prix : €€

210 D810 – ☏ 05 59 43 37 41 – www.restaurantgaua.com – Fermé lundi, dimanche et du mardi au samedi à midi

URT

✉ 64240 – Pyrénées-Atlantiques – Carte régionale n° **25**–A2

LA GALUPE Ⓝ

CUISINE MODERNE • RUSTIQUE Amarrée en bordure de l'Adour, cette ancienne auberge de mariniers aurait, dit-on, plus de trois siècles. Elle arbore toujours fièrement une pimpante façade blanche aux volets rouges et un intérieur dans son jus avec son dallage de pierre, ses poutres et sa cheminée. Même l'ancien banc de l'écailler et les crochets pour faire sécher les poissons sont encore visibles. Cette table, qui fut durant 30 ans le repaire du fameux chef basque Christian Parra, est aujourd'hui tenue par Stéphane Besse. Sa cuisine fraîche et colorée s'appuie sur des produits très locaux : pêcheurs, éleveurs de canard et d'agneau, boulanger et céramiste (qui a créé les assiettes) sont tous du village !

&. 🍽 – Prix : €€

15 le Port – ☏ 05 59 20 30 70 – www.lagalupe.fr – Fermé lundi et mercredi, et dimanche soir

URVILLE-NACQUEVILLE

✉ 50460 – Manche – Carte régionale n° **2**–A1

LE LANDEMER

CUISINE MODERNE • COSY Dans cette belle maison en pierre au toit en schiste et au charme indéniable, un jeune et sympathique chef hollandais concocte une cuisine moderne et un brin créative, qu'il décline en plusieurs séquences selon ses envies. Les produits sont exclusivement normands – notamment poissons, légumes, herbes sauvages et fleurs. Des réalisations précises et maîtrisées, tout comme les accords mets et boissons (locales, elles aussi). La salle du restaurant offre une vue imprenable, entièrement tournée vers la mer et les côtes... au même titre que les belles chambres dont il serait dommage de ne pas profiter !

≼ &. 🅿 – Prix : €€€

2 rue des Douanes – ☏ 02 33 04 05 10 – www.le-landemer.com – Fermé lundi, mardi et mercredi midi

USCLADES-ET-RIEUTORD

✉ 07510 – Ardèche – Carte régionale n° **20**–C3

FERME DE LA BESSE

CUISINE TRADITIONNELLE • RUSTIQUE Les volailles, veaux et brebis de la ferme familiale sont la matière première d'un jeune chef sympathique et bosseur, qui ne ménage pas ses efforts. Des recettes pleines de fraîcheur et de peps, une ambiance naturelle et conviviale : un vrai plaisir.

🅿 – Prix : €€

La Besse – ☏ 07 72 37 27 39 – www.fermedelabesse.com – Fermé lundi et dimanche soir

USSEL

✉ 19200 – Corrèze – Carte régionale n° **19**–D2

CHÂTEAU DU THEIL N

CUISINE MODERNE • TENDANCE Il ne reste rien du château en ruine, métamorphosé grâce aux efforts de deux amis d'enfance originaires de la ville. Place désormais à des chambres, des lodges et surtout un restaurant créé dans une extension en bois. Le chef propose une cuisine authentique, pleine de fraîcheur et de saveurs : ceviche de truite, aguachile de concombre à l'huile de coriandre ; effiloché de cochon, légumes du moment et jus ; riz au lait (fort gourmand !). Le tout dans une démarche éco-responsable sincère : on privilégie les producteurs locaux et on développe une serre en aquaponie pour la production de légumes maison.

⛔🍴🏠🅿 – Prix : €€

1 rue du Château-du-Theil – ☎ *05 19 91 02 10 – www.chateaudutheil.com – Fermé , lundi et dimanche soir*

UZA

✉ 40170 – Landes – Carte régionale n° **25**–B1

LA TABLE DU MARENSIN

CUISINE MODERNE • CONTEMPORAIN Dans un hameau bucolique au bord de l'étang d'Uza, cette ancienne fonderie est une table bien agréable. La salle à manger arbore des fenêtres façon atelier, un carrelage couleur rouille, de petits fauteuils noir et corail, prolongée d'une terrasse tournée vers l'étang. Dans l'assiette, le jeune chef, fort d'une technique acquise à l'Auberge du Prieuré à Moirax, déploie des assiettes savoureuses dans un menu unique surprise déclinable en plusieurs temps : raviole ouverte de champignons bruns et girolles, écume de noisette ; filet de veau, jus de viande au vinaigre de framboise et harissa de piments doux des Landes à la rose.

⛔🍴🅰🏠🅿 – Prix : €€

115 rue de Castets – ☎ *09 70 22 90 21 – www.domaineduza.fr/la-table-du-marensin – Fermé lundi et dimanche soir*

UZERCHE

✉ 19140 – Corrèze

JOYET DE MAUBEC

MODERNE • CHARME Cet ancien hôtel particulier, redécoré avec beaucoup de goût et de très beaux matériaux, n'a rien perdu de son caractère d'antan. Le charme y est niché dans tous les coins, depuis le sol pavé de l'accueil jusqu'aux chambres spacieuses et délicieusement rétro.

🅰🅿🚗🔇⛔🐾🍴 – 11 chambres

Place des Vignerons – ☎ *05 55 97 20 60*

UZÈS

✉ 30700 – Gard – Carte régionale n° **28**–B2

LA TABLE D'UZÈS

CUISINE MODERNE • ÉLÉGANT Sur une place du centre historique, le chef Christophe Ducros s'épanouit dans un nouveau cadre confortable. Il élabore une cuisine résolument méridionale, assemblage de saveurs franches et équilibrées : le fameux pigeon des Costières rôti sur coffre ; le suprême de volaille fermière, tartelette de maïs et sauce bigarade ; les fraises comme un vacherin, crème fouettée vanille et sorbet au verjus. La cohérence de l'ensemble est indéniable. Un vrai plaisir de gastronome, à savourer sur le toit-terrasse avec vue sur la cathédrale.

⇔🅰🅲🏠 – Prix : €€€€

Place de l'Évêché – ☎ *04 11 71 94 00 – www.lamaisonduzes.fr – Fermé lundi et mardi*

UZÈS

BOUTIQUE HÔTEL ENTRAIGUES

CONTEMPORAIN • CHARME Fondé par un couple de restaurateurs d'édifices historiques, l'Hôtel Entraigues est évidemment un bâtiment de plus de 500 ans, jouxtant la majestueuse cathédrale néo-romane. L'extérieur, méticuleusement préservé, abrite un intérieur contemporain, avec un mobilier minimaliste et de somptueuses salles de bains en mosaïque. La terrasse panoramique et la piscine ajoutent au charme de l'endroit.

🅰🅲 🅿 🛏 �️ 🏊 - 19 chambres
Place de l'Évêché - ☏ 04 66 72 05 25

LA MAISON D'UZÈS

CLASSIQUE • COSY Dans la vieille ville, cet hôtel particulier du 17e s. accueille les voyageurs dans une atmosphère cosy et feutrée. Les chambres, aux noms poétiques – L'Écrin, Les Trois Lucarnes, La Dérobée, etc. –, sont confortables. Une charmante étape !

🅰🅲 🧖 🅿 �️ 🅖 🍴 - 12 chambres
18 rue du Docteur Blanchard - ☏ 04 66 20 07 00
✺ **La Table d'Uzès** - Voir la sélection des restaurants

LA VACQUERIE-ET-SAINT-MARTIN-DE-CASTRIES
✉ 34520 – Hérault – Carte régionale n° **27**-C1

L'OGUSTIN Ⓝ

CUISINE MODERNE • COSY À deux pas du cirque de Navacelles, dans un petit village niché sur le rebord méridional du causse du Larzac, se trouve le restaurant de Pricillia Lebon, installé dans une ancienne bergerie. Sous les voûtes de pierre, le décor cosy et chaleureux reflète la personnalité attachante d'une cheffe venue cuisiner sur ces belles terres isolées. Le menu surprise célèbre le Larzac avec des produits issus en majorité des circuits courts (et notamment les maraîchers locaux) ainsi que des cueillettes de champignons et de plantes. Le végétal domine des assiettes intuitives, légères et aromatiques. Un hommage aux origines malgaches de la cheffe pointe le bout de ses papilles dans le dessert, avec cette crème de patate douce à la vanille. L'option végétarienne est également possible. Un lieu unique et authentique.

♿ – Prix : €€
2 place de l'Ormeau – ☏ 04 67 95 16 88 – www.restaurantdularzac.com/l-ogustin – Fermé du lundi au mercredi

VAGNAS
✉ 07150 – Ardèche – Carte régionale n° **28**-B2

L'UNISENS

CUISINE MODERNE • CONTEMPORAIN À la sortie du bourg de Vagnas, une demeure moderne d'allure provençale. Dans cette grande salle contemporaine avec cuisine ouverte, on déguste la cuisine de Tarik Mezri-Charmasson, qui coche toutes les bonnes cases en suivant la saison et le bon goût des produits.

♿ 🅰🅲 🌳 �️ 🅿 – Prix : €€
250 route de Barjac – ☏ 04 75 94 01 04 – www.lunisens.fr – Fermé du mardi au jeudi

VAGNEY

✉ 88120 – Vosges – Carte régionale n° **7**-C3

LES LILAS

CUISINE MODERNE • **COSY** Dans cette localité au pied des Vosges, impossible de manquer la grande bâtisse rose saumon sur le bord de la route ! Vous serez chaleureusement accueillis par Armelle, dans la salle aux belles verrières Art déco tandis que Lionel, en cuisine, réalise de bons plats actuels, augmentés parfois de quelques touches créatives. Agréable terrasse.

& 🏡 ⇄ 🅿 – Prix : €€

12 rue du Général-de-Gaulle – 🕾 03 29 23 69 47 – www.restaurantleslilas.fr – Fermé mardi et mercredi, et lundi soir

VAILHAN

✉ 34320 – Hérault – Carte régionale n° **27**-C2

ÄPONEM - AUBERGE DU PRESBYTÈRE

CUISINE MODERNE • **ÉLÉGANT** Äponem signifie "bonheur" en langue Pataxo. Dans cette auberge d'un ancien presbytère du 17e s., on cultive en effet une certaine idée du bonheur, grâce notamment aux produits du marché et du potager (sept potagers en permaculture !). À déguster dans un cadre pimpant avec vue sur la campagne environnante ou sur la charmante terrasse, à l'ombre d'une glycine.

🕸 ⇆& 🆎🏡 – Prix : €€€€

4 rue de l'Église – 🕾 04 67 24 76 49 – www.aponem-aubergedupresbytere.fr – Fermé du lundi au jeudi et vendredi midi

🍀L'engagement du chef : Cultiver la terre, cuisiner les légumes de nos potagers en permaculture, proposer des vins biodynamiques et mettre l'humain au cœur de notre projet, c'est le défi que nous relevons au quotidien pour tendre vers une gastronomie durable et responsable, en adéquation avec la nature qui nous entoure.

VAILLY

✉ 74470 – Haute-Savoie – Carte régionale n° **21**-D1

✿ FRÉDÉRIC MOLINA AU MOULIN DE LÉRÉ

Chef : Frédéric Molina

CUISINE MODERNE • **RUSTIQUE** Au cœur de la vallée du Brevon, cet ancien moulin du 17e s. tourne grâce à deux passionnés : le chef Frédéric Molina, fils de viticulteur ayant promené ses couteaux dans toute l'Europe, et sa compagne Irene Gordejuela, originaire d'un petit village entre Pays basque et Rioja. Cette dernière accueille avec un délicieux accent dans un cadre champêtre. Leur philosophie commune, c'est l'éco-responsabilité : ils mettent en avant l'agriculture raisonnée locale, avec des producteurs triés sur le volet, et vont jusqu'à utiliser des contenants biodégradables. Le menu surprise en 6 ou 8 plats est un vrai régal ; on profite aussi d'un excellent pain local, au levain naturel bio.

🕸 ⇆🛏&⇄🅿 – Prix : €€€€

270 route de Léré, Sous la Côte – 🕾 04 50 73 61 83 – www.moulindelere.com – Fermé lundi, mardi, et mercredi et jeudi à midi

🍀L'engagement du chef : Soucieux de l'impact environnemental de notre cuisine, 90% des produits que nous utilisons sont issus d'exploitations artisanales et biologiques qui se situent dans un rayon de 30 km. En cuisine, nous nous efforçons également de réduire au maximum le gaspillage alimentaire en utilisant les produits dans leur intégralité.

VAISON-LA-ROMAINE

⊠ 84110 – Vaucluse – Carte régionale n° **29**–C2

LE BATELEUR

CUISINE MODERNE • CONVIVIAL À un jet de lances du pont romain, aux pieds de la ville médiévale, le chef propose une cuisine du marché, attentive aux saisons, souvent provençale, parfois mâtinées d'influences italiennes et mexicaines. À déguster en terrasse, sous des cieux cléments. Une belle étape pour découvrir une cuisine riche en saveurs !

🅰️🌿 – Prix : €€

1 place Théodore-Aubanel – ☎ *04 90 36 28 04 – www.restaurant-lebateleur. com – Fermé lundi et dimanche*

LES MAISONS DU'O - LE BISTRO PANORAMIQUE

CUISINE DU MARCHÉ • CONTEMPORAIN Tomates et fruits du pays, épeautre et cochon du Ventoux : le chef emporte la mise avec une cuisine dans le vent, d'esprit provençal, à l'image de ce maigre rôti accompagné de fenouil en aïoli et d'une bisque émulsionnée, ou de cette cassolette de gambas et calamar. Les menus offrent un excellent rapport qualité-prix. Vue superbe sur l'Ouvèze depuis la grande salle contemporaine.

⟨⟨👌🌿 – Prix : €€

16 rue Gaston-Gevaudan – ☎ *04 90 28 84 08 – www.maisonsduo.com – Fermé lundi et dimanche*

VAL-D'ISÈRE

✉ 73150 – Savoie
Carte régionale n° **21**–D2

Des tables aux sommets...

L'une des stations phare de la Savoie, implantée sur le versant oriental de la Vanoise, Val-d'Isère s'est développée dans les années 1930. Réputée sportive et familiale, elle est devenue au fil du temps, comme sa consœur Courchevel, un spot gastronomique comme en témoigne notre sélection et les produits du terroir qu'on y trouve. Outre les fromages traditionnels (tomme de Savoie, raclette, etc.), il est facile de dénicher des salaisons mais aussi des vins de Savoie, du miel, des bières et des jus de fruits – qui évoquent, si besoin est, la splendeur de la montagne l'été. Côté table, la cuisine montagnarde atteint ici des sommets... évidemment.

LA TABLE DE L'OURS

CUISINE MODERNE • ÉLÉGANT Ce luxueux hôtel aux airs de chalet cossu héberge une table gastronomique parée d'un écrin chic et élégant, entre bois, pierres et miroirs. Passionné et consciencieux, le chef Antoine Gras travaille dans le strict respect du produit, mis en avant dans des recettes savoureuses et sans chichis, où les accords de saveurs tombent juste : escargots de Savoie, épinard, cresson et velours de vin jaune herbacé ; omble chevalier du Léman et sauce vierge à la livèche ; dos de chevreuil et étouffée de carotte au sapin... En salle, une jeune équipe déploie un enthousiasme contagieux, notamment la sommelière, porte-parole des vins de Savoie.

– Prix : €€€€

Les Barmes de l'Ours, 100 montée de Bellevarde – ✆ 04 79 41 37 00 – www.hotellesbarmes.com – Fermé lundi, dimanche et du mardi au samedi à midi

L'ALTIPLANO

CUISINE PÉRUVIENNE • ÉLÉGANT La montagne ne se résume pas aux... Alpes ! À cette table, on célèbre les Andes avec des plats inspirés par l'histoire et la cuisine péruviennes. Cuisine de braise, cuisine de condiments, cuisine à partager... un véritable voyage immobile à déguster dans un cadre chic, intimiste et convivial.

– Prix : €€€€

Le K2 Chogori, 143 avenue du Prariond – ✆ 04 79 04 08 20 – www.lek2chogori.com/fr – Fermé les midis

VAL-D'ISÈRE

LES AIRELLES

CLASSIQUE • RAFFINÉ Un véritable hôtel de station "skis aux pieds", mais étonnamment raffiné, son architecture et son décor combinant la chaleur classique des lodges alpins avec des touches de style Renaissance. Chambres, suites et appartements bénéficient d'espace et d'une vue spectaculaire. Spa, piscine de 20 m.
🅰️ 🛁 🅿️ � ⤵ ⌇ 🎿 🛜 📶 ᴴᵃ 🍴 - 41 chambres
145 rue de la Poste – ☎ 04 79 22 22 22

AVANCHER

MODERNE • FAMILIAL En course depuis 1949, l'hôtel Avancher connaît une nouvelle jeunesse : de grandes chambres et appartements fonctionnels à l'allure discrète, légère et dans l'air du temps. Ses équipements modernes bien pensés - TV connectées, wifi très haut débit ou encore système d'insonorisation - ancrent l'hôtellerie alpine dans la modernité. Que les puristes se rassurent, l'esprit alpin est respecté : bois blond, matières douces et spa tout équipé avec vue sur les reliefs. Services de location de matériel et de forfaits. Un luxe à prix raisonnable.
🅿️ � 🛜 📶 🍴 - 37 chambres
Avenue du Prariond – ☎ 04 79 06 02 00

LES BARMES DE L'OURS

TRADITIONNEL • CONVIVIAL Différentes ambiances dans cet hôtel idéalement situé au pied des pistes... une véritable invitation au voyage. Les aménagements sont luxueux et le confort à son apogée, depuis le bar au coin du feu jusqu'à la rôtisserie. Hibernation en vue !
🛁 🅿️ 🎿 🛜 📶 ᴴᵃ 🍴 - 76 chambres
100 montée de Bellevarde – ☎ 04 79 41 37 00
✣ **La Table de l'Ours** - Voir la sélection des restaurants

HÔTEL ORMELUNE

MODERNE • CHALEUREUX Voici un bel exemple d'hôtel-ski "fun et funky", qui prouve qu'un séjour à la montagne donne de vraies belles couleurs. Spacieuses et ludiques avec leur design vitaminé, mais parsemées de touches rustiques, les chambres respirent la simplicité et la joie de vivre. Salles de bains en béton vernis, exposition pistes ou village, le rapport entre le pratique et la fantaisie atteint son équilibre. Côté services : bar au coin du feu, table moderne, espace sauna et hammam, massage en chambre, tarif préférentiel sur le matériel de ski.
🅿️ ⤵ 🛜 📶 🍴 - 46 chambres
Rue Noël Machet – ☎ 04 79 06 12 93

LE K2 CHOGORI

MODERNE • CONVIVIAL Les intérieurs du K2 Chogori sont élégants, mais aussi chaleureux et accueillants. Malgré toute son extravagance d'hôtel de luxe alpin (salles de bains habillées de pierre, tissus de créateurs), il garde une atmosphère familiale rare. Le spa offre une pause entre deux journées en montagne, tout comme le restaurant péruvien. Le thé de l'après-midi, les plats légers, apéritifs, cocktails et la musique live ont leur antre particulier.
🛁 🚗 ⤵ 🎿 🛜 📶 ᴴᵃ 🍴 - 21 chambres
143 avenue du Prariond – ☎ 04 79 04 20 20
L'Altiplano - Voir la sélection des restaurants

LE REFUGE DE SOLAISE

MODERNE • INSOLITE L'hôtel le plus haut de France, perché à 2551 m d'altitude et accessible uniquement en télécabine l'hiver, a été construit en partie dans l'ancienne gare du téléphérique datant de 1941. Matériaux nobles (pierre, bois et chaux), piscine de 25 m avec baies vitrées et vue superbe sur la vallée et le lac de Tignes. Pour une nuit ou un séjour un peu plus près des étoiles.
🅰️ 🎿 🛜 📶 ᴴᵃ 🍴 - 16 chambres
Sommet de Solaise – ☎ 04 58 83 00 90

1190

VAL-D'ISÈRE

 LE TSANTELEINA

CLASSIQUE • CHALEUREUX Du nom du plus haut sommet au-dessus de Val-d'Isère, un agréable hôtel, au cœur de l'animation de la mythique station. Les chambres sont spacieuses et chaleureuses, avec, côté sud, vue sur la piste olympique de Bellevarde ! Superbe espace bien-être.
- 54 chambres
Avenue Olympique – ℰ 04 79 06 12 13

VAL-REVERMONT
✉ 01370 – Ain – Carte régionale n° **21**-B1

 VOYAGES DES SENS

CUISINE MODERNE • AUBERGE Après avoir côtoyé plusieurs chefs renommés, Nicolas Morelle s'est installé dans ce charmant village. Au plus près des petits producteurs locaux, il propose une cuisine habile et subtile, et surtout rudement efficace, comme avec cette truite, émulsion raifort, légumes bio de saison. Dans une ambiance familiale et chaleureuse, voyagez directement en cuisine en jetant un œil derrière la belle baie vitrée qui permet de voir le chef à l'œuvre !
– Prix : €€
33 rue Principale – ℰ 04 74 51 39 94 – www.voyagesdessens.com – Fermé lundi, mardi, mercredi midi, et jeudi et dimanche soir

VAL-THORENS
✉ 73440 – Savoie – Carte régionale n° –

 LES EXPLORATEURS - HÔTEL PASHMINA

CUISINE MODERNE • COSY Au cœur d'un sublime hôtel posé à 2 345 m d'altitude, cette table de haute volée vaut l'ascension. Dans une étonnante salle qui invite à l'exploration sous toutes ses formes, on découvre des créations inspirées, basées sur des produits de haute qualité sourcés avec soin : Saint-Jacques associées aux champignons de La Motte-Servolex, omble chevalier confit au beurre de roussanne, poularde de Bresse en deux services... Jusqu'aux desserts, les assiettes révèlent une évidente maîtrise technique et la volonté forte de n'être pas qu'un restaurant d'hôtel de luxe parmi d'autres.
– Prix : €€€€
141 rue des Dalles – ℰ 04 79 00 09 99 – www.hotelpashmina.com – Fermé dimanche et du lundi au samedi à midi

LE DIAMANT NOIR

CUISINE MODERNE • ÉLÉGANT Dans ce restaurant chic perché au sommet de la station (2 400m), le chef Eric Samson rend un hommage gastronomique à ses trois régions de prédilection : sa Bretagne natale, sa Savoie d'adoption et son Périgord de cœur. Bien pensé, son menu-carte allie avec finesse ces trois terroirs, avec comme point d'orgue le fameux diamant noir (la truffe) : brouillade d'œuf bio à la truffe noire ; ormeau maturé et émulsion de lait ribot ; oignon de Roscoff cuit au foin, royale de beaufort d'été...
– Prix : €€€€
Koh-I-Nor, rue Gébroulaz – ℰ 04 79 31 00 00 – www.hotel-kohinor.com/fr – Fermé samedi, dimanche et du lundi au vendredi à midi

 ALTAPURA *Plus*

MODERNE • FAMILIAL Voici un hôtel moderne, confortable sans basculer dans le kitsch, et qui n'exclut pas l'accueil des familles au profit du style. D'inspiration nordique, il dépasse le bois blond pour une récréation post-moderne du chalet, avec des meubles dessinés par Nicolas et Jean-Louis Sibuet, des étoffes italiennes et même les traditionnels trophées de cervidés, en version contreplaqué. Toutes

1191

VAL-THORENS

modernes qu'elles soient, les chambres associent la sobriété, la douceur et le confort : couettes boule de neige, literies douillettes, douches spacieuses... Le spa, avec ses sept salles, sa piscine chauffée et son espace igloo, devient une alternative tentante au forfait pistes.

♿ 🛎 🅿 🛜 🛏 🍽 - 88 chambres

Rue du Bouchet – ☎ 04 80 36 80 36

Les Explorateurs - Voir la sélection des restaurants

🛏 LE FITZ ROY

MONTAGNARD • CHALEUREUX Cette paisible institution, installée à 2 300 m d'altitude, a bénéficié d'un lifting complet ! Décoration en pierre et chêne dans les parties communes, style montagnard contemporain dans les chambres ; certaines d'entre elles donnent directement sur les pistes.

🛎 🍽 - 72 chambres

Place de l'Église – ☎ 04 79 00 04 78

🛏 PASHMINA

CONTEMPORAIN • CHALEUREUX Le choix des hébergements commence par une double cosy avec balcon, jusqu'au chalet de trois chambres. Chacune offre tout le confort nécessaire, dans un décor joyeux et contemporain. Avec un spa et deux restaurants, vous atteignez les sommets de l'hospitalité, complétés par la boutique de ski et une longue liste d'activités en plein air. Un joli camp de base pour vos aventures alpines.

🛎 🅿 🛜 🍽 - 53 chambres

Place du Slalom – ☎ 04 79 00 09 99

🛏 LE VAL THORENS

MONTAGNARD • COSY Lors de la dernière rénovation, le grand atrium central a été préservé et relie désormais des espaces aux tons contemporains. Bien sûr, le style montagnard est toujours d'actualité — poutres apparentes, cheminées, tables-troncs et autres fourrures —, tempéré par un mix d'art et de design. Les chambres sont des havres tamisés et cosy offrant des équipements modernes et des vues somptueuses. Pour la récupération : piscine chauffée, bains turcs et sauna flambant neuf. Deux restaurants et un bar immanquable dans son grand cube de béton poli.

♿ 🛎 🍽 - 83 chambres

Place de l'Église – ☎ 04 79 00 04 33

VALDEBLORE

✉ 06420 – Alpes-Maritimes – Carte régionale n° **29**–C1

AUBERGE DE LA ROCHE

CUISINE CRÉATIVE • AUBERGE En plein cœur du parc national du Mercantour, entre la vallée de la Tinée et celle de la Vésubie, un duo qui cherchait à se mettre au vert a jeté son dévolu sur cette auberge traditionnelle en pierre. Ils ont été séduits, comme vous le serez, par le calme et la beauté de la nature environnante. Dans l'assiette, une cuisine brute, créative et végétale, un menu unique, des produits locaux (y compris ceux du potager maison). Belle offre de bières et de vins nature.

🐝 🪑 🅿 – Prix : €€€

La Roche – ☎ 04 93 05 19 07 – www.laubergedelaroche.com – Fermé mercredi, jeudi, lundi et vendredi à midi , et mardi soir

VALENCE

✉ 26000 – Drôme
Carte régionale n° **24**–B1

Et la ville-étape devint le but du voyage...

Le jeudi et le samedi matin, les terrasses de la place des Clercs se replient pour permettre au marché de prendre ses aises. Les producteurs de la région viennent vendre le meilleur de leur ouvrage dans une ambiance conviviale. Les becs sucrés se régaleront de nougat de Montélimar, de pogne (une brioche aromatisée à la fleur d'oranger) et, en saison, de noix de Grenoble, de myrtilles et de marrons d'Ardèche.

Côté salé, faites le plein de ravioles, ces petites pâtes fraîches farcies de comté, de fromage blanc frais et de persil. Ajoutez une caillette, un petit pâté de porc aromatisé aux herbes et quelques fromages de chèvre comme le picodon et le saint-félicien. Á l'automne,, la truffe noire, dont la Drôme est le premier producteur, s'accorde à merveille avec les crus de la vallée du Rhône, saint-joseph ou crozes-hermitage...

✿✿✿ PIC

Cheffe : Anne-Sophie Pic

CUISINE CRÉATIVE • **LUXE** La Maison Pic, dans la Drôme, c'est d'abord une atmosphère particulière. Salle tamisée, où la lumière n'éclaire que l'assiette ; créations florales ; moquette épaisse qui suspend le pas de la brigade de salle. Ici, on sert à l'ancienne, à l'assiette clochée en porcelaine... On retrouve dans l'assiette les sublimes obsessions – culte du Japon, souci de l'assemblage inédit – de celle que l'on a surnommé "la funambule des saveurs". Anne-Sophie Pic propose une invitation au voyage autour d'un menu unique en 10 haltes. Membre du club très fermé des femmes trois étoiles, très engagée, la célèbre cheffe dirige aujourd'hui la fondation "Donnons du goût à l'enfance". Au-delà de son talent débordant, un indispensable symbole.

 – Prix : €€€€

*285 avenue Victor-Hugo – ☎ 04 75 44 15 32 – www.anne-sophie-pic.com –
Fermé lundi, dimanche et mardi midi*

VALENCE

LA CACHETTE

Chef : Masashi Ijichi

CUISINE CRÉATIVE • CONTEMPORAIN Dans la partie basse de Valence, cette Cachette très discrète est désormais encore mieux cachée depuis son déménagement dans l'impasse située derrière l'adresse d'origine. Le restaurant gagne toujours à être découvert ! Vous y ferez la connaissance d'un chef précis et inspiré, Masashi Ijichi, d'origine japonaise. Ses préparations fines et délicates organisent la rencontre irrésistible entre le terroir drômois et les fulgurances asiatiques dans un cadre moderne flambant neuf. Déclinaison de tomates et son mesclun de jeunes pousses ; thon rouge cuit sur le charbon, sauce piquillos, padron et aubergine. On passe un excellent moment, notamment grâce à un service efficace et une belle carte des vins (superbe sélection de côtes-du-rhône septentrionaux).

ⓑ & ⏤ – Prix : €€€

20 rue Notre-Dame-de-Soyons – ☎ 04 75 55 24 13 – www.lacachette-valence.fr – Fermé lundi, dimanche, et mardi et mercredi à midi

ÉPITHÈQUE

Chef : Baptiste Poinot

CUISINE MODERNE • INTIME Au cœur de la vieille ville de Valence, Flaveurs devient Épithèque. Dans sa belle table au décor coloré, avec sa moquette et ses tables en châtaignier, Baptiste Poinot a souhaité plus de proximité avec ses hôtes et évolue davantage en salle. Bercé par un grand-père traiteur, il a étudié à l'école hôtelière de Vienne, avant de recevoir les leçons de Michel Chabran, Anne-Sophie Pic ou encore Joël Robuchon. Ce cuisinier sensible, qui cherche avant tout à transmettre une émotion, délivre des assiettes qui attestent d'une réflexion mûrie, avec des produits excellents et une technique soignée.

⏤ – Prix : €€€

32 Grande-Rue – ☎ 04 75 56 08 40 – www.baptistepoinot.com – Fermé samedi, dimanche et du lundi au mercredi à midi

LE BAC À TRAILLE

CUISINE MODERNE • DÉCONTRACTÉ Masashi Ijichi, chef japonais étoilé de la Cachette, a réalisé son rêve : ouvrir un bistrot généreux et goûteux qui possède une âme ; le nom rend d'ailleurs hommage à l'ancien bac qui franchissait le Rhône sur la « traille » juste à côté. En plus de maîtriser la gastronomie, le chef propose une bistronomie de qualité au goût et à la tenue impeccables. Cette cuisine du marché, fraîche et soignée, ne manque jamais de punch et de relief comme cette terrine de volaille, pickles de légumes et salade de lentilles ou cette poitrine de cochon laquée au poivre de Timut, mousseline de pomme de terre. Et pour finir, laissez-vous tenter par sa verrine de soupe de coco ananas au rhum, tapioca et (onctueux) sorbet ananas. Sélection de vins régionaux. Excellent rapport qualité-prix.

⏤ – Prix : €€

16 rue des Cévennes – ☎ 04 75 55 24 13 – www.lacachette-valence.fr/fr – Fermé lundi, dimanche et mardi midi

ALMACITA ⓝ

CUISINE LATINO-AMÉRICAINE • CONTEMPORAIN Il fait parfois chaud, très chaud à Valence ! Conçu par Louis Chabran, ce restaurant, qui sert une cuisine sud-américaine réalisée par d'authentiques "latinos", tombe à pic. La carte propose bien sûr des tapas pour se mettre en appétit (pimientos, tacos de pollo, croquetas de chorizo), avant d'enchaîner sur un ceviche de bar à l'abricot rôti, oignons rouges et aneth, puis un poulpe sauce chimichurri, caviar d'aubergine au lait de coco. Les épices et les parfums voyageurs s'imposent en douceur dans une ambiance décontractée, et non dénuée d'âme (qui se dit almacita en espagnol...).

& ⏤ ⏤ – Prix : €€

51 Grande-Rue – ☎ 04 75 55 06 47 – www.chabran.com – Fermé lundi, dimanche et mardi midi

1194

VALENCE

ANDRÉ

CUISINE TRADITIONNELLE • CONVIVIAL Ce bistrot chargé d'histoire célèbre dans l'assiette les recettes phares de chaque génération de la famille Pic. On retiendra la mosaïque de rouget et foie gras de Jacques, une alliance entre terre et mer aussi audacieuse qu'esthétique à laquelle sa fille Anne-Sophie ajouta la gelée de bouillabaisse, ou encore le pâté en croûte maison ou le soufflé glacé à l'orange.
– Prix : €€€
Pic, 285 avenue Victor-Hugo – ℘ *04 75 44 15 32 – www.anne-sophie-pic.com*

PIC

CONTEMPORAIN • RAFFINÉ L'une des grandes maisons nées avec la N7 et qui accueille aujourd'hui... une clientèle internationale, entre New York et Tokyo ! C'est le pouvoir d'attraction d'une cuisine d'exception et d'un art de l'accueil sans cesse renouvelé : les lieux sont d'un chic extrême, bréviaire complet des styles contemporains, tel le jardin, véritable îlot zen en ville...
– 16 chambres
285 avenue Victor Hugo – ℘ *04 75 44 15 32*
 Pic • André - Voir la sélection des restaurants

VALENCIENNES
✉ 59300 – Nord – Carte régionale n° **4**-C2

LE MUSIGNY

CUISINE MODERNE • ÉLÉGANT Si le chef, passé par de grandes maisons, a choisi ce discret point de chute valenciennois, sa cuisine délicate a rapidement conquis la ville. Produits choisis et recettes joliment inspirées des saisons, le tout à déguster dans un décor entièrement rénové, ou sur la terrasse : la garantie d'un moment délicieux.
– Prix : €€€
90 avenue de Liège – ℘ *03 27 41 49 30 – www.lemusigny.fr – Fermé lundi, samedi midi, et mardi et dimanche soir*

LE GRAND DUC

BOURGEOIS • CONVIVIAL Cette maison bourgeoise a une âme d'artiste, comme son propriétaire. Non seulement elle mêle les styles avec goût (seventies, baroque...), mais elle accueille des soirées jazz et théâtre, sans oublier les cours de cuisine et la table d'hôte. Et le joli parc à l'anglaise se prête lui aussi à la fantaisie !
- 5 chambres
104 avenue de Condé – ℘ *03 27 46 40 30*

ROYAL HAINAUT

TRADITIONNEL • RAFFINÉ Le Hainaut a son palace ! Édifié sous Louis XV, cet ancien hôpital ébahit par son architecture monumentale. Admirez cette cour d'honneur couverte d'une verrière, cette chapelle superbement restaurée, ce sous-sol majestueux qui abrite piscine et spa. Avec leur belle hauteur sous plafond et leur standing impeccable, les chambres sont au diapason du reste de l'établissement.
- 79 chambres
6 place de l'Hôpital Général – ℘ *03 27 35 15 15*

VALLAURIS

✉ 06220 – Alpes-Maritimes – Carte régionale n° **29**-E2

LES DILETTANTS

CUISINE MODERNE • **CONVIVIAL** Ancien commercial pour une grande marque de boules de pétanque, Thomas Filiaggi a changé de trajectoire à 30 ans pour assouvir sa passion de la cuisine. Il propose une cuisine personnelle pleine de fraîcheur, largement basée sur les légumes et produits aromatiques de son potager personnel. Une vraie pépite.

&⚬ 🅿 – Prix : €€

1193 chemin de Saint-Bernard – ☎ 04 93 33 99 59 – Fermé lundi, mardi et dimanche

VALLIÈRES-LES-GRANDES

✉ 41400 – Loir-et-Cher – Carte régionale n° **10**-C3

LES CLOSEAUX

CUISINE MODERNE • **TRADITIONNEL** Sous l'Ancien Régime, ces Closeaux – avec leur domaine de 10 hectares entouré de forêt – faisaient office de relais de chasse pour les rois de France. Aujourd'hui, cette auberge adopte un cadre chaleureux et contemporain, et une plaisante terrasse pour l'été. Le chef Christophe Lunais privilégie les producteurs locaux et les circuits courts, et réalise une goûteuse cuisine du marché, de saison, et à prix abordable. Accueil et service charmants.

⚬&⚬⚬🅿 – Prix : €€

Lieu-dit les Closeaux – ☎ 02 47 57 32 73 – www.lescloseaux.com – Fermé mardi et mercredi

VALLON-PONT-D'ARC

✉ 07150 – Ardèche – Carte régionale n° **20**-C3

ARKADIA

CUISINE CRÉATIVE • **CONTEMPORAIN** Dans le centre ancien de ce bourg proche des gorges de l'Ardèche, le chef, d'origine bretonne, régale sans complexe avec les produits glanés dans les parages (légumes et fromages, notamment). Les assiettes sont gourmandes et généreuses, la carte est renouvelé tous les mois. On profite aussi de la joie de vivre de Philippine, qui assure le service en salle.

⚬⚬ – Prix : €€

9 rue du Barry – ☎ 06 20 77 01 59 – Fermé mardi

VALLOUX

✉ 89200 – Yonne – Carte régionale n° **12**-B2

AUBERGE DES CHENETS

CUISINE TRADITIONNELLE • **AUBERGE** On oublie vite la route toute proche, lorsque l'on s'attable près de la cheminée de cette agréable auberge ! Au menu, de bons petits plats d'inspiration bourguignonne, joliment tournés et parfumés : œuf parfait et escargots en meurette, suprême de pintade, purée de pomme de terre, endive braisée, tarte Bourdaloue, le tout à prix doux.

🅰🅲 – Prix : €€

10 D606 – ☎ 03 86 34 23 34 – Fermé lundi et mardi, et dimanche soir

VALMONT

76540 – Seine-Maritime – Carte régionale n° **3**-A2

MAISON CAILLET

Chef : Pierre Caillet

CUISINE CRÉATIVE • CONTEMPORAIN Meilleur Ouvrier de France 2011, Pierre Caillet n'est pas seulement un technicien talentueux : il dévoile aussi une vraie sensibilité, et une énergie communicative. Créations originales (ces fougueuses noix de Saint-Jacques en croûte de passion en sont l'exemple parfait), jeux sur les textures et les saveurs, beaux produits du terroir normand... sans oublier l'utilisation judicieuse des herbes et légumes de l'imposant potager : le compte est bon. Dernier atout, cette auberge du 19e s. propose aussi des chambres chaleureuses et cosy, avec terrasses privatives tournées vers l'étang.

– Prix : €€€€

22 rue André-Fiquet - ✆ *02 35 29 77 56 – www.maisoncaillet.com – Fermé mardi et mercredi, et dimanche soir*

L'engagement du chef : 80% des aliments végétaux que nous utilisons proviennent de notre potager. Nous compostons les déchets organiques et travaillons main dans la main avec nos fournisseurs pour limiter et recycler les emballages. Les poissons que nous servons sont issus de la pêche durable et suivent les recommandations d'Ethic Ocean et de l'association Bon pour le climat.

VALRAS-PLAGE

34350 – Hérault – Carte régionale n° **27**-C2

SÉPIA

CUISINE MODERNE • CONTEMPORAIN À deux pas de la plage, cette petite adresse vaut le détour le temps d'un déjeuner. Un couple de pros, madame en salle et son mari de chef passé par de belles maisons, accueille dans une salle à la déco marine fonctionnelle ou sur la belle terrasse en bois. L'assiette va droit au but. C'est une cuisine réjouissante et franche du collier, à l'exemple de ce tartare de daurade péchée au large de Valras ; du lieu jaune, aïoli et riz noir ; crémeux coco et ananas mariné au gingembre.

– Prix : €€

28 rue Frédéric-Mistral - ✆ *06 12 57 34 01 – www.restaurant-sepia-valras.fr – Fermé lundi et mercredi, et dimanche soir*

LA VANCELLE

 67730 – Bas-Rhin – Carte régionale n° **8**-C1

AUBERGE FRANKENBOURG

Chef : Sébastien Buecher

CUISINE MODERNE • CONTEMPORAIN Dans ce petit village perché sur les contreforts des Vosges, cet hôtel-restaurant retient les voyageurs depuis le début du siècle dernier. Les frères Buecher, qui ont repris les rênes de cette maison familiale des mains de leurs parents, y officient avec un allant réjouissant. La cuisine de produits goûteuse et élégante de l'aîné, Sébastien, parvient à exprimer le meilleur de son terroir à travers une carte toujours en mouvement, et à dépasser la tradition grâce à sa créativité, à l'instar du dos de biche rôti, laitue braisée et barbajuan d'épaule, ou canette laquée au miel, cerises aigres et fenouil... La plupart des fruits et légumes sont issus du jardin. En salle, le cadet, Guillaume, mène le jeu dans un décor mêlant boiseries et esprit zen. Quelques chambres pour prolonger l'étape.

– Prix : €€€

13 rue du Général-de-Gaulle - ✆ *03 88 57 93 90 – www.frankenbourg.com/fr – Fermé mercredi et jeudi, et mardi soir*

LA VANCELLE

❀**L'engagement du chef :** Cela fait maintenant plus de 20 ans que nous avons une démarche éco-responsable. Mais, auparavant, il n'y avait pas de nom pour la nommer ! Nous travaillons avec des producteurs locaux ou du moins français, en fonction du produit. Si l'agneau vient du Quercy, le cochon vient de la vallée voisine, les cailles des Vosges, les pigeons d'Alsace, tout comme nos fruits et légumes qui sont exclusivement alsaciens, provenant soit de notre jardin, soit de notre maraîcher.

VANDENESSE-EN-AUXOIS

✉ 21320 – Côte-d'Or – Carte régionale n° **12**–C3

L'AUBERGE DE GUILLAUME

CUISINE MODERNE • AUBERGE Après avoir été le lieutenant de Christophe Bacquié au Castellet, Meilleur Ouvrier de France en 2015 puis étoilé à la Bussière, Guillaume Royer est enfin chez lui ! Un retour aux sources pour cet enfant du pays. Dans cette auberge située à moins de 500 mètres d'une écluse du paisible canal de Bourgogne, il décline avec savoir-faire les produits de la région dans une veine bistronomique actuelle. Terrasse et jardin au calme sur l'arrière.

🍴 🅿 – Prix : €€

4 place de la Mairie – ℰ *03 80 49 22 36 – www.laubergedeguillaume.com/fr – Fermé lundi et mardi*

VANNES

✉ 56000 – Morbihan –
Carte régionale n° **1-C3**

Toute entière dédiée aux plaisirs de la table

Vannes est la quintessence de la ville bretonne où il fait bon vivre, ou tout simplement flâner pour nous autres gourmets de passage. Des ruelles médiévales bordées de superbes maisons à colombages, jusqu'aux remparts fleuris en passant par la place des Lices et la cathédrale Saint-Pierre, l'appétit s'aiguise au fil de la promenade. Située en plein cœur de la ville, la halle aux poissons, datant de 1880, est un must dont l'animation culmine les mercredis, vendredis et samedis. Les femmes des pêcheurs viennent y vendre le meilleur de la marée : étrilles, crevettes, maquereaux, merlans, seiches, rougets resplendissants. Complément indispensable, la halle des Lices accueille une trentaine de commerçants ainsi qu'une quinzaine de producteurs. Enfin, deux fois par semaine (mercredi et samedi), les places des Lices et du Poids-Public accueillent l'un des plus beaux marchés de France.

LA TÊTE EN L'AIR

Chef : Clément Raby

CUISINE CRÉATIVE • DESIGN Un jeune couple dynamique et accueillant, qui a bel et bien la tête... sur les épaules. Dans une ambiance décontractée, Clément Raby le parisien et Estelle Mercier la gardoise pratiquent, comme ils l'indiquent sur leur carte de visite, "une cuisine libre". C'est-à-dire une cuisine créative maîtrisée et originale, avec des associations pertinentes, des recettes qui tombent juste ! Dans leurs menus à l'aveugle, les plats ne sont annoncés qu'après leur dégustation - pour mieux mettre en éveil les sens des convives...

AC – Prix : €€€

Plan : B1-3 – *43 rue de la Fontaine* – ✆ 02 97 67 31 13 – www.lateteenlair-vannes.com – *Fermé lundi, mardi et dimanche*

BOMA N

CUISINE MODERNE • CONTEMPORAIN Derrière l'Hôtel de Ville, ce petit restaurant offre une salle atypique en sous-sol : pierres apparentes et poutres métalliques, parois de verre et luminaires modernes. Le chef a de l'appétit à revendre : maiale tonnato, parmesan et câpres ; magret de canard, purée de pommes de terre à la moutarde à l'ancienne, légumes et coulis de piquillos... La générosité des assiettes n'a d'égal que leur goût. Et le menu déjeuner est un très bon plan ! Accueil et service souriants.

Prix : €€

Plan : A2-5 – *15 place Maurice-Marchais* – ✆ 02 97 47 69 82 – www.restaurant-boma-vannes.eatbu.com – *Fermé lundi et dimanche*

dianefotofoto/Getty Images Plus

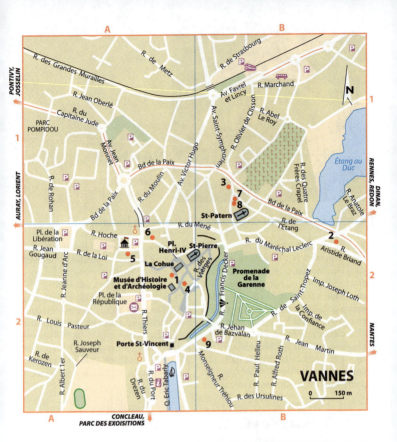

BVAÑ

CUISINE MODERNE • CONTEMPORAIN Le chef Romain Le Cordroch a beaucoup bourlingué, de continents (Chine, Australie, Brésil) en belles maisons (Atelier de Rabanel, Atelier Robuchon, Violon d'Ingres...). Pour ce retour aux sources, il signe une cuisine nature végétale et iodée. Dans son travail, rien n'est jeté mais tout est transformé : il réalise par exemple son gomasio à partir d'écailles de poissons passées au four ! L'assiette fait toujours preuve d'un bon savoir-faire à l'image de cette marinière de moules, concombre arménien à la verveine et écume de gwell.

Prix : €€€

Plan : B2-9 – 6 rue Alexandre-le-Pontois – ℰ 02 97 67 98 30 – www.restaurantbvan.fr – Fermé lundi, dimanche et mardi midi

EMPREINTE

Chef : Baptiste Fournier

CUISINE DU MARCHÉ • COSY Arrêtez-vous dans cette maison d'une petite place du centre-ville. À l'intérieur, une déco chaleureuse avec son parquet brut, ses tissus, sa porcelaine vintage... Baptiste et Marine Fournier travaillent avec le cœur pour servir une cuisine particulièrement léchée, réalisée grâce aux poissons des halles et aux légumes de producteurs. Menu-carte au déjeuner, menus surprise le soir. Vins naturels.

Prix : €€

Plan : A2-4 – 15 place Valencia – ℰ 02 97 46 06 42 – www.empreinte-restaurant.fr – Fermé lundi, dimanche, samedi midi et du mardi au jeudi soir

VANNES

❀**L'engagement du chef :** Nous mettons en œuvre tout ce qui est utile, raisonnable et responsable pour valoriser notre territoire, ses producteurs et notre travail. Approvisionnements hyper locaux auprès de maraîchers engagés, avec une saisonnalité absolue sur les légumes et les fruits, majoritairement bio ; cueillette sauvage ; petite pêche côtière et responsable en direct ; tri sélectif ; valorisation des déchets organiques en compost ; épicerie achetée en vrac, sans emballage ; eau micro-filtrée.

INSPIRATIONS Ⓝ

CUISINE MODERNE • CONTEMPORAIN Un jeune couple de professionnels est venu puiser son inspiration au cœur de la ville dans cet établissement au décor élégant et chaleureux pensé jusque dans ses moindres détails (mosaïques, tapisseries inspirées de dessins des plats du chef, mobilier sur mesure...). Tomate, cerise, amande et chèvre frais en entrée ; rouget, poivron, blé et cacahuète pour le plat : le chef s'inspire aussi de la saison pour concocter de jolies assiettes qui témoignent de son métier et de son parcours dans les maisons renommées.

⌗ – Prix : €€

Plan : B1-2 – *22 rue de la Fontaine* – ℰ *02 97 47 57 52* – *www.restaurant-inspirations.fr* – *Fermé lundi, dimanche et mercredi midi*

IODÉ

CUISINE CRÉATIVE • CONTEMPORAIN Sophie Reigner, cheffe bretonne autodidacte, séduit avec des assiettes d'une grande finesse, dressées avec soin : ormeau cuit au beurre d'algue, pommes de terre fumées aux aiguilles de pin, jus de volaille au Xérès ; lotte piquée à l'andouille de Guémené, poireaux nori, nuage d'une hollandaise à la bergamote... sans oublier les desserts de Julien Noray. Service attentionné.

⌗ – Prix : €€€

Plan : B2-2 – *9 rue Aristide-Briand* – ℰ *02 97 47 76 14* – *www.restaurant-iode-vannes.com* – *Fermé lundi et dimanche*

NOMAD Ⓝ

CUISINE MODERNE • CONTEMPORAIN Le « nomade », c'est bien le chef Arnaud Tavares : il a travaillé dans le monde entier ou presque, de la Suisse jusqu'à la Thaïlande. Tempura de maquereau, velours de potimarron, gingembre frit et baie de kororima ; merlu rôti, écume façon bouillabaisse, aïoli, fenouil, soubressade et melba de pain ; pêche pochée à la verveine, granola, siphon amande et gel de pêche : notre globe-trotter vif-argent sait marier les saveurs et les goûts avec vivacité. Ce grand voyageur sait également tirer profit des produits locaux (légumes et fruits bio, poissons de la criée de Lorient...). Menu déjeuner à tarif doux.

⌗ ⌗ – Prix : €€

Plan : A2-6 – *18 rue Émile-Burgault* – ℰ *02 97 42 58 85* – *www.nomad-vannes.fr* – *Fermé lundi et dimanche*

ROSCANVEC

CUISINE MODERNE • CONTEMPORAIN Un écrin historique pour ce restaurant situé au cœur d'un hôtel particulier édifié au 17e s. par le seigneur de Roscanvec, conseiller du roi. À l'intérieur, un cadre épuré pour un mobilier contemporain. Le chef propose une cuisine au goût du jour et les deux sœurs Kaczorowski assurent un service professionnel, souriant et attentionné. D'agréables chambres sont disponibles pour prolonger l'expérience.

⌗ ⌗ – Prix : €€€

Plan : A2-1 – *19 rue des Halles* – ℰ *02 97 47 15 96* – *www.restaurant-roscanvec.com* – *Fermé lundi et dimanche*

VANNES

RYOKO - COMPTOIR À RAMEN

SPÉCIALITÉ RAMEN • TRADITIONNEL Les codes savoureux de la cuisine japonaise sont désormais tellement bien ancrés dans l'hexagone que l'on s'attable ici dans ce bistrot de poche à la façade noire, rouge et blanche, pour y déguster l'un des meilleurs ramens qui soit - à base de bouillon de porc (tonkotsu) ou de poulet (Tori chintan), au choix ! Concoctés à base de produits locaux (comme ce porc élevé au lin), les préparations s'inscrivent avec brio dans la plus pure tradition japonaise. Attention, on joue ici à guichet complet, et la réservation n'est pas possible.

Prix : €

Plan : B1-8 – *14 rue de la Fontaine* – ℰ *02 97 47 54 80* – *www.ryoko.fr* – *Fermé lundi et dimanche*

LES VANS

✉ 07140 – Ardèche – Carte régionale n° **20**–C3

❀ **LIKOKÉ**

Chef : Guido Alfredo Niño Torres

CUISINE CRÉATIVE • DESIGN Likoké, c'est la plus internationale des tables ardéchoises ! Le Belge Cyriel Huysentruyt, en charge de la salle et des vins, travaille main dans la main avec le chef colombien Guido Niño Torres, qui respecte l'ADN globetrotteur de la maison : au fil d'un menu unique, il décline des assiettes ludiques et colorées, comme des invitations au voyage, parfois inspirées d'un souvenir, d'une rencontre, d'un événement passé... Parmi les incontournables, le ceviche de truite maturée, dont la composition varie au fil des saisons. Tout est basé sur la production locale – fromages, légumes, pigeon... Une table bien dans sa peau, qui n'en finit pas de surprendre.

❀❀ & ᴀᴄ – Prix : €€€€

33 route de Païolive – ℰ *04 75 88 09 74* – *www.likoke.fr* – *Fermé du lundi au mercredi*

❀**L'engagement du chef :** Tous les matériaux utilisés en salle proviennent des environs : pierre, fer, bois flotté... Aucun aliment n'est importé : alternatives locales au cacao (châtaigne torréfiée, petit lait de fromage de chèvre réduit), truite bio ikejime, viandes de petits élevages achetées sur carcasse pour limiter le gaspillage... Ce qui n'est pas utilisé est transformé (garum, samba), séché (charcuterie maison), ou fermenté (conserves, vinaigres).

VARADES

✉ 44370 – Loire-Atlantique – Carte régionale n° **9**–C3

LA CLOSERIE DES ROSES

CUISINE TRADITIONNELLE • CONTEMPORAIN Entouré de rosiers, ce restaurant ancré depuis 1938 en bord de Loire offre une jolie vue sur le fleuve et l'église abbatiale St-Florent-le-Vieil. Dans une agréable salle contemporaine, le chef sert une cuisine traditionnelle aux influences régionales (merlu, lieu jaune, agneau fermier, ris de veau) accompagnée de sauces au registre classique (beurre blanc, jus aux crustacés, sauce vineuse).

⋹ & ᴀᴄ – Prix : €€

455 rue de la Haute-Meilleraie – ℰ *02 40 98 33 30* – *www.lacloseriedesroses.com* – *Fermé mercredi, et lundi, mardi et dimanche soir*

VARENNES-VAUZELLES

✉ 58640 – Nièvre – Carte régionale n° **16**–C2

LE BENGY

CUISINE TRADITIONNELLE • CONVIVIAL Au nord de Nevers, cet ancien relais routier est entre les mains d'un jeune couple sympathique. Le chef propose une plaisante cuisine traditionnelle (lotte rôtie, fumet au curry et citronnelle, tatin de courgette et tomate ; suprême de volaille, farce aux foies de volaille et Porto) ainsi qu'un menu végétarien. Aux beaux jours, optez pour la terrasse au calme, à l'arrière.

& 🅰 🏠 ♻ 🅿 – Prix : €€

25 route de Paris – ℰ *03 86 38 02 84 – www.le-bengy-restaurant.com – Fermé lundi et dimanche*

VAUDEVANT

✉ 07410 – Ardèche – Carte régionale n° **20**–D2

😃 LA RÉCRÉ

CUISINE MODERNE • CONVIVIAL Installé dans l'ancienne école de garçons du village, dont il a conservé les vestiges – tableau noir, cartes de géographie –, ce restaurant ne pouvait mieux porter son nom. On y découvre des créations pétillantes, qui piochent allègrement dans les produits du terroir ; et c'est encore meilleur lorsqu'on est attablé dans la cour ombragée...

🏠 🅿 – Prix : €€

70 route de Satillieu – ℰ *04 75 06 08 99 – www.restaurant-la-recre.com – Fermé lundi et mardi, et dimanche soir*

LE VAUDREUIL

✉ 27100 – Eure – Carte régionale n° **3**–B2

LA TABLE D'ALVA ⓝ

CUISINE MODERNE • CONTEMPORAIN À quelques encablures de l'Eure, cette table moderne met en lumière les talents du chef Valentin Harou et de la pâtissière Alice Picard, tous deux formés dans de grandes maisons (Le Meurice, Le K2, L'Oiseau Blanc...). Foi de chef normand, leur cuisine suit le fil des saisons et valorise les productions locales, non sans quelques clins d'œil gourmands : gougère au camembert, trou normand au sorbet de pomme Cox et calvados...

& 🅰 – Prix : €€€

19 place du Général-de-Gaulle – ℰ *02 32 25 97 41 – www.latabledalva.com – Fermé mercredi, et lundi, mardi et dimanche soir*

VAUGINES

✉ 84160 – Vaucluse – Carte régionale n° **28**–E1

INSITIO

CUISINE MODERNE • SIMPLE Insitio signifie greffe... Une bouture qui est aussi une réussite pour ce chef italien originaire de la région milanaise ! Au sein d'un menu qui change chaque semaine, on se régale d'un œuf parfait aux mogettes, pecorino et chou-fleur, ou d'un filet de canette au cassis, chou rouge et poivre de Sichuan. Avec sa petite terrasse ombragée qui ouvre sur la place d'un charmant village face à une fontaine, le lieu achève de nous retenir, et, qui sait, de nous ramener aux origines du goût...

🏠 – Prix : €€

33 place de la Mairie – ℰ *04 90 77 11 08 – www.insitiorestaurant.com – Fermé lundi, jeudi et dimanche*

VAULT-DE-LUGNY

✉ 89200 – Yonne – Carte régionale n° **12**–B2

LE VALUCIEN - CHÂTEAU DE VAULT-DE-LUGNY

CUISINE MODERNE • ÉPURÉ Dans l'un de ses romans, Michel Houellebecq met en scène la terrasse de ce château qui s'ouvre face à un vaste parc et un platane du 17e s. Le chef mauricien Franco Bowanee cisèle une fine cuisine actuelle qu'il émaille de petites touches d'exotisme. Ses assiettes franches et savoureuses mettent en valeur non seulement les produits nobles, mais aussi les légumes du potager du domaine. On s'attable dans une salle à manger entièrement vitrée qui s'intègre parfaitement à l'environnement naturel.

🛋🍴♿🅰🅿 – Prix : €€€€

11 rue du Château – ☎ 03 86 34 07 86 – lugny.fr – Fermé mercredi, jeudi, et lundi et mardi à midi

CHÂTEAU DE VAULT-DE-LUGNY

TRADITIONNEL • RAFFINÉ En lisière de la réserve naturelle du Morvan, un parc d'une centaine d'hectares abrite le Château de Vault de Lugny, une résidence aristocratique du 17e s. qui a conservé son opulence en devenant un hôtel de luxe. Treize chambres - belles et parfaitement confortables, même mansardées - et trois suites, dont l'une était autrefois réservée au Roi. Parmi les activités : tennis, équitation, dégustations de vins et pêche au brochet dans les douves. Et bien sûr, un restaurant gastronomique, qui sert une cuisine française raffinée, aussi charmante que son cadre.

♿🅰🅿 ⚡🛋🍴⚙🎾🚲⛱🧖🍴 - 16 chambres

11 rue du Château – ☎ 03 86 34 07 86

❀ Le Valucien - Château de Vault-de-Lugny - Voir la sélection des restaurants

VAUVENARGUES

✉ 13126 – Bouches-du-Rhône – Carte régionale n° **28**–D3

LA TABLE DE L'HÔTEL SAINTE-VICTOIRE

CUISINE CRÉATIVE • CONTEMPORAIN Le chef brésilien Mateus Marangoni propose une étonnante cuisine aux notes exotiques, fruit de sa culture sud-américaine et de ses expériences en Espagne. Les assiettes se révèlent équilibrées, pleines de fraîcheur ; aux beaux jours, elles se dégustent sur la terrasse, face à la Sainte-Victoire et au château de Vauvenargues.

🍴♿🅰🍴 – Prix : €€€

33 avenue des Maquisards – ☎ 04 42 54 01 01 – www.hotelsaintevictoire.com/fr

SAINTE-VICTOIRE

Plus

MODERNE • CHALEUREUX Le nom de l'hôtel ne ment pas : les chambres, dont certaines ont une terrasse ou un balcon, offrent une vue imprenable sur la fameuse montagne Sainte-Victoire. On apprécie la déco design et chaleureuse, mais aussi une gamme de services assez complète : piscine exposée plein sud, espace de séminaire, parking privé fermé...

♿🅰🅿 🛋⚙🎾🚲⛱🧖🍴 - 15 chambres

33 avenue des Maquisards – ☎ 04 42 54 01 01

La Table de l'Hôtel Sainte-Victoire - Voir la sélection des restaurants

VAUX-EN-BEAUJOLAIS

✉ 69460 – Rhône – Carte régionale n° **21**-A1

AUBERGE DE CLOCHEMERLE

Chef : Romain Barthe

CUISINE MODERNE • **CONTEMPORAIN** On se sent bien, dans la salle à manger tout en sobriété de la charmante auberge en pierres de Clochemerle, située au cœur d'un joli petit village viticole. Le menu surprise (où seuls les ingrédients sont évoqués) fait la part belle aux produits de saison, avec des assiettes soigneusement élaborées. Une jolie cuisine maîtrisée et goûteuse, d'apparence classique mais toujours ponctuée de touches originales (condiment au piment japonais, sauce Maury-chocolat, etc.). Ici, pas de régionalisme : on rend hommage à toute la gastronomie française… En témoigne cette entrée autour de la Saint-Jacques et de l'andouille de Guémené, très bretonnante. De quoi régaler les (nombreux) habitués, mais aussi les clients de passage, dans un cadre chic et cosy. Quelques chambres confortables pour l'étape.

⚜ ⇔ ♿ 🌿 – Prix : €€€

173 rue Gabriel-Chevallier – ✆ 04 74 03 20 16 – www.aubergedeclochemerle.fr – Fermé mardi, mercredi, et lundi et jeudi à midi

VAUX-SUR-MER

✉ 17640 – Charente-Maritime – Carte régionale n° **18**-A2

LE SENS 7367

CUISINE MODERNE • **COSY** Dans ce petit village proche de Royan, ce restaurant contemporain est le repaire de Frédéric Loivel. C'est un artisan du genre créatif : sa cuisine moderne met en valeur des produits de saison, à travers des associations qui matchent bien et multiplient les clins d'œil au Japon (panko, yuzu, matcha, bœuf Kagoshima…). La salle à manger mélange avec goût des éléments de décor chinés ici et là.

♿ AC – Prix : €€€

141 boulevard de la Côte-de-Beauté – ✆ 05 46 85 83 49 – www.le-7367-le-sens.com – Fermé du lundi au mercredi

VELLUIRE

✉ 85770 – Vendée – Carte régionale n° **14**-C2

AUBERGE DE LA RIVIÈRE

CUISINE MODERNE • **AUBERGE** Le frémissement du cours d'eau tout proche, le lierre qui escalade la façade : dans cette auberge vendéenne, tout est charmant et bucolique, tout invite à la rêverie… et à la gourmandise ! De beaux produits, des herbes aromatiques, des assaisonnements subtils : on sent la patte d'un vrai passionné de gastronomie, et on ne résiste pas moins à la douceur des desserts, que l'on déguste dans la jolie salle à manger. Le menu change toutes les deux semaines. Quelques chambres pour des nuits au calme face à la rivière Vendée, et pour les esprits baladeurs, barques et VTT à la location. Le bonheur, quoi.

⚜ ♿ 🌿 – Prix : €€€

Rue du Port-de-la-Fourne – ✆ 02 51 52 32 15 – www.hotel-riviere-vendee.com – Fermé lundi, et mardi et jeudi à midi

VENCE

✉ 06140 – Alpes-Maritimes – Carte régionale n° **29**–E2

LA CASSOLETTE

CUISINE PROVENÇALE • TRADITIONNEL Au cœur de la ravissante cité historique, en face de l'hôtel de ville, cette institution ne montre aucun signe de faiblesse. On s'installe dans une jolie salle intérieure ou sur la terrasse, pour se régaler d'une cuisine du marché gourmande aux accents méditerranéens.

🌳 – Prix : €€

10b place Georges-Clemenceau – 𝒞 04 93 58 84 15 – www.lacassolettevence. com – Fermé mardi et mercredi

NACL Ⓝ

CUISINE MODERNE • SIMPLE Au cœur des remparts médiévaux de Vence, ce petit restaurant dont le nom fait référence au sel (rappelez-vous vos cours de chimie : "NaCl", la formule chimique du chlorure de sodium !) propose une cuisine de saison authentique qui va droit au but. La carte change selon le marché, et le menu déjeuner est une très bonne affaire. Service convivial.

🆔 🌳 – Prix : €€

4 place Georges-Clemenceau – 𝒞 04 93 58 50 64 – www.nacl-restaurant-vence. eatbu.com – Fermé lundi et dimanche

LE SAINT-MARTIN

CUISINE MODERNE • LUXE Un ravissement pour les yeux : voici le cadre chic et raffiné de l'hôtel Saint-Martin, dont les chambres offrent une vue à couper le souffle sur les collines de Vence et la Méditerranée... Dans la salle à manger cossue, ou sur la superbe terrasse, on déguste des assiettes bien composées, grâce à des cuissons maîtrisées et à quelques jolies trouvailles dans les associations de produits, comme ce thon laqué et déclinaison de pêche, ou ce cochon de lait, aubergine en textures et tomate.

🐋 ⬅🐾🆔🌳🏵🍽 – Prix : €€€€

2490 avenue des Templiers – 𝒞 04 93 58 02 02 – www.oetkercollection.com/ hotels/chateau-saint-martin

🛏 CHÂTEAU SAINT-MARTIN

CLASSIQUE • CHAMPÊTRE Cadre d'exception pour ce luxueux hôtel provençal dominant Vence et la mer depuis son vaste parc planté d'oliviers. Les villas, nichées dans la verdure, sont d'un parfait confort. Les chambres et suites mêlent le contemporain au provençal. La superbe piscine et le spa délicieux parachèvent ce luxe sans ostentation : l'élégance, en somme.

🆔 🏵 🅿 🚗 🍴 🏊 🌀 🏠 🐾 ⛩ 🍽 - 46 chambres

2490 avenue des Templiers – 𝒞 04 93 58 02 02

Le Saint-Martin - Voir la sélection des restaurants

VENDÔME

✉ 41100 – Loir-et-Cher – Carte régionale n° **10**–C2

😊 LE MALU

CUISINE MODERNE • CONTEMPORAIN Cette ancienne caserne militaire sous Napoléon III a été reconvertie en lieu de bouche, et c'est le chef Ludovic Brethenoux qui fait parler la poudre. Originaire du Périgord, formé notamment à La Villa Madie à Cassis, il se plaît dans le Vendômois et sa cuisine actuelle, précise et soignée, en témoigne. On se régale.

🌳🅿 – Prix : €€

1 route de Tours (à Villerable) – 𝒞 02 54 80 40 12 – www.lemalu2.wixsite.com/ restaurantlemalu – Fermé lundi et mardi, et dimanche soir

MORIS

CUISINE MODERNE • CONTEMPORAIN Au bord du Loir, ce bistrot jouxte le pont qui mène à la vieille ville. Le chef ne jure que par les circuits courts et met les saisons à l'honneur dans sa cuisine, qu'on accompagnera de vins nature judicieusement choisis. À déguster, aux beaux jours, sur deux terrasses, dont une au premier étage, en surplomb de la rivière... Délicieux.

& – Prix : €€

77 rue du Change – ℰ 09 83 48 30 13 – www.morislerestaurant.com – Fermé lundi, mardi et dimanche

VENTABREN

 13122 – Bouches-du-Rhône – Carte régionale n° **28**-D3

DAN B.

Chef : Dan Bessoudo

CUISINE MODERNE • DESIGN Assurément l'un des restaurants les plus élégants de la région, au cœur de la charmante bourgade de Ventabren, pittoresque village perché. Le cadre frappe par sa modernité : mobilier scandinave, jeux de miroirs au plafond, sans oublier la superbe vue panoramique sur l'étang de Berre et la vallée de l'Arc. Dans l'assiette, le créativité est aussi au rendez-vous, sous la houlette du chef toulonnais Dan Bessoudo : cuisine colorée et fraîche, tout en contrastes, réalisée à base de produits locaux bien choisis.

– Prix : €€€€

1 rue Frédéric-Mistral – ℰ 04 42 28 79 33 – www.danb.fr – Fermé lundi et mardi, et dimanche soir

VERGONGHEON

13360 – Haute-Loire – Carte régionale n° **20**-B2

LA PETITE ÉCOLE

CUISINE MODERNE • CONVIVIAL Ce restaurant a remplacé l'ancienne école du village voilà quelques années. La cuisine, fine et savoureuse, mérite un A sans hésitation. Copie parfaite pour ces créations précises et savoureuses, que l'on doit à un chef amoureux du bon produit. Une cantine de choix, sans fausse note, doublée d'un excellent rapport qualité-prix.

& – Prix : €€

Rilhac – ℰ 04 71 76 97 43 – www.restaurant-lapetiteecole.com – Fermé du lundi au mercredi, du jeudi au samedi à midi, et dimanche soir

VERNEUIL-D'AVRE-ET-D'ITON

27130 – Eure – Carte régionale n° **3**-A3

LE MADELEINE PAR CYRIL COUTIN

CUISINE MODERNE • CONTEMPORAIN Charmant petit restaurant entièrement restauré sous la houlette de ses nouveaux propriétaires, le chef Cyril Coutin et son épouse. Derrière la devanture, on découvre une salle charmante où l'ancien - pierres, poutres apparentes – côtoie le contemporain (le camaïeu de vert sur les murs). Dans l'assiette, le chef met tout son métier au service des produits du moment (courgette, fenouil, pêche, verveine...) pour servir une cuisine qui fait envie à l'instar de ce beau tronçon de turbot, fenouil confit relevé d'un pesto de câpres, citron et échalotes. Service souriant et aimable.

& – Prix : €€€

206 rue de la Madeleine – ℰ 09 73 37 51 86 – www.lemadeleineparcyrilcoutin.fr – Fermé mardi et mercredi, et dimanche soir

VERNON

✉ 27200 – Eure – Carte régionale n° **3**-B2

BLOSSOM BISTROT

CUISINE MODERNE • BISTRO En bord de Seine, cette table regarde les falaises calcaires de Giverny et les péniches de passage. Le cadre est plaisant et l'atmosphère avenante : sol en béton ciré, murs à la chaux et mobilier ancien de bistrot. Gabin Rodes, jeune chef originaire de Vernon et formé à la Mare aux Oiseaux d'Éric Guérin, revisite les classiques bistrotiers sans les dénaturer, comme ces poireaux vinaigrette rehaussés d'herbes fraîches et de fromage bleu. Démarche locavore poussée, avec des produits issus d'un périmètre de 100 km. Menu plus simple au déjeuner.

☆ ✿ – Prix : €€

35 quai Anatole-Caméré – ✆ *02 32 54 46 09 – www.blossombistrot.fr –
Fermé mercredi et jeudi, et mardi soir*

VERNOU-EN-SOLOGNE

✉ 41230 – Loir-et-Cher – Carte régionale n° **10**-D3

MÉMOIRE - LA BORDE EN SOLOGNE

CUISINE MODERNE • HISTORIQUE Ah, la Sologne ! Ses étangs poissonneux, ses brumes poétiques, ses cerfs qui brament au fond des forêts giboyeuses... et ses châteaux, comme celui-ci, véritable bijou sorti intact du Grand Siècle au milieu de son parc somptueux. La salle à manger porte encore les traces de son époque – cheminée en marbre, miroirs, moulures, parquet Versailles. Derrière des intitulés classiques, le chef Romain Matura (Moulin de la Gorce, Skiff Club) relit les classiques au travers d'épices (curcuma, safran, galanga), d'herbes aromatiques (basilic, pourpier, estragon) et de divers agrumes.

🛏 ☆ ✿ 🅿 – Prix : €€€

Château de La Borde – ✆ *02 34 52 34 72 – www.laborde-sologne.fr/fr/memoire-restaurant.html – Fermé lundi et mardi*

🛏 LA BORDE EN SOLOGNE - CHÂTEAU & SPA   *Plus*

CLASSIQUE • RAFFINÉ Tous les châteaux de la Loire ne sont pas des musées : cet élégant domaine du 17e s. met ses jardins à la française et à l'anglaise, son lac, sa ferme, et bien sûr le château à la disposition de ses clients. Les deux piscines, le spa et les courts de tennis ajoutent encore à l'attrait de la propriété. Les chambres et les suites sont spacieuses et raffinées, mariant antiquités et pièces de créateurs, ainsi que de grandes salles de bains modernes. La salle à manger palatiale accueille du petit déjeuner au dîner. Vélos à disposition.

♿ 🅰🅲 🅿 🐕 🛏 🍴 🚲 ♨ 🎾 🐾 🍸 - 35 chambres

Château de la Borde – ✆ *02 34 52 34 72*

Mémoire - La Borde en Sologne - Voir la sélection des restaurants

VERRIÈRES-DE-JOUX

✉ 25300 – Doubs – Carte régionale n° **13**-C2

LA TABLE DU TILLAU

CUISINE MODERNE • MONTAGNARD À quelques mètres de la frontière suisse, cette ferme franc-comtoise en pierre et bois ancien respire la sérénité, tout comme ses chambres élégantes décorées à la manière d'un chalet de montagne. Une cuisine moderne fait honneur aux produits souvent régionaux, à l'instar de cette crème prise au citron, gravlax de truite marinée au jus de betterave, ou ce filet de bœuf, sauce vigneronne et purée de céleri.

🛏 ♿ ☆ 🅿 – Prix : €€€

Le Mont des Verrières – ✆ *03 81 69 46 72 – www.letillau.com – Fermé lundi, du mardi au vendredi à midi, et dimanche soir*

VERSAILLES

✉ 78000 – Yvelines – Carte régionale n° **11**–B1

GORDON RAMSAY AU TRIANON

CUISINE CRÉATIVE • **ÉLÉGANT** Inauguré en 1910 à la lisière du parc du château, l'hôtel Trianon Palace impose sa silhouette altière aux promeneurs qui s'en approchent. Un lieu tout indiqué pour accueillir le travail – et le caractère bien trempé ! – de Gordon Ramsay, déjà triplement étoilé à Londres. En poste sur place, le chef Gabriele Ravasio met en musique une partition qui célèbre le beau produit et joue principalement sur la simplicité et la pertinence des recettes. Une créativité bien maîtrisée, de jolies saveurs... on passe un très agréable moment en ces lieux, d'autant que le cadre n'est pas en reste : une élégante et lumineuse salle à manger baroque, dont les baies vitrées donnent directement sur le parc...

🕸 ⇔ ⇐ 🖬 ♿ 🅰 ☂ 🅿 – Prix : €€€€

Plan : A1-1 – *1 boulevard de la Reine – ☏ 01 30 84 50 18 – www. waldorfastoriaversailles.fr – Fermé lundi, dimanche et du mardi au samedi à midi*

LE GRAND CONTRÔLE

CUISINE CLASSIQUE • **HISTORIQUE** Au sein de l'hôtel des Airelles, cet établissement luxueux, chargé d'histoire et intimement lié au château de Versailles, mélange mise en scène théâtrale (accueil par un valet et personnel en costume d'époque) et cuisine sur mesure. La carte, signée Alain Ducasse, est composée de préparations réalisées avec des produits de belle qualité, où l'ADN "naturalité" du maître des lieux n'est jamais loin. Sur place, le chef Stéphane Duchiron fait preuve d'une belle maîtrise technique, avec des cuissons et des assaisonnements maîtrisés, des sauces et des jus d'une belle qualité aux saveurs franches et marquées.

🕸 ⇔ 🖬 ♿ 🅰 ☂ ⟳ 🍽 – Prix : €€€€

Plan : A3-6 – *12 rue de l'Indépendance-Américaine – ☏ 01 85 36 05 50 – www. airelles.com/fr/destination/chateau-de-versailles-hotel*

LA TABLE DU 11

Chef : Jean-Baptiste Lavergne-Morazzani

CUISINE MODERNE • **CONTEMPORAIN** Après l'obtention de l'étoile en 2016, le Chef Jean-Baptiste Lavergne-Morazzani a redoublé d'efforts, avec le soutien d'une équipe soudée et efficace, pour convertir toujours plus de gourmands dans la ville royale. Son credo : le naturel, à tous points de vue. Une carte courte et sans fioritures, une attention particulière aux saisons... et, dans l'assiette, une sélection de produits vraiment nature : bio en général, issus de la pêche et de l'élevage durables, mais aussi de son propre potager... La belle carte des vins comporte près de 700 références (avec beaucoup de vignerons propriétaires travaillant en biodynamie). Et, pour ne rien gâcher, le restaurant a pris ses quartiers dans la Cour des Senteurs, tout près du Château : voilà qui ajoute à l'exclusivité du moment...

🕸 ♿ 🅰 – Prix : €€€€

Plan : A2-2 – *8 rue de la Chancellerie – ☏ 09 83 34 76 00 – www.latabledu11. com – Fermé lundi et dimanche*

LE BISTROT DU 11

CUISINE MODERNE • **CONTEMPORAIN** Vous l'avez deviné : l'équipe de la Table du 11 se cache derrière ce Bistrot du 11, installé dans une rue touristique piétonne non loin du château. De beaux produits sont déclinés sous la forme d'un menu-carte : œuf cocotte, salade et cocos ; bœuf, pomme de terre et ail ; paris-brest et noix de pécan...

♿ 🅰 – Prix : €€

Plan : A3-3 – *10 rue de Satory – ☏ 01 75 45 63 70 – www.lebistrotdu11.com – Fermé lundi et dimanche*

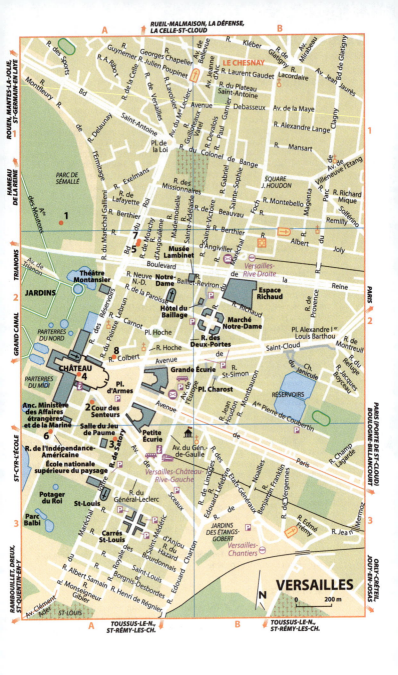

VERSAILLES

LAFAYETTE

CUISINE MODERNE • TENDANCE Contiguë à son premier restaurant, Lafayette est la table branchée de Xavier Pincemin, avec salles en enfilade et cadre Art déco. Le chef s'amuse et nous régale avec une carte qui mixe des influences diverses (tacos, ceviche, bœuf tigre) et propose aussi une sélection de viandes d'exception maturées dans une cave, comme cette belle entrecôte de bœuf noir de Baltique. Ambiance décontractée.

& AC – Prix : €€

Plan : A2-7 – 10 boulevard du Roi – ☎ 09 83 74 20 05 – www.xavier-pincemin. com/lafayette – Fermé lundi et dimanche

ORE

CUISINE MODERNE • CONTEMPORAIN Ore, c'est la bouche, en latin. Un nom d'une simplicité désarmante pour cet endroit tout simplement exceptionnel : un pavillon du 17e s. aménagé au cœur du château de Versailles. Alain Ducasse est le Roi-Soleil de ces lieux, y faisant appliquer la loi culinaire qu'on lui connaît : celle de la naturalité, et d'un hommage sans cesse renouvelé au beau produit.

⇆ & ⇔ – Prix : €€

Plan : A2-4 – Place d'Armes – ☎ 01 30 84 12 96 – www.ducasse-chateauversailles.com – Fermé lundi, et mardi, mercredi, jeudi, vendredi et dimanche soir

LE PINCEMIN

CUISINE MODERNE • CONTEMPORAIN Ami des rappeurs et des people, véritable star des réseaux sociaux (et lointain gagnant de l'édition 2016 de Top-Chef), Xavier Pincemin fait presque de l'ombre au Roi-Soleil dans son restaurant versaillais. Il réconcilie toutes les générations et les nationalités – pour autant qu'on ait la chance de trouver une table libre. Sa cuisine de l'instant qui met en valeur le beau produit sans fioriture témoigne de ses ambitions et d'une passion intacte pour la gastronomie, comme en témoigne, par exemple, son merlu, verveine, pêche et courgettes. Prix : €€€

Plan : A2-5 – 10 boulevard du Roi – ☎ 09 83 50 29 64 – www.xavier-pincemin. com – Fermé lundi et dimanche

LA TABLE DES LUMIÈRES ⓝ

CUISINE MODERNE • BOURGEOIS Deux hôtels particuliers aux façades hétéroclites ont été réunis pour faire étinceler cet hôtel de luxe et sa table gastronomique. Dans cette salle chic et feutrée, le chef propose une cuisine généreuse, voire partageuse, centrée sur le végétal, avec de beaux produits de saison, à l'image de cette tarte à l'oignon au comté et vin jaune. Les végétariens seront comblés : viandes et poissons jouent plutôt les faire-valoir, et sont optionnels.

& AC ⇔ – Prix : €€€

Plan : A2-8 – 5 rue Colbert – ☎ 01 87 50 05 00 – www.leslumieres.com/fr/ restaurant-la-table-des-lumieres.html – Fermé lundi, dimanche et du mardi au samedi à midi

AIRELLES CHÂTEAU DE VERSAILLES, LE GRAND CONTRÔLE

GRAND STYLE • CHAMPÊTRE À l'intérieur même des jardins du château, voici un lieu hors normes. Il occupe trois bâtiments du 17e et 18e s., dont la décoration, inspirée du Petit Trianon, toute en boiseries peintes et tissus fleuris, reste fidèle au Roi Soleil. Dans l'esprit d'un palais intimiste, l'hôtel a limité le nombre de chambres, suites et appartements somptueux, tous offrant bien sûr un confort moderne des plus luxueux. Un spa et une piscine intérieure de 15 m complètent le tableau. Bonus royal : la visite guidée du château lorsque les lieux sont déserts.

AC ⇔ ⏋ 🛁 ♨ 🦽 ⒑ - 13 chambres

12 rue de l'Indépendance Américaine – ☎ 01 85 36 05 50

❀ **Le Grand Contrôle** - Voir la sélection des restaurants

1211

VERSAILLES

🛏 **LE LOUIS VERSAILLES CHÂTEAU** *Plus*

CLASSIQUE • ÉLÉGANT Protégé par son portail d'époque classé, à deux pas du château, cet hôtel élégant aux beaux volumes permet de découvrir en toute quiétude le domaine du Roi Soleil. Bon petit-déjeuner bio et sans gluten.

 - 157 chambres

2 bis avenue de Paris – ✆ *01 39 07 46 46*

🛏 **TRIANON PALACE**

CLASSIQUE • RAFFINÉ "Depuis la signature du traité de Versailles dans sa chambre Clémenceau, cet hôtel luxueux, à la lisière du parc du château, a connu une rénovation en profondeur, et le résultat est, derrière la façade minutieusement restaurée, tout à fait moderne : piscine intérieure chauffée, tennis, salle de sport et de spa, bar, salles de réunion. Avec ses très belles chambres, mariant l'élégance du design contemporain et le classicisme du lieu, il n'usurpe pas sa réputation !"

 - 199 chambres

1 boulevard de la Reine – ✆ *01 30 84 50 00*

✿ **Gordon Ramsay au Trianon** – Voir la sélection des restaurants

---

VERTOU
✉ 44120 – Loire Atlantique – Carte régionale n° 9

😊 **LE LAURIER FLEURI**

CUISINE MODERNE • TRADITIONNEL Soyons franc l'environnement de cet ancien relais de diligence n'est pas des plus séduisants, mais une fois attablé on comprend mieux le succès de ce restaurant mené par un couple de professionnels. Après un solide parcours dans des maisons de renom, le chef mitonne une plaisante cuisine soignée et parfumée autour de recettes dans l'esprit bistronomie à prix sages.

& P – Prix : €€

460 route de Clisson – ✆ *02 51 79 01 01* – *– Fermé samedi et dimanche*

VESC
✉ 26220 – Drôme – Carte régionale n° **24**–B2

CHEZ MON JULES

CUISINE DU TERROIR • BISTRO Dans un décor de bois parsemé d'objets chinés, on se régale d'une savoureuse cuisine du terroir, à travers deux menus qui font la part belle aux saisons. La caillette maison au foie gras, ou encore cette poitrine de cochon de Dieulefit, laquée, légumes du coin, sauront ravir vos papilles. Aux beaux jours, profitez de la terrasse à l'ombre des canisses : le panorama vaut le coup d'œil...

& 🍽 – Prix : €€€

5 rue Étienne-de-Vesc – ✆ *04 75 04 20 74* – *www.chezmonjules.fr* – *Fermé lundi, mardi, du mercredi au vendredi à midi, et dimanche soir*

VEUIL
✉ 36600 – Indre – Carte régionale n° **15**–C2

😊 **AUBERGE SAINT FIACRE**

CUISINE MODERNE • RUSTIQUE Le couple à la tête de cette auberge d'un petit village proche de Valençay réalise un travail admirable : en vrai "artisan" passionné, le chef privilégie les produits régionaux pour concocter des préparations fines et goûteuses, que l'on déguste dans un cadre rustique charmant ou sur la délicieuse terrasse fleurie, aux beaux jours. En raison du succès (et de l'excellent rapport qualité/prix), les réservations sont indispensables.

 – Prix : €€

5 rue de la Fontaine – ✆ *02 54 40 32 78* – *www.aubergesaintfiacre.com* – *Fermé lundi et mardi, et dimanche soir*

VEUZAIN-SUR-LOIRE

41150 – Loir-et-Cher – Carte régionale n° **10**–C3

LA CROIX BLANCHE

CUISINE MODERNE • AUBERGE On ne porte pas sa croix dans cet ancien relais de poste sur les bords de Loire ! On y profite de la cuisine actuelle du chef Jean-François Beauduin, formé dans les tables étoilées. La saison et les produits locaux sont de rigueur dans sa carte alléchante qui multiplie les belles choses, avec une vraie gourmandise, tel le lieu jaune rôti, carottes fanes et gingembre confit. Ne faites surtout pas l'impasse sur le soufflé flambé au cognac et crème glacée à la vanille. À noter, quelques préparations plus traditionnelles comme la beuchelle tourangelle. Service charmant assuré par l'épouse du chef dans un cadre rustique et coquet à souhait, avec mention spéciale à l'agréable terrasse à l'ombre des mûriers.

– Prix : €€

2 avenue de la Loire (à Veuves) – 02 54 70 23 80 – www.lacroixblanche41.com – Fermé mercredi, et lundi et dimanche soir

VEYNES

05400 – Hautes-Alpes – Carte régionale n° **24**–C2

LA SÉRAFINE

CUISINE MODERNE • CONVIVIAL La cheffe, d'origine vietnamienne, réalise une cuisine inventive et instinctive sans cesse en évolution. L'intérieur est élégant et raffiné, la carte des vins joliment construite (la cave est d'ailleurs visible en entrant), et la véranda se prolonge d'une agréable terrasse.

– Prix : €€

8 hameau Les Paroirs – 04 92 58 06 00 – www.restaurantserafine.com – Fermé du lundi au mercredi, jeudi et vendredi à midi, et dimanche soir

VEYRAS

07000 – Ardèche – Carte régionale n° **20**–C3

LA BÒRIA

Chef : Florian Descours

CUISINE CRÉATIVE • CONTEMPORAIN La vue sur la vallée et les collines ardéchoises environnantes, une bâtisse tout en lattes de bois, les tables en châtaignier, le potager intérieur d'herbes aromatiques, l'étymologie du nom bòria ("petite ferme cévenole" en patois ardéchois) : le ton est donné ! Entouré par une équipe de choc impliquée à fond dans la philosophie de la maison, le chef Florian Descours rend hommage à ses racines terriennes en travaillant avec finesse le meilleur du local : bœuf de Privas, cochon de Beaulieu, escargots de la vallée de l'Eyrieux, truite de Labatie-d'Andaure... On se régale du début à la fin, de la laitue sucrine grillée au pigeon de Villevocance à la pastèque et à l'oseille, jusqu'au millefeuille aux fruits du verger et sa crème légère à la verveine. Qui dit mieux ?

– Prix : €€€

105 avenue du Ruissol – 04 75 66 84 04 – www.la-boria.com – Fermé lundi, mardi et dimanche

L'engagement du chef : Le produit d'ici, de saison, bien travaillé de la terre à l'assiette et à un prix raisonné : telle est la philosophie de La Bòria. La quasi-totalité des ingrédients est issue de cultures et d'élevages ardéchois, le pain au levain est fait sur place, tout comme les charcuteries. Le bâtiment produit sa propre électricité par panneaux solaires, on récupère l'eau de pluie, on privilégie les matériaux locaux pour la construction (charpente en châtaignier d'Ardèche), le mobilier et l'art de la table.

VEYRIER-DU-LAC

74290 – Haute-Savoie – Carte régionale n° **21**-C2

✿✿ LA TABLE DE YOANN CONTE

Chef : Yoann Conte

CUISINE CRÉATIVE • ÉLÉGANT C'est en mer que le Breton Yoann Conte a découvert le sens de la fraternité et l'importance du "manger". Il porte comme un étendard la volonté de mettre la gastronomie au service de recettes "brutes" et sincères. Adepte de randonnées extrêmes, il cultive son jardin au bord du lac en herboriste avisé. Sa cuisine lui ressemble : physique, terrienne, avec un soupçon d'aventure et un sourire en coin. Entouré de disciples passionnés et désormais très présent en salle, il réalise des menus naviguant entre ses racines paysannes, son parcours de vie et ses origines bretonnes, jusqu'à "l'ultime synthèse"... Les accords mets et vins, judicieusement choisis par le chef et son sommelier complice, attestent de la dynamique vertueuse de cette table. Pour prolonger l'expérience, 11 belles chambres tournées vers le lac.

– Prix : €€€€

13 vieille route des Pensières – ✆ 04 50 09 97 49 – yoann-conte.com –
Fermé samedi et dimanche

✿ **L'engagement du chef :** Bon sens paysan, curiosité et simplicité sont les maîtres mots de ma cuisine : à la montagne, assis sur un rocher, face à la nature, c'est cette simplicité que j'essaie d'insuffler à mes compositions, imaginées en fonction de ce que m'offre la nature au jour le jour et que je transmets ensuite à mon équipage.

LE ROC

CUISINE MODERNE • CHIC Menus dégustation, carte alléchante (perche du Léman à l'oseille et œufs de brochet, Saint-Jacques pochées à l'hélianthis, pithiviers de canard au foie gras...), belle carte des vins, salle contemporaine d'esprit chic montagnard et jeune équipe au taquet : le chef Yoann Conte ne laisse rien au hasard dans son deuxième restaurant, situé au sein même de la célèbre maison bleue. Et toujours la vue superbe sur le lac d'Annecy...

– Prix : €€€€

13 vieille route des Pensières – ✆ 04 50 09 97 49 – www.restaurant-leroc.com

LA MAISON BLEUE

MONTAGNARD • ÉLÉGANT Cette superbe maison couleur lavande, accoudée à la montagne, se mire dans le lac d'Annecy. Les chambres et les suites, d'un style montagnard chic, possèdent toutes balcon et vue sur le lac. Terrasse somptueuse, sauna extérieur, bain norvégien, ponton avec transat, bateaux pour le ski nautique ou les navettes vers Annecy : l'élégance absolue, sans fausse note.

- 11 chambres

13 Route des Pensières – ✆ 04 50 09 97 49

✿✿ **La Table de Yoann Conte • Le Roc** - Voir la sélection des restaurants

VÉZELAY

89450 – Yonne – Carte régionale n° **12**-B2

L'ÉTERNEL

CUISINE MODERNE • CLASSIQUE Au pied de la colline qui mène à la basilique de Vézelay, haut lieu de pèlerinage spirituel, on sait aussi cultiver des nourritures bien terrestres. La modernité est de mise dans l'assiette avec quelques notes régionales (pressé de gambas au jambon du Morvan, mangue et céleri), le cadre est lumineux : parfait prélude avant de visiter, dans la foulée, l'étonnant musée Zervos. Chambres confortables pour l'étape.

– Prix : €€€

Place du Champ-de-Foire – ✆ 03 73 53 03 20 – www.hplv-vezelay.com –
Fermé lundi, mardi et du mercredi au vendredi à midi

VEZERONCE-CURTIN

✉ 38510 – Isère – Carte régionale n° –

🟠 L'ESPRIT BISTROT

CUISINE TRADITIONNELLE • SIMPLE *(Transfert prévu au 1er semestre au 167 route du Dauphiné 38300 Maubec)* Dans ce bistrot moderne, on déguste une excellente cuisine troussée par un chef passionné. La longue liste des producteurs locaux avec lesquels il travaille met l'eau à la bouche : que du bon ! Des exemples de plats ? Couteaux de mer et lentilles de Trept en salade ; colvert de chasse en deux services, endives braisées et jus aux abats ; baba des Pères Chartreux...

🏠 – Prix : €€

1 place Clodomir – 𝒞 04 74 96 57 81 – www.restaurant-lesprit-bistrot.fr – Fermé mardi, mercredi et jeudi midi

VIC-SUR-CÈRE

✉ 15800 – Cantal – Carte régionale n° **23**–C1

HOSTELLERIE SAINT-CLÉMENT

CUISINE TRADITIONNELLE • CHAMPÊTRE Dans ce petit restaurant familial où l'on est accueilli avec le sourire, père et fils concoctent une cuisine traditionnelle et gourmande et dressent des assiettes soignées : suprême de pintade fermière et sa sauce aux morilles ; cassolette de lotte bretonne... En entrée, on recommande la terrine de caille faite maison.

🍃⛺♿🏠🅿 – Prix : €€

Col de Curebourse – 𝒞 04 71 47 51 71 – www.hostelleriesaintclement.fr

VICHY

✉ 03200 – Allier – Carte régionale n° **16**–C3

🏵 MAISON DECORET

Chef : Jacques Decoret

CUISINE MODERNE • ÉLÉGANT Une bâtisse du 19e s., une grande véranda cubique jouant sur la transparence : tel est le cadre voulu par Martine et Jacques Decoret. Recherche esthétique et finesse sont au rendez-vous dans l'assiette, autour de très beaux produits : le chef, désormais assisté de ses fils Alexis et Antoine, maîtrise son sujet sans faire montre d'ostentation. On apprécie aussi la personnalité qui se dégage des amuse-bouches. Pour prolonger le séjour, quelques chambres style maison d'hôtes rappellent agréablement l'esprit contemporain du lieu.

🐷⛺♿🚗⛺ – Prix : €€€€

15 rue du Parc – 𝒞 04 70 97 65 06 – www.maisondecoret.com/fr – Fermé du lundi au mercredi

🟠 L'ÉCRIN DE MARLÈNE 🟥

CUISINE MODERNE • CONTEMPORAIN Nichée au cœur du quartier thermal, la galerie marchande du Fer à Cheval entoure le kiosque à musique et la Source de l'Hôpital, lui conférant un charme indéniable. La cheffe Marlène Chaussemy s'y est installée, en créant pour son restaurant un cadre contemporain séduisant. Optez pour la salle donnant sur le parc. En misant sur la fraîcheur et la saison, cette cuisine de bons produits tient haut la main ses promesses : tendre carré de cochon, panais savoureux, boudin roulé dans sa fine panure gourmande ; soufflé au chocolat acoquiné à une crème glacée et une banane flambée au rhum. Pour ceux qui désirent hausser d'un cran la partition, le menu supérieur offre des produits plus nobles (foie gras poêlé, noix de Saint-Jacques, filet d'agneau).

♿🏠 – Prix : €€

6 square de la Source-de-l'Hôpital – 𝒞 04 70 58 72 72 – www.marlene-vichy. com – Fermé mardi et mercredi

VICHY

LES CAUDALIES

CUISINE TRADITIONNELLE • CONTEMPORAIN Ces Caudalies vichyssoises ont tout pour plaire : une salle d'esprit Napoléon III rehaussée de notes plus contemporaines, une jolie carte des vins de plus de 900 références sélectionnées par Lucie, l'épouse du chef Emmanuel Basset... et dans l'assiette une cuisine goûteuse et généreuse, naviguant entre tradition et modernité. À noter, la présence d'une salle située entre cave et cuisine dans l'esprit d'une cabane de vigneron.

&⃝ AC – Prix : €€

7 rue Besse – ☏ 04 70 32 13 22 – www.les-caudalies-vichy.fr – Fermé lundi et mercredi, et dimanche soir

L'HIPPOCAMPE

POISSONS ET FRUITS DE MER • CONTEMPORAIN Près du parc des Sources, le chef Gilles Ruyet, travaille les produits de la mer dans une veine traditionnelle : sole meunière, flétan snacké accompagné de son beurre nantais, sans oublier le soufflé à la pâte d'orange au Grand Marnier préparé par sa fille Marianne, présente également en salle. Joli décor contemporain avec vue directe sur les cuisines... et sur le vivier de homards !

AC – Prix : €€

3 boulevard de Russie – ☏ 04 70 97 68 37 – www.hippocampe-vichy.fr – Fermé lundi, mardi midi et dimanche soir

VIDAUBAN

✉ 83550 – Var – Carte régionale n° **29**-B2

LA BASTIDE DES MAGNANS 🅝

CUISINE MÉDITERRANÉENNE • AUBERGE Point de ver à soie dans cette ancienne magnanerie, mais de jolies assiettes qui changent chaque jour pour mettre en valeur les produits frais de la région. Natif de Vidauban, le chef Christian Bœuf, épaulé par le pâtissier Benjamin Mozzone, élabore une cuisine attentive et soignée : brouillade aux truffes ; filet de daurade, blettes, petits pois et émulsion de homard ; tarte aux agrumes et sa mousse vanille et citron vert... Beau choix de vins régionaux à prix doux, accueil et service aux petits soins, que ce soit à l'ombre des platanes de la terrasse ou bien dans l'une des deux salles à manger à l'esprit provençal contemporain.

&⃝ 🌿 P – Prix : €€

32 avenue du Général-Gallieni – ☏ 04 94 99 43 91 – www.bastidedesmagnans. com – Fermé lundi, et mercredi et dimanche soir

VIENNE

✉ 38200 – Isère – Carte régionale n° **21**-A2

 LA PYRAMIDE - MAISON HENRIROUX

Chef : Patrick Henriroux

CUISINE MODERNE • ÉLÉGANT Modeste auberge créée en 1822, puis rendue célèbre par les mythiques Mado et Fernand Point au début du 20e s., cette institution viennoise est depuis 1989 aux mains de Patrick Henriroux, qui n'a eu de cesse de la faire évoluer : salle à manger au décor design, création d'un second restaurant (PH3), hôtel de charme, bar à cocktails... Quant à la cuisine, elle marie recettes classiques et touches contemporaines avec précision et sobriété : frivolité de sole en filet au velouté de coquillages, tian tricolore aux notes fumées ; cœur de filet de bœuf Aubrac, millefeuille de pomme de terre et joue confite, jus de côte-rôtie ; piano au chocolat, crème anglaise au café grillé. Le livre de cave époustouflant donne le tournis avec ses côtes-rôties et ses condrieu, des vins qui s'accordent bien avec cette cuisine. À noter : un menu déjeuner à prix attractif, et un service aux petits oignons, qui perpétue la tradition des grandes maisons françaises.

&⃝ 🛏 AC 🌿 ❄ P – Prix : €€€€

14 boulevard Fernand-Point – ☏ 04 74 53 01 96 – www.lapyramide.com/fr – Fermé le soir

VIENNE

ALQUIMIA

CUISINE CRÉATIVE • CONVIVIAL Cette maison ancienne (en partie du 18e s.), élevée non loin des quais du Rhône, a tout pour plaire : de beaux volumes, des murs en pierre et en brique... et un jeune couple franco-paraguayen qui a de la personnalité à revendre. Le chef Horacio Zàrate Franco compose, avec un sens certain de la mise en scène, une cuisine créative aux influences sud-américaines : déclinaison autour de l'œuf, topinambours et truffes ; coquilles Saint-Jacques, crème de coco, cardons et fricassée d'encornet à la tomate. Une salle vivante grâce à l'entregent de madame.

🛖 – Prix : €€€

6 rue de la Table-Ronde – ☎ 04 74 85 19 77 – www.alquimiavienne.fr –
Fermé lundi, dimanche et mardi midi

L'ESPACE PH3

CUISINE MODERNE • COSY Au sein de la Pyramide, voici la seconde table de la famille Henriroux. Dans un décor sobre et chic pensé dans un esprit végétal, on déguste une cuisine axée santé et bien-être, ainsi que des classiques comme la tête de veau ou la praline rose... Et tout est mené tambour battant par une équipe dont la motivation est communicative. Que d'énergie, que de saveurs !

🐾 🅚 🛖 🄿 – Prix : €€

14 boulevard Fernand-Point – ☎ 04 74 53 01 96 – www.lapyramide.com/
fr – Fermé dimanche

VIEUX-BOUCAU-LES-BAINS

✉ 40480 – Landes – Carte régionale n° **25**–A2

LES TÊTES D'AIL �

CUISINE CRÉATIVE • BISTRO Dans cette petite station balnéaire landaise, voilà assurément le bon choix : le bouche-à-oreille a fait le succès de cette table complète une semaine à l'avance. Après l'accueil tout sourire de la compagne du chef, on met les pieds sous la table d'un bistrot contemporain avec sa trilogie bois, plantes et affiches vintage. La petite carte, régulièrement rafraîchie, propose une cuisine créative rondement menée. Tête bien faite, le chef fignole des assiettes originales et bien relevées, sans fausse note : croustillant de riz, gravlax d'espadon, gaspacho épicé aux fraises et granité shiso ; pressé de jarret de veau braisé au foin, émulsion café, shiitakés marinés et crumble wasabi.

♿ – Prix : €€

23 Grand-Rue – ☎ 05 58 91 44 89 – www.lestetesdail.com – Fermé lundi et
mardi, et mercredi et dimanche soir

VIGNIEU

✉ 38890 – Isère – Carte régionale n° **21**–B2

LA GRANGE DE PÉPÉ

CUISINE MODERNE • COSY Dans la paisible campagne nord-iséroise, une famille a fait revivre le domaine agricole de ses aïeux en le transformant en domaine hôtelier. C'est là, dans une charmante grange en pierre relookée, que l'on déguste aujourd'hui une cuisine pleine d'allant, concoctée par le chef argentin Agustín Mercado Murua, qui s'inspire des saisons et du terroir (canette de la Dombes, veau fermier, truite de pisciculture locale...), mais aussi des herbes et des légumes du potager. Agréable terrasse aux beaux jours.

🛏♿🛖🌀🄿 – Prix : €€

Domaine de Suzel, 267 route de Suzel – ☎ 04 37 06 39 66 – www.
lagrangedepepe.fr – Fermé lundi, mardi midi et dimanche soir

VILLARD-DE-LANS
✉ 38250 – Isère – Carte régionale n° **21**–B3

LES TRENTE PAS
CUISINE MODERNE • COLORÉ À une trentaine de pas de l'église de Villard, un restaurant de poche tenu par un couple sympathique. Dans une jolie salle à manger, l'œil s'attarde sur les tableaux d'un artiste local... Derrière ses fourneaux, le chef honore les produits (notamment du Vercors) au gré du marché et de son inspiration. Un travail soigné.

Prix : €€

16 avenue des Francs-Tireurs – ✆ 04 76 94 06 75 – www.lestrentepas.fr – Fermé lundi et mardi, et mercredi soir

VILLAROGER
✉ 73640 – Savoie

MINERAL LODGE
CONTEMPORAIN • CONVIVIAL À partir d'une ferme savoyarde, le Mineral Lodge a fait œuvre contemporaine, minimaliste, ouverte sur l'extérieur, aux plafonds hauts, au toit béton, aux baies immenses et aux perspectives étonnantes. Les espaces communs consistent en deux salles à manger et deux salons au design épuré — dont un panoramique avec cheminée —, et un sauna. Les chambres et la suite, toutes parfaitement silencieuses, mêlent l'élégance des lignes et des meubles anciens au confort moderne. Certaines disposent de terrasses privées. Pour les autres, la terrasse du lodge sera un excellent point de vue sur la vallée du Crôt, le glacier du Ruitor et la frontière italienne.

🅰🅲 🅿 🚗 ❄ 🛌 🚲 🛝 🧖 🍽 – 5 chambres

Le Pré-derrière – ✆ 06 72 24 57 79

LE VILLARS
✉ 71700 – Saône-et-Loire – Carte régionale n° **17**–C2

L'AUBERGE DES GOURMETS
CUISINE MODERNE • AUBERGE Dans un charmant village sur les hauteurs de la Saône, une auberge au cadre traditionnel (pierres et poutres apparentes, grandes fresques colorées). Aux fourneaux, Guillaume Laublanc, enfant du pays, concocte une cuisine bistronomique et locavore, avec un enthousiasme contagieux. Cuite à basse température, la poulette de Bresse farcie aux morilles et sa crème au vin jaune vous fera fondre !

🅰🅲 🍽 – Prix : €€

9 place de l'Église – ✆ 03 85 32 58 80 – www.laubergedesgourmets.com – Fermé mardi et mercredi, et dimanche soir

VILLARS
✉ 84400 – Vaucluse – Carte régionale n° **28**–E1

LA TABLE DE PABLO
CUISINE DU MARCHÉ • CONTEMPORAIN Pour goûter une cuisine délicate et volontiers créative, à base de beaux produits régionaux, ce restaurant entre vignes et cerisiers est tout trouvé : en témoigne un menu surprise composé au gré du marché et de ses petits producteurs locaux.... Le chef patron, qui travaille seul, assume toutes les fonctions, en salle et cuisine. Mention spéciale pour la paisible terrasse bercée par le chant des cigales.

♿ 🍽 🅿 – Prix : €€

1713 route de Rustrel, Hameau Les Petits-Cléments – ✆ 04 90 75 45 18 – www.latabledepablo.com/fr/index.php – Fermé mercredi, et jeudi et samedi à midi

VILLE-D'AVRAY

 92410 – Hauts-de-Seine – Carte régionale n° **11**–E2

LE COROT

CUISINE CRÉATIVE • ÉLÉGANT À la manière du peintre Corot – qui immortalisa les étangs voisins –, Rémi Chambard s'inspire surtout de la nature et du terroir d'Ile-de-France pour élaborer sa cuisine : il ne propose d'ailleurs plus qu'un unique menu francilien qui met en exergue les différents villages d'où viennent ses produits, de Meaux à Choisy-le-Roi. Il va également lui-même faire sa "cueillette urbaine" au potager du Roi à Versailles... Cet excellent technicien, passé par des maisons de renom, prend toujours autant de plaisir à travailler le végétal, mais sans exclusive. Ses assiettes frappent par leur fraîcheur, leur légèreté et leur esthétisme : truite, oseille, citron caviar ; champignons, agastache, oignons confits ; canard, cerise, courgette. Le nouveau décor épuré et intimiste, à l'unisson de cette cuisine raffinée, sied à sa cuisine.

– Prix : €€€€

55 rue de Versailles – 01 41 15 37 00 – www.etangs-corot.com – Fermé lundi, mardi et dimanche et mercredi et jeudi à midi

LE CAFÉ DES ARTISTES

CUISINE MODERNE • BISTRO Dans ce bistrot qui vient compléter idéalement la table étoilée de ce lieu si combien bucolique aux portes de Paris, on sert une cuisine contemporaine, goûteuse et inspirée, réalisée avec de beaux produits – à l'instar du délicieux cabillaud, coco de Paimpol, chorizo, crème de homard. A déguster en terrasse, en contemplant le charmant jardin. Idyllique.

– Prix : €€

53 rue de Versailles – 01 41 15 37 00 – www.etangs-corot.com – Fermé lundi

LES ÉTANGS DE COROT   *Plus*

CLASSIQUE • CHARME Ce ravissant hameau bâti au bord des étangs de Ville-d'Avray inspira le peintre Camille Corot. Il abrite aujourd'hui un hôtel de charme (élégantes chambres au décor soigné) doté de plusieurs restaurants. Le spa est divin... vinothérapie oblige. Un charme bucolique unique aux portes de la capitale !

- 42 chambres

55 rue de Versailles – 01 41 15 37 00

L'Entre-Roches - Voir la sélection des restaurants

VILLE-DU-PONT

 25650 – Doubs – Carte régionale n° **13**–C2

L'ENTRE-ROCHES

CUISINE MODERNE • ÉLÉGANT Au cœur du Saugeais (cette amusante "République" autoproclamée à la frontière suisse), une maison que ses propriétaires soignent autant côté décor – contemporain – que côté assiette, où le chef propose une cuisine gourmande et savoureuse. À noter, accueil et service des plus charmants.

– Prix : €€€

1 rue Principale – 03 81 38 10 92 – www.restaurant-entreroches.fr – Fermé du lundi au mercredi

1219

VILLEBLEVIN

✉ 89340 – Yonne – Carte régionale n° **12**–A1

AUBERGE L'ESCALE 87

CUISINE TRADITIONNELLE • COSY Une bien chaleureuse auberge au bord de l'ancienne N6, dont l'intérieur coquet se pare de divers objets agrestes et de mobilier rustique. La tradition est de mise dans les assiettes, tête de veau campagnarde ; fricassée de rognon d'agneau ; tournedos aux morilles ; et servies avec le sourire par-dessus le marché : on passe un moment agréable. Plaisante terrasse sur l'arrière.

🅰🄲 ⌂ – Prix : €€

Lieu-dit Le Petit-Villeblevin – 🕿 03 86 66 42 56 – www.lescale87.fr – Fermé du lundi au mercredi, et jeudi et dimanche soir

VILLECRESNES

✉ 94440 – Val-de-Marne – Carte régionale n° **11**–B1

L'INATTENDU ⓝ

CUISINE MODERNE • COSY De cette ancienne boucherie ne subsiste que le carrelage mural et quelques crochets pour suspendre les pièces de viande. Pour le reste, la déco contemporaine de charme associe des assises de velours coloré et de petites tables pimpantes. Une table d'hôte cachée (sur réservation) se trouve au milieu des bouteilles de la cave. Les deux menus surprise permettent au chef de travailler les meilleurs ingrédients du moment, qu'ils proviennent du marché de Rungis tout proche ou d'une petite ferme bio voisine pour certains légumes. Maquereau et betteraves ; volaille de Vendée et mijoté de pois chiches et de carottes ; financier aux amandes et noisettes, figue et glace au maïs : une cuisine saine et directe pour des assiettes hautes en couleur et pleine de goût.

♿ 🅰🄲 ⌂ – Prix : €€€

34 rue du Général Leclerc – 🕿 01 75 36 61 52 – www.restaurantlinattendu.com – Fermé samedi et dimanche, et lundi et mardi soir

VILLEDIEU

✉ 84110 – Vaucluse – Carte régionale n° **28**–C2

LE BISTROT DE VILLEDIEU

CUISINE PROVENÇALE • BISTRO Laurent Azoulay mitonne ici une cuisine provençale dans un esprit de bistrot locavore. Les recettes, parfumées et soignées, ne manquent pas de caractère, et certains plats sont cuits au feu de bois dans le four de la cuisine ouverte. Le tout est servi dans une salle façon bistrot contemporain ou aux beaux jours, sur la terrasse ombragée de la place du village.

⌂ – Prix : €€

21 place de la Libération – 🕿 04 90 28 97 02 – www.lebistrotdevilledieu.com – Fermé mardi

VILLEFRANCHE-DE-ROUERGUE

✉ 12200 – Aveyron – Carte régionale n° **23**–B2

L'ATELIER DE DAMIEN

CUISINE MODERNE • CONTEMPORAIN À dix minutes à peine du centre-ville historique, ce restaurant offre un cadre contemporain tout aussi séduisant que la cuisine d'un jeune chef au bon parcours (Alain Ducasse à Paris et le restaurant Py-R à Toulouse). Les trois menus proposés jouent une bonne partition conforme aux standards du moment : oignons rôtis et maquereau grillé ; poitrine de porc laquée, jus de viande, pomme de terre, poireaux et poivrons. Service aimable.

♿ 🅰🄲 ⌂ – Prix : €€

5 place Louis-Fontanges – 🕿 05 65 45 36 42 – www.l-atelier-restaurant.fr – Fermé lundi, mardi et mercredi à midi , et dimanche soir

VILLEFRANCHE-SUR-MER

✉ 06230 – Alpes-Maritimes – Carte régionale n° **29**-E2

LA MÈRE GERMAINE

POISSONS ET FRUITS DE MER • **RUSTIQUE** Poisson frais et fruits de mer depuis 1938 : la Mère Germaine est une institution locale, où Cocteau avait ses habitudes. En été, la jet-set presse ses yachts à l'abordage du restaurant ; attablé en terrasse face au port, on passe effectivement un agréable moment… si l'on n'est pas trop regardant sur le prix.

≼ & ✿ 🛋 – Prix : €€€

9 quai Amiral-Courbet – ✆ 04 93 01 71 39 – www.meregermaine.com

VILLEFRANCHE-SUR-SAÔNE

✉ 69400 – Rhône – Carte régionale n° **21**-A1

L'ABBAYE CALADOISE

CUISINE TRADITIONNELLE • **CONVIVIAL** Joli endroit que cet ancien monastère, avec sa jolie terrasse sous la glycine. L'établissement est le repaire d'un couple de bons professionnels (le chef est champion du monde 2016 de pâté en croûte !), qui servent une cuisine réjouissante, axée sur les produits de la région.

& ✿ ⇔ 🅿 – Prix : €€

180 rue Georges-Mangin – ✆ 04 74 62 19 07 – www.labbayecaladoise.com – Fermé lundi et dimanche

VILLEGENON

✉ 18260 – Cher – Carte régionale n° **16**-B1

LA RÉCRÉATION GOURMANDE

CUISINE TRADITIONNELLE • **CONVIVIAL** Dans cette ancienne école du début du 20e s., où trône un vieux poêle surmonté d'un bonnet d'âne, les mauvais élèves ne sont pas mis au pain sec et à l'eau ! Quel que soit le niveau de la classe, tout le monde se régale d'une cuisine de produits généreuse et goûteuse. Une agréable Récréation Gourmande…

& 🄰🄲 ✿ 🅿 – Prix : €

3 rue de l'Ancienne-École – ✆ 02 48 73 45 36 – www.la-recreation-gourmande.com – Fermé mercredi, et lundi, mardi, jeudi et dimanche soir

VILLELAURE

✉ 84530 – Vaucluse

LA FERME HI BRIDE

MODERNE • **FAMILIAL** Cette création de la designer Matali Crasset, dans le Luberon, renouvelle le thème des hôtels de campagne. Les intérieurs combinent librement les murs rustiques et les couleurs vives des années 70. Deux studios et deux maisons indépendantes, équipés chacun d'une cuisine, ainsi que huit chambres, composent l'hébergement. Petit-déjeuner raffiné à partir d'ingrédients locaux ultra-frais.

🄰🄲 🅿 ⇔ ⚐ 🛋 - 10 chambres

Route d'Ansouis – ✆ 09 75 68 59 40

VILLEMAGNE-L'ARGENTIÈRE

✉ 34600 – Hérault – Carte régionale n° **27**–C1

AUBERGE DE L'ABBAYE

CUISINE TRADITIONNELLE • **RUSTIQUE** Un petit village médiéval. Dans un recoin, une tour du 12e s. qui jette son ombre sur un mur en pierres. Et derrière ce mur, cette délicieuse auberge qui gagne à être connue. On y sert une bonne cuisine au goût du jour, qui privilégie les circuits courts. À déguster dans une atmosphère monastique.

&📷 – Prix : €€

*4 place de l'Abbaye – 📞 04 67 95 34 84 – www.aubergeabbaye.com –
Fermé lundi, mercredi, samedi midi, et mardi et dimanche soir*

VILLEMUR-SUR-TARN

✉ 31340 – Haute-Garonne – Carte régionale n° **26**–C2

L'ALTO

CUISINE MODERNE • **ÉLÉGANT** Dans ce joli château de brique rose niché en pleine campagne, on travaille avec rigueur de bons produits, au service d'une vision renouvelée du terroir. Des contrastes de saveurs bien marqués, comme avec ce filet de bar sauvage aux coquillages et émulsion de rhubarbe... Une belle partition pour L'Alto, et un décor tout aussi musical, avec cette sculpture de saxophone et la piscine en forme de violon !

🛏&🅰📷🅿 – Prix : €€€

*980 chemin de Pellausy – 📞 05 62 22 35 50 – www.restaurantalto.com –
Fermé lundi et dimanche, et mardi et mercredi soir*

VILLENEUVE-DE-BERG

✉ 07170 – Ardèche – Carte régionale n° **20**–C3

LA TABLE DE LÉA

CUISINE DU MARCHÉ • **CONVIVIAL** Dans cette ancienne grange, la cheffe élabore une cuisine du marché assez personnelle. Pendant ce temps-là, on profite de la belle terrasse sous les marronniers...

🛏📷🅿 – Prix : €€

*Le Petit Tournon – 📞 04 75 94 70 36 – www.restaurant-table-lea.fr –
Fermé mercredi, et lundi, mardi et jeudi midi*

VILLENEUVE-LE-COMTE

✉ 77174 – Seine-et-Marne – Carte régionale n° **11**–C1

❀ ### LA VIEILLE AUBERGE

Chef : Nicolas Tissier

CUISINE MODERNE • **CONTEMPORAIN** Fondé au 13e s. par les comtes de Champagne, ce joli village, avec son église médiévale et son obélisque, a été restauré au 19e s. par Viollet-le-Duc, excusez du peu. Lieu idéal pour que le chef Nicolas Tissier (passé notamment chez Jean-François Piège et Christian Le Squer), aussi expérimenté que talentueux, reprenne les rênes de la maison familiale. Il lâche la bride à son inspiration avec des menus surprise truffés de beaux produits : homard, pigeon, ris de veau, tomate de pleine terre, dont il sait tirer le meilleur grâce à des préparations équilibrées et harmonieuses. Mention spéciale pour le plateau de fromages d'une cinquantaine de variétés.

&📷✿ – Prix : €€€

*11 rue du Général-de-Gaulle – 📞 01 60 43 00 35 – www.la-vieille-auberge-77.
com – Fermé lundi, mardi et dimanche*

VILLENEUVE-LÈS-AVIGNON

✉ 30400 – Gard – Carte régionale n° **28**–E1

✿ LE PRIEURÉ

CUISINE CRÉATIVE • ÉLÉGANT De l'autre côté du Rhône, face à Avignon et son Palais des Papes, la petite cité de Villeneuve-lès-Avignon collectionne elle aussi les monuments... et le Prieuré est l'un d'entre eux. Dans cet ancien cloître qui a du charme à revendre, on sert une cuisine créative, basée sur de beaux produits. Les associations terre-mer, parfois audacieuses, tombent juste, comme ces langoustines à la rhubarbe et au lard noir de Bigorre, tandis que les saveurs restent d'une grande intensité.

🐿 ⇔ ⊕ ⅙ 🄰 🈺 **P** – Prix : €€€€

7 place du Chapître – ℰ 04 90 15 90 15 – www.leprieure.com – Fermé mardi, mercredi, et lundi, jeudi, vendredi, samedi et dimanche midi

🛏 LE PRIEURÉ

CONTEMPORAIN • CALME Le palais des Papes n'est pas si loin... Au cœur de la cité médiévale de Villeneuve, ce prieuré du 14e s. distille un je-ne-sais-quoi d'exclusivité. Vieilles pierres, dernier chic contemporain, superbe jardin... à l'écart du monde.

🄰 **P** ⇦ ⅍ ⊕ 🚲 🈺 ⅈ🅞 - 37 chambres

7 place du Chapître – ℰ 04 90 15 90 15

✿ **Le Prieuré** - Voir la sélection des restaurants

🛏 LA SUITE

MODERNE • CONVIVIAL Au cœur de la ville, ce petit hôtel de charme se niche dans une ancienne biscuiterie du 17e s. Les chambres et les suites ont chacune leur univers : ethnique, années pop, urbain... Bel espace détente et joli jardin. Une adresse à croquer !

🄰 **P** ⇦ ⅈ - 9 chambres

65-67 rue de la République – ℰ 04 90 21 51 07

VILLENEUVE-LOUBET

✉ 06270 – Alpes-Maritimes – Carte régionale n° **29**–E2

✿ LA FLIBUSTE

CUISINE MODERNE • ÉLÉGANT Dans ce restaurant entièrement vitré qui trône en plein cœur de la Marina Baie des Anges, on déguste autour d'un menu unique une cuisine provençale qui fait la part belle aux beaux produits issus de la pêche locale et des légumes des maraîchers voisins. À savourer dans un élégant cadre moderne, ou sur l'agréable terrasse qui permet de profiter de la vue sur le port.

⅙ 🄰 🈺 ⅈ – Prix : €€€€

1001 avenue de la Batterie, Marina Baie des Anges – ℰ 04 93 20 59 02 – www.restaurantlaflibuste.fr/laflibuste – Fermé mardi et mercredi, et dimanche soir

VILLERÉAL

✉ 47210 – Lot-et-Garonne – Carte régionale n° **22**–D2

LA TABLE DE L'EUROPE

CUISINE MODERNE • COSY En face des halles classées de cette bastide, cette jolie maison de pays et son restaurant permettent de s'attabler confortablement, y compris sur la terrasse située à l'arrière. On y goûte la cuisine d'une cheffe expérimentée qui cisèle des assiettes bien tournées (à l'image de cette poitrine de cochon en cuisson longue, mousseline de pomme de terre...) et notamment des desserts qui témoignent de sa première formation de pâtissière (comme cette noisette de Castillonès, praliné, mousse noisette, caramel beurre salé).

⅙ 🄰 🈺 – Prix : €€

1 place Jean-Moulin – ℰ 05 53 36 00 35 – www.europe-villereal.com – Fermé lundi, mardi, mercredi midi et dimanche soir

VILLEREST

✉ 42300 – Loire – Carte régionale n° **20**–C1

L'ESSENSIEL - DOMAINE DE CHAMPLONG

CUISINE MODERNE • ÉLÉGANT Moments aussi gourmands que charmants dans cette demeure du 18e s. nichée dans la verdure ; on dîne d'une cuisine actuelle dans la « salle des peintures », sous les tableaux d'époque ou dans la véranda donnant sur l'entrée du parc. Le chef source des beaux produits d'excellente fraîcheur tel le pigeon de Chérier, le bar maturé ou le homard bleu de belle qualité. Le service est chaleureux et efficace.

🕸 ⇔ & 🄺 🎪 ⇔ 🅿 – Prix : €€€

100 chemin de la Chapelle – ☎ 04 77 69 69 69 – www.domaine-de-champlong. com – Fermé lundi, du mardi au vendredi à midi, et dimanche soir

VILLERS-LE-LAC

✉ 25130 – Doubs – Carte régionale n° **13**–C2

LE FRANCE

CUISINE CRÉATIVE • CONTEMPORAIN Entre Morteau et la Chaux-de-Fonds, à quelques encablures de la frontière franco-suisse, ce restaurant accueille les voyageurs au cœur des montagnes du Haut-Doubs. Dans cette maison familiale, le chef Hugues Droz y pratique l'hospitalité franc-comtoise héritée de son père, qui lui-même la tenait de ses parents. Adepte des saisons, il célèbre les épousailles du terroir et de l'invention. Il aime aussi les repas thématiques, à l'image de ce menu dédié à la morille : ce champignon accompagne le mangeur jusqu'au dessert.

🕸 & 🎪 ⇔ – Prix : €€€

8 place Maxime-Cupillard – ☎ 03 81 68 00 06 – www.hotel-restaurant-lefrance. com – Fermé lundi, mardi midi et dimanche soir

VILLEVIEILLE

✉ 30250 – Gard – Carte régionale n° **28**–B2

LA CANOPÉE

CUISINE MODERNE • HISTORIQUE Dans cette ancienne salle d'armes voûtée de style Renaissance (5m de haut, tout de même !), on découvre une cuisine à la gloire des terroirs cévenol et camarguais. Elle s'accompagne d'une jolie sélection de petits vins de la région.

⇔ 🎪 ⇔ 🅿 – Prix : €€

2 allée du Pigeonnier – ☎ 04 66 35 97 20 – www.chateaudepondres.fr/ le-restaurant – Fermé lundi et mardi

🛏 CHÂTEAU DE PONDRES

MODERNE • CHARME Tout proche du village médiéval de Sommières, un château d'aspect Renaissance entouré d'un joli parc de 15 ha et d'une rivière. Décoration "nature" et brute au restaurant (tommettes, luminaires en métal, bois), chambres dans l'esprit du lieu, avec vue sur le hameau ou les vignes et le pic Saint-Loup... un cachet indéniable.

& 🅿 🚗 ⇔ 🏊 🌐 🏠 🍽 - 11 chambres

2 allée du Pigeonnier – ☎ 04 66 35 97 20

La Canopée - Voir la sélection des restaurants

VINAY

✉ 51530 – Marne – Carte régionale n° **6**-A2

HOSTELLERIE LA BRIQUETERIE

CUISINE MODERNE • CONTEMPORAIN Au milieu des vignes, cet hôtel-restaurant luxueux porte toujours beau grâce à ses chambres cossues, son jardin à la française, sa roseraie... et sa table où la cheffe Nawal Rezagui travaille avec soin la richesse du terroir dans une cuisine à l'esprit bistronomique le midi, gastronomique le soir. Les réalisations sont appliquées, dressées avec précision : crème d'asperge blanche et croquant d'asperges vertes au vinaigre de champagne ; quasi de veau, artichaut, petit pois, jus de veau à l'origan ; chou, cardamome verte et glace vanille. On s'attable désormais dans une salle moderne et lumineuse où le grand bow-window offre une belle vue sur l'extérieur.

⌘ ⇐& 🅰🅲 🚗 🅿 – Prix : €€€€

4 route de Sézanne – ✆ 03 26 59 99 99 – www.labriqueterie.fr – Fermé lundi, mardi et du mercredi au samedi à midi

VINCENNES

✉ 94300 – Val-de-Marne – Carte régionale n° **11**-F2

L'OURS

Chef : Jacky Ribault

CUISINE MODERNE • CONTEMPORAIN Jacky Ribault (Qui Plume La Lune, dans le 11e) n'en fait pas mystère : cet Ours, installé près du château de Vincennes, représente l'aboutissement de sa carrière. Il l'a conçu à son image, jouant sur les espaces et les formes, dans un mariage réussi de bois, métal, pierre et cuir : un écrin formidable, en cohérence avec les créations culinaires dont il a le secret. Car dans l'assiette, on retrouve tout ce qu'on aime chez ce cuisinier d'expérience, volubile et passionné : le coup de patte instinctif, le visuel soigné, les inspirations brutes qui subliment des produits de premier choix. On trouvera par exemple à la carte de subtiles touches japonaises, mais aussi la plus traditionnelle pintade, ou encore cette barbue avec son risotto de riz vénéré à la betterave... Jacky Ribault est en pleine forme, et plus que jamais fidèle à lui-même.

⌘ & 🅰🅲 – Prix : €€€€

12 rue de l'Église – ✆ 01 46 81 50 34 – www.loursrestaurant.com – Fermé lundi et dimanche

VIRÉ

✉ 71260 – Saône-et-Loire – Carte régionale n° **17**-C2

FRÉDÉRIC CARRION CUISINE HÔTEL

CUISINE MODERNE • COSY L'élégante salle à manger associe le cachet de cet ancien relais de poste (parquet, cheminée) à des notes plus cosy et feutrées. Le chef travaille les beaux produits régionaux dans des préparations volontiers créatives. On accompagne le tout d'une jolie sélection de vins, en particulier de Viré-Clessé bien sûr. Jolies chambres et espace bien-être pour agrémenter un séjour d'œnotourisme.

⌘ & 🅰🅲 – Prix : €€€

Place André-Lagrange – ✆ 03 85 33 10 72 – www.hotel-restaurant-carrion.fr – Fermé lundi, mardi et du mercredi au dimanche à midi

VIRE NORMANDIE

✉ 14500 – Calvados – Carte régionale n° **2**–B2

L'ATELIER DU GOÛT ❶

CUISINE MODERNE • CONTEMPORAIN Sur les hauteurs de Vire, ce bistrot contemporain est né de l'amitié entre deux chefs, Jordan Lebascle (ancien second chez Ivan Vautier) et Clément Gosselet (ancien second au Manoir de la Pommeraie). De leur chaudron sort une cuisine de terroir moderne qui profite de la manne normande et des producteurs locaux – comme en témoigne ce cabillaud nacré au beurre demi-sel, accompagné de croustilles de pommes de terre et de pâte d'estragon.
&⌂ 🍽 – Prix : €€

20 rue Émile-Desvaux – 𝒞 02 31 09 24 25 – www.latelierdugout14.fr – Fermé lundi, et mardi et dimanche soir

MANOIR DE LA POMMERAIE

CUISINE MODERNE • CONTEMPORAIN Cette maison du 18e s., dont la véranda s'ouvre sur un parc verdoyant aux arbres centenaires, est tenue par un couple franco-japonais qui continue de ravir nos papilles d'année en année. Tandis que Masako se consacre aux pâtisseries, Julien peaufine des créations soignées et tout en harmonie – à l'image de cette lotte rôtie, girolle, moule et foin, ou du thon snacké aux épices, aubergine et concombre. Les produits de la région sont bien souvent à l'honneur (bœuf normand, volaille de Cahagnes, fromages de fermes voisines, légumes locaux) ; le chef vous parlera d'ailleurs volontiers de ses producteurs lors de ses fréquents passages en salle.
🛏&🍽 🅿 – Prix : €€

L'Auvère – 𝒞 02 31 68 07 71 – www.manoirdelapommeraie.com – Fermé du lundi au mercredi, jeudi et vendredi à midi , et dimanche soir

VITRÉ

✉ 35500 – Ille-et-Vilaine – Carte régionale n° **9**–B1

😀 ENTRE NOUS

CUISINE MODERNE • CONTEMPORAIN Restaurant aménagé dans un bâtiment du 16e s. dans une rue pavée du centre-ville. Le décor déborde de charme, avec sa grande cheminée, ses encadrements de fenêtres en pierre, ses poutres apparentes et de colossales branches de bois d'où tombent les luminaires. La maîtresse de maison (également pâtissière), tout en discrétion, et le chef, tout en concentration dans sa cuisine ouverte, accueillent leurs clients avec le sourire. L'assiette, véritable sans faute, déborde aussi d'enthousiasme : velouté de courgette, poivron et chorizo ; pressé de raie, poireau confit, fumet de poisson crémé au citron ; tartelette, cassis et figue (fraîche, en mousse, en sorbet et en coulis !). Excellent rapport qualité-prix du menu déjeuner.
Prix : €€

20 rue d'en Bas – 𝒞 02 23 55 27 81 – www.restaurant-entre-nous.fr – Fermé lundi, dimanche et mardi midi

VIUZ-EN-SALLAZ

✉ 74250 – Haute-Savoie – Carte régionale n° **21**–C1

LA TABLE D'ÉMILIE

CUISINE MODERNE • SIMPLE À la barre de ce sympathique restaurant, Émilie et Yoann mettent en valeur de beaux produits, à travers un menu du marché au bon rapport qualité-prix au déjeuner, plus ambitieux le soir. Le chef a un bon tour de main, notamment sur les desserts. Par beau temps, profitez de l'agréable jardin-terrasse.
🆎 🍽 – Prix : €€

1069 avenue de Savoie – 𝒞 04 50 36 67 84 – www.latabledemilie.fr – Fermé mardi et mercredi, et lundi et dimanche soir

VOIRON

✉ 38500 – Isère – Carte régionale n° **21**–B2

BRASSERIE CHAVANT

CUISINE TRADITIONNELLE • HISTORIQUE Sise dans une belle maison de maître voisine des caves de Chartreuse et redécorée avec goût autour d'un bel escalier en bois, cette brasserie propose une bonne cuisine traditionnelle où les spécialités font honneur aux produits du Voironnais – ainsi le chou farci au cerf et parfum d'Antésite, la volaille fermière et son jus à la Chartreuse, ou le parfait glacé... à la Chartreuse. Accueil et service sympathiques.

🛏🌂🆎🌳🍽 – Prix : €€

72 avenue Léon-et-Joanny-Tardy – ☏ 04 76 93 19 11 – www.brasserie-chavant-voiron.fr

VOISINS-LE-BRETONNEUX

✉ 78960 – Yvelines – Carte régionale n° **11**–B1

LA FERME DE VOISINS

CUISINE MODERNE • AUBERGE On accède à ce joli corps de ferme du 19e s. par une cour fleurie, qui fait office de terrasse l'été venu. La carte, plutôt courte, met en valeur les incontournables de la maison – sucettes de gambas, tête de veau "irremplaçable", ou un dessert signature comme le baba bouchon maison et rhum arrangé à l'orange – et recèle des plats goûteux et créatifs. Une belle adresse à découvrir au plus vite.

🌳🍽 – Prix : €€€

4 rue de Port-Royal – ☏ 01 30 44 18 18 – www.lafermedevoisins.fr – Fermé lundi et dimanche

VOLMUNSTER

✉ 57720 – Moselle – Carte régionale n° **7**–D1

L'ARGOUSIER

CUISINE MODERNE • CONTEMPORAIN Dans ce restaurant à la jolie décoration contemporaine, la cuisine du jeune chef valorise les produits de saison. Les cuissons et assaisonnements sont justes, les présentations soignées, à l'instar de ce filet de canette, légumes confit et jus au vin rouge. Quant au service, il est aux petits oignons ! Très beau choix de vieux rhums.

🐝 🌳 – Prix : €€€

1 rue de Sarreguemines – ☏ 03 87 96 28 99 – www.largousier.fr – Fermé mardi et mercredi, et lundi soir

VOLNAY

✉ 21190 – Côte-d'Or – Carte régionale n° **12**–D1

L'AGASTACHE

CUISINE DU MARCHÉ • COLORÉ Le bouche-à-oreille a peu à peu imposé cette table dans la région, et c'est mérité ! Le chef est attentif à la qualité de ses produits, venus tout droit des producteurs locaux, et propose à travers ses menus uniques une cuisine créative et équilibrée où le végétal tient une place de choix. En témoignent le houmous de légumes d'hiver au curcuma et son œuf parfait, le maquereau de Saint-Jean-de-Luz à basse température, ou la purée de céleri et sa brunoise de granny smith. Prix doux le midi.

🌂🆎🌳 – Prix : €€

1 rue de la Cave – ☏ 03 80 21 12 30 – www.lagastache-restaurant.com – Fermé lundi et dimanche

VONNAS

01540 – Ain – Carte régionale n° **21**-B1

✿✿ GEORGES BLANC

Chef : Georges Blanc

CUISINE CLASSIQUE • ÉLÉGANT Dans son fief de Vonnas, Georges Blanc incarne depuis plusieurs décennies une certaine idée de la tradition. D'une demeure de 100 mètres carrés, il a bâti un domaine de plusieurs hectares : le soir, la mise en scène lumineuse des jardins et maisons du village est magique. À la tête d'un petit empire, il prend chaque jour le temps de rencontrer ses hôtes et signer ses menus avec un plaisir évident. Dans l'assiette, on retrouve l'emblématique poularde de Bresse, les fameuses crêpes vonnassiennes, les sauces riches aux goûts profonds... à associer avec l'un des crus présentés dans un très beau livre de cave.

– Prix : €€€€

Place du Marché – 04 74 50 90 90 *– www.georgesblanc.com/fr – Fermé du lundi au mercredi et jeudi midi*

L'ANCIENNE AUBERGE

CUISINE TRADITIONNELLE • AUBERGE Un décor rétro à la mémoire de l'auberge – ex-fabrique de limonade – ouverte par la famille Blanc à la fin du 19e s. Photos d'époque, affiches anciennes, etc. Ici, on cultive une certaine nostalgie... qui sied à merveille aux spécialités bressannes proposées par le chef.

– Prix : €€

Place du Marché – 04 74 50 90 50 *– www.georgesblanc.com/fr – Fermé lundi*

GEORGES BLANC

TRADITIONNEL • CALME D'une génération à l'autre, Vonnas est devenu... Blanc. Cette hôtellerie de grande tradition cultive l'art de recevoir à la bressane ! Luxe sans ostentation, bois, pierre, superbe parc : une image du terroir qui sait vivre avec son temps.

- 30 chambres

Place du Marché – 04 74 50 90 90

✿✿ **Georges Blanc** - Voir la sélection des restaurants

VOUVRAY

37210 – Indre-et-Loire – Carte régionale n° **15**-B1

LES GUEULES NOIRES

CUISINE TRADITIONNELLE • RUSTIQUE La salle à manger troglodytique, la cheminée crépitante en hiver, la terrasse sous la glycine aux beaux jours : on succombe tout de suite au charme discret de cette adresse. Au menu : une cuisine franche et goûteuse, basée sur les produits du terroir tourangeau et accompagnée de bons vins de Loire. Réservation conseillée.

– Prix : €€

66 rue de la Vallée-Coquette – 02 47 52 62 18 *– www.gueulenoirevouvray. wixsite.com/les-gueules-noires – Fermé du lundi au mercredi et dimanche soir*

WALDERSBACH

✉ 67130 – Bas-Rhin – Carte régionale n° **8**–C1

HUNA LE RESTAURANT ⓝ

Chef : Antoine Huguenin

CUISINE CRÉATIVE • MAISON DE CAMPAGNE Dans un hameau situé à quelques kilomètres de Fouday, un couple qui a travaillé à l'Auberge au Bœuf (Sessenheim) a rénové cette maison de village à la façade verte. Antoine Huguenin (en cuisine) et Nadège Monna (en salle) défendent, avec sincérité, passion et humilité, une cuisine au plus près des saisons et du grand potager qui s'étend derrière leur restaurant. Cette table profite donc de légumes ultra-frais, tandis que fermentation, déshydratation et salaison aident à passer l'hiver. On apprécie aussi la pédagogie et la clarté des explications prodiguées par la maîtresse de maison.

& – Prix : €€€

6 route du Champ-du-Feu – ℰ 06 80 92 86 61 – www.huna-le-restaurant.fr – Fermé du lundi au mercredi, jeudi midi et dimanche soir

❀**L'engagement du chef** : Le potager en permaculture de 1 300 m², situé juste derrière la maison, garnit les assiettes des convives une bonne partie de l'année. Quand la saison le permet, plantes, fleurs et baies sauvages ramassées en cueillette viennent en complément. La part de protéines animales est d'ailleurs largement réduite. L'hiver, une place importante est laissée aux bocaux, salaisons et autres fermentations.

WAMBRECHIES

✉ 59118 – Nord – Carte régionale n° **4**–C2

😋 BALSAMIQUE

CUISINE MODERNE • CONTEMPORAIN Le jeune chef a plus d'un tour dans son sac : sa cuisine, à mi-chemin entre terroir et modernité, ne manque pas de gourmandise, à l'image de ce boudin noir et ses pommes au cidre façon Tatin. Des plats audacieux valorisés par d'excellents produits (comme le poisson de Boulogne-sur-Mer) et un service efficace. Agréable petite terrasse au calme, parfaite pour les soirs d'été.

&🌦 – Prix : €€

13 place du Général-de-Gaulle – ℰ 03 20 93 68 55 – www.balsamique-restaurant. com/fr – Fermé lundi et dimanche, et mercredi soir

LA WANTZENAU

✉ 67610 – Bas-Rhin – Carte régionale n° **8**–B1

❀ LE JARDIN SECRET

Chef : Gilles Leininger

CUISINE MODERNE • CONTEMPORAIN Face à la petite gare, un secret à partager ! Dans cet accueillant restaurant où s'active une jeune équipe, le chef Gilles Leininger témoigne de beaucoup d'ambition, d'expérience et de savoir-faire. Outre son "artichaut entre tradition et modernité", une assiette primée au Bocuse d'Or 2019, il réalise une délicate cuisine au gré du marché et de son inspiration : tourteau et betterave, vinaigrette tiède au caviar osciètre ; Saint-Jacques de plongée, poireau et truffe ; filet de bœuf et foie gras façon "Wellington"... L'autre secret de cette maison au cadre contemporain ? Son jardin-terrasse sur l'arrière de la maison !

🌦 ✿ – Prix : €€€

32 rue de la Gare – ℰ 03 88 96 63 44 – www.restaurant-jardinsecret.fr – Fermé lundi, mardi, samedi midi et dimanche soir

LA WANTZENAU

✦ LE RELAIS DE LA POSTE

CUISINE MODERNE • ÉLÉGANT Cette vénérable institution (depuis 1789) connaît une nouvelle jeunesse, à l'image de la salle à manger rénovée, aux touches contemporaines, tout en élégance avec sa véranda ouverte sur la terrasse. Loin d'être compassée, la cuisine qu'on y déguste est moderne en diable, gourmande, jouant la séduction : croustillant de Saint-Jacques et crevettes sauvages, déclinaison de chou-fleur et vinaigrette à l'orange ; pigeon de nid, la poitrine juste rôtie, la cuisse confite en fleischnacka... Service très professionnel et superbe carte des vins.

ঞ্চ ⇔ ৬ ᴀᴄ ⌂ ♧ ᴘ – Prix : €€€€

21 rue du Général-de-Gaulle – ℰ 03 88 59 24 80 – www.relais-poste.com –
Fermé lundi, mardi midi et dimanche soir

LES SEMAILLES

CUISINE MODERNE • COSY Jolie petite graine que cette maison alsacienne chatoyante, dressée dans une petite rue calme. Au menu : des produits de qualité, de justes cuissons, une association pertinente de saveurs et un art de la table qui maintient avec brio le service au guéridon (avec la découpe de la côte de veau ou la cuisson de la langoustine sur galet). Un plat qui nous a séduit ? Ces langoustines, justement, asperges, caviar, tout en finesse et gourmandise. L'été venu, profitez de la terrasse ombragée sous une glycine centenaire...

৬ ᴀᴄ ⌂ ᴘ – Prix : €€€

10 rue du Petit-Magmod – ℰ 03 88 96 38 38 – www.restaurant-semailles.fr –
Fermé mardi et mercredi, et dimanche soir

WESTHALTEN

✉ 68250 – Haut-Rhin – Carte régionale n° **8**–A2

AUBERGE DU CHEVAL BLANC

CUISINE MODERNE • ÉLÉGANT Une maison cossue, tenue par la même famille depuis 1785. Dans la jolie salle contemporaine, le repas s'accompagne de charmants vins d'Alsace, dont une intéressante sélection au verre. Le style culinaire s'affine, les produits sont beaux, souvent de petits producteurs locaux, les dressages élégants. La volonté de bien faire est communicative : on en sort ragaillardi. Chambres pour l'étape.

ঞ্চ ৬ ᴀᴄ ᴘ – Prix : €€€

20 rue de Rouffach – ℰ 03 89 47 01 16 – www.restaurant-koehler.com –
Fermé lundi et mardi, et dimanche soir

WEYERSHEIM

✉ 67720 – Bas-Rhin – Carte régionale n° **8**–B1

😊 AUBERGE DU PONT DE LA ZORN

CUISINE ALSACIENNE • AUBERGE Marqueteries d'art de l'Atelier Spindler, objets anciens, poutres éclaircies et tables en bois brut : la salle s'éclaire de couleurs alsaciennes ! Dans l'assiette, de savoureuses spécialités régionales et tartes flambées, mais aussi turbot de Bretagne, bisque de crevettes grises et risotto venere, et succulents desserts (comme cette rencontre entre la framboise et le géranium du jardin). Bucolique terrasse en bord de Zorn. Une adresse au succès mérité où la qualité de l'accueil et du service est irréprochable.

⇔ ⌂ ᴘ – Prix : €€

2 rue de la République – ℰ 03 88 51 36 87 – Fermé lundi, mardi et du mercredi au samedi à midi

WIERRE-EFFROY

✉ 62720 – Pas-de-Calais – Carte régionale n° **4**–A2

LA FERME DU VERT

CUISINE MODERNE • AUBERGE Dans le cadre de cette ancienne ferme du 19e s., sous l'égide de trois frères, une fromagerie artisanale en activité (vente à emporter) et cet agréable restaurant où l'on déguste des petits plats traditionnels soignés, rehaussés d'une pointe de modernité. Le tout à prix savoureux.

🍽 ⇔ 🅿 – Prix : €€

Rue du Vert – ℰ *03 21 87 67 00 – www.fermeduvert.com – Fermé lundi et dimanche*

WIHR-AU-VAL

✉ 68230 – Haut-Rhin – Carte régionale n° **8**–C2

LA NOUVELLE AUBERGE

Chef : Bernard Leray

CUISINE MODERNE • AUBERGE À l'entrée de la vallée de Munster, cette "nouvelle auberge" est un ancien relais de poste retapé à neuf. Au rez-de-chaussée, un bistrot alsacien régale le midi en semaine. À l'étage, on trouve un restaurant gastronomique dans une belle salle à manger coiffée de poutres. Un Breton de Rennes, Bernard Leray, y officie avec brio. Son exil en Alsace ressemble à une idylle. Formé tout jeune chez Bernard Loiseau, le chef revisite avec finesse le terroir local. Chacune de ses assiettes montre beaucoup de travail et de technique, comme ce médaillon de sandre avec son fleischnaka de chou rouge, potimarron et bouillon d'une sauce genevoise.

🌿 ♿ 🅿 – Prix : €€€

9 route Nationale – ℰ *03 89 71 07 70 – www.nauberge.com – Fermé lundi et mardi, et mercredi et dimanche soir*

WINGEN-SUR-MODER

✉ 67290 – Bas-Rhin – Carte régionale n° **8**–A1

VILLA RENÉ LALIQUE

CUISINE CRÉATIVE • LUXE René Lalique fut le joaillier le plus en vue du tournant du siècle et du mouvement Art nouveau. Son héritage perdure à Wingen-sur-Moder avec un musée et un hôtel de grand standing dans cette Villa centenaire. Son extension contemporaine, signée Mario Botta, abrite la table emmenée par Paul Stradner, influencé par ses passages en Autriche et en Allemagne. Émulsion de pommes de terre à la truffe (un grand classique de la maison) ; homard bleu, radis, estragon et mousse épicéa ; poitrine de pigeon, carottes en couleur, kumquat et sauce cumin : finesse, intelligence, créativité... Ne passez pas à côté de la somptueuse cave à vin vitrée.

🌿 ⇔ 🍽 ♿ 🅰 ⇔ 🅿 – Prix : €€€€

18 rue Bellevue – ℰ *03 88 71 98 98 – www.villarenelalique.com – Fermé lundi, dimanche et mercredi midi*

CHÂTEAU HOCHBERG

CUISINE MODERNE • BOURGEOIS Au sein de cette majestueuse demeure du 19e s., le chef Arnaud Barberis interprète une goûteuse cuisine de saison avec quelques suggestions classiques : bouchée à la reine royale, coeur de ris de veau aux girolles. Une déco contemporaine parsemée de créations du maître verrier René Lalique dont le musée est situé juste en face. Agréable terrasse sur l'arrière du château, face au parc.

🍽 ♿ 🅰 🌿 🅿 – Prix : €€

2 rue de Château-Teutsch – ℰ *03 88 00 67 67 – www.chateauhochberg.com – Fermé lundi et mardi, et dimanche soir*

1231

WISSEMBOURG

✉ 67160 – Bas-Rhin – Carte régionale n° **8**–B1

AU PONT M

CUISINE MODERNE • **CONTEMPORAIN** Au cœur de la Petite Venise, l'ancienne boucherie du coin est devenue un point de rendez-vous pour profiter des trouvailles du chef, un véritable amoureux du produit, qui rend hommage à ses fournisseurs en affichant leurs noms. Le nec plus ultra ? Prendre son repas sur la terrasse au bord de la Lauter, ou dans la salle avec vue sur l'église St-Pierre-et-St-Paul...
ሌ 🆎 ਜ਼ – Prix : €€

3 rue de la République – ℰ 03 88 63 56 68 – www.aupontm.com – Fermé lundi et dimanche

WŒLFLING-LÈS-SARREGUEMINES

✉ 57200 – Moselle – Carte régionale n° **7**–D1

RESTAURANT DIMOFSKI

CUISINE MODERNE • **VINTAGE** Il ne faut pas hésiter à faire une halte gourmande dans ce restaurant logé dans une imposante bâtisse des années 1950 située à une dizaine de kilomètres de Sarreguemines. Julien Dimofski est un chef motivé, et son enthousiasme se découvre au gré d'assiettes soignées, gourmandes et ambitieuses, à l'image de ces escargots en coque de pomme de terre, de ces langoustines raidies au beurre, ou de ce pigeonneau fermier rôti au jus de persil simple. Cadre rustique au charme assumé, accueil et service prévenants assurés par Véronique, la mère du chef.
🐝 🛏ሌਜ਼🅿 – Prix : €€

2 quartier de la Gare – ℰ 03 87 02 38 21 – Fermé lundi, mardi, samedi midi et dimanche soir

YERRES

✉ 91330 – Essonne – Carte régionale n° **11**–B1

BIRD

CUISINE DU MARCHÉ • **CONTEMPORAIN** Au centre de cette charmante petite ville, sur une place piétonne proche de la mairie, restaurant de poche où un jeune chef, passé par de belles maisons, propose une cuisine du marché bien ficelée - pâtes fraîches aux moules, encornets et langoustines, ou quenelles de volaille et freekeh... Salle épurée façon scandinave, terrasse face à la fontaine. Prix doux.
ਜ਼ – Prix : €€

38 rue Charles-de-Gaulle – ℰ 01 79 93 28 81 – www.bird-restaurant.com – Fermé samedi et dimanche, et du lundi au mercredi soir

YGRANDE

✉ 03160 – Allier – Carte régionale n° **16**–B2

L & LUY - CHÂTEAU D'YGRANDE

CUISINE CRÉATIVE • **CLASSIQUE** L'élégant château Directoire (1835) et sa terrasse dominent le bocage bourbonnais... et le chef, Cédric Denaux, domine son sujet ! Sa cuisine, éminemment végétale, se révèle créative et bien en phase avec les saisons ; il y met en valeur les herbes aromatiques, plantes et légumes du jardin du château associés à des produits de qualité. Souvenir de cet émincé de lotte de Roscoff, bouillon dashi, pétales de soucis et basilic pourpre.
🛏ሌਜ਼ 🅿 – Prix : €€€

Le Mont – ℰ 04 70 66 33 11 – www.chateauygrande.fr/fr/restaurant-saveurs-gastronomie-auvergne – Fermé lundi et mardi

YVOIRE

✉ 74140 – Haute-Savoie – Carte régionale n° **21**–C1

LES JARDINS DU LÉMAN

CUISINE MODERNE • ÉLÉGANT Au cœur de la cité médiévale piétonne, cette belle maison sur plusieurs niveaux, agencée de manière contemporaine, propose une cuisine au goût du jour travaillée avec soin et gourmandise, arrosée des meilleurs vins de Savoie. Service et accueil prévenants. Pour profiter de la somptueuse terrasse panoramique sur le château et le lac Léman, pensez à réserver.

🐾 🍴 ⇔ – Prix : €€€

30 Grande-Rue – ☏ 04 50 72 80 32 – www.lesjardinsduleman.com – Fermé mercredi et dimanche soir

LE PRÉ DE LA CURE

CUISINE TRADITIONNELLE • CONVIVIAL Une plongée dans le Léman ! Évidemment, il y a la vue, superbe, mais pas seulement... Le chef réalise une cuisine axée sur les produits de la pêche : selon l'arrivage, brochets, truites ou encore perches peuvent être de la fête. Pour l'étape, chambres spacieuses et grande piscine couverte.

≼ 🛏 & 🍴 🅿 – Prix : €€

1 place de la Mairie – ☏ 04 50 72 83 58 – www.hotel-restaurant-piscine-haute-savoie.com – Fermé samedi et dimanche

ZUYTPEENE

✉ 59670 – Nord – Carte régionale n° **4**–B2

AU KONING VAN PEENE

CUISINE MODERNE • CONVIVIAL Au cœur d'un petit village perdu des Flandres, une aubaine gourmande : le chef Kevin Barata et sa compagne Lucile Prevost accueillent le voyageur dans leur salle à manger conviviale de briques et de bois. En cuisinier sérieux qui connaît son affaire, le chef mitonne de bons petits plats, comme ce kefta d'agneau, houmous thym citron, sauce barbecue et kadaïf, ou cette côte de cochon fermière, chou-fleur, raifort, asperges et jus court. Déjeuner au très bon rapport qualité/prix.

🍴 – Prix : €€

8 contour de l'Église – ☏ 03 28 44 83 92 – www.aukoningvanpeene.fr – Fermé lundi et dimanche, et mardi et mercredi soir

Hôtel Île de la Lagune

MODERNE • MARITIME Il s'agit d'un charmant complexe de style villa, qui se définit comme "une grande maison de vacances". La plupart des chambres se trouvent dans le bâtiment principal et sont décorées dans un style méditerranéen teinté de modernisme. Six autres chambres occupent wle pavillon Newport et s'inspirent de la Nouvelle-Angleterre. Piscine extérieure chauffée sur le toit, spa, excursions à vélo ou en mer, et deux restaurants : un gastronomique et, au bord de la piscine, une table italienne.

🆎 🅿 🛋 🛁 🚲 ⚒ 🛅 🌀 🍴 - 30 chambres

Boulevard de l'Almandin – ☏ 04 68 21 01 02

LOCALITÉS page 1236

HÉBERGEMENTS page 1306

monticelllo/Getty Images Plus

Index généraux

INDEX DES LOCALITÉS PAR DÉPARTEMENT

INDEX OF TOWNS BY DISTRICT

AIN (01) — AUVERGNE-RHÔNE-ALPES

Localité	Restaurant	Page
L'Abergement-Clémenciat	Le Saint Lazare	146
Ambronay	Auberge de l'Abbaye ❀	164
Bâgé-le-Châtel	La Table Bâgésienne ⊕	214
Belley	La Fine Fourchette	247
Bourg-en-Bresse	L'Auberge Bressane	292
Bourg-en-Bresse	Mets et Vins ⊕	291
Bourg-en-Bresse	Place Bernard	292
Bourg-en-Bresse	Racines ⊕	292
Bourg-en-Bresse	Scratch Restaurant ❀	292
Buellas	L'Intimiste - Auberge de Buellas	307
Châtillon-sur-Chalaronne	Le Pierre Scize	369
Coligny	Au Petit Relais ⊕	391
Crozet	Jiva	436
Gex	La Table de la Mainaz	493
Grilly	Auberge de Grilly	504
Jassans-Riottier	L'Embarcadère	607
Mézériat	Le Petit Mézériat	723
Montanges	L'Auberge du Pont des Pierres ⊕	736
Montmerle-sur-Saône	Émile Job	745
Polliat	Téjérina - Hôtel de la Place ⊕	974
Poncin	AinTimiste ❀	975
Pont-de-Vaux	Le Raisin ❀	977
Replonges	La Huchette ❀	1011
Reyrieux	L'inaTTendu	1013
Saint-Laurent-sur-Saône	Le Saint-Laurent ⓝ	1072
Val-Revermont	Voyages des Sens ⊕	1191
Vonnas	L'Ancienne Auberge	1228
Vonnas	Georges Blanc ❀❀	1228

1236

AISNE (02)
HAUTS-DE-FRANCE

Localité	Restaurant	Page
Courcelles-sur-Vesle	La Table de Courcelles -	
	Château de Courcelles ❀	423
Laon	Zorn - La Petite Auberge	620
Mézy-Moulins	Le Moulin Babet	723
Sainte-Preuve	Les Épicuriens	1109
Trosly-Loire	Auberge de la Grive ❀	1178

ALLIER (03)
AUVERGNE-RHÔNE-ALPES

Localité	Restaurant	Page
Ainay-le-Château	Dorangeville	149
Bellerive-sur-Allier	Château du Bost	246
Billy	Auberge du Pont 🏠	262
Montluçon	Bistrot Saint-Jean	745
Montluçon	La Chapelle -	
	Château Saint-Jean ❀	744
Montmarault	Restaurant Anne & Matthieu Omont -	
	Hôtel de France 🏠	745
Moulins	Le Bistrot de Guillaume 🏠	759
Moulins	La Bulle d'Air	759
Néris-les-Bains	Côté Toqués	779
Vichy	Les Caudalies	1216
Vichy	L'Hippocampe	1216
Vichy	L'Écrin de Marlène 🏠 Ⓝ	1215
Vichy	Maison Decoret ❀	1215
Ygrande	L & Luy - Château d'Ygrande	1232

ALPES-DE-HAUTE-PROVENCE (04)
PROVENCE-ALPES-CÔTE D'AZUR

Localité	Restaurant	Page
Château-Arnoux-Saint-Auban	Bistro Gaby	365
Château-Arnoux-Saint-Auban	La Bonne Étape ❀	365
Jausiers	Villa Morelia	608
Mane	Le Feuillée -	
	Le Couvent des Minimes ❀	683
Mane	Pamparigouste -	
	Le Couvent des Minimes	684
Manosque	Le Bistrot du Chef Ⓝ	685
Manosque	Les Incontournables Ⓝ	685
Manosque	La Loge Bertin 🏠	685
Manosque	Restaurant Pierre Grein ❀	684
Les Mées	La Marmite du Pêcheur	706
Montfuron	Chez Éric	742
Moustiers-Sainte-Marie	La Bastide de Moustiers ❀ ❀	760
Moustiers-Sainte-Marie	La Ferme Sainte-Cécile	760

HAUTES-ALPES (05)
PROVENCE-ALPES-CÔTE D'AZUR

Localité	Restaurant	Page
Briançon	Au Plaisir Ambré 🍽	302
Briançon	Le Péché Gourmand	302
Laragne-Montéglin	L'Araignée Gourmande 🍽	620
Le Monêtier-les-Bains	Le Chazal	732
Le Monêtier-les-Bains	16âme	732
Veynes	La Sérafine	1213

ALPES-MARITIMES (06)
PROVENCE-ALPES-CÔTE D'AZUR

Localité	Restaurant	Page
Antibes	L'Arazur	181
Antibes	Chez Jules Le Don Juan	181
Antibes	Le Figuier de Saint-Esprit ❀	180
Antibes	Louroc - Hôtel du Cap-Eden-Roc ❀	181
Antibes	Maison de Bacon	181
Antibes	Nananère	182
Antibes	Les Pêcheurs ❀	181
Antibes	Le Vauban	183
Beaulieu-sur-Mer	Le Restaurant des Rois -
La Réserve de Beaulieu ❀	234
Beaulieu-sur-Mer	So'Mets	234
Beaulieu-sur-Mer	La Table de la Réserve	234
Biot	Les Terraillers ❀	263
Cagnes-sur-Mer	L'Agapè Ⓝ	315
Cagnes-sur-Mer	Château Le Cagnard	315
Cagnes-sur-Mer	Fleur de Sel	315
Cagnes-sur-Mer	La Table de Kamiya	316
Cannes	L'Affable	325
Cannes	Aux Bons Enfants 🍽	325
Cannes	La Palme d'Or ❀ Ⓝ	324
Cannes	Riviera	325
Cannes	La Table du Chef	325
Cannes	Table 22 par Noël Mantel	325
Le Cannet	Bistrot des Anges 🍽	328
Le Cannet	Kashiwa	328
Le Cannet	La Villa Archange ❀❀	328
La Colle-sur-Loup	Alain Llorca ❀	391
La Colle-sur-Loup	L'Atelier des Saveurs
by Stéphane Garcia	391
Èze	Château Eza ❀	469
Èze	La Chèvre d'Or ❀❀	469
Èze	Les Remparts	469
Golfe-Juan	Le Bistrot du Port	495
Grasse	La Bastide Saint-Antoine	500
Juan-les-Pins	La Passagère - Hôtel Belles Rives ❀	610
Mandelieu-la-Napoule	Bessem ❀	683
Mandelieu-la-Napoule	Le Repère	683

LOCALITÉS PAR DÉPARTEMENT • TOWNS BY DISTRICT

Menton	Casa Fuego	713
Menton	JR Bistronomie	713
Menton	Mirazur ❀❀❀ ❀	713
Mougins	Bohème	758
Mougins	La Place de Mougins	759
Nice	Les Agitateurs ❀	783
Nice	L'Alchimie ⓐ	786
Nice	Apopino Ⓝ	787
Nice	L'Aromate ❀	783
Nice	L'Atelier	787
Nice	Bar des Oiseaux	787
Nice	Bistrot d'Antoine ⓐ	786
Nice	Le Bistrot des Docks Ⓝ	787
Nice	Le Canon	787
Nice	Chabrol	788
Nice	Le Chantecler ❀	783
Nice	Chez Davia ⓐ	786
Nice	Comptoir du Marché	788
Nice	Les Deux Canailles	788
Nice	Epiro	788
Nice	Fine Gueule	788
Nice	Flaveur ❀❀	782
Nice	JAN ❀	783
Nice	La Merenda ⓐ	786
Nice	Olive & Artichaut ⓐ	786
Nice	Onaka	789
Nice	ONICE ❀	784
Nice	Peixes Bonaparte	789
Nice	Peixes Opéra	789
Nice	Pirouette Ⓝ	789
Nice	Pure & V ❀	784
Nice	Racines - Bruno Cirino ❀	785
Nice	La Réserve de Nice	789
Nice	La Rotonde	790
Nice	Rouge	790
Nice	Le Séjour Café	790
Nice	Le Socle Ⓝ	790
Opio	Caffé César L'initial	802
Peillon	Les Plaisirs ⓐ	955
Roubion	Auberge Quintessence ❀	1031
Le Rouret	Le Bistro du Clos	1033
Le Rouret	Le Clos Saint-Pierre	1033
Saint-Jean-Cap-Ferrat	Le Cap ❀	1063
Saint-Jean-Cap-Ferrat	La Table du Royal	1063
Saint-Paul-de-Vence	La Table de Pierre	1089
Théoule-sur-Mer	La Maréa	1150
Théoule-sur-Mer	Mareluna ❀ Ⓝ	1150
Théoule-sur-Mer	L'Or Bleu ❀	1150
Tourrettes-sur-Loup	Clovis	1170
Tourrettes-sur-Loup	Spelt	1170
La Turbie	Café de la Fontaine	1181
Valdeblore	Auberge de la Roche	1192

Vallauris	Les Dilettants 🌿	1196
Vence	La Cassolette	1206
Vence	Nacl Ⓝ	1206
Vence	Le Saint-Martin	1206
Villefranche-sur-Mer	La Mère Germaine	1221
Villeneuve-Loubet	La Flibuste 🌸	1223

ARDÈCHE (07) — AUVERGNE-RHÔNE-ALPES

Localité	Restaurant	Page
Ailhon	Maison Ailhon Ⓝ	148
Annonay	Azimut Ⓝ	179
Aubenas	L'Aubépine 🌿	195
Aubenas	Les Coloquintes 🌿	195
Aubenas	Notes de Saveurs	195
Aubenas	La Villa Tartary	196
Baix	Epona 🌿 Ⓝ	215
Charmes-sur-Rhône	Le Carré d'Alethius 🌸	361
Neyrac-les-Bains	Bistrot Brioude 🌿 Ⓝ	781
Neyrac-les-Bains	Brioude	781
Saint-Germain	Auberge de Montfleury 🌸	1058
Saint-Péray	Auberge de Crussol	1091
Saint-Péray	La Ruche	1091
Tournon-sur-Rhône	Le Cerisier	1167
Usclades-et-Rieutord	Ferme de la Besse	1184
Vagnas	L'Unisens	1186
Vallon-Pont-d'Arc	Arkadia	1196
Les Vans	Likoké 🌸🌿	1202
Vaudevant	La Récré 🌿	1203
Veyras	La Bòria 🌸🌿	1213
Villeneuve-de-Berg	La Table de Léa	1222

ARDENNES (08) — GRAND EST

Localité	Restaurant	Page
Montcy-Notre-Dame	L'Auberge du Laminak 🌿	740

ARIÈGE (09) — OCCITANIE

Localité	Restaurant	Page
Arvigna	Le Clos Saint Martin - La Métairie 🌿	193
Pamiers	Bassas	810
Saint-Girons	L'Auberge d'Antan	1062
Saint-Lizier	Le Carré de l'Ange 🌿	1073

AUBE (10) — GRAND EST

Localité	Restaurant	Page
Gyé-sur-Seine	Le Garde Champêtre 🌿	510
Mesnil-Saint-Père	Au Vieux Pressoir	717
Pont-Sainte-Marie	Bistrot DuPont 🌿	977

LOCALITÉS PAR DÉPARTEMENT • TOWNS BY DISTRICT

Sainte-Maure	Auberge de Sainte-Maure	1109
Troyes	Aux Crieurs de Vin	1179
Troyes	Caffè Cosi - La trattoria de Bruno Caironi	1180
Troyes	Claire et Hugo	1180
Troyes	Le Petit Basson	1180
Troyes	Le Quai de Champagne	1180

AUDE (11)   OCCITANIE

Localité	Restaurant	Page
Carcassonne	La Barbacane	331
Carcassonne	Brasserie à 4 Temps	331
Carcassonne	Comte Roger	331
Carcassonne	Domaine d'Auriac	331
Carcassonne	La Table d'Alaïs	331
Carcassonne	La Table de Franck Putelat ✿✿	601
Fleury	La Tulipe Noire	476
Fontjoncouse	Auberge du Vieux Puits ✿✿✿	480
Lagrasse	Le Bastion	616
Lastours	Le Puits du Trésor ✿	621
Leucate	Aphyllanthe Ⓝ	627
Leucate	Le Grand Cap ✿	627
Limoux	ME.	638
Luc-sur-Orbieu	La Luciole	646
Narbonne	L'Art de Vivre ✿	777
Narbonne	Cave à Vin & à Manger - Maison Saint-Crescent 🏵	777
Narbonne	Méditerranéo - Château Capitoul Ⓝ	777
Narbonne	Le Petit Comptoir	777
Narbonne	La Table Lionel Giraud ✿✿	776
Pezens	L'Ambrosia	964
Pradelles-en-Val	La Bourdasso	984
Trèbes	Le Moulin de Trèbes	1174

AVEYRON (12)   OCCITANIE

Localité	Restaurant	Page
Belcastel	Vieux Pont ✿	244
Bozouls	Le Belvédère	296
Bozouls	La Route d'Argent	296
Conques-en-Rouergue	Émilie & Thomas - Moulin de Cambelong ✿	403
Espalion	Maison Burgarella	461
Espalion	Le Méjane	461
Laguiole	Bras ✿✿	617
Laguiole	Hōra	617
Marcillac-Vallon	Auprès d'Angèle Ⓝ	686
Muret-le-Château	L'Auberge du Château	763
Naucelle	L'Obélias 🏵 Ⓝ	779
Onet-le-Château Village	Le Clos - Château de Labro Ⓝ	801

LOCALITÉS

1241

Rodez	Café Bras	1026
Rodez	Opéra	1026
Rodez	Restaurant Hervé Busset ❁	1025
Saint-Affrique	La Table de Jean	1040
Sainte-Geneviève-sur-Argence	L'Argence Ⓝ	1108
Salles-la-Source	Cascade	1113
Sauveterre-de-Rouergue	Le Sénéchal Ⓝ	1123
Villefranche-de-Rouergue	L'Atelier de Damien	1220

BOUCHES-DU-RHÔNE (13)
PROVENCE-ALPES-CÔTE D'AZUR

Localité	Restaurant	Page
Aix-en-Provence	Âma Terra	153
Aix-en-Provence	Le Art ❁	151
Aix-en-Provence	Étude ❁	151
Aix-en-Provence	Les Galinas ⊛ Ⓝ	153
Aix-en-Provence	Kaiseki	153
Aix-en-Provence	Licandro - Le Bistro	153
Aix-en-Provence	Pierre Reboul ❁	152
Aix-en-Provence	La Taula Gallici	153
Aix-en-Provence	Le Vintrépide	154
Allauch	Iod'in	159
Arles	L'Arlatan	189
Arles	Chardon	190
Arles	Drum Café	190
Arles	Le Gibolin ⊛	189
Arles	Inari	190
Arles	Les Maisons Rabanel	190
Arles	Le Seize	191
Barbentane	Ineffable ❁ Ⓝ	218
Les Baux-de-Provence	L'Aupiho - Domaine de Manville ❁	228
Les Baux-de-Provence	La Cabro d'Or	229
Les Baux-de-Provence	L'Oustau de Baumanière ❁❁❁ ✿	228
Beaurecueil	La Table de Beaurecueil	241
Calas-Cabriès	La Bastide Bourrelly - Mathias Dandine ❁	309
Carry-le-Rouet	L'Oursin Ⓝ	336
Cassis	Les Belles Canailles	338
Cassis	La Brasserie du Corton	338
Cassis	La Villa Madie ❁❁❁	338
La Ciotat	Couleurs de Shimatani ❁	378
La Ciotat	Roche Belle ⊛	379
La Ciotat	La Table de Nans ❁	378
Eygalières	Le Bistrot du Brau	467
Eygalières	Maison Hache ❁	467
Eyragues	Le Pré Gourmand	467
Fontvieille	Belvédère	481
Fontvieille	Le Relais du Castelet	481

LOCALITÉS PAR DÉPARTEMENT • TOWNS BY DISTRICT

Gémenos	Les Arômes	490
Gémenos	Le Grand Café	490
Gémenos	La Magdeleine - Mathias Dandine ✿	489
Maillane	L'Oustalet Maïanen	681
Marseille	Alivetu	695
Marseille	AM par Alexandre Mazzia ✿✿✿	691
Marseille	Belle de Mars ✿	694
Marseille	Les Bords de Mer	695
Marseille	Būbo ⓝ	695
Marseille	Cédrat	695
Marseille	Chez Fonfon	696
Marseille	Ekume	696
Marseille	La Femme du Boucher	696
Marseille	Les Jardins du Cloître	696
Marseille	Kin	696
Marseille	Lauracée	697
Marseille	La Mercerie	697
Marseille	Michel - Brasserie des Catalans	697
Marseille	Mijoba ⓝ	697
Marseille	Nestou	697
Marseille	Ourea	698
Marseille	Peron	698
Marseille	Le Petit Nice ✿✿✿	694
Marseille	Prémices ⓝ	698
Marseille	Regain	698
Marseille	Sépia	699
Marseille	Tabi - Ippei Uemura	699
Marseille	Les Trois Forts	699
Marseille	Une Table, au Sud ✿	694
Martigues	Gusto Caffe	702
Maussane-les-Alpilles	Aux Ateliers	704
Paradou	Allegria ! ⓝ	811
Paradou	Le Bistrot du Paradou	811
Paradou	Nancy Bourguignon	811
Le Puy-Sainte-Réparade	Francis Mallmann au Château La Coste	990
Le Puy-Sainte-Réparade	Hélène Darroze à Villa La Coste ✿	990
Le Puy-Sainte-Réparade	La Petite Verrière ⓐ	990
Le Puy-Sainte-Réparade	La Table de l'Orangerie - Château de Fonscolombe ✿	990
Le Puy-Sainte-Réparade	Le Temps Suspendu - Château de Fonscolombe	991
Rognes	Le Préau ⓐ ⓝ	1026
La Roque-d'Anthéron	Le Jas	1028
Saint-Cannat	Le Mas Bottero ✿	1047
Saint-Chamas	Le Rabelais ⓐ	1048
Saint-Rémy-de-Provence	L'Auberge de Saint-Rémy - Fanny Rey & Jonathan Wahid ✿✿	1095
Saint-Rémy-de-Provence	Chapeau de Paille - Bistrot Provençal	1096

Saint-Rémy-de-Provence	Restaurant de Tourrel ❀	1095
Saint-Rémy-de-Provence	Le V	1096
Salon-de-Provence	Atelier Salone ⊛	1113
Salon-de-Provence	Villa Salone ❀	1113
Le Sambuc	La Chassagnette ❀ ❀	1114
Le Sambuc	Le Mas de Peint	1114
Sénas	Le Bon Temps ⊛	1127
Vauvenargues	La Table de l'Hôtel Sainte-Victoire	1204
Ventabren	Dan B. ❀	1207

CALVADOS (14) NORMANDIE

Localité	Restaurant	Page
Audrieu	Le Séran - Château d'Audrieu	197
Bayeux	Le 1720 - Château de Sully	230
Bayeux	L'Alcôve ⊛	230
Bayeux	L'Angle Saint-Laurent ⊛	230
Bayeux	La Rapière ⊛	230
Bayeux	La Table du Lion	230
Bernières-sur-Mer	L'As de Trèfle	249
Beuvron-en-Auge	Le Pavé d'Auge	714
Le Breuil-en-Auge	Le Dauphin	302
Cabourg	Symbiose ❀	309
Caen	Augia ⓝ	312
Caen	Le Bouchon du Vaugueux	313
Caen	Le Dauphin	313
Caen	Ivan Vautier ❀	312
Caen	Magma	313
Caen	Séquence	313
Caen	Simplexité ⓝ	313
Caen	Stéphane Carbone	314
Courseulles-sur-Mer	Restaurant de L'Île Benoist	431
Deauville	L'Essentiel ❀	441
Deauville	Maximin Hellio ❀	441
Fleury-sur-Orne	Auberge de l'Île Enchantée	476
Hérouville-Saint-Clair	L'Espérance - Stéphane Carbone	514
Honfleur	L'Âtre	589
Honfleur	Entre Terre et Mer	589
Honfleur	La Fleur de Sel ⊛	588
Honfleur	Huître Brûlée	589
Honfleur	Les Impressionnistes - La Ferme Saint-Siméon	589
Honfleur	Le Lingot ⓝ	589
Honfleur	Le Manoir des Impressionnistes	590
Honfleur	SaQuaNa ⊛	588
Houlgate	L'Éden ⊛	592
Houlgate	Les Passantes	592
Mathieu	Roze ⊛ ⓝ	704

LOCALITÉS PAR DÉPARTEMENT • TOWNS BY DISTRICT

Ouistreham	La Table d'Hôtes 🅰	808
Pennedepie	Le Capucine Ⓝ	956
Port-en-Bessin	Le Botaniste - La Chenevière	981
Port-en-Bessin	Le Petit Jardin - La Chenevière	981
Trouville-sur-Mer	Turbulent 🅰 Ⓝ	1179
Vire Normandie	L'Atelier du Goût Ⓝ	1226
Vire Normandie	Manoir de la Pommeraie	1226

CANTAL (15)   AUVERGNE-RHÔNE-ALPES

Localité	Restaurant	Page
Aurillac	Le Cromesquis	201
Aurillac	Les Quatre Saisons	201
Chaudes-Aigues	Serge Vieira ❀❀❀	370
Chaudes-Aigues	Sodade 🅰	370
Marcolès	Auberge de la Tour ❀	686
Marcolès	Oxalis 🅰	687
Murat	Le Jarrousset	762
Pailherols	L'Auberge des Montagnes 🅰	809
Saint-Flour	Folie des Sens Ⓝ	1056
Saint-Saturnin	Le Moulin de la Santoire 🅰	1098
Tournemire	La Petite Grange 🅰	1167
Tournemire	Le Puy Tilleul 🅰 Ⓝ	1167
Vic-sur-Cère	Hostellerie Saint-Clément	1215

CHARENTE (16)   NOUVELLE-AQUITAINE

Localité	Restaurant	Page
Angoulême	La Bistronomie 🅰 Ⓝ	171
Angoulême	Les Sources de Fontbelle ❀	171
Bourg-Charente	La Ribaudière ❀	291
Bourg-Charente	La Table du Fleuve 🅰	291
Chabanais	Le Vieux Moulin	347
Chasseneuil-sur-Bonnieure	Le Tilleul du Gourmet Ⓝ	364
Cognac	Les Foudres ❀	389
Cognac	La Maison	389
Cognac	Notes	389
Cognac	Poulpette	389
Dirac	Domaine du Châtelard ❀	453
Massignac	Dyades au Domaine des Étangs ❀	703
Montbron	Moulin de la Tardoire ❀	739
Puymoyen	Aumì ❀	993

CHARENTE-MARITIME (17)
NOUVELLE-AQUITAINE

Localité	Restaurant	Page
Breuillet	L'Aquarelle ❀	302
Châtelaillon-Plage	Les Flots	369

LOCALITÉS

1245

Châtelaillon-Plage	Gaya - Cuisine de Bords	
	de Mer par Pierre Gagnaire	369
Dolus-d'Oléron	La Table du Grand Large	596
La Flotte	Chai nous comme Chai vous	598
Le Grand-Village-Plage	Le Relais des Salines ⏺	596
L'Houmeau	Briemm ⏺ Ⓝ	593
La Jarrie	L'Hysope ✿	607
Marennes	Manger & Dormir sur la Plage	688
Montendre	La Quincaillerie	742
La Rochelle	Annette	1023
La Rochelle	L'Astrolabe	1023
La Rochelle	Le Bouillon	1023
La Rochelle	Christopher Coutanceau ✿✿✿ ✿	1022
La Rochelle	Les Flots	1023
La Rochelle	Impressions	1023
La Rochelle	Opaline	1025
La Rochelle	La Yole de Chris	1025
Saint-Denis-d'Oléron	Le Jour du Poisson ⏺	597
Saint-Martin-de-Ré	George's	599
Saint-Martin-de-Ré	Le Serghi	599
Saint-Pierre-d'Oléron	Sillage ⏺	597
Saint-Rogatien	La Pierrevue	1097
Sainte-Marie-de-Ré	Le Chai	600
Saintes	Le Dallaison	1110
Saintes	L'IØDE ⏺	1110
Saintes	Le Parvis	1111
Saintes	Saveurs de l'Abbaye ⏺	1110
Saintes	La Table du Relais	
	du Bois Saint-Georges	1111
Saintes	29	1111
Le Thou	L'Instant Z	1152
Vaux-sur-Mer	Le Sens 7367	1205

CHER (18) CENTRE VAL DE LOIRE

Localité	Restaurant	Page
Aubigny-sur-Nère	La Chaumière	196
La Borne	L'Épicerie ⏺	287
Boulleret	Maison Medard ✿	289
Bourges	Le Beauvoir ⏺	292
Bourges	La Suite	293
Bué	Momento	306
Chavignol	La Côte des Monts Damnés	371
Mornay-sur-Allier	Le Clos d'Émile	757
Sancerre	La Pomme d'Or ✿	1115
Sancerre	La Tour	1116
Le Subdray	La Forge	1144
Villegenon	La Récréation Gourmande	1221

CORRÈZE (19) NOUVELLE-AQUITAINE

Localité	Restaurant	Page
Altillac	Cueillette ✿	161
Auriac	Les Jardins Sothys	201

LOCALITÉS PAR DÉPARTEMENT • TOWNS BY DISTRICT

Beaulieu-sur-Dordogne	Le Turenne	233
Brive-la-Gaillarde	Chez Francis	305
Brive-la-Gaillarde	En Cuisine ⊛	304
Brive-la-Gaillarde	Inspyration ⊛	305
Brive-la-Gaillarde	Moon ⓝ	305
Brive-la-Gaillarde	La Table d'Olivier ✿	304
Donzenac	Le Périgord	455
Goulles	Relais du Teulet	496
Tulle	Le Bouche à Oreille ⊛	1180
Tulle	Les 7 ⊛	1181
Ussel	Château du Theil ⊛ ⓝ	1185

CORSE-DU-SUD (2A) — CORSE

Localité	Restaurant	Page
Ajaccio	A Nepita	406
Ajaccio	L'Écrin	406
Ajaccio	Le Petit Restaurant	407
Ajaccio	La Terrasse du Fesch ⓝ	407
Bastelicaccia	Auberge du Prunelli	407
Bonifacio	L'A Cheda	408
Bonifacio	D'Amore by Italo Bassi ⓝ	408
Bonifacio	Da Passano	408
Bonifacio	Finestra by Italo Bassi ✿	408
Bonifacio	Le Voilier	408
Cuttoli	U Licettu ⊛	410
Lecci	Emporium	411
Olmeto	La Verrière ✿	413
Peri	Chez Séraphin	413
Porticcio	L'Arbousier	414
Porticcio	Le Charlie ✿ ⓝ	414
Porto-Vecchio	Le Belvédère	415
Porto-Vecchio	Casadelmar ✿✿	414
Porto-Vecchio	Don Cesar	415
Porto-Vecchio	La Pinède	415
Porto-Vecchio	La Table de Mina	415
Porto-Vecchio	U Santa Marina	415
Propriano	Chez Parenti	416
Propriano	Tempi Fà	417
Propriano	Terra Cotta	417
Sartène	Santu Pultru ⓝ	419
Sartène	La Table de la Ferme ✿	418
Sartène	La Table de la Grotte	419
Sartène	La Table de la Plage	419

HAUTE-CORSE (2B) — CORSE

Calvi	La Signoria	409
Calvi	La Table by La Villa	409
Erbalunga	Le Pirate	410
Levie	A Pignata	411
Lumio	A Casa di Mà ✿	411

LOCALITÉS

Nonza	Boccafine	412
Nonza	La Sassa	412
Pigna	A Mandria di Pigna 🏠	413
Saint-Florent	L'Auberge du Pêcheur	417
Saint-Florent	La Gaffe	417
Saint-Florent	MaThy'S	417
San-Martino-di-Lota	La Corniche	418
Santa-Reparata-di-Balagna	L'Aghjalle 🏠	418
Speloncato	I Salti	420

CÔTE-D'OR (21) — BOURGOGNE-FRANCHE-COMTÉ

Localité	Restaurant	Page
Beaune	L'Alentour	237
Beaune	Le Bénaton	237
Beaune	Bistro de l'Hôtel	237
Beaune	Le Carmin ❀	236
Beaune	Caves Madeleine ❀	238
Beaune	Clos du Cèdre ❀	237
Beaune	L'Écusson	239
Beaune	L'Expression	239
Beaune	Garum	239
Beaune	Loiseau des Vignes	239
Beaune	Ma Cuisine	240
Beaune	Le Relais de Saulx	240
Beaune	Soul Kitchen	240
Beaune	La Superb	240
Beaune	La Table du Square 🏠	237
Beaune	8 Clos	239
Brochon	La Table d'Éole Ⓝ	306
La Bussière-sur-Ouche	Le 1131 - Abbaye de la Bussière	308
Chambolle-Musigny	Le Millésime	352
Chassagne-Montrachet	Ed.Em ❀	363
Chorey-lès-Beaune	Ermitage de Corton	377
Courban	Château de Courban ❀	422
Dijon	L'Arôme	448
Dijon	L'Aspérule ❀	446
Dijon	Azerole Ⓝ	448
Dijon	Cave 🏠 Ⓝ	447
Dijon	CIBO ❀	447
Dijon	DZ'envies	449
Dijon	L'Essentiel	449
Dijon	L'Évidence 🏠	448
Dijon	Les Jardins by La Cloche Ⓝ	449
Dijon	Loiseau des Ducs ❀	447
Dijon	La Maison des Cariatides	449
Dijon	Monique, boire et manger	450
Dijon	Origine ❀	447
Dijon	Parapluie	450
Dijon	Saison Ⓝ	450
Dijon	So 🏠	448
Dijon	Spica 🏠	448

LOCALITÉS PAR DÉPARTEMENT • TOWNS BY DISTRICT

Dijon	Sublime	450
Dijon	La Table des Climats	450
Dijon	L'Un des Sens	451
Dijon	William Frachot ✿✿	445
Gevrey-Chambertin	Bistrot Lucien 🌿	493
Gevrey-Chambertin	La Table d'Hôtes -	
	La Rôtisserie du Chambertin ✿ 🌿	492
Levernois	Le Bistrot du Bord de l'Eau	628
Levernois	Table de Levernois ✿	628
Meursault	Au Fil du Clos	721
Meursault	Le Soufflot	721
Pernand-Vergelesses	Le Charlemagne ✿	959
Pommard	Auprès du Clocher	975
Premeaux-Prissey	Premnord	986
Prenois	Auberge de la Charme ✿	986
Puligny-Montrachet	Le Montrachet	988
Puligny-Montrachet	Olivier Leflaive	988
Saint-Aubin	Prosper	1043
Saint-Romain	Bistrot des Falaises	1098
Sainte-Sabine	Le Lassey - Château Sainte-Sabine	1110
Santenay	L'Ouillette	1116
Saulieu	Bistrot Loiseau du Morvan	1119
Saulieu	La Côte d'Or ✿✿	1119
Savigny-lès-Beaune	Le 428	1124
Semur-en-Auxois	La Cuisine de la Fontaignotte	1126
Vandenesse-en-Auxois	L'Auberge de Guillaume	1198
Volnay	L'Agastache	1227

CÔTES-D'ARMOR (22) BRETAGNE

Localité	Restaurant	Page
Binic	Brasserie d'Asten 🌿	263
Binic	La Table d'Asten ✿	263
Dinan	Colibri	451
Guingamp	Le Clos de la Fontaine	509
Lannion	L'Anthocyane ✿	619
Lannion	Le Brélévenez 🌿	619
Mûr-de-Bretagne	Auberge Grand'Maison ✿	762
Paimpol	La Serre	809
Perros-Guirec	Le Bélouga	963
Pléhédel	Mathieu Kergourlay -	
	Château de Boisgelin	967
Pléneuf-Val-André	Le Biniou 🌿	968
Plérin	La Vieille Tour ✿	968
Pleudihen-sur-Rance	L'Osmose	969
Ploumanach	La Table de mon Père -	
	Castel Beau Site	973
Plourhan	Rolland 🌿	973
Rospez	La Ville Blanche	1030
Saint-Brieuc	L'Air du Temps	1046

LOCALITÉS

Saint-Brieuc	Aux Pesked ❁	1046
Saint-Brieuc	La Croix Blanche	1046
Saint-Brieuc	Ô Saveurs	1046
Saint-Brieuc	La Table d'Edgar	1047
Saint-Cast-le-Guildo	Le Jardin Délice N	1047
Trébeurden	Manoir de Lan-Kerellec ❁	1175
Trébeurden	Vivace ❁	1175
Tréguier	La Table du Marché	1176

CREUSE (23) — NOUVELLE-AQUITAINE

Localité	Restaurant	Page
Chénérailles	Le Coq d'Or	372
Crozant	Auberge de la Vallée	436
Fursac	Nougier	484

DORDOGNE (24) — NOUVELLE-AQUITAINE

Localité	Restaurant	Page
Abjat-sur-Bandiat	Bandiat N	146
Bergerac	Le Bistro d'en Face ❁	247
Bergerac	L'Imparfait	247
Bergerac	La Table du Marché	248
Boulazac Isle Manoire	Richard Lequet N	288
Brantôme	Charbonnel	297
Brantôme	Le Moulin de l'Abbaye ❁	297
Le Buisson-de-Cadouin	Auberge de l'Espérance	307
Carsac-Aillac	Ô Moulin ❁	337
Champcevinel	Le Bel'Art ❁	358
Champcevinel	La Table du Pouyaud ❁	358
Daglan	Le Petit Paris ❁	439
Les Eyzies-de-Tayac-Sireuil	Le 1862 - Les Glycines ❁	468
Les Eyzies-de-Tayac-Sireuil	Le Bistro des Glycines ❁	468
Les Eyzies-de-Tayac-Sireuil	La Table du Centenaire	468
Issigeac	L'Atelier ❁	605
Issigeac	La Brucelière	605
Monbazillac	La Tour des Vents ❁	731
Monestier	Les Fresques - Château des Vigiers ❁	732
Montignac-Lascaux	ro.bo N	743
Périgueux	Café Louise ❁	957
Périgueux	L'Épicurien	958
Périgueux	L'Essentiel ❁	957
Périgueux	Hercule Poireau	958
Périgueux	Oxalis	959
Périgueux	Le Pétrocore N	959
Périgueux	La Taula	959
La Roque-Gageac	La Belle Étoile ❁	1029
La Roque-Gageac	O'Plaisir des Sens	1029
Saint-Astier	Les Singuliers	1043

LOCALITÉS PAR DÉPARTEMENT • TOWNS BY DISTRICT

Saint-Avit-Sénieur	La Table de Léo ⊕	1044
Saint-Léon-sur-Vézère	Le Petit Léon ❀	1072
Saint-Martial-de-Nabirat	Le Saint-Martial	1081
Saussignac	Mélange ⓝ	1122
Terrasson-Lavilledieu	Le Moulin de L'Imaginaire	1150
Thonac	Le Boïdicou ⓝ	1152
Trémolat	Bistrot de la Place	1177
Trémolat	Le Vieux Logis ❀	1176

DOUBS (25) BOURGOGNE-FRANCHE-COMTÉ

Localité	Restaurant	Page
Besançon	Épicéa	249
Besançon	Les Gamins ⓝ	250
Besançon	Loiseau du Temps	250
Besançon	Le Manège	250
Besançon	Le Parc	250
Besançon	Le Saint Cerf ❀	250
Besançon	Le Saint-Pierre	251
Besançon	Le Sauvage	251
Bonnétage	Le Bistrot	270
Bonnétage	L'Étang du Moulin ❀❀	270
Bonnevaux	Auberge de la Haute-Joux	270
Chamesol	Mon Plaisir	353
Champlive	Auberge du Château de Vaite	359
Étupes	Au Fil des Saisons	464
Goumois	Taillard	497
Malbuisson	Le Bon Accueil ❀	682
Montbéliard	Le Saint-Martin	738
Saint-Vit	Prélude	1106
Verrières-de-Joux	La Table du Tillau	1208
Ville-du-Pont	L'Entre-Roches	1219
Villers-le-Lac	Le France	1224

DRÔME (26) AUVERGNE-RHÔNE-ALPES

Localité	Restaurant	Page
Allex	L'Auberge d'Allex ⓝ	159
Charols	Lavandin - Château Les Oliviers de Salettes ❀	362
Cliousclat	La Fontaine - L'Artiste et le Cuisinier ⓝ	387
Condorcet	La Charrette Bleue	403
Grane	Le Kléber - La Maison Bonnet ❀	499
Grane	Len'K - La Maison Bonnet ⊕	499
Granges-les-Beaumont	Les Cèdres ❀	499
Grignan	Le Bistro Chapouton	504
Grignan	Le Clair de la Plume ❀❀	503
Livron-sur-Drôme	Garenne	638

LOCALITÉS

1251

Malataverne	Le Bistrot 270 🏠	682
Malataverne	Domaine du Colombier ✿	682
Mirmande	La Capitelle	724
Montélimar	Le Moderne	741
Montélimar	La Petite France	741
Nyons	Le Verre à Soie	799
Pont-de-l'Isère	Maison Chabran - La Grande Table	976
Pont-de-l'Isère	Maison Chabran - Le 45ème	977
Romans-sur-Isère	L'Instant	1027
Saint-Donat-sur-l'Herbasse	Chartron	1052
Saint-Julien-en-Vercors	Café Brochier 🏠	1070
Tain-l'Hermitage	La Cage aux Fleurs	1146
Tain-l'Hermitage	Le Mangevins	1146
Tain-l'Hermitage	Le Quai	1146
Valence	Almacita 🅽	1194
Valence	André	1195
Valence	Le Bac à Traille 🏠	1194
Valence	La Cachette ✿	1194
Valence	Épithèque ✿	1194
Valence	Pic ✿✿✿	1193
Vesc	Chez Mon Jules	1212

EURE (27) — NORMANDIE

Localité	Restaurant	Page
Acquigny	L'Hostellerie d'Acquigny	147
Bernay	Le Moulin Fouret 🏠	248
Les Damps	L'Auberge de la Pomme	440
Évreux	La Gazette 🏠	466
Gasny	Auberge du Prieuré Normand	488
Giverny	Le Jardin des Plumes ✿	494
Giverny	La Musardière	495
Lyons-la-Forêt	Le Bistro du Grand Cerf	678
Lyons-la-Forêt	La Licorne Royale ✿	678
Nassandres-sur-Risle	L'Auberge de la Vallée 🏠 🅽	778
Saint-Étienne-du-Vauvray	La Ferme de la Haute Crémonville 🏠	1055
Le Vaudreuil	La Table d'Alva 🅽	1203
Verneuil-d'Avre-et-d'Iton	Le Madeleine par Cyril Coutin	1207
Vernon	Blossom Bistrot 🅽	1208

EURE-ET-LOIR (28) — CENTRE-VAL DE LOIRE

Localité	Restaurant	Page
Chartres	Bistrot Racines	362
Chartres	Le Georges ✿	362
Chartres	Le Moulin de Ponceau	363
Chartres	Terra	363
Cherisy	Le Vallon de Chérisy	373
Guainville	Martin - Domaine de Primard	506
Thiron-Gardais	Auberge de l'Abbaye	1151

LOCALITÉS PAR DÉPARTEMENT • TOWNS BY DISTRICT

FINISTÈRE (29)   BRETAGNE

Localité	Restaurant	Page
Audierne	Orizhon	197
Brélès	Auberge de Bel Air	298
Brest	L'Embrun ✿	300
Brest	Hinoki	300
Brest	Le M	300
Brest	Peck & Co 🍃	300
Carantec	Nicolas Carro - Hôtel de Carantec ✿	329
Carhaix-Plouguer	Erasmo 🍃	333
Combrit	Bistrot du Bac	401
Combrit	Les Trois Rochers ✿	401
Concarneau	L'Atelier du Nord	402
Concarneau	Le Flaveur 🍃	402
Le Conquet	La Corniche - Sainte-Barbe	403
Crozon	Hostellerie de la Mer	437
Douarnenez	L'Insolite	456
Fouesnant	La Pointe du Cap Coz	481
Landéda	Le Vioben	617
Locquirec	Restaurant du Port	639
Locronan	Ar Maen Hir	639
Morlaix	L'Hermine	757
Morlaix	Le 21ème Commis 🍃	757
Névez	Ar Men Du ✿🍀	781
Penmarc'h	Haut-Linage	956
Penmarc'h	Sterenn	956
Plomeur	Nuance ✿ 🅝	969
Plomodiern	L'Auberge des Glazicks ✿✿	970
Plonévez-Porzay	La Plage	970
Plougasnou	La Maison de Kerdiès 🍃	971
Plougonvelin	Bistrot 1954	971
Plougonvelin	Hostellerie de la Pointe Saint-Mathieu ✿	971
Plouguerneau	À la Maison	971
Plouguerneau	Castel Ac'h	972
Plouider	Le Comptoir de La Butte 🍃	973
Plouider	La Table de La Butte ✿🍀	972
Pont-Aven	Rosmadec Le Moulin ✿	976
Porspoder	Le Château de Sable	981
Quimper	Allium ✿	994
Quimper	Éclosion 🍃	994
Quimper	Nous Restaurant	994
Quimper	Sao	995
Quimper	Ti-Coz 🍃	994
Quimperlé	La Cigale Égarée	995
Riec-sur-Belon	L'Atelier Mélanie	1015
Roscoff	Le Brittany ✿	1029
Saint-Pol-de-Léon	La Pomme d'Api ✿	1092
Tréboul	Ty Mad	1175

LOCALITÉS

1253

GARD (30)

OCCITANIE

Localité	Restaurant	Page
Aigues-Mortes	L'Atelier de Nicolas	147
Alès	Épices et Tout 🌶	159
Barjac	Le Carré des Saveurs	219
Calvisson	Monique ❀ 🅽	320
Castillon-du-Gard	L'Amphitryon	343
Castillon-du-Gard	Le Vieux Castillon	343
Collias	L'Hirondelle - Château de Collias	391
Garons	Michel Kayser -	
	Restaurant Alexandre ❀❀	487
Gaujac	La Maison	489
Générac	L'Instant du Sud	490
Nîmes	Aux Plaisirs des Halles	795
Nîmes	Le Bistr'AU - Le Mas de Boudan 🌶	795
Nîmes	Duende ❀❀	793
Nîmes	Gigi, Table Méditerranéenne 🅽	795
Nîmes	Jérôme Nutile ❀	794
Nîmes	Menna	795
Nîmes	La Pie qui Couette	796
Nîmes	Rouge ❀	794
Nîmes	Skab ❀	794
Nîmes	La Table du 2	796
Nîmes	Vincent Croizard	796
Orsan	C'la Vie 🌶	805
Pujaut	Maison Chenet -	
	Entre Vigne et Garrigue ❀	987
Quissac	L'ArtYsan	996
Sabran	Bistro de Montcaud	1039
Sabran	Le Cèdre de Montcaud ❀	1038
Saint-Hilaire-de-Brethmas	Le Saint Hilaire ❀❀	1062
Saint-Siffret	Le Pt'it Mercier 🅽	1099
Serviers-et-Labaume	Volver.	1128
Sommières	Le Patio by Lou Caléou 🌶	1133
Tavel	La Courtille	1149
Uzès	La Table d'Uzès ❀	1185
Villeneuve-lès-Avignon	Le Prieuré ❀	1223
Villevieille	La Canopée	1224

HAUTE-GARONNE (31)

OCCITANIE

Localité	Restaurant	Page
Aureville	En Marge ❀	201
Auzeville-Tolosane	La Table d'Auzeville	203
Balma	L'Équilibre 🌶	216
Castanet-Tolosan	La Table des Merville	339
Cugnaux	Ciel à Table 🅽	438
Lacroix-Falgarde	Le Bellevue	616
Lavalette	Auberge de la Forge ❀	624

LOCALITÉS PAR DÉPARTEMENT • TOWNS BY DISTRICT

Martres-Tolosane	Maison Castet	703
Montrabé	L'Aparté ✿	753
Montrabé	L'Instant...	754
Pinsaguel	Le Gentiane	965
Quint-Fonsegrives	En Pleine Nature ✿ ✿	995
Ramonville-Saint-Agne	La Table de Laurent	998
Rouffiac-Tolosan	Ô Saveurs ✿	1033
Saint-Félix-Lauragais	Auberge du Poids Public	1056
Sauveterre-de-Comminges	L'Hibiscus by Jérémy Lasserre	1123
Toulouse	Acte 2 Yannick Delpech ✿ Ⓝ	1156
Toulouse	Agapes	1162
Toulouse	L'Air de Famille ⊕	1160
Toulouse	L'alouette	1162
Toulouse	Au Pois Gourmand	1162
Toulouse	Cartouches ⊕	1160
Toulouse	Cécile	1162
Toulouse	Le Cénacle	1162
Toulouse	Chez Loustic ⊕	1160
Toulouse	Émile	1163
Toulouse	Genty Magre	1163
Toulouse	Gram's	1163
Toulouse	Hedone ✿	1157
Toulouse	L'Hippi'curien	1163
Toulouse	Hito	1163
Toulouse	Hortùs	1164
Toulouse	Mantesino	1164
Toulouse	Mas de Dardagna	1164
Toulouse	Michel Sarran ✿	1157
Toulouse	Les P'tits Fayots	1164
Toulouse	Les Planeurs	1164
Toulouse	Py-r ✿✿	1156
Toulouse	Les Sales Gosses	1165
Toulouse	SEPT ✿	1157
Toulouse	Solides	1165
Toulouse	Stéphane Tournié - Les Jardins de l'Opéra ✿	1157
Toulouse	Les Têtes d'Ail	1165
Toulouse	Une Table à Deux ⊕	1160
Villemur-sur-Tarn	L'Alto	1222

GERS (32)

OCCITANIE

Localité	Restaurant	Page
Auch	Domaine de Baulieu ✿	196
Auch	La Grande Salle	196
Barbotan-les-Thermes	La Bastide	218
Castéra-Verduzan	Le Florida Ⓝ	342
Lannepax	La Falène Bleue ⊕	619
Lectoure	Racine ⊕	625
Pujaudran	Le Puits Saint Jacques ✿	987

LOCALITÉS

1255

Puylausic	La Maison Despouès ❀	992
Saint-Mont	La Table de Jean-Paul Tossens -	
	Monastère de Saint-Mont	1085

GIRONDE (33)
NOUVELLE-AQUITAINE

Localité	Restaurant	Page
Arcachon	Acacia	223
Arcachon	Ko-sometsuke 2K	223
Arcachon	Le Patio ❀	222
Arès	Nacre ❀	224
Arveyres	Château Fage - La Maison des Vignes	193
Bommes	Lalique ❀❀	269
Bordeaux	Le 1544	279
Bordeaux	Amicis ❀ Ⓝ	276
Bordeaux	Arcada	279
Bordeaux	Bo-tannique	279
Bordeaux	C'Yusha	279
Bordeaux	Cent33	280
Bordeaux	Le Chapon Fin Ⓝ	280
Bordeaux	Le Chicoula, bistrot d'Art	280
Bordeaux	Le Clos d'Augusta	280
Bordeaux	Epicentre	280
Bordeaux	La Fine Bouche	281
Bordeaux	Influences	281
Bordeaux	Inima	281
Bordeaux	Ishikawa	281
Bordeaux	Joki	281
Bordeaux	Kedem ❀ Ⓝ	278
Bordeaux	Lil'Home	282
Bordeaux	Loco by Jem's	282
Bordeaux	Lume	282
Bordeaux	Madame B ❀ Ⓝ	278
Bordeaux	Maison Nouvelle ❀❀	273
Bordeaux	Mets Mots	282
Bordeaux	L'Observatoire du Gabriel ❀❀	273
Bordeaux	L'Oiseau Bleu ❀	276
Bordeaux	Panaille ❀ Ⓝ	278
Bordeaux	Le Pavillon des Boulevards ❀	276
Bordeaux	Point Rouge Ⓝ	282
Bordeaux	Le Pressoir d'Argent -	
	Gordon Ramsay ❀❀	276
Bordeaux	Quanjude Ⓝ	283
Bordeaux	Le Quatrième Mur	283
Bordeaux	Racines by Daniel Gallacher ❀	279
Bordeaux	Ressources ❀	277
Bordeaux	Sens	283
Bordeaux	Soléna ❀	277
Bordeaux	Symbiose	283
Bordeaux	La Table d'Hôtes - Le Quatrième Mur ❀	277
Bordeaux	Tentazioni ❀	278

LOCALITÉS PAR DÉPARTEMENT • TOWNS BY DISTRICT

Bordeaux	TLALI	284
Bordeaux	La Tupina	284
Bordeaux	Vivants 🅝	284
Bordeaux	Zéphirine	284
Bordeaux	Le 7 Restaurant Panoramique	283
Bouliac	Le Saint-James ✽	288
Le Bouscat	Maison Pavlov	294
Le Bouscat	Ro'cha	295
Cadillac	AGA	311
Gujan-Mestras	Bistro' 50	224
Labarde	Nomade	614
Langon	L'Atelier Flavien Valère 🅐	618
Langon	La Table de la Maison 🅝	618
Lège-Cap-Ferret	L'Auberge du Bassin 🅝	224
Lormont	Le Prince Noir - Vivien Durand ✽ 🍀	644
Margaux	Au Marquis de Terme	688
Martillac	La Grand'Vigne - Les Sources de Caudalie ✽✽	702
Martillac	La Table du Lavoir - Les Sources de Caudalie	702
Mérignac	Blisss	716
Montagne	La Réserve du Presbytère	735
Pomerol	La Table de Catusseau	975
Pyla-sur-Mer	Le Skiff Club ✽✽ 🍀	225
Saint-André-de-Cubzac	La Table d'Inomoto 🅐	1042
Saint-Émilion	Les Belles Perdrix de Troplong Mondot ✽ 🍀	1052
Saint-Émilion	Château Grand Barrail	1053
Saint-Émilion	L'Envers du Décor	1053
Saint-Émilion	L'Huitrier Pie	1053
Saint-Émilion	Logis de la Cadène ✽	1053
Saint-Émilion	La Table de Pavie ✽✽	1052
Saint-Émilion	Le Tertre	1053
Saint-Jean-de-Blaignac	L'Auberge Saint Jean ✽	1064
Sainte-Foy-la-Grande	Côté Bastide 🅐	1108
Sauternes	Le Cercle Guiraud	1122
Le Teich	Naissain 🅝	226
La Teste-de-Buch	L'Aillet 🅐	226
La Teste-de-Buch	La Table de L'Oléa 🅝	227

HÉRAULT (34)   OCCITANIE

Localité	Restaurant	Page
Agde	Le Bistro d'Hervé	147
Aniane	SouKa	171
Béziers	L'Alter-Native ✽	252
Béziers	L'Ambassade	253
Béziers	Calice ✽	252
Béziers	La Maison de Petit Pierre	253
Béziers	Pica Pica 🅐	253
Bouzigues	La Côte Bleue	295

LOCALITÉS

1257

Castelnau-le-Lez	Marcelle - Domaine de Verchant	341
Caux	Mdl le Bistrot Ⓝ	344
Colombières-sur-Orb	Granit - La Mécanique des Frères Bonano ✿	399
Combes	Auberge de Combes ✾	400
Félines-Minervois	Grand Café Occitan Ⓝ	472
Frontignan	In-Fine ✾	483
Frontignan	Le MG par Cécile et Grégory Doucey Ⓝ	483
Lattes	Le Temps d'Aime ✾	622
Lunel	Maison Soubeiran	648
Marseillan	La Table d'Emilie	690
Minerve	Relais Chantovent	724
Montagnac	Côté Mas ✾	735
Montpellier	Abacus	750
Montpellier	Anga - Beaulieu	751
Montpellier	L'Arbre	751
Montpellier	L'Artichaut ✾	750
Montpellier	Le Bistro Urbain	751
Montpellier	La Canourgue	751
Montpellier	Céna	751
Montpellier	Chez Delagare	752
Montpellier	Ébullition ✿	747
Montpellier	Aliro Ⓝ	750
Montpellier	Jardin des Sens ✿	749
Montpellier	Leclère ✿	749
Montpellier	Mahé	752
Montpellier	Pastis Restaurant ✿	749
Montpellier	Le Petit Jardin	752
Montpellier	Reflet d'Obione ✿ ✿	749
Montpellier	La Réserve Rimbaud ✿	750
Montpellier	Soulenq	752
Montpellier	Terminal #1	752
Montpellier	Umami - La Cinquième Saveur	753
Olargues	Fleurs d'Olargues	800
Palavas-les-Flots	Le Saint-Georges ✾	810
Pézenas	Le Pré Saint Jean ✾	964
Pézenas	Restaurant De Lauzun ✿	964
Saint-Gély-du-Fesc	Le Clos des Oliviers	1057
Saint-Gervais-sur-Mare	L'Ortensia	1061
Saint-Martin-de-Londres	L'Accent du Soleil	1082
Sète	La Coquerie	1130
Sète	Paris Méditerranée ✾	1129
Sète	Quai 17 ✾	1130
Sète	The Marcel ✿	1129
La Vacquerie-et-Saint-Martin -de-Castries	L'Ogustin ✾ Ⓝ	1186
Vailhan	Äponem - Auberge du Presbytère ✿	1187
Valras-Plage	Sépia	1197
Villemagne-l'Argentière	Auberge de l'Abbaye	1222

LOCALITÉS PAR DÉPARTEMENT • TOWNS BY DISTRICT

ILLE-ET-VILAINE (35)
BRETAGNE

Localité	Restaurant	Page
Bruz	Récolte 🕊 Ⓝ	306
Cancale	Le Bistrot de Cancale	322
Cancale	Le Bout du Quai	322
Cancale	Breizh Café Cancale 🕊	321
Cancale	Côté Mer	322
Cancale	L'Ormeau	322
Cancale	La Table Breizh Café ✿	321
Cesson-Sévigné	Cueillette	346
Cesson-Sévigné	Zest	347
Dinard	Didier Méril	452
Dinard	Ombelle	452
Dinard	Le Pourquoi Pas ✿	452
Dinard	La Vallée	453
Fougères	L'EssenCiel	482
Noyal-sur-Vilaine	Auberge du Pont d'Acigné ✿	798
Piré-Chancé	La Table des Pères -	
	Domaine du Château des Pères ✿	966
Rennes	Bombance 🕊 Ⓝ	1007
Rennes	Breizh Café Rennes 🕊 Ⓝ	1007
Rennes	Estime 🕊 Ⓝ	1009
Rennes	Fezi 🕊	1009
Rennes	Holen ✿ ✿	1006
Rennes	Ima ✿ ✿	1006
Rennes	Le Paris-Brest by Christian Le Squer	1009
Rennes	Pénates Ⓝ	1010
Rennes	La Petite Ourse 🕊	1009
Rennes	POF	1010
Rennes	Racines ✿	1007
Rennes	La Table du Balthazar	1010
Rennes	YOKO 🕊	1009
Le Rheu	Les Tourelles - Château d'Apigné	1013
Saint-Grégoire	Maison Ronan Kervarrec ✿ ✿	1062
Saint-Lunaire	Comète	1074
Saint-Malo	Ar Iniz	1078
Saint-Malo	Le Bénétin Ⓝ	1078
Saint-Malo	Betton Fils Ⓝ	1079
Saint-Malo	Le Bistrot du Rocher	1079
Saint-Malo	Le Cambusier	1079
Saint-Malo	Le Comptoir Breizh Café 🕊	1075
Saint-Malo	Crêperie Grain Noir	1079
Saint-Malo	Doma 🕊	1078
Saint-Malo	Fidelis 🕊	1078
Saint-Malo	La Fourchette à Droite 🕊	1078
Saint-Malo	Maison Vermer Ⓝ	1080
Saint-Malo	Méson Chalut ✿	1080
Saint-Malo	Le Rocher Ⓝ	1080
Saint-Malo	Le Saint Placide ✿	1075
Saint-Méloir-des-Ondes	Bistrot 1936 - Domaine du Limonay Ⓝ	1084

1259

Saint-Méloir-des-Ondes	Le Coquillage ✿✿✿ ✿	1084
Saint-Méloir-des-Ondes	La Gouesnière - Domaine du Limonay	1084
Vitré	Entre Nous ⊕	1226

INDRE (36)
CENTRE-VAL DE LOIRE

Localité	Restaurant	Page
Buzançais	Pérégrinations	309
Châteauroux	L'Écrin des Saveurs	367
Châteauroux	Jeux 2 Goûts ⊕	367
Châteauroux	Orbys ⓝ	368
Châteauroux	Plūm ⓝ	368
Reuilly	Les 3 Cépages	1012
Saint-Pierre-de-Jards	Les Saisons Gourmandes	1091
Saint-Valentin	Au 14 Février ✿	1105
Veuil	Auberge Saint Fiacre ⊕	1212

INDRE-ET-LOIRE (37)
CENTRE-VAL DE LOIRE

Localité	Restaurant	Page
Amboise	Les Arpents ⊕	164
Amboise	Château de Pray ✿	163
Amboise	L'Écluse	164
Azay-le-Rideau	L'Aigle d'Or	212
Azay-le-Rideau	Auberge Pom'Poire ✿	212
Azay-le-Rideau	L'Épine ⊕	212
Céré-la-Ronde	Auberge de Montpoupon	346
Chenonceaux	Auberge du Bon Laboureur	372
Chinon	Les Années 30	375
Chinon	Nemrod ⓝ	375
Chinon	L'Océanic	375
Cormery	Les Roseaux Pensants ✿	404
Esvres-sur-Indre	Ardent	462
Fondettes	Auberge de Port Vallières	478
Fondettes	L'Opidom ✿	477
L'Île-Bouchard	Auberge de l'Île	596
Ligré	Les Jardiniers ✿	629
Loches	Arbore & Sens ✿	639
Le Louroux	La Table du Prieuré ⊕	646
Montbazon	Domaine de la Tortinière	738
Montbazon	L'Évidence ✿	738
Montlouis-sur-Loire	Le Berlot	744
Neuillé-le-Lierre	Liberté	780
Parçay-Meslay	L'Arche de Meslay	812
Le Petit-Pressigny	La Promenade ✿	963
Richelieu	Fossé Saint Ange ⊕ ⓝ	1015
Rochecorbon	Les Hautes Roches ⓝ	1020
Saché	Auberge du XIIème Siècle ✿	1039
Saint-Cyr-sur-Loire	L'Atelier d'Olivier Arlot	1050
Saint-Ouen-les-Vignes	L'Aubinière	1087

LOCALITÉS PAR DÉPARTEMENT • TOWNS BY DISTRICT

Saint-Patrice	Château de Rochecotte	1088
Savonnières	La Maison Tourangelle	1124
Semblançay	La Mère Hamard	1126
Tours	Les Bartavelles	1171
Tours	Case. 🅝	1171
Tours	Casse-Cailloux	1173
Tours	La Deuvalière	1173
Tours	Nobuki	1173
Tours	O&A	1173
Tours	La Rissole	1173
Tours	La Roche Le Roy	1174
Vouvray	Les Gueules Noires	1228

ISÈRE (38) — AUVERGNE-RHÔNE-ALPES

Localité	Restaurant	Page
L'Albenc	Bistrot Louise 🅐	157
Alpe-d'Huez	Au Chamois d'Or	160
Autrans-Méaudre en Vercors	Palégrié Chez l'Henri ❀❀	202
Autrans-Méaudre en Vercors	Les Tilleuls	202
Beauvoir-en-Royans	Au Roman du Vercors	242
Bourgoin-Jallieu	Monsieur B	294
Bressieux	Auberge du Château	299
Bresson	Chavant	299
Chonas-l'Amballan	Le Cottage 🅐	377
Chonas-l'Amballan	La Table	
	de Philippe Girardon ❀	376
Corrençon-en-Vercors	Asterales ❀	405
Crolles	La Maison Haute	435
Les Deux-Alpes	Le P'tit Polyte ❀	443
Grenoble	L'Amélyss	502
Grenoble	Brasserie Chavant	502
Grenoble	Le Fantin Latour -	
	Stéphane Froidevaux ❀	502
Grenoble	Tohu Bohu 🅐	502
Gresse-en-Vercors	Le Chalet	503
L'Isle-d'Abeau	Le Relais du Çatey	603
Le Pont-de-Claix	Le Rousseau	976
Saint-Alban-de-Roche	L'Émulsion ❀	1041
Saint-Alban-de-Roche	Lo Fieu 🅐 🅝	1041
Saint-Didier-de-la-Tour	Ambroisie ❀	1051
Saint-Martin-d'Uriage	Auberge des Seiglières 🅝	1081
Saint-Savin	Les 3 Faisans	1098
Tencin	La Tour des Sens	1149
La Tronche	La Maison Badine	1178
Uriage-les-Bains	Café A 🅐	1182
Uriage-les-Bains	Maison Aribert ❀❀ ❀	1182
Vezeronce-Curtin	L'Esprit Bistrot 🅐	1215
Vienne	Alquimia	1217
Vienne	L'Espace PH3	1217

LOCALITÉS

Vienne	La Pyramide -	
	Maison Henriroux ✿✿	1216
Vignieu	La Grange de Pépé	1217
Villard-de-Lans	Les Trente Pas	1218
Voiron	Brasserie Chavant	1227

JURA (39) — BOURGOGNE-FRANCHE-COMTÉ

Localité	Restaurant	Page
Arbois	Le Bistronôme 🍴	184
Arbois	Les Caudalies	184
Barretaine	Maison Zugno	221
Bonlieu	Auberge de la Poutre	269
Courlans	Michel Béjeannin -	
	Auberge de Chavannes	431
Dole	La Chaumière ✿	454
Dole	Grain de Sel 🍴	454
Dole	Iida-Ya 🍴	454
Mouchard	Le Comptoir Kokagué	758
Parcey	Les Jardins Fleuris	812
Les Planches-près-Arbois	Castel Damandre 🅽	967
Port-Lesney	Bistrot de Port-Lesney	982
Port-Lesney	Maison Rosella par Francesco	
	Di Marzio ✿	982
Pupillin	La Table du Grapiot 🅽	988
Saint-Germain-lès-Arlay	Hostellerie Saint-Germain	1059
Sampans	Château du Mont Joly ✿	1115
Septmoncel-les-Molunes	Le Pré Fillet	1128

LANDES (40) — NOUVELLE-AQUITAINE

Localité	Restaurant	Page
Capbreton	La Cuisine	329
Capbreton	Goustut	329
Capbreton	La Petite Table	329
Dax	Complices 🅽	440
Eugénie-les-Bains	La Ferme aux Grives	465
Eugénie-les-Bains	L'Orangerie ✿	465
Eugénie-les-Bains	Les Prés d'Eugénie -	
	Michel Guérard ✿✿✿	464
Hossegor	Les Hortensias du Lac	591
Hossegor	Jean des Sables	591
Magescq	Relais de la Poste ✿✿	680
Mézos	La Maison de Mézos 🍴 🅽	723
Mont-de-Marsan	Les Clefs d'Argent	734
Mont-de-Marsan	La Table Mirasol ✿	733
Mont-de-Marsan	Villa Mirasol - Bistrot 1912 🍴	734
Parentis-en-Born	Chez Flo	812
Pouillon	L'Auberge du Pas de Vent 🍴	984
Rion-des-Landes	Maison Devaux 🍴	1016
Saint-Justin	Les Allées	1071

LOCALITÉS PAR DÉPARTEMENT • TOWNS BY DISTRICT

Saint-Paul-lès-Dax	Le Moulin de Poustagnacq	1090
Saint-Vincent-de-Tyrosse	Le Hittau ✿	1106
Seignosse	Villa de l'Étang Blanc ✿	1125
Uza	La Table du Marensin	1185
Vieux-Boucau-les-Bains	Les Têtes d'Ail ⓝ	1217

LOIR-ET-CHER (41) — CENTRE-VAL DE LOIRE

Localité	Restaurant	Page
Blois	Amour Blanc	267
Blois	Assa ✿✿	266
Blois	Bro's	267
Blois	Brut maison de cuisine	267
Blois	Christophe Hay - Fleur de Loire ✿✿✿	266
Blois	Le Médicis	267
Bracieux	Le Rendez-vous des Gourmets ✿	296
Candé-sur-Beuvron	Le Bistrot de la Caillère	323
Candé-sur-Beuvron	La Table de la Caillère	323
Cellettes	La Vieille Tour ✿	345
Cheverny	L'Auberge - Les Sources de Cheverny	373
Cheverny	Le Favori - Les Sources de Cheverny ✿	373
Contres	La Botte d'Asperges	404
La Ferté-Saint-Cyr	La Diligence	473
Fougères-sur-Bièvre	Avarum ✿	482
Millançay	Le Bruadan	723
Mont-près-Chambord	Domus ✿	734
Montlivault	Ezia ✿	744
Onzain	Bistrot des Hauts de Loire	801
Onzain	Les Hauts de Loire	801
Oucques	Ô en Couleur ✿	808
Romorantin-Lanthenay	Le Bois Blanc	1028
Romorantin-Lanthenay	Grand Hôtel du Lion d'Or ✿	1027
Saint-Aignan-sur-Cher	Le Mange-Grenouille	1041
Saint-Aignan-sur-Cher	La Salamandre	1041
Saint-Georges-sur-Cher	Fleur de Sel ✿	1057
Sargé-sur-Braye	Osma ✿	1117
Vallières-les-Grandes	Les Closeaux	1196
Vendôme	Le Malu ✿	1206
Vendôme	Moris	1207
Vernou-en-Sologne	Mémoire - La Borde en Sologne ⓝ	1208
Veuzain-sur-Loire	La Croix Blanche ✿	1213

LOIRE (42) — AUVERGNE-RHÔNE-ALPES

Localité	Restaurant	Page
Ambierle	Le Prieuré	163
Charlieu	Relais de l'Abbaye	360
Chazelles-sur-Lyon	Château Blanchard ✿	371
Le Coteau	L'Atelier Locavore ✿	420
Farnay	La Maison Forte ⓝ	470
Montarcher	Le Clos Perché	736

Montbrison	Apicius	739
Ouches	Château d'Origny ✿	808
Ouches	Troisgros - Le Bois	
	sans Feuilles ✿✿✿ ✿	807
Pouilly-sous-Charlieu	Restaurant de la Loire ✿ ✿	984
Renaison	Le Restaurant 1451	1005
Roanne	Le Central	1018
Roanne	Maison Bouquet	1019
Roanne	Oma	1019
Saint-Alban-les-Eaux	Le Petit Prince	1042
Saint-Étienne	À la Table des Lys	1055
Saint-Étienne	La Table des Matrus ✿ Ⓝ	1055
Saint-Forgeux-Lespinasse	L'Assiette Roannaise	1056
Saint-Galmier	La Source ✿	1057
Saint-Paul-en-Jarez	Éclosion	1090
Les Salles	Colette ✿ Ⓝ	1112
Villerest	L'Essensiel - Domaine de Champlong	1224

HAUTE-LOIRE (43) — AUVERGNE-RHÔNE-ALPES

Localité	Restaurant	Page
Alleyras	Le Haut-Allier ✿	160
Dunières	La Tour	457
Espaly-Saint-Marcel	L'Ermitage ✿	461
Monistrol-sur-Loire	Casa Verde Ⓝ	733
Le Puy-en-Velay	Le Chamarlenc ✿	989
Le Puy-en-Velay	L'Émotion ✿	989
Saint-Bonnet-le-Froid	L'Acte 2 ✿	1045
Saint-Bonnet-le-Froid	Bistrot la Coulemelle ✿	1046
Saint-Bonnet-le-Froid	Restaurant Marcon ✿✿✿ ✿	1045
Saint-Julien-Chapteuil	Vidal ✿	1070
Solignac-sous-Roche	Lou Pinatou	1132
Vergongheon	La Petite École	1207

LOIRE-ATLANTIQUE (44) — PAYS-DE-LA-LOIRE

Localité	Restaurant	Page
Basse-Goulaine	Restaurant du Pont ✿	221
Basse-Goulaine	Villa Mon Rêve	221
La Baule	Le Castel Marie-Louise	227
La Baule	Fouquet's	227
La Baule	Saint-Christophe	227
La Baule	14 Avenue	227
La Bernerie-en-Retz	Au G'Retz des Saisons	249
Carquefou	Auberge du Vieux Gachet	335
Carquefou	La Table du Marquis	
	au Château de Maubreuil	335
Château-Thébaud	Auberge La Gaillotière ✿	366
Châteaubriant	La Citadelle	366
Clisson	Villa Saint-Antoine	387
Couëron	Le François II	421

LOCALITÉS PAR DÉPARTEMENT • TOWNS BY DISTRICT

Le Croisic	L'Estacade	433
Le Croisic	Le Lénigo	433
Le Croisic	L'Océan	433
Geneston	Le Pélican	491
Guérande	L'Agapé Bistrot	507
Guérande	brut.	507
Guérande	La Tête de l'Art 🅽	507
Missillac	Le Montaigu - Domaine de la Bretesche	724
Nantes	L'Abélia	772
Nantes	L'Atlantide 1874 - Maison Guého ✿	768
Nantes	Bairoz 🅽	772
Nantes	Le Bouchon	772
Nantes	Les Bouteilles	772
Nantes	Les Cadets ✿	768
Nantes	Les Chants d'Avril	773
Nantes	Freia ✿ 🅽	769
Nantes	ICI	773
Nantes	Lamaccotte	773
Nantes	Le Lion et l'Agneau	773
Nantes	LuluRouget ✿	769
Nantes	Maison Bagarre	774
Nantes	La Mandale 🕸	771
Nantes	Le Manoir de la Régate ✿ ✿	769
Nantes	Meraki 🕸	771
Nantes	OBBO 🕸 🅽	771
Nantes	L'Océanide	774
Nantes	Omija ✿	771
Nantes	Pickles	774
Nantes	Roza	774
Nantes	Sain	774
Nantes	Sépia	775
Nantes	Song, Saveurs & Sens	775
Nantes	Sources	775
Nantes	Vacarme	775
La Plaine-sur-Mer	Anne de Bretagne ✿ ✿	966
Pontchâteau	Le 11 Bistrot Gourmand	978
Pornic	L'Orangerie 🕸	980
Pornic	Le 21 🅽	980
Pornichet	POPS	980
Préfailles	Le Saint Paul 🅽	986
Saint-Joachim	La Mare aux Oiseaux ✿	1069
Saint-Michel-Chef-Chef	Beau Boucot 🕸 🅽	1085
Saint-Nazaire	GAMIN	1086
Saint-Nazaire	Topaze 🕸	1086
Les Sorinières	Le Constance - Abbaye de Villeneuve	1133
Les Sorinières	Le 1201 - Abbaye de Villeneuve ✿	1133
La Turballe	MAJU	1181
Varades	La Closerie des Roses	1202
Vertou	Le Laurier Fleuri 🕸	1212

LOCALITÉS

1265

LOIRET (45) — CENTRE-VAL DE LOIRE

Localité	Restaurant	Page
Ardon	La Table - Christophe Hay et Loïs Bée ❀	187
Beaugency	Le P'tit Bateau	233
Boismorand	Auberge des Templiers ❀	268
Chilleurs-aux-Bois	Le Lancelot	374
Gien	Côté Jardin ❀	493
Gien	Le P'tit Bouchon	494
Montargis	La Gloire	736
Olivet	Le Pavillon Bleu	800
Orléans	La Dariole	805
Orléans	Eugène	805
Orléans	Gric	805
Orléans	L'Hibiscus ⊕	803
Orléans	Le Lièvre Gourmand ❀	803
Ousson-sur-Loire	Le Clos du Vigneron	809
Saint-Benoît-sur-Loire	Le Grand Saint-Benoît ⊕	1044

LOT (46) — OCCITANIE

Localité	Restaurant	Page
Alvignac	Le Voyage d'Ernestine ⊕	162
Les Arques	La Récréation	192
Assier	L'Assierois	194
Cahors	Le Bistro 1911	316
Cahors	Chez Suzanne ⬤	316
Cahors	L'Ô à la Bouche ⊕	316
Cajarc	Jeu de Quilles	317
Cajarc	La Maison du Safran à l'Allée des Vignes	317
Cieurac	La Table de Haute-Serre	378
Figeac	La Cuisine du Marché	473
Figeac	La Dînée du Viguier	473
Figeac	La Racine et la Moelle	473
Floirac	La Mangeoire	477
Gourdon	Delicatessens	497
Lacave	Château de la Treyne ❀	615
Lacave	Le Pont de l'Ouysse ❀	615
Lascabanes	Le Domaine de Saint-Géry	621
Mercuès	Le Duèze - Château de Mercuès	714
Meyronne	La Terrasse ⊕	722
Parnac	Les Jardins	952
Saint-Céré	L'Informel	1048
Saint-Céré	Les Trois Soleils de Montal ❀	1048
Saint-Cirq-Lapopie	Auberge du Sombral - Les Bonnes Choses	1049
Saint-Médard	Le Gindreau ❀	1083
Souceyrac-en-Quercy	Au Déjeuner de Sousceyrac	1134

LOCALITÉS

1266

LOCALITÉS PAR DÉPARTEMENT • TOWNS BY DISTRICT

LOT-ET-GARONNE (47) NOUVELLE-AQUITAINE

Localité	Restaurant	Page
Agen	La Table de Michel Dussau 🦞	147
Casteculier	Le Rouergat	339
Casteljaloux	La Vieille Auberge	339
Castelmoron-sur-Lot	L'Herboriste ⓝ	340
Lauzun	Clément Artisan Culinaire	623
Marmande	Boat aux Saveurs	690
Moirax	Auberge Le Prieuré ❀	725
Nérac	Mr Guss	779
Puymirol	L'Auberge de la Poule d'Or	993
Puymirol	Michel Trama ❀	992
Villeréal	La Table de l'Europe	1223

LOZÈRE (48) OCCITANIE

Localité	Restaurant	Page
Albaret-Sainte-Marie	Le Théophile - Château d'Orfeuillette	156
Aumont-Aubrac	Cyril Attrazic ❀❀❀	199
Aumont-Aubrac	La Gabale 🦞	199
Cocurès	La Lozerette	388
La Garde	Le Rocher Blanc	486
Le Rozier	L'Alicanta 🦞	1035

MAINE-ET-LOIRE (49) PAYS-DE-LA-LOIRE

Localité	Restaurant	Page
Angers	L'Ardoise 🦞	168
Angers	Autour d'un Cep	169
Angers	Bouillon Baron ⓝ	169
Angers	Chez Rémi ⓝ	169
Angers	Gribiche 🦞	168
Angers	Kazumi	169
Angers	Lait Thym Sel ❀ ✿	167
Angers	Odorico	170
Angers	Sens	170
Angers	Le Sourire ⓝ	170
Avrillé	Patachée	211
Bellevigne-en-Layon	La Table de la Bergerie ❀	246
Briollay	L'Attilio - Château de Noirieux	304
Beaupréau-en-Mauges	Le 1825 - La Table	241
Chênehutte-Trèves-Cunault	Le Castellane - Château Le Prieuré	371
Cholet	La Grange	376
Cholet	L'Ourdissoir 🦞	375
Cholet	Le Patte Noire	376
Cholet	La P'tite Patte 🦞	376
Fontevraud-l'Abbaye	Fontevraud L'Ermitage ❀ ✿	480
Loiré	Auberge de la Diligence	640

Maulévrier	Le Stofflet - Château Colbert	704
Montsoreau	Ververt	756
Mûrs-Erigné	ROS[O]	763
Les Ponts-de-Cé	Le Pois Gourmand Ⓝ	979
Les Ponts-de-Cé	Les 3 Lieux - La Table	979
Saumur	L'Alchimiste	1121
Saumur	Le Boeuf Noisette	1121
Saumur	L'Escargot	1121
Saumur	L'Essentiel 🙂	1120
Saumur	L'Instinct Ⓝ	1121
Saumur	Masama Ⓝ	1121
Saumur	La Table By Mi-K'L 🙂 Ⓝ	1120
Saumur	La Table du Château Gratien	1122
Savennières	Le Chenin Ⓝ	1123

MANCHE (50)   NORMANDIE

Localité	Restaurant	Page
Barneville-Carteret	Marnage - Hôtel La Marine	219
Beauvoir	La Table de l'Ermitage Ⓝ	242
Blainville-sur-Mer	Le Mascaret ❀	264
Bricqueville-sur-Mer	La Passerelle	303
Cherbourg-en-Cotentin	Le Patio	372
Cherbourg-en-Cotentin	Le Pily ❀	372
Coutances	Kalamansi 🙂	431
Granville	L'Edulis - Jonathan Datin	500
Hambye	Auberge de l'Abbaye 🙂	511
La Haye	Le Petit Nor'Cat 🙂 Ⓝ	514
Heugueville-sur-Sienne	The Presbytere 🙂	515
Saint-Denis-le-Vêtu	La Baratte	1051
Saint-Germain-des-Vaux	Le Moulin à Vent	1058
Saint-Lô	Intuition ❀	1074
Saint-Pair-sur-Mer	Sème 🙂	1088
Saint-Quentin-sur-le-Homme	Le Gué du Holme	1092
Saint-Vaast-la-Hougue	L'Estran Ⓝ	1104
Servon	Auberge Sauvage ❀ ❀	1128
Urville-Nacqueville	Le Landemer	1184

MARNE (51)   GRAND EST

Localité	Restaurant	Page
Avize	Les Avisés	211
Bezannes	Bouche B	252
Châlons-en-Champagne	Au Carillon Gourmand	350
Châlons-en-Champagne	Jérôme Feck ❀	350
Champillon	Le Royal ❀	358
Chigny-les-Roses	Couvert de Vignes	374
Épernay	Cook'in	460
Épernay	La Grillade Gourmande	460
Épernay	Symbiose	460

LOCALITÉS PAR DÉPARTEMENT • TOWNS BY DISTRICT

Montchenot	Le Grand Cerf ✦	740
Reims	Arbane ✦ Ⓝ	1001
Reims	Assiette Champenoise ✦✦✦	1000
Reims	Le Crypto	1002
Reims	L'ExtrA	1003
Reims	Le Foch	1003
Reims	La Grande Georgette	1003
Reims	Le Jardin Les Crayères ⓐ	1002
Reims	Le Millénaire ✦	1001
Reims	Le Parc Les Crayères ✦✦	1000
Reims	Racine ✦✦	1001
Sillery	Le Relais de Sillery	1132
Vinay	Hostellerie La Briqueterie	1225

HAUTE-MARNE (52)
GRAND EST

Localité	Restaurant	Page
Colombey-les-Deux-Églises	Hostellerie la Montagne ✦	399
Langres	Bulle d'Osier ✦ Ⓝ	618
Langres	Mirabelle ⓐ Ⓝ	618

MAYENNE (53)
PAYS-DE-LA-LOIRE

Localité	Restaurant	Page
Fontaine-Daniel	La Forge ⓐ	478
Laval	L'Antiquaire	623
Laval	L'effet Papilles	623
Laval	Racines Ⓝ	623
Mayenne	L'Éveil des Sens ✦	705

MEURTHE-ET-MOSELLE (54)
GRAND EST

Localité	Restaurant	Page
Ceintrey	La Cour des Sens	344
Fontenoy-la-Joûte	L'Imprimerie	479
Lunéville	Château d'Adoménil ✦	648
Nancy	Bistrot Gros Ⓝ	765
Nancy	Cadet	765
Nancy	Le Capu	765
Nancy	La Maison dans le Parc ✦	764
Nancy	Patern	765
Nancy	Racine	765
Nancy	La Toq'	766
Nancy	Transparence - La Table de Patrick Fréchin	766
Nancy	Le 27 Gambetta	767
Richardménil	Au Bon Accueil ⓐ	1014

LOCALITÉS

1269

MEUSE (55)   GRAND EST

Localité	Restaurant	Page
Bar-le-Duc	Bistro Saint-Jean	218
Écouviez	Les Épices Curiens ⊛	459
Les Monthairons	Hostellerie du Château des Monthairons	742
Nonsard-Lamarche	La Mangeoire Ⓝ	798

MORBIHAN (56)   BRETAGNE

Localité	Restaurant	Page
Arradon	Vivant	192
Auray	La Chebaudière ⊛	200
Auray	Le P'tit Goustan ⊛	200
Baden	La Chaumière de Pomper ⊛	213
Baden	Le Gavrinis ❀	213
Billiers	Domaine de Rochevilaine	262
Carnac	Le Cairn - Hôtel le Celtique	334
Carnac	La Calypso	334
Carnac	Côté Cuisine ❀	334
Carnac	Itsasoa	335
La Gacilly	Les Jardins Sauvages - La Grée des Landes ❀	484
Guer	Maison Tiegezh ❀ ❀	507
Kervignac	Chai l'amère Kolette	613
Kervignac	L'Inattendu - Domaine de Locguénolé ❀ Ⓝ	613
Kervignac	La Maison Alyette - Domaine de Locguénolé Ⓝ	613
Langoëlan	L'Atelier Bistrot	617
Lorient	Gare aux Goûts ⊛	643
Lorient	Louise ❀	643
Lorient	Le Tire Bouchon ⊛	644
Lorient	Le Yachtman	644
Lorient	Le 26-28	644
Meucon	Auberge du Rohan	721
Plescop	Là DN	968
Ploemeur	Le Vivier	969
Plouharnel	Granit	972
Pontivy	Hyacinthe & Robert ⊛	978
Port-Goulphar	Le 180°	245
Port-Louis	Avel Vor ❀	982
Port-Navalo	Grand Largue	983
La Roche-Bernard	L'Auberge Bretonne	1020
La Roche-Bernard	Auberge des Deux Magots ⊛	1020
Rochefort-en-Terre	L'Ancolie	1021
Rochefort-en-Terre	Maison Cachée ⊛	1021
Rohan	L'Eau d'Oust	1026
Saint-Avé	Le Pressoir ❀	1044
Saint-Pierre-Quiberon	Rivage Ⓝ	1092

LOCALITÉS PAR DÉPARTEMENT • TOWNS BY DISTRICT

Sainte-Anne-d'Auray	L'Auberge - Maisons Glenn Anna	1107
Sarzeau	Les Jardins de Kerstéphanie	1118
Sarzeau	Le Manoir de Kerbot ✿	1118
Sauzon	Hôtel du Phare	246
La Trinité-sur-Mer	L'Azimut	1178
Vannes	Boma ✿ Ⓝ	1199
Vannes	Bvañ	1200
Vannes	Empreinte ✿	1200
Vannes	Inspirations Ⓝ	1201
Vannes	Iodé	1201
Vannes	Nomad Ⓝ	1201
Vannes	Roscanvec	1201
Vannes	Ryoko - Comptoir à ramen	1202
Vannes	La Tête en l'air ✿	1199

MOSELLE (57) GRAND EST

Localité	Restaurant	Page
Abreschviller	Auberge de la Forêt	146
Ay-sur-Moselle	Le Martin Pêcheur	212
Baerenthal	L'Arnsbourg ✿	213
Bitche	Le Strasbourg	264
Delme	À la 12	443
Faulquemont	Toya ✿✿	470
Hagondange	Quai des Saveurs ✿	510
Languimberg	Chez Michèle ✿	619
Lorquin	Le Bout des Canards	645
Metz	Derrière	718
Metz	Le Jardin de Bellevue	719
Metz	La Lanterne	719
Metz	La Réserve	719
Metz	Timilia Ⓝ	719
Metz	Yozora ✿ Ⓝ	718
Metz	83 Restaurant	719
Montenach	Le K ✿	741
Plappeville	Emotions	967
Saint-Quirin	Hostellerie du Prieuré	1093
Sarreguemines	Auberge Saint-Walfrid ✿	1118
Stiring-Wendel	La Bonne Auberge	1135
Thionville	Aux Poulbots Gourmets	1151
Volmunster	L'Argousier	1227
Wœlfling-lès-Sarreguemines	Restaurant Dimofski ✿	1232

NIÈVRE (58) BOURGOGNE-FRANCHE-COMTÉ

Localité	Restaurant	Page
Alluy	La Grangée	160
Luzy	La Table de Jérôme	648
Nevers	Jean-Michel Couron	780
Varennes-Vauzelles	Le Bengy	1203

LOCALITÉS

NORD (59) — HAUTS-DE-FRANCE

Localité	Restaurant	Page
Armentières	Osmose 🅽	192
Attiches	L'Essentiel	195
Beauvois-en-Cambrésis	Le Contemporain	243
Boeschepe	Auberge du Vert Mont ❀❀	268
Bondues	Le Val d'Auge	269
Caëstre	L'Auberge ❀	315
Cambrai	Maison Demarcq	321
Cassel	Fenêtre sur Cour	337
Cassel	Haut Bonheur de la Table ❀	337
Croix	Arborescence ❀	434
Douai	La Table des Échevins	455
Gruson	L'Arbre	506
Illies	L'Épicurieux	601
Lille	Bloempot	631
Lille	Le Braque	631
Lille	Coup de Main 🅽	634
Lille	Ginko ❀	630
Lille	La Laiterie	634
Lille	Pulpe 🅽	634
Lille	Pureté ❀	630
Lille	Le Restaurant du Cerisier ❀	631
Lille	Rouge Barre	634
Lille	Sébastopol	635
Lille	SOlange	635
Lille	Suzanne	635
Lille	La Table - Hôtel Clarance ❀	631
Lille	Le 49R	634
Loos	Félicie	640
Marcq-en-Barœul	Rêpu ❀	687
Marcq-en-Barœul	Rozó ❀❀	687
Morbecque	Au Cœur d'Artichaut	756
Renescure	La Table de Romain	1005
Seclin	Auberge du Forgeron	1125
Tourcoing	La Baratte	1166
Valenciennes	Le Musigny	1195
Wambrechies	Balsamique ❀	1229
Zuytpeene	Au Koning Van Peene	1233

OISE (60) — HAUTS-DE-FRANCE

Localité	Restaurant	Page
Beauvais	Autrement	242
Beauvais	Le Senso	242
Belle-Église	La Grange de Belle-Église ❀	245
Chantilly	La Table du Connétable - Auberge du Jeu de Paume	359
Chantilly	Le Verbois ❀	359
Compiègne	Rhizome	402

LOCALITÉS PAR DÉPARTEMENT • TOWNS BY DISTRICT

Étouy	L'Orée de la Forêt ❀	463
Le Meux	Auberge de la Vieille Ferme	722
Rethondes	Auberge du Pont de Rethondes	1012
Saint-Omer-en-Chaussée	Auberge de Monceaux	1087
Senlis	Le Julianon	1127

ORNE (61) — NORMANDIE

Localité	Restaurant	Page
Alençon	La Suite	159
Argentan	La Renaissance ❀	188
Bagnoles-de-l'Orne	Le Manoir du Lys ❀	214
Bagnoles-de-l'Orne	Ô Gayot	215
La Ferrière-aux-Étangs	Auberge de la Mine ❀	472
Juvigny-sous-Andaine	Au Bon Accueil ❀	611
Le Pin-au-Haras	La Tête au Loup	965
Le Pin-la-Garenne	La Croix d'Or	965
Préaux-du-Perche	Oiseau - Oiseau	985
Rémalard-en-Perche	D'une Île	1005
Réveillon	Sauge Ⓝ	1012
Saint-Langis-lès-Mortagne	Les Pieds Dans l'Eau ⏣	1071

PAS-DE-CALAIS (62) — HAUTS-DE-FRANCE

Localité	Restaurant	Page
Attin	Au Bon Accueil	195
Audresselles	La Plage ⏣	197
Bermicourt	La Cour de Rémi ⏣ ❀	248
Béthune	Maison Renard	251
Boulogne-sur-Mer	L'Îlot Vert	290
Boulogne-sur-Mer	La Matelote	290
Boulogne-sur-Mer	Restaurant de la Plage	291
Brebières	Air Accueil ⏣	297
Busnes	Château de Beaulieu - Christophe Dufossé ❀❀ ❀	307
Busnes	Côté Jardin	307
Calais	Aquar'aile	318
Calais	Le Channel	318
Calais	Le Grand Bleu	318
Calais	Histoire Ancienne ⏣	318
Étaples	Racines ⏣	463
Gouy-en-Artois	Origine	497
Gouy-Saint-André	Le Clos de la Prairie	498
La Madelaine-sous-Montreuil	La Grenouillère ❀❀ ❀	680
Montreuil-sur-Mer	Anecdote	755
Montreuil-sur-Mer	La Table du Château	755
Nœux-les-Mines	Le Cercle	797
Sailly-sur-la-Lys	La Conciergerie	1040
Saint-Omer	Bacôve ❀	1086
St-Josse	Auberge du Moulinel	1070

1273

Le Touquet-Paris-Plage	Le Mezquité	1166
Le Touquet-Paris-Plage	Le Paris	1166
Le Touquet-Paris-Plage	Le Pavillon - Hôtel Westminster ✿	1166
Wierre-Effroy	La Ferme du Vert	1231

PUY-DE-DÔME (63) — AUVERGNE-RHÔNE-ALPES

Localité	Restaurant	Page
Ambert	Le M	162
Augerolles	Les Chênes	198
Boudes	Le Boudes La Vigne ⊛	288
Le Broc	Origines ✿	305
Chamalières	Radio ✿	351
Châtel-Guyon	L'Impulsif ✿	369
Clermont-Ferrand	Apicius ✿	380
Clermont-Ferrand	Le Bistrot d'à Côté ⊛	381
Clermont-Ferrand	Le Chardonnay ⊛	384
Clermont-Ferrand	Le Duguesclin	384
Clermont-Ferrand	L'Écureuil	384
Clermont-Ferrand	L'En-but	385
Clermont-Ferrand	Il Visconti ⓝ	385
Clermont-Ferrand	L'Instantané	386
Clermont-Ferrand	Jean-Claude Leclerc ✿	381
Clermont-Ferrand	Mouffu ⓝ	386
Clermont-Ferrand	L'Ostal ✿✿	381
Clermont-Ferrand	Le Pré - Xavier Beaudiment ✿✿	380
Clermont-Ferrand	Le Saint-Eutrope ⊛	384
Clermont-Ferrand	Le 62 ⊛	384
Issoire	Agastache	605
Issoire	L'Atelier Yssoirien ✿	605
Issoire	Le P'tit Roseau	606
Lempdes	B2K6	626
Le Mont-Dore	La Golmotte	734
Orcines	Auberge de la Baraque ⊛	802
Orcines	Auberge de la Fontaine du Berger	803
Pont-du-Château	Auberge du Pont ✿	977
Royat	La Flèche d'Argent	1034
Sauxillanges	La Table Saint-Martin	1123
Seychalles	Chante Bise	1130

PYRÉNÉES-ATLANTIQUES (64)
NOUVELLE-AQUITAINE

Localité	Restaurant	Page
Ainhoa	Argi Eder	149
Ainhoa	Ithurria ✿	149
Ainhoa	Ithurria Côté Bistrot ⓝ	150
Arbonne	Lurrak	185
Arcangues	Gaztelur	186

LOCALITÉS PAR DÉPARTEMENT • TOWNS BY DISTRICT

Arcangues	Moulin d'Alotz ✿	185
Barcus	Chilo ⓝ	219
Bayonne	Auberge du Cheval Blanc	231
Bayonne	Basa ⓝ	231
Bayonne	Goxoki	232
Bayonne	La Grange	232
Bayonne	Nuance ⓝ	232
Bayonne	Relief	232
Bayonne	La Table - Sébastien Gravé	232
Biarritz	AHPÉ ⓐ	256
Biarritz	Le Café de Paris	257
Biarritz	Cheri Bibi	257
Biarritz	Chez Scott ⓝ	258
Biarritz	L'Entre Deux	258
Biarritz	Frenchie Biarritz	258
Biarritz	Freya ⓝ	258
Biarritz	L'Impertinent ✿	255
Biarritz	Léonie ⓐ	256
Biarritz	Marius ⓝ	259
Biarritz	Le Pim'Pi Bistrot	259
Biarritz	Les Rosiers ✿	256
Biarritz	La Rotonde ⓝ	259
Biarritz	Le Saleya ⓝ	259
Biarritz	Le Sin	260
Biarritz	La Table d'Aurélien Largeau ✿ ⓝ	256
Bidarray	Lore Ttipia - Auberge Ostape ✿	261
Bidart	Ahizpak	261
Bidart	Ezkia	262
Bidart	La Table des Frères Ibarboure ✿	261
Bizanos	L'Esberit	264
Briscous	Maison Joanto	304
Cambo-les-Bains	Ama ⓝ	320
Cambo-les-Bains	Le Bellevue	320
Cambo-les-Bains	Terrae	321
Ciboure	Chez Mattin	377
Ciboure	Crocodiles ⓝ	378
Ciboure	Ekaitza ✿✿	377
Espelette	Choko Ona ✿✿	462
Guéthary	Briket' Bistrot ⓐ	508
Guéthary	Briketenia ✿	508
Guéthary	Getaria	508
Guiche	Le Gantxo ⓐ	509
Hasparren	La Maison de Pierre ✿	511
Irissarry	Art'zain ⓐ ✿	602
Irouléguy	Jarapea ⓐ ⓝ	602
Itxassou	Restaurant Bonnet	607
Jurançon	Flaveurs - Domaine Mont-Riant	611
Larrau	Etchemaïté ⓐ	621
Lescar	Arraditz	626
Orthez	La Maison ⓝ	806
Pau	L'Interprète	952

LOCALITÉS

1275

Pau	Jumo & Co ⊛	952
Pau	Maison Ruffet - Villa Navarre	953
Pau	Maynats	953
Pau	Omnivore ⊛	952
Pau	L'Ossau ⓝ	954
Pau	Paute ⓝ	954
Pau	Les Pipelettes	954
Pau	Resto Dit Vin	954
Saint-Étienne-de-Baïgorry	Restaurant Arcé	1055
Saint-Jean-de-Luz	Alcalde ⓝ	1066
Saint-Jean-de-Luz	Erroa ⓝ	1066
Saint-Jean-de-Luz	L'Essentiel	1067
Saint-Jean-de-Luz	Ilura	1067
Saint-Jean-de-Luz	Instincts	1067
Saint-Jean-de-Luz	Le Kaïku ❀	1065
Saint-Jean-de-Luz	Petit Grill Basque ⓝ	1067
Saint-Jean-de-Luz	Pluviôse ⓝ	1068
Saint-Jean-Pied-de-Port	Les Pyrénées	1069
Saint-Pée-sur-Nivelle	La Table de Cédric Béchade -	
	L'Auberge Basque ❀	1090
Salies-de-Béarn	Restaurant des Voisins	1112
Sare	Hordago ⓝ	1116
Sare	Olhabidea	1117
Urrugne	La Ferme Ilharregui Baita ⓝ	1183
Urrugne	Ferme Lizarraga	1183
Urrugne	Gaua	1184
Urt	La Galupe ⓝ	1184

HAUTES-PYRÉNÉES (65)   OCCITANIE

Localité	Restaurant	Page
Arcizans-Avant	Auberge Le Cabaliros	186
Argelès-Gazost	Au Fond du Gosier ⊛ ⓝ	187
Argelès-Gazost	Des Petits Pois Sont Rouges	187
Aulon	Auberge des Aryelets ⊛	198
Bagnères-de-Bigorre	O2C	214
Bagnères-de-Bigorre	La Table du Cinq ⊛ ⓝ	214
Castelnau-Magnoac	La Taulada ⓝ	342
Galan	Sandikala ❀	485
Lézignan	Les Perséides ⓝ	628
Sailhan	Erassens ⓝ	1040
Saint-Lary-Soulan	La Grange	1071
Saint-Savin	Le Viscos	1099
Tarbes	L'Arpège	1148
Tarbes	L'Empreinte ⊛	1148
Tarbes	Le Petit Gourmand	1149
Tarbes	Popôte ⓝ	1149

LOCALITÉS

1276

LOCALITÉS PAR DÉPARTEMENT • TOWNS BY DISTRICT

PYRÉNÉES-ORIENTALES (66)   OCCITANIE

Localité	Restaurant	Page
Argelès-sur-Mer	La Bartavelle	187
Argelès-sur-Mer	Le Bistrot à la Mer	188
Banyuls-sur-Mer	Le Fanal	217
Bélesta	La Coopérative - Domaine Riberach ❀ ❀	244
Céret	Fario ❀ ⓝ	346
Clara	Les Loges du Jardin d'Aymeric ❀	379
Collioure	La Balette ❀	392
Collioure	Mamma - Les Roches Brunes	392
Collioure	Le 5ème Péché	392
Font-Romeu	La Chaumière ❀	478
Laroque-des-Albères	Côté Saisons ❀	621
Molitg-les-Bains	Òliba	725
Montner	Auberge du Cellier	746
Perpignan	Le Divil	962
Perpignan	La Galinette ❀ ❀	960
Perpignan	Le Garriane ❀	960
Perpignan	Manat ❀	962
Perpignan	La Passerelle	962
Port-Vendres	Le Cèdre	983
Port-Vendres	Les Clos de Paulilles	983
Port-Vendres	La Côte Vermeille	983
Prades	Le Galie	985
Prats-de-Mollo-la-Preste	Bellavista ❀	985
Rivesaltes	La Table d'Aimé	1018
Saint-Cyprien	L'Almandin ❀	1049
Saleilles	L'AbSix	1111

BAS-RHIN (67)   GRAND EST

Localité	Restaurant	Page
Altwiller	Restaurant de l'Écluse 16	162
Andlau	Partage	166
Barr	Enfin ❀	220
Barr	La Table du 5	220
Blienschwiller	Le Pressoir de Bacchus ❀	266
Colroy-la-Roche	La Cheneaudière - Le Chêne	400
Colroy-la-Roche	La Cheneaudière - Le Feuillage ❀ ⓝ	400
Drusenheim	Au Gourmet ❀	457
Fouday	Julien ❀	481
Gambsheim	Fleur de Sureau	486
Graufthal	Au Vieux Moulin	500
Griesheim-près-Molsheim	Auberge de la Chèvrerie	503
Gundershoffen	Le Cygne ❀	509
Gundershoffen	Les Jardins du Moulin	510
Haguenau	Grains de Sel	510

LOCALITÉS

Haguenau	Le Jardin	511
Itterswiller	Winstub Arnold	607
Kilstett	Au Cheval Noir	614
Klingenthal	À l'Étoile	614
Laubach	La Merise ✿✿	622
Lembach	Auberge du Cheval Blanc ✿	625
Lingolsheim	L'ID	638
Marlenheim	Le Cerf ✿	689
Merkwiller-Pechelbronn	Auberge Baechel-Brunn	716
Monswiller	Kasbür ✿	733
Morsbronn-les-Bains	La Source des Sens	757
Natzwiller	Auberge Metzger	778
Niederschaeffolsheim	Au Bœuf Rouge	791
Niedersteinbach	Au Cheval Blanc	792
Obernai	La Fourchette des Ducs ✿✿	799
Obernai	Le Parc	800
Obernai	Thierry Schwartz - Le Restaurant ✿✿	799
Obersteinbach	Anthon	800
Osthouse	À l'Aigle d'Or	806
Ostwald	Miro	806
Ottrott	À l'Ami Fritz	806
Ottrott	Hostellerie des Châteaux	807
Ottrott	La Table du 6717	807
Pfaffenhoffen	À l'Agneau	964
Pfulgriesheim	Bürestubel	965
Rexingen	La Charrue	1013
Rhinau	Au Vieux Couvent ✿✿	1013
Roppenheim	Auberge à l'Agneau	1028
Sand	La Charrue	1116
Scherwiller	Auberge Ramstein	1124
Schiltigheim	Guillaume Scheer - Les Plaisirs Gourmands ✿	1124
Schiltigheim	L'Imaginaire 🅝	1125
Sélestat	Au Bon Pichet	1126
Sessenheim	Auberge au Bœuf ✿	1129
Soultz-sous-Forêts	Au Soleil	1134
Steige	Auberge Chez Guth ✿	1135
Strasbourg	Au Crocodile ✿	1136
Strasbourg	Au Pont Corbeau 🅐	1137
Strasbourg	Le Banquet des Sophistes	1138
Strasbourg	Blue Flamingo	1138
Strasbourg	Buerehiesel	1138
Strasbourg	La Casserole	1138
Strasbourg	Chez Yvonne - S'Burjerstuewel 🅐	1138
Strasbourg	Colbert	1142
Strasbourg	de:ja ✿✿	1136
Strasbourg	Les Funambules ✿	1137
Strasbourg	Gavroche	1142
Strasbourg	In Vino Veritas	1142

LOCALITÉS PAR DÉPARTEMENT • TOWNS BY DISTRICT

Strasbourg	Léonor	1142
Strasbourg	1741 ❀	1137
Strasbourg	Ondine ⓝ	1142
Strasbourg	Umami ❀	1137
Strasbourg	La Vieille Enseigne	1143
Strasbourg	La Vieille Tour	1143
Strasbourg	Zuem Ysehuet	1143
Traenheim	Zum Loejelgucker	1174
Urmatt	La Poste	1183
La Vancelle	Auberge Frankenbourg ❀❀	1197
Waldersbach	Huna Le Restaurant ❀ ⓝ	1229
La Wantzenau	Le Jardin Secret ❀	1229
La Wantzenau	Le Relais de la Poste ❀	1230
La Wantzenau	Les Semailles	1230
Weyersheim	Auberge du Pont de la Zorn ❀	1230
Wingen-sur-Moder	Château Hochberg	1231
Wingen-sur-Moder	Villa René Lalique ❀❀	1231
Wissembourg	Au Pont M	1232

HAUT-RHIN (68)   GRAND EST

Localité	Restaurant	Page
Altkirch	L'Orchidée ❀	162
Ammerschwihr	Restaurant Julien Binz ❀	166
Beblenheim	Auberge Le Bouc Bleu	243
Berrwiller	L'Arbre Vert ❀	249
Carspach	Auberge Sundgovienne	337
Colmar	À l'Échevin	395
Colmar	L'Atelier du Peintre ❀	395
Colmar	Bord'eau	395
Colmar	JY'S ❀❀	394
Colmar	Lucas et Chris	396
Colmar	La Maison Rouge	396
Colmar	Le Quai 21	397
Colmar	Restaurant Girardin ❀	395
Colmar	Wistub Brenner	397
Eguisheim	Au Vieux Porche	459
Eguisheim	Le Pavillon Gourmand	459
Feldbach	Cheval Blanc	471
Fréland	Restaurant du Musée	482
Le Frenz	Les Quatre Saisons	483
Gueberschwihr	Utopie	506
Guewenheim	La Gare	509
Hattstatt	L'Altévic	511
Hésingue	Au Bœuf Noir	515
Hochstatt	Au Cheval Blanc	515
Huningue	Autour de la Table	593
Illhaeusern	Auberge de l'Ill ❀❀	601

LOCALITÉS

1279

Ingersheim	La Taverne Alsacienne ⊛	601
Kaysersberg	Alchémille ✿ ✿	612
Kaysersberg	La Table d'Olivier Nasti ✿✿	612
Kaysersberg	La Vieille Forge ⊛	612
Kaysersberg	Winstub du Chambard ⊛	612
Kembs	Le Petit Kembs	613
Kientzheim	Côté Vigne	614
Labaroche	La Rochette ⊛	615
Lapoutroie	Les Alisiers	620
Moosch	Aux Trois Rois	756
Muhlbach-sur-Munster	Perle des Vosges ⊛	760
Mulhouse	L'Estérel	761
Mulhouse	Il Cortile ✿	761
Mulhouse	Le 4	761
Mulhouse	La Table de Michèle	761
Munster	Auberge aux 4 Saisons	762
Munster	Les Grands Arbres - Verte Vallée ⊛	761
Munster	L'Olivier ⊛	762
Ribeauvillé	Au Relais des Ménétriers ⊛	1014
Ribeauvillé	Auberge du Parc Carola	1014
Ribeauvillé	Le Cammissar	1014
Riedisheim	Maison Kieny	1015
Rimbach-près-Guebwiller	L'AO - L'Aigle d'Or ⊛	1016
Riquewihr	AOR La Table, le Goût et Nous	1017
Riquewihr	La Grappe d'Or	1017
Riquewihr	La Table du Gourmet ✿ ✿	1016
Rixheim	Le 7ème Continent ✿	1018
Rosenau	Au Lion d'Or - Chez Théo ⊛	1030
Rouffach	Restaurant Bohrer	1032
Saint-Louis	Yam	1074
Sierentz	Auberge Saint-Laurent ✿	1131
Sierentz	Winstub À Côté ⊛	1132
Westhalten	Auberge du Cheval Blanc	1230
Wihr-au-Val	La Nouvelle Auberge ✿	1231

RHÔNE (69) — AUVERGNE-RHÔNE-ALPES

Localité	Restaurant	Page
Anse	Au Colombier	179
L'Arbresle	L'Étape Dorée ⓝ	185
Bagnols	1217	215
Belleville-en-Beaujolais	Le Beaujolais ⊛	246
Caluire-et-Cuire	Restaurant Fond Rose	319
Cercié	L'Écume Gourmande	345
Chasselay	Guy Lassausaie ✿	364
Collonges-au-Mont-d'Or	Paul Bocuse ✿✿	393
Écully	Saisons ✿	459
Fleurie	Auberge du Cep ✿	476
Loire-sur-Rhône	Mouton-Benoit	640
Lyon (6ᵉ)	Agastache ⊛	668

LOCALITÉS PAR DÉPARTEMENT • TOWNS BY DISTRICT

Lyon (4ᵉ)	Alebrije	661
Lyon (3ᵉ)	L'Alexandrin	670
Lyon (6ᵉ)	L'Argot	671
Lyon (5ᵉ)	Armada	676
Lyon (4ᵉ)	Aromatic	661
Lyon (2ᵉ)	L'Artichaut	662
Lyon (1ᵉʳ)	L'Atelier des Augustins ❀	660
Lyon (5ᵉ)	Au 14 Février ❀	674
Lyon (7ᵉ)	Bergamote ❀	668
Lyon (6ᵉ)	Bistro B N	671
Lyon (4ᵉ)	Le Bistrot des Voraces	662
Lyon (4ᵉ)	Les Boulistes	662
Lyon (5ᵉ)	Bulle	676
Lyon (2ᵉ)	Burgundy by Matthieu ❀	660
Lyon (2ᵉ)	Café Terroir	662
Lyon (1ᵉʳ)	Canaima	662
Lyon (4ᵉ)	Le Canut et les Gones	662
Lyon (6ᵉ)	Cazenove	671
Lyon (3ᵉ)	Celest	671
Lyon (1ᵉʳ)	Cercle Rouge	663
Lyon (5ᵉ)	Cinq Mains	676
Lyon (1ᵉʳ)	Circle	663
Lyon (1ᵉʳ)	Le Cochon qui Boit ❀	661
Lyon (5ᵉ)	Contre-Champ N	676
Lyon (1ᵉʳ)	Culina Hortus	663
Lyon (3ᵉ)	Daniel et Denise Créqui	671
Lyon (4ᵉ)	Daniel et Denise Croix-Rousse	663
Lyon (5ᵉ)	Daniel et Denise Saint-Jean	676
Lyon (3ᵉ)	Danton ❀	669
Lyon (2ᵉ)	Epona	663
Lyon (2ᵉ)	L'Établi	664
Lyon (7ᵉ)	Fujiyama 55 N	672
Lyon (1ᵉʳ)	Le Garet	664
Lyon (6ᵉ)	Le Gourmet de Sèze ❀	668
Lyon (2ᵉ)	Le Grand Réfectoire	664
Lyon (2ᵉ)	L'Institut Restaurant	664
Lyon (6ᵉ)	Le Jean Moulin ❀	669
Lyon (7ᵉ)	Le Kitchen ❀	669
Lyon (1ᵉʳ)	Leptine	664
Lyon (6ᵉ)	M Restaurant ❀	669
Lyon (2ᵉ)	Le Mercière N	664
Lyon (1ᵉʳ)	Mère Brazier ❀❀	660
Lyon (2ᵉ)	La Mère Léa	665
Lyon (6ᵉ)	Miraflores ❀	668
Lyon (2ᵉ)	Monsieur P	665
Lyon (2ᵉ)	Le Musée	665
Lyon (6ᵉ)	Le Neuvième Art ❀❀	667
Lyon (6ᵉ)	Ombellule ❀ N	668
Lyon (6ᵉ)	Osteria Matto	672
Lyon (2ᵉ)	Prairial ❀❀	660
Lyon (6ᵉ)	Le Président	672

LOCALITÉS

Lyon (6e)	PY Restaurant	672
Lyon (9e)	Racine ⊛	675
Lyon (1er)	Regain	665
Lyon (2e)	Rustique ✿	661
Lyon (7e)	Saku Restaurant	672
Lyon (6e)	Sauf Imprévu ⊛	670
Lyon (6e)	Sinabro	672
Lyon (7e)	Siprès ⊛	670
Lyon (5e)	La Sommelière ✿	674
Lyon (6e)	Le Sully	673
Lyon (7e)	Le Suprême	673
Lyon (3e)	La Table 101	673
Lyon (6e)	Taggat	673
Lyon (6e)	Takao Takano ✿✿	667
Lyon (5e)	Les Terrasses de Lyon ✿	675
Lyon (5e)	Têtedoie ✿ ✿	675
Lyon (2e)	Thomas	665
Lyon (9e)	Le Tiroir ⊛	675
Lyon (2e)	Les Trois Dômes	666
Lyon (7e)	Veronatuti ⊛	670
Lyon (6e)	Yka bar & ceviche	673
Lyon (6e)	Le Zeste Gourmand ⊛	670
Saint-Priest	Le Restaurant	1092
Vaux-en-Beaujolais	Auberge de Clochemerle ✿	1205
Villefranche-sur-Saône	L'Abbaye Caladoise ⊛	1221

HAUTE-SAÔNE (70) BOURGOGNE-FRANCHE-COMTÉ

Localité	Restaurant	Page
Combeaufontaine	Le Balcon ⊛	400
Roye	Le Saisonnier ⊛	1035

SAÔNE-ET-LOIRE (71)
BOURGOGNE-FRANCHE-COMTÉ

Localité	Restaurant	Page
Bourgvilain	Auberge Larochette	294
Briant	Auberge de Briant	303
Buxy	L'Empreinte ✿	308
Chagny	Maison Lameloise ✿✿✿	348
Chaintré	La Table de Chaintré ✿	349
Chalon-sur-Saône	Aromatique	349
Chalon-sur-Saône	Le Bistrot	349
Chalon-sur-Saône	Les Gourmands Disent	350
Charolles	Le Bistrot du Quai	361
Charolles	Frédéric Doucet ✿	361
Chassy	JK Restaurant ⊛	364
Cluny	Hostellerie d'Héloïse ⊛	387
Le Creusot	La fleur de Sel	432

LOCALITÉS PAR DÉPARTEMENT • TOWNS BY DISTRICT

Cuiseaux	Le Bistrot Gourmand	438
Demigny	Cave et Cuisine	443
Digoin	L'Évidence ⓝ	444
Dracy-le-Fort	La Garenne	456
Fuissé	L'O des Vignes ❀	483
Iguerande	La Colline du Colombier	594
Mâcon	Cassis	679
Mâcon	Ma Table en Ville	679
Mâcon	Pierre ❀	679
Montbellet	La Marande ❀	738
Montceau-les-Mines	Jérôme Brochot	739
Montcenis	Le Montcenis ⓐ	739
Ozenay	Le Relais d'Ozenay	809
Poisson	La Poste et Hôtel La Reconce	974
Saint-Amour-Bellevue	Auberge du Paradis	1042
Saint-Jean-de-Trézy	Domaine de Rymska	1068
Saint-Rémy	Cédric Burtin ❀❀	1094
Saint-Sernin-du-Bois	Le Restaurant du Château	1099
Sainte-Cécile	L'Embellie ⓐ	1107
Solutré-Pouilly	La Courtille de Solutré	1133
Tournus	Aux Terrasses ❀✿	1168
Tournus	Le Bouchon Bourguignon ⓐ	1168
Tournus	L'Écrin de Yohann Chapuis ❀	1168
Tournus	Le Quai	1169
Tournus	Le Terminus	1169
Le Villars	L'Auberge des Gourmets ⓐ	1218
Viré	Frédéric Carrion Cuisine Hôtel	1225

SARTHE (72)   PAYS-DE-LA-LOIRE

Localité	Restaurant	Page
Arnage	Auberge des Matfeux	192
Chahaignes	Silex ⓐ ⓝ	348
La Ferté-Bernard	Au Bistronome	472
La Ferté-Bernard	Restaurant du Dauphin ⓐ	472
Fillé	Maison Nipa	474
La Flèche	Le Moulin des Quatre Saisons	476
Le Grand-Lucé	Le Lucé	498
Loué	Ricordeau	645
Le Mans	L'Auberge de Bagatelle ❀	685
Le Mans	Le Grenier à Sel	685
Le Mans	L'insouciant ⓝ	686
Solesmes	Grand Hôtel de Solesmes	1132

SAVOIE (73)   AUVERGNE-RHÔNE-ALPES

Localité	Restaurant	Page
Aillon-le-Jeune	Auberge d'Aillon et d'Ailleurs	148
Aix-les-Bains	Le Sens Unique	156
Aix-les-Bains	La Table Floralie ⓝ	156

Aix-les-Bains	Le 59 Restaurant	155
Albertville	Million	157
La Biolle	La Table des Bauges	263
Le Bourget-du-Lac	Atmosphères ✿✿	293
Le Bourget-du-Lac	Lamartine ✿	294
Bozel	Achillée	296
Cevins	La Fleur de Sel	347
Chambéry	Le Bistrot	351
Chambéry	Carré des Sens	351
Chambéry	Folie Cuisine d'Émotions	352
Chambéry	Pinson	352
Courchevel	Le 1947 à Cheval Blanc ✿✿✿	424
Courchevel	Alpage ✿	427
Courchevel	L'Altiplano au K2 Palace	427
Courchevel	L'Altitude Ⓝ	427
Courchevel	Base Kamp by Aïnata	428
Courchevel	Baumanière 1850 ✿✿	424
Courchevel	Le Bistrot du Praz	428
Courchevel	Le Chabichou by Stéphane Buron ✿✿	425
Courchevel	Le Farçon ✿	427
Courchevel	Le Grill Alpin	428
Courchevel	Le Lys	428
Courchevel	Rendez-vous Ⓝ	428
Courchevel	Le Sarkara ✿✿	425
Courchevel	La Saulire	429
Courchevel	Sylvestre Wahid - Les Grandes Alpes ✿✿	425
Flumet	Auberge des Églantiers Ⓝ	477
Hauteluce	La Ferme du Chozal	512
Hauteluce	Mont Blanc Restaurant & Goûter ✿	512
Jongieux	Les Morainières ✿✿	608
Les Marches	Le K'ozzie	686
Méribel	Le Cèpe	715
Méribel	La Coursive des Alpes	715
Méribel	L'Ekrin by Laurent Azoulay ✿	714
Méribel	Le 80	715
Monthion	Les 16 Clochers	743
Notre-Dame-de-Bellecombe	La Ferme de Victorine ✿	798
La Rosière	Le Terroir des Vignobles	1030
Saint-Béron	Le Pérou	1044
Saint-Jean-d'Arvey	Le Saint Jean	1064
Saint-Martin-de-Belleville	René et Maxime Meilleur ✿✿	1081
Saint-Martin-de-Belleville	Simple et Meilleur ✿	1082
Saint-Martin-sur-la-Chambre	Le Clocher des Pères ✿	1083
Tignes	Le Panoramic	1153
Tignes	La Table de Jeanne	1153
Tignes	Ursus ✿✿	1152
Tresserve	La Table de L'Incomparable ✿	1177
Val-d'Isère	L'Altiplano	1189

LOCALITÉS PAR DÉPARTEMENT • TOWNS BY DISTRICT

Val-d'Isère	La Table de l'Ours ❀	1189
Val-Thorens	Le Diamant Noir	1191
Val-Thorens	Les Explorateurs - Hôtel Pashmina ❀	1191

HAUTE-SAVOIE (74)   AUVERGNE-RHÔNE-ALPES

Localité	Restaurant	Page
Alby-sur-Chéran	Le Bourgeon ⊕	158
Annecy	ANTO ⊕ Ⓝ	175
Annecy	Le Binôme	176
Annecy	Black Bass	176
Annecy	Le Bouillon	176
Annecy	Brasserie Brunet ⊕	175
Annecy	Café Brunet	176
Annecy	Choral	177
Annecy	Le Clos des Sens ❀❀❀ ❀	172
Annecy	Cozna ⊕	175
Annecy	Le Denti ⊕	175
Annecy	L'Esquisse ❀	173
Annecy	Là-Haut ⊕ Ⓝ	175
Annecy	Maison Benoît Vidal ❀❀	173
Annecy	Mazette !	177
Annecy	Minami	177
Annecy	Racines ⊕	176
Annecy	Le Restaurant Ⓝ	177
Annecy	La Rotonde des Trésoms ❀	173
Annecy	Saba	178
Annecy	Vincent Favre Félix ❀	174
Anthy-sur-Léman	L'Auberge d'Anthy	179
Bonne	Baud	270
Bossey	La Ferme de l'Hospital	287
Les Carroz-d'Arâches	Les Servages	336
Chamonix-Mont-Blanc	Akashon ⊕	354
Chamonix-Mont-Blanc	Albert 1er ❀	354
Chamonix-Mont-Blanc	Atmosphère	355
Chamonix-Mont-Blanc	Auberge du Bois Prin	355
Chamonix-Mont-Blanc	Le Comptoir des Alpes	355
Chamonix-Mont-Blanc	Le Matafan	355
La Chapelle-d'Abondance	Les Cornettes	360
La Chapelle-d'Abondance	Les Gentianettes	360
Châtel	Fleur de Neige	368
Châtel	La Poya	368
La Clusaz	Le Cin5 - Au Cœur du Village ❀	388
Combloux	Alexperience Ⓝ	400
Combloux	Signature	401
Les Contamines-Montjoie	L'Ô à la Bouche	404
Cornier	Chez Mosse	405
Cruseilles	L'Arborescence	437
Cruseilles	Le M des Avenières	437

LOCALITÉS

1285

Douvaine	Ô Flaveurs ❀	456
Duingt	Bec ⓝ	457
Évian-les-Bains	Au Jardin d'Eden	466
Évian-les-Bains	Les Fresques - Hôtel Royal ❀	465
Évian-les-Bains	Le Muratore ⊕	466
Les Gets	La R'mize	492
Le Grand-Bornand	Confins des Sens	498
Groisy	Auberge de Groisy	505
Gruffy	Abîme - L'Auberge du Pont	505
Lucinges	L'Auberge de Lucinges ❀	647
Lucinges	Le Bistrot de Madeleine	647
Lucinges	Le Bonheur dans Le Pré	647
Machilly	Le Refuge des Gourmets ❀	678
Manigod	La Table de Marie-Ange	684
Margencel	Sechex-Nous ❀ ⓝ	689
Maxilly-sur-Léman	Chez Mathilde	705
Megève	Anata ⓝ	709
Megève	Flocons de Sel ❀❀❀	707
Megève	Kaito	709
Megève	Le Prieuré ⓝ	709
Megève	Le Refuge	709
Megève	Le Saint-Nicolas - Au Coin du Feu	710
Megève	La Table de l'Alpaga ❀	708
Megève	Vous ❀ ⓝ	709
Menthon-Saint-Bernard	Le Confidentiel ⊕	712
Menthon-Saint-Bernard	Le Palace de Menthon	712
Nernier	La Table de Nernier ⊕	780
Praz-sur-Arly	Les Ronins	985
Pringy	Le Clos du Château	986
Reignier	La Table d'Angèle	999
Le Reposoir	La Chartreuse ⊕	1011
Saint-Gervais-les-Bains	La Ferme de Cupelin	1059
Saint-Gervais-les-Bains	Rond de Carotte	1059
Saint-Gervais-les-Bains	Le Sérac	1060
Saint-Gervais-les-Bains	Source	1060
Saint-Gervais-les-Bains	La Table d'Armante	1060
Saint-Jean-de-Sixt	Le Cairn	1068
Samoëns	Le Lodge ⊕ ⓝ	1114
Servoz	Auberge des Gorges	1129
Seytroux	Kern ❀ ⓝ	1131
Talloires-Montmin	L'Auberge de Montmin ❀❀ ❀	1147
Talloires-Montmin	Jean Sulpice ❀❀ ❀	1147
Talloires-Montmin	Le 1903	1147
Talloires-Montmin	Les Terrasses - Le Cottage Bise	1148
Vailly	Frédéric Molina au Moulin de Léré ❀❀	1187
Veyrier-du-Lac	Le Roc	1214
Veyrier-du-Lac	La Table de Yoann Conte ❀❀ ❀	1214
Viuz-en-Sallaz	La Table d'Émilie	1226
Yvoire	Les Jardins du Léman	1233
Yvoire	Le Pré de la Cure	1233

LOCALITÉS PAR DÉPARTEMENT • TOWNS BY DISTRICT

PARIS (75) — ÎLE-DE-FRANCE

Localité	Restaurant	Page
Paris (12e)	À La Biche au Bois	918
Paris (1er)	À l'Épi d'Or	833
Paris (7e)	À Table	871
Paris (18e)	a.lea	945
Paris (9e)	Abri Soba 🍃	896
Paris (8e)	L'Abysse au Pavillon Ledoyen ❀❀	879
Paris (2e)	Accents Table Bourse ❀	840
Paris (15e)	L'Accolade	926
Paris (9e)	Adami 🅽	897
Paris (18e)	Adraba 🅽	945
Paris (9e)	Les Affranchis	898
Paris (17e)	Agapé ❀	937
Paris (5e)	L'Agrume	856
Paris (7e)	Aida ❀	868
Paris (7e)	Akabeko	872
Paris (8e)	Akira Back Paris	886
Paris (8e)	Akrame ❀	881
Paris (16e)	Alan Geaam ❀	929
Paris (4e)	Aldehyde ❀ 🅽	851
Paris (6e)	Allard	862
Paris (8e)	Alléno Paris au Pavillon Ledoyen ❀❀❀	878
Paris (9e)	Alleudium	898
Paris (5e)	Alliance ❀	854
Paris (11e)	Alluma	912
Paris (2e)	L'Altro Frenchie 🅽	842
Paris (11e)	Amâlia ❀ 🅽	909
Paris (12e)	Amarante	918
Paris (6e)	Ambos	862
Paris (4e)	L'Ambroisie ❀❀❀	851
Paris (7e)	L'Ami Jean	872
Paris (6e)	Anicia, table nature	862
Paris (3e)	Anne ❀	846
Paris (17e)	Anona ❀ ❀	937
Paris (15e)	L'Antre Amis 🍃	926
Paris (2e)	L'Apibo	842
Paris (8e)	Apicius ❀	881
Paris (16e)	L'Archeste ❀	929
Paris (1er)	L'Ardoise	834
Paris (6e)	Armani Ristorante ❀	860
Paris (7e)	Arnaud Nicolas	872
Paris (8e)	L'Arôme ❀	881
Paris (18e)	L'Arpaon 🅽	945
Paris (7e)	Arpège ❀❀❀ ❀	867
Paris (9e)	ASPIC	898
Paris (1er)	L'Assaggio	834
Paris (14e)	L'Assiette	923
Paris (16e)	Astrance ❀	930
Paris (5e)	AT ❀	855

LOCALITÉS

Paris (8ᵉ)	L'Atelier de Joël Robuchon - Étoile ❀	882
Paris (7ᵉ)	L'Atelier de Joël Robuchon - St-Germain	872
Paris (5ᵉ)	Atelier Maître Albert	856
Paris (8ᵉ)	L'Attilio ⓝ	886
Paris (3ᵉ)	Auberge Nicolas Flamel	847
Paris (11ᵉ)	Auberge Pyrénées Cévennes 🏵	911
Paris (7ᵉ)	Auguste ❀	869
Paris (11ᵉ)	Automne ❀	910
Paris (2ᵉ)	Aux Lyonnais	842
Paris (14ᵉ)	Aux Plumes 🏵	922
Paris (6ᵉ)	Aux Prés	863
Paris (9ᵉ)	Aux 2 K 🏵	896
Paris (5ᵉ)	Baca'v par Gilles Choukroun 🏵	856
Paris (4ᵉ)	Baffo	852
Paris (5ᵉ)	Baieta ❀	855
Paris (6ᵉ)	Baillotte	863
Paris (20ᵉ)	Le Baratin	948
Paris (1ᵉʳ)	Le Baudelaire ❀	831
Paris (16ᵉ)	Bellefeuille - Saint James Paris ❀ ❀	930
Paris (9ᵉ)	Benjamin Schmitt Restaurant	898
Paris (4ᵉ)	Benoit	852
Paris (15ᵉ)	Beurre Noisette	926
Paris (11ᵉ)	Biondi	912
Paris (15ᵉ)	Biscotte	926
Paris (12ᵉ)	Bistro S	918
Paris (14ᵉ)	Bistrot Augustin	923
Paris (7ᵉ)	Bistrot des Fables 🏵 ⓝ	871
Paris (17ᵉ)	Le Bistrot Flaubert	939
Paris (3ᵉ)	Bistrot Instinct	847
Paris (8ᵉ)	Bistrot Marloe	886
Paris (11ᵉ)	Bistrot Paul Bert	912
Paris (14ᵉ)	Bistrotters	923
Paris (16ᵉ)	Blanc ❀ ❀	929
Paris (17ᵉ)	Bloom	940
Paris (10ᵉ)	Bloom Garden	905
Paris (4ᵉ)	Bombance ⓝ	852
Paris (11ᵉ)	Bon Kushikatsu	912
Paris (6ᵉ)	Le Bon Saint-Pourçain	863
Paris (10ᵉ)	Bonhomme	905
Paris (18ᵉ)	Le Boréal ⓝ	945
Paris (7ᵉ)	Les Botanistes	872
Paris (2ᵉ)	La Bourse et la Vie	842
Paris (6ᵉ)	Boutary	863
Paris (16ᵉ)	Brach	932
Paris (8ᵉ)	Braise	887
Paris (1ᵉʳ)	Brasserie du Louvre - Bocuse	834
Paris (6ᵉ)	Brasserie Lutetia	863
Paris (10ᵉ)	Brigade du Tigre 🏵	905
Paris (9ᵉ)	Brion ⓝ	898
Paris (9ᵉ)	BRU 🏵 ⓝ	896

LOCALITÉS PAR DÉPARTEMENT • TOWNS BY DISTRICT

Paris (19e)	Le Cadoret🦪	948
Paris (2e)	Café Compagnon	843
Paris (7e)	Café des Ministères	873
Paris (2e)	Caffè Stern	843
Paris (9e)	Caillebotte🦪	897
Paris (17e)	Caïus	940
Paris (5e)	Calice 🅝	857
Paris (1er)	Campelli	834
Paris (9e)	Les Canailles Pigalle🦪	897
Paris (4e)	Capitaine	852
Paris (14e)	Capsule🦪 🅝	923
Paris (15e)	Le CasseNoix🦪	926
Paris (16e)	La Causerie	932
Paris (17e)	Caves Pétrissans	940
Paris (8e)	Les 110 de Taillevent	887
Paris (8e)	114, Faubourg ❀	882
Paris (15e)	Chakaiseki Akiyoshi ❀	925
Paris (18e)	Chantoiseau	946
Paris (1er)	Charbon Kunitoraya	834
Paris (11e)	Le Chardenoux	913
Paris (11e)	Le Chateaubriand	913
Paris (9e)	Chenapan	899
Paris (19e)	Le Cheval d'Or	948
Paris (10e)	Chez Michel	906
Paris (8e)	Chez Monsieur	887
Paris (8e)	Le Chiberta ❀	882
Paris (10e)	Chocho	906
Paris (6e)	Le Christine	863
Paris (5e)	Ciasa Mia	857
Paris (8e)	Le Cinq ❀❀❀	878
Paris (10e)	52 Faubourg St-Denis	906
Paris (11e)	Clamato🦪	911
Paris (8e)	Le Clarence ❀❀	879
Paris (1er)	Clover Grill	835
Paris (7e)	Clover Saint-Germain 🅝	873
Paris (11e)	Clutch 🅝	913
Paris (9e)	CoDa	899
Paris (6e)	Colvert	864
Paris (16e)	Comice ❀	930
Paris (17e)	Comme Chez Maman	940
Paris (9e)	Le Comptoir Boutary	899
Paris (6e)	Le Comptoir du Relais	864
Paris (9e)	La Condesa	899
Paris (8e)	Contraste ❀	882
Paris (17e)	Coretta	940
Paris (14e)	Le Cornichon	924
Paris (12e)	Le Cotte Rôti	918
Paris (5e)	Cucina Mutualité	857
Paris (17e)	Le Cyrano 🅝	941
Paris (13e)	Dame Augustine	920
Paris (1er)	La Dame de Pic ❀	831

LOCALITÉS

1289

Paris (20e)	Dandelion ⓝ	949
Paris (10e)	Dante	906
Paris (11e)	La Datcha ⓝ	913
Paris (3e)	Datil ✿	846
Paris (7e)	David Toutain ✿✿✿	868
Paris (5e)	Les Délices d'Aphrodite	857
Paris (12e)	Dersou	919
Paris (20e)	Des Terres	949
Paris (3e)	Dessance	847
Paris (17e)	Dessirier	941
Paris (11e)	Deux Bistrot de chefs	913
Paris (20e)	Dilia	949
Paris (16e)	Disciples	932
Paris (7e)	Divellec ✿	869
Paris (1er)	19 Saint Roch ⓝ	835
Paris (8e)	19.20 by Norbert Tarayre	887
Paris (16e)	Don Juan II ✿	930
Paris (11e)	Double Dragon ⓐ	912
Paris (2e)	Drouant	843
Paris (14e)	Le Duc	924
Paris (16e)	Ducasse Baccarat ⓝ	932
Paris (16e)	Ducasse sur Seine	933
Paris (7e)	Eclipses	873
Paris (8e)	L'Écrin ✿	882
Paris (16e)	Edith ⓝ	933
Paris (10e)	Eels	906
Paris (3e)	Elmer	847
Paris (6e)	Emporio Armani Caffè	864
Paris (3e)	Les Enfants Rouges	847
Paris (8e)	Épicure ✿✿✿	878
Paris (17e)	Épisodes ✿	937
Paris (2e)	ERH	843
Paris (11e)	Erso ⓝ	914
Paris (7e)	ES ✿	869
Paris (7e)	L'Escudella	873
Paris (1er)	Espadon ✿	831
Paris (18e)	L'Esquisse	946
Paris (18e)	Etsi	946
Paris (16e)	Étude	933
Paris (11e)	Eunoé	914
Paris (9e)	L'Évadé ⓝ	899
Paris (17e)	Le Faham by Kelly Rangama ✿	938
Paris (18e)	Fana ⓐ ⓝ	944
Paris (10e)	Faubourg Daimant ⓝ	907
Paris (16e)	La Ferme du Pré ⓝ	933
Paris (11e)	FIEF ✿✿	910
Paris (2e)	Fleur de Pavé ✿	840
Paris (5e)	Flocon	857
Paris (7e)	Le Florimond	873
Paris (17e)	FOGO ⓝ	941
Paris (17e)	La Fourchette du Printemps	941

LOCALITÉS PAR DÉPARTEMENT • TOWNS BY DISTRICT

Paris (17e)	Frédéric Simonin ❀	938
Paris (2e)	Frenchie ❀	840
Paris (9e)	Frenchie Pigalle	900
Paris (8e)	Le Gabriel - La Réserve Paris ❀❀❀	879
Paris (8e)	Galanga ❀	883
Paris (17e)	Gare au Gorille	941
Paris (7e)	Gaya par Pierre Gagnaire ❀	869
Paris (7e)	Gemellus	873
Paris (7e)	Le Gentil	874
Paris (8e)	Le George ❀❀	883
Paris (11e)	Géosmine ❀	910
Paris (12e)	Godaille	919
Paris (20e)	Le Grand Bain	949
Paris (8e)	Le Grand Restaurant -	
	Jean-François Piège ❀❀	880
Paris (4e)	GrandCœur	852
Paris (16e)	La Grande Cascade ❀	931
Paris (14e)	La Grande Ourse	924
Paris (1er)	Granite ❀	832
Paris (3e)	Guefen	848
Paris (6e)	Guy Savoy ❀❀	860
Paris (10e)	Habile. Ⓝ	907
Paris (1er)	Hakuba ❀ Ⓝ	832
Paris (1er)	Halle aux Grains	835
Paris (2e)	Halo Paris Ⓝ	843
Paris (8e)	Helen ❀	883
Paris (7e)	Hémicycle ❀	870
Paris (5e)	Hestia Ⓝ	858
Paris (13e)	L'Hommage	920
Paris (8e)	Il Carpaccio ❀	884
Paris (8e)	Il Ristorante - Niko Romito	887
Paris (4e)	Ilô	853
Paris (13e)	Impérial Choisy ⏚	920
Paris (8e)	Imperial Treasure	888
Paris (7e)	L'Inconnu	874
Paris (5e)	L'Initial	858
Paris (3e)	Istr	848
Paris (17e)	Jacques Faussat ❀	938
Paris (8e)	Jean Imbert au Plaza Athénée ❀	884
Paris (9e)	Jeanne-Aimée	900
Paris (1er)	Jin Ⓝ	835
Paris (15e)	Jium Ⓝ	927
Paris (10e)	jjii	907
Paris (12e)	Jouvence ⏚	918
Paris (17e)	Jupi	941
Paris (7e)	Le Jules Verne ❀❀	868
Paris (1er)	Kapara	835
Paris (1er)	Kei ❀❀❀	830
Paris (16e)	Ken Yamamoto Ⓝ	933
Paris (14e)	Kigawa	924

LOCALITÉS

1291

Paris (8ᵉ)	Kisin🍃	886
Paris (5ᵉ)	Kitchen Ter(r°)	858
Paris (6ᵉ)	Kodawari Ramen - Yokochō	864
Paris (11ᵉ)	Korus	914
Paris (14ᵉ)	Kwon🍃	923
Paris (1ᵉʳ)	Lai'Tcha🍃	833
Paris (1ᵉʳ)	Langosteria	836
Paris (19ᵉ)	Lao Siam🍃	948
Paris (8ᵉ)	Lasserre❀	884
Paris (5ᵉ)	LAVA - Cuisine & Vin Ⓝ	858
Paris (8ᵉ)	Lazare	888
Paris (9ᵉ)	LAZU	900
Paris (16ᵉ)	LiLi	934
Paris (1ᵉʳ)	Liquide	836
Paris (2ᵉ)	Liza	844
Paris (9ᵉ)	Louis	900
Paris (1ᵉʳ)	Loulou	836
Paris (8ᵉ)	Lucas Carton❀	884
Paris (3ᵉ)	L'Oyat	848
Paris (10ᵉ)	Mâche	907
Paris (17ᵉ)	Madame FAN	942
Paris (11ᵉ)	Magma	914
Paris (11ᵉ)	Maison	914
Paris (9ᵉ)	Maison Brut Ⓝ	900
Paris (5ᵉ)	Maison Cluny	858
Paris (8ᵉ)	Maison Dubois❀	885
Paris (17ᵉ)	Maison Rostang❀❀	937
Paris (17ᵉ)	Mallory Gabsi❀	938
Paris (2ᵉ)	Mầm From Hanoï🍃 Ⓝ	842
Paris (8ᵉ)	Mandoobar🍃	886
Paris (11ᵉ)	Mansouria	915
Paris (18ᵉ)	Le Maquis	946
Paris (9ᵉ)	Marie Akaneya Ⓝ	900
Paris (16ᵉ)	Marius Ⓝ	934
Paris (8ᵉ)	Marius et Janette	888
Paris (6ᵉ)	Marsan par Hélène Darroze❀❀	860
Paris (13ᵉ)	Marso & Co	921
Paris (3ᵉ)	Matka Ⓝ	848
Paris (18ᵉ)	Le Matré Ⓝ	947
Paris (5ᵉ)	Mavrommatis❀	855
Paris (3ᵉ)	Le Mazenay	849
Paris (6ᵉ)	La Méditerranée🍃	862
Paris (19ᵉ)	Mensae	950
Paris (8ᵉ)	Le Mermoz	888
Paris (9ᵉ)	Mieux	901
Paris (7ᵉ)	Milagro	874
Paris (9ᵉ)	Minore Ⓝ	901
Paris (7ᵉ)	Mojju Ⓝ	874
Paris (18ᵉ)	Mokko	947
Paris (16ᵉ)	Monsieur Bleu	934
Paris (14ᵉ)	Montée	924

LOCALITÉS

1292

LOCALITÉS PAR DÉPARTEMENT • TOWNS BY DISTRICT

Paris (2ᵉ)	Mori Venice Bar	844
Paris (14ᵉ)	MoSuke ✤	922
Paris (17ᵉ)	Mova 🍴	939
Paris (7ᵉ)	Nakatani ✤	870
Paris (15ᵉ)	Neige d'Été ✤	925
Paris (9ᵉ)	NESO ✤	896
Paris (8ᵉ)	Néva Cuisine	888
Paris (1ᵉʳ)	Nhome ✤	832
Paris (1ᵉʳ)	Nodaïwa	836
Paris (1ᵉʳ)	Nolinski	836
Paris (16ᵉ)	Nomicos ✤	931
Paris (8ᵉ)	Nonos par Paul Pairet	888
Paris (13ᵉ)	Nosso	921
Paris (12ᵉ)	Nous 4	919
Paris (1ᵉʳ)	Odette	836
Paris (3ᵉ)	Ogata	849
Paris (16ᵉ)	L'Oiseau Blanc ✤✤	929
Paris (6ᵉ)	Oktobre	864
Paris (1ᵉʳ)	Omar Dhiab ✤	832
Paris (7ᵉ)	Les Ombres	874
Paris (8ᵉ)	Onor ✤	885
Paris (8ᵉ)	L'Orangerie ✤✤	880
Paris (8ᵉ)	Origines Restaurant ✤	885
Paris (16ᵉ)	Ōrtensia ✤	931
Paris (15ᵉ)	L'Os à Moelle	927
Paris (18ᵉ)	Ose 🍴	945
Paris (16ᵉ)	Osmossi - Maison Mavrommatis	934
Paris (11ᵉ)	Osteria Ferrara	915
Paris (5ᵉ)	Otto	859
Paris (18ᵉ)	L'Ouzeri	947
Paris (17ᵉ)	Oxte ✤	939
Paris (16ᵉ)	Pages ✤	931
Paris (1ᵉʳ)	Palais Royal Restaurant ✤✤	830
Paris (2ᵉ)	Pantagruel ✤	841
Paris (9ᵉ)	Le Pantruche 🍴	897
Paris (3ᵉ)	Parcelles	849
Paris (7ᵉ)	Les Parisiens	875
Paris (12ᵉ)	Passerini	919
Paris (9ᵉ)	Passionné	901
Paris (20ᵉ)	Paulownia Ⓝ	950
Paris (8ᵉ)	Pavyllon ✤	885
Paris (7ᵉ)	Penati al Baretto	875
Paris (9ᵉ)	Perception	901
Paris (16ᵉ)	Le Pergolèse	934
Paris (7ᵉ)	Pertinence ✤	870
Paris (17ᵉ)	Petit Boutary	942
Paris (17ᵉ)	Petit Gris	942
Paris (8ᵉ)	Le Petit Lucas	889
Paris (14ᵉ)	Les Petits Parisiens	924
Paris (9ᵉ)	Pétrelle	902

LOCALITÉS

1293

Paris (7e)	Petrossian	875
Paris (17e)	Petrus ⓝ	942
Paris (17e)	Phébé ⓝ	942
Paris (13e)	Pho Tai	921
Paris (11e)	Pianovins	915
Paris (7e)	Piero TT	875
Paris (8e)	Pierre Gagnaire ✿✿✿	879
Paris (11e)	Pierre Sang in Oberkampf	915
Paris (11e)	Pierre Sang on Gambey	915
Paris (15e)	Pilgrim	927
Paris (16e)	Pleine Terre	935
Paris (1er)	Plénitude - Cheval Blanc Paris ✿✿✿	830
Paris (20e)	Ploc ⓝ	950
Paris (7e)	Plume	875
Paris (1er)	La Poule au Pot	837
Paris (10e)	Pouliche	908
Paris (16e)	Le Pré Catelan ✿✿✿	928
Paris (16e)	Prunier par Yannick Alléno	935
Paris (2e)	Pur' - Jean-François Rouquette ✿	841
Paris (2e)	Qasti Green ⓝ	844
Paris (19e)	Quedubon	950
Paris (9e)	Quelque Part	902
Paris (11e)	Qui Plume la Lune ✿	910
Paris (12e)	Le Quincy	919
Paris (6e)	Quinsou ✿	860
Paris (2e)	Racines	844
Paris (7e)	Racines des Prés	876
Paris (15e)	Le Radis Beurre 🍃	926
Paris (1er)	La Régalade Saint-Honoré	837
Paris (6e)	Relais Louis XIII ✿	861
Paris (8e)	Le Relais Plaza	889
Paris (10e)	Les Résistants	908
Paris (10e)	Les Résistants - La Table ⓝ	908
Paris (2e)	Restaurant des Grands Boulevards	844
Paris (16e)	Restaurant F ⓝ	935
Paris (4e)	Restaurant H ✿	851
Paris (1er)	Restaurant Le Meurice Alain Ducasse ✿✿	831
Paris (9e)	Richer	902
Paris (17e)	Rooster	943
Paris (7e)	Rosemarie 🍃	871
Paris (20e)	Sadarnac	950
Paris (6e)	Sagan	865
Paris (7e)	Sancerre Rive Gauche	876
Paris (8e)	La Scène ✿✿	880
Paris (17e)	La Scène Thélème ✿	939
Paris (13e)	Sellae	921
Paris (6e)	Semilla	865
Paris (17e)	Le 703	943
Paris (11e)	Septime ✿ 🍃	911
Paris (4e)	Le Sergent Recruteur ✿	851

LOCALITÉS

1294

LOCALITÉS PAR DÉPARTEMENT • TOWNS BY DISTRICT

Paris (11ᵉ)	Le Servan	915
Paris (6ᵉ)	Sétopa Ⓝ	865
Paris (2ᵉ)	Shabour ✿	841
Paris (16ᵉ)	Shang Palace	935
Paris (15ᵉ)	Sharma Ji	927
Paris (8ᵉ)	Shirvan Café Métisse	889
Paris (6ᵉ)	Shu	865
Paris (18ᵉ)	Signature Montmartre	947
Paris (13ᵉ)	Simone, Le Resto...	921
Paris (13ᵉ)	Le Sirocco	922
Paris (11ᵉ)	Le 6	916
Paris (19ᵉ)	Soces	951
Paris (4ᵉ)	Soé Ⓝ	853
Paris (5ᵉ)	Sola ✿	855
Paris (5ᵉ)	Solstice ✿	855
Paris (17ᵉ)	Sormani	943
Paris (13ᵉ)	Sourire Le Restaurant	922
Paris (16ᵉ)	Substance ✿	932
Paris (8ᵉ)	Super Huit Ⓝ	889
Paris (2ᵉ)	Sushi B ✿	841
Paris (18ᵉ)	Sushi Shunei ✿	944
Paris (2ᵉ)	Sushi Yoshinaga ✿✿	840
Paris (12ᵉ)	Table - Bruno Verjus ✿✿✿	917
Paris (4ᵉ)	La Table Cachée par Michel Roth	853
Paris (5ᵉ)	La Table de Colette	859
Paris (6ᵉ)	La Table de Mee 🌶	862
Paris (17ᵉ)	La Table du Caviste Bio	943
Paris (7ᵉ)	Table Penja Ⓝ	876
Paris (8ᵉ)	Le Taillevent ✿✿	881
Paris (6ᵉ)	Taokan	865
Paris (4ᵉ)	Tavline	853
Paris (2ᵉ)	Tekés	845
Paris (3ᵉ)	Terra	849
Paris (4ᵉ)	Thaï Spices	853
Paris (8ᵉ)	Thiou	889
Paris (9ᵉ)	Le Tire-Bouchon Rodier 🌶 Ⓝ	897
Paris (10ᵉ)	TO	908
Paris (7ᵉ)	Tomy & Co ✿	870
Paris (8ᵉ)	Tosca	890
Paris (5ᵉ)	Tour d'Argent ✿	856
Paris (1ᵉʳ)	Le Tout-Paris ✿	833
Paris (12ᵉ)	Towa	920
Paris (6ᵉ)	Toyo	866
Paris (1ᵉʳ)	Tracé	837
Paris (8ᵉ)	Le 39V	890
Paris (8ᵉ)	Trente-Trois ✿	885
Paris (11ᵉ)	Vaisseau ✿	911
Paris (11ᵉ)	Vantre	916
Paris (7ᵉ)	Vendémiaire Ⓝ	876
Paris (7ᵉ)	20 Eiffel 🌶	871
Paris (8ᵉ)	24 - Le Restaurant	890

LOCALITÉS

1295

Paris (7e)	Via del Campo	877
Paris (11e)	Le Villaret	916
Paris (7e)	Le Violon d'Ingres ❀	871
Paris (12e)	Virtus ❀	917
Paris (17e)	VIVE, Maison Mer	943
Paris (1er)	Yam'Tcha ❀	833
Paris (6e)	Yen	866
Paris (6e)	Yoshinori ❀	861
Paris (6e)	Ze Kitchen Galerie ❀	861
Paris (8e)	Zeffirino Ⓝ	890
Paris (1er)	Zen	837

SEINE-MARITIME (76) — NORMANDIE

Localité	Restaurant	Page
Auzouville-sur-Saâne	Auberge de La Mère Duval ⬉	203
Dieppe	Bistrot du Pollet ❀	444
Dieppe	Les Voiles d'Or ❀	444
Étretat	Le Bel Ami	463
Étretat	Le Donjon - Domaine Saint-Clair	463
Le Havre	Le Bouche à Oreille ⬉	512
Le Havre	Jean-Luc Tartarin ❀	512
Le Havre	Le Margote ⬉	513
Isneauville	Préambule	604
Jumièges	Auberge des Ruines ❀	611
Rives-en-Seine	G.a. au Manoir de Rétival ❀ ❀	1017
Rives-en-Seine	Skáli Ⓝ	1018
Rouen	L'epicurius	1032
Rouen	L'Odas ❀	1031
Rouen	OKTO Ⓝ	1032
Rouen	Paul-Arthur ⬉	1031
Rouen	Tempo	1032
Saint-Léonard	Auberge de la Source Ⓝ	1073
Le Tréport	Le Goût du Large	1177
Valmont	Maison Caillet ❀ ❀	1197

SEINE-ET-MARNE (77) — ÎLE-DE-FRANCE

Localité	Restaurant	Page
Brie-Comte-Robert	La Fabrique	303
Couilly-Pont-aux-Dames	Auberge de la Brie ❀	421
Donnemarie-Dontilly	La Croix Blanche	455
Fontainebleau	L'Axel ❀	479
Fontainebleau	Fuumi	479
Meaux	Restaurant du Champ de Mars Ⓝ	706
Melun	La Bodega	711
Villeneuve-le-Comte	La Vieille Auberge ❀	1222

LOCALITÉS PAR DÉPARTEMENT • TOWNS BY DISTRICT

YVELINES (78) — ÎLE-DE-FRANCE

Localité	Restaurant	Page
Chevreuse	Le Clos de Chevreuse	374
Clairefontaine-en-Yvelines	Les Terrasses de Clairefontaine	379
Dampierre-en-Yvelines	La Table du Château	439
Gambais	Ruche ✿	485
Gazeran	Villa Marinette	489
Maisons-Laffitte	La Plancha	681
Maisons-Laffitte	Le Tastevin	682
Marly-le-Roi	Le Point d'Origine	690
Marly-le-Roi	Le Village Tomohiro ✿	689
Plaisir	La Maison des Bois	967
Rambouillet	L'Orangerie des Trois Roys	997
Rolleboise	Le Panoramique - Domaine de la Corniche ✿	1027
Saint-Germain-en-Laye	Au Fulcosa	1058
Saint-Germain-en-Laye	Le Wauthier by Cagna	1059
Thoiry	À Table ! Chez Éric Léautey	1151
Le Tremblay-sur-Mauldre	Numéro 3 ✿	1176
Versailles	Le Bistrot du 11 🕸	1209
Versailles	Gordon Ramsay au Trianon ✿	1209
Versailles	Le Grand Contrôle ✿	1209
Versailles	Lafayette	1211
Versailles	Ore	1211
Versailles	Le Pincemin	1211
Versailles	La Table des Lumières 🅝	1211
Versailles	La Table du 11 ✿	1209
Voisins-le-Bretonneux	La Ferme de Voisins	1227

DEUX-SÈVRES (79) — NOUVELLE-AQUITAINE

Localité	Restaurant	Page
Bessines	L'Adress...	251
Magné	Le Bœuf en Écailles	681
Niort	Auberge de la Roussille	797

SOMME (80) — HAUTS-DE-FRANCE

Localité	Restaurant	Page
Amiens	Ail des Ours	165
Amiens	Hyacinthe	165
Amiens	Les Orfèvres	165
Le Crotoy	Auberge de la Marine	435
Dury	L'Aubergade	458
Dury	La Bonne Auberge	458
Eaucourt-sur-Somme	Le Saltimbanque - Auberge du Moulin ✿	458
Favières	La Clé des Champs 🕸	471
Mers-les-Bains	L'Itinérance	716

LOCALITÉS

Roye	La Flamiche	1035
Saint-Valery-sur-Somme	Baie	1105
Saint-Valery-sur-Somme	Schorre	1105

TARN (81) — OCCITANIE

Localité	Restaurant	Page
Albi	Alchimy	158
Albi	Amapola Kitchen	158
Albi	L'Épicurien 🕸	157
Albi	La Table du Sommelier 🕸	157
Ambialet	Relais de la Vallée Ⓝ	163
Carmaux	Inicio Ⓝ	334
Castelnau-de-Lévis	La Taverne Besson	341
Castelnau-de-Montmiral	L'Auberge des Arcades Ⓝ	341
Castres	Bistrot Saveurs 🕸	343
Castres	Les Mets d'Adélaïde	343
Castres	La Part des Anges	344
Cuq-Toulza	Cuq en Terrasses	438
Gaillac	Vigne en Foule 🕸	485
Lavaur	L'Œuf de Coq	625
Lempaut	L'Intangible	626
Payrin-Augmontel	Villa Pinewood 🕸🍀	955
Puylaurens	Cap de Castel	992
Saint-Lieux-lès-Lavaur	Le Colvert 🕸	1073

TARN-ET-GARONNE (82) — OCCITANIE

Localité	Restaurant	Page
Laguépie	L'Angle 🕸 Ⓝ	616
Montauban	Du Bruit en Cuisine	737
Montauban	Nous	737
Montauban	Les 5 Bouchons	737
Montech	Bistrot Constant	740
Monteils	Le Clos Monteils	740
Puylaroque	Causses Toujours Ⓝ	991

VAR (83) — PROVENCE-ALPES-CÔTE D'AZUR

Localité	Restaurant	Page
les Arcs	Le Relais des Moines ✸	186
Aups	Le Saint Marc	199
Aups	Solea Ⓝ	200
Bandol	L'Ami Ⓝ	216
Bandol	Au Clair de la Vigne 🕸	216
Bandol	L'Espérance	216
Bandol	Les Oliviers	217
Bandol	Le Shardana	217
Le Beausset	Auberge La Cauquière	241
Le Beausset	La Ferme Auberge - Domaine de La Font des Pères	241

LOCALITÉS PAR DÉPARTEMENT • TOWNS BY DISTRICT

Bormes-les-Mimosas	Le Jardin	287
Bormes-les-Mimosas	Mimosa	287
La Cadière-d'Azur	Riva 🅝	310
Callas	Hostellerie Les Gorges de Pennafort	319
Le Castellet	Le San Felice	340
Le Castellet	La Table du Castellet ❀❀❀	340
La Celle	Hostellerie de l'Abbaye de la Celle	345
Cogolin	La Grange des Agapes	390
Cotignac	Jardin Secret ❁	420
La Croix-Valmer	La Palmeraie - Château de Valmer ❀	434
La Croix-Valmer	Les Saisonniers 🅝	434
La Croix-Valmer	Vista	434
Esparron	Bistrot École 🅝	461
Fayence	Le Castellaras	471
Flassans-sur-Issole	Chez Jeannette ❀ 🅝	474
Flayosc	Le Bistrot du Château de Berne	475
Flayosc	Le Cigalon	475
Flayosc	Le Jardin de Berne ❀❁	474
Flayosc	Le Nid 🍃	475
Fréjus	L'Amandier 🍃	482
Gassin	Bello Visto	488
Gassin	La Verdoyante	488
Gassin	Villa Belrose	488
Grimaud	Petit Jacques	505
Grimaud	Les Santons	505
Hyères	La Colombe	593
Ile de Porquerolles	La Pinède	597
Le Lavandou	L'Arbre au Soleil ❀	624
Le Lavandou	Le Mazet	624
Le Lavandou	Les Tamaris - Chez Raymond	624
Lorgues	Bruno ❀	640
Lorgues	L'Estellan	641
Lorgues	La Table de Pôl	641
Montauroux	Le Carré d'Ange	737
Ramatuelle	Byblos Beach	996
Ramatuelle	Jardin Tropezina	996
Ramatuelle	La Réserve à la Plage	997
Ramatuelle	La Voile - La Réserve Ramatuelle ❀❀	996
Rayol-Canadel-sur-Mer	Le Relais des Maures	998
Saint-Antonin-du-Var	La Table de Mentone	1043
Saint-Cyr-sur-Mer	es/pacio	1050
Saint-Raphaël	Le Bougainvillier	1093
Saint-Raphaël	Récif ❀	1093
Saint-Tropez	Arnaud Donckele & Maxime Frédéric at Louis Vuitton ❀ 🅝	1100
Saint-Tropez	Beefbar	1101
Saint-Tropez	Colette ❀	1100
Saint-Tropez	Le Patio	1101
Saint-Tropez	La Petite Plage	1102
Saint-Tropez	La Ponche	1102

LOCALITÉS

Saint-Tropez	La Terrasse - Cheval Blanc St-Tropez ✿	1100
Saint-Tropez	Les Toits - Hôtel de Paris Saint-Tropez	1102
Saint-Tropez	La Vague d'Or -	
	Cheval Blanc St-Tropez ✿✿✿	1100
Sainte-Maxime	La Badiane	1109
La Seyne-sur-Mer	Maison Daniel et Julia	1131
Toulon	Au Sourd	1154
Toulon	Beam !	1155
Toulon	Le Pastel	1155
Toulon	Racines	1155
Toulon	Le Saint Gabriel ⊛ Ⓝ	1153
Tourrettes	Faventia ✿	1169
Tourtour	La Table ⊛	1174
Vidauban	La Bastide des Magnans Ⓝ	1216

VAUCLUSE (84) — PROVENCE-ALPES-CÔTE D'AZUR

Localité	Restaurant	Page
Ansouis	La Closerie ✿	179
Avignon	Acte 2	207
Avignon	L'Agape ⊛	207
Avignon	Bibendum ⊛	207
Avignon	La Fourchette	207
Avignon	Le Goût du Jour	209
Avignon	Hiély-Lucullus ✤	209
Avignon	Italie là-bas	209
Avignon	La Mirande ✿ ✤	206
Avignon	Numéro 75	209
Avignon	Pollen ✿	207
Avignon	Première édition Ⓝ	209
Avignon	Sevin	210
Avignon	La Vieille Fontaine	210
Beaumettes	Domitia - Maison de Cuisinier	235
Bédoin	La Colombe	243
Bonnieux	La Bastide ✿	271
Bonnieux	La Bergerie Ⓝ	272
Bonnieux	JU - Maison de Cuisine ✿ Ⓝ	271
Bonnieux	La Table des Amis ✿✿	271
Cadenet	Le Goût du Bonheur -	
	La Fenière ✿ ✤	310
Cadenet	Une Table à la Campagne -	
	La Fenière	310
Cairanne	Coteaux et Fourchettes ⊛	317
Caromb	Le 6 à Table	335
Cavaillon	L'Envol	344
Châteauneuf-de-Gadagne	La Maison de Celou ⊛	366
Châteauneuf-du-Pape	Le Comptoir de la Mère Germaine	367
Châteauneuf-du-Pape	Hostellerie du Château	
	des Fines Roches Ⓝ	367
Châteauneuf-du-Pape	La Mère Germaine ✿	366
Crillon-le-Brave	La Table du Ventoux Ⓝ	432

LOCALITÉS

1300

LOCALITÉS PAR DÉPARTEMENT • TOWNS BY DISTRICT

Cucuron	MatCha	438
Cucuron	La Petite Maison de Cucuron ✿	437
Fontaine-de-Vaucluse	Philip	478
Gargas	Avelan	487
Gigondas	Bistrot de l'Oustalet	494
Gigondas	L'Oustalet ✿ ✿	494
Gordes	Les Bories	495
Gordes	Le Mas - Alexis Osmont	495
Gordes	L'Orangerie	496
Goult	La Bartavelle	496
Goult	Le Carillon	497
L'Isle-sur-la-Sorgue	La Balade des Saveurs	604
L'Isle-sur-la-Sorgue	Le Petit Henri	604
L'Isle-sur-la-Sorgue	Solelh 🌰	603
L'Isle-sur-la-Sorgue	Le Vivier ✿	603
Joucas	Le Café de la Fontaine	609
Joucas	La Table de Xavier Mathieu ✿	609
Lauris	La Cuisine d'Amélie	622
Mérindol	La Terrasse des Cigales 🄽	716
Mondragon	La Beaugravière	732
Orange	Le Mas des Aigras - Table du Verger	802
Pernes-les-Fontaines	Au Fil du Temps	960
Le Pontet	Auberge de Cassagne & Spa	978
Richerenches	O'Rabasse	1015
Roussillon	Omma	1034
Roussillon	Le Piquebaure	1034
Sainte-Cécile-les-Vignes	Campagne, Vignes et Gourmandises	1107
Taillades	L'Atelier L'Art des Mets 🌰	1146
Uchaux	Côté Sud	1181
Uchaux	Le M - Château de Massillan	1182
Uchaux	Le Temps de Vivre	1182
Vaison-la-Romaine	Le Bateleur	1188
Vaison-la-Romaine	Les Maisons Du'O - Le Bistro Panoramique	1188
Vaugines	Insitio	1203
Villars	La Table de Pablo 🌰	1218
Villedieu	Le Bistrot de Villedieu 🌰	1220

VENDÉE (85)   PAYS-DE-LA-LOIRE

Localité	Restaurant	Page
Aizenay	La Sittelle	156
Beaulieu-sous-la-Roche	Le Café des Arts 🌰	233
Beauvoir-sur-Mer	Restaurant Côté Marais	243
Brem-sur-Mer	Les Genêts ✿	299
Brétignolles-sur-Mer	Jean-Marc Pérochon ✿	301
Château-d'Olonne	Cayola	365
La Garnache	Le Petit Saint Thomas	487
L'Herbaudière	Élise	594
L'Herbaudière	La Marine ✿✿✿ ✿	594
Les Herbiers	Aroma	514
Les Herbiers	L'Envers du Décor 🌰	514

Luçon	Au Fil des Saisons	647
Mareuil-sur-Lay-Dissais	Maison Desamy ❀	688
Montaigu	L'Atelier ⬔ ⓝ	736
Montaigu	La Robe ❀	735
Montréverd	La Chabotterie ❀	755
Noirmoutier-en-l'Île	L'Assiette au Jardin ⬔	595
Noirmoutier-en-l'Île	La Maison des Toqués	595
Noirmoutier-en-l'Île	Le Petit Banc	595
Le Perrier	Rosô ⓝ	962
Port-Joinville	Vent Debout - Hôtel Les Hautes Mers	600
La Roche-sur-Yon	Les Reflets ❀	1020
Les Sables-d'Olonne	L'Abissiou ❀	1036
Les Sables-d'Olonne	Bistro'Quai	1036
Les Sables-d'Olonne	La Cotriade	1037
Les Sables-d'Olonne	La Cuisine de Bertrand	1037
Les Sables-d'Olonne	L'Estran	1037
Les Sables-d'Olonne	Lacertus	1037
Les Sables-d'Olonne	Le Quai des Saveurs	1038
Les Sables-d'Olonne	La Suite S'il Vous Plaît	1038
Les Sables-d'Olonne	La Table de Villeneuve	1038
Saint Laurent sur Sèvre	L'Orangerie - Château de la Barbinière ⓝ	1072
Saint-Gilles-Croix-de-Vie	L'Inattendu	1061
Velluire	Auberge de la Rivière	1205

VIENNE (86) — NOUVELLE-AQUITAINE

Localité	Restaurant	Page
Availles-en-Châtellerault	L'Ouvrière	204
Availles-Limouzine	La Chatellenie ⬔	204
Coulombiers	Auberge Le Centre Poitou ⬔	422
Croutelle	La Chênaie	436
Dissay	Ô Dissay	454
Montmorillon	Le Lucullus	746
Poitiers	Les Archives	974
Poitiers	Papilles ⓝ	974

HAUTE-VIENNE (87) — NOUVELLE-AQUITAINE

Localité	Restaurant	Page
Limoges	Amphitryon	636
Limoges	L'Aparté	636
Limoges	La Cuisine du Cloître	637
Limoges	Martin Comptoir	637
Limoges	Philippe Redon	638
Nieul	La Chapelle Saint-Martin ❀	792
La Roche-l'Abeille	Le Moulin de la Gorce ❀	1019
La Roche-l'Abeille	La Table du Moulin	1019
Saint-Junien	Lauryvan	1071
Saint-Yrieix-la-Perche	L'Attanum	1107

LOCALITÉS PAR DÉPARTEMENT • TOWNS BY DISTRICT

VOSGES (88)   GRAND EST

Localité	Restaurant	Page
La Bresse	anico ⓝ	299
Chamagne	Le Chamagnon	350
Chaumousey	Maison Grandclaude	370
Col de la Schlucht	Le Collet	390
Dommartin-lès-Remiremont	Le Karelian	455
Épinal	Les Ducs de Lorraine ✿	460
Gérardmer	Les Bas-Rupts	491
Gérardmer	La Table du Rouan	491
Remiremont	Le Clos Heurtebise	1005
Rouvres-en-Xaintois	Burnel ✿ ⓝ	1034
Saint-Dié-des-Vosges	Logan Laug	1051
Vagney	Les Lilas	1187

YONNE (89)   BOURGOGNE-FRANCHE-COMTÉ

Localité	Restaurant	Page
Auxerre	L'Aspérule	203
Auxerre	Le Noyo	203
Auxerre	Le Sarment ⊕ ⓝ	202
Avallon	Le 1815 ⓝ	204
Avallon	Les Cordois Autrement	204
Chablis	Au Fil du Zinc	348
Chablis	Chablis Wine Not ⊕ ⓝ	347
Chablis	Les Trois Bourgeons	348
Chevannes	La Table - Maison Lobies	373
Coulanges-la-Vineuse	J'MCA	422
Joigny	La Côte Saint-Jacques ✿✿ ✿	608
Quarré-les-Tombes	Le Morvan	993
Saint-Martin-du-Tertre	Le Martin Bel Air ⊕	1082
Sens	La Madeleine ✿	1127
Valloux	Auberge des Chenets ⊕	1196
Vault-de-Lugny	Le Valucien - Château de Vault-de-Lugny ✿	1204
Vézelay	L'Éternel	1214
Villeblevin	Auberge L'Escale 87	1220

TERRITOIRE DE BELFORT (90)
BOURGOGNE-FRANCHE-COMTÉ

Localité	Restaurant	Page
Belfort	Le Lien	245
Danjoutin	Le Pot d'Étain ✿	440

ESSONNE (91)   ÎLE-DE-FRANCE

Localité	Restaurant	Page
Boutervilliers	La Maison des Blés - Le Bouche à Oreille	295
Corbeil-Essonnes	Aux Armes de France	404

LOCALITÉS

Milly-la-Forêt	Les Coqs	724
Saint-Vrain	Le Doyenné 🍀	1106
Yerres	Bird 🍎	1232

HAUTS-DE-SEINE (92) — ÎLE-DE-FRANCE

Localité	Restaurant	Page
Asnières-sur-Seine	Rhapsody	193
Boulogne-Billancourt	Baca'v - Boulogne 🍎	289
Boulogne-Billancourt	Bonnotte	289
Boulogne-Billancourt	La Machine à Coudes	289
Boulogne-Billancourt	Mano	290
Boulogne-Billancourt	PLANTXA	290
Boulogne-Billancourt	La Table de Cybèle	290
Clichy	Rosette 🍎	387
Colombes	Bistrot Pas Parisien	399
La Garenne-Colombes	Le Saint Joseph 🍎	486
Issy-les-Moulineaux	Koji	606
Issy-les-Moulineaux	Maison Avoise ❀ Ⓝ	606
Issy-les-Moulineaux	La Passerelle	606
Meudon	L'Escarbille ❀	721
Montrouge	La Table de Maïna	756
Nanterre	Cabane	767
Neuilly-sur-Seine	Yushin	780
Puteaux	L'Escargot 1903 par Yannick Tranchant	989
Puteaux	Saperlipopette !	989
Rueil-Malmaison	Ochre ❀	1036
Saint-Cloud	Sienne Ⓝ	1049
Suresnes	Bistro Là-Haut	1145
Suresnes	Et Toque !	1145
Suresnes	Les Petits Princes	1145
Ville-d'Avray	Le Café des Artistes	1219
Ville-d'Avray	Le Corot ❀	1219

SEINE-SAINT-DENIS (93) — ÎLE-DE-FRANCE

Localité	Restaurant	Page
Aulnay-sous-Bois	Auberge des Saints Pères	198
Montreuil	Isolé	754
Montreuil	Villa9Trois ❀	754
Noisy-le-Grand	Les Mérovingiens	797

VAL-DE-MARNE (94) — ÎLE-DE-FRANCE

Localité	Restaurant	Page
Le Perreux-sur-Marne	Les Magnolias	962
Rungis	La Grange des Halles	1036
Saint-Maurice	Tandem Saveurs Nomades	1083
Villecresnes	L'Inattendu Ⓝ	1220
Vincennes	L'Ours ❀	1225

LOCALITÉS PAR DÉPARTEMENT • TOWNS BY DISTRICT

VAL-D'OISE (95) ÎLE-DE-FRANCE

Localité	Restaurant	Page
Maffliers	Augustine - La Table du Château	680
Méry-sur-Oise	Le Chiquito	717
Montmorency	Au Cœur de la Forêt	745
Pontoise	L'Or Q'idée ✿ ✿	979

PRINCIPAUTÉ DE MONACO (98)

Localité	Restaurant	Page
Monaco	L'Abysse Monte-Carlo ✿✿ Ⓝ	727
Monaco	Les Ambassadeurs by Christophe Cussac ✿✿	727
Monaco	Beefbar	730
Monaco	Blue Bay Marcel Ravin ✿✿	727
Monaco	Café de Paris - Monte-Carlo Ⓝ	730
Monaco	Elsa ✿	729
Monaco	Em Sherif	730
Monaco	Le Grill ✿	729
Monaco	Le Louis XV - Alain Ducasse l'Hôtel de Paris ✿✿✿	726
Monaco	Marius Ⓝ	730
Monaco	Pavyllon, un restaurant de Yannick Alléno, Monte-Carlo ✿	729
Monaco	Song Qi	730
Monaco	La Table d'Antonio Salvatore au Rampoldi ✿	729
Monaco	La Table d'Élise	731
Monaco	Yoshi	731
Monaco	Zeffirino Ⓝ	731

LOCALITÉS

1305

INDEX DES HÉBERGEMENTS PAR LOCALITÉ

INDEX OF ACCOMMODATION BY TOWN

A

Localité (Dépt)	Établissement	Page
Ablon (14)	Le Domaine d'Ablon	146
Aigues-Mortes (30)	Les Remparts	148
Aigues-Mortes (30)	La Villa Mazarin	148
Aïnhoa (64)	Hôtel Ithurria	150
Aix-en-Provence (13)	Cézanne	154
Aix-en-Provence (13)	Château de la Gaude	154
Aix-en-Provence (13)	Grand Hôtel Roi René	154
Aix-en-Provence (13)	Les Lodges Sainte-Victoire	154
Aix-en-Provence (13)	Maison Jalon	155
Aix-en-Provence (13)	Le Pigonnet	155
Aix-en-Provence (13)	Villa Gallici	155
Aix-en-Provence (13)	Villa Saint-Ange	155
Ajaccio (2A)	Hôtel Les Mouettes	407
Albi (81)	Alchimy	158
L'Alpe-d'Huez (38)	Au Chamois d'Or	160
L'Alpe-d'Huez (38)	Les Grandes Rousses	161
L'Alpe-d'Huez (38)	Le Pic Blanc	161
L'Alpe-d'Huez (38)	Royal Ours Blanc	161
Altillac (19)	Cueillette	161
Amboise (37)	Au Charme Rabelaisien	164
Ambronay (01)	La Maison d'Ambronay	165
Amiens (80)	Marotte	165
Angers (49)	21 Foch	170
Angoulême (16)	Le Saint-Gelais	171
Annecy (74)	L'Abbaye de Talloires	1148
Annecy (74)	Le Clos des Sens	178
Annecy (74)	Hébé Hôtel	178
Annecy (74)	Les Trésoms	178
Antibes (06)	Belles Rives	610

Antibes (06)	Hôtel du Cap-Eden-Roc	183
Antibes (06)	Imperial Garoupe	184
Arbois (39)	Le Clos Alice	184
Arbois (39)	Closerie les Capucines	184
Arcachon (33)	Victoria Boutique Hôtel	223
Arcachon (33)	Ville d'Hiver	223
Arcachon (33)	Villa du Moulleau	223
Arcachon (33)	Villa Lamartine	223
Les Arcs (73)	L'Aiguille Grive	186
Argentan (61)	Hôtel de la Renaissance	188
Arles (13)	Hôtel Jules César	191
Arles (13)	L'Hôtel Particulier	191
Arzon (56)	Miramar La Cigale Hotel Thalasso & Spa	193
Assignan (34)	Château & Village Castigno	194
Audrieu (14)	Château d'Audrieu	197
Ault (80)	Le Cise	198
Aumont-Aubrac (48)	Chez Camillou	199
Aurillac (15)	Hôtel des Carmes	202
Avignon (84)	La Divine Comédie	210
Avignon (84)	Mas de Capelou	210
Avignon (84)	La Mirande	210
Avoriaz (74)	Les Dromonts	211
Avoriaz (74)	MIL8	211

B

Localité (Dépt)	Établissement	Page
Baerenthal (57)	L'Arnsbourg	213
Bagnoles-de-l'Orne (61)	Le Manoir du Lys	215
Bagnols (69)	Château de Bagnols	215
Bandol (83)	Île Rousse - Thalazur	217
Bangor (56)	Castel Clara	245
Banne (07)	Auberge de Banne	217
Barbotan-les-Thermes (32)	La Bastide en Gascogne	218
Barcelonnette (04)	Azteca	219
Barneville-la-Bertran (14)	Auberge de la Source	220
Baron (30)	La Maison d'Ulysse	220
Barr (67)	5 Terres	220
Barretaine (39)	Maison Zugno	221
La Baule (44)	L'Hermitage Barrière	228
La Baule (44)	Le Royal la Baule	228
Les Baux-de-Provence (13)	Baumanière	229
Les Baux-de-Provence (13)	Benvengudo	229
Les Baux-de-Provence (13)	Domaine de Manville	229
Bayeux (14)	Château de Sully	231
Bayeux (14)	Villa Lara	231
Beaulieu-sur-Layon (49)	Domaine de la Soucherie	234
Beaulieu-sur-Mer (06)	La Réserve de Beaulieu	235
Beaune (21)	Chez les Fatien	240

HÉBERGEMENTS • ACCOMMODATION

Bélesta (66)	Domaine Riberach	244
Bénodet (29)	Bateau Libre Hôtel	247
Bénodet (29)	Le Cornouaille	247
Besançon (25)	Le Sauvage	251
Béziers (34)	L'Hôtel Particulier	253
Béziers (34)	La Villa Guy	253
Biarritz (64)	Beaumanoir	260
Biarritz (64)	Hôtel de Silhouette	260
Biarritz (64)	Hôtel du Palais	260
Biarritz (64)	Hôtel Saint-Julien	260
Biarritz (64)	Palmito	260
Biarritz (64)	Regina Experimental Biarritz	261
Bidart (64)	Les Frères Ibarboure	262
Blois (41)	Fleur de Loire	268
Le Bois-Plage-en-Ré (17)	Les Bois Flottais	598
Bommes (33)	Château Lafaurie Peyraguey	269
Bonifacio (2A)	Hotel des Pêcheurs	409
Bonifacio (2A)	Lodge de Charme A Cheda	409
Bonifacio (2A)	Version Maquis Citadelle	409
Bonifacio (2A)	Version Maquis Santa Manza	409
Bonnieux (84)	Capelongue, Beaumier hotel & Spa	272
Bonnieux (84)	Le Mas les Eydins	272
Bordeaux (33)	Le Boutique Hôtel	284
Bordeaux (33)	Hôtel Cardinal	285
Bordeaux (33)	L'Hôtel Particulier	285
Bordeaux (33)	InterContinental Grand Hôtel Bordeaux	285
Bordeaux (33)	Mama Shelter Bordeaux	285
Bordeaux (33)	Mondrian Bordeaux Les Carmes	285
Bordeaux (33)	Le Palais Gallien	285
Bordeaux (33)	Le Saint-James Bouliac	288
Bordeaux (33)	Seeko'o	286
Bordeaux (33)	Les Sources de Caudalie	703
Bordeaux (33)	Villas Foch	286
Bordeaux (33)	Yndo	286
Bourges (18)	Hôtel de Bourbon	293
Bourges (18)	Villa C	293
Le Bouscat (33)	Hôtel Maison Pavlov	295
Brantôme (24)	Le Moulin de l'Abbaye	297
Breitenbach (67)	48° Nord	298
Brest (29)	L'Amirauté Brest	300
Brest (29)	Mercure Brest Centre Port	301
Brignogan-Plage (29)	Hôtel de la Mer	303
Le Broc (63)	Origines	305
Busnes (62)	Le Château de Beaulieu	308
La Bussière-sur-Ouche (21)	Abbaye de la Bussière	308

C

Localité (Dépt)	Établissement	Page
Cabrières (34)	Souki Lodges & Spa	318
Cadenet (84)	Auberge La Fenière	310
Caen (14)	Chez Laurence du Tilly	314
Cagnes-sur-Mer (06)	Château Le Cagnard	316
Callas (83)	Hostellerie Les Gorges de Pennafort	319
Caluire-et-Cuire (69)	TRIBE Lyon Croix Rousse	319
Calvi (22)	La Signoria	410
Calvi (22)	La Villa Calvi	410
Canisy (50)	Château de Canisy	323
Cannes (06)	Belle Plage	327
Cannes (06)	Carlton Cannes	327
Cannes (06)	Five Seas	327
Cannes (06)	Gray d'Albion	327
Cannes (06)	Le Majestic	327
Cannes (06)	Martinez	327
Cannes (06)	MOB Hotel Cannes	328
Carcassonne (11)	Bloc G	332
Carcassonne (11)	Domaine d'Auriac	333
Carcassonne (11)	Hôtel de la Cité Carcassonne	333
Carcassonne (11)	Hôtel du Château	333
Carcassonne (11)	Hôtel Le Parc	333
Carquefou (44)	Château de Maubreuil	336
Les Carroz-d'Arâches (74)	Hôtel Les Servages d'Armelle	336
Cassis (13)	Les Roches Blanches	338
Le Castellet (83)	Hôtel du Castellet	340
Castelnau-le-Lez (34)	Domaine de Verchant	342
Castéra-Verduzan (32)	Le Florida	342
Castillon-du-Gard (30)	Le Vieux Castillon	343
La Celle (83)	Hostellerie de l'Abbaye de la Celle	345
Cernay-la-ville (78)	Abbaye des Vaux de Cernay	346
Chamalières (63)	Radio	351
Chambéry (73)	Petit Hôtel Confidentiel	352
Chambord (41)	Relais de Chambord	353
Chamonix-Mont-Blanc (74)	Auberge du Bois Prin	355
Chamonix-Mont-Blanc (74)	Le Faucigny	356
Chamonix-Mont-Blanc (74)	La Folie Douce	356
Chamonix-Mont-Blanc (74)	Le Hameau Albert 1er	357
Chamonix-Mont-Blanc (74)	L'Héliopic	357
Chamonix-Mont-Blanc (74)	Mont-Blanc (Chamonix)	357
Chamonix-Mont-Blanc (74)	Le Morgane	357
Chamonix-Mont-Blanc (74)	Le Refuge des Aiglons	357
Chamonix-Mont-Blanc (74)	Refuge du Montenvers	357
Champillon (51)	Le Royal Champagne	359
Chantilly (60)	Auberge du Jeu de Paume	360
Charbonnières-les-Bains (69)	Le Pavillon	360
Charols (26)	Château les Oliviers de Salettes	362
Chartres (28)	Le Grand Monarque	363

HÉBERGEMENTS • ACCOMMODATION

Château-Arnoux-Saint-Auban (04)	La Bonne Étape	365
Chaumont-sur-Loire (41)	Le Bois des Chambres	370
Chavagnac (15)	Instants d'Absolu	371
Cheverny (41)	Les Sources de Cheverny	374
Cluny (71)	Maison Tandem	387
La Clusaz (74)	Au Cœur du Village	388
La Clusaz (74)	Saint-Alban	388
Cognac (16)	Chais Monnet	390
Cognac (16)	La Nauve, Hôtel et Jardin	390
Collias (30)	Château de Collias	392
Collioure (66)	Les Roches Brunes	393
Collonges (01)	La Colonie	393
Colmar (68)	L'Esquisse	397
Colmar (68)	Hôtel Quatorze	397
Colmar (68)	La Maison des Têtes	397
Colmar (68)	Le Maréchal	397
Combrit (29)	Hôtel du Bac	401
Combrit (29)	Villa Tri Men	401
Concarneau (29)	Thalasso Concarneau Spa Marin Resort	402
Confolens (16)	Domaine de la Partoucie	403
Corrençon-en-Vercors (38)	Hôtel du Golf	405
Corte (22)	Dominique Colonna	410
Coucy-le-Château (02)	Chez Ric et Fer	421
Courban (21)	Château de Courban	422
Courcelles-sur-Vesle (02)	Château de Courcelles	423
Courchevel (73)	Aman Le Mélézin	429
Courchevel (73)	Annapurna	429
Courchevel (73)	L'Apogée Courchevel	429
Courchevel (73)	Cheval Blanc Courchevel	429
Courchevel (73)	Hotel des Trois Vallées	429
Courchevel (73)	Le K2 Altitude	430
Courchevel (73)	Le K2 Djola	430
Courchevel (73)	Le K2 Palace	430
Courchevel (73)	Les Neiges	430
Courchevel (73)	La Sivolière Courchevel	430
Courchevel (73)	Lys Martagon	430
Cournon (56)	La Grée des Landes	484
Creissels (12)	Château de Creissels	431
Cricquebœuf (14)	Manoir de la Poterie	432
Crillon-le-Brave (84)	Crillon le Brave	433
Le Croisic (44)	L'Océan (Le Croisic)	433
La Croix-Valmer (83)	Château de Valmer	435
La Croix-Valmer (83)	Lily of The Valley	435
La Croix-Valmer (83)	La Pinède-Plage	435
Crozet (01)	Jiva Hill Resort	436
Cucuron (84)	Le Pavillon de Galon	438
Cuzance (46)	Manoir de Malagorse	439

D

Localité (Dépt)	Établissement	Page
Deauville (14)	Les Manoirs de Tourgéville	**442**
Deauville (14)	Normandy Barrière	**443**
Les Deux-Alpes (38)	Chalet Mounier	**444**
Dijon (21)	Grand Hôtel La Cloche	**451**
Dijon (21)	Hostellerie du Chapeau Rouge	**451**
Dijon (21)	Mama Shelter Dijon	**451**
Dinan (22)	La Maison Pavie	**452**
Dinard (35)	Castelbrac	**453**
Dinard (35)	Emeria Dinard	**453**
Dinard (35)	Grand Hôtel Dinard	**453**
Dinard (35)	Royal Emeraude	**453**
Dolus d'Oléron (17)	Le Grand Large Hôtel & Spa	**596**
Drudas (31)	Château de Drudas	**456**
Duingt (74)	Le Clos Marcel	**457**

E

Localité (Dépt)	Établissement	Page
Échirolles (38)	PoMo	**458**
Écully (69)	Maison d'Anthouard	**459**
Erbalunga (22)	Castel Brando	**411**
Esvres-sur-Indre (37)	Loire Valley Lodges	**462**
Étretat (76)	Le Donjon - Domaine St-Clair	**464**
Étretat (76)	Les Tilleuls	**464**
Eugénie-les-Bains (40)	Les Prés d'Eugénie	**465**
Évian-les-Bains (74)	Hôtel Royal	**466**
Eygalières (13)	Domaine la Pierre Blanche	**467**
Les Eyzies-de-Tayac-Sireuil (24)	Les Glycines	**468**
Èze (06)	Cap Estel	**469**
Èze (06)	Château de la Chèvre d'Or	**469**
Èze (06)	Château Eza	**470**

F

Localité (Dépt)	Établissement	Page
Faugères (07)	Domaine de Chalvêches	**470**
Figeac (46)	Mercure Figeac Viguier du Roy	**473**
Flayosc (83)	Château de Berne	**475**
Fontainebleau (77)	L'Aigle Noir Hôtel Fontainebleau - MGallery	**479**
Fontevraud-l'Abbaye (49)	Fontevraud L'Hôtel	**480**
Fontvieille (13)	Villa Regalido	**481**
Fuveau (13)	Domaine Rampale	**484**

HÉBERGEMENTS • ACCOMMODATION

G

Localité (Dépt)	Établissement	Page
Gargas (84)	Coquillade - Provence Village	487
Gassin (83)	Villa Belrose	488
Gémenos (13)	La Magdeleine – Mathias Dandine	490
Gérardmer (88)	Le Grand Hotel	491
Les Gets (74)	Alpina	492
Les Gets (74)	Crychar	492
Gex (01)	La Mainaz	493
Gordes (84)	La Bastide de Gordes	496
Gordes (84)	Les Bories	496
Le Grand-Bornand (74)	Les Cîmes	498
Le Grand-Lucé (72)	Château du Grand-Lucé	499
Grasse (06)	La Bastide Saint-Antoine	500
Grenoble (38)	Park Hotel Grenoble	503
Grignan (26)	Le Clair de la Plume	504
Grignan (26)	La Ferme Chapouton	504
Guainville (28)	Domaine de Primard	506
Guéthary (64)	Brikéténia	508

H

Localité (Dépt)	Établissement	Page
Le Havre (76)	Vent d'Ouest	513
Honfleur (14)	La Chaumière	590
Honfleur (14)	La Ferme Saint-Siméon	591
Honfleur (14)	Hôtel Saint-Delis	591
Honfleur (14)	Les Maisons de Léa	591
Honfleur (14)	Le Manoir de la Plage	591
Hossegor (40)	Les Hortensias du Lac	592
Hossegor (40)	Villa Seren	592
Les Houches (74)	Rocky Pop	592
Hyères (83)	La Reine Jane	593

I

Localité (Dépt)	Établissement	Page
L'Île d'Yeu (85)	Les Hautes Mers	600
Illhaeusern (68)	Hôtel des Berges	601
Ingrandes (36)	Saint-Victor La Grand' Maison	602
L'Isle-Adam (95)	Le Domaine des Vanneaux	603
L'Isle-sur-la-Sorgue (84)	Grand Hôtel Henri	604
L'Isle-sur-la-Sorgue (84)	La Maison sur la Sorgue	604

J

Localité (Dépt)	Établissement	Page
Joucas (84)	Le Phébus	609
Jouey (21)	Le Domaine des Prés Verts & Spa	609

HÉBERGEMENTS

| Juan-les-Pins (06) | Le 1932 Hôtel & Spa Cap d'Antibes - MGallery | **610** |
| Juan-les-Pins (06) | Juana | **610** |

L

Localité (Dépt)	Établissement	Page
Lacave (46)	Château de la Treyne	**615**
Lagrasse (11)	Bouquerie Lagrasse	**616**
Lanton (33)	Villa La Tosca	**224**
Larmor-Plage (56)	Les Rives du Ter	**620**
Lauris (84)	Domaine de Fontenille	**622**
Lège-Cap-Ferret (33)	Hôtel des Dunes	**225**
Lembach (67)	L'auberge du Cheval Blanc et Spa	**626**
Leugny (89)	La Borde	**627**
Levernois (21)	Hostellerie de Levernois	**628**
Lille (59)	L'Arbre Voyageur	**635**
Lille (09)	Barrière Lille	**636**
Lille (59)	Clarance	**636**
Lille (59)	L'Hermitage Gantois	**636**
Lille (59)	Mama Shelter Lille	**636**
Locquirec (29)	Le Grand Hôtel des Bains	**639**
Lourmarin (84)	Le Moulin, Beaumier hotel	**645**
Lyon (2e)	Boscolo Lyon	**666**
Lyon (5e)	Cour des Loges	**677**
Lyon (5e)	Fourvière Hôtel	**677**
Lyon (2e)	Hôtel de l'Abbaye	**666**
Lyon (2e)	InterContinental Hôtel-Dieu Lyon	**666**
Lyon (7e)	Mama Shelter Lyon	**674**
Lyon (2e)	Mob Hôtel Lyon Confluence	**666**
Lyon (6e)	Okko Lyon Pont Lafayette	**674**
Lyon (2e)	Le Royal	**666**
Lyon (2e)	Sofitel Lyon Bellecour	**667**
Lyon (5e)	La Tour Rose	**677**
Lyon (5e)	Villa Florentine	**677**
Lyon (5e)	Villa Maïa	**677**
Lyons-la-Forêt (27)	Hôtel Le Grand Cerf	**678**

M

Localité (Dépt)	Établissement	Page
Magescq (40)	Relais de la Poste	**681**
Mane (04)	Le Couvent des Minimes Hôtel & Spa	**684**
Marseillan (34)	Domaine Tarbouriech	**690**
Marseille (13)	Les Bords de Mer	**699**
Marseille (13)	C2	**699**
Marseille (13)	Le Corbusier	**700**
Marseille (13)	InterContinental Hôtel-Dieu Marseille	**700**
Marseille (13)	Mama Shelter Marseille	**700**

HÉBERGEMENTS • ACCOMMODATION

Marseille (13)	Nhow Marseille	**700**
Marseille (13)	Le Petit Nice	**700**
Marseille (13)	Sofitel Marseille Vieux Port	**700**
Martignargues (30)	La Maison du Passage	**702**
Massignac (16)	Domaine des Étangs	**704**
Maussane-les-Alpilles (13)	Les Maisons de l'Hôtel Particulier	**705**
Megève (74)	L'Alpaga, Beaumier hotel	**711**
Megève (74)	Le Chalet Zannier	**710**
Megève (74)	Cœur de Megève	**710**
Megève (74)	Les Fermes de Marie	**710**
Megève (74)	Flocons de Sel	**710**
Megève (74)	Four Seasons Megève	**710**
Megève (74)	Lodge Park	**711**
Megève (74)	M de Megève	**711**
Megève (74)	Mont-Blanc	**711**
Ménerbes (84)	La Bastide de Marie	**712**
Menthon-Saint-Bernard (74)	Palace de Menthon	**712**
Les Menuires (73)	Chalet Hôtel Kaya	**714**
Mercuès (46)	Château de Mercuès	**714**
Méribel (73)	Le Coucou	**715**
Méribel (73)	Le Kaïla	**715**
Méthamis (84)	Métafort	**717**
Metz (57)	La Citadelle	**720**
Metz (57)	Domaine de la Résidence	**720**
Montenach (57)	Le Domaine de la Klauss	**741**
Montgenèvre (05)	Anova	**742**
Monticello (22)	A Piattatella	**412**
Monticello (22)	Minera	**412**
Montignac (24)	Hôtel de Bouilhac	**743**
Montigny-la-Resle (89)	Château de la Resle	**743**
Montpellier (34)	Domaine de Biar	**753**
Montpellier (34)	Mas de Lafeuillade	**753**
Montréal (11)	Camellas Lloret	**754**
Montreuil-sur-Mer (62)	pieuX	**755**
Morsbronn-les-Bains (67)	La Source des Sens	**758**
Morzine (74)	La Bergerie	**758**
Mougins (06)	Le Mas Candille	**759**
Moulon-sur-Dordogne (33)	5 Lasserre	**759**
Moustiers-Sainte-Marie (04)	La Bastide de Moustiers	**760**

N

Localité (Dépt)	Établissement	Page
Nancy (54)	Maison de Myon	**767**
Nantes (44)	Okko Nantes Château	**775**
Nantes (44)	La Pérouse	**776**
Nantes (44)	Sozo	**776**
Nantes (44)	Surprenantes Destinations	**776**
Narbonne (11)	Château Capitoul	**778**
Narbonne (11)	Château l'Hospitalet	**778**

Nice (06)	L'Abeille	790
Nice (06)	Boscolo Exedra Nice	791
Nice (06)	Hôtel Amour	791
Nice (06)	Hôtel du Couvent	791
Nice (06)	Hyatt Regency Palais de la Méditerranée	791
Nice (06)	Le Negresco	791
Nîmes (30)	Bien Loin d'Ici	796
Nîmes (30)	Jardins Secrets	796
Nîmes (30)	Maison Albar Hôtels L'Imperator	797
Noirmoutier-en-l'Île (85)	L'Ile Ô Château	595

O

Localité (Dépt)	Établissement	Page
Oletta (22)	Aethos Corsica	412
Oletta (22)	La Dimora	413
Onzain (41)	Les Hauts de Loire	801
Oppède (84)	La Bastide du Mourre	802
Orgon (13)	Le Mas de la Rose	803
Orléans (45)	Empreinte Hôtel	805

P

Localité (Dépt./arr.)	Établissement	Page
Palavas-les-Flots (34)	Plage Palace	810
La Palud-sur-Verdon (04)	Hotel des Gorges du Verdon	810
Paradou (13)	B Design & Spa	811
Paris (9e)	Adèle & Jules	902
Paris (8e)	Amastan	890
Paris (2e)	Bachaumont	845
Paris (3e)	Les Bains	849
Paris (6e)	Bel Ami	866
Paris (6e)	La Belle Juliette	866
Paris (10e)	Bloom House Hotel	908
Paris (16e)	Brach	935
Paris (8e)	Le Bristol Paris	890
Paris (8e)	Bulgari Hôtel Paris	891
Paris (1er)	Le Burgundy	837
Paris (13e)	C.O.Q Hôtel Paris	922
Paris (1er)	Castille Paris	837
Paris (8e)	Château des Fleurs	891
Paris (1er)	Château Voltaire	838
Paris (1er)	Cheval Blanc Paris	838
Paris (9e)	Chouchou	902
Paris (7e)	Le Cinq Codet	877
Paris (8e)	La Clef Champs-Élysées Paris	891
Paris (1er)	La Clef Louvre	838
Paris (7e)	La Comtesse	877

HÉBERGEMENTS • ACCOMMODATION

Paris (4ᵉ)	Cour des Vosges	854
Paris (8ᵉ)	Crillon	891
Paris (8ᵉ)	Le Damantin	891
Paris (5ᵉ)	Les Dames Du Panthéon	859
Paris (8ᵉ)	La Demeure Montaigne	891
Paris (14ᵉ)	Drawing House	925
Paris (4ᵉ)	Duo	854
Paris (2ᵉ)	Edgar & Achille	845
Paris (11ᵉ)	Fabric	916
Paris (9ᵉ)	La Fantaisie	902
Paris (8ᵉ)	Fouquet's Barrière	892
Paris (8ᵉ)	Four Seasons George V	892
Paris (1ᵉʳ)	Grand Hôtel du Palais Royal	838
Paris (4ᵉ)	Le Grand Mazarin	854
Paris (9ᵉ)	Grand Pigalle	903
Paris (8ᵉ)	Grand Powers	892
Paris (15ᵉ)	Hôtel Ami	927
Paris (9ᵉ)	Hôtel Le Ballu	903
Paris (6ᵉ)	Hôtel Baume	866
Paris (16ᵉ)	Hôtel Botaniste	936
Paris (8ᵉ)	Hôtel Bowmann	892
Paris (14ᵉ)	Hôtel Cabane	925
Paris (15ᵉ)	Hôtel Clarisse	928
Paris (8ᵉ)	Hôtel de Montesquieu	892
Paris (9ᵉ)	Hôtel de Nell	903
Paris (8ᵉ)	Hôtel de Sers	892
Paris (2ᵉ)	Hôtel des Grands Boulevards	845
Paris (10ᵉ)	Hôtel Les Deux Gares	908
Paris (1ᵉʳ)	Hôtel du Louvre	838
Paris (2ᵉ)	Hôtel du Sentier	845
Paris (9ᵉ)	Hôtel du Temps	903
Paris (17ᵉ)	Hôtel Eldorado Paris	944
Paris (2ᵉ)	Hôtel Hana	846
Paris (8ᵉ)	Hôtel Lancaster Paris	893
Paris (6ᵉ)	Hôtel Louison	866
Paris (1ᵉʳ)	Hôtel Madame Rêve	838
Paris (3ᵉ)	Hôtel National des Arts et Métiers	850
Paris (10ᵉ)	Hôtel Paradis	909
Paris (12ᵉ)	Hôtel Paradiso	920
Paris (18ᵉ)	L'Hôtel Particulier Montmartre	947
Paris (6ᵉ)	Hôtel Pas de Calais	866
Paris (6ᵉ)	Hôtel Récamier	867
Paris (9ᵉ)	Hôtel Rochechouart	903
Paris (8ᵉ)	Hôtel Royal Madeleine	893
Paris (8ᵉ)	Hôtel Vernet	893
Paris (9ᵉ)	Hoy Paris	904
Paris (8ᵉ)	Hyatt Paris Madeleine	893
Paris (8ᵉ)	InterContinental Champs-Élysées Étoile	893
Paris (7ᵉ)	J.K. Place	877

HÉBERGEMENTS

Paris (8e)	Les Jardins du Faubourg	893
Paris (16e)	Keppler	936
Paris (9e)	Kimpton St-Honoré	904
Paris (6e)	Lutetia	867
Paris (6e)	L'Hôtel	867
Paris (8e)	L'Hôtel Fauchon	894
Paris (11e)	Maison Bréguet	916
Paris (8e)	Maison Delano Paris	894
Paris (3e)	Maison Proust	850
Paris (9e)	Maison Souquet	904
Paris (20e)	Mama Shelter Paris East	951
Paris (15e)	Mama Shelter Paris West	928
Paris (1er)	Mandarin Oriental	839
Paris (8e)	Marignan Champs-Elysées	894
Paris (8e)	Marquis Faubourg St-Honoré	894
Paris (1er)	Le Meurice	839
Paris (16e)	Molitor	936
Paris (5e)	Monge	859
Paris (18e)	Monsieur Aristide	948
Paris (8e)	Monsieur George	894
Paris (7e)	Montalembert	877
Paris (1er)	Nolinski	839
Paris (8e)	Norman Hôtel & Spa	894
Paris (11e)	La Nouvelle République	917
Paris (11e)	Oh la la ! Hotel - Paris Bastille	917
Paris (2e)	Park Hyatt Paris - Vendôme	846
Paris (3e)	Le Pavillon de la Reine	850
Paris (8e)	Le Pavillon des Lettres	895
Paris (7e)	Pavillon Faubourg Saint-Germain	877
Paris (3e)	Le Petit Moulin	953
Paris (9e)	Le Pigalle Paris	904
Paris (8e)	Plaza Athénée	895
Paris (10e)	Providence	909
Paris (9e)	Pulitzer	904
Paris (6e)	Relais Christine	867
Paris (8e)	La Réserve Paris	895
Paris (9e)	Résidence Nell	904
Paris (41e)	Ritz Paris	839
Paris (1er)	Le Roch	839
Paris (8e)	Le Royal Monceau	895
Paris (16e)	Saint James Paris	936
Paris (20e)	Scarlett	951
Paris (5e)	Seven	859
Paris (16e)	Shangri-La Hotel, Paris	936
Paris (3e)	Sinner	850
Paris (4e)	SO/ Paris	854
Paris (8e)	Sofitel Le Faubourg	895
Paris (9e)	Soho House Paris	905
Paris (3e)	Solly Hotel Paris	850
Paris (2e)	The Hoxton	846

HÉBERGEMENTS

HÉBERGEMENTS • ACCOMMODATION

Paris (16ᵉ)	The Peninsula Paris	936
Paris (1ᵉʳ)	Thérèse	839
Paris (7ᵉ)	Thoumieux	878
Paris (17ᵉ)	Tribe Paris Batignolles	944
Paris (8ᵉ)	Villeroy	895
Paris (15ᵉ)	Villa M	928
Paris (10ᵉ)	25 Hours Terminus Nord	909
Paris (17ᵉ)	Zoku Paris	944
Pau (64)	Parc Beaumont	954
Pauillac (33)	Château Cordeillan-Bages	955
Perros-Guirec (22)	L'Agapa Hôtel - Spa Codage	963
Perros-Guirec (22)	Castel Beau Site	973
La Plagne-Tarentaise (73)	Araucaria	966
La Plaine-sur-Mer (44)	Anne de Bretagne	966
Pléhédel (22)	Hôtel de Boisgelin	968
Plonévez-Porzay (29)	Hôtel de la Plage	970
Plouarzel (29)	La Maison des Embruns	970
Pommard (21)	Le Clos du Colombier	975
Pont-Aven (29)	La Passerelle de Pont-Aven	976
Pontarlier (25)	La Maison d'à Côté	978
Porspoder (29)	Le Château de Sable	981
Port-Lesney (39)	Château de Germigney	982
Porticcio (2A)	Sofitel Ajaccio	414
Porto-Vecchio (2A)	Les Bergeries de Palombaggia	416
Porto-Vecchio (20)	Casadelmar	416
Porto Vecchio (2A)	Domaine Les Oliviers de Palombaggia	416
Porto-Vecchio (2A)	Grand Hotel de Cala Rossa	416
Puissalicon (34)	Château St-Pierre-de-Serjac	987
Puligny-Montrachet (21)	Le Montrachet	988
Puligny-Montrachet (21)	Olivier Leflaive Hôtel Restaurant	988
Le Puy-Sainte-Réparade (13)	Château de Fonscolombe	991
Le Puy-Sainte-Réparade (13)	Villa La Coste	991
Puylaurens (81)	Cap de Castel	992
Puymirol (47)	Michel Trama	993
Pyla-sur-Mer (33)	La Co (o)rniche	225
Pyla-sur-Mer (33)	La Guitoune	226
Pyla-sur-Mer (33)	Ha (a)ïtza	226

Q - R

Localité (Dépt)	Établissement	Page
Quimper (29)	Ginkgo	995
Ramatuelle (83)	La Réserve Ramatuelle	997
Ramatuelle (83)	Villa Marie	997
Rayol-Canadel-sur-Mer (83)	Le Bailli de Suffren	998
Rayol-Canadel-sur-Mer (83)	La Villa Douce	998
Reims (51)	Assiette Champenoise	1003
Reims (51)	La Caserne Chanzy	1004
Reims (51)	Domaine Les Crayères	1004
Rennes (35)	Balthazar	1010

Localité (Dépt)	Établissement	Page
Rennes (35)	Mama Shelter Rennes	1010
Rennes (35)	Marnie & Mister H	1011
Rennes (35)	Le Saint-Antoine	1011
Reugny (37)	Château Louise de La Vallière	1012
Riez (04)	Hôtel des Colonnes	1016
Rochecorbon (37)	Hôtel Les Hautes Roches	1021
Rochefort (17)	Mercure La Corderie Royale	1021
La Rochelle (17)	La Monnaie	1025
La Rochelle (17)	Villa Grand Voile Christopher Coutanceau	1025
Roquebrune-Cap-Martin (06)	The Maybourne Riviera	1029
Roscoff (29)	Le Brittany & Spa	1030
La Rosière (73)	ILY Hôtels La Rosière	1030
Rouen (76)	Hôtel de Bourgtheroulde	1032
Le Rouret (06)	Hôtel du Clos	1033

S

Localité (Dépt)	Établissement	Page
Sabran (30)	Château de Montcaud	1039
Saigneville (80)	Au Presbytère de Saigneville	1039
Saint-Amour-Bellevue (71)	Auberge du Paradis	1042
Saint-Aquilin (24)	Château de Belet	1043
Saint-Bon-Tarentaise (73)	Fahrenheit Seven Courchevel	1045
Saint-Brieuc (22)	Edgar	1047
Saint-Chaffrey (05)	Grand Hôtel (Serre Chevalier)	1048
Saint-Cricq-Chalosse (40)	La Petite Couronne	1049
Saint-Cyprien (66)	Hôtel Île de la Lagune	1049
Saint-Cyr-au-Mont-d'Or (69)	L'Ermitage	1050
Saint-Émilion (33)	Les Clefs de Troplong Mondot	1054
Saint-Émilion (33)	Hotel de Pavie	1054
Saint-Émilion (33)	Logis de la Cadène	1054
Saint-Émilion (33)	Le Relais de Franc Mayne	1054
Saint-Estèphe (33)	La Maison d'Estournel	1054
Saint-Florent (22)	La Roya	418
Saint-Front-de-Pradoux (24)	Château la Thuilière	1056
Saint-Georges-sur-Moulon (18)	Château de Saint-Georges	1058
Saint-Gervais-les-Bains (74)	L'Armancette	1060
Saint-Gervais-les-Bains (74)	La Ferme de Cupelin	1060
Saint-Gervais-les-Bains (74)	Le Saint Gervais Hôtel & Spa	1061
Saint-Hippolyte (68)	Le Parc	1063
Saint-Jean-Cap-Ferrat (06)	Grand Hôtel du Cap-Ferrat	1063
Saint-Jean-Cap-Ferrat (06)	Royal Riviera	1063
Saint-Jean-de-Luz (64)	Grand Hôtel Thalasso & Spa	1068
Saint-Jean-de-Trézy (71)	Domaine de Rymska	1069
Saint-Joachim (44)	La Mare aux Oiseaux	1069
Saint-Jouin-Bruneval (76)	Les Pins de César	1070
Saint-Laurent-des-Arbres (30)	Après la Sieste	1072
Saint-Malo (35)	Les Charmettes	1080
Saint-Malo (35)	Grand Hôtel des Thermes	1081

HÉBERGEMENTS • ACCOMMODATION

Saint-Martin-de-Belleville (73)	La Bouitte	1082
Saint-Martin-de-Ré (17)	La Baronnie	599
Saint-Martin-de-Ré (17)	Hôtel de Toiras	599
Saint-Martin-de-Ré (17)	Villa Clarisse	599
Saint-Méloir-des-Ondes (35)	Château Richeux -	
	Les Maisons de Bricourt	1084
Saint-Mexant (19)	Cyprès Si Haut	1085
Saint-Nexans (24)	La Chartreuse du Bignac	1086
Saint-Ouen (93)	MOB Hôtel Paris Les Puces	1087
Saint-Ouen (93)	MOB House	1087
Saint-Palais-sur-Mer (17)	Hôtel Hemen	1088
Saint-Paterne (72)	Château de Saint-Paterne	1088
Saint-Paul-de-Vence (06)	Les Cabanes perchées d'Orion	1089
Saint-Paul-de-Vence (06)	Le Domaine du Mas de Pierre	1089
Saint-Paul-de-Vence (06)	Le Saint-Paul	1089
Saint-Paul-de-Vence (06)	Toile Blanche	1089
Saint-Pée-sur-Nivelle (64)	L'Auberge Basque	1091
Saint-Raphaël (83)	Hôtel le Touring	1093
Saint-Raphaël (83)	Les Roches Rouges, Beaumier hotel	1094
Saint-Rémy-de-Provence (13)	Château des Alpilles	1097
Saint-Rémy-de-Provence (13)	Domaine de Chalamon	1097
Saint-Rémy-de-Provence (13)	Hôtel de l'Image	1097
Saint-Rémy-de-Provence (13)	Hôtel de Tourrel	1097
Saint-Saturnin-lés-Apt (84)	Domaine des Andéols	1098
Saint-Tropez (83)	Airelles Saint-Tropez	
	Château de la Messardière	1102
Saint-Tropez (83)	Arev St. Tropez	1102
Saint-Tropez (83)	La Bastide de Saint-Tropez	1103
Saint-Tropez (83)	Byblos	1103
Saint-Tropez (83)	Cheval Blanc St-Tropez	1103
Saint-Tropez (83)	Hôtel de Paris Saint-Tropez	1103
Saint-Tropez (83)	Hôtel des Lices	1103
Saint-Tropez (83)	Hôtel Lou Pinet	1103
Saint-Tropez (83)	Hôtel La Ponche	1104
Saint-Tropez (83)	Pan Dei Palais	1104
Saint-Tropez (83)	Sezz	1104
Saint-Tropez (83)	Villa Cosy	1104
Sainte-Colombe (33)	Château du Palanquey	1108
Sainte-Lucie-		
de-Porto-Vecchio (2A)	Le Pinarello	418
Sainte-Marie-de-Ré (17)	Hôtel Atalante	600
Sainte-Preuve (02)	Domaine de Barive	1109
Saintes-Maries-de-la-Mer (13)	Mas de la Fouque	1111
Sallanches (74)	Le Cerf Amoureux	1112
La Salle-les-Alpes (05)	Rock Noir	1112
Le Sambuc (13)	Hôtel Mas de Peint	1114
Sanary-sur-Mer (83)	Hostellerie La Farandole	1115
Sare (64)	Hôtel Arraya	1117
Sartène (2A)	Domaine de Murtoli	
	(L'Hôtel de la Ferme)	420
Saubion (40)	Les Échasses	1119

1321

Saulieu (21)	Le Relais Bernard Loiseau	1119
Seignosse (40)	70 Hectares & l'Océan	1126
Selles-Saint-Denis (41)	Auberge du Cheval Blanc	1126
Sévrier (74)	Black Bass	178
La Seyne-sur-Mer (83)	Grand Hôtel des Sablettes Plage	1131
Sorrus (62)	Le Pré Rainette	1134
Strasbourg (67)	Cour du Corbeau	1143
Strasbourg (67)	Le Graffalgar	1143
Strasbourg (67)	Hannong	1144
Strasbourg (67)	Les Haras	1144
Strasbourg (67)	Hôtel Rohan	1144
Strasbourg (67)	Léonor	1144
Surville (27)	Manoir de Surville	1145

T

Localité (Dépt)	Établissement	Page
Talloires (74)	Auberge du Père Bise	1148
Talloires (74)	Beau Site	1148
Théoule-sur-Mer (06)	Château de Théoule	1151
Tignes (73)	Maison Bouvier - Les Suites	1153
Toulon (83)	L'Eautel	1155
Toulouse (31)	Le Grand Balcon	1165
Toulouse (31)	Hotel Les Capitouls Toulouse Centre	1165
Toulouse (31)	Maison Soclo	1165
Toulouse (31)	Mama Shelter Toulouse	1166
Tournon-sur-Rhône (07)	Hôtel de la Villeon	1167
Tournus (71)	Aux Terrasses	1168
Tourrettes (83)	Terre Blanche	1169
Trébeurden (22)	Manoir de Lan-Kerellec	1175
Tremblay-en-France (93)	citizenM Charles-de-Gaulle	1176
Trémolat (24)	Le Vieux Logis	1177
Le Tronchet (35)	L'Abbaye (Le Tronchet)	1178
Trouville-sur-Mer (14)	Cures Marines	1179
Trouville-sur-Mer (14)	Le Flaubert	1179

U

Localité (Dépt)	Établissement	Page
Uchaux (84)	Château de Massillan	1182
Uriage-les-Bains (38)	Maison Aribert	1183
Uzerche (19)	Joyet de Maubec	1185
Uzès (30)	Boutique Hôtel Entraigues	1186
Uzès (30)	La Maison d'Uzès	1186

HÉBERGEMENTS · ACCOMMODATION

V

Localité (Dépt)	Établissement	Page
Val-d'Isère (73)	Les Airelles	1190
Val-d'Isère (73)	Avancher	1190
Val-d'Isère (73)	Les Barmes de l'Ours	1190
Val-d'Isère (73)	Hôtel Ormelune	1190
Val-d'Isère (73)	Le K2 Chogori	1190
Val-d'Isère (73)	Le Refuge de Solaise	1190
Val-d'Isère (73)	Le Tsanteleina	1191
Val Thorens (73)	Altapura	1191
Val Thorens (73)	Le Fitz Roy	1192
Val Thorens (73)	Pashmina	1192
Val Thorens (73)	Le Val Thorens	1192
Valence (26)	Pic	1195
Valenciennes (59)	Le Grand Duc	1195
Valenciennes (59)	Royal Hainaut	1195
Vault-de-Lugny (89)	Château de Vault-de-Lugny	1204
Vauvenargues (13)	Sainte-Victoire	1204
Vence (06)	Château Saint-Martin	1206
Vernou-en-Sologne (41)	La Borde en Sologne - château & spa	1208
Versailles (78)	Airelles Château de Versailles, Le Grand Contrôle	1211
Versailles (78)	Le Louis Versailles Château	1212
Versailles (78)	Trianon Palace	1212
Veyrier-du-Lac (74)	La Maison Bleue	1214
Villaroger (73)	Mineral Lodge	1218
Ville-d'Avray (92)	Les Étangs de Corot	1219
Villelaure (84)	La Ferme HI Bride	1221
Villeneuve-lès-Avignon (30)	Le Prieuré	1223
Villeneuve-lès-Avignon (30)	La Suite	1223
Villevieille (30)	Château de Pondres	1224
Vonnas (01)	Georges Blanc	1228

GUIDE
MICHELIN

Réservez des séjours dans
les meilleurs hôtels du monde entier

Depuis plus de 120 ans, le Guide MICHELIN met tout en œuvre pour trouver les expériences gastronomiques les plus exceptionnelles. Désormais, cette passion et cette expertise, nous les consacrons également aux hôtels. Nos experts ont parcouru la planète à la recherche d'établissements qui se distinguent par leur style, leur qualité de service et leur personnalité, et ce pour tous les budgets.

Grâce au site internet et à l'appli du Guide MICHELIN, réservez vos séjours dans les meilleurs hôtels du monde entier.

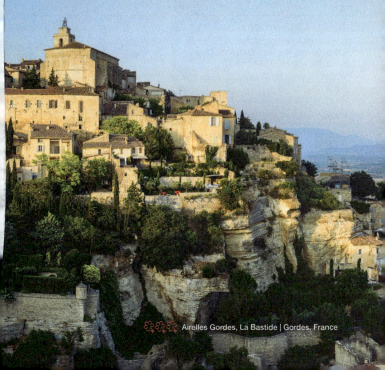

Airelles Gordes, La Bastide | Gordes, France

Ont contribué à ce guide :

Rédaction en chef : les équipes du Guide MICHELIN (inspection et rédaction) sous la direction de Gwendal Poullennec

Édition : Marie-Pierre Renier

Magazine : Philippe Toinard (rédaction) ; Daniel Renier (secrétariat d'édition et mise en page)

Iconographie: Marion Capera, Marie Simonet

Cartographie : Ecaterina-Paula Cepraga, Theodor Cepraga

Composition : Bogdan Gheorghiu, Mihaita Constantin

Conception graphique : Benjamin Heuzé (couverture) ; Laurent Muller, Marie-Pierre Renier (maquette intérieure)

Direction de la Fabrication : Sandrine Combeau
Fabrication : Renaud Leblanc

Pilotage : Dominique Auclair, Sandrine Tourari

Remerciements : Philippe Sablayrolles ; Philippe Orain

Régie publicitaire et partenariats : contact.clients@editions.michelin.com
Le contenu des pages de publicité insérées dans ce guide n'engage que la responsabilité des annonceurs.

Une information à nous communiquer sur la sélection du Guide MICHELIN : https://guide.michelin.com/fr/

MICHELIN Éditions

Société par actions simplifiée au capital de 487 500 €
57 rue Gaston Tessier - 75019 Paris (France)
R.C.S. Paris 882 639 354

©2025 **Michelin Éditions** – Tous droits réservés
Dépôt légal : février 2025
Imprimé en Italie - février 2025 sur du papier issu de forêts bien gérées

Plans et cartes : © MICHELIN 2024

Toute reproduction, même partielle et quel qu'en soit le support, est interdite sans l'autorisation préalable de l'éditeur.

Compograveur : MICHELIN Éditions, Voluntari (Roumanie)
Imprimeur-relieur : LEGO, Lavis (Italie)

L'équipe éditoriale a apporté le plus grand soin à la rédaction de ce guide et à sa vérification. Toutefois, les informations pratiques (formalités administratives, prix, adresses, numéros de téléphone, adresses Internet...) doivent être considérées comme des indications du fait de l'évolution constante de ces données : il n'est pas totalement exclu que certaines d'entre elles ne soient plus, à la date de parution du guide, tout à fait exactes ou exhaustives. Avant d'entamer toutes démarches (formalités administratives et douanières notamment), vous êtes invités à vous renseigner auprès des organismes officiels. Ces informations ne sauraient de ce fait engager notre responsabilité.

Au sein de ce guide, MICHELIN EDITIONS peut être amené à mentionner des données personnelles. MICHELIN EDITIONS vous informe que vous disposez de droits sur les données personnelles vous concernant, conformément aux articles 15 et suivants du RGPD. Vous pouvez les exercer en vous adressant à contact@editions.michelin.com.
Pour plus d'informations, merci de consulter notre Charte pour la protection des données personnelles à l'adresse suivante : https://editions.michelin.com/politique-de-confidentialite/